KB037633

주역

The Book of Changes

동학사

주역 周易

차 례

The Book of Changes

주역 周易

차 례

The Book of Changes

함괘
咸卦

31

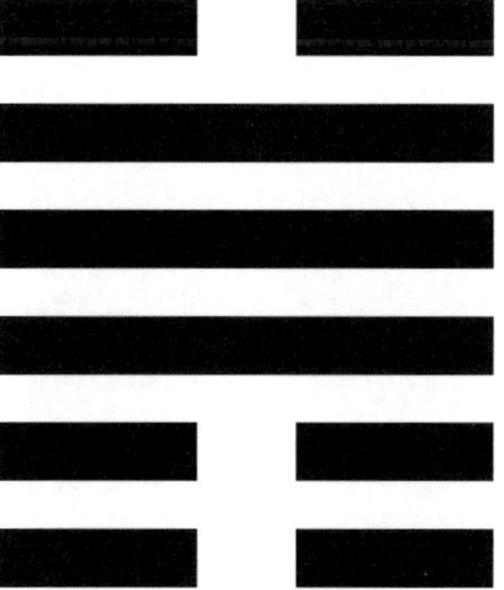

1 괘의 괘상과 계사

함괘(咸卦 : ䷞)

간하태상(艮下兌上) : 아래는[下] 간(艮 : ☶), 위는[上] 태(兌 : ☱).

택산함(澤山咸) : 못과[澤] 산은[山] 함이다[咸].

咸亨하고 利貞하니 取女면 吉하리라
함형 이정 취녀 길

함께 감응함은[咸] 통하고[亨] 진실로 미더우면[貞] 이로우니[利] 여자를[女] 취하면[取] 행복하리라[吉].

【함괘(咸卦 : ䷞)의 괘상(卦象) 풀이】

역상경(易上經)의 첫째-둘째가 건괘(乾卦 : ☰)와 곤괘(坤卦 : ☷)이다. 건괘(乾卦 : ☰)는 천(天)이고 곤괘(坤卦 : ☷)는 지(地)이다. 하늘[天]은 양(陽 : ━)이고 땅[地]은 음(陰 : ╍)이다. 양(陽 : ━)은 모(牡) 즉 수컷[牡]이고 음(陰 : ╍)은 빈(牝) 즉 암컷[牝]이다. 『노자(老子)』에 나오는 〈하나가[一] 둘을[二] 낳고[生] 둘은[二] 셋을[三] 낳고[生] 셋은[三] 만물을[萬物] 낳는다[生]〉라는 내용이 나온다. 여기 〈일(一)〉이란 태극(太極)이고 〈이(二)〉란 음양(陰陽)이다. 음양(陰陽)-천지(天地)-자웅(雌雄) 등은 한 말씀이다. 『노자(老子)』에 나오는 〈이생삼(二生三)의 삼(三)〉은 음양(陰陽)이란 둘이 함께함을 말한다. 온갖 자웅(雌雄) 즉 암컷과[雌] 수컷[雄]이 함께해야 온갖 새끼들이 나온다. 그래서 〈삼생만물(三生萬物)〉이라 한다. 생만물(生萬物)하는 〈삼(三)〉을 「서괘전(序卦傳)」이 〈하늘땅이[天地] 있고 난[有] 뒤에[然後] 만물이[萬物] 있고[有] 만물이[萬物] 있고 난[有] 뒤에[然後] 암수가[男女] 있다[有] …… 남편과 아내의[夫婦之] 이치는[道] 불변할[久] 수밖에 없는 것[不可以不]이다[也]〉라고 밝혀 함괘(咸卦 : ䷞)의 주제인 〈함(咸)〉 즉 〈함께 감응함[咸]〉을 풀이한다. 따라서 함괘(咸卦 : ䷞)는 순차(順次) 즉 차례를[次] 따르는[順] 괘(卦)가 아니라 다시 시작하는 괘(卦)로서 『주역(周易)』 하경(下經)의 첫째 대성괘(大成卦)가 된다.

함괘(咸卦 : ䷞)의 하체(下體)는 간(艮 : ☶)이고 상체(上體)는 태(兌 : ☱)이다. 함괘(咸卦 : ䷞)의 〈함(咸)〉은 〈모두 개(皆)-실(悉)〉이니 태(兌 : ☱)와 간(艮 : ☶)이 따로따로[獨] 있지 않고 둘 다 함께 응하고[咸] 있으니, 함괘(咸卦 : ䷞)의 주제인 〈함(咸)〉은 함께 감응함[咸]의 뜻으로 통한다. 이에 함괘(咸卦 : ䷞)의 〈함(咸)〉이 「설괘전(說卦傳)」에 나오는 〈간은[艮 : ☶] 세 번째[三] 구해서[索而] 사내애를[男] 얻는다[得] 그래서[故] 그 애를[之] 작은 아들이라[少男] 한다[謂]〉와 〈태는[兌 : ☱] 세 번째[三] 구해서[索而] 계집애를[女] 얻는다[得] 그래서[故] 그 애를[之] 작은 딸이라[少女] 한다[謂]〉라는 내용을 환기시킨다. 따라서 함괘(咸卦 : ䷞)의 〈함(咸)〉이 남녀의 감응을 암시함을 일깨워주고, 동시에 「잡괘전(雜卦傳)」에 나오는 〈함괘는[咸卦 : ䷞] 신속함[速]이다[也]〉라는 내용을 떠올려주어, 〈함(咸)〉이 미적거림 없이 재빨리[速] 함께 감응함[咸]을 빌려 함괘(咸卦 : ䷞)라 칭명(稱名)한다.

【함괘(咸卦 : ䷞)의 계사(繫辭) 풀이】

咸亨(함형) 利貞(이정)

함께 감응함은[咸] 통하고[亨] 진실로 미더우면[貞] 이롭다[利].

함괘(咸卦 : ䷞)의 주제인 〈함(咸)〉은 함께 감응(感應)함을 암시한다. 〈함형(咸亨)〉은 〈간여태지음양지함형(艮與兌之陰陽之咸亨)〉의 줄임으로 여기고 〈태와 간의[艮與兌之] 음양이[陰陽之] 함께 감응함이[咸] 통한다[亨]〉라고 새겨볼 것이다. 함괘(咸卦 : ䷞)의 주제인 〈함(咸)〉의 때에 함께 감응함[咸]이란 하체(下體) 간(艮 : ☶)의 초륙(初六 : --)과 상체(上體) 태(兌 : ☱)의 구사(九四 : —), 하체(下體) 간(艮 : ☶)의 육이(六二 : --)와 상체(上體) 태(兌 : ☱)의 구오(九五 : —), 그리고 하체(下體) 간(艮 : ☶)의 구삼(九三 : —)과 상체(上體) 태(兌 : ☱)의 상륙(上六 : --) 등의 정응(正應)과 같이, 함괘(咸卦 : ䷞)의 하체(下體) 간(艮 : ☶)의 소남(少男)과 상체(上體) 태(兌 : ☱)의 소녀(少女)가 함께 감응하여[咸] 연인(戀人)이 되는 인도(人道)가 통함[亨]을 암시한다. 이에 음양(陰陽)이 함께 감응함이[咸] 통함[亨]을 암시한 계사(繫辭)가 〈함형(咸亨)〉이다.

소성괘(小成卦) 즉 팔괘(八卦)의 삼효(三爻) 중에서 양(陽 : ⚊)이 하나이면 그 소성괘는 양괘(陽卦)이고, 음(陰 : ⚋)이 하나이면 그 소성괘는 음괘(陰卦)이다. 또한 함괘(咸卦 : ䷞)의 괘체(卦體)로써 말한다면 함괘(咸卦 : ䷞)의 하체(下體) 간(艮 : ☶)은 양(陽 : ⚊)이 홀수이니 양(陽 : ⚊)의 소성괘(小成卦)로서 남(男)이고, 상체(上體) 태(兌 : ☱)는 음(陰 : ⚋)이 홀수이니 음(陰 : ⚋)의 소성괘로서 여(女)이다. 이에 〈함형(咸亨)의 함(咸)〉은 간(艮 : ☶)의 남(男)과 태(兌 : ☱)의 여(女)가 함께 감응하여[咸] 짝함을 암시한 것이기도 하다. 〈함형(咸亨)의 형(亨)〉 즉 통함[亨]이란 막힘이 없이 빠름을 암시한다. 왜냐하면 「잡괘전(雜卦傳)」에 나오는 〈함괘는[咸卦 : ䷞] 빠름[速]이다[也]〉라는 내용이 떠오르기 때문이다. 간(艮 : ☶)은 소남(少男) 즉 총각이고, 태(兌 : ☱)는 소녀(少女) 즉 처녀이다. 총각 처녀가 함께 감응함[咸]이 빠르다 함은 총각 처녀가 짝함을 말한다. 양음(陽陰) 즉 암수가 함께 감응한[咸] 연후에 후사(後嗣) 즉 뒤를[後] 이어줄[嗣] 새끼들이 번성하여 통하는[亨] 천지조화(天地造化)를 암시한 계사(繫辭)가 〈함형(咸亨)〉이다.

〈이정(利貞)〉은 〈함형(咸亨)의 형(亨)〉을 풀이한 계사(繫辭)이다. 〈이정(利貞)〉은 〈약함정(若咸貞) 기함리(其咸利)〉의 줄임으로 여기고 〈만약[若] 함께 감응함이[咸] 진실로 미덥다면[貞] 그[其] 함께 감응함은[咸] 이롭다[利]〉라고 새겨볼 것이다. 〈정(貞)〉은 성신(誠信) 즉 진실로[誠] 미더워[信] 공정(公正)함이다. 모든 것을 아울러 하나같이[公] 바르게 함[正]이 〈정(貞)〉이다. 사사로움이[私] 없고[無] 치우침이[偏] 없다[無]면 절로 공정(公正)하다. 이런 공정(公正)함을 〈정(貞)〉이라 하는 것이다. 공정(公正)함으로 정(貞)하다면 이로울[利] 뿐이고 〈정(貞)〉으로써 이롭다면 언제 어디서든 막힘없이 통할[亨] 수 있음은, 〈정(貞)〉이란 중정(中正) 즉 정도를[正] 따름[中]을 잃지 않기 때문이다. 이렇기 때문에 앞의 〈함형(咸亨)의 형(亨)〉을 거듭해 풀이한 계사(繫辭)가 〈이정(利貞)〉이다.

取女(취녀) 吉(길)

여자를[女] 취하면[取] 행복하리라[吉].

〈취녀(取女) 길(吉)〉은 함괘(咸卦 : ䷞)의 주제인 〈함(咸)〉 즉 함께 감응함[咸]을 구체적으로 밝힌 계사(繫辭)이다. 〈취녀(取女) 길(吉)〉은 〈약남취녀(若男取女) 남여녀길(男與女吉)〉의 줄임으로 여기고 〈만약[若] 남자가[男] 여자를[女] 취한다면[取] 여자와[與女] 남자는[男] 행복할 것이다[吉]〉라고 새겨볼 것이다. 〈취녀(取女)의 취(取)〉는 여기선 〈장가들 취(娶)〉와 같다. 〈취녀(取女)의 여(女)〉는 함괘(咸卦 : ䷞)의 상효(上爻)인 상륙(上六 : --)을 취상(取象)한 것이다. 왜냐하면 〈취녀(取女)의 여(女)〉가 「설괘전(說卦傳)」에 나오는 〈태는[兌 : ☱] 세 번째[三] 구해서[索而] 계집애를[女] 얻는다[得] 그래서[故] 그 애를[之] 작은 딸이라[少女] 한다[謂]〉라는 내용을 상기시키기 때문이다. 물론 〈취녀(取女)〉의 주인공인 〈남(男)〉은 함괘(咸卦 : ䷞)의 구삼(九三 : —)이다. 간(艮 : ☶)의 상효(上爻)로서 구삼(九三 : —)인 작은 아들이 상진(上進)하여 태(兌 : ☱)의 상효(上爻)로서 상륙(上六 : --)인 작은 딸과 장가듦[取]을 빌려 〈함(咸)〉을 취상(取象)한 것이고, 그 남녀의 〈함(咸)〉 즉 감응[咸]은 결혼하여 후사(後嗣)를 얻어 번성하게 할 터인즉 행복할[吉] 것임을 암시한 계사(繫辭)가 〈취녀(取女) 길(吉)〉이다.

【字典】

함(咸) 〈감응할 함(咸)-감(感), 감통할 함(咸)-감통(感通), 빠를 함(咸)-속(速), 같을 함(咸)-동(同), 어울릴 함(咸)-화(和), 본받을 함(咸)-법(法)-칙(則), 끌 함(咸)-인(引), 포용할 함(咸)-포용(包容), 모두 함(咸)-개(皆)-실(悉), 갉아먹을 함(咸)-설(齧), 빠질 함(咸)-함(陷)〉 등의 뜻을 내지만 여기선 〈감정이 통할 감통(感通), 빠를 속(速)〉 등으로 여기고 새김이 마땅하다.

亨 〈향-형-팽〉 등으로 발음되고, 〈통할 형(亨)-통(通), 남을 형(亨)-여(餘), 드릴 향(亨)-헌(獻), 삶을 팽(亨)-자(煮)-팽(烹)〉 등의 뜻을 내지만 여기선 〈통할 통(通)〉과 같다 여기고 새김이 마땅하다.

이(利) 〈만물로 하여금 삶을 이루어가게 하는 덕(德)의 이로울 이(利)-사만물수생지덕(使萬物遂生之德), 날카로울 이(利)-예(銳)-섬(銛), 질병 이(利)-질(疾), 통할 이(利)-통(通)-순(順), 좋을 이(利)-길(吉)-의(宜), 편리할 이(利)-편(便), 마름해 만들어 이룰 이(利)-재성(裁成), 탐할 이(利)-탐(貪), 구할(취할) 이(利)-구(求)-취(取), 좋아할 이(利)-열애(悅愛), 이로울 이(利)-익(益), 기교 이(利)-교(巧), 보람 이(利)-공용(功用), 지세가 험하고 중요한 이(利)-험요(險要), 이길 이(利)-승(勝), 어질 이(利)-인(仁)〉 등의 뜻을 내지만 여기선 〈사만물수생지덕(使萬物遂生之德) 즉 만물로 하여금 삶을 이루어 가게 하는 덕(德)의 이로움〉으로 새김이 마땅하다. 〈利〉가 맨 앞에 오면 〈이〉로 발음되고, 중간이나 뒤에 오면 〈리〉로 발음된다.

정(貞) 〈바를 정(貞)-정(正), 믿을 정(貞)-신(信), 거북점을 물을 정(貞)-복문(卜問), 역(易)의 내괘(內卦) 정(貞), 마땅할 정(貞)-당(當), 정할 정(貞)-정(定), 순수할 정(貞)-전(專)-일(一)〉 등의 뜻을 내지만 여기선 〈바를 정(正), 믿을 신(信)〉 등을 합친 뜻과 같아 〈정신(正信)〉으로 여기고 새김이 마땅하다.

취(取) 〈장가들 취(取)-취(娶), 구할(잡을) 취(取)-포(捕)-획(獲), 사로잡을(포로) 취(取)-부(俘), 거둘 취(取)-수(收), 가려 쓸 취(取)-택용(擇用), 받을 취(取)-수(受), 찾을 취(取)-색(索), 힘써 다다를 취(取)-진취(進趣), 밑천 취(取)-자(資), 가질 취(取)-지(持), 할 취(取)-위(爲), 다스릴 취(取)-치(治)〉 등의 뜻을 내지만 여기선 〈장가들 취(娶)〉와 같다 여기고 새김이 마땅하다.

여(女) 〈여자(계집) 여(女)-여자(女子)-미혼부인(未婚婦人), 처자(처녀) 여(女)-처자(處子), 백성의 약한 자 여(女)-백성지약자(百姓之弱者), 딸 여(女)-자녀지녀(子女之女), 너 여(女)-여(汝), 음의 것 여(女)-음물(陰物), 부드럽고 순한 여(女)-유완(柔婉)〉 등의 뜻을 내지만 여기선 〈여자(女子)〉로 새김이 마땅하다. 〈女〉가 앞에 있으면 〈여〉로 발음되고, 중간이나 뒤에 있으면 〈녀〉로 발음된다.

길(吉) 〈좋을(행복할) 길(吉)-선(善)-영(令) {영월길일(令月吉日)은 선월선일(善月善日)임.}, 복 길(吉)-실(實)-선실(善實)-복(福), 예의를 따라 상서로울 길(吉)-예의순상(禮義順祥), 삼갈 길(吉)-근(謹), 초하루 길(吉)-삭일(朔日) {삭망(朔望) 즉 초하루[朔]와 그믐날[望]}, 길례 길(吉)-길례(吉禮) {오례지일(五禮之一) 길흉빈군가(吉凶賓軍嘉)}, 갈 길(吉)-행(行)-길(趌)〉 등의 뜻을 내지만 여기선 〈좋을 선(善)-영(令)〉 즉 행복과 같다 여기고 새김이 마땅하다.

註 경문(經文) 계사(繫辭)의 수사(修辭) : 팔괘(八卦)는 복희씨(伏羲氏)가 만들었다 하지만 『주역(周易)』 64괘(卦)의 계사(繫辭)는 문왕(文王)이 붙였고, 384효(爻)의 계사(繫辭)는 주공(周公)이 붙인 것으로 되어 있다. 문왕(文王)-주공(周公) 때는 지필묵(紙筆墨)이 없었던 때라 칼을 필(筆)로 삼아 간독(簡牘) 즉 대나무쪽[簡]이나 나무쪽[牘]에 글자를 새겼기에 글자를 적어 둘 자리

가 매우 부족하였다. 따라서 앞의 내용을 미루어 보충될 수 있는 내용은 서슴없이 생략하면서 글자를 적게 된 것이 고문수사(古文修辭)인 셈이다. 『주역(周易)』의 계사(繫辭)들이야말로 고문수사(古文修辭)의 효시(嚆矢) 즉 맨 처음 것[嚆矢]이고 동시에 한문수사(漢文修辭)의 시원(始源)이다. 따라서 『주역(周易)』의 계사(繫辭)를 마주할 때면 괘상(卦象)과 효상(爻象)을 면밀히 살피면서 삭제-생략된 문자를 복원-보충시켜서 해독하려는 마음가짐이 필수적이다.

註 음양(陰陽)의 변효(變爻) : 양가음부(陽加陰負) 즉 양기는[陽] 더함[加 : +]이고 음기는[陰] 덜어냄[負 : -]이다. 따라서 강효(剛爻)가 변효(變爻)해서 유효(柔爻)가 되면 부(負) 즉 덜어냄[負]이라 하고, 유효(柔爻)가 변효(變爻)해서 강효(剛爻)가 되면 더함[加]이라고 한다. 그리고 양실음허(陽實陰虛)라고도 한다. 따라서 강효(剛爻) 즉 양(陽 : ㅡ)이 변효(變爻)하여 유효(柔爻) 즉 음(陰 : --)이 되면 허(虛) 즉 비움[虛]이라 하고, 음(陰 : --)이 변효(變爻)하여 양(陽 : ㅡ)이 되면 실(實) 즉 채움[實]이라 한다.

註 팔괘(八卦)의 음양(陰陽)과 방위(方位) : 팔괘(八卦)의 모습[象]에는 노양(老陽)-소양(少陽)-노음(老陰)-소음(少陰)의 모습이 있다. 건(乾 : ☰)은 노양(老陽)의 모습이고 진(震 : ☳)-감(坎 : ☵)-간(艮 : ☶) 등은 소양(少陽)의 모습으로, 모두 양괘(陽卦)이고 양괘(陽卦)의 방위는 동북(東北)에 속한다. 곤(坤 : ☷)은 노음(老陰)의 모습이고 손(巽 : ☴)-이(離 : ☲)-태(兌 : ☱) 등은 소음(少陰)의 모습으로, 모두 음괘(陰卦)이고 음괘(陰卦)의 방위는 서남(西南)이다. 그러므로 팔괘(八卦)에서 음기(陰氣 : --)가 홀수이면 음괘(陰卦 : ☷ ☴ ☲ ☱)가 되고, 양기(陽氣 : ㅡ)가 홀수이면 양괘(陽卦 : ☰ ☳ ☵ ☶)가 된다.

註 도생일(道生一) 일생이(一生二) 이생삼(二生三) 삼생만물(三生萬物) 만물부음이포양(萬物負陰而抱陽) 충기이위화(沖氣以爲和) : 상도가[道] 하나를[一] 낳고[生], 하나가[一] 둘을[二] 낳으며[生], 둘은[二] 셋을[三] 낳고[生], 셋은[三] 온갖 것을[萬物] 낳는다[生]. 온갖[萬] 것은[物] 음기를[陰] 지고[負] 그리고[而] 양기를[陽] 안는다[抱]. {음양(陰陽)은} 충기(沖氣)로써[以] 화기를[和] 삼는다[爲]. 『노자(老子)』 42장(章)

註 유천지연후(有天地然後) 유만물(有萬物) 유만물연후(有萬物然後) 유남녀(有男女) …… 부부지도(夫婦之道) 불가이불구야(不可以不久也) : 하늘땅이[天地] 있고 난[有] 뒤에[然後] 만물이[萬物] 있고[有], 만물이[萬物] 있고 난[有] 뒤에[然後] 암수가[男女] 있다[有]. …… 남편과 아내의[夫婦之] 이치는[道] 불변할[久] 수밖에 없는 것[不可以不]이다[也]. 「서괘전(序卦傳)」 4단락(段落)

註 간삼색이득남(艮三索而得男) 고(故) 위지소남(謂之少男) 태삼색이득녀(兌三索而得女) 고(故) 위지소녀(謂之少女) : 간은[艮 : ☶] 세 번째[三] 구해서[索而] 사내애를[男] 얻는다[得]. 그래서[故] 그 애를[之] 작은 아들이라[少男] 한다[謂]. 태는[兌 : ☱] 세 번째[三] 구해서[索而] 계집애를[女] 얻는다[得]. 그래서[故] 그 애를[之] 작은 딸이라[少女] 한다[謂].

「설괘전(說卦傳)」 10단락(段落)

註 함속야(咸速也) : 함괘는[咸卦 : ䷞] 신속함[速]이다[也]. 「잡괘전(雜卦傳)」

2 효의 효상과 계사

初六 : 咸其拇라
함기무

六二 : 咸其腓면 凶하니 居하면 吉하리라
함기비 흉 거 길

九三 : 咸其股라 執其隨니 往하면 吝하리라
함기고 집기수 왕 인

九四 : 貞吉하여 悔亡하리니 憧憧往來라 朋從爾思리라
정길 회무 동동왕래 붕종이사

九五 : 咸其脢니 无悔리라
함기매 무회

上六 : 咸其輔頰舌이라
함기보협설

초륙(初六) : 제[其] 엄지발가락으로써[拇] 함께 감응한다[咸].

육이(六二) : 제[其] 장딴지로써[腓] 함께 감응하면[咸] 나쁘니[凶] 멈춰 있으면[居] 좋으리라[吉].

구삼(九三) : 제[其] 넓적다리로써[股] 함께 감응하여[咸] 그[其] 따름을[隨] 지킴이니[執] 나아가면[往] 부끄러울 것이다[吝].

구사(九四) : 진실로 미더우면[貞] 행복하여[吉] 후회함이[悔] 없으리니[亡] 망설이고[憧] 망설이며[憧] 가고[往] 오고 하지만[來] 한패가[朋] 네[爾] 사모함을[思] 따르리라[從].

구오(九五) : 제[其] 등골로써[脢] 함께 감응하니[咸] 후회함이[悔] 없다[无].

상륙(上六) : 제[其] 광대뼈와[輔] 볼과[頰] 혀로써[舌] 함께 감응한다[咸].

초륙(初六 : --)

初六 : 咸其拇라
함 기 무

초륙(初六) : 제[其] 엄지발가락으로써[拇] 함께 감응한다[咸].

【초륙(初六)의 효상(爻象) 풀이】

함괘(咸卦 : ䷞)의 초륙(初六 : --)은 이음거양(以陰居陽) 즉 음(陰 : --)으로써[以] 양(陽 : ━)의 자리에 있는지라[居] 정당한 자리에 있지 못하다. 초륙(初六 : --)과 육이(六二 : --)는 양음(兩陰) 즉 둘 다[兩] 음(陰 : --)인지라 〈비(比)〉 즉 이웃의 사귐[比]을 누리지 못하고 상충(相衝) 즉 서로[相] 부딪치는[衝] 처지이다. 그러나 초륙(初六 : --)과 구사(九四 : ━)는 음양(陰陽) 즉 음(陰 : --)과 양(陽 : ━)인지라 〈상응(相應)〉 즉 서로[相] 호응하는[應] 사이이다. 초륙(初六 : --)은 함괘(咸卦 : ䷞)의 맨 밑자리에 있기에 함괘(咸卦 : ䷞)의 주제인 〈함(咸)〉의 때에 초륙(初六 : --)이 구사(九四 : ━)와 함께 감응함[咸]을 시작하는 모습이다.

함괘(咸卦 : ䷞)의 초륙(初六 : --)이 초구(初九 : ━)로 변효(變爻)하면 초륙(初六 : --)은 함괘(咸卦 : ䷞)를 49번째 혁괘(革卦 : ䷰)로 지괘(之卦)하게 한다. 따라서 함괘(咸卦 : ䷞)이 초륙(初六 : --)은 혁괘(革卦 : ䷰)의 초구(初九 : ━)를 찾아가 살펴보게 한다.

【초륙(初六)의 계사(繫辭) 풀이】

咸其拇(함기무)

제[其] 엄지발가락으로써[拇] 함께 감응한다[咸].

초륙(初六 : --)의 효위(爻位)를 빌려 암시한 계사(繫辭)이다. 〈함기무(咸其拇)〉는 〈초륙여구사함기무(初六與九四咸其拇)〉의 줄임으로 여기고 〈구사와[與九四] 초륙이[初六] 제[其] 엄지발가락으로써[拇] 함께 감응한다[咸]〉라고 새겨볼 것이다. 〈함기무(咸其拇)의 함(咸)〉은 초륙(初六 : --)과 구사(九四 : ━)가 누리는 정응(正應) 즉 바르게[正] 호응하여[應] 함께 감응함[咸]을 암시한다. 〈함기무(咸其拇)의 무(拇)〉는 초륙(初六 : --)을 신체의 부위로 말하면 함괘(咸卦 : ䷞)의 맨 밑자리에 있음을 암시하여, 초륙(初六 : --)과 구사(九四 : ─)의 〈함(咸)〉 즉 함께 감응함[咸]을 〈무(拇)〉로써 취상(取象)한 것이다. 〈무(拇)〉는 족대지(足大趾) 즉 발의[足] 엄지발가락[大趾]이다. 엄지발가락[拇]이란 신체에서 가장 밑자리이기 때문에 초륙(初六 : --)을 비유함에 안성맞춤이다.

함괘(咸卦 : ䷞)의 초륙(初六 : --)과 구사(九四 : ─)가 남녀(男女)로서 상응하여 〈함(咸)〉 즉 함께 감응함[交感]이 시작된다. 초륙(初六 : --)은 음(陰)이니 여자이고 구사(九四 : ─)는 양(陽)이니 사내이다. 대성괘(大成卦)에서 초효(初爻)의 자리는 시작하는 자리이다. 초효(初爻)의 자리는 양기(陽氣 : ─)의 자리인지라 양기(陽氣 : ─)라면 그 시작은 마땅하다. 그러나 초효(初爻)는 음기(陰氣 : --)의 자리가 아닌지라 초륙(初六 : --)의 자리가 마땅치 못해, 그 함께 감응함[咸] 즉 남녀의 사랑의 시작은 육이(六二 : --)와 구삼(九三 : ─)의 시샘이 겹쳐 매끄럽지 않을 수도 있음을 암시한 계사(繫辭)가 〈함기무(咸其拇)〉이다.

【字典】

함(咸) 〈감응할 함(咸)-감(感), 감통할 함(咸)-감통(感通), 빠를 함(咸)-속(速), 같을 함(咸)-동(同), 어울릴 함(咸)-화(和), 본받을 함(咸)-법(法)-칙(則), 끌 함(咸)-인(引), 포용할 함(咸)-포용(包容), 모두 함(咸)-개(皆)-실(悉), 갉아먹을 함(咸)-설(齧), 빠질 함(咸)-함(陷)〉 등의 뜻을 내지만 여기선 〈감정이 통할 감통(感通)〉으로 여기고 새김이 마땅하다.

기(其) 〈그(그것) 기(其)-피(彼)-지(之), 그(관형사) 기(其)-관형사(冠形詞), 그럴 기(其)-연(然), 어찌 기(其)-기(豈), 누를 기(其)-억(抑), 오히려 기(其)-상(尙)-서기(庶幾), 이에 기(其)-내(乃), 만약 기(其)-약(若), 장차 기(其)-장(將), 어조사 기(其)-어조사(語助辭)〉 등의 뜻을 내지만 여기선 관형사(冠形詞)로서 〈그 기(其)〉로 여기고 새김이 마땅하다.

무(拇) 〈엄지발가락(엄지손가락) 무(拇)-대지(大趾)-대지(大指)〉의 뜻이고 여기선 〈엄지발가락[大趾]〉으로 새김이 마땅하다.

육이(六二 : --)

六二 : 咸其腓면 凶하니 居하면 吉하리라
함 기 비 흉 거 길

육이(六二) : 제[其] 장딴지로써[腓] 함께 감응하면[咸] 나쁘니[凶] 멈춰 있으면[居] 좋으리라[吉].

【육이(六二)의 효상(爻象) 풀이】

함괘(咸卦 : ䷞)의 육이(六二 : --)는 이음거음(以陰居陰) 즉 음(陰 : --)으로써[以] 음(陰 : --)의 자리에 있는지라[居] 정당한 자리에 있다. 육이(六二 : --)와 구삼(九三 : ㅡ)은 음양(陰陽)의 사이인지라 〈비(比)〉 즉 이웃의 사귐[比]을 누린다. 특히 육이(六二 : --)와 구오(九五 : ㅡ)도 음양(陰陽)의 사이인지라 중정(中正) 즉 서로 중효이면서[中] 정위에 있어서[正] 정응(正應) 즉 바르게[正] 서로 호응함[應]을 누린다. 이처럼 구삼(九三 : ㅡ)-구오(九五 : ㅡ)가 육이(六二 : --)를 다 함께 감응하려는[咸] 모습이다. 하지만 육이(六二 : --)는 이웃인 구삼(九三 : ㅡ)보다 중정(中正)과 정응(正應)을 나누는 구오(九五 : ㅡ)에게 기울어진 모습이다.

함괘(咸卦 : ䷞)의 육이(六二 : --)가 구이(九二 : ㅡ)로 변효(變爻)하면 육이(六二 : --)는 함괘(咸卦 : ䷞)를 28번째 대과괘(大過卦 : ䷛)로 지괘(之卦)하게 한다. 따라서 함괘(咸卦 : ䷞)의 육이(六二 : --)는 대과괘(大過卦 : ䷛)의 구이(九二 : ㅡ)를 찾아가 살펴보게 한다.

【육이(六二)의 계사(繫辭) 풀이】

咸其腓(함기비) 凶(흉)

제[其] 장딴지로써[腓] 함께 감응하면[咸] 나쁘다[凶].

육이(六二 : --)의 효위(爻位)를 빌려 암시한 계사(繫辭)이다. 〈함기비(咸其腓) 흉(凶)〉은 〈약륙이여구오함기비(若六二與九五咸其腓) 육이흉(六二凶)〉의 줄임으로 여기고 〈만약[若] 구오와[與九五] 육이가[六二] 제[其] 장딴지로써[腓] 함께 감응한다면[咸] 육이는[六二] 흉하리라[凶]〉라고 새겨볼 것이다. 〈함기비(咸其腓)의 함(咸)〉은 육이(六二 : --)와 구오(九五 : ㅡ)가 중정(中正)으로써 누리는 정응(正應) 즉 바르게[正] 호응하여[應] 함께 감응함[咸]을 암시한다. 〈함기비(咸其腓)의 비(腓)〉는 육이(六二 : --)를 신체의 부위로 말하면 함괘(咸卦 : ䷞)의 둘째 자리에 있음을 암시하여 육이(六二 : --)와 구오(九五 : ㅡ)의 〈함(咸)〉 즉 함께 감응함[咸]을 〈비(腓)〉로써 취상(取象)한 것이다. 엄지발가락[拇] 바로 위가 장딴지[腓]이다. 여기 〈비(腓)〉는 족두(足肚) 즉 발 바로 위의 장딴지[足肚]이다. 장딴지[腓]란 육이(六二 : --)가 초륙(初六 : --) 바로 위에 있음을 비유한다. 육이(六二 : --) 바로 아래에 있는 초륙(初六 : --)이 엄지발가락[拇]으로 비유되었으니 육이(六二 : --)가 장딴지[腓]라는 비유는 안성맞춤이다. 거듭 밝히지만 〈함기비(咸其腓)의 함(咸)〉은 함괘(咸卦 : ䷞)의 육이(六二 : --)와 구오(九五 : ㅡ)가 남녀로서 〈정응(正應)〉 즉 정도를 따라[正] 호응하여[應] 〈함(咸)〉 즉 함께 감응함[咸]을 누릴 수도 있음을 암시한다. 육이(六二 : --)가 군왕(君王)인 구오(九五 : ㅡ)라는 사내를 마주하고 흥분되어 안정을 갖추지 못한다면 서로의 감응[咸]에 좋지 않음[凶]을 암시한 계사(繫辭)가 〈함기비(咸其腓) 흉(凶)〉이다.

居(거) 吉(길)

멈춰 있으면[居] 좋으리라[吉].

〈거(居) 길(吉)〉은 육이(六二 : --)의 득중(得中)을 암시한 계사(繫辭)이다. 〈거(居) 길(吉)〉은 〈약륙이거기위(若六二居其位) 육이길(六二吉)〉의 줄임으로 여기고 〈만약[若] 육이가[六二] 제[其] 자리에[位] 머문다면[居] 육이는[六二] 길할 것이다[吉]〉라고 새겨볼 것이다. 〈거(居)〉 즉 머묾[居]은 육이(六二)가 함괘(咸卦 : ䷞)의 하체(下體) 간(艮 : ☶)의 중효(中爻)임을 암시한다. 왜냐하면 여기 〈거(居)〉가 「설괘전(說卦傳)」에 나오는 〈간은[艮 : ☶] 멈춤[止]이다[也]〉라는 내용을 상기시키기 때문이다. 육이(六二 : --)가 함괘(咸卦 : ䷞)의 주제인 〈함(咸)〉의 시국을 맞아 구오(九五 : ㅡ)와 함께 감응하고자[咸] 〈함기비(咸其腓)〉 즉 제[其] 장딴지로써[腓] 함께 감응한다면[咸] 이는 곧 거동(擧動)함이니, 육이(六二 : --) 자신이 함괘(咸卦 : ䷞)의 하체(下體) 간(艮 : ☶)의 중효(中爻)로서 갖추는 득중(得中)을 저버림이어서 흉(凶)할 뿐이다. 육이(六二 : ⚋) 자신의 〈함기비(咸其腓)〉가 자신의 득중(得中)을 저버리는 짓임을 알아채고, 간(艮 : ☶)의 멈춤[止]을 취하여 머묾[居]이 득중(得中) 즉 정도를 따름을[中] 취함[得]인지라, 육이(六二 : ⚋) 자신이 행운을 누림[吉]을 암시한 계사(繫辭)가 〈거(居) 길(吉)〉이다.

【 字 典 】

함(咸) 〈감응할 함(咸)-감(感), 감통할 함(咸)-감통(感通), 빠를 함(咸)-속(速), 같을 함(咸)-동(同), 어울릴 함(咸)-화(和), 본받을 함(咸)-법(法)-칙(則), 끌 함(咸)-인(引), 포용할 함(咸)-포용(包容), 모두 함(咸)-개(皆)-실(悉), 갉아먹을 함(咸)-설(齧), 빠질 함(咸)-함(陷)〉 등의 뜻을 내지만 여기선 〈감정이 통할 감통(感通)〉으로 여기고 새김이 마땅하다.

기(其) 〈그(그것) 기(其)-피(彼)-지(之), 그(관형사) 기(其)-관형사(冠形詞), 그럴 기(其)-연(然), 어찌 기(其)-기(豈), 누를 기(其)-억(抑), 오히려 기(其)-상(尙)-서기(庶幾), 이에 기(其)-내(乃), 만약 기(其)-약(若), 장차 기(其)-장(將), 어조사 기(其)-어조사(語助辭)〉 등의 뜻을 내지만 여기선 관형사(冠形詞)로서 〈그 기(其)〉로 여기고 새김이 마땅하다.

비(腓) 〈장딴지(정강이) 비(腓)-천(腨)-경(脛)-비장(腓腸), 발을 자르는 형벌 비(腓)-단족형(斷足刑), 피할 비(腓)-피(避), 병 비(腓)-병(病)〉 등의 뜻을 내지만 여기선 〈장딴지 비장(腓腸)〉으로 여기고 새김이 마땅하다.

흉(凶) 〈불행할(흉할) 흉(凶)-길지반(吉之反), 흉한 사람 흉(凶)-흉인(凶人), 나쁠 흉(凶)-오(惡), 재앙 흉(凶)-화(禍), 요사할 흉(凶)-요사(夭死), 걱정할 흉(凶)-우(憂)-구(懼), 악한 사람 흉(凶)-악인(惡人), 흉년 흉(凶)-연곡불숙(年穀不熟), 사나울 흉(凶)-포학(暴虐), 음기 흉(凶)-음기(陰氣), 북쪽 흉(凶)-북(北), 없을 흉(凶)-공(空), 송사 흉(凶)-송(訟), 거역할 흉(凶)-역(逆), 어그러질 흉(凶)-패(悖), 허물 흉(凶)-구(咎)〉 등의 뜻을 내지만 여기선 〈불행할(흉할) 길지반(吉之反)〉으로 여기고 새김이 마땅하다.

居 〈거-기〉 두 가지로 발음되고, 〈머물 거(居)-처(處)-주(住), 멈출 거(居)-지(止), 모을 거(居)-준(蹲), 앉을 거(居)-좌(坐), 마땅할 거(居)-당(當), 움직이지 않을 거(居)-안(安)-부동(不動), 정도를 고요히 생각할 거(居)-정이사도(靜而思道), 안주하여 오래 양육할 거(居)-안주장양(安住長養), 법 거(居)-법(法), 다스릴 거(居)-치(治), 이유

거(居)-고(故), 의문어조사 ~인가 기(居), 뜻 없는 어조사 기(居)〉 등의 뜻을 내지만 여기선 〈머물 처(處)〉와 같다 여기고 새김이 마땅하다.

길(吉) 〈좋을(행복할) 길(吉)-선(善)-영(令) {영월길일(令月吉日)은 선월선일(善月善日)임.}, 복 길(吉)-실(實)-선실(善實)-복(福), 예의를 따라 상서로울 길(吉)-예의순상(禮義順祥), 삼갈 길(吉)-근(謹), 초하루 길(吉)-삭일(朔日) {삭망(朔望) 즉 초하루[朔]와 그믐날[望]}, 길례 길(吉)-길례(吉禮) {오례지일(五禮之一) 길흉빈군가(吉凶賓軍嘉)}, 갈 길(吉)-행(行)-길(趌)〉 등의 뜻을 내지만 여기선 〈좋을 선(善)-영(令)〉 즉 행복과 같다 여기고 새김이 마땅하다.

註 간지야(艮止也) : 간은[艮 : ☶] 멈춤[止]이다[也]. 「설괘전(說卦傳)」 5단락(段落)

구삼(九三 : ⚊)

九三 : 咸其股라 執其隨니 往하면 吝하리라
함 기 고 집 기 수 왕 인

구삼(九三) : 제[其] 넓적다리로써[股] 함께 감응하여[咸] 그[其] 따름을[隨] 지킴이니[執] 나아가면[往] 부끄러울 것이다[吝].

【구삼(九三)의 효상(爻象) 풀이】

함괘(咸卦 : ䷞)의 구삼(九三 : ⚊)은 이양거양(以陽居陽) 즉 양(陽 : ⚊)으로써[以] 양(陽 : ⚊)의 자리에 있는지라[居] 정당한 자리에 있다. 구삼(九三 : ⚊)과 구사(九四 : ⚊)는 양양(兩陽) 즉 둘 다[兩] 양(陽 : ⚊)인지라 〈비(比)〉 즉 이웃의 사귐[比]을 누리지 못해 상충(相衝) 즉 서로[相] 부딪치는[衝] 처지이다. 구삼(九三 : ⚊)과 상륙(上六 : ⚋)은 양음(陽陰)의 사이인지라 서로 정응(正應) 즉 바르게[正] 호응함[應]을 누릴 수 있지만, 상륙(上六 : ⚋)은 함괘(咸卦 : ䷞)를 벗어난 셈인지라 다가가 함께 감응하기[咸]가 저어되는 모습이다.

함괘(咸卦 : ䷞)의 구삼(九三 : ⚊)이 육삼(六三 : ⚋)으로 변효(變爻)하면 구삼(九三 : ⚊)은 함괘(咸卦 : ䷞)를 45번째 췌괘(萃卦 : ䷬)로 지괘(之卦)하게 한다. 따라서 함괘(咸卦 : ䷞)의 구삼(九三 : ⚊)은 췌괘(萃卦 : ䷬)의 육삼(六三 : ⚋)을 찾아가 살펴보게 한다.

【구삼(九三)의 계사(繫辭) 풀이】

咸其股(함기고)

제[其] 넓적다리로써[股] 함께 감응한다[咸].

구삼(九三 : ⚊)의 효위(爻位)를 빌려 암시한 계사(繫辭)이다. 〈함기고(咸其股)〉는 〈구삼여상륙함기고(九三與上六咸其股)〉의 줄임으로 여기고 〈구삼이[九三] 상륙과[與上六] 제[其] 허벅지로써[股] 함께 감응한다[咸]〉라고 새겨볼 것이다. 〈함기고(咸其股)의 함(咸)〉은 구삼(九三 : ⚊)과 상륙(上六 : ⚋)이 정응(正應) 즉 바르게[正] 서로 호응하여[應] 함께 감응함[咸]을 암시한다. 〈함기고(咸其股)의 고(股)〉는 구삼(九三 : ⚊)을 신체의 부위로 말하면 함괘(咸卦 : ䷞)의 셋째 자리에 있음을 암시하여, 구삼(九三 : ⚊)이 상륙(上六 : ⚋)과 〈함(咸)〉 즉 함께 감응함[咸]을 〈고(股)〉로써 취상(取象)한 것이다. 장딴지[腓] 바로 위가 허벅지[股]이다. 여기 〈고(股)〉는 비(髀) 즉 넓적다리[髀]이다. 구삼(九三 : ⚊)의 바로 아래에 있는 육이(六二 : ⚋)를 장딴지[腓]로 취상(取象)했으니, 장딴지 바로 위가 〈고(股)〉 즉 넓적다리[股]이니 구삼(九三 : ⚊)을 〈고(股)〉로써 취상(取象)함은 안성맞춤이다. 함괘(咸卦 : ䷞)의 구삼(九三 : ⚊)이 상륙(上六 : ⚋)과 남녀로서 〈정응(正應)〉 즉 정도를 따라[正] 호응하여[應] 〈함(咸)〉 즉 함께 감응함[咸]을 누릴 수 있다. 이에 정당한 자리에 있는 구삼(九三 : ⚊)이 정당한 자리에 있는 상륙(上六 : ⚋)과 함께 감응함[咸]을 암시한 계사(繫辭)가 〈함기고(咸其股)〉이다.

執其隨(집기수)

그[其] 따름을[隨] 지킴이다[執].

〈집기수(執其隨)〉는 구삼(九三 : ⚊)이 상륙(上六 : ⚋)과 함께 감응하기[咸]가 능동적이지 않고 수동적임을 암시한 계사(繫辭)이다. 〈집기수(執其隨)〉는 〈구삼집상륙지수기(九三執上六之隨己)〉의 줄임으로 여기고 〈구삼은[九三] 상륙이[上六之] 자기를[己] 따르기를[隨] 지킨다[執]〉라고 새겨볼 것이다. 〈집기수(執其隨)의 집(執)〉은 여기선 〈지킬 수(守)〉와 같고, 〈집기수(執其隨)의 기(其)〉는 〈상륙지(上六之)〉를 대신하는 관형사 노릇을 하니, 〈기수(其隨)〉를 〈상륙이[上六之] 자기를[己] 따름[隨]〉이라고 새기면 마땅하다. 상륙(上六 : --)이 따르기를[隨] 구삼(九三 : ㅡ)이 지킨다[執]라고 함은 상륙(上六 : --)이 따를[隨] 때까지 구삼(九三 : ㅡ)이 기다림을 암시한다. 함께 감응한다[咸] 함은 상응(相應) 즉 서로[相] 호응해야지[應] 일방적으로 이루어지지 않는다. 이에 〈집기수(執其隨)〉는 구삼(九三 : ㅡ)이 함괘(咸卦 : ䷞)의 하체(下體)인 간(艮 : ☶)의 상효(上爻)임을 암시한다. 왜냐하면 〈집기수(執其隨)의 집(執)〉이 「설괘전(說卦傳)」에 나오는 〈간은[艮 : ☶] 멈춤[止]이다[也]〉라는 내용을 상기시키기 때문이다. 뿐만 아니라 초륙(初六 : --)의 엄지발가락[拇]과 육이(六二 : --)의 장딴지[腓]가 움직여야 구삼(九三 : ㅡ)의 넓적다리[股]도 움직일 수 있기 때문에 제자리에 있는 구삼(九三 : ㅡ)일지라도 기다리면서 따라할 수밖에 없는 처지임을 암시하는 계사(繫辭)가 〈집기수(執其隨)〉이다.

往(왕) 吝(인)

나아가면[往] 부끄러울 것이다[吝].

〈왕(往) 인(吝)〉은 구삼(九三 : ㅡ)이 〈집기수(執其隨)의 집(執)〉을 어김을 암시한 계사(繫辭)이다. 〈왕(往) 인(吝)〉은 〈약구삼왕어상륙(若九三往於上六) 구삼유린(九三有吝)〉의 줄임으로 여기고 〈만약[若] 구삼이[九三] 상륙(上六)에게로[於] 간다면[往] 구삼에게[九三] 부끄러움이[吝] 있다[有]〉라고 새겨볼 것이다. 여기 〈인(吝)〉은 〈부끄러울 치(恥)〉와 같다. 구삼(九三 : ㅡ)과 상륙(上六 : --)이 누리는 정응(正應) 즉 바르게[正] 호응함[應]이란 정도(正道) 즉 올바른[正] 이치[道]로서 본분(本分)을 따라야 한다. 구삼(九三 : ㅡ)은 함괘(咸卦 : ䷞)의 하체(下體)인 간(艮 : ☶)의 상효(上爻)이니 〈지(止)〉 즉 멈춤[止]을 지켜야 제 본분을 지킴이다. 이에 〈왕(往)〉은 구삼(九三 : ㅡ)이 멈춤[止]이란 제 본분을 어겨 정도(正道)를 벗어남을 암시한다. 무슨 일이든 정도(正道)를 벗어나 제 본분을 어긴다면 〈인(吝)〉 즉 수치스러울[吝] 뿐임을 일깨워주는 계사(繫辭)가 〈왕(往) 인(吝)〉이다.

【字典】

함(咸) 〈감응할 함(咸)-감(感), 감통할 함(咸)-감통(感通), 빠를 함(咸)-속(速), 같을 함(咸)-동(同), 어울릴 함(咸)-화(和), 본받을 함(咸)-법(法)-칙(則), 끌 함(咸)-인(引), 포용할 함(咸)-포용(包容), 모두 함(咸)-개(皆)-실(悉), 갉아먹을 함(咸)-설(齧), 빠질 함(咸)-함(陷)〉 등의 뜻을 내지만 여기선 〈감정이 통할 감통(感通)〉으로 여기고 새김이 마땅하다.

기(其) 〈그(그것) 기(其)-피(彼)-지(之), 그(관형사) 기(其)-관형사, 그럴 기(其)-연(然), 어찌 기(其)-기(豈), 누를 기(其)-억(抑), 오히려 기(其)-상(尙)-서기(庶幾), 이에 기(其)-내(乃), 만약 기(其)-약(若), 장차 기(其)-장(將), 어조사 기(其)-어조사〉 등의 뜻을 내지만 여기선 관형사로서 〈그 기(其)〉로 여기고 새김이 마땅하다.

고(股) 〈넓적다리 고(股)-비(髀)-경상(脛上), 말단 고(股)-말(末), 어떤 것의 일부 고(股)-사물지일부(事物之一部), 굳을 고(股)-고(固), 나뉠 고(股)-지별(支別), 직각삼각형 고(股)-직각삼각형(直角三角形), (묶은) 다발 고(股)-속(束)〉 등의 뜻을 내지만 여기선 〈넓적다리 비(髀)〉와 같다 여기고 새김이 마땅하다.

집(執) 〈지킬 집(執)-수(守), 잡을 집(執)-포(捕), 가둘 집(執)-수(囚), 받들 집(執)-봉(奉), 마를 집(執)-제(制), 막을 집(執)-색(塞), 손으로 잡을 집(執)-조(操), 맺을 집(執)-결(結), 손바닥 집(執)-장(掌)〉 등의 뜻을 내지만 여기선 〈지킬 수(守)〉와 같다 여기고 새김이 마땅하다.

수(隨) 〈따를 수(隨)-종(從)-순(順), 좇을 수(隨)-축(逐), 맡을 수(隨)-임(任), 갈 수(隨)-행(行), 발 수(隨)-지(趾)〉 등의 뜻을 내지만 여기선 〈따를 종(從)〉과 같다 여기고 새김이 마땅하다.

왕(往) 〈갈 왕(往)-지(之), 나아갈 왕(往)-행(行)-진행(進行), 물러갈 왕(往)-거(去), 이를 왕(往)-지(至), 향할 왕(往)-향(向), 옛 왕(往)-석(昔), 이따금 왕(往)-시시(時時), 뒤 왕(往)-후(後), 죽음 왕(往)-망거(亡去)-사자(死者)〉 등의 뜻을 내지만 여기선 〈나아갈 행(行)〉과 같다 여기고 새김이 마땅하다.

인(吝) 〈부끄러울 인(吝)-치(恥)-수(羞), 한할 인(吝)-한(恨), 아낄(가엾은) 인(吝)-석(惜), 인색할 인(吝)-색(嗇), 욕심낼 인(吝)-탐(貪)〉 등의 뜻을 내지만 여기선 〈부끄러울 치(恥)-수(羞)〉와 같다 여기고 새김이 마땅하다. 〈吝〉은 맨 앞에 있으면 〈인〉으로 발음되고, 중간이나 뒤에 있으면 〈린〉으로 발음된다.

註 간지야(艮止也) : 간은[艮 : ☶] 멈춤[止]이다[也]. 「설괘전(說卦傳)」 7단락(段落)

구사(九四 : ⚊)

九四 : 貞吉하여 悔亡하리니 憧憧往來라 朋從爾思리라
정길 회무 동동왕래 붕종이사

구사(九四) : 진실로 미더우면[貞] 행복하여[吉] 후회함이[悔] 없으리니[亡] 망설이고[憧] 망설이며[憧] 가고[往] 오고 하지만[來] 한패가[朋] 네[爾] 사모함을[思] 따르리라[從].

【구사(九四)의 효상(爻象) 풀이】

함괘(咸卦 : ䷞)의 구사(九四 : ⚊)는 이양거음(以陽居陰) 즉 양(陽 : ⚊)으로써[以] 음(陰 : ⚋)의 자리에 있는지라[居] 정당한 자리에 있지 못하다. 구사(九四 : ⚊)가 구오(九五 : ⚊)와 구삼(九三 : ⚊) 사이에 끼여 〈비(比)〉 즉 이웃의 사귐[比]을 누릴 이웃이 없다. 그러나 구사(九四 : ⚊)와 초륙(初六 : ⚋)은 양음(陽陰)의 사이인지라 서로 정응(正應) 즉 바르게[正] 호응함[應]을 누린다. 그러나 구사(九四 : ⚊)가 정당한 자리에 있지 못해 초륙(初六 : ⚋)과 정응(正應) 즉 바르게[正] 호응하여[應] 〈함(咸)〉 즉 함께 감응함[咸]에 불안해하는 모습이다.

함괘(咸卦 : ䷞)의 구사(九四 : ⚊)가 육사(六四 : ⚋)로 변효(變爻)하면 구사(九四 : ⚊)는 함괘(咸卦 : ䷞)를 39번째 건괘(蹇卦 : ䷦)로 지괘(之卦)하게 한다. 따라서 함괘(咸卦 : ䷞)의 구사(九四 : ⚊)는 건괘(蹇卦 : ䷦)의 육사(六四 : ⚋)를 찾아가 살펴보게 한다.

【구사(九四)의 계사(繫辭) 풀이】

貞吉(정길) 悔亡(회무)

진실로 미더우면[貞] 행복하여[吉] 후회함이[悔] 없다[亡].

구사(九四 : ⚊)의 효위(爻位)를 빌려 암시한 계사(繫辭)이다. 〈정길(貞吉) 회무(悔亡)〉는 〈기연구사정(旣然九四貞) 구사길(九四吉) 인차회무어구사(因此悔亡於九四)〉의 줄임으로 여기고 〈구사가[九四] 진실로 미더웁기[貞] 때문에[旣然] 구사는[九四] 행복하다[吉] 이로 인해[因此] 구사(九四)에게는[於] 후회스러움이[悔] 없다[亡]〉라고 새겨볼 것이다. 〈회무(悔亡)의 무(亡)〉는 〈없을 무(無)〉와 같다. 〈정길(貞吉)의 정(貞)〉은 구사(九四 : ⚊)가 함괘(咸卦 : ䷞)의 세 양효(陽爻) 중에서 가운데에 있음을 빌려 구사(九四 : ⚊)를 〈정(貞)〉으로써 취상(取象)한 것이다.

함괘(咸卦 : ䷞)에서 구사(九四 : ⚊)를 제외한 다섯 효(爻)들은 모두 인체의 부위를 들어 〈함(咸)〉 즉 함께 감응함[咸]을 취상(取象)하고 있다. 그러나 구사(九四 : ⚊)만은 〈정길(貞吉)의 정(貞)〉으로써 그 〈함(咸)〉을 비유한다. 심장(心臟)이란 천심(天心) 즉 하늘의[天] 마음[心]이 있는지라 함부로 취상(取象)할 것이 아니다. 따라서 〈함기심장(咸其心臟)〉이라 하지 않고 〈정(貞)〉으로써 계사(繫辭)한 것이다. 여기 〈정길(貞吉)의 정(貞)〉은 마음[心]을 암시한다. 〈정(貞)〉은 심중(心中)이 될 수 있기 때문에 심장(心臟)으로 취상(取象)될 수 있다. 따라서 구사(九四 : ⚊)가 마음으로[貞] 함께 감응함[咸]이 어떠한지를 헤아리게 하는 계사(繫辭)가 〈정길(貞吉)〉이다. 〈정(貞)〉이란 정신(正信)의 마음가짐이다. 〈정(貞)〉은 마음가짐이 올바르고[正] 미더워[信] 공정(公正)함인지라 무사(無邪) 즉 삿됨이[邪] 없어[無] 아래위로 이웃하는 구오(九五 : ⚊)와 구삼(九三 : ⚊)으로부터 방해받지 않고, 떨어져 있는 초륙(初六 : ⚋)과 〈정응(正應)〉 즉 바르게[正] 호응하여[應] 함께 감응할[咸] 수 있다. 〈정(貞)〉이란 득중(得中) 즉 정도를 따름을[中] 취하기[得] 때문에 〈길(吉)〉로 이어짐인지라 후회할 것이[悔] 없다[亡]고 암시한 계사(繫辭)가 〈정길(貞吉) 회무(悔亡)〉이다.

憧憧往來(동동왕래) 朋從爾思(붕종이사)

망설이고[憧] 망설이며[憧] 가고[往] 오고 하지만[來] 한패가[朋] 네[爾] 사모함을[思] 따르리라[從].

〈동동왕래(憧憧往來) 붕종이사(朋從爾思)〉는 구사(九四 : ⚊)가 함괘(咸卦 : ䷞)의 주제인 〈함(咸)〉의 시국에서 〈함(咸)〉 즉 함께 감응함[咸]을 망설임을 암시한 계사(繫辭)이다. 〈수동동구사왕래향초륙(雖憧憧九四往來向初六) 구사지붕종구사지사(九四之朋從九四之思)〉의 줄임으로 여기고 〈비록[雖] 망설이고[憧] 망설이면서[憧] 구사가[九四] 초륙을[初六] 향해[向] 가고[往] 오고 하지만[來] 구사의[九四之] 한패가[朋] 구사의[九四之] 생각을[思] 따르리라[從]〉라고 새겨볼 것이다.

구사(九四 : ━)가 초륙(初六 : ╌)과 나누는 정응(正應) 즉 바르게[正] 호응함[應]으로써 〈함(咸)〉 즉 함께 감응함[咸]을 감행하지 못하고 주저주저 망설임을 〈동동왕래(憧憧往來)의 동동(憧憧)〉이 암시한다. 〈동동(憧憧)〉은 마음을 딱 정하지 못해 이럴까 저럴까 왔다 갔다 불안해하는 모양을 말한다. 왜냐하면 서로 부정위(不正位) 즉 정당하지 못한[不正] 자리에 있는[位] 구사(九四 : ━)와 초륙(初六 : ╌) 사이에 정위(正位) 즉 정당한[正] 자리에 있는[位] 구삼(九三 : ━)과 육이(六二 : ╌)가 끼어 있기 때문이다. 정위(正位)에 있는 구삼(九三 : ━)과 육이(六二 : ╌)를 거슬리고서는 부정위(不正位)에 있는 구사(九四 : ━)와 초륙(初六 : ╌)이 함께 감응하기[咸]를 누리기가 어려움을 구사(九四 : ━)가 알고 있기에, 특히 구삼(九三 : ━)의 심정을 구사(九四 : ━)가 거슬리지 않고자 함을 암시하는 계사(繫辭)가 〈동동왕래(憧憧往來)〉이다.

〈붕종이사(朋從爾思)〉는 구사(九四 : ━)의 〈정(貞)〉을 거듭 암시하는 계사(繫辭)이다. 〈붕종이사(朋從爾思)의 붕(朋)〉은 붕당(朋黨) 즉 한패[朋]이니 곧 구삼(九三 : ━)과 구오(九五 : ━) 중에서 특히 구삼(九三 : ━)을 암시한다. 유유상종(類類相從) 즉 끼리끼리[類類] 서로[相] 따름[從]이 〈붕(朋)〉 즉 한패[朋]이다. 〈붕종이사(朋從爾思)〉에서 〈이사(爾思)의 이(爾)〉는 〈구사지(九四之)〉를 나타내니 〈이사(爾思)〉는 구사(九四 : ━)의 속내[思]를 말한다. 이에 구삼(九三 : ━)이 구사(九四 : ━)가 초륙(初六 : ╌)과의 〈함(咸)〉 즉 함께 감응하고자[咸] 하는 〈사(思)〉 즉 사모함[思]을 이해하고 따라주어[從], 구사(九四 : ━)와 초륙(初六 : ╌)의 〈함(咸)〉을 방해하지 않음을 암시한 계사(繫辭)가 〈붕종이사(朋從爾思)〉이다.

【字典】

정(貞) 〈바를 정(貞)-정(正), 믿을 정(貞)-신(信), 거북점을 물을 정(貞)-복문(卜問), 역(易)의 내괘(內卦) 정(貞), 마땅할 정(貞)-당(當), 정할 정(貞)-정(定), 순수할 정(貞)-전(專)-일(一)〉 등의 뜻을 내지만 여기선 〈바를 정(正), 믿을 신(信)〉 등을 합친 뜻과 같아 〈정신(正信)〉으로 여기고 새김이 마땅하다.

길(吉) 〈좋을(행복할) 길(吉)-선(善)-영(令) {영월길일(令月吉日)은 선월선일(善月善日)임.}, 복 길(吉)-실(實)-선실(善實)-복(福), 예의를 따라 상서로울 길(吉)-예의순상(禮義順祥), 삼갈 길(吉)-근(謹), 초하루 길(吉)-삭일(朔日) {삭망(朔望) 즉 초하루[朔]와 그믐날[望]}, 길례 길(吉)-길례(吉禮) {오례지일(五禮之一) 길흉빈군가(吉凶賓軍嘉)}, 갈 길(吉)-행(行)-길(趌)〉 등의 뜻을 내지만 여기선 〈좋을 선(善)-영(令)〉 즉 행복과 같다 여기고 새김이 마땅하다.

회(悔) 〈뉘우칠 회(悔)-오(懊), 거만할 회(悔)-만(慢), 한스러울 회(悔)-한(恨), 실패할 회(悔)-실(失), 후회할 회(悔)-후회(後悔), (잘못 등을) 고칠 회(悔)-개(改), 책망할 회(悔)-구(咎), 대성괘의 상체(上體) 회(悔)〉 등의 뜻을 내지만 여기선 〈뉘우칠 오(懊)〉와 같다 여기고 새김이 마땅하다. 대성괘(大成卦)의 하체(下體)를 〈정(貞)〉이라 일컫고, 상체(上體)를 〈회(悔)〉라고 일컫는다.

亡 〈무-망〉 두 가지로 발음되고, 〈없을 무(亡)-무(無), 가난할 무(亡)-빈(貧), 달아날(피할) 망(亡)-도(逃)-분(奔)-피(避)-거(去), 없어질 망(亡)-멸(滅), 죽음 망(亡)-사(死), 잃을 망(亡)-상(喪)-실(失), 업신여길 망(亡)-경멸(輕蔑), 그칠 망(亡)-지(止)-이(已), 잊을 망(亡)-망(忘)〉 등의 뜻을 내지만 여기선 〈없을 무(無)〉로 여기고 새김이 마땅하다.

동(憧) 〈뜻을 정하지 못할 동(憧)-의부정(意不定), 가고 오기를 끊지 못하는 모습 동(憧)-왕래부절모(往來不絶貌), 생각을 이랬다 저랬다 할 동(憧)-유사(游思)〉 등의 뜻을 내지만 여기선 〈뜻을 정하지 못할 의부정(意不定)〉으로 여기고 새김이 마땅하다.

왕(往) 〈갈 왕(往)-행(行)-지(之)-거(去), 이를 왕(往)-지(至), 향할 왕(往)-향(向), 옛 왕(往)-석(昔), 이따금 왕(往)-시시(時時), 뒤 왕(往)-후(後)〉 등의 뜻을 내지만 〈갈 행(行)〉과 같다 여기고 새김이 마땅하다.

래(來) 〈올 래(來)-지(至), 앞으로 래(來)-장래(將來)-미래(未來), 초치할 래(來)-초치(招致), ~부터 래(來)-자(自)-유(由), 남음이 있을 래(來)-유여(有餘), 어세를 더해주려는 조사(助詞) 래(來), 구중(句中)-구말(句末)의 조사(助詞) 래(來)〉 등의 뜻을 내지만 여기선 〈올 지(至)〉와 같다 여기고 새김이 마땅하다.

붕(朋) 〈무리 붕(朋)-군(羣), 한패 붕(朋)-당(黨)-군(羣), 벗(벗을 사귈) 붕(朋)-우

(友), 제자 붕(朋)-제자(弟子), 견줄 붕(朋)-비(比), 두 단지 붕(朋)-양준(兩樽), 패물 붕(朋)-오구(五具)〉 등의 뜻을 내지만 여기선 〈한패 당(黨)〉과 같다 여기고 새김이 마땅하다.

종(從) 〈따를 종(從)-수(隨), 받아들일 종(從)-청(聽), 맡을 종(從)-임(任), 나아갈 종(從)-취(就), 뒤좇을 종(從)-축(逐), ~부터 종(從)-자(自)〉 등의 뜻을 내지만 여기선 〈따를 수(隨)〉와 같다 여기고 새김이 마땅하다.

이(爾) 〈그(그의, 그것의) 이(爾)-기(其), 너 이(爾)-여(汝)-이(尒) {너희들(爾汝)}, 가까울 이(爾)-근(近), 오직(뿐) 이(爾)-유(唯), 그럴 이(爾)-연(然), 어조사 이(爾), ~뿐이다 이(爾)-이이(而已)〉 등의 뜻을 내지만 여기선 〈그의 기(其)〉와 같다 여기고 새김이 마땅하다. {이시(爾時)-기시(其時) 즉 그(爾) 때(時), 이여(爾餘)-기여(其餘)-기외(其外) 즉 그 외(爾餘), 그 밖에(爾餘)}

사(思) 〈생각할 사(思)-여(慮), 사모할 사(思)-모(慕)-념(念)-원(願), 슬퍼할 사(思)-비(悲), 발어사 사(思)〉 등의 뜻을 내지만 〈생각할 여(慮)〉와 같다 여기고 새김이 마땅하다.

구오(九五 : ⚊)

九五：咸其脢니 无悔리라
함 기 매 무 회

구오(九五) : 제[其] 등골로써[脢] 함께 감응하니[咸] 후회함이[悔] 없다[无].

【구오(九五)의 효상(爻象) 풀이】

함괘(咸卦 : ䷞)의 구오(九五 : ⚊)는 이양거양(以陽居陽) 즉 양(陽 : ⚊)으로써[以] 양(陽 : ⚊)의 자리에 있는지라[居] 정당한 자리에 있다. 구오(九五 : ⚊)와 상륙(上六 : ⚋)은 양음(陽陰)인지라 〈비(比)〉 즉 이웃의 사귐[比]을 누릴 수 있어서 상륙(上六 : ⚋)과 함께 감응할[咸] 수 있다. 구오(九五 : ⚊)와 육이(六二 : ⚋)는 서로 중효(中爻)이면서 정당한 자리에 있는 양음(陽陰)의 사이인지라 정응(正應) 즉 바르게[正] 호응하여[應] 함께 감응할[咸] 수 있다. 그러나 남녀가 함께 감응함

[咸]이란 하나와 누려야 하기 때문에 구오(九五 : ━)는 어느 한쪽을 택해야 하는 모습이다.

> 함괘(咸卦 : ䷞)의 구오(九五 : ━)가 육오(六五 : --)로 변효(變爻)하면 구오(九五 : ━)는 함괘(咸卦 : ䷞)를 62번째 소과괘(小過卦 : ䷽)로 지괘(之卦)하게 한다. 따라서 함괘(咸卦 : ䷞)의 구오(九五 : ━)는 소과괘(小過卦 : ䷽)의 육오(六五 : --)를 찾아가 살펴보게 한다.

【구오(九五)의 계사(繫辭) 풀이】

咸其脢(함기매) 无悔(무회)

제[其] 등골로써[脢] 함께 감응하니[咸] 후회함이[悔] 없다[无].

구오(九五 : ━)의 효위(爻位)를 빌려 암시한 계사(繫辭)이다. 〈함기매(咸其脢)〉는 〈구오여육이함기매(九五與六二咸其脢)〉 또는 〈구오여상륙함기매(九五與上六咸其脢)〉의 줄임으로 여기고, 〈육이와[與六二] 구오가[九五] 제[其] 등골로써[脢] 함께 감응한다[咸]〉라고 새겨볼 수도 있고, 〈상륙과[與上六] 구오가[九五] 제[其] 등골로써[脢] 함께 감응한다[咸]〉라고 새겨볼 수도 있다. 〈함기매(咸其脢)의 함(咸)〉은 구오(九五 : ━)와 육이(六二 : --)가 중정(中正) 즉 중효로서[中] 정위에 있으면서[正] 정응(正應) 즉 바르게[正] 서로 호응하여[應] 함께 감응함[咸]을 암시할 수도 있고, 구오(九五 : ━)와 상륙(上六 : --)이 비(比) 즉 이웃으로 사귐[比]으로써 함께 감응함[咸]을 암시할 수도 있다. 〈함기매(咸其脢)의 매(脢)〉는 구오(九五 : ━)를 신체의 부위로 말하면 함괘(咸卦 : ䷞)의 다섯째 자리 즉 군왕(君王)의 자리에 있으니, 온몸을 지탱해주는 〈매(脢)〉 즉 등골[脢]로써 취상(取象)한다. 등골[脢]이란 신체의 대간(大幹)이다. 군왕(君王)인 구오(九五 : ━)가 육이(六二 : --)와 〈함(咸)〉 즉 함께 감응할[咸] 수도 있고 상륙(上六 : --)과도 함께 감응할[咸] 수도 있음을 〈매(脢)〉로써 암시한다. 목에서 명치 끝까지 연이어 있는 뼈대가 〈매(脢)〉 즉 등골[脢]인지라 구오(九五 : ━)-상륙(上六 : --)-육이(六二 : --)가 엮어져 있음을 〈매(脢)〉가 암시한다. 이러한 〈매(脢)〉로써 구오(九五 : ━)가 위로는 상륙(上六 : ━)과도 〈함(咸)〉 즉 함께 감응함[咸]을 누릴 수 있고, 구오(九五 : ━)가 구사(九四 : ━)-구삼(九三 : ━) 너머에 멀리 있지만 〈정응(正應)〉 즉 바르게[正] 서로 호응할[應] 수 있는 육이(六二 : - -)와도 함께 감응함[咸]을 누릴 수 있음을 암시한다. 그러나 남녀 사이의 〈함(咸)〉은 둘로써만 가능하다. 따라서 구오(九五 : ━)는 상륙(上六 : - -)-육이(六二 : - -) 둘 중 어느 하나와 함께 감응해야[咸] 할 처지에 있다.

구오(九五 : ━)에게 상륙(上六 : - -)은 함괘(咸卦 : ䷞)의 상체(上體)인 태(兌 : ☱)의 극위(極位) 즉 맨 윗자리에 있을지라도 즐거운 속삭임에 능한 상대일 수 있음을 「설괘전(說卦傳)」에 나오는 〈태는[兌 : ☱] 기쁨[說]이다[也]〉, 〈태는[兌 : ☱] 입 속의 혀[口舌]이다[爲]〉라는 내용들이 환기시킨다. 상륙(上六 : - -)의 속삭임은 구오(九五 : ━)를 끌리게 할 수도 있다. 반면에 구오(九五 : ━)에게 육이(六二 : - -)는 함괘(咸卦 : ䷞)의 하체(下體)인 간(艮 : ☶)의 중효(中爻)인지라 그냥 멈추어[止] 말없이 다소곳하게 구오(九五 : ━)를 바라보고 손만 흔들고 있는 모습을 「설괘전(說卦傳)」에 나오는 〈간은[艮 : ☶] 멈춤[止]이다[也]〉, 〈간은[艮 : ☶] 손[手]이다[爲]〉라는 내용이 떠올려준다. 이렇듯 상륙(上六 : - -)과 육이(六二 : - -)를 두고 망설이는 구오(九五 : ━)에게 〈무회(无悔)〉 즉 후회할[悔] 것이 없다[无]고 암시한 계사(繫辭)는 달콤하게 속삭이는 상륙(上六 : - -)이 아니라 득중(得中) 즉 정도를 따름을[中] 취하면서[得] 멈추어 손만 흔들며 기다리는 육이(六二 : - -)를 택하여 구오(九五 : ━)가 함께 감응할[咸] 가능성이 있음을 암시하는 계사(繫辭)가 〈함기매(咸其脢) 무회(无悔)〉이다.

【字典】

함(咸) 〈감응할 함(咸)-감(感), 감통할 함(咸)-감통(感通), 빠를 함(咸)-속(速), 같을 함(咸)-동(同), 어울릴 함(咸)-화(和), 본받을 함(咸)-법(法)-칙(則), 끌 함(咸)-인(引), 포용할 함(咸)-포용(包容), 모두 함(咸)-개(皆)-실(悉), 갉아먹을 함(咸)-설(齧), 빠질 함(咸)-함(陷)〉 등의 뜻을 내지만 여기선 〈감정이 통할 감통(感通)〉으로 여기고 새김이 마땅하다.

기(其) 〈그(그것) 기(其)-피(彼)-지(之), 그(관형사) 기(其)-관형사, 그럴 기(其)-연(然), 어찌 기(其)-기(豈), 누를 기(其)-억(抑), 오히려 기(其)-상(尙)-서기(庶幾), 이에 기(其)-내(乃), 만약 기(其)-약(若), 장차 기(其)-장(將), 어조사 기(其)-어조사〉 등의 뜻을 내지만 여기선 관형사로서 〈그 기(其)〉로 여기고 새김이 마땅하다.

매(脢) 〈등살(등심) 매(脢)-배육(背肉)〉을 뜻한다.

무(无) 〈없을 무(无)-무(無), 허무지도 무(无)-허무지도(虛无之道), 으뜸 무(无)-원(元)〉 등의 뜻을 내지만 여기선 〈없을 무(無)〉와 같다 여기고 새김이 마땅하다.

회(悔) 〈뉘우칠 회(悔)-오(懊), 거만할 회(悔)-만(慢), 한스러울 회(悔)-한(恨), 실패할 회(悔)-실(失), 후회할 회(悔)-후회(後悔), (잘못 등을) 고칠 회(悔)-개(改), 책망할 회(悔)-구(咎), 대성괘의 상체(上體) 회(悔)〉 등의 뜻을 내지만 여기선 〈뉘우칠 오(懊)〉와 같다 여기고 새김이 마땅하다. 대성괘(大成卦)의 하체(下體)를 〈정(貞)〉이라 일컫고, 상체(上體)를 〈회(悔)〉라고 일컫는다.

註 태열야(兌說也) : 태는[兌 : ☱] 기쁨[說]이다[也]. 「설괘전(說卦傳)」 7단락(段落)

註 태위구설(兌爲口舌) : 태는[兌 : ☱] 입 속의 혀[口舌]이다[爲]. 「설괘전(說卦傳)」 11단락(段落)

註 간지야(艮止也) : 간은[艮 : ☶] 멈춤[止]이다[也]. 「설괘전(說卦傳)」 7단락(段落)

註 간위수(艮爲手) : 간은[艮 : ☶] 손[手]이다[爲]. 「설괘전(說卦傳)」 11단락(段落)

상륙(上六 : --)

上六 : 咸其輔頰舌이라
함 기 보 협 설

상륙(上六) : 제[其] 광대뼈와[輔] 볼과[頰] 혀로써[舌] 함께 감응한다[咸].

【상륙(上六)의 효상(爻象) 풀이】

함괘(咸卦 : ䷞)의 상륙(上六 : --)은 이음거음(以陰居陰) 즉 음(陰 : --)으로써[以] 음(陰 : --)의 자리에 있는지라[居] 정당한 자리에 있다. 상륙(上六 : --)과 구오(九五 : —)는 음양(陰陽)의 사이인지라 비(比) 즉 이웃의 사귐[比]을 누릴 수 있다. 상륙(上六 : --)과 구삼(九三 : —)은 서로 정당한 자리에 있는 음양(陰陽)의 사이인지라 정응(正應) 즉 바르게[正] 호응하는[應] 처지이다. 그러나 상륙(上六 : --)은 자신이 극위(極位)에 있음에 따라 함괘(咸卦 : ䷞)를 떠나야 하는 처지를 안타까워하는 모습이다.

함괘(咸卦 : ䷞)의 상륙(上六 : --)이 상구(上九 : —)로 변효(變爻)하면 상륙(上六 : --)은 함괘(咸卦 : ䷞)를 33번째 둔괘(遯卦 : ䷠)로 지괘(之卦)하게 한다. 따라서 함괘(咸卦 : ䷞)의 상륙(上六 : --)은 둔괘(遯卦 : ䷠)의 상구(上九 : —)를 찾아가 살펴보게 한다.

【상륙(上六)의 계사(繫辭) 풀이】

咸其輔頰舌(함기보협설)

제[其] 광대뼈와[輔] 볼과[頰] 혀로써[舌] 함께 감응한다[咸].

상륙(上六 : --)의 효위(爻位)를 빌려 암시한 계사(繫辭)이다. 〈함기보협설(咸其輔頰舌)〉은 〈상륙여구오함기보협설(上六與九五咸其輔頰舌)〉 또는 〈상륙여구삼함기보협설(上六與九三咸其輔頰舌)〉의 줄임으로 여기고 〈구오와[與九五] 상륙이[上六] 제[其] 보협설로써[輔頰舌] 함께 감응한다[咸]〉라고 새겨볼 수도 있고, 〈구삼과[與九三] 상륙이[上六] 제[其] 보협설로써[輔頰舌] 함께 감응한다[咸]〉라고 새겨볼 수도 있다. 〈함기보협설(咸其輔頰舌)의 함(咸)〉은 상륙(上六 : --)과 구오(九五 : —)가 비(比) 즉 이웃으로 사귐[比]으로써 〈함(咸)〉 즉 함께 감응함[咸]을 암시할 수도 있고, 상륙(上六 : --)과 구삼(九三 : —)이 정응(正應) 즉 바르게[正] 서로 호응하여[應] 함께 감응함[咸]을 암시할 수도 있다.

〈함기보협설(咸其輔頰舌)〉은 상륙(上六 : --)을 신체의 부위로 말하면 함괘(咸卦 : ䷞)의 극위(極位)에 있으니 신체의 맨 위쪽인 안면(顔面) 즉 낯짝[顔面]이 안성맞춤이다. 따라서 여기 〈보협설(輔頰舌)〉은 상륙(上六 : --)이 함괘(咸卦 : ䷞)의 상체(上體) 태(兌 : ☱)의 상효(上爻)이니 「설괘전(說卦傳)」에 나오는 〈태는[兌 : ☱] 입[口]이다[爲]〉라는 내용을 상기시킨다. 이에 상륙(上六 : --)을 함께 감응하기[咸]를 입을 벌리고 떠벌리는 모습으로 취상(取象)한 것이다. 〈함기보협설(咸其輔頰舌)의 보협(輔頰)〉은 양쪽의 뺨 즉 볼때기 살을 뜻하고 〈함기보협설(咸其輔頰舌)의 설(舌)〉은 혀를 뜻하지만, 〈보협설(輔頰舌)〉이란 묶어서 속어(俗語)의 구설(口舌) 즉 혀를 놀려 떠벌린다[口舌]는 흉잡히는 말투를 말한다. 음(陰 : --)의 속성은 유(柔) 즉 부드럽고[柔] 열(悅) 즉 기뻐함[說]이다. 상륙(上六 : --)은 극위(極位)에 있는지라 그 부드러움이[柔] 지나치고[極] 그 기쁨도[悅] 지나쳐[極] 상륙(上

六 : --)의 〈함(咸)〉 즉 함께 감응하기[咸] 역시 극심(極甚)하다. 극심하면 천도(天道) 즉 자연의[天] 도리[道]에 어긋나 흉하게 마련이다. 극유(極柔)하고 극열(極悅)한 〈함(咸)〉 즉 함께 감응함[咸]은 지성(至誠)으로 누리지 못하고 입으로써 떠벌림이니 상륙(上六 : --)이 진정으로 함께 감응하기[咸]를 저버리고 경망스러움을 밝힌 계사(繫辭)가 〈함기보협설(咸其輔頰舌)〉이다.

【 字 典 】

함(咸) 〈감응할 함(咸)-감(感), 감통할 함(咸)-감통(感通), 빠를 함(咸)-속(速), 같을 함(咸)-동(同), 어울릴 함(咸)-화(和), 본받을 함(咸)-법(法)-칙(則), 끌 함(咸)-인(引), 포용할 함(咸)-포용(包容), 모두 함(咸)-개(皆)-실(悉), 갉아먹을 함(咸)-설(齧), 빠질 함(咸)-함(陷)〉 등의 뜻을 내지만 여기선 〈감정이 통할 감통(感通)〉으로 여기고 새김이 마땅하다.

기(其) 〈그(그것) 기(其)-피(彼)-지(之), 그(관형사) 기(其)-관형사(冠形詞), 그럴 기(其)-연(然), 어찌 기(其)-기(豈), 누를 기(其)-억(抑), 오히려 기(其)-상(尙)-서기(庶幾), 이에 기(其)-내(乃), 만약 기(其)-약(若), 장차 기(其)-장(將), 어조사 기(其)-어조사〉 등의 뜻을 내지만 여기선 관형사로서 〈그 기(其)〉로 여기고 새김이 마땅하다.

보(輔) 〈광대뼈 보(輔)-협골(頰骨)-인협거(人頰車), 도울 보(輔)-필(弼)-조(助)-좌(佐), 떠받칠 보(輔)-부(扶), 벗 보(輔)-우(友), 부사 보(輔)-부사(副使), 수레덧방나무 보(輔)-협거지목(夾車之木)〉 등의 뜻을 내지만 여기선 〈광대뼈 협골(頰骨)〉로 여기고 새김이 마땅하다.

협(頰) 〈뺨 협(頰)-면양방(面兩旁), 천천히 말할 협(頰)-완완언설(緩緩言說)〉 등의 뜻을 내지만 여기선 〈뺨 면양방(面兩旁)〉으로 여기고 새김이 마땅하다.

설(舌) 〈(말하고 맛보는) 혀 설(舌)-재구소이언어변미(在口所以言語辨味)〉를 뜻한다.

註 태위구(兌爲口) : 태는[兌 : ☱] 입[口]이다[爲]. 「설괘전(說卦傳)」 9단락(段落)

항괘 恒卦

32

1 괘의 괘상과 계사

항괘(恒卦 : ䷟)

손하진상(巽下震上) : 아래는[下] 손(巽 : ☴), 위는[上] 진(震 : ☳).

뇌풍항(雷風恒) : 우레와[雷] 바람은[風] 항이다[恒].

恒亨하고 无咎하며 利貞하다 利有攸往하니라
항 형 무 구 이 정 이 유 유 왕

항구함은[恒] 통하고[亨] 허물이[咎] 없으며[无] 진실로 미더워[貞] 이롭다[利]. 갈[往] 데가[攸] 있으면[有] 이롭다[利].

【항괘(恒卦 : ䷟)의 괘상(卦象) 풀이】

앞 함괘(咸卦 : ䷞)의 〈함(咸)〉은 함께 감응함[咸]이다. 이에 「서괘전(序卦傳)」에 〈부부의[夫婦之] 도리는[道] 오래지 않을[不久] 수 없는 것[不可以]이다[也] 그래서[故] 항괘(恒卦 : ䷟)로써[以] 그것을[之] 받는다[受]〉라는 말이 나온다. 이는 함괘(咸卦 : ䷞) 뒤에 항괘(恒卦 : ䷟)가 오는 까닭을 밝힌다. 항괘(恒卦 : ䷟)의 〈항(恒)〉이란 구(久) 즉 오램[久]을 말한다. 여기 〈구(久)〉란 〈길 영(永)〉과 같다. 항괘(恒卦 : ䷟)의 하체(下體)는 손(巽 : ☴)이고 상체(上體)는 진(震 : ☳)이다. 『주역(周易)』의 상경(上經)은 건괘(乾卦 : ䷀)와 곤괘(坤卦 : ䷁)로 시작된다. 건괘(乾卦 : ䷀)는 천(天) 즉 하늘[天]이고, 곤괘(坤卦 : ䷁)는 지(地) 즉 땅[地]이다. 건괘(乾卦 : ䷀)와 곤괘(坤卦 : ䷁)는 천도(天道) 즉 자연의[天] 도리[道]를 밝힌다. 천도(天道)를 따라 본받는 것이 인도(人道)이다. 『주역(周易)』의 하경(下經)은 함괘(咸卦 : ䷞)와 항괘(恒卦 : ䷟)로 시작된다. 함괘(咸卦 : ䷞)는 남녀(男女)가 〈함(咸)〉 즉 함께 감응함[咸]으로써 인도(人道)를 밝히고, 항괘(恒卦 : ䷟)는 남녀(男女)가 부부(夫婦)가 됨으로써 인간의[人] 도리[道]를 밝힌다. 따라서 천지(天地)-음양(陰陽)-자웅(雌雄) 등의 〈함(咸)〉 즉 감응하기[咸]를 밝힌 함괘(咸卦 : ䷞) 다음에 부부의[夫婦之] 도리[道]를 밝히는 항괘(恒卦 : ䷟)가 온 것이다.

항괘(恒卦 : ䷟)의 초륙(初六 : ⚋)과 구사(九四 : ⚊)는 〈정응(正應)〉 즉 바르게[正] 호응하여[應] 음양상화(陰陽相和)를 누리고, 구이(九二 : ⚊)는 육오(六五 : ⚋)와 〈정응(正應)〉으로 음양상화(陰陽相和)를 누리는 모습이며, 구삼(九三 : ⚊)은 상륙(上六 : ⚋)과 〈정응(正應)〉으로 음양상화(陰陽相和)를 누리는 모습이다. 이런 모습을 묶어 항괘(恒卦 : ䷟)는 하체(下體) 손(巽 : ☴)의 장녀(長女)와 상체(上體) 진(震 : ☳)의 장남(長男)이 결혼하여 부부가 된 모습이다. 이처럼 항괘(恒卦 : ䷟)의 육효(六爻)가 저마다 음양(陰陽) 즉 강유(剛柔)가 상화(相和)하니, 항괘(恒卦 : ䷟)의 괘상(卦象)은 항괘(恒卦 : ䷟)의 하체(下體)인 손(巽 : ☴)은 음(陰 : ⚋)이고 부드럽고[柔] 장녀(長女)이며, 상체(上體)인 진(震 : ☳)은 양(陽 : ⚊)이며 굳세고[剛] 장남(長男)이어서 서로 부부가 되는 모습이다. 천도(天道) 즉 자연의[天] 도리[道]인 음양상화(陰陽相和)를 본받음이 남녀상화(男女相和)인 결혼이다. 항괘(恒卦 : ䷟)의 상체(上體) 진(震 : ☳)의 장남(長男)은 상체(上體) 즉 밖에서[外] 남편으로서 능동적으로 움직이고, 하체(下體) 손(巽 : ☴)의 장녀(長女)는 하체(下體) 즉 안에서[內] 아내가 되어 수동적으로 따라 조화를 이루는 결혼의 모습임을 빌려 항괘(恒卦 : ䷟)라 칭명(稱名)한다.

【항괘(恒卦 : ䷟)의 계사(繫辭) 풀이】

恒亨(항형) 无咎(무구) 利貞(이정)

항구함은[恒] 통하고[亨] 허물이[咎] 없으며[无] 진실로 미더워[貞] 이롭다[利].

항괘(恒卦 : ䷟)의 주제인 〈항(恒)〉은 오램[恒]을 암시한다. 〈항형(恒亨)〉은 〈항괘지항형(恒卦之恒亨)〉의 줄임으로 여기고 〈항괘의[恒卦之] 오램이[恒] 통한다[亨]〉라고 새겨볼 것이다. 항괘(恒卦 : ䷟)의 주제인 〈항(恒)〉의 시국에서 오램[恒]이란 하체(下體) 손(巽 : ☴)의 초륙(初六 : ⚋)과 상체(上體) 진(震 : ☳)의 구사(九四 : ⚊), 하체(下體) 손(巽 : ☴)의 구이(九二 : ⚊)와 상체(上體) 진(震 : ☳)의 육오(六五 : --), 그리고 하체(下體) 손(巽 : ☴)의 구삼(九三 : ━)과 상체(上體) 진(震 : ☳)의 상륙(上六 : --) 등의 음양(陰陽)의 정응(正應)과 같이 손(巽 : ☴)의 장녀(長女)와 진(震 : ☳)의 장남(長男)이 부부(夫婦)가 되어 부창부수(夫唱婦隨) 즉 남편이[夫] 부르면[唱] 아내가[婦] 따르는[隨] 부부의 인도(人道)를 암시한 것이 〈항형(恒亨)〉이다. 많은 사람들 중에서 한 남자와 한 여자가 부부가 되어 항상 변함없이[恒] 행복과 불행을 함께 나누는 마음가짐에는 막힘없이 두루 통함[亨]을 암시한 것이 〈항형(恒亨)〉이다.

이와 같은 〈형(亨)〉 즉 통함[亨]에는 허물이[咎] 있을 리 없음[无]을 암시한 계사(繫辭)가 〈무구(无咎)〉이다. 〈무구(无咎)〉는 곧 〈정(貞)〉의 드러남이다. 〈정(貞)〉이란 정신(正信) 즉 바르고[正] 미더워[信] 공정(公正)한 마음가짐인지라, 수중(守中) 즉 정도를 따름을[中] 지키기[守]를 잊지 않는 〈정(貞)〉이라면 이로울[利] 뿐임을 헤아려 깨우치게 하는 계사(繫辭)가 〈항형(恒亨) 무구(无咎) 이정(利貞)〉이다.

利有攸往(이유유왕)

갈[往] 데가[攸] 있으면[有] 이롭다[利].

항괘(恒卦 : ䷟)의 주제인 〈항(恒)〉을 거듭 암시하는 계사(繫辭)이다. 〈이유유왕(利有攸往)〉은 〈이유항지유왕(利有恒之攸往)〉의 줄임으로 여기고 〈오랩이[恒之] 갈[往] 데가[攸] 있으니[有] 이롭다[利]〉라고 새겨볼 것이다. 음양상화(陰陽相和)의 천도(天道)를 본받아 남녀(男女)가 부부가 되어 인생항로(人生航路)를 일구어 니이 갈[往] 데가[攸] 있으니[有] 이롭다[利]고 암시한 것이 〈이유유왕(利有攸往)〉이다. 〈항(恒)〉은 〈忄〉과 〈亘〉의 회의자(會意字)이다. 왼쪽의 〈심(忄)〉은 세 사람을 말하고, 〈왈(曰)〉의 위아래로 가로 그어진 〈일(一)〉은 두 강변(江邊)을 말하며, 그 가운데 있는 〈왈(曰)〉은 〈배 주(舟)〉 즉 배[舟]를 말한다. 〈심(忄)〉의 세 사람이란 많은 사람들을 뜻한다. 한 부부의 인생살이란 많은 사람들과 함께 한 배를 타고 강(江)이라는 큰물을 건넘과 같음을 뜻함이 〈항(恒)〉의 자의(字意)인 셈이다. 『주역(周易)』의 시대에 배를 타고 강물을 건너는 일은 매우 험난한 일로 여겼다. 부부의 일생이란 많은 사람들과 함께 배를 타고 인생이라는 강물을 건너감과 같다는 것이다. 그래서 같은 배를 탄 사람은 화복(禍福)을 함께 나눈다는 말이 생긴 것이다.

이처럼 변함없는 마음으로 모두 함께 강물 위에 뜬 배를 저어 강물을 건너간다는 뜻을 담고 있는 글자가 〈항(恒)〉임을 연상한다면 부부의 인생항로(人生航路)가 간직하는 깊은 뜻을 깨닫게 하는 계사(繫辭)가 〈이유유왕(利有攸往)〉이다.

【字典】

항(恒) 〈항상 항(恒)-상(常), 늘 항(恒)-구(久), 일찍 항(恒)-상(嘗)-증(曾), 편안히 머물 항(恒)-안거(安居), 언제든지 항(恒)-평소(平素)〉 등의 뜻을 내지만 여기선 〈항상 상(常), 늘 구(久)〉 등과 같아 〈상구(常久)〉로 여기고 새김이 마땅하다.

亨 〈향-형-팽〉 등으로 발음되고, 〈통할 형(亨)-통(通), 남을 형(亨)-여(餘), 드릴 향(亨)-헌(獻), 삶을 팽(亨)-자(煮)-팽(烹)〉 등의 뜻을 내지만 여기선 〈통할 통(通)〉과 같다 여기고 새김이 마땅하다.

무(无) 〈없을 무(无)-무(無), 허무지도 무(无)-허무지도(虛无之道), 으뜸 무(无)-원(元)〉 등의 뜻을 내지만 여기선 〈없을 무(無)〉와 같다 여기고 새김이 마땅하다.

구(咎) 〈허물 구(咎)-건(愆)-과(過), 재앙 구(咎)-재(災), 병될 구(咎)-병(病), 나쁠 구(咎)-오(惡)〉 등의 뜻을 내지만 여기선 〈허물 건(愆)-과(過)〉와 같다 여기고 새김이 마땅하다. 〈무구(无咎)〉는 〈면어구(免於咎)〉 즉 허물을[於咎] 면하다[免]와 같다.

이(利) 〈만물로 하여금 삶을 이루어가게 하는 덕(德)의 이로울 이(利)-사만물수생지덕(使萬物遂生之德), 날카로울 이(利)-예(銳)-섬(銛), 질병 이(利)-질(疾), 통할 이(利)-통(通)-순(順), 좋을 이(利)-길(吉)-의(宜), 편리할 이(利)-편(便), 마름해 만들어 이룰 이(利)-재성(裁成), 탐할 이(利)-탐(貪), 구할(취할) 이(利)-구(求)-취(取), 좋아할 이(利)-열애(悅愛), 이로울 이(利)-익(益), 기교 이(利)-교(巧), 보람 이(利)-공용(功用), 지세가 험하고 중요한 이(利)-험요(險要), 이길 이(利)-승(勝), 어질 이(利)-인(仁)〉 등의 뜻을 내지만 여기선 〈사만물수생지덕(使萬物遂生之德) 즉 만물로 하여금 삶을 이루어가게 하는 덕(德)의 이로움〉으로 새김이 마땅하다. 〈利〉가 맨 앞에 오면 〈이〉로 발음되고, 중간이나 뒤에 오면 〈리〉로 발음된다.

정(貞) 〈바를 정(貞)-정(正), 믿을 정(貞)-신(信), 거북점을 물을 정(貞)-복문(卜問), 역(易)의 내괘(內卦) 정(貞), 마땅할 정(貞)-당(當), 정할 정(貞)-정(定), 순수할 정(貞)-전(專)-일(一)〉 등의 뜻을 내지만 여기선 〈바를 정(正), 믿을 신(信)〉 등을 합친 뜻과 같아 〈정신(正信)〉으로 여기고 새김이 마땅하다.

유(有) 〈없을 무(無)의 반대말로 있을 유(有), 얻을(가질) 유(有)-취(取), 혹 유(有)-혹(或), 많을 유(有)-다(多)-족(足), 부유할 유(有)-부(富), 간직할 유(有)-장(藏), 보호할 유(有)-보(保), 서로 친할 유(有)-상친(相親), 전일할 유(有)-전(專), 할 유(有)-위(爲), 어조사 유(有)〉 등의 뜻을 내지만 〈있을 유(有)〉로 여기고 새김이 마땅하다.

유(攸) 〈곳(바) 유(攸)-소(所), 흘러가는 물 유(攸)-행수(行水), 아득할 유(攸)-장원(長遠)-유(悠), 닦을 유(攸)-수(修), 터득한 모습 유(攸)-자득모(自得貌), 빠를 유(攸)-숙(儵), 대롱거릴 유(攸)-현위모(懸危貌), 수심에 찬 모습 유(攸)-수모(愁貌)〉 등의 뜻을 내지만 여기선 〈곳 소(所)〉와 같다 여기고 새김이 마땅하다.

왕(往) 〈갈 왕(往)-행(行)-지(之)-거(去), 이를 왕(往)-지(至), 향할 왕(往)-향(向), 옛 왕(往)-석(昔), 이따금 왕(往)-시시(時時), 뒤 왕(往)-후(後)〉 등의 뜻을 내지만 〈갈 행(行)〉과 같다 여기고 새김이 마땅하다.

註 진일색이득남(震一索而得男) 고(故) 위지장남(謂之長男) 손일색이득녀(巽一索而得女) 고(故) 위지장녀(謂之長女) : 진은[震 : ☳] 한번[一] 구해서[索而] 아들을[男] 얻는다[得]. 그래서[故] 진을[之] 큰아들이라[長男] 한다[謂]. 손은[巽 : ☴] 한번[一] 구해서[索而] 딸을[女] 얻는다[得]. 그래서[故] 손을[之] 큰딸이라[長女] 한다[謂]. 「설괘전(說卦傳)」 10단락(段落)

2 효의 효상과 계사

初六 : 浚恒이라 貞凶하니 无攸利하니라
준항 정흉 무유리

九二 : 悔亡하리라
회무

九三 : 不恒其德이라 或承之羞니 貞吝하리라
불항기덕 혹승지수 정린

九四 : 田无禽이니라
전무금

六五 : 恒其德이니 貞하나 婦人吉하고 夫子凶하리라
항기덕 정 부인길 부자흉

上六 : 振恒이니 凶하니라
진항 흉

초륙(初六) : 깊은[浚] 오램이라[恒] 진실로 미더워도[貞] 나쁘니[凶] 이로울[利] 바가[攸] 없다[无].

구이(九二) : 후회함이[悔] 없으리라[亡].

구삼(九三) : 자신의[其] 덕을[德] 오래하지 못해[不恒] 그에게[之] 부끄러움으로[羞] 혹[或] 이어질 수 있으니[承] 진실로 미더워도[貞] 수치스럽다[吝].

구사(九四) : 사냥하는데[田] 새가[禽] 없다[无].

육오(六五) : 그[其] 덕을[德] 오래함이니[恒] 진실로 미더우나[貞] 아내는[婦人] 좋고[吉] 남편은[夫子] 나쁘다[凶].

상륙(上六) : 떨치려는[振] 오램이니[恒] 나쁘다[凶].

초륙(初六 : --)

初六 : 浚恒이라 **貞凶**하니 **无攸利**하니라
준항 정흉 무유리

초륙(初六) : 깊은[浚] 오램이라[恒] 진실로 미더워도[貞] 나쁘니[凶] 이로울[利] 바가[攸] 없다[无].

【초륙(初六)의 효상(爻象) 풀이】

항괘(恒卦 : ䷟)의 초륙(初六 : --)은 이음거양(以陰居陽) 즉 음(陰 : --)으로써[以] 양(陽 : ㅡ)의 자리에 있는지라[居] 정당한 자리에 있지 못하다. 초륙(初六 : --)과 구이(九二 : ㅡ)는 음양(陰陽)의 사이인지라 〈비(比)〉 즉 이웃의 사귐[比]을 누릴 수 있다. 초륙(初六 : --)과 구사(九四 : ㅡ)도 음양(陰陽)인지라 〈정응(正應)〉 즉 바르게[正] 서로 호응하는[應] 모습이다. 초륙(初六 : --)은 항괘(恒卦 : ䷟)의 하체(下體) 손(巽 : ☴)의 초효(初爻)이니 불기 시작하는 풍(風) 즉 바람[風]이다. 「설괘전(說卦傳)」에 〈손은[巽 : ☴] 바람[風]이다[爲]〉라는 내용이 나온다. 바람은 얕은 데서부터 깊은 데로 불어간다. 〈준항(浚恒)〉으로 미루어 초륙(初六 : --)이 이러한 바람의 순리를 벗어나 먼저 깊은 데로 불어가려는 모습이다.

> 항괘(恒卦 : ䷟)의 초륙(初六 : --)이 초구(初九 : ㅡ)로 변효(變爻)하면 초륙(初六 : --)은 항괘(恒卦 : ䷟)를 34번째 대장괘(大壯卦 : ䷡)로 지괘(之卦)하게 한다. 따라서 항괘(恒卦 : ䷟)의 초륙(初六 : --)은 대장괘(大壯卦 : ䷡)의 초구(初九 : ㅡ)를 찾아가 살펴보게 한다.

【초륙(初六)의 계사(繫辭) 풀이】

浚恒(준항)

깊은[浚] 오램이다[恒].

초륙(初六 : --)의 효위(爻位)를 빌려 암시한 계사(繫辭)이다. 〈준항(浚恒)〉은 〈초륙지구구사지정응준항(初六之求九四之正應浚恒)〉의 줄임으로 여기고 〈초륙이

[初六之] 구사의[九四之] 정응을[正應] 구함이[求] 깊은[浚] 오램이다[恒]〉라고 새겨볼 것이다. 〈준항(浚恒)의 준(浚)〉은 〈깊을 심(深)〉과 같고, 〈항(恒)〉은 〈오랠 구(久)〉와 같다. 초륙(初六 : ⚋)과 구사(九四 : ⚊)가 누리는 정응(正應) 즉 바르게[正] 호응하기[應]를 초륙(初六 : ⚋)이 깊이[浚] 바란 지가 오래임[恒]을 〈준항(浚恒)〉이 암시한다. 〈준항(浚恒)의 준(浚)〉은 초륙(初六 : ⚋)이 바로 위에 있는 구이(九二 : ⚊)와 비(比) 즉 이웃의 사귐[比]으로써 〈항(恒)〉 즉 오램[恒]을 누리기보다, 멀리 떨어져 있는 구사(九四 : ⚊)와 정응(正應) 즉 바르게[正] 호응함[應]으로써 〈항(恒)〉을 서둘러 누리고자 함을 암시한다. 이에 〈준항(浚恒)의 준(浚)〉이 「설괘전(說卦傳)」에 나오는 〈손은[巽 : ☴] 끝내[究] 조급한[躁] 괘(卦)이다[爲]〉라는 내용을 상기시킨다. 초륙(初六 : ⚋)은 항괘(恒卦 : ䷟)의 하체(下體) 손(巽 : ☴)의 초효(初爻)이다. 초륙(初六 : ⚋)은 초효(初爻)로서 구심(求深) 즉 깊은 데를[深] 처음부터 추구할[求] 처지가 못 됨을 암시한 계사(繫辭)가 〈준항(浚恒)〉이다.

貞凶(정흉)

진실로 미더워도[貞] 나쁘다[凶].

〈정흉(貞凶)〉은 앞의 〈준항(浚恒)의 준(浚)〉을 꾸짖는 계사(繫辭)이다. 〈수초륙지준항정(雖初六之浚恒貞) 기정흉(其貞凶)〉의 줄임으로 여기고 〈비록[雖] 초륙의[初六之] 준항이[浚恒] 진실로 미덥다 할지라도[貞] 그러한[其] 미더움은[貞] 나쁘다[凶]〉라고 새겨볼 것이다. 초륙(初六 : ⚋)은 시작하는 자리에 있다. 가까이에서부터 멀리 가고 낮은 데서부터 높은 데로 올라가며 얕은 데서부터 깊은 데로 들어감이 시작의 순리(順理)이다. 이러한 순리를 따라야 함에도 불구하고, 초륙(初六 : ⚋)이 대뜸 〈준항(浚恒)〉 즉 깊은[浚] 오램[恒]을 바라는 마음가짐이 진실로 미덥다[貞] 해도 〈흉(凶)〉 즉 나쁘다[凶]고 암시한 계사(繫辭)가 〈정흉(貞凶)〉이다.

无攸利(무유리)

이로울[利] 바가[攸] 없다[无].

〈무유리(无攸利)〉는 거듭해 〈준항(浚恒)〉이 〈흉(凶)〉함을 암시한 계사(繫辭)이다. 〈무유리(无攸利)〉는 〈초륙지준항무유리(初六之浚恒无攸利)〉의 줄임으로 여기고 〈초륙의[初六之] 준항에는[浚恒] 이로울[利] 바가[攸] 없다[无]〉라고 새겨볼 것이다. 시작의 자리에 있으면서도 초륙(初六 : --)이 가까이 있는 구이(九二 : ―)와 〈비(比)〉 즉 이웃의 사귐[比]으로써 오램[恒]을 구하기보다는 멀리 있는 구사(九四 : ―)와 〈정응(正應)〉 즉 바르게[正] 서로 호응함[應]으로써 깊은[浚] 오램[恒]을 구하려 하니, 초륙(初六 : --)의 바로 위 구이(九二 : ―)와 구삼(九三 : ―)이 도와줄 리 없다. 일이란 점진(漸進) 즉 하나하나 밟아[漸] 나아가면서[進] 참을성을 갖고 순리(順理)를 따라가야 이로운[利] 바[攸]가 있지, 성급히 제 욕심대로 서둘러서는 될 일도 그르쳐지고 급기야는 깨져버림이 천도(天道) 즉 자연의[天] 규율[道]이다. 따라서 깊은[浚] 오램[恒]을 구함이 진실로 미덥다[貞] 할지라도 순리를 어기면서 〈준(浚)〉을 추구할수록 이로울[利] 바가[攸] 없음[无]을 암시한 계사(繫辭)가 〈무유리(无攸利)〉이다.

【字典】

준(浚) 〈깊을 준(浚)-심(深), 퍼낼 준(浚)-서(抒)-읍(挹), (짜내서) 취할 준(浚)-취(取)-전(煎)-자취(榨取), 모름지기 준(浚)-수(須), 받들 준(浚)-경(敬), 클 준(浚)-대(大), 팔(파낼) 준(浚)-굴(堀)〉 등의 뜻을 내지만 여기선 〈깊을 심(深)〉과 같고 〈구심(求深)〉 즉 깊음을[深] 구함[求]이라는 뜻으로 새김이 마땅하다.

항(恒) 〈항상 항(恒)-상(常), 늘 항(恒)-구(久), 일찍 항(恒)-상(嘗)-증(曾), 편안히 머물 항(恒)-안거(安居), 언제든지 항(恒)-평소(平素)〉 등의 뜻을 내지만 여기선 〈항상 상(常), 늘 구(久)〉 등과 같아 〈상구(常久)〉로 여기고 새김이 마땅하다.

정(貞) 〈바를 정(貞)-정(正), 믿을 정(貞)-신(信), 거북점을 물을 정(貞)-복문(卜問), 역(易)의 내괘(內卦) 정(貞), 마땅할 정(貞)-당(當), 정할 정(貞)-정(定), 순수할 정(貞)-전(專)-일(一)〉 등의 뜻을 내지만 여기선 〈바를 정(正), 믿을 신(信)〉 등을 합친 뜻과 같아 〈정신(正信)〉 즉 바르고[正] 미더움[信]으로 새김이 마땅하다.

흉(凶) 〈불행할(흉할) 흉(凶)-길지반(吉之反), 흉한 사람 흉(凶)-흉인(凶人), 나쁠 흉(凶)-오(惡), 재앙 흉(凶)-화(禍), 요사할 흉(凶)-요사(夭死), 걱정할 흉(凶)-우(憂)-구(懼), 악한 사람 흉(凶)-악인(惡人), 흉년 흉(凶)-연곡불숙(年穀不熟), 사나울 흉(凶)-포학(暴虐), 음기 흉(凶)-음기(陰氣), 북쪽 흉(凶)-북(北), 없을 흉(凶)-공(空), 송사 흉(凶)-송(訟), 거역할 흉(凶)-역(逆), 어그러질 흉(凶)-패(悖), 허물 흉(凶)-구(咎)〉 등의 뜻을

내지만 여기선 〈불행할(흉할) 길지반(吉之反)〉으로 여기고 새김이 마땅하다.

무(无) 〈없을 무(无)-무(無), 허무지도 무(无)-허무지도(虛无之道), 으뜸 무(无)-원(元)〉 등의 뜻을 내지만 여기선 〈없을 무(無)〉와 같다 여기고 새김이 마땅하다.

유(攸) 〈곳(바) 유(攸)-소(所), 흘러가는 물 유(攸)-행수(行水), 아득할 유(攸)-장원(長遠)-유(悠), 닦을 유(攸)-수(修), 터득한 모습 유(攸)-자득모(自得貌), 빠를 유(攸)-숙(儵), 대롱거릴 유(攸)-현위모(懸危貌), 수심에 찬 모습 유(攸)-수모(愁貌)〉 등의 뜻을 내지만 여기선 〈곳 소(所)〉와 같다 여기고 새김이 마땅하다.

이(利) 〈만물로 하여금 삶을 이루어가게 하는 덕(德)의 이로울 이(利)-사만물수생지덕(使萬物遂生之德), 날카로울 이(利)-예(銳)-섬(銛), 질병 이(利)-질(疾), 통할 이(利)-통(通)-순(順), 좋을 이(利)-길(吉)-의(宜), 편리할 이(利)-편(便), 마름해 만들어 이룰 이(利)-재성(裁成), 탐할 이(利)-탐(貪), 구할(취할) 이(利)-구(求)-취(取), 좋아할 이(利)-열애(悅愛), 이로울 이(利)-익(益), 기교 이(利)-교(巧), 보람 이(利)-공용(功用), 지세가 험하고 중요한 이(利)-험요(險要), 이길 이(利)-승(勝), 어질 이(利)-인(仁)〉 등의 뜻을 내지만 여기선 〈이로울 이(利)〉로 여기고 새김이 마땅하다. 〈利〉가 맨 앞에 오면 〈이〉로 발음되고, 중간이나 뒤에 오면 〈리〉로 발음된다.

註 기구위조괘(其究爲躁卦) : 그것은[其] 끝내[究] 조급한[躁] 괘(卦)이다[爲]. 여기 〈기(其)〉는 손(巽 : ☴)을 나타내는 지시어다. 「설괘전(說卦傳)」 11단락(段落)

구이(九二 : ⚊)

九二 : 悔亡하리라
회 무

구이(九二) : 후회함이[悔] 없으리라[亡].

【구이(九二)의 효상(爻象) 풀이】

항괘(恒卦 : ䷟)의 구이(九二 : ⚊)는 이양거음(以陽居陰) 즉 양(陽 : ⚊)으로써[以] 음(陰 : ⚋)의 자리에 있는지라[居] 정당한 자리에 있지 못하다. 구이(九二 :

—)와 구삼(九三 : —)은 양양(兩陽) 즉 둘 다[兩] 양(陽 : —)의 사이인지라 〈비(比)〉 즉 이웃의 사귐[比]을 누리지 못한다. 구이(九二 : —)와 육오(六五 : --)는 양음(陽陰)의 사이인지라 중부정(中不正) 즉 중효[中]로서 정당한 자리에 있지 않지만[不正] 〈정응(正應)〉 즉 바르게[正] 서로 호응하는[應] 모습이다. 구이(九二 : —)가 육오(六五 : --)와 정응(正應)을 누림을 만족해하는 모습이다.

> 항괘(恒卦 : ䷟)의 구이(九二 : —)가 육이(六二 : --)로 변효(變爻)하면 구이(九二 : —)는 항괘(恒卦 : ䷟)를 62번째 소과괘(小過卦 : ䷽)로 지괘(之卦)하게 한다. 따라서 항괘(恒卦 : ䷟)의 구이(九二 : —)는 소과괘(小過卦 : ䷽)의 육이(六二 : --)를 찾아가 살펴보게 한다.

【구이(九二)의 계사(繫辭) 풀이】

悔亡(회무)

후회함이[悔] 없으리라[亡].

구이(九二 : —)의 효위(爻位)를 빌려 암시한 계사(繫辭)이다. 〈회무(悔亡)〉는 〈회무어구이(悔亡於九二)〉의 줄임으로 여기고 〈구이에게는[於九二] 후회할 것이[悔] 없다[亡]〉라고 새겨볼 것이다. 〈회무(悔亡)의 무(亡)〉는 〈없을 무(無)〉와 같다. 구이(九二 : —)는 항괘(恒卦 : ䷟)의 하체(下體)인 손(巽 : ☴)의 중효(中爻)로서 강(剛) 즉 굳세되[剛] 자신이 음위(陰位)에 있음을 인지하고 득중(得中) 즉 정도를 따름을[中] 취함[得]으로써 편강(偏剛) 즉 굳셈에[剛] 치우침[偏]을 범하지 않는다. 따라서 구이(九二 : —)가 육오(六五 : --)와 정응(正應)을 누리고자 상행(上行)하려 함에 그 사이에 역시 강효(剛爻)인 구삼(九三 : —)과 구사(九四 : —)가 있어서 순탄치만은 않지만, 하체(下體)의 중효(中爻)로서 득중(得中)함인지라 후회할 것이[悔] 없음[亡]을 암시한 계사(繫辭)가 〈회무(悔亡)〉이다.

【字典】

회(悔) 〈뉘우칠 회(悔)-한(恨), 허물할 회(悔)-구(咎), 업신여길 회(悔)-만(慢)〉 등의 뜻을 내지만 여기선 〈뉘우칠 한(恨)〉과 같아 회한(悔恨)의 줄임으로 여기고 새김이 마땅하다.

亡 〈무-망〉 두 가지로 발음되고, 〈없을 무(亡)-무(無), 가난할 무(亡)-빈(貧),

달아날(피할) 망(亡)-도(逃)-분(奔)-피(避)-거(去), 없어질 망(亡)-멸(滅), 죽음 망(亡)-사(死), 잃을 망(亡)-상(喪)-실(失), 업신여길 망(亡)-경멸(輕蔑), 그칠 망(亡)-지(止)-이(已), 잊을 망(亡)-망(忘)〉 등의 뜻을 내지만 여기선 〈없을 무(無)〉로 여기고 새김이 마땅하다.

구삼(九三 : ━)

九三 : 不恒其德이라 或承之羞니 貞吝하리라
불항기덕 혹승지수 정린

구삼(九三) : 자신의[其] 덕을[德] 오래하지 못해[不恒] 그에게[之] 부끄러움으로[羞] 혹[或] 이어질 수 있으니[承] 진실로 미더워도[貞] 수치스럽다[吝].

【구삼(九三)의 효상(爻象) 풀이】

항괘(恒卦 : ䷟)의 구삼(九三 : ━)은 이양거양(以陽居陽) 즉 양(陽 : ━)으로써[以] 양(陽 : ━)의 자리에 있는지라[居] 정당한 자리에 있다. 구삼(九三 : ━)은 구이(九二 : ━)와 구사(九四 : ━)와는 제양(諸陽) 즉 모두 다[諸] 양(陽 : ━)인지라 상충(相衝) 즉 서로[相] 부딪쳐[衝] 〈비(比)〉 즉 이웃의 사귐[比]을 누리지 못한다. 그러나 구삼(九三 : ━)과 상륙(上六 : --)은 양음(陽陰)의 사이인지라 〈정응(正應)〉 즉 바르게[正] 서로 호응함[應]을 누릴 수는 있지만, 서로 항괘(恒卦 : ䷟) 상하체(上下體)의 상효(上爻)인지라 만족하기 어려운 처지이다. 뿐만 아니라 항괘(恒卦 : ䷟)의 하체(下體) 손(巽 : ☴)의 중위(中位)를 벗어난 강강(剛强)한 구삼(九三 : ━)이 상행(上行)하고자 하지만 아래로 구이(九二 : ━)와 위로 구사(九四 : ━)의 사이에 끼어 있는지라 뜻을 이루기가 어려운 모습이다.

항괘(恒卦 : ䷟)의 구삼(九三 : ━)이 육삼(六三 : --)으로 변효(變爻)하면 구삼(九三 : ━)은 항괘(恒卦 : ䷟)를 40번째 해괘(解卦 : ䷧)로 지괘(之卦)하게 한다. 따라서 항괘(恒卦 : ䷟)의 구삼(九三 : ━)은 해괘(解卦 : ䷧)의 육삼(六三 : --)을 찾아가 살펴보게 한다.

【구삼(九三)의 계사(繫辭) 풀이】

不恒其德(불항기덕)

자신의[其] 덕을[德] 오래하지 못한다[不恒].

구삼(九三 : ⚊)의 효위(爻位)를 빌려 암시한 계사(繫辭)이다. 〈불항기덕(不恒其德)〉은 〈구삼불항기덕(九三不恒其德)〉의 줄임으로 여기고 〈구삼은[九三] 자기의[其] 덕을[德] 오래하지 못한다[不恒]〉라고 새겨볼 것이다. 〈기덕(其德)의 기(其)〉는 〈구삼지(九三之)〉 즉 〈구삼의[九三之]〉를 대신하는 관형사 노릇을 한다. 구삼(九三 : ⚊)은 항괘(恒卦 : ䷟)의 하체(下體) 손(巽 : ☴)의 중위(中位)를 벗어나 정당한 자리에 있음을 앞세워 편강(偏剛) 즉 굳셈에[剛] 치우치기[偏] 쉽다. 〈불항기덕(不恒其德)〉에서 〈기덕(其德)의 덕(德)〉이란 〈구삼여상륙지정응(九三與上六之正應)〉 즉 〈상륙과[與上六] 구삼의[九三之] 정응(正應)〉을 취상(取象)한 것이다. 구삼(九三 : ⚊)과 상륙(上六 : ⚋)이 누리는 정응(正應)을 구삼(九三 : ⚊)이 〈불항(不恒)〉 즉 오래하지 못한다[不恒] 함은 「설괘전(說卦傳)」에 나오는 〈손은[巽 : ☴] 나아가다 물러가다 함[進退]이고[爲] 과감하지 못함[不果]이다[爲]〉라는 내용을 환기시킨다. 〈불항기덕(不恒其德)의 기덕(其德)〉은 구삼(九三 : ⚊)이 상륙(上六 : ⚋)과 누릴 수 있는 정응(正應) 즉 바르게[正] 호응함[應]을 암시한다. 정응(正應)이란 음양(陰陽)이 상화(相和)하여 바르게[正] 호응함[應]이니, 이는 곧 천지조화(天地造化)의 덕(德)인지라 구삼(九三 : ⚊)이 상륙(上六 : ⚋)과 누리는 정응(正應)을 〈기덕(其德)〉이라 암시한다. 그러나 항괘(恒卦 : ䷟)의 하체(下體) 손(巽 : ☴)의 상효(上爻)에 있는 구삼(九三 : ⚊)이 상진(上進)하고자 조바심을 내는 한 〈기덕(其德)〉은 〈불항(不恒)〉 즉 오래가지 못함[不恒]이란, 〈기덕(其德)〉 즉 자신의[其] 정응(正應)을 구실로 삼는 핑계임을 암시한 계사(繫辭)가 〈불항기덕(不恒其德)〉이다.

或承之羞(혹승지수)

그에게[之] 부끄러움으로[羞] 혹[或] 이어질 수 있다[承].

〈혹승지수(或承之羞)〉는 앞의 〈불항(不恒)〉의 끝을 암시한 계사(繫辭)이다. 〈혹승지수(或承之羞)〉는 〈구삼지불항기덕혹승수대구삼(九三之不恒其德或承羞對

九三)의 줄임으로 여기고 〈구삼이[九三之] 기덕을[其德] 불항함은[不恒] 간혹[或] 구삼에게[對九三] 부끄러움으로[羞] 이어진다[承]〉라고 새겨볼 것이다. 〈혹승지수(或承之羞)의 승(承)〉은 여기선 〈이을 계(繼)〉와 같고, 〈혹승지수(或承之羞)의 지(之)〉는 〈대구삼(對九三)〉 즉 구삼(九三)에게[對]를 나타내는 지시어 노릇을 한다. 상향(上向)하려는 구삼(九三 : ━)의 의욕을 상륙(上六 : ╍)이 뒷받침해주지 못한다. 상륙(上六 : ╍)은 항괘(恒卦 : ䷟)의 극위(極位)에 있기에 항괘(恒卦 : ䷟)의 주제인 〈항(恒)〉 즉 오램[恒]의 시국을 떠날 처지인지라 적극적으로 상진(上進)하고자 하는 구삼(九三 : ━)과 호흡의 일치가 어렵다. 뿐만 아니라 구삼(九三 : ━)의 위아래로 있는 강건(剛健)한 구이(九二 : ━)-구사(九四 : ━)와 상충(相衝) 즉 서로[相] 부딪쳐[衝] 의욕이 꺾이는 〈수(羞)〉 즉 수모[羞]로 이어질[承] 수 있는 구삼(九三 : ━)의 좌절을 암시한 계사(繫辭)가 〈혹승지수(或承之羞)〉이다.

貞吝(정린)

진실로 미더워도[貞] 수치스럽다[吝].

〈정린(貞吝)〉은 〈수구삼정관어구삼여상륙지정응(雖九三貞關於九三與上六之正應) 구삼린(九三吝)〉의 줄임으로 여기고 〈비록[雖] 구삼이[九三] 상륙과[與上六] 구삼의[九三之] 정응에[正應] 관하여[關於] 진실로 미덥더라도[貞] 구삼은[九三] 수치스럽다[吝]〉라고 새겨볼 것이다. 〈정(貞)〉은 성신(誠信) 즉 진실한[誠] 미더움[信]이다. 만사를 행함에 〈정(貞)〉은 진실로[誠] 미더워[信] 오로지 공정(公正)하므로 언제 어디서나 상대에게 이로울[利] 뿐인지라 항상 막힘없이 통한다[亨]. 이러한 〈정(貞)〉이란 득중(得中) 즉 정도를 따름을[中] 취함[得]을 잃지 않는 마음가짐으로 이어진다. 그러나 항괘(恒卦 : ䷟)의 하체(下體) 손(巽 : ☴)의 중위(中位)를 벗어나 정당한 자리에 있음을 앞세워 편강(偏剛) 즉 굳셈에[剛] 치우치는[偏] 구삼(九三 : ━)이 이미 득중(得中) 즉 정도를 따름을[中] 취하지[得] 않기에, 자신의 〈정(貞)〉 즉 진실한 미더움[貞]을 앞세운다 할지라도 상륙(上六 : ╍)이 구삼(九三 : ━)의 〈정(貞)〉을 불부(不孚) 즉 믿어주지 않음[不孚]을 암시하는 계사(繫辭)가 〈정린(貞吝)〉이다.

【字典】

不 〈불-부〉 등으로 발음되고, 〈못할 불(不)-부(不), 않을 불(不)-부(不), 아닐 불(不)-부(不)-비(非), 없을 불(不)-부(不)-무(無), 하지 말 불(不)-부(不)-막(莫)-금지(禁止), 정하지 않을 불(不)-부(不)-부(否)-미정(未定), 새가 날아올라 내려오지 않는 불(不)-부(不)-조비상불하래(鳥飛上不下來)〉 등의 뜻을 내지만 여기선 〈못할 불(不)〉로 여기고 새김이 마땅하다.

항(恒) 〈항상 항(恒)-상(常), 늘 항(恒)-구(久), 일찍 항(恒)-상(嘗)-증(曾), 편안히 머물 항(恒)-안거(安居), 언제든지 항(恒)-평소(平素)〉 등의 뜻을 내지만 여기선 〈항상 상(常), 늘 구(久)〉 등과 같아 〈상구(常久)〉로 여기고 새김이 마땅하다.

기(其) 〈그(관형사) 기(其)-관형사(冠形詞), 그것 기(其)-피(彼)-지(之), 그럴 기(其)-연(然), 어찌 기(其)-기(豈), 누를 기(其)-억(抑), 오히려 기(其)-상(尙)-서기(庶幾), 이에 기(其)-내(乃), 만약 기(其)-약(若), 장차 기(其)-장(將), 어조사 기(其)-어조사〉 등의 뜻을 내지만 여기선 관형사로서 〈그 기(其)〉로 여기고 새김이 마땅하다.

덕(德) 〈음양이 서로 통할 덕(德)-음양교통(陰陽交通), 큰 덕(德)-행도유득(行道有得)-수양이유득어심(修養而有得於心), 품행(품격) 덕(德)-품행(品行)-품격(品格), 본성의 실마리 덕(德)-성지단(性之端), 기질(성행) 덕(德)-기질(氣質)-성행(性行), 본성 덕(德)-본성(本性), 진리 덕(德)-진리(眞理), 시생 덕(德)-시생(始生), 왕성한 기운 덕(德)-왕기(旺氣), 은혜 덕(德)-은(恩), 덕으로 여길 덕(德)-하사(荷思), 좋은 가르침 덕(德)-감화(感化), 군자 덕(德)-군자(君子)〉 등의 뜻을 내지만 여기선 〈음양이 서로 통할 음양교통(陰陽交通)〉으로 여기고 새김이 마땅하다.

혹(或) 〈때때로(때로는) 혹(或)-간(間), 어떤 이 혹(或)-수(誰), 의심할 혹(或)-의(疑), 아마도 혹(或), 괴이할 혹(或)-괴(怪), 있을 혹(或)-유(有)〉 등의 뜻을 내지만 여기선 〈때때로 간(間)〉과 같다 여기고 새김이 마땅하다.

승(承) 〈이을 승(承)-계(繼), 받을 승(承)-수(受), 받들 승(承)-봉(奉), 맞이할 승(承)-영(迎), 전할 승(承)-전(傳)〉 등의 뜻을 내지만 여기선 〈이을 계(繼)〉와 같다 여기고 새김이 마땅하다.

지(之) 〈이것(그것) 지(之)-차(此)-피(彼), 갈 지(之)-왕(往), 이를 지(之)-지(至), 주격-소유격-목적격 등의 토씨 지(之), 뜻 없는 허사(虛詞) 지(之)〉 등의 뜻을 내지만 여기선 〈그것 지(之)〉로 여기고 새김이 마땅하다.

수(羞) 〈부끄러울 수(羞)-치(恥), 욕되게 할 수(羞)-욕(辱), 미워할 수(羞)-추(醜), 음식 수(羞)-식(食)〉 등의 뜻을 내지만 여기선 〈부끄러울 치(恥)〉와 같다 여기고 새김이 마땅하다.

정(貞) 〈바를 정(貞)-정(正), 믿을 정(貞)-신(信), 거북점을 물을 정(貞)-복문(卜問), 역(易)의 내괘(內卦) 정(貞), 마땅할 정(貞)-당(當), 정할 정(貞)-정(定), 순수할 정(貞)-전(專)-일(一)〉 등의 뜻을 내지만 여기선 〈바를 정(正), 믿을 신(信)〉 등을 합친 뜻과 같아 〈정신(正信)〉 즉 바르고[正] 미더움[信]으로 새김이 마땅하다.

인(吝) 〈부끄러울 인(吝)-치(恥)-수(羞), 한할 인(吝)-한(恨), 아낄 인(吝)-석(惜), 인색할 인(吝)-색(嗇), 욕심낼 인(吝)-탐(貪)〉 등의 뜻을 내지만 여기선 〈부끄러울 치(恥)-수(羞)〉와 같다 여기고 새김이 마땅하다. 〈吝〉이 맨 앞에 오면 〈인〉으로 발음되고, 중간이나 뒤에 오면 〈린〉으로 발음된다.

註 손위진퇴(巽爲進退) 위불과(爲不果) : 손은[巽 : ☴] 나아가다 물러가다 함[進退]이고[爲] 과감하지 못함[不果]이다[爲]. 「설괘전(說卦傳)」 11단락(段落)

구사(九四 : ⚊)

九四 : 田无禽이니라
전 무 금

구사(九四) : 사냥하는데 [田] 새가 [禽] 없다 [无].

【구사(九四)의 효상(爻象) 풀이】

항괘(恒卦 : ䷟)의 구사(九四 : ⚊)는 이양거음(以陽居陰) 즉 양(陽 : ⚊)으로써[以] 음(陰 : ⚋)의 자리에 있는지라[居] 정당한 자리에 있지 못하다. 구사(九四 : ⚊)와 육오(六五 : ⚋)는 양음(陽陰)의 사이인지라 〈비(比)〉 즉 이웃의 사귐[比]을 누릴 수 있는 처지이지만, 육오(六五 : ⚋)가 구이(九二 : ⚊)와 〈정응(正應)〉을 누리고자 하기에 구사(九四 : ⚊)를 마음에 두지 않는다. 구사(九四 : ⚊)와 초륙(初

六 : --)은 〈정응(正應)〉 즉 바르게[正] 호응할[應] 처지이지만 그 사이에 역시 강건(剛健)한 구삼(九三 : ━)과 구이(九二 : ━)가 끼어 있어서 〈정응(正應)〉을 서로의 뜻같이 누릴 수 없는 처지이다. 그러나 항괘(恒卦 : ䷟)의 상체(上體)인 진(震 : ☳)의 초효(初爻)로서 강건(剛健)한 구사(九四 : ━)가 매우 동적(動的)인지라 설쳐대도 그 대가를 얻지 못하는 모습이다.

> 항괘(恒卦 : ䷟)의 구사(九四 : ━)가 육사(六四 : --)로 변효(變爻)하면 구사(九四 : ━)는 항괘(恒卦 : ䷟)를 46번째 승괘(升卦 : ䷭)로 지괘(之卦)하게 한다. 따라서 항괘(恒卦 : ䷟)의 구사(九四 : ━)는 승괘(升卦 : ䷭)의 육사(六四 : --)를 찾아가 살펴보게 한다.

【구사(九四)의 계사(繫辭) 풀이】

田无禽(전무금)

사냥하는데[田] 새가[禽] 없다[无].

구사(九四 : ━)의 효위(爻位)를 빌려 암시한 계사(繫辭)이다. 〈전무금(田无禽)〉은 〈구사지전무금(九四之田无禽)〉의 줄임으로 여기고 〈구사의[九四之] 사냥터에는[田] 새가[禽] 없다[无]〉라고 새겨볼 것이다. 〈전무금(田无禽)의 전(田)〉은 〈사냥할 전(佃)〉과 같다. 〈전무금(田无禽)의 전(田)〉은 「설괘전(說卦傳)」에 나오는 〈진은[震 : ☳] 움직임[動]이다[也]〉라는 내용을 환기시킨다. 〈전(田)〉은 항괘(恒卦 : ䷟)의 상체(上體) 진(震 : ☳)의 초효(初爻)인 구사(九四 : ━)가 쉴 새 없이 움직임[動]을 취상(取象)한 것이다. 여기 〈전(田)〉은 〈전(佃)〉 즉 사냥함을 뜻한다. 〈전(田)〉 즉 사냥함[田]이란 극히 동적(動的)인지라 구사(九四 : ━)의 모습이다. 〈전무금(田无禽)의 금(禽)〉은 사냥감을 암시한다. 이에 〈전무금(田无禽)〉 즉 사냥감이[禽] 없는[无] 데서 사냥한다[田] 함은 강강(剛强)한 구사(九四 : ━)가 정당한 자리에 있지 않음을 암시하고 동시에 도로(徒勞) 즉 헛수고[徒勞]에 불과한 짓임을 암시한다. 도로(徒勞)인지라 아무런 보람이 없음을 암시함이 〈전무금(田无禽)〉이다.

〈무금(无禽)의 금(禽)〉은 구사(九四 : ━)와 초륙(初六 : --)이 나누는 정응(正應)을 취상(取象)한 것이다. 왜냐하면 〈전무금(田无禽)의 금(禽)〉이 설괘전(說卦傳)」에 나오는 〈손은[巽 : ☴] 닭[雞]이다[爲]〉라는 내용을 떠올려주어 항괘(恒卦 :

☳)의 하체(下體) 손(巽 : ☴)의 초효(初爻)인 초륙(初六 : --)을 상기시키기 때문이다. 동시에 〈전무금(田无禽)〉은 구사(九四 : ㅡ)와 초륙(初六 : --) 사이에 구삼(九三 : ㅡ)과 구이(九二 : ㅡ)가 끼어 있어서 구사(九四 : ㅡ)와 초륙(初六 : --)이 〈정응(正應)〉을 누리기가 매우 어려움을 암시하기도 한다. 이에 구사(九四 : ㅡ)가 초륙(初六 : --)과 정응(正應) 즉 바르게[正] 서로 호응함[應]을 〈항(恒)〉 즉 오래[恒] 누리지 못함을 암시한 계사(繫辭)가 〈전무금(田无禽)〉이다.

【字典】

전(田) 〈사냥 전(田)-전(畋)-수렵(狩獵), 논밭(밭) 전(田)-전답(田畓), 씨앗으로 쓸 곡식(씨곡) 전(田)-종곡(種穀), 오십 이랑의 밭 전(田)-오십무(五十畝), 밭농사 짓는 일 전(田)-전산생업(田産生業), 밭갈이 전(田)-경작(耕作), 봄철 사냥 전(田)-춘수(春狩), 진열할 전(田)-진열(陳列), 큰 북 전(田)-대고(大鼓), 동방 전(田)-동방(東方)〉 등의 뜻을 내지만 여기선 〈사냥 전(畋)-수렵(狩獵)〉으로 여기고 새김이 마땅하다.

무(无) 〈없을 무(无)-무(無), 허무지도 무(无)-허무지도(虛无之道), 으뜸 무(无)-원(元)〉 등의 뜻을 내지만 여기선 〈없을 무(無)〉와 같다 여기고 새김이 마땅하다.

금(禽) 〈모든 짐승 금(禽)-조수지총명(鳥獸之總名), 새 금(禽)-조속(鳥屬), 아직 새끼를 배지 않은 짐승 금(禽)-조수미잉(鳥獸未孕), 사로잡을 금(禽)-금(擒)-금(捦)〉 등의 뜻을 내지만 여기선 〈모든 짐승(鳥獸之總名)〉을 뜻하나 〈사냥거리[禽]〉로 여기고 새김이 마땅하다.

註 진동야(震動也) : 진은[震 : ☳] 움직임[動]이다[也]. 「설괘전(說卦傳)」 7단락(段落)

註 손위계(巽爲雞) : 손은[巽 : ☴] 닭[雞]이다[爲]. 「설괘전(說卦傳)」 8단락(段落)

육오(六五 : --)

六五 : 恒其德이니 貞하나 婦人吉하고 夫子凶하리라
항 기 덕 정 부 인 길 부 자 흉

육오(六五) : 그[其] 덕을[德] 오래함이니[恒] 진실로 미더우나[貞] 아내는[婦人] 좋고[吉] 남편은[夫子] 나쁘다[凶].

【육오(六五)의 효상(爻象) 풀이】

항괘(恒卦 : ䷟)의 육오(六五 : --)는 이음거양(以陰居陽) 즉 음(陰 : --)으로써[以] 양(陽 : ㅡ)의 자리에 있는지라[居] 정당한 자리에 있지 못하다. 육오(六五 : --)와 상륙(上六 : --)은 양음(兩陰) 즉 둘 다[兩] 음(陰 : --)의 사이인지라 〈비(比)〉 즉 이웃의 사귐[比]을 누릴 수 없는 처지이다. 육오(六五 : --)와 구이(九二 : ㅡ)는 서로 자리가 정당하지 못해 중부정(中不正) 즉 중위이지만[中] 정당한 자리를 누리지는 못하지만[不正] 음양(陰陽)인지라 정응(正應) 즉 바르게[正] 호응하는[應] 사이이다. 육오(六五 : --)는 항괘(恒卦 : ䷟)의 상체(上體) 진(震 : ☳)의 중효(中爻)로서 득중(得中) 즉 정도를 따름을[中] 취하여[得] 매사를 어울림[和]으로써 변함없이 아울러 바르고 미덥게 마주해가는 모습이다.

> 항괘[恒卦 : ䷟)의 육오(六五 : --)가 구오(九五 : ㅡ)로 변효(變爻)하면 육오(六五 : --)는 항괘(恒卦 : ䷟)를 28번째 대과괘(大過卦 : ䷛)로 지괘(之卦)하게 한다. 따라서 항괘(恒卦 : ䷟)의 육오(六五 : --)는 대과괘(大過卦 : ䷛)의 구오(九五 : ㅡ)를 찾아가 살펴보게 한다.

【육오(六五)의 계사(繫辭) 풀이】

恒其德(항기덕) 貞(정)

그[其] 덕을[德] 오래함이니[恒] 진실로 미덥다[貞].

육오(六五 : --)의 효위(爻位)를 빌려 암시한 계사(繫辭)이다. 〈항기덕(恒其德)〉은 〈육오항기덕(六五恒其德)〉의 줄임으로 여기고 〈육오는[六五] 자기의[其] 덕을[德] 오래하게 한다[恒]〉라고 새겨볼 것이다. 〈기덕(其德)의 기(其)〉는 〈육오지(六五之)〉 즉 〈육오의[六五之]〉를 대신하는 관형사 노릇을 한다. 〈항기덕(恒其德)의 항(恒)〉 즉 오래하게 함[恒]이란 육오(六五 : --)가 항괘(恒卦 : ䷟)의 상체(上體) 진(震 : ☳)의 중효(中爻)로서 득중(得中) 즉 정도를 따름을[中] 취하여[得] 항괘(恒卦 : ䷟)의 하체(下體) 손(巽 : ☴)의 중효(中爻)인 구이(九二 : ㅡ)와 정응(正應)을 누림을 암시한다. 〈항기덕(恒其德)〉에서 〈기덕(其德)의 덕(德)〉이란 〈육오여구이지정응(六五與九二之正應)〉 즉 〈구이와[與九二] 육오의[六五之] 정응(正應)〉을 취상(取象)한 것이다. 동시에 육오(六五 : --)의 정응(正應)이 유순지덕(柔順之德)을 행함을 말한다. 항괘(恒卦 : ䷟)의 상체(上體) 진(震 : ☳)의 중효(中爻)로서 육오(六五 : --)가 부드럽고[柔] 순종하는[順之] 덕(德)을 저버리지 않음을 암시한 계사(繫辭)가 〈항기덕(恒其德)〉이다.

〈정(貞)〉은 〈육오지항기덕정(六五之恒其德貞)〉의 줄임으로 여기고 〈육오의[六五之] 그[其] 덕을[德] 오래함이[恒] 진실로 미덥다[貞]〉라고 새겨볼 것이다. 〈정(貞)〉이란 성신(誠信) 즉 진실한[誠] 미더움[信]인지라 득중(得中) 즉 정도를 따름을[中] 취함[得]을 뜻한다. 군왕(君王)이면서도 육오(六五 : --)가 자신의 유순지덕(柔順之德)인 음덕(陰德)으로써 구이(九二 : ━)와의 정응(正應)을 누려 득중(得中) 즉 정도를 따름을[中] 취함[得]을 암시한 계사(繫辭)가 〈정(貞)〉이다.

婦人吉(부인길) 夫子凶(부자흉)

아내는[婦人] 좋고[吉] 남편은[夫子] 나쁘다[凶].

〈부인길(婦人吉) 부자흉(夫子凶)〉은 육오(六五 : --)와 구이(九二 : ━)의 〈정응(正應)〉을 부부(夫婦)로써 암시한 계사(繫辭)이다. 이 계사(繫辭)는 『노자(老子)』에 나오는 〈그[其] 수컷을[雄] 알고[知] 그[其] 암컷을[雌] 지키면[守] 세상을[天下] 담는 시내가[谿] 된다[爲]〉라는 내용을 환기시킨다. 모성애(母性愛)를 지킨다면[守] 세상을 담는 시내[谿]가 된다는 것이다. 〈부인길(婦人吉)의 부인(婦人)〉은 육오(六五 : --)를 밝히고, 〈부자흉(夫子凶)의 부자(夫子)〉는 구이(九二 : ━)를 밝힌다. 존위(尊位)에 있으니 육오(六五 : --)는 유순(柔順)의 덕(德)을 잃지 않는 군왕(君王)이면서 아내[婦人] 노릇도 하여 모성애(母性愛)마저 베푸니 좋다[吉]라고 하고, 신하의 자리에 있으니 구이(九二 : ━)는 육오(六五 : --)의 남편[夫子]일지라도 득중(得中) 즉 정도를 따름을[中] 취하여[得] 신하의 도리(道理)를 다해야 하는 처지라 보기에 딱하다[凶]라고 암시한 계사(繫辭)가 〈부인길(婦人吉) 부자흉(夫子凶)〉이다.

【字典】

항(恒) 〈항상 항(恒)-상(常), 늘 항(恒)-구(久), 일찍 항(恒)-상(嘗)-증(曾), 편안히 머물 항(恒)-안거(安居), 언제든지 항(恒)-평소(平素)〉 등의 뜻을 내지만 여기선 〈항상 상(常), 늘 구(久)〉 등과 같아 〈상구(常久)〉로 여기고 새김이 마땅하다.

기(其) 〈그(관형사) 기(其)-관형사, 그것 기(其)-피(彼)-지(之), 그럴 기(其)-연(然), 어찌 기(其)-기(豈), 누를 기(其)-억(抑), 오히려 기(其)-상(尙)-서기(庶幾), 이에 기(其)-내(乃), 만약 기(其)-약(若), 장차 기(其)-장(將), 어조사 기(其)-어조사〉 등의 뜻을 내지만 여기선 관형사로서 〈그 기(其)〉로 여기고 새김이 마땅하다.

덕(德) 〈음양이 서로 통할 덕(德)-음양교통(陰陽交通), 큰 덕(德)-행도유득(行道有得)-수양이유득어심(修養而有得於心), 품행(품격) 덕(德)-품행(品行)-품격(品格), 본성의 실마리 덕(德)-성지단(性之端), 기질(성행) 덕(德)-기질(氣質)-성행(性行), 본성 덕(德)-본성(本性), 진리 덕(德)-진리(眞理), 시생 덕(德)-시생(始生), 왕성한 기운 덕(德)-왕기(旺氣), 은혜 덕(德)-은(恩), 덕으로 여길 덕(德)-하사(荷思), 좋은 가르침 덕(德)-감화(感化), 군자 덕(德)-군자(君子)〉 등의 뜻을 내지만 여기선 〈음양이 서로 통할 음양교통(陰陽交通)〉으로 여기고 새김이 마땅하다.

정(貞) 〈바를 정(貞)-정(正), 믿을 정(貞)-신(信), 거북점을 물을 정(貞)-복문(卜問), 역(易)의 내괘(內卦) 정(貞), 마땅할 정(貞)-당(當), 정할 정(貞)-정(定), 순수할 정(貞)-전(專)-일(一)〉 등의 뜻을 내지만 여기선 〈바를 정(正), 믿을 신(信)〉 등을 합친 뜻과 같아 〈정신(正信)〉으로 여기고 새김이 마땅하다.

부(婦) 〈아내 부(婦)-배(配)-처(妻), 며느리 부(婦)-자지처(子之妻), 시집간 여자(아낙) 부(婦)-여자이가(女子已嫁), 손괘(☴) 부(婦)-손(巽), 이괘(☲) 부(婦)-이(離)〉 등의 뜻을 내지만 여기선 〈아내 처(妻)〉로 여기고 새김이 마땅하다.

인(人) 〈사람 인(人)-만물지최령자(萬物之最靈者), 백성 인(人)-민(民), 남 인(人)-타인(他人), 아무개 인(人)-모인(某人), 도인 인(人)-도인(道人), 사람들 인(人)-인인(人人), 범인(소인) 인(人)-소인(小人)-범인(凡人), 인성 인(人)-인성(人性), 인위 인(人)-인위(人爲), 신하 인(人)-신하(臣下), 중서(민중) 인(人)-중서(衆庶)-민중(民衆), 건괘-진괘 인(人)-건위인(乾爲人)-진위인(震爲人), 어짊 인(人)-인(仁), 선인 인(人)-선인(先人), 서로 어여삐 여길 인(人)-상련(相憐)〉 등의 뜻을 내지만 〈사람 인(人)〉으로 여기고 새김이 마땅하다.

길(吉) 〈좋을(행복할) 길(吉)-선(善)-영(令) {영월길일(令月吉日)은 선월선일(善月善日)임.}, 복 길(吉)-실(實)-선실(善實)-복(福), 예의를 따라 상서로울 길(吉)-예의순상(禮義順祥), 삼갈 길(吉)-근(謹), 초하루 길(吉)-삭일(朔日) {삭망(朔望) 즉 초하루[朔]와

그믐날[望]}, 길례 길(吉)-길례(吉禮) {오례지일(五禮之一) 길흉빈군가(吉凶賓軍嘉)}, 갈 길(吉)-행(行)-길(趌)〉 등의 뜻을 내지만 여기선 〈좋을 선(善)-영(令)〉 즉 행복과 같다 여기고 새김이 마땅하다.

부(夫) 〈지아비 부(夫)-배필(配匹), 남자 부(夫)-장부(丈夫)-남자지통칭(男子之通稱), 대부 부(夫)-전상(傳相)-조정보좌지대신(朝廷輔佐之大臣), 병사 부(夫)-병(兵), 도울 부(夫)-부(扶), 백 이랑의 밭 부(夫)-백무지전(百畝之田), 무릇 부(夫)-범(凡)-중(衆), 이에 부(夫)-내(乃), {구중(句中) 또는 구말(句末)에서 어조사} ~인가(~인저) 부(夫)-호(乎), 이것(저것) 부(夫)-차(此)-피(彼), 무릇 부(夫)-지사(指事), ~면 부(夫)-약(若), (뜻 없는) 발어사 부(夫)-발어사(發語詞)〉 등의 뜻을 내지만 여기선 〈지아비 배필(配匹)〉로 여기고 새김이 마땅하다.

자(子) 〈존칭(덕 있는 사람의 칭호) 자(子)-유덕자지칭(有德者之稱), 존경받는 사람 자(子)-존자(尊者), 벼슬 자(子)-작(爵), 12지의 첫째 자(子), 음력 11월 자(子), 밤 11시에서 다음날 1시까지 자(子), 북쪽 방향 자(子)-북방(北方), 오행에서 물 자(子)-어오행속수(於五行屬水), 짐승에서 쥐 자(子)-어수위서(於獸爲鼠), 번성할 자(子)-자(滋), 뒤를 이어줄 자(子)-사(嗣)-식(息), 자녀 자(子)-자녀(子女), 자손 자(子)-자손(子孫), 남자를 일컫는 호칭 자(子)-남자지통칭(男子之通稱), 만물 자(子)-만물(萬物), 씨앗(열매) 자(子)-종자(種子)-과실(果實), 누구(사람) 자(子)-인(人)-수자(誰子), 백성 자(子)-백성(百姓)〉 등의 뜻을 내지만 여기선 〈존칭 자(子)〉의 호칭으로 여기고 새김이 마땅하다.

흉(凶) 〈불행할(흉할) 흉(凶)-길지반(吉之反), 흉한 사람 흉(凶)-흉인(凶人), 나쁠 흉(凶)-오(惡), 재앙 흉(凶)-화(禍), 요사할 흉(凶)-요사(夭死), 걱정할 흉(凶)-우(憂)-구(懼), 악한 사람 흉(凶)-악인(惡人), 흉년 흉(凶)-연곡불숙(年穀不熟), 사나울 흉(凶)-포학(暴虐), 음기 흉(凶)-음기(陰氣), 북쪽 흉(凶)-북(北), 없을 흉(凶)-공(空), 송사 흉(凶)-송(訟), 거역할 흉(凶)-역(逆), 어그러질 흉(凶)-패(悖), 허물 흉(凶)-구(咎)〉 등의 뜻을 내지만 여기선 〈불행할(흉할) 길지반(吉之反)〉으로 여기고 새김이 마땅하다.

註 지기웅(知其雄) 수기자(守其雌) 위천하계(爲天下谿) : 그[其] 수컷을[雄] 알고[知] 그[其] 암컷을[雌] 지키면[守] 세상을[天下] 담는 시내가[谿] 된다[爲]. 『노자(老子)』 28장(章)

상륙(上六 : --)

上六 : 振恒이니 凶하니라
진 항 흉

상륙(上六) : 떨치려는[振] 오램이니[恒] 나쁘다[凶].

【상륙(上六)의 효상(爻象) 풀이】

항괘(恒卦 : ䷟)의 상륙(上六 : --)은 이음거음(以陰居陰) 즉 음(陰 : --)으로써[以] 음(陰 : --)의 자리에 있는지라[居] 정당한 자리에 있다. 상륙(上六 : --)과 육오(六五 : --)는 양음(兩陰) 즉 둘 다[兩] 음(陰 : --)인지라 비(比) 즉 이웃의 사귐[比]을 누리지 못하고 오히려 상충(相衝) 즉 서로[相] 부딪치는[衝] 사이이다. 상륙(上六 : --)은 구삼(九三 : ─)과 음양(陰陽)의 사이인지라 서로 정당한 자리에서 〈정응(正應)〉 즉 바르게[正] 호응할[應] 수 있다. 상륙(上六 : --)은 항괘(恒卦 : ䷟)의 극위(極位)에 있기에 항극(恒極) 즉 오램이[恒] 다함[極]이고, 항괘(恒卦 : ䷟)의 상체(上體) 진(震 : ☳)의 상효(上爻)이기에 동극(動極) 즉 움직임의[動] 다함[極]이나 상륙(上六 : --)은 진동을 계속하려는 모습이다.

> 항괘(恒卦 : ䷟)의 상륙(上六 : --)이 상구(上九 : ─)로 변효(變爻)하면 상륙(上六 : --)은 항괘(恒卦 : ䷟)를 50번째 정괘(鼎卦 : ䷱)로 지괘(之卦)하게 한다. 따라서 항괘(恒卦 : ䷟)의 상륙(上六 : --)은 정괘(鼎卦 : ䷱)의 상구(上九 : ─)를 찾아가 살펴보게 한다.

【상륙(上六)의 계사(繫辭) 풀이】

振恒(진항) 凶(흉)

떨치려는[振] 오램이니[恒] 나쁘다[凶].

상륙(上六 : --)의 효위(爻位)를 빌려 암시한 계사(繫辭)이다. 〈진항(振恒)〉은 〈상륙시진지항(上六是振之恒)〉의 줄임으로 여기고 〈상륙은[上六] 떨치려는[振之] 오램[恒]이다[是]〉라고 새겨볼 것이다. 〈진항(振恒)〉은 상륙(上六 : --)이 오램을

[恒] 누리고자 떨쳐 일어나도[振] 그 오램[恒]을 누리지 못함을 암시한다. 상륙(上六 : --)이 극위(極位) 즉 맨 위의[極] 자리[位]에 있기 때문에 더는 항구함[恒]을 누릴 수 없다. 대성괘(大成卦)에서 극위(極位)란 그 괘(卦)를 떠나야 하는 자리이다. 항괘(恒卦 : ䷟)의 주제인 〈항(恒)〉의 시국에서 음양상화(陰陽相和)로써 남녀가 교감(交感)하여 항구(恒久)함을 누릴 수 있으니 길(吉)하지만, 상륙(上六 : --)은 그 항구함을[恒] 누리고자 떨쳐 일어나도[振] 항괘(恒卦 : ䷟)의 극위(極位)에 있어서 그 항구함을 누릴 수 없는 처지인지라 〈진항(振恒)〉 즉 떨치려는[振] 오램[恒]일지라도 나쁘다[凶]고 계사(繫辭)한 것이 〈진항(振恒) 흉(凶)〉이다.

【字典】

진(振) 〈떨칠 진(振)-분(奮)-동(動), 구제할 진(振)-구(救)-제(濟), 무성할 진(振)-성(盛), 무던할 진(振)-인후(仁厚), 들 진(振)-거(擧), 진동할 진(振)-진(震), 정돈할 진(振)-정(整), 발진할 진(振)-발(發), 거둘 진(振)-수(收), 그칠 진(振)-지(止), 성낼 진(振)-노(怒), 무서워할 진(振)-공(恐)-포(怖), 칠 진(振)-격(擊)〉 등의 뜻을 내지만 여기선 〈떨칠 분(奮)〉과 같다 여기고 새김이 마땅하다.

항(恒) 〈항상 항(恒)-상(常), 늘 항(恒)-구(久), 일찍 항(恒)-상(嘗)-증(曾), 편안히 머물 항(恒)-안거(安居), 언제든지 항(恒)-평소(平素)〉 등의 뜻을 내지만 여기선 〈항상 상(常), 늘 구(久)〉 등과 같아 〈상구(常久)〉로 여기고 새김이 마땅하다.

흉(凶) 〈불행할(흉할) 흉(凶)-길지반(吉之反), 흉한 사람 흉(凶)-흉인(凶人), 나쁠 흉(凶)-오(惡), 재앙 흉(凶)-화(禍), 요사할 흉(凶)-요사(夭死), 걱정할 흉(凶)-우(憂)-구(懼), 악한 사람 흉(凶)-악인(惡人), 흉년 흉(凶)-연곡불숙(年穀不熟), 사나울 흉(凶)-포학(暴虐), 음기 흉(凶)-음기(陰氣), 북쪽 흉(凶)-북(北), 없을 흉(凶)-공(空), 송사 흉(凶)-송(訟), 거역할 흉(凶)-역(逆), 어그러질 흉(凶)-패(悖), 허물 흉(凶)-구(咎)〉 등의 뜻을 내지만 여기선 〈불행할(흉할) 길지반(吉之反)〉으로 여기고 새김이 마땅하다.

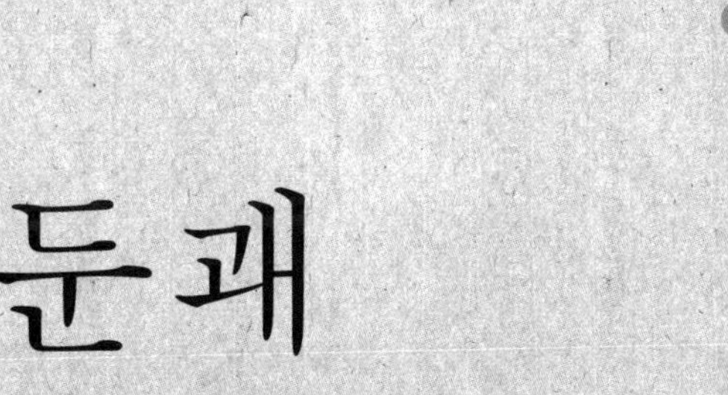

둔괘
遯卦

33

1 괘의 괘상과 계사

둔괘(遯卦 : ䷠)

간하건상(艮下乾上) : 아래는[下] 간(艮 : ☶), 위는[上] 건(乾 : ☰).

천산둔(天山遯) : 하늘과[天] 산은[山] 둔이다[遯].

遯亨하니 小利貞하다
둔 형 소 리 정

물러감은[遯] 통하니[亨] 작음은[小] 미더울수록[貞] 이롭다[利].

【둔괘(遯卦 : ䷠)의 괘상(卦象) 풀이】

앞 항괘(恒卦 : ䷟)의 〈항(恒)〉은 오램[恒]이다. 이에 「서괘전(序卦傳)」에 〈물건은[物] 제[其] 자리에[所] 오래[久] 머물[居] 수 없다[不可以] 그래서[故] 둔괘(遯卦 : ䷠)로써[以] 그것을[之] 받는다[受]〉라는 말이 나온다. 이는 항괘(恒卦 : ䷟) 뒤에 둔괘(遯卦 : ䷠)가 오는 까닭을 밝힌다. 둔괘(遯卦 : ䷠)의 〈둔(遯)〉이란 물러남[退]을 말한다. 둔괘(遯卦 : ䷠)는 음(陰 : --)이 밀려오고 양(陽 : ―)은 물러가는 모습이다. 음(陰 : --)은 소(小) 즉 작고[小] 암(暗) 즉 어두우며[暗], 양(陽 : ―)은 대(大) 즉 크고[大] 명(明) 즉 밝다[明]. 암(暗)은 난세(亂世)를, 명(明)은 성세(盛世)를 암시한다. 이에 둔괘(遯卦 : ䷠)의 주제인 〈둔(遯)〉의 시국이란 밝음을 이룩하고자 어둠이 물러감[遯]을 암시한다. 앞 항괘(恒卦 : ䷟)의 〈항(恒)〉은 부부지도(夫婦之道) 즉 부부의[夫婦之] 도리[道]가 오램[恒]을 밝힘이지 그 도리를 누리는 부부가 항구(恒久)하다는 것은 아니다. 부부지도(夫婦之道)를 일생 동안 남녀가 지키면 그 남녀는 부부로서 일생을 함께 누릴 수 있지만, 그런 부부도 결국 사별(死別) 즉 죽음으로[死] 말미암아 헤어져[別] 항구한[恒] 부부지도(夫婦之道)를 떠나는 것이다. 이처럼 천지(天地)에는 한 자리에서 항구하게 머물 수 있는 것은 하나도 없다.

어떤 것이든 오래[恒]이면 변화해야 통한다. 장성(長盛)하면 소진(消盡)하고 나아갔으면 물러가야 하는 것이 천도(天道) 즉 자연의[天] 도리[道]이다. 이에 항괘(恒卦 : ䷟) 다음에 둔괘(遯卦 : ䷠)가 온 것이다. 둔괘(遯卦 : ䷠)의 상체(上體) 건(乾 : ☰)은 천명(天命)을 살아가는 성자(聖者)를 나타낸다. 둔괘(遯卦 : ䷠)의 하체(下體) 간(艮 : ☶)은 산(山)이요 〈지(止)〉 즉 멈춤[止]이다. 둔괘(遯卦 : ䷠)의 아래 두 음효(陰爻)는 음(陰 : --)이니 〈소(小)〉 즉 소인(小人)을 암시하고, 둔괘(遯卦 : ䷠)의 위 네 양효(陽爻)는 양(陽 : —)이니 〈대(大)〉 즉 성자(聖者)를 본받는 군자(君子)를 암시한다. 이에 군자가 소인의 무리를 피하여 산상(山上)으로 물러가[遯] 나아갈 시운(時運)을 기다리는 모습을 빌려 둔괘(遯卦 : ䷠)라 칭명(稱名)한다.

【둔괘(遯卦 : ䷠)의 계사(繫辭) 풀이】

遯亨(둔형)

물러감은[遯] 통한다[亨].

둔괘(遯卦 : ䷠)의 주제인 〈둔(遯)〉은 물러감[遯]을 암시한다. 〈둔형(遯亨)〉은 〈둔괘지둔형(遯卦之遯亨)〉의 줄임으로 여기고 〈둔괘의[遯卦之] 물러감은[遯] 통한다[亨]〉라고 새겨볼 것이다. 〈둔(遯)〉의 시국에서 물러감[遯]이란 도망감이 아니다. 미래를 위해 자신의 힘을 비축하고 적기에 자신의 역량을 발휘하여 평안한 세상을 이루기 위하여 때를 기다림이다. 이에 〈둔(遯)〉은 『논어(論語)』에 나오는 〈군자에게는[君子] 세 가지[三] 두려움이[畏] 있다[有]〉라는 내용을 환기시키고, 동시에 『중용(中庸)』에 나오는 〈군자는[君子] 평이하게[易] 머묾[居]으로써[以] 자연의[天] 명령을[命] 기다린다[俟]〉라는 내용을 떠올리게 한다. 천명(天命)이란 곧 〈역지도(易之道)〉를 말한다. 통하게 하는 그 천도(天道)란 「계사전상(繫辭傳上)」에 나오는 〈일음일양지위도(一陰一陽之謂道)의 도(道)〉 즉 역지도(易之道)이다. 변화하지 않는 것이란 없음이 바로 자연의[天] 도리[道]인 역지도(易之道)이다. 따라서 〈둔(遯)〉은 곧 역의[易之] 도리[道]를 따른 물러감[遯]이다. 물론 역지도(易之道) 즉 천도(天道)를 따르는 〈둔(遯)〉만이 통한다[亨]는 것은 아니다. 그 무엇이든 자연의[天] 도리[道]를 따르면 막힘없이 통한다.

대성괘(大成卦)에서 하체(下體)를 정괘(貞卦)라 하고 내괘(來卦)라 하며, 상체(上體)를 회괘(悔卦)라 하고 왕괘(往卦)라 한다. 따라서 둔괘(遯卦 : ䷠)의 하체(下體)인 간(艮 : ☶)에서 초륙(初六 : --)-육이(六二 : --)는 들어오고[來] 구삼(九三 : ━)은 하체(下體)에서 물러가야 하고, 둔괘(遯卦 : ䷠)의 상체(上體)인 건(乾 : ☰)은 물러가는 괘(卦)인지라 모든 양효(陽爻 : ━)들이 물러가는 모습이다. 따라서 둔괘(遯卦 : ䷠)의 〈둔(遯)〉은 둔괘(遯卦 : ䷠)에서의 양효(陽爻 : ━)들을 말한다. 거듭 말하지만 둔괘(遯卦 : ䷠)에는 네 양효(陽爻 : ━)와 두 음효(陰爻 : --)가 있다. 밑에 있는 두 음효(陰爻 : --)는 상승(上昇)하고자 떨쳐나고, 위에 있는 네 양효(陽爻 : ━)는 물러간다[遯]. 양(陽 : ━)을 대(大)라 하고 음(陰 : --)을 소(小)라 한다. 작은 것[小 : --]이 떨쳐나 힘을 발휘하면 어지러운 세상이 빚어진다. 따라서 둔괘(遯卦 : ䷠)의 괘상(卦象)은 어지러운 세상이 닥치니 큰 것[大 : ━]이 물러가는 모습이다. 인간세(人間世)에서도 소인(小人)들이 떨쳐대면 성인(聖人)을 본받는 현자(賢者)인 군자(君子)는 물러난다[遯]. 그러나 군자(君子)의 둔(遯) 즉 물러남[遯]은 도피(逃避)가 아니다. 도피란 비겁한 짓이다. 군자(君子)가 어찌 비겁한 짓을 범하겠는가? 소인(小人)들이 떨쳐대는 난세(亂世)를 바로잡고자 힘을 비축하면서 때를 기다리기 위해서 물러가는[遯] 것이다. 그러므로 둔괘(遯卦 : ䷠)의 〈둔(遯)〉이란 영영 피해버림이 아니라, 다시 돌아와 난세를 바로잡기 위해서 물러감을 암시한 계사(繫辭)가 〈둔형(遯亨)〉이다.

小利貞(소리정)

작음은[小] 미더울수록[貞] 이롭다[利].

〈소리정(小利貞)〉은 〈소유정관어둔(小愈貞關於遯) 소유리(小愈利)〉의 줄임으로 여기고 〈작은 것이[小] 물러남에[遯] 관해서[關於] 진실로 미더워할[貞]수록[愈] 작은 것은[小] 그만큼 더[愈] 이롭다[利]〉라고 새겨볼 수 있다. 〈소리정(小利貞)의 소(小)〉는 둔괘(遯卦 : ䷠)의 초륙(初六 : --)과 육이(六二 : --)를 나타낸다. 〈소리정(小利貞)의 정(貞)〉은 둔괘(遯卦 : ䷠)의 육이(六二 : --)를 살펴 헤아리게 한다. 육이(六二 : --)는 둔괘(遯卦 : ䷠)의 하괘(下卦) 간(艮 : ☶)의 중효(中爻)로서 정위(正位)에서 득중(得中)하는 효(爻)이다. 작은 것도[小] 정도를 따름을[中] 취한

[得] 물러남[遯]에 관해서 〈정(貞)〉 즉 진실로 미더워할[貞]수록 이롭다[利]는 것이다. 공정(公正) 즉 모든 것을 아울러 하나같이[公] 바르게 함[正]이 〈정(貞)〉이다. 무사(無私) 즉 사사로움이[私] 없고[無] 무편(無偏) 즉 치우침이[偏] 없다면[無] 절로 공정하다. 만사(萬事)를 행함에 〈정(貞)〉은 정성스럽고[誠] 미더워[信] 오로지 공정하다. 공정함으로 정(貞)하다면 언제 어디서든 이롭고 막힘없이 통한다. 이러한 〈정(貞)〉은 수중(守中) 즉 정도를 따름을[中] 지킨다[守]. 아무리 소인(小人)들이 떨치는 세상일지라도 정도를 따름을[中] 취하여[得] 〈정(貞)〉 즉 바르고[正] 미더워[信] 공정하게 세상을 마주한다면, 소(小)일지라도 둔세(遯世)를 마주해서도 이로울[利] 수 있음을 암시한 계사(繫辭)가 〈소리정(小利貞)〉이다.

【字典】

遯 〈둔-돈〉 두 가지로 발음되지만 뜻은 다르지 않고, 〈물러날 둔(遯)-퇴(退), 숨을 둔-돈(遯)-은(隱), 도망갈 둔-돈(遯)-도(逃)-피(避), 옮겨갈 둔(遯)-천(遷), 속일 둔(遯)-기(欺)〉 등의 뜻을 내지만 여기선 〈물러날 퇴(退)〉와 같다 여기고 새김이 마땅하다.

亨 〈향-형-팽〉 등으로 발음되고, 〈통할 형(亨)-통(通), 남을 형(亨)-여(餘), 드릴 향(亨)-헌(獻), 삶을 팽(亨)-자(煮)-팽(烹)〉 등의 뜻을 내지만 여기선 〈통할 통(通)〉과 같다 여기고 새김이 마땅하다.

소(小) 〈작을 소(小)-세(細)-미(微), 자잘할 소(小)-세(細), 짧을 소(小)-단(短), 좁을 소(小)-협(狹), 어릴 소(小)-유(幼), 천할 소(小)-천(賤), 첩 소(小)-첩(妾), 음(陰)을 칭하는 소(小)〉 등의 뜻을 내지만 여기선 〈작을 세(細)〉로 여기고 새김이 마땅하다.

이(利) 〈만물로 하여금 삶을 이루어가게 하는 덕(德)의 이로울 이(利)-사만물수생지덕(使萬物遂生之德), 날카로울 이(利)-예(銳)-섬(銛), 질병 이(利)-질(疾), 통할 이(利)-통(通)-순(順), 좋을 이(利)-길(吉)-의(宜), 편리할 이(利)-편(便), 마름해 만들어 이룰 이(利)-재성(裁成), 탐할 이(利)-탐(貪), 구할(취할) 이(利)-구(求)-취(取), 좋아할 이(利)-열애(悅愛), 이로울 이(利)-익(益), 기교 이(利)-교(巧), 보람 이(利)-공용(功用), 지세가 험하고 중요한 이(利)-험요(險要), 이길 이(利)-승(勝), 어질 이(利)-인(仁)〉 등의 뜻을 내지만 여기선 〈사만물수생지덕(使萬物遂生之德) 즉 만물로 하여금 삶을 이루어가게 하는 덕(德)의 이로움〉으로 새김이 마땅하다. 〈利〉가 맨 앞에 오면 〈이〉로 발음되고, 중간이나 뒤에 오면 〈리〉로 발음된다.

정(貞) 〈바를 정(貞)-정(正), 믿을 정(貞)-신(信), 거북점을 물을 정(貞)-복문(卜問), 역(易)의 내괘(內卦) 정(貞), 마땅할 정(貞)-당(當), 정할 정(貞)-정(定), 순수할 정(貞)-전(專)-일(一)〉 등의 뜻을 내지만 여기선 〈바를 정(正), 믿을 신(信)〉 등을 합친 뜻과 같아 〈정신(正信)〉으로 여기고 새김이 마땅하다.

註 군자유삼외(君子有三畏) 외천명(畏天命) 외대인(畏大人) 외성인지언(畏聖人之言) 소인부지천명이불외야(小人不知天命而不畏也) 압대인(狎大人) 모성인지언(侮聖人之言) : 군자에게는[君子] 세 가지[三] 두려움이[畏] 있다[有]. 천명을[天命] 두려워하고[畏], 대인을[大人] 두려워하며[畏], 성인의[聖人之] 말씀을[言] 두려워한다[畏]. 소인은[小人] 천명을[天命] 몰라서[不知而] 두려워하지 않는 것[不畏]이고[也], 대인을[大人] 얕보며[狎], 성인의[聖人之] 말씀을[言] 업신여긴다[侮].

『논어(論語)』「계씨(季氏)」 8장(章)

註 군자거이이사명(君子居易以俟命) 소인행험이요행(小人行險以徼幸) : 군자는[君子] 평이하게[易] 삶[居]으로써[以] 천명을[命] 기다리고[俟], 소인은[小人] 모험을[險] 감행함[行]으로써[以] 요행을[幸] 바란다[徼].

『중용(中庸)』「주자장구(朱子章句)」 14장(章)

註 일음일양지위도(一陰一陽之謂道) 계지자선야(繼之者善也) 성지자성야(成之者性也) : 한번[一] 음이면[陰] 한번[一] 양(陽) 이를[之] (변화의) 도라[道] 한다[謂]. 그 도를[之] 잇는[繼] 것이[者] 선(善)이고[也], 그 도를[之] 이루는[成] 것이[者] 성(性)이다[也].

「계사전상(繫辭傳上)」 5단락(段落)

2 효의 효상과 계사

初六：遯尾라 厲하니 勿用有攸往이니라
둔 미 여 물 용 유 유 왕

六二：執之用黃牛之革이라 莫之勝說이니라
집 지 용 황 우 지 혁 막 지 승 탈

九三：係遯이니 有疾厲하다 畜臣妾吉하리라
계 둔 유 질 려 휵 신 첩 길

九四：好遯이니 君子吉하고 小人否하리라
호 둔 군 자 길 소 인 부

九五：嘉遯이니 貞吉하리라
가 둔 정 길

上九：肥遯이니 无不利하리라
비 둔 무 불 리

초륙(初六) : 물러감에[遯] 꼬리라[尾] 위태하니[厲] 갈[往] 바가[攸] 있어도[有] 쓰지[用] 마라[勿].

육이(六二) : 묶어두기를[執之] 황소의[黃牛之] 가죽을[革] 쓴다[用]. 그 묶음을[之] 풀[說] 수[勝] 없다[莫].

구삼(九三) : 묶인[係] 물러감에[遯] 병이[疾] 나니[有] 위태하다[厲]. 가솔들을[臣妾] 먹여 돌보면[畜] 좋으리라[吉].

구사(九四) : 물러감을[遯] 좋아하니[好] 군자는[君子] 좋고[吉] 소인은[小人] 좋지 않다[否].

구오(九五) : 물러감을[遯] 기리니[嘉] 진실로 미더워[貞] 좋다[吉].

상구(上九) : 물러감이[遯] 여유로우니[肥] 이롭지[利] 않음이[不] 없다[无].

초륙(初六 : --)

初六 : 遯尾라 厲하니 勿用有攸往이니라
둔 미 여 물 용 유 유 왕

초륙(初六) : 물러감에[遯] 꼬리라[尾] 위태하니[厲] 갈[往] 바가[攸] 있어도[有] 쓰지[用] 마라[勿].

【초륙(初六)의 효상(爻象) 풀이】

둔괘(遯卦 : ䷠)의 초륙(初六 : --)은 이음거양(以陰居陽) 즉 음(陰 : --)으로써[以] 양(陽 : ㅡ)의 자리에 있는지라[居] 정당한 자리에 있지 못하다. 초륙(初六 : --)과 육이(六二 : --)는 양음(兩陰) 즉 둘 다[兩] 음(陰 : --)인지라 〈비(比)〉 즉 이웃의 사귐[比]을 누리지 못하고 오히려 상충(相衝) 즉 서로[相] 부딪치는[衝] 처지이다. 초륙(初六 : --)과 구사(九四 : ㅡ)는 음양(陰陽)의 사이인지라 〈정응(正應)〉 즉 바르게[正] 서로 호응할[應] 수 있다. 둔괘(遯卦 : ䷠)에서 초륙(初六 : --)은 맨 밑자리인지라 〈둔(遯)〉의 시국에서 뒤처져 위태한 모습이다.

> 둔괘(遯卦 : ䷠)의 초륙(初六 : --)이 초구(初九 : ㅡ)로 변효(變爻)하면 초륙(初六 : --)은 둔괘(遯卦 : ䷠)를 13번째 동인괘(同人卦 : ䷌)로 지괘(之卦)하게 한다. 따라서 둔괘(遯卦 : ䷠)의 초륙(初六 : --)은 동인괘(同人卦 : ䷌)의 초구(初九 : ㅡ)를 찾아가 살펴보게 한다.

【초륙(初六)의 계사(繫辭) 풀이】

遯尾(둔미) 厲(여)

물러감에[遯] 꼬리라[尾] 위태하다[厲].

초륙(初六 : --)의 효위(爻位)를 빌려 암시한 계사(繫辭)이다. 〈둔미(遯尾) 여(厲)〉는 〈기연초륙지둔미(旣然初六之遯尾) 초륙려(初六厲)〉의 줄임으로 여기고 〈초륙의[初六之] 물러감이[遯] 꼬리이기[尾] 때문에[旣然] 초륙은[初六] 위태하다[厲]〉라고 새겨볼 것이다. 〈둔미(遯尾)의 둔(遯)〉은 〈물러날 퇴(退)〉와 같고, 〈둔미

(遯尾)의 미(尾)〉는 초륙(初六 : ⚋)이 둔괘(遯卦 : ䷠)에서 맨 밑자리에 있기에 꼬리[尾]라고 취상(取象)한 것이다. 물러감이[遯] 맨 끝임[尾]이란 물러감[遯]의 행위가 맨 뒤여서 미적거림을 암시한다. 초륙(初六 : ⚋)은 둔괘(遯卦 : ䷠)의 맨 밑자리에 있으니 소인배(小人輩)에 속한다. 따라서 초륙(初六 : ⚋)은 구사(九四 : ⚊)와 나눌 수 있는 정응(正應)을 제대로 누릴 수가 없다. 초륙(初六 : ⚋)은 유순(柔順)한 데다 자리도 낮고 재능도 뒤처지니 제 처지를 따라 세상의 비위를 맞춰 가며 살아가는 소인(小人)의 삶이다. 이에 둔괘(遯卦 : ䷠)의 주제인 〈둔(遯)〉의 시국에서 맨 꼴찌로[尾] 물러가려고[遯] 허둥대다간 위태할[厲] 수 있음을 암시한 계사(繫辭)가 〈둔미(遯尾) 여(厲)〉이다.

勿用有攸往(물용유유왕)

갈[往] 바가[攸] 있어도[有] 쓰지[用] 마라[勿].

〈물용유유왕(勿用有攸往)〉은 초륙(初六 : ⚋)이 둔괘(遯卦 : ䷠)의 하체(下體) 간(艮 : ☶)의 초효(初爻)임을 빌려 암시한 계사(繫辭)이다. 〈물용유유왕(勿用有攸往)〉이 〈물용초륙지유왕(勿用初六之攸往)〉의 줄임으로 여기고 〈초륙은[初六之] 갈[往] 바를[攸] 쓰지[用] 말라[勿]〉라고 새겨볼 것이다. 〈물용유유왕(勿用有攸往)의 유왕(攸往)〉은 〈유둔(攸遯)〉 즉 물러갈[遯] 바[攸]를 암시한다. 따라서 〈물용유유왕(勿用有攸往)〉은 〈초륙혜(初六兮) 물용유둔(勿用攸遯)〉 즉 〈초륙(初六)이여[兮] 물러갈[遯] 바를[攸] 이용하지[用] 말라[勿]〉라는 뜻을 암시한다. 따라서 〈물용유유왕(勿用有攸往)〉은 「설괘전(說卦傳)」에 나오는 〈간은[艮 : ☶] 멈춤[止]이다[也]〉라는 내용을 상기시킨다. 물러가려고[遯] 허둥대기보다는 멈춰 있는 산처럼 가만히 멈춰 있음도 초륙(初六 : ⚋)에게는 하나의 〈둔(遯)〉 즉 물러감[遯]일 수 있음을 암시한 계사(繫辭)가 〈물용유유왕(勿用有攸往)〉이다.

【字典】

遯 〈둔-돈〉 두 가지로 발음되지만 뜻은 다르지 않고, 〈물러날 둔(遯)-퇴(退), 숨을 둔-돈(遯)-은(隱), 도망갈 둔-돈(遯)-도(逃)-피(避), 옮겨갈 둔(遯)-천(遷), 속일 둔(遯)-기(欺)〉 등의 뜻을 내지만 여기선 〈물러날 퇴(退)〉와 같다 여기고 새김이 마땅하다.

미(尾) 〈말단(뒤끝) 미(尾)-말(末), 꼬리 미(尾)-미(微)-척진처(脊盡處), 뒤 미(尾)-후(後), 끝 미(尾)-종(終), 끝날 미(尾)-진(盡), 흘레할 미(尾)-교접(交接)〉 등의 뜻을 내지만 여기선 〈꼬리 미(尾)〉로 여기고 새김이 마땅하다.

여(厲) 〈위태할 여(厲)-위(危), 가물 여(厲)-한(旱), 갈 여(厲)-마(磨), 문지를(비빌) 여(厲)-마찰(摩擦), 엄할(사나울) 여(厲)-엄(嚴)-맹(猛), 높고 훌륭할 여(厲)-고상(高尙), 맑고 바를 여(厲)-청정(淸正), 막을 여(厲)-항(抗), 일어날 여(厲)-기(起), 지을 여(厲)-작(作), 사나울 여(厲)-학(虐), 병들 여(厲)-병(病), 낭떠러지 여(厲)-애(涯), 물이 깊어도 건널 수 있는 곳 여(厲)-심수가섭지처(深水可涉之處), 권하여 힘쓰게 할 여(厲)-권면(勸勉), 이을 여(厲)-합(合)-연(連), 옷을 입고 물을 건널 여(厲)-이의섭수(以衣涉水), 가까울 여(厲)-근(近)-부(附)〉 등의 뜻을 내지만 여기선 〈위태로울 위(危)〉와 같다 여기고 새김이 마땅하다.

물(勿) 〈하지 말 물(勿)-막(莫), 없을 물(勿)-무(無)-무(毋), 아닌 것 물(勿)-비(非), 아니할 물(勿)-불(不)〉 등의 뜻을 내지만 여기선 〈하지 말 막(莫)〉과 같다 여기고 새김이 마땅하다.

용(用) 〈쓸(베풂) 용(用)-시(施)-행(行), 쓰일(부릴) 용(用)-사(使), 맡길 용(用)-임(任), 위할 용(用)-위(爲), 갖출 용(用)-비(備)〉 등의 뜻을 내지만 여기선 〈쓸 시(施)〉와 같다 여기고 새김이 마땅하다.

유(有) 〈없을 무(無)의 반대말로 있을 유(有), 얻을(가질) 유(有)-취(取), 혹 유(有)-혹(或), 많을 유(有)-다(多)-족(足), 부유할 유(有)-부(富), 간직할 유(有)-장(藏), 보호할 유(有)-보(保), 서로 친할 유(有)-상친(相親), 전일할 유(有)-전(專), 할 유(有)-위(爲)〉 등의 뜻을 내지만 여기선 〈있을 유(有)〉로 여기고 새김이 마땅하다.

유(攸) 〈곳(바) 유(攸)-소(所), 흘러가는 물 유(攸)-행수(行水), 아득할 유(攸)-장원(長遠)-유(悠), 닦을 유(攸)-수(修), 터득한 모습 유(攸)-자득모(自得貌), 빠를 유(攸)-숙(倏), 대롱거릴 유(攸)-현위모(懸危貌), 수심에 찬 모습 유(攸)-수모(愁貌)〉 등의 뜻을 내지만 여기선 〈바 소(所)〉와 같다 여기고 새김이 마땅하다.

왕(往) 〈갈 왕(往)-행(行)-지(之)-거(去), 이를 왕(往)-지(至), 향할 왕(往)-향(向), 옛 왕(往)-석(昔), 이따금 왕(往)-시시(時時), 뒤 왕(往)-후(後)〉 등의 뜻을 내지만 〈갈 거(去)〉와 같다 여기고 새김이 마땅하다.

註 간지야(艮止也) : 간은[艮 : ☶] 멈춤[止]이다[也]. 「설괘전(說卦傳)」 7단락(段落)

육이(六二 : --)

六二 : 執之用黃牛之革이라 莫之勝說이니라
집 지 용 황 우 지 혁 막 지 승 탈

육이(六二) : 묶어두기를[執之] 황소의[黃牛之] 가죽을[革] 쓴다[用]. 그 묶음을[之] 풀[說] 수[勝] 없다[莫].

【육이(六二)의 효상(爻象) 풀이】

둔괘(遯卦 : ䷠)의 육이(六二 : --)는 이음거음(以陰居陰) 즉 음(陰 : --)으로써[以] 음(陰 : --)의 자리에 있는지라[居] 정당한 자리에 있다. 육이(六二 : --)와 구삼(九三 : ─)은 음양(陰陽)의 사이인지라 〈비(比)〉 즉 이웃의 사귐[比]을 누릴 수 있다. 육이(六二 : --)와 구오(九五 : ─)는 음양(陰陽)의 사이로 〈중정(中正)〉 즉 중효이면서[中] 정당한 자리에 있고[正] 〈정응(正應)〉 즉 바르게[正] 서로 호응함[應]을 누린다. 뿐만 아니라 육이(六二 : --)는 둔괘(遯卦 : ䷠)의 하체(下體) 간(艮 : ☶)의 중효(中爻)로서 득중(得中) 즉 정도를 따름을[中] 취하므로[得] 유순(柔順)하면서도 둔괘(遯卦 : ䷠)의 주제인 〈둔(遯)〉의 시국을 중용(中庸) 즉 정도를 따름을[中] 써서[庸] 마주하는 모습이다.

둔괘(遯卦 : ䷠)의 육이(六二 : --)가 구이(九二 : ─)로 변효(變爻)하면 육이(六二 : --)는 둔괘(遯卦 : ䷠)를 44번째 구괘(姤卦 : ䷫)로 지괘(之卦)하게 한다. 따라서 둔괘(遯卦 : ䷠)의 육이(六二 : --)는 구괘(姤卦 : ䷫)의 구이(九二 : ─)를 찾아가 살펴보게 한다.

【육이(六二)의 계사(繫辭) 풀이】

執之用黃牛之革(집지용황우지혁)

묶어두기를[執之] 황소의[黃牛之] 가죽을[革] 쓴다[用].

육이(六二 : --)의 효위(爻位)를 빌려 암시한 계사(繫辭)이다. 〈집지용황우지혁

(執之用黃牛之革)〉은 〈위륙이지집둔(爲六二之執遯) 육이용황우지혁(六二用黃牛之革)〉의 줄임으로 여기고 〈육이가[六二之] 물러감을[遯] 묶어두기[執] 위하여[爲] 육이가[六二] 황소의[黃牛之] 가죽을[革] 쓴다[用]〉라고 새겨볼 것이다. 〈집지(執之)의 집(執)〉은 〈묶어둘 박(縛)〉과 같다. 둔괘(遯卦 : ䷠)의 주제인 〈둔(遯)〉 즉 물러감[遯]의 시국을 맞아 육이(六二 : --)가 둔괘(遯卦 : ䷠)의 하체(下體) 간(艮 : ☶)의 중효(中爻)로서 득중(得中) 즉 정도를 따름을[中] 취하여[得] 〈둔(遯)〉의 시국에 머물러[止] 있음을 암시한 계사(繫辭)가 〈집지(執之)〉이다. 여기 〈집지(執之)〉가 「설괘전(說卦傳)」에 나오는 〈간은[艮 : ☶] 손[手]이다[爲]〉라는 내용을 상기시킨다. 묶는[執] 짓은 손[手]이 한다.

〈용황우지혁(用黃牛之革)〉에서 〈황우(黃牛)의 황(黃)〉은 육이(六二 : --)가 둔괘(遯卦 : ䷠)의 하체(下體) 간(艮 : ☶)의 중효(中爻)임을 빌려 육이(六二 : --)를 색(色)으로써 취상(取象)한 것이다. 〈황(黃)〉은 중앙색(中央色)이며 토색(土色)이다. 〈황우(黃牛)의 우(牛)〉 역시 육이(六二 : --)를 취상(取象)한 것이다. 여기 〈황우(黃牛)〉가 「설괘전(說卦傳)」에 나오는 〈곤은[坤 : ☷] 소[牛]이고[爲] …… 곤은[坤 : ☷] 땅[地]이다[爲]〉라는 내용을 상기시키기 때문이다. 대성괘(大成卦)의 모든 음효(陰爻)는 곤(坤 : ☷)의 무리에 속한다. 유순(柔順)하면서도 득중(得中)한 육이(六二 : --)를 취상(取象)한 것이다. 〈둔(遯)〉의 시국을 맞아 그 물러감[遯]을 〈집지용황우지혁(執之用黃牛之革) 즉 묶어둠에[執之] 황소의[黃牛之] 가죽을[革] 쓴다[用] 함은 육이(六二 : --)가 득중(得中) 즉 정도를 따름을[中] 취하여[得] 〈둔(遯)〉의 시국을 흔들림 없이 지켜감을 암시한 계사(繫辭)이다.

莫之勝說(막지승탈)

그 묶음을[之] 풀[說] 수[勝] 없다[莫].

〈막지승탈(莫之勝說)〉은 앞의 〈집지(執之)〉를 거듭해 강조한 계사(繫辭)이다. 〈막지승탈(莫之勝說)〉은 〈하인막승탈기혁지대(何人莫勝說其革之帶)〉의 줄임으로 여기고 〈어느 누구도[何人] 그[其] 가죽의[革之] 끈을[帶] 벗길[說] 수[勝] 없다[莫]〉라고 새겨볼 것이다. 〈막지승탈(莫之勝說)〉에서 〈막(莫)〉은 〈없을 무(無)〉와 같고, 〈지(之)〉는 앞의 〈황우지혁(黃牛之革)〉을 나타내는 지시어 노릇을 하며, 〈승(勝)〉은

〈능할 능(能)〉과 같고, 〈탈(說)〉은 〈벗길 탈(脫)〉과 같다. 둔괘(遯卦 : ䷠)의 하체(下體) 간(艮 : ☶)의 중효(中爻)로서 유순(柔順)한 육이(六二 : ⚋)가 득중(得中) 즉 정도를 따름을[中] 취하여[得] 〈둔(遯)〉의 시국을 맞아 흔들림 없이 〈둔(遯)〉을 지켜감을 거듭해 암시한 계사(繫辭)가 〈막지승탈(莫之勝說)〉이다.

【字 典】

집(執) 〈묶을(맺을) 집(執)-박(縛)-결(結), 지킬 집(執)-수(守), 잡을 집(執)-포(捕), 가둘 집(執)-수(囚), 받들 집(執)-봉(奉), 마를 집(執)-제(制), 막을 집(執)-색(塞), 손으로 잡을 집(執)-조(操), 손바닥 집(執)-장(掌)〉 등의 뜻을 내지만 여기선 〈묶을 박(縛)〉과 같다 여기고 새김이 마땅하다.

지(之) 〈그것(이것) 지(之)-피(彼)-시(是), 갈 지(之)-왕(往), 이를 지(之)-지(至), 주격-소유격-목적격 등의 토씨 지(之), 뜻 없는 허사(虛詞) 지(之)〉 등의 뜻을 내지만, 〈집지(執之)의 지(之)〉는 허사(虛詞) 노릇을 해 뜻 없는 〈지(之)〉이고, 〈황우지혁(黃牛之革)의 지(之)〉는 토씨로 〈~의 지(之)〉로 새김이 마땅하고, 〈막지승탈(莫之勝說)의 지(之)〉는 앞에 나온 〈황우지혁(黃牛之革)〉을 나타내는 〈그것 지(之)〉로 여기고 새김이 마땅하다.

용(用) 〈쓸(베풀) 용(用)-시(施)-행(行), 쓰일(부릴) 용(用)-사(使), 맡길 용(用)-임(任), 위할 용(用)-위(爲), 갖출 용(用)-비(備)〉 등의 뜻을 내지만 여기선 〈쓸 시(施)〉와 같다 여기고 새김이 마땅하다.

황(黃) 〈가운데 황(黃)-중앙(中央), 땅의 색 황(黃)-지지색(地之色)-토색(土色), 중앙색 황(黃)-중앙색(中央色), 중화의 색 황(黃)-중화지색(中和之色), 임금 옷의 색 황(黃)-군왕복지색(君王服之色), 밖으로 빛날 황(黃)-광(光), 두터울 황(黃)-후(厚)〉 등의 뜻을 내지만 여기선 〈가운데 중앙(中央)〉으로 여기고 새김이 마땅하다.

우(牛) 〈소 우(牛)-동물명(動物名), 무릅쓸 우(牛)-모(冒)〉 등의 뜻을 내지만 여기선 〈소 우(牛)〉로 여기고 새김이 마땅하다. 『설문해자(說文解字)』에 우사야리야(牛事也理也) 사야자(事也者) 위능사기사야(謂能事其事也) 우임경(牛任耕) 이야자(理也者) 〈소는[牛] 일함[事]이고[也] 도리[理]이다[也]. (소의) 일이라는[事也] 것은[者] 제[其] 일을[事] 해낼 수 있음을[能事] 일컬음[謂]이다[也]. 소는[牛] 밭갈이를[耕] 맡아 한다[任]. (이것이 소의) 도리라는[理也] 것이다[者].〉라고 풀이되어 있다.

革 〈혁-극〉 두 가지로 발음되고, 〈가죽 혁(革)-수피치거모(獸皮治去毛), 피부 혁(革)-피지총칭(皮之總稱), 생가죽 혁(革)-생피(生皮), 북 종류 악기 혁(革)-고류악기(鼓類樂器), 팔음의 하나 혁(革)-팔음지일(八音之一), 갑옷 혁(革)-갑주(甲冑)-병갑(兵甲), 고칠 혁(革)-개(改)-거고(去故), 헐어빠질 혁(革)-노(老)-피모고췌지형(皮毛枯瘁之形), 경계할 혁(革)-계(戒)-격(諽), 급할(빠를) 혁(革)-극(革)-급(急)-속(速)〉 등의 뜻을 내지만 여기선 〈가죽 수피치거모(獸皮治去毛)〉로 여기고 새김이 마땅하다. 수피치거모(獸皮治去毛) : 털을[毛] 밀어버린[治去] 짐승의[獸] 살갗[皮].

莫 〈막-모-맥〉 세 가지로 발음되고, 〈없을 막(莫)-무(無), 하지 말 막(莫)-물(勿), 허무 막(莫)-허무(虛無), 고요할 막(莫)-정(靜)-막(漠), 클 막(莫)-대(大), 강할 막(莫)-강(强), 깎아낼 막(莫)-거(去)-삭(削)-낙(鉻), 두려워할 막(莫)-파(怕)-구(懼), 불가막(莫)-불가(不可), 도모할 막(莫)-모(謀), 나물(푸성귀) 모(莫), 날이 저물 모(莫)-일차명(日且冥), 밤 모(莫)-야(夜), 늦을 모(莫)-만(晩), 덕이 발라 어울림에 응할 맥(莫)-덕정응화(德正應和)〉 등의 뜻을 내지만 여기선 〈없을 무(無)〉로 여기고 새김이 마땅하다.

승(勝) 〈능할 승(勝)-능(能), 무릅쓸 승(勝)-극(克), 끊을(막을) 승(勝)-알(遏), 이길 승(勝)-부지대(負之對), 맡을 승(勝)-임(任), 뛰어날 승(勝)-감(堪), 들 승(勝)-거(擧), 다할 승(勝)-진(盡), 오를 승(勝)-승(乘), 없앨 승(勝)-멸(滅)-망(亡), 지극할 승(勝)-극(極), 더할 승(勝)-익(益), 무성할 승(勝)-성(盛), 많을 승(勝)-다(多), 지나칠 승(勝)-과(過), 둘 승(勝)-이(二), 뛰어날 승(勝)-우(優)-출중(出衆)-우월(優越), 행할 승(勝)-행(行), 곧을 승(勝)-직(直)-정(正)〉 등의 뜻을 내지만 여기선 〈능할 능(能)〉과 같다 여기고 새김이 마땅하다.

說 〈설-열-세-탈〉 네 가지로 발음되고, 〈벗어날 탈(說)-탈(脫), 용서할 탈(說)-사(赦), 흩뜨릴 탈(說)-해(解), 기뻐할 열(說)-열(悅)-역(懌), 기뻐하는 것 열(說)-소희(所喜), 즐거워할 열(說)-낙(樂), 좋아할 열(說)-호(好), 받들 열(說)-경(敬), 헤아릴(셈할) 열(說)-수(數)-계(計), 말할 설(說)-도(道), 논할 설(說)-논(論), 알릴 설(說)-고(告), 해석할 설(說)-해석(解釋), 가르칠 설(說)-교(敎), 풀이할 설(說)-해(解), 분명히 풀이할 설(說)-요해(瞭解), 경서에 주해달 설(說)-주소(注疏)-경서지주해(經書之注解), 언론 설(說)-언론(言論), 학설 설(說)-학설(學說), 도리 설(說)-도리(道理), 글 설(說)-서술(敍述), 기뻐할 세(說)-열(悅), 용서할(벗어날) 세(說)-사(赦)-탈(脫), 풀 세(說)-해(解)-제(除), 쉴

세(說)-사(舍), 둘 세(說)-치(置), 달랠 세(說)-유(誘)〉 등의 뜻을 내지만 여기선 〈벗어날 탈(脫)〉과 같다 여기고 새김이 마땅하다.

註 간위수(艮爲手) : 간은[艮 : ☶] 손[手]이다[爲]. 「설괘전(說卦傳)」 9단락(段落)

註 곤위우(坤爲牛) : 곤은[坤 : ☷] 소[牛]이다[爲]. 「설괘전(說卦傳)」 8단락(段落)

註 곤위지(坤爲地) : 곤은[坤 : ☷] 땅[地]이다[爲]. 「설괘전(說卦傳)」 11단락(段落)

구삼(九三 : ⚊)

九三 : 係遯이니 有疾厲하다 畜臣妾吉하리라
계둔 유질려 휵신첩길

구삼(九三) : 묶인[係] 물러감에[遯] 병이[疾] 나니[有] 위태하다[厲]. 가솔들을[臣妾] 먹여 돌보면[畜] 좋으리라[吉].

【구삼(九三)의 효상(爻象) 풀이】

둔괘(遯卦 : ䷠)의 구삼(九三 : ⚊)은 이양거양(以陽居陽) 즉 양(陽 : ⚊)으로써[以] 양(陽 : ⚊)의 자리에 있는지라[居] 정당한 자리에 있다. 구삼(九三 : ⚊)과 육이(六二 : ⚋)는 양음(陽陰)의 사이인지라 〈비(比)〉 즉 이웃의 사귐[比]을 누릴 수 있다. 구삼(九三 : ⚊)과 구사(九四 : ⚊)는 양양(兩陽) 즉 둘 다[兩] 양(陽 : ⚊)인지라 〈비(比)〉 즉 이웃의 사귐[比]을 누리지 못해 상충(相衝) 즉 서로[相] 부딪치는[衝] 사이이다. 구삼(九三 : ⚊)과 상구(上九 : ⚊) 역시 양양(兩陽)이어서 불응(不應) 즉 서로 호응하지 못한다[不應]. 이러한 구삼(九三 : ⚊)인지라 이웃의 사귐[比]을 누릴 수 있는 육이(六二 : ⚋)를 집착하려는 모습이다.

> 둔괘(遯卦 : ䷠)의 구삼(九三 : ⚊)이 육삼(六三 : ⚋)으로 변효(變爻)하면 구삼(九三 : ⚊)은 둔괘(遯卦 : ䷠)를 12번째 비괘(否卦 : ䷋)로 지괘(之卦)하게 한다. 따라서 둔괘(遯卦 : ䷠)의 구삼(九三 : ⚊)은 비괘(否卦 : ䷋)의 육삼(六三 : ⚋)을 찾아가 살펴보게 한다.

【구삼(九三)의 계사(繫辭) 풀이】

係遯(계둔) 有疾厲(유질려)

묶인[係] 물러감에[遯] 병이[疾] 나니[有] 위태하다[厲].

구삼(九三 : ━)의 효위(爻位)를 빌려 암시한 계사(繫辭)이다. 〈계둔(係遯) 유질려(有疾厲)〉는 〈인위계지둔구삼유질(因爲係之遯九三有疾) 구삼려(九三厲)〉의 줄임으로 여기고 〈묶인[爲係之] 물러감[遯] 때문에[因] 구삼에게[九三] 병이[疾] 난다[有] 구삼은[九三] 위태하다[厲]〉라고 새겨볼 것이다. 〈유질려(有疾厲)〉에서 〈질려(疾厲)의 질(疾)〉은 여기선 〈병 병(病)〉과 같고, 〈질려(疾厲)의 여(厲)〉는 〈위태할 위(危)〉와 같다. 〈계둔(係遯)〉은 구삼(九三 : ━)이 둔괘(遯卦 : ䷠)의 하체(下體) 간(艮 : ☶)의 상효(上爻)임을 빌려 극지(極止)의 처지에 있는 구삼(九三 : ━)을 취상(取象)한 것이다. 〈계둔(係遯)의 계(係)〉가 「설괘전(說卦傳)」에 나오는 〈간은[艮 : ☶] 멈춤[止]이다[也] …… 간은[艮 : ☶] 손[手]이다[也]〉라는 내용을 환기시키기 때문이다. 〈계둔(係遯)의 계(係)〉는 손이 있어야 묶음이 가능하고 묶이니 가지 못함을 암시하니, 〈계둔(係遯)의 둔(遯)〉은 꼼짝 못하고 제자리에 묶인 물러감[遯]을 암시한다. 둔괘(遯卦 : ䷠)의 주제인 〈둔(遯)〉 즉 물러감[遯]의 시국에서는 그 〈둔(遯)〉은 신속하고 멀리 가야 선(善)한 물러감[遯]이지, 〈계둔(係遯)〉 즉 묶인[係] 물러감[遯]이란 신속하지 못하고 멀리 갈 수 없으니 불선(不善)한 〈둔(遯)〉인지라 〈계둔(係遯)〉이 구삼(九三 : ━)을 병들게[有疾] 할 터라, 결국 구삼(九三 : ━)이 위태함[厲]을 암시한 계사(繫辭)가 〈계둔(係遯) 유질려(有疾厲)〉이다.

畜臣妾吉(휵신첩길)

가솔들을[臣妾] 먹여 돌보면[畜] 좋으리라[吉].

〈휵신첩길(畜臣妾吉)〉은 구삼(九三 : ━)의 제가(齊家)를 암시한 계사(繫辭)이다. 〈휵신첩길(畜臣妾吉)〉은 〈약구삼이휵신첩위둔(若九三以畜臣妾爲遯) 구삼길(九三吉)〉의 줄임으로 여기고 〈만약[若] 구삼이[九三] 휵신첩(畜臣妾)으로써[以] 물러감을[遯] 삼는다면[爲] 구삼은[九三] 좋을 것이다[吉]〉라고 새겨볼 것이다. 구삼(九三 : ━)은 대부(大夫)의 자리에 있는지라 〈둔(遯)〉 즉 물러감[遯]의 시국에서 그 〈둔(遯)〉을 행한다고 함은 치국(治國)을 뜻한다. 그러나 〈계둔(係遯)〉의 처지에 있는 구삼(九三 : ⚊)이 대부(大夫)로서 치국하기가 어려운 것이다. 구삼(九三 : ⚊)이 〈계둔(係遯)〉의 처지에서 〈계둔(係遯)의 계(係)〉 즉 묶임[係]을 풀어 제치고 물러감[遯]을 행험(行險) 즉 모험을[險] 감행할[行] 소인(小人)이 아니다. 강강(剛强) 즉 굳세면서[剛] 강력한[强] 구삼(九三 : ⚊)은 정위(正位)에 있는 군자(君子)이다. 이에 〈휵신첩(畜臣妾)〉은『중용(中庸)』에 나오는 〈군자는[君子] 평이하게[易] 삶[居]으로써[以] 천명을[命] 기다리고[俟] 소인은[小人] 모험을[險] 감행함[行]으로써[以] 요행을[幸] 바란다[徼]〉라는 내용을 환기시킨다.

〈휵신첩(畜臣妾)의 휵(畜)〉은 〈먹여 양육할 양(養)〉과 같고, 〈신첩(臣妾)〉이란 대부(大夫)의 가내(家內)에 있는 모든 가신(家臣)들과 첩실(妾室)의 가족들과 더불어 가노(家奴) 즉 집안의[家] 종들[奴]을 모두 뜻한다. 따라서 〈둔(遯)〉 즉 물러감[遯]의 시국을 맞아서 대부(大夫)로서 치국(治國)의 〈둔(遯)〉을 실행하지 못할지라도, 가내에 머물러 〈신첩(臣妾)〉을 〈휵(畜)〉 즉 양육(養育)하여 제가(齊家) 즉 집안을[家] 다스림[齊]도 마주하고 행함인지라 구삼(九三 : ⚊)에게 〈길(吉)〉 즉 행운임[吉]을 암시한 계사(繫辭)가 〈휵신첩길(畜臣妾吉)〉이다.

【字典】

계(係) 〈묶을 계(係)-박(縛)-속지(束之), 매달릴 계(係)-계(繫)-계속(繫屬), 이을 계(係)-계(繼), 끌 계(係)-예(曳)〉 등의 뜻을 내지만 여기선 〈묶을 박(縛)〉과 같다 여기고 새김이 마땅하다.

遯 〈둔-돈〉 두 가지로 발음되지만 뜻은 다르지 않고, 〈물러날 둔(遯)-퇴(退), 숨을 둔-돈(遯)-은(隱), 도망갈 둔-돈(遯)-도(逃)-피(避), 옮겨갈 둔(遯)-천(遷), 속일 둔(遯)-기(欺)〉 등의 뜻을 내지만 여기선 〈물러날 퇴(退)〉와 같다 여기고 새김이 마땅하다.

유(有) 〈없을 무(無)의 반대말로 있을 유(有), 얻을(가질) 유(有)-취(取), 혹 유(有)-혹(或), 많을 유(有)-다(多)-족(足), 부유할 유(有)-부(富), 간직할 유(有)-장(藏), 보호할 유(有)-보(保), 서로 친할 유(有)-상친(相親), 전일할 유(有)-전(專), 할 유(有)-위(爲), 어조사 유(有)〉 등의 뜻을 내지만 여기선 〈있을 유(有)〉로 여기고 새겨도 되겠지만, 뜻 없는 〈어조사 유(有)〉로 여기고 새김이 마땅하다.

질(疾) 〈억지로 애쓸(힘쓸) 질(疾)-면력(勉力), 괴로울 질(疾)-고(苦), 병들 질(疾)-

병(病)-환(患), 아파할 질(疾)-통(痛), 원망할 질(疾)-원(怨), 미워할 질(疾)-질(嫉), 성낼 질(疾)-노(怒), 아닐 질(疾)-비(非), 싫어할 질(疾)-오(惡), 빠를 질(疾)-신(迅)-속(速), 다툴 질(疾)-쟁(爭), 씩씩할(멋질) 질(疾)-장(壯)-미(美), 직행할 질(疾)-추(趨), 다툴 질(疾)-쟁(爭)〉 등의 뜻을 내지만 여기선 〈병들 병(病)〉으로 여기고 새김이 마땅하다.

여(厲) 〈위태할 여(厲)-위(危), 가물 여(厲)-한(旱), 갈 여(厲)-마(磨), 문지를(비빌) 여(厲)-마찰(摩擦), 엄할(사나울) 여(厲)-엄(嚴)-맹(猛), 높고 훌륭할 여(厲)-고상(高尙), 맑고 바를 여(厲)-청정(淸正), 막을 여(厲)-항(抗), 일어날 여(厲)-기(起), 지을 여(厲)-작(作), 사나울 여(厲)-학(虐), 병들 여(厲)-병(病), 낭떠러지 여(厲)-애(涯), 물이 깊어도 건널 수 있는 곳 여(厲)-심수가섭지처(深水可涉之處), 권하여 힘쓰게 할 여(厲)-권면(勸勉), 이을 여(厲)-합(合)-연(連), 옷을 입고 물을 건널 여(厲)-이의섭수(以衣涉水), 가까울 여(厲)-근(近)-부(附)〉 등의 뜻을 내지만 여기선 〈위태로울 위(危)〉와 같다 여기고 새김이 마땅하다.

畜 〈축-휵-휴-추〉 네 가지로 발음되고, 〈기를 휵(畜)-양(養), 가축 축(畜)-가축(家畜), 육축 축(畜)-우마양계견시위육축(牛馬羊鷄犬豕謂六畜), 쌓을 축(畜)-적(積)-취(聚), 그칠 축(畜)-지(止), 개간한 밭 축(畜)-개간지전(開墾之田), 용납할 휵(畜)-용(容)-허(許), 방목할 휵(畜)-사(飼)-방목(放牧), 일어날 휵(畜)-기(起), {덕교(德敎)를} 따를 휵(畜)-순어덕교(順於德敎), 효도할 휵(畜)-효(孝), 집에서 기름직한 짐승 휴(畜), 집에서 기르는 짐승 추(畜)〉 등의 뜻을 내지만 여기선 〈기를 양(養)〉과 같다 여기고 새김이 마땅하다.

신(臣) 〈신하 신(臣)-사군자(事君者), 신하 노릇을 다할 신(臣)-진신지직분(盡臣之職分), 남자를 낮추어 부를 신(臣)-수부(囚俘)-남자지천칭(男子之賤稱), 신하의 자칭 신(臣)-신하지자칭(臣下之自稱), 백성 신(臣)-서인(庶人), 저 신(臣)-자기지겸칭(自己之謙稱), 음 신(臣)-음(陰), 달 신(臣)-월(月), {오음(五音)의} 상 신(臣)-오음지상(五音之商)〉 등의 뜻을 내지만 여기선 〈사군자(事君者)〉 즉 임금을[君] 섬기는[事] 자(者)로서 〈신하(臣下)〉로 새김이 마땅하다.

첩(妾) 〈첩 첩(妾)-측실(側室)-소처(小妻)-적처지차(嫡妻之次), 작은집 첩(妾)-소실(小室), 여인 자칭 첩(妾)-여인자칭지사(女人自稱之詞), 태괘(☱) 첩(妾)-태(兌)〉 등의 뜻을 내지만 여기선 〈첩 측실(側室)〉로 여기고 새김이 마땅하다.

길(吉) 〈좋을(행복할) 길(吉)-선(善)-영(令) {영월길일(令月吉日)은 선월선일(善月

善日)임.}, 복 길(吉)-실(實)-선실(善實)-복(福), 예의를 따라 상서로울 길(吉)-예의순상(禮義順祥), 삼갈 길(吉)-근(謹), 초하루 길(吉)-삭일(朔日) {삭망(朔望) 즉 초하루[朔]와 그믐날[望]}, 길례 길(吉)-길례(吉禮) {오례지일(五禮之一) 길흉빈군가(吉凶賓軍嘉)}, 갈 길(吉)-행(行)-길(趌)〉 등의 뜻을 내지만 여기선 〈좋을 선(善)-영(令)〉 즉 행복과 같다 여기고 새김이 마땅하다.

註 간지야(艮止也) : 간은[艮 : ☶] 멈춤[止]이다[也]. 「설괘전(說卦傳)」 7단락(段落)

註 간위수(艮爲手) : 간은[艮 : ☶] 손[手]이다[爲]. 「설괘전(說卦傳)」 9단락(段落)

註 군자거이이사명(君子居易以俟命) 소인행험이요행(小人行險以徼幸) : 군자는[君子] 평이하게[易] 삶[居]으로써[以] 천명을[命] 기다리고[俟], 소인은[小人] 위험을[險] 행함[行]으로써[以] 요행을[幸] 바란다[徼]. 『중용(中庸)』「주장장구(朱子章句) 14장(章)

구사(九四 : ⚊)

九四 : 好遯이니 君子吉하고 小人否하리라
호둔 군자길 소인부

구사(九四) : 물러감을[遯] 좋아하니[好] 군자는[君子] 좋고[吉] 소인은[小人] 좋지 않다[否].

【구사(九四)의 효상(爻象) 풀이】

둔괘(遯卦 : ䷠)의 구사(九四 : ⚊)는 이양거음(以陽居陰) 즉 양(陽 : ⚊)으로써[以] 음(陰 : ⚋)의 자리에 있는지라[居] 정당한 자리에 있지 못하다. 구사(九四 : ⚊)의 위아래가 모두 양(陽 : ⚊)인지라 〈비(比)〉 즉 이웃의 사귐[比]을 누리지 못하고 오히려 상충(相衝) 즉 서로[相] 부딪치는[衝] 사이에 끼어 있는 셈이다. 구사(九四 : ⚊)와 초륙(初六 : ⚋)은 양음(陽陰)의 사이인지라 정응(正應) 즉 바르게[正] 호응할[應] 수 있는 관계이다. 그러나 둔괘(遯卦 : ䷠)의 상체(上體) 건(乾 : ☰)의 초효(初爻)로서 강강(剛强) 즉 굳세고[剛] 강력한[强] 구사(九四 : ⚊)가 초륙(初六 : ⚋)의 〈둔미(遯尾)〉 즉 맨 밑에서[尾] 미적거리는 물러감[遯]을 받아들이지 않고 자신의 물러감[遯]을 선호하는 모습이다.

둔괘(遯卦 : ䷠)의 구사(九四) : ━)가 육사(六四 : --)로 변효(變爻)하면 구사(九四 : ━)는 둔괘(遯卦 : ䷠)를 53번째 점괘(漸卦 : ䷴)로 지괘(之卦)하게 한다. 따라서 둔괘(遯卦 : ䷠)의 구사(九四 : ━)는 점괘(漸卦 : ䷴)의 육사(六四 : --)를 찾아가 살펴보게 한다.

【구사(九四)의 계사(繫辭) 풀이】

好遯(호둔)

물러감을[遯] 좋아한다[好].

구사(九四 : ━)의 효위(爻位)를 빌려 암시한 계사(繫辭)이다. 〈호둔(好遯)〉은 〈구사호둔(九四好遯)〉의 줄임으로 여기고 〈구사는[九四] 물러감을[遯] 좋아한다[好]〉라고 새겨볼 것이다. 〈호둔(好遯)의 호(好)〉는 〈좋을 선(善)〉과 같다. 〈호둔(好遯)〉은 구사(九四 : ━)가 초륙(初六 : --)과 누릴 수 있는 정응(正應)을 연연하지 않고 둔괘(遯卦 : ䷠)의 주제인 〈둔(遯)〉의 시국을 맞아 당당히 〈둔(遯)〉 즉 물러감[遯]을 선호(善好)함을 들어 구사(九四 : ━)를 취상(取象)한 것이다. 〈호둔(好遯)〉은 구사(九四 : ━)가 군자(君子)임을 암시한다. 난세를 마주하면 군자는 무사(無私)로써 사정(私情) 즉 사사로운[私] 정감[情]을 무릅쓰기 때문에 바깥의 유혹 따위를 물리치고, 〈둔(遯)〉의 시국에서 물러감[遯]의 시운(時運)을 따라 서슴없이 물러가[遯], 자신의 역량을 키우면서 제세(齊世) 즉 세상을[世] 가지런히 할[齊] 기회를 기다린다. 양(陽 : ━)은 대(大)이고 군자(君子)이며 음(陰 : --)은 소(小)이고 소인(小人)이다. 둔괘(遯卦 : ䷠)의 상체(上體) 건(乾 : ☰)의 초효(初爻)인 구사(九四 : ━)는 크니[大], 구사(九四 : ━)가 물러감을[遯] 좋아하는[好] 군자(君子)임을 암시한 계사(繫辭)가 〈호둔(好遯)〉이다.

君子吉(군자길) 小人否(소인부)

군자는[君子] 좋고[吉] 소인은[小人] 좋지 않다[否].

〈둔(遯)〉의 호오(好惡) 즉 좋아함[好]과 싫어함[惡]을 군자(君子)와 소인(小人)을 빌려 암시한 계사(繫辭)이다. 〈군자길(君子吉)〉은 〈유어호둔군자유길(由於好遯君子有吉)〉의 줄임으로 여기고 〈물러감을[遯] 좋아하기[好] 때문에[由於] 군자에게는

[君子] 행운이[吉] 있다[有]〉라고 새겨볼 것이다. 왜 군자는[君子] 물러감을[遯] 좋아하고[好], 왜 소인은[小人] 물러감을[遯] 싫어한다는[惡] 것인가? 이러한 까닭은 『논어(論語)』에 나오는 〈군자는[君子] 두루 하되[周而] 사리에 따라 얽히지 않고[不比] 소인은[小人] 사리에 따라 얽히되[比而] 두루 하지 않는다[不周]〉라는 내용이 상기되고, 〈군자는[君子] 어울리되[和而] 패거리 짓지 않고[不同] 소인은[小人] 패거리 짓되[同而] 어울리지 않는다[不和]〉라는 내용이 상기되며, 〈군자에게는[君子] 다툴[爭] 것이[所] 없다[無]〉라는 내용이 상기된다. 이로써 군자(君子)는 〈호둔(好遯)〉하고 소인(小人)은 〈오둔(惡遯)〉하는 까닭을 살펴 헤아려볼 수 있다. 세상은 소인배(小人輩) 탓으로 두루 하지[周] 못해 서로 사리(私利)에 따라 겨루기[比]를 일삼고 서로 어울리지[和] 못해 패거리 지어[同] 상쟁(相爭)하기를 일삼기 때문에, 군자는[君子] 물러가[遯] 다툴[爭] 바[所] 없이[無] 귀덕(貴德) 즉 자연의 조화가 드러남을[德] 받들어[貴] 따르기를 좋아하는[好] 것이다. 군자(君子)의 〈호둔(好遯)〉은 귀덕(貴德)으로 이어지기 때문에 〈호둔(好遯)〉으로써 군자(君子)는 행운[吉]을 누림을 암시한 계사(繫辭)가 〈군자길(君子吉)〉이다.

〈소인부(小人否)〉는 유어오둔소인부길(由於惡遯小人否吉)〉의 줄임으로 여기고 〈물러감을[遯] 싫어하기[惡] 때문에[由於] 소인에게는[小人] 행운이[吉] 없다[否]〉라고 새겨볼 것이다. 〈소인부(小人否)의 부(否)〉는 여기선 〈없을 무(無)〉와 같다. 〈길(吉)〉이란 자연의 조화를[德] 받들기를[貴] 좋아하고[好] 따라야[順] 누리는 천복(天福)이다. 이 천복(天福)을 누리고자 군자(君子)에게는 삼외(三畏) 즉 세 가지[三] 두려움[畏]이 있다. 그러나 소인(小人)에게는 그 삼외(三畏)가 없어 〈길(吉)〉 즉 천복(天福)을 누릴 수 없는 까닭이 『논어(論語)』에 〈소인은[小人] 천명을[天命] 몰라서[不知而] 두려워하지 못하는 것[不畏]이고[也] 대인을[大人] 업신여기고[狎] 성인의[聖人之] 말씀을[言] 얕본다[侮]〉라고 분명하게 나와 있다. 이렇기 때문에 소인(小人)은 난세를 기회로 삼아 제 몫을 챙기고자 패덕(悖德) 즉 덕을[德] 어그러뜨리는[悖] 탓으로, 결국 소인(小人)은 〈길(吉)〉 즉 천복(天福)을 누릴 수 없음을 암시한 계사(繫辭)가 〈소인부(小人否)〉이다.

【字典】

호(好) 〈좋을 호(好)-선(善), 좋아할 호(好)-상선(相善), 아름다울 호(好)-미(美),

정교할 호(好)-정교(精巧), 어울려 좋아할 호(好)-화호(和好), 사귈 호(好)-교의(交誼), 사랑할 호(好)-애(愛), 심할 호(好)-심(甚), 구슬 구멍 호(好)-벽공(璧孔)〉 등의 뜻을 내지만 여기선 〈좋을 선(善)〉과 같다 여기고 새김이 마땅하다.

遯 〈둔-돈〉 두 가지로 발음되지만 뜻은 다르지 않고, 〈물러날 둔(遯)-퇴(退), 숨을 둔-돈(遯)-은(隱), 도망갈 둔-돈(遯)-도(逃)-피(避), 옮겨갈 둔(遯)-천(遷), 속일 둔(遯)-기(欺)〉 등의 뜻을 내지만 여기선 〈물러날 퇴(退)〉와 같다 여기고 새김이 마땅하다.

군(君) 〈지극히 높은 사람(천자-임금-제후) 군(君)-지존자(至尊者), 임금을 이을(세자) 군(君)-세자(世子), 여왕 군(君)-여군(女君), 어버이 군(君)-부모(父母), 돌아가신 임금-돌아가신 아버지-돌아가신 조상 군(君)-선군(先君)-선부(先父)-선조(先祖), 상대를 부르는 칭호 군(君)-칭호(稱號), 귀신을 받들어 부르는 칭호 군(君)-귀신지경칭(鬼神之敬稱), 맡아 다스릴 군(君)-주재(主宰), 하늘-건 군(君)-천(天)-건(乾), 양 군(君)-양(陽), 낮 군(君)-일(日), 중앙제단 군(君)-궁제단(宮祭壇), 흙 군(君)-토(土)〉 등의 뜻을 내지만 〈군자(君子)〉는 〈재덕겸구지인(才德兼具之人)〉 즉 재주와[才] 덕을[德] 아울러[兼] 갖춘[具之] 사람[人]을 칭하는 술어(術語)로 여기고 새김이 마땅하다.

자(子) 〈존칭(덕 있는 사람의 칭호) 자(子)-유덕자지칭(有德者之稱), 존경받는 사람 자(子)-존자(尊者), 벼슬 자(子)-작(爵), 12지의 첫째 자(子), 음력 11월 자(子), 밤 11시에서 다음날 1시까지 자(子), 북쪽 방향 자(子)-북방(北方), 오행에서 물 자(子)-어오행속수(於五行屬水), 짐승에서 쥐 자(子)-어수위서(於獸爲鼠), 번성할 자(子)-자(滋), 뒤를 이어줄 자(子)-사(嗣)-식(息), 자녀 자(子)-자녀(子女), 자손 자(子)-자손(子孫), 남자를 일컫는 호칭 자(子)-남자지통칭(男子之通稱), 만물 자(子)-만물(萬物), 씨앗(열매) 자(子)-종자(種子)-과실(果實), 누구(사람) 자(子)-인(人)-수자(誰子), 백성 자(子)-백성(百姓)〉 등의 뜻을 내지만 여기선 〈덕 있는 사람 유덕자(有德者)〉의 호칭으로 여기고 새김이 마땅하다.

길(吉) 〈좋을(행복할) 길(吉)-선(善)-영(令) {영월길일(令月吉日)은 선월선일(善月善日)임.}, 복 길(吉)-실(實)-선실(善實)-복(福), 예의를 따라 상서로울 길(吉)-예의순상(禮義順祥), 삼갈 길(吉)-근(謹), 초하루 길(吉)-삭일(朔日) {삭망(朔望) 즉 초하루[朔]와 그믐날[望]}, 길례 길(吉)-길례(吉禮) {오례지일(五禮之一) 길흉빈군가(吉凶賓軍嘉)}, 갈 길(吉)-행(行)-길(趌)〉 등의 뜻을 내지만 여기선 〈좋을 선(善)-영(令)〉 즉 행복과 같다 여기고 새김이 마땅하다.

소(小) 〈작을 소(小)-미(微), 자잘할 소(小)-세(細), 짧을 소(小)-단(短), 좁을 소(小)-협(狹), 어릴 소(小)-유(幼), 천할 소(小)-천(賤), 첩 소(小)-첩(妾), 음(陰)을 칭하는 소(小)〉 등의 뜻을 내지만 여기선 〈작을 미(微)〉로 여기고 새김이 마땅하다.

인(人) 〈사람 인(人)-만물지최령자(萬物之最靈者), 백성 인(人)-민(民), 남 인(人)-타인(他人), 아무개 인(人)-모인(某人), 도인 인(人)-도인(道人), 사람들 인(人)-인인(人人), 범인(소인) 인(人)-소인(小人)-범인(凡人), 인성 인(人)-인성(人性), 인위 인(人)-인위(人爲), 신하 인(人)-신하(臣下), 중서(민중) 인(人)-중서(衆庶)-민중(民衆), 건괘-진괘 인(人)-건위인(乾爲人)-진위인(震爲人), 어짊 인(人)-인(仁), 선인 인(人)-선인(先人), 서로 어여삐 여길 인(人)-상련(相憐)〉 등의 뜻을 내지만 〈사람 인(人)〉으로 여기고 새김이 마땅하다.

否 〈부-비〉 두 가지로 발음되고, 〈없을 부(否)-무(無), 않을 부(否)-부(不), 아닌 것 부(否)-비(非), 이것 부(否)-시(是), 가릴 비(否)-격(隔), 막힐 비(否)-색(塞), 닫을 비(否)-폐(閉), 나쁠 비(否)-악(惡), 비루할 비(否)-비(鄙)〉 등의 뜻을 내지만 여기선 〈없을 무(無)〉와 같다 여기고 새김이 마땅하다.

註 군자주이불비(君子周而不比) 소인비이부주(小人比而不周) : 군자는[君子] 두루 하되[周而] 사리에 따라 얽히지 않고[不比], 소인은[小人] 사리에 따라 얽히되[比而] 두루 하지 않는다[不周].

『논어(論語)』「위정(爲政)」 14장(章)

註 군자화이부동(君子和而不同) 소인동이불화(小人同而不和) : 군자는[君子] 어울리되[和而] 패거리 짓지 않고[不同], 소인은[小人] 패거리 짓되[同而] 어울리지 않는다[不和].

『논어(論語)』「자로(子路)」 23장(章)

註 군자무소쟁(君子無所爭) : 군자에게는[君子] 다툴[爭] 것이[所] 없다[無].

『논어(論語)』「팔일(八佾)」 7장(章)

註 군자유삼외(君子有三畏) 외천명(畏天命) 외대인(畏大人) 외성인지언(畏聖人之言) 소인부지천명이불외야(小人不知天命而不畏也) 압대인(狎大人) 모성인지언(侮聖人之言) : 군자에게는[君子] 세 가지[三] 두려움이[畏] 있다[有]. 천명을[天命] 두려워하고[畏], 대인을[大人] 두려워하며[畏], 성인의[聖人之] 말씀을[言] 두려워한다[畏]. 소인은[小人] 천명을[天命] 몰라서[不知而] 두려워하지 못하는 것[不畏]이고[也], 대인을[大人] 업신여기고[狎], 성인의[聖人之] 말씀을[言] 얕본다[侮].

『논어(論語)』「계씨(季氏)」 8장(章)

구오(九五 : ━)

九五 : 嘉遯이니 貞吉하리라
가 둔 정 길

구오(九五) : 물러감을[遯] 기리니[嘉] 진실로 미더워[貞] 좋다[吉].

【구오(九五)의 효상(爻象) 풀이】

둔괘(遯卦 : ䷠)의 구오(九五 : ━)는 이양거양(以陽居陽) 즉 양(陽 : ━)으로써[以] 양(陽 : ━)의 자리에 있는지라[居] 정당한 자리에 있다. 구오(九五 : ━)는 위아래가 모두 양(陽 : ━)인지라 〈비(比)〉 즉 이웃의 사귐[比]을 누리지 못하고 오히려 상충(相衝) 즉 서로[相] 부딪치는[衝] 사이에 끼어 있는 모습이다. 이처럼 구오(九五 : ━)가 위아래 이웃의 호응을 얻지 못하지만 구오(九五 : ━)와 육이(六二 : --)는 양음(陽陰)의 사이인지라, 서로 중정(中正) 즉 중효[中]이면서 정당한 자리[正]에 있고 정응(正應) 즉 바르게[正] 서로 호응하는[應] 처지여서 득중(得中) 즉 정도를 따름을[中] 취하여[得] 〈둔(遯)〉의 시국을 마주해가는 모습이다.

둔괘(遯卦 : ䷠)의 구오(九五 : ━)가 육오(六五 : --)로 변효(變爻)하면 구오(九五 : ━)는 둔괘(遯卦 : ䷠)를 56번째 여괘(旅卦 : ䷷)로 지괘(之卦)하게 한다. 따라서 둔괘(遯卦 : ䷠)의 구오(九五 : ━)는 여괘(旅卦 : ䷷)의 육오(六五 : --)를 찾아가 살펴보게 한다.

【구오(九五)의 계사(繫辭) 풀이】

嘉遯(가둔) 貞吉(정길)

물러감을[遯] 기리니[嘉] 진실로 미더워[貞] 좋다[吉].

구오(九五 : ━)의 효위(爻位)를 빌려 암시한 계사(繫辭)이다. 〈가둔(嘉遯)〉은 〈구오가둔괘지제둔(九五嘉遯卦之諸遯)〉의 줄임으로 여기고 〈구오가[九五] 둔괘의[遯卦之] 모든[諸] 물러감을[遯] 기린다[嘉]〉라고 새겨볼 것이다. 〈가둔(嘉遯)의 가(嘉)〉는 〈기릴 포(褒)〉 즉 물러감을[遯] 선양함[揚]과 같다. 이에 〈가둔(嘉遯)의 가

(嘉)〉는 구오(九五 : ━)가 자신과 정응(正應)을 누리는 육이(六二 : ╍)의 〈집지(執之)의 둔(遯)〉을 기리고[嘉] 있을 뿐만 아니라, 둔괘(遯卦 : ䷠)의 주제인 〈둔(遯)〉의 시국을 맞아 구오(九五 : ━) 자신은 군왕(君王)인지라 〈둔(遯)〉 즉 물러감[遯]을 자신이 실행할 수 없지만, 동시에 초륙(初六 : ╍)의 〈둔미(遯尾)의 둔(遯)〉-구삼(九三 : ━)의 〈계둔(係遯)의 둔(遯)〉-구사(九四 : ━)의 〈호둔(好遯)의 둔(遯)〉-상구(上九 : ━)의 〈비둔(肥遯)의 둔(遯)〉 등을 모두 아울러 득중(得中) 즉 정도를 따름을[中] 취하여[得] 기림[嘉]을 암시한 계사(繫辭)가 〈가둔(嘉遯)〉이다.

〈정길(貞吉)〉은 군왕(君王)으로서 구오(九五 : ━)가 〈둔(遯)〉의 시국을 맞아 그 물러감[遯]을 진실한 미더움[貞]으로 맞이함을 암시한 계사(繫辭)이다. 〈정길(貞吉)〉은 〈구오정관어둔(九五貞關於遯) 인차구오길(因此九五吉)〉의 줄임으로 여기고 〈구오가[九五] 물러감에[遯] 관해서[關於] 진실로 미더워한다[貞] 그래서[因此] 구오는[九五] 행복하다[吉]〉라고 새겨볼 것이다. 구오(九五 : ━)가 물러감을[遯] 기림[嘉]이 〈정(貞)〉 즉 진실로 미덥다[貞]는 것이다. 군왕(君王)으로서 구오(九五 : ━)가 서로 정위(正位)에서 정응(正應)을 나누는 육이(六二 : ╍)의 〈둔(遯)〉을 〈정(貞)〉으로써 기릴[嘉] 뿐만 아니라, 초륙(初六 : ╍)-구삼(九三 : ━)-구사(九四 : ━)-상구(上九 : ━) 등의 〈둔(遯)〉을 진실한 미더움[貞]으로써 기리기[嘉] 때문에 구오(九五 : ━)가 행복함[吉]을 암시한 계사(繫辭)가 〈정길(貞吉)〉이다.

【字典】

가(嘉) 〈기릴 가(嘉)-포(褒)-양미(揚美), 착할 가(嘉)-선(善), 아름다울 가(嘉)-미(美), 즐겁게 할 가(嘉)-낙(樂), 기꺼울 가(嘉)-경(慶), 맛있는 가(嘉)-미(味), 양기 가(嘉)-양(陽)〉 등의 뜻을 내지만 여기선 〈기릴 양미(揚美)〉로 여기고 새김이 마땅하다.

遯 〈둔-돈〉 두 가지로 발음되지만 뜻은 다르지 않고, 〈물러날 둔(遯)-퇴(退), 숨을 둔-돈(遯)-은(隱), 도망갈 둔-돈(遯)-도(逃)-피(避), 옮겨갈 둔(遯)-천(遷), 속일 둔(遯)-기(欺)〉 등의 뜻을 내지만 여기선 〈물러날 퇴(退)〉와 같다 여기고 새김이 마땅하다.

정(貞) 〈바를 정(貞)-정(正), 믿을 정(貞)-신(信), 거북점을 물을 정(貞)-복문(卜問), 역(易)의 내괘(內卦) 정(貞), 마땅할 정(貞)-당(當), 정할 정(貞)-정(定), 순수할 정(貞)-전(專)-일(一)〉 등의 뜻을 내지만 여기선 〈바를 정(正), 믿을 신(信)〉 등을 합친 뜻과 같아 〈정신(正信)〉으로 여기고 새김이 마땅하다.

길(吉) 〈좋을(행복할) 길(吉)-선(善)-영(令) {영월길일(令月吉日)은 선월선일(善月善日)임.}, 복 길(吉)-실(實)-선실(善實)-복(福), 예의를 따라 상서로울 길(吉)-예의순상(禮義順祥), 삼갈 길(吉)-근(謹), 초하루 길(吉)-삭일(朔日) {삭망(朔望) 즉 초하루[朔]와 그믐날[望]}, 길례 길(吉)-길례(吉禮) {오례지일(五禮之一) 길흉빈군가(吉凶賓軍嘉)}, 갈 길(吉)-행(行)-길(趌)〉 등의 뜻을 내지만 여기선 〈좋을 선(善)-영(令)〉 즉 행복과 같다 여기고 새김이 마땅하다.

상구(上九 : ─)

上九 : 肥遯(비둔)이니 无不利(무불리)하리라

상구(上九) : 물러감이[遯] 여유로우니[肥] 이롭지[利] 않음이[不] 없다[无].

【상구(上九)의 효상(爻象) 풀이】

둔괘(遯卦 : ䷠)의 상구(上九 : ─)는 이양거음(以陽居陰) 즉 양(陽 : ─)으로써[以] 음(陰 : --)의 자리에 있는지라[居] 정당한 자리에 있지 못하다. 상구(上九 : ─)와 구오(九五 : ─)는 양양(兩陽) 즉 둘 다[兩] 양(陽 : ─)인지라 〈비(比)〉 즉 이웃의 사귐[比]을 누리지 못해 상충(相衝) 즉 서로[相] 부딪치는[衝] 사이이다. 상구(上九 : ─)와 구삼(九三 : ─) 역시 양양(兩陽)인지라 불상응(不相應) 즉 서로[相] 호응하지 못한다[不應]. 그러나 상구(上九 : ─)는 둔괘(遯卦 : ䷠)의 극위(極位)에 있는지라 둔괘(遯卦 : ䷠)를 떠나야 하는 처지여서 여유롭게 물러가는[遯] 모습이다.

> 둔괘(遯卦 : ䷠)의 상구(上九 : ─)가 상륙(上六 : --)으로 변효(變爻)하면 상구(上九 : ─)는 둔괘(遯卦 : ䷠)를 31번째 함괘(咸卦 : ䷞)로 지괘(之卦)하게 한다. 따라서 둔괘(遯卦 : ䷠)의 상구(上九 : ─)는 함괘(咸卦 : ䷞)의 상륙(上六 : --)을 찾아가 살펴보게 한다.

【상구(上九)의 계사(繫辭) 풀이】

肥遯(비둔) 无不利(무불리)

물러감이[遯] 여유로우니[肥] 이롭지[利] 않음이[不] 없다[无].

상구(上九 : ⚊)의 효위(爻位)를 빌려 암시한 계사(繫辭)이다. 〈비둔(肥遯)〉은 〈상구지둔비(上九之遯肥)〉의 줄임으로 여기고 〈상구의[上九之] 물러감은[遯] 여유롭다[肥]〉라고 새겨볼 것이다. 〈비둔(肥遯)의 비(肥)〉는 〈여유로울 유(裕)〉와 같다. 이에 〈비둔(肥遯)의 비(肥)〉는 상구(上九 : ⚊)가 둔괘(遯卦 : ䷠)를 떠나야 할 극위(極位)에 있음을 암시한다. 떠나갈 처지이니 둔괘(遯卦 : ䷠)의 주제인 〈둔(遯)〉의 시국을 맞아 상구(上九 : ⚊)가 관유자득(寬裕自得) 즉 너그럽고[寬] 넉넉하여[裕] 스스로[自] 흡족하게[得] 자신의 〈둔(遯)〉을 여유롭게[肥] 마주할 수 있는 것은 둔괘(遯卦 : ䷠)의 극위(極位)에 있는 까닭이다. 상구(上九 : ⚊)가 있는 자리[位]가 극위(極位)인지라 이미 자신의 자리가 곧 둔위(遯位)이다. 물러가야[遯] 할지 말지를 깊이 생각해볼 것도 없고 이리저리 궁리한다 해서 자신의 물러감[遯]을 물릴 수도 없다. 상구(上九 : ⚊) 자신이 둔괘(遯卦 : ䷠)를 떠나야 함은 역지도(易之道) 즉 변화의[易之] 도리[道]일 뿐이다.

여유로운[肥] 물러남[遯]이야말로 상왕(上王)의 모습이고 현자(賢者)의 모습이다. 본래 상효(上爻)는 왕위에서 물러난 상왕을 나타내고 현자를 나타낸다. 소인(小人)은 물러남을 무서워하고 물러나지 않으려고 안달하지만, 군자(君子)는 물러남을 오히려 기꺼이 받아들이고 반덕(反德) 즉 덕으로[德] 돌아오는[反] 기회로 삼는다. 덕(德)이란 자연의 조화가 드러남이다. 물러가[遯] 이러한 덕(德)을 받들어[貴] 살아감이 곧 현자(賢者)의 〈둔(遯)〉이다. 이러한 덕으로[德] 돌아오게[反] 해주는 물러감[遯]이야말로 〈비(肥)〉 즉 관유(寬裕)의 삶이요 자득(自得)의 삶으로 이어진다. 이러한 〈비둔(肥遯)〉의 상구(上九 : ⚊)에게 무슨 유불리(有不利) 즉 이롭지[利] 않음이[不] 있을[有] 것인가. 물러감이[遯] 여유로운[肥] 상구(上九 : ⚊)에게는 이롭지[利] 않음이[不] 없음[无]을 암시한 계사(繫辭)가 〈비둔(肥遯) 무불리(无不利)〉이다.

【字典】

비(肥) 〈너그럽고 넉넉하여 스스로 흡족해 할 비(肥)-관유자득(寬裕自得), 살찔 비(肥)-다육(多肉), 두터울 비(肥)-후(厚), 융성할 비(肥)-성(盛), 밭의 흙이 살져 아름다울 비(肥)-전토유미(田土腴美), 물고기 살 비(肥)-어육(魚肉), 같이 나와서 달리 돌아올 비(肥)-비천(肥泉), 혹은 비(肥)-혹(或)〉 등의 뜻을 내지만 여기선 〈너그럽고 넉넉하여 스스로 흡족해 할 관유자득(寬裕自得)〉으로 여기고 새김이 마땅하다.

遯 〈둔-돈〉 두 가지로 발음되지만 뜻은 다르지 않고, 〈물러날 둔(遯)-퇴(退), 숨을 둔-돈(遯)-은(隱), 도망갈 둔-돈(遯)-도(逃)-피(避), 옮겨갈 둔(遯)-천(遷), 속일 둔(遯)-기(欺)〉 등의 뜻을 내지만 여기선 〈물러날 퇴(退)〉와 같다 여기고 새김이 마땅하다.

무(无) 〈없을 무(无)-무(無), 허무지도 무(无)-허무지도(虛无之道), 으뜸 무(无)-원(元)〉 등의 뜻을 내지만 여기선 〈없을 무(無)〉와 같다 여기고 새김이 마땅하다.

不 〈불-부〉 등으로 발음되고, 〈않을 불(不)-부(不), 못할 불(不)-부(不), 아닐 불(不)-부(不)-비(非), 없을 불(不)-부(不)-무(無), 하지 말 불(不)-부(不)-막(莫)-금지(禁止), 정하지 않을 불(不)-부(不)-부(否)-미정(未定), 새가 날아올라 내려오지 않는 불(不)-부(不)-조비상불하래(鳥飛上不下來)〉 등의 뜻을 내지만 여기선 〈않을 불(不)〉로 여기고 새김이 마땅하다.

이(利) 〈만물로 하여금 삶을 이루어가게 하는 덕(德)의 이로울 이(利)-사만물수생지덕(使萬物遂生之德), 날카로울 이(利)-예(銳)-섬(銛), 질병 이(利)-질(疾), 통할 이(利)-통(通)-순(順), 좋을 이(利)-길(吉)-의(宜), 편리할 이(利)-편(便), 마름해 만들어 이룰 이(利)-재성(裁成), 탐할 이(利)-탐(貪), 구할(취할) 이(利)-구(求)-취(取), 좋아할 이(利)-열애(悅愛), 이로울 이(利)-익(益), 기교 이(利)-교(巧), 보람 이(利)-공용(功用), 지세가 험하고 중요한 이(利)-험요(險要), 이길 이(利)-승(勝), 어질 이(利)-인(仁)〉 등의 뜻을 내지만 여기선 〈이로울 이(利)〉로 여기고 새김이 마땅하다. 〈利〉가 맨 앞에 오면 〈이〉로 발음되고, 중간이나 뒤에 오면 〈리〉로 발음된다.

대장괘
大壯卦

34

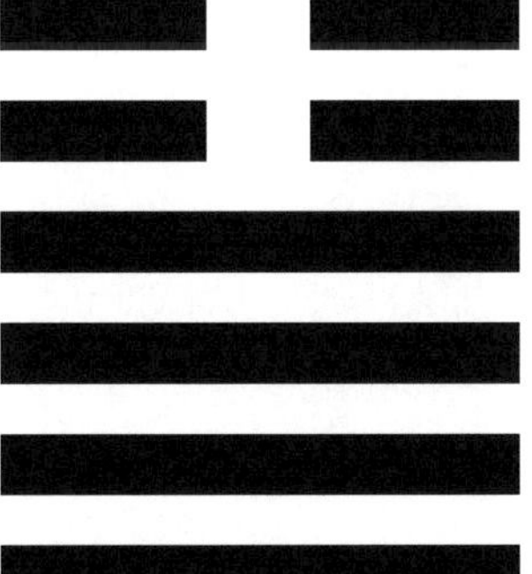

1 괘의 괘상과 계사

대장괘(大壯卦 : ䷡)

건하진상(乾下震上) : 아래는[下] 건(乾 : ☰), 위는[上] 진(震 : ☳).

뇌천대장(雷天大壯) : 우레와[雷] 하늘은[天] 대장이다[大壯].

大壯은 利貞하다
대장 이정

거대한[大] 힘씀은[壯] 진실로 미더워야[貞] 이롭다[利].

【대장괘(大壯卦 : ䷡)의 괘상(卦象) 풀이】

앞 둔괘(遯卦 : ䷠)의 〈둔(遯)〉이란 물러감[退]을 말한다. 이에 「서괘전(序卦傳)」에 〈둔이란[遯] 것은[者] 물러감[退]이다[也] 물건은[物] 끝끝내[終] 물러갈[遯] 수는 없다[不可以] 그래서[故] 대장괘(大壯卦 : ䷡)로써[以] 그것을[之] 받는다[受]〉라는 말이 나온다. 이는 둔괘(遯卦 : ䷠) 뒤에 대장괘(大壯卦 : ䷡)가 오는 까닭을 밝힌다. 대장괘(大壯卦 : ䷡)의 주제인 〈대장(大壯)〉은 거대한[大] 힘씀[壯]이다. 이는 곧 양(陽 : ⚊)의 힘씀[壯]이고 밝음의[明] 힘씀[壯]이며 나아가 군자의[君子] 힘씀[壯]이다. 대장괘(大壯卦 : ䷡)는 양(陽 : ⚊)이 밀려오고 음(陰 : ⚋)은 물러가는 모습이다. 양(陽 : ⚊)은 대(大) 즉 크고[大] 명(明) 즉 밝다[明]. 음(陰 : ⚋)은 소(小) 즉 작고[小] 암(暗) 즉 어둡다[暗]. 명(明)은 성세(盛世)를, 암(暗)은 난세(亂世)를 암시한다. 이에 〈대장(大壯)〉의 시국이란 어둠[暗]이 물러가고 밝음[明]이 몰려옴을 암시하기도 한다. 이에 둔괘(遯卦 : ䷠)가 뒤집힌 괘(卦)가 대장괘(大壯卦 : ䷡)이다.

대장괘(大壯卦 : ䷡)의 하체(下體) 건(乾 : ☰)은 하늘[天]이요 천명(天命)을 본받아[法] 지키면서 살아가는 대인(大人)을 암시하고, 군자(君子)는 대인(大人) 즉 성인(聖人)을 본받는다. 대장괘(大壯卦 : ䷡)의 상체(上體) 진(震 : ☳)은 우레[雷]요 〈동(動)〉 즉 움직임[動]이다. 대장괘(大壯卦 : ䷡)의 아래로 네 양효(陽爻)는 양(陽 : ━)이니 〈대(大)〉 즉 대인(大人)을 본받는 군자(君子)를 암시하고, 대장괘(大壯卦 : ䷡)의 위로 두 음효(陰爻)는 음(陰 : --)이니 〈소(小)〉 즉 소인(小人)을 암시한다. 따라서 대장괘(大壯卦 : ䷡)의 주제인 〈대장(大壯)〉은 군자(君子)의 시대가 성세(盛世)를 이룸을 암시한다.

대장괘(大壯卦 : ䷡)의 〈대(大)〉는 사람이 하늘로 두 손을 벌려 들고 두 발을 벌려 땅 위에 서서 천지인(天地人) 삼재(三才)가 교합(交合)하여 위대함을 나타내고, 〈장(壯)〉은 왼쪽의 〈장(爿)〉은 무기(武器)를 나타내고 오른쪽의 〈사(士)〉는 신하를 나타내 신하가 무기를 들고 왕(王)을 보위(保衛)하니 강고(强固)함을 나타내는 회의자(會意字)이다. 따라서 앞 둔괘(遯卦 : ䷠)의 〈둔(遯)〉은 소극적(消極的)인 양(陽 : ━)을 암시했고, 대장괘(大壯卦 : ䷡)의 〈대장(大壯)〉은 적극적(積極的)인 양(陽 : ━)의 흥성(興盛)함을 암시한다. 따라서 대장괘(大壯卦 : ䷡)의 〈대장(大壯)〉 즉 크게[大] 힘씀[壯]이란 흥성(興盛) 즉 흥하여[興] 성대함[盛]을 암시한다. 따라서 대장괘(大壯卦 : ䷡)의 양성음소(陽盛陰消) 즉 양기가[陽 : ━] 흥성하고[盛] 음기가[陰 : --] 소진한[消] 모습을 빌려 대장괘(大壯卦 : ䷡)라 칭명(稱名)한다.

【대장괘(大壯卦 : ䷡)의 계사(繫辭) 풀이】

大壯(대장)

거대한[大] 힘씀이다[壯].

대장괘(大壯卦 : ䷡)의 주제인 〈대장(大壯)〉은 거대한[大] 힘씀[壯]을 말한다. 〈대장(大壯) 이정(利貞)〉은 〈인차대장괘지대장정(因此大壯卦之大壯貞) 대장괘지대장리(大壯卦之大壯利)〉의 줄임으로 여기고 〈대장괘의[大壯卦之] 대장은[大壯] 진실로 미덥기[貞] 때문에[因此] 대장괘의[大壯卦之] 대장은[大壯] 이롭다[利]〉라고 새겨볼 것이다. 〈대장(大壯)〉의 시국에서 크게[大] 힘씀[壯]이란 곧 양(陽 : ━)의 힘씀[壯]을 암시한다. 이는 곧 〈대장(大壯)〉의 시국에서는 작은 것[小]이 쇠거(衰去) 즉 쇠하여[衰] 사라짐[去]을 암시한다. 〈대장(大壯)의 대(大)〉는 대장괘(大壯

卦 : ䷡)의 양효(陽爻)들을 나타낸다. 음양(陰陽)을 대소(大小)로써 나타내기도 하는데 대(大)는 양(陽 : ⚊)을 나타내고 소(小)는 음(陰 : ⚋)을 나타낸다. 〈대장(大壯)의 장(壯)〉은 대장괘(大壯卦 : ䷡)의 양효(陽爻 : ⚊)들이 상승(上昇)하여 천상(天上) 즉 하늘[天] 위에서[上] 양기(陽氣 : ⚊)들이 움직여[動] 흥성(興盛) 즉 흥하여[興] 성대함[盛]을 암시한다. 따라서 〈대장(大壯)〉은 대장괘(大壯卦 : ䷡)의 괘상(卦象)을 풀이한 괘사(卦辭)이다. 대장괘(大壯卦 : ䷡)의 하체(下體)인 건(乾 : ☰)은 천(天) 즉 하늘[天]이고 하늘은 강(强)하고 넓고 큰[大] 양(陽 : ⚊)의 괘(卦)이다. 대장괘(大壯卦 : ䷡)의 상체(上體)인 진(震 : ☳)은 동(動) 즉 움직임[動]이고 역시 양(陽 : ⚊)의 괘(卦)이다. 강하고 움직이는 〈대(大)〉 즉 밝은[明] 양(陽 : ⚊)의 흥성(興盛)함을 암시한 계사(繫辭)가 〈대장(大壯)〉이다.

利貞(이정)

진실로 미더워야[貞] 이롭다[利].

〈이정(利貞)〉은 대장괘(大壯卦 : ䷡)의 주제인 〈대장(大壯)〉 즉 크게[大] 힘씀[壯]이 공평무사(公平無邪)해야 함을 암시한 계사(繫辭)이다. 〈이정(利貞)〉은 〈약대장정(若大壯貞) 대장유리(大壯有利)〉의 줄임으로 여기고 〈대장이[大壯] 진실로 미덥다[貞]면[若] 대장에는[大壯] 이로움이[利] 있다[有]〉라고 새겨볼 것이다. 〈이정(利貞)의 정(貞)〉이란 성신(誠信) 즉 진실한[誠] 미더움[信]이다. 그 미더움[貞]은 공정(公正)하여 무사무편(無邪無偏)함이다. 간사함도[邪] 없고[無] 치우침도[偏] 없음[無]이 〈정(貞)〉이다. 〈정(貞)〉은 언제 어디서나 모두에게 이로울[利] 뿐만 아니라, 온 세상으로부터 〈부(孚)〉 즉 믿어줌[孚]을 불러오는 것이 〈정(貞)〉이다. 이러한 〈정(貞)〉은 항상 택선(擇善)하기 때문이다. 선함을[善] 택함[擇]은 언제나 공정한 마음이[心] 가는 바[志]가 수중(守中) 즉 정도를 따름을[中] 지킴[守]인 것이다. 이에 사사로움이나 삿됨이 없어[公] 올바른[正] 심지(心志)인 〈정(貞)〉이야말로 〈대장(大壯)〉 즉 크게[大] 힘씀[壯]을 이루어내는 기강(紀綱)이 된다. 이러한 〈대장(大壯)〉 즉 크게[大] 힘씀[壯]을 군자(君子)가 놓치지 않고 본받기 때문에 대장괘(大壯卦 : ䷡)의 〈대장(大壯)〉은 곧 군자(君子)의 몫이다. 따라서 항상 택선(擇善) 즉 선을[善] 선택하는[擇] 〈이정(利貞)의 정(貞)〉은 『중용(中庸)』에 나오는 〈정성이란[誠] 것은[者] 자연의[天之] 도리[道]이고[也] 정성됨이란[誠之] 것은[者] 사람의[人之] 도리[道]이다[也]〉라는 내용을 환기시키고, 「계사전하(繫辭傳下)」에 나오는 〈후세에[後世] 성인이[聖人] 집과[宮] 방[室]으로써[以] (굴에서 살았고 들판에서 살았던) 그것을[之] 바꾸었다[易]〉라는 내용을 환기시킨다. 이처럼 〈정(貞)〉의 〈대장(大壯)〉은 항상 득중(得中)으로써 외적으로 강성(强盛)함이 아니라 내적으로 혼후(渾厚) 즉 도탑게[渾厚] 거대한[大] 힘씀[壯]을 행하기에 온 세상을 이롭게 한다. 이러한 〈정(貞)〉의 〈대장(大壯)〉이라야 천하(天下) 모든 것에 이로움[利]을 암시한 계사(繫辭)가 〈이정(利貞)〉이다.

【字典】

대(大) 〈큰 대(大)-소지대(小之對), 넓을 대(大)-광(廣), 지나칠 대(大)-과(過), 자만할 대(大)-과(誇)-긍벌(矜伐), 두루 대(大)-편(徧), 통할 대(大)-통(通), 길 대(大)-장(長), (땅을) 걸게 할 대(大)-비(肥), 두터울 대(大)-후(厚), 많을 대(大)-다(多), 모두 대(大)-개(皆), 선할 대(大)-선(善), 무거울 대(大)-중(重), 거대할 대(大)-거(巨), 아름다울 대(大)-미(美)-장(壯), 부유할 대(大)-부(富), 늙을 대(大)-노(老), 끝 대(大)-극(極), 대충 대(大)-조(組)-불세밀(不細密), 처음 대(大)-초(初), 하늘 대(大)-천(天), 건(乾)-양기(陽氣)-양효(陽爻) 대(大)〉 등의 뜻을 내지만 여기선 〈크나큰 대(大)〉로 여기고 새김이 마땅하다.

장(壯) 〈힘쓸 장(壯)-용력(用力), 장대할 장(壯)-장대(壯大), 클 장(壯)-대(大), 용체가 성대한 장(壯)-용체성대(容體盛大), 용감할 장(壯)-용(勇), 건장한 장(壯)-건(健), 빠를 장(壯)-질(疾), 팔월 장(壯)-팔월(八月), 남방 장(壯)-남방(南方), 상처 낼 장(壯)-상(傷), 젊을 장(壯)-소(少)〉 등의 뜻을 내지만 여기선 〈힘쓸 용력(用力)〉으로 여기고 새김이 마땅하다.

이(利) 〈만물로 하여금 삶을 이루어가게 하는 덕(德)의 이로울 이(利)-사만물수생지덕(使萬物遂生之德), 날카로울 이(利)-예(銳)-섬(銛), 질병 이(利)-질(疾), 통할 이(利)-통(通)-순(順), 좋을 이(利)-길(吉)-의(宜), 편리할 이(利)-편(便), 마름해 만들어 이룰 이(利)-재성(裁成), 탐할 이(利)-탐(貪), 구할(취할) 이(利)-구(求)-취(取), 좋아할 이(利)-열애(悅愛), 이로울 이(利)-익(益), 기교 이(利)-교(巧), 보람 이(利)-공용(功用), 지세가 험하고 중요한 이(利)-험요(險要), 이길 이(利)-승(勝), 어질 이(利)-인(仁)〉 등의 뜻을 내지만 여기선 〈사만물수생지덕(使萬物遂生之德) 즉 만물로 하여금 삶을 이루어 가게 하는 덕(德)의 이로움〉으로 새김이 마땅하다. 〈利〉가 맨 앞에 오면 〈이〉로 발음되고, 중간이나 뒤에 오면 〈리〉로 발음된다.

정(貞) 〈바를 정(貞)-정(正), 믿을 정(貞)-신(信), 거북점을 물을 정(貞)-복문(卜問), 역(易)의 내괘(內卦) 정(貞), 마땅할 정(貞)-당(當), 정할 정(貞)-정(定), 순수할 정(貞)-전(專)-일(一)〉 등의 뜻을 내지만 여기선 〈바를 정(正), 믿을 신(信)〉 등을 합친 뜻과 같아 〈정신(正信)〉으로 여기고 새김이 마땅하다.

註 성자천지도야(誠者天之道也) 성지자인지도야(誠之者人之道也) : 정성이란[誠] 것은[者] 자연의[天之] 도리[道]이고[也], 정성됨이란[誠之] 것은[者] 사람의[人之] 도리[道]이다[也].

『중용(中庸)』「주자장구(朱子章句)」 20장(章)

註 상고혈거이야처(上古穴居而野處) 후세성인역지이궁실(後世聖人易之以宮室) 상동하우(上棟下宇) 이대풍우(以待風雨) 개취제대장(蓋取諸大壯) : 옛날에는[上古] 굴에서[穴] 살았고[居而] 들판에서[野] 살았다[處]. 후세에[後世] 성인이[聖人] 집과[宮] 방[室]으로써[以] (굴에서 살았고 들판에서 살았던) 그것을[之] 바꾸었고[易], 위로[上] 마룻대를 얹고[棟] 아래로[下] 서까래를 놓아[宇] 이로써[以] 바람과[風] 비를[雨] 대피하게 하였으니[待] 대개[蓋] 이런 것들을[諸] 대장괘에서[大壯] 취했다[取].

「계사전하(繫辭傳下)」 1단락(參照)

2 효의 효상과 계사

初九 : 壯于趾라 征凶이니 有孚일세라
장우지 정흉 유부

九二 : 貞吉하다
정길

九三 : 小人用壯하고 君子用罔하니 貞厲하다 羝羊觸藩하여 羸其角한다
소인용장 군자용망 정려 저양촉번 이기각

九四 : 貞吉하여 悔亡이다 藩決不羸하리라 壯于大輿之輹이로다
정길 회무 번결불리 장우대여지복

六五 : 喪羊于易이라 无悔리라
상양우역 무회

上六 : 羝羊觸藩하여 不能退하고 不能遂하여 无攸利이다 艱則吉하리라
저양촉번 불능퇴 불능수 무유리 간즉길

초구(初九) : 발가락[趾]으로[于] 힘쓴다[壯]. 나아가면[征] 좋지 않으니[凶] 믿어줌을[孚] 취하라[有].

구이(九二) : 진실로 미더워[貞] 행복하다[吉].

구삼(九三) : 소인은[小人] 힘씀을[壯] 쓰고[用] 군자는[君子] 없음을[罔] 쓰니[用] 확신할수록[貞] 위태하다[厲]. 수컷[羝] 양이[羊] 울타리를[藩] 들이받아[觸] 제[其] 뿔을[角] 부러져 떨어지게 한다[羸].

구사(九四) : 진실로 미더우면[吉] 행운을 누려[吉] 후회함이[悔] 없다[亡]. 울타리가[藩] 열려서[決] 부러져 떨어지지 않으리라[不羸]. 큰[大] 수레의[輿之] 바퀴에[于輹] 힘이 실린다[壯].

육오(六五) : 벌판[易]에서[于] 양을[羊] 잃는다[喪]. 후회함이[悔] 없다[无].

상륙(上六) : 수컷[羝] 양이[羊] 울타리를[藩] 들이받아[觸] 물러날[退] 수도 없고[不能] 나아갈[遂] 수도 없어[不能] 이로울[利] 바가[攸] 없다[无]. 어려우면[艱] 곧[則] 좋으리라[吉].

초구(初九 : ⚊)

初九 : 壯于趾라 征凶이니 有孚일세라
장우지 정흉 유부

초구(初九) : 발가락[趾]으로[于] 힘쓴다[壯]. 나아가면[征] 좋지 않으니[凶] 믿어줌을[孚] 취하라[有].

【초구(初九)의 효상(爻象) 풀이】

대장괘(大壯卦 : ䷡)의 초구(初九 : ⚊)는 이양거양(以陽居陽) 즉 양(陽 : ⚊)으로써[以] 양(陽 : ⚊)의 자리에 있는지라[居] 정당한 자리에 있다. 초구(初九 : ⚊)와 구이(九二 : ⚊)는 양양(兩陽) 즉 둘 다[兩] 양(陽 : ⚊)인지라 〈비(比)〉 즉 이웃의 사귐[比]을 누리지 못하고 오히려 상충(相衝) 즉 서로[相] 부딪치는[衝] 처지일 수 있다. 초구(初九 : ⚊)와 구사(九四 : ⚊)도 양양(兩陽)이라 불응(不應) 즉 서로 호응하지 못한다[不應]. 이와 같은 처지에 있는 초구(初九 : ⚊)가 맨 밑자리에서 저 홀로 〈장(壯)〉 즉 힘내려고[壯] 하는 모습이다.

대장괘(大壯卦 : ䷡)의 초구(初九 : ⚊)가 초륙(初六 : ⚋)으로 변효(變爻)하면 초구(初九 : ⚊)는 대장괘(大壯卦 : ䷡)를 32번째 항괘(恒卦 : ䷟)로 지괘(之卦)하게 한다. 따라서 대장괘(大壯卦 : ䷡)의 초구(初九 : ⚊)는 항괘(恒卦 : ䷟)의 초륙(初六 : ⚋)을 찾아가 살펴보게 한다.

【초구(初九)의 계사(繫辭) 풀이】

壯于趾(장우지)

발가락[趾]으로[于] 힘쓴다[壯].

초구(初九 : ⚊)의 효위(爻位)를 빌려 암시한 계사(繫辭)이다. 〈장우지(壯于趾)〉는 〈초구장우기지(初九壯于其趾)〉의 줄임으로 여기고 〈초구가[初九] 제[其] 발가락[趾]으로[于] 힘쓴다[壯]〉라고 새겨볼 것이다. 〈장우지(壯于趾)의 장(壯)〉은 〈힘쓸 용력(用力)〉과 같고, 〈장우지(壯于趾)의 지(趾)〉는 초구(初九 : ⚊)가 대장괘(大壯卦 : ䷡)에서 맨 밑자리에 있기에 〈지(趾)〉 즉 발가락[趾]으로써 취상(取象)한 것이다. 대성괘(大成卦)에서 초효(初爻)는 상진(上進)하려는 욕구가 강렬하다. 대장괘(大壯卦 : ䷡)의 초구(初九 : ⚊)가 위로 있는 세 양효(陽爻)들을 무릅쓰고 상진(上進) 즉 위로[上] 나아가고자[進] 발버둥침을 암시한 계사(繫辭)가 〈장우지(壯于趾)〉이다.

征凶(정흉) 有孚(유부)

나아가면[征] 좋지 않으니[凶] 믿어줌을[孚] 취하라[有].

〈정흉(征凶)〉은 앞의 〈장우지(壯于趾)〉를 경계(警戒)한 계사(繫辭)이다. 〈정흉(征凶)〉은 〈약초구정(若初九征) 초구흉(初九凶)〉의 줄임으로 여기고 〈초구가[初九] 상진한다[征]면[若] 초구는[初九] 불행하다[凶]〉라고 새겨볼 것이다. 〈정흉(征凶)의 정(征)〉은 여기선 〈위로 나아갈 상진(上進)〉과 같아 행동을 취함을 뜻한다. 〈정흉(征凶)의 흉(凶)〉은 상진(上進)하려고 힘쓰면[壯] 초구(初九 : ⚊)에게 불행하다[凶]는 것이다. 초구(初九 : ⚊)가 정위(正位) 즉 정당한[正] 자리[位]에 있음을 앞세워 용장(用壯) 즉 힘을[壯] 쓴다면[用] 편장(偏壯) 즉 힘쓰기에[壯] 치우쳐[偏] 수중(守中) 즉 정도를 따름을[中] 지키지[守] 못하게 되어 결국 불행해짐[凶]을 암시한 계사(繫辭)가 〈정흉(征凶)〉이다.

〈유부(有孚)〉는 초구(初九 : ⚊)의 자계(自戒)를 암시한 계사(繫辭)이다. 〈유부(有孚)〉는 〈초구혜(初九兮) 유부자상제효(有孚自上諸爻)〉의 줄임으로 여기고 〈초구(初九)여[兮] 위의[上] 모든[諸] 효들[爻]로부터[自] 믿어줌을[孚] 취하라[有]〉라고 새겨볼 것이다. 〈유부(有孚)의 부(孚)〉는 수명(守命) 즉 자연의 가르침을[命] 지킴[守]으로써 남들로부터 성신(誠信) 즉 진실한[誠] 미더움[信]을 받음을 말하니, 〈부(孚)〉는 초구(初九 : ⚊)의 〈정(貞)〉으로 말미암아 남에게서 돌아오는 미더움[信]이다. 자기가 정(貞)하면 남들이 자기를 진실로 믿어줌이 〈부(孚)〉이다. 따라서 초구(初九 : ⚊) 자신의 〈장(壯)〉 즉 힘쓰기[壯]를 과신(過信)하지 말고, 대장괘(大壯卦 : ䷡)의 주제인 〈대장(大壯)〉의 시국에서 초구(初九 : ⚊) 자신의 〈장(壯)〉을 온 세상이 〈부(孚)〉 즉 믿어줄[孚] 때가 오기를 기다려야 함을 암시한 계사(繫辭)가 〈유부(有孚)〉이다.

【字典】

장(壯) 〈힘쓸 장(壯)-용력(用力), 장대할 장(壯)-장대(壯大), 클 장(壯)-대(大), 용체가 성대할 장(壯)-용체성대(容體盛大), 용감할 장(壯)-용(勇), 건장할 장(壯)-건(健), 빠를 장(壯)-질(疾), 팔월 장(壯)-팔월(八月), 남방 장(壯)-남방(南方), 상처 낼 장(壯)-상(傷), 젊을 장(壯)-소(少)〉 등의 뜻을 내지만 여기선 〈힘쓸 용력(用力)〉으로 여기고 새김이 마땅하다.

우(于) 〈~에(부터) 우(于)-어(於), 갈 우(于)-왕(往), 써 우(于)-이(以), 할 우(于)-위(爲), 여기 우(于)-시(是), 도울 우(于)-조(助), 클 우(于)-대(大), 구할 우(于)-구(求), 자족하는 모습 우(于)-자족모(自足貌)〉 등의 뜻을 내지만 여기선 〈~에 어(於)〉와 같다 여기고 새김이 마땅하다.

지(趾) 〈발(발가락, 발꿈치) 지(趾)-족(足), 멈출 지(趾)-지(止)〉 등의 뜻을 내지만 여기선 〈발가락 지(趾)〉로 여기고 새김이 마땅하다.

정(征) 〈행동할 정(征)-행동(行動), 바르게 갈 정(征)-정행(正行), 칠 정(征)-토(討)-벌(伐), 날 정(征)-비(飛), 멀리 갈 정(征)-원(遠), 취할 정(征)-취(取), 세금 매길 정(征)-세(稅)-부(賦)〉 등의 뜻을 내지만 여기선 〈행동(行動)〉으로 새김이 마땅하다.

흉(凶) 〈나쁠 흉(凶)-오(惡), 불행할(흉할) 흉(凶)-길지반(吉之反), 흉한 사람 흉(凶)-흉인(凶人), 재앙 흉(凶)-화(禍), 요사할 흉(凶)-요사(夭死), 걱정할 흉(凶)-우(憂)-구(懼), 악한 사람 흉(凶)-악인(惡人), 흉년 흉(凶)-연곡불숙(年穀不熟), 사나울 흉(凶)-포학(暴虐), 음기 흉(凶)-음기(陰氣), 북쪽 흉(凶)-북(北), 없을 흉(凶)-공(空), 송사 흉(凶)-송(訟), 거역할 흉(凶)-역(逆), 어그러질 흉(凶)-패(悖), 허물 흉(凶)-구(咎)〉 등의 뜻

을 내지만 여기선 〈나쁠 오(惡)〉와 같다 여기고 새김이 마땅하다.

유(有) 〈얻을(가질) 유(有)-취(取), 어조사 유(有), 없을 무(無)의 반대말로 있을 유(有), 혹 유(有)-혹(或), 많을 유(有)-다(多)-족(足), 부유할 유(有)-부(富), 간직할 유(有)-장(藏), 보호할 유(有)-보(保), 서로 친할 유(有)-상친(相親), 전일할 유(有)-전(專), 할 유(有)-위(爲)〉 등의 뜻을 내지만 여기선 〈취할 유(有)〉로 여기고 새김이 마땅하다.

부(孚) 〈믿을 부(孚)-신(信), 알에서 새끼가 껍질을 쪼아 나올 부(孚)-난화(卵化), 씨앗이 틀 부(孚)-부(稃), 기를 부(孚)-육(育), 덮어줄 부(孚)-복(覆), 붙을(의지할) 부(孚)-부(附)-부(付), 옥채색 부(孚)-옥채색(玉采色)〉 등의 뜻을 내지만 여기선 〈믿을 신(信)〉과 같다 여기고 새김이 마땅하다.

구이(九二 : ━)

九二 : 貞吉하다
정 길

구이(九二) : 진실로 미더워[貞] 행복하다[吉].

【구이(九二)의 효상(爻象) 풀이】

대장괘(大壯卦 : ䷡)의 구이(九二 : ━)는 이양거음(以陽居陰) 즉 양(陽 : ━)으로써[以] 음(陰 : ╍)의 자리에 있는지라[居] 정당한 자리에 있지 못하다. 구이(九二 : ━)의 아래위가 모두 다 양(陽 : ━)인지라 〈비(比)〉 즉 이웃의 사귐[比]을 누리지 못하고 오히려 상충(相衝) 즉 서로[相] 부딪치는[衝] 처지일 수도 있다. 그러나 구이(九二 : ━)와 육오(六五 : ╍)는 중부정(中不正) 즉 서로 중효이되[中] 정위에 있지 못하지만[不正] 양음(陽陰)의 사이인지라 정응(正應) 즉 바르게[正] 서로 호응함[應]을 누린다. 이에 구이(九二 : ━)는 대장괘(大壯卦 : ䷡)의 하체(下體) 건(乾 : ☰)의 중효(中爻)로서 득중(得中) 즉 정도를 따름을[中] 취하여[得] 대장괘(大壯卦 : ䷡)의 주제인 〈대장(大壯)〉의 시국을 마주해가는 모습이다.

> 대장괘(大壯卦 : ䷡)의 구이(九二 : ⚊)가 육이(六二 : ⚋)로 변효(變爻)하면 구이(九二 : ⚊)는 대장괘(大壯卦 : ䷡)를 55번째 풍괘(豐卦 : ䷶)로 지괘(之卦)하게 한다. 따라서 대장괘(大壯卦 : ䷡)의 구이(九二 : ⚊)는 풍괘(豐卦 : ䷶)의 육이(六二 : ⚋)를 찾아가 살펴보게 한다.

【구이(九二)의 계사(繫辭) 풀이】

貞吉(정길)

진실로 미더워[貞] 행복하다[吉].

구이(九二 : ⚊)의 효위(爻位)를 빌려 암시한 계사(繫辭)이다. 〈정길(貞吉)〉은 〈기연구이지대장정(旣然九二之大壯貞) 구이지대장길(九二之大壯吉)〉의 줄임으로 여기고 〈구이의[九二之] 대장이[大壯] 진실로 미덥기[貞] 때문에[旣然] 구이의[九二之] 대장은[大壯] 행복하다[吉]〉라고 새겨볼 것이다. 〈정길(貞吉)의 정(貞)〉은 구이(九二 : ⚊)가 대장괘(大壯卦 : ䷡)의 하체(下體) 건(乾 : ☰)의 중효(中爻)임을 암시한다. 중효(中爻)는 득중(得中) 즉 정도를 따름을[中] 취함[得]을 지키는 효(爻)이다. 따라서 하체(下體) 건(乾 : ☰)의 중효(中爻)로서 구이(九二 : ⚊)가 강강(剛强) 즉 굳세고[剛] 강할[强]지라도 편강강(偏剛强) 즉 굳셈이나[剛] 강함에[强] 치우치지[偏] 않고 득중(得中) 즉 정도를 따름을[中] 취하여[得] 대장괘(大壯卦 : ䷡)의 주제인 〈대장(大壯)〉의 시국을 오로지 〈정(貞)〉으로써 임함을 암시한다.

〈정(貞)〉은 정신(正信) 즉 공정(公正)하여 정신(正信)함이다. 공정(公正)의 공(公)은 팔(八)과 사(厶)의 회의자(會意字) 즉 뜻을[意] 모은[會] 자(字)이다. 〈팔(八)〉은 등진다는 뜻을 내고, 사(厶)는 사(私)의 옛 자(字)이다. 따라서 공정(公正)의 공(公)은 사리(私利)-사욕(私欲)을 등지고 배척함이니 무기(無己) 즉 욕심 부리는 자기가[己] 없음[無]이다. 무기(無己)는 무사(無私)와 같은 말이고 곧 공(公)을 말한다. 공(公)하면 절로 정(正) 즉 정심(正心)인 〈정(貞)〉이다. 마음을[心] 바르게 하면[正] 마음은 곧장 고요해지고[靜] 마음이 정(靜)하면 곧장 마음은 밝아지고[明] 마음이 명(明)하면 마음은 텅 비고[虛] 마음이 허(虛)하면 마음은 어떠한 조작(造作)도 하지 않음을 묶어서 한 자(字)로 정(正)이라 한다. 그러므로 정(正)이란 무기(無己) 즉 욕심 부리는 자기가[己] 없어서[無] 심중(心中)이 혼탕(混盪) 즉 혼란스럽게[混] 흔들리지[盪] 않아 누리는 천지지덕(天地之德) 즉 천지의[天地之] 덕(德)을 행하는 마음이 〈정(貞)〉이다. 이러한 〈정(貞)〉으로써 〈대장(大壯)〉 즉 크게[大] 힘씀[壯]인지라 구이(九二 : ━)의 〈대장(大壯)〉은 행운을 누린다[吉]고 암시한 계사(繫辭)가 〈정길(貞吉)〉이다.

【字典】

정(貞) 〈바를 정(貞)-정(正), 믿을 정(貞)-신(信), 거북점을 물을 정(貞)-복문(卜問), 역(易)의 내괘(內卦) 정(貞), 마땅할 정(貞)-당(當), 확고할 정(貞)-정(定)-고정(固定), 순수할 정(貞)-전(專)-일(一)〉 등의 뜻을 내지만 여기선 〈바를 정(正), 믿을 신(信)〉 등을 합친 뜻과 같아 〈정신(正信)〉으로 여기고 새김이 마땅하다.

길(吉) 〈좋을(행복할) 길(吉)-선(善)-영(令) {영월길일(令月吉日)은 선월선일(善月善日)임.}, 복 길(吉)-실(實)-선실(善實)-복(福), 예의를 따라 상서로울 길(吉)-예의순상(禮義順祥), 삼갈 길(吉)-근(謹), 초하루 길(吉)-삭일(朔日) {삭망(朔望) 즉 초하루[朔]와 그믐날[望]}, 길례 길(吉)-길례(吉禮) {오례지일(五禮之一) 길흉빈군가(吉凶賓軍嘉)}, 갈 길(吉)-행(行)-길(趌)〉 등의 뜻을 내지만 여기선 〈좋을 선(善)-영(令)〉 즉 행복과 같다 여기고 새김이 마땅하다.

註 중효(中爻)-중위(中位)-득중(得中)의 중(中) : 중효(中爻)-중위(中位)의 중(中)은 따를 순(順)과 같다. 따라서 중효(中爻)는 중도지효(中道之爻) 즉 정도를[道] 따르는[中之] 효(爻)를 말하고, 중위(中位)는 중도지위(中道之位) 즉 정도를[道] 따르는[中之] 자리[位]를 말한다. 정도(正道)란 일이불가불역자(一而不可不易者) 즉 유일하되[一而] 변화할[易] 수밖에 없는[不可不] 것[者]이다. 여기 불가불역(不可不易)이란 덕지흠(德之欽) 즉 덕을[德之] 베풂[欽]을 말한다. 〈덕지흠(德之欽)의 덕(德)〉은 천지조화(天地造化)의 드러남이고, 〈덕지흠(德之欽)의 흠(欽)〉은 드리워 베풀 수(垂)와 같다. 득중(得中)의 중(中)은 『중용(中庸)』에 나오는 중야자천하지대본야(中也者天下之大本也) 화야자천하지달도야(和也者天下之達道也) 즉 〈(정도를) 따름[中]이라는[也] 것은[者] 온 세상의[天下之] 크나큰[大] 근본[本]이고[也], 어울림[和]이라는[也] 것은[者] 온 세상의[天下之] 길을[道] 통하게 하는 것[達]이다[也].〉를 환기시킨다.

구삼(九三 : ━)

九三 : 小人用壯하고 君子用罔하니 貞厲하다 羝羊觸藩하여 羸其角한다
소인용장 군자용망 정려 저양촉번 이기각

구삼(九三) : 소인은[小人] 힘씀을[壯] 쓰고[用] 군자는[君子] 없음을[罔] 쓰니[用] 확신할수록[貞] 위태하다[厲]. 수컷[羝] 양이[羊] 울타리를[藩] 들이받아[觸] 제[其] 뿔을[角] 부러져 떨어지게 한다[羸].

【구삼(九三)의 효상(爻象) 풀이】

대장괘(大壯卦 : ䷡)의 구삼(九三 : ━)은 이양거양(以陽居陽) 즉 양(陽 : ━)으로써[以] 양(陽 : ━)의 자리에 있는지라[居] 정당한 자리에 있다. 구삼(九三 : ━)의 아래위가 모두 다 양(陽 : ━)인지라 〈비(比)〉 즉 이웃의 사귐[比]을 누리지 못하고 오히려 상충(相衝) 즉 서로[相] 부딪치는[衝] 처지일 수도 있다. 그러나 구삼(九三 : ━)과 상륙(上六 : ╍)은 서로 정위(正位)에 있어서 정응(正應) 즉 바르게[正] 서로 호응함[應]을 누릴 수도 있지만, 서로 극위(極位) 즉 맨 위의[極] 자리[位]에 있는지라 서로 지나침을 마다하지 않는 탓으로 여의치 못한 모습이다.

대장괘(大壯卦 : ䷡)의 구삼(九三 : ━)이 육삼(六三 : ╍)으로 변효(變爻)하면 구삼(九三 : ━)은 대장괘(大壯卦 : ䷡)를 54번째 귀매괘(歸妹卦 : ䷵)로 지괘(之卦)하게 한다. 따라서 대장괘(大壯卦 : ䷡)의 구삼(九三 : ━)은 귀매괘(歸妹卦 : ䷵)의 육삼(六三 : ╍)을 찾아가 살펴보게 한다.

【구삼(九三)의 계사(繫辭) 풀이】

小人用壯(소인용장)

소인은[小人] 힘씀을[壯] 쓴다[用].

구삼(九三 : ━)의 효위(爻位)를 빌려 암시한 계사(繫辭)이다. 〈소인용장(小人用

壯)〉은 〈소인용장향자기(小人用壯向自己)〉의 줄임으로 여기고 〈소인은[小人] 자기를[自己] 위해서[向] 힘쓰기를[壯] 이용한다[用]〉라고 새겨볼 것이다. 여기 〈소인용장(小人用壯)〉은 『논어(論語)』에 나오는 〈소인은[小人] 재물을[土] 품는다[懷]〉라는 내용을 환기시킨다. 소인(小人)은 무엇보다 물욕(物慾) 즉 〈회토(懷土)〉를 심중(心中)에 품고[懷] 산다. 〈소인용장(小人用壯)의 소인(小人)〉은 변효(變爻)를 들어 구삼(九三 : ⚊)을 취상(取象)한 것이다. 대장괘(大壯卦 : ䷡)의 하체 건(乾 : ☰)의 상효(上爻)인 구삼(九三 : ⚊)이 변효(變爻)하면 구삼(九三 : ⚊)은 태(兌 : ☱)의 상효(上爻)가 된다. 건(乾 : ☰)은 양괘(陽卦)인지라 군자(君子)를 나타내지만 태(兌 : ☱)는 음괘(陰卦)인지라 소인(小人)을 나타낸다. 따라서 〈소인용장(小人用壯)의 용장(用壯)〉은 〈용소인지장(用小人之壯)〉으로 여기고 〈소인의[小人之] 힘쓰기를[壯] 이용한다[用]〉라고 새겨도 된다. 소인(小人)은 힘쓰기를[壯] 자기나 자기 패거리를 위해서 사사롭게 쓰지[用] 덕(德)을 베풀고자 〈용장(用壯)〉 즉 힘쓰기를[壯] 쓰지[用] 않는다. 소인(小人)의 이러한 〈용장(用壯)〉은 용력(勇力)에 불과한 것이다. 구삼(九三 : ⚊)이 대장괘(大壯卦 : ䷡)의 하체(下體) 건(乾 : ☰)의 중위(中位)를 벗어나 극위(極位)에 있어서 편강강(偏剛强) 즉 굳세고[剛] 강력함에[强] 치우쳐[偏] 〈용장(用壯)〉 즉 힘쓰기를[壯] 사적으로[私] 사용할[用] 수도 있음을 암시한 계사(繫辭)가 〈소인용장(小人用壯)〉이다.

君子用罔(군자용망)

군자는[君子] 없음을[罔] 쓴다[用].

〈군자용망(君子用罔)〉은 군자(君子)가 소인(小人)의 〈장(壯)〉을 쓰지 않음을 암시한 계사(繫辭)이다. 〈군자용망(君子用罔)〉은 〈군자용망소인지장(君子用罔小人之壯)〉의 줄임으로 여기고 〈군자는[君子] 소인의[小人之] 힘쓰기가[壯] 아닌 것을[罔] 쓴다[用]〉라고 새겨볼 것이다. 〈용망(用罔)의 망(罔)〉은 〈아닌 것 부(否)-비(非)〉와 같다. 〈군자용망(君子用罔)〉은 『논어(論語)』에 나오는 〈군자는[君子] 덕을[德] 품는다[懷]〉라는 내용을 환기시킨다. 군자(君子)는 성덕(盛德) 즉 덕을[德] 쌓아가며[盛] 산다. 천지조화(天地造化)가 드러나는 덕(德)은 인의(仁義)를 몸소 행함으로 이어진다. 이에 〈군자용망(君子用罔)〉은 〈군자용덕(君子用德)〉으로 받아들여도 된다. 모두의 삶을 두루 선(善)하게 하여 통하게 함이 용덕(用德)이다. 소인(小人)은 용력(勇力)을 자신과 한패를 위하여 쓰지만[用], 군자(君子)는 온 세상 사람들을 흥성(興盛)하게 하고자 〈대장(大壯)〉 즉 크게[大] 힘씀[壯]을 암시한 계사(繫辭)가 〈군자용망(君子用罔)〉이다.

貞厲(정려)

확신할수록[貞] 위태하다[厲].

〈정려(貞厲)〉는 구삼(九三 : ⚊)이 〈용장(用壯)〉을 고집함을 암시한 계사(繫辭)이다. 〈정려(貞厲)〉는 〈구삼유정관어용장(九三愈貞關於用壯) 구삼지용장유려(九三之用壯愈厲)〉의 줄임으로 여기고 〈구삼이[九三] 용장에[用壯] 관하여[關於] 진실로 미더워할[貞]수록[愈] 구삼의[九三之] 용장은[用壯] 그만큼 더[愈] 위태하다[厲]〉라고 새겨볼 것이다. 〈정려(貞厲)〉는 소인(小人)의 〈용장(用壯)〉 탓으로 〈정(貞)〉이 위태로워짐[厲]을 간파할 수 있다. 이에 〈정려(貞厲)〉는 『논어(論語)』에 나오는 〈군자는[君子] 바르고 미더워도[貞而] 맹목적으로 믿지는 않는다[不諒]〉라는 내용을 상기시킨다. 군자(君子)는 믿었어도 선악(善惡)을 따져보고 선(善)하면 믿고[貞] 악(惡)함을 깨우치면 그 〈정(貞)〉을 내치고 뉘우친다. 그러나 구삼(九三 : ⚊)이 소인(小人)을 닮아 무엇을 믿으면 선악을 따져보지 않고 그 믿음에 매달려 고집대로 감행해버리고 말아 위태함[厲]을 자초(自招)함을 암시한 계사(繫辭)가 〈정려(貞厲)〉이다.

羝羊觸藩(저양촉번) 羸其角(이기각)

수컷[羝] 양이[羊] 울타리를[藩] 들이받아[觸] 제[其] 뿔을[角] 부러져 떨어지게 한다[羸].

〈저양촉번(羝羊觸藩) 이기각(羸其角)〉은 앞의 〈정려(貞厲)〉를 사실적으로 암시한 계사(繫辭)이다. 〈저양촉번(羝羊觸藩)의 저양(羝羊)〉은 대장괘(大壯卦 : ䷡)의 하체(下體) 건(乾 : ☰)의 구삼(九三 : ⚊)이 변효(變爻)하여 태(兌 : ☱)의 상효(上爻)가 됨을 들어 구삼(九三 : ⚊)을 취상(取象)한 것이다. 왜냐하면 〈저양촉번(羝羊觸藩)의 저양(羝羊)〉이 「설괘전(說卦傳)」에 나오는 〈태는[兌 : ☱] 양(羊)이다

[爲]〉라는 내용을 상기시키기 때문이다. 〈저양촉번(羝羊觸藩)의 촉번(觸藩)〉은 앞의 〈정려(貞厲)의 정(貞)〉을 비유한다. 구삼(九三 : ⚊)이 〈용장(用壯)〉 즉 힘쓰기의[壯] 씀[用]을 진실로 믿고[貞] 고집함은 가로막고 있는 울타리를[藩] 부딪침[觸]과 같다는 것이다. 〈촉번(觸藩)의 번(藩)〉은 구삼(九三 : ⚊) 바로 위에 있는 구사(九四 : ⚊)가 대장괘(大壯卦 : ䷡)의 상체(上體) 진(震 : ☳)의 초효(初爻)임을 들어 구사(九四 : ⚊)를 취상(取象)한 것이다. 왜냐하면 〈촉번(觸藩)의 번(藩)〉이 「설괘전(說卦傳)」에 나오는 〈진은[震 : ☳] 창랑(蒼莨) 대[竹]이다[爲]〉라는 내용을 상기시키기 때문이다. 〈번(藩)〉은 대나무로 만든 울타리이다. 이에 촉번(觸藩)의 번(藩)〉이 구삼(九三 : ⚊)과 구사(九四 : ⚊)가 양양(兩陽) 즉 둘 다[兩] 양(陽 : ⚊)인지라 상충(相衝) 즉 서로[相] 부딪쳐[衝], 상진(上進)하려고 〈용장(用壯)〉 즉 힘쓰기를[壯] 쓰는[用] 구삼(九三 : ⚊)에게 상진(上進)을 가로막는 울타리[藩] 같은 구사(九四 : ⚊)를 구삼(九三 : ⚊)이 받아버리는[觸] 꼴임을 암시한 계사(繫辭)가 〈저양촉번(羝羊觸藩)〉이다.

〈이기각(羸其角)〉은 앞의 〈촉번(觸藩)〉의 결과를 암시한 계사(繫辭)이다. 〈이기각(羸其角)〉은 〈저양지촉번리저양지각(羝羊之觸藩羸羝羊之角)〉의 줄임으로 여기고 〈숫양의[羝羊之] 촉번이[觸藩] 숫양의[羝羊之] 뿔을[角] 부러져 떨어지게 했다[羸]〉라고 새겨볼 것이다. 〈이기각(羸其角)의 이(羸)〉는 〈떨어질 기락(棄落)〉과 같다. 숫양이[羝羊] 제 힘만 믿고 제 뿔로[角] 울타리를[蕃] 들이받다가[觸] 제 뿔만 부러지게 하여 땅으로 떨어지게[羸] 하고 마는 이치를 빌려, 소인(小人)의 〈용장(用壯)〉이 얼마나 어리석고 위태한[厲] 짓인가를 헤아려 깨닫게 하는 계사(繫辭)가 〈이기각(羸其角)〉이다.

【字典】

소(小) 〈작을 소(小)-세(細)-미(微), 자잘할 소(小)-세(細), 짧을 소(小)-단(短), 좁을 소(小)-협(狹), 어릴 소(小)-유(幼), 천할 소(小)-천(賤), 첩 소(小)-첩(妾), 음(陰)을 칭하는 소(小)〉 등의 뜻을 내지만 여기선 〈작을 소(小)〉로 여기고 새김이 마땅하다.

인(人) 〈사람 인(人)-만물지최령자(萬物之最靈者), 백성 인(人)-민(民), 남 인(人)-타인(他人), 아무개 인(人)-모인(某人), 도인 인(人)-도인(道人), 사람들 인(人)-인인(人人), 범인(소인) 인(人)-소인(小人)-범인(凡人), 인성 인(人)-인성(人性), 인위 인(人)-인

위(人爲), 신하 인(人)-신하(臣下), 중서(민중) 인(人)-중서(衆庶)-민중(民衆), 건괘-진괘 인(人)-건위인(乾爲人)-진위인(震爲人), 어짊 인(人)-인(仁), 선인 인(人)-선인(先人), 서로 어여삐 여길 인(人)-상련(相憐)〉 등의 뜻을 내지만 〈사람 인(人)〉으로 여기고 새김이 마땅하다.

용(用) 〈쓸 용(用)-시(施)-행(行), 쓰일(부릴) 용(用)-사(使), 맡길 용(用)-임(任), 위할 용(用)-위(爲), 갖출 용(用)-비(備)〉 등의 뜻을 내지만 여기선 〈쓸 행(行)〉과 같다 여기고 새김이 마땅하다.

장(壯) 〈힘쓸 장(壯)-용력(用力), 장대할 장(壯)-장대(壯大), 클 장(壯)-대(大), 용체가 성대할 장(壯)-용체성대(容體盛大), 용감할 장(壯)-용(勇), 건장할 장(壯)-건(健), 빠를 장(壯)-질(疾), 팔월 장(壯)-팔월(八月), 남방 장(壯)-남방(南方), 상처 낼 장(壯)-상(傷), 젊을 장(壯)-소(少)〉 등의 뜻을 내지만 여기선 〈힘쓸 용력(用力)〉으로 여기고 새김이 마땅하다.

군(君) 〈지극히 높은 사람(천자-임금-제후) 군(君)-지존자(至尊者), 임금을 이을(세자) 군(君)-세자(世子), 여왕 군(君)-여군(女君), 어버이 군(君)-부모(父母), 돌아가신 임금-돌아가신 아버지-돌아가신 조상 군(君)-선군(先君)-선부(先父)-선조(先祖), 상대를 부르는 칭호 군(君)-칭호(稱號), 귀신을 받들어 부르는 칭호 군(君)-귀신지경칭(鬼神之敬稱), 맡아 다스릴 군(君)-주재(主宰), 하늘-건 군(君)-천(天)-건(乾), 양 군(君)-양(陽), 낮 군(君)-일(日), 중앙제단 군(君)-궁제단(宮祭壇), 흙 군(君)-토(土)〉 등의 뜻을 내지만 〈군자(君子)〉는 〈재덕겸구지인(才德兼具之人)〉 즉 재주와[才] 덕을[德] 아울러[兼] 갖춘[具之] 사람[人]을 칭하는 술어(術語)로 여기고 새김이 마땅하다.

자(子) 〈존칭(덕 있는 사람의 칭호) 자(子)-유덕자지칭(有德者之稱), 존경받는 사람 자(子)-존자(尊者), 벼슬 자(子)-작(爵), 12지의 첫째 자(子), 음력 11월 자(子), 밤 11시에서 다음날 1시까지 자(子), 북쪽 방향 자(子)-북방(北方), 오행에서 물 자(子)-어오행속수(於五行屬水), 짐승에서 쥐 자(子)-어수위서(於獸爲鼠), 번성할 자(子)-자(滋), 뒤를 이어줄 자(子)-사(嗣)-식(息), 자녀 자(子)-자녀(子女), 자손 자(子)-자손(子孫), 남자를 일컫는 호칭 자(子)-남자지통칭(男子之通稱), 만물 자(子)-만물(萬物), 씨앗(열매) 자(子)-종자(種子)-과실(果實), 누구(사람) 자(子)-인(人)-수자(誰子), 백성 자(子)-백성(百姓)〉 등의 뜻을 내지만 여기선 〈덕 있는 사람 유덕자(有德者)〉의 호칭으로 여기고 새김이 마땅하다.

망(罔) 〈없을 망(罔)-무(無)-망(亡), 않을(아닌 것) 망(罔)-불(不), {금수어류(禽獸魚類)를 잡는} 그물 망(罔)-망(網), 법률-규칙 망(罔)-법망(法網)-법률(法律)-규칙(規則), 맺을 망(罔)-결(結), 화재 망(罔)-화재(禍災), (몰라서) 흐릴 망(罔)-무지(無知)-무득(無得), 속일 망(罔)-무(誣)-기(欺), 헤질 망(罔)-폐(弊), 근심할 망(罔)-우(憂)-창(悵)〉 등의 뜻을 내지만 여기선 〈없을 무(無) 또는 아닌 것 부(不)〉로 여기고 새김이 마땅하다.

정(貞) 〈바를 정(貞)-정(正), 믿을 정(貞)-신(信), 거북점을 물을 정(貞)-복문(卜問), 역(易)의 내괘(內卦) 정(貞), 마땅할 정(貞)-당(當), 고정할 정(貞)-정(定)-고정(固定), 순수할 정(貞)-전(專)-일(一)〉 등의 뜻을 내지만 여기선 〈바를 정(正), 믿을 신(信)〉 등을 합친 뜻과 같아 〈정신(正信)〉으로 여기고 새김이 마땅하다.

여(厲) 〈위태할 여(厲)-위(危), 가물 여(厲)-한(旱), 갈 여(厲)-마(磨), 문지를(비빌) 여(厲)-마찰(摩擦), 엄할(사나울) 여(厲)-엄(嚴)-맹(猛), 높고 훌륭할 여(厲)-고상(高尙), 맑고 바를 여(厲)-청정(淸正), 막을 여(厲)-항(抗), 일어날 여(厲)-기(起), 지을 여(厲)-작(作), 사나울 여(厲)-학(虐), 병들 여(厲)-병(病), 낭떠러지 여(厲)-애(涯) 물이 깊어도 건널 수 있는 곳 여(厲)-심수가섭지처(深水可涉之處), 권하여 힘쓰게 할 여(厲)-권면(勸勉), 이을 여(厲)-합(合)-연(連), 옷을 입고 물을 건널 여(厲)-이의섭수(以衣涉水), 가까울 여(厲)-근(近)-부(附)〉 등의 뜻을 내지만 여기선 〈위태로울 위(危)〉와 같다 여기고 새김이 마땅하다.

저(羝) 〈숫양 저(羝)-모양(牡羊)〉으로 여기고 새김이 마땅하다.

양(羊) 〈가축 양(면양-산양) 양(羊)-면양(綿羊)-산양(山羊), 길상 양(羊)-길상(吉祥)〉 등의 뜻을 내지만 여기선 〈면양(綿羊)〉으로 여기고 새김이 마땅하다.

촉(觸) 〈받을 촉(觸)-저(牴), 부딪칠 촉(觸)-돌(揬), 움직일(느낄) 촉(觸)-동(動), 범할 촉(觸)-범(犯), 더러울 촉(觸)-오(汚), 만질 촉(觸)-접촉(接觸)-수지소촉(手之所觸), 의거할(의촉할) 촉(觸)-거(據)〉 등의 뜻을 내지만 여기선 〈받을 저(牴)〉와 같다 여기고 새김이 마땅하다.

번(藩) 〈울타리 번(藩)-이(蘺)-번(蕃)-병(屛)-이락(蘺落), 제후나라 번(藩)-번병(藩屛), 지킬 번(藩)-수(守)-호(護), 벼랑 번(藩)-애(崖), 약초 번(藩)-약초(藥草)〉 등의 뜻을 내지만 여기선 〈울타리 번(藩)〉으로 여기고 새김이 마땅하다.

이(羸) 〈떨어질 이(羸)-기락(棄落), 약할 이(羸)-약(弱), 묶을(얽을) 이(羸)-누(累), 파리할 이(羸)-수(瘦)-척(瘠), 앓을 이(羸)-병(病), 피로할 이(羸)-피(疲), 열등할 이(羸)-열(劣), 뒤집힐 이(羸)-복(覆), 싫을 이(羸)-오(惡), 새김이 없을 이(羸)-무문(無文)〉 등의 뜻을 내지만 여기선 〈떨어질 기락(棄落)〉으로 새김이 마땅하다. 〈羸〉가 맨 앞에 있을 때는 〈이〉로 발음하고, 중간이나 뒤에 있을 때는 〈리〉로 발음한다.

기(其) 〈그(관형사) 기(其)-관형사(冠形詞), 그것 기(其)-피(彼)-지(之), 그럴 기(其)-연(然), 어찌 기(其)-기(豈), 누를 기(其)-억(抑), 오히려 기(其)-상(尙)-서기(庶幾), 이에 기(其)-내(乃), 만약 기(其)-약(若), 장차 기(其)-장(將), 어조사 기(其)-어조사〉 등의 뜻을 내지만 여기선 관형사로서 〈그 기(其)〉로 여기고 새김이 마땅하다.

각(角) 〈(짐승 머리에 난) 뿔 각(角)-수두상골외출(獸頭上骨外出), 모퉁이 각(角)-우(隅), 굽은 곳 각(角)-주변지일곡(周邊之一曲), 까끄라기 각(角)-망(芒), 찌를 각(角)-촉(觸), 다툴 각(角)-경(競), 비교할 각(角)-교(校), 대평소 각(角)-취기(吹器)〉 등의 뜻을 내지만 〈(짐승 머리에 난) 뿔 수두상골외출(獸頭上骨外出)〉로 새김이 마땅하다.

註 정려(貞厲) : 『주역(周易)』의 계사(繫辭)로 빈번하게 등장한다. 6번째 송괘(訟卦 : ䷅) 육삼(六三 : --)의 효사(爻辭)로 나오고, 10번째 이괘(履卦 : ䷉) 구오(九五 : —)의 효사(爻辭)로도 나오며, 21번째 서합괘(噬嗑卦 : ䷔) 육오(六五 : --)의 효사(爻辭)로도 나오고, 34번째 대장괘(大壯卦 : ䷡) 구삼(九三 : —)의 효사(爻辭)로도 나오며, 35번째 진괘(晉卦 : ䷢) 구사(九四 : —)의 효사(爻辭)로도 나오고, 49번째 혁괘(革卦 : ䷰) 구삼(九三 : —)의 효사(爻辭)로도 나오며, 56번째 여괘(旅卦 : ䷷) 구삼(九三 : —)의 효사(爻辭)로도 나온다.

註 자왈(子曰) 군자회덕(君子懷德) 소인회토(小人懷土) : 공자가[子] 말했다[曰]. 군자는[君子] 덕을[德] 품고[懷] 소인은[小人] 땅을[土] 품는다[懷]. 『논어(論語)』「이인(里仁)」 11장(章)

註 자왈(子曰) 군자정이불량(君子貞而不諒) : 공자가[子] 말했다[曰]. 군자는[君子] 바르고 미더워도[貞而] 맹목적으로 믿지는 않는다[不諒]. 불량(不諒)은 약속했어도 그 약속이 잘못된 것이면 지키지 않음을 뜻한다. 『논어(論語)』「위령공(衛靈公)」 36장(章)

註 태위양(兌爲羊) : 태는[兌 : ☱] 양(羊)이다[爲]. 「설괘전(說卦傳)」 8단락(段落)

註 진위창랑죽(震爲蒼筤竹) : 진은[震 : ☳] 푸르고[蒼] 어린[筤] 대나무[竹]이다[爲]. 「설괘전(說卦傳)」 11단락(段落)

구사(九四 : ⚊)

九四 : 貞吉하여 悔亡이다 藩決不羸하리라 壯于大輿之輹이로다
(정길 회무 번결불리 장우대여지 복)

구사(九四) : 진실로 미더우면[吉] 행운을 누려[吉] 후회함이[悔] 없다[亡]. 울타리가[藩] 열려서[決] 부러져 떨어지지 않으리라[不羸]. 큰[大] 수레의[輿之] 바퀴에[于輹] 힘이 실린다[壯].

【구사(九四)의 효상(爻象) 풀이】

대장괘(大壯卦 : ䷡)의 구사(九四 : ⚊)는 이양거음(以陽居陰) 즉 양(陽 : ⚊)으로써[以] 음(陰 : ⚋)의 자리에 있는지라[居] 정당한 자리에 있지 못하다. 구사(九四 : ⚊)와 초구(初九 : ⚊)는 양양(兩陽) 즉 둘 다[兩] 양(陽 : ⚊)의 사이인지라 정응(正應) 즉 바르게[正] 서로 호응하지[應] 못한다. 그러나 구사(九四 : ⚊)와 육오(六五 : ⚋) 사이는 양음(陽陰)인지라 〈비(比)〉 즉 이웃의 사귐[比]을 누릴 수 있다. 이에 구사(九四 : ⚊)는 존위(尊位)에 있는 유순(柔順)한 육오(六五 : ⚋)를 설득하여 거침없이 상진(上進)하려는 모습이다.

대장괘(大壯卦 : ䷡)의 구사(九四 : ⚊)가 육사(六四 : ⚋)로 변효(變爻)하면 구사(九四 : ⚊)는 대장괘(大壯卦 : ䷡)를 11번째 태괘(泰卦 : ䷊)로 지괘(之卦)하게 한다. 따라서 대장괘(大壯卦 : ䷡)의 구사(九四 : ⚊)는 태괘(泰卦 : ䷊)의 육사(六四 : ⚋)를 찾아가 살펴보게 한다.

【구사(九四)의 계사(繫辭) 풀이】

貞吉(정길) 悔亡(회무)

진실로 미더우면[吉] 행운을 누려[吉] 후회함이[悔] 없다[亡].

구사(九四 : ⚊)의 효위(爻位)를 빌려 암시한 계사(繫辭)이다. 〈정길(貞吉) 회무(悔亡)〉는 〈기연구사정관어군자지용장(旣然九四貞關於君子之用壯) 구사길

(九四吉) 인차회무어구사(因此悔亡於九四)〉의 줄임으로 여기고 〈구사가[九四] 군자의[君子之] 용장에[用壯] 관하여[關於] 진실로 미덥기[貞] 때문에[旣然] 구사는[九四] 행운을 누려[吉] 이로 인해[因此] 구사(九四)에게는[於] 후회스러움이[悔] 없다[亡]〉라고 새겨볼 것이다. 〈회무(悔亡)의 무(亡)〉는 〈없을 무(無)〉와 같다. 구사(九四 : ⚊)는 대장괘(大壯卦 : ䷡)의 하체(下體) 건(乾 : ☰)을 벗어나 상체(上體) 진(震 : ☳)의 초효(初爻)이지만 진(震 : ☳)이 양괘(陽卦)인지라 군자(君子)이다. 군자(君子)로서 구사(九四 : ⚊)가 진실로 미더워하는 것은 앞의 〈군자용망(君子用罔)의 용망(用罔)〉이다. 〈용망(用罔)〉은 〈용망소인지용장(用罔小人之用壯)〉 즉 소인의[小人之] 힘쓰기를[壯] 이용함이[用] 아닌 것을[罔] 씀[用]이니 〈군자용망(君子用罔)〉은 〈군자용덕(君子用德)〉 즉 군자는[君子] 덕을[德] 쓴다[用]라고 새겨도 된다. 모두의 삶을 두루 선(善)하게 하여 통하게 함이 용덕(用德)이다.

비록 정위(正位)에 있지는 않지만 진(震 : ☳)의 속성(屬性)인 동(動) 즉 움직임[動]으로써 〈대장(大壯)〉을 구사(九四 : ⚊)가 주재(主宰)할 수 있음을 진실로 믿음이 여기 〈정길(貞吉)의 정(貞)〉이다. 대장괘(大壯卦 : ䷡)의 주제인 〈대장(大壯)〉의 시국에서 구사(九四 : ⚊)가 크게[大] 힘씀[壯]은 군자(君子)의 것이니 〈정길(貞吉)〉하다. 대장괘(大壯卦 : ䷡)의 군양(群陽) 즉 양효(陽爻 : ⚊)의 무리에서 구사(九四 : ⚊)가 선두에 있으니 그 무리의 영수(領袖) 즉 우두머리[領袖]에 속한다. 우두머리가 정도(正道)를 벗어나면 그 무리가 모두 불행하게 되는 것이다. 대장괘(大壯卦 : ䷡)에서 양효(陽爻 : ⚊)들의 우두머리로서 구사(九四 : ⚊)가 대장괘(大壯卦 : ䷡)의 〈대장(大壯)〉을 형통하게 하자면, 앞을 막고 있는 음기(陰氣 : ⚋)들의 〈소장(小壯)〉 즉 작게[小] 힘씀[壯]을 극복해야 한다. 만일 구사(九四 : ⚊)가 제강강(剛强)만을 앞세워 음기(陰氣 : ⚋)들을 제압하려고 하면, 음기(陰氣 : ⚋)들의 심복(心服) 즉 마음의[心] 복종[服]을 얻어낼 수 없음을 〈정길(貞吉) 회무(悔亡)〉가 암시한다. 여기 〈정길(貞吉) 회무(悔亡)〉가 『맹자(孟子)』에 나오는 〈덕(德)으로써[以] 사람을[人] 순복시킨다는[復] 것[者]〉을 환기시킨다. 구사(九四 : ⚊)가 후회함이[悔] 없이[亡] 육오(六五 : ⚋)와 상륙(上六 : ⚋) 등을 순복시키려면[服] 덕(德)으로써[以] 〈용장(用壯)〉 즉 힘쓰기를[壯] 이용함[用]을 진실로 믿어[貞] 행운을 누림[吉]인지라 〈회무(悔亡)〉 즉 후회할 것이[悔] 없다[亡]고 암시한 계사(繫辭)가

〈정길(貞吉) 회무(悔亡)〉이다.

藩決不羸(번결불리)

울타리가[藩] 열려서[決] 부러져 떨어지지 않으리라[不羸].

〈번결불리(藩決不羸)〉는 구사(九四 : ━)의 〈대장(大壯)〉을 암시하는 계사(繫辭)이다. 〈번결불리(藩決不羸)〉는 〈기연번결향저양(旣然藩決向羝羊) 저양지각불리(羝羊之角不羸)〉의 줄임으로 여기고 〈울타리가[藩] 숫양[羝羊]에게[向] 열렸기[決] 때문에[旣然] 숫양의[羝羊之] 뿔은[角] 떨어지지 않았다[不羸]〉라고 새겨볼 것이다. 여기 〈번결(藩決)의 번(藩)〉은 구사(九四 : ━)를 취상(取象)한 것이다. 〈번결(藩決)의 번(藩)〉이 「설괘전(說卦傳)」에 나오는 〈진은[震 : ☳] 푸르고[蒼] 어린[筤] 대나무[竹]이다[爲]〉라는 내용을 상기시키기 때문이다. 〈번(藩)〉은 대나무로 만든 울타리이다. 구삼(九三 : ━)을 가로막고 선 울타리[藩]가 구사(九四 : ━) 자신인지라 〈번결(藩決)〉은 자연스럽다. 구사(九四 : ━)가 진(震 : ☳)의 울타리를[藩] 열어서[決] 군왕(君王)인 육오(六五 : ╍)를 받들어 대장괘(大壯卦 : ䷡)의 주제인 〈대장(大壯)〉의 시국에서 〈대장(大壯)〉 즉 크게[大] 힘씀[壯]을 암시한 계사(繫辭)가 〈번결불리(藩決不羸)〉이다.

壯于大輿之輹(장우대여지복)

큰[大] 수레의[輿之] 바퀴에[于輹] 힘이 실린다[壯].

〈장우대여지복(壯于大輿之輹)〉은 앞의 〈불리(不羸)〉를 비유로써 암시한 계사(繫辭)이다. 〈장우대여지복(壯于大輿之輹)〉은 〈구사장우대여지복(九四壯于大輿之輹)〉의 줄임으로 여기고 〈구사가[九四] 큰[大] 수레의[輿之] 바퀴에다[于輹] 힘을 쓴다[壯]〉라고 새겨볼 것이다. 〈장우대여지복(壯于大輿之輹)〉에서 〈대여지복(大輿之輹)의 대여(大輿)〉는 구사(九四 : ━)가 변효(變爻)하여 곤(坤 : ☷)의 초효(初爻)임을 들어 구사(九四 : ━)를 취상(取象)한 것이다. 왜냐하면 여기 〈대여(大輿)〉가 「설괘전(說卦傳)」에 나오는 〈곤은[坤 : ☷] 큰[大] 수레[輿]이다[爲]〉라는 내용을 상기시키기 때문이다. 이에 구사(九四 : ━)가 대장괘(大壯卦 : ䷡)의 군양(群陽)에 들지만 하체(下體)인 건(乾 : ☰)을 떠나 상체(上體)인 진(震 : ☳)의 초효(初爻)로서 변효(變爻)했음을 암시한 것이 〈장우대여지복(壯于大輿之輹)〉이다.

구사(九四 : ━)의 뒤로 군양(群陽)이 진을 치고 있는지라 육오(六五 : ╍)와 상륙(上六 : ╍)을 경거망동(輕擧妄動)으로 접근하지 않는 한 힘쓰기[壯]를 발휘하여 〈대장(大壯)〉의 시국을 가로막는 울타리를[藩] 열어버릴[決] 수 있다. 이에 구사(九四 : ━)가 약하지 않은[不羸] 까닭을 암시한 것이 〈장우대여지복(壯于大輿之輹)〉이다. 〈대여지복(大輿之輹)의 대여(大輿)〉는 대장괘(大壯卦 : ䷡)의 구사(九四 : ━)가 변효(變爻)하여 상체(上體) 진(震 : ☳)이 곤(坤 : ☷)으로 변괘(變卦)하여, 구사(九四 : ━)가 곤(坤 : ☷)의 초효(初爻)가 되었음을 암시한다. 〈대여지복(大輿之輹)의 복(輹)〉 즉 바퀴살[輹]은 큰[大] 수레[輿]의 맨 밑에 있으니 곤(坤 : ☷)의 초효(初爻)가 된 구사(九四 : ━)를 취상(取象)한 것이며, 그 바퀴살[輹]이 강하고 튼튼함을 밝힌 것이 〈장우대여지복(壯于大輿之輹)의 장(壯)〉이다. 〈대여(大輿)〉 즉 큰[大] 수레[輿]일지라도 그 바퀴살이[輹] 약하다면[羸] 그 〈대여(大輿)〉는 소용이 없다. 〈대여(大輿)〉의 바퀴살에[于輹] 구사(九四 : ━)가 힘을 쓴다[壯] 함은 구사(九四 : ━)가 〈불리(不羸)〉 즉 약하지 않음[不羸]을 거듭해 밝혀, 구사(九四 : ━)가 군양(群陽)의 우두머리로서 대장괘(大壯卦 : ䷡)의 주제인 〈대장(大壯)〉의 시국을 이끌어갈 수 있음을 암시한 계사(繫辭)가 〈장우대여지복(壯于大輿之輹)〉이다.

【字典】

정(貞) 〈바를 정(貞)-정(正), 믿을 정(貞)-신(信), 거북점을 물을 정(貞)-복문(卜問), 역(易)의 내괘(內卦) 정(貞), 마땅할 정(貞)-당(當), 고정할 정(貞)-정(定)-고정(固定), 순수할 정(貞)-전(專)-일(一)〉 등의 뜻을 내지만 여기선 〈바를 정(正), 믿을 신(信)〉 등을 합친 뜻과 같아 〈정신(正信)〉으로 여기고 새김이 마땅하다.

길(吉) 〈좋을(행복할) 길(吉)-선(善)-영(令) {영월길일(令月吉日)은 선월선일(善月善日)임.}, 복 길(吉)-실(實)-선실(善實)-복(福), 예의를 따라 상서로울 길(吉)-예의순상(禮義順祥), 삼갈 길(吉)-근(謹), 초하루 길(吉)-삭일(朔日) {삭망(朔望) 즉 초하루[朔]와 그믐날[望]}, 길례 길(吉)-길례(吉禮) {오례지일(五禮之一) 길흉빈군가(吉凶賓軍嘉)}, 갈 길(吉)-행(行)-길(趌)〉 등의 뜻을 내지만 여기선 〈좋을 선(善)-영(令)〉 즉 행복과 같다 여기고 새김이 마땅하다.

회(悔) 〈뉘우칠 회(悔)-한(恨), 허물할 회(悔)-구(咎), 업신여길 회(悔)-만(慢)〉 등

의 뜻을 내지만 여기선 〈뉘우칠 한(恨)〉과 같아 회한(悔恨)의 줄임으로 여기고 새김이 마땅하다.

亡 〈무-망〉 두 가지로 발음되고, 〈없을 무(亡)-무(無), 가난할 무(亡)-빈(貧), 달아날(피할) 망(亡)-도(逃)-분(奔)-피(避)-거(去), 없어질 망(亡)-멸(滅), 죽음 망(亡)-사(死), 잃을 망(亡)-상(喪)-실(失), 업신여길 망(亡)-경멸(輕蔑), 그칠 망(亡)-지(止)-이(已), 잊을 망(亡)-망(忘)〉 등의 뜻을 내지만 여기선 〈없을 무(無)〉로 여기고 새김이 마땅하다.

번(藩) 〈울타리 번(藩)-이(蘺)-번(蕃)-병(屛)-이락(蘺落), 제후나라 번(藩)-번병(藩屛), 지킬 번(藩)-수(守)-호(護), 벼랑 번(藩)-애(崖), 약초 번(藩)-약초(藥草)〉 등의 뜻을 내지만 여기선 〈울타리 번(藩)〉으로 여기고 새김이 마땅하다.

결(決) 〈열 결(決)-개(開), 막힌 물길을 제거하여 물이 흐르게 할 결(決)-제거옹색도수수사행(除去壅塞導水水使行), 물이 아래로 흐를 결(決)-수하류(水下流), 둑이 무너져 물이 넘칠 결(決)-제훼수일(堤毁水溢), 끊을 결(決)-단(斷), 우벼낼 결(決)-알(挖), 시비선악을 판단할 결(決)-시비선악지판단(是非善惡之判斷), 확정할 결(決)-확정(確定), 처치할 결(決)-처치(處置), 과감할 결(決)-과감(果敢), 무너질(찢어질) 결(決)-열(裂), 넘칠 결(決)-일(溢), 결별할 결(決)-결별(訣別), 반드시 결(決)-필(必)〉 등의 뜻을 내지만 여기선 〈열 개(開)〉와 같다 여기고 새김이 마땅하다.

不 〈불-부〉 등으로 발음되고, 〈않을 불(不)-부(不), 못할 불(不)-부(不), 아닐 불(不)-부(不)-비(非), 없을 불(不)-부(不)-무(無), 하지 말 불(不)-부(不)-막(莫)-금지(禁止), 정하지 않을 불(不)-부(不)-부(否)-미정(未定), 새가 날아올라 내려오지 않는 불(不)-부(不)-조비상불하래(鳥飛上不下來)〉 등의 뜻을 내지만 여기선 〈않을 불(不)〉로 여기고 새김이 마땅하다.

이(羸) 〈떨어질 이(羸)-기락(棄落), 약할 이(羸)-약(弱), 묶을(얽을) 이(羸)-누(累), 파리할 이(羸)-수(瘦)-척(瘠), 앓을 이(羸)-병(病), 피로할 이(羸)-피(疲), 열등할 이(羸)-열(劣), 뒤집힐 이(羸)-복(覆), 싫을 이(羸)-오(惡), 새김이 없을 이(羸)-무문(無文)〉 등의 뜻을 내지만 여기선 〈떨어질 기락(棄落)〉으로 새김이 마땅하다. 〈羸〉가 맨 앞에 있을 때는 〈이〉로 발음하고, 중간이나 뒤에 있을 때는 〈리〉로 발음한다.

장(壯) 〈용체가 성대할 장(壯)-용체성대(容體盛大), 용감할 장(壯)-용(勇), 장대할 장(壯)-장대(壯大), 클 장(壯)-대(大), 건장할 장(壯)-건(健), 빠를 장(壯)-질(疾), 팔월 장(壯)-팔월(八月), 남방 장(壯)-남방(南方), 상처 낼 장(壯)-상(傷), 젊을 장(壯)-소(少)〉 등의 뜻을 내지만 여기선 〈용체가 성대할 용체성대(容體盛大)〉로 여기고 새김이 마땅하다.

우(于) 〈~에서(부터) 우(于)-어(於), 갈 우(于)-왕(往), 써 우(于)-이(以), 할 우(于)-위(爲), 여기 우(于)-시(是), 도울 우(于)-조(助), 클 우(于)-대(大), 구할 우(于)-구(求), 자족하는 모습 우(于)-자족모(自足貌)〉 등의 뜻을 내지만 여기선 〈~에 어(於)〉와 같다 여기고 새김이 마땅하다.

대(大) 〈큰 대(大)-소지대(小之對), 넓을 대(大)-광(廣), 지나칠 대(大)-과(過), 자만할 대(大)-과(誇)-긍벌(矜伐), 두루 대(大)-편(徧), 통할 대(大)-통(通), 길 대(大)-장(長), (땅을) 걸게 할 대(大)-비(肥), 두터울 대(大)-후(厚), 많을 대(大)-다(多), 모두 대(大)-개(皆), 선할 대(大)-선(善), 무거울 대(大)-중(重), 거대할 대(大)-거(巨), 아름다울 대(大)-미(美)-장(壯), 부유할 대(大)-부(富), 늙을 대(大)-노(老), 끝 대(大)-극(極), 대충 대(大)-조(組)-불세밀(不細密), 처음 대(大)-초(初), 하늘 대(大)-천(天), 건(乾)-양기(陽氣)-양효(陽爻) 대(大)〉 등의 뜻을 내지만 여기선 〈크나큰 대(大)〉로 여기고 새김이 마땅하다.

여(輿) 〈수레 여(輿)-거(車), 만물을 실은 대지 여(輿), 막을 여(輿)-항(抗), 마주들 여(輿)-강(扛), 들 여(輿)-거(擧), 실을 여(輿)-재(載), 많을 여(輿)-다(多), 무리 여(輿)-중(衆)〉 등의 뜻을 내지만 여기선 〈수레 거(車)〉와 같다 여기고 새김이 마땅하다.

지(之) 〈그것(이것) 지(之)-피(彼)-시(是), 갈 지(之)-왕(往), 이를 지(之)-지(至), 주격-소유격-목적격 등의 토씨 지(之), 뜻 없는 허사(虛詞) 지(之)〉 등의 뜻을 내지만 여기선 주격 토씨로서 〈~의 지(之)〉로 여기고 새김이 마땅하다.

복(輹) 〈바퀴통 복(輹), 바퀴테 복(輹)〉 등의 뜻을 내지만 여기선 〈바퀴통 복(輹)〉으로 새김이 마땅하다.

註 진위창랑죽(震爲蒼筤竹) : 진은[震 : ☳] 푸르고[蒼] 어린[筤] 대나무[竹]이다[爲].

「설괘전(說卦傳)」 11단락(段落)

註 곤위대여(坤爲大輿) : 곤은[坤 : ☷] 큰[大] 수레[輿]이다[爲].

「설괘전(說卦傳)」 11단락(段落)

육오(六五 : --)

六五 : 喪羊于易이라 无悔리라
상양우역 무회

육오(六五) : 벌판[易]에서[于] 양을[羊] 잃는다[喪]. 후회함이[悔] 없다[无].

【육오(六五)의 효상(爻象) 풀이】

대장괘(大壯卦 : ䷡)의 육오(六五 : --)는 이음거양(以陰居陽) 즉 음(陰 : --)으로써[以] 양(陽 : ㅡ)의 자리에 있는지라[居] 정당한 자리에 있지 못하다. 육오(六五 : --)와 상륙(上六 : --)은 양음(兩陰) 즉 둘 다[兩] 음(陰 : --)인지라 〈비(比)〉 즉 이웃의 사귐[比]을 누리지 못한다. 육오(六五 : --)와 구이(九二 : ㅡ)는 중부정(中不正) 즉 서로 중위에 있고[中] 자리가 정당하지 못하지만[不正] 음양(陰陽)의 사이인지라 정응(正應) 즉 바르게[正] 서로 호응하는[應] 처지이다. 그러나 대장괘(大壯卦 : ䷡)의 주제인 〈대장(大壯)〉의 시국에서는 음양(陰陽)의 상응(相應)이 어렵다. 육오(六五 : --)의 바로 밑에서 군양(群陽)의 우두머리인 구사(九四 : ㅡ)가 〈대장(大壯)〉의 기세를 펼쳐, 유순(柔順)한 육오(六五 : --)가 군위(君位)에 있으면서도 나약한 모습이다.

> 대장괘(大壯卦 : ䷡)의 육오(六五 : --)가 구오(九五 : ㅡ)로 변효(變爻)하면 육오(六五 : --)는 대장괘(大壯卦 : ䷡)를 43번째 쾌괘(夬卦 : ䷪)로 지괘(之卦)하게 한다. 따라서 대장괘(大壯卦 : ䷡)의 육오(六五 : --)는 쾌괘(夬卦 : ䷪)의 구오(九五 : ㅡ)를 찾아가 살펴보게 한다.

【육오(六五)의 계사(繫辭) 풀이】

喪羊于易(상양우역)

벌판[易]에서[于] 양을[羊] 잃는다[喪].

육오(六五 : --)의 효위(爻位)를 빌려 암시한 계사(繫辭)이다. 〈상양우역(喪羊于易) 무회(无悔)〉는 〈수륙오상양우역(雖六五喪羊于易) 육오무회(六五无悔)〉의 줄임으로 여기고 〈비록[雖] 육오가[六五] 들판에서[于易] 양을[羊] 잃어도[喪] 육오에게는[六五] 후회함이[悔] 없다[无]〉라고 새겨볼 것이다. 〈상양우역(喪羊于易)의 역(易)〉은 〈벌판 야장(野場)〉과 같다. 〈상양우역(喪羊于易)의 양(羊)〉은 육오(六五 : ⚋)가 변효(變爻)하여 대장괘(大壯卦 : ䷡)의 상체(上體) 진(震 : ☳)이 태(兌 : ☱)로 변괘(變卦)함을 들어 육오(六五 : ⚋)를 취상(取象)한 것이다. 왜냐하면 〈상양우역(喪羊于易)의 양(羊)〉이 「설괘전(說卦傳)」에 나오는 〈태는[兌 : ☱] 양(羊)이다[爲]〉라는 내용을 상기시키기 때문이다. 〈상양우역(喪羊于易)의 역(易)〉은 육오(六五 : ⚋)가 대장괘(大壯卦 : ䷡)의 상체(上體) 진(震 : ☳)의 중효(中爻)임을 들어 육오(六五 : ⚋)를 취상(取象)한 것이다. 〈상양우역(喪羊于易)의 역(易)〉이 「설괘전(說卦傳)」에 나오는 〈진은[震 : ☳] 넓은[大] 진흙[塗]이다[爲]〉라는 내용을 상기시키기 때문이다. 〈상양우역(喪羊于易)의 역(易)〉은 육오(六五 : ⚋)가 사양(四陽) 즉 〈대장(大壯)〉의 무리를 마주하는 위치를 암시한다. 이에 〈상양우역(喪羊于易)의 역(易)〉은 〈강(疆)〉 즉 밭과 밭의 경계인 두둑[疆]과 같은 의미로 새겨도 마땅하다.

군왕(君王)이지만 유약(柔弱)한 육오(六五 : ⚋)가 강강(剛强)한 〈대장(大壯)〉의 무리를 〈용장(用壯)〉으로써 마주할 수 없음을 암시한 것이 〈상양우역(喪羊于易)의 상양(喪羊)〉이다. 따라서 〈상양(喪羊)〉은 대장괘(大壯卦 : ䷡)의 주제인 〈대장(大壯)〉의 시국에서 〈대장(大壯)〉의 무리를 힘쓰기[壯]로써 마주할 수 없음을 파악한 육오(六五 : ⚋)가 득중(得中) 즉 정도를 따름을[中] 취하여[得] 병진(竝進)하는 군양(群陽)을 마주함을 암시한다. 이에 〈상양(喪羊)〉이 『노자(老子)』에 나오는 〈부드러움이[柔之] 굳셈을[剛] 무릅쓰고[勝] 약함이[弱之] 강함을[强] 무릅쓴다[勝]〉라는 내용을 환기시킨다. 〈대장(大壯)〉의 군양(群陽)에 대항할 것이 아니라 대장괘(大壯卦 : ䷡)의 시국을 따라 대장괘(大壯卦 : ䷡)의 상체(上體) 진(震 : ☳)의 중효(中爻)로서 군왕(君王)인 육오(六五 : ⚋)가 득중(得中)으로써 〈대장(大壯)〉의 군양(群陽)을 화순(和順) 즉 어울려[和] 따르게[順] 하려 함을 암시한 계사(繫辭)가 〈상양우역(喪羊于易)〉이다.

无悔(무회)

후회함이[悔] 없다[无].

〈무회(无悔)〉는 앞의 〈상양(喪羊)〉을 풀이한 계사(繫辭)이다. 만일 육오(六五 : --)가 군왕(君王)임을 앞세워 〈장(壯)〉 즉 힘쓰기[壯]로써 군양(群陽)의 〈대장(大壯)〉을 마주한다면 상쟁(相爭)이 빚어져 군왕(君王)일지라도 유약(柔弱)한 육오(六五 : --)에게 〈필유회(必有悔)〉 즉 반드시[必] 후회함이[悔] 생긴다[有]. 그러나 육오(六五 : --)가 〈대장(大壯)〉의 시국을 정도를 따름을[中] 취하여[得] 마주함으로써 군양(群陽)의 〈대장(大壯)〉을 맞아 들판에서 잃어버린 〈양(羊)〉과 같은 처지를 택함으로써 후회할[悔] 일을 범하지 않음을 암시한 계사(繫辭)가 〈무회(无悔)〉이다.

【字典】

상(喪) 〈잃을 상(喪)-실(失), 죽을 상(喪)-사(死)-망(亡), 상복을 입을 상(喪)-지복(持服), 망칠(버릴) 상(喪)-기망(棄亡)〉 등의 뜻을 내지만 여기선 〈잃을 실(失)〉로 여기고 새김이 마땅하다.

양(羊) 〈가축 양(면양-산양) 양(羊)-면양(綿羊)-산양(山羊), 길상 양(羊)-길상(吉祥)〉 등의 뜻을 내지만 여기선 〈면양(綿羊)〉으로 여기고 새김이 마땅하다.

우(于) 〈~에서(부터) 우(于)-어(於), 갈 우(于)-왕(往), 써 우(于)-이(以), 할 우(于)-위(爲), 여기 우(于)-시(是), 도울 우(于)-조(助), 클 우(于)-대(大), 구할 우(于)-구(求), 자족하는 모습 우(于)-자족모(自足貌)〉 등의 뜻을 내지만 여기선 〈~에서 어(於)〉와 같다 여기고 새김이 마땅하다.

易 〈역-이〉 등으로 발음되고, 〈벌판 역(易)-장(場)-야장(野場), 어울릴 이(易)-화(和)-화이(和易), 쉬울 이(易)-평(平)-평이(平易), 평안할 이(易)-평안(平安), 기뻐할 이(易)-열(說)-열(悅), 가벼울 이(易)-경(輕)-경이(輕易), 소홀히할 이(易)-홀(忽), 살필 이(易)-성(省), 다스릴 이(易)-치(治), 변할 역(易)-변(變), 고칠 역(易)-개(改), 바꿀 역(易)-교환(交換), 상품을 사고파는 역(易)-무역(貿易), 어길 역(易)-반(反)-위(違), 다를 역(易)-이(異), 생생 역(易)-생생(生生), 암자 역(易)-암(庵)〉 등의 뜻을 내지만 여기선 〈벌판 야장(野場)〉과 같다 여기고 새김이 마땅하다.

무(无) 〈없을 무(无)-무(無), 허무지도 무(无)-허무지도(虛无之道), 으뜸 무(无)-원(元)〉 등의 뜻을 내지만 여기선 〈없을 무(無)〉와 같다 여기고 새김이 마땅하다.

회(悔) 〈뉘우칠 회(悔)-한(恨), 허물할 회(悔)-구(咎), 업신여길 회(悔)-만(慢)〉 등

의 뜻을 내지만 여기선 〈뉘우칠 한(恨)〉과 같아 회한(悔恨)의 줄임으로 여기고 새김이 마땅하다.

註 태위양(兌爲羊) : 태는[兌 : ☱] 양(羊)이다[爲]. 「설괘전(說卦傳)」 8단락(段落)

註 진위대도(震爲大塗) : 진은[震 : ☳] 넓은[大] 진흙[塗]이다[爲]. 「설괘전(說卦傳)」 11단락(段落)

註 유지승강(柔之勝剛) 약지승강(弱之勝强) : 부드러움이[柔之] 굳셈을[剛] 무릅쓰고[勝], 약함이[弱之] 강함을[强] 무릅쓴다[勝]. 『노자(老子)』 78장(章)

상륙(上六 : --)

上六 : 羝羊觸藩하여 不能退하고 不能遂하여 无攸利이다 艱則吉하리라
(저양촉번 / 불능퇴 / 불능수 / 무유리 / 간즉길)

상륙(上六) : 수컷[羝] 양이[羊] 울타리를[藩] 들이받아[觸] 물러날[退] 수도 없고[不能] 나아갈[遂] 수도 없어[不能] 이로울[利] 바가[攸] 없다[无]. 어려우면[艱] 곧[則] 좋으리라[吉].

【상륙(上六)의 효상(爻象) 풀이】

대장괘(大壯卦 : ䷡)의 상륙(上六 : --)은 이음거음(以陰居陰) 즉 음(陰 : --)으로써[以] 음(陰 : --)의 자리에 있는지라[居] 정당한 자리에 있다. 상륙(上六 : --)과 육오(六五 : --)는 양음(兩陰) 즉 둘 다[兩] 음(陰 : --)인지라 〈비(比)〉 즉 이웃의 사귐[比]을 누리지 못한다. 상륙(上六 : --)과 구삼(九三 : ━)은 음양(陰陽)의 사이이고 서로 자리가 정당하여 정응(正應) 즉 바르게[正] 서로 호응할[應] 수 있는 처지이지만, 〈대장(大壯)〉의 군양(群陽)이 병진(竝進)하는 기세 앞에 자신이 나약함을 스스로 인정해야 하는 모습이다.

대장괘(大壯卦 : ䷡)의 상륙(上六 : --)이 상구(上九 : —)로 변효(變爻)하면 상륙(上六 : --)은 대장괘(大壯卦 : ䷡)를 14번째 대유괘(大有卦 : ䷍)로 지괘(之卦)하게 한다. 따라서 대장괘(大壯卦 : ䷡)의 상륙(上六 : --)은 대유괘(大有卦 : ䷍)의 상구(上九 : —)를 찾아가 살펴보게 한다.

【상륙(上六)의 계사(繫辭) 풀이】

羝羊觸藩(저양촉번)

수컷[羝] 양이[羊] 울타리를[藩] 들이받는다[觸].

상륙(上六 : --)의 효위(爻位)를 빌려 암시한 계사(繫辭)이다. 〈저양촉번(羝羊觸藩)〉은 〈상륙위저양(上六爲羝羊) 기저양촉번(其羝羊觸藩)〉의 줄임으로 여기고 〈상륙은[上六] 저양(羝羊)이다[爲] 그[其] 저양이[羝羊] 울타리를[藩] 들이받았다[觸]〉라고 새겨볼 것이다. 〈저양촉번(羝羊觸藩)의 저양(羝羊)〉 즉 수컷[羝] 양(羊)이란 양(羊)의 무리에서 힘쓰기[壯]를 앞세우는 버릇 때문에 대장괘(大壯卦 : ䷡)의 주제인 〈대장(大壯)〉의 시국에서는 음효(陰爻)마저도 용장(用壯)을 취(取)하려 한다. 이에 상륙(上六 : --)이 음효(陰爻)일지라도 〈저양(羝羊)〉을 들어 상륙(上六 : --)을 취상(取象)한 것이다. 상륙(上六 : --)은 대장괘(大壯卦 : ䷡)의 상체(上體) 진(震 : ☳)의 상효(上爻)로서 대장괘(大壯卦 : ䷡)의 극위(極位)에 있어서 편장(偏壯) 즉 힘쓰기에[壯] 지나침[偏]을 마다하지 않음을 암시함이 〈저양촉번(羝羊觸藩)의 촉번(觸藩)〉이다. 〈촉번(觸藩)의 번(藩)〉은 「설괘전(說卦傳)」에 나오는 〈진은[震 : ☳] 푸르고[蒼] 어린[筤] 대나무[竹]이다[爲]〉라는 내용을 상기시킨다. 상륙(上六 : --)이 대장괘(大壯卦 : ䷡)의 상체(上體) 진(震 : ☳)의 상효(上爻)임을 들어 〈저양(羝羊)〉으로써 상륙(上六 : --)을 취상(取象)하여, 〈저양(羝羊)〉이 제 뿔로 울타리를[藩] 들이받음[觸]을 암시한 계사(繫辭)가 〈저양촉번(羝羊觸藩)〉이다.

不能退(불능퇴) 不能遂(불능수) 无攸利(무유리)

물러날[退] 수도 없고[不能] 나아갈[遂] 수도 없어[不能] 이로울[利] 바가[攸] 없다[无].

〈불능퇴(不能退) 불능수(不能遂) 무유리(无攸利)〉는 〈저양촉번(羝羊觸藩)〉의 결과를 암시한 계사(繫辭)이다. 상륙(上六 : --)과 구삼(九三 : —)이 서로 바르게[正] 호응한다[應] 해도 양극(兩極)끼리의 호응(互應)인지라 상륙(上六 : --) 역시 구삼(九三 : —)처럼 딱한 지경임을 암시한다. 구삼(九三 : —)은 강강(剛强)한지라 지나쳐[極] 울타리를[藩] 받았다가[觸] 뿔이 부러져 떨어졌지만[羸], 상륙(上六 : --)은 유약(柔弱)한지라 뿔로 울타리를[藩] 받았다가[觸] 울타리에 뿔이 걸려들어 울타리에서 물러날[退] 수도 없고[不能] 울타리를 박차고 앞으로 나아갈[遂] 수도 없는[不能] 진퇴양난(進退兩難)의 결과를 스스로 불러오고 말았음을 〈불능퇴(不能退) 불능수(不能遂)〉가 암시한다. 울타리를[藩] 뿔로 받았다가[觸] 울타리에 제 뿔이 걸리게 한 지경은 극위(極位)에 있는 상륙(上六 : --)을 남김없이 묘사한다. 상륙(上六 : --)이 자신의 처지를 생각하지 않고 지나쳐 참지 못하고 울타리를[藩] 쳐받아[觸] 제 뿔이 걸린 지경은 유약(柔弱)하면서 편장(偏壯) 즉 힘쓰기에[壯] 치우친[偏] 상륙(上六 : --)에게 하나도 이로울[利] 것이란[攸] 없음[无]을 밝힌 계사(繫辭)가 〈불능퇴(不能退) 불능수(不能遂) 무유리(无攸利)〉이다.

艱則吉(간즉길)

어려우면[艱] 곧[則] 좋으리라[吉].

〈간즉길(艱則吉)〉은 상륙(上六 : --)이 본분(本分)을 되찾게 됨을 암시한 계사(繫辭)이다. 〈간즉길(艱則吉)〉은 〈약상륙간유어장(若上六艱由於壯) 상륙필실장(上六必失壯) 즉상륙령가길(則上六寧可吉)〉의 줄임으로 여기고 〈상륙이[上六] 힘쓰기[壯] 때문에[由於] 어려워진다[艱]면[若] 상륙은[上六] 반드시[必] 힘쓰기를[壯] 잃어[失] 곧장[則] 상륙은[上六] 오히려[寧可] 좋다[吉]〉라고 새겨볼 것이다. 상륙(上六 : --)이 취장(取壯) 즉 힘쓰기를[壯] 취하면[取] 상륙(上六 : --)의 본분이 유약(柔弱)한지라 결국 수장(守壯) 즉 힘쓰기를[壯] 지켜낼[守] 수 없는 지경이 닥쳐 어려움[艱]을 맞닥뜨리게 마련이다. 그렇게 되면 상륙(上六 : --)은 〈장(壯)〉 즉 힘쓰기[壯]를 잃게 되어 오히려 제 유약(柔弱)의 본분을 얻게 되어 결과적으로 행운을 누림[吉]을 암시한 계사(繫辭)가 〈간즉길(艱則吉)〉이다.

【字典】

저(羝) 〈숫양 저(羝)-모양(牡羊)〉으로 여기고 새김이 마땅하다.

양(羊) 〈가축 양(면양-산양) 양(羊)-면양(綿羊)-산양(山羊), 길상 양(羊)-길상(吉祥)〉 등의 뜻을 내지만 여기선 〈면양(綿羊)〉으로 여기고 새김이 마땅하다.

촉(觸) 〈받을 촉(觸)-저(牴), 부딪칠 촉(觸)-돌(揬), 움직일(느낄) 촉(觸)-동(動), 범할 촉(觸)-범(犯), 더러울 촉(觸)-오(汚), 만질 촉(觸)-접촉(接觸)-수지소촉(手之所觸), 의거할(의촉할) 촉(觸)-거(據)〉 등의 뜻을 내지만 여기선 〈받을 저(牴)〉와 같다 여기고 새김이 마땅하다.

번(藩) 〈울타리 번(藩)-이(蘺)-번(蕃)-병(屛)-이락(蘺落), 제후나라 번(藩)-번병(藩屛), 지킬 번(藩)-수(守)-호(護), 벼랑 번(藩)-애(崖), 약초 번(藩)-약초(藥草)〉 등의 뜻을 내지만 여기선 〈울타리 번(藩)〉으로 여기고 새김이 마땅하다.

不 〈불-부〉 등으로 발음되고, 〈않을 불(不)-부(不), 못할 불(不)-부(不), 아닐 불(不)-부(不)-비(非), 없을 불(不)-부(不)-무(無), 하지 말 불(不)-부(不)-막(莫)-금지(禁止), 정하지 않을 불(不)-부(不)-부(否)-미정(未定), 새가 날아올라 내려오지 않는 불(不)-부(不)-조비상불하래(鳥飛上不下來)〉 등의 뜻을 내지만 여기선 〈않을 불(不)〉로 여기고 새김이 마땅하다.

能 〈능-내-태〉 세 가지로 발음되고, 〈가할 능(能)-가(可), 능할 능(能)-승(勝)-임(任), 착할 능(能)-선(善), 갖출 능(能)-해(該), 미칠(끼칠) 능(能)-급(及), 재능 능(能)-재(才), 따라 익힐 능(能)-순습(順習), (발이 사슴 같은) 곰 능(能)-웅속족사록(熊屬足似鹿), 세발자라 내(能)-삼족별(三足鼈), 별(星) 이름 태(能)-태(台)〉 등의 뜻을 내지만 여기선 〈가할 가(可), 능할 승(勝)〉 등과 같다 여기고 새김이 마땅하다.

퇴(退) 〈물러날(물리칠) 퇴(退)-각(卻)-각(却)-둔(遁), 피할 퇴(退)-피(避), 갈 퇴(退)-거(去), 돌아갈 퇴(退)-귀(歸), 그칠(쉴) 퇴(退)-파(罷), 옮길 퇴(退)-천(遷), 자리로 돌아갈 퇴(退)-반위(反位), (뒷걸음으로) 겸손히 물러갈 퇴(退)-겸퇴(謙退), 두려워 거둘 퇴(退)-외축(畏縮), 쇠약할 퇴(退)-쇠(衰), 줄어들 퇴(退)-감(減), 행진이 더딜 퇴(退)-행지(行遲), 느슨할 퇴(退)-완(緩), 뉘우칠 퇴(退)-개회(改悔), 줄이고 덜 퇴(退)-감손(減損), 물러가게 할 퇴(退)-사지퇴(使之退), 멈출 퇴(退)-지(止), 부드럽게 어울릴 퇴(退)-유화(柔和)〉 등의 뜻을 내지만 여기선 〈물러날 각(卻)〉과 같다 여기고 새김이 마땅하다.

수(遂) 〈나아갈 수(遂)-진(進), 이룰 수(遂)-성(成), 마침내 수(遂)-경(竟), 사무칠 수(遂)-달(達), 거듭할 수(遂)-신(申), 자랄 수(遂)-생장(生長)-생육(生育), 갈 수(遂)-행(行)-왕(往), 다할 수(遂)-진(盡), 궁구할 수(遂)-구(究), 두루(널리) 수(遂)-편(徧), 전담할 일 수(遂)-전사(專事), 명예로운 자리를 달성한 것(사람) 수(遂)-명위성달자(名位成達者), 따를 수(遂)-순(順), 갖출 수(遂)-구(具), 실개천 수(遂)-소구(小溝), 인할 수(遂)-인(因), 옛것을(근본을) 좇아 따를 수(遂)-인순(因循)-순구순지(循舊順之), 사실에 바탕을 둘 수(遂)-인사(因事)-본어사실(本於事實), 깊고 멀 수(遂)-심원(深遠), 편안할 수(遂)-안(安)-완(緩), 미루어 헤아릴 수(遂)-결(決)-췌(揣)〉 등의 뜻을 내지만 여기선 〈나아갈 진(進)〉과 같다 여기고 새김이 마땅하다.

무(无) 〈없을 무(无)-무(無), 허무지도 무(无)-허무지도(虛无之道), 으뜸 무(无)-원(元)〉 등의 뜻을 내지만 여기선 〈없을 무(無)〉와 같다 여기고 새김이 마땅하다.

유(攸) 〈곳(바) 유(攸)-소(所), 흘러가는 물 유(攸)-행수(行水), 아득할 유(攸)-장원(長遠)-유(悠), 닦을 유(攸)-수(修), 터득한 모습 유(攸)-자득모(自得貌), 빠를 유(攸)-숙(倏), 대롱거릴 유(攸)-현위모(懸危貌), 수심에 찬 모습 유(攸)-수모(愁貌)〉 등의 뜻을 내지만 여기선 〈곳 소(所)〉와 같다 여기고 새김이 마땅하다.

이(利) 〈만물로 하여금 삶을 이루어가게 하는 덕(德)의 이로울 이(利)-사만물수생지덕(使萬物遂生之德), 날카로울 이(利)-예(銳)-섬(銛), 질병 이(利)-질(疾), 통할 이(利)-통(通)-순(順), 좋을 이(利)-길(吉)-의(宜), 편리할 이(利)-편(便), 마름해 만들어 이룰 이(利)-재성(裁成), 탐할 이(利)-탐(貪), 구할(취할) 이(利)-구(求)-취(取), 좋아할 이(利)-열애(悅愛), 이로울 이(利)-익(益), 기교 이(利)-교(巧), 보람 이(利)-공용(功用), 지세가 험하고 중요한 이(利)-험요(險要), 이길 이(利)-승(勝), 어질 이(利)-인(仁)〉 등의 뜻을 내지만 여기선 〈이로울 이(利)〉로 여기고 새김이 마땅하다. 〈利〉가 맨 앞에 오면 〈이〉로 발음되고, 중간이나 뒤에 오면 〈리〉로 발음된다.

간(艱) 〈어려울 간(艱)-난(難)-불이(不易), 걱정할 간(艱)-우(憂), 괴로울 간(艱)-고(苦), 험할 간(艱)-험(險)〉 등의 뜻을 내지만 여기선 〈어려울 난(難)〉과 같다 여기고 새김이 마땅하다.

則 〈칙-즉〉 두 가지로 발음되고, 〈곧 즉(則)-즉(卽), 법(원칙) 칙(則)-법(法), 항상 칙(則)-상(常), 본받을 칙(則)-효(效), 묶을 칙(則)-약(約), 이에 즉(則)-내(乃), 어조

사 즉(則)-이(而), 이 즉(則)-시(是), 무릇 즉(則)-부(夫)〉 등의 뜻을 내지만 여기선 〈곧 즉(卽)〉과 같다 여기고 새김이 마땅하다.

길(吉) 〈좋을(행복할) 길(吉)-선(善)-영(令) {영월길일(令月吉日)은 선월선일(善月善日)임.}, 복 길(吉)-실(實)-선실(善實)-복(福), 예의를 따라 상서로울 길(吉)-예의순상(禮義順祥), 삼갈 길(吉)-근(謹), 초하루 길(吉)-삭일(朔日) {삭망(朔望) 즉 초하루[朔]와 그믐날[望]}, 길례 길(吉)-길례(吉禮) {오례지일(五禮之一) 길흉빈군가(吉凶賓軍嘉)}, 갈 길(吉)-행(行)-길(趌)〉 등의 뜻을 내지만 여기선 〈좋을 선(善)-영(令)〉 즉 행복과 같다 여기고 새김이 마땅하다.

註 진위창랑죽(震爲蒼筤竹) : 진은[震 : ☳] 푸르고[蒼] 어린[筤] 대나무[竹]이다[爲].

「설괘전(說卦傳)」 11단락(段落)

진괘 晉卦

35

1 괘의 괘상과 계사

진괘(晉卦 : ䷢)

곤하이상(坤下離上) : 아래는[下] 곤(坤 : ☷), 위는[上] 이(離 : ☲).

화지진(火地晉) : 불과[火] 땅은[地] 진이다[晉].

晉은 康侯用하고 錫馬蕃庶하며 晝日三接이라
진 강후용 석마번서 주일삼접

나아감은[晉] 강령한[康] 제후를[侯] 쓰고[用] 말을[馬] 하사함이[錫] 잦았으며[蕃庶] 하루에[晝日] 세 번이나[三] 접견한다[接].

【진괘(晉卦 : ䷢)의 괘상(卦象) 풀이】

앞 대장괘(大壯卦 : ䷡)의 〈대장(大壯)〉이란 크게[大] 힘씀[壯]을 말한다. 이에 「서괘전(序卦傳)」에 〈물건은[物] 끝끝내[終] 힘쓸[壯] 수는 없다[不可以] 그래서[故] 진괘(晉卦 : ䷢)로써[以] 그것을[之] 받는다[受]〉라는 말이 나온다. 이는 대장괘(大壯卦 : ䷡) 뒤에 진괘(晉卦 : ䷢)가 오는 까닭을 밝힌다. 진괘(晉卦 : ䷢)의 주제인 〈진(晉)〉은 진승(進升) 즉 나아감[進]이고 떠오름[升]이라 진성(進盛) 즉 나아감이[進] 성대함[盛]이다. 진괘(晉卦 : ䷢)의 하체(下體)는 곤(坤 : ☷)이고, 상체(上體)는 이(離 : ☲)이다. 곤(坤 : ☷)은 지(地) 즉 땅[地]을 말하고, 이(離 : ☲)는 불[火]이고 불은 일(日) 즉 해[日]를 상징한다. 이에 〈진(晉)〉이라는 자(字)는 땅 위로 해가 막 떠오르는 아름다운 모습이다. 진(晉) 자(字)의 아래쪽은 막 떠오르려는 해를 나타내고, 위쪽은 땅 위에서 풀들이 솟아나는 모습이다. 이런 〈진(晉)〉으로써 대명(大明)이 위에 있어서 땅 위의 만물이 그 대명(大明)을 순부(順附) 즉 따르고[順] 의지해[附] 살아가는 모습을 빌려 진괘(晉卦 : ䷢)라 칭명(稱名)한다.

【진괘(晉卦 : ䷢)의 계사(繫辭) 풀이】

晉(진) 康侯用(강후용)

나아감은[晉] 강령한[康] 제후를[侯] 쓴다[用].

진괘(晉卦 : ䷢)의 주제인 〈진(晉)〉은 나아감[晉]을 암시한다. 그 무엇이든 끝끝내 흥성함[壯]을 누리고만 있을 수는 없다. 흥성함[壯]도 멈춰만 있으면 사라지는 것이니 진전(進展)해 가야 하는 것이 천도(天道) 즉 자연의[天] 규율[道]이다. 앞 대장괘(大壯卦 : ䷡)의 상하체(上下體)가 모두 다 양괘(陽卦)인지라 군양(群陽)이 〈대장(大壯)〉 즉 크게[大] 힘쓰기[壯]를 누렸다. 양괘(陽卦)만으로 이루어진 대장괘(大壯卦 : ䷡) 다음에 음괘(陰卦)만으로 이루어진 진괘(晉卦 : ䷢)가 뒤따름은 천도(天道) 즉 자연의[天] 도리[道]이다. 이에 〈진(晉)〉의 시국에서는 음(陰 : ⚋)의 나아감[晉]이 이어진다. 진괘(晉卦 : ䷢)의 하체(下體) 곤(坤 : ☷)은 음괘(陰卦)이고 상체(上體) 이(離 : ☲)도 음괘(陰卦)인지라, 진괘(晉卦 : ䷢)의 군음(群陰)으로써 나아감[晉]을 암시함이 진괘(晉卦 : ䷢)의 〈진(晉)〉이다. 〈진(晉)〉 자(字)의 맨 밑 〈日〉은 해로서 밝음이고, 위의 두 〈一〉은 지평선이며, 두 지평선 속의 〈艸〉는 풀이다. 지평선[一] 위로 해[日]가 떠올라 땅에서 풀들[艸]로 하여금 무성히 자라 꽃을 피우고 씨앗을 맺게 한다는 뜻을 담은 〈진(晉)〉 즉 나아감[晉]으로써 진괘(晉卦 : ䷢)의 주제인 〈진(晉)〉의 시국을 암시한다. 진괘(晉卦 : ䷢)의 〈진(晉)〉은 일출(日出) 즉 해가[日] 떠서[出] 온갖 것이 삶을 누리고자 나아감[晉]이다. 〈진(晉)〉은 〈진(鋕)〉 즉 〈진(進)〉이다. 묘월(卯月) 즉 음력 2월부터 유월(酉月) 즉 음력 8월까지 날마다 쉼없이 나아가는[晉] 생(生)을 누리는 풀[艸]을 함의(含意)하고 있는 자(字)가 〈진(晉)〉이다.

〈진(晉) 강후용(康侯用)〉은 진괘(晉卦 : ䷢)의 괘상(卦象)을 천자(天子)의 치세(治世)를 들어 암시한 계사(繫辭)이다. 〈진(晉) 강후용(康侯用)〉은 〈진괘지진야자여천자지용강후자(晉卦之晉也者如天子之用康侯者)〉의 줄임으로 여기고 〈진괘의[震卦之] 진(晉)이라는[也] 것은[者] 천자가[天子之] 강후를[康侯] 이용하는[用] 것과[者] 같다[如]〉라고 새겨볼 것이다. 〈진(晉) 강후용(康侯用)〉에서 〈진(晉)〉은 〈나아갈 진(進)〉과 같다. 〈진(晉) 강후용(康侯用)〉에서 〈강후용(康侯用)〉은 〈용강후

用康侯)〉 즉 〈강후를[康侯] 활용한다[用]〉와 같다. 한자어법(漢字語法)에서 동사의 목적어 자리는 전후로 자유롭다. 천자(天子)가 강후(康侯)를 등용하여 온 세상 백성이 삶의 평안을 누릴 수 있음을 들어 〈진(晉)〉을 풀이한 것이 〈강후용(康侯用)〉이다. 〈강후(康侯)〉는 〈강국봉후(康國封侯)〉의 줄임이다. 〈광대한[康] 나라[國] 즉 천자의[天子] 나라가[康國] 제후를[侯] 세운다[封]〉라는 것이 〈강후용(康侯用)의 용(用)〉이다. 〈강후(康侯)의 강(康)〉은 천자국(天子國)을 말하고 〈강후(康侯)의 후(侯)〉는 제후국(諸侯國)을 말한다. 제후국(諸侯國)이란 천자국(天子國)에 조공을 바치는 작은 나라를 말한다. 천자국(天子國)은 〈강(康)〉 즉 넓고[廣] 크다[大]. 그 드넓은 국토의 백성이 안녕을 누리며 살도록 천자(天子)가 지역을 나누어 제후(諸侯)를 〈봉(封)〉 즉 땅을 주어[封] 천자(天子)를 대신하여 백성을 평안하게 다스리게 함을 〈봉후(封侯)〉라 한다. 이에 〈강후(康侯)〉는 진괘(晉卦 : ䷢)의 하체 곤(坤 : ☷)을 빌려 〈진(晉)〉의 시국을 취상(取象)한 것이다. 왜냐하면 여기 〈강후(康侯)〉가 「설괘전(說卦傳)」에 나오는 〈곤은[坤 : ☷] 땅[地]이고[爲] …… 무리[衆]이다[爲]〉라는 내용을 환기시키고, 동시에 「설괘전(說卦傳)」에 나오는 〈이(離 : ☲)라는[也] 것은[者] 밝음[明]이다[也]〉라는 내용을 떠올려주기 때문이다. 진괘(晉卦 : ䷢)의 하체(下體)인 곤(坤 : ☷)은 나라와 백성을 말하고, 상체(上體)인 이(離 : ☲)는 나라 백성이 밝음[明] 즉 문명(文明)을 누림을 말한다. 이에 진괘(晉卦 : ䷢)의 주제인 〈진(晉)〉의 시국을 암시하는 계사(繫辭)가 〈진(晉) 강후용(康侯用)〉이다.

錫馬蕃庶(석마번서)

말을[馬] 하사함이[錫] 잦았다[蕃庶].

〈석마번서(錫馬蕃庶)〉는 앞의 〈진(晉)〉을 구체적으로 암시하는 계사(繫辭)이다. 〈석마번서(錫馬蕃庶)〉는 〈천자석마번서향어제후(天子錫馬蕃庶向於諸侯)〉의 줄임으로 여기고 〈천자가[天子] 제후(諸侯)에게[向於] 여러 필의[蕃庶] 말을[馬] 하사한다[錫]〉라고 새겨볼 것이다. 〈석마번서(錫馬蕃庶)의 번서(蕃庶)〉는 〈중다(衆多)〉 즉 많다[衆多]는 뜻이다. 〈석마번서(錫馬蕃庶)〉는 진괘(晉卦 : ䷢)의 하체(下體) 곤(坤 : ☷)을 들어 〈강후용(康侯用)의 용(用)〉을 구체적으로 암시한다. 〈석마번서(錫馬蕃庶)의 마(馬)〉가 곤괘(坤卦 : ䷁)의 계사(繫辭)에 나오는 〈곤은[坤] 으뜸이고

[元] 통함이며[亨] 이로움이고[利] 암말의[牝馬之] 미더움이다[貞]〉라는 내용을 상기시키기 때문이다. 강국(康國)의 천자(天子)가 조공을 바치러 온 소국(小國)의 제후(諸侯)에게 여러 필의[蕃庶] 말을[馬] 내려[錫] 치국(治國)의 공로를 치하하여 천자(天子)와 제후(諸侯) 사이를 더욱 돈독하게 진전시킴[晉]을 들어, 앞의 〈강후용(康侯用)의 용(用)〉을 구체적으로 암시한 계사(繫辭)가 〈석마번서(錫馬蕃庶)〉이다.

晝日三接(주일삼접)

하루에[晝日] 세 번이나[三] 접견한다[接].

〈주일삼접(晝日三接)〉 역시 〈진(晉)〉을 구체적으로 암시하는 계사(繫辭)이다. 〈주일삼접(晝日三接)〉은 〈주일천자삼접견제후(晝日天子三接見諸侯)〉의 줄임으로 여기고 〈하루에[晝日] 천자는[天子] 세 번에 걸쳐[三] 제후를[諸侯] 접견한다[接見]〉라고 새겨볼 것이다. 〈주일삼접(晝日三接)의 주일(晝日)〉은 「설괘전(說卦傳)」에 나오는 〈이는[離 : ☲] 낮[日]이다[爲]〉와 〈이는[離 : ☲] 남방의[南方之] 괘(卦)이다[也]〉라는 내용을 상기시킨다. 이에 진괘(晉卦 : ䷢)의 상체(上體)인 이(離 : ☲)를 빌려 진괘(晉卦 : ䷢)의 주제인 〈진(晉)〉의 시국을 취상(取象)한 것임을 알 수 있다. 〈주일삼접(晝日三接)의 삼접(三接)〉은 천자(天子)가 제후(諸侯)를 접견(接見)하는 예(禮)를 말한다. 천자가 제후를 접견할[接] 때 천자는 남방(南方) 즉 남쪽을 향하고[南方] 제후는 북방(北方) 즉 북쪽을 향해[北方] 대좌(對坐)하여, 천자가 제후에게 행하는 예(禮)를 〈삼접(三接)〉이라 한다. 천자는 제후에게 삼향(三饗) 즉 세 번의[三] 향연을 베풀고[饗], 삼문(三問) 즉 세 가지를[三] 묻고[問], 삼로(三勞) 즉 세 가지를[三] 힘써달라 함[勞]이 천자가 제후를 맞이하는 〈삼접(三接)〉의 예(禮)이다. 이처럼 천자가 제후에게 삼접(三接)의 예(禮)를 행하여 백성의 삶이 밝아[明] 편안히 살도록 선치(善治)를 향해 나아감[晉]을 암시한 계사(繫辭)가 〈주일삼접(晝日三接)〉이다.

【字典】

진(晉) 〈나아갈 진(晉)-진(進), 누를 진(晉)-억(抑), 엄숙할 진(晉)-숙(肅), 사이에 끼워 넣을(꽂을) 진(晉)-진(搢), 창의 물미(창대 끝에 씌운 뾰족한 쇠) 진(晉)-준(鐏), 나라 이름 진(晉), 괘(卦) 이름 진(晉)〉 등의 뜻을 내지만 여기선 〈나아갈 진(進)〉과 같다 여기고 새김이 마땅하다.

강(康) 〈넓을 강(康)-광(廣), 큰 강(康)-대(大), 강성할 강(康)-성(盛), 다섯 거리 강(康)-오달지도로(五達之道路), 곡식의 껍질 강(康)-강(穅), 편안할 강(康)-안(安), 고요할 강(康)-정(靜), 어울릴 강(康)-화(和), 즐거울 강(康)-개(愷)-락(樂), 기쁨을 누릴 강(康)-탐(耽), 풍년들 강(康)-연풍(年豐), 헛될 강(康)-공(空)〉 등의 뜻을 내지만 여기선 〈넓을 광(廣)〉으로 여기고 새김이 마땅하다.

후(侯) 〈작위를 지닌 자의 경칭 후(侯)-유작위자지경칭(有爵位者之敬稱), 임금 후(侯)-군(君), 제후 후(侯)-제후(諸侯), 아름다울 후(侯)-미(美), 이에 후(侯)-내(乃), 어찌 후(侯)-하(何), 발어사 후(侯)-유(維)-유(惟)-이(伊)〉 등의 뜻을 내지만 여기선 〈제후 후(侯)〉로 여기고 새김이 마땅하다.

용(用) 〈쓸 용(用)-시(施)-행(行), 쓰일(부릴) 용(用)-사(使), 맡길 용(用)-임(任), 위할 용(用)-위(爲), 갖출 용(用)-비(備)〉 등의 뜻을 내지만 여기선 〈쓸 용(用)〉으로 여기고 새김이 마땅하다.

석(錫) 〈줄 석(錫)-사(賜), 별이 스스로 돌아올 석(錫)-성자반(星自反), 주석 석(錫)-연류(鉛類), 가는 베 석(錫)-세포(細布), (승려가 들고 다니는) 석장 석(錫)-석장(錫杖), 손으로 건네줄 석(錫)-여(予)〉 등의 뜻을 내지만 여기선 〈줄 사(賜)〉로 여기고 새김이 마땅하다.

마(馬) 〈짐승 이름 마(馬)-동물명(動物名), 야생마 마(馬)-야마(野馬), 역(易)에서 건(乾)-곤(坤)-진(震)-감(坎)의 모습을 나타내는 마(馬)-여당건곤진감지상(易當乾坤震坎之象), 달(달의 정기) 마(馬)-월(月)-월정(月精), 큰 마(馬)-대(大), 꾸짖을 마(馬)-매(罵)〉 등의 뜻을 내지만 여기선 〈말 마(馬)〉로 여기고 새김이 마땅하다.

번(蕃) 〈많을 번(蕃)-다(多), 울타리(병풍) 번(蕃)-병(屛)-이락(藩落), 불을 번(蕃)-자(滋), 더북할(무성할) 번(蕃)-초무(草茂), 낳을 번(蕃)-식(息)-생식(生息), 번성할 번(蕃)-성(盛)-번성(蕃盛), 붉을 번(蕃)-적(赤), 변할 번(蕃)-변(變), 수레의 양옆으로 내민 부분 번(蕃)-거이(車耳)-반(軬), 상자(곳집) 번(蕃)-상(箱), 구주(九州) 바깥 번(蕃)-구주지외(九州之外)〉 등의 뜻을 내지만 여기선 〈많을 다(多)〉와 같다 여기고 새김이 마땅하다.

서(庶) 〈많을 서(庶)-다(多), 무리 서(庶)-중(衆), 백성 서(庶)-중민(衆民)-평민(平民), 분수 넘을 서(庶)-치(侈), 서자 서(庶)-첩자(妾子), 바랄 서(庶)-익(冀)〉 등의 뜻을

내지만 여기선 〈많을 다(多)〉로 여기고 새김이 마땅하다. 번서(蕃庶)는 〈다다(多多)〉와 같아 많다는 뜻이다.

주(晝) 〈낮 주(晝)-여야위계(與夜爲界), 대낮 주(晝)-일중(日中)〉 등의 뜻을 내지만 〈낮 주(晝)〉로 여기고 새김이 마땅하다. 주일(晝日)은 일일(一日) 즉 하루[一日]를 뜻한다.

일(日) 〈낮 일(日)-주(晝), 해(태양) 일(日)-태양(太陽)-태양계중심(太陽系中心), 참 일(日)-실(實)-실정(實精), 볕 일(日)-양(陽)-양광(陽光), 불 일(日)-화(火), 임금의 모습 일(日)-군상(君象), 덕 일(日)-덕(德) {일자덕야(日者德也) 월자형야(月者刑也)}, 세월 일(日)-광음(光陰), 시기 일(日)-시기(時期), 기한 일(日)-기한(期限), 시일 일(日)-시일(時日), 나날 일(日)-별일(別日)〉 등의 뜻을 내지만 여기선 〈낮 주(晝)〉와 같다 여기고 새김이 마땅하다.

삼(三) 〈세 번(석 삼, 셋 삼) 삼(三)-이지가일(二之加一), 다수를 나타낼 삼(三)-다수지칭(多數之稱), 삼재의 수 삼(三)-천지인지수(天地人之數), 임금-아버지-스승 삼(三)-군부사(君父師), 동방 삼(三)-동방(東方), 끝 삼(三)-종(終)〉 등의 뜻을 내지만 여기선 〈세 번 삼(三)〉으로 여기고 새김이 마땅하다. 삼(三)은 삼(參)과 같다.

접(接) 〈만날 접(接)-견(見), 사귈 접(接)-교(交), 합할 접(接)-합(合), 모을 접(接)-회(會), 잇닿을 접(接)-연(連), 잇따를 접(接)-속(續), 가까울 접(接)-근(近), 이을 접(接)-승(承), 가질(보존할) 접(接)-지(持), 빠를 접(接)-속(速)-질(疾), 돌아다닐 접(接)-편(徧)-달(達), 풀 이름(나무 이름) 접(接)-초명(草名)-목명(木名), 거두어 모을 접(接)-수(收)-급(扱)〉 등의 뜻을 내지만 여기선 〈만날 견(見)〉과 같다 여기고 새김이 마땅하다.

註 곤위지(坤爲地) …… 위중(爲衆) : 곤은[坤 : ☷] 땅[地]이다[爲]. …… 무리[衆]이다[爲].
「설괘전(說卦傳)」 11단락(段落)

註 이위일(離爲日) : 이는[離 : ☲] 낮[日]이다[爲]. 「설괘전(說卦傳)」 11단락(段落)

註 이야자명야(離也者明也) 만물개상견(萬物皆相見) 남방지괘야(南方之卦也) : 이(離 : ☲)라는[也] 것은[者] 밝음[明]이다[也]. 온갖 것이[萬物] 모두[皆] 서로[相] 보인다[見]. 남쪽을 바라보는[南方之] 괘(卦)이다[也]. 「설괘전(說卦傳)」 5단락(段落)

註 곤(坤) 원(元) 형(亨) 이(利) 빈마지정(牝馬之貞) : 곤은[坤] 으뜸이고[元] 통함이며[亨] 이로움이고[利] 암말이[牝馬之] 진실로 미더움이다[貞]. 「곤괘(坤卦)」 괘사(卦辭)

2 효의 효상과 계사

初六 : 晉如摧如이나 貞吉하다 罔孚라도 裕면 无咎리라
진여최여 정길 망부 유 무구

六二 : 晉如愁如이나 貞吉하다 受玆介福于其王母로다
진여수여 정길 수자개복우기왕모

六三 : 衆允이니 悔亡로다
중윤 회무

九四 : 晉如鼫鼠니 貞厲하다
진여석서 정려

六五 : 悔亡이니 失得勿恤하라 往吉하니 无不利로다
회무 실득물휼 왕길 무불리

上九 : 晉其角이니 維用伐邑하면 厲吉하여 无咎하고 貞吝하리라
진기각 유용벌읍 여길 무구 정린

초륙(初六) : 나아가는[晉] 듯[如] 억누르는[摧] 듯하나[如] 진실로 미더우면[貞] 좋다[吉]. 믿어줌이[孚] 없어도[罔] 여유로우면[裕] 허물이[咎] 없다[无].

육이(六二) : 나아가는[晉] 듯[如] 걱정하는[愁] 듯하나[如] 진실로 미더우면[貞] 좋다[吉]. 제[其] 할머니[王母]로부터[于] 이[玆] 커다란[介] 복을[福] 받는다[受].

육삼(六三) : 무리가[衆] 뜻을 함께하니[允] 후회함이[悔] 없다[亡].

구사(九四) : 나아감이[晉] 다람쥐[鼫鼠] 같으니[如] 진실로 미더워도[貞] 위태하다[厲].

육오(六五) : 후회할 것이[悔] 없는지라[亡] 잃든[失] 얻든[得] 근심하지[恤] 말라[勿]. 나아감에[往] 좋으니[吉] 이롭지 않을 것이[不利] 없다[无].

상구(上九) : 나아감이[晉] 그[其] 뿔이니[角] 오직[維] 고을을[邑] 침을[伐] 활용하면[用] 뜻 같지 않아 불행하나[厲] 다행스러워[吉] 허물이[咎] 없거니와[无] 진실로 미덥다 해도[貞] 부끄러우리라[吝].

초륙(初六 : --)

初六 : 晉如摧如이나 貞吉하다 罔孚라도 裕면 无咎리라
진여최여 정길 망부 유 무구

초륙(初六) : 나아가는[晉] 듯[如] 억누르는[摧] 듯하나[如] 진실로 미더우면 [貞] 좋다[吉]. 믿어줌이[孚] 없어도[罔] 여유로우면[裕] 허물이[咎] 없다[无].

【초륙(初六)의 효상(爻象) 풀이】

진괘(晉卦 : ䷢)의 초륙(初六 : --)은 이음거양(以陰居陽) 즉 음(陰 : --)으로써 [以] 양(陽 : ㅡ)의 자리에 있는지라[居] 정당한 자리에 있지 못하다. 초륙(初六 : --)과 육이(六二 : --)는 양음(兩陰) 즉 둘 다[兩] 음(陰 : --)인지라 다른 대성괘(大成卦)에서라면 〈비(比)〉 즉 이웃의 사귐[比]을 누리지 못해 상충(相衝) 즉 서로[相] 부딪치는[衝] 처지가 될 수 있지만, 진괘(晉卦 : ䷢)의 주제인 〈진(晉)〉 즉 자라남을 위한 나아감[晉]의 시국인지라 양음(兩陰)의 상충(相衝)이란 없고 서로 보듬는 사이이다. 초륙(初六 : --)과 구사(九四 : ㅡ)는 음양(陰陽)의 사이인지라 정응(正應) 즉 바르게[正] 서로 호응함[應]을 누린다. 그러나 초륙(初六 : --)은 진괘(晉卦 : ䷢)의 맨 밑자리인지라 사회로 진출하려는 초년생과 같아 뜻대로 나아가기[晉]를 바라기에는 어려움이 뒤따르는 모습이다.

진괘(晉卦 : ䷢)의 초륙(初六 : --)이 초구(初九 : ㅡ)로 변효(變爻)하면 초륙(初六 : --)은 진괘(晉卦 : ䷢)를 21번째 서합괘(噬嗑卦 : ䷔)로 지괘(之卦)하게 한다. 따라서 진괘(晉卦 : ䷢)의 초륙(初六 : --)은 서합괘(噬嗑卦 : ䷔)의 초구(初九 : ㅡ)를 찾아가 살펴보게 한다.

【초륙(初六)의 계사(繫辭) 풀이】

晉如摧如(진여최여)

나아가는[晉] 듯[如] 억누르는[摧] 듯하다[如].

초륙(初六 : --)의 효위(爻位)를 빌려 암시한 계사(繫辭)이다. 〈진여최여(晉如

摧如)〉는 〈초륙진여(初六晉如) 연이초륙최여(然而初六摧如)〉의 줄임으로 여기고 〈초륙이[初六] 나아가는[晉] 듯하다[如] 그러나[然而] 초륙은[初六] 막히는[摧] 듯하다[如]〉라고 새겨볼 것이다. 〈진여최여(晉如摧如)의 여(如)〉는 어조사 노릇을 해 〈~듯할 여(如)〉로 새기면 마땅하고, 〈최여(摧如)의 최(摧)〉는 〈억누를 억(抑)〉과 같다. 〈진여최여(晉如摧如)의 진여(晉如)〉는 진괘(晉卦 : ䷢)의 초륙(初六 : --)과 구사(九四 : ㅡ)가 누리는 정응(正應)을 암시한다. 구사(九四 : ㅡ)는 초륙(初六 : --)과 서로 바르게[正] 호응하므로[應] 초륙(初六 : --)이 상진(上進)의 도움을 구사(九四 : ㅡ)로부터 받을 수 있음을 암시한다.

〈진여최여(晉如摧如)의 최여(摧如)〉는 초륙(初六 : --)과 육이(六二 : --)가 양음(兩陰) 즉 둘 다[兩] 음(陰 : --)인지라 상충(相衝) 즉 서로[相] 부딪쳐[衝] 육이(六二 : --)가 초륙(初六 : --)의 〈진(晉)〉 즉 나아감[晉]을 돕지 않음을 항의하지 않고, 초륙(初六 : --)이 육이(六二 : --)의 뜻을 받아들이고 어느 땐가는 〈진(晉)〉을 허락해주리라 믿고 있음을 암시한다. 육이(六二 : --)가 악의(惡意)로 초륙(初六 : --)의 〈진(晉)〉을 가로막음이 아니다. 육이(六二 : --)는 초륙(初六 : --)에게 어머니이기 때문이다. 초륙(初六 : --)이 더욱 성숙하기를 육이(六二 : --)가 기다림을 〈최여(摧如)의 최(摧)〉가 암시한다. 진괘(晉卦 : ䷢)의 주제인 〈진(晉)〉 즉 나아감[晉]의 시국에서 〈진(晉)〉은 성장의 나아감[晉]을 상징하므로, 진괘(晉卦 : ䷢)의 제음효(諸陰爻)는 모성(母性)을 갖는다. 이에 진괘(晉卦 : ䷢)에서 육이(六二 : --)는 초륙(初六 : --)의 어머니[母]이고, 육삼(六三 : --)은 육이(六二 : --)의 어머니이며, 육오(六五 : --)는 육삼(六三 : --)의 어머니이다. 진괘(晉卦 : ䷢)의 제효(諸爻)들은 〈진(晉)〉의 시국을 맞아 〈진(晉)〉 즉 나아가려고[晉] 한다. 마치 수풀 속에 사는 초목들이 햇빛을 향하듯이 진괘(晉卦 : ䷢)의 제효(諸爻)들은 밝음[明]을 향해 나아가려[晉] 한다. 따라서 초륙(初六 : --)을 나아가는[晉] 듯하고[如] 억누르는[摧] 듯하다[如]라고 암시한 계사(繫辭)가 〈진여최여(晉如摧如)〉이다.

貞吉(정길)

진실로 미더우면[貞] 좋다[吉].

〈정길(貞吉)〉은 나아가려는[晉] 초륙(初六 : --)의 초심(初心)을 밝힌다. 〈정길

〈貞吉〉〉은 〈약초륙정관어진(若初六貞關於晉) 초륙유길(初六有吉)〉의 줄임으로 여기고 〈초륙이[初六] 나아감에[晉] 관하여[關於] 진실로 미덥다[貞]면[若] 초륙에게[初六] 행운이[吉] 있다[有]〉라고 새겨볼 것이다. 초효(初爻)의 자리란 세상으로 나아가고자 첫발을 내딛는 자리이다. 진괘(晉卦 : ䷢)의 초륙(初六 : --)에게 진괘(晉卦 : ䷢)는 위로 나아가야[晉] 하는 하나의 세상이다. 유순(柔順)한 초륙(初六 : --)이 그 세상을 향해 첫발을 내딛는 의지야말로 간절할 뿐이다. 바라는 바를 간절하게 이루고자 하는 초륙(初六 : --)의 초심(初心)이 〈정(貞)〉 즉 진실로 미더워야[貞] 한다. 〈정(貞)〉이란 성신(誠信) 즉 진실한[誠] 미더움[信]이다. 그 미더움[貞]은 공정(公正)하여 무사무편(無邪無偏)함이다. 간사함도[邪] 없고[無] 치우침도[偏] 없는[無] 심지(心志)가 곧 〈정(貞)〉이다. 여기 〈정길(貞吉)의 정(貞)〉은 진괘(晉卦 : ䷢)의 주제인 〈진(晉)〉의 시국을 마주하는 초륙(初六 : --)의 심지(心志)를 말한다. 초륙(初六 : --)의 〈정(貞)〉은 순리를 따르게 하므로 언제 어디서나 초륙(初六 : --)을 좋게[吉] 함을 암시한 계사(繫辭)가 〈정길(貞吉)〉이다.

罔孚(망부)

믿어줌이[孚] 없다[罔].

〈망부(罔孚)〉는 초륙(初六 : --) 바로 위에 육이(六二 : --)-육삼(六三 : --)이 있음을 암시한 계사(繫辭)이다. 초륙(初六 : --)은 세상을 마주한 초임자(初任者)와 같다. 〈망부(罔孚)〉는 〈망륙이지부초륙(罔六二之孚初六)〉의 줄임으로 여기고 〈육이가[六二之] 초륙을[初六] 믿어줌이[孚] 없다[罔]〉라고 새겨볼 것이다. 〈망부(罔孚)의 망(罔)〉은 여기선 〈없을 무(無)〉와 같다. 〈망부(罔孚)의 부(孚)〉는 〈수신(受信)〉 즉 믿음을[信] 받음[受]을 말한다. 〈망부(罔孚)의 부(孚)〉는 수명(守命) 즉 자연의 가르침을[命] 지킴[守]으로써 남들로부터 성신(誠信) 즉 진실한[誠] 미더움[信]을 받음을 말한다. 남들이 자기를 진실로 믿어줌이 〈부(孚)〉이다. 〈부(孚)〉는 자신의 〈정(貞)〉으로 말미암아 세상으로부터 나에게로 돌아오는 성신(誠信)이다. 내가 정(貞)하지 못하면 세상은 나에게 〈부(孚)〉 즉 믿음[孚]을 주지 않는다. 진괘(晉卦 : ䷢)의 주제인 〈진(晉)〉의 시국을 맞아 초륙(初六 : --)이 〈진(晉)〉 즉 나아감[晉]에 〈정(貞)〉 즉 진실로 미덥다[貞]고 해도 육이(六二 : --)가 초륙(初六 : --)

이 〈진(晉)〉 즉 나아가려는[晉] 〈정(貞)〉을 믿어주지[孚] 않음[罔]을 암시한 계사(繫辭)가 〈망부(罔孚)〉이다.

裕(유) 无咎(무구)

여유로우면[裕] 허물이[咎] 없다[无].

〈유(裕) 무구(无咎)〉는 초륙(初六 : --)의 유순(柔順)함을 암시한 계사(繫辭)이다. 〈유(裕) 무구(无咎)〉는 〈수망륙이지부초륙(雖罔六二之孚初六) 초륙유어기망부(初六裕於其罔孚) 초륙무구(初六无咎)〉의 줄임으로 여기고 〈비록[雖] 육이가[六二之] 초륙을[初六] 믿어줌이[孚] 없어도[罔] 초륙이[初六] 그[其] 망부에[於罔孚] 여유로우면[裕] 초륙에게[初六] 허물이[咎] 없다[无]〉라고 새겨볼 것이다. 〈유(裕)〉는 여기선 〈여유로울 요(饒)〉와 같다. 유순(柔順)한 초륙(初六 : --)이기에 육이(六二 : --)가 자신의 나아감[晉]을 막는다 해도 상쟁(相爭)하지 않고 진괘(晉卦 : ䷢)의 주제인 〈진(晉)〉의 시국인지라 때가 되면 자신도 서로 정응(正應)하는 구사(九四 : —)의 호응(互應)을 얻어 나아갈[晉] 것임을 〈정(貞)〉 즉 진실로 믿기[貞] 때문에 조바심내지 않고 여유로운[裕] 초륙(初六 : --)에게 허물이[咎] 없음[无]을 암시한 계사(繫辭)가 〈유(裕) 무구(无咎)〉이다.

【字典】

진(晉) 〈나아갈 진(晉)-진(進), 누를 진(晉)-억(抑), 엄숙할 진(晉)-숙(肅), 사이에 끼워 넣을(꽂을) 진(晉)-진(搢), 창의 물미(창대 끝에 씌운 뾰족한 쇠) 진(晉)-준(鐏), 나라 이름 진(晉), 괘(卦) 이름 진(晉)〉 등의 뜻을 내지만 여기선 〈나아갈 진(進)〉과 같다 여기고 새김이 마땅하다.

여(如) 〈그럴(~듯한) 여(如)-연(然), 따를 여(如)-종수(從隨), 갈 여(如)-왕(往)-행(行), 같을 여(如)-사(似)-동(同), 맞먹을 여(如)-비(比), 무리 여(如)-등(等), 미칠 여(如)-급(及), 이에 여(如)-내(乃), 어떠할 여(如)-여하(如何), 첩 여(如)-여부인(如婦人), 이월 여(如)-이월(二月)〉 등의 뜻을 내지만 여기선 〈그럴(~듯한) 연(然)〉과 같다 여기고 새김이 마땅하다.

최(摧) 〈억누를(삼갈) 최(摧)-억(抑)-압壓), 근심할 최(摧)-우수(憂愁), 꺾일 최(摧)-절(折), 꺾어질 최(摧)-좌(挫), 밀칠 최(摧)-제(擠)-추(推), 밀었다 당겼다 할 최

(摧)-동(捫), 막을 최(摧)-저(沮), 없어질 최(摧)-쇠멸(衰滅), 다다를 최(摧)-지(至)-취(趣), 다할 최(摧)-극(極), {탄사(嘆詞)로서} 어조사 최(摧)〉 등의 뜻을 내지만 여기선 〈억누를 억(抑)〉과 같다 여기고 새김이 마땅하다.

정(貞) 〈바를 정(貞)-정(正), 믿을 정(貞)-신(信), 거북점을 물을 정(貞)-복문(卜問), 역(易)의 내괘(內卦) 정(貞), 마땅할 정(貞)-당(當), 고정할 정(貞)-정(定)-고정(固定), 순수할 정(貞)-전(專)-일(一)〉 등의 뜻을 내지만 여기선 〈바를 정(正), 믿을 신(信)〉 등을 합친 뜻과 같아 〈정신(正信)〉으로 여기고 새김이 마땅하다.

길(吉) 〈좋을(행복할) 길(吉)-선(善)-영(令) {영월길일(令月吉日)은 선월선일(善月善日)임.}, 복 길(吉)-실(實)-선실(善實)-복(福), 예의를 따라 상서로울 길(吉)-예의순상(禮義順祥), 삼갈 길(吉)-근(謹), 초하루 길(吉)-삭일(朔日) {삭망(朔望) 즉 초하루[朔]와 그믐날[望]}, 길례 길(吉)-길례(吉禮) {오례지일(五禮之一) 길흉빈군가(吉凶賓軍嘉)}, 갈 길(吉)-행(行)-길(趌)〉 등의 뜻을 내지만 여기선 〈좋을 선(善)-영(令)〉 즉 행복과 같다 여기고 새김이 마땅하다.

망(罔) 〈없을 망(罔)-무(無)-망(亡), 않을(아닌 것) 망(罔)-불(不), {금수어류(禽獸魚類)를 잡는} 그물 망(罔)-망(網), 법률-규칙 망(罔)-법망(法網)-법률(法律)-규칙(規則), 맺을 망(罔)-결(結), 화재 망(罔)-화재(禍災), (몰라서) 흐릴 망(罔)-무지(無知)-무득(無得), 속일 망(罔)-무(誣)-기(欺), 헤질 망(罔)-폐(弊), 근심할 망(罔)-우(憂)-창(悵)〉 등의 뜻을 내지만 여기선 〈없을 무(無)〉로 여기고 새김이 마땅하다.

부(孚) 〈믿을 부(孚)-신(信), 알에서 새끼가 껍질을 쪼아 나올 부(孚)-난화(卵化), 씨앗이 틀 부(孚)-부(稃), 기를 부(孚)-육(育), 덮어줄 부(孚)-복(覆), 붙을(의지할) 부(孚)-부(附)-부(付), 옥채색 부(孚)-옥채색(玉采色)〉 등의 뜻을 내지만 여기선 〈믿을 신(信)〉과 같다 여기고 새김이 마땅하다.

유(裕) 〈여유로울(넉넉할) 유(裕)-요(饒), 너그러울 유(裕)-관(寬), 흡족할 유(裕)-족(足), 늘어질 유(裕)-완(緩), 포용할 유(裕)-용(容), 열 유(裕)-개(開)〉 등의 뜻을 내지만 여기선 〈여유로울 요(饒)〉와 같다 여기고 새김이 마땅하다.

무(无) 〈없을 무(无)-무(無), 허무지도 무(无)-허무지도(虛无之道), 으뜸 무(无)-원(元)〉 등의 뜻을 내지만 여기선 〈없을 무(無)〉와 같다 여기고 새김이 마땅하다. 〈무(无)〉는 〈무(無)〉의 고자(古字)이다.

구(咎) 〈허물 구(咎)-건(愆)-과(過), 재앙 구(咎)-재(災), 병될 구(咎)-병(病), 나쁠 구(咎)-오(惡)〉 등의 뜻을 내지만 여기선 〈허물 건(愆)-과(過)〉와 같다 여기고 새김이 마땅하다. 〈무구(无咎)〉는 〈면어구(免於咎)〉 즉 허물을[於咎] 면하다[免]와 같다.

육이(六二 : --)

六二：晉如愁如이나 貞吉하다 受兹介福于其王母로다
진여수여 정길 수자개복우기왕모

육이(六二) : 나아가는[晉] 듯[如] 걱정하는[愁] 듯하나[如] 진실로 미더우면[貞] 좋다[吉]. 제[其] 할머니[王母]로부터[于] 이[兹] 커다란[介] 복을[福] 받는다[受].

【육이(六二)의 효상(爻象) 풀이】

진괘(晉卦 : ䷢)의 육이(六二 : --)는 이음거음(以陰居陰) 즉 음(陰 : --)으로써[以] 음(陰 : --)의 자리에 있는지라[居] 정당한 자리에 있다. 육이(六二 : --)와 육삼(六三 : --)은 양음(兩陰) 즉 둘 다[兩] 음(陰 : --)의 사이인지라 다른 대성괘(大成卦)에서라면 〈비(比)〉 즉 이웃의 사귐[比]을 누리지 못해 상충(相衝) 즉 서로[相] 부딪치는[衝] 처지가 될 수 있지만, 진괘(晉卦 : ䷢)의 주제인 〈진(晉)〉 즉 자라남을 위한 나아감[晉]의 시국인지라 양음(兩陰)의 상충(相衝)이란 없고 서로 부듬는 사이이다. 육이(六二 : --)와 육오(六五 : --) 역시 양음(兩陰)이라 중정(中正) 즉 중효로서[中] 서로 정위[正]를 누리지 못해 부정응(不正應) 즉 바르게[正] 서로 호응하지 못한다[不應]. 그러나 육이(六二 : --)는 육오(六五 : --)의 손녀(孫女)이고 육오(六五 : --)는 육이(六二 : --)의 조모(祖母)인지라 둘 다 돈독하면서 득중(得中) 즉 정도를 따름을[中] 취하는[得] 중효(中爻)인지라 상조하여 육오(六五 : --)의 총애를 남김없이 받는 모습이다.

진괘(晉卦 : ䷢)의 육이(六二 : --)가 구이(九二 : ―)로 변효(變爻)하면 육이(六二 : --)는 진괘(晉卦 : ䷢)를 64번째 미제괘(未濟卦 : ䷿)로 지괘(之卦)하게 한다. 따라서 진괘(晉卦 : ䷢)의 육이(六二 : --)는 미제괘(未濟卦 : ䷿)의 구이(九二 : ―)를 찾아가 살펴보게 한다.

【육이(六二)의 계사(繫辭) 풀이】

晉如愁如(진여수여)

나아가는[晉] 듯[如] 걱정하는[愁] 듯하다[如].

육이(六二 : --)의 효위(爻位)를 빌려 암시한 계사(繫辭)이다. 〈진여수여(晉如愁如)〉는 〈육이진여(六二晉如) 연이륙이수여(然而六二愁如)〉의 줄임으로 여기고 〈육이가[六二] 나아가는[晉] 듯하다[如] 그러나[然而] 육이는[六二] 걱정하는[愁] 듯하다[如]〉라고 새겨볼 것이다. 〈진여수여(晉如愁如)의 여(如)〉는 어조사 노릇을 해 〈~듯할 여(如)〉로 새기면 마땅하고, 〈수여(愁如)의 수(愁)〉는 〈걱정할 려(慮)〉와 같다. 〈진여수여(晉如愁如)의 진여(晉如)〉는 진괘(晉卦 : ䷢)의 하체(下體) 곤(坤 : ☷)의 중효(中爻)로서 육이(六二 : --)가 진괘(晉卦 : ䷢)의 주제인 〈진(晉)〉의 시국을 따라 스스로 〈진(晉)〉 즉 나아가려[晉] 함을 암시한다. 진괘(晉卦 : ䷢)의 육이(六二 : --)와 육오(六五 : --)가 양음(兩陰)의 사이이기 때문에 서로 중정(中正)과 정응(正應)을 나누어 누리지는 못하지만 손녀(孫女)인 육이(六二 : --)와 조모(祖母)인 육오(六五 : --)가 진괘(晉卦 : ䷢) 상하체(上下體)의 중효(中爻)인지라 다 같이 득중(得中) 즉 정도를 따름을[中] 취하기[得] 때문에, 〈진(晉)〉의 시국을 서로 돕고 있음을 암시한 것이 〈진여수여(晉如愁如)의 진여(晉如)〉이다.

〈진여수여(晉如愁如)의 수여(愁如)〉는 육이(六二 : --)와 육삼(六三 : --)이 양음(兩陰) 즉 둘 다[兩] 음(陰 : --)인지라 상충(相衝) 즉 서로[相] 부딪칠[衝]세라 걱정함[愁]이 아니라, 육이(六二 : --)가 육삼(六三 : --) 즉 모친(母親)의 심기(心機)를 거스를세라 걱정함[愁]이다. 육삼(六三 : --)은 진괘(晉卦 : ䷢)에서 육이(六二 : --)의 모친이다. 진괘(晉卦 : ䷢)에서 모든 음효(陰爻 : --)들은 모성(母性)을 나타내는지라 육이(六二 : --)는 초륙(初六 : --)의 모친이고, 육삼(六三 : --)은 육이(六二 : --)의 어머니이며, 육오(六五 : --)는 육삼(六三 : --)의 어머니이다. 육이(六二 : --)의 〈진(晉)〉 즉 나아감[晉]이 조모(祖母)인 육오(六五 : --)에게는 호감을 살 수 있지만 모친(母親)인 육삼(六三 : --)에게는 거슬릴세라 육이(六二 : --)가 우려함[愁]을 암시한 계사(繫辭)가 〈진여수여(晉如愁如)〉이다.

貞吉(정길)

진실로 미더우면[貞] 좋다[吉].

〈정길(貞吉)〉은 나아가려는[晉] 육이(六二 : --)의 심지(心志)를 밝힌다. 〈정길(貞吉)〉은 〈약륙이정관어진(若六二貞關於晉) 육이유길(六二有吉)〉의 줄임으로 여기고 〈육이가[六二] 나아감에[晉] 관하여[關於] 진실로 미덥다[貞]면[若] 육이에게[六二] 행운이[吉] 있다[有]〉라고 새겨볼 것이다. 육이(六二 : --)의 자리란 친민(親民) 즉 백성을[民] 아끼고 거두는[親] 현령(縣令)과 같은 벼슬자리[位]이다. 진괘(晉卦 : ䷢)의 주제인 〈진(晉)〉의 시국에서 육이(六二 : --)의 〈진(晉)〉이란 친민을 이룩하기 위한 나아감[晉]이다. 그 나아감[晉]이 〈정(貞)〉 즉 진실로 미더워야[貞] 한다. 〈정(貞)〉이란 성신(誠信) 즉 진실한[誠] 미더움[信]이다. 그 미더움[貞]은 공정(公正)하여 무사무편(無邪無偏)함이다. 간사함도[邪] 없고[無] 치우침도[偏] 없는[無] 심지(心志)가 곧 〈정(貞)〉이다. 여기 〈정길(貞吉)의 정(貞)〉은 〈진(晉)〉의 시국을 마주하는 육이(六二 : --)의 심지(心志)를 말한다. 육이(六二 : --)의 이러한 〈정(貞)〉은 순리를 따르게 하므로 언제 어디서나 육이(六二 : --)를 행운으로 이끌어줌[吉]을 암시한 계사(繫辭)가 〈정길(貞吉)〉이다.

受玆介福于其王母(수자개복우기왕모)

제[其] 할머니[王母]로부터[于] 이[玆] 커다란[介] 복을[福] 받는다[受].

〈수자개복우기왕모(受玆介福于其王母)〉는 육이(六二 : --)의 〈정길(貞吉)〉 즉 정(貞)하여 길(吉)한 까닭을 밝힌 계사(繫辭)이다. 〈수자개복우기왕모(受玆介福于其王母)〉는 〈육이수자개복우기왕모(六二受玆介福于其王母)〉의 줄임으로 여기고 〈육이는[六二] 제[其] 할머니[王母]로부터[于] 이[玆] 커다란[介] 복을[福] 받는다[受]〉라고 새겨볼 것이다. 〈수자개복우기왕모(受玆介福于其王母)〉에서 〈수자개복(受玆介福)의 수(受)〉는 여기선 〈얻을 득(得)〉과 같고, 〈자(玆)〉는 〈이 차(此)〉와 같고, 〈개(介)〉는 〈큰 대(大)〉와 같으며, 〈복(福)〉은 행운(幸運)의 뜻을 내는 〈행운 조(祚)〉와 같다. 〈수자개복우기왕모(受玆介福于其王母)〉에서 〈우기왕모(于其王母)〉의 우(于)는 〈~부터 자(自)〉와 같고, 〈기(其)〉는 〈육이지(六二之)〉와 같고, 〈왕모(王母)〉는 조모(祖母) 즉 할머니[祖母]를 뜻한다. 여기 〈왕모(王母)〉란 진괘(晉卦 : ䷢)의 상체(上體) 이(離 : ☲)의 중효(中爻)인 육오(六五 : --)를 말한다. 육오(六五 : --)는 육이(六二 : --)의 〈왕모(王母)〉 즉 조모(祖母)이다. 따라서 진괘(晉卦 : ䷢)의 주제인 〈진(晉)〉 즉 나아감[晉]의 시국에서 〈진(晉)〉은 성장의 나아감[晉]을 상징하므로 진괘(晉卦 : ䷢)의 제음효(諸陰爻)는 모성(母性)을 갖는다. 이에 육이(六二 : --)가 군왕(君王)인 육오(六五 : --)로부터 〈진(晉)〉 즉 나아감[晉]의 시국에서 친민(親民)을 거리낌없이 펼칠 수 있는 은총의 복(福)을 받음[受]을 암시한 계사(繫辭)가 〈수자개복우기왕모(受玆介福于其王母)〉이다.

【字典】

진(晉) 〈나아갈 진(晉)-진(進), 누를 진(晉)-억(抑), 엄숙할 진(晉)-숙(肅), 사이에 끼워 넣을(꽂을) 진(晉)-진(搢), 창의 물미(창대 끝에 씌운 뾰족한 쇠) 진(晉)-준(鐏), 나라 이름 진(晉), 괘(卦) 이름 진(晉)〉 등의 뜻을 내지만 여기선 〈나아갈 진(進)〉과 같다 여기고 새김이 마땅하다.

여(如) 〈그럴(~듯한) 여(如)-연(然), 따를 여(如)-종수(從隨), 갈 여(如)-왕(往)-행(行), 같을 여(如)-사(似)-동(同), 맞먹을 여(如)-비(比), 무리 여(如)-등(等), 미칠 여(如)-급(及), 이에 여(如)-내(乃), 어떠할 여(如)-여하(如何), 첩 여(如)-여부인(如婦人), 이월 여(如)-이월(二月)〉 등의 뜻을 내지만 여기선 〈그럴(~듯한) 연(然)〉과 같다 여기고 새김이 마땅하다.

수(愁) 〈근심할 수(愁)-우(憂), 슬퍼할 수(愁)-비(悲), 생각하며 근심할 수(愁)-여(慮), 불쌍히 여길 수(愁)-민(憫), (성나서) 얼굴빛이 달라지는 모습 수(愁)-변색(變色), 모일 수(愁)-취(聚)-추(揫)-추(揫)〉 등의 뜻을 내지만 여기선 〈근심할 수(愁)〉로 여기고 새김이 마땅하다.

정(貞) 〈바를 정(貞)-정(正), 믿을 정(貞)-신(信), 거북점을 물을 정(貞)-복문(卜問), 역(易)의 내괘(內卦) 정(貞), 마땅할 정(貞)-당(當), 고정할 정(貞)-정(定)-고정(固定), 순수할 정(貞)-전(專)-일(一)〉 등의 뜻을 내지만 여기선 〈바를 정(正), 믿을 신(信)〉

등을 합친 뜻과 같아 〈정신(正信)〉으로 여기고 새김이 마땅하다.

길(吉) 〈좋을(행복할) 길(吉)-선(善)-영(令) {영월길일(令月吉日)은 선월선일(善月善日)임.}, 복 길(吉)-실(實)-선실(善實)-복(福), 예의를 따라 상서로울 길(吉)-예의순상(禮義順祥), 삼갈 길(吉)-근(謹), 초하루 길(吉)-삭일(朔日) {삭망(朔望) 즉 초하루[朔]와 그믐날[望]}, 길례 길(吉)-길례(吉禮) {오례지일(五禮之一) 길흉빈군가(吉凶賓軍嘉)}, 갈 길(吉)-행(行)-길(趌)〉 등의 뜻을 내지만 여기선 〈좋을 선(善)-영(令)〉 즉 행복과 같다 여기고 새김이 마땅하다.

수(受) 〈얻을(취할) 수(受)-득(得)-취(取), 받아들일 수(受)-용(容), 이을 수(受)-계(繼)-승(承), 받을 수(受)-상부(相付), 주는 것을 접수할 수(受)-접수소사(接受所賜), 쓸 수(受)-용(用), 응할 수(受)-응(應), 이룰 수(受)-성(成), 담을(진설할) 수(受)-성(盛), 입을 수(受)-피(被)〉 등의 뜻을 내지만 여기선 〈얻을 득(得)〉과 같다 여기고 새김이 마땅하다.

茲 〈자-현〉 두 가지로 발음되고, 〈이 자(茲)-차(此), 흐릴 자(茲)-탁(濁), 검을 현(茲)-흑(黑)-현(玄)〉 등의 뜻을 내지만 여기선 〈이 차(此)〉와 같다 여기고 새김이 마땅하다.

개(介) 〈클 개(介)-대(大), 굳을 개(介)-견확(堅確), 확고할 개(介)-확고(確固), 잠깐 동안 확고할 개(介)-개연견고(介然堅固), 끼일(사이) 개(介)-제(際), 도울 개(介)-조(助), 사이 개(介)-간(間)-격(隔), 이을 개(介)-소(紹), 인할 개(介)-인(因), 맬 개(介)-계(繫), 다음 개(介)-차(次), 스스로 만족할 개(介)-자득(自得), 좋을 개(介)-선(善), 성질이 확고하고 깨끗할 개(介)-경경(耿耿), 임금의 아들 개(介)-왕자(王子), 사신 개(介)-사신(使臣), 홀로 개(介)-고립(孤立), 살펴 알 개(介)-견식(見識)〉 등의 뜻을 내지만 여기선 〈클 대(大)〉와 같다 여기고 새김이 마땅하다.

복(福) 〈좋은 일 복(福)-조(祚)-길사(吉事)-화지대(禍之對), 부유할 복(福)-부(富), (따르지 않음이 없는) 갖출 복(福)-비(備)-무소불순자(無所不順者), {천지신명(天地神明)이} 복을 줄(도울) 복(福)-우(祐), 제사를 지낸 고기 복(福)-조육(胙肉), 같을 복(福)-동(同), 속에 넣을 복(福)-장(藏)〉 등의 뜻을 내지만 여기선 〈좋은 일(행운) 조(祚)〉와 같다 여기고 새김이 마땅하다.

우(于) 〈~부터(~에) 우(于)-어(於), 갈 우(于)-왕(往), 써 우(于)-이(以), 할 우(于)-위(爲), 여기 우(于)-시(是), 도울 우(于)-조(助), 클 우(于)-대(大), 구할 우(于)-구(求), 자

족하는 모습 우(于)-자족모(自足貌)〉 등의 뜻을 내지만 여기선 〈~부터 어(於)〉와 같다 여기고 새김이 마땅하다.

기(其) 〈그(관형사) 기(其)-관형사(冠形詞), 그것 기(其)-피(彼)-지(之), 그럴 기(其)-연(然), 어찌 기(其)-기(豈), 누를 기(其)-억(抑), 오히려 기(其)-상(尙)-서기(庶幾), 이에 기(其)-내(乃), 만약 기(其)-약(若), 장차 기(其)-장(將), 어조사 기(其)-어조사(語助辭)〉 등의 뜻을 내지만 여기선 관형사(冠形詞)로서 〈그 기(其)〉로 여기고 새김이 마땅하다.

왕(王) 〈임금 왕(王)-군(君), 제후 왕(王)-제후(諸侯), 무리의 우두머리 왕(王)-동류중지수령(同類中之首領), 큰 왕(王)-대(大), 천자를 받들 왕(王)-사천자(事天子), 바로잡을 왕(王)-광정(匡正), 성대할 왕(王)-성(盛), 이길 왕(王)-승(勝), 흥할 왕(王)-흥(興)〉 등의 뜻을 내지만 〈임금 군(君)〉과 같다 여기고 새김이 마땅하다.

모(母) 〈어머니 모(母)-유자(乳子)-목(牧)-생아지인(生我之人), 늙은 여인의 통칭 모(母)-노부지통칭(老婦之通稱), 유모 모(母)-유모(乳母), 여자를 높여 일컬음 모(母)-여자존장지칭(女子尊長之稱), 금수의 암컷 모(母)-빈(牝), 땅 모(母)-지(地), 근원의 뜻 모(母)-근원지의(根源之意), 엄지손가락 모(母)-무(拇)-무지(拇指), 곤괘 모(母)-곤괘(坤卦), 음기 모(母)-음(陰), 크거나 무거운 물건 모(母)-대자중자위모(大者重者爲母)〉 등의 뜻을 내지만 여기선 〈어머니 모(母)〉로 여기고 새김이 마땅하다.

육삼(六三 : --)

六三 : 衆允이니 悔亡로다
중 윤 회 무

육삼(六三) : 무리가[衆] 뜻을 함께하니[允] 후회함이[悔] 없다[亡].

【육삼(六三)의 효상(爻象) 풀이】

진괘(晉卦 : ䷢)의 육삼(六三 : --)은 이음거양(以陰居陽) 즉 음(陰 : --)으로써[以] 양(陽 : —)의 자리에 있는지라[居] 정당한 자리에 있지 못하다. 육삼(六三 :

--)과 구사(九四 : ㅡ)는 음양(陰陽)의 사이인지라 〈비(比)〉 즉 이웃의 사귐[比]을 누린다. 육삼(六三 : --)과 상구(上九 : ㅡ)도 음양(陰陽)의 사이인지라 정응(正應) 즉 바르게[正] 서로 호응하는[應] 모습이다. 육삼(六三 : --)은 진괘(晉卦 : ䷢)의 하체(下體) 곤(坤 : ☷)의 중위(中位)를 벗어나 곤(坤 : ☷)의 극위(極位)에 있지만 아래의 육이(六二 : --)-초륙(初六 : --)은 모성(母性)으로써 육삼(六三 : --)과 뜻을 같이하고, 위의 구사(九四 : ㅡ)는 비(比)로써 육삼(六三 : --)과 뜻을 같이하며, 상구(上九 : ㅡ)는 정응(正應)으로써 뜻을 같이하여 육삼(六三 : --)이 진괘(晉卦 : ䷢)의 주제인 〈진(晉)〉의 시국을 맞아 나아감[晉]이 순탄한 모습이다.

> 진괘(晉卦 : ䷢)의 육삼(六三 : --)이 구삼(九三 : ㅡ)으로 변효(變爻)하면 육삼(六三 : --)은 진괘(晉卦 : ䷢)를 56번째 여괘(旅卦 : ䷷)로 지괘(之卦)하게 한다. 따라서 진괘(晉卦 : ䷢)의 육삼(六三 : --)은 여괘(旅卦 : ䷷)의 구삼(九三 : ㅡ)을 찾아가 살펴보게 한다.

【육삼(六三)의 계사(繫辭) 풀이】

衆允(중윤)

무리가[衆] 뜻을 함께한다[允].

육삼(六三 : --)의 효위(爻位)를 빌려 암시한 계사(繫辭)이다. 〈중윤(衆允)〉은 〈동륙삼중윤(同六三衆允)〉의 줄임으로 여기고 〈육삼과[六三] 함께[同] 무리가[衆] 뜻을 함께한다[允]〉라고 새겨볼 것이다. 〈중윤(衆允)의 중(衆)〉은 〈무리 군(群)〉과 같고, 〈중윤(衆允)〉은 〈뜻을 같이하는 동의(同意)〉와 같다. 이에 〈중윤(衆允)의 중(衆)〉은 「설괘전(說卦傳)」에 나오는 〈곤은[坤 : ☷] 무리[衆]이다[爲]〉라는 내용을 환기한다면, 육삼(六三 : --)이 진괘(晉卦 : ䷢)의 하체(下體) 곤(坤 : ☷)의 상효(上爻)임을 빌려 육삼(六三 : --)을 취상(取象)한 것임을 간파할 수 있다. 〈곤위중(坤爲衆)의 중(衆)〉은 땅 위에 있는 즉 땅이 지고[載] 있는 모든 것을 말하지만, 진괘(晉卦 : ䷢)에서의 〈중(衆)〉은 진괘(晉卦 : ䷢)의 하체(下體) 곤(坤 : ☷)의 세 음효(陰爻)를 암시한다. 이에 〈중윤(衆允)의 중(衆)〉이란 진괘(晉卦 : ䷢)의 육이(六二 : --)-초륙(初六 : --)을 암시한다. 육삼(六三 : --)은 진괘(晉卦 : ䷢)의 하체(下體) 곤(坤 : ☷)의 상효(上爻)인지라 그 무리[衆]의 우두머리에 속한다. 그러나 진괘(晉卦 : ☲☷)의 육삼(六三 : --)은 하체(下體)인 곤(坤 : ☷)의 상효(上爻)로서 곤(坤 : ☷)의 무리[衆]에 속했지만, 곤(坤 : ☷)의 극위(極位)에 있는 효(爻)인지라 진괘(晉卦 : ☲☷)의 하체(下體)인 곤(坤 : ☷)을 떠나야 하는 운명이다. 이에 〈중윤(衆允)의 중(衆)〉이 육삼(六三 : --)과의 비(比)로써 육삼(六三 : --)을 믿어주는[允] 구사(九四 : —)와 육삼(六三 : --)과의 정응(正應)으로써 육삼(六三 : --)을 믿어주는[允] 상구(上九 : —)를 암시하기도 한다. 따라서 육삼(六三 : --)은 진괘(晉卦 : ☲☷)의 제효(諸爻)로부터 진괘(晉卦 : ☲☷)의 주제인 〈진(晉)〉의 시국을 맞아 나아감[晉]을 동의 받음[允]을 암시한 계사(繫辭)가 〈중윤(衆允)〉이다.

悔亡(회무)

후회함이[悔] 없다[亡].

〈회무(悔亡)〉는 육삼(六三 : --)의 〈진(晉)〉이 당당함을 암시한 계사(繫辭)이다. 〈회무(悔亡)〉는 〈회무급륙삼(悔亡給六三)〉의 줄임으로 여기고 〈육삼(六三)에게는[給] 후회할 것이[悔] 없다[亡]〉라고 새겨볼 것이다. 〈회무(悔亡)의 무(亡)〉는 〈없을 무(無)〉와 같아 발음도 〈무(亡)〉이다. 진괘(晉卦 : ☲☷)의 하체(下體) 곤(坤 : ☷)의 음효(陰爻 : --)들은 모두 자람을 위하여 나아가는[晉] 시국을 맞아 모성(母性)으로써 서로 뜻을 같이하므로[允] 후회할 것이[悔] 없고[亡], 동시에 진괘(晉卦 : ☲☷)의 상체(上體) 구사(九四 : —)와 상구(上九 : —) 등과도 뜻을 같이하기[允] 때문에 육삼(六三 : --)에게는 후회할 것이[悔] 없음[亡]을 암시한 계사(繫辭)가 〈회무(悔亡)〉이다.

【字典】

중(衆) 〈땅 위에 있는 모든 것들(토지) 중(衆)-토지(土地)=취기지재물비일(取其地載物非一), 많을 중(衆)-다(多), 무리 중(衆)-다인(多人)-칠구이상(七口以上), 온갖 것 중(衆)-중물(衆物), 온갖 일 중(衆)-만사(萬事), 백성 중(衆)-서민(庶民), 온갖 신하(백관) 중(衆)-백관(百官)-군신(羣臣), 오래 내리는 비 중(衆)-구우(久雨 : 三日以上), 마칠 중(衆)-종(終)〉 등의 뜻을 내지만 여기선 〈땅 위에 있는 모든 것들 중(衆)〉으로 여기고 새김이 마땅하다.

윤(允) 〈미더울(미쁠) 윤(允)-신(信)-성(誠), 좇을 윤(允)-종(從), 아첨할 윤(允)-영

(佞), 마땅할 윤(允)-당(當), 허락할 윤(允)-허락(許諾), 옳게 여길 윤(允)-긍(肯), 진실한 윤(允)-진실(眞實), 쓸 윤(允)-용(用)-이(以), 어조사 윤(允)〉 등의 뜻을 내지만 여기선 〈미더울 신(信), 좇을 종(從)〉 등과 같다 여기고 새김이 마땅하다.

회(悔) 〈뉘우칠 회(悔)-한(恨), 허물할 회(悔)-구(咎), 업신여길 회(悔)-만(慢)〉 등의 뜻을 내지만 여기선 〈뉘우칠 한(恨)〉과 같아 회한(悔恨)의 줄임으로 여기고 새김이 마땅하다.

亡 〈무-망〉 두 가지로 발음되고, 〈없을 무(亡)-무(無), 가난할 무(亡)-빈(貧), 달아날(피할) 망(亡)-도(逃)-분(奔)-피(避)-거(去), 없어질 망(亡)-멸(滅), 죽음 망(亡)-사(死), 잃을 망(亡)-상(喪)-실(失), 업신여길 망(亡)-경멸(輕蔑), 그칠 망(亡)-지(止)-이(已), 잊을 망(亡)-망(忘)〉 등의 뜻을 내지만 여기선 〈없을 무(無)〉로 여기고 새김이 마땅하다.

註 곤위중(坤爲衆) : 곤은[坤 : ☷] 무리[衆]이다[爲]. 「설괘전(說卦傳)」 11단락(段落)

구사(九四 : ⚊)

九四 : 晉如鼫鼠니 貞厲하다
진 여 석 서 정 려

구사(九四) : 나아감이[晉] 다람쥐[鼫鼠] 같으니[如] 진실로 미더워도[貞] 위태하다[厲].

【구사(九四)의 효상(爻象) 풀이】

진괘(晉卦 : ䷢)의 구사(九四 : ⚊)는 이양거음(以陽居陰) 즉 양(陽 : ⚊)으로써[以] 음(陰 : ⚋)의 자리에 있는지라[居] 정당한 자리에 있지 못하다. 구사(九四 : ⚊)와 육오(六五 : ⚋)는 양음(陽陰)의 사이인지라 〈비(比)〉 즉 이웃의 사귐[比]을 누릴 수 있는 사이이지만 강강(剛强)한 구사(九四 : ⚊)를 육오(六五 : ⚋)가 경계하는 처지이다. 구사(九四 : ⚊)와 초륙(初六 : ⚋)은 양음(陽陰)의 사이인지라 정응(正應) 즉 바르게[正] 서로 호응하는[應] 모습이다. 그러나 진괘(晉卦 : ䷢)의 주제인 〈진(晉)〉의 시국을 맞아 구사(九四 : ⚊)의 나아가려[晉] 함이 모성애(母性愛)를 간직한 군왕(君王)인 육오(六五 : ⚋)의 신임을 얻기 어려운 모습이다.

진괘(晉卦 : ䷢)의 구사(九四 : ⚊)가 육사(六四 : ⚋)로 변효(變爻)하면 구사(九四 : ⚊)는 진괘(晉卦 : ䷢)를 23번째 박괘(剝卦 : ䷖)로 지괘(之卦)하게 한다. 따라서 진괘(晉卦 : ䷢)의 구사(九四 : ⚊)는 박괘(剝卦 : ䷖)의 육사(六四 : ⚋)를 찾아가 살펴보게 한다.

【구사(九四)의 계사(繫辭) 풀이】

晉如鼫鼠(진여석서)

나아감이 [晉] 다람쥐 [鼫鼠] 같다 [如].

구사(九四 : ⚊)의 효위(爻位)를 빌려 암시한 계사(繫辭)이다. 〈진여석서(晉如鼫鼠)〉는 〈구사지진여석서(九四之晉如鼫鼠)〉의 줄임으로 여기고 〈구사의[九四之] 나아감이[晉] 다람쥐[鼫鼠] 같다[如]〉라고 새겨볼 것이다. 〈진여석서(晉如鼫鼠)의 석서(鼫鼠)〉는 구사(九四 : ⚊)가 변효(變爻)하여 진괘(晉卦 : ䷢)의 상체(上體)인 이(離 : ☲)가 변괘(變卦)해 간(艮 : ☶)의 초효(初爻)가 되었음을 암시한다. 왜냐하면 〈진여석서(晉如鼫鼠)의 석서(鼫鼠)〉가 「설괘전(說卦傳)」에 나오는 〈간은[艮 : ☶] 쥐[鼠]이다[爲]〉라는 내용을 환기시키기 때문이다. 〈석서(鼫鼠)〉는 석서(碩鼠)와 같다. 석서(碩鼠)는 큰[碩] 쥐[鼠] 즉 다람쥐를 말한다. 다람쥐[鼫鼠]로써 구사(九四 : ⚊)가 나아가려는[晉] 모습을 취상(取象)한 셈이다. 구사(九四 : ⚊)는 양기(陽氣 : ⚊)인지라 대(大)이니 쥐로 비유되자면 〈석서(鼫鼠)〉가 안성맞춤이다. 구사(九四 : ⚊)가 나아가려 함은[晉] 다람쥐[鼫鼠] 같다[如]는 것이다.

구사(九四 : ⚊)의 〈진(晉)〉이 〈여석서(如鼫鼠)〉 즉 다람쥐[鼫鼠] 같다[如]고 함은 구사(九四 : ⚊)가 나아가려고[晉] 해봤자 육오(六五 : ⚋) 때문에 뜻을 이루기 어려움을 암시한다. 왜냐하면 〈진여석서(晉如鼫鼠)의 석서(鼫鼠)〉가 다람쥐[鼫鼠]를 오기서(五技鼠) 즉 다섯 가지[五] 재주가 있는[技] 쥐[鼠]로 불림을 상기시키기 때문이다. 다람쥐의 다섯 가지[五] 재주[技]란 재력(才力) 즉 재주를 부리는[才] 힘[力]이 항상 모자라서 뜻하는 바를 이루지 못함을 말한다. 이에 〈진여석서(晉如鼫鼠)〉를 〈진여서기(晉如鼠技)〉로 옮겨 음미해 보면 곧 계사(繫辭)가 암시하는 바를 알아챌 수 있다. 이는 구사(九四 : ⚊)가 육오(六五 : ⚋)의 바로 밑에 있음을 밝힌다. 구사(九四 : ⚊)가 〈진(晉)〉 즉 위로 나아가자면[晉] 육오(六五 : ⚋)를 밀어제쳐야 하는데 경대부(卿大夫)인 구사(九四 : ⚊)가 강강(剛强)의 양효(陽爻 : ⚊)라 할지라도 군왕(君王)인 육오(六五 : ⚋)를 넘어 나아갈[晉] 수는 없는지라, 상승(上昇)하고자 하는 구사(九四 : ⚊)의 재력(才力)은 서기(鼠技)에 불과함을 암시하는 계사(繫辭)가 〈진여석서(晉如鼫鼠)〉이다.

貞厲(정려)

진실로 미더워도[貞] 위태하다[厲].

〈정려(貞厲)〉는 구사(九四 : ⚊)가 〈진(晉)〉 즉 나아가려 함[晉]을 고집함을 암시한 계사(繫辭)이다. 〈정려(貞厲)〉는 〈구사유정관어진(九四愈貞關於晉) 구사지진유려(九四之晉愈厲)〉의 줄임으로 여기고 〈구사가[九四] 나아감에[晉] 관하여[關於] 진실로 미더워할[貞]수록[愈] 구사의[九四之] 나아감은[晉] 그만큼 더[愈] 위태하다[厲]〉라고 새겨볼 것이다. 여기 〈정려(貞厲)〉는 소인(小人)의 〈진(晉)〉 탓으로 〈정(貞)〉이 위태로워짐[厲]을 간파할 수 있다. 따라서 구사(九四 : ⚊)의 〈정려(貞厲)〉가 『논어(論語)』에 나오는 〈군자는[君子] 바르고 미더워도[貞而] 맹목적으로 믿지는 않는다[不諒]〉라는 내용을 상기시킨다. 강강(剛强)한 구사(九四 : ⚊)가 음(陰 : ⚋)의 자리에 있는 탓으로 소인(小人)의 티를 범함을 암시하는 것이 〈정려(貞厲)〉인 셈이다. 군자(君子)는 믿었어도 선악(善惡)을 따져보고 선(善)하면 민고[貞] 악(惡)함을 깨우치면 그 〈정(貞)〉을 내치고 뉘우침을, 구사(九四 : ⚊)가 저버리고 고집대로 감행한다면 위태함[厲]을 자초하고 말 것임을 암시한 계사(繫辭)가 〈정려(貞厲)〉이다.

【字典】

진(晉) 〈나아갈 진(晉)-진(進), 누를 진(晉)-억(抑), 엄숙할 진(晉)-숙(肅), 사이에 끼워 넣을(꽂을) 진(晉)-진(搢), 창의 물미(창대 끝에 씌운 뾰족한 쇠) 진(晉)-준(鐏), 나라 이름 진(晉), 괘(卦) 이름 진(晉)〉 등의 뜻을 내지만 여기선 〈나아갈 진(進)〉과 같다 여기고 새김이 마땅하다.

여(如) 〈같을 여(如)-사(似)-동(同), 그럴(~듯한) 여(如)-연(然), 따를 여(如)-종수

(從隨), 갈 여(如)-왕(往)-행(行), 맞먹을 여(如)-비(比), 무리 여(如)-등(等), 미칠 여(如)-급(及), 이에 여(如)-내(乃), 어떠할 여(如)-여하(如何), 첩 여(如)-여부인(如婦人), 이월 여(如)-이월(二月)〉 등의 뜻을 내지만 여기선 〈같을 사(似)-동(同)〉과 같다 여기고 새김이 마땅하다.

석(鼫) 〈다람쥐 석(鼫)-석서(碩鼠)-오기서(五技鼠), 땅강아지 석(鼫)-누고(螻蛄)〉 등의 뜻을 내지만 여기선 〈다람쥐 오기서(五技鼠)〉로 여기고 새김이 마땅하다.

서(鼠) 〈임금의 옆에서 해를 끼치는 신하로 비유되는 서(鼠)-유인주좌우위해지신(喩人主左右爲害之臣), 구덩이에 사는 동물의 총명 서(鼠)-혈충지총명(穴蟲之總名), 걱정할 서(鼠)-우(憂)〉 등의 뜻을 내지만 여기선 〈해로운 신하 해지신(害之臣)〉으로 여기고 새김이 마땅하다.

정(貞) 〈믿을 정(貞)-신(信), 바를 정(貞)-정(正), 거북점을 물을 정(貞)-복문(卜問), 역(易)의 내괘(內卦) 정(貞), 마땅할 정(貞)-당(當), 고정할 정(貞)-정(定)-고정(固定), 순수할 정(貞)-전(專)-일(一)〉 등의 뜻을 내지만 여기선 〈바를 정(正), 믿을 신(信)〉 등을 합친 뜻과 같아 〈정신(正信)〉으로 여기고 새김이 마땅하다.

여(厲) 〈위태할 여(厲)-위(危), 가물 여(厲)-한(旱), 갈 여(厲)-마(磨), 문지를(비빌) 여(厲)-마찰(摩擦), 엄할(사나울) 여(厲)-엄(嚴)-맹(猛), 높고 훌륭할 여(厲)-고상(高尙), 맑고 바를 여(厲)-청정(淸正), 막을 여(厲)-항(抗), 일어날 여(厲)-기(起), 지을 여(厲)-작(作), 사나울 여(厲)-학(虐), 병들 여(厲)-병(病), 낭떠러지 여(厲)-애(涯) 물이 깊어도 건널 수 있는 곳 여(厲)-심수가섭지처(深水可涉之處), 권하여 힘쓰게 할 여(厲)-권면(勸勉), 이을 여(厲)-합(合)-연(連), 옷을 입고 물을 건널 여(厲)-이의섭수(以衣涉水), 가까울 여(厲)-근(近)-부(附)〉 등의 뜻을 내지만 여기선 〈위태로울 위(危)〉와 같다 여기고 새김이 마땅하다. 〈厲〉가 맨 앞일 때는 〈여〉로 발음되고, 중간이나 뒤일 때는 〈려〉로 발음된다.

註 간위서(艮爲鼠) : 간은[艮 : ☶] 쥐[鼠]이다[爲]. 「설괘전(說卦傳)」 11단락(段落)

註 자왈(子曰) 군자정이불량(君子貞而不諒) : 공자가[子] 말했다[曰]. 군자는[君子] 바르고 미더워도[貞而] 맹목적으로 믿지는 않는다[不諒]. 불량(不諒)은 약속했어도 그 약속이 잘못된 것이면 지키지 않음을 뜻한다. 『논어(論語)』 「위령공(衛靈公)」 36장(章)

육오(六五 : --)

六五 : 悔亡이니 失得勿恤하라 往吉하니 无不利로다
회무 실득물휼 왕길 무불리

육오(六五) : 후회할 것이[悔] 없는지라[亡] 잃든[失] 얻든[得] 근심하지[恤] 말라[勿]. 나아감에[往] 좋으니[吉] 이롭지 않을 것이[不利] 없다[无].

【육오(六五)의 효상(爻象) 풀이】

진괘(晉卦 : ䷢)의 육오(六五 : --)는 이음거양(以陰居陽) 즉 음(陰 : --)으로써[以] 양(陽 : ─)의 자리에 있는지라[居] 정당한 자리에 있지 못하다. 육오(六五 : --)와 상구(上九 : ─)는 음양(陰陽)의 사이인지라 〈비(比)〉 즉 이웃의 사귐[比]을 나누면서 은자(隱者)인 상구(上九 : ─)의 지혜를 얻을 수 있다. 육오(六五 : --)와 육이(六二 : --)는 양음(兩陰) 즉 둘 다[兩] 음(陰 : --)인지라 중부정(中不正) 즉 서로 중효이되[中] 정위에 있지 않으며[不正], 정응(正應) 즉 바르게[正] 서로 호응하지도[應] 못하는 모습이다. 그러나 육오(六五 : --)는 건(乾 : ☰)의 중효(中爻) 자리로 들어와 진괘(晉卦 : ䷢)의 상체(上體) 이(離 : ☲)를 이루었으니 광명(光明)의 주체(主體)로서 득중(得中) 즉 정도를 따름을[中] 취하여[得] 군왕(君王)의 교명(教命)을 다하고 있다. 따라서 육오(六五 : --)가 비록 정당한 자리에 있지 못해 빗어질 수도 있는 회한(悔恨)이 없도록[亡] 하면서 매사(每事)를 부드럽고 밝게 이끌어가는 모습이다.

> 진괘(晉卦 : ䷢)의 육오(六五 : --)가 구오(九五 : ─)로 변효(變爻)하면 육오(六五 : --)는 진괘(晉卦 : ䷢)를 12번째 비괘(否卦 : ䷋)로 지괘(之卦)하게 한다. 따라서 진괘(晉卦 : ䷢)의 육오(六五 : --)는 비괘(否卦 : ䷋)의 구오(九五 : ─)를 찾아가 살펴보게 한다.

【육오(六五)의 계사(繫辭) 풀이】

悔亡(회무)

후회할 것이[悔] 없다[亡].

육오(六五)의 효위(爻位)를 빌려 암시한 계사(繫辭)이다. 〈회무(悔亡)〉는 〈기연회무급륙오(旣然悔亡給六五)〉의 줄임으로 여기고 〈육오(六五)에게[給] 후회할 것이[悔] 없기[亡] 때문에[旣然]〉라고 새겨볼 것이다. 〈회무(悔亡)의 무(亡)〉는 〈없을 무(無)〉와 같고 발음도 〈무(亡)〉이다. 〈회무(悔亡)〉는 육오(六五 : --)가 본래 음(陰 : --)인지라 존위(尊位) 즉 군왕의[尊] 자리[位]에 있다 할지라도 유화(柔和)로써 베풀 수 있는 모성(母性)을 간직함을 헤아리게 한다. 유화(柔和) 즉 부드럽게[柔] 마주해서 어울리게[和] 하는 육오(六五 : --)의 모성(母性)은 군왕(君王)의 위력으로써 군림하려 하지 않고 겸허(謙虛)한 태도로써 구사(九四 : —)를 심복(心服)시키면서 도움을 받고, 은자(隱者)인 상구(上九 : —)의 지혜로운 충고들을 순순히 받아들여 길잡이로 삼기도 하면서, 육오(六五 : --) 스스로 득중(得中) 즉 정도를 따름을[中] 취하여[得] 떠오르는 해처럼 점진적으로 세상을 밝혀간다. 이는 진괘(晉卦 : ䷢)의 상체(上體) 이(離 : ☲)의 중효(中爻)로서 육오(六五 : --)가 득중(得中)으로써 무사조(無私照) 즉 사사로운[私] 비춤이[照] 없는[無] 치세(治世)를 베푸는지라 육오(六五 : --)에게 뉘우칠 것이[悔] 없음[亡]을 암시한 계사(繫辭)가 〈회무(悔亡)〉이다.

失得勿恤(실득물휼)

잃든[失] 얻든[得] 근심하지[恤] 말라[勿].

〈실득물휼(失得勿恤)〉은 앞 〈회무(悔亡)〉의 까닭을 암시한 계사(繫辭)이다. 〈실득물휼(失得勿恤)〉은 〈육오물휼실진혹득진(六五勿恤失晉或得晉)〉의 줄임으로 여기고 〈{육오(六五)에게 후회할 것이 없기 때문에} 육오는[六五] 나아감을[晉] 잃든[失] 혹은[或] 나아감을[晉] 취하든[得] 근심하지 않는다[勿恤]〉라고 새겨볼 것이다. 〈실득물휼(失得勿恤)〉은 〈물휼실득(勿恤失得)〉에서 〈실득(失得)〉을 전치(前置)한 어법이다. 한문어법(漢文語法)에서 목적어의 자리는 타동사의 전후(前後)에 자유롭다. 〈물휼(勿恤)의 물(勿)〉은 여기선 〈않을 불(不)〉과 같고, 〈물휼(勿恤)의 휼(恤)〉은 〈근심할 우(憂)〉와 같다. 육오(六五 : --)에게 후회함이[悔] 없다[亡]는 까닭은 육오(六五 : --)가 진괘(晉卦 : ䷢)의 상체(上體) 이(離 : ☲)의 중효(中爻)로서 항상 득중(得中)으로써 매사(每事)를 마주하기 때문임을 암시한 것이 〈실득물휼(失得勿恤)〉이다. 정도를 따름을[中] 취한다[得]고 함은 항상 매사를 행함이 공정(公正)하다는 것이다. 공(公)이란 사사로움을[厶] 배척함[八]이니 육오(六五 : --)가 행하는 치민(治民) 즉 백성을[民] 다스림[治]이 성장을 위하여 나아감[晉]인지라, 그 〈진(晉)〉이 항상 공평무사(公平無邪)함을 〈물휼(勿恤)〉이 암시한다. 천도(天道) 즉 자연의[天] 도리[道]를 본받아 공평(公平)하여 간사함이[邪] 없다면[無] 세상천지에 걱정할 것이 없다[勿恤]. 따라서 〈실득물휼(失得勿恤)의 실득(失得)〉을 실진득진(失晉得晉)의 줄임으로 여기면 계사(繫辭)가 암시하는 바가 간파된다. 왜냐하면 군왕(君王)인 육오(六五 : --)가 마주할 〈실득(失得)〉이란 백성을 위한 〈진(晉)〉 즉 나아감을[晉] 잃느냐[失] 얻느냐[得]의 문제이기 때문이다. 태양이 사사롭지 않게 천하를 비추듯이 육오(六五 : --)가 득중(得中)으로써 친민(親民)하여 안민(安民)하게 나아감[晉]이니 실득(失得)이 따로 있을 리 없음을 암시하는 계사(繫辭)가 〈실득물휼(失得勿恤)〉이다.

往吉(왕길) 无不利(무불리)

나아감에[往] 좋으니[吉] 이롭지 않을 것이[不利] 없다[无].

〈왕길(往吉) 무불리(无不利)〉는 육오(六五 : --)가 진괘(晉卦 : ䷢)의 상체(上體) 이(離 : ☲)의 중효(中爻)임을 거듭해 상기시키는 점사(占辭)이다. 〈왕길(往吉) 무불리(无不利)〉는 〈수륙오왕(雖六五往) 육오무불리(六五无不利)〉의 줄임으로 여기고 〈비록[雖] 육오가[六五] 나아가도[往] 육오에게[六五] 불리함이란[不利] 없다[无]〉라고 새겨볼 것이다. 〈왕길(往吉)의 왕(往)〉은 진괘(晉卦 : ䷢)의 주제인 〈진(晉)〉 즉 〈나아감[晉]〉으로 여기고 새기면 그 암시하는 바를 간파할 수 있다. 군왕(君王)인 육오(六五 : --)가 득중(得中)으로써 친민(親民)하여 안민(安民)하게 하는 치세(治世)를 위하여 나아감[晉]을 뜻함이 여기 〈왕(往)〉이다. 군왕(君王)이 친민하여 백성이 밝고 편안히 사는 세상을 위하여 나아감[晉]보다 더 길(吉)한 것은 없다. 〈길(吉)〉이란 곧 〈이(利)〉로 이어진다. 이롭다[利] 함은 살아갈 수 있게 하는 덕(德)을 누릴 수 있음이다. 이러한 〈길(吉)〉이야말로 이롭지[利] 않음이[不] 없다[无]고 밝힌 계사(繫辭)가 〈왕길(往吉) 무불리(无不利)〉이다.

【字典】

회(悔) 〈뉘우칠 회(悔)-한(恨), 허물할 회(悔)-구(咎), 업신여길 회(悔)-만(慢)〉 등의 뜻을 내지만 여기선 〈뉘우칠 한(恨)〉과 같아 회한(悔恨)의 줄임으로 여기고 새김이 마땅하다.

亡 〈무-망〉 두 가지로 발음되고, 〈없을 무(亡)-무(無), 가난할 무(亡)-빈(貧), 달아날(피할) 망(亡)-도(逃)-분(奔)-피(避)-거(去), 없어질 망(亡)-멸(滅), 죽음 망(亡)-사(死), 잃을 망(亡)-상(喪)-실(失), 업신여길 망(亡)-경멸(輕蔑), 그칠 망(亡)-지(止)-이(已), 잊을 망(亡)-망(忘)〉 등의 뜻을 내지만 여기선 〈없을 무(無)〉로 여기고 새김이 마땅하다.

실(失) 〈잃을 실(失)-상(喪), 버릴 실(失)-유(遺), 늘어질 실(失)-종(縱), 헤맬 실(失)-미(迷), 혼란할 실(失)-난(亂)-착(錯), 알지 못할 실(失)-부지(不知), 갈 실(失)-거(去)〉 등의 뜻을 내지만 여기선 〈잃을 상(喪)〉과 같다 여기고 새김이 마땅하다.

득(得) 〈취할(얻어낼) 득(得)-획(獲)-취(取), 탐할 득(得)-탐(貪), 깨달을 득(得)-효(曉)-오(悟), 만족할 득(得)-족(足), 마땅할 득(得)-당(當), 일의 마땅함을 터득할 득(得)-합(合)-득사지의(得事之宜), 이룰 득(得)-성(成), 알 득(得)-지(知), 가할 득(得)-가(可)-능(能), 편안할 득(得)-편(便), 가질 득(得)-치(値)-지(持), 득도할 득(得)-득도(得道)〉 등의 뜻을 내지만 〈취할 획(獲)-취(取)〉와 같다 여기고 새김이 마땅하다.

물(勿) 〈않을 물(勿)-불(不), 없을 물(勿)-무(無)-무(毋), 하지 말 물(勿)-막(莫), 아닌 것 물(勿)-비(非)〉 등의 뜻을 내지만 여기선 〈않을 불(不)〉과 같다 여기고 새김이 마땅하다.

휼(恤) 〈근심할 휼(恤)-우(憂), 거둘 휼(恤)-수(收), 기민 먹일(구휼할) 휼(恤)-진(賑), 불쌍히 여길 휼(恤)-민(愍), 마음에 둘 휼(恤)-고(顧)〉 등의 뜻을 내지만 여기선 〈근심할 우(憂)〉와 같다 여기고 새김이 마땅하다.

왕(往) 〈갈 왕(往)-지(之), 나아갈 왕(往)-행(行), 물러갈 왕(往)-거(去), 향할 왕(往)-향(向), 이를 왕(往)-지(至), 옛 왕(往)-석(昔), 이따금 왕(往)-시시(時時), 뒤 왕(往)-

후(後), 죽음 왕(往)-망거(亡去)-사자(死者)〉 등의 뜻을 내지만 여기선 〈나아갈 행(行)〉과 같다 여기고 새김이 마땅하다.

길(吉) 〈좋을(행복할) 길(吉)-선(善)-영(令) {영월길일(令月吉日)은 선월선일(善月善日)임.}, 복 길(吉)-실(實)-선실(善實)-복(福), 예의를 따라 상서로울 길(吉)-예의순상(禮義順祥), 삼갈 길(吉)-근(謹), 초하루 길(吉)-삭일(朔日) {삭망(朔望) 즉 초하루[朔]와 그믐날[望]}, 길례 길(吉)-길례(吉禮) {오례지일(五禮之一) 길흉빈군가(吉凶賓軍嘉)}, 갈 길(吉)-행(行)-길(趌)〉 등의 뜻을 내지만 여기선 〈좋을 선(善)-영(令)〉 즉 행복과 같다 여기고 새김이 마땅하다.

무(无) 〈없을 무(无)-무(無), 허무지도 무(无)-허무지도(虛无之道), 으뜸 무(无)-원(元)〉 등의 뜻을 내지만 여기선 〈없을 무(無)〉와 같다 여기고 새김이 마땅하다.

不 〈불-부〉 등으로 발음되고, 〈않을 불(不)-부(不), 못할 불(不)-부(不), 아닐 불(不)-부(不)-비(非), 없을 불(不)-부(不)-무(無), 하지 말 불(不)-부(不)-막(莫)-금지(禁止), 정하지 않을 불(不)-부(不)-부(否)-미정(未定), 새가 날아올라 내려오지 않는 불(不)-부(不)-조비상불하래(鳥飛上不下來)〉 등의 뜻을 내지만 여기선 〈않을 불(不)〉로 여기고 새김이 마땅하다.

이(利) 〈만물로 하여금 삶을 이루어가게 하는 덕(德)의 이로울 이(利)-사만물수생지덕(使萬物遂生之德), 날카로울 이(利)-예(銳)-섬(銛), 질병 이(利)-질(疾), 통할 이(利)-통(通)-순(順), 좋을 이(利)-길(吉)-의(宜), 편리할 이(利)-편(便), 마름해 만들어 이룰 이(利)-재성(裁成), 탐할 이(利)-탐(貪), 구할(취할) 이(利)-구(求)-취(取), 좋아할 이(利)-열애(悅愛), 이로울 이(利)-익(益), 기교 이(利)-교(巧), 보람 이(利)-공용(功用), 지세가 험하고 중요한 이(利)-험요(險要), 이길 이(利)-승(勝), 어질 이(利)-인(仁)〉 등의 뜻을 내지만 여기선 〈이로울 이(利)〉로 여기고 새김이 마땅하다. 〈利〉가 맨 앞에 오면 〈이〉로 발음되고, 중간이나 뒤에 오면 〈리〉로 발음된다.

상구(上九 : ⚊)

上九 : 晉其角이니 維用伐邑하면 厲吉하여 无咎하고 貞吝하리라
진기각 유용벌읍 여길 무구 정린

상륙(上六) : 나아감이[晉] 그[其] 뿔이니[角] 오직[維] 고을을[邑] 침을[伐] 활용하면[用] 뜻 같지 않아 불행하나[厲] 다행스러워[吉] 허물이[咎] 없거니와[无] 진실로 미덥다 해도[貞] 부끄러우리라[吝].

【상구(上九)의 효상(爻象) 풀이】

진괘(晉卦 : ䷢)의 상구(上九 : ⚊)는 이양거음(以陽居陰) 즉 양(陽 : ⚊)으로써[以] 음(陰 : ⚋)의 자리에 있는지라[居] 정당한 자리에 있지 못하다. 상구(上九 : ⚊)와 육오(六五 : ⚋)는 양음(陽陰)의 사이인지라 〈비(比)〉 즉 이웃의 사귐[比]을 나눌 수 있다. 상구(上九 : ⚊)와 육삼(六三 : ⚋)도 양음(陽陰)인지라 정응(正應) 즉 바르게[正] 서로 호응하는[應] 모습이다. 그러나 상구(上九 : ⚊)는 진괘(晉卦 : ䷢)의 극위(極位)에 있는지라 진괘(晉卦 : ䷢)의 주제인 〈진(晉)〉의 시국에서 나아갈[晉] 데까지 다 나아가버린 모습이다.

진괘(晉卦 : ䷢)의 상구(上九 : ⚊)가 상륙(上六 : ⚋)으로 변효(變爻)하면 상구(上九 : ⚊)는 진괘(晉卦 : ䷢)를 16번째 예괘(豫卦 : ䷏)로 지괘(之卦)하게 한다. 따라서 진괘(晉卦 : ䷢)의 상구(上九 : ⚊)는 예괘(豫卦 : ䷏)의 상륙(上六 : ⚋)을 찾아가 살펴보게 한다.

【상구(上九)의 계사(繫辭) 풀이】

晉其角(진기각)

나아감이[晉] 그[其] 뿔이다[角].

상구(上九 : ⚊)의 효위(爻位)를 빌려 암시한 계사(繫辭)이다. 〈진기각(晉其角)〉은 〈상구지진야자진지각자야(上九之晉也者晉之角者也)〉의 줄임으로 여기고 〈상구의[上九之] 나아감[晉]이란[也] 것은[者] 나아감의[晉之] 뿔인[角] 것[者]이다[也]〉

라고 새겨볼 것이다. 〈진기각(晉其角)의 기(其)〉는 〈진지(晉之)〉를 대신하는 관형사이다. 〈진기각(晉其角)의 각(角)〉은 끝을 암시하는 〈극(極)〉과 같아 진괘(晉卦 : ䷢)의 극위(極位)에 있는 상구(上九 : ⚊)를 취상(取象)한 것이다. 짐승의 머리에 있는 뿔[角]은 짐승의 몸 중에서 가장 강(剛)하고 짐승의 맨 꼭지에 있으니 〈각(角)〉으로써 상구(上九 : ⚊)가 극위(極位)에 있음을 암시한다. 〈진기각(晉其角)의 진(晉)〉은 〈상구지진(上九之晉)〉의 줄임으로 여기면 상구(上九 : ⚊)의 나아감이[晉] 다함[極]이고, 〈진기각(晉其角)의 각(角)〉은 상구(上九 : ⚊)의 굳셈[剛]과 강함[強]이 지나침을 암시한다. 강극(剛極) 즉 굳셈이[剛] 지나침[極]을 고집하는 뿔[角]은 부러지고, 진극(晉極) 즉 나아감이[晉] 지나침[極]을 고집하면 조급해져 견뎌낼 수 없다. 이처럼 극위(極位)에 있는 상구(上九 : ⚊)의 강강(剛強)이 지나쳐[極] 나아감[晉] 역시 지나칠[極] 수 있음을 암시한 계사(繫辭)가 〈진기각(晉其角)〉이다.

維用伐邑(유용벌읍)

오직[維] 고을을[邑] 침을[伐] 활용한다[用].

〈유용벌읍(維用伐邑)〉은 상구(上九 : ⚊)가 진괘(晉卦 : ䷢)에서 더는 나아갈[晉] 수 없는 극위(極位)에 있는지라 진괘(晉卦 : ䷢)의 중효(衆爻)에게 더는 영향력을 미칠 수 없는 처지임을 깨우침을 암시한 계사(繫辭)이다. 〈유용벌읍(維用伐邑)〉은 〈상구유용벌기지읍(上九維用伐己之邑)〉의 줄임으로 여기고 〈상구가[上九] 오로지[維] 자신의[己之] 고을을[邑] 정벌함을[伐] 행하다[用]〉라고 새겨볼 것이다. 〈유용벌읍(維用伐邑)〉에서 〈유(維)〉는 〈오로지 유(唯)〉와 같고, 〈용(用)〉은 〈행할 행(行)〉과 같고, 〈벌(伐)〉은 〈칠 정(征)〉과 같다. 〈유용벌읍(維用伐邑)〉은 더는 나아갈[晉] 수 없는 상황에서 상구(上九 : ⚊)가 자신의 강극(剛極)함을 앞세워 진괘(晉卦 : ䷢)의 중효(衆爻)에게 영향력을 행사코자 나아감[晉]을 결코 시도하지 말아야 함을 상구(上九 : ⚊) 자신이 깨닫고 있음을 암시한다. 왜냐하면 〈유용벌읍(維用伐邑)의 유(維)〉 즉 오로지[維]라는 어조사가 〈불용벌타읍(不用伐他邑)〉 즉 남의[他] 읍을[邑] 치기를[伐] 행하지 않음[不用]을 암시하기 때문이다. 이에 오로지[維] 벌읍을[伐邑] 행한다[用] 함은 타읍(他邑)을 침범하지 않음이니 치궁(治躬) 즉 자신을[躬] 다스려[治] 강극(剛極) 즉 굳셈의[剛] 지나침[極]을 범하지 않음을 암시한다. 〈벌읍(伐邑)〉은 자신의 강극(剛極)을 자극(自克) 즉 스스로[自] 책함[克]을 암시한다.

〈유용벌읍(維用伐邑)〉에서 〈벌읍(伐邑)의 읍(邑)〉은 본래 봉토(封土) 즉 임금이 제후(諸侯)에게 내려준 땅을 말한다. 봉토(封土)란 자신이 직접 다스리는 땅이다. 따라서 〈벌읍(伐邑)의 읍(邑)〉은 상구(上九 : ━) 자신을 〈읍(邑)〉으로써 취상(取象)한 것이다. 〈벌읍(伐邑)〉은 상구(上九 : ━) 자신이 자신을 〈벌(伐)〉 즉 친다는[伐] 뜻인지라, 여기 〈용벌읍(用伐邑)〉은 『논어(論語)』에 나오는 〈후배들을[後生] 두려워해야 한다[可畏]〉라는 내용을 환기시키고, 『서경(書經)』에 나오는 〈자신을[自] 책하여[克] 억누르고[抑] (천명을) 두려워하였다[畏]〉라는 내용을 떠올리게 한다. 상구(上九 : ━)의 뒤에서 전진해 오는[晉] 중효(衆爻)들은 상구(上九 : ━) 자신의 후생(後生) 즉 후배들이고 그 중효(衆爻)들을 두려워해야지[畏] 자신의 강극(剛極)만을 앞세워 중효(衆爻)들과 대결하여 〈벌(伐)〉 즉 칠[伐] 수 없음을 깨닫고, 상구(上九 : ━) 자신이 스스로[自] 책하면서[克] 억눌러[抑] 세상을 두려워해야[畏] 함을 깨닫고 있음을 암시한 계사(繫辭)가 〈유용벌읍(維用伐邑)〉이다.

厲吉(여길)

뜻 같지 않아 불행하나[厲] 다행스럽다[吉].

〈여길(厲吉)〉은 앞의 〈유용벌읍(維用伐邑)〉을 높여주는 계사(繫辭)이다. 극기(克己)-극자(克自) 즉 자신이 자신을 따져 잘못에서 벗어남으로써 상구(上九 : ━) 자신도 천선(遷善) 즉 선(善)으로 옮겨갈[遷] 수 있음을 〈여(厲)〉가 일깨워준다. 선(善)이란 천도(天道) 즉 자연의[天] 도리[道]를 이어감[繼]이다. 극위(極位)에 있는 상구(上九 : ━)의 모습은 나아갈[晉] 데가 더는 없으니 위태함[厲]을 마주하는 처지이다. 그럼에도 불구하고 상구(上九 : ━)가 〈벌읍(伐邑)〉을 행사함은 불행하지만[厲] 높고 훌륭한 모습이라는 것을 여기 〈여(厲)〉가 암시한다. 이는 앞의 〈유용벌읍(維用伐邑)의 용벌읍(用伐邑)〉을 찬(讚) 즉 높여줌[讚]인지라, 상구(上九 : ━)의 뜻이 여의치 않아 불행할[厲]지라도 고상(高尙) 즉 높고[高] 훌륭하여[尙] 상구(上九 : ━) 자신은 행복해[吉] 함을 암시한 계사(繫辭)가 〈여길(厲吉)〉이다.

无咎(무구)

허물이[咎] 없다[无].

〈무구(无咎)〉 또한 〈유용벌읍(維用伐邑)〉의 결과를 밝힌 계사(繫辭)이다. 〈상구무구유어벌읍(上九无咎由於伐邑)〉의 줄임으로 여기고 〈제 고을을[邑] 친[伐] 덕으로[由於] 상구에게는[上九] 허물이[咎] 없다[无]〉라고 새겨볼 것이다. 〈용벌읍(用伐邑)〉은 자극(自克)이고 자치(自治)이다. 스스로[自] 책함[克]이야말로 천명(天命) 즉 자연의[天] 가르침[命]을 계승하는 길을 따라감인지라 상구(上九 : ━)에게 허물이[咎] 없다[无]는 것이다. 〈벌읍(伐邑)〉 즉 스스로[自] 책하여[克] 선처(善處) 즉 선하게[善] 삶아감이니[處] 행운을 누려도[吉] 상구(上九 : ━)에게 허물[咎]이란 없다[无]고 암시한 계사(繫辭)가 〈무구(无咎)〉이다.

貞吝(정린)

진실로 미덥다 해도[貞] 부끄러우리라[吝].

〈정린(貞吝)〉은 상구(上九 : ━)의 〈벌읍(伐邑)〉 즉 자치(自治)를 풀이한 계사(繫辭)이다. 〈정린(貞吝)〉은 〈수상구정관어벌읍(雖上九貞關於伐邑) 상구현득린(上九顯得吝)〉의 줄임으로 여기고 〈비록[雖] 상구가[上九] 자신을 책함[伐邑]에[關於] 진실로 미더워도[貞] 상구는[上九] 부끄러워[吝] 보인다[顯得]〉라고 새겨볼 것이다. 〈정린(貞吝)의 정(貞)〉은 상구(上九 : ━)의 내면(內面) 즉 심중(心中)을 암시하고, 〈정린(貞吝)의 인(吝)〉은 상구(上九 : ━)의 외면(外面) 즉 밖으로 드러나는 모습을 암시한다. 여기 〈정린(貞吝)〉은 정도(正道)를 따라 바르고 미더울수록[貞] 겉보기로는 인색해 보인다[吝]라고 새기면 〈정린(貞吝)〉의 품은 뜻이 드러난다. 〈정(貞)〉이란 중정지심(中正之心) 즉 정도를[正] 따르는[中之] 마음[心]인지라 겉으로 드러나지 않는다. 〈정(貞)〉이란 스스로 다짐하는 심지(心志) 즉 마음의[心] 뜻[志]이지 결코 밖으로부터 강요받아 갖추게 되는 심지가 아니다.

성신(誠信) 즉 정성스럽고[誠] 미더워[信] 공정(公正)한 〈정(貞)〉은 말로 드러내지 않는다. 자신의 마음은 정(貞)하다고 말로써 밝힌다면 그자의 마음은 기심(欺心) 즉 남을 속이려는[欺] 마음[心]이다. 마음의 〈정(貞)〉은 결코 말로 하지 않는다.

모든 것을 아울러 하나같이[公] 바르게 하는[正] 〈정(貞)〉에는 사사로움이[私] 없고[無] 치우침이[偏] 없어[無] 절로 공정할 뿐이다. 이런 공정한 정(貞)일수록 남들에게 〈인(吝)〉 즉 체면 없이 자기만 아끼어 인색하게[吝] 보이기 쉽다. 바로 상구(上九 : ━)의 〈벌읍(伐邑)〉 곧 자극(自克) 즉 스스로[自] 책하여[克] 자치(自治) 즉 자신을[自] 다스려감[治]이 진실로 미더워도[貞] 겉보기로는 인색해[吝] 보임을 암시한 계사(繫辭)가 〈정린(貞吝)〉이다.

【字典】

진(晉) 〈나아갈 진(晉)-진(進), 누를 진(晉)-억(抑), 엄숙할 진(晉)-숙(肅), 사이에 끼워 넣을(꽂을) 진(晉)-진(搢), 창의 물미(창대 끝에 씌운 뾰족한 쇠) 진(晉)-준(鐏), 나라 이름 진(晉), 괘(卦) 이름 진(晉)〉 등의 뜻을 내지만 여기선 〈나아갈 진(進)〉과 같다 여기고 새김이 마땅하다.

기(其) 〈그(관형사) 기(其)-관형사, 그것 기(其)-피(彼)-지(之), 그럴 기(其)-연(然), 어찌 기(其)-기(豈), 누를 기(其)-억(抑), 오히려 기(其)-상(尙)-서기(庶幾), 이에 기(其)-내(乃), 만약 기(其)-약(若), 장차 기(其)-장(將), 어조사 기(其)-어조사〉 등의 뜻을 내지만 여기선 관형사로서 〈그 기(其)〉로 여기고 새김이 마땅하다. 여기 〈기(其)〉는 〈상구지(上九之)〉를 줄여놓은 관형사이다.

각(角) 〈(짐승 머리에 난) 뿔 각(角)-수두상골외출(獸頭上骨外出), 모퉁이 각(角)-우(隅), 굽은 곳 각(角)-주변지일곡(周邊之一曲), 까끄라기 각(角)-망(芒), 찌를 각(角)-촉(觸), 다툴 각(角)-경(競), 비교할 각(角)-교(校), 대평소 각(角)-취기(吹器)〉 등의 뜻을 내지만 〈(짐승 머리에 난) 뿔 각(角)〉으로 새김이 마땅하다.

유(維) 〈오직 유(維)-독(獨)-개(豈), 맬(이을) 유(維)-계(係), 벼리 유(維)-강(綱), 맺을 유(維)-연결(連結), 모퉁이 유(維)-방우(方隅), 이 유(維)- 차(此), 개혁 유(維)-신(新), 끌어갈 유(維)-지(持), 바 유(維), 어조사 유(維)〉 등의 뜻을 내지만 여기선 〈오직 독(獨)〉과 같다 여기고 새김이 마땅하다.

용(用) 〈행할 용(用)-행(行), 쓸 용(用)-시(施), 쓰일(부릴) 용(用)-사(使), 맡길 용(用)-임(任), 위할 용(用)-위(爲), 갖출 용(用)-비(備)〉 등의 뜻을 내지만 여기선 〈행할 행(行)〉과 같다 여기고 새김이 마땅하다.

벌(伐) 〈칠 벌(伐)-정(征)-격(擊), 벨(자를) 벌(伐)-작(斫)-참(斬), 깨뜨릴 벌(伐)-패

(敗)-훼(毁), 죽일 벌(伐)-살(殺), 자랑할 벌(伐)-공(功), 어그러질 벌(伐)-패(悖)-난(亂)〉 등의 뜻을 내지만 여기선 〈칠 정(征)〉과 같다 여기고 새김이 마땅하다.

읍(邑) 〈고을 읍(邑)-이(里), 흑흑 느낄 읍(邑)-기결(氣結), 답답할 읍(邑)-우울(憂鬱)〉 등의 뜻을 내지만 여기선 〈고을 이(里)〉로 여기고 새김이 마땅하다. 고팔가위린(古八家爲鄰) 삼린위붕(三鄰爲朋) 삼붕위리(三朋爲里) 오리위읍(五里爲邑) 십읍위도(十邑爲都) 십도위사(十都爲師) : 옛날에는[古] 여덟 가구가[八家] 인이[鄰] 되고[爲], 삼린이[三鄰] 붕이[朋] 되며[爲], 삼붕이[三朋] 이가[里] 되고[爲], 오리가[五里] 읍이[邑] 되며[爲], 십읍이[十邑] 도가[都] 되고[爲], 십도가[十都] 사가[師] 된다[爲].

여(厲) 〈뜻 같지 않을(위태할) 여(厲)-위(危)-역경(逆境), 높고 훌륭할 여(厲)-고상(高尙), 가물 여(厲)-한(旱), 갈 여(厲)-마(磨), 문지를(비빌) 여(厲)-마찰(摩擦), 엄할(사나울) 여(厲)-엄(嚴)-맹(猛), 맑고 바를 여(厲)-청정(淸正), 막을 여(厲)-항(抗), 일어날 여(厲)-기(起), 지을 여(厲)-작(作), 사나울 여(厲)-학(虐), 병들 여(厲)-병(病), 낭떠러지 여(厲)-애(涯) 물이 깊어도 건널 수 있는 곳 여(厲)-심수가섭지처(深水可涉之處), 권하여 힘쓰게 할 여(厲)-권면(勸勉), 이을 여(厲)-합(合)-연(連), 옷을 입고 물을 건널 여(厲)-이의섭수(以衣涉水), 가까울 여(厲)-근(近)-부(附)〉 등의 뜻을 내지만 여기선 〈뜻 같지 않아 불행할 역경(逆境)〉으로 여기고 새김이 마땅하다. 〈厲〉가 맨 앞일 때는 〈여〉로 발음되고, 중간이나 뒤일 때는 〈려〉로 발음된다.

길(吉) 〈좋을(행복할) 길(吉)-선(善)-영(令) {영월길일(令月吉日)은 선월선일(善月善日)임.}, 복 길(吉)-실(實)-선실(善實)-복(福), 예의를 따라 상서로울 길(吉)-예의순상(禮義順祥), 삼갈 길(吉)-근(謹), 초하루 길(吉)-삭일(朔日) {삭망(朔望) 즉 초하루[朔]와 그믐날[望]}, 길례 길(吉)-길례(吉禮) {오례지일(五禮之一) 길흉빈군가(吉凶賓軍嘉)}, 갈 길(吉)-행(行)-길(趌)〉 등의 뜻을 내지만 여기선 〈좋을 선(善)-영(令)〉 즉 행복과 같다 여기고 새김이 마땅하다.

무(无) 〈없을 무(无)-무(無), 허무지도 무(无)-허무지도(虛无之道), 으뜸 무(无)-원(元)〉 등의 뜻을 내지만 여기선 〈없을 무(無)〉와 같다 여기고 새김이 마땅하다.

구(咎) 〈허물 구(咎)-건(愆)-과(過), 재앙 구(咎)-재(災), 병될 구(咎)-병(病), 나쁠 구(咎)-오(惡)〉 등의 뜻을 내지만 여기선 〈허물 건(愆)-과(過)〉와 같다 여기고 새김이 마땅하다. 〈무구(无咎)〉는 〈면어구(免於咎)〉 즉 허물을[於咎] 면하다[免]와 같다.

정(貞) 〈바를 정(貞)-정(正), 믿을 정(貞)-신(信), 거북점을 물을 정(貞)-복문(卜問), 역(易)의 내괘(內卦) 정(貞), 마땅할 정(貞)-당(當), 고정할 정(貞)-정(定)-고정(固定), 순수할 정(貞)-전(專)-일(一)〉 등의 뜻을 내지만 여기선 〈바를 정(正), 믿을 신(信)〉 등을 합친 뜻과 같아 〈정신(正信)〉으로 여기고 새김이 마땅하다.

인(吝) 〈부끄러울 인(吝)-수치(羞恥), 굴욕스러울 인(吝)-굴욕(屈辱), 한할 인(吝)-한(恨), 아낄 인(吝)-석(惜), 인색할 인(吝)-색(嗇), 욕심낼 인(吝)-탐(貪)〉 등의 뜻을 내지만 여기선 〈인색할 색(嗇)〉과 같다 여기고 새김이 마땅하다. 〈吝〉이 맨 앞에 있을 때는 〈인〉으로 읽고, 가운데나 뒤에 있을 때는 〈린〉으로 읽는다.

註 후생가외(後生可畏) 언지래자지불여금야(焉知來者之不如今也) : 후배들을[後生] 두려워해야 한다[可畏]. 뒤이어 올[來] 자들이[者之] 지금만[今] 못하다고[不如] 어찌[焉] 알겠는가[知也].

『논어(論語)』「자한(子罕)」 22장(章)

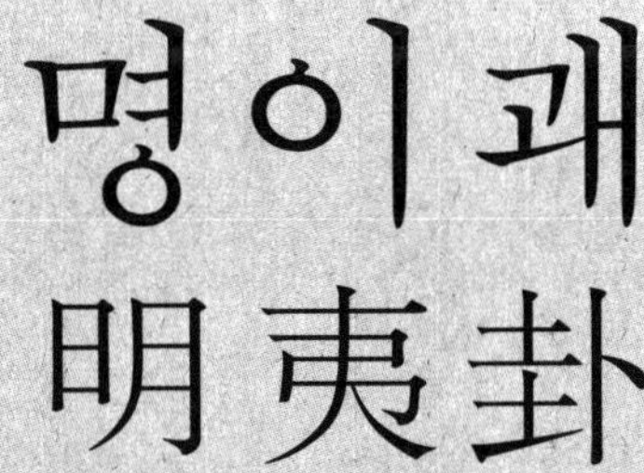

명이괘 明夷卦

36

1 | 괘의 괘상과 계사

명이괘(明夷卦 : ䷣)

이하곤상(離下坤上) : 아래는[下] 이(離 : ☲), 위는[上] 곤(坤 : ☷).

지화명이(地火明夷) : 땅과[地] 불은[火] 명이이다[明夷].

明夷는 利艱貞하니라
명이 이간정

밝음이[明] 상처입음은[夷] 어려워도[艱] 진실로 미더워[貞] 이롭다[利].

【명이괘(明夷卦 : ䷣)의 괘상(卦象) 풀이】

앞 진괘(晉卦 : ䷢)의 〈진(晉)〉이란 나아감[晉]을 말한다. 이에 「서괘전(序卦傳)」에 〈진(晉)이란[者] 나아감[進]이다[也] 나아감에는[進] 반드시[必] 상처입는[傷] 바가[所] 있다[有] 그래서[故] 명이괘(明夷卦 : ䷣)로써[以] 그것을[之] 받는다[受]〉라는 말이 나온다. 이는 진괘(晉卦 : ䷢) 뒤에 명이괘(明夷卦 : ䷣)가 오는 까닭을 밝힌다. 명이괘(明夷卦 : ䷣)의 주제인 〈명이(明夷)〉 즉 밝음이[明] 상처입음[夷]이라 밝음이[明] 이지러져[傷] 〈회(晦)〉 즉 어둠[晦]이 짙어감이다. 명이괘(明夷卦 : ䷣)의 하체(下體)는 이(離 : ☲)이고 상체(上體)는 곤(坤 : ☷)인지라, 명이괘(明夷卦 : ䷣)는 앞 진괘(晉卦 : ䷢)의 도괘(倒卦) 즉 뒤집어진[倒] 괘(卦)이다. 〈명이(明夷)의 명(明)〉은 〈일(日)〉과 〈월(月)〉의 합(合)이니 광명(光明)을 뜻하고, 〈명이(明夷)의 이(夷)〉는 〈대(大)〉와 〈궁(弓)〉의 합(合)이니 대궁(大弓) 즉 큰 활[大弓]을 뜻해 상처를 입힘을 암시한다. 명이괘(明夷卦 : ䷣)의 하체(下體) 이(離 : ☲)는 불[火]이고 그 불은 일(日) 즉 해[日]를 말하고, 명이괘(明夷卦 : ䷣)의 상체(上體) 곤(坤 : ☷)은 지(地) 즉 땅[地]을 상징한다. 이에 〈명이(明夷)〉란 땅 아래 밝음이 있음을 암시한다. 밝음이[明] 땅속에[地中] 묻혀 밝음이[明] 상처받음[夷]이 명이괘(明夷

괘 : ䷣)의 모습이다. 「설괘전(說卦傳)」에 나오는 〈이(離 : ☲)라는[也] 것은[者] 밝음[明]이다[也]〉라는 내용을 상기한다면, 〈명이(明夷)의 명(明)〉은 명이괘(明夷卦 : ䷣)의 하체(下體)인 이(離 : ☲)를 암시하고, 「설괘전(說卦傳)」에 나오는 〈곤은[坤 : ☷] 검음[黑]이다[爲]〉라는 내용을 상기한다면, 〈명이(明夷)의 이(夷)〉는 명이괘(明夷卦 : ䷣)의 상체(上體)인 곤(坤 : ☷)을 암시한다. 어둠[黑] 아래 밝음[明]이 있어 빛나지 못하는 지경을 상처받음[夷]이라고 암시하여, 밝음이[明] 상처받아[夷] 어둠이 짙어지는 모습을 빌려 명이괘(明夷卦 : ䷣)라 칭명(稱名)한다.

【명이괘(明夷卦 : ䷣)의 계사(繫辭) 풀이】

明夷(명이)

밝음이[明] 상처입는다[夷].

명이괘(明夷卦 : ䷣)의 주제인 〈명이(明夷)〉는 밝음이[明] 상처입음[夷]을 암시한다. 그 무엇이든 끝끝내 나아가다가는[晉] 상처를 입게 된다. 이(離 : ☲)의 밝음[明]이 곤(坤 : ☷)의 위에서 나아감[晉]이 다하면 그 〈명(明)〉이 땅 아래로 내려가 이지러짐[夷]이 천도(天道) 즉 자연의[天] 도리[道]이다. 이에 〈명이(明夷)〉의 시국에서는 밝음의[明] 이지러짐[夷]이 이어진다. 명이괘(明夷卦 : ䷣)의 하체(下體) 이(離 : ☲)는 음괘(陰卦)이고 상체(上體) 곤(坤 : ☷)도 음괘(陰卦)인지라, 명이괘(明夷卦 : ䷣)의 군음(群陰)으로써 밝음이[明] 상처받아[夷] 이지러져감이 〈명이(明夷)〉이다. 〈명이(明夷)의 명(明)〉은 해[日]와 달[月]이 함께하는 자(字)이다. 일월(日月)보다 더 밝음[明]은 없다. 이러한 〈명(明)〉은 지(智) 즉 슬기로움[智]을 뜻해 명지(明智)로 통한다. 명지(明智)는 명즉지(明卽智)의 줄임이다. 밝음은[明] 곧[卽] 슬기[智]이다. 〈명이(明夷)의 이(夷)〉는 대인[大]이 활[弓]과 함께 있는 자(字)로서 문장의 앞뒤 문맥에 따라 매우 다양한 뜻을 내는 자(字)이다. 명이괘(明夷卦 : ䷣)의 괘상(卦象)은 밝음[明 : ☲]이 땅[地 : ☷] 아래 있는 모습이니 밝음[明]이 지중(地中) 즉 땅속[地中]에 묻혀서 상처받는 모습인지라, 〈명이(明夷)의 이(夷)〉는 〈상처낼 상(傷)〉과 같아 〈명상(明傷)〉 즉 밝음이[明] 상처받는다[傷]라고 여기고 새김이 마땅하다.

명이괘(明夷卦 : ䷣)의 이러한 〈명이(明夷)〉는 비간(比干)의 고사(故事)를 떠올린다. 비간의 고사는 밝음을 들어내다 밝음이[明] 상처 입음[夷]을 살펴 헤아리게 한다. 따라서 명이괘(明夷卦 : ䷣)의 〈명이(明夷)〉는 도광양회(韜光養晦) 즉 밖으로 드러나는 밝음을[光] 감추어[韜] 어둠을[晦] 길러냄[養]을 환기시키기도 한다. 〈명이(明夷)〉란 밝음이[明] 상처받아[夷] 이지러져 겉보기로는 어둠[晦]이다. 소인배(小人輩)의 우두머리인 폭군이 빚어내는 난세에서 군자(君子)가 난세를 바로잡고자 나서면 비간(比干)처럼 상처를 입고 만다. 그래서 군자는 도광양회(韜光養晦)를 취해 밝음[明] 때문에 상처를 입는 화(禍)를 면치 못함을 알기에, 대시(待時) 즉 때를[時] 기다리며[待] 은거(隱居) 즉 숨어[隱] 삶[居]이 〈명이(明夷)〉의 모습과 같다. 동시에 〈명이(明夷)의 명(明)〉은 『서경(書經)』에 나오는 〈선왕이[先王] 이미[旣] 열심히[勤] 밝은[明] 덕을[德] 씀[用]〉을 상기시키고, 또한 『대학(大學)』에 나오는 〈{대학의[大學之] 도(道)는} 밝음의[明] 덕을[德] 밝힘에[明] 있다[在]〉라는 내용을 떠올려준다. 그러므로 명이괘(明夷卦 : ䷣)에서 여섯 번에 걸쳐 거듭되는 〈명이(明夷)의 명(明)〉은 모두 다 명덕(明德) 즉 광명의[明] 덕을[德] 밝혀[明], 백성을[民] 사랑하고[親] 나아가 지선(至善) 즉 더없는[至] 선에[善] 머문다[止]는 뜻을 깊이 살피고 헤아려보게 하는 계사(繫辭)가 〈명이(明夷)〉이다.

利艱貞(이간정)

어려워도[艱] 진실로 미더워[貞] 이롭다[利].

〈이간정(利艱貞)〉은 〈명이(明夷)〉를 마주함을 암시한 계사(繫辭)이다. 〈이간정(利艱貞)〉은 〈수연명이지간군자수정(雖然明夷之艱君子守貞) 즉군자유유리(則君子有攸利)〉의 줄임으로 여기고 〈명이의[明夷之] 괴로움에도[艱] 불구하고[雖然] 군자가[君子] 진실한 미더움을[貞] 지키니[守] 곧[則] 군자에게는[君子] 이로운[利] 바가[攸] 있다[有]〉라고 새겨볼 것이다. 〈이간정(利艱貞)의 간(艱)〉은 〈괴로울 고(苦)〉와 같고, 〈이간정(利艱貞)의 정(貞)〉은 성신(誠信) 즉 진실로[誠] 미더워[信] 공평무사(公平無邪)한 마음가짐이다. 〈이간정(利艱貞)의 간정(艱貞)〉은 군자(君子)의 도광양회(韜光養晦)를 거듭해 연상시킨다. 밖으로 드러나는 밝음을[光] 감추어[韜] 어둠을[晦] 길러내며[養] 숨어 산다는 것은 몹시 괴로운[艱] 일이다. 소인(小人)은 그

괴로움[艱]을 당하면 천도(天道) 즉 자연의[天] 도리[道]를 바르게[正] 믿는[信] 〈정(貞)〉을 서슴없이 내쳐버리고 행험(行險) 즉 모험을[險] 감행하고[行] 요행(徼幸) 즉 다행스럽기를[幸] 바란다[徼]. 이런 연유로 『논어(論語)』에 〈소인은[小人] 천명을[天命] 몰라서[不知而] 두려워하지 않는 것[不畏]이다[也]〉라는 말씀이 나온다. 그러나 군자(君子)는 명이괘(明夷卦 : ䷣)의 주제인 〈명이(明夷)〉의 시국에서 밝음이[明] 상처받기[夷]에 〈간(艱)〉 즉 어려움[艱]을 겪을지라도 〈명이(明夷)의 명(明)〉에 관한 〈정(貞)〉을 버리지 않는다. 〈정(貞)〉이란 무사(無私)하여 득중(得中) 즉 정도를 따름을[中] 취하여[得] 〈명이(明夷)〉의 시국을 마주하면서 백성이 평안한 세상을 누리는 때를 기다리며 간고(艱苦)함을 올곧게 겪기 때문에, 밝음이[明] 이지러져[夷] 어려울수록[艱] 더욱더 군자(君子)의 마음가짐은 바르고 미더워[貞] 끝내 이로운[利] 것임을 암시한 계사(繫辭)가 〈이간정(利艱貞)〉이다.

【字典】

명(明) 〈밝을 명(明)-광(光)-조(照), 밝힐 명(明)-현(顯), 분별할 명(明)-변(辨), 살필 명(明)-찰(察), 총명할 명(明)-총(聰), 나타날 명(明)-저(著), 날이 샐 명(明)-야명(夜明), 확실할 명(明)-확(確), 볼 명(明)-시(視), 낮 명(明)-주(晝), 깨달을 명(明)-효(曉), 신령스러울 명(明)-신령(神靈), 현세 명(明)-현세(現世), 흰 명(明)-백(白), 통할 명(明)-통(通)〉 등의 뜻을 내지만 여기선 〈밝을 광(光)〉으로 여기고 새김이 마땅하다.

이(夷) 〈상처입을(받을) 이(夷)-상(傷)-이(痍), 깎일(잘릴) 이(夷)-예(刈)-치(薙)-할(割), 동쪽 사람들 이(夷)-동방지인(東方之人), 사방의 이민족 총칭 이(夷)-사방이족지총칭(四方異族之總稱), 멀리 떨어진 곳 이(夷)-원방(遠方)-이기(夷畿), 해외 이(夷)-해외(海外), 편하고 쉬울 이(夷)-이(徺)-평이(平易)-심중평화(心中平和), 넓고 평평할 이(夷)-평탄(平坦), 평평할 이(夷)-평(平), 쉬울 이(夷)-이(易)-불난(不難), 평범할 이(夷)-평범(平凡), (칼 따위로) 벨 이(夷)-할(割)-예(刈), 제거할 이(夷)-제(除), 없앨 이(夷)-멸(滅), 죽일 이(夷)-살(殺), 상처 날 이(夷)-상(傷)-이(痍), 업신여길 이(夷)-이(駭), 밝을 이(夷)-명(明), 받들 이(夷)-경(敬), 빛깔이 없을 이(夷)-무색(無色)-무채색(無彩色), 기꺼울 이(夷)-이(恞)-열(悅), 펼쳐놓을 이(夷)-진(陳)-이(侇), 무리(함께) 이(夷)-제(儕), 거만할(책상다리할) 이(夷)-거(倨), 변하지 않을 이(夷)-상(常), 나이 어릴 이(夷)-제(弟), 흘끗 볼(한눈팔) 이(夷)-제(睇), 어조사(語助詞) 이(夷)〉 등의 뜻을 내지만 여기선 〈상처

입을 상(傷)〉과 같다 여기고 새김이 마땅하다.

이(利) 〈만물로 하여금 삶을 이루어가게 하는 덕(德)의 이로울 이(利)-사만물수생지덕(使萬物遂生之德), 날카로울 이(利)-예(銳)-섬(銛), 질병 이(利)-질(疾), 통할 이(利)-통(通)-순(順), 좋을 이(利)-길(吉)-의(宜), 편리할 이(利)-편(便), 마름해 만들어 이룰 이(利)-재성(裁成), 탐할 이(利)-탐(貪), 구할(취할) 이(利)-구(求)-취(取), 좋아할 이(利)-열애(悅愛), 이로울 이(利)-익(益), 기교 이(利)-교(巧), 보람 이(利)-공용(功用), 지세가 험하고 중요한 이(利)-험요(險要), 이길 이(利)-승(勝), 어질 이(利)-인(仁)〉 등의 뜻을 내지만 여기선 〈이로울 이(利)〉로 여기고 새김이 마땅하다. 〈利〉가 맨 앞에 오면 〈이〉로 발음되고, 중간이나 뒤에 오면 〈리〉로 발음된다.

간(艱) 〈험할 간(艱)-험(險), 어려울 간(艱)-난(難)-불이(不易), 개간할 간(艱)-토난치(土難治), 걱정할 간(艱)-우(憂), 괴로울 간(艱)-고(苦)〉 등의 뜻을 내지만 여기선 〈어려울 난(難)〉과 같다 여기고 새김이 마땅하다.

정(貞) 〈바를 정(貞)-정(正), 믿을 정(貞)-신(信), 거북점을 물을 정(貞)-복문(卜問), 역(易)의 내괘(內卦) 정(貞), 마땅할 정(貞)-당(當), 고정할 정(貞)-정(定)-고정(固定), 순수할 정(貞)-전(專)-일(一)〉 등의 뜻을 내지만 여기선 〈바를 정(正), 믿을 신(信)〉 등을 합친 뜻과 같아 〈정신(正信)〉으로 여기고 새김이 마땅하다.

註 진자진야(晉者進也) 진필유소상(進必有所傷) 고(故) 수지이명이(受之以明夷) : 진(晉)이란[者] 나아감[進]이다[也]. 나아감에는[進] 반드시[必] 상처입는[傷] 바가[所] 있다[有]. 그래서[故] 명이괘(明夷卦 : ䷣)로써[以] 그것을[之] 받는다[受]. 「서괘전(序卦傳)」 2단락(段落)

註 비간(比干) : 〈비간(比干)의 비(比)〉는 이름이고, 〈간(干)〉은 간(干)이라는 나라에 봉(封)해져 비간(比干)이라 불리고, 비(比)의 성씨가 〈자(子)〉인지라 자비(子比)라고도 불린다. 비간(比干)은 은(殷)나라 마지막 왕(王)인 폭군 주(紂)의 숙부이다. 폭군 주(紂)에게 선정을 베풀라고 충언을 거듭하자 폭군 주(紂)가 성인(聖人)의 심장에는 칠규(七竅) 즉 일곱 개의[七] 구멍[竅]이 있다는데 어디 그런지 보자면서 숙부의 심장을 도려내 비간(比干)을 죽였다. 지금의 하남성(河南省) 위주(衛州) 급현(汲縣)에 비간(比干)의 묘(墓)가 있다고 한다. 비간(比干)의 묘(墓)를 공자(孔子)가 찾아가 〈은비간막(殷比干莫)〉 즉 〈은나라[殷] 비간이[比干] 여기에 잠들었다[莫].〉라고 비(碑)를 세웠다 하고, 또 무지(武之)라는 이가 비간(比干)의 묘역(墓域)에서 밭갈이를 하다 좌림우천(左林右泉) 후강전도(後岡前道) 만세지령(萬歲之寧) 자언시보(玆焉是寶) 즉 〈왼쪽에는[左] 수풀이고[林] 오른쪽에는[右] 시내이며[泉], 뒤에는[後] 산등성이고[岡] 앞에는[前] 길이어라[道]. 영원한[萬歲

之] 안녕이여[寧]! 이야말로[玆焉] 보배[寶]로다[是].〉라고 쓰인 동판(銅版)을 발견하였는데, 이 동판(銅版)이 바로 공자서(孔子書)라 하여 역사서에도 기록되어 있다고 한다.

註 이야자명야(離也者明也) : 이(離 : ☲)라는[也] 것은[者] 밝음[明]이다[也].

「설괘전(說卦傳)」 5단락(段落)

註 곤위흑(坤爲黑) : 곤은[坤 : ☷] 검음[黑]이다[爲]. 「설괘전(說卦傳)」 11단락(段落)

註 소인부지천명이불외야(小人不知天命而不畏也) 압대인(狎大人) 모성인지언(侮聖人之言) : 소인은[小人] 천명을[天命] 몰라서[不知而] (그 천명을) 두려워하지 않는 것[不畏]이다[也]. (그래서 소인은) 대인을[大人] 얕보고[狎] 성인의[聖人之] 말씀을[言] 업신여긴다[侮].

『논어(論語)』「계씨(季氏)」 8장(章)

註 선왕기근용명덕(先王旣勤用明德) 회위협(懷爲夾) 서방형(庶邦亨) 작형제방래(作兄弟方來) : 선왕이[先王] 이미[旣] 열심히[勤] 밝은[明] 덕을[德] 써서[用] 달래어[懷] 가까워져서[爲夾], 여러[庶] 나라들이[邦] 공물을 바쳐오고[亨], 형제가[兄弟] 되어[作] 여러 나라들이[方] 찾아오게 되었다[來]. 여기 선왕(先王)은 주문왕(周文王)을 말한다. 『서경(書經)』「재재(梓材)」

註 대학지도재명명덕(大學之道在明明德) 재친민(在親民) 재지어지선(在止於至善) : 대학의[大學之] 도는[道] 밝음의[明] 덕을[德] 밝힘에[明] 있고[在], 백성을[民] 가까이함에[親] 있으며[在], 지극한[至] 선에[於善] 머묾에[止] 있다[在]. 『대학(大學)』 맨 앞

2 효의 효상과 계사

初九 : 明夷于飛에 垂其翼한다 君子于行에 三日不食
명이우비 수기익 군자우행 삼일불식
한다 有攸往에 主人有言이로다
유유왕 주인유언

六二 : 明夷에 夷于左股이나 用拯馬壯이면 吉하리라
명이 이우좌고 용증마장 길

九三 : 明夷于南狩하여 得其大首하니 不可疾이요 貞이니라
명이우남수 득기대수 불가질 정

六四 : 入于左腹하여 獲明夷之心하고 于出門庭이로다
입우좌복 획명이지심 우출문정

六五 : 箕子之明夷니 利貞하다
기자지명이 이정

上六 : 不明하여 晦하니 初登于天하고 後入于地로다
불명 회 초등우천 후입우지

초구(初九) : 어둠에[明夷] 날려고[飛] 하다[于] 제[其] 날개를[翼] 접는다[垂]. 군자가[君子] 행함에[于行] 삼일을[三日] 굶는다[不食]. 갈[往] 데가[攸] 있는데[有] 주인에게[主人] 말이[言] 있다[有].

육이(六二) : 어둠에[明夷] 왼쪽[左] 넓적다리에[于股] 상처 입었으나[夷] 도움을[拯] 받음에[用] 말이[馬] 건장하면[壯] 좋으리라[吉].

구삼(九三) : 어둠에[明夷] 남쪽에서[南] 사냥을[狩] 하여[于] 그[其] 큰[大] 우두머리를[首] 획득하니[得] 서두를[疾] 수 없고[不可] 진실로 미덥다[貞].

육사(六四) : 어둠의[左] 복판[腹]으로[于] 들어가서[入] 밝음이[明] 상처받은[夷之] 마음을[心] 알고서[獲] 어둠의 복판에서[于] 안뜰로[門庭] 나온다[出].

육오(六五) : 기자가[箕子之] 밝음에[明] 상처 냄이니[夷] 진실로 미더움이[貞] 이롭다[利].

상륙(上六) : 밝지 않고[不明] 어두우니[晦] 처음엔[初] 하늘로[于天] 올랐다가[登] 뒤에는[後] 땅으로[于地] 들어간다[入].

초구(初九 : ㅡ)

初九 : 明夷于飛에 垂其翼한다 君子于行에 三日不食한다 有攸往에 主人有言이로다
명이우비 수기익 군자우행 삼일불식 유유왕 주인유언

초구(初九) : 어둠에[明夷] 날려고[飛] 하다[于] 제[其] 날개를[翼] 접는다[垂]. 군자가[君子] 행함에[于行] 삼일을[三日] 굶는다[不食]. 갈[往] 데가[攸] 있는데[有] 주인에게[主人] 말이[言] 있다[有].

【초구(初九)의 효상(爻象) 풀이】

명이괘(明夷卦 : ䷣)의 초구(初九 : ㅡ)는 이양거양(以陽居陽) 즉 양(陽 : ㅡ)으로써[以] 양(陽 : ㅡ)의 자리에 있는지라[居] 정당한 자리에 있다. 초구(初九 : ㅡ)와 육이(六二 : --)는 양음(陽陰)의 사이인지라 〈비(比)〉 즉 이웃의 사귐[比]을 누린다. 초구(初九 : ㅡ)와 육사(六四 : --)도 양음(陽陰)이라 다른 대성괘(大成卦)에서라면 정응(正應)을 누리는 처지이지만, 명이괘(明夷卦 : ䷣)의 주제인 〈명이(明夷)〉의 시국에서는 밝음을[明] 상처 내는[夷] 음(陰 : --)을 양(陽 : ㅡ)이 밀쳐내려 하므로 초구(初九 : ㅡ)와 육사(六四 : --)는 정응(正應) 즉 바르게[正] 서로 호응하지[應] 못하고 오히려 상충(相衝) 즉 서로[相] 부딪치는[衝] 관계이다. 이렇듯 초구(初九 : ㅡ)는 맨 밑자리인지라 명이괘(明夷卦 : ䷣)의 주제인 〈명이(明夷)〉의 시국에서는 밝음이[明] 상처받기[夷] 시작하므로 초구(初九 : ㅡ)의 처지는 어려운 모습이다.

명이괘(明夷卦 : ䷣)의 초구(初九 : ㅡ)가 초륙(初六 : --)으로 변효(變爻)하면 초구(初九 : ㅡ)는 명이괘(明夷卦 : ䷣)를 15번째 겸괘(謙卦 : ䷎)로 지괘(之卦)하게 한다. 따라서 명이괘(明夷卦 : ䷣)의 초구(初九 : ㅡ)는 겸괘(謙卦 : ䷎)의 초륙(初六 : --)을 찾아가 살펴보게 한다.

【초구(初九)의 계사(繫辭) 풀이】

明夷于飛(명이우비) 垂其翼(수기익)

어둡에[明夷] 날려고[飛] 하다[于] 제[其] 날개를[翼] 접는다[垂].

초구(初九 : ━)의 효위(爻位)를 빌려 암시한 계사(繫辭)이다. 〈명이우비(明夷于飛) 수기익(垂其翼)〉은 〈약우명이초구우비(若遇明夷初九于飛) 즉초구수기지익(卽初九垂己之翼)〉의 줄임으로 여기고 〈명이에도[明夷] 불구하고[若遇] 초구가[初九] 날아보려[飛] 하다가[于] 곧장[卽] 초구는[初九] 제[己之] 날개를[翼] 접는다[垂]〉라고 새겨볼 것이다. 〈명이우비(明夷于飛)〉에서 〈우비(于飛)의 우(于)〉는 여기선 〈~할 위(爲)〉와 같고, 〈수기익(垂其翼)의 수(垂)〉는 〈접을(아래로 늘어진) 수하(垂下)〉의 뜻과 같다. 〈명이우비(明夷于飛)〉는 명이괘(明夷卦 : ䷣)의 주제인 〈명이(明夷)〉의 시국에서 초구(初九 : ━)가 맨 먼저 밝음을[明] 상처받음[夷]을 암시한 계사(繫辭)이다. 〈명이우비(明夷于飛)〉에서 〈우비(于飛)〉 즉 날기를[飛] 행한다[于] 함은 「설괘전(說卦傳)」에 나오는 〈이는[離 : ☲] 꿩[雉]이다[爲]〉라는 내용을 상기한다면, 명이괘(明夷卦 : ䷣)의 초구(初九 : ━)를 〈우비(于飛)〉로써 취상(取象)한 것임을 알 수 있다. 초구(初九 : ━)가 육이(六二 : ╍)와 이웃의 사귐[比]을 나눌 수 있고 동시에 육사(六四 : ╍)와도 바르게[正] 서로 호응할[應] 수 있는 처지에 있어서 상진(上進)의 도움을 받을 수 있음을 암시한 계사(繫辭)가 〈명이우비(明夷于飛)〉이다.

〈수기익(垂其翼)〉은 초구(初九 : ━)의 〈우비(于飛)〉가 밝고 푸른 하늘로 높이 비상(飛上)함이 아니라, 밝음[明]이 이지러져[夷] 어둠[晦]이 짙어짐을 암시한다. 밝을 때라면 〈상기익(翔其翼)〉 즉 제[其] 날개로[翼] 펄펄 난다[翔]고 할 터이다. 새는 어두워지면 날지 않고 날개를[翼] 접고[垂] 둥지에 들어가 잔다. 그렇다고 날아오름[飛]을 포기하지 않음이 양강(陽剛)한 초구(初九 : ━)의 근성이다. 대성괘(大成卦)에서 초효(初爻)는 상승(上昇)하려는 의지가 매우 강렬하다. 그러므로 명이괘(明夷卦 : ䷣)의 초구(初九 : ━)가 날개를[翼] 접었다[垂] 해도 날기[飛]를 포기한 것이 아니라, 어둠이 지나면 날기를[飛] 행하려고[于] 제[其] 날개를[翼] 접고[垂] 쉬는 새와 같다는 것이다. 따라서 초구(初九 : ━)가 어둠[暗]의 맨 밑에 있을

지언정 밝음[明]을 향한 비상(飛翔) 즉 상진(上進)을 저버리지 않음을 살펴 헤아리게 하는 계사(繫辭)가 〈수기익(垂其翼)〉이다.

君子于行(군자우행) 三日不食(삼일불식)

군자가[君子] 행함에[于行] 삼일을[三日] 굶는다[不食].

〈군자우행(君子于行) 삼일불식(三日不食)〉은 초구(初九 : ━)를 군자(君子)로써 취상(取象)하여 상진(上進)함을 암시한 계사(繫辭)이다. 〈군자우행시(君子于行時) 삼일간군자불식(三日間君子不食)〉의 줄임으로 여기고 〈군자가[君子] 행함을[行] 하는[于] 동안[時] 삼일(三日) 동안[間] 군자는[君子] 먹지 않는다[不食]〉라고 새겨볼 것이다. 〈군자우행(君子于行)은 초구(初九 : ━)가 양대(陽大)인지라 〈군자(君子)〉로 취상(取象)하고, 앞의 〈우비(于飛)〉를 〈우행(于行)〉으로 취해 〈명이우비(明夷于飛)의 우비(于飛)〉를 거듭 암시한다. 그러니 〈군자우행(君子于行)〉은 〈초구우비(初九于飛)〉와 같다. 여기 〈우행(于行)〉은 상행(上行) 즉 위로[上] 행함[行]이다. 동시에 군자(君子) 즉 초구(初九 : ━)가 〈명이(明夷)〉 즉 밝음이[明] 상처받는다[夷] 하여 결코 상진(上進)을 포기하지 않음을 암시하는 것이 〈군자우행(君子于行)의 우행(于行)〉이다. 이에 〈군자우행(君子于行)〉은 『맹자(孟子)』에 나오는 〈백이가[伯夷] 주를[紂] 피하여[辟] 북해의[北海之] 끝에[濱] 살면서[居] 문왕이[文王] 일어났다는[作興] 소문을 들었다[聞]〉라는 내용을 연상시키기도 한다. 은(殷)나라 폭군 주(紂)를 피하여[辟] 북해(北海)의 끝에 가서 살았고 또 문왕(文王)의 주(周)나라로 와서 살다가 무왕(武王)의 주(周)나라를 떠났다는 백이(伯夷)의 고사(故事)를 연상시키는 것이 여기 〈군자우행(君子于行)〉이다. 폭군 주(紂)는 밝음을[明] 상처 내는[夷] 불의(不義)이고 무왕(武王)이 폭군 주(紂)를 토벌한 것은 제후(諸侯)가 천자(天子)를 징벌(懲罰)함이니 이 또한 불의(不義)라고 백이(伯夷)는 갈파(喝破)한다. 불의(不義)란 밝음을[明] 상처 내고[夷] 부정(否定)함이니 밝음[明] 즉 의로움[義]의 길을 가야 하는 군자(君子)는 비간(比干)처럼 부딪쳐서 죽거나 아니면 백이(伯夷)처럼 피해 떠나야 함[于行]을 살펴 헤아리게 하는 계사(繫辭)가 〈군자우행(君子于行)〉이다.

〈삼일불식(三日不食)〉은 명이괘(明夷卦 : ䷣)의 하체(下體)인 이(離 : ☲)의 모습

[象]을 빌려 앞 〈군자우행(君子于行)의 우행(于行)〉을 암시한 계사(繫辭)이다. 〈삼일불식(三日不食)의 삼일(三日)〉이 「설괘전(說卦傳)」에 나오는 〈이는[離 : ☲] 하루[日]이다[爲]〉라는 내용을 상기시킨다. 이에 〈삼일(三日)〉은 명이괘(明夷卦 : ䷣)의 하체(下體) 이(離 : ☲)의 세 효(爻)의 하나를 일일(一日)로 잡아 〈삼일(三日)〉로써 〈군자(君子)〉 즉 초구(初九 : ⚊)를 취상(取象)한 것이다. 〈삼일불식(三日不食)의 불식(不食)〉은 「설괘전(說卦傳)」에 나오는 〈이는[離 : ☲] 큰[大] 배통[腹]이다[爲]〉라는 내용과 〈이는[離 : ☲] 그것을[其] 나무로[木] 비교한다면[於也] 속이 비어[科] 위가[上] 마른 것을[枯] 말한다[爲]〉라는 내용을 상기시킨다. 이에 명이괘(明夷卦 : ䷣)의 하체(下體) 이(離 : ☲)는 중허(中虛) 즉 속이[中] 빈[虛] 모습인지라 〈삼일불식(三日不食)의 불식(不食)〉 역시 명이괘(明夷卦 : ䷣)의 하체(下體) 이(離 : ☲)를 빌려 초구(初九 : ⚊)를 취상(取象)한 것이다. 음양(陰陽)을 허실(虛實)로 밝혀 음(陰 : ⚋)을 허(虛)라 하고 양(陽 : ⚊)을 실(實)이라 한다. 따라서 〈군자우행(君子于行)의 우행(于行)〉이 서슴없이 단호함을 거듭 밝힌 계사(繫辭)가 〈삼일불식(三日不食)〉이다.

有攸往(유유왕) 主人有言(주인유언)

갈[往] 데가[攸] 있는데[有] 주인에게[主人] 말이[言] 있다[有].

〈유유왕(有攸往)〉을 〈군자유유왕(君子有攸往)〉의 줄임으로 여기고 살펴 새기면 〈유왕(攸往)〉 즉 갈[往] 곳[攸]이란 다름 아닌 밝음을[明] 상처 내지[夷] 않는 선(善)-덕(德)-의(義)로써 수중(守中) 즉 정도를 따름을[中] 지키는[守] 곳일 터이다. 따라서 군자에게[君子] 갈[往] 곳이[攸] 있다[有] 함은 거기는 곧 반덕(反德) 즉 덕으로[德] 돌아오는[反] 곳일 터임을 살펴 헤아리게 하는 점사(占辭)가 〈유유왕(有攸往)〉이다.

〈주인유언(主人有言)〉은 〈주인유원망지언자천하지민(主人有怨望之言自天下之民)〉의 줄임으로 여기고 〈주인에게는[主人] 온 세상의[天下之] 백성[民]으로부터[自] 원망의[怨望之] 말이[言] 있다[有]〉라고 새겨볼 것이다. 군자(君子)에게 〈유유왕(有攸往)〉 즉 〈갈[往] 데가[攸] 있다[有]〉라고 함은 군자(君子)를 떠나가게 한 자(者)가 있음을 암시한다. 이에 〈주인유언(主人有言)의 주인(主人)〉은 주재지인(主

宰之人) 즉 일을 주장하고 맡아 처리하는[主宰之] 사람[人]인지라 〈주인(主人)〉은 무리의 우두머리인 셈이다. 백이(伯夷)의 고사(故事)를 빌려 계탁(計度) 즉 헤아려 분변해 본다면[計度] 〈주인유언(主人有言)의 주인(主人)〉은 폭군 노릇을 범했던 주(紂)이다. 밝음을[明] 상처입게[夷] 하여 군자(君子)를 떠나게 한 자가 〈주인유언(主人有言)의 주인(主人)〉이다. 군자(君子)를 좇아버린 〈주인(主人)〉에게 〈유언(有言)〉 즉 〈말이[言] 있다[有〉 함은 그 〈유언(有言)〉이란 결코 칭송(稱頌)의 말일 수는 없다. 그러므로 군자(君子)의 밝음을[明] 상처 내[夷] 군자(君子)를 좇아버린 〈주인(主人)〉은 세상의 원성(怨聲)을 받을 수밖에 없음을 밝힌 점사(占辭)가 〈주인유언(主人有言)〉이다.

【字典】

명(明) 〈밝을 명(明)-광(光)-조(照), 밝힐 명(明)-현(顯), 분별할 명(明)-변(辨), 살필 명(明)-찰(察), 총명할 명(明)-총(聰), 나타날 명(明)-저(著), 날이 샐 명(明)-야명(夜明), 확실할 명(明)-확(確), 볼 명(明)-시(視), 낮 명(明)-주(晝), 깨달을 명(明)-효(曉), 신령스러울 명(明)-신령(神靈), 현세 명(明)-현세(現世), 흰 명(明)-백(白), 통할 명(明)-통(通)〉 등의 뜻을 내지만 여기선 〈밝을 광(光)〉으로 여기고 새김이 마땅하다.

이(夷) 〈상처입을(받을) 이(夷)-상(傷)-이(痍), 깎일(잘릴) 이(夷)-예(刈)-치(薙)-할(割), 동쪽 사람들 이(夷)-동방지인(東方之人), 사방의 이민족 총칭 이(夷)-사방이족지총칭(四方異族之總稱), 멀리 떨어진 곳 이(夷)-원방(遠方)-이기(夷畿), 해외 이(夷)-해외(海外), 편하고 쉬울 이(夷)-이(侇)-평이(平易)-심중평화(心中平和), 넓고 평평할 이(夷)-평탄(平坦), 평평할 이(夷)-평(平), 쉬울 이(夷)-이(易)-불난(不難), 평범할 이(夷)-평범(平凡), (칼 따위로) 벨 이(夷)-할(割)-예(刈), 제거할 이(夷)-제(除), 없앨 이(夷)-멸(滅), 죽일 이(夷)-살(殺), 상처 날 이(夷)-상(傷)-이(痍), 업신여길 이(夷)-이(駛), 밝을 이(夷)-명(明), 받들 이(夷)-경(敬), 빛깔이 없을 이(夷)-무색(無色)-무채색(無彩色), 기꺼울 이(夷)-이(恞)-열(悅), 펼쳐놓을 이(夷)-진(陳)-이(侇), 무리(함께) 이(夷)-제(儕), 거만할(책상다리할) 이(夷)-거(倨), 변하지 않을 이(夷)-상(常), 나이 어릴 이(夷)-제(弟), 흘끗 볼(한눈팔) 이(夷)-제(睇), 어조사(語助詞) 이(夷)〉 등의 뜻을 내지만 여기선 〈상처입을 상(傷)〉과 같다 여기고 새김이 마땅하다.

우(于) 〈할 우(于)-위(爲), 갈 우(于)-왕(往), ~에(부터) 우(于)-어(於), 써 우(于)-이

(以), 여기 우(于)-시(是), 도울 우(于)-조(助), 클 우(于)-대(大), 구할 우(于)-구(求), 자족하는 모습 우(于)-자족모(自足貌)〉 등의 뜻을 내지만 여기선 〈할 위(爲)〉와 같다 여기고 새김이 마땅하다.

비(飛) 〈날아오를 비(飛)-상(翔)-저(翥), 떨어질(회오리바람) 비(飛)-낙(落)-표(飄), 뛰어나올 비(飛)-도출(跳出), 오를 비(飛)-양(揚), 던져 날아갈 비(飛)-척(擲), 휘달릴 비(飛)-급분(急奔), 번득일 비(飛)-번(翻), 넘어 달아날 비(飛)-월(越), 맑게 피어오르는 소리 비(飛)-청양지성(淸揚之聲), 느닷없이 다다를 비(飛)-무근지지(無根之至), 높을(윗사람) 비(飛)-고(高)-재상자(在上者), 급할 비(飛)-속(速)-급(急), 날개 달린 짐승 비(飛)-금조(禽鳥), 여섯 마리 말이 달릴 비(飛)-육마지질(六馬之疾), 오락가락할 비(飛)-비(斐), 아닌 것 비(飛)-비(非)〉 등의 뜻을 내지만 여기선 〈날아오를 상(翔)-저(翥)〉로 여기고 새김이 마땅하다.

수(垂) 〈아래로 늘어진 수(垂)-수하(垂下), 먼 변두리 수(垂)-원변(遠邊), 가장자리(변두리) 수(垂)-변(邊)-수(陲), (넓게) 펼 수(垂)-포(布), 이을 수(垂)-계(係), (활을 잘 매었던) 순임금의 신하 이름 수(垂)-순신명(舜臣名 : 巧作弓), 거의 미칠 수(垂)-기(幾)-장급(將及)〉 등의 뜻을 내지만 여기선 〈아래로 늘어진 수하(垂下)〉로 여기고 새김이 마땅하다.

기(其) 〈그(그것) 기(其)-피(彼)-지(之), 그(관형사) 기(其)-관형사(冠形詞), 그럴 기(其)-연(然), 어찌 기(其)-기(豈), 누를 기(其)-억(抑), 오히려 기(其)-상(尙)-서기(庶幾), 이에 기(其)-내(乃), 만약 기(其)-약(若), 장차 기(其)-장(將), 어조사 기(其)-어조사(語助辭)〉 등의 뜻을 내지만 여기선 관형사(冠形詞)로서 〈그 기(其)〉로 여기고 새김이 마땅하다.

익(翼) 〈날개 익(翼)-조혈(鳥翅), 벌레의 깃 익(翼)-충우(蟲羽), 도울(도움) 익(翼)-보(輔), 이룰 익(翼)-성(成), 나아갈 익(翼)-진(進), 받들 익(翼)-봉(奉)-승(承), 공경할 익(翼)-경(敬), 본받을 익(翼)-법(法), 아름다울 익(翼)-미(美), 솥귀 익(翼)-정이(鼎耳), 보낼 익(翼)-송(送), 다음날 익(翼)-익(翌), 빛날 익(翼)-명(明)-욱(昱), 잡을 익(翼)-취(取)-익(弋)〉 등의 뜻을 내지만 여기선 〈날개 익(翼)〉으로 여기고 새김이 마땅하다.

군(君) 〈지극히 높은 사람(천자-임금-제후) 군(君)-지존자(至尊者), 임금을 이을(세자) 군(君)-세자(世子), 여왕 군(君)-여군(女君), 어버이 군(君)-부모(父母), 돌아가신 임금-돌아가신 아버지-돌아가신 조상 군(君)-선군(先君)-선부(先父)-선조(先祖), 상대를 부르는 칭호 군(君)-칭호(稱號), 귀신을 받들어 부르는 칭호 군(君)-귀신지경칭(鬼神之敬稱), 맡아 다스릴 군(君)-주재(主宰), 하늘-건 군(君)-천(天)-건(乾), 양 군(君)-양(陽), 낮 군(君)-일(日), 중앙제단 군(君)-궁제단(宮祭壇), 흙 군(君)-토(土)〉 등의 뜻을 내지만 군자(君子)는 재덕겸구지인(才德兼具之人) 즉 재주와[才] 덕을[德] 아울러[兼] 갖춘[具之] 사람[人]을 칭하는 술어(術語)로 여기고 새김이 마땅하다.

자(子) 〈존칭(덕 있는 사람의 칭호) 자(子)-유덕자지칭(有德者之稱), 존경받는 사람 자(子)-존자(尊者), 벼슬 자(子)-작(爵), 12지의 첫째 자(子), 음력 11월 자(子), 밤 11시에서 다음날 1시까지 자(子), 북쪽 방향 자(子)-북방(北方), 오행에서 물 자(子)-어오행속수(於五行屬水), 짐승에서 쥐 자(子)-어수위서(於獸爲鼠), 번성할 자(子)-자(滋), 뒤를 이어줄 자(子)-사(嗣)-식(息), 자녀 자(子)-자녀(子女), 자손 자(子)-자손(子孫), 남자를 일컫는 호칭 자(子)-남자지통칭(男子之通稱), 만물 자(子)-만물(萬物), 씨앗(열매) 자(子)-종자(種子)-과실(果實), 누구(사람) 자(子)-인(人)-수자(誰子), 백성 자(子)-백성(百姓)〉 등의 뜻을 내지만 여기선 〈덕 있는 사람 유덕자(有德者)〉의 호칭으로 여기고 새김이 마땅하다.

行 〈행-항〉 두 가지로 발음되고, 〈갈 행(行)-왕(往), 다닐 행(行)-보(步), 나아갈 행(行)-전진(前進), 길 귀신 행(行)-노신(路神), 오행 행(行)-오행(五行), 길 행(行)-도로(道路), 쓸 행(行)-용(用), 순행할 행(行)-순행(巡行), 행실 행(行)-신지소행(身之所行), 운반할 행(行)-유(運), 항오 항(行)-열(列), 시장 항(行)-시장(市長), 항렬 항(行)-등배(等輩), 굳셀 항(行)-강강(剛强)〉 등의 뜻을 내지만 여기선 〈갈 왕(往)〉과 같다 여기고 새김이 마땅하다.

삼(三) 〈세 번(석 삼, 셋 삼) 삼(三)-이지가일(二之加一), 다수를 나타낼 삼(三)-다수지칭(多數之稱), 삼재의 수 삼(三)-천지인지수(天地人之數), 임금-아버지-스승 삼(三)-군부사(君父師), 동방 삼(三)-동방(東方), 끝 삼(三)-종(終)〉 등의 뜻을 내지만 여기선 〈셋 삼(三)〉으로 여기고 새김이 마땅하다. 삼(三)은 삼(參)과 같다.

일(日) 〈나날 일(日)-별일(別日), 낮 일(日)-주(晝), 해(태양) 일(日)-태양(太陽)-태양계중심(太陽系中心), 참 일(日)-실(實)-실정(實精), 볕 일(日)-양(陽)-양광(陽光), 불 일(日)-화(火), 임금의 모습 일(日)-군상(君象), 덕 일(日)-덕(德) {일자덕야(日者德也) 월자

형야(月者刑也)}, 세월 일(日)-광음(光陰), 시기 일(日)-시기(時期), 기한 일(日)-기한(期限), 시일 일(日)-시일(時日)〉 등의 뜻을 내지만 여기선 〈나날 일(日)〉로 여기고 새김이 마땅하다.

不 〈불-부〉 등으로 발음되고, 〈않을 불(不)-부(不), 못할 불(不)-부(不), 아닐 불(不)-부(不)-비(非), 없을 불(不)-부(不)-무(無), 하지 말 불(不)-부(不)-막(莫)-금지(禁止), 정하지 않을 불(不)-부(不)-부(否)-미정(未定), 새가 날아올라 내려오지 않는 불(不)-부(不)-조비상불하래(鳥飛上不下來)〉 등의 뜻을 내지만 여기선 〈않을 불(不)〉로 여기고 새김이 마땅하다.

食 〈식-사-이〉 세 가지로 발음되고, 〈먹을 식(食)-여(茹), 먹일(먹힐) 사(食)-사(飤)-반(飯), 먹을거리(양식) 사(食)-양(糧), 길러줄 사(食)-양(養), (부모를 매장한 뒤에 올리는 제사) 우제 사(食)-우제(虞祭), 밥 식(食), 씹을 식(食)-담(啗), 모든 음식물 식(食)-식용(食用)-음식물(飮食物), 헛말할 식(食)-식언(食言), 사람 이름 이(食)〉 등의 뜻을 내지만 〈먹을 식(食)-여(茹)〉로 여기고 새김이 마땅하다.

유(有) 〈없을 무(無)의 반대말로 있을 유(有), 얻을(가질) 유(有)-취(取), 혹 유(有)-혹(或), 많을 유(有)-다(多)-족(足), 부유할 유(有)-부(富), 간직할 유(有)-장(藏), 보호할 유(有)-보(保), 서로 친할 유(有)-상친(相親), 전일할 유(有)-전(專), 할 유(有)-위(爲), 어조사 유(有)〉 등의 뜻을 내지만 〈있을 유(有)〉로 여기고 새김이 마땅하다.

유(攸) 〈곳(바) 유(攸)-소(所), 흘러가는 물 유(攸)-행수(行水), 아득할 유(攸)-장원(長遠)-유(悠), 닦을 유(攸)-수(修), 터득한 모습 유(攸)-자득모(自得貌), 빠를 유(攸)-숙(儵), 대롱거릴 유(攸)-현위모(懸危貌), 수심에 찬 모습 유(攸)-수모(愁貌)〉 등의 뜻을 내지만 여기선 〈곳 소(所)〉와 같다 여기고 새김이 마땅하다.

왕(往) 〈갈 왕(往)-지(之), 물러갈 왕(往)-거(去), 나아갈 왕(往)-행(行), 이를 왕(往)-지(至), 향할 왕(往)-향(向), 옛 왕(往)-석(昔), 이따금 왕(往)-시시(時時), 뒤 왕(往)-후(後), 죽음 왕(往)-망거(亡去)-사자(死者)〉 등의 뜻을 내지만 〈갈 지(之)〉와 같다 여기고 새김이 마땅하다.

주(主) 〈우두머리 주(主)-수(首)-복지대칭(僕之對稱), 많을(무리) 주(主)-다(多)-중(衆), (등불의) 심지 주(主)-등중화주(鐙中火主)-주(炷), 군주 주(主)-군주(君主), 어른 주(主)-위장자(爲長者), 공경대부 주(主)-공경대부(公卿大夫), 주인 주(主)-주인(主人),

가장 주(主)-가장(家長)-호장(戶長), 물건을 가진 사람 주(主)-물지소유자(物之所有者), 손님의 반대말 주(主)-빈지대칭(賓之對稱), 친할 주(主)-친(親), 사물의 근본 주(主)-사물지근본(事物之根本), 천자의 딸 주(主)-천자지녀(天子之女), 대부의 처 주(主)-대부지처(大夫之妻), 신령의 자리 주(主)-주(宔)-신주(神主)-신령지위(神靈之位), 본성 주(主)-성(性)-본빈(本份), 바를 주(主)-정(正), 지킬 주(主)-수(守), 앉을(머물) 주(主)-좌(坐)-거(居), 헤아려 분별할 주(主)-계탁(計度), 위(웃전) 주(主)-상(上)〉 등의 뜻을 내지만 여기선 〈우두머리 수(首)〉와 같다 여기고 새김이 마땅하다.

인(人) 〈사람 인(人)-만물지최령자(萬物之最靈者), 백성 인(人)-민(民), 남 인(人)-타인(他人), 아무개 인(人)-모인(某人), 도인 인(人)-도인(道人), 사람들 인(人)-인인(人人), 범인(소인) 인(人)-소인(小人)-범인(凡人), 인성 인(人)-인성(人性), 인위 인(人)-인위(人爲), 신하 인(人)-신하(臣下), 중서(민중) 인(人)-중서(衆庶)-민중(民衆), 건괘-진괘 인(人)-건위인(乾爲人)-진위인(震爲人), 어짊 인(人)-인(仁), 선인 인(人)-선인(先人), 서로 어여삐 여길 인(人)-상련(相憐)〉 등의 뜻을 내지만 〈사람 인(人)〉으로 여기고 새김이 마땅하다.

언(言) 〈말소리 언(言)-언사(言辭 : 夫生民之音曰言 鳥獸之音曰鳴), 말의 첫머리를 꺼낼 언(言)-발단(發端)-직언(直言), 말 언(言)-어(語), 논할 언(言)-설(說), 밝힐(공표할) 언(言)-선(宣), 물어볼 언(言)-문(問), 따를 언(言)-종(從), 교명 언(言)-교명(敎命), 호령 언(言)-호령(號令), 동맹이 필요할 말씀 언(言)-회동맹요지사(會同盟要之辭), 모의할 언(言)-모의(謀議), 응대하는 말 언(言)-사령(辭令), 윗전에 뜻을 전할 언(言)-상표(上表), 일구 언(言)-일구(一句), 한 글자 언(言)-일자(一字), 나 언(言)-아(我), 어울려 받드는 모습 언(言)-화경지모(和敬之貌), 송사할 언(言)-송(訟), 발어사 언(言)-운(云)〉 등의 뜻을 내지만 여기선 〈말소리 언사(言辭)〉로 여기고 새김이 마땅하다.

註 이위일(離爲日) …… 위대복(爲大腹) …… 기어목야위과상고(其於木也爲科上枯) : 이는[離 : ☲] 낮[日]이다[爲]. …… 큰[大] 배통[腹]이다[爲]. …… 그것을[其] 나무로[木] 비교한다면[於也] 속이 비어[科] 위가[上] 마른 것을[枯] 말한다[爲]. 「설괘전(說卦傳)」 11단락(段落)

註 백이벽주(伯夷辟紂) 거북해지빈(居北海之濱) 문문왕작흥(聞文王作興) 왈(曰) 합귀호래(盍歸乎來) 오문서백선양로자(吾聞西伯善養老者) : 백이가[伯夷] 주를[紂] 피하여[辟] 북해의[北海之] 끝에[濱] 살면서[居] 문왕이[文王] 일어났다는[作興] 소문을 들었다[聞]. (이에 백이가) 말했다

[曰]. 어찌[盍] 돌아가지[歸] 않으랴[乎來]! 나는[吾] 서백이[西伯] 늙은이를[老者] 잘[善] 보살핀다는[養] 소문도 들었다[聞]. 『맹자(孟子)』「진심장구상(盡心章句上)」 22장(章)

註 백이숙제(伯夷叔齊) : 백이(伯夷)와 숙제(叔齊)는 은(殷)나라 제후국(諸侯國)이었던 고죽국(孤竹國)의 왕자(王子)였다. 은(殷)나라 폭군 주(紂)를 피하여 북해(北海)의 변방으로 가서 살다가 주(周)나라 서백(西伯) 즉 문왕(文王)이 노인 보양을 잘한다는 소식을 듣고 주(周)나라에 와서 살았는데 문왕(文王)의 아들 무왕(武王)이 은(殷)나라 주(紂)를 토벌하여 은(殷)의 제후국(諸侯國)이었던 주(周)나라가 천자국(天子國)이 되자 백이(伯夷)와 그의 동생 숙제(叔齊)가 제후(諸侯)가 천자(天子)를 토벌함은 불의(不義)인지라 주(周)나라의 먹을거리를 먹지 않겠다면서[不食] 수양산(修陽山)으로 들어가 고사리를 캐서 먹으며 연명하다 굶어 죽었는데 이들을 청절지사(淸節之士)라고 일컫기도 한다.

육이(六二 : --)

六二 : 明夷(명이)에 夷于左股(이우좌고)이나 用拯馬壯(용증마장)이면 吉(길)하리라

육이(六二) : 어듬에[明夷] 왼쪽[左] 넓적다리에[于股] 상처 입었으나[夷] 도움을[拯] 받음에[用] 말이[馬] 건장하면[壯] 좋으리라[吉].

【육이(六二)의 효상(爻象) 풀이】

명이괘(明夷卦 : ䷣)의 육이(六二 : --)는 이음거음(以陰居陰) 즉 음(陰 : --)으로써[以] 음(陰 : --)의 자리에 있는지라[居] 정당한 자리에 있다. 육이(六二 : --)의 위아래가 다 양효(陽爻)인지라 〈비(比)〉 즉 이웃의 사귐[比]을 누린다. 육이(六二 : --)와 육오(六五 : --)는 양음(兩陰) 즉 둘 다[兩] 음(陰 : --)인지라 부정응(不正應) 즉 바르게[正] 서로 호응하지 못한다[不應]. 그러나 육이(六二 : --)는 명이괘(明夷卦 : ䷣)의 하체(下體) 이(離 : ☲)의 중효(中爻)로서 득중(得中) 즉 정도를 따름을[中] 취하여[得], 명이괘(明夷卦 : ䷣)의 주제인 〈명이(明夷)〉의 시국에서 밝음이[明] 상처받는다[夷] 해도 육이(六二 : --)가 어긋나지 않아 깊은 상처를 입지 않는 모습이다.

명이괘(明夷卦 : ䷣)의 육이(六二 : --)가 구이(九二 : —)로 변효(變爻)하면 육이(六二 : --)는 명이괘(明夷卦 : ䷣)를 11번째 태괘(泰卦 : ䷊)로 지괘(之卦)하게 한다. 따라서 명이괘(明夷卦 : ䷣)의 육이(六二 : --)는 태괘(泰卦 : ䷊)의 구이(九二 : —)를 찾아가 살펴보게 한다.

【육이(六二)의 계사(繫辭) 풀이】

明夷(명이) 夷于左股(이우좌고)

어듭에[明夷] 왼쪽[左] 넓적다리에[于股] 상처 입었다[夷].

육이(六二 : --)의 효위(爻位)를 빌려 암시한 계사(繫辭)이다. 〈명이(明夷) 이우좌고(夷于左股)〉는 〈유어명이(由於明夷) 육이이우좌고(六二夷于左股)〉의 줄임으로 여기고 〈명이(明夷) 때문에[由於] 육이가[六二] 왼쪽[左] 넓적다리에[于股] 상처 입었다[夷]〉라고 새겨볼 것이다. 〈명이(明夷)〉 즉 밝음이[明] 상처받았다[夷]라고 함은 명이괘(明夷卦 : ䷣)의 하체(下體)인 이(離 : ☲)의 〈명(明)〉 즉 명이괘(明夷卦 : ䷣)의 주제인 〈명이(明夷)〉의 시국에서 육이(六二 : --)가 두 번째로 밝음에[明] 상처받음[夷]을 암시한다. 육이(六二 : --)는 명이괘(明夷卦 : ䷣)의 하체(下體) 이(離 : ☲)의 중효(中爻)이면서 주효(主爻)인지라 비록 음(陰 : --)일지라도 명이괘(明夷卦 : ䷣)의 상체(上體)인 곤(坤 : ☷)의 어둠[暗] 속에 파묻히기 때문에 위아래의 두 양효(陽爻)와 함께 육이(六二 : --)도 밝음에[明] 상처받음[夷]을 밝힌 계사(繫辭)가 〈명이(明夷)〉이다.

〈이우좌고(夷于左股)〉는 육이(六二 : --)의 효위(爻位)로써 〈명이(明夷)〉를 취상(取象)한 계사(繫辭)이다. 〈좌고(左股)의 고(股)〉 즉 넓적다리[股]는 발[足] 바로 위의 부위이다. 신체 부위로서 초구(初九 : —)는 발[足]의 부위에 해당되고 육이(六二 : --)는 넓적다리[股]에 해당된다. 〈우고(右股)〉가 아니고 〈좌고(左股)〉라 함은 상처 부위가 덜 중함을 암시한다. 행보(行步)는 우측(右側)을 위주로 펼치되 좌측(左側)은 부수인 까닭이다. 이에 육이(六二 : --)의 수이(受夷) 즉 상처를[夷] 입음[受]은 비교적 가벼움을 암시한 계사(繫辭)가 〈이우좌고(夷于左股)〉이다. 〈이우좌고(夷于左股)의 이(夷)〉는 〈상처 날 상(傷)〉과 같고, 〈우(于)〉는 〈~에 어(於)〉와 같다.

用拯馬壯(용증마장) 吉(길)

도움을[拯] 받음에[用] 말이[馬] 건장하면[壯] 좋으리라[吉].

〈용증마장(用拯馬壯) 길(吉)〉은 육이(六二 : --)의 변효(變爻)를 들어 암시한 계사(繫辭)이다. 〈당사용마지증(倘使用馬之拯) 약승륙이지마장(若乘六二之馬壯) 육이유길(六二有吉)〉의 줄임으로 여기고 〈말의[馬之] 도움을[拯] 이용할[用] 경우[倘使] 육이를[六二] 태울[乘之] 말이[馬] 건장하다[壯]면[若] 육이에게[六二] 행운이[吉] 있다[有]〉라고 새겨볼 것이다. 〈용증(用拯)의 용(用)〉은 〈쓸 시(施)〉와 같다 여기고 새김이 마땅하고, 〈용증(用拯)의 증(拯)〉은 〈구해줄 구(救)〉와 같다 여기고 새김이 마땅하다. 육이(六二 : --)가 〈좌고(左股)〉에 상처를 입었으니 보행(步行)으로써 상진(上進)하기 어려움을 암시한 것이 〈용증(用拯)〉이다. 〈용증마장(用拯馬壯)의 마장(馬壯)〉은 육이(六二 : --)가 변효(變爻)함을 암시한다. 왜냐하면 여기 〈마장(馬壯)의 마(馬)〉가 「설괘전(說卦傳)」에 나오는 〈건은[乾 : ☰] 말[馬]이다[爲]〉라는 내용을 상기시키기 때문이다. 유순(柔順)한 육이(六二 : --)가 명이괘(明夷卦 : ䷣)의 하체(下體) 이(離 : ☲)의 중효(中爻)로서 득중(得中) 즉 정도를 따름을[中] 취하여[得] 밝음이[明] 상처받는[夷] 시국을 극복해가므로 육이(六二 : --)에게 행운[吉]이 있음을 암시한 계사(繫辭)가 〈용증마장(用拯馬壯) 길(吉)〉이다.

【字典】

명(明) 〈밝을 명(明)-광(光)-조(照), 밝힐 명(明)-현(顯), 분별할 명(明)-변(辨), 살필 명(明)-찰(察), 총명할 명(明)-총(聰), 나타날 명(明)-저(著), 날이 샐 명(明)-야명(夜明), 확실할 명(明)-확(確), 볼 명(明)-시(視), 낮 명(明)-주(晝), 깨달을 명(明)-효(曉), 신령스러울 명(明)-신령(神靈), 현세 명(明)-현세(現世), 흰 명(明)-백(白), 통할 명(明)-통(通)〉 등의 뜻을 내지만 여기선 〈밝을 광(光)〉으로 여기고 새김이 마땅하다.

이(夷) 〈상처입을(받을) 이(夷)-상(傷)-이(痍), 깎일(잘릴) 이(夷)-예(刈)-치(薙)-할(割), 동쪽 사람들 이(夷)-동방지인(東方之人), 사방의 이민족 총칭 이(夷)-사방이족지총칭(四方異族之總稱), 멀리 떨어진 곳 이(夷)-원방(遠方)-이기(夷畿), 해외 이(夷)-해외(海外), 편하고 쉬울 이(夷)-이(徯)-평이(平易)-심중평화(心中平和), 넓고 평평할 이(夷)-평탄(平坦), 평평할 이(夷)-평(平), 쉬울 이(夷)-이(易)-불난(不難), 평범할 이(夷)-

평범(平凡), (칼 따위로) 벨 이(夷)-할(割)-예(刈), 제거할 이(夷)-제(除), 없앨 이(夷)-멸(滅), 죽일 이(夷)-살(殺), 상처 날 이(夷)-상(傷)-이(痍), 업신여길 이(夷)-이(駛), 밝을 이(夷)-명(明), 받들 이(夷)-경(敬), 빛깔이 없을 이(夷)-무색(無色)-무채색(無彩色), 기꺼울 이(夷)-이(恞)-열(悅), 펼쳐놓을 이(夷)-진(陳)-이(侇), 무리(함께) 이(夷)-제(儕), 거만할(책상다리할) 이(夷)-거(倨), 변하지 않을 이(夷)-상(常), 나이 어릴 이(夷)-제(弟), 흘끗 볼(한눈팔) 이(夷)-제(睇), 어조사(語助詞) 이(夷)〉 등의 뜻을 내지만 여기선 〈상처 입을 상(傷)〉과 같다 여기고 새김이 마땅하다.

우(于) 〈~에 우(于)-어(於), 갈 우(于)-왕(往), 써 우(于)-이(以), 할 우(于)-위(爲), 여기 우(于)-시(是), 도울 우(于)-조(助), 클 우(于)-대(大), 구할 우(于)-구(求), 자족하는 모습 우(于)-자족모(自足貌)〉 등의 뜻을 내지만 여기선 〈~에 어(於)〉와 같다 여기고 새김이 마땅하다.

좌(左) 〈가장자리 좌(左)-변(邊), 왼쪽 좌(左)-우지대(右之對), 왼쪽으로 갈 좌(左)-좌행(左行), 양(陽) 좌(左), 동쪽 좌(左)-동(東), 우레 좌(左)-진(震), 아래 좌(左)-하(下), 바깥 좌(左)-외(外), 낮을 좌(左)-비(卑), 어길 좌(左)-위(違), 내릴 좌(左)-강(降), 부정할 좌(左)-부정(不正)〉 등의 뜻을 내지만 여기선 〈왼쪽 좌(左)〉로 여기고 새김이 마땅하다.

고(股) 〈넓적다리 고(股)-비(髀)-경상(脛上), 말단 고(股)-말(末), 어떤 것의 일부 고(股)-사물지일부(事物之一部), 굳을 고(股)-고(固), 나뉠 고(股)-지별(支別), 직각삼각형 고(股)-직각삼각형(直角三角形), (묶은) 다발 고(股)-속(束)〉 등의 뜻을 내지만 여기선 〈넓적다리 비(髀)〉와 같다 여기고 새김이 마땅하다.

용(用) 〈쓸(베풀) 용(用)-시(施)-행(行), 쓰일(부릴) 용(用)-사(使), 맡길 용(用)-임(任), 위할 용(用)-위(爲), 갖출 용(用)-비(備)〉 등의 뜻을 내지만 여기선 〈쓸 시(施)〉와 같다 여기고 새김이 마땅하다.

증(拯) 〈구해줄 증(拯)-거(擧)-구(救)-조(助), 받을 증(拯)-승(承)-수(受), (어려움에서) 구제받을 증(拯)-원(援)-제(濟), 건져낼 증(拯)-승(抍)〉 등의 뜻을 내지만 여기선 〈구해줄 구(救)〉와 같다 여기고 새김이 마땅하다.

마(馬) 〈짐승 이름 마(馬)-동물명(動物名), 야생마 마(馬)-야마(野馬), 역(易)에서 건(乾)-곤(坤)-진(震)-감(坎)의 모습을 나타내는 마(馬)-역당건곤진감지상(易當乾坤

震坎之象), 달(달의 정기) 마(馬)-월(月)-월정(月精), 큰 마(馬)-대(大), 꾸짖을 마(馬)-매(罵)〉 등의 뜻을 내지만 여기선 〈말 마(馬)〉로 여기고 새김이 마땅하다.

장(壯) 〈장대할 장(壯)-장대(壯大), 클 장(壯)-대(大), 용체가 성대할 장(壯)-용체성대(容體盛大), 용감할 장(壯)-용(勇), 건장할 장(壯)-건(健), 빠를 장(壯)-질(疾), 팔월 장(壯)-팔월(八月), 남방 장(壯)-남방(南方), 상처 낼 장(壯)-상(傷), 젊을 장(壯)-소(少)〉 등의 뜻을 내지만 여기선 〈장대할 장대(壯大)〉로 여기고 새김이 마땅하다.

길(吉) 〈좋을(행복할) 길(吉)-선(善)-영(令) {영월길일(令月吉日)은 선월선일(善月善日)임.}, 복 길(吉)-실(實)-선실(善實)-복(福), 예의를 따라 상서로울 길(吉)-예의순상(禮義順祥), 삼갈 길(吉)-근(謹), 초하루 길(吉)-삭일(朔日) {삭망(朔望) 즉 초하루[朔]와 그믐날[望]}, 길례 길(吉)-길례(吉禮) {오례지일(五禮之一) 길흉빈군가(吉凶賓軍嘉)}, 갈 길(吉)-행(行)-길(趌)〉 등의 뜻을 내지만 여기선 〈좋을 선(善)-영(令)〉 즉 행복과 같다 여기고 새김이 마땅하다.

註 건위마(乾爲馬) : 건은[乾 : ☰] 말[馬]이다[爲]. 「설괘전(說卦傳)」 8단락(段落)

구삼(九三 : ⚊)

九三 : 明夷于南狩하여 得其大首하니 不可疾이요 貞이니라
명이우남수 득기대수 불가질 정

구삼(九三) : 어둠에[明夷] 남쪽에서[南] 사냥을[狩] 하여[于] 그[其] 큰[大] 우두머리를[首] 획득하니[得] 서두를[疾] 수 없고[不可] 진실로 미덥다[貞].

【구삼(九三)의 효상(爻象) 풀이】

명이괘(明夷卦 : ䷣)의 구삼(九三 : ⚊)은 이양거양(以陽居陽) 즉 양(陽 : ⚊)으로써[以] 양(陽 : ⚊)의 자리에 있는지라[居] 정당한 자리에 있다. 구삼(九三 : ⚊)과 육사(六四 : ⚋)는 양음(陽陰)인지라 다른 대성괘(大成卦)에서라면 〈비(比)〉 즉 이웃의 사귐[比]을 누리는 처지이지만, 명이괘(明夷卦 : ䷣)의 주제인 〈명이(明夷)〉의 시국에서는 밝음을[明] 상처 내는[夷] 음(陰 : ⚋)을 양(陽 : ⚊)이 밀쳐내려

하므로 구삼(九三 : ━)과 육사(六四 : ╍)는 사귀지[比] 못하고 서로 부딪치는 관계이다. 구삼(九三 : ━)과 상륙(上六 : ╍) 역시 다른 대성괘(大成卦)에서라면 정응(正應) 즉 바르게[正] 서로 호응할[應] 관계이지만 〈명이(明夷)〉의 시국에서는 밝음[明]의 구삼(九三 : ━)이 어둠[暗]의 상륙(上六 : ╍)을 제압해야 할 처지이다. 명이괘(明夷卦 : ䷣)의 하체(下體) 이(離 : ☲)의 상효(上爻)로서 구삼(九三 : ━)은 극명(極明) 즉 더없이[極] 밝은[明] 양(陽 : ━)이기 때문에 상진(上進)하여, 이(離 : ☲)의 밝음을[明] 상처내고[夷] 있는 명이괘(明夷卦 : ䷣)의 상체(上體) 곤(坤 : ☷)의 상효(上爻)인 상륙(上六 : ╍)의 암(暗) 즉 어둠[暗]을 물리치고자 더없이 강렬한 의지를 간직한 모습이다.

> 명이괘(明夷卦 : ䷣)의 구삼(九三 : ━)이 육삼(六三 : ╍)으로 변효(變爻)하면 구삼(九三 : ━)은 명이괘(明夷卦 : ䷣)를 24번째 복괘(復卦 : ䷗)로 지괘(之卦)하게 한다. 따라서 명이괘(明夷卦 : ䷣)의 구삼(九三 : ━)은 복괘(復卦 : ䷗)의 육삼(六三 : ╍)을 찾아가 살펴보게 한다.

【구삼(九三)의 계사(繫辭) 풀이】

明夷于南狩(명이우남수)

어둠에[明夷] 남쪽에서[南] 사냥을[狩] 한다[于].

구삼(九三 : ━)의 효위(爻位)를 빌려 암시한 계사(繫辭)이다. 〈명이우남수(明夷于南狩)〉는 〈유어명이(由於明夷) 구삼우남수(九三于南狩)〉의 줄임으로 여기고 〈명이(明夷) 때문에[由於] 구삼이[九三] 남쪽에서[南] 사냥을[狩] 한다[于]〉라고 새겨볼 것이다. 〈명이(明夷)〉 즉 밝음이[明] 상처받았다[夷]고 함은 명이괘(明夷卦 : ䷣)의 하체(下體)인 이(離 : ☲)의 〈명(明)〉 즉 명이괘(明夷卦 : ䷣)에서 세 번째로 구삼(九三 : ━)이 상처받음[夷]을 암시한다. 그러나 〈명이(明夷)〉에 그냥 주저앉을 구삼(九三 : ━)이 아니다. 강강(剛强)한 구삼(九三 : ━)은 명이괘(明夷卦 : ䷣)의 하체(下體) 이(離 : ☲)의 상효(上爻)인지라 이(離 : ☲)의 더없이 밝음[明]이라 상진(上進)하려는 뜻이 강렬하고 빛나기 때문에, 상처를 입히는[夷] 곤(坤 : ☷)의 어둠[暗] 바로 밑에 있지만 그냥 그대로 있지 않을 것임을 헤아리게 하는 계사(繫

辭)가 여기 〈명이(明夷)〉이다.

〈우남수(于南狩)〉는 구삼(九三 : ⚊)이 명이괘(明夷卦 : ䷣)의 하체(下體) 이(離 : ☲)의 상효(上爻)로서 극위(極位)에 있는지라 명이괘(明夷卦 : ䷣)에서 가장 밝음을 간직한 기효(奇爻 : ⚊)로서, 명이괘(明夷卦 : ䷣)의 상체(上體)인 곤(坤 : ☷)으로 상진(上進)하여 이(離 : ☲)의 밝음을[明] 상처 내는[夷] 곤(坤 : ☷)의 어둠[暗]을 어찌 할지를 암시하는 계사(繫辭)이다. 〈우남수(于南狩)〉에서 〈남(南)〉이 「설괘전(說卦傳)」에 나오는 〈이(離 : ☲)라는[也] 것은[者] 남쪽의[南方之] 괘(卦)이다[也]〉라는 내용을 상기한다면, 명이괘(明夷卦 : ䷣)의 하체(下體) 이(離 : ☲)의 구삼(九三 : ⚊)을 〈남(南)〉으로써 취상(取象)한 것이라고 볼 수 있다. 구삼(九三 : ⚊)이 남쪽에서[南] 사냥하러[狩] 간다[于] 함은 이(離 : ☲)의 상효(上爻)인 구삼(九三 : ⚊)이 남쪽을 향하고 있는 곤(坤 : ☷)으로 상진(上進)하여 밝음을[明] 상처입히는[夷] 음(陰 : ⚋)의 암(暗) 즉 어둠[暗]을 제압하려는 의지가 강렬하고 확고함을 암시한 계사(繫辭)가 〈우남수(于南狩)〉이다.

得其大首(득기대수)

그[其] 큰[大] 우두머리를[首] 획득한다[得].

〈득기대수(得其大首)〉는 〈우남수(于南狩)〉의 목적을 암시한 계사(繫辭)이다. 〈득기대수(得其大首)〉는 〈구삼득기지대수(九三得其之大首)〉의 줄임으로 여기고 〈구삼이[九三] 이(夷)의[其之] 대수를[大首] 취한다[得]〉라고 새겨볼 것이다. 여기서 앞의 〈우남수(于南狩)의 수(狩)〉가 겨울에 산짐승을 사냥함[狩]이 아니라 구삼(九三 : ⚊)이 상진(上進)하여 상체(上體)의 초효(初爻)로 진입(進入)하여 명이괘(明夷卦 : ䷣)의 상체(上體)인 곤(坤 : ☷)을 진(震 : ☳)으로 변괘(變卦)시켜 명이괘(明夷卦 : ䷣)의 상효(上爻)인 상륙(上六 : ⚋)을 밀쳐내 버림을 암시한다. 여기서 〈우남수(于南狩)의 수(狩)〉가 겨울사냥을 뜻함이 아니라는 것을 알게 된다. 여기 〈수(狩)〉가 겨울사냥의 수(狩)라면 〈득기대수(得其大首)〉가 아니라 〈득기대수(得其大獸)〉 즉 큰[大] 짐승을[獸] 잡는다[得]라고 했을 터이다. 그러니 여기 〈득기대수(得其大首)〉로써 〈우남수(于南狩)의 수(狩)〉가 「설괘전(說卦傳)」에 나오는 〈이는[離 : ☲] 갑옷[甲冑]이고[爲] 창과[戈] 병졸[兵]이다[爲]〉라는 내용을 상기시켜,

그냥 수렵(狩獵)한다는 〈수(狩)〉가 아니라 정벌(征伐)을 뜻함을 알아챌 수 있다. 이에 〈득기대수(得其大首)〉란 구삼(九三 : ⚊)이 명이괘(明夷卦 : ䷣)의 상체(上體)인 곤(坤 : ☷)에 있는 〈대수(大首)〉를 정벌하려[狩] 함을 알 수 있다. 구삼이[九三] 취한다는[得] 큰[大] 우두머리[首]는 다름 아닌 명이괘(明夷卦 : ䷣)의 상효(上爻)인 상륙(上六 : ⚋)을 암시한다. 그러니 구삼(九三 : ⚊)이 장차 상체(上體)인 곤(坤 : ☷)으로 상진(上進)하여 명이괘(明夷卦 : ䷣)의 상륙(上六 : ⚋)은 명이괘(明夷卦 : ䷣)에서 떨어져나가 버릴 것임을 암시한 계사(繫辭)가 〈득기대수(得其大首)〉이다.

不可疾(불가질) 貞(정)

서두를[疾] 수 없고[不可] 진실로 미덥다[貞].

〈불가질(不可疾)〉은 대사(大事)는 서두를 것이 아님을 암시한 계사(繫辭)이다. 〈불가질(不可疾)〉은 〈구삼불가질남수(九三不可疾南狩)〉의 줄임으로 여기고 〈구삼은[九三] 남수를[南狩] 서두를[疾] 수 없다[不可]〉라고 새겨볼 것이다. 남방에서[南] 정벌을[狩] 성급히 할[疾] 수 없다[不可]는 것이다. 〈불가질(不可疾)의 질(疾)〉은 〈빠를 속(速), 성낼 노(怒)〉 등과 같다. 조급하게 서둘러 감행하는 정벌(征伐)이나 분노해서 감행하는 정벌은 필패(必敗)를 불러오기 때문이다. 따라서 앞의 〈남수(南狩)〉가 실패로 끝나지 않으려면 성급히 할[疾] 수 없다[不可]는 것이다. 여기 〈불가질(不可疾)〉이 선왕(先王)의 뜻을 따라 때를 기다리면서 힘을 길러 폭군 주(紂)를 징벌(懲罰)했던 주무왕(周武王)의 고사(故事)를 환기시킨다. 아무리 징벌하려는 의지가 강렬하다 할지라도 성급히 분노해서 감행할 수 없음을 암시한 계사(繫辭)가 〈불가질(不可疾)〉이다.

〈정(貞)〉은 거듭해 〈우남수(于南狩)〉 즉 남쪽에서[于南] 정벌하려는[狩] 마음가짐을 암시한 계사(繫辭)이다. 여기 〈정(貞)〉은 〈구삼응해정관어남수(九三應該貞關於南狩)〉의 줄임으로 여기고 〈구삼은[九三] 남수에[南狩] 관하여[關於] 진실로 미더워야 한다[應該貞]〉라고 새겨볼 것이다. 〈정(貞)〉이란 성신(誠信) 즉 진실로[誠] 미더워[信] 공평무사(公平無私) 즉 어디에 치우침 없이[公平] 간사함이[私] 없는[無] 심지(心志)이다. 모든 것을 아울러 하나같이[公] 바르게 함[正]이 정(貞)이다. 사사로움이[私] 없고[無] 치우침이[偏] 없다[無]면 절로 공정(公正)하다 함이 〈정

(貞)〉이다. 여기 〈정(貞)〉 역시 그러함이다. 이에 여기 〈정(貞)〉은 『서경(書經)』에 나오는 〈하늘이[天] 바라봄은[視] 우리[我] 백성[民]에게서[自] 바라봄이고[視] 하늘이[天] 들음은[聽] 우리[我] 백성[民]에게[自] 들음이다[聽]〉라는 내용을 상기시킨다. 왜냐하면 〈정(貞)〉은 천심(天心) 즉 천하의[天] 민심[心]을 두려워하는 심지로 이어지는 까닭이다. 하늘이[天] 바라봄은[視] 우리[我] 백성을[民] 통하여[自] 바라봄이고[視] 하늘이[天] 들음은[聽] 우리[我] 백성을[民] 통하여[自] 들음[聽]이라는 심지로써, 구삼(九三 : ⚊)이 명이괘(明夷卦 : ䷣)의 주제인 〈명이(明夷)〉 즉 밝음이[明] 상처받는[夷] 시국을 마주하면서 제압해가려는 마음가짐을 암시한 계사(繫辭)가 여기 〈정(貞)〉이다.

【字典】

명(明) 〈밝을 명(明)-광(光)-조(照), 밝힐 명(明)-현(顯), 분별할 명(明)-변(辨), 살필 명(明)-찰(察), 총명할 명(明)-총(聰), 나타날 명(明)-저(著), 날이 샐 명(明)-야명(夜明), 확실할 명(明)-확(確), 볼 명(明)-시(視), 낮 명(明)-주(晝), 깨달을 명(明)-효(曉), 신령스러울 명(明)-신령(神靈), 현세 명(明)-현세(現世), 흰 명(明)-백(白), 통할 명(明)-통(通)〉 등의 뜻을 내지만 여기선 〈밝을 광(光)〉으로 여기고 새김이 마땅하다.

이(夷) 〈상처입을(받을) 이(夷)-상(傷)-이(痍), 깎일(잘릴) 이(夷)-예(刈)-치(薙)-할(割), 동쪽 사람들 이(夷)-동방지인(東方之人), 사방의 이민족 총칭 이(夷)-사방이족지총칭(四方異族之總稱), 멀리 떨어진 곳 이(夷)-원방(遠方)-이기(夷畿), 해외 이(夷)-해외(海外), 편하고 쉬울 이(夷)-이(俇)-평이(平易)-심중평화(心中平和), 넓고 평평할 이(夷)-평탄(平坦), 평평할 이(夷)-평(平), 쉬울 이(夷)-이(易)-불난(不難), 평범할 이(夷)-평범(平凡), (칼 따위로) 벨 이(夷)-할(割)-예(刈), 제거할 이(夷)-제(除), 없앨 이(夷)-멸(滅), 죽일 이(夷)-살(殺), 상처 날 이(夷)-상(傷)-이(痍), 업신여길 이(夷)-이(駭), 밝을 이(夷)-명(明), 받들 이(夷)-경(敬), 빛깔이 없을 이(夷)-무색(無色)-무채색(無彩色), 기꺼울 이(夷)-이(恞)-열(悅), 펼쳐놓을 이(夷)-진(陳)-이(侇), 무리(함께) 이(夷)-제(儕), 거만할(책상다리할) 이(夷)-거(倨), 변하지 않을 이(夷)-상(常), 나이 어릴 이(夷)-제(弟), 흘끗 볼(한눈팔) 이(夷)-제(睇), 어조사(語助詞) 이(夷)〉 등의 뜻을 내지만 여기선 〈상처입을 상(傷)〉과 같다 여기고 새김이 마땅하다.

우(于) 〈~으로(에서) 우(于)-어(於), 갈 우(于)-왕(往), 써 우(于)-이(以), 할 우(于)-

위(爲), 여기 우(于)-시(是), 도울 우(于)-조(助), 클 우(于)-대(大), 구할 우(于)-구(求), 자족하는 모습 우(于)-자족모(自足貌)〉 등의 뜻을 내지만 여기선 〈~으로 어(於)〉와 같다 여기고 새김이 마땅하다.

남(南) 〈남녘 남(南)-오방(午方), 남쪽에 갈 남(南)-남행(南行), 남방 남(南)-남방(南方), 남방 오랑캐의 음악 남(南)-남이지악(南夷之樂), 임금 남(南)-군(君)-남면(南面), 사내 남(南)-남(男), 성씨 남(南)〉 등의 뜻을 내지만 여기선 〈남녘 오방(午方)〉으로 여기고 새김이 마땅하다.

수(狩) 〈정벌할 수(狩)-정벌(征伐), 사냥 수(狩)-엽(獵), 겨울사냥 수(狩)-동렵(冬獵)-동계지렵(冬季之獵), 화전 수(狩)-화전(火田), 사냥 나갈 수(狩)-거행수렵(擧行狩獵), 짐승을 칠(기를) 수(狩)-목양(牧養), 짐승 수(狩)-수(獸), 지킬 수(狩)-수(守), 순행할 수(狩)-순(巡)-순수{巡狩 : 오 년마다 천자(天子)가 제후(諸侯)들을 둘러봄.}〉 등의 뜻을 내지만 여기선 〈정벌(征伐)〉로 새김이 마땅하다.

득(得) 〈취할(얻어낼) 득(得)-획(獲)-취(取), 탐할 득(得)-탐(貪), 깨달을 득(得)-효(曉)-오(悟), 만족할 득(得)-족(足), 마땅할 득(得)-당(當), 일의 마땅함을 터득할 득(得)-합(合)-득사지의(得事之宜), 이룰 득(得)-성(成), 알 득(得)-지(知), 가할 득(得)-가(可)-능(能), 편안할 득(得)-편(便), 가질 득(得)-치(値)-지(持), 득도할 득(得)-득도(得道)〉 등의 뜻을 내지만 〈취할 획(獲)-취(取)〉와 같다 여기고 새김이 마땅하다.

기(其) 〈그(그것) 기(其)-피(彼)-지(之), 그(관형사) 기(其)-관형사, 그럴 기(其)-연(然), 어찌 기(其)-기(豈), 누를 기(其)-억(抑), 오히려 기(其)-상(尙)-서기(庶幾), 이에 기(其)-내(乃), 만약 기(其)-약(若), 장차 기(其)-장(將), 어조사 기(其)-어조사〉 등의 뜻을 내지만 여기선 관형사로서 〈그 기(其)〉로 여기고 새김이 마땅하다.

대(大) 〈큰 대(大)-소지대(小之對), 지나칠 대(大)-과(過), 자만할 대(大)-과(誇)-긍벌(矜伐), 넓을 대(大)-광(廣), 두루 대(大)-편(徧), 통할 대(大)-통(通), 길 대(大)-장(長), (땅을) 걸게 할 대(大)-비(肥), 두터울 대(大)-후(厚), 많을 대(大)-다(多), 모두 대(大)-개(皆), 선할 대(大)-선(善), 무거울 대(大)-중(重), 거대할 대(大)-거(巨), 아름다울 대(大)-미(美)-장(壯), 부유할 대(大)-부(富), 늙을 대(大)-노(老), 끝 대(大)-극(極), 대충 대(大)-조(粗)-불세밀(不細密), 처음 대(大)-초(初), 하늘 대(大)-천(天), 건(乾)-양기(陽氣)-양효(陽爻) 대(大)〉 등의 뜻을 내지만 여기선 〈큰 대(大)〉로 여기고 새김이 마땅하다.

수(首) 〈우두머리 수(首)-수령(首領), 머리 수(首)-두(頭), 비롯할(처음) 수(首)-시(始), 목덜미의 앞부분 수(首)-경(頸), 첫 생일 수(首)-인지초생(人之初生), 임금 수(首)-군(君), 향할 수(首)-향(嚮), 괴수 수(首)-괴수(魁帥), 둥그런 칼 수(首)-도환(刀環), 근본 수(首)-본(本), 요령 수(首)-요령(要領), 표시할 수(首)-표표(標表), 머리를 두드릴 수(首)-고(叩), 곧을 수(首)-직(直), 양기 수(首)-양(陽), 시 한 편 수(首)-편(篇), 굴복할 수(首)-복(服)〉 등의 뜻을 내지만 여기선 〈우두머리 수령(首領)〉으로 새김이 마땅하다.

不 〈불-부〉 등으로 발음되고, 〈않을 불(不)-부(不), 못할 불(不)-부(不), 아닐 불(不)-부(不)-비(非), 없을 불(不)-부(不)-무(無), 하지 말 불(不)-부(不)-막(莫)-금지(禁止), 정하지 않을 불(不)-부(不)-부(否)-미정(未定), 새가 날아올라 내려오지 않는 불(不)-부(不)-조비상불하래(鳥飛上不下來)〉 등의 뜻을 내지만 여기선 〈않을 불(不)〉로 여기고 새김이 마땅하다.

可 〈가-극〉 두 가지로 발음되고, 〈~할 수 있을(~될 수 있을) 가(可)-능(能), 마땅할 가(可)-의(宜)-당(當), 옳을 가(可)-부지대(否之對), 허락할 가(可)-허(許)-긍(肯), 착할 가(可)-선(善), 합의할 가(可)-합의(合意), 괜찮을 가(可)-미족지사(未足之辭), 족할 가(可)-족(足), 바 가(可)-소(所), 멈출 가(可)-지(止), 뜻을 이룰 가(可)-수의(遂意), 쓸 가(可)-용(用), 만큼 가(可)-정(程), 겨우 가(可)-근(僅), 오랑캐 극(可)〉 등의 뜻을 내지만 여기선 〈~할 수 있을 능(能)〉과 같다 여기고 새김이 마땅하다.

질(疾) 〈빠를 질(疾)-신(迅)-속(速), 성낼 질(疾)-노(怒), 억지로 애쓸(힘쓸) 질(疾)-면력(勉力), 괴로울 질(疾)-고(苦), 병들 질(疾)-병(病)-환(患), 아파할 질(疾)-통(痛), 원망할 질(疾)-원(怨), 미워할 질(疾)-질(嫉), 아닐 질(疾)-비(非), 싫어할 질(疾)-오(惡), 다툴 질(疾)-쟁(爭), 씩씩할(멋질) 질(疾)-장(壯)-미(美), 직행할 질(疾)-추(趨), 다툴 질(疾)-쟁(爭)〉 등의 뜻을 내지만 여기선 〈빠를 속(速)〉과 같다 여기고 새김이 마땅하다.

정(貞) 〈바를 정(貞)-정(正), 믿을 정(貞)-신(信), 거북점을 물을 정(貞)-복문(卜問), 역(易)의 내괘(內卦) 정(貞), 마땅할 정(貞)-당(當), 고정할 정(貞)-정(定)-고정(固定), 순수할 정(貞)-전(專)-일(一)〉 등의 뜻을 내지만 여기선 〈바를 정(正), 믿을 신(信)〉 등을 합친 뜻과 같아 〈정신(正信)〉으로 여기고 새김이 마땅하다.

註 이야자(離也者) …… 남방지괘야(南方之卦也) : 이(離 : ☲)라는[也] 것은[者] …… 남방의[南

方之] 괘(卦)이다[也]. 「설괘전(說卦傳)」 5단락(段落)

註 이위갑주(離爲甲冑) 위과병(爲戈兵) : 이는[離 : ☲] 갑옷과[甲] 투구[冑]이고[爲], 무기와[戈] 병졸[兵]이다[爲]. 「설괘전(說卦傳)」 11단락(段落)

註 천시자아민시(天視自我民視) 천청자아민청(天聽自我民聽) 백성유과(百姓有過) 재여일인(在予一人) : 하늘이[天] 바라봄은[視] 우리[我] 백성[民]에게서[自] 바라봄이고[視], 하늘이[天] 들음은[聽] 우리[我] 백성[民]에게[自] 들음이다[聽]. 백성에게[百姓] 허물이[過] 있다면[有] (백성 때문이 아니고) 나[予] 한[一] 사람에게[人] (허물이) 있는 것이다[在].

『서경(書經)』「주서(周書)」 태서중(泰誓中)

육사(六四 : --)

六四 : 入于左腹하여 獲明夷之心하고 于出門庭이로다
입우좌복 획명이지심 우출문정

육사(六四) : 어둠의[左] 복판[腹]으로[于] 들어가서[入] 밝음이[明] 상처받은[夷之] 마음을[心] 알고서[獲] 어둠의 복판에서[于] 안뜰로[門庭] 나온다[出].

【육사(六四)의 효상(爻象) 풀이】

명이괘(明夷卦 : ䷣)의 육사(六四 : --)는 이음거음(以陰居陰) 즉 음(陰 : --)으로써[以] 음(陰 : --)의 자리에 있는지라[居] 정당한 자리에 있다. 육사(六四 : --)와 육오(六五 : --)는 양음(兩陰) 즉 둘 다[兩] 음(陰 : --)인지라 〈비(比)〉 즉 이웃의 사귐[比]을 누리지 못하는 모습이다. 육사(六四 : --)와 초구(初九 : ─)는 다른 대성괘(大成卦)에서라면 서로 정위(正位)에 있으니 정응(正應) 즉 바르게[正] 서로 호응할[應] 관계이지만 명이괘(明夷卦 : ䷣)의 주제인 〈명이(明夷)〉의 시국에서는 밝음[明]의 초구(初九 : ─)가 어둠[暗]의 육사(六四 : --)를 제압해야 할 처지이다. 이런 탓으로 명이괘(明夷卦 : ䷣)의 상체(上體) 곤(坤 : ☷)으로 갓 들어온 육사(六四 : --)이지만 곤(坤 : ☷)의 어둠[暗]보다 이(離 : ☲)의 밝음[明]을 택하려는 모습이다.

명이괘(明夷卦 : ䷣)의 육사(六四 : --)가 구사(九四 : ─)로 변효(變爻)하면 육사(六四 : --)는 명이괘(明夷卦 : ䷣)를 55번째 풍괘(豐卦 : ䷶)로 지괘(之卦)하게 한다. 따라서 명이괘(明夷卦 : ䷣)의 육사(六四 : --)는 풍괘(豐卦 : ䷶)의 구사(九四 : ─)를 찾아가 살펴보게 한다.

【육사(六四)의 계사(繫辭) 풀이】

入于左腹(입우좌복)

어둠의[左] 복판[腹]으로[于] 들어간다[入].

육사(六四 : --)의 효위(爻位)를 빌려 암시한 계사(繫辭)이다. 〈입우좌복(入于左腹) 획명이지심(獲明夷之心) 우출문정(于出門庭)〉은 〈육사입우좌복(六四入于左腹) 육사획명이지심(六四獲明夷之心) 육사우출문정(六四于出門庭)〉의 줄임으로 여기고 〈육사가[六四] 왼쪽[左] 복부로[于腹] 들어가서[入] 육사는[六四] 명이의[明夷之] 마음을[心] 알게 되어[獲] 육사는[六四] 안뜰[門庭]에서[于] 나온다[出]〉라고 새겨볼 것이다. 〈입우좌복(入于左腹)〉에서 〈좌복(左腹)의 좌(左)〉는 〈어두울 암(暗)〉과 같다. 음양(陰陽)을 좌우(左右)로 치면 좌(左)는 음(陰 : --)이고 암(暗)이며, 우(右)는 양(陽 : ─)이고 명(明)이다. 이에 〈좌복(左腹)〉은 〈암복(暗服)〉으로 여기고 새김이 마땅하다. 〈우출문정(于出門庭)의 우(于)〉는 〈우좌복(于左腹)〉의 줄임이다.

〈입우좌복(入于左腹)〉 즉 어둠의[左] 복판으로[于腹] 들어감[入]이란 육사(六四 : --)가 명이괘(明夷卦 : ䷣)의 상체(上體) 곤(坤 : ☷)의 초효(初爻)임을 암시한 계사(繫辭)이다. 〈입우좌복(入于左腹)의 좌복(左腹)〉은 명이괘(明夷卦 : ䷣)의 상체(上體) 곤(坤 : ☷)을 취상(取象)한 것이다. 왜냐하면 여기 〈좌복(左腹)의 복(腹)〉이 「설괘전(說卦傳)」에 나오는 〈곤은[坤 : ☷] 배[腹]이다[爲]〉라는 내용과 〈땅에선[於地] 그것이[其也] 검음[黑]이다[爲]〉라는 내용을 상기시키기 때문이다. 〈입우좌복(入于左腹)의 복(腹)〉은 명이괘(明夷卦 : ䷣)의 상체(上體)인 곤(坤 : ☷)의 흑(黑) 즉 어둠[暗]을 나타냄을 간파할 수 있고, 동시에 〈좌복(左腹)〉은 암흑(暗黑)이 지극함을 암시한다. 따라서 〈입우좌복(入于左腹)〉은 육사(六四 : --)가 명이괘(明夷卦 : ䷣)의 상체(上體) 곤(坤 : ☷)의 초효(初爻) 자리로 들어감[入]이다. 이에 하체(下體) 이(離 : ☲)의 밝음을[明] 상처 내는[夷] 상체(上體) 곤(坤 : ☷)의 맨 밑자리로 육사(六四 : --)가 들어감[入]을 암시한 계사(繫辭)가 〈입우좌복(入于左腹)〉이다.

獲明夷之心(획명이지심)

밝음이[明] 상처받은[夷之] 마음을[心] 안다[獲].

〈획명이지심(獲明夷之心)〉은 〈입우좌복(入于左腹)〉의 결과를 암시하는 계사(繫辭)이다. 여기 〈획명이지심(獲明夷之心)〉 역시 『주역(周易)』의 모든 경문(經文)이 갑골문(甲骨文)의 수사(修辭)이기 때문에 내용의 핵심(核心)만 추려 기록하고 부수적인 내용은 삭제하였음을 명심하게 한다. 명이괘(明夷卦 : ䷣)의 상체(上體) 곤(坤 : ☷)이 명이괘(明夷卦 : ䷣)의 하체(下體) 이(離 : ☲)의 밝음을[明] 상처 내는[夷之] 심사를[心] 육사(六四 : --)가 알아챘음[獲]을 암시한 것이 〈획명이지심(獲明夷之心)〉이다. 따라서 육사(六四 : --)가 상체(上體) 곤(坤 : ☷)의 초효(初爻)로서 〈우좌복(于左腹)〉 즉 곤(坤 : ☷)으로[于左腹] 들어가[入] 상체(上體) 곤(坤 : ☷)이 하체(下體) 이(離 : ☲)의 밝음을[明] 상처냄[夷]을 깨닫게 되었음을 암시한 계사(繫辭)가 〈획명이지심(獲明夷之心)〉이다.

于出門庭(우출문정)

어둠의 복판에서[于] 안뜰로[門庭] 나온다[出].

〈우출문정(于出門庭)〉은 육사(六四 : --)가 명이괘(明夷卦 : ䷣)의 상체(上體) 곤(坤 : ☷)이 초입(初入)에서 〈명이(明夷)〉에 몰입(沒入)하지 않고 나옴[出]을 암시한 계사(繫辭)이다. 상체(上體) 곤(坤 : ☷)의 초효(初爻) 자리를 〈문정(門庭)〉으로 취상(取象)한 것이다. 〈우출문정(于出門庭)의 우(于)〉는 〈우좌복(于左腹)〉의 줄임이다. 〈우좌복(于左腹)의 좌복(左腹)〉은 암처(暗處)를 말하고, 〈출문정(出門庭)의 문정(門庭)〉은 명처(明處)를 말한다. 이는 육사(六四 : --)가 상체(上體) 곤(坤 : ☷)의 어둠[暗]으로 들어가지 않고 그 곤(坤 : ☷)의 밖으로[門庭] 나옴[出]을 암시한다. 이에 〈출문정(出門庭)〉은 명이괘(明夷卦 : ䷣)의 상체(上體) 곤(坤 : ☷)의 초효(初爻)가 변효(變爻)하여 진(震 : ☳)의 초효(初爻)가 되었음을 암시한다. 왜냐하면 〈우출문정(于出門庭)의 출문정(出門庭)〉이 「설괘전(說卦傳)」에 나오는 〈진은[震 : ☳] 큰[大] 길[塗]이다[爲]〉라는 내용을 환기시키기 때문이다. 〈문정(門庭)〉은 문을 열면 곧 큰길[大塗]로 이어지니 어둠에서[暗] 벗어남[出]을 암시하고, 동시에 육사(六四 : ⚋)는 명이괘(明夷卦 : ䷣)의 하체(下體) 이(離 : ☲)의 밝음[明]과 접(接)해 있음을 암시하기도 한다.

명이괘(明夷卦 : ䷣)에서 밝음을[明] 상처 내는[夷] 〈대수(大首)〉 즉 우두머리[大首]는 명이괘(明夷卦 : ䷣)의 하체(下體) 이(離 : ☲)의 상효(上爻)인 구삼(九三 : ⚊)의 계사(繫辭) 〈그[其] 큰[大] 우두머리를[首] 획득한다[得]〉에서 밝혀진 바 있다. 〈득기대수(得其大首)의 대수(大首)〉는 명이괘(明夷卦 : ䷣)의 상륙(上六 : ⚋)을 말한다. 이에 〈우출문정(于出門庭)〉은 〈명이(明夷)〉 즉 밝음을[明] 상처 내기에[夷] 치우쳐[極] 밝음을[明] 자상(自傷) 즉 스스로[自] 상처 내어[傷] 더없이 캄캄한[暗] 상륙(上六 : ⚋)의 무리가 되지 않음을 암시한다. 이러한 〈우출문정(于出門庭)〉은 『논어(論語)』에 나오는 〈미자는[微子] 거기를[之] 떠났다[去]〉라는 내용을 환기시킨다. 미자(微子)가 폭군 주(紂)의 음란(淫亂)함을 여러 차례 간(諫)했으나 주(紂)가 듣지 않자 은(殷)나라를 떠나 미(微)라는 나라로 가서 은(殷)나라의 종사(宗祀)를 지켰던 고사(故事)를 환기시키는 계사(繫辭)가 〈우출문정(于出門庭)〉이다.

【字典】

입(入) 〈돌아올 입(入)-환(還), (밖에서 안으로) 들 입(入)-자외지내(自外至內), 안(속) 입(入)-내(內), 올(이를) 입(入)-내(來)-치(致), 함께 입(入)-여(與), 따를 입(入)-수(隨), 아래(내려갈) 입(入)-하(下), 가운데 입(入)-중(中), 벼슬할 입(入)-사관(仕官)-입조(入朝), 죽음 입(入)-사(死), 받을 입(入)-수(受)-입수(入受), 시집갈 입(入)-납(納)-가(嫁)-입자(入子=嫁女), 던져 넣을 입(入)-투(投)-투입(投入), 채울 입(入)-충(充), 구덩이 입(入)-감(坎)〉 등의 뜻을 내지만 여기선 〈돌아올 환(還)〉과 같다 여기고 새김이 마땅하다.

우(于) 〈~으로 우(于)-어(於), 갈 우(于)-왕(往), 써 우(于)-이(以), 할 우(于)-위(爲), 여기 우(于)-시(是), 도울 우(于)-조(助), 클 우(于)-대(大), 구할 우(于)-구(求), 자족하는 모습 우(于)-자족모(自足貌)〉 등의 뜻을 내지만 여기선 〈~으로 어(於)〉와 같다 여기고 새김이 마땅하다.

좌(左) 〈가장자리 좌(左)-변(邊), 왼쪽 좌(左)-우지대(右之對), 왼쪽으로 갈 좌(左)-좌행(左行), 양(陽) 좌(左), 동쪽 좌(左)-동(東), 우레 좌(左)-진(震), 아래 좌(左)-하(下), 바깥 좌(左)-외(外), 낮을 좌(左)-비(卑), 어길 좌(左)-위(違), 내릴 좌(左)-강(降), 부

정할 좌(左)-부정(不正)〉 등의 뜻을 내지만 여기선 〈가장자리 좌(左)〉로 여기고 새김이 마땅하다.

복(腹) 〈배(가슴 아래 쪽) 복(腹)-흉부지하(胸部之下), 소장 복(腹)-소장(小腸), 간절한 마음속 복(腹)-심곡(心曲), 중심 부위 복(腹)-중심부위(中心部位), 두터울 복(腹)-후(厚), 안을 복(腹)-포(抱), 살 복(腹)-생(生), 돌볼 복(腹)-속(屬)〉 등의 뜻을 내지만 여기선 〈배 복(腹)〉으로 여기고 새김이 마땅하다.

獲 〈획-확〉 두 가지로 발음되고, 〈얻어낼 획(獲)-득(得)-취득(取得), 겨루어 취할 획(獲)-쟁취(爭取), 시의를 얻을 획(獲)-득시지의(得時之宜), 전쟁이 얻어낸 포로 획(獲)-전쟁소득지부(戰爭所得之俘), 노비(종) 획(獲)-노비(奴婢), 실심한 모습 확(獲)-실지모(失志貌), 더럽힐 확(獲)-오욕(汚辱)〉 등의 뜻을 내지만 여기선 〈얻어낼 득(得)〉으로 여기고 새김이 마땅하다.

명(明) 〈밝을 명(明)-광(光)-조(照), 밝힐 명(明)-현(顯), 분별할 명(明)-변(辨), 살필 명(明)-찰(察), 총명할 명(明)-총(聰), 나타날 명(明)-저(著), 날이 샐 명(明)-야명(夜明), 확실할 명(明)-확(確), 볼 명(明)-시(視), 낮 명(明)-주(晝), 깨달을 명(明)-효(曉), 신령스러울 명(明)-신령(神靈), 현세 명(明)-현세(現世), 흰 명(明)-백(白), 통할 명(明)-통(通)〉 등의 뜻을 내지만 여기선 〈밝을 광(光)〉으로 여기고 새김이 마땅하다.

이(夷) 〈상처입을(받을) 이(夷)-상(傷)-이(痍), 깎일(잘릴) 이(夷)-예(刈)-치(薙)-할(割), 동쪽 사람들 이(夷)-동방지인(東方之人), 사방의 이민족 총칭 이(夷)-사방이족지총칭(四方異族之總稱), 멀리 떨어진 곳 이(夷)-원방(遠方)-이기(夷畿), 해외 이(夷)-해외(海外), 편하고 쉬울 이(夷)-이(侇)-평이(平易)-심중평화(心中平和), 넓고 평평할 이(夷)-평탄(平坦), 평평할 이(夷)-평(平), 쉬울 이(夷)-이(易)-불난(不難), 평범할 이(夷)-평범(平凡), (칼 따위로) 벨 이(夷)-할(割)-예(刈), 제거할 이(夷)-제(除), 없앨 이(夷)-멸(滅), 죽일 이(夷)-살(殺), 상처 날 이(夷)-상(傷)-이(痍), 업신여길 이(夷)-이(駊), 밝을 이(夷)-명(明), 받들 이(夷)-경(敬), 빛깔이 없을 이(夷)-무색(無色)-무채색(無彩色), 기꺼울 이(夷)-이(恞)-열(悅), 펼쳐놓을 이(夷)-진(陳)-이(侇), 무리(함께) 이(夷)-제(儕), 거만할(책상다리할) 이(夷)-거(倨), 변하지 않을 이(夷)-상(常), 나이 어릴 이(夷)-제(弟), 흘끗 볼(한눈팔) 이(夷)-제(睇), 어조사 이(夷)〉 등의 뜻을 내지만 여기선 〈상처입을 상(傷)〉과 같다 여기고 새김이 마땅하다.

지(之) 〈그것(이것) 지(之)-피(彼)-시(是), 갈 지(之)-왕(往), 이를 지(之)-지(至), 주격-소유격-목적격 등의 토씨 지(之), 뜻 없는 허사(虛詞) 지(之)〉 등의 뜻을 내지만 여기선 주격 토씨로서 〈~의 지(之)〉로 여기고 새김이 마땅하다.

심(心) 〈의지 심(心)-의지(意志)-욕지소생(欲之所生), 뜻(의미) 심(心)-의미(意味)-의의(意義), 심기 심(心)-심기(心氣), 오장의 하나 심(心)-오장지일(五臟之一), 신명과 신체의 주 심(心)-신명여신체지주(神明與身體之主), 지혜의 집 심(心)-지지사(智之舍), 감정 심(心)-감정(感情), 도의 본원 심(心)-도지본원(道之本原), 가슴 심(心)-흉(胸), 중앙 심(心)-중앙(中央), 나무의 가시 심(心)- 목지첨자(木之尖刺), 28수의 하나 심(心)-이십팔수지일(二十八宿之一)〉 등의 뜻을 내지만 여기선 〈의지(意志)〉로 여기고 새김이 마땅하다.

出 〈출-추〉 두 가지로 발음되고, 〈안에서 밖으로 날 출(出)-진(進), 드러날 출(出)-현(見), 특출할 출(出)-특(特), 치솟을 출(出)-상용(上湧), 위로 향할 출(出)-향상(向上), 낳을 출(出)-생(生), 멀 출(出)-원(遠)-거(去)-행(行), 관직에 부임할 출(出)-관부임(官赴任), 나타날 출(出)-현(現), 변천할 출(出)-추(推), 게울 출(出)-토(吐), 밖에 나갈 출(出)-외(外), 도망갈 출(出)-도(逃), 표할 출(出)-표(表), 갈릴 출(出)-이(離), 안에서 밖으로 내보낼 추(出)-자내이외(自內而外)〉 등의 뜻을 내지만 여기선 〈안에서 밖으로 나갈 진(進)〉으로 여기고 새김이 마땅하다.

문(門) 〈집을 들고나는 문 문(門)-방옥원장소설이통출입자(房屋垣墻所設以通出入者), 집 문(門)-가(家), 무리 문(門)-족(族), 한패 문(門)-문파(門派), 한 선생의 제자 문(門)-사문(師門), 관건(일을 해결하는 방책) 문(門)-관건(關鍵), 천자가 머무는 곳의 요직 문(門)-금요(禁要), 이목 문(門)-이목(耳目), 끼리 문(門)-유(類), 문지기 문(門)-수문(守門)〉 등의 뜻을 내지만 〈집을 들고나는 문(門)〉으로 여기고 새김이 마땅하다. 〈문정(門庭)〉은 문간이 있는 곳을 말한다.

정(庭) 〈안뜰(마당) 정(庭)-궁계전(宮階前), 궁 안 정(庭)-궁중(宮中), 집안 정(庭)-가내(家內), 송사를 처리하는 자리 정(庭)-법정(法庭), 조공 정(庭)-조공(朝貢), 바를 정(庭)-정(正), 곧을 정(庭)-직(直)〉 등의 뜻을 내지만 여기선 〈안뜰 정(庭)〉으로 여기고 새김이 마땅하다.

註 곤위복(坤爲腹) : 곤은[坤 : ☷] 배[腹]이다[爲]. 「설괘전(說卦傳)」 9단락(段落)

註 기어지야위흑(其於地也爲黑) : 땅에선[於地] 그것이[其也] 검음[黑]이다[爲].

「설괘전(說卦傳)」 11단락(段落)

註 진위대도(震爲大塗) : 진은[震 : ☳] 큰[大] 길[塗]이다[爲]. 「설괘전(說卦傳)」 11단락(段落)

註 미자거지(微子去之) 기자위지노(箕子爲之奴) 비간간이사(比干諫而死) 공자왈(孔子曰) 은유삼인언(殷有三仁焉) : 미자는[微子] 그자를[之] 떠났고[去], 기자는[箕子] 그자를 떠나[之] (미치광이로) 노복이[奴] 되었고[爲], 비간은[比干] 간하다가[諫而] 죽임을 당했다[死]. 공자가[孔子] 말했다[曰]. 은나라에[殷] 세 분의[三] 어진 이가[仁] 있었던 것[有]이다[焉]. 미자(微子)의 미(微)는 나라 이름이고, 자(子)는 작(爵) 즉 벼슬을 뜻한다. 미자(微子)의 이름은 계(啓)이다. 은(殷)나라 폭군 주(紂) 때 삼현(三賢)이 있었다. 미자(微子) 기자(箕子) 비간(比干) 등이 그 삼현(三賢)이다. 미자(微子)는 은(殷)나라 마지막 왕(王) 폭군(暴君) 주(紂)의 서형(庶兄)이었다. 주(紂)에게 무도(無道)한 짓을 범하지 말라고 여러 차례 간언(諫言)해도 주(紂)가 듣지 않자 제기(祭器)를 가지고 은(殷)나라를 떠나 미(微)나라로 가서 은(殷)나라의 종사(宗祀)를 보존(保存)시켰다.

『논어(論語)』「미자(微子)」 1장(章)

육오(六五 : --)

六五 : 箕子之明夷니 利貞하다
기 자 지 명 이 　 이 정

육오(六五) : 기자가[箕子之] 밝음에[明] 상처 냄이니[夷] 진실로 미더움이[貞] 이롭다[利].

【육오(六五)의 효상(爻象) 풀이】

명이괘(明夷卦 : ䷣)의 육오(六五 : --)는 이음거양(以陰居陽) 즉 음(陰 : --)으로써[以] 양(陽 : ─)의 자리에 있는지라[居] 정당한 자리에 있지 못하다. 육오(六五 : --)와 상육(上六 : --)은 양음(兩陰) 즉 둘 다[兩] 음(陰 : --)인지라 〈비(比)〉 즉 이웃의 사귐[比]을 누리지 못한다. 육오(六五 : --)와 육이(六二 : --)는 서로 중효(中爻)이지만 양음(兩陰)인지라 중정(中正) 즉 중효로서[中] 정위에 있음[正]을 서로 누리지 못하고 동시에 부정응(不正應) 즉 바르게[正] 서로 호응하지 못한다[不應]. 이에 육오(六五 : --)가 사고무친(四顧無親) 즉 사방을[四] 둘러본들[顧]

가까이할 사람이[親] 없는[無] 효연(爻緣)이지만 명이괘(明夷卦 : ䷣)의 상체(上體) 곤(坤 : ☷)의 중효(中爻)로서 득중(得中) 즉 정도를 따름을[中] 취하여[得], 명이괘(明夷卦 : ䷣)의 주제인 〈명이(明夷)〉의 시국을 마주하면서 유순(柔順)으로써 암처(暗處) 즉 어둠에[暗] 처하면서[處] 무사(無邪) 즉 간사함[邪] 없이[無] 회명(晦明) 즉 밝음을[明] 어둡게[晦] 하는 모습이다.

> 명이괘(明夷卦 : ䷣)의 육오(六五 : --)가 구오(九五 : ㅡ)로 변효(變爻)하면 육오(六五 : --)는 명이괘(明夷卦 : ䷣)를 63번째 기제괘(旣濟卦 : ䷾)로 지괘(之卦)하게 한다. 따라서 명이괘(明夷卦 : ䷣)의 육오(六五 : --)는 기제괘(旣濟卦 : ䷾)의 구오(九五 : ㅡ)를 찾아가 살펴보게 한다.

【육오(六五)의 계사(繫辭) 풀이】

箕子之明夷(기자지명이)

기자가[箕子之] 밝음에[明] 상처 냄이다[夷].

육오(六五 : --)의 효위(爻位)를 빌려 암시한 계사(繫辭)이다. 〈기자지명이(箕子之明夷) 이정(利貞)〉은 〈육오지명이시기자지명이(六五之明夷是箕子之明夷) 기연륙오정관어기지명이(旣然六五貞關於已之明夷) 천하유리(天下有利)〉의 줄임으로 여기고 〈육오의[六五之] 명이는[明夷] 기자의[箕子之] 명이(明夷)이다[是] 육오가[六五] 자신의[已之] 명이에[明夷] 관하여[關於] 진실로 미덥기[貞] 때문에[旣然] 온 세상에[天下] 이로움이[利] 있다[有]〉라고 새겨볼 것이다. 〈기자지명이(箕子之明夷)의 지(之)〉는 주격 토씨 노릇을 한다.

〈기자지명이(箕子之明夷)〉는 〈기자(箕子)〉를 들어 육오(六五 : --)를 취상(取象)한다. 육오(六五 : --)가 자신의 밝음에[明] 상처 냄[夷]이 기자가[箕子之] 밝음에[明] 상처 냄[夷]과 같음을 암시한 것이 〈기자지명이(箕子之明夷)〉이다. 『주역(周易)』 경문(經文)의 효사(爻辭)에 〈대인(大人)〉 또는 〈군자(君子)〉는 자주 등장하지만 실명(實名)의 등장은 여기 〈기자(箕子)〉와 63번째 기제괘(旣濟卦 : ䷾) 구삼(九三 : ㅡ)의 효사(爻辭)에 나오는 은(殷)나라 중흥조(中興祖)로 불리는 〈고종(高宗)〉과 더불어 단 둘뿐이다. 명이괘(明夷卦 : ䷣) 육오(六五 : --)의 효사(爻辭)에 〈기자(箕

子)〉라는 실명이 등장함으로써 명이괘(明夷卦 : ䷣) 각효(各爻)의 효사(爻辭)를 은(殷)나라를 망하게 한 폭군 주(紂)와 연관되는 현인(賢人)들을 연상하면서 살펴 헤아려보게 함을 〈기자지명이(箕子之明夷)의 기자(箕子)〉로써 확신할 수 있다.

명이괘(明夷卦 : ䷣) 초구(初九 : ⚊)의 효사(爻辭)는 주(紂)와 백이(伯夷)의 고사(故事)를 연상시키고, 육이(六二 : ⚋)의 효사(爻辭)는 주(紂)와 주문왕(周文王)의 고사를 연상시키며, 구삼(九三 : ⚊)의 효사(爻辭)는 주(紂)와 주무왕(周武王)의 고사를 연상시키고, 육사(六四 : ⚋)의 효사(爻辭)는 주(紂)와 미자(微子)의 고사를 연상시키며, 육오(六五 : ⚋)의 효사(爻辭)는 주(紂)와 기자(箕子)의 고사를 연상시켜 각(各) 효사(爻辭)를 살펴 헤아려보게 하려는 의도가 여기 〈기자지명이(箕子之明夷)의 기자(箕子)〉라는 실명으로써 드러난다. 그리고 명이괘(明夷卦 : ䷣)의 〈명이(明夷)〉가 무덕자(無德者) 즉 덕이[德] 없는[無] 인간[者]이 유덕자(有德者) 즉 덕이[德] 있는[有] 인간[者]을 상처받게[夷] 하는 무도(無道)를 살펴 헤아려보게 하면서, 무덕자(無德者)가 난세(亂世)를 빚어내는 까닭을 〈명이(明夷)〉가 밝혀주고, 동시에 유덕자(有德者)가 무덕자(無德者)의 난세를 퇴치하여 성덕(盛德)의 시대를 천하 백성이 누리게 되는 연유를 살펴 헤아려 깨닫게 하는 계사(繫辭)가 〈기자지명이(箕子之明夷)〉이다.

利貞(이정)

진실로 미더움이[貞] 이롭다[利].

〈이정(利貞)〉은 거듭해 〈기자지명이(箕子之明夷)〉 즉 기자의[箕子之] 밝음이[明] 상처받는[夷] 까닭을 밝힌 점사(占辭)이다. 기자(箕子)는 폭군(暴君) 주(紂)의 백부(伯父)인지라 주(紂)의 비위를 맞추어주면 천하에 부럽지 않은 영화(榮華)를 누렸을 터이다. 이런 영화를 뿌리치고 주(紂)의 무도(無道)함을 범하지 말라고 간(諫)해도 듣지 않자 스스로 광인(狂人) 행세를 하며 노예들 속에 숨어 살았던 기자(箕子)의 심지(心志)를 암시한 것이 〈이정(利貞)의 정(貞)〉이다. 〈정(貞)〉은 성신(誠信) 즉 정성스럽고[誠] 미더워[信] 공정(公正)함이다. 사사로움이[私] 없고[無] 치우침이[偏] 없다[無]면 절로 공정(公正)하다 함이 〈정(貞)〉이다. 이런 〈정(貞)〉이 기자(箕子)로 하여금 폭군 주(紂)를 떠나게 했던 셈이다. 따라서 〈이정(利貞)의 이(利)〉는 사리(私利) 즉 사사로운[私] 이로움[利]이 아니라 천하 모두를 위한 공리(共利) 즉 모두의[共] 이로움[利]임을 암시한 계사(繫辭)가 〈이정(利貞)〉이다.

【字典】

기(箕) 〈나라 이름 기(箕)-기자지국(箕子之國), (곡식의 껍질을 날리고 알곡을 거두어주는) 키 기(箕)-양곡거강지구(揚穀去糠之具), 별 이름 기(箕)-성수명(星宿名), (비질하여 쓰레기를 받는) 쓰레받기 기(箕)-파(簸)-소제수진토지기(掃除受塵土之器), 발을 걸고 앉을 기(箕)-서전양족이좌(舒展兩足而坐), 나무 이름 기(箕)-목명(木名)〉 등의 뜻을 내지만 여기선 은(殷)의 제후국(諸侯國)이었던 〈기자국(箕子國)〉으로 여기고 새김이 마땅하다.

자(子) 〈벼슬 자(子)-작(爵), 존칭(덕 있는 사람의 칭호) 자(子)-유덕자지칭(有德者之稱), 존경받는 사람 자(子)-존자(尊者), 12지의 첫째 자(子), 음력 11월 자(子), 밤 11시에서 다음날 1시까지 자(子), 북쪽 방향 자(子)-북방(北方), 오행에서 물 자(子)-어오행속수(於五行屬水), 짐승에서 쥐 자(子)-어수위서(於獸爲鼠), 번성할 자(子)-자(滋), 뒤를 이어줄 자(子)-사(嗣)-식(息), 자녀 자(子)-자녀(子女), 자손 자(子)-자손(子孫), 남자를 일컫는 호칭 자(子)-남자지통칭(男子之通稱), 만물 자(子)-만물(萬物), 씨앗(열매) 자(子)-종자(種子)-과실(果實), 누구(사람) 자(子)-인(人)-수자(誰子), 백성 자(子)-백성(百姓)〉 등의 뜻을 내지만 여기선 〈벼슬 작(爵)〉으로 여기고 새김이 마땅하다. 여기 〈기자(箕子)의 자(子)〉는 제후(諸侯)라는 벼슬[爵]을 뜻한다.

지(之) 〈그것(이것) 지(之)-피(彼)-시(是), 갈 지(之)-왕(往), 이를 지(之)-지(至), 주격-소유격-목적격 등의 토씨 지(之), 뜻 없는 허사(虛詞) 지(之)〉 등의 뜻을 내지만 여기선 주격 토씨로서 〈~의 지(之)〉로 여기고 새김이 마땅하다.

명(明) 〈밝을 명(明)-광(光)-조(照), 밝힐 명(明)-현(顯), 분별할 명(明)-변(辨), 살필 명(明)-찰(察), 총명할 명(明)-총(聰), 나타날 명(明)-저(著), 날이 샐 명(明)-야명(夜明), 확실할 명(明)-확(確), 볼 명(明)-시(視), 낮 명(明)-주(晝), 깨달을 명(明)-효(曉), 신령스러울 명(明)-신령(神靈), 현세 명(明)-현세(現世), 흰 명(明)-백(白), 통할 명(明)-통(通)〉 등의 뜻을 내지만 여기선 〈밝을 광(光)〉으로 여기고 새김이 마땅하다.

이(夷) 〈상처입을(받을) 이(夷)-상(傷)-이(痍), 깎일(잘릴) 이(夷)-예(刈)-치(薙)-할(割), 동쪽 사람들 이(夷)-동방지인(東方之人), 사방의 이민족 총칭 이(夷)-사방이족지총칭(四方異族之總稱), 멀리 떨어진 곳 이(夷)-원방(遠方)-이기(夷畿), 해외 이(夷)-해외(海外), 편하고 쉬울 이(夷)-이(徲)-평이(平易)-심중평화(心中平和), 넓고 평평할 이(夷)-평탄(平坦), 평평할 이(夷)-평(平), 쉬울 이(夷)-이(易)-불난(不難), 평범할 이(夷)-평범(平凡), (칼 따위로) 벨 이(夷)-할(割)-예(刈), 제거할 이(夷)-제(除), 없앨 이(夷)-멸(滅), 죽일 이(夷)-살(殺), 상처 날 이(夷)-상(傷)-이(痍), 업신여길 이(夷)-이(駿), 밝을 이(夷)-명(明), 받들 이(夷)-경(敬), 빛깔이 없을 이(夷)-무색(無色)-무채색(無彩色), 기꺼울 이(夷)-이(恞)-열(悅), 펼쳐놓을 이(夷)-진(陳)-이(侇), 무리(함께) 이(夷)-제(儕), 거만할(책상다리할) 이(夷)-거(倨), 변하지 않을 이(夷)-상(常), 나이 어릴 이(夷)-제(弟), 흘끗 볼(한눈팔) 이(夷)-제(睇), 어조사(語助詞) 이(夷)〉 등의 뜻을 내지만 여기선 〈상처 입을 상(傷)〉과 같다 여기고 새김이 마땅하다.

이(利) 〈만물로 하여금 삶을 이루어가게 하는 덕(德)의 이로울 이(利)-사만물수생지덕(使萬物遂生之德), 날카로울 이(利)-예(銳)-섬(銛), 질병 이(利)-질(疾), 통할 이(利)-통(通)-순(順), 좋을 이(利)-길(吉)-의(宜), 편리할 이(利)-편(便), 마름해 만들어 이룰 이(利)-재성(裁成), 탐할 이(利)-탐(貪), 구할(취할) 이(利)-구(求)-취(取), 좋아할 이(利)-열애(悅愛), 이로울 이(利)-익(益), 기교 이(利)-교(巧), 보람 이(利)-공용(功用), 지세가 험하고 중요한 이(利)-험요(險要), 이길 이(利)-승(勝), 어질 이(利)-인(仁)〉 등의 뜻을 내지만 여기선 〈사만물수생지덕(使萬物遂生之德) 즉 만물로 하여금 삶을 이루어가게 하는 덕(德)의 이로움〉으로 새김이 마땅하다. 〈利〉가 맨 앞에 오면 〈이〉로 발음되고, 중간이나 뒤에 오면 〈리〉로 발음된다.

정(貞) 〈바를 정(貞)-정(正), 믿을 정(貞)-신(信), 거북점을 물을 정(貞)-복문(卜問), 역(易)의 내괘(內卦) 정(貞), 마땅할 정(貞)-당(當), 고정할 정(貞)-정(定)-고정(固定), 순수할 정(貞)-전(專)-일(一)〉 등의 뜻을 내지만 여기선 〈바를 정(正), 믿을 신(信)〉 등을 합친 뜻과 같아 〈정신(正信)〉으로 여기고 새김이 마땅하다.

註 기자(箕子) : 기자(箕子)의 기(箕)는 나라 이름이고, 자(子)는 작(爵) 즉 벼슬을 뜻해 여기 기자(箕子)는 기자국(箕子國)의 제후(諸侯)를 뜻한다. 기자(箕子)의 이름은 서여(胥餘)이고, 은(殷)나라 폭군(暴君) 주(紂)의 백부(伯父)이다. 기자(箕子)는 주(紂)의 무도(無道)함을 간(諫)해도 듣지 않자 스스로 광인(狂人) 행세를 하며 노예들 속에 숨어 살다가 은(殷)이 멸망하자 주왕(周王)으로부터 조선(朝鮮)에 봉(封)함을 받았다.

상륙(上六 : --)

上六 : 不明하여 晦하니 初登于天하고 後入于地로다
불명 회 초등우천 후입우지

상륙(上六) : 밝지 않고[不明] 캄캄하니[晦] 처음엔[初] 하늘로[于天] 올랐다가[登] 뒤에는[後] 땅으로[于地] 들어간다[入].

【상륙(上六)의 효상(爻象) 풀이】

명이괘(明夷卦 : ䷣)의 상륙(上六 : --)은 이음거음(以陰居陰) 즉 음(陰 : --)으로써[以] 음(陰 : --)의 자리에 있는지라[居] 정당한 자리에 있다. 상륙(上六 : --)과 육오(六五 : --)는 양음(兩陰) 즉 둘 다[兩] 음(陰 : --)인지라 〈비(比)〉 즉 이웃의 사귐[比]을 누리지 못한다. 상륙(上六 : --)과 구삼(九三 : ―)은 다른 대성괘(大成卦)에서라면 정응(正應) 즉 서로 바르게[正] 호응할[應] 관계이지만 〈명이(明夷)〉의 시국에서는 밝음[明]의 구삼(九三 : ―)이 어둠[暗]의 상륙(上六 : --)을 제압해야 할 처지인지라, 상륙(上六 : --)과 구삼(九三 : ―)의 정응(正應) 즉 서로 바르게[正] 호응하는[應] 관계는 어둠[暗]의 상륙(上六 : --)이 밝음[明]의 구삼(九三 : ―)과 호응하면 어둠[暗]의 상륙(上六 : --)은 사라져야 하지만, 명이괘(明夷卦 : ䷣)의 주제인 〈명이(明夷)〉의 시국에서는 상륙(上六 : --)이 어둠[暗]의 극위(極位)에 있어서 명이괘(明夷卦 : ䷣)의 다섯 효(爻)들을 어둡게[暗] 하는 소인(小人)의 모습이다.

명이괘(明夷卦 : ䷣)의 상륙(上六 : --)이 상구(上九 : ―)로 변효(變爻)하면 상륙(上六 : --)은 명이괘(明夷卦 : ䷣)를 22번째 비괘(賁卦 : ䷕)로 지괘(之卦)하게 한다. 따라서 명이괘(明夷卦 : ䷣)의 상륙(上六 : --)은 비괘(賁卦 : ䷕)의 상구(上九 : ―)를 찾아가 살펴보게 한다.

【상륙(上六)의 계사(繫辭) 풀이】

不明(불명) 晦(회)

밝지 않고[不明] 캄캄하다[晦].

상륙(上六 : --)의 효위(爻位)를 빌려 암시한 계사(繫辭)이다. 〈불명(不明) 회(晦)〉는 〈상륙불명(上六不明) 연이상륙회(然而上六晦)〉의 줄임으로 여기고 〈상륙은[上六] 밝지 않다[不明] 그래서[然而] 상륙은[上六] 캄캄하다[晦]〉라고 새겨볼 것이다. 여기 〈회(晦)〉는 〈캄캄할 암(暗)〉과 같다. 〈불명(不明) 회(晦)〉는 상륙(上六 : --)이 어둠[晦]을 상징하는 곤(坤 : ☷)의 극위(極位)에 있고, 밝음[明]을 상징하는 이(離 : ☲)로부터 가장 멀리 떨어져 있음을 암시한다. 〈불명(不明)〉은 무명(無明)이다. 밝지[明] 않음[不]이니 상륙(上六 : --)에게는 밝음이[明] 없다[無]는 것이 여기 〈불명(不明)〉이다. 이런 〈불명(不明)〉이면 곧 〈회(晦)〉 즉 어둠[晦]이다. 〈회(晦)〉는 어둠이고 그믐밤이니 맨 끝의 어둠을 뜻한다. 여기 〈회(晦)〉는 밝음[明]을 상징하는 이(離 : ☲)로부터 가장 멀리 있어, 마치 일몰(日沒)하여 어둠[暗] 속으로 빠져들어가는 극암(極暗) 즉 더없는[極] 어둠[暗]을 들어 상륙(上六 : --)을 취상(取象)한다. 따라서 밝음이[明] 없어[不] 어둡기만[晦] 한 상륙(上六 : --)이 은(殷)나라의 멸망을 자초했던 폭군 주(紂)를 떠올려 헤아려보게 하는 계사(繫辭)가 〈불명(不明) 회(晦)〉이다.

初登于天(초등우천) 後入于地(후입우지)

처음엔[初] 하늘로[于天] 올랐다가[登] 뒤에는[後] 땅으로[于地] 들어간다[入].

〈초등우천(初登于天)〉은 상륙(上六 : --)이 명이괘(明夷卦 : ䷣)의 상효(上爻)로서 극위(極位)에 있음을 암시한 계사(繫辭)이다. 〈초등우천(初登于天) 후입우지(後入于地)〉는 〈초상륙등우천(初上六登于天) 후상륙입우지(後上六入于地)〉의 줄임으로 여기고 〈처음엔[初] 상륙이[上六] 하늘로[于天] 올랐다가[登] 뒤에는[後] 상륙이[上六] 땅으로[于地] 들어간다[入]〉라고 새겨볼 것이다.

〈초등우천(初登于天)〉은 명이괘(明夷卦 : ䷣)의 주제인 〈명이(明夷)〉의 시국에서 상륙(上六 : --)의 〈명(明)〉 즉 밝음[明]을 암시한다. 명이괘(明夷卦 : ䷣)의 극위(極位) 즉 맨 위의[極] 자리[位]에 있음이란 명이괘(明夷卦 : ䷣)의 상체(上體)인 곤(坤 : ☷)의 상효(上爻)임을 말한다. 〈명이(明夷)〉의 시국에서 곤(坤 : ☷)은 〈암(暗)〉 즉 어둠[暗]을 상징한다. 이에 상륙(上六 : --)의 극위(極位)란 명이괘(明夷卦 : ䷣)의 상체(上體) 곤(坤 : ☷)의 상효(上爻)인지라 어둠의 극위에 이르게 되어, 상륙(上六 : --)의 밝음[明]은 극(極)에 이르러 〈불명(不明)〉 즉 어둠[暗]임을 암시한 계사(繫辭)가 〈등우천(登于天)〉이다.

〈후입우지(後入于地)〉는 〈명이(明夷)〉의 시국에서 상륙(上六 : --)의 〈암(暗)〉 즉 어둠[暗]을 암시한다. 더 오를 데 없이 오르면 내려감이 천도(天道) 즉 자연의[天] 이치[道]이다. 먼저[初] 하늘로[于天] 올랐으면[登] 그 뒤는[後] 땅으로[于地] 들어감이[入] 천도(天道)이다. 새가 비상(飛上)했으면 반드시 비하(飛下)해야 하는 것이 천도(天道)이다. 한번 오르면 한번 내리고 한번 내리면 한번 오름이 자연의[天] 이치[道]이다. 오름[登]도 천도(天道)를 따름이고 내림[落]도 천도(天道)를 따름이라면 그 등락(登落)은 순리인지라 길(吉)하여 오름도 내림도 다 밝음[明]이다. 그러나 오를 데 없이 올랐지만 천심(天心)을 어겼다면 그 등락(登落)은 흉(凶)하여 오름도 내림도 다 어둠[晦]이다. 순(舜)임금의 극위(極位)는 길(吉)하여 밝지만[明] 주(紂)의 극위(極位)는 흉(凶)하여 어두운[暗] 까닭을 살펴 헤아려보게 하는 것이 〈후입우지(後入于地)〉이다. 그러므로 극위(極位) 즉 더는 오를 데 없는[極] 자리[位]에 있을수록 더욱더 겸허(謙虛)하고 성실해야 함은 극위(極位)일수록 자연의[天] 이치[道]를 어기지 말라 함이다. 그런데 상륙(上六 : --)이 자신의 〈명(明)〉을 스스로 상처 내[夷] 〈암(暗)〉에 이르러, 주(紂)처럼 무도(無道)하면 난세(亂世)를 자초하여 암흑(暗黑) 속으로 추락하고 마는 소인(小人)의 짓임을 암시한 계사(繫辭)가 〈후입우지(後入于地)〉이다.

【 字 典 】

不 〈불-부〉 등으로 발음되고, 〈않을 불(不)-부(不), 못할 불(不)-부(不), 아닐 불(不)-부(不)-비(非), 없을 불(不)-부(不)-무(無), 하지 말 불(不)-부(不)-막(莫)-금지(禁止), 정하지 않을 불(不)-부(不)-부(否)-미정(未定), 새가 날아올라 내려오지 않는 불(不)-부(不)-조비상불하래(鳥飛上不下來)〉 등의 뜻을 내지만 여기선 〈않을 불(不)〉로 여기고 새김이 마땅하다.

명(明) 〈밝을 명(明)-광(光)-조(照), 밝힐 명(明)-현(顯), 분별할 명(明)-변(辨), 살

필 명(明)-찰(察), 총명할 명(明)-총(聰), 나타날 명(明)-저(著), 날이 샐 명(明)-야명(夜明), 확실할 명(明)-확(確), 볼 명(明)-시(視), 낮 명(明)-주(晝), 깨달을 명(明)-효(曉), 신령스러울 명(明)-신령(神靈), 현세 명(明)-현세(現世), 흰 명(明)-백(白), 통할 명(明)-통(通)〉 등의 뜻을 내지만 여기선 〈밝을 광(光)〉으로 여기고 새김이 마땅하다.

회(晦) 〈어두울 회(晦)-혼(昏)-암(暗), 달이 다한 (그믐날) 회(晦)-월진(月盡)-매월지말일(每月之末日), (어둡고) 깊숙할 회(晦)-야(夜)-명(冥), 동틀 무렵(컴컴할) 회(晦)-매(昧), 미미할 회(晦)-미(微), 다할 회(晦)-진(盡), 안개 회(晦)-무(霧), 불행 회(晦)-불행(不幸)〉 등의 뜻을 내지만 여기선 〈어두울 암(暗)〉과 같다 여기고 새김이 마땅하다.

초(初) 〈(부사로) 처음에 초(初)-시(始), (명사로) 처음 초(初)-시(始)-시초(始初), (형용사로) 시작할 초(初)-시(始), 이전 초(初)-이전(以前), 근본 초(初)-본(本)-근본(根本), 옛(옛일) 초(初)-고(故)-고사(故事), 펼 초(初)-서(舒), 스스로 옴(따라 옴) 초(初)-자래(自來)-종래(從來), 처음부터 끝까지 초(初)-전(全)-자시급종(自始及終), 괘의 초효 초(初)-괘지제일효(卦之第一爻), 코(트이게 뚫은 자국) 초(初)-비(鼻)〉 등의 뜻을 내지만 여기선 〈처음에 시(始)〉와 같다 여기고 새김이 마땅하다.

등(登) 〈오를 등(登)-승(升)-상(上), 예기 등(登)-예기(禮器), 오르게 할 등(登)-사등승(使登升), 책이나 전적에 기재할(등록할) 등(登)-서어책자(書於冊籍)-등재(登載)-등록(登錄), 나아갈 등(登)-진(進), 높을 등(登)-고(高), 들어갈 등(登)-입(入), 더할 등(登)-가(加), (남의 물건을) 받을 등(登)-취(取)-수인지물(受人之物), 익을 등(登)-숙(熟)-성숙(成熟), 이룰 등(登)-성(成), 정할 등(登)-정(定), 무리 등(登)-중(衆)-등등(登登), 별 이름 등(登)-성명(星名), 발(밟을) 등(登)-족(足)-이(履)〉 등의 뜻을 내지만 여기선 〈오를 승(升)〉과 같다 여기고 새김이 마땅하다.

우(于) 〈~에 우(于)-어(於), 갈 우(于)-왕(往), 써 우(于)-이(以), 할 우(于)-위(爲), 여기 우(于)-시(是), 도울 우(于)-조(助), 클 우(于)-대(大), 구할 우(于)-구(求), 자족하는 모습 우(于)-자족모(自足貌)〉 등의 뜻을 내지만 여기선 〈~에 어(於)〉와 같다 여기고 새김이 마땅하다.

천(天) 〈하늘(온갖 별이 떠 있는 허공) 천(天)-제성라열지공간(諸星羅列之空間), 더없이 높을 천(天)-전(巓)-지고무상(至高無上), 평평할 천(天)-탄(坦), 천체 천(天)-천체(天體), 태양 천(天)-태양(太陽), 조화의 신(천신) 천(天)-조화지신(造化之神)-천신(天

神), 자연 천(天)-자연(自然), 임금 천(天)-군(君)-왕(王)-제(帝), 아버지 천(天)-부(父)-자지천(子之天), 치어다 보이는 모든 것 천(天)-범소앙뢰자개왈천(凡所仰賴者皆曰天), 시절 천(天)-시절(時節)-계후(季候), 낮 천(天)-일(日), 양기 천(天)-양(陽), 건괘 천(天)-건(乾), 크나큰 천(天)-대(大), 경우 천(天)-경우(境遇), 명운(자연의 분수) 천(天)-명운(命運)-자연지분(自然之分), 본성 천(天)-성(性), 얼굴에 먹물 먹일 형 천(天)-경액지형(黥額之刑)〉 등의 뜻을 내지만 여기선 〈하늘 천(天)〉으로 새김이 마땅하다.

후(後) 〈뒤 후(後)-선지대(先之對), 늦을 후(後)-지(遲), 뒤처질 후(後)-낙후(落後), 뒤늦게 올 후(後)-지래(遲來), 사양할 후(後)-손(遜), 다가올(장래) 후(後)-장래(將來), 두 세대 후(後)-후세(後世), 일이 끝난 뒤 후(後)-사후필(事後畢), 자손 후(後)-자손(子孫), 뒤를 잇는 것 후(後)-후속자(後續者), 뒤에 말한 것 후(後)-하소언(下所言)〉 등의 뜻을 내지만 여기선 〈뒤 후(後)〉로 새김이 마땅하다.

입(入) 〈(밖에서 안으로) 들 입(入)-자외지내(自外至內), 돌아올 입(入)-환(還), 안(속) 입(入)-내(內), 올(이를) 입(入)-내(來)-치(致), 함께 입(入)-여(與), 따를 입(入)-수(隨), 아래(내려갈) 입(入)-하(下), 가운데 입(入)-중(中), 벼슬할 입(入)-사관(仕官)-입조(入朝), 죽음 입(入)-사(死), 받을 입(入)-수(受)-입수(入受), 시집갈 입(入)-납(納)-가(嫁)-입자(入子=嫁女), 던져 넣을 입(入)-투(投)-투입(投入), 채울 입(入)-충(充), 구덩이 입(入)-감(坎)〉 등의 뜻을 내지만 여기선 〈들 입(入)〉으로 여기고 새김이 마땅하다.

지(地) 〈땅 지(地)-천지대(天之對), 뭍 지(地)-육지(陸地), 아래 지(地)-하(下), 곳 지(地)-소(所), 예비할 지(地)-예비(豫備), 살필 지(地)-심(審), 토지 지(地)-토(土)-토지(土地), 땅에서 나는 지(地)-지산(地産), 지면의 구역 지(地)-지면지구역(地面之區域), 나라 지(地)-국토(國土)-영토(領土), (인간이 처한) 처지 지(地)-인소거지위분(人所居之位分), 지위 지(地)-지위(地位), 바탕 지(地)-질지(質地), 곤 지(地)-곤(坤), 음 지(地)-음(陰), 땅에 닿을 지(地)-착(着)-착지(着地), 차례(무릇) 지(地)-제(第)-단(但)〉 등의 뜻을 내지만 여기선 〈땅 지(地)〉로 여기고 새김이 마땅하다

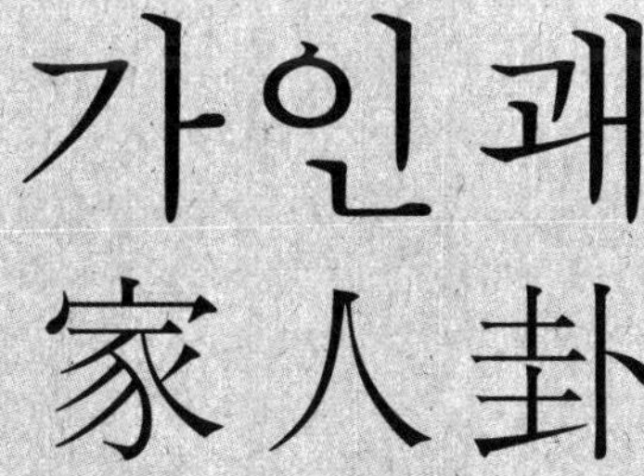

가인괘 家人卦

37

1 괘의 괘상과 계사

가인괘(家人卦 : ☲☴)

이하손상(離下巽上) : 아래는[下] 이(離 : ☲), 위는[上] 손(巽 : ☴).

풍화가인(風火家人) : 바람과[風] 불은[火] 가인이다[家人].

家人은 利女貞하니라
가 인 이 녀 정

가정은[家人] 여자가[女] 진실로 미더워야[貞] 이롭다[利].

【가인괘(家人卦 : ☲☴)의 괘상(卦象) 풀이】

앞 명이괘(明夷卦 : ☷☲)의 〈명이(明夷)〉란 밝음이[明] 상처받음[夷]을 말한다. 이에 「서괘전(序卦傳)」에 〈이라는[夷] 것은[者] 상처받은 것[傷]이다[也] 밖에서[於外] 상처받은[傷] 자는[者] 반드시[必] 제[其] 집으로[家] 돌아온다[反] 그래서[故] 가인괘(家人卦 : ☲☴)로써[以] 그것을[之] 받는다[受]〉라는 말이 나온다. 이는 명이괘(明夷卦 : ☷☲) 뒤에 가인괘(家人卦 : ☲☴)가 오는 까닭을 밝힌다. 가인괘(家人卦 : ☲☴)의 주제인 〈가인(家人)〉은 가정(家庭)을 말한다. 가인괘(家人卦 : ☲☴)의 하체(下體) 이(離 : ☲)는 화(火) 즉 불이고, 상체(上體) 손(巽 : ☴)은 풍(風) 즉 바람이다. 가인괘(家人卦 : ☲☴)의 내호괘(內互卦) 감(坎 : ☵)과 외호괘(外互卦) 이(離 : ☲)가 「설괘전(說卦傳)」에 나오는 〈이(離 : ☲) 그것을[之] 중녀라[中女] 하고[謂] 감(坎 : ☵) 그것을[之] 중남이라[中男] 한다[謂]〉라는 내용을 환기시킨다. 이에 가인괘(家人卦 : ☲☴)의 내외호괘(內外互卦)로써 남녀(男女)의 결합이 드러난다. 남녀의 결합이란 이(離 : ☲) 즉 불[火]과 손(巽 : ☴) 즉 바람[風]이 화합하여 활활 타오름과 같다.

이처럼 불기는 바람을 타야 활기를 얻음이 불과 바람 사이의 정도(正道)이다.

남녀가 부부가 되어 부모가 되자면 불과 바람 사이의 정도(正道)를 따라야 한다. 불은 뜨겁되 청명(淸明) 즉 깨끗하고[淸] 밝고[明] 바람은 허허(噓虛) 즉 불되[噓] 텅 비어[虛] 무욕(無欲)한지라 화풍(火風)이야말로 정도(正道)의 표상(表象)이다. 가인괘(家人卦 : ䷤)의 주제인 〈가인(家人)〉 즉 한 가정[家人]은 그 화풍(火風)의 정도(正道)를 따라 한 집안의 권속(眷屬)을 바른 길로 이끄는 삶의 본 터이다. 이에 가인괘(家人卦 : ䷤)의 내호괘(內互卦)는 감(坎 : ☵)이니 중남(中男)을 나타내고 외호괘(外互卦)는 이(離 : ☲)이니 중녀(中女)를 나타내, 일남(一男)-일녀(一女)가 하나로 결합해 부부가 되어 〈가인(家人)〉을 이루는 모습을 빌려 가인괘(家人卦 : ䷤)라 칭명(稱名)한다.

【가인괘(家人卦 : ䷤)의 계사(繫辭) 풀이】

家人(가인) 利女貞(이녀정)

가정은[家人] 여자가[女] 진실로 미더워야[貞] 이롭다[利].

〈가인(家人) 이녀정(利女貞)〉은 가정(家庭)의 정도(正道)가 비롯되는 단서를 암시한 계사(繫辭)이다. 〈가인(家人) 이녀정(利女貞)〉은 〈가인지녀유정(家人之女愈貞) 기가인유유리(其家人愈有利)〉의 줄임으로 여기고 〈가정의[家人之] 아낙이[女] 정숙할[貞]수록[愈] 그[其] 가정은[家人] 그만큼 더[愈] 이롭다[有利]〉라고 새겨볼 것이다. 가인괘(家人卦 : ䷤)의 주제인 〈가인(家人)〉은 가정(家庭)-가속(家屬)-가권(家眷)-가사(家事)-가무(家務) 등을 포괄한다. 이어서 〈가인(家人)〉은 한 가정의 부모 중에서 제 권속(眷屬) 즉 피붙이들[眷屬]을 누가 바르게 이끌어가는가를 살펴보게 암시하는 계사(繫辭)가 〈이녀정(利女貞)〉이다. 한 집안의 피붙이들을 바르게 이끌어가야 하는 〈가인(家人)〉 즉 부모(父母)란 단순히 아버지 어머니를 뜻하는 것만은 아니다. 부부(父父) 즉 아버지는[父] 아버지의 도리를 다하고[父], 모모(母母) 즉 어머니는[母] 어머니의 도리를 다하며[母], 자자(子子) 즉 자식은[子] 자식의 도리를 다하고[子], 형형(兄兄) 즉 형은[兄] 형의 도리를 다하며[兄], 제제(弟弟) 즉 아우는[弟] 아우의 도리를 다하고[弟], 부부(夫夫) 즉 남편은[夫] 남편의 도리를 다하며[夫], 부부(婦婦) 즉 아내는[婦] 아내의 도리를 다해서[婦], 가도(家道)

가 바르게 됨을 〈가인(家人)〉 즉 부모(父母)란 낱말이 간직한다. 온 세상 모든 부모가 저마다 제 가정을 바르게 하면 따라서 온 세상은 안정된다는 크나큰 뜻을 가인괘(家人卦 : ䷤)의 〈가인(家人)〉이 품고 있다.

한 집안의 피붙이로서 저마다 스스로 제 집안의 도리를 남몰래 닦아가는 일가(一家)의 정도(正道)를 헤아려 깨닫게 함이 〈이녀정(利女貞)〉이다. 〈이녀정(利女貞)의 여(女)〉는 남편의 처(妻)이고 자녀(子女)의 모(母)이며 나아가 한 가정의 주부(主婦)이다. 아내[妻]이면서 어머니[母]이고 한 가정의 안주인[婦]이 〈이녀정(利女貞)의 여(女)〉이다. 그리고 〈이녀정(利女貞)의 여정(女貞)〉은 한 주부(主婦)의 정절(貞節)이란 일가(一家)의 정도(正道)를 굳건히 이끌고자 일가를 엄격하게 다스려 권속들 모두가 바른[正] 도리[道]를 지켜나가게 정성을 다하는 주부(主婦)의 정신(正信) 즉 바른[正] 믿음[信]의 심지(心志)를 말한다. 이에 〈이녀정(利女貞)의 여정(女貞)〉은 『대학(大學)』에 나오는 〈제[其] 가정을[家] 다스리고자 하는[欲齊] 사람은[者] 먼저[先] 제[其] 자신을[身] 닦고[脩] 제[其] 자신을[身] 닦고자 하는[欲脩] 사람은[者] 먼저[先] 제[其] 마음을[心] 바르게 한다[正]〉라는 내용을 환기시킨다. 〈이녀정(利女貞)〉에서 〈여정(女貞)의 정(貞)〉은 『대학(大學)』에 나오는 〈정기심(正其心)〉을 전제로 하는 심지(心志)이다. 나아가 〈이녀정(利女貞)의 여정(女貞)〉은 『노자(老子)』에 나오는 〈그[其] 암컷을[雌] 지킨다[守]〉라는 내용을 환기시키고, 맹모삼천(孟母三遷)의 고사(故事)를 환기시킨다. 이러한 〈여정(女貞)〉으로써 〈가인(家人)〉 즉 일가(一家)의 부부로서 부모로서 자녀로서 모두가 이로움[利]을 누림을 암시한 계사(繫辭)가 〈가인(家人) 이녀정(利女貞)〉이다.

【字典】

가(家) 〈가정(가족) 가(家)-가정(家庭)-가족(家族), 살(거주할) 가(家)-거(凥)-가인소거(家人所居), 방안 가(家)-실(室), 지아비 가(家)-부(夫)-아내는 남편을 가장이라 부른다[妻謂夫曰家], 집사람 가(家)-처(妻)-남편은 아내를 집사람이라 부른다[夫謂妻曰家], 머물러 살 가(家)-주거(住居), 도성 가(家)-도성(都城), 조정 가(家)-조정(朝廷), 천자 가(家)-천자(天子)-천하위가(天下爲家), 태자 가(家)-황족(皇族), 경대부 가(家)-경대부(卿大夫), 채지(식읍) 가(家)-채지(采地)-식읍(食邑), 학자 가(家)-유전문지학문자(有專門之學問者), 어미조사(語尾助詞) 가(家)〉 등의 뜻을 내지만 여기선 〈가정(家庭)〉으로 여기고 새김이 마땅하다.

인(人) 〈사람 인(人)-만물지최령자(萬物之最靈者), 백성 인(人)-민(民), 남 인(人)-타인(他人), 아무개 인(人)-모인(某人), 도인 인(人)-도인(道人), 사람들 인(人)-인인(人人), 범인(소인) 인(人)-소인(小人)-범인(凡人), 인성 인(人)-인성(人性), 인위 인(人)-인위(人爲), 신하 인(人)-신하(臣下), 중서(민중) 인(人)-중서(衆庶)-민중(民衆), 건괘-진괘 인(人)-건위인(乾爲人)-진위인(震爲人), 어짊 인(人)-인(仁), 선인 인(人)-선인(先人), 서로 어여삐 여길 인(人)-상련(相憐)〉 등의 뜻을 내지만 〈사람 인(人)〉으로 여기고 새김이 마땅하다.

이(利) 〈만물로 하여금 삶을 이루어가게 하는 덕(德)의 이로울 이(利)-사만물수생지덕(使萬物遂生之德), 날카로울 이(利)-예(銳)-섬(銛), 질병 이(利)-질(疾), 통할 이(利)-통(通)-순(順), 좋을 이(利)-길(吉)-의(宜), 편리할 이(利)-편(便), 마름해 만들어 이룰 이(利)-재성(裁成), 탐할 이(利)-탐(貪), 구할(취할) 이(利)-구(求)-취(取), 좋아할 이(利)-열애(悅愛), 이로울 이(利)-익(益), 기교 이(利)-교(巧), 보람 이(利)-공용(功用), 지세가 험하고 중요한 이(利)-험요(險要), 이길 이(利)-승(勝), 어질 이(利)-인(仁)〉 등의 뜻을 내지만 여기선 〈사만물수생지덕(使萬物遂生之德) 즉 만물로 하여금 삶을 이루어가게 하는 덕(德)의 이로움〉으로 새김이 마땅하다. 〈利〉가 맨 앞에 오면 〈이〉로 발음되고, 중간이나 뒤에 오면 〈리〉로 발음된다.

여(女) 〈여자(계집) 여(女)-여자(女子)-미혼부인(未婚婦人), 처자(처녀) 여(女)-처자(處子), 백성의 약한 자 여(女)-백성지약자(百姓之弱者), 딸 여(女)-자녀지녀(子女之女), 너 여(女)-여(汝), 음의 것 여(女)-음물(陰物), 부드럽고 순한 여(女)-유완(柔婉)〉 등의 뜻을 내지만 여기선 〈여자(女子)〉로 새김이 마땅하다. 〈女〉가 낱말의 앞에 있으면 〈여〉로 발음되고, 중간이나 뒤에 있으면 〈녀〉로 발음된다.

정(貞) 〈바를 정(貞)-정(正), 믿을 정(貞)-신(信), 거북점을 물을 정(貞)-복문(卜問), 역(易)의 내괘(內卦) 정(貞), 마땅할 정(貞)-당(當), 고정할 정(貞)-정(定)-고정(固定), 순수할 정(貞)-전(專)-일(一)〉 등의 뜻을 내지만 여기선 〈바를 정(正), 믿을 신(信)〉 등을 합친 뜻과 같아 〈정신(正信)〉으로 여기고 새김이 마땅하다.

註 이자상야(夷者傷也) 상어외자(傷於外者) 필반기가(必反其家) 고(故) 수지이가인(受之以

家人) : 이라는[夷] 것은[者] 상처받은 것[傷]이다[也]. 밖에서[於外] 상처받은[傷] 자는[者] 반드시[必] 제[其] 집으로[家] 돌아온다[反]. 그래서[故] 가인괘(家人卦 : ䷤)로써[以] 그것을[之] 받는다[受].

「서괘전(序卦傳)」 2단락(段落)

註 감재색이득남(坎再索而得男) 고(故) 위지중남(謂之中男) 이재색이득녀(離再索而得女) 고(故) 위지중녀(謂之中女) : 감은[坎 : ☵] 두 번째로[再] 구하여[索而] 남아를[男] 얻었기[得] 때문에[故] 감(坎 : ☵)을[之] 중남이라[中男] 하고[謂], 이는[離 : ☲] 두 번째로[再] 구하여[索而] 여아를[女] 얻었기[得] 때문에[故] 이(離 : ☲)를[之] 중녀라[中女] 한다[謂].

「설괘전(說卦傳)」 10단락(段落)

註 욕제기가자(欲齊其家者) 선수기신(先脩其身) 욕수기신자(欲脩其身者) 선정기심(先正其心) : 제[其] 가정을[家] 다스리고자 하는[欲齊] 사람은[者] 먼저[先] 제[其] 자신을[身] 닦고[脩], 제[其] 자신을[身] 닦고자 하는[欲脩] 사람은[者] 먼저[先] 제[其] 마음을[心] 바르게 한다[正].

『대학(大學)』 2단락(段落)

註 지기웅(知其雄) 수기자(守其雌) 위천하계(爲天下谿) : 그[其] 수컷을[雄] 알고[知] 그[其] 암컷을[雌] 지키면[守] {그 지수(知守)는} 온 세상의[天下] 시내가[谿] 된다[爲].

『노자(老子)』 28장(章)

2 효의 효상과 계사

初九 : 閑有家면 悔亡하리라
한유가 회무

六二 : 无攸遂요 在中饋니 貞吉하리라
무유수 재중궤 정길

九三 : 家人嗃嗃하니 悔厲나 吉하다 婦子嘻嘻면 終吝하리라
가인학학 회려 길 부자희희 종린

六四 : 富家니 大吉하니라
부가 대길

九五 : 王假有家니 勿恤하여 吉하리라
왕격유가 물휼 길

上九 : 有孚하여 威如니 終吉하리라
유부 위여 종길

초구(初九) : 한[有] 가정을[家] 방비하면[閑] 후회함이[悔] 없어진다[亡].

육이(六二) : 독행할[遂] 바가[攸] 없고[无] 가솔을[中] 먹일 일이[饋] 있으니[在] 진실로 미더우면[貞] 행복하다[吉].

구삼(九三) : 가장으로서[家人] 엄하고[嗃] 엄하니[嗃] 후회스럽고[悔] 어려워도[厲] 다행스럽다[吉]. 부인과[婦] 아이들이[子] 왁자지껄하면[嘻嘻] 결국에는[終] 부끄럽다[吝].

육사(六四) : 가정을[家] 부유하게 하니[富] 크게[大] 행운이다[吉].

구오(九五) : 임금이[王] 가정을[家] 가짐에[有] 지극하니[假] 걱정할 것이[恤] 없어[勿] 행복하다[吉].

상구(上九) : 진실로 믿어줌이[孚] 있어[有] 위엄이 보여[威如] 끝내[終] 행복하다[吉].

초구(初九 : ㅡ)

初九 : 閑有家면 悔亡하리라
한 유 가 회 무

초구(初九) : 한[有] 가정을[家] 방비하면[閑] 후회함이[悔] 없어진다[亡].

【초구(初九)의 효상(爻象) 풀이】

가인괘(家人卦 : ䷤)의 초구(初九 : ㅡ)는 이양거양(以陽居陽) 즉 양(陽 : ㅡ)으로써[以] 양(陽 : ㅡ)의 자리에 있는지라[居] 정당한 자리에 있다. 초구(初九 : ㅡ)와 육이(六二 : --)는 양음(陽陰)인지라 〈비(比)〉 즉 이웃의 사귐[比]을 누린다. 초구(初九 : ㅡ)와 육사(六四 : --)도 양음(陽陰)인지라 정응(正應) 즉 바르게[正] 서로 호응한다[應]. 이처럼 좋은 효연(爻緣)을 갖춘 초구(初九 : ㅡ)는 〈가인(家人)〉 즉 가정을 당당하게 시작하는 모습이다.

가인괘(家人卦 : ䷤)의 초구(初九 : ㅡ)가 초륙(初六 : --)으로 변효(變爻)하면 초구(初九 : ㅡ)는 가인괘(家人卦 : ䷤)를 53번째 점괘(漸卦 : ䷴)로 지괘(之卦)하게 한다. 따라서 가인괘(家人卦 : ䷤)의 초구(初九 : ㅡ)는 점괘(漸卦 : ䷴)의 초륙(初六 : --)을 찾아가 살펴보게 한다.

【초구(初九)의 계사(繫辭) 풀이】

閑有家(한유가)

한[有] 가정을[家] 방비한다[閑].

초구(初九 : ㅡ)의 효위(爻位)를 빌려 암시한 계사(繫辭)이다. 〈한유가(閑有家) 회무(悔亡)〉는 〈약초구한유가지법도(若初九閑有家之法度) 회무어초구(悔亡於初九)〉의 줄임으로 여기고 〈초구가[初九] 한[有] 가정의[家之] 예법과[法] 제도를[度] 예방한다[閑]면[若] 초구에게[於初九] 후회가[悔] 없어진다[亡]〉라고 새겨볼 것이다. 〈한유가(閑有家)의 한(閑)〉은 〈막을 방(防)〉과 같고, 〈한유가(閑有家)의 유(有)〉

는 어조사로 〈한 유(有)〉로 새기면 마땅하고, 〈한유가(閑有家)의 가(家)〉는 가정(家庭)의 줄임으로 여겨도 되고 가법(家法)의 줄임으로 여기고 새겨도 마땅하다.

〈한유가(閑有家)〉는 〈가인(家人)〉 즉 가정(家庭)을 일구기 시작함을 암시하는 계사(繫辭)이다. 가인괘(家人卦 : ䷤)의 주제인 〈가인(家人)〉의 때에 초효(初爻)로서 초구(初九 : ─)를 가정을 일구기 시작하려는 사내로 비유한 점사(占辭)이다. 〈한유가(閑有家)의 한(閑)〉은 「문언전(文言傳)」에 나오는 〈평범한[庸] 말을[言之] 믿고[信] 평범한[庸] 행동을[行之] 삼가며[謹] 삿됨을[邪] 막고[閑] 그[其] 정성을[誠] 보존하며[存] 세상을[世] 선하게 하면서[善而] 자랑하지 않고[不伐] 덕을[德] 넓혀서[博而] (세상을) 감화한다[化]〉라는 내용을 환기시킨다. 가인괘(家人卦 : ䷤)에서 초구(初九 : ─)는 가정(家庭)을 시작하는 자리에 있으니 〈한유가(閑有家)의 한(閑)〉이 무엇보다 중요하다. 이에 강명(剛明)한 초구(初九 : ─)가 정당한 자리에 있으니 〈가인(家人)〉의 법도(法度) 즉 가정의 예법[法]과 제도[度]를 정도(正道)를 따라 마련하여, 그 법도(法度)가 흐트러지지 않도록 미리미리 방비(防備)할 수 있음을 암시한 계사(繫辭)가 〈한유가(閑有家)〉이다.

悔亡(회무)

후회함이[悔] 없어진다[亡].

〈회무(悔亡)〉는 〈한유가(閑有家)〉의 까닭을 암시하는 계사(繫辭)이다. 〈회무(悔亡)의 무(亡)〉는 초구(初九 : ─)가 일구기 시작하는 〈가인(家人)〉은 초구(初九 : ─) 하나만이 아님을 암시한다. 강명(剛明)한 초구(初九 : ─) 자신만이라면 〈무회(無悔)〉 즉 〈후회함이[悔] 없다[無]〉고 단언할 수 있겠지만 한 〈가인(家人)〉에는 여러 권속(眷屬)과 이리저리 연관되게 마련이다. 초구(初九 : ─) 자신은 〈한(閑)〉 즉 방비[閑]를 잘 한다고 할지라도 권속들과 함께 살아가다 보면 〈회(悔)〉 즉 후회할[悔] 일이 있을 수 있으나, 초구(初九 : ─) 자신이 앞서서 능히 방비할[閑] 수 있음을 암시한 것이 〈회무(悔亡)의 무(亡)〉이다. 여기 〈회무(悔亡)의 무(亡)〉는 바로 〈없다는[無]〉 것을 뜻함이 아니라 〈없어질[無]〉 것임을 뜻하여, 〈회무(悔亡)〉가 곧 〈무회(無悔)〉 즉 〈뉘우침이[悔] 없다[無]〉는 뜻이 아니라 〈뉘우침이[悔] 없어지리라[無]〉는 뜻을 낸다. 이에 한 가정이 뉘우칠[悔] 일을 당하여 불행을 겪지 않으려면 무엇보다 가장(家長)이 가정의 법도(法度)를 미리미리 〈한(閑)〉 즉 방비하는[閑] 까닭을 깨닫게 하는 계사(繫辭)가 〈회무(悔亡)〉이다.

【字典】

한(閑) 〈막을 한(閑)-방(防)-어(禦)-차(遮), 익힐 한(閑)-습(習), 가로막을(난간) 한(閑)-난(闌), 문 잠글 한(閑)-애(閡), 한정할 한(閑)-법(法), 바를 한(閑)-정(正), 클 한(閑)-대(大), 고요할 한(閑)-정(靜), 한가할(놀라지 않을) 한(閑)-한가(閒假)-불경(不驚), 고을 한(閑)-아(雅)-여(麗)〉 등의 뜻을 내지만 여기선 〈막을 방(防)〉과 같다 여기고 새김이 마땅하다.

유(有) 〈어조사로 ~에서 유(有)-어(於), 없을 무(無)의 반대말로 있을 유(有), 얻을(가질) 유(有)-취(取), 혹 유(有)-혹(或), 많을 유(有)-다(多)-족(足), 부유할 유(有)-부(富), 간직할 유(有)-장(藏), 보호할 유(有)-보(保), 서로 친할 유(有)-상친(相親), 전일할 유(有)-전(專), 할 유(有)-위(爲)〉 등의 뜻을 내지만 여기선 어조사(語助詞)로서 〈~에서 어(於)〉와 같다 여기고 새김이 마땅하다.

가(家) 〈가정(가족) 가(家)-가정(家庭)-가족(家族), 살(거주할) 가(家)-거(凥)-가인소거(家人所居), 방안 가(家)-실(室), 지아비 가(家)-부(夫)-아내는 남편을 가장이라 부른다[妻謂夫曰家], 집사람 가(家)-처(妻)-남편은 아내를 집사람이라 부른다[夫謂妻曰家], 머물러 살 가(家)-주거(住居), 도성 가(家)-도성(都城), 조정 가(家)-조정(朝廷), 천자 가(家)-천자(天子)-천하위가(天下爲家), 태자 가(家)-황족(皇族), 경대부 가(家)-경대부(卿大夫), 채지(식읍) 가(家)-채지(采地)-식읍(食邑), 학자 가(家)-유전문지학문자(有專門之學問者), 어미조사(語尾助詞) 가(家)〉 등의 뜻을 내지만 여기선 〈가정(家庭)〉 또는 〈집안[家內]〉으로 여기고 새김이 마땅하다.

회(悔) 〈뉘우칠 회(悔)-한(恨), 허물할 회(悔)-구(咎), 업신여길 회(悔)-만(慢)〉 등의 뜻을 내지만 여기선 〈뉘우칠 한(恨)〉과 같아 회한(悔恨)의 줄임으로 여기고 새김이 마땅하다.

亡 〈무-망〉 두 가지로 발음되고, 〈없을 무(亡)-무(無), 가난할 무(亡)-빈(貧), 달아날(피할) 망(亡)-도(逃)-분(奔)-피(避)-거(去), 없어질 망(亡)-멸(滅), 죽음 망(亡)-사(死), 잃을 망(亡)-상(喪)-실(失), 업신여길 망(亡)-경멸(輕蔑), 그칠 망(亡)-지(止)-이(已), 잊을 망(亡)-망(忘)〉 등의 뜻을 내지만 여기선 〈없을 무(無)〉와 같다 여기고 새김

이 마땅하다.

註 현룡재전(見龍在田) 이견대인(利見大人) 하위야(何謂也) 자왈(子曰) 용덕이정중자야(龍德而正中者也) 용언지신(庸言之信) 용행지근(庸行之謹) 한사존기성(閑邪存其誠) 선세이불벌(善世而不伐) 덕박이화(德博而化) : 나타난[見] 용이[龍] 밭에[田] 있으니[在] 대인을[大人] 만나봄이[見] 이롭다 함은[利] 무엇을[何] 말하는 것[謂]입니까[也]? 공자가[子] 말했다[曰]. 용의[龍] 덕을[德而] 바르게[正] 따르는[中] 것[者]이니[也] 평범한[庸] 말을[言之] 믿고[信] 평범한[庸] 행동을[行之] 삼가며[謹] 삿됨을[邪] 막고[閑] 그[其] 정성을[誠] 보존하며[存] 세상을[世] 선하게 하면서[善而] 자랑하지 않고[不伐] 덕을[德] 넓혀서[博而] (세상을) 감화함이다[化].

「문언전(文言傳)」 건괘문언(乾卦文言) 구이(九二)

육이(六二 : --)

六二 : 无攸遂요 在中饋니 貞吉하리라
무유수 재중궤 정길

육이(六二) : 독행할[遂] 바가[攸] 없고[无] 가솔을[中] 먹일 일이[饋] 있으니[在] 진실로 미더우면[貞] 행복하다[吉].

【육이(六二)의 효상(爻象) 풀이】

가인괘(家人卦 : ䷤)의 육이(六二 : --)는 이음거음(以陰居陰) 즉 음(陰 : --)으로써[以] 음(陰 : --)의 자리에 있는지라[居] 정당한 자리에 있다. 육이(六二 : --)와 구삼(九三 : —)은 음양(陰陽)인지라 〈비(比)〉 즉 이웃의 사귐[比]을 누린다. 육이(六二 : --)와 구오(九五 : —)도 음양(陰陽)의 사이이고 중정(中正) 즉 중효로서[中] 정위에 있어서[正] 정응(正應) 즉 바르게[正] 서로 호응한다[應]. 이에 유순(柔順)한 육이(六二 : --)가 강강(剛强)한 구오(九五 : —)를 정성껏 따르는지라 육이(六二 : --)는 정숙(貞淑)한 주부(主婦)의 모습이다.

가인괘(家人卦 : ䷤)의 육이(六二 : --)가 구이(九二 : ㅡ)로 변효(變爻)하면 육이(六二 : --)는 가인괘(家人卦 : ䷤)를 9번째 소축괘(小畜卦 : ䷈)로 지괘(之卦)하게 한다. 따라서 가인괘(家人卦 : ䷤)의 육이(六二 : --)는 소축괘(小畜卦 : ䷈)의 구이(九二 : ㅡ)를 찾아가 살펴보게 한다.

【육이(六二)의 계사(繫辭) 풀이】

无攸遂(무유수)

독행할[遂] 바가[攸] 없다[无].

육이(六二 : --)의 효위(爻位)를 빌려 암시한 계사(繫辭)이다. 〈무유수(无攸遂) 재중궤(在中饋) 정길(貞吉)〉은 〈기연륙이무유수어가외(旣然六二无攸遂於家外) 육이재어가중이궤식솔(六二在於家中而饋食率) 인차(因此) 약륙이정관어가사(若六二貞關於家事) 육이지가인유길(六二之家人有吉)〉의 줄임으로 여기고 〈육이에게는[六二] 집밖에서[於家外] 뜻대로 할[遂] 바가[攸] 없기[无] 때문에[旣然] 육이는[六二] 집안에[於家中] 있으면서[在而] 식구들을[食率] 먹이기[饋] 때문에[因此] 육이가[六二] 가사에[家事] 관해서[關於] 진실로 미덥다[貞]면[若] 육이의[六二之] 가정은[家人] 행복하다[有吉]〉라고 새겨볼 것이다. 〈무유수(无攸遂)의 수(遂)〉는 〈자신의 뜻대로 수행할 독행(獨行)〉과 같고, 〈재중궤(在中饋)의 중(中)〉은 〈어가중(於家中)〉의 줄임이고, 〈재중궤(在中饋)의 궤(饋)〉는 〈먹여 길러줄 사(食)〉와 같다.

〈무유수(无攸遂)〉는 육이(六二 : --)가 유순(柔順)한 음재(陰才)임을 암시한 계사(繫辭)이다. 가인괘(家人卦 : ䷤)의 주제인 〈가인(家人)〉의 때에 가인괘(家人卦 : ䷤)의 하체(下體) 이(離 : ☲)가 중녀(中女) 즉 가운데[中] 딸[女]이라 함도 육이(六二 : --) 때문이고, 육이(六二 : --)가 가인괘(家人卦 : ䷤)에서 정위(正位)에 있으면서 동시에 하체(下體) 이(離 : ☲)의 중효(中爻)로서 득중(得中) 즉 정도를 따름을[中] 취하여[得] 매사(每事)를 마주하므로 〈무유수(无攸遂)의 수(遂)〉 즉 독단(獨斷)으로 독행(獨行)하려는[遂] 바가[攸] 육이(六二 : --)에게는 없음[无]을 암시하는 계사(繫辭)가 〈무유수(无攸遂)〉이다.

在中饋(재중궤) 貞吉(정길)

가솔을[中] 먹일 일이[饋] 있으니[在] 진실로 미더우면[貞] 행복하다[吉].

〈재중궤(在中饋) 정길(貞吉)〉은 육이(六二 : --)가 주부(主婦)의 역할을 다함을 암시하는 계사(繫辭)이다. 〈재중궤(在中饋)〉는 육이가[六二] 집안에[於家中] 있으면서[在而] 식구들을[食率] 먹이는[饋] 가사(家事)를 다함을 암시한다. 동시에 육이(六二 : --)가 주부(主婦) 노릇을 정성껏 다하기 때문에 자의(恣意) 즉 하고 싶은 대로[恣] 뜻을 내[意] 어떤 일을 이루려는[遂] 바가[攸] 없는[无] 까닭에, 육이(六二 : --)가 가사에 전념함을 암시함이 〈정길(貞吉)〉이다. 육이(六二 : --)가 〈정어가사(貞於家事)〉 즉 집안일에[於家事] 정숙하기[貞] 때문에 가내(家內)의 법도(法度) 즉 예법[法]과 제도[度]가 정도(正道)를 따름으로써 집안에 분란이 일지 않아 한 집안이 행복을 누림[吉]을 암시한 계사(繫辭)가 〈재중궤(在中饋) 정길(貞吉)〉이다.

【字典】

무(无) 〈없을 무(无)-무(無), 허무지도 무(无)-허무지도(虛无之道), 으뜸 무(无)-원(元)〉 등의 뜻을 내지만 여기선 〈없을 무(無)〉와 같다 여기고 새김이 마땅하다.

유(攸) 〈바(곳) 유(攸)-소(所), 흘러가는 물 유(攸)-행수(行水), 아득할 유(攸)-장원(長遠)-유(悠), 닦을 유(攸)-수(修), 터득한 모습 유(攸)-자득모(自得貌), 빠를 유(攸)-숙(倏), 대롱거릴 유(攸)-현위모(懸危貌), 수심에 찬 무습 유(攸)-수모(愁貌)〉 등이 뜻을 내지만 여기선 〈바 소(所)〉와 같다 여기고 새김이 마땅하다.

수(遂) 〈일을 전담할 수(遂)-전사(專事), 이룰 수(遂)-성(成), 나아갈 수(遂)-진(進), 마침내 수(遂)-경(竟), 사무칠 수(遂)-달(達), 거듭할 수(遂)-신(申), 자랄 수(遂)-생장(生長)-생육(生育), 갈 수(遂)-행(行)-왕(往), 추락할 수(遂)-추(墜)-대(隊)-락(落)-운(隕), 다할 수(遂)-진(盡), 궁구할 수(遂)-구(究), 두루(널리) 수(遂)-편(徧), 명예로운 자리를 달성한 것(사람) 수(遂)-명위성달자(名位成達者), 따를 수(遂)-순(順), 갖출 수(遂)-구(具), 실개천 수(遂)-소구(小溝), 인할 수(遂)-인(因), 옛것을(근본을) 좇아 따를 수(遂)-인순(因循)-순구순지(循舊順之), 사실에 바탕을 둘 수(遂)-인사(因事)-본어사실(本於事實), 깊고 멀 수(遂)-심원(深遠), 편안할 수(遂)-안(安)-완(緩), 미루어 헤아릴 수

(遂)-결(決)-췌(揣)〉 등의 뜻을 내지만 여기선 〈일을 전담할 전사(專事)〉로 여기고 새김이 마땅하다.

재(在) 〈있을 재(在)-존(存), 살 재(在)-거(居)=거(凥), 있는 곳 재(在)-소재(所在), 살필 재(在)-찰(察), 마칠 재(在)-종(終), 저절로 있을 재(在)-자재(自在), 땅속에서 싹이 터오를 재(在), ~에서 재(在)-어(於), ~뿐이다 재(在)-이(耳), ~이다 재(在)-의(矣) 등의 어조사 노릇〉 등의 뜻을 내지만 여기선 〈있을 존(存)〉과 같다 여기고 새김이 마땅하다.

중(中) 〈안(속) 중(中)-내(內), 따를 중(中)-순(順), 사방의 중앙 중(中)-사방지중(四方之中), 정신 중(中)-심중(心中), 정도(正道) 중(中)-정도(正道), 바를 중(中)-정(正), 고를 중(中)-평(平)-균(均), 어울릴 중(中)-화(和), 이룰 중(中)-성(成), 간직할 중(中)-장(藏), 적당할 중(中)-당(當)-적(適), 합할 중(中)-합(合), 화살이 맞힐 중(中)-시지적(矢至的), 응할 중(中)-응(應), 다칠 중(中)-상(傷), 부딪칠 중(中)-격(擊), 중요할 중(中)-요(要), 가득 찰 중(中)-만(滿)〉 등의 뜻을 내지만 여기선 〈안 내(內)〉와 같다 여기고 새김이 마땅하다.

궤(饋) 〈먹일 궤(饋)-사(食)-향(餉), 국밥 궤(饋)-찬(饡), (음식을) 바칠(공궤할) 궤(饋)-유(遺), 음식을 올릴 궤(饋)-진식(進食), {존자(尊者)께} 물건을 올릴 궤(饋)-진물어존자(進物於尊者), 조석식 궤(饋)-조석식(朝夕食)〉 등의 뜻을 내지만 여기선 〈먹일 사(食)〉와 같다 여기고 새김이 마땅하다.

정(貞) 〈바를 정(貞)-정(正), 믿을 정(貞)-신(信), 거북점을 물을 정(貞)-복문(卜問), 역(易)의 내괘(內卦) 정(貞), 마땅할 정(貞)-당(當), 정할 정(貞)-정(定), 순수할 정(貞)-전(專)-일(一)〉 등의 뜻을 내지만 여기선 〈바를 정(正), 믿을 신(信)〉 등을 합친 뜻과 같아 〈정신(正信)〉으로 여기고 새김이 마땅하다.

길(吉) 〈좋을(행복할) 길(吉)-선(善)-영(令) {영월길일(令月吉日)은 선월선일(善月善日)임.}, 복 길(吉)-실(實)-선실(善實)-복(福), 예의를 따라 상서로울 길(吉)-예의순상(禮義順祥), 삼갈 길(吉)-근(謹), 초하루 길(吉)-삭일(朔日) {삭망(朔望) 즉 초하루[朔]와 그믐날[望]}, 길례 길(吉)-길례(吉禮) {오례지일(五禮之一) 길흉빈군가(吉凶賓軍嘉)}, 갈 길(吉)-행(行)-길(趌)〉 등의 뜻을 내지만 여기선 〈좋을 선(善)-영(令)〉 즉 행복과 같다 여기고 새김이 마땅하다.

구삼(九三 : ㅡ)

九三 : 家人嗃嗃하니 悔厲나 吉하다 婦子嘻嘻면 終吝하리라
가인학학 회려 길 부자희희 종린

구삼(九三) : 가장으로서[家人] 엄하고[嗃] 엄하니[嗃] 후회스럽고[悔] 어려워도[厲] 다행스럽다[吉]. 부인과[婦] 아이들이[子] 왁자지껄하면[嘻嘻] 결국에는[終] 부끄럽다[吝].

【구삼(九三)의 효상(爻象) 풀이】

가인괘(家人卦 : ䷤)의 구삼(九三 : ㅡ)은 이양거양(以陽居陽) 즉 양(陽 : ㅡ)으로써[以] 양(陽 : ㅡ)의 자리에 있는지라[居] 정당한 자리에 있다. 구삼(九三 : ㅡ)과 육사(六四 : --)는 양음(陽陰)의 사이인지라 〈비(比)〉 즉 이웃의 사귐[比]을 누릴 처지이지만, 육사(六四 : --)는 구오(九五 : ㅡ)와 이웃의 사귐[比]을 누리고자 구삼(九三 : ㅡ)과는 이웃으로 사귈[比] 뜻이 없는 모습이다. 육이(六二 : --) 역시 구오(九五 : ㅡ)와 중정(中正)과 정응(正應)을 서로 누리기 때문에 구삼(九三 : ㅡ)과 이웃으로 사귈[比] 의향이 없는 모습이다. 구삼(九三 : ㅡ)과 상구(上九 : ㅡ)는 양양(兩陽) 즉 둘 다[兩] 양(陽 : ㅡ)인지라 불응(不應) 즉 서로 호응하지 못한다[不應]. 따라서 가인괘(家人卦 : ䷤)의 구삼(九三 : ㅡ)은 저 홀로 가인괘(家人卦 : ䷤)의 하체(下體) 이(離 : ☲)의 중위(中位)를 벗어나 상체(上體)로 상승하려는 의지가 강렬하지만, 사방을 돌아보아도 도움을 얻을 수 없어서 어려운 처지에 빠져 있다. 그러나 구삼(九三 : ㅡ)은 가인괘(家人卦 : ䷤)의 하체(下體) 이(離 : ☲)의 상효(上爻)이면서 강효(剛爻)의 정당한 자리에 있는지라 강강(剛强) 즉 굳세면서[剛] 강함을[强] 앞세워 호기(豪氣)를 부리려는 모습이다.

가인괘(家人卦 : ䷤)의 구삼(九三 : ㅡ)이 육삼(六三 : --)으로 변효(變爻)하면 구삼(九三 : ㅡ)은 가인괘(家人卦 : ䷤)를 42번째 익괘(益卦 : ䷩)로 지괘(之卦)하게 한다. 따라서 가인괘(家人卦 : ䷤)의 구삼(九三 : ㅡ)은 익괘(益卦 : ䷩)의 육삼(六三 : --)을 찾아가 살펴보게 한다.

【구삼(九三)의 계사(繫辭) 풀이】

家人嗃嗃(가인학학) 悔厲(회려) 吉(길)

가장으로서[家人] 엄하고[嗃] 엄하니[嗃] 후회스럽고[悔] 어려워도[厲] 다행스럽다[吉].

구삼(九三 : ⚊)의 효위(爻位)를 빌려 암시한 계사(繫辭)이다. 〈가인학학(家人嗃嗃) 회려(悔厲) 길(吉)〉은 〈충임가인구삼학학(充任家人九三嗃嗃) 소이가인유회이려(所以家人有悔而厲) 연이가인지학학유길(然而家人之嗃嗃有吉)〉의 줄임으로 여기고 〈가장[家人]으로서[充任] 구삼이[九三] 엄하고 모질기[嗃嗃] 때문에[所以] 가장에게[家人] 후회할 일이[悔] 생기면서[有而] 어렵다[厲] 그러나[然而] 가장의[家人之] 엄함에는[嗃嗃] 다행스러움도[吉] 있다[有]〉라고 새겨볼 것이다. 〈가인학학(家人嗃嗃)의 학학(嗃嗃)〉은 〈엄하고 심할 엄혹(嚴酷)〉과 같고, 〈회려(悔厲)의 여(厲)〉는 〈어려울 난(難)〉과 같다.

〈가인학학(家人嗃嗃)〉은 가인괘(家人卦 : ䷤)의 구삼(九三 : ⚊)을 엄한 가장(家長)으로 취상(取象)한 계사(繫辭)이다. 〈가인학학(家人嗃嗃)의 가인(家人)〉은 구삼(九三 : ⚊)을 한 가장(家長)으로 비유한 것이고, 〈가인학학(家人嗃嗃)의 학학(嗃嗃)〉은 구삼(九三 : ⚊)이 가장으로서 엄하고[嗃] 엄하다[嗃]는 것이다. 구삼(九三 : ⚊)은 가인괘(家人卦 : ䷤)의 하체(下體) 이(離 : ☲)의 중위(中位)를 벗어났으나 정위(正位) 즉 정당한[正] 자리[位]에 있어 편강(偏剛) 즉 굳셈에[剛] 지나침[偏]을 암시한 것이 〈학학(嗃嗃)〉이다. 여기 〈학학(嗃嗃)〉은 제가(齊家)를 엄히 함이지 가솔(家率)을 학대(虐待)한다는 것은 아니다. 따라서 〈가인학학(家人嗃嗃)〉은 구삼(九三 : ⚊)이 주변의 호응을 얻지 못하면서도 강강(剛强)함에 치우쳐 제가(齊家) 즉 가정을[家] 다스림[齊]에 엄하고 엄함[嗃嗃]을 암시한 계사(繫辭)가 〈가인학학(家人嗃嗃)〉이다.

〈회려(悔厲) 길(吉)〉은 〈학학(嗃嗃)〉의 명암(明暗)을 암시한 계사(繫辭)이다. 강강(剛强)함이 빚어내는 〈학학(嗃嗃)〉은 〈가인(家人)〉 즉 가정[家人]의 법도를 다져주지만 골육(骨肉)의 정(情)을 아프게 할 수 있기에 〈학학(嗃嗃)〉이 후회스러울[悔] 수도 있고, 나아가 가정의 온정(溫情)이 차가워질 위험[厲]도 빚어질 수 있음은 〈학학(嗃嗃)〉이 빚어내는 가정의 어둠[暗]이다. 그러나 가장[家人]의 〈학학(嗃嗃)〉으로 말미암아 가정의 법도(法度) 즉 예법(禮法)과 제도(制度)가 강화되어 오히려 가솔(家率)의 유대(紐帶)가 튼튼해져, 한 가정의 온 권속(眷屬)이 〈학학(嗃嗃)〉으로 말미암아 행복을 누릴 수 있음은 한 가정의 밝음[明]임을 암시한 계사(繫辭)가 〈회려(悔厲) 길(吉)〉이다.

婦子嘻嘻(부자희희) 終吝(종린)

부인과[婦] 아이들이[子] 왁자지껄하면[嘻嘻] 결국에는[終] 부끄럽다[吝].

〈부자희희(婦子嘻嘻)〉는 가장의 〈학학(嗃嗃)〉이 부재(不在)함을 암시한 계사(繫辭)이다. 〈부자희희(婦子嘻嘻)〉는 〈몰유가인지학학부자녀희희(沒有家人之嗃嗃婦子女嘻嘻)〉의 줄임으로 여기고 〈가장의[家人之] 엄격함이[嗃嗃] 없다면[沒有] 부인과[婦] 자녀들이[子女] 기쁘다며 왁자지껄 한다[嘻嘻]〉라고 새겨볼 것이다. 〈부자희희(婦子嘻嘻)의 부자(婦子)〉는 〈모자녀(母子女)〉 즉 어머니와[母] 자녀(子女) 곧 한 가정의 권속(眷屬)을 말하고, 〈희희(嘻嘻)〉는 〈희소지성(喜笑之聲)〉 즉 기뻐서[喜] 웃는[笑之] 소리[聲]를 뜻한다.

〈부자희희(婦子嘻嘻)〉는 가정의 법도(法度)가 부재(不在)함을 암시한 계사(繫辭)이다. 한 가정에는 부모와 자녀가 권속(眷屬)을 이루면서 제가(齊家) 즉 가정을[家] 다스리는[齊] 정도(正道)는 엄부자모(嚴父慈母)이다. 엄부(嚴父)가 없고 자모(慈母)만 있어서는 가정의 법도(法度) 즉 예법[法]과 제도[度]가 어그러짐을 암시함이 〈부자희희(婦子嘻嘻)〉이다. 앞의 〈가인학학(家人嗃嗃)〉이란 곧 엄부(嚴父) 즉 엄격한[嚴] 아버지[父]가 제가(齊家)함을 암시한다. 가장(家長)이 엄격하지[嚴] 않으면 가내(家內)의 법도(法度)가 느슨해지므로 문란(紊亂)해져 버림을 암시한 계사(繫辭)가 〈부자희희(婦子嘻嘻)〉이다.

〈종린(終吝)〉은 〈부자희희(婦子嘻嘻)의 희희(嘻嘻)〉를 나무라는 계사(繫辭)이다. 〈종린(終吝)〉은 〈부자희희지가인종유린(婦子嘻嘻之家人終有吝)〉의 줄임으로 여기고 〈부자가[婦子] 희희하는[嘻嘻之] 가정에는[家人] 결국[終] 부끄러움이[吝] 있다[有]〉라고 새겨볼 것이다. 가장(家長)의 〈학학(嗃嗃)〉이 없어져 〈부자(婦子)〉

가 〈희희(嘻嘻)〉 즉 기뻐하며 웃음소리를 낸다고[嘻嘻] 함은 왜 구삼(九三 : ━)이 〈학학(嗃嗃)〉의 가장(家長) 노릇을 해야 하는지를 살펴 헤아려보게 한다. 여기 〈종린(終吝)의 인(吝)〉은 『노자(老子)』에 나오는 〈가벼우면[輕] 곧[則] 근본을[根] 잃어버린다[失]〉라는 내용을 환기시킨다. 나무가 뿌리를 잃으면 넘어지듯 가정도 법도를 저버리고 경솔해지면 그 가정은 무너지고 만다. 가정을 일군 부부가 특히 가장인 남편이 엄부(嚴父) 노릇을 하지 않아 제 가정이 문란해진다면 그보다 더 부끄러운[吝] 처사가 없음을 살펴 깨닫게 하는 계사(繫辭)가 〈종린(終吝)〉이다.

【字典】

가(家) 〈가정(가족) 가(家)-가정(家庭)-가족(家族), 살(거주할) 가(家)-거(凥)-가인소거(家人所居), 방안 가(家)-실(室), 지아비 가(家)-부(夫)-아내는 남편을 가장이라 부른다[妻謂夫曰家], 집사람 가(家)-처(妻)-남편은 아내를 집사람이라 부른다[夫謂妻曰家], 머물러 살 가(家)-주거(住居), 도성 가(家)-도성(都城), 조정 가(家)-조정(朝廷), 천자 가(家)-천자(天子)-천하위가(天下爲家), 태자 가(家)-황족(皇族), 경대부 가(家)-경대부(卿大夫), 채지(식읍) 가(家)-채지(采地)-식읍(食邑), 학자 가(家)-유전문지학문자(有專門之學問者), 어미조사 가(家)〉 등의 뜻을 내지만 여기선 〈가정(家庭)〉으로 여기고 새김이 마땅하다.

인(人) 〈사람 인(人)-만물지최령자(萬物之最靈者), 백성 인(人)-민(民), 남 인(人)-타인(他人), 아무개 인(人)-모인(某人), 도인 인(人)-도인(道人), 사람들 인(人)-인인(人人), 범인(소인) 인(人)-소인(小人)-범인(凡人), 인성 인(人)-인성(人性), 인위 인(人)-인위(人爲), 신하 인(人)-신하(臣下), 중서(민중) 인(人)-중서(衆庶)-민중(民衆), 건괘-진괘 인(人)-건위인(乾爲人)-진위인(震爲人), 어짊 인(人)-인(仁), 선인 인(人)-선인(先人), 서로 어여삐 여길 인(人)-상련(相憐)〉 등의 뜻을 내지만 〈사람 인(人)〉으로 여기고 새김이 마땅하다. 여기 〈가인(家人)〉은 〈가정지주인(家庭之主人)〉의 줄임으로 가장(家長) 즉 부부(夫婦)의 부(夫) 즉 남편이며 동시에 부자(父子)의 부(父) 즉 아버지를 뜻한다.

嗃 〈학-효〉 두 가지로 발음되고, 〈엄하고 혹독할 학(嗃)-엄혹(嚴酷), 엄숙히 꾸짖을 학(嗃)-엄에(嚴恚), 기뻐할 학(嗃)-열락(悅樂), 볼멘소리 효(嗃)-에성(恚聲), 크게 부르짖을 효(嗃)-대규(大叫)-대호(大呼)〉 등의 뜻을 내지만 여기선 〈엄격하고 혹독할 학(嗃)〉으로 여기고 엄혹(嚴酷)으로 새김이 마땅하다.

회(悔) 〈뉘우칠 회(悔)-한(恨), 허물할 회(悔)-구(咎), 업신여길 회(悔)-만(慢)〉 등의 뜻을 내지만 여기선 〈뉘우칠 한(恨)〉과 같아 회한(悔恨)의 줄임으로 여기고 새김이 마땅하다.

여(厲) 〈위태할 여(厲)-위(危), 가물 여(厲)-한(旱), 갈 여(厲)-마(磨), 문지를(비빌) 여(厲)-마찰(摩擦), 엄할(사나울) 여(厲)-엄(嚴)-맹(猛), 높고 훌륭할 여(厲)-고상(高尙), 맑고 바를 여(厲)-청정(淸正), 막을 여(厲)-항(抗), 일어날 여(厲)-기(起), 지을 여(厲)-작(作), 사나울 여(厲)-학(虐), 병들 여(厲)-병(病), 낭떠러지 여(厲)-애(涯) 물이 깊어도 건널 수 있는 곳 여(厲)-심수가섭지처(深水可涉之處), 권하여 힘쓰게 할 여(厲)-권면(勸勉), 이을 여(厲)-합(合)-연(連), 옷을 입고 물을 건널 여(厲)-이의섭수(以衣涉水), 가까울 여(厲)-근(近)-부(附)〉 등의 뜻을 내지만 여기선 〈위태로울 위(危)〉와 같다 여기고 새김이 마땅하다. 〈厲〉가 맨 앞일 때는 〈여〉로 발음되고, 중간이나 뒤일 때는 〈려〉로 발음된다.

길(吉) 〈좋을(행복할) 길(吉)-선(善)-영(令) {영월길일(令月吉日)은 선월선일(善月善日)임.}, 복 길(吉)-실(實)-선실(善實)-복(福), 예의를 따라 상서로울 길(吉)-예의순상(禮義順祥), 삼갈 길(吉)-근(謹), 초하루 길(吉)-삭일(朔日) {삭망(朔望) 즉 초하루[朔]와 그믐날[望]}, 길례 길(吉)-길례(吉禮) {오례지일(五禮之一) 길흉빈군가(吉凶賓軍嘉)}, 갈 길(吉)-행(行)-길(趌)〉 등의 뜻을 내지만 여기선 〈좋을 선(善)-영(令)〉 즉 행복과 같다 여기고 새김이 마땅하다.

부(婦) 〈아내 부(婦)-배(配)-처(妻), 며느리 부(婦)-자지처(子之妻), 시집간 여자(아낙) 부(婦)-여자이가(女子已嫁), 손괘(☴) 부(婦)-손(巽), 이괘(☲) 부(婦)-이(離)〉 등의 뜻을 내지만 여기선 〈아낙 여자이가(女子已嫁)〉로 여기고 새김이 마땅하다.

자(子) 〈존칭(덕 있는 사람의 칭호) 자(子)-유덕자지칭(有德者之稱), 존경받는 사람 자(子)-존자(尊者), 벼슬 자(子)-작(爵), 12지의 첫째 자(子), 음력 11월 자(子), 밤 11시에서 다음날 1시까지 자(子), 북쪽 방향 자(子)-북방(北方), 오행에서 물 자(子)-어오행속수(於五行屬水), 짐승에서 쥐 자(子)-어수위서(於獸爲鼠), 번성할 자(子)-자(滋), 뒤를 이어줄 자(子)-사(嗣)-식(息), 아이들(자녀) 자(子)-자녀(子女), 자손 자(子)-자손(子孫), 남자를 일컫는 호칭 자(子)-남자지통칭(男子之通稱), 만물 자(子)-만물(萬物), 씨앗(열매) 자(子)-종자(種子)-과실(果實), 누구(사람) 자(子)-인(人)-수자(誰子), 백성 자

(子)-백성(百姓)〉 등의 뜻을 내지만 여기선 〈아이들 자녀(子女)〉로 여기고 새김이 마땅하다.

희(嘻) 〈웃고 즐기는 모습 희(嘻)-소락지모(笑樂之貌), 기뻐하며 웃는 모습 희(嘻)-희소지모(喜笑之貌), 아름다움에 겨워 찬탄하는 소리 희(嘻)-찬미상탄지성(讚美賞歎之聲), 탄식하는 소리 희(嘻)-탄식지성(歎息之聲), 슬퍼 한스러워하는 소리 희(嘻)-비한지성(悲恨之聲), 애통해하는 소리 희(嘻)-애통지성(哀痛之聲), 두려운 소리 희(嘻)-구성(懼聲), 성난 소리 희(嘻)-노성(怒聲), 타이를 희(嘻)-칙(勅)-화(和), 억지웃음 희(嘻)-강소(强笑)〉 등의 뜻을 내지만 여기선 〈웃고 즐기는 모습 소락지모(笑樂之貌)〉 또는 〈기뻐하며 웃는 모습 희소지모(喜笑之貌)〉 등과 같다 여기고 새김이 마땅하다.

종(終) 〈결국(끝내) 종(終)-이(已), 다할 종(終)-진(盡)-극(極)-궁(窮)-경(竟), 충분할 종(終)-충(充), 이룰 종(終)-성(成), 사망 종(終)-사(死), 끝 종(終)-시지대(始之對)〉 등의 뜻을 내지만 여기선 〈끝내 이(已)〉와 같다 여기고 새김이 마땅하다.

인(吝) 〈부끄러울 인(吝)-수치(羞恥), 굴욕스러울 인(吝)-굴욕(屈辱), 한할 인(吝)-한(恨), 아낄 인(吝)-석(惜), 인색할 인(吝)-색(嗇), 욕심낼 인(吝)-탐(貪)〉 등의 뜻을 내지만 여기선 〈부끄러울 수치(羞恥)〉와 같다 여기고 새김이 마땅하다. 〈吝〉이 맨 앞에 오면 〈인〉으로 발음되고, 중간이나 뒤에 오면 〈린〉으로 발음된다.

註 경즉실근(輕則失根) 조즉실군(躁則失君) : 가벼우면[輕] 곧[則] 뿌리를[根] 잃고[失], 조급하면[躁] 곧[則] 장수를[君] 잃는다[失]. 『노자(老子)』 26장(章)

육사(六四 : --)

六四 : 富家니 大吉하니라
부가 대길

육사(六四) : 가정을[家] 부유하게 하니[富] 크게[大] 행운이다[吉].

【육사(六四)의 효상(爻象) 풀이】

가인괘(家人卦 : ☲☴)의 육사(六四 : --)는 이음거음(以陰居陰) 즉 음(陰 : --)으

로써[以] 음(陰 : --)의 자리에 있는지라[居] 정당한 자리에 있다. 육사(六四 : --)와 초구(初九 : ━)는 음양(陰陽)의 사이인지라 정응(正應) 즉 서로 바르게[正] 호응함[應]을 누린다. 바로 위의 구오(九五 : ━)와는 음양(陰陽)의 사이인지라 〈비(比)〉 즉 이웃의 사귐[比]을 누리므로 더없이 좋은 환경에서 막힐 것 없이 후덕(厚德)한 모습이다.

> 가인괘(家人卦 : ䷤)의 육사(六四 : --)가 구사(九四 : ━)로 변효(變爻)하면 육사(六四 : --)는 가인괘(家人卦 : ䷤)를 13번째 동인괘(同人卦 : ䷌)로 지괘(之卦)하게 한다. 따라서 가인괘(家人卦 : ䷤)의 육사(六四 : --)는 동인괘(同人卦 : ䷌)의 구사(九四 : ━)를 찾아가 살펴보게 한다.

【육사(六四)의 계사(繫辭) 풀이】

富家(부가) 大吉(대길)

가정을[家] 부유하게 하니[富] 크게[大] 행운이다[吉].

육사(六四 : --)의 효위(爻位)를 빌려 암시한 계사(繫辭)이다. 〈부가(富家) 대길(大吉)〉은 〈기연륙사부기가인(旣然六四富其家人) 육사지가인대유길(六四之家人大有吉)〉의 줄임으로 여기고 〈육사가[六四] 제[其] 가정을[家人] 부유하게 하기[富] 때문에[旣然] 육사의[六四之] 가정은[家人] 크게[大] 행복하다[有吉]〉라고 새겨볼 것이다. 〈부가(富家)의 부(富)〉는 〈부유할 유(裕)〉와 같고, 〈대길(大吉)〉은 〈천은지길(天恩之吉)〉 즉 하늘이 내린[天恩之] 행운(幸運)〉을 뜻한다.

〈부가(富家)〉는 육사(六四 : --)가 가인괘(家人卦 : ䷤)의 주제인 〈가인(家人)〉의 때에 주부(主婦)로서 〈부가(富家)〉 즉 가정을[家] 부유하게[富] 일구었음을 암시한다. 특히 〈부가(富家)의 부(富)〉는 육사(六四 : --)가 가인괘(家人卦 : ䷤)의 상체(上體) 손(巽 : ☴)의 초효(初爻)임을 들어 육사(六四 : --)를 취상(取象)한 것이다. 왜냐하면 여기 〈부가(富家)의 부(富)〉가 「설괘전(說卦傳)」에 나오는 〈손은[巽 : ☴] 이익이[利] 시장의[市] 세 배에[三倍] 가까운 것[近]이다[爲]〉라는 내용을 상기시키기 때문이다. 여기 〈부가(富家)의 부(富)〉는 재물(財物)의 부(富)만을 말하는 것이 아니다. 후덕(厚德)으로써 일구어내는 〈부(富)〉란 『노자(老子)』에 나오는 〈나에게는[我] 세 가지[三] 보물이[寶] 있다[有]〉라는 내용을 떠올려주는 부유(富裕)함이고, 동시에 『논어(論語)』에 나오는 〈부유하면서[富而] 예를[禮] 좋아하는[好] 자(者)〉를 상기시키는 부유함이다. 자애로움과 검소함과 결코 잘난 척하지 않음이 넘쳐나 세상을 온화하게 하거니와 동시에 예(禮)를 좋아하는 부유한 가정을 육사(六四 : --)가 일구어냄을 암시한 계사(繫辭)가 〈부가(富家)〉이다.

〈대길(大吉)〉은 〈부가(富家)의 부(富)〉를 거듭 밝힌 계사(繫辭)이다. 〈대길(大吉)의 대(大)〉는 육사(六四 : --)가 일구어내는 부유한[富] 가정[家]이 천은(天恩)을 받아 누림을 암시한다. 유순(柔順)한 육사(六四 : --)가 일구어내는 〈부(富)〉란 후덕(厚德)함의 보람인지라 이를 〈대길(大吉)〉이라 한 것이다. 여기 〈대길(大吉)의 대(大)〉는 『장자(莊子)』에 나오는 〈같지 않음[不同] 이것을[之] 같게 함[同] 그것을[之] 큼[大]이라 한다[謂]〉라는 내용을 환기시킨다. 따라서 육사(六四 : --)가 일구어내는 〈부가(富家)〉로 말미암아 육사(六四 : --)만 천은(天恩)을 누림이 아니라 육사(六四 : --) 주변 모두가 다 천은을 누림을 암시한 계사(繫辭)가 〈대길(大吉)〉이다.

【字典】

부(富) 〈풍성할 부(富)-성(盛), 갖출 부(富)-비(備), 녹위가 창성할 부(富)-녹위창성(祿位昌盛), 두터울 부(富)-후(厚), 복 부(富)-복(福), 재산 부(富)-재산(財産), 축재할 부(富)-축재(蓄財)〉 등의 뜻을 내지만 여기선 〈풍성할 성(盛)〉으로 여기고 새김이 마땅하다.

가(家) 〈가정(가족) 가(家)-가정(家庭)-가족(家族), 살(거주할) 가(家)-거(凥)-가인소거(家人所居), 방안 가(家)-실(室), 지아비 가(家)-부(夫)-아내는 남편을 가장이라 부른다[妻謂夫曰家], 집사람 가(家)-처(妻)-남편은 아내를 집사람이라 부른다[夫謂妻曰家], 머물러 살 가(家)-주거(住居), 도성 가(家)-도성(都城), 조정 가(家)-조정(朝廷), 천자 가(家)-천자(天子)-천하위가(天下爲家), 태자 가(家)-황족(皇族), 경대부 가(家)-경대부(卿大夫), 채지(식읍) 가(家)-채지(采地)-식읍(食邑), 학자 가(家)-유전문지학문자(有專門之學問者), 어미조사 가(家)〉 등의 뜻을 내지만 여기선 〈가정(家庭)〉으로 여기고 새김이 마땅하다.

대(大) 〈큰 대(大)-소지대(小之對), 지나칠 대(大)-과(過), 자만할 대(大)-과(誇)-

긍벌(矜伐), 넓을 대(大)-광(廣), 두루 대(大)-편(徧), 통할 대(大)-통(通), 길 대(大)-장(長), (땅을) 걸게 할 대(大)-비(肥), 두터울 대(大)-후(厚), 많을 대(大)-다(多), 모두 대(大)-개(皆), 선할 대(大)-선(善), 무거울 대(大)-중(重), 거대할 대(大)-거(巨), 아름다울 대(大)-미(美)-장(壯), 부유할 대(大)-부(富), 늙을 대(大)-노(老), 끝 대(大)-극(極), 대충 대(大)-조(組)-불세밀(不細密), 처음 대(大)-초(初), 하늘 대(大)-천(天), 건(乾)-양기(陽氣)-양효(陽爻) 대(大)〉 등의 뜻을 내지만 여기선 〈크게 대(大)〉로 여기고 새김이 마땅하다.

길(吉) 〈좋을(행복할) 길(吉)-선(善)-영(令) {영월길일(令月吉日)은 선월선일(善月善日)임.}, 복 길(吉)-실(實)-선실(善實)-복(福), 예의를 따라 상서로울 길(吉)-예의순상(禮義順祥), 삼갈 길(吉)-근(謹), 초하루 길(吉)-삭일(朔日) {삭망(朔望) 즉 초하루[朔]와 그믐날[望]}, 길례 길(吉)-길례(吉禮) {오례지일(五禮之一) 길흉빈군가(吉凶賓軍嘉)}, 갈 길(吉)-행(行)-길(趌)〉 등의 뜻을 내지만 여기선 〈좋을 선(善)-영(令)〉 즉 행복과 같다 여기고 새김이 마땅하다.

註 손위근리시삼배(巽爲近利市三倍) : 손은[巽 : ☴] 이익이[利] 시장의[市] 세 배에[三倍] 가까운 것[近]이다[爲]. 「설괘전(說卦傳)」 11단락(段落)

註 아유삼보(我有三寶) 지이보지(持而保之) 일왈자(一曰慈) 이왈검(二曰儉) 삼왈불감위천하선(三曰不敢爲天下先) : 나에게[我] 세 가지[三] 보배가[寶] 있어[有] 그것을[之] 간직하고서[持而] 지킨다[保]. 첫째를[一] 자애라[慈] 하고[曰], 둘째를[二] 검소라[儉] 하며[曰], 셋째를[三] 감히[敢] 세상에서[天下] 나서지 않음이라[不爲先] 한다[曰]. 『노자(老子)』 67장(章)

註 부이호례지(富而好禮者) : 부유하면서[富而] 예를[禮] 좋아하는[好] 사람[者]. 『논어(論語)』 「학이(學而)」 15장(章)

註 부동동지지위대(不同同之之謂大) : 같지 않음[不同] 이것을[之] 같게 함[同] 그것을[之] 큼[大]이라 한다[謂]. 『장자(莊子)』 「천지(天地)」 1절(節)

구오(九五 : ━)

九五 : 王假有家니 **勿恤**하여 **吉**하리라
왕 격 유 가 물 휼 길

구오(九五) : 임금이[王] 가정을[家] 가짐에[有] 지극하니[假] 걱정할 것이[恤] 없어[勿] 행복하다[吉].

【구오(九五)의 효상(爻象) 풀이】

가인괘(家人卦 : ䷤)의 구오(九五 : ━)는 이양거양(以陽居陽) 즉 양(陽 : ━)으로써[以] 양(陽 : ━)의 자리에 있는지라[居] 정당한 자리에 있다. 구오(九五 : ━)와 상구(上九 : ━)는 양양(兩陽) 즉 둘 다[兩] 양(陽 : ━)인지라 〈비(比)〉 즉 이웃의 사귐[比]을 서로 누리지 못한다. 구오(九五 : ━)와 육사(六四 : ╍)는 양음(陽陰)의 사이인지라 비(比) 즉 이웃의 사귐[比]을 누릴 수 있지만, 구오(九五 : ━)와 육이(六二 : ╍)의 정응(正應) 때문에 군신(君臣)의 사이로 그칠 뿐이다. 그러나 구오(九五 : ━)와 육이(六二 : ╍)는 중정(中正) 즉 중효로서[中] 서로 정당한 자리에 있어서[正] 정응(正應) 즉 바르게[正] 서로 호응함[應]을 누려 군왕(君王)인 구오(九五 : ━)가 육이(六二 : ╍)를 왕비(王妃)로 정성껏 맞아드리는 모습이다.

가인괘(家人卦 : ䷤)의 구오(九五 : ━)가 육오(六五 : ╍)로 변효(變爻)하면 구오(九五 : ━)는 가인괘(家人卦 : ䷤)를 22번째 비괘(賁卦 : ䷕)로 지괘(之卦)하게 한다. 따라서 가인괘(家人卦 : ䷤)의 구오(九五 : ━)는 비괘(賁卦 : ䷕)의 육오(六五 : ╍)를 찾아가 살펴보게 한다.

【구오(九五)의 계사(繫辭) 풀이】

王假有家(왕격유가) 勿恤(물휼) 吉(길)

임금이[王] 가정을[家] 가짐에[有] 지극하니[假] 걱정할 것이[恤] 없어[勿] 행복하다[吉].

구오(九五 : ━)의 효위(爻位)를 빌려 암시한 계사(繫辭)이다. 〈왕격유가(王假

有家) 물휼(勿恤) 길(吉)〉은 〈기연왕즉구오격유가(旣然王卽九五假有家) 구오물휼(九五勿恤) 인차구오유길(因此九五有吉)〉의 줄임으로 여기고 〈임금인[王卽] 구오가[九五] 가정을[家] 가짐에[有] 지극하기[假] 때문에[旣然] 구오는[九五] 걱정하지[恤] 않는다[勿] 그래서[因此] 구오는[九五] 행복하다[有吉]〉라고 새겨볼 것이다. 〈왕격유가(王假有家)의 격(假)〉은 〈지극할 지(至)〉와 같고 〈왕격유가(王假有家)의 유(有)〉는 〈가질 취(取)〉와 같다. 〈물휼(勿恤)의 물(勿)〉은 여기선 〈없을 무(無)〉와 같고 〈물휼(勿恤)의 휼(恤)〉은 〈근심할 우(憂)〉와 같다.

〈왕격유가(王假有家)〉는 가인괘(家人卦 : ䷤)의 구오(九五 : ⚊)와 육이(六二 : ⚋)가 누리는 정응(正應)을 암시한다. 대성괘(大成卦)에서 오위(五位)는 존위(尊位)로서 군왕(君王)의 자리인지라 〈왕격유가(王假有家)의 왕(王)〉은 구오(九五 : ⚊)를 나타낸다. 〈왕격유가(王假有家)의 가(家)〉는 구오(九五 : ⚊)가 남(男)으로서 가인괘(家人卦 : ䷤) 하체(下體)의 중효(中爻)이면서 정위(正位)에 있는 육이(六二 : ⚋) 즉 여(女)와 〈정응(正應)〉을 동시에 누리는 음양(陰陽)의 상화(相和)로써 부부의 연(緣)을 암시한다. 구오(九五 : ⚊)는 남자로서 가인괘(家人卦 : ䷤)의 상체(上體) 즉 외괘(外卦)의 정위(正位)에 있고, 육이(六二 : ⚋)는 여자로서 가인괘(家人卦 : ䷤)의 하체(下體) 즉 내괘(內卦)의 정위(正位)에 있어서 구오(九五 : ⚊)와 육이(六二 : ⚋)는 천연(天緣) 즉 하늘이[天] 맺어준[緣] 배필(配匹) 즉 서로의[配] 짝[匹]이 됨을 암시한 것이 〈왕격유가(王假有家)의 격(假)〉 즉 〈지극함[假]〉이다. 이에 강강(剛强)으로 중정(中正) 즉 중효로서[中] 정위에 있고[正] 군위(君位)에 있는 구오(九五 : ⚊)가 유순(柔順)으로 중정(中正)에 있는 육이(六二 : ⚋)와 정응(正應)하여 치가(治家) 즉 가정을[家] 일구어감[治]을 암시한 계사(繫辭)가 〈왕격유가(王假有家)〉이다.

〈물휼(勿恤) 길(吉)〉은 구오(九五 : ⚊)와 육이(六二 : ⚋) 모두 정위(正位)에 있으면서 중효(中爻)로서 중정(中正)과 정응(正應)을 서로 나누어 득중(得中) 즉 정도를 따름을[中] 취하므로[得] 군왕(君王)인 구오(九五 : ⚊)는 한 남자로서 육이(六二 : ⚋)를 아내로 맞이하여 왕비(王妃)로 삼고, 육이(六二 : ⚋)는 한 여자로서 구오(九五 : ⚊)를 남편으로 맞이하여 행복한 가정을 일구어냄은 천도(天道) 즉 자연의[天] 도리[道]에 어긋남이 없음을 암시한다. 남편감으로서 구오(九五 : ⚊)에게도 아무런 허물이 없고 아내감으로서 육이(六二 : --)에게 아무런 허물이 없는지라 천도(天道)에 어긋남이 없는 배필(配匹)이니 근심할 것이[恤] 없어[勿] 행복을 누릴[吉] 수밖에 없음을 암시한 계사(繫辭)가 〈물휼(勿恤) 길(吉)〉이다.

【字典】

왕(王) 〈임금 왕(王)-군(君), 제후 왕(王)-제후(諸侯), 무리의 우두머리 왕(王)-동류중지수령(同類中之首領), 큰 왕(王)-대(大), 천자를 받들 왕(王)-사천자(事天子), 바로잡을 왕(王)-광정(匡正), 성대할 왕(王)-성(盛), 이길 왕(王)-승(勝), 흥할 왕(王)-흥(興)〉 등의 뜻을 내지만 〈임금 군(君)〉과 같다 여기고 새김이 마땅하다.

假 〈격-가-하〉 세 가지로 발음되고, 〈지극할 격(假)-지(至), 거짓 가(假)-비진(非眞), 이제 그렇지 않을 가(假)-금불연(今不然), 겸할 가(假)-섭(攝)-겸(兼), 잠깐 가(假)-차(且)-비영구(非永久), 빌릴 가(假)-차(借), 빌려줄 가(假)-대(貸), 줄 가(假)-급여(給與), 인할(때문일) 가(假)-인(因), 너그러울 가(假)-관용(寬容), 청할 가(假)-청(請), 같을 가(假)-여(如), 확고할 가(假)-고(固), 클 가(假)-대(大), 장대할 가(假)-하(嘏), 아름다울 가(假)-미(美), 용서할 가(假)-서(恕), 여가 가(假)-여가(餘暇), 가령 가(假)-가령(假令), 아득할(멀) 하(假)-하(遐), 죽을(끝날) 하(假)-사(死)-이(已), 앓을 하(假)-병(病), 되(단위) 하(假)-승(升)〉 등의 뜻을 내지만 여기선 발음은 〈격〉이고, 뜻은 〈지극할 지(至)〉와 같다 여기고 새김이 마땅하다.

유(有) 〈가질(얻을) 유(有)-취(取), 없을 무(無)의 반대말로 있을 유(有), 혹 유(有)-혹(或), 많을 유(有)-다(多)-족(足), 부유할 유(有)-부(富), 간직할 유(有)-장(藏), 보호할 유(有)-보(保), 서로 친할 유(有)-상친(相親), 전일할 유(有)-전(專), 할 유(有)-위(爲), 어조사 유(有)〉 등의 뜻을 내지만 〈가질(얻을) 취(取)〉와 같다 여기고 새김이 마땅하다.

가(家) 〈가정(가족) 가(家)-가정(家庭)-가족(家族), 살(거주할) 가(家)-거(凥)-가인소거(家人所居), 방안 가(家)-실(室), 지아비 가(家)-부(夫)-아내는 남편을 가장이라 부른다[妻謂夫曰家], 집사람 가(家)-처(妻)-남편은 아내를 집사람이라 부른다[夫謂妻曰家], 머물러 살 가(家)-주거(住居), 도성 가(家)-도성(都城), 조정 가(家)-조정(朝廷), 천자 가(家)-천자(天子)-천하위가(天下爲家), 태자 가(家)-황족(皇族), 경대부 가(家)-경대부(卿大夫), 채지(식읍) 가(家)-채지(采地)-식읍(食邑), 학자 가(家)-유전문지학문자(有專門之學問者), 어미조사 가(家)〉 등의 뜻을 내지만 여기선 〈가정(家庭)〉으로 여기고 새김이 마땅하다.

물(勿) 〈없을 물(勿)-무(無)-무(毋), 하지 말 물(勿)-막(莫), 아닌 것 물(勿)-비(非), 아니할 물(勿)-불(不)〉 등의 뜻을 내지만 여기선 〈없을 무(無)〉와 같다 여기고 새김이 마땅하다.

휼(恤) 〈근심할 휼(恤)-우(憂), 거둘 휼(恤)-수(收), 기민 먹일(구휼할) 휼(恤)-진(賑), 불쌍히 여길 휼(恤)-민(愍), 마음에 둘 휼(恤)-고(顧)〉 등의 뜻을 내지만 여기선 〈근심할 우(憂)〉와 같다 여기고 새김이 마땅하다.

길(吉) 〈좋을(행복할) 길(吉)-선(善)-영(令) {영월길일(令月吉日)은 선월선일(善月善日)임.}, 복 길(吉)-실(實)-선실(善實)-복(福), 예의를 따라 상서로울 길(吉)-예의순상(禮義順祥), 삼갈 길(吉)-근(謹), 초하루 길(吉)-삭일(朔日) {삭망(朔望) 즉 초하루[朔]와 그믐날[望]}, 길례 길(吉)-길례(吉禮) {오례지일(五禮之一) 길흉빈군가(吉凶賓軍嘉)}, 갈 길(吉)-행(行)-길(趌)〉 등의 뜻을 내지만 여기선 〈좋을 선(善)-영(令)〉 즉 행복과 같다 여기고 새김이 마땅하다.

상구(上九 : ㅡ)

上九 : 有孚(유부)하여 威如(위여)니 終吉(종길)하리라

상구(上九) : 진실로 믿어줍이[孚] 있어[有] 위엄이 보여[威如] 끝내[終] 행복하다[吉].

【상구(上九)의 효상(爻象) 풀이】

가인괘(家人卦 : ䷤)의 상구(上九 : ㅡ)는 이양거음(以陽居陰) 즉 양(陽 : ㅡ)으로써[以] 음(陰 : --)의 자리에 있는지라[居] 정당한 자리에 있지 못하다. 상구(上九 : ㅡ)와 구오(九五 : ㅡ)는 양양(兩陽) 즉 둘 다[兩] 양(陽 : ㅡ)인지라 〈비(比)〉 즉 이웃의 사귐[比]을 서로 누리지 못한다. 상구(上九 : ㅡ)와 구삼(九三 : ㅡ) 역시 양양(兩陽)인지라 불응(不應) 즉 서로 호응하지 못한다[不應]. 이에 가인괘(家人

卦 : ䷤)의 상구(上九 : ⚊)는 외롭지만 가인괘(家人卦 : ䷤)의 주제인 〈가인(家人)〉의 때를 맞아 치가(治家)의 우여곡절(迂餘曲折)을 다 겪어보았기에 초연(超然)한 모습이다.

가인괘(家人卦 : ䷤)의 상구(上九) : ⚊)가 상륙(上六 : ⚋)으로 변효(變爻)하면 상구(上九 : ⚊)는 가인괘(家人卦 : ䷤)를 63번째 기제괘(旣濟卦 : ䷾)로 지괘(之卦)하게 한다. 따라서 가인괘(家人卦 : ䷤)의 상구(上九 : ⚊)는 기제괘(旣濟卦 : ䷾)의 상륙(上六 : ⚋)을 찾아가 살펴보게 한다.

【상구(上九)의 계사(繫辭) 풀이】

有孚(유부) 威如(위여) 終吉(종길)

진실로 믿어줌이[孚] 있어[有] 위엄이 보여[威如] 끝내[終] 행복하다[吉].

상구(上九 : ⚊)의 효위(爻位)를 빌려 암시한 계사(繫辭)이다. 〈유부(有孚) 위여(威如) 종길(終吉)〉은 〈기연상구유부(旣然上九有孚) 상구여위(上九如威) 종상구유길(終上九有吉)〉의 줄임으로 여기고 〈상구에게는[上九] 진실로 믿어줌이[孚] 있기[有] 때문에[旣然] 상구가[上九] 위엄이 보여[威如] 끝내[終] 상구는[上九] 행복하다[有吉]〉라고 새겨볼 것이다. 〈유부(有孚)의 부(孚)〉는 〈믿음을 받을 수신(受信)〉과 같고, 〈위여(威如)의 위(威)〉는 〈위엄이 있는 엄(嚴)〉과 같고, 〈위여(威如)의 여(如)〉는 어조사 노릇을 한다.

〈유부(有孚)〉는 상구(上九 : ⚊)가 가인괘(家人卦 : ䷤)의 제효(諸爻)로부터 믿음을 얻음[孚]을 암시한다. 동시에 상구(上九 : ⚊)의 내면(內面)을 암시한다. 대성괘(大成卦)에서 종위(終位) 즉 끝[終] 자리[位]는 지나온 일을 돌이켜보는 자리이고 대성괘마다 간직한 주제의 때를 떠나야 하는 자리이다. 이런 자리에 있는 상구(上九 : ⚊)는 강건(剛健)한지라 가업(家業)을 더욱 미덥고 건실하게 이끌어 주변으로부터 신임을 얻었음을 암시한 것이 〈유부(有孚)〉이다. 〈유부(有孚)의 부(孚)〉는 수명(守命) 즉 자연의 가르침을[命] 지킴[守]으로써 남들로부터 성신(誠信) 즉 진실한[誠] 미더움[信]을 받음을 말하니, 〈부(孚)〉는 나의 〈정(貞)〉 즉 성신(誠信)으로 말미암아 남들에게서 돌아오는 미더움[信]이다. 정(貞) 즉 자연의[天] 가르침[命]을 지키는 자신의 마음가짐으로 말미암아 남들이 나 자신을 믿어줌이 곧 〈부(孚)〉이다. 내가 정(貞)하지 못하면 세상은 나에게 〈부(孚)〉 즉 믿어줌[孚]을 베풀지 않는다. 이러한 〈부(孚)〉는 『중용(中庸)』에 나오는 〈정성됨이란[誠之] 것은[者] 선을[善] 택해서[擇而] 그 선을[之] 확고하게[固] 지키는[執] 것[者]이다[也]〉라는 내용을 환기시킨다. 〈부(孚)〉란 〈성지자(誠之者)〉 즉 정성스러운[誠之] 것[者]의 보람이다. 정성스럽다고 함은 항상 선(善)을 택해서 그 선(善) 즉 천도(天道)를 이어받음을 고집하는 마음가짐이다. 이러한 마음가짐을 〈부(孚)〉라 한다. 가인괘(家人卦 : ䷤)의 종위(終位)에서 상구(上九 : ⚊)가 자신이 일구었던 가업(家業)을 홀연히 돌이켜보는 마음가짐을 암시한 계사(繫辭)가 〈유부(有孚)〉이다.

〈위여(威如) 종길(終吉)〉은 〈유부(有孚)의 부(孚)〉가 드러나는 모습을 암시한 계사(繫辭)이다. 〈유부(有孚)의 부(孚)〉는 〈위여(威如)〉 즉 엄숙한[威] 마음씨를 간직함을 말한다. 〈유부(有孚)의 부(孚)〉란 선(善)을 택하여 그 선(善)을 고집하는 마음가짐이기 때문에 위의(威儀)로 드러난다. 선(善)을 고집하는 내면(內面)인 〈유부(有孚)〉는 위의(威儀) 즉 위엄 있는[威] 차림새[儀]가 드러나게 마련이고 그러한 위의(威儀)란 결코 허세가 아니기에 세상이 믿고 받들어주니, 끝내[終] 상구(上九 : ⚊)가 행복을 누림[吉]을 암시한 계사(繫辭)가 〈위여(威如) 종길(終吉)〉이다.

【字典】

유(有) 〈없을 무(無)의 반대말로 있을 유(有), 가질(얻을) 유(有)-취(取), 혹 유(有)-혹(或), 많을 유(有)-다(多)-족(足), 부유할 유(有)-부(富), 간직할 유(有)-장(藏), 보호할 유(有)-보(保), 서로 친할 유(有)-상친(相親), 전일할 유(有)-전(專), 할 유(有)-위(爲), 어조사 유(有)〉 등의 뜻을 내지만 〈있을 유(有)〉로 여기고 새김이 마땅하다.

부(孚) 〈믿을 부(孚)-신(信), 알에서 새끼가 껍질을 쪼아 나올 부(孚)-난화(卵化), 씨앗이 틀 부(孚)-부(稃), 기를 부(孚)-육(育), 덮어줄 부(孚)-복(覆), 붙을(의지할) 부(孚)-부(附)-부(付), 옥채색 부(孚)-옥채색(玉采色)〉 등의 뜻을 내지만 여기선 〈믿을 신(信)〉과 같다 여기고 새김이 마땅하다.

위(威) 〈위엄 있는(위중할) 위(威)-위엄(威嚴)-위중(威重), 시어미 위(威)-고(姑), 두려울 위(威)-외(畏)-구(懼), 진동할 위(威)-진(震), 해로울 위(威)-해(害), 힘 있는 위

(威)-역(力), 거동 위(威)-의(儀), 규칙 위(威)-칙(則), 활의 중앙 위(威)-궁지중앙(弓之中央)〉 등의 뜻을 내지만 〈위엄(威嚴)〉으로 여기고 새김이 마땅하다.

여(如) 〈어조사 여(如), 같을 여(如)-사(似)-동(同), 그럴(~듯한) 여(如)-연(然), 따를 여(如)-종수(從隨), 갈 여(如)-왕(往)-행(行), 맞먹을 여(如)-비(比), 무리 여(如)-등(等), 미칠 여(如)-급(及), 이에 여(如)-내(乃), 어떠할 여(如)-여하(如何), 첩 여(如)-여부인(如婦人), 이월 여(如)-이월(二月)〉 등의 뜻을 내지만 여기선 〈어조사 여(如)〉로 어조(語調)를 부드럽게 한다.

종(終) 〈끝내(끝날) 종(終)-이(已), 다할 종(終)-진(盡)-극(極)-궁(窮)-경(竟), 충분할 종(終)-충(充), 이룰 종(終)-성(成), 사망 종(終)-사(死), 끝 종(終)-시지대(始之對)〉 등의 뜻을 내지만 여기선 〈끝내 이(已)〉와 같다 여기고 새김이 마땅하다.

길(吉) 〈좋을(행복할) 길(吉)-선(善)-영(令) {영월길일(令月吉日)은 선월선일(善月善日)임.}, 복 길(吉)-실(實)-선실(善實)-복(福), 예의를 따라 상서로울 길(吉)-예의순상(禮義順祥), 삼갈 길(吉)-근(謹), 초하루 길(吉)-삭일(朔日) {삭망(朔望) 즉 초하루[朔]와 그믐날[望]}, 길례 길(吉)-길례(吉禮) {오례지일(五禮之一) 길흉빈군가(吉凶賓軍嘉)}, 갈 길(吉)-행(行)-길(趌)〉 등의 뜻을 내지만 여기선 〈좋을 선(善)-영(令)〉 즉 행복과 같다 여기고 새김이 마땅하다.

註 성지자(誠之者) 택선이고집지자야(擇善而固執之者也) : 정성됨이라는[誠之] 것은[者] 선을[善] 택해서[擇而] 그 선을[之] 확고하게[固] 지키는[執] 것[者]이다[也].

『중용(中庸)』「주자장구(朱子章句)」 20장(章)

註 일음일양지위도(一陰一陽之謂道) 계지자선야(繼之者善也) 성지자성야(成之者性也) : 한번[一] 음이고[陰] 한번[一] 양임[陽] 이것을[之] 도라[道] 한다[謂]. 그 도를[之] 잇는[繼] 것이[者] 선(善)이고[也], 그 도를[之] 이루는[成] 것이[者] 성(性)이다[也].

「계사전상(繫辭傳上)」 5단락(段落)

규괘 睽卦

38

1 괘의 괘상과 계사

규괘(睽卦 : ䷥)

태하이상(兌下離上) : 아래는[下] 태(兌 : ☱), 위는[上] 이(離 : ☲).

화택규(火澤睽) : 불과[火] 못은[澤] 규이다[睽].

睽는 小事吉하다
규 소사길

멀어져 어긋남은[睽] 사소한[小] 일은[事] 괜찮다[吉].

【규괘(睽卦 : ䷥)의 괘상(卦象) 풀이】

앞 가인괘(家人卦 : ䷤)의 〈가인(家人)〉이란 가정(家庭)을 말한다. 이에 「서괘전(序卦傳)」에 〈가정의[家] 도리가[道] 궁하면[窮] 반드시[必] 어긋난다[乖] 그래서[故] 규괘(睽卦 : ䷥)로써[以] 그것을[之] 받는다[受]〉라는 말이 나온다. 이는 가인괘(家人卦 : ䷤) 뒤에 규괘(睽卦 : ䷥)가 오는 까닭을 밝힌다. 규괘(睽卦 : ䷥)는 가인괘(家人卦 : ䷤)가 뒤집힌 괘(卦)이다. 규괘(睽卦 : ䷥)의 하체(下體) 즉 내괘(內卦)인 태(兌 : ☱)는 음괘(陰卦)로서 택(澤) 즉 연못[澤]이고, 상체(上體) 즉 외괘(外卦)인 이(離 : ☲)도 음괘(陰卦)로서 화(火) 즉 불[火]이다. 규괘(睽卦 : ䷥)의 상하체(上下體)가 다 음괘(陰卦)인지라 상화(相和)하지 못하고, 상괴(相乖) 즉 서로 어긋나 태(兌 : ☱) 즉 연못의 물은 아래로 내려가고 이(離 : ☲) 즉 불은 위로 올라간다. 그래서 하체(下體)인 태(兌 : ☱)와 상체(上體)인 이(離 : ☲)는 서로 만나지 못하고 떨어지니 태(兌 : ☱)와 이(離 : ☲)의 관계는 〈규(睽)〉 즉 어긋남[睽]이다. 그리고 규괘(睽卦 : ䷥)의 하체(下體) 태(兌 : ☱)는 소녀(少女)이고, 상체(上體) 이(離 : ☲)는 중녀(中女)이다. 규괘(睽卦 : ䷥)의 자매(姉妹)가 한 배에서 태어나 한 가정에서 자랐지만 시집가게 되면 서로 떨어져 나가 다른 가정을 일구어, 자매는 그만

상이(相異) 즉 서로[相] 달라지니[異] 이 역시 〈규(睽)〉이다. 규괘(睽卦 : ䷥)의 〈규(睽)〉 즉 괴이(乖異)함이란 소사(小事) 즉 자잘한[小] 일[事]을 말함이지 대사(大事) 즉 중대한[大] 일[事]을 말함이 아닌지라, 가도(家道)에서 자잘한 일들이 어긋난다[睽] 한들 괜찮음[吉]을 빌려 규괘(睽卦 : ䷥)라 칭명(稱名)한다.

【규괘(睽卦 : ䷥)의 계사(繫辭) 풀이】

睽(규)

멀어져 어긋나다[睽].

〈규(睽)〉는 규괘(睽卦 : ䷥)의 모습을 암시한 계사(繫辭)이다. 불길이 상승(上昇) 즉 올라가는 이(離 : ☲)와 물길이 하강(下降) 즉 내려가는 태(兌 : ☱)는 불상우(不相遇) 즉 서로[相] 만나지 못함[不遇]을 빌려 규괘(睽卦 : ䷥)의 모습을 〈규(睽)〉 즉 〈어긋남[睽]〉이라고 한다. 나아가 이(離 : ☲)도 음괘(陰卦)이고 태(兌 : ☱)도 음괘(陰卦)인지라 규괘(睽卦 : ䷥)에서 양음(兩陰)의 상하체(上下體)는 상화(相和) 즉 서로[相] 어울리지[和] 못하고 상충(相衝) 즉 서로[相] 부딪침[衝]인지라, 이 역시 규괘(睽卦 : ䷥)의 모습인 〈규(睽)〉 즉 어긋남[睽]이다. 여기 〈규(睽)〉는 괴이(乖異) 즉 어긋나고[乖] 다름[異]을 뜻한다. 따라서 다른 대성괘(大成卦)에서는 음(陰 : ⚋)의 효(爻)와 양(陽 : ⚊)의 효(爻)가 이류(異類)로서 이웃하면 사귀고[比] 상하체(上下體)의 효위(爻位)가 상동(相同)하면 정응(正應)을 누리지만, 규괘(睽卦 : ䷥)의 주제인 〈규(睽)〉의 때에는 음양(陰陽)은 이류(異類)로서 어긋나고[睽] 양양(陽陽) 또는 음음(陰陰)은 동류(同類)의 동덕(同德)으로써 상합(相合)하지 다른 대성괘(大成卦)에서처럼 상충(相衝)하지 않는다. 규괘(睽卦 : ䷥)의 이런 괴이(乖異)함이란 물정(物情)으로 통한다. 이것저것 온갖 것[物]의 참모습[情]은 상동(相同) 즉 서로[相] 같지[同] 않고 상이(相異)한지라 물정(物情)이란 괴이(乖異)하다. 이처럼 상화(相和) 즉 서로 어울리지 못하고 상응(相應) 즉 서로 응하지도 못하며 상경(相傾) 즉 서로 기대지 못해, 규괘(睽卦 : ䷥)의 하체(下體) 태(兌 : ☱)는 내려가고 상체(上體) 이(離 : ☲)는 올라가 서로 어긋나고[乖] 서로 달라짐[異]을 들어 규괘(睽卦 : ䷥)의 모습을 암시한 계사(繫辭)가 〈규(睽)〉이다.

小事吉(소사길)

사소한[小] 일은[事] 괜찮다[吉].

〈소사길(小事吉)〉은 〈규(睽)〉를 풀이한 계사(繫辭)이다. 〈소사(小事)〉는 규괘(睽卦 : ䷥)의 주제인 〈규(睽)〉가 가문(家門)의 법도(法度) 즉 예법과[法] 제도[度] 등이 어긋남[睽]을 뜻하지는 않음을 암시한다. 집안에는 대소사(大小事)가 있게 마련이다. 대사(大事)란 대도(大道)를 행함이니 공(公) 즉 세상에 두루 통하는[公] 가정(家庭)의 법도가 어긋나서는[睽] 안 된다. 〈규(睽)〉가 대사(大事)의 공(公)을 어긋나게 함이 아님을 암시한 것이 〈소사(小事)〉이다. 서로 달라서 서로 어긋남[睽]을 〈소(小)〉 즉 작다 하고, 상화(相和)함을 대(大) 즉 크다 한다. 성정(性情)에서 성(性)을 크다[大] 하고 정(情)을 작다[小] 함은, 수많은 인간을 성(性)으로써 보면 하나[一]이지만 정(情)으로써 보면 수천 수만 수억인지라 인정사(人情事)에는 어긋나기[睽]가 다반사이다. 많은 것을 하나로 함을 크다[大] 하여 대사(大事)라 하고, 많은 것을 따로따로 함을 작다[小] 하여 소사(小事)라 한다. 그래서 대일(大一)이란 낱말은 있어도 소일(小一)이란 낱말은 없다. 대사(大事)는 괴이(乖異)하지 않지만 소사(小事)는 서로 어긋나[乖] 다르다[異].

세상에 가정(家庭)은 수없이 많다. 가도(家道)로써 가정을 본다면 일가(一家)이지만 가사(家事)로써 본다면 천만 가지 가정으로 드러난다. 가정마다 지키고 따라야 하는 정도(正道)는 다를 것이 없지만 가정마다 집안일이란 각양각색인지라, 괴이(乖異)함을 안다면 〈소사(小事)〉가 암시하는 바를 알 수 있다. 이러한 〈소사(小事)〉가 〈길(吉)〉 즉 좋다[吉] 함은『논어(論語)』에 나오는 〈군자는[君子] 긍지를 가지면서[矜而] 다투지 않고[不爭] 무리를 짓되[羣而] 패거리 짓지 않는다[不黨]〉라는 내용을 환기시킨다. 소인(小人)은 소사(小事)를 두고 다투지만[爭] 군자(君子)는 소사(小事)를 두고 다투지 않으며[不爭], 소인(小人)은 소사(小事)를 두고 패거리 짓지만[黨] 군자(君子)는 소인(小人)들과 함께 하되[羣]. 패거리 짓지는 않아[不黨], 군자(君子)는 소인(小人)과 소사(小事)를 같이하면서도[同而] 달리함을[異] 헤아린다면, 작은 일이[小事] 어긋난다[睽] 한들 군자(君子)로서 소사(小事)가 나쁠 것 없이 좋다[吉]고 규괘(睽卦 : ䷥)의 모습을 암시한 계사(繫辭)가 〈소사길(小事吉)〉이다.

【字典】

규(睽) 〈어긋날 규(睽)-괴(乖), 다를 규(睽)-이(異), 두 눈이 서로 보지 못할 규(睽)-목불상시(目不相視), 눈 흘길 규(睽)-반목(反目), 떨어져 나갈 규(睽)-이(離)-외(外)-소외(疏外), 아이의 째진 눈 규(睽)-장목아(張目兒), 육십사괘의 하나 규(睽)-육십사괘지일(六十四卦之一)〉 등의 뜻을 내지만 여기선 〈어긋날 괴(乖), 다를 이(異)〉를 아울러 뜻한다 여기고 새김이 마땅하다.

소(小) 〈작을 소(小)-미(微), 자잘할 소(小)-세(細), 짧을 소(小)-단(短), 좁을 소(小)-협(狹), 어릴 소(小)-유(幼), 천할 소(小)-천(賤), 첩 소(小)-첩(妾), 음(陰)을 칭하는 소(小)〉 등의 뜻을 내지만 여기선 〈작을 미(微)〉로 여기고 새김이 마땅하다.

사(事) 〈일(일할-행할) 사(事)-동작(動作), 섬길 사(事)-봉(奉), 벼슬(일삼을) 사(事)-직(職), 큰일 사(事)-이변(異變), 다스릴 사(事)-치(治), 경영할 사(事)-영(營), 반역할 사(事)-반역(叛逆)〉 등의 뜻을 내지만 여기선 〈일 동작(動作)〉으로 여기고 새김이 마땅하다.

길(吉) 〈좋을(행복할) 길(吉)-선(善)-영(令) {영월길일(令月吉日)은 선월선일(善月善日)임.}, 복 길(吉)-실(實)-선실(善實)-복(福), 예의를 따라 상서로울 길(吉)-예의순상(禮義順祥), 삼갈 길(吉)-근(謹), 초하루 길(吉)-삭일(朔日) {삭망(朔望) 즉 초하루[朔]와 그믐날[望]}, 길례 길(吉)-길례(吉禮) {오례지일(五禮之一) 길흉빈군가(吉凶賓軍嘉)}, 갈 길(吉)-행(行)-길(趌)〉 등의 뜻을 내지만 여기선 〈좋을 선(善)-영(令)〉 즉 행복과 같다 여기고 새김이 마땅하다.

註 〈건(乾 : ☰) 태(兌 : ☱) 이(離 : ☲) 진(震 : ☳) 손(巽 : ☴) 감(坎 : ☵) 간(艮 : ☶) 곤(坤 : ☷)〉 팔괘(八卦) 즉 소성괘(小成卦)에서 음기(陰氣 : --)가 홀수이면 음괘(陰卦)이고, 양기(陽氣 : ━)가 홀수이면 양괘(陽卦)이다. 〈건(乾 : ☰) 진(震 : ☳) 감(坎 : ☵) 간(艮 : ☶)〉은 양괘(陽卦)이고, 〈곤(坤 : ☷) 태(兌 : ☱) 이(離 : ☲) 손(巽 : ☴)〉은 음괘(陰卦)이다.

註 군자긍이부쟁(君子矜而不爭) 군이부당(羣而不黨) : 군자는[君子] 긍지를 가지면서[矜而] 다투지 않고[不爭] 무리를 짓되[羣而] 패거리 짓지 않는다[不黨].

『논어(論語)』「위령공(衛靈公)」 21장(章)

2 효의 효상과 계사

初九：悔亡리라 喪馬勿逐하라 自復하리라 見惡人하여도 无咎리라
회무 상마물축 자복 견악인 무구

九二：遇主于巷한다 无咎리라
우주우항 무구

六三：見輿曳하고 其牛掣하며 其人天且劓이니 无初有終이리라
견여예 기우체 기인천차의 무초유종

九四：睽孤하나 遇元夫하여 交孚하여 厲하나 无咎리라
규고 우원부 교부 여 무구

六五：悔亡리라 厥宗噬膚하니 往인들 何咎리오
회무 궐종서부 왕 하구

上九：睽孤하나 見豕負塗와 載鬼一車하고 先張之弧다가 後說之弧한다 匪寇婚媾니 往遇雨하면 則吉하리라
규고 견시부도 재귀일거 선장지호 후탈지호 비구혼구 왕우우 즉길

초구(初九)：뉘우침이[悔] 없으리라[亡]. 말을[馬] 잃어도[喪] 뒤좇지[逐] 말라[勿]. 스스로[自] 돌아오리라[復]. 나쁜[惡] 사람을[人] 만나도[見] 허물이[咎] 없으리라[无].

구이(九二)：골목[巷]에서[于] 임금을[主] 만난다[遇]. 허물이[咎] 없으리라[无].

육삼(六三)：수레가[輿] 당겨지고[曳] 그[其] 소가[牛] 끌려가고[掣] 그[其] 사람이[人] 머리를 깎이고[天] 또[且] 코를 베임을[劓] 봄이니[見] 처음은[初] 없으나[无] 끝은[終] 있으리라[有].

구사(九四)：어긋나[睽] 외로우나[孤] 선한[元] 장부를[夫] 만나[遇] 진실로 믿어줌을[孚] 나누어[交] 위태로우나[厲] 허물은[咎] 없으리라[无].

육오(六五)：뉘우침이[悔] 없으리라[亡]. 그[厥] 종친이[宗] 살갗을[膚] 뜯으

니[噬] 나아간들[往] 무슨[何] 허물이랴[咎].
상구(上九) : 어긋나[睽] 외로우나[孤] 진창을[塗] 덮어쓴[負] 돼지와[豕] 괴이한 것을[鬼] 실은[載] 한[一] 수레를[車] 보고[見], 먼저[先] 그것들을 향해[之] 활시위에[弧] 얹었다가[張] 뒤에는[後] 그것들을 향해[之] 활시위에서[弧] 거두었다[說]. 도둑이[寇] 아니라[匪] 청혼자이니[婚媾] 가다가[往] 비를[雨] 만나서[遇] 곧[則] 좋으리라[吉].

초구(初九 : ㅡ)

初九 : 悔亡(회무)리라 喪馬勿逐(상마물축)하라 自復(자복)하리라 見惡人(견악인)하여도 无咎(무구)리라

초구(初九) : 뉘우침이[悔] 없으리라[亡]. 말을[馬] 잃어도[喪] 뒤좇지[逐] 말라[勿]. 스스로[自] 돌아오리라[復]. 나쁜[惡] 사람을[人] 만나도[見] 허물이[咎] 없으리라[无].

【초구(初九)의 효상(爻象) 풀이】

규괘(睽卦 : ䷥)의 초구(初九 : ㅡ)는 이양거양(以陽居陽) 즉 양(陽 : ㅡ)으로써[以] 양(陽 : ㅡ)의 자리에 있는지라[居] 정당한 자리에 있다. 초구(初九 : ㅡ)와 구이(九二 : ㅡ)는 양양(兩陽) 즉 둘 다[兩] 양(陽 : ㅡ)인지라 다른 대성괘(大成卦)에서라면 〈비(比)〉 즉 이웃의 사귐[比]을 누리지 못하지만, 규괘(睽卦 : ䷥)의 주제인 〈규(睽)〉 즉 어긋나는[睽] 때를 맞아 오히려 양(陽 : ㅡ)의 동류(同類)로서 상합(相合)하는 처지이다. 초구(初九 : ㅡ)와 구사(九四 : ㅡ) 역시 양양(兩陽)인지라 다른 대성괘(大成卦)에서라면 불상응(不相應) 즉 서로[相] 호응하지 못하는[不應] 처지일 터이지만, 〈규(睽)〉의 때를 맞은지라 초구(初九 : ㅡ)와 구사(九四 : ㅡ)는 양(陽 : ㅡ)의 동류(同類)로서 오히려 상합(相合)하는 처지이다. 이처럼 초구(初九 : ㅡ)

는 〈규(睽)〉의 때를 맞아 어긋나는[睽] 일로 부딪힐 일이 없어, 강강(剛强)한 초구(初九 : ━)는 규괘(睽卦 : ䷥)의 초효(初爻)로서 정당한 자리에서 〈규(睽)〉 즉 어긋남[睽]의 시작을 위축되지 않고 자신의 뜻을 따라 마주하는 모습이다.

> 규괘(睽卦 : ䷥)의 초구(初九 : ━)가 초륙(初六 : --)으로 변효(變爻)하면 초구(初九 : ━)는 규괘(睽卦 : ䷥)를 64번째 미제괘(未濟卦 : ䷿)로 지괘(之卦)하게 한다. 따라서 규괘(睽卦 : ䷥)의 초구(初九 : ━)는 미제괘(未濟卦 : ䷿)의 초륙(初六 : --)을 찾아가 살펴보게 한다.

【초구(初九)의 계사(繫辭) 풀이】

悔亡(회무)
뉘우침이[悔] 없으리라[亡].

초구(初九 : ━)의 효위(爻位)를 빌려 암시한 계사(繫辭)이다. 〈회무(悔亡)〉는 〈규지회무급초구(睽之悔亡給初九)〉의 줄임으로 여기고 〈초구(初九)에게[給] 어긋남의[睽之] 뉘우침이[悔] 없으리라[亡]〉라고 새겨볼 것이다. 여기 〈회무(悔亡)의 무(亡)〉는 바로 〈없음[無]〉을 뜻함이 아니라 〈없을 수 있음[能無]〉을 뜻하여, 〈회무(悔亡)〉가 곧 〈무회(無悔)〉 즉 〈뉘우침이[悔] 없다[無]〉는 뜻이 아니라 〈뉘우침이[悔] 없을[無] 수 있다[能]〉는 뜻을 간직하는 말씨이다.

〈회무(悔亡)〉 즉 후회가[悔] 없으리라[亡] 함은 규괘(睽卦 : ䷥)의 주제인 〈규(睽)〉의 때를 맞아 동류(同類)는 어긋남[睽]이 없어 상합(相合)하기에 초구(初九 : ━)가 구이(九二 : ━)-구사(九四 : ━)와 얽히고설킬 까닭이 없으니, 초구(初九 : ━)에게는 〈회(悔)〉 즉 뉘우칠 일이[悔] 없을 수 있다[亡]는 것이다. 뉘우침[悔]이란 이런저런 소사(小事)를 두고 다툼에서 비롯된다. 정당(正當)한 자리에 있는 초구(初九 : ━)가 부당(不當)한 자리에 있는 구이(九二 : ━)-구사(九四 : ━)와 자질구레한 일들[小事]을 두고 다툴 리가 없다. 대성괘(大成卦)의 초구(初九 : ━)를 일러 〈원부(元夫)〉 즉 선한[元] 사나이[丈夫]라 부르지 않는가! 어차피 〈규(睽)〉 즉 어긋나는[睽] 때를 맞은 처지인지라 동류(同類)끼리는 괴이(乖異) 즉 어긋나[乖] 다를[異] 바가 없는지라 강강(剛强)한 초구(初九 : ━)가 구이(九二 : ━)와 양양(兩陽) 즉 둘 다[兩] 양(陽 : ━)이어서 비(比) 즉 이웃의 사귐[比]을 누리지 못한다고 분노할 리 없으니 뉘우칠[悔] 리 없고, 구사(九四 : ⚊)와도 양양(兩陽)이어서 정응(正應) 즉 바르게[正] 호응함[應]을 누리지 못한다고 분노하다 뉘우칠[悔] 리 없을 것임을 암시한 계사(繫辭)가 〈회무(悔亡)〉이다.

喪馬勿逐(상마물축) 自復(자복)

말을[馬] 잃어도[喪] 뒤좇지[逐] 말라[勿]. 스스로[自] 돌아오리라[復].

〈상마물축(喪馬勿逐) 자복(自復)〉은 초구(初九 : ⚊)와 구사(九四 : ⚊)가 동류(同類)임을 암시한 계사(繫辭)이다. 〈상마물축(喪馬勿逐)〉은 〈수초구상마(雖初九喪馬) 초구혜(初九兮) 물축기마(勿逐其馬) 구사자복향초구(九四自復向初九)〉의 줄임으로 여기고 〈비록[雖] 초구가[初九] 말을[馬] 잃었어도[喪] 초구여[初九兮] 그[其] 말을[馬] 쫓지[逐] 말라[勿] 구사가[九四] 초구를[初九] 향해[向] 절로[自] 돌아온다[復]〉라고 새겨볼 것이다.

〈상마(喪馬)의 마(馬)〉는 규괘(睽卦 : ䷥)의 외호괘(外互卦) 감(坎 : ☵)을 빌려 구사(九四 : ⚊)를 취상(取象)한 것이다. 왜냐하면 〈상마(喪馬)의 마(馬)〉가 「설괘전(說卦傳)」에 나오는 〈감(坎 : ☵) 그것을[其] 말로[馬] 친다면[於也] 멋진[美] 등골[脊]이고[爲] …… 그것을[其] 수레로[輿] 친다면[於也] …… 도둑[盜]이다[爲]〉라는 내용을 상기시키기 때문이다. 규괘(睽卦 : ䷥)의 주제인 〈규(睽)〉의 때를 맞아 강강(剛强)한 초구(初九 : ⚊)는 〈규(睽)〉 즉 어긋남[睽]이 시작하는 자리에 있다. 그러나 강강(剛强)한 초구(初九 : ⚊)는 상진(上進)하고자 하는 뜻이 강하기에 구이(九二 : ⚊)보다 상체(上體)에 있는 구사(九四 : ⚊)의 도움을 받고자 한다. 그러나 초구(初九 : ⚊)와 구사(九四 : ⚊)는 양양(兩陽) 즉 둘 다[兩] 양(陽 : ⚊)의 사이인지라 불상응(不相應) 즉 서로[相] 호응하지 못함[不應]을 예상할 수 있음을 암시한 것이 〈상마(喪馬)의 상(喪)〉이다. 여기 〈상마(喪馬)〉란 도둑을 맞아 말을[馬] 잃었음[喪]이다. 이는 상진(上進)하지 못할 처지에 놓였음을 암시한다. 초구(初九 : ⚊)에게 구사(九四 : ⚊)는 외호괘(外互卦) 감(坎 : ☵)의 초효(初爻)이기에 둘 사이의 정응(正應) 즉 바르게[正] 호응함[應]을 훔쳐가는 도둑[盜]일 수도 있음을 암시하기도 하는 계사(繫辭)가 〈상마(喪馬)〉이다.

〈물축(勿逐)〉은 〈규(睽)〉의 때임을 암시한 계사(繫辭)이다. 다른 대성괘(大成卦)

에서는 양양(兩陽)이거나 양음(兩陰)이면 상충(相衝) 즉 서로[相] 부딪친다[衝]. 그러나 〈규(睽)〉의 때에서는 동류(同類)라면 같은[同] 끼리[類]인지라 어긋날[睽] 것이 없다. 이에 초구(初九 : ⚊)와 구사(九四 : ⚊)가 상응(相應)하는 사이가 아닐지라도 초구(初九 : ⚊)와 구사(九四 : ⚊)는 양(陽 : ⚊)의 동류(同類)이므로 동덕(同德)으로써 상합(相合) 즉 서로[相] 합치기[合] 때문에, 초구(初九 : ⚊)가 구사(九四 : ⚊)를 뒤쫓아[逐] 가서 상진(上進)을 도와달라고 요청하지 않아도 도울 것임을 암시한 계사(繫辭)가 〈물축(勿逐)〉이다.

〈자복(自復)〉은 〈규(睽)〉 즉 어긋나는[睽] 때일수록 동류(同類)와는 상쟁(相爭)하지 않고 상조(相助)함을 암시한 계사(繫辭)이다. 조급해하지 않고 자신을 낮추며 기다리면 구(求)하고자 하는 것을 절로 이룸을 깨닫게 하는 것이 〈자복(自復)〉이다. 그래서 여기 〈자복(自復)〉이 『맹자(孟子)』에 〈구하면[求] 곧[則] 구하는 것을[之] 얻고[得] 버리면[舍] 곧[則] 구하는 것을[之] 잃는다[失]〉라는 내용을 상기시킨다. 초구(初九 : ⚊)가 정당한 자리에 있음을 앞세워 부당한 자리에 있는 구이(九二 : ⚊)와 구사(九四 : ⚊)에게 대응한다면 〈상마(喪馬)〉 즉 잃은[喪] 말[馬]은 〈자복(自復)〉 즉 절로[自] 돌아오지[復] 못할 것이다. 그러나 초구(初九 : ⚊)가 자하(自下) 즉 스스로[自] 낮추고[下] 상대의 이해를 기다린다면 돌아오는[復] 말[馬]을 가로막지 않는 관대함이 비롯될 수 있음을 깨닫게 하는 점사(占辭)가 〈자복(自復)〉이다.

見惡人(견악인) 无咎(무구)

나쁜[惡] 사람을[人] 만나도[見] 허물이[咎] 없으리라[无].

〈견악인(見惡人) 무구(无咎)〉는 초구(初九 : ⚊)가 〈악인(惡人)〉을 외면하지 않음을 암시한 계사(繫辭)이다. 〈견악인(見惡人)〉은 〈수초구견악인(雖初九見惡人) 초구무구(初九无咎)〉의 줄임으로 여기고 〈비록[雖] 초구가[初九] 악인을[惡人] 만나도[見] 초구에게는[初九] 허물이[咎] 없다[无]〉고 새겨볼 것이다.

〈견악인(見惡人)의 악인(惡人)〉은 규괘(睽卦 : ䷥)의 주제인 〈규(睽)〉의 때를 맞아 어긋나기[睽]를 해소하여 상화(相和)를 바라기보다 조장하여 사욕을 채우려는 소인(小人)을 말한다. 〈규(睽)〉의 때를 맞아 동덕(同德)으로 서로 함께하고자 하지 않고, 〈규(睽)〉 즉 어긋나기[睽]를 앞세워 사욕을 채우려는 소인(小人)의 무리가 많게 마련이다. 강강(剛强)한 초구(初九 : ━)가 규괘(睽卦 : ䷥)의 맨 밑자리에 있지만 정위(正位)에 있으니 〈규(睽)〉 즉 어긋나는[睽] 때를 맞아 시작부터 소인(小人)을 외면하지 않고, 소인(小人)으로 하여금 개과천선(改過遷善) 즉 잘못을[過] 고쳐[改] 선으로[善] 옮겨가게[遷] 함을 여기 〈무구(无咎)〉가 암시한다. 〈악인(惡人)〉을 만나[見] 외면한다면 초구(初九 : ━)가 『노자(老子)』에 나오는 〈위해주되[爲而] (그 무엇과도) 다투지 않는다[不爭]〉라는 성인의[聖人之] 도[道]를 저버림을 범하게 되어, 〈견악인(見惡人)〉은 초구(初九 : ━)에게 〈유구(有咎)〉 즉 허물을[咎] 짓게 될[有] 터이다. 그러나 초구(初九 : ━)가 〈악인(惡人)〉을 만나도[見] 〈무구(无咎)〉 즉 허물이[咎] 없다[无] 함은 성인(聖人)의 도(道)를 본받아 〈규(睽)〉 즉 어긋나기[睽]를 부추기는 소인(小人)의 무리를 외면하지 않고 상화(相和)의 길로 이끌고, 동시에 『논어(論語)』에 나오는 〈군자는[君子] 어울리되[和而] 패거리 짓지 않는다[不同]〉라는 군자(君子)의 도(道)를 본받아 〈규(睽)〉 즉 어긋나기[睽]의 때를 극복하여 상화(相和)의 시대를 열어감을 암시한 계사(繫辭)가 〈견악인(見惡人) 무구(无咎)〉이다.

【字典】

회(悔) 〈뉘우칠 회(悔)-오(懊), 거만할 회(悔)-만(慢), 한스러울 회(悔)-한(恨), 실패할 회(悔)-실(失), 후회할 회(悔)-후회(後悔), (잘못 등을) 고칠 회(悔)-개(改), 책망할 회(悔)-구(咎), 대성괘의 상체(上體) 회(悔)〉 등의 뜻을 내지만 여기선 〈뉘우칠 오(懊)〉와 같다 여기고 새김이 마땅하다. 대성괘(大成卦)의 하체(下體) 즉 내괘(內卦)를 〈정(貞)〉이라 일컫고, 상체(上體) 즉 외괘(外卦)를 〈회(悔)〉라고 일컫는다.

亡 〈무-망〉 두 가지로 발음되고, 〈없을 무(亡)-무(無), 가난할 무(亡)-빈(貧), 달아날(피할) 망(亡)-도(逃)-분(奔)-피(避)-거(去), 없어질 망(亡)-멸(滅), 죽음 망(亡)-사(死), 잃을 망(亡)-상(喪)-실(失), 업신여길 망(亡)-경멸(輕蔑), 그칠 망(亡)-지(止)-이(已), 잊을 망(亡)-망(忘)〉 등의 뜻을 내지만 여기선 〈없을 무(無)〉와 같다 여기고 새김이 마땅하다.

상(喪) 〈잃을 상(喪)-실(失), 죽을 상(喪)-사(死)-망(亡), 상복을 입을 상(喪)-지복(持服), 망칠(버릴) 상(喪)-기망(棄亡)〉 등의 뜻을 내지만 여기선 〈잃을 실(失)〉로 여기고 새김이 마땅하다.

마(馬) 〈짐승 이름 마(馬)-동물명(動物名), 야생마 마(馬)-야마(野馬), 역(易)에서 건(乾)-곤(坤)-진(震)-감(坎)의 모습을 나타내는 마(馬)-역당건곤진감지상(易當乾坤震坎之象), 달(달의 정기) 마(馬)-월(月)-월정(月精), 큰 마(馬)-대(大), 꾸짖을 마(馬)-매(罵)〉 등의 뜻을 내지만 여기선 〈말 마(馬)〉로 여기고 새김이 마땅하다.

물(勿) 〈하지 말 물(勿)-막(莫), 없을 물(勿)-무(無)-무(毋), 아닌 것 물(勿)-비(非), 아니할 물(勿)-불(不)〉 등의 뜻을 내지만 여기선 〈하지 말 막(莫)〉과 같다 여기고 새김이 마땅하다.

逐 〈축-적〉 두 가지로 발음되고, 〈좇을 축(逐)-박(迫)-추(追), (말을) 몰아갈 축(逐)-구(驅), 물리칠 축(逐)-척(斥), 풀어놓을 축(逐)-방(放), 따라갈 축(逐)-종(從), 구할 축(逐)-구(求), 달릴 축(逐)-주(走), 질병 축(逐)-병(病)-질(疾), 달리는 모양 적(逐)-치(馳)-분(奔)〉 등의 뜻을 내지만 〈좇을 박(迫)-추(追)〉와 같다 여기고 새김이 마땅하다.

자(自) 〈스스로 자(自)-궁친(躬親), 비롯할 자(自)-시(始), ~부터 자(自)-유(由)-종(從), 자연 자(自)-자연(自然), 만약 자(自)-약(若), 사용할 자(自)-용(用)〉 등의 뜻을 내지만 여기선 〈스스로 궁친(躬親)〉과 같다 여기고 새김이 마땅하다.

復 〈복-부〉 두 가지로 발음되고, 〈갔다 올 복(復)-왕래(往來), 돌아올 복(復)-반(返)-환(還)-반(反), 돌 복(復)-주(周)-선(旋), 갚을 복(復)-보(報), 증명할 복(復)-험(驗), 실천할 복(復)-천(踐), 맡길(의지할) 복(復)-인(因), 아뢸 복(復)-백(白), 다시(또) 부(復)〉 등의 뜻을 내지만 여기선 〈돌아올 반(返)〉과 같다 여기고 새김이 마땅하다.

見 〈견-현〉 두 가지로 발음되고, 〈만나볼 견(見)-회(會), 생각해볼 견(見)-사(思), 볼 견(見)-식(識)-시(視), 돌아볼 견(見)-고(顧), 미칠(당할) 견(見)-피(被)-당(當), 드러날 현(見)-노(露), 나타날 현(見)-현(顯), 있을 현(見)-재(在), 보일 현(見)-조(朝)〉 등의 뜻을 내지만 여기선 〈만날 견(見)〉으로 여기고 새김이 마땅하다.

惡 〈악-오〉 두 가지로 발음되고, 〈악할 악(惡)-불선(不善), 더러울 악(惡)-추(醜)-오(汚), 거칠 악(惡)-조(粗), 바르지 않을 악(惡)-부정(不正), 흉악할 악(惡)-흉(兇), 흉할 악(惡)-흉(凶), 지나칠 악(惡)-과(過), 불행할 악(惡)-화(禍), 해로울 악(惡)-해(害), 앓을 악(惡)-질진(疾疢), 미워할 오(惡)-증(憎), 부끄러워할 오(惡)-치(恥), 두려워할 오(惡)-외(畏), 근심할 오(惡)-환(患), 거짓말할 오(惡)-참(讒), 꺼릴 오(惡)-기(忌), 어울리

지 못할 오(惡)-불화(不和), (의문조사) ~어찌 오(惡)-하(何)-안(安), 차탄하는 소리 오(惡)-차탄성(嗟歎聲)〉 등의 뜻을 내지만 여기선 〈악할 불선(不善)〉으로 여기고 새김이 마땅하다.

인(人) 〈사람 인(人)-만물지최령자(萬物之最靈者), 백성 인(人)-민(民), 남 인(人)-타인(他人), 아무개 인(人)-모인(某人), 도인 인(人)-도인(道人), 사람들 인(人)-인인(人人), 범인(소인) 인(人)-소인(小人)-범인(凡人), 인성 인(人)-인성(人性), 인위 인(人)-인위(人爲), 신하 인(人)-신하(臣下), 중서(민중) 인(人)-중서(衆庶)-민중(民衆), 건괘-진괘 인(人)-건위인(乾爲人)-진위인(震爲人), 어짊 인(人)-인(仁), 선인 인(人)-선인(先人), 서로 어여삐 여길 인(人)-상련(相憐)〉 등의 뜻을 내지만 〈사람 인(人)〉으로 여기고 새김이 마땅하다.

무(无) 〈없을 무(无)-무(無), 허무지도 무(无)-허무지도(虛无之道), 으뜸 무(无)-원(元)〉 등의 뜻을 내지만 여기선 〈없을 무(無)〉와 같다 여기고 새김이 마땅하다.

구(咎) 〈허물 구(咎)-건(愆)-과(過), 재앙 구(咎)-재(災), 병될 구(咎)-병(病), 나쁠 구(咎)-오(惡)〉 등의 뜻을 내지만 여기선 〈허물 건(愆)-과(過)〉와 같다 여기고 새김이 마땅하다. 〈무구(无咎)〉는 〈면어구(免於咎)〉 즉 허물을[於咎] 면하다[免]와 같다.

註 기어마야(其於馬也) 위미척(爲美脊) …… 기어야여(其於也輿) …… 위도(爲盜) : {감(坎 : ☵)} 그것을[其] 말로[馬] 친다면[於也] 멋진[美] 등골[脊]이고[爲] …… {감(坎 : ☵)} 그것을[其] 수레로[輿] 친다면[於也] …… 도둑[盜]이다[爲]. 「설괘전(說卦傳)」 11단락(段落)

註 구즉득지(求則得之) 사즉실지(舍則失之) : 구하면[求] 곧[則] 구하는 것을[之] 얻고[得], 버리면[舍] 곧[則] 구하는 것을[之] 잃는다[失]. 『맹자(孟子)』「진심장구상(盡心章句上)」 3장(章)

註 천지도리이불해(天之道利而不害) 성인지도위이부쟁(聖人之道爲而不爭) : 자연의[天之] 도는[道] (온갖 것을) 이롭게 하되[利而] 해치지 않고[不害], 성인의[聖人之] 도는[道] 베풀되[爲而] (그 무엇과도) 다투지 않는다[不爭]. 『노자(老子)』 81장(章)

註 군자화이부동(君子和而不同) 소인동이불화(小人同而不和) : 군자는[君子] 어울리되[和而] 패거리 짓지 않고[不同], 소인은[小人] 패거리 짓되[同而] 어울리지 않는다[不和]. 『논어(論語)』「자로(子路)」 23장(章)

구이(九二 : ⚊)

九二 : 遇主于巷한다 无咎리라
우 주 우 항 무 구

구이(九二) : 골목[巷]에서[于] 임금을[主] 만난다[遇]. 허물이[咎] 없으리라[无].

【구이(九二)의 효상(爻象) 풀이】

규괘(睽卦 : ䷥)의 구이(九二 : ⚊)는 이양거음(以陽居陰) 즉 양(陽 : ⚊)으로써[以] 음(陰 : ⚋)의 자리에 있는지라[居] 정당한 자리에 있지 못하다. 구이(九二 : ⚊)와 육삼(六三 : ⚋)은 양음(陽陰)의 사이인지라 다른 대성괘(大成卦)에서라면 비(比) 즉 이웃의 사귐[比]을 누릴 사이이지만, 규괘(睽卦 : ䷥)의 주제인 〈규(睽)〉 즉 어긋나는[睽] 때를 맞아 음양(陰陽)의 상응(相應)이라는 도리(道理)가 쇠(衰)해 버리고 강유(剛柔)의 상규(相睽) 즉 서로[相] 어긋남[睽]이 성(盛)한 때인지라 구이(九二 : ⚊)와 육삼(六三 : ⚋)은 서로 어긋나 동떨어질 처지이다. 서로 부정위(不正位)에 있어서 중정(中正)을 누리지 못하는 구이(九二 : ⚊)와 육오(六五 : ⚋) 역시 다른 대성괘(大成卦)에서라면 정응(正應) 즉 바르게[正] 서로 응하면서[應] 도움을 주고받을 수 있는 처지이겠지만, 〈규(睽)〉 즉 어긋나는[睽] 때를 마주한 탓으로 구이(九二 : ⚊)와 육오(六五 : ⚋)의 정응(正應)이 여의치 못하지만 강중(剛中) 즉 굳세게[剛] 정도를 따라[中] 구이(九二 : ⚊)가 간절하게 육오(六五 : ⚋)와의 정응을 추구하는 모습이다.

규괘(睽卦 : ䷥)의 구이(九二 : ⚊)가 육이(六二 : ⚋)로 변효(變爻)하면 구이(九二 : ⚊)는 규괘(睽卦 : ䷥)를 21번째 서합괘(噬嗑卦 : ䷔)로 지괘(之卦)하게 한다. 따라서 규괘(睽卦 : ䷥)의 구이(九二 : ⚊)는 서합괘(噬嗑卦 : ䷔)의 육이(六二 : ⚋)를 찾아가 살펴보게 한다.

【구이(九二)의 계사(繫辭) 풀이】

遇主于巷(우주우항) 无咎(무구)

<u>골목[巷]에서[于] 임금을[主] 만난다[遇]. 허물이[咎] 없으리라[无].</u>

구이(九二 : ━)의 효위(爻位)를 빌려 암시한 계사(繫辭)이다. 〈우주우항(遇主于巷) 무구(无咎)〉는 〈수구이우군주우궁외지항(雖九二遇君主于宮外之巷) 구이여군주무구(九二與君主无咎)〉의 줄임으로 여기고 〈비록[雖] 구이가[九二] 궁궐[宮] 밖의[外之] 골목[巷]에서[于] 임금을[君主] 만나도[遇] 군주와[與君主] 구이에게[九二] 허물이[咎] 없다[无]〉라고 새겨볼 것이다. 〈우주우항(遇主于巷)의 우(遇)〉는 〈만날 봉(逢)〉과 같고, 〈우주우항(遇主于巷)의 주(主)〉는 군주(君主)의 줄임으로 여김이 마땅하며, 〈우주우항(遇主于巷)의 항(巷)〉은 여기선 여항(閭巷) 곧 백성들이 사는 마을의 골목 즉 여염(閭閻)을 말해 〈우항(于巷)〉은 〈어궁외(於宮外)〉 즉 〈궁궐[宮] 밖에서[於外]〉를 뜻한다.

〈우주우항(遇主于巷)〉은 구이(九二 : ━)와 육오(六五 : ╍) 사이의 정응(正應)이 간절하게 이루어짐을 암시한다. 〈우주우항(遇主于巷)의 주(主)〉는 구이(九二 : ━)가 정응(正應)을 나눌 수 있는 육오(六五 : ╍)를 말한다. 육오(六五 : ╍)는 규괘(睽卦 : ䷥)의 존위(尊位)에 있기에 〈주(主)〉로써 나타낸다. 〈우주우항(遇主于巷)〉은 『시경(詩經)』에 나오는 〈그대의[子之] 의젓함이여[丰兮] 문밖에서[巷乎] 나를[我] 기다렸거늘[俟] …… 내가[予] (그대를) 좇지 못했음을[不送] 뉘우치네[悔兮]〉라는 내용을 연상시킬 만큼 구이(九二 : ━)가 육오(六五 : ╍)와의 정응(正應)을 간절히 바람을 암시한다. 이에 〈우주우항(遇主于巷)〉은 규괘(睽卦 : ䷥)의 주제인 〈규(睽)〉 즉 어긋나는[睽] 때를 맞아 정응(正應)의 나눔[交]이 견고하지 못함을 암시한다. 그럼에도 불구하고 구이(九二 : ━)가 아래에 있으면서도 강중(剛中) 즉 굳세게[剛] 정도를 따라[中] 덕(德)으로써 위에 있는 육오(六五 : ╍) 즉 군왕(君王)에 응(應)하여, 제규(齊睽) 즉 어긋남의[睽] 때를 다스리려는[齊] 뜻을 이루고자 함을 암시한 계사(繫辭)가 〈우주우항(遇主于巷)〉이다.

〈무구(无咎)〉는 제규(齊睽)하고자 하는 구이(九二 : ━)를 거듭 암시한 계사(繫辭)이다. 어긋남[睽]의 때일수록 군신(君臣)이 상화(相和)하여 어긋나는[睽] 때를 상합(相合) 즉 서로[相] 합하는[合] 시절로 이끌지 못하고 군신(君臣)이 어긋나기[睽]로 갈린다면 허물[咎]이 심대(甚大)하다. 그러나 궁궐의 안이 아니라 오히려 백성이 사는 골목[巷]에서 군신(君臣)이 만나서라도 소사(小事)를 떠나 대사(大事)를 따르는 소심(愫心) 즉 정성스러운[愫] 마음[心]으로 정응(正應)함이야말로 선치(善治) 즉 자연의 도리를 계승하는[善] 다스림[治]으로 이어진다. 이처럼 구이(九二 : ━)가 군왕(君王)을 받들어 어긋남의[睽] 때를 다스리려[齊] 함에는 허물이[咎] 있을 수 없음[无]을 암시한 계사(繫辭)가 〈무구(无咎)〉이다.

【字典】

우(遇) 〈만날 우(遇)-봉(逢), 길에서 우연히 만날 우(遇)-불기이어도로상봉(不期而於道路相逢)-불기이회(不期而會), 구할 우(遇)-구(求), 알아챌 우(遇)-지득(志得), 짝 우(遇)-우(偶)-우(隅), 시기 우(遇)-시기(時機)〉 등의 뜻을 내지만 여기선 〈만날 봉(逢)〉과 같다 여기고 새김이 마땅하다.

주(主) 〈군주 주(主)-군주(君主), 우두머리 주(主)-수(首)-복지대칭(僕之對稱), 많을(무리) 주(主)-다(多)-중(衆), (등불의) 심지 주(主)-등중화주(鐙中火主)-주(炷), 어른 주(主)-위장자(爲長者), 공경대부 주(主)-공경대부(公卿大夫), 주인 주(主)-주인(主人), 가장 주(主)-가장(家長)-호장(戶長), 물건을 가진 사람 주(主)-물지소유자(物之所有者), 손님의 반대말 주(主)-빈지대칭(賓之對稱), 친할 주(主)-친(親), 사물의 근본 주(主)-사물지근본(事物之根本), 천자의 딸 주(主)-천자지녀(天子之女), 대부의 처 주(主)-대부지처(大夫之妻), 신령의 자리 주(主)-주(宔)-신주(神主)-신령지위(神靈之位), 본성 주(主)-성(性)-본빈(本份), 바를 주(主)-정(正), 지킬 주(主)-수(守), 앉을(머물) 주(主)-좌(坐)-거(居), 헤아려 분별할 주(主)-계탁(計度), 위(웃전) 주(主)-상(上)〉 등의 뜻을 내지만 여기선 〈군주(君主)〉로 여기고 새김이 마땅하다.

우(于) 〈~에서(부터) 우(于)-어(於), 갈 우(于)-왕(往), 써 우(于)-이(以), 할 우(于)-위(爲), 여기 우(于)-시(是), 도울 우(于)-조(助), 클 우(于)-대(大), 구할 우(于)-구(求), 자족하는 모습 우(于)-자족모(自足貌)〉 등의 뜻을 내지만 여기선 〈~에서 어(於)〉와 같다 여기고 새김이 마땅하다.

항(巷) 〈문밖 항(巷)-문외(門外), 마을길 항(巷)-이중도(里中道), 집과 집 사잇길 항(巷)-사간도(舍間道), 굽은 길 항(巷)-곡(曲) {곧은 길 가(街)의 반대말, 대도이유경로왈항(大道而有徑路曰巷) : 큰길에는[大道而] 지름길이[徑路] 있음을[有] 항이라[巷] 한다[曰].}, 마을의 문 항(巷)-여(閭)-향(鄕)〉 등의 뜻을 내지만 여기선 〈문밖 문외(門外)〉

로 여기고 새김이 마땅하다.

무(无) 〈없을 무(无)-무(無), 허무지도 무(无)-허무지도(虛无之道), 으뜸 무(无)-원(元)〉 등의 뜻을 내지만 여기선 〈없을 무(無)〉와 같다 여기고 새김이 마땅하다.

구(咎) 〈허물 구(咎)-건(愆)-과(過), 재앙 구(咎)-재(災), 병될 구(咎)-병(病), 나쁠 구(咎)-오(惡)〉 등의 뜻을 내지만 여기선 〈허물 건(愆)-과(過)〉와 같다 여기고 새김이 마땅하다. 〈무구(无咎)〉는 〈면어구(免於咎)〉 즉 허물을[於咎] 면하다[免]와 같다.

註 자지봉혜(子之丰兮) 사아호항혜(俟我乎巷兮) …… 회여불송혜(悔予不送兮) : 그대의[子之] 의젓함이여[丰兮], 문밖에서[巷乎] 나를[我] 기다렸거늘[俟兮] …… 내가[予] (그대를) 쫓지 못했음을[不送] 뉘우치네[悔兮]. 『시경(詩經)』「정풍(鄭風)」[봉(丰)] 첫 장(章)

육삼(六三 : --)

六三 : 見輿曳하고 其牛掣하며 其人天且劓이니 无初有終이리라
(견 여 예 / 기 우 체 / 기 인 천 차 의 / 무 초 / 유 종)

육삼(六三) : 수레가[輿] 당겨지고[曳] 그[其] 소가[牛] 끌려가고[掣] 그[其] 사람이[人] 머리를 깎이고[天] 또[且] 코를 베임을[劓] 봄이니[見] 처음은[初] 없으나[无] 끝은[終] 있으리라[有].

【육삼(六三)의 효상(爻象) 풀이】

규괘(睽卦 : ䷥)의 육삼(六三 : --)은 이음거양(以陰居陽) 즉 음(陰 : --)으로써[以] 양(陽 : ―)의 자리에 있는지라[居] 정당한 자리에 있지 못하다. 육삼(六三 : --)과 구이(九二 : ―)-구사(九四) : ―)와는 음양(陰陽)의 사이인지라 다른 대성괘(大成卦)에서라면 비(比) 즉 이웃의 사귐[比]을 누릴 사이이지만 규괘(睽卦 : ䷥)의 주제인 〈규(睽)〉 즉 어긋나는[睽] 때를 맞아 음양(陰陽)의 상응(相應)이라는 도리(道理)가 쇠(衰)해버리고 강유(剛柔)의 상규(相睽) 즉 서로[相] 어긋남[睽]이 성(盛)한 때인지라, 육삼(六三 : --)과 구이(九二 : ―)-구사(九四) : ―)와는 서로 어긋나

[睽] 동떨어져 상충(相衝) 즉 서로[相] 부딪치는[衝] 처지이다. 육삼(六三 : --)과 상구(上九 : ㅡ) 역시 다른 대성괘(大成卦)에서라면 정응(正應) 즉 바르게[正] 호응함[應]을 누릴 수 있는 처지이지만 강유(剛柔)의 상규(相睽) 즉 서로[相] 어긋남[睽]이 성(盛)한 때를 맞아 육삼(六三 : --)이 상구(上九 : ㅡ)와의 정응(正應)을 처음부터 쉽사리 누리기가 어려우나, 육삼(六三 : --)이 포기하지 않아 〈규(睽)〉의 때를 벗어나 끝내는 상구(上九 : ㅡ)와 정응을 누리는 모습이다.

> 규괘(睽卦 : ䷥)의 육삼(六三 : --)이 구삼(九三 : ㅡ)으로 변효(變爻)하면 육삼(六三 : --)은 규괘(睽卦 : ䷥)를 14번째 대유괘(大有卦 : ䷍)로 지괘(之卦)하게 한다. 따라서 규괘(睽卦 : ䷥)의 육삼(六三 : --)은 대유괘(大有卦 : ䷍)의 구삼(九三 : ㅡ)을 찾아가 살펴보게 한다.

【육삼(六三)의 계사(繫辭) 풀이】

見輿曳(견여예) 其牛掣(기우체)

수레가[輿] 당겨지고[曳] 그[其] 소가[牛] 끌려감을[掣] 볼 것이다[見].

육삼(六三 : --)의 효위(爻位)를 빌려 암시한 계사(繫辭)이다. 〈견여예(見輿曳) 기우체(其牛掣)〉는 〈견여피예우구이(見輿被曳于九二) 이견기우피체우구사(而見其牛被掣于九四)〉의 줄임으로 여기고 〈구이에[九二] 의해서[于] 당겨지는[被曳] 수레를[輿] 보고[見而] 구사에[九四] 의해서[于] 끌리는[被掣] 그[其] 소를[牛] 본다[見]〉라고 새겨볼 것이다. 〈견여예(見輿曳)의 예(曳)〉는 〈당길 인(引)〉과 같고, 〈기우체(其牛掣)의 체(掣)〉는 〈잡아 물러나게 할 구억(拘抑)〉과 같은 뜻을 낸다.

〈견여예(見輿曳)〉는 규괘(睽卦 : ䷥)의 주제인 〈규(睽)〉 즉 어긋나는[睽] 때를 맞아 구이(九二 : ㅡ)가 육삼(六三 : --)의 상진(上進)을 방해함을 암시한다. 다른 대성괘(大成卦)에서라면 구이(九二 : ㅡ)와 육삼(六三 : --)은 양음(陽陰)의 사이인지라 이웃의 사귐[比]을 누릴 수 있지만 〈규(睽)〉의 때를 맞아 구이(九二 : ㅡ)와 육삼(六三 : --)이 이류(異類)인지라 상화(相和) 즉 서로[相] 화합하지[和] 못하고 상규(相睽) 즉 서로[相] 어긋나[睽] 육삼(六三 : --)의 상진(上進)을 돕지 않고 뒤에서 방해함을 암시한 것이 〈견여예(見輿曳)〉이다. 〈견여예(見輿曳)의 여예(輿曳)〉는 육삼(六三 : --)이 규괘(睽卦 : ䷥)의 외호괘(外互卦)인 감(坎 : ☵)의 초효(初

爻)임을 빌려 육삼(六三 : --)을 취상(取象)한 것이다. 왜냐하면 여기 〈여예(輿曳)〉가 「설괘전(說卦傳)」에 나오는 〈감(坎 : ☵) 그것을[其] 말로[馬] 친다면[於也] …… 당기는 것[曳]이다[爲] …… 그것을[其] 수레로[輿] 친다면[於也] 고장이[眚] 많은 것[多]이다[爲]〉라는 내용을 떠올려주기 때문이다. 〈견여예(見輿曳)의 여예(輿曳)〉는 육삼(六三 : --)의 처지를 암시한다. 육삼(六三 : --)이 상진(上進)하지 못하게 구이(九二 : ─)가 뒤에서 〈여예(輿曳)〉 즉 육삼(六三 : --)이 타고 상진(上進)하려는 수레를[輿] 당겨서[曳] 어긋나기[睽]를 하는 것이다. 이에 육삼(六三 : --)에게 구이(九二 : ─)가 〈규(睽)〉 즉 어긋나기[睽]를 행함을 암시한 계사(繫辭)가 〈견여예(見輿曳)〉이다.

〈기우체(其牛掣)〉는 육삼(六三 : --)이 〈규(睽)〉 즉 어긋나는[睽] 때를 맞아 구사(九四 : ─)가 육삼(六三 : --)의 상진(上進)을 방해함을 암시한다. 다른 대성괘(大成卦)에서라면 구사(九四 : ─)와 육삼(六三 : --)은 양음(陽陰)의 사이인지라 이웃의 사귐[比]을 누릴 수 있지만 〈규(睽)〉의 때를 맞아 구사(九四 : ─)와 육삼(六三 : --)이 이류(異類)인지라 상화(相和) 즉 서로[相] 화합하지[和] 못하고 상규(相睽) 즉 서로[相] 어긋나[睽] 육삼(六三 : --)의 상진(上進)을 돕지 않고 앞에서 방해함을 암시한 것이 〈기우체(其牛掣)〉이다. 〈기우체(其牛掣)의 기우(其牛)〉는 육삼(六三 : --)이 규괘(睽卦 : ䷥)의 외호괘(外互卦)인 감(坎 : ☵)의 초효(初爻)임을 빌려 육삼(六三 : --)을 취상(取象)한 것이다. 감(坎 : ☵)의 본래(本來)는 곤(坤 : ☷)인지라 여기 〈기우(其牛)의 우(牛)〉가 「설괘전(說卦傳)」에 나오는 〈곤은[坤 : ☷] 소[牛]이다[爲]〉라는 내용을 떠올려주기 때문이다. 〈기우체(其牛掣)의 우체(牛掣)〉는 육삼(六三 : --)의 처지를 암시한다. 육삼(六三 : --)이 상진(上進)하지 못하게 구사(九四 : ─)가 앞에서 〈우체(牛掣)〉 즉 소[牛]로 취상(取象)된 육삼(六三 : --)을 끌어당겨서[掣] 어긋나기[睽]를 하는 것이다. 이에 육삼(六三 : --)에게 구사(九四 : ─)가 〈규(睽)〉 즉 어긋나기[睽]를 행함을 암시한 계사(繫辭)가 〈기우체(其牛掣)〉이다.

{見(견)}其人天且劓(기인천차의)

그[其] 사람이[人] 머리를 깎이고[天] 또[且] 코를 베임을[劓] 본다[見].

〈기인천차의(其人天且劓)〉는 육삼(六三 : --)이 구이(九二 : ━)로부터는 〈여예(輿曳)〉의 방해를 받고 구사(九四 : ━)로부터는 〈우체(牛掣)〉의 방해를 받는 모습이 〈천차의(天且劓)〉의 형벌을 당한 사람의 모습같다고 암시한 계사(繫辭)이다. 〈기인천차의(其人天且劓)〉는 〈견수천차의지인(見受天且劓之人)〉의 줄임으로 여기고 〈천차의를[天且劓] 받은[受之] 사람을[人] 본다[見]〉라고 새겨볼 것이다. 〈천차의(天且劓)의 천(天)〉은 여기선 경액지형(黥額之刑) 즉 먹물[黥]로 이마[額]에 죄명(罪名)을 먹인[黥額之] 형벌[刑]을 뜻하고, 〈천차의(天且劓)의 의(劓)〉는 절비지형(截鼻之刑) 즉 코를[鼻] 잘라낸[截之] 형벌[刑]을 뜻한다. 따라서 이마에 먹물 먹인 형벌[天]을 당하고 코를 잘린 형벌[劓]을 당한 그런[其] 사람[人]의 모습을 빌려 육삼(六三 : --)을 취상(取象)하여, 구이(九二 : ━)-구사(九四 : ━)의 이류(異類) 탓으로 겪는 〈규(睽)〉 즉 어긋남[睽]이 육삼(六三 : --)을 몹시 곤궁하게 함을 암시한 계사(繫辭)가 〈기인천차의(其人天且劓)〉이다.

无初有終(무초유종)

처음은[初] 없으나[无] 끝은[終] 있으리라[有].

〈무초유종(无初有終)〉은 육삼(六三 : --)이 규괘(睽卦 : ䷥)의 주제인 〈규(睽)〉 즉 어긋나는[睽] 때를 극복함을 암시한 계사(繫辭)이다. 〈무초유종(无初有終)〉은 〈초무정응어륙삼여상구지간(初无正應於六三與上九之間) 연이종유정응어륙삼여상구지간(然而終有正應於六三與上九之間)〉의 줄임으로 여기고 〈처음에는[初] 상구와[與上九] 육삼의[六三之] 사이에[於間] 정응이[正應] 없었다[无] 그러나[然而] 끝내는[終] 상구와[與上九] 육삼의[六三之] 사이에[於間] 정응이[正應] 있다[有]〉라고 새겨볼 것이다. 처음에는[初] 구이(九二 : ━)와 구사(九四 : ━)의 〈규(睽)〉 즉 어긋나기[睽] 탓으로 육삼(六三 : --)이 상구(上九 : ━)와 정응(正應) 즉 바르게[正] 서로 호응하여[應] 음양(陰陽)이 서로 화합함[相和]을 누림이 이루어지지 못했지만, 유순(柔順)한 육삼(六三 : --)이 끝내는 상구(上九 : ━)가 〈규(睽)〉의 때를 벗어난지라 상구(上九 : ━)와의 정응(正應) 즉 바르게[正] 호응함[應]을 누리게 되었음을 암시한 계사(繫辭)가 〈무초유종(无初有終)〉이다.

【字典】

見 〈견-현〉 두 가지로 발음되고, 〈볼 견(見)-식(識)-시(視), 생각해볼 견(見)-사(思), 만나볼 견(見)-회(會), 돌아볼 견(見)-고(顧), 미칠(당할) 견(見)-피(被)-당(當), 드러날 현(見)-노(露), 나타날 현(見)-현(顯), 있을 현(見)-재(在), 보일 현(見)-조(朝)〉 등의 뜻을 내지만 여기선 〈볼 견(見)〉으로 여기고 새김이 마땅하다.

여(輿) 〈수레 여(輿)-거(車), 무리 여(輿)-중(衆)-다(多), 멜(들) 여(輿)-강(扛)-항(抗), 실을 여(輿)-재(載), 기운 어릴 여(輿)-가기(佳氣), 천지 여(輿)-천지총명(天地總名), 비롯할 여(輿)-시(始)〉 등의 뜻을 내지만 여기선 〈수레 거(車)〉와 같다 여기고 새김이 마땅하다.

예(曳) 〈당길 예(曳)-인(引)-유예(臾曳), 끌 예(曳)-견(牽), 옷 입기 예(曳)-착의지사(着衣之事), 갈 예(曳)-행(行), 조아릴(넘어질) 예(曳)-돈(頓), 넘을 예(曳)-유(踰)-예(跇)〉 등의 뜻을 내지만 여기선 〈당길 인(引)〉과 같다 여기고 새김이 마땅하다.

기(其) 〈그(그것) 기(其)-피(彼)-지(之), 그(관형사) 기(其)-관형사(冠形詞), 그럴 기(其)-연(然), 어찌 기(其)-기(豈), 누를 기(其)-억(抑), 오히려 기(其)-상(尙)-서기(庶幾), 이에 기(其)-내(乃), 만약 기(其)-약(若), 장차 기(其)-장(將), 어조사 기(其)-어조사(語助辭)〉 등의 뜻을 내지만 여기선 관형사(冠形詞)로서 〈그 기(其)〉로 여기고 새김이 마땅하다.

우(牛) 〈소 우(牛)-동물명(動物名), 무릅쓸 우(牛)-모(冒)〉 등의 뜻을 내지만 여기선 〈소 우(牛)〉로 여기고 새김이 마땅하다. 『설문해자(說文解字)』에 〈우사야리야(牛事也理也) 사야자(事也者) 위능사기사야(謂能事其事也) 우임경(牛任耕) 이야자(理也者)〉 즉 〈소는[牛] 일함[事]이고[也] 도리[理]이다[也]. (소의) 일이란[事也] 것은[者] 제[其] 일을[事] 해낼 수 있음을[能事] 일컬음[謂]이다[也]. 소는[牛] 밭갈이를[耕] 맡아 한다[任]. (이것이 소의) 도리라는[理也] 것이다[者].〉라고 풀이되어 있다.

掣 〈체-철〉 두 가지로 발음되고, 〈끌 체(掣)-예(曳)-견(牽)-인(引), 잡아 물러나게 할 체(掣)-구억(拘抑), 줄 끌어들일 예(曳)-신연(伸延), 매우 빠를 체(掣)-질속(疾速), 당길(잡아당겨 못하게 할) 철(掣)-만(挽), 들 철(掣)-게(揭)〉 등의 뜻을 내지만 〈끌 견(牽)〉과 같다 여기고 새김이 마땅하다.

인(人) 〈사람 인(人)-만물지최령자(萬物之最靈者), 백성 인(人)-민(民), 남 인(人)-타인(他人), 아무개 인(人)-모인(某人), 도인 인(人)-도인(道人), 사람들 인(人)-인인(人人), 범인(소인) 인(人)-소인(小人)-범인(凡人), 인성 인(人)-인성(人性), 인위 인(人)-인위(人爲), 신하 인(人)-신하(臣下), 중서(민중) 인(人)-중서(衆庶)-민중(民衆), 건괘-진괘 인(人)-건위인(乾爲人)-진위인(震爲人), 어짊 인(人)-인(仁), 선인 인(人)-선인(先人), 서로 어여삐 여길 인(人)-상련(相憐)〉 등의 뜻을 내지만 〈사람 인(人)〉으로 여기고 새김이 마땅하다.

천(天) 〈얼굴에 먹물 먹일 형 천(天)-경액지형(黥額之刑), 머리를 깎일 천(天)-체(剃), 하늘(온갖 별이 떠 있는 허공) 천(天)-제성라열지공간(諸星羅列之空間), 더없이 높을 천(天)-전(巓)-지고무상(至高無上), 평평할 천(天)-탄(坦), 천체 천(天)-천체(天體), 태양 천(天)-태양(太陽), 조화의 신(천신) 천(天)-조화지신(造化之神)-천신(天神), 자연 천(天)-자연(自然), 임금 천(天)-군(君)-왕(王)-제(帝), 아버지 천(天)-부(父)-자지천(子之天), 먼저 천(天)-선(先), 치어다 보이는 모든 것 천(天)-범소앙뢰자개왈천(凡所仰賴者皆曰天), 시절 천(天)-시절(時節)-계후(季候), 낮 천(天)-일(日), 양기 천(天)-양(陽), 건괘 천(天)-건(乾), 크나큰 천(天)-대(大), 경우 천(天)-경우(境遇), 명운(자연의 분수) 천(天)-명운(命運)-자연지분(自然之分), 본성 천(天)-성(性), 불로 지져 글자를 새길 천(天)-경(剠)〉 등의 뜻을 내지만 여기선 〈얼굴에 먹물 먹일 형 천(天)-경액지형(黥額之刑)〉으로 새김이 마땅하지만 〈머리를 깎일 체(剃)〉로 여기고 새겨도 마땅하다.

且 〈차-저〉 두 가지로 발음되고, 〈또 차(且)-우(又), 갈 차(且)-조(徂)-왕(往), 그 위에 차(且)-가지(加之), 바야흐로 차(且)-장차(將次), 거의 차(且)-기(幾), 어구(語句) 뒤에 오는 조사(助詞) 차(且), 나아가지 않을 저(且)-행부진(行不進), 많을 저(且)-다(多), 파초 저(且)-파초(芭蕉), 공손할 저(且)-공(恭), 말투를 강하게 하려는 어조사 저(且)〉 등의 뜻을 내지만 여기선 〈또 우(又)〉로 여기고 새김이 마땅하다.

의(劓) 〈코 베일 형 의(劓)-절비지형(截鼻之刑), 코 베일 의(劓)-월비(刖鼻)-할비(割鼻), 벨 의(劓)-할(割)〉 등의 뜻을 내지만 여기선 〈코 베일 형 의(劓)-절비지형(截鼻之刑)〉으로 여기고 새김이 마땅하다.

무(无) 〈없을 무(无)-무(無), 허무지도 무(无)-허무지도(虛无之道), 으뜸 무(无)-원(元)〉 등의 뜻을 내지만 여기선 〈없을 무(無)〉와 같다 여기고 새김이 마땅하다.

초(初) 〈(부사로) 처음에 초(初)-시(始), (명사로) 처음 초(初)-시(始)-시초(始初),

(형용사로) 시작할 초(初)-시(始), 이전 초(初)-이전(以前), 근본 초(初)-본(本)-근본(根本), 옛(옛일) 초(初)-고(故)-고사(故事), 펼 초(初)-서(舒), 스스로 옴(따라 옴) 초(初)-자래(自來)-종래(從來), 처음부터 끝까지 초(初)-전(全)-자시급종(自始及終), 괘의 초효 초(初)-괘지제일효(卦之第一爻), 코(트이게 뚫은 자국) 초(初)-비(鼻)〉 등의 뜻을 내지만 여기선 〈처음에 시(始)〉와 같다 여기고 새김이 마땅하다.

유(有) 〈없을 무(無)의 반대말로 있을 유(有), 얻을(가질) 유(有)-취(取), 혹 유(有)-혹(或), 많을 유(有)-다(多)-족(足), 부유할 유(有)-부(富), 간직할 유(有)-장(藏), 보호할 유(有)-보(保), 서로 친할 유(有)-상친(相親), 전일할 유(有)-전(專), 할 유(有)-위(爲), 어조사 유(有)〉 등의 뜻을 내지만 〈있을 유(有)〉로 여기고 새김이 마땅하다.

종(終) 〈끝내(끝날) 종(終)-이(已), 다할 종(終)-진(盡)-극(極)-궁(窮)-경(竟), 충분할 종(終)-충(充), 이룰 종(終)-성(成), 사망 종(終)-사(死), 끝 종(終)-시지대(始之對)〉 등의 뜻을 내지만 여기선 〈끝내 이(已)〉와 같다 여기고 새김이 마땅하다.

註 기어마야(其於馬也) …… 위예(爲曳) …… 기어여야(其於輿也) 위다생(爲多眚) : {감(坎 : ☵)} 그것을[其] 말로[馬] 친다면[於也] …… 당기는 것[曳]이다[爲]. …… {감(坎 : ☵)} 그것을[其] 수레로[輿] 친다면[於也] 고장이[眚] 많은 것[多]이다[爲]. 「설괘전(說卦傳)」 11단락(段落)

註 곤위우(坤爲牛) : 곤은[坤 : ☷] 소[牛]이다[爲]. 「설괘전(說卦傳)」 8단락(段落)

註 〈묵(墨)-의(劓)-비(剕)-궁(宮)-대벽(大辟)〉의 오형(五刑)에서 〈묵(墨)〉은 죄수의 얼굴에 죄명을 먹물로 새겨 넣어 세상이 보게 하는 형벌이고, 〈의(劓)〉는 코를 베어내 함몰시키는 형벌이며, 〈비(剕)〉는 발을 잘라버리는 형벌로 〈월(刖)〉 즉 발꿈치를 자르는 형벌과 같고, 〈궁(宮)〉은 사내의 불알을 노려내는 형벌이며, 〈대벽(大辟)〉은 사형에 처하는 형벌이다.

구사(九四 : ⚊)

九四 : 睽孤(규고)하나 遇元夫(우원부)하여 交孚(교부)하여 厲(여)하나 无咎(무구)리라

구사(九四) : 어긋나[睽] 외로우나[孤] 선한[元] 장부를[夫] 만나[遇] 진실로 믿어줌을[孚] 나누어[交] 위태로우나[厲] 허물은[咎] 없으리라[无].

【구사(九四)의 효상(爻象) 풀이】

규괘(睽卦 : ䷥)의 구사(九四 : ⚊)는 이양거음(以陽居陰) 즉 양(陽 : ⚊)으로써[以] 음(陰 : ⚋)의 자리에 있는지라[居] 정당한 자리에 있지 못하다. 구사(九四 : ⚊)와 육삼(六三 : ⚋)-육오(六五 : ⚋)는 양음(陽陰)의 사이인지라 다른 대성괘(大成卦)에서라면 비(比) 즉 이웃의 사귐[比]을 누릴 사이이지만 규괘(睽卦 : ䷥)의 주제인 〈규(睽)〉 즉 어긋나는[睽] 때를 맞아 음양(陰陽)의 상응(相應)이라는 도리(道理)가 쇠(衰)해버리고 강유(剛柔)의 상규(相睽) 즉 서로[相] 어긋남[睽]이 성(盛)한 때인지라, 구사(九四 : ⚊)와 육삼(六三 : ⚋)-육오(六五 : ⚋)와는 서로 어긋나[睽] 동떨어져 상충(相衝) 즉 서로[相] 부딪치는[衝] 처지이다. 구사(九四 : ⚊)와 초구(初九 : ⚊)는 다른 대성괘(大成卦)에서라면 양양(兩陽) 즉 둘 다[兩] 양(陽 : ⚊)인지라 부정응(不正應) 즉 바르게[正] 호응하지 못할[不應] 처지이지만 〈규(睽)〉 즉 어긋나는[睽] 때를 맞아서는 이류(異類) 즉 음양(陰陽)이 서로[相] 어긋나지만[睽] 동류(同類) 즉 양양(陽陽)이나 음음(陰陰)의 사이는 동덕(同德)으로써 상합(相合)이 성(盛)하므로, 육삼(六三 : ⚋)-육오(六五 : ⚋)와 어긋남[睽]의 사이를 극복하고 구사(九四 : ⚊)가 초구(初九 : ⚊)와 상합(相合)하는 모습이다.

> 규괘(睽卦 : ䷥)의 구사(九四 : ⚊)가 육사(六四 : ⚋)로 변효(變爻)하면 구사(九四 : ⚊)는 규괘(睽卦 : ䷥)를 41번째 손괘(損卦 : ䷨)로 지괘(之卦)하게 한다. 따라서 규괘(睽卦 : ䷥)의 구사(九四 : ⚊)는 손괘(損卦 : ䷨)의 육사(六四 : ⚋)를 찾아가 살펴보게 한다.

【구사(九四)의 계사(繫辭) 풀이】

睽孤(규고)

어긋나[睽] 외롭다[孤].

구사(九四 : ⚊)의 효위(爻位)를 빌려 암시한 계사(繫辭)이다. 〈규고(睽孤)〉는 〈유어규지시해륙삼여륙오(由於睽之時偕六三與六五) 구사고(九四孤)〉의 줄임으로 여기고 〈육오와[與六五] 육삼과[六三] 함께[偕] 어긋나는[睽之] 시기[時] 때문에[由於] 구사는[九四] 외롭다[孤]〉라고 새겨볼 것이다. 〈규고(睽孤)의 고(孤)〉는 〈외로울 독(獨)〉과 같다.

〈규고(睽孤)〉는 구사(九四 : ⚊)가 육삼(六三 : ⚋)과 육오(六五 : ⚋) 두 음효(陰爻 : ⚋) 사이에 끼어 있음을 암시한다. 〈규고(睽孤)〉는 큰[大] 것인 구사(九四 : ⚊)가 작은[小] 것인 육삼(六三 : ⚋)과 육오(六五 : ⚋)와 이웃하고 있음을 말한다. 음(陰 : ⚋)은 작다[小] 하고 양(陽 : ⚊)은 크다[大] 한다. 규괘(睽卦 : ䷥)의 주제인 〈규(睽)〉 즉 어긋나는[睽] 때에는 양양(陽陽) 즉 양(陽 : ⚊)의 동류(同類)와 음음(陰陰) 즉 음(陰 : ⚋)의 동류는 동덕(同德)으로써 상합(相合)하지만, 음양(陰陽)은 이류(異類)이기에 상규(相睽) 즉 서로[相] 어긋나[睽] 떨어져 나간다[離]. 이에 다른 대성괘(大成卦)에서라면 비(比)의 효연(爻緣)이 있는 육삼(六三 : ⚋)과 육오(六五 : ⚋)와 이웃의 사귐[比]을 누릴 터이지만 〈규(睽)〉 즉 어긋나는[睽] 때를 맞아 이류(異類)의 어긋나기[睽] 때문에 서로의 효연(爻緣)을 누리지 못해, 구사(九四 : ⚊)가 〈고(孤)〉 즉 외로움[孤]을 겪음을 암시한 계사(繫辭)가 〈규고(睽孤)〉이다.

遇元夫(우원부)

선한[元] 장부를[夫] 만난다[遇].

〈우원부(遇元夫)〉는 구사(九四 : ⚊)가 규괘(睽卦 : ䷥)의 주제인 〈규(睽)〉 즉 어긋나는[睽] 때를 극복함을 암시한 계사(繫辭)이다. 〈우원부(遇元夫)〉는 〈구사우원부(九四遇元夫)〉의 줄임으로 여기고 〈구사가[九四] 원부를[元夫] 만난다[遇]〉라고 새겨볼 것이다.

〈우원부(遇元夫)〉는 규괘(睽卦 : ䷥)에서는 동류(同類)가 상합(相合)함을 거듭 암시하는 계사(繫辭)이다. 다른 대성괘(大成卦)에서는 음양(陰陽)의 사이라야 상화(相和)하지 양양(陽陽)–음음(陰陰)의 동류(同類) 사이는 상충(相衝) 즉 서로[相] 부딪친다[衝]. 〈우원부(遇元夫)의 원부(元夫)〉는 대성괘(大成卦)의 초구(初九 : ⚊)를 일컫는 이칭(異稱)이다. 여기 〈원부(元夫)〉 역시 규괘(睽卦 : ䷥)의 초구(初九 : ⚊)를 일컫는다. 〈원부(元夫)의 원(元)〉은 초(初) 즉 시(始)이고 대(大)이며 선(善)이다. 〈원부(元夫)의 부(夫)〉는 양(陽 : ⚊)이고 사나이를 말한다. 따라서 여기 〈우원부(遇元夫)의 부(夫)〉는 부부(夫婦)의 부(夫)가 아니라 〈사나이 부(夫)〉이다. 이에 〈우원부(遇元夫)〉는 구사(九四 : ⚊)가 사나이로서 〈원부(元夫)〉인 초구(初九 : ⚊)

를 〈우(遇)〉 즉 만남[遇]을 암시한다. 물론 다른 대성괘(大成卦)에서라면 구사(九四 : ㅡ)와 초구(初九 : ㅡ)는 양양(兩陽) 즉 둘 다[兩] 양(陽 : ㅡ)인지라 부정응(不正應) 즉 바르게[正] 서로 호응하지 못한다[不應]. 그러나 어긋나는[睽] 때에는 〈규(睽)〉가 이류(異類) 사이에서 빗어지는 어긋남[睽]이지, 동류(同類) 사이는 동덕(同德)으로써 상합(相合) 즉 서로[相] 합침[合]을 암시하는 계사(繫辭)가 〈우원부(遇元夫)〉이다.

交孚(교부)

진실로 믿어줍을[孚] 나눈다[交].

〈교부(交孚)〉는 규괘(睽卦 : ䷥)에서는 동류(同類)가 상합(相合)함을 암시한 계사(繫辭)이다. 〈교부(交孚)〉는 〈구사여초구상교부(九四與初九相交孚)〉의 줄임으로 여기고 〈초구와[與初九] 구사는[九四] 진실로 믿어줌을[孚] 서로[相] 나눈다[交]〉라고 새겨볼 것이다. 여기 〈교부(交孚)〉는 〈구사여초구무규(九四與初九無睽)〉 즉 〈초구와[與初九] 구사에게는[九四] 어긋남이[睽] 없음[無]〉을 암시한다. 〈교부(交孚)의 부(孚)〉란 수명(守命) 즉 자연의 가르침을[命] 지킴[守]으로써 남들로부터 성신(誠信) 즉 진실한[誠] 미더움[信]을 받음을 말한다. 이에 여기 〈교부(交孚)의 교(交)〉는 〈구사부자초구(九四孚自初九) 초구부자구사(初九孚自九四)〉 즉 〈구사는[九四] 초구(初九)로부터[自] 미더움을 받고[孚] 초구는[初九] 구사(九四)로부터[自] 미더움을 받음[孚]〉을 암시한다. 〈부(孚)〉는 나의 〈정(貞)〉으로 말미암아 남에게서 나에게로 돌아오는 미더움[信]이다. 정(貞) 즉 자연의[天] 가르침[命]을 지키는 마음가짐으로 절로 돌아오는 것이 〈부(孚)〉 즉 진실한 미더움[誠信]이다. 자기가 정(貞)하면 남들이 자기를 진실로 믿어줌이 〈부(孚)〉이다. 〈부(孚)〉는 자신의 〈정(貞)〉으로 말미암아 세상으로부터 나에게로 돌아오는 성신(誠信)이다. 내가 정(貞)하지 못하면 세상은 나에게 〈부(孚)〉 즉 미더움[孚]을 주지 않는다. 이에 〈교부(交孚)〉는 구사(九四 : ㅡ)와 초구(初九 : ㅡ) 사이에는 〈무규(無睽)〉 즉 어긋남이[睽] 없다[無]는 것이다. 〈규(睽)〉란 어긋나 달리하는 마음이 앞서는지라 사심(私心)에 기울기 쉬워 〈부(孚)〉를 가볍게 여기고 멀리한다. 그러나 〈부(孚)〉란 〈성지자(誠之者)〉 즉 정성스러운[誠之] 것[者]이다. 정성스럽다고 함은 항상 선(善)을 택해서 그 선(善)을 고집하는 마음가짐이다. 이러한 마음가짐[孚]은 무사(無私)하여 공정(公正)하다. 소사(小事)의 〈규(睽)〉는 사심(私心)에 끌려 작고[小] 성신(誠信)의 〈부(孚)〉는 공사(公事)를 받듦으로 크다[大]. 따라서 구사(九四 : ━)가 초구(初九 : ━)를 만나 양양(兩陽)의 불응(不應)이라는 걸림돌을 치우고 두 양(陽 : ━) 즉 동류(同類)가 만나[遇] 〈부(孚)〉 즉 성신(誠信)이라는 큰마음을 서로 주고받음[交]을 암시한 계사(繫辭)가 〈교부(交孚)〉이다.

厲(여) 无咎(무구)

위태로우나[厲] 허물은[咎] 없으리라[无].

〈여(厲)〉는 구사(九四 : ━)와 초구(初九 : ━) 사이에 육삼(六三 : --)이 있어서 구사(九四 : ━)와 초구(初九 : ━)의 〈우(愚)〉 즉 만남[遇]이 쉽사리 이루어지기 어려움[厲]을 암시한 계사(繫辭)이다. 〈여(厲)〉는 〈유어륙삼구사여초구지간유려(由於六三九四與初九之間有厲)〉의 줄임으로 여기고 〈육삼(六三) 때문에[由於] 초구와[與初九] 구사의[九四之] 사이에[間] 어려움이[厲] 있다[有]〉라고 새겨볼 것이다. 규괘(睽卦 : ䷥)의 주제인 〈규(睽)〉 즉 어긋나는[睽] 때에는 구사(九四 : ━)와 육삼(六三 : --)은 이류(異類)이기에 서로 어긋나[睽] 상쟁(相爭)으로 빚어질 수 있는 사이이다. 〈규(睽)〉의 때일수록 조급해서는 안 된다. 소사(小事)에 매달리기에 빚어지는 〈규(睽)〉는 자칫하면 서로[相] 다툼[爭]을 빚어내 어려움[厲]을 불러오기 쉽다. 구사(九四 : ━)가 마주하는 〈규(睽)〉의 상황이란 순조롭게 제거될 수 없기에 온갖 어려움[厲]을 거치면서 이겨내야 구사(九四 : ━)가 초구(初九 : ━)를 만나 상합(相合)할 수 있음을 암시한 계사(繫辭)가 〈여(厲)〉이다.

〈무구(无咎)〉는 구사(九四 : ━)가 〈규고(睽孤)〉를 극복하고 초구(初九 : ━)와의 만남[遇]을 성취하고자 〈여(厲)〉 즉 어려움[厲]을 무릅썼음을 암시하는 계사(繫辭)이다. 〈무구(无咎)〉는 〈구사여초구지우무구(九四與初九之遇无咎)〉의 줄임으로 여기고 〈초구와[與初九] 구사의[九四之] 만남에는[遇] 허물이[咎] 없다[无]〉라고 새겨볼 것이다. 〈규(睽)〉 즉 어긋나는[睽] 때가 빚어내는 어려움[厲]을 극복하고 구사(九四 : ━)와 초구(初九 : ━)가 상우(相遇) 즉 서로[相] 만나서[遇] 〈부(孚)〉 즉 성신(誠信)의 마음을[孚] 나눔[交]에 무슨 허물[咎]이 있을 것인가. 따라서 사초지

우(四初之遇) 즉 구사와[九四 : ━] 초구가[初九 : ━] 만나[遇] 상합(相合)함에는 허물이[咎] 없음[无]을 암시한 계사(繫辭)가 〈무구(无咎)〉이다.

【字典】

규(睽) 〈어긋날 규(睽)-괴(乖), 다를 규(睽)-이(異), 두 눈이 서로 보지 못할 규(睽)-목불상시(目不相視), 눈 흘길 규(睽)-반목(反目), 떨어져 나갈 규(睽)-이(離)-외(外)-소외(疏外), 아이의 째진 눈 규(睽)-장목아(張目兒), 육십사괘의 하나 규(睽)-육십사괘지일(六十四卦之一)〉 등의 뜻을 내지만 여기선 〈어긋날 괴(乖), 다를 이(異)〉를 아울러 뜻한다고 여기고 새김이 마땅하다.

고(孤) 〈고아 고(孤)-고아(孤兒), 아비 없는 고(孤)-무부(無父), 자식 없는 고(孤)-무자(無子), 부모 없는 고(孤)-무부모(無父母), 외로운 이 고(孤)-고독자(孤獨者), 사람이 없을 고(孤)-무인(無人), 홀로 고(孤)-독(獨), 특별할 고(孤)-특(特), 왕후의 겸칭 고(孤)-왕후지겸칭(王侯之謙稱), 삼공 다음 벼슬 고(孤)-관지차어삼공자(官之次於三公者), 작을 고(孤)-소(小), 멀 고(孤)-원(遠), 치우칠(어리석을) 고(孤)-편(偏)-우(愚), 버릴 고(孤)-기(棄), 가볍고 천할 고(孤)-경천지(輕賤之), 돌아볼 고(孤)-고(顧)〉 등의 뜻을 내지만 여기선 〈홀로 독(獨)〉과 같다 여기고 새김이 마땅하다.

우(遇) 〈만날 우(遇)-봉(逢), 길에서 우연히 만날 우(遇)-불기이어도로상봉(不期而於道路相逢)-불기이회(不期而會), 구할 우(遇)-구(求), 알아챌 우(遇)-지득(志得), 짝 우(遇)-우(偶)-우(隅), 시기 우(遇)-시기(時機)〉 등의 뜻을 내지만 여기선 〈만날 봉(逢)〉과 같다 여기고 새김이 마땅하다.

원(元) 〈큰 원(元)-대(大), 선함의 으뜸 원(元)-선지장(善之長), 비롯할 원(元)-시(始)-단(端), 머리 원(元)-수(首)-두(頭), 근본 원(元)-본(本)-원(原), 어른 원(元)-장(長)-원장(元長), 하나 원(元)-일(一), 우두머리 원(元)-수장(首長), 임금 원(元)-원군(元君)-군(君), 아름다울 원(元)-미(美), 위 원(元)-상(上), 하늘 원(元)-천(天), 하늘땅의 큰 덕 원(元)-천지지대덕(天地之大德)-원기(元氣)-기(氣), 기운의 시작 원(元)-기지시(氣之始)-원자(元者), 백성 원(元)-원원(元元)-백성(百姓)〉 등의 뜻을 내지만 여기선 〈큰 대(大)〉로 여기고 새김이 마땅하다.

부(夫) 〈남자 부(夫)-장부(丈夫)-남자지통칭(男子之通稱), 지아비 부(夫)-배필(配匹), 대부 부(夫)-전상(傳相)-조정보좌지대신(朝廷輔佐之大臣), 병사 부(夫)-병(兵), 도

울 부(夫)-부(扶), 백 이랑의 밭 부(夫)-백무지전(百畝之田), 무릇 부(夫)-범(凡)-중(衆), 이에 부(夫)-내(乃), {구중(句中) 또는 구말(句末)에서 어조사} ~인가(~인저) 부(夫)-호(乎), 이것(저것) 부(夫)-차(此)-피(彼), 무릇 부(夫)-지사(指事), ~면 부(夫)-약(若), (뜻 없는) 발어사 부(夫)-발어사(發語詞)〉 등의 뜻을 내지만 여기선 〈남자 장부(丈夫)〉로 여기고 새김이 마땅하다.

교(交) 〈함께할 교(交)-공(共), 사귈 교(交)-상합(相合), 무릎을 꾈 교(交)-교경(交脛), 벗할 교(交)-구(俱), 합할 교(交)-합(合), 붙을 교(交)-접(接), 맺을 교(交)-결(結), 통할 교(交)-통(通), 서로(갈마들) 교(交)-호(互), 벗할 교(交)-우(友), 어울릴 교(交)-화(和), 가까울 교(交)-협(夾), 같게 할 교(交)-제(齊), 멈출 교(交)-정(定)-지(止), 오고가고 할 교(交)-왕래(往來), 달이 바뀌는 때의 교(交), 새가 낮게 날아갈 교(交), 옷깃 교(交)-의령(衣領)〉 등의 뜻을 내지만 여기선 〈함께할 공(共)〉과 같다 여기고 새김이 마땅하다.

부(孚) 〈믿을 부(孚)-신(信), 알에서 새끼가 껍질을 쪼아 나올 부(孚)-난화(卵化), 씨앗이 틀 부(孚)-부(稃), 기를 부(孚)-육(育), 덮어줄 부(孚)-복(覆), 붙을(의지할) 부(孚)-부(附)-부(付), 옥채색 부(孚)-옥채색(玉采色)〉 등의 뜻을 내지만 여기선 〈믿을 신(信)〉과 같다 여기고 새김이 마땅하다.

여(厲) 〈위태할 여(厲)-위(危), 저항할(막을) 여(厲)-항(抗), 가물 여(厲)-한(旱), 갈 여(厲)-마(磨), 문지를(비빌) 여(厲)-마찰(摩擦), 엄할(사나울) 여(厲)-엄(嚴)-맹(猛), 높고 훌륭할 여(厲)-고상(高尙), 맑고 바를 여(厲)-청정(淸正), 일어날 여(厲)-기(起), 지을 여(厲)-작(作), 사나울 여(厲)-학(虐), 병들 여(厲)-병(病), 낭떠러지 여(厲)-애(涯), 물이 깊어도 건널 수 있는 곳 여(厲)-심수가섭지처(深水可涉之處), 권하여 힘쓰게 할 여(厲)-권면(勸勉), 이을 여(厲)-합(合)-연(連), 옷을 입고 물을 건널 여(厲)-이의섭수(以衣涉水), 가까울 여(厲)-근(近)-부(附)〉 등의 뜻을 내지만 여기선 〈위태할 위(危)〉와 같다 여기고 새김이 마땅하다.

무(无) 〈없을 무(无)-무(無), 허무지도 무(无)-허무지도(虛无之道), 으뜸 무(无)-원(元)〉 등의 뜻을 내지만 여기선 〈없을 무(無)〉와 같다 여기고 새김이 마땅하다.

구(咎) 〈허물 구(咎)-건(愆)-과(過), 재앙 구(咎)-재(災), 병될 구(咎)-병(病), 나쁠 구(咎)-오(惡)〉 등의 뜻을 내지만 여기선 〈허물 건(愆)-과(過)〉와 같다 여기고 새김이 마땅하다. 〈무구(无咎)〉는 〈면어구(免於咎)〉 즉 허물을[於咎] 면하다[免]와 같다.

육오(六五 : --)

六五 : 悔亡리라 厥宗噬膚하니 往인들 何咎리오
회무 궐종서부 왕 하구

육오(六五) : 뉘우침이[悔] 없으리라[亡]. 그[厥] 종친이[宗] 살갗을[膚] 뜯으니[噬] 나아간들[往] 무슨[何] 허물이랴[咎].

【육오(六五)의 효상(爻象) 풀이】

규괘(睽卦 : ䷥)의 육오(六五 : --)는 이음거양(以陰居陽) 즉 음(陰 : --)으로써[以] 양(陽 : ㅡ)의 자리에 있는지라[居] 정당한 자리에 있지 못하다. 육오(六五 : --)와 구사(九四 : ㅡ)-상구(上九 : ㅡ)는 음양(陰陽)의 사이인지라 다른 대성괘(大成卦)에서라면 비(比) 즉 이웃의 사귐[比]을 누릴 사이이지만 규괘(睽卦 : ䷥)의 주제인 〈규(睽)〉 즉 어긋나는[睽] 때를 맞아 음양(陰陽)의 상응(相應)이라는 도리(道理)가 쇠(衰)해버리고 강유(剛柔)의 상규(相睽) 즉 서로[相] 어긋남[睽]이 성(盛)한 때인지라, 육오(六五 : --)와 구사(九四 : ㅡ)-상구(上九 : ㅡ)는 서로 어긋나[睽] 동떨어져 상충(相衝) 즉 서로[相] 부딪치는[衝] 처지이다. 육오(六五 : --)와 구이(九二 : ㅡ)는 〈규(睽)〉 즉 어긋나는[睽] 때를 맞아 음양(陰陽)의 이류(異類) 즉 다른[異] 부류[類]이기에 서로 어긋날[睽] 사이이다. 그러나 육오(六五 : --)와 구이(九二 : ㅡ)가 서로 부정위(不正位) 즉 정당한[正] 자리에 있지는 못하지만[不位] 서로 중효(中爻)이기 때문에 매사(每事)를 득중(得中) 즉 정도를 따름을[中] 취하여[得] 〈소사(小事)〉의 어긋남[睽]을 형정(刑政) 즉 형벌로[刑] 다스리는[政] 자리에 있다. 그렇기 때문에 〈규(睽)〉 즉 어긋나는[睽] 때를 맞아 음양(陰陽)의 상화(相和)라는 정도(正道)가 쇠(衰)함을 막고자 유중(柔中) 즉 부드러움으로[柔] 정도를 따르는[中] 군왕(君王)인 육오(六五 : --)와 강중(剛中) 즉 굳셈으로[剛] 정도를 따르는[中] 신하인 구이(九二 : ㅡ)가 상합(相合)하는 모습이다.

규괘(睽卦 : ䷥)의 육오(六五 : --)가 구오(九五 : —)로 변효(變爻)하면 육오(六五 : --)는 규괘(睽卦 : ䷥)를 10번째 이괘(履卦 : ䷉)로 지괘(之卦)하게 한다. 따라서 규괘(睽卦 : ䷥)의 육오(六五 : --)는 이괘(履卦 : ䷉)의 구오(九五 : —)를 찾아가 살펴보게 한다.

【육오(六五)의 계사(繫辭) 풀이】

悔亡(회무)

뉘우침이[悔] 없으리라[亡].

육오(六五 : --)의 효위(爻位)를 빌려 암시한 계사(繫辭)이다. 〈회무(悔亡)〉는 〈규지회무급륙오(睽之悔亡給六五)〉의 줄임으로 여기고 〈육오(六五)에게[給] 어긋남의[睽之] 뉘우침이[悔] 없으리라[亡]〉라고 새겨볼 것이다. 여기 〈회무(悔亡)의 무(亡)〉는 바로 〈없음[無]〉을 뜻함이 아니라 〈없을 수 있음[能無]〉을 뜻하여, 〈회무(悔亡)〉가 곧 〈무회(無悔)〉 즉 〈뉘우침이[悔] 없다[無]〉는 뜻이 아니라 〈뉘우침이[悔] 없을[無] 수도 있다[能]〉는 뜻을 간직하는 말씨이다.

〈회무(悔亡)〉는 유중(柔中) 즉 부드럽게[柔] 정도를 따르는[中] 육오(六五 : --)가 군왕(君王)으로서 매사(每事)를 득중(得中) 즉 정도를 따름을[中] 취하여[得] 마주하는지라 규괘(睽卦 : ䷥)의 주제인 〈규(睽)〉 즉 어긋나는[睽] 때일지라도 〈규(睽)〉 즉 어긋남[睽]으로써 소사(小事) 즉 사소한[小] 일들[事]에 얽매이지 않음을 암시한다. 존위(尊位)에 있으면서 소사(小事)에 얽매여 무사(無私)하지 못하면 후회할[悔] 일들[事]이 이어서 일어나지만, 대범하게 소사(小事) 따위를 물리치고 득중(得中) 즉 정도를 따름을[中] 취하여[得] 무사벽(無邪僻) 즉 간사하여[邪] 치우침이[僻] 없이[無] 육오(六五 : --)가 군왕(君王) 노릇을 하여 후회할[悔] 일이 일어나지 않음[亡]을 암시한 계사(繫辭)가 〈회무(悔亡)〉이다.

厥宗噬膚(궐종서부) 往(왕) 何咎(하구)

그[厥] 종친이[宗] 살갗을[膚] 뜯으니[噬] 나아간들[往] 무슨[何] 허물이랴[咎].

〈궐종서부(厥宗噬膚)〉는 〈회무(悔亡)〉의 까닭을 밝힌 점사(占辭)이다. 〈궐종서부(厥宗噬膚)〉는 〈육오지종친서규자지부(六五之宗親噬睽者之膚)〉의 줄임으로 여기고 〈육오의[六五之] 종친이[宗親] 어긋난[睽] 자의[者之] 살갗을[膚] 뜯는다[噬]〉라고 새겨볼 것이다. 〈궐종서부(厥宗噬膚)〉에서 〈궐종(厥宗)의 궐(厥)〉은 〈그 기(其)〉와 같고 여기선 〈육오지(六五之)〉의 줄임이다. 〈궐종서부(厥宗噬膚)〉에서 〈서부(噬膚)의 서(噬)〉는 〈물어뜯을 설(齧)〉과 같고, 〈서부(噬膚)의 부(膚)〉는 〈살갗 피(皮)〉와 같다.

〈궐종서부(厥宗噬膚)〉는 육오(六五 : --)와 구이(九二 : —)가 규괘(睽卦 : ䷥)의 주제인 〈규(睽)〉 즉 어긋나는[睽] 때를 맞아 제규(齊睽) 즉 어긋남을[睽] 다스리기[齊] 위하여 〈종(宗)〉 즉 종친(宗親)으로서 정응(正應) 즉 바르게[正] 호응함[應]을 암시한다. 〈궐종서부(厥宗噬膚)의 궐종(厥宗)〉은 육오(六五 : --)와 구이(九二 : —)가 다 같이 중효(中爻)의 득중(得中)으로써 정응(正應)하여 형정(刑政) 즉 형벌로[刑] 다스리는[政] 일가(一家)임을 암시한다. 규괘(睽卦 : ䷥)에서 육오(六五 : --)와 구이(九二 : —)가 나누는 정응(正應)은 제규(齊睽) 즉 어긋남을[睽] 다스림[齊]으로 드러난다. 〈궐종서부(厥宗噬膚)의 서부(噬膚)〉는 구이(九二 : —)가 변효(變爻)하여 규괘(睽卦 : ䷥)의 하괘(下卦) 태(兌 : ☱)가 진(震 : ☳)으로 변괘(變卦)되어 규괘(睽卦 : ䷥)가 21번째 서합괘(噬嗑卦 : ䷔)로 지괘(之卦)하여, 육오(六五 : --)와 구이(九二 : —)의 정응(正應)을 〈서부(噬膚)〉라고 취상(取象)한 것임을 상기시킨다. 왜냐하면 〈궐종서부(厥宗噬膚)의 서부(噬膚)〉가 서합괘(噬嗑卦 : ䷔) 육이(六二 : --)의 계사(繫辭)인 〈서부멸비(噬膚滅鼻)의 서부(噬膚)〉를 환기시키기 때문이다. 따라서 군왕(君王)인 유중(柔中)의 육오(六五 : --)와 신하인 강중(剛中)의 구이(九二 : —)가 〈궐종(厥宗)〉 즉 종친(宗親)으로서 서로 나누는 정응(正應)이 〈규(睽)〉 즉 어긋나는[睽] 때에 제규(齊睽) 즉 어긋남을[睽] 다스리는[齊] 형정(刑政)을 암시하는 계사(繫辭)가 〈궐종서부(厥宗噬膚)〉이다.

〈왕(往) 하구(何咎)〉는 육오(六五 : --)가 구이(九二 : —)와 함께 정응(正應)으로써 어긋남을[睽] 다스려[齊] 나아감을 암시한 계사(繫辭)이다. 〈궐종지서부왕(厥宗之噬膚往) 하유구(何有咎)〉의 줄임으로 여기고 〈그[厥] 종친의[宗之] 서부를[噬膚] 행함에[往] 무슨[何] 허물이[咎] 있겠는가[有]〉라고 새겨볼 것이다. 여기 〈왕(往)〉은 육오(六五 : --)와 구이(九二 : —)가 정응(正應) 즉 바르게[正] 호응하여

[應] 형정(刑政)인 〈서부(噬膚)〉로써 소사(小事)의 〈규(睽)〉를 다스려[齊] 이류(異類)의 상쟁(相爭) 즉 서로[相] 다툼[爭]을 상화(相和) 즉 서로[相] 어울림[和]으로 이루고자 〈왕(往)〉 즉 나아감[往]을 행하면 행할수록 〈규(睽)〉 즉 어긋나는[睽] 때를 극복해감이니 무슨[何] 허물[咎]이 있겠느냐고 반문(反問)하여, 육오(六五 : --)와 구이(九二 : —)가 정응(正應)으로써 제규(齊睽)함에는 허물이[咎] 없음[无]을 암시한 계사(繫辭)가 〈왕(往) 하구(何咎)〉이다.

【字典】

厥 〈궐-굴〉 두 가지로 발음되고, 〈그(그것) 궐(厥)-기(其), 짧을 궐(厥)-단(短), 절할 궐(厥)-돈(頓), 파낸 돌 궐(厥)-발굴석(發掘石), 다할 궐(厥)-진(盡), 병 이름 궐(厥)-병명(病名), 나라 이름 굴(厥)-번국(蕃國)〉 등의 뜻을 내지만 여기선 〈그 기(其)〉로 여기고 새김이 마땅하다.

종(宗) 〈일가(겨레) 종(宗)-동성(同姓)-동당(同黨), 조상의 사당을 높일 종(宗)-존조묘(尊祖廟), 종묘 종(宗)-종묘(宗廟), 밑(뿌리) 종(宗)-본(本), 조회 볼 종(宗)-조회(朝會), 우러러 받들 종(宗)-봉(奉), 교파 종(宗)-교파(敎派), 학파 종(宗)-학파(學派)〉 등의 뜻을 내지만 여기선 〈일가 동당(同黨)〉으로 여기고 새김이 마땅하다.

서(噬) 〈물어뜯을 서(噬)-설(齧), 씹을 서(噬)-담(啗), 미칠 서(噬)-체(逮)〉 등의 뜻을 내지만 여기선 〈물어뜯을 설(齧)〉과 같다 여기고 새김이 마땅하다.

부(膚) 〈살갗 부(膚)-혁외박피(革外薄皮), 거적자리 부(膚)-천석(薦席), 아름다울 부(膚)-미(美), 클 부(膚)-대(大), 돼지고기 부(膚)-시육(豕肉), 글말이 천박한 부(膚)-문사천박(文辭淺薄), 벗길 부(膚)-박(剝), 보낼 부(膚)-전(傳), 이끼 부(膚)-태(苔)〉 등의 뜻을 내지만 여기선 〈살갗 박피(薄皮)〉로 여기고 새김이 마땅하다.

왕(往) 〈나아갈 왕(往)-행(行)-진행(進行), 갈 왕(往)-지(之), 물러갈 왕(往)-거(去), 이를 왕(往)-지(至), 향할 왕(往)-향(向), 옛 왕(往)-석(昔), 이따금 왕(往)-시시(時時), 뒤 왕(往)-후(後), 죽음 왕(往)-망거(亡去)-사자(死者)〉 등의 뜻을 내지만 〈나아갈 행(行)〉과 같다 여기고 새김이 마땅하다.

하(何) 〈어찌 하(何)-갈(曷), 멜 하(何)-담(擔)-하(荷), 누구 하(何)-숙(孰), ~인가(이뇨) 하(何), 어찌하지 못할까 하(何)-막감(莫敢), (시간이) 얼마 되지 않아서 하(何)-미다시(未多時), 꾸짖을 하(何)-견책(譴責)〉 등의 뜻을 내지만 여기선 〈어찌 갈(曷)〉과 같다 여기고 새김이 마땅하다.

구(咎) 〈허물 구(咎)-건(愆)-과(過), 재앙 구(咎)-재(災), 병될 구(咎)-병(病), 나쁠 구(咎)-오(惡)〉 등의 뜻을 내지만 여기선 〈허물 건(愆)-과(過)〉와 같다 여기고 새김이 마땅하다.

註 서부멸비(噬膚滅鼻) 무구(无咎) : 살갗을[膚] 물어뜯고[噬] 콧등을[鼻] 없애도[滅] 허물이[咎] 없다[无].

「서합괘(噬嗑卦)」 육이(六二) 계사(繫辭)

상구(上九 : ⚊)

上九 : 睽孤(규고)하나 見豕負塗(견시부도)와 載鬼一車(재귀일거)하고 先張之弧(선장지호)다가 後說之弧(후탈지호)한다 匪寇婚媾(비구혼구)니 往遇雨(왕우우)하면 則吉(즉길)하리라

상구(上九) : 어긋나[睽] 외로우나[孤] 진창을[塗] 덮어쓴[負] 돼지와[豕] 괴이한 것을[鬼] 실은[載] 한[一] 수레를[車] 보고[見], 먼저[先] 그것들을 향해[之] 활시위에[弧] 얹었다가[張] 뒤에는[後] 그것들을 향해[之] 활시위에서[弧] 거두었다[說]. 도둑이[寇] 아니라[匪] 청혼자이니[婚媾] 가다가[往] 비를[雨] 만나서[遇] 곧[則] 좋으리라[吉].

【상구(上九)의 효상(爻象) 풀이】

규괘(睽卦 : ䷥)의 상구(上九 : ⚊)는 이양거음(以陽居陰) 즉 양(陽 : ⚊)으로써[以] 음(陰 : ⚋)의 자리에 있는지라[居] 정당한 자리에 있지 못하다. 상구(上九 : ⚊)와 육오(六五 : ⚋)는 양음(陽陰)의 사이인지라 다른 대성괘(大成卦)에서라면 비(比) 즉 이웃의 사귐[比]을 자연스럽게 누릴 사이이지만 규괘(睽卦 : ䷥)의 주제인 〈규(睽)〉 즉 어긋나는[睽] 때를 맞아 음양(陰陽)의 상응(相應)이라는 도리(道理)가 쇠(衰)해버리고 강유(剛柔)의 상규(相睽) 즉 서로[相] 어긋남[睽]이 성(盛)한 때인지라, 상구(上九 : ⚊)와 육오(六五 : ⚋)는 서로 어긋나[睽] 동떨어져 상충(相衝) 즉 서로[相] 부딪치는[衝] 처지이다. 상구(上九 : ⚊)와 육삼(六三 : ⚋) 역시

양음(陽陰)의 사이인지라 다른 대성괘(大成卦)에서라면 정응(正應) 즉 바르게[正] 호응함[應]을 자연스럽게 누릴 사이이지만, 〈규(睽)〉 즉 어긋나는[睽] 때를 벗어났음에도 상구(上九 : ㅡ)가 이류(異類) 사이의 〈규(睽)〉에 젖어서 처음에는 육삼(六三 : --)과 어긋나다가[睽] 뒤에야 정응(正應)을 누리고자 〈규(睽)〉에서 벗어나는 모습이다.

> 규괘(睽卦 : ䷥)의 상구(上九 : ㅡ)가 상륙(上六 : --)으로 변효(變爻)하면 상구(上九 : ㅡ)는 규괘(睽卦 : ䷥)를 54번째 귀매괘(歸妹卦 : ䷵)로 지괘(之卦)하게 한다. 따라서 규괘(睽卦 : ䷥)의 상구(上九 : ㅡ)는 귀매괘(歸妹卦 : ䷵)의 상륙(上六 : --)을 찾아가 살펴보게 한다.

【상구(上九)의 계사(繫辭) 풀이】

睽孤(규고)

어긋나[睽] 외롭다[孤].

상구(上九 : ㅡ)의 효위(爻位)를 빌려 암시한 계사(繫辭)이다. 〈규고(睽孤)〉는 〈유어규지시해상구여륙오(由於睽之時偕上九與六五) 상구고(上九孤)〉의 줄임으로 여기고 〈육오와[與六五] 상구가[上九] 함께[偕] 어긋나는[睽之] 시기[時] 때문에[由於] 상구는[上九] 외롭다[孤]〉라고 새겨볼 것이다. 〈규고(睽孤)의 고(孤)〉는 〈외로울 독(獨)〉과 같다.

〈규고(睽孤)〉는 상구(上九 : ㅡ)가 육오(六五 : --)와 이웃하고 있음을 암시한다. 〈규고(睽孤)〉는 큰[大] 것인 상구(上九 : ㅡ)가 작은[小] 것인 육오(六五 : --)와 이웃함을 말한다. 음(陰 : --)은 작다[小] 하고 양(陽 : ㅡ)은 크다[大] 한다. 규괘(睽卦 : ䷥)의 주제인 〈규(睽)〉 즉 어긋나는[睽] 때에는 양양(陽陽) 즉 양(陽 : ㅡ)의 동류(同類)와 음음(陰陰) 즉 음(陰 : --)의 동류는 동덕(同德)으로써 상합(相合)하지만, 음양(陰陽)은 이류(異類)이기에 상규(相睽) 즉 서로[相] 어긋나[睽] 떨어져 나간다[離]. 이에 다른 대성괘(大成卦)에서라면 비(比)의 효연(爻緣)이 있는 육오(六五 : --)와 이웃의 사귐[比]을 누리고 정응(正應)의 효연(爻緣)이 있는 육삼(六三 : --)과 정응(正應) 즉 바르게[正] 서로 호응함[應]을 누릴 터이지만, 〈규(睽)〉 즉 어긋나는[睽] 때를 맞아 이류(異類)의 어긋나기[睽] 때문에 서로의 효연

(爻緣)을 누리지 못해 상구(上九 : ━)가 〈고(孤)〉 즉 외로움[孤]을 겪음을 암시한 계사(繫辭)가 〈규고(睽孤)〉이다.

見豕負塗(견시부도) 載鬼一車(재귀일거)

진창을[塗] 덮어쓴[負] 돼지와[豕] 괴이한 것을[鬼] 실은[載] 한[一] 수레를[車] 본다[見].

〈견시부도(見豕負塗)〉는 육삼(六三 : ╍)이 정응(正應)을 누리고자 상구(上九 : ━)를 향함을 상구(上九 : ━)가 반기지 못하고 의심하여 경계하는 계사(繫辭)이다. 〈견시부도(見豕負塗)〉는 〈상구견부도지시(上九見負塗之豕)〉의 줄임으로 여기고 〈상구가[上九] 진흙을[塗] 뒤집어쓴[負之] 돼지를[豕] 본다[見]〉라고 새겨볼 것이다. 〈견시부도(見豕負塗)〉에서 〈부도(負塗)의 부(負)〉는 〈덮어쓴 몽(蒙)〉과 같고, 〈부도(負塗)의 도(塗)〉는 〈진창 영(濘)〉과 같다.

〈견시부도(見豕負塗)의 시(豕)〉는 육삼(六三 : ╍)이 규괘(睽卦 : ䷥)의 외호괘(外互卦)인 감(坎 : ☵)의 초효(初爻)임을 빌려 육삼(六三 : ╍)을 취상(取象)한 것이다. 왜냐하면 여기 〈시(豕)〉가 「설괘전(說卦傳)」에 나오는 〈감은[坎 : ☵] 돼지[豕]이다[爲]〉라는 내용을 환기시키기 때문이다. 〈견시부도(見豕負塗)의 부도(負塗)〉는 상구(上九 : ━)가 육삼(六三 : ╍)과 정응(正應)을 나누지 않고 어긋나기[睽]하여 육삼(六三 : ╍)을 멀리함을 암시한다. 진창을[塗] 덮어쓴[負] 돼지[豕]를 누가 가까이할 것인가. 소사(小事)를 두고 어긋나[睽] 아옹다옹함은 진흙을[塗] 덮어쓴[負] 것처럼 더럽다. 이처럼 상구(上九 : ━)가 육삼(六三 : ╍)을 순순히 받아들이지 못하고 멀리한다는 것이다. 따라서 육삼(六三 : ╍)이 상구(上九 : ━)와 정응(正應)을 누리고자 함을 〈규(睽)〉에 시달려온 상구(上九 : ━)가 순순히 받아들이지 못하고 오히려 경계하고 의심하는 모습을 밝힌 계사(繫辭)가 〈견시부도(見豕負塗)〉이다.

〈재귀일거(載鬼一車)의 거(車)〉는 육삼(六三 : ╍)이 규괘(睽卦 : ䷥)의 외호괘(外互卦)인 감(坎 : ☵)의 초효(初爻)임을 빌려 육삼(六三 : ╍)을 취상(取象)한 것이다. 왜냐하면 여기 〈거(車)〉가 「설괘전(說卦傳)」에 나오는 〈감은[坎 : ☵] 수레[輪]이다[爲]〉라는 내용을 환기시키기 때문이다. 〈윤(輪)〉은 〈거(車)〉와 같다. 〈재귀일거(載鬼一車)의 재귀(載鬼)〉 역시 상구(上九 : ━)가 육삼(六三 : ╍)과 정응(正應)을 나누지 않고 어긋나기[睽]하여 육삼(六三 : ╍)을 멀리함을 암시한다. 괴이한 것을[鬼] 실은[載] 하나의[一] 수레[車]를 누가 함께 타고자 할 것인가. 소사(小事)를 두고 어긋나[睽] 아옹다옹함은 괴이한 것을[鬼] 실은[載] 수레[車]처럼 함께 타고 가기 싫다. 이처럼 상구(上九 : ━)가 육삼(六三 : ╍)을 순순히 받아들이지 못하고 멀리한다는 것이다. 따라서 육삼(六三 : ╍)이 상구(上九 : ━)와 정응(正應)을 누리고자 함을 〈규(睽)〉에 시달려온 상구(上九 : ━)가 순순히 받아들이지 못하고 오히려 경계하고 의심하는 모습을 밝힌 계사(繫辭)가 〈재귀일거(載鬼一車)〉이다.

先張之弧(선장지호) 後說之弧(후탈지호)

먼저[先] 그것들을 향해[之] 활시위에[弧] 얹었다가[張] 뒤에는[後] 그것들을 향해[之] 활시위에서[弧] 거두었다[說].

〈선장지호(先張之弧)〉는 역시 육삼(六三 : ╍)이 정응(正應)을 누리고자 상구(上九 : ━)를 향함을 상구(上九 : ━)가 배격함을 암시하는 계사(繫辭)이다. 〈선장지호(先張之弧)〉는 〈상구선장호향부도지시여재귀지거(上九先張弧向負塗之豕與載鬼之車)〉의 줄임으로 여기고 〈상구가[上九] 먼저[先] 괴이한 것을[鬼] 실은[載之] 수레와[與車] 진창을[塗] 덮어쓴[負之] 돼지를[豕] 향해[向] 활을[弧] 당겼다[張]〉라고 새겨볼 것이다. 〈장지호(張之弧)의 장(張)〉은 〈활시위에 살을 얹은 시궁현(施弓弦)〉과 같고, 〈장지호(張之弧)의 지(之)〉는 〈향부도지시여재귀지거(向負塗之豕與載鬼之車)〉를 나타내는 지시어로 〈그것들 지(之)〉이고, 〈장지호(張之弧)의 호(弧)〉는 〈활 궁(弓)〉과 같다.

〈선장지호(先張之弧)의 장(張)〉은 화살을 활시위에 얹어 살을 날리려 함이니 여기 〈장(張)〉은 규괘(睽卦 : ䷥)의 주제인 〈규(睽)〉 즉 어긋나는[睽] 때를 맞아 상구(上九 : ━)가 육삼(六三 : ╍)을 이류(異類)로 여기고 배격함을 암시한다. 〈장지호(張之弧)〉는 육삼(六三 : ╍)이 규괘(睽卦 : ䷥)의 외호괘(外互卦)인 감(坎 : ☵)의 초효(初爻)임을 빌려 상구(上九 : ━)가 육삼(六三 : ╍)과의 정응(正應)을 배격함을 암시한다. 왜냐하면 〈장지호(張之弧)의 호(弧)〉가 「설괘전(說卦傳)」에 나오는

〈감은[坎 : ☵] 활[弓]이다[爲]〉라는 내용을 환기시키기 때문이다. 이에 상구(上九 : ⚊)가 육삼(六三 : ⚋)을 진창을[塗] 덮어쓴[負] 돼지로[豕] 바라보기도[見] 하고 세상에 재앙을 일으킬 수 있는 괴이한 것을[鬼] 실은[載] 하나의 수레로[一車] 바라보기도[見] 한 까닭에 상구(上九 : ⚊)가 활시위에 화살을 얹어[張之] 활을 쏘아[弧] 육삼(六三 : ⚋)을 물리치려 함을 암시한 계사(繫辭)가 〈선장지호(先張之弧)〉이다.

〈후탈지호(後說之弧)〉는 상구(上九 : ⚊)가 〈규(睽)〉의 때를 다 겪고 규괘(睽卦 : ䷥)의 극위(極位)에 있는 현자(賢者)인지라 경거(輕擧) 즉 가볍게[輕] 행동하지[擧] 않음을 암시함과 동시에 육삼(六三 : ⚋)이 상구(上九 : ⚊)와 정응(正應)을 누리고자 함을 상구(上九 : ⚊)가 받아들임을 암시한 계사(繫辭)이다. 〈후탈지호(後說之弧)〉는 〈상구후탈호향부도지시여재귀지거(上九後說弧向負塗之豕與載鬼之車)〉의 줄임으로 여기고 〈상구가[上九] 뒤에는[後] 괴이한 것을[鬼] 실은[載之] 수레와[與車] 진창을[塗] 덮어쓴[負之] 돼지를[豕] 향해[向] 활을[弧] 거둔다[說]〉라고 새겨 볼 것이다. 〈탈지호(說之弧)의 탈(說)〉은 여기선 〈거둘 탈(脫)〉과 같고, 〈장지호(張之弧)의 지(之)〉는 〈향부도지시여재귀지거(向負塗之豕與載鬼之車)〉를 나타내는 지시어로 〈그것들 지(之)〉이다.

〈후탈지호(後說之弧)의 탈(說)〉은 화살을 활시위에서 거두어 화살을 날리지 않음이니 여기 〈탈(說)〉은 규괘(睽卦 : ䷥)의 주제인 〈규(睽)〉 즉 어긋나는[睽] 때를 맞아 상구(上九 : ⚊)가 육삼(六三 : ⚋)을 이류(異類)로 여기고 배격함을 거두고, 정응(正應)을 서로 나누어 양음상화(陽陰相和)로써 극규(克睽) 즉 어긋남을[睽] 극복함[克]을 암시한다. 〈탈지호(說之弧)의 호(弧)〉 역시 육삼(六三 : ⚋)이 규괘(睽卦 : ䷥)의 외호괘(外互卦)인 감(坎 : ☵)의 초효(初爻)임을 빌려 상구(上九 : ⚊)가 육삼(六三 : ⚋)과의 정응(正應)을 배격함을 암시한다. 왜냐하면 〈탈지호(說之弧)의 호(弧)〉가 「설괘전(說卦傳)」에 나오는 〈감은[坎 : ☵] 활[弓]이다[爲]〉라는 내용을 환기시키기 때문이다. 이에 상구(上九 : ⚊)가 먼저[先] 육삼(六三 : ⚋)을 경계하면서 다시금 육삼(六三 : ⚋)이 〈시부도(豕負塗)-재귀일거(載鬼一車)〉인지 아닌지 깊이 살펴본 다음 경계의 대상이 아니라는 판단을 내리고 쏘려던 활을[弧] 거둠[說]을 암시한 계사(繫辭)가 〈후탈지호(後說之弧)〉이다.

匪寇婚媾(비구혼구)

도둑이[寇] 아니라[匪] 청혼자이다[婚媾].

〈비구혼구(匪寇婚媾)〉는 상구(上九 : ⚊)가 〈후탈지호(後說之弧)〉한 까닭을 밝힌 계사(繫辭)이다. 〈비구혼구(匪寇婚媾)〉는 〈육삼비구(六三匪寇) 육삼혼구(六三婚媾)〉의 줄임으로 여기고 〈육삼은[六三] 도둑이[寇] 아니고[匪] 육삼은[六三] 청혼자이다[婚媾]〉라고 새겨볼 것이다. 〈비구(匪寇)의 비(匪)〉는 〈아닐 비(非)〉와 같고, 〈비구(匪寇)의 구(寇)〉는 도둑 〈도(盜)〉와 같고, 〈혼구(婚媾)〉는 청혼자(請婚者)를 뜻한다.

〈비구(匪寇)〉는 육삼(六三 : ⚋)이 이류(異類)로서 상구(上九 : ⚊)와 상규(相睽) 즉 서로[相] 어긋나[睽] 다투고자 상구(上九 : ⚊)를 향해 상진(上進)함이 아님을 상구(上九 : ⚊)가 간파했음을 암시한다. 〈비구(匪寇)의 구(寇)〉는 육삼(六三 : ⚋)이 규괘(睽卦 : ䷥)의 외호괘(外互卦) 감(坎 : ☵)의 초효(初爻)임을 빌려 육삼(六三 : ⚋)을 취상(取象)한 것이다. 왜냐하면 〈비구(匪寇)의 구(寇)〉가 「설괘전(說卦傳)」에 나오는 〈감은[坎 : ☵] 도둑[盜]이다[爲]〉라는 내용을 환기시키기 때문이다. 이에 상구(上九 : ⚊)가 규괘(睽卦 : ䷥)의 주제인 〈규(睽)〉 즉 어긋나는[睽] 때를 드디어 극복했음을 암시한 계사(繫辭)가 〈비구(匪寇)〉이다.

〈혼구(婚媾)〉란 혼인(婚姻) 즉 남녀가 예(禮)를 갖추어 부부(夫婦)가 됨을 말하니 상구(上九 : ⚊)가 육삼(六三 : ⚋)을 어긋남[睽]의 상대로 여겼던 오해가 완전히 풀렸음을 암시한다. 〈혼구(婚媾)〉는 상구(上九 : ⚊)가 이류(異類)의 〈규(睽)〉에 사로잡혔던 지경에서 벗어났음을 말한다. 왜냐하면 여기 〈혼구(婚媾)〉가 상구(上九 : ⚊)가 변효(變爻)하여 규괘(睽卦 : ䷥)의 상체(上體)인 이(離 : ☲)가 진(震 : ☳)으로 변괘(變卦)하여, 규괘(睽卦 : ䷥)가 태하진상(兌下震上)의 귀매괘(歸妹卦 : ䷵)로 지괘(之卦)함을 암시하기 때문이다. 귀매괘(歸妹卦 : ䷵)의 하체(下體)인 태(兌 : ☱)는 소녀(少女)이고 상체(上體)인 진(震 : ☳)은 장남(長男)이라, 귀매괘(歸妹卦 : ䷵)는 혼례지상(婚禮之象) 즉 결혼의[婚禮之] 괘상[象]이다. 이에 상구(上九 : ⚊)와 육삼(六三 : ⚋)이 〈규(睽)〉 즉 어긋나는[睽] 때를 맞아 겪은 이류(異類)가 서로 어긋나는[睽] 세태를 극복했음을 암시하는 계사(繫辭)가 〈혼구(婚媾)〉이다.

往遇雨(왕우우) 則吉(즉길)

가다가[往] 비를[雨] 만나서[遇] 곧[則] 좋으리라[吉].

〈왕우우(往遇雨) 즉길(則吉)〉은 상구(上九 : ━)와 육삼(六三 : --)이 〈규(睽)〉 탓으로 소사(小事)에 얽매여 상쟁(相爭) 즉 서로[相] 다투는[爭] 세상을 벗어나 상화(相和) 즉 서로[相] 화목한[和] 세상을 누리게 됨을 암시한 계사(繫辭)이다. 〈왕우우(往遇雨) 즉길(則吉)〉은 〈당륙삼왕향상구적시후(當六三往向上九的時候) 육삼장우우(六三將遇雨) 즉상구여륙삼장유길(則上九與六三將有吉)〉의 줄임으로 여기고 〈육삼이[六三] 상구를[上九] 향해[向] 가는[往的] 동안에[當~時候] 육삼이[六三] 비를[雨] 만날 것이라[將遇] 곧[則] 육삼과[與六三] 상구는[上九] 행복을[吉] 누릴 것이다[將有]〉라고 새겨볼 것이다.

〈왕우우(往遇雨)의 우우(遇雨)〉는 육삼(六三 : --)을 규괘(睽卦 : ䷥)의 외호괘(外互卦) 감(坎 : ☵)을 빌려 취상(取象)한 것이다. 〈왕우우(往遇雨)의 우(雨)〉가 「설괘전(說卦傳)」에 나오는 〈감은[坎 : ☵] 물[水]이다[爲]〉라는 내용을 환기시키기 때문이다. 〈부도시(負塗豕)-귀재일거(鬼載一車)〉로 상구(上九 : ━)에게 오인 받았던 육삼(六三 : --)이 〈우우(遇雨)〉 즉 비를[雨] 만나면[遇] 덮어쓴[負] 진창[塗]은 씻길 것이고 수레에[車] 실렸던[載] 괴이한 것들[鬼]도 씻기어 육삼(六三 : --)이 우아한 소녀(少女)로 상구(上九 : ━)에게 다가갈 터인지라, 육삼(六三 : --)은 상구(上九 : ━)에게 〈혼구(婚媾)〉로 다가갈 터라 규괘(睽卦 : ䷥)의 주제인 〈규(睽)〉 즉 어긋남[睽]의 때를 완전히 벗어나 상구(上九 : ━)와 육삼(六三 : --)이 상화(相和)의 정도(正道)가 누리게 하는 행복을 누림[吉]을 암시한 계사(繫辭)가 〈왕우우(往遇雨) 즉길(則吉)〉이다.

『주역(周易)』 64괘(卦) 경문(經文) 중에서 규괘(睽卦 : ䷥) 상구(上九 : --)의 경문(經文)은 으뜸가는 시적(詩的)인 계사(繫辭)이다.

【字典】

규(睽) 〈어긋날 규(睽)-괴(乖), 다를 규(睽)-이(異), 두 눈이 서로 보지 못할 규(睽)-목불상시(目不相視), 눈 흘길 규(睽)-반목(反目), 떨어져 나갈 규(睽)-이(離)-외(外)-소외(疏外), 아이의 째진 눈 규(睽)-장목아(張目兒), 육십사괘의 하나 규(睽)-육십사괘지일(六十四卦之一)〉 등의 뜻을 내지만 여기선 〈어긋날 괴(乖), 다를 이(異)〉를 아울러 뜻한다 여기고 새김이 마땅하다.

고(孤) 〈고아 고(孤)-고아(孤兒), 아비 없는 고(孤)-무부(無父), 자식 없는 고(孤)-무자(無子), 부모 없는 고(孤)-무부모(無父母), 외로운 이 고(孤)-고독자(孤獨者), 사람이 없을 고(孤)-무인(無人), 홀로 고(孤)-독(獨), 특별할 고(孤)-특(特), 왕후의 겸칭 고(孤)-왕후지겸칭(王侯之謙稱), 삼공 다음 벼슬 고(孤)-관지차어삼공자(官之次於三公者), 작을 고(孤)-소(小), 멀 고(孤)-원(遠), 치우칠(어리석을) 고(孤)-편(偏)-우(愚), 버릴 고(孤)-기(棄), 가볍고 천할 고(孤)-경천지(輕賤之), 돌아볼 고(孤)-고(顧)〉 등의 뜻을 내지만 여기선 〈홀로 독(獨)〉과 같다 여기고 새김이 마땅하다.

見 〈견-현〉 두 가지로 발음되고, 〈볼 견(見)-식(識)-시(視), 만나볼 견(見)-회(會), 생각해볼 견(見)-사(思), 돌아볼 견(見)-고(顧), 미칠(당할) 견(見)-피(被)-당(當), 드러날 현(見)-노(露), 나타날 현(見)-현(顯), 있을 현(見)-재(在), 보일 현(見)-조(朝)〉 등의 뜻을 내지만 여기선 〈볼 식(識)-시(視)〉와 같다 여기고 새김이 마땅하다.

시(豕) 〈돼지 시(豕)-돈(豚)〉으로 새김이 마땅하다.

부(負) 〈덮어쓴(입을) 부(負)-몽(蒙), 믿을 부(負)-시(恃)-유소시(有所恃), 의지할 부(負)-의(依), 뒤 부(負)-후(後), 등 부(負)-배(背), 등에 질 부(負)-재어배(載於背), 멜(짊어질) 부(負)-담(擔)-하(荷), 빚질 부(負)-차불상(借不償)-수대불상(受貸不償), 안을(포옹할) 부(負)-포(抱), 나눌 부(負)-피(披), 배반할(배은망덕할) 부(負)-배(背)-배리(背離)-배은망덕(背恩忘德), 어길 부(負)-위(違), 잃을 부(負)-실(失), 부끄러워할(창피한) 부(負)-괴(愧), 근심할 부(負)-우(憂), 실패할 부(負)-패(敗), 늙은 부인 부(負)-노부인(老婦人)〉 등의 뜻을 내지만 여기선 〈덮어쓴(입을) 몽(蒙)〉과 같다 여기고 새김이 마땅하다.

도(塗) 〈진창 도(塗)-영(濘), 진흙 도(塗)-니(泥), 칠할(바를) 도(塗)-말(抹), 막힐(막을) 도(塗)-색(塞)-두(杜), (얼었다) 녹을 도(塗)-동석(凍釋), 길 도(塗)-도(途)-노(路)-도로(道路), 도랑(개천길) 도(塗)-도(涂)〉 등의 뜻을 내지만 여기선 〈진창 영(濘)〉과 같다 여기고 새김이 마땅하다.

재(載) 〈실을(올릴) 재(載)-승(乘), 배와 수레로 물건을 실어 나를 재(載)-주거운물(舟車運物), 이길 재(載)-승(勝), 비롯할 재(載)-시(始), 이을 재(載)-승(承), 맡길 재(載)-임(任), 책에 올릴 재(載)-재어서(載於書), 기록할(쓸) 재(載)-기(記), 일 재(載)-사

(事), 머물 재(載)-처(處), 편안할 재(載)-안(安), 태어날 재(載)-생(生), 알 재(載)-식(識), 해 재(載)-년(年), 말할 재(載)-언(言)-사(辭), 곧 재(載)-즉(則), 만약 재(載)-약(若), 어조사 재(載)〉 등의 뜻을 내지만 여기선 〈실을 승(乘)〉과 같다 여기고 새김이 마땅하다.

귀(鬼) 〈사람을 해치는 괴이한 것 귀(鬼)-적해인지괴이(賊害人之怪異), (사람이 죽으면 돌아갈) 혼백(귀신) 귀(鬼)-인사소귀혼백(人死所歸魂魄), 인신 귀(鬼)-인신(人神 : 天神地祇之對), 밝고 슬기로운 정기 귀(鬼)-현지지정기(賢智之精氣), 불행을 일으킬 수도 있을 것 귀(鬼)-가상가흥재화자(假想可興災禍者), 상상적인 괴이한 생물 귀(鬼)-상상중지괴이생물(想像中之怪異生物), 약을(교활할) 귀(鬼)-힐(黠), 멀 귀(鬼)-원(遠)〉 등의 뜻을 내지만 여기선 〈사람을 해치는 괴이한 적해인지괴이(賊害人之怪異)〉로 새김이 마땅하다.

일(一) 〈하나 일(一), 만물의 본래 일(一)-만물지본(萬物之本), 만물이 비롯된 바 일(一)-만물소종시(萬物所從始), 기본 숫자의 제일 일(一)-기수지제일(基數之第一), 수의 시초(시작) 일(一)-수지시(數之始), 첫째 일(一)-일차(一次), 여럿 중에 하나 일(一)-다수중지일(多數中之一), 일단 일(一)-일단(一旦), 홀로 일(一)-독(獨), 늘(마다) 일(一)-매(每), 한 번 일(一)-기일(其一), 처음(첫) 일(一)-초(初), 먼저 일(一)-선(先), 오로지 일(一)-전(專), 순수할 일(一)-순(純), 늘(항상) 일(一)-상(常), 적을 일(一)-소(少), 텅 빌 일(一)-공(空), 서로 같을 일(一)-상동(相同), 다 같을 일(一)-동일(同一)-제일(齊一), 맞을(화합할) 일(一)-협(協), 고를 일(一)-균(均), 통일 일(一)-통일(統一), 모을 일(一)-취(聚), 둘이 아닐 일(一)-불이(不二), 모두 일(一)-개(皆), 온전할 일(一)-전(全)-만(滿)-정(整), 끝 일(一)-종(終), 이미 그칠 일(一)-기이(旣已), 심할 일(一)-심(甚)-이(已), 앞서(어제) 일(一)-작(昨), 도 일(一)-도(道 : 道無雙故曰一)-충허지덕(充虛之德), 효도 일(一)-효도(孝道), 진실할 일(一)-성(誠), 북방 일(一)-북방(北方), 것(어떤 것) 일(一)-물(物), 몸 일(一)-신(身)-일신(一身), 바탕 일(一)-질(質), 하나의 이치 일(一)-이(理)-일리(一理), 혹 일(一)-혹(或), 만약(진실로) 일(一)-약(若)-구(苟), 이에 일(一)-내(乃), 헤어질(따로) 일(一)-령(另), 양효를 뜻하는 일(一)-일괘지양효작(一卦之陽爻作)〉 등의 뜻을 내지만 여기선 〈하나 일(一)〉로 여기고 새김이 마땅하다.

車 〈거-차〉 두 가지로 발음되고, 〈수레 거(車)-노(輅), 그물 거(車)-복거(覆車)-망(網), 수레 차(車), 성씨 차(車)〉 등의 뜻을 내지만 여기선 〈수레 노(輅)〉와 같다

여기고 새김이 마땅하다.

선(先) 〈먼저 선(先)-시(始), 앞으로 나아갈 선(先)-전진(前進), 처음 선(先)-시(始), 앞에 있을 선(先)-전(前), 자리가 아래에 있는 선(先)-위재하(位在下), 우두머리 선(先)-수(首)-전수(前首), 이미 죽은 선(先)-이사(已死), 조상(선조) 선(先)-조선(祖先)-조고(祖考), 미리 알려주는 뜻 선(先)-의기언(宜其言)-예선고지지의(預先告知之意), 소개할 선(先)-소개(紹介), 이를 선(先)-조(早), 비로소 선(先)-시(始), 높일(받들) 선(先)-상(尙), 높을 선(先)-고(高), 선생 선(先)-선생(先生)-유덕자(有德者), 씻을(깨끗할) 선(先)-세(洗)〉 등의 뜻을 내지만 여기선 〈먼저 시(始)〉로 여기고 새김이 마땅하다.

장(張) 〈활시위에 얹을 장(張)-시궁현(施弓弦), 베풀 장(張)-시(施), 벌일 장(張)-개(開), 펼 장(張)-신(伸), 속일 장(張)-광(誑), 입을 벌려 이빨을 보일 장(張)-장아(張牙)-장아개구현로기치아(張牙開口現露其齒牙), 큰 장(張)-대(大), 물건 셀 장(張)-계수(計數), 자랑할 장(張)-과(夸), (자기가) 큰 체할 장(張)-자대(自大), 배가 찰 장(張)-복만(服滿)〉 등의 뜻을 내지만 여기선 〈활시위에 얹을 시궁현(施弓弦)〉으로 여기고 새김이 마땅하다.

지(之) 〈그것(이것) 지(之)-피(彼)-시(是), 갈 지(之)-왕(往), 이를 지(之)-지(至), 주격-소유격-목적격 등의 토씨 지(之), 뜻 없는 허사(虛詞) 지(之)〉 등의 뜻을 내지만 여기선 〈그것 피(彼)〉로 여기고 새김이 마땅하다.

호(弧) 〈활 호(弧)-궁(弓), 나무활 호(弧)-목궁(木弓), 강력한 활 호(弧)-강궁(强弓), 단지 호(弧)-호(壺)〉 등의 뜻을 내지만 〈활 궁(弓)〉과 같다 여기고 새김이 마땅하다

후(後) 〈뒤 후(後)-선지대(先之對), 늦을 후(後)-지(遲), 뒤처질 후(後)-낙후(落後), 뒤늦게 올 후(後)-지래(遲來), 사양할 후(後)-손(遜), 다가올(장래) 후(後)-장래(將來), 두 세대 후(後)-후세(後世), 일이 끝난 뒤 후(後)-사후필(事後畢), 자손 후(後)-자손(子孫), 뒤를 잇는 것 후(後)-후속자(後續者), 뒤에 말한 것 후(後)-하소언(下所言)〉 등의 뜻을 내지만 여기선 〈뒤 후(後)〉로 새김이 마땅하다.

說 〈설-열-세-탈〉 네 가지로 발음되고, 〈거둘(벗어날) 탈(說)-탈(脫), 기뻐할 열(說)-열(悅)-역(懌), 기뻐하는 것 열(說)-소희(所喜), 즐거워할 열(說)-낙(樂), 좋아할 열(說)-호(好), 받들 열(說)-경(敬), 헤아릴(셈할) 열(說)-수(數)-계(計), 말할 설(說)-도(道), 논할 설(說)-논(論), 알릴 설(說)-고(告), 해석할 설(說)-해석(解釋), 가르칠 설(說)-

교(敎), 풀이할 설(說)-해(解), 분명히 풀이할 설(說)-요해(瞭解), 경서에 주해달 설(說)-주소(注疏)-경서지주해(經書之注解), 언론 설(說)-언론(言論), 학설 설(說)-학설(學說), 도리 설(說)-도리(道理), 글 설(說)-서술(敍述), 기뻐할 세(說)-열(悅), 용서할(벗어날) 세(說)-사(赦)-탈(脫), 풀 세(說)-해(解)-제(除), 쉴 세(說)-사(舍), 둘 세(說)-치(置), 달랠 세(說)-유(誘), 용서할 탈(說)-사(赦), 흩뜨릴 탈(說)-해(解)〉 등의 뜻을 내지만 여기선 〈거둘 탈(脫)〉과 같다 여기고 새김이 마땅하다.

匪 〈비-분〉으로 발음되고, 〈아닌 것 비(匪)-비(非), 악할 비(匪)-악(惡), 대나무로 만든 상자 비(匪), 발어사(發語詞) 비(匪)-피(彼), 멈춤 없이 가는 모양 비(匪)-행부지모(行不止貌), 나눌 분(匪)-분(分)〉 등의 뜻을 내지만 여기선 〈아닌 것 비(非)〉와 같다 여기고 새김이 마땅하다.

구(寇) 〈도둑 구(寇)-적(賊)-도(盜), 해칠 구(寇)-해(害), 사나울 구(寇)-포(暴), 원수 구(寇)-구(仇), 겁주어 뺏을 구(寇)-겁취(劫取)〉 등의 뜻을 내지만 여기선 〈도둑 적(賊)〉과 같다 여기고 새김이 마땅하다.

혼(婚) 〈시집갈 혼(婚)-부가(婦家), 며느리의 친정아버지(며느리의 친정) 혼(婚)-부지부(婦之父)-부지당(婦之黨), 혼례를 행할 혼(婚)-행혼례(行婚禮)〉 등의 뜻을 내지만 여기선 〈시집갈 부가(婦家)〉로 새김이 마땅하다. 혼구(婚媾)는 혼인(婚姻) 즉 남녀가 예(禮)를 갖추어 부부(夫婦)가 됨을 뜻한다.

구(媾) 〈합할 구(媾)-합(合), 교접할 구(媾)-정교(情交), 화친할 구(媾)-화친(和親), 사랑할 구(媾)-애(愛), 거듭해 결혼할 구(媾)-중혼(重婚), 인척 구(媾)-인척(姻戚), 총애할 구(媾)-총애(寵愛), 어울려 좋아할 구(媾)-화호(和好), 만날 구(媾)-구(姤), 조우할 구(媾)-조우(遭遇)〉 등의 뜻을 내지만 여기선 〈합할 합(合)〉과 같다 여기고 새김이 마땅하다.

왕(往) 〈갈 왕(往)-지(之), 나아갈 왕(往)-행(行)-진행(進行), 물러갈 왕(往)-거(去), 이를 왕(往)-지(至), 향할 왕(往)-향(向), 옛 왕(往)-석(昔), 이따금 왕(往)-시시(時時), 뒤 왕(往)-후(後), 죽음 왕(往)-망거(亡去)-사자(死者)〉 등의 뜻을 내지만 〈나아갈 행(行)〉과 같다 여기고 새김이 마땅하다.

우(遇) 〈만날 우(遇)-봉(逢), 길에서 우연히 만날 우(遇)-불기이어도로상봉(不期而於道路相逢)-불기이회(不期而會), 구할 우(遇)-구(求), 알아챌 우(遇)-지득(志得), 짝 우(遇)-우(偶)-우(隅), 시기 우(遇)-시기(時機)〉 등의 뜻을 내지만 여기선 〈만날 봉(逢)〉과 같다 여기고 새김이 마땅하다.

우(雨) 〈비 내릴 우(雨)-수종운하(水從雲下), 물기 우(雨)-수기(水氣), 음 우(雨)-음(陰), 감 우(雨)-감(坎), 태 우(雨)-태(兌), 많을 우(雨)-다(多), 흩어질 우(雨)-산실(散失), 비올 우(雨)-강우(降雨), 위에서 아래로 떨어질 우(雨)-자상이하락(自上而下落), 윤택할 우(雨)-윤택(潤澤)〉 등의 뜻을 내지만 여기선 〈비 내릴 수종운하(水從雲下)〉로 여기고 새김이 마땅하다.

則 〈칙-즉〉 두 가지로 발음되고, 〈곧 즉(則)-즉(卽), 법(원칙) 칙(則)-법(法), 항상 칙(則)-상(常), 본받을 칙(則)-효(效), 묶을 칙(則)-약(約), 이에 즉(則)-내(乃), 어조사 즉(則)-이(而), 이 즉(則)-시(是), 무릇 즉(則)-부(夫)〉 등의 뜻을 내지만 여기선 〈곧 즉(卽)〉과 같다 여기고 새김이 마땅하다.

길(吉) 〈좋을(행복할) 길(吉)-선(善)-영(令) {영월길일(令月吉日)은 선월선일(善月善日)임.}, 복 길(吉)-실(實)-선실(善實)-복(福), 예의를 따라 상서로울 길(吉)-예의순상(禮義順祥), 삼갈 길(吉)-근(謹), 초하루 길(吉)-삭일(朔日) {삭망(朔望) 즉 초하루[朔]와 그믐날[望]}, 길례 길(吉)-길례(吉禮) {오례지일(五禮之一) 길흉빈군가(吉凶賓軍嘉)}, 갈 길(吉)-행(行)-길(趌)〉 등의 뜻을 내지만 여기선 〈좋을 선(善)-영(令)〉 즉 행복과 같다 여기고 새김이 마땅하다.

註 감위시(坎爲豕) : 감은[坎 : ☵] 돼지[豕]이다[爲]. 「설괘전(說卦傳)」 8단락(段落)

註 감위수(坎爲水) …… 위궁륜(爲弓輪) …… 위도(爲盜) : 감은[坎 : ☵] 물[水]이고[爲], …… 활과[弓] 수레[輪]이고[爲], …… 도둑[盜]이다[爲]. 「설괘전(說卦傳)」 11단락(段落)

건괘
蹇卦

39

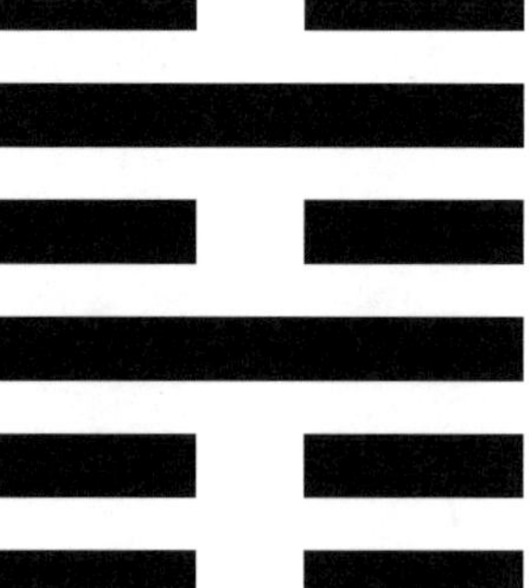

1 괘의 괘상과 계사

건괘(蹇卦 : ䷦)

간하감상(艮下坎上) : 아래는[下] 간(艮 : ☶), 위는[上] 감(坎 : ☵).

수산건(水山蹇) : 물과[水] 산은[山] 건이다[蹇].

蹇은 利西南하고 不利東北하며 利見大人하니 貞吉하리라
건 이서남 불리동북 이견대인 정길

곤고함은[蹇] 서남이[西南] 이롭고[利] 동북은[東北] 불리하며[不利], 대인을[大人] 봄이[見] 이로우니[利] 진실로 미더워야[貞] 좋으리라[吉].

【건괘(蹇卦 : ䷦)의 괘상(卦象) 풀이】

앞 규괘(睽卦 : ䷥)의 〈규(睽)〉란 괴리(乖離) 즉 어긋남[乖離]을 말한다. 이에 「서괘전(序卦傳)」에 〈규라는[睽] 것은[者] 어긋남[乖]이다[也] 어긋남에는[乖] 반드시[必] 어려움이[難] 있다[有] 그래서[故] 건괘(蹇卦 : ䷦)로써[以] 그것을[之] 받는다[受]〉라는 말이 나온다. 이는 규괘(睽卦 : ䷥) 뒤에 건괘(蹇卦 : ䷦)가 오는 까닭을 밝힌다. 건괘(蹇卦 : ䷦)는 규괘(睽卦 : ䷥)와 부동(不同)한 괘(卦)이다. 규괘(睽卦 : ䷥)에서 양효(陽爻)가 있던 자리에 건괘(蹇卦 : ䷦)에서는 음효(陰爻)가 있고, 규괘(睽卦 : ䷥)에서 음효(陰爻)가 있던 자리에 건괘(蹇卦 : ䷦)에서는 양효(陽爻)가 있다. 그래서 태(兌 : ☱)와 부동(不同)인 간(艮 : ☶)이 건괘(蹇卦 : ䷦)의 하체(下體)가 되고, 이(離 : ☲)와 부동(不同)인 감(坎 : ☵)이 건괘(蹇卦 : ䷦)의 상체(上體)가 된다. 건괘(蹇卦 : ䷦)의 하체(下體)인 간(艮 : ☶)은 산(山) 즉 뫼[山]이고, 지(止) 즉 멈춤[止]이다. 건괘(蹇卦 : ䷦)의 외괘(外卦)인 감(坎 : ☵)은 수(水) 즉 물[水]이고 함정[陷]이다. 산(山)은 오르기 어렵고 물[水]의 함정에 빠지면 어려움을 빌려 건괘(蹇卦 : ䷦)라 칭명(稱名)한다.

【건괘(蹇卦 : ䷦)의 계사(繫辭) 풀이】

蹇(건)

곤고함이다[蹇].

〈건(蹇)〉은 건괘(蹇卦 : ䷦)의 괘상(卦象)을 한 자(字)로써 밝힌 괘사(卦辭)이다. 〈건(蹇)〉은 파(跛) 즉 절뚝발이를 말하지만 여기선 앞에 닥친 어려움을 말해, 〈건(蹇)〉은 〈험난할 난(難)〉과 같다. 두 발이 성해도 산으로 오르내리고 물을 건너기가 어려울 터인데 절뚝발이[蹇] 앞에 고산심수(高山深水)가 가로막고 있는 지경이 여기 〈건(蹇)〉 즉 험난함[蹇]이다. 절뚝발이[蹇]가 올라가야 할 높은 산[高山]과 건너야 할 깊은 물[深水]과 같은 험난함[蹇]은 어그러져 달리하려는[睽] 사벽(邪僻) 즉 자기만을 위하려는 간사한[邪] 치우침[僻] 탓으로 빚어지는 인생의 험난함이다. 이런 고산심수(高山深水)를 마주한 절뚝발이[蹇]와 같은 모습임을 일깨워 깨우치게 하고, 〈험난할 난(難)〉으로 그 뜻이 헤아려지게 하는 건괘(蹇卦 : ䷦)의 괘상(卦象)을 밝힌 계사(繫辭)가 〈건(蹇)〉이다.

利西南(이서남) 不利東北(불리동북)

서남이[西南] 이롭고[利] 동북은[東北] 불리하다[不利].

〈이서남(利西南) 불리동북(不利東北)〉은 건괘(蹇卦 : ䷦)의 괘상(卦象)을 팔괘(八卦)의 방위로써 밝힌 계사(繫辭)이다. 따라서 〈이서남(利西南) 불리동북(不利東北)〉이라는 점사(占辭)는 팔괘(八卦)의 양괘(陽卦)와 음괘(陰卦)를 환기시킨다. 팔괘(八卦)에서 양괘(陽卦) 즉 건(乾 : ☰)-진(震 : ☳)-감(坎 : ☵)-간(艮 : ☶) 등으로서 그 방위는 모두 동북(東北)을 나타내고, 음괘(陰卦) 즉 곤(坤 : ☷)-태(兌 : ☱)-이(離 : ☲)-손(巽 : ☴) 등으로서 그 방위는 모두 서남(西南)을 나타낸다. 따라서 〈이서남(利西南)의 서남(西南)〉은 음괘(陰卦)를 나타낸다. 그러나 건괘(蹇卦 : ䷦)에는 음괘(陰卦)가 없다. 건괘(蹇卦 : ䷦)의 하체(下體)인 간(艮 : ☶)과 상체(上體)인 감(坎 : ☵)은 모두 소양(少陽)의 양괘(陽卦)들이다. 그러므로 〈이서남(利西南)〉은 건괘(蹇卦 : ䷦)의 방위인 동북(東北)을 떠나야 이로움[利]을 암시하는 점사(占辭)이다. 따라서 〈불리동북(不利東北)〉은 건괘(蹇卦 : ䷦) 상하(上下)의 양괘(陽

卦)들이 보여주는 험한 산[艮 : ☶]과 깊은 물[坎 : ☵]을 덤벼들어선 이롭지 않음[不利]을 암시한다.

서남(西南)과 동북(東北)은 고사(故事)를 빌려 풀이하기도 한다. 천자국(天子國) 상(商)나라 때 서남(西南) 쪽에서는 주문왕(周文王)이 덕치(德治)를 베풀었고 동북(東北) 쪽에서는 상(商)나라 폭군 주(紂)가 말할 수 없는 학정(虐政)을 범했던 탓으로, 백성이 서남(西南) 쪽으로 가면 이롭고[利] 동북(東北) 쪽으로 가면 이롭지 않다[不利]는 천심(天心)이 생겼다. 이런 천심(天心)을 따라 서남(西南)은 이롭고[利] 동북(東北)은 이롭지 않다[不利]고 옛[古] 일[事]을 들어 새겨도 되는 계사(繫辭)가 〈이서남(利西南) 불리동북(不利東北)〉이다.

利見大人(이견대인)

대인을[大人] 봄이[見] 이롭다[利].

〈이견대인(利見大人)〉은 〈건(蹇)〉 즉 험난한 상황을 마주한다면 무모하게 덤벼들지 말고, 〈건(蹇)〉의 상황일수록 〈견대인(見大人)〉 즉 대인을[大人] 생각해봄이[見] 이로움[利]을 암시한 계사(繫辭)이다. 〈이견대인(利見大人)의 견대인(見大人)〉은 건괘(蹇卦 : ䷦)의 구오(九五 : ━)와 육이(六二 : ╍)가 누리는 중정(中正)과 정응(正應)을 암시한다. 대인(大人)은 군자(君子)가 본받는 성인(聖人)을 말한다. 『논어(論語)』에 나오는 〈군자에게는[君子] 세 가지[三] 두려움이[畏] 있다[有]〉라는 내용을 살펴 헤아리고, 동시에 『노자(老子)』에 나오는 〈위해주되[爲而] 다투지 않는다[不爭]〉라는 내용을 살펴 헤아린다면 대인을[大人] 만나면[見] 왜 이로운지[利] 그 까닭을 저마다 나름대로 깨달을 수 있다. 건괘(蹇卦 : ䷦)의 구오(九五 : ━)와 육이(六二 : ╍)가 서로 누리는 중정(中正)과 정응(正應)을 사람으로써 비유한다면 〈대인(大人)〉과 같다. 순천사명(順天俟命) 즉 자연을[天] 따르고[順] 자연의 시킴을[命] 기다리며[俟] 무편무사(無偏無邪) 즉 치우침도[偏] 없고[無] 간사함도[邪] 없는[無] 이를 일러 〈대인(大人)〉 즉 성인(聖人)이라 한다. 사명(俟命)은 사천명(事天命) 즉 자연의[天] 시킴을[命] 기다림[事]이다. 그 천명(天命)이란 그 무엇이든 일성일쇠(一盛一衰) 즉 한번[一] 성하면[盛] 한번[一] 쇠한다[衰]는 환(環) 즉 고리[環]를 벗어날 수 없음을 가르침[命]이다.

건괘(蹇卦 : ䷦)의 주제인 〈건(蹇)〉 즉 어려움[蹇]의 때는 영원하지 않음을 조금도 의심치 않는 이를 〈대인(大人)〉이라 한다. 건괘(蹇卦 : ䷦)의 구오(九五 : ⚊)는 상체(上體) 감(坎 : ☵)의 중효(中爻)이고, 육이(六二 : ⚋)는 하체(下體) 간(艮 : ☶)의 중효(中爻)이다. 건괘(蹇卦 : ䷦)의 구오(九五 : ⚊)와 육이(六二 : ⚋)는 중정(中正) 즉 중효로서[中] 정당한 자리에 있기에[正] 득중(得中) 즉 정도를 따름을[中] 취하면서[得] 정응(正應) 즉 바르게[正] 서로 호응함[應]을 〈대인(大人)〉으로 취상(取象)하여, 건괘(蹇卦 : ䷦)의 〈건(蹇)〉 즉 험난함[蹇]을 극복할 수 있는 가르침[命]을 암시한 계사(繫辭)가 〈이견대인(利見大人)〉이다.

貞吉(정길)

진실로 미더워야[貞] 좋으리라[吉].

〈정길(貞吉)〉은 건괘(蹇卦 : ䷦)에서 초륙(初六 : ⚋)을 제외한 다섯 효(爻)들이 저마다 정위(正位)에 있음을 빌려 암시한 계사(繫辭)이다. 대성괘(大成卦)에서 〈초삼오(初三五)〉 즉 홀수의 자리는 양(陽 : ⚊)의 정위(正位)이고, 〈이사상(二四上)〉 즉 짝수의 자리는 음(陰 : ⚋)의 바른[正] 자리[位]이다. 〈정(貞)〉 즉 진실한 미더움[貞]이란 오로지 공정(公正)함이다. 모든 것을 아울러 하나같이[公] 바르게 함[正]이 〈정(貞)〉이다. 사사로움이[私] 없고 치우침이[偏] 없다면 절로 공정(公正)하여 그 마음가짐은 절로 〈정(貞)〉이다. 이런 공정(公正)한 〈정(貞)〉은 아무리 험난한[蹇] 지경이 닥쳐도 오로지 사명(俟命) 즉 자연의 시킴을[命] 기다리면서[俟] 험난함[蹇]은 결국 쇠(衰)하여 물러갈 것임을 믿어 의심치 않아 어려움[蹇] 속에서도 〈길(吉)〉 즉 행복하기[吉] 마련임을 밝힌 계사(繫辭)가 〈정길(貞吉)〉이다.

【字典】

건(蹇) 〈험난할 건(蹇)-난(難)-험재전(險在前), 절뚝발이(절) 건(蹇)-파(跛), 64괘(卦)의 하나 건(蹇)-건괘(蹇卦), 멈출 건(蹇)-정(停), 굳셀 건(蹇)-강(彊), 교만할 건(蹇)-불순(不順), 어지러울 건(蹇)-요(擾), 둔한 말 건(蹇)-노마(駑馬), 발어사 건(蹇)〉 등의 뜻을 내지만 여기선 〈험난할 난(難)〉과 같다 여기고 새김이 마땅하다.

이(利) 〈만물로 하여금 삶을 이루어가게 하는 덕(德)의 이로울 이(利)-사만물수생지덕(使萬物遂生之德), 날카로울 이(利)-예(銳)-섬(銛), 질병 이(利)-질(疾), 통할 이

(利)-통(通)-순(順), 좋을 이(利)-길(吉)-의(宜), 편리할 이(利)-편(便), 마름해 만들어 이룰 이(利)-재성(裁成), 탐할 이(利)-탐(貪), 구할(취할) 이(利)-구(求)-취(取), 좋아할 이(利)-열애(悅愛), 이로울 이(利)-익(益), 기교 이(利)-교(巧), 보람 이(利)-공용(功用), 지세가 험하고 중요한 이(利)-험요(險要), 이길 이(利)-승(勝), 어질 이(利)-인(仁)〉 등의 뜻을 내지만 여기선 〈사만물수생지덕(使萬物遂生之德) 즉 만물로 하여금 삶을 이루어 가게 하는 덕(德)의 이로움〉으로 새김이 마땅하다. 〈利〉가 맨 앞에 오면 〈이〉로 발음되고, 중간이나 뒤에 오면 〈리〉로 발음된다.

서(西) 〈서녘 서(西)-일입방(日入方)-조재소상(鳥在巢上), 가을 서(西)-추(秋), 간지(干支) 서(西)-유(酉), 팔괘(八卦)의 태(兌) 서(西)-태(兌), 서쪽으로 갈 서(西)-서행(西行), 옮길 서(西)-천(遷)〉 등의 뜻을 내지만 〈서녘 서(西)〉로 여기고 새김이 마땅하다.

남(南) 〈남녘 남(南)-오방(午方), 남쪽에 갈 남(南)-남행(南行), 남방 남(南)-남방(南方), 남방 오랑캐의 음악 남(南)-남이지악(南夷之樂), 임금 남(南)-군(君)-남면(南面), 사내 남(南)-남(男), 성씨 남(南)〉 등의 뜻을 내지만 여기선 〈남녘 오방(午方)〉으로 여기고 새김이 마땅하다.

不 〈불-부〉 등으로 발음되고, 〈않을 불(不)-부(不), 못할 불(不)-부(不), 아닐 불(不)-부(不)-비(非), 없을 불(不)-부(不)-무(無), 하지 말 불(不)-부(不)-막(莫)-금지(禁止), 정하지 않을 불(不)-부(不)-부(否)-미정(未定), 새가 날아올라 내려오지 않는 불(不)-부(不)-조비상불하래(鳥飛上不下來)〉 등의 뜻을 내지만 여기선 〈않을 불(不)〉로 여기고 새김이 마땅하다.

동(東) 〈동녘 동(東)-일출방(日出方)-일소출(日所出), 해 동(東)-동군(東君), 동쪽을 향해 나아갈 동(東)-향동방행진(向東方行進), 주인 동(東)-주인(主人)-고시주위재동(古時主位在東) 빈위재서(賓位在西), 동녘 땅 동(東)-동방지지(東方之地), 아이 동(東)-동(童)〉 등의 뜻을 내지만 여기선 〈동녘 일출방(日出方)〉으로 여기고 새김이 마땅하다.

北 〈북-배〉 두 가지로 발음되고, 〈북녘 북(北)-삭방(朔方), 감(坎 : ☵) 북(北)-감(坎), 물 북(北)-수(水), 음 북(北)-음(陰), 북쪽으로 갈 북(北)-북행(北行), 어그러질(배반할) 배(北)-괴(乖)-위(違)-배(背), (패하여) 달아날 배(北)-분(奔)-주(走)-패주(敗走), 나눌 배(北)-별(別)-분리(分離), 굴복할 배(北)-복(伏)〉 등의 뜻을 내지만 여기선 〈북녘 삭방(朔方)〉으로 새김이 마땅하다.

見 〈견-현〉 두 가지로 발음되고, 〈생각해볼 견(見)-사(思), 만나볼 견(見)-회(會), 볼 견(見)-식(識)-시(視), 돌아볼 견(見)-고(顧), 미칠(당할) 견(見)-피(被)-당(當), 드러날 현(見)-노(露), 나타날 현(見)-현(顯), 있을 현(見)-재(在), 보일 현(見)-조(朝)〉 등의 뜻을 내지만 여기선 〈생각해볼 사(思)〉와 같다 여기고 새김이 마땅하다.

대(大) 〈큰 대(大)-소지대(小之對), 지나칠 대(大)-과(過), 자만할 대(大)-과(誇)-긍벌(矜伐), 넓을 대(大)-광(廣), 두루 대(大)-편(徧), 통할 대(大)-통(通), 길 대(大)-장(長), (땅을) 걸게 할 대(大)-비(肥), 두터울 대(大)-후(厚), 많을 대(大)-다(多), 모두 대(大)-개(皆), 선할 대(大)-선(善), 무거울 대(大)-중(重), 거대할 대(大)-거(巨), 아름다울 대(大)-미(美)-장(壯), 부유할 대(大)-부(富), 늙을 대(大)-노(老), 끝 대(大)-극(極), 대충 대(大)-조(組)-불세밀(不細密), 처음 대(大)-초(初), 하늘 대(大)-천(天), 건(乾)-양기(陽氣)-양효(陽爻) 대(大)〉 등의 뜻을 내지만 여기선 〈큰 대(大)〉로 여기고 새김이 마땅하다.

인(人) 〈사람 인(人)-만물지최령자(萬物之最靈者), 백성 인(人)-민(民), 남 인(人)-타인(他人), 아무개 인(人)-모인(某人), 도인 인(人)-도인(道人), 사람들 인(人)-인인(人人), 범인(소인) 인(人)-소인(小人)-범인(凡人), 인성 인(人)-인성(人性), 인위 인(人)-인위(人爲), 신하 인(人)-신하(臣下), 중서(민중) 인(人)-중서(衆庶)-민중(民衆), 건괘-진괘 인(人)-건위인(乾爲人)-진위인(震爲人), 어짊 인(人)-인(仁), 선인 인(人)-선인(先人), 서로 어여삐 여길 인(人)-상련(相憐)〉 등의 뜻을 내지만 〈사람 인(人)〉으로 여기고 새김이 마땅하다.

정(貞) 〈바를 정(貞)-정(正), 믿을 정(貞)-신(信), 거북점을 물을 정(貞)-복문(卜問), 역(易)의 내괘(內卦) 정(貞), 마땅할 정(貞)-당(當), 정할 정(貞)-정(定), 순수할 정(貞)-전(專)-일(一)〉 등의 뜻을 내지만 여기선 〈바를 정(正), 믿을 신(信)〉 등을 합친 뜻과 같아 〈정신(正信)〉으로 여기고 새김이 마땅하다.

길(吉) 〈좋을(행복할) 길(吉)-선(善)-영(令) {영월길일(令月吉日)은 선월선일(善月善日)임.}, 복 길(吉)-실(實)-선실(善實)-복(福), 예의를 따라 상서로울 길(吉)-예의순상(禮義順祥), 삼갈 길(吉)-근(謹), 초하루 길(吉)-삭일(朔日) {삭망(朔望) 즉 초하루[朔]와 그믐날[望]}, 길례 길(吉)-길례(吉禮) {오례지일(五禮之一) 길흉빈군가(吉凶賓軍嘉)}, 갈 길(吉)-행(行)-길(趌)〉 등의 뜻을 내지만 여기선 〈좋을 선(善)-영(令)〉 즉 행복과 같다 여기고 새김이 마땅하다.

註 팔괘(八卦)의 음양(陰陽)과 방위(方位) : 팔괘(八卦)의 모습[象]에는 노양(老陽)-소양(少陽)-노음(老陰)-소음(少陰)의 모습이 있다. 건(乾 : ☰)은 노양(老陽)의 모습이고 진(震 : ☳)-감(坎 : ☵)-간(艮 : ☶) 등은 소양(少陽)의 모습으로 모두 양괘(陽卦)이고, 양괘(陽卦)의 방위는 모두 동북(東北)에 속한다. 곤(坤 : ☷)은 노음(老陰)의 모습이고 태(兌 : ☱)-이(離 : ☲)-손(巽 : ☴) 등은 소음(少陰)의 모습으로 모두 음괘(陰卦)이고, 음괘(陰卦)의 방위는 모두 서남(西南)이다.

註 감함야(坎陷也) …… 간지야(艮止也) : 감은[坎 : ☵] 함정[陷]이다[也]. …… 간은[艮 : ☶] 멈춤[止]이다[也]. 「설괘전(說卦傳)」 7단락(段落)

註 감자수야(坎者水也) 정북방지괘야(正北方之卦也) 노괘야(勞卦也) 만물지소귀야(萬物之所歸也) 고왈(故曰) 노호감(勞乎坎) 간동북지괘야(艮東北之卦也) 만물지소성종이소성시야(萬物之所成終而所成始也) 고왈(故曰) 성언호간(成言乎艮) : 감이라는[坎 : ☵] 것은[者] 물[水]이고[也], 정(正) 북쪽의[北方之] 괘(卦)이니[也] 애쓰는[勞] 괘(卦)이고[也] 만물이[萬物之] 돌아가는[歸] 곳[所]이다[也]. 그래서[故] 감에서[乎坎] 애쓴다고[勞] 말한다[曰]. 간은[艮 : ☶] 동북의[東北之] 괘(卦)이고[也] 만물이[萬物之] 끝을[終] 이루는[成] 곳이고[所而] 처음을[始] 이루는[成] 곳[所]이다[也]. 그래서[故] 간에서[乎艮] 모두 이룬다고[成言] 말한다[曰]. 「설괘전(說卦傳)」 5단락(段落)

註 자왈(子曰) 군자유삼외(君子有三畏) 외천명(畏天命) 외대인(畏大人) 외성인지언(畏聖人之言) 소인부지천명이불외야(小人不知天命而不畏也) 압대인(狎大人) 모성인지언(侮聖人之言) : 공자가[子] 말했다[曰]. 군자에게는[君子] 세 가지[三] 두려움이[畏] 있다[有]. 천명을[天命] 두려워하고[畏] 대인을[大人] 두려워하며[畏] 성인의[聖人之] 말씀을[言] 두려워한다[畏]. 소인은[小人] 천명을[天命] 몰라서[不知而] 두려워하지 않는 것[不畏]이다[也]. 대인을[大人] 얕보고[狎] 성인의[聖人之] 말씀을[言] 업신여긴다[侮]. 『논어(論語)』 「계씨(季氏)」 8장(章)

註 천지도리이불해(天之道利而不害) 성인지도위이부쟁(聖人之道爲而不爭) : 자연의[天之] 규율은[道] (온갖 것을) 이롭게 하되[利而] 해치지 않고[不害], 성인의[聖人之] 도리는[道] 베풀되[爲而] (그 무엇과도) 다투지 않는다[不爭]. 『노자(老子)』 81장(章)

2 효의 효상과 계사

初六 : 往蹇이고 來譽리라
왕건 내예

六二 : 王臣蹇蹇이나 匪躬之故니라
왕신건건 비궁지고

九三 : 往蹇이고 來反이리라
왕건 내반

六四 : 往蹇이고 來連이리라
왕건 내련

九五 : 大蹇이나 朋來로다
대건 붕래

上六 : 往蹇이나 來碩이라 吉하다 利見大人이리라
왕건 내석 길 이견대인

초륙(初六) : 가면[往] 험난해지고[蹇] 오면[來] 칭찬받는다[譽].

육이(六二) : 임금과[王] 신하가[臣] 험난하고[蹇] 험난하나[蹇] 자신들의[躬之] 때문인 것은[故] 아니다[匪].

구삼(九三) : 가면[往] 험난해지고[蹇] 오면[來] 되돌아옴이다[反].

육사(六四) : 가면[往] 험난해지고[蹇] 오면[來] 연합한다[連].

구오(九五) : 크게[大] 험난하지만[蹇] 벗이[朋] 온다[來].

상륙(上六) : 가면[往] 험난해지고[蹇] 오면[來] 크니[碩] 길하다[吉]. 대인을[大人] 만나면[見] 이롭다[利].

초륙(初六 : --)

初六 : 往蹇이고 來譽리라
왕건 내예

초륙(初六) : 가면[往] 험난해지고[蹇] 오면[來] 칭찬받는다[譽].

【초륙(初六)의 효상(爻象) 풀이】

건괘(蹇卦 : ䷦)의 초륙(初六 : --)은 이음거양(以陰居陽) 즉 음(陰 : --)으로써[以] 양(陽 : —)의 자리에 있는지라[居] 정당한 자리에 있지 못하다. 초륙(初六 : --)과 육이(六二 : --)는 양음(兩陰) 즉 둘 다[兩] 음(陰 : --)인지라 〈비(比)〉 즉 이웃의 사귐[比]을 누리지 못한다. 초륙(初六 : --)과 육사(六四 : --)도 양음(兩陰)이라 부정응(不正應) 즉 바르게[正] 서로 호응하지 못한다[不應]. 이에 초륙(初六 : --)은 외롭기 짝이 없는 처지이다. 그러나 유순(柔順)한 초륙(初六 : --)일지라도 양위(陽位) 즉 굳센[陽] 자리[位]에 있으므로 쉽사리 꺾이지 않으려 하지만 제자리에 머물러 때를 기다려야 하는 모습이다.

> 건괘(蹇卦 : ䷦)의 초륙(初六 : --)이 초구(初九 : —)로 변효(變爻)하면 초륙(初六 : --)은 건괘(蹇卦 : ䷦)를 63번째 기제괘(既濟卦 : ䷾)로 지괘(之卦)하게 한다. 따라서 건괘(蹇卦 : ䷦)의 초륙(初六 : --)은 기제괘(既濟卦 : ䷾)의 초구(初九 : —)를 찾아가 살펴보게 한다.

【초륙(初六)의 계사(繫辭) 풀이】

往蹇(왕건) 來譽(내예)

가면[往] 험난해지고[蹇] 오면[來] 칭찬받는다[譽].

초륙(初六 : --)의 효위(爻位)를 빌려 암시한 계사(繫辭)이다. 〈왕건(往蹇) 내예(來譽)〉는 〈초륙약왕향감(初六若往向坎) 초륙피건(初六被蹇) 초륙약래어기위(初六若來於其位) 초륙장피예(初六將被譽)〉의 줄임으로 여기고 〈초륙이[初六] 만약[若] 감을[坎] 향해[向] 간다면[往] 초륙은[初六] 위험해지고[被蹇] 초륙이[初六] 만약[若] 제[其] 자리[位]로[於] 오면[來] 초륙은[初六] 칭찬받을 것이다[將被譽]〉라고 새겨볼 것이다. 〈왕건(往蹇)의 건(蹇)〉은 〈험난할 난(難)〉과 같고, 〈내예(來譽)의 예(譽)〉는 〈칭찬할 찬(讚)〉과 같다.

〈왕건(往蹇)〉은 초륙(初六 : ⚋)이 건괘(蹇卦 : ䷦)의 상체(上體)인 감(坎 : ☵)으로 상진(上進)함을 암시한 계사(繫辭)이다. 〈왕건(往蹇)의 왕(往)〉은 안[內]에서 밖[外]으로 나아감이다. 건괘(蹇卦 : ䷦)의 하체(下體)인 간(艮 : ☶)은 내괘(內卦)이고 상체(上體)인 감(坎 : ☵)은 외괘(外卦)이다. 건괘(蹇卦 : ䷦)의 초륙(初六 : ⚋)은 내괘(內卦)의 초효(初爻)인지라, 〈왕건(往蹇)의 왕(往)〉은 건괘(蹇卦 : ䷦)의 상체(上體)인 감(坎 : ☵)으로 상진(上進)함을 암시한다. 따라서 〈왕건(往蹇)의 왕(往)〉은 초륙(初六 : ⚋)이 건괘(蹇卦 : ䷦)의 상체(上體)인 감(坎 : ☵)으로 들어감[入]을 암시한다. 이에 〈왕건(往蹇)의 건(蹇)〉 즉 어려움[蹇]이란 「설괘전(說卦傳)」에 나오는 〈감은[坎 : ☵] 물[水]이다[也]〉라는 내용과 〈감은[坎 : ☵] 구덩이[陷]이다[也]〉라는 내용을 동시에 상기시킨다. 초륙(初六 : ⚋)이 상진(上進)하여 건괘(蹇卦 : ䷦)의 상체(上體) 감(坎 : ☵)으로 들어감[入]이란 곧 물[水]의 구덩이[陷]로 들어감과 같다. 그러므로 건괘(蹇卦 : ䷦)의 초륙(初六 : ⚋)이 〈왕(往)〉 즉 나아간다면[往] 물구덩이[陷] 속으로 빠지게 되는 지경인지라, 성급히 〈왕(往)〉 즉 상진하기[往]를 시작한다면 수난을 겪게 됨을 암시한 계사(繫辭)가 〈왕건(往蹇)〉이다.

〈내예(來譽)〉는 초륙(初六 : ⚋)이 건괘(蹇卦 : ䷦)의 하체(下體) 간(艮 : ☶)의 초효(初爻)로서 멈춰 있음을 암시한 계사(繫辭)이다. 〈내예(來譽)의 내(來)〉는 밖[外]에서 안[內]으로 들어옴이다. 〈내예(來譽)의 내(來)〉가 「설괘전(說卦傳)」에 나오는 〈간은[艮 : ☶] 멈춤[止]이다[也]〉라는 내용을 상기시킨다. 이에 초륙(初六 : ⚋)이 건괘(蹇卦 : ䷦)의 하체(下體) 간(艮 : ☶)의 초효(初爻) 자리에 참을성 있게 머물러[止], 자신의 앞에 가로놓인 〈건(蹇)〉 즉 험난함[蹇]을 무모하게 맞부딪치지 않고 상진(上進)할 시운을 기다림은 칭찬받을[譽] 일임을 암시한 계사(繫辭)가 〈내예(來譽)〉이다.

【字典】

왕(往) 〈갈 왕(往)-지(之), 나아갈 왕(往)-행(行)-진행(進行), 물러갈 왕(往)-거(去), 이를 왕(往)-지(至), 향할 왕(往)-향(向), 옛 왕(往)-석(昔), 이따금 왕(往)-시시(時

時), 뒤 왕(往)-후(後), 죽음 왕(往)-망거(亡去)-사자(死者)〉 등의 뜻을 내지만 〈나아갈 행(行)〉과 같다 여기고 새김이 마땅하다.

건(蹇) 〈험난할 건(蹇)-난(難)-험재전(險在前), 절뚝발이(절) 건(蹇)-파(跛), 64괘(卦)의 하나 건(蹇)-건괘(蹇卦), 멈출 건(蹇)-정(停), 굳셀 건(蹇)-강(彊), 교만할 건(蹇)-불순(不順), 어지러울 건(蹇)-요(擾), 둔한 말 건(蹇)-노마(駑馬), 발어사 건(蹇)〉 등의 뜻을 내지만 여기선 〈험난할 난(難)〉과 같다 여기고 새김이 마땅하다.

내(來) 〈올 내(來)-지(至), 앞으로 내(來)-장래(將來)-미래(未來), 초치할 내(來)-초치(招致), ~부터 내(來)-자(自)-유(由), 남음이 있을 내(來)-유여(有餘), 어세를 더해주려는 조사(助詞) 내(來), 구중(句中)-구말(句末)의 조사(助詞) 내(來)〉 등의 뜻을 내지만 여기선 〈올 지(至)〉와 같다 여기고 새김이 마땅하다. 〈來〉가 앞에 있으면 〈내〉로 발음하고, 중간이나 뒤에 있으면 〈래〉로 발음한다.

예(譽) 〈칭찬할(기릴) 예(譽)-칭양(稱揚), 이름날 예(譽)-성문(聲聞), 착할 예(譽)-선(善), 즐길 예(譽)-낙(樂)〉 등의 뜻을 내지만 여기선 〈칭찬할 칭양(稱揚)〉으로 여기고 새김이 마땅하다.

註 감함야(坎陷也) …… 간지야(艮止也) : 감은[坎 : ☵] 함정[陷]이다[也]. …… 간은[艮 : ☶] 멈춤[止]이다[也].
「설괘전(說卦傳)」 7단락(段落)

육이(六二 : --)

六二 : 王臣蹇蹇이나 匪躬之故니라
왕 신 건 건 비 궁 지 고

육이(六二) : 임금과[王] 신하가[臣] 험난하고[蹇] 험난하나[蹇] 자신들의[躬之] 때문인 것은[故] 아니다[匪].

【육이(六二)의 효상(爻象) 풀이】

건괘(蹇卦 : ䷦)의 육이(六二 : --)는 이음거음(以陰居陰) 즉 음(陰 : --)으로써[以] 음(陰 : --)의 자리에 있는지라[居] 정당한 자리에 있다. 육이(六二 : --)와 구삼(九三 : ⚊)은 음양(陰陽)인지라 〈비(比)〉 즉 이웃의 사귐[比]을 누린다. 육이(六二 : ⚋)와 구오(九五 : ⚊)도 음양(陰陽)의 사이인지라 중정(中正) 즉 중효로서[中] 바른 자리에 있고[正] 정응(正應) 즉 바르게[正] 호응한다[應]. 이에 건괘(蹇卦 : ䷦)의 주제인 〈건(蹇)〉 즉 어려운[蹇] 때를 맞아 신하로서 육이(六二 : ⚋)가 득중(得中) 즉 정도를 따름을[中] 취하여[得] 어려움[蹇]에 처한 군왕(君王)인 구오(九五 : ⚊)를 충성(忠誠)으로써 받듦을 다하는 모습이다.

건괘(蹇卦 : ䷦)의 육이(六二 : ⚋)가 구이(九二 : ⚊)로 변효(變爻)하면 육이(六二 : ⚋)는 건괘(蹇卦 : ䷦)를 48번째 정괘(井卦 : ䷯)로 지괘(之卦)하게 한다. 따라서 건괘(蹇卦 : ䷦)의 육이(六二 : ⚋)는 정괘(井卦 : ䷯)의 구이(九二 : ⚊)를 찾아가 살펴보게 한다.

【육이(六二)의 계사(繫辭) 풀이】

王臣蹇蹇(왕신건건)

임금과[王] 신하가[臣] 험난하고[蹇] 험난하다[蹇].

〈왕신건건(王臣蹇蹇)〉은 육이(六二 : ⚋)와 구오(九五 : ⚊)의 정응(正應)을 암시한 계사(繫辭)이다. 〈왕신건건(王臣蹇蹇) 비궁지고(匪躬之故)〉는 〈왕여신건우건(王與臣蹇又蹇) 연이기건건비왕여신지고(然而其蹇蹇匪王與臣之故)〉의 줄임으로 여기고 〈신하와[與臣] 임금이[王] 험난하고[蹇] 또[又] 험난하다[蹇] 그러나[然而] 그[其] 건건은[蹇蹇] 신하와[與臣] 임금의[王之] 일들이[故] 아니다[匪]〉라고 새겨 볼 것이다.

〈왕신건건(王臣蹇蹇)의 왕(王)〉은 건괘(蹇卦 : ䷦)의 구오(九五 : ⚊)를 말하고, 〈왕신건건(王臣蹇蹇)의 신(臣)〉은 건괘(蹇卦 : ䷦)의 육이(六二 : ⚋)를 말한다. 〈왕신건건(王臣蹇蹇)〉 즉 임금과[王] 신하가[臣] 어렵고[蹇] 어렵다[蹇] 함은 건괘(蹇卦 : ䷦)의 주제인 〈건(蹇)〉의 때를 말한다. 〈건건(蹇蹇)의 건(蹇)〉은 〈험난할 난(難)〉과 같다. 육이(六二 : ⚋)와 구오(九五 : ⚊)가 〈건(蹇)〉 즉 험난한[蹇] 때를 맞아 정응(正應)으로써 득중(得中) 즉 정도를 따름을[中] 취하여[得] 제건(齊蹇) 즉 험난함을[蹇] 다스림[齊]을 암시한 것이 〈왕신건건(王臣蹇蹇)〉이다. 이에 〈왕신건건(王臣蹇蹇)의 왕(王)〉 즉 구오(九五 : ⚊)는 건괘(蹇卦 : ䷦)의 상체 감(坎 : ☵)의 중효(中爻)인지라, 〈왕건(王蹇)〉은 입함(入陷) 즉 물속 구덩이에[陷] 들어간[入] 처지와 같음을 암시한다. 왜냐하면 〈왕건(王蹇)의 건(蹇)〉이 「설괘전(說卦傳)」에 나오는 〈감은[坎 : ☵] 구덩이[陷]이다[也]〉라는 내용과 〈감은[坎 : ☵] 물[水]이다[爲]〉라는 내용을 환기시키기 때문이다. 이에 육이(六二 : --)는 구오(九五 : ㅡ)와 정응(正應)을 서로 누리는 신하로서 물구덩이에 빠져 있는 처지와 같은 군왕(君王)인 구오(九五 : ㅡ)를 받들기 위하여 자신이 처할 험난함[蹇] 따위는 아랑곳하지 않고 신하의 도리를 다함을 암시한 계사(繫辭)가 〈왕신건건(王臣蹇蹇)〉이다.

匪躬之故(비궁지고)

자신들의[躬之] 때문인 것은[故] 아니다[匪].

〈비궁지고(匪躬之故)〉는 건괘(蹇卦 : ䷦)의 주제인 〈건(蹇)〉의 까닭을 암시한 점사(占辭)이다. 〈왕신(王臣)〉 즉 왕과[王] 신하가[臣] 겪는 험난함[蹇]이 왕과[王] 신하가[臣] 잘못한 까닭[故]이 아니라는 것이 〈비궁지고(匪躬之故)〉이다. 〈비궁지고(匪躬之故)의 비(匪)〉는 〈아닌 것 비(非)〉와 같으며, 〈비궁지고(匪躬之故)의 궁(躬)〉은 〈자기 자신(自身)〉과 같고, 〈비궁지고(匪躬之故)의 고(故)〉는 〈일 사(事)〉와 같으나 여기선 과실(過失) 또는 죄(罪)와 같다. 구오(九五 : ㅡ) 즉 군왕(君王)에게나 육이(六二 : --)에게 과실이 있어서 〈건건(蹇蹇)〉 즉 험난하고[蹇] 험난하다[蹇]는 것이 아님을 암시한 것이 〈비궁지고(匪躬之故)〉이다. 따라서 육이(六二 : --)와 구오(九五 : ㅡ) 탓으로 세상이 험난함[蹇]이 아니라 소인배(小人輩)의 탓으로 세상이 험난함[蹇]을 암시하면서, 육이(六二 : --)와 구오(九五 : ㅡ)가 각각 정위(正位)에서 정응(正應)하여 득중(得中) 즉 정도를 따름을[中] 취하여[得] 공평무사(公平無私)하게 험난한[蹇] 때를 다스려 나감을 암시한 계사(繫辭)가 〈비궁지고(匪躬之故)〉이다.

【字典】

왕(王) 〈임금 왕(王)-군(君), 제후 왕(王)-제후(諸侯), 무리의 우두머리 왕(王)-동류중지수령(同類中之首領), 큰 왕(王)-대(大), 천자를 받들 왕(王)-사천자(事天子), 바로잡을 왕(王)-광정(匡正), 성대할 왕(王)-성(盛), 이길 왕(王)-승(勝), 흥할 왕(王)-흥(興)〉 등의 뜻을 내지만 〈임금 군(君)〉과 같다 여기고 새김이 마땅하다.

신(臣) 〈신하 신(臣)-사군자(事君者), 신하 노릇을 다할 신(臣)-진신지직분(盡臣之職分), 남자를 낮추어 부를 신(臣)-수부(囚俘)-남자지천칭(男子之賤稱), 신하의 자칭 신(臣)-신하지자칭(臣下之自稱), 백성 신(臣)-서인(庶人), 저 신(臣)-자기지겸칭(自己之謙稱), 음 신(臣)-음(陰), 달 신(臣)-월(月), {오음(五音)의} 상 신(臣)-오음지상(五音之商)〉 등의 뜻을 내지만 여기선 〈사군자(事君者)〉 즉 임금을[君] 섬기는[事] 자(者)로서 신하(臣下)로 새김이 마땅하다.

건(蹇) 〈험난할 건(蹇)-난(難)-험재전(險在前), 절뚝발이(절) 건(蹇)-파(跛), 64괘(卦)의 하나 건(蹇)-건괘(蹇卦), 멈출 건(蹇)-정(停), 굳셀 건(蹇)-강(彊), 교만할 건(蹇)-불순(不順), 어지러울 건(蹇)-요(擾), 둔한 말 건(蹇)-노마(駑馬), 발어사 건(蹇)〉 등의 뜻을 내지만 여기선 〈험난할 난(難)〉과 같다 여기고 새김이 마땅하다.

匪 〈비-분〉으로 발음되고, 〈아닌 것 비(匪)-비(非), 악할 비(匪)-악(惡), 대나무로 만든 상자 비(匪), 발어사(發語詞) 비(匪)-피(彼), 멈춤 없이 가는 모양 비(匪)-행부지모(行不止貌), 나눌 분(匪)-분(分)〉 등의 뜻을 내지만 여기선 〈아닌 것 비(非)〉와 같다 여기고 새김이 마땅하다.

궁(躬) 〈자신(몸소) 궁(躬)-친(親)-궁친(躬親), 몸 궁(躬)-궁(躳)-신(身), 몸소 행할 궁(躬)-신친행지(身親行之), 몸소 갖출 궁(躬)-궁친유지(躬親有之)〉 등의 뜻을 내지만 여기선 〈자신들 궁친(躬親)〉으로 여기고 새김이 마땅하다.

지(之) 〈그것(이것) 지(之)-피(彼)-시(是), 갈 지(之)-왕(往), 이를 지(之)-지(至), 주격-소유격-목적격 등의 토씨 지(之), 뜻 없는 허사(虛詞) 지(之)〉 등의 뜻을 내지만 여기선 소유격 토씨로서 〈~의 지(之)〉로 여기고 새김이 마땅하다.

고(故) 〈과실(잘못) 고(故)-과실(過失), 죄 고(故)-죄(罪), 옛 고(故)-구(舊)-고(古)-왕석(往昔), 죽은 이를 나타낼 고(故)-관어사자지칭(冠於死者之稱), 본선 고(故)-본(本), 본래 고(故)-본래(本來), 예부터 내려오는 고(故)-자고이래(自古以來), 옛것 고(故)-구시사물(舊時事物), 연장자 고(故)-고로(故老)-원로(元老), 앞선 고(故)-선(先), 선례 고(故)-선례(先例), 일 고(故)-사(事), 사건 고(故)-사건(事件), 변사 고(故)-변사(變事), 그러므로 고(故)-승상기하지사(承上起下之辭), 때문에 고(故)-이(以), 사고 고(故)-사고(事故), 흉화재해 고(故)-흉화재해(凶禍災害), 악덕 고(故)-악덕(惡德), 지능범 고(故)-명지고범(明知故犯), 교묘한 사기 고(故)-교사(巧詐), {고서(古書)의 자구(字句)에} 해석을 붙일 고(故)-고(詁)-지의(指義), 반드시 고(故)-필고(必固), 이에 고(故)-내(乃), 품살 고(故)-고(雇), 오히려 고(故)-상(尙), 항상 고(故)-상(常)-구(久), 인할 고(故)-잉(仍)〉 등의 뜻을 내지만 여기선 〈과실(過失)〉로 여기고 새김이 마땅하다.

註 감함야(坎陷也) : 감은[坎 : ☵] 구덩이[陷]이다[也]. 「설괘전(說卦傳)」 7단락(段落)

註 감위수(坎爲水) : 감은[坎 : ☵] 물[水]이다[爲]. 「설괘전(說卦傳)」 11단락(段落)

구삼(九三 : ⚊)

九三 : 往蹇이고 來反이리라
왕건 내반

구삼(九三) : 가면[往] 험난해지고[蹇] 오면[來] 되돌아옴이다[反].

【구삼(九三)의 효상(爻象) 풀이】

건괘(蹇卦 : ䷦)의 구삼(九三 : ⚊)은 이양거양(以陽居陽) 즉 양(陽 : ⚊)으로써[以] 양(陽 : ⚊)의 자리에 있는지라[居] 정당한 자리에 있다. 구삼(九三 : ⚊)과 육사(六四 : ⚋)는 양음(陽陰)인지라 〈비(比)〉 즉 이웃의 사귐[比]을 누릴 듯하지만 육사(六四 : ⚋)는 구오(九五 : ⚊)와 이웃하고자 하므로 육사(六四 : ⚋)의 호감을 구삼(九三 : ⚊)이 얻지 못할 입장이다. 구삼(九三 : ⚊)은 상륙(上六 : ⚋)과도 양음(陽陰)의 사이인지라 정응(正應) 즉 바르게[正] 서로 호응함[應]을 누릴 수 있는 처지이긴 하나 멀리 떨어져 있어서 실질적인 도움을 바랄 수 없는 형편이다. 구삼(九三 : ⚊)의 자리가 하체(下體)와 상체(上體)의 접경(接境)인지라 나아가면 곧장 상체(上體)인 감(坎 : ☵) 즉 함정에 빠질 위험이 도사리고 있어서 구삼(九三 : ⚊)은 제 자리로 돌아와 머물러[止] 있는 모습이다.

건괘(蹇卦 : ䷦)의 구삼(九三 : ⚊)이 육삼(六三 : ⚋)으로 변효(變爻)하면 구삼(九三 : ⚊)은 건괘(蹇卦 : ䷦)를 8번째 비괘(比卦 : ䷇)로 지괘(之卦)하게 한다. 따라서 건괘(蹇卦 : ䷦)의 구삼(九三 : ⚊)은 비괘(比卦 : ䷇)의 육삼(六三 : ⚋)을 찾아가 살펴보게 한다.

【구삼(九三)의 계사(繫辭) 풀이】

往蹇(왕건) 來反(내반)

가면[往] 험난해지고[蹇] 오면[來] 되돌아옴이다[反].

〈왕건(往蹇) 내반(來反)〉은 구삼(九三 : ━)의 효위(爻位)를 빌려 암시한 계사(繫辭)이다. 〈왕건(往蹇) 내반(來反)〉은 구삼약왕향감(九三若往向坎) 구삼피건(九三被蹇) 구삼약래어기위(九三若來於其位) 구삼반어기위(九三反於其位)〉의 줄임으로 여기고 〈구삼이[九三] 만약[若] 감을[坎] 향해[向] 간다면[往] 구삼은[九三] 위험해지고[被蹇] 구삼이[九三] 만약[若] 제[其] 자리[位]로[於] 오면[來] 구삼은[九三] 제[其] 자리로[於位] 되돌아옴이다[反]〉라고 새겨볼 것이다. 〈왕건(往蹇)의 건(蹇)〉은 〈험난할 난(難)〉과 같고, 〈내반(來反)의 반(反)〉은 〈되돌아올 복(復)〉과 같다.

〈왕건(往蹇)〉은 구삼(九三 : ━)이 건괘(蹇卦 : ䷦)의 상체(上體)인 감(坎 : ☵)으로 상진(上進)함을 암시한 계사(繫辭)이다. 〈왕건(往蹇)의 왕(往)〉은 안[內]에서 밖[外]으로 나아감이다. 건괘(蹇卦 : ䷦)의 하체(下體)인 간(艮 : ☶)은 내괘(內卦)이고 상체(上體)인 감(坎 : ☵)은 외괘(外卦)이다. 건괘(蹇卦 : ䷦)의 구삼(九三 : ━)은 내괘(內卦)의 상효(上爻)인지라 〈왕건(往蹇)의 왕(往)〉은 건괘(蹇卦 : ䷦)의 상체(上體)인 감(坎 : ☵)으로 상진(上進)함을 암시한다. 따라서 〈왕건(往蹇)의 왕(往)〉은 구삼(九三 : ━)이 건괘(蹇卦 : ䷦)의 상체(上體)인 감(坎 : ☵)으로 들어감[入]을 암시한다. 이에 〈왕건(往蹇)의 건(蹇)〉 즉 어려움[蹇]이란 「설괘전(說卦傳)」에 나오는 〈감은[坎 : ☵] 물[水]이다[也]〉라는 내용과 〈감은[坎 : ☵] 구덩이[陷]이다[也]〉라는 내용을 동시에 상기시킨다. 구삼(九三 : ━)이 상진(上進)하여 건괘(蹇卦 : ䷦)의 상체(上體) 감(坎 : ☵)으로 들어감[入]이란 곧 물의[水] 구덩이[陷]로 들어감과 같다. 이에 건괘(蹇卦 : ䷦)의 구삼(九三 : ━)이 〈왕(往)〉 즉 상진한다면[往] 물의[水] 구덩이[陷] 속으로 빠지게 되는 지경인지라, 〈왕(往)〉 즉 위로 나아가[往] 봤자 험난함[蹇]만 겪게 됨을 구삼(九三 : ━)이 간파했음을 암시한 계사(繫辭)가 〈왕건(往蹇)〉이다.

〈내반(來反)〉은 구삼(九三 : ━)이 〈왕건(往蹇)〉의 까닭을 간파했음을 암시한 계사(繫辭)이다. 위로 나아감[往]은 곧 건괘(蹇卦 : ䷦)의 상체(上體)인 감(坎 : ☵)으로 들어감인지라, 이는 곧 구삼(九三 : ⚊)이 감(坎 : ☵)의 함(陷) 즉 험난한[陷] 지경으로 스스로 들어가는 꼴임을 알아차렸음을 암시한 것이 〈내반(來反)〉이다. 구삼(九三 : ⚊)이 건괘(蹇卦 : ䷦)의 상체(上體)인 감(坎 : ☵)으로 올라가려다[往] 그만두고 건괘(蹇卦 : ䷦)의 하체(下體) 간(艮 : ☶)의 상효(上爻) 자리로 되돌아옴[反]을 암시한 것이 〈내반(來反)〉이다. 따라서 〈내반(來反)〉은 「설괘전(說卦傳)」에 나오는 〈간은[艮 : ☶] 멈춤[止]이다[也]〉라는 내용을 환기시켜, 구삼(九三 : ⚊)이 건괘(蹇卦 : ䷦)의 하체(下體)인 간(艮 : ☶)의 상효(上爻)로서 머물러[止] 험난함[蹇]을 피하는 현명함을 암시한 계사(繫辭)가 〈내반(來反)〉이다.

【字典】

왕(往) 〈갈 왕(往)-지(之), 나아갈 왕(往)-행(行)-진행(進行), 물러갈 왕(往)-거(去), 이를 왕(往)-지(至), 향할 왕(往)-향(向), 옛 왕(往)-석(昔), 이따금 왕(往)-시시(時時), 뒤 왕(往)-후(後), 죽음 왕(往)-망거(亡去)-사자(死者)〉 등의 뜻을 내지만 〈나아갈 행(行)〉과 같다 여기고 새김이 마땅하다.

건(蹇) 〈험난할 건(蹇)-난(難)-험재전(險在前), 절뚝발이(절) 건(蹇)-파(跛), 64괘(卦)의 하나 건(蹇)-건괘(蹇卦), 멈출 건(蹇)-정(停), 굳셀 건(蹇)-강(彊), 교만할 건(蹇)-불순(不順), 어지러울 건(蹇)-요(擾), 둔한 말 건(蹇)-노마(駑馬), 발어사 건(蹇)〉 등의 뜻을 내지만 여기선 〈험난할 난(難)〉과 같다 여기고 새김이 마땅하다.

내(來) 〈올 내(來)-지(至), 앞으로 내(來)-장래(將來)-미래(未來), 초치할 내(來)-초치(招致), ~부터 내(來)-자(自)-유(由), 남음이 있을 내(來)-유여(有餘), 어세를 더해주려는 조사(助詞) 내(來), 구중(句中)-구말(句末)의 조사(助詞) 내(來)〉 등의 뜻을 내지만 여기선 〈올 지(至)〉와 같다 여기고 새김이 마땅하다. 〈來〉가 앞에 있으면 〈내〉로 발음하고, 중간이나 뒤에 있으면 〈래〉로 발음한다.

반(反) 〈돌아올 반(反)-환(還)-귀(歸), 돌아볼 반(反)-내성(內省), 상반 반(反)-상반(相反), 덮을(엎을) 반(反)-복(覆), 갚을 반(反)-보(保)-응(應), 갔다가 다시 돌아올 반(反)-거이복래(去而復來), 다시 반(反)-경(更), 반성할 반(反)-반성(反省)-회(悔), 생각할 반(反)-사(思), 듬직할 반(反)-신중(愼重), 이치에 뒤칠 반(反)-번(翻), 변할 반(反)-변(變), 제법 반(反)-과(果), 그런데 반(反)-연사(然辭)〉 등의 뜻을 내지만 여기선 〈돌아올 환(還)〉과 같다 여기고 새김이 마땅하다.

註 감함야(坎陷也) : 감은[坎 : ☵] 구덩이[陷]이다[也]. 「설괘전(說卦傳)」 7단락(段落)

註 감위수(坎爲水) : 감은[坎 : ☵] 물[水]이다[爲]. 「설괘전(說卦傳)」 11단락(段落)

註 간지야(艮止也) : 간은[艮 : ☶] 멈춤[止]이다[也]. 「설괘전(說卦傳)」 7단락(段落)

육사(六四 : --)

六四 : 往蹇이고 來連이리라
왕건 내련

육사(六四) : 가면[往] 험난해지고[蹇] 오면[來] 연합한다[連].

【육사(六四)의 효상(爻象) 풀이】

건괘(蹇卦 : ䷦)의 육사(六四 : --)는 이음거음(以陰居陰) 즉 음(陰 : --)으로써[以] 음(陰 : --)의 자리에 있는지라[居] 정당한 자리에 있다. 육사(六四 : --)와 구오(九五 : —)는 음양(陰陽)인지라 〈비(比)〉 즉 이웃의 사귐[比]을 누릴 수 있는 처지이지만 구오(九五 : —)는 육이(六二 : --)와 중정(中正)과 정응(正應)을 아울러 누리는지라, 육사(六四 : --)와 구오(九五 : —)의 사귐[比]은 경대부(卿大夫)로서 육사(六四 : --)가 군왕(君王)인 구오(九五 : —)를 받듦을 뜻할 뿐이다. 육사(六四 : --)와 초륙(初六 : --)은 양음(兩陰) 즉 둘 다[兩] 음(陰 : --)인지라 불응(不應) 즉 서로 호응하지 못한다[不應]. 이에 육사(六四 : --)는 구삼(九三 : —)과 음양(陰陽)의 사이로 이웃의 사귐[比]을 돈독하게 하는 모습이다.

건괘(蹇卦 : ䷦)의 육사(六四 : --)가 구사(九四 : —)로 변효(變爻)하면 육사(六四 : --)는 건괘(蹇卦 : ䷦)를 31번째 함괘(咸卦 : ䷞)로 지괘(之卦)하게 한다. 따라서 건괘(蹇卦 : ䷦)의 육사(六四 : --)는 함괘(咸卦 : ䷞)의 구사(九四 : —)를 찾아가 살펴보게 한다.

【육사(六四)의 계사(繫辭) 풀이】

往蹇(왕건) 來連(내련)

가면[往] 험난해지고[蹇] 오면[來] 연합한다[連].

〈왕건(往蹇) 내련(來連)〉은 육사(六四 : --)의 효위(爻位)를 빌려 암시한 계사(繫辭)이다. 〈왕건(往蹇) 내련(來連)〉은 〈육사약왕어감(六四若往於坎) 육사피건(六四被蹇) 육사약래어기위(六四若來於其位) 육사여구삼상련(六四與九三相連)〉의 줄임으로 여기고 〈육사가[六四] 만약[若] 감(坎)으로[於] 간다면[往] 육사는[六四] 위험해지고[被蹇] 육사가[六四] 만약[若] 제[其] 자리[位]로[於] 오면[來] 구삼과[與九三] 육사는[六四] 서로[相] 연합한다[連]〉라고 새겨볼 것이다. 〈왕건(往蹇)의 건(蹇)〉은 〈험난할 난(難)〉과 같고, 〈내련(來連)의 연(連)〉은 〈합할 합(合)〉과 같다.

〈왕건(往蹇)〉은 육사(六四 : --)가 건괘(蹇卦 : ䷦)의 상체(上體)인 감(坎 : ☵)으로 들어감[入]을 암시한 계사(繫辭)이다. 〈왕건(往蹇)의 왕(往)〉은 상진(上進) 즉 올라감이니 외부(外部)에서 내부(內部)로 나아감이다. 건괘(蹇卦 : ䷦)의 육사(六四 : --)는 상체(上體) 감(坎 : ☵)의 초효(初爻)인지라 육사(六四 : --)는 감(坎 : ☵)의 외부(外部) 즉 바깥에 있다. 따라서 여기 〈왕건(往蹇)의 왕(往)〉은 육사(六四 : --)가 건괘(蹇卦 : ䷦)의 상체(上體)인 감(坎 : ☵)의 속으로 들어감을 암시한다. 이에 〈왕건(往蹇)의 건(蹇)〉 즉 어려움[蹇]이란 「설괘전(說卦傳)」에 나오는 〈감은[坎 : ☵] 물[水]이다[也]〉라는 내용과 〈감은[坎 : ☵] 구덩이[陷]이다[也]〉라는 내용을 동시에 상기시킨다. 육사(六四 : --)가 건괘(蹇卦 : ䷦)의 상체(上體) 감(坎 : ☵) 속으로 들어감[入]이라 이는 곧 물의[水] 구덩이[陷]로 들어감을 뜻해 위험해지는[蹇] 것임을 말한다. 이는 건괘(蹇卦 : ䷦)의 주제인 〈건(蹇)〉 즉 험난한[蹇] 때를 맞아 경대부(卿大夫)로서 육사(六四 : --)가 군왕(君王)인 구오(九五 : —)를 보필함에 험난함[蹇]을 겪을 수밖에 없음을 암시한다. 이에 건괘(蹇卦 : ䷦)의 육사(六四 : --)가 〈왕(往)〉 즉 위로 나아간다면[往] 물의[水] 구덩이[陷] 속으로 빠지는 꼴인지라 〈왕(往)〉 즉 위로 나아가[往] 군왕(君王)인 구오(九五 : —)를 보필할수록 육사(六四 : --)가 더욱 험난할[蹇] 수밖에 없음을 암시한 계사(繫辭)가 〈왕건(往蹇)〉이다.

〈내련(來連)〉은 육사(六四 : --)와 구삼(九三 : —)의 비(比)를 암시한 계사(繫辭)이다. 〈내련(來連)〉은 경대부(卿大夫)로서 육사(六四 : --) 자신이 유약(柔弱)한지라 군왕(君王)을 지근(至近)에서 받들기가 더욱더 험난할[蹇] 수밖에 없으니 대부(大夫)인 구삼(九三 : —)과 〈연(連)〉 즉 연합하여[連] 군왕(君王)인 구오(九五 :

ㅡ)를 보필할 수 있음을 암시한다. 〈내련(來連)의 내(來)〉는 밖[外]에서 안[內]으로 들어옴[入]이다. 대성괘(大成卦) 상체(上體)를 외괘(外卦)라 하니 건괘(蹇卦 : ䷦)의 상체(上體)인 감(坎 : ☵)은 외(外)이고, 하체(下體)를 내괘(內卦)라 하니 건괘(蹇卦 : ䷦)의 하체(下體)인 간(艮 : ☶)은 내(內)이다. 육사(六四 : --)는 외괘(外卦)인 감(坎 : ☵)의 초효(初爻)이니 밖에 있고, 구삼(九三 : ㅡ)은 내괘(內卦)인 간(艮 : ☶)의 상효(上爻)이니 안에 있다. 이에 〈내련(來連)의 연(連)〉은 육사(六四 : --)와 구삼(九三 : ㅡ)이 음양(陰陽)의 사이인지라 비(比) 즉 이웃의 사귐[比]을 암시한다. 유약(柔弱)한 육사(六四 : --)가 군왕(君王)을 더욱더 받들고자 나아갈수록[往] 험난해질[蹇] 터이니 밖에 있는 유약(柔弱)한 육사(六四 : --)가 안에 있는 강강(剛强)한 구삼(九三 : ㅡ)과 이웃의 사귐[比]을 돈독히 함으로써 연합해[連], 육사(六四 : --) 자신이 겪는 험난함을 극복해가면서 군왕(君王)인 구오(九五 : ㅡ)를 더욱더 받들 수 있음을 암시한 계사(繫辭)가 〈내련(來連)〉이다.

【 字 典 】

왕(往) 〈갈 왕(往)-지(之), 나아갈 왕(往)-행(行)-진행(進行), 물러갈 왕(往)-거(去), 이를 왕(往)-지(至), 향할 왕(往)-향(向), 옛 왕(往)-석(昔), 이따금 왕(往)-시시(時時), 뒤 왕(往)-후(後), 죽음 왕(往)-망거(亡去)-사자(死者)〉 등의 뜻을 내지만 〈나아갈 행(行)〉과 같다 여기고 새김이 마땅하다.

건(蹇) 〈험난할 건(蹇)-난(難)-험재전(險在前), 절뚝발이(절) 건(蹇)-파(跛), 64괘(卦)의 하나 건(蹇)-건괘(蹇卦), 멈출 건(蹇)-정(停), 굳셀 건(蹇)-강(彊), 교만할 건(蹇)-불순(不順), 어지러울 건(蹇)-요(擾), 둔한 말 건(蹇)-노마(駑馬), 발어사 건(蹇)〉 등의 뜻을 내지만 여기선 〈험난할 난(難)〉과 같다 여기고 새김이 마땅하다.

내(來) 〈올 내(來)-지(至), 앞으로 내(來)-장래(將來)-미래(未來), 초치할 내(來)-초치(招致), ~부터 내(來)-자(自)-유(由), 남음이 있을 내(來)-유여(有餘), 어세를 더해주려는 조사(助詞) 내(來), 구중(句中)-구말(句末)의 조사(助詞) 내(來)〉 등의 뜻을 내지만 여기선 〈올 지(至)〉와 같다 여기고 새김이 마땅하다. 〈來〉가 앞에 있으면 〈내〉로 발음하고, 중간이나 뒤에 있으면 〈래〉로 발음한다.

연(連) 〈합할 연(連)-합(合), 이을 연(連)-속(續)-연(聯), 결합할 연(連)-결(結)-속(屬), 수레에 실을 연(連)-부거(負車), 끌 연(連)-인(引)-견(牽), 모양이 긴 연(連)-장모

(長貌), 돌아올 연(連)-환(還), 머물 연(連)-지구(遲久), 어려울 연(連)-난(難)〉 등의 뜻을 내지만 여기선 〈결합할 결(結), 이을 연(聯)〉 등으로 여기고 새김이 마땅하다. 〈連〉이 앞에 있으면 〈연〉으로 발음하고, 중간이나 뒤에 있으면 〈련〉으로 발음한다.

註 왕건(往蹇) 내련(來連) : 여기 〈내련(來連)의 연(連)〉을 〈머물 지구(遲久)〉로 여기고 새기자는 경우도 있고, 〈어려울 난(難)〉으로 여기고 새기자는 경우도 있다. 어차피 육사(六四 : --)의 자리는 감(坎 : ☵)의 초효(初爻)인지라 〈감함야(坎陷也)〉의 운명을 벗어날 수 없기 때문에 육사(六四 : --)가 제 자리로 온들[來] 여전히 함정[陷]에 빠질 험난함[蹇]이 도사리고 있음을 헤아린다면 〈내련(來連)의 연(連)〉을 〈(어려움에) 머물 지구(遲久)〉 또는 〈어려울 난(難)〉으로 새겨도 안 될 것은 없다. 그러나 여기선 〈내련(來連)의 연(連)〉을 〈결합할 합(合)-이을 연(聯)〉 등과 같다 여기고 〈연합(聯合)〉의 뜻으로 새김이 마땅한 편이다.

구오(九五 : ⚊)

九五 : 大蹇이나 朋來로다
대건 붕래

구오(九五) : 크게[大] 험난하지만[蹇] 벗이[朋] 온다[來].

【구오(九五)의 효상(爻象) 풀이】

건괘(蹇卦 : ䷦)의 구오(九五 : ⚊)는 이양거양(以陽居陽) 즉 양(陽 : ⚊)으로써[以] 양(陽 : ⚊)의 자리에 있는지라[居] 정당한 자리에 있다. 구오(九五 : ⚊)와 육사(六四 : --)-상륙(上六 : --)은 양음(陽陰)의 사이인지라 비(比) 즉 이웃의 사귐[比]을 누릴 수 있다. 구오(九五 : ⚊)와 육이(六二 : --)는 중정(中正) 즉 중효로서[中] 정당한 자리에 있고[正], 양음(陽陰)의 사이인지라 정응(正應) 즉 바르게[正] 서로 호응함[應]을 누리며, 득중(得中) 즉 정도를 따름을[中] 취한다[得]. 이에 구오(九五 : ⚊)가 건괘(蹇卦 : ䷦)의 주제인 〈건(蹇)〉 즉 험난한[蹇] 때를 마주한 군왕(君王)인지라 험난한 시국을 맞고 있지만 신하들의 전폭적인 도움을 받아 제건(齊蹇) 즉 험난함을[蹇] 다스려가는[齊] 모습이다.

> 건괘(蹇卦 : ䷦)의 구오(九五 : ⚊)가 육오(六五 : ⚋)로 변효(變爻)하면 구오(九五 : ⚊)는 건괘(蹇卦 : ䷦)를 15번째 겸괘(謙卦 : ䷎)로 지괘(之卦)하게 한다. 따라서 건괘(蹇卦 : ䷦)의 구오(九五 : ⚊)는 겸괘(謙卦 : ䷎)의 육오(六五 : ⚋)를 찾아가 살펴보게 한다.

【구오(九五)의 계사(繫辭) 풀이】

大蹇(대건) 朋來(붕래)

크게[大] 험난하지만[蹇] 벗이[朋] 온다[來].

〈대건(大蹇) 붕래(朋來)〉는 구오(九五 : ⚊)의 효위(爻位)를 빌려 암시한 계사(繫辭)이다. 〈대건(大蹇) 붕래(朋來)〉는 〈수구오유대건(雖九五有大蹇) 붕우래향구오(朋友來向九五)〉의 줄임으로 여기고 〈비록[雖] 구오에게[九五] 크게[大] 어려움이[蹇] 있어도[有] 벗들이[朋友] 구오를[九五] 향해[向] 온다[來]〉라고 새겨볼 것이다. 〈대건(大蹇)의 건(蹇)〉은 〈험난할 난(難)〉과 같고, 〈붕래(朋來)의 붕(朋)〉은 〈벗 우(友)〉와 같다.

〈대건(大蹇)〉은 구오(九五 : ⚊)가 강강(剛强)한 군왕(君王)이지만 건괘(蹇卦 : ䷦)의 상체(上體) 감(坎 : ☵)의 중효(中爻)라 감(坎 : ☵)은 〈함(陷)〉이니 그 함정[陷]에 빠져 있음인지라 몹시 험난함[蹇]을 암시한 것이 〈대건(大蹇)〉이다. 여기 〈대건(大蹇)〉은 군왕(君王)으로서 구오(九五 : ⚊)가 겪는 〈건(蹇)〉 즉 어려운[蹇] 때를 암시한다. 〈대건(大蹇)의 대(大)〉를 천하(天下)를 뜻한다고 여기면서 〈대건(大蹇)〉을 〈천하지건(天下之蹇)〉으로 여기고 〈온 세상의[天下之] 어려움[蹇]〉이라고 새겨도 마땅하다. 물론 건괘(蹇卦 : ䷦)의 상체(上體) 감(坎 : ☵)의 중효(中爻)인 구오(九五 : ⚊)가 함정에 빠졌음을 암시한다고 여길 수도 있다. 왜냐하면 〈대건(大蹇)의 건(蹇)〉이 「설괘전(說卦傳)」에 나오는 〈감은[坎 : ☵] 함정[陷]이다[也]〉라는 내용을 상기시키기 때문이다. 그러나 굳세면서[剛] 강력한[强] 구오(九五 : ⚊)는 정당한 자리에 있는 중효(中爻)로서 득중(得中) 즉 정도를 따름을[中] 취하는[得] 군왕(君王)인지라 단순히 자신만의 감함(坎陷) 즉 감(坎 : ☵)의 함정[陷]에 빠져서 어려움[蹇]을 겪음이 아니라, 〈건(蹇)〉 즉 어려운[蹇] 때에 빚어지는 〈제천하지건(齊天下之蹇)〉 즉 천하의[天下之] 어려움을[蹇] 다스려야 하는[齊] 어려움

[蹇]을 마주함을 암시한 계사(繫辭)가 〈대건(大蹇)〉이다.

〈붕래(朋來)〉는 군왕(君王)으로서 구오(九五 : ⚊)가 험난함[蹇]에 빠져 있을지라도 신하들이 구오(九五 : ⚊)를 외면하지 않음을 암시한 계사(繫辭)이다. 〈붕래(朋來)의 붕(朋)〉은 경대부(卿大夫)로서 육사(六四 : ⚋)가 도모했던 〈내련(來連)〉을 환기시키고, 육사(六四 : ⚋)가 구오(九五 : ⚊)와 함께 겪는 〈왕신건건(王臣蹇蹇)〉을 환기시킨다. 여기 〈붕(朋)〉은 백성으로서 건괘(蹇卦 : ䷦)의 초효(初爻)-신하로서 건괘(蹇卦 : ䷦)의 이효(二爻)-대부(大夫)로서 건괘(蹇卦 : ䷦)의 삼효(三爻)-경대부(卿大夫)로서 건괘(蹇卦 : ䷦)의 사효(四爻) 등 모두를 〈붕래(朋來)의 붕(朋)〉 즉 벗들[朋]이라 한다. 감(坎 : ☵)의 중효(中爻)인지라 구오(九五 : ⚊)가 건괘(蹇卦 : ䷦)의 주제인 〈건(蹇)〉 즉 어려운[蹇] 때를 마주해 험난할[蹇]지라도 백성과 신하들 모두가 군왕(君王)을 외면하지 않고 군왕(君王)의 제건(齊蹇) 즉 어려움을[蹇] 다스림[齊]에 동참함을 암시하는 계사(繫辭)가 〈붕래(朋來)〉이다.

【字典】

대(大) 〈큰 대(大)-소지대(小之對), 지나칠 대(大)-과(過), 자만할 대(大)-과(誇)-긍벌(矜伐), 넓을 대(大)-광(廣), 두루 대(大)-편(徧), 통할 대(大)-통(通), 길 대(大)-장(長), (땅을) 걸게 할 대(大)-비(肥), 두터울 대(大)-후(厚), 많을 대(大)-다(多), 모두 대(大)-개(皆), 선할 대(大)-선(善), 무거울 대(大)-중(重), 거대할 대(大)-거(巨), 아름다울 대(大)-미(美)-장(壯), 부유할 대(大)-부(富), 늙을 대(大)-노(老), 끝 대(大)-극(極), 대충 대(大)-조(組)-불세밀(不細密), 처음 대(大)-초(初), 하늘 대(大)-천(天), 건(乾)-양기(陽氣)-양효(陽爻) 대(大)〉 등의 뜻을 내지만 여기선 〈크게 대(大)〉로 여기고 새김이 마땅하다.

건(蹇) 〈험난할 건(蹇)-난(難)-험재전(險在前), 절뚝발이(절) 건(蹇)-파(跛), 64괘(卦)의 하나 건(蹇)-건괘(蹇卦), 멈출 건(蹇)-정(停), 굳셀 건(蹇)-강(彊), 교만할 건(蹇)-불순(不順), 어지러울 건(蹇)-요(擾), 둔한 말 건(蹇)-노마(駑馬), 발어사 건(蹇)〉 등의 뜻을 내지만 여기선 〈험난할 난(難)〉과 같다 여기고 새김이 마땅하다.

붕(朋) 〈벗 붕(朋)-우(友), 한패 붕(朋)-당(黨)-유(類)-군(羣), 제자 붕(朋)-제자(弟子), 견줄 붕(朋)-비(比), 무리 붕(朋)-군(羣), 두 단지 붕(朋)-양준(兩樽)〉 등의 뜻을 내지만 여기선 〈벗 우(友)〉와 같다 여기고 〈붕류(朋類)〉로 새김이 마땅하다.

내(來) 〈올 내(來)-지(至), 앞으로 내(來)-장래(將來)-미래(未來), 초치할 내(來)-초치(招致), ~부터 내(來)-자(自)-유(由), 남음이 있을 내(來)-유여(有餘), 어세를 더해주려는 조사(助詞) 내(來), 구중(句中)-구말(句末)의 조사(助詞) 내(來)〉 등의 뜻을 내지만 여기선 〈올 지(至)〉와 같다 여기고 새김이 마땅하다. 〈來〉가 앞에 있으면 〈내〉로 발음하고, 중간이나 뒤에 있으면 〈래〉로 발음한다.

註 감함야(坎陷也) : 감은[坎 : ☵] 함정[陷]이다[也]. 「설괘전(說卦傳)」 7단락(段落)

상륙(上六 : --)

上六 : 往蹇이고 來碩이라 吉하다 利見大人이리라
왕건 내석 길 이견대인

상륙(上六) : 가면[往] 험난해지고[蹇] 오면[來] 크니[碩] 길하다[吉]. 대인을[大人] 만나면[見] 이롭다[利].

【상륙(上六)의 효상(爻象) 풀이】

건괘(蹇卦 : ䷦)의 상륙(上六 : --)은 이음거음(以陰居陰) 즉 음(陰 : --)으로써[以] 음(陰 : --)의 자리에 있는지라[居] 정당한 자리에 있다. 상륙(上六 : --)과 구오(九五 : —)는 음양(陰陽)의 사이인지라 비(比) 즉 이웃의 사귐[比]을 누린다. 상륙(上六 : --)과 구삼(九三 : —)도 음양(陰陽)의 사이인지라 정응(正應) 즉 바르게[正] 서로 호응할[應] 수 있다. 건괘(蹇卦 : ䷦)의 주제인 〈건(蹇)〉 즉 험난한[蹇] 때를 다 겪어온 상륙(上六 : --)이 강강(剛强)한 구오(九五 : —)와 구삼(九三 : —)의 도움을 받아 서건(紓蹇) 즉 험난함을[蹇] 벗어나는[紓] 모습이다.

건괘(蹇卦 : ䷦)의 상륙(上六 : --)이 상구(上九 : —)로 변효(變爻)하면 상륙(上六 : --)은 건괘(蹇卦 : ䷦)를 53번째 점괘(漸卦 : ䷴)로 지괘(之卦)하게 한다. 따라서 건괘(蹇卦 : ䷦)의 상륙(上六 : --)은 점괘(漸卦 : ䷴)의 상구(上九 : —)를 찾아가 살펴보게 한다.

【상륙(上六)의 계사(繫辭) 풀이】

往蹇(왕건) 來碩(내석) 吉(길)

가면[往] 험난해지고[蹇] 오면[來] 크니[碩] 길하다[吉].

〈왕건(往蹇) 내석(來碩)〉은 상륙(上六 : --)의 효위(爻位)를 빌려 암시한 계사(繫辭)이다. 〈왕건(往蹇) 내석(來碩)〉은 〈상륙약왕어하(上六若往於下) 상륙피건(上六被蹇) 구오여구삼지조래지상륙(九五與九三之助來至上六) 상륙성위석이길(上六成爲碩而吉)〉의 줄임으로 여기고 〈상륙이[上六] 만약[若] 아래로[於下] 간다면[往] 상륙은[上六] 위험해지고[被蹇] 구삼과[與九三] 구오의[九五之] 도움이[助] 상륙에게[至上六] 오면[來] 상륙은[上六] 크게[碩] 되어서[成爲而] 길하다[吉]〉라고 새겨볼 것이다. 〈왕건(往蹇)의 건(蹇)〉은 〈험난할 난(難)〉과 같고, 〈내석(來碩)의 석(碩)〉은 〈큰 대(大)〉와 같으며 동시에 〈관유(寬裕)〉의 뜻을 낸다.

〈왕건(往蹇)〉은 유약(柔弱)한 상륙(上六 : --)이 극위(極位)에 있는지라 극건(極蹇) 즉 더없는[極] 어려움[蹇]에 처하여 모건(冒蹇) 즉 어려움을[蹇] 무릅쓰고[冒] 나아간다면[往] 어려움을 더욱 겪게 됨을 암시한다. 이미 상륙(上六 : --)은 건괘(蹇卦 : ䷦)의 상체(上體) 감(坎 : ☵)의 극위(極位)에 있는지라 나아갈 데가 없음에도 불구하고, 건괘(蹇卦 : ䷦)의 주제인 〈건(蹇)〉의 때를 벗어나고자 나아가려[往] 할수록 그만큼 더 험난해질[蹇] 뿐임을 암시한 계사(繫辭)가 〈왕건(往蹇)〉이다.

〈내석(來碩)〉은 유약(柔弱)하지만 상륙(上六 : --)이 정위(正位)에 있으므로 현명함을 암시한 계사(繫辭)이다. 여기 〈내석(來碩)의 내(來)〉는 상륙(上六 : --)이 감(坎 : ☵)에서 더는 앞으로 나아가려 하지 않고 자신의 자리에서 〈건(蹇)〉을 극복할 방도를 취하려는 마음가짐을 나타낸다. 상륙(上六 : --)은 건괘(蹇卦 : ䷦)의 극위(極位)에 있기에 건괘(蹇卦 : ䷦)를 떠나야 할 운명인지라 건괘(蹇卦 : ䷦)의 아래로 다시 내려갈 수 없다. 따라서 〈내석(來碩)의 내(來)〉는 건괘(蹇卦 : ䷦)의 효연(爻緣) 관계를 살펴보게 암시한다. 이에 〈내석(來碩)의 내(來)〉는 상륙(上六 : --)이 구오(九五 : ㅡ)와의 비(比) 즉 이웃의 사귐[比]으로써 〈석(碩)〉 즉 크나크고 관유한[碩] 도움을 받고, 동시에 구삼(九三 : ㅡ)과의 정응(正應) 즉 바르게[正] 서로 호응함[應]으로써 크나크고 관유한[碩] 도움을 받아서, 상륙(上六 : --)이 서

건(紓蹇) 즉 어려움을[蹇] 풀어버림[紓]을 암시한 계사(繫辭)가 〈내석(來碩)〉이다.

〈길(吉)〉은 〈건(蹇)〉 즉 어려움[蹇]의 때를 벗어났음을 암시하는 계사(繫辭)이다. 건괘(蹇卦 : ䷦)에서 상륙(上六 : --)만이 〈길(吉)〉 즉 행복하다[吉]고 암시함은 상륙(上六 : --)이 어려움[蹇]의 때를 벗어났기 때문이다. 건괘(蹇卦 : ䷦)의 초륙(初六 : --)만 부정위(不正位)에 있을 뿐 그 외의 제효(諸爻)는 저마다 정위(正位)에 있음에도 불구하고 〈길(吉)〉하지 못함은 건괘(蹇卦 : ䷦)의 주제인 〈건(蹇)〉의 때를 벗어나지 못하기 때문이다. 오직 건괘(蹇卦 : ䷦)의 상륙(上六 : --)만은 〈건(蹇)〉의 극위(極位)에 있음에도 〈석(碩)〉 즉 크나크고 관유한[碩] 도움을 받음으로써 〈길(吉)〉 즉 행복을 누린다[吉]고 암시한 계사(繫辭)가 〈길(吉)〉이다.

利見大人(이견대인)

대인을[大人] 만나서[見] 이롭다[利].

〈이견대인(利見大人)〉은 〈내석(來碩)〉을 명백하게 밝히면서 동시에 〈길(吉)〉의 까닭을 밝힌 계사(繫辭)이다. 〈이견대인(利見大人)〉은 〈기연상륙견대인(旣然上六見大人) 상륙유리(上六有利)〉의 줄임으로 여기고 〈상륙이[上六] 대인을[大人] 뵙기[見] 때문에[旣然] 상륙에게[上六] 이로움이[利] 있다[有]〉라고 새겨볼 것이다. 〈견대인(見大人)의 견(見)〉은 〈만날 회(會)〉와 같다.

〈이견대인(利見大人)〉은 〈길(吉)〉의 까닭을 암시한 계사(繫辭)이다. 〈견대인(見大人)의 대인(大人)〉은 상륙(上六 : --)에게 〈석(碩)〉 즉 크나큰 관유[碩]의 도움을 준 구오(九五 : ㅡ)와 구삼(九三 : ㅡ)을 취상(取象)한 것이다. 왜냐하면 〈견대인(見大人)〉 즉 대인을[大人] 만남[見]이란 중효(中爻)로서 득중(得中) 즉 정도를 따름을[中] 취하면서[得] 군왕(君王) 노릇을 하는 구오(九五 : ㅡ)와 이웃의 사귐[比]을 누림과 같고, 동시에 정당한 자리에서 굳고 강력하게 대부(大夫) 노릇을 하는 구삼(九三 : ㅡ)과 바르게[正] 호응함[應]을 누림 역시 대인을[大人] 만나봄[見]과 같기 때문이다. 사람으로 치면 양(陽 : ㅡ)은 대인(大人)을 상징하고 음(陰 : --)은 소인(小人)을 상징한다. 따라서 정위(正位)에 있는 구오(九五 : ㅡ)와 구삼(九三 : ㅡ)은 대인(大人)을 본받아 따르는 군자(君子)이다. 이미 건괘(蹇卦 : ䷦)의 괘사(卦辭)에서 밝혔듯이 대인(大人)은 군자(君子)가 본받는 성인(聖人)을 말한다. 『논어(論語)』에 나오는 〈군자에게는[君子] 세 가지[三] 두려움이[畏] 있다[有]〉라는 내용을 환기시키고, 『노자(老子)』에 나오는 〈위해주되[爲而] 다투지 않는다[不爭]〉라는 내용을 떠올려 헤아려 깨닫게 하는 계사(繫辭)가 〈이견대인(利見大人)〉이다.

【字典】

왕(往) 〈갈 왕(往)-지(之), 나아갈 왕(往)-행(行)-진행(進行), 물러갈 왕(往)-거(去), 이를 왕(往)-지(至), 향할 왕(往)-향(向), 옛 왕(往)-석(昔), 이따금 왕(往)-시시(時時), 뒤 왕(往)-후(後), 죽음 왕(往)-망거(亡去)-사자(死者)〉 등의 뜻을 내지만 〈나아갈 행(行)〉과 같다 여기고 새김이 마땅하다.

건(蹇) 〈험난할 건(蹇)-난(難)-험재전(險在前), 절뚝발이(절) 건(蹇)-파(跛), 64괘(卦)의 하나 건(蹇)-건괘(蹇卦), 멈출 건(蹇)-정(停), 굳셀 건(蹇)-강(彊), 교만할 건(蹇)-불순(不順), 어지러울 건(蹇)-요(擾), 둔한 말 건(蹇)-노마(駑馬), 발어사 건(蹇)〉 등의 뜻을 내지만 여기선 〈험난할 난(難)〉과 같다 여기고 새김이 마땅하다.

내(來) 〈올 내(來)-지(至), 앞으로 내(來)-장래(將來)-미래(未來), 초치할 내(來)-초치(招致), ~부터 내(來)-자(自)-유(由), 남음이 있을 내(來)-유여(有餘), 어세를 더해주려는 조사(助詞) 내(來), 구중(句中)-구말(句末)의 조사(助詞) 내(來)〉 등의 뜻을 내지만 여기선 〈올 지(至)〉와 같다 여기고 새김이 마땅하다. 〈來〉가 앞에 있으면 〈내〉로 발음하고, 중간이나 뒤에 있으면 〈래〉로 발음한다.

석(碩) 〈도약할 석(碩)-도약(跳躍), 큰 석(碩)-대(大), 충실할 석(碩)-충실(充實), 머리가 큰 석(碩)-두대(頭大), 씩씩하고 예쁜 모습 석(碩)-장교(壯佼), 먼 석(碩)-원(遠), 견고할 석(碩)-견(堅)-석(石)〉 등의 뜻을 내지만 여기선 〈크게 성취할 도약(跳躍)〉으로 여기고 새김이 마땅하다.

길(吉) 〈좋을(행복할) 길(吉)-선(善)-영(令) {영월길일(令月吉日)은 선월선일(善月善日)임.}, 복 길(吉)-실(實)-선실(善實)-복(福), 예의를 따라 상서로울 길(吉)-예의순상(禮義順祥), 삼갈 길(吉)-근(謹), 초하루 길(吉)-삭일(朔日) {삭망(朔望) 즉 초하루[朔]와 그믐날[望]}, 길례 길(吉)-길례(吉禮) {오례지일(五禮之一) 길흉빈군가(吉凶賓軍嘉)}, 갈 길(吉)-행(行)-길(迼)〉 등의 뜻을 내지만 여기선 〈좋을 선(善)-영(令)〉 즉 행복과 같다 여기고 새김이 마땅하다.

이(利) 〈만물로 하여금 삶을 이루어가게 하는 덕(德)의 이로울 이(利)-사만물수생지덕(使萬物遂生之德), 날카로울 이(利)-예(銳)-섬(銛), 질병 이(利)-질(疾), 통할 이(利)-통(通)-순(順), 좋을 이(利)-길(吉)-의(宜), 편리할 이(利)-편(便), 마름해 만들어 이룰 이(利)-재성(裁成), 탐할 이(利)-탐(貪), 구할(취할) 이(利)-구(求)-취(取), 좋아할 이(利)-열애(悅愛), 이로울 이(利)-익(益), 기교 이(利)-교(巧), 보람 이(利)-공용(功用), 지세가 험하고 중요한 이(利)-험요(險要), 이길 이(利)-승(勝), 어질 이(利)-인(仁)〉 등의 뜻을 내지만 여기선 〈사만물수생지덕(使萬物遂生之德) 즉 만물로 하여금 삶을 이루어 가게 하는 덕(德)의 이로움〉으로 새김이 마땅하다. 〈利〉가 맨 앞에 오면 〈이〉로 발음되고, 중간이나 뒤에 오면 〈리〉로 발음된다.

見 〈견-현〉 두 가지로 발음되고, 〈만나볼 견(見)-회(會), 생각해볼 견(見)-사(思), 볼 견(見)-식(識)-시(視), 돌아볼 견(見)-고(顧), 미칠(당할) 견(見)-피(被)-당(當), 드러날 현(見)-노(露), 나타날 현(見)-현(顯), 있을 현(見)-재(在), 보일 현(見)-조(朝)〉 등의 뜻을 내지만 여기선 〈만나볼 회(會)〉와 같다 여기고 새김이 마땅하다.

대(大) 〈큰 대(大)-소지대(小之對), 지나칠 대(大)-과(過), 자만할 대(大)-과(誇)-긍벌(矜伐), 넓을 대(大)-광(廣), 두루 대(大)-편(徧), 통할 대(大)-통(通), 길 대(大)-장(長), (땅을) 걸게 할 대(大)-비(肥), 두터울 대(大)-후(厚), 많을 대(大)-다(多), 모두 대(大)-개(皆), 선할 대(大)-선(善), 무거울 대(大)-중(重), 거대할 대(大)-거(巨), 아름다울 대(大)-미(美)-장(壯), 부유할 대(大)-부(富), 늙을 대(大)-노(老), 끝 대(大)-극(極), 대충 대(大)-조(組)-불세밀(不細密), 처음 대(大)-초(初), 하늘 대(大)-천(天), 건(乾)-양기(陽氣)-양효(陽爻) 대(大)〉 등의 뜻을 내지만 여기선 〈큰 대(大)〉로 여기고 새김이 마땅하다.

인(人) 〈사람 인(人)-만물지최령자(萬物之最靈者), 백성 인(人)-민(民), 남 인(人)-타인(他人), 아무개 인(人)-모인(某人), 도인 인(人)-도인(道人), 사람들 인(人)-인인(人人), 범인(소인) 인(人)-소인(小人)-범인(凡人), 인성 인(人)-인성(人性), 인위 인(人)-인위(人爲), 신하 인(人)-신하(臣下), 중서(민중) 인(人)-중서(衆庶)-민중(民衆), 건괘-진괘 인(人)-건위인(乾爲人)-진위인(震爲人), 어짊 인(人)-인(仁), 선인 인(人)-선인(先人), 서로 어여삐 여길 인(人)-상련(相憐)〉 등의 뜻을 내지만 〈사람 인(人)〉으로 여기고 새김이 마땅하다.

註 대인(大人)이란 천도(天道) 즉 자연의[天] 도리[道]를 그냥 그대로 본받고 따라 공명정대(公明正大)하여 무사벽(無邪僻) 즉 간사함도[邪] 치우침도[僻] 없는[無] 성인(聖人)의 이칭(異稱)이다.

註 자왈(子曰) 군자유삼외(君子有三畏) 외천명(畏天命) 외대인(畏大人) 외성인지언(畏聖人之言) 소인부지천명이불외야(小人不知天命而不畏也) 압대인(狎大人) 모성인지언(侮聖人之言) : 공자가[子] 말했다[曰]. 군자에게는[君子] 세 가지[三] 두려움이[畏] 있다[有]. 천명을[天命] 두려워하고[畏] 대인을[大人] 두려워하며[畏] 성인의[聖人之] 말씀을[言] 두려워한다[畏]. 소인은[小人] 천명을[天命] 몰라서[不知而] 두려워하지 않는 것[不畏]이다[也]. 대인을[大人] 얕보고[狎] 성인의[聖人之] 말씀을[言] 업신여긴다[侮]. 『논어(論語)』「계씨(季氏)」 8장(章)

註 천지도(天之道) 이이불해(利而不害) 성인지도(聖人之道) 위이부쟁(爲而不爭) : 자연의[天之] 도리는[道] (온갖 것을) 이롭게 하되[利而] 해치지 않고[不害], 성인의[聖人之] 도리는[道] 위해 주되[爲而] (그 무엇과도) 다투지 않는다[不爭]. 『노자(老子)』 81장(章)

해괘
解卦

40

䷧

1 괘의 괘상과 계사

해괘(解卦 : ䷧)

감하진상(坎下震上) : 아래는[下] 감(坎 : ☵), 위는[上] 진(震 : ☳).

뇌수해(雷水解) : 우레와[雷] 물은[水] 해이다[解].

解는 利西南이고 无所往이라 其來復吉하고 有攸往이면 夙吉하리라
(해 이서남 무소왕 기래복길 유유왕 숙길)

해산은[解] 서남이[西南] 이롭고[利] 갈[往] 데가[所] 없는지라[无] 그[其] 돌아옴이[來復] 길하고[吉] 갈[往] 데가[攸] 있으면[有] 빠를수록[夙] 좋으리라[吉].

【해괘(解卦 : ䷧)의 괘상(卦象) 풀이】

앞 건괘(蹇卦 : ䷦)의 〈건(蹇)〉이란 험난(險難) 즉 어려움[險難]을 말한다. 이에 「서괘전(序卦傳)」에 〈건이라는[蹇] 것은[者] 어려움[難]이다[也] 물건은[物] 끝끝내[終] 어려울[難] 수는 없다[不可以] 그래서[故] 해괘(解卦 : ䷧)로써[以] 그것을[之] 받는다[受]〉라는 말이 나온다. 이는 건괘(蹇卦 : ䷦) 뒤에 해괘(解卦 : ䷧)가 오는 까닭을 밝힌다. 건괘(蹇卦 : ䷦)의 상체(上體) 감(坎 : ☵)은 뒤집혀 감(坎 : ☵)이 되어 해괘(解卦 : ䷧)의 하체(下體)가 되고, 건괘(蹇卦 : ䷦)의 하체(下體) 간(艮 : ☶)은 뒤집혀 진(震 : ☳)이 되어 해괘(解卦 : ䷧)의 상체(上體)가 된다. 해괘(解卦 : ䷧)는 건괘(蹇卦 : ䷦)의 도괘(倒卦) 즉 뒤집힌[倒] 괘(卦)이다. 해괘(解卦 : ䷧)의 하체(下體)인 감(坎 : ☵)은 수(水) 즉 물[水]이고, 함(陷) 즉 구덩이[陷]이다. 해괘(解卦 : ䷧)의 상체(上體)인 진(震 : ☳)은 뇌(雷) 즉 우레[雷]이고, 동(動) 즉 움직임[動]이다. 대성괘(大成卦)의 하체(下體)는 내(內)이고 상체(上體)는 외(外)인지라, 해괘(解卦 : ䷧)는 감(坎 : ☵) 즉 구덩이[陷] 밖에서 진(震 : ☳) 즉 움직임[動]이

니 함(陷) 즉 험(險)에서 나옴인지라 험난함[蹇]이 해산(解散)됨을 빌려 해괘(解卦 : ䷧)라 칭명(稱名)한다.

【해괘(解卦 : ䷧)의 계사(繫辭) 풀이】

解(해)

해산이다[解].

〈해(解)〉는 해괘(解卦 : ䷧)의 괘상(卦象)을 한 자(字)로써 밝힌 괘사(卦辭)이다. 〈해(解)〉는 해산(解散) 즉 풀려[解] 사라짐[散]을 말한다. 이에 〈해(解)〉는 건괘(蹇卦 : ䷦)의 〈건(蹇)〉 즉 어려움[蹇]이 해산되었음을 암시한다. 해괘(解卦 : ䷧)의 상체(上體)인 진(震 : ☳)과 하체(下體)인 감(坎 : ☵)이 합작(合作)하여 비를 내림은 가뭄 같은 험난함[蹇]이 물러가 해결됨을 살펴 헤아리게 하는 것이 여기 〈해(解)〉이다. 나아가 해괘(解卦 : ䷧)의 구이(九二 : ⚊)가 험난함[蹇]을 암시하는 〈호(狐)〉 즉 여우[狐]를 잡고, 육삼(六三 : ⚋)이 〈건(蹇)〉을 암시하는 〈구(寇)〉 즉 도둑[寇]을 잡고, 상륙(上六 : ⚋)도 〈건(蹇)〉을 암시하는 〈준(隼)〉 즉 새매[隼]를 잡아 험난함[蹇]의 요인들을 내쳐[解], 겸허하고 관대한 육오(六五 : ⚋) 즉 군왕(君王)을 보좌해 험난함을 해산하여 평안한 세상을 누리게 함을 암시한 계사(繫辭)가 〈해(解)〉이다.

利西南(이서남)

서남이[西南] 이롭다[利].

〈이서남(利西南)〉은 해괘(解卦 : ䷧)의 괘상(卦象)을 팔괘(八卦)의 방위(方位)를 상기시켜 밝힌 계사(繫辭)이다. 〈이서남(利西南)〉의 괘사(卦辭)는 앞 건괘(蹇卦 : ䷦)의 괘상(卦象)을 방위로써 밝혔던 〈이서남(利西南) 불리동북(不利東北)〉을 상기시킨다. 이미 건괘(蹇卦 : ䷦)의 괘상(卦象)이 뒤집혀 〈건(蹇)〉 즉 험난함[蹇]은 해산되는[解] 중이라 해도 해괘(解卦 : ䷧)의 괘상(卦象)이 나타내는 방위는 여전히 동북(東北)이다. 따라서 여기 〈이서남(利西南)〉 역시 팔괘(八卦)의 양괘(陽卦)와 음괘(陰卦)를 환기시킨다. 팔괘(八卦)에서 양괘(陽卦)는 건(乾 : ☰)-진(震 : ☳)-감(坎 : ☵)-간(艮 : ☶) 등으로서 그 방위는 모두 동북(東北)을 나타내고, 음괘(陰

卦)는 곤(坤 : ☷)-태(兌 : ☱)-이(離 : ☲)-손(巽 : ☴) 등으로서 그 방위는 모두 서남(西南)을 나타낸다. 따라서 〈이서남(利西南)의 서남(西南)〉은 음괘(陰卦)의 방위를 나타낸다. 그러나 해괘(解卦 : ䷧)에도 건괘(蹇卦 : ䷦)에서처럼 음괘(陰卦)가 없다. 해괘(解卦 : ䷧)의 하체(下體)인 감(坎 : ☵)과 상체(上體)인 진(震 : ☳)은 모두 소양(少陽)의 양괘(陽卦)들이다. 그러므로 〈이서남(利西南)〉은 해괘(解卦 : ䷧)의 방위인 동북(東北)을 떠나야 이로움[利]을 암시한다. 그러니 〈이서남(利西南)〉은 곧 해괘(解卦 : ䷧)의 양효(陽爻 : ⚊)들인 구이(九二 : ⚊)와 구사(九四 : ⚊)가 모두 변효(變爻)하여 곤괘(坤卦 : ䷁)로 지괘(之卦)함을 암시한다고 살펴 헤아리게 한다. 곤(坤 : ☷)의 방위가 곧 서남(西南)이기 때문이다. 동시에 곤괘(坤卦 : ䷁)는 땅[地]이고 어머니[母]이고 부드러움[柔]이며 따름[順]이고 크고[大] 넓어[廣] 모든 것을 포용하여, 험난함을[蹇] 해산하는[解] 괘상(卦象)이다.

이미 앞 괘(卦)에서 밝혔듯이 서남(西南)과 동북(東北)은 고사(故事)의 의미를 간직하기도 한다. 동북(東北) 쪽에서 천자국(天子國) 상(商)나라의 폭군 주(紂)가 학정(虐政)을 일삼을 때 서남(西南) 쪽에서는 주문왕(周文王)이 덕치(德治)를 베풀었기에, 백성이 서남(西南) 쪽으로 가면 이롭고[利] 동북(東北) 쪽으로 가면 이롭지 않다[不利]는 천심(天心)이 생겼다. 이런 천심(天心)을 따라 서남(西南)은 이미 비가 내려 험난함이[蹇] 해산되었음[解]을 암시하는 계사(繫辭)가 〈이서남(利西南)〉이다.

无所往(무소왕) 其來復吉(기래복길)

갈[往] 데가[所] 없는지라[无] 그[其] 돌아옴이[來復] 길하다[吉].

〈무소왕(无所往) 기래복길(其來復吉)〉은 세상을 〈건(蹇)〉 즉 험난하게 하던 것들이 해산(解散)되어 없어졌음을 암시한 계사(繫辭)이다. 해괘(解卦 : ䷧)의 하체(下體)인 감(坎 : ☵)과 상체(上體)인 진(震 : ☳)이 합작(合作)하여 서남(西南) 쪽에는 이미 비가 내려 가뭄의 험난함을[蹇] 해결해[解] 만족스럽게 해갈(解渴)되었음이다. 여기 〈기래복길(其來復吉)의 기(其)〉는 어조사이니 무시해도 된다. 그러니 가뭄이라는 험난함을 피하여 나아갈[往] 것이[所] 없음[无]이란 곧 세상의 험난함[蹇]이 사라져 서남(西南) 쪽 주문왕(周文王)의 세상은 평안함이 되돌아와[來復],

천하 백성이 행복[吉]을 누리면서 살아가고 있음을 암시한 계사(繫辭)가 〈무소왕(无所往) 기래복길(其來復吉)〉이다.

有攸往(유유왕) 夙吉(숙길)

갈[往] 데가[攸] 있으면[有] 빠를수록[夙] 좋으리라[吉].

〈유유왕(有攸往) 숙길(夙吉)〉은 세상을 험난하게 하는 것들[蹇]이 해산(解散)되지 못함을 암시한 계사(繫辭)이다. 말하자면 해괘(解卦 : ䷧)의 하체(下體)인 감(坎 : ☵)과 상체(上體)인 진(震 : ☳)이 합작(合作)하여 내리는 비가 동북(東北) 쪽에는 아직 내리지 않아 가뭄이라는 험난함[蹇]이 그쪽에는 아직 해산(解散)되지 못함을 살펴 헤아리게 하는 것이 〈유유왕(有攸往)〉이다. 그러니 가뭄이라는 험난함을 피하여 나아갈[往] 곳이[攸] 있음[有]이란 곧 세상의 험난함[蹇]이 아직 사라지지 않아 동북(東北) 쪽 상주왕(商紂王)의 학정(虐政)이 이어져 세상은 평안하지 못하니 미루지 말고 일찍[夙] 학정이라는 가뭄을 내쳐줄수록[解] 천하 백성이 평안을 누리면서 살아갈 수 있음을 밝힌 점사(占辭)가 〈유유왕(有攸往) 숙길(夙吉)〉이다. 주무왕(周武王)이 재위(在位)한 지 13년 만에 상주왕(商紂王)을 정벌하러 출정했음이 늦었으니 빨리[夙] 정벌되기를 백성이 조바심 냄을 암시한 계사(繫辭)가 〈유유왕(有攸往) 숙길(夙吉)〉이다.

【字典】

解 〈해-개〉 두 가지로 발음되고, 〈내칠(흩뜨릴) 해(解)-산(散), 쪼갤 해(解)-판(判), 깎아낼 해(解)-삭(削), 풀릴 해(解)-완(緩), 풀이할 해(解)-석(釋), 열 해(解)-개(開), 놓을(해방할) 해(解)-방(放), 해설할 해(解)-해설(解說), 익힐 해(解)-강(講), 깨우칠(깨우쳐줄) 해(解)-유(諭)-효(曉), 떨어질 해(解)-추락(墜落), 흩뜨릴 해(解)-이산(離散), 게으를 해(解)-권(倦), 화해할 해(解)-화해(和解), 통달할 해(解)-달(達), 64괘의 하나 해(解)-해괘(解卦), 벗을 개(解)-탈(脫), 풀 개(解)-석(釋), 사과할 개(解)-사과(謝過), 헤칠 개(解)-산(散), 팔다리 마디뼈 개(解)-지절(支節), 딸린 것들 개(解)-접중(接中)〉 등의 뜻을 내지만 여기선 〈내칠(흩뜨릴) 산(散)〉과 같다 여기고 새김이 마땅하다.

이(利) 〈만물로 하여금 삶을 이루어가게 하는 덕(德)의 이로울 이(利)-사만물수생지덕(使萬物遂生之德), 날카로울 이(利)-예(銳)-섬(銛), 질병 이(利)-질(疾), 통할 이

(利)-통(通)-순(順), 좋을 이(利)-길(吉)-의(宜), 편리할 이(利)-편(便), 마름해 만들어 이룰 이(利)-재성(裁成), 탐할 이(利)-탐(貪), 구할(취할) 이(利)-구(求)-취(取), 좋아할 이(利)-열애(悅愛), 이로울 이(利)-익(益), 기교 이(利)-교(巧), 보람 이(利)-공용(功用), 지세가 험하고 중요한 이(利)-험요(險要), 이길 이(利)-승(勝), 어질 이(利)-인(仁)〉 등의 뜻을 내지만 여기선 〈사만물수생지덕(使萬物遂生之德) 즉 만물로 하여금 삶을 이루어 가게 하는 덕(德)의 이로움〉으로 새김이 마땅하다. 〈利〉가 맨 앞에 오면 〈이〉로 발음되고, 중간이나 뒤에 오면 〈리〉로 발음된다.

서(西) 〈서녘 서(西)-일입방(日入方)-조재소상(鳥在巢上), 가을 서(西)-추(秋), 간지(干支) 서(西)-유(酉), 팔괘(八卦)의 태(兌) 서(西)-태(兌), 서쪽으로 갈 서(西)-서행(西行), 옮길 서(西)-천(遷)〉 등의 뜻을 내지만 여기선 〈서녘 서(西)〉로 여기고 새김이 마땅하다.

남(南) 〈남녘 남(南)-오방(午方), 남쪽에 갈 남(南)-남행(南行), 남방 남(南)-남방(南方), 남방 오랑캐의 음악 남(南)-남이지악(南夷之樂), 임금 남(南)-군(君)-남면(南面), 사내 남(南)-남(男), 성씨 남(南)〉 등의 뜻을 내지만 여기선 〈남녘 오방(午方)〉으로 여기고 새김이 마땅하다.

무(无) 〈없을 무(无)-무(無), 허무지도 무(无)-허무지도(虛无之道), 으뜸 무(无)-원(元)〉 등의 뜻을 내지만 여기선 〈없을 무(無)〉와 같다 여기고 새김이 마땅하다.

소(所) 〈것(바) 소(所)-부정지사(不定之詞), 곳 소(所)-처(處)-거처(居處), 경역 소(所)-경역(境域), 지위 소(所)-지위(地位), 경우 소(所)-경우(境遇), 도리 소(所)-도리(道理), 당연 소(所)-당연(當然), 그것 소(所)-기소(其所)-지사지사(指事之詞), 다할 소(所)-진(盡), 쯤 소(所)-허(許), 가질 소(所)-소유(所有), 연고(까닭) 소(所)-소이(所以), 얼마 소(所)-기하(幾何)〉 등의 뜻을 내지만 〈것 소(所)〉로 여기고 새김이 마땅하다.

왕(往) 〈나아갈 왕(往)-행(行)-진행(進行), 갈 왕(往)-지(之), 물러갈 왕(往)-거(去), 이를 왕(往)-지(至), 향할 왕(往)-향(向), 옛 왕(往)-석(昔), 이따금 왕(往)-시시(時時), 뒤 왕(往)-후(後), 죽음 왕(往)-망거(亡去)-사자(死者)〉 등의 뜻을 내지만 〈나아갈 행(行)〉과 같다 여기고 새김이 마땅하다.

기(其) 〈그(그것) 기(其)-피(彼)-지(之), 그(관형사) 기(其)-관형사, 그럴 기(其)-연(然), 어찌 기(其)-기(豈), 누를 기(其)-억(抑), 오히려 기(其)-상(尙)-서기(庶幾), 이에 기(其)-내(乃), 만약 기(其)-약(若), 장차 기(其)-장(將), 어조사 기(其)-어조사〉 등의 뜻을

내지만 여기선 어조사로서 뜻 없어 무시해도 되는 〈기(其)〉로 여기고 새김이 마땅하다.

내(來) 〈돌아올 내(來)-복(復)-환(還)-귀(歸), 올 내(來)-지(至), 앞으로 내(來)-장래(將來)-미래(未來), 초치할 내(來)-초치(招致), ~부터 내(來)-자(自)-유(由), 남음이 있을 내(來)-유여(有餘), 어세를 더해주려는 조사 내(來), 구중(句中)-구말(句末)의 조사 내(來)〉 등의 뜻을 내지만 여기선 〈돌아올 복(復)〉과 같다 여기고 새김이 마땅하다. 〈來〉가 앞에 있으면 〈내〉로 발음하고, 중간이나 뒤에 있으면 〈래〉로 발음한다.

復 〈복-부〉 두 가지로 발음되고, 〈갔다 올 복(復)-왕래(往來), 돌아올 복(復)-반(返)-환(還)-반(反), 돌 복(復)-주(周)-선(旋), 갚을 복(復)-보(報), 증명할 복(復)-험(驗), 실천할 복(復)-천(踐), 맡길(의지할) 복(復)-인(因), 아뢸 복(復)-백(白), 다시(또) 부(復)〉 등의 뜻을 내지만 여기선 〈돌아올 반(返)〉과 같다 여기고 새김이 마땅하다.

길(吉) 〈좋을(행복할) 길(吉)-선(善)-영(令) {영월길일(令月吉日)은 선월선일(善月善日)임.}, 복 길(吉)-실(實)-선실(善實)-복(福), 예의를 따라 상서로울 길(吉)-예의순상(禮義順祥), 삼갈 길(吉)-근(謹), 초하루 길(吉)-삭일(朔日) {삭망(朔望) 즉 초하루[朔]와 그믐날[望]}, 길례 길(吉)-길례(吉禮) {오례지일(五禮之一) 길흉빈군가(吉凶賓軍嘉)}, 갈 길(吉)-행(行)-길(趌)〉 등의 뜻을 내지만 여기선 〈좋을 선(善)-영(令)〉 즉 행복과 같다 여기고 새김이 마땅하다.

유(有) 〈없을 무(無)의 반대말로 있을 유(有), 얻을(가질) 유(有)-취(取), 혹 유(有)-혹(或), 많을 유(有)-다(多)-족(足), 부유할 유(有)-부(富), 간직할 유(有)-장(藏), 보호할 유(有)-보(保), 서로 친할 유(有)-상친(相親), 전일할 유(有)-전(專), 할 유(有)-위(爲), 어조사 유(有)〉 등의 뜻을 내지만 〈있을 유(有)〉로 여기고 새김이 마땅하다.

유(攸) 〈곳(바) 유(攸)-소(所), 흘러가는 물 유(攸)-행수(行水), 아득할 유(攸)-장원(長遠)-유(悠), 닦을 유(攸)-수(修), 터득한 모습 유(攸)-자득모(自得貌), 빠를 유(攸)-숙(倏), 대롱거릴 유(攸)-현위모(懸危貌), 수심에 찬 모습 유(攸)-수모(愁貌)〉 등의 뜻을 내지만 여기선 〈곳 소(所)〉와 같다 여기고 새김이 마땅하다.

숙(夙) 〈빠를 숙(夙)-속(速), 이를 숙(夙)-조(早), 공경할 숙(夙)-숙(肅)-경(敬), 이미 숙(夙)-기(旣), 일찍 일어날 숙(夙)-조기(早起)〉 등의 뜻을 내지만 여기선 〈빠를 속(速)〉과 같다 여기고 새김이 마땅하다.

2 효의 효상과 계사

初六 : 无咎리라
무 구

九二 : 田獲三狐하여 得黃矢하니 貞吉하다
전 획 삼 호 득 황 시 정 길

六三 : 負且乘이라 致寇至니 貞吝하리라
부 차 승 치 구 지 정 린

九四 : 解而拇면 朋至하여 斯孚리라
해 이 무 붕 지 사 부

六五 : 君子維有解면 吉하니 有孚于小人이리라
군 자 유 유 해 길 유 부 우 소 인

上六 : 公用射隼于高墉之上하여 獲之니 无不利로다
공 용 사 준 우 고 용 지 상 획 지 무 불 리

초륙(初六) : 허물이[咎] 없다[无].

구이(九二) : 사냥해서[田] 세 마리의[三] 여우를[狐] 잡아[獲] 구리[黃] 화살을[矢] 얻으니[得] 미더워[貞] 행복을 누린다[吉].

육삼(六三) : 등짐을 지고[負] 또[且] 말을 탄다[乘]. 도둑이[寇] 됨을[至] 자초하니[致] 진실로 미더워도[貞] 부끄럽다[吝].

구사(九四) : 너의[而] 발가락을[拇] 내친다면[解] 벗이[朋] 와서[至] 이에[斯] 믿어주리라[孚].

육오(六五) : 군자가[君子] 오직[維] 내침이[解] 있으면[有] 행복하니[吉] 소인(小人)에게서도[于] 믿어줌이[孚] 있다[有].

상륙(上六) : 상공이[公] 높은[高] 성벽의[墉之] 위[上]에서[于] 새매를[隼] 쏘기를[射] 해서[用] 그것을[之] 잡았으니[獲] 불리할 것이[不利] 없다[无].

초륙(初六 : --)

初六 : 无咎리라
무 구

초륙(初六) : 허물이[咎] 없다[无].

【초륙(初六)의 효상(爻象) 풀이】

해괘(解卦 : ䷧)의 초륙(初六 : --)은 이음거양(以陰居陽) 즉 음(陰 : --)으로써[以] 양(陽 : ㅡ)의 자리에 있는지라[居] 정당한 자리에 있지 못하다. 초륙(初六 : --)과 구이(九二 : ㅡ)는 음양(陰陽)의 사이인지라 〈비(比)〉 즉 이웃의 사귐[比]을 누린다. 초륙(初六 : --)과 구사(九四 : ㅡ)도 음양(陰陽)의 사이인지라 정응(正應) 즉 바르게[正] 서로 호응한다[應]. 이에 초륙(初六 : --)은 유약(柔弱)한 초효(初爻)이지만 구이(九二 : ㅡ)와 구사(九四 : ㅡ)의 도움을 받아 세상의 험난함을[蹇] 해산[解]하기 위하여 그 시작을 제 분수대로 다하고 있는 모습이다.

> 해괘(解卦 : ䷧)의 초륙(初六 : --)이 초구(初九 : ㅡ)로 변효(變爻)하면 초륙(初六 : --)은 해괘(解卦 : ䷧)를 54번째 귀매괘(歸妹卦 : ䷵)로 지괘(之卦)하게 한다. 따라서 해괘(解卦 : ䷧)의 초륙(初六 : --)은 귀매괘(歸妹卦 : ䷵)의 초구(初九 : ㅡ)를 찾아가 살펴보게 한다.

【초륙(初六)의 계사(繫辭) 풀이】

无咎(무구)

허물이[咎] 없다[无].

초륙(初六 : --)의 효위(爻位)를 빌려 암시한 계사(繫辭)이다. 〈무구(无咎)〉는 〈초륙무구(初六无咎)〉의 줄임으로 여기고 〈초륙에게는[初六] 허물이[咎] 없다[无]〉라고 새겨볼 것이다.

〈무구(无咎)〉는 유순(柔順)한 초륙(初六 : --)이 강강(剛强)한 구이(九二 : ㅡ)와 구사(九四 : ㅡ)를 본받고 따라 험난함을[蹇] 내치고자[解] 첫발을 내딛는 모습에는 허물[咎]이랄 것이 없음[无]이다. 초효(初爻)의 자리[位]는 험난함을[蹇] 내치는 [解] 일이 시작되는 자리이다. 따라서 초륙(初六 : --)이 해괘(解卦 : ䷧)의 하체(下體)인 감(坎 : ☵)의 초효(初爻)로서 비를 내릴 시동(始動)을 유순(柔順)하게 잘 하고자 다짐하는 초임자(初任者)의 모습인지라, 초륙(初六 : --)에게는 허물이[咎] 없다[无]고 암시한 계사(繫辭)가 〈무구(无咎)〉이다.

【字 典】

무(无) 〈없을 무(无)-무(無), 허무지도 무(无)-허무지도(虛无之道), 으뜸 무(无)-원(元)〉 등의 뜻을 내지만 여기선 〈없을 무(無)〉와 같다 여기고 새김이 마땅하다.

구(咎) 〈허물 구(咎)-건(愆)-과(過), 재앙 구(咎)-재(災), 병될 구(咎)-병(病), 나쁠 구(咎)-오(惡)〉 등의 뜻을 내지만 여기선 〈허물 건(愆)-과(過)〉와 같다 여기고 새김이 마땅하다. 〈무구(无咎)〉는 〈면어구(免於咎)〉 즉 허물을[於咎] 면하다[免]와 같다.

구이(九二 : —)

九二 : 田獲三狐하여 得黃矢하니 貞吉하다
전획삼호 득황시 정길

구이(九二) : 사냥해서[田] 세 마리의[三] 여우를[狐] 잡아[獲] 구리[黃] 화살을[矢] 얻으니[得] 미더워[貞] 행복을 누린다[吉].

【구이(九二)의 효상(爻象) 풀이】

해괘(解卦 : ䷧)의 구이(九二 : —)는 이양거음(以陽居陰) 즉 양(陽 : —)으로써[以] 음(陰 : --)의 자리에 있는지라[居] 정당한 자리에 있지 못하다. 구이(九二 : —)와 육삼(六三 : --)은 양음(陽陰)의 사이인지라 〈비(比)〉 즉 이웃의 사귐[比]을 누리고, 육오(六五 : --)와는 중정(中正) 즉 중효로서[中] 정위[正]를 누리지는 못하지만 양음(陽陰)의 사이인지라 정응(正應) 즉 바르게[正] 서로 호응하여[應], 군왕(君王)인 유순(柔順)한 육오(六五 : --)의 지원을 받아 세상의 험난함을[蹇] 내치기[解] 위하여 흔들림 없이 추진해가는 모습이다.

해괘(解卦 : ䷧)의 구이(九二 : ⚊)가 육이(六二 : ⚋)로 변효(變爻)하면 구이(九二 : ⚊)는 해괘(解卦 : ䷧)를 16번째 예괘(豫卦 : ䷏)로 지괘(之卦)하게 한다. 따라서 해괘(解卦 : ䷧)의 구이(九二 : ⚊)는 예괘(豫卦 : ䷏)의 육이(六二 : ⚋)를 찾아가 살펴보게 한다.

【구이(九二)의 계사(繫辭) 풀이】

田獲三狐(전획삼호)

사냥해서[田] 세 마리의[三] 여우를[狐] 잡았다[獲].

구이(九二 : ⚊)의 효위(爻位)를 빌려 암시한 계사(繫辭)이다. 〈전획삼호(田獲三狐)〉는 〈구이전(九二田) 인차구이획삼호(因此九二獲三狐)〉의 줄임으로 여기고 〈구이가[九二] 사냥했다[田] 그래서[因此] 구이가[九二] 세 마리의[三] 여우를[狐] 잡았다[獲]〉라고 새겨볼 것이다. 〈전획삼호(田獲三狐)의 전(田)〉은 〈사냥할 수(狩)〉와 같고, 〈전획삼호(田獲三狐)의 획(獲)〉은 〈획득할 득(得)〉과 같다.

〈전획삼호(田獲三狐)〉는 구이(九二 : ⚊)가 험난함을[蹇] 내침[解]에 많은 업적을 이룩함을 암시한 계사(繫辭)이다. 〈전획삼호(田獲三狐)의 전(田)〉은 해괘(解卦 : ䷧)의 내호괘(內互卦)인 이(離 : ☲)를 빌려 구이(九二 : ⚊)의 해건(解蹇) 즉 어려움을[蹇] 해산시킴[解]을 암시한다. 왜냐하면 여기 〈전(田)〉이 「설괘전(說卦傳)」에 나오는 〈이는[離 : ☲] 갑옷[甲冑]이고[爲] 무기[戈兵]이다[爲]〉라는 내용을 환기시키기 때문이다. 사냥하자면[田] 갑주(甲冑) 즉 갑옷을 입고 과병(戈兵) 즉 활과 같은 무기를 갖추어야 한다. 이에 〈전(田)〉은 구이(九二 : ⚊)가 세상을 험난하게 하는 것들[蹇]을 내쳐서[解] 세상의 평안을 이룩함을 암시한다.

〈전획삼호(田獲三狐)의 획삼호(獲三狐)〉는 구이(九二 : ⚊)가 성취한 해건(解蹇) 즉 세상을 험난케 하는 것들[蹇]을 내친[解] 업적이 지대(至大)함을 암시한다. 〈획삼호(獲三狐)〉에서 〈삼호(三狐)〉는 건(蹇) 즉 세상을 험난하게 하는[蹇] 무리들 즉 해괘(解卦 : ䷧)의 음효(陰爻 : ⚋)들인 초륙(初六 : ⚋)-육삼(六三 : ⚋)-상륙(上六 : ⚋) 등을 암시한다. 해괘(解卦 : ䷧)의 세 음효(陰爻)를 빌려 세상을 험난케 하는[蹇] 소인배(小人輩)를 취상(取象)한 것이 〈삼호(三狐)〉이다. 인간세(人間世)를 건(蹇) 즉 험난케 함[蹇]은 소인배로부터 비롯되지 군자(君子)로부터 비롯되지 않는다. 음효(陰爻 : --)는 소인(小人)으로 상징되고 양효(陽爻 : ㅡ)는 군자(君子)로 상징된다. 따라서 강강(剛强)한 구이(九二 : ㅡ)가 득중(得中) 즉 정도를 따름을[中] 취하여[得] 군왕(君王)인 유순(柔順)한 육오(六五 : --)를 받들어 세상을 험난케[蹇] 하는 〈삼호(三狐)〉 즉 간사한 무리[奸人輩]를 내쳐[解] 세상을 평안하게 이끄는 데 혁혁함을 암시한 계사(繫辭)가 〈전획삼호(田獲三狐)〉이다.

得黃矢(득황시)

누리[黃] 화살을[矢] 얻었다[得].

〈득황시(得黃矢)〉는 구이(九二 : ㅡ)가 변효(變爻)하여 해괘(解卦 : ䷧)의 하체(下體) 감(坎 : ☵)이 곤(坤 : ☷)으로 변괘(變卦)하여 곤(坤 : ☷)의 중효(中爻)임을 암시한 계사(繫辭)이다. 왜냐하면 〈득황시(得黃矢)의 황(黃)〉이 「문언전(文言傳)」에 나오는 〈하늘은[天] 검고[玄而] 땅은[地] 누렇다[黃]〉라는 내용을 환기시키기 때문이다. 〈황(黃)〉은 중화(中和) 즉 어울림을[和] 따르는[中] 정색(正色)인지라, 중효(中爻)인 구이(九二 : ㅡ)를 취상(取象)한 것이다. 〈득황시(得黃矢)의 시(矢)〉는 단단하고 곧은 줄기이어야 하니, 여기 〈시(矢)〉 역시 강직(剛直)한 구이(九二 : ㅡ)를 취상(取象)한 것이다. 이에 중효(中爻)로서 강직한 구이(九二 : ㅡ)가 〈황(黃)〉 즉 중화(中和)로써 해건(解蹇) 즉 험난함을[蹇] 내치고[解] 동시에 〈시(矢)〉 즉 단단하고 곧은 줄기인 화살[矢]처럼 세상을 험난하게 하는[蹇] 무리를 내칠[解] 수 있는 능력을 갖춤을 암시한 계사(繫辭)가 〈득황시(得黃矢)〉이다.

貞吉(정길)

미더워[貞] 행복을 누린다[吉].

〈정길(貞吉)〉은 구이(九二 : ㅡ)가 공명정대(公明正大)하게 세상을 험난하게 하는[蹇] 무리를 내침[解]인지라 구이(九二 : ㅡ)가 행운을 누리게 됨[吉]을 암시한 계사(繫辭)이다. 〈정길(貞吉)〉은 〈유어구이지정대해건(由於九二之貞對解蹇) 구이유길(九二有吉)〉의 줄임으로 여기고 〈구이가[九二之] 어려움을[蹇] 해제함에[解] 대하여[對] 공명정대하기[貞] 때문에[由於] 구이에게[九二] 행운이[吉] 있다[有]〉라고 새겨볼 것이다. 〈정길(貞吉)의 정(貞)〉은 공명정대(公明正大)함과 같다.

〈정길(貞吉)의 정(貞)〉이란 성신(誠信) 즉 정성스럽고[誠] 미더워[信] 공정(公正)함이다. 모든 것을 아울러 하나같이[公] 바르게 함[正]이 〈정(貞)〉이다. 사사로움이[私] 없고[無] 치우침이[偏] 없다[無]면 절로 공정하다. 이런 공정함을 〈정(貞)〉이라 한다. 해괘(解卦 : ䷧)의 구이(九二 : ⚊)가 세상을 험난케 함을[蹇] 내침[解]을 〈정(貞)〉 즉 공명정대(公明正大)하게 감행하기 때문에, 걸림 없이 그 내침을 구이(九二 : ⚊)가 성취하여 행운을 누림[吉]을 암시한 계사(繫辭)가 〈정길(貞吉)〉이다.

【字典】

전(田) 〈사냥 전(田)-전(佃)-전(畋)-수렵(狩獵), 논밭(밭) 전(田)-전답(田畓), 씨앗으로 쓸 곡식(씨곡) 전(田)-종곡(種穀), 오십 이랑의 밭 전(田)-오십무(五十畝), 밭농사 짓는 일 전(田)-전산생업(田産生業), 밭갈이 전(田)-경작(耕作), 봄철 사냥 전(田)-춘수(春狩), 진열할 전(田)-진열(陳列), 큰 북 전(田)-대고(大鼓), 동방 전(田)-동방(東方)〉 등의 뜻을 내지만 여기선 〈사냥 전(畋)-수렵(狩獵)〉으로 여기고 새김이 마땅하다.

獲 〈획-확〉 두 가지로 발음되고, 〈얻어낼 획(獲)-득(得)-취득(取得), 겨루어 취할 획(獲)-쟁취(爭取), 시의를 얻을 획(獲)-득시지의(得時之宜), 전쟁이 얻어낸 포로 획(獲)-전쟁소득지부(戰爭所得之俘), 노비(종) 획(獲)-노비(奴婢), 실심한 모습 확(獲)-실지모(失志貌), 더럽힐 확(獲)-오욕(汚辱)〉 등의 뜻을 내지만 여기선 〈얻어낼 득(得)〉으로 여기고 새김이 마땅하다.

삼(三) 〈다수를 나타낼 삼(三)-다수지칭(多數之稱), 세 번(석 삼, 셋 삼) 삼(三)-이지가일(二之加一), 삼재의 수 삼(三)-천지인지수(天地人之數), 임금-아버지-스승 삼(三)-군부사(君父師), 동방 삼(三)-동방(東方), 끝 삼(三)-종(終)〉 등의 뜻을 내지만 여기선 〈셋 삼(三)〉으로 여기고 새김이 마땅하다. 삼(三)은 삼(參)과 같다.

호(狐) 〈여우 호(狐)-요수(妖獸), 의심할 호(狐)-의사(疑詞)〉 등의 뜻을 내지만 여기선 〈여우 호(狐)〉로 여기고 새김이 마땅하다.

득(得) 〈취할(얻어낼) 득(得)-획(獲)-취(取), 탐할 득(得)-탐(貪), 깨달을 득(得)-효(曉)-오(悟), 만족할 득(得)-족(足), 마땅할 득(得)-당(當), 일의 마땅함을 터득할 득(得)-합(合)-득사지의(得事之宜), 이룰 득(得)-성(成), 알 득(得)-지(知), 가할 득(得)-가(可)-능(能), 편안할 득(得)-편(便), 가질 득(得)-치(値)-지(持), 득도할 득(得)-득도(得道)〉 등

의 뜻을 내지만 〈취할 획(獲)-취(取)〉와 같다 여기고 새김이 마땅하다.

황(黃) 〈땅의 색 황(黃)-지지색(地之色)-토색(土色), 가운데 황(黃)-중앙(中央), 중앙색 황(黃)-중앙색(中央色), 중화의 색 황(黃)-중화지색(中和之色), 임금 옷의 색 황(黃)-군왕복지색(君王服之色), 밖으로 빛날 황(黃)-광(光), 두터울 황(黃)-후(厚)〉 등의 뜻을 내지만 여기선 〈땅의 색 지지색(地之色)-토색(土色)〉으로 여기고 새김이 마땅하다.

시(矢) 〈화살 시(矢)-전(箭), 소리 내는 살 시(矢)-효시(嚆矢)-향전(響箭), 곧을 시(矢)-직(直), 베풀 시(矢)-시(施)-진(陳), 맹세할 시(矢)-서(誓), 똥 시(矢)-분(糞)〉 등의 뜻을 내지만 여기선 〈화살 전(箭)〉과 같다 여기고 새김이 마땅하다.

정(貞) 〈바를 정(貞)-정(正), 믿을 정(貞)-신(信), 거북점을 물을 정(貞)-복문(卜問), 역(易)의 내괘(內卦) 정(貞), 마땅할 정(貞)-당(當), 정할 정(貞)-정(定), 순수할 정(貞)-전(專)-일(一)〉 등의 뜻을 내지만 여기선 〈바를 정(正), 믿을 신(信)〉 등을 합친 뜻과 같아 〈정신(正信)〉으로 여기고 새김이 마땅하다.

길(吉) 〈좋을(행복할) 길(吉)-선(善)-영(令) {영월길일(令月吉日)은 선월선일(善月善日)임.}, 복 길(吉)-실(實)-선실(善實)-복(福), 예의를 따라 상서로울 길(吉)-예의순상(禮義順祥), 삼갈 길(吉)-근(謹), 초하루 길(吉)-삭일(朔日) {삭망(朔望) 즉 초하루[朔]와 그믐날[望]}, 길례 길(吉)-길례(吉禮) {오례지일(五禮之一) 길흉빈군가(吉凶賓軍嘉)}, 갈 길(吉)-행(行)-길(趌)〉 등의 뜻을 내지만 여기선 〈좋을 선(善)-영(令)〉 즉 행복과 같다 여기고 새김이 마땅하다.

註 이위갑주(離爲甲冑) 위과병(爲戈兵) : 이는[離 : ☲] 갑옷[甲冑]이고[爲], 방패와[戈] 무기[兵]이다[爲].
「괘사전(說卦傳)」 11단락(段落)

註 부현황자(夫玄黃者) 천지지잡야(天地之雜也) 천현이지황(天玄而地黃) : 무릇[夫] 검을 현과[玄] 누런 황이라는[黃] 것은[者] 하늘땅의[天地之] 잡색[雜]이다[也]. 하늘은[天] 검고[玄而] 땅은[地] 누렇다[黃].
「문언전(文言傳)」 [곤괘문언(坤卦文言)] 상륙(上六)

육삼(六三 : --)

六三 : 負且乘이라 致寇至니 貞吝하리라
부 차 승 치 구 지 정 린

육삼(六三) : 등짐을 지고[負] 또[且] 말을 탄다[乘]. 도둑이[寇] 됨을[至] 자초하니[致] 진실로 미더워도[貞] 부끄럽다[吝].

【육삼(六三)의 효상(爻象) 풀이】

해괘(解卦 : ䷧)의 육삼(六三 : --)은 이음거양(以陰居陽) 즉 음(陰 : --)으로써[以] 양(陽 : —)의 자리에 있는지라[居] 정당한 자리에 있지 못하다. 육삼(六三 : --)과 구이(九二 : —)-구사(九四 : —)는 다른 대성괘(大成卦)에서라면 음양(陰陽)의 사이인지라 〈비(比)〉 즉 이웃의 사귐[比]을 누릴 처지이지만, 해괘(解卦 : ䷧)의 주제인 〈해(解)〉 즉 험난함을[蹇] 해제하는[解] 때를 맞아 육삼(六三 : --)은 구이(九二 : —)-구사(九四 : —)로부터 질책을 당할 처지이다. 육삼(六三 : --)과 상륙(上六 : --)은 양음(兩陰) 즉 둘 다[兩] 음(陰 : --)인지라 부정응(不正應) 즉 서로 바르게[正] 호응하지 못한다[不應]. 이에 육삼(六三 : --) 자신이 해건(解蹇) 즉 어려움을[蹇] 해제함[解]을 외면하려는 소인(小人)인지라 구이(九二 : —)-구사(九四 : —)로부터 질책을 받아야 하는 모습이다.

해괘(解卦 : ䷧)의 육삼(六三 : --)이 구삼(九三 : —)으로 변효(變爻)하면 육삼(六三 : --)은 해괘(解卦 : ䷧)를 32번째 항괘(恒卦 : ䷟)로 지괘(之卦)하게 한다. 따라서 해괘(解卦 : ䷧)의 육삼(六三 : --)은 항괘(恒卦 : ䷟)의 구삼(九三 : —)을 찾아가 살펴보게 한다.

【육삼(六三)의 계사(繫辭) 풀이】

負且乘(부차승)

등짐을 지고[負] 또[且] 말을 탄다[乘].

육삼(六三 : --)의 효위(爻位)를 빌려 암시한 계사(繫辭)이다. 〈부차승(負且乘)〉

은 〈육삼부구사(六三負九四) 차륙삼승구이(且六三乘九二)〉의 줄임으로 여기고 〈육삼은[六三] 구사를[九四] 지고[負] 또[且] 육삼은[六三] 구이를[九二] 탔다[乘]〉라고 새겨볼 것이다. 〈부차승(負且乘)의 부(負)〉는 〈등에 질 재어배(載於背)〉와 같고, 〈부차승(負且乘)의 차(且)〉는 〈또 우(又)〉와 같고, 〈부차승(負且乘)의 승(乘)〉은 〈올라탈 승(陞)〉과 같다.

〈부차승(負且乘)〉은 육삼(六三 : --)이 구이(九二 : ㅡ)와 구사(九四 : ㅡ)의 양강(兩剛) 사이에 끼어 있는 모습을 암시한 계사(繫辭)이다. 여기 〈부차승(負且乘)〉은 우효(偶爻 : --) 즉 작은[小] 것이 기효(奇爻 : ㅡ) 즉 큰 것[大] 사이에서 우쭐하면서 망덕(忘德) 즉 덕을[德] 잊은[忘] 모습이라, 『노자(老子)』에 나오는 〈자기를[自] 자랑하는[伐] 짓에는[者] 보람이[功] 없다[無]〉라는 내용을 연상시킨다. 구이(九二 : ㅡ)가 육삼(六三 : --)의 바로 아래에 있으니 육삼(六三 : --)이 구이(九二 : ㅡ)를 올라타고[乘] 있는 꼴임을 〈부차승(負且乘)의 승(乘)〉이라 암시하고, 구사(九四 : ㅡ)는 육삼(六三 : --)의 바로 위에 있으니 육삼(六三 : --)이 구사(九四 : ㅡ)를 짊어지고[負] 있는 꼴임을 〈부차승(負且乘)의 부(負)〉라고 점사(占辭)한 것이다.

음(陰 : --)은 작고[小] 소인(小人)으로 비유되고, 양(陽 : ㅡ)은 크고[大] 군자(君子)로 비유된다. 그러니 〈부차승(負且乘)〉은 작은 것이 큰 것을 타고[乘] 또[且] 큰 것을 짊어진다[負]고 함은 감당할 수 없는 탐욕을 노리는 소인(小人)의 지나친 허세를 암시한다. 이는 곧 해괘(解卦 : ䷧)의 육삼(六三 : --)이 소인배(小人輩)라는 것이다. 대성괘(大成卦)에서 삼위(三位)는 대부(大夫)의 자리이지만 우효(偶爻 : --)일 경우엔 군자(君子)로서 대부(大夫)가 아니라 소인(小人)으로서 대부(大夫)로 비유된다. 소인(小人)이 대부(大夫) 노릇을 하면 탐관(貪官)의 우두머리가 되어 우쭐하면서, 해괘(解卦 : ䷧)의 주제인 〈해(解)〉 즉 어려움을[蹇] 해제하는[解] 때를 육삼(六三 : --)이 외면함을 암시한 계사(繫辭)가 〈부차승(負且乘)〉이다.

致寇至(치구지)

도둑이[寇] 됨을[至] 자초한다[致].

〈치구지(致寇至)〉는 〈부차승(負且乘)〉의 후환(後患)을 밝힌 점사(占辭)이다. 부귀를 짊어지고[負] 말을 타면[乘] 즉 분에 넘치게 출세를 하게 되면 도둑을[寇] 불러들이는[致] 우환(憂患)을 면치 못한다. 탐욕의 갈증은 강물을 다 마셔도 풀리지 않으니 탐욕스러우면 자신이 곧 도둑이 되어버리고 맒을 〈치구지(致寇至)〉라고 한 것이다. 자신이 자신을 도둑이 되게 함이 〈치구지(致寇至)〉이다. 육삼(六三 : ⚋)을 〈부차승(負且乘)〉이라 암시한 다음 그 육삼(六三 : ⚋)이 해괘(解卦 : ䷧)의 하체(下體)인 감(坎 : ☵)의 상효(上爻)임을 들어 〈치구지(致寇至)의 구(寇)〉라고 취상(取象)한 것이다. 왜냐하면 〈치구지(致寇至)의 구(寇)〉가 「설괘전(說卦傳)」에 나오는 〈감은[坎 : ☵] 도둑[盜]이다[爲]〉라는 내용을 떠올려주기 때문이다. 〈구(寇)〉는 〈도둑 도(盜)〉와 같다. 육삼(六三 : ⚋)은 해괘(解卦 : ䷧)의 하체(下體)인 감(坎 : ☵)의 상효(上爻)이니 양(陽 : ⚊)의 자리를 빙자해 앞으로는 대인(大人)인 척하면서 뒤로는 소인(小人)의 탐욕을 채우고자 하니, 육삼(六三 : ⚋) 자신이 자신을 도둑이[寇] 되게[至] 내던짐[致]을 암시한 계사(繫辭)가 〈치구지(致寇至)〉이다.

貞吝(정린)

진실로 미더워도[貞] 부끄럽다[吝].

〈정린(貞吝)〉은 〈부차승(負且乘) 치구지(致寇至)〉를 범하는 육삼(六三 : ⚋)의 〈정(貞)〉이란 수치[吝]일 뿐임을 밝힌 계사(繫辭)이다. 〈부차승(負且乘) 치구지(致寇至)〉의 소인(小人)일수록 〈정(貞)〉을 앞세운다. 소인(小人)의 이러한 거짓부렁 탓에 〈같을 사(似)〉 자(字)를 〈인(亻)〉 변에 쓰는 것이다. 사람이란 옳으면서도 그릇됨을 살펴야 하기에 〈사(似)〉 자(字)에 〈인(亻)〉 변이 붙은 것이다. 대인(大人)-군자(君子)의 〈정(貞)〉은 진정(眞貞)이지만, 소인(小人)의 〈정(貞)〉은 가정(假貞) 즉 가짜의[假] 정(貞)임을 살펴 헤아리게 하는 것이 여기 〈정린(貞吝)〉이다. 소인(小人)은 사정(似貞) 즉 정(貞) 같아[似] 보이는 짓을 거리낌 없이 감행한다.

소인(小人)은 말로는 겸손하다 하면서 행동은 오만하고, 말로는 검소하다 하면서 행동은 사치하며, 말로는 예의를 따지면서 행동은 객기(客氣)를 일삼음이 이른바 소인이 범하는 가정(假貞) 즉 정성스러운 미더움을[貞] 가장하는[假] 짓이다. 여기 〈정린(貞吝)의 정(貞)〉은 가정(假貞)의 정(貞)인지라 사정(似貞) 즉 정성스러운 미더움[貞] 같지만[似] 실은 비진정(非眞貞) 즉 진실로[眞] 미더움은[貞] 아닌 것[非]이다. 따라서 〈부차승(負且乘) 치구지(致寇至)〉의 육삼(六三 : --) 즉 소인(小人)이 〈정(貞)〉을 앞세울수록 부끄러울[吝] 뿐임을 암시한 계사(繫辭)가 〈정린(貞吝)〉이다.

【字典】

부(負) 〈등에 질 부(負)-재어배(載於背), 덮어쓴(입을) 부(負)-몽(蒙), 믿을 부(負)-시(恃)-유소시(有所恃), 의지할 부(負)-의(依), 뒤 부(負)-후(後), 등 부(負)-배(背), 멜(짊어질) 부(負)-담(擔)-하(荷), 빚질 부(負)-차불상(借不償)-수대불상(受貸不償), 안을(포옹할) 부(負)-포(抱), 나눌 부(負)-피(披), 배반할(배은망덕할) 부(負)-배(背)-배리(背離)-배은망덕(背恩忘德), 어길 부(負)-위(違), 잃을 부(負)-실(失), 부끄러워할(창피할) 부(負)-괴(愧), 근심할 부(負)-우(憂), 실패할 부(負)-패(敗), 늙은 부인 부(負)-노부인(老婦人)〉 등의 뜻을 내지만 여기선 〈등에 질 부(負)-재어배(載於背)〉로 여기고 새김이 마땅하다.

且 〈차-저〉 두 가지로 발음되고, 〈또 차(且)-우(又), 갈 차(且)-조(徂)-왕(往), 그 위에 차(且)-가지(加之), 바야흐로 차(且)-장차(將次), 거의 차(且)-기(幾), 어구(語句) 뒤에 오는 조사(助詞) 차(且), 나아가지 않을 저(且)-행부진(行不進), 많을 저(且)-다(多), 파초 저(且)-파초(芭蕉), 공손할 저(且)-공(恭), 말투를 강하게 하려는 어조사 저(且)〉 등의 뜻을 내지만 여기선 〈또 우(又)〉와 같다 여기고 새김이 마땅하다.

승(乘) 〈올라탈(오를) 승(乘)-승(陞)-등(登)-가(駕), 인할 승(乘)-인(因), 올릴 승(乘)-상(上), 좇을 승(乘)-축(逐), 더할 승(乘)-가(加), 이길 승(乘)-승(勝), 다스릴 승(乘)-치(治), 쓸 승(乘)-용(用), 꾀할 승(乘)-계(計), 곱할 승(乘)-산(算), 수레 승(乘)-거(車)〉 등의 뜻을 내지만 여기선 〈올라탈 승(陞)〉과 같다 여기고 새김이 마땅하다.

치(致) 〈불러들일 치(致)-소(召), 이를 치(致)-예(詣), 돌아올 치(致)-반(返)-환(還)-귀(歸), 줄 치(致)-여(與)-수(授), 바칠(맡길) 치(致)-위(委), 전할 치(致)-전(傳), 끌어들일 치(致)-인(引), 다할 치(致)-극(極)-진(盡), 이를 치(致)-지(至)-도(到), 자세히 살필 치(致)-심(審), 성실할 치(致)-성(誠)〉 등의 뜻을 내지만 여기선 〈불러들일 소(召)〉로 여기고 새김이 마땅하다.

구(寇) 〈도둑 구(寇)-적(賊)-도(盜), 해칠 구(寇)-해(害), 사나울 구(寇)-포(暴), 원수 구(寇)-구(仇), 겁주어 뺏을 구(寇)-겁취(劫取)〉 등의 뜻을 내지만 여기선 〈도둑 도

(盜)〉와 같다 여기고 새김이 마땅하다.

지(至) 〈도착할(닥칠) 지(至)-도(到)-내(來), 지극할 지(至)-지극(至極), 새가 높은 데서 날아 내려와 땅에 이를 지(至)-조비종고하지(鳥飛從高下至), 미칠(이를) 지(至)-급(及), 좋을 지(至)-선(善), 다할 지(至)-진(盡)-극(極), 무리 지(至)-중(衆), 큰 지(至)-대(大), 마땅할 지(至)-당(當), 이룰 지(至)-성(成), 실제 지(至)-실(實), 옳을 지(至)-시(是), 아래 지(至)-하(下), 동지하지 지(至)-동지하지(冬至夏至)〉 등의 뜻을 내지만 여기선 〈닥칠 도(到)〉와 같다 여기고 새김이 마땅하다.

정(貞) 〈바를 정(貞)-정(正), 믿을 정(貞)-신(信), 거북점을 물을 정(貞)-복문(卜問), 역(易)의 내괘(內卦) 정(貞), 마땅할 정(貞)-당(當), 정할 정(貞)-정(定), 순수할 정(貞)-전(專)-일(一)〉 등의 뜻을 내지만 여기선 〈바를 정(正), 믿을 신(信)〉 등을 합친 뜻과 같아 〈정신(正信)〉 즉 바르고[正] 미더움[信]으로 새김이 마땅하다.

인(吝) 〈부끄러울 인(吝)-수치(羞恥), 굴욕스러울 인(吝)-굴욕(屈辱), 한할 인(吝)-한(恨), 아낄 인(吝)-석(惜), 인색할 인(吝)-색(嗇), 욕심낼 인(吝)-탐(貪)〉 등의 뜻을 내지만 여기선 〈부끄러울 수치(羞恥)〉와 같다 여기고 새김이 마땅하다. 〈吝〉이 맨 앞에 오면 〈인〉으로 발음되고, 중간이나 뒤에 오면 〈린〉으로 발음된다.

註 자현자불명(自見者不明) 자시자불창(自是者不彰) 자벌자무공(自伐者無功) 자긍자부장(自矜者不長) 기재도야(其在道也) 왈(曰) 여식췌형(餘食贅形) : 자기를[自] 드러내는[見] 사람은[者] 밝지 못하고[不明], 스스로[自] 옳다고 주장하는[是] 사람은[者] 뚜렷하지 못하며[不彰], 스스로를[自] 자랑하는[伐] 사람에게는[者] 일한 보람이[功] 없어지고[無], 스스로[自] 뽐내는[矜] 사람은[者] 대접받지 못한다[不長]. 도덕[道]에서[在] 앞의 짓들[其]을[也] 말해본다면[曰] (앞의 짓들은) 먹다 남은[餘] 밥풀떼기이고[食] 혹덩어리이다[贅形]. 『노자(老子)』 24장(章)

註 감위도(坎爲盜) : 감은[坎 : ☵] 도둑[盜]이다[爲]. 「설괘전(說卦傳)」 11단락(段落)

구사(九四 : ⚊)

九四 : 解而拇면 朋至하여 斯孚리라
해이무 붕지 사부

구사(九四) : 너의[而] 발가락을[拇] 내친다면[解] 벗이[朋] 와서[至] 이에[斯] 믿어주리라[孚].

【구사(九四)의 효상(爻象) 풀이】

해괘(解卦 : ䷧)의 구사(九四 : ⚊)는 이양거음(以陽居陰) 즉 양(陽 : ⚊)으로써[以] 음(陰 : ⚋)의 자리에 있는지라[居] 정당한 자리에 있지 못하다. 구사(九四 : ⚊)와 육삼(六三 : ⚋)은 양음(陽陰)의 사이인지라 다른 대성괘(大成卦)에서라면 〈비(比)〉 즉 이웃의 사귐[比]을 누릴 처지이지만 해괘(解卦 : ䷧)의 주제인 〈해(解)〉 즉 험난함을[蹇] 해제하는[解] 때를 맞아 구사(九四 : ⚊)는 육삼(六三 : ⚋)의 소인기질(小人氣質) 탓으로 이웃으로 사귀기[比]가 어렵다. 구사(九四 : ⚊)와 초육(初六 : ⚋) 역시 양음(陽陰)의 사이인지라 다른 대성괘(大成卦)에서라면 정응(正應) 즉 바르게[正] 서로 호응할[應] 처지이지만 〈해(解)〉 즉 험난함을[蹇] 해제하는[解] 때를 맞아 초육(初六 : ⚋)의 소인기질(小人氣質) 탓으로 서로 협조할 수가 없다. 이에 강강(剛强)한 구사(九四 : ⚊) 자신이 군왕(君王)인 육오(六五 : ⚋)를 받들어 해건(解蹇) 즉 어려움을[蹇] 해제함[解]에 온 힘을 다하는 모습이다.

> 해괘(解卦 : ䷧)의 구사(九四 : ⚊)가 육사(六四 : ⚋)로 변효(變爻)하면 구사(九四 : ⚊)는 해괘(解卦 : ䷧)를 7번째 사괘(師卦 : ䷆)로 지괘(之卦)하게 한다. 따라서 해괘(解卦 : ䷧)의 구사(九四 : ⚊)는 사괘(師卦 : ䷆)의 육사(六四 : ⚋)를 찾아가 살펴보게 한다.

【구사(九四)의 계사(繫辭) 풀이】

解而拇(해이무)

너의[而] 발가락을[拇] 내친다[解].

구사(九四 : ⚊)의 효위(爻位)를 빌려 암시한 계사(繫辭)이다. 〈해이무(解而拇) 붕지(朋至)〉는 〈약해이무(若解而拇) 육오성위구사지붕(六五成爲九四之朋) 이륙오지향구사(而六五至向九四)〉의 줄임으로 여기고 〈만약[若] 너의[而] 엄지발가락을[拇] 버린다면[解] 육오가[六五] 구사의[九四之] 벗이[朋] 되어서[成爲而] 육오가[六五] 구사(九四)에게로[向] 온다[至]〉라고 새겨볼 것이다.

〈해이무(解而拇)〉는 해괘(解卦 : ䷧)의 구사(九四 : ⚊)가 초륙(初六 : ⚋)과의 정응(正應)을 버림[解]을 암시한 계사(繫辭)이다. 〈해이무(解而拇)의 무(拇)〉는 해괘(解卦 : ䷧)에서 맨 아래 자리에 있는 초륙(初六 : ⚋)을 취상(取象)한 것이다. 〈해이무(解而拇)의 이무(而拇)〉는 구사(九四 : ⚊)와 초륙(初六 : ⚋)이 누릴 수 있는 정응(正應)을 암시한다. 따라서 〈해이무(解而拇)〉는 구사(九四 : ⚊)가 초륙(初六 : ⚋)과의 정응(正應)을 〈해(解)〉 즉 내침[解]을 암시한다. 〈해이무(解而拇)의 해(解)〉는 〈내칠 방(放)〉과 같고, 〈해이무(解而拇)의 이(而)〉는 〈너의 여(汝)〉와 같다. 구사(九四 : ⚊)가 초륙(初六 : ⚋)과의 정응(正應)을 서로 함께 누리는 쪽이 아니라, 구사(九四 : ⚊)가 초륙(初六 : ⚋)으로 하여금 자기를 따르도록 채비하지 않는 까닭을 헤아리게 한다. 구사(九四 : ⚊)는 군자(君子)이고 초륙(初六 : ⚋)은 소인(小人)이다.

해괘(解卦 : ䷧)에서 구사(九四 : ⚊)와 초륙(初六 : ⚋)이 정응(正應)을 누릴 수 있다 하여 완고하게 그 정응을 지켜야 하는 것은 아님을 〈해이무(解而拇)의 해(解)〉가 암시한다. 따라서 〈해이무(解而拇)의 해(解)〉가 『노자(老子)』에 나오는 〈위해주되[爲而] 바라지 않으며[不恃] 키워주되[長而] 이래라저래라 않는다[不宰]〉라는 내용을 생각나게 하고, 동시에 『논어(論語)』에 나오는 〈군자의[君子之] 덕은[德] 바람 같도다[風]〉라는 내용을 환기시킨다. 천도(天道) 즉 자연의[天] 도리[道]를 벗어나지 않는 군자(君子)는 위해주되[爲而] 도와준 대가를 바라지 않고[不恃], 자라게 하되[長而] 이래라저래라 하지 않음[不宰]을 상기하여 헤아리게 하는 것이 〈해이무(解而拇)의 해(解)〉이다. 군자(君子)는 소인(小人)에게 이래라저래라 시키거나 부리지 않고 마음 편하게 내버려 둔다. 군자(君子)가 소인(小人)을 내버려 둔다[解] 하여 군자(君子)가 소인(小人)을 압모(狎侮) 즉 업신여긴다거나[狎] 얕본다[侮]는 것은 아니다. 군자의 덕(德)이 바람처럼 소인(小人)에게 불어가서 소인(小人)이 덕의[德之] 바람[風]을 따라 받들게 됨을 상기시키는 것이 〈해이무(解而拇)의 해(解)〉이다. 이와 같이 〈해이무(解而拇)의 해(解)〉를 새겨 헤아린다면 구사(九四 : ⚊) 즉 군자(君子)가 초륙(初六 : ⚋) 즉 소인(小人)과의 정응(正應)을 내친다 한들[解] 유순(柔順)한 초륙(初六 : ⚋)이 강건(剛健)한 구사(九四 : ⚊)를 스스로 본받아 세상을 험난하게 하는[蹇] 무리가 되지 않음을 암시한 계사(繫辭)가 〈해이무(解而拇)〉이다.

朋至(붕지)

벗이[朋] 온다[至].

〈붕지(朋至)〉는 구사(九四 : ⚊)가 초륙(初六 : ⚋)과의 정응(正應)을 내치고[解] 상진(上進)하여 육오(六五 : ⚋)와 비(比) 즉 이웃의 사귐[比]을 들어 충성을 다함을 암시한 계사(繫辭)이다. 〈해이무(解而拇)의 이무(而拇)〉 즉 구사(九四 : ⚊)가 정응(正應)을 누릴 수 있는 초륙(初六 : ⚋)을 〈해(解)〉 즉 내침[解]은 구사(九四 : ⚊)가 함께 해건(解蹇)할 한패[朋]를 얻고자 함을 암시한 것이 〈붕지(朋至)〉이다. 〈붕지(朋至)의 붕(朋)〉은 육오(六五 : ⚋)를 취상(取象)한 것이다. 뜻을 같이하는 한패가[朋] 구사에게[於九四] 이른다[至]고 함은 군왕(君王)인 유순(柔順)한 육오(六五 : ⚋)가 강강(剛强)한 구사(九四 : ⚊)와 해괘(解卦 : ䷧)의 주제인 〈해(解)〉의 때를 맞아 해건(解蹇) 즉 어려움을[蹇] 내치는[解] 뜻을 함께함을 〈붕(朋)〉으로써 암시한다. 세상을 험난케 하는[蹇] 초륙(初六 : ⚋)-육삼(六三 : ⚋)-상륙(上六 : ⚋) 등의 소인배(小人輩)를 내친[解] 구이(九二 : ⚊)를 충신(忠信)으로 두고 있는 유순(柔順)한 육오(六五 : ⚋)가 구사(九四 : ⚊)마저도 뜻을 같이하는 신하로 맞이함을 암시한 계사(繫辭)가 〈붕지(朋至)〉이다. 〈붕지(朋至)의 붕(朋)〉은 〈벗 우(友)〉와 같고, 〈붕지(朋至)의 지(至)〉는 〈올 내(來)〉와 같다.

斯孚(사부)

이에[斯] 믿어주리라[孚].

〈사부(斯孚)〉는 육오(六五 : ⚋)와 구사(九四 : ⚊)가 해건(解蹇) 즉 세상을 험난케 함을[蹇] 내치는[解] 〈붕(朋)〉 즉 뜻을 같이하는 벗[朋]이 되었음을 밝힌 계사(繫

辭)이다. 〈사부(斯孚)〉는 〈사구사여륙오상부(斯九四與六五相孚)〉의 줄임으로 여기고 〈이에[斯] 육오와[與六五] 구사는[九四] 서로[相] 믿어준다[孚]〉라고 새겨볼 것이다. 〈사부(斯孚)의 사(斯)〉는 육오(六五 : --)가 구사(九四 : —)의 한패가[朋] 되었음[至]을 밝히는 〈이에 사(斯)〉이고, 〈사부(斯孚)의 부(孚)〉는 육오(六五 : --)는 구사(九四 : —)를 믿고[孚] 구사(九四 : —)는 육오(六五 : --)를 믿어주어[孚] 해건(解蹇)의 동지가 됨을 밝힌다. 이에 유순(柔順)하면서도 진실하고 신실한 군왕(君王)인 육오(六五 : --)를 구사(九四 : —)가 성심을 다하여 보좌하게 됨을 밝힌 계사(繫辭)가 〈사부(斯孚)〉이다.

【字典】

解 〈해-개〉 두 가지로 발음되고, 〈놓아버릴 해(解)-방(放), 깎아낼 해(解)-삭(削), 내칠(흩뜨릴) 해(解)-산(散), 쪼갤 해(解)-판(判), 풀릴 해(解)-완(緩), 풀이할 해(解)-석(釋), 열 해(解)-개(開), 해설할 해(解)-해설(解說), 익힐 해(解)-강(講), 깨우칠(깨우쳐줄) 해(解)-유(諭)-효(曉), 떨어질 해(解)-추락(墜落), 흩뜨릴 해(解)-이산(離散), 게으를 해(解)-권(倦), 화해할 해(解)-화해(和解), 통달할 해(解)-달(達), 64괘의 하나 해(解)-해괘(解卦), 벗을 개(解)-탈(脫), 풀 개(解)-석(釋), 사과할 개(解)-사과(謝過), 헤칠 개(解)-산(散), 팔다리 마디뼈 개(解)-지절(支節), 딸린 것들 개(解)-접중(接中)〉 등의 뜻을 내지만 여기선 〈놓아버릴 방(放)〉과 같다 여기고 새김이 마땅하다.

이(而) 〈너의(너) 이(而)-여(汝)-여(女), (말 이을) 그리고-그러나 이(而)-승상전하(承上轉下), 얼굴에 난 털 이(而)-협모(頰毛), 수염 이(而)-수(須), ~면 이(而)-약(若), 그럴 이(而)-연(然), 그러므로 이(而)-고(故), 이에 이(而)-내(乃), 곧 이(而)-즉(則), 그로써 이(而)-이(以), ~과 이(而)-여(與)-급(及), 그 이(而)-기(其), 어찌 이(而)-기(豈), 또 이(而)-차(且)-우(又), 오히려(조차) 이(而)-유(猶), 무릇 이(而)-부(夫), 이것 이(而)-차(此), 오직 이(而)-유(唯), ~할 수 있을 이(而)-능(能), 어찌 이(而)-안(安)〉 등의 뜻을 내지만 여기선 〈너의 여(汝)〉로 여기고 새김이 마땅하다.

무(拇) 〈엄지발가락(엄지손가락) 무(拇)-대지(大指)-대지(大趾)〉의 뜻으로 여기선 〈엄지발가락(大趾)〉으로 여기고 새김이 마땅하다.

붕(朋) 〈한패 붕(朋)-당(黨)-군(羣), 벗 붕(朋)-우(友), 제자 붕(朋)-제자(弟子), 견줄 붕(朋)-비(比), 무리 붕(朋)-군(羣), 두 단지 붕(朋)-양준(兩樽)〉 등의 뜻을 내지만 여

기선 〈한패 당(黨)〉과 같다 여기고 새김이 마땅하다.

지(至) 〈도착할(이를) 지(至)-도(到)-래(來), 지극할 지(至)-지극(至極), 새가 높은 데서 날아 내려와 땅에 이를 지(至)-조비종고하지(鳥飛從高下至), 미칠(이를) 지(至)-급(及), 좋을 지(至)-선(善), 다할 지(至)-진(盡)-극(極), 무리 지(至)-중(衆), 큰 지(至)-대(大), 마땅할 지(至)-당(當), 이룰 지(至)-성(成), 실제 지(至)-실(實), 옳을 지(至)-시(是), 아래 지(至)-하(下), 동지하지 지(至)-동지하지(冬至夏至)〉 등의 뜻을 내지만 여기선 〈이를 도(到)〉와 같다 여기고 새김이 마땅하다.

사(斯) 〈이에 사(斯)-내(乃), 가를(쪼갤) 사(斯)-석(析)-열(裂), 나눌 사(斯)-분(分), 떨어질 사(斯)-이(離), 천할 사(斯)-천(賤), (지시대명사로) 이 사(斯)-차(此), 곧 사(斯)-즉(則)-즉(卽), 그 사(斯)-기(其), {구중(句中) 또는 구미(句末)에 쓰이는} 어조사 사(斯)-어조사, 그럴 사(斯)-연(然), 다할 사(斯)-시(澌)-진(盡), 패할 사(斯)-패(敗)〉 등의 뜻을 내지만 여기선 〈이에 내(乃)〉와 같다 여기고 새김이 마땅하다.

부(孚) 〈믿을 부(孚)-신(信), 알에서 새끼가 껍질을 쪼아 나올 부(孚)-난화(卵化), 씨앗이 틀 부(孚)-부(稃), 기를 부(孚)-육(育), 덮어줄 부(孚)-복(覆), 붙을(의지할) 부(孚)-부(附)-부(付), 옥채색 부(孚)-옥채색(玉采色)〉 등의 뜻을 내지만 여기선 〈믿을 신(信)〉과 같다 여기고 새김이 마땅하다.

註 위이불시(爲而不恃) 장이부재(長而不宰) 시위현덕(是謂玄德) : {상도(常道)는} 위해주되[爲而] 바라지 않으며[不恃], 키워주되[長而] 이래라저래라 않는다[不宰]. 위의 것들을[是] 현묘한[玄] 덕이라[德] 한다[謂]. 『노자(老子)』 51장(章)

註 군자지덕풍(君子之德風) 소인지덕초(小人之德草) 초상지풍필언(草尙之風必偃) : 군자의[君子之] 덕은[德] 바람 같고[風] 소인의[小人之] 덕은[德] 풀 같다[草]. 풀은[草] 더해지는[尙之] 바람에[風] 반드시[必] 따르게 마련이다[偃]. 『논어(論語)』「안연(顔淵)」 19장(章)

육오(六五 : --)

六五 : 君子維有解면 吉하니 有孚于小人이리라
군자유유해 길 유부우소인

육오(六五) : 군자가[君子] 오직[維] 내침이[解] 있으면[有] 행복하니[吉] 소인(小人)에게서도[于] 믿어줌이[孚] 있다[有].

【육오(六五)의 효상(爻象) 풀이】

해괘(解卦 : ䷧)의 육오(六五 : --)는 이음거양(以陰居陽) 즉 음(陰 : --)으로써[以] 양(陽 : —)의 자리에 있는지라[居] 정당한 자리에 있지 못하다. 육오(六五 : --)와 구사(九四 : —)는 음양(陰陽)의 사이인지라 비(比) 즉 이웃의 사귐[比]을 누린다. 육오(六五 : --)와 구이(九二 : —)는 중부정(中不正) 즉 중효이나[中] 바른 자리에 있지 못하지만[不正] 음양(陰陽)의 관계인지라 정응(正應) 즉 바르게[正] 서로 호응함[應]을 누린다. 이에 육오(六五 : --)는 해괘(解卦 : ䷧)의 상체(上體) 진(震 : ☳)의 중효(中爻)로서 득중(得中) 즉 정도를 따름을[中] 취하고[得], 강직(剛直)한 구이(九二 : —)와 구사(九四 : —)를 충직한 신하로 맞이하여 군왕(君王)의 노릇을 다하는 모습이다.

해괘(解卦 : ䷧)의 육오(六五 : --)가 구오(九五 : —)로 변효(變爻)하면 육오(六五 : --)는 해괘(解卦 : ䷧)를 47번째 곤괘(困卦 : ䷮)로 지괘(之卦)하게 한다. 따라서 해괘(解卦 : ䷧)의 육오(六五 : --)는 곤괘(困卦 : ䷮)의 구오(九五 : —)를 찾아가 살펴보게 한다.

【육오(六五)의 계사(繫辭) 풀이】

君子維有解(군자유유해) 吉(길)

군자가[君子] 오직[維] 내침이[解] 있으면[有] 행복하다[吉].

육오(六五 : --)의 효위(爻位)를 빌려 암시한 계사(繫辭)이다. 〈군자유유해(君子維有解) 길(吉)〉은 〈군자유유해건(君子維有解蹇) 인차군자유길(因此君子有吉)〉

의 줄임으로 여기고 〈군자에게[君子] 오직[維] 험난함을[蹇] 내침이[解] 있다[有] 그래서[因此] 군자는[君子] 길함이[吉] 있다[有]〉라고 새겨볼 것이다. 〈유유해(維有解)의 유(維)〉는 〈오직 유(唯)〉와 같고, 〈유해(有解)의 유(有)〉는 여기선 어조사 노릇을 하니 무시하여 〈군자유유해(君子維有解)〉를 〈군자유해(君子維解)〉로 여기고 〈군자(君子)만이[維] 내친다[解]〉로 새김이 마땅하고, 〈유유해(維有解)의 해(解)〉는 〈내칠 산(散)〉과 같다.

〈군자유유해(君子維有解) 길(吉)〉은 육오(六五 : --)가 유순(柔順)하면서도 현명해서 난세(亂世)를 내칠[解] 수 있는 군왕(君王)임을 암시한 계사(繫辭)이다. 왜냐하면 군왕(君王)으로서 육오(六五 : --)가 군자(君子)라야 오직[維] 세상을 험난케 하는[蹇] 소인배(小人輩)를 능해(能解) 즉 내칠[解] 수[能] 있음[有]을 암시한 것이 〈군자유유해(君子維有解)〉이다. 대성괘(大成卦)에서 기효(奇爻 : ㅡ) 즉 양효(陽爻)는 군자(君子)로, 우효(耦爻 : --) 즉 음효(陰爻)는 소인(小人)으로 상징된다. 해괘(解卦 : ䷧)에서 기효(奇爻 : ㅡ)는 구이(九二 : ㅡ)와 구사(九四 : ㅡ)밖에 없다. 따라서 〈군자유유해(君子維有解)의 군자(君子)〉는 해괘(解卦 : ䷧)의 구이(九二 : ㅡ)와 구사(九四 : ㅡ)를 말한다. 육오(六五 : --)와 구이(九二 : ㅡ)는 정응(正應)으로써 군신(君臣)의 유대(紐帶)를 맺고, 육오(六五 : --)와 구사(九四 : ㅡ)는 비(比)로써 군신의 유대를 맺어, 군왕(君王)으로서 육오(六五 : --)가 해괘(解卦 : ䷧)의 주제인 〈해(解)〉 즉 어려움을[蹇] 내치는[解] 때를 맞아 치세(治世)를 군자(君子)와 함께 이끌어 감을 암시하는 것 역시 〈군자유유해(君子維有解)〉이다. 말하자면 초륙(初六 : --)-육삼(六三 : --)-상륙(上六 : --) 등의 세상을 어렵게 하는[蹇] 소인배를 〈전획(田獲)〉 즉 사냥해서[田] 장악한[獲] 구이(九二 : ㅡ)를 육오(六五 : --)가 정응(正應)으로써 군신의 유대를 강화하고, 동시에 〈붕(朋)〉 즉 뜻을 함께 하는 벗[朋]이 되어 서로 믿는[孚] 구사(九四 : ㅡ)를 육오(六五 : --)가 이웃의 사귐[比]으로써 군신의 유대를 강화하여, 세상을 험난케 하는[蹇] 소인배를 내쳐서[解] 세상을 평안케 하는 군왕(君王)임을 암시하는 계사(繫辭)가 〈군자유유해(君子維有解)〉이다.

〈길(吉)〉은 유순(柔順)한 육오(六五 : --)가 이처럼 강직(剛直)하고 충직(忠直)한 두 군자(君子) 즉 구이(九二 : ㅡ)와 구사(九四 : ㅡ)를 신하로 부릴 수 있는 군왕

(君王)이니, 육오(六五 : --)가 행운을 누려 행복함[吉]을 암시한 계사(繫辭)가 〈길(吉)〉이다.

有孚于小人(유부우소인)

소인(小人)에게서도[于] 믿어줌이[孚] 있다[有].

〈유부우소인(有孚于小人)〉은 군왕(君王)인 육오(六五 : --)가 군자(君子)들과 함께 이룩한 해건(解蹇)의 치세(治世)를 암시한 계사(繫辭)이다. 〈유부우소인(有孚于小人)〉은 〈유륙오지해건천하유부륙오우소인(由六五之解蹇天下有孚六五于小人)〉의 줄임으로 여기고 〈육오의[六五之] 해건으로[解蹇] 말미암아[由] 온 세상[天下] 소인에게도[于小人] 육오를[六五] 믿어줌이[孚] 있다[有]〉라고 새겨볼 것이다. 〈유부(有孚)의 부(孚)〉는 〈믿어줄 신(信)〉과 같다.

육오(六五 : --)가 해괘(解卦 : ䷧)의 주제인 〈해(解)〉 즉 어려움을[蹇] 내치는[解] 때를 맞아 해건(解蹇)의 치세(治世)를 군자(君子)와 함께 해가는 까닭을 암시한 것이 〈유부우소인(有孚于小人)〉이다. 〈유부우소인(有孚于小人)〉은 사욕 탓으로 세상을 어렵게 하는[蹇] 소인배마저도 해건(解蹇) 즉 세상을 어렵게 함을[蹇] 내치는[解] 육오(六五 : --)의 치세를 깨닫게 되었음을 암시한다. 〈유부우소인(有孚于小人)의 부(孚)〉는 온 세상이 육오(六五 : --)가 군자(君子)와 함께 펼치는 해건(解蹇)의 치세를 믿어줌[孚]을 암시한다. 〈부(孚)〉란 수명(守命) 즉 자연의 가르침을[命] 지킴[守]으로써 남들로부터 성신(誠信) 즉 진실한[誠] 미더움[信]을 받음이니 〈부(孚)〉는 남들로부터 받는 미더움[信]이다. 〈부(孚)〉는 〈정(貞)〉으로 말미암아 돌아오는 미더움이다. 정(貞) 즉 자연의[天] 가르침[命]을 지키는 마음가짐이 절로 받는 것이 〈부(孚)〉 즉 진실한 미더움[誠信]이다. 자기가 정(貞)하면 남들이 자기를 진실로 믿어줌이 〈부(孚)〉이다. 내가 정(貞)하지 못하면 세상은 나에게 〈부(孚)〉 즉 미더움[孚]을 주지 않는다. 이에 세상의 소인(小人)들마저도 군왕(君王)인 육오(六五 : --)가 행한 해건(解蹇)의 치세를 깨닫게 되어 군자(君子)의 덕풍(德風)이 온 세상에 퍼졌음을 암시하는 계사(繫辭)가 〈유부우소인(有孚于小人)〉이다.

【字典】

군(君) 〈지극히 높은 사람(천자-임금-제후) 군(君)-지존자(至尊者), 임금을 이을

(세자) 군(君)-세자(世子), 여왕 군(君)-여군(女君), 어버이 군(君)-부모(父母), 돌아가신 임금-돌아가신 아버지-돌아가신 조상 군(君)-선군(先君)-선부(先父)-선조(先祖), 상대를 부르는 칭호 군(君)-칭호(稱號), 귀신을 받들어 부르는 칭호 군(君)-귀신지경칭(鬼神之敬稱), 맡아 다스릴 군(君)-주재(主宰), 하늘-건 군(君)-천(天)-건(乾), 양 군(君)-양(陽), 낮 군(君)-일(日), 중앙제단 군(君)-궁제단(宮祭壇), 흙 군(君)-토(土)〉 등의 뜻을 내지만 〈군자(君子)〉는 〈재덕겸구지인(才德兼具之人)〉 즉 재주와[才] 덕을[德] 아울러[兼] 갖춘[具之] 사람[人]을 칭하는 술어(術語)로 여기고 새김이 마땅하다.

자(子) 〈존칭(덕 있는 사람의 칭호) 자(子)-유덕자지칭(有德者之稱), 존경받는 사람 자(子)-존자(尊者), 벼슬 자(子)-작(爵), 12지의 첫째 자(子), 음력 11월 자(子), 밤 11시에서 다음날 1시까지 자(子), 북쪽 방향 자(子)-북방(北方), 오행에서 물 자(子)-어오행속수(於五行屬水), 짐승에서 쥐 자(子)-어수위서(於獸爲鼠), 번성할 자(子)-자(滋), 뒤를 이어줄 자(子)-사(嗣)-식(息), 자녀 자(子)-자녀(子女), 자손 자(子)-자손(子孫), 남자를 일컫는 호칭 자(子)-남자지통칭(男子之通稱), 만물 자(子)-만물(萬物), 씨앗(열매) 자(子)-종자(種子)-과실(果實), 누구(사람) 자(子)-인(人)-수자(誰子), 백성 자(子)-백성(百姓)〉 등의 뜻을 내지만 여기선 〈덕 있는 사람 유덕자(有德者)〉의 호칭으로 여기고 새김이 마땅하다.

유(維) 〈오직 유(維)-독(獨)-개(豈), 맬(이을) 유(維)-계(係), 벼리 유(維)-강(綱), 맺을 유(維)-연결(連結), 모퉁이 유(維)-방우(方隅), 이 유(維)-차(此), 개혁 유(維)-신(新), 끌어갈 유(維)-지(持), 바 유(維), 어조사 유(維)〉 등의 뜻을 내지만 여기선 〈오직 독(獨)〉과 같다 여기고 새김이 마땅하다.

유(有) 〈어조사 유(有), 간직할 유(有)-장(藏), 없을 무(無)의 반대말로 있을 유(有), 얻을(가질) 유(有)-취(取), 혹 유(有)-혹(或), 많을 유(有)-다(多)-족(足), 부유할 유(有)-부(富), 보호할 유(有)-보(保), 서로 친할 유(有)-상친(相親), 전일할 유(有)-전(專), 할 유(有)-위(爲)〉 등의 뜻을 내지만 〈군자유유해(君子維有解)의 유(有)〉는 뜻 없는 어조사 노릇을 하는 〈유(有)〉로 여기고 새김이 마땅하고, 〈유부우소인(有孚于小人)의 유(有)〉는 〈간직할 장(藏)〉과 같다 여기고 새김이 마땅하다.

解 〈해-개〉 두 가지로 발음되고, 〈내칠(흩뜨릴) 해(解)-산(散), 놓아버릴 해(解)-방(放), 깎아낼 해(解)-삭(削), 쪼갤 해(解)-판(判), 풀릴 해(解)-완(緩), 풀이할 해

(解)-석(釋), 열 해(解)-개(開), 해설할 해(解)-해설(解說), 익힐 해(解)-강(講), 깨우칠(깨우쳐줄) 해(解)-유(諭)-효(曉), 떨어질 해(解)-추락(墜落), 흩뜨릴 해(解)-이산(離散), 게으를 해(解)-권(倦), 화해할 해(解)-화해(和解), 통달할 해(解)-달(達), 64괘의 하나 해(解)-해괘(解卦), 벗을 개(解)-탈(脫), 풀 개(解)-석(釋), 사과할 개(解)-사과(謝過), 헤칠 개(解)-산(散), 팔다리 마디뼈 개(解)-지절(支節), 딸린 것들 개(解)-접중(接中)〉 등의 뜻을 내지만 여기선 〈내칠(흩뜨릴) 산(散)〉과 같다 여기고 새김이 마땅하다.

길(吉) 〈좋을(행복할) 길(吉)-선(善)-영(令) {영월길일(令月吉日)은 선월선일(善月善日)임.}, 복 길(吉)-실(實)-선실(善實)-복(福), 예의를 따라 상서로울 길(吉)-예의순상(禮義順祥), 삼갈 길(吉)-근(謹), 초하루 길(吉)-삭일(朔日) {삭망(朔望) 즉 초하루[朔]와 그믐날[望]}, 길례 길(吉)-길례(吉禮) {오례지일(五禮之一) 길흉빈군가(吉凶賓軍嘉)}, 갈 길(吉)-행(行)-길(趌)〉 등의 뜻을 내지만 여기선 〈좋을 선(善)-영(令)〉 즉 행복과 같다 여기고 새김이 마땅하다.

부(孚) 〈믿을 부(孚)-신(信), 알에서 새끼가 껍질을 쪼아 나올 부(孚)-난화(卵化), 씨앗이 틀 부(孚)-부(稃), 기를 부(孚)-육(育), 덮어줄 부(孚)-복(覆), 붙을(의지할) 부(孚)-부(附)-부(付), 옥채색 부(孚)-옥채색(玉采色)〉 등의 뜻을 내지만 여기선 〈믿을 신(信)〉과 같다 여기고 새김이 마땅하다.

우(于) 〈~에게(~에, 부터) 우(于)-어(於), 갈 우(于)-왕(往), 써 우(于)-이(以), 할 우(于)-위(爲), 여기 우(于)-시(是), 도울 우(于)-조(助), 클 우(于)-대(大), 구할 우(于)-구(求), 자족하는 모습 우(于)-자족모(自足貌)〉 등의 뜻을 내지만 여기선 〈~에게 어(於)〉와 같다 여기고 새김이 마땅하다.

소(小) 〈작을 소(小)-세(細)-미(微), 자잘할 소(小)-세(細), 짧을 소(小)-단(短), 좁을 소(小)-협(狹), 어릴 소(小)-유(幼), 천할 소(小)-천(賤), 첩 소(小)-첩(妾), 음(陰)을 칭하는 소(小)〉 등의 뜻을 내지만 여기선 〈작을 세(細)〉로 여기고 새김이 마땅하다.

인(人) 〈사람 인(人)-만물지최령자(萬物之最靈者), 백성 인(人)-민(民), 남 인(人)-타인(他人), 아무개 인(人)-모인(某人), 도인 인(人)-도인(道人), 사람들 인(人)-인인(人人), 범인(소인) 인(人)-소인(小人)-범인(凡人), 인성 인(人)-인성(人性), 인위 인(人)-인위(人爲), 신하 인(人)-신하(臣下), 중서(민중) 인(人)-중서(衆庶)-민중(民衆), 건괘-진괘 인(人)-건위인(乾爲人)-진위인(震爲人), 어짊 인(人)-인(仁), 선인 인(人)-선인(先人), 서

로 어여삐 여길 인(人)-상련(相憐)〉 등의 뜻을 내지만 〈사람 인(人)〉으로 여기고 새김이 마땅하다.

상륙(上六 : --)

上六 : 公用射隼于高墉之上하여 獲之니 无不利로다
공용사준우고용지상 획지 무불리

상륙(上六) : 상공이[公] 높은[高] 성벽의[墉之] 위[上]에서[于] 새매를[隼] 쏘기를[射] 해서[用] 그것을[之] 잡았으니[獲] 불리할 것이[不利] 없다[无].

【상륙(上六)의 효상(爻象) 풀이】

해괘(解卦 : ䷧)의 상륙(上六 : --)은 이음거음(以陰居陰) 즉 음(陰 : --)으로써[以] 음(陰 : --)의 자리에 있는지라[居] 정당한 자리에 있다. 상륙(上六 : --)과 육오(六五 : --)는 양음(兩陰) 즉 둘 다[兩] 음(陰 : --)의 사이인지라 비(比) 즉 이웃의 사귐[比]을 누리지 못한다. 상륙(上六 : --)과 육삼(六三 : --)도 양음(兩陰)의 사이인지라 부정응(不正應) 즉 바르게[正] 호응하지 못한다[不應]. 이처럼 효연(爻緣)이 없을지라도 유순(柔順)한 상륙(上六 : --)이 해괘(解卦 : ䷧)의 극위(極位)에 있는지라 온갖 험난함[蹇]에서 벗어난 상왕(上王)으로서 탐욕스러운 육삼(六三 : --)을 내쳐버리는[解] 모습이다.

> 해괘(解卦 : ䷧)의 상륙(上六 : --)이 상구(上九 : ㅡ)로 변효(變爻)하면 상륙(上六 : --)은 해괘(解卦 : ䷧)를 64번째 미제괘(未濟卦 : ䷿)로 지괘(之卦)하게 한다. 따라서 해괘(解卦 : ䷧)의 상륙(上六 : --)은 미제괘(未濟卦 : ䷿)의 상구(上九 : ㅡ)를 찾아가 살펴보게 한다.

【상륙(上六)의 계사(繫辭) 풀이】

公用射隼于高墉之上(공용사준우고용지상) 獲之(획지)

상공이[公] 높은[高] 성벽의[墉之] 위[上]에서[于] 새매를[隼] 쏘기를[射] 해서[用] 그것을[之] 잡았다[獲].

상륙(上六 : --)의 효위(爻位)를 빌려 암시한 계사(繫辭)이다. 〈공용사준우고용지상(公用射隼于高墉之上) 획지(獲之)〉는 〈상륙지공용사준우고용지상(上六之公用射隼于高墉之上) 인차상륙획기준(因此上六獲其隼)〉의 줄임으로 여기고 〈상륙의[上六之] 상공이[公] 높은[高] 성벽의[墉之] 위[上]에서[于] 새매를[隼] 쏘기를[射] 했다[用] 그래서[因此] 상륙이[上六] 그[其] 새매를[隼] 잡았다[獲]〉라고 새겨볼 것이다. 〈획지(獲之)의 지(之)〉는 〈준(隼)〉 즉 새매[隼]를 나타내는 지시어이다.

〈공용사준우고용지상(公用射隼于高墉之上)〉은 해괘(解卦 : ䷧)의 상륙(上六 : --)이 상진(上進)하려고 탐욕을 부리는 육삼(六三 : --)을 세상을 험난하게[蹇] 하는 소인(小人)으로 보고 내침[解]을 암시한 계사(繫辭)이다. 상륙(上六 : --)은 해괘(解卦 : ䷧)의 상륙(上六 : --)이면서 동시에 해괘(解卦 : ䷧)의 상체(上體) 진(震 : ☳)의 상효(上爻)이므로 해괘(解卦 : ䷧)의 하체(下體) 감(坎 : ☵)의 상효(上爻)인 육삼(六三 : --)과는 양음(兩陰) 즉 둘 다[兩] 음(陰 : --)이어서 상충(相衝) 즉 서로[相] 부딪치는[衝] 운명이다. 정위(正位) 즉 정당한[正] 자리[位]에 있는 상륙(上六 : --)이 부정위(不正位) 즉 정당한[正] 자리에 있지 않으면서[不位] 상진(上進)하고자 세상을 험난케 하는[蹇] 육삼(六三 : --)을 내침은 당연하다. 따라서 〈공용사준우고용지상(公用射隼于高墉之上)의 공(公)〉은 해괘(解卦 : ䷧)의 극위(極位)에 있는 상륙(上六 : --)을 말한다.

대성괘(大成卦)에서 극위(極位)는 상왕(上王)의 자리이거나 은자(隱者)의 자리를 나타낸다. 은자는 세상을 등진 셈이라 세상일에 관심을 두지 않지만 상왕(上王)은 자신을 물려받은 군왕(君王)을 위해서라도 세상을 험난하게 하는[蹇] 소인배(小人輩)를 내치는 공인(公人) 노릇을 마다하지 않아야 함을 암시하는 것이 또한 〈공용사준우고용지상(公用射隼于高墉之上)〉이다. 〈공용사준우고용지상(公用射隼于高墉之上)의 용사준(用射隼)〉은 상왕(上王)으로서 상륙(上六 : --)이 공인(公人)의 의무를 다함을 암시한다. 〈용사준(用射隼)의 용사(用射)〉는 상륙(上六 : --)이 상왕(上王)으로서 해건(解蹇) 즉 세상을 험난케 함을[蹇] 단호하게 내침[解]을 암시한다. 〈용사준(用射隼)의 준(隼)〉은 육삼(六三 : --)을 취상(取象)한 것이다. 높이 날면서 먹잇감을 찾아내 잡아먹는 새매[隼]가 새들을 어렵게 함[蹇]을 들어 더 높은 벼슬자리를 노리고 〈부차승(負且乘)〉 즉 강자(强者)를 업고[負] 또 강자를 타고서[乘] 상진(上進)하려는 육삼(六三 : --)을 〈새매[隼]〉로써 취상(取象)한 것이다.

〈공용사준우고용지상(公用射隼于高墉之上)의 우고용지상(于高墉之上)〉은 해괘(解卦 : ䷧)의 상륙(上六 : --)이 자리한 극위(極位)를 암시한다. 〈고용지상(高墉之上)〉 즉 높은[高] 성벽의[墉之] 위[上]는 해괘(解卦 : ䷧)에서 상륙(上六 : --)의 자리가 극위(極位)임을 취상(取象)한 것이다. 따라서 상륙(上六 : --)이 높은[高] 성벽의[墉之] 위에서[于上] 새들을 포식(捕食) 즉 잡아[捕] 먹고자[食] 날아오르는 새매[隼] 같은 육삼(六三 : --)을 향해 화살을 날림을[射] 감행하여[用] 세상을 험난케 하는[蹇] 소인배를 내쳐버림[解]을 암시한 계사(繫辭)가 〈공용사준우고용지상(公用射隼于高墉之上)〉이다.

〈획지(獲之)〉는 〈용사준(用射隼)〉의 결과를 밝힌 점사(占辭)이다. 상륙(上六 : --)이 한 번의 사시(射矢) 즉 화살을[矢] 날려[射] 새매[隼]를 적중시켰음을 밝힌 것이 〈획지(獲之)〉이다. 이에 상륙(上六 : --)이 상왕(上王)으로서 〈부차승(負且乘)〉의 탐욕을 부려 세상을 험난케[蹇] 하는 육삼(六三 : --)을 처단하여 공인(公人)의 의무를 다함을 암시한 계사(繫辭)가 〈획지(獲之)〉이다.

无不利(무불리)

불리할 것이[不利] 없다[无].

〈무불리(无不利)〉는 〈유어상륙적획준(由於上六的獲隼) 천하무불리(天下无不利)〉의 줄임으로 여기고 〈상륙의[上六的] 획준[獲隼] 때문에[由於] 천하에[天下] 이롭지 않음이[不利] 없다[无]〉라고 새겨볼 것이다. 〈무(无)〉는 〈없을 무(無)〉와 같다.

〈무불리(无不利)〉는 〈획지(獲之)〉의 보람을 암시한 계사(繫辭)이다. 상륙(上六 : --)이 소인배에 속하는 육삼(六三 : --)을 처단함은 상륙(上六 : --)이 상왕(上王)으로서 공인(公人)의 의무를 다한 일이다. 그러므로 상륙(上六 : --) 자신에게 이로움이[利] 있다[有]는 것이 아니라 온 세상에 이로움[利]이 있음[有]을 반어법으로써 강조하여 암시한 계사(繫辭)가 〈무불리(无不利)〉이다.

【字典】

공(公) 〈임금, 천자, 제후 등의 칭호로서 님 공(公)-군천자제후지칭(君天子諸侯之稱), 공변될 공(公)-평분(平分), 무사할 공(公)-무사(無私), 평평할 공(公)-평(平), 바를 공(公)-정(正), 완연할 공(公)-현연(顯然), 자세할 공(公)-상(詳), 상대를 존대하는 칭호 공(公)-대인지존칭(對人之尊稱), 할아버지 공(公)-조부(祖父), 아버지 공(公)-부(父), 부역 공(公)-부역(賦役), 성공 공(公)-성공(成功), 신을 받드는 칭호 공(公)-신지존칭(神之尊稱)〉 등의 뜻을 내지만 여기선 〈임금, 천자, 제후 등의 칭호로서 님 공(公)〉으로 여기고 새김이 마땅하다.

용(用) 〈쓸(베풂) 용(用)-시(施)-행(行), 쓰일(부릴) 용(用)-사(使), 맡길 용(用)-임(任), 위할 용(用)-위(爲), 갖출 용(用)-비(備)〉 등의 뜻을 내지만 여기선 〈쓸 행(行)〉과 같다 여기고 새김이 마땅하다.

射 〈사-석-역-야〉 네 가지로 발음되고, 〈쏠(화살을 쏘아 맞힐) 사(射)-발시(發矢)-이궁발시사중어원(以弓發矢使中於遠), 활 쏘는 자리 사(射)-사궁(射宮)-사실(射室), 찾아낼(궁구할) 사(射)-역(繹), 맞혀 취할 석(射)-사(躲)-이궁노시사물(以弓弩矢射物)-지물이취(指物而取), 목표를 잡을 석(射)-석살(射殺), 옥을 갈 석(射)-염출(琰出), 코끼리 석(射)-상(象), 싫을 역(射)-염(厭), 찾아낼(궁구할) 역(射)-역(繹), 십이율의 하나 역(射)-무역(無射)-십이율지일(十二律之一), 벼슬 이름 야(射)-복야(僕射)〉 등의 뜻을 내지만 여기선 〈화살을 쏠 발시(發矢)〉로 새김이 마땅하다.

준(隼) 〈새매 준(隼)-골(鶻), 죽이기를 탐하는 새 준(隼)-탐잔지조(貪殘之鳥)〉 등의 뜻을 내지만 여기선 〈새매 골(鶻)〉과 같다 여기고 새김이 마땅하다.

우(于) 〈~에(부터) 우(于)-어(於), 갈 우(于)-왕(往), 써 우(于)-이(以), 할 우(于)-위(爲), 여기 우(于)-시(是), 도울 우(于)-조(助), 클 우(于)-대(大), 구할 우(于)-구(求), 자족하는 모습 우(于)-자족모(自足貌)〉 등의 뜻을 내지만 여기선 〈~에 어(於)〉와 같다 여기고 새김이 마땅하다.

고(高) 〈높을(높은 자리에 있는 것) 고(高)-재상자(在上者), 높은(높일) 고(高)-숭(崇)-존(尊), 고상한 것 고(高)-상(尙)-불비속자(不卑俗者), 물가가 오를 고(高)-물가앙(物價昂), 최상을 말할(최상위의 것) 고(高)-언최상(言最上)-최상위자(最上位者), 큰 고(高)-대(大), 증대할 고(高)-증대(增大), 멀 고(高)-원(遠), 나이 많을 고(高)-연치로(年

齒老), 존경할 고(高)-경(敬)-존귀지(尊貴之), 길러줄 고(高)-양(養), 우쭐할 고(高)-자대(自大), 세속을 초월한 은사 고(高)-초속지은사(超俗之隱士), 기름진(살찔) 고(高)-고(膏)〉 등의 뜻을 내지만 여기선 〈높을 재상(在上)〉으로 새김이 마땅하다.

용(墉) 〈성벽 용(墉)-성원(城垣), 성곽 용(墉)-성(城), 높은 담장 용(墉)-고장(高牆), 벽 용(墉)-벽(壁)〉 등의 뜻을 내지만 여기선 〈성벽 용(墉)〉으로 여기고 새김이 마땅하다.

지(之) 〈그것(이것) 지(之)-피(彼)-시(是), 갈 지(之)-왕(往), 이를 지(之)-지(至), 주격-소유격-목적격 등의 토씨 지(之), 뜻 없는 허사(虛詞) 지(之)〉 등의 뜻을 내지만 여기선 소유격인 〈~의 지(之)〉로 여기고 새김이 마땅하다.

상(上) 〈어떤 것의 위 상(上)-물지상(物之上), 하늘(천공) 상(上)-천(天)-천공(天空), 위(높을) 상(上)-고(高), 나아갈 상(上)-진(進), 마루 상(上)-정상(頂上), 존위 상(上)-존위(尊位), 임금 상(上)-군(君)-극존칭(極尊稱), 어른 상(上)-장(長), 어진 사람 상(上)-현(賢), 높일(받들) 상(上)-귀(貴)-상(尙), 가장(뛰어날) 상(上)-최(最), 도 상(上)-도(道), 앞 상(上)-전(前), 옛 상(上)-고(古), 오래고 멀 상(上)-구원(久遠), 무거울 상(上)-중(重), 풍부할 상(上)-풍(豊), 쌓아올릴 상(上)-성(盛), 바를 상(上)-정(正), 위층 상(上)-지상층일방(指上層一方 : 下對稱), 변측 상(上)-변측(邊側), 처음 상(上)-초(初), 오를 상(上)-등(登)-승(升), 실을 상(上)-재(載)-탑(搭), 더할 상(上)-가(加), 어조사 상(上)〉 등의 뜻을 내지만 여기선 〈어떤 것의 위 상(上)-물지상(物之上)〉으로 여기고 새김이 마땅하다.

獲 〈획-확〉 두 가지로 발음되고, 〈얻어낼 획(獲)-득(得)-취득(取得), 겨루어 취할 획(獲)-쟁취(爭取), 시의를 얻을 획(獲)-득시지의(得時之宜), 전쟁이 얻어낸 포로 획(獲)-전쟁소득지부(戰爭所得之俘), 노비(종) 획(獲)-노비(奴婢), 실심한 모습 확(獲)-실지모(失志貌), 더럽힐 확(獲)-오욕(汚辱)〉 등의 뜻을 내지만 여기선 〈얻어낼 득(得)〉으로 여기고 새김이 마땅하다.

무(无) 〈없을 무(无)-무(無), 허무지도 무(无)-허무지도(虛无之道), 으뜸 무(无)-원(元)〉 등의 뜻을 내지만 여기선 〈없을 무(無)〉와 같다 여기고 새김이 마땅하다.

不 〈불-부〉 등으로 발음되고, 〈않을 불(不)-부(不), 못할 불(不)-부(不), 아닐 불(不)-부(不)-비(非), 없을 불(不)-부(不)-무(無), 하지 말 불(不)-부(不)-막(莫)-금지(禁止), 정하지 않을 불(不)-부(不)-부(否)-미정(未定), 새가 날아올라 내려오지 않는 불

(不)-부(不)-조비상불하래(鳥飛上不下來)〉 등의 뜻을 내지만 여기선 〈않을 불(不)〉로 여기고 새김이 마땅하다.

이(利) 〈만물로 하여금 삶을 이루어가게 하는 덕(德)의 이로울 이(利)-사만물수생지덕(使萬物遂生之德), 날카로울 이(利)-예(銳)-섬(銛), 질병 이(利)-질(疾), 통할 이(利)-통(通)-순(順), 좋을 이(利)-길(吉)-의(宜), 편리할 이(利)-편(便), 마름해 만들어 이룰 이(利)-재성(裁成), 탐할 이(利)-탐(貪), 구할(취할) 이(利)-구(求)-취(取), 좋아할 이(利)-열애(悅愛), 이로울 이(利)-익(益), 기교 이(利)-교(巧), 보람 이(利)-공용(功用), 지세가 험하고 중요한 이(利)-험요(險要), 이길 이(利)-승(勝), 어질 이(利)-인(仁)〉 등의 뜻을 내지만 여기선 〈사만물수생지덕(使萬物遂生之德) 즉 만물로 하여금 삶을 이루어가게 하는 덕(德)의 이로움〉으로 새김이 마땅하다. 〈利〉가 맨 앞에 오면 〈이〉로 발음되고, 중간이나 뒤에 오면 〈리〉로 발음된다.

손괘 損卦

41

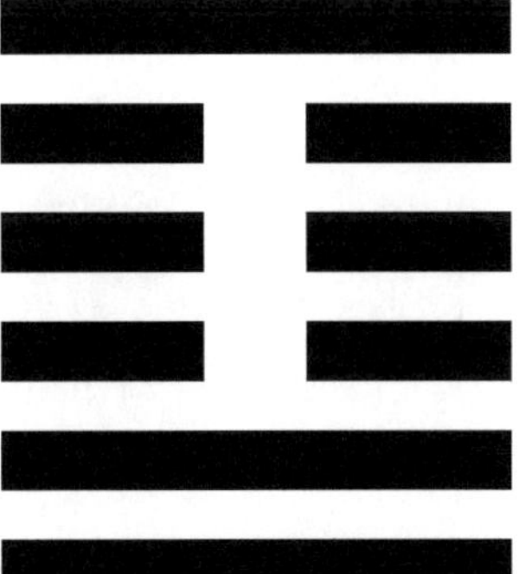

1 괘의 괘상과 계사

손괘(損卦 : ䷨)

태하간상(兌下艮上) : 아래는[下] 태(兌 : ☱), 위는[上] 간(艮 : ☶).

산택손(山澤損) : 산과[山] 못은[澤] 손이다[損].

損은 **有孚**면 **元吉**하여 **无咎**이고 **可貞**이다 **利有攸往**이니 **曷之用**이고 **二簋可用享**이다
손 유부 원길 무구 가정 이유유왕 갈지용 이궤가용향

덜어냄에[損] 믿어줌이[孚] 있다면[有] 크게[元] 행운을 누려[吉] 허물이[咎] 없고[无] 진실로 미더울[貞] 수 있다[可]. 갈[往] 곳이[攸] 있음이[有] 이로우니[利] 어찌[曷] 그것을[之] 쓸까[用], 두 개의[二] 제기라도[簋] 제사에[享] 쓸[用] 수 있다[可].

【손괘(損卦 : ䷨)의 괘상(卦象) 풀이】

앞 해괘(解卦 : ䷧)의 〈해(解)〉란 해산(解散) 즉 풀려[解] 사라짐[散]을 말한다. 이에 「서괘전(序卦傳)」에 〈해라는[解] 것은[者] 완만함[緩]이다[也] 완만하면[緩] 반드시[必] 잃는[失] 바가[所] 있다[有] 그래서[故] 손괘(損卦 : ䷨)로써[以] 그것을[之] 받는다[受]〉라는 말이 나온다. 이는 해괘(解卦 : ䷧) 뒤에 손괘(損卦 : ䷨)가 오는 까닭을 밝힌다. 해괘(解卦 : ䷧)의 〈해(解)〉 즉 해산(解散)이란 완만(緩慢) 즉 느릿하고[緩] 게으르다[慢]. 그래서 〈해(解)〉 즉 내침[解]에는 손실(損失) 즉 덜어내거나 축나서[損] 잃어버림[失]이 뒤따름이 천도(天道) 즉 자연의[天] 도리[道]이다. 따라서 해괘(解卦 : ䷧) 다음에 손괘(損卦 : ䷨)가 온 것이다. 소성괘(小成卦)에서 한 양효(陽爻 : ⚊)가 음효(陰爻 : ⚋)로 변효(變爻)하면 빼기[負] 또는 텅 빔[虛]이라 하고, 소성괘(小成卦)에서 한 음효(陰爻 : ⚋)가 양효(陽爻 : ⚊)로 변효(變爻)하

면 더하기[加] 또는 꽉 참[實]이라 한다. 그래서 양가음부(陽加陰負) 즉 양(陽 : ⚊)은 가(加) 즉 더함[加]이고 음(陰 : ⚋)은 부(負) 즉 빼기[負]라 하고, 양실음허(陽實陰虛) 즉 양(陽 : ⚊)은 실(實) 즉 꽉 참[實]이라 하고 음(陰 : ⚋)은 허(虛) 즉 텅 빔[虛]이라 한다.

손괘(損卦 : ䷨)의 하체(下體) 태(兌 : ☱)는 건(乾 : ☰)의 상효(上爻)가 음기(陰氣 : ⚋)로 변효(變爻)해서 태(兌 : ☱)가 된 것이니 손괘(損卦 : ䷨)의 하체(下體)는 음기(陰氣 : ⚋)가 상효(上爻)로 왔으니 〈손(損)〉 즉 덜어지는[損] 모습이고, 손괘(損卦 : ䷨)의 상체(上體) 간(艮 : ☶)은 곤(坤 : ☷)의 상효(上爻)가 양기(陽氣 : ⚊)로 변효(變爻)해서 간(艮 : ☶)이 된 것이니 손괘(損卦 : ䷨)의 상체(上體)는 양기(陽氣 : ⚊)가 상효(上爻)로 왔으니 〈익(益)〉 즉 더해지는[益] 모습이다. 따라서 손괘(損卦 : ䷨)의 괘상(卦象)은 본래 강강(剛强)한 건(乾 : ☰)이 덜어져[損] 유순(柔順)한 태(兌 : ☱)로 이루어져 손괘(損卦 : ䷨)의 하체(下體)가 되고, 본래 유순(柔順)한 곤(坤 : ☷)이 더해서[益] 강강(剛强)한 간(艮 : ☶)으로 이루어져 손괘(損卦 : ䷨)의 상체(上體)가 된다. 이에 손괘(損卦 : ䷨)의 괘상(卦象)은 아래에서 덜어내[損] 위에 더해주는[益] 모습인지라, 손괘(損卦 : ䷨)의 하체(下體) 삼효(三爻)는 주는 쪽이고 손괘(損卦 : ䷨)의 상체(上體) 삼효(三爻)는 받는 쪽이다.

손괘(損卦 : ䷨)의 〈손(損)〉 즉 덞[損]은 부족함에도 덜어냄[損]이 아니라 유여(有餘) 즉 넉넉함[有餘]의 〈손(損)〉인지라 손괘(損卦 : ䷨)의 손익(損益) 즉 덜고[損] 더함[益]은 탈취(奪取)가 아니니, 천도(天道)에 어긋나지 않아 손괘(損卦 : ䷨)의 괘상(卦象)이 보여주는 손익(損益)은 수명(守命)하는 모습이다. 왜냐하면 손괘(損卦 : ䷨)의 괘상(卦象)에서 아래의 태(兌 : ☱) 즉 못[澤]이 깊어질수록 택(澤)의 가장자리가 아래로 내려가니 택(澤)의 둔덕 땅은 줄어들어 덜어지고[損], 위의 간(艮 : ☶) 즉 산(山)의 산자락 땅은 드러나 더해지는[益]지라 산고택심(山高澤深)하여 택토손이산토익(澤土損而山土益) 즉 못의[澤] 흙은[土] 덜어지지만[損而] 산의[山] 흙은[土] 더해지기[益] 때문이다. 이처럼 아래에서[下] 덜어내[損] 위에[上] 더해줌[益]이 손괘(損卦 : ䷨)의 괘상(卦象)이다. 이러한 괘상(卦象)을 빌려 손괘(損卦 : ䷨)라 칭명(稱名)한다.

【손괘(損卦 : ䷨)의 계사(繫辭) 풀이】

損(손) 有孚(유부)

덜어냄에[損] 믿어줌이[孚] 있다[有].

〈손(損)〉은 손괘(損卦 : ䷨)의 괘상(卦象)을 한 자(字)로 밝힌 계사(繫辭)이다. 거듭 밝히지만 손괘(損卦 : ䷨)의 하체(下體) 태(兌 : ☱)는 건(乾 : ☰)의 상효(上爻)가 변효(變爻)해서 허(虛)인 음(陰 : --)이 들어와 실(實)한 양(陽 : —) 하나를 덜어내[損] 이루어진 것이고, 손괘(損卦 : ䷨)의 상체(上體) 간(艮 : ☶)은 곤(坤 : ☷)의 상효(上爻)가 변효(變爻)해서 실(實)인 양(陽 : —) 하나가 더해져서[益] 이루어짐을 밝혀, 양(陽 : —)이 많음에서 덜어내[損] 양(陽 : —)이 적은 것에 더해주는[益] 괘상(卦象)을 밝힌 계사(繫辭)가 여기 〈손(損)〉이다.

〈유부(有孚)〉는 손괘(損卦 : ䷨)의 〈손(損)〉이 천도(天道) 즉 자연의[天] 도리[道]에 어긋남이 없는 덞[損]임을 밝힌 계사(繫辭)이다. 〈유부(有孚)〉는 〈손괘지손유부(損卦之損有孚)〉의 줄임으로 여기고 〈손괘의[損卦之] 손은[損] 믿어줌이[孚] 있다[有]〉라고 새겨볼 것이다. 〈유부(有孚)의 부(孚)〉는 수명(守命) 즉 자연의 가르침을[命] 지킴[守]으로써 남들로부터 성신(誠信) 즉 진실한[誠] 미더움[信]을 받음이다. 〈부(孚)〉는 〈정(貞)〉 즉 자신이 공정(公正)함으로 말미암아 남들에게서 돌아오는 미더움[信]이다. 〈부(孚)〉란 〈정(貞)〉으로 말미암아 돌아오는 미더움이다. 정(貞) 즉 자연의[天] 가르침[命]을 지키는 마음가짐에로 절로 돌아오는 것이 〈부(孚)〉 즉 진실한 미더움[誠信]이다. 여기 〈유부(有孚)의 부(孚)〉는 많은 것에서 덜어내[損] 적은 것에 더해주어[益] 적은 것으로부터 믿음을 얻게 됨을 암시한다. 이에 〈유부(有孚)의 부(孚)〉가 『노자(老子)』에 나오는 〈자연의[天之] 규율은[道] 넉넉한 데서[有餘] 덜어내서[損而] 모자란 데를[不足] 보탠다[補]〉라는 내용을 환기시킨다. 넉넉한 데서[有餘] 덜어내서[損而] 모자란 데를[不足] 보탬[補]이 자연의[天之] 도리[道]이고, 이 도리(道理)를 따르는 〈손(損)〉이야말로 온 세상 사람들로부터 믿음을 얻을 수 있음을 암시한 계사(繫辭)가 〈유부(有孚)〉이다.

元吉(원길) 无咎(무구) 可貞(가정)

크게[元] 행운을 누려[吉] 허물이[咎] 없고[无] 진실로 미더울[貞] 수 있다[可].

〈원길(元吉)〉은 〈유부(有孚)〉의 덞[損]을 거듭해 밝힌 계사(繫辭)이다. 〈원길(元吉)〉을 〈유부지손유원길(有孚之損有元吉)〉의 줄임으로 여기고 〈믿어줌이[孚] 있는[有之] 덜어냄에는[損] 크고 으뜸인[元] 행운이[吉] 있다[有]〉라고 새겨볼 것이다. 넉넉함에서 덜어내 부족한 데 더해줌에 지극히 공평무사(公平無私)하여 세상이 믿어주니[孚] 그런 덜어냄[損]이라면 그 덜어냄[損]은 으뜸으로 크게[元] 행운을 누린다[吉]는 것이다. 여기 〈원길(元吉)〉은 손괘(損卦 : ䷨)의 산고택심(山高澤深)인 괘상(卦象)을 환기시키기도 한다. 산은[山] 높고[高] 못이[澤] 깊어지면[深] 산야에 온갖 초목의 생기가 무성할 터인지라, 손괘(損卦 : ䷨)의 산고택심(山高澤深)인 괘상(卦象)을 이루어준 손괘(損卦 : ䷨)의 〈손(損)〉은 곧 〈원길(元吉)〉이다. 〈원길(元吉)의 원(元)〉은 계절로 치면 봄이다. 봄에 하늘땅이 베푸는 덕의 모습을 일러 〈원(元)〉이라 한다. 봄에 돋아나는 새싹보다 더한 으뜸[元]이란 없고 태어남의 으뜸보다 더 큰 행운[吉]은 없다. 이에 봄 같은 천지덕(天地德)을 〈원(元)〉이라 하니, 손괘(損卦 : ䷨)의 〈손(損)〉은 으뜸으로 크나큰[元] 행운[吉]임을 밝힌 계사(繫辭)가 〈원길(元吉)〉이다.

〈무구(无咎)〉는 손괘(損卦 : ䷨)의 〈손(損)〉이 〈유부(有孚) 원길(元吉)〉의 덞[損]임을 거듭해 암시한 계사(繫辭)이다. 탈취(奪取) 즉 빼앗아[奪] 취하는[取] 〈손(損)〉이라면 허물이고 나쁘지만[咎], 넉넉해 덜어내[損] 부족한 데 더해줌[益]은 〈유부(有孚) 원길(元吉)〉의 덞이므로 허물이[咎] 없는[无] 〈손(損)〉이다. 따라서 손괘(損卦 : ䷨)의 하체(下體) 태(兌 : ☱)의 본래인 건(乾 : ☰)에는 실(實) 즉 양기(陽氣 : ⚊)가 넉넉하니 허(虛) 즉 음(陰 : ⚋)으로써 덜어냄[損]이란 수명(守命) 즉 자연의 시킴을[命] 지킴[守]인지라 손괘(損卦 : ䷨)의 〈손(損)〉이 〈구(咎)〉 즉 과함도[過] 악함도[惡] 없는[无] 덞[損]임을 암시한 계사(繫辭)가 〈무구(无咎)〉이다.

〈가정(可貞)〉은 손괘(損卦 : ䷨)의 〈손(損)〉이 〈유부(有孚) 원길(元吉) 무구(无咎)〉의 덞[損]을 〈정(貞)〉 한 자(字)로써 암시한 계사(繫辭)이다. 〈정(貞)〉은 성신(誠信) 즉 정성스럽고[誠] 미더워[信] 공정(公正)함이다. 모든 것을 아울러 하나같이

[公] 바르고[正] 사사로움이[私] 없고[無] 치우침이[偏] 없어[無] 공정(公正)함이 〈정(貞)〉 즉 진실한 미더움[貞]이다. 손괘(損卦 : ䷨)의 〈손(損)〉은 〈유부(有孚)〉의 덞[損]이고 〈원길(元吉)〉의 덞이며 〈무구(无咎)〉의 덞이라 정성스럽고[誠] 미더워[信] 오로지 공정(公正)한 덞인지라, 마땅히[可] 미더운[貞] 덞[損]임을 암시한 계사(繫辭)가 〈가정(可貞)〉이다.

利有攸往(이유유왕) 曷之用(갈지용)

갈[往] 곳이[攸] 있음이[有] 이로우니[利] 어찌[曷] 그것을[之] 쓸까[用].

〈이유유왕(利有攸往)〉은 손괘(損卦 : ䷨)의 〈손(損)〉이 〈유부(有孚) 원길(元吉) 무구(无咎) 가정(可貞)〉의 덞[損]인지라 그 〈손(損)〉을 주저치 말고 실행할수록 이로움[利]을 암시한 계사(繫辭)이다. 갈[往] 데가[攸] 있으면[有] 이롭다[利] 함은 행동으로 옮길수록 이롭다 함이다. 앞 해괘(解卦 : ䷧)의 〈해(解)〉는 세상을 험난하게[蹇] 함을 내침[解]인지라 그 〈해(解)〉를 성급하게 행동으로 옮길 수가 없다. 그러나 넉넉함에서 덜어내 부족한 데다 더해 서로 알맞게 되는 〈손(損)〉 즉 덞[損]이란 〈유부(有孚) 원길(元吉) 무구(无咎) 가정(可貞)〉의 덞[損]인지라 지체 말고 실천에 옮길수록 이로움[利]을 암시한 계사(繫辭)가 〈이유유왕(利有攸往)〉이다.

〈갈지용(曷之用)〉은 손괘(損卦 : ䷨)의 〈손(損)〉을 본받아 〈이유유왕(利有攸往)의 이(利)〉 즉 이로움을[利] 활용해야[用] 함을 암시한 계사(繫辭)이다. 〈갈지용(曷之用)〉은 〈갈용손괘지손(曷用損卦之損)〉의 줄임으로 여기고 〈어떻게[曷] 손괘의[損卦之] 덜어냄을[損] 이용할까[用]〉라고 새겨 볼 것이다. 〈갈지용(曷之用)의 갈(曷)〉은 〈어떻게 하(何)〉와 같고, 〈갈지용(曷之用)의 지(之)〉는 〈손괘지손(損卦之損)〉을 나타내는 지시어인 〈그것 지(之)〉이다. 손괘(損卦 : ䷨)의 〈손(損)〉을 활용해야 함을 의문형으로써 강조한 계사(繫辭)가 〈갈지용(曷之用)〉이다.

二簋可用享(이궤가용향)

두 개의[二] 제기라도[簋] 제사에[享] 쓸[用] 수 있다[可].

〈이궤가용향(二簋可用享)〉은 앞 〈갈지용(曷之用)〉의 물음에 대한 해답을 암시한 계사(繫辭)이다. 〈이궤가용향(二簋可用享)〉은 〈가용이궤어팔궤(可用二簋於八簋) 이향이궤(而享二簋)〉의 줄임으로 여기고 〈팔궤(八簋)에서[於] 이궤를[二簋] 이용해서[用而] 이궤를[二簋] 제물로 올릴[享] 수 있다[可]〉라고 새겨볼 것이다. 〈이궤(二簋)의 궤(簋)〉 즉 대그릇[簋]이란 제기(祭器)를 말한다. 제례(祭禮)에 따른 〈궤(簋)〉는 팔궤(八簋) 즉 여덟 개의[八] 대그릇[簋]임을 환기한다면 〈이궤가용향(二簋可用享)의 이궤(二簋)〉는 팔궤(八簋) 즉 유여(有餘)에서 이궤(二簋)로 〈손(損)〉 즉 덜어낸[損] 것을 암시하고, 〈이궤가용향(二簋可用享)의 향(享)〉은 제사를 올림[享]을 암시한다. 〈이궤가용향(二簋可用享)의 향(享)〉은 백성에게서 덜어낸[損] 것 즉 부과(賦課)한 것을 제물(祭物)로 삼아 왕공(王公)이 천제(天祭)를 올림을 뜻한다.

천제(天祭)에서 팔궤(八簋)가 제례(祭禮)를 따름인데 팔궤(八簋)에서 덜어낸[損] 〈이궤(二簋)〉로써 제향(祭享)함이란 천제(天祭)를 〈부이정(孚而貞)〉 즉 자연이[天] 하라는 대로 함을 지키려는 믿음이면서[孚而] 공평무사(公平無私)한 믿음[貞]으로써 검소하게 천제(天祭)를 올림을 암시한다. 이는 왕공(王公)이 검소하고 이에 총신(總臣)도 따라서 검소한지라 왕공총신(王公總臣)이 검소하면 백성은 평안하게 사는 것이다. 나라의 대사(大事)인 천제(天祭)를 검소하게 제향(祭享)하는 왕공(王公)이란 『노자(老子)』에 나오는 〈유유도자(唯有道者)〉 즉 {검소하게 제향(祭享)할 수 있는 분은} 오로지[唯] 천도를[道] 갖춘[有] 분[者]임을 일깨워준다. 따라서 팔궤를[八簋] 이용해서[用] 제향함[享]인데 이궤를[二簋] 이용해서[用] 제향할[享] 수 있음[可]을 들어 오로지 백성을 위하는 성군(聖君)이 손괘(損卦 : ䷨)의 〈손(損)〉을 활용함을 암시한 계사(繫辭)가 〈이궤가용향(二簋可用享)〉이다.

【字典】

손(損) 〈덜어낼 손(損)-감(減), 낮출 손(損)-폄(貶), 감소할 손(損)-휴감(虧減)-감소(減少), 잃을 손(損)-실(失)-손실(損失), 상처 입을 손(損)-상(傷)-훼(毁), 손괘 손(損)-손괘(損卦)〉 등의 뜻을 내지만 여기선 괘사(卦辭)의 〈손(損)〉은 〈덜어낼 감(減)〉과 같고, 상사(象辭)의 〈손(損)〉은 손괘(損卦)로 여기고 새김이 마땅하다.

유(有) 〈없을 무(無)의 반대말로 있을 유(有), 어조사 유(有), 간직할 유(有)-장(藏), 얻을(가질) 유(有)-취(取), 혹 유(有)-혹(或), 많을 유(有)-다(多)-족(足), 부유할 유

(有)-부(富), 보호할 유(有)-보(保), 서로 친할 유(有)-상친(相親), 전일할 유(有)-전(專), 할 유(有)-위(爲)〉 등의 뜻을 내지만 〈있을 유(有)〉로 여기고 새김이 마땅하다.

부(孚) 〈믿을 부(孚)-신(信), 알에서 새끼가 껍질을 쪼아 나올 부(孚)-난화(卵化), 씨앗이 틀 부(孚)-부(稃), 기를 부(孚)-육(育), 덮어줄 부(孚)-복(覆), 붙을(의지할) 부(孚)-부(附)-부(付), 깡충거릴 부(孚)-무조(務躁), 옥채색 부(孚)-옥채색(玉采色)〉 등의 뜻을 내지만 여기선 〈믿을 신(信)〉과 같다 여기고 새김이 마땅하다.

원(元) 〈선함의 으뜸 원(元)-선지장(善之長), 비롯할 원(元)-시(始)-단(端), 머리 원(元)-수(首)-두(頭), 근본 원(元)-본(本)-원(原), 어른 원(元)-장(長)-원장(元長), 하나 원(元)-일(一), 우두머리 원(元)-수장(首長), 임금 원(元)-원군(元君)-군(君), 큰 원(元)-대(大), 아름다울 원(元)-미(美), 위 원(元)-상(上), 하늘 원(元)-천(天), 하늘땅의 큰 덕 원(元)-천지지대덕(天地之大德)-원기(元氣)-기(氣), 기운의 시작 원(元)-기지시(氣之始)-원자(元者), 백성 원(元)-원원(元元)-백성(百姓)〉 등의 뜻을 내지만 여기선 〈선함의 으뜸 선지장(善之長)〉으로 여기고 새김이 마땅하다.

길(吉) 〈좋을(행복할) 길(吉)-선(善)-영(令) {영월길일(令月吉日)은 선월선일(善月善日)임.}, 복 길(吉)-실(實)-선실(善實)-복(福), 예의를 따라 상서로울 길(吉)-예의순상(禮義順祥), 삼갈 길(吉)-근(謹), 초하루 길(吉)-삭일(朔日) {삭망(朔望) 즉 초하루[朔]와 그믐날[望]}, 길례 길(吉)-길례(吉禮) {오례지일(五禮之一) 길흉빈군가(吉凶賓軍嘉)}, 갈 길(吉)-행(行)-길(趌)〉 등의 뜻을 내지만 여기선 〈좋을 선(善)-영(令)〉 즉 행복과 같다 여기고 새김이 마땅하다.

무(无) 〈없을 무(无)-무(無), 허무지도 무(无)-허무지도(虛无之道), 으뜸 무(无)-원(元)〉 등의 뜻을 내지만 여기선 〈없을 무(無)〉와 같다 여기고 새김이 마땅하다.

구(咎) 〈허물 구(咎)-건(愆)-과(過), 재앙 구(咎)-재(災), 병될 구(咎)-병(病), 나쁠 구(咎)-오(惡)〉 등의 뜻을 내지만 여기선 〈허물 건(愆)-과(過)〉와 같다 여기고 새김이 마땅하다. 〈무구(无咎)〉는 〈면어구(免於咎)〉 즉 허물을[於咎] 면하다[免]와 같다.

可 〈가-극〉 두 가지로 발음되고, 〈마땅할 가(可)-의(宜)-당(當), 괜찮을 가(可)-미족지사(未足之辭), ~할 수 있을 가(可)-능(能), 옳을 가(可)-부지대(否之對), 허락할 가(可)-허(許)-긍(肯), 착할 가(可)-선(善), 합의할 가(可)-합의(合意), 족할 가(可)-족(足), 바 가(可)-소(所), 멈출 가(可)-지(止), 뜻을 이룰 가(可)-수의(遂意), 쓸 가(可)-용

(用), 만큼 가(可)-정(程), 겨우 가(可)-근(僅), 오랑캐 극(可)〉 등의 뜻을 내지만 〈가정(可貞)의 가(可)〉는 〈마땅할 당(當)〉과 같고, 〈이궤가용향(二簋可用享)의 가(可)〉는 〈괜찮을 미족지사(未足之辭)〉와 같다 여기고 새김이 마땅하다.

정(貞) 〈믿을 정(貞)-신(信), 바를 정(貞)-정(正), 거북점을 물을 정(貞)-복문(卜問), 역(易)의 내괘(內卦) 정(貞), 마땅할 정(貞)-당(當), 정할 정(貞)-정(定), 순수할 정(貞)-전(專)-일(一)〉 등의 뜻을 내지만 여기선 〈바를 정(正), 믿을 신(信)〉 등을 합친 뜻과 같아 〈정신(正信)〉으로 여기고 새김이 마땅하다.

이(利) 〈만물로 하여금 삶을 이루어가게 하는 덕(德)의 이로울 이(利)-사만물수생지덕(使萬物遂生之德), 날카로울 이(利)-예(銳)-섬(銛), 질병 이(利)-질(疾), 통할 이(利)-통(通)-순(順), 좋을 이(利)-길(吉)-의(宜), 편리할 이(利)-편(便), 마름해 만들어 이룰 이(利)-재성(裁成), 탐할 이(利)-탐(貪), 구할(취할) 이(利)-구(求)-취(取), 좋아할 이(利)-열애(悅愛), 이로울 이(利)-익(益), 기교 이(利)-교(巧), 보람 이(利)-공용(功用), 지세가 험하고 중요한 이(利)-험요(險要), 이길 이(利)-승(勝), 어질 이(利)-인(仁)〉 등의 뜻을 내지만 여기선 〈사만물수생지덕(使萬物遂生之德) 즉 만물로 하여금 삶을 이루어가게 하는 덕(德)의 이로움〉으로 새김이 마땅하다. 〈利〉가 맨 앞에 오면 〈이〉로 발음되고, 중간이나 뒤에 오면 〈리〉로 발음된다.

유(攸) 〈곳(바) 유(攸)-소(所), 흘러가는 물 유(攸)-행수(行水), 아득할 유(攸)-장원(長遠)-유(悠), 닦을 유(攸)-수(修), 터득한 모습 유(攸)-자득모(自得貌), 빠를 유(攸)-숙(儵), 대롱거릴 유(攸)-현위모(懸危貌), 수심에 찬 모습 유(攸)-수모(愁貌)〉 등의 뜻을 내지만 여기선 〈곳 소(所)〉와 같다 여기고 새김이 마땅하다.

왕(往) 〈나아갈 왕(往)-행(行)-진행(進行), 갈 왕(往)-지(之), 물러갈 왕(往)-거(去), 이를 왕(往)-지(至), 향할 왕(往)-향(向), 옛 왕(往)-석(昔), 이따금 왕(往)-시시(時時), 뒤 왕(往)-후(後), 죽음 왕(往)-망거(亡去)-사자(死者)〉 등의 뜻을 내지만 〈나아갈 행(行)〉과 같다 여기고 새김이 마땅하다.

갈(曷) 〈어떻게(어찌) 갈(曷)-하(何), 언제 갈(曷)-하시(何時), 어느 것 갈(曷)-하자(何者), 어찌 ~하지 아니하느냐 갈(曷)-합(盍)-하부(何不), 그칠 갈(曷)-지(止), 미칠(뒤따라가 잡을) 갈(曷)-체(逮), 쫓을 갈(曷)-축(逐), 벌레 이름 갈(曷)-갈(蝎)-충명(蟲名), 새 이름 갈(曷)-할(鶡)-조명(鳥名)〉 등의 뜻을 내지만 여기선 〈어떻게 하(何)〉와 같다 여기고 새김이 마땅하다.

지(之) 〈그것(이것) 지(之)-피(彼)-시(是), 갈 지(之)-왕(往), 이를 지(之)-지(至), 주격-소유격-목적격 등의 토씨 지(之), 뜻 없는 허사(虛詞) 지(之)〉 등의 뜻을 내지만 여기선 지시어로서 〈그것 지(之)〉로 여기고 새김이 마땅하다.

용(用) 〈쓸(행할) 용(用)-시(施)-행(行), 쓰일(부릴) 용(用)-사(使), 써 용(用)-이(以), 맡길 용(用)-임(任), 위할 용(用)-위(爲), 갖출 용(用)-비(備), 다스릴 용(用)-치(治), 재화 용(用)-화(貨), 책임 지워 일을 맡길 용(用)-임사(任使), 통할 용(用)-통(通), 이로울 용(用)-이(利)〉 등의 뜻을 내지만 여기선 〈쓸 행(行)〉과 같아 〈시행(施行)〉으로 여기고 새김이 마땅하다.

궤(簋) 〈제기(祭器) 이름 궤(簋), 반찬을 담는 제기 궤(簋)-성효찬지기(盛肴饌之器)〉 등의 뜻을 내지만 여기선 〈제기(祭器) 이름 궤(簋)〉로 여기고 새김이 마땅하다. 제기(祭器)를 보궤(簠簋)라 한다. 겉은 네모지고 음식을 담는 안쪽은 둥근 제기(祭器)를 보(簠)라 하고, 겉은 둥글고 음식을 담는 안쪽은 네모진 제기(祭器)를 궤(簋)라고 한다.

享 〈향-형-팽〉 등 세 가지로 발음되고, 〈드릴 향(享)-헌(獻), 통할 형(享)-통(通), 남을 형(享)-여(餘), 삶을 팽(享)-자(煮)-팽(烹)〉 등의 뜻을 내지만 여기선 〈드릴 헌(獻)〉과 같다 여기고 새김이 마땅하다.

註 경문(經文) 계사(繫辭)의 수사(修辭) : 팔괘(八卦)는 복희씨(伏羲氏)가 만들었다 하지만 『주역(周易)』 64괘(卦)의 계사(繫辭)는 문왕(文王)이 붙였고, 384효(爻)의 계사(繫辭)는 주공(周公)이 붙인 것으로 되어 있다. 문왕(文王)-주공(周公) 때는 지필묵(紙筆墨)이 없었던 때라 칼을 필(筆)로 삼아 간독(簡牘) 즉 대나무쪽[簡]이나 나무쪽[牘]에 글자를 새겼기에 글자를 적어둘 자리가 매우 부족하였다. 따라서 앞의 내용을 미루어 보충될 수 있는 내용은 서슴없이 생략하면서 글자를 적게 된 것이 고문수사(古文修辭)인 셈이다. 『주역(周易)』의 계사(繫辭)들이야말로 고문수사(古文修辭)의 효시(嚆矢) 즉 맨 처음 것[嚆矢]이고 동시에 한문수사(漢文修辭)의 시원(始源)이다. 따라서 『주역(周易)』의 계사(繫辭)를 마주할 때면 괘상(卦象)과 효상(爻象)을 면밀히 살피면서 삭제-생략된 문자를 복원-보충시켜서 해독하려는 마음가짐이 필수적이다.

註 음양(陰陽)의 변효(變爻) : 양가음부(陽加陰負) 즉 양기는[陽] 더함[加 : +]이고 음기는[陰] 덜어냄[負 : -]이라 한다. 따라서 강효(剛爻)가 변효(變爻)해서 유효(柔爻)가 되면 부(負) 즉 덜어냄[負]이라 하고, 유효(柔爻)가 변효(變爻)해서 강효(剛爻)가 되면 가(加) 즉 더함[加]이라 한다. 그리고 양실음허(陽實陰虛)라고도 한다. 따라서 강효(剛爻) 즉 양(陽 : ━)이 변효(變爻)하여 유효

(柔爻) 즉 음(陰 : --)이 되면 허(虛) 즉 비움[虛]이라 하고, 음(陰 : --)이 변효(變爻)하여 양(陽 : ㅡ)이 되면 실(實) 즉 채움[實]이라 한다.

註 팔괘(八卦)의 음양(陰陽)과 방위(方位) : 팔괘(八卦)의 모습[象]에는 노양(老陽)-소양(少陽)-노음(老陰)-소음(少陰)의 모습이 있다. 건(乾 : ☰)은 노양(老陽)의 모습이고, 진(震 : ☳)-감(坎 : ☵)-간(艮 : ☶) 등은 소양(少陽)의 모습으로 모두 양괘(陽卦)이고, 양괘(陽卦)의 방위는 모두 동북(東北)에 속한다. 곤(坤 : ☷)은 노음(老陰)의 모습이고, 손(巽 : ☴)-이(離 : ☲)-태(兌 : ☱) 등은 소음(少陰)의 모습으로 모두 음괘(陰卦)이고, 음괘(陰卦)의 방위는 모두 서남(西南)에 속한다. 그러므로 팔괘(八卦)에서 음기(陰氣 : --)가 홀수이면 음괘(陰卦 : ☷ ☴ ☲ ☱)가 되고, 양기(陽氣 : ㅡ)가 홀수이면 양괘(陽卦 : ☰ ☳ ☵ ☶)가 된다.

註 천지사덕(天地四德)의 원(元) : 원시(原始) 즉 맨 처음이고, 호대(浩大) 즉 더 없이 큼이고, 지유지순(至柔至順) 즉 더없이 부드럽고 더없이 순응하여 관대(寬大)하다. 계절로 치면 〈원(元)〉은 봄이다. 봄에 천지가 베푸는 덕을 상기시킨다. 봄에 돋아나는 새싹보다 더한 으뜸[元]이란 없고 태어남의 으뜸보다 더 큰 것은 없다. 이에 봄 같은 천지덕(天地德)을 〈원(元)〉이라 한다. 〈으뜸이고 크나큰 원(元)〉이다.

註 천지도손유여이보부족(天之道損有餘而補不足) 인지도즉불연(人之道則不然) 손부족이봉유여(損不足而奉有餘) 숙능이유여봉천하(孰能以有餘奉天下) 유유도자(唯有道者) : 자연의[天之] 규율은[道] 넉넉한 데서[有餘] 덜어내서[損而] 모자란 데를[不足] 보탠다[補]. (그러나) 인간세상의[人之] 법칙[道]이란[則] 그렇지 않다[不然]. (오히려 인위의 법칙은) 모자란 데서[不足] 덜어내서[損而] 남는 데를[有餘] 봉양한다[奉]. 누가[孰] 남음이[餘] 있는 것[有]으로써[以] 온 세상을[天下] 봉양할[奉] 수 있을까[能]? 오로지[唯] (그럴 수 있는 분은) 천도를[道] 갖춘[有] 분이다[者].

『노자(老子)』 77장(章)

註 인지소오(人之所惡) 유고과불곡(唯孤寡不穀) 이왕공이위칭(而王公以爲稱) 지예무예(至譽無譽) 고(故) 물혹손지이익(物或損之而益) 혹익지이손(或益之而損) : 사람들이[人之] 싫어하는[惡] 것은[所] 오직[惟] 홀로됨과[孤] 부덕함과[寡] 불선함이다[不穀]. 그러나[而] 왕공은[王公] 그로써[以] 칭호로[稱] 삼는다[爲]. 더없는[至] 기림에는[譽] (뽐내려는) 기림이[譽] 없다[無]. 그러므로[故] 무엇이든[物] 한번[或] 줄면[損之] 곧[而] 불어나고[益] 한번[或] 불면[益之] 곧[而] 줄어든다[損].

『노자(老子)』 39장(章)

2 효의 효상과 계사

初九：已事遄往이니 无咎이다 酌損之이다
이사천왕 무구 작손지

九二：利貞하고 征凶하니 弗損益之리라
이정 정흉 불손익지

六三：三人行엔 則損一人하고 一人行엔 則得其友로다
삼인행 즉손일인 일인행 즉득기우

六四：損其疾하되 使遄有喜하여 无咎리라
손기질 사천유희 무구

六五：或益之十朋之龜어든 弗克違니 元吉하리라
혹익지십붕지귀 불극위 원길

上九：弗損益之니 无咎어니와 貞吉하다 利有攸往하고 得臣无家리라
불손익지 무구 정길 이유유왕 득신무가

초구(初九)：일을[事] 멈추고[已] 빨리[遄] 나아가니[往] 허물이[咎] 없다[无]. 알맞게 헤아려[酌] 덜어낸다[損之].

구이(九二)：진실로 미더워야[貞] 이롭고[利] 나아가면[征] 불운하니[凶] 덜어냄이[損] 없어야[弗] 불어난다[益之].

육삼(六三)：세[三] 사람이[人] 행함엔[行] 곧장[則] 한[一] 사람을[人] 덜어내고[損], 한[一] 사람이[人] 행함엔[行] 곧장[則] 그의[其] 벗을[友] 찾아준다[得].

육사(六四)：그[其] 질병을[疾] 덜어내기를[損] 하여금[使] 빨리 한다면[遄] 기쁨이[喜] 있어[有] 허물이[咎] 없으리라[无].

육오(六五)：아마도[或] 한없이 많은[十] 값어치의[朋之] 거북[龜] 그것을[之] 더해줌을[益] 피할[違] 수 없으니[弗克] 으뜸으로[元] 행운을 누린다[吉].

상구(上九)：덜지[損] 않아도[弗] 그것을[之] 더하니[益] 허물이[咎] 없거니와[无] 진실로 미더워[貞] 행운을 누린다[吉]. 갈[往] 데가[攸] 있어[有] 이롭고[利] 신하를[臣] 얻어도[得] 가문은[家] 없다[无].

초구(初九 : ㅡ)

初九 : 已事遄往이니 无咎이다 酌損之이다
이사천왕 무구 작손지

초구(初九) : 일을[事] 멈추고[已] 빨리[遄] 나아가니[往] 허물이[咎] 없다[无]. 알맞게 헤아려[酌] 덜어낸다[損之].

【초구(初九)의 효상(爻象) 풀이】

손괘(損卦 : ䷨)의 초구(初九 : ㅡ)는 이양거양(以陽居陽) 즉 양(陽 : ㅡ)으로써[以] 양(陽 : ㅡ)의 자리에 있는지라[居] 정당한 자리에 있다. 초구(初九 : ㅡ)와 구이(九二 : ㅡ)는 양양(兩陽) 즉 둘 다[兩] 양(陽 : ㅡ)의 사이인지라 상충(相衝) 즉 서로[相] 부딪쳐[衝] 〈비(比)〉 즉 이웃의 사귐[比]을 누리지 못한다. 초구(初九 : ㅡ)와 육사(六四 : --)는 양음(陽陰)의 사이인지라 정응(正應) 즉 서로 바르게[正] 호응한다[應]. 손괘(損卦 : ䷨)의 주제인 〈손(損)〉 곧 손하익상(損下益上) 즉 아래를[下] 덜어내[損] 위를[上] 더해주는[益] 때를 맞아 강실(剛實)한 초구(初九 : ㅡ)는 자신의 것을 덜어내[損] 유허(柔虛)한 육사(六四 : --)의 빈 데를[虛] 채워주는[益] 모습이다.

> 손괘(損卦 : ䷨)의 초구(初九 : ㅡ)가 조륙(初六 : --)으로 변효(變爻)하면 초구(初九 : ㅡ)는 손괘(損卦 : ䷨)를 4번째 몽괘(蒙卦 : ䷃)로 지괘(之卦)하게 한다. 따라서 손괘(損卦 : ䷨)의 초구(初九 : ㅡ)는 몽괘(蒙卦 : ䷃)의 초륙(初六 : --)을 찾아가 살펴보게 한다.

【초구(初九)의 계사(繫辭) 풀이】

已事遄往(이사천왕) 无咎(무구)

일을[事] 멈추고[已] 빨리[遄] 나아가니[往] 허물이[咎] 없다[无].

〈이사천왕(已事遄往) 무구(无咎)〉는 초구(初九 : ㅡ)와 육사(六四 : --)의 정응(正應)을 들어 암시한 계사(繫辭)이다. 〈이사천왕(已事遄往) 무구(无咎)〉는 〈수초구이기지사이천왕향륙사(雖初九已己之事而遄往向六四) 초구무구(初九无咎)〉의 줄임으로 여기고 〈비록[雖] 초구가[初九] 자기의[己之] 일을[事] 그만두고서[已而] 육사를[六四] 향해[向] 빨리[遄] 나아가도[往] 초구에게는[初九] 허물이[咎] 없다[无]〉라고 새겨볼 것이다. 〈이사(已事)의 이(已)〉는 〈멈출 정(停)〉과 같고, 〈천왕(遄往)의 천(遄)〉은 〈빠를 삭(數)〉과 같다.

〈이사천왕(已事遄往)〉은 초구(初九 : ─)가 손괘(損卦 : ䷨)의 주제인 〈손(損)〉의 때를 맞아 손강(損剛) 즉 굳셈을[剛] 덜기[損]를 시작하는 자리에 있음을 암시한다. 〈손(損)〉의 때를 맞아 정당한 자리에 있는 강실(剛實)한 초구(初九 : ─)가 정당한 자리에 있는 유허(柔虛)한 육사(六四 : --)와 정응(正應) 즉 바르게[正] 호응함[應]을 지체 없이 누림을 암시한 것이 〈이사(已事)〉이고 〈천왕(遄往)〉이다. 〈이사천왕(已事遄往)〉에서 〈이사(已事)의 사(事)〉는 위기지사(爲己之事) 즉 자신을[己] 위하는[爲之] 일[事]을 말한다. 따라서 초구(初九 : ─)가 자기를 위한 일을 멈춘다[已] 함이 여기 〈이사(已事)〉이다. 〈이사천왕(已事遄往)〉에서 〈천왕(遄往)의 왕(往)〉은 초구(初九 : ─)가 육사(六四 : --)의 〈허(虛)〉 즉 빈 것[虛]에 자신의 〈실(實)〉을 더해주려고 지체 없이 육사(六四 : --)를 향해 빨리[遄] 나아감[往]을 말한다. 초구(初九 : ─)가 육사(六四 : --)의 허(虛)를 외면하지 않고 자신의 실(實)에서 덜어내[損] 육사(六四 : --)의 허(虛)에 더해주어[益] 육사(六四 : --)와 정응(正應)을 재빨리 누림을 암시한 계사(繫辭)가 〈이사천왕(已事遄往)〉이다.

〈무구(无咎)〉는 초구(初九 : ─)의 손하익상(損下益上) 즉 아래를[下] 덜어내[損] 위를[上] 더해줌[益]에는 무사(無私) 즉 사사로움이[私] 없음[無]을 암시한 계사(繫辭)이다. 〈무구(无咎)〉는 〈초구지이사천왕무구(初九之已事遄往无咎)〉의 줄임으로 여기고 〈초구의[初九之] 이사천왕에는[已事遄往] 허물이[咎] 없다[无]〉라고 새겨볼 것이다. 초구(初九 : ─)의 실(實) 즉 유여(有餘)에서 덜어내[損] 육사(六四 : --)의 허(虛) 즉 부족함[不足]에 더해줌[益]은 곧 순리(順理)에 어긋나지 않는 손익(損益)이다. 대성괘(大成卦)의 상하체(上下體)에서 서로 같은 자리[位]에 있는 효(爻)가 음(陰 : --)-양(陽 : ─)일 때 서로 누리는 〈정응(正應)〉 즉 바르게[正] 호응함[應]은 수명(守命) 즉 자연의 시킴을[命] 따라 지킴[守]이다. 초구(初九 : ─)가 손괘(損卦 : ䷨)의 주제인 〈손(損)〉을 따름이 손괘(損卦 : ䷨) 초구(初九 : ─)의 수명

(守命)이고, 동시에 초구(初九 : ━)가 유여(有餘)에서 덜어내[損] 부족한[不足] 육사(六四 : --)에게 더해주려[益] 함 역시 수명(守命)인지라, 초구(初九 : ━)와 육사(六四 : --)가 바르게[正] 서로 호응함[應]에는 허물이[咎] 없음[无]을 암시한 계사(繫辭)가 〈무구(无咎)〉이다.

酌損之(작손지)

알맞게 헤아려[酌] 덜어낸다[損之].

〈작손지(酌損之)〉는 앞의 〈이사천왕(已事遄往)〉이 타의(他意)에 의해서 비롯된 처사(處事)가 아니고 자의(自意)에 의해서 초구(初九 : ━) 스스로 실행한 것임을 암시한 계사(繫辭)이다. 〈작손지(酌損之)〉는 〈초구작기실지후(初九酌己實之後) 초구손지어기실(初九損之於己實)〉의 줄임으로 여기고 〈초구가[初九] 자신의[己] 가득함을[實] 알맞게 헤아린[酌之] 뒤에[後] 초구가[初九] 자신의[己] 가득함[實]에서[於] 덜어낸다[損之]〉라고 새겨볼 것이다. 〈작손지(酌損之)의 작(酌)〉은 〈헤아릴 탁(度)〉과 같다.

〈작손지(酌損之)〉는 손괘(損卦 : ䷨)의 주제(主題)인 〈손(損)〉은 다과(多寡) 즉 많음[多]과 적음[寡]을 두고 흥정하는 손하익상(損下益上)이 아님을 암시한 계사(繫辭)이다. 초구(初九 : ━)의 〈실(實)〉에서 얼마를 덜어내[損] 육사(六四 : --)에게 더해주느냐[益]는 초구(初九 : ━) 자신이 스스로 헤아려 덜어냄[損]이지 육사(六四 : --)가 요구해서 초구(初九 : ━)가 어쩌지 못해 덜어냄[損之]이 아님을 〈작손지(酌損之)의 작(酌)〉이 암시한다. 여기 〈작(酌)〉은 초구(初九 : ━) 자신이 심택(審擇) 즉 자상하게 살펴서[審] 선택함[擇]을 뜻한다. 초구(初九 : ━)는 백성의 자리에 있고 육사(六四 : --)는 경대부(卿大夫)의 자리에 있다. 따라서 초구(初九 : ━)에게는 권력이 없지만 육사(六四 : --)에게는 군왕(君王) 다음가는 권력이 있다. 힘없는 백성이 스스로 알아서 덜어내[損] 부족한 경대부(卿大夫)에게 더해주는[益] 것이라 여기고 〈작손지(酌損之)의 작(酌)〉을 헤아려도 된다. 이러한 〈손(損)〉은 이력(以力) 즉 힘[力]으로써의[以] 탈취(奪取) 즉 빼앗아[奪] 가짐[取]이 아니다. 이에 초구(初九 : ━)와 육사(六四 : --)가 서로 함께 누리는 정응(正應) 즉 바르게[正] 호응함[應]의 〈손(損)〉 즉 덜어냄[損]이란 『맹자(孟子)』에 나오는 〈덕

(德)으로써[以] 사람을[人] 복종시키는[服] 것은[者] 마음속으로[中心] 기꺼워서[悅而] 진실로[誠] 복종하는 것[服]이다[也]〉라는 내용을 환기시킨다. 초구(初九 : ━)가 강요당해서가 아니라 중심열(中心悅) 즉 마음속으로[中心] 기꺼이[悅] 덜어내기를[損之] 초구(初九 : ━) 스스로가 참작하여[酌] 육사(六四 : --)에게 더해줌[益]을 암시한 계사(繫辭)가 〈작손지(酌損之)〉이다.

【字典】

이(已) 〈멈출(그칠) 이(已)-지(止), 마칠 이(已)-필(畢)-흘(訖), 병이 나을 이(已)-병유(病癒), 반드시 이(已)-필(必), 심할 이(已)-심(甚), 물러갈 이(已)-거(去)-퇴(退), 버릴 이(已)-기(棄), 허락하지 않을 이(已)-불허(不許), 또 이(已)-우(又), ~뿐이다 이(已)-이(耳)-이이의(而已矣)〉 등의 뜻을 내지만 여기선 〈멈출 지(止)〉와 같다 여기고 새김이 마땅하다.

사(事) 〈일(일할) 사(事)-동작(動作), 섬길 사(事)-봉(奉), 벼슬(일삼을) 사(事)-직(職), 큰일 사(事)-이변(異變), 다스릴 사(事)-치(治), 경영할 사(事)-영(營), 반역할 사(事)-반역(叛逆)〉 등의 뜻을 내지만 여기선 〈일 동작(動作)〉으로 여기고 새김이 마땅하다.

천(遄) 〈왕래가 빠를 천(遄)-왕래삭(往來數), 제 마음대로 할 천(遄)-전(顓), 빠를 천(遄)-속(速)-질(疾)〉 등의 뜻을 내지만 여기선 〈빠를 삭(數)〉으로 여기고 새겨도 되고, 〈마음대로 할 전(顓)〉으로 여기고 새겨도 마땅하다.

왕(往) 〈나아갈 왕(往)-행(行)-진행(進行), 갈 왕(往)-지(之), 물러갈 왕(往)-거(去), 이를 왕(往)-지(至), 향할 왕(往)-향(向), 옛 왕(往)-석(昔), 이따금 왕(往)-시시(時時), 뒤 왕(往)-후(後), 죽음 왕(往)-망거(亡去)-사자(死者)〉 등의 뜻을 내지만 〈나아갈 행(行)〉과 같다 여기고 새김이 마땅하다.

무(无) 〈없을 무(无)-무(無), 허무지도 무(无)-허무지도(虛无之道), 으뜸 무(无)-원(元)〉 등의 뜻을 내지만 여기선 〈없을 무(無)〉와 같다 여기고 새김이 마땅하다.

구(咎) 〈재앙 구(咎)-재(災), 병될 구(咎)-병(病), 허물 구(咎)-건(愆)-과(過), 나쁠 구(咎)-오(惡)〉 등의 뜻을 내지만 여기선 〈허물 건(愆)-과(過)〉와 같다 여기고 새김이 마땅하다. 〈무구(无咎)〉는 〈면어구(免於咎)〉 즉 허물을[於咎] 면하다[免]와 같다.

작(酌) 〈대중할(짐작할) 작(酌)-참작(參酌)-심택(審擇), 술잔에 술을 가득 채워 잔질할 작(酌)-성주행상(盛酒行觴), 술 마실 작(酌)-음주(飮酒), 선을 택하여 행할 작(作)-택선이취(擇善而取), 잡을 작(酌)-파(把), 선별하여 취할 작(作)-선취(選取), 술 작(酌)-주(酒), 더할 작(酌)-익(益), 양치질할(씻을) 작(酌)-수(漱), 입에서 품어낼 작(酌)-손(潠)〉 등의 뜻을 내지만 여기선 〈대중할 심택(審擇)〉으로 여기고 새김이 마땅하다.

손(損) 〈덜어낼 손(損)-감(減), 낮출 손(損)-폄(貶), 감소할 손(損)-휴감(虧減)-감소(減少), 잃을 손(損)-실(失)-손실(損失), 상처 입을 손(損)-상(傷)-훼(毁), 손괘 손(損)-손괘(損卦)〉 등의 뜻을 내지만 여기선 〈덜어낼 감(減)〉과 같다 여기고 새김이 마땅하다.

지(之) 〈그것(이것) 지(之)-피(彼)-시(是), 갈 지(之)-왕(往), 이를 지(之)-지(至), 주격-소유격-목적격 등의 토씨 지(之), 뜻 없는 허사(虛詞) 지(之)〉 등의 뜻을 내지만 여기선 허사로서 뜻 없는 〈지(之)〉로 여기고 새김이 마땅하다.

註 이력복인자(以力服人者) 비심복야(非心服也) 역불섬야(力不贍也) 이덕복인자(以德服人者) 중심열이성복야(中心悅而誠服也) : 힘[力]으로써[以] 사람을[人] 복종시키는[服] 것은[者] 마음속으로[心] 복종하는 것이[服] 아닌 것[非]이고[也] 힘이[力] 모자란 것[不贍]이다[也]. 덕(德)으로써[以] 사람을[人] 복종시키는[服] 것은[者] 마음속으로[中心] 기꺼워서[悅而] 진실로[誠] 복종하는 것[服]이다[也].

『맹자(孟子)』「공손추상(公孫丑上)」 3장(章)

구이(九二 : ⚊)

九二 : 利貞하고 征凶하니 弗損益之리라
(이정 / 정흉 / 불손익지)

구이(九二) : 진실로 미더워야[貞] 이롭고[利] 나아가면[征] 불운하니[凶] 덜어냄이[損] 없어야[弗] 불어난다[益之].

【구이(九二)의 효상(爻象) 풀이】

손괘(損卦 : ䷨)의 구이(九二 : ⚊)는 이양거음(以陽居陰) 즉 양(陽 : ⚊)으로써[以] 음(陰 : ⚋)의 자리에 있는지라[居] 정당한 자리에 있지 못하다. 구이(九二 : ⚊)와 육삼(六三 : ⚋)은 양음(陽陰)의 사이인지라 〈비(比)〉 즉 이웃의 사귐[比]을 누린다. 구이(九二 : ⚊)와 육오(六五 : ⚋)는 다 같이 부정위(不正位) 즉 정당한[正] 자리에 있지 못하지만[不位] 서로 중효(中爻)로서 양음(陽陰)의 사이인지라 정응(正應) 즉 바르게[正] 호응함[應]을 누린다. 이에 구이(九二 : ━)는 손괘(損卦 : ䷨)의 하체(下體) 태(兌 : ☱)의 중효(中爻)로서 득중(得中) 즉 정도를 따름을[中] 취하여[得] 강실(剛實)하면서도 편강(偏剛) 즉 굳셈에[剛] 치우치지[偏] 않으면서 본분을 다하는 모습이다.

손괘(損卦 : ䷨)의 구이(九二 : ━)가 육이(六二 : --)로 변효(變爻)하면 구이(九二 : ━)는 손괘(損卦 : ䷨)를 27번째 이괘(頤卦 : ䷚)로 지괘(之卦)하게 한다. 따라서 손괘(損卦 : ䷨)의 구이(九二 : ━)는 이괘(頤卦 : ䷚)의 육이(六二 : --)를 찾아가 살펴보게 한다.

【구이(九二)의 계사(繫辭) 풀이】

利貞(이정)

진실로 미더워야[貞] 이롭다[利].

〈이정(利貞) 정흉(征凶)〉은 구이(九二 : ━)와 육오(六五 : --)의 정응(正應)을 들어 암시한 계사(繫辭)이다. 〈이정(利貞) 정흉(征凶)〉은 〈구이필수정관어강중지덕(九二必須貞關於剛中之德) 연후구이유리(然後九二有利)〉의 줄임으로 여기고 〈구이가[九二] 굳세면서[剛] 정도를 따르는[中之] 덕에[德] 관하여[關於] 반드시[必須] 진실로 미더운[貞] 뒤라야[然後] 구이에게[九二] 이롭다[有利]〉라고 새겨볼 것이다.

구이(九二 : ━)는 손괘(損卦 : ䷨)의 하체(下體) 태(兌 : ☱)의 중효(中爻)이니 강중(剛中)하다. 〈이정(利貞)의 정(貞)〉은 구이(九二 : ━)가 강중(剛中) 즉 강이중정도(剛而中正道)에 관하여 진실로 미더워함[貞]을 암시한다. 이는 곧 중효(中爻)로서 구이(九二 : ━)가 굳세면서[剛而] 정도를[正道] 따름[中]을 뜻한다. 이에 구이(九二 : ━)는 자신의 본분(本分)인 중실(中實)한 양강(陽剛)을 간직하고 태(兌 : ☱)의 중효(中爻)로서 자리하고 있다. 태(兌 : ☱)는 음괘(陰卦)이다. 음괘(陰卦)인 태(兌 : ☱)는 유순(柔順)하고 「설괘전(說卦傳)」에 나오는 〈태열야(兌說也)〉를 떠올린다면 〈열(說)〉 즉 기쁨[說]의 괘(卦)이다. 이러한 태(兌 : ☱)의 중효(中爻)인지라 구이(九二 : ━)가 유열(柔說)로써 유허(柔虛)한 육오(六五 : --)와 호응해서[應] 중실

(中實)한 양강(陽剛)의 본분을 잃을세라 경계함을 암시한 것이 〈이정(利貞)〉이다.

〈정(貞)〉이란 성신(誠信)이다. 〈성신(誠信)의 성(誠)〉은 『중용(中庸)』에 나오는 〈성자천지도야(誠者天之道也)〉의 〈성자(誠者)〉이다. 정성이라는[誠] 것은[者] 자연의[天之] 도리[道]이다[也]. 이러한 〈성(誠)〉을 암시하는 중정(中正)은 중이정위(中而正位) 즉 가운데이면서[中而] 바른[正] 자리에 있음[位]을 뜻한다. 따라서 〈정(貞)〉이란 성신(誠信) 즉 정도를[正] 따르는[中] 미더움[信]이다. 이런 〈정(貞)〉은 본분을 잃지 않음을 뜻하여 수중(守中) 즉 정도를 따름을[中] 지켜[守] 수분(守分) 즉 자신의 본분을[分] 지키는[守] 마음가짐이다. 따라서 구이(九二 : ⚊)가 수중(守中)하여 수분(守分)하는 마음가짐을 간직하여 양강(陽剛)의 본분을 떠나지 않아야 이로움[利]을 암시한 계사(繫辭)가 〈이정(利貞)〉이다.

征凶(정흉)

나아가면[征] 불운하다[凶].

〈정흉(征凶)〉은 구이(九二 : ⚊)가 중효(中爻)로서 득중(得中) 즉 정도를 따름을[中] 취하지[得] 않고 나아갈세라 경계한 것이다. 〈정흉(征凶)〉은 〈약구이정향륙오(若九二征向六五) 유어실정구이유흉(由於失貞九二有凶)〉의 줄임으로 여기고 〈만약[若] 구이가[九二] 육오(六五)를 향해서[向] 나아간다면[征] 진실로 미더움을[貞] 잃기[失] 때문에[由於] 구이에게는[九二] 불행하다[有凶]〉라고 새겨볼 것이다.

〈정흉(征凶)의 흉(凶)〉은 〈불리(不利)〉 즉 이롭지 않아[不利] 불행함이다. 따라서 〈정흉(征凶)〉은 〈불리부정(不利不貞)〉 즉 진실로 미덥지[貞] 못하다면[不] 이롭지 않다[不利] 함과 같은 말이다. 이에 〈정흉(征凶)의 정(征)〉은 행(行) 즉 나아감[行]이니 구이(九二 : ⚊)가 손괘(損卦 : ䷨)의 하체(下體)인 태(兌 : ☱)의 중위(中位)를 떠나 육오(六五 : ⚋)를 향해 상행(上行)함을 암시한다. 구이(九二 : ⚊)가 손괘(損卦 : ䷨)의 하체(下體)인 태(兌 : ☱)의 중효(中爻)로서 강실(剛實)한 본분을 자수(自守) 즉 스스로[自] 지키면서[守] 득중(得中) 즉 정도를 따름을[中] 취하여[得] 나아가야지, 그 득중(得中)을 저버리고 나아간다면[征] 구이(九二 : ⚊)가 불행하다[凶]는 것이 〈정흉(征凶)〉이다. 강실(剛實)한 구이(九二 : ⚊)가 신하로서 본분을 고수하여 음유(陰柔)한 육오(六五 : ⚋)와 정응(正應) 즉 바르게[正] 호응하면서[應], 구이(九二 : ━)가 군왕(君王)인 육오(六五 : ╍)를 섬기면 충신일 터이니 구이(九二 : ━)에게 이롭다[利]. 그러나 강실(剛實)한 구이(九二 : ━)가 중효(中爻)로서 득중(得中)의 본분을 버리고 손괘(損卦 : ䷨)의 하체(下體)인 태(兌 : ☱)의 유열(柔說)을 따라 군왕(君王)을 섬기려 든다면[征] 음유(陰柔)한 육오(六五 : ╍)의 비위에 맞춰 간신 노릇을 하려 나아감[征]인지라 구이(九二 : ━)에게는 불행함[凶]을 암시한 계사(繫辭)가 〈정흉(征凶)〉이다.

弗損益之(불손익지)

덜어냄이[損] 없어야[弗] 불어난다[益之].

〈불손익지(弗損益之)〉는 구이(九二 : ━)가 〈이정(利貞)의 정(貞)〉을 지킴[守]을 강조한 계사(繫辭)이다. 〈불손익지(弗損益之)〉는 〈구이불자손기강지정(九二弗自損其剛之貞) 구이익기강급륙오(九二益其剛給六五)〉의 줄임으로 여기고 〈구이가[九二] 그[其] 굳셈의[剛之] 믿음을[貞] 스스로[自] 덜지 않고서도[弗損] 구이가[九二] 육오(六五)에게[給] 그[其] 굳셈을[剛] 더해준다[益]〉라고 새겨볼 것이다. 〈익지(益之)의 지(之)〉는 〈기강정(其剛貞)〉 즉 〈구이지강정(九二之剛貞)〉을 나타내는 지시어 노릇을 한다.

〈불손익지(弗損益之)의 불손(弗損)〉이란 앞 〈정흉(征凶)의 정(征)〉을 구이(九二 : ━)가 감행하지 않음을 암시한다. 동시에 구이(九二 : ━)가 상행함[征]은 손괘(損卦 : ䷨)의 하체(下體)인 태(兌 : ☱)의 중위(中位)를 떠남인지라 스스로 강정(剛貞) 즉 굳센[剛] 믿음[貞]을 저버림이다. 이에 〈불손(弗損)〉은 자신의 강중(剛中) 즉 굳센[剛] 중효의[中] 덕(德)인 강정(剛貞)을 잃지 않음을 암시한다. 그러므로 구이(九二 : ━)가 손괘(損卦 : ䷨)의 하체(下體)인 태(兌 : ☱)의 중효(中爻)로서 강중(剛中) 즉 굳세게[剛] 정도를 따름[中]을 자수(自守) 즉 스스로[自] 지킴[守]으로써 오히려 군왕(君王)인 육오(六五 : ╍)에게 굳셈을[剛] 더해줌[益]을 암시한 계사(繫辭)가 〈불손익지(弗損益之)〉이다.

【 字 典 】

이(利) 〈만물로 하여금 삶을 이루어가게 하는 덕(德)의 이로울 이(利)-사만물수생지덕(使萬物遂生之德), 날카로울 이(利)-예(銳)-섬(銛), 질병 이(利)-질(疾), 통할 이

(利)-통(通)-순(順), 좋을 이(利)-길(吉)-의(宜), 편리할 이(利)-편(便), 마름해 만들어 이룰 이(利)-재성(裁成), 탐할 이(利)-탐(貪), 구할(취할) 이(利)-구(求)-취(取), 좋아할 이(利)-열애(悅愛), 이로울 이(利)-익(益), 기교 이(利)-교(巧), 보람 이(利)-공용(功用), 지세가 험하고 중요한 이(利)-험요(險要), 이길 이(利)-승(勝), 어질 이(利)-인(仁)〉 등의 뜻을 내지만 여기선 〈사만물수생지덕(使萬物遂生之德) 즉 만물로 하여금 삶을 이루어 가게 하는 덕(德)의 이로움〉으로 새김이 마땅하다. 〈利〉가 맨 앞에 오면 〈이〉로 발음되고, 중간이나 뒤에 오면 〈리〉로 발음된다.

정(貞) 〈바를 정(貞)-정(正), 믿을 정(貞)-신(信), 거북점을 물을 정(貞)-복문(卜問), 역(易)의 내괘(內卦) 정(貞), 마땅할 정(貞)-당(當), 정할 정(貞)-정(定), 순수할 정(貞)-전(專)-일(一)〉 등의 뜻을 내지만 여기선 〈바를 정(正), 믿을 신(信)〉 등을 합친 뜻과 같아 〈정신(正信)〉으로 여기고 새김이 마땅하다.

정(征) 〈행동할(수행할) 정(征)-행동(行動), 바르게 갈 정(征)-정행(正行), 칠 정(征)-토(討)-벌(伐), 날 정(征)-비(飛), 멀리 갈 정(征)-원(遠), 취할 정(征)-취(取), 세금 매길 정(征)-세(稅)-부(賦)〉 등의 뜻을 내지만 여기선 〈행동(行動)〉으로 여기고 새김이 마땅하다.

흉(凶) 〈나쁠 흉(凶)-오(惡), 불행할(불운할) 흉(凶)-길지반(吉之反), 흉한 사람 흉(凶)-흉인(凶人), 재앙 흉(凶)-화(禍), 요사할 흉(凶)-요사(夭死), 걱정할 흉(凶)-우(憂)-구(懼), 악한 사람 흉(凶)-악인(惡人), 흉년 흉(凶)-연곡불숙(年穀不熟), 사나울 흉(凶)-포학(暴虐), 음기 흉(凶)-음기(陰氣), 북쪽 흉(凶)-북(北), 없을 흉(凶)-공(空), 송사 흉(凶)-송(訟), 거역할 흉(凶)-역(逆), 어그러질 흉(凶)-패(悖), 허물 흉(凶)-구(咎)〉 등의 뜻을 내지만 여기선 〈나쁠 오(惡)〉와 같다 여기고 새김이 마땅하다.

불(弗) 〈않을(말) 불(弗)-불(不), 어길 불(弗)-위(違)-부정(不正), 떨어낼(닦아낼) 불(弗)-불(拂)-치(治), 버릴 불(弗)-거(去), 울적할 불(弗)-우(憂)-울(鬱)-불(怫)〉 등의 뜻을 내지만 여기선 〈않을 불(不)〉과 같다 여기고 새김이 마땅하다.

손(損) 〈잃을 손(損)-실(失)-손실(損失), 덜어낼 손(損)-감(減), 낮출 손(損)-폄(貶), 감소할 손(損)-휴감(虧減)-감소(減少), 상처 입을 손(損)-상(傷)-훼(毀), 손괘 손(損)-손괘(損卦)〉 등의 뜻을 내지만 여기선 〈잃을 실(失)〉과 같다 여기고 새김이 마땅하다.

익(益) 〈더할 익(益)-가(加), 도울 익(益)-조(助), 넉넉할 익(益)-풍(豊)-요(饒), 지

나칠 익(益)-과(過), 길 익(益)-장(長), 부유할 익(益)-부(富)-부유(富裕), 나아갈 익(益)-진(進), 설명을 다 받지 못한 익(益)-수설불료(受說不了), 쓰일 데 익(益)-용처(用處), 널리 부유할 익(益)-홍유(弘裕), 많을 익(益)-다(多), 클 익(益)-대(大), 점점 더할 익(益)-유(愈)〉 등의 뜻을 내지만 여기선 〈더할 가(加)〉와 같다 여기고 새김이 마땅하다.

지(之) 〈그것(이것) 지(之)-피(彼)-시(是), 갈 지(之)-왕(往), 이를 지(之)-지(至), 주격-소유격-목적격 등의 토씨 지(之), 뜻 없는 허사(虛詞) 지(之)〉 등의 뜻을 내지만 여기선 〈그것 지(之)〉로 여기고 새김이 마땅하다.

육삼(六三 : --)

六三 : 三人行엔 **則損一人**하고 **一人行**엔 **則得其友**로다
삼인행 즉손일인 일인행 즉득기우

육삼(六三) : 세[三] 사람이[人] 행함엔[行] 곧장[則] 한[一] 사람을[人] 덜어내고[損], 한[一] 사람이[人] 행함엔[行] 곧장[則] 그의[其] 벗을[友] 찾아준다[得].

【육삼(六三)의 효상(爻象) 풀이】

손괘(損卦 : ䷨)의 육삼(六三 : --)은 이음거양(以陰居陽) 즉 음(陰 : --)으로써[以] 양(陽 : ―)의 자리에 있는지라[居] 정당한 자리에 있지 못하다. 육삼(六三 : --)과 육사(六四 : --)는 양음(兩陰) 즉 둘 다[兩] 음(陰 : --)인지라 상충(相衝) 즉 서로[相] 부딪쳐[衝] 〈비(比)〉 즉 이웃의 사귐[比]을 누리지 못한다. 육삼(六三 : --)과 상구(上九 : ―)는 서로 정당한 자리에 있지는 않지만 음양(陰陽)의 사이인지라 정응(正應) 즉 바르게[正] 호응함[應]을 누려 음양상화(陰陽相和) 즉 음과[陰 : --] 양이[陽 : ―] 서로[相] 어울림[和]을 누리는 모습이다.

손괘(損卦 : ䷨)의 육삼(六三 : --)이 구삼(九三 : ―)으로 변효(變爻)하면 육삼(六三 : --)은 손괘(損卦 : ䷨)를 26번째 대축괘(大畜卦 : ䷙)로 지괘(之卦)하게 한다. 따라서 손괘(損卦 : ䷨)의 육삼(六三 : --)은 대축괘(大畜卦 : ䷙)의 구삼(九三 : ―)을 찾아가 살펴보게 한다.

【육삼(六三)의 계사(繫辭) 풀이】

三人行(삼인행) 則損一人(즉손일인)

세[三] 사람이[人] 행함엔[行] 곧장[則] 한[一] 사람을[人] 덜어낸다[損].

〈삼인행(三人行) 즉손일인(則損一人)〉은 손괘(損卦 : ䷨) 상하체(上下體)의 본래(本來)를 암시한 계사(繫辭)이다. 〈삼인행(三人行) 즉손일인(則損一人)〉은 〈삼인행(三人行) 즉손일인어각각삼인지간(則損一人於各各三人之間)〉의 줄임으로 여기고 〈세[三] 사람이[人] 행함엔[行] 곧장[則] 각각의[各各] 삼인의[三人之] 중[間]에서[於] 한 사람을[一人] 덜어낸다[損]〉라고 새겨볼 것이다.

〈삼인행(三人行)〉은 건(乾 : ☰)과 곤(坤 : ☷)의 세 효(爻)를 〈인(人)〉 즉 사람[人]으로 비유하여 건(乾 : ☰)과 곤(坤 : ☷)을 세[三] 사람이[人] 행하는[行] 모습을 빌려 취상(取象)한 것이다. 말하자면 손괘(損卦 : ䷨)의 하체(下體) 태(兌 : ☱)의 본래(本來)인 건(乾 : ☰)을 가고 있는[行] 삼인(三人)으로 취상(取象)하고, 손괘(損卦 : ䷨)의 상체(上體) 간(艮 : ☶)의 본래(本來)인 곤(坤 : ☷)을 가고 있는[行] 삼인(三人)으로 취상(取象)하여, 손괘(損卦 : ䷨) 상하체(上下體)의 본래(本來)를 암시한 계사(繫辭)가 〈삼인행(三人行)〉이다.

〈즉손일인(則損一人)〉은 건(乾 : ☰)이 태(兌 : ☱)가 되고 곤(坤 : ☷)이 간(艮 : ☶)이 됨을 사람[人]을 들어 암시한다. 〈손일인(損一人)〉은 건(乾 : ☰)의 구삼(九三 : ⚊)을 덜어내고[損] 육삼(六三 : ⚋)을 더한[益] 것이 손괘(損卦 : ䷨)의 하체(下體) 태(兌 : ☱)가 됨을 암시하고, 동시에 곤(坤 : ☷)의 육삼(六三 : ⚋)을 손(損)하고 구삼(九三 : ⚊)을 익(益)한 것이 손괘(損卦 : ䷨)의 상체(上體) 간(艮 : ☶)이 됨을 암시하여, 손괘(損卦 : ䷨)의 주제(主題)인 〈손(損)〉의 때를 맞아 손하익상(損下益上)의 순리(順理)를 취상(取象)한 것이다. 따라서 〈손일인(損一人)의 일인(一人)〉은 손괘(損卦 : ䷨)의 육삼(六三 : ⚋)과 상구(上九 : ⚊)를 〈일인(一人)〉으로써 취상(取象)한 것이다. 이에 건(乾 : ☰)은 양기(陽氣 : ⚊)가 유여(有餘) 즉 넉넉함이니[有餘] 손(損) 즉 양기(陽氣 : ⚊) 하나를 덜어내[損] 곤(坤 : ☷)에 익(益) 즉 더해주고[益], 곤(坤 : ☷)은 음기(陰氣 : ⚋)가 넉넉함이니 음기(陰氣 :

--) 하나를 덜어내 건(乾 : ☰)에 더해줌을 암시한 계사(繫辭)가 〈즉손일인(則損一人)〉이다.

一人行(일인행) 則得其友(즉득기우)

한[一] 사람이[人] 행함엔[行] 곧장[則] 그의[其] 벗을[友] 찾아준다[得].

〈일인행(一人行) 즉득기우(則得其友)〉는 손괘(損卦 : ䷨)의 육삼(六三 : --)과 상구(上九 : ㅡ)가 정응(正應)을 누림을 암시한 계사(繫辭)이다. 〈일인행(一人行) 즉득기우(則得其友)〉는 〈일인행(一人行) 즉기일인득정응지우(則其一人得正應之友)〉의 줄임으로 여기고 〈한[一] 사람이[人] 행함엔[行] 곧장[則] 그[其] 한[一] 사람이[人] 바르게[正] 호응하는[應之] 벗을[友] 얻는다[得]〉라고 새겨볼 것이다. 〈득기우(得其友)의 득(得)〉은 〈취할 취(取)〉와 같다.

〈일인행(一人行)의 일인(一人)〉은 손괘(損卦 : ䷨)의 육삼(六三 : --)과 동시에 손괘(損卦 : ䷨)의 상구(上九 : ㅡ)를 취상(取象)한 것이다. 여기 육삼(六三 : --)은 일녀(一女)이고 상구(上九 : ㅡ)는 일남(一男)이다. 이에 〈일인행(一人行)〉은 한 여자가 한 남자를 향해 감[行]을 뜻하며 동시에 한 남자가 한 여자를 향해 감[行]을 들어, 육삼(六三 : --)과 상구(上九 : ㅡ)가 누리는 정응(正應) 즉 바르게[正] 서로 호응함[應]을 암시한 계사(繫辭)가 〈일인행(一人行)〉이다. 손괘(損卦 : ䷨)에서 여(女)인 육삼(六三 : --)과 남(男)인 상구(上九 : ㅡ)가 정응(正應)을 누림을 밝힌 효사(爻辭)가 〈일인행(一人行)〉이다.

〈즉득기우(則得其友)〉는 손괘(損卦 : ䷨)의 육삼(六三 : --)과 상구(上九 : ㅡ)가 누리는 정응(正應)을 〈기우(其友)〉로써 취상(取象)한 것이다. 인간을 음양(陰陽)으로써 밝힐 때 남양여음(男陽女陰)이라 한다. 육삼(六三 : --)은 여(女)로서 상구(上九 : ㅡ)는 남(男)으로서 한 쌍의 남녀(男女)가 손괘(損卦 : ䷨)에서 누리는 정응(正應)을 〈득기우(得其友)〉라고 밝힌다. 육삼(六三 : --)은 여(女)로서 상구(上九 : ㅡ)와 정응(正應)을 누려 상구(上九 : ㅡ)를 〈우(友)〉로 얻었고[得], 상구(上九 : ㅡ)는 남(男)으로서 육삼(六三 : --)과 정응을 누려 육삼(六三 : --)을 〈우(友)〉로 얻었음을 암시함이 〈득기우(得其友)〉이다. 여기 〈득기우(得其友)〉를 〈수컷과

[男] 암컷이[女] 정기를[精] 맺어[構] 온갖 것이[萬物] 새로[化] 생겨난다[生]〉라고 「계사전하(繫辭傳下)」에서 풀이한다. 〈득기우(得其友)〉를 〈남녀구정(男女構精)〉이라 풀이하고 이어서 그 〈구정(構精)〉을 〈만물화생(萬物化生)〉이라고 풀이한다. 이는 〈득기우(得其友)〉를 육삼(六三 : --)의 여(女)와 상구(上九 : —)의 남(男)을 한 짝이 된 부부(夫婦)로서 풀이한 것이다. 〈우(友)〉란 곧 동지(同志) 즉 뜻을[志] 같이 함[同]이다. 부부(夫婦)보다 더한 동지(同志) 즉 벗[友]이란 세상에 없다. 〈삼인행(三人行)〉으로써는 이룰 수 없는 결교(結交)이고 오로지 〈일인행(一人行)〉으로써만 이룰 수 있는 결교가 부부(夫婦)이다. 남녀가 부부가 됨은 음양상합(陰陽相合)이다. 이렇듯 온갖 것이[萬物] 새로[化] 태어나자면[生] 음양(陰陽) 즉 자웅(雌雄)이 배필(配匹) 즉 한 짝[配匹]이 되어야 함을 살펴 헤아려 깨닫게 하는 계사(繫辭)가 〈즉득기우(則得其友)〉이다.

【字典】

삼(三) 〈세 번(석 삼, 셋 삼) 삼(三)-이지가일(二之加一), 다수를 나타낼 삼(三)-다수지칭(多數之稱), 삼재의 수 삼(三)-천지인지수(天地人之數), 임금-아버지-스승 삼(三)-군부사(君父師), 동방 삼(三)-동방(東方), 끝 삼(三)-종(終)〉 등의 뜻을 내지만 여기선 〈셋 삼(三)〉으로 여기고 새김이 마땅하다. 삼(三)은 삼(參)과 같다.

인(人) 〈사람 인(人)-만물지최령자(萬物之最靈者), 백성 인(人)-민(民), 남 인(人)-타인(他人), 아무개 인(人)-모인(某人), 도인 인(人)-도인(道人), 사람들 인(人)-인인(人人), 범인(소인) 인(人)-소인(小人)-범인(凡人), 인성 인(人)-인성(人性), 인위 인(人)-인위(人爲), 신하 인(人)-신하(臣下), 중서(민중) 인(人)-중서(衆庶)-민중(民衆), 건괘-진괘 인(人)-건위인(乾爲人)-진위인(震爲人), 어짊 인(人)-인(仁), 선인 인(人)-선인(先人), 서로 어여삐 여길 인(人)-상련(相憐)〉 등의 뜻을 내지만 〈사람 인(人)〉으로 여기고 새김이 마땅하다.

行 〈행-항〉 두 가지로 발음되고, 〈갈 행(行)-왕(往), 수행할 행(行)-수(遂), 다닐 행(行)-보(步), 나아갈 행(行)-전진(前進), 길 귀신 행(行)-노신(路神), 오행 행(行)-오행(五行), 길 행(行)-도로(道路), 쓸 행(行)-용(用), 순행할 행(行)-순행(巡行), 행실 행(行)-신지소행(身之所行), 운반할 행(行)-운(運), 항오 항(行)-열(列), 시장 항(行)-시장(市長), 항렬 항(行)-등배(等輩), 굳셀 항(行)-강강(剛强)〉 등의 뜻을 내지만 여기선 〈갈

왕(往)〉의 뜻과 같다 여기고 새김이 마땅하다.

則 〈칙-즉〉 두 가지로 발음되고, 〈곧 즉(則)-즉(卽), 법(원칙) 칙(則)-법(法), 항상 칙(則)-상(常), 본받을 칙(則)-효(效), 묶을 칙(則)-약(約), 이에 즉(則)-내(乃), 어조사 즉(則)-이(而), 이 즉(則)-시(是), 무릇 즉(則)-부(夫)〉 등의 뜻을 내지만 여기선 〈곧 즉(卽)〉과 같다 여기고 새김이 마땅하다.

손(損) 〈덜어낼 손(損)-감(減), 잃을 손(損)-실(失)-손실(損失), 낮출 손(損)-폄(貶), 감소할 손(損)-휴감(虧減)-감소(減少), 상처 입을 손(損)-상(傷)-훼(毁), 손괘 손(損)-손괘(損卦)〉 등의 뜻을 내지만 여기선 〈덜어낼 감(減)〉과 같다 여기고 새김이 마땅하다.

일(一) 〈하나 일(一), 한 번(첫째) 일(一)-일차(一次), 만물의 본래 일(一)-만물지본(萬物之本), 만물이 비롯된 바 일(一)-만물소종시(萬物所從始), 기본 숫자의 제일 일(一)-기수지제일(基數之第一), 수의 시초(시작) 일(一)-수지시(數之始), 여럿 중에 하나 일(一)-다수중지일(多數中之一), 일단은 일(一)-일단(一旦), 홀로 일(一)-독(獨), 늘(마다) 일(一)-매(每), 한번 일(一)-기일(其一), 처음(첫) 일(一)-초(初), 먼저 일(一)-선(先), 오로지 일(一)-전(專), 순수할 일(一)-순(純), 늘(항상) 일(一)-상(常), 적을 일(一)-소(少), 텅 빌 일(一)-공(空), 서로 같을 일(一)-상동(相同), 다 같을 일(一)-동일(同一)-제일(齊一), 맞을(화합할) 일(一)-협(協), 고를 일(一)-균(均), 통일 일(一)-통일(統一), 모을 일(一)-취(聚), 둘이 아닐 일(一)-불이(不二), 모두 일(一)-개(皆), 온전할 일(一)-전(全)-만(滿)-정(整), 끝 일(一)-종(終), 이미 그칠 일(一)-기이(旣已), 심할 일(一)-심(甚)-이(已), 앞서(어제) 일(一)-작(昨), 도 일(一)-도(道 : 道無雙故曰一)-충허지덕(充虛之德), 효도 일(一)-효(孝), 진실할 일(一)-성(誠), 북방 일(一)-북방(北方), 것(어떤 것) 일(一)-물(物), 몸 일(一)-신(身)-일신(一身), 바탕 일(一)-질(質), 하나의 이치 일(一)-이(理)-일리(一理), 혹 일(一)-혹(或), 만약(진실로) 일(一)-약(若)-구(苟), 이에 일(一)-내(乃), 헤어질(따로) 일(一)-령(另), 양효를 뜻하는 일(一)-일괘지양효작(一卦之陽爻作)〉 등의 뜻을 내지만 여기선 〈하나 일(一)〉로 여기고 새김이 마땅하다.

득(得) 〈취할(얻어낼) 득(得)-획(獲)-취(取), 탐할 득(得)-탐(貪), 깨달을 득(得)-효(曉)-오(悟), 만족할 득(得)-족(足), 마땅할 득(得)-당(當), 일의 마땅함을 터득할 득(得)-합(合)-득사지의(得事之宜), 이룰 득(得)-성(成), 알 득(得)-지(知), 가할 득(得)-가(可)-

능(能), 편안할 득(得)-편(便), 가질 득(得)-치(値)-지(持), 득도할 득(得)-득도(得道)〉 등의 뜻을 내지만 〈취할 획(獲)-취(取)〉와 같다 여기고 새김이 마땅하다.

기(其) 〈그 기(其)-관형사, 그(그것) 기(其)-피(彼)-지(之), 그럴 기(其)-연(然), 어찌 기(其)-기(豈), 누를 기(其)-억(抑), 오히려 기(其)-상(尙)-서기(庶幾), 이에 기(其)-내(乃), 만약 기(其)-약(若), 장차 기(其)-장(將), 어조사 기(其)-어조사〉 등의 뜻을 내지만 여기선 관형사로서 〈그 기(其)〉로 여기고 새김이 마땅하다.

우(友) 〈서로 사귈 우(友)-결교(結交), 뜻과 취향이 같을 우(友)-지취상동(志趣相同), 뜻을 같이하는(동지) 우(友)-동지(同志), 마음이 맞는 사람 우(友)-기류(氣類), 형제가 서로 받들어 아낄 우(友)-형제상경애(兄弟相敬愛), 친할 우(友)-친(親)-친우(親友), 따를 우(友)-순(順)〉 등의 뜻을 내지만 여기선 〈서로 사귈 결교(結交)〉로 여기고 새김이 마땅하다. 붕우상충(朋友相衝) 동문왈붕(同門曰朋) 동지왈우(同志曰友) : 붕과[朋] 우는[友] 서로[相] 부딪친다[衝]. 같은 학교 출신이나 같은 선생의 제자들을[同門] 붕이라[朋] 하고[曰], 뜻을 서로 나누어 받아들이는 벗을[同志] 우라[友] 한다[曰]. 붕당(朋黨)과 우당(友黨)은 상이(相異)한 낱말이다.

註 천지인온(天地絪縕) 만물화순(萬物化醇) 남녀구정(男女構精) 만물화생(萬物化生) : 천지가[天地] 교밀하여[絪縕] 온갖 것이[萬物] 변화하여[化] 순일하고[醇], 수컷과[男] 암컷이[女] 정기를[精] 맺어[構] 온갖 것이[萬物] 새로[化] 생겨난다[生]. 「계사전하(繫辭傳下)」 5단락(段落)

육사(六四 : --)

六四 : 損其疾하되 使遄有喜하여 无咎리라
손기질 사천유희 무구

육사(六四) : 그[其] 질병을[疾] 덜어내기를[損] 하여금[使] 빨리 한다면[遄] 기쁨이[喜] 있어[有] 허물이[咎] 없으리라[无].

【육사(六四)의 효상(爻象) 풀이】

손괘(損卦 : ䷨)의 육사(六四 : --)는 이음거음(以陰居陰) 즉 음(陰 : --)으로써

[以] 음(陰 : --)의 자리에 있는지라[居] 정당한 자리에 있다. 육사(六四 : --)는 육삼(六三 : --)-육오(六五 : --)와는 제음(諸陰) 즉 모두 다[諸] 음(陰 : --)의 사이인지라 상충(相衝) 즉 서로[相] 부딪치므로[衝] 〈비(比)〉 즉 이웃의 사귐[比]을 누리지 못한다. 육사(六四 : --)와 초구(初九 : ━)는 서로 정위(正位) 즉 바른[正] 자리[位]에 있으면서 음양(陰陽)의 사이인지라 정응(正應) 즉 바르게[正] 호응함[應]을 누려 손하익상(損下益上)의 정응(正應)을 누리는 모습이다.

> 손괘(損卦 : ䷨)의 육사(六四 : --)가 구사(九四 : ━)로 변효(變爻)하면 육사(六四 : --)는 손괘(損卦 : ䷨)를 38번째 규괘(睽卦 : ䷥)로 지괘(之卦)하게 한다. 따라서 손괘(損卦 : ䷨)의 육사(六四 : --)는 규괘(睽卦 : ䷥)의 구사(九四 : ━)를 찾아가 살펴보게 한다.

【육사(六四)의 계사(繫辭) 풀이】

損其疾(손기질)

그[其] 질병을[疾] 덜어내다[損].

〈손기질(損其疾)〉은 육사(六四 : --)의 효위(爻位)를 빌려 암시한 계사(繫辭)이다. 〈손기질(損其疾)〉은 〈육사사초구천손륙사지질(六四使初九遄損六四之疾)〉의 줄임으로 여기고 〈육사가[六四] 초구로[初九] 하여금[使] 육사의[六四之] 병을[疾] 덜기를[損] 빨리 하게 한다[遄]〉라고 새겨볼 것이다. 〈손기질(損其疾)의 기(其)〉는 〈육사지(六四之)〉를 나타내는 관형사이다.

〈손기질(損其疾)의 기질(其疾)〉은 육사(六四 : --)가 손괘(損卦 : ䷨)의 상체(上體) 간(艮 : ☶)의 초효(初爻)로서 최약(最弱) 즉 가장[最] 약함[弱]을 암시한다. 손괘(損卦 : ䷨) 상체(上體)의 각효(各爻)는 수익(受益) 즉 더함을[益] 받아야[受] 할 대상이다. 육사(六四 : --)와 초구(初九 : ━)는 정응(正應) 즉 바르게[正] 서로 호응하는[應] 사이인지라 초구(初九 : ━)는 자신의 강실(剛實)함을 덜어내[損] 육사(六四 : --)에게 강실을 더해줌[益]으로써 〈기질(其疾)〉 즉 육사(六四 : --) 자신의[其] 병약함[疾]을 덜어내[損] 육사(六四 : --)도 굳세짐[剛]을 암시한 계사(繫辭)가 〈손기질(損其疾)〉이다.

使遄有喜(사천유희) 无咎(무구)

하여금[使] 빨리한다면[遄] 기쁨이[喜] 있어[有] 허물이[咎] 없으리라[无].

〈사천유희(使遄有喜)〉는 육사(六四 : --)와 초구(初九 : ─)가 정위(正位)에 있는 음양(陰陽)으로서 누리는 정응(正應) 즉 바르게[正] 서로 호응함[應]을 빨리 누릴수록 좋음을 암시한 계사(繫辭)이다. 〈사천유희(使遄有喜)〉를 〈초구사륙사천손기질(初九使六四遄損其疾) 인차륙사여초구유희(因此六四與初九有喜)〉의 줄임으로 여기고 〈초구가[初九] 육사로[六四] 하여금[使] 빨리[遄] 그[其] 괴로움을[疾] 덜게 해준다[損] 그래서[因此] 초구와[與初九] 육사에게[六四] 기쁨이[喜] 있다[有]〉라고 새겨볼 것이다. 손괘(損卦 : ䷨) 하체(下體)의 각효(各爻)는 유여(有餘)해 덜어낼[損] 모습이고, 상체(上體)의 각효(各爻)는 부족(不足)해 더할[益] 모습이다. 손괘(損卦 : ䷨)의 육사(六四 : --) 역시 중허(中虛)한 음약(陰弱)의 음기(陰氣 : --)인지라 중실(中實)한 양강(陽剛)의 양기(陽氣 : ─)인 초구(初九 : ─)가 육사(六四 : --)의 병을 덜어주어[損] 육사(六四 : --)에게 빠르게[遄] 건강을 더해주어[益] 육사(六四 : --)와 초구(初九 : ─)가 누리는 정응(正應)이 서로에게 기쁨이[喜] 있음[有]을 암시한 계사(繫辭)가 〈사천유희(使遄有喜)〉이다.

〈무구(无咎)〉는 손괘(損卦 : ䷨)의 육사(六四 : --)와 초구(初九 : ─)가 누리는 정응(正應)이 선(善)임을 암시한 계사(繫辭)이다. 〈무구(无咎)〉는 〈육사여초구지희무구(六四與初九之喜无咎)〉의 줄임으로 여기고 〈초구와[初九與] 육사의[六四之] 기쁨에는[喜] 허물이[咎] 없다[无]〉라고 새겨볼 것이다. 선(善)이란 역지도(易之道) 즉 변역의[易之] 도리[道]를 계승(繼承) 즉 이어받음[繼承]이다. 육사(六四 : --)와 초구(初九 : ─)가 누리는 정응(正應)은 역지도(易之道)를 따름인지라 선(善)이다. 중실(中實)한 양강(陽剛)의 초구(初九 : ─)와 중허(中虛)한 음약(陰弱)의 육사(六四 : --)가 서로 정응(正應)을 누려, 육사(六四 : --)가 초구(初九 : ─)의 더해줌[益]을 받아 질병을 덜어[損] 빠르게 건강을 회복하게 되어 서로에게 〈유희(有喜)〉 즉 기쁨이[喜] 있어도[有] 허물이[咎] 없음[无]을 암시한 계사(繫辭)가 〈무구(无咎)〉이다.

【字典】

손(損) 〈덜어낼 손(損)-감(減), 줄일(감소할) 손(損)-휴감(虧減)-감소(減少), 잃을 손(損)-실(失)-손실(損失), 낮출 손(損)-폄(貶), 상처 입을 손(損)-상(傷)-훼(毁), 손괘 손(損)-손괘(損卦)〉 등의 뜻을 내지만 여기선 〈덜어낼 감(減)〉과 같다 여기고 새김이 마땅하다.

기(其) 〈그(관형사) 기(其)-관형사, 그것 기(其)-피(彼)-지(之), 그럴 기(其)-연(然), 어찌 기(其)-기(豈), 누를 기(其)-억(抑), 오히려 기(其)-상(尙)-서기(庶幾), 이에 기(其)-내(乃), 만약 기(其)-약(若), 장차 기(其)-장(將), 어조사 기(其)-어조사〉 등의 뜻을 내지만 여기선 관형사로서 〈그 기(其)〉로 여기고 새김이 마땅하다.

질(疾) 〈괴로울 질(疾)-고(苦), 빠를 질(疾)-신(迅)-속(速), 성낼 질(疾)-노(怒), 억지로 애쓸(힘쓸) 질(疾)-면력(勉力), 병들 질(疾)-병(病)-환(患), 아파할 질(疾)-통(痛), 원망할 질(疾)-원(怨), 미워할 질(疾)-질(嫉), 아닐 질(疾)-비(非), 싫어할 질(疾)-오(惡), 다툴 질(疾)-쟁(爭), 씩씩할(멋질) 질(疾)-장(壯)-미(美), 직행할 질(疾)-추(趨), 다툴 질(疾)-쟁(爭)〉 등의 뜻을 내지만 여기선 〈괴로울 고(苦)〉와 같다 여기고 새김이 마땅하다.

사(使) 〈시킬(하여금) 사(使)-영(令)-역(役), 쓸 사(使)-용(用), 좇을 사(使)-종(從), 들 사(使)-거(擧)〉 등의 뜻을 내지만 여기선 〈시킬 영(令)〉과 같다 여기고 새김이 마땅하다.

천(遄) 〈빠를 천(遄)-속(速)-질(疾), 왕래가 빠를 천(遄)-왕래삭(往來數), 제 마음대로 할 천(遄)-전(顓)〉 등의 뜻을 내지만 여기선 〈빠를 삭(數)〉으로 여기고 새겨도 되고, 〈빠를 속(速)〉으로 여기고 새겨도 마땅하다.

유(有) 〈간직할 유(有)-장(藏), 어조사 유(有), 없을 무(無)의 반대말로 있을 유(有), 얻을(가질) 유(有)-취(取), 혹 유(有)-혹(或), 많을 유(有)-다(多)-족(足), 부유할 유(有)-부(富), 보호할 유(有)-보(保), 서로 친할 유(有)-상친(相親), 전일할 유(有)-전(專), 할 유(有)-위(爲)〉 등의 뜻을 내지만 〈있을 유(有)〉로 여기고 새김이 마땅하다.

희(喜) 〈기뻐할(즐거워할) 희(喜)-낙(樂)-열(悅), 좋아할 희(喜)-호(好)-애(愛), 행복할 희(喜)-복(福), 아름다울 희(喜)-미(美), 양기 희(喜)-양기(陽氣), 아주 성할 희(喜)-치성(熾盛)〉 등의 뜻을 내지만 여기선 〈기뻐할 열(悅)〉과 같다 여기고 새김이 마땅하다.

무(无) 〈없을 무(无)-무(無), 허무지도 무(无)-허무지도(虛无之道), 으뜸 무(无)-원

(元)〉 등의 뜻을 내지만 여기선 〈없을 무(無)〉와 같다 여기고 새김이 마땅하다.

구(咎) 〈허물 구(咎)-건(愆)-과(過), 재앙 구(咎)-재(災), 병될 구(咎)-병(病), 나쁠 구(咎)-오(惡)〉 등의 뜻을 내지만 여기선 〈허물 건(愆)-과(過)〉와 같다 여기고 새김이 마땅하다. 〈무구(无咎)〉는 〈면어구(免於咎)〉 즉 허물을[於咎] 면하다[免]와 같다.

육오(六五 : --)

六五 : 或益之十朋之龜어든 弗克違니 元吉하리라
혹 익 지 십 붕 지 귀 불 극 위 원 길

육오(六五) : 아마도[或] 한없이 많은[十] 값어치의[朋之] 거북[龜] 그것을[之] 더해줌을[益] 피할[違] 수 없으니[弗克] 으뜸으로[元] 행운을 누린다[吉].

【육오(六五)의 효상(爻象) 풀이】

손괘(損卦 : ䷨)의 육오(六五 : --)는 이음거양(以陰居陽) 즉 음(陰 : --)으로써[以] 양(陽 : —)의 자리에 있는지라[居] 정당한 자리에 있지 못하다. 육오(六五 : --)와 상구(上九 : —)는 음양(陰陽)의 사이인지라 〈비(比)〉 즉 이웃의 사귐[比]을 누린다. 육오(六五 : --)와 구이(九二 : —)는 서로 부정위(不正位) 즉 바른[正] 자리에 있지 못해[不位] 서로 중정(中正) 곧 중이정위(中而正位) 즉 가운데이면서[中而] 바른[正] 자리에 있음[位]을 누리지 못하지만, 육오(六五 : --)와 구이(九二 : —)는 손괘(損卦 : ䷨) 상하체(上下體)의 중효(中爻)이면서 음양(陰陽)인지라 정응(正應) 즉 바르게[正] 호응함[應]을 누린다. 손괘(損卦 : ䷨)의 주제인 〈손(損)〉의 때를 맞아 득중(得中) 즉 정도를 따름을[中] 취하여[得] 관유(寬柔) 즉 관대하고[寬] 부드러운[柔] 육오(六五 : --)가 군왕(君王)으로서, 중실(中實)한 양강(陽剛)의 구이(九二 : —)를 따라 응하는[應] 모습이다.

손괘(損卦 : ䷨)의 육오(六五 : --)가 구오(九五 : —)로 변효(變爻)하면 육오(六五 : --)는 손괘(損卦 : ䷨)를 61번째 중부괘(中孚卦 : ䷼)로 지괘(之卦)하게 한다. 따라서 손괘(損卦 : ䷨)의 육오(六五) : --)는 중부괘(中孚卦 : ䷼)의 구오(九五 : —)를 찾아가 살펴보게 한다.

【육오(六五)의 계사(繫辭) 풀이】

或益之(혹익지)

아마도[或] {십붕지귀(十朋之龜)} 그것을[之] 더해준다[益].

〈혹익지(或益之)〉는 육오(六五 : --)의 효위(爻位)를 빌려 암시한 계사(繫辭)이다. 〈혹익지(或益之)〉는 〈혹천익십붕지귀급륙오(或天益十朋之龜給六五)〉의 줄임으로 여기고 〈아마도[或] 하늘이[天] 육오(六五)에게[給] 십붕의[十朋之] 거북을[龜] 더해준다[益]〉라고 새겨볼 것이다. 〈혹익지(或益之)의 혹(或)〉은 대개(大槪) 즉 아마도[大槪]의 뜻을 내고, 〈혹익지(或益之)의 지(之)〉는 뒤이어 나오는 〈십붕지귀(十朋之龜)〉를 나타내는 지시대명사 노릇을 한다.

〈혹익지(或益之)〉는 중허(中虛)하고 음유(陰柔)한 육오(六五 : --)가 군왕(君王)으로서, 신하인 양강(陽剛)의 구이(九二 : ―)가 〈불손익지(弗損益之)〉 즉 〈덜지[損] 않아도[弗] 더해주는[益之]〉 진실한 미더움[貞]을 겸허하고 겸손하게 받아들여 육오(六五 : --)와 구이(九二 : ―)가 정응(正應)을 누림을 암시한다. 손괘(損卦 : ䷨)의 주제(主題)인 〈손(損)〉 즉 덜어내는[損] 때를 맞아 육오(六五 : --)가 군왕(君王)으로서 손하익상(損下益上) 즉 아래를[下] 덜어내[損] 위를[上] 더해주는[益] 〈손(損)〉의 시국임에도 구이(九二 : ―)에게 익상(益上)을 강요하지 않고 수중(守中) 즉 정도를 따름을[中] 지키면서[守] 구이(九二 : ―)의 〈정(貞)〉을 현명한 신하의 뜻으로 받아들여, 육오(六五 : --)가 천심(天心) 즉 천하백성(天下百姓)의 마음[天心]을 얻음을 암시한 계사(繫辭)가 〈혹익지(或益之)〉이다.

十朋之龜(십붕지귀) 弗克違(불극위)

한없이 많은[十] 값어치의[朋之] 거북[龜] (그것을[之] 더해줌을[益]) 피할[違] 수 없다[弗克].

〈십붕지귀(十朋之龜) 불극위(弗克違)〉는 육오(六五 : --)가 천복(天福)을 누림을 암시한 계사(繫辭)이다. 동시에 중허(中虛)하고 음유(陰柔)한 육오(六五 : --)가 온 백성의 마음을 얻음을 암시한 계사(繫辭)이기도 하다. 〈십붕지귀(十朋之龜) 불극위(弗克違)〉는 〈육오불극위십붕지귀(六五弗克違十朋之龜)〉의 줄임으로 여기고

〈육오는[六五] 십붕의[十朋之] 거북을[龜] 뿌리칠[違] 수 없다[弗克]〉라고 새겨볼 것이다. 〈불극(弗克)〉은 〈불능(不能)〉과 같고, 〈불극위(弗克違)의 위(違)〉는 〈피할 피(避)〉와 같다.

〈십붕지귀(十朋之龜)〉에서 〈십붕(十朋)의 십(十)〉은 〈열 십(十)〉이 아니라 〈많을 다(多)〉와 같고 〈십붕(十朋)의 붕(朋)〉은 〈벗 붕(朋)〉이 아니라 옛날 돈을 뜻하는 〈양패(兩貝)의 붕(朋)〉이다. 이에 〈십붕(十朋)〉이란 값을 따질 수 없는 엄청난 값어치를 암시한다. 여기 〈십붕(十朋)의 붕(朋)〉은 『시경(詩經)』「소아(小雅)」 청청자아(菁菁者莪) 6장(章)인 〈석아백붕(錫我百朋)〉 즉 〈나에게[我] 백붕을[百朋] 주신다[錫]〉라는 시구에 나오는 〈백붕(百朋)의 붕(朋)〉과 같다. 여기 〈붕(朋)〉은 고시(古時)의 화폐(貨幣)인 조개[貝] 열 개를 꿴 한 줄을 뜻한다. 옛날에 패(貝) 즉 조개껍질[貝]은 화폐 노릇을 했었다. 〈십붕지귀(十朋之龜)의 십붕(十朋)〉은 값으로 따질 수 없는 더없이 많은 값[債]을 암시한다. 〈십붕지귀(十朋之龜)의 귀(龜)〉는 시비길흉지결(是非吉凶之決) 즉 시와[是] 비를[非之] 결정하고[決] 길과[吉] 흉을[凶之] 결정하는[決] 신물(神物) 즉 하늘이 내린[神] 것[物]을 암시한다. 이에 중허(中虛)하고 음유(陰柔)한 육오(六五 : --)가 〈불손익지(弗損益之)〉 즉 〈덜지[損] 않아도[弗] 더해주는[益之]〉 중실(中實)하고 양강(陽剛)한 구이(九二 : —)의 〈정(貞)〉을 받아들이는 성군(聖君)임을 암시하는 계사(繫辭)가 〈십붕지귀(十朋之龜) 불극위(弗克違)〉이다.

元吉(원길)

으뜸으로[元] 행운을 누린다[吉].

〈원길(元吉)〉은 손괘(損卦 : ䷨)의 계사(繫辭) 〈손(損) 유부(有孚) 원길(元吉)〉이 손괘(損卦 : ䷨) 육오(六五 : --)의 효상(爻象)에서 비롯한 〈원길(元吉)〉임을 일깨워 깨닫게 하는 계사(繫辭)이다. 〈원길(元吉)〉은 〈불극위십붕지귀지륙오유원길(弗克違十朋之龜之六五有元吉)〉의 줄임으로 여기고 〈십붕지귀를[十朋之龜] 피할[違] 수 없는[弗克之] 육오에게는[六五] 원길이[元吉] 있다[有]〉라고 새겨볼 것이다. 〈원길(元吉)〉은 〈대길(大吉)〉 즉 크게[大] 행운을 누린다[吉]는 말이다.

〈원길(元吉)〉은 군왕(君王)으로서 육오(六五 : --)가 천심(天心) 즉 온 백성의 마음[天心]을 얻음을 암시한 계사(繫辭)이다. 여기 〈원길(元吉)〉은 손괘(損卦 : ䷨)의 계사(繫辭)인 〈손(損) 유부(有孚) 원길(元吉)〉 즉 〈덜어냄에[損] 믿어줌이[孚] 있다면[有] 크게[元] 행운을 누린다[吉]〉의 그 〈원길(元吉)〉이다. 따라서 육오(六五 : --)가 득중(得中) 즉 정도를 따름을[中] 취하여[得] 온 백성의 뜻을 따라 손괘(損卦 : ䷨)의 주제(主題)인 〈손(損)〉의 때를 맞아 중허(中虛)하고 음유(陰柔)한 군왕(君王)으로서 자겸(自謙)하고 자검(自儉)하며 관유(寬柔)한지라 하늘땅이 봄에 베푸는 덕의 모습인 〈원(元)〉의 행운을 누린다[吉]고 암시한 계사(繫辭)가 〈원길(元吉)〉이다.

【 字 典 】

혹(或) 〈어떤 이(모르는 사람들) 혹(或)-수(誰), 때때로 혹(或)-간(間), 의심할 혹(或)-의(疑), 아마도 혹(或), 괴이할 혹(或)-괴(怪), 있을 혹(或)-유(有)〉 등의 뜻을 내지만 여기선 〈어떤 이 수(誰)〉와 같다 여기고 새김이 마땅하다.

익(益) 〈더할 익(益)-가(加), 도울 익(益)-조(助), 넉넉할 익(益)-풍(豊)-요(饒), 지나칠 익(益)-과(過), 길 익(益)-장(長), 부유할 익(益)-부(富)-부유(富裕), 나아갈 익(益)-진(進), 설명을 다 받지 못한 익(益)-수설불료(受說不了), 쓰일 데 익(益)-용처(用處), 널리 부유할 익(益)-홍유(弘裕), 많을 익(益)-다(多), 클 익(益)-대(大), 점점 더할 익(益)-유(愈)〉 등의 뜻을 내지만 여기선 〈더할 가(加)〉와 같다 여기고 새김이 마땅하다.

지(之) 〈그것(이것) 지(之)-피(彼)-시(是), 갈 지(之)-왕(往), 이를 지(之)-지(至), 주격-소유격-목적격 등의 토씨 지(之), 뜻 없는 허사(虛詞) 지(之)〉 등의 뜻을 내지만 여기선 허사(虛詞)로서 〈익지(益之)의 익(益)〉이 동사 노릇을 한다고 여김이 마땅하다.

십(十) 〈모두(전부, 많을) 십(十)-십분(十分)-전부(全部), 갖춘 수 십(十)-수지구(數之具), 열 번 십(十)-십차(十次), 완전 십(十)-완전(完全)〉 등의 뜻을 내지만 〈모든 전부(全部)〉로 여기고 새김이 마땅하다.

붕(朋) 〈화패 붕(朋)-화패(貨貝), 견줄 붕(朋)-비(比), 한패 붕(朋)-당(黨)-군(羣), 벗 붕(朋)-우(友), 제자 붕(朋)-제자(弟子), 무리 붕(朋)-군(羣), 두 단지 붕(朋)-양준(兩樽), 삼린(24家口) 붕(朋)-삼린(三鄰 : 八家爲鄰-三鄰爲朋)〉 등의 뜻을 내지만 여기선 〈화패(貨貝)〉로 여기고 새김이 마땅하다. 옛날에는 패(貝) 즉 조개[貝]를 화폐로 썼는데, 열 개의 조개를 한 줄에 꿴 것을 붕(朋)이라 했다.

龜 〈귀-균-구〉 세 가지로 발음되고, 〈점칠(의문을 푸는 것) 귀(龜)-복(卜)-결의지물(決疑之物), 거북 귀(龜)-갑충지장외골내육(甲蟲之長外骨內肉), 본뜰 귀(龜)-귀감

(龜鑑), 인장 끈 귀(龜)-인수(印綬), 화폐 귀(龜)-화(貨)-화폐(貨幣 : 古以龜甲爲貨幣), 나아갈 귀(龜)-진(進), 오랠 귀(龜)-구(久), 별 이름 귀(龜)-성명(星名)-천귀(天龜), 손 얼어 터질 균(龜), 나라 이름 구(龜)〉 등의 뜻을 내지만 〈점칠 복(卜)〉과 같다 여기고 새김이 마땅하다.

불(弗) 〈말 불(弗)-불(不), 않을 불(弗)-불(不), 못할 불(弗)-불(不), 어길 불(弗)-위(違), 버릴 불(弗)-거(去)〉 등의 뜻을 내지만 여기선 〈않을 불(不)〉과 같다 여기고 새김이 마땅하다.

극(克) 〈능할(할 수 있을) 극(克)-능(能)-유능력(有能力), 다스릴 극(克)-치(治), 꾸짖을(책할) 극(克)-책(責), 견딜 극(克)-견(肩)-감(堪), 이룰 극(克)-성(成), 이길 극(克)-승(勝)〉 등의 뜻을 내지만 여기선 〈능할 능(能)〉과 같다 여기고 새김이 마땅하다.

위(違) 〈피할 위(違)-피(避), 어길 위(違)-배(背), 다를 위(違)-이(異), 어그러질 위(違)-여(戾), 멀 위(違)-원(遠), 원망할 위(違)-한(恨), 사악할 위(違)-사(邪)〉 등의 뜻을 내지만 여기선 〈피할 피(避)〉와 같다 여기고 새김이 마땅하다.

원(元) 〈선함의 으뜸 원(元)-선지장(善之長), 비롯할 원(元)-시(始)-단(端), 머리 원(元)-수(首)-두(頭), 근본 원(元)-본(本)-원(原), 어른 원(元)-장(長)-원장(元長), 하나 원(元)-일(一), 우두머리 원(元)-수장(首長), 임금 원(元)-원군(元君)-군(君), 큰 원(元)-대(大), 아름다울 원(元)-미(美), 위 원(元)-상(上), 하늘 원(元)-천(天), 하늘땅의 큰 덕 원(元)-천지지대덕(天地之大德)-원기(元氣)-기(氣), 기운의 시작 원(元)-기지시(氣之始)-원자(元者), 백성 원(元)-원원(元元)-백성(百姓)〉 등의 뜻을 내지만 여기선 〈선함의 으뜸 선지장(善之長)〉으로 여기고 새김이 마땅하다.

길(吉) 〈좋을(행복할) 길(吉)-선(善)-영(令) {영월길일(令月吉日)은 선월선일(善月善日)임.}, 복 길(吉)-실(實)-선실(善實)-복(福), 예의를 따라 상서로울 길(吉)-예의순상(禮義順祥), 삼갈 길(吉)-근(謹), 초하루 길(吉)-삭일(朔日) {삭망(朔望) 즉 초하루[朔]와 그믐날[望]}, 길례 길(吉)-길례(吉禮) {오례지일(五禮之一) 길흉빈군가(吉凶賓軍嘉)}, 갈 길(吉)-행(行)-길(趌)〉 등의 뜻을 내지만 여기선 〈좋을 선(善)-영(令)〉 즉 행복과 같다 여기고 새김이 마땅하다.

註 청청자아(菁菁者莪) 재피중릉(在彼中陵) / 기견군자(旣見君子) 석아백붕(錫我百朋) : 무성

한[菁菁] 것[者] 다북쑥이[莪] 큰 언덕[陵] 그 가운데[彼中] 있네[在]. / 군자를[君子] 이미[旣] 만났네[見]. 나에게[我] 엄청 많은 돈을[百朋] 주었네[錫].

『시경(詩經)』「소아(小雅)」[청청자아(菁菁者莪)] 5~6장(章)

상구(上九 : ⚊)

上九 : 弗損益之니 无咎어니와 貞吉하다 利有攸往하고 得臣无家리라
불손익지 무구 정길 이유유왕 득신무가

상구(上九) : 덜지[損] 않아도[弗] 그것을[之] 더하니[益] 허물이[咎] 없거니와[无] 진실로 미더워[貞] 행운을 누린다[吉]. 갈[往] 데가[攸] 있어[有] 이롭고[利] 신하를[臣] 얻어도[得] 가문은[家] 없다[无].

【상구(上九)의 효상(爻象) 풀이】

손괘(損卦 : ䷨)의 상구(上九 : ⚊)는 이양거음(以陽居陰) 즉 양(陽 : ⚊)으로써[以] 음(陰 : ⚋)의 자리에 있는지라[居] 정당한 자리에 있지 못하다. 상구(上九 : ⚊)와 육오(六五 : ⚋)는 양음(陽陰)의 사이인지라 비(比) 즉 이웃의 사귐[比]을 누릴 수는 있지만 초연(超然)하다. 손괘(損卦 : ䷨) 상체(上體)의 육사(六四 : ⚋)와 육오(六五 : ⚋)는 덜어낸[損] 처지여서 더함[益]을 받아야 하지만 손괘(損卦 : ䷨) 상체(上體)의 극위(極位)에 있는 중실(中實)한 양강(陽剛)의 상구(上九 : ⚊)는 본래가 더없이 충실(充實)한지라 남의 덜어냄[損]을 필요로 하지 않아 도움을 받지 않아도 되어 육삼(六三 : ⚋)과 나눌 수 있는 정응(正應)에도 연연하지 않고 이 역시 초연(超然)한 모습이다.

손괘(損卦 : ䷨)의 상구(上九 : ⚊)가 상륙(上六 : ⚋)으로 변효(變爻)하면 상구(上九 : ⚊)는 손괘(損卦 : ䷨)를 19번째 임괘(臨卦 : ䷒)로 지괘(之卦)하게 한다. 따라서 손괘(損卦 : ䷨)의 상구(上九 : ⚊)는 임괘(臨卦 : ䷒)의 상륙(上六 : ⚋)을 찾아가 살펴보게 한다.

【상구(上九)의 계사(繫辭) 풀이】

弗損益之(불손익지)

덜지[損] 않아도[弗] 그것을[之] 더한다[益].

〈불손익지(弗損益之)〉는 상구(上九 : ━)의 효위(爻位)를 빌려 암시한 계사(繫辭)이다. 〈불손익지(弗損益之)〉는 〈상구불손하(上九弗損下) 연이상구익지어하(然而上九益之於下)〉의 줄임으로 여기고 〈상구는[上九] 아래를[下] 덜어내지 않는다[弗損] 그러나[然而] 상구는[上九] 아래를[於下] 더해준다[益之]〉라고 새겨볼 것이다. 〈불손익지(弗損益之)의 지(之)〉는 앞의 〈익(益)〉을 동사이게 해주는 뜻 없는 허사 노릇을 한다.

〈불손익지(弗損益之)〉는 상구(上九 : ━)가 손괘(損卦 : ䷨)의 주제인 〈손(損)〉 즉 덞[損]의 때가 끝나는 극위(極位)에 있음을 암시한다. 손괘(損卦 : ䷨)의 손시(損時) 즉 덞의[損] 때[時]란 손하익상(損下益上)인지라 아래[下] 즉 태(兌 : ☱)의 효(爻)들은 자손이익인(自損以益人) 즉 자기를[自] 덜어냄[損]으로써[以] 남을[人] 더해주는[益] 쪽이고, 위[上] 즉 간(艮 : ☶)의 효(爻)들은 종인이수익(從人以受益) 즉 남을[人] 따름[從]으로써[以] 더함을[益] 받는[受] 쪽이다. 따라서 상체(上體)의 육사(六四 : ╍)-육오(六五 : ╍)는 중허(中虛)하고 유순(柔順)한 쪽인지라 수익(受益) 즉 더해줌을[益] 받아야[受] 하지만, 상구(上九 : ━) 자신이 중실(中實)한 양강(陽剛)으로서 손괘(損卦 : ䷨) 상체(上體)의 극위(極位)에 있어 〈손(損)〉의 끝남인지라 상구(上九 : ━)의 〈손(損)〉은 〈익(益)〉으로 변(變)함을 암시한 계사(繫辭)가 〈불손익지(弗損益之)〉이다.

无咎(무구)

허물이[咎] 없다[无].

〈무구(无咎)〉는 상구(上九 : ━)가 손익지도(損益之道) 즉 덞과[損] 더함의[益之] 도리[道]를 어기지 않고 따름을 암시한 계사(繫辭)이다. 〈무구(无咎)〉는 〈상구지불손익지무구(上九之弗損益之无咎)〉의 줄임으로 여기고 〈상구의[上九之] 불손익지에는[弗損益之] 허물이[咎] 없다[无]〉라고 새겨볼 것이다.

〈무구(无咎)〉는 상구(上九 : ㅡ)가 중실(中實)한 양강(陽剛)임을 암시한다. 윗자리에서 자신의 굳셈[剛]을 이용해서 아래로 하여금 덜어내게[損] 한다면 그것은 상구(上九 : ㅡ)가 손익지도(損益之道)를 어기는 것이다. 그러나 손(損)이 다하면[極] 익(益)이 돌아오는[反] 천도(天道) 즉 자연의[天] 도리[道]를 어기지 않고 따라 손(損)이 끝나니 덜어냄[損]이 없음을 따라 〈불손(弗損)〉 즉 덜지 않음[弗損]일 뿐 상구(上九 : ㅡ)가 아래를 〈익지(益之)〉 즉 더해주기[益之]를 마다하지 않기에 상구(上九 : ㅡ)에게는 허물이[咎] 없음[无]을 암시한 계사(繫辭)가 〈무구(无咎)〉이다.

貞吉(정길)

진실로 미더워[貞] 행운을 누린다[吉].

〈정길(貞吉)〉은 상구(上九 : ㅡ)에게 허물이[咎] 없는[无] 까닭을 암시한 계사(繫辭)이다. 〈정길(貞吉)〉은 〈상구정관어불손익지(上九貞關於弗損益之) 인차상구유길(因此上九有吉)〉의 줄임으로 여기고 〈상구는[上九] 불손익지에[弗損益之] 관해서[關於] 진실로 미덥다[貞] 그래서[因此] 상구에게는[上九] 행운을 누림이[吉] 있다[有]〉라고 새겨볼 것이다.

〈정길(貞吉)의 정(貞)〉이란 상구(上九 : ㅡ)의 〈불손익지(弗損益之)〉가 공평무사(公平無私)함을 암시한다. 이는 곧 상구(上九 : ㅡ)가 사사로이[私] 덜지 않고[弗損] 더해줌[益之]이 아님을 말한다. 〈정(貞)〉이란 성신(誠信) 즉 진실한[誠] 미더움[信]이다. 그 미더움[貞]은 공정(公正)하여 무사무편(無邪無偏)하다. 간사함도[邪] 없고[無] 치우침도[偏] 없는[無] 심지(心志)가 곧 〈정(貞)〉이다. 이러한 〈정(貞)〉은 남의 심지(心志)를 말함이 아니라 바로 내 자신의 심지(心志)를 말함이다. 내가 남에게 〈정(貞)〉을 요구할 수 없다. 오로지 내가 곧 모든 것을 아울러 하나같이[公] 바르게 하여[正] 간사함도[邪] 치우침도[偏] 없는[無] 내 자신의 심지(心志)가 진실로[誠] 미더움[信] 곧 〈정(貞)〉이다. 이러한 〈정(貞)〉은 언제 어디서나 〈부(孚)〉 즉 세상으로부터 미더움을 받는다[孚]. 이에 〈정(貞)〉이란 수중(守中) 즉 정도를 따름을[中] 지킴[守]인지라 상구(上九 : ㅡ)의 〈정(貞)〉이 행운을 누림[吉]을 암시한 계사(繫辭)가 〈정길(貞吉)〉이다.

利有攸往(이유유왕) 得臣无家(득신무가)

갈[往] 데가[攸] 있어[有] 이롭고[利] 신하를[臣] 얻어도[得] 가문은[家] 없다[无].

〈이유유왕(利有攸往)〉은 상구(上九 : ⚊)가 미더움[貞]으로써 아래를[下] 더해주려고[益之] 함을 암시한 계사(繫辭)이다. 〈이유유왕(利有攸往)〉은 〈상구유유유왕(上九愈有攸往) 상구유유리(上九愈有利)〉의 줄임으로 여기고 〈상구에게[上九] 갈[往] 바가[攸] 있을[有]수록[愈] 상구에게[上九] 그만큼 더[愈] 이로움이[利] 있다[有]〉라고 새겨볼 것이다.

〈이유유왕(利有攸往)〉 즉 나아갈[往] 데가[攸] 있을수록[有] 상구(上九 : ⚊)에게 이롭다[利]고 밝힌 효사(爻辭)이다. 〈이유유왕(利有攸往)의 유왕(攸往)〉은 상구(上九 : ⚊)가 강양(剛陽)으로써 아래에[下] 더해줌[益]을 암시한다. 곧 상구(上九 : ⚊) 자신이 〈불손익지(弗損益之)〉 즉 덜지 않고서[弗損] 더해줌[益之]을 아래에 실행함을 암시한다. 손괘(損卦 : ䷨)의 상효(上爻)로서 상구(上九 : ⚊)가 뜻하는 바란 공평무사(公平無私)한 미더움[貞]으로 손익지도(損益之道)를 따라 〈불손익지(弗損益之)〉 즉 덜어내지[損] 않고[弗] 더해줌[益之]을 행동으로 옮길수록 상구(上九 : ⚊)에게 이로움이[利] 있음[有]을 암시한 계사(繫辭)가 〈이유유왕(利有攸往)〉이다.

〈득신무가(得臣无家)〉는 〈불손익지(弗損益之)〉를 〈왕(往)〉 즉 실행함[往]으로써 돌아오는 보람을 암시하여 상구(上九 : ⚊)가 지극한 상왕(上王)임을 밝힌 계사(繫辭)이다. 손하익상(損下益上) 즉 아래를[下] 덜어내[損] 위에[上] 더해주는[益] 상황을 마주하는 손괘(損卦 : ䷨)의 상효(上爻)이면서도 상구(上九 : ⚊)가 중실(中實)한 양강(陽剛)이므로 덜지 않고서도[弗損] 오히려 아래를[下] 더해주면[益], 성복(誠服) 즉 진실로[誠] 복종하지[服] 않음이란 천하(天下)에 없음을 암시함이 〈득신(得臣)〉이다. 〈득신(得臣)의 신(臣)〉은 서인(庶人) 즉 천하 백성을 뜻한다. 경대부(卿大夫)나 대부(大夫) 같은 신하는 저마다의 〈가(家)〉 즉 식읍(食邑)인 자신의 토지[家]를 군왕(君王)으로부터 하사받아 〈가(家)〉 즉 가문[家]을 이루지만 천하 백성에게는 그런 식읍(食邑)이 없음인지라 백성을 신하로 얻음을 〈무가(无家)〉로써 암시한 계사(繫辭)가 〈득신무가(得臣无家)〉이다.

【字典】

불(弗) 〈않을 불(弗)-불(不), 말 불(弗)-불(不), 못할 불(弗)-불(不), 어길 불(弗)-위(違), 버릴 불(弗)-거(去)〉 등의 뜻을 내지만 여기선 〈않을 불(不)〉과 같다 여기고 새김이 마땅하다.

손(損) 〈덜어낼 손(損)-감(減), 줄일(감소할) 손(損)-휴감(虧減)-감소(減少), 잃을 손(損)-실(失)-손실(損失), 낮출 손(損)-폄(貶), 상처 입을 손(損)-상(傷)-훼(毁), 손괘 손(損)-손괘(損卦)〉 등의 뜻을 내지만 여기선 〈덜어낼 감(減)〉과 같다 여기고 새김이 마땅하다.

익(益) 〈더할 익(益)-가(加), 도울 익(益)-조(助), 넉넉할 익(益)-풍(豊)-요(饒), 지나칠 익(益)-과(過), 길 익(益)-장(長), 부유할 익(益)-부(富)-부유(富裕), 나아갈 익(益)-진(進), 설명을 다 받지 못한 익(益)-수설불료(受說不了), 쓰일 데 익(益)-용처(用處), 널리 부유할 익(益)-홍유(弘裕), 많을 익(益)-다(多), 클 익(益)-대(大), 점점 더할 익(益)-유(愈)〉 등의 뜻을 내지만 여기선 〈더할 가(加)〉와 같다 여기고 새김이 마땅하다.

지(之) 〈그것(이것) 지(之)-피(彼)-시(是), 갈 지(之)-왕(往), 이를 지(之)-지(至), 주격-소유격-목적격 등의 토씨 지(之), 뜻 없는 허사(虛詞) 지(之)〉 등의 뜻을 내지만 여기선 뜻 없는 허사(虛詞)의 〈지(之)〉로 여기고 새김이 마땅하다.

무(无) 〈없을 무(无)-무(無), 허무지도 무(无)-허무지도(虛无之道), 으뜸 무(无)-원(元)〉 등의 뜻을 내지만 여기선 〈없을 무(無)〉와 같다 여기고 새김이 마땅하다.

구(咎) 〈허물 구(咎)-건(愆)-과(過), 재앙 구(咎)-재(災), 병될 구(咎)-병(病), 나쁠 구(咎)-오(惡)〉 등의 뜻을 내지만 여기선 〈허물 건(愆)-과(過)〉와 같다 여기고 새김이 마땅하다. 〈무구(无咎)〉는 〈면어구(免於咎)〉 즉 허물을[於咎] 면하다[免]와 같다.

정(貞) 〈바를 정(貞)-정(正), 믿을 정(貞)-신(信), 거북점을 물을 정(貞)-복문(卜問), 역(易)의 내괘(內卦) 정(貞), 마땅할 정(貞)-당(當), 정할 정(貞)-정(定), 순수할 정(貞)-전(專)-일(一)〉 등의 뜻을 내지만 여기선 〈바를 정(正), 믿을 신(信)〉 등을 합친 뜻과 같아 〈정신(正信)〉으로 여기고 새김이 마땅하다.

길(吉) 〈좋을(행복할) 길(吉)-선(善)-영(令) {영월길일(令月吉日)은 선월선일(善月善日)임.}, 복 길(吉)-실(實)-선실(善實)-복(福), 예의를 따라 상서로울 길(吉)-예의순상(禮義順祥), 삼갈 길(吉)-근(謹), 초하루 길(吉)-삭일(朔日) {삭망(朔望) 즉 초하루[朔]와

그믐날[望]}, 길례 길(吉)-길례(吉禮) {오례지일(五禮之一) 길흉빈군가(吉凶賓軍嘉)}, 갈 길(吉)-행(行)-길(趌)〉 등의 뜻을 내지만 여기선 〈좋을 선(善)-영(令)〉 즉 행복과 같다 여기고 새김이 마땅하다.

이(利) 〈만물로 하여금 삶을 이루어가게 하는 덕(德)의 이로울 이(利)-사만물수생지덕(使萬物遂生之德), 날카로울 이(利)-예(銳)-섬(銛), 질병 이(利)-질(疾), 통할 이(利)-통(通)-순(順), 좋을 이(利)-길(吉)-의(宜), 편리할 이(利)-편(便), 마름해 만들어 이룰 이(利)-재성(裁成), 탐할 이(利)-탐(貪), 구할(취할) 이(利)-구(求)-취(取), 좋아할 이(利)-열애(悅愛), 이로울 이(利)-익(益), 기교 이(利)-교(巧), 보람 이(利)-공용(功用), 지세가 험하고 중요한 이(利)-험요(險要), 이길 이(利)-승(勝), 어질 이(利)-인(仁)〉 등의 뜻을 내지만 여기선 〈사만물수생지덕(使萬物遂生之德) 즉 만물로 하여금 삶을 이루어가게 하는 덕(德)의 이로움〉으로 새김이 마땅하다. 〈利〉가 맨 앞에 오면 〈이〉로 발음되고, 중간이나 뒤에 오면 〈리〉로 발음된다.

유(有) 〈없을 무(無)의 반대말로 있을 유(有), 어조사 유(有), 간직할 유(有)-장(藏), 얻을(가질) 유(有)-취(取), 혹 유(有)-혹(或), 많을 유(有)-다(多)-족(足), 부유할 유(有)-부(富), 보호할 유(有)-보(保), 서로 친할 유(有)-상친(相親), 전일할 유(有)-전(專), 할 유(有)-위(爲)〉 등의 뜻을 내지만 〈있을 유(有)〉로 여기고 새김이 마땅하다.

유(攸) 〈곳(바) 유(攸)-소(所), 흘러가는 물 유(攸)-행수(行水), 아득할 유(攸)-장원(長遠)-유(悠), 닦을 유(攸)-수(修), 터득한 모습 유(攸)-자득모(自得貌), 빠를 유(攸)-숙(倏), 대롱거릴 유(攸)-현위모(懸危貌), 수심에 찬 모습 유(攸)-수모(愁貌)〉 등의 뜻을 내지만 여기선 〈곳 소(所)〉와 같다 여기고 새김이 마땅하다.

왕(往) 〈나아갈 왕(往)-행(行)-진행(進行), 갈 왕(往)-지(之), 물러갈 왕(往)-거(去), 이를 왕(往)-지(至), 향할 왕(往)-향(向), 옛 왕(往)-석(昔), 이따금 왕(往)-시시(時時), 뒤 왕(往)-후(後), 죽음 왕(往)-망거(亡去)-사자(死者)〉 등의 뜻을 내지만 〈나아갈 행(行)〉과 같다 여기고 새김이 마땅하다.

득(得) 〈취할(얻어낼) 득(得)-획(獲)-취(取), 탐할 득(得)-탐(貪), 깨달을 득(得)-효(曉)-오(悟), 만족할 득(得)-족(足), 마땅할 득(得)-당(當), 일의 마땅함을 터득할 득(得)-합(合)-득사지의(得事之宜), 이룰 득(得)-성(成), 알 득(得)-지(知), 가할 득(得)-가(可)-능(能), 편안할 득(得)-편(便), 가질 득(得)-치(値)-지(持), 득도할 득(得)-득도(得道)〉 등

의 뜻을 내지만 〈취할 획(獲)-취(取)〉와 같다 여기고 새김이 마땅하다.

신(臣) 〈백성 신(臣)-서인(庶人), 신하 신(臣)-사군자(事君者), 신하 노릇을 다할 신(臣)-진신지직분(盡臣之職分), 남자를 낮추어 부를 신(臣)-수부(囚俘)-남자지천칭(男子之賤稱), 신하의 자칭 신(臣)-신하지자칭(臣下之自稱), 저 신(臣)-자기지겸칭(自己之謙稱), 음 신(臣)-음(陰), 달 신(臣)-월(月), {오음(五音)의} 상 신(臣)-오음지상(五音之商)〉 등의 뜻을 내지만 여기선 〈백성 서인(庶人)〉으로 새김이 마땅하다.

가(家) 〈식읍(채지) 가(家)-식읍(食邑)-채지(采地), 가정(가족) 가(家)-가정(家庭)-가족(家族), 살(거주할) 가(家)-거(凥)-가인소거(家人所居), 방안 가(家)-실(室), 지아비 가(家)-부(夫)-아내는 남편을 가장이라 부른다[妻謂夫曰家], 집사람 가(家)-처(妻)-남편은 아내를 집사람이라 부른다[夫謂妻曰家], 머물러 살 가(家)-주거(住居), 도성 가(家)-도성(都城), 조정 가(家)-조정(朝廷), 천자 가(家)-천자(天子)-천하위가(天下爲家), 태자 가(家)-황족(皇族), 경대부 가(家)-경대부(卿大夫), 학자 가(家)-유전문지학문자(有專門之學問者), 어미조사 가(家)〉 등의 뜻을 내지만 여기선 〈식읍(食邑)〉으로 여기고 새김이 마땅하다.

익괘
益卦

42

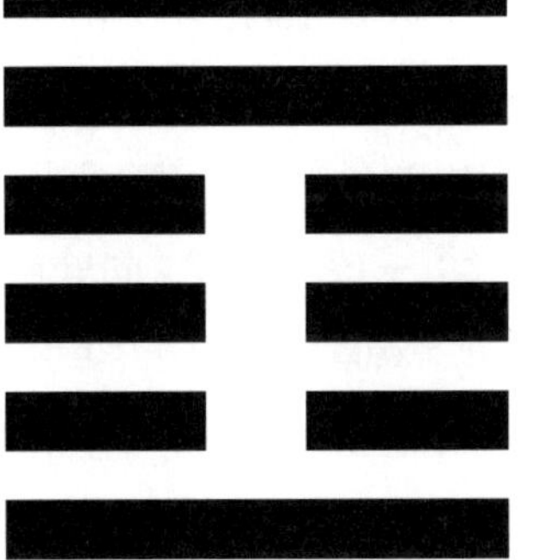

1 괘의 괘상과 계사

익괘(益卦 : ䷩)

진하손상(震下巽上) : 아래는[下] 진(震 : ☳), 위는[上] 손(巽 : ☴).

풍뢰익(風雷益) : 바람과[風] 우레는[雷] 익이다[益].

益은 利有攸往하고 利涉大川이다
익 이유유왕 이섭대천

더함은[益] 갈[往] 바가[攸] 있음이[有] 이롭고[利] 큰[大] 내를[川] 건너도[涉] 이롭다[利].

【익괘(益卦 : ䷩)의 괘상(卦象) 풀이】

앞 손괘(損卦 : ䷨)의 〈손(損)〉이란 덜어냄[損]을 말한다. 이에 「서괘전(序卦傳)」에 〈덜어내면서[損而] 그치지 않으면[不已] 반드시[必] 더함이 온다[益] 그래서[故] 익괘(益卦 : ䷩)로써[以] 그것을[之] 받는다[受]〉라는 말이 나온다. 이는 손괘(損卦 : ䷨) 뒤에 익괘(益卦 : ䷩)가 오는 까닭을 밝힌다. 익괘(益卦 : ䷩)의 〈익(益)〉은 증가(增加)를 뜻한다. 손(損)과 익(益)은 상반(相反) 즉 서로[相] 반대[反]인지라 손괘(損卦 : ䷨)가 뒤집힌 괘(卦)가 익괘(益卦 : ䷩)이다. 곧 소성괘(小成卦)에서 한 양효(陽爻 : ━)가 음효(陰爻 : --)로 변효(變爻)하면 빼기[負] 또는 텅 빔[虛]이라 하고, 소성괘(小成卦)에서 한 음효(陰爻 : --)가 양효(陽爻 : ━)로 변효(變爻)하면 더하기[加] 또는 꽉 참[實]이라 한다. 그래서 양가음부(陽加陰負) 즉 양(陽 : ━)은 더함[加]이고 음(陰 : --)은 빼기[負]라 하고, 양실음허(陽實陰虛) 즉 양(陽 : ━)은 꽉 참[實]이고 음(陰 : --)은 텅 빔[虛]이라 한다. 익괘(益卦 : ䷩)의 하체(下體)는 곤(坤 : ☷)의 초효(初爻)가 양(陽 : ━)으로 변효(變爻)해서 진(震 : ☳)이 된 것이니, 익괘(益卦 : ䷩)의 하체(下體)는 양(陽 : ━)이 초효(初爻)로 왔으니 익괘(益卦 :

䷩)의 하체(下體)인 진(震 : ☳)은 〈익(益)〉 즉 더해지는[益] 모습이고, 익괘(益卦 : ䷩)의 상체(上體)는 건(乾 : ☰)의 초효(初爻)가 음(陰 : --)으로 변효(變爻)해서 손(巽 : ☴)이 된 것이니, 익괘(益卦 : ䷩)의 상체(上體)는 음(陰 : --)이 초효(初爻)로 왔으니 익괘(益卦 : ䷩)의 상체(上體)인 손(巽 : ☴)은 〈손(損)〉 즉 덜어내는[損] 모습이 곧 익괘(益卦 : ䷩)의 괘상(卦象)이다.

따라서 익괘(益卦 : ䷩)의 괘상(卦象)은 본래 유순(柔順)한 곤(坤 : ☷)의 초효(初爻 : --)가 양기(陽氣 : ㅡ)로 변효(變爻)해 진(震 : ☳)으로 이루어져 익괘(益卦 : ䷩)의 하체(下體)가 되고, 본래 강강(剛强)한 건(乾 : ☰)의 초효(初爻 : ㅡ)가 음기(陰氣 : --)로 변효(變爻)해 손(巽 : ☴)으로 이루어져 익괘(益卦 : ䷩)의 상체(上體)가 된다. 이에 익괘(益卦 : ䷩)의 괘상(卦象)은 위에서 덜어내[損] 아래에 더해주는[益] 모습인지라, 익괘(益卦 : ䷩)의 하체(下體) 삼효(三爻)는 받는 쪽이고, 익괘(益卦 : ䷩)의 상체(上體) 삼효(三爻)는 주는 쪽이다. 익괘(益卦 : ䷩) 상체(上體)의 〈손(損)〉 즉 덞[損]은 부족(不足)함에도 덜어냄[損]이 아니라 유여(有餘) 즉 넉넉함[有餘]의 〈손(損)〉인지라, 익괘(益卦 : ䷩)의 손익(損益)은 위에서 덜어[損] 아래에 더해줌[益]이라 탈취(奪取)가 아니니 천도(天道)에 어긋나지 않아, 수명(守命) 즉 자연이 시킴을[命] 지키는[守] 모습이다. 앞 손괘(損卦 : ䷨)의 괘상(卦象)은 위를 더해주기[益] 위하여 아래를 덜어낸[損] 모습이었으나 천도(天道)에 어긋나지 않았음은 유여(有餘)한 아래[下]가 부족한 위[上]를 더해주는 모습이어서 천도(天道)에 어긋나지 않지만, 여기 익괘(益卦 : ䷩)의 괘상(卦象)은 상체(上體)인 손(巽 : ☴)에 남음이 있으니[有餘] 하체(下體)인 진(震 : ☳)의 부족(不足)함을 더해주는 모습이라 이 역시 천도(天道)를 따라 지킴이다. 이러한 괘상(卦象)을 빌려 익괘(益卦 : ䷩)라 칭명(稱名)한다.

【익괘(益卦 : ䷩)의 계사(繫辭) 풀이】

益(익) 利有攸往(이유유왕)

더함은[益] 갈[往] 바가[攸] 있음이[有] 이롭다[利].

〈익(益)〉은 익괘(益卦 : ䷩)의 괘상(卦象)을 한 자(字)로 암시한 계사(繫辭)이다.

거듭 밝히지만 익괘(益卦 : ䷩)의 하체(下體)는 곤(坤 : ☷)의 초효(初爻)가 중실(中實)한 양기(陽氣 : ⚊)로 변효(變爻)해서 이루어진 진(震 : ☳)이고, 익괘(益卦 : ䷩)의 상체(上體)는 건(乾 : ☰)의 초효(初爻)가 중허(中虛)한 음(陰 : ⚋)으로 변효(變爻)해서 이루어진 손(巽 : ☴)이다. 양가음부(陽加陰負)인지라 따라서 익괘(益卦 : ䷩)의 상체(上體) 손(巽 : ☴)은 초효(初爻)로 음기(陰氣 : ⚋)가 왔으니 〈부(負)〉 즉 덜어낸[損] 모습이고, 하체(下體) 진(震 : ☳)은 초효(初爻)로 양기(陽氣 : ⚊)가 왔으니 〈가(加)〉 즉 더하는[益] 모습을 암시한 계사(繫辭)가 〈익(益)〉이다.

〈이유유왕(利有攸往)〉은 익괘(益卦 : ䷩)의 〈익(益)〉이 천도(天道) 즉 자연의[天] 도리[道]에 어긋남이 없는 더함[益]임을 암시한 계사(繫辭)이다. 〈이유유왕(利有攸往)〉은 〈익괘기연유유왕(益卦旣然有攸往) 익괘유리(益卦有利)〉의 줄임으로 여기고 〈익괘에는[益卦] 갈[往] 바가[攸] 있기[有] 때문에[旣然] 익괘에는[益卦] 이로움이[利] 있다[有]〉라고 새겨볼 것이다. 여기 〈유유왕(有攸往)〉은 익괘(益卦 : ䷩)의 상체(上體)인 손(巽 : ☴)을 위주로 하여 익괘(益卦 : ䷩)의 모습을 암시한다. 익괘(益卦 : ䷩)의 상체(上體)가 하체(下體)를 더해주는[益] 모습은 마치 군왕(君王)이 백성을 수탈(收奪)하지 않는 모습인지라 「설괘전(說卦傳)」에 나오는 〈진은[震 : ☳] 움직임[動]이다[也]〉라는 내용을 상기한다면, 여기 〈유유왕(有攸往)〉은 백성이 농사짓는 행동[動]을 열심히 할수록 익괘(益卦 : ䷩)의 상하(上下)가 모두 이로움[利]을 암시한 계사(繫辭)가 〈이유유왕(利有攸往)〉이다.

利涉大川(이섭대천)

큰[大] 내를[川] 건너도[涉] 이롭다[利].

〈이섭대천(利涉大川)〉 역시 익괘(益卦 : ䷩)의 〈익(益)〉이 자연의[天] 도리[道]에 어긋남이 없는 더함[益]임을 암시한 계사(繫辭)이다. 〈이섭대천(利涉大川)〉은 〈익괘수섭대천(益卦雖涉大川) 익괘유리(益卦有利)〉의 줄임으로 여기고 〈익괘가[益卦] 비록[雖] 큰[大] 내를[川] 건널지라도[涉] 익괘에는[益卦] 이로움이[利] 있다[有]〉라고 새겨볼 것이다. 여기 〈섭대천(涉大川)〉 역시 익괘(益卦 : ䷩)의 상체(上體)인 손(巽 : ☴)을 위주로 하여 익괘(益卦 : ䷩)의 괘상(卦象)을 암시한다. 익괘(益卦 : ䷩)의 상(上)이 하(下)를 더해주는[益] 모습은 마치 군왕(君王)이 백성을 수

탈하지 않는 모습인지라 「설괘전(說卦傳)」에 나오는 〈손은[巽 : ☴] 나무[木]이고[爲] 바람[風]이다[爲]〉라는 내용을 상기한다면, 여기 〈섭대천(涉大川)〉이 천하(天下)가 순풍(順風)에 돛단배같이 익괘(益卦 : ䷩)의 상하(上下)가 모두 이로움[利]을 암시함을 간파할 수 있다. 큰물을[大川] 건너자면[涉] 배가 있어야 한다. 배를 얻자면 나무[木]가 있어야 하고 물 위에 뜬 배가 물을 건너자면 바람[風]이 불어주어야 한다. 익괘(益卦 : ䷩)의 상체(上體) 손(巽 : ☴)이 나무[木]와 바람[風]을 더해주니[益] 익괘(益卦 : ䷩)의 상하체(上下體)가 펼치는 천하(天下)는 평안하여 이로움[利]을 누림을 암시한 계사(繫辭)가 〈이섭대천(利涉大川)〉이다.

【字典】

익(益) 〈64괘의 하나인 익괘 익(益)-익괘(益卦), 더할 익(益)-가(加), 도울 익(益)-조(助), 넉넉할 익(益)-풍(豊)-요(饒), 지나칠 익(益)-과(過), 길 익(益)-장(長), 부유할 익(益)-부(富)-부유(富裕), 나아갈 익(益)-진(進), 설명을 다 받지 못한 익(益)-수설불료(受說不了), 쓰일 데 익(益)-용처(用處), 널리 부유할 익(益)-홍유(弘裕), 많을 익(益)-다(多), 클 익(益)-대(大), 점점 더할 익(益)-유(愈)〉 등의 뜻을 내지만 여기선 〈익괘 익(益)〉과 더불어 〈더할 가(加)〉와 같다 여기고 새김이 마땅하다.

이(利) 〈만물로 하여금 삶을 이루어가게 하는 덕(德)의 이로울 이(利)-사만물수생지덕(使萬物遂生之德), 날카로울 이(利)-예(銳)-섬(銛), 질병 이(利)-질(疾), 통할 이(利)-통(通)-순(順), 좋을 이(利)-길(吉)-의(宜), 편리할 이(利)-편(便), 마름해 만들어 이룰 이(利)-재성(裁成), 탐할 이(利)-탐(貪), 구할(취할) 이(利)-구(求)-취(取), 좋아할 이(利)-열애(悅愛), 이로울 이(利)-익(益), 기교 이(利)-교(巧), 보람 이(利)-공용(功用), 지세가 험하고 중요한 이(利)-험요(險要), 이길 이(利)-승(勝), 어질 이(利)-인(仁)〉 등의 뜻을 내지만 여기선 〈사만물수생지덕(使萬物遂生之德) 즉 만물로 하여금 삶을 이루어가게 하는 덕(德)의 이로움〉으로 새김이 마땅하다. 〈利〉가 맨 앞에 오면 〈이〉로 발음되고, 중간이나 뒤에 오면 〈리〉로 발음된다.

유(有) 〈없을 무(無)의 반대말로 있을 유(有), 어조사 유(有), 간직할 유(有)-장(藏), 얻을(가질) 유(有)-취(取), 혹 유(有)-혹(或), 많을 유(有)-다(多)-족(足), 부유할 유(有)-부(富), 보호할 유(有)-보(保), 서로 친할 유(有)-상친(相親), 전일할 유(有)-전(專), 할 유(有)-위(爲)〉 등의 뜻을 내지만 〈있을 유(有)〉로 여기고 새김이 마땅하다.

유(攸) 〈곳(바) 유(攸)-소(所), 흘러가는 물 유(攸)-행수(行水), 아득할 유(攸)-장원(長遠)-유(悠), 닦을 유(攸)-수(修), 터득한 모습 유(攸)-자득모(自得貌), 빠를 유(攸)-숙(儵), 대롱거릴 유(攸)-현위모(懸危貌), 수심에 찬 모습 유(攸)-수모(愁貌)〉 등의 뜻을 내지만 여기선 〈곳 소(所)〉와 같다 여기고 새김이 마땅하다.

왕(往) 〈나아갈 왕(往)-행(行)-진행(進行), 갈 왕(往)-지(之), 물러갈 왕(往)-거(去), 이를 왕(往)-지(至), 향할 왕(往)-향(向), 옛 왕(往)-석(昔), 이따금 왕(往)-시시(時時), 뒤 왕(往)-후(後), 죽음 왕(往)-망거(亡去)-사자(死者)〉 등의 뜻을 내지만 〈나아갈 행(行)〉과 같다 여기고 새김이 마땅하다.

섭(涉) 〈물 건널 섭(涉)-도(渡), 물이 흘러가는 섭(涉)-수류(水流), 헤엄쳐 갈 섭(涉)-유행(游行), 서로 교류할 섭(涉)-상교(相交), 경력 섭(涉)-경력(經歷), 깊이 들어갈 섭(涉)-심입(深入)〉 등의 뜻을 내지만 여기선 〈물 건널 도(渡)〉와 같다 여기고 새김이 마땅하다.

대(大) 〈큰 대(大)-소지대(小之對), 넓을 대(大)-광(廣), 두루 대(大)-편(徧), 통할 대(大)-통(通), 길 대(大)-장(長), (땅을) 걸게 할 대(大)-비(肥), 두터울 대(大)-후(厚), 많을 대(大)-다(多), 모두 대(大)-개(皆), 선할 대(大)-선(善), 무거울 대(大)-중(重), 거대할 대(大)-거(巨), 아름다울 대(大)-미(美)-장(壯), 부유할 대(大)-부(富), 늙을 대(大)-노(老), 지나칠 대(大)-과(過), 끝 대(大)-극(極), 대충 대(大)-조(粗)-불세밀(不細密), 과대할 대(大)-과(誇)-긍벌(矜伐), 처음 대(大)-초(初), 하늘 대(大)-천(天), 건(乾)-양기(陽氣)-강효(剛爻) 대(大)〉 등의 뜻을 내지만 여기선 〈큰 대(大)〉로 여기고 새김이 마땅하다.

천(川) 〈시내 천(川)-천(巛)-관천통류수(貫穿通流水), 수류의 총칭 천(川)-수류지총칭(水流之總稱), 흐르는 물의 시작 천(川)-수류지시(水流之始), 산천의 신 천(川)-산천지신(山川之神), 구덩이 천(川)-갱(坑)〉 등의 뜻을 내지만 여기선 〈땅을 뚫어내고 흐르는 물 즉 시내 관천통류수(貫穿通流水)〉로 여기고 새김이 마땅하다. 〈대천(大川)〉이란 강물을 뜻한다.

註 진동야(震動也) : 진은[震 : ☳] 움직임[動]이다[也]. 「설괘전(說卦傳)」 7단락(段落)

註 손위목(巽爲木) 위풍(爲風) : 손은[巽 : ☴] 나무[木]이고[爲] 바람[風]이다[爲]. 「설괘전(說卦傳)」 11단락(段落)

2 효의 효상과 계사

初九：利用爲大作이니 元吉无咎리라
이 용 위 대 작 원 길 무 구

六二：或益之十朋之龜어도 弗克違니 永貞吉하다 王用享于帝면 吉하리라
혹 익 지 십 붕 지 귀 불 극 위 영 정 길 왕 용 향 우 제 길

六三：益之用凶事라 无咎니 有孚中行하고 告公用圭한다
익 지 용 흉 사 무 구 유 부 중 행 고 공 용 규

六四：中行이라 告公從하리니 利用爲依遷國이니라
중 행 고 공 종 이 용 위 의 천 국

九五：有孚惠心이니 勿問하여도 元吉하다 有孚하여 惠我德하리라
유 부 혜 심 물 문 원 길 유 부 혜 아 덕

上九：莫益之라 或擊之이다 立心勿恒이니 凶하리라
막 익 지 혹 격 지 입 심 물 항 흉

초구(初九) : 써서[用] 크나큰[大] 성취를[作] 이루어[爲] 이로우니[利] 크게[元] 행운을 누려도[吉] 허물이[咎] 없다[无].

육이(六二) : 아마도[或] 한없이 많은[十] 값어치의[朋之] 거북[龜] 그것을[之] 더해 숨을[益] 피할[違] 수 없으니[弗克] 변함없이[永] 진실로 미더우면[貞] 행운을 누린다[吉]. 왕이[王] 써서[用] 하늘[帝]에[于] 제사를 올린다면[享] 행운을 누리리라[吉].

육삼(六三) : 더해지되[益之] 불운한[凶] 일을[事] 당하나[用] 허물은[咎] 없으니[无] 믿음을 받음이[孚] 있으니[有] 정도를 따라[中] 행하고[行] 왕공에게[公] 아뢰되[告] 홀을[圭] 쓴다[用].

육사(六四) : 정도를 따름을[中] 행하는지라[行] 공가에[公] 알리고[告] 따름이니[從] 써서[用] 의지를[依] 하여[爲] 도읍을[國] 옮긴다면[遷] 이롭다[利].

구오(九五) : 믿어줌이[孚] 있고[有] 사람을 사랑하는[惠] 마음이니[心] 묻지[問] 않아도[勿] 으뜸으로[元] 행운을 누린다[吉]. 믿어줌이[孚] 있어[有] 나의[我] 덕을[德] 사랑한다[惠].

상구(上九) : 그에게[之] 더해줌이[益] 없는지라[莫] 그를[之] 공격할[擊] 수도 있다[或]. 마음을[心] 확립함에[立] 한결같음이[恒] 없으니[勿] 불행하다[凶].

초구(初九 : ⚊)

初九 : 利用爲大作이니 元吉无咎리라
이용위대작　원길무구

초구(初九) : 써서[用] 크나큰[大] 성취를[作] 이루어[爲] 이로우니[利] 크게[元] 행운을 누려도[吉] 허물이[咎] 없다[无].

【초구(初九)의 효상(爻象) 풀이】

익괘(益卦 : ䷩)의 초구(初九 : ⚊)는 이양거양(以陽居陽) 즉 양(陽 : ⚊)으로써[以] 양(陽 : ⚊)의 자리에 있는지라[居] 정당한 자리에 있다. 초구(初九 : ⚊)와 육이(六二 : ⚋)는 양음(陽陰)의 사이인지라 〈비(比)〉 즉 이웃의 사귐[比]을 누린다. 초구(初九 : ⚊)와 육사(六四 : ⚋)도 양음(陽陰)의 사이인지라 정응(正應) 즉 바르게[正] 서로 호응한다[應]. 이에 익괘(益卦 : ䷩)의 주제인 〈익(益)〉 즉 더하기[益]의 때를 맞아 초구(初九 : ⚊)는 초효(初爻)로서 강강(剛强)한 착실함[實]을 줄기차게 발휘하는 모습이다.

익괘(益卦 : ䷩)의 초구(初九 : ⚊)가 초륙(初六 : ⚋)으로 변효(變爻)하면 초구(初九 : ⚊)는 익괘(益卦 : ䷩)를 20번째 관괘(觀卦 : ䷓)로 지괘(之卦)하게 한다. 따라서 익괘(益卦 : ䷩)의 초구(初九 : ⚊)는 관괘(觀卦 : ䷓)의 초륙(初六 : ⚋)을 찾아가 살펴보게 한다.

【초구(初九)의 계사(繫辭) 풀이】

利用爲大作(이용위대작)

써서[用] 크나큰[大] 성취를[作] 이루어[爲] 이롭다[利].

〈이용위대작(利用爲大作)〉은 초구(初九 : ⚊)의 효위(爻位)를 들어 암시한 계사(繫辭)이다. 〈이용위대작(利用爲大作)〉은 〈초구용기강강(初九用己剛强) 인차초구위대작(因此初九爲大作)〉의 줄임으로 여기고 〈초구가[初九] 자신의[己] 굳세고[剛] 강함을[强] 활용한다[用] 그래서[因此] 초구는[初九] 큰[大] 업적을[作] 이룬다[爲]〉라고 새겨볼 것이다. 〈위대작(爲大作)의 위(爲)〉는 〈이룰 취(就)〉와 같고, 〈위대작(爲大作)의 대작(大作)〉은 〈대업(大業)〉과 같다. 대성괘(大成卦)에서 초효(初爻)는 백성을 암시한다. 백성의 〈대작(大作)〉이란 농사(農事)이다. 이에 〈위대작(爲大作)〉을 〈농사를[農事] 짓는다[爲]〉라고 새겨도 된다.

〈이용위대작(利用爲大作)〉은 익괘(益卦 : ䷩) 초구(初九 : ⚊)가 위로부터의 〈익(益)〉 즉 더하기[益]를 맨 먼저 혜택 받는 자리에 있음을 암시한다. 대성괘(大成卦)에서 덜거나[損] 더하기[益]는 초효(初爻)에서부터 시행된다. 익괘(益卦 : ䷩)는 상체(上體)가 하체(下體)를 더해주어[益] 확장하는 모습인지라 익괘(益卦 : ䷩)의 초구(初九 : ⚊)가 위의[上之] 더해줌을[益] 활용해서[用而] 초구(初九 : ⚊)가 〈대작(大作)〉을 이룬다[爲]고 함이 〈용위대작(用爲大作)〉이다. 대성괘(大成卦)에서 초효(初爻)의 위(位)는 백성의 자리[位]이다. 군신(君臣)이 이룰 수 있는 〈대작(大作)〉이란 선치(善治)하여 백성으로 하여금 평안한 삶을 누리게 함이지만 백성이 이룰 수 있는 〈대작(大作)〉이란 바로 농사를 잘하여 풍년을 이룸이다. 따라서 백성이 선정의 혜택으로 마음 편히 〈대작(大作)〉 즉 농사를 잘 지어 상하(上下)가 모두 이로움[利]을 암시한 계사(繫辭)가 〈이용위대작(利用爲大作)〉이다.

元吉无咎(원길무구)

크게[元] 행운을 누려도[吉] 허물이[咎] 없다[无].

〈원길무구(元吉無咎)〉는 초구(初九 : ⚊) 즉 백성이 이룩한[爲] 〈대작(大作)〉의 보람을 암시한 계사(繫辭)이다. 〈원길(元吉)〉이란 넉넉함에서 덜어내 부족한 데에 공평무사(公平無私)하게 더해줌[益]을 암시한다. 〈원길(元吉)의 원(元)〉은 계절로 치면 봄이다. 봄에 하늘땅이 베푸는 덕의 모습을 일러 〈원(元)〉이라 한다. 봄에 돋아나는 새싹보다 더한 으뜸[元]은 없고 태어남의 으뜸보다 더 큰 것은 없다. 이에 봄 같은 천지덕(天地德)을 〈원(元)〉이라 하니, 초구(初九 : ⚊)가 백성으로서 〈대작(大作)〉 즉 농사(農事)를 대풍(大豊)으로 이룩함은 하늘땅의[天地] 덕(德)을 천하(天下)가 두루 누림이니 이보다 더 크나큰[元] 행운[吉]이란 없음을 암시한 계사(繫辭)가 〈원길(元吉)〉이다.

〈무구(无咎)〉는 익괘(益卦 : ䷩)의 〈익(益)〉이 군신(君臣)이 백성에게 더함[益]이란 선정(善政)보다 더한 것은 없고, 초구(初九 : ⚊) 즉 백성이 그 선정에 보답함이란 농사를 풍작으로 이룸보다 더한 것이 없다. 대성괘(大成卦)에서 초효(初爻)의 위(位)는 백성의 자리[位]이고, 이효(二爻)는 현령(縣令)의 자리이며, 사효(四爻)는 경대부(卿大夫)의 자리이다. 따라서 익괘(益卦 : ䷩)의 초구(初九 : ⚊)는 백성이고, 육이(六二 : ⚋)는 현령(縣令)이며, 육사(六四 : ⚋)는 군왕(君王)을 보좌하는 경대부(卿大夫)이다. 육이(六二 : ⚋)는 초구(初九 : ⚊) 즉 백성을 비(比) 즉 이웃의 사귐[比]으로써 거두고, 육사(六四 : ⚋)는 백성과 정응(正應) 즉 바르게[正] 호응함[應]으로써 거두어, 군왕(君王)으로 하여금 선정을 베풀게 함이 지극한 수명(守命)이며, 이에 백성은 〈대작(大作)〉 즉 풍년으로 보답함보다 더한 수명은 없다. 익괘(益卦 : ䷩)의 상하(上下)가 수명으로써 만사에 임(臨)하여 천도(天道)에 어긋남이 없음을 암시한 계사(繫辭)가 〈무구(无咎)〉이다.

【 字 典 】

이(利) 〈만물로 하여금 삶을 이루어가게 하는 덕(德)의 이로울 이(利)-사만물수생지덕(使萬物遂生之德), 날카로울 이(利)-예(銳)-섬(銛), 질병 이(利)-질(疾), 통할 이(利)-통(通)-순(順), 좋을 이(利)-길(吉)-의(宜), 편리할 이(利)-편(便), 마름해 만들어 이룰 이(利)-재성(裁成), 탐할 이(利)-탐(貪), 구할(취할) 이(利)-구(求)-취(取), 좋아할 이(利)-열애(悅愛), 이로울 이(利)-익(益), 기교 이(利)-교(巧), 보람 이(利)-공용(功用), 지세가 험하고 중요한 이(利)-험요(險要), 이길 이(利)-승(勝), 어질 이(利)-인(仁)〉 등의 뜻을 내지만 여기선 〈사만물수생지덕(使萬物遂生之德) 즉 만물로 하여금 삶을 이루어 가게 하는 덕(德)의 이로움〉으로 새김이 마땅하다. 〈利〉가 맨 앞에 오면 〈이〉로 발음되고, 중간이나 뒤에 오면 〈리〉로 발음된다.

용(用) 〈쓸(베풀) 용(用)-시(施)-행(行), 쓰일(부릴) 용(用)-사(使), 써 용(用)-이(以), 맡길 용(用)-임(任), 위할 용(用)-위(爲), 갖출 용(用)-비(備), 다스릴 용(用)-치(治), 재화 용(用)-화(貨), 책임 지워 일을 맡길 용(用)-임사(任使), 통할 용(用)-통(通), 이로울 용(用)-이(利)〉 등의 뜻을 내지만 여기선 〈쓸 행(行)〉과 같아 시행(施行)으로 여기고 새김이 마땅하다.

위(爲) 〈생각할 위(爲)-사(思), 될(이룰) 위(爲)-성(成), 할 위(爲)-조(造), 행할 위(爲)-행(行)-작(作), 하여금 위(爲)-사(使), 만들 위(爲)-산(産), 배울 위(爲)-학(學), 다스릴 위(爲)-치(治), 도울 위(爲)-조(助), 호위할 위(爲)-호(護), 칭할 위(爲)-칭(稱), 꾀할 위(爲)-모(謀)〉 등의 뜻을 내지만 이 외에도 전후문맥(前後文脈)에 따라 다양하게 뜻을 구사하는 〈위(爲)〉 자(字)이다. 여기선 〈생각할 사(思)〉와 같다 여기고 새김이 마땅하다. 〈위(爲)〉를 영어에서 대리동사 노릇을 하는 〈do〉와 같다 여겨도 된다. 그리고 〈위(爲)〉는 뜻 없는 어조사 노릇도 하고, 〈소이(所以)〉와 같은 구실도 하여 〈까닭 위(爲)〉 노릇도 하며, 〈위(爲)〉는 구문(句文)에서 마치 영어의 수동태 〈be동사〉 같은 노릇도 한다. 예를 들자면 〈A解B〉를 〈B爲解於A〉 꼴로 하여 영어의 수동태 같은 노릇도 한다. 〈A가 B를 해명하다[解]〉 〈B가 A에 의해서[於] 해명되다[爲解]〉 이처럼 〈위(爲)〉 바로 뒤에 동사 노릇을 하는 자(字)가 오면 그 자(字)를 수동태가 되게 하는 구실을 〈위(爲)〉가 하는 셈이니 이런 경우의 〈위(爲)〉는 〈견(見)-피(被)〉 등과 같은 셈이다. 〈위(爲)〉는 또 〈~에서 위(爲)-어(於), 이에 위(爲)-내(乃)〉 등과 같이 다양한 어조사 노릇도 하고, 〈이 위(爲)-시(是)〉와 같이 지시어 노릇도 한다.

대(大) 〈큰 대(大)-소지대(小之對), 넓을 대(大)-광(廣), 두루 대(大)-편(徧), 통할 대(大)-통(通), 길 대(大)-장(長), (땅을) 걸게 할 대(大)-비(肥), 두터울 대(大)-후(厚), 많을 대(大)-다(多), 모두 대(大)-개(皆), 선할 대(大)-선(善), 무거울 대(大)-중(重), 거대할 대(大)-거(巨), 아름다울 대(大)-미(美)-장(壯), 부유할 대(大)-부(富), 늙을 대(大)-노(老), 지나칠 대(大)-과(過), 끝 대(大)-극(極), 대충 대(大)-조(組)-불세밀(不細密), 과대할 대(大)-과(誇)-긍벌(矜伐), 처음 대(大)-초(初), 하늘 대(大)-천(天), 건(乾)-양기(陽氣)-강효(剛爻) 대(大)〉 등의 뜻을 내지만 여기선 〈큰 대(大)〉로 여기고 새김이 마땅하다.

작(作) 〈행할 작(作)-행(行), 일으킬 작(作)-흥(興)-기(起), 세울 작(作)-입(立)-건(健), 시작할 작(作)-시(始), 지을 작(作)-창(創), 쓸 작(作)-용(用)〉 등의 뜻을 내지만 여기선 〈행할 행(行)〉과 같다 여기고 새김이 마땅하다.

원(元) 〈선함의 으뜸 원(元)-선지장(善之長), 비롯할 원(元)-시(始)-단(端), 머리 원(元)-수(首)-두(頭), 근본 원(元)-본(本)-원(原), 어른 원(元)-장(長)-원장(元長), 하나 원(元)-일(一), 우두머리 원(元)-수장(首長), 임금 원(元)-원군(元君)-군(君), 큰 원(元)-대(大), 아름다울 원(元)-미(美), 위 원(元)-상(上), 하늘 원(元)-천(天), 하늘땅의 큰 덕 원(元)-천지지대덕(天地之大德)-원기(元氣)-기(氣), 기운의 시작 원(元)-기지시(氣之始)-원자(元者), 백성 원(元)-원원(元元)-백성(百姓)〉 등의 뜻을 내지만 여기선 〈선함의 으뜸 선지장(善之長)〉으로 여기고 새김이 마땅하다.

길(吉) 〈좋을(행복할) 길(吉)-선(善)-영(令) {영월길일(令月吉日)은 선월선일(善月善日)임.}, 복 길(吉)-실(實)-선실(善實)-복(福), 예의를 따라 상서로울 길(吉)-예의순상(禮義順祥), 삼갈 길(吉)-근(謹), 초하루 길(吉)-삭일(朔日) {삭망(朔望) 즉 초하루[朔]와 그믐날[望]}, 길례 길(吉)-길례(吉) {오례지일(五禮之一) 길흉빈군가(吉凶賓軍嘉)}, 갈 길(吉)-행(行)-길(趌)〉 등의 뜻을 내지만 여기선 〈좋을 선(善)-영(令)〉 즉 행복과 같다 여기고 새김이 마땅하다.

무(无) 〈없을 무(无)-무(無), 허무지도 무(无)-허무지도(虛无之道), 으뜸 무(无)-원(元)〉 등의 뜻을 내지만 여기선 〈없을 무(無)〉와 같다 여기고 새김이 마땅하다.

구(咎) 〈허물 구(咎)-건(愆)-과(過), 재앙 구(咎)-재(災), 병될 구(咎)-병(病), 나쁠 구(咎)-오(惡)〉 등의 뜻을 내지만 여기선 〈허물 건(愆)-과(過)〉와 같다 여기고 새김이 마땅하다. 〈무구(无咎)〉는 〈면어구(免於咎)〉 즉 허물을[於咎] 면하다[免]와 같다.

육이(六二 : --)

六二 : 或益之十朋之龜어도 弗克違니 永貞吉하다 王用享于帝면 吉하리라
혹익지십붕지귀 불극위 영정길 왕용향우제 길

육이(六二) : 아마도[或] 한없이 많은[十] 값어치의[朋之] 거북[龜] 그것을[之] 더해줌을[益] 피할[違] 수 없으니[弗克] 변함없이[永] 진실로 미더우면[貞] 행운을 누린다[吉]. 왕이[王] 써서[用] 하늘[帝]에[于] 제사를 올린다면[享] 행운을 누리리라[吉].

【육이(六二)의 효상(爻象) 풀이】

익괘(益卦 : ䷩)의 육이(六二 : --)는 이음거음(以陰居陰) 즉 음(陰 : --)으로써[以] 음(陰 : --)의 자리에 있는지라[居] 정당한 자리에 있고, 육삼(六三 : --)과는 양음(兩陰)의 사이인지라 〈비(比)〉 즉 이웃의 사귐[比]을 누리지 못하지만, 구오(九五 : ㅡ)와는 음양(陰兩)의 사이이고 서로 정위(正位)에 있는지라 중정(中正)과 정응(正應)을 동시에 누려서, 득중(得中)으로써 어김없이 수명(守命) 즉 자연의 시킴을[命] 육이(六二 : --)가 따라 지키는[守] 모습이다.

익괘(益卦 : ䷩)의 육이(六二 : --)가 구이(九二 : ㅡ)로 변효(變爻)하면 육이(六二 : --)는 익괘(益卦 : ䷩)를 61번째 중부괘(中孚卦 : ䷼)로 지괘(之卦)하게 한다. 따라서 익괘(益卦 : ䷩)의 육이(六二 : --)는 중부괘(中孚卦 : ䷼)의 구이(九二 : ㅡ)를 찾아가 살펴보게 한다.

【육이(六二)의 계사(繫辭) 풀이】

或益之(혹익지)

아마도[或] {십붕지귀(十朋之龜)} 그것을[之] 더해준다[益].

〈혹익지(或益之)〉는 육이(六二 : --)의 효위(爻位)를 빌려 암시한 계사(繫辭)이다. 〈혹익지(或益之)〉는 〈혹천익십붕지귀급륙이(或天益十朋之龜給六二)〉의 줄임

으로 여기고 〈아마도[或] 하늘이[天] 육이(六二)에게[給] 십붕의[十朋之] 거북을[龜] 더해준다[益]〉라고 새겨볼 것이다. 〈혹익지(或益之)의 혹(或)〉은 대개(大概) 즉 아마도[大概]의 뜻을 내고, 〈혹익지(或益之)의 지(之)〉는 뒤이어 나오는 〈십붕지귀(十朋之龜)〉를 나타내는 지시대명사 노릇을 한다.

〈혹익지(或益之)〉는 중허(中虛)하고 음유(陰柔)한 육이(六二 : --)가 군왕(君王)인 구오(九五 : —)의 신하로서 강강(剛强)한 구오(九五 : —)의 성은(聖恩)을 충심(忠心)으로 받아들여 육이(六二 : --)와 구오(九五 : —)가 정응(正應)을 누림을 암시한다. 구오(九五 : —)가 군왕(君王)으로서 손상익하(損上益下) 즉 위를[上] 덜어내[損] 아래를[下] 더해주는[益] 〈익(益)〉의 시국을 맞아 수중(守中) 즉 정도를 따름을[中] 지켜[守] 육이(六二 : --)에게 익하(益下)하여, 육이(六二 : --)가 천복(天福)을 얻음을 암시한 계사(繫辭)가 〈혹익지(或益之)〉이다.

十朋之龜(십붕지귀) 弗克違(불극위)

한없이 많은[十] 값어치의[朋之] 거북[龜] (그것을[之] 더해줌을[益]) 피할[違] 수 없다[弗克].

〈십붕지귀(十朋之龜) 불극위(弗克違)〉는 육이(六二 : --)가 천복(天福)을 누림을 암시한 계사(繫辭)이다. 동시에 중허(中虛)하고 음유(陰柔)한 육이(六二 : --)가 정당한 자리에 있는 중효(中爻)로서 득중(得中) 즉 정도를 따름을[中] 취하여[得] 온 백성의 마음을 얻음을 암시한 계사(繫辭)이기도 하다. 〈십붕지귀(十朋之龜) 불극위(弗克違)〉는 〈육이불극위십붕지귀(六二弗克違十朋之龜)〉의 줄임으로 여기고 〈육이는[六二] 십붕의[十朋之] 거북을[龜] 뿌리칠[違] 수 없다[弗克]〉라고 새겨볼 것이다. 〈불극(弗克)〉은 〈불능(不能)〉과 같고, 〈불극위(弗克違)의 위(違)〉는 〈피할 피(避)〉와 같다.

〈십붕지귀(十朋之龜)〉에서 〈십붕(十朋)의 십(十)〉은 〈열 십(十)〉이 아니라 〈많을 다(多)〉와 같고, 〈십붕(十朋)의 붕(朋)〉은 〈벗 붕(朋)〉이 아니라 옛날 돈을 뜻하는 〈양패(兩貝) 붕(朋)〉이다. 이에 〈십붕(十朋)〉이란 값을 따질 수 없는 엄청난 값어치를 암시한다. 여기 〈십붕(十朋)의 붕(朋)〉은 『시경(詩經)』「소아(小雅)」 청청자아(菁菁者莪) 6장(章)인 〈석아백붕(錫我百朋)〉 즉 〈나에게[我] 백붕을[百朋] 주신다[錫]〉

라는 시구에 나오는 〈백붕(百朋)의 붕(朋)〉과 같다. 여기 〈붕(朋)〉은 고시(古時)의 화폐인 조개[貝] 열 개를 꿴 한 줄을 뜻한다. 옛날에 패(貝) 즉 조개껍질[貝]은 화폐 노릇을 했었다. 〈십붕지귀(十朋之龜)의 십붕(十朋)〉은 값으로 따질 수 없는 더없이 많은 값[價]을 암시한다. 〈십붕지귀(十朋之龜)의 귀(龜)〉는 시비길흉지결(是非吉凶之決) 즉 시와[是] 비를[非之] 결정하고[決] 길과[吉] 흉을[凶之] 결정하는[決] 신물(神物) 즉 하늘이 내린[神] 것[物]을 암시한다. 이에 〈십붕지귀(十朋之龜)〉는 구오(九五 : ━)가 육이(六二 : --)에게 익하(益下) 즉 아래로[下] 더해주는[益] 성은(聖恩)을 취상(取象)한 것이다. 따라서 중허(中虛)하고 음유(陰柔)한 육이(六二 : --)가 중실(中實)하고 양강(陽剛)한 구오(九五 : ━)의 성은(聖恩)을 입은 현신(賢臣)임을 암시하는 계사(繫辭)가 〈십붕지귀(十朋之龜) 불극위(弗克違)〉이다.

永貞吉(영정길)

변함없이[永] 진실로 미더우면[貞] 행운을 누린다[吉].

〈영정길(永貞吉)〉은 익괘(益卦 : ䷩) 하체(下體)의 중효(中爻)로서 육이(六二 : --)가 변함없이 득중(得中) 즉 정도를 따름을[中] 취함[得]을 암시한 계사(繫辭)이다. 〈육이기연영정관어십붕지귀(六二旣然永貞關於十朋之龜) 육이유길(六二有吉)〉의 줄임으로 여기고 〈육이가[六二] 십붕지귀에[十朋之龜] 관하여[關於] 변함없이[永] 진실로 미더워하기[貞] 때문에[旣然] 육이에게는[六二] 행운을 누림이[吉] 있다[有]〉라고 새겨볼 것이다.

〈영정길(永貞吉)의 정(貞)〉은 성신(誠信) 즉 정성스럽고[誠] 미더워[信] 공정(公正)함이다. 모든 것을 아울러 하나같이[公] 바르게 하는[正] 마음가짐이 〈정(貞)〉이다. 심지(心志) 즉 마음[心] 가는 바[志]에 사사로움이[私] 없고[無] 치우침이[偏] 없다[無]면 절로 그 심지(心志)는 공정(公正)하다. 이런 공정(公正)한 심지(心志)를 〈정(貞)〉이라 한다. 〈십붕지귀(十朋之龜)〉 즉 구오(九五 : ━)의 성은(聖恩)에 관하여 육이(六二 : --)가 〈정(貞)〉 즉 진실한 미더움[貞]을 항상 변함없이[永] 간직하므로 육이(六二 : --)가 행운을 누린다[吉]고 밝힌 계사(繫辭)가 〈영정길(永貞吉)〉이다.

王用享于帝(왕용향우제) 吉(길)

왕이[王] 써서[用] 하늘[帝]에[于] 제사를 올린다면[享] 행운을 누리리라[吉].

〈왕용향우제(王用享于帝)〉는 육이(六二 : --)와 구오(九五 : —)가 누리는 중정(中正)과 정응(正應)을 거듭해 암시한 계사(繫辭)이다. 〈왕용향우제(王用享于帝)〉는 〈왕즉구오용륙이지충정(王卽九五用六二之忠貞) 이왕향우천제(而王享于天帝)〉의 줄임으로 여기고 〈왕(王) 곧[卽] 구오가[九五] 육이의[六二之] 충정을[忠貞] 써서[用而] 왕이[王] 천제에게[于天帝] 제사를 올린다[享]〉라고 새겨볼 것이다. 〈향우제(享于帝)의 향(享)〉은 〈올릴 헌(獻)〉과 같고, 〈향우제(享于帝)의 제(帝)〉는 천제(天帝)의 줄임으로 여기고 새김이 마땅하다.

〈왕용향우제(王用享于帝)〉는 육이(六二 : --)와 중정(中正)과 정응(正應)을 서로 나누어 누리는 구오(九五 : —)가 육이(六二 : --)의 충정(忠貞)으로써 풍성하게 천제에[于帝] 제사를 올릴[享] 수 있음을 암시한다. 손괘(損卦 : ䷨)의 육오(六五 : --)는 군왕(君王)으로서 덜어내는[損] 세상이어서 〈이궤(二簋)〉로써 검약(儉約)하게 〈향(享)〉 즉 제사를 올릴[享] 수밖에 없었지만, 익괘(益卦 : ䷩)의 구오(九五 : —)는 군왕(君王)으로서 더해주는[益] 세상이어서 풍성하게 제사를 올릴[享] 수 있다. 천제(于帝)에 제사를 올릴 때 팔궤(八簋) 즉 여덟 개의[八] 대그릇[簋]을 제기로 씀이 제례인지라 익괘(益卦 : ䷩)의 구오(九五 : —)는 육이(六二 : --)의 충성과 초구(初九 : —) 즉 백성이 이룬 〈대작(大作)〉 즉 풍년의 도움으로 제례대로 풍성하게 천제에[于帝] 〈향(享)〉 즉 제사를 올림[享]을 암시한 계사(繫辭)가 〈왕용향우제(王用享于帝)〉이다.

〈길(吉)〉은 익괘(益卦 : ䷩)의 육이(六二 : --)만 길(吉)함이 아니라 구오(九五 : —) 역시 길(吉)하며 나아가 백성인 초구(初九 : —) 역시 행복을 누려[吉] 천하(天下)가 두루 길(吉)함을 암시한 계사(繫辭)이다. 물론 손상익하(損上益下) 즉 위를[上] 덜어내[損] 아래를[下] 더해주는[益] 주역(主役)은 익괘(益卦 : ䷩)의 구오(九五 : —)인 군왕(君王)이다. 육이(六二 : --)는 구오(九五 : —)와 중정(中正)과 정응(正應)을 함께 누리므로 수익(受益) 즉 더함을[益] 받는[受] 주체이다. 그 주체인 육이(六二 : --)가 익괘(益卦 : ䷩) 하체(下體)의 중효(中爻)로서 득중(得中) 즉 정도를 따름을[中] 취하면서[得] 현령(縣令) 노릇을 하므로 초구(初九 : —)의 백성도 풍성함을 누리니, 익괘(益卦 : ䷩)의 모습인 손상익하(損上益下)야말로 천도(天道)를 따라 지켜 천하가 태평함을 암시한 계사(繫辭)가 〈길(吉)〉이다.

【字典】

혹(或) 〈어떤 이(모르는 사람들) 혹(或)-수(誰), 때때로 혹(或)-간(間), 의심할 혹(或)-의(疑), 아마도 혹(或), 괴이할 혹(或)-괴(怪), 있을 혹(或)-유(有)〉 등의 뜻을 내지만 여기선 〈어떤 이 수(誰)〉와 같다 여기고 새김이 마땅하다.

익(益) 〈더할 익(益)-가(加), 도울 익(益)-조(助), 넉넉할 익(益)-풍(豊)-요(饒), 지나칠 익(益)-과(過), 길 익(益)-장(長), 부유할 익(益)-부(富)-부유(富裕), 나아갈 익(益)-진(進), 설명을 다 받지 못한 익(益)-수설불료(受說不了), 쓰일 데 익(益)-용처(用處), 널리 부유할 익(益)-홍유(弘裕), 많을 익(益)-다(多), 클 익(益)-대(大), 점점 더할 익(益)-유(愈)〉 등의 뜻을 내지만 여기선 〈더할 가(加)〉와 같다 여기고 새김이 마땅하다.

지(之) 〈그것(이것) 지(之)-피(彼)-시(是), 갈 지(之)-왕(往), 이를 지(之)-지(至), 주격-소유격-목적격 등의 토씨 지(之), 뜻 없는 허사(虛詞) 지(之)〉 등의 뜻을 내지만 여기선 허사(虛詞)로서 〈익지(益之)의 익(益)〉이 동사 노릇을 한다고 여김이 마땅하다.

십(十) 〈모두(전부, 많을) 십(十)-십분(十分)-전부(全部), 갖춘 수 십(十)-수지구(數之具), 열 번 십(十)-십차(十次), 완전 십(十)-완전(完全)〉 등의 뜻을 내지만 〈모든 전부(全部)〉로 여기고 새김이 마땅하다.

붕(朋) 〈화패 붕(朋)-화패(貨貝), 견줄 붕(朋)-비(比), 한패 붕(朋)-당(黨)-군(羣), 벗 붕(朋)-우(友), 제자 붕(朋)-제자(弟子), 무리 붕(朋)-군(羣), 두 단지 붕(朋)-양준(兩樽), 삼린(24家口) 붕(朋)-삼린(三鄰 : 八家爲鄰-三鄰爲朋)〉 등의 뜻을 내지만 여기선 〈화패(貨貝)〉로 여기고 새김이 마땅하다. 옛날에는 패(貝) 즉 조개[貝]를 화폐로 썼는데 열 개의 조개를 한 줄에 꿴 것을 붕(朋)이라 했다.

龜 〈귀-균-구〉 세 가지로 발음되고, 〈점칠(의문을 푸는 것) 귀(龜)-복(卜)-결의지물(決疑之物), 거북 귀(龜)-갑충지장외골내육(甲蟲之長外骨內肉), 본뜰 귀(龜)-귀감(龜鑑), 인장 끈 귀(龜)-인수(印綬), 화폐 귀(龜)-화(貨)-화폐(貨幣 : 古以龜甲爲貨幣), 나아갈 귀(龜)-진(進), 오랠 귀(龜)-구(久), 별 이름 귀(龜)-성명(星名)-천귀(天龜), 손 얼어

터질 균(龜), 나라 이름 구(龜)〉 등의 뜻을 내지만 〈점칠 복(卜)〉과 같다 여기고 새김이 마땅하다.

불(弗) 〈말 불(弗)-불(不), 않을 불(弗)-불(不), 못할 불(弗)-불(不), 어길 불(弗)-위(違), 버릴 불(弗)-거(去)〉 등의 뜻을 내지만 여기선 〈않을 불(不)〉과 같다 여기고 새김이 마땅하다.

극(克) 〈다스릴 극(克)-치(治), 꾸짖을(책할) 극(克)-책(責), 할 수 있을(능할) 극(克)-능(能)-유능력(有能力), 견딜 극(克)-견(肩)-감(堪), 이룰 극(克)-성(成), 이길 극(克)-승(勝)〉 등의 뜻을 내지만 여기선 〈능할 능(能)〉과 같다 여기고 새김이 마땅하다.

위(違) 〈피할 위(違)-피(避), 어길 위(違)-배(背), 다를 위(違)-이(異), 어그러질 위(違)-여(戾), 멀 위(違)-원(遠), 원망할 위(違)-한(恨), 사악할 위(違)-사(邪)〉 등의 뜻을 내지만 여기선 〈피할 피(避)〉와 같다 여기고 새김이 마땅하다.

영(永) 〈오랠 영(永)-구(久), 길 영(永)-장(長), 멀 영(永)-원(遠), 끌 영(永)-인(引), 깊은 영(永)-심(深), 읊을 영(永)-영(詠)-영(咏), 헤엄칠 영(永)-영(泳)〉 등의 뜻을 내지만 여기선 〈오랠 구(久)〉와 같다 여기고 새김이 마땅하다. 〈영정(永貞)〉은 〈영구정정(永久貞正)〉의 줄임으로 〈오래오래[永久] 바르고 미덥다[貞正]〉를 뜻한다.

정(貞) 〈바를 정(貞)-정(正), 믿을 정(貞)-신(信), 거북점을 물을 정(貞)-복문(卜問), 역(易)의 내괘(內卦) 정(貞), 마땅할 정(貞)-당(當), 정할 정(貞)-정(定), 순수할 정(貞)-전(專)-일(一)〉 등의 뜻을 내지만 여기선 〈바를 정(正), 믿을 신(信)〉 등을 합친 뜻과 같아 〈정신(正信)〉으로 여기고 새김이 마땅하다.

길(吉) 〈좋을(행복할) 길(吉)-선(善)-영(令) {영월길일(令月吉日)은 선월선일(善月善日)임.}, 복 길(吉)-실(實)-선실(善實)-복(福), 예의를 따라 상서로울 길(吉)-예의순상(禮義順祥), 삼갈 길(吉)-근(謹), 초하루 길(吉)-삭일(朔日) {삭망(朔望) 즉 초하루[朔]와 그믐날[望]}, 길례 길(吉)-길례(吉禮) {오례지일(五禮之一) 길흉빈군가(吉凶賓軍嘉)}, 갈 길(吉)-행(行)-길(趌)〉 등의 뜻을 내지만 여기선 〈좋을 선(善)-영(令)〉 즉 행복과 같다 여기고 새김이 마땅하다.

왕(王) 〈임금 왕(王)-군(君), 제후 왕(王)-제후(諸侯), 무리의 우두머리 왕(王)-동류중지수령(同類中之首領), 큰 왕(王)-대(大), 천자를 받들 왕(王)-사천자(事天子), 바로잡을 왕(王)-광정(匡正), 성대할 왕(王)-성(盛), 이길 왕(王)-승(勝), 흥할 왕(王)-흥(興)〉

등의 뜻을 내지만 〈임금 군(君)〉과 같다 여기고 새김이 마땅하다.

용(用) 〈쓸(베풀) 용(用)-시(施)-행(行), 쓰일(부릴) 용(用)-사(使), 써 용(用)-이(以), 맡길 용(用)-임(任), 위할 용(用)-위(爲), 갖출 용(用)-비(備), 다스릴 용(用)-치(治), 재화 용(用)-화(貨), 책임 지워 일을 맡길 용(用)-임사(任使), 통할 용(用)-통(通), 이로울 용(用)-이(利)〉 등의 뜻을 내지만 여기선 〈쓸 행(行)〉과 같아 시행(施行)으로 여기고 새김이 마땅하다.

享 〈향-형-팽〉 등으로 발음되고, 〈드릴 향(享)-헌(獻), 통할 형(享)-통(通), 남을 형(享)-여(餘), 삶을 팽(享)-자(煮)-팽(烹)〉 등의 뜻을 내지만 여기선 〈드릴 헌(獻)〉과 같다 여기고 새김이 마땅하다.

우(于) 〈~에(에서, 부터) 우(于)-어(於), 갈 우(于)-왕(往), 써 우(于)-이(以), 할 우(于)-위(爲), 여기 우(于)-시(是), 도울 우(于)-조(助), 클 우(于)-대(大), 구할 우(于)-구(求), 자족하는 모습 우(于)-자족모(自足貌)〉 등의 뜻을 내지만 여기선 〈~에 어(於)〉와 같다 여기고 새김이 마땅하다.

제(帝) 〈하늘 제(帝)-천(天)-천제(天帝), 천자(군주) 제(帝)-천자(天子)-군주(君主), 오제(신명) 제(帝)-오제(五帝)-신명(神名), 오덕 제(帝)-오덕(五德), 천자의 사후를 칭할 제(帝)-천자장지후지칭(天子葬之後之稱), 진 제(帝)-진(震 : ☳), 크나큰 제(帝)-대(大), 살필 제(帝)-시(諟)-체(諦), 정할 제(帝)-전(奠)〉 등의 뜻을 내지만 여기선 〈하늘 제(帝)〉로 여기고 새김이 마땅하다.

註 청청사아(菁菁者莪) 재피중릉(在彼中陵) / 기견군자(旣見君子) 석아백붕(錫我百朋) : 무성한[菁菁] 것[者] 다북쑥이[莪] 큰 언덕[陵] 그 가운데[彼中] 있네[在]. / 군자를[君子] 이미[旣] 만났네[見]. 나에게[我] 엄청 많은 돈을[百朋] 주었네[錫].

『시경(詩經)』「소아(小雅)」[청청자아(菁菁者莪)] 5~6장(章)

육삼(六三 : --)

六三 : 益之用凶事라 无咎니 有孚中行하고 告公用圭한다
익지용흉사 무구 유부중행 고공용규

육삼(六三) : 더해지되[益之] 불운한[凶] 일을[事] 당하나[用] 허물은[咎] 없으니[无] 믿음을 받음이[孚] 있으니[有] 정도를 따라[中] 행하고[行] 왕공에게[公] 아뢰되[告] 홀을[圭] 쓴다[用].

【육삼(六三)의 효상(爻象) 풀이】

익괘(益卦 : ䷩)의 육삼(六三 : --)은 이음거양(以陰居陽) 즉 음(陰 : --)으로 써[以] 양(陽 : ㅡ)의 자리에 있는지라[居] 정당한 자리에 있지 못하다. 육삼(六三 : --)과 육사(六四 : --)는 양음(兩陰) 즉 둘 다[兩] 음(陰 : --)의 사이인지라 〈비(比)〉 즉 이웃의 사귐[比]을 누리지 못하고 오히려 서로 부딪친다. 육삼(六三 : --)과 상구(上九 : ㅡ)는 음양(陰陽)의 사이인지라 정응(正應) 즉 바르게[正] 서로 호응한다[應]. 그러나 양음(兩陰) 사이에 끼어 어려운 상황을 마주하면서도 익괘(益卦 : ䷩)의 하체(下體) 진(震 : ☳)의 상효(上爻)인 육삼(六三 : --)은 민상(民上) 즉 백성의[民] 위[上]에 있는 대부(大夫)로서 백성을 위해 할 일을 다하려는 모습이다.

익괘(益卦 : ䷩)의 육삼(六三 : --)이 구삼(九三 : ㅡ)으로 변효(變爻)하면 육삼(六三 : --)은 익괘(益卦 : ䷩)를 37번째 가인괘(家人卦 : ䷤)로 지괘(之卦)하게 한다. 따라서 익괘(益卦 : ䷩)의 육삼(六三 : --)은 가인괘(家人卦 : ䷤)의 구삼(九三 : ㅡ)을 찾아가 살펴보게 한다.

【육삼(六三)의 계사(繫辭) 풀이】

益之用凶事(익지용흉사) 无咎(무구)

더해지되[益之] 불운한[凶] 일을[事] 당하나[用] 허물은[咎] 없다[无].

〈익지용흉사(益之用凶事) 무구(无咎)〉는 육삼(六三 : --)의 효위(爻位)를 빌려 암시한 계사(繫辭)이다. 〈익지용흉사(益之用凶事) 무구(无咎)〉는 〈육삼익지자상(六三益之自上) 연이륙삼유어기위용민지흉사(然而六三由於其位用民之凶事) 용흉사지륙삼무구(用凶事之六三无咎)〉의 줄임으로 여기고 〈육삼은[六三] 위로[上]부터[自] 더해진다[益之] 그러나[然而] 육삼은[六三] 제[其] 자리[位] 때문에[由於] 백성의[民之] 불운한 일을[凶事] 다스리니[用] 흉사를[凶事] 다스리는[用之] 육삼에게는[六三] 허물이[咎] 없다[无]〉라고 새겨볼 것이다. 〈익지(益之)의 지(之)〉는 〈익(益)〉을 동사화하는 허사 노릇을 하고, 〈용흉사(用凶事)의 용(用)〉은 여기선 〈다스릴 치(治)〉의 뜻을 낸다.

〈익지용흉사(益之用凶事) 무구(无咎)〉는 육삼(六三 : --)이 중허(中虛)하고 음유(陰柔)하지만 양(陽 : ㅡ)의 자리에 있으므로 스스로 강인해져 백성이 겪는 불행한[凶] 사태를[事] 다스림[用]을 암시한다. 〈익지용흉사(益之用凶事)의 흉사(凶事)〉가 「계사전하(繫辭傳下)」에 나오는 〈셋째에는[三] 불운함이[凶] 많다[多]〉라는 내용을 환기시킨다. 대성괘(大成卦)의 삼위(三位)는 중위(中位)를 벗어났기에 〈흉사(凶事)〉 즉 불운한[凶] 일[事]이 많은 자리이다. 육삼(六三 : --)이 〈용흉사(用凶事)〉 즉 불운한[凶] 일을[事] 다스림[用]에도 〈무구(无咎)〉 즉 허물이[咎] 없다[无] 함은 중허(中虛)하고 음유(陰柔)한 육삼(六三 : --)이지만 강인한 대인(大人)의 모습으로 다가와, 육삼(六三 : --)은 『맹자(孟子)』에 나오는 〈하늘은[天] 이런[是] 사람[人]에게[於] 큰[大] 임무를[任] 장차[將] 내릴 것[降]〉이라는 내용을 상기시킨다. 하늘은 큰 일을 맡길 사람에게는 먼저 온갖 간난(艱難) 즉 어렵고[艱] 어려운[難] 시련을 겪게 한다. 이에 〈익지용흉사(益之用凶事)의 익지(益之)〉는 육삼(六三 : --)의 〈용흉사(用凶事)〉로 말미암은 자상(自上) 즉 위로[上]부터[自] 더해지는[益] 보상이라고 새길 수 있다.

〈용흉사(用凶事)의 용(用)〉 즉 다스림[用]이란 대부(大夫)로서 육삼(六三 : --)이 마땅히 백성의 흉사(凶事)를 길사(吉事)로 옮겨놓는 선치(善治)를 암시한다. 이에 중허(中虛)하고 음유(陰柔)한 육삼(六三 : --)이지만 중실(中實)하고 양강(陽剛)한 양(陽 : ㅡ)의 효위(爻位)에 있기 때문에 강유(剛柔)를 두루 갖춘 대인(大人)의 모습으로 다가와, 『맹자(孟子)』에 나오는 〈천장강대임어시인야(天將降大任於是人也)의 시인(是人)〉 즉 바로 〈이[是] 사람[人]〉을 육삼(六三 : --)이 연상시킨다. 백성의 흉사(凶事)를 다스려[用] 길사(吉事)로 옮겨놓는 육삼(六三 : --)에게 허물[咎]이란 있을 수 없음[无]을 암시한 계사(繫辭)가 〈익지용흉사(益之用凶事) 무구(无咎)〉이다.

有孚中行(유부중행)

믿음을 받음이[孚] 있으니[有] 정도를 따라[中] 행한다[行].

〈유부중행(有孚中行)〉은 육삼(六三 : --)의 내외면(內外面)을 암시한 계사(繫辭)이다. 〈유부중행(有孚中行)〉은 〈육삼지용흉사유민지부(六三之用凶事有民之孚) 이륙삼이득중행흉사지용(而六三以得中行凶事之用)〉의 줄임으로 여기고 〈육삼의[六三之] 용흉사에는[用凶事] 백성의[民之] 믿어줌이[孚] 있다[有] 그리고[而] 육삼은[六三] 흉사의[凶事之] 다스림을[用] 득중(得中)으로써[以] 행한다[行]〉라고 새겨볼 것이다. 〈유부(有孚)의 부(孚)〉는 〈믿어줄 신(信)〉과 같고, 〈중행(中行)〉은 〈행이중정도(行以中正道)〉의 줄임으로 여기고 〈정도를[正道] 따름[中]으로써[以] 행한다[行]〉라고 새김이 마땅하고, 〈중행(中行)의 중(中)〉은 〈따를 순(順)〉과 같다.

〈유부중행(有孚中行)의 유부(有孚)〉는 육삼(六三 : --)이 흉사(凶事)를 다스리는[用] 내면(內面) 즉 마음가짐[內面]을 암시한다. 〈유부(有孚)의 부(孚)〉는 성신(誠信) 즉 진실로[誠] 믿어줌[信]을 뜻한다. 믿어줌[孚]이란 곧 수명(守命) 즉 하늘땅이 시킴을[命] 따라 지키는[守] 마음가짐으로 말미암아 남들로부터 자신에게로 돌아오는 미더움[信]이다. 천명(天命) 즉 자연이[天] 하라는 대로 함[命]을 지킴으로 말미암아 돌아오는 미더움이 〈부(孚)〉인지라, 이는 곧 백성의 흉사(凶事)를 다스리는[用] 육삼(六三 : --)의 심지(心志)가 정(貞) 즉 진실한 미더움[貞]으로 말미암아, 백성이 육삼(六三 : --)의 〈용흉사(用凶事)〉를 믿어줌[孚]을 암시한 것이 〈유부중행(有孚中行)의 유부(有孚)〉이다.

〈유부중행(有孚中行)의 중행(中行)〉은 육삼(六三 : --)이 흉사(凶事)를 다스리는[用] 외면(外面) 즉 실행함[外面]을 암시한다. 〈중행(中行)의 중(中)〉은 육삼(六三 : --)이 익괘(益卦 : ䷩)의 내호괘(內互卦)인 곤(坤 : ☷)의 중효(中爻)임을 암시한다. 내호괘(內互卦)의 중효(中爻)로서 육삼(六三 : --)이 득중(得中)하는 외면(外面)을 암시한 것이 〈중행(中行)〉이다. 익괘(益卦 : ䷩)의 내호괘(內互卦)는 곤(坤 : ☷)이고 외호괘(外互卦)는 간(艮 : ☶)이다. 대성괘(大成卦)에서 삼효(三爻)와 사효(四爻)는 호괘(互卦)의 중위(中位) 즉 중효(中爻)의 자리[位]이다. 중효(中爻)는 득중(得中) 즉 정도를 따름을[中] 취하기[得]를 저버리지 않는다. 〈중행(中行)〉이란 정도를 따라[中] 행함[行]이다. 정도를 따름[中]이란 다름 아닌 중용(中庸)을 말한다. 따라서 여기 〈중행(中行)〉은 『중용(中庸)』에 나오는 〈군자(君子)로서[而] 때에 따라[時] 정도를 따른다[中]〉라는 내용을 상기시킨다. 육삼(六三 : --)이 내호괘(內互卦)의 중효(中爻)로서 군자지도(君子之道) 즉 군자의[君子之] 길[道]을 걷고 있기에, 육삼(六三 : --)이 〈용흉사(用凶事)〉의 대지(大志)를 때에 맞게[中] 실행함[行]을 헤아리게 하는 계사(繫辭)가 〈유부중행(有孚中行)의 중행(中行)〉이다.

告公用圭(고공용규)

공가에[公] 알리되[告] 홀을[圭] 쓴다[用].

〈고공용규(告公用圭)〉는 육삼(六三 : --)이 군왕(君王)인 구오(九五 : —)의 신임을 얻음을 암시한 계사(繫辭)이다. 〈고공용규(告公用圭)〉는 〈육삼고공가적시(六三告公家的時) 육삼용규(六三用圭)〉의 줄임으로 여기고 〈육삼이[六三] 공가에[公家] 알릴[告的] 때엔[時] 육삼은[六三] 홀을[圭] 쓴다[用]〉라고 새겨볼 것이다. 〈용규(用圭)의 규(圭)〉는 옥(玉)으로 만들어진 부절(符節) 즉 신표(信標)를 말한다.

〈고공용규(告公用圭)〉는 육삼(六三 : --)이 익괘(益卦 : ䷩)의 내호괘(內互卦)인 곤(坤 : ☷)의 중효(中爻)로서 〈중행(中行)〉을 저버리지 않고 흉사(凶事)를 다스려[用] 백성을 유익하게 하므로 군왕(君王)인 구오(九五 : —)의 신임을 얻음을 암시한다. 〈고공용규(告公用圭)〉에서 〈용규(用圭)의 규(圭)〉는 육삼(六三 : --)이 익괘(益卦 : ䷩)의 하체(下體) 진(震 : ☳)의 상효(上爻)임을 들어 육삼(六三 : --)을 취상(取象)한 것이다. 왜냐하면 〈용규(用圭)의 규(圭)〉가 「설괘전(說卦傳)」에 나오는 〈진은[震 : ☳] 푸른[蒼筤] 대나무[竹]이다[爲]〉라는 내용을 상기시키기 때문이다. 대나무[竹]에는 절(節) 즉 마디[節]가 있고, 그 〈절(節)〉은 부절(符節)을 상징하고, 부절(符節)은 곧 신표(信標)이며, 〈용규(用圭)의 규(圭)〉 역시 부절(符節) 즉 신표(信標)를 상징한다. 이에 〈고공용규(告公用圭)의 용규(用圭)〉는 군왕(君王)의 신임을 받음을 나타낸다. 〈용규(用圭)의 규(圭)〉는 군왕(君王)이 경대부(卿大夫)-대부(大夫)에게 신표(信標)로서 내린 부절(符節) 즉 홀(笏)을 말한다. 〈용규(用圭)〉 즉 홀을[圭] 씀[用]이란 임금으로부터 신임을 받아서 임사(任事) 즉 맡은[任] 일[事]이 대부(大夫)인 육삼(六三 : --)에게 있음을 암시한다. 따라서 〈고공용규(告公用圭)의 고공(告公)〉은 육삼(六三 : --)이 임무를 위로부터 도움을 받아[益] 해결했음을 〈공(公)〉 즉 공가(公家)에 알림[告]을 밝힌 것이다. 여기 〈고공(告公)의 공(公)〉은 공가(公家) 즉 조정(朝廷)을 말한다. 따라서 육삼(六三 : --)이 〈용규(用圭)〉 즉 군왕(君王)의 신임을 받음을[圭] 써서[用] 수행한 임무를 공가에[公] 보고함[告]을 암시한 계사(繫辭)가 〈고공용규(告公用圭)〉이다.

【字典】

익(益) 〈더할 익(益)-가(加), 도울 익(益)-조(助), 넉넉할 익(益)-풍(豊)-요(饒), 지나칠 익(益)-과(過), 길 익(益)-장(長), 부유할 익(益)-부(富)-부유(富裕), 나아갈 익(益)-진(進), 설명을 다 받지 못한 익(益)-수설불료(受說不了), 쓰일 데 익(益)-용처(用處), 널리 부유할 익(益)-홍유(弘裕), 많을 익(益)-다(多), 클 익(益)-대(大), 점점 더할 익(益)-유(愈)〉 등의 뜻을 내지만 여기선 〈더할 가(加)〉와 같다 여기고 새김이 마땅하다.

지(之) 〈그것(이것) 지(之)-피(彼)-시(是), 갈 지(之)-왕(往), 이를 지(之)-지(至), 주격-소유격-목적격 등의 토씨 지(之), 뜻 없는 허사(虛詞) 지(之)〉 등의 뜻을 내지만 여기선 뜻 없는 허사(虛詞)로서 〈지(之)〉로 여기고 새김이 마땅하다.

용(用) 〈쓸(베풀) 용(用)-시(施)-행(行), 쓰일(부릴) 용(用)-사(使), 써 용(用)-이(以), 맡길 용(用)-임(任), 위할 용(用)-위(爲), 갖출 용(用)-비(備), 다스릴 용(用)-치(治), 재화 용(用)-화(貨), 책임 지워 일을 맡길 용(用)-임사(任使), 통할 용(用)-통(通), 이로울 용(用)-이(利)〉 등의 뜻을 내지만 여기선 〈용흉사(用凶事)의 용(用)〉은 〈다스릴 치(治)〉와 같다 여기고, 〈용규(用圭)의 용(用)〉은 〈써 이(以)〉와 같다 여기고 새김이 마땅하다.

흉(凶) 〈불행할(흉할) 흉(凶)-길지반(吉之反), 나쁠 흉(凶)-오(惡), 흉한 사람 흉(凶)-흉인(凶人), 재앙 흉(凶)-화(禍), 요사할 흉(凶)-요사(夭死), 걱정할 흉(凶)-우(憂)-구(懼), 악한 사람 흉(凶)-악인(惡人), 흉년 흉(凶)-연곡불숙(年穀不熟), 사나울 흉(凶)-포학(暴虐), 음기 흉(凶)-음기(陰氣), 북쪽 흉(凶)-북(北), 없을 흉(凶)-공(空), 송사 흉(凶)-송(訟), 거역할 흉(凶)-역(逆), 어그러질 흉(凶)-패(悖), 허물 흉(凶)-구(咎)〉 등의 뜻을 내지만 여기선 〈불행할 길지반(吉之反)〉으로 여기고 새김이 마땅하다.

사(事) 〈큰일 사(事)-이변(異變), 일(일할) 사(事)-동작(動作), 섬길 사(事)-봉(奉),

벼슬(일삼을) 사(事)-직(職), 다스릴 사(事)-치(治), 경영할 사(事)-영(營), 반역할 사(事)-반역(叛逆)〉 등의 뜻을 내지만 여기선 〈큰일 이변(異變)〉과 같다 여기고 새김이 마땅하다.

무(无) 〈없을 무(无)-무(無), 허무지도 무(无)-허무지도(虛无之道), 으뜸 무(无)-원(元)〉 등의 뜻을 내지만 여기선 〈없을 무(無)〉와 같다 여기고 새김이 마땅하다.

구(咎) 〈허물 구(咎)-건(愆)-과(過), 재앙 구(咎)-재(災), 병될 구(咎)-병(病), 나쁠 구(咎)-오(惡)〉 등의 뜻을 내지만 여기선 〈허물 건(愆)-과(過)〉와 같다 여기고 새김이 마땅하다. 〈무구(无咎)〉는 〈면어구(免於咎)〉 즉 허물을[於咎] 면하다[免]와 같다.

유(有) 〈없을 무(無)의 반대말로 있을 유(有), 어조사 유(有), 간직할 유(有)-장(藏), 얻을(가질) 유(有)-취(取), 혹 유(有)-혹(或), 많을 유(有)-다(多)-족(足), 부유할 유(有)-부(富), 보호할 유(有)-보(保), 서로 친할 유(有)-상친(相親), 전일할 유(有)-전(專), 할 유(有)-위(爲)〉 등의 뜻을 내지만 〈있을 유(有)〉로 여기고 새김이 마땅하다.

부(孚) 〈믿을 부(孚)-신(信), 알에서 새끼가 껍질을 쪼아 나올 부(孚)-난화(卵化), 씨앗이 틀 부(孚)-부(稃), 기를 부(孚)-육(育), 덮어줄 부(孚)-복(覆), 붙을(의지할) 부(孚)-부(附)-부(付), 깡충거릴 부(孚)-무조(務躁), 옥채색 부(孚)-옥채색(玉采色)〉 등의 뜻을 내지만 여기선 〈믿을 신(信)〉과 같다 여기고 새김이 마땅하다.

중(中) 〈따를 중(中)-순(順), 안(속) 중(中)-내(內), 사방의 중앙 중(中)-사방지중(四方之中), 정신 중(中)-심중(心中), 정도(正道) 중(中)-정도(正道), 바를 중(中)-정(正), 고를 중(中)-평(平)-균(均), 어울릴 중(中)-화(和), 이룰 중(中)-성(成), 간직할 중(中)-장(藏), 적당할 중(中)-당(當)-적(適), 합할 중(中)-합(合), 화살이 맞힐 중(中)-시지적(矢至的), 응할 중(中)-응(應), 다칠 중(中)-상(傷), 부딪칠 중(中)-격(擊), 중요할 중(中)-요(要), 가득 찰 중(中)-만(滿)〉 등의 뜻을 내지만 여기선 〈따를 순(順)〉과 같다 여기고 새김이 마땅하다.

行 〈행-항〉 두 가지로 발음되고, 〈갈 행(行)-왕(往), 다닐 행(行)-보(步), 나아갈 행(行)-전진(前進), 길 귀신 행(行)-노신(路神), 오행 행(行)-오행(五行), 길 행(行)-도로(道路), 쓸 행(行)-용(用), 순행할 행(行)-순행(巡行), 행실 행(行)-신지소행(身之所行), 운반할 행(行)-운(運), 항오 항(行)-열(列), 시장 항(行)-시장(市長), 항렬 항(行)-등배(等輩), 굳셀 항(行)-강강(剛强)〉 등의 뜻을 내지만 여기선 〈갈 왕(往)〉과 같다 여기고 새김

이 마땅하다.

告 〈고-곡〉 두 가지로 발음되고, 〈보일 곡(告)-시(示), 청할 곡(告)-청(請), 찾을 곡(告)-심(尋), 알릴 고(告)-보(報), 물을 고(告)-문(問), 가르칠 고(告)-교(敎), 쉴 고(告)-가(暇)〉 등의 뜻을 내지만 여기선 〈보일 시(示)〉와 같다 여기고 새김이 마땅하다.

공(公) 〈임금, 천자, 제후 등의 칭호로서 님 공(公)-군천자제후지칭(君天子諸侯之稱), 공가 공(公)-공가(公家)-조정(朝廷), 공변될 공(公)-평분(平分), 무사할 공(公)-무사(無私), 평평할 공(公)-평(平), 바를 공(公)-정(正), 완연할 공(公)-현연(顯然), 자세할 공(公)-상(詳), 상대를 존대하는 칭호 공(公)-대인지존칭(對人之尊稱), 할아버지 공(公)-조부(祖父), 아버지 공(公)-부(父), 부역 공(公)-부역(賦役), 성공 공(公)-성공(成功), 신을 받드는 칭호 공(公)-신지존칭(神之尊稱)〉 등의 뜻을 내지만, 여기선 〈공가(公家) 즉 조정(朝廷)〉으로 여기고 새김이 마땅하다.

용(用) 〈쓸(베풀) 용(用)-시(施)-행(行), 쓰일(부릴) 용(用)-사(使), 써 용(用)-이(以), 맡길 용(用)-임(任), 위할 용(用)-위(爲), 갖출 용(用)-비(備), 다스릴 용(用)-치(治), 재화 용(用)-화(貨), 책임 지워 일을 맡길 용(用)-임사(任使), 통할 용(用)-통(通), 이로울 용(用)-이(利)〉 등의 뜻을 내지만 여기선 〈쓸 행(行)〉과 같아 시행(施行)으로 여기고 새김이 마땅하다.

규(圭) 〈홀(서옥) 규(圭)-홀(笏)-서옥{瑞玉 : 상원하방지옥(上圓下方之玉)}, 저울눈 이름 규(圭)-양명(量名), 일영표(햇빛 잴) 규(圭)-측일경(測日景), 기장 예순네 알 규(圭)-육십사서지량(六十四黍之量), 밤 여섯 개의 양 규(圭)-육율지량(六栗之量), 무게 단위(밤 열 개의 무게) 및 저울눈금 이름 규(圭)-형명(衡名)-십율지중(十栗之重), 깨끗할 규(圭)-결(潔)〉 등의 뜻을 내지만 여기선 신표(信標)로서 〈홀(笏)〉로 새김이 마땅하다.

註 삼다흉(三多凶) 오다공(五多功) 귀천지등(貴賤之等) 기유위(其柔危) 기강승야(其剛勝耶) : 셋째 효에는[三] 흉함이[凶] 많고[多] 다섯째 효에는[五] 보람이[功] 많지만[多] (그것은) 귀함과[貴] 천함이[賤之] 같음이다[等]. 그 유함은[柔] 위태하고[危] 그 강함은[剛] 승함[勝]이로다[耶].

「계사전하(繫辭傳下)」 9단락(段落)

註 천지장강대임어시인야(天地將降大任於是人也) 필선고기심지(必先苦其心志) 노기근골(勞其筋骨) 아기체부(餓其體膚) 공핍기신(空乏其身) 행불란기소위(行不亂其所爲) 소이동심인성(所以動心忍性) 증익기소불능(曾益其所不能) : 천지가[天也] 장차[將] 이[是] 사람에게[於人] 큰 일

을[大任] 내릴 때면[降也] 반드시[必] 먼저[先] 그자의[其] 심지를[心志] 괴롭히고[苦], 그자의[其] 살과[筋] 뼈를[骨] 수고롭게 하며[勞], 그자의[其] 육체를[體膚] 굶주리게 하고[餓], 그 자신에게[其身] 아무것도 없게 하며[空乏], 행동하면[行] 그자의[其] 하는[爲] 바를[所] 흩뜨려놓고[不亂], 그래서[所以] 마음을[心] 움직이게 하고[動] 성질을[性] 참아내게 하여[忍], 이에[曾] 그자가[其] 할 수 없었던[不能] 바를[所] 더해주려 함이다[益]. 『맹자(孟子)』「고자장하(告子章下)」 15장(章)

註 군자지중용야(君子之中庸也) 군자이시중(君子而時中) 소인지중용야(小人之中庸也) 소인이무기탄야(小人而無忌憚也) : 군자의[君子之] 중용(中庸)이란[也] 군자(君子)로서[而] 때에 따라[時] 정도를 따름이고[中], 소인의[小人之] 중용(中庸)이란[也] 소인(小人)에게는[而] 거리낌이[忌憚] 없다는 것[無]이다[也]. 『중용(中庸)』「주자장구(朱子章句)」 2장(章)

註 진위창랑죽(震爲蒼筤竹) : 진은[震 : ☳] 푸른[蒼筤] 대나무[竹]이다[爲].

「설괘전(說卦傳)」 11단락(段落)

육사(六四 : --)

六四 : 中行이라 告公從하리니 利用爲依遷國이니라
중행 고공종 이용위의천국

육사(六四) : 정도를 따름을[中] 행하는지라[行] 공가에[公] 알리고[告] 따름이니[從] 써서[用] 의지를[依] 하여[爲] 도읍을[國] 옮긴다면[遷] 이롭다[利].

【육사(六四)의 효상(爻象) 풀이】

익괘(益卦 : ䷩)의 육사(六四 : --)는 이음거음(以陰居陰) 즉 음(陰 : --)으로써[以] 음(陰 : --)의 자리에 있는지라[居] 정당한 자리에 있다. 육사(六四 : --)와 구오(九五 : —)는 음양(陰陽)의 사이인지라 〈비(比)〉 즉 이웃의 사귐[比]을 누린다. 육사(六四 : --)와 초구(初九 : —)는 정응(正應) 즉 바르게[正] 서로 호응하는[應] 처지인지라, 익괘(益卦 : ䷩) 상체(上體)의 초효(初爻)이면서 동시에 외호괘(外互卦) 간(艮 : ☶)의 중효(中爻)로서 육사(六四 : --) 자신은 민상(民上) 즉 백성의[民] 위[上]에 있는 경대부(卿大夫)로서 백성을 위해 맡은 바 일을 다하는 모습이다.

익괘(益卦 : ䷩)의 육사(六四 : --)가 구사(九四 : ㅡ)로 변효(變爻)하면 육사(六四 : --)는 익괘(益卦 : ䷩)를 25번째 무망괘(无妄卦 : ䷘)로 지괘(之卦)하게 한다. 따라서 익괘(益卦 : ䷩)의 육사(六四 : --)는 무망괘(无妄卦 : ䷘)의 구사(九四 : ㅡ)를 찾아가 살펴보게 한다.

【육사(六四)의 계사(繫辭) 풀이】

中行(중행) 告公從(고공종)

정도를 따름을[中] 행하는지라[行] 공가에[公] 알리고[告] 따른다[從].

〈중행(中行) 고공종(告公從)〉은 육사(六四 : --)의 효위(爻位)를 빌려 암시한 계사(繫辭)이다. 〈중행(中行) 고공종(告公從)〉은 〈육사중행(六四中行) 육사고공관어기중행(六四告公關於其中行) 공종기고(公從其告)〉의 줄임으로 여기고 〈육사는[六四] 정도를 따라[中] 실행하고[行] 육사는[六四] 조정에[公] 그[其] 중행에[中行] 관하여[關於] 보고하고[告] 조정은[公] 그[其] 보고를[告] 따른다[從]〉라고 새겨볼 것이다. 〈고공종(告公從)의 공(公)〉은 조정(朝廷) 즉 군신(君臣)이 모여 치국(治國)을 의논하고 집행하는 곳[朝廷]을 뜻한다.

〈중행(中行)〉은 중허(中虛)하고 음유(陰柔)한 육사(六四 : --)가 음(陰 : --)의 자리에 있으면서 중실(中實)하고 양강(陽剛)한 구오(九五 : ㅡ) 즉 군왕(君王)과 비(比) 즉 이웃의 사귐[比]을 누리는 경대부(卿大夫) 노릇을 정도를 따라[中] 행함[行]을 암시한다. 동시에 〈중행(中行)〉은 육사(六四 : --)가 초구(初九 : ㅡ)와 정응(正應) 즉 바르게[正] 호응함[應]을 암시한다. 대성괘(大成卦)에서 초효(初爻)는 백성을 상징한다. 이에 육사(六四 : --)가 초구(初九 : ㅡ)와 정응(正應)을 〈중행(中行)〉 즉 정도를 따라[中] 행한다[行] 함은 백성을 이롭게 이끌어감을 암시한다. 〈중행(中行)의 중(中)〉은 득중(得中)의 줄임인지라 〈중행(中行)〉은 〈행득중(行得中)〉의 줄임으로 여김이 마땅하다. 동시에 〈중행(中行)의 중(中)〉은 육사(六四 : --)가 익괘(益卦 : ䷩)의 외호괘(外互卦) 간(艮 : ☶)의 중효(中爻)임을 암시한다. 이에 〈중행(中行)〉은 정도를 따름을[中] 취하여[得] 임무(任務) 즉 맡은[任] 일[務]을 시행함[行]을 말한다. 정도를 따름[中]이란 어떤 일이든 공평무사(公平無私)하여 치우침 없이 처리하는 마음가짐으로 행동함을 말한다. 경대부(卿大夫)로서 육사(六

四 : --)와 백성으로서 초구(初九 : ㅡ)가 누리는 정응(正應)은 더함[益] 즉 유익함의 수수(授受)로 드러난다. 육사(六四 : --)는 유익함을[益] 주는[授] 주체이고, 초구(初九 : ㅡ)는 그 유익함을[益] 받는[受] 주체이다. 육사(六四 : --)와 초구(初九 : ㅡ) 즉 경대부(卿大夫)와 백성 사이에서 이루어지는 유익함의[益] 수수(授受) 즉 주고[授] 받음[受]이 〈중행(中行)〉 즉 정도를 따라[中] 행해지므로[行] 공평무사(公平無私)하게 그 수수(授受)가 이루어짐을 살펴 헤아리게 하는 계사(繫辭)가 〈중행(中行)〉이다.

〈고공종(告公從)〉은 육사(六四 : --)의 〈중행(中行)〉을 조정(朝廷)이 따라줌[從]을 암시한다. 육사(六四 : --)가 조정에[公] 보고하자[告而] 조정이[公] 육사의[六四之] 보고를[告] 따랐다[從]는 것이 〈고공종(告公從)〉이다. 이는 곧 육사(六四 : --)가 〈공(公)〉 즉 군왕(君王)의 신임을 받아 〈중행(中行)〉 즉 정도를 따라[中] 백성의 흉사(凶事)를 처리하여 백성을 길(吉)하게 하였음을 조정에[公] 보고하였고[告] 이에 〈공(公)〉 즉 조정(朝廷)이 육사(六四 : --)의 임무를 시행한 보고를[告] 따라줌[從]을 암시한 계사(繫辭)가 〈고공종(告公從)〉이다.

利用爲依遷國(이용위의천국)

써서[用] 의지를[依] 하여[爲] 도읍을[國] 옮긴다면[遷] 이롭다[利].

〈이용위의천국(利用爲依遷國)〉은 육사(六四 : --)가 군왕(君王)인 구오(九五 : ㅡ)를 보좌하는 최고위직(最高位職)인 경대부(卿大夫)로서 〈중행(中行)〉 즉 정도를 따라서[中] 임무를 시행했음[行]이 국익에 지대함을 암시한 계사(繫辭)이다. 〈이용위의천국(利用爲依遷國)〉을 〈공용륙사지고(公用六四之告) 이공기고이위의(而公其告以爲依) 공천국도(公遷國都) 기국도지천유리(其國都之遷有利)〉의 줄임으로 여기고 〈조정이[公] 육사의[六四之] 보고를[告] 이용해서[用而] 조정이[公] 그[其] 보고[告]로써[以] 의지로[依] 삼아[爲] 조정이[公] 나라의[國] 도읍을[都] 옮긴다면[遷] 그[其] 국도의[國都之] 옮김에는[遷] 이로움이[利] 있다[有]〉라고 새겨볼 것이다.

〈이용위의천국(利用爲依遷國)〉은 조정이[公] 육사의[六四之] 보고를[告] 의지로[依] 삼아[爲] 〈천국(遷國)〉함을 암시한다. 〈천국(遷國)〉이란 국도(國都) 즉 나라의 도읍(都邑)을 백성의 뜻을 따라 옮김[遷]을 말한다. 도읍이 외적을 막아주지 못한다면 도읍의 백성은 떠난다. 떠나는 백성을 강제로 잡아두는 것은 〈중행(中行)〉의 치세(治世)가 아니다. 백성의 뜻을 따라 〈천국(遷國)〉 즉 국도를[國] 옮겨[遷] 백성의 안위를 도모함이 〈중행(中行)〉의 치세임을 깨닫게 하는 계사(繫辭)가 〈이용위의천국(利用爲依遷國)〉이다.

【字典】

중(中) 〈따를 중(中)-순(順), 안(속) 중(中)-내(內), 사방의 중앙 중(中)-사방지중(四方之中), 정신 중(中)-심중(心中), 정도(正道) 중(中)-정도(正道), 바를 중(中)-정(正), 고를 중(中)-평(平)-균(均), 어울릴 중(中)-화(和), 이룰 중(中)-성(成), 간직할 중(中)-장(藏), 적당할 중(中)-당(當)-적(適), 합할 중(中)-합(合), 화살이 맞힐 중(中)-시지적(矢至的), 응할 중(中)-응(應), 다칠 중(中)-상(傷), 부딪칠 중(中)-격(擊), 중요할 중(中)-요(要), 가득 찰 중(中)-만(滿)〉 등의 뜻을 내지만 여기선 〈따를 순(順)〉과 같다 여기고 새김이 마땅하다.

行 〈행-항〉 두 가지로 발음되고, 〈행할 행(行)-신지소행(身之所行), 갈 행(行)-왕(往), 다닐 행(行)-보(步), 나아갈 행(行)-전진(前進), 길 귀신 행(行)-노신(路神), 오행 행(行)-오행(五行), 길 행(行)-도로(道路), 쓸 행(行)-용(用), 순행할 행(行)-순행(巡行), 운반할 행(行)-운(運), 항오 항(行)-열(列), 시장 항(行)-시장(市長), 항렬 항(行)-등배(等輩), 굳셀 항(行)-강강(剛强)〉 등의 뜻을 내지만 여기선 〈행할 신지소행(身之所行)〉으로 여기고 새김이 마땅하다.

告 〈고-곡〉 등으로 발음되고, 〈알릴 고(告)-보(報), 물을 고(告)-문(問), 가르칠 고(告)-교(敎), 쉴 고(告)-가(暇), 보일 곡(告)-시(示), 청할 곡(告)-청(請), 찾을 곡(告)-심(尋)〉 등의 뜻을 내지만 여기선 〈알릴 보(報)〉와 같다 여기고 새김이 마땅하다.

공(公) 〈임금, 천자, 제후 등의 칭호로서 님 공(公)-군천자제후지칭(君天子諸侯之稱), 공가 공(公)-공가(公家)-조정(朝廷), 공변될 공(公)-평분(平分), 무사할 공(公)-무사(無私), 평평할 공(公)-평(平), 바를 공(公)-정(正), 완연할 공(公)-현연(顯然), 자세할 공(公)-상(詳), 상대를 존대하는 칭호 공(公)-대인지존칭(對人之尊稱), 할아버지 공(公)-조부(祖父), 아버지 공(公)-부(父), 부역 공(公)-부역(賦役), 성공 공(公)-성공(成功), 신을 받드는 칭호 공(公)-신지존칭(神之尊稱)〉 등의 뜻을 내지만 여기선 〈공가(公家) 즉 조정(朝廷)〉으로 여기고 새김이 마땅하다.

종(從) 〈따를 종(從)-수(隨), 받아들일 종(從)-청(聽), 맡을 종(從)-임(任), 나아갈 종(從)-취(就), 뒤좇을 종(從)-축(逐), ~부터 종(從)-자(自)〉 등의 뜻을 내지만 여기선 〈따를 수(隨)〉와 같다 여기고 새김이 마땅하다.

이(利) 〈만물로 하여금 삶을 이루어가게 하는 덕(德)의 이로울 이(利)-사만물수생지덕(使萬物遂生之德), 날카로울 이(利)-예(銳)-섬(銛), 질병 이(利)-질(疾), 통할 이(利)-통(通)-순(順), 좋을 이(利)-길(吉)-의(宜), 편리할 이(利)-편(便), 마름해 만들어 이룰 이(利)-재성(裁成), 탐할 이(利)-탐(貪), 구할(취할) 이(利)-구(求)-취(取), 좋아할 이(利)-열애(悅愛), 이로울 이(利)-익(益), 기교 이(利)-교(巧), 보람 이(利)-공용(功用), 지세가 험하고 중요한 이(利)-험요(險要), 이길 이(利)-승(勝), 어질 이(利)-인(仁)〉 등의 뜻을 내지만 여기선 〈사만물수생지덕(使萬物遂生之德) 즉 만물로 하여금 삶을 이루어가게 하는 덕(德)의 이로움〉으로 새김이 마땅하다. 〈利〉가 맨 앞에 오면 〈이〉로 발음되고, 중간이나 뒤에 오면 〈리〉로 발음된다.

용(用) 〈쓸(베풀) 용(用)-시(施)-행(行), 쓰일(부릴) 용(用)-사(使), 써 용(用)-이(以), 맡길 용(用)-임(任), 위할 용(用)-위(爲), 갖출 용(用)-비(備), 다스릴 용(用)-치(治), 재화 용(用)-화(貨), 책임 지워 일을 맡길 용(用)-임사(任使), 통할 용(用)-통(通), 이로울 용(用)-이(利)〉 등의 뜻을 내지만 여기선 〈쓸 행(行)〉과 같아 시행(施行)으로 여기고 새김이 마땅하다.

위(爲) 〈생각할 위(爲)-사(思), 될(이룰) 위(爲)-성(成), 할 위(爲)-조(造), 행할 위(爲)-행(行)-작(作), 하여금 위(爲)-사(使), 만들 위(爲)-산(産), 배울 위(爲)-학(學), 다스릴 위(爲)-치(治), 도울 위(爲)-조(助), 호위할 위(爲)-호(護), 칭할 위(爲)-칭(稱), 꾀할 위(爲)-모(謀)〉 등의 뜻을 내지만 이 외에도 전후문맥(前後文脈)에 따라 다양하게 뜻을 구사하는 〈위(爲)〉 자(字)이다. 여기선 〈생각할 사(思)〉와 같다 여기고 새김이 마땅하다. 〈위(爲)〉를 영어에서 대리동사 노릇을 하는 〈do〉와 같다 여겨도 된다. 그리고 〈위(爲)〉는 뜻 없는 어조사 노릇도 하고, 〈소이(所以)〉와 같은 구실도 하여 〈까닭 위(爲)〉 노릇도 하며, 〈위(爲)〉는 구문(句文)에서 마치 영어의 수동태 〈be동사〉 같은 노릇도 한다. 예를 들자면 〈A解B〉를 〈B爲解於A〉 꼴로 하여 영어의 수동태 같은 노릇도 한다. 〈A가 B를 해명하다[解]〉 〈B가 A에 의해서[於] 해명되다[爲解]〉 이처럼 〈위(爲)〉 바로 뒤에 동사 노릇을 하는 자(字)가 오면 그 자(字)를 수동태가 되게 하는 구실을 〈위(爲)〉가 하는 셈이니 이런 경우의 〈위(爲)〉는 〈견(見)-피(被)〉 등과 같은 셈이다. 〈위(爲)〉는 또 〈~에서 위(爲)-어(於), 이에 위(爲)-내(乃)〉 등과 같이 다양한 어조사 노릇도 하고, 〈이 위(爲)-시(是)〉와 같이 지시어 노릇도 한다.

의(依) 〈의지할 의(依)-의(倚)-뇌(賴), 따를 의(依)-순(循)-종(從), 믿을 의(依)-시(恃), 보호할 의(依)-보(保), 도울 의(依)-조(助), 아낄 의(依)-애(愛), 평평할 의(依)-준(準), 편안할 의(依)-안(安), 나무가 무성할 의(依)-울(鬱)-무목(茂木), 그대로 의(依)-연(然), 붙일 의(依)-부(附), 비유할 의(依)-비유(譬喩), 문짝 사이 의(依)-호유지간(戶牖之間)〉 등의 뜻을 내지만 여기선 〈의지할 뇌(賴)〉와 같다 여기고 새김이 마땅하다.

천(遷) 〈옮겨갈 천(遷)-이(移)-사(徙), (아래에서 위로) 올라갈 천(遷)-등(登)-거하지고(去下之高), 바뀔 천(遷)-변역(變易), 굴러 물러갈 천(遷)-전퇴(轉退), 물러갈 천(遷)-거(去), 죽을 천(遷)-망(亡), 흩어질 천(遷)-이산(離散), 귀양갈 천(遷)-적(謫), 벼슬 바뀔 천(遷)-사관(徙官), 헐뜯을 천(遷)-산(訕)〉 등의 뜻을 내지만 〈옮겨갈 이(移)〉와 같다 여기고 새김이 마땅하다.

국(國) 〈성안 국(國)-성중(城中)-교내(郊內), 나라 국(國)-방(邦), 천자가 도읍한 곳 국(國)-천자소도(天子所都), 제후의 나라 국(國)-제후국(諸侯國), 고향 국(國)-고향(故鄕), 지방 국(國)-지방(地方), 도모할 국(國)-모(謀)〉 등의 뜻을 내지만 여기선 〈성안 성중(城中)〉으로 여기고 새김이 마땅하다.

구오(九五 : ⚊)

九五 : 有孚惠心이니 勿問하여도 元吉하다 有孚하여 惠我德하리라
(유부혜심 물문 원길 유부 혜아덕)

구오(九五) : 믿어줌이[孚] 있고[有] 사람을 사랑하는[惠] 마음이니[心] 묻지[問] 않아도[勿] 으뜸으로[元] 행운을 누린다[吉]. 믿어줌이[孚] 있어[有] 나의[我] 덕을[德] 사랑한다[惠].

【구오(九五)의 효상(爻象) 풀이】

익괘(益卦 : ䷩)의 구오(九五 : ─)는 이양거양(以陽居陽) 즉 양(陽 : ─)으로써[以] 양(陽 : ─)의 자리에 있는지라[居] 정당한 자리에 있다. 구오(九五 : ─)와 상구(上九 : ─)는 양양(兩陽) 즉 둘 다[兩] 양(陽 : ─)인지라 〈비(比)〉 즉 이웃의 사귐[比]을 누리지 못하고 상충(相衝) 서로[相] 부딪치는[衝] 사이일 수 있지만, 구오(九五 : ─)와 육이(六二 : --)는 중정(中正) 즉 가운데이면서[中] 바른[正] 자리에 있고 정응(正應) 즉 바르게[正] 서로 호응함[應]을 누림인지라, 군왕(君王)으로서 육이(六二 : --)와 함께 백성을 위해 선정(善政)을 베푸는 모습이다.

> 익괘(益卦 : ䷩)의 구오(九五 : ─)가 육오(六五 : --)로 변효(變爻)하면 구오(九五 : ─)는 익괘(益卦 : ䷩)를 27번째 이괘(頤卦 : ䷚)로 지괘(之卦)하게 한다. 따라서 익괘(益卦 : ䷩)의 구오(九五 : ─)는 이괘(頤卦 : ䷚)의 육오(六五 : --)를 찾아가 살펴보게 한다.

【구오(九五)의 계사(繫辭) 풀이】

有孚惠心(유부혜심)

<u>믿어줌이[孚] 있고[有] 사람을 사랑하는[惠] 마음이다[心].</u>

〈유부혜심(有孚惠心)〉은 구오(九五 : ─)의 효위(爻位)를 빌려 암시한 계사(繫辭)이다. 〈유부혜심(有孚惠心)〉은 〈구오유민지부(九五有民之孚) 이구오유혜인지심(而九五有惠人之心)〉의 줄임으로 여기고 〈구오에게는[九五] 백성이[民之] 믿어줌이[孚] 있다[有] 그리고[而] 구오에게는[九五] 백성을[人] 사랑하는[惠之] 마음이[心] 있다[有]〉라고 새겨볼 것이다. 〈유부혜심(有孚惠心)〉은 중실(中實)한 양강(陽剛)의 구오(九五 : ─)가 정위(正位)의 중효(中爻)로서 군왕(君王)인지라 득중(得中) 즉 정도를 따름을[中] 취하여[得] 선정(善政)을 폄을 암시한다.

〈유부혜심(有孚惠心)의 유부(有孚)〉는 제신(諸臣)과 백성이 군왕(君王)인 구오(九五 : ─)를 〈부(孚)〉 즉 믿어줌[孚]을 암시한다. 〈유부(有孚)의 부(孚)〉란 수명(守命) 즉 자연의 가르침을[命] 지킴[守]으로써 남들로부터 성신(誠信) 즉 진실한[誠] 미더움[信]을 받음을 말한다. 여기 〈유부(有孚)의 부(孚)〉는 구오(九五 : ─)의 〈정(貞)〉으로 말미암아 신민(臣民)으로부터 돌아오는 미더움[信]이다. 정(貞) 즉 자연의[天] 가르침[命]을 지키는 마음가짐[貞]이 절로 불러오는 것이 〈부(孚)〉이다. 구오(九五 : ⚊)의 마음 즉 군심(君心)이 정(貞)하기 때문에 신민(臣民) 즉 신하들과[臣] 백성[民]이 군왕(君王)인 구오(九五 : ⚊)를 믿어줌[孚]을 암시한 계사(繫辭)가 〈유부혜심(有孚惠心)의 유부(有孚)〉이다.

〈유부혜심(有孚惠心)의 혜심(惠心)〉은 『노자(老子)』에 나오는 〈백성의[百姓之] 마음[心]으로써[以] 마음을[心] 삼는다[爲]〉라는 내용을 환기시킨다. 앞 〈유부(有孚)〉의 까닭을 암시함이 〈혜심(惠心)〉이다. 〈혜심(惠心)〉은 〈애인지심(愛人之心)〉 즉 사람을[人] 사랑하는[愛之] 마음[心]을 뜻한다. 이는 곧 익괘(益卦 : ䷩) 상체(上體)의 중효(中爻)인 구오(九五 : ⚊)가 성군(聖君)임을 암시한다. 군왕(君王)이 〈유부(有孚)〉 즉 〈부를[孚] 누린다[有]〉고 함은 천명(天命)을 성신(誠信) 즉 진실로[誠] 믿고[信] 따라 지키는 〈군심(君心)의 정(貞)〉을 말한다. 군왕(君王)의 〈정(貞)〉이란 천도를[天道] 이어받아[善] 백성을[民] 다스림[政]을 말한다. 이는 곧 군왕(君王)인 구오(九五 : ⚊)가 천심(天心) 즉 백성의 마음[天心]을 받들어 치국(治國)한다는 말이다. 따라서 〈유부혜심(有孚惠心)의 혜심(惠心)〉은 군왕(君王)인 구오(九五 : ⚊)의 정(貞)으로 말미암은 심지(心志)를 암시한다. 이에 〈혜심(惠心)〉은 〈애민지심(愛民之心)〉 즉 백성을[民] 사랑하는[愛之] 마음[心]을 밝힌다. 여기 〈혜심(惠心)의 혜(惠)〉는 〈사랑할 애(愛)〉와 같다. 군왕(君王)이 〈유부(有孚)〉 즉 백성의 성신(誠信)인 〈부(孚)〉를 누린다[有] 함은 군왕(君王)인 구오(九五 : ⚊)가 백성을 사랑하는[惠] 마음[心]을 간직하기 때문이다. 군왕(君王)이 백성을 사랑하는[惠] 마음[心]으로써 선정을 베풀어 백성으로 하여금 화평하고 윤택한 삶을 마음 편히 누리게 해주는 군심(君心)을 암시한 계사(繫辭)가 〈유부혜심(有孚惠心)의 혜심(惠心)〉이다.

勿問(물문) 元吉(원길)

묻지[問] 않아도[勿] 으뜸으로[元] 행운을 누린다[吉].

〈물문(勿問) 원길(元吉)〉은 〈물문구오유원길(勿問九五有元吉)〉의 줄임으로 여기고 〈물어볼 것[問] 없이[勿] 구오는[九五] 으뜸가는[元] 행운을[吉] 누린다[有]〉라고 새겨볼 것이다. 〈물문(勿問) 원길(元吉)〉은 구오(九五 : ⚊)의 〈유부혜심(有孚

惠心)〉을 의심치 말라는 계사(繫辭)이다. 〈물문(勿問)의 물(勿)〉은 여기선 〈없을 무(無)〉와 같아, 물어볼 것이[問] 없다[勿]는 것이 〈물문(勿問)〉이다. 익괘(益卦 : ䷩)의 상체(上體)인 손(巽 : ☴)의 중효(中爻)로서 정위(正位)에 있는 중실(中實)하고 강강(剛强)한 구오(九五 : ━)가 군왕(君王)으로서, 익괘(益卦 : ䷩) 하체(下體)의 중효(中爻)로서 현령(縣令)의 정위(正位)에 있는 중허(中虛)하고 유순(柔順)한 육이(六二 : ╍)와 함께 득중(得中) 즉 정도를 따름을[中] 취하여[得] 정응(正應) 즉 바르게[正] 호응하면서[應] 백성을 사랑하는[惠] 마음[心]으로써 선정(善政)을 베풂을 단언한 계사(繫辭)가 〈물문(勿問)〉이다.

〈원길(元吉)〉은 구오(九五 : ━)가 누리는 〈유부혜심(有孚惠心)〉의 보람을 암시한 계사(繫辭)이다. 구오(九五 : ━)의 〈유부(有孚)〉는 구오(九五 : ━)의 선정(善政)으로 말미암아 백성에게 〈혜심(惠心)〉을 더해줌[益]이니 이보다 원선(元善) 즉 으뜸가는[元] 선(善)이란 없다. 구오(九五 : ━)는 익괘(益卦 : ䷩) 상체(上體)의 중효(中爻)로서 득중(得中) 즉 정도를 따름을[中] 취하여[得] 선정(善政)의 유익한 더함[益]을 공평무사(公平無私)하게 백성에게 베풂은 구오(九五 : ━)가 누리는 으뜸으로 크나큰[元] 행운을 누림[吉]이다. 여기 〈원길(元吉)〉은 익괘(益卦 : ䷩)의 풍뢰익(風雷益)인 괘상(卦象)을 환기시키기도 한다. 바람과[風] 우레가[雷] 서로 어울려 돕는[益] 익괘(益卦 : ䷩)의 괘상(卦象)을 따라 구오(九五 : ━)가 유익한 더함[益]을 백성에게 베풂이야말로 〈원길(元吉)〉이다. 〈원길(元吉)의 원(元)〉은 계절로 치면 봄이다. 봄에 하늘땅이 베푸는 덕의 모습을 일러 〈원(元)〉이라 한다. 봄에 돋아나는 새싹보다 더한 으뜸[元]이란 없고 태어남의 으뜸[元]보다 더 큰 것은 없다. 이에 봄 같은 천지덕(天地德)을 〈원(元)〉이라 하니 구오(九五 : ━)의 선정(善政)을 이루게 하는 〈유부혜심(有孚惠心)〉이야말로 구오(九五 : ━)로 하여금 으뜸으로 크나큰[元] 행복[吉]을 누리게 함을 암시한 계사(繫辭)가 〈원길(元吉)〉이다.

有孚(유부) 惠我德(혜아덕)

믿어줌이[孚] 있어[有] 나의[我] 덕을[德] 사랑한다[惠].

〈유부(有孚) 혜아덕(惠我德)〉은 구오(九五 : ━)와 신민(臣民)의 융화(融和)를 암시한 계사(繫辭)이다. 〈유부(有孚) 혜아덕(惠我德)〉은 〈구오유신민지부군심(九五

有臣民之孚君心) 신민유혜구오지덕(臣民有惠九五之德)〉의 줄임으로 여기고 〈구오에게는[九五] 신민이[臣民之] 군심을[君心] 믿어줌이[孚] 있고[有] 신하들과[臣] 백성에게는[民] 구오의[九五之] 덕을[德] 사랑함이[惠] 있다[有]〉라고 새겨볼 것이다. 〈혜아덕(惠我德)의 혜(惠)〉는 〈사랑할 애(愛)〉와 같고, 〈혜아덕(惠我德)의 아(我)〉는 〈구오의[九五之]〉의 줄임이다.

〈유부(有孚)〉는 신민(臣民)이 군왕(君王)인 구오(九五 : ⚊)의 〈혜심(惠心)〉을 믿어줌[孚]을 암시한다. 천하 백성이 구오(九五 : ⚊)가 선정(善政)을 베풂을 믿는다는 것이 〈유부(有孚)〉이다. 이는 곧 익괘(益卦 : ䷩)의 주제인 〈익(益)〉 즉 더해줌[益]의 때를 맞아 구오(九五 : ⚊)가 선정(善政)을 두루 펼침을 암시한 계사(繫辭)이다.

〈혜아덕(惠我德)〉은 신민(臣民)이 구오(九五 : ⚊)의 선정(善政)을 누림을 암시한 계사(繫辭)이다. 〈혜아덕(惠我德)의 아덕(我德)〉은 구오(九五 : ⚊)가 익괘(益卦 : ䷩)의 상체(上體)인 손(巽 : ☴)의 중효(中爻)로서 득중(得中) 즉 정도를 따름을[中] 취하여[得] 백성을 감화하는 선정(善政)을 암시한다. 〈혜아덕(惠我德)의 아덕(我德)〉은 〈아덕치(我德治)〉의 줄임으로 여김이 마땅하다. 덕치(德治)의 덕(德)이란 감선이화(感善而化) 즉 선함을[善] 감동케 하여[感而] 새롭게 함[化]이니 백성으로 하여금 새로운 삶을 평안히 누리게 하는 다스림이 덕치(德治)이고 선정(善政)이다. 이런 선정(善政)이란 군심(君心)이 백성의 마음과 성화(成和) 즉 어울림을[和] 이루어야[成] 비로소 가능하다. 따라서 〈혜아덕(惠我德)의 아덕(我德)〉은 『장자(莊子)』에 나오는 〈덕이란[德] 것은[者] 어울림을[和] 이루고자[成之] 닦아감[修]이다[也]〉라는 내용을 환기시켜 살펴 헤아리게 한다. 덕(德)이란 밖으로부터 주어지는 것이 아니라 스스로 닦아가야 이룰 수 있다. 따라서 구오(九五 : ⚊)가 익괘(益卦 : ䷩) 상체(上體)의 중효(中爻)로서 득중(得中)을 잃지 않고 군심(君心)을 닦아감[修]을 백성이 은혜롭게 여기고 사랑함[惠]을 밝힌 계사(繫辭)가 〈혜아덕(惠我德)〉이다.

【字典】

유(有) 〈없을 무(無)의 반대말로 있을 유(有), 어조사 유(有), 간직할 유(有)-장(藏), 얻을(가질) 유(有)-취(取), 혹 유(有)-혹(或), 많을 유(有)-다(多)-족(足), 부유할 유(有)-부(富), 보호할 유(有)-보(保), 서로 친할 유(有)-상친(相親), 전일할 유(有)-전(專),

할 유(有)-위(爲)〉 등의 뜻을 내지만 〈있을 유(有)〉로 여기고 새김이 마땅하다.

부(孚) 〈믿을 부(孚)-신(信), 알에서 새끼가 껍질을 쪼아 나올 부(孚)-난화(卵化), 씨앗이 틀 부(孚)-부(稃), 기를 부(孚)-육(育), 덮어줄 부(孚)-복(覆), 붙을(의지할) 부(孚)-부(附)-부(付), 깡충거릴 부(孚)-무조(務躁), 옥채색 부(孚)-옥채색(玉采色)〉 등의 뜻을 내지만 여기선 〈믿을 신(信)〉과 같다 여기고 새김이 마땅하다.

혜(惠) 〈사랑할(좋아서 아낄) 혜(惠)-애(愛), 따를 혜(惠)-순(順), 어질 혜(惠)-인(仁), 슬기로울 혜(惠)-혜(慧), 상대의 마음을 살펴 (물건 등을) 베풀어 구제할 혜(惠)-심성휼인(心省恤人), 은덕을 베풀 혜(惠)-사(賜), 아첨할 혜(惠)-미(媚), 꾸밀 혜(惠)-식(飾), 세모창 혜(惠)-삼우모(三隅矛)〉 등의 뜻을 내지만 여기선 〈사랑할 애(愛)〉와 같다 여기고 새김이 마땅하다.

심(心) 〈의지 심(心)-의지(意志)-욕지소생(欲之所生), 뜻(의미) 심(心)-의미(意味)-의의(意義), 오장의 하나 심(心)-오장지일(五臟之一), 신명과 신체의 주 심(心)-신명여신체지주(神明與身體之主), 지혜의 집 심(心)-지지사(智之舍), 심정(감정) 심(心)-심정(心情)-감정(感情), 도의 본원 심(心)-도지본원(道之本原), 가슴 심(心)-흉(胸), 중앙 심(心)-중앙(中央), 나무의 가시 심(心)-목지첨자(木之尖刺), 28수의 하나 심(心)-이십팔수지일(二十八宿之一)〉 등의 뜻을 내지만 여기선 〈의지(意志)〉로 여기고 새김이 마땅하다.

물(勿) 〈없을 물(勿)-무(無)-무(毋), 아닌 것 물(勿)-비(非), 하지 말 물(勿)-막(莫), 아니할 물(勿)-불(不)〉 등과 같지만 여기선 〈없을 무(無)〉와 같다 여기고 새김이 마땅하다.

문(問) 〈말할 문(問)-언(言)-고(告), 물을 문(問)-신(訊)-하문(下問), 배울 문(問)-학(學), 논의할(토론할) 문(問)-논의(論議)-토론(討論), 점칠 문(問)-복(卜)-점문(占問), 찾아갈 문(問)-방(訪)-방문(訪問), 남길 문(問)-유(遺), 명령을 내릴 문(問)-명(命), 먼 곳에서 편지를 전할 문(問)-신식(信息)-안식(安息), 감사함을 말할 문(問)-도사(道謝)-칭사(稱謝), 향할 문(問)-향(向)〉 등의 뜻을 내지만 여기선 〈말할 언(言)-고(告)〉와 같다 여기고 새김이 마땅하다.

원(元) 〈선함의 으뜸 원(元)-선지장(善之長), 비롯할 원(元)-시(始)-단(端), 머리 원(元)-수(首)-두(頭), 근본 원(元)-본(本)-원(原), 어른 원(元)-장(長)-원장(元長), 하나 원(元)-일(一), 우두머리 원(元)-수장(首長), 임금 원(元)-원군(元君)-군(君), 큰 원(元)-

대(大), 아름다울 원(元)-미(美), 위 원(元)-상(上), 하늘 원(元)-천(天), 하늘땅의 큰 덕 원(元)-천지지대덕(天地之大德)-원기(元氣)-기(氣), 기운의 시작 원(元)-기지시(氣之始)-원자(元者), 백성 원(元)-원원(元元)-백성(百姓)〉 등의 뜻을 내지만 여기선 〈선함의 으뜸 선지장(善之長)〉으로 여기고 새김이 마땅하다.

길(吉) 〈좋을(행복할) 길(吉)-선(善)-영(令) {영월길일(令月吉日)은 선월선일(善月善日)임.}, 복 길(吉)-실(實)-선실(善實)-복(福), 예의를 따라 상서로울 길(吉)-예의순상(禮義順祥), 삼갈 길(吉)-근(謹), 초하루 길(吉)-삭일(朔日) {삭망(朔望) 즉 초하루[朔]와 그믐날[望]}, 길례 길(吉)-길례(吉禮) {오례지일(五禮之一) 길흉빈군가(吉凶賓軍嘉)}, 갈 길(吉)-행(行)-길(趌)〉 등의 뜻을 내지만 여기선 〈좋을 선(善)-영(令)〉 즉 행복과 같다 여기고 새김이 마땅하다.

아(我) 〈나(자기) 아(我)-기(己)-자위기신(自謂己身), 우리 아(我)-아배(我輩), 내 나라(자국) 아(我)-자칭기국(自稱其國), 내 것 아(我)-자기소유(自己所有), (자기 의견을) 고집할 아(我)-집(執)-고집기견(固執己見), 갑자기 아(我)-아(俄)〉 등의 뜻을 내지만 여기선 〈나 기(己)〉와 같다 여기고 새김이 마땅하다.

덕(德) 〈좋은 가르침 덕(德)-감화(感化), 본성 덕(德)-본성(本性), 진리 덕(德)-진리(眞理), 음양이 서로 통할 덕(德)-음양교통(陰陽交通), 큰 덕(德)-행도유득(行道有得)-수양이유득어심(修養而有得於心), 품행(품격) 덕(德)-품행(品行)-품격(品格), 본성의 실마리 덕(德)-성지단(性之端), 기질(성행) 덕(德)-기질(氣質)-성행(性行), 시생 덕(德)-시생(始生), 왕성한 기운 덕(德)-왕기(旺氣), 은혜 덕(德)-은(恩), 덕으로 여길 덕(德)-하사(荷思), 군자 덕(德)-군자(君子)〉 등의 뜻을 내지만 여기선 〈좋은 가르침 감화(感化)〉로 여기고 새김이 마땅하다.

註 성인무상심(聖人無常心) 이백성지심위심(以百姓之心爲心) : 성인에게는[聖人] 고집하는 마음이[常心] 없고[無], 백성의[百姓之] 마음[心]으로써[以] (당신의) 마음을[心] 삼는다[爲].

『노자(老子)』 49장(章)

註 덕자성화지수야(德者成和之修也) 덕불형자(德不形者) 물불능리야(物不能離也) : 덕이라는[德] 것은[者] 어울림을[和] 이루고자[成之] 닦아감[修]이다[也]. (어울림을 이루는) 덕이[德] 드러나지 않는다[不形]해도[者] (사람을 포함한) 온갖 것들은[物] (그 덕을) 떠날[離] 수 없는 것[不能]이다[也].

『장자(莊子)』「덕충부(德充符)」 4절(節)

상구(上九 : ⚊)

上九 : 莫益之라 或擊之이다 立心勿恒이니 凶하리라
막익지 혹격지 입심물항 흉

상구(上九) : 그에게[之] 더해줌이[益] 없는지라[莫] 그를[之] 공격할[擊] 수도 있다[或]. 마음을[心] 확립함에[立] 한결같음이[恒] 없으니[勿] 불행하다[凶].

【상구(上九)의 효상(爻象) 풀이】

익괘(益卦 : ䷩)의 상구(上九 : ⚊)는 이양거음(以陽居陰) 즉 양(陽 : ⚊)으로써[以] 음(陰 : ⚋)의 자리에 있는지라[居] 정당한 자리에 있지 못하다. 상구(上九 : ⚊)와 구오(九五 : ⚊)는 양양(兩陽) 즉 둘 다[兩] 양(陽 : ⚊)인지라 〈비(比)〉 즉 이웃의 사귐[比]을 누리지 못해 상충(相衝) 즉 서로[相] 부딪치는[衝] 사이이고, 상구(上九 : ⚊)와 육삼(六三 : ⚋)은 양음(陽陰)의 사이인지라 정응(正應) 즉 바르게[正] 서로 호응함[應]을 누릴 처지이지만, 〈익(益)〉 즉 더해줌[益]이 다한 극위(極位)에 있는 상구(上九 : ⚊)인지라 자기만 유익(有益)하기를 탐하는 모습이다.

익괘(益卦 : ䷩)의 상구(上九 : ⚊)가 상륙(上六 : ⚋)으로 변효(變爻)하면 상구(上九 : ⚊)는 익괘(益卦 : ䷩)를 3번째 준괘(屯卦 : ䷂)로 지괘(之卦)하게 한다. 따라서 익괘(益卦 : ䷩)의 상구(上九 : ⚊)는 준괘(屯卦 : ䷂)의 상륙(上六 : ⚋)을 찾아가 살펴보게 한다.

【상구(上九)의 계사(繫辭) 풀이】

莫益之(막익지) 或擊之(혹격지)

그에게[之] 더해줌이[益] 없는지라[莫] 그를[之] 공격할[擊] 수도 있다[或].

〈막익지(莫益之) 혹격지(或擊之)〉는 상구(上九 : ⚊)의 효위(爻位)를 빌려 암시한 계사(繫辭)이다. 〈막익지(莫益之) 혹격지(或擊之)〉는 〈상구막익급타인(上九莫益給他人) 혹모인가능격상구(或某人可能擊上九)〉의 줄임으로 여기고 〈상구에게는[上九] 남[他人]에게[給] 더해줌이[益] 없다[莫] 어쩌면[或] 누군가가[某人] 상구를[上九] 공격할[擊] 수도 있다[可能]〉라고 새겨볼 것이다. 〈막익지(莫益之)의 지(之)〉는 〈타인(他人)〉을 암시하는 지시어 노릇을 하고, 〈격지(擊之)의 지(之)〉는 상구(上九 : ━)를 암시하는 지시어 노릇을 한다. 〈혹격지(或擊之)의 혹(或)〉은 〈~할 수 있을 가능(可能)〉과 같아 〈혹격지(或擊之)〉는 〈가능격지(可能擊之)〉이다.

〈막익지(莫益之)〉는 상구(上九 : ━)가 익괘(益卦 : ䷩)의 주제인 〈익(益)〉 즉 위를[上] 덜어내[損] 아래를[下] 더해주는[益] 때가 다하여 자신을 위해 구자익(求自益) 즉 자기의[自] 이익을[益] 추구하는[求] 자임을 암시한다. 이는 곧 상구(上九 : ━)와 육삼(六三 : ╌)이 누리는 정응(正應) 즉 바르게[正] 서로 호응함[應]을 상구(上九 : ━)가 저버림을 의미하고, 〈익(益)〉의 때를 외면하는 짓을 범하는 것이다. 익기(益己) 즉 자기를[己] 유익하기[益]를 탐하면 의리(義理)를 잊고 남의 것을 빼앗으려는 탐욕이 앞섬을 암시한 계사(繫辭)가 〈막익지(莫益之)〉이다.

〈혹격지(或擊之)〉는 상구(上九 : ━)가 굳셈[剛]으로써 구익(求益)함이 지나쳐 중인(衆人)의 공분(公憤)을 살 수 있음을 암시한다. 극위(極位)란 『노자(老子)』에 나오는 〈반자도지동(反者道之動)〉의 〈반자(反者)〉 즉 되돌아오는[反] 것[者]이 시작되는 자리이다. 익괘(益卦 : ䷩)의 극위(極位)란 〈익(益)〉 즉 풍요로움[益]이 극(極) 즉 다해지고[極] 〈손(損)〉 즉 부족함[損]이 시작돼 이익을[益] 구하려[求] 함이 지나치는 자리이다. 이러한 지나침의 뒤끝을 암시함이 〈혹격지(或擊之)〉이다. 익기(益己) 즉 자기를[己] 이롭게[益] 하고자 손인(損人) 즉 남을[人] 해롭게[損] 하려는 치우침이 상구(上九 : ━)에게 있기 때문에 중인(衆人)이 상구(上九 : ━)를 공격할[擊] 수도 있다는 것이 〈혹격지(或擊之)〉이다. 자기를 이롭게 하고자 남을 해롭게 하면 공격을 받게 마련임을 암시한 계사(繫辭)가 〈혹격지(或擊之)〉이다.

立心勿恒(입심물항) 凶(흉)

마음을[心] 확립함에[立] 한결같음이[恒] 없으니[勿] 불행하다[凶].

〈입심물항(立心勿恒) 흉(凶)〉은 〈익(益)〉 즉 더해주는[益] 때가 다한지라 상구(上九 : ━)의 마음가짐이 변덕스러움을 암시한 계사(繫辭)이다. 〈입심물항(立心勿恒) 흉(凶)〉은 〈상구지립심물항(上九之立心勿恒) 인차상구유흉(因此上九有凶)〉의 줄임으로 여기고, 〈상구의[上九之] 결심에는[立心] 한결같음이[恒] 없다[勿] 그래서[因此] 상구에게는[上九] 불운이[凶] 있다[有]〉라고 새겨볼 것이다. 〈입심(立心)〉은 〈결심(決心)〉과 같고, 〈물항(勿恒)의 물(勿)〉은 〈없을 무(無)〉와 같고, 〈물항(勿恒)의 항(恒)〉은 〈한결같을 구(久)〉와 같다.

〈입심물항(立心勿恒) 흉(凶)〉은 상구(上九 : ━)의 〈입심(立心)〉 즉 결심(決心)이 변덕스러워 불행함을 암시한다. 저에게 이로우면[益] 좋아하고 해로우면[損] 싫어하는 상구(上九 : ━)의 변덕스러운 심기(心氣)를 암시한 것이 〈입심물항(立心勿恒)〉이다. 〈물항(勿恒)〉이 상구(上九 : ━)가 익괘(益卦 : ䷩)의 주제인 〈익(益)〉의 때를 외면함을 암시한다. 〈물항(勿恒)의 항(恒)〉은 『맹자(孟子)』에 나오는 〈천명을[天] 섬긴다[事]〉라는 내용을 상기시킨다. 항심(恒心) 즉 한결같은[恒] 마음[心]이란 사천(事天) 즉 천명을[天] 받듦[事]으로 통한다. 사천(事天)은 곧 무사(無私)이다. 〈물항(勿恒)〉 즉 한결같음이[恒] 없다[勿] 함은 사욕(私欲)이 앞섬을 말한다. 사욕에 끌려 익괘(益卦 : ䷩)의 주제인 〈익(益)〉 곧 위를[上] 덜어내[損] 아래를[下] 더해줌[益]의 시의(時宜)를 외면하면 상구(上九 : ━)가 〈흉(凶)〉 즉 불행할[凶] 수밖에 없음을 경계한 계사(繫辭)가 〈입심물항(立心勿恒) 흉(凶)〉이다.

【字典】

莫 〈막-모-맥〉 세 가지로 발음되고, 〈없을 막(莫)-무(無), 하지 말 막(莫)-물(勿), 허무 막(莫)-허무(虛無), 고요할 막(莫)-정(靜)-막(漠), 클 막(莫)-대(大), 강할 막(莫)-강(强), 깎아낼 막(莫)-거(去)-삭(削)-낙(鉻), 두려워할 막(莫)-파(怕)-구(懼), 불가 막(莫)-불가(不可), 도모할 막(莫)-모(謀), 나물(푸성귀) 모(莫), 날이 저물 모(莫)-일차명(日且冥), 밤 모(莫)-야(夜), 늦을 모(莫)-만(晩), 덕이 발라 어울림에 응할 맥(莫)-덕정응화(德正應和)〉 등의 뜻을 내지만 여기선 〈없을 무(無)〉로 여기고 새김이 마땅하다.

익(益) 〈넉넉할 익(益)-풍(豊)-요(饒), 도울 익(益)-조(助), 더할 익(益)-가(加), 지나칠 익(益)-과(過), 길 익(益)-장(長), 부유할 익(益)-부(富)-부유(富裕), 나아갈 익(益)-진(進), 설명을 다 받지 못한 익(益)-수설불료(受說不了), 쓰일 데 익(益)-용처(用處), 널리 부유할 익(益)-홍유(弘裕), 많을 익(益)-다(多), 클 익(益)-대(大), 점점 더할 익(益)-유(愈)〉 등의 뜻을 내지만 여기선 〈넉넉할 풍(豊)-요(饒)〉와 같다 여기고 새김이 마땅하다.

지(之) 〈그것(이것) 지(之)-피(彼)-시(是), 갈 지(之)-왕(往), 이를 지(之)-지(至), 주격-소유격-목적격 등의 토씨 지(之), 뜻 없는 허사(虛詞) 지(之)〉 등의 뜻을 내지만 여기선 허사로 여기고 새김이 마땅하다.

혹(或) 〈어떤 이(모르는 사람들) 혹(或)-수(誰), 있을 혹(或)-유(有), 때때로 혹(或)-간(間), 의심할 혹(或)-의(疑), 아마도 혹(或), 괴이할 혹(或)-괴(怪)〉 등의 뜻을 내지만 여기선 〈어떤 이 수(誰)〉와 같다 여기고 새김이 마땅하다.

격(擊) 〈칠(타격할) 격(擊)-타(打)-복(攴)-구(扣), 공격할 격(擊)-공(攻), 다스릴 격(擊)-치(治), 나무 몽치로 칠 격(擊)-추지(椎之), (머리를) 벨(죽일) 격(擊)-참(斬)-살(殺), 꺾을 격(擊)-좌(挫), 알맞을(상당할) 격(擊)-상당(相當), 움직일(접촉할) 격(擊)-동(動)-촉(觸), 어길 격(擊)-장(掌)-괴(乖), 사내 무당 격(擊)-남무(男巫), 악기 이름 격(擊)-악기명(樂器名)〉 등의 뜻을 내지만 여기선 〈칠 타(打)〉와 같다 여기고 새김이 마땅하다.

입(立) 〈정할 입(立)-정(定), 설 입(立)-기(起), 이룰 입(立)-성(成), 드러날 입(立)-현(見), 없어지지 않을 입(立)-불폐절(不廢絶), 존재할 입(立)-존재(存在), 마땅할 입(立)-당(當), 벼슬에 오를 입(立)-출사(出仕), 세울 입(立)-수(樹)-건(建), 밝힐 입(立)-명(明), 설치할 입(立)-설(設), 닥칠 입(立)-핍(逼)〉 등의 뜻을 내지만 〈정할 정(定)〉과 같다 여기고 새김이 마땅하다. 〈立〉이 맨 앞이면 〈입〉으로 발음하고, 뒤면 〈립〉으로 발음한다.

심(心) 〈의지 심(心)-의지(意志)-욕지소생(欲之所生), 뜻(의미) 심(心)-의미(意味)-의의(意義), 오장의 하나 심(心)-오장지일(五臟之一), 신명과 신체의 주 심(心)-신명여신체지주(神明與身體之主), 지혜의 집 심(心)-지지사(智之舍), 감정 심(心)-감정(感情), 도의 본원 심(心)-도지본원(道之本原), 가슴 심(心)-흉(胸), 중앙 심(心)-중앙(中央), 나무의 가시 심(心)- 목지첨자(木之尖刺), 28수의 하나 심(心)-이십팔수지일(二十八宿之一)〉 등의 뜻을 내지만 여기선 〈의지(意志)〉로 여기고 새김이 마땅하다.

물(勿) 〈없을 물(勿)-무(無)-무(毋), 아닌 것 물(勿)-비(非), 하지 말 물(勿)-막(莫), 아니할 물(勿)-불(不)〉 등의 뜻을 내지만 여기선 〈없을 무(無)〉와 같다 여기고 새김이 마땅하다.

항(恒) 〈항상 항(恒)-상(常), 늘 항(恒)-구(久), 일찍 항(恒)-상(嘗)-증(曾), 편안히 머물 항(恒)-안거(安居), 언제든지 항(恒)-평소(平素)〉 등의 뜻을 내지만 여기선 〈항상 상(常)〉과 같다 여기고 새김이 마땅하다.

흉(凶) 〈불행할 흉(凶)-길지반(吉之反), 나쁠 흉(凶)-오(惡), 흉한 사람 흉(凶)-흉인(凶人), 재앙 흉(凶)-화(禍), 요사할 흉(凶)-요사(夭死), 걱정할 흉(凶)-우(憂)-구(懼), 악한 사람 흉(凶)-악인(惡人), 흉년 흉(凶)-연곡불숙(年穀不熟), 사나울 흉(凶)-포학(暴虐), 음기 흉(凶)-음기(陰氣), 북쪽 흉(凶)-북(北), 없을 흉(凶)-공(空), 송사 흉(凶)-송(訟), 거역할 흉(凶)-역(逆), 어그러질 흉(凶)-패(悖), 허물 흉(凶)-구(咎)〉 등의 뜻을 내지만 여기선 〈불행할 길지반(吉之反)〉으로 여기고 새김이 마땅하다.

註 반자도지동(反者道之動) : 되돌아오는[反] 것이[者] 상도(常道)의[道之] 움직임이다[動].

『노자(老子)』 40장(章)

註 존기심(存其心) 양기성(養其性) 소이사천야(所以事天也) : 제[其] 마음을[心] 살피고[存] 제[其] 본성을[性] 기름이[養] 하늘을[天] 섬기는[事] 방법[所以]이다[也].

『맹자(孟子)』 범(凡) 46장(章) 1단락(段落)

쾌괘
夬卦

43

1 괘의 괘상과 계사

쾌괘(夬卦 : ䷪)

건하태상(乾下兌上) : 아래는[下] 건(乾 : ☰), 위는[上] 태(兌 : ☱).

택천쾌(澤天夬) : 못과[澤] 하늘은[天] 쾌이다[夬].

夬는 揚于王庭하여 孚號하나 有厲이다 告自邑하고 不利即戎이다 利有攸往하다
쾌 양우왕정 부호 유려 고자읍 불리 즉융 이유유왕

결단함은[夬] 왕의[王] 조정[庭]에서[于] 제창하여[揚] 믿음을 얻게[孚] 부르짖으나[號] 위태로움이[厲] 있다[有]. 자기의[自] 도읍에[邑] 알리되[告] 무력을[戎] 따르면[即] 불리하다[不利]. 갈[往] 데가[攸] 있으니[有] 이롭다[利].

【쾌괘(夬卦 : ䷪)의 괘상(卦象) 풀이】

앞 익괘(益卦 : ䷩)의 〈익(益)〉이란 더해줌[益]을 말한다. 이에 「서괘전(序卦傳)」에 〈더해주면서[益而] 그치지 않으면[不已] 반드시[必] 결렬된다[決] 그래서[故] 쾌괘(夬卦 : ䷪)로써[以] 그것을[之] 받는다[受]〉라는 말이 나온다. 이는 익괘(益卦 : ䷩) 뒤에 쾌괘(夬卦 : ䷪)가 오는 까닭을 밝힌다. 쾌괘(夬卦 : ䷪)의 〈쾌(夬)〉는 제거함[夬]을 뜻한다. 〈쾌(夬)〉는 〈결(決)〉이다. 더함[益]이 그침이 없다면 반드시 넘치거나 터져 결딴나므로 분결(分決) 즉 나누어[分] 정해야[決] 함이 천도(天道) 즉 자연의[天] 규율[道]이다. 따라서 익괘(益卦 : ䷩) 다음에 쾌괘(夬卦 : ䷪)가 온 것이다. 쾌괘(夬卦 : ䷪)의 괘상(卦象)은 건(乾 : ☰) 위에 태(兌 : ☱)가 있는 모습이다. 「설괘전(說卦傳)」에 나오는 〈건은[乾 : ☰] 하늘[天]이다[爲]〉라는 내용과 〈태는[兌 : ☱] 못[澤]이다[爲]〉라는 내용을 상기한다면 쾌괘(夬卦 : ䷪)의 괘상(卦象)은 하늘[天] 위에 못[澤]이 있는 모습이다. 물은 땅 위에 있으면 하늘로 올라

가 구름이 되므로 하늘 위에 구름의 못[澤]이 쌓이고 쌓여 터져 비로 쏟아지려는 절박한 모습이 쾌괘(夬卦 : ䷪)의 괘상(卦象)이다. 이런 괘상(卦象)은 인간세(人間世)에 긴장이 쌓이고 쌓여 마치 강물이 불어나 강둑이 무너지려는 지경임을 암시한다.

그러나 쾌괘(夬卦 : ䷪)의 괘상(卦象)을 양대음소(陽大陰小)로써 살펴보면 쾌괘(夬卦 : ䷪)의 괘상(卦象)은 오양일음(五陽一陰) 즉 양(陽 : ⚊) 다섯[五]과 음(陰 : ⚋) 하나[一]로 이루어진 모습이다. 양(陽 : ⚊)은 크고[大] 대인(大人)이며 공정(公正)하다. 음(陰 : ⚋)은 작고[小] 소인(小人)이며 편사(偏私) 즉 자기에게[私] 치우쳐[偏] 공정(公正)하지 못하다. 미꾸라지 한 마리가 방죽을 흐리게 하듯 오대(五大)의 공평(公平)을 일소(一小)의 편사(偏私)가 어지럽히는 모습이 쾌괘(夬卦 : ䷪)의 괘상(卦象)이다. 따라서 양효(陽爻 : ⚊)를 대자(大者)라 함은 무사(無私)의 선(善)임을 암시하고, 음효(陰爻 : ⚋)를 소자(小者)라 함은 편사(偏私)의 악(惡)을 암시한다. 쾌괘(夬卦 : ䷪)의 괘상(卦象)은 일소(一小)가 암시하는 편사(偏私)의 악(惡)을 결단함[夬]이 사원(私怨) 즉 사사로운[私] 원한[怨]이 아니라 공중(公衆)을 위해서 제거해야 하는 괘상(卦象)을 빌려 쾌괘(夬卦 : ䷪)라 칭명(稱名)한다.

【쾌괘(夬卦 : ䷪)의 계사(繫辭) 풀이】

夬(쾌) 揚于王庭(양우왕정)

결단함은[夬] 왕의[王] 조정[庭]에서[于] 제창한다[揚].

〈쾌(夬)〉는 쾌괘(夬卦 : ䷪)의 괘상(卦象)을 한 자(字)로 밝힌 계사(繫辭)이다. 〈쾌(夬)〉는 〈결(決)〉의 고자(古字)이다. 쾌괘(夬卦 : ䷪)의 〈쾌(夬)〉는 분결(分決) 즉 나누어[分] 정할 결(決)과 같다. 오양(五陽) 즉 다섯의 대(大)와 일음(一陰) 즉 하나의 소(小)로 나누어[分] 오대(五大)가 일소(一小)를 몰아내어 천하(天下)의 위기를 제거하려는 결단(決斷)을 암시한 계사(繫辭)가 〈쾌(夬)〉이다.

〈양우왕정(揚于王庭)〉은 쾌괘(夬卦 : ䷪)의 〈쾌(夬)〉는 소인(小人)의 편사(偏私)를 사원(私怨) 때문에 제거함이 아니고, 공정(公正)함을 해치는 편사(偏私)는 천도(天道)에 어긋남인지라 결단하여 제거함[夬]을 암시하는 계사(繫辭)이다. 〈양우왕정(揚于王庭)〉은 〈제대자양쾌소자우왕지조정(諸大者揚夬小者于王之朝庭)〉의 줄임으로 여기고 〈왕의[王之] 조정(朝庭)에서[于] 모든[諸] 대자가[大者] 소자를[小者] 제거함을[夬] 제창한다[揚]〉라고 새겨볼 것이다. 여기 〈양우왕정(揚于王庭)의 왕정(王庭)〉은 「설괘전(說卦傳)」에 나오는 〈건은[乾 : ☰] 임금[君]이다[爲]〉라는 내용을 따라 취상(取象)된 것이고, 동시에 쾌괘(夬卦 : ䷪)의 구오(九五 : ⚊)를 위주로 하여 쾌괘(夬卦 : ䷪)의 모습을 밝힘을 간파할 수 있다. 따라서 〈양우왕정(揚于王庭)〉을 큰[大] 것들[者] 즉 양(陽 : ⚊)들이 군왕에게[于王庭] 작은[小] 것을[者] 결단해야 함을[夬] 아뢴다[揚]고 새김해도 된다. 조정에서[于王庭] 작은[小] 것을[者] 결단함을[夬] 제창함[揚]이란 공중(公衆) 즉 천하백성(天下百姓)을 위함이지, 사원(私怨) 즉 양효(陽爻 : ⚊)들의 사사로운[私] 원한[怨] 때문이 아님을 아울러 암시하는 계사(繫辭)가 〈양우왕정(揚于王庭)〉이다.

孚號(부호) 有厲(유려)

믿음을 얻게[孚] 부르짖으나[號] 위태로움이[厲] 있다[有].

〈부호(孚號)〉는 〈양우왕정(揚于王庭)의 양(揚)〉 즉 큰 것이[大者] 작은 것을[小者] 결단해야[夬] 함은 믿음이 가도록[孚] 호소해야[號] 함을 암시한 계사(繫辭)이다. 〈부호(孚號)〉는 〈대자지양쾌소자필수부호(大者之揚夬小者必須孚號)〉의 줄임으로 여기고 〈대자가[大者之] 소자를[小者] 제거하자고[夬] 제창함은[揚] 반드시[必須] 믿음을 갖게[孚] 부르짖어야 한다[號]〉라고 새겨볼 것이다. 대자(大者) 즉 군자(君子)가 소자(小者) 즉 소인(小人)을 결단함[夬]을 진실로 미더움을 갖게[孚] 부르짖는다[號] 함이 〈부호(孚號)〉이다. 〈부호(孚號)의 부(孚)〉는 소자(小者)를 제거하자는[夬] 대자(大者)의 외침[號]이 진실로 미더워야[貞] 함을 전제한다. 왜냐하면 〈부(孚)〉는 소자(小者)를 제거하려는[夬] 대자(大者)의 마음가짐이 〈정(貞)〉 즉 천도(天道)에 어긋남이 없는 공평무사(公平無私)한 성신(誠信) 즉 진실한[誠] 미더움[信]에서 비롯해야 함을 전제하기 때문이다. 〈부호(孚號)의 부(孚)〉는 수명(守命) 즉 자연의 가르침을[命] 지킴[守]으로써 세상으로부터 성신(誠信) 즉 진실한[誠] 미더움[信]을 받음을 말한다. 〈부호(孚號)의 부(孚)〉는 대자(大者)의 〈정(貞)〉으로 말미암아 세상이 대자(大者)를 믿어줌[孚]이다. 정(貞) 즉 자연의[天] 가르침

[命]을 지키는 마음가짐에로 절로 돌아오는 것이 〈부(孚)〉 즉 진실한 미더움[誠信]이다. 대자(大者)가 소자(小者)를 제거하려는[夬] 심지(心志)가 〈정(貞)〉 즉 공평무사(公平無私)한 외침이어야[號] 함을 암시한 계사(繫辭)가 〈부호(孚號)〉이다.

〈유려(有厲)〉는 대자(大者)의 외침[號]에 대하여 소자(小者)의 반발이 있을 수 있음을 암시한 계사(繫辭)이다. 〈대자지부호유려(大者之孚號有厲)〉의 줄임으로 여기고 〈대자의[大者之] 부호에는[孚號] 어려움이[厲] 있다[有]〉라고 새겨볼 것이다. 이는 소자(小者)가 순순히 제거되지[夬] 않으려고 저항할 수 있기 때문이다. 아무리 진실하고 미더움으로써 공평무사(公平無私)함을 선양(宣揚)하고자 하더라도 성급히 무모하게 공개적으로 호쾌소자(號夬小者) 즉 작은[小] 것을[者] 제거하자고[夬] 부르짖는다면[號], 편사(偏私) 즉 사사로움에[私] 치우친[偏] 소자(小者)의 저항이 있을 터라 〈유려(有厲)〉 즉 위험이[厲] 있을[有] 수 있음을 암시한 계사(繫辭)가 〈유려(有厲)〉이다.

告自邑(고자읍)

자기의[自] 도읍에[邑] 알린다[告].

〈고자읍(告自邑)〉은 앞의 〈부호(孚號) 유려(有厲)〉를 도읍(都邑)의 백성에게 포고함[告]을 암시한 계사(繫辭)이다. 〈고자읍(告自邑)〉은 〈왕정고쾌소자어자도읍지민(王庭告夬小者於自都邑之民)〉의 줄임으로 여기고 〈왕정이[王庭] 자신의[自] 도읍의[都邑之] 백성[民]에게[於] 소자를[小者] 제거함을[夬] 알린다[告]〉라고 새겨볼 것이다.

〈고자읍(告自邑)의 고(告)〉는 쾌괘(夬卦 : ䷪)의 하체(下體) 태(兌 : ☱)를 빌려 암시한다. 왜냐하면 〈고자읍(告自邑)의 고(告)〉가 「설괘전(說卦傳)」에 나오는 〈태는[兌 : ☱] 입이며[口] 혀[舌]이다[爲]〉라는 내용을 상기시키기 때문이다. 〈고자읍(告自邑)〉은 쾌소자(夬小者) 즉 사욕만 앞세우려는 소인배의 무리를[小者] 제거하는[夬] 까닭을 도읍의[邑] 백성에게 알림[告]을 암시한다. 〈고자읍(告自邑)의 자읍(自邑)〉은 〈양우왕정(揚于王庭)의 왕정(王庭)〉 즉 궁궐[王庭]이 있는 자기들의[自] 도읍(都邑)을 말한다. 따라서 소자(小者)를 결단함[夬]을 천하(天下)에 드러내기 전에 도읍의 민심(民心)을 설득하여[告] 얻어야 함을 암시한 계사(繫辭)가 〈고자읍

(告自邑)〉이다.

不利卽戎(불리즉융)

무력을[戎] 따르면[卽] 불리하다[不利].

〈불리즉융(不利卽戎)〉은 〈약왕정즉융(若王庭卽戎) 왕정유불리(王庭有不利)〉의 줄임으로 여기고 〈만약[若] 왕정이[王庭] 무력을[戎] 따른다면[卽] 왕정에[王庭] 불리함이[不利] 있다[有]〉라고 새겨볼 것이다. 〈즉융(卽戎)의 즉(卽)〉은 〈따를 종(從)〉과 같고, 〈즉융(卽戎)의 융(戎)〉은 무력(武力)을 말한다.

〈불리즉융(不利卽戎)〉은 역(力) 즉 힘[力]으로써 소자(小者)를 결단하지[夬] 말아야 함을 암시한 계사(繫辭)이다. 천도(天道)는 왕도(王道)를 허락하지만 패도(覇道)는 허락하지 않는다. 〈즉융(卽戎)〉은 『맹자(孟子)』에 나오는 〈힘[力]으로써[以] 인을[仁] 가장하는[假] 것은[者] 패이다[覇]〉라는 내용을 상기시킨다. 힘을 앞세우는 〈패(覇)〉는 배천(背天) 즉 천도를[天] 어기는[背] 짓이다. 〈즉융(卽戎)〉 즉 무력을[戎] 따름[卽]이란 배천(背天)이다. 쾌괘(夬卦 : ䷪)의 대자(大者) 즉 양(陽 : ⚊)들이 소자(小者) 즉 음(陰 : ⚋)을 제거하고자[夬] 〈즉융(卽戎)〉 즉 무력을[戎] 쓴다면[卽] 난세(亂世)로 몰아가 백성을 불행하게 할 수 있는지라 〈불리(不利)〉 즉 이로울 것이 없다[不利]는 것이다. 〈불리즉융(不利卽戎)의 융(戎)〉은 「설괘전(說卦傳)」에 나오는 〈건은[乾 : ☰] 쇠붙이[金]이다[爲]〉라는 내용을 상기한다면, 쾌괘(夬卦 : ䷪)의 하체(下體) 건(乾 : ☰)을 빌려 쾌괘(夬卦 : ䷪)의 대자(大者)에게 〈융(戎)〉 즉 쇠붙이[金]의 무력(武力)을 빌려 취상(取象)한 것이다. 대자(大者) 즉 선자(善者)는 함부로 소 잡는 칼을 들지 않는다. 소자(小者)를 제거함[夬]에 무력을 사용하면[戎] 이롭지 못하다[不利] 함은 덕(德)으로써 소자(小者)의 탐욕을 제거해야[夬] 함임을 암시한 계사(繫辭)가 〈불리즉융(不利卽戎)〉이다.

利有攸往(이유유왕)

갈[往] 데가[攸] 있으니[有] 이롭다[利].

〈이유유왕(利有攸往)〉은 쾌괘(夬卦 : ䷪)의 〈쾌(夬)〉를 〈즉융(卽戎)의 융(戎)〉으로써 행하지 않고 〈고자읍(告自邑)의 고(告)〉 즉 알려서[告] 설복하여 행함을 암시한 계사(繫辭)이다. 〈이유유왕(利有攸往)〉은 〈약대자유유왕이고어쾌소자(若大者有攸往以告於夬小者) 대자여천하지민유리(大者與天下之民有利)〉의 줄임으로 여기고 〈만약[若] 대자에게[大者] 소자를[小者] 제거함에[於夬] 설득[告]으로써[以] 행하는[往] 바가[攸] 있다면[有] 온 세상의[天下之] 사람들과[與民] 대자에게[大者] 이로움이[利] 있다[有]〉라고 새겨볼 것이다.

〈이유유왕(利有攸往)〉에서 〈이(利)〉 즉 이롭다[利] 함은 대자(大者)만이 아니라 하민(下民) 즉 천하 백성[下民]과 더불어 평안한 세상을 누릴 수 있음을 암시한다. 〈유왕(攸往)의 왕(往)〉은 〈행쾌소자(行夬小者)〉 즉 소인배를[小者] 제거함을[夬] 실행함[行]을 암시한다. 난세(亂世) 즉 세상을[世] 어렵게[亂] 함은 소인배(小人輩) 때문이지 대자(大者) 즉 군자(君子) 탓은 결코 아니다. 왜 『논어(論語)』에 〈군자는[君子] 어울리되[和而] 패거리 짓지 않고[不同] 소인은[小人] 패거리 짓되[同而] 어울리지 않는다[不和]〉라는 내용이 나오겠는가? 공평무사(公平無邪) 즉 공정하고[公] 평등하여[平] 간사함이[邪] 없는[無] 천명(天命)을 군자(君子)는 순복(順服) 즉 따라[順] 복종하여[服] 세상을 평안하게 한다. 그러나 소인배는[小者] 부지천명(不知天命) 즉 천명을[天命] 몰라[不知] 행험(行險) 즉 모험을[險] 감행하여[行] 제 사욕만을 채우고자 세상을 어지럽히고[亂] 어렵게[難] 한다. 이에 대자(大者)가 천하를 설득하여[告] 소자(小者)를 제거함[夬]은 온 세상을 이롭게 함[利]임을 암시한 계사(繫辭)가 〈이유유왕(利有攸往)〉이다.

【字典】

쾌(夬) 〈나누어 정할 쾌(夬)-분결(分決), 결단할 쾌(夬)-결(決), 64괘 중의 하나 쾌(夬)-쾌괘(夬卦)〉 등의 뜻을 내지만 여기선 〈나누어 정할 분결(分決)〉로 여기고 새김이 마땅하다.

양(揚) 〈드러낼(밝힐) 양(揚)-현(顯), 들 양(揚)-거(擧), 넘을 양(揚)-월(越), 이을 양(揚)-속(續), 날아오를 양(揚)-비(飛), 따뜻할 양(揚)-양(陽)-화(和), 자세할 양(揚)-상(詳), 요동칠 양(揚)-동(動)〉 등의 뜻을 내지만 여기선 〈드러낼(밝힐) 현(顯)〉과 같다 여기고 새김이 마땅하다.

우(于) 〈~에서(부터) 우(于)-어(於), 갈 우(于)-왕(往), 써 우(于)-이(以), 할 우(于)-위(爲), 여기 우(于)-시(是), 도울 우(于)-조(助), 클 우(于)-대(大), 구할 우(于)-구(求), 자

족하는 모습 우(于)-자족모(自足貌)〉 등의 뜻을 내지만 여기선 〈~에서 어(於)〉와 같다 여기고 새김이 마땅하다.

왕(王) 〈임금 왕(王)-군(君), 제후 왕(王)-제후(諸侯), 무리의 우두머리 왕(王)-동류중지수령(同類中之首領), 큰 왕(王)-대(大), 천자를 받들 왕(王)-사천자(事天子), 바로잡을 왕(王)-광정(匡正), 성대할 왕(王)-성(盛), 이길 왕(王)-승(勝), 흥할 왕(王)-흥(興)〉 등의 뜻을 내지만 〈임금 군(君)〉과 같다 여기고 새김이 마땅하다.

정(庭) 〈뜰(마당) 정(庭)-궁계전(宮階前), 궁중 정(庭)-궁중(宮中), 집안 정(庭)-가내(家內), 송사를 처리하는 자리 정(庭)-법정(法庭), 조공 정(庭)-조공(朝貢), 바를 정(庭)-정(正), 곧을 정(庭)-직(直)〉 등의 뜻을 내지만 여기선 〈뜰(마당) 궁계전(宮階前)〉으로 여기고 새김이 마땅하다. 〈왕정(王庭)〉은 조정(朝廷) 즉 왕(王)과 신하(臣下)들이 모여 회의하는 장소로 여기고 새김이 마땅하다.

부(孚) 〈믿을 부(孚)-신(信), 알에서 새끼가 껍질을 쪼아 나올 부(孚)-난화(卵化), 씨앗이 틀 부(孚)-부(稃), 기를 부(孚)-육(育), 덮어줄 부(孚)-복(覆), 붙을(의지할) 부(孚)-부(附)-부(付), 깡충거릴 부(孚)-무조(務躁), 옥채색 부(孚)-옥채색(玉采色)〉 등의 뜻을 내지만 여기선 〈믿을 신(信)〉과 같다 여기고 새김이 마땅하다.

호(號) 〈알릴 호(號)-고(告), 부를 호(號)-호(呼), 명칭 호(號)-명칭(名稱), 시호 호(號)-시호(諡號), 명성을 알릴 호(號)-성예(聲譽), 첩보 호(號)-첩보(牒報), 표지 호(號)-표지(標識), 울면서 말할 호(號)-곡이언(哭而言), 울 호(號)-곡(哭), 닭 울음 호(號)-계명(鷄鳴), 호랑이 울음 호(號)-호소(虎嘯), {의사(疑詞)로서} 어찌 호(號)-하(何)-호(胡)-해(奚)-하(遐)-후(侯)-갈(曷)-합(盍)〉 등의 뜻을 내지만 여기선 〈알릴 고(告)〉와 같다 여기고 새김이 마땅하다.

유(有) 〈없을 무(無)의 반대말로 있을 유(有), 어조사 유(有), 간직할 유(有)-장(藏), 얻을(가질) 유(有)-취(取), 혹 유(有)-혹(或), 많을 유(有)-다(多)-족(足), 부유할 유(有)-부(富), 보호할 유(有)-보(保), 서로 친할 유(有)-상친(相親), 전일할 유(有)-전(專), 할 유(有)-위(爲)〉 등의 뜻을 내지만 〈있을 유(有)〉로 여기고 새김이 마땅하다.

여(厲) 〈저항할(막을) 여(厲)-항(抗), 위태할 여(厲)-위(危), 가물 여(厲)-한(旱), 갈 여(厲)-마(磨), 문지를(비빌) 여(厲)-마찰(摩擦), 엄할(사나울) 여(厲)-엄(嚴)-맹(猛), 높고 훌륭할 여(厲)-고상(高尙), 맑고 바를 여(厲)-청정(淸正), 일어날 여(厲)-기(起), 지을 여(厲)-작(作), 사나울 여(厲)-학(虐), 병들 여(厲)-병(病), 낭떠러지 여(厲)-애(涯), 물이 깊어도 건널 수 있는 곳 여(厲)-심수가섭지처(深水可涉之處), 권하여 힘쓰게 할 여(厲)-권면(勸勉), 이을 여(厲)-합(合)-연(連), 옷을 입고 물을 건널 여(厲)-이의섭수(以衣涉水), 가까울 여(厲)-근(近)-부(附)〉 등의 뜻을 내지만 여기선 〈저항할 항(抗), 위태할 위(危)〉의 뜻을 함께하고 있다 여기고 새김이 마땅하다.

告 〈고-곡〉의 두 가지로 발음되고, 〈알릴 고(告)-보(報), 물을 고(告)-문(問), 위에 알릴 고(告)-백(白)-고상(高上), 말해줄 고(告)-어(語), 말할 고(告)-언(言), 청할 고(告)-청(請), 제출 소송 고(告)-고소(告訴), 가르칠 고(告)-교(教), 쉴 고(告)-가(暇), 보일 곡(告)-시(示), 청할 곡(告)-청(請), 찾을 곡(告)-심(尋)〉 등의 뜻을 내지만 여기선 〈알릴 보(報)〉와 같다 여기고 새김이 마땅하다.

자(自) 〈자기 자(自)-기(己), ~부터 자(自)-유(由)-종(從), 스스로 자(自)-궁친(躬親), 비롯할 자(自)-시(始), 자연 자(自)-자연(自然), 만약 자(自)-약(若), 사용할 자(自)-용(用)〉 등의 뜻을 내지만 여기선 〈자기 기(己)〉와 같다 여기고 새김이 마땅하다.

읍(邑) 〈도읍 읍(邑)-도(都), 고을(삼백호) 읍(邑)-오리(五里), 흑흑 느낄 읍(邑)-기결(氣結), 답답할 읍(邑)-우울(憂鬱)〉 등의 뜻을 내지만 여기선 〈도읍 도(都)〉로 여기고 새김이 마땅하다. 고팔가위린(古八家爲鄰) 삼린위붕(三鄰爲朋) 삼붕위리(三朋爲里) 오리위읍(五里爲邑) 십읍위도(十邑爲都) 십도위사(十都爲師) : 옛날에는[古] 여덟 가구가[八家] 인이[鄰] 되고[爲], 삼린이[三鄰] 붕이[朋] 되며[爲], 삼붕이[三朋] 이가[里] 되고[爲], 오리(五里) 즉 삼백호가[三百戶] 읍이[邑] 되며[爲], 십읍이[十邑] 도가[都] 되고[爲], 십도가[十都] 사가[師] 된다[爲].

不 〈불-부〉 등으로 발음되고, 〈못할 불(不)-부(不), 않을 불(不)-부(不), 아닐 불(不)-부(不)-비(非), 없을 불(不)-부(不)-무(無), 하지 말 불(不)-부(不)-막(莫)-금지(禁止), 정하지 않을 불(不)-부(不)-부(否)-미정(未定), 새가 날아올라 내려오지 않는 불(不)-부(不)-조비상불하래(鳥飛上不下來)〉 등의 뜻을 내지만 여기선 〈없을 불(不)〉로 여기고 새김이 마땅하다.

이(利) 〈만물로 하여금 삶을 이루어가게 하는 덕(德)의 이로울 이(利)-사만물수생지덕(使萬物遂生之德), 날카로울 이(利)-예(銳)-섬(銛), 질병 이(利)-질(疾), 통할 이(利)-통(通)-순(順), 좋을 이(利)-길(吉)-의(宜), 편리할 이(利)-편(便), 마름해 만들어 이를 이(利)-재성(裁成), 탐할 이(利)-탐(貪), 구할(취할) 이(利)-구(求)-취(取), 좋아할 이(利)-열애(悅愛), 이로울 이(利)-익(益), 기교 이(利)-교(巧), 보람 이(利)-공용(功用), 지세가 험하고 중요한 이(利)-험요(險要), 이길 이(利)-승(勝), 어질 이(利)-인(仁)〉 등의 뜻을 내지만 여기선 〈사만물수생지덕(使萬物遂生之德) 즉 만물로 하여금 삶을 이루어 가게 하는 덕(德)의 이로움〉으로 새김이 마땅하다. 〈利〉가 맨 앞에 오면 〈이〉로 발음되고, 중간이나 뒤에 오면 〈리〉로 발음된다.

즉(卽) 〈좇을(나아갈) 즉(卽)-종(從)-취(就), 가까이할 즉(卽)-근(近), 이제(지금) 즉(卽)-금(今), 가득할 즉(卽)-만(滿), 음식을 아낄 즉(卽)-절식(節食)〉 등의 뜻을 내지만 여기선 〈좇을 종(從)〉과 같다 여기고 새김이 마땅하다.

융(戎) 〈모든 무기(武器)를 뜻하는 융(戎)-제무기(諸武器), 서방 오랑캐(떼도둑) 융(戎)-서방지종족(西方之種族)-군도(群盜), 병사 융(戎)-병사(兵士), 병거 융(戎)-병거(兵車), 정벌(전쟁) 융(戎)-정벌(征伐), 클 융(戎)-대(大), 서로 도울 융(戎)-상조(相助), 크나큰(숭배할) 융(戎)-대(大)-숭(崇), 쳐서 빼앗을 융(戎)-발(拔), 너 융(戎)-여(汝)〉 등의 뜻을 내지만 여기선 〈모든 무기(武器)를 뜻하는 제무기(諸武器)〉로 여기고 새김이 마땅하다.

유(攸) 〈곳(바) 유(攸)-소(所), 흘러가는 물 유(攸)-행수(行水), 아득할 유(攸)-장원(長遠)-유(悠), 닦을 유(攸)-수(修), 터득한 모습 유(攸)-자득모(自得貌), 빠를 유(攸)-숙(儵), 대롱거릴 유(攸)-현위모(懸危貌), 수심에 찬 모습 유(攸)-수모(愁貌)〉 등의 뜻을 내지만 여기선 〈곳 소(所)〉와 같다 여기고 새김이 마땅하다.

왕(往) 〈나아갈 왕(往)-행(行)-진행(進行), 갈 왕(往)-지(之), 물러갈 왕(往)-거(去), 이를 왕(往)-지(至), 향할 왕(往)-향(向), 옛 왕(往)-석(昔), 이따금 왕(往)-시시(時時), 뒤 왕(往)-후(後), 죽음 왕(往)-망거(亡去)-사자(死者)〉 등의 뜻을 내지만 〈나아갈 행(行)〉과 같다 여기고 새김이 마땅하다.

註 건위천(乾爲天) …… 위군(爲君) …… 위금(爲金) : 건은[乾 : ☰] 하늘[天]이고[爲] …… 임금[君]이며[爲] …… 쇠붙이[金]이다[爲]. 「설괘전(說卦傳)」 11단락(段落)

註 태위택(兌爲澤) …… 위구설(爲口舌) : 태는[兌 : ☱] 못[澤]이고[爲] …… 입이며[口] 혀[舌]이다[爲]. 「설괘전(說卦傳)」 11단락(段落)

註 이력가인자패(以力假仁者霸) 패필유대국(霸必有大國) 이덕행인자왕(以德行仁者王) 왕부

대대(王不待大) : 힘[力]으로써[以] 인을[仁] 가장하는[假] 것은[者] 패이다[霸]. 패자는[霸] 반드시[必] 대국을[大國] 차지한다[有]. 덕(德)으로써[以] 인을[仁] 행하는[行] 것은[者] 왕이다[王]. 왕은[王] 대국을[大] 바라지 않는다[不待]. 『맹자(孟子)』 「공손축장구상(公孫丑章句上)」 3장(第)

註 군자화이부동(君子和而不同) 소인동이불화(小人同而不和) : 군자는[君子] 어울리되[和而] 패거리 짓지 않고[不同], 소인은[小人] 패거리 짓되[同而] 어울리지 않는다[不和].

『논어(論語)』 「자로(子路)」 23장(第)

2 효의 효상과 계사

初九 : 壯于前趾하니 往不勝이면 爲咎이다
장우전지 왕불승 위구

九二 : 惕號한다 莫夜有戎이라도 勿恤이라
척호 모야유융 물휼

九三 : 壯于頄니 有凶이다 君子夬夬한다 獨行하여 遇雨若濡하리니 有慍이나 无咎이다
장우규 유흉 군자쾌쾌 독행 우우약유 유온 무구

九四 : 臀无膚하고 其行次且한다 牽羊悔亡이련만 聞言不信이라
둔무부 기행차저 견양회무 문언불신

九五 : 莧陸夬夬하여 中行无咎리라
현륙쾌쾌 중행무구

上六 : 无號하니 終有凶하리라
무호 종유흉

초구(初九) : 나아가려는[前] 발가락[趾]에다[于] 힘을 주는데[壯] 나아가서[往] 다하지 못하면[不勝] 허물이[咎] 된다[爲].

구이(九二) : 두려워하고[惕] 외친다[號]. 늦은[莫] 밤인데[夜] 무장한 자들이[戎] 있어도[有] 걱정하지[恤] 말라[勿].

구삼(九三) : 광대뼈[頄]에[于] 힘을 주니[壯] 불운함이[凶] 있다[有]. 군자가[君子] 결연히[夬] 제거한다[夬]. 홀로[獨] 가다가[行] 비를[雨] 만나[遇] 젖은[濡] 듯해[若] 노여움이[慍] 있어도[有] 허물은[咎] 없다[无].

구사(九四) : 볼기에[臀] 살이[膚] 없고[无] 그[其] 행차가[行] 꾸물거린다[次且]. 양들을[羊] 끌고 가도[牽] 후회가[悔] 없으련만[亡] 말을[言] 듣고서도[聞] 믿지 않는다[不信].

구오(九五) : 자리공을[莧陸] 제거하고[夬] 제거하여[夬] 정도를 따라[中] 행함에[行] 허물이[咎] 없다[无].

상륙(上六) : 외쳐볼 것이[號] 없으니[无] 끝내[終] 불운함이[凶] 있다[有].

초구(初九 : ㅡ)

初九 : 壯于前趾하니 往不勝이면 爲咎이다
장우전지 왕불승 위구

초구(初九) : 나아가려는[前] 발가락[趾]에다[于] 힘을 주는데[壯] 나아가서 [往] 다하지 못하면[不勝] 허물이[咎] 된다[爲].

【초구(初九)의 효상(爻象) 풀이】

쾌괘(夬卦 : ䷪)의 초구(初九 : ㅡ)는 이양거양(以陽居陽) 즉 양(陽 : ㅡ)으로써 [以] 양(陽 : ㅡ)의 자리에 있는지라[居] 정당한 자리에 있다. 초구(初九 : ㅡ)와 구이(九二 : ㅡ)는 양양(兩陽) 즉 둘 다[兩] 양(陽 : ㅡ)의 사이인지라 〈비(比)〉 즉 이웃의 사귐[比]을 누리지 못하고 다른 대성괘(大成卦)에서라면 상충(相衝) 즉 서로 [相] 부딪치는[衝] 이웃일 수 있지만, 쾌괘(夬卦 : ䷪)에서는 서로 대자(大者)로서 본분을 지키면서 상화(相和)한다. 초구(初九 : ㅡ)와 구사(九四 : ㅡ)의 사이 역시 양양(兩陽)인지라 불응(不應) 즉 서로 호응하지 못하는 처지이다. 그러나 쾌괘(夬卦 : ䷪)의 하체(下體)인 건(乾 : ☰)의 세 양효(陽爻 : ㅡ)는 순양(純陽)의 양기(陽氣)로서 대자(大者)인지라, 서로에게 대범(大凡)하여 서로를 해롭게 할 리는 없고 도와야 하면 서로 돕게 되므로 중실(中實)한 양강(陽剛)의 초구(初九 : ㅡ) 홀로라도 자신의 뜻을 저버리지 않는 모습이다.

> 쾌괘(夬卦 : ䷪)의 초구(初九 : ㅡ)가 초륙(初六 : --)으로 변효(變爻)하면 초구(初九 : ㅡ)는 쾌괘(夬卦 : ䷪)를 28번째 대과괘(大過卦 : ䷛)로 지괘(之卦)하게 한다. 따라서 쾌괘(夬卦 : ䷪)의 초구(初九 : ㅡ)는 대과괘(大過卦 : ䷛)의 초륙(初六 : --)을 찾아가 살펴보게 한다.

【초구(初九)의 계사(繫辭) 풀이】

壯于前趾(장우전지)

나아가려는[前] 발가락[趾]에다[于] 힘을 준다[壯].

〈장우전지(壯于前趾)〉는 초구(初九 : ⚊)의 효위(爻位)를 들어 암시한 계사(繫辭)이다. 〈장우전지(壯于前趾)〉는 〈초구장우전지(初九壯于前趾)〉의 줄임으로 여기고 〈초구가[初九] 나아가려는[前] 발가락[趾]에다[于] 힘을 준다[壯]〉라고 새겨볼 것이다. 〈장우전지(壯于前趾)의 전지(前趾)〉는 〈전행지지(前行之趾)〉 즉 앞으로[前] 행하려는[行之] 발가락[趾]〉의 줄임으로 여기고 새김이 마땅하다.

〈장우전지(壯于前趾)〉에서 〈전지(前趾)의 전(前)〉은 초구(初九 : ⚊)가 서둘러 쾌소자(夬小者) 즉 소자를[小者] 제거하고자[夬] 함을 암시하고, 〈전지(前趾)의 지(趾)〉는 사람의 몸뚱이에서 맨 밑자리에 있는지라 〈발가락[趾]〉으로써 쾌괘(夬卦 : ䷪)의 초구(初九 : ⚊)를 취상(取象)한 것이다. 쾌괘(夬卦 : ䷪) 초구(初九 : ⚊)의 효사(爻辭)는 34번째 대장괘(大壯卦 : ䷡) 초구(初九 : ⚊)의 효사(爻辭)인 〈장우지(壯于趾)〉를 연상시킨다. 대장괘(大壯卦 : ䷡)는 사양이음(四陽二陰) 즉 사대이소(四大二小)로 이루어져 있지만, 쾌괘(夬卦 : ䷪)는 오양일음(五陽一陰)으로 이루어져 쾌괘(夬卦 : ䷪)의 양기(陽氣 : ⚊)가 대장괘(大壯卦 : ䷡)의 것보다 소자(小者) 즉 편사(偏私)의 악(惡)을 제거함[夬]에 한 발 더 나아간 셈이다. 그러니 쾌괘(夬卦 : ䷪)에서 대자(大者)가 소자(小者)를 제거함[夬]이 시작되는 자리임을 나아가는[前] 발[趾]에다[于] 힘을 준다[壯]고 하여, 초구(初九 : ⚊)가 〈쾌소자(夬小者)〉의 시작임을 암시하는 계사(繫辭)가 〈장우전지(壯于前趾)〉이다.

往不勝(왕불승) 爲咎(위구)

나아가서[往] 다하지 못하면[不勝] 허물이[咎] 된다[爲].

〈왕불승(往不勝) 위구(爲咎)〉는 초구(初九 : ⚊)가 중실(中實)한 강양(剛陽)의 대자(大者)일지라도 맨 밑자리에 있는지라 한계가 있음을 암시한 계사(繫辭)이다. 〈왕불승(往不勝)〉을 〈수초구왕쾌소자(雖初九往夬小者) 초구불승쾌소자(初九不勝夬小者) 초구지불승위구(初九之不勝爲咎)〉의 줄임으로 여기고 〈비록[雖] 초구가[初九] 소자를[小者] 제거함을[夬] 행한다 해도[往] 초구가[初九] 소자를[小者] 제거함을[夬] 다하지 못하니[不勝] 초구의[初九之] 불승은[不勝] 허물이[咎] 된다[爲]〉라고 새겨볼 것이다. 〈불승(不勝)의 승(勝)〉은 〈다할 진(盡)〉과 같다.

〈왕불승(往不勝)〉은 강강(剛强)한 초구(初九 : ⚊)가 소자(小者)의 제거[夬]를 감행하고자 해도 쾌괘(夬卦 : ䷪)의 초효(初爻)이기에 쾌소자(夬小者)가 시작되는 자리이기 때문에 초구(初九 : ㅡ)가 나약함을 암시한다. 초구(初九 : ㅡ)가 쾌괘(夬卦 : ䷪)의 주제인 〈쾌(夬)〉의 때를 맞아 소자(小者)를 제거한다[夬]는 심지(心志)는 강강(剛强)하지만 실행하기에는 역부족임을 깨닫지 못하고 경솔하게 행동하지 말라는 경계를 암시한 계사(繫辭)가 〈왕불승(往不勝)〉이다.

〈위구(爲咎)〉는 〈왕불승(往不勝)〉의 결과를 거슬러 암시한다. 여기 〈위구(爲咎)〉는 『노자(老子)』에 나오는 〈가벼우면[輕] 곧[則] 뿌리를[根] 잃는다[失]〉라는 내용을 상기시킨다. 소자(小者)를 제거하는[夬] 때를 맞아 신중하면서 제거할[夬] 때를 기다려 적시(適時)에 시도해야지, 의욕이 앞서 경솔하면[輕] 곧장[則] 본분을[根] 잃게 된다[失]. 매사를 마주할 때 제 본분[根]을 잃는[失] 짓보다 더한 허물[咎]이 없음을 살펴 헤아리게 하는 계사(繫辭)가 〈위구(爲咎)〉이다.

【字典】

장(壯) 〈용감할 장(壯)-용(勇), 장대할 장(壯)-장대(壯大), 클 장(壯)-대(大), 용체가 성대할 장(壯)-용체성대(容體盛大), 건장할 장(壯)-건(健), 빠를 장(壯)-질(疾), 팔월 장(壯)-팔월(八月), 남방 장(壯)-남방(南方), 상처 낼 장(壯)-상(傷), 젊을 장(壯)-소(少)〉 등의 뜻을 내지만 여기선 〈용감할 용(勇)〉으로 여기고 새김이 마땅하다.

우(于) 〈~에(부터) 우(于)-어(於), 갈 우(于)-왕(往), 써 우(于)-이(以), 할 우(于)-위(爲), 여기 우(于)-시(是), 도울 우(于)-조(助), 클 우(于)-대(大), 구할 우(于)-구(求), 자족하는 모습 우(于)-자족모(自足貌)〉 등의 뜻을 내지만 여기선 〈~에 어(於)〉와 같다 여기고 새김이 마땅하다.

전(前) 〈나아갈 전(前)-진(進), 눈앞 전(前)-목전(目前), 이끌 전(前)-도(導), 앞 전(前)-후지반(後之反), 이전 전(前)-이전(以前), 미리 전(前)-예선(豫先), 앞에 있을 전(前)-재선(在先)〉 등의 뜻을 내지만 〈나아갈 진(進)〉으로 여기고 새김이 마땅하다.

지(趾) 〈발(발가락, 발꿈치) 지(趾)-족(足), 멈출 지(趾)-지(止)〉 등의 뜻을 내지만 여기선 〈발 지(趾)〉로 여기고 새김이 마땅하다.

왕(往) 〈나아갈 왕(往)-행(行)-진행(進行), 갈 왕(往)-지(之), 물러갈 왕(往)-거(去), 이를 왕(往)-지(至), 향할 왕(往)-향(向), 옛 왕(往)-석(昔), 이따금 왕(往)-시시(時時), 뒤 왕(往)-후(後), 죽음 왕(往)-망거(亡去)-사자(死者)〉 등의 뜻을 내지만 〈나아갈

행(行)〉과 같다 여기고 새김이 마땅하다.

不 〈불-부〉 등으로 발음되고, 〈못할 불(不)-부(不), 않을 불(不)-부(不), 아닐 불(不)-부(不)-비(非), 없을 불(不)-부(不)-무(無), 하지 말 불(不)-부(不)-막(莫)-금지(禁止), 정하지 않을 불(不)-부(不)-부(否)-미정(未定), 새가 날아올라 내려오지 않는 불(不)-부(不)-조비상불하래(鳥飛上不下來)〉 등의 뜻을 내지만 여기선 〈못할 불(不)〉로 여기고 새김이 마땅하다.

승(勝) 〈다할 승(勝)-진(盡), 이길 승(勝)-부지대(負之對), 무릅쓸 승(勝)-극(克), 끊을(막을) 승(勝)-알(遏), 맡을 승(勝)-임(任), 뛰어날 승(勝)-감(堪), 들 승(勝)-거(擧), 오를 승(勝)-승(乘), 없앨 승(勝)-멸(滅)-망(亡), 능할 승(勝)-능(能), 지극할 승(勝)-극(極), 더할 승(勝)-익(益), 무성할 승(勝)-성(盛), 많을 승(勝)-다(多), 지나칠 승(勝)-과(過), 둘 승(勝)-이(二), 뛰어날 승(勝)-우(優)-출중(出衆)-우월(優越), 행할 승(勝)-행(行), 곧을 승(勝)-직(直)-정(正)〉 등의 뜻을 내지만 여기선 〈다할 진(盡)〉과 같다 여기고 새김이 마땅하다.

위(爲) 〈생각할 위(爲)-사(思), 될(이룰) 위(爲)-성(成), 할 위(爲)-조(造), 행할 위(爲)-행(行)-작(作), 하여금 위(爲)-사(使), 만들 위(爲)-산(産), 배울 위(爲)-학(學), 다스릴 위(爲)-치(治), 도울 위(爲)-조(助), 호위할 위(爲)-호(護), 칭할 위(爲)-칭(稱), 꾀할 위(爲)-모(謀), ~이다 위(爲)-시(是)〉 등의 뜻을 내지만 이 외에도 전후문맥(前後文脈)에 따라 다양하게 뜻을 구사하는 〈위(爲)〉 자(字)이다. 여기선 〈~이다 시(是)〉와 같다 여기고 새김이 마땅하다. 〈위(爲)〉를 영어에서 대리동사 노릇을 하는 〈do〉와 같다 여겨도 된다. 그리고 〈위(爲)〉는 뜻 없는 어조사 노릇도 하고, 〈소이(所以)〉와 같은 구실도 하여 〈까닭 위(爲)〉 노릇도 하며, 〈위(爲)〉는 구문(句文)에서 마치 영어의 수동태 〈be동사〉 같은 노릇도 한다. 예를 들자면 〈A解B〉를 〈B爲解於A〉 꼴로 하여 영어의 수동태 같은 노릇도 한다. 〈A가 B를 해명하다[解]〉 〈B가 A에 의해서[於] 해명되다[爲解]〉 이처럼 〈위(爲)〉 바로 뒤에 동사 노릇을 하는 자(字)가 오면 그 자(字)를 수동태가 되게 하는 구실을 〈위(爲)〉가 하는 셈이니 이런 경우의 〈위(爲)〉는 〈견(見)-피(被)〉 등과 같은 셈이다. 〈위(爲)〉는 또 〈~에서 위(爲)-어(於), 이에 위(爲)-내(乃)〉 등과 같이 다양한 어조사 노릇도 하고, 〈이 위(爲)-시(是)〉와 같이 지시어 노릇도 한다.

구(咎) 〈허물 구(咎)-건(愆)-과(過), 재앙 구(咎)-재(災), 병될 구(咎)-병(病), 나쁠

구(咎)-오(惡)〉 등의 뜻을 내지만 여기선 〈허물 건(愆)-과(過)〉와 같다 여기고 새김이 마땅하다.

註 경즉실근(輕則失根) 조즉실군(躁則失君) : 가벼우면[輕] 곧[則] 뿌리를[根] 잃고[失], 조급하면[躁] 곧[則] 장수를[君] 잃는다[失]. 『노자(老子)』 26장(章)

구이(九二 : ⚊)

九二 : 惕號한다 莫夜有戎이라도 勿恤이라
척호 모야유융 물휼

구이(九二) : 두려워하고[惕] 외친다[號]. 늦은[莫] 밤인데[夜] 무장한 자들이[戎] 있어도[有] 걱정하지[恤] 말라[勿].

【구이(九二)의 효상(爻象) 풀이】

쾌괘(夬卦 : ䷪)의 구이(九二 : ⚊)는 이양거음(以陽居陰) 즉 양(陽 : ⚊)으로써[以] 음(陰 : ⚋)의 자리에 있는지라[居] 정당한 자리에 있지 못하다. 구이(九二 : ⚊)와 구삼(九三 : ⚊)은 양양(兩陽) 즉 둘 다[兩] 양(陽 : ⚊)인지라 〈비(比)〉 즉 이웃의 사귐[比]을 누리지 못하고 다른 대성괘(大成卦)에서라면 상충(相衝) 즉 서로[相] 부딪치는[衝] 이웃일 수 있지만, 쾌괘(夬卦 : ䷪)에서는 서로 대자(大者)로서 본분을 지키면서 상화(相和)한다. 구이(九二 : ⚊)와 구오(九五 : ⚊)도 양양(兩陽)인지라 중정(中正) 곧 중이정위(中而正位)로 가운데이면서[中而] 바른[正] 자리에 있음[位]을 서로 누리지 못하고, 정응(正應)도 서로 누리지 못하는 처지이다. 그러나 쾌괘(夬卦 : ䷪)의 하체(下體)인 건(乾 : ☰)의 세 양효(陽爻 : ⚊)는 순양(純陽)의 양기(陽氣)로서 대자(大者)인지라 서로에게 대범(大凡)하여 서로를 해롭게 할 리는 없고 도와야 하면 서로 도우며, 구이(九二 : ⚊)는 쾌괘(夬卦 : ䷪)의 하체(下體) 건(乾 : ☰)의 중효(中爻)로서 득중(得中) 즉 정도를 따름을[中] 취하는[得] 모습이다.

쾌괘(夬卦 : ䷪)의 구이(九二 : ⚊)가 육이(六二 : ⚋)로 변효(變爻)하면 구이(九二 : ⚊)는 쾌괘(夬卦 : ䷪)를 49번째 혁괘(革卦 : ䷰)로 지괘(之卦)하게 한다. 따라서 쾌괘(夬卦 : ䷪)의 구이(九二 : ⚊)는 혁괘(革卦 : ䷰)의 육이(六二 : ⚋)를 찾아가 살펴보게 한다.

【구이(九二)의 계사(繫辭) 풀이】

惕號(척호)

두려워하고[惕] 외친다[號].

〈척호(惕號)〉는 구이(九二 : ⚊)의 효위(爻位)를 들어 암시한 계사(繫辭)이다. 〈구이내척관어쾌소자(九二內惕關於夬小者) 이구이외호관어쾌소자(而九二外號關於夬小者)〉의 줄임으로 여기고 〈구이가[九二] 안으로는[內] 쾌소자에[夬小者] 관하여[關於] 두려워한다[惕] 그리고[而] 구이가[九二] 밖으로는[外] 쾌소자에[夬小者] 관하여[關於] 외친다[號]〉라고 새겨볼 것이다.

〈척호(惕號)〉는 중실(中實)하고 강강(剛强)한 구이(九二 : ⚊)가 과강(過剛) 즉 굳셈에[剛] 치우쳐[過] 경솔할세라 자중하면서 쾌괘(夬卦 : ䷪)의 하체(下體) 건(乾 : ☰)의 중효(中爻)로서 득중(得中) 즉 정도를 따름을[中] 취하여[得] 계비(戒備) 즉 경계하면서[戒] 미리 방비[備]를 다하려는 몸과 마음가짐을 암시한다. 〈척호(惕號)〉는 구이(九二 : ⚊)의 내외(內外) 즉 심지(心志)의 안팎[內外]을 암시한다. 〈척호(惕號)의 척(惕)〉 즉 두려움[惕]은 구이(九二 : ⚊)의 심중(心中)의 내면(內面)을 암시하고, 〈척호(惕號)의 호(號)〉는 심중(心中)의 외면(外面)을 암시한다. 〈척(惕)〉은 구(懼) 즉 두려워함[懼]이고, 〈호(號)〉는 규(叫) 즉 거침없이 외침[叫]이다. 이는 구이(九二 : ⚊)가 쾌괘(夬卦 : ䷪)의 하체(下體) 건(乾 : ☰)의 중효(中爻)로서 거음(居陰) 즉 음(陰 : ⚋)의 자리에 있기에 강유상화(剛柔相和) 즉 굳셈과[剛] 부드러움이[柔] 서로[相] 어울려[和] 치우침 없이 득중(得中) 즉 정도를 따름을[中] 취해[得] 쾌소자(夬小者) 즉 소자를[小者] 제거함[夬]을 행하는 것임을 암시한 계사(繫辭)가 〈척호(惕號)〉이다.

莫夜有戎(모야유융) 勿恤(물휼)

늦은[莫] 밤인데[夜] 무장한 자들이[戎] 있어도[有] 걱정하지[恤] 말라[勿].

〈모야유융(莫夜有戎)〉은 구이(九二 : ⚊)의 쾌소자(夬小者)를 암시한 계사(繫辭)이다. 〈모야유융(莫夜有戎)의 모야(莫夜)〉는 쾌괘(夬卦 : ䷪)의 상체(上體) 태(兌 : ☱)를 빌려 취상(取象)한 것이다. 쾌괘(夬卦 : ䷪)의 상체(上體) 태(兌 : ☱)는 음괘(陰卦)이니 어둠[暗]이고 밤[夜]이며, 동시에 그 태(兌 : ☱)의 상효(上爻)인 상륙(上六 : ⚋)을 상징하는 것이 〈모야(莫夜)〉이다. 〈모야유융(莫夜有戎)의 유융(有戎)〉은 쾌괘(夬卦 : ䷪)의 하체(下體) 건(乾 : ☰)을 빌려 취상(取象)한 것이다. 〈유융(有戎)의 융(戎)〉이 「설괘전(說卦傳)」에 나오는 〈건은[乾 : ☰] 쇠붙이[金]이다[爲]〉라는 내용을 상기시키기 때문이다. 〈융(戎)〉 즉 병사(兵士)가 든 무기[戎]는 쇠붙이로 만든다. 나아가 〈유융(有戎)〉은 소자(小者) 즉 상륙(上六 : ⚋)을 제거하려는[夬] 구이(九二 : ⚊)를 상징한다. 이에 대자(大者)로서 구이(九二 : ⚊)가 소자(小者)인 상륙(上六 : ⚋)을 제거할[夬] 것임을 암시한 계사(繫辭)가 〈모야유융(莫夜有戎)〉이다.

〈물휼(勿恤)〉은 구이(九二 : ⚊)의 쾌소자(夬小者)를 거듭 강조한 계사(繫辭)이다. 〈물휼(勿恤)〉은 〈물휼구이지쾌소자(勿恤九二之夬小者)〉의 줄임으로 여기고 〈구이의[九二之] 쾌소자를[夬小者] 근심하지[恤] 말라[勿]〉라고 새겨볼 것이다. 〈물휼(勿恤)의 휼(恤)〉은 〈근심할 우(憂)〉와 같다. 〈물휼(勿恤)〉은 구이(九二 : ⚊)가 쾌괘(夬卦 : ䷪)의 하체(下體) 건(乾 : ☰)의 중효(中爻)로서 득중(得中) 즉 정도를 따름을[中] 취하므로[得] 확고하되 겸허하고 힘을 지혜로써 강화하여 소자(小者) 즉 악(惡)을 제거함[夬]에 마주하므로, 실패할 까닭이 없으니 걱정할 것이 없음을 암시한 계사(繫辭)가 〈물휼(勿恤)〉이다.

【字典】

척(惕) 〈두려워할 척(惕)-구(懼), 투기할(원망할) 척(惕)-질(疾), 걱정할 척(惕)-우(憂), 공경할 척(惕)-경(敬)〉 등의 뜻을 내지만 여기선 〈두려워할 구(懼)〉와 같다 여기고 새김이 마땅하다.

호(號) 〈부르짖을(부를) 호(號)-호(呼), 울면서 말할 호(號)-곡이언(哭而言), 알릴 호(號)-고(告), 명칭 호(號)-명칭(名稱), 시호 호(號)-시호(諡號), 명성을 알릴 호(號)-성예(聲譽), 첩보 호(號)-첩보(牒報), 표지 호(號)-표지(標識), 울 호(號)-곡(哭), 닭 울음 호(號)-계명(鷄鳴), 호랑이 울음 호(號)-호소(虎嘯), {의사(疑詞)로서} 어찌 호(號)-하(何)-호(胡)-해(奚)-하(遐)-후(侯)-갈(曷)-합(盍)〉 등의 뜻을 내지만 여기선 〈부르짖을 호(呼)〉와 같다 여기고 새김이 마땅하다.

莫 〈막-모-맥〉 세 가지로 발음되고, 〈늦을 모(莫)-만(晩), 날이 저물 모(莫)-일차명(日且冥), 도모나물(푸성귀) 모(莫), 밤 모(莫)-야(夜), 할 막(莫)-모(謀), 없을 막(莫)-무(無), 하지 말 막(莫)-물(勿), 허무 막(莫)-허무(虛無), 고요할 막(莫)-정(靜)-막(漠), 클 막(莫)-대(大), 강할 막(莫)-강(强), 깎아낼 막(莫)-거(去)-삭(削)-낙(銘), 두려워할 막(莫)-파(怕)-구(懼), 불가 막(莫)-불가(不可), 덕이 발라 어울림에 응할 맥(莫)-덕정응화(德正應和)〉 등의 뜻을 내지만 여기선 〈늦을 만(晩)〉으로 여기고 새김이 마땅하다.

야(夜) 〈밤 야(夜)-주지대(晝之對), 온 세상이 멈춰 쉴 야(夜)-사(舍=止)-천하휴사(天下休舍)-자혼지단지총명(自昏至旦之總名), 저녁 야(夜)-모(暮)-혼(昏), 밤중 야(夜)-야반(夜半)-심야(深夜), 음기 야(夜)-음(陰), 곤괘 야(夜)-곤괘(坤卦), 감괘 야(夜)-감괘(坎卦), 첫새벽 야(夜)-계명시(鷄鳴時), 정신없이 행할 야(夜)-암매지행(暗昧之行)〉 등의 뜻을 내지만 여기선 〈밤 야(夜)〉로 여기고 새김이 마땅하다.

유(有) 〈없을 무(無)의 반대말로 있을 유(有), 어조사 유(有), 간직할 유(有)-장(藏), 얻을(가질) 유(有)-취(取), 혹 유(有)-혹(或), 많을 유(有)-다(多)-족(足), 부유할 유(有)-부(富), 보호할 유(有)-보(保), 서로 친할 유(有)-상친(相親), 전일할 유(有)-전(專), 할 유(有)-위(爲)〉 등의 뜻을 내지만 〈있을 유(有)〉로 여기고 새김이 마땅하다.

융(戎) 〈무장한 자들(병사) 융(戎)-무장인(武裝人)-병사(兵士), 모든 무기(武器)를 뜻하는 융(戎)-제무기(諸武器), 서방 오랑캐(떼도둑) 융(戎)-서방지종족(西方之種族)-군도(群盜), 병거 융(戎)-병거(兵車), 정벌(전쟁) 융(戎)-정벌(征伐), 클 융(戎)-대(大), 서로 도울 융(戎)-상조(相助), 크나큰(숭배할) 융(戎)-대(大)-숭(崇), 쳐서 빼앗을 융(戎)-발(拔), 너 융(戎)-여(汝)〉 등의 뜻을 내지만 여기선 〈무장한 자들 무장인(武裝人)〉으로 여기고 새김이 마땅하다.

물(勿) 〈하지 말 물(勿)-막(莫), 없을 물(勿)-무(無)-무(毋), 아닌 것 물(勿)-비(非),

아니할 물(勿)-불(不)〉 등의 뜻을 내지만 여기선 〈하지 말 막(莫)〉과 같다 여기고 새김이 마땅하다.

휼(恤) 〈근심할 휼(恤)-우(憂), 거둘 휼(恤)-수(收), 기민 먹일(구휼할) 휼(恤)-진(賑), 불쌍히 여길 휼(恤)-민(愍), 마음에 둘 휼(恤)-고(顧)〉 등의 뜻을 내지만 여기선 〈근심할 우(憂)〉와 같다 여기고 새김이 마땅하다.

註 건위금(乾爲金) : 건은[乾 : ☰] 쇠붙이[金]이다[爲]. 「설괘전(說卦傳)」 11단락(段落)

구삼(九三 : ⚊)

九三 : 壯于頄하니 有凶이다 君子夬夬한다 獨行하여 遇雨若濡하리니 有慍이나 无咎이다
(장우규 유흉 군자쾌쾌 독행 우우약유 유온 무구)

구삼(九三) : 광대뼈[頄]에[于] 힘을 주니[壯] 불운함이[凶] 있다[有]. 군자가[君子] 결연히[夬] 제거한다[夬]. 홀로[獨] 가다가[行] 비를[雨] 만나[遇] 젖은[濡] 듯해[若] 노여움이[慍] 있어도[有] 허물은[咎] 없다[无].

【구삼(九三)의 효상(爻象) 풀이】

쾌괘(夬卦 : ䷪)의 구삼(九三 : ⚊)은 이양거양(以陽居陽) 즉 양(陽 : ⚊)으로써[以] 양(陽 : ⚊)의 자리에 있는지라[居] 정당한 자리에 있다. 구삼(九三 : ⚊)과 구사(九四 : ⚊)는 양양(兩陽) 즉 둘 다[兩] 양(陽 : ⚊)인지라 〈비(比)〉 즉 이웃의 사귐[比]을 누리지 못해 다른 대성괘(大成卦)에서라면 상충(相衝) 즉 서로[相] 부딪치는[衝] 이웃일 수 있지만, 쾌괘(夬卦 : ䷪)에서는 서로 대자(大者)로서 본분을 지키면서 상화(相和)한다. 구삼(九三 : ⚊)과 상륙(上六 : ⚋)은 정당한 자리에 있고 음양(陰陽)의 사이인지라 다른 대성괘(大成卦)에서라면 정응(正應) 즉 정도(正道)를 따라 서로 바르게[正] 호응할[應] 수 있는 처지이지만 쾌괘(夬卦 : ䷪)의 주제인 〈쾌소자(夬小者)〉의 때인지라 구삼(九三 : ⚊)은 상륙(上六 : ⚋)이 결단되어야[夬] 할 소자(小者)의 악(惡)임을 알지만, 대자(大者)로서 소자(小者)인 상륙(上六 : ⚋)을

결단함[夬]에 있어서 자신에 대해선 단호하되 상대인 상륙(上六 : --)을 〈쾌(夬)〉 즉 제거해야[夬] 함에 대해선 안타까워하는 속내를 간직한 모습이다.

> 쾌괘(夬卦 : ䷪)의 구삼(九三 : ─)이 육삼(六三 : --)으로 변효(變爻)하면 구삼(九三 : ─)은 쾌괘(夬卦 : ䷪)를 58번째 태괘(兌卦 : ䷹)로 지괘(之卦)하게 한다. 따라서 쾌괘(夬卦 : ䷪)의 구삼(九三 : ─)은 태괘(兌卦 : ䷹)의 육삼(六三 : --)을 찾아가 살펴보게 한다.

【구삼(九三)의 계사(繫辭) 풀이】

壯于頄(장우규) 有凶(유흉)

광대뼈[頄]에[于] 힘을 주니[壯] 불운함이[凶] 있다[有].

〈장우규(壯于頄) 유흉(有凶)〉은 구삼(九三 : ─)의 효위(爻位)를 들어 암시한 계사(繫辭)이다. 〈장우규(壯于頄)〉는 〈구삼장우규(九三壯于頄) 구삼지장유흉(九三之壯有凶)〉의 줄임으로 여기고 〈구삼이[九三] 광대뼈[頄]에[于] 힘을 주는데[壯] 구삼의[九三之] 힘주기에는[壯] 불행함이[凶] 있다[有]〉라고 새겨볼 것이다.

〈장우규(壯于頄) 유흉(有凶)〉은 쾌괘(夬卦 : ䷪)의 구삼(九三 : ─)이 다른 대성괘(大成卦)에서라면 상륙(上六 : --)과 누릴 수 있는 정응(正應)의 효연(爻緣)을 버리고, 쾌괘(夬卦 : ䷪)의 쾌시(夬時) 즉 소자(小者)인 음(陰 : --)을 제거하는[夬] 때[時]를 따름을 암시한다. 구삼(九三 : ─)이 쾌괘(夬卦 : ䷪) 하체(下體)의 상효(上爻)로서 정위(正位)에 있고 상륙(上六 : --)은 쾌괘(夬卦 : ䷪) 상체(上體)의 상효(上爻)로서 정위(正位)에 있어서, 구삼(九三 : ─)과 상륙(上六 : --)이 정응(正應) 즉 바르게[正] 호응함[應]을 누릴 수 있는 양음(陽陰)의 사이지만 쾌괘(夬卦 : ䷪)에서만은 이는 두 상효(上爻) 사이의 사적인 관계이다.

대자(大者)인 양(陽 : ─)이 소자(小者)인 음(陰 : --)을 〈쾌(夬)〉 즉 제거하는[夬] 쾌괘(夬卦 : ䷪)의 시국을 구삼(九三 : ─)이 외면할 수 없음이 〈장우규(壯于頄)의 장(壯)〉이고, 동시에 중양(衆陽)이 상진(上進)하여 일음(一陰)을 〈쾌(夬)〉 즉 결단하여 제거하는 때에 구삼(九三 : ─) 역시 상륙(上六 : --)과의 정응(正應)을 사친(私親)으로 단정하고 그 사사로운[私] 정응(正應)을 떨쳐내고 쾌괘(夬卦 : ䷪)의 대의(大義)를 따라 상륙(上六 : --)을 제거해야[夬] 함을 암시한 것이 〈장(壯)〉

이다. 이에 〈장우규(壯于頄)〉는 구삼(九三 : ━)이 강결(剛決) 즉 굳세게[剛] 결단한다[決]는 혈기가 왕성함을 뜻한다. 그러나 구삼(九三 : ━)이 쾌괘(夬卦 : ䷪)의 하체(下體) 건(乾 : ☰)의 상효(上爻)이지만 쾌괘(夬卦 : ䷪)에서 최상(最上)은 아니다. 구삼(九三 : ━)의 위에 군왕(君王)인 구오(九五 : ━)가 있음에도 불구하고 소자(小者)의 결단[夬]을 자임(自任) 즉 스스로[自] 맡겠다[任]고 나서면, 구삼(九三 : ━)이 불행[凶]을 겪는 꼴임을 암시한 계사(繫辭)가 〈장우규(壯于頄) 유흉(有凶)〉이다.

君子夬夬(군자쾌쾌)

군자가[君子] 결연히[夬] 제거한다[夬].

〈군자쾌쾌(君子夬夬)〉는 강강(剛强)한 구삼(九三 : ━)이 상륙(上六 : ╍)과의 정응(正應)에 연연하지 않음을 암시한 계사(繫辭)이다. 〈군자쾌쾌(君子夬夬)〉는 〈충임군자구삼쾌쾌소자(充任君子九三夬夬小者)〉의 줄임으로 여기고 〈군자(君子)로서[充任] 구삼이[九三] 소자를[小者] 결연히[夬] 제거한다[夬]〉라고 새겨볼 것이다.

〈군자쾌쾌(君子夬夬)〉는 구삼(九三 : ━)이 상륙(上六 : ╍)과의 정응(正應)을 떨쳐 멸친(滅親)하고 대의(大義)를 따름을 암시한다. 〈군자쾌쾌(君子夬夬)의 군자(君子)〉는 대자(大者)인 구삼(九三 : ━)을 취상(取象)한다. 〈군자쾌쾌(君子夬夬)〉는 『논어(論語)』에 나오는 〈군자는[君子] 곧고 바르지만[貞而] 맹목적으로 지키지는 않는다[不諒]〉라는 내용을 환기시킨다. 군자(君子)의 심지(心志) 즉 마음[心] 가는 바[志]가 〈쾌쾌(夬夬)〉라 함은 곧 〈정이불량(貞而不諒)〉과 바로 통하기 때문이다. 군자(君子)의 심지(心志)는 언제나 〈정(貞)〉과 함께한다. 모든 것을 아울러 하나같이[公] 바르게 함[正]이 〈정(貞)〉이다. 사사로움이[私] 없고[無] 치우침이[偏] 없어서[無] 절로 공정(公正)함을 〈정(貞)〉이라 한다. 따라서 군자(君子)는 〈비정(非貞)〉 즉 정이[貞] 아닌 것[非]이면 설령 약조(約條)한 것이라도 〈불량(不諒)〉 즉 고집하지 않고 팽개쳐버린다[不諒]. 군자(君子)의 이런 심지(心志)야말로 〈쾌쾌(夬夬)〉 바로 그것이다.

〈쾌쾌(夬夬)〉는 과감하게 결단내야 함에 망설이지 않음이다. 군자(君子)가 〈쾌쾌(夬夬)〉의 처지를 당하면 반드시 온갖 사정(私情)을 망설임 없이 팽개치고 굳세게 결단함을 의리로 삼는다. 그러나 구삼(九三 : ⚊)이 정응(正應)으로써 상륙(上六 : ⚋)과 상화(相和) 즉 서로 어울려야 하는 운명을 떨쳐냄을 당하여 상륙(上六 : ⚋)을 탓하지 않기 때문에, 여기 〈군자쾌쾌(君子夬夬)〉는 『논어(論語)』에 나오는 〈군자는[君子] 저에게서[己] 잘못을[諸] 찾지만[求] 소인은[小人] 남에게서[人] 잘못을[諸] 찾는다[求]〉라는 내용도 아울러 환기시킨다. 강결(剛決) 즉 굳세게[剛] 결단함[決]을 참뜻[義]으로 삼되, 군자(君子) 자신에게 엄격(嚴格)함이지 상대에게 냉엄(冷嚴)하지 않음을 암시한 계사(繫辭)가 〈군자쾌쾌(君子夬夬)〉이다.

獨行(독행)

홀로[獨] 간다[行].

〈독행(獨行)〉은 구삼(九三 : ⚊)이 쾌괘(夬卦 : ䷪)의 제양(諸陽)과 달리 쾌괘(夬卦 : ䷪)의 주제인 〈쾌(夬)〉의 때를 마주함을 암시하는 계사(繫辭)이다. 〈독행(獨行)〉은 〈충임군자구삼독행쾌소자(充任君子九三獨行夬小者)〉의 줄임으로 여기고 〈군자(君子)로서[充任] 구삼이[九三] 소자를[小者] 제거함을[夬] 홀로[獨] 실행한다[行]〉라고 새겨볼 것이다.

〈독행(獨行)〉은 군자(君子)로서 구삼(九三 : ⚊)의 〈쾌쾌(夬夬)〉는 쾌괘(夬卦 : ䷪)의 다른 중양(衆陽)과는 다름을 암시한 계사(繫辭)이다. 구삼(九三 : ⚊)만이 다른 중양과는 달리 상륙(上六 : ⚋)과의 정응(正應)으로써 음양상화(陰陽相和)를 누리는 효연(爻緣)을 간직하기에, 구삼(九三 : ⚊)이 상륙(上六 : ⚋)을 제거한다[夬]해도 홀로[獨] 수행한다[行]는 것이 〈독행(獨行)〉이다. 따라서 구삼(九三 : ⚊)은 다른 중양과 함께 상륙(上六 : ⚋)을 공적(公敵)으로 몰아 〈쾌(夬)〉 즉 제거함[夬]에 가담하지 않아 다른 중양으로부터 의심받을지언정 홀로[獨] 행함[行]을 암시한 계사(繫辭)가 〈독행(獨行)〉이다.

遇雨若濡(우우약유)

비를[雨] 만나[遇] 젖은[濡] 듯하다[若].

〈우우약유(遇雨若濡)〉는 쾌괘(夬卦 : ䷪)의 쾌시(夬時)를 맞아 구삼(九三 : ⚊)

의 〈독행(獨行)〉을 상징적으로 암시한 계사(繫辭)이다. 〈우우약유(遇雨若濡)〉는 〈구삼우우(九三遇雨) 인차구삼약유(因此九三若濡)〉의 줄임으로 여기고 〈구삼이[九三] 비를[雨] 만난다[遇] 그래서[因此] 구삼이[九三] 젖은[濡] 듯하다[若]〉라고 새겨볼 것이다. 〈약유(若濡)의 유(濡)〉는 〈젖을 윤(潤)〉과 같다.

〈우우약유(遇雨若濡)〉에서 〈우우(遇雨)의 우(雨)〉는 구삼(九三 : ⚊)이 변효(變爻)하여 58번째 태괘(兌卦 : ䷹)의 하체(下體) 태(兌 : ☱)의 상효(上爻)임을 빌려 구삼(九三 : ⚊)을 취상(取象)한 것이다. 〈우우(遇雨)의 우(雨)〉가 「설괘전(說卦傳)」에 나오는 〈태는[兌 : ☱] 못[澤]이다[爲]〉라는 내용을 상기시킨다. 태(兌 : ☱)는 우택(雨澤) 즉 비와[雨] 못[澤]의 모습인지라 택괘(澤卦 : ䷹)의 하체(下體) 태(兌 : ☱)를 빌려 구삼(九三 : ⚊)을 취상(取象)한 것이 〈우우(遇雨)의 우(雨)〉이다. 나아가 여기 〈우우(遇雨)의 우(遇)〉는 구삼(九三 : ⚊)이 쾌괘(夬卦 : ䷪)의 다른 중양(衆陽)과는 달리 음(陰 : ⚋)인 상륙(上六 : ⚋)과 정응(正應) 즉 바르게[正] 호응할[應] 수 있는 효연(爻緣)이 있음을 암시하기도 한다.

〈우우약유(遇雨若濡)〉에서 〈약유(若濡)〉 즉 젖은[濡] 듯하다[若] 함은 〈유(濡)〉 즉 젖는다[濡]가 아님을 주목하게 한다. 만약 〈우우유(遇雨濡)〉 즉 비를[雨] 만나[遇] 젖는다[濡]라면 이는 구삼(九三 : ⚊)이 대놓고 상륙(上六 : ⚋)과 정응(正應)을 누림을 암시하게 된다. 여기서 우유(雨濡) 즉 비를 맞아[雨] 젖음[濡]이란 상륙(上 : ⚋)과 정응(正應)으로써 음양상화(陰陽相和)를 누림을 암시하게 된다. 〈우(雨)〉란 본래 음양상화(陰陽相和) 즉 음과[陰] 양이[陽] 서로[相] 어울려[和] 하나가 된 것이다. 따라서 〈약유(若濡)〉 즉 젖은[濡] 듯하다[若] 함은 〈불유(不濡)〉 즉 젖지[濡] 못한다[不] 함이다. 쾌괘(夬卦 : ䷪)의 쾌시(夬時)를 따라 중양(衆陽)이 일음(一陰)을 공쾌(共夬) 즉 다 함께[共] 제거함[夬]에도 불구하고, 구삼(九三 : ⚊)이 홀로 상륙(上六 : ⚋)과의 정응(正應)으로써 음양(陰陽)의 상화(相和)를 누리지 못함을 암시하는 계사(繫辭)가 〈우우약유(遇雨若濡)〉이다.

有慍(유온) 无咎(무구)

노여움이[慍] 있어도[有] 허물은[咎] 없다[无]

〈유온(有慍) 무구(无咎)〉는 구삼(九三 : ⚊)이 상륙(上六 : ⚋)과의 정응(正應)

을 저버려야 함에 자온(自慍) 즉 자신을[自] 원망함[慍]을 암시한 계사(繫辭)이다. 〈유온(有慍) 무구(无咎)〉는 〈구삼유온관어쾌소자(九三有慍關於夬小者) 연이구삼지온무구(然而九三之慍无咎)〉의 줄임으로 여기고 〈구삼에게는[九三] 쾌소자에[夬小者] 관하여[關於] 원망함이[慍] 있다[有] 그러나[然而] 구삼의[九三之] 원망에는[慍] 허물이[咎] 없다[无]〉라고 새겨볼 것이다. 〈유온(有慍)의 온(慍)〉은 〈원망할 원(怨)〉과 같다.

쾌괘(夬卦 : ䷪)에서 구삼(九三 : ━)과 상륙(上六 : --)이 정응(正應)을 누림은 그 두 효(爻) 사이의 효연(爻緣)이다. 효연(爻緣)이란 역리(易理)에 따른 운명이다. 그 운명을 저버리고 구삼(九三 : ━) 자신이 쾌괘(夬卦 : ䷪)의 쾌시(夬時)에 따라 소자(小者)를 제거하라[夬]는 시국을 마주함이 원망스럽다[慍]는 것이 〈유온(有慍)〉이다. 이는 물론 구삼(九三 : ━)이 상륙(上六 : --)을 원망함[慍]이 아니라 쾌괘(夬卦 : ䷪)에서 상륙(上六 : --)과의 정응(正應)이라는 운명을 누리지 못함에 대한 자책(自責)인지라, 구삼(九三 : ━)에게 허물은[咎] 없다[无]고 암시한 계사(繫辭)가 〈유온(有慍) 무구(无咎)〉이다.

【字典】

장(壯) 〈왕성할 장(壯)-성(盛), 용감할 장(壯)-용(勇), 상처 낼 장(壯)-상(傷), 장대할 장(壯)-장대(壯大), 클 장(壯)-대(大), 용체가 성대할 장(壯)-용체성대(容體盛大), 건장할 장(壯)-건(健), 빠를 장(壯)-질(疾), 팔월 장(壯)-팔월(八月), 남방 장(壯)-남방(南方), 젊을 장(壯)-소(少)〉 등의 뜻을 내지만 여기선 〈왕성할 성(盛)〉으로 여기고 새김이 마땅하다.

우(于) 〈~에(부터) 우(于)-어(於), 갈 우(于)-왕(往), 써 우(于)-이(以), 할 우(于)-위(爲), 여기 우(于)-시(是), 도울 우(于)-조(助), 클 우(于)-대(大), 구할 우(于)-구(求), 자족하는 모습 우(于)-자족모(自足貌)〉 등의 뜻을 내지만 여기선 〈~에 어(於)〉와 같다 여기고 새김이 마땅하다.

頄 〈규-구〉 두 가지로 발음되고, 〈광대뼈 규(頄)-권(顴)-협골(頰骨), 두터울 구(頄)-후(厚)〉 등의 뜻을 내지만 여기선 〈광대뼈 권(顴)〉과 같다 여기고 새김이 마땅하다.

유(有) 〈없을 무(無)의 반대말로 있을 유(有), 어조사 유(有), 간직할 유(有)-장

(藏), 얻을(가질) 유(有)-취(取), 혹 유(有)-혹(或), 많을 유(有)-다(多)-족(足), 부유할 유(有)-부(富), 보호할 유(有)-보(保), 서로 친할 유(有)-상친(相親), 전일할 유(有)-전(專), 할 유(有)-위(爲)〉 등의 뜻을 내지만 여기선 〈있을 유(有)〉로 여기고 새김이 마땅하지만, 뜻 없는 어조사로 여기고 〈유흉(有凶)〉을 〈흉하다(凶)〉고 새겨도 또한 무방하다.

흉(凶) 〈나쁠 흉(凶)-악(惡), 거역할 흉(凶)-역(逆), 흉할 흉(凶)-길지반(吉之反), 흉한 사람 흉(凶)-흉인(凶人), 재앙 흉(凶)-화(禍), 요사할 흉(凶)-요사(夭死), 걱정할 흉(凶)-우(憂)-구(懼), 악한 사람 흉(凶)-악인(惡人), 흉년 흉(凶)-연곡불숙(年穀不熟), 사나울 흉(凶)-포학(暴虐), 음기 흉(凶)-음기(陰氣), 북쪽 흉(凶)-북(北), 없을 흉(凶)-공(空), 송사 흉(凶)-송(訟), 어그러질 흉(凶)-패(悖), 허물 흉(凶)-구(咎)〉 등의 뜻을 내지만 여기선 〈나쁠 악(惡)〉과 같다 여기고 새김이 마땅하다.

군(君) 〈지극히 높은 사람(천자-임금-제후) 군(君)-지존자(至尊者), 임금을 이을(세자) 군(君)-세자(世子), 여왕 군(君)-여군(女君), 어버이 군(君)-부모(父母), 돌아가신 임금-돌아가신 아버지-돌아가신 조상 군(君)-선군(先君)-선부(先父)-선조(先祖), 상대를 부르는 칭호 군(君)-칭호(稱號), 귀신을 받들어 부르는 칭호 군(君)-귀신지경칭(鬼神之敬稱), 맡아 다스릴 군(君)-주재(主宰), 하늘-건 군(君)-천(天)-건(乾), 양 군(君)-양(陽), 낮 군(君)-일(日), 중앙제단 군(君)-궁제단(宮祭壇), 흙 군(君)-토(土)〉 등의 뜻을 내지만 〈군자(君子)〉는 〈재덕겸구지인(才德兼具之人)〉 즉 재주와[才] 덕을[德] 아울러[兼] 갖춘[具之] 사람[人]을 칭하는 술어(術語)로 여기고 새김이 마땅하다.

자(子) 〈존칭(덕 있는 사람의 칭호) 자(子)-유덕자지칭(有德者之稱), 존경받는 사람 자(子)-존자(尊者), 벼슬 자(子)-작(爵), 12지의 첫째 자(子), 음력 11월 자(子), 밤 11시에서 다음날 1시까지 자(子), 북쪽 방향 자(子)-북방(北方), 오행에서 물 자(子)-어오행속수(於五行屬水), 짐승에서 쥐 자(子)-어수위서(於獸爲鼠), 번성할 자(子)-자(滋), 뒤를 이어줄 자(子)-사(嗣)-식(息), 자녀 자(子)-자녀(子女), 자손 자(子)-자손(子孫), 남자를 일컫는 호칭 자(子)-남자지통칭(男子之通稱), 만물 자(子)-만물(萬物), 씨앗(열매) 자(子)-종자(種子)-과실(果實), 누구(사람) 자(子)-인(人)-수자(誰子), 백성 자(子)-백성(百姓)〉 등의 뜻을 내지만 여기선 〈덕 있는 사람 유덕자(有德者)〉의 호칭으로 여기고 새김이 마땅하다.

쾌(夬) 〈결단할 쾌(夬)-결(決), 나누어 정할 쾌(夬)-분결(分決), 64괘 중의 하나 쾌(夬)-쾌괘(夬卦)〉 등의 뜻을 내지만 여기선 〈결단할 결(決)〉과 같다 여기고 새김이 마땅하다.

독(獨) 〈홀로 독(獨)-단(單)-소(少), 사람들과 다를 독(獨)-여인이(與人異), 다만 독(獨)-단(但)-전(專), 외로울 독(獨)-고(孤), 자식 없는 늙은이 독(獨)-노이무자(老而無子), 겨우 독(獨)-근(僅), 누구 독(獨)-숙(孰)-하(何), 그 독(獨)-기(其)〉 등의 뜻을 내지만 여기선 〈홀로 단(單)〉과 같다 여기고 새김이 마땅하다.

行 〈행-항〉 두 가지로 발음되고, 〈나아갈 행(行)-전진(前進), 갈 행(行)-왕(往), 다닐 행(行)-보(步), 길 귀신 행(行)-노신(路神), 오행 행(行)-오행(五行), 길 행(行)-도로(道路), 쓸 행(行)-용(用), 순행할 행(行)-순행(巡行), 행실 행(行)-신지소행(身之所行), 운반할 행(行)-운(運), 항오 항(行)-열(列), 시장 항(行)-시장(市長), 항렬 항(行)-등배(等輩), 굳셀 항(行)-강강(剛强)〉 등의 뜻을 내지만 여기선 〈나아갈 전진(前進)〉으로 여기고 새김이 마땅하다.

우(遇) 〈만날 우(遇)-봉(逢), 길에서 우연히 만날 우(遇)-불기이어도로상봉(不期而於道路相逢)-불기이회(不期而會), 구할 우(遇)-구(求), 알아챌 우(遇)-지득(志得), 짝 우(遇)-우(偶)-우(隅), 시기 우(遇)-시기(時機)〉 등의 뜻을 내지만 여기선 〈만날 봉(逢)〉과 같다 여기고 새김이 마땅하다.

우(雨) 〈비 우(雨)-수종운하(水從雲下), 물기 우(雨)-수기(水氣), 음 우(雨)-음(陰). 감 우(雨)-감(坎), 태 우(雨)-태(兌), 많을 우(雨)-다(多), 흩어질 우(雨)-산실(散失), 비 올 우(雨)-강우(降雨), 위에서 아래로 떨어질 우(雨)-자상이하락(自上而下落), 윤택할 우(雨)-윤택(潤澤)〉 등의 뜻을 내지만 여기선 〈비 우(雨)〉로 여기고 새김이 마땅하다.

若 〈약-야〉 두 가지로 발음되고, 〈같을 약(若)-여(如), 너 약(若)-여(汝), 만약 약(若)-가사(假使), 따를 약(若)-순(順), 착할 약(若)-선(善), 그 약(若)-기(其), 미칠 약(若)-급(及)-지(至), 이 약(若)-차(此), 어말조사(語末助辭)로 ~듯 약(若), 반야(般若) 야(若)〉 등의 뜻을 내지만 여기선 〈같을 여(如)〉와 같다 여기고 새김이 마땅하다.

유(濡) 〈적실 유(濡)-지(漬)-윤(潤), 넉넉할 유(濡)-윤택(潤澤), 은택 유(濡)-은택(恩澤), 은덕 유(濡)-은덕(恩德), 유화 유(濡)-유화(柔和), 빠질 유(濡)-익(溺), 참아낼 유(濡)-함인(含忍), 막힐 유(濡)-체(滯)〉 등의 뜻을 내지만 여기선 〈적실 지(漬)〉와 같다 여기고 새김이 마땅하다.

온(慍) 〈원망할 온(慍)-원(怨), 성낼 온(慍)-노(怒)-에(恚), 시름겨울 온(慍)-수(愁)〉 등의 뜻을 내지만 여기선 〈원망할 원(怨)〉과 같다 여기고 새김이 마땅하다.

무(无) 〈없을 무(无)-무(無), 허무지도 무(无)-허무지도(虛无之道), 으뜸 무(无)-원(元)〉 등의 뜻을 내지만 여기선 〈없을 무(無)〉와 같다 여기고 새김이 마땅하다.

구(咎) 〈허물 구(咎)-건(愆)-과(過), 재앙 구(咎)-재(災), 병될 구(咎)-병(病), 나쁠 구(咎)-오(惡)〉 등의 뜻을 내지만 여기선 〈허물 건(愆)-과(過)〉와 같다 여기고 새김이 마땅하다. 〈무구(无咎)〉는 〈면어구(免於咎)〉 즉 허물을[於咎] 면하다[免]와 같다.

註 군자정이불량(君子貞而不諒) : 군자는[君子] 곧고 바르지만[貞而] 맹목적으로 지키지는 않는다[不諒]. 『논어(論語)』「위령공(衛靈公)」 36장(章)

註 군자구저기(君子求諸己) 소인구저인(小人求諸人) : 군자는[君子] 저에게서[己] 잘못을[諸] 찾지만[求], 소인은[小人] 남에게서[人] 잘못을[諸] 찾는다[求]. 『논어(論語)』「위령공(衛靈公)」 20장(章)

註 태위택(兌爲澤) : 태는[兌 : --] 못[澤]이다[爲]. 「설괘전(說卦傳)」 11단락(段落)

구사(九四 : ─)

九四 : 臀无膚하고 **其行次且**한다 **牽羊悔亡**이련만 **聞言不信**이라
(둔 무 부 / 기 행 차 저 / 견 양 회 무 / 문 언 불 신)

구사(九四) : 볼기에[臀] 살이[膚] 없고[无] 그[其] 행차가[行] 꾸물거린다[次且]. 양들을[羊] 끌고 가도[牽] 후회가[悔] 없으련만[亡] 말을[言] 듣고서도[聞] 믿지 않는다[不信].

【구사(九四)의 효상(爻象) 풀이】

쾌괘(夬卦 : ䷪)의 구사(九四 : ─)는 이양거음(以陽居陰) 즉 양(陽 : ─)으로써[以] 음(陰 : --)의 자리에 있는지라[居] 정당한 자리에 있지 못하다. 구사(九四 : ─)와 구오(九五 : ─)는 양양(兩陽) 즉 둘 다[兩] 양(陽 : ─)의 사이인지라 〈비(比)〉 즉 이웃의 사귐[比]을 누리지 못해 다른 대성괘(大成卦)에서라면 상충(相衝)

즉 서로[相] 부딪치는[衝] 이웃일 수 있지만, 쾌괘(夬卦 : ䷪)에서는 서로 대자(大者)로서 본분(本分)을 지키면서 상화(相和)하고자 한다. 구사(九四 : ⚊)와 초구(初九 : ⚊)도 양양(兩陽)의 사이인지라 다른 대성괘(大成卦)에서라면 정응(正應) 즉 정도(正道)를 따라 서로 바르게[正] 호응할[應] 수 없는 처지이지만, 쾌괘(夬卦 : ䷪)에서는 서로 대자(大者)로서 본분을 지키면서 상화(相和)하고자 한다. 그러나 구사(九四 : ⚊)는 정당한 자리에 있지 못해 강장(剛壯) 즉 굳세고[强] 힘참[壯]을 잃어 강진(强進) 즉 강하게[强] 나아가지[進] 못하는 모습이다.

쾌괘(夬卦 : ䷪)의 구사(九四 : ⚊)가 육사(六四 : ⚋)로 변효(變爻)하면 구사(九四 : ⚊)는 쾌괘(夬卦 : ䷪)를 5번째 수괘(需卦 : ䷄)로 지괘(之卦)하게 한다. 따라서 쾌괘(夬卦 : ䷪)의 구사(九四 : ⚊)는 수괘(需卦 : ䷄)의 육사(六四 : ⚋)를 찾아가 살펴보게 한다.

【구사(九四)의 계사(繫辭) 풀이】

臀无膚(둔무부)

볼기에[臀] 살이[膚] 없다[无].

〈둔무부(臀无膚)〉는 구사(九四 : ⚊)의 효위(爻位)를 들어 암시한 계사(繫辭)이다. 〈둔무부(臀无膚)〉는 〈구사지둔무부(九四之臀无膚)〉의 줄임으로 여기고 〈구사의[九四之] 볼기에는[臀] 살이[膚] 없다[无]〉라고 새겨볼 것이다.

〈둔무부(臀无膚)〉는 구사(九四 : ⚊)의 자리가 부정(不正) 즉 바르지 못함[不正]을 암시한다. 〈둔무부(臀无膚)〉는 쾌괘(夬卦 : ䷪) 하체(下體)의 초효(初爻)인 초구(初九 : ⚊)의 자리를 신체의 부위로 말하면 〈지(趾)〉 즉 발가락[趾]에 해당되듯, 쾌괘(夬卦 : ䷪) 상체(上體)의 초효(初爻)인 구사(九四 : ⚊)의 자리를 신체의 부위로 말하면 〈둔(臀)〉 곧 엉덩이와 궁둥이의 언저리 즉 볼기[臀]에 해당되는지라 〈둔무부(臀无膚)의 둔(臀)〉으로써 구사(九四 : ⚊)를 취상(取象)한다. 〈둔무부(臀无膚)의 무부(无膚)〉는 중실(中實)하고 강강(剛强)한 구사(九四 : ⚊)가 중허(中虛)하고 유순(柔順)한 음(陰 : ⚋)의 자리에 있음을 암시한다. 〈무부(无膚)의 부(膚)〉는 음(陰 : ⚋)을 암시한다. 골(骨) 즉 뼈[骨]는 양(陽 : ⚊)이고, 부(膚) 즉 살갗[膚]은 음(陰 : ⚋)이다. 이에 〈무부(无膚)〉 즉 살갗이[膚] 없다[无] 함은 양(陽 : ⚊)인 구사

(九四 : ━)가 음(陰 : ╍)의 자리에 있음을 암시한 계사(繫辭)이다.

其行次且(기행차저)

그[其] 행차가[行] 꾸물거린다[次且].

〈기행차저(其行次且)〉는 구사(九四 : ━)가 쾌소자(夬小者)의 실행을 머뭇거림을 암시한 계사(繫辭)이다. 〈기행차저(其行次且)〉는 〈구사지행차(九四之行次) 이 구사지행저(而九四之行且)〉의 줄임으로 여기고 〈구사의[九四之] 행함은[行] 머문다[次] 그리고[而] 구사의[九四之] 행함은[行] 서성거린다[且]〉라고 새겨볼 것이다. 〈차저(次且)의 차(次)〉는 여기선 〈머물 지(止)〉와 같고, 〈차저(次且)의 저(且)〉는 〈서성거릴 자(趑)〉와 같다.

〈기행차저(其行次且)〉는 구사(九四 : ━)가 변효(變爻)하여 쾌괘(夬卦 : ䷪)의 상체(上體) 태(兌 : ☱)가 감(坎 : ☵)이 되어 5번째 수괘(需卦 : ䷄)로 지괘(之卦)할 역리(易理)를 빌려 구사(九四 : ━)의 모습을 취상(取象)한 것이다. 왜냐하면 〈기행차저(其行次且)의 차저(次且)〉가 「잡괘전(雜卦傳)」에 나오는 〈수괘는[需 : ䷄] 나아가지 못하는 것[不進]이다[也]〉라는 내용을 환기시키기 때문이다. 물론 〈기행차저(其行次且)의 차저(次且)〉를 반드시 「잡괘전(雜卦傳)」의 〈수부진야(需不進也)〉를 빌려 헤아려야 한다는 것은 아니다. 구사(九四 : ━)가 상륙(上六 : ╍)이라는 소자(小者)를 〈쾌(夬)〉 즉 제거하자면[夬] 군왕(君王)인 구오(九五 : ━)를 제치고 나아가야[行] 할 처지이니 경대부(卿大夫)인 구사(九四 : ━)가 군왕(君王)인 구오(九五 : ━)를 제칠 수 없음을 암시한 것이 〈기행차저(其行次且)의 차저(次且)〉라고 헤아려도 된다. 따라서 구사(九四 : ━)가 바로 위의 군왕(君王)인 구오(九五 : ━)를 제치고 상륙(上六 : ╍)을 제거하려[夬] 곧장 상진(上進)할 수 없는 모습을 암시한 계사(繫辭)가 〈기행차저(其行次且)〉이다.

牽羊悔亡(견양회무)

양들을[羊] 끌고 가도[牽] 후회가[悔] 없다[亡].

〈견양회무(牽羊悔亡)〉는 구사(九四 : ━)가 쾌괘(夬卦 : ䷪)의 사효(四爻)로서 그리고 쾌괘(夬卦 : ䷪)의 상체(上體)인 태(兌 : ☱)의 초효(初爻)로서 소위(所爲)

즉 할[爲] 바[所]를 자임(自任)함을 밝힌 효사(爻辭)이다. 〈견양회무(牽羊悔亡)〉는 〈구사견양(九四牽羊) 연이회무어구사지견양(然而悔亡於九四之牽羊)〉의 줄임으로 여기고 〈구사가[九四] 양들을[羊] 끌고 간다[牽] 그러나[然而] 구사의[九四之] 견양(牽羊)에는[於] 후회가[悔] 없다[亡]〉라고 새겨볼 것이다. 〈견양(牽羊)의 견(牽)〉은 〈끌고 갈 인이전(引而前)〉과 같고, 〈회무(悔亡)의 무(亡)〉는 〈없을 무(無)〉와 같다.

구사(九四 : ━)가 상륙(上六 : ╍)을 결단하려고[夬] 나아가려는 뜻이 있다 할지라도 군왕(君王)인 구오(九五 : ━)를 제칠 수 없으니 〈차저(次且)〉 즉 멈추어[次] 서성거릴[且] 바에야, 쾌괘(夬卦 : ䷪)의 상체(上體)인 태(兌 : ☱)의 초효(初爻)로서 할 바를 다하려는 구사(九四 : ━)의 모습을 암시한 것이 〈견양회무(牽羊悔亡)의 견양(牽羊)〉이다. 구사가[九四之] 양을[羊] 끌어도[牽] 뉘우칠 것이[悔] 없다[亡] 함은 바로 구사(九四 : ━)가 쾌괘(夬卦 : ䷪)의 상체(上體)인 태(兌 : ☱)의 초효(初爻)인 까닭이다. 왜냐하면 「설괘전(說卦傳)」에 나오는 〈태위양(兌爲羊)〉을 환기한다면 구사(九四 : ━)의 〈견양(牽羊)〉 즉 양몰이함[牽羊]이란 구사(九四 : ━)가 태(兌 : ☱)의 초효(初爻)로서 할 바임을 살펴 헤아릴 수 있기 때문이다. 구사(九四 : ━)의 〈견양(牽羊)〉은 구사(九四 : ━)가 중실(中實)한 양강(陽剛)이지만 중허(中虛)한 음유(陰柔)의 자리에 있는지라, 양강(陽剛)으로써 양몰이함[牽羊]이 아니라 음유(陰柔)로써 양몰이함[牽羊]을 〈견양회무(牽羊悔亡)의 회무(悔亡)〉가 살펴 헤아리게 한다. 양(羊)이란 무리지어 움직이므로 〈견양(牽羊)의 견(牽)〉이 이강강만견(以剛强挽牽) 즉 굳세고[剛] 강함[强]으로써[以] 끌어당겨[挽] 끎[牽]이라면 그런 〈견양(牽羊)〉은 실패한다. 실패의 뉘우침이[悔] 없게[亡] 구사(九四 : ━)가 양몰이함[牽羊]은 이강(以剛) 즉 강강(剛强)으로써 〈견양(牽羊)〉함이 아니라, 구사(九四 : ━) 자신이 거음(居陰) 즉 음(陰 : ╍)의 자리에 있음[居]인즉 이유(以柔) 즉 부드러움[柔]으로써[以] 양몰이하여[牽羊] 천도(天道) 즉 자연의[天] 규율[道]에 어긋남 없게 〈견양(牽羊)〉함에는 뉘우칠 것이[悔] 없음[亡]을 암시한 계사(繫辭)가 〈견양회무(牽羊悔亡)〉이다.

聞言不信(문언불신)

말을[言] 듣고서도[聞] 믿지 않는다[不信].

〈문언불신(聞言不信)〉은 구사(九四 : ⚊)가 음(陰 : ⚋)의 자리에 있음[居]을 암시한 계사(繫辭)이다. 〈문언불신(聞言不信)〉은 〈구사문군양지언(九四聞群陽之言) 연이구사불신기언(然而九四不信其言)〉의 줄임으로 여기고 〈구사는[九四] 군양의[群陽之] 말들을[言] 듣는다[聞] 그러나[然而] 구사는[九四] 그[其] 말들을[言] 믿지 않는다[不信]〉라고 새겨볼 것이다.

〈문언불신(聞言不信)〉은 중실(中實)하고 강강(剛强)한 구사(九四 : ⚊)가 음(陰 : ⚋)의 자리에 있는[居] 탓으로 소자(小者)를 제거해야[夬] 하는 시국에서 중양(衆陽)과 앞다투어 나아가지 않고 〈차저(次且)〉 즉 멈추거나[次] 서성거리어[且] 중양으로부터 따돌림당함을 암시한다. 쾌괘(夬卦 : ䷪)의 주제인 〈쾌(夬)〉의 시국에서 중실(中實)하고 강강(剛强)한 구사(九四 : ⚊)일지라도 음(陰 : ⚋)의 자리에 있음은 강명(剛明)함을 잃고 유암(柔暗)에 빠질 수도 있음을 〈문언불신(聞言不信)〉이 암시한다. 〈문언불신(聞言不信)의 문언(聞言)〉은 「설괘전(說卦傳)」에 나오는 〈태는[兌 : ☱] 입이고[口] 혀[舌]이다[爲]〉라는 내용을 환기한다면, 여기 〈문언(聞言)〉이 쾌괘(夬卦 : ䷪)의 상체(上體)인 태(兌 : ☱)를 빌려 암시한 것임을 알아챌 수 있다. 〈문언(聞言)〉이란 〈문구설(聞口舌)〉 즉 말함을[口舌] 듣는[聞] 것이다. 따라서 〈문언(聞言)〉은 쾌괘(夬卦 : ䷪)의 상체(上體) 태(兌 : ☱)의 초효(初爻)인 구사(九四 : ⚊)가 중양의 말을[言] 듣고서도[聞] 〈불신(不信)〉 즉 믿지 않는다[不信]고 함은 구사(九四 : ⚊)가 거음(居陰) 즉 음(陰 : ⚋)의 자리에 있음을 암시한다. 구사(九四 : ⚊)가 강명(剛明)한 강효(剛爻)이지만 음(陰 : ⚋)의 자리에 있기에 강결(剛決)함이 약해졌음을 암시한 계사(繫辭)가 〈문언불신(聞言不信)〉이다.

【字典】

둔(臀) 〈볼기(꽁무니) 둔(臀)-고(尻), 낮을 둔(臀)-저(底)〉 등의 뜻을 내지만 여기선 〈볼기 고(尻)〉와 같다 여기고 새김이 마땅하다.

무(无) 〈없을 무(无)-무(無), 허무지도 무(无)-허무지도(虛无之道), 으뜸 무(无)-원(元)〉 등의 뜻을 내지만 여기선 〈없을 무(無)〉와 같다 여기고 새김이 마땅하다.

부(膚) 〈살갗 부(膚)-혁외박피(革外薄皮), 거적자리 부(膚)-천석(薦席), 아름다울 부(膚)-미(美), 클 부(膚)-대(大), 돼지고기 부(膚)-시육(豕肉), 글말이 천박한 부(膚)-문사천박(文辭淺薄), 벗길 부(膚)-박(剝), 보낼 부(膚)-전(傳), 이끼 부(膚)-태(苔)〉 등의 뜻을 내지만 여기선 〈살갗 혁외박피(革外薄皮)〉로 여기고 새김이 마땅하다.

기(其) 〈그 기(其)-관형사(冠形詞), 그(그것) 기(其)-피(彼)-지(之), 그럴 기(其)-연(然), 어찌 기(其)-기(豈), 누를 기(其)-억(抑), 오히려 기(其)-상(尙)-서기(庶幾), 이에 기(其)-내(乃), 만약 기(其)-약(若), 장차 기(其)-장(將), 어조사 기(其)-어조사(語助辭)〉 등의 뜻을 내지만 여기선 관형사(冠形詞)로서 〈그 기(其)〉로 여기고 새김이 마땅하다.

行 〈행-항〉 두 가지로 발음되고, 〈나아갈 행(行)-전진(前進), 갈 행(行)-왕(往), 다닐 행(行)-보(步), 길 귀신 행(行)-노신(路神), 오행 행(行)-오행(五行), 길 행(行)-도로(道路), 쓸 행(行)-용(用), 순행할 행(行)-순행(巡行), 행실 행(行)-신지소행(身之所行), 운반할 행(行)-운(運), 항오 항(行)-열(列), 시장 항(行)-시장(市長), 항렬 항(行)-등배(等輩), 굳셀 항(行)-강강(剛强)〉 등의 뜻을 내지만 여기선 〈나아갈 전진(前進)〉으로 여기고 새김이 마땅하다.

차(次) 〈한 곳에 머물 차(次)-사지(舍止), 뒤 차(次)-부전(不前), 버금(다음) 차(次)-아(亞)-부(副), 가까울 차(次)-근(近), 분별위치순서(分別位置順序) 차(次), 차례 차(次)-제(第), 둘째 차(次)-이(貳), 가지런히 벌릴 차(次)-열(列)-비(比), 자리 차(次)-위(位)-처(處), 이를 차(次)-지(至), 줄 차(次)-수(授), 군사 머물 차(次)-사지(師止), 집 차(次)-사(舍), 장막 차(次)-악(幄), 가슴(속) 차(次)-중(中), 갑자기 차(次)-급거(急遽), 머리 꾸밀 차(次)-편발(編髮), 곳 차(次)-소(所)〉 등의 뜻을 내지만 여기선 〈한 곳에 머물 사지(舍止)〉로 여기고 새김이 마땅하다.

且 〈차-저〉 두 가지로 발음되고, 〈서성거릴 저(且)-자(趑)-행부진(行不進), 또 차(且)-우(又), 갈 차(且)-조(徂)-왕(往), 그 위에 차(且)-가지(加之), 바야흐로 차(且)-장차(將次), 거의 차(且)-기(幾), 어구(語句) 뒤에 오는 조사(助詞) 차(且), 많을 저(且)-다(多), 파초 저(且)-파초(芭蕉), 공손할 저(且)-공(恭), 말투를 강하게 하려는 어조사 저(且)〉 등의 뜻을 내지만 여기선 〈서성거릴 자(趑)〉로 여기고 새김이 마땅하다.

견(牽) 〈끌어서 앞으로 나아갈 견(牽)-인이전(引而前), 잇닿을 견(牽)-연(連), 당길 견(牽)-인(引)-만(挽), 끌어서 가까이 갈 견(牽)-인이근(引而近), 멈출 견(牽)-지(止), 거리낄 견(牽)-구(拘), 맬 견(牽)-계(繫)〉 등의 뜻을 내지만 여기선 〈끌어서 앞으로 나아갈 인이전(引而前)〉으로 여기고 새김이 마땅하다.

양(羊) 〈가축 양(면양-산양) 양(羊)-면양(綿羊)-산양(山羊), 길상 양(羊)-길상(吉

祥)〉 등의 뜻을 내지만 여기선 〈면양(綿羊)〉으로 여기고 새김이 마땅하다.

회(悔) 〈뉘우칠 회(悔)-오(懊), 거만할 회(悔)-만(慢), 한스러울 회(悔)-한(恨), 실패할 회(悔)-실(失), 후회할 회(悔)-후회(後悔), (잘못 등을) 고칠 회(悔)-개(改), 책망할 회(悔)-구(咎), 대성괘의 상체(上體) 회(悔)〉 등의 뜻을 내지만 여기선 〈뉘우칠 오(懊)〉와 같다 여기고 새김이 마땅하다. 대성괘(大成卦)의 하체(下體)를 〈정(貞)〉이라 일컫고, 상체(上體)를 〈회(悔)〉라고 일컫는다.

亡 〈무-망〉 두 가지로 발음되고, 〈없을 무(亡)-무(無), 가난할 무(亡)-빈(貧), 달아날(피할) 망(亡)-도(逃)-분(奔)-피(避)-거(去), 없어질 망(亡)-멸(滅), 죽음 망(亡)-사(死), 잃을 망(亡)-상(喪)-실(失), 업신여길 망(亡)-경멸(輕蔑), 그칠 망(亡)-지(止)-이(已), 잊을 망(亡)-망(忘)〉 등의 뜻을 내지만 여기선 〈없을 무(無)〉로 여기고 새김이 마땅하다.

문(聞) 〈소리를 듣고 알 문(聞)-지성(知聲), 받을 문(聞)-수(受), 알아들을 문(聞)-지(知), 맡을 문(聞)-후(嗅), 이름날 문(聞)-영(令)-영문(令聞), 소문날 문(聞)-풍문(風聞)〉 등의 뜻을 내지만 여기선 〈듣고 알 문(聞)-지성(知聲)〉으로 여기고 새김이 마땅하다.

언(言) 〈말소리 언(言)-언사(言辭 : 夫生民之音曰言 鳥獸之音曰鳴), 말의 첫머리를 꺼낼 언(言)-발단(發端)-직언(直言), 말 언(言)-어(語), 논할 언(言)-설(說), 밝힐(공표할) 언(言)-선(宣), 물어볼 언(言)-문(問), 따를 언(言)-종(從), 교명 언(言)-교명(教命), 호령 언(言)-호령(號令), 동맹이 필요할 말씀 언(言)-회동맹요지사(會同盟要之辭), 모의할 언(言)-모의(謀議), 응대하는 말 언(言)-사령(辭令), 윗전에 뜻을 전할 언(言)-상표(上表), 일구 언(言)-일구(一句), 한 글자 언(言)-일자(一字), 나 언(言)-아(我), 어울려 받드는 모습 언(言)-화경지모(和敬之貌), 송사할 언(言)-송(訟), 발어사 언(言)-운(云)〉 등의 뜻을 내지만 여기선 〈말소리 언사(言辭)〉로 여기고 새김이 마땅하다.

不 〈불-부〉 등으로 발음되고, 〈못할 불(不)-부(不), 않을 불(不)-부(不), 아닐 불(不)-부(不)-비(非), 없을 불(不)-부(不)-무(無), 하지 말 불(不)-부(不)-막(莫)-금지(禁止), 정하지 않을 불(不)-부(不)-부(否)-미정(未定), 새가 날아올라 내려오지 않는 불(不)-부(不)-조비상불하래(鳥飛上不下來)〉 등의 뜻을 내지만 여기선 〈않을 불(不)〉로 여기고 새김이 마땅하다.

신(信) 〈믿을 신(信)-불의(不疑), 미쁠(믿음성이 있는 마음) 신(信)-성(誠), 밝힐 신

(信)-명(明)-심(審), 알아볼 신(信)-지(知), 징험할 신(信)-험(驗), 부신(믿음의 신표) 신(信)-부(符)-부계(符契)-부신(符信), 따를 신(信)-종(從), 받들(존경할) 신(信)-경(敬), 이틀 밤 묵을 신(信)-재숙(再宿), 맡길 신(信)-임(任), 사신 신(信)-사자(使者), 도장 신(信)-인장(印章), 건괘 신(信)-건(乾 : ☰), 오음의 궁 신(信)-오음궁(五音宮), 오행의 토 신(信)-오행토(五行土), 오행의 물귀신 신(信)-오행지수신(五行之水神), 펼 신(信)-신(伸), 소식 신(信)-소식(消息), 몸 신(信)-신(身)〉 등의 뜻을 내지만 〈믿을 불의(不疑)〉와 같다 여기고 새김이 마땅하다.

註 수부진야(需不進也) : 수괘는[需 : ䷄] 나아가지 않는 것[不進]이다[也]. 「잡괘전(雜卦傳)」

註 태위양(兌爲羊) : 태는[兌 : ☱] 양(羊)이다[爲]. 「설괘전(說卦傳)」 11단락(段落)

註 태위구설(兌爲口舌) : 태는[兌 : ☱] 입이고[口] 혀[舌]이다[爲]. 「설괘전(說卦傳)」 11단락(段落)

구오(九五 : ⚊)

九五 : 莧陸夬夬하여 中行无咎리라
현륙쾌쾌 중행무구

구오(九五) : 자리공을[莧陸] 제거하고[夬] 제거하여[夬] 정도를 따라[中] 행함에[行] 허물이[咎] 없다[无].

【구오(九五)의 효상(爻象) 풀이】

쾌괘(夬卦 : ䷪)의 구오(九五 : ⚊)는 이양거양(以陽居陽) 즉 양(陽 : ⚊)으로써[以] 양(陽 : ⚊)의 자리에 있는지라[居] 정당한 자리에 있고, 구오(九五 : ⚊)와 상륙(上六 : ⚋)은 양음(陽陰)의 사이인지라 다른 대성괘(大成卦)에서라면 〈비(比)〉 즉 이웃의 사귐[比]을 누릴 처지이지만 쾌괘(夬卦 : ䷪)의 주제인 〈쾌(夬)〉의 시국에선 상륙(上六 : ⚋)이 소자(小者)의 악(惡)으로서 중양(衆陽)의 공적(公敵)인지라 구오(九五 : ⚊)가 상륙(上六 : ⚋)과의 사친(私親)을 뿌리칠 수밖에 없다. 구오(九五 : ⚊)와 구이(九二 : ⚊)는 양양(兩陽) 즉 둘 다[兩] 양(陽 : ⚊)의 사이인지라 중정(中正) 곧 중이정위(中而正位)로 가운데이면서[中而] 바른[正] 자리에 있음[位]

을 서로 누리지 못하고, 정응(正應)을 서로 누릴 수 없는 처지이다. 그러나 쾌괘(夬卦 : ䷪)에서 구오(九五 : ⚊)는 군왕(君王)으로서 소자(小者)의 악(惡)을 결단하는[夬] 지도자로서 단호한 모습이다.

> 쾌괘(夬卦 : ䷪)의 구오(九五 : ⚊)가 육오(六五 : ⚋)로 변효(變爻)하면 구오(九五 : ⚊)는 쾌괘(夬卦 : ䷪)를 34번째 대장괘(大壯卦 : ䷡)로 지괘(之卦)하게 한다. 따라서 쾌괘(夬卦 : ䷪)의 구오(九五 : ⚊)는 대장괘(大壯卦 : ䷡)의 육오(六五 : ⚋)를 찾아가 살펴보게 한다.

【구오(九五)의 계사(繫辭) 풀이】

莧陸夬夬(현륙쾌쾌)

자리공을[莧陸] 제거하고[夬] 제거한다[夬].

〈현륙쾌쾌(莧陸夬夬)〉는 구오(九五 : ⚊)의 효위(爻位)를 들어 암시한 계사(繫辭)이다. 〈현륙쾌쾌(莧陸夬夬)〉는 〈구오쾌현륙(九五夬莧陸) 이구오쾌현륙(而九五夬莧陸)〉의 줄임으로 여기고 〈구오가[九五] 자리공을[莧陸] 제거한다[夬] 그리고[而] 구오가[九五] 자리공을[莧陸] 제거한다[夬]〉라고 새겨볼 것이다. 〈현륙쾌쾌(莧陸夬夬)〉는 〈쾌현륙이쾌현륙(夬莧陸而夬莧陸〉에서 되풀이되는 〈현륙(莧陸)〉을 전치(前置)시켜 자수(字數)를 줄인 수사(修辭)라 여기고 새김이 마땅하다.

〈현륙쾌쾌(莧陸夬夬)〉는 군왕(君王)인 구오(九五 : ⚊)가 바로 위에 있는 상륙(上六 : ⚋)을 소자(小者)의 악(惡)이므로 〈쾌쾌(夬夬)〉 즉 단호하게 제거함[夬夬]을 암시한다. 〈현륙쾌쾌(莧陸夬夬)의 현륙(莧陸)〉은 자리공이라는 유약(柔弱)한 풀이다. 자리공(莧陸)이라는 풀은 독성이 있어서 생으로는 먹지 못하지만 그 잎들을 데쳐서 나물로 먹을 수도 있고 뿌리는 이뇨제로 쓰이는 약재이다. 여기선 유약한 〈현륙(莧陸)〉으로써 음유(陰柔)한 소인(小人) 즉 상륙(上六 : ⚋)을 취상(取象)한 것이다. 〈현륙쾌쾌(莧陸夬夬)의 쾌쾌(夬夬)〉는 구오(九五 : ⚊)가 상륙(上六 : ⚋)과의 비(比) 즉 이웃으로 사귈 수 있는 관계를 서슴없이 버리고 상륙(上六 : ⚋)을 제거함[夬]을 밝힌다. 〈쾌쾌(夬夬)〉는 소자(小者) 즉 악(惡)을 제거함[夬]에 망설이지 않음이다. 구삼(九三 : ⚊)의 대부(大夫)도 상륙(上六 : ⚋)과 나눌 수 있는 정응(正應) 즉 서로 바르게[正] 호응하는[應] 관계를 서슴없이 결단하는데[夬

夬], 하물며 군왕(君王)인 구오(九五 : ⚊)가 상륙(上六 : ⚋)을 과감하게 제거함[夬夬]에 망설일 수 없음을 밝힌 계사(繫辭)가 〈현륙쾌쾌(莧陸夬夬)〉이다.

中行无咎(중행무구)

정도를 따라[中] 행함에[行] 허물이[咎] 없다[无].

〈중행무구(中行无咎)〉는 구오(九五 : ⚊)가 쾌괘(夬卦 : ䷪)에서 존위(尊位)에 있으면서 동시에 쾌괘(夬卦 : ䷪)의 상체(上體) 태(兌 : ☱)의 중효(中爻)로서 할 바를 다함을 암시한 계사(繫辭)이다. 〈중행쾌쾌(中行夬夬)〉는 〈구오중정도(九五中正道) 이구오행쾌상륙(而九五行夬上六) 구오지쾌상륙무구(九五之夬上六无咎)〉의 줄임으로 여기고 〈구오는[九五] 정도를[正道] 따른다[中] 그리고[而] 구오는[九五] 상륙을[上六] 제거함을[夬] 실행한다[行] 구오가[九五之] 상륙을[上六] 제거함에는[夬] 허물이[咎] 없다[无]〉라고 새겨볼 것이다.

〈중행무구(中行无咎)의 중행(中行)〉은 앞서 밝힌 구오(九五 : ⚊)의 〈쾌쾌(夬夬)〉를 거듭 풀이한다. 여기 〈중행(中行)〉이란 쾌괘(夬卦 : ䷪)의 주제인 〈쾌(夬)〉 즉 소자(小者)를 제거하는[夬] 시국의 역리(易理)를 따라[中] 구오(九五 : ⚊)가 행동함[行]을 암시한다. 역리(易理)를 따라 행동함은 곧 〈중행(中行)〉 즉 정도를 따라[中] 행함[行]이다. 이러한 〈중행(中行)〉은 사리사욕(私利私欲)으로써 행(行)함이 아니라 오로지 정이행(貞以行) 즉 정(貞)으로써[以] 행함[行]이다. 〈정(貞)〉은 성신(誠信) 즉 진실로[誠] 미덥고[信] 공정(公正)함이다. 모든 것을 아울러 하나같이[公] 바르게 함[正]이 〈정(貞)〉이다. 사사로움이[私] 없고[無] 치우침이[偏] 없는[無] 정(貞)으로써 행함이 곧 〈중행(中行)〉이다. 구오(九五 : ⚊)의 이러한 〈중행(中行)〉에는 허물[咎]이란 없다[无]고 밝힌 계사(繫辭)가 〈중행무구(中行无咎)〉이다.

【字典】

현륙(莧陸) 〈자리공〉이라는 초명(草名) 즉 풀의[草] 이름[名]이다.

쾌(夬) 〈제거할(결단할) 쾌(夬)-결(決), 나누어 정할 쾌(夬)-분결(分決), 64괘 중의 하나 쾌(夬)-쾌괘(夬卦)〉 등의 뜻을 내지만 여기선 〈제거할 쾌(夬)〉로 여기고 새김이 마땅하다.

중(中) 〈따를 중(中)-순(順), 안(속) 중(中)-내(內), 사방의 중앙 중(中)-사방지중

(四方之中), 정신 중(中)-심중(心中), 정도 중(中)-정도(正道), 바를 중(中)-정(正), 고를 중(中)-평(平)-균(均), 어울릴 중(中)-화(和), 이룰 중(中)-성(成), 간직할 중(中)-장(藏), 적당할 중(中)-당(當)-적(適), 합할 중(中)-합(合), 화살이 맞힐 중(中)-시지적(矢至的), 응할 중(中)-응(應), 다칠 중(中)-상(傷), 부딪칠 중(中)-격(擊), 중요할 중(中)-요(要), 가득 찰 중(中)-만(滿)〉 등의 뜻을 내지만 여기선 〈따를 순(順)〉과 같다 여기고 새김이 마땅하다.

行 〈행-항〉 두 가지로 발음되고, 〈할 행(行)-위(爲), 갈 행(行)-왕(往), 다닐 행(行)-보(步), 나아갈 행(行)-전진(前進), 길 귀신 행(行)-노신(路神), 오행 행(行)-오행(五行), 길 행(行)-도로(道路), 쓸 행(行)-용(用), 순행할 행(行)-순행(巡行), 행실 행(行)-신지소행(身之所行), 운반할 행(行)-운(運), 항오 항(行)-열(列), 시장 항(行)-시장(市長), 항렬 항(行)-등배(等輩), 굳셀 항(行)-강강(剛强)〉 등의 뜻을 내지만 여기선 〈할 위(爲)〉와 같다 여기고 새김이 마땅하다.

무(无) 〈없을 무(无)-무(無), 허무지도 무(无)-허무지도(虛无之道), 으뜸 무(无)-원(元)〉 등의 뜻을 내지만 여기선 〈없을 무(無)〉와 같다 여기고 새김이 마땅하다.

구(咎) 〈허물 구(咎)-건(愆)-과(過), 재앙 구(咎)-재(災), 병될 구(咎)-병(病), 나쁠 구(咎)-오(惡)〉 등의 뜻을 내지만 여기선 〈허물 건(愆)-과(過)〉와 같다 여기고 새김이 마땅하다. 〈무구(无咎)〉는 〈면어구(免於咎)〉 즉 허물을[於咎] 면하다[免]와 같다.

상륙(上六 : --)

上六 : 无號하니 終有凶하리라
무호 종유흉

상륙(上六) : 외쳐볼 것이[號] 없으니[无] 끝내[終] 불운함이[凶] 있다[有].

【상륙(上六)의 효상(爻象) 풀이】

쾌괘(夬卦 : ䷪)의 상륙(上六 : --)은 이음거음(以陰居陰) 즉 음(陰 : --)으로써[以] 음(陰 : --)의 자리에 있는지라[居] 정당한 자리에 있다. 상륙(上六 : --)과 구오(九五 : ⚊)는 음양(陰陽)의 사이인지라 〈비(比)〉 즉 이웃의 사귐[比]을 누릴 처지이지만, 쾌괘(夬卦 : ䷪)에서 상륙(上六 : ⚋)은 소자(小者)의 악(惡)으로서 중양(衆陽)의 공적(公敵)인지라 구오(九五 : ⚊)와 이웃의 사귐[比]을 결코 기대할 수 없다. 상륙(上六 : ⚋)과 구삼(九三 : ⚊)도 쾌괘(夬卦 : ䷪) 상하체(上下體)의 상효(上爻)로서 서로 정당한 위치에 있으니 정응(正應)을 서로 누릴 수 있는 처지이지만, 구삼(九三 : ⚊) 역시 상륙(上六 : ⚋)을 제거해야[夬] 할 공적(公敵)으로 대하는지라 구삼(九三 : ⚊)과의 정응(正應)도 기대할 수 없다. 이에 상륙(上六 : ⚋)은 천하에 고립무원(孤立無援)으로 불운한 모습이다.

> 쾌괘(夬卦 : ䷪)의 상륙(上六 : ⚋)이 상구(上九 : ⚊)로 변효(變爻)하면 상륙(上六 : ⚋)은 쾌괘(夬卦 : ䷪)를 첫 번째 건괘(乾卦 : ䷀)로 지괘(之卦)하게 한다. 따라서 쾌괘(夬卦 : ䷪)의 상륙(上六 : ⚋)은 건괘(乾卦 : ䷀)의 상구(上九 : ⚊)를 찾아가 살펴보게 한다.

【상륙(上六)의 계사(繫辭) 풀이】

무호(无號)

외쳐볼 것이[號] 없다[无].

〈무호(无號)〉는 상륙(上六 : ⚋)의 효위(爻位)를 들어 암시한 계사(繫辭)이다. 〈무호(无號)〉는 〈상륙무조아지호자(上六无助我之號者)〉의 줄임으로 여기고 〈상륙에게는[上六] 나를[我] 도와달라고[助之] 외쳐볼[號] 것이[者] 없다[无]〉라고 새겨 볼 것이다.

〈무호(无號)〉는 상륙(上六 : ⚋)이 쾌괘(夬卦 : ䷪)에서 중양(衆陽)의 공적(公敵)으로 피쾌(被夬) 즉 제거당하는[被夬] 처지임을 암시한다. 말하자면 〈무호(无號)〉는 상륙(上六 : ⚋)이 구오(九五 : ⚊)와 구삼(九三 : ⚊)에게 자신을 도와달라고 외쳐본들[號] 반응이 없을[无] 것임을 암시한다. 상륙(上六 : ⚋)과 비(比) 즉 이웃의 사귐[比]을 누릴 구오(九五 : ⚊)에게 호소해도[號] 공적(公敵)이라고 외면당하고, 상륙(上六 : ⚋)과 정응(正應) 즉 바르게[正] 호응함[應]을 누릴 구삼(九三 : ⚊)에게 호소해도[號] 공적(公敵)이라며 외면당하는 상륙(上六 : ⚋)의 처지를 암시한 계사(繫辭)가 〈무호(无號)〉이다.

終有凶(종유흉)

끝내[終] 불운함이[凶] 있다[有].

〈종유흉(終有凶)〉은 상륙(上六 : --)이 쾌괘(夬卦 : ䷪)에서 소자(小者)로서 소인(小人)이기 때문에 불행할 수밖에 없음을 암시한다. 쾌괘(夬卦 : ䷪)의 괘상(卦象)에서 상륙(上六 : --)은 큰 것[大]에 대하는 작은 것[小]이고 군자(君子)에 대하는 소인(小人)이고 선(善)에 대하는 악(惡)이고 밝음[明]에 대하는 어둠[暗]인지라, 상륙은[上六] 끝내[終] 불행하다[凶]는 것이다. 〈종유흉(終有凶)〉은 군자(君子)의 길을 따라가지 않고 소인(小人)의 길을 따라가면 그 누구이든 불행할[凶] 수밖에 없음을 암시한다. 따라서 여기 〈종유흉(終有凶)의 흉(凶)〉이 『노자(老子)』에 나오는 〈천도는[天之道] 이롭게 하되[利而] 해치지 않고[不害] 성인의 도는[聖人之道] 위하되[爲而] 다투지 않는다[不爭]〉라는 내용을 어기는 탓으로 빚어지는 불행함[凶]이고, 『논어(論語)』에 나오는 〈군자는[君子] 어울리되[和而] 패거리 짓지 않고[不同] 소인은[小人] 패거리 짓되[同而] 어울리지 않는다[不和] …… 군자는[君子] 두루 하되[周而] 기울지 않고[不比] 소인은[小人] 기울되[比而] 두루 하지 못한다[不周] …… 군자는[君子] 덕을[德] 생각하고[懷] 소인은[小人] 재물을[土] 생각한다[懷] …… 군자는[君子] 대의를[於義] 밝히고[喩] 소인은[小人] 이익을[於利] 밝힌다[喩]〉 등의 내용을 상기시키면서 소인(小人)이란 항상 불행할[凶] 수밖에 없음을 살펴 깨닫게 하는 계사(繫辭)가 〈종유흉(終有凶)〉이다.

【字典】

무(无) 〈없을 무(无)-무(無), 허무지도 무(无)-허무지도(虛无之道), 으뜸 무(无)-원(元)〉 등의 뜻을 내지만 여기선 〈없을 무(無)〉와 같다 여기고 새김이 마땅하다.

호(號) 〈청할 호(號)-소(召), 알릴 호(號)-고(告), 부를 호(號)-호(呼), 명칭 호(號)-명칭(名稱), 시호 호(號)-시호(謚號), 명성을 알릴 호(號)-성예(聲譽), 첩보 호(號)-첩보(牒報), 표지 호(號)-표지(標識), 울면서 말할 호(號)-곡이언(哭而言), 울 호(號)-곡(哭), 닭 울음 호(號)-계명(鷄鳴), 호랑이 울음 호(號)-호소(虎嘯), {의사(疑詞)로서} 어찌 호(號)-하(何)-호(胡)-해(奚)-하(遐)-후(侯)-갈(曷)-합(盍)〉 등의 뜻을 내지만 여기선 〈불러줄 소(召)〉와 같다 여기고 새김이 마땅하다.

종(終) 〈끝내(끝날) 종(終)-이(已), 다할 종(終)-진(盡)-극(極)-궁(窮)-경(竟), 충분할 종(終)-충(充), 이룰 종(終)-성(成), 사망 종(終)-사(死), 끝 종(終)-시지대(始之對)〉 등의 뜻을 내지만 여기선 〈끝내 이(已)〉와 같다 여기고 새김이 마땅하다.

유(有) 〈없을 무(無)의 반대말로 있을 유(有), 어조사 유(有), 간직할 유(有)-장(藏), 얻을(가질) 유(有)-취(取), 혹 유(有)-혹(或), 많을 유(有)-다(多)-족(足), 부유할 유(有)-부(富), 보호할 유(有)-보(保), 서로 친할 유(有)-상친(相親), 전일할 유(有)-전(專), 할 유(有)-위(爲)〉 등의 뜻을 내지만 〈있을 유(有)〉로 여기고 새김이 마땅하다.

흉(凶) 〈불행할 흉(凶)-길지반(吉之反), 나쁠 흉(凶)-오(惡), 흉한 사람 흉(凶)-흉인(凶人), 재앙 흉(凶)-화(禍), 요사할 흉(凶)-요사(夭死), 걱정할 흉(凶)-우(憂)-구(懼), 악한 사람 흉(凶)-악인(惡人), 흉년 흉(凶)-연곡불숙(年穀不熟), 사나울 흉(凶)-포학(暴虐), 음기 흉(凶)-음기(陰氣), 북쪽 흉(凶)-북(北), 없을 흉(凶)-공(空), 송사 흉(凶)-송(訟), 거역할 흉(凶)-역(逆), 어그러질 흉(凶)-패(悖), 허물 흉(凶)-구(咎)〉 등의 뜻을 내지만 여기선 〈불행할 길지반(吉之反)〉으로 여기고 새김이 마땅하다.

註 천지도리이불해(天之道利而不害) 성인지도위이부쟁(聖人之道爲而不爭) : 천도는[天之道] 이롭게 하되[利而] 해치지 않고[不害], 성인의 도는[聖人之道] 위하되[爲而] 다투지 않는다[不爭].
『노자(老子)』 81장(章)

註 군자화이부동(君子和而不同) 소인동이불화(小人同而不和) : 군자는[君子] 어울리되[和而] 패거리 짓지 않고[不同], 소인은[小人] 패거리 짓되[同而] 어울리지 않는다[不和].
『논어(論語)』「자로(子路)」 23장(章)

註 군자주이불비(君子周而不比) 소인비이부주(小人比而不周) : 군자는[君子] 두루 하되[周而] 기울지 않고[不比], 소인은[小人] 기울되[比而] 두루 하지 못한다[不周].
『논어(論語)』「위정(爲政)」 14장(章)

註 군자회덕(君子懷德) 소인회토(小人懷土) : 군자는[君子] 덕을[德] 생각하고[懷], 소인은[小人] 재물을[土] 생각한다[懷]. 『논어(論語)』「이인(里仁)」 11장(章)

註 군자유어의(君子喩於義) 소인유어리(小人喩於利) : 군자는[君子] 대의를[於義] 밝히고[喩], 소인은[小人] 이익을[於利] 밝힌다[喩]. 『논어(論語)』「이인(里仁)」 16장(章)

구괘
姤卦

44

䷫

1 괘의 괘상과 계사

구괘(姤卦 : ䷫)

손하건상(巽下乾上) : 아래는[下] 손(巽 : ☴), 위는[上] 건(乾 : ☰).

천풍구(天風姤) : 하늘과[天] 바람은[風] 구이다[姤].

姤는 女壯이니 勿用取女니라
구 여장 물용취녀

만남은[姤] 여자가[女] 힘이 억세니[壯] 여자를[女] 취하려[取] 하지[用] 말라[勿].

【구괘(姤卦 : ䷫)의 괘상(卦象) 풀이】

앞 쾌괘(夬卦 : ䷪)의 〈쾌(夬)〉란 소자(小者) 즉 음(陰 : ⚋)을 제거함[夬]을 말한다. 이에 「서괘전(序卦傳)」에 〈쾌란[夬] 것은[者] 결렬되는 것[決]이다[也] 결렬되면[決] 반드시[必] 만나는[遇] 바가[所] 있다[有] 그래서[故] 구괘(姤卦 : ䷫)로써[以] 그것을[之] 받는다[受]〉는 말이 나온다. 이는 쾌괘(夬卦 : ䷪) 뒤에 구괘(姤卦 : ䷫)가 오는 까닭을 밝힌다. 구괘(姤卦 : ䷫) 의 〈구(姤)〉는 만남[姤]을 뜻한다. 〈구(姤)〉는 〈우(遇)〉이다. 앞 쾌괘(夬卦 : ䷪)의 〈쾌(夬)〉란 소자(小者) 즉 음(陰 : ⚋)을 제거함[夬]이니, 이는 곧 음양(陰陽)이 상리(相離) 즉 서로[相] 떨어짐[離]을 뜻한다. 그러나 헤어지면 반드시 만남으로 이어짐이 천도(天道) 즉 자연의[天] 규율[道]이다. 회자정리(會者定離) 즉 만난[會] 것은[者] 헤어짐을[離] 정해둔[定] 것이 자연의[天] 규율[道]이다. 따라서 쾌괘(夬卦 : ䷪) 다음에 구괘(姤卦 : ䷫)가 온 것이다.

구괘(姤卦 : ䷫)의 괘상(卦象)은 손(巽 : ☴) 위에 건(乾 : ☰)이 있는 모습이다. 이런 구괘(姤卦 : ䷫)는 앞 쾌괘(夬卦 : ䷪)가 뒤집어진 괘상(卦象)이다. 말하자면 쾌괘(夬卦 : ䷪)의 도괘(倒卦) 즉 거꾸로 된[倒] 괘(卦)가 구괘(姤卦 : ䷫)이다. 제거한[夬] 상리(相離)는 만나는[姤] 상우(相遇)로 돌아온다. 「설괘전(說卦傳)」에 나오는 〈건위천(乾爲天)〉-〈손위풍(巽爲風)〉을 상기한다면 구괘(姤卦 : ䷫)의 괘상(卦象)은 손재건하(巽在乾下), 손(巽 : ☴) 즉 바람이[風] 건(乾 : ☰) 즉 하늘[天] 아래[下] 있는[在] 모습이다. 이는 하늘 아래서 바람이 천공(天空)을 타고 항상 내려오며 부는 모습이다. 이 세상에 바람을 만나지 않는 것이란 없는 모습을 빌려 구괘(姤卦 : ䷫)라 칭명(稱名)한다.

【구괘(姤卦 : ䷫)의 계사(繫辭) 풀이】

姤(구) 女壯(여장)

만남은[姤] 여자가[女] 힘이 억세다[壯].

〈구(姤)〉는 구괘(姤卦 : ䷫)의 괘상(卦象)을 한 자(字)로 밝힌 괘사(卦辭)이다. 「서괘전(序卦傳)」의 〈구자우야(姤者遇也)〉를 상기한다면 〈구(姤)〉란 〈우(遇)〉 즉 만남[遇]을 뜻함을 알 수 있다. 앞 쾌괘(夬卦 : ䷪)의 괘상(卦象)은 양대음소(陽大陰小)-양장음소(陽長陰消)를 취하지만, 구괘(姤卦 : ䷫)의 괘상(卦象)은 양남음녀(陽男陰女)-음장양소(陰長陽消)를 취한다. 구괘(姤卦 : ䷫)의 모습은 하늘[☰] 아래서 바람[☴]이 분다. 천하에 부는 바람은 만나지[姤] 않는 것이 없다. 구괘(姤卦 : ䷫)의 초륙(初六 : --)이 구괘(姤卦 : ䷫)의 중양(衆陽)을 〈구(姤)〉 즉 만나러[姤] 구괘(姤卦 : ䷫)로 내입(來入)한다. 구괘(姤卦 : ䷫)의 초효(初爻)인 초륙(初六 : --)은 여(女)이고 위로 있는 중양(衆陽)인 다섯은 남(男)이다. 따라서 구괘(姤卦 : ䷫)의 모습을 남녀(男女)로써 취유(取喩)하고, 〈여(女)〉가 〈남(男)〉을 만나러[姤] 옴[來]을 암시한 계사(繫辭)가 〈구(姤)〉이다.

〈여장(女壯)〉은 구괘(姤卦 : ䷫)의 초륙(初六 : --)을 암시한 계사(繫辭)이다. 〈여장(女壯)〉을 〈초륙시장녀(初六是壯女)〉의 줄임으로 여기고 〈초륙은[初六] 힘찬[壯] 여자[女]이다[是]〉라고 새겨볼 것이다. 구괘(姤卦 : ䷫)의 초륙(初六 : --)이 유순(柔順)하기만 한 음(陰 : --)이 아니라는 것이다. 구괘(姤卦 : ䷫)의 모습은 음장양소(陰長陽消) 즉 음이[陰 : --] 장성하고[長] 양이[陽 : —] 소진하는[消] 시국이다. 이에 〈여장(女壯)의 장(壯)〉이 『노자(老子)』에 나오는 〈부드러움이[柔] 굳셈을[剛] 이기고[勝] 약함이[弱] 강함을[强] 이긴다[勝]〉라는 내용을 환기시킨다. 비록 중허(中虛)하고 음유(陰柔)하지만 초륙(初六 : --)이 구괘(姤卦 : ䷫)의 초효(初爻)로서 강강(剛强)한 양(陽 : ―)의 자리에 있는지라, 구괘(姤卦 : ䷫)의 중양(衆陽)을 제쳐가면서 상진(上進)하려는 의지가 용장(勇壯)함을 암시한 계사(繫辭)가 〈여장(女壯)〉이다.

勿用取女(물용취녀)

여자를[女] 취하려[取] 하지[用] 말라[勿].

〈물용취녀(勿用取女)〉는 구괘(姤卦 : ䷫)의 구이(九二 : ―)와 구사(九四 : ―)에게 경고하면서 다른 중양(衆陽)에게도 초륙(初六 : --)을 유순(柔順)한 여자로 생각하고 장가갈 생각을 하지 말라고 경고해서, 앞 〈여장(女壯)의 장(壯)〉을 거듭 강조한 계사(繫辭)이다. 〈물용취녀(勿用取女)〉는 〈구괘지중양혜(姤卦之衆陽兮) 물용취초륙지녀(勿用取初六之女)〉의 줄임으로 여기고 〈구괘의[姤卦之] 중양이여[衆陽兮] 초륙의[初六之] 여인을[女] 취할[取] 생각을 말라[勿用]〉라고 새겨볼 것이다. 구괘(姤卦 : ䷫)에서 효연(爻緣)으로 보아 구이(九二 : ―)가 초륙(初六 : --)을 유순한 여인으로 여기고 비(比) 즉 이웃으로 사귀면서[比] 장가들 생각을 품지 말라[勿用] 함이고, 나아가 구사(九四 : ―)가 초륙(初六 : --)을 유순한 여인으로 여기고 정응(正應) 즉 서로 바르게[正] 호응하면서[應] 장가들 생각을 품지 말라[勿用] 함이 〈물용취녀(勿用取女)〉이다. 〈물용취녀(勿用取女)의 취(取)〉는 여기선 〈장가들 취(娶)〉로 여기고 새김이 마땅하다. 구괘(姤卦 : ䷫)의 초륙(初六 : --)이 비록 여자일지라도 한 남자와 일생을 같이하려는 여필종부(女必從夫)의 여인(女人)이 아니라는 것이다. 구괘(姤卦 : ䷫)의 중양(衆陽)을 내칠 운명을 띠고 구괘(姤卦 : ䷫)에 내입(來入)한 여장부(女丈夫)인지라, 초륙(初六 : --)을 아내감으로 여기고 취하려[取] 하지 말라[勿用]는 계사(繫辭)가 〈물용취녀(勿用取女)〉이다.

【字典】

구(姤) 〈만날 구(姤)-우(遇), 어여쁠 구(姤)-호(好), 추할 구(姤)-오(惡), 64괘의 하나 구(姤)-육십사괘지일(六十四卦之一)〉 등의 뜻을 내지만 여기선 〈만날 우(遇)〉로 여기고 새김이 마땅하다. 구(姤)가 임금 후(后)와 통하기도 한다.

여(女) 〈여자(계집) 여(女)-여자(女子)-미혼부인(未婚婦人), 처자(처녀) 여(女)-처자(處子), 백성의 약한 자 여(女)-백성지약자(百姓之弱者), 딸 여(女)-자녀지녀(子女之女), 너 여(女)-여(汝), 음의 것 여(女)-음물(陰物), 부드럽고 순한 여(女)-유완(柔婉)〉 등의 뜻을 내지만 여기선 〈여자(女子)〉로 새김이 마땅하다. 〈女〉가 앞에 있으면 〈여〉로 발음하고, 중간이나 뒤에 있으면 〈녀〉로 발음한다.

장(壯) 〈용감할 장(壯)-용(勇), 장대할 장(壯)-장대(壯大), 클 장(壯)-대(大), 용체가 성대할 장(壯)-용체성대(容體盛大), 건장할 장(壯)-건(健), 빠를 장(壯)-질(疾), 팔월 장(壯)-팔월(八月), 남방 장(壯)-남방(南方), 상처 낼 장(壯)-상(傷), 젊을 장(壯)-소(少)〉 등의 뜻을 내지만 여기선 〈용감할 용(勇)〉과 같다 여기고 새김이 마땅하다.

물(勿) 〈하지 말 물(勿)-막(莫), 아닌 것 물(勿)-비(非), 없을 물(勿)-무(無)-무(毋), 아니할 물(勿)-불(不)〉 등과 같지만 여기선 〈하지 말 막(莫)〉과 같다 여기고 새김이 마땅하다.

용(用) 〈쓸(행할) 용(用)-시(施)-행(行), 쓰일(부릴) 용(用)-사(使), 써 용(用)-이(以), 맡길 용(用)-임(任), 위할 용(用)-위(爲), 갖출 용(用)-비(備), 다스릴 용(用)-치(治), 재화 용(用)-화(貨), 책임 지워 일을 맡길 용(用)-임사(任使), 통할 용(用)-통(通), 이로울 용(用)-이(利)〉 등의 뜻을 내지만 여기선 〈행할 행(行)〉과 같아 시행(施行)으로 여기고 새김이 마땅하다.

취(取) 〈장가들 취(取)-취(娶), 구할(잡을) 취(取)-포(捕)-획(獲), 사로잡을(포로) 취(取)-부(俘), 거둘 취(取)-수(收), 가려 쓸 취(取)-택용(擇用), 받을 취(取)-수(受), 찾을 취(取)-색(索), 힘써 다다를 취(取)-진취(進趣), 밑천 취(取)-자(資), 가질 취(取)-지(持), 할 취(取)-위(爲), 다스릴 취(取)-치(治)〉 등의 뜻을 내지만 여기선 〈장가들 취(娶)〉와 같다 여기고 새김이 마땅하다.

註 유승강(柔勝剛) 약승강(弱勝强) : 부드러움이[柔] 굳셈을[剛] 이기고[勝], 약함이[弱] 강함을[强] 이긴다[勝]. 『노자(老子)』 78장(章)

2 효의 효상과 계사

初六：繫于金柅니 貞吉하고 有攸往이면 見凶하다 羸豕孚蹢躅이다
계우금니 정길 유유왕 견흉 이시부척촉

九二：包有魚니 无咎이나 不利賓하다
포유어 무구 불리빈

九三：臀无膚이고 其行次且하여 厲하나 无大咎리라
둔무부 기행차저 여 무대구

九四：包无魚니 起凶하리라
포무어 기흉

九五：以杞包瓜하니 含章이고 有隕自天이리라
이기포과 함장 유운자천

上九：姤其角이니 吝하나 无咎리라
구기각 인 무구

초륙(初六)：구리의[金] 멈춤대[柅]에[于] 매여 있으니[繫] 진실로 미더우면[貞] 좋고[吉], 나아갈[往] 바가[攸] 있으면[有] 흉해진다[見凶]. 여윈[羸] 돼지가[豕] 깡창대고[蹢] 껑충댐에[躅] 방정스럽다[孚].

구이(九二)：수초 부대에[包] 물고기가[魚] 있으니[有] 허물이[咎] 없으나[无] 빈객에게는[賓] 이롭지 않다[不利].

구삼(九三)：볼기에[臀] 살이[膚] 없고[无] 그[其] 행차가[行] 멈추고[次] 꾸물거려[且] 위태하나[厲] 큰[大] 허물은[咎] 없다[无].

구사(九四)：수초 부대에[包] 물고기가[魚] 없으니[无] 나쁜 일이[凶] 일어나리라[起].

구오(九五)：산버들[杞]로써[以] 참외를[瓜] 감싸니[包] 드러남을[章] 품고[含] 하늘[天]로부터[自] 떨어짐이[隕] 있으리라[有].

상구(上九)：제[其] 뿔에서[角] 만나니[姤] 부끄럽지만[吝] 허물은[咎] 없다[无].

초륙(初六 : --)

初六 : 繫于金柅니 貞吉하고 有攸往이면 見凶하다 羸豕孚蹢躅이다
계우금니 정길 유유왕 견흉 이시부척촉

초륙(初六) : 쇠[金] 멈춤대[柅]에[于] 매여 있으니[繫] 진실로 미더우면[貞] 좋고[吉], 나아갈[往] 바가[攸] 있으면[有] 흉해진다[見凶]. 여윈[羸] 돼지가[豕] 깡창대고[蹢] 껑충댐에[躅] 방정스럽다[孚].

【초륙(初六)의 효상(爻象) 풀이】

구괘(姤卦 : ䷫)의 초륙(初六 : --)은 이음거양(以陰居陽) 즉 음(陰 : --)으로써[以] 양(陽 : —)의 자리에 있는지라[居] 정당한 자리에 있지 못하다. 초륙(初六 : --)과 구이(九二 : —)는 음양(陰陽)의 사이인지라 다른 대성괘(大成卦)에서라면 〈비(比)〉 즉 이웃의 사귐[比]을 누리는 효연(爻緣)이어서 음성양쇠(陰盛陽衰) 즉 음(陰 : --)이 왕성하고[盛] 양(陽 : —)이 쇠잔해가는[衰] 시국에서 초륙(初六 : --)과 구이(九二 : —)는 이웃의 사귐을 누릴 수 있다. 초륙(初六 : --)과 구사(九四 : —) 역시 음양(陰陽)의 사이인지라 정응(正應) 즉 서로 바르게[正] 호응함[應]을 누리는 효연(爻緣)이지만, 음성양쇠(陰盛陽衰)의 시국에서 〈구(姤)〉 즉 만남[姤]인지라 초륙(初六 : --)과 구사(九四 : —)가 정응(正應)을 누리기에는 거리가 멀다. 그러나 초륙(初六 : --)은 상진(上進)하여 장성(長盛)하려는 의지가 왕성하여 들떠, 오히려 경박함을 범할 수 있는 모습이다.

구괘(姤卦 : ䷫)의 초륙(初六 : --)이 초구(初九 : —)로 변효(變爻)하면 초륙(初六 : --)은 구괘(姤卦 : ䷫)를 첫 번째 건괘(乾卦 : ䷀)로 지괘(之卦)하게 한다. 따라서 구괘(姤卦 : ䷫)의 초륙(初六 : --)은 건괘(乾卦 : ䷀)의 초구(初九 : —)를 찾아가 살펴보게 한다.

【초륙(初六)의 계사(繫辭) 풀이】

繫于金柅(계우금니) 貞吉(정길)

구리의[金] 멈춤대[柅]에[于] 매여 있으니[繫] 진실로 미더우면 [貞] 좋다[吉].

〈계우금니(繫于金柅)〉는 구괘(姤卦 : ䷫)에서 초륙(初六 : --)의 상진(上進) 즉 위로[上] 나아감[進]이 여의치 못함을 암시한 계사(繫辭)이다. 〈계우금니(繫于金柅)〉를 〈초륙지거계우금니(初六之車繫于金柅)〉의 줄임으로 여기고 〈초륙의[初六之] 수레가[車] 구리로 만든[金] 멈춤대[柅]로[于] 매여 있다[繫]〉라고 새겨볼 것이다.

〈계우금니(繫于金柅)〉는 초륙(初六 : --)을 태우고 가야 할 수레가 멈춰 있음을 나타낸다. 이는 상진(上進)하려는 초륙(初六 : --)의 의욕이 가로막혀 있음을 암시하고, 동시에 초륙(初六 : --)을 마주하는 중양(衆陽)이 초륙(初六 : --)의 상진(上進)을 허용하지 않으려 함을 암시한다. 〈계우금니(繫于金柅)의 금니(金柅)〉는 초륙(初六 : --)이 변효(變爻)하여 구괘(姤卦 : ䷫)의 하체(下體)인 손(巽 : ☴)이 건(乾 : ☰)이 됨을 빌려 초륙(初六 : --)을 취상(取象)한 것이다. 여기 〈금니(金柅)〉가 설괘전(說卦傳)에 나오는 〈건은[乾 : ☰] 둥근 것[圜]이고[爲] …… 쇠붙이[金]이다[爲]〉라는 내용을 환기시키기 때문이다. 수레의 고동목[柅] 즉 멈춤 장치는 목니(木柅)도 있는데 금니(金柅)라 함은 건(乾 : ☰)을 빌려 구괘(姤卦 : ䷫)의 군양(群陽 : —)이 초륙(初六 : --)의 상진(上進)을 제지하려 함을 암시한다. 이처럼 구괘(姤卦 : ䷫)의 초륙(初六 : --)이 상진(上進)하려 해도 〈금니(金柅)〉 즉 위에 줄줄이 있는 강효(剛爻)들의 세력 탓으로, 초륙(初六 : --)이 〈여장(女壯)〉일지라도 상진(上進)하려는 의욕이 저지당함을 암시한 계사(繫辭)가 〈계우금니(繫于金柅)〉이다.

〈정길(貞吉)〉은 초륙(初六 : --)이 상진(上進) 즉 위로[上] 나아가려[進] 함은 수중(守中) 즉 정도를 따름을[中] 지키면서[守] 중허(中虛)한 음유(陰柔)임을 자각(自覺)하고, 중양(衆陽)의 강강(剛强) 즉 굳세고[剛] 강력함[强]을 〈정(貞)〉 즉 진실로 미더운[貞] 심지(心志)로써 마주하는 경우를 암시한 계사(繫辭)이다. 〈정길(貞吉)〉은 〈약초륙정관어계우금니(若初六貞關於繫于金柅) 초륙유길(初六有吉)〉의 줄임으로 여기고 〈만약[若] 초륙이[初六] 계우금니에[繫于金柅] 관하여[關於] 진실로 미더워한다면[貞] 초륙에게[初六] 행운이[吉] 있다[有]〉라고 새겨볼 것이다.

대성괘(大成卦)의 효운(爻運)은 자하상진(自下上進) 즉 아래[下]로부터[自] 위로[上] 나아감[進]이 정도(正道)이다. 초륙(初六 : ‐‐)은 구괘(姤卦 : ䷫)의 맨 아래에 있으니 상진(上進)하려 함은 정도(正道)에 어긋나지 않는다. 그러나 초륙(初六 : ‐‐)이 상진(上進)한다 함은 음장양소(陰長陽消) 즉 음이[陰] 장성하고[長] 양이[陽] 소진함[消]을 뜻한다. 따라서 초륙(初六 : ‐‐)의 상진(上進)이 〈금니(金柅)〉로써 고지(固止) 즉 공고히[固] 멈춰져[止] 있는 까닭을 초륙(初六 : ‐‐)이 〈정(貞)〉 즉 진실로 미덥게[貞] 받아들여 자중(自重)하면 다행[吉]임을 암시한 계사(繫辭)가 〈정길(貞吉)〉이다.

有攸往(유유왕) 見凶(견흉)

나아갈[往] 바가[攸] 있으면[有] 흉해진다[見凶].

〈유유왕(有攸往) 견흉(見凶)〉은 상진(上進)하고자 초륙(初六 : ‐‐)이 서둘러서는 안 됨을 암시한 계사(繫辭)이다. 〈유유왕(有攸往) 견흉(見凶)〉은 〈약초륙유유왕(若初六有攸往) 초륙지왕견흉(初六之往見凶)〉의 줄임으로 여기고 〈만약[若] 초륙에게[初六] 나아갈[往] 바가[攸] 있다면[有] 초륙의[初六之] 나아감은[往] 흉하게 된다[見凶]〉라고 새겨볼 것이다. 여기 〈견흉(見凶)의 견(見)〉은 수동태를 이끄는 조술사(助述詞) 노릇을 한다.

여기 〈유유왕(有攸往)〉은 「계사전상(繫辭傳上)」에 나오는 〈효라는[爻] 것은[者] 변화하는[變] 것[者]을[乎] 말하는 것[言]이다[也]〉라는 내용을 상기시킨다. 이에 대성괘(大成卦)의 육효(六爻)는 정자(定者) 즉 한 자리에 정해져 있는[定] 것[者]이 아니라 변자(變者) 즉 변해가는[變] 것[者]임을 알 수 있다. 멈춤대[柅]로 수레를 잠시 머물게 함이지 때가 되면 수레는 그 〈이(柅)〉를 제거하고 굴러가야 한다. 이와 같이 구괘(姤卦 : ䷫)의 초륙(初六 : ‐‐)이 초효(初爻) 자리에 고정된 것이 아니라 그 자리를 물려주고 순차(順次)로 상진(上進)하는 것이 효운(爻運)의 역리(易理) 즉 변화의[易] 이치[理]이다. 구괘(姤卦 : ䷫)의 중양(衆陽)이 초륙(初六 : ‐‐)의 상진(上進)을 끝끝내 막을 수는 없음을 초륙(初六 : ‐‐)이 깨닫지 못하고 구괘(姤卦 : ䷫)의 시국인 음장양소(陰長陽消)의 역리(易理)를 외면함을 암시한 것이 〈유유왕(有攸往)〉이다. 따라서 초륙(初六 : --)이 역리를 따르지 않고, 음장양소(陰長陽消)의 시국을 따라서 상진하려 않고 성급히 상진하는[往] 바를[攸] 감행한다면, 불행을 면하지 못하게 됨[見凶]을 암시한 계사(繫辭)가 〈유유왕(有攸往) 견흉(見凶)〉이다.

羸豕孚蹢躅(이시부척촉)

여윈[羸] 돼지가[豕] 깡창대고[蹢] 껑충댐에[躅] 방정스럽다[孚].

〈이시부척촉(羸豕孚蹢躅)〉은 초륙(初六 : --)이 겪는 〈견흉(見凶)〉을 사실적으로 취상(取象)한 계사(繫辭)이다. 〈이시부척촉(羸豕孚蹢躅)〉은 〈초륙지견흉여리시지소부척촉(初六之見凶如羸豕之所孚蹢躅)〉의 줄임으로 여기고 〈초륙이[初六之] 겪는 흉은[見凶] 여윈[羸] 돼지가[豕之] 숨을 몰아쉬며[孚] 깡창대고[蹢] 깡충거리는[躅] 바와[所] 같다[如]〉라고 새겨볼 것이다. 〈부척촉(孚蹢躅)의 부(孚)〉는 〈들떠 방정스런 부조(浮躁)〉와 같고, 〈부척촉(孚蹢躅)의 척촉(蹢躅)〉은 〈깡창댈 척(躑)〉과 같다.

〈이시부척촉(羸豕孚蹢躅)의 이시(羸豕)〉는 구괘(姤卦 : ䷫)의 초륙(初六 : --)을 비유한다. 초륙(初六 : --)이 구괘(姤卦 : ䷫)의 음성양쇠(陰盛陽衰) 즉 음이[陰 : --] 장성하고[盛] 양이[陽 : ━] 쇠미해가는[衰] 시국의 시운(時運)을 듬직이 기다리지 못하고 조급하게 상진하려[往] 함은 〈이시(羸豕)〉 즉 여윈[羸] 돼지가[豕] 방정스럽게[孚] 깡충거리는[躑躅] 모습과 다를 바가 없다는 것이다. 〈이시(羸豕)의 이(羸)〉는 〈연약할 약(弱)〉과 같아 〈이시(羸豕)〉는 약(弱)한 빈시(牝豕) 즉 암돼지[牝豕]를 말한다. 양모음빈(陽牡陰牝) 즉 양(陽 : ━)은 수컷[牡]이고 음(陰 : --)은 암컷[牝]인지라, 초륙(初六 : --)을 〈이시(羸豕)〉 즉 약한[羸] 암돼지[牝豕]라고 취상(取象)한 것이다. 물론 구괘(姤卦 : ䷫)의 초륙(初六 : --)을 〈이시(羸豕)〉로 비유한 것은 역운(易運)에 따라 구괘(姤卦 : ䷫)가 소진(消盡)되어 구괘(姤卦 : ䷫)의 하체(下體)이던 손(巽 : ☴)이 59번째 환괘(渙卦 : ䷺)의 상체(上體)로 될 수 있음을 역수(逆數) 즉 미리 거슬러[逆] 헤아려보게[數] 하는 것이 〈이시부척촉(羸豕孚蹢躅)의 이시(羸豕)〉이다. 왜냐하면 〈이시(羸豕)의 시(豕)〉 즉 돼지[豕]라는 것이 「설괘전(說卦傳)」에 나오는 〈감은[坎 : ☵] 돼지[豕]이다[爲]〉라는 내용을 환기시키기 때문이다. 비록 구괘(姤卦 : ䷫)의 초륙(初六 : --)이 〈이시(羸豕)〉 즉 약한[羸] 암돼지[豕]로 비유되지만 초륙(初六 : --)에게는 〈여장(女壯)〉의 성미(性味)가 있는지라 초륙(初六 : --)이 제자리에 가만히 있지 못함을 암시한 것이 〈이시부척촉(羸豕孚蹢躅)의 부(孚)〉이다. 여기 〈부(孚)〉는 부조(浮躁) 즉 들떠서[浮] 경망스러움[躁]을 뜻한다. 상진(上進)하고자 안달하는 초륙(初六 : --)의 효상(爻象)을 〈부(孚)〉 한 자(字)로써 암시한다. 초륙(初六 : --)이 〈부(孚)〉 즉 들떠 경망스러움[孚]을 거듭 밝힌 효사(爻辭)가 〈척촉(蹢躅)〉이다. 〈척촉(蹢躅)〉이란 제자리서 깡충거릴 뿐 부진(不進) 즉 나아가지 못하는 모습이다. 따라서 구괘(姤卦 : ䷫)의 초륙(初六 : --)이 상진(上進)하지 못해 가만히 있지 못하고 들떠 경망스럽게[孚] 제자리에서 깡충거리고[蹢躅] 있는 흉(凶)한 모습을 사실적으로 암시한 계사(繫辭)가 〈이시부척촉(羸豕孚蹢躅)〉이다.

【字典】

계(繫) 〈머물러 쌓일 계(繫)-유체(留滯), 매달 계(繫)-현(懸), 밧줄 계(繫)-유(維), 묶을(언약하여 정할) 계(繫)-약속(約束), 엮을 계(繫)-속(屬), 이을 계(繫)-속(續), 죄수 계(繫)-수(囚)〉 등의 뜻을 내지만 여기선 〈머물러 쌓일 유체(留滯)〉로 여기고 새김이 마땅하다.

우(于) 〈~에서(부터) 우(于)-어(於), 갈 우(于)-왕(往), 써 우(于)-이(以), 할 우(于)-위(爲), 여기 우(于)-시(是), 도울 우(于)-조(助), 클 우(于)-대(大), 구할 우(于)-구(求), 자족하는 모습 우(于)-자족모(自足貌)〉 등의 뜻을 내지만 여기선 〈~에서 어(於)〉와 같다 여기고 새김이 마땅하다.

金 〈금-김〉 두 가지로 발음되고, 〈구리 금(金)-동(銅), 금속 금(金)-금속지총칭(金屬之總稱), 황금 금(金)-황금(黃金), 쇠 금(金)-철(鐵), 솥 금(金)-종정(鐘鼎), 한 근 금(金)-근(斤), 돈 금(金)-화(貨), 견고할 금(金)-강(剛), 좋아할 금(金)-보(寶), 진중할 금(金)-진중(珍重), 황주색 금(金)-황주색(黃朱色), 오행의 하나 금(金)-오행지일{五行之一 : 제사위(第四位)-서(西)-추(秋)-상(商)-경신(庚辛)}, 팔음의 하나 금(金)-악기(樂器), 형틀 금(金)-형구(刑具), 무기 금(金)-무기(武器)-도검(刀劍), 인장 금(金)-인장(印章), 금나라 금(金), 성씨 김(金)〉 등의 뜻을 내지만 여기선 〈구리 동(銅)〉과 같다 여기고 새김이 마땅하다.

柅 〈니(이)-닐〉 두 가지로 발음되고, 〈고동목 니(柅)-지거륜지목(止車輪之木

: 制動器具), 나무 이름(팔배나무) 니(柅)-목명(木名 : 實如梨), 살필 니(柅)-찰(察), 무성할 니(柅)-니니(柅柅), 그칠 닐(柅)-지(止)〉 등의 뜻을 내지만 여기선 〈고동목 니(柅)〉로 여기고 새김이 마땅하다.

정(貞) 〈바를 정(貞)-정(正), 믿을 정(貞)-신(信), 거북점을 물을 정(貞)-복문(卜問), 역(易)의 내괘(內卦) 정(貞), 마땅할 정(貞)-당(當), 정할 정(貞)-정(定), 순수할 정(貞)-전(專)-일(一)〉 등의 뜻을 내지만 여기선 〈바를 정(正), 믿을 신(信)〉 등을 합친 뜻과 같아 〈정신(正信)〉으로 여기고 새김이 마땅하다.

길(吉) 〈좋을(행복할) 길(吉)-선(善)-영(令) {영월길일(令月吉日)은 선월선일(善月善日)임.}, 복 길(吉)-실(實)-선실(善實)-복(福), 예의를 따라 상서로울 길(吉)-예의순상(禮義順祥), 삼갈 길(吉)-근(謹), 초하루 길(吉)-삭일(朔日) {삭망(朔望) 즉 초하루[朔]와 그믐날[望]}, 길례 길(吉)-길례(吉禮) {오례지일(五禮之一) 길흉빈군가(吉凶賓軍嘉)}, 갈 길(吉)-행(行)-길(趌)〉 등의 뜻을 내지만 여기선 〈좋을 선(善)-영(令)〉 즉 행복과 같다 여기고 새김이 마땅하다.

유(有) 〈없을 무(無)의 반대말로 있을 유(有), 어조사 유(有), 간직할 유(有)-장(藏), 얻을(가질) 유(有)-취(取), 혹 유(有)-혹(或), 많을 유(有)-다(多)-족(足), 부유할 유(有)-부(富), 보호할 유(有)-보(保), 서로 친할 유(有)-상친(相親), 전일할 유(有)-전(專), 할 유(有)-위(爲)〉 등의 뜻을 내지만 〈있을 유(有)〉로 여기고 새김이 마땅하다.

유(攸) 〈곳(바) 유(攸)-소(所), 흘러가는 물 유(攸)-행수(行水), 아득할 유(攸)-장원(長遠)-유(悠), 닦을 유(攸)-수(修), 터득한 모습 유(攸)-자득모(自得貌), 빠를 유(攸)-숙(儵), 대롱거릴 유(攸)-현위모(懸危貌), 수심에 찬 모습 유(攸)-수모(愁貌)〉 등의 뜻을 내지만 여기선 〈곳 소(所)〉와 같다 여기고 새김이 마땅하다.

왕(往) 〈나아갈 왕(往)-행(行)-진행(進行), 갈 왕(往)-지(之), 물러갈 왕(往)-거(去), 이를 왕(往)-지(至), 향할 왕(往)-향(向), 옛 왕(往)-석(昔), 이따금 왕(往)-시시(時時), 뒤 왕(往)-후(後), 죽음 왕(往)-망거(亡去)-사자(死者)〉 등의 뜻을 내지만 〈나아갈 행(行)〉과 같다 여기고 새김이 마땅하다.

見 〈견-현〉 두 가지로 발음되고, 〈미칠(당할) 견(見)-피(被)-당(當), 볼 견(見)-식(識)-시(視), 생각할 견(見)-사(思), 돌아볼 견(見)-고(顧), 만나볼 견(見)-회(會), 드러날 현(見)-노(露), 나타날 현(見)-현(顯), 있을 현(見)-재(在), 보일 현(見)-조(朝)〉 등

의 뜻을 내지만 여기선 〈미칠(당할) 피(被)〉와 같아 수동태 노릇을 하는 〈견(見)〉으로 여기고 새김이 마땅하다. 여기 〈견흉(見凶)〉은 〈흉해진다(見凶)〉라고 새김이 마땅하다.

흉(凶) 〈불행할 흉(凶)-길지반(吉之反), 나쁠 흉(凶)-오(惡), 흉한 사람 흉(凶)-흉인(凶人), 재앙 흉(凶)-화(禍), 요사할 흉(凶)-요사(夭死), 걱정할 흉(凶)-우(憂)-구(懼), 악한 사람 흉(凶)-악인(惡人), 흉년 흉(凶)-연곡불숙(年穀不熟), 사나울 흉(凶)-포학(暴虐), 음기 흉(凶)-음기(陰氣), 북쪽 흉(凶)-북(北), 없을 흉(凶)-공(空), 송사 흉(凶)-송(訟), 거역할 흉(凶)-역(逆), 어그러질 흉(凶)-패(悖), 허물 흉(凶)-구(咎)〉 등의 뜻을 내지만 여기선 〈불행할 길지반(吉之反)〉과 같다 여기고 새김이 마땅하다.

이(羸) 〈약할 이(羸)-약(弱), 떨어질 이(羸)-기락(棄落), 묶을(얽을) 이(羸)-누(累), 파리할 이(羸)-수(瘦)-척(瘠), 앓을 이(羸)-병(病), 피로할 이(羸)-피(疲), 열등할 이(羸)-열(劣), 뒤집을 이(羸)-복(覆), 싫을 이(羸)-오(惡), 새김이 없을 이(羸)-무문(無文)〉 등의 뜻을 내지만 여기선 〈약할 약(弱)〉으로 여기고 새김이 마땅하다. 〈羸〉가 앞에 있을 때는 〈이〉로 읽고, 뒤에 있을 때는 〈리〉로 읽는다.

시(豕) 〈돼지 시(豕)-돈(豚)〉의 뜻이다. 수돼지는 가시(豭豕)라 하고, 암돼지는 빈시(牝豕)라 한다.

부(孚) 〈들떠 방정스런 부(孚)-무조(務躁)-부조(浮躁), 믿을 부(孚)-신(信), 알에서 새끼가 껍질을 쪼아 나올 부(孚)-난화(卵化), 씨앗이 틀 부(孚)-부(稃), 기를 부(孚)-육(育), 덮어줄 부(孚)-복(覆), 붙을(의지할) 부(孚)-부(附)-부(付), 옥채색 부(孚)-옥채색(玉采色)〉 등의 뜻을 내지만 여기선 〈들떠 방정스런 부(孚)〉로 여기고 새김이 마땅하다.

蹢 〈척-적〉 두 가지로 발음되고, 〈깡창댈 척(蹢)-척(躑)-두족(逗足), 굽(짐승의 발굽) 적(蹢)-제(蹏)〉 등의 뜻을 내지만 여기선 〈깡창댈 척(躑)〉과 같다 여기고 새김이 마땅하다.

촉(躅) 〈깡충거릴 촉(躅)-척(蹢), 자취 촉(躅)-적(跡), 철쭉꽃 촉(躅)〉 등의 뜻을 내지만 〈깡충거릴 촉(躅)〉으로 여기고 새김이 마땅하다. 여기 〈척촉(蹢躅)〉은 부정(不靜) 즉 가만히 있지 못하고 짧은 다리를 올렸다 내렸다 하면서 깡충거림을 뜻해 부진(不進) 즉 나아가기 못함을 뜻한다.

註 감위시(坎爲豕) : 감은[坎 : ☵] 돼지[豕]이다[爲]. 「설괘전(說卦傳)」 8단락(段落)

구이(九二 : ⚊)

九二 : 包有魚니 无咎이나 不利賓하다
포유어 무구 불리빈

구이(九二) : 수초 부대에[包] 물고기가[魚] 있으니[有] 허물이[咎] 없으나 [无] 빈객에게는[賓] 이롭지 않다[不利].

【구이(九二)의 효상(爻象) 풀이】

구괘(姤卦 : ䷫)의 구이(九二 : ⚊)는 이양거음(以陽居陰) 즉 양(陽 : ⚊)으로써[以] 음(陰 : ⚋)의 자리에 있는지라[居] 정당한 자리에 있지 못하다. 구이(九二 : ⚊)와 초륙(初六 : ⚋)은 양음(陽陰)의 사이인지라 〈비(比)〉 즉 이웃의 사귐[比]을 누린다. 구이(九二 : ⚊)와 구오(九五 : ⚊)는 양양(兩陽) 즉 둘 다[兩] 양(陽 : ⚊)인지라 중이정위(中而正位) 즉 가운데이면서[中而] 바른[正] 자리에 있음[位]을 서로 나누지 못하고 불응(不應) 즉 서로 호응하지 못한다. 구이(九二 : ⚊)가 구괘(姤卦 : ䷫) 하체(下體)의 중효(中爻)로서 득중(得中) 즉 정도를 따름을[中] 취하면서[得] 구괘(姤卦 : ䷫)의 주제인 〈구(姤)〉 즉 만남[姤]이란 음기(陰氣 : ⚋)는 장성하지만[長] 양기(陽氣 : ⚊)는 소진할[消] 시국에서의 만남[姤]인지라, 음기(陰氣 : ⚋)인 초륙(初六 : ⚋)을 이웃으로 사귀어 음양(陰陽)의 상통(相通)으로써 양(陽 : ⚊)의 소진[消]을 줄이고자 하는 모습이다.

구괘(姤卦 : ䷫)의 구이(九二 : ⚊)가 육이(六二 : ⚋)로 변효(變爻)하면 구이(九二 : ⚊)는 구괘(姤卦 : ䷫)를 33번째 둔괘(遯卦 : ䷠)로 지괘(之卦)하게 한다. 따라서 구괘(姤卦 : ䷫)의 구이(九二 : ⚊)는 둔괘(遯卦 : ䷠)의 육이(六二 : ⚋)를 찾아가 살펴보게 한다.

【구이(九二)의 계사(繫辭) 풀이】

包有魚(포유어) 无咎(무구)

수초 부대에[包] 물고기가[魚] 있으니[有] 허물이[咎] 없다[无].

〈포유어(包有魚) 무구(无咎)〉는 구괘(姤卦 : ䷫)의 구이(九二 : ⚊)가 초륙(初六 : ⚋)과 비(比) 즉 이웃의 사귐[比]을 누림을 암시한 계사(繫辭)이다. 〈포유어(包有魚) 무구(无咎)〉는 〈구이지포유어(九二之包有魚) 의연구이무구(依然九二无咎)〉의 줄임으로 여기고 〈구이의[九二之] 수초 부대에[包] 물고기가[魚] 있다[有] 그래도[依然] 구이에게는[九二] 허물이[咎] 없다[无]〉라고 새겨볼 것이다.

〈포유어(包有魚)의 포(包)〉는 여기선 저포(苴苞) 즉 물속의 부초[苴] 더미[苞]를 뜻해 물고기들의 안식처를 비유하고, 동시에 구이(九二 : ⚊)가 초륙(初六 : ⚋)을 이웃[比]으로 맞아들이는 모습을 암시한다. 구이(九二 : ⚊)는 구괘(姤卦 : ䷫)의 하체(下體) 손(巽 : ☴)의 중효(中爻)인지라 강직(剛直)하되 득중(得中) 즉 정도를 따름을[中] 취하므로[得] 강직(剛直)함에 치우치지[偏] 않으니, 편격(偏激) 즉 부딪치는 물결이[激] 치우쳐[偏] 흘러들지 않아 초륙(初六 : ⚋)에게 편안한 수초 부대가 되어줌을 암시하는 것이 〈포유어(包有魚)의 포(包)〉이다. 〈포유어(包有魚)의 어(魚)〉는 수족(水族) 즉 물에 사는 목숨[水族]이고, 음물(陰物) 즉 음(陰 : ⚋)의 것[物]인지라 초륙(初六 : ⚋)을 취상(取象)한 것이다. 동시에 구괘(姤卦 : ䷫)의 주제인 〈구(姤)〉 즉 만남[姤]의 시국인지라 〈포유어(包有魚)〉는 구이(九二 : ⚊)와 초륙(初六 : ⚋)이 누리는 비(比) 즉 이웃의 사귐[比]을 암시하기도 한다.

따라서 구이(九二 : ⚊)가 강강(剛强)에 치우침 없이 초륙(初六 : ⚋)을 제 수중(手中)으로 맞이하고 초륙(初六 : ⚋)은 구이(九二 : ⚊)와 이웃으로 사귀면서[比] 구이(九二 : ⚊)의 상진(上進)과 더불어 위로 갈[往] 수 있음을 암시하는 것이 또한 〈포유어(包有魚)〉이다. 대성괘(大成卦)에서 각효(各爻)의 상진(上進)은 순차(順次)를 따름이지 뛰어넘어 상진(上進)할 수는 없다. 천도(天道)는 순차(順次) 즉 차례를[次] 따름[順]을 허락할 뿐 역차(逆次) 즉 차례를[次] 어김[逆]을 허락하지 않는다. 따라서 구이(九二 : ⚊)가 상진(上進)해야 초륙(初六 : ⚋)도 따라서 상진할 수 있는지라, 구이(九二 : ⚊)가 초륙(初六 : ⚋)에게 〈포유어(包有魚)의 포(包)〉가 되어주고 초륙(初六 : ⚋)은 구이(九二 : ⚊)에게 〈포유어(包有魚)의 어(魚)〉가 되어줌은 천도(天道)인 역리(易理)를 따름인지라 허물이[咎] 없음[无]을 암시한 계사(繫辭)가 〈포유어(包有魚) 무구(无咎)〉이다.

不利賓(불리빈)

빈객에게는[賓] 이롭지 않다[不利].

〈불리빈(不利賓)〉은 초륙(初六 : --)과 정응(正應)을 누리는 구사(九四 : ㅡ)가 구이(九二 : ㅡ)에게는 〈빈(賓)〉 즉 빈객[賓]과 같음을 암시한 계사(繫辭)이다. 구괘(姤卦 : ䷫)의 주제인 〈구(姤)〉의 시국은 양(陽 : ㅡ)이 가고[往] 음(陰 : --)이 오는[來] 역운(易運)이라서 음장양소(陰長陽消)인지라 구괘(姤卦 : ䷫)의 군양(群陽)들은 저마다 초륙(初六 : --)과 상통(相通)할수록 이롭다[利]. 구괘(姤卦 : ䷫)의 중양(衆陽) 중에서 초륙(初六 : --)과 상통할 수 있는 양효(陽爻)는 구이(九二 : ㅡ)와 구사(九四 : ㅡ)밖에 없다. 구이(九二 : ㅡ)는 초륙(初六 : --)과 이웃의 사귐[比]을 누릴 수 있고, 구사(九四 : ㅡ)는 초륙(初六 : --)과 정응(正應) 즉 바르게[正] 호응함[應]을 누릴 수 있다. 구괘(姤卦 : ䷫)의 괘상(卦象)이 〈구(姤)〉 즉 만남[姤]인지라 가까울수록 친밀해지므로 초륙(初六 : --)과 이웃인 구이(九二 : ㅡ)가 구사(九四 : ㅡ)보다 유리하다. 따라서 〈불리빈(不利賓)의 빈(賓)〉은 초륙(初六 : --)과 정응(正應)을 누릴 구사(九四 : ㅡ)를 암시한다. 구이(九二 : ㅡ)는 초륙(初六 : --)과 이웃의 사귐[比]을 주동(主動)할 수 있지만, 구사(九四 : ㅡ)는 떨어져 있어서 〈빈(賓)〉 즉 손님[賓] 격이어서 이로움이[利] 없음[不]을 밝힌 계사(繫辭)가 〈불리빈(不利賓)〉이다.

【 字 典 】

포(包) 〈물속의 부초 더미 포(包)-저낭(苴囊), 초목이 더부룩이 날 포(包)-포(苞)-초목총생(草木叢生), 부엌 포(包)-포(庖), 용납할 포(包)-용(容), 쌀 포(包)-포(勹)-회(裹), 아이 밸 포(包)-임(妊), 품을 포(包)-함(含), 간직할 포(包)-장(藏), 겸할 포(包)-겸(兼), 취할 포(包)-취(取), 과일껍질 포(包)-과실피(果實皮)〉 등의 뜻을 내지만 여기선 〈물속의 부초 더미 차낭(苴囊)〉으로 여기고 새김이 마땅하다. 〈포유어(包有魚)의 포(包)〉를 〈부엌 포(庖)〉로 여기고 〈포유어(包有魚)〉를 〈부엌에[包] 고기가[魚] 있다[有]〉라고 새기는 경우도 있지만 마땅치 않은 새김이다.

유(有) 〈없을 무(無)의 반대말로 있을 유(有), 어조사 유(有), 간직할 유(有)-장(藏), 얻을(가질) 유(有)-취(取), 혹 유(有)-혹(或), 많을 유(有)-다(多)-족(足), 부유할 유

(有)-부(富), 보호할 유(有)-보(保), 서로 친할 유(有)-상친(相親), 전일할 유(有)-전(專), 할 유(有)-위(爲)〉 등의 뜻을 내지만 〈있을 유(有)〉로 여기고 새김이 마땅하다.

어(魚) 〈물고기 어(魚)-수생동물지일(水生動物之一)-수충(水蟲), 고리눈말 어(魚)-환안마(環眼馬), 나 어(魚)-오(吾)〉 등의 뜻을 내지만 여기선 〈물고기 수충(水蟲)〉으로 새김이 마땅하다.

무(无) 〈없을 무(无)-무(無), 허무지도 무(无)-허무지도(虛无之道), 으뜸 무(无)-원(元)〉 등의 뜻을 내지만 여기선 〈없을 무(無)〉와 같다 여기고 새김이 마땅하다.

구(咎) 〈허물 구(咎)-건(愆)-과(過), 재앙 구(咎)-재(災), 병될 구(咎)-병(病), 나쁠 구(咎)-오(惡)〉 등의 뜻을 내지만 여기선 〈허물 건(愆)-과(過)〉와 같다 여기고 새김이 마땅하다. 〈무구(无咎)〉는 〈면어구(免於咎)〉 즉 허물을[於咎] 면하다[免]와 같다.

不 〈불-부〉 등으로 발음되고, 〈못할 불(不)-부(不), 않을 불(不)-부(不), 아닐 불(不)-부(不)-비(非), 없을 불(不)-부(不)-무(無), 하지 말 불(不)-부(不)-막(莫)-금지(禁止), 정하지 않을 불(不)-부(不)-부(否)-미정(未定), 새가 날아올라 내려오지 않는 불(不)-부(不)-조비상불하래(鳥飛上不下來)〉 등의 뜻을 내지만 여기선 〈없을 무(無)〉로 여기고 새김이 마땅하다.

이(利) 〈만물로 하여금 삶을 이루어가게 하는 덕(德)의 이로울 이(利)-사만물수생지덕(使萬物遂生之德), 날카로울 이(利)-예(銳)-섬(銛), 질병 이(利)-질(疾), 통할 이(利)-통(通)-순(順), 좋을 이(利)-길(吉)-의(宜), 편리할 이(利)-편(便), 마름해 만들어 이룰 이(利)-재성(裁成), 탐할 이(利)-탐(貪), 구할(취할) 이(利)-구(求)-취(取), 좋아할 이(利)-열애(悅愛), 이로울 이(利)-익(益), 기교 이(利)-교(巧), 보람 이(利)-공용(功用), 지세가 험하고 중요한 이(利)-험요(險要), 이길 이(利)-승(勝), 어질 이(利)-인(仁)〉 등의 뜻을 내지만 여기선 〈이로울 이(利)〉로 여기고 새김이 마땅하다. 〈利〉가 맨 앞에 오면 〈이〉로 발음되고, 중간이나 뒤에 오면 〈리〉로 발음된다.

빈(賓) 〈손님 빈(賓)-객(客), 받들 빈(賓)-경(敬), 인도할 빈(賓)-도(導), 복종할 빈(賓)-복(服), 엎드릴 빈(賓)-복(伏)〉 등의 뜻을 내지만 여기선 〈손님 객(客)〉과 같다 여기고 새김이 마땅하다.

구삼(九三 : ⚊)

九三 : 臀无膚이고 其行次且하여 厲하나 无大咎리라
둔무부 기행차저 여 무대구

구삼(九三) : 볼기에[臀] 살이[膚] 없고[无] 그[其] 행차가[行] 멈추고[次] 꾸물거려[且] 위태하나[厲] 큰[大] 허물은[咎] 없다[无].

【구삼(九三)의 효상(爻象) 풀이】

구괘(姤卦 : ䷫)의 구삼(九三 : ⚊)은 이양거양(以陽居陽) 즉 양(陽 : ⚊)으로써[以] 양(陽 : ⚊)의 자리에 있는지라[居] 정당한 자리에 있다. 구삼(九三 : ⚊)과 구이(九二 : ⚊)-구사(九四 : ⚊)는 전양(全陽) 즉 모두[全] 양(陽 : ⚊)의 사이인지라 〈비(比)〉 즉 이웃의 사귐[比]을 누리기는커녕 상충(相衝) 즉 서로[相] 부딪치는[衝] 처지이다. 상구(上九 : ⚊)와도 양양(兩陽) 즉 둘 다[兩] 양(陽 : ⚊)인지라 불응(不應) 즉 서로 호응하지 못하는지라 고립무원(孤立無援)의 처지를 면치 못하지만, 구삼(九三 : ⚊)은 구괘(姤卦 : ䷫) 하체(下體)의 상효(上爻)인지라 구괘(姤卦 : ䷫)의 주제인 〈구(姤)〉 즉 만남[姤]의 시국을 맞아 구음(姤陰) 즉 음(陰 : ⚋)을 만나려는[姤] 의욕이 강렬한 모습이다.

> 구괘(姤卦 : ䷫)의 구삼(九三 : ⚊)이 육삼(六三 : ⚋)으로 변효(變爻)하면 구삼(九三 : ⚊)은 구괘(姤卦 : ䷫)를 6번째 송괘(訟卦 : ䷅)로 지괘(之卦)하게 한다. 따라서 구괘(姤卦 : ䷫)의 구삼(九三 : ⚊)은 송괘(訟卦 : ䷅)의 육삼(六三 : ⚋)을 찾아가 살펴보게 한다.

【구삼(九三)의 계사(繫辭) 풀이】

臀无膚(둔무부)

볼기에[臀] 살이[膚] 없다[无].

〈둔무부(臀无膚)〉는 구삼(九三 : ⚊)의 효위(爻位)를 들어 암시한 계사(繫辭)이다. 〈둔무부(臀无膚)〉는 〈구삼지둔무부(九三之臀无膚)〉의 줄임으로 여기고 〈구삼의[九三之] 볼기에는[臀] 살갗이[膚] 없다[无]〉라고 새겨볼 것이다.

〈둔무부(臀无膚)〉는 구삼(九三 : ⚊)의 자리가 부정(不正) 즉 바르지 못함[不正]을 암시한다. 구괘(姤卦 : ䷫)의 하체(下體) 손(巽 : ☴)의 상효(上爻)인 구삼(九三 : ⚊)의 자리를 신체의 부위로 말하면 〈둔(臀)〉 곧 엉덩이와 궁둥이의 언저리 즉 볼기[臀]에 해당되는지라 〈둔무부(臀无膚)의 둔(臀)〉으로써 구삼(九三 : ⚊)을 취상(取象)한 것이다. 뼈[骨]는 강(剛)하고 살[膚]은 유(柔)하다. 따라서 〈둔무부(臀无膚)의 부(膚)〉는 음(陰 : ⚋)을 암시한다. 골(骨) 즉 단단한 뼈[骨]는 양(陽 : ⚊)이고, 부(膚) 즉 부드러운 살갗[膚]은 음(陰 : ⚋)이다. 이에 〈둔무부(臀无膚)의 둔(臀)〉은 강(剛)한 양(陽 : ⚊)인 구삼(九三 : ⚊)을 암시하고, 〈둔무부(臀无膚)의 부(膚)〉는 유(柔)한 음(陰 : ⚋)인 초륙(初六 : ⚋)을 암시한다. 그러니 〈둔무부(臀无膚)〉는 〈양무음(陽无陰)〉 즉 양기에게[陽] 음기가[陰] 없음[无]인지라, 구삼(九三 : ⚊)에게는 〈구음(姤陰)〉 즉 음기를[陰] 만남[姤]이 없음[无]을 암시한 계사(繫辭)이다.

其行次且(기행차저)

<u>그[其] 행차가[行] 멈추고[次] 꾸물거린다[且].</u>

〈기행차저(其行次且)〉는 구삼(九三 : ⚊)이 초륙(初六 : ⚋)을 맞이할세라 상진(上進)하려 하지 않고 머뭇거림을 암시한 계사(繫辭)이다. 〈기행차저(其行次且)〉는 〈구삼지행차(九三之行次) 이구삼지행저(而九三之行且)〉의 줄임으로 여기고 〈구삼의[九三之] 행함은[行] 머문다[次] 그리고[而] 구삼의[九三之] 행함은[行] 서성거린다[且]〉라고 새겨볼 것이다. 〈차저(次且)의 차(次)〉는 여기선 〈머물 지(止)〉와 같고, 〈차저(次且)의 저(且)〉는 〈서성거릴 자(趑)〉와 같다.

〈기행차저(其行次且)〉는 구삼(九三 : ⚊)이 초륙(初六 : ⚋)을 만나려[姤] 함을 암시한 계사(繫辭)이다. 대성괘(大成卦)에서 하체(下體)의 상효(上爻)는 중효(中爻)의 자리를 떠난 탓으로 의욕이 득중(得中)을 벗어나 치우치기 쉬워 매우 강렬하다. 구괘(姤卦 : ䷫)의 주제인 〈구(姤)〉의 시국이 음성양쇠(陰盛陽衰)의 만남[姤]인지라 구괘(姤卦 : ䷫)의 강강(剛剛)한 강효(剛爻)들은 하나밖에 없는 유(柔)한 초륙(初六 : ⚋) 즉 음기(陰氣 : ⚋)와 상통하여 만날수록[姤] 양기(陽氣 : ⚊)의 소진

(消盡)을 제어하기가 용이할 터인지라, 의욕이 강(剛)한 구삼(九三 : ⚊)이 초륙(初六 : ⚋)을 〈구(姤)〉 즉 만나려 함[姤]을 암시한 것이 〈기행차저(其行次且)의 차저(次且)〉이다. 〈기행차저(其行次且)의 차저(次且)〉는 〈차이저(次而且)〉의 줄임으로 머물러서[次而] 서성거림[且]을 뜻해, 구삼(九三 : ⚊)이 자신의 상진(上進)을 멈추고[次] 서성거림[且]을 암시한 계사(繫辭)가 〈기행차저(其行次且)〉이다.

厲(여) 无大咎(무대구)

위태하나[厲] 큰[大] 허물은[咎] 없다[无].

〈여(厲)〉는 구삼(九三 : ⚊)이 초륙(初六 : ⚋)을 만나고자[姤] 하는 의욕이 굳건함[剛]을 암시한 계사(繫辭)이다. 〈여(厲)〉는 〈구삼지소욕구초륙유려(九三之所欲姤初六有厲)의 줄임으로 여기고 〈구삼이[九三之] 초륙을[初六] 만나고자 하는[欲姤] 바에는[所] 위태함이[厲] 있다[有]〉라고 새겨볼 것이다. 구삼(九三 : ⚊)에게는 효연(爻緣)으로 보아서도 초륙(初六 : ⚋)과 만날 수 없을 뿐더러 바로 아래의 구이(九二 : ⚊)가 가로막고 있어서 초륙(初六 : ⚋)을 불가구(不可姤) 즉 만날[姤] 수 없다[不可]. 그럼에도 불구하고 구괘(姤卦 : ䷫)의 하체(下體)인 태(兌 : ☱)의 중효(中爻) 자리를 떠나 하체(下體)의 상효(上爻)가 되어 득중(得中)을 벗어난 구삼(九三 : ⚊)이 초륙(初六 : ⚋)을 만나려는[姤] 의욕에 치우칠수록 역리(易理)를 벗어나게 된다. 변화의[易] 이치[理]를 어긴다면 그 무엇이든 위태로움[厲]을 암시한 계사(繫辭)가 〈여(厲)〉이다.

〈무대구(无大咎)〉는 초륙(初六 : ⚋)을 만나고자[姤] 하는 의욕이 굳건한[剛] 구삼(九三 : ⚊)에게 허물[咎]이 있다고 할 수 없음을 암시한 계사(繫辭)이다. 강강(剛强)한 구삼(九三 : ⚊)이 초륙(初六 : ⚋)을 만나기[姤]를 추구함은 양구음(陽姤陰) 즉 양(陽 : ⚊)이 음(陰 : ⚋)을 만나려[姤] 함이니 구괘(姤卦 : ䷫)의 시국에서 역리(易理)에 벗어남은 아닌지라, 구삼(九三 : ⚊)에게 역리(易理)를 어기는 커다란[大] 허물은[咎] 없음[无]을 암시한 계사(繫辭)가 〈무대구(无大咎)〉이다.

【字典】

둔(臀) 〈볼기(꽁무니) 둔(臀)-고(尻), 낮을 둔(臀)-저(底)〉 등의 뜻을 내지만 여기선 〈볼기 고(尻)〉와 같다 여기고 새김이 마땅하다.

무(无) 〈없을 무(无)-무(無), 허무지도 무(无)-허무지도(虛无之道), 으뜸 무(无)-원(元)〉 등의 뜻을 내지만 여기선 〈없을 무(無)〉와 같다 여기고 새김이 마땅하다.

부(膚) 〈살갗 부(膚)-혁외박피(革外薄皮), 거적자리 부(膚)-천석(薦席), 아름다울 부(膚)-미(美), 클 부(膚)-대(大), 돼지고기 부(膚)-시육(豕肉), 글말이 천박한 부(膚)-문사천박(文辭淺薄), 벗길 부(膚)-박(剝), 보낼 부(膚)-전(傳), 이끼 부(膚)-태(苔)〉 등의 뜻을 내지만 여기선 〈살갗 혁외박피(革外薄皮)〉로 여기고 새김이 마땅하다.

기(其) 〈그 기(其)-관형사, 그(그것) 기(其)-피(彼)-지(之), 그럴 기(其)-연(然), 어찌 기(其)-기(豈), 누를 기(其)-억(抑), 오히려 기(其)-상(尙)-서기(庶幾), 이에 기(其)-내(乃), 만약 기(其)-약(若), 장차 기(其)-장(將), 어조사 기(其)-어조사〉 등의 뜻을 내지만 여기선 관형사로서 〈그 기(其)〉로 여기고 새김이 마땅하다.

行 〈행-항〉 두 가지로 발음되고, 〈나아갈 행(行)-전진(前進), 갈 행(行)-왕(往), 다닐 행(行)-보(步), 길 귀신 행(行)-노신(路神), 오행 행(行)-오행(五行), 길 행(行)-도로(道路), 쓸 행(行)-용(用), 순행할 행(行)-순행(巡行), 행실 행(行)-신지소행(身之所行), 운반할 행(行)-운(運), 항오 항(行)-열(列), 시장 항(行)-시장(市長), 항렬 항(行)-등배(等輩), 굳셀 항(行)-강강(剛强)〉 등의 뜻을 내지만 여기선 〈나아갈 전진(前進)〉으로 여기고 새김이 마땅하다.

차(次) 〈한 곳에 머물 차(次)-사지(舍止), 뒤 차(次)-부전(不前), 버금(다음) 차(次)-아(亞)-부(副), 가까울 차(次)-근(近), 분별위치순서(分別位置順序) 차(次), 차례 차(次)-제(第), 둘째 차(次)-이(貳), 가지런히 벌릴 차(次)-열(列)-비(比), 자리 차(次)-위(位)-처(處), 이를 차(次)-지(至), 줄 차(次)-수(授), 군사 머물 차(次)-사지(師止), 집 차(次)-사(舍), 장막 차(次)-악(幄), 가슴(속) 차(次)-중(中), 갑자기 차(次)-급거(急遽), 머리 꾸밀 차(次)-편발(編髮), 곳 차(次)-소(所)〉 등의 뜻을 내지만 여기선 〈한 곳에 머물 사지(舍止)〉로 여기고 새김이 마땅하다.

且 〈차-저〉 두 가지로 발음되고, 〈서성거릴 저(且)-자(趑)-행부진(行不進), 또 차(且)-우(又), 갈 차(且)-조(徂)-왕(往), 그 위에 차(且)-가지(加之), 바야흐로 차(且)-장차(將次), 거의 차(且)-기(幾), 어구(語句) 뒤에 오는 조사(助詞) 차(且), 많을 저(且)-다(多), 파초 저(且)-파초(芭蕉), 공손할 저(且)-공(恭), 말투를 강하게 하려는 어조사 저(且)〉 등의 뜻을 내지만 여기선 〈서성거릴 자(趑)〉로 여기고 새김이 마땅하다.

여(厲) 〈위태할 여(厲)-위(危), 저항할(막을) 여(厲)-항(抗), 가물 여(厲)-한(旱), 갈 여(厲)-마(磨), 문지를(비빌) 여(厲)-마찰(摩擦), 엄할(사나울) 여(厲)-엄(嚴)-맹(猛), 높고 훌륭할 여(厲)-고상(高尙), 맑고 바를 여(厲)-청정(淸正), 일어날 여(厲)-기(起), 지을 여(厲)-작(作), 사나울 여(厲)-학(虐), 병들 여(厲)-병(病), 낭떠러지 여(厲)-애(涯), 물이 깊어도 건널 수 있는 곳 여(厲)-심수가섭지처(深水可涉之處), 권하여 힘쓰게 할 여(厲)-권면(勸勉), 이을 여(厲)-합(合)-연(連), 옷을 입고 물을 건널 여(厲)-이의섭수(以衣涉水), 가까울 여(厲)-근(近)-부(附)〉 등의 뜻을 내지만 여기선 〈위태할 위(危)〉와 같다 여기고 새김이 마땅하다.

대(大) 〈큰 대(大)-소지대(小之對), 넓을 대(大)-광(廣), 두루 대(大)-편(徧), 통할 대(大)-통(通), 길 대(大)-장(長), (땅을) 걸게 할 대(大)-비(肥), 두터울 대(大)-후(厚), 많을 대(大)-다(多), 모두 대(大)-개(皆), 선할 대(大)-선(善), 무거울 대(大)-중(重), 거대할 대(大)-거(巨), 아름다울 대(大)-미(美)-장(壯), 부유할 대(大)-부(富), 늙을 대(大)-노(老), 지나칠 대(大)-과(過), 끝 대(大)-극(極), 대충 대(大)-조(組)-불세밀(不細密), 과대할 대(大)-과(誇)-긍벌(矜伐), 처음 대(大)-초(初), 하늘 대(大)-천(天), 건(乾)-양기(陽氣)-강효(剛爻) 대(大)〉 등의 뜻을 내지만 여기선 〈큰 대(大)〉로 여기고 새김이 마땅하다.

구(咎) 〈허물 구(咎)-건(愆)-과(過), 재앙 구(咎)-재(災), 병될 구(咎)-병(病), 나쁠 구(咎)-오(惡)〉 등의 뜻을 내지만 여기선 〈허물 건(愆)-과(過)〉와 같다 여기고 새김이 마땅하다. 〈무구(无咎)〉는 〈면어구(免於咎)〉 즉 허물을[於咎] 면하다[免]와 같다.

구사(九四 : ⚊)

九四 : 包无魚니 起凶하리라
포 무 어 기 흉

구사(九四) : 수초 부대에[包] 물고기가[魚] 없으니[无] 나쁜 일이[凶] 일어나리라[起].

【구사(九四)의 효상(爻象) 풀이】

구괘(姤卦 : ䷫)의 구사(九四 : ━)는 이양거음(以陽居陰) 즉 양(陽 : ━)으로써[以] 음(陰 : --)의 자리에 있는지라[居] 정당한 자리에 있지 못하다. 구사(九四 : ━)와 구삼(九三 : ━)-구오(九五 : ━)는 전양(全陽) 즉 모두[全] 양(陽 : ━)의 사이인지라 〈비(比)〉 즉 이웃의 사귐[比]을 누리기는커녕 상충(相衝) 즉 서로[相] 부딪치는[衝] 처지이다. 구사(九四 : ━)와 초륙(初六 : --)은 양음(陽陰)의 사이인지라 다른 대성괘(大成卦)에서라면 정응(正應) 즉 바르게[正] 서로 호응할[應] 수 있는 처지이지만, 구괘(姤卦 : ䷫)의 주제인 〈구(姤)〉 즉 만남의[姤] 시국에서는 초륙(初六 : --)과 멀리 떨어져 있기에 구음(姤陰) 즉 음(陰 : --)을 만날[姤] 수 없는 불운(不運)을 면치 못하는 모습이다.

> 구괘(姤卦 : ䷫)의 구사(九四 : ━)가 육사(六四 : --)로 변효(變爻)하면 구사(九四 : ━)는 구괘(姤卦 : ䷫)를 57번째 손괘(巽卦 : ䷸)로 지괘(之卦)하게 한다. 따라서 구괘(姤卦 : ䷫)의 구사(九四 : ━)는 손괘(巽卦 : ䷸)의 육사(六四 : --)를 찾아가 살펴보게 한다.

【구사(九四)의 계사(繫辭) 풀이】

包无魚(포무어)

수초 부대에[包] 물고기가[魚] 없다[无].

〈포무어(包无魚)〉는 구사(九四 : ━)의 효위(爻位)를 들어 암시한 계사(繫辭)이다. 〈포무어(包无魚)〉는 〈구사지포무어(九四之包无魚)〉의 줄임으로 여기고 〈구사의[九四之] 수초 부대에[包] 물고기가[魚] 없다[无]〉라고 새겨볼 것이다.

〈포무어(包无魚)〉는 다른 대성괘(大成卦)에서라면 구사(九四 : ━)와 초륙(初六 : --)이 정응(正應) 즉 바르게[正] 서로 호응함[應]을 누릴 처지이지만 구괘(姤卦 : ䷫)의 주제인 〈구(姤)〉 즉 만남[姤]의 시국인지라 구사(九四 : ━)와 초륙(初六 : --)이 멀리 떨어져 있어서 만남[姤]이 이루어질 수도 없거니와, 이미 구이(九二 : ━)와 초륙(初六 : --)이 친비(親比) 즉 가까워[親] 이웃의 사귐[比]을 누리는지라 구사(九四 : ━)가 구음(姤陰) 즉 음(陰 : --)을 만나지 못함을 암시한다. 구사(九四 : ━)의 〈포무어(包无魚)〉는 구이(九二 : ━)의 〈포유어(包有魚)〉를 연상시킨다. 구이(九二 : ━)의 〈포(包)〉에는 고기가[魚] 있지만[有] 구사(九四 : ━)의 〈포(包)〉에는 고기가[魚] 없다[无] 함은 곧 구사(九四 : ━)와 초륙(初六 : --)이 정응(正應)의 효연(爻緣)을 누릴 수 없음을 암시한다.

구사(九四 : ━)의 〈포(包)〉 즉 차낭(苴囊)인 수초 더미[包]는 고기들[魚]에게 멀어서 구사(九四 : ━)의 차낭(苴囊)에는 고기들이 깃들지 않음을 암시하는 것이 〈포무어(包无魚)〉이다. 물고기들에게 〈포(包)〉 즉 차낭(苴囊)이란 보금자리와 같다. 물론 〈포무어(包无魚)의 포(包)〉는 구사(九四 : ━)를 암시하고, 〈포무어(包无魚)의 어(魚)〉는 초륙(初六 : --)을 암시한다. 〈포무어(包无魚)〉는 만남[姤]의 시국인지라 구이(九二 : ━)와 초륙(初六 : --)은 가깝고 구사(九四 : ━)와 초륙(初六 : --)은 그 사이가 멀어서 초륙(初六 : --)은 구이(九二 : ━)와 더 친밀해짐을 암시하기도 한다. 먼 쪽보다 가까운 쪽의 만남[姤]이 더 친밀할 수 있기 때문이다. 이에 구이(九二 : ━)와 초륙(初六 : --)은 가깝고 구사(九四 : ━)와 초륙(初六 : --)은 멀어서 구사(九四 : ━)가 초륙(初六 : --)과의 정응(正應)을 누리지 못함을 암시한 계사(繫辭)가 〈포무어(包无魚)〉이다.

起凶(기흉)

나쁜 일이[凶] 일어나리라[起].

〈기흉(起凶)〉은 구사(九四 : ━)가 초륙(初六 : --)에게 〈포(包)〉 즉 차낭(苴囊)이라는 보금자리가 되어주지 못함을 암시한 계사(繫辭)이다. 구괘(姤卦 : ䷫)의 효위(爻位)로는 구사(九四 : ━)와 초륙(初六 : --)이 정응(正應)을 누릴 효연(爻緣)이지만 구사(九四 : ━)와 초륙(初六 : --)이 상거(相踞) 즉 서로[相] 떨어져[踞] 있어서, 불구(不姤) 즉 만나지[姤] 못함[不]이란 구사(九四 : ━)에게 〈흉(凶)〉 즉 불행이[凶] 일어남[起]과 같다는 것이 〈기흉(起凶)〉이다. 〈기흉(起凶)〉은 작흉(作凶)과 같다. 불행을[凶] 일어나게 함[作]이 〈기흉(起凶)〉이다. 대성괘(大成卦)의 초효(初爻)는 백성이고 사효(四爻)는 경대부(卿大夫)로 비유되니, 군왕(君王)을 보좌하는 경대부(卿大夫)가 멀어서 백성을 만나지[姤] 못함은 불행이[凶] 일어나는[起] 일과 같음을 암시한 계사(繫辭)가 〈기흉(起凶)〉이다.

【字典】

포(包) 〈물속의 부초 더미 포(包)-차낭(苴囊), 초목이 더부룩이 날 포(包)-포(苞)-초목총생(草木叢生), 부엌 포(包)-포(庖), 용납할 포(包)-용(容), 쌀 포(包)-포(勹)-회(裹), 아이 밸 포(包)-임(妊), 품을 포(包)-함(含), 간직할 포(包)-장(藏), 겸할 포(包)-겸(兼), 취할 포(包)-취(取), 과일껍질 포(包)-과실피(果實皮)〉 등의 뜻을 내지만 여기선 〈물속의 부초 더미 차낭(苴囊)〉으로 여기고 새김이 마땅하다. 〈포무어(包无魚)의 포(包)〉를 〈부엌 포(庖)〉로 여기고, 〈포무어(包无魚)〉를 〈부엌에[包] 고기가[魚] 없다[无]〉라고 새기는 경우도 있지만 마땅치 못한 새김이다.

무(无) 〈없을 무(无)-무(無), 허무지도 무(无)-허무지도(虛无之道), 으뜸 무(无)-원(元)〉 등의 뜻을 내지만 여기선 〈없을 무(無)〉와 같다 여기고 새김이 마땅하다.

어(魚) 〈물고기 어(魚)-수생동물지일(水生動物之一)-수충(水蟲), 고리눈말 어(魚)-환안마(環眼馬), 나 어(魚)-오(吾)〉 등의 뜻을 내지만 여기선 〈물고기 수충(水蟲)〉으로 새김이 마땅하다.

기(起) 〈일어나게 할 기(起)-작(作)-흥(興), 일어설 기(起)-입(立), 걷기 시작할 기(起)-보지시(步之始)-행(行)-주(走), 먼저 달려갈 기(起)-전왕주(前往走), 날아오를 기(起)-비(飛), 움직일 기(起)-동(動), 음의 시작 기(起)-음지시(音之始), 낼 기(起)-출(出), 발생할 기(起)-발(發), 파견할 기(起)-파견(派遣), 계발할 기(起)-계발(啓發), 거용할 기(起)-거용(擧用), 진동할 기(起)-진(震), 건설할(세울) 기(起)-건(建), 무리 기(起)-군(羣), 치유할 기(起)-치유(治愈), 다시 기(起)-재(再)-갱(更)〉 등의 뜻을 내지만 여기선 〈일어나게 할 작(作)〉과 같다 여기고 새김이 마땅하다.

흉(凶) 〈불행할 흉(凶)-길지반(吉之反), 나쁠 흉(凶)-오(惡), 흉한 사람 흉(凶)-흉인(凶人), 재앙 흉(凶)-화(禍), 요사할 흉(凶)-요사(夭死), 걱정할 흉(凶)-우(憂)-구(懼), 악한 사람 흉(凶)-악인(惡人), 흉년 흉(凶)-연곡불숙(年穀不熟), 사나울 흉(凶)-포학(暴虐), 음기 흉(凶)-음기(陰氣), 북쪽 흉(凶)-북(北), 없을 흉(凶)-공(空), 송사 흉(凶)-송(訟), 거역할 흉(凶)-역(逆), 어그러질 흉(凶)-패(悖), 허물 흉(凶)-구(咎)〉 등의 뜻을 내지만 여기선 〈불행할 길지반(吉之反)〉과 같다 여기고 새김이 마땅하다.

구오(九五 : ⚊)

九五 : 以杞包瓜하니 含章이고 有隕自天이리라
이 기 포 과 함 장 유 운 자 천

구오(九五) : 산버들[杞]로써[以] 참외를[瓜] 감싸니[包] 드러남을[章] 품고[含] 하늘[天]로부터[自] 떨어짐이[隕] 있으리라[有].

【구오(九五)의 효상(爻象) 풀이】

구괘(姤卦 : ䷫)의 구오(九五 : ⚊)는 이양거양(以陽居陽) 즉 양(陽 : ⚊)으로써[以] 양(陽 : ⚊)의 자리에 있는지라[居] 정당한 자리에 있다. 구오(九五 : ⚊)와 구사(九四 : ⚊)-상구(上九 : ⚊)는 전양(全陽) 즉 모두[全] 양(陽 : ⚊)의 사이인지라 〈비(比)〉 즉 이웃의 사귐[比]을 누리지 못하지만 그렇다고 상충(相衝) 즉 서로[相] 부딪치는[衝] 처지일 수 없다. 구오(九五 : ⚊)와 구이(九二 : ⚊) 역시 양양(兩陽) 즉 둘 다[兩] 양(陽 : ⚊)의 사이인지라 중이정위(中而正位) 즉 가운데이면서[中而] 바른[正] 자리에 있음[位]을 서로 나누지 못하고 정응(正應) 즉 바르게[正] 호응함[應]을 누리지 못한다. 그러나 구오(九五 : ⚊)는 구괘(姤卦 : ䷫)에서 정당(正當)한 자리에 있는 군왕(君王)으로서 구괘(姤卦 : ䷫)의 상체(上體)인 건(乾 : ☰)의 중효(中爻)인지라 득중(得中) 즉 정도를 따름을[中] 취하여[得] 구괘(姤卦 : ䷫)의 초륙(初六 : ⚋)-구이(九二 : ⚊)-구삼(九三 : ⚊)-구사(九四 : ⚊) 등을 주재(主宰)하는 주효(主爻)의 모습이다.

> 구괘(姤卦 : ䷫)의 구오(九五 : ⚊)가 육오(六五 : ⚋)로 변효(變爻)하면 구오(九五 : ⚊)는 구괘(姤卦 : ䷫)를 50번째 정괘(鼎卦 : ䷱)로 지괘(之卦)하게 한다. 따라서 구괘(姤卦 : ䷫)의 구오(九五 : ⚊)는 정괘(鼎卦 : ䷱)의 육오(六五 : ⚋)를 찾아가 살펴보게 한다.

【구오(九五)의 계사(繫辭) 풀이】

以杞包瓜(이기포과)

산버들[杞]로써[以] 참외를[瓜] 감싼다[包].

구오(九五 : ━)의 효위(爻位)를 들어 암시한 계사(繫辭)이다. 〈이기포과(以杞包瓜)〉는 〈구오이기포과(九五以杞包瓜)〉의 줄임으로 여기고 〈구오가[九五] 산버들[杞]로써[以] 참외를[瓜] 감싼다[包]〉라고 새겨볼 것이다. 〈포과(包瓜)의 포(包)〉는 〈쌀 장(裝)〉과 같다

〈이기포과(以杞包瓜)〉는 구오(九五 : ━)가 구괘(姤卦 : ䷫)의 주효(主爻)이면서 군왕(君王)으로서 구이(九二 : ━)와 초륙(初六 : ╍)의 친비(親比) 즉 친근한[親] 이웃의 사귐[比]을 포용해[包] 서로 같이 누림을 암시한 계사(繫辭)이다. 〈이기포과(以杞包瓜)〉의 〈기(杞)와 과(瓜)〉는 구오(九五 : ━)가 구괘(姤卦 : ䷫)의 상체(上體) 건(乾 : ☰)의 중효(中爻)임을 들어 구오(九五 : ━)를 취상(取象)한 것이고, 동시에 구이(九二 : ━)와 초륙(初六 : ╍)의 친비(親比) 즉 친근한[親] 이웃의 사귐[比]을 구오(九五 : ━)가 포용(抱容)함을 아울러 취상(取象)한 것이다. 〈이기포과(以杞包瓜)〉의 〈기(杞)와 과(瓜)〉가 「설괘전(說卦傳)」에 나오는 〈건은[乾 : ☰] 나무요[木] 열매[瓜]이다[爲]〉라는 내용을 환기시키기 때문이다. 이에 〈이기포과(以杞包瓜)〉는 구이(九二 : ━)와 초륙(初六 : ╍)의 친비(親比) 즉 친근한[親] 이웃의 사귐[比]을 구오(九五 : ━)도 함께 누림을 암시한다.

산버들[杞]의 가지는 견강(堅剛)하되 유연(柔軟)하고 길어 허공에서 땅 쪽으로 하향(下向)하는지라 음양상화(陰陽相和)의 모습이다. 구오(九五 : ━)가 구이(九二 : ━)와 초륙(初六 : ╍)의 위에 있으면서 〈이기(以杞)〉 즉 산버들[杞]로써[以] 구이(九二 : ━)와 초륙(初六 : ╍)의 친비(親比)를 상화(相和) 즉 서로[相] 어울림[和]으로 이끌어주어 함께함을 암시한다. 〈과(瓜)〉 즉 참외[瓜]란 만초(蔓草) 즉 덩굴식물[蔓草]의 열매[瓜]이다. 참외덩굴이 산버들 가지를 감고 올라옴을 군신민(君臣民)의 만남[姤]으로 비유하여 암시한 것이 〈이기포과(以杞包瓜)〉이다. 〈이기포과(以杞包瓜)의 기(杞)〉는 높고 크며, 〈이기포과(以杞包瓜)의 과(瓜)〉는 낮고 작다. 따라서 〈이기(以杞)의 기(杞)〉는 양기(陽氣 : ━) 즉 구오(九五 : ━)와 구이(九二

: ⚊)를 암시하고, 〈포과(包瓜)의 과(瓜)〉는 음기(陰氣 : ⚋) 즉 초륙(初六 : ⚋)을 암시한다. 구괘(姤卦 : ䷫)에서 구오(九五 : ⚊)가 〈구(姤)〉의 주재자로서 구이(九二 : ⚊)와 초륙(初六 : ⚋)의 〈구(姤)〉 즉 만남[姤]을 참외[瓜]의 덩굴이 산버들[杞] 가지를 감아 오르게 품어줌[包]이라는 것은 음기(陰氣 : ⚋)가 간직한 소자(小者) 즉 작은[小] 것[者]의 근성인 편사(偏私) 즉 사욕에[私] 치우침[偏]을 중정(中正)으로써 다스려 무사(無私)를 누리도록 포용함[包]을 암시한다.

含章(함장)

드러남을[章] 품는다[含].

〈함장(含章)〉은 〈구오이기포과함과지장(九五以杞包瓜含瓜之章)〉의 줄임으로 여기고 〈구오가[九五] 산버들[杞]로써[以] 참외를[瓜] 감쌈이[包] 참외의[瓜之] 빛남을[章] 감춘다[含]〉라고 새겨볼 것이다. 〈함장(含章)〉은 앞 〈이기포과(以杞包瓜)의 포과(包瓜)〉를 거듭 풀이하여 밝힌 효사(爻辭)이다. 〈포과(包瓜)의 포(包)〉를 〈함(含)〉이라 밝히고, 〈포과(包瓜)의 과(瓜)〉를 〈장(章)〉이라 밝힌 것이 〈함장(含章)〉이다. 구오(九五 : ⚊)가 〈장(章)〉을 안으로 간직하되 드러내지 않는다 함이 〈함장(含章)〉이다. 여기 〈함장(含章)〉은 『노자(老子)』에 나오는 〈성인은[聖人] 갈옷을[褐] 입고[被] 옥을[玉] 품는다[懷]〉라는 내용을 환기시킨다. 성인(聖人)을 본받는 군자(君子)라야 〈함장(含章)〉의 심지(心志)를 갖춘다. 〈함장(含章)〉은 구오(九五 : ⚊)가 성군(聖君)임을 암시한다.

〈함장(含章)의 함(含)〉은 〈품을 회(懷)〉와 같고, 〈함장(含章)의 장(章)〉은 미(美) 즉 아름다움[美]과 같다. 따라서 〈함장(含章)〉이란 함미어내(含美於內) 즉 마음속에[於內] 아름다움을[美] 품음[含]이 되고, 함선어내(含善於內) 즉 마음속에[於內] 선을[善] 품음[含]도 된다. 이는 곧 구오(九五 : ⚊)의 〈포과(包瓜)〉가 구괘(姤卦 : ䷫)의 주제인 〈구(姤)〉 즉 만남[姤]의 시국을 맞아 〈양구음(陽姤陰)〉 즉 양이[陽 : ⚊] 음을[陰 : ⚋] 만남[姤]이라는 역리(易理)를 득중(得中) 즉 정도를 따름을[中] 취하여[得] 따름을 암시한다. 말하자면 군왕(君王)으로서 구오(九五 : ⚊)가 자신의 신하인 구이(九二 : ⚊)와 자신의 백성인 초륙(初六 : ⚋)이 비(比) 즉 이웃의 사귐[比]으로 만남[姤]을 〈장(章)〉으로 포용하는 것이 〈함장(含章)〉이다. 이에 성군(聖君)으로서 구오(九五 : ─)가 구이(九二 : ─)와 초륙(初六 : --)의 〈구(姤)〉 즉 만남[姤]을 〈장(章)〉 즉 선미(善美)로 여기고 비록 위에 있어서 서로 미치지 못할지언정 구이(九二 : ─)라는 현신(賢臣)을 등용해 덕치(德治)를 베풀어 초륙(初六 : --)도 누리게 됨을 암시한 계사(繫辭)가 〈함장(含章)〉이다.

有隕自天(유운자천)

하늘[天]로부터[自] 떨어짐이[隕] 있으리라[有].

〈유운자천(有隕自天)〉은 앞 〈함장(含章)〉으로 말미암은 보람을 암시한 계사(繫辭)이다. 〈유운자천(有隕自天)〉은 〈구오유운자천(九五有隕自天)〉의 줄임으로 여기고 〈구오에게[九五] 하늘[天]로부터[自] 떨어진 것이[隕] 있다[有]〉라고 새겨볼 것이다.

〈유운자천(有隕自天)〉은 본무이수유(本無而修有) 즉 본래[本] 없었으나[無而] 닦아서[修] 있음[有]을 말한다. 앞의 〈이기포과(以杞包瓜)의 과[瓜]〉 즉 참외[瓜]의 덩굴이 땅 위를 기었더라면 구삼(九三 : ─)-구사(九四 : ─)에게 밟혀버렸을 터이나 〈이기(以杞)의 기(杞)〉 즉 구오(九五 : ─)가 있어서 상처 없이 곧장 산버들[杞]의 가지를 타고 올라가 참외를 맺어 익을 대로 익으면 땅으로 떨어질 터인지라, 〈유운자천(有隕自天)〉 즉 하늘에서[自天] 떨어진 것이[隕] 있다[有]라고 비유한다. 완숙한 참외가 산버들 가지에서 떨어짐을 〈운자천(隕自天)〉 즉 하늘[天]로부터[自] 떨어진[隕] 〈과(瓜)〉라고 비유한다. 이는 성군(聖君)인 구오(九五 : ─)가 현신(賢臣)인 구이(九二 : ─)와 백성인 초륙(初六 : --)의 〈구(姤)〉 즉 만남[姤]을 포용해주어[包] 현신(賢臣)도 얻고 아울러 초륙(初六 : --) 즉 백성도 얻게 된 구오(九五 : ─)의 천은(天恩)을 암시한다. 이처럼 양여음지구(陽與陰之姤) 즉 작은 것과[與陰] 큰 것의[陽之] 만남[姤]을 상화(相和)로 포용한다면[包] 소인(小人)마저도 군자(君子)를 본받아 천선(遷善) 즉 선함으로[善] 옮겨감[遷]인지라, 본무(本無)였다가 〈함장(含章)〉으로써 누리게 된 선미(善美)를 온 세상이 누리게 됨을 암시한 계사(繫辭)가 〈유운자천(有隕自天)〉이다.

【字典】

이(以) 〈써 이(以)-용(用), 본받을 이(以)-법(法), 할 이(以)-위(爲), 생각할 이(以)-

사(思), 거느릴 이(以)-솔(率), 그만둘 이(以)-이(已), 때문에 이(以)-인(因) {까닭 이(以)로 명사(名詞) 노릇도 하는데 주로 유이(有以) 무이(無以) 꼴일 때가 대부분임.}, 더불어 이(以)-여(與), 하여금 이(以)-사(使), 이미 이(以)-이(已)〉 등의 뜻을 내고 이 외에도 전후문맥(前後文脈)에 따라 다양한 뜻을 자유롭게 내며 〈그래서 이(以)-소이(所以)-인이(因以)〉처럼 계사(繫詞) 노릇마저도 한다. 여기선 〈써 용(用)〉으로 여기고 새김이 마땅하다.

기(杞) 〈산버들(갯버들) 기(杞), 나무 이름 기(杞)-목명(木名), 버드나무 판목 기(杞)-기재(杞梓), 나라 이름 기(杞)-국명(國名)〉 등의 뜻을 내지만 여기선 〈산버들 기(杞)〉로 여기고 새김이 마땅하다.

포(包) 〈품을 포(包)-함(含), 간직할 포(包)-장(藏), 물속의 부초 더미 포(包)-차낭(苴囊), 초목이 더부룩이 날 포(包)-포(苞)-초목총생(草木叢生), 부엌 포(包)-포(庖), 용납할 포(包)-용(容), 쌀 포(包)-포(勹)-회(裹), 아이 밸 포(包)-임(妊), 겸할 포(包)-겸(兼), 취할 포(包)-취(取), 과일껍질 포(包)-과실피(果實皮)〉 등의 뜻을 내지만 여기선 〈품을 함(含)〉과 같다 여기고 새김이 마땅하다.

과(瓜) 〈참외 과(瓜), 오이 과(瓜), 모과 과(瓜)-목과(木瓜)-목과(木果)〉 등의 뜻을 내지만 여기선 〈참외 과(瓜)〉로 여기고 새김이 마땅하다.

함(含) 〈품을 함(含)-회(懷), 머금을 함(含)-함(銜), 참을 함(含)-인(忍), 간직할 함(含)-장(藏), 너그러울 함(含)-관(寬)〉 등의 뜻을 내지만 여기선 〈품을 회(懷)〉와 같다 여기고 새김이 마땅하다.

장(章) 〈드러내 밝힐 장(章)-표(表), 크나큼(크나큰) 장(章)-대(大), 악곡의 일절 장(章)-악곡지일절(樂曲之一節), 시문의 일절 장(章)-시문지일절(詩文之一節=首尾義意具全之一段落), 문장 장(章)-문장(文章), 음정 장(章)-음정(音程), 조리 장(章)-조(條), 법식 장(章)-법식(法式), 몸가짐의 태도 장(章)-의표(儀表), 밝을 장(章)-명(明)-창(彰), 드러날 장(章)-현(顯)-저(著), 쌓을 장(章)-성(盛), 구별할 장(章)-구별(區別), 문채 장(章)-문채(紋彩), 인장 장(章)-인장(印章), 두려워할 모습 장(章)-구모(懼貌)-주장(周章)-주장(周慞), 평평한 산마루 장(章)-산형상평자(山形上平者)〉 등의 뜻을 내지만 여기선 〈드러낼 표(表)〉와 같다 여기고 새김이 마땅하다. 〈장(章)〉이 〈크나큰 대(大)〉와 같다는 것은 〈장(章)〉이 곧 선미(善美)함을 뜻한다.

유(有) 〈없을 무(無)의 반대말로 있을 유(有), 어조사 유(有), 간직할 유(有)-장

(藏), 얻을(가질) 유(有)-취(取), 혹 유(有)-혹(或), 많을 유(有)-다(多)-족(足), 부유할 유(有)-부(富), 보호할 유(有)-보(保), 서로 친할 유(有)-상친(相親), 전일할 유(有)-전(專), 할 유(有)-위(爲)〉 등의 뜻을 내지만 〈있을 유(有)〉로 여기고 새김이 마땅하다.

隕 〈운-원〉 두 가지로 발음되고, 〈높은 데서 떨어질 운(隕)-타(墮)-낙(落)-종고하(從高下), 잃을 운(隕)-실(失), 흙 운(隕)-양(壤), 뒤집힐 운(隕)-복(覆), 잡힐 새 운(隕)-피금획(被擒獲), 균일할 원(隕)-균(均)-폭원(幅隕)〉 등의 뜻을 내지만 여기선 〈높은 데서 떨어질 낙(落)〉과 같다 여기고 새김이 마땅하다.

자(自) 〈~부터 자(自)-유(由)-종(從), 스스로 자(自)-궁친(躬親), 비롯할 자(自)-시(始), 자연 자(自)-자연(自然), 만약 자(自)-약(若), 사용할 자(自)-용(用)〉 등의 뜻을 내지만 여기선 〈~부터 종(從)〉과 같다 여기고 새김이 마땅하다.

천(天) 〈하늘(허공) 천(天)-제성라열지공간(諸星羅列之空間), 더없이 높을 천(天)-전(巓)-지고무상(至高無上), 평평할 천(天)-탄(坦), 천체 천(天)-천체(天體), 태양 천(天)-태양(太陽), 조화의 신(천신) 천(天)-조화지신(造化之神)-천신(天神), 자연 천(天)-자연(自然), 임금 천(天)-군(君)-왕(王)-제(帝), 아버지 천(天)-부(父)-자지천(子之天), 먼저 천(天)-선(先), 치어다 보이는 모든 것 천(天)-범소앙뢰자개왈천(凡所仰賴者皆曰天), 시절 천(天)-시절(時節)-계후(季候), 낮 천(天)-일(日), 양기 천(天)-양(陽), 건괘 천(天)-건(乾), 크나큰 천(天)-대(大), 경우 천(天)-경우(境遇), 명운(자연의 분수) 천(天)-명운(命運)-자연지분(自然之分), 본성 천(天)-성(性), 얼굴에 먹물 먹일 형 천(天)-경액지형(黥額之刑), 불로 지져 글자를 새길 천(天)-경(剠), 머리를 깎을 천(天)-체(剃)〉 등의 뜻을 내지만 여기선 〈하늘 천(天)〉으로 새김이 마땅하다.

註 지아자희(知我者希) 칙아자귀(則我者貴) 시이(是以) 성인피갈회옥(聖人被褐懷玉) : 나를[我] 아는[知] 사람이[者] 드므니[希] 나를[我] 본받는[則] 사람도[者] 드물다[貴]. 이렇기[是] 때문에[以] 성인은[聖人] 갈옷을[褐] 입고[被] (속에) 옥을[玉] 품는다[懷]. 『노자(老子)』 70장(章)

상구(上九 : ⚊)

上九 : 姤其角이니 吝하나 无咎리라
구기각 인 무구

상구(上九) : 제[其] 뿔에서[角] 만나니[姤] 부끄럽지만[吝] 허물은[咎] 없다[无].

【상구(上九)의 효상(爻象) 풀이】

구괘(姤卦 : ䷫)의 상구(上九 : ⚊)는 이양거음(以陽居陰) 즉 양(陽 : ⚊)으로써[以] 음(陰 : ⚋)의 자리에 있는지라[居] 정당한 자리에 있지 못하다. 상구(上九 : ⚊)와 구오(九五 : ⚊)는 양양(兩陽) 즉 둘 다[兩] 양(陽 : ⚊)의 사이인지라 〈비(比)〉 즉 이웃의 사귐[比]을 누리지 못하고 오히려 상충(相衝) 즉 서로[相] 부딪칠[衝] 수도 있는 처지이다. 상구(上九 : ⚊)와 구삼(九三 : ⚊) 역시 양양(兩陽)의 사이인지라 불응(不應) 즉 서로 호응하지 못하는 처지이다. 이에 상구(上九 : ⚊)는 더는 나아갈 수 없는 극위(極位)의 자리이어서 고립되어 구괘(姤卦 : ䷫)를 떠나야 할 모습이다.

> 구괘(姤卦 : ䷫)의 상구(上九 : ⚊)가 상륙(上六 : ⚋)으로 변효(變爻)하면 상구(上九 : ⚊)는 구괘(姤卦 : ䷫)를 28번째 대과괘(大過卦 : ䷛)로 지괘(之卦)하게 한다. 따라서 구괘(姤卦 : ䷫)의 상구(上九 : ⚊)는 대과괘(大過卦 : ䷛)의 상륙(上六 : ⚋)을 찾아가 살펴보게 한다.

【상구(上九)의 계사(繫辭) 풀이】

姤其角(구기각) 吝(인) 无咎(무구)

제[其] 뿔에서[角] 만나니[姤] 부끄럽지만[吝] 허물은[咎] 없다[无].

〈구기각(姤其角)〉은 상구(上九 : ⚊)의 효위(爻位)를 들어 암시한 계사(繫辭)이다. 〈구기각(姤其角)〉은 〈상구구초륙어기각(上九姤初六於其角)〉의 줄임으로 여기고 〈상구가[上九] 초륙을[初六] 제[其] 뿔[角]에서[於] 만난다[姤]〉라고 새겨볼 것이다.

〈구기각(姤其角)〉은 상구(上九 : ━)가 초륙(初六 : ╍)을 만날[姤] 수 없음을 암시한다. 〈구기각(姤其角)의 기각(其角)〉은 상구(上九 : ━)가 구괘(姤卦 : ䷫)의 극위(極位) 즉 맨 위의[極] 자리[位]에 있음을 취상(取象)한 것이다. 동시에 〈각(角)〉 즉 뿔[角]이란 머리에 있고 견강(堅剛) 즉 단단하고[堅] 굳센[剛] 것인지라, 이러한 〈각(角)〉으로써 구괘(姤卦 : ䷫)의 극위(極位)에 있는 강효(剛爻)인 상구(上九 : ━)를 취상(取象)한 것이다. 〈구기각(姤其角)〉은 상구(上九 : ━)가 초륙(初六 : ╍)과 가장 멀리 떨어져 있어서 상구(上九 : ━)가 초륙(初六 : ╍)을 결코 만나지 못함을 암시한다.

〈인(吝)〉은 〈구기각(姤其角)〉의 처지를 암시한 계사(繫辭)이다. 〈인(吝)〉은 〈기각유린(其角有吝)〉의 줄임으로 여기고 〈그[其] 뿔에는[角] 부끄러움이[吝] 있다[有]〉라고 새겨볼 것이다. 자신을 보호하고 상대를 공격하는 무기가 뿔[角]이다. 맨 윗자리에 있는 탓으로 상구(上九 : ━)가 구괘(姤卦 : ䷫)의 주제인 〈구(姤)〉 즉 만남[姤]의 시국에서 〈양구음(陽姤陰)〉 즉 양(陽 : ━)이 음(陰 : ╍)을 만날[姤] 수 없는 경우를 〈기각(其角)〉 즉 제[其] 뿔[角]로써 암시한다. 뿔[角]이란 제 자신을 방어하고자 남을 공격하는 것이라 〈기각(其角)〉은 스스로 만나지 못하게 하는 꼴이 되고 마는지라, 상구(上九 : ━)의 처지가 결과적으로 수치스러워 면목 없음[吝]을 암시한 계사(繫辭)가 〈인(吝)〉이다.

〈무구(无咎)〉는 상구(上九 : ━)가 처한 자리가 〈인(吝)〉 즉 수치스러워 면목 없을[吝] 뿐이지 뿔[角]로써 해칠 일은 없음을 암시한 계사(繫辭)이다. 구괘(姤卦 : ䷫)의 괘상(卦象)인 〈양구음(陽姤陰)〉을 상구(上九 : ━)는 누릴 수가 없다. 왜냐하면 상구(上九 : ━)는 초륙(初六 : ╍)과 비(比)의 효연(爻緣)도 없고 정응(正應)의 효연도 없기 때문이다. 따라서 상구(上九 : ━)와 초륙(初六 : ╍) 사이에 서로 위해(爲害) 즉 해 될[爲害] 것이 없는지라 상구(上九 : ━)에게 허물 될 것이[咎] 없음[无]을 암시한 계사(繫辭)가 〈무구(无咎)〉이다.

【字典】

구(姤) 〈만날 구(姤)-우(遇), 어여쁠 구(姤)-호(好), 추할 구(姤)-오(惡), 64괘의 하나 구(姤)-육십사괘지일(六十四卦之一)〉 등의 뜻을 내지만 여기선 〈만날 우(遇)〉로 여기고 새김이 마땅하다. 구(姤)가 임금 후(后)와 통하기도 한다.

기(其) 〈그 기(其)-관형사, 그(그것) 기(其)-피(彼)-지(之), 그럴 기(其)-연(然), 어찌 기(其)-기(豈), 누를 기(其)-억(抑), 오히려 기(其)-상(尙)-서기(庶幾), 이에 기(其)-내(乃), 만약 기(其)-약(若), 장차 기(其)-장(將), 어조사 기(其)-어조사〉 등의 뜻을 내지만 여기선 관형사로서 〈그 기(其)〉로 여기고 새김이 마땅하다.

각(角) 〈(짐승 머리에 난) 뿔 각(角)-수두상골외출(獸頭上骨外出), 모퉁이 각(角)-우(隅), 굽은 곳 각(角)-주변지일곡(周邊之一曲), 까끄라기 각(角)-망(芒), 찌를 각(角)-촉(觸), 다툴 각(角)-경(競), 비교할 각(角)-교(校), 대평소 각(角)-취기(吹器)〉 등의 뜻을 내지만 〈뿔 각(角)〉으로 새김이 마땅하다.

인(吝) 〈부끄러울 인(吝)-수치(羞恥), 굴욕스러울 인(吝)-굴욕(屈辱), 한할 인(吝)-한(恨), 아낄 인(吝)-석(惜), 인색할 인(吝)-색(嗇), 욕심낼 인(吝)-탐(貪)〉 등의 뜻을 내지만 여기선 〈부끄러울 수치(羞恥)〉와 같다 여기고 새김이 마땅하다. 〈吝〉이 맨 앞에 오면 〈인〉으로 발음되고, 중간이나 뒤에 오면 〈린〉으로 발음된다.

무(无) 〈없을 무(无)-무(無), 허무지도 무(无)-허무지도(虛无之道), 으뜸 무(无)-원(元)〉 등의 뜻을 내지만 여기선 〈없을 무(無)〉와 같다 여기고 새김이 마땅하다.

구(咎) 〈허물 구(咎)-건(愆)-과(過), 재앙 구(咎)-재(災), 병될 구(咎)-병(病), 나쁠 구(咎)-오(惡)〉 등의 뜻을 내지만 여기선 〈허물 건(愆)-과(過)〉와 같다 여기고 새김이 마땅하다. 〈무구(无咎)〉는 〈면어구(免於咎)〉 즉 허물을[於咎] 면하다[免]와 같다.

췌괘 萃卦

45

䷬

1 괘의 괘상과 계사

췌괘(萃卦 : ䷬)

곤하태상(坤下兌上) : 아래는[下] 곤(坤 : ☷), 위는[上] 태(兌 : ☱).

택지췌(澤地萃) : 못과[澤] 땅은[地] 췌이다[萃].

萃亨이니 王假有廟하다 利見大人이고 亨하니 利貞하다
췌향 왕격유묘 이견대인 형 이정

用大牲이면 吉하고 利有攸往하다
용대생 길 이유유왕

모임은[萃] 제사를 올림이니[亨] 임금이[王] 종묘에[有廟] 이르렀다[假]. 대인을[大人] 만나면[見] 이롭고[利] 통하니[亨] 진실로 미더워야[貞] 이롭다[利]. 큰[大] 제물을[牲] 올리면[用] 좋고[吉], 갈[往] 바가[攸] 있어[有] 이롭다[利].

【췌괘(萃卦 : ䷬)의 괘상(卦象) 풀이】

앞 구괘(姤卦 : ䷫)의 〈구(姤)〉란 음양(陰陽)의 만남[姤]을 말한다. 이에 「서괘전(序卦傳)」에 〈구라는[姤] 것은[者] 만남[遇]이다[也] 무엇이든[物] 서로[相] 만난[遇] 뒤에는[而後] 모인다[聚] 그래서[故] 췌괘(萃卦 : ䷬)로써[以] 그것을[之] 받는다[受]〉라는 말이 나온다. 이는 구괘(姤卦 : ䷫) 뒤에 췌괘(萃卦 : ䷬)가 오는 까닭을 밝힌다. 췌괘(萃卦 : ䷬)의 〈췌(萃)〉는 모임[聚]을 뜻한다. 〈췌(萃)〉는 〈취(聚)〉이다. 앞 구괘(姤卦 : ䷫)의 〈구(姤)〉란 음양(陰陽)의 만남[遇]이니 이는 곧 음양(陰陽)이 상화(相和) 즉 서로[相] 어울림[和]을 뜻한다. 서로 만나 어울리면 반드시 모임이 이루어짐이 천도(天道) 즉 자연의[天] 규율[道]이다.

췌괘(萃卦 : ䷬)의 괘체(卦體)는 곤하태상(坤下兌上) 즉 아래는[下] 곤(坤 : ☷), 위는[上] 태(兌 : ☱)이다. 이는 「설괘전(說卦傳)」에 나오는 〈곤은[坤 : ☷] 땅[地]이다[爲]〉, 〈태는[兌 : ☱] 못[澤]이다[爲]〉라는 내용을 상기시킨다. 못[澤] 안에 모인물이 땅속으로 스며들어 온갖 초목이 무리지어 자라나 무성한 총생(叢生)의 모습을 떠올려줌이 췌괘(萃卦 : ䷬)의 〈췌(萃)〉이다. 이 세상에 무리지어 모인[叢] 목숨[生]은 모두 췌괘(萃卦 : ䷬)의 〈췌(萃)〉 즉 모임[萃]에 속한다. 온갖 초목이 번췌(繁萃) 즉 번영하면서[繁] 무리지어 모이는[萃] 천도(天道) 즉 자연의[天] 이치[道]와 같이 온갖 백물(百物)이 모여[萃] 평안한 세상을 일구어 누리도록, 백물이 풍성해져 백성이 윤택한 삶을 평안히 누릴 수 있는 모습을 빌려 췌괘(萃卦 : ䷬)라 칭명(稱名)한다.

【췌괘(萃卦 : ䷬)의 계사(繫辭) 풀이】

萃亨(췌향)

모임은[萃] 제사를 올림이다[亨].

〈췌향(萃亨)〉은 췌괘(萃卦 : ䷬)의 괘상(卦象)인 〈췌(萃)〉 즉 모임[萃]은 백물(百物)이 풍성하여 백성이 태안(泰安)을 누림의 은덕을 조상께 기리고자 제사를 올림[亨]을 암시한 계사(繫辭)이다. 〈췌향(萃亨)의 췌(萃)〉는 천하총생(天下叢生) 즉 온 세상에[天下] 모인[叢] 온갖 목숨들[生]의 모임[萃]이다. 이러한 모임[萃]을 마련해준 천지(天地)와 조선(祖先)께 감사함을 아뢰는 제사를 올림을 암시하는 것이 〈췌향(萃亨)〉이다.

물론 〈췌향(萃亨)의 향(亨)〉을 연문(衍文) 즉 쓸데없이 끼어든 군더더기[衍] 글자[文]로 보고 무시하자는 견해도 있다. 그러나 췌괘(萃卦 : ䷬)의 괘상(卦象)인 〈췌(萃)〉는 온갖 물산(物産)이 풍부하여 백성이 태안(泰安)을 누림을 〈췌향(萃亨)〉이 암시한다. 따라서 〈췌향(萃亨)의 향(亨)〉은 백성의 삶이 번성하고 안녕하기를 기원함을 암시한다. 이런 췌괘(萃卦 : ䷬)의 〈췌(萃)〉는 8번째 비괘(比卦 : ䷇)의 〈비(比)〉와는 다르다. 비괘(比卦 : ䷇)의 〈비(比)〉는 서로 친한 이웃 같은 작은 끼리끼리의 모임[比]이지만 췌괘(萃卦 : ䷬)의 〈췌(萃)〉는 천하총생(天下叢生)의 모임[萃]이다. 이에 백성(百姓)이라는 크나큰 무리로서 풍성한 때를 맞아 천지(天地)와 조선(祖先)에 제향(祭亨)함을 암시하는 계사(繫辭)가 〈췌향(萃亨)〉이다.

王假有廟(왕격유묘)

임금이[王] 종묘에[有廟] 이르렀다[假].

〈왕격유묘(王假有廟)〉는 췌괘(萃卦 : ䷬)의 구오(九五 : ⚊)를 들어 앞 〈췌향(萃亨)〉의 실행을 암시한 계사(繫辭)이다. 〈왕격유묘(王假有廟)의 왕(王)〉은 췌괘(萃卦 : ䷬)의 구오(九五 : ⚊)를 말한다. 〈왕격유묘(王假有廟)의 유(有)〉는 어조사로서 〈~에 어(於)〉의 뜻 정도일 뿐이고, 〈왕격유묘(王假有廟)의 격(假)〉은 여기선 〈이를 지(至)〉와 같은지라 〈왕격유묘(王假有廟)〉를 〈왕지어묘(王至於廟)〉로 여기고, 임금이[王] 묘에[於廟] 이르렀다[至]는 것이 〈왕격유묘(王假有廟)〉이다.

대성괘(大成卦)에서 오위(五位)는 군왕(君王)의 자리이다. 췌괘(萃卦 : ䷬)의 구오(九五 : ⚊) 역시 백성을 다스리는 군왕(君王)이다. 백성이 화합하여 풍성한 삶의 안녕을 누려 태평성대를 기원하고자, 천지(天地)-조선(祖先)에 제사를 올리려[亨] 임금[王]이 손수 〈격유묘(假有廟)〉 즉 묘사[廟]에[有] 당도하였음[假]을 암시한 계사(繫辭)가 〈왕격유묘(王假有廟)〉이다.

利見大人(이견대인)

대인을[大人] 만나면[見] 이롭다[利].

〈이견대인(利見大人)〉은 〈왕격유묘(王假有廟)의 왕(王)〉이 성군(聖君)임을 암시한 계사(繫辭)이다. 〈이견대인(利見大人)의 대인(大人)〉 역시 췌괘(萃卦 : ䷬)의 구오(九五 : ⚊)를 말한다. 강강(强剛)한 구오(九五 : ⚊)는 췌괘(萃卦 : ䷬)의 상체(上體)인 태(兌 : ☱)의 중효(中爻)로서 득중(得中) 즉 정도를 따름을[中] 취하여[得] 나라를 행복하게 다스리고 백성을 이롭게 어루만지는 군왕(君王)인지라, 구오(九五 : ⚊)를 〈대인(大人)〉이라고 지칭한다.

『주역(周易)』에 자주 등장하는 〈견대인(見大人)〉이라는 말씀을 깨닫자면 대인(大人)의 도량(度量)을 새겨 두어야 한다. 『노자(老子)』에 나오는 〈자기를[自] 드러내지 않고[不見] 자기를[自] 옳다 하지 않으며[不是] 자기를[自] 자랑하지 않고[不伐] 자기를[自] 높이지 않으며[不矜故] 무릇[夫] 오로지[唯] 다투지 않는다[不爭]〉라는 말씀을 경청해 둔다면 대인(大人)의 도량을 제 나름 숙지할 수 있다. 특히

〈대인(大人)〉은 무릇[夫] 오로지[唯] 다투지 않는[不爭] 도량의 심지(心志)를 갖추고 천하(天下)를 포용한다. 『주역(周易)』을 가까이하는 까닭이 바로 〈견대인(見大人)〉 즉 대인을[大人] 찾아뵙는[見] 이치들이 간직되어 있기 때문이다. 대인(大人)은 성인(聖人)의 이칭(異稱)이다. 천명(天命)을 따라 천덕(天德)을 베푸는 자를 대인(大人)이라 한다. 이러한 대인(大人)의 성군(聖君)을 만나는[見] 신민(臣民)은 이로울[利] 수밖에 없음을 암시한 계사(繫辭)가 〈이견대인(利見大人)〉이다.

亨(형) 利貞(이정)

통하니[亨] 진실로 미더워야[貞] 이롭다[利].

〈형(亨) 이정(利貞)〉은 〈견대인(見大人)〉의 보람에 관한 마음가짐을 암시한 계사(繫辭)이다. 〈견대인(見大人)〉이 곧 〈형(亨)〉으로 이어짐은 『노자(老子)』에 나오는 〈자연의[天之] 도리는[道] (온갖 것을) 이롭게 하되[利而] 해치지 않고[不害] 성인의[聖人之] 도리는[道] 베풀되[爲而] (그 무엇과도) 다투지 않는다[不爭]〉라는 내용을 환기시킨다. 이런 대인(大人)을 만나면[見] 〈형(亨)〉 즉 그 무엇도 막힐 것 없이 형통하는[亨] 것이다.

따라서 대인(大人)을 본받아 따르는 신여민(臣與民) 즉 백성과[與民] 신하들[臣]의 마음가짐이 진실로 미더워야[貞] 한다. 〈정(貞)〉이란 성신(誠信) 즉 진실한[誠] 미더움[信]이다. 그 미더움[貞]은 공정(公正)하여 무사무편(無邪無偏) 즉 간사함도[邪] 없고[無] 치우침도[偏] 없는[無] 심지(心志)이다. 이러한 〈정(貞)〉은 남의 심지(心志)를 말함이 아니라 바로 내 자신의 심지(心志)를 말함이다. 내가 남에게 〈정(貞)〉을 요구할 수 없다. 오로지 내가 곧 모든 것을 아울러 하나같이[公] 바르게 하여[正], 간사함도[邪] 치우침도[偏] 없는[無] 진실로[誠] 미더운[信] 내 자신의 심지(心志)가 곧 〈정(貞)〉이다. 이러한 〈정(貞)〉은 언제 어디서나 나에게 이로울 뿐만 아니라 〈부(孚)〉 즉 남이 나를 믿어주어[孚] 모두에게 이롭기 때문에, 항상 나로 하여금 막힘없이 통하게 하여[亨] 이 세상 모두를 이롭게 함[利]을 암시한 계사(繫辭)가 〈형(亨) 이정(利貞)〉이다.

用大牲(용대생) 吉(길)

큰[大] 제물을[牲] 올리면[用] 좋다[吉].

〈용대생(用大牲) 길(吉)〉은 백성이 누리는 〈췌(萃)〉 곧 온갖 물산(物産)의 풍췌(豊萃) 즉 풍성히[豊] 모이는[萃] 시운(時運)을 맞아, 대인(大人)의 군왕(君王)으로서 구오(九五 : ⚊)가 천신(天神)과 조선(祖先)에 〈대생(大牲)〉 즉 크나큰[大] 제물을[牲] 써[用] 제사(祭祀)를 올려 온 누리가 행복함[吉]을 암시한 계사(繫辭)이다.

〈용대생(用大牲)의 대생(大牲)〉은 췌괘(萃卦 : ䷬)의 하체(下體)인 곤(坤 : ☷)을 빌려 밝힌다. 왜냐하면 「설괘전(說卦傳)」에 나오는 〈곤은[坤 : ☷] 소[牛]이다[爲]〉라는 내용을 환기시키기 때문이다. 췌괘(萃卦 : ䷬)의 주제인 〈췌(萃)〉 즉 물산(物産)이 풍부해 백성이 모이는[萃] 때를 맞아 〈대생(大牲)〉 즉 소[牛]와 같은 크나큰 제물(祭物)로써 제헌(祭獻)함은 너무나도 마땅한 일이고, 나라가 부유해져 백성이 여유로워 태안을 누리니 세상이 곧 행복을 누림[吉]을 암시한 계사(繫辭)가 〈용대생(用大牲) 길(吉)〉이다.

利有攸往(이유유왕)

갈[往] 바가[攸] 있어[有] 이롭다[利].

〈이유유왕(利有攸往)〉은 췌괘(萃卦 : ䷬)의 〈췌(萃)〉가 이루어질수록 군신(君臣)과 더불어 만백성에게 더욱더 이로움[利]을 밝힌 효사(爻辭)이다. 〈이유유왕(利有攸往)〉을 〈췌유유유왕(萃有愈攸往) 천하민유유리(天下民愈有利)〉로 여기고 〈모임에[萃] 행할[往] 바가[攸] 있을[有]수록[愈] 온 세상[天下] 백성에게[民] 그만큼 더[愈] 이로움이[利] 있다[有]〉라고 새겨볼 것이다.

췌괘(萃卦 : ䷬)의 주제인 〈췌(萃)〉 즉 물산(物産)이 풍부해 백성이 모이는[萃] 때를 맞아 그 모임[萃]을 〈왕(往)〉 즉 실행하면[往] 할수록 온 세상 백성은 그만큼 더[愈] 이롭게 된다[利]는 것이 〈이유유왕(利有攸往)〉이다. 폭군(暴君)은 빨리 없어질수록 백성이 이롭고[利], 성군(聖君)은 오래오래 정사(政事)를 이어갈수록 백성이 이로움[利]은 천도(天道)이다. 물산(物産)이 풍성해져 더욱더 풍요롭게 모이는 백성을 구오(九五 : ⚊)가 대인(大人)의 군왕(君王)으로서 득중(得中) 즉 정도를 따름을[中] 취하여[得] 다스림을 행할[往] 바가[攸] 있을수록[有] 천하 백성에게 이로움[利]을 암시한 계사(繫辭)가 〈이유유왕(利有攸往)〉이다.

【字典】

췌(萃) 〈모을 췌(萃)-취(聚)-집(集), 풀이 모여 있는 모습 췌(萃)-초취모(草聚貌), 이를 췌(萃)-지(至), 멈출 췌(萃)-지(止), 기다릴(갖출) 췌(萃)-대(待), 64괘의 하나 췌(萃)-육십사괘지일(六十四卦之一)〉 등의 뜻을 내지만 여기선 〈모을 취(聚)〉와 같다 여기고 새김이 마땅하다.

亨 〈향-형-팽〉 세 가지로 발음되고, 〈드릴 향(亨)-헌(獻), 통할 형(亨)-통(通), 남을 형(亨)-여(餘), 삶을 팽(亨)-자(煮)-팽(烹)〉 등의 뜻을 내지만 여기선 〈췌향(萃亨)의 향(亨)〉은 〈드릴 헌(獻)〉과 같고, 〈형 이정(亨 利貞)의 형(亨)〉은 〈통할 통(通)〉과 같다 여기고 새김이 마땅하다. 〈드릴 향(亨)〉은 제사(祭祀)를 올림을 뜻한다.

왕(王) 〈임금 왕(王)-군(君), 제후 왕(王)-제후(諸侯), 무리의 우두머리 왕(王)-동류중지수령(同類中之首領), 큰 왕(王)-대(大), 천자를 받들 왕(王)-사천자(事天子), 바로잡을 왕(王)-광정(匡正), 성대할 왕(王)-성(盛), 이길 왕(王)-승(勝), 흥할 왕(王)-흥(興)〉 등의 뜻을 내지만 〈임금 군(君)〉으로 여기고 새김이 마땅하다.

假 〈격-가-하〉 세 가지로 발음되고, 〈이를 격(假)-지(至), 거짓 가(假)-비진(非眞), 이제 그렇지 않을 가(假)-금불연(今不然), 겸할 가(假)-섭(攝)-겸(兼), 잠깐 가(假)-차(且)-비영구(非永久), 빌릴 가(假)-차(借), 빌려줄 가(假)-대(貸), 줄 가(假)-급여(給與), 인할(때문일) 가(假)-인(因), 너그러울 가(假)-관용(寬容), 청할 가(假)-청(請), 같을 가(假)-여(如), 확고할 가(假)-고(固), 클 가(假)-대(大), 장대할 가(假)-하(嘏), 아름다울 가(假)-미(美), 용서할 가(假)-서(恕), 여가 가(假)-여가(餘暇), 가령 가(假)-가령(假令), 아득할(멀) 하(假)-하(遐), 죽을(끝날) 하(假)-사(死)-이(已), 앓을 하(假)-병(病), 되(단위) 하(假)-승(升)〉 등의 뜻을 내지만 여기선 발음은 〈격〉이고, 뜻은 〈이를 지(至)〉와 같다 여기고 새김이 마땅하다.

유(有) 〈없을 무(無)의 반대말로 있을 유(有), 어조사 유(有), 가질(얻을) 유(有)-취(取), 혹 유(有)-혹(或), 많을 유(有)-다(多)-족(足), 부유할 유(有)-부(富), 간직할 유(有)-장(藏), 보호할 유(有)-보(保), 서로 친할 유(有)-상친(相親), 전일할 유(有)-전(專), 할 유(有)-위(爲)〉 등의 뜻을 내지만 〈유묘(有廟)의 유(有)〉는 어조사로서 〈~에 어(於)〉로 여기고 새김이 마땅하고, 〈유유왕(有攸往)의 유(有)〉는 〈있을 유(有)〉로 여기고 새김이 마땅하다.

묘(廟) 〈사당 묘(廟)-사당(祠堂), 모양 묘(廟)-모(貌), 주군 묘(廟)-주(主), 귀신이 있는 곳 묘(廟)-빈궁(殯宮), 귀신을 접하는 곳 묘(廟)-전전(前殿 : 接神之處), 왕궁의 정전 묘(廟)-왕궁지정전(王宮之正殿)〉 등의 뜻을 내지만 여기선 〈사당(祠堂)〉으로 여기고 새김이 마땅하다.

이(利) 〈만물로 하여금 삶을 이루어가게 하는 덕(德)의 이로울 이(利)-사만물수생지덕(使萬物遂生之德), 날카로울 이(利)-예(銳)-섬(銛), 질병 이(利)-질(疾), 통할 이(利)-통(通)-순(順), 좋을 이(利)-길(吉)-의(宜), 편리할 이(利)-편(便), 마름해 만들어 이룰 이(利)-재성(裁成), 탐할 이(利)-탐(貪), 구할(취할) 이(利)-구(求)-취(取), 좋아할 이(利)-열애(悅愛), 이로울 이(利)-익(益), 기교 이(利)-교(巧), 보람 이(利)-공용(功用), 지세가 험하고 중요한 이(利)-험요(險要), 이길 이(利)-승(勝), 어질 이(利)-인(仁)〉 등의 뜻을 내지만 여기선 〈사만물수생지덕(使萬物遂生之德) 즉 만물로 하여금 삶을 이루어가게 하는 덕(德)의 이로움〉으로 새김이 마땅하다. 〈利〉가 맨 앞에 오면 〈이〉로 발음되고, 중간이나 뒤에 오면 〈리〉로 발음된다.

見 〈견-현〉 두 가지로 발음되고, 〈볼 견(見)-식(識)-시(視), 생각할 견(見)-사(思), 돌아볼 견(見)-고(顧), 미칠(당할) 견(見)-피(被)-당(當), 만나볼 견(見)-회(會), 드러날 현(見)-노(露), 나타날 현(見)-현(顯), 있을 현(見)-재(在), 보일 현(見)-조(朝)〉 등의 뜻을 내지만 여기선 〈볼 식(識)〉과 같다 여기고 새김이 마땅하다.

대(大) 〈큰 대(大)-소지대(小之對), 넓을 대(大)-광(廣), 두루 대(大)-편(徧), 통할 대(大)-통(通), 길 대(大)-장(長), (땅을) 걸게 할 대(大)-비(肥), 두터울 대(大)-후(厚), 많을 대(大)-다(多), 모두 대(大)-개(皆), 선할 대(大)-선(善), 무거울 대(大)-중(重), 거대할 대(大)-거(巨), 아름다울 대(大)-미(美)-장(壯), 부유할 대(大)-부(富), 늙을 대(大)-노(老), 지나칠 대(大)-과(過), 끝 대(大)-극(極), 대충 대(大)-조(組)-불세밀(不細密), 과대할 대(大)-과(誇)-긍벌(矜伐), 처음 대(大)-초(初), 하늘 대(大)-천(天), 건(乾)-양기(陽氣)-강효(剛爻) 대(大)〉 등의 뜻을 내지만 여기선 〈큰 대(大)〉로 여기고 새김이 마땅하다.

인(人) 〈사람 인(人)-만물지최령자(萬物之最靈者), 백성 인(人)-민(民), 남 인(人)-타인(他人), 아무개 인(人)-모인(某人), 도인 인(人)-도인(道人), 사람들 인(人)-인인(人人), 범인(소인) 인(人)-소인(小人)-범인(凡人), 인성 인(人)-인성(人性), 인위 인

(人)-인위(人爲), 신하 인(人)-신하(臣下), 중서(민중) 인(人)-중서(衆庶)-민중(民衆), 건괘-진괘 인(人)-건위인(乾爲人)-진위인(震爲人), 어짊 인(人)-인(仁), 선인 인(人)-선인(先人), 서로 어여삐 여길 인(人)-상련(相憐)〉 등의 뜻을 내지만 〈사람 인(人)〉으로 여기고 새김이 마땅하다.

정(貞) 〈바를 정(貞)-정(正), 믿을 정(貞)-신(信), 거북점을 물을 정(貞)-복문(卜問), 역(易)의 내괘(內卦) 정(貞), 마땅할 정(貞)-당(當), 정할 정(貞)-정(定), 순수할 정(貞)-전(專)-일(一)〉 등의 뜻을 내지만 여기선 〈바를 정(正), 믿을 신(信)〉 등을 합친 뜻과 같아 〈정신(正信)〉으로 여기고 새김이 마땅하다.

용(用) 〈쓸(쓰일-부릴) 용(用)-사(使), 행할 용(用)-시(施)-행(行), 써 용(用)-이(以), 맡길 용(用)-임(任), 위할 용(用)-위(爲), 갖출 용(用)-비(備), 다스릴 용(用)-치(治), 재화 용(用)-화(貨), 책임 지워 일을 맡길 용(用)-임사(任使), 통할 용(用)-통(通), 이로울 용(用)-이(利)〉 등의 뜻을 내지만 여기선 〈쓸 사(使)〉로 여기고 새김이 마땅하다.

생(牲) 〈제물로 쓰는 가축 생(牲)-가축지공제사연향용자(家畜之供祭祀宴饗用者)〉로 새김이 마땅하다.

길(吉) 〈좋을(행복할) 길(吉)-선(善)-영(令) {영월길일(令月吉日)은 선월선일(善月善日)임.}, 복 길(吉)-실(實)-선실(善實)-복(福), 예의를 따라 상서로울 길(吉)-예의순상(禮義順祥), 삼갈 길(吉)-근(謹), 초하루 길(吉)-삭일(朔日) {삭망(朔望) 즉 초하루[朔]와 그믐날[望]}, 길례 길(吉)-길례(吉禮) {오례지일(五禮之一) 길흉빈군가(吉凶賓軍嘉)}, 갈 길(吉)-행(行)-길(趌)〉 등의 뜻을 내지만 여기선 〈좋을 선(善)-영(令)〉 즉 행복과 같다 여기고 새김이 마땅하다.

유(攸) 〈곳(바) 유(攸)-소(所), 흘러가는 물 유(攸)-행수(行水), 아득할 유(攸)-장원(長遠)-유(悠), 닦을 유(攸)-수(修), 터득한 모습 유(攸)-자득모(自得貌), 빠를 유(攸)-숙(倏), 대롱거릴 유(攸)-현위모(懸危貌), 수심에 찬 모습 유(攸)-수모(愁貌)〉 등의 뜻을 내지만 여기선 〈곳 소(所)〉와 같다 여기고 새김이 마땅하다.

왕(往) 〈나아갈 왕(往)-행(行)-진행(進行), 갈 왕(往)-지(之), 물러갈 왕(往)-거(去), 이를 왕(往)-지(至), 향할 왕(往)-향(向), 옛 왕(往)-석(昔), 이따금 왕(往)-시시(時時), 뒤 왕(往)-후(後), 죽음 왕(往)-망거(亡去)-사자(死者)〉 등의 뜻을 내지만 〈나아갈 행(行)〉과 같다 여기고 새김이 마땅하다.

註 곤위지(坤爲地) : 곤은[坤 : ☷] 땅[地]이다[爲]. 「설괘전(說卦傳)」 11단락(段落)

註 태위택(兌爲澤) : 태는[兌 : ☱] 못[澤]이다[爲]. 「설괘전(說卦傳)」 11단락(段落)

註 부자현고명(不自見故明) 부자시고창(不自是故彰) 부자벌고유공(不自伐故有功) 부자긍고장(不自矜故長) 부유부쟁(夫唯不爭) : 자기를[自] 드러내지 않아서[不見故] 밝다[明]. 자기를[自] 옳다 하지 않아서[不是故] 뚜렷하다[彰]. 자기를[自] 자랑하지 않아서[不伐故] 보람이[功] 있다[有]. 자기를[自] 높이지 않아서[不矜故] 장구하다[長]. 무릇[夫] 오로지[唯] 다투지 않는다[不爭].

『노자(老子)』 22장(章)

註 천지도리이불해(天之道利而不害) 성인지도위이부쟁(聖人之道爲而不爭) : 자연의[天之] 이치는[道] (온갖 것을) 이롭게 하되[利而] 해치지 않고[不害], 성인의[聖人之] 도리는[道] 베풀되[爲而] (그 무엇과도) 다투지 않는다[不爭]. 『노자(老子)』 81장(章)

註 곤위우(坤爲牛) : 곤은[坤 : ☷] 소[牛]이다[爲]. 「설괘전(說卦傳)」 8단락(段落)

2 효의 효상과 계사

初六：有孚不終하고 乃亂乃萃하여 若號하면 一握爲笑하니 勿恤하고 往하면 无咎리라
유부부종 내란내췌 약호 일악위소 물휼 왕 무구

六二：引吉无咎하니 孚乃利用禴이리라
인길무구 부내리용약

六三：萃如嗟如라 无攸利하다 往하면 无咎이나 小吝하다
췌여차여 무유리 왕 무구 소린

九四：大吉하고 无咎하다
대길 무구

九五：萃有位라 无咎니 匪孚한다 元永貞이면 悔亡하다
췌유위 무구 비부 원영정 회무

上六：齎咨涕洟해도 无咎이다
재자체이 무구

초륙(初六) : 믿어줌이[孚] 있으나[有] 그치지[終] 않고[不] 이에[乃] 혼란스럽고[亂] 이에[乃] 모여들어[萃], 부르짖는[號] 듯하면[若] 한[一] 모임이[握] 웃게 되니[爲笑], 걱정할 것이[恤] 없고[勿] 나아가도[往] 허물이[咎] 없으리라[无].

육이(六二) : 이끌어주어[引] 좋고[吉] 허물이[咎] 없으니[无] 믿어주어[孚] 이에[乃] 봄 제사를[禴] 행하면[用] 이롭다[利].

육삼(六三) : 모이려다[萃如] 한숨짓고[嗟如] 이로울[利] 바가[攸] 없다[无]. 나아가면[往] 허물은[咎] 없으나[无] 조금[小] 부끄럽다[吝].

구사(九四) : 큼이라[大] 행운을 누리고[吉] 허물이[咎] 없다[无].

구오(九五) : 모임에는[萃] 자리가[位] 있어[有] 허물이[咎] 없으니[无] 덮어두지[孚] 않는다[匪]. 으뜸이고[元] 변함없고[永] 진실로 미덥다면[貞] 후회할 것이[悔] 없다[亡].

상륙(上六) : 애탄식하고[齎] 탄식하면서[咨] 눈물 흘리고[涕] 눈물 흘려도[洟] 허물이[咎] 없다[无].

초륙(初六 : --)

初六 : 有孚不終하고 乃亂乃萃하여 若號하면 一握爲笑하니 勿恤하여 往하면 无咎리라
유부부종 내란내췌 약호 일악위소 물휼 왕 무구

초륙(初六) : 믿어줌이[孚] 있으나[有] 그치지[終] 않고[不] 이에[乃] 혼란스럽고[亂] 이에[乃] 모여들어[萃], 부르짖는[號] 듯하면[若] 한[一] 모임이[握] 웃게 되니[爲笑], 걱정할 것이[恤] 없고[勿] 나아가도[往] 허물이[咎] 없으리라[无].

【초륙(初六)의 효상(爻象) 풀이】

췌괘(萃卦 : ䷬)의 초륙(初六 : --)은 이음거양(以陰居陽) 즉 음(陰 : --)으로 써[以] 양(陽 : ㅡ)의 자리에 있는지라[居] 정당한 자리에 있지 못하다. 초륙(初六 : --)과 육이(六二 : --)는 양음(兩陰) 즉 둘 다[兩] 음(陰 : --)의 사이인지라 〈비(比)〉 즉 이웃의 사귐[比]을 누리지 못하고 오히려 상충(相衝) 즉 서로[相] 부딪치는[衝] 사이이다. 초륙(初六 : --)과 구사(九四 : ㅡ)는 음양(陰陽)의 사이인지라 서로 정당한 자리에 있지는 않지만 정응(正應) 즉 서로 바르게[正] 호응함[應]을 누린다. 이에 구사(九四 : ㅡ)가 상진(上進)하려는 초륙(初六 : --)을 믿어주어[孚] 육이(六二 : --)와 육삼(六三 : --)의 장애(障碍)에도 불구하고 초륙(初六 : --)의 상진(上進)이 실현되는 모습이다.

췌괘(萃卦 : ䷬)의 초륙(初六 : --)이 초구(初九 : ㅡ)로 변효(變爻)하면 초륙(初六 : --)은 췌괘(萃卦 : ䷬)를 17번째 수괘(隨卦 : ䷐)로 지괘(之卦)하게 한다. 따라서 췌괘(萃卦 : ䷬)의 초륙(初六 : --)은 수괘(隨卦 : ䷐)의 초구(初九 : ㅡ)를 찾아가 살펴보게 한다.

【초륙(初六)의 계사(繫辭) 풀이】

有孚不終(유부부종)

믿어줌이[孚] 있으나[有] 그치지[終] 않는다[不].

〈유부부종(有孚不終)〉은 초륙(初六 : --)의 효위(爻位)를 빌려 암시한 계사(繫辭)이다. 〈유부부종(有孚不終)〉은 〈초륙유구사지부향초륙(初六有九四之孚向初六)이기부부종(而其孚不終)〉의 줄임으로 여기고 〈초륙에게는[初六] 초륙을[初六] 향한[向] 구사의[九四之] 믿어줌이[孚] 있다[有] 그리고[而] 그[其] 믿어줌은[孚] 그치지 않는다[不終]〉라고 새겨볼 것이다.

〈유부(有孚)의 부(孚)〉는 수명(守命) 즉 자연의 가르침을[命] 지킴[守]으로써 남들로부터 성신(誠信) 즉 진실한[誠] 미더움[信]을 받음을 말한다. 〈부(孚)〉는 나의 〈정(貞)〉으로 말미암아 남에게서 돌아오는 미더움[信]이다. 이에 〈부(孚)〉란 〈정(貞)〉으로 말미암아 돌아오는 미더움이다. 정(貞)으로 말미암아 절로 돌아오는 것이 〈부(孚)〉 즉 진실로 믿어줌이다. 자기가 정(貞)하면 남들이 자기를 진실로 믿어줌이 〈부(孚)〉이다. 내가 정(貞)하지 못하면 세상은 나에게 미더움[孚]을 주지 않는다. 따라서 여기 〈유부(有孚)〉는 〈초륙유정관어여구사지정응(初六有貞關於與九四之正應)〉 즉 초륙에게는[初六] 구사(九四)와의[與之] 정응에[正應] 관하여[關於] 진실한 미더움이[貞] 있음[有]을 암시한다.

대성괘(大成卦)에서 초효(初爻)는 백성이니 췌괘(萃卦 : ䷬)의 초륙(初六 : --) 역시 백성을 상징한다. 왜 백성지심(百姓之心) 즉 백성의[百姓之] 마음[心]을 천심(天心)이라 하는가? 백성의 마음에는 〈유정(有貞)〉 즉 진실한 미더움[貞]이 있기 때문에 백성지심(百姓之心)을 천심(天心)이라 한다. 천심(天心)을 믿어주지 않으면 그 무엇이든 불선(不善)이다. 이에 〈유부(有孚)〉가 『노자(老子)』에 나오는 〈백성의[百姓之] 마음[心]으로써[以] 제 마음을[心] 삼는다[爲]〉라는 내용을 환기시킨다. 대인(大人)이 백성의 마음[百姓之心]으로써[以] 당신의 마음으로[心] 삼음[爲]은 바로 백성의 〈유정(有貞)〉을 대인(大人)은 자신의 마음으로 삼는다는 것이다. 이러한 대인(大人)을 본받는 군자(君子)는 백성의 〈유부(有孚)〉를 누린다. 이에 초륙(初六 : --)의 유정(有貞)이 천심(天心)으로 통하기에 구사(九四 : ―)의 〈유부(有孚)〉

즉 진실한 믿어줌이[孚] 있음이[有] 그치지 않음[不終]을 암시한 계사(繫辭)가 〈유부부종(有孚不終)〉이다.

乃亂乃萃(내란내췌)

이에[乃] 혼란스럽고[亂] 이에[乃] 모여든다[萃].

〈내란내췌(乃亂乃萃)〉는 초륙(初六 : --)과 구사(九四 : ㅡ)가 함께 누리는 정응(正應)이 순탄(順坦)치 못함을 밝힌 계사(繫辭)이다. 〈내란내췌(乃亂乃萃)의 내란(乃亂)〉은 백성의 마음가짐이 〈정(貞)〉 즉 진실한 미더움[貞]일지라도 믿어주지 않는 경우가 있음을 암시한다. 이 〈내란(乃亂)〉은 초륙(初六 : --)과 구사(九四 : ㅡ) 사이에 육이(六二 : --)-육삼(六三 : --)이 있어서 초륙(初六 : --)과 구사(九四 : ㅡ)가 누릴 정응(正應)이 방해 받음을 암시한다. 음여음(陰與陰) 즉 음(陰 : --)과[與] 음(陰 : --)은 서로 부딪쳐 어울리지 못하는 까닭에 초륙(初六 : --)과 구사(九四 : ㅡ)의 정응(正應)의 누림이 방해를 받아 순탄하지 못함을 암시한 것이 〈내란(乃亂)〉이다. 〈내란내췌(乃亂乃萃)의 내췌(乃萃)〉는 초륙(初六 : --)과 구사(九四 : ㅡ)에게는 서로 미더움과[貞] 진실한 믿어줌이[孚] 그치지 않기[不終] 때문에, 초륙(初六 : --)과 구사(九四 : ㅡ)는 정응(正應)으로써 모임[萃]을 누림을 암시한 계사(繫辭)이다.

若號(약호) 一握爲笑(일악위소)

부르짖는[號] 듯하면[若] 한[一] 모임이[握] 웃게 된다[爲笑].

〈약호(若號) 일악위소(一握爲笑)〉는 실(實)하고 강강(剛强)한 구사(九四 : ㅡ)가 허(虛)하고 유약(柔弱)한 육이(六二 : --)와 육삼(六三 : --)의 방해를 제치고 초륙(初六 : --)과 정응(正應)으로써 〈췌(萃)〉를 누림을 암시한 계사(繫辭)이다. 〈약호(若號)〉는 〈구사약호향초륙(九四若號向初六)〉의 줄임으로 여기고 〈구사가[九四] 초륙을[初六] 향해[向] 부르는[號] 듯하다[若]〉라고 새겨볼 것이다. 여기 〈약호(若號)의 호(號)〉는 구사(九四 : ㅡ)를 암시한다. 왜냐하면 〈약호(若號)의 호(號)〉가 「설괘전(說卦傳)」에 나오는 〈태는[兌 : ☱] 입[口]이다[爲]〉라는 내용을 상기시키기 때문이다. 구사(九四 : ㅡ)는 췌괘(萃卦 : ䷬)의 상체(上體)인 태(兌 : ☱)의 초효(初

爻)인지라 〈약호(若號)의 호(號)〉로써 구사(九四 : ━)를 취상(取象)한 것이다. 백성인 초륙(初六 : --)과 경대부(卿大夫)인 구사(九四 : ━) 사이에 모임[萃]을 방해하려는 육이(六二 : --)-육삼(六三 : --)이 끼어 있어서 구사(九四 : ━)가 초륙(初六 : --)을 향해 부르는[號] 듯함[若]을 암시한 계사(繫辭)가 〈약호(若號)〉이다.

〈일악위소(一握爲笑)〉는 초륙(初六 : --)과 구사(九四 : ━)가 정응(正應)을 누림을 암시한 계사(繫辭)이다. 〈일악위소(一握爲笑)〉는 〈초륙여구사지일악위소(初六與九四之一握爲笑)〉의 줄임으로 여기고 〈구사와[與九四] 초륙의[初六之] 한 모임이[一握] 웃게 된다[爲笑]〉라고 새겨볼 것이다. 〈위소(爲笑)의 위(爲)〉는 〈소(笑)〉를 피동태로 이끄는 조술사(助述詞) 노릇을 해 〈웃게[笑] 된다[爲]〉라고 새김이 마땅하다.

〈일악위소(一握爲笑)의 일악(一握)〉은 〈일단(一團)〉 즉 한패[一團]라는 속어(俗語)와 같은지라 일중(一衆) 즉 한[一] 무리[衆]를 뜻한다. 초륙(初六 : --)과 구사(九四 : ━)가 〈일악(一握)〉 즉 한[一] 무리[握]가 되어 췌괘(萃卦 : ䷬)의 주제인 〈췌(萃)〉 즉 모임[萃]의 시국을 맞이함을 암시한다. 이에 초륙(初六 : --)과 구사(九四 : ━)가 정응(正應)으로써 모임[萃]을 만족하게 누림을 암시한 계사(繫辭)가 〈약호(若號) 일악위소(一握爲笑)〉이다.

勿恤(물휼) 往(왕) 无咎(무구)

걱정할 것이[恤] 없고[勿] 나아가도[往] 허물이[咎] 없으리라[无].

〈물휼(勿恤) 왕(往) 무구(无咎)〉는 초륙(初六 : --)과 구사(九四 : ━)가 정응(正應)으로써 췌괘(萃卦 : ䷬)의 주제인 〈췌(萃)〉 즉 모임[萃]의 시국을 누림을 암시한 계사(繫辭)이다. 〈물휼(勿恤) 왕(往) 무구(无咎)〉는 〈초륙물휼관어왕(初六勿恤關於往) 수초륙왕향구사(雖初六往向九四) 초륙무구(初六无咎)〉의 줄임으로 여기고 〈초륙이[初六] 나아감에[往] 관해[關於] 걱정이[恤] 없다[勿] 비록[雖] 초륙이[初六] 구사를[九四] 향해[向] 나아갈지라도[往] 초륙에게는[初六] 허물이[咎] 없다[无]〉라고 새겨볼 것이다. 〈물휼(勿恤)의 물(勿)〉은 여기선 〈없을 무(無)〉와 같다.

〈물휼(勿恤)〉은 실(實)하고 강강(剛强)한 구사(九四 : ━)와 허(虛)하고 유약(柔弱)한 초륙(初六 : --)이 〈일악(一握)〉 즉 한[一] 모임[握]으로서 정응(正應)을 누리고 있으니, 둘 사이에 육이(六二 : --)와 육삼(六三 : --)이 방해로 끼어 있어도 초륙(初六 : --)에게 근심할 것이[恤] 없음[勿]을 암시한다. 장애물이 있다 해도 서로 진실한 믿어줌[孚]이 있기에 정응(正應)으로써 초륙(初六 : --)이 구사(九四 : ━)와 모임[萃]을 누리기 위하여 나아가도[往] 〈무구(无咎)〉 즉 허물이[咎] 없다[无]고 암시한 계사(繫辭)가 〈물휼(勿恤) 왕(往) 무구(无咎)〉이다.

【字典】

유(有) 〈없을 무(無)의 반대말로 있을 유(有), 어조사 유(有), 간직할 유(有)-장(藏), 얻을(가질) 유(有)-취(取), 혹 유(有)-혹(或), 많을 유(有)-다(多)-족(足), 부유할 유(有)-부(富), 보호할 유(有)-보(保), 서로 친할 유(有)-상친(相親), 전일할 유(有)-전(專), 할 유(有)-위(爲)〉 등의 뜻을 내지만 〈있을 유(有)〉로 여기고 새김이 마땅하다.

부(孚) 〈믿을 부(孚)-신(信), 알에서 새끼가 껍질을 쪼아 나올 부(孚)-난화(卵化), 씨앗이 틀 부(孚)-부(稃), 기를 부(孚)-육(育), 덮어줄 부(孚)-복(覆), 붙을(의지할) 부(孚)-부(附)-부(付), 깡충거릴 부(孚)-무조(務躁)-부조(浮躁), 옥채색 부(孚)-옥채색(玉采色)〉 등의 뜻을 내지만 여기선 〈믿을 신(信)〉과 같다 여기고 새김이 마땅하다.

不 〈불-부〉 등으로 발음되고, 〈못할 불(不)-부(不), 않을 불(不)-부(不), 아닐 불(不)-부(不)-비(非), 없을 불(不)-부(不)-무(無), 하지 말 불(不)-부(不)-막(莫)-금지(禁止), 정하지 않을 불(不)-부(不)-부(否)-미정(未定), 새가 날아올라 내려오지 않는 불(不)-부(不)-조비상불하래(鳥飛上不下來)〉 등의 뜻을 내지만 여기선 〈않을 불(不)〉로 여기고 새김이 마땅하다.

종(終) 〈끝내(끝날) 종(終)-이(已), 다할 종(終)-진(盡)-극(極)-궁(窮)-경(竟), 충분할 종(終)-충(充), 이룰 종(終)-성(成), 사망 종(終)-사(死), 끝 종(終)-시지대(始之對)〉 등의 뜻을 내지만 여기선 〈끝내 이(已)〉와 같다 여기고 새김이 마땅하다.

내(乃) 〈이에 내(乃)-어시(於是)-승상기하지사(承上起下之辭), 부드럽게 말 이을 내(乃)-완사(緩詞)-연후(然後), 급히 말 이을 내(乃)-급사(急詞), 뜻 없는 말머리 조사 내(乃)-구수조사무의(句首助詞無義), 곧 내(乃)-즉(則)-즉(卽), 그 내(乃)-기(其), 그런데 내(乃)-전어사(轉語辭), 그리고(그러나) 내(乃)-이(而), 만약 내(乃)-약(若), 또 내(乃)-차(且), ~로써 내(乃)-이(以), 그럴(그렇다) 내(乃)-시(是), 도리어 내(乃)-고(顧)-각(卻), 처음 내(乃)-시(始)-초(初), 이같이 내(乃)-여차(如此)〉 등의 뜻을 내지만 여기선 〈이에 어시(於是)〉와 같다 여기고 새김이 마땅하다.

란(亂) 〈어리둥절할 란(亂)-혹(惑), 다스릴 란(亂)-치(治)-이(理), 얽힐 란(亂)-문(紊), 혼잡할 란(亂)-혼(渾)-혼잡(混雜), 반역할 란(亂)-반역(反逆)-반란(叛亂)-배도(背道), 가로 건널 란(亂)-횡절기류이직도(橫絶其流而直渡), 음행 란(亂)-음행(淫行), 불공평할 란(亂)-불공평(不公平), 무질서할 란(亂)-무질서(無秩序), 무도할 란(亂)-무도(無道)-패도(悖道), 풍류 가락 란(亂)-악장(樂章)〉 등의 뜻을 내지만 여기선 〈어리둥절할 혹(惑)〉과 같다 여기고 새김이 마땅하다.

췌(萃) 〈모을 췌(萃)-취(聚)-집(集), 풀이 모여 있는 모습 췌(萃)-초취모(草聚貌), 이를 췌(萃)-지(至), 멈출 췌(萃)-지(止), 기다릴(갖출) 췌(萃)-대(待), 64괘의 하나 췌(萃)-육십사괘지일(六十四卦之一)〉 등의 뜻을 내지만 여기선 〈모을 취(聚)〉와 같다 여기고 새김이 마땅하다.

若 〈약-야〉 두 가지로 발음되고, 〈~할듯(같을) 약(若)-여(如), 너 약(若)-여(汝), 만약 약(若)-가사(假使), 따를 약(若)-순(順), 착할 약(若)-선(善), 그 약(若)-기(其), 미칠 약(若)-급(及)-지(至), 이 약(若)-차(此), 어말조사(語末助辭)로 ~듯 약(若), 반야 야(若)-반야(般若)〉 등의 뜻을 내지만 여기선 〈~할듯 여(如)〉와 같다 여기고 새김이 마땅하다.

호(號) 〈부를 호(號)-호(呼), 알릴 호(號)-고(告), 명칭 호(號)-명칭(名稱), 시호 호(號)-시호(諡號), 명성을 알릴 호(號)-성예(聲譽), 첩보 호(號)-첩보(牒報), 표지 호(號)-표지(標識), 울면서 말할 호(號)-곡이언(哭而言), 울 호(號)-곡(哭), 닭 울음 호(號)-계명(鷄鳴), 호랑이 울음 호(號)-호소(虎嘯), {의사(疑詞)로서} 어찌 호(號)-하(何)-호(胡)-해(奚)-하(遐)-후(侯)-갈(曷)-합(盍)〉 등의 뜻을 내지만 여기선 〈부를 호(呼)〉와 같다 여기고 새김이 마땅하다.

일(一) 〈하나 일(一), 한 번(첫째) 일(一)-일차(一次), 만물의 본래 일(一)-만물지본(萬物之本), 만물이 비롯된 바 일(一)-만물소종시(萬物所從始), 기본 숫자의 제일 일(一)-기수지제일(基數之第一), 수의 시초(시작) 일(一)-수지시(數之始), 여럿 중에 하나 일(一)-다수중지일(多數中之一), 일단은 일(一)-일단(一旦), 홀로 일(一)-독(獨), 늘(마다) 일(一)-매(每), 한 번 일(一)-기일(其一), 처음(첫) 일(一)-초(初), 먼저 일(一)-선(先), 오로지 일(一)-전(專), 순수할 일(一)-순(純), 늘(항상) 일(一)-상(常), 적을 일(一)-소(少),

텅 빌 일(一)-공(空), 서로 같을 일(一)-상동(相同), 다 같을 일(一)-동일(同一)-제일(齊一), 맞을(화합할) 일(一)-협(協), 고를 일(一)-균(均), 통일 일(一)-통일(統一), 모을 일(一)-취(聚), 둘이 아닐 일(一)-불이(不二), 모두 일(一)-개(皆), 온전할 일(一)-전(全)-만(滿)-정(整), 끝 일(一)-종(終), 이미 그칠 일(一)-기이(旣已), 심할 일(一)-심(甚)-이(已), 앞서(어제) 일(一)-작(昨), 도 일(一)-도(道 : 道無雙故曰一)-충허지덕(充虛之德), 효도 일(一)-효(孝), 진실할 일(一)-성(誠), 북방 일(一)-북방(北方), 것(어떤 것) 일(一)-물(物), 몸 일(一)-신(身)-일신(一身), 바탕 일(一)-질(質), 하나의 이치 일(一)-이(理)-일리(一理), 혹 일(一)-혹(或), 만약(진실로) 일(一)-약(若)-구(苟), 이에 일(一)-내(乃), 헤어질(따로) 일(一)-령(另), 양효를 뜻하는 일(一)-일괘지양효작(一卦之陽爻作)〉 등의 뜻을 내지만 여기선 〈하나 일(一)〉로 여기고 새김이 마땅하다.

악(握) 〈잡을 악(握)-지(持), 꼭 쥘 악(握)-곡지악권(曲指握拳), 손바닥에 쥘 악(握)-장악(掌握), 가운데 악(握)-중앙(中央), 손바닥 속 악(握)-장중(掌中), (길이 단위) 사촌 악(握)-사촌(四寸), 작은 모양 악(握)-소모(小貌)〉 등의 뜻을 내지만 여기선 〈잡을 지(持)〉와 같다 여기고 새김이 마땅하다.

위(爲) 〈생각할 위(爲)-사(思), 될(이룰) 위(爲)-성(成), 할 위(爲)-조(造), 행할 위(爲)-행(行)-작(作), 하여금 위(爲)-사(使), 만들 위(爲)-산(産), 배울 위(爲)-학(學), 다스릴 위(爲)-치(治), 도울 위(爲)-조(助), 호위할 위(爲)-호(護), 칭할 위(爲)-칭(稱), 꾀할 위(爲)-모(謀)〉 등의 뜻을 내지만 이 외에도 전후문맥(前後文脈)에 따라 다양하게 뜻을 구사하는 〈위(爲)〉 자(字)이다. 여기선 〈수동태를 이끄는 위(爲)〉와 같다 여기고 새김이 마땅하다. 〈위(爲)〉를 영어에서 대리동사 노릇을 하는 〈do〉와 같다 여겨도 된다. 그리고 〈위(爲)〉는 뜻 없는 어조사 노릇도 하고, 〈소이(所以)〉와 같은 구실도 하여 〈까닭 위(爲)〉 노릇도 하며, 〈위(爲)〉는 구문(句文)에서 마치 영어의 수동태 〈be동사〉 같은 노릇도 한다. 예를 들자면 〈A解B〉를 〈B爲解於A〉 꼴로 하여 영어의 수동태 같은 노릇도 한다. 〈A가 B를 해명하다(解)〉 〈B가 A에 의해서[於] 해명되다[爲解]〉 이처럼 〈위(爲)〉 바로 뒤에 동사 노릇을 하는 자(字)가 오면 그 자(字)를 수동태가 되게 하는 구실을 〈위(爲)〉가 하는 셈이니 이런 경우의 〈위(爲)〉는 〈견(見)-피(被)〉 등과 같은 셈이다. 〈위(爲)〉는 또 〈~에서 위(爲)-어(於), 이에 위(爲)-내(乃)〉 등과 같이 다양한 어조사 노릇도 하고, 〈이 위(爲)-시(是)〉와 같이 지시어 노릇도 한다.

소(笑) 〈비웃을(냉소할) 소(笑)-치(嗤)-신(哂), 웃을 소(笑)-흔(欣)-희(喜), 미소 짓는 소(笑)-미소(微笑)〉 등의 뜻을 내지만 여기선 〈비웃을 치(嗤)〉로 여기고 새김이 마땅하다. 여기 〈위소(爲笑)〉는 피동태(被動態)로 〈웃음거리가[笑] 된다[爲]〉라고 새김이 마땅하다.

물(勿) 〈없을 물(勿)-무(無)-무(毋), 아닌 것 물(勿)-비(非), 하지 말 물(勿)-막(莫), 아니할 물(勿)-불(不)〉 등과 같지만 여기선 〈없을 무(無)〉와 같다 여기고 새김이 마땅하다.

휼(恤) 〈근심할 휼(恤)-우(憂), 거둘 휼(恤)-수(收), 기민 먹일(구휼할) 휼(恤)-진(賑), 불쌍히 여길 휼(恤)-민(愍), 마음에 둘 휼(恤)-고(顧)〉 등의 뜻을 내지만 여기선 〈근심할 우(憂)〉와 같다 여기고 새김이 마땅하다.

왕(往) 〈나아갈 왕(往)-행(行)-진행(進行), 갈 왕(往)-지(之), 물러갈 왕(往)-거(去), 이를 왕(往)-지(至), 향할 왕(往)-향(向), 옛 왕(往)-석(昔), 이따금 왕(往)-시시(時時), 뒤 왕(往)-후(後), 죽음 왕(往)-망거(亡去)-사자(死者)〉 등의 뜻을 내지만 〈나아갈 행(行)〉과 같다 여기고 새김이 마땅하다.

무(无) 〈없을 무(无)-무(無), 허무지도 무(无)-허무지도(虛无之道), 으뜸 무(无)-원(元)〉 등의 뜻을 내지만 여기선 〈없을 무(無)〉와 같다 여기고 새김이 마땅하다. 〈무(无)〉는 〈무(無)〉의 고자(古字)이다.

구(咎) 〈허물 구(咎)-건(愆)-과(過), 재앙 구(咎)-재(災), 병될 구(咎)-병(病), 나쁠 구(咎)-오(惡)〉 등의 뜻을 내지만 여기선 〈허물 건(愆)-과(過)〉와 같다 여기고 새김이 마땅하다. 〈무구(无咎)〉는 〈면어구(免於咎)〉 즉 허물을[於咎] 면하다[免]와 같다.

註 성인무상심(聖人無常心) 이백성지심위심(以百姓之心爲心) : 성인에게는[聖人] 고집하는 마음이[常心] 없고[無], 백성의[百姓之] 마음[心]으로써[以] (당신의) 마음을[心] 삼는다[爲].
『노자(老子)』 49장(章)

註 태위구(兌爲口) : 태는[兌 : ☱] 입[口]이다[爲]. 「설괘전(說卦傳)」 9단락(段落)

육이(六二 : --)

六二 : 引吉无咎하니 孚乃利用禴이리라
인길무구 부내리용약

육이(六二) : 이끌어주어[引] 좋고[吉] 허물이[咎] 없으니[无] 믿어주어[孚] 이에[乃] 봄 제사를[禴] 행하면[用] 이롭다[利].

【육이(六二)의 효상(爻象) 풀이】

췌괘(萃卦 : ䷬)의 육이(六二 : --)는 이음거음(以陰居陰) 즉 음(陰 : --)으로써[以] 음(陰 : --)의 자리에 있는지라[居] 정당한 자리에 있다. 육이(六二 : --)와 초륙(初六 : --)-육삼(六三 : --)은 모두 음(陰 : --)의 사이인지라 〈비(比)〉 즉 이웃의 사귐[比]을 누리지 못하고 오히려 상충(相衝) 즉 서로[相] 부딪치는[衝] 사이이다. 육이(六二 : --)와 구오(九五 : —)는 음양(陰陽)의 사이이면서 중이정위(中而正位) 즉 가운데이면서[中而] 바른[正] 자리에 있음[位]을 나누며 정응(正應) 즉 바르게[正] 서로 호응함[應]을 누린다. 이에 육이(六二 : --)는 군왕(君王)의 두터운 신임을 받아 득중(得中) 즉 정도를 따름을[中] 취하여[得] 췌괘(萃卦 : ䷬)의 주제인 〈췌(萃)〉의 시국을 맞아 할 바를 다하는 모습이다.

췌괘(萃卦 : ䷬)의 육이(六二 : --)가 구이(九二 : —)로 변효(變爻)하면 육이(六二 : --)는 췌괘(萃卦 : ䷬)를 47번째 곤괘(困卦 : ䷮)로 지괘(之卦)하게 한다. 따라서 췌괘(萃卦 : ䷬)의 육이(六二 : --)는 곤괘(困卦 : ䷮)의 구이(九二 : —)를 찾아가 살펴보게 한다.

【육이(六二)의 계사(繫辭) 풀이】

引吉无咎(인길무구)

이끌어주어[引] 좋고[吉] 허물이[咎] 없다[无].

〈인길무구(引吉无咎)〉는 육이(六二 : --)의 효위(爻位)를 들어 암시한 계사(繫辭)이다. 〈인길(引吉)의 인(引)〉은 〈구오인륙이(九五引六二)〉의 줄임으로 여기고

〈구오가[九五] 육이를[六二] 끌어준다[引]〉라고 새겨볼 것이다. 〈인길(引吉)의 인(引)〉은 〈이끌어줄 견(牽)〉과 같다.

〈인길(引吉)의 인(引)〉은 육이(六二 : --)와 구오(九五 : —)가 누리는 정응(正應)을 암시한다. 육이(六二 : --)와 구오(九五 : —)가 중효(中爻)로서 정위(正位)에 있으면서 정응(正應)으로써 군신(君臣)의 돈독한 사이를 맺음을 암시함이 〈인길(引吉)의 인(引)〉이다. 육이(六二 : --)가 아래위로 음기(陰氣 : --) 사이에 있어서 궁색해 보이지만 유순한 육이(六二 : --)는 췌괘(萃卦 : ䷬)의 하체(下體)인 곤(坤 : ☷)의 중효(中爻)로서 정위(正位)에 있고, 굳세고 강력한 구오(九五 : —)는 췌괘(萃卦 : ䷬)의 상체(上體)인 태(兌 : ☱)의 중효(中爻)로서 정위(正位)에 있어서 서로 정응(正應)을 누림으로써 군신(君臣)의 유대가 더할 바 없어 두텁다. 이에 육이(六二 : --)와 구오(九五 : —)가 췌괘(萃卦 : ䷬)의 주제인 〈췌(萃)〉의 시국을 득중(得中) 즉 정도를 따름을[中] 취하여[得] 이끌어가므로[引] 행운을 누려도[吉] 허물이[咎] 없음[无]을 암시한 계사(繫辭)가 〈인길무구(引吉无咎)〉이다.

孚乃利用禴(부내리용약)

믿어주니[孚] 이에[乃] 봄 제사를[禴] 행하면[用] 이롭다[利].

〈부내리용약(孚乃利用禴)〉은 육이(六二 : --)가 구오(九五 : —)와 〈췌(萃)〉 즉 모여[萃] 〈길(吉)〉 즉 행운을 누림을 천지(天地)와 조선(祖先)에 감사함을 암시하는 계사(繫辭)이다. 〈부내리용약(孚乃利用禴)〉은 〈육이여구오유기정응지부(六二與九五有其正應之孚) 내약륙이용약(乃若六二用禴) 육이유리(六二有利)〉의 줄임으로 여기고 〈구오와[與九五] 육이에게는[六二] 그들의[其] 정응을[正應之] 믿어줌이[孚] 있다[有] 이에[乃] 만약[若] 육이가[六二] 봄 제사를[禴] 행하면[用] 육이에게[六二] 이로움이[利] 있다[有]〉라고 새겨볼 것이다. 〈용약(用禴)의 약(禴)〉은 춘제(春祭) 즉 봄에 올리는[春] 제사[祭]를 뜻한다.

〈부내리용약(孚乃利用禴)의 부(孚)〉는 앞 〈인길(引吉)〉의 마음가짐을 말한다. 〈부(孚)〉는 수명(守命) 즉 자연의 부림을[命] 지키는[守] 성신(誠信) 즉 진실한[誠] 미더움[信]이다. 육이(六二 : --)와 구오(九五 : —)가 득중(得中) 즉 정도를 따름을[中] 취하여[得] 정응(正應)을 서로 믿어줌[孚]을 암시한 것이 〈부내리용약(孚乃

利用禴)의 부(孚)〉이다. 〈이용약(利用禴)〉은 앞의 〈부(孚)〉를 하늘과 조상 앞에 제(祭)를 올려 밝힌다. 〈이용약(利用禴)의 약(禴)〉은 은대(殷代) 즉 은나라[殷] 시대[代]의 춘제(春祭)를 말한다. 봄은 농산물을 심는 계절이지 수확하는 때가 아니므로 제물(祭物)을 매우 검소하게 하여 올리는 춘제(春祭)를 일러 〈약(禴)〉이라 했다. 제품(祭品) 즉 제물(祭物)은 검소할지언정 마음가짐만은 〈부(孚)〉 즉 진실로 믿어줌[孚]으로써 천지(天地)와 조선(祖先)에게 〈용약(用禴)〉 즉 봄 제사를[禴] 행하므로[用] 육이(六二 : --)에게 이로움[利]을 암시한 계사(繫辭)가 〈부내리용약(孚乃利用禴)〉이다.

【字典】

인(引) 〈이끌 인(引)-견(牽), 활 당길 인(引)-개궁(開弓), 당길 인(引)-만(挽), 인도할 인(引)-도(導)-도(道), 늘일 인(引)-장(張), 나아갈(이를) 인(引)-진(進)-치(致)-취(取), 초청할 인(引)-초(招), 뽑아 뺄 인(引)-발(拔), 골라 쓸 인(引)-선용(選用), 추천할 인(引)-추천(推薦), 원용할 인(引)-원용(援用), 길 인(引)-장(長), 장구할 인(引)-장구(長久), 노래 소리가 길게 이어짐 인(引)-가성장이구(歌聲長而久), 오랜 내력 인(引)-구력(久歷), 받들어 받음 인(引)-승수(承受), 거두어들일 인(引)-수렴(收斂), 물러날 인(引)-각(却)-각(卻), 펼칠 인(引)-신(申), 끊임없을 인(引)-연속부절(連續不絶), 크고 넓을 인(引)-굉(宏), 진을 칠 인(引)-진(陣), 연출할 인(引)-연(演), 바르게 할 인(引)-정(正), 다툴 인(引)-쟁(爭), 자살할 인(引)-자살(自殺), 열길 인(引)-십장(十丈), 서로 끌 인(引)-교인(交引), 지폐 인(引)-지폐(紙幣), 허가증 인(引)-허가증(許可證), 악부시체의 하나 인(引)-악부시체지일(樂府詩體之一), 수레를 묶는 줄 인(引)-거색(車索)〉 등의 뜻을 내지만 여기선 〈서로 이끌 상견(相牽)〉으로 여기고 새김이 마땅하다.

길(吉) 〈좋을(행복할) 길(吉)-선(善)-영(令) {영월길일(令月吉日)은 선월선일(善月善日)임.}, 복 길(吉)-실(實)-선실(善實)-복(福), 예의를 따라 상서로울 길(吉)-예의순상(禮義順祥), 삼갈 길(吉)-근(謹), 초하루 길(吉)-삭일(朔日) {삭망(朔望) 즉 초하루[朔]와 그믐날[望]}, 길례 길(吉)-길례(吉禮) {오례지일(五禮之一) 길흉빈군가(吉凶賓軍嘉)}, 갈 길(吉)-행(行)-길(趌)〉 등의 뜻을 내지만 여기선 〈좋을 선(善)-영(令)〉 즉 행복과 같다 여기고 새김이 마땅하다.

무(无) 〈없을 무(无)-무(無), 허무지도 무(无)-허무지도(虛无之道), 으뜸 무(无)-

원(元)〉 등의 뜻을 내지만 여기선 〈없을 무(無)〉와 같다 여기고 새김이 마땅하다. 〈무(无)〉는 〈무(無)〉의 고자(古字)이다.

구(咎) 〈허물 구(咎)-건(愆)-과(過), 재앙 구(咎)-재(災), 병될 구(咎)-병(病), 나쁠 구(咎)-오(惡)〉 등의 뜻을 내지만 여기선 〈허물 건(愆)-과(過)〉와 같다 여기고 새김이 마땅하다. 〈무구(无咎)〉는 〈면어구(免於咎)〉 즉 허물을[於咎] 면하다[免]와 같다.

부(孚) 〈믿을 부(孚)-신(信), 알에서 새끼가 껍질을 쪼아 나올 부(孚)-난화(卵化), 씨앗이 틀 부(孚)-부(稃), 기를 부(孚)-육(育), 덮어줄 부(孚)-복(覆), 붙을(의지할) 부(孚)-부(附)-부(付), 깡충거릴 부(孚)-무조(務躁)-부조(浮躁), 옥채색 부(孚)-옥채색(玉采色)〉 등의 뜻을 내지만 여기선 〈성신(誠信) 즉 진실한[誠] 미더움[信]〉으로 여기고 새김이 마땅하다.

내(乃) 〈이에 내(乃)-어시(於是)-승상기하지사(承上起下之辭), 부드럽게 말 이을 내(乃)-완사(緩詞)-연후(然後), 급히 말 이을 내(乃)-급사(急詞), 뜻 없는 말머리 조사 내(乃)-구수조사무의(句首助詞無義), 곧 내(乃)-즉(則)-즉(卽), 그 내(乃)-기(其), 그런데 내(乃)-전어사(轉語辭), 그리고(그러나) 내(乃)-이(而), 만약 내(乃)-약(若), 또 내(乃)-차(且), ~로써 내(乃)-이(以), 그럴(그렇다) 내(乃)-시(是), 도리어 내(乃)-고(顧)-각(卻), 처음 내(乃)-시(始)-초(初), 이같이 내(乃)-여차(如此)〉 등의 뜻을 내지만 여기선 〈이에 어시(於是)〉와 같다 여기고 새김이 마땅하다.

이(利) 〈만물로 하여금 삶을 이루어가게 하는 덕(德)의 이로울 이(利)-사만물수생지덕(使萬物遂生之德), 날카로울 이(利)-예(銳)-섬(銛), 질병 이(利)-질(疾), 통할 이(利)-통(通)-순(順), 좋을 이(利)-길(吉)-의(宜), 편리할 이(利)-편(便), 마름해 만들어 이룰 이(利)-재성(裁成), 탐할 이(利)-탐(貪), 구할(취할) 이(利)-구(求)-취(取), 좋아할 이(利)-열애(悅愛), 이로울 이(利)-익(益), 기교 이(利)-교(巧), 보람 이(利)-공용(功用), 지세가 험하고 중요한 이(利)-험요(險要), 이길 이(利)-승(勝), 어질 이(利)-인(仁)〉 등의 뜻을 내지만 여기선 〈사만물수생지덕(使萬物遂生之德) 즉 만물로 하여금 삶을 이루어가게 하는 덕(德)의 이로움〉으로 새김이 마땅하다. 〈利〉가 맨 앞에 오면 〈이〉로 발음되고, 중간이나 뒤에 오면 〈리〉로 발음된다.

용(用) 〈쓸(행할) 용(用)-시(施)-행(行), 쓰일(부릴) 용(用)-사(使), 써 용(用)-이(以), 맡길 용(用)-임(任), 위할 용(用)-위(爲), 갖출 용(用)-비(備), 다스릴 용(用)-치(治),

재화 용(用)-화(貨), 책임 지워 일을 맡길 용(用)-임사(任使), 통할 용(用)-통(通), 이로울 용(用)-이(利)〉 등의 뜻을 내지만 여기선 〈행할 행(行)〉과 같아 시행(施行)으로 여기고 새김이 마땅하다.

약(禴) 〈봄 제사 약(禴)-춘제(春祭), 여름 제사 약(禴)-하제(夏祭), 수시로 올리는 제사 약(禴)-불시제(不時祭), 엷을 약(禴)-박(薄)〉 등의 뜻을 내지만 여기선 〈춘제(春祭)〉로 여기고 새김이 마땅하다.

육삼(六三 : --)

六三 : 萃如嗟如라 无攸利하다 往하면 无咎이나 小吝하다
췌여차여 무유리 왕 무구 소린

육삼(六三) : 모이려다[萃如] 한숨짓고[嗟如] 이로울[利] 바가[有] 없다[无]. 나아가면[往] 허물은[咎] 없으나[无] 조금[小] 부끄럽다[吝].

【육삼(六三)의 효상(爻象) 풀이】

췌괘(萃卦 : ䷬)의 육삼(六三 : --)은 이음거양(以陰居陽) 즉 음(陰 : --)으로써[以] 양(陽 : —)의 자리에 있는지라[居] 정당한 자리에 있지 못하다. 육삼(六三 : --)과 구사(九四 : —)는 음양(陰陽)의 사이인지라 〈비(比)〉 즉 이웃의 사귐[比]을 누릴 수 있지만, 구사(九四 : —)가 초륙(初六 : --)과의 정응(正應)에 기울어져 육삼(六三 : --)을 외면하고 멀리한다. 췌괘(萃卦 : ䷬)의 하체(下體)인 곤(坤 : ☷)의 중위(中位)를 벗어난 육삼(六三 : --)이 상륙(上六 : --)과는 양음(兩陰) 즉 둘 다[兩] 음(陰 : --)의 사이인지라 서로 불응(不應)의 처지이지만, 췌괘(萃卦 : ䷬)의 주제인 〈췌(萃)〉의 시국을 따라 육삼(六三 : --)이 같은 음류(陰類)인지라 상륙(上六 : --)에게 〈췌(萃)〉 즉 모임[萃]을 청하는 모습이다.

췌괘(萃卦 : ䷬)의 육삼(六三 : --)이 구삼(九三 : —)으로 변효(變爻)하면 육삼(六三 : --)은 췌괘(萃卦 : ䷬)를 31번째 함괘(咸卦 : ䷞)로 지괘(之卦)하게 한다. 따라서 췌괘(萃卦 : ䷬)의 육삼(六三 : --)은 함괘(咸卦 : ䷞)의 구삼(九三 : —)을 찾아가 살펴보게 한다.

【육삼(六三)의 계사(繫辭) 풀이】

萃如嗟如(췌여차여) 无攸利(무유리)

모이려다[萃如] 한숨짓고[嗟如] 이로울[利] 바가[有] 없다[无].

〈췌여차여(萃如嗟如)〉는 육삼(六三 : --)의 효위(爻位)를 들어 암시한 계사(繫辭)이다. 〈췌여차여(萃如嗟如)〉는 〈육삼여구사욕췌여(六三與九四欲萃如) 연이륙삼차여향구사(然而六三嗟如向九四)〉의 줄임으로 여기고 〈구사와[九四] 함께[與] 육삼이[六三] 모이고[萃] 싶은[欲] 듯하다[如] 그러나[然而] 육삼이[六三] 구사를[九四] 향해[向] 한숨짓는[嗟] 듯하다[如]〉라고 새겨볼 것이다. 〈췌여차여(萃如嗟如)의 여(如)〉는 어조사 노릇을 하여 별 뜻이 없다.

〈췌여차여(萃如嗟如)〉는 육삼(六三 : --)이 구사(九四 : —)와 음양(陰陽)의 사이인지라 비(比) 즉 이웃의 사귐[比]을 바라고 구사(九四 : —)와 〈췌(萃)〉 즉 모임[萃]을 바라다가 거절당함을 암시한다. 〈췌여차여(萃如嗟如)〉에서 〈차여(嗟如)의 차(嗟)〉는 상륙(上六 : --)과의 모임[萃]을 사정하는 육삼(六三 : --)을 취상(取象)한 것이다. 육삼(六三 : --)과 구사(九四 : —)는 음양(陰陽)의 이웃인지라 서로 비(比) 즉 이웃의 사귐[比]으로 모임[萃]을 누림이 당연하겠지만 구사(九四 : —)가 초륙(初六 : --)과의 정응(正應) 즉 서로 바르게[正] 호응함[應]을 누리는 쪽으로 기울어져 육삼(六三 : --)과의 사귐[比]을 외면하므로, 육삼(六三 : --)이 탄식하면서[嗟] 췌괘(萃卦 : ䷬)의 주제인 〈췌(萃)〉 즉 모임[萃]의 시국을 맞아 같은 음류(陰類)이지만 상륙(上六 : --)을 향해 모이기[萃]를 바람을 암시한 계사(繫辭)가 〈췌여차여(萃如嗟如)〉이다.

〈무유리(无攸利)〉는 육삼(六三 : --)이 탄식하는[嗟] 까닭을 밝힌 효사(爻辭)이다. 〈무유리(无攸利)〉는 〈구사무유리급륙삼(九四无攸利給六三)〉의 줄임으로 여기고 〈구사에게는[九四] 육삼(六三)에게[給] 이로울[利] 바가[攸] 없다[无]〉라고 새겨볼 것이다. 이에 육삼(六三 : --)과 상화(相和)하여 모임[萃]을 누려 이롭게 해줄[利] 바가[攸] 구사(九四 : —)에게 없음[无]을 암시한 계사(繫辭)가 〈무유리(无攸利)〉이다.

往(왕) 无咎(무구) 小吝(소린)

나아가면[往] 허물은[咎] 없으나[无] 조금[小] 부끄럽다[吝].

〈왕(往) 무구(无咎) 소린(小吝)〉은 육삼(六三 : --)이 췌괘(萃卦 : ䷬)의 주제인 〈췌(萃)〉 즉 모임[萃]의 시국을 맞아 상륙(上六 : --)과 모임[萃]을 누리고자 함을 암시한 계사(繫辭)이다. 〈수륙삼왕향상륙(雖六三往向上六) 기왕무구(其往无咎) 연이기왕유소린(然而其往有小吝)〉의 줄임으로 여기고 〈비록[雖] 육삼이[六三] 상륙을[上六] 향해[向] 나아갈지라도[往] 그[其] 나아감에[往] 허물은[咎] 없다[无] 그러나[然而] 그[其] 나아감에[往] 조금[小] 부끄러움이[吝] 있다[有]〉라고 새겨볼 것이다. 〈소린(小吝)의 소(小)〉를 음(陰 : --)으로 여기고 〈음류끼리라[小] 부끄럽다[吝]〉라고 새겨볼 수도 있다. 〈소린(小吝)의 인(吝)〉은 〈부끄러울 수(羞)〉와 같다.

〈왕(往) 무구(无咎)〉는 물론 육삼(六三 : --)과 상륙(上六 : --)이 다른 대성괘(大成卦)에서라면 양음(兩陰) 즉 둘 다[兩] 음(陰 : --)이기 때문에 불상응(不相應) 즉 서로[相] 호응하지 못할[不應] 사이이지만, 췌괘(萃卦 : ䷬)의 주제인 〈췌(萃)〉의 시국을 맞아 육삼(六三 : --)과 상륙(上六 : --)이 동류(同類)로서 모임[萃]을 누려 화목함을 누리고자 함은 역리(易理)에 어긋나지 않음을 암시한다. 육삼(六三 : --)에게 상륙(上六 : --)은 양음(兩陰)의 사이이지만 아래 이웃인 육이(六二 : --)와는 다르다. 육이(六二 : --)는 구오(九五 : ─)와 중정(中正)과 정응(正應)을 아울러 누리므로 육삼(六三 : --)이 이웃일지라도 관심 밖에 있다. 그러나 상륙(上六 : --)은 모임[萃]의 시국을 다 거쳐서 췌괘(萃卦 : ䷬)의 극위(極位)에 이르렀으니 육삼(六三 : --)에 대하여 너그러울 수 있기 때문에, 육삼(六三 : --)이 모임[萃]을 누리고자 상륙(上六 : --)에게로 나아가도[往] 허물될 것이[咎] 없음[无]을 밝힌 효사(爻辭)가 〈왕(往) 무구(无咎)〉이다.

〈소린(小吝)〉은 앞 〈왕(往) 무구(无咎)의 왕(往)〉이 육삼(六三 : --)에게 좀 쑥스러운 데가 있음을 암시한 계사(繫辭)이다. 구사(九四 : ─)와의 비(比) 즉 이웃의 사귐[比]이 불가능하므로 양음(兩陰) 즉 둘 다[兩] 음(陰 : --)의 사이임에도 불구하고 효연(爻緣)을 앞세워 상륙(上六 : --)에게 〈췌(萃)〉의 시국을 따르고자 구차스러움을 마다하지 않는 육삼(六三 : --)에게 조금의[小] 부끄러운[吝] 점이 없지 않아 있음을 암시한 계사(繫辭)가 〈소린(小吝)〉이다.

【字典】

췌(萃) 〈모을 췌(萃)-취(聚)-집(集), 풀이 모여 있는 모습 췌(萃)-초취모(草聚貌), 이를 췌(萃)-지(至), 멈출 췌(萃)-지(止), 기다릴(갖출) 췌(萃)-대(待), 64괘의 하나 췌(萃)-육십사괘지일(六十四卦之一)〉 등의 뜻을 내지만 여기선 〈모을 취(聚)〉와 같다 여기고 새김이 마땅하다.

여(如) 〈따를 여(如)-종수(從隨), 갈 여(如)-왕(往)-행(行), 같을 여(如)-사(似)-동(同), 맞먹을 여(如)-비(比), 그럴 여(如)-연(然), 무리 여(如)-등(等), 미칠 여(如)-급(及), 이에 여(如)-내(乃), 어떠할 여(如)-여하(如何), 첩 여(如)-여부인(如婦人), 이월 여(如)-이월(二月), 어조사 여(如)〉 등의 뜻을 내지만 여기선 어조사로 〈그럴 연(然)〉 정도로 여기고 새김이 마땅하다.

차(嗟) 〈탄식할 차(嗟)-탄(歎)-자(咨), 슬플 차(嗟)-자(咨), 한숨소리 차(嗟)-탄식성(歎息聲), 가엾을 차(嗟)-석(惜), 잠깐 동안 차(嗟)-순간(瞬間)〉 등의 뜻을 내지만 여기선 〈탄식할 탄(歎)〉과 같다 여기고 새김이 마땅하다.

무(无) 〈없을 무(无)-무(無), 허무지도 무(无)-허무지도(虛无之道), 으뜸 무(无)-원(元)〉 등의 뜻을 내지만 여기선 〈없을 무(無)〉와 같다 여기고 새김이 마땅하다. 〈무(无)〉는 〈무(無)〉의 고자(古字)이다.

유(攸) 〈곳(바) 유(攸)-소(所), 흘러가는 물 유(攸)-행수(行水), 아득할 유(攸)-장원(長遠)-유(悠), 닦을 유(攸)-수(修), 터득한 모습 유(攸)-자득모(自得貌), 빠를 유(攸)-숙(儵), 대롱거릴 유(攸)-현위모(懸危貌), 수심에 찬 모습 유(攸)-수모(愁貌)〉 등의 뜻을 내지만 여기선 〈곳 소(所)〉와 같다 여기고 새김이 마땅하다.

이(利) 〈만물로 하여금 삶을 이루어가게 하는 덕(德)의 이로울 이(利)-사만물수생지덕(使萬物遂生之德), 날카로울 이(利)-예(銳)-섬(銛), 질병 이(利)-질(疾), 통할 이(利)-통(通)-순(順), 좋을 이(利)-길(吉)-의(宜), 편리할 이(利)-편(便), 마름해 만들어 이룰 이(利)-재성(裁成), 탐할 이(利)-탐(貪), 구할(취할) 이(利)-구(求)-취(取), 좋아할 이(利)-열애(悅愛), 이로울 이(利)-익(益), 기교 이(利)-교(巧), 보람 이(利)-공용(功用), 지세가 험하고 중요한 이(利)-험요(險要), 이길 이(利)-승(勝), 어질 이(利)-인(仁)〉 등의 뜻을 내지만 여기선 〈사만물수생지덕(使萬物遂生之德) 즉 만물로 하여금 삶을 이루어

가게 하는 덕(德)의 이로움〉으로 새김이 마땅하다. 〈利〉가 맨 앞에 오면 〈이〉로 발음되고, 중간이나 뒤에 오면 〈리〉로 발음된다.

왕(往) 〈나아갈 왕(往)-행(行)-진행(進行), 갈 왕(往)-지(之), 물러갈 왕(往)-거(去), 이를 왕(往)-지(至), 향할 왕(往)-향(向), 옛 왕(往)-석(昔), 이따금 왕(往)-시시(時時), 뒤 왕(往)-후(後), 죽음 왕(往)-망거(亡去)-사자(死者)〉 등의 뜻을 내지만 〈나아갈 행(行)〉과 같다 여기고 새김이 마땅하다.

구(咎) 〈허물 구(咎)-건(愆)-과(過), 재앙 구(咎)-재(災), 병될 구(咎)-병(病), 나쁠 구(咎)-오(惡)〉 등의 뜻을 내지만 여기선 〈허물 건(愆)-과(過)〉와 같다 여기고 새김이 마땅하다. 〈무구(无咎)〉는 〈면어구(免於咎)〉 즉 허물을[於咎] 면하다[免]와 같다.

소(小) 〈작을 소(小)-미(微), 자잘할 소(小)-세(細), 짧을 소(小)-단(短), 좁을 소(小)-협(狹), 어릴 소(小)-유(幼), 천할 소(小)-천(賤), 첩 소(小)-첩(妾), 음(陰)을 칭하는 소(小)〉 등의 뜻을 내지만 여기선 〈작을 미(微)〉로 여기고 새김이 마땅하다.

인(吝) 〈부끄러울 인(吝)-수치(羞恥), 굴욕스러울 인(吝)-굴욕(屈辱), 한할 인(吝)-한(恨), 아낄 인(吝)-석(惜), 인색할 인(吝)-색(嗇), 욕심낼 인(吝)-탐(貪)〉 등의 뜻을 내지만 여기선 〈부끄러울 수치(羞恥)〉와 같다 여기고 새김이 마땅하다. 〈吝〉이 맨 앞에 오면 〈인〉으로 발음되고, 중간이나 뒤에 오면 〈린〉으로 발음된다.

구사(九四 : ⚊)

九四 : 大吉하고 无咎하다
대길 무구

구사(九四) : 큼이라[大] 행운을 누리고[吉] 허물이[咎] 없다[无].

【구사(九四)의 효상(爻象) 풀이】

췌괘(萃卦 : ䷬)의 구사(九四 : ⚊)는 이양거음(以陽居陰) 즉 양(陽 : ⚊)으로써[以] 음(陰 : ⚋)의 자리에 있는지라[居] 정당한 자리에 있지 못하다. 구사(九四 : ⚊)와 육삼(六三 : ⚋)은 양음(陽陰)의 사이인지라 〈비(比)〉 즉 이웃의 사귐[比]을 누릴 수 있지만 서로 대신(大臣)의 사이인지라 그 사귐[比]이 어렵고, 구사(九四 :

ㅡ)와 초륙(初六 : --)은 서로 부당(不當)한 자리에 있지만 정응(正應) 즉 서로 바르게[正] 호응함[應]을 누려, 백성인 초륙(初六 : --)이 잘 모여들게[萃] 하여 군왕(君王)인 구오(九五 : ㅡ)를 잘 보좌하는 모습이다.

> 췌괘(萃卦 : ䷬)의 구사(九四 : ㅡ)가 육사(六四 : --)로 변효(變爻)하면 구사(九四 : ㅡ)는 췌괘(萃卦 : ䷬)를 8번째 비괘(比卦 : ䷇)로 지괘(之卦)하게 한다. 따라서 췌괘(萃卦 : ䷬)의 구사(九四 : ㅡ)는 비괘(比卦 : ䷇)의 육사(六四 : --)를 찾아가 살펴보게 한다.

【구사(九四)의 계사(繫辭) 풀이】

大吉(대길) 无咎(무구)

큼이라[大] 행운을 누리고[吉] 허물이[咎] 없다[无].

〈대길(大吉) 무구(无咎)〉는 구사(九四 : ㅡ)의 효위(爻位)를 들어 암시한 계사(繫辭)이다. 〈대길(大吉) 무구(无咎)〉는 〈구사시대자(九四是大者) 인차구사유길(因此九四有吉)〉의 줄임으로 여기고 〈구사는[九四] 큰[大] 것[者]이다[是] 그래서[因此] 구사에게는[九四] 길함이[吉] 있다[有]〉라고 새겨볼 것이다.

〈대길(大吉)의 대(大)〉는 구사(九四 : ㅡ)를 암시한다. 양대음소(陽大陰小)의 역리(易理)를 상기한다면 〈대길(大吉)의 대(大)〉가 구사(九四 : ㅡ)를 암시함을 간파할 수 있다. 구사(九四 : ㅡ)가 양(陽 : ㅡ)으로서 음(陰 : --)의 자리에 있는지라 부당하지만, 경대부(卿大夫)의 자리인지라 췌괘(萃卦 : ䷬)의 주제인 〈췌(萃)〉 즉 모임[萃]의 시국을 따라 초륙(初六 : --)과 정응(正應) 즉 바르게[正] 호응하여[應] 백성과 모임[萃]을 누리면서, 구사(九四 : ㅡ)가 군왕(君王)인 구오(九五 : ㅡ)를 충심으로 보필함을 암시함이 〈대길(大吉)의 길(吉)〉이다. 구사(九四 : ㅡ)와 구오(九五 : ㅡ)는 양양(兩陽) 즉 둘 다[兩] 양(陽 : ㅡ)인지라 구오(九五 : ㅡ)가 구사(九四 : ㅡ)를 늘 경계함을 잊지 않으면서 구사(九四 : ㅡ)가 군왕(君王)과 나라를 위하여 백성이 풍성하게 모여들도록[萃] 헌신함을 암시한 계사(繫辭)가 〈대길(大吉)〉이다.

〈무구(无咎)〉는 구사(九四 : ㅡ)가 누리는 〈길(吉)〉이 천복(天福)임을 암시한 계사(繫辭)이다. 〈무구(无咎)〉는 〈구사지길무구(九四之吉无咎)〉의 줄임으로 여기고

〈구사의[九四之] 길함에는[吉] 허물이[咎] 없다[无]〉라고 새겨볼 것이다. 〈췌(萃)〉의 시국을 따라 아래로는 초륙(初六 : --)과 정응(正應) 즉 바르게[正] 서로 호응함[應]을 누려 구사(九四 : ━)가 초륙(初六 : --) 즉 백성을 화합으로 이끌면서, 위로는 근신하면서 군왕(君王)인 구오(九五 : ━)를 충심으로 받들어 누리는 구사(九四 : ━)의 〈길(吉)〉 즉 천복(天福)에는 허물이[咎] 없음[无]을 암시한 계사(繫辭)가 〈무구(无咎)〉이다.

【字典】

대(大) 〈강효 대(大)-강효(剛爻), 건 대(大)-건(乾), 양기 대(大)-양기(陽氣), 큰 대(大)-소지대(小之對), 넓을 대(大)-광(廣), 두루 대(大)-편(徧), 통할 대(大)-통(通), 길 대(大)-장(長), (땅을) 걸게 할 대(大)-비(肥), 두터울 대(大)-후(厚), 많을 대(大)-다(多), 모두 대(大)-개(皆), 선할 대(大)-선(善), 무거울 대(大)-중(重), 거대할 대(大)-거(巨), 아름다울 대(大)-미(美)-장(壯), 부유할 대(大)-부(富), 늙을 대(大)-노(老), 지나칠 대(大)-과(過), 끝 대(大)-극(極), 대충 대(大)-조(組)-불세밀(不細密), 과대할 대(大)-과(誇)-긍벌(矜伐), 처음 대(大)-초(初), 하늘 대(大)-천(天)〉 등의 뜻을 내지만 여기선 〈강효(剛爻) 대(大)〉로 여기고 새김이 마땅하다. 여기 〈대(大)〉는 췌괘(萃卦 : ䷬)의 구사(九四 : ━)를 비유한다.

길(吉) 〈좋을(행복할) 길(吉)-선(善)-영(令) {영월길일(令月吉日)은 선월선일(善月善日)임.}, 복 길(吉)-실(實)-선실(善實)-복(福), 예의를 따라 상서로울 길(吉)-예의순상(禮義順祥), 삼갈 길(吉)-근(謹), 초하루 길(吉)-삭일(朔日) {삭망(朔望) 즉 초하루[朔]와 그믐날[望]}, 길례 길(吉)-길례(吉禮) {오례지일(五禮之一) 길흉빈군가(吉凶賓軍嘉)}, 갈 길(吉)-행(行)-길(趌)〉 등의 뜻을 내지만 여기선 〈좋을 선(善)-영(令)〉 즉 행복과 같다 여기고 새김이 마땅하다.

무(无) 〈없을 무(无)-무(無), 허무지도 무(无)-허무지도(虛无之道), 으뜸 무(无)-원(元)〉 등의 뜻을 내지만 여기선 〈없을 무(無)〉와 같다 여기고 새김이 마땅하다. 〈무(无)〉는 〈무(無)〉의 고자(古字)이다.

구(咎) 〈허물 구(咎)-건(愆)-과(過), 재앙 구(咎)-재(災), 병될 구(咎)-병(病), 나쁠 구(咎)-오(惡)〉 등의 뜻을 내지만 여기선 〈허물 건(愆)-과(過)〉와 같다 여기고 새김이 마땅하다. 〈무구(无咎)〉는 〈면어구(免於咎)〉 즉 허물을[於咎] 면하다[免]와 같다.

구오(九五 : ―)

九五 : 萃有位라 无咎니 匪孚한다 元永貞이면 悔亡하다
췌유위 무구 비부 원영정 회무

구오(九五) : 모임에는[萃] 자리가[位] 있어[有] 허물이[咎] 없으니[无] 덮어두지[孚] 않는다[匪]. 으뜸이고[元] 변함없고[永] 진실로 미덥다면[貞] 후회할 것이[悔] 없다[亡].

【구오(九五)의 효상(爻象) 풀이】

췌괘(萃卦 : ䷬)의 구오(九五 : ―)는 이양거양(以陽居陽) 즉 양(陽 : ―)으로써[以] 양(陽 : ―)의 자리에 있는지라[居] 정당한 자리에 있다. 구오(九五 : ―)와 육이(六二 : --)는 모두 정당한 자리에 있으면서 음양(陰陽)의 사이인지라 중정(中正) 곧 중이정위(中而正位)로서 가운데이면서[中而] 바른[正] 자리에 있음[位]과 정응(正應) 즉 바르게[正] 서로 호응함[應]을 아울러 누린다. 이에 구오(九五 : ―)는 강강(剛强)하되 자의(恣意)로 행함이 없고 매사를 득중(得中) 즉 정도를 따름을[中] 취하여[得] 처리해가는 모습이다.

췌괘(萃卦 : ䷬)의 구오(九五 : ―)가 육오(六五 : --)로 변효(變爻)하면 구오(九五 : ―)는 췌괘(萃卦 : ䷬)를 16번째 예괘(豫卦 : ䷏)로 지괘(之卦)하게 한다. 따라서 췌괘(萃卦 : ䷬)의 구오(九五 : ―)는 예괘(豫卦 : ䷏)의 육오(六五 : --)를 찾아가 살펴보게 한다.

【구오(九五)의 계사(繫辭) 풀이】

萃有位(췌유위) 无咎(무구) 匪孚(비부)

모임에는[萃] 자리가[位] 있다[有]. 허물이[咎] 없으니[无] 덮어두지[孚] 않는다[匪].

〈췌유위(萃有位)〉는 췌괘(萃卦 : ䷬)의 〈췌(萃)〉 즉 모임[萃]에는 효위(爻位)에 따른 모임[萃]이 갈래져 있음을 암시한 계사(繫辭)이다. 따라서 〈췌유위(萃有

位)〉는 〈췌괘지췌유각위지췌(萃卦之萃有各位之萃)〉의 줄임으로 여기고 〈췌괘의[萃卦之] 모임에는[萃] 저마다[各] 자리의[位之] 모임이[萃] 있다[有]〉라고 새겨볼 것이다.

〈췌유위(萃有位)〉는 췌괘(萃卦 : ䷬)의 주제인 〈췌(萃)〉 즉 모임[萃]의 시국에는 초륙(初六 : --)과 구사(九四 : ㅡ)가 정응(正應)으로써 이룬 모임[萃]이 있고, 육이(六二 : --)와 구오(九五 : ㅡ)가 이룬 모임[萃]이 있고, 육삼(六三 : --)과 상륙(上六 : --)이 비록 양음(兩陰) 즉 둘 다[兩] 음(陰 : --)의 사이이지만 췌시(萃時) 즉 모임의[萃] 시국[時]을 맞아 소망하여 이루는 모임[萃]이 있음을 암시한 계사(繫辭)가 〈췌유위(萃有位)〉이다.

〈무구(无咎)〉는 췌괘(萃卦 : ䷬)의 효연(爻緣)에 따라 누리는 모임[萃]은 역리(易理)에 어긋나지 않음을 암시한 계사(繫辭)이다. 〈무구(无咎)〉는 〈각위지췌무구(各位之萃无咎)〉의 줄임으로 여기고 〈각각[各] 자리의[位之] 모임에는[萃] 허물이[咎] 없다[无]〉라고 새겨볼 것이다. 췌괘(萃卦 : ䷬)에 있는 세 갈래의 모임[萃]은 〈췌(萃)〉 즉 모임[萃]의 시국을 맞아 이루어지는 〈췌(萃)〉이니, 그 삼췌(三萃) 즉 세[三] 모임[萃]에는 허물이[咎] 없음[无]을 암시한 계사(繫辭)가 〈무구(无咎)〉이다.

〈비부(匪孚)〉는 구오(九五 : ㅡ)가 〈췌(萃)〉 즉 모임[萃]을 비밀로 하지 않음을 암시한 계사(繫辭)이다. 〈비부(匪孚)〉는 〈구오비부췌괘지각췌(九五匪孚萃卦之各萃)〉의 줄임으로 여기고 〈구오는[九五] 췌괘의[萃卦之] 각각[各] 모임을[萃] 덮어두지[孚] 않는다[匪]〉라고 새겨볼 것이다. 〈비부(匪孚)의 비(匪)〉는 〈~않을 불(不)〉과 같고, 〈비부(匪孚)의 부(孚)〉는 〈덮어둘 복(覆)〉과 같다.

〈비부(匪孚)〉는 구오(九五 : ㅡ)가 췌괘(萃卦 : ䷬)의 삼췌(三萃) 즉 세[三] 모임[萃]을 비밀로 이루어 누리기를 바라지 않고, 온 천하에 공개적으로 모임을 누리게 함을 암시한다. 군왕(君王)인 구오(九五 : ㅡ)가 온 세상의 모임[萃]을 주재하면서 자만하지 말아야 함을 암시한 것이 〈비부(匪孚)〉이다. 말하자면 췌괘(萃卦 : ䷬)에는 군왕(君王)인 구오(九五 : ㅡ)가 이룬 〈췌(萃)〉가 있고, 구사(九四 : ㅡ)가 이룬 〈췌(萃)〉가 있으며, 육삼(六三 : --)이 바라는 모임[萃]이 있음을 암시한 것이 〈비부(匪孚)〉이다. 구오(九五 : ㅡ) 자신이 이룬 〈췌(萃)〉만 드러나게 하고, 자신의 신하인 구사(九四 : ㅡ)가 이룬 〈췌(萃)〉를 〈부췌(孚萃)〉 즉 모임을[萃] 드러나지 않게 덮어버리지[孚] 않음[匪]을 암시한 계사(繫辭)가 〈비부(匪孚)〉이다.

元永貞(원영정) 悔亡(회무)

으뜸이고[元] 변함없고[永] 진실로 미덥다면[貞] 후회할 것이[悔] 없다[亡].

〈원영정(元永貞) 회무(悔亡)〉는 구오(九五 : ⚋)가 취하는 〈비부(匪孚)〉의 까닭을 암시한 계사(繫辭)이다. 〈원영정(元永貞)〉은 〈구오유원영정지왕도(九五有元永貞之王道) 인차구오무회(因此九五亡悔)〉의 줄임으로 여기고 〈구오는[九五] 원영정의[元永貞之] 왕도를[王道] 갖추었다[有] 그래서[因此] 구오에게는[九五] 후회할 것이[悔] 없다[亡]〉라고 새겨볼 것이다. 〈회무(悔亡)의 무(亡)〉는 〈없을 무(無)〉와 같다.

〈원영정(元永貞)〉은 구오(九五 : ⚋)가 중정(中正) 곧 중이정위(中而正位)로서 가운데이면서[中而] 바른[正] 자리에 있음[位]으로 자신의 왕도(王道)를 넓혀감을 암시한다. 〈비부(匪孚)〉 즉 덮어두지[孚] 않는다[匪] 함은 신하들이 일구어낸 〈췌(萃)〉를 자신의 치적(治積)으로 훔치지 않고, 신하들이 이루어낸 〈췌(萃)〉도 자신이 이룬 모임[萃]과 다를 바 없이 포용함이다. 이에 구오(九五 : ⚋)가 〈원영정(元永貞)〉이라는 왕도(王道)의 덕(德)을 닦음을 말해준다. 여기 〈원영정(元永貞)〉은 『노자(老子)』에 나오는 〈온갖 것은[萬物] 상도를[道] 받들면서[尊而] 상덕을[德] 받들지[貴] 않을 수 없다[莫不]〉라는 내용을 환기시킨다. 중실(中實)하고 강양(剛陽)한 구오(九五 : ⚊)는 정당한 자리에서 득중(得中) 즉 정도를 따름을[中] 취하는[得] 군왕(君王)인지라 상도를[道] 받들면서[尊而] 상덕을[德] 받듦[貴]을 암시하는 것이 〈원영정(元永貞)〉이다. 〈원(元)〉은 천지(天地)같이 위대(偉大) 즉 아름답게[偉] 크고 넓고 두루 하고자[大] 귀덕(貴德)함이고, 〈영(永)〉은 천지(天地)같이 항상(恒常) 즉 한결같아[恒] 변함없고자[常] 귀덕(貴德)함이며, 〈정(貞)〉은 성신(誠信) 즉 정성스럽고[誠] 미더워[信] 공정(公正)하여 사사로움이[私] 없고[無] 치우침을[偏] 없애고자[無] 귀덕(貴德) 즉 덕을[德] 받듦[貴]이다. 따라서 구오(九五 : ⚊)가 췌괘(萃卦 : ䷬)의 상체(上體)인 태(兌 : ☱)의 중효(中爻)로서 득중(得中) 즉 정도를 따름을[中] 취하여[得] 귀덕(貴德)하는 군왕(君王)임을 암시한 계사(繫辭)가 〈원영정(元永貞)〉이다.

〈회무(悔亡)〉는 귀덕(貴德)의 군왕(君王)이 누리는 보람을 암시한 계사(繫辭)이다. 군왕(君王)으로서 구오(九五 : ━)가 〈원영정(元永貞)〉으로써 자신의 왕도(王道)를 넓혀가기 때문에 앙천(仰天) 즉 하늘을[天] 우러러[仰] 부끄러울 것이 없고 부지(俯地) 즉 땅을[地] 굽어[俯] 부끄러울 것이 없는지라 어찌 뉘우칠[悔] 것인가? 따라서 〈원영정(元永貞)〉으로써 귀덕(貴德) 즉 덕을[德] 받드는[貴] 구오(九五 : ━)에게는 뉘우칠 것[悔]이란 없음[亡]을 암시한 계사(繫辭)가 〈회무(悔亡)〉이다.

【字典】

췌(萃) 〈모을 췌(萃)-취(聚)-집(集), 풀이 모여 있는 모습 췌(萃)-초취모(草聚貌), 이를 췌(萃)-지(至), 멈출 췌(萃)-지(止), 기다릴(갖출) 췌(萃)-대(待), 64괘의 하나 췌(萃)-육십사괘지일(六十四卦之一)〉 등의 뜻을 내지만 여기선 〈모을 취(聚)〉와 같다 여기고 새김이 마땅하다.

유(有) 〈없을 무(無)의 반대말로 있을 유(有), 어조사 유(有), 간직할 유(有)-장(藏), 얻을(가질) 유(有)-취(取), 혹 유(有)-혹(或), 많을 유(有)-다(多)-족(足), 부유할 유(有)-부(富), 보호할 유(有)-보(保), 서로 친할 유(有)-상친(相親), 전일할 유(有)-전(專), 할 유(有)-위(爲)〉 등의 뜻을 내지만 〈있을 유(有)〉로 여기고 새김이 마땅하다.

위(位) 〈효(爻)의 자리 위(位)-역괘효지위치(易卦爻之位置), 순서(위치) 위(位)-위치(位置)-순서(順序), 마당 가운데에서의 좌우 위(位)-중정지좌우(中廷之左右), 선 자리 위(位)-입처(立處), 군왕의 지위 위(位)-군왕지지위(君王之地位), 벼슬의 순위 위(位)-작차(爵次), 지위(신분) 위(位)-지위(地位)-신분(身分), 방향 위(位)-방각(方角)-방향(方向), 단위 위(位)-단위(壇位), 바를 위(位)-정(正), 설 위(位)-입(立), 획(그림) 위(位)-획(畫), 경칭 위(位)-경칭(敬稱)〉 등의 뜻을 내지만 여기선 〈효(爻)의 자리 위(位)〉 즉 〈효위(爻位)〉로 여기고 새김이 마땅하다

무(无) 〈없을 무(无)-무(無), 허무지도 무(无)-허무지도(虛无之道), 으뜸 무(无)-원(元)〉 등의 뜻을 내지만 여기선 〈없을 무(無)〉와 같다 여기고 새김이 마땅하다. 〈무(无)〉는 〈무(無)〉의 고자(古字)이다.

구(咎) 〈허물 구(咎)-건(愆)-과(過), 재앙 구(咎)-재(災), 병될 구(咎)-병(病), 나쁠 구(咎)-오(惡)〉 등의 뜻을 내지만 여기선 〈허물 건(愆)-과(過)〉와 같다 여기고 새김이

마땅하다. 〈무구(无咎)〉는 〈면어구(免於咎)〉 즉 허물을[於咎] 면하다[免]와 같다.

匪 〈비-분〉으로 발음되고, 〈않을 비(匪)-불(不), 아닌 것 비(匪)-비(非), 악할 비(匪)-악(惡), 대나무로 만든 상자 비(匪), 발어사(發語詞) 비(匪)-피(彼), 멈춤 없이 가는 모양 비(匪)-행부지모(行不止貌), 나눌 분(匪)-분(分)〉 등의 뜻을 내지만 여기선 〈않을 불(不)〉과 같다 여기고 새기면 마땅하다.

부(孚) 〈덮어줄 부(孚)-복(覆), 믿을 부(孚)-신(信), 알에서 새끼가 껍질을 쪼아 나올 부(孚)-난화(卵化), 씨앗이 틀 부(孚)-부(稃), 기를 부(孚)-육(育), 붙을(의지할) 부(孚)-부(附)-부(付), 깡충거릴 부(孚)-무조(務躁)-부조(浮躁), 옥채색 부(孚)-옥채색(玉采色)〉 등의 뜻을 내지만 여기선 〈덮어줄 복(覆)〉과 같다 여기고 새김이 마땅하다.

원(元) 〈선함의 으뜸 원(元)-선지장(善之長), 비롯할 원(元)-시(始)-단(端), 머리 원(元)-수(首)-두(頭), 근본 원(元)-본(本)-원(原), 어른 원(元)-장(長)-원장(元長), 하나 원(元)-일(一), 우두머리 원(元)-수장(首長), 임금 원(元)-원군(元君)-군(君), 큰 원(元)-대(大), 아름다울 원(元)-미(美), 위 원(元)-상(上), 하늘 원(元)-천(天), 하늘땅의 큰 덕 원(元)-천지지대덕(天地之大德)-원기(元氣)-기(氣), 기운의 시작 원(元)-기지시(氣之始)-원자(元者), 백성 원(元)-원원(元元)-백성(百姓)〉 등의 뜻을 내지만 여기선 〈선함의 으뜸 선지장(善之長)〉으로 여기고 새김이 마땅하다.

영(永) 〈오랠 영(永)-구(久), 길 영(永)-장(長), 멀 영(永)-원(遠), 끌 영(永)-인(引), 깊은 영(永)-심(深), 읊을 영(永)-영(詠)-영(咏), 헤엄칠 영(永)-영(泳)〉 등의 뜻을 내지만 여기선 〈오랠 구(久)〉와 같다 여기고 새김이 마땅하다. 〈영정(永貞)〉은 영구정정(永久貞正)의 줄임으로 오래오래[永久] 바르고 미덥다[貞正]를 뜻한다.

정(貞) 〈바를 정(貞)-정(正), 믿을 정(貞)-신(信), 거북점을 물을 정(貞)-복문(卜問), 역(易)의 내괘(內卦) 정(貞), 마땅할 정(貞)-당(當), 정할 정(貞)-정(定), 순수할 정(貞)-전(專)-일(一)〉 등의 뜻을 내지만 여기선 〈바를 정(正), 믿을 신(信)〉 등을 합친 뜻과 같아 〈정신(正信)〉으로 여기고 새김이 마땅하다.

회(悔) 〈뉘우칠 회(悔)-오(懊), 거만할 회(悔)-만(慢), 한스러울 회(悔)-한(恨), 실패할 회(悔)-실(失), 후회할 회(悔)-후회(後悔), (잘못 등을) 고칠 회(悔)-개(改), 책망할 회(悔)-구(咎), 대성괘의 상체(上體) 회(悔)〉 등의 뜻을 내지만 여기선 〈뉘우칠 오(懊)〉와 같다 여기고 새김이 마땅하다. 대성괘(大成卦)의 하체(下體)를 〈정(貞)〉이라 일컫고,

상체(上體)를 〈회(悔)〉라고 일컫는다.

亡 〈무-망〉 두 가지로 발음되고, 〈없을 무(亡)-무(無), 가난할 무(亡)-빈(貧), 달아날(피할) 망(亡)-도(逃)-분(奔)-피(避)-거(去), 없어질 망(亡)-멸(滅), 죽음 망(亡)-사(死), 잃을 망(亡)-상(喪)-실(失), 업신여길 망(亡)-경멸(輕蔑), 그칠 망(亡)-지(止)-이(已), 잊을 망(亡)-망(忘)〉 등의 뜻을 내지만 여기선 〈없을 무(無)〉로 여기고 새김이 마땅하다.

註 만물막부존도이귀덕(萬物莫不尊道而貴德) : 온갖 것은[萬物] 상도를[道] 받들면서[尊而] 상덕을[德] 받들지[貴] 않을 수 없다[莫不]. 『노자(老子)』 51장(章)

상륙(上六 : ⚋)

上六 : 齎咨涕洟해도 无咎이다
재자체이 무구

상륙(上六) : 애탄식하고[齎] 탄식하면서[咨] 눈물 흘리고[涕] 눈물 흘려도[洟] 허물이[咎] 없다[无].

【상륙(上六)의 효상(爻象) 풀이】

췌괘(萃卦 : ䷬)의 상륙(上六 : --)은 이음거음(以陰居陰) 즉 음(陰 : --)으로써[以] 음(陰 : --)의 자리에 있는지라[居] 정당한 자리에 있다. 상륙(上六 : --)과 구오(九五 : ―)는 음양(陰陽)의 사이인지라 비(比) 즉 이웃의 사귐[比]을 누릴 효연(爻緣)이지만, 상륙(上六 : --)은 이미 췌괘(萃卦 : ䷬)를 벗어난 처지라 서로 무관한 사이이다. 상륙(上六 : --)과 육삼(六三 : --)은 양음(兩陰) 즉 둘 다[兩] 음(陰 : --)의 사이인지라 다른 대성괘(大成卦)에서라면 불응(不應)의 처지이지만 췌괘(萃卦 : ䷬)의 주제인 〈췌(萃)〉 즉 만남[萃]의 시국인지라 상륙(上六 : --)이 육삼(六三 : --)과 모임[萃]을 누리고 싶지만 이미 췌괘(萃卦 : ䷬)의 시국을 벗어난 처지여서 이룰 수 없고, 유약(柔弱)한 상륙(上六 : --)이 아무런 능력이 없음을 애달파하는 모습이다.

췌괘(萃卦 : ䷬)의 상륙(上六 : --)이 상구(上九 : ―)로 변효(變爻)하면 상륙(上六 : --)은 췌괘(萃卦 : ䷬)를 12번째 비괘(否卦 : ䷋)로 지괘(之卦)하게 한다. 따라서 췌괘(萃卦 : ䷬)의 상륙(上六 : --)은 비괘(否卦 : ䷋)의 상구(上九 : ―)를 찾아가 살펴보게 한다.

【상륙(上六)의 계사(繫辭) 풀이】

齎咨涕洟(재자체이)

애탄식하고[齎] 탄식하면서[咨] 눈물 흘리고[涕] 눈물 흘린다[洟].

〈재자체이(齎咨涕洟)〉는 상륙(上六 : --)의 효위(爻位)를 들어 암시한 계사(繫辭)이다. 〈재자체이(齎咨涕洟)〉는 〈상구재자(上九齎咨) 이상구체이(而上九涕洟)〉의 줄임으로 여기고 〈상구가[上九] 탄식하고[齎] 탄식한다[咨] 그리고[而] 상구가[上九] 눈물 흘리고[涕] 눈물 흘린다[洟]〉라고 새겨볼 것이다. 〈재자(齎咨)〉는 〈탄식하고[咨] 탄식한다[嗟]〉의 〈자차(咨嗟)〉와 같다. 〈체이(涕洟)〉는 〈끊임없이 눈물을 흘림〉을 뜻한다.

〈재자체이(齎咨涕洟)〉는 췌괘(萃卦 : ䷬)의 극위(極位)에 있는 상륙(上六 : --)이 애달파함을 암시한다. 〈재자체이(齎咨涕洟)〉는 상륙(上六 : --)이 췌괘(萃卦 : ䷬)의 상체(上體)인 태(兌 : ☱)의 상효(上爻)임을 들어 상륙(上六 : --)을 취상(取象)한 것이다. 〈재자체이(齎咨涕洟)〉의 〈재자(齎咨)〉가 「설괘전(說卦傳)」에 나오는 〈태는[兌 : ☱] 입[口]이다[爲]〉라는 내용을 상기시키고, 〈재자체이(齎咨涕洟)〉의 〈체이(涕洟)〉는 「설괘전(說卦傳)」에 나오는 〈태는[兌 : ☱] 못[澤]이다[爲]〉라는 내용을 상기시키기 때문이다. 〈재자(齎咨)〉 즉 탄식함[齎咨]은 입[口]으로 하고, 〈체이(涕洟)〉 즉 흘리는 눈물[涕洟]은 물이다. 못[澤]은 곧 물이 모인 곳이다. 물론 유약(柔弱)한 상륙(上六 : --)은 췌괘(萃卦 : ䷬)의 극위(極位)에 있어 이미 췌괘(萃卦 : ䷬)의 시국을 벗어남인지라 췌괘(萃卦 : ䷬)의 주제인 〈췌(萃)〉 즉 모임[萃]을 누릴 수 없는 외로운 노파(老婆)에 불과함을 암시하기도 한다. 상륙(上六 : --) 자신이 그러한 처지임을 모르는 바가 아니지만, 자신이 동떨어져 모임[萃]을 누릴 수 없어 한스러움을 암시한 계사(繫辭)가 〈재자체이(齎咨涕洟)〉이다.

无咎(무구)

허물이[咎] 없다[无].

〈무구(无咎)〉는 상륙(上六 : --)을 허물하지 말라는 계사(繫辭)이다. 대성괘(大成卦)에서 상효(上爻)의 자리는 상왕(上王)-은자(隱者)의 자리도 되지만, 노리(老羸) 즉 늙은[老] 약자[羸]의 자리도 된다. 췌괘(萃卦 : ䷬)의 상륙(上六 : --)은 췌괘(萃卦 : ䷬)를 떠나야 할 연약한 노파(老婆)에 지나지 않는다. 물론 구오(九五 : —)와 이웃해 있으니 비(比) 즉 이웃의 사귐[比]을 연연하면서 지난 세월 사람들과 풍성하게 누렸던 모임들[萃]이 그리워 탄식하면서[齎咨] 눈물콧물[涕洟] 짓는다고 노파(老婆) 즉 상륙(上六 : --)을 빗대어 흉볼 것이란 없다. 인간들이 누리는 모임[萃]을 뒤로 하고 떠나야 할 노파(老婆)가 서러워하며 눈물지음은 천도(天道)를 어겨서가 아니라 회자정리(會者定離) 즉 만났다면[會者] 떠나야 하는[定離] 자연의[天] 이치[道]를 따름일 뿐인지라, 상륙(上六 : --)에게 허물이란[咎] 없다[无]고 암시한 계사(繫辭)가 〈무구(无咎)〉이다.

【字典】

재(齎) 〈탄식할 재(齎)-자(咨)-탄사(歎辭), 가질 재(齎)-지(持), 쌓아둘 재(齎)-장(裝)-비(備), 붙일 재(齎)-부(付), 보낼 재(齎)-송(送), 물이 돌아들어 샘솟는 모양 재(齎)-수회입용출지모(水廻入涌出之貌)〉 등의 뜻을 내지만 여기선 〈한탄하며 탄식하는 모습 차탄지모(嗟嘆之貌)〉로 여기고 새김이 마땅하다.

자(咨) 〈탄식할 자(咨)-차(嗟), 원망할 자(咨)-원(怨), (일을) 꾀할 자(咨)-모(謀)-모사(謀事), 공문서 자(咨)-공문서(公文書)〉 등의 뜻을 내지만 여기선 〈탄식할 차(嗟)〉와 같다 여기고 새김이 마땅하다.

체(涕) 〈눈물 흘릴 체(涕)-누(淚), 울 체(涕)-읍(泣), 콧물 체(涕)-비액(鼻液)〉 등의 뜻을 내지만 〈눈물 흘릴 누(淚)〉와 같다 여기고 새김이 마땅하다.

이(洟) 〈콧물 이(洟)-비액(鼻液), 눈물 이(洟)-누(淚), 못 이름 이(洟)-택명(澤名)〉 등의 뜻을 내지만 여기선 〈콧물 비액(鼻液)〉으로 여기고 새김이 마땅하다.

무(无) 〈없을 무(无)-무(無), 허무지도 무(无)-허무지도(虛无之道), 으뜸 무(无)-원(元)〉 등의 뜻을 내지만 여기선 〈없을 무(無)〉와 같다 여기고 새김이 마땅하다. 〈무

(无)〉는 〈무(無)〉의 고자(古字)이다.

구(咎) 〈허물 구(咎)-건(愆)-과(過), 재앙 구(咎)-재(災), 병될 구(咎)-병(病), 나쁠 구(咎)-오(惡)〉 등의 뜻을 내지만 여기선 〈허물 건(愆)-과(過)〉와 같다 여기고 새김이 마땅하다. 〈무구(无咎)〉는 〈면어구(免於咎)〉 즉 허물을[於咎] 면하다[免]와 같다.

註 태위구(兌爲口) : 태는[兌 : ☱] 입[口]이다[爲]. 「설괘전(說卦傳)」 9단락(段落)

註 태위택(兌爲澤) : 태는[兌 : ☱] 못[澤]이다[爲]. 「설괘전(說卦傳)」 11단락(段落)

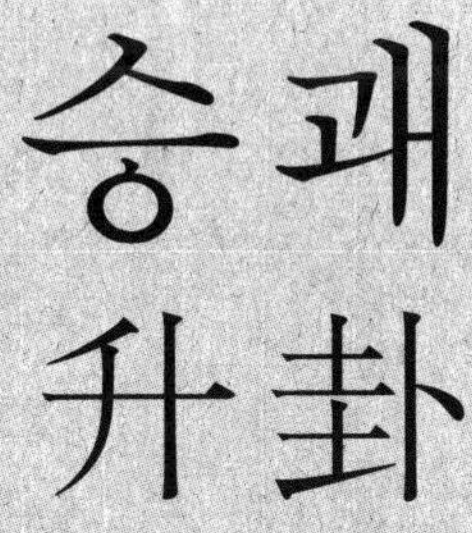
승괘
升卦

46

1 | 괘의 괘상과 계사

승괘(升卦 : ䷭)

손하곤상(巽下坤上) : 아래는[下] 손(巽 : ☴), 위는[上] 곤(坤 : ☷).

지풍승(地風升) : 땅과[地] 바람은[風] 승이다[升].

升은 元亨이니 用見大人이다 勿恤하고 南征吉하리라
승 원형 용견대인 물휼 남정길

자라 오름은[升] 으뜸이고[元] 통함이니[亨] 대인을[大人] 만나면[見] 이롭다[用]. 걱정하지[恤] 말고[勿] 남쪽을[南] 정벌하면[征] 행운을 누리리라[吉].

【승괘(升卦 : ䷭)의 괘상(卦象) 풀이】

앞 췌괘(萃卦 : ䷬)의 〈췌(萃)〉란 음양(陰陽)의 모임[萃]을 말한다. 이에 「서괘전(序卦傳)」에 〈췌라는[萃] 것은[者] 모임[聚]이다[也] 모여서[聚而] 오르는[上] 것[者] 이를[之] 올라감[升]이라 한다[謂] 그래서[故] 승괘(升卦 : ䷭)로써[以] 그것을[之] 받는다[受]〉라는 말이 나온다. 이는 췌괘(萃卦 : ䷬) 뒤에 승괘(升卦 : ䷭)가 오는 까닭을 밝힌다. 승괘(升卦 : ䷭)의 〈승(升)〉은 올라감[上]을 뜻한다. 〈승(升)〉은 〈상(上)〉이다. 앞 췌괘(萃卦 : ䷬)의 〈췌(萃)〉란 음양(陰陽)의 모임이니 모이면[萃] 상승(上昇)함이 천도(天道) 즉 자연의[天] 규율[道]이다. 승괘(升卦 : ䷭)는 앞 췌괘(萃卦 : ䷬)의 도괘(倒卦) 즉 뒤집은[倒] 괘(卦)이다. 이에 승괘(升卦 : ䷭)의 괘체(卦體)는 손하곤상(巽下坤上) 즉 아래는[下] 손(巽 : ☴), 위는[上] 곤(坤 : ☷)이다. 땅[地] 아래에서 총생(叢生)이 올라와[升] 만물이 성장함을 북돋아줌이 승괘(升卦 : ䷭)의 〈승(升)〉인지라 승괘(升卦 : ䷭)는 성덕(盛德)의 모습이다. 이에 온 세상의 총생(叢生) 즉 온갖 무리의[叢] 생물[生]이 땅 위로 올라와[升] 자라게 하는 모습을 빌려 승괘(升卦 : ䷭)라 칭명(稱名)한다.

【승괘(升卦 : ䷭)의 계사(繫辭) 풀이】

升(승) 元亨(원형)

자라 오름은[升] 으뜸이고[元] 통함이다[亨].

〈승(升)〉은 승괘(升卦 : ䷭)의 모습을 한 자(字)로써 암시한 계사(繫辭)이다. 따라서 〈승(升)〉은 승괘(升卦 : ䷭)의 괘체(卦體)를 밝히는 손하곤상(巽下坤上)으로부터 비롯된다. 여기 〈승(升)〉은 「설괘전(說卦傳)」에 나오는 〈곤은[坤 : ☷] 땅[地]이다[爲]〉, 〈손은[巽 : ☴] 나무[木]이다[爲]〉라는 내용을 상기시킨다. 승괘(升卦 : ䷭)의 손하곤상(巽下坤上)은 지중목생(地中木生) 즉 땅[地]속에서[中] 나무가[木] 생겨나 자라 올라오는[生] 모습을 연상시킨다. 어찌 나무뿐이겠는가? 총생(叢生)의 생장(生長) 즉 낳아[生] 자람[長]을 나무[木]를 빌려 암시한다. 땅속에서 온갖 초목의 씨앗이 터서 뿌리를 내리면서 땅의 온갖 기운을 얻어 자라나 땅 위로 올라오는[升] 모습을 암시한 계사(繫辭)가 〈승(升)〉이다.

〈원형(元亨)〉은 승괘(升卦 : ䷭)의 〈승(升)〉을 풀이한 계사(繫辭)이다. 〈원형(元亨)〉을 〈승시원(升是元) 이승시형(而升是亨)〉의 줄임으로 여기고 〈승은[升] 으뜸[元]이면서[是而] 승은[升] 통함[亨]이다[是]〉라고 새겨볼 것이다.

〈원형(元亨)〉은 〈승(升)〉의 덕(德)을 암시한다. 여기 〈원형(元亨)〉이란 건(乾 : ☰)과 곤(坤 : ☷)의 사덕(四德)인 〈원형리정(元亨利貞)〉의 그 〈원형(元亨)〉이다. 〈원형(元亨)의 원(元)〉은 원시(原始) 즉 맨 처음[原始]이고, 호대(浩大) 즉 더없이[浩] 큼[大]이고, 지유지순(至柔至順) 즉 더없이[至] 부드럽고[柔] 더없이[至] 순응하여[順] 관대(寬大)한 천지(天地)의 덕(德)이다. 계절로 치면 〈원(元)〉은 봄이다. 〈원형(元亨)의 형(亨)〉은 통달(通達) 즉 걸림 없이 통하여[通] 이르지 못함이 없음[達]이다. 계절로 치면 〈형(亨)〉은 여름이다. 여기 〈원형(元亨)〉은 『예기(禮記)』의 「악기(樂記)」에 나오는 〈춘작하장(春作夏長)〉을 환기시킨다. 〈춘작(春作)〉 즉 봄에[春] 싹트게 하는[作] 천지(天地)의 덕(德)이 〈원(元)〉이고, 〈하장(夏長)〉 즉 여름에[夏] 자라게 하는[長] 천지의 덕이 〈형(亨)〉이다. 따라서 승괘(升卦 : ䷭)의 〈승(升)〉이 단순히 전진향상(前進向上)을 뜻함이 아니라 온갖 생물의 생장을 뜻하는 〈승(升)〉임을 암시한 계사(繫辭)가 〈원형(元亨)〉이다.

用見大人(용견대인)

대인을[大人] 만나면[見] 이롭다[用].

〈용견대인(用見大人)〉은 〈원형(元亨)의 승(升)〉을 누림을 〈견대인(見大人)〉으로써 밝힌 계사(繫辭)이다. 〈용견대인(用見大人)〉은 〈육오견구이지대인(六五見九二之大人) 인차륙오여구이유용(因此六五與九二有用)〉의 줄임으로 여기고 〈육오가[六五] 구이(九二)라는[之] 대인을[大人] 만난다[見] 이렇기[此] 때문에[因] 구이와[與九二] 육오는[六五] 이로움이[用] 있다[有]〉라고 새겨볼 것이다. 〈용견대인(用見大人)의 용(用)〉은 〈이로울 이(利)〉와 같다.

〈용견대인(用見大人)〉은 〈이견대인(利見大人)〉과 같다. 〈용견대인(用見大人)의 대인(大人)〉은 승괘(升卦 : ䷭)의 하체(下體) 손(巽 : ☴)의 중효(中爻)인 구이(九二 : ━)를 취상(取象)한 것이다. 승괘(升卦 : ䷭)의 상체(上體) 곤(坤 : ☷)의 중효(中爻)인 육오(六五 : --)와 정응(正應) 즉 바르게[正] 호응함[應]을 들어 구이(九二 : ━)를 〈대인(大人)〉이라 한 것이다. 육오가[六五] 구이를[九二] 찾아내[見] 등용함[用]이라고 〈용견대인(用見大人)〉을 새겨도 된다. 승괘(升卦 : ䷭)의 육오(六五 : --)와 구이(九二 : ━)의 정응(正應)을 〈견대인(見大人)〉으로 암시하는 것은 강유상화(剛柔相和)로써 수중(守中) 즉 정도를 따름을[中] 지키는[守] 자가 바로 대인(大人)인 까닭이다. 특히 「잡괘전(雜卦傳)」에 나오는 〈태는[兌 : ☱] 나타나지만[見而] 손은[巽 : ☴] 엎드려 숨는 것[伏]이다[也]〉라는 내용을 환기한다면, 승괘(升卦 : ䷭)의 하체(下體) 손(巽 : ☴)의 중효(中爻)인 구이(九二 : ━)에게는 〈대인(大人)〉의 품성(稟性)이 있음을 헤아릴 수 있다.

『주역(周易)』에 자주 등장하는 〈견대인(見大人)〉이란 말씀을 깨달아두자면 대인(大人)의 도량(度量)이 어떠한지를 새겨두어야 한다. 『주역(周易)』을 가까이해야 하는 까닭이 바로 〈견대인(見大人)〉 즉 대인을[大人] 뵙는[見] 길들이 『주역(周易)』의 계사(繫辭) 마다에 암시되어 있기 때문이다. 〈이견대인(利見大人)〉은 『주역(周易)』의 경문(經文)에 일곱 번 등장하고 〈용견대인(用見大人)〉은 한 번 등장하는 계사(繫辭)이니, 〈견대인(見大人)〉은 여덟 번에 걸쳐 등장하는 계사(繫辭)이다. 〈견대인(見大人)〉은 〈대인(大人)〉이 어디 가면 있으니 거기로 찾아가 그 대인을[大人]

만나라[見] 함이 아니다. 인간은 누구나 자신이 대인(大人)이 될 수도 있고 자신을 소인(小人)이게 할 수도 있음을 살펴 헤아리게 하는 말씀이 〈견대인(見大人)〉이다. 편사사(偏邪私) 즉 간사하여[邪] 사사로움에[私] 치우치면[偏] 그 순간 누구나 소인(小人)이 되고, 무사무사(無邪無私) 즉 간사함도[邪] 없고[無] 사사로움도[私] 없다면[無] 그 순간 누구나 대인(大人)이 되는 것임을 깨닫게 하는 말씀이 『주역(周易)』의 〈견대인(見大人)〉이다. 따라서 『주역(周易)』의 〈견대인(見大人)〉이란 자신이 자신을 대인(大人)이 되게 하라는 말씀이다. 『노자(老子)』에 나오는 〈갓 태어난 아이로[於嬰兒] 되돌아오라[復歸]〉 함도 『주역(周易)』의 〈견대인(見大人)〉을 밝히고, 『장자(莊子)』에 나오는 〈이것저것을[弁] 합해서[合而] 공평함을[公] 일궈낸다[爲]〉 함도 〈견대인(見大人)의 대인(大人)〉을 밝히며, 『맹자(孟子)』에 나오는 〈갓난이의[赤子之] 마음을[心] 잃지 않는[不失] 사람[者]〉도 〈견대인(見大人)의 대인(大人)〉을 밝힌다.

간사함도 없고 사사로움도 없기에 무기(無己) 즉 제 욕심이[己] 없는[無] 영아(嬰兒)와 같은 인간을 일러 〈대인(大人)〉이라 한다. 따라서 〈이견대인(利見大人)〉은 제 욕심에 매달린 소인(小人)의 자신을 버리고, 오로지 공명정대(公明正大)한 대인(大人)으로 돌아오라는 말씀이다. 나 스스로 소아(小我)를 벗어나 대아(大我)로 되돌아오라[復歸] 함이 『주역(周易)』의 〈견대인(見大人)〉이라는 말씀이다. 〈대인(大人)〉이란 천도(天道) 즉 자연의[天] 도리[道]를 그대로 본받는 성인(聖人)을 말한다. 『노자(老子)』에 〈성인의[聖人之] 도는[道] 위해주되[爲而] 다투지 않는다[不爭]〉라는 내용이 나온다. 〈견대인(見大人)의 견(見)〉은 곧 성인지도(聖人之道)를 본받음을 담고 있다. 따라서 승괘(升卦 : ䷭)의 육오(六五 : ⚋)와 구이(九二 : ⚊)가 득중(得中)으로써 누리는 정응(正應)을 인간이 그대로 본받아 대아(大我)로 복귀하라 함을 암시한 계사(繫辭)가 〈용견대인(用見大人)〉이다.

勿恤(물휼) 南征吉(남정길)

걱정하지[恤] 말고[勿] 남쪽을[南] 정벌하면[征] 행운을 누리리라[吉].

〈물휼(勿恤) 남정길(南征吉)〉은 〈용견대인(用見大人)〉의 보람을 밝힌 괘사(卦辭)이다. 〈물휼(勿恤) 남정길(南征吉)〉은 〈인차륙오여구이혜물휼(因此六五與九二

兮勿恤) 육오여구이지소남정유길(六五與九二之所南征有吉)〉의 줄임으로 여기고 〈그러므로[因此] 구이와[與九二] 육오(六五)여[兮] 걱정하지[恤] 말라[勿] 구이와[與九二] 육오가[六五之] 남쪽을[南] 정벌하는[征] 바에는[所] 행운이[吉] 있다[有]〉라고 새겨볼 것이다.

〈물휼(勿恤)〉은 대인을[大人] 찾아뵈면[見] 이로우니[用] 걱정하지[恤] 말고[勿] 앞으로 나아가도[南征] 좋다[吉]는 것이다. 〈용견대인(用見大人)〉이면 걱정하지[恤] 말라[勿] 함은 승괘(升卦 : ䷭)의 〈승(升)〉을 어김없이 행하는 대인(大人)을 본받아, 불사(不私) 즉 사사롭지[私] 않게[不] 매사(每事)를 마주해야 함을 깨달아 실천할 수 있는지라 〈물휼(勿恤)〉 즉 걱정하지[恤] 말라[勿]는 것이다. 온갖 근심거리[恤]란 편사(偏私) 즉 저만을 위한 욕심에[私] 치우친[偏] 탓으로 비롯되는 것임을 살펴 헤아리게 하는 계사(繫辭)가 〈물휼(勿恤)〉이다.

〈남정길(南征吉)〉은 중대한 일을 감행해도 좋음을 암시한다. 물론 〈남정길(南征吉)의 남정(南征)〉은 남쪽으로[南] 정벌을[征] 나섬[行]을 뜻해 주(周)나라 문왕(文王)의 고사(故事)로서 〈남정(南征)〉 즉 남방의[南] 정벌[征]로 여기고 새겨도 된다. 정벌(征伐)이야말로 중대사(重大事)이다. 이런 중대사일지라도 〈용견대인(用見大人)〉의 심지(心志)로써 마주한다면 걱정하지[恤] 말고[勿] 감행해도 좋음[吉]을 암시한 계사(繫辭)가 〈물휼(勿恤) 남정길(南征吉)〉이다.

【字典】

승(升) 〈(자라서) 올라갈 승(升)-고(高)-상(上), 한 되(열 홉) 승(升)-십합(十合), 되 승(升)-십합지기(十合之器), 오를 승(升)-등(登)-승(昇), (조정에) 등용시켜줄 승(升)-조(朝), 나아가 바칠 승(升)-진(進)-헌(獻), 이룰 승(升)-성(成), 익을 승(升)-성숙(成熟), 쌓일(융성할) 승(升)-성(盛)-융(隆), (실가닥의 가늘기) 새 승(升)-누(縷), 64괘의 하나 승(升)-승괘(升卦)〉 등의 뜻을 내지만 여기선 〈(자라서) 올라갈 고(高)〉와 같다 여기고 새김이 마땅하다.

원(元) 〈선함의 으뜸 원(元)-선지장(善之長), 비롯할 원(元)-시(始)-단(端), 머리 원(元)-수(首)-두(頭), 근본 원(元)-본(本)-원(原), 어른 원(元)-장(長)-원장(元長), 하나 원(元)-일(一), 우두머리 원(元)-수장(首長), 임금 원(元)-원군(元君)-군(君), 큰 원(元)-대(大), 아름다울 원(元)-미(美), 위 원(元)-상(上), 하늘 원(元)-천(天), 하늘땅의 큰 덕

원(元)-천지지대덕(天地之大德)-원기(元氣)-기(氣), 기운의 시작 원(元)-기지시(氣之始)-원자(元者), 백성 원(元)-원원(元元)-백성(百姓)〉 등의 뜻을 내지만 여기선 〈선함의 으뜸 선지장(善之長)〉으로 여기고 새김이 마땅하다.

亨 〈향-형-팽〉 등으로 발음되고, 〈통할 형(亨)-통(通), 남을 형(亨)-여(餘), 드릴 향(亨)-헌(獻), 삶을 팽(亨)-자(煮)-팽(烹)〉 등의 뜻을 내지만 여기선 〈통할 통(通)〉과 같다 여기고 새김이 마땅하다.

용(用) 〈쓸(쓰일-부릴) 용(用)-사(使), 행할 용(用)-시(施)-행(行), 써 용(用)-이(以), 맡길 용(用)-임(任), 위할 용(用)-위(爲), 갖출 용(用)-비(備), 다스릴 용(用)-치(治), 재화 용(用)-화(貨), 책임 지워 일을 맡길 용(用)-임사(任使), 통할 용(用)-통(通), 이로울 용(用)-이(利)〉 등의 뜻을 내지만 여기선 〈이로울 이(利)〉와 같다 여기고 새김이 마땅하다.

見 〈견-현〉 두 가지로 발음되고, 〈볼 견(見)-식(識)-시(視), 생각할 견(見)-사(思), 돌아볼 견(見)-고(顧), 미칠(당할) 견(見)-피(被)-당(當), 만나볼 견(見)-회(會), 드러날 현(見)-노(露), 나타날 현(見)-현(顯), 있을 현(見)-재(在), 보일 현(見)-조(朝)〉 등의 뜻을 내지만 여기선 〈볼 식(識)〉과 같다 여기고 새김이 마땅하다.

대(大) 〈큰 대(大)-소지대(小之對), 넓을 대(大)-광(廣), 두루 대(大)-편(徧), 통할 대(大)-통(通), 길 대(大)-장(長), (땅을) 걸게 할 대(大)-비(肥), 두터울 대(大)-후(厚), 많을 대(大)-다(多), 모두 대(大)-개(皆), 선할 대(大)-선(善), 무거울 대(大)-중(重), 거대할 대(大)-거(巨), 아름다울 대(大)-미(美)-장(壯), 부유할 대(大)-부(富), 늙을 대(大)-노(老), 지나칠 대(大)-과(過), 끝 대(大)-극(極), 대충 대(大)-조(粗)-불세밀(不細密), 과대할 대(大)-과(誇)-긍벌(矜伐), 처음 대(大)-초(初), 하늘 대(大)-천(天), 건(乾)-양기(陽氣)-강효(剛爻) 대(大)〉 등의 뜻을 내지만 여기선 〈큰 대(大)〉로 여기고 새김이 마땅하다.

인(人) 〈사람 인(人)-만물지최령자(萬物之最靈者), 백성 인(人)-민(民), 남 인(人)-타인(他人), 아무개 인(人)-모인(某人), 도인 인(人)-도인(道人), 사람들 인(人)-인인(人人), 범인(소인) 인(人)-소인(小人)-범인(凡人), 인성 인(人)-인성(人性), 인위 인(人)-인위(人爲), 신하 인(人)-신하(臣下), 중서(민중) 인(人)-중서(衆庶)-민중(民衆), 건괘-진괘 인(人)-건위인(乾爲人)-진위인(震爲人), 어짊 인(人)-인(仁), 선인 인(人)-선인(先人), 서

로 어여삐 여길 인(人)-상련(相憐)〉 등의 뜻을 내지만 〈사람 인(人)〉으로 여기고 새김이 마땅하다.

물(勿) 〈없을 물(勿)-무(無)-무(毋), 아닌 것 물(勿)-비(非), 하지 말 물(勿)-막(莫), 아니할 물(勿)-불(不)〉 등의 뜻을 내지만 여기선 〈아니할 불(不)〉과 같다 여기고 새김이 마땅하다.

휼(恤) 〈근심할 휼(恤)-우(憂), 거둘 휼(恤)-수(收), 기민 먹일(구휼할) 휼(恤)-진(賑), 불쌍히 여길 휼(恤)-민(愍), 마음에 둘 휼(恤)-고(顧)〉 등의 뜻을 내지만 여기선 〈근심할 우(憂)〉와 같다 여기고 새김이 마땅하다.

남(南) 〈남녘 남(南)-오방(午方), 남쪽에 갈 남(南)-남행(南行), 남방 남(南)-남방(南方), 남방 오랑캐의 음악 남(南)-남이지악(南夷之樂), 임금 남(南)-군(君)-남면(南面), 사내 남(南)-남(男), 성씨 남(南)〉 등의 뜻을 내지만 여기선 〈남녘 오방(午方)〉으로 여기고 새김이 마땅하다.

정(征) 〈칠 정(征)-토(討)-벌(伐), 행동할 정(征)-행동(行動), 바르게 갈 정(征)-정행(正行), 날 정(征)-비(飛), 멀리 갈 정(征)-원(遠), 취할 정(征)-취(取), 세금 매길 정(征)-세(稅)-부(賦)〉의 뜻을 내지만 여기선 〈칠 벌(伐)〉로 여기고 새김이 마땅하다.

길(吉) 〈좋을(행복할) 길(吉)-선(善)-영(令) {영월길일(令月吉日)은 선월선일(善月善日)임.}, 복 길(吉)-실(實)-선실(善實)-복(福), 예의를 따라 상서로울 길(吉)-예의순상(禮義順祥), 삼갈 길(吉)-근(謹), 초하루 길(吉)-삭일(朔日) {삭망(朔望) 즉 초하루[朔]와 그믐날[望]}, 길례 길(吉)-길례(吉禮) {오례지일(五禮之一) 길흉빈군가(吉凶賓軍嘉)}, 갈 길(吉)-행(行)-길(趌)〉 등의 뜻을 내지만 여기선 〈좋을 선(善)-영(令)〉 즉 행복과 같다 여기고 새김이 마땅하다.

註 곤위지(坤爲地) : 곤은[坤 : ☷] 땅[地]이다[爲]. 「설괘전(說卦傳)」 11단락(段落)

註 손위목(巽爲木) : 손은[巽 : ☴] 나무[木]이다[爲]. 「설괘전(說卦傳)」 11단락(段落)

註 춘작하장인야(春作夏長仁也) 추렴동장의야(秋斂冬藏義也) : 봄에는[春] 싹이 트고[作] 여름에는[夏] 자람이[長] 어짊[仁]이고[也], 가을에는[秋] 거두어들이고[斂] 겨울에는[冬] 간직함이[藏] 옳음[義]이다[也]. 『예기(禮記)』「악기(樂記)」 18단락(段落)

註 부자현고명(不自見故明) 부자시고창(不自是故彰) 부자벌고유공(不自伐故有功) 부자긍고장(不自矜故長) 부유부쟁(夫唯不爭) : 자기를[自] 드러내지 않아서[不見故] 밝다[明]. 자기를[自] 옳

다 하지 않아서[不是故] 뚜렷하다[彰]. 자기를[自] 자랑하지 않아서[不伐故] 보람이[功] 있다[有]. 자기를[自] 높이지 않아서[不矜故] 장구하다[長]. 무릇[夫] 오로지[唯] 다투지 않는다[不爭].

『노자(老子)』 22장(章)

註 위천하계(爲天下谿) 상덕불리(常德不離) 복귀어영아(復歸於嬰兒) : 온 세상의[天下] 시내가[谿] 되면[爲] 상덕이[常德] {그 계(谿)를} 떠나지 않고[不離], 갓난애로[於嬰兒] 되돌아온다[復歸].

『노자(老者)』 28장(章)

註 맹자왈(孟子曰) 대인자(大人者) 불실기적자지심자야(不失其赤子之心者也) : 맹자가[孟子] 말했다[曰]. 대인(大人)이란[者] 제[其] 갓난이의[赤子之] 마음을[心] 잃지 않는[不失] 사람[者]이다[也].

『맹자(孟子)』 「이루장구하(離婁章句下)」 13장(章)

註 대인합병이위공(大人合幷而爲公) 시이(是以) 자외입자(自外入者) 유주이부집(有主而不執) 유중출자(由中出者) 유정이불거(有正而不距) 사시수기(四時殊氣) 천불사(天不賜) 고(故) 세성(歲成) 오관수직(五官殊職) 군불사(君不私) 고(故) 국치(國治) 문무수능(文武殊能) 대인불사(大人不賜) 고(故) 덕비(德備) : 대인은[大人] (이것저것들을) 합쳐서[合] 어울려서[幷而] 하나이게[公] 한다[爲]. 이렇기[是] 때문에[以] 밖에서[自外] 들어오는[入] 것에[者] (즉 남들의 의견에 관해) 자기 주장이[主] 있어도[有而] 고집하지 않으며[不執] 마음속에서[由中] 나오는[出] 것에[者] (즉 자기 의견이) 올바름이[正] 있어도[有而] (남의 의견을) 가로막지 않는다[不距]. 네 계절이[四時] 기운을[氣] 달리하지만[殊] 자연은[天] 사사롭지 않다[不賜]. 그래서[故] 한 해가[歲] 이루어진다[成]. 다섯 가지[五] 관직은[官] 직책을[職] 달리하지만[殊] 임금은[君] 사사롭지 않다[不私]. 그래서[故] 나라가[國] 다스려진다[治]. 문관과[文] 무관은[武] 능력을[能] 달리하지만[殊] 대인은[大人] 사사롭지 않다[不賜]. 그래서[故] (대인은) 덕을[德] 갖춘다[備]. 〈대인불사(大人不賜)의 사(賜)〉는 〈사사로울 사(私)〉와 같다.

『장자(莊子)』 「칙양(則陽)」 10장(章)

2 효의 효상과 계사

初六：允升이니 大吉하니라
윤승 대길

九二：孚乃利用禴이다 无咎리라
부내리용약 무구

九三：升虛邑이로다
승허읍

六四：王用亨于岐山이니 吉하고 无咎리라
왕용향우기산 길 무구

六五：貞吉하고 升階리라
정길 승계

上六：冥升이니 利于不息之貞하다
명승 이우불식지정

초륙(初六)：순순히[允] 자라 오르니[升] 크게[大] 행운을 누린다[吉].

구이(九二)：믿어주니[孚] 이에[乃] 봄 제사를[禴] 올리면[用] 이롭다[利]. 허물이[咎] 없다[无].

구삼(九三)：빈[虛] 국읍에[邑] 오르다[升].

육사(六四)：임금이[王] 기산(岐山)에서[于] 제사를[亨] 올리니[用] 복 받고[吉] 허물이[咎] 없다[无].

육오(六五)：진실로 미더우면[貞] 행운을 누리고[吉] 섬돌을[階] 오르리라[升].

상륙(上六)：오름에[升] 어두움이니[冥] 쉬지 않는[不息之] 진실한 미더움[貞]에[于] 이롭다[利].

초륙(初六 : --)

初六 : 允升이니 大吉하니라
윤승 대길

초륙(初六) : 순순히[允] 자라 오르니[升] 크게[大] 행운을 누린다[吉].

【초륙(初六)의 효상(爻象) 풀이】

승괘(升卦 : ䷭)의 초륙(初六 : --)은 이음거양(以陰居陽) 즉 음(陰 : --)으로써[以] 양(陽 : ㅡ)의 자리에 있는지라[居] 정당한 자리에 있지 못하고, 육사(六四 : --)와는 양음(兩陰) 즉 둘 다[兩] 음(陰 : --)의 사이인지라 서로 불응(不應) 즉 호응하지 못한다. 초륙(初六 : --)과 구이(九二 : ㅡ)는 음양(陰陽)의 사이인지라 〈비(比)〉 즉 이웃의 사귐[比]을 누려서, 강강(剛剛)한 구이(九二 : ㅡ)와 상화(相和) 즉 서로[相] 어울려[和] 유약(柔弱)한 초륙(初六 : --)이 〈승(升)〉 즉 위로 올라가는[升] 모습이다.

> 승괘(升卦 : ䷭)의 초륙(初六 : --)이 초구(初九 : ㅡ)로 변효(變爻)하면 초륙(初六 : --)은 승괘(升卦 : ䷭)를 11번째 태괘(泰卦 : ䷊)로 지괘(之卦)하게 한다. 따라서 승괘(升卦 : ䷭)의 초륙(初六 : --)은 태괘(泰卦 : ䷊)의 초구(初九 : ㅡ)를 찾아가 살펴보게 한다.

【초륙(初六)의 계사(繫辭) 풀이】

允升(윤승) 大吉(대길)

순순히[允] 자라 오르니[升] 크게[大] 행운을 누린다[吉].

〈윤승(允升) 대길(大吉)〉은 초륙(初六 : --)의 효위(爻位)를 빌려 암시한 계사(繫辭)이다. 〈초륙여구이윤승(初六與九二允升) 인차기승유대길(因此其升有大吉)〉의 줄임으로 여기고 〈구이와[與九二] 초륙은[初六] 순순히[允] 자라 오른다[升] 그래서[因此] 그[其] 자라 오름에는[升] 크나큰[大] 행운이[吉] 있다[有]〉라고 새겨볼 것이다.

〈윤승(允升)〉은 초륙(初六 : --)과 구이(九二 : ㅡ)의 비(比) 즉 이웃의 사귐[比]

을 암시한다. 〈윤승(允升)의 윤(允)〉은 신실(信實) 즉 믿음직하고[信] 거짓 없어[實] 순순함[允]을 뜻한다. 이는 초륙(初六 : --)과 구이(九二 : ㅡ)의 비(比)로써 음양(陰陽)의 상화(相和)가 순순함을 암시한다. 이에 〈윤승(允升)〉은 「설괘전(說卦傳)」에 나오는 〈손은[巽 : ☴] 듦[入]이다[也]〉, 〈손은[巽 : ☴] 나무[木]이다[爲]〉라는 내용을 상기시킨다. 초륙(初六 : --)은 땅속에 든[入] 나무[木]의 뿌리로서 땅속의 수분을 흡수하고, 구이(九二 : ㅡ)는 땅 위에서 자라는 나무의 몸으로 햇빛을 받아 순순히[允] 자라 오름[升]을 암시한 계사(繫辭)가 〈윤승(允升)〉이다.

〈대길(大吉)〉은 원길(元吉) 즉 으뜸으로[元] 좋음[吉]과 같다. 여기 〈대길(大吉)〉은 입춘대길(立春大吉)의 바로 그 대길(大吉)이다. 봄이란 음양상화(陰陽相和)로써 싹이 터서 자라 오르기[升] 시작하는 계절이다. 온갖 초목(草木)이 지기(地氣 : --)와 천기(天氣 : ㅡ)가 어울려[和] 천도(天道) 즉 자연의[天] 이치[道]를 믿음직하고 거짓 없이[實] 자라 오름[升]이야말로 크나큰[大] 행운[吉]임을 암시한 계사(繫辭)가 〈대길(大吉)〉이다.

【字典】

윤(允) 〈순순할(미더울-미쁠) 윤(允)-신(信)-성(誠)-실(實), 좇을 윤(允)-종(從), 아첨할 윤(允)-영(佞), 마땅할 윤(允)-당(當), 허락할 윤(允)-허락(許諾), 옳게 여길 윤(允)-긍(肯), 진실한 윤(允)-진실(眞實), 쓸 윤(允)-용(用)-이(以), 어조사 윤(允)〉 등의 뜻을 내지만 여기선 〈순순한 신실(信實)〉과 같다 여기고 새김이 마땅하다.

승(升) 〈(자라서) 올라갈 승(升)-고(高)-상(上), 한 되(열 홉) 승(升)-십합(十合), 되 승(升)-십합지기(十合之器), 오를 승(升)-등(登)-승(昇), (조정에) 등용시켜줄 승(升)-조(朝), 나아가 바칠 승(升)-진(進)-헌(獻), 이룰 승(升)-성(成), 익을 승(升)-성숙(成熟), 쌓일(융성할) 승(升)-성(盛)-융(隆), (실 가닥의 가늘기) 새 승(升)-누(縷), 64괘의 하나 승(升)-승괘(升卦)〉 등의 뜻을 내지만 여기선 〈(자라서) 올라갈 고(高)〉와 같다 여기고 새김이 마땅하다.

대(大) 〈큰 대(大)-소지대(小之對), 넓을 대(大)-광(廣), 두루 대(大)-편(徧), 통할 대(大)-통(通), 길 대(大)-장(長), (땅을) 걸게 할 대(大)-비(肥), 두터울 대(大)-후(厚), 많을 대(大)-다(多), 모두 대(大)-개(皆), 선할 대(大)-선(善), 무거울 대(大)-중(重), 거대할 대(大)-거(巨), 아름다울 대(大)-미(美)-장(壯), 부유할 대(大)-부(富), 늙을 대(大)-노(老),

지나칠 대(大)-과(過), 끝 대(大)-극(極), 대충 대(大)-조(組)-불세밀(不細密), 과대할 대(大)-과(誇)-긍벌(矜伐), 처음 대(大)-초(初), 하늘 대(大)-천(天), 건(乾)-양기(陽氣)-강효(剛爻) 대(大)〉 등의 뜻을 내지만 여기선 〈큰 대(大)〉로 여기고 새김이 마땅하다.

길(吉) 〈좋을(행복할) 길(吉)-선(善)-영(令) {영월길일(令月吉日)은 선월선일(善月善日)임.}, 복 길(吉)-실(實)-선실(善實)-복(福), 예의를 따라 상서로울 길(吉)-예의순상(禮義順祥), 삼갈 길(吉)-근(謹), 초하루 길(吉)-삭일(朔日) {삭망(朔望) 즉 초하루[朔]와 그믐날[望]}, 길례 길(吉)-길례(吉禮) {오례지일(五禮之一) 길흉빈군가(吉凶賓軍嘉)}, 갈 길(吉)-행(行)-길(趌)〉 등의 뜻을 내지만 여기선 〈좋을 선(善)-영(令)〉 즉 행복과 같다 여기고 새김이 마땅하다.

註 손입야(巽入也) : 손은[巽 : ☴] 듦[入]이다[也]. 「설괘전(說卦傳)」 7단락(段落)

註 손위목(巽爲木) : 손은[巽 : ☴] 나무[木]이다[爲]. 「설괘전(說卦傳)」 11단락(段落)

구이(九二 : ⚊)

九二 : 孚乃利用禴이다 无咎리라
부 내 리 용 약 무 구

구이(九二) : 믿어주니[孚] 이에[乃] 봄 제사를[禴] 올리면[用] 이롭다[利]. 허물이[咎] 없다[无].

【구이(九二)의 효상(爻象) 풀이】

승괘(升卦 : ䷭)의 구이(九二 : ⚊)는 이양거음(以陽居陰) 즉 양(陽 : ⚊)으로써[以] 음(陰 : ⚋)의 자리에 있는지라[居] 정당한 자리에 있지 못하다. 구이(九二 : ⚊)와 구삼(九三 : ⚊)은 양양(兩陽) 즉 둘 다[兩] 양(陽 : ⚊)의 사이인지라 서로 부딪쳐 〈비(比)〉 즉 이웃의 사귐[比]을 누리지 못하는 처지이다. 구이(九二 : ⚊)와 육오(六五 : ⚋)는 서로 부당한 자리에 있어서 중정(中正) 곧 중이정위(中而正位)로서 가운데이면서[中而] 바른[正] 자리에 있음[位]을 나누어 누리지는 못하지만, 중효(中爻)로서 양음(陽陰)의 사이인지라 정응(正應) 즉 바르게[正] 서로 호응하여

[應] 득중(得中) 즉 정도를 따름을[正] 취하므로[得] 강유(剛柔) 즉 굳셈[剛]과 부드러움[柔]을 아우르고 있어 미더운 모습이다.

승괘(升卦 : ䷭)의 구이(九二 : ⚊)가 육이(六二 : ⚋)로 변효(變爻)하면 구이(九二 : ⚊)는 승괘(升卦 : ䷭)를 15번째 겸괘(謙卦 : ䷎)로 지괘(之卦)하게 한다. 따라서 승괘(升卦 : ䷭)의 구이(九二 : ⚊)는 겸괘(謙卦 : ䷎)의 육이(六二 : ⚋)를 찾아가 살펴보게 한다.

【구이(九二)의 계사(繫辭) 풀이】

孚乃利用禴(부내리용약)

믿어주니[孚] 이에[乃] 봄 제사를[禴] 행하면[用] 이롭다[利].

〈부내리용약(孚乃利用禴)〉은 구이(九二 : ⚊)가 육오(六五 : ⚋)와 누리는 정응(正應)으로써 〈승(升)〉 즉 자라 오름[升]을 천지(天地)와 조선(祖先)에 감사함을 암시하는 계사(繫辭)이다. 〈부내리용약(孚乃利用禴)〉은 〈구이여륙오유기정응지부(九二與六五有其正應之孚) 내약구이용약(乃若九二用禴) 구이유리(九二有利)〉의 줄임으로 여기고 〈육오와[與六五] 구이에게는[九二] 그들의[其] 정응을[正應之] 믿어줌이[孚] 있다[有] 이에[乃] 만약[若] 구이가[九二] 봄 제사를[禴] 행하면[用] 구이에게[九二] 이로움이[利] 있다[有]〉라고 새겨볼 것이다. 〈용약(用禴)의 약(禴)〉은 춘제(春祭) 즉 봄에 올리는[春] 제사[祭]를 뜻한다.

〈부내리용약(孚乃利用禴)의 부(孚)〉는 승괘(升卦 : ䷭)의 주제인 〈승(升)〉 즉 자라 오름[升]의 마음가짐을 암시한다. 〈부(孚)〉는 수명(守命) 즉 자연의 부림을[命] 지키는[守] 성신(誠信) 즉 진실한[誠] 미더움[信]이다. 구이(九二 : ⚊)와 육오(六五 : ⚋)가 득중(得中) 즉 정도를 따름을[中] 취하여[得] 정응(正應)을 서로 믿어줌[孚]을 암시한 것이 〈부내리용약(孚乃利用禴)의 부(孚)〉이다. 〈이용약(利用禴)〉은 앞의 〈부(孚)〉를 천지(天地)와 조선(祖先)에게 제(祭)를 올려 밝힘이다. 〈이용약(利用禴)의 약(禴)〉은 은대(殷代) 즉 은나라[殷] 시대[代]의 춘제(春祭)를 말한다. 봄은 농산물을 심는 계절이지 수확하는 때가 아니므로 제물(祭物)을 매우 검소하게 하여 올리는 춘제(春祭)를 일러 〈약(禴)〉이라 했다. 제품(祭品) 즉 제물(祭物)은 검소할지언정 춘제(春祭)를 올리는 마음가짐만은 〈부(孚)〉 즉 서로를 진실로 믿어줌

[孚]으로써 천지(天地)와 조선(祖先)에게 〈용약(用禴)〉 즉 봄 제사를[禴] 행하므로[用] 구이(九二 : ━)에게 이로움[利]이 있음을 암시한 계사(繫辭)가 〈부내리용약(孚乃利用禴)〉이다.

无咎(무구)

허물이[咎] 없다[无].

〈무구(无咎)〉는 정응(正應)으로써 유약(柔弱)한 육오(六五 : ╍)를 구이(九二 : ━)가 진실로 받들어 〈부(孚)〉 즉 믿어줌[孚]을 암시한 계사(繫辭)이다. 〈무구(无咎)〉는 〈구이지부향륙오무구(九二之孚向六五无咎)〉의 줄임으로 여기고 〈구이가[九二之] 육오를[六五] 향해[向] 믿어줌에는[孚] 허물이[咎] 없다[无]〉라고 새겨볼 것이다.

〈무구(无咎)〉는 강강(剛强)한 구이(九二 : ━)가 신하로서 승괘(升卦 : ䷭)의 주제인 〈승(升)〉 즉 자라 오름[升]의 시국을 맞아 믿어주는[孚] 마음을 다하여 유약(柔弱)한 군왕(君王)인 육오(六五 : ╍)를 받듦을 암시한다. 구이(九二 : ━)는 승괘(升卦 : ䷭)의 하체(下體)인 손(巽 : ☴)의 중효(中爻)이다. 득중(得中) 즉 정도를 따름을[中] 취하여[得] 수중(守中) 즉 정도를 따름을[中] 지키는[守] 중효(中爻)로서 구이(九二 : ━)가 신하의 도리를 다함에 무슨 허물[咎]이 있을 것인가? 구이(九二 : ━)가 중효(中爻)로서 득중(得中)하고 수중(守中)하고 수명(守命)한다 함은 모두 『노자(老子)』에 나오는 〈온갖 것은[萬物] 상도를[道] 받들면서[尊而] 상덕을[德] 받들지 않을 수[不貴] 없다[莫]〉라는 내용을 상기시킨다. 따라서 승괘(升卦 : ䷭)의 하체(下體)인 손(巽 : ☴)의 중효(中爻)로서 구이(九二 : ━)가 자연의 규율을[道] 받들어서[尊而] 덕을[德] 받들어[貴] 군왕(君王)인 육오(六五 : ╍)를 믿어줌[孚]에는 허물이[咎] 있을 수 없음[无]을 암시한 계사(繫辭)가 〈무구(无咎)〉이다.

【 字 典 】

부(孚) 〈믿을 부(孚)-신(信), 알에서 새끼가 껍질을 쪼아 나올 부(孚)-난화(卵化), 씨앗이 틀 부(孚)-부(稃), 기를 부(孚)-육(育), 덮어줄 부(孚)-복(覆), 붙을(의지할) 부(孚)-부(附)-부(付), 깡충거릴 부(孚)-무조(務躁)-부조(浮躁), 옥채색 부(孚)-옥채색(玉采色)〉 등의 뜻을 내지만 여기선 〈믿을 신(信)〉과 같다 여기고 새김이 마땅하다.

내(乃) 〈이에 내(乃)-어시(於是)-승상기하지사(承上起下之辭), 부드럽게 말 이을 내(乃)-완사(緩詞)-연후(然後), 급히 말 이을 내(乃)-급사(急詞), 뜻 없는 말머리 조사 내(乃)-구수조사무의(句首助詞無義), 곧 내(乃)-즉(則)-즉(卽), 그 내(乃)-기(其), 그런데 내(乃)-전어사(轉語辭), 그리고(그러나) 내(乃)-이(而), 만약 내(乃)-약(若), 또 내(乃)-차(且), ~로써 내(乃)-이(以), 그럴(그렇다) 내(乃)-시(是), 도리어 내(乃)-고(顧)-각(卻), 처음 내(乃)-시(始)-초(初), 이같이 내(乃)-여차(如此)〉 등의 뜻을 내지만 여기선 〈이에 어시(於是)〉와 같다 여기고 새김이 마땅하다.

이(利) 〈만물로 하여금 삶을 이루어가게 하는 덕(德)의 이로울 이(利)-사만물수생지덕(使萬物遂生之德), 날카로울 이(利)-예(銳)-섬(銛), 질병 이(利)-질(疾), 통할 이(利)-통(通)-순(順), 좋을 이(利)-길(吉)-의(宜), 편리할 이(利)-편(便), 마름해 만들어 이룰 이(利)-재성(裁成), 탐할 이(利)-탐(貪), 구할(취할) 이(利)-구(求)-취(取), 좋아할 이(利)-열애(悅愛), 이로울 이(利)-익(益), 기교 이(利)-교(巧), 보람 이(利)-공용(功用), 지세가 험하고 중요한 이(利)-험요(險要), 이길 이(利)-승(勝), 어질 이(利)-인(仁)〉 등의 뜻을 내지만 여기선 〈사만물수생지덕(使萬物遂生之德) 즉 만물로 하여금 삶을 이루어가게 하는 덕(德)의 이로움〉으로 새김이 마땅하다. 〈利〉가 맨 앞에 오면 〈이〉로 발음되고, 중간이나 뒤에 오면 〈리〉로 발음된다.

용(用) 〈쓸(행할) 용(用)-시(施)-행(行), 쓰일(부릴) 용(用)-사(使), 써 용(用)-이(以), 맡길 용(用)-임(任), 위할 용(用)-위(爲), 갖출 용(用)-비(備), 다스릴 용(用)-치(治), 재화 용(用)-화(貨), 책임 지워 일을 맡길 용(用)-임사(任使), 통할 용(用)-통(通), 이로울 용(用)-이(利)〉 등의 뜻을 내지만 여기선 〈행할 행(行)〉과 같아 시행(施行)으로 여기고 새김이 마땅하다.

약(禴) 〈봄 제사 약(禴)-춘제(春祭), 여름 제사 약(禴)-하제(夏祭), 수시로 올리는 제사 약(禴)-불시제(不時祭), 엷을 약(禴)-박(薄)〉 등의 뜻을 내지만 여기선 〈춘제(春祭)〉로 여기고 새김이 마땅하다.

무(无) 〈없을 무(无)-무(無), 허무지도 무(无)-허무지도(虛无之道), 으뜸 무(无)-원(元)〉 등의 뜻을 내지만 여기선 〈없을 무(無)〉와 같다 여기고 새김이 마땅하다. 〈무(无)〉는 〈무(無)〉의 고자(古字)이다.

구(咎) 〈허물 구(咎)-건(愆)-과(過), 재앙 구(咎)-재(災), 병될 구(咎)-병(病), 나쁠 구(咎)-오(惡)〉 등의 뜻을 내지만 여기선 〈허물 건(愆)-과(過)〉와 같다 여기고 새김이 마땅하다. 〈무구(无咎)〉는 〈면어구(免於咎)〉 즉 허물을[於咎] 면하다[免]와 같다.

註 만물막부존도이귀덕(萬物莫不尊道而貴德) : 온갖 것은[萬物] 상도를[道] 받들면서[尊而] 상덕을[德] 받들지 않을 수[不貴] 없다[莫]. 『노자(老子)』 51장(章)

구삼(九三 : ⚊)

九三 : 升虛邑이로다
승 허 읍

구삼(九三) : 빈[虛] 국읍에[邑] 오르다[升].

【구삼(九三)의 효상(爻象) 풀이】

승괘(升卦 : ䷭)의 구삼(九三 : ⚊)은 이양거양(以陽居陽) 즉 양(陽 : ⚊)으로써[以] 양(陽 : ⚊)의 자리에 있는지라[居] 정당한 자리에 있다. 구삼(九三 : ⚊)과 육사(六四 : ⚋)는 양음(陽陰)의 사이인지라 〈비(比)〉 즉 이웃의 사귐[比]을 누린다. 구삼(九三 : ⚊)과 상륙(上六 : ⚋)도 양음(陽陰)의 사이이면서 서로 정위(正位)에 있는지라 정응(正應) 즉 바르게[正] 호응한다[應]. 이에 구삼(九三 : ⚊)은 마음 편히 승괘(升卦 : ䷭)의 상체(上體)인 곤(坤 : ☷)으로 승진(升進)하려는 뜻을 펼치는 모습이다.

> 승괘(升卦 : ䷭)의 구삼(九三 : ⚊)이 육삼(六三 : ⚋)으로 변효(變爻)하면 구삼(九三 : ⚊)은 승괘(升卦 : ䷭)를 7번째 사괘(師卦 : ䷆)로 지괘(之卦)하게 한다. 따라서 승괘(升卦 : ䷭)의 구삼(九三 : ⚊)은 사괘(師卦 : ䷆)의 육삼(六三 : ⚋)을 찾아가 살펴보게 한다.

【구삼(九三)의 계사(繫辭) 풀이】

升虛邑(승허읍)

빈[虛] 국읍에[邑] 오르다[升].

〈승허읍(升虛邑)〉은 구삼(九三 : ⚊)의 효위(爻位)를 들어 암시한 계사(繫辭)이다. 〈승허읍(升虛邑)〉은 〈구삼승우허읍(九三升于虛邑)〉의 줄임으로 여기고 〈구삼이[九三] 허읍(虛邑)에[于] 오른다[升]〉라고 새겨볼 것이다. 〈승허읍(升虛邑)의 승(升)〉은 〈진상(進上)〉 즉 위로[上] 나아감[進]을 뜻한다.

〈승허읍(升虛邑)〉은 구삼(九三 : ⚊)이 승괘(升卦 : ䷭)의 하체(下體)인 손(巽 : ☴)의 상효(上爻)임을 암시한다. 대성괘(大成卦)에서 하체(下體)의 상효(上爻)는 상체(上體)로 상승(上升)해야 하는 효연(爻緣)을 지닌다. 구삼(九三 : ⚊)은 승괘(升卦 : ䷭)의 삼효(三爻)인지라 하체(下體)인 손(巽 : ☴)을 떠나 상체(上體)로 자라[升] 올라감[上]을 암시한 것이 〈승허읍(升虛邑)의 승(升)〉이다. 〈승허읍(升虛邑)의 허(虛)〉는 곤(坤 : ☷)에는 음(陰 : ⚋)만 있음을 암시한다. 음(陰 : ⚋)은 가운데가 비어 있어서 중허(中虛)라 하고, 양(陽 : ⚊)은 가운데가 차 있어서 중실(中實)이라 하여, 음양(陰陽)을 허실(虛實)이라 칭하기도 한다. 〈승허읍(升虛邑)의 읍(邑)〉은 승괘(升卦 : ䷭)의 상체(上體)인 곤(坤 : ☷)을 취상한 것이다. 〈승허읍(升虛邑)의 읍(邑)〉이 「설괘전(說卦傳)」에 나오는 〈곤은[坤 : ☷] 땅[地]이다[爲] ⋯⋯ 무리[衆]이다[爲]〉라는 내용을 상기시키기 때문이다. 곤은[坤 : ☷] 땅[地]이다[爲] 함은 국토(國土)가 있음이고, 곤은[坤 : ☷] 무리[衆]이다[爲] 함은 백성이라는 무리[衆]가 있음인지라, 승괘(升卦 : ䷭)의 상체(上體)인 곤(坤 : ☷)을 〈읍(邑)〉이라고 취상(取象)한 것이다. 이에 구삼(九三 : ⚊)이 상승(上升)하려는 곳이 〈허읍(虛邑)〉 즉 빈[虛] 고을[邑]인지라 구삼(九三 : ⚊)에게는 미지(未知)의 곳이다. 미처 모르는[未知] 곳이란 두려운 법이다. 구삼(九三 : ⚊)이 상승(上升)하여 좋을지 나쁠지 모를 일이라 길흉(吉凶)을 밝히지 않고 다만 구삼(九三 : ⚊)이 피할 수 없는 효연(爻緣)만을 암시한 계사(繫辭)가 〈승허읍(升虛邑)〉이다.

【字典】

승(升) 〈올라갈 승(升)-고(高)-상(上), 한 되(열 홉) 승(升)-십합(十合), 되 승(升)-십합지기(十合之器), 오를 승(升)-등(登)-승(昇), (조정에) 등용시켜줄 승(升)-조(朝), 나아가 바칠 승(升)-진(進)-헌(獻), 이룰 승(升)-성(成), 익을 승(升)-성숙(成熟), 쌓일(융성할) 승(升)-성(盛)-융(隆), (실 가닥의 가늘기) 새 승(升)-누(縷), 64괘의 하나 승(升)-승괘(升卦)〉 등의 뜻을 내지만 여기선 〈올라갈 상(上)〉과 같다 여기고 새김이 마땅하다.

허(虛) 〈빈 허(虛)-공(空), 무욕 허(虛)-무욕(無欲), 없을 허(虛)-무(無), 적을 허

(虛)-소(少)-희(希), 약할 허(虛)-약(弱), 빈집 허(虛)-거택무인(居宅無人), 마른 내 허(虛)-천무수(川無水), 재물이 박약할 허(虛)-재박(財薄), 준비가 없을 허(虛)-무비(無備), 결핍한 재능 허(虛)-결핍재능(缺乏才能), 신실함이 없는 허(虛)-무신(無信), 틈(사이) 허(虛)-한(閒), 마음속에 근심 걱정하는 바가 없을 허(虛)-정무소염려(情無所念慮), 마음 허(虛)-심(心), 하늘 허(虛)-천공(天空), 병 허(虛)-병(病), 방위 허(虛)-방위(方位), 28숙(별)의 하나 허(虛)-이십팔숙지일(二十八宿之一), 넓고 큰 언덕 허(虛)-대구(大丘), 파헤쳐져 빈 묘 허(虛)-허묘지한(墟墓之閒)〉 등의 뜻을 내지만 여기선 〈빈 공(空)〉으로 여기고 새김이 마땅하다.

읍(邑) 〈고을(도읍) 읍(邑)-이(里)-도읍(都邑), 흑흑 느낄 읍(邑)-기결(氣結), 답답할 읍(邑)-우울(憂鬱)〉 등의 뜻을 내지만 여기선 〈고을(도읍) 도(都)〉로 여기고 새김이 마땅하다. 고팔가위린(古八家爲鄰) 삼린위붕(三鄰爲朋) 삼붕위리(三朋爲里) 오리위읍(五里爲邑) 십읍위도(十邑爲都) 십도위사(十都爲師) : 옛날에는[古] 여덟 가구가[八家] 인이[鄰] 되고[爲], 삼린이[三鄰] 붕이[朋] 되며[爲], 삼붕이[三朋] 이가[里] 되고[爲], 오리가[五里] 읍이[邑] 되며[爲], 십읍이[十邑] 도가[都] 되고[爲], 십도가[十都] 사가[師] 된다[爲].

註 곤위지(坤爲地) …… 위중(爲衆) : 곤은[坤 : ☷] 땅[地]이다[爲]. …… 무리[衆]이다[爲].

「설괘전(說卦傳)」 11단락(段落)

육사(六四 : --)

> 六四 : 王用亨于岐山이니 吉하고 无咎리라
> 왕 용 향 우 기 산 길 무 구
>
> 육사(六四) : 임금이[王] 기산(岐山)에서[于] 제사를[亨] 올리니[用] 복 받고[吉] 허물이[咎] 없다[无].

【육사(六四)의 효상(爻象) 풀이】

승괘(升卦 : ䷭)의 육사(六四 : --)는 이음거음(以陰居陰) 즉 음(陰 : --)으로써[以] 음(陰 : --)의 자리에 있는지라[居] 정당한 자리에 있다. 육사(六四 : --)와 구삼(九三 : ━)은 음양(陰陽)의 사이인지라 비(比) 즉 이웃의 사귐[比]을 누린다. 그러나 육사(六四 : --)와 육오(六五 : --)는 양음(兩陰) 즉 둘 다[兩] 음(陰 : --)의 사이인지라 이웃의 사귐[比]을 누리지 못한다. 육사(六四 : --)와 초륙(初六 : --) 역시 양음(兩陰)인지라 불응(不應) 즉 서로 호응하지 못한다. 그러나 육사(六四 : --)는 구삼(九三 : ━)과 함께 승괘(升卦 : ䷭)의 중위(中位)에서 음(陰 : --)의 자리에 있어서 유화(柔和)의 덕(德)을 갖추고 있는 모습이다.

승괘(升卦 : ䷭)의 육사(六四 : --)가 구사(九四 : ━)로 변효(變爻)하면 육사(六四 : --)는 승괘(升卦 : ䷭)를 32번째 항괘(恒卦 : ䷟)로 지괘(之卦)하게 한다. 따라서 승괘(升卦 : ䷭)의 육사(六四 : --)는 항괘(恒卦 : ䷟)의 구사(九四 : ━)를 찾아가 살펴보게 한다.

【육사(六四)의 계사(繫辭) 풀이】

王用亨于岐山(왕용향우기산)

임금이[王] 기산(岐山)에서[于] 제사를[亨] 올린다[用].

〈왕용향우기산(王用亨于岐山)〉은 육사(六四 : --)의 효위(爻位)를 들어 암시한 계사(繫辭)이다. 〈왕용향우기산(王用亨于岐山)〉은 〈충임왕륙사용향우기산(充任王六四用亨于岐山)〉의 줄임으로 여기고 〈임금[王]으로서[充任] 육사가[六四] 기산(岐山)에서[于] 제사를[亨] 올린다[用]〉라고 새겨볼 것이다.

〈왕용향우기산(王用亨于岐山)〉은 육사(六四 : --)가 천자(天子)의 신하로서 제후(諸侯)임을 암시한다. 대성괘(大成卦)에서 사위(四位)는 경대부(卿大夫) 또는 제후(諸侯)를 나타내는 효위(爻位)이다. 따라서 〈왕용향우기산(王用亨于岐山)의 왕(王)〉은 천자(天子)의 신임을 받은 신하로서 제후(諸侯)를 말한다. 〈왕용향우기산(王用亨于岐山)의 기산(岐山)〉은 서쪽에 있는 산을 일컫는 대명사 노릇을 하는 셈인데, 승괘(升卦 : ䷭)의 내호괘(內互卦)인 태(兌 : ☱)의 방위(方位)가 서방(西方)인지라 육사(六四 : --)를 〈기산(岐山)〉으로써 취상(取象)한 것이다. 물론 〈왕용향우기산(王用亨于岐山)의 왕(王)〉은 〈기산(岐山)〉으로 도읍을 옮겨 제후국(諸侯國)으로서 주(周)나라의 기틀을 갖추게 했던 고공단보(古公亶父)를 연상시켜서 〈왕용향우기산(王用亨于岐山)의 왕(王)〉을 고공단보(古公亶父)로 여겨도 될 터이고, 동시에 고공단보(古公亶父)의 손자인 문왕(文王)으로 여기고 새겨도 될 터이다.

천지(天地)에 제사를 올림은 천자(天子)의 제례(祭禮)이고, 산천에 제사를 올림은 천자가 임명한 제후(諸侯)의 몫이다. 따라서 〈왕(王)〉 즉 제후로서 육사(六四 : --)가 승괘(升卦 : ䷭)의 주제인 〈승(升)〉 즉 자라 오름[升]의 시국을 맞아 위로는 육오(六五 : --)의 〈승(升)〉을 따르고 아래로는 구삼(九三 : —)의 〈승(升)〉을 따르면서 그 사이에 있음을 암시한 계사(繫辭)가 〈왕용향우기산(王用亨于岐山)〉이다.

吉(길) 无咎(무구)

복 받고[吉] 허물이[咎] 없다[无].

〈길(吉) 무구(无咎)〉는 〈육사유길이무구(六四有吉而无咎)〉의 줄임으로 여기고 〈육사에게는[六四] 행운이[吉] 있어도[有而] 허물은[咎] 없다[无]〉라고 새겨볼 것이다.

〈길(吉)〉은 〈왕용향우기산(王用亨于岐山)〉의 보람을 암시한 계사(繫辭)이다. 고공단보(古公亶父)가 기하(岐下) 즉 기산의[岐山] 아래[下]에서 〈용향(用亨)〉 즉 산천제를[亨] 올리자[用] 기산(岐山)의 마루에서 악작명(鸑鷟鳴) 즉 신비로운 새인[鸑] 보라색 봉황이[鷟] 울어[鳴] 제후국(諸侯國) 주(周)가 상승하여[升] 천자국(天子國)으로 흥(興)할 것임을 암시했다는 고사(故事)뿐만 아니라, 덕치(德治)를 베푼 성왕(聖王)의 표상인 주문왕(周文王) 곧 고공단보(古公亶父)의 손자로서 비유되는 육사(六四 : --)가 천복(天福)을 누림을 암시한 계사(繫辭)가 〈길(吉)〉이다.

〈무구(无咎)〉는 육사(六四 : --)가 〈왕(王)〉 즉 제후(諸侯)로서 산천에 〈용향(用亨)〉 즉 제사를[亨] 올림[用]은 마땅히 행해야 할 일임을 암시한 계사(繫辭)이다. 제후가 산천에 〈용향(用亨)〉 즉 제사를[亨] 올림[用]은 사리에 어긋남이 없다. 매사가 사리에 맞으면 수명(守命) 즉 자연의[天] 규율[道]이 시킴을[命] 지킴[守]인지라 제후가 산천에 제사를[亨] 올림[用]은 지당하므로 과실(過失) 즉 잘못[過失]이 없음을 암시한 계사(繫辭)가 〈무구(无咎)〉이다.

【字典】

왕(王) 〈임금 왕(王)-군(君), 제후 왕(王)-제후(諸侯), 무리의 우두머리 왕(王)-동류중지수령(同類中之首領), 큰 왕(王)-대(大), 천자를 받들 왕(王)-사천자(事天子), 바로잡을 왕(王)-광정(匡正), 성대할 왕(王)-성(盛), 이길 왕(王)-승(勝), 흥할 왕(王)-흥(興)〉

등의 뜻을 내지만 여기선 〈제후 왕(王)〉으로 여기고 새김이 마땅하다.

용(用) 〈쓸(행할) 용(用)-시(施)-행(行), 쓰일(부릴) 용(用)-사(使), 써 용(用)-이(以), 맡길 용(用)-임(任), 위할 용(用)-위(爲), 갖출 용(用)-비(備), 다스릴 용(用)-치(治), 재화 용(用)-화(貨), 책임 지워 일을 맡길 용(用)-임사(任使), 통할 용(用)-통(通), 이로울 용(用)-이(利)〉 등의 뜻을 내지만 여기선 〈행할 행(行)〉과 같아 시행(施行)으로 여기고 새김이 마땅하다.

亨 〈향-형-팽〉 세 가지로 발음되고, 〈올릴(드릴) 향(亨)-헌(獻), 통할 형(亨)-통(通), 남을 형(亨)-여(餘), 삶을 팽(亨)-자(煮)-팽(烹)〉 등의 뜻을 내지만 여기선 〈올릴 향(亨)〉으로 여기고 새김이 마땅하다. 〈올릴 향(亨)〉이란 〈제사(祭祀)를 올림〉을 뜻한다.

우(于) 〈~에서(부터) 우(于)-어(於), 갈 우(于)-왕(往), 써 우(于)-이(以), 할 우(于)-위(爲), 여기 우(于)-시(是), 도울 우(于)-조(助), 클 우(于)-대(大), 구할 우(于)-구(求), 자족하는 모습 우(于)-자족모(自足貌)〉 등의 뜻을 내지만 여기선 〈~에서 어(於)〉와 같다 여기고 새김이 마땅하다.

기(岐) 〈산 이름 기(岐)-기산(岐山), 갈림길 기(岐)-이달지도(二達之道), 뜻을 알아챌 기(岐)-지의(知意), 높을 기(岐)-준(峻)〉 등의 뜻을 내지만 〈산 이름 기(岐)〉로 여기고 새김이 마땅하다.

산(山) 〈뫼(산) 산(山)-토지취(土之聚), 오악 산(山)-오악(五嶽), 간괘의 모습 산(山)-간괘지상(艮卦之象), 산을 그린 상태 산(山)-화산지상(畫山之狀), 군주의 모습 산(山)-군주지상(君主之象), 능총 산(山)-능총(陵冢)〉 등의 뜻을 내지만 여기선 〈뫼 산(山)〉으로 여기고 새김이 마땅하다.

길(吉) 〈좋을(행복할) 길(吉)-선(善)-영(令) {영월길일(令月吉日)은 선월선일(善月善日)임.}, 복 길(吉)-실(實)-선실(善實)-복(福), 예의를 따라 상서로울 길(吉)-예의순상(禮義順祥), 삼갈 길(吉)-근(謹), 초하루 길(吉)-삭일(朔日) {삭망(朔望) 즉 초하루[朔]와 그믐날[望]}, 길례 길(吉)-길례(吉禮) {오례지일(五禮之一) 길흉빈군가(吉凶賓軍嘉)}, 갈 길(吉)-행(行)-길(趌)〉 등의 뜻을 내지만 여기선 〈좋을 선(善)-영(令)〉 즉 행복과 같다 여기고 새김이 마땅하다.

무(无) 〈없을 무(无)-무(無), 허무지도 무(无)-허무지도(虛无之道), 으뜸 무(无)-

원(元)〉 등의 뜻을 내지만 여기선 〈없을 무(無)〉와 같다 여기고 새김이 마땅하다. 〈무(无)〉는 〈무(無)〉의 고자(古字)이다.

구(咎) 〈허물 구(咎)-건(愆)-과(過), 재앙 구(咎)-재(災), 병될 구(咎)-병(病), 나쁠 구(咎)-오(惡)〉 등의 뜻을 내지만 여기선 〈허물 건(愆)-과(過)〉와 같다 여기고 새김이 마땅하다. 〈무구(无咎)〉는 〈면어구(免於咎)〉 즉 허물을[於咎] 면하다[免]와 같다.

육오(六五 : --)

六五 : 貞吉하고 升階리라
정길 승계

육오(六五) : 진실로 미더우면[貞] 행운을 누리고[吉] 섬돌을[階] 오르리라[升].

【육오(六五)의 효상(爻象) 풀이】

승괘(升卦 : ䷭)의 육오(六五 : --)는 이음거양(以陰居陽) 즉 음(陰 : --)으로써[以] 양(陽 : ㅡ)의 자리에 있는지라[居] 정당한 자리에 있지 못하다. 육오(六五 : --)는 위아래가 전음(全陰) 즉 모두[全] 음(陰 : --)인지라 비(比) 즉 이웃의 사귐[比]을 누리지 못한다. 육오(六五 : --)와 구이(九二 : ㅡ)는 서로 정당하지 못한 자리에 있지만 중효(中爻)로서 득중(得中) 즉 정도를 따름을[中] 취하면서[得], 음양(陰陽)의 사이인지라 정응(正應) 즉 바르게[正] 서로 호응하여[應] 육오(六五 : --)가 구이(九二 : ㅡ)의 도움을 얻는 모습이다.

승괘(升卦 : ䷭)의 육오(六五 : --)가 구오(九五 : ㅡ)로 변효(變爻)하면 육오(六五 : --)는 승괘(升卦 : ䷭)를 48번째 정괘(井卦 : ䷯)로 지괘(之卦)하게 한다. 따라서 승괘(升卦 : ䷭)의 육오(六五 : --)는 정괘(井卦 : ䷯)의 구오(九五 : ㅡ)를 찾아가 살펴보게 한다.

【육오(六五)의 계사(繫辭) 풀이】

貞吉(정길) 升階(승계)

진실로 미더우면[貞] 행운을 누리고[吉] 섬돌을[階] 오르리라[升].

〈정길(貞吉)〉은 육오(六五 : --)의 품성(品性)을 암시한 계사(繫辭)이다. 〈정길(貞吉)〉은 〈육오정(六五貞) 인차륙오유길(因此六五有吉)〉의 줄임으로 여기고 〈육오는[六五] 진실로 미덥다[貞] 그래서[因此] 육오에게[六五] 행운이[吉] 있다[有]〉라고 새겨볼 것이다.

〈정길(貞吉)〉은 군왕(君王)으로서 육오(六五 : --)가 공명정대(公明正大)하여 백성과 제신(諸臣)으로부터 믿음을 얻어[孚] 행운을 누림[吉]을 암시한다. 〈정(貞)〉은 〈길(吉)〉로 이어진다. 정(貞)〉이란 성신(誠信) 즉 진실한[誠] 미더움[信]이다. 공정(公正)하여 무사무편(無邪無偏) 즉 간사함도[邪] 없고[無] 치우침도[偏] 없는[無] 심지(心志)가 곧 〈정(貞)〉이다. 이러한 〈정(貞)〉은 남의 심지(心志)를 말함이 아니라 바로 내 자신의 심지(心志)를 말함이다. 내가 남에게 〈정(貞)〉을 요구할 수 없다. 오로지 내 자신이 모든 것을 아울러 하나같이[公] 바르게 하여[正] 간사함도[邪] 치우침도[偏] 없는[無] 심지(心志)가 진실로[誠] 미더움[信]인 〈정(貞)〉이다. 이러한 〈정(貞)〉은 언제 어디서나 나에게 이로울[利] 뿐만 아니라 〈부(孚)〉 즉 남이 나를 믿어주어[孚] 모두에게 이롭기 때문에 항상 나로 하여금 만사(萬事)를 막힘없이 통하게 함[亨]이 〈정(貞)〉이다. 이러한 〈정(貞)〉을 육오(六五 : --)가 언제나 떠나지 않기 때문에 군왕(君王)으로서 행운을 누림[吉]을 암시한 계사(繫辭)가 〈정길(貞吉)〉이다.

〈승계(升階)〉는 육오(六五 : --)가 구이(九二 : —)와 누리는 정응(正應)을 암시한 계사(繫辭)이다. 〈승계(升階)〉는 〈구이승계향륙오(九二升階向六五)〉의 줄임으로 여기고 〈구이가[九二] 육오를[六五] 향해[向] 섬돌을[階] 오른다[升]〉라고 새겨볼 것이다. 여기 〈승계(升階)의 계(階)〉는 〈섬돌 제(梯)〉와 같다.

〈승계(升階)〉는 중허(中虛)한 유음(柔陰)의 육오(六五 : --)가 진실한 미더움[貞]으로써 중실(中實)하고 강양(剛陽)한 구이(九二 : —)를 현신(賢臣)으로 두고 있음을 암시한다. 〈승계(升階)〉란 육오(六五 : --)가 구이(九二 : —)의 도움을 받음을 비유한다. 〈계(階)〉 즉 섬돌[階]이란 〈승(升)〉 즉 올라감[升]을 도와주는 것인지라, 강강(剛强)한 구이(九二 : —)와 유약(柔弱)한 육오(六五 : --)가 정응(正應)으로써 서로 돕고 있음을 암시함이 〈승계(升階)의 계(階)〉이다. 따라서 유약(柔弱)한 육오(六五 : --)가 강강(剛强)한 구이(九二 : —)를 현신(賢臣)으로 두어 육오(六五 : --)가 구이(九二 : —)를 신임함을 암시한 계사(繫辭)가 〈승계(升階)〉이다.

【字典】

정(貞) 〈바를 정(貞)-정(正), 믿을 정(貞)-신(信), 거북점을 물을 정(貞)-복문(卜問), 역(易)의 내괘(內卦) 정(貞), 마땅할 정(貞)-당(當), 정할 정(貞)-정(定), 순수할 정(貞)-전(專)-일(一)〉 등의 뜻을 내지만 여기선 〈바를 정(正), 믿을 신(信)〉 등을 합친 뜻과 같아 〈정신(正信)〉으로 여기고 새김이 마땅하다.

길(吉) 〈좋을(행복할) 길(吉)-선(善)-영(令) {영월길일(令月吉日)은 선월선일(善月善日)임.}, 복 길(吉)-실(實)-선실(善實)-복(福), 예의를 따라 상서로울 길(吉)-예의순상(禮義順祥), 삼갈 길(吉)-근(謹), 초하루 길(吉)-삭일(朔日) {삭망(朔望) 즉 초하루[朔]와 그믐날[望]}, 길례 길(吉)-길례(吉禮) {오례지일(五禮之一) 길흉빈군가(吉凶賓軍嘉)}, 갈 길(吉)-행(行)-길(趌)〉 등의 뜻을 내지만 여기선 〈좋을 선(善)-영(令)〉 즉 행복과 같다 여기고 새김이 마땅하다.

승(升) 〈올라갈 승(升)-고(高)-상(上), 한 되(열 홉) 승(升)-십합(十合), 되 승(升)-십합지기(十合之器), 오를 승(升)-등(登)-승(昇), (조정에) 등용시켜줄 승(升)-조(朝), 나아가 바칠 승(升)-진(進)-헌(獻), 이룰 승(升)-성(成), 익을 승(升)-성숙(成熟), 쌓일(융성할) 승(升)-성(盛)-융(隆), (실 가닥의 가늘기) 새 승(升)-누(縷), 64괘의 하나 승(升)-승괘(升卦)〉 등의 뜻을 내지만 여기선 〈올라갈 상(上)〉과 같다 여기고 새김이 마땅하다.

계(階) 〈섬돌(계단) 계(階)-폐(陛), 층계(사다리) 계(階)-제(梯), 관등(등위) 계(階)-등위(登位)-관등(官等), 길 계(階)-도(道), 일을 빚어내는 이치 계(階)-사소유래지도(事所由來之道), 나아갈 계(階)-진(進), 이끌 계(階)-인도(引導), 말미암을 계(階)-인(因), 층 계(階)-층(層)〉 등의 뜻을 내지만 여기선 〈섬돌 폐(陛)〉와 같다 여기고 새김이 마땅하다.

상륙(上六 : --)

上六 : 冥升이니 **利于不息之貞**하다
명승 이우불식지정

상륙(上六) : 오름에[升] 어두움이니[冥] 쉬지 않는[不息之] 진실한 미더움[貞]에[于] 이롭다[利].

【상륙(上六)의 효상(爻象) 풀이】

승괘(升卦 : ䷭)의 상륙(上六 : --)은 이음거음(以陰居陰) 즉 음(陰 : --)으로써[以] 음(陰 : --)의 자리에 있는지라[居] 정당한 자리에 있다. 상륙(上六 : --)과 육오(六五 : --)는 양음(兩陰) 즉 둘 다[兩] 음(陰 : --)의 사이인지라 비(比) 즉 이웃의 사귐[比]을 누리지 못하고 오히려 상충(相衝) 즉 서로[相] 부딪치는[衝] 처지이다. 상륙(上六 : --)과 구삼(九三 : ㅡ)은 서로 정위(正位)에 있으면서 음양(陰陽)의 사이인지라, 정응(正應) 즉 바르게[正] 호응함[應]을 누릴 수 있어서 상륙(上六 : --)이 극위(極位)에 있지만 완전히 고립되지는 않은 모습이다.

> 승괘(升卦 : ䷭)의 상륙(上六 : --)이 상구(上九 : ㅡ)로 변효(變爻)하면 상륙(上六 : --)은 승괘(升卦 : ䷭)를 18번째 고괘(蠱卦 : ䷑)로 지괘(之卦)하게 한다. 따라서 승괘(升卦 : ䷭)의 상륙(上六 : --)은 고괘(蠱卦 : ䷑)의 상구(上九 : ㅡ)를 찾아가 살펴보게 한다.

【상륙(上六)의 계사(繫辭) 풀이】

冥升(명승)

오름에[升] 어두움이다[冥].

〈명승(冥升)〉은 상륙(上六 : --)의 효위(爻位)를 들어 암시한 계사(繫辭)이다. 〈명승(冥升)〉은 〈상륙명우자승(上六冥于自升)〉의 줄임으로 여기고 〈상륙이[上六] 자신의[自] 자라 올라옴[升]에[于] 어둡다[冥]〉라고 새겨볼 것이다. 〈명승(冥升)의 명(冥)〉은 〈어두울 회(晦)〉와 같고 불명(不明) 즉 밝지 못함[不明]을 말한다.

〈명승(冥升)〉은 상륙(上六 : --)이 승극(升極) 즉 자라 오름의[升] 마지막[極]에 이르렀음을 외면하고 계속해 자라 오르기[升]를 탐함을 암시한다. 〈명승(冥升)의 명(冥)〉은 「설괘전(說卦傳)」에 나오는 〈땅[地]에서[於] 그것[其]이란[也] 검정[黑]이다[爲]〉라는 내용을 환기시키고, 동시에 『노자(老子)』에 나오는 〈자신을[自] 아는[知] 것은[者] 밝음이다[明]〉라는 내용을 떠올려준다. 상륙(上六 : --)이 승괘(升卦 : ䷭)의 상체(上體)인 곤(坤 : ☷)의 상효(上爻)이면서 동시에 승괘(升卦 : ䷭)의 극위(極位)에 있음을 들어 〈명승(冥升)의 명(冥)〉으로써 상륙(上六 : --)을 취상(取象)한 것이다.

곤(坤 : ☷)이 땅에서는[於地] 검정[黑]이라서 흑색(黑色) 즉 검정색을 뜻하는 것은 아니다. 〈흑(黑)〉이 암시하는 바는 어둠이고[晦], 치심(痴心) 즉 어리석은[痴] 마음[心] 등으로 뜻이 넓혀진다. 어느 목숨이든 자랄 만큼 자라면 멈추고 모두 다 땅으로 들어간다. 그래서 「설괘전(說卦傳)」에 〈곤(坤 : ☷)으로써[以] 묻는다[藏之]〉라는 내용이 나온다. 여기 〈명승(冥升)의 명(冥)〉은 어둡고[晦] 어리석고[痴] 무지하다[無知]는 흑(黑)의 뜻을 품고 있다. 상륙이[上六] 오름의[升之] 이치에[道] 어두워[冥] 승지지[升之止] 즉 자라 오름의[升之] 멈춤[止]의 이치를 어기고, 승괘(升卦 : ䷭)의 극위(極位)에 오르고서도 탐승(貪升) 즉 오르기를[升] 탐함[貪]을 암시한 계사(繫辭)가 〈명승(冥升)〉이다.

利于不息之貞(이우불식지정)

쉬지 않는[不息之] 진실한 미더움[貞]에[于] 이롭다[利].

〈이우불식지정(利于不息之貞)〉은 상륙(上六 : ⚋)이 〈명승(冥升)〉의 잘못을 뉘우치게 함을 암시한 계사(繫辭)이다. 〈이우불식지정(利于不息之貞)〉은 〈약상륙지우불식지정(若上六止于不息之貞) 상륙유리(上六有利)〉의 줄임으로 여기고 〈만약[若] 상륙이[上六] 쉼 없는[不息之] 진실한 미더움[貞]에[于] 멈춘다면[止] 상륙에게[上六] 이로움이[利] 있다[有]〉라고 새겨볼 것이다. 〈불식(不息)의 식(息)〉은 〈잃을 실(失)〉과 같다.

〈이우불식지정(利于不息之貞)〉은 상륙(上六 : ⚋)이 부정(不貞)함을 암시한다. 상륙(上六 : ⚋)이 〈식지정(息之貞)〉 즉 진실한 미더움을[貞] 잃은[息] 탓으로 말미암아 상륙(上六 : ⚋)이 승괘(升卦 : ䷭)의 주제인 〈승(升)〉 즉 자라 오름[升]의 시국이 다한 극위(極位)에 있음을 외면함을 암시한 것이 〈이우불식지정(利于不息之貞)의 불식지정(不息之貞)〉이다. 여기 〈불식지정(不息之貞)〉은 불실지정(不失之貞) 즉 진실한 미더움을[貞] 잃지 않음[不失]을 뜻한다. 〈불식지정(不息之貞)〉은 상륙(上六 : ⚋)이 오로지 자라 오름[升]만을 탐하는 소인(小人)의 모습임을 에둘러 암시한다. 따라서 상륙(上六 : ⚋)이 〈식정(息貞)〉 즉 진실한 미더움을[貞] 잃어서[于息] 이롭지 못한 것[不利]이지, 상륙(上六 : ⚋)이 진실한 미더움을[貞] 잃지 않았다면[不息] 〈명승(冥升)〉을 범하지 않아 이로워[利] 대인(大人)의 모습이 되었을 것임을 암시한 것이 〈이우불식지정(利于不息之貞)〉이다. 이에 상륙(上六 : --)이 〈명승(冥升)〉을 벗어나 〈명승지도(明升之道)〉 즉 자라 오름의[升之] 이치를[道] 밝히는[明] 대인(大人)의 길로 돌아온다면 이로울[利] 수 있음을 암시한 계사(繫辭)가 〈이우불식지정(利于不息之貞)〉이다.

【字典】

명(冥) 〈어두울 명(冥)-혼(昏)-회(晦), 어리석을 명(冥)-우(愚), 무지할 명(冥)-명(冥)-무지(無知), 밤 명(冥)-야(夜), 어릴 명(冥)-유(幼), 하늘 명(冥)-천(天), 바다 명(冥)-해(海), 저승 명(冥)-타계(他界)〉 등의 뜻을 내지만 〈어두울 혼(昏)〉과 같다 여기고 새김이 마땅하다.

승(升) 〈올라갈 승(升)-고(高)-상(上), 한 되(열 홉) 승(升)-십합(十合), 되 승(升)-십합지기(十合之器), 오를 승(升)-등(登)-승(昇), (조정에) 등용시켜줄 승(升)-조(朝), 나아가 바칠 승(升)-진(進)-헌(獻), 이룰 승(升)-성(成), 익을 승(升)-성숙(成熟), 쌓일(융성할) 승(升)-성(盛)-융(隆), (실 가닥의 가늘기) 새 승(升)-누(縷), 64괘의 하나 승(升)-승괘(升卦)〉 등의 뜻을 내지만 여기선 〈올라갈 상(上)〉과 같다 여기고 새김이 마땅하다.

이(利) 〈만물로 하여금 삶을 이루어가게 하는 덕(德)의 이로울 이(利)-사만물수생지덕(使萬物遂生之德), 날카로울 이(利)-예(銳)-섬(銛), 질병 이(利)-질(疾), 통할 이(利)-통(通)-순(順), 좋을 이(利)-길(吉)-의(宜), 편리할 이(利)-편(便), 마름해 만들어 이룰 이(利)-재성(裁成), 탐할 이(利)-탐(貪), 구할(취할) 이(利)-구(求)-취(取), 좋아할 이(利)-열애(悅愛), 이로울 이(利)-익(益), 기교 이(利)-교(巧), 보람 이(利)-공용(功用), 지세가 험하고 중요한 이(利)-험요(險要), 이길 이(利)-승(勝), 어질 이(利)-인(仁)〉 등의 뜻을 내지만 여기선 〈사만물수생지덕(使萬物遂生之德) 즉 만물로 하여금 삶을 이루어가게 하는 덕(德)의 이로움〉으로 새김이 마땅하다. 〈利〉가 맨 앞에 오면 〈이〉로 발음되고, 중간이나 뒤에 오면 〈리〉로 발음된다.

우(于) 〈~에서(부터) 우(于)-어(於), 갈 우(于)-왕(往), 써 우(于)-이(以), 할 우(于)-위(爲), 여기 우(于)-시(是), 도울 우(于)-조(助), 클 우(于)-대(大), 구할 우(于)-구(求), 자족하는 모습 우(于)-자족모(自足貌)〉 등의 뜻을 내지만 여기선 〈~에서 어(於)〉와 같다 여기고 새김이 마땅하다.

不 〈불-부〉 등으로 발음되고, 〈않을 불(不)-부(不), 못할 불(不)-부(不), 아

닐 불(不)-부(不)-비(非), 없을 불(不)-부(不)-무(無), 하지 말 불(不)-부(不)-막(莫)-금지(禁止), 정하지 않을 불(不)-부(不)-부(否)-미정(未定), 새가 날아올라 내려오지 않는 불(不)-부(不)-조비상불하래(鳥飛上不下來)〉 등의 뜻을 내지만 여기선 〈않을 불(不)〉로 여기고 새김이 마땅하다.

식(息) 〈잃을(없어질) 식(息)-실(失)-멸(滅), 멈출 식(息)-지(止), 쉴 식(息)-휴(休), 헐떡거릴(숨쉴) 식(息)-천(喘), 한번 내고 들이는 숨쉴 식(息)-일호일흡(一呼一吸), 들고 날 숨 식(息)-출입기(出入氣), 긴 숨 식(息)-태식(太息)-장출기(長出氣), 생겨날 식(息)-생(生), 자랄 식(息)-장(長)〉 등의 뜻을 내지만 여기선 〈잃을 실(失)〉과 같다 여기고 새김이 마땅하다.

지(之) 〈그것(이것) 지(之)-피(彼)-시(是), 갈 지(之)-왕(往), 이를 지(之)-지(至), 주격-소유격-목적격 등의 토씨 지(之), 뜻 없는 허사(虛詞) 지(之)〉 등의 뜻을 내지만 여기선 허사(虛詞)로서 말을 이어주는 〈지(之)〉로 여기고 새김이 마땅하다.

정(貞) 〈바를 정(貞)-정(正), 믿을 정(貞)-신(信), 거북점을 물을 정(貞)-복문(卜問), 역(易)의 내괘(內卦) 정(貞), 마땅할 정(貞)-당(當), 정할 정(貞)-정(定), 순수할 정(貞)-전(專)-일(一)〉 등의 뜻을 내지만 여기선 〈바를 정(正), 믿을 신(信)〉 등을 합친 뜻과 같아 〈정신(正信)〉으로 여기고 새김이 마땅하다.

註 기어지야위흑(其於地也爲黑) : 땅[地]에서[於] 그것[其]이란[也] 검정[黑]이다[爲].
「설괘전(說卦傳)」 11단락(段落)

註 지인자지(知人者智) 자지자명(自知者明) : 남을[人] 아는[知] 것은[者] 슬기이고[智], 자신을[自] 아는[知] 것은[者] 밝음이다[明]. 『노자(老子)』 33장(章)

註 곤이장지(坤以藏之) : 곤(坤 : ☷)으로써[以] 묻는다[藏之]. 「설괘전(說卦傳)」 4단락(段落)

곤괘 困卦

47

䷮

1 괘의 괘상과 계사

곤괘(困卦 : ䷮)

감하태상(坎下兌上) : 아래는[下] 감(坎 : ☵), 위는[上] 태(兌 : ☱).

택수곤(澤水困) : 못과[澤] 물은[水] 곤이다[困].

困은 亨하여 貞하다 大人吉하고 无咎하다 有言不信하리라
곤 형 정 대인길 무구 유언불신

곤궁함은[困] 통하여[亨] 진실로 미덥다[貞]. 대인이라야[大人] 행복하고[吉] 허물이[咎] 없다[无]. 말이[言] 있다면[有] 미덥지 않으리라[不信].

【곤괘(困卦 : ䷮)의 괘상(卦象) 풀이】

앞 승괘(升卦 : ䷭)의 〈승(升)〉이란 자라 오름[升]을 말한다. 이에 「서괘전(序卦傳)」에 〈자라 오르면서[升而] 그치지 않으면[不已] 반드시[必] 곤궁해진다[困] 그래서[故] 곤괘(困卦 : ䷮)로써[以] 그것을[之] 받는다[受]〉라는 말이 나온다. 이는 승괘(升卦 : ䷭) 뒤에 곤괘(困卦 : ䷮)가 오는 까닭을 밝힌다. 곤괘(困卦 : ䷮)의 괘상(卦象)은 감하태상(坎下兌上)이다. 「설괘전(說卦傳)」에 나오는 〈감은[坎 : ☵] 물[水]이다[爲] …… 태는[兌 : ☱] 못[澤]이다[也]〉라는 내용을 상기한다면, 물이[水] 아래이고[下] 못이[澤] 위인[上] 모습이 곤괘(困卦 : ䷮)의 모습임을 알 수 있다. 못[澤]에서 못물[水]이 다 빠져내려 못에는 물이 없어진 모습이다. 물[水]이 못[澤] 위에 있음이 천도(天道) 즉 자연의[天] 이치[道]이다. 그리고 양괘(陽卦)인 감(坎 : ☵)이 음괘(陰卦)인 태(兌 : ☱)의 아래에 있으니 이 또한 천도(天道)에 어긋난다. 천도(天道)에 어긋나면 그 무엇이든 〈곤(困)〉 즉 곤궁함[困]을 면하지 못한다. 팔괘(八卦) 즉 소성괘(小成卦) 삼효(三爻) 중에서 양효(陽爻 : ⚊)가 홀수이면 그 소성괘(小成卦)는 양괘(陽卦)이고 음효(陰爻 : ⚋)가 홀수이면 그 소성괘(小成卦)는 음괘(陰卦)임을 환기한다면, 곤괘(困卦 : ䷮)의 모습이 음상양하(陰上陽下)인지라 곤궁하다[困]는 것이다. 양(陽 : ⚊)은 대자(大者)요 명(明) 즉 밝음[明]이고, 음(陰 : ⚋)은 소자(小者)요 암(暗) 즉 어둠[暗]이다. 작은 것[小者]이 큰 것[大者]의 위에 있으니 소자(小者)가 대자(大者)를 엄폐(掩蔽) 즉 가려서[掩] 덮은[蔽] 곤괘(困卦 : ䷮)의 모습은 〈곤(困)〉 즉 곤궁하다[困]. 따라서 곤괘(困卦 : ䷮)의 시운(時運)이 〈곤(困)〉인지라 곤괘(困卦 : ䷮)의 육효(六爻)는 저마다 곤궁함[困]을 겪는다. 다만 곤괘(困卦 : ䷮)의 강양(剛陽 : ⚊)들은 대자(大者)로서 〈곤(困)〉 즉 곤궁한[困] 시운일수록 대소(大小)가 상구(相求) 즉 서로를[相] 구해주어[求] 시운의 〈곤(困)〉을 극복하려고 하지만, 유음(柔陰 : ⚋)들은 그 〈곤(困)〉을 탓하려고만 함을 일깨워 깨닫게 하는 것이 곤괘(困卦 : ䷮)의 모습임을 빌려 곤괘(困卦 : ䷮)라 칭명(稱名)한다.

【곤괘(困卦 : ䷮)의 계사(繫辭) 풀이】

困(곤) 亨(형) 貞(정)

<u>곤궁함은[困] 통하여[亨] 진실로 미덥다[貞].</u>

〈곤(困)〉은 곤괘(困卦 : ䷮)의 모습을 한 자(字)로써 암시한 계사(繫辭)이다. 따라서 곤괘(困卦 : ䷮)의 〈곤(困)〉은 곤괘(困卦 : ䷮)의 괘체(卦體)를 밝히는 감하태상(坎下兌上)으로부터 비롯된다. 「설괘전(說卦傳)」에 나오는 〈감은[坎 : ☵] 빠지는 것[陷]이다[也] …… 태는[兌 : ☱] 즐거움[說]이다[也]〉라는 내용을 상기한다면, 곤괘(困卦 : ䷮)의 감하태상(坎下兌上)이 열어함(說於陷) 즉 함정에 빠짐에도[於陷] 즐거움[說]을 잃지 않는 모습임을 깊이 생각하고 빠짐없이 헤아려보게 한다. 이는 곧 곤괘(困卦 : ䷮)의 대자(大者 : ⚊)들을 생각하게 한다. 마치 못에 물이 말라 없어져 〈곤(困)〉 즉 곤궁함[困]과 같다. 못물 속에서 유유히 살다가 물이 빠져 말라버린 못 속에 남겨진 물고기 같은 모습이 곤괘(困卦 : ䷮)의 육효(六爻)들이 겪어야 하는 곤궁한 처지임을 살펴 헤아리게 하는 것이 〈곤(困)〉이다.

〈형(亨)〉은 곤괘(困卦 : ䷮)의 주제인 〈곤(困)〉 즉 곤궁한[困] 시국을 맞아 대인(大人)이 처곤(處困) 즉 곤궁함에[困] 대처함[處]을 암시한 계사(繫辭)이다. 〈형

(亨)〉은 〈대인지곤형(大人之困亨)〉의 줄임으로 여기고 〈대인의[大人之] 곤궁함은 [困] 통한다[亨]〉라고 새겨볼 것이다. 〈형(亨)〉은 〈통할 통(通)〉과 같다.

〈형(亨)〉은 구이(九二 : ⚊)-구오(九五 : ⚊) 등이 〈곤(困)〉 즉 곤궁함[困]을 극복해감을 암시한다. 〈형(亨)〉은 〈곤(困)〉으로 말미암은 막힘을 통함[亨]으로 바꾸어 놓음을 말한다. 〈곤(困)〉이란 궁색(窮塞) 즉 궁하여[窮] 막혀서[塞] 겪어야 하는 곤란(困難)함이다. 군자(君子)는 막힘에 절망하지 않고 〈형(亨)〉 즉 통함으로 옮겨 놓는다. 여기 〈형(亨)〉은 구이(九二 : ⚊)와 구오(九五 : ⚊)를 암시한다. 구이(九二 : ⚊)는 정당한 자리에 있지 못하지만 곤괘(困卦 : ䷮)의 하체(下體)인 감(坎 : ☵)의 중효(中爻)이고, 구오(九五 : ⚊)는 정당한 자리에서 곤괘(困卦 : ䷮)의 상체(上體)인 태(兌 : ☱)의 중효(中爻)이다. 비록 구이(九二 : ⚊)와 구오(九五 : ⚊)가 양양(兩陽) 즉 둘 다[兩] 양(陽 : ⚊)이어서 중이정위(中而正位) 즉 가운데이면서[中而] 바른[正] 자리에 있음[位]을 나누어 누리지 못하고, 정응(正應) 즉 바르게[正] 서로 호응함[應]을 나누어 누리지는 못하지만, 중효(中爻)로서 〈곤(困)〉의 시국을 당해서도 꿋꿋이 득중(得中) 즉 정도를 따름을[中] 취함[得]에는 서로 다름이 없다. 대성괘(大成卦)에서 중효(中爻)는 득중(得中)하여 수명(守命) 즉 천도(天道)의 시킴을[命] 지킨다[守]. 수명(守命)하면 편사(偏私) 즉 제 욕심에[私] 치우침[偏]을 범하지 않기 때문에 구이(九二 : ⚊)와 구오(九五 : ⚊)가 곤괘(困卦 : ䷮)의 시국인 〈곤(困)〉 즉 곤궁함[困]을 극복하여 통하게[亨] 함을 암시한 계사(繫辭)가 〈형(亨)〉이다.

〈정(貞)〉은 〈곤(困)〉 즉 곤궁함[困]을 극복하고 〈형(亨)〉 즉 통함[亨]을 이루어내는 까닭을 암시한 계사(繫辭)이다. 여기 〈정(貞)〉은 『중용(中庸)』에 나오는 〈거이이사명(居易以俟命)〉을 떠올려준다. 대인(大人)을 본받는 군자(君子)는 곤궁(困窮)하다 해도 평이하게[易] 처함[居]으로써[以] 천명을[命] 기다리는[俟] 열지(說志) 즉 즐거운[說] 마음가짐[志]을 잃지 않는다. 군자(君子)의 심지(心志)인 사명(俟命)은 곧 〈정(貞)〉으로 이어지게 마련이다. 〈정(貞)〉이란 성신(誠信) 즉 진실한[誠] 미더움[信]이다. 공정(公正)하여 무사무편(無邪無偏) 즉 간사함도[邪] 없고[無] 치우침도[偏] 없는[無] 심지(心志)가 〈정(貞)〉이다. 〈정(貞)〉은 군자(君子)의 심지(心志)를 말한다. 이런 〈정(貞)〉이란 득중(得中) 즉 정도를 따름을[中] 취하여[得] 〈곤(困)〉

즉 곤궁함[困]을 극복하여 〈형(亨)〉 즉 통함[亨]으로 옮겨놓는 마음가짐을 암시한 계사(繫辭)이다.

大人吉(대인길) 无咎(무구) 有言不信(유언불신)

대인이라야[大人] 행복하고[吉] 허물이[咎] 없다[无]. 말이[言] 있다면[有] 미덥지 않으리라[不信].

〈대인길(大人吉) 무구(无咎)〉는 〈형(亨)〉과 〈정(貞)〉의 보람을 밝힌 괘사(卦辭)이다. 〈대인길(大人吉) 무구(无咎)〉는 〈유어정대인유길(由於貞大人有吉) 인차대인무구(因此大人无咎)〉의 줄임으로 여기고 〈진실한 미더움[貞] 덕분으로[由於] 대인에게는[大人] 행운이[吉] 있다[有] 그래서[因此] 대인에게는[大人] 허물이[咎] 없다[无]〉라고 새겨볼 것이다.

〈대인길(大人吉)의 대인(大人)〉은 곤괘(困卦 : ䷮) 상하체(上下體)의 중효(中爻)인 구이(九二 : ━)와 구오(九五 : ━)를 취상(取象)한 것이다. 곤궁함[困]을 극복하여 통하게 하는[亨] 진실한 미더움[貞]이란 대인(大人)의 마음가짐이고, 군자(君子)는 대인(大人)을 항상 본받아 살아간다. 자기를[自] 드러내지 않고[不見], 자기를[自] 옳다 하지 않으며[不是], 자기를[自] 자랑하지 않고[不伐], 자기를[自] 높이지 않으며[不矜], 무릇[夫] 오로지[唯] 다투지 않아[不爭], 한없이 넓고 크고 깊은 마음가짐이 대인(大人)의 심지(心志) 즉 마음[心] 쓰는 바[志]이다. 대인(大人)의 심지(心志)는 〈정(貞)〉 즉 진실한 미더움[貞]을 그 바탕으로 삼는다. 이러한 심지(心志)로써 세상을 마주하는 대인(大人)인지라 〈길(吉)〉 즉 항상 행운[吉]을 누리고, 동시에 대인(大人)이 아무리 〈길(吉)〉을 누려도 허물이[咎] 없음[无]을 암시한 계사(繫辭)가 〈대인길(大人吉) 무구(无咎)〉이다.

〈유언불신(有言不信)〉은 곤괘(困卦 : ䷮)의 유음(柔陰 : ╍)들 즉 초륙(初六 : ╍)-육삼(六三 : ╍)-상륙(上六 : ╍) 등을 묶어서 암시한 계사(繫辭)이다. 〈유언불신(有言不信)〉은 〈소인유언(小人有言) 인위소인불상신(因爲小人不相信)〉의 줄임으로 여기고 〈소인에게는[小人] 말들이[言] 있다[有] 소인은[小人] 서로[相] 못 믿기[不信] 때문이다[因爲]〉라고 새겨볼 것이다.

〈유언불신(有言不信)의 유언(有言)〉은 말이 많음을 암시한다. 『논어(論語)』에 나오는 〈군자는[君子] 말함에는[於言] 무디고자 한다[欲訥]〉라는 내용을 상기한다면 〈유언불신(有言不信)의 유언(有言)〉은 대자(大者 : ━) 즉 대인(大人)의 짓이 아니라 소자(小者 : ╍) 즉 소인(小人)의 짓임을 알아챌 수 있다. 군자(君子)마저도 말함에는 무디고자[欲訥] 하거늘 하물며 대인(大人)이 어찌 말이 많을[有言] 것인가. 따라서 〈유언불신(有言不信)〉은 소인(小人)의 짓이다. 소인에게는[小人] 말이[言] 많아서[有而] 소인은[小人] 미덥지 못하다[不信]는 것이 〈유언불신(有言不信)〉이다. 소인(小人)들 탓으로 세상은 항상 〈곤(困)〉 즉 곤궁하다[困]. 그래서 『논어(論語)』에 〈군자는[君子] 본래[固] 곤궁하다[窮]〉는 말이 나온다. 군자(君子)의 마음가짐은 항상 정(貞)해서 본래[固] 쪼들림[窮]을 예사로 여기고 살지만, 소인(小人)이 쪼들리면 지나쳐 잘못을 범하면서 하늘 탓 세상 탓 남들 탓이지 제 탓이 아니라며 〈유언(有言)〉 즉 이러니저러니 말이 많다[有言]. 『노자(老子)』에도 〈말이[言] 많으면[多] 헤아림이[數] 막혀버린다[窮]〉는 내용이 나온다. 소인(小人)은 〈곤(困)〉의 까닭을 헤아려 깨달아 자성(自省) 즉 자신을[自] 살피려[省] 하지 않고 말을 앞세우다 보니 미덥지 못해[不信] 곤궁(困窮)에서 헤어나지 못함을 암시한 계사(繫辭)가 〈유언불신(有言不信)〉이다.

【字典】

곤(困) 〈곤궁할 곤(困)-궁(窮), 괴로울 곤(困)-고(苦), 가난할 곤(困)-빈(貧), 혼란할 곤(困)-난(亂), 위태로울 곤(困)-위(危)〉 등의 뜻을 내지만 여기선 〈곤궁할 궁(窮)〉으로 여기고 새김이 마땅하다.

亨 〈향-형-팽〉 등으로 발음되고, 〈통할 형(亨)-통(通), 남을 형(亨)-여(餘), 드릴 향(亨)-헌(獻), 삶을 팽(亨)-자(煮)-팽(烹)〉 등의 뜻을 내지만 여기선 〈통할 통(通)〉과 같다 여기고 새김이 마땅하다.

정(貞) 〈바를 정(貞)-정(正), 믿을 정(貞)-신(信), 오로지(순수할) 정(貞)-전(專)-일(一), 거북점을 물을 정(貞)-복문(卜問), 역(易)의 내괘(內卦) 정(貞), 마땅할 정(貞)-당(當), 정할 정(貞)-정(定)〉 등의 뜻을 내지만 여기선 〈바를 정(正), 믿을 신(信)〉 등을 합친 뜻과 같아 〈정신(正信)〉 즉 바르고[正] 미더움[信]으로 새김이 마땅하다.

대(大) 〈큰 대(大)-소지대(小之對), 넓을 대(大)-광(廣), 두루 대(大)-편(徧), 통할 대(大)-통(通), 길 대(大)-장(長), (땅을) 걸게 할 대(大)-비(肥), 두터울 대(大)-후(厚), 많

을 대(大)-다(多), 모두 대(大)-개(皆), 선할 대(大)-선(善), 무거울 대(大)-중(重), 거대할 대(大)-거(巨), 아름다울 대(大)-미(美)-장(壯), 부유할 대(大)-부(富), 늙을 대(大)-노(老), 지나칠 대(大)-과(過), 끝 대(大)-극(極), 대충 대(大)-조(粗)-불세밀(不細密), 과대할 대(大)-과(誇)-긍벌(矜伐), 처음 대(大)-초(初), 하늘 대(大)-천(天), 건(乾)-양기(陽氣)-강효(剛爻) 대(大)〉 등의 뜻을 내지만 여기선 〈큰 대(大)〉로 여기고 새김이 마땅하다.

인(人) 〈사람 인(人)-만물지최령자(萬物之最靈者), 백성 인(人)-민(民), 남 인(人)-타인(他人), 아무개 인(人)-모인(某人), 도인 인(人)-도인(道人), 사람들 인(人)-인인(人人), 범인(소인) 인(人)-소인(小人)-범인(凡人), 인성 인(人)-인성(人性), 인위 인(人)-인위(人爲), 신하 인(人)-신하(臣下), 중서(민중) 인(人)-중서(衆庶)-민중(民衆), 건괘-진괘 인(人)-건위인(乾爲人)-진위인(震爲人), 어짊 인(人)-인(仁), 선인 인(人)-선인(先人), 서로 어여삐 여길 인(人)-상련(相憐)〉 등의 뜻을 내지만 〈사람 인(人)〉으로 여기고 새김이 마땅하다.

길(吉) 〈좋을(행복할) 길(吉)-선(善)-영(令) {영월길일(令月吉日)은 선월선일(善月善日)임.}, 복 길(吉)-실(實)-선실(善實)-복(福), 예의를 따라 상서로울 길(吉)-예의순상(禮義順祥), 삼갈 길(吉)-근(謹), 초하루 길(吉)-삭일(朔日) {삭망(朔望) 즉 초하루[朔]와 그믐날[望]}, 길례 길(吉)-길례(吉禮) {오례지일(五禮之一) 길흉빈군가(吉凶賓軍嘉)}, 갈 길(吉)-행(行)-길(趌)〉 등의 뜻을 내지만 여기선 〈좋을 선(善)-영(令)〉 즉 행복과 같다 여기고 새김이 마땅하다.

무(无) 〈없을 무(无)-무(無), 허무지도 무(无)-허무지도(虛无之道), 으뜸 무(无)-원(元)〉 등의 뜻을 내지만 여기선 〈없을 무(無)〉와 같다 여기고 새김이 마땅하다. 〈무(无)〉는 〈무(無)〉의 고자(古字)이다.

구(咎) 〈허물 구(咎)-건(愆)-과(過), 재앙 구(咎)-재(災), 병될 구(咎)-병(病), 나쁠 구(咎)-오(惡)〉 등의 뜻을 내지만 여기선 〈허물 건(愆)-과(過)〉와 같다 여기고 새김이 마땅하다. 〈무구(无咎)〉는 〈면어구(免於咎)〉 즉 허물을[於咎] 면하다[免]와 같다.

유(有) 〈없을 무(無)의 반대말로 있을 유(有), 어조사 유(有), 간직할 유(有)-장(藏), 얻을(가질) 유(有)-취(取), 혹 유(有)-혹(或), 많을 유(有)-다(多)-족(足), 부유할 유(有)-부(富), 보호할 유(有)-보(保), 서로 친할 유(有)-상친(相親), 전일할 유(有)-전(專), 할 유(有)-위(爲)〉 등의 뜻을 내지만 〈있을 유(有)〉로 여기고 새김이 마땅하다.

언(言) 〈말 언(言)-어(語), 말소리 언(言)-언사(言辭), 말의 첫머리를 꺼낼 언(言)-발단(發端)-직언(直言), 논할 언(言)-설(說), 밝힐(공표할) 언(言)-선(宣), 물어볼 언(言)-문(問), 따를 언(言)-종(從), 교명 언(言)-교명(敎命), 호령 언(言)-호령(號令), 동맹이 필요할 말씀 언(言)-회동맹요지사(會同盟要之辭), 모의할 언(言)-모의(謀議), 응대하는 말 언(言)-사령(辭令), 웃전에 뜻을 전할 언(言)-상표(上表), 일구 언(言)-일구(一句), 한 글자 언(言)-일자(一字), 나 언(言)-아(我), 어울려 받드는 모습 언(言)-화경지모(和敬之貌), 송사할 언(言)-송(訟), 발어사 언(言)-운(云)〉 등의 뜻을 내지만 여기선 〈말 어(語)〉로 여기고 새김이 마땅하다.

不 〈불-부〉 등으로 발음되고, 〈못할 불(不)-부(不), 않을 불(不)-부(不), 아닐 불(不)-부(不)-비(非), 없을 불(不)-부(不)-무(無), 하지 말 불(不)-부(不)-막(莫)-금지(禁止), 정하지 않을 불(不)-부(不)-부(否)-미정(未定), 새가 날아올라 내려오지 않는 불(不)-부(不)-조비상불하래(鳥飛上不下來)〉 등의 뜻을 내지만 여기선 〈못할 불(不)〉로 여기고 새김이 마땅하다.

신(信) 〈믿을 신(信)-불의(不疑), 미쁠(믿음성이 있는 마음) 신(信)-성(誠), 밝힐 신(信)-명(明)-심(審), 알아볼 신(信)-지(知), 징험할 신(信)-험(驗), 부신(믿음의 신표) 신(信)-부(符)-부계(符契)-부신(符信), 따를 신(信)-종(從), 받들(존경할) 신(信)-경(敬), 이틀 밤 묵을 신(信)-재숙(再宿), 맡길 신(信)-임(任), 사신 신(信)-사자(使者), 도장 신(信)-인장(印章), 건괘 신(信)-건(乾 : ☰), 오음의 궁 신(信)-오음궁(五音宮), 오행의 토 신(信)-오행토(五行土), 오행의 물귀신 신(信)-오행지수신(五行之水神), 펼 신(信)-신(伸), 소식 신(信)-소식(消息), 몸 신(信)-신(身)〉 등의 뜻을 내지만 〈믿을 불의(不疑)〉와 같다 여기고 새김이 마땅하다.

註 승이불이(升而不已) 필곤(必困) 고(故) 수지이곤(受之以困) : 자라 오르면서[升而] 그치지 않으면[不已] 반드시[必] 곤궁해진다[困]. 그래서[故] 곤괘[困]로써[以] 그것을[之] 받는다[受].
「서괘전(序卦傳)」 5단락(段落)

註 감위수(坎爲水) : 감은[坎 : ☵] 물[水]이다[爲]. 「설괘전(說卦傳)」 11단락(段落)

註 태위택(兌爲澤) : 태는[兌 : ☱] 못[澤]이다[爲]. 「설괘전(說卦傳)」 11단락(段落)

註 감함야(坎陷也) : 감은[坎 : ☵] 빠지는 것[陷]이다[也]. 「설괘전(說卦傳)」 7단락(段落)

註 태열야(兌說也) : 태는[兌 : ☱] 즐거움[說]이다[也]. 「설괘전(說卦傳)」 7단락(段落)

註 정기이불구어인(正己而不求於人) 즉무원(則無怨) 상불원천(上不怨天) 하불우인(下不尤人) 고(故) 군자거이이사명(君子居易以俟命) 소인행험이요행(小人行險以徼幸) : 자기를[己] 바르게 하면서[正而] 남에게[於人] 구하지 않으면[不求] 곧장[則] 원망은[怨] 없다[無]. 위로는[上] 하늘을 [天] 원망하지 않고[不怨] 아래로는[下] 남을[人] 탓하지 않는다[不尤]. 그러므로[故] 군자는[君子] 담담히[易] 처신하면서[居以] 천명을[命] 기다리고[俟], 소인은[小人] 모험을[險] 감행하면서[行以] 요행을[幸] 바란다[徼]. 『중용(中庸)』「주자장구(朱子章句)」14장(章)

註 군자욕눌어언(君子欲訥於言) 이민어행(而敏於行) : 군자는[君子] 말함에는[於言] 무디고자 한다[欲訥]. 그러나[而] 행동에는[於行] 민첩하다[敏]. 『논어(論語)』「이인(里仁)」24장(章)

註 자왈(子曰) 군자고궁(君子固窮) 소인궁사람의(小人窮斯濫矣) : 공자가[子] 말했다[曰]. 군자는[君子] 본래가[固] 가난하다[窮]. 소인이[小人] 가난하면[窮斯] 지나쳐서 잘못을 저지르는 것[濫]이다[矣]. 『논어(論語)』「위령공(衛靈公)」1장(章)

註 다언수궁(多言數窮) 불여수중(不如守中) : 말이[言] 많아질수록[多] 헤아림이[數] 궁색해지니[窮], 상도를 따라[中] 지킴만[守] 못하다[不如]. 『노자(老子)』 5장(章)

2 효의 효상과 계사

初六：臀困于株木이라 入于幽谷하여 三歲不覿이로다
둔곤우주목 입우유곡 삼세부적

九二：困于酒食이라 朱紱方來하리니 利用享祀이다 征凶하나 无咎리라
곤우주식 주불방래 이용향사 정흉 무구

六三：困于石하고 據于蒺藜라 入于其宮이라도 不見其妻니 凶하다
곤우석 거우질려 입우기궁 불견기처 흉

九四：來徐徐이다 困于金車하여 吝하나 有終이라
내서서 곤우금거 인 유종

九五：劓刖이니 困于赤紱이다 乃徐有說하니 利用祭祀니라
의월 곤우적불 내서유열 이용제사

上六：困于葛藟于臲卼이니 曰動悔라 有悔니 征吉하리리라
곤우갈류우얼올 왈동회 유회 정길

초륙(初六)：엉덩이가[臀] 나무뿌리[株木]에서[于] 곤궁한지라[困] 깊은[幽] 골짜기[谷]로[于] 들어가[入] 오래도록[三歲] 보이지 않는다[不覿].

구이(九二)：술과[酒] 밥 먹기[食]에[于] 곤궁한지라[困] 붉은[朱] 인끈이[紱] 곧[方] 도착할 것이니[來] 제사를[享祀] 행함이[用] 이롭다[利]. 나아가면[征] 불행하지만[凶] 허물은[咎] 없다[无].

육삼(六三)：돌멩이[石]로[于] 곤궁하고[困] 납가새[蒺藜]에[于] 의탁해[據] 제[其] 집[宮]으로[于] 들어가도[入] 제[其] 아내를[妻] 보지 못하니[不見] 불행하다[凶].

구사(九四)：밖에서 안으로 옴이[來] 더디고[徐] 더디다[徐]. 구리[金] 수레에서[于車] 곤궁하니[困] 부끄러우나[吝] 끝남이[終] 있으리라[有].

구오(九五) : 코를 잘리고[劓] 발을 잘렸으니[刖] 붉은[赤] 인끈[紱]에도[于] 곤궁하다[困]. 허나[乃] 서서히[徐] 기쁨이[說] 있으니[有] 제사를[祭祀] 행함이[用] 이롭다[利].

상륙(上六) : 칡덩굴[葛藟]에서[于] 위태해 불안함[臲卼]에서[于] 곤궁하여[困] 이르되[曰] 변하면[動] 후회하리라 하여[悔] 후회함이[悔] 있음이니[有] 나아가면[征] 행복하리라[吉].

초륙(初六 : --)

初六 : 臀困于株木이라 入于幽谷하여 三歲不覿이로다
둔 곤 우 주 목 입 우 유 곡 삼 세 부 적

초륙(初六) : 엉덩이가[臀] 나무뿌리[株木]에서[于] 곤궁한지라[困] 깊은[幽] 골짜기[谷]로[于] 들어가[入] 오래도록[三歲] 보이지 않는다[不覿].

【초륙(初六)의 효상(爻象) 풀이】

곤괘(困卦 : ䷮)의 초륙(初六 : --)은 이음거양(以陰居陽) 즉 음(陰 : --)으로써[以] 양(陽 : —)의 자리에 있는지라[居] 정당한 자리에 있지 못하다. 초륙(初六 : --)과 구이(九二 : —)는 음양(陰陽)의 사이인지라 태평한 시대라면 비(比) 즉 이웃의 사귐[比]을 누릴 처지인지라, 소자(小者 : --)가 대자(大者 : —)를 가리고 덮어 곤궁한[困] 시운(時運)이어도 이웃의 사귐[比]을 누린다. 초륙(初六 : --)과 구사(九四 : —)는 곤궁한 시운을 맞아서도 정응(正應) 즉 서로 바르게[正] 호응함[應]을 누려, 구사(九四 : —)가 초륙(初六 : --)을 돕고자 하지만 이를 깨닫지 못한 초륙(初六 : --) 자신은 곤괘(困卦 : ䷮)의 곤궁한 시운에서 헤어나지 못하는 모습이다.

곤괘(困卦 : ䷮)의 초륙(初六 : --)이 초구(初九 : ㅡ)로 변효(變爻)하면 초륙(初六 : --)은 곤괘(困卦 : ䷮)를 58번째 태괘(兌卦 : ䷹)로 지괘(之卦)하게 한다. 따라서 곤괘(困卦 : ䷮)의 초륙(初六 : --)은 태괘(兌卦 : ䷹)의 초구(初九 : ㅡ)를 찾아가 살펴보게 한다.

【초륙(初六)의 계사(繫辭) 풀이】

臀困于株木(둔곤우주목)

엉덩이가[臀] 나무뿌리[株木]에서[于] 곤궁하다[困].

〈둔곤우주목(臀困于株木)〉은 초륙(初六 : --)의 효위(爻位)를 들어 암시한 계사(繫辭)이다. 〈둔곤우주목(臀困于株木)〉은 〈초륙지둔곤우주목(初六之臀困于株木)〉의 줄임으로 여기고 〈초륙의[初六之] 엉덩이가[臀] 나무뿌리[株木]에서[于] 곤궁하다[困]〉라고 새겨볼 것이다. 〈주목(株木)의 주(株)〉는 여기선 〈뿌리 근(根)〉과 같다.

〈둔곤우주목(臀困于株木)〉은 유약(柔弱)한 초륙(初六 : --)이 곤괘(困卦 : ䷮)의 주제인 〈곤(困)〉 즉 곤궁한[困] 시국을 맞아 서 있지 못하고 주저앉아 있음을 암시한다. 곤괘(困卦 : ䷮)의 맨 밑 효(爻)인 초륙(初六 : --)이 서 있다면 〈지(趾)〉로써 취상(取象)할 터이다. 앉아 있으면 맨 밑이 〈둔(臀)〉 즉 엉덩이[臀]인지라 곤괘(困卦 : ䷮)의 초륙(初六 : --)을 〈둔(臀)〉으로써 취상한 것이다. 〈둔곤우주목(臀困于株木)의 곤(困)〉은 초륙(初六 : --)이 곤괘(困卦 : ䷮)의 하체(下體)인 감(坎 : ☵)의 초효(初爻)임을 암시한다. 〈둔곤우주목(臀困于株木)의 곤(困)〉이 「설괘전(說卦傳)」에 나오는 〈감은[坎 : ☵] 함정[陷]이다[也]〉라는 내용을 환기시키는 까닭이다. 초륙(初六 : --)은 곤괘(困卦 : ䷮)의 하체(下體) 감(坎 : ☵)의 초효(初爻)인지라 가장 심하게 곤경을 겪는다. 감(坎 : ☵)의 함(陷) 즉 함정에 빠짐[陷]이란 두 음(陰 : --) 사이에 낀 양(陽 : ㅡ)만 함정에 빠짐[陷]이 아니다. 감(坎 : ☵)의 삼효(三爻)는 다 함정에 빠짐[陷]을 겪는다. 이에 〈둔곤우주목(臀困于株木)의 둔(臀)〉 즉 엉덩이[臀]는 함정에 빠진[陷] 곤궁함을 극복하려 하지 않고 주저앉아 있는 초륙(初六 : --)을 암시한다.

〈둔곤우주목(臀困于株木)의 주목(株木)〉 역시 초륙(初六 : --)이 곤괘(困卦 : ䷮)의 맨 밑자리에 있는 초효(初爻)임을 암시한다. 〈주목(株木)의 주(株)〉는 근(根)

즉 뿌리[根]와 같아 〈주목(株木)〉은 목근(木根) 즉 나무뿌리[木根]를 뜻한다. 따라서 초륙(初六 : ⚋)의 엉덩이가[臀] 나무뿌리에[于株木] 주저앉아 상진(上進)하지 못하고 곤궁함[困]을 겪고 있음을 암시한 계사(繫辭)가 〈둔곤우주목(臀困于株木)〉이다.

入于幽谷(입우유곡) 三歲不覿(삼세부적)

깊은[幽] 골짜기[谷]로[于] 들어가[入] 오래도록[三歲] 보이지 않는다[不覿].

〈입우유곡(入于幽谷)〉 역시 초륙(初六 : ⚋)의 효위(爻位)를 들어 암시한 계사(繫辭)이다. 〈입우유곡(入于幽谷)〉은 〈초륙입우유곡(初六入于幽谷)〉의 줄임으로 여기고 〈초륙이[初六] 깊은[幽] 골짜기[谷]로[于] 들어갔다[入]〉라고 새겨볼 것이다. 〈유곡(幽谷)의 유(幽)〉는 〈깊은 심(深)〉과 같다.

〈입우유곡(入于幽谷)의 입(入)〉은 초륙(初六 : ⚋)이 곤괘(困卦 : ䷮)의 하체(下體)인 감(坎 : ☵)의 초효(初爻)임을 암시한다. 〈입우유곡(入于幽谷)의 유곡(幽谷)〉은 곤괘(困卦 : ䷮)의 하체(下體)인 감(坎 : ☵)을 취상(取象)한 것이다. 왜냐하면 〈입우유곡(入于幽谷)의 유곡(幽谷)〉이 「설괘전(說卦傳)」에 나오는 〈감은[坎 : ☵] 숨어[隱] 엎드려 있음[伏]이다[爲]〉라는 내용을 상기시키는 까닭이다. 〈유곡(幽谷)의 유(幽)〉는 〈캄캄할 회(晦)-명(冥)〉 등으로 이어지므로 〈유곡(幽谷)〉을 캄캄한[幽] 골짜기[谷]라고 새겨도 된다. 초륙(初六 : ⚋)은 곤괘(困卦 : ䷮)의 하체(下體) 감(坎 : ☵)의 초효(初爻)이니 맨 밑자리에 빠져[陷] 숨은 상태로 곤경[困]을 겪고 있으니, 그 지경을 〈유곡(幽谷)〉 즉 깊은[幽] 골짜기[谷]로써 비유한다. 따라서 곤괘(困卦 : ䷮)의 초륙(初六 : ⚋)이 함정[陷]의 맨 밑자리에 빠져들어[入] 곤경[困]에 처해 있음을 거듭 암시한 계사(繫辭)가 〈입우유곡(入于幽谷)〉이다.

〈삼세부적(三歲不覿)〉은 곤괘(困卦 : ䷮)의 초륙(初六 : ⚋)이 겪고 있는 〈곤(困)〉을 초륙(初六 : ⚋) 자신으로써는 헤쳐나오지 못함을 암시한 계사(繫辭)이다. 〈삼세부적(三歲不覿)〉은 〈몰유구이여구사지조(沒有九二與九四之助) 초구삼세부적광명(初九三歲不覿光明)〉의 줄임으로 여기고 〈구사와[與九四] 구이의[九二之] 도움이[助] 없이는[沒有] 초구는[初九] 영영[三歲] 광명을[光明] 보지 못할 것이다

[不覿]라고 새겨볼 것이다. 〈부적(不覿)의 적(覿)〉은 〈볼 견(見)〉과 같다.

〈삼세부적(三歲不覿)의 삼세(三歲)〉는 삼 년(三年)을 말함이 아니라 장구(長久)함을 뜻한다. 이는 초륙(初六 : --)이 이웃하는[比] 구이(九二 : —)와 정응(正應)하는 구사(九四 : —)의 도움을 받아 빠진[陷] 곤경[困]을 벗어나기 전에는 땅속 나무뿌리에 엉덩이를 얹고 있는 지경인지라, 초륙(初六 : --) 자신이 처한 곤경의 시국을 벗어나지 못해 광명천지(光明天地)를 〈부적(不覿)〉 즉 바라보지 못하리라[不覿]고 암시한 계사(繫辭)가 〈삼세부적(三歲不覿)〉이다.

【字典】

둔(臀) 〈볼기(꽁무니) 둔(臀)-고(尻), 낮을 둔(臀)-저(底)〉 등의 뜻을 내지만 여기선 〈볼기 고(尻)〉와 같다 여기고 새김이 마땅하다.

곤(困) 〈곤궁할 곤(困)-궁(窮), 괴로울 곤(困)-고(苦), 가난할 곤(困)-빈(貧), 혼란할 곤(困)-난(亂), 위태로울 곤(困)-위(危)〉 등의 뜻을 내지만 여기선 〈곤궁할 궁(窮)〉으로 여기고 새김이 마땅하다.

우(于) 〈~에서(부터) 우(于)-어(於), 갈 우(于)-왕(往), 써 우(于)-이(以), 할 우(于)-위(爲), 여기 우(于)-시(是), 도울 우(于)-조(助), 클 우(于)-대(大), 구할 우(于)-구(求), 자족하는 모습 우(于)-자족모(自足貌)〉 등의 뜻을 내지만 여기선 〈~에서 어(於)〉와 같다 여기고 새김이 마땅하다.

주(株) 〈땅 위로 올라와 있는 뿌리 주(株)-근재토상자(根在土上者), 나무뿌리 주(株)-목근(木根), 그루(나무 숫자) 주(株)-목수(木數), 줄기 주(株)-간(幹), 근본 주(株)-근본(根本), 연루 주(株)-연루(連累)-연대(連帶)〉 등의 뜻을 내지만 여기선 〈땅 위로 올라와 있는 뿌리 근재토상자(根在土上者)〉로 여기고 새김이 마땅하다.

목(木) 〈나무 목(木)-수(樹), 목재 목(木)-목재(木材), 오행의 하나 목(木)-오행지일(五行之一 : 一曰水-二曰火-三曰木-四曰金-五曰土), 동방 목(木)-동방(東方), 어짊 목(木)-인(仁), 봄 목(木)-춘(春), 갑을인묘 목(木)-갑을인묘(甲乙寅卯), 팔음의 하나 목(木)-팔음지일(八音之一 : 金石土革絲木匏竹), 나무그릇 목(木)-목기(木器), 풀 목(木)-초(草), 질박할 목(木)-질박(質樸), 집오리 깃털로 꾸민 관 목(木)-목우식지관(鶩羽飾之冠)〉 등의 뜻을 내지만 여기선 〈나무 수(樹)〉와 같다 여기고 새김이 마땅하다.

입(入) 〈(밖에서 안으로) 들 입(入)-자외지내(自外至內), 돌아올 입(入)-환(還), 안

(속) 입(入)-내(內), 올(이를) 입(入)-내(來)-치(致), 함께 입(入)-여(與), 따를 입(入)-수(隨), 아래로 갈(내려갈) 입(入)-하(下), 가운데 입(入)-중(中), 벼슬할 입(入)-사관(仕官)-입조(入朝), 죽음 입(入)-사(死), 받을 입(入)-수(受)-입수(入受), 시집갈 입(入)-납(納)-가(嫁)-입자(入子=嫁女), 던져 넣을 입(入)-투(投)-투입(投入), 채울 입(入)-충(充), 구덩이 입(入)-감(坎)〉 등의 뜻을 내지만 여기선 〈들 입(入)〉으로 여기고 새김이 마땅하다.

유(幽) 〈깊을 유(幽)-심(深), 어두울 유(幽)-회(晦)-혼(昏)-암(暗)-명(冥), 숨을 유(幽)-은(隱), 잠길 유(幽)-잠(潛), 미묘할 유(幽)-미(微), 암컷 유(幽)-자(雌), 음기 유(幽)-음(陰), 속 유(幽)-내(內), 밤 유(幽)-야(夜), 달빛 유(幽)-월(月), 검은색 유(幽)-흑색(黑色), 귀신 유(幽)-귀신(鬼神)〉 등의 뜻을 내지만 여기선 〈깊을 심(深)〉과 〈어두울 암(暗)〉 등으로 여기고 새김이 마땅하다.

谷 〈곡-욕〉 두 가지로 발음되고, 〈골짜기(빈 산구덩이) 곡(谷)-허공지산와(虛空之山窩), 샘물이 솟을(개울로 통할) 곡(谷)-계(谿)-천출통천(泉出通川), 대나무의 빈 속 곡(谷)-죽구(竹溝), 길 곡(谷)-도(道), 궁진할 곡(谷)-궁(窮), 선할 곡(谷)-선(善)-의(穀), 길러줄 곡(谷)-양(養)-육(育)-생장(生長), 갈(사라질) 곡(谷)-거(去), 성씨 욕(谷), 나라 이름 욕(谷)〉 등의 뜻을 내지만 여기선 〈골짜기 곡(谷)〉으로 여기고 새김이 마땅하다.

삼(三) 〈세 번(석 삼, 셋 삼) 삼(三)-이지가일(二之加一), 다수를 나타낼 삼(三)-다수지칭(多數之稱), 삼재의 수 삼(三)-천지인지수(天地人之數), 임금-아버지-스승 삼(三)-군부사(君父師), 동방 삼(三)-동방(東方), 끝 삼(三)-종(終)〉 등의 뜻을 내지만 여기선 〈다수를 나타낼 삼(三)〉으로 여기고 새김이 마땅하다. 삼(三)은 삼(參)과 같다.

세(歲) 〈일생 세(歲)-일생(一生), 목성 세(歲)-목성(木星), 해 세(歲)-년(年), 새해 세(歲)-신년(新年), 상망한 해 세(歲)-졸령(卒齡)〉 등의 뜻을 내지만 여기선 〈일생 세(歲)〉로 여기고 새김이 마땅하다.

不 〈불-부〉 등으로 발음되고, 〈못할 불(不)-부(不), 않을 불(不)-부(不), 아닐 불(不)-부(不)-비(非), 없을 불(不)-부(不)-무(無), 하지 말 불(不)-부(不)-막(莫)-금지(禁止), 정하지 않을 불(不)-부(不)-부(否)-미정(未定), 새가 날아올라 내려오지 않는 불(不)-부(不)-조비상불하래(鳥飛上不下來)〉 등의 뜻을 내지만 여기선 〈못할 불(不)〉로 여기고 새김이 마땅하다.

적(覿) 〈볼 적(覿)-견(見), 예물을 갖고 서로 만날 적(覿)-이지상견(以贄相見)〉 등의 뜻을 내지만 여기선 〈볼 견(見)〉과 같다 여기고 새김이 마땅하다.

註 감함야(坎陷也) : 감은[坎 : ☵] 함정[陷]이다[也]. 「설괘전(說卦傳)」 7단락(段落)

註 감위은복(坎爲隱伏) : 감은[坎 : ☵] 숨어[隱] 엎드려 있음[伏]이다[爲]. 「설괘전(說卦傳)」 11단락(段落)

구이(九二 : ⚊)

九二 : 困于酒食이라 **朱紱方來**하리니 **利用享祀**이다 **征凶**하나 **无咎**리라
곤우주식 주불방래 이용향사 정흉 무구

구이(九二) : 술과[酒] 밥 먹기[食]에[于] 곤궁한지라[困] 붉은[朱] 인끈이[紱] 곧[方] 도착할 것이니[來] 제사를[享祀] 행함이[用] 이롭다[利]. 나아가면[征] 불행하지만[凶] 허물은[咎] 없다[无].

【구이(九二)의 효상(爻象) 풀이】

곤괘(困卦 : ䷮)의 구이(九二 : ⚊)는 이양거음(以陽居陰) 즉 양(陽 : ⚊)으로써[以] 음(陰 : ⚋)의 자리에 있는지라[居] 정당한 자리에 있지 못하다. 구이(九二 : ⚊)와 초륙(初六 : ⚋)-육삼(六三 : ⚋)은 양음(陽陰)의 사이인지라 다른 대성괘(大成卦)에서라면 비(比) 즉 이웃의 사귐[比]을 누리겠지만, 소인(小人) 탓으로 빛어지는 곤괘(困卦 : ䷮)의 곤궁한[困] 시운(時運)인지라 구이(九二 : ⚊)는 초륙(初六 : ⚋)-육삼(六三 : ⚋) 등과 사귐[比]을 누리지 못하는 모습이다. 구이(九二 : ⚊)와 구오(九五 : ⚊)는 양양(兩陽) 즉 둘 다[兩] 양(陽 : ⚊)이라서 중정(中正) 즉 가운데이면서[中而] 바른[正] 자리에 있음[位]을 누릴 수도 없고, 동시에 정응(正應) 즉 바르게[正] 호응함[應]도 함께 누릴 수 없는 처지이지만, 구이(九二 : ⚊)가 군왕(君王)인 구오(九五 : ⚊)의 신하인지라 군왕(君王)의 응원을 받으면서 곤괘(困卦 : ䷮)의 하체(下體) 감(坎 : ☵)의 중효(中爻)로서 득중(得中) 즉 정도를 따름을[中] 취하여[得] 곤궁한[困] 시국을 극복하려는 모습이다.

곤괘(困卦 : ䷮)의 구이(九二 : ㅡ)가 육이(六二 : --)로 변효(變爻)하면 구이(九二 : ㅡ)는 곤괘(困卦 : ䷮)를 45번째 췌괘(萃卦 : ䷬)로 지괘(之卦)하게 한다. 따라서 곤괘(困卦 : ䷮)의 구이(九二 : ㅡ)는 췌괘(萃卦 : ䷬)의 육이(六二 : --)를 찾아가 살펴보게 한다.

【구이(九二)의 계사(繫辭) 풀이】

困于酒食(곤우주식)

술과[酒] 밥 먹기[食]에[于] 곤궁하다[困].

〈곤우주식(困于酒食)〉은 구이(九二 : ㅡ)가 곤괘(困卦 : ䷮)의 주제인 〈곤(困)〉의 시국을 벗어날 수 없음을 암시한 효사(爻辭)이다. 〈곤우주식(困于酒食)〉은 〈천하민곤우주식(天下民困于酒食)〉의 줄임으로 여기고 〈온 세상[天下] 백성이[民] 주식에[于酒食] 곤궁하다[困]〉라고 새겨볼 것이다.

〈곤우주식(困于酒食)〉은 구이(九二 : ㅡ)가 고을의 백성이 곤궁한[困] 시국을 겪고 있음을 외면하지 않음을 암시한다. 대성괘(大成卦)에서 하체(下體)의 중효(中爻)는 고을 백성을 다스리는 현령(縣令)의 자리이다. 〈곤우주식(困于酒食)의 주식(酒食)〉은 백성의 삶을 좌우한다. 먹을거리[食]와 마실거리[酒]의 결핍보다 더한 곤궁함[困]은 없다. 현령(縣令)이란 고을 백성의 주식(酒食)이 풍성하도록 심혈을 기울여야 하는 벼슬자리이다. 이에 현령(縣令)은 반드시 군자(君子)가 맡아야 하는 벼슬자리이다.

〈곤우주식(困于酒食)의 곤(困)〉은 구이(九二 : ㅡ)가 곤괘(困卦 : ䷮)의 하체(下體) 양괘(陽卦)인 감(坎 : ☵)의 중효(中爻)로서 곤괘(困卦 : ䷮)의 상체(上體) 음괘(陰卦)인 태(兌 : ☱)에 엄폐(掩蔽) 즉 가려서[掩] 덮여 있는[蔽] 지경을 암시하기도 한다. 〈곤우주식(困于酒食)의 주식(酒食)〉은 곤괘(困卦 : ䷮)의 상하체(上下體)를 들어 취상(取象)된 것이다. 〈주식(酒食)〉은 「설괘전(說卦傳)」에 나오는 〈감은[坎 : ☵] 물[水]이다[爲]〉라는 내용과 〈태는[兌 : ☱] 입이고[口] 혀[舌]이다[爲]〉라는 내용을 들어 취상(取象)된 것이다. 〈곤우주식(困于酒食)〉에서 〈우주식(于酒食)의 우(于)〉는 〈함께 여(與)〉와 같아 〈주식과[酒食] 더불어[于] 모든 것들이 곤궁한[困] 시국을 온 세상이 겪고 있음을 암시한 계사(繫辭)가 〈곤우주식(困于酒食)〉이다.

朱紱方來(주불방래)

붉은[朱] 인끈이[紱] 곧[方] 도착할 것이다[來].

〈주불방래(朱紱方來)〉는 구이(九二 : ⚊)가 군왕(君王)인 구오(九五 : ⚊)의 신임을 받음을 암시한 계사(繫辭)이다. 〈주불방래(朱紱方來)〉는 〈주불지소구오사방래급구이(朱紱之所九五賜方來給九二)〉의 줄임으로 여기고 〈구오가[九五] 하사한[之所賜] 주불이[朱紱] 구이(九二)에게[給] 곧[方] 도착한다[來]〉라고 새겨볼 것이다.

〈주불방래(朱紱方來)〉에서 〈주불(朱紱)의 주(朱)〉는 구이(九二 : ⚊)가 곤괘(困卦 : ䷮)의 하체(下體) 감(坎 : ☵)의 중효(中爻)임을 들어 구이(九二 : ⚊)를 취상(取象)한 것이다. 왜냐하면 〈주불(朱紱)의 주(朱)〉가 「설괘전(說卦傳)」에 나오는 〈감은[坎 : ☵] 붉은 색[赤]이다[爲]〉라는 내용을 환기시키기 때문이다. 동시에 〈주불방래(朱紱方來)의 주불(朱紱)〉은 구이(九二 : ⚊)가 구오(九五 : ⚊)의 신하임을 암시하고, 동시에 구오(九五 : ⚊)가 구이(九二 : ⚊)를 중용(重用)함을 암시한다. 〈주불(朱紱)〉이란 천자(天子)가 대부(大夫)에게 하사하는 의복으로 붉은 문장(紋章)에다 무릎까지 덮어주는 관복인 제복(祭服) 즉 제사 때 입는 옷을 말한다. 이런 〈주불(朱紱)〉을 지방관인 구이(九二 : ⚊)에게 구오(九五 : ⚊)가 하사한다고 함은 구이(九二 : ⚊)를 현신(賢臣)으로 중용함을 뜻한다. 물론 효위(爻位)의 인연으로 보면 구이(九二 : ⚊)와 구오(九五 : ⚊)는 양양(兩陽) 즉 둘 다[兩] 양(陽 : ⚊)인지라 불응(不應) 즉 서로 호응하지 못하는[不應] 처지이다. 그러나 대자(大者)로서 구이(九二 : ⚊)와 구오(九五 : ⚊)가 곤괘(困卦 : ䷮)의 주제인 〈곤(困)〉 즉 곤궁한[困] 시국을 맞아 천하(天下)의 〈곤(困)〉을 다스려 백성이 안녕을 누리게 하고자 상조(相助)함을 암시한 계사(繫辭)가 〈주불방래(朱紱方來)〉이다.

利用享祀(이용향사)

제사를[享祀] 행함이[用] 이롭다[利].

〈이용향사(利用享祀)〉는 구이(九二 : ⚊)가 군왕(君王)인 구오(九五 : ⚊)의 뜻을 받듦을 암시한 계사(繫辭)이다. 〈이용향사(利用享祀)〉는 〈약구이용향사(若九二用享祀) 구이유리(九二有利)〉의 줄임으로 여기고 〈만약[若] 구이가[九二] 향사를

[享祀] 행한다면[用] 구이에게[九二] 이로움이[利] 있다[有]〉라고 새겨볼 것이다. 〈용향사(用享祀)의 용(用)〉은 여기선 〈행할 행(行) 또는 올릴 헌(獻)〉과 같다.

〈이용향사(利用享祀)〉는 군왕(君王)이 〈주불(朱紱)〉 즉 제복(祭服)을 하사했으니 신하로서 구이(九二 : ⚊)가 군왕(君王)의 뜻을 받들어 〈용향사(用享祀)〉함이 당연하다. 〈용향사(用享祀)〉에서 〈향사(享祀)의 향(享)〉은 인귀(人鬼) 즉 조상신(祖上神)을 모심이고, 〈향사(享祀)의 사(祀)〉는 지지(地祇) 즉 땅을[地] 모심[祇]이다. 〈향사(享祀)〉란 공물우신전이구복우(供物于神前以求福祐) 즉 신(神) 앞에[于前] 제물을[物] 바침[供]으로써[以] 행복과[福] 천지신명(天地神明)의 도움을[祐] 구하려 함[求]을 뜻한다. 이는 곧 치세(治世)의 뜻을 조상과 땅을 모시고 아뢰는 것이다. 〈용향사(用享祀)〉는 군자(君子)의 대지(大志)를 전제로 한다. 대지(大志)란 정지(貞志) 즉 진실로 미더운[貞] 마음가짐[志]인지라 무사(無私) 즉 자기 욕심[私] 없이[無] 공평(公平)한 마음가짐이다. 구이(九二 : ⚊)는 대자(大者)이니 대지(大志)로써 〈향사(享祀)〉를 올려[用] 이롭다[利]는 것을 암시한 계사(繫辭)가 〈이용향사(利用享祀)〉이다.

征凶(정흉) 无咎(무구)

나아가면[征] 불행하지만[凶] 허물은[咎] 없다[无].

〈정흉(征凶) 무구(无咎)〉는 구이(九二 : ⚊)가 곤괘(困卦 : ䷮)의 시운(時運)인 〈곤(困)〉을 극복하고자 행동에 나섬을 암시한 계사(繫辭)이다. 〈정흉(征凶)〉은 〈당구이지정곤적시후(當九二之征困的時候) 구이가능유흉(九二可能有凶) 연이구이무구(然而九二无咎)〉의 줄임으로 여기고 〈구이가[九二之] 곤궁함을[困] 정복하려는[征] 동안에[當~的時候] 구이에게[九二] 불운이[凶] 있을[有] 수도 있다[可能] 그러나[然而] 구이에게[九二] 허물은[咎] 없다[无]〉라고 새겨볼 것이다.

〈정흉(征凶) 무구(无咎)〉는 구이(九二 : ⚊)가 곤궁함을[困] 정벌함[征]은 어려운 일임을 암시한다. 곤괘(困卦 : ䷮)의 주제인 〈곤(困)〉 즉 곤궁한[困] 시국은 곤괘(困卦 : ䷮)의 상체(上體)인 태(兌 : ☱)의 암(暗)이 곤괘(困卦 : ䷮)의 하체(下體)인 감(坎 : ☵)의 명(明)을 덮고 있는 처지로써 상징되기도 한다. 태(兌 : ☱)는 음괘(陰卦)이니 어둡고[暗], 감(坎 : ☵)은 양괘(陽卦)이니 밝다[明]. 양(陽 : ⚊)은 명

(明)이고 음(陰 : --)은 암(暗)이다. 음(陰 : --)이 양(陽 : —)을 덮고 있음은 소인(小人)이 대인(大人)을 엄폐(掩蔽) 즉 가리고[掩] 덮어서[蔽] 비롯되는 곤궁함[困]이다. 이에 공평무사(公平無私)한 대인(大人)의 대지(大志)가 편사(偏私) 즉 자기 욕심에[私] 치우치는[偏] 소인(小人)의 소지(小志)를 정벌하여[征] 천선(遷善) 즉 선으로[善] 옮겨놓기[遷]는 결코 쉬운 일이 아님을 암시하는 것이 〈정흉(征凶)〉이다. 이는 곧 구이(九二 : —)가 곤괘(困卦 : ䷮)의 하체(下體) 감(坎 : ☵)의 중효(中爻)인 대자(大者 : —)로서 곤괘(困卦 : ䷮) 상체(上體)인 태(兌 : ☱)의 소자(小者 : --)를 정벌하여[征] 천선(遷善)하기가 지난(至難)하다는 것이다. 따라서 여기 〈정흉(征凶)〉이 『논어(論語)』에 나오는 〈소인은[小人] 하늘의[天] 가르침을[命] 모른다[不知]〉라는 내용을 환기시킨다. 천명(天命)을 모른다[不知] 함은 세상을 무서워하지 않는다는 말이다. 그래서 낯가죽이 쇠가죽 같다는 속담이 생긴 것이고, 후안무치(厚顔無恥) 즉 낯가죽이 두꺼워[厚顔] 부끄러움이[恥] 없다[無] 함도 소인(小人) 탓으로 생긴 말이다. 소인(小人)의 소지(小志)란 저만 살면 된다는 속셈이 줏대가 되는지라 남을 위해줄 수 없으니 남과 겨루기를 마다 않는다. 이러한 소지(小志)들이 빚어내는 〈곤(困)〉 즉 곤궁한[困] 시국을 정벌하여[征] 소지(小志)로 하여금 대지(大志)를 본받게 하려고 함은 험난한 일이므로 불행[凶]으로 이어진다 할지언정, 곤궁한[困] 시운(時運)을 빚어내는 소지(小志)를 정벌하려는[征] 구이(九二 : —)에게 허물이[咎] 없음[无]을 암시한 계사(繫辭)가 〈정흉(征凶) 무구(无咎)〉이다.

【字典】

곤(困) 〈곤궁할 곤(困)-궁(窮), 괴로울 곤(困)-고(苦), 가난할 곤(困)-빈(貧), 혼란할 곤(困)-난(亂), 위태로울 곤(困)-위(危)〉 등의 뜻을 내지만 여기선 〈곤궁할 궁(窮)〉으로 여기고 새김이 마땅하다.

우(于) 〈~와 우(于)-여(與), ~에서(부터) 우(于)-어(於), 갈 우(于)-왕(往), 써 우(于)-이(以), 할 우(于)-위(爲), 여기 우(于)-시(是), 도울 우(于)-조(助), 클 우(于)-대(大), 구할 우(于)-구(求), 자족하는 모습 우(于)-자족모(自足貌)〉 등의 뜻을 내지만 여기선 〈~와 여(與)〉와 같다 여기고 새김이 마땅하다.

주(酒) 〈술 주(酒)-곡국소양(穀麴所釀), 냉수 주(酒)-현주(玄酒)-명수(明水), 술 마

실 주(酒)-음주(飮酒)〉 등의 뜻을 내지만 여기선 〈곡물과 누룩으로 빚어낸 술 곡국소양(穀麴所釀)〉으로 여기고 새김이 마땅하다.

食 〈사-식-이〉 세 가지로 발음되고, 〈먹을 식(食)-여(茹), 먹을거리(양식) 사(食)-양(糧), 먹일(먹힐) 사(食)-사(飤)-반(飯), 길러줄 사(食)-양(養), (부모를 매장한 뒤에 올리는 제사) 우제 사(食)-우제(虞祭), 밥 식(食), 씹을 식(食)-담(啗), 모든 음식물 식(食)-식용(食用)-음식물(飮食物), 헛말할 식(食)-식언(食言), 사람 이름 이(食)〉 등의 뜻을 내지만 〈먹을 식(食)-여(茹)〉로 여기고 새김이 마땅하다.

주(朱) 〈붉은 색 주(朱)-적(赤)-적색(赤色 : 南方之正色), 나무의 붉은 속(주목) 주(朱)-적심목(赤心木), 붉은 것 주(朱)-주색지물품(朱色之物品), 붉은 흙 주(朱)-주토(朱土)-단(丹)-단사(丹沙)-주사(朱沙), 주목 주(朱)-주목(朱木)〉 등의 뜻을 내지만 여기선 〈붉은 색 적(赤)〉과 같다 여기고 새김이 마땅하다.

불(紱) 〈인끈{인장(印章)을 맨 끈} 불(紱)-인조(印組)-계인자(繫印者), 제복 불(紱)-제복(祭服), 속박 불(紱)-속박(束縛), 얽힌 삼(동아줄) 불(紱)-불(紼)〉 등의 뜻을 내지만 여기선 〈제복(祭服)〉으로 여기고 새김이 마땅하다.

방(方) 〈이제 방(方)-금(今), 방위(방향) 방(方)-향(向)-향(嚮)-방위(方位), 나라 방(方)-방국(邦國), 곧을 방(方)-정(正), 아우를 방(方)-병(倂), 모 방(方)-구(矩), 떳떳할 방(方)-상(常), 견줄 방(方)-비(比), 있을 방(方)-유(有), 또한(바야흐로) 방(方)-차(且), 방편 방(方)-술책(術策), 방책 방(方)-방책(方策)-간책(簡策), 의서 방(方)-의서(醫書), 배 아울러 맬 방(方)-방주(方舟)〉 등의 뜻을 내지만 여기선 〈이제 금(今)〉으로 여기고 새김이 마땅하다.

내(來) 〈돌아올 내(來)-복(復)-환(還)-귀(歸), 올 내(來)-지(至), 앞으로 내(來)-장래(將來)-미래(未來), 초치할 내(來)-초치(招致), ~부터 내(來)-자(自)-유(由), 남음이 있을 내(來)-유여(有餘), 어세를 더해주려는 조사 내(來), 구중(句中)-구말(句末)의 조사 내(來)〉 등의 뜻을 내지만 여기선 〈올 지(至)〉와 같다 여기고 새김이 마땅하다. 〈來〉가 앞에 있으면 〈내〉로 발음하고, 중간이나 뒤에 있으면 〈래〉로 발음한다.

이(利) 〈만물로 하여금 삶을 이루어가게 하는 덕(德)의 이로울 이(利)-사만물수생지덕(使萬物遂生之德), 날카로울 이(利)-예(銳)-섬(銛), 질병 이(利)-질(疾), 통할 이(利)-통(通)-순(順), 좋을 이(利)-길(吉)-의(宜), 편리할 이(利)-편(便), 마름해 만들어 이룰 이(利)-재성(裁成), 탐할 이(利)-탐(貪), 구할(취할) 이(利)-구(求)-취(取), 좋아할 이(利)-열애(悅愛), 이로울 이(利)-익(益), 기교 이(利)-교(巧), 보람 이(利)-공용(功用), 지세가 험하고 중요한 이(利)-험요(險要), 이길 이(利)-승(勝), 어질 이(利)-인(仁)〉 등의 뜻을 내지만 여기선 〈사만물수생지덕(使萬物遂生之德) 즉 만물로 하여금 삶을 이루어 가게 하는 덕(德)의 이로움〉으로 새김이 마땅하다. 〈利〉가 맨 앞에 오면 〈이〉로 발음되고, 중간이나 뒤에 오면 〈리〉로 발음된다.

용(用) 〈쓸(행할) 용(用)-시(施)-행(行), 쓰일(부릴) 용(用)-사(使), 써 용(用)-이(以), 맡길 용(用)-임(任), 위할 용(用)-위(爲), 갖출 용(用)-비(備), 다스릴 용(用)-치(治), 재화 용(用)-화(貨), 책임 지워 일을 맡길 용(用)-임사(任使), 통할 용(用)-통(通), 이로울 용(用)-이(利)〉 등의 뜻을 내지만 여기선 〈행할 행(行)〉과 같아 시행(施行)으로 여기고 새김이 마땅하다.

享 〈향-형-팽〉 등으로 발음되고, 〈드릴 향(享)-헌(獻), 제사 지낼 향(享)-사(祀), 흠향할 향(享)-제(祭), 잔치할 향(享)-연(宴), 통할 형(享)-통(通), 남을 형(享)-여(餘), 삶을 팽(享)-자(煮)-팽(烹)〉 등의 뜻을 내지만 여기선 〈드릴 헌(獻)〉과 같다 여기고 새김이 마땅하다.

사(祀) 〈제사 사(祀)-제(祭), 천신에 올리는 제사 사(祀)-제천신(祭天神), 지제 사(祀)-지제(地祭), 해 사(祀)-년(年), 같을 사(祀)-사(似), 침입할 사(祀)-침(侵)〉 등의 뜻을 내지만 여기선 〈제사(祭祀)〉로 새김이 마땅하다.

정(征) 〈칠 정(征)-토(討)-벌(伐), 행동할 정(征)-행동(行動), 바르게 갈 정(征)-정행(正行), 날 정(征)-비(飛), 멀리 갈 정(征)-원(遠), 취할 정(征)-취(取), 세금 매길 정(征)-세(稅)-부(賦)〉 등의 뜻을 내지만 여기선 〈정벌(征伐)〉로 여기고 새김이 마땅하다.

흉(凶) 〈불행할 흉(凶)-길지반(吉之反), 나쁠 흉(凶)-오(惡), 흉한 사람 흉(凶)-흉인(凶人), 재앙 흉(凶)-화(禍), 요사할 흉(凶)-요사(夭死), 걱정할 흉(凶)-우(憂)-구(懼), 악한 사람 흉(凶)-악인(惡人), 흉년 흉(凶)-연곡불숙(年穀不熟), 사나울 흉(凶)-포학(暴虐), 음기 흉(凶)-음기(陰氣), 북쪽 흉(凶)-북(北), 없을 흉(凶)-공(空), 송사 흉(凶)-송(訟), 거역할 흉(凶)-역(逆), 어그러질 흉(凶)-패(悖), 허물 흉(凶)-구(咎)〉 등의 뜻을 내지만 여기선 〈불행할 길지반(吉之反)〉으로 여기고 새김이 마땅하다.

무(无) 〈없을 무(无)-무(無), 허무지도 무(无)-허무지도(虛无之道), 으뜸 무(无)-

원(元)〉 등의 뜻을 내지만 여기선 〈없을 무(無)〉와 같다 여기고 새김이 마땅하다. 〈무(无)〉는 〈무(無)〉의 고자(古字)이다.

구(咎) 〈허물 구(咎)-건(愆)-과(過), 재앙 구(咎)-재(災), 병될 구(咎)-병(病), 나쁠 구(咎)-오(惡)〉 등의 뜻을 내지만 여기선 〈허물 건(愆)-과(過)〉와 같다 여기고 새김이 마땅하다. 〈무구(无咎)〉는 〈면어구(免於咎)〉 즉 허물을[於咎] 면하다[免]와 같다.

註 향제사(享祭祀) : 향제사(享祭祀)에서 향(享)은 조상신(祖上神)을 모심이고, 제(祭)는 천신(天神)을 모심이며, 사(祀)는 지지(地祇) 즉 지귀(地鬼)를 모심이다. 천자(天子)-제후(諸侯)는 제사(祭祀)를 모시고, 대신(大臣)은 향사(享祀)를 모신다.

註 감위수(坎爲水) …… 위적(爲赤) : 감은[坎 : ☵] 물[水]이다[爲]. …… {감(坎 : ☵)은} 붉은 것[赤]이다[爲]. 「설괘전(說卦傳)」 11단락(段落)

註 태위구설(兌爲口舌) : 태는[兌 : ☱] 입이고[口] 혀[舌]이다[爲]. 「설괘전(說卦傳)」 11단락(段落)

註 자왈(子曰) 군자유삼외(君子有三畏) 외천명(畏天命) 외대인(畏大人) 외성인지언(畏聖人之言) 소인부지천명이불외야(小人不知天命而不畏也) 압대인(狎大人) 모성인지언(侮聖人之言) : 공자가[子] 말했다[曰]. 군자에게는[君子] 세 가지[三] 두려움이[畏] 있다[有]. 천명을[天命] 두려워하고[畏] 대인을[大人] 두려워하며[畏] 성인의[聖人之] 말씀을[言] 두려워한다[畏]. 소인은[小人] 천명을[天命] 몰라서[不知而] 두려워하지 않는 것[不畏]이다[也]. 대인을[大人] 얕보고[狎] 성인의[聖人之] 말씀을[言] 업신여긴다[侮]. 『논어(論語)』 「계씨(季氏)」 8장(章)

육삼(六三 : --)

六三 : 困于石(곤우석)하고 據于蒺藜(거우질려)라 入于其宮(입우기궁)이라도 不見(불견) 其妻(기처)니 凶(흉)하다

육삼(六三) : 돌멩이[石]로[于] 곤궁하고[困] 납가새[蒺藜]에[于] 의탁해[據] 제[其] 집[宮]으로[于] 들어가도[入] 제[其] 아내를[妻] 보지 못하니[不見] 불행하다[凶].

【육삼(六三)의 효상(爻象) 풀이】

곤괘(困卦 : ䷮)의 육삼(六三 : --)은 이음거양(以陰居陽) 즉 음(陰 : --)으로써

[以] 양(陽 : ㅡ)의 자리에 있는지라[居] 정당한 자리에 있지 못하다. 육삼(六三 : --)은 구이(九二 : ㅡ)-구사(九四 : ㅡ)와 음양(陰陽)의 사이인지라 다른 대성괘(大成卦)에서라면 비(比) 즉 이웃의 사귐[比]을 누리겠지만, 소인(小人) 탓으로 빚어지는 곤괘(困卦 : ䷮)의 곤궁한[困] 시운(時運)인지라 구이(九二 : ㅡ)-구사(九四 : ㅡ) 등과 사귐[比]을 누리지 못하는 모습이다. 육삼(六三 : --)과 상륙(上六 : --)은 양음(兩陰) 즉 둘 다[兩] 음(陰 : --)의 사이인지라 정응(正應) 즉 바르게[正] 호응함[應]을 누리지 못한다. 이에 육삼(六三 : --)은 중위(中位)를 벗어나 강강(剛强)한 두 양(陽 : ㅡ) 사이에 끼어 곤궁한[困] 처지를 벗어나지 못하는 모습이다.

> 곤괘(困卦 : ䷮)의 육삼(六三 : --)이 구삼(九三 : ㅡ)으로 변효(變爻)하면 육삼(六三 : --)은 곤괘(困卦 : ䷮)를 28번째 대과괘(大過卦 : ䷛)로 지괘(之卦)하게 한다. 따라서 곤괘(困卦 : ䷮)의 육삼(六三 : --)은 대과괘(大過卦 : ䷛)의 구삼(九三 : ㅡ)을 찾아가 살펴보게 한다.

【육삼(六三)의 계사(繫辭) 풀이】

困于石(곤우석) 據于蒺藜(거우질려)

돌멩이[石]로[于] 곤궁하고[困] 납가새[蒺藜]에[于] 의탁한다[據].

〈곤우석(困于石)〉은 육삼(六三 : --)이 곤괘(困卦 : ䷮)의 시운(時運) 탓으로 구사(九四 : ㅡ)와의 비(比) 즉 이웃의 사귐[比]을 바랄 수 없음을 암시한 계사(繫辭)이다. 〈곤우석(困于石)〉은 〈육삼곤우석(六三困于石)〉의 줄임으로 여기고 〈육삼은[六三] 돌멩이[石]로[于] 곤궁하다[困]〉라고 새겨볼 것이다.

〈곤우석(困于石)의 석(石)〉은 육삼(六三 : --)의 바로 위에 있는 구사(九四 : ㅡ)를 취상(取象)한 것이다. 중실(中實)하고 강강(剛强)한 구사(九四 : ㅡ)는 〈석(石)〉 즉 견고(堅固)한 돌[石]과 같다. 태평(泰平)한 시운이라면 육삼(六三 : --)과 구사(九四 : ㅡ)는 음양(陰陽)의 이웃으로서 상화(相和) 즉 서로[相] 어울림[和]을 누릴 사이임을 육삼(六三 : --)도 알 터이지만, 소자(小者 : --)가 대자(大者 : ㅡ)를 엄폐하여 빚어진 곤궁한[困] 시운 탓으로 육삼(六三 : --) 바로 위에 있는 구사(九四 : ㅡ)가 자신을 곤궁하게[困] 하는 돌덩이[石]라 여김을 암시한 계사(繫辭)가 〈곤우석(困于石)〉이다.

〈거우질려(據于蒺藜)〉는 육삼(六三 : ⚋)이 곤괘(困卦 : ䷮)의 시운 탓으로 구이(九二 : ⚊)와의 비(比) 즉 이웃의 사귐[比]을 바랄 수 없음을 암시한 계사(繫辭)이다. 〈거우질려(據于蒺藜)〉는 〈육삼거우질려(六三據于蒺藜)〉의 줄임으로 여기고 〈육삼이[六三] 납가새[蒺藜]에[于] 걸쳐 있다[據]〉라고 새겨볼 것이다.

〈거우질려(據于蒺藜)〉는 육삼(六三 : ⚋)이 곤괘(困卦 : ䷮)의 하체(下體) 감(坎 : ☵)의 중위(中位)를 벗어나 상위(上位)에 있고, 음(陰 : ⚋)이면서 양(陽 : ⚊)의 자리에 있는지라 가시방석에 앉아 있는 꼴임을 암시한다. 〈거우질려(據于蒺藜)의 질려(蒺藜)〉가 「설괘전(說卦傳)」에 나오는 〈그것을[其] 나무에 비한다면[於木也] 단단하고[堅] 속심이[心] 많음[多]이다[爲]〉라는 내용을 상기시킨다. 〈질려(蒺藜)〉란 사람이 발로 밟거나 손으로 잡기 어려운 가시투성이 납가새[蒺藜]라는 풀이다. 곤괘(困卦 : ䷮)의 시운이 곤궁한[困]지라 곤괘(困卦 : ䷮)의 하체(下體) 감(坎 : ☵)의 중효(中爻)인 구이(九二 : ⚊)를 〈질려(蒺藜)〉로 비유한다. 〈거우질려(據于蒺藜)의 거(據)〉는 여기선 〈짚을 장(杖)〉과 같고, 〈질려(蒺藜)〉는 육삼(六三 : ⚋)과 구이(九二 : ⚊)가 곤괘(困卦 : ䷮)의 하체(下體) 감(坎 : ☵)의 이효(二爻)와 삼효(三爻)임을 암시한다. 이에 육삼(六三 : ⚋)이 구이(九二 : ⚊)와 상화(相和) 즉 서로[相] 어울리는[和] 이웃의 사귐[比]은커녕 곤괘(困卦 : ䷮)의 시운 탓으로 상충(相衝) 즉 서로[相] 부딪치는[衝] 지경이라, 육삼(六三 : ⚋)에게 구이(九二 : ⚊)가 〈질려(蒺藜)〉 즉 가시투성이 납가새[蒺藜] 같다고 육삼(六三 : ⚋) 자신이 지레 여기는 탓으로, 〈우질려(于蒺藜)〉 즉 가시투성이 납가새를[于蒺藜] 짚고[據] 곤궁함[困]을 겪고 있음을 암시한 계사(繫辭)가 〈거우질려(據于蒺藜)〉이다.

入于其宮(입우기궁) 不見其妻(불견기처) 凶(흉)

제[其] 집[宮]으로[于] 들어가도[入] 제[其] 아내를[妻] 보지 못하니[不見] 불행하다[凶].

〈입우기궁(入于其宮) 불견기처(不見其妻)〉는 곤괘(困卦 : ䷮)의 상하체(上下體)를 빌려 육삼(六三 : ⚋)과 상륙(上六 : ⚋)이 양음(兩陰) 즉 둘 다[兩] 음(陰 : ⚋)의 사이인지라 불응(不應) 즉 서로 호응하지 못함[不應]을 들어 부부 사이가 원만치 못함을 암시한 계사(繫辭)이다. 〈입우기궁(入于其宮) 불견기처(不見其妻)〉는

〈육삼입우기궁(六三入于其宮) 연이륙삼불견기처(然而六三不見其妻) 내륙삼유흉(乃六三有凶)〉의 줄임으로 여기고 〈육삼이[六三] 제[其] 집으로[于宮] 들어간다[入] 그러나[然而] 육삼은[六三] 제[其] 아내를[妻] 만나지 못한다[不見] 이에[乃] 육삼에게는[六三] 불운함이[凶] 있다[有]〉라고 새겨볼 것이다. 〈기궁(其宮)의 궁(宮)〉은 〈집 가(家)〉와 같고, 〈유흉(有凶)〉은 〈흉하다[有凶]〉라고 새겨도 된다. 〈유흉(有凶)의 유(有)〉를 뜻 없는 어조사로 보아도 되는 까닭이다.

〈입우기궁(入于其宮)〉은 곤괘(困卦 : ䷮)의 상하체(上下體)가 부부(夫婦)의 연(緣)을 지님을 암시한다. 곤괘(困卦 : ䷮)의 하체(下體)인 감(坎 : ☵)은 중남(中男)인지라 감(坎 : ☵)의 삼효(三爻)는 음양(陰陽)에 관계없이 중남(中男)이 되고, 곤괘(困卦 : ䷮)의 상체(上體)인 태(兌 : ☱)는 소녀(少女)인지라 태(兌 : ☱)의 삼효(三爻)는 음양(陰陽)에 관계없이 소녀(少女)가 된다. 그래서 「설괘전(說卦傳)」에 〈감은[坎 : ☵] 두 번째[再] 구해서[索而] 남자를[男] 얻었기[得] 때문에[故] 감을[之] 가운데[中] 아들[男]이라 한다[謂]〉라는 내용과 〈태는[兌 : ☱] 세 번째[三] 구해서[索而] 여자를[女] 얻었기[得] 때문에[故] 태를[之] 막내[少] 딸[女]이라 한다[謂]〉라는 내용이 나온다. 곤괘(困卦 : ䷮)의 하체(下體) 감(坎 : ☵)의 상효(上爻)인 육삼(六三 : ⚋)은 중남(中男) 즉 가운데[中] 아들[男]을 나타내고, 곤괘(困卦 : ䷮)의 상체(上體) 태(兌 : ☱)의 상효(上爻)인 상륙(上六 : ⚋)은 소녀(少女) 즉 막내[少] 딸[女]을 나타낸다. 이에 〈입우기궁(入于其宮)〉 즉 제[其] 처가 있는 집으로[于宮] 들어간다[入] 함은 육삼(六三 : ⚋)이 곤괘(困卦 : ䷮)의 상체(上體)로 진입(進入) 즉 나아가[進] 들어감[入]을 암시하는 계사(繫辭)이다.

〈불견기처(不見其妻)〉는 육삼(六三 : ⚋)과 상륙(上六 : ⚋)이 곤괘(困卦 : ䷮)의 상하체(上下體)로는 부부(夫婦)의 연(緣)이 있지만, 곤괘(困卦 : ䷮)의 효연(爻緣)으로는 양음(兩陰) 즉 둘 다[兩] 음(陰 : ⚋)인지라 불상응(不相應) 즉 서로[相] 호응하지 못함[不應]을 암시한다. 따라서 육삼(六三 : ⚋)이 제[其] 아내를[妻] 보지 못한다[不見] 함은 육삼(六三 : ⚋)이 하체(下體 : ☵)를 떠나 상체(上體 : ☱)에 든다[入] 해도 곤괘(困卦 : ䷮)의 시국 탓으로 이웃의 사귐[比]을 바랄 수 있는 구사(九四 : ⚊)에게도 버림받을 뿐더러, 상륙(上六 : ⚋)으로부터는 더욱 환영받지 못할 것임을 암시한 계사(繫辭)가 〈불견기처(不見其妻)〉이다.

〈흉(凶)〉은 육삼(六三 : --)이 〈곤(困)〉 즉 곤궁함[困]을 겪는 모습을 한 자(字)로 써 밝힌 효사(爻辭)이다. 육삼(六三 : --)이 곤궁함[困]에 짓눌려 대자(大者)인 구사(九四 : ㅡ)에게 이웃[比]의 도움을 받기는커녕 오히려 구사(九四 : ㅡ)가 자기를 곤궁하게[困] 하는 돌덩이[石]이고, 역시 대자(大者)인 구이(九二 : ㅡ)에게서도 이웃[比]의 도움을 받을 수 없어 구이(九二 : ㅡ) 역시 자기를 곤궁하게[困] 하는 가시투성이 납가세[蒺藜]와 같다. 상하체(上下體)의 어느 효(爻)로부터도 도움을 바랄 수 없는 지경이라, 소인(小人)의 소지(小志) 탓으로 곤궁함[困]을 겪으니 육삼(六三 : --)이 불운함[凶]을 암시한 계사(繫辭)가 〈흉(凶)〉이다.

【字典】

곤(困) 〈곤궁할 곤(困)-궁(窮), 괴로울 곤(困)-고(苦), 가난할 곤(困)-빈(貧), 혼란할 곤(困)-난(亂), 위태로울 곤(困)-위(危)〉 등의 뜻을 내지만 여기선 〈곤궁할 궁(窮)〉으로 여기고 새김이 마땅하다.

우(于) 〈~에서(부터) 우(于)-어(於), 갈 우(于)-왕(往), 써 우(于)-이(以), 할 우(于)-위(爲), 같을 우(于)-여(如), 여기 우(于)-시(是), 도울 우(于)-조(助), 클 우(于)-대(大), 구할 우(于)-구(求), 자족하는 모습 우(于)-자족모(自足貌)〉 등의 뜻을 내지만 여기선 〈~에서 어(於)〉와 같다 여기고 새김이 마땅하다.

석(石) 〈돌(산돌) 석(石)-산석(山石), 팔음의 하나 석(石)-팔음지일(八音之一)-석경(石磬), 비갈(비석) 석(石)-비갈(碑碣), 약석 석(石)-약석(藥石), 돌침(돌침 놓을) 석(石)-폄(砭), 운석 석(石)-운석(隕石), 칠 석(石)-적(擿), 단단할 석(石)-견(堅), 클 석(石)-대(大)〉 등의 뜻을 내지만 여기선 〈돌 석(石)〉으로 새김이 마땅하다.

거(據) 〈짚을 거(據)-장(杖), 짚고 있을 거(據)-장지(杖持), 의지할 거(據)-의(依), 줄 거(據)-수(授), 지킬 거(據)-수(守)-집수(執守), 처할 거(據)-처(處)-거(居), 웅거할 거(據)-거수(拒守), 근거하여 의지할 거(據)-빙의(憑依), 끌 거(據)-인(引), 정할 거(據)-정(定), 편안케 할 거(據)-안(安), 누를(어루만질) 거(據)-안(按)〉 등의 뜻을 내지만 〈짚을 장(杖)〉과 같다 여기고 새김이 마땅하다.

질(蒺) 〈찔레(질려풀) 질(蒺)〉로 새김이 마땅하다. 질려(蒺藜)는 일년초(一年草)로 바닷가에 주로 자생하며 열매에 단단한 가시가 많아 밟거나 만질 수 없다. 납가새[蒺藜]라 불린다.

려(藜) 〈명아주 려(藜)〉로 새김이 마땅하다. 논밭 두렁에 자생하는 약초(藥草)이다.

입(入) 〈(밖에서 안으로) 들 입(入)-자외지내(自外至內), 돌아올 입(入)-환(還), 안(속) 입(入)-내(內), 올(이를) 입(入)-내(來)-치(致), 함께 입(入)-여(與), 따를 입(入)-수(隨), 아래로 갈(내려갈) 입(入)-하(下), 가운데 입(入)-중(中), 벼슬할 입(入)-사관(仕官)-입조(入朝), 죽음 입(入)-사(死), 받을 입(入)-수(受)-입수(入受), 시집갈 입(入)-납(納)-가(嫁)-입자(入子=嫁女), 던져 넣을 입(入)-투(投)-투입(投入), 채울 입(入)-충(充), 구덩이 입(入)-감(坎)〉 등의 뜻을 내지만 여기선 〈들 입(入)〉으로 여기고 새김이 마땅하다.

기(其) 〈그 기(其)-관형사, 그(그것) 기(其)-피(彼)-지(之), 그럴 기(其)-연(然), 어찌 기(其)-기(豈), 누를 기(其)-억(抑), 오히려 기(其)-상(尙)-서기(庶幾), 이에 기(其)-내(乃), 만약 기(其)-약(若), 장차 기(其)-장(將), 어조사 기(其)-어조사〉 등의 뜻을 내지만 여기선 관형사로서 〈그 기(其)〉로 여기고 새김이 마땅하다.

궁(宮) 〈집 궁(宮)-가(家), 궁궐 궁(宮)-왕지소거(王之所居), 담장 궁(宮)-장원(牆垣), 조상을 모시는 사당 궁(宮)-묘(廟), 신령을 모시는 사당 궁(宮)-신사(神祠), 학교 궁(宮)-학교(學校), 임금 궁(宮)-군(君), 가운데 궁(宮)-중(中), 마음 궁(宮)-심(心), 품을(머금을) 궁(宮)-용(容)-함(含), 궁형 궁(宮)-음형(淫刑)〉 등의 뜻을 내지만 여기선 〈집 가(家)〉와 같다 여기고 새김이 마땅하다.

不 〈불-부〉 등으로 발음되고, 〈못할 불(不)-부(不), 않을 불(不)-부(不), 아닐 불(不)-부(不)-비(非), 없을 불(不)-부(不)-무(無), 하지 말 불(不)-부(不)-막(莫)-금지(禁止), 정하지 않을 불(不)-부(不)-부(否)-미정(未定), 새가 날아올라 내려오지 않는 불(不)-부(不)-조비상불하래(鳥飛上不下來)〉 등의 뜻을 내지만 여기선 〈못할 불(不)〉로 여기고 새김이 마땅하다.

見 〈견-현〉 두 가지로 발음되고, 〈볼 견(見)-식(識)-시(視), 생각할 견(見)-사(思), 돌아볼 견(見)-고(顧), 미칠(당할) 견(見)-피(被)-당(當), 만나볼 견(見)-회(會), 드러날 현(見)-노(露), 나타날 현(見)-현(顯), 있을 현(見)-재(在), 보일 현(見)-조(朝)〉 등의 뜻을 내지만 여기선 〈볼 식(識)〉으로 여기고 새김이 마땅하다.

처(妻) 〈아내(부인) 처(妻)-부(婦)-실인(室人), 갖출 처(妻)-제(齊), 시집보낼 처(妻)-가인(嫁人), 배필(짝) 처(妻)-배(配), 태괘(兌卦 : ☱) 처(妻)-태(兌), 손괘(巽卦 : ☴)

처(妻)-손(巽)〉 등의 뜻을 내지만 여기선 〈아내 부(婦)〉로 여기고 새김이 마땅하다.

흉(凶) 〈불행할 흉(凶)-길지반(吉之反), 나쁠 흉(凶)-오(惡), 흉한 사람 흉(凶)-흉인(凶人), 재앙 흉(凶)-화(禍), 요사할 흉(凶)-요사(夭死), 걱정할 흉(凶)-우(憂)-구(懼), 악한 사람 흉(凶)-악인(惡人), 흉년 흉(凶)-연곡불숙(年穀不熟), 사나울 흉(凶)-포학(暴虐), 음기 흉(凶)-음기(陰氣), 북쪽 흉(凶)-북(北), 없을 흉(凶)-공(空), 송사 흉(凶)-송(訟), 거역할 흉(凶)-역(逆), 어그러질 흉(凶)-패(悖), 허물 흉(凶)-구(咎)〉 등의 뜻을 내지만 여기선 〈불행할 길지반(吉之反)〉으로 여기고 새김이 마땅하다.

註 기어목야(其於木也) 위견다심(爲堅多心) : {감(坎 : ☵)} 그것을[其] 나무로[木] 말한다면[於也] 단단한[堅] 속심이[心] 많은 것[多]이다[爲]. 「설괘전(說卦傳)」 11단락(段落)

註 감재색이득남(坎再索而得男) 고(故) 위지중남(謂之中男) : 감은[坎 : ☵] 두 번째[再] 구해서[索而] 남자를[男] 얻었기[得] 때문에[故] 감을[之] 가운데[中] 아들[男]이라 한다[謂]. 「설괘전(說卦傳)」 10단락(段落)

註 태삼색이득녀(兌三索而得女) 고(故) 위지소녀(謂之少女) : 태는[兌 : ☱] 세 번째[三] 구해서[索而] 여자를[女] 얻었기[得] 때문에[故] 태를[之] 막내[少] 딸[女]이라 한다[謂]. 「설괘전(說卦傳)」 10단락(段落)

구사(九四 : ⚊)

九四 : 來徐徐이다 困于金車하여 吝하나 有終이라
(내서서 곤우금거 인 유종)

구사(九四) : 밖에서 안으로 옴이[來] 더디고[徐] 더디다[徐]. 구리[金] 수레에서[于車] 곤궁하니[困] 부끄러우나[吝] 끝남이[終] 있으리라[有].

【구사(九四)의 효상(爻象) 풀이】

곤괘(困卦 : ䷮)의 구사(九四 : ⚊)는 이양거음(以陽居陰) 즉 양(陽 : ⚊)으로써[以] 음(陰 : ⚋)의 자리에 있는지라[居] 정당한 자리에 있지 못하다. 구사(九四 : ⚊)와 육삼(六三 : ⚋)은 양음(陽陰)의 사이인지라 소자(小者 : ⚋)가 대자(大者 : ⚊)를 가리고 덮어 빛어지는 곤궁한[困] 시운(時運)이지만 구사(九四 : ⚊)가 이웃의 사귐[比]을 누리려는 모습이다. 구사(九四 : ⚊)와 구오(九五 : ⚊)는 양양(兩

陽) 즉 둘 다[兩] 양(陽 : ㅡ)의 사이인지라 다른 대성괘(大成卦)에서라면 불응(不應) 즉 서로 호응하지 못할[不應] 처지이지만 소자(小者 : --)가 대자(大者 : ㅡ)를 가리고 덮어 곤궁한[困] 시국에서는 서로 돕는 처지이다. 구사(九四 : ㅡ)와 초륙(初六 : --)은 서로 부정위(不正位) 즉 정당하지 못한 자리에 있지만 곤궁한[困] 시국에서도 구사(九四 : ㅡ)가 정응(正應) 즉 서로 바르게[正] 호응함[應]을 누리고자 하는 모습이다.

> 곤괘(困卦 : ䷮)의 구사(九四 : ㅡ)가 육사(六四 : --)로 변효(變爻)하면 구사(九四 : ㅡ)는 곤괘(困卦 : ䷮)를 29번째 습감괘(習坎卦 : ䷜)로 지괘(之卦)하게 한다. 따라서 곤괘(困卦 : ䷮)의 구사(九四 : ㅡ)는 습감괘(習坎卦 : ䷜)의 육사(六四 : --)를 찾아가 살펴보게 한다.

【구사(九四)의 계사(繫辭) 풀이】

來徐徐(내서서)

밖에서 안으로 옴이[來] 더디고[徐] 더디다[徐].

〈내서서(來徐徐)〉는 곤괘(困卦 : ䷮)의 시운(時運)이 소자(小者 : --)가 대자(大者 : ㅡ)를 위에서 엄폐하여 곤궁한[困] 시운임에도, 구사(九四 : ㅡ)가 육삼(六三 : --)과는 비(比) 즉 이웃의 사귐[比]을 나누고 초륙(初六 : --)과도 정응(正應)을 누리고자 함을 암시한 계사(繫辭)이다. 〈내서서(來徐徐)〉는 〈구사지소래서서(九四之所來徐徐)〉의 줄임으로 여기고 〈구사가[九四之] 밖에서 안으로 들어오는[來] 바가[所] 더디고[徐] 더디다[徐]〉라고 새겨볼 것이다.

〈내서서(來徐徐)의 내(來)〉는 상륙(上六 : --)이 위에서 가리고[掩] 덮어버린[蔽] 탓으로 왕(往) 즉 상향(上向)할 수 없으니, 구사(九四 : ㅡ)가 곤괘(困卦 : ䷮)의 하체(下體)인 감(坎 : ☵)으로 하향(下向)하여 육삼(六三 : --)과 비(比) 즉 이웃의 사귐[比]을 나누어 곤궁한[困] 시운에서 상구(相求)하고, 나아가 초륙(初六 : --)과도 정응(正應) 즉 바르게[正] 호응함[應]을 나누어 상구하여, 곤괘(困卦 : ䷮)의 시운인 〈곤(困)〉을 극복하여 상구하려는 대인(大人)의 심지(心志)를 암시한다.

안에서 밖으로 나아감은 왕(往)이고, 밖에서 안으로 들어옴은 내(來)이다. 대성괘(大成卦)의 하체(下體)를 내괘(內卦)라 하고 상체(上體)를 외괘(外卦)라 한다. 따라서 〈내서서(來徐徐)의 내(來)〉는 구사(九四 : ⚊)의 심지(心志)가 곤괘(困卦 : ䷮)의 상체(上體)인 태(兌 : ☱)에서 곤괘(困卦 : ䷮)의 하체(下體)인 감(坎 : ☵)으로 하향(下向)함을 암시한다. 〈내서서(來徐徐)의 서서(徐徐)〉는 구사(九四 : ⚊) 자신이 부정위(不正位) 즉 정당한[正] 자리에 있지 못해[不位] 곤궁함[困]을 극복할 능력이 충분치 못함을 알고 있음을 암시한다. 하향(下向)함을 서둘다가는 함정에 빠져버리게 할 감(坎 : ☵)인지라 천천히[徐] 천천히[徐] 하향(下向)하여, 육삼(六三 : ⚋)과는 비(比)를 누리고 초륙(初六 : ⚋)과는 정응(正應)을 누릴 수 있음을 구사(九四 : ⚊) 자신이 알고 있음을 암시한 계사(繫辭)가 〈내서서(來徐徐)〉이다.

困于金車(곤우금거)

구리[金] 수레에서[于車] 곤궁하다[困].

〈곤우금거(困于金車)〉는 구사(九四 : ⚊)가 이미 곤괘(困卦 : ䷮)의 하체(下體) 감(坎 : ☵)으로 〈내(來)〉 즉 내려와서[來] 육삼(六三 : ⚋)을 만나 이웃의 사귐[比]을 나눈 다음 구이(九二 : ⚊)를 만남을 암시하는 계사(繫辭)이다. 〈곤우금거(困于金車)〉는 〈구사곤우금거(九四困于金車)〉의 줄임으로 여기고 〈구사가[九四] 금거에서[于金車] 곤궁하다[困]〉라고 새겨볼 것이다.

〈곤우금거(困于金車)의 금거(金車)〉는 곤괘(困卦 : ䷮)의 하체(下體) 감(坎 : ☵)의 중효(中爻)인 구이(九二 : ⚊)를 취상(取象)한 것이다. 〈금거(金車)의 거(車)〉가 「설괘전(說卦傳)」에 나오는 〈감괘는[坎 : ☵] 활이고[弓] 수레[輪]이다[爲]〉라는 내용을 상기시키기 때문이다. 〈금거(金車)의 금(金)〉은 강견(剛堅)한 것이니 강강(剛強)한 구이(九二 : ⚊)를 비유한다. 따라서 〈곤우금거(困于金車)의 곤(困)〉이 구사(九四 : ⚊)와 초륙(初六 : ⚋)이 구이(九二 : ⚊)가 걸림돌이 되어 순조롭게 정응(正應) 즉 서로 바르게[正] 호응함[應]을 누리지 못함을 암시한다. 초륙(初六 : ⚋)은 구이(九二 : ⚊)와 비(比) 즉 이웃의 사귐[比]을 나누어 구이(九二 : ⚊)가 굳세게 초륙(初六 : ⚋)에게로 하향(下向)하니 이미 초륙(初六 : ⚋)이 구이(九二 : ⚊)를 따름을 구사(九四 : ⚊)로 하여금 심찰(審察) 즉 곰곰이[審] 살펴보게[察] 함을 〈곤우금거(困于金車)의 곤(困)〉이 암시하기도 한다. 구사(九四 : ⚊)가 초륙(初六 : ⚋)과 정응(正應)을 나누자면 구이(九二 : ⚊)의 아량(雅量)이 앞서야 함을 알아차림을 암시하고, 구이(九二 : ⚊)는 초륙(初六 : ⚋)과 사이가 가깝고 구사(九四 : ⚊) 자신은 초륙(初六 : ⚋)과의 사이가 멀다는 사실을 자인하는 처지가 〈곤우금거(困于金車)의 곤(困)〉이다. 따라서 곤괘(困卦 : ䷮)의 하체(下體) 감(坎 : ☵)의 중효(中爻)인 구이(九二 : ⚊)가 득중(得中) 즉 정도를 따름을[中] 취하는[得]지라, 구사(九四 : ⚊)로 하여금 초륙(初六 : ⚋)과 정응(正應)을 누릴 수 있도록 대지(大志)를 발휘해주기를 기다려야 할 처지임을 암시한 계사(繫辭)가 〈곤우금거(困于金車)〉이다.

吝(인) 有終(유종)

부끄러우나[吝] 끝남이[終] 있으리라[有].

〈인(吝) 유종(有終)〉은 구사(九四 : ⚊)와 초륙(初六 : ⚋)의 정응(正應)을 구이(九二 : ⚊)가 가로막을세라 구사(九四 : ⚊) 자신이 의심한 심지(心志)를 자괴(自愧) 즉 스스로[自] 부끄러워함[愧]을 암시한 계사(繫辭)이다. 〈인(吝)〉은 〈구사린기소의구이(九四吝其所疑九二) 이차구사지의유종(因此九四之疑有終)〉의 줄임으로 여기고 〈구사는[九四] 자신이[其] 구이를[九二] 의심한[疑] 바를[所] 부끄러워한다[吝] 그래서[因此] 구사의[九四之] 의심은[疑] 끝났다[有終]〉라고 새겨볼 것이다.

〈인(吝) 유종(有終)〉은 구사(九四 : ⚊)와 구이(九二 : ⚊)가 모두 부정위(不正位) 즉 정당한[正] 자리에 있지 않지만[不位] 둘 다 대자(大者 : ⚊)임을 암시한다. 물론 관직으로 보면 구사(九四 : ⚊)는 경대부(卿大夫)이고 구이(九二 : ⚊)는 현감(縣監)이니 구사(九四 : ⚊)가 훨씬 고위직(高位職)이다. 그러나 구사(九四 : ⚊)는 득중자(得中者)가 아니지만 구이(九二 : ⚊)는 중효(中爻)로서 득중자(得中者)이다. 곤괘(困卦 : ䷮)의 주제인 곤궁한[困] 때에 제곤(濟困) 즉 곤궁함을[困] 다스리는[濟] 능력을 발휘함에는 정도를 따름을[中] 취하는[得] 쪽[者]이 으뜸인지라, 곤괘(困卦 : ䷮)의 하체(下體)인 감(坎 : ☵)에서만은 구이(九二 : ⚊)가 구사(九四 : ⚊)보다 훨씬 유리하게 제곤(濟困)의 능력을 발휘할 수 있음을, 구사(九四 : ⚊) 자신이 알고 있음을 암시한 것이 〈인(吝)〉이다.

〈유종(有終)〉은 곤괘(困卦 : ䷮)의 하체(下體)인 감(坎 : ☵)의 중효(中爻)로서 구이(九二 : ⚊)가 구사(九四 : ⚊)와 초륙(初六 : ⚋)이 정응(正應)을 누리지 못하게

조자(阻者) 즉 가로막는[阻] 쪽[者]이 아니라 정응(正應)을 누리게 하는 증자(拯者) 즉 돕는[拯] 쪽[者]이었음을 암시한다. 따라서 구사(九四 : ━)가 비록 경대부(卿大夫)일지라도 곤괘(困卦 : ䷮)의 하체(下體)인 감(坎 : ☵)으로 자신의 심지(心志)를 하향(下向)한 터인지라, 강유상화(剛柔相和)로써 〈곤(困)〉의 시국을 극복하려는 구이(九二 : ━)의 대지(大志)를 의심한 구사(九四 : ━)가 자신을 부끄러워함으로 뉘우쳤음을 암시한 계사(繫辭)가 〈인(吝) 유종(有終)〉이다.

【 字 典 】

내(來) 〈돌아올 내(來)-복(復)-환(還)-귀(歸), 올 내(來)-지(至), 앞으로 내(來)-장래(將來)-미래(未來), 초치할 내(來)-초치(招致), ~부터 내(來)-자(自)-유(由), 남음이 있을 내(來)-유여(有餘), 어세를 더해주려는 조사(助詞) 내(來), 구중(句中)-구말(句末)의 조사(助詞) 내(來)〉 등의 뜻을 내지만 여기선 〈올 지(至)〉와 같다 여기고 새김이 마땅하다. 〈來〉가 앞에 있으면 〈내〉로 발음하고, 중간이나 뒤에 있으면 〈래〉로 발음한다.

서(徐) 〈천천히 할 서(徐)-안행(安行), 느릴 서(徐)-완(緩), 펼 서(徐)-서(舒), 찬찬할(엄숙한 차림새) 서(徐)-위의(威儀), 다함께 말할 서(徐)-개공지사(皆共之辭)〉 등의 뜻을 내지만 여기선 〈천천히 안행(安行)〉으로 여기고 새김이 마땅하다.

곤(困) 〈곤궁할 곤(困)-궁(窮), 괴로울 곤(困)-고(苦), 가난할 곤(困)-빈(貧), 혼란할 곤(困)-난(亂), 위태로울 곤(困)-위(危)〉 등의 뜻을 내지만 여기선 〈곤궁할 궁(窮)〉으로 여기고 새김이 마땅하다.

우(于) 〈~에서(부터) 우(于)-어(於), 갈 우(于)-왕(往), 써 우(于)-이(以), 할 우(于)-위(爲), 여기 우(于)-시(是), 도울 우(于)-조(助), 클 우(于)-대(大), 구할 우(于)-구(求), 자족하는 모습 우(于)-자족모(自足貌)〉 등의 뜻을 내지만 여기선 〈~에서 어(於)〉와 같다 여기고 새김이 마땅하다.

金 〈금-김〉 두 가지로 발음되고, 〈견고할 금(金)-강(剛), 구리 금(金)-동(銅), 금속 금(金)-금속지총칭(金屬之總稱), 황금 금(金)-황금(黃金), 쇠 금(金)-철(鐵), 솥 금(金)-종정(鐘鼎), 한 근 금(金)-근(斤), 돈 금(金)-화(貨), 좋아할 금(金)-보(寶), 진중할 금(金)-진중(珍重), 황주색 금(金)-황주색(黃朱色), 오행의 하나 금(金)-오행지일{五行之一 : 제사위(第四位)-서(西)-추(秋)-상(商)-경신(庚辛)}, 팔음의 하나 금(金)-악기(樂器), 형틀 금(金)-형구(刑具), 무기 금(金)-무기(武器)-도검(刀劍), 인장 금(金)-인장(印章),

금나라 금(金), 성씨 김(金)〉 등의 뜻을 내지만 여기선 〈견고할 강(剛)〉과 같다 여기고 새김이 마땅하다.

車 〈거-차〉 두 가지로 발음되고, 〈수레 거(車)-노(輅), 그물 거(車)-복거(覆車)-망(網), 수레 차(車), 성씨 차(車)〉 등의 뜻을 내지만 여기선 〈수레 노(輅)〉와 같다 여기고 새김이 마땅하다.

인(吝) 〈부끄러울 인(吝)-수치(羞恥), 굴욕스러울 인(吝)-굴욕(屈辱), 한할 인(吝)-한(恨), 아낄 인(吝)-석(惜), 인색할 인(吝)-색(嗇), 욕심낼 인(吝)-탐(貪)〉 등의 뜻을 내지만 여기선 〈부끄러울 수치(羞恥)〉와 같다 여기고 새김이 마땅하다. 〈吝〉이 맨 앞에 오면 〈인〉으로 발음되고, 중간이나 뒤에 오면 〈린〉으로 발음된다.

유(有) 〈없을 무(無)의 반대말로 있을 유(有), 어조사 유(有), 간직할 유(有)-장(藏), 얻을(가질) 유(有)-취(取), 혹 유(有)-혹(或), 많을 유(有)-다(多)-족(足), 부유할 유(有)-부(富), 보호할 유(有)-보(保), 서로 친할 유(有)-상친(相親), 전일할 유(有)-전(專), 할 유(有)-위(爲)〉 등의 뜻을 내지만 〈있을 유(有)〉로 여기고 새김이 마땅하다.

종(終) 〈끝내(끝날) 종(終)-이(已), 다할 종(終)-진(盡)-극(極)-궁(窮)-경(竟), 충분할 종(終)-충(充), 이룰 종(終)-성(成), 사망 종(終)-사(死), 끝 종(終)-시지대(始之對)〉 등의 뜻을 내지만 여기선 〈끝내 이(已)〉와 같다 여기고 새김이 마땅하다.

註 감위궁륜(坎爲弓輪) : 감괘는[坎 : ☵] 활이고[弓] 수레[輪]이다[爲].

「설괘전(說卦傳)」 11단락(段落)

구오(九五 : ⚊)

九五 : 劓刖이니 困于赤紱이다 乃徐有說하니 利用祭祀니라
의월 곤우적불 내서유열 이용제사

구오(九五) : 코를 잘리고[劓] 발을 잘렸으니[刖] 붉은[赤] 인끈[紱]에도[于] 곤궁하다[困]. 허나[乃] 서서히[徐] 기쁨이[說] 있으니[有] 제사를[祭祀] 행함이[用] 이롭다[利].

【구오(九五)의 효상(爻象) 풀이】

곤괘(困卦 : ䷮)의 구오(九五 : ━)는 이양거양(以陽居陽) 즉 양(陽 : ━)으로써[以] 양(陽 : ━)의 자리에 있는지라[居] 정당한 자리에 있다. 상륙(上六 : ╍)과는 양음(陽陰) 즉 강양(剛陽 : ━)과 유음(柔陰 : ╍)의 사이인지라 다른 대성괘(大成卦)에서라면 비(比) 즉 이웃의 사귐[比]을 누릴 처지이지만, 소자(小者)인 상륙(上六 : ╍)이 대자(大者)인 구오(九五 : ━)를 가리고 덮어 곤궁한[困] 시운에서는 상륙(上六 : ╍)이 구오(九五 : ━)를 곤궁하게[困] 하는 모습이다. 구사(九四 : ━)와는 양양(兩陽) 즉 둘 다[兩] 양(陽 : ━)의 사이인지라 다른 대성괘(大成卦)에서라면 상충(相衝)할 처지이겠지만, 소자(小者 : ╍)가 대자(大者 : ━)를 가리고 덮어 곤궁한[困] 시국에서는 상조(相助) 즉 서로[相] 돕는[助] 사이이다. 구오(九五 : ━)와 구이(九二 : ━) 역시 양양(兩陽)의 사이인지라 다른 대성괘(大成卦)에서라면 상충(相衝)할 처지이겠지만, 소자(小者 : ╍)가 대자(大者 : ━)를 가리고 덮어 곤궁한 시국에서는 상조(相助) 즉 서로[相] 돕는[助] 사이이다. 따라서 군왕(君王)으로서 곤궁한[困] 시국을 맞았지만 서서히 극복해 갈 수 있어서 기뻐하는 모습이다.

곤괘(困卦 : ䷮)의 구오(九五 : ━)가 육오(六五 : ╍)로 변효(變爻)하면 구오(九五 : ━)는 곤괘(困卦 : ䷮)를 40번째 해괘(解卦 : ䷧)로 지괘(之卦)하게 한다. 따라서 곤괘(困卦 : ䷮)의 구오(九五 : ━)는 해괘(解卦 : ䷧)의 육오(六五 : ╍)를 찾아가 살펴보게 한다.

【구오(九五)의 계사(繫辭) 풀이】

劓刖(의월) 困于赤紱(곤우적불)

코를 잘리고[劓] 발을 잘렸으니[刖] 붉은[赤] 인끈[紱]에도[于] 곤궁하다[困].

〈의월(劓刖) 곤우적불(困于赤紱)〉은 구오(九五 : ━)가 곤괘(困卦 : ䷮)의 주제인 〈곤(困)〉 즉 곤궁한[困] 시국을 마주함을 암시한 계사(繫辭)이다. 〈의월(劓刖) 곤우적불(困于赤紱)〉은 〈인위곤시여의월(因爲困時如劓刖) 구오곤우적불(九五困于赤紱)〉의 줄임으로 여기고 〈곤궁한[困] 시국이[時] 의월과[劓刖] 같기[如] 때문에[因爲] 구오는[九五] 붉은[赤] 인끈[紱]에도[于] 곤궁하다[困]〉라고 새겨볼 것이다. 〈우적불(于赤紱)〉은 〈군왕(君王)이면서도〉의 뜻을 암시한 것이니 〈곤우적불(困于赤紱)〉을 〈군왕이면서도[于赤紱] 곤궁하다[困]〉라고 새겨도 마땅하다.

〈의월(劓刖)〉은 곤괘(困卦 : ䷮)의 상하체(上下體)를 들어 곤괘(困卦 : ䷮)의 주제인 〈곤(困)〉의 시국을 암시한다. 왜냐하면 여기 〈의월(劓刖)〉이 「설괘전(說卦傳)」에 나오는 〈감은[坎 : ☵] 피의[血] 괘(卦)이다[爲]〉라는 내용과 〈태는[兌 : ☱] 상처 내[毁] 자름[折]이다[爲]〉라는 내용을 환기시키기 때문이다. 〈의월(劓刖)〉은 오형(五刑)에 속한다. 〈의월(劓刖)의 의(劓)〉는 단비(斷鼻) 즉 코를[鼻] 자르는[斷] 형(刑)이고, 〈의월(劓刖)의 월(刖)〉은 단족(斷足) 즉 발을[足] 자르는[斷] 형(刑)이니, 〈의월(劓刖)〉은 다 피를 흘리고[血] 상처 내[毁] 잘라내는[折] 형벌(刑罰)이다. 이에 곤괘(困卦 : ䷮)의 상하체(上下體)인 감(坎 : ☵)과 태(兌 : ☱)를 빌려 〈곤(困)〉의 시국을 취상(取象)한 것이 〈의월(劓刖)〉이다.

〈곤우적불(困于赤紱)〉은 구오(九五 : ⚊)가 군왕(君王)이기에 곤괘(困卦 : ䷮)의 주제인 〈곤(困)〉 즉 곤궁한[困] 시국을 마주할 수밖에 없음을 거듭해 암시한다. 군왕(君王)으로서 구오(九五 : ⚊)가 구이(九二 : ⚊)-구사(九四 : ⚊)와 대지(大志)를 모아 곤궁한 시국을 겪는 백성 즉 초륙(初六 : ⚋)을 구(求)하고자 함에 대부(大夫)의 자리에 있는 육삼(六三 : ⚋)이 거슬림을 암시하기도 한다. 〈곤우적불(困于赤紱)의 적불(赤紱)〉은 천자(天子)나 군왕(君王)이 신하에게 하사하여 신하가 입는 제복(祭服)이다. 구오(九五 : ⚊)가 구이(九二 : ⚊)에게 〈주불(朱紱)〉을 하사한 것처럼 대부(大夫)인 육삼(六三 : ⚋)에게도 내렸지만, 육삼(六三 : ⚋)은 소자(小者)인지라 구오(九五 : ⚊)의 대지(大志)를 뿌리치고 보좌하지 않음을 〈곤우적불(困于赤紱)〉이 암시한다. 〈적불(赤紱)의 적(赤)〉과 〈주불(朱紱)의 주(朱)〉는 다 같이 붉은 색을 뜻한다.

소자(小者 : ⚋) 즉 소인(小人)이 대자(大者 : ⚊) 즉 군자(君子)를 가리고[掩] 덮는[蔽] 세상이면 곤궁한[困] 세상이 펼쳐지게 마련인 까닭을 깨닫자면 『논어(論語)』에 나오는 군자(君子) 대(對) 소인(小人)의 자왈(子曰)을 환기하는 편이 가장 좋은 길잡이가 될 것이다. 그 자왈(子曰) 중에서 둘만 들어도 소인(小人)이 군자(君子)를 엄폐하는 세상이라면 그 세상은 왜 곤궁하기[困] 마련인가를 알아챌 수 있다. 『논어(論語)』에 나오는 〈군자는[君子] 어울리되[和而] 패거리 짓지 않지만[不同] 소인은[小人] 패거리 짓되[同而] 어울리지 못한다[不和]〉라는 내용과 〈군자는[君子] 의리에[於義] 밝고[喩] 소인은[小人] 이익에[於利] 밝다[喩]〉라는 내용 둘만 떠올려도, 소인(小人)이 군자(君子)를 엄폐하는 세상은 곤궁하게[困] 되고 마는 까닭을 헤아릴 수 있다. 소인(小人)의 심지(心志)가 왜 곤궁한[困] 시국을 빚어내는지 그 까닭을 알 수 있고, 군자(君子)가 곤궁한[困] 시국을 극복하고자 대소(大小)의 화합[和]을 이루고자 함을 알 수도 있다. 군자(君子)의 이러한 심지(心志)가 대지(大志)이다. 구오(九五 : ━)의 이러한 대지(大志)를 소자(小者)인 상륙(上六 : ╌)과 육삼(六三 : ╌)이 위아래에서 엄폐하고 있어서 구오(九五 : ━)가 곤궁한[困] 시국을 마주함을 암시한 계사(繫辭)가 〈의월(劓刖) 곤우적불(困于赤紱)〉이다.

乃徐有說(내서유열)

허나[乃] 서서히[徐] 기쁨이[說] 있다[有].

〈내서유열(乃徐有說)〉은 군왕(君王)으로서 구오(九五 : ━)가 〈곤(困)〉 즉 곤궁함[困]은 신하의 뜻을 얻지 못함이니, 그럼에도 신하와 함께 곤괘(困卦 : ䷮)의 시운인 〈곤(困)〉을 공제(共濟)하려는 대지(大志)를 저버리지 않아 그 보람을 누림을 암시한 계사(繫辭)이다. 〈내서유열(乃徐有說)〉은 〈수연곤시구오서유열(雖然困時九五徐有說)〉의 줄임으로 여기고 〈곤궁한[困] 시국에도[時] 불구하고[雖然] 구오에게는[九五] 서서히[徐] 기쁨이[說] 있다[有]〉라고 새겨볼 것이다. 〈내서유열(乃徐有說)의 내(乃)〉는 〈수연곤시(雖然困時)〉의 줄임으로 여기면 되고, 〈유열(有說)의 열(說)〉은 여기선 〈기쁠 희(喜)〉와 같다 여기면 된다.

〈내서유열(乃徐有說)〉은 구오(九五 : ━)와 구이(九二 : ━)가 제곤(濟困) 즉 곤궁함을[困] 다스리는[濟] 데 어려움이 뒤따름을 암시한다. 〈내서유열(乃徐有說)의 서(徐)〉는 구오(九五 : ━)와 구이(九二 : ━) 사이에 육삼(六三 : ╌)이 끼어 가로막음을 암시한다. 육삼(六三 : ╌)은 소자(小者)인지라 편사(偏私) 즉 자기 욕심에[私] 치우친[偏] 나머지 소지(小志)로써 구오(九五 : ━)와 구이(九二 : ━) 사이를 가로막고 있어서, 두 대자(大者)가 〈곤(困)〉을 공제(共濟) 즉 함께[共] 다스리는데

[濟] 지연됨을 암시한다. 그러나 구오(九五 : ⚊)가 결국 육삼(六三 : ⚋)의 소지(小志)를 극복하고 제곤(濟困)의 〈열(說)〉 즉 기쁨[說]을 누린다는 것이 〈내서유열(乃徐有說)의 유열(有說)〉이다. 여기 〈유열(有說)의 열(說)〉은 「설괘전(說卦傳)」에 나오는 〈태는[兌 : ☱] 기쁨[說]이다[也]〉라는 내용을 들어 곤괘(困卦 : ䷮)의 상체(上體) 태(兌 : ☱)의 중효(中爻)인 구오(九五 : ⚊)를 취상(取象)한 것이다. 군왕(君王)으로서 구오(九五 : ⚊)가 비록 곤궁함[困]을 겪고 있지만 중효(中爻)로서 득중(得中) 즉 정도를 따름을[中] 취하는[得] 덕(德)을 지니고, 곤괘(困卦 : ䷮)의 하체(下體) 감(坎 : ☵)의 중효(中爻)로서 득중(得中)하여 덕(德)을 지닌 구이(九二 : ⚊)를 현신(賢臣)으로 두어, 급기야 함께 제곤(濟困)의 기쁨[說]을 누리게 됨을 암시한 계사(繫辭)가 〈내서유열(乃徐有說)〉이다.

利用祭祀(이용제사)

제사를[祭祀] 행함이[用] 이롭다[利].

〈이용제사(利用祭祀)〉는 구오(九五 : ⚊)가 천지(天地)와 조선(祖先)의 뜻을 받들어 곤괘(困卦 : ䷮)의 시국에 제곤(濟困) 즉 곤궁함을[困] 다스리려[濟] 함을 암시한 계사(繫辭)이다. 〈이용제사(利用祭祀)〉는 〈약구오용제사(若九五用祭祀) 구오유리(九五有利)〉의 줄임으로 여기고 〈만약[若] 구오가[九五] 제사를[祭祀] 행한다면[用] 구오에게[九五] 이로움이[利] 있다[有]〉라고 새겨볼 것이다. 〈용제사(用祭祀)의 용(用)〉은 여기선 〈행할 행(行) 또는 올릴 헌(獻)〉과 같다.

〈이용제사(利用祭祀)의 용제사(用祭祀)〉는 구오(九五 : ⚊)가 군왕(君王)으로서 천신지지(天神地祇)를 모심[用]이다. 앞서 구이(九二 : ⚊)의 효사(爻辭) 중에 〈이용향사(利用享祀)〉가 있었다. 군왕(君王)은 제사(祭祀)를 모시고 신하는 향사(享祀) 즉 조상과 산천을 모신다. 〈이용제사(利用祭祀)의 용제사(用祭祀)〉는 군왕(君王)이 천신(天神)과 지지(地祇)를 모시고 성신(誠信)을 다해 천지에 아뢰어, 천하의 현재(賢才)를 얻어 군신이 함께해 태평성대를 누리고자 함이다. 〈이용제사(利用祭祀)의 이(利)〉는 군왕(君王)이 천우(天祐) 즉 하늘의[天] 도움[祐]으로 천하의 현재를 얻어 현신(賢臣)들을 등용해 곤궁함[困]을 공제할 수 있어서 두루 이로움[利]을 밝힌다. 따라서 군왕(君王)으로서 구오(九五 : ⚊)가 곤궁함[困]을 겪으면서도 그 곤궁한 시운을 군신이 합심하여 함께[共] 다스리려는[濟] 강직한 대지(大志)에는 무괴(無愧) 즉 부끄러울 것이[愧] 없어[無], 곤궁한 시국을 맞닥뜨려도 극복하여 구제할 수 있음을 암시하는 계사(繫辭)가 〈이용제사(利用祭祀)〉이다.

【字典】

의(劓) 〈코 베일 형 의(劓)-절비지형(截鼻之刑), 코 베일 의(劓)-월비(刖鼻)-할비(割鼻), 벨 의(劓)-할(割)〉 등의 뜻을 내지만 여기선 〈코 베일 형 절비지형(截鼻之刑)〉으로 여기고 새김이 마땅하다.

월(刖) 〈발을 자를 월(刖)-월(跀)-올(兀)-단족(斷足), 자를 월(刖)-절(絶)-단(斷), 위태로울 월(刖)-위(危)〉 등의 뜻을 내지만 여기선 〈발을 자르는 단족(斷足)〉으로 여기고 새김이 마땅하다.

곤(困) 〈곤궁할 곤(困)-궁(窮), 괴로울 곤(困)-고(苦), 가난할 곤(困)-빈(貧), 혼란할 곤(困)-난(亂), 위태로울 곤(困)-위(危)〉 등의 뜻을 내지만 여기선 〈곤궁할 궁(窮)〉으로 여기고 새김이 마땅하다.

우(于) 〈~에서(부터) 우(于)-어(於), 갈 우(于)-왕(往), 써 우(于)-이(以), 할 우(于)-위(爲), 여기 우(于)-시(是), 도울 우(于)-조(助), 클 우(于)-대(大), 구할 우(于)-구(求), 자족하는 모습 우(于)-자족모(自足貌)〉 등의 뜻을 내지만 여기선 〈~에서 어(於)〉와 같다 여기고 새김이 마땅하다.

적(赤) 〈붉은 색을 물들인 적(赤)-주색지찬(朱色之淺), 붉은 색 적(赤)-홍색(紅色)-남방지정(南方之正), 알몸을 드러낼 적(赤)-나정(裸程), 빈손 적(赤)-공수(空手)-적수(赤手), 모조리 죽일 적(赤)-주멸(誅滅), 새벽(이른 아침) 적(赤)-조(早), 정성스러울 적(赤)-성(誠)-적심(赤心), 찾을 적(赤)-탐(探), 서서히 적(赤)-서(徐)〉 등의 뜻을 내지만 여기선 〈붉은 색을 물들인 주색지찬(朱色之淺)〉으로 여기고 새김이 마땅하다.

불(紱) 〈인끈{인장(印章)을 맨 끈} 불(紱)-인조(印組)-계인자(繫印者), 제복 불(紱)-제복(祭服), 속박 불(紱)-속박(束縛), 얽힌 삼(동아줄) 불(紱)-불(紼)〉 등의 뜻을 내지만 여기선 〈제복(祭服)〉으로 여기고 새김이 마땅하다.

내(乃) 〈이에 내(乃)-어시(於是)-승상기하지사(承上起下之辭), 부드럽게 말 이을 내(乃)-완사(緩詞)-연후(然後), 급히 말 이을 내(乃)-급사(急詞), 뜻 없는 말머리 조사 내(乃)-구수조사무의(句首助詞無義), 곧 내(乃)-즉(則)-즉(卽), 그 내(乃)-기(其), 그런데 내(乃)-전어사(轉語辭), 그리고(그러나) 내(乃)-이(而), 만약 내(乃)-약(若), 또 내(乃)-차(且), ~로써 내(乃)-이(以), 그럴(그렇다) 내(乃)-시(是), 도리어 내(乃)-고(顧)-각(卻), 처음 내(乃)-시(始)-초(初), 이같이 내(乃)-여차(如此)〉 등의 뜻을 내지만 여기선 〈이에 어시(於是)〉와 같다 여기고 새김이 마땅하다.

서(徐) 〈천천히 할 서(徐)-안행(安行), 느릴 서(徐)-완(緩), 펼 서(徐)-서(舒), 찬찬할(엄숙한 차림새) 서(徐)-위의(威儀), 다함께 말할 서(徐)-개공지사(皆共之辭)〉 등의 뜻을 내지만 여기선 〈천천히 안행(安行)〉과 같다 여기고 새김이 마땅하다.

유(有) 〈없을 무(無)의 반대말로 있을 유(有), 어조사 유(有), 간직할 유(有)-장(藏), 얻을(가질) 유(有)-취(取), 혹 유(有)-혹(或), 많을 유(有)-다(多)-족(足), 부유할 유(有)-부(富), 보호할 유(有)-보(保), 서로 친할 유(有)-상친(相親), 전일할 유(有)-전(專), 할 유(有)-위(爲)〉 등의 뜻을 내지만 〈있을 유(有)〉로 여기고 새김이 마땅하다.

說 〈설-열-세-탈〉 네 가지로 발음되고, 〈기뻐할 열(說)-열(悅)-역(懌), 기뻐하는 것 열(說)-소희(所喜), 즐거워할 열(說)-낙(樂), 좋아할 열(說)-호(好), 받들 열(說)-경(敬), 헤아릴(셈할) 열(說)-수(數)-계(計), 말할 설(說)-도(道), 논할 설(說)-논(論), 알릴 설(說)-고(告), 해석할 설(說)-해석(解釋), 가르칠 설(說)-교(教), 풀이할 설(說)-해(解), 분명히 풀이할 설(說)-요해(瞭解), 경서에 주해 달 설(說)-주소(注疏)-경서지주해(經書之注解), 언론 설(說)-언론(言論), 학설 설(說)-학설(學說), 도리 설(說)-도리(道理), 글 설(說)-서술(敍述), 기뻐할 세(說)-열(悅), 용서할(벗어날) 세(說)-사(赦)-탈(脫), 풀 세(說)-해(解)-제(除), 쉴 세(說)-사(舍), 둘 세(說)-치(置), 달랠 세(說)-유(誘), 용서할 탈(說)-사(赦), 흩뜨릴 탈(說)-해(解), 벗어날 탈(說)-탈(脫)〉 등의 뜻을 내지만 여기선 〈기뻐할 열(悅)-역(懌)〉과 같다 여기고 새김이 마땅하다.

이(利) 〈만물로 하여금 삶을 이루어가게 하는 덕(德)의 이로울 이(利)-사만물수생지덕(使萬物遂生之德), 날카로울 이(利)-예(銳)-섬(銛), 질병 이(利)-질(疾), 통할 이(利)-통(通)-순(順), 좋을 이(利)-길(吉)-의(宜), 편리할 이(利)-편(便), 마름해 만들어 이룰 이(利)-재성(裁成), 탐할 이(利)-탐(貪), 구할(취할) 이(利)-구(求)-취(取), 좋아할 이(利)-열애(悅愛), 이로울 이(利)-익(益), 기교 이(利)-교(巧), 보람 이(利)-공용(功用), 지세가 험하고 중요한 이(利)-험요(險要), 이길 이(利)-승(勝), 어질 이(利)-인(仁)〉 등의 뜻을 내지만 여기선 〈사만물수생지덕(使萬物遂生之德) 즉 만물로 하여금 삶을 이루어

가게 하는 덕(德)의 이로움〉으로 새김이 마땅하다. 〈利〉가 맨 앞에 오면 〈이〉로 발음되고, 중간이나 뒤에 오면 〈리〉로 발음된다.

용(用) 〈쓸(행할) 용(用)-시(施)-행(行), 쓰일(부릴) 용(用)-사(使), 써 용(用)-이(以), 맡길 용(用)-임(任), 위할 용(用)-위(爲), 갖출 용(用)-비(備), 다스릴 용(用)-치(治), 재화 용(用)-화(貨), 책임 지워 일을 맡길 용(用)-임사(任使), 통할 용(用)-통(通), 이로울 용(用)-이(利)〉 등의 뜻을 내지만 여기선 〈행할 행(行)〉과 같아 시행(施行)으로 여기고 새김이 마땅하다.

祭 〈제-채〉 두 가지로 발음되고, 〈하늘에 올릴 제사 제(祭)-천제(天祭), 제사 제(祭)-사(祀)-제사(祭祀), 선조를 모시는 제사 제(祭)-향(享)-제선조(祭先祖), 때맞춰 받들 제(祭)-천기시경(薦其時敬), 사이(인신이 서로 만날) 제(祭)-제(際)-인신상접(人神相接), 아뢸 제(祭)-찰(察)-언인사지어신(言人事至於神), 성씨 채(祭)-성씨(姓氏), 읍 이름 채(祭)-읍명(邑名)〉 등의 뜻을 내지만 여기선 〈천제(天祭)〉로 여기고 새김이 마땅하다.

사(祀) 〈제사 사(祀)-제(祭), 천신에 올리는 제사 사(祀)-제천신(祭天神), 지제 사(祀)-지제(地祭), 해 사(祀)-년(年), 같을 사(祀)-사(似), 침입할 사(祀)-침(侵)〉 등의 뜻을 내지만 여기선 〈제사(祭祀)〉로 여기고 새김이 마땅하다.

註 감위혈괘(坎爲血卦) : 감은[坎 : ☵] 피의[血] 괘(卦)이다[爲].

「설괘전(說卦傳)」 11단락(段落)

註 태위훼절(兌爲毁折) : 태는[兌 : ☱] 상처 내[毁] 자름[折]이다[爲].

「설괘전(說卦傳)」 11단락(段落)

註 오형(五刑) : 〈묵(墨)-의(劓)-비(剕)=월(刖)=월(跀)-궁(宮)-대벽(大辟)〉의 오형(五刑)에서 〈묵(墨)〉은 죄수(罪囚)의 얼굴에 죄명(罪名)을 먹물로 새겨 넣어 세상이 보게 하는 형벌(刑罰)이고, 〈의(劓)〉는 코를 베어내 함몰시켜버리는 형벌이며, 〈비(剕)〉는 발을 잘라버리는 형벌로 〈월(刖)〉 즉 발꿈치를 자르는 형벌과 같고, 〈궁(宮)〉은 사내의 불알을 도려내는 형벌이며, 〈대벽(大辟)〉은 사형(死刑)에 처하는 형벌이다.

註 태열야(兌說也) : 태는[兌 : ☱] 기뻐하는 것[說]이다[也]. 「설괘전(說卦傳)」 7단락(段落)

註 자왈(子曰) 군자주이불비(君子周而不比) 소인비이부주(小人比而不周) : 공자가[子] 말했다[曰]. 군자는[君子] 두루 통하되[周而] 패지어 겨루지 않지만[不比], 소인은[小人] 패지어 겨루되[比而] 두루 통하지 못한다[不周]. 『논어(論語)』「위정(爲政)」 14장(章)

註 자왈(子曰) 군자회덕(君子懷德) 소인회토(小人懷土) 군자회형(君子懷刑) 소인회혜(小人懷惠) : 공자가[子] 말했다[曰]. 군자는[君子] 덕을[德] 생각하고[懷] 소인은[小人] 재물을[土] 생각하며[懷], 군자는[君子] 벌 받음을[刑] 생각하고[懷] 소인은[小人] 은혜 입기를[惠] 생각한다[懷].

『논어(論語)』「이인(里仁)」 11장(章)

註 자왈(子曰) 군자유어의(君子喩於義) 소인유어리(小人喩於利) : 공자가[子] 말했다[曰]. 군자는[君子] 의리에[於義] 밝고[喩], 소인은[小人] 이익에[於利] 밝다[喩].

『논어(論語)』「이인(里仁)」 16장(章)

註 자왈(子曰) 군자탄탕탕(君子坦蕩蕩) 소인장척척(小人長戚戚) : 공자가[子] 말했다[曰]. 군자는[君子] 평안하고[坦] 넓고 너그러우며[蕩蕩], 소인은[小人] 항상[長] 겁내고 무서워한다[戚戚].

『논어(論語)』「술이(述而)」 36장(章)

註 자왈(子曰) 군자화이부동(君子和而不同) 소인동이불화(小人同而不和) : 공자가[子] 말했다[曰]. 군자는[君子] 어울리되[和而] 패거리 짓지 않지만[不同], 소인은[小人] 패거리 짓되[同而] 어울리지 못한다[不和].

『논어(論語)』「자로(子路)」 23장(章)

註 자왈(子曰) 군자상달(君子上達) 소인하달(小人下達) : 공자가[子] 말했다[曰]. 군자는[君子] (도덕을 향해) 위로 뻗어[上] 통달하고[達], 소인은[小人] (재물을 향해) 아래로 뻗어[下] 통달한다[達].

『논어(論語)』「헌문(憲問)」 24장(章)

註 자왈(子曰) 군자구저기(君子求諸己) 소인구저인(小人求諸人) : 공자가[子] 말했다[曰]. 군자는[君子] 자기에게서[己] 탓할 거리를[諸] 찾지만[求], 소인은[小人] 남들에게서[人] 탓할 거리를[諸] 찾는다[求].

『논어(論語)』「위령공(衛靈公)」 20장(章)

註 자왈(子曰) 군자학도(君子學道) 즉애인(則愛人) 소인학도(小人學道) 즉이사야(則易使也) : 공자가[子] 말했다[曰]. 군자가[君子] 도를[道] 배우면[學] 곧장[則] 사람들을[人] 사랑하고[愛], 소인이[小人] 도를[道] 배우면[學] 곧장[則] 부리기가[使] 쉬운 것[易]이다[也].

『논어(論語)』「양화(陽貨)」 4장(章)

註 자왈(子曰) 군자고궁(君子固窮) 소인궁사람의(小人窮斯濫矣) : 공자가[子] 말했다[曰]. 군자는[君子] 원래[固] 쪼들리며 살지만[窮], 소인은[小人] 쪼들리면[窮斯] 넘나는 짓을 범하는 것[濫]이다[矣].

『논어(論語)』「위령공(衛靈公)」 1장(章)

註 자왈(子曰) 군자의이위상(君子義以爲上) 군자유용이무의(君子有勇而無義) 위란(爲亂) 소인유용이무의(小人有勇而無義) 위도(爲盜) : 공자가[子] 말했다[曰]. 군자는[君子] 의리[義]로써[以] 위로[上] 삼는다[爲]. 군자에게[君子] 용맹이[勇] 있되[有而] 의리가[義] 없으면[無] 난리를[亂] 일으키고[爲], 소인에게[小人] 용맹이[勇] 있되[有而] 의리가[義] 없으면[無] 도둑질을[盜] 벌인다[爲].

『논어(論語)』「양화(陽貨)」 1장(章)

상륙(上六 : --)

上六 : 困于葛藟于臲卼이니 曰動悔라 有悔니 征吉하리라
곤 우 갈 류 우 얼 올 왈 동 회 유 회 정 길

상륙(上六) : 칡덩굴[葛藟]에서[于] 위태해 불안함[臲卼]에서[于] 곤궁하여[困] 이르되[曰] 변하면[動] 후회하리라 하여[悔] 후회함이[悔] 있음이니[有] 나아가면[征] 행복하리라[吉].

【상륙(上六)의 효상(爻象) 풀이】

곤괘(困卦 : ䷮)의 상륙(上六 : --)은 이음거음(以陰居陰) 즉 음(陰 : --)으로써[以] 음(陰 : --)의 자리에 있는지라[居] 정당한 자리에 있다. 상륙(上六 : --)과 구오(九五 : ―)는 음양(陰陽)의 사이인지라 다른 대성괘(大成卦)에서라면 비(比) 즉 이웃의 사귐[比]을 누릴 처지이지만, 소자(小者 : --)가 대자(大者 : ―)를 가리고 덮어 곤궁한[困] 시국에서는 상륙(上六 : --)이 구오(九五 : ―)를 가려 곤궁하게[困] 하는 모습이다. 상륙(上六 : --)과 육삼(六三 : --)은 양음(兩陰) 즉 둘 다[兩] 음(陰 : --)인지라 불응(不應) 즉 서로 호응하지 못하는[不應] 처지이다. 이에 상륙(上六 : --)은 곤괘(困卦 : ䷮)의 주제인 〈곤(困)〉의 시국에 연연하지 말고 떠나야 할 모습이다.

곤괘(困卦 : ䷮)의 상륙(上六 : --)이 상구(上九 : ―)로 변효(變爻)하면 상륙(上六 : --)은 곤괘(困卦 : ䷮)를 6번째 송괘(訟卦 : ䷅)로 지괘(之卦)하게 한다. 따라서 곤괘(困卦 : ䷮)의 상륙(上六 : --)은 송괘(訟卦 : ䷅)의 상구(上九 : ―)를 찾아가 살펴보게 한다.

【상륙(上六)의 계사(繫辭) 풀이】

困于葛藟于臲卼(곤우갈류우얼올)

칡덩굴[葛藟]에서[于] 위태해 불안함[臲卼]에서[于] 곤궁하다[困].

〈곤우갈류우얼올(困于葛藟于臲卼)〉은 상륙(上六 : --)의 효위(爻位)를 들어 곤궁함[困]을 겪고 있음을 암시한 계사(繫辭)이다. 〈곤우갈류우얼올(困于葛藟于臲卼)〉은 〈상륙곤우갈류(上六困于葛藟) 이상륙곤우얼올(而上六困于臲卼)〉의 줄임으로 여기고 〈상륙은[上六] 칡덩굴[葛藟]에서[于] 곤궁하다[困] 그리고[而] 상륙은[上六] 위태해 불안함[臲卼]에서[于] 곤궁하다[困]〉라고 새겨볼 것이다. 〈갈류(葛藟)의 유(藟)〉는 〈덩굴 전(纏)〉과 같고, 〈얼올(臲卼)의 얼(臲)과 올(卼)〉은 다같이 〈위태할 위(危)〉와 같다.

〈곤우갈류(困于葛藟)의 갈류(葛藟)〉는 상륙(上六 : ⚋)이 자신의 바로 아래에 있는 두 강양(剛陽 : ⚊)을 내내 엄폐(掩蔽) 즉 가리고[掩] 덮으면서[蔽] 곤괘(困卦 : ䷮)의 주제인 〈곤(困)〉의 시국을 따라 극위(極位)에 올라와서도 곤궁함[困]을 겪고 있음을 암시한다. 그러나 극위(極位)에 오른 상륙(上六 : ⚋)이 얽힌 칡덩굴[葛藟]이 싱싱하지 않음을 암시한 효사(爻辭)가 〈우얼올(于臲卼)〉이다. 〈우얼올(于臲卼)의 얼올(臲卼)〉이 「설괘전(說卦傳)」에 나오는 〈태는[兌 : ☱] 상처 내[毀] 자름[折]이 다[爲]〉라는 내용을 환기시킨다. 상륙(上六 : ⚋)이 곤괘(困卦 : ䷮)의 상체(上體) 태(兌 : ☱)의 상효(上爻)인지라 칡덩굴[葛藟]을 기어 올라올 대로 올라왔지만 훼절(毁折) 즉 헐어서[毁] 꺾일[折] 수도 있는 칡덩굴인지라 위태하여 불안함을 암시하는 것이 〈얼올(臲卼)〉이다. 여기 〈얼올(臲卼)〉은 위태하여 불안함을 말한다. 따라서 훼절(毁折)할 수 있는 칡덩굴[葛藟]에서 불안해하는[臲卼] 상륙(上六 : ⚋)의 곤궁함을 암시한 계사(繫辭)가 〈곤우갈류우얼올(困于葛藟于臲卼)〉이다.

曰動悔(왈동회)

이르되[曰] 변하면[動] 후회하리라[悔].

〈왈동회(曰動悔)〉는 상륙(上六 : ⚋)이 자고(自顧) 즉 자신을[自] 돌이켜보고[顧] 자오(自悟) 즉 자신을[自] 깨달았음[悟]을 자술(自述) 즉 스스로[自] 밝히는[述] 계사(繫辭)이다. 〈왈동회(曰動悔)〉는 〈상륙자왈(上六自曰) 아동(我動) 이아유회(而我有悔)〉의 줄임으로 여기고 〈상륙이[上六] 스스로[自] 말한다[曰] 내가[我] 변해서[動而] 나에게[我] 후회함이[悔] 있다[有]〉라고 새겨볼 것이다. 〈동회(動悔)의 동(動)〉은 여기선 〈변할 변(變)〉과 같다.

〈왈동회(曰動悔)〉의 〈왈(曰)〉은 상륙(上六 : ⚋)이 자신에게 말함[曰]이다. 극위

(極位)에 있다면 그 누구이든 상륙(上六 : --)처럼 자고(自顧)해 봐야 한다. 대성괘(大成卦) 상효(上爻)의 극위(極位)란 「계사전하(繫辭傳下)」에 나오는 〈역은[易] 다하면[窮] 바로[則] {그 궁(窮)을} 변하게 하고[變] 변하면[變] 바로[則] {그 변(變)을} 통하게 하고[通] 통하면[通] 바로[則] {그 통(通)을} 오래게 한다[久]〉라는 내용을 살펴, 천도(天道) 즉 자연의[天] 이치[道]를 깨닫게 하는 자리이다. 극위(極位)란 궁위(窮位) 즉 다한[窮] 자리[位]인지라 변해야[變] 하는 역(易)의 자리이다. 상륙(上六 : --)이 다다른 극위(極位)란 『노자(老子)』에 나오는 〈되돌아오는[反] 것이[者] 상도(常道)의[道之] 움직임이다[動]〉라는 내용을 암시하는 자리이기도 하다. 돌아오는[反] 것이[者] 천도의[道之] 움직임[動]이니 곤괘(困卦 : ䷮)의 주제인 〈곤(困)〉의 시국도 극(極)에 달했으면 변(變)해야 함을 상륙(上六 : --)이 깨달은 의내(意內) 즉 속내[意內]를 언외(言外) 즉 밖으로 드러내[外] 말함[言]이 〈왈(曰)〉이다. 동시에 여기 〈왈(曰)〉은 「계사전하(繫辭傳下)」에 나오는 〈변함[變動]으로써[以] 말함은[言] 이롭다[利]〉라는 내용을 환기시키기도 한다.

〈동회(動悔)〉는 〈회동(悔動)의 동(動)〉을 강조하려 함이다. 〈동회(動悔)의 동(動)〉은 상륙(上六 : --) 자신이 구오(九五 : —) 바로 위에서 강양(剛陽)인 구오(九五 : —)와 구사(九四 : —)를 엄폐(掩蔽)하여 곤괘(困卦 : ䷮)의 시운인 〈곤(困)〉을 저만 피하고자 범했던 행동[動]을 더는 범하지 않을 것임을 암시한다. 이에 〈동회(動悔)〉는 상륙(上六 : --) 자신이 취했던 행동이 잘못이었음을 새삼 알아차리고 뉘우침을 밝힌다. 상륙(上六 : --)이 극위(極位)에 이르러서야 두 강양(剛陽)을 엄폐(掩蔽)해온 행동을[動] 뉘우치고[悔] 자신의 속내를 드러냄을 암시하는 계사(繫辭)가 〈왈동회(曰動悔)〉이다.

有悔(유회) 征吉(정길)

후회함이[悔] 있음이니[有] 나아가면[征] 행복하리라[吉].

〈유회(有悔) 정길(征吉)〉은 상륙(上六 : --)이 후회한다면[悔] 곤괘(困卦 : ䷮)의 주제인 〈곤(困)〉의 시국에 연연하지 않고 물러남을 암시한 계사(繫辭)이다. 〈유회(有悔) 정길(征吉)〉은 〈상륙지소유회지후(上六之所有悔之後) 상륙정기곤(上六征其困) 인차상륙유길(因此上六有吉)〉의 줄임으로 여기고 〈상륙이[上六之] 후회한[有

悔] 바의[所之] 뒤로[後] 상륙이[上六] 자신의[其] 곤궁함을[困] 정복했다[征] 그래서[因此] 상륙에게[上六] 행운을 누림이[吉] 있다[有]〉라고 새겨볼 것이다.

〈유회(有悔)〉는 상륙(上六 : --)이 곤(困)의 시국을 다스리려 한 강양(剛陽 : ―)들의 대지(大志)를 엄폐했던 행동을 뉘우침[有悔]을 암시한다. 여기 〈유회(有悔)의 회(悔)〉는 물극즉변(物極則變) 즉 그 무엇이든[物] 다하면[極] 곧[則] 변함[變]이 천도(天道)임을 상륙(上六 : --) 자신이 깨달았음을 암시하기도 한다. 이에 상륙(上六 : --)은 곤괘(困卦 : ䷮)의 극위(極位)에 있는지라 〈곤(困)〉의 시국을 더 겪을 까닭이 없음을 깨달았음을 암시하는 것이 〈정길(征吉)의 정(征)〉이다. 〈곤(困)〉의 시국이 다하면 곤궁함은[困] 물러가고[退] 〈곤(困)〉이 극복된 새로운 시국으로 나아감이 천도(天道)임을 〈정길(征吉)의 정(征)〉이 암시하기도 한다. 상륙(上六 : --)인들 어찌 천도(天道)를 피할 것인가. 상륙(上六 : --)에게 〈유회(有悔)〉 즉 뉘우침이[悔] 있으니[有] 곤괘(困卦 : ䷮)의 시국에 머뭇거리지 말고 나아가[征] 곤괘(困卦 : ䷮)를 떠나야 할 운명을 맞이함이니, 상륙(上六 : --)에게도 행운을 누림[吉]이 있음을 암시한 계사(繫辭)가 〈유회(有悔) 정길(征吉)〉이다.

【字典】

곤(困) 〈곤궁할 곤(困)-궁(窮), 괴로울 곤(困)-고(苦), 가난할 곤(困)-빈(貧), 혼란할 곤(困)-난(亂), 위태로울 곤(困)-위(危)〉 등의 뜻을 내지만 여기선 〈곤궁할 궁(窮)〉으로 여기고 새김이 마땅하다.

우(于) 〈~에서(부터) 우(于)-어(於), 갈 우(于)-왕(往), 써 우(于)-이(以), 할 우(于)-위(爲), 여기 우(于)-시(是), 도울 우(于)-조(助), 클 우(于)-대(大), 구할 우(于)-구(求), 자족하는 모습 우(于)-자족모(自足貌)〉 등의 뜻을 내지만 여기선 〈~에서 어(於)〉와 같다 여기고 새김이 마땅하다.

갈(葛) 〈칡 갈(葛), 덩굴 갈(葛)-전속지물(纏束之物), 거친 베 갈(葛)-갈포(葛布)〉 등의 뜻을 내지만 〈칡 갈(葛)〉로 여기고 새김이 마땅하다.

류(藟) 〈칡덩굴 류(藟)-갈만등속(葛蔓藤屬), 등나무 류(藟)-등(藤)〉 등의 뜻을 내지만 여기선 〈칡덩굴 갈만(葛蔓)〉으로 여기고 새김이 마땅하다.

얼(臲) 〈불안할 얼(臲)-불안(不安), 위태할 얼(臲)-올(卼)-위(危)-날(隉)〉 등의 뜻을 내지만 〈편치 않을 불안(不安)〉으로 여기고 새김이 마땅하다.

올(卼) 〈위태할 올(卼)-위(危)〉의 뜻을 내니 〈위태할 위(危)〉로 여기고 새김이 마땅하다.

왈(曰) 〈가로되(가라사대) 왈(曰)-어단(語端=發語之端), 말할 왈(曰)-사(詞)-언(言)-운(云), 일컬을 왈(曰)-위(爲)-칭(稱), 이를 왈(曰)-위지(謂之), ~의 왈(曰)-지(之), ~에 왈(曰)-우(于)-어(於), 말 낼 왈(曰)-발어사(發語辭), 얌전치 못한 계집 왈(曰), (어조사로) 마침내 왈(曰)-율(聿)-일(欥)〉 등의 뜻을 내지만 여기선 〈가로되 어단(語端)〉으로 여기고 새김이 마땅하다.

동(動) 〈변할 동(動)-변(變), 움직일 동(動)-불령(不寧)-정지대(靜之對), 지을 동(動)-작(作)-위(爲), 진동할 동(動)-진(振)-진(震), 힘들일 동(動)-노역지(勞役之), 흔들릴 동(動)-요(搖), 드러낼 동(動)-발(發), 태어날 동(動)-생(生)-소(蘇), 감동할 동(動)-감(感)-화(化), 옮겨갈 동(動)-이(移), 행동할 동(動)-행(行), 성급할 동(動)-조(躁), 나아갈 동(動)-진행(進行), 혼란할 동(動)-난(亂), 현혹할 동(動)-혹(惑), 다툴 동(動)-쟁(爭), 벼슬길에 오를 동(動)-사(仕)-입어세(立於世)〉 등의 뜻을 내지만 여기선 〈변할 변(變)〉과 같다 여기고 새김이 마땅하다.

회(悔) 〈뉘우칠 회(悔)-오(懊), 거만할 회(悔)-만(慢), 한스러울 회(悔)-한(恨), 실패할 회(悔)-실(失), 후회할 회(悔)-후회(後悔), (잘못 등을) 고칠 회(悔)-개(改), 책망할 회(悔)-구(咎), 대성괘의 상체(上體) 회(悔)〉 등의 뜻을 내지만 여기선 〈뉘우칠 오(懊)〉와 같다 여기고 새김이 마땅하다. 대성괘(大成卦)의 하체(下體) 즉 내괘(內卦)를 〈정(貞)〉이라 일컫고, 상체(上體) 즉 외괘(外卦)를 〈회(悔)〉라고 일컫는다.

유(有) 〈없을 무(無)의 반대말로 있을 유(有), 어조사 유(有), 간직할 유(有)-장(藏), 얻을(가질) 유(有)-취(取), 혹 유(有)-혹(或), 많을 유(有)-다(多)-족(足), 부유할 유(有)-부(富), 보호할 유(有)-보(保), 서로 친할 유(有)-상친(相親), 전일할 유(有)-전(專), 할 유(有)-위(爲)〉 등의 뜻을 내지만 〈있을 유(有)〉로 여기고 새김이 마땅하다.

정(征) 〈바르게 갈 정(征)-정행(正行), 칠 정(征)-토(討)-벌(伐), 행동할 정(征)-행동(行動), 날 정(征)-비(飛), 멀리 갈 정(征)-원(遠), 취할 정(征)-취(取), 세금 매길 정(征)-세(稅)-부(賦)〉 등의 뜻을 내지만 여기선 〈바르게 갈 정행(正行)〉으로 여기고 새김이 마땅하다.

길(吉) 〈좋을(행복할) 길(吉)-선(善)-영(令) {영월길일(令月吉日)은 선월선일(善月

善日)임.}, 복 길(吉)-실(實)-선실(善實)-복(福), 예의를 따라 상서로울 길(吉)-예의순상(禮義順祥), 삼갈 길(吉)-근(謹), 초하루 길(吉)-삭일(朔日) {삭망(朔望) 즉 초하루[朔]와 그믐날[望]}, 길례 길(吉)-길례(吉禮) {오례지일(五禮之一) 길흉빈군가(吉凶賓軍嘉)}, 갈 길(吉)-행(行)-길(趌)〉 등의 뜻을 내지만 여기선 〈좋을 선(善)-영(令)〉 즉 행복과 같다 여기고 새김이 마땅하다.

註 역궁즉변(易窮則變) 변즉통(變則通) 통즉구(通則久) : 역은[易] 다하면[窮] 바로[則] {그 궁(窮)을} 변하게 하고[變] 변하면[變] 바로[則] {그 변(變)을} 통하게 하고[通] 통하면[通] 바로[則] {그 통(通)을} 오래게 한다[久].

「계사전하(繫辭傳下)」 2단락(段落)

註 반자도지동(反者道之動) : 되돌아오는[反] 것이[者] 상도(常道)의[道之] 움직임이다[動]. 상도(常道)란 천도(天道)의 이칭(異稱)이고, 여기 동(動)은 변(變)과 같아 변동(變動)이다.

『노자(老子)』 40장(章)

註 곤궁이통(困窮而通) : 곤괘는[困] (곤궁함이) 다하면[窮而] 통하는 것이다[通].

「계사전하(繫辭傳下)」 7단락(段落)

註 변동이리언(變動以利言) 길흉이정천(吉凶以情遷) : 변해감[變動]으로써[以] 말함이[言] 이롭고[利], 좋고[吉] 나쁨은[凶] 진정[情]으로써[以] 옮겨준다[遷].

「계사전하(繫辭傳下)」 12단락(段落)

정괘 井卦

48

1 괘의 괘상과 계사

정괘(井卦 : ䷯)

손하감상(巽下坎上) : 아래는[下] 손(巽 : ☴), 위는[上] 감(坎 : ☵).

수풍정(水風井) : 물과[水] 바람은[風] 정이다[井].

井은 改邑不改井이라 无喪无得하여 往來井井이다
정 개읍불개정 무상무득 왕래정정
汔至라도 亦未繘井하여 羸其甁이면 凶하니라
흘지 역미율정 이기병 흉

우물은[井] 마을을[邑] 옮기되[改] 우물을[井] 옮기지 못한다[不改]. 잃는 것도[喪] 없고[无] 얻는 것도[得] 없어서[无] 들락날락해도[往來] 우물은[井] 우물이다[井]. 거의[汔] 다다라도[至] 또한[亦] 우물에[井] 두레박줄이 닿지[繘] 못해[未] 그[其] 두레박을[甁] 깨트리면[羸] 불행하다[凶].

【정괘(井卦 : ䷯)의 괘상(卦象) 풀이】

앞 곤괘(困卦 : ䷮)의 〈곤(困)〉이란 곤궁함[困]을 말한다. 이에 「서괘전(序卦傳)」에 〈위[上]에서[乎] 곤궁한[困] 것이면[者] 반드시[必] 아래로[下] 돌아온다[反] 그래서[故] 정괘(井卦 : ䷯)로써[以] 그것을[之] 받는다[受]〉라는 말이 나온다. 이는 곤괘(困卦 : ䷮) 뒤에 정괘(井卦 : ䷯)가 오는 까닭을 밝힌다. 정괘(井卦 : ䷯)의 괘상(卦象)은 손하감상(巽下坎上)이다. 「설괘전(說卦傳)」에 나오는 〈감은[坎 : ☵] 물[水]이다[爲]〉와 〈손은[巽 : ☴] 나무[木]이다[爲]〉라는 내용을 상기한다면, 나무[木] 위에 물[水]이 있는 모습이 정괘(井卦 : ䷯)의 모습임을 알 수 있다. 메말랐으면 적셔주고 비었으면 채워주는 것이 자연의 규율이다. 따라서 곤괘(困卦 : ䷮) 다음에 정괘(井卦 : ䷯)가 온 것이다. 뒤집힌 곤괘(困卦 : ䷮)가 정괘(井卦 : ䷯)이다. 정괘(井卦 : ䷯)의 〈정(井)〉은 보충해준다는 뜻을 담고 있고, 본래 〈정(井)〉 자(字)

의 한가운데 점(點)이 하나 있고 그 점(點)이 팔가(八家) 즉 여덟[八] 가구[家]의 공동우물을 나타낸다. 감(坎 : ☵)은 양괘(陽卦)이고 물[水]이며, 손(巽 : ☴)은 음괘(陰卦)이고 나무[木]이니, 양기(陽氣 : ⚊)와 물이 위이고 음기(陰氣 : ⚋)와 나무가 아래이니, 정괘(井卦 : ䷯)의 괘상(卦象)은 천도(天道)를 따른다. 팔괘(八卦) 즉 소성괘(小成卦)의 삼효(三爻) 중에서 양효(陽爻 : ⚊)가 홀수이면 그 소성괘(小成卦)는 양괘(陽卦)이고 음효(陰爻 : ⚋)가 홀수이면 그 소성괘(小成卦)는 음괘(陰卦)임을 환기한다면, 정괘(井卦 : ䷯)의 괘상(卦象)이 양상음하(陽上陰下)인지라 길(吉)한 모습이다. 이런 정괘(井卦 : ䷯)의 괘상(卦象)은 메말랐던 나무에 물이 촉촉하게 적셔진 모습인지라, 〈정(井)〉에 모여 사는 백성이 가뭄을 타지 않고 풍성한 농사를 지어 살아갈 수 있음을 살펴 헤아리게 하는 모습임을 빌려 정괘(井卦 : ䷯)라 칭명(稱名)한다.

【정괘(井卦 : ䷯)의 계사(繫辭) 풀이】

井(정) 改邑不改井(개읍불개정)

우물은[井] 마을을[邑] 옮기되[改] 우물을[井] 옮기지 못한다[不改].

〈정(井)〉은 정괘(井卦 : ䷯)의 모습을 한 자(字)로써 암시한 계사(繫辭)이다. 정괘(井卦 : ䷯)의 주제인 〈정(井)〉은 정여천(井與泉) 즉 샘물과[與泉] 우물[井]을 합친 것을 암시한다. 물론 이 〈정여천(井與泉)〉은 〈정여동(靜與動)〉을 말하기도 한다. 〈정여천(井與泉)의 정(井)〉은 멈춤[靜]인지라 정괘(井卦 : ䷯)의 세 음효(陰爻 : ⚋)를 나타내고, 〈정여천(井與泉)의 천(泉)〉은 움직임[動]인지라 정괘(井卦 : ䷯)의 세 양효(陽爻 : ⚊)를 암시한다. 그리고 정괘(井卦 : ䷯)의 〈정(井)〉은 『맹자(孟子)』에 나오는 〈방리이정(方里而井)〉을 연상시키기도 한다. 정괘(井卦 : ䷯)의 〈정(井)〉이 팔가일정(八家一井)의 정(井)을 생각하게 하기 때문이다. 〈정(井)〉 자(字)에는 바깥으로 여덟 칸을 에워싸고 가운데에 한 칸이 있다. 〈정(井)〉의 바깥 여덟 칸은 한 가구(家口)마다 맡아 짓는 백무(百畝)의 농지를 나타내고, 가운데는 여덟 가구가 함께 짓는 공전(公田) 즉 임금의 땅이거나 영주의 땅을 나타내며, 그 공전(公田)에 여덟 가구가 공동으로 사용하는 우물이 있음을 〈방리이정(方里而井)〉이라 한다. 이러한 〈방리이정(方里而井)〉에 담긴 뜻은 온 세상[天下] 백성이 평안한 삶을 누리게 함임을 암시한 계사(繫辭)가 〈정(井)〉이다.

〈개읍불개정(改邑不改井)〉은 〈정(井)〉이 인간이 할 수 있는 일과 할 수 없는 일을 살펴 깨닫게 함을 암시한 계사(繫辭)이다. 〈개읍불개정(改邑不改井)〉은 〈인능개읍성(人能改邑城) 연이인불능개정(然而人不能改井)〉의 줄임으로 여기고 〈인간이[人] 마을을[邑城] 옮길[改] 수 있다[能] 그러나[然而] 인간이[人] 우물을[井] 바꿀[改] 수 없다[不能]〉라고 새겨볼 것이다. 읍성[邑]은 인간의 것이고 우물[井]은 천지(天地)의 것이다.

〈개읍(改邑)의 읍(邑)〉은 인간이 일궈내는 세상을 말한다. 살기 좋은 세상을 인간이 일궈낼 수 있음을 암시함이 〈개읍(改邑)의 개(改)〉이다. 말하자면 물 없는 척박한 땅에다 읍(邑) 즉 사람들의 터전[邑]을 마련할 수 없으니, 지하수를 찾아 우물[井]을 파고 그 〈정(井)〉에서 〈천(泉)〉 즉 샘물[泉]을 얻어 마실 수 있어야 팔가(八家)가 농사를 지으면서 살아갈 수 있다. 이를 위해 군자(君子)가 애써야 함을 암시함이 〈개읍(改邑)〉이다. 세상의 현자(賢者)란 백성이 맑고 찬 샘물을 길어 마실 수 있게 해줄 우물[井]을 마련할 수 있는 곳을 찾아 거기로 백성을 인도해야 함을 깨닫게 하는 것이 〈개읍(改邑)〉이다. 〈불개정(不改井)의 정(井)〉은 천지(天地)가 허락해야 인간이 이룰 수 있음을 암시한다. 천(泉) 즉 샘물은 자연이 줄 뿐이고, 〈정(井)〉이란 그 샘물이 있는 곳에다 우물을 파서 길어 마실 수 있게 한다. 평안한 세상은 항상 샘물이 샘솟는 〈정(井)〉과 같다. 샘물이 샘솟을 수 있는 자리에 인간이 우물을 파서 마련했다 해도 인간 마음대로 이리저리 옮길 수 없으니, 우물을 따라 즉 천지(天地)를 따라 인간은 살아가야 함을 암시한 계사(繫辭)가 〈개읍불개정(改邑不改井)〉이다.

无喪无得(무상무득)

잃는 것도[喪] 없고[无] 얻는 것도[得] 없다[无].

〈무상무득(无喪无得)〉은 앞 〈불개정(不改井)〉에 담긴 천도(天道) 즉 자연의[天] 이치[道]를 암시한 계사(繫辭)이다. 〈무상무득(无喪无得)〉은 〈정무상(井无喪) 이정무득(而井无得)〉의 줄임으로 여기고 〈우물에는[井] 잃을 것이[喪] 없다[无] 그리고

[而] 우물에는[井] 얻을 것도[得] 없다[无]〉라고 새겨볼 것이다.

〈무상무득(无喪无得)〉은 인간이 땅을 파서 샘물을 길어 마실 수 있는 우물[井]을 만들었다고 해서 그 〈정(井)〉은 인간이 마음대로 할 것이 아님을 암시한다. 인간사에는 항상 〈유상유득(有喪有得)〉 즉 잃음도[喪] 있고[有] 취함도[得] 있어[有] 부덕(不德)한 경우가 빈번하다. 그러나 〈무상무득(无喪无得)〉은 〈정(井)〉이 따르고 있는 상덕(常德)을 암시한다. 자연의[天] 규율[道]에는 잃음도[喪] 따로 없고[无] 얻음도[得] 따로 없어[无], 잃으면[喪] 얻고[得] 얻으면[得] 잃음[喪]이 쉼 없이 왕래하여 덕(德)이 부절(不絶)한다. 따라서 여기 〈무상무득(无喪无得)〉은 『노자(老子)』에 나오는 〈고집하는[執] 사람은[者] 그 고집을[之] 실패한다[失]〉라는 내용을 연상시킨다. 고집하는[執] 사람은[者] 그 고집하는 것을[之] 잃음[失]은 부덕(不德)해서지만, 〈정(井)〉이 마시게 해주는 물은 자연의 것인지라 〈무집자(無執者)〉 즉 고집하는[執] 것이[者] 없이[無] 상덕(常德) 즉 변함없는[常] 덕(德)이 곧 생수(生水)이다. 이런 〈정(井)〉의 샘물[井水]은 군자(君子)를 연상시킨다. 따라서 〈정(井)〉의 물은 천지의 것인지라 인간들이 퍼마시지 않는다 해도 넘쳐나 범람하지 않고 〈무상(无喪)〉 즉 줄어듦도[喪] 없고[无], 〈무득(无得)〉 즉 불어남도[得] 없이[无], 우물의 크기에 따라 알맞게 수위(水位)를 간직하여, 〈정(井)〉이란 유덕(有德)한 것임을 암시한 계사(繫辭)가 〈무상무득(无喪无得)〉이다.

往來井井(왕래정정)

들락날락해도[往來] 우물은[井] 우물이다[井].

〈왕래정정(往來井井)〉은 〈정(井)〉 즉 우물[井]이 왜 〈무상무득(无喪无得)〉인가를 암시한 계사(繫辭)이다. 〈왕래정정(往來井井)〉은 〈수위료급수읍인왕래어정(雖爲了汲水邑人往來於井) 정시정(井是井)〉의 줄임으로 여기고 〈비록[雖] 물을[水] 긷기[汲] 위하여[爲了] 마을 사람들이[邑人] 우물로[於井] 들락날락하더라도[往來] 우물은[井] 우물[井]이다[是]〉라고 새겨볼 것이다. 여기 〈정정(井井)〉은 앞의 〈무상무득(无喪无得)〉을 암시한다.

〈왕래정정(往來井井)〉은 한 마을 사람들이 우물로 들락날락하면서[往來] 우물물을 〈정정(井井)〉 즉 긷고[井] 긷더라도[井] 우물[井]의 물은 변함없음을 암시한다. 〈정정(井井)의 정(井)〉이란 천지(天地) 즉 자연(自然)이라는 말이다. 물론 〈정(井)〉은 인간이 땅을 파서 만든 우물[井]이지만 그 우물 속의 물은 사람의 것이 아니라 자연임을 암시한 것이 〈정정(井井)〉이다. 이에 〈왕래정정(往來井井)의 왕래(往來)〉가 우물에서 우물물을 길어가는[往] 마을 사람과 우물물을 긷고자 우물로 오는[來] 마을 사람을 뜻해 인간이 우물[井]을 이용하는 도리(道理)를 암시하는 계사(繫辭)가 〈왕래정정(往來井井)〉이다.

汔至(흘지) 亦未繘井(역미율정)

거의[汔] 다다라도[至] 또한[亦] 우물에[井] 두레박줄이[繘] 닿지 못한다[未].

〈흘지(汔至) 역미율정(亦未繘井)〉은 천도(天道) 즉 자연의[天] 이치[道]를 어기는 인간의 짓을 암시하는 계사(繫辭)이다. 〈흘지(汔至) 역미율정(亦未繘井)〉은 〈율흘지우정수(繘汔至于井水) 연이기율미지우정수(然而其繘未至于井水)〉의 줄임으로 여기고 〈두레박줄이[繘] 우물물에[于井水] 거의[汔] 닿았다[至] 그러나[然而] 그[其] 두레박줄이[繘] 우물물에[于井水] 닿지[至] 못했다[未]〉라고 새겨볼 것이다. 〈미율정(未繘井)의 율(繘)〉은 〈두레박줄 경(綆)〉과 같다.

〈흘지(汔至) 역미율정(亦未繘井)〉은 자연(自然)을 따름을 어김을 암시한다. 〈흘지(汔至)〉는 두레박줄이 우물의 깊이보다 짧음을 암시한다. 짧은 두레박줄로 우물물을 긷고자 함은 순리(順理)에 어긋난다. 〈율정(繘井)의 율(繘)〉은 정괘(井卦 : ䷯)의 하체(下體)인 손(巽 : ☴)을 빌려 인간의 탐(貪)을 암시한다. 왜냐하면 〈율정(繘井)의 율(繘)〉이 「설괘전(說卦傳)」에 나오는 〈손은[巽 : ☴] 줄의[繩] 곧음[直]이다[爲]〉라는 내용을 연상시키기 때문이다. 순천(順天) 즉 자연을[天] 따름[順]을 순리(順理)라 하고 무위(無爲)라 한다. 배천(背天) 즉 자연을[天] 어김[背]을 배리(背理)라 하고 인위(人爲)라 한다. 〈흘지(汔至)〉임에도 우물물을 긷고자 탐(貪)함을 암시한 것이 〈역미율정(亦未繘井)〉이다. 두레박줄이 짧으면 그 두레박줄의 길이를 늘여 우물물에 잠기도록 하는 것이 우물물을 긷는 밝음[明] 즉 현명(賢明)함이다. 두레박줄을 늘이지 않고 짧은 두레박줄로 우물물을 긷겠다고 탐(貪) 즉 욕심을 부린다면[貪] 우물물을 긷지 못하고 마는 것임을 암시하는 계사(繫辭)가 〈흘지

(汔至) 역미율정(亦未繘井)〉이다.

羸其瓶(이기병) 凶(흉)

그[其] 두레박을[瓶] 깨트리면[羸] 불행하다[凶].

〈이기병(羸其瓶) 흉(凶)〉은 인간이 짓는 탐(貪)의 결과를 암시한 계사(繫辭)이다. 〈이기병(羸其瓶) 흉(凶)〉은 〈기율리기병(其繘羸其瓶) 인차급수지인유흉(因此汲水之人有凶)〉의 줄임으로 여기고 〈그[其] 두레박줄이[繘] 그[其] 두레박을[瓶] 깨뜨렸다[羸] 그래서[因此] 물을[水] 긷는[汲之] 사람에게[人] 불운하다[有凶]〉라고 새겨볼 것이다. 〈이기병(羸其瓶)의 이(羸)〉는 〈깨질 파(破)〉와 같고, 〈이기병(羸其瓶)의 병(瓶)〉은 〈두레박 통(桶)〉과 같다.

〈이기병(羸其瓶)〉은 〈율(繘)〉 즉 두레박줄[繘]의 순리(順理)를 어긴 결과를 암시한다. 두레박줄[繘]은 우물물 속으로 두레박을 충분히 담가줄 수 있을 만큼 길어야 함이 두레박줄[繘]의 순리이다. 이런 두레박줄[繘]의 순리를 어기고 물을 긷고자 탐을 내어 고집하면 두레박줄에 매달린 두레박이 우물의 돌담에 부딪쳐 깨지고 마는 것임을 암시한 것이 〈이기병(羸其瓶)〉이다. 〈이기병(羸其瓶)의 이(羸)〉는 정괘(井卦 : ䷯)의 내호괘(內互卦)인 태(兌 : ☱)를 빌려 취상(取象)한 것이다. 왜냐하면 〈이기병(羸其瓶)의 이(羸)〉가 「설괘전(說卦傳)」에 나오는 〈태는[兌 : ☱] 헐어[毁] 잘림[折]이다[爲]〉라는 내용을 연상시키기 때문이다. 나아가 〈이기병(羸其瓶)〉은 『노자(老子)』에 나오는 〈고집하는[執] 사람은[者] 그 고집으로[之] 실패한다[失]〉는 내용을 상기시키기도 한다. 두레박줄[繘]을 충분히 늘여주지 않고 짧은 두레박줄로 고집하다가 두레박을 깨져버리게[羸] 하여 우물물을 긷지 못하게 되는 인간의 어리석은 고집이야말로 흉한 짓[凶]임을 암시하는 계사(繫辭)가 〈이기병(羸其瓶) 흉(凶)〉이다.

【字典】

정(井) 〈우물 정(井)-굴지출수왈정(掘地出水曰井), 정(井) 모양의 굴 정(井)-여정형지혈(如井形之穴), {옛 정전제(井田制)인} 사방 구백 이랑 정(井)-사방구백무(四方九百畝), 시의 구민이 사는 곳 정(井)-시구인구주소(市區人口住所), 고요할 정(井)-정(靜), 깊을 정(井)-심(深), 법 정(井)-법(法), 별 이름 정(井)-성명(星名 : 二十八宿之一),

64괘의 하나 정(井)-정괘(井卦)〉 등의 뜻을 내지만 여기선 〈우물 정(井)〉으로 여기고 새김이 마땅하다.

개(改) 〈고칠 개(改)-경(更)-변(變)-역(易), 바꿀 개(改)-혁(革)-역(易)〉 등의 뜻을 내지만 〈고칠 경(更)-변(變)〉과 같다 여기고 새김이 마땅하다.

읍(邑) 〈마을(고을, 도읍) 읍(邑)-이(里)-도읍(都邑), 흑흑 느낄 읍(邑)-기결(氣結), 답답할 읍(邑)-우울(憂鬱)〉 등의 뜻을 내지만 여기선 〈마을 이(里)〉로 여기고 새김이 마땅하다. 고팔가위린(古八家爲鄰) 삼린위붕(三鄰爲朋) 삼붕위리(三朋爲里) 오리위읍(五里爲邑) 십읍위도(十邑爲都) 십도위사(十都爲師) : 옛날에는[古] 여덟 가구가[八家] 인이[鄰] 되고[爲], 삼린이[三鄰] 붕이[朋] 되며[爲], 삼붕이[三朋] 이가[里] 되고[爲], 오리가[五里] 읍이[邑] 되며[爲], 십읍이[十邑] 도가[都] 되고[爲], 십도가[十都] 사가[師] 된다[爲].

不 〈불-부〉 등으로 발음되고, 〈못할 불(不)-부(不), 않을 불(不)-부(不), 아닐 불(不)-부(不)-비(非), 없을 불(不)-부(不)-무(無), 하지 말 불(不)-부(不)-막(莫)-금지(禁止), 정하지 않을 불(不)-부(不)-부(否)-미정(未定), 새가 날아올라 내려오지 않는 불(不)-부(不)-조비상불하래(鳥飛上不下來)〉 등의 뜻을 내지만 여기선 〈못할 불(不)〉로 여기고 새김이 마땅하다.

무(无) 〈없을 무(无)-무(無), 허무지도 무(无)-허무지도(虛无之道), 으뜸 무(无)-원(元)〉 등의 뜻을 내지만 여기선 〈없을 무(無)〉와 같다 여기고 새김이 마땅하다. 〈무(无)〉는 〈무(無)〉의 고자(古字)이다.

상(喪) 〈잃을(놓칠) 상(喪)-실(失), 죽을 상(喪)-사(死)-망(亡), 상복을 입을 상(喪)-지복(持服), 망칠(버릴) 상(喪)-기망(棄亡)〉 등의 뜻을 내지만 여기선 〈잃을 실(失)〉로 여기고 새김이 마땅하다.

득(得) 〈취할(얻어낼) 득(得)-획(獲)-취(取), 탐할 득(得)-탐(貪), 깨달을 득(得)-효(曉)-오(悟), 만족할 득(得)-족(足), 마땅할 득(得)-당(當), 일의 마땅함을 터득할 득(得)-합(合)-득사지의(得事之宜), 이룰 득(得)-성(成), 알 득(得)-지(知), 가할 득(得)-가(可)-능(能), 편안할 득(得)-편(便), 가질 득(得)-치(値)-지(持), 득도할 득(得)-득도(得道)〉 등의 뜻을 내지만 〈취할 획(獲)-취(取)〉와 같다 여기고 새김이 마땅하다.

왕(往) 〈갈 왕(往)-지(之), 나아갈 왕(往)-행(行)-진행(進行), 물러갈 왕(往)-거(去), 이를 왕(往)-지(至), 향할 왕(往)-향(向), 옛 왕(往)-석(昔), 이따금 왕(往)-시시(時

時), 뒤 왕(往)-후(後), 죽음 왕(往)-망거(亡去)-사자(死者)〉 등의 뜻을 내지만 〈갈 지(之)〉와 같다 여기고 새김이 마땅하다.

내(來) 〈돌아올 내(來)-복(復)-환(還)-귀(歸), 올 내(來)-지(至), 앞으로 내(來)-장래(將來)-미래(未來), 초치할 내(來)-초치(招致), ~부터 내(來)-자(自)-유(由), 남음이 있을 내(來)-유여(有餘), 어세를 더해주려는 조사(助詞) 내(來), 구중(句中)-구말(句末)의 조사(助詞) 내(來)〉 등의 뜻을 내지만 여기선 〈올 지(至)〉와 같다 여기고 새김이 마땅하다. 〈來〉가 앞에 있으면 〈내〉로 발음하고, 중간이나 뒤에 있으면 〈래〉로 발음한다.

흘(汔) 〈거의 흘(汔)-기(幾), 가까울 흘(汔)-근(近), 물 마를 흘(汔)-학(涸), 다할 흘(汔)-진(盡), 그 흘(汔)-기(其), 물 이름 흘(汔)-수명(水名)〉 등의 뜻을 내지만 여기선 〈거의 기(幾)〉와 같다 여기고 새김이 마땅하다.

지(至) 〈이를(도착할) 지(至)-도(到)-래(來), 지극할 지(至)-지극(至極), 새가 높은 데서 날아 내려와 땅에 이를 지(至)-조비종고하지(鳥飛從高下至), 미칠(이를) 지(至)-급(及), 좋을 지(至)-선(善), 다할 지(至)-진(盡)-극(極), 무리 지(至)-중(衆), 큰 지(至)-대(大), 마땅할 지(至)-당(當), 이룰 지(至)-성(成), 실제 지(至)-실(實), 옳을 지(至)-시(是), 아래 지(至)-하(下), 동지하지 지(至)-동지하지(冬至夏至)〉 등의 뜻을 내지만 여기선 〈이를 도(到)〉와 같다 여기고 새김이 마땅하다.

역(亦) 〈또한 역(亦)-승상지사(承上之辭), 모두 역(亦)-총(總), 클 역(亦)-대(大), 또 역(亦)-우(又), 어조사 역(亦)〉 등의 뜻을 내지만 여기선 〈또한 역(亦)〉으로 여기고 새김이 마땅하다.

미(未) 〈않을 미(未)-불(不)-불(弗), 없을 미(未)-무(無), 아닌 것 미(未)-비(非), 아직 미(未)-이지반(已之反)〉 등의 뜻을 내지만 여기선 〈않을 불(不)〉로 여기고 새김이 마땅하다.

율(繘) 〈두레박줄 율(繘)-경(綆)-급수색(汲水索)〉의 뜻을 내니 〈두레박줄〉로 여기고 새김이 마땅하다

이(羸) 〈깨질 이(羸)-파(破), (묶어) 맬 이(羸)-누(累), 떨어질 이(羸)-기락(棄落), 파리할 이(羸)-수(瘦)-척(瘠), 약할 이(羸)-약(弱), 앓을 이(羸)-병(病), 피로할 이(羸)-피(疲), 열등할 이(羸)-열(劣), 싫을 이(羸)-오(惡), 새김이 없을 이(羸)-무문(無文)〉 등의 뜻을 내지만 여기선 〈깨질 파(破)〉와 같다 여기고 새김이 마땅하다. 〈羸〉가 맨 앞에 있

을 때는 〈이〉로 발음되고, 중간이나 뒤에 있을 때는 〈리〉로 발음된다.

기(其) 〈그(그것) 기(其)-피(彼)-지(之), 그(관형사) 기(其)-관형사(冠形詞), 그럴 기(其)-연(然), 어찌 기(其)-기(豈), 누를 기(其)-억(抑), 오히려 기(其)-상(尙)-서기(庶幾), 이에 기(其)-내(乃), 만약 기(其)-약(若), 장차 기(其)-장(將), 어조사 기(其)-어조사(語助辭)〉 등의 뜻을 내지만 여기선 관형사(冠形詞)로서 〈그 기(其)〉로 여기고 새김이 마땅하다.

병(甁) 〈두레박 병(甁)-통(桶), (물이나 술을 담는) 병 병(甁)-주수등소입기(酒水等所入器), 물장군 병(甁)-급수기(汲水器)〉 등의 뜻을 내지만 여기선 〈두레박 통(桶)〉으로 여기고 새김이 마땅하다.

흉(凶) 〈불행할 흉(凶)-길지반(吉之反), 나쁠 흉(凶)-오(惡), 흉한 사람 흉(凶)-흉인(凶人), 재앙 흉(凶)-화(禍), 요사할 흉(凶)-요사(夭死), 걱정할 흉(凶)-우(憂)-구(懼), 악한 사람 흉(凶)-악인(惡人), 흉년 흉(凶)-연곡불숙(年穀不熟), 사나울 흉(凶)-포학(暴虐), 음기 흉(凶)-음기(陰氣), 북쪽 흉(凶)-북(北), 없을 흉(凶)-공(空), 송사 흉(凶)-송(訟), 거역할 흉(凶)-역(逆), 어그러질 흉(凶)-패(悖), 허물 흉(凶)-구(咎)〉 등의 뜻을 내지만 여기선 〈불행할 흉(凶)〉으로 여기고 새김이 마땅하다.

註 손위목(巽爲木) : 손은[巽 : ☴] 나무[木]이다[爲]. 「설괘전(說卦傳)」 11단락(段落)

註 감위수(坎爲水) : 감은[坎 : ☵] 물[水]이다[爲]. 「설괘전(說卦傳)」 11단락(段落)

註 방리이정(方里而井) 정구백무(井九百畝) 기중위공전(其中爲公田) 팔가개사백무(八家皆私百畝) 동양공전(同養公田) 공사필연후(公事畢然後) 감치사사(敢治私事) 소이별야인야(所以別野人也) : 사방[方] 일리에[里而] 정전을 두고[井] 한 정전은[井] 구백무이다[九百畝]. 정전의[其] 가운데는[中] 공전(公田)이다[爲]. 여덟[八] 가구가[家] 다[皆] 백무의[百畝] 사전을 갖고[私], 다 함께[同] 공전을[公田] 가꾸면서[養] 함께 하는[公] 일이[事] 끝난[畢] 뒤에야[然後] 감히[敢] 사유지의[私] 농사를[事] 짓는데[治], 이런 까닭은[所以] (군자와) 야인을[野人] 분별하는 것[別]이다[也].

『맹자(孟子)』「등문공장구상(藤文公章句上)」 3장(章)

註 손위승직(巽爲繩直) : 손은[巽 : ☴] 줄의[繩] 곧음[直]이다[爲]. 「설괘전(說卦傳)」 11단락(段落)

註 태위훼절(兌爲毁折) : 태는[兌 : ☱] 헐어[毁] 잘림[折]이다[爲]. 「설괘전(說卦傳)」 11단락(段落)

註 위자패지(爲者敗之) 집자실지(執者失之) : (천하를) 다스리려는[爲] 사람은[者] 그 다스림을[之] 실패하고[敗], (천하를 다스리려고) 고집하는[執] 사람은[者] 그 고집으로[之] 실패한다[失].

『노자(老子)』 29장(章)

2 효의 효상과 계사

初六：井泥不食이니 舊井无禽이로다
정니불식 구정무금

九二：井谷射鮒이나 甕敝漏이다
정곡사부 옹폐루

九三：井渫不食이니 爲我心惻이라 可用汲이니 王明하면 並受其福하리라
정설불식 위아심측 가용급 왕명 병수기복

六四：井甃면 无咎리라
정추 무구

九五：井洌하다 寒泉食한다
정렬 한천식

上六：井收勿幕이니 有孚라 元吉하리라
정수물막 유부 원길

초륙(初六) : 우물이[井] 더러워[泥] 마시지 못하니[不食] 묵은[舊] 우물에는[井] 새들도[禽] 없다[无].

구이(九二) : 우물의[井] 물구멍이[谷] 두꺼비를[鮒] 적시나[射] 옹기두레박도[甕] 깨져서[敝] 물이 샌다[漏].

구삼(九三) : 우물을[井] 준설해도[渫] 마시지 못하니[不食] 내[我] 마음이[心] 아파진다[爲惻]. 이용하고[用] 길어 올릴[汲] 수도 있으니[可] 임금이[王] 현명하면[明] 아울러[並] 그[其] 복을[福] 받는다[受].

육사(六四) : 우물을[井] 보수하니[甃] 허물이[咎] 없다[无].

구오(九五) : 우물이[井] 맑다[洌]. 차가운[寒] 샘물을[泉] 마신다[食].

상륙(上六) : 우물물을[井] 길되[收] 덮지[幕] 않으니[勿] 믿어줌이[孚] 있어[有] 크게[元] 좋으리라[吉].

초륙(初六 : --)

初六 : 井泥不食이니 舊井无禽이로다
정니불식 구정무금

초륙(初六) : 우물이[井] 더러워[泥] 마시지 못하니[不食] 묵은[舊] 우물에는 [井] 새들도[禽] 없다[无].

【초륙(初六)의 효상(爻象) 풀이】

정괘(井卦 : ䷯)의 초륙(初六 : --)은 이음거양(以陰居陽) 즉 음(陰 : --)으로써 [以] 양(陽 : ㅡ)의 자리에 있는지라[居] 정당한 자리에 있지 못하다. 초륙(初六 : --)과 구이(九二 : ㅡ)는 음양(陰陽)의 사이인지라 비(比) 즉 이웃의 사귐[比]을 서로 누린다. 초륙(初六 : --)과 육사(六四 : --)는 양음(兩陰) 즉 둘 다[兩] 음(陰 : --)인지라 불상응(不相應) 즉 서로[相] 호응하지 못하는[不應] 모습이다. 초륙(初六 : --)은 있는 자리가 마땅치 않은데다 정괘(井卦 : ䷯)의 최하(最下)에 있어서 저버려진 모습이다.

> 정괘(井卦 : ䷯)의 초륙(初六 : --)이 초구(初九 : ㅡ)로 변효(變爻)하면 초륙(初六 : --)은 정괘(井卦 : ䷯)를 5번째 수괘(需卦 : ䷄)로 지괘(之卦)하게 한다. 따라서 정괘(井卦 : ䷯)의 초륙(初六 : --)은 수괘(需卦 : ䷄)의 초구(初九 : ㅡ)를 찾아가 살펴보게 한다.

【초륙(初六)의 계사(繫辭) 풀이】

井泥不食(정니불식) 舊井无禽(구정무금)

우물이[井] 더러워[泥] 마시지 못하니[不食] 묵은[舊] 우물에는 [井] 새들도[禽] 없다[无].

〈정니불식(井泥不食) 구정무금(舊井无禽)〉은 초륙(初六 : --)의 효위(爻位)를 들어 암시한 계사(繫辭)이다. 〈정니불식(井泥不食) 구정무금(舊井无禽)〉은 〈기연정지저니(旣然井之底泥) 인불식기수(人不食其水) 구정무금대인(舊井无禽代人)〉의 줄임으로 여기고 〈우물의[井之] 바닥이[底] 더럽기[泥] 때문에[旣然] 사람이[人] 그[其] 물을[水] 마시지 못한다[不食] 오래된[舊] 우물에는[井] 사람은[人]커녕[代] 새도[禽] 없다[无]〉라고 새겨볼 것이다. 〈정니(井泥)의 니(泥)〉는 여기선 〈오부(汚腐)〉 즉 더럽고[汚] 썩었다[腐]는 뜻이다. 〈불식(不食)의 식(食)〉은 여기선 〈먹을 식(食)〉이 아니라 〈마실 식(食)〉으로 여기고 새김이 마땅하다.

〈정니불식(井泥不食)〉은 초륙(初六 : ⚋)이 정괘(井卦 : ䷯)의 효위(爻位)에서 맨 아래에 있음을 암시한다. 〈정니불식(井泥不食)〉에서 〈정니(井泥)〉는 우물이 버려져 그 우물의[井之] 바닥[底]이 오부(汚腐) 즉 더럽고[汚] 썩었음[腐]을 암시한다. 이에 초륙(初六 : ⚋)이 양효(陽爻 : ⚊)의 자리에 있는지라 마땅치 않음을 암시한 것이 〈정니(井泥)〉이다. 따라서 우물의 맨 밑자리가 〈니(泥)〉 즉 더럽고 썩었다[泥]함은 양기(陽氣 : ⚊)의 자리에 음기(陰氣 : ⚋)인 초륙(初六 : ⚋)이 있어 마땅치 않음을 암시한다. 이에 정수(井水)가 〈불식(不食)〉 즉 마시지 못하는[不食] 물이 되었다는 것이다. 〈정니(井泥)〉를 개선(改善)하지 않으면 샘물을 마시지 못함[不食]을 깨우친 인간이라면 자성(自省) 즉 자신을[自] 살펴[省] 개선(改善)해가야 〈정니(井泥)〉와 같은 불운한 처지를 벗어날 수 있음을 깨닫게 하는 계사(繫辭)가 〈정니불식(井泥不食)〉이다.

〈구정무금(舊井无禽)〉은 묵은 것을 그대로 방치하면 구제받을 수 없음을 암시하는 계사(繫辭)이다. 〈구정무금(舊井无禽)〉에서 앞 〈정니(井泥)〉의 까닭을 암시하고 묵은[舊] 우물[井]을 방치하면 〈금(禽)〉 즉 새들[禽]마저도 우물가에 오지 않음을 지적해, 오래된 우물은 끊임없이 보수하여 신정(新井)과 같아야 우물도 제 노릇을 할 수 있음을 밝힌다. 〈구정무금(舊井无禽)의 금(禽)〉은 「설괘전(說卦傳)」에 나오는 〈손은[巽 : ☴] 닭[雞]이다[爲]〉라는 내용을 상기시킨다. 정괘(井卦 : ䷯)의 하체(下體) 손(巽 : ☴)의 초효(初爻)이니 초륙(初六 : ⚋)의 계사(繫辭)를 새[禽]를 들어 취상(取象)한 것이다. 〈구정(舊井)〉은 앞에 나온 〈정니(井泥)〉의 까닭을 알아채게 하면서 동시에 묵은[舊] 우물[井]에는 새[禽]마저도 오지 않음을 밝혀, 그 무엇이든 방치하면 버림받게 됨을 암시한 계사(繫辭)가 〈구정무금(舊井无禽)이다.

【字典】

정(井) 〈우물 정(井)-굴지출수왈정(掘地出水曰井), 정(井) 모양의 굴 정(井)-여정형지혈(如井形之穴), {옛 정전제(井田制)인} 사방 구백 이랑 정(井)-사방구백무(四方九百畝), 시의 구민이 사는 곳 정(井)-시구인구주소(市區人口住所), 고요할 정(井)-정(靜), 깊을 정(井)-심(深), 법 정(井)-법(法), 별 이름 정(井)-성명(星名 : 二十八宿之一), 64괘의 하나 정(井)-정괘(井卦)〉 등의 뜻을 내지만 여기선 〈우물 정(井)〉으로 여기고 새김이 마땅하다.

니(泥) 〈더럽고 썩은 니(泥)-오부(汚腐), 진창 니(泥)-녕(濘), 수렁 니(泥)-수토상합(水土相合), 더러울 니(泥)-오(汚), 재능과 힘이 적은 니(泥)-소재력(少才力), 가까울 니(泥)-근(近), 진흙 니(泥)-도(塗), 막힐 니(泥)-불통(不通), 야들할 니(泥)-유택모(柔澤貌), 이슬 맺힐 니(泥)-노농모(露濃貌), 젖고 젖을 니(泥)-윤유(潤濡)〉 등의 뜻을 내지만 여기선 〈더럽고 썩은 오부(汚腐)〉로 여기고 새김이 마땅하다.

不 〈불-부〉 등으로 발음되고, 〈못할 불(不)-부(不), 않을 불(不)-부(不), 아닐 불(不)-부(不)-비(非), 없을 불(不)-부(不)-무(無), 하지 말 불(不)-부(不)-막(莫)-금지(禁止), 정하지 않을 불(不)-부(不)-부(否)-미정(未定), 새가 날아올라 내려오지 않는 불(不)-부(不)-조비상불하래(鳥飛上不下來)〉 등의 뜻을 내지만 여기선 〈못할 불(不)〉로 여기고 새김이 마땅하다.

食 〈사-식-이〉 세 가지로 발음되고, 〈마실(먹을) 식(食)-여(茹), 밥 식(食), 씹을 식(食)-담(啗), 모든 음식물 식(食)-식용(食用)-음식물(飮食物), 헛말할 식(食)-식언(食言), 먹을거리(양식) 사(食)-양(糧), 먹일(먹힐) 사(食)-사(飤)-반(飯), 길러줄 사(食)-양(養), (부모를 매장한 뒤에 올리는 제사) 우제 사(食)-우제(虞祭), 사람 이름 이(食)〉 등의 뜻을 내지만 〈마실 여(茹)〉과 같다 여기고 새김이 마땅하다.

구(舊) 〈오래 구(舊)-구(久), 옛 구(舊)-고(故), 옛날 구(舊)-석(昔)〉 등의 뜻을 내지만 여기선 〈오래 구(久)〉로 여기고 새김이 마땅하다.

무(无) 〈없을 무(无)-무(無), 허무지도 무(无)-허무지도(虛无之道), 으뜸 무(无)-원(元)〉 등의 뜻을 내지만 여기선 〈없을 무(無)〉와 같다 여기고 새김이 마땅하다. 〈무(无)〉는 〈무(無)〉의 고자(古字)이다.

금(禽) 〈모든 새 금(禽)-조속(鳥屬), 모든 짐승 금(禽)-조수지총명(鳥獸之總名), 아직 새끼를 배지 않은 짐승 금(禽)-조수미잉(鳥獸未孕), 사로잡을 금(禽)-금(擒)-금(捡)〉 등의 뜻을 내지만 여기선 〈모든 새 조속(鳥屬)〉으로 여기고 새김이 마땅하다.

註 손위계(巽爲雞) : 손은[巽 : ☴] 닭[雞]이다[爲]. 「설괘전(說卦傳)」 8단락(段落)

구이(九二 : ─)

九二 : 井谷射鮒이나 甕敝漏이다
정곡사부 옹폐루

구이(九二) : 우물의[井] 물구멍이[谷] 두꺼비를[鮒] 적시나[射] 옹기두레박도[甕] 깨져서[敝] 물이 샌다[漏].

【구이(九二)의 효상(爻象) 풀이】

정괘(井卦 : ䷯)의 구이(九二 : ─)는 이양거음(以陽居陰) 즉 양(陽 : ─)으로써[以] 음(陰 : --)의 자리에 있는지라[居] 정당한 자리에 있지 못하다. 구이(九二 : ─)와 구삼(九三 : ─)은 양양(兩陽) 즉 둘 다[兩] 양(陽 : ─)의 사이인지라 비(比) 즉 이웃의 사귐[比]을 누리지 못하고 오히려 상충(相衝) 즉 서로[相] 부딪치는[衝] 처지이다. 구이(九二 : ─)와 구오(九五 : ─) 역시 중부정(中不正) 즉 가운데이지만[中] 정위가 아니면서[不正] 양양(兩陽)의 사이인지라 불상응(不相應) 즉 서로[相] 호응하지 못한다[不應]. 다만 구이(九二 : ─)와 초륙(初六 : --)만은 양음(陽陰)의 사이인지라 비(比) 즉 이웃의 사귐[比]을 누린다. 이에 강강(剛强)한 구이(九二 : ─)가 중위(中位) 즉 가운데[中] 자리[位]에 있으면서도 위로부터 응원받지 못하면서 초륙(初六 : --)의 처지인 〈정니(井泥)〉를 벗어나지 못하는지라 초륙(初六 : --)과 마찬가지로 딱한 모습이다.

정괘(井卦 : ䷯)의 구이(九二 : ─)가 육이(六二 : --)로 변효(變爻)하면 구이(九二 : ─)는 정괘(井卦 : ䷯)를 39번째 건괘(蹇卦 : ䷦)로 지괘(之卦)하게 한다. 따라서 정괘(井卦 : ䷯)의 구이(九二 : ─)는 건괘(蹇卦 : ䷦)의 육이(六二 : --)를 찾아가 살펴보게 한다.

【구이(九二)의 계사(繫辭) 풀이】

井谷射鮒(정곡사부)

우물의[井] 물구멍이[谷] 두꺼비를[鮒] 적신다[射].

〈정곡사부(井谷射鮒)〉는 구이(九二 : ━)의 효위(爻位)를 들어 암시한 계사(繫辭)이다. 〈정곡사부(井谷射鮒)〉는 〈정지곡사부(井之谷射鮒)〉의 줄임으로 여기고 〈우물의[井之] 물구멍이[谷] 두꺼비를[鮒] 적신다[射]〉라고 새겨볼 것이다. 〈정곡(井谷)의 곡(谷)〉은 수혈(水穴) 즉 물[水] 구멍[穴]을 뜻하고, 〈사부(射鮒)의 사(射)〉는 〈적실 주(注)〉와 같고, 〈사부(射鮒)의 부(鮒)〉는 〈물새우 하(蝦)〉나 〈두꺼비 마(蟆)〉를 뜻하지만 여기선 〈두꺼비 마(蟆)〉로 여기고 새김이 마땅하다.

〈정곡사부(井谷射鮒)〉는 구이(九二 : ━)와 초륙(初六 : ╍)이 누리는 비(比) 즉 이웃의 사귐[比]을 암시한다. 정수(井水) 즉 우물의[井] 물[水]은 차오르는 것이 정도(井道) 즉 우물의[井] 이치[道]이다. 그러나 〈사부(射鮒)〉 즉 두꺼비를[鮒] 적신다[射] 함은 〈정곡(井谷)의 곡(谷)〉이 우물물을 샘솟게 하지 못하고 방주(旁注) 즉 옆으로[旁] 적시고[注] 있음을 암시하여, 위로 올라가지 못하는 구이(九二 : ━)를 취상(取象)한 것이다. 〈정곡사부(井谷射鮒)〉에서 〈사부(射鮒)의 부(鮒)〉는 초륙(初六 : ╍)을 취상한 것이다. 〈부(鮒)〉 즉 두꺼비[蟆]는 수족(水族)이니 음(陰 : ╍)이다. 이에 〈정곡사부(井谷射鮒)〉는 중실(中實)하고 강강(剛强)한 구이(九二 : ━)가 정괘(井卦 : ䷯)의 하체(下體) 손(巽 : ☴)의 중효(中爻)이지만 정괘(井卦 : ䷯)의 상체(上體) 감(坎 : ☵)의 중효(中爻)인 구오(九五 : ━)와 양양(兩陽)인 탓으로 두 중효(中爻)가 불상응(不相應) 즉 서로[相] 호응하지 못해[不應] 상행하지 못하고, 아래에 있는 초륙(初六 : ╍)과 비(比) 즉 이웃의 사귐[比]을 누리는 처지인지라 하향(下向)하게 돼, 위로 솟구쳐야 할 우물물[泉]의 정도(正道)를 구이(九二 : ━)가 지키지 못함을 암시한다. 〈정곡사부(井谷射鮒)〉에서 〈정곡(井谷)의 곡(谷)〉은 우물물을 샘솟게 하는 우물의 가운데 구멍을 말하고, 그 구멍에서 샘솟는 물이 〈사부(射鮒)〉 즉 우물물 속의 두꺼비를[鮒] 적실[射] 뿐임을 암시한다. 이에 구이(九二 : ━)가 우물물의 정도(正道)를 어기면서 초륙(初六 : ╍)과 이웃의 사귐[比]을 누림인지라, 중효(中爻)의 득중(得中) 즉 정도를 따름을[中] 취하지[得] 못함을 암시한 계사(繫辭)가 〈정곡사부(井谷射鮒)〉이다.

甕敝漏(옹폐루)

옹기두레박도[甕] 깨져서[敝] 물이 샌다[漏].

〈옹폐루(甕敝漏)〉는 구이(九二 : ━)가 구오(九五 : ━)와 양양(兩陽)인 탓으로 불상응(不相應)함을 암시한 계사(繫辭)이다. 〈옹폐루(甕敝漏)의 옹(甕)〉은 아래의 우물물을 위로 퍼올리는 두레박[甕]이다. 〈옹폐루(甕敝漏)의 옹(甕)〉은 불에 구워낸 견강(堅强)한 것이면서 우물의 상하(上下)를 왕래하는 기물(器物)인지라 구이(九二 : ━)와 구오(九五 : ━)를 아울러 취상(取象)한 것이고, 〈옹폐루(甕敝漏)의 폐루(敝漏)〉는 구이(九二 : ━)와 구오(九五 : ━)가 양양(兩陽)인지라 정응(正應)을 누리지 못함을 취상한 것이다.

이러한 〈옹(甕)〉이 〈폐루(敝漏)〉 즉 깨져서[弊] 우물물이 샌다[漏]고 함은 구이(九二 : ━)와 구오(九五 : ━)가 양양(兩陽)인지라 정응(正應)을 누리지 못함을 암시한다. 따라서 구이(九二 : ━)는 구오(九五 : ━)의 신하 노릇을 제대로 못하고 구오(九五 : ━)는 구이(九二 : ━)에게 군왕의 응원을 내리지 못해 아래의 공(功)이 위의 구오(九五 : ━)로 이어지지 못함을 암시하여, 구이(九二 : ━)가 위로부터 응원을 받지 못하는지라 취하(就下) 즉 아래를[下] 취하고[就] 마는 것임을 암시한 계사(繫辭)가 〈옹폐루(甕敝漏)〉이다.

【 字 典 】

정(井) 〈우물 정(井)-굴지출수왈정(掘地出水曰井), 정(井) 모양의 굴 정(井)-여정형지혈(如井形之穴), {옛 정전제(井田制)인} 사방 구백 이랑 정(井)-사방구백무(四方九百畝), 시의 구민이 사는 곳 정(井)-시구인구주소(市區人口住所), 고요할 정(井)-정(靜), 깊을 정(井)-심(深), 법 정(井)-법(法), 별 이름 정(井)-성명(星名 : 二十八宿之一), 64괘의 하나 정(井)-정괘(井卦)〉 등의 뜻을 내지만 여기선 〈우물 정(井)〉으로 여기고 새김이 마땅하다.

谷 〈곡-욕〉 두 가지로 발음되고, 〈샘물이 솟을(개울로 통할) 곡(谷)-계(谿)-천출통천(泉出通川), 골짜기(빈 산구덩이) 곡(谷)-허공지산와(虛空之山窩), 대나무의 빈 속 곡(谷)-죽구(竹溝), 길 곡(谷)-도(道), 궁진할 곡(谷)-궁(窮), 선할 곡(谷)-선(善)-의(穀),

길러줄 곡(谷)-양(養)-육(育)-생장(生長), 갈(사라질) 곡(谷)-거(去), 성씨 욕(谷), 나라 이름 욕(谷)〉 등의 뜻을 내지만 여기선 〈샘물이 솟을 계(谿)〉로 여기고 새김이 마땅하다.

射 〈사-석-야-역〉 네 가지로 발음되고, 〈적실 사(射)-주(注), 쏠(화살을 쏘아 맞힐) 사(射)-발시(發矢)-이궁발시사중어원(以弓發矢使中於遠), 활 쏘는 자리 사(射)-사궁(射宮)-사실(射室), 찾아낼(궁구할) 사(射)-역(繹), 던질 사(射)-투(投), 맞혀 취할 석(射)-사(躲)-이궁노시사물(以弓弩矢射物)-지물이취(指物而取), 목표를 잡을 석(射)-석살(射殺), 옥을 갈 석(射)-염출(琰出), 코끼리 석(射)-상(象), 싫을 역(射)-염(厭), 찾아낼(궁구할) 역(射)-역(繹), 십이율의 하나 역(射)-무역(無射)-십이율지일(十二律之一), 벼슬 이름 야(射)-복야(僕射)〉 등의 뜻을 내지만 여기선 〈적실 주(注)〉로 여기고 새김이 마땅하다.

부(鮒) 〈민물새우와 두꺼비 부(鮒)-하마(蝦蟆), 붕어 부(鮒)-즉(鯽)〉 등의 뜻을 내지만 여기선 〈민물새우와 두꺼비 하마(蝦蟆)〉로 새김이 마땅하다.

옹(甕) 〈물장군 옹(甕)-급병(汲甁)-급수기(汲水器), 옹기그릇 옹(甕)-옹기(甕器), 술이나 장을 담아두는 독 옹(甕)-성주장구(盛酒漿具)〉 등의 뜻을 내지만 여기선 〈물장군 급병(汲甁)〉으로 새김이 마땅하다.

폐(敝) 〈깨어질 폐(敝)-파(破), 헤진 옷 폐(敝)-패의(敗衣), 무너질 폐(敝)-괴(壞), 다할 폐(敝)-진(盡), 피로할 폐(敝)-피(疲), 패할 폐(敝)-패(敗), 버릴 폐(敝)-기(棄), 낮춤말 폐(敝)-겸사(謙辭), 엎드릴 폐(敝)-복(覆), 덜릴 폐(敝)-손(損), 썩을 폐(敝)-부(腐)〉 등의 뜻을 내지만 여기선 〈깨질 파(破)〉와 같다 여기고 새김이 마땅하다.

루(漏) 〈(물이) 샐 루(漏)-루(屚)-설(泄), 헌집을 뚫고 비가 샐 루(漏)-폐옥천우(敝屋穿雨), 구멍 루(漏)-규(竅), 뚫을 루(漏)-천(穿), 잃어버릴 루(漏)-유실(遺失), 쉽게 잊어버릴 루(漏)-이망(易忘), 굴 루(漏)-혈(穴), 넘칠 루(漏)-일(溢), 물시계 루(漏)-누각시계(漏刻時計), 집의 서북 모퉁이 루(漏)-옥서북우(屋西北隅)〉 등의 뜻을 내지만 여기선 〈물이 샐 설(泄)〉로 여기고 새김이 마땅하다.

구삼(九三 : ⚊)

九三 : 井渫不食이니 **爲我心惻**이라 **可用汲**이니 **王明**하면 **並受其福**하리라
정설불식 위아심측 가용급 왕명 병수기복

구삼(九三) : 우물을[井] 준설해도[渫] 마시지 못하니[不食] 내[我] 마음이[心] 아파진다[爲惻]. 이용하고[用] 길어 올릴[汲] 수도 있으니[可] 임금이[王] 현명하면[明] 아울러[竝] 그[其] 복을[福] 받는다[受].

【구삼(九三)의 효상(爻象) 풀이】

정괘(井卦 : ䷯)의 구삼(九三 : ⚊)은 이양거양(以陽居陽) 즉 양(陽 : ⚊)으로써[以] 양(陽 : ⚊)의 자리에 있는지라[居] 정당한 자리에 있다. 구삼(九三 : ⚊)과 구이(九二 : ⚊)는 양양(兩陽) 즉 둘 다[兩] 양(陽 : ⚊)의 사이인지라 비(比) 즉 이웃의 사귐[比]을 누리지 못한다. 구삼(九三 : ⚊)과 육사(六四 : ⚋)는 양음(陽陰)의 사이인지라 이웃의 사귐[比]을 서로 누린다. 구삼(九三 : ⚊)과 상륙(上六 : ⚋)은 서로 정당한 자리에 있으면서 양음(陽陰)의 사이인지라 정응(正應) 즉 바르게[正] 호응함[應]을 누릴 수 있다. 이에 구삼(九三 : ⚊)은 위로부터 호응을 받고 정괘(井卦 : ䷯)의 주제인 〈정(井)〉의 중앙(中央)에 있어서 자신의 뜻을 슬기롭게 펼쳐가는 모습이다.

정괘(井卦 : ䷯)의 구삼(九三 : ⚊)이 육삼(六三 : ⚋)으로 변효(變爻)하면 구삼(九三 : ⚊)은 정괘(井卦 : ䷯)를 29번째 습감괘(習坎卦 : ䷜)로 지괘(之卦)하게 한다. 따라서 정괘(井卦 : ䷯)의 구삼(九三 : ⚊)은 습감괘(習坎卦 : ䷜)의 육삼(六三 : ⚋)을 찾아가 살펴보게 한다.

【구삼(九三)의 계사(繫辭) 풀이】

井渫不食(정설불식)

우물을[井] 준설해도[渫] 마시지 못한다[不食].

〈정설불식(井渫不食) 위아심측(爲我心惻) 가용급(可用汲)〉은 구삼(九三 : ⚊)의 효위(爻位)를 들어 암시한 계사(繫辭)이다. 〈정설불식(井渫不食) 위아심측(爲我心惻) 가용급(可用汲)〉은 〈구삼설정(九三渫井) 연이구삼불식정수(然而九三不食井水) 유어부자식정수구삼지심위측(由於不自食井水九三之心爲惻) 연이읍인가용정이가급정수(然而邑人可用井而可汲井水)의 줄임으로 여기고 〈구삼이[九三] 우물을[井] 준설했다[渫] 그러나[然而] 구삼은[九三] 우물물을[井水] 마시지 못한다[不食] 자신이[自] 정수를[井水] 마시지 못하기[不食] 때문에[由於] 구삼의[九三之] 마음이[心] 슬퍼진다[爲惻] 그러나[然而] 마을 사람들이[邑人] 우물을[井] 이용할 수 있고[可用而] 우물물을[井水] 길러갈 수 있다[可汲]〉라고 새겨볼 것이다. 〈위아심측(爲我心惻)〉에서 〈아심(我心)의 아(我)〉는 〈구삼지(九三之)〉 즉 〈구삼(九三)의[之]〉를 뜻한다. 〈위아심측(爲我心惻)의 위(爲)〉는 〈측(惻)〉을 피동이게 하는 〈~된 위(爲)〉로서 조사 노릇을 한다. 〈아심측(我心惻)의 측(惻)〉은 여기선 〈마음 아파할 창(愴)〉과 같다.

〈정설불식(井渫不食)〉은 구삼(九三 : ⚊)이 정괘(井卦 : ䷯)의 중앙(中央) 즉 우물[井]의 가운데에 있음을 암시한다. 구삼(九三 : ⚊)은 〈정니(井泥)의 니(泥)〉 즉 진창이 된[泥] 우물 바닥을 〈설(渫)〉 즉 치워낼[渫] 수 있는 자리에 있다. 이에 구삼(九三 : ⚊)은 〈정니(井泥)의 니(泥)〉 탓으로 〈사부(射鮒)〉 즉 우물에 사는 두꺼비를[鮒] 적셔줄[射] 정도로 물을 뿜어내는 물구멍[井谷]을 치워낼[渫] 자리에 있다. 거듭 말하지만 정괘(井卦 : ䷯)의 양효(陽爻 : ⚊) 셋은 〈정수(井水)의 수(水)〉 즉 우물물[水]을 암시한다. 우물물은 솟아나 움직인다. 양(陽 : ⚊)은 움직임[動]이다. 정괘(井卦 : ䷯)의 음효(陰爻 : ⚋) 셋은 정수(井水)의 정(井)을 암시한다. 우물은 멈춰 있다. 음(陰 : ⚋)은 멈춤[靜]이다. 동시에 〈정설불식(井渫不食)의 정설(井渫)〉은 중실(中實)한 강양(剛陽)으로서 구삼(九三 : ⚊)이 정위(正位)에 있으므로 〈구정(舊井)〉을 개선할 능력이 있음을 암시하고, 구삼이[九三] 우물의[井之] 더럽고 썩은[泥] 우물물을[泉] 쳐낸다[渫]고 함은 구삼(九三 : ⚊)이 정괘(井卦 : ䷯) 하체(下體)의 상효(上爻)로서 정위(正位)에서 우물[井]의 중간 자리에 있음을 암시한다. 따라서 〈정설불식(井渫不食)의 정설(井渫)〉은 「계사전상(繫辭傳上)」에 나오는 〈군자는[君子] 드러나지 않는 것도[微] 알고[知] 드러나는 것도[彰] 알며[知] 부드러움도[柔] 알고[知] 굳건함도[剛] 알아[知] 모든 사람[萬夫]의[之] 선망이다[望]〉라는 내용을 상기시킨다. 지변자(知變者)가 되고 지화자(知化者)로서 자신의 뜻한 바를 펼치는 구삼(九三 : ⚊)의 모습을 〈정설(井渫)〉이 일깨운다.

초륙(初六 : ⚋)의 〈정니불식(井泥不食)의 불식(不食)〉과 〈정설불식(井渫不食)의 불식(不食)〉은 동일한 〈불식(不食)〉이 아니다. 〈정니불식(井泥不食)의 불식(不食)〉은 우물물을 마시지 못하는 〈불식(不食)〉이지만, 〈정설불식(井渫不食)의 불식(不食)〉은 마실 수 있는 우물물이지만 구삼(九三 : ⚊)의 자리가 우물의 중간인 탓으로 구삼(九三 : ⚊) 자신이 우물물을 마시지 못할 뿐이지 읍인(邑人)들은 누구나 와서 우물물을 길어다 마실 수 있음을 〈정설불식(井渫不食)의 불식(不食)〉이 암시한다. 따라서 정위(正位)에 있는 강강(剛强)한 구삼(九三 : ⚊)이 거하(居下) 즉 정괘(井卦 : ䷯)의 하체(下體)인 손(巽 : ☴)의 상효(上爻)인지라 더럽고 썩은[泥] 우물물을 쳐내[渫] 우물물을 깨끗하게 할 수는 있지만, 그 우물물을 마실 수 있는 자리에 있지 않음을 암시한 계사(繫辭)가 〈정설불식(井渫不食)〉이다.

爲我心惻(위아심측) 可用汲(가용급)

내[我] 마음이[心] 아파진다[爲惻]. 이용하고[用] 길어 올릴[汲] 수도 있다[可].

〈위아심측(爲我心惻)〉은 앞 〈정설불식(井渫不食)의 불식(不食)〉을 거듭해 밝히는 계사(繫辭)이다. 우물의 밑바닥을 준설(浚渫)해서 우물물을 마실 수 있게 되었음에도 우물물을 마시지 못함[不食]이 내[我] 마음의[心之] 아픔[惻]이라는[爲] 것이 〈위아심측(爲我心惻)〉이다. 〈아심측(我心惻)〉은 대지(大志)를 실행했어도 자신은 마시지 못해 아쉬워함을 암시한다. 청결한 우물물일지라도 그 우물물이 우물의 맨 위로 올라와야 마시는 물이 된다. 맑고[淸] 깨끗한[潔] 우물물일지라도 정괘(井卦 : ䷯)의 하체(下體)에 있는 구삼(九三 : ⚊)의 효위(爻位)에서는 우물물을 마실 수 없음을 안타까워하면서 정도(井道) 즉 우물의[井] 이치[道]를 암시한 계사(繫辭)가 〈위아심측(爲我心惻)〉이다.

〈가용급(可用汲)〉은 구삼(九三 : ⚊)이 육사(六四 : ⚋)와 누릴 수 있는 비(比) 즉 이웃의 사귐[比]으로써, 그리고 구삼(九三 : ⚊)이 상륙(上六 : ⚋)과 누릴 수 있는 정응(正應) 즉 바르게[正] 호응함[應]으로써 구삼(九三 : ⚊) 자신의 대지(大志)가 상달(上達)될 수 있음을 암시한다. 구삼(九三 : ⚊)의 제정(濟井) 즉 우물을[井] 다스림[濟]인 〈정설(井渫)〉로써 이룩된 〈가용급(可用汲)〉은 〈정설불식(井渫不食)의 불식(不食)〉이 〈가식(可食)〉 즉 먹을 수 있는[可食] 우물물로 변화되었음을 뜻한다. 이는 우물물을 쳐낸[渫] 구삼(九三 : ⚊)의 대지(大志)가 상달(上達) 즉 위에[上] 닿아서[達] 우물물이 아래에 고여만 있는 물이 아니라 우물 위에서 길어[汲] 마시는[食] 물[水]이 되었음을 암시한 계사(繫辭)가 〈가용급(可用汲)〉이다.

王明(왕명) 並受其福(병수기복)

임금이[王] 현명하면[明] 아울러[並] 그[其] 복을[福] 받는다[受].

〈왕명(王明) 병수기복(並受其福)〉은 구삼(九三 : ⚊)의 〈정설(井渫)〉을 구오(九五 : ⚊)가 고마워해야 함을 암시한 계사(繫辭)이다. 〈약왕명관어정설(若王明關於井渫) 왕급민여구삼병수정설지복(王及民與九三並受井渫之福)〉의 줄임으로 여기고 〈만약[若] 임금이[王] 우물을[井] 준설함[渫]에 관하여[關於] 현명하면[明] 구삼과[與九三] 임금[王] 및[及] 백성이[民] 아울러[並] 우물을[井] 준설한[渫之] 복을[福] 받는다[受]〉라고 새겨볼 것이다.

〈왕명(王明)〉은 구삼(九三 : ⚊)이 구오(九五 : ⚊)의 신하임을 암시한다. 대성괘(大成卦)에서 삼효(三爻)는 대부(大夫)의 자리이고, 오효(五爻)는 군왕(君王)의 자리이다. 이에 〈왕명(王明)의 왕(王)〉은 구오(九五 : ⚊)를 암시하고, 〈왕명(王明)의 명(明)〉은 정괘(井卦 : ䷯)의 외호괘(外互卦)인 이(離 : ☲)를 빌려 취상(取象)된 것이다. 왜냐하면 〈왕명(王明)의 명(明)〉이 「설괘전(說卦傳)」에 나오는 〈이(離 : ☲)라는[也] 것은[者] 밝음[明]이다[也]〉라는 내용을 환기시키기 때문이다. 먹을 수 없는 우물물을 길어 먹을 수 있는 우물물로 변화시킨 구삼(九三 : ⚊)의 〈정설(井渫)〉을 명민한 군왕(君王)이라면 그 위업을 인정하고 신하인 구삼(九三 : ⚊)을 높이 치하해야 한다는 것이 〈왕명(王明)〉이다. 따라서 여기 〈왕명(王明)의 왕(王)〉이 『맹자(孟子)』에 나오는 〈산 사람을[生] 기르고[養] 죽은 사람을[死] 장사지냄에[喪] 유감이[憾] 없게 함이[無] 왕도의[王道之] 시작[始]이다[也]〉라는 내용을 연상되게 하여, 구삼(九三 : ⚊)의 제정(濟井)인 〈정설(井渫)〉이 양생(養生)의 왕도(王道)를 깨닫게 한다. 버려둔 〈구정(舊井)〉을 신정(新井)으로 변화시켜 세상 사람들로 하여금 이용케 한 구삼(九三 : ⚊)의 〈정설(井渫)〉은 왕도(王道)의 양생(養生)으로 통하는 까닭이다. 이에 구삼(九三 : ⚊)이 군왕(君王)인 구오(九五 : ⚊)로 하여금 왕도(王道)를 펼치게 하였음을 암시한 계사(繫辭)가 〈왕명(王明)〉이다.

〈병수기복(並受其福)〉은 구삼(九三 : ⚊)이 행한 〈정설(井渫)〉의 보람을 암시한다. 〈병수기복(並受其福)의 기복(其福)〉은 〈정설지복(井渫之福)〉을 말하고, 〈기복(其福)의 복(福)〉은 천덕(天德) 즉 자연이 베푸는[天] 덕(德)을 말한다. 따라서 〈기복(其福)〉은 구삼(九三 : ⚊)의 〈정설(井渫)〉로써 〈병(並)〉 즉 군신과 백성 상하(上下)가 모두 아울러[並] 천덕(天德)인 맑고 깨끗한 우물물을 길어서 마실 수 있는 천복(天福)을 받게 되었음을 밝혀, 군자(君子)의 왕도(王道)란 곧 성덕(盛德)임을 암시한 계사(繫辭)가 〈병수기복(並受其福)〉이다.

【字典】

정(井) 〈우물 정(井)-굴지출수왈정(掘地出水曰井), 정(井) 모양의 굴 정(井)-여정형지혈(如井形之穴), {옛 정전제(井田制)인} 사방 구백 이랑 정(井)-사방구백무(四方九百畝), 시의 구민이 사는 곳 정(井)-시구인구주소(市區人口住所), 고요할 정(井)-정(靜), 깊을 정(井)-심(深), 법 정(井)-법(法), 별 이름 정(井)-성명(星名 : 二十八宿之一), 64괘의 하나 정(井)-정괘(井卦)〉 등의 뜻을 내지만 여기선 〈우물 정(井)〉으로 여기고 새김이 마땅하다.

渫 〈설-접〉 두 가지로 발음되고, 〈우물을 칠 설(渫)-치정(治井), 치워버릴 설(渫)-제거(除去), 헤칠 설(渫)-산(散), 쉴 설(渫)-헐(歇), 더러울 설(渫)-오(汚), 업신여길 설(渫)-압(狎), 샐 설(渫)-루(漏), 물결 출렁출렁할 접(渫)-파연모(波連貌)〉 등의 뜻을 내지만 여기선 〈우물을 칠 치정(治井)〉으로 여기고 새김이 마땅하다.

不 〈불-부〉 등으로 발음되고, 〈못할 불(不)-부(不), 않을 불(不)-부(不), 아닐 불(不)-부(不)-비(非), 없을 불(不)-부(不)-무(無), 하지 말 불(不)-부(不)-막(莫)-금지(禁止), 정하지 않을 불(不)-부(不)-부(否)-미정(未定), 새가 날아올라 내려오지 않는 불(不)-부(不)-조비상불하래(鳥飛上不下來)〉 등의 뜻을 내지만 여기선 〈못할 불(不)〉로 여기고 새김이 마땅하다.

食 〈사-식-이〉 세 가지로 발음되고, 〈마실(먹을) 식(食)-여(茹), 밥 식(食), 씹

을 식(食)-담(啗), 모든 음식물 식(食)-식용(食用)-음식물(飮食物), 헛말할 식(食)-식언(食言), 먹을거리(양식) 사(食)-양(糧), 먹일(먹힐) 사(食)-사(飤)-반(飯), 길러줄 사(食)-양(養), (부모를 매장한 뒤에 올리는 제사) 우제 사(食)-우제(虞祭), 사람 이름 이(食)〉 등의 뜻을 내지만 〈마실 여(茹)〉과 같다 여기고 새김이 마땅하다.

위(爲) 〈될(이룰) 위(爲)-성(成), 생각할 위(爲)-사(思), 할 위(爲)-조(造), 행할 위(爲)-행(行)-작(作), 하여금 위(爲)-사(使), 만들 위(爲)-산(産), 배울 위(爲)-학(學), 다스릴 위(爲)-치(治), 도울 위(爲)-조(助), 호위할 위(爲)-호(護), 칭할 위(爲)-칭(稱), 꾀할 위(爲)-모(謀)〉 등의 뜻을 내지만 이 외에도 전후문맥(前後文脈)에 따라 다양하게 뜻을 구사하는 〈위(爲)〉이다. 여기선 〈~되다 위(爲)〉로서 피동태의 조사 노릇을 한다 여기고 새김이 마땅하다. 〈위(爲)〉를 영어에서 대리동사 노릇을 하는 〈do〉와 같다 여겨도 된다. 그리고 〈위(爲)〉는 뜻 없는 어조사 노릇도 하고, 〈소이(所以)〉와 같은 구실도 하여 〈까닭 위(爲)〉 노릇도 하며, 〈위(爲)〉는 구문(句文)에서 마치 영어의 수동태 〈be동사〉 같은 노릇도 한다. 예를 들자면 〈A解B〉를 〈B爲解於A〉 꼴로 하여 영어의 수동태 같은 노릇도 한다. 〈A가 B를 해명하다[解]〉 〈B가 A에 의해서[於] 해명되다[爲解]〉 이처럼 〈위(爲)〉 바로 뒤에 동사 노릇을 하는 자(字)가 오면 그 자(字)를 수동태가 되게 하는 구실을 〈위(爲)〉가 하는 셈이니 이런 경우의 〈위(爲)〉는 〈견(見)-피(被)〉 등과 같은 셈이다. 〈위(爲)〉는 또 〈~에서 위(爲)-어(於), 이에 위(爲)-내(乃)〉 등과 같이 다양한 어조사 노릇도 하고, 〈이 위(爲)-시(是)〉와 같이 지시어 노릇도 한다.

아(我) 〈나(자기) 아(我)-기(已)-자위기신(自謂已身), 우리 아(我)-아배(我輩), 내 나라(자국) 아(我)-자칭기국(自稱其國), 내 것 아(我)-자기소유(自已所有), (자기 의견을) 고집할 아(我)-집(執)-고집기견(固執已見), 갑자기 아(我)-아(俄)〉 등의 뜻을 내지만 여기선 〈나 기(已)〉와 같다 여기고 새김이 마땅하다.

심(心) 〈마음(감정) 심(心)-감정(感情), 의지 심(心)-의지(意志)-욕지소생(欲之所生), 뜻(의미) 심(心)-의미(意味)-의의(意義), 오장의 하나 심(心)-오장지일(五臟之一), 신명과 신체의 주 심(心)-신명여신체지주(神明與身體之主), 지혜의 집 심(心)-지지사(智之舍), 도의 본원 심(心)-도지본원(道之本原), 가슴 심(心)-흉(胸), 중앙 심(心)-중앙(中央), 나무의 가시 심(心)-목지첨자(木之尖刺), 28수의 하나 심(心)-이십팔수지일(二十八宿之一)-떼별 수(宿)〉 등의 뜻을 내지만 여기선 〈감정(感情)〉으로 여기고 새김이 마땅하다.

측(惻) 〈마음 아파할 측(惻)-창(愴)-통(痛), 슬퍼할 측(惻)-비(悲), 간절할 측(惻)-간절(懇切)〉 등의 뜻을 내지만 여기선 〈마음 아파할 창(愴)〉과 같다 여기고 새김이 마땅하다.

可 〈가-극〉 두 가지로 발음되고, 〈마땅할 가(可)-의(宜)-당(當), ~할 수 있을 가(可)-능(能), 옳을 가(可)-부지대(否之對), 허락할 가(可)-허(許)-긍(肯), 착할 가(可)-선(善), 합의할 가(可)-합의(合意), 괜찮을 가(可)-미족지사(未足之辭), 족할 가(可)-족(足), 바 가(可)-소(所), 멈출 가(可)-지(止), 뜻을 이룰 가(可)-수의(遂意), 쓸 가(可)-용(用), 만큼 가(可)-정(程), 겨우 가(可)-근(僅), 오랑캐 극(可)〉 등의 뜻을 내지만 여기선 〈~할 수 있을 능(能)〉과 같다 여기고 새김이 마땅하다.

용(用) 〈쓸(베풀) 용(用)-시(施)-행(行), 쓰일(부릴) 용(用)-사(使), 써 용(用)-이(以), 맡길 용(用)-임(任), 위할 용(用)-위(爲), 갖출 용(用)-비(備)〉 등의 뜻을 내지만 여기선 〈쓸 행(行)〉과 같다 여기고 새김이 마땅하다.

급(汲) 〈물 길을 급(汲)-인수어정(引水於井), 당길 급(汲)-인(引), 이끌 급(汲)-도(導), 취할 급(汲)-취(取)〉 등의 뜻을 내지만 〈물 길을 인수(引水)〉로 여기고 새김이 마땅하다.

왕(王) 〈임금 왕(王)-군(君), 제후 왕(王)-제후(諸侯), 무리의 우두머리 왕(王)-동류중지수령(同類中之首領), 큰 왕(王)-대(大), 천자를 받들 왕(王)-사천자(事天子), 바로잡을 왕(王)-광정(匡正), 성대할 왕(王)-성(盛), 이길 왕(王)-승(勝), 흥할 왕(王)-흥(興)〉 등의 뜻을 내지만 〈임금 군(君)〉과 같다 여기고 새김이 마땅하다.

명(明) 〈밝을 명(明)-광(光)-조(照), 밝힐 명(明)-현(顯), 분별할 명(明)-변(辨), 살필 명(明)-찰(察), 총명할 명(明)-총(聰), 나타날 명(明)-저(著), 날이 샐 명(明)-야명(夜明), 확실할 명(明)-확(確), 볼 명(明)-시(視), 낮 명(明)-주(晝), 깨달을 명(明)-효(曉), 신령스러울 명(明)-신령(神靈), 현세 명(明)-현세(現世), 흰 명(明)-백(白), 통할 명(明)-통(通)〉 등의 뜻을 내지만 여기선 〈밝을 광(光)〉으로 여기고 새김이 마땅하다.

병(並) 〈아우를 병(並)-병(竝)-병(併), 견줄 병(並)-비(比), 함께 병(並)-공(共)〉 등의 뜻을 내지만 여기선 〈아우를 병(併)〉과 같다 여기고 새김이 마땅하다.

수(受) 〈얻을(취할) 수(受)-득(得)-취(取), 받아들일 수(受)-용(容), 이을 수(受)-계

(繼)-승(承), 받을 수(受)-상부(相付), 주는 것을 접수할 수(受)-접수소사(接受所賜), 쓸 수(受)-용(用), 응할 수(受)-응(應), 이룰 수(受)-성(成), 담을(진설할) 수(受)-성(盛), 입을 수(受)-피(被)〉 등의 뜻을 내지만 여기선 〈얻을 득(得)〉과 같다 여기고 새김이 마땅하다.

기(其) 〈그 기(其)-관형사, 그(그것) 기(其)-피(彼)-지(之), 그럴 기(其)-연(然), 어찌 기(其)-기(豈), 누를 기(其)-억(抑), 오히려 기(其)-상(尙)-서기(庶幾), 이에 기(其)-내(乃), 만약 기(其)-약(若), 장차 기(其)-장(將), 어조사 기(其)-어조사〉 등의 뜻을 내지만 여기선 관형사로서 〈그 기(其)〉로 여기고 새김이 마땅하다.

복(福) 〈덕 복(福)-덕(德), 좋은 일 복(福)-조(祚)-길사(吉事)-화지대(禍之對), 부유할 복(福)-부(富), (따르지 않음이 없는) 갖출 복(福)-비(備)-무소불순자(無所不順者), {천지신명(天地神明)이} 복을 줄(도울) 복(福)-우(祐), 제사를 지낸 고기 복(福)-조육(胙肉), 같을 복(福)-동(同), 속에 넣을 복(福)-장(藏)〉 등의 뜻을 내지만 여기선 〈복덕(福德)〉으로 여기고 새김이 마땅하다.

註 군자지미지창(君子知微知彰) 지유지강(知柔知剛) 만부지망야(萬夫之望也) : 군자는[君子] 드러나지 않는 것도[微] 알고[知] 드러나는 것도[彰] 알며[知] 부드러움도[柔] 알고[知] 굳건함도[剛] 알아[知] 모든 사람[萬夫]의[之] 선망[望]이다[也]. 「계사전상(繫辭傳上)」 5단락(段落)

註 자왈(子曰) 지변화지도자(知變化之道者) 기지신지소위호(其知神之所爲乎) : 공자가[子] 말했다[曰]. 변화의[變化之] 도를[道] 아는[知] 것[者] 그것은[其] 천지가 변화하게 하는 짓이[神之] 하는[爲] 바를[所] 아는 것[知]이로다[乎]! 「계사전상(繫辭傳上)」 16단락(段落)

註 이야자명야(離也者明也) 만물개상견(萬物皆相見) 남방지괘야(南方之卦也) 성인남면이청천하(聖人南面而聽天下) 향명이치(嚮明而治) : 이괘[離 : ☲]라는[也] 것은[者] 밝은 것[明]이다[也]. 만물이[萬物] 모두[皆] 서로[相] 본다[見]. (이괘는) 남방의[南方之] 괘(卦)이다[也]. 성인이[聖人] 남면해서[南面而] 천하를[天下] 듣고[聽] 밝음을[明] 향해서[嚮而] 다스린다[治].

「설괘전(說卦傳)」 5단락(段落)

註 양생상사(養生喪死) 무감(無憾) 왕도지시야(王道之始也) : 산 사람을[生] 기르고[養] 죽은 사람을[死] 장사지냄에[喪] 유감이[憾] 없게 함이[無] 왕도의[王道之] 시작[始]이다[也].

『맹자(孟子)』「양혜왕장구상(梁惠王章句上)」 3장(章)

육사(六四 : --)

六四 : 井甃면 无咎리라
정추 무구

육사(六四) : 우물을[井] 보수하니[甃] 허물이[咎] 없다[无].

【육사(六四)의 효상(爻象) 풀이】

정괘(井卦 : ䷯)의 육사(六四 : --)는 이음거음(以陰居陰) 즉 음(陰 : --)으로써[以] 음(陰 : --)의 자리에 있는지라[居] 정당한 자리에 있다. 육사(六四 : --)는 위의 구오(九五 : ─)와 아래의 구삼(九三 : ─)과는 음양(陰陽)의 사이인지라 비(比) 즉 이웃의 사귐[比]을 아래위로 누린다. 육사(六四 : --)와 초륙(初六 : --)은 양음(兩陰) 즉 둘 다[兩] 음(陰 : --)의 사이인지라 불응(不應) 즉 서로 호응하지 못한다[不應]. 그러나 관유(寬柔)한 육사(六四 : --)가 위로는 군왕(君王)을 보좌(輔佐)하고 아래로는 대부(大夫)와 상조(相助)하는 모습이다.

정괘(井卦 : ䷯)의 육사(六四 : --)가 구사(九四 : ─)로 변효(變爻)하면 육사(六四 : --)는 정괘(井卦 : ䷯)를 28번째 대과괘(大過卦 : ䷛)로 지괘(之卦)하게 한다. 따라서 정괘(井卦 : ䷯)의 육사(六四 : --)는 대과괘(大過卦 : ䷛)의 구사(九四 : ─)를 찾아가 살펴보게 한다.

【육사(六四)의 계사(繫辭) 풀이】

井甃(정추) 无咎(무구)
우물을[井] 보수하니[甃] 허물이[咎] 없다[无].

〈정추(井甃) 무구(无咎)〉는 육사(六四 : --)의 효위(爻位)를 들어 암시한 계사(繫辭)이다. 〈육사추정(六四甃井) 내추정지륙사무구(乃甃井之六四无咎)〉의 줄임으로 여기고 〈육사가[六四] 우물을[井] 보수한다[甃] 이에[乃] 우물을[井] 보수한[甃之] 육사에게는[六四] 허물이[咎] 없다[无]〉라고 새겨볼 것이다. 여기 〈정추(井甃)의 추(甃)〉는 수치(修治) 즉 보수한다[修治]는 뜻으로 여기고 새김이 마땅하다.

〈정추(井甃)〉는 육사(六四 : --)가 정괘(井卦 : ䷯)에서 중앙의 위(位)에 있으니 〈정니(井泥)-정곡(井谷)-정설(井渫)〉을 거친 〈정(井)〉의 벽돌담을 보수할[甃] 수 있는 자리에 있음을 암시한다. 〈정추(井甃)의 추(甃)〉는 여기선 체루(砌累) 즉 쌓아올림[砌累]을 뜻하기도 하고, 수치(修治) 즉 바로잡음[修治]을 뜻한다. 정괘(井卦 : ䷯)에서 음효(陰爻 : --) 셋은 〈정(井)〉을 암시한다. 음정(陰靜) 즉 음(陰 : --)은 멈춤[靜]이다. 따라서 정괘(井卦 : ䷯)의 중앙에 자리한 육사(六四 : --)가 허물어진 우물 벽돌을 보수하여[甃] 새 우물로 거듭나게 함을 암시한 계사(繫辭)가 〈정추(井甃)〉이다.

〈무구(无咎)〉는 육사(六四 : --)의 〈정추(井甃)〉를 거듭해 암시한다. 여기 〈무구(无咎)〉는 「계사전상(繫辭傳上)」에 나오는 〈허물이[咎] 없다는[无] 것은[者] 잘못됨을[過] 선하게[善] 보충함[補]이다[也]〉라는 내용을 환기시킨다. 잘못된 것을[過] 선하게[善] 보충하여[補] 본래의 상태로 돌려놓음이 육사(六四 : --)가 실행한 〈정추(井甃)〉이다. 초륙(初六 : --)의 〈구정(舊井)〉에서는 우물 벽돌이 허물어진 채로 방치되었음을 되돌아보게 하는 것이 여기 〈무구(无咎)〉이다. 허물어진 우물의 벽을 다시금 벽돌을 쌓아 낡은 우물을 새 우물이 되게 보수하여, 육사(六四 : --)가 우물이 제 구실을 하게 한 것임을 암시한 계사(繫辭)가 〈무구(无咎)〉이다.

【字典】

정(井) 〈우물 정(井)-굴지출수왈정(掘地出水曰井), 정(井) 모양의 굴 정(井)-여정형지혈(如井形之穴), {옛 정전제(井田制)인} 사방 구백 이랑 정(井)-사방구백무(四方九百畝), 시의 구민이 사는 곳 정(井)-시구인구주소(市區人口住所), 고요할 정(井)-정(靜), 깊을 정(井)-심(深), 법 정(井)-법(法), 별 이름 정(井)-성명(星名 : 二十八宿之一), 64괘의 하나 정(井)-정괘(井卦)〉 등의 뜻을 내지만 여기선 〈우물 정(井)〉으로 여기고 새김이 마땅하다.

추(甃) 〈보수하여 고칠 추(甃)-수치(修治), 겹쳐 쌓을 추(甃)-체루(砌累), 지붕의 틈새를 보수할 추(甃)-수옥괴(修屋壞), 우물벽 추(甃)-정벽(井壁), 꾸밀 추(甃)-식(飾)〉 등의 뜻을 내지만 여기선 〈보수할 수치(修治)〉로 여기고 새김이 마땅하다.

무(无) 〈없을 무(无)-무(無), 허무지도 무(无)-허무지도(虛无之道), 으뜸 무(无)-원(元)〉 등의 뜻을 내지만 여기선 〈없을 무(無)〉와 같다 여기고 새김이 마땅하다. 〈무

(无)〉는 〈무(無)〉의 고자(古字)이다.

구(咎) 〈허물 구(咎)-건(愆)-과(過), 재앙 구(咎)-재(災), 병될 구(咎)-병(病), 나쁠 구(咎)-오(惡)〉 등의 뜻을 내지만 여기선 〈허물 건(愆)-과(過)〉와 같다 여기고 새김이 마땅하다. 〈무구(无咎)〉는 〈면어구(免於咎)〉 즉 허물을[於咎] 면하다[免] 또는 〈선보과(善補過)〉 즉 잘못된 것을[過] 선하게[善] 보충하다[補]와 같다.

註 무구자선보과야(无咎者善補過也) : 허물이[咎] 없다는[无] 것은[者] 잘못됨을[過] 선하게[善] 보충함[補]이다[也]. 「계사전상(繫辭傳上)」 3단락(段落)

구오(九五 : ━)

九五 : 井洌하다 寒泉食한다
정렬 한천식

구오(九五) : 우물이[井] 맑다[洌]. 차가운[寒] 샘물을[泉] 마신다[食].

【구오(九五)의 효상(爻象) 풀이】

정괘(井卦 : ䷯)의 구오(九五 : ━)는 이양거양(以陽居陽) 즉 양(陽 : ━)으로써[以] 양(陽 : ━)의 자리에 있는지라[居] 정당한 자리에 있다. 구오(九五 : ━)는 아래의 육사(六四 : ╍)와 위의 상륙(上六 : ╍)과는 양음(陽陰)의 사이인지라 비(比) 즉 이웃의 사귐[比]을 서로 누린다. 그러나 정위(正位)에 있는 구오(九五 : ━)가 부정위(不正位)에 있는 구이(九二 : ━)와는 양양(兩陽) 즉 둘 다[兩] 양(陽 : ━)의 사이인지라 정응(正應) 즉 바르게[正] 호응함을[應] 누리지 못한다. 그러나 구오(九五 : ━)에게는 바로 아래에 현신(賢臣)이 있고 바로 위로는 관유(寬柔)한 상왕(上王)이 있어서, 구오(九五 : ━)가 득중(得中) 즉 정도를 따름을[中] 취하여[得] 선치(善治)하는 모습이다.

정괘(井卦 : ䷯)의 구오(九五 : ⚊)가 육오(六五 : ⚋)로 변효(變爻)하면 구오(九五 : ⚊)는 정괘(井卦 : ䷯)를 46번째 승괘(升卦 : ䷭)로 지괘(之卦)하게 한다. 따라서 정괘(井卦 : ䷯)의 구오(九五 : ⚊)는 승괘(升卦 : ䷭)의 육오(六五 : ⚋)를 찾아가 살펴보게 한다.

【구오(九五)의 계사(繫辭) 풀이】

井洌(정렬) 寒泉食(한천식)

우물이[井] 맑다[洌]. 차가운[寒] 샘물을[泉] 마신다[食].

〈정렬(井洌) 한천식(寒泉食)〉은 구오(九五 : ⚊)의 효위(爻位)를 들어 암시한 계사(繫辭)이다. 〈정렬(井洌) 한천식(寒泉食)〉은 〈구오지정렬(九五之井洌) 내구오식한천(乃九五食寒泉)〉의 줄임으로 여기고 〈구오의[九五之] 우물은[井] 맑다[洌] 이에[乃] 구오가[九五] 차가운[寒] 샘물을[泉] 마신다[食]〉라고 새겨볼 것이다.

〈정렬(井洌)〉은 구오(九五 : ⚊)가 정괘(井卦 : ䷯)에서 천(泉) 즉 우물물[泉]을 나타내는 세 양효(陽爻) 중에 맨 위에 있어서 맑은 물[洌]을 마실 수 있는 자리에 있음을 암시한다. 〈정렬(井洌)의 열(洌)〉은 〈맑을 결(潔)〉과 같아 여기선 청수(淸水) 즉 맑은[淸] 물[水]을 뜻한다. 신하인 구삼(九三 : ⚊)의 〈정설(井渫)〉과 역시 신하인 육사(六四 : ⚋)의 〈정추(井甃)〉 등의 업적을 군왕(君王)으로서 구오(九五 : ⚊)가 높이 사고 있음을 암시한 계사(繫辭)가 〈정렬(井洌)〉이다.

〈한천식(寒泉食)〉은 정괘(井卦 : ䷯)의 상체(上體)인 감(坎 : ☵)의 중효(中爻)임을 들어 구오(九五 : ⚊)를 취상(取象)한 것이다. 왜냐하면 〈한천식(寒泉食)의 한천(寒泉)〉이 「설괘전(說卦傳)」에 나오는 〈감(坎 : ☵)이라는[也] 것은[者] 물[水]이니[也] 바른[正] 북방의[北方之] 괘(卦)이다[也]〉라는 내용을 환기시키기 때문이다. 정북방(正北方)은 춥고 차가운 곳인지라 구오(九五 : ⚊)를 〈한천(寒泉)〉으로 취상(取象)한 것이고, 〈한천식(寒泉食)의 식(食)〉은 군왕(君王)으로서 구오(九五 : ⚊)가 구삼(九三 : ⚊)과 육사(六四 : ⚋)라는 지화지신(知化之臣) 즉 헌것을 개선하여 새것이 되게 할 줄[化] 아는[知之] 신하들[臣]의 업적을 기림을 암시한다. 〈한천식(寒泉食)의 한천(寒泉)〉 즉 차고 시원한[寒] 우물물[泉]이란 구삼(九三 : ⚊)의 〈정설(井渫)〉과 육사(六四 : ⚋)의 〈정추(井甃)〉로 말미암아 우물이 갖추게 된 선미(善美) 즉 변화의 이치를 잇는[善] 아름다움[美]을 암시하기도 한다. 우물이라면 〈한천(寒泉)〉을 선미(善美)로 삼는다. 따라서 군왕(君王)으로서 구오(九五 : ⚊)가 득중(得中) 즉 정도를 따름을[中] 취하여[得] 대부(大夫)인 구삼(九三 : ⚊)의 업적과 경대부(卿大夫)인 육사(六四 : ⚋)의 업적을 기림을 암시하면서, 동시에 정괘(井卦 : ䷯)의 세 양효(陽爻) 중에서 맨 위에 있으므로 〈구정(舊井)〉을 두 신하가 재수(再修) 즉 다시[再] 보수하여[修] 길어 올린 우물물을[泉] 마실[食] 수 있음을 암시한 계사(繫辭)가 〈한천식(寒泉食)〉이다.

【字典】

정(井) 〈우물 정(井)-굴지출수왈정(掘地出水曰井), 정(井) 모양의 굴 정(井)-여정형지혈(如井形之穴), {옛 정전제(井田制)인} 사방 구백 이랑 정(井)-사방구백무(四方九百畝), 시의 구민이 사는 곳 정(井)-시구인구주소(市區人口住所), 고요할 정(井)-정(靜), 깊을 정(井)-심(深), 법 정(井)-법(法), 별 이름 정(井)-성명(星名 : 二十八宿之一), 64괘의 하나 정(井)-정괘(井卦)〉 등의 뜻을 내지만 여기선 〈우물 정(井)〉으로 여기고 새김이 마땅하다.

렬(洌) 〈맑은 물 렬(洌)-결(潔)-청수(淸水), 맑을 렬(洌)-청(淸), 맑은 술 렬(洌)-주청(酒淸), 찬바람 렬(洌)-한풍(寒風)〉 등의 뜻을 내지만 여기선 〈맑은 물 청수(淸水)〉로 여기고 새김이 마땅하다.

한(寒) 〈추울 한(寒)-서지대(暑之對), 찰 한(寒)-냉(冷)-동(凍), 겨울 한(寒)-동(冬), 떨릴 한(寒)-전률(戰慄), 괴로울 한(寒)-고(苦), 뼈에 사무칠 한(寒)-철(徹), 엷을 한(寒)-박(薄), 막을 한(寒)-한(扞), 물기 한(寒)-수기(水氣), 음기 한(寒)-음기(陰氣), 기운이 많을 한(寒)-다기(多氣), 그만둘 한(寒)-헐(歇), 건 한(寒)-건(乾), 가득할 한(寒)-만(滿), 쓸쓸할 한(寒)-적(寂), 가난할 한(寒)-궁군(窮窘)〉 등의 뜻을 내지만 여기선 〈찰 냉(冷)〉과 같다 여기고 새김이 마땅하다.

천(泉) 〈샘물 천(泉)-수원(水源), 돈 천(泉)-전(錢), 조개 이름 천(泉)-패명(貝名)〉 등의 뜻을 내지만 여기선 〈샘물 수원(水源)〉으로 여기고 새김이 마땅하다.

食 〈사-식-이〉 세 가지로 발음되고, 〈마실(먹을) 식(食)-여(茹), 밥 식(食), 씹을 식(食)-담(啗), 모든 음식물 식(食)-식용(食用)-음식물(飮食物), 헛말할 식(食)-식언(食言), 먹을거리(양식) 사(食)-양(糧), 먹일(먹힐) 사(食)-사(飤)-반(飯), 길러줄 사(食)-

양(養), (부모를 매장한 뒤에 올리는 제사) 우제 사(食)-우제(虞祭), 사람 이름 이(食)〉 등의 뜻을 내지만 〈마실 여(茹)〉과 같다 여기고 새김이 마땅하다.

註 감자수야(坎者水也) 정북방지괘야(正北方之卦也) : 감이라는[坎 : ☵] 것은[者] 물[水]이고[也] 바른[正] 북방의[北方之] 괘(卦)이다[也]. 「설괘전(說卦傳)」 5단락(段落)

상륙(上六 : --)

上六 : 井收勿幕이니 有孚라 元吉하리라
정 수 물 막 유 부 원 길

상륙(上六) : 우물물을[井] 길되[收] 덮지[幕] 않으니[勿] 믿어줌이[孚] 있어[有] 크게[元] 좋으리라[吉].

【상륙(上六)의 효상(爻象) 풀이】

정괘(井卦 : ䷯)의 상륙(上六 : --)은 이음거음(以陰居陰) 즉 음(陰 : --)으로써[以] 음(陰 : --)의 자리에 있는지라[居] 정당한 자리에 있다. 상륙(上六 : --)은 구오(九五 : ─)와는 음양(陰陽)의 사이인지라 비(比) 즉 이웃의 사귐[比]을 누린다. 상륙(上六 : --)은 구삼(九三 : ─)과도 음양(陰陽)의 사이인지라 정응(正應) 즉 서로 바르게[正] 호응한다[應]. 이에 상륙(上六 : --)은 아래의 모두를 포용(抱容)하고 서로 어울리어 〈정(井)〉의 세상을 이루는 모습이다.

정괘(井卦 : ䷯)의 상륙(上六 : --)이 상구(上九 : ─)로 변효(變爻)하면 상륙(上六 : --)은 정괘(井卦 : ䷯)를 57번째 손괘(巽卦 : ䷸)로 지괘(之卦)하게 한다. 따라서 정괘(井卦 : ䷯)의 상륙(上六 : --)은 손괘(巽卦 : ䷸)의 상구(上九 : ─)를 찾아가 살펴보게 한다.

【상륙(上六)의 계사(繫辭) 풀이】

井收勿幕(정수물막)

우물물을[井] 길되[收] 덮지[幕] 않는다[勿].

〈정수물막(井收勿幕) 유부(有孚) 원길(元吉)〉은 상륙(上六 : ⚋)의 효위(爻位)를 들어 암시한 계사(繫辭)이다. 〈정수물막(井收勿幕) 유부(有孚) 원길(元吉)〉은 〈상륙수정수(上六收井水) 이상륙물막정(而上六勿幕井) 인차상륙유세지부(因此上六有世之孚) 내상륙유원길(乃上六有元吉)〉의 줄임으로 여기고 〈상륙은[上六] 우물의[井] 물을[水] 긷는다[收] 그리고[而] 상륙은[上六] 우물을[井] 덮지[幕] 않는다[勿] 그래서[因此] 상륙에게는[上六] 세상의[世之] 믿어줌이[孚] 있다[有] 이에[乃] 상륙에게는[上六] 크게[元] 좋음이[吉] 있다[有]〉라고 새겨볼 것이다. 〈정수(井收)의 수(收)〉는 〈급취(汲取)〉 즉 우물물을 길어 올려[汲] 취하게[取] 한다는 뜻이다. 〈물막(勿幕)의 물(勿)〉은 여기선 〈않을 불(不)〉과 같고, 〈물막(勿幕)의 막(幕)〉은 〈덮을 부(覆)〉와 같다.

〈정수물막(井收勿幕)〉은 정괘(井卦 : ䷯)에서 〈정(井)〉 즉 우물[井]을 나타내는 세 음효(陰爻) 중에서 상륙(上六 : ⚋)이 맨 윗자리에 있음을 암시한다. 동시에 구삼(九三 : ⚊)의 〈정설(井渫)〉과 육사(六四 : ⚋)의 〈정추(井甃)〉 등의 업적이 최종적으로 완수되었음을 상기시켜, 상륙(上六 : ⚋)이 정괘(井卦 : ䷯)의 주효(主爻)임을 암시하는 것이 〈정수(井收)〉이다. 대성괘(大成卦)에서 상륙(上六 : ⚋)이 주효(主爻)가 되는 경우는 정괘(井卦 : ䷯)의 상륙(上六 : ⚋)이 유일하다. 대성괘(大成卦)에서 주효(主爻)는 대부분 상체(上體)의 중효(中爻)이거나 하체(下體)의 중효(中爻)이지만 『주역(周易)』에는 독점(獨占)이란 없다. 오로지 시운(時運) 따라 정황(情況) 따라 빚어지는 변화를 풀이하여 역수(逆數) 즉 미리 거슬러[逆] 헤아려서[數] 지래(知來) 즉 다가옴을[來] 알아채게[知] 함이 『주역(周易)』이다. 그래서 「계사전상(繫辭傳上)」에 〈효라는[爻] 것은[者] 변하는[變] 것[者]을[乎] 말하는 것[言]이다[也]〉라는 말이 나온다. 그리하여 정괘(井卦 : ䷯)에서 우물의 역할이 모두 수렴(收斂)되는 자리에 있는 상륙(上六 : ⚋)이 주효(主爻)임을 깨닫게 하는 것이 〈정수(井收)〉이다. 따라서 〈정수(井收)〉는 우물물을 길어 올려 마시기도 하고 원하는 대로 사용할 수도 있는 자리 즉 정구(井口)를 들어 상륙(上六 : ⚋)을 취상(取象)한 것이다.

〈물막(勿幕)〉은 〈정수(井收)의 수(收)〉가 천도(天道) 즉 자연의[天] 도리[道]를 따름을 암시하고, 동시에 상륙(上六 : ⚋)이 그 천도(天道)를 따름을 암시한다. 우물을[井] 덮지[幕] 않는다[勿]고 함은 샘물의 근원이 깊고 깊어 길어내면 그만큼 채워 주어 고갈될 리 없음을 암시하며, 동시에 이러한 〈물막(勿幕)〉은 상륙(上六 : --)이 중허(中虛)한 유음(柔陰)인지라 〈정수(井收)〉를 차지하여 독점하지 않고 누구나 다 우물물을 길어 마시게 함을 밝혀 상륙(上六 : --)의 관유(寬裕)한 모습을 암시한다. 따라서 〈구정(舊井)〉이라 새들도 찾지 않았던 우물[井]을 구삼(九三 : —)의 〈정설(井渫)〉과 육사(六四 : --)의 〈정추(井甃)〉로써 새롭게 완성된 우물을 누구나 원하는 대로 길어 먹고 사용할 수 있도록 관대하고[寬] 넉넉한[裕] 상륙(上六 : --)을 암시한 계사(繫辭)가 〈정수물막(井收勿幕)〉이다.

有孚(유부) 元吉(원길)

믿어줌이[孚] 있어[有] 크게[元] 좋으리라[吉].

〈유부(有孚)〉는 〈물막(勿幕)〉의 까닭을 암시한다. 〈유부(有孚)의 부(孚)〉는 성신(誠信)과 같고 수명(守命)으로 드러난다. 수명(守命) 즉 자연이 하라는 대로 함을[命] 지킴[守]을 진실로[誠] 믿어줌[信]이 〈유부(有孚)의 부(孚)〉이다. 〈유부(有孚)〉 즉 진실로 믿음이[孚] 있다[有] 함은 우물이 넘칠 리도 없고 고갈될 리도 없이 항상 길어내는 정도에 따라 차고 맑은 우물물을 길어내게 해줌을 암시하고, 동시에 중허(中虛)하고 유음(柔陰)인 상륙(上六 : --)이 새로운 우물을 독차지하지 않아 세상이 상륙(上六 : --)을 진실로 믿어줌이[孚] 있음[有]을 암시한다.

〈원길(元吉)〉은 〈유부(有孚)〉를 거듭해 밝힌다. 〈원길(元吉)의 원(元)〉은 〈큰 대(大)〉와 같고, 〈원길(元吉)의 길(吉)〉은 〈복 받을 복(福)〉과 같다. 〈원길(元吉)〉은 대복(大福)이다. 대복(大福)이란 천복(天福)이다. 앞 〈유부(有孚)의 부(孚)〉란 순천(順天)하면 반드시 천복(天福)을 받고 배천(背天)하면 반드시 천벌(天罰)을 받음을 진실로 믿음이 곧 〈부(孚)〉임을 한 번 더 암시한 것이 〈원길(元吉)〉이다. 중허(中虛)한 유음(柔陰)의 상륙(上六 : --)이 〈정수물막(井收勿幕)〉으로써 천도(天道) 즉 자연의[天] 규율[道]을 따라서, 세상이 상륙(上六 : --)을 진실로 믿어줌[孚]인지라 상륙(上六 : --)이 천복(天福)을 누림을 암시한 계사(繫辭)가 원길(元吉)이다.

【字典】

정(井) 〈우물 정(井)-굴지출수왈정(掘地出水曰井), 정(井) 모양의 굴 정(井)-여정형지혈(如井形之穴), {옛 정전제(井田制)인} 사방 구백 이랑 정(井)-사방구백무(四方九百畝), 시의 구민이 사는 곳 정(井)-시구인구주소(市區人口住所), 고요할 정(井)-정(靜), 깊을 정(井)-심(深), 법 정(井)-법(法), 별 이름 정(井)-성명(星名 : 二十八宿之一), 64괘의 하나 정(井)-정괘(井卦)〉 등의 뜻을 내지만 여기선 〈우물 정(井)〉으로 여기고 새김이 마땅하다.

수(收) 〈길어 올릴 수(收)-급취(汲取), 잡을 수(收)-포(捕), 모을 수(收)-취(聚), 거두어들일 수(收)-렴(斂)-수확(收穫)-취렴(聚斂), 받아들일 수(收)-접수용납(接手容納), 취할 수(收)-취(取), 쉴 수(收)-식(息), 돌아올 수(收)-반(反), 마칠(끝낼) 수(收)-종(終)-지(止), 수레바퀴 수(收)-진(軫), 날 받아 정할 수(收)-택일자인길흉이정지일명(擇日者因吉凶而定之日名)〉 등의 뜻을 내지만 여기선 〈길어 올릴 급취(汲取)〉로 여기고 새김이 마땅하다.

물(勿) 〈않을(아니할) 물(勿)-불(不), 없을 물(勿)-무(無)-무(毋), 아닌 것 물(勿)-비(非), 하지 말 물(勿)-막(莫)〉 등의 뜻을 내지만 여기선 〈않을 불(不)〉과 같다 여기고 새김이 마땅하다.

막(幕) 〈덮을(덮개-뚜껑) 막(幕)-복(覆)-개(蓋), 가릴 막(幕)-폐(弊), 장막 막(幕)-유재상(帷在上), 휘장 막(幕)-장(帳), 군 막사 막(幕)-군행무상거(軍行無常居)〉 등의 뜻을 내지만 여기선 〈덮을 복(覆)〉과 같다 여기고 새김이 마땅하다.

유(有) 〈없을 무(無)의 반대말로 있을 유(有), 어조사 유(有), 간직할 유(有)-장(藏), 얻을(가질) 유(有)-취(取), 혹 유(有)-혹(或), 많을 유(有)-다(多)-족(足), 부유할 유(有)-부(富), 보호할 유(有)-보(保), 서로 친할 유(有)-상친(相親), 전일할 유(有)-전(專), 할 유(有)-위(爲)〉 등의 뜻을 내지만 〈있을 유(有)〉로 여기고 새김이 마땅하다.

부(孚) 〈믿을 부(孚)-신(信), 알에서 새끼가 껍질을 쪼아 나올 부(孚)-난화(卵化), 씨앗이 틀 부(孚)-부(稃), 기를 부(孚)-육(育), 덮어줄 부(孚)-복(覆), 붙을(의지할) 부(孚)-부(附)-부(付), 깡충거릴 부(孚)-무조(務躁)-부조(浮躁), 옥채색 부(孚)-옥채색(玉采色)〉 등의 뜻을 내지만 여기선 〈성신(誠信) 즉 진실한[誠] 미더움[信]〉으로 여기고 새김이 마땅하다.

원(元) 〈큰 원(元)-대(大), 선함의 으뜸 원(元)-선지장(善之長), 비롯할 원(元)-시(始)-단(端), 머리 원(元)-수(首)-두(頭), 근본 원(元)-본(本)-원(原), 어른 원(元)-장(長)-

원장(元長), 하나 원(元)-일(一), 우두머리 원(元)-수장(首長), 임금 원(元)-원군(元君)-군(君), 아름다울 원(元)-미(美), 위 원(元)-상(上), 하늘 원(元)-천(天), 하늘땅의 큰 덕 원(元)-천지지대덕(天地之大德)-원기(元氣)-기(氣), 기운의 시작 원(元)-기지시(氣之始)-원자(元者), 백성 원(元)-원원(元元)-백성(百姓)〉 등의 뜻을 내지만 여기선 〈큰 대(大)〉와 같다 여기고 새김이 마땅하다.

길(吉) 〈좋을(행복할) 길(吉)-선(善)-영(令) {영월길일(令月吉日)은 선월선일(善月善日)임.}, 복 길(吉)-실(實)-선실(善實)-복(福), 예의를 따라 상서로울 길(吉)-예의순상(禮義順祥), 삼갈 길(吉)-근(謹), 초하루 길(吉)-삭일(朔日) {삭망(朔望) 즉 초하루[朔]와 그믐날[望]}, 길례 길(吉)-길례(吉禮) {오례지일(五禮之一) 길흉빈군가(吉凶賓軍嘉)}, 갈 길(吉)-행(行)-길(趌)〉 등의 뜻을 내지만 여기선 〈좋을 선(善)-영(令)〉 즉 행복과 같다 여기고 새김이 마땅하다.

註 효자언호변자야(爻者言乎變者也) : 효라는[爻] 것은[者] 변하는[變] 것[者]을[乎] 말하는 것[言]이다[也]. 「계사전상(繫辭傳上)」 3단락(段落)

혁괘 革卦

49

1 괘의 괘상과 계사

혁괘(革卦 : ䷰)

이하태상(離下兌上) : 아래는[下] 이(離 : ☲), 위는[上] 태(兌 : ☱).

택화혁(澤火革) : 못과[澤] 불은[火] 혁이다[革].

革은 己日乃孚하리니 元亨하고 利貞하여 悔亡하니라
혁 기일내부 원형 이정 회무

개혁은[革] 날이[日] 중간이 되어야[己] 비로소[乃] 믿어주니[孚] 으뜸이며[元] 통하고[亨] 이롭고[利] 정대하여[貞] 후회함이[悔] 없다[亡].

【혁괘(革卦 : ䷰)의 괘상(卦象) 풀이】

앞 정괘(井卦 : ䷯)의 〈정(井)〉이란 우물[井]을 말한다. 이에 「서괘전(序卦傳)」에 〈우물의[井] 이치는[道] 고칠[革] 수밖에 없다[不可不] 그래서[故] 혁괘(革卦 : ䷰)로써[以] 그것을[之] 받는다[受]〉라는 말이 나온다. 이는 정괘(井卦 : ䷯) 뒤에 혁괘(革卦 : ䷰)가 오는 까닭을 밝힌다. 혁괘(革卦 : ䷰)의 괘상(卦象)은 이하태상(離下兌上) 즉 하체(下體)는 이(離 : ☲)이고 상체(上體)는 태(兌 : ☱)이다. 「설괘전(說卦傳)」에 〈이위화(離爲火)〉 즉 〈이는[離 : ☲] 불[火]이다[爲]〉라는 내용이 나오고, 〈태위택(兌爲澤)〉 즉 〈태는[兌 : ☱] 못[澤]이다[爲]〉라는 내용이 나온다. 〈택(澤)〉 즉 못[澤]이란 물[水]이다. 이에 혁괘(革卦 : ䷰)는 못[澤] 아래 불[火]이 있는 모습이다. 물은 불을 꺼서 불을 변화시킬 수 있고, 불은 물을 끓여서 물을 변화시킬 수 있다. 이런 수화(水火)의 상극(相剋) 즉 서로[相] 이김[剋]을 빌려 피차(彼此)가 서로를 바꿀[革] 수 있는 모습임을 들어 혁괘(革卦 : ䷰)라 칭명(稱名)한다.

【혁괘(革卦 : ䷰)의 계사(繫辭) 풀이】

革(혁) 己日乃孚(기일내부)

개혁은[革] 날이[日] 중간이 되어야[己] 비로소[乃] 믿어준다[孚].

〈혁(革)〉은 혁괘(革卦 : ䷰)의 모습을 한 자(字)로써 암시한 계사(繫辭)이다. 혁괘(革卦 : ䷰)의 주제인 〈혁(革)〉은 혁구이화(革舊而化) 즉 낡은 것을[舊] 고쳐서[革而] 새것이 되게 함[化]을 암시한다. 마치 〈혁(革)〉은 천(泉) 즉 샘물 같다는 것이다. 천(泉)은 물이 고이는 것을 허락하지 않는다. 끊임없이 샘물을 솟아나게 하여 혁구이화(革舊而化)를 멈추지 않는다. 그래서 효천(效泉) 즉 샘을[泉] 본받음[效]은 혁괘(革卦 : ䷰)의 〈혁(革)〉을 본받는 것임을 깨닫게 하는 계사(繫辭)가 〈혁(革)〉이다.

〈기일내부(己日乃孚)〉는 〈혁(革)〉이 세상의 신뢰(信賴)를 곧장 얻은 것이 아님을 암시한 계사(繫辭)이다. 〈기일내부(己日乃孚)〉은 〈기일지후내혁유부(己日之後乃革有孚)〉의 줄임으로 여기고 〈기일의[己日之] 뒤라야[後] 비로소[乃] 개혁은[革] 믿어줌을[孚] 얻는다[有]〉라고 새겨볼 것이다.

〈기일내부(己日乃孚)의 기일(己日)〉은 혁괘(革卦 : ䷰)의 주제인 〈혁(革)〉은 당장 천하 백성이 믿어주지 않음을 암시한다. 〈기일내부(己日乃孚)〉에서 〈기일(己日)의 기(己)〉는 십간(十干)의 여섯 번째 〈기(己)〉를 말한다. 십간(十干) 여섯째의 〈기(己)〉는 다섯째인 〈무(戊)〉를 이어받는다. 〈무(戊)〉는 복(腹) 즉 뱃속을 말한다. 뱃속에서 나옴이 〈기(己)〉이다. 그래서 〈기(己)〉를 벽장굴형(辟藏詘形) 즉 감춤을[藏] 뚫고[辟] 드러남을[形] 따름[詘]이라 한다. 따라서 〈기일(己日)의 기(己)〉는 감춰져 있던 것이 드러남을 뜻한다. 〈기일(己日)의 기(己)〉는 십간(十干)의 중앙인 무기(戊己)의 기(己)이며, 무기(戊己)는 토(土)를 나타낸다. 〈무(戊)〉는 복(腹) 즉 배[腹]를 나타내니 속[藏]이고, 〈기(己)〉는 형(形) 즉 드러남[形]이다. 뱃속에서 나오는 적자(赤子)도 〈기(己)〉이고, 땅속에서 솟아나는 초아(草芽) 즉 풀의[草] 새싹[芽]도 〈기(己)〉이다. 갓난애[赤子]도 창물(創物)이고 새싹[芽]도 새로 만들어진[創] 것[物]이다. 이처럼 십간(十干)의 갑(甲)에서 무(戊)까지 드러나지 않았던[藏] 창물(創物)이 드러남[形]이 〈기(己)〉이니, 오랫동안 내장(內藏)된 것이 드러나는[形] 날이 곧 〈기일(己日)〉이다. 혁괘(革卦 : ䷰)의 〈혁(革)〉 즉 개혁[革]이란 불쑥 일어남이 아니다. 개혁할 까닭이 무르녹아 시운(時運)이 맞아야 이루어지는 것이 〈혁(革)〉임을 암시한 계사(繫辭)가 〈기일(己日)〉이다.

〈기일내부(己日乃孚)의 내부(乃孚)〉는 〈혁(革)〉이란 당장 믿어주는[孚] 것이 아님을 암시한다. 〈내부(乃孚)의 내(乃)〉는 〈기일지후(己日之後)〉 즉 기일이[己日之] 지나서야[後]를 뜻해 비로소[乃]이다. 〈내부(乃孚)의 부(孚)〉란 수명(守命) 즉 자연의 가르침을[命] 지킴[守]으로써 남들로부터 성신(誠信) 즉 진실한[誠] 미더움[信]을 받음을 말한다. 〈부(孚)〉는 나의 〈정(貞)〉으로 말미암아 남에게서 돌아오는 미더움[信]이다. 정(貞) 즉 자연의[天] 가르침[命]을 지키는 마음가짐의 보답으로 절로 돌아오는 것이 〈부(孚)〉 즉 진실한 미더움[誠信]이다. 자기가 정(貞)하면 남들이 자기를 진실로 믿어줌이 〈부(孚)〉이다. 내가 정(貞)하지 못하면 세상은 나에게 〈부(孚)〉 즉 미더움[孚]을 주지 않는다. 이에 진실로 미더운[貞] 개혁[革]이 아니면 〈혁(革)〉일 수 없음을 암시한 계사(繫辭)가 〈내부(乃孚)〉이다.

元亨(원형) 利貞(이정) 悔亡(회무)

으뜸이며[元] 통하고[亨] 이롭고[利] 정대하여[貞] 후회함이[悔] 없다[亡].

〈원형(元亨) 이정(利貞)〉은 〈혁(革)〉의 보람을 암시한 계사(繫辭)이다. 〈원형(元亨) 이정(利貞)〉은 〈부지혁원형(孚之革元亨) 이부지혁리정(而孚之革利貞)〉의 줄임으로 여기고 〈믿음을 받는[孚之] 개혁은[革] 으뜸이고[元] 통한다[亨] 그리고[而] 믿음을 받는[孚之] 개혁은[革] 이롭고[利] 정대하다[貞]〉라고 새겨볼 것이다.

〈원형(元亨)〉은 상덕(常德)이고 동시에 천복(天福)을 암시한다. 그 무엇이든 순리(順理) 즉 천도(天道)를 따라야[順] 함이 〈원형(元亨)의 원(元)〉이고 〈원형(元亨)의 형(亨)〉이다. 이에 혁괘(革卦 : ䷰)의 〈혁(革)〉이 백성의 믿어줌[孚]을 얻으면 온 세상에서 으뜸이고[元] 막힘없이 통하는[亨] 개혁[革]임을 암시한 계사(繫辭)가 〈원형(元亨)〉이다.

〈이정(利貞)〉 역시 상덕(常德)이고 동시에 천복(天福)을 암시한다. 그 무엇이든 순리(順理) 즉 천도(天道)를 따라야[順] 함이 〈이(利)〉이고 〈정(貞)〉이다. 성신직정(誠信直正) 즉 진실로[誠] 미더워[信] 곧고[直] 바름[正]이 〈정(貞)〉이다. 모든 것을 아울러 하나같이[公] 바르게 하는[正] 마음가짐이다. 사사로움이[私] 없고[無] 치우침이[偏] 없다[無]면 절로 공정(公正)하다. 이런 공정(公正)함을 〈정(貞)〉이라 한다. 만사를 행함에 정(貞)하다면 이로울[利] 뿐이고, 〈정(貞)〉으로써 이롭다면 언제 어디서든 막힘없이 통할[亨] 수 있음은 〈정(貞)〉이 중정(中正) 즉 정도를[正] 따름[中]을 잃지 않기 때문이다. 정도를[正] 따라[中] 공정한[貞] 개혁[革]은 온 세상에 이로움[利]을 암시한 계사(繫辭)가 〈이정(利貞)〉이다.

〈회무(悔亡)〉는 〈원형리정(元亨利貞)〉의 〈혁(革)〉 즉 개혁[革]이라면 건곤(乾坤)이 누리는 사덕(四德)을 누리는 개혁[革]인지라, 〈회무(悔亡)〉 즉 후회할 것이[悔] 없다[亡]. 〈회무(悔亡)의 무(亡)〉는 〈없을 무(無)〉와 같다. 후회[悔] 없는[亡] 〈혁(革)〉 즉 개혁(改革)이란 천지(天地)의 변화지도(變化之道)를 본받아 따라 행하는 개혁(改革)이다. 천도(天道)를 따라 본받는 개혁(改革)에는 후회[悔]가 없지만, 편사(偏私) 즉 사사로움에[私] 치우친[偏] 〈혁(革)〉에는 반드시 〈유회(有悔)〉 즉 후회할 일이[悔] 있음[有]을 헤아려 깨닫게 하는 계사(繫辭)가 〈회무(悔亡)〉이다.

【字典】

革 〈혁-극〉 두 가지로 발음되고, 〈고칠 혁(革)-개(改)-거고(去故), 가죽 혁(革)-수피치거모(獸皮治去毛), 피부 혁(革)-피지총칭(皮之總稱), 생가죽 혁(革)-생피(生皮), 북 종류 악기 혁(革)-고류악기(鼓類樂器), 팔음의 하나 혁(革)-팔음지일(八音之一), 갑옷 혁(革)-갑주(甲胄)-병갑(兵甲), 고삐 혁(革)-비(轡)-파(靶), 헐어빠질 혁(革)-노(老)-피모고췌지형(皮毛枯瘁之形), 경계할 혁(革)-계(戒)-격(諽), 급할(빠를) 극(革)-급(急)-속(速)〉 등의 뜻을 내지만 여기선 〈고칠 개(改)〉로 여기고 새김이 마땅하다.

기(己) 〈여섯 번째 천간 기(己)-천간제륙위(天干第六位=十干第六位 : 甲乙丙丁戊己庚辛壬癸), 몸(저) 기(己)-신(身), 사사로움 기(己)-사(私), 마련할 기(己)-기(紀), 어조사 기(己)〉 등의 뜻을 내지만 여기선 〈천간(십간) 여섯 번째 천간제륙위(天干第六位)〉로 여기고 새김이 마땅하다.

일(日) 〈나날 일(日)-별일(別日), 시기 일(日)-시기(時期), 기한 일(日)-기한(期限), 시일 일(日)-시일(時日), 해(태양) 일(日)-태양(太陽)-태양계중심(太陽系中心), 참 일(日)-실(實)-실정(實精), 볕 일(日)-양(陽)-양광(陽光), 불 일(日)-화(火), 임금의 모습 일(日)-군상(君象), 덕 일(日)-덕(德) {일자덕야(日者德也) 월자형야(月者刑也)}, 낮 일(日)-

주(晝), 세월 일(日)-광음(光陰)〉 등의 뜻을 내지만 여기선 〈나날 일(日)〉로 여기고 새김이 마땅하다.

내(乃) 〈이에 내(乃)-어시(於是)-승상기하지사(承上起下之辭), 부드럽게 말 이을 내(乃)-완사(緩詞)-연후(然後), 급히 말 이을 내(乃)-급사(急詞), 뜻 없는 말머리 조사 내(乃)-구수조사무의(句首助詞無義), 곧 내(乃)-즉(則)-즉(卽), 그 내(乃)-기(其), 그런데 내(乃)-전어사(轉語辭), 그리고(그러나) 내(乃)-이(而), 만약 내(乃)-약(若), 또 내(乃)-차(且), ~로써 내(乃)-이(以), 그럴(그렇다) 내(乃)-시(是), 도리어 내(乃)-고(顧)-각(卻), 처음 내(乃)-시(始)-초(初), 이같이 내(乃)-여차(如此)〉 등의 뜻을 내지만 여기선 〈이에 어시(於是)〉와 같다 여기고 새김이 마땅하다.

부(孚) 〈믿을 부(孚)-신(信), 알에서 새끼가 껍질을 쪼아 나올 부(孚)-난화(卵化), 씨앗이 틀 부(孚)-부(稃), 기를 부(孚)-육(育), 덮어줄 부(孚)-복(覆), 붙을(의지할) 부(孚)-부(附)-부(付), 깡충거릴 부(孚)-무조(務躁)-부조(浮躁), 옥채색 부(孚)-옥채색(玉采色)〉 등의 뜻을 내지만 여기선 〈믿을 신(信)〉과 같다 여기고 새김이 마땅하다.

원(元) 〈큰 원(元)-대(大), 아름다울 원(元)-미(美), 선함의 으뜸 원(元)-선지장(善之長), 비롯할 원(元)-시(始)-단(端), 머리 원(元)-수(首)-두(頭), 근본 원(元)-본(本)-원(原), 어른 원(元)-장(長)-원장(元長), 하나 원(元)-일(一), 우두머리 원(元)-수장(首長), 임금 원(元)-원군(元君)-군(君), 위 원(元)-상(上), 하늘 원(元)-천(天), 하늘땅의 큰 덕 원(元)-천지지대덕(天地之大德)-원기(元氣)-기(氣), 기운의 시작 원(元)-기지시(氣之始)-원자(元者), 백성 원(元)-원원(元元)-백성(百姓)〉 등의 뜻을 내지만 여기선 〈큰 대(大)〉로 여기고 새김이 마땅하다.

亨 〈향-형-팽〉 등으로 발음되고, 〈통할 형(亨)-통(通), 남을 형(亨)-여(餘), 드릴 향(亨)-헌(獻), 삶을 팽(亨)-자(煮)-팽(烹)〉 등의 뜻을 내지만 여기선 〈통할 통(通)〉과 같다 여기고 새김이 마땅하다.

이(利) 〈만물로 하여금 삶을 이루어가게 하는 덕(德)의 이로울 이(利)-사만물수생지덕(使萬物遂生之德), 날카로울 이(利)-예(銳)-섬(銛), 질병 이(利)-질(疾), 통할 이(利)-통(通)-순(順), 좋을 이(利)-길(吉)-의(宜), 편리할 이(利)-편(便), 마름해 만들어 이룰 이(利)-재성(裁成), 탐할 이(利)-탐(貪), 구할(취할) 이(利)-구(求)-취(取), 좋아할 이(利)-열애(悅愛), 이로울 이(利)-익(益), 기교 이(利)-교(巧), 보람 이(利)-공용(功用), 지세가 험하고 중요한 이(利)-험요(險要), 이길 이(利)-승(勝), 어질 이(利)-인(仁)〉 등의 뜻을 내지만 여기선 〈사만물수생지덕(使萬物遂生之德) 즉 만물로 하여금 삶을 이루어 가게 하는 덕(德)의 이로움〉으로 새김이 마땅하다. 〈利〉가 맨 앞에 오면 〈이〉로 발음되고, 중간이나 뒤에 오면 〈리〉로 발음된다.

정(貞) 〈바를 정(貞)-정(正), 믿을 정(貞)-신(信), 거북점을 물을 정(貞)-복문(卜問), 역(易)의 내괘(內卦) 정(貞), 마땅할 정(貞)-당(當), 정할 정(貞)-정(定), 순수할 정(貞)-전(專)-일(一)〉 등의 뜻을 내지만 여기선 〈바를 정(正), 믿을 신(信)〉 등을 합친 뜻과 같아 〈정신(正信)〉으로 여기고 새김이 마땅하다.

회(悔) 〈뉘우칠 회(悔)-오(懊), 거만할 회(悔)-만(慢), 한스러울 회(悔)-한(恨), 실패할 회(悔)-실(失), 후회할 회(悔)-후회(後悔), (잘못 등을) 고칠 회(悔)-개(改), 책망할 회(悔)-구(咎), 대성괘의 상체(上體) 회(悔)〉 등의 뜻을 내지만 여기선 〈뉘우칠 오(懊)〉와 같다 여기고 새김이 마땅하다. 대성괘(大成卦)의 하체(下體) 즉 내괘(內卦)를 〈정(貞)〉이라 일컫고, 상체(上體) 즉 외괘(外卦)를 〈회(悔)〉라고 일컫는다.

亡 〈무-망〉 두 가지로 발음되고, 〈없을 무(亡)-무(無), 가난할 무(亡)-빈(貧), 달아날(피할) 망(亡)-도(逃)-분(奔)-피(避)-거(去), 없어질 망(亡)-멸(滅), 죽음 망(亡)-사(死), 잃을 망(亡)-상(喪)-실(失), 업신여길 망(亡)-경멸(輕蔑), 그칠 망(亡)-지(止)-이(已), 잊을 망(亡)-망(忘)〉 등의 뜻을 내지만 여기선 〈없을 무(亡)-무(無)〉로 여기고 새김이 마땅하다.

註 이위화(離爲火) …… 태위택(兌爲澤) : 이는[離 : ☲] 불[火]이다[爲]. …… 태는[兌 : ☱] 못[澤]이다[爲].
「설괘전(說卦傳)」 11단락(段落)

2 효의 효상과 계사

初九 : 鞏用黃牛之革이니라
공용황우지혁

六二 : 己日乃革之하니 征吉하여 无咎리라
기일내혁지 정길 무구

九三 : 征凶이라 貞厲하나 革言三就하니 有孚리라
정흉 정려 혁언삼취 유부

九四 : 悔亡하다 有孚改命하니 吉하리라
회무 유부개명 길

九五 : 大人虎變이니 未占有孚니라
대인호변 미점유부

上六 : 君子豹變하고 小人革面한다 征凶하고 居貞吉하리라
군자표변 소인혁면 정흉 거정길

초구(初九) : 단단히 하되[鞏] 황소의[黃牛之] 가죽을[革] 쓴다[用].

육이(六二) : 기일이 지나서야[己日] 이에[乃] 개혁하니[革之] 바르게 함에[征] 행운을 누려[吉] 허물이[咎] 없다[无].

구삼(九三) : 나아가면[征] 불운해[凶] 진실로 미더워도[貞] 위태하나[厲] 개혁해야 한다는[革] 말을[言] 세 번에 걸쳐[三] 이루니[就] 세상의 믿음이[孚] 있으리라[有].

구사(九四) : 뉘우칠 것이[悔] 없다[亡]. 믿어줌이[孚] 있어[有] 명령을 내려[命] 다시 고치니[改] 행운이다[吉].

구오(九五) : 대인이[大人] 호랑이같이[虎] 변함이니[變] 미리 헤아려보지[占] 않아도[未] 믿어줌이[孚] 있으리라[有].

상륙(上六) : 군자는[君子] 표범같이[豹] 변하고[變], 소인은[小人] 얼굴빛을[面] 바꾼다[革]. 나서면[征] 불운하고[凶] 머물러[居] 진실로 미더우면[貞] 행운을 누린다[吉].

초구(初九 : ⚊)

初九 : 鞏用黃牛之革이니라
공용황우지혁

초구(初九) : 단단히 하되[鞏] 황소의[黃牛之] 가죽을[革] 쓴다[用].

【초구(初九)의 효상(爻象) 풀이】

혁괘(革卦 : ䷰)의 초구(初九 : ⚊)는 이양거양(以陽居陽) 즉 양(陽 : ⚊)으로써[以] 양(陽 : ⚊)의 자리에 있는지라[居] 정당한 자리에 있다. 초구(初九 : ⚊)와 구사(九四 : ⚊)는 양양(兩陽) 즉 둘 다[兩] 양(陽 : ⚊)의 사이인지라 불응(不應) 즉 서로 호응하지 못한다[不應]. 육이(六二 : ⚋)와는 양음(陽陰)의 사이인지라 비(比) 즉 이웃의 사귐[比]을 서로 누리면서 육이(六二 : ⚋)가 초구(初九 : ⚊)를 보완해 주는 모습이지만, 초구(初九 : ⚊)가 홀로 함부로 나대서는 개혁의 뜻을 이루기 어려운 모습이다.

혁괘(革卦 : ䷰)의 초구(初九 : ⚊)가 초륙(初六 : ⚋)으로 변효(變爻)하면 초구(初九 : ⚊)는 혁괘(革卦 : ䷰)를 31번째 함괘(咸卦 : ䷞)로 지괘(之卦)하게 한다. 따라서 혁괘(革卦 : ䷰)의 초구(初九 : ⚊)는 함괘(咸卦 : ䷞)의 초륙(初六 : ⚋)을 찾아가 살펴보게 한다.

【초구(初九)의 계사(繫辭) 풀이】

鞏用黃牛之革(공용황우지혁)

단단히 하되[鞏] 황소의[黃牛之] 가죽을[革] 쓴다[用].

〈공용황우지혁(鞏用黃牛之革)〉은 초구(初九 : ⚊)의 효위(爻位)를 들어 암시한 계사(繫辭)이다. 〈공용황우지혁(鞏用黃牛之革)〉은 〈초구필수공관어혁(初九必須鞏關於革) 이향혁초구용황우지혁(而向革初九用黃牛之革)〉의 줄임으로 여기고 〈초구는[初九] 개혁에[革] 관해서는[關於] 단단히 해야[鞏]만 한다[必須] 그리고[而] 개혁을[革] 위해[向] 초구[初九]는 황소의[黃牛之] 가죽을[革] 이용한다[用]〉라고 새겨볼 것이다. 여기 〈공(鞏)〉은 〈단단히 할 고(固)〉와 같다.

〈공용황우지혁(鞏用黃牛之革)의 공(鞏)〉은 초구(初九 : ⚊)가 혁괘(革卦 : ䷰)의 주제인 〈혁(革)〉 즉 개혁[革]의 시국에서 자기 혼자 개혁(改革)을 시도할 수 없음을 알아채고 성급하게 시작하지 않음을 암시한다. 〈공용황우지혁(鞏用黃牛之革)의 공(鞏)〉은 개혁[革]의 시국에서 초구(初九 : ⚊) 자신이 개혁이 시작되는 자리에 있음을 알고 있음을 암시한다. 시작에 경동(輕動) 즉 가볍게[輕] 행동하면[動] 심신(審愼) 즉 살펴[審] 삼감[愼]이 없어지고 조급함이 앞서 개혁(改革)의 대사(大事)가 실패할 수 있음을 알아채고, 초구(初九 : ⚊) 자신이 개혁의 시작부터 단단히 해야[鞏] 함을 암시한 계사(繫辭)가 〈공용황우지혁(鞏用黃牛之革)의 공(鞏)〉이다.

〈공용황우지혁(鞏用黃牛之革)의 용황우지혁(用黃牛之革)〉은 초구(初九 : ⚊)가 육이(六二 : ⚋)와의 비(比) 즉 이웃의 사귐[比]을 활용함을 암시한다. 〈용황우지혁(用黃牛之革)의 황우(黃牛)〉는 육이(六二 : ⚋)를 취상(取象)한 것이다. 왜냐하면 〈황우지혁(黃牛之革)의 황우(黃牛)〉는 「설괘전(說卦傳)」에 나오는 〈곤은[坤 : ☷] 땅[地]이다[爲]〉라는 내용과 동시에 〈곤은[坤 : ☷] 암소[母牛]이다[爲]〉라는 내용을 상기시키기 때문이다. 대성괘(大成卦)에서 모든 음(陰 : ⚋)은 곤(坤 : ☷)의 속(屬)이며, 동시에 곤(坤 : ☷)의 속성(屬性)을 갖는다. 땅[地]은 토(土) 즉 황색(黃色)이니 〈황우(黃牛)의 황(黃)〉은 〈곤위지(坤爲地)〉로써 비롯한 것이고, 〈황우(黃牛)의 우(牛)〉는 〈곤위모우(坤爲母牛)〉로써 비롯한 것인지라, 〈황우지혁(黃牛之革)의 황우(黃牛)〉는 혁괘(革卦 : ䷰)의 육이(六二 : ⚋)를 취상(取象)한 것이고, 나아가 〈황우지혁(黃牛之革)의 혁(革)〉 역시 유순(柔順)한 육이(六二 : ⚋)를 취상(取象)한 것이다. 따라서 초구(初九 : ⚊)와 육이(六二 : ⚋)의 이웃 사귐[比]이 육이(六二 : ⚋)의 유순(柔順)함과 초구(初九 : ⚊)의 강강(剛强)함이 상화(相和)하여 초구(初九 : ⚊)가 편강(偏剛) 즉 굳셈에[剛] 치우치지[偏] 않도록 육이(六二 : ⚋)가 보완해줄 수 있음을 암시한 것이 〈용황우지혁(用黃牛之革)〉이다.

〈혁(革)〉 즉 개혁[革]이란 대사(大事)이다. 대사(大事)에는 때가 맞아야 하고 그럴만한 지위와 능력이 있어야 한다. 초구(初九 : ⚊)에게 〈혁(革)〉의 시(時)는 초(初)이니 삼가 신중히 기다려야 하고, 지위는 맨 밑이라 응원을 얻기가 어렵고, 능력은 강강(剛强)에 치우쳐 자만(自慢)에 빠질 수 있기 때문에, 초구(初九 : ⚊)는 육이(六二 : --)의 도움을 받아야 흉함을 면할 수 있다. 〈황우(黃牛)〉는 유순(柔順)한 짐승인지라 음성(陰性)이다. 초구(初九 : ㅡ)가 〈혁(革)〉을 시도하자면 득중(得中)의 중(中)과 유순(柔順)함이 초구(初九 : ㅡ)의 강성(剛性)을 보완해주어야 한다. 허(虛)한 유음(柔陰)인 육이(六二 : --)가 혁괘(革卦 : ䷰)의 하체(下體) 이(離 : ☲)의 중효(中爻)인지라 득중(得中) 즉 정도를 따름을[中] 취하면서[得] 유순(柔順)으로써 초구(初九 : ㅡ)를 도울 수 있는 위치에 있으므로, 초구(初九 : ㅡ)가 육이(六二 : --)에게서 부족한 득중(得中)의 중(中)과 유순(柔順)함을 응원받아 개혁[革]이라는 대사(大事)를 시작할 수 있음을 암시한 계사(繫辭)가 〈공용황우지혁(鞏用黃牛之革)〉이다.

【字典】

공(鞏) 〈단단히 할(굳힐) 공(鞏)-고(固), 가죽으로 묶일 공(鞏)-이위속(以韋束), 불을 쬘 공(鞏)-홍(烘), 벌벌 떨 공(鞏)-전율(戰慄)〉 등의 뜻을 내지만 여기선 〈단단히 할 고(固)〉와 같다 여기고 새김이 마땅하다.

용(用) 〈써 용(用)-이(以), 쓸(행할) 용(用)-시(施)-행(行), 쓰일(부릴) 용(用)-사(使), 맡길 용(用)-임(任), 위할 용(用)-위(爲), 갖출 용(用)-비(備), 다스릴 용(用)-치(治), 재화 용(用)-화(貨), 책임 지워 일을 맡길 용(用)-임사(任使), 통할 용(用)-통(通), 이로울 용(用)-이(利)〉 등의 뜻을 내지만 여기선 〈써 이(以)〉와 같다 여기고 새김이 마땅하다.

황(黃) 〈땅의 색 황(黃)-지지색(地之色)-토색(土色), 가운데 황(黃)-중앙(中央), 중앙색 황(黃)-중앙색(中央色), 중화의 색 황(黃)-중화지색(中和之色), 임금 옷의 색 황(黃)-군왕복지색(君王服之色), 밖으로 빛날 황(黃)-광(光), 두터울 황(黃)-후(厚)〉 등의 뜻을 내지만 여기선 〈땅의 색 지지색(地之色)-토색(土色)〉으로 여기고 새김이 마땅하다.

우(牛) 〈소 우(牛)-동물명(動物名), 무릅쓸 우(牛)-모(冒)〉 등의 뜻을 내지만 여기선 〈소 우(牛)〉로 여기고 새김이 마땅하다. 『설문해자(說文解字)』에 우사야리야(牛事也理也) 사야자(事也者) 위능사기사야(謂能事其事也) 우임경(牛任耕) 이야자(理也者) 〈소는[牛] 일함[事]이고[也] 도리[理]이다[也]. (소의) 일[事]이라는[也] 것은[者] 제[其] 일을[事] 해낼 수 있음을[能事] 일컬음[謂]이다[也]. 소는[牛] 밭갈이를[耕] 맡아 한다[任]. (이것이 소의) 도리[理]라는[也] 것이다[者].〉라고 풀이되어 있다.

지(之) 〈그것(이것) 지(之)-피(彼)-시(是), 갈 지(之)-왕(往), 이를 지(之)-지(至), 주

격-소유격-목적격 등의 토씨 지(之), 뜻 없는 허사(虛詞) 지(之)〉 등의 뜻을 내지만 여기선 소유격으로서 〈~의 지(之)〉로 여기고 새김이 마땅하다.

革 〈혁-극〉 두 가지로 발음되고, 〈고칠 혁(革)-개(改)-거고(去故), 가죽 혁(革)-수피치거모(獸皮治去毛), 피부 혁(革)-피지총칭(皮之總稱), 생가죽 혁(革)-생피(生皮), 북 종류 악기 혁(革)-고류악기(鼓類樂器), 팔음의 하나 혁(革)-팔음지일(八音之一), 갑옷 혁(革)-갑주(甲胄)-병갑(兵甲), 헐어빠질 혁(革)-노(老)-피모고췌지형(皮毛枯瘁之形), 경계할 혁(革)-계(戒)-격(諽), 급할(빠를) 극(革)-급(急)-속(速)〉 등의 뜻을 내지만 여기선 〈생가죽 생피(生皮)〉로 여기고 새김이 마땅하다.

註 곤위지(坤爲地) : 곤은[坤 : ☷] 땅[地]이다[也]. 「설괘전(說卦傳)」 11단락(段落)

註 곤위모우(坤爲母牛) : 곤은[坤 : ☷] 암소[母牛]이다[也]. 「설괘전(說卦傳)」 8단락(段落)

육이(六二 : --)

六二 : 己日乃革之하니 征吉하여 无咎리라
기일내혁지 정길 무구

육이(六二) : 기일이 지나서야[己日] 이에[乃] 개혁하니[革之] 바르게 함에[征] 행운을 누려[吉] 허물이[咎] 없다[无].

【육이(六二)의 효상(爻象) 풀이】

혁괘(革卦 : ䷰)의 육이(六二 : --)는 이음거음(以陰居陰) 즉 음(陰 : --)으로써[以] 음(陰 : --)의 자리에 있는지라[居] 정당한 자리에 있다. 육이(六二 : --)는 아래로 초구(初九 : —)와 위로는 구삼(九三 : —)과 비(比) 즉 이웃의 사귐[比]을 누린다. 육이(六二 : --)와 구오(九五 : —)는 중정(中正) 즉 가운데이면서[中而] 바른[正] 자리에 있음[位]을 서로 누리면서 정응(正應) 즉 바르게[正] 호응하여[應] 군신(君臣)의 신뢰가 돈독하다. 이에 혁괘(革卦 : ䷰)의 하체(下體) 이(離 : ☲)의 중효(中爻)로서 육이(六二 : --)가 득중(得中) 즉 정도를 따름을[中] 취하여[得] 유순(柔順)함으로써, 상하(上下)의 강강(剛强)을 포용하며 구오(九五 : —)의 호응(互

應)을 받아 〈혁(革)〉 즉 개혁[革]이라는 대사(大事)를 착착 이루어가는 모습이다.

혁괘(革卦 : ䷰)의 육이(六二 : --)가 구이(九二 : ㅡ)로 변효(變爻)하면 육이(六二 : --)는 혁괘(革卦 : ䷰)를 43번째 쾌괘(夬卦 : ䷪)로 지괘(之卦)하게 한다. 따라서 혁괘(革卦 : ䷰)의 육이(六二 : --)는 쾌괘(夬卦 : ䷪)의 구이(九二 : ㅡ)를 찾아가 살펴보게 한다.

【육이(六二)의 계사(繫辭) 풀이】

己日乃革之(기일내혁지)

기일이 지나서야[己日] 비로소[乃] 개혁하다[革之].

〈기일내혁지(己日乃革之)〉는 육이(六二 : --)의 효위(爻位)를 들어 암시한 계사(繫辭)이다. 〈기일내혁지(己日乃革之)〉는 〈지기일(至己日) 내륙이혁지(乃六二革之)〉의 줄임으로 여기고 〈기일에[己日] 이르러서야[至] 비로소[乃] 육이가[六二] 개혁한다[革之]〉라고 새겨볼 것이다. 〈혁지(革之)의 지(之)〉는 〈혁(革)〉을 동사화하는 조사인지라 뜻이 없는 허사(虛詞)이다.

〈기일내혁지(己日乃革之)〉는 육이(六二 : --)가 〈혁(革)〉 즉 개혁[革]의 시운(時運)을 기다리면서 초구(初九 : ㅡ)와 구삼(九三 : ㅡ)의 협조와 아울러 구오(九五 : ㅡ)의 호응을 받아 자신의 능력을 바탕으로 개혁(改革)을 실행할 수 있음을 암시한다. 〈기일내혁지(己日乃革之)의 기일(己日)〉은 육이(六二 : --)가 기다리던 개혁[革]의 시운이 다다랐음을 암시한다. 따라서 감추고 있던 개혁의 뜻을 드러내 행동으로 옮길 시기가 도래했음을 암시하는 것이 〈기일(己日)〉이다. 〈기일(己日)의 기(己)〉는 십간(十干)의 갑(甲)에서 무(戊)의 날[日]까지 개혁[革]의 뜻을 드러내지 않다가 기(己)의 날이 되어서야 혁지(革志) 즉 개혁을[革] 뜻한 바[志]를 육이(六二 : --)가 드러낸다고 함이니, 오랫동안 내장(內藏)돼 온 개혁의[革] 뜻한 바[志]를 육이(六二 : --)가 드러냄을 암시한 계사(繫辭)가 〈기일내혁지(己日乃革之)〉이다.

征吉(정길)

바르게 함에[征] 행운을 누린다[吉].

〈정길(征吉)〉은 육이(六二 : --)가 〈혁지(革之)〉를 실행함을 암시한 계사(繫辭)

이다. 〈정길(征吉)〉은 〈기연륙이정혁(旣然六二征革) 육이유길(六二有吉)〉의 줄임으로 여기고 〈육이가[六二] 개혁을[革] 실행하기[征] 때문에[旣然] 육이에게[六二] 행운의 누림이[吉] 있다[有]〉라고 새겨볼 것이다. 〈정길(征吉)의 정(征)〉은 〈바르게 할 정행(正行)〉과 같다.

〈정길(征吉)의 정(征)〉은 〈혁지(革之)〉를 한 자(字)로써 풀이해 암시한다. 육이(六二 : --)가 혁괘(革卦 : ䷰)의 하체(下體) 이(離 : ☲)의 중효(中爻)로서 득중(得中) 즉 정도를 따름을[中] 취하여[得] 개혁함[革之]을 암시하는 것이 〈정길(征吉)의 정(征)〉이다. 〈정길(征吉)의 길(吉)〉은 육이(六二 : --)의 〈혁지(革之)〉가 득중(得中)으로써 실행되기[征] 때문임을 암시한다. 물론 〈정길(征吉)의 정(征)〉이 하(夏)나라의 말왕(末王) 걸(桀)을 정벌(征伐)하여 난세(亂世)를 태세(泰世)로 개혁한 탕왕(湯王)의 개혁(改革)을 연상케 하고, 동시에 은(殷)나라의 말왕(末王) 주(紂)를 정벌(征伐)하여 난세를 태세로 개혁한 무왕(武王)의 개혁을 연상케 한다고 생각해도 된다. 따라서 육이(六二 : --)의 〈혁지(革之)〉가 백성이 난세로부터 벗어나 태세를 누리게 하는 개혁을 실행하므로, 육이(六二 : --)와 더불어 온 세상 백성이 행운을 누림[吉]을 암시한 계사(繫辭)가 〈정길(征吉)〉이다.

无咎(무구)

<u>허물이[咎] 없다[无].</u>

〈무구(无咎)〉는 육이(六二 : --)의 〈혁지(革之)〉에는 허물이[咎] 없음[无]을 암시한 계사(繫辭)이다. 〈무구(无咎)〉는 〈육이지정혁무구(六二之征革无咎)〉의 줄임으로 여기고 〈육이의[六二之] 정혁에는[征革] 허물이[咎] 없다[无]〉라고 새겨볼 것이다.

〈무구(无咎)〉는 육이(六二 : --)가 누리는 〈길(吉)〉은 천도(天道) 즉 자연의[天] 이치[道]에 어긋남이 없음을 암시한다. 『주역(周易)』의 경문(經文)에 빈번히 등장하는 〈무구(无咎)〉는 「계사전상(繫辭傳上)」에 나오는 〈허물을[過] 선으로[善] 고쳐준다는[補] 것[者]〉이라는 내용을 항상 상기시킨다. 따라서 육이(六二 : --)가 개혁을 단행함은 제악천선(除惡遷善) 즉 악을[惡] 제거하고[除] 선으로[善] 옮겨가는[遷] 개혁[革]인지라 육이(六二 : --)의 정혁(征革)에는 허물이[咎] 없음[无]을 암시한 계사(繫辭)가 〈무구(无咎)〉이다.

【字典】

기(己) 〈여섯 번째 천간 기(己)-천간제륙위(天干第六位=十干第六位 : 甲乙丙丁戊己庚辛壬癸), 몸(저) 기(己)-신(身), 사사로움 기(己)-사(私), 마련할 기(己)-기(紀), 어조사 기(己)〉 등의 뜻을 내지만 여기선 〈천간(십간) 여섯 번째 천간제륙위(天干第六位)〉로 여기고 새김이 마땅하다.

일(日) 〈나날 일(日)-별일(別日), 시기 일(日)-시기(時期), 기한 일(日)-기한(期限), 시일 일(日)-시일(時日), 해(태양) 일(日)-태양(太陽)-태양계중심(太陽系中心), 참 일(日)-실(實)-실정(實精), 볕 일(日)-양(陽)-양광(陽光), 불 일(日)-화(火), 임금의 모습 일(日)-군상(君象), 덕 일(日)-덕(德) {일자덕야(日者德也) 월자형야(月者刑也)}, 낮 일(日)-주(晝), 세월 일(日)-광음(光陰)〉 등의 뜻을 내지만 여기선 〈나날 일(日)〉로 여기고 새김이 마땅하다.

내(乃) 〈이에 내(乃)-어시(於是)-승상기하지사(承上起下之辭), 부드럽게 말 이을 내(乃)-완사(緩詞)-연후(然後), 급히 말 이을 내(乃)-급사(急詞), 뜻 없는 말머리 조사 내(乃)-구수조사무의(句首助詞無義), 곧 내(乃)-즉(則)-즉(卽), 그 내(乃)-기(其), 그런데 내(乃)-전어사(轉語辭), 그리고(그러나) 내(乃)-이(而), 만약 내(乃)-약(若), 또 내(乃)-차(且), ~로써 내(乃)-이(以), 그럴(그렇다) 내(乃)-시(是), 도리어 내(乃)-고(顧)-각(卻), 처음 내(乃)-시(始)-초(初), 이같이 내(乃)-여차(如此)〉 등의 뜻을 내지만 여기선 〈이에 어시(於是)〉와 같다 여기고 새김이 마땅하다.

革 〈혁-극〉 두 가지로 발음되고, 〈고칠 혁(革)-개(改)-거고(去故), 가죽 혁(革)-수피치거모(獸皮治去毛), 피부 혁(革)-피지총칭(皮之總稱), 생가죽 혁(革)-생피(生皮), 북 종류 악기 혁(革)-고류악기(鼓類樂器), 팔음의 하나 혁(革)-팔음지일(八音之一), 갑옷 혁(革)-갑주(甲冑)-병갑(兵甲), 헐어빠질 혁(革)-노(老)-피모고췌지형(皮毛枯瘁之形), 경계할 혁(革)-계(戒)-격(諽), 급할(빠를) 극(革)-급(急)-속(速)〉 등의 뜻을 내지만 여기선 〈고칠 개(改)〉로 여기고 새김이 마땅하다.

지(之) 〈그것(이것) 지(之)-피(彼)-시(是), 갈 지(之)-왕(往), 이를 지(之)-지(至), 주격-소유격-목적격 등의 토씨 지(之), 뜻 없는 허사(虛詞) 지(之)〉 등의 뜻을 내지만 여기선 〈뜻 없는 허사(虛詞) 지(之)〉로 여기고 새김이 마땅하다.

정(征) 〈행동할 정(征)-행동(行動), 바르게 갈 정(征)-정행(正行), 칠 정(征)-토(討)-

벌(伐), 날 정(征)-비(飛), 멀리 갈 정(征)-원(遠), 취할 정(征)-취(取), 세금 매길 정(征)-세(稅)-부(賦)〉 등의 뜻을 내지만 여기선 〈행동(行動)〉으로 여기고 새김이 마땅하다.

길(吉) 〈좋을(행복할) 길(吉)-선(善)-영(令) {영월길일(令月吉日)은 선월선일(善月善日)임.}, 복 길(吉)-실(實)-선실(善實)-복(福), 예의를 따라 상서로울 길(吉)-예의순상(禮義順祥), 삼갈 길(吉)-근(謹), 초하루 길(吉)-삭일(朔日) {삭망(朔望) 즉 초하루[朔]와 그믐날[望]}, 길례 길(吉)-길례(吉禮) {오례지일(五禮之一) 길흉빈군가(吉凶賓軍嘉)}, 갈 길(吉)-행(行)-길(趌)〉 등의 뜻을 내지만 여기선 〈좋을 선(善)-영(令)〉 즉 행복과 같다 여기고 새김이 마땅하다.

무(无) 〈없을 무(无)-무(無), 허무지도 무(无)-허무지도(虛无之道), 으뜸 무(无)-원(元)〉 등의 뜻을 내지만 여기선 〈없을 무(無)〉와 같다 여기고 새김이 마땅하다. 〈무(无)〉는 〈무(無)〉의 고자(古字)이다.

구(咎) 〈허물 구(咎)-건(愆)-과(過), 재앙 구(咎)-재(災), 병될 구(咎)-병(病), 나쁠 구(咎)-오(惡)〉 등의 뜻을 내지만 여기선 〈허물 건(愆)-과(過)〉와 같다 여기고 새김이 마땅하다. 〈무구(无咎)〉는 〈면어구(免於咎)〉 즉 허물을[於咎] 면하다[免]와 같다.

註 무구자선보과자야(无咎者善補過者也) : 허물이[咎] 없다는[无] 것은[者] 허물을[過] 선으로[善] 고쳐준다는[補] 것[者]이다[也]. 「계사전상(繫辭傳上)」 3단락(段落)

구삼(九三 : ⚊)

九三 : 征凶이라 貞厲하나 革言三就하니 有孚리라
정흉 정려 혁언삼취 유부

구삼(九三) : 나아가면[征] 불운해[凶] 진실로 미더워도[貞] 위태하나[厲] 개혁해야 한다는[革] 말을[言] 세 번에 걸쳐[三] 이루니[就] 세상의 믿음이[孚] 있으리라[有].

【구삼(九三)의 효상(爻象) 풀이】

혁괘(革卦 : ䷰)의 구삼(九三 : ⚊)은 이양거양(以陽居陽) 즉 양(陽 : ⚊)으로써

[以] 양(陽 : ━)의 자리에 있는지라[居] 정당한 자리에 있다. 구삼(九三 : ━)과 구사(九四 : ━)는 양양(兩陽) 즉 둘 다[兩] 양(陽 : ━)인지라 비(比) 즉 이웃의 사귐[比]을 누리지는 못하지만 혁괘(革卦 : ䷰)의 주제인 〈혁(革)〉 즉 개혁[革]의 시국을 맞아 서로 대자(大者)의 품격을 유지하고자 한다. 구삼(九三 : ━)과 육이(六二 : ╍)는 양음(陽陰)의 사이인지라 비(比) 즉 이웃의 사귐[比]을 서로 누린다. 구삼(九三 : ━)과 상륙(上六 : ╍)도 양음(陽陰)의 사이인지라 정응(正應) 즉 바르게[正] 서로 호응하여[應], 강강(剛强)에 치우치려는 구삼(九三 : ━)을 유순(柔順)한 상륙(上六 : ╍)이 편강(偏剛) 즉 굳셈에[剛] 치우침[偏]을 막아주어 구삼(九三 : ━)이 개혁을 수행함에 도움을 주는 모습이다.

혁괘(革卦 : ䷰)의 구삼(九三 : ━)이 육삼(六三 : ╍)으로 변효(變爻)하면 구삼(九三 : ━)은 혁괘(革卦 : ䷰)를 17번째 수괘(隨卦 : ䷐)로 지괘(之卦)하게 한다. 따라서 혁괘(革卦 : ䷰)의 구삼(九三 : ━)은 수괘(隨卦 : ䷐)의 육삼(六三 : ╍)을 찾아가 살펴보게 한다.

【구삼(九三)의 계사(繫辭) 풀이】

征凶(정흉)

나아가면[征] 불운하다[凶].

〈정흉(征凶)〉은 강강(剛强)한 구삼(九三 : ━)이 정위(正位)에 있음을 앞세워 개혁[革]을 수행하려 함[征]을 암시한 계사(繫辭)이다. 〈정흉(征凶)〉은 〈약구삼독정혁(若九三獨征革) 구삼유흉(九三有凶)〉의 줄임으로 여기고 〈만약[若] 구삼이[九三] 저 홀로[獨] 개혁을[革] 실행한다면[征] 구삼에게[九三] 불운함이[凶] 있다[有]〉라고 새겨볼 것이다.

〈정흉(征凶)〉은 구삼(九三 : ━)이 정위(正位)에 있다 해도 혁괘(革卦 : ䷰)의 하체(下體) 이(離 : ☲)의 상효(上爻)인지라 중도(中道)의 자리를 벗어난 자리이어서, 정도를[道] 따름[中]으로써 개혁을[革] 수행하려[征] 하지 않고 강강(剛强)에 치우쳐 조급하게 개혁을 수행하려 함을 암시한 것이 〈정흉(征凶)〉이다. 〈정(征)〉 즉 개혁의[革] 수행[征]이야말로 역지도(易之道)를 좇아야 한다. 역의[易之] 이치[道]란 곧 순천(順天) 즉 자연의 이치를[天] 따름[順]이다. 강(剛)함에 치우쳐도 유(柔)함에 치우쳐도 그 따름[順]을 벗어나 그런 〈정(征)〉은 변통(變通) 즉 낡은 것을 새것으로[變] 통하게[通] 하지 못한다. 「계사전상(繫辭傳上)」에 〈변함을[變] 통하게 함[通] 그것을[之] 일[事]이라 한다[謂]〉라는 내용이 나온다. 〈혁(革)의 정(征)〉 즉 개혁의[革] 수행[征]이야말로 그 무엇보다 변통(變通)의 일[事]에 속한다. 변통하는 일은 성사(成事)되고 변통하지 못하는 일은 패사(敗事)한다. 개혁[革]이 성사되려면 변통해야 하고, 변통하려면 수중(守中) 즉 수중정도(守中正道)를 떠나서는 개혁이 성사되지 못한다. 정도(正道)를 따름을[中] 지키지[守] 않고 경거망동(輕擧妄動)하면 대사(大事)일수록 흉(凶)하게 됨을 면치 못한다. 〈혁(革)의 정(征)〉이야말로 수중(守中)으로써만 성사되어 길(吉)하다. 따라서 구삼(九三 : ━)이 강강(剛强)에 치우쳐 성급히 저 홀로 수행하려[征] 한다면 개혁[革]이란 불운할[凶] 뿐임을 암시한 계사(繫辭)가 〈정흉(征凶)〉이다.

貞厲(정려)

진실로 미더워도[貞] 위태하다[厲].

〈정려(貞厲)〉는 구삼(九三 : ━)이 편강(偏剛) 즉 굳셈에[剛] 치우침[偏]을 경계한 계사(繫辭)이다. 〈정려(貞厲)〉는 〈약구삼정향강강(若九三貞向剛强) 구삼유려(九三有厲)〉의 줄임으로 여기고 〈만약[若] 구삼이[九三] 강강함을[剛强] 향해[向] 진실로 미더우면[貞] 구삼에게[九三] 위태함이[厲] 있다[有]〉라고 새겨볼 것이다. 〈정려(貞厲)의 여(厲)〉는 여기선 〈위태할 위(危)〉와 같다.

〈정려(貞厲)〉는 구삼(九三 : ━)이 강강(剛强)만을 진실로 미더워하면[貞] 편강(偏剛) 즉 굳셈에[剛] 치우침[偏]을 경계한 것이다. 〈정려(貞厲)의 정(貞)〉은 강강(剛强)이 진실로 미더워 그 강강(剛强) 즉 굳세고[剛] 강함[强]을 〈정(定)〉 즉 결정해버림을 암시한다. 〈정(貞)〉은 〈정해둘 정(定)〉의 뜻을 내기도 한다. 따라서 여기 〈정려(貞厲)의 정(貞)〉은 56번째 여괘(旅卦 : ䷷) 육이(六二 : ╍)의 효사(爻辭)로 나온 〈득동복정(得童僕貞)의 정(貞)〉이 아니다. 〈동복정(童僕貞)의 정(貞)〉은 진실한 미더움[貞]의 마음이지만 여기 〈정려(貞厲)의 정(貞)〉은 경상(經常) 즉 한 상태를 늘 계속하여 변동이 없음[經常]을 정해두어[定] 고집스러운 마음의 〈정(貞)〉이다. 따라서 강강(剛强)한 구삼(九三 : ━)이 편강강(偏剛强) 즉 굳셈과[剛] 강함에

[强] 치우친[偏] 고집을 버리지 못해 위태로운[厲] 지경을 면하지 못할 수 있음을 암시한 계사(繫辭)가 〈정려(貞厲)〉이다.

革言三就(혁언삼취)

개혁해야 한다는[革] 말을[言] 세 번에 걸쳐[三] 이루다[就].

〈혁언삼취(革言三就)〉는 구삼(九三 : ⚊)이 개혁[革]의 정당함을 주장하는 계사(繫辭)이다. 〈혁언삼취(革言三就)〉는 〈구삼삼취혁지언(九三三就革之言)〉의 줄임으로 여기고 〈구삼이[九三] 개혁의[革之] 언론을[言] 세 번이나[三] 이룬다[就]〉라고 새겨볼 것이다. 〈혁언삼취(革言三就)〉는 구삼(九三 : ⚊)과 상륙(上六 : ⚋)의 정응(正應)을 들어 암시한다. 왜냐하면 〈혁언삼취(革言三就)〉에서 〈혁언(革言)의 언(言)〉이 「설괘전(說卦傳)」에 나오는 〈태는[兌 : ☱] 입이고[口] 혀[舌]이다[爲]〉라는 내용을 환기시키기 때문이다. 〈혁언(革言)의 언(言)〉은 혁괘(革卦 : ䷰)의 상체(上體) 태(兌 : ☱)의 상효(上爻)인 상륙(上六 : ⚋)을 들어, 구삼(九三 : ⚊)이 상륙(上六 : ⚋)과 정응(正應) 즉 바르게[正] 호응하여[應] 개혁[革]에 임함을 암시한다. 이에 〈혁언(革言)〉은 〈개혁지의논(改革之議論)〉으로 여기고 새김이 마땅하다. 〈혁언(革言)의 언(言)〉은 여기선 〈의논(議論)〉 즉 의견을 주고받아 일을 꾀함[議論]을 뜻하므로, 〈혁언(革言)〉은 서로 의견을 주고받아 개혁[革]을 꾀함을 뜻한다. 〈혁언삼취(革言三就)〉에서 〈삼취(三就)의 삼(三)〉은 〈자사지상(自四至上)〉 즉 구사(九四 : ⚊)[四]로부터[自] 구오(九五 : ⚊)를 거쳐 상륙(上六 : ⚋)[上]에 이르기까지[至]를 뜻해 〈세 번에 걸쳐[三]〉로 풀이한다. 〈삼취(三就)의 취(就)〉는 세 번에 걸쳐[三] 개혁을 수행함[征]에 관한 〈혁언(革言)〉 즉 개혁의[革] 의논[言]을 이루었음[就]을 밝힌다. 〈삼취(三就)의 취(就)〉는 〈이룰 성(成)〉과 같다 여기고 성취(成就)의 줄임말로 새기면 된다. 따라서 구삼(九三 : ⚊)이 〈정흉(征凶)의 정(征)〉을 감행하지 않고 〈정려(貞厲)〉로써 개혁을 수행할[征] 수 있게 됨을 암시한 계사(繫辭)가 〈혁언삼취(革言三就)〉이다.

有孚(유부)

세상의 믿음이[孚] 있으리라[有].

〈유부(有孚)〉는 〈혁언삼취(革言三就)〉로써 구삼(九三 : ━)이 천하가 순복(順服)하는 〈정(征)〉을 성취(成就)함을 암시한 계사(繫辭)이다. 〈유부(有孚)〉는 〈구삼유상륙지부(九三有上六之孚)〉의 줄임으로 여기고 〈구삼에게는[九三] 상륙이[上六之] 믿어줌이[孚] 있다[有]〉라고 새겨볼 것이다.

〈유부(有孚)의 부(孚)〉는 성신(誠信)과 같고 수명(守命)을 뜻한다. 천명(天命) 즉 자연이[天] 하라는 대로 함을[命] 지키면[守] 절로 이어옴이 〈부(孚)〉 즉 진실한 미더움[誠信]이다. 〈약오정(若吾貞) 부필래자세지아(孚必來自世至我)〉 즉 내가[吾] 진실로 미덥다면[若貞] 세상[世]으로부터[自] 나[我]에게로[至] 진실한 믿어줌이[孚] 반드시[必] 돌아온다[來]라는 것이 〈유부(有孚)의 부(孚)〉이다. 자기가 정(貞)하면 남들이 자기를 진실로 믿게 됨이 〈부(孚)〉이다. 만약 구삼(九三 : ━)이 자신의 강강(剛强)만을 앞세워 개혁의 수행[征]을 독단으로 감행했다면 그 〈정(征)〉이 흉(凶)했을 터이지만, 〈혁언삼취(革言三就)〉로써 구삼(九三 : ━)이 세 번에 걸쳐[三] 의견을 나누어[言] 이루는[就] 바를 따라 개혁을[革] 수행하기에[征] 세상이 구삼(九三 : ━)의 개혁을 믿어줌[孚]을 암시한 계사(繫辭)가 〈유부(有孚)〉이다.

【字典】

정(征) 〈행동할(수행할) 정(征)-행동(行動), 바르게 갈 정(征)-정행(正行), 칠 정(征)-토(討)-벌(伐), 날 정(征)-비(飛), 멀리 갈 정(征)-원(遠), 취할 정(征)-취(取), 세금 매길 정(征)-세(稅)-부(賦)〉 등의 뜻을 내지만 여기선 〈수행(遂行)〉으로 여기고 새김이 마땅하다.

흉(凶) 〈나쁠 흉(凶)-오(惡), 불행할 흉(凶)-길지반(吉之反), 흉한 사람 흉(凶)-흉인(凶人), 재앙 흉(凶)-화(禍), 요사할 흉(凶)-요사(夭死), 걱정할 흉(凶)-우(憂)-구(懼), 악한 사람 흉(凶)-악인(惡人), 흉년 흉(凶)-연곡불숙(年穀不熟), 사나울 흉(凶)-포학(暴虐), 음기 흉(凶)-음기(陰氣), 북쪽 흉(凶)-북(北), 없을 흉(凶)-공(空), 송사 흉(凶)-송(訟), 거역할 흉(凶)-역(逆), 어그러질 흉(凶)-패(悖), 허물 흉(凶)-구(咎)〉 등의 뜻을 내지만 여기선 〈나쁠 오(惡)〉 또는 〈불행할 흉(凶)〉과 같다 여기고 새김이 마땅하다.

정(貞) 〈믿을 정(貞)-신(信), 바를 정(貞)-정(正), 거북점을 물을 정(貞)-복문(卜問), 역(易)의 내괘(內卦) 정(貞), 마땅할 정(貞)-당(當), 정할 정(貞)-정(定), 순수할 정(貞)-전(專)-일(一)〉 등의 뜻을 내지만 여기선 〈바를 정(正), 믿을 신(信)〉 등을 합친 뜻과 같아 〈정신(正信)〉으로 여기고 새김이 마땅하다.

여(厲) 〈위태할 여(厲)-위(危), 저항할(막을) 여(厲)-항(抗), 가물 여(厲)-한(旱), 갈 여(厲)-마(磨), 문지를(비빌) 여(厲)-마찰(摩擦), 엄할(사나울) 여(厲)-엄(嚴)-맹(猛), 높고 훌륭할 여(厲)-고상(高尙), 맑고 바를 여(厲)-청정(淸正), 일어날 여(厲)-기(起), 지을 여(厲)-작(作), 사나울 여(厲)-학(虐), 병들 여(厲)-병(病), 낭떠러지 여(厲)-애(涯), 물이 깊어도 건널 수 있는 곳 여(厲)-심수가섭지처(深水可涉之處), 권하여 힘쓰게 할 여(厲)-권면(勸勉), 이을 여(厲)-합(合)-연(連), 옷을 입고 물을 건널 여(厲)-이의섭수(以衣涉水), 가까울 여(厲)-근(近)-부(附)〉 등의 뜻을 내지만 여기선 〈위태할 위(危)〉와 같다 여기고 새김이 마땅하다.

革 〈혁-극〉 두 가지로 발음되고, 〈고칠 혁(革)-개(改)-거고(去故), 가죽 혁(革)-수피치거모(獸皮治去毛), 피부 혁(革)-피지총칭(皮之總稱), 생가죽 혁(革)-생피(生皮), 북 종류 악기 혁(革)-고류악기(鼓類樂器), 팔음의 하나 혁(革)-팔음지일(八音之一), 갑옷 혁(革)-갑주(甲冑)-병갑(兵甲), 헐어빠질 혁(革)-노(老)-피모고췌지형(皮毛枯瘁之形), 경계할 혁(革)-계(戒)-격(諽), 급할(빠를) 극(革)-급(急)-속(速)〉 등의 뜻을 내지만 여기선 〈고칠 개(改)〉로 여기고 새김이 마땅하다.

언(言) 〈의논할 언(言)-설(說)-의(議)-논(論), 말 언(言)-어(語), 말소리 언(言)-언사(言辭 : 夫生民之音曰言 鳥獸之音曰鳴), 말의 첫머리를 꺼낼 언(言)-발단(發端)-직언(直言), 밝힐(공표할) 언(言)-선(宣), 물어볼 언(言)-문(問), 따를 언(言)-종(從), 교명 언(言)-교명(敎命), 호령 언(言)-호령(號令), 동맹이 필요할 말씀 언(言)-회동맹요지사(會同盟要之辭), 모의할 언(言)-모의(謀議), 응대하는 말 언(言)-사령(辭令), 웃전에 뜻을 전할 언(言)-상표(上表), 일구 언(言)-일구(一句), 한 글자 언(言)-일자(一字), 나 언(言)-아(我), 어울려 받드는 모습 언(言)-화경지모(和敬之貌), 송사할 언(言)-송(訟), 발어사 언(言)-운(云)〉 등의 뜻을 내지만 여기선 〈의논(議論)〉으로 여기고 새김이 마땅하다.

삼(三) 〈세 번(석 삼, 셋 삼) 삼(三)-이지가일(二之加一), 다수를 나타낼 삼(三)-다수지칭(多數之稱), 삼재의 수 삼(三)-천지인지수(天地人之數), 임금-아버지-스승 삼(三)-군부사(君父師), 동방 삼(三)-동방(東方), 끝 삼(三)-종(終)〉 등의 뜻을 내지만 여기선 〈세 번 삼(三)〉으로 여기고 새김이 마땅하다.

취(就) 〈좇을 취(就)-종(從), 이룰 취(就)-성(成), 따를 취(就)-인(因=隨), 가까울

(곧) 취(就)-즉(卽)-근(近), 즉시 취(就)-즉시(卽時), 돌아올 취(就)-귀(歸), 가령 취(就)-가령(假令), 능할 취(就)-능(能), 마칠 취(就)-종(終), 오랠 취(就)-구(久), 맞이할 취(就)-영(迎), 좋을 취(就)-선(善)〉 등의 뜻을 내지만 여기선 〈좇을 종(從)〉과 같다 여기고 새김이 마땅하다.

유(有) 〈얻을(가질) 유(有)-취(取), 없을 무(無)의 반대말로 있을 유(有), 어조사 유(有), 간직할 유(有)-장(藏), 혹 유(有)-혹(或), 많을 유(有)-다(多)-족(足), 부유할 유(有)-부(富), 보호할 유(有)-보(保), 서로 친할 유(有)-상친(相親), 전일할 유(有)-전(專), 할 유(有)-위(爲)〉 등의 뜻을 내지만 〈얻을(가질) 유(有)-취(取)〉로 여기고 새김이 마땅하다.

부(孚) 〈믿을 부(孚)-신(信), 알에서 새끼가 껍질을 쪼아 나올 부(孚)-난화(卵化), 씨앗이 틀 부(孚)-부(稃), 기를 부(孚)-육(育), 덮어줄 부(孚)-복(覆), 붙을(의지할) 부(孚)-부(附)-부(付), 깡충거릴 부(孚)-무조(務躁)-부조(浮躁), 옥채색 부(孚)-옥채색(玉采色)〉 등의 뜻을 내지만 여기선 〈성신(誠信) 즉 진실한[誠] 미더움[信]〉으로 여기고 새김이 마땅하다.

註 변통지위사(變通之謂事) : 변함을[變] 통하게 함[通] 그것을[之] 일[事]이라 한다[謂].

「계사전상(繫辭傳上)」 5단락(段落)

註 여극수(予克受) 비여무(非予武) 유짐문고무죄(惟朕文考無罪) 수극여(受克予) 비짐문고유죄(非朕文考有罪) 유여소자무량(惟予小子無良) : 내가[予] 수를[受] 이기게 된다면[克] 내[予] 무위가[武] 아니라[非] 오로지[惟] 내[朕] 돌아가신 아버지 문왕께[文考] 죄가[罪] 없어서이고[無], 수가[受] 나를[予] 이긴다면[克] 내[朕] 돌아가신 아버지 문왕께[文考] 죄가[罪] 있어서가[有] 아니라[非] 오로지[惟] 못난 나에게[予小子] 훌륭함이[良] 없어서이다[無].

『서경(書經)』 「주서(周書)」 [태서(泰誓)] 끝

註 태위구설(兌爲口舌) : 태는[兌 : ☱] 입이고[口] 혀[舌]이다[爲].

「설괘전(說卦傳)」 11단락(段落)

註 〈정려(貞厲)〉는 『주역(周易)』의 경문(經文)에 빈번하게 등장하는 계사(繫辭)에 속한다. 6번째 송괘(訟卦 : ䷅) 육삼(六三 : --)의 계사(繫辭)로 나오고, 10번째 이괘(履卦 : ䷉) 구오(九五 : —)의 계사(繫辭)로 나오며, 21번째 서합괘(噬嗑卦 : ䷔) 육오(六五 : --)의 계사(繫辭)로 나오고, 34번째 대장괘(大壯卦 : ䷡) 구삼(九三 : —)의 계사(繫辭)로 나오며, 35번째 진괘(晉卦 : ䷢) 구사(九四 : —)의 계사(繫辭)로 나오고, 49번째 혁괘(革卦 : ䷰) 구삼(九三 : —)의 계사(繫辭)로 나오며, 56번째 여괘(旅卦 : ䷷) 구삼(九三 : —)의 계사(繫辭)로도 나온다.

구사(九四 : ⚊)

九四 : 悔亡하다 有孚改命하니 吉하리라
회무 유부개명 길

구사(九四) : 뉘우칠 것이[悔] 없다[亡]. 믿어줌이[孚] 있어[有] 명령을 내려[命] 다시 고치니[改] 행운이다[吉].

【구사(九四)의 효상(爻象) 풀이】

혁괘(革卦 : ䷰)의 구사(九四 : ⚊)는 이양거음(以陽居陰) 즉 양(陽 : ⚊)으로써[以] 음(陰 : ⚋)의 자리에 있는지라[居] 정당한 자리에 있지 못하다. 구사(九四 : ⚊)와 구삼(九三 : ⚊)은 양양(兩陽) 즉 둘 다[兩] 양(陽 : ⚊)인지라 비(比) 즉 이웃의 사귐[比]을 누리지는 못하지만 서로 대자(大者)의 품위를 유지한다. 구사(九四 : ⚊)와 구오(九五 : ⚊)도 양양(兩陽)인지라 비(比) 즉 이웃의 사귐[比]을 누리지는 못하지만 대인(大人)의 금도(襟度)를 지닌 신하로서 보좌를 다한다. 초구(初九 : ⚊)와도 양양(兩陽)인지라 불응(不應) 즉 서로 호응하지 못한다[不應]. 그러나 강강(剛强)한 구사(九四 : ⚊)가 음유(陰柔)한 음위(陰位)에 있는지라 강유상화(剛柔相和)로써 개혁(改革)의 세(勢)를 정대(正大)하게 수행해가는 모습이다.

혁괘(革卦 : ䷰)의 구사(九四 : ⚊)가 육사(六四 : ⚋)로 변효(變爻)하면 구사(九四 : ⚊)는 혁괘(革卦 : ䷰)를 63번째 기제괘(旣濟卦 : ䷾)로 지괘(之卦)하게 한다. 따라서 혁괘(革卦 : ䷰)의 구사(九四 : ⚊)는 기제괘(旣濟卦 : ䷾)의 육사(六四 : ⚋)를 찾아가 살펴보게 한다.

【구사(九四)의 계사(繫辭) 풀이】

悔亡(회무)

뉘우칠 것이[悔] 없다[亡].

〈회무(悔亡)〉는 구사(九四 : ⚊)의 효위(爻位)를 들어 암시한 계사(繫辭)이다. 〈회무(悔亡)〉는 〈회무어구사지혁(悔亡於九四之革)〉의 줄임으로 여기고 〈구사의

[九四之] 개혁[革]에는[於] 뉘우칠 것이[悔] 없다[亡]〉라고 새겨볼 것이다. 〈회무(悔亡)의 무(亡)〉는 〈없을 무(無)〉와 같다.

〈회무(悔亡)〉는 개혁[革]을 당당하게 수행함[征]이 구사(九四 : ⚊)의 사명임을 암시한다. 구사(九四 : ⚊)는 하체(下體)를 떠나 상체(上體)로 진입하여 수화상극(水火相剋)의 경계에 있음이라 개혁의 세(勢)를 탈 수 있는 시의(時宜)를 맞고 있으며, 홀로이지만 구사(九四 : ⚊)는 강강(剛强)하니 개혁의 재능을 갖추었고, 유연(柔軟)한 음위(陰位)에 있는지라 개혁의 효용(效用)을 발휘할 수 있으며, 군왕(君王)을 가까이 모시면서 경대부(卿大夫)로서 개혁을 맡아야 할 직위에 있다. 적폐(積弊)를 개혁하여[革] 백성이 이롭도록 부흥시킬 책무를 지니고 개혁을 완수해야 할 사명을 다해야 하기 때문에 구사(九四 : ⚊)에게는 개혁을 수행함에 뉘우칠[悔] 것이 없음[亡]을 암시한 계사(繫辭)가 〈회무(悔亡)〉이다.

有孚改命(유부개명) 吉(길)

믿어줌이[孚] 있어[有] 명령을 내려[命] 다시 고치니[改] 행운이다[吉].

〈유부개명(有孚改命) 길(吉)〉은 〈회무(悔亡)〉의 까닭을 암시한 계사(繫辭)이다. 〈유부개명(有孚改命) 길(吉)〉은 〈인위구사유군왕지부(因爲九四有君王之孚) 구사갱개구명(九四更改舊命) 소이구사여천하유길(所以九四與天下有吉)〉의 줄임으로 여기고 〈구사에게는[九四] 군왕의[君王之] 믿어줌이[孚] 있기[有] 때문에[因爲] 구사는[九四] 낡은[舊] 명령들을[命] 다시[更] 개혁한다[改] 그래서[所以] 온 세상과[與天下] 구사에게[九四] 행운이[吉] 있다[有]〉라고 새겨볼 것이다. 〈개명(改命)〉은 개혁구명(改革舊命)의 줄임으로 여기고 새김이 마땅하다.

〈유부개명(有孚改命)〉은 경대부(卿大夫)로서 구사(九四 : ⚊)가 군왕(君王)의 신임을 받아 혁괘(革卦 : ䷰)의 주제인 〈혁(革)〉의 시국을 맞아 구명(舊命) 즉 낡은[舊] 명령[命]들을 개혁해감을 암시한다. 〈유부개명(有孚改命)〉에서 〈유부(有孚)의 부(孚)〉는 구사(九四 : ⚊)가 혁괘(革卦 : ䷰)의 중앙에 있는지라 위로는 군왕(君王)인 구오(九五 : ⚊)가 구사(九四 : ⚊)를 신임(信任)하고, 아래로는 혁괘(革卦 : ䷰)의 하체(下體)가 구사(九四 : ⚊)를 믿어줌[孚]을 암시한다. 구사(九四 : ⚊)에게 〈부(孚)〉가 있다[有] 함은 구사(九四 : ⚊)가 개혁을 수행함에 있어서 마음가짐이 정(貞)함을 암시한다. 구사(九四 : ⚊)의 진실한 미더움[貞]이 개혁을 수행함에 공평무사(公平無私)하기 때문에 상하(上下)로부터 진실한 미더움을[孚] 얻을[有] 수 있다는 것이 〈유부(有孚)〉이다.

〈유부(有孚)의 부(孚)〉는 성신(誠信)과 같다. 이러한 〈부(孚)〉는 수명(守命)으로 드러난다. 천명(天命) 즉 자연이[天] 하라는 대로[命] 지키면[守] 세상으로부터 절로 〈부(孚)〉 즉 진실한 미더움[誠信]을 얻는다. 따라서 〈유부(有孚)〉는 혁괘(革卦 : ䷰)의 상하(上下)가 구사(九四 : ⚊)를 진실로 믿어줌[孚]을 암시한다. 〈유부개명(有孚改命)의 개명(改命)〉은 개혁(改革)과 같다. 〈개명(改命)〉이란 혁배명(革背命)의 줄임이다. 배명(背命)은 악(惡)이고 순명(順命)은 선(善)이다. 악(惡)을 선(善)으로 개혁함이 곧 〈개명(改命)〉 즉 개혁(改革)이다. 선(善)의 어김을[背] 개혁하여[革] 천선(遷善) 즉 선으로[善] 옮김[遷]이 〈개명(改命)〉이다. 이에 구사(九四 : ⚊)가 〈개명(改命)〉 즉 명령을[命] 개혁한다[改] 함은 제악천선(除惡遷善) 즉 악을[惡] 제거하고[除] 선으로[善] 옮겨가게 함[遷]을 말한다. 따라서 혁괘(革卦 : ䷰)의 상하(上下)로부터 구사(九四 : ⚊)가 진실한 믿음을[孚] 얻어서[有] 구악을 개혁하니[改命] 구사(九四 : ⚊)와 더불어 온 세상이 행운[吉]을 누림을 밝힌 계사(繫辭)가 〈유부개명(有孚改命) 길(吉)〉이다.

【字典】

회(悔) 〈뉘우칠 회(悔)-오(懊), 거만할 회(悔)-만(慢), 한스러울 회(悔)-한(恨), 실패할 회(悔)-실(失), 후회할 회(悔)-후회(後悔), (잘못 등을) 고칠 회(悔)-개(改), 책망할 회(悔)-구(咎), 대성괘의 상체(上體) 회(悔)〉 등의 뜻을 내지만 여기선 〈뉘우칠 오(懊)〉와 같다 여기고 새김이 마땅하다. 대성괘(大成卦)의 하체(下體) 즉 내괘(內卦)를 〈정(貞)〉이라 일컫고, 상체(上體) 즉 외괘(外卦)를 〈회(悔)〉라고 일컫는다.

亡 〈무-망〉 두 가지로 발음되고, 〈없을 무(亡)-무(無), 가난할 무(亡)-빈(貧), 달아날(피할) 망(亡)-도(逃)-분(奔)-피(避)-거(去), 없어질 망(亡)-멸(滅), 죽음 망(亡)-사(死), 잃을 망(亡)-상(喪)-실(失), 업신여길 망(亡)-경멸(輕蔑), 그칠 망(亡)-지(止)-이(已), 잊을 망(亡)-망(忘)〉 등의 뜻을 내지만 여기선 〈없을 무(亡)-무(無)〉로 여기고 새김이 마땅하다.

유(有) 〈얻을(가질) 유(有)-취(取), 없을 무(無)의 반대말로 있을 유(有), 어조사 유

(有), 간직할 유(有)-장(藏), 혹 유(有)-혹(或), 많을 유(有)-다(多)-족(足), 부유할 유(有)-부(富), 보호할 유(有)-보(保), 서로 친할 유(有)-상친(相親), 전일할 유(有)-전(專), 할 유(有)-위(爲)〉 등의 뜻을 내지만 여기선 〈얻을(가질) 유(有)-취(取)〉로 여기고 새김이 마땅하다.

부(孚) 〈믿을 부(孚)-신(信), 알에서 새끼가 껍질을 쪼아 나올 부(孚)-난화(卵化), 씨앗이 틀 부(孚)-부(稃), 기를 부(孚)-육(育), 덮어줄 부(孚)-복(覆), 붙을(의지할) 부(孚)-부(附)-부(付), 깡충거릴 부(孚)-무조(務躁)-부조(浮躁), 옥채색 부(孚)-옥채색(玉采色)〉 등의 뜻을 내지만 여기선 〈성신(誠信) 즉 진실한[誠] 미더움[信]〉으로 여기고 새김이 마땅하다.

개(改) 〈바꿀 개(改)-혁(革)-역(易), 고칠 개(改)-경(更)-변(變)-역(易)〉 등의 뜻을 내지만 〈바꿀 혁(革)〉과 같다 여기고 새김이 마땅하다.

명(命) 〈명령(교령-정령) 명(命)-교령(教令)-정령(政令), 천명 명(命)-천명(天命), 시킬 명(命)-사(使)-영(令), 가르칠 명(命)-교(教), 고할 명(命)-고(告), 부를 명(命)-호(呼), 이름 명(命)-명(名), 목숨 명(命)-수(壽), 본성 명(命)-성(性), 목숨의 길고 짧은 명(命)-생지장단(生之長短), 서명 명(命)-서명(瑞命), 제후를 앉히는 명(命)-제후즉위(諸侯卽位)〉, 빈궁(貧窮)과 영달(榮達)의 운수 명(命)-운수(運數)-궁달지수(窮達之數)〉 등의 뜻을 내지만 여기선 〈명령(命令)〉으로 여기고 새김이 마땅하다.

길(吉) 〈좋을(행복할) 길(吉)-선(善)-영(令) {영월길일(令月吉日)은 선월선일(善月善日)임.}, 복 길(吉)-실(實)-선실(善實)-복(福), 예의를 따라 상서로울 길(吉)-예의순상(禮義順祥), 삼갈 길(吉)-근(謹), 초하루 길(吉)-삭일(朔日) {삭망(朔望) 즉 초하루[朔]와 그믐날[望]}, 길례 길(吉)-길례(吉禮) {오례지일(五禮之一) 길흉빈군가(吉凶賓軍嘉)}, 갈 길(吉)-행(行)-길(趌)〉 등의 뜻을 내지만 여기선 〈좋을 선(善)-영(令)〉 즉 행복(幸福), 행운(幸運) 등과 같다 여기고 새김이 마땅하다.

구오(九五 : ━)

九五 : 大人虎變이니 未占有孚니라
대인호변 미점유부

구오(九五) : 대인이[大人] 호랑이같이[虎] 변함이니[變] 미리 헤아려보지[占] 않아도[未] 믿어줌이[孚] 있으리라[有].

【구오(九五)의 효상(爻象) 풀이】

혁괘(革卦 : ䷰)의 구오(九五 : ━)는 이양거양(以陽居陽) 즉 양(陽 : ━)으로써[以] 양(陽 : ━)의 자리에 있는지라[居] 정당한 자리에 있다. 구오(九五 : ━)와 구사(九四 : ━)는 양양(兩陽) 즉 둘 다[兩] 양(陽 : ━)인지라 비(比) 즉 이웃의 사귐[比]을 누리지는 못하지만 서로 대자(大者)의 품위를 유지한다. 구오(九五 : ━)와 상륙(上六 : ╍)은 양음(陽陰)의 사이인지라 비(比)를 서로 누린다. 구오(九五 : ━)와 육이(六二 : ╍)는 서로 양음(陽陰)의 사이이고 중정(中正) 즉 가운데이면서[中而] 바른[正] 자리에 있고[位] 동시에 정응(正應) 즉 서로 바르게[正] 호응하여[應], 혁괘(革卦 : ䷰) 상체(上體)의 중효(中爻)로서 득중(得中) 즉 정도를 따름을[中] 취하는[得] 군왕(君王)인지라 성군(聖君)의 성덕(盛德)이 빛나는 모습이다.

> 혁괘(革卦 : ䷰)의 구오(九五 : ━)가 육오(六五 : ╍)로 변효(變爻)하면 구오(九五 : ━)는 혁괘(革卦 : ䷰)를 55번째 풍괘(豐卦 : ䷶)로 지괘(之卦)하게 한다. 따라서 혁괘(革卦 : ䷰)의 구오(九五 : ━)는 풍괘(豐卦 : ䷶)의 육오(六五 : ╍)를 찾아가 살펴보게 한다.

【구오(九五)의 계사(繫辭) 풀이】

大人虎變(대인호변)

대인이[大人] 호랑이같이[虎] 변함이다[變].

〈대인호변(大人虎變)〉은 구오(九五 : ━)의 효위(爻位)를 들어 암시한 계사(繫辭)이다. 〈대인호변(大人虎變)〉은 〈구오시대인(九五是大人) 인차구오지덕여호변

(因此九五之德如虎變)〉의 줄임으로 여기고 〈구오는[九五] 대인(大人)이다[是] 그래서[因此] 구오의[九五之] 덕은[德] 호변과[虎變] 같다[如]〉라고 새겨볼 것이다.

〈대인호변(大人虎變)〉은 구오(九五 : ⚊)가 성군(聖君)으로서 개혁[革]을 주도하여 완성하는 모습을 암시한다. 〈대인호변(大人虎變)의 대인(大人)〉은 양(陽 : ⚊)의 정위(正位)에서 거중(居中) 즉 정도를 따름을[中] 벗어나지 않고[居] 처존(處尊) 즉 군왕(君王)의 자리에 있으면서[處] 개혁[革]을 주도하는 구오(九五 : ⚊)를 취상(取象)한 것이다. 혁괘(革卦 : ䷰)의 모든 효(爻)는 혁괘(革卦 : ䷰)의 주제인 〈혁(革)〉 즉 개혁[革]의 시국을 맞아 개혁을 저마다 수행하는 임자(任者)들이다. 군왕(君王)으로서 개혁[革]의 주도자인 구오(九五 : ⚊)가 성덕(聖德)으로써 개혁해감을 암시하는 것이 〈대인호변(大人虎變)의 대인(大人)〉이다. 성덕(聖德)이란 제악(除惡) 즉 악을[惡] 제거하여[除] 천선(遷善) 즉 선으로[善] 옮겨놓음[遷]을 말한다. 이에 여기 〈대인(大人)〉은 구오(九五 : ⚊)를 취상(取象)한 것이다. 대인(大人)이란 법천지인(法天之人) 즉 하늘을[天] 본받는[法之] 사람[人]을 말한다. 하늘[天]은 지극히 공평무사(公平無私)하다. 그래서 『장자(莊子)』에 〈지인무기(至人無己)〉라는 말이 나온다. 자기가[己] 없는[無] 지인(至人)은 곧 대인(大人)을 말한다. 자기가[己] 없다[無] 함은 무사무편(無私無偏) 즉 제 욕심이[私] 없고[無] 치우침이[偏] 없어[無] 대인(大人)은 자연[天]과 같다는 것이다. 그중에서도 구오(九五 : ⚊)야말로 개혁을 주도하는 대인(大人) 중의 대인임을 밝힌 것이 〈대인호변(大人虎變)〉이다.

〈대인호변(大人虎變)의 호변(虎變)〉 즉 호랑이같이[虎] 변한다[變] 함은 성군(聖君)으로서 개혁을 주도하는 구오(九五 : ⚊)가 수행하는 혁명이 성대(盛大)함을 비유한다. 호지모선(虎之毛毨) 즉 호랑이가[虎之] 털갈이[毛毨]로써, 호피문(虎皮文) 즉 호랑이 가죽의[虎皮] 무늬를[文] 변화시킴[變]을 〈호변(虎變)〉이라 한다. 이러한 〈호변(虎變)〉을 빌려 대인(大人)이 일신기덕(日新其德) 즉 날마다[日] 자신의[其] 덕을[德] 새롭게 하여[新] 개혁을 완성해감을 밝힌다. 대인(大人)의 혁명(革命)이란 그 자신의 덕(德)으로써 혁명의 바탕을 삼기 때문에 대인(大人)이 수행하는 혁명을 일컬어 〈호변(虎變)〉이라 칭한다. 성군(聖君)의 덕(德)이란 전왕(前王)의 손익을 살펴 서로 보완하고 백성을 이롭게 하는 입법을 창제하여 문물의 찬란함이 마치 털갈이해 찬란한 호랑이 같다 하여 〈호변(虎變)의 호(虎)〉는 대인(大人)을 비유하고,

〈호변(虎變)의 변(變)〉은 희혁(希革) 즉 천년에 한 번 있기도 어려운[希] 혁명[革]을 일컬음이다. 세종대왕의 훈민정음 창제 같은 위업을 일컬어 희혁(希革) 즉 〈호변(虎變)〉이라 한다. 혁괘(革卦 : ䷰)에서 구오(九五 : ⚊)가 주도하는 개혁이 〈호변(虎變)〉과 같은 위업(偉業)임을 암시한 계사(繫辭)가 〈대인호변(大人虎變)〉이다.

未占有孚(미점유부)

미리 헤아려보지[占] 않아도[未] 믿어줌이[孚] 있으리라[有].

〈미점유부(未占有孚)〉는 성군(聖君)으로서 구오(九五 : ⚊)가 주도하는 개혁을 온 세상이 성복(誠服)함을 암시한 계사(繫辭)이다. 〈미점유부(未占有孚)〉는 〈미점관어구오지혁(未占關於九五之革) 유부자천하민(有孚自天下民〉의 줄임으로 여기고 〈구오의[九五之] 개혁[革]에[於] 관하여[關] 미리 헤아려보지[占] 않아도[未] 온 세상[天下] 백성[民]으로부터[自] 믿어줌이[孚] 있다[有]〉라고 새겨볼 것이다. 〈미점(未占)의 점(占)〉은 점수(占數)의 줄임말로 〈헤아려볼 수(數)〉와 같고, 〈점(占)〉이란 극수지래(極數知來) 즉 남김없이[極] 헤아려[數] 다가옴을[來] 안다[知]는 뜻을 지닌다.

〈미점유부(未占有孚)〉는 대인(大人)의 〈호변(虎變)〉 즉 개혁의 명백함[虎變]을 온 천하가 알게 되어 성복(誠服) 즉 진심으로[誠] 따름[服]을 암시한다. 성군(聖君)은 대인(大人)이고 대인(大人)의 개혁(改革)은 무력(武力) 같은 힘이 아니라 온 세상을 이롭게 하는 천덕(天德)으로 바탕을 삼기 때문에, 대인(大人)으로서 성군(聖君)인 구오(九五 : ⚊)의 개혁을 두고 점괘(占卦)를 뽑아 길흉(吉凶)을 역수(逆數) 즉 미리 거슬러[逆] 헤아려볼[數] 필요가 없다는 것이 〈미점유부(未占有孚)의 미점(未占)〉이다. 성군(聖君)의 개혁은 『노자(老子)』에 나오는 〈이이불해(利而不害)〉의 천도(天道)와 결코 어긋나지 않아서 온 세상 백성이 진실로 믿어줌을[孚] 얻을[有] 수밖에 없다는 것이 〈미점유부(未占有孚)의 유부(有孚)〉이다. 따라서 대인(大人)으로서 성군(聖君)인 구오(九五 : ⚊)가 〈호변(虎變)〉 곧 일신기덕(日新其德) 즉 날마다[日] 자신의[其] 덕을[德] 새롭게 하여[新] 수행하는 개혁[革]은 점쳐볼[占] 필요도 없이[未] 온 세상의 〈부(孚)〉 즉 진실로 믿어줌[孚]을 얻게[有] 마련임을 암시한 계사(繫辭)가 〈미점유부(未占有孚)〉이다.

【字典】

대(大) 〈하늘 대(大)-천(天), 큰 대(大)-소지대(小之對), 넓을 대(大)-광(廣), 두루 대(大)-편(徧), 통할 대(大)-통(通), 길 대(大)-장(長), (땅을) 걸게 할 대(大)-비(肥), 두터울 대(大)-후(厚), 많을 대(大)-다(多), 모두 대(大)-개(皆), 선할 대(大)-선(善), 무거울 대(大)-중(重), 거대할 대(大)-거(巨), 아름다울 대(大)-미(美)-장(壯), 부유할 대(大)-부(富), 늙을 대(大)-노(老), 지나칠 대(大)-과(過), 끝 대(大)-극(極), 대충 대(大)-조(組)-불세밀(不細密), 과대할 대(大)-과(誇)-긍벌(矜伐), 처음 대(大)-초(初), 건(乾)-양기(陽氣)-강효(剛爻) 대(大)〉 등의 뜻을 내지만 여기선 〈하늘 천(天)〉과 같다 여기고 새김이 마땅하다.

인(人) 〈사람 인(人)-만물지최령자(萬物之最靈者), 백성 인(人)-민(民), 남 인(人)-타인(他人), 아무개 인(人)-모인(某人), 도인 인(人)-도인(道人), 사람들 인(人)-인인(人人), 범인(소인) 인(人)-소인(小人)-범인(凡人), 인성 인(人)-인성(人性), 인위 인(人)-인위(人爲), 신하 인(人)-신하(臣下), 중서(민중) 인(人)-중서(衆庶)-민중(民衆), 건괘-진괘 인(人)-건위인(乾爲人)-진위인(震爲人), 어짊 인(人)-인(仁), 선인 인(人)-선인(先人), 서로 어여삐 여길 인(人)-상련(相憐)〉 등의 뜻을 내지만 〈사람 인(人)〉으로 여기고 새김이 마땅하다.

호(虎) 〈호랑이 호(虎)-동물명(動物名), 위무 용맹 호(虎)-위무(威武)-용맹(勇猛), 잔인하고 포악할 호(虎)-잔포(殘暴), 바둑의 호구 호(虎)-기법(棋法)〉 등의 뜻을 내지만 여기선 〈호랑이 호(虎)〉로 새김이 마땅하다.

변(變) 〈바꿀(바뀔) 변(變)-역(易), 변할 변(變)-화(化), 고칠(개선할) 변(變)-경(更)-개(改), 움직일 변(變)-동(動), 상처 입힐(헐) 변(變)-훼(毁), 혼란할 변(變)-난(亂), 기이할 변(變)-기(奇), 이상한 예 변(變)-이례(異禮), 갑작스레 일어나는 현상 변(變)-돌연이기지현상(突然而起之現象), 통할 변(變)-통(通), 권세 변(變)-권(權), 일식 변(變)-일식(日食), 환난사고 변(變)-환난사고(患難事故), 죽을 변(變)-사망(死亡), 떠도는 혼 변(變)-유혼(遊魂)〉 등의 뜻을 내지만 여기선 〈바뀔 역(易)〉과 같다 여기고 새김이 마땅하다.

미(未) 〈않을 미(未)-불(不)-불(弗), 없을 미(未)-무(無), 아닌 것 미(未)-비(非), 아직 미(未)-이지반(已之反)〉 등의 뜻을 내지만 여기선 〈않을 불(不)〉로 여기고 새김이 마땅하다.

점(占) 〈물어볼 점(占)-문(問), 점칠 점(占)-문복(問卜), 귀갑(龜甲)의 조짐을 보고 길흉을 추측할 점(占)-시귀갑지조추길흉(視龜甲之兆推吉凶), 점대를 헤아려 화복을 알아볼 점(占)-수책이지화복(數筴而知禍福), 명운(헤아림) 점(占)-수(數)-명운(命運), 서로 엿볼 점(占)-후(候)-상절시(相竊視)-첨(覘), 볼 점(占)-첨(瞻)-시(視), 시험해볼 점(占)-험(驗), 판단할 점(占)-판단(判斷)-측탁(測度), 표제 점(占)-첩(帖)-표제(標題), 구술로 받을 점(占)-구수(口授)〉 등의 뜻을 내지만 여기선 〈물어볼 문(問)〉과 같다 여기고 새김이 마땅하다.

유(有) 〈얻을(가질) 유(有)-취(取), 없을 무(無)의 반대말로 있을 유(有), 어조사 유(有), 간직할 유(有)-장(藏), 혹 유(有)-혹(或), 많을 유(有)-다(多)-족(足), 부유할 유(有)-부(富), 보호할 유(有)-보(保), 서로 친할 유(有)-상친(相親), 전일할 유(有)-전(專), 할 유(有)-위(爲)〉 등의 뜻을 내지만 〈얻을(가질) 유(有)-취(取)〉로 여기고 새김이 마땅하다.

부(孚) 〈믿을 부(孚)-신(信), 알에서 새끼가 껍질을 쪼아 나올 부(孚)-난화(卵化), 씨앗이 틀 부(孚)-부(稃), 기를 부(孚)-육(育), 덮어줄 부(孚)-복(覆), 붙을(의지할) 부(孚)-부(附)-부(付), 깡충거릴 부(孚)-무조(務躁)-부조(浮躁), 옥채색 부(孚)-옥채색(玉采色)〉 등의 뜻을 내지만 여기선 〈성신(誠信) 즉 진실한[誠] 미더움[信]〉으로 여기고 새김이 마땅하다.

註 지인무기(至人無己) 신인무공(神人無功) 성인무명(聖人無名) : 지인에게는[至人] 사심이[己] 없고[無] 신인에게는[神人] 공적이[功] 없으며[無] 성인에게는[聖人] 명예가[名] 없다[無]. 〈至人=神人=聖人=大人〉 등은 다른 명칭일 뿐 모두 법천지인(法天之人) 즉 하늘을[天] 본받는[法之] 사람[人] 곧 한 분이다. 『장자(莊子)』「소요유(逍遙遊)」 2절(節)

註 천지도리이불해(天之道利而不害) 성인지도위이부쟁(聖人之道爲而不爭) : 자연의[天之] 규율은[道] (온갖 것을) 이롭게 하되[利而] 해치지 않고[不害], 성인의[聖人之] 도리는[道] 베풀되[爲而] (그 무엇과도) 다투지 않는다[不爭]. 『노자(老子)』 81장(章)

상륙(上六 : --)

上六 : 君子豹變하고 小人革面한다 征凶하고 居貞吉하리라
군자표변 소인혁면 정흉 거정길

상륙(上六) : 군자는[君子] 표범같이[豹] 변하고[變], 소인은[小人] 얼굴빛을[面] 바꾼다[革]. 나서면[征] 불운하고[凶] 머물러[居] 진실로 미더우면[貞] 행운을 누린다[吉].

【상륙(上六)의 효상(爻象) 풀이】

혁괘(革卦 : ䷰)의 상륙(上六 : --)은 이음거음(以陰居陰) 즉 음(陰 : --)으로써[以] 음(陰 : --)의 자리에 있는지라[居] 정당한 자리에 있다. 상륙(上六 : --)과 구오(九五 : ㅡ)는 음양(陰陽)의 사이인지라 비(比) 즉 이웃의 사귐[比]을 누린다. 상륙(上六 : --)과 구삼(九三 : ㅡ)은 서로 음양(陰陽)의 정위(正位)에 있는지라 정응(正應) 즉 서로 바르게[正] 호응한다[應]. 이에 상륙(上六 : --)은 혁괘(革卦 : ䷰)의 상효(上爻)로서 혁괘(革卦 : ䷰)의 주제인 〈혁(革)〉 즉 개혁[革]의 시국을 두루 거쳐 자신(自新) 즉 자신을[自] 새롭게 하는[新] 모습이다.

혁괘(革卦 : ䷰)의 상륙(上六 : --)이 상구(上九 : ㅡ)로 변효(變爻)하면 상륙(上六 : --)은 혁괘(革卦 : ䷰)를 13번째 동인괘(同人卦 : ䷌)로 지괘(之卦)하게 한다. 따라서 혁괘(革卦 : ䷰)의 상륙(上六 : --)은 동인괘(同人卦 : ䷌)의 상구(上九 : ㅡ)를 찾아가 살펴보게 한다.

【상륙(上六)의 계사(繫辭) 풀이】

君子豹變(군자표변)

군자는[君子] 표범같이[豹] 변한다[變].

〈군자표변(君子豹變)〉은 상륙(上六 : --)의 효위(爻位)를 들어 암시한 계사(繫辭)이다. 〈군자표변(君子豹變)〉은 〈상륙시군자(上六是君子) 인차상륙지덕여표변(因此上六之德如豹變)〉의 줄임으로 여기고 〈상륙은[上六] 군자(君子)이다[是] 그래

서[因此] 상륙의[上六之] 덕은[德] 표변과[豹變] 같다[如]〉라고 새겨볼 것이다.

〈군자표변(君子豹變)〉은 상륙(上六 : --)이 혁괘(革卦 : ䷰)의 상효(上爻)로서 개혁[革]을 두루 거쳐 성취한 모습을 암시한다. 〈군자표변(君子豹變)의 군자(君子)〉는 음(陰 : --)의 정위(正位) 즉 정당한[正] 자리에 있으면서[位] 거중(居中) 즉 정도를 따름을[中] 벗어나지 않고[居] 개혁을 성취한 상륙(上六 : --)을 취상(取象)한 것이다. 혁괘(革卦 : ䷰)의 모든 효(爻)는 개혁[革]의 시국을 맞아 개혁을 저마다 수행하여 제악천선(除惡遷善) 즉 악을[惡] 없애서[除] 선으로[善] 옮기는[遷] 임자(任者)들이므로 음효(陰爻)일지라도 군자(君子)이다. 혁괘(革卦 : ䷰)의 극위(極位)에 있지만 정위(正位)에 있으면서 상체(上體) 태(兌 : ☱)의 상효(上爻)인 상륙(上六 : --)이 군자(君子)라 함은 「설괘전(說卦傳)」에 나오는 〈태는[兌 : ☱] 한가을[正秋]이라[也] 온갖 것들이[萬物之] 기뻐하는[說] 바다[所]〉라는 내용을 환기시킨다. 이에 혁괘(革卦 : ䷰)의 상체(上體) 태(兌 : ☱)의 상효(上爻)로서 상륙(上六 : --)이 군자(君子)임을 〈군자표변(君子豹變)의 군자(君子)〉가 암시한다. 개혁[革]을 마친 상륙(上六 : --)은 정추(正秋)의 모습인지라 온갖 것들이 기뻐하니[說] 상륙(上六 : --)은 군자(君子)가 된다. 군자(君子)란 백성지소열(百姓之所說) 즉 백성이[百姓之] 기뻐하는[說] 바다[所].

〈군자표변(君子豹變)의 표변(豹變)〉은 상륙(上六 : --)이 구오(九五 : —)와 비(比) 즉 이웃의 사귐[比]을 누려 구오(九五 : —)의 〈호변(虎變)〉을 본받아 변할[變] 수는 있어도 같을 수는 없음을 암시하려고, 혁괘(革卦 : ䷰)의 상체(上體)인 태(兌 : ☱)의 양효(陽爻 : —)를 호랑이[虎]라 칭하고 음효(陰爻 : --)를 표범[豹]이라 칭한 것이다. 표범도 호랑이와 같은 맹수의 무리이지만 표범은 호랑이보다 작듯이 군자(君子)는 대인(大人)보다 작으니, 군자(君子)가 된 상륙(上六 : --)이 완성한 개혁[革]을 〈표변(豹變)〉이라 한 것이다. 물론 이는 소인(小人)이던 상륙(上六 : --)이 군자(君子)로 변화했음을 말한다. 〈호변(虎變)〉 즉 호랑이같이[虎] 변함[變]이 최상(最上)의 개혁을 나타내고, 〈표변(豹變)〉은 차상(次上)의 개혁을 나타내면서 동시에 대왕(大王)인 구오(九五 : —)와 누리는 비(比)로써 〈호변(虎變)〉을 본받았음을 암시한다. 구오(九五 : —)가 〈호변(虎變)〉같이 개혁하듯 상륙(上六 : --)도 〈표변(豹變)〉같이 개혁을 다하여 온 세상이 기뻐하는 군자(君子)로 변함[變]을 암시한 계사(繫辭)가 〈군자표변(君子豹變)〉이다.

小人革面(소인혁면)

소인은[小人] 얼굴빛을[面] 바꾼다[革].

〈소인혁면(小人革面)〉은 〈군자표변(君子豹變)의 표변(豹變)〉을 경계하는 효사(爻辭)이다. 〈표변(豹變)〉이란 철 따라 모선(毛毨) 즉 털갈이하는 표범을 생각나게 한다. 〈소인혁면(小人革面)〉에서 〈혁면(革面)의 면(面)〉은 소인(小人)의 진면목을 뜻한다. 소인(小人)의 참모습은 『논어(論語)』에 나오는 〈소인은[小人] 이익을[利] 밝힌다[喩]〉라는 내용을 연상시키고, 『중용(中庸)』에 나오는 〈소인은[小人] 모험을[險] 감행함[行]으로써[以] 요행을[幸] 바란다[徼]〉라는 내용을 떠올리게 한다. 이익을[利] 밝힌다[喩] 함은 쓰면 뱉고 달면 삼키는 속셈을 감춘 소인(小人)의 참모습이고, 모험을[險] 감행해서[行] 요행을[幸] 바란다[徼] 함은 염치없이 제 욕심대로 해버리는 소인(小人)의 참모습을 말한다. 소인(小人)이란 이렇다 보니 자리(自利) 즉 저에게[自] 이로우면[利] 선(善)이고 자손(自損) 즉 저에게[自] 손해면[損] 악(惡)이라 믿기 때문에, 의리(義理)란 말로만 있고 이손(利損)에 따라 안면(顔面)을 바꾸어버림을 밝힌 것이 〈혁면(革面)의 면(面)〉이다. 소인(小人)의 진면목을[面] 바꾸어서[革] 소인(小人)을 벗어나 상륙(上六 : --)이 군자(君子)로 거듭났음을 암시하고, 동시에 상륙(上六 : --)만이 아니라 천하민(天下民) 즉 온 세상의[天下] 백성마저도[民] 군자(君子)로 거듭남을 암시한 계사(繫辭)가 〈소인혁면(小人革面)〉이다.

征凶(정흉) 居貞吉(거정길)

나서면[征] 불운하고[凶] 머물러[居] 진실로 미더우면[貞] 행운을 누린다[吉].

〈정흉(征凶)〉은 〈소인혁면(小人革面)의 혁면(革面)〉을 외면하는 경우를 암시한 계사(繫辭)이다. 〈정흉(征凶)〉은 〈약상륙정혁(若上六征革) 상륙유흉(上六有凶)〉의 줄임으로 여기고 〈만약[若] 상륙이[上六] 개혁에[革] 나선다면[征] 상륙에게[上六] 불운이[凶] 있다[有]〉라고 새겨볼 것이다.

〈정흉(征凶)〉은 완성한 개혁을 만족할 줄 몰라서 부지지(不知止) 즉 멈출 줄을[止] 모르기[不知] 때문에 한사코 모험을 감행하고자 하는 소인(小人)의 행험(行險)을 암시한다. 군자(君子)는 사필(事畢) 즉 일이[事] 끝나면[畢] 만족하고 새로운 일을 해야 할 시운이 올 때까지 거이(居易) 즉 편안히[易] 살면서[居] 사명(俟命) 즉 시운의 부름을[命] 기다린다[俟]. 만일 상륙(上六 : --)이 이러한 군자(君子)의 처신(處身)을 저버리고 소인(小人)의 행험(行險)으로써 또다른 개혁을 수행하고자[征] 욕심을 낸다면, 상륙(上六 : --)은 〈흉(凶)〉 즉 불운을 겪을 수밖에 없음을 암시한 계사(繫辭)가 〈정흉(征凶)〉이다.

〈거정길(居貞吉)〉은 상륙(上六 : --)이 〈혁면(革面)〉을 실행하여 개혁을 마친 자리에 있음을 만족하고 대인(大人)을 본받는 군자(君子)이기를 암시한 계사(繫辭)이다. 〈약상륙거정(若上六居貞) 상륙유길(上六有吉)〉의 줄임으로 여기고 〈만약[若] 상륙이[上六] 진실로 미더움에[貞] 머문다면[居] 상륙에게[上六] 행운이[吉] 있다[有]〉라고 새겨볼 것이다.

〈거정길(居貞吉)의 거정(居貞)〉은 유순(柔順)한 상륙(上六 : --)의 처신(處身)을 암시한다. 곧고 미더운[貞] 절개를[節] 지킴[守]을 일러 〈거정(居貞)〉이라 한다. 상륙(上六 : --)의 〈거정(居貞)〉이 『논어(論語)』에 나오는 〈군자에게는[君子] 세 가지[三] 두려움이[畏] 있다[有]〉라는 내용을 환기시킨다. 군자(君子)의 삼외(三畏)란 항상 사명(俟命) 즉 천명을[命] 기다리면서[俟] 그 천명(天命)을 진실로 믿고[貞] 살아가는[居] 변함없는 심지(心志)를 말한다. 상륙(上六 : --)이 대인(大人)을 따라 본받는 군자(君子)가 되지 못할까 두려워하면서[畏] 군자(君子)의 진실한 미더움[貞]으로써 머문다면 상륙(上六 : --)이 행운을 누림[吉]을 암시한 계사(繫辭)가 〈거정길(居貞吉)〉이다.

【字典】

군(君) 〈지극히 높은 사람(천자-임금-제후) 군(君)-지존자(至尊者), (임금을 이을) 세자 군(君)-세자(世子), 여왕 군(君)-여군(女君), 어버이 군(君)-부모(父母), 돌아가신 임금-돌아가신 아버지-돌아가신 조상 군(君)-선군(先君)-선부(先父)-선조(先祖), 상대를 부르는 칭호 군(君)-칭호(稱號), 귀신을 받들어 부르는 칭호 군(君)-귀신지경칭(鬼神之敬稱), 맡아 다스릴 군(君)-주재(主宰), 하늘-건 군(君)-천(天)-건(乾), 양 군(君)-양

陽), 낮 군(君)-일(日), 중앙제단 군(君)-궁제단(宮祭壇), 흙 군(君)-토(土)〉 등의 뜻을 내지만 〈군자(君子)〉는 〈재덕겸구지인(才德兼具之人)〉 즉 재주와[才] 덕을[德] 아울러[兼] 갖춘[具之] 사람[人]을 칭하는 술어(術語)로 여기고 새김이 마땅하다.

자(子) 〈존칭(덕 있는 사람의 칭호) 자(子)-유덕자지칭(有德者之稱), 존경받는 사람 자(子)-존자(尊者), 벼슬 자(子)-작(爵), 12지의 첫째 자(子), 음력 11월 자(子), 밤 11시에서 다음날 1시까지 자(子), 북쪽 방향 자(子)-북방(北方), 오행에서 물 자(子)-어오행속수(於五行屬水), 짐승에서 쥐 자(子)-어수위서(於獸爲鼠), 번성할 자(子)-자(滋), 뒤를 이어줄 자(子)-사(嗣)-식(息), 자녀 자(子)-자녀(子女), 자손 자(子)-자손(子孫), 남자를 일컫는 호칭 자(子)-남자지통칭(男子之通稱), 만물 자(子)-만물(萬物), 씨앗(열매) 자(子)-종자(種子)-과실(果實), 누구(사람) 자(子)-인(人)-수자(誰子), 백성 자(子)-백성(百姓)〉 등의 뜻을 내지만 여기선 〈덕 있는 사람 유덕자(有德者)〉의 호칭으로 여기고 새김이 마땅하다.

표(豹) 〈표범 표(豹)-맹수사호도문(猛獸似虎圖文)〉으로 여기고 새김이 마땅하다.

변(變) 〈바꿀(바뀔) 변(變)-역(易), 변할 변(變)-화(化), 고칠(개선할) 변(變)-경(更)-개(改), 움직일 변(變)-동(動), 상처 입힐(헐) 변(變)-훼(毁), 혼란할 변(變)-난(亂), 기이할 변(變)-기(奇), 이상한 예 변(變)-이례(異禮), 갑작스레 일어나는 현상 변(變)-돌연이기지현상(突然而起之現象), 통할 변(變)-통(通), 권세 변(變)-권(權), 일식 변(變)-일식(日食), 환난사고 변(變)-환난사고(患難事故), 죽을 변(變)-사망(死亡), 떠도는 혼 변(變)-유혼(遊魂)〉 등의 뜻을 내지만 여기선 〈바뀔 역(易)〉과 같다 여기고 새김이 마땅하다.

소(小) 〈좁을 소(小)-협(狹), 작을 소(小)-미(微), 자잘할 소(小)-세(細), 짧을 소(小)-단(短), 어릴 소(小)-유(幼), 천할 소(小)-천(賤), 첩 소(小)-첩(妾), 음(陰)을 칭하는 소(小)〉 등의 뜻을 내지만 여기선 〈좁을 소(小)-협(狹)〉으로 여기고 새김이 마땅하다.

인(人) 〈사람 인(人)-만물지최령자(萬物之最靈者), 백성 인(人)-민(民), 남 인(人)-타인(他人), 아무개 인(人)-모인(某人), 도인 인(人)-도인(道人), 사람들 인(人)-인인(人人), 범인(소인) 인(人)-소인(小人)-범인(凡人), 인성 인(人)-인성(人性), 인위 인(人)-인위(人爲), 신하 인(人)-신하(臣下), 중서(민중) 인(人)-중서(衆庶)-민중(民衆), 건괘-진괘 인(人)-건위인(乾爲人)-진위인(震爲人), 어짊 인(人)-인(仁), 선인 인(人)-선인(先人), 서로 어여삐 여길 인(人)-상련(相憐)〉 등의 뜻을 내지만 〈사람 인(人)〉으로 여기고 새김이 마땅하다.

革 〈혁-극〉 두 가지로 발음되고, 〈고칠 혁(革)-개(改)-거고(去故), 가죽 혁(革)-수피치거모(獸皮治去毛), 피부 혁(革)-피지총칭(皮之總稱), 생가죽 혁(革)-생피(生皮), 북 종류 악기 혁(革)-고류악기(鼓類樂器), 팔음의 하나 혁(革)-팔음지일(八音之一), 갑옷 혁(革)-갑주(甲冑)-병갑(兵甲), 헐어빠질 혁(革)-노(老)-피모고췌지형(皮毛枯瘁之形), 경계할 혁(革)-계(戒)-격(諽), 급할(빠를) 극(革)-급(急)-속(速)〉 등의 뜻을 내지만 여기선 〈고칠 개(改)〉로 여기고 새김이 마땅하다.

면(面) 〈얼굴 면(面)-안(顔)-인지안전(人之顔前), 앞 면(面)-전면(前面), 겉 면(面)-표(表)-외표(外表), 방위 면(面)-방처(方處), 향할 면(面)-향(向), 보일 면(面)-견(見), 피할 면(面)-배(背)-피(避), 면(행정구역) 면(面)〉 등의 뜻을 내지만 여기선 〈얼굴 안(顔)〉으로 여기고 새김이 마땅하다.

정(征) 〈행동할(수행할) 정(征)-행동(行動), 바르게 갈 정(征)-정행(正行), 칠 정(征)-토(討)-벌(伐), 날 정(征)-비(飛), 멀리 갈 정(征)-원(遠), 취할 정(征)-취(取), 세금 매길 정(征)-세(稅)-부(賦)〉 등의 뜻을 내지만 여기선 〈행동(行動)〉으로 여기고 새김이 마땅하다.

흉(凶) 〈불행할 흉(凶)-길지반(吉之反), 나쁠 흉(凶)-오(惡), 흉한 사람 흉(凶)-흉인(凶人), 재앙 흉(凶)-화(禍), 요사할 흉(凶)-요사(夭死), 걱정할 흉(凶)-우(憂)-구(懼), 악한 사람 흉(凶)-악인(惡人), 흉년 흉(凶)-연곡불숙(年穀不熟), 사나울 흉(凶)-포학(暴虐), 음기 흉(凶)-음기(陰氣), 북쪽 흉(凶)-북(北), 없을 흉(凶)-공(空), 송사 흉(凶)-송(訟), 거역할 흉(凶)-역(逆), 어그러질 흉(凶)-패(悖), 허물 흉(凶)-구(咎)〉 등의 뜻을 내지만 여기선 〈불행할 흉(凶)〉으로 여기고 새김이 마땅하다.

居 〈거-기〉 두 가지로 발음되고, 〈지킬 거(居)-수(守), 멈출 거(居)-지(止), 모을 거(居)-준(蹲), 쌓아둘 거(居)-축(蓄), 앉을 거(居)-좌(坐), 머물 거(居)-처(處)-주(住), 마땅할 거(居)-당(當), 움직이지 않을 거(居)-안(安)-부동(不動), 정도를 고요히 생각할 거(居)-정이사도(靜而思道), 안주하여 오래 양육할 거(居)-안주장양(安住長養), 법 거(居)-법(法), 다스릴 거(居)-치(治), 이유 거(居)-고(故), 의문어조사 ~인가 기(居), 뜻 없는 어조사 기(居)〉 등의 뜻을 내지만 여기선 〈지킬 수(守), 멈출 지(止)〉 등과 같다 여기고 새김이 마땅하다.

정(貞) 〈미더울 정(貞)-신(信), 바를 정(貞)-정(正), 거북점을 물을 정(貞)-복문(卜問), 역(易)의 내괘(內卦) 정(貞), 마땅할 정(貞)-당(當), 정할 정(貞)-정(定), 순수할 정(貞)-전(專)-일(一)〉 등의 뜻을 내지만 여기선 〈바를 정(正), 믿을 신(信)〉 등을 합친 뜻과 같아 〈정신(正信)〉으로 여기고 새김이 마땅하다.

길(吉) 〈좋을(행복할) 길(吉)-선(善)-영(令) {영월길일(令月吉日)은 선월선일(善月善日)임.}, 복 길(吉)-실(實)-선실(善實)-복(福), 예의를 따라 상서로울 길(吉)-예의순상(禮義順祥), 삼갈 길(吉)-근(謹), 초하루 길(吉)-삭일(朔日) {삭망(朔望) 즉 초하루[朔]와 그믐날[望]}, 길례 길(吉)-길례(吉禮) {오례지일(五禮之一) 길흉빈군가(吉凶賓軍嘉)}, 갈 길(吉)-행(行)-길(趌)〉 등의 뜻을 내지만 여기선 〈좋을 선(善)-영(令)〉 즉 행복(幸福), 행운(幸運) 등과 같다 여기고 새김이 마땅하다.

註 태정추야(兌正秋也) 만물지소열야(萬物之所說也) 고왈(故曰) 열언호태(說言乎兌) : 태는[兌 : ☱] 한가을[正秋]이고[也] 만물이[萬物之] 기뻐하는[說] 것[所]이다[也]. 그래서[故] 말한다[曰]. 태괘[兌 : ☱]에서[乎] 기쁨을[說] 말한다[言]. 「설괘전(說卦傳)」 5단락(段落)

註 자왈(子曰) 군자유어의(君子喩於義) 소인유어리(小人喩於利) : 공자[子] 가로되[曰] 군자는[君子] 대의를[於義] 밝히고[喩] 소인은[小人] 이익을[於利] 밝힌다[喩]. 『논어(論語)』「이인(里仁)」 10장(章)

註 군자거이이사명(君子居易以俟命) 소인행험이요행(小人行險以徼幸) : 군자는[君子] 머묾이[居] 평이함[易]으로써[以] 자연의 뜻을[命] 기다리지만[俟], 소인은[小人] 모험을[險] 감행함[行]으로써[以] 요행을[幸] 바란다[徼]. 『중용(中庸)』「주자장구(朱子章句)」 14장(章)

註 자왈(子曰) 군자유삼외(君子有三畏) 외천명(畏天命) 외대인(畏大人) 외성인지언(畏聖人之言) 소인부지천명이불외야(小人不知天命而不畏也) 압대인(狎大人) 모성인지언(侮聖人之言) : 공자[子] 가로되[曰] 군자에게는[君子] 세 가지[三] 두려움이[畏] 있다[有]. 천명을[天命] 두려워하고[畏] 대인을[大人] 두려워하며[畏] 성인의[聖人之] 말씀을[言] 두려워한다[畏]. 소인은[小人] 천명을[天命] 몰라서[不知而] 두려워하지 않는 것[不畏]이다[也]. 대인을[大人] 얕보고[狎] 성인의[聖人之] 말씀을[言] 업신여긴다[侮]. 『논어(論語)』「계씨(季氏)」 8장(章)

정괘
鼎卦

50

䷱

1 괘의 괘상과 계사

정괘(鼎卦 : ䷱)

손하이상(巽下離上) : 아래는[下] 손(巽 : ☴), 위는[上] 이(離 : ☲).

화풍정(火風鼎) : 불과[火] 바람은[風] 정이다[鼎].

鼎은 元吉하여 亨하니라
정 원길 형

솥은[鼎] 으뜸으로[元] 좋으니[吉] 통하리라[亨].

【정괘(鼎卦 : ䷱)의 괘상(卦象) 풀이】

앞 혁괘(革卦 : ䷰)의 〈혁(革)〉이란 개혁함[革]을 말한다. 이에 「서괘전(序卦傳)」에 〈물건을[物] 개혁하는[革] 것은[者] 솥[鼎]만한 것이[若] 없다[莫] 그래서[故] 정괘(鼎卦 : ䷱)로써[以] 그것을[之] 받는다[受]〉라는 말이 나온다. 이는 혁괘(革卦 : ䷰) 뒤에 정괘(鼎卦 : ䷱)가 오는 까닭을 밝힌다. 정괘(鼎卦 : ䷱)의 괘상(卦象)은 아래는[下] 손(巽 : ☴), 위는[上] 이(離 : ☲) 즉 정괘(鼎卦 : ䷱)의 하체(下體)는 손(巽 : ☴)이고, 상체(上體)는 이(離 : ☲)이다. 「설괘전(說卦傳)」에 〈손위목위풍(巽爲木爲風)〉이라 나오고 〈이위화(離爲火)〉라 나온다. 〈손은[巽 : ☴] 나무[木]이고[爲] 바람[風]이다[爲]〉라는 내용이고, 〈이는[離 : ☲] 불[火]이다[爲]〉라는 내용이다. 이에 정괘(鼎卦 : ䷱)는 나무[木]와 바람[風]과 불[火]이 함께하고 있는 모습이다. 불과 바람이 함께하여 나무에 불이 붙으면 불은 활활 타오르게 마련이다. 이런 풍화목(風火木)의 상관(相關) 즉 서로[相] 관계함[關]을 빌려 피차(彼此)가 합하여, 〈정(鼎)〉 즉 솥[鼎]을 혁물자(革物者) 즉 솥 안의 것을[物] 바꾸어버리는[革] 것[者]임을 들어 정괘(鼎卦 : ䷱)라 칭명(稱名)한다.

【정괘(鼎卦 : ䷱)의 계사(繫辭) 풀이】

鼎(정) 元吉(원길) 亨(형)

솥은[鼎] 으뜸으로[元] 좋으니[吉] 통하리라[亨].

〈정(鼎)〉은 정괘(鼎卦 : ䷱)의 모습을 한 자(字)로써 암시한 계사(繫辭)이다. 〈정(鼎)〉은 〈정혁기내지물(鼎革其內之物)〉 즉 솥이[鼎] 그[其] 안의[內之] 것을[物] 바꿔버림[革]을 암시하여, 정신(定新) 즉 새것을[新] 결정한다[定]는 뜻을 갖는다. 그 어떤 것[物]이든 솥 안의 것들은 개혁된다[革]. 이런 정괘(鼎卦 : ䷱)의 〈정(鼎)〉으로 말미암아 정혁(鼎革)이란 술어가 생겼다. 정혁(鼎革)은 정신혁고(鼎新革故)의 줄임이다. 헌것을[故] 개혁해[革] 새것을[新] 정하는지라[鼎] 혁신(革新)의 수행을 완수함이 〈정(鼎)〉이다. 이에 정괘(鼎卦 : ䷱)의 주제인 〈정(鼎)〉이 정혁(定革) 즉 개혁을[革] 결정함[定]을 암시한 계사(繫辭)가 〈정(鼎)〉이다.

〈원길형(元吉亨)〉은 정괘(鼎卦 : ䷱)의 괘체(卦體)로써 괘상(卦象)을 암시한 계사(繫辭)이다. 〈원길형(元吉亨)의 길(吉)〉을 연문(衍文) 즉 쓸데없이 끼어든 군더더기[衍] 글[文]이라 하여 〈길(吉)〉을 없애고 〈원형(元亨)〉으로 읽는다. 〈원형(元亨)〉은 〈정시혁지원(鼎是革之元) 이정시혁지형(而鼎是革之亨)〉의 줄임으로 여기고 〈솥은[鼎] 개혁의[革之] 으뜸[元]이다[是] 그리고[而] 솥은[鼎] 개혁의[革之] 통함[亨]이다[是]〉라고 새겨볼 것이다.

〈원형리정(元亨利貞)〉이라는 천도(天道)의 덕(德)인 사덕(四德)에 길흉(吉凶)이란 없다. 길(吉)의 원(元)-흉(凶)의 원(元)이란 없다. 오로지 이이불해(利而不害) 즉 이롭게 하되[利而] 해롭게 하지 않는[不害] 천지도(天之道) 즉 자연의[天之] 이치[道]를 그대로 따라 짓는 〈원형리정(元亨利貞)〉은 더없이 선(善)하고 더없이 아름다울[美] 뿐이니, 〈원(元)〉에 〈길(吉)〉 자(字)를 더해 〈원길(元吉)〉이라 할 필요가 없다. 따라서 〈원길형(元吉亨)〉을 〈원형(元亨)〉으로 여기고 새긴다. 밥을 지어먹고 살게 하는 〈정(鼎)〉 즉 솥[鼎]이야말로 정신(定新) 즉 새것을[新] 결정하는[定] 더없이 크나큰 으뜸이고[元], 동시에 솥[鼎]은 삶을 통하게[亨] 하는 〈원형(元亨)〉이다.

앞 혁괘(革卦 : ䷰)의 상하체(上下體)인 이(離 : ☲)와 태(兌 : ☱)는 이화태수(離火兌水)인지라 불[火]-물[水]은 상종(相從)하지 못한다. 그러나 정괘(鼎卦 : ䷱)의 상하체(上下體)인 손(巽 : ☴)과 이(離 : ☲)는 손목리화(巽木離火)인지라 이목입화(以木入火) 즉 나무[木]로써[以] 불을[火] 들이는[入] 솥[鼎]의 괘상(卦象)이라, 팽임(烹飪) 즉 삶고[烹] 익힘[飪]에 막힘없이 혁물(革物) 즉 어떤 것을[物] 새것이 되게[革] 한다. 정괘(鼎卦 : ䷱)의 상하체(上下體)로써 괘상(卦象)인 〈정(鼎)〉 즉 정신(定新)이 〈원형(元亨)〉 즉 크나큰 으뜸이고[元] 두루 통함[亨]이라 밝히고, 동시에 〈원형(元亨)〉은 정괘(鼎卦 : ䷱)의 주효(主爻)인 육오(六五 : --)를 중심으로써 정괘(鼎卦 : ䷱)의 괘상(卦象)을 밝힌다. 정괘(鼎卦 : ䷱)의 상체(上體)인 이(離 : ☲)는 눈[目]이 되고 육오(六五 : --)는 귀[耳]가 되니, 총명(聰明)한 육오(六五 : --)가 허(虛)한 유음(柔陰)으로서 실(實)한 강양(剛陽)의 구이(九二 : —)와 정응(正應) 즉 서로 바르게[正] 호응한다[應]. 이에 정괘(鼎卦 : ䷱)의 〈정(鼎)〉이 혁물(革物)하여 정신(定新)함을 으뜸으로 크나크고[元] 걸림 없이 두루 통하게[亨] 한다고 암시한 계사(繫辭)가 〈원길형(元吉亨)〉이다.

【字典】

정(鼎) 〈정할 정(鼎)-정(定), 솥(세 발에 두 귀가 달린 기물) 정(鼎)-삼족양이지기(三足兩耳之器), 곧을 정(鼎)-정(貞), 왕위를 물려줌을 뜻하는 보기 정(鼎)-왕위전승지보기(王位傳承之寶器), 삼공 정(鼎)-삼공(三公), 귀하게 나타날 정(鼎)-귀현(貴顯), 바야흐로 정(鼎)-방(方), 마땅할 정(鼎)-당(當), 늘어질 모양 정(鼎)-대서모(大舒貌), 세 갈래 정(鼎)-정립(鼎立)-삼지(三肢), 걸상 정(鼎)-올(杌)〉 등의 뜻을 내지만 여기선 〈정신(定新)〉 즉 새것을[新] 결정한다[定]는 뜻을 지니는 〈솥 정(鼎)〉으로 새김이 마땅하다.

원(元) 〈선함의 으뜸 원(元)-선지장(善之長), 비롯할 원(元)-시(始)-단(端), 머리 원(元)-수(首)-두(頭), 근본 원(元)-본(本)-원(原), 어른 원(元)-장(長)-원장(元長), 하나 원(元)-일(一), 우두머리 원(元)-수장(首長), 임금 원(元)-원군(元君)-군(君), 큰 원(元)-대(大), 아름다울 원(元)-미(美), 위 원(元)-상(上), 하늘 원(元)-천(天), 하늘땅의 큰 덕 원(元)-천지지대덕(天地之大德)-원기(元氣)-기(氣), 기운의 시작 원(元)-기지시(氣之始)-원자(元者), 백성 원(元)-원원(元元)-백성(百姓)〉 등의 뜻을 내지만 여기선 〈선함의 으뜸 선지장(善之長)〉으로 여기고 새김이 마땅하다.

길(吉) 〈좋을(행복할) 길(吉)-선(善)-영(令) {영월길일(令月吉日)은 선월선일(善月善日)임.}, 복 길(吉)-실(實)-선실(善實)-복(福), 예의를 따라 상서로울 길(吉)-예의순상

(禮義順祥), 삼갈 길(吉)-근(謹), 초하루 길(吉)-삭일(朔日) {삭망(朔望) 즉 초하루[朔]와 그믐날[望]}, 길례 길(吉)-길례(吉禮) {오례지일(五禮之一) 길흉빈군가(吉凶賓軍嘉)}, 갈 길(吉)-행(行)-길(趌)〉 등의 뜻을 내지만 여기선 〈좋을 선(善)-영(令)〉 즉 행복(幸福), 행운(幸運) 등과 같다 여기고 새김이 마땅하다.

亨 〈향-형-팽〉 세 가지로 발음되고, 〈통할 형(亨)-통(通), 남을 형(亨)-여(餘), 드릴 향(亨)-헌(獻), 삶을 팽(亨)-자(煮)-팽(烹)〉 등의 뜻을 내지만 여기선 〈통할 통(通)〉과 같다 여기고 새김이 마땅하다.

註 혁물자(革物者) 막약정(莫若鼎) : 어떤 것을[物] 새것이 되게 하는[革] 것에는[者] 솥[鼎]만한 것이[若] 없다[莫]. 「설괘전(說卦傳)」 6단락(段落)

註 이위목(離爲目) : 이는[離 : ☲] 눈[目]이다[爲]. 「설괘전(說卦傳)」 9단락(段落)

註 손위목위풍(巽爲木爲風) : 손은[巽 : ☴] 나무[木]이고[爲] 바람[風]이다[爲]. 「설괘전(說卦傳)」 11단락(段落)

註 이위화(離爲火) : 이는[離 : ☲] 불[火]이다[爲]. 「설괘전(說卦傳)」 11단락(段落)

2 효의 효상과 계사

初六 : 鼎顚趾나 利出否하다 得妾以其子니 无咎리라
정전지 이출비 득첩이기자 무구

九二 : 鼎有實이고 我仇有疾이나 不我能卽이면 吉하리라
정유실 아구유질 불아능즉 길

九三 : 鼎耳革이라 其行塞하여 雉膏不食하나 方雨虧悔니 終吉이리라
정이혁 기행색 치고불식 방우휴회 종길

九四 : 鼎折足하여 覆公餗하니 其形渥이라 凶이로다
정절족 복공속 기형악 흉

六五 : 鼎黃耳金鉉이니 利貞하리라
정황이금현 이정

上九 : 鼎玉鉉이다 大吉하여 无不利니라
정옥현 대길 무불리

초륙(初六) : 솥의[鼎] 발을[趾] 엎어[顚] 나쁜 것을[否] 쏟아내[出] 이롭다[利]. 첩을[妾] 들여[得] 제[其] 아들을[子] 얻으니[以] 허물이[咎] 없다[无].

구이(九二) : 솥에[鼎] 든 것이[實] 있고[有] 나의[我] 짝에게[仇] 질병이[疾] 있으나[有] 나에게[我] 가까이할[卽] 수 없게 하면[不能] 좋으리라[吉].

구삼(九三) : 솥의[鼎] 귀가[耳] 개혁되니[革] 그[其] 행함을[行] 막아[塞] 꿩[雉]고기를[膏] 먹지 못하나[不食] 바야흐로[方] 비가 내려[雨] 뉘우침이[悔] 없어지니[虧] 끝내[終] 행운을 누린다[吉].

구사(九四) : 솥의[鼎] 다리를[足] 부러뜨려[折] 임금의[公] 진찬을[餗] 엎질러서[覆] 그[其] 형벌이[形] 막중하니[渥] 나쁘다[凶].

육오(六五) : 솥의[鼎] 귀가[耳] 황색이고[黃] 손잡이가[鉉] 황금이니[金] 진실로 미더우면[貞] 이롭다[利].

상구(上九) : 솥의[鼎] 손잡이가[鉉] 옥이다[玉]. 크게[大] 행운을 누려[吉] 이롭지 않음이[不利] 없다[无].

초륙(初六 : --)

初六 : 鼎顚趾나 利出否하다 得妾以其子니 无咎리라
정전지 이출비 득첩이기자 무구

초륙(初六) : 솥의[鼎] 발을[趾] 엎어[顚] 나쁜 것을[否] 쏟아내[出] 이롭다[利]. 첩을[妾] 들여[得] 제[其] 아들을[子] 얻으니[以] 허물이[咎] 없다[无].

【초륙(初六)의 효상(爻象) 풀이】

정괘(鼎卦 : ䷱)의 초륙(初六 : --)은 이음거양(以陽居陽) 즉 음(陰 : --)으로써[以] 양(陽 : ―)의 자리에 있는지라[居] 정당한 자리에 있지 못하다. 초륙(初六 : --)과 구이(九二 : ―)는 음양(陰陽)의 사이인지라 비(比) 즉 이웃의 사귐[比]을 서로 누릴 수 있지만, 구이(九二 : ―)가 육오(六五 : --)와의 정응(正應)에 쏠려 외면하는 경우이다. 그러나 초륙(初六 : --)과 구사(九四 : ―)는 음양(陰陽)의 사이인지라 정응(正應) 즉 서로 바르게[正] 호응하여[應] 상보(相補)하는 모습이다. 비록 유순(柔順)한 초륙(初六 : --)이 정당(正當)한 자리에 있지는 못하지만 구사(九四 : ―)의 도움을 받아 〈정(鼎)〉 즉 새것을 완성하는[鼎] 첫 단계를 시작하는 모습이다.

정괘(鼎卦 : ䷱)의 초륙(初六 : --)이 초구(初九 : ―)로 변효(變爻)하면 초륙(初六 : --)은 정괘(鼎卦 : ䷱)를 14번째 대유괘(大有卦 : ䷍)로 지괘(之卦)하게 한다. 따라서 정괘(鼎卦 : ䷱)의 초륙(初六 : --)은 대유괘(大有卦 : ䷍)의 초구(初九 : ―)를 찾아가 살펴보게 한다.

【초륙(初六)의 계사(繫辭) 풀이】

鼎顚趾(정전지) 利出否(이출비)

솥의[鼎] 발을[趾] 엎어[顚] 나쁜 것을[否] 쏟아내[出] 이롭다[利].

〈정전지(鼎顚趾)〉는 맨 아랫자리에 있는 초륙(初六 : --)이 위로 구사(九四 : ―)와 정응(正應)함을 암시한 계사(繫辭)이다. 〈정전지(鼎顚趾)〉는 〈초륙지정전기지

〈初六之鼎顚其趾〉의 줄임으로 여기고 〈초륙의[初六之] 새것을 정함이[鼎] 솥의[其] 발을[趾] 엎는다[顚]〉라고 새겨볼 것이다. 〈정전지(鼎顚趾)의 정(鼎)〉 즉 솥[鼎]이란 그냥 솥단지를 의미함이 아니라 정신(定新) 즉 새것을[新] 결정함[定]을 뜻한다.

〈정전지(鼎顚趾)의 전지(顚趾)〉는 초륙(初六 : --)이 구사(九四 : ━)와 누리는 정응(正應) 즉 바르게[正] 호응함[應]을 암시한다. 〈정전지(鼎顚趾)의 지(趾)〉는 초륙(初六 : --)의 효위(爻位)가 정괘(鼎卦 : ䷱)에서 맨 아래에 있음을 들어 초륙(初六 : --)을 취상(取象)한 것이다. 〈정전지(鼎顚趾)의 전지(顚趾)〉 즉 발을[趾] 엎는다[顚] 함은 초륙(初六 : --)이 위에 있는 구사(九四 : ━)를 향함을 암시한다. 따라서 초륙(初六 : --)이 아주 위에 있는 구사(九四 : ━)를 향해 응원을 받아 〈정(鼎)〉 즉 개혁[革]을 착수함을 암시한다. 이에 〈정전지(鼎顚趾)의 전지(顚趾)〉는 그냥 솥[鼎]의 엎음을 말함이 아니라, 정신혁고(鼎新革故) 즉 헌것을[故] 개혁해[革] 새것을[新] 결정하는[鼎] 시작을 암시한다. 이러한 〈정전지(鼎顚趾)〉는 다반사(茶飯事)일 수 없는지라 『서경(書經)』에 나오는 〈상나라[商] 죄가[罪] 온통[貫] 차서[盈] 하늘이[天] 상나라를[之] 칠 것을[誅] 명령한다[命]〉라는 내용을 환기시킨다. 정혁(鼎革)이란 정괘(鼎卦 : ䷱)의 주제인 〈정(鼎)〉 즉 새것을 결정함[鼎]에는 천명(天命)을 따라 주악(誅惡) 즉 악을[惡] 치는[誅] 것이지, 힘만을 믿고 감행하려는 정혁(鼎革)이란 역지도(易之道)에는 없다. 힘도 없고 재덕(才德)도 취할 것이 없는 초륙(初六 : --)이 이러한 〈정(鼎)〉을 홀로 할 수 없다. 따라서 초륙(初六 : --)이 경대부(卿大夫)인 구사(九四 : ━)와의 정응(正應)으로써 구사(九四 : ━)를 순종(順從)하면서 정혁(鼎革)을 다하자면 위로 향해야 함을 〈정전지(鼎顚趾)의 전지(顚趾)〉가 암시한다. 〈정전지(鼎顚趾)〉란 솥의[鼎] 발이[趾] 땅을 짚고 있음이 아니라 하늘 쪽을 향하고 있어서 솥이[鼎] 뒤집힌[顚] 모습으로서, 초륙(初六 : --)이 경대부(卿大夫)인 구사(九四 : ━)와의 정응(正應)으로 응원받아 〈정(鼎)〉을 시작함을 암시한 계사(繫辭)가 〈정전지(鼎顚趾)〉이다.

〈이출비(利出否)〉는 초륙(初六 : --)이 〈정(鼎)〉 즉 개혁의 결정[鼎]을 시작함을 암시한 계사(繫辭)이다. 〈이출비(利出否)〉는 〈인차초륙출비어정(因此初六出否於鼎) 초륙유리(初六有利)〉의 줄임으로 여기고 〈초륙이[初六] 새것을 결정함[鼎]에[於] 나쁜 것을[否] 비워버리기[出] 때문에[因此] 초륙에게[初六] 이로움이[利] 있다

[有]〉라고 새겨볼 것이다. 〈이출비(利出否)의 비(否)〉는 〈나쁠 악(惡)〉과 같아 부패(腐敗) 즉 썩은 것[腐敗]으로 여기고 새김이 마땅하다.

〈이출비(利出否)〉는 초륙(初六 : ⚋)이 〈정(鼎)〉 즉 새것의 결정[鼎]을 시작함을 암시한다. 〈이출비(利出否)〉 즉 초륙(初六 : ⚋)이 새것을 결정함에[於鼎] 〈비(否)〉를 쓸어냄이[出] 이롭다[利] 함은 개혁함[鼎]의 절묘한 비유이다. 솥에 남아 있는 찌꺼기를 싹싹 긁어내고 새롭게 음식을 지어냄보다 더 절묘한 개혁의 비유는 없을 터이다. 〈이출비(利出否)의 비(否)〉는 악비(惡鄙) 즉 사악하고[惡] 비루한[鄙] 것들을 뜻해 〈정(鼎)〉 즉 정신(定新)을 방해할 수 있는 부예(腐穢) 즉 썩어[腐] 더러운[穢] 것들로써 개혁 전의 구악(舊惡)을 살펴 헤아리게 한다. 말하자면 주(周)나라 무왕(武王)이 은(殷)나라 폭군 주(紂)를 정벌한 다음 그 주(紂)에 빌붙었던 간신들 따위가 〈비(否)〉에 속한다. 이러한 〈비(否)〉를 모조리 쓸어내야[出] 이롭다[利] 함은 초륙(初六 : ⚋)에게 〈출비(出否)〉를 시작해야 할 일이 있음을 암시한다.

得妾以其子(득첩이기자) 无咎(무구)

첩을[妾] 들여[得] 제[其] 아들을[子] 얻으니[以] 허물이[咎] 없다[无].

〈득첩이기자(得妾以其子) 무구(无咎)〉는 정괘(鼎卦 : ䷱) 초륙(初六 : ⚋)의 변효(變爻)를 암시한 계사(繫辭)이다. 〈득첩이기자(得妾以其子) 무구(无咎)〉는 〈기남득첩(其男得妾) 인차기남이기자(因此其男以其子) 내득첩무구(乃得妾无咎)〉의 줄임으로 여기고 〈그[其] 남자가[男] 첩을[妾] 들인다[得] 그래서[因此] 그[其] 남자는[男] 제[其] 아들을[子] 얻는다[以] 이에[乃] 득첩에는[得妾] 허물이[咎] 없다[无]〉라고 새겨볼 것이다. 〈이기자(以其子)의 이(以)〉는 여기선 〈얻을 득(得)〉과 같다.

〈득첩이기자(得妾以其子)〉는 초륙(初六 : ⚋)이 변효(變爻)하여 정괘(鼎卦 : ䷱)의 하체(下體)인 〈손(巽 : ☴)〉이 〈건(乾 : ☰)〉이 되어 정괘(鼎卦 : ䷱)가 대유괘(大有卦 : ䷍)로 지괘(之卦) 즉 옮겨간[之] 괘(卦)가 되었음을 암시한다. 〈득첩이기자(得妾以其子)〉에서 〈득첩(得妾)의 첩(妾)〉은 「설괘전(說卦傳)」에 나오는 〈손은[巽 : ☴] 한 번[一] 구해서[索而] 딸을[女] 얻으므로[得故] 손괘를[之] 맏딸[長女]이라 한다[謂]〉라는 내용을 상기시킨다. 정괘(鼎卦 : ䷱)의 하체(下體)인 〈손(巽 : ☴)〉은 장녀(長女)이고, 동시에 손(巽 : ☴)의 첫 효(爻)인 초륙(初六 : ⚋)이 변효(變爻)

하여 양효(陽爻 : ⚊)가 되면 손(巽 : ☴)은 곧 건(乾 : ☰)으로 변괘(變卦)하여 〈남(男)〉 즉 사내[男]가 되어, 〈손(巽 : ☴)〉이 결혼의 상(象)이 됨을 암시한 것이 〈득첩이기자(得妾以其子)〉이다. 〈득처(得妻)〉라 않고 〈득첩(得妾)〉이라 함은 초륙(初六 : ⚋)이 마무리할 정혁(鼎革)을 암시한다. 결혼의 정도(正道)인 득처(得妻)로써는 어느 정혁(鼎革)이든 취유(取喩)될 수가 없다. 정혁(鼎革)이란 상도(常道)로써 임기응변(臨機應變) 즉 시기를[機] 마주하여[臨] 변화를[變] 응하는[應] 까닭이다. 〈득첩이기자(得妾以其子)의 득첩(得妾)〉으로써 〈정전지(鼎顚趾)의 정(鼎)〉이 상도(常道)가 아님을 새삼 일깨운다.

〈득첩이기자(得妾以其子) 무구(无咎)〉가 『서경(書經)』에 나오는 〈상나라[商] 죄가[罪] 온통[貫] 차서[盈] 하늘이[天] 상나라를[之] 칠 것을[誅] 명령한다[命] 내가[予] 하늘을[天] 따르지 않는다면[弗順] 그[厥] 죄가[罪] (나도 상나라와) 같을[鈞] 뿐이다[惟]〉라는 내용을 환기시켜 헤아려보게 한다. 상주왕(商紂王)을 정벌한 주무왕(周武王)이 상(商)나라를 없애지 않고 주(紂)의 간신들만 〈출비(出否)〉 즉 썩어 더러운 것들[否]이니 쓸어내고[出], 상(商)나라의 현재(賢才)들로 하여금 상(尙)나라를 이어가게 했던 고사(故事)를 〈이기자(以其子)〉가 연상시키기 때문이다. 따라서 〈득첩이기자(得妾以其子)의 득첩(得妾)〉은 주무왕(周武王)이 〈득상(得商)〉했음을 암시하고, 〈득첩이기자(得妾以其子)의 기자(其子)〉는 무왕(武王)이 상(商)나라의 현재(賢才)들을 얻었음[得]을 암시한다고 헤아리면서, 〈득첩(得妾)〉으로써 〈기자(其子)〉를 얻었다 해도 헌것을 개혁해[革] 새것을 결정함에는[鼎] 허물될 것이[咎] 없음[无]을 암시한 계사(繫辭)가 〈득첩이기자(得妾以其子) 무구(无咎)〉이다.

【字典】

정(鼎) 〈정할 정(鼎)-정(定), 솥(세 발에 두 귀가 달린 기물) 정(鼎)-삼족양이지기(三足兩耳之器), 곧을 정(鼎)-정(貞), 왕위를 물려줌을 뜻하는 보기 정(鼎)-왕위전승지보기(王位傳承之寶器), 삼공 정(鼎)-삼공(三公), 귀하게 나타날 정(鼎)-귀현(貴顯), 바야흐로 정(鼎)-방(方), 마땅할 정(鼎)-당(當), 늘어질 모양 정(鼎)-대서모(大舒貌), 세 갈래 정(鼎)-정립(鼎立)-삼지(三肢), 걸상 정(鼎)-올(杌)〉 등의 뜻을 내지만 여기선 〈정신(定新)〉 즉 새것을[新] 결정한다[定]는 뜻을 지니는 〈솥 정(鼎)〉으로 새김이 마땅하다.

전(顚) 〈거꾸로 전(顚)-도(倒), 뒤집어질 전(顚)-부(仆), 이마 전(顚)-정(頂), 산꼭

대기 전(顚)-산정(山頂), 끝 전(顚)-말(末), 나무 끝 전(顚)-목초(木梢), 머리 전(顚)-수(首), 근본 전(顚)-본(本)〉 등의 뜻을 내지만 여기선 〈거꾸로 도(倒)〉와 같다 여기고 새김이 마땅하다.

지(趾) 〈발(발가락, 발꿈치) 지(趾)-족(足), 멈출 지(趾)-지(止)〉 등의 뜻을 내지만 여기선 〈발 지(趾)〉로 여기고 새김이 마땅하다.

이(利) 〈만물로 하여금 삶을 이루어가게 하는 덕(德)의 이로울 이(利)-사만물수생지덕(使萬物遂生之德), 날카로울 이(利)-예(銳)-섬(銛), 질병 이(利)-질(疾), 통할 이(利)-통(通)-순(順), 좋을 이(利)-길(吉)-의(宜), 편리할 이(利)-편(便), 마름해 만들어 이룰 이(利)-재성(裁成), 탐할 이(利)-탐(貪), 구할(취할) 이(利)-구(求)-취(取), 좋아할 이(利)-열애(悅愛), 이로울 이(利)-익(益), 기교 이(利)-교(巧), 보람 이(利)-공용(功用), 지세가 험하고 중요한 이(利)-험요(險要), 이길 이(利)-승(勝), 어질 이(利)-인(仁)〉 등의 뜻을 내지만 여기선 〈사만물수생지덕(使萬物遂生之德) 즉 만물로 하여금 삶을 이루어가게 하는 덕(德)의 이로움〉으로 새김이 마땅하다. 〈利〉가 맨 앞에 오면 〈이〉로 발음되고, 중간이나 뒤에 오면 〈리〉로 발음된다.

出 〈출-추〉 두 가지로 발음되고, 〈안에서 밖으로 날 출(出)-진(進), 드러날 출(出)-현(見), 특출할 출(出)-특(特), 치솟을 출(出)-상용(上湧), 위로 향할 출(出)-향상(向上), 낳을 출(出)-생(生), 멀 출(出)-원(遠)-거(去)-행(行), 관직에 부임할 출(出)-관부임(官赴任), 나타날 출(出)-현(現), 변천할 출(出)-추(推), 게울 출(出)-토(吐), 밖에 나갈 출(出)-외(外), 도망갈 출(出)-도(逃), 표할 출(出)-표(表), 갈릴 출(出)-이(離), 안에서 밖으로 내보낼 추(出)-자내이외(自內而外)〉 등의 뜻을 내지만 여기선 〈안에서 밖으로 나갈 진(進)〉으로 여기고 새김이 마땅하다.

否 〈부-비〉 두 가지로 발음되고, 〈나쁠 비(否)-악(惡), 비루할 비(否)-비(鄙), 가릴 비(否)-격(隔), 막힐 비(否)-색(塞), 닫을 비(否)-폐(閉), 없을 부(否)-무(無), 않을 부(否)-부(不), 아닌 것 부(否)-비(非), 이것 부(否)-시(是)〉 등의 뜻을 내지만 여기선 〈비루할 비(鄙), 나쁠 악(惡)〉 두 뜻을 묶은 것으로 여기고 새김이 마땅하다.

득(得) 〈취할(얻어낼) 득(得)-획(獲)-취(取), 탐할 득(得)-탐(貪), 깨달을 득(得)-효(曉)-오(悟), 만족할 득(得)-족(足), 마땅할 득(得)-당(當), 일의 마땅함을 터득할 득(得)-합(合)-득사지의(得事之宜), 이룰 득(得)-성(成), 알 득(得)-지(知), 가할 득(得)-가(可)-

능(能), 편안할 득(得)-편(便), 가질 득(得)-치(値)-지(持), 득도할 득(得)-득도(得道)〉 등의 뜻을 내지만 〈취할 획(獲)-취(取)〉와 같다 여기고 새김이 마땅하다.

첩(妾) 〈첩 첩(妾)-측실(側室)-소처(小妻)-적처지차(嫡妻之次), 작은 집 첩(妾)-소실(小室), 여인 자칭 첩(妾)-여인자칭지사(女人自稱之詞), 태괘(☱) 첩(妾)-태(兌)〉 등의 뜻을 내지만 여기선 〈첩 측실(側室)〉로 여기고 새김이 마땅하다.

이(以) 〈얻을 이(以)-득(得), 써 이(以)-용(用), 본받을 이(以)-법(法), 할 이(以)-위(爲), 생각할 이(以)-사(思), 거느릴 이(以)-솔(率), 그만둘 이(以)-이(已), 때문에 이(以)-인(因) {까닭 이(以)로 명사 노릇도 하는데 주로 유이(有以) 무이(無以) 꼴일 때가 대부분임.}, 더불어 이(以)-여(與), 하여금 이(以)-사(使), 이미 이(以)-이(已)〉 등의 뜻을 내고 이 외에도 전후문맥(前後文脈)에 따라 다양한 뜻을 자유롭게 내며 〈그래서 이(以)-소이(所以)-인이(因以)〉처럼 계사(繫詞) 노릇마저도 한다. 여기선 〈얻을 득(得)〉으로 여기고 새김이 마땅하다.

기(其) 〈그 기(其)-관형사, 그(그것) 기(其)-피(彼)-지(之), 그럴 기(其)-연(然), 어찌 기(其)-기(豈), 누를 기(其)-억(抑), 오히려 기(其)-상(尙)-서기(庶幾), 이에 기(其)-내(乃), 만약 기(其)-약(若), 장차 기(其)-장(將), 어조사 기(其)-어조사〉 등의 뜻을 내지만 여기선 관형사로서 〈그 기(其)〉로 여기고 새김이 마땅하다.

자(子) 〈존칭(덕 있는 사람의 칭호) 자(子)-유덕자지칭(有德者之稱), 존경받는 사람 자(子)-존자(尊者), 벼슬 자(子)-작(爵), 12지의 첫째 자(子), 음력 11월 자(子), 밤 11시에서 다음날 1시까지 자(子), 북쪽 방향 자(子)-북방(北方), 오행에서 물 자(子)-어오행속수(於五行屬水), 짐승에서 쥐 자(子)-어수위서(於獸爲鼠), 번성할 자(子)-자(滋), 뒤를 이어줄 자(子)-사(嗣)-식(息), 자녀 자(子)-자녀(子女), 자손 자(子)-자손(子孫), 남자를 일컫는 호칭 자(子)-남자지통칭(男子之通稱), 만물 자(子)-만물(萬物), 씨앗(열매) 자(子)-종자(種子)-과실(果實), 누구(사람) 자(子)-인(人)-수자(誰子), 백성 자(子)-백성(百姓)〉 등의 뜻을 내지만 여기선 〈덕 있는 사람 유덕자(有德者)〉의 호칭으로 여기고 새김이 마땅하다.

무(无) 〈없을 무(无)-무(無), 허무지도 무(无)-허무지도(虛无之道), 으뜸 무(无)-원(元)〉 등의 뜻을 내지만 여기선 〈없을 무(無)〉와 같다 여기고 새김이 마땅하다. 〈무(无)〉는 〈무(無)〉의 고자(古字)이다.

구(咎) 〈허물 구(咎)-건(愆)-과(過), 재앙 구(咎)-재(災), 병될 구(咎)-병(病), 나쁠 구(咎)-오(惡)〉 등의 뜻을 내지만 여기선 〈허물 건(愆)-과(過)〉와 같다 여기고 새김이 마땅하다. 〈무구(无咎)〉는 〈면어구(免於咎)〉 즉 허물을[於咎] 면하다[免]와 같다.

註 상죄관영(商罪貫盈) 천명주지(天命誅之) 여불순천(予弗順天) 궐죄유균(厥罪惟鈞) : 상나라[商] 죄가[罪] 온통[貫] 차서[盈] 하늘이[天] 상나라를[之] 칠 것을[誅] 명령한다[命]. 내가[予] 하늘을[天] 따르지 않는다면[弗順] 그[厥] 죄가[罪] (나도 상나라와) 같을[鈞] 뿐이다[惟].

『서경(書經)』「주서(周書)」[태서상(泰誓上)]

註 손일색이득녀(巽一索而得女) 고(故) 위지장녀(謂之長女) : 손은[巽 : ☴] 한 번[一] 구해서[索而] 딸을[女] 얻으므로[得故] 손괘를[之] 맏딸[長女]이라 한다[謂]. 「설괘전(說卦傳)」 10단락(段落)

구이(九二 : ⚊)

九二 : 鼎有實이고 我仇有疾이나 不我能卽이면 吉하리라
정유실 아구유질 불아능즉 길

구이(九二) : 솥에[鼎] 든 것이[實] 있고[有] 나의[我] 짝에게[仇] 질병이[疾] 있으나[有] 나에게[我] 가까이할[卽] 수 없게 하면[不能] 좋으리라[吉].

【구이(九二)의 효상(爻象) 풀이】

정괘(鼎卦 : ䷱)의 구이(九二 : ⚊)는 이양거음(以陽居陰) 즉 양(陽 : ⚊)으로써[以] 음(陰 : ⚋)의 자리에 있는지라[居] 정당한 자리에 있지 못하다. 구이(九二 : ⚊)와 육오(六五 : ⚋)는 중이부정(中而不正) 즉 서로 가운데 있지만[中而] 정당한 자리에 있지 못하나[不正] 양음(陽陰)의 사이인지라 정응(正應) 즉 바르게[正] 서로 호응할[應] 수 있다. 구이(九二 : ⚊)와 초륙(初六 : ⚋)도 양음(陽陰)인지라 비(比) 즉 이웃의 사귐[比]을 누릴 수 있는 처지이나, 초륙(初六 : ⚋)에게는 〈출비(出否)〉 즉 부패한 것을[否] 쓸어내는[出] 지경이라 구이(九二 : ⚊)가 초륙(初六 : ⚋)을 멀리하는 처지이다. 구이(九二 : ⚊)와 구삼(九三 : ⚊)은 양양(兩陽) 즉 둘 다[兩] 양(陽 : ⚊)인지라 상충(相衝) 즉 서로[相] 부딪치기[衝] 쉽다. 그러나 중실(中實)하고 강강(剛强)한 구이(九二 : ⚊)는 정괘(鼎卦 : ䷱)의 하체(下體) 손(巽 : ☴)의 중효(中爻)로서 득중(得中) 즉 정도를 따름을[中] 취함[得]으로써 〈정(鼎)〉 즉 새것을 결정하는[鼎] 일을 이끌어가는 모습이다.

> 정괘(鼎卦 : ䷱)의 구이(九二 : ⚊)가 육이(六二 : ⚋)로 변효(變爻)하면 구이(九二 : ⚊)는 정괘(鼎卦 : ䷱)를 56번째 여괘(旅卦 : ䷷)로 지괘(之卦)하게 한다. 따라서 정괘(鼎卦 : ䷱)의 구이(九二 : ⚊)는 여괘(旅卦 : ䷷)의 육이(六二 : ⚋)를 찾아가 살펴보게 한다.

【구이(九二)의 계사(繫辭) 풀이】

鼎有實(정유실)

솥에[鼎] 든 것이[實] 있다[有].

〈정유실(鼎有實)〉은 구이(九二 : ⚊)가 정괘(鼎卦 : ䷱)의 하체(下體) 손(巽 : ☴)의 중효(中爻)임을 암시한 계사(繫辭)이다. 〈정유실(鼎有實)〉은 〈구이지정유실(九二之鼎有實)〉의 줄임으로 여기고 〈구이의[九二之] 솥에는[鼎] 내실이[實] 있다[有]〉라고 새겨볼 것이다. 〈정유실(鼎有實)의 정(鼎)〉 즉 솥[鼎]이란 그냥 솥단지를 의미함이 아니라 정신(定新) 즉 새것을[新] 결정함[定]을 뜻한다.

〈정유실(鼎有實)〉은 구이(九二 : ⚊)가 실(實)한 강양(剛陽)이면서 존위(尊位)에 있는 육오(六五 : ⚋)와 정응(正應)을 누리기 때문에 〈정(鼎)〉 즉 새것을 결정함[鼎]에 〈실(實)〉이 있음을 암시한다. 〈정유실(鼎有實)의 실(實)〉은 정만(鼎滿) 즉 새것을 결정하는 솥이[鼎] 가득함[滿]을 뜻한다. 여기 〈정유실(鼎有實)의 실(實)〉은 〈가득할 충만(充滿)〉이면서 동시에 구이(九二 : ⚊)가 정괘(鼎卦 : ䷱)의 하체(下體) 손(巽 : ☴)의 중효(中爻)임을 암시한다. 구이(九二 : ⚊)가 군왕(君王)인 육오(六五 : ⚋)와 정응(正應) 즉 바르게[正] 호응함[應]으로써 구이(九二 : ⚊)의 강강(剛强)이 육오(六五 : ⚋)의 유연(柔軟)함과 상응하여 치우침 없이 득중(得中) 즉 정도를 따름을[中] 취하므로[得] 구이(九二 : ⚊)의 〈솥[鼎]〉에는 정혁(鼎革)의 결실(結實)이 가득히[實] 있음[有]을 암시한 계사(繫辭)가 〈정유실(鼎有實)〉이다.

我仇有疾(아구유질)

나의[我] 짝에게[仇] 질병이[疾] 있다[有].

〈아구유질(我仇有疾)〉은 구이(九二 : ━)가 초륙(初六 : ╍)과의 비(比) 즉 이웃의 사귐[比]을 버리고 외면하는 까닭을 암시한 계사(繫辭)이다. 〈아구유질(我仇有疾)〉은 〈아구유출비지질(我仇有出否之疾)〉의 줄임으로 여기고 〈나의[我] 짝에게는[仇] 나쁜 것을[否] 쏟아내는[出之] 병이[疾] 있다[有]〉라고 새겨볼 것이다. 〈아구유질(我仇有疾)의 아구(我仇)〉는 구이(九二 : ━)와 초륙(初六 : ╍)이 비(比) 즉 이웃으로 사귈 수 있는[比] 사이임을 암시한다. 정괘(鼎卦 : ䷱)에서 효위(爻位)로써만 보면 구이(九二 : ━)와 초륙(初六 : ╍)이 비(比) 즉 이웃의 사귐[比]을 나누어 누림이 당연하다. 그러나 비(比)를 누리자면 가우(嘉耦) 즉 서로 기쁘게 하는[嘉] 짝[耦]이 되어야지 원우(怨耦) 즉 서로 원망하게 하는[怨] 짝[耦]이 되어서는 단짝이 될 수 없음을 밝힌 것이 〈아구유질(我仇有疾)의 질(疾)〉이다. 구이(九二 : ━)가 구삼(九三 : ━)과는 양양(兩陽) 즉 둘 다[兩] 양(陽 : ━)의 사이인지라 이웃의 짝이 될 수 없지만, 구이(九二 : ━)와 양음(陽陰)의 사이인 초륙(初六 : ╍)과는 이웃의 짝이 될 수 있음인지라 여기 〈아구(我仇)〉는 초륙(初六 : ╍)을 말한다.

서로 기쁘게 하는 짝[嘉耦]을 비(妃)라 하고 서로 원망하게 하는 짝[怨耦]을 구(仇)라 한다. 왜 구이(九二 : ━)에게 초륙(初六 : ╍)이 가우(嘉耦)의 비(妃)가 되지 못하고 원우(怨耦)의 〈구(仇)〉가 되는가? 초륙(初六 : ╍)에게 〈유질(有疾)〉 즉 〈질(疾)〉이 있기[有] 때문이다. 〈유질(有疾)의 질(疾)〉은 비의(非義) 즉 정의가[義] 아닌[非] 〈출비(出否)의 비(否)〉를 질병[疾]으로 비유한 것이다. 여기서 〈질(疾)〉이란 정의(正義)를 저버림으로 말미암아 앓게 되는 해의(害義) 즉 정의를[義] 해침[害]을 뜻한다. 따라서 〈유질(有疾)의 질(疾)〉은 초륙(初六 : ╍)의 〈정(鼎)〉에는 〈출비(出否)〉 즉 쓸어낼[出] 썩어 더러운[否] 잔당(殘黨)이 있음을 암시한다. 말하자면 주무왕(周武王)이 상주왕(商紂王)을 정벌하는 데는 성공했지만 그 잔당들은 반감을 품고 있기 때문에 〈출비(出否)〉 즉 썩어 더러운 잔당을[否] 쓸어내야 하는[出] 임무를 다하기 전에는, 초륙(初六 : ╍)이 구이(九二 : ━)에게 〈구(仇)〉 즉 원망스러운 이웃의 짝[仇]임을 암시한 계사(繫辭)가 〈아구유질(我仇有疾)〉이다.

不我能卽(불아능즉) 吉(길)

나에게[我] 가까이할[卽] 수 없게 하면[不能] 좋으리라[吉].

〈불아능즉(不我能卽) 길(吉)〉은 구이(九二 : ━)가 초륙(初六 : ╍)과 결코 가까이하지 않을 것임을 암시한 계사(繫辭)이다. 〈불아능즉(不我能卽)〉을 〈아불능즉초륙(我不能卽初六)〉의 줄임으로 여기고 〈나는[我] 초륙을[初六] 가까이할[卽] 수 없다[不能]〉라고 새겨볼 것이다.

구이(九二 : ━)는 실(實)한 강양(剛陽)의 중효(中爻)인지라 구이(九二 : ━)의 입장(立場)은 견고하고 결정적이다. 유음(柔陰)의 초륙(初六 : ╍)에게 〈비(否)〉로 말미암은 〈질(疾)〉 즉 질병[疾]이 있는 한 〈아(我)〉 즉 구이(九二 : ━)는 수중(守中) 즉 정도를 따름을[中] 지켜[守] 자수(自守) 즉 자신을[自] 지키면서[守] 정신(定新)의 의리(義理)를 해치는[害] 일을 결코 범하지 않고 〈정유실(鼎有實)의 실(實)〉을 거듭해 더해갈 수 있기에, 구이(九二 : ━)가 〈정(鼎)〉 즉 정신(定新)함에 행운을 누릴[吉] 수 있음을 암시한 계사(繫辭)가 〈불아능즉(不我能卽) 길(吉)〉이다.

【 字 典 】

정(鼎) 〈정할 정(鼎)-정(定), 솥(세 발에 두 귀가 달린 기물) 정(鼎)-삼족양이지기(三足兩耳之器), 곧을 정(鼎)-정(貞), 왕위를 물려줌을 뜻하는 보기 정(鼎)-왕위전승지보기(王位傳承之寶器), 삼공 정(鼎)-삼공(三公), 귀하게 나타날 정(鼎)-귀현(貴顯), 바야흐로 정(鼎)-방(方), 마땅할 정(鼎)-당(當), 늘어질 모양 정(鼎)-대서모(大舒貌), 세 갈래 정(鼎)-정립(鼎立)-삼지(三肢), 결상 정(鼎)-올(杌)〉 등의 뜻을 내지만 여기선 〈정신(定新)〉 즉 새것을[新] 결정한다[定]는 뜻을 지니는 〈솥 정(鼎)〉으로 새김이 마땅하다.

유(有) 〈없을 무(無)의 반대말로 있을 유(有), 어조사 유(有), 얻을(가질) 유(有)-취(取), 간직할 유(有)-장(藏), 혹 유(有)-혹(或), 많을 유(有)-다(多)-족(足), 부유할 유(有)-부(富), 보호할 유(有)-보(保), 서로 친할 유(有)-상친(相親), 전일할 유(有)-전(專), 할 유(有)-위(爲)〉 등의 뜻을 내지만 〈정유실(鼎有實)의 유(有)〉는 뜻 없는 어조사로 여기고 〈솥이[鼎] 가득하다[有實]〉고 새김이 마땅하고, 〈아구유질(我仇有疾)의 유(有)〉는 〈있을 유(有)〉로 여기고 〈나의 짝에게[我仇] 질병이[疾] 있다[有]〉고 새김이 마땅하다.

실(實) 〈가득할 실(實)-만(滿)-충(充), 진실할(실체) 실(實)-진(眞)-체(體), 이룰 실(實)-성(成), 실박할 실(實)-박(樸), 부유할 실(實)-부(富), 쌓을 실(實)-성(盛), 꽃이 필 실(實)-영(榮), 재물 실(實)-재(財), 푸나무의 열매 실(實)-과실(果實), 보람 실(實)-공(功), 아름다울 실(實)-미(美), 밝을 실(實)-명(明), 땅 실(實)-지(地), 성실할 실(實)-성

(誠)-진(盡), 알맞을 실(實)-적(適), 마칠 실(實)-종(終), (수학에서) 실수 실(實)-구수(具數), 어조사 실(實)〉 등의 뜻을 내지만 여기선 〈가득할 만(滿)〉과 같다 여기고 새김이 마땅하다.

아(我) 〈나(자기) 아(我)-기(己)-자위기신(自謂己身), 우리 아(我)-아배(我輩), 내 나라(자국) 아(我)-자칭기국(自稱其國), 내 것 아(我)-자기소유(自己所有), (자기 의견을) 고집할 아(我)-집(執)-고집기견(固執己見), 갑자기 아(我)-아(俄)〉 등의 뜻을 내지만 여기선 〈나 기(己)〉와 같다 여기고 새김이 마땅하다.

구(仇) 〈짝 구(仇)-필(匹)-합(合), 원수 구(仇)-원적(怨敵)-수(讎), 나쁠 구(仇)-악(惡)-원(怨)〉 등의 뜻을 내지만 여기선 〈짝 필(匹)〉로 여기고 새김이 마땅하다.

질(疾) 〈병들 질(疾)-병(病)-환(患), 괴로울 질(疾)-고(苦), 빠를 질(疾)-신(迅)-속(速), 성낼 질(疾)-노(怒), 억지로 애쓸(힘쓸) 질(疾)-면력(勉力), 아파할 질(疾)-통(痛), 원망할 질(疾)-원(怨), 미워할 질(疾)-질(嫉), 아닐 질(疾)-비(非), 싫어할 질(疾)-오(惡), 다툴 질(疾)-쟁(爭), 씩씩할(멋질) 질(疾)-장(壯)-미(美), 직행할 질(疾)-추(趨), 다툴 질(疾)-쟁(爭)〉 등의 뜻을 내지만 여기선 〈병들 병(病)〉과 같다 여기고 새김이 마땅하다.

不 〈불-부〉 등으로 발음되고, 〈없을 불(不)-부(不)-무(無), 못할 불(不)-부(不), 않을 불(不)-부(不), 아닐 불(不)-부(不)-비(非), 하지 말 불(不)-부(不)-막(莫)-금지(禁止), 정하지 않을 불(不)-부(不)-부(否)-미정(未定), 새가 날아올라 내려오지 않는 불(不)-부(不)-조비상불하래(鳥飛上不下來)〉 등의 뜻을 내지만 여기선 〈없을 불(不)〉로 여기고 새김이 마땅하다.

能 〈능-내-태〉 세 가지로 발음되고, 〈가할 능(能)-가(可), 능할 능(能)-승(勝)-임(任), 착할 능(能)-선(善), 갖출 능(能)-해(該), 미칠(끼칠) 능(能)-급(及), 재능 능(能)-재(才), 따라 익힐 능(能)-순습(順習), (발이 사슴 같은) 곰 능(能)-웅속족사록(熊屬足似鹿), 세발자라 내(能)-삼족별(三足鼈), 별(星) 이름 태(能)-태(台)〉 등의 뜻을 내지만 〈가할 가(可), 능할 승(勝)〉 등과 같다 여기고 새김이 마땅하다.

즉(卽) 〈가까이할 즉(卽)-근(近), 좇을(나아갈) 즉(卽)-취(就), 이제(지금) 즉(卽)-금(今), 가득할 즉(卽)-만(滿)-만일(萬一), 이제 즉(卽)-직금(直今), 음식을 아낄 즉(卽)-절식(節食)〉 등의 뜻을 내지만 여기선 〈가까이할 근(近)〉과 같다 여기고 새김이 마땅하다.

길(吉) 〈좋을(행복할) 길(吉)-선(善)-영(令) {영월길일(令月吉日)은 선월선일(善月善日)임.}, 복 길(吉)-실(實)-선실(善實)-복(福), 예의를 따라 상서로울 길(吉)-예의순상(禮義順祥), 삼갈 길(吉)-근(謹), 초하루 길(吉)-삭일(朔日) {삭망(朔望) 즉 초하루[朔]와 그믐날[望]}, 길례 길(吉)-길례(吉禮) {오례지일(五禮之一) 길흉빈군가(吉凶賓軍嘉)}, 갈 길(吉)-행(行)-길(趌)〉 등의 뜻을 내지만 여기선 〈좋을 선(善)-영(令)〉 즉 행복(幸福), 행운(幸運) 등과 같다 여기고 새김이 마땅하다.

구삼(九三 : ⚊)

九三 : 鼎耳革(정이혁)이라 其行塞(기행색)하여 雉膏不食(치고불식)하나 方雨虧(방우휴)悔(회)니 終吉(종길)이리라

구삼(九三) : 솥의[鼎] 귀가[耳] 개혁되니[革] 그[其] 행함을[行] 막아[塞] 꿩[雉]고기를[膏] 먹지 못하나[不食] 바야흐로[方] 비가 내려[雨] 뉘우침이[悔] 없어지니[虧] 끝내[終] 행운을 누린다[吉].

【구삼(九三)의 효상(爻象) 풀이】

정괘(鼎卦 : ䷱)의 구삼(九三 : ⚊)은 이양거양(以陽居陽) 즉 양(陽 : ⚊)으로써[以] 양(陽 : ⚊)의 자리에 있는지라[居] 정당한 자리에 있다. 구삼(九三 : ⚊)은 구이(九二 : ⚊)-구사(九四 : ⚊)와 모두 양(陽 : ⚊)인지라 비(比) 즉 이웃의 사귐[比]을 누릴 수 없고 오히려 상충(相衝) 즉 서로[相] 부딪치는[衝] 사이이다. 구삼(九三 : ⚊)과 상구(上九 : ⚊)도 양양(兩陽) 즉 둘 다[兩] 양(陽 : ⚊)인지라 서로 불응(不應)하는 처지라서 주변으로부터 도움 받을 수 없는 지경이라 어렵고 외로운 모습이다. 그러나 실(實)한 강양(剛陽)인 구삼(九三 : ⚊)은 정위(正位)에 있으면서 정괘(鼎卦 : ䷱)의 하체(下體) 손(巽 : ☴)의 상효(上爻)인지라 강강(剛强)하면서도, 군왕(君王)인 육오(六五 : ⚋)의 신하로서 능히 순종하며 능력을 충분히 갖춘 처지라 어려움을 헤치고 맡은 바 일을 꿋꿋이 수행해가는 모습이다.

정괘(鼎卦 : ䷱)의 구삼(九三 : ⚊)이 육삼(六三 : ⚋)으로 변효(變爻)하면 구삼(九三 : ⚊)은 정괘(鼎卦 : ䷱)를 64번째 미제괘(未濟卦 : ䷿)로 지괘(之卦)하게 한다. 따라서 정괘(鼎卦 : ䷱)의 구삼(九三 : ⚊)은 미제괘(未濟卦 : ䷿)의 육삼(六三 : ⚋)을 찾아가 살펴보게 한다.

【구삼(九三)의 계사(繫辭) 풀이】

鼎耳革(정이혁)

솥의[鼎] 귀가[耳] 개혁되다[革].

〈정이혁(鼎耳革)〉은 구삼(九三 : ⚊)의 효위(爻位)를 들어 암시한 계사(繫辭)이다. 〈정이혁(鼎耳革)〉은 〈구삼혁정이(九三革鼎耳)〉의 줄임으로 여기고 〈구삼이[九三] 정이를[鼎耳] 배제한다[革]〉라고 새겨볼 것이다. 〈정이혁(鼎耳革)의 혁(革)〉은 여기선 〈배제할 거(去)〉와 같다.

〈정이혁(鼎耳革)〉은 구삼(九三 : ⚊)과 상구(上九 : ⚊)가 양양(兩陽) 즉 둘 다[兩] 양(陽 : ⚊)의 사이인지라 정응(正應) 즉 바르게[正] 호응하지[應] 못함을 암시한다. 〈정이혁(鼎耳革)의 정이(鼎耳)〉는 상구(上九 : ⚊)를 취상(取象)한 것이다. 솥을 잡고 이리저리 옮길 수 있는 것이 솥귀[鼎耳]인지라 솥을 부리는 주(主)가 〈정이(鼎耳)〉이다. 상구(上九 : ⚊)는 신체 부위로 본다면 〈정이(鼎耳)의 이(耳)〉에 해당된다. 구삼(九三 : ⚊)은 실(實)한 강양(剛陽)으로 손(巽 : ☴)의 상효(上爻)인지라 강(剛)하면서도 능손(能巽) 즉 능히[能] 순종할[巽] 수 있으니 맡은 일을 완수할 재능은 충분하므로 육오(六五 : ⚋)의 도움을 받으면 정괘(鼎卦 : ䷱)의 주제인 〈정(鼎)〉 즉 새것을 결정하는[鼎] 시국을 맞아 다스려갈 수 있으므로, 구삼(九三 : ⚊)이 육오(六五 : ⚋)의 뜻을 얻기에 온 노력을 다해야 함을 암시하는 것이 〈정이혁(鼎耳革)〉이기도 하다. 그러나 구삼(九三 : ⚊)이 육오(六五 : ⚋)의 뜻을 얻기가 쉽지 않다. 구삼(九三 : ⚊)은 정이비중(正而非中) 즉 바른 자리에 있지만[正而] 중효가[中] 아니면서[非] 강강(剛强)한 양(陽 : ⚊)이고, 육오(六五 : ⚋)는 중이비정(中而非正) 즉 중효이지만[中而] 바른 자리가[正] 아니면서[非] 유약(柔弱)한 음(陰 : ⚋)인 까닭에 구삼(九三 : ⚊)과 육오(六五 : ⚋)는 상이하다. 따라서 〈정이혁(鼎耳革)〉은 구삼(九三 : ⚊)이 상구(上九 : ⚊)를 배제하고 육오(六五 : ⚋)와는 상합(相合) 즉 서로[相] 합하지[合] 못하는 효연(爻緣)이지만, 대부(大夫)로서 구삼(九三 : ⚊)이 정성껏 노력을 다해 군왕(君王)인 육오(六五 : ⚋)의 뜻을 얻고자 하는 내심(內心)을 암시한 계사(繫辭)가 〈정이혁(鼎耳革)〉이다.

其行塞(기행색)

그[其] 행함을[行] 막는다[塞].

〈기행색(其行塞)〉은 〈정이혁(鼎耳革)의 혁(革)〉이 구삼(九三 : ⚊)에게 원만치 않음을 암시하는 계사(繫辭)이다. 〈기행색(其行塞)〉은 〈구사색구삼지행어상체(九四塞九三之行於上體)〉의 줄임으로 여기고 〈구사가[九四] 구삼이[九三之] 상체로[於上體] 행함을[行] 막는다[塞]〉라고 새겨볼 것이다. 〈기행색(其行塞)의 색(塞)〉은 여기선 〈막힐 액(阨)〉과 같다.

〈기행색(其行塞)〉은 구삼(九三 : ⚊)이 정괘(鼎卦 : ䷱)의 상체(上體)로 행함[行]이 구사(九四 : ⚊) 탓으로 막힘을 암시한다. 구삼(九三 : ⚊)은 정괘(鼎卦 : ䷱)의 하체(下體)인 손(巽 : ☴)의 상효(上爻)인지라 정괘(鼎卦 : ䷱)의 상체(上體)로 상행(上行)하여 군왕(君王)인 육오(六五 : ⚋)를 받들어 〈정(鼎)〉 즉 새것을 결정해야 할 처지이다. 그러나 구삼(九三 : ⚊)의 상행(上行) 길이 구삼(九三 : ⚊)과 육오(六五 : ⚋) 사이를 구사(九四 : ⚊)가 마치 도색(堵塞) 즉 담장으로 막듯이[堵塞] 가로막은 실정이다. 양양(兩陽) 사이는 상충(相衝) 즉 서로[相] 부딪쳐[衝] 막히는 사이가 되어버림을 〈기행색(其行塞)의 색(塞)〉이 암시한다. 여기 〈색(塞)〉은 액이불통(阨而不通) 즉 막혀서[阨而] 통하지 못함[不通]이니, 앞 〈정이혁(鼎耳革)의 혁(革)〉 즉 상구(上九 : ⚊)를 제친다[革]고 할지라도 구삼(九三 : ⚊)의 〈정(鼎)〉이 원만하게 이루어지지 못함을 암시한 계사(繫辭)가 〈기행색(其行塞)〉이다.

雉膏不食(치고불식)

꿩[雉] 고기를[膏] 먹지 못한다[不食].

〈치고불식(雉膏不食)〉은 앞 〈기행색(其行塞)의 색(塞)〉을 거듭해 암시한 계사(繫辭)이다. 〈치고불식(雉膏不食)〉은 〈구삼불식치고(九三不食雉膏)〉의 줄임으로 여기고 〈구삼이[九三] 꿩고기를[雉膏] 먹지 못한다[不食]〉라고 새겨볼 것이다.

구삼(九三 : ━)의 상행이[行] 막힌다면[塞] 군왕(君王)인 육오(六五 : ╍)가 구삼(九三 : ━)의 충성을 받을 수 없음을 암시한다. 〈치고불식(雉膏不食)의 치고(雉膏)〉는 정괘(鼎卦 : ䷱)의 상체(上體)인 이(離 : ☲)로 진입(進入)함을 암시한다. 〈치고불식(雉膏不食)의 불식(不食)〉은 〈기행색(其行塞)의 색(塞)〉 즉 막힘[塞] 탓으로 정괘(鼎卦 : ䷱)의 상체(上體)인 이(離 : ☲)로의 진입(進入)을 이루지 못함을 암시한다. 왜냐하면 〈치고불식(雉膏不食)의 치고(雉膏)〉가 「설괘전(說卦傳)」에 나오는 〈이는[離 : ☲] 꿩[雉]이다[爲]〉라는 내용을 환기시키기 때문이다. 이에 구삼(九三 : ━)의 상행(上行)이 막혀[塞] 군왕(君王)인 육오(六五 : ╍)의 은총을 받지 못해 육오(六五 : ╍)가 구삼(九三 : ━)의 충성을 받지 못하게 됨을 암시한 계사(繫辭)가 〈치고불식(雉膏不食)〉이다.

方雨虧悔(방우휴회) 終吉(종길)

바야흐로[方] 비가 내려[雨] 뉘우침이[悔] 없어지니[虧] 끝내[終] 행운을 누린다[吉].

〈방우휴회(方雨虧悔) 종길(終吉)〉은 구삼(九三 : ━)의 변효(變爻)로써 구삼(九三 : ━)이 상구(上九 : ━)와 정응(正應)을 누리게 됨을 암시한 계사(繫辭)이다. 〈방우휴회(方雨虧悔)〉는 〈방우(方雨) 이기우휴구삼지회(而其雨虧九三之悔)〉의 줄임으로 여기고 〈바야흐로[方] 비가 내려서[雨而] 그[其] 비가[雨] 구삼의[九三之] 회한을[悔] 없앴다[虧]〉라고 새겨볼 것이다. 〈휴회(虧悔)의 휴(虧)〉는 여기선 〈없앨 거(去)〉와 같다.

〈방우휴회(方雨虧悔)〉는 구삼(九三 : ━)이 변효(變爻)하면 정괘(鼎卦 : ䷱)의 하체(下體)인 손(巽 : ☴)은 감(坎 : ☵)으로 변괘(變卦)하므로 구삼(九三 : ━)을 방우휴회(方雨虧悔)〉에서 〈방우(方雨)의 우(雨)〉로 취상(取象)한 것이다. 여기 〈방우(方雨)의 우(雨)〉는 「설괘전(說卦傳)」에 나오는 〈감은[坎 : ☵] 물[水]이다[爲]〉라는 내용을 환기시킨다. 물은 곧 비[雨]이다. 따라서 부동(不同)하여 상응(相應)하지 못했던 구삼(九三 : ━)과 상구(上九 : ━)가 정응(正應)을 서로 누리게 되어, 구삼(九三 : ━)이 상체(上體)로 진입하게 됨을 암시한 것이 〈방우휴회(方雨虧悔)의 휴회(虧悔)〉이다. 여기 〈휴회(虧悔)〉 즉 회한을[悔] 없앤다[虧] 함은 구삼(九三 : ━)

이 〈치고식(雉膏食)〉 즉 꿩고기를[雉膏] 먹게[食] 되어 군왕(君王)의 신임을 받아 정괘(鼎卦 : ䷱)의 주제인 〈정(鼎)〉의 시국을 맞아 정신(鼎新) 즉 새것을[新] 결정하는[鼎] 임무를 완수해갈 수 있게 되었으니, 구삼(九三 : ⚊)의 변효(變爻)가 끝내는[終] 행운을 누리게[吉] 함을 암시한 계사(繫辭)가 〈방우휴회(方雨虧悔) 종길(終吉)〉이다.

【字典】

정(鼎) 〈정할 정(鼎)-정(定), 솥(세 발에 두 귀가 달린 기물) 정(鼎)-삼족양이지기(三足兩耳之器), 곧을 정(鼎)-정(貞), 왕위를 물려줌을 뜻하는 보기 정(鼎)-왕위전승지보기(王位傳承之寶器), 삼공 정(鼎)-삼공(三公), 귀하게 나타날 정(鼎)-귀현(貴顯), 바야흐로 정(鼎)-방(方), 마땅할 정(鼎)-당(當), 늘어질 모양 정(鼎)-대서모(大舒貌), 세 갈래 정(鼎)-정립(鼎立)-삼지(三肢), 걸상 정(鼎)-올(杌)〉 등의 뜻을 내지만 여기선 〈정신(定新)〉 즉 새것을[新] 결정한다[定]는 뜻을 지니는 〈솥 정(鼎)〉으로 새김이 마땅하다.

이(耳) 〈(사람의 귀처럼 양쪽에 붙어 있는 것을 말하는) 귀 이(耳)-부어물지양방지물(附於物之兩旁之物), (청각기관으로서) 귀 이(耳)-청각기관(聽覺器官), 들을(들릴) 이(耳)-문(聞), 고분고분할 이(耳)-유종(柔從), (비 맞은 뒤 생긴 곡식의) 싹 이(耳)-곡지경우생아(穀物經雨生芽), 감괘 이(耳)-감(坎 : ☵), (조사로 말 그칠) ~뿐이다 이(耳)-어결사(語決辭)〉 등의 뜻을 내지만 여기선 〈솥의 어깨 부분 양방에 붙어 있는 귀 부어물지양방지물(附於物之兩旁之物)〉로 여기고 새김이 마땅하다.

革 〈혁-극〉 두 가지로 발음되고, 〈배제할(고칠) 혁(革)-개(改)-거(去), 경계할 혁(革)-계(戒)-격(諽), 가죽 혁(革)-수피치거모(獸皮治去毛), 피부 혁(革)-피지총칭(皮之總稱), 생가죽 혁(革)-생피(生皮), 북 종류 악기 혁(革)-고류악기(鼓類樂器), 팔음의 하나 혁(革)-팔음지일(八音之一), 갑옷 혁(革)-갑주(甲胄)-병갑(兵甲), 헐어빠질 혁(革)-노(老)-피모고췌지형(皮毛枯瘁之形), 급할(빠를) 극(革)-급(急)-속(速), 고삐 혁(革)-비(轡)-파(靶)〉 등의 뜻을 내지만 여기선 〈배제할 거(去)〉로 여기고 새김이 마땅하다.

기(其) 〈그 기(其)-관형사, 그(그것) 기(其)-피(彼)-지(之), 그럴 기(其)-연(然), 어찌 기(其)-기(豈), 누를 기(其)-억(抑), 오히려 기(其)-상(尙)-서기(庶幾), 이에 기(其)-내(乃), 만약 기(其)-약(若), 장차 기(其)-장(將), 어조사 기(其)-어조사〉 등의 뜻을 내지만 여기선 관형사로서 〈그 기(其)〉로 여기고 새김이 마땅하다.

行 〈행-항〉 두 가지로 발음되고, 〈갈 행(行)-왕(往), 수행할 행(行)-수(遂), 다닐 행(行)-보(步), 나아갈 행(行)-전진(前進), 길 귀신 행(行)-노신(路神), 오행 행(行)-오행(五行), 길 행(行)-도로(道路), 쓸 행(行)-용(用), 순행할 행(行)-순행(巡行), 행실 행(行)-신지소행(身之所行), 운반할 행(行)-운(運), 항오 항(行)-열(列), 시장 항(行)-시장(市長), 항렬 항(行)-등배(等輩), 굳셀 항(行)-강강(剛强)〉 등의 뜻을 내지만 여기선 〈갈 왕(往)〉과 같다 여기고 새김이 마땅하다.

塞 〈색-새〉 두 가지로 발음되고, 〈막힐 색(塞)-액(阨), 통하지 못할 색(塞)-폐(蔽)-불통(不通), 담장으로 막힐 색(塞)-도색(堵塞), 막을 색(塞)-전(塡), 성곽 색(塞)-성곽(城郭), 멈출 색(塞)-지(止), 기울 색(塞)-보(補), 마땅할 색(塞)-당(當), 답할 색(塞)-답(答), 끊을 색(塞)-절(絶)-단(斷), 닫힐 색(塞)-폐(閉), 통행하지 못할 색(塞)-불행(不行), 사악한 것이 들지 못할 색(塞)-실(實), 얼굴색 색(塞)-안색(顔色), 불안한 모습 색(塞)-불안모(不安貌), 사이 뜰 새(塞)-격(隔), 변방 새(塞)-변(邊), 동북방 국경 새(塞)-동북방지국경(東北方之國境), 험하고 좁을 새(塞)-험애(險隘), (신의 은혜를) 갚을 새(塞)-보(報)〉 등의 뜻을 내지만 여기선 〈막힐 액(阨)〉과 같다 여기고 새김이 마땅하다.

치(雉) 〈꿩 치(雉)-야계(野鷄), 성벽의 척도 이름 치(雉)-성장척도명(城牆尺度名), 담장 치(雉)-장원(牆垣), 소 코를 꿴 줄 치(雉)-우비승(牛鼻繩), 무리 치(雉)-이(俬), 이치 치(雉)-이(理), 펼칠 치(雉)-진(陳)〉 등의 뜻을 내지만 여기선 〈꿩 야계(野鷄)〉로 여기고 새김이 마땅하다.

고(膏) 〈살진 고(膏)-육지비(肉之肥), 은택 고(膏)-은택(恩澤), 기름질 고(膏)-비(肥), 기름 고(膏)-지(脂), 기름진 땅 고(膏)-토지비옥(土地肥沃), 돼지기름 고(膏)-시지(豕脂), 화장품 기름 고(膏)-화장용지지(化粧用之脂), 고약 고(膏)-고약(膏藥), 윤택할 고(膏)-윤택(潤澤), 명치 끝 고(膏)-인체심하(人體心下), 나무무늬가 조밀하고 하얀 고(膏)-목리지세백(木理之細白), 다디달 고(膏)-감(甘), 맛좋을 고(膏)-미호(味好), 빛날 고(膏)-윤지(潤之)〉 등의 뜻을 내지만 여기선 〈살진 육지비(肉之肥)〉로 여기고 새김이 마땅하다.

不 〈불-부〉 등으로 발음되고, 〈못할 불(不)-부(不), 않을 불(不)-부(不), 아닐 불(不)-부(不)-비(非), 없을 불(不)-부(不)-무(無), 하지 말 불(不)-부(不)-막(莫)-금지(禁止), 정하지 않을 불(不)-부(不)-부(否)-미정(未定), 새가 날아올라 내려오지 않는 불

(不)-부(不)-조비상불하래(鳥飛上不下來)〉 등의 뜻을 내지만 여기선 〈못할 불(不)〉로 여기고 새김이 마땅하다.

食 〈사-식-이〉 세 가지로 발음되고, 〈먹을 식(食)-여(茹), 먹을거리(양식) 사(食)-양(糧), 먹일(먹힐) 사(食)-사(飤)-반(飯), 길러줄 사(食)-양(養), (부모를 매장한 뒤에 올리는 제사) 우제 사(食)-우제(虞祭), 밥 식(食), 씹을 식(食)-담(啗), 모든 음식물 식(食)-식용(食用)-음식물(飮食物), 헛말할 식(食)-식언(食言), 사람 이름 이(食)〉 등의 뜻을 내지만 〈먹을 식(食)-여(茹)〉와 같다 여기고 새김이 마땅하다.

방(方) 〈바야흐로(또한) 방(方)-차(且), 이제 방(方)-금(今), 방위(방향) 방(方)-향(向)-향(嚮)-방위(方位), 나라 방(方)-방국(邦國), 곧을 방(方)-정(正), 아우를 방(方)-병(併), 모 방(方)-구(矩), 떳떳할 방(方)-상(常), 견줄 방(方)-비(比), 있을 방(方)-유(有), 방편 방(方)-술책(術策), 방책 방(方)-방책(方策)-간책(簡策), 의서 방(方)-의서(醫書), 배 아울러 맬 방(方)-방주(方舟)〉 등의 뜻을 내지만 여기선 〈바야흐로 방(方)〉으로 여기고 새김이 마땅하다.

우(雨) 〈비 내릴 우(雨)-수종운하(水從雲下), 물기 우(雨)-수기(水氣), 음 우(雨)-음(陰), 감 우(雨)-감(坎), 태 우(雨)-태(兌), 많을 우(雨)-다(多), 흩어질 우(雨)-산실(散失), 비올 우(雨)-강우(降雨), 위에서 아래로 떨어질 우(雨)-자상이하락(自上而下落), 윤택할 우(雨)-윤택(潤澤)〉 등의 뜻을 내지만 여기선 〈비 내릴 수종운하(水從雲下)〉로 여기고 새김이 마땅하다.

휴(虧) 〈없어질(사라질) 휴(虧)-거(去), 잃을 휴(虧)-손(損)-실(失), 다할 휴(虧)-헐(歇), 허물어질 휴(虧)-훼양(毁壞), 이지러질 휴(虧)-결(缺)-소(少), 모자랄(줄어들) 휴(虧)-흠(欠)-감(減)〉 등의 뜻을 내지만 여기선 〈없앨(사라질) 거(去)〉와 같다 여기고 새김이 마땅하다.

회(悔) 〈뉘우칠 회(悔)-한(恨), 허물할 회(悔)-구(咎), 업신여길 회(悔)-만(慢)〉 등의 뜻을 내지만 여기선 〈뉘우칠 한(恨)〉과 같아 회한(悔恨)의 줄임으로 여기고 새김이 마땅하다.

종(終) 〈끝내(끝날) 종(終)-이(已), 다할 종(終)-진(盡)-극(極)-궁(窮)-경(竟), 충분할 종(終)-충(充), 이룰 종(終)-성(成), 사망 종(終)-사(死), 끝 종(終)-시지대(始之對)〉 등의 뜻을 내지만 여기선 〈끝내 이(已)〉와 같다 여기고 새김이 마땅하다.

길(吉) 〈좋을(행복할) 길(吉)-선(善)-영(令) {영월길일(令月吉日)은 선월선일(善月善日)임.}, 복 길(吉)-실(實)-선실(善實)-복(福), 예의를 따라 상서로울 길(吉)-예의순상(禮義順祥), 삼갈 길(吉)-근(謹), 초하루 길(吉)-삭일(朔日) {삭망(朔望) 즉 초하루[朔]와 그믐날[望]}, 길례 길(吉)-길례(吉禮) {오례지일(五禮之一) 길흉빈군가(吉凶賓軍嘉)}, 갈 길(吉)-행(行)-길(趌)〉 등의 뜻을 내지만 여기선 〈좋을 선(善)-영(令)〉 즉 행복(幸福), 행운(幸運) 등과 같다 여기고 새김이 마땅하다.

註 이위치(離爲雉) : 이는[離 : ☲] 꿩[雉]이다[爲]. 「설괘전(說卦傳)」 8단락(段落)

註 감위수(坎爲水) : 감은[坎 : ☵] 물[水]이다[爲]. 「설괘전(說卦傳)」 11단락(段落)

구사(九四 : ⚊)

九四 : 鼎折足하여 覆公餗하니 其形渥이라 凶이로다
정절족 복공속 기형악 흉

구사(九四) : 솥의[鼎] 다리를[足] 부러뜨려[折] 임금의[公] 진찬을[餗] 엎질러서[覆] 그[其] 형벌이[形] 막중하니[渥] 나쁘다[凶].

【구사(九四)의 효상(爻象) 풀이】

정괘(鼎卦 : ䷱)의 구사(九四 : ⚊)는 이양거음(以陽居陰) 즉 양(陽 : ⚊)으로써[以] 음(陰 : ⚋)의 자리에 있는지라[居] 정당한 자리에 있지 못하다. 육오(六五 : ⚋)와는 양음(陽陰)인지라 비(比) 즉 이웃의 사귐[比]을 누릴 처지이지만 육오(六五 : ⚋)가 구이(九二 : ⚊)와의 정응(正應)에 기울어진 탓으로 구사(九四 : ⚊)와는 멀어진 상태인지라, 구사(九四 : ⚊)는 초륙(初六 : ⚋)과 서로[相] 호응함[應]에 기울어져 발을[趾] 뒤집은[顚] 솥[鼎] 같은 처지인 초륙(初六 : ⚋)과 상응(相應)하니 구사(九四 : ⚊) 자신이 화(禍)를 불러들이는 모습이다.

정괘(鼎卦 : ䷱)의 구사(九四 : ⚊)가 육사(六四 : ⚋)로 변효(變爻)하면 구사(九四 : ⚊)는 정괘(鼎卦 : ䷱)를 18번째 고괘(蠱卦 : ䷑)로 지괘(之卦)하게 한다. 따라서 정괘(鼎卦 : ䷱)의 구사(九四 : ⚊)는 고괘(蠱卦 : ䷑)의 육사(六四 : ⚋)를 찾아가 살펴보게 한다.

【구사(九四)의 계사(繫辭) 풀이】

鼎折足(정절족) 覆公餗(복공속)

솥의[鼎] 다리를[足] 부러뜨려[折] 임금의[公] 진찬을[餗] 엎질렀다[覆].

〈정절족(鼎折足) 복공속(覆公餗)〉은 구사(九四 : ⚊)가 초륙(初六 : ⚋)과 상응함을 암시한 계사(繫辭)이다. 〈정절족(鼎折足) 복공속(覆公餗)〉은 〈구사지정절기족(九四之鼎折其足) 인차구사지정복공속어기정지내(因此九四之鼎覆公餗於其鼎之內)〉의 줄임으로 여기고 〈구사의[九四之] 솥이[鼎] 제[其] 발을[足] 부러뜨렸다[折] 이[此] 때문에[因] 구사의[九四之] 솥이[鼎] 그[其] 솥의[鼎之] 안에 있는[於內] 공속을[公餗] 엎질렀다[覆]〉라고 새겨볼 것이다. 〈복공속(覆公餗)의 복(覆)〉은 〈엎지를 도(倒)〉와 같다.

〈정절족(鼎折足)〉은 솥의[鼎] 발이[趾] 뒤엎인[顚] 초륙(初六 : ⚋)과 구사(九四 : ⚊)가 상응(相應)함을 암시한다. 구사(九四 : ⚊)가 군왕(君王)인 육오(六五 : ⚋)와 이웃의 사귐[比]을 돈독히 하려고 충성을 다해 노력하되 음유소인(陰柔小人)인 초륙(初六 : ⚋)과 서로[相] 호응함[應]을 멀리한다면 구사(九四 : ⚊)는 〈절족(折足)〉으로써 취상(取象)되지 않을 것이다. 구사(九四 : ⚊)는 대신(大臣)의 자리에 있는지라 천하대사(天下大事)를 맡은 자이다. 대사(大事)는 혼자 할 수 없고 천하의 현재(賢才)를 구하여 대사(大事)를 완수해가야 한다. 구사(九四 : ⚊)가 현재(賢才)를 구하지 않고 유약(柔弱)한 소인(小人)인 초륙(初六 : ⚋)과 상응(相應)함을 암시한 계사(繫辭)가 〈정절족(鼎折足)〉이다.

〈복공속(覆公餗)〉은 〈정절족(鼎折足)〉 탓으로 구사(九四 : ⚊)가 형벌을 면하지 못함을 암시한다. 정괘(鼎卦 : ䷱)에서 구사(九四 : ⚊)의 자리는 중앙(中央)인지라 신체의 부위로 말한다면 〈복(腹)〉 즉 배[腹]의 자리와 같은지라, 솥으로 치면 솥 안에 먹을거리가 가득함을 암시한다. 〈복공속(覆公餗)의 공속(公餗)〉 즉 임금의[公] 음식물[餗]을 들어 구사(九四 : ⚊)가 대신(大臣)임을 암시하고, 동시에 대신(大臣)의 소임(所任)을 구사(九四 : ⚊)가 행하지 못했음을 암시한다. 정복(鼎腹) 즉 솥[鼎] 안[腹]의 먹을거리[餗]를 제대로 간직하자면 정족(鼎足) 즉 솥의[鼎] 발[足]이 제자리에 붙어 있어야 한다. 그러나 구사(九四 : ⚊)의 솥[鼎]은 〈절족(折足)〉 즉 다리를[足] 잘렸기에[折] 그 솥은 기울게 마련이고 그러면 복중(腹中)의 먹을거리를 솥은 제대로 간직할 수 없게 돼 쏟게 됨을 암시한 것이 〈복공속(覆公餗)의 복(覆)〉이다. 〈공속(公餗)의 공(公)〉은 제후(諸侯) 즉 임금을 뜻하며, 〈공속(公餗)의 속(餗)〉은 먹을거리를 말한다. 〈공속(公餗)〉이란 임금께 올릴 진찬(珍饌)을 뜻한다. 이러한 〈공속(公餗)〉을 엎질렀다[覆] 함은 경대부(卿大夫)인 구사(九四 : ⚊)가 현재(賢才)를 구하여 군왕(君王)을 보필하지 않고 소인(小人)인 초륙(初六 : ⚋)과의 정응(正應)을 통해 국사(國事)를 수행하여 군왕(君王)인 육오(六五 : ⚋)를 제대로 보필하지 못해 불충을 범한 대죄(大罪)를 범했음을 암시한 계사(繫辭)이다.

其形渥(기형악) 凶(흉)

그[其] 형벌이[形] 막중하니[渥] 나쁘다[凶].

〈기형악(其形渥) 흉(凶)〉은 형벌을 받은 구사(九四 : ⚊)를 암시한 계사(繫辭)이다. 〈기형악(其形渥)〉은 〈구사지소형악(九四之所形渥)〉의 줄임으로 여기고 〈구사가[九四之] 형벌을 받을[形] 바가[所] 중벌이다[渥]〉라고 새겨볼 것이다. 〈기형악(其形渥)의 기(其)〉는 〈구사지[九四之]〉를 나타내는 관형사이고, 〈형(形)〉은 여기선 〈형벌 형(刑)〉과 같고, 〈기형악(其形渥)의 악(渥)〉은 대형(大刑) 즉 중벌을 뜻한다.

〈기형악(其形渥)〉은 구사(九四 : ⚊)가 〈공속(公餗)〉 즉 임금의[公] 진찬[餗]을 엎질러[覆] 형벌로[形] 중벌을 받음[渥]을 암시한다. 〈기형악(其形渥)의 형(形)〉은 구사(九四 : ⚊)가 정괘(鼎卦 : ䷱)의 상체(上體)인 이(離 : ☲)의 초효(初爻)임을 들어 〈형(形)〉 즉 형벌[形]로써 구사(九四 : ⚊)를 취상(取象)한다. 왜냐하면 여기 〈기형악(其形渥)의 형(形)〉이 「설괘전(說卦傳)」에 나오는 〈이는[離 : ☲] 방패와[戈] 무기[兵]이다[爲]〉라는 내용을 환기시키기 때문이다. 〈형(形)〉 즉 형(刑)의 형구(刑

具)란 과병(戈兵)의 병(兵) 즉 무기[兵]를 사용한다. 그리고 〈기형악(其形渥)의 악(渥)〉은 구사(九四 : ⚊)가 변효(變爻)하여 정괘(鼎卦 : ䷱)의 상체(上體)인 이(離 : ☲)가 간(艮 : ☶)으로 변괘(變卦)함으로써 구사(九四 : ⚊)를 취상(取象)한 것이다. 왜냐하면 여기 〈기형악(其形渥)의 악(渥)〉이 「설괘전(說卦傳)」에 나오는 〈간은[艮 : ☶] 궁궐의[闕] 문(門)이다[爲]〉라는 내용을 환기시키기 때문이다. 대신(大臣)의 〈악(渥)〉 즉 중벌(重罰)은 백성이 보는 앞에서 행해지지 않고 옥내(屋內)에서 집행된다. 임금의[公] 진찬을[餗] 엎지른[覆之] 형벌[形]은 중벌을 받아[渥] 구사(九四 : ⚊)가 불운하게 됨[凶]을 암시한 것이 〈기형악(其形渥) 흉(凶)〉이다. 여기 〈흉(凶)〉은 「계사전상(繫辭傳上)」에 나오는 〈덕은[德] 엷은데[薄而] 직위는[位] 높고[尊] 지략은[知] 작은데[小而] 큰 일을[大] 꾀하고[謀] 힘은[力] 작은데[小而] 맡은 일이[任] 막중하다면[重] {흉(凶)함이} 닥치지 않기란[不及] 적은 것[鮮]이다[矣]〉라는 내용을 환기시킨다. 구사(九四 : ⚊)가 초륙(初六 : ⚋)과 같은 소인배(小人輩)와 국사(國事)를 도모하다가 실패하여 군왕(君王)인 육오(六五 : ⚋)로부터 신임을 잃어 형벌을 받게 되어 〈흉(凶)〉 즉 흉화(凶禍)를 겪게 되었음을 암시한 계사(繫辭)가 〈기형악(其形渥) 흉(凶)〉이다.

【字典】

정(鼎) 〈솥(세 발에 두 귀가 달린 기물) 정(鼎)-삼족양이지기(三足兩耳之器), 정할 정(鼎)-정(定), 곧을 정(鼎)-정(貞), 왕위를 물려줌을 뜻하는 보기 정(鼎)-왕위전승지보기(王位傳承之寶器), 삼공 정(鼎)-삼공(三公), 귀하게 나타날 정(鼎)-귀현(貴顯), 바야흐로 정(鼎)-방(方), 마땅할 정(鼎)-당(當), 늘어질 모양 정(鼎)-대서모(大舒貌), 세 갈래 정(鼎)-정립(鼎立)-삼지(三肢), 걸상 정(鼎)-올(杌)〉 등의 뜻을 내지만 여기선 〈정신(定新)〉 즉 새것을[新] 결정한다[定]는 뜻을 지니는 〈솥 정(鼎)〉으로 새김이 마땅하다.

折 〈절-제-설〉 세 가지로 발음되고, 〈절단할 절(折)-단지(斷之), 꺾을 절(折)-요(拗), 알맞을 절(折)-중(中), 휠 절(折)-곡(曲), 굽힐 절(折)-굴(屈), 윽박지를 절(折)-좌(挫), 훼손할 절(折)-훼(毁), 천천히 할 제(折)-안서모(安徐貌), 단절할 설(折)-절단(切斷)〉 등의 뜻을 내지만 여기선 〈절단할 단지(斷之)〉로 새김이 마땅하다.

足 〈족-주〉 두 가지로 발음되고, 〈발 족(足)-지(趾), 넉넉할 족(足)-착(浞)-득(得), 산록 족(足)-산록(山麓)-산족(山足), 밟을 족(足)-답(蹋), 갈 족(足)-행(行)-주(走),

(만족하여) 그칠 족(足)-지(止), 흡족할 족(足)-만(滿), 편안히 제 분수를 지킬 족(足)-안분(安分), 더할 주(足)-익(益), 지나칠 주(足)-주공(足恭)〉 등의 뜻을 내지만 여기선 〈발지(趾)〉로 새김이 마땅하다.

覆 〈복-부〉 두 가지로 발음되고, 〈엎지를 복(覆)-도(倒), 돌이킬 복(覆)-반(反), 엎칠 복(覆)-패(敗), 없어질 복(覆)-멸(滅), 헐(상처 입힐) 복(覆)-훼(毁), 뒤집을 복(覆)-번(飜)-반(反), 거듭할 복(覆)-중(重), 자상히 살필 복(覆)-심(審)-상찰(詳察), 찾을 복(覆)-색(索), 덮을 부(覆)-개(蓋), 쌀 부(覆)-포(包), 고루 퍼질 부(覆)-포(布), 엎드릴 부(覆)-복(伏)-복병(伏兵), 엎드려 숨어 기다릴 부(覆)-설복병이대(設伏兵以待), 엄폐할 부(覆)-엄폐(掩蔽), 쟁깃술 부(覆)-자(庇)〉 등의 뜻을 내지만 여기선 〈엎지를 도(倒)〉와 같다 여기고 새김이 마땅하다.

공(公) 〈임금, 천자, 제후 등의 칭호로서 님 공(公)-군천자제후지칭(君天子諸侯之稱), 공가 공(公)-공가(公家)-조정(朝廷), 공변될 공(公)-평분(平分), 무사할 공(公)-무사(無私), 평평할 공(公)-평(平), 바를 공(公)-정(正), 완연할 공(公)-현연(顯然), 자세할 공(公)-상(詳), 상대를 존대하는 칭호 공(公)-대인지존칭(對人之尊稱), 할아버지 공(公)-조부(祖父), 아버지 공(公)-부(父), 부역 공(公)-부역(賦役), 성공 공(公)-성공(成功), 신을 받드는 칭호 공(公)-신지존칭(神之尊稱)〉 등의 뜻을 내지만 여기선 〈임금 공(公)〉으로 여기고 새김이 마땅하다.

속(餗) 〈솥 안에 든 먹을거리 속(餗)-정실(鼎實)-건(鍵), 곰(여덟 가지 진미를 갖춘 먹을거리) 속(餗)-팔진지구(八珍之具), 죽 속(餗)-죽(粥)-죽(鬻), 나물죽 속(餗)-삼(糝), 나물 속(餗)-채(采)〉 등의 뜻을 내지만 여기선 〈솥 안에 든 먹을거리 정실(鼎實)〉로 여기고 새김이 마땅하다.

기(其) 〈그 기(其)-관형사, 그(그것) 기(其)-피(彼)-지(之), 그럴 기(其)-연(然), 어찌 기(其)-기(豈), 누를 기(其)-억(抑), 오히려 기(其)-상(尙)-서기(庶幾), 이에 기(其)-내(乃), 만약 기(其)-약(若), 장차 기(其)-장(將), 어조사 기(其)-어조사〉 등의 뜻을 내지만 여기선 관형사로서 〈그 기(其)〉로 여기고 새김이 마땅하다.

형(形) 〈형벌 형(形)-형(刑)-고(誥), 몸(몸뚱이) 형(形)-체(體), 드러난 모습 형(形)-형상(形象), 모양 형(形)-용(容), 지세 형(形)-지세(地勢), 기세 형(形)-세(勢), 조짐 형(形)-조(兆)-조짐(兆朕), 성음의 동정 형(形)-성음동정(聲音動靜), 드러날 형(形)-현(見)-

현현(顯見), 바를 형(形)-정(正), 본보기 형(形)-법(法), 꼴 형(形)-형(型)〉 등의 뜻을 내지만 여기선 〈형벌 형(刑)〉으로 여기고 새김이 마땅하다.

악(渥) 〈중벌 악(渥)-대형(大刑)-중벌(重罰)-죄중(罪重), 형벌을 가할 악(渥)-옥(剭), 젖을(적실) 악(渥)-점(霑)-첨(沾)-유(濡)-지(漬), 흠씬 젖을 악(渥)-후지(厚漬), 두터울 악(渥)-후(厚), 아름다울 악(渥)-미(美), 붉을 악(渥)-적(赤), 빛날 악(渥)-광윤(光潤), 은혜 악(渥)-은혜(恩惠), 탁할 악(渥)-탁(濁)〉 등의 뜻을 내지만 〈중벌 대형(大刑)〉으로 여기고 새김이 마땅하다.

흉(凶) 〈나쁠 흉(凶)-오(惡), 불행할(불운할) 흉(凶)-길지반(吉之反), 흉한 사람 흉(凶)-흉인(凶人), 재앙 흉(凶)-화(禍), 요사할 흉(凶)-요사(夭死), 걱정할 흉(凶)-우(憂)-구(懼), 악한 사람 흉(凶)-악인(惡人), 흉년 흉(凶)-연곡불숙(年穀不熟), 사나울 흉(凶)-포학(暴虐), 음기 흉(凶)-음기(陰氣), 북쪽 흉(凶)-북(北), 없을 흉(凶)-공(空), 송사 흉(凶)-송(訟), 거역할 흉(凶)-역(逆), 어그러질 흉(凶)-패(悖), 허물 흉(凶)-구(咎)〉 등의 뜻을 내지만 여기선 〈불운할 길지반(吉之反)〉으로 여기고 새김이 마땅하다.

註 이위과병(離爲戈兵) : 이는[離 : ☲] 방패와[戈] 무기[兵]이다[爲].

「설괘전(說卦傳)」 11단락(段落)

註 간위문궐(艮爲門闕) : 간은[艮 : ☶] 궁궐의[闕] 문(門)이다[爲]. 「설괘전(說卦傳)」 11단락(段落)

註 덕박이위존(德薄而位尊) 지소이모대(知小而謀大) 역소이임중(力小而任重) 선불급의(鮮不及矣) : 덕은[德] 엷은데[薄而] 직위는[位] 높고[尊], 지략은[知] 작은데[小而] 큰 일을[大] 꾀하고[謀], 힘은[力] 작은데[小而] 맡은 일이[任] 막중하다면[重], {흉(凶)함이} 닥치지 않기란[不及] 적은 것[鮮]이다[矣]. 「계사선상(繫辭傳上)」 5단락(段落)

육오(六五 : --)

六五 : 鼎黃耳金鉉이니 利貞하리라
정황이금현 이정

육오(六五) : 솥의[鼎] 귀가[耳] 황색이고[黃] 손잡이가[鉉] 황금이니[金] 진실로 미더우면[貞] 이롭다[利].

【육오(六五)의 효상(爻象) 풀이】

정괘(鼎卦 : ䷱)의 육오(六五 : --)는 이음거양(以陰居陽) 즉 음(陰 : --)으로써[以] 양(陽 : ㅡ)의 자리에 있는지라[居] 정당한 자리에 있지 못하다. 육오(六五 : --)와 상구(上九 : ㅡ)는 음양(陰陽)의 사이인지라 비(比) 즉 이웃의 사귐[比]을 누리면서 상구(上九 : ㅡ)를 상왕(上王)으로 모신다. 육오(六五 : --)와 구사(九四 : ㅡ) 역시 음양(陰陽)의 사이인지라 비(比) 즉 이웃의 사귐[比]을 누릴 처지이지만, 육오(六五 : --)가 구이(九二 : ㅡ)와의 정응(正應)에 기울어진 탓으로 구사(九四 : ㅡ)와는 멀어진 상태이다. 육오(六五 : --)와 구이(九二 : ㅡ)는 중이부정(中而不正) 즉 가운데 자리에 있으나[中而] 정당한 자리에 있지 못하지만[不正] 정응(正應) 즉 서로 바르게[正] 호응[應]하면서 중효(中爻)로서 득중(得中) 즉 정도를 따름을[中] 취하여[得], 무사무편(無私無偏) 즉 사사로움이[私] 없고[無] 치우침이[偏] 없어[無] 공정(公正)함을 지킨다. 구이(九二 : ㅡ)와 상구(上九 : ㅡ)의 강강(剛强)함을 응원받아 강유(剛柔)가 어울려 육오(六五 : --)는 유음(柔陰)의 군왕(君王)이지만 정괘(鼎卦 : ䷱)의 주체인 모습이다.

> 정괘(鼎卦 : ䷱)의 육오(六五 : --)가 구오(九五 : ㅡ)로 변효(變爻)하면 육오(六五 : --)는 정괘(鼎卦 : ䷱)를 44번째 구괘(姤卦 : ䷫)로 지괘(之卦)하게 한다. 따라서 정괘(鼎卦 : ䷱)의 육오(六五 : --)는 구괘(姤卦 : ䷫)의 구오(九五 : ㅡ)를 찾아가 살펴보게 한다.

【육오(六五)의 계사(繫辭) 풀이】

鼎黃耳金鉉(정황이금현)

솥의[鼎] 귀가[耳] 황색이고[黃] 손잡이가[鉉] 황금이다[金].

〈정황이금현(鼎黃耳金鉉)〉은 육오(六五 : --)의 효위(爻位)를 들어 암시한 계사(繫辭)이다. 〈정황이금현(鼎黃耳金鉉)〉은 〈육오지정유황이(六五之鼎有黃耳) 이륙오지정유금현(而六五之鼎有金鉉)〉의 줄임으로 여기고 〈육오의[六五之] 솥에는[鼎] 황색의[黃] 귀가[耳] 있다[有] 그리고[而] 육오의[六五之] 솥에는[鼎] 황금의[金] 손잡이가[鉉] 있다[有]〉라고 새겨볼 것이다. 〈금현(金鉉)의 현(鉉)〉은 〈거정구(擧鼎具)〉 즉 솥뚜껑의 손잡이[擧鼎具]를 뜻한다.

〈정황이금현(鼎黃耳金鉉)〉은 육오(六五 : --)가 군왕(君王)임을 암시한다. 정황이금현(鼎黃耳金鉉)〉에서 〈황이(黃耳)의 황(黃)〉과 〈금현(金鉉)의 금(金)〉은 군왕(君王)인 육오(六五 : --)를 취상(取象)한 것이다. 솥의[鼎] 〈황이(黃耳)〉 즉 중앙색인 황색의[黃] 귀[耳]라는 것이 〈정황이(鼎黃耳)의 황이(黃耳)〉이다. 여기 〈황이(黃耳)의 황(黃)〉은 군왕(君王)의 색이니 육오(六五 : --)가 군왕(君王)임을 암시하고, 〈황이(黃耳)의 이(耳)〉는 육오(六五 : --)의 효위(爻位)가 정괘(鼎卦 : ䷱)에서 솥귀[鼎耳]의 자리로서 솥[鼎]을 활용하는 주체임을 암시한다. 희생(犧牲) 즉 소 양 돼지 등의 제물(祭物) 등[犧牲]을 다루는 솥의[鼎] 손잡이[鉉]는 귀[耳]에 걸기 때문에 솥귀[鼎耳]가 솥의 옮김을 주도하는지라 육오(六五 : --)는 정괘(鼎卦 : ䷱)의 상체(上體) 이(離 : ☲)의 중효(中爻)이기도 하기에, 30번째 이괘(離卦 : ䷝) 육이(六二 : --)의 계사(繫辭)인 〈황리(黃離) 원길(元吉)〉 즉 황색의[黃] 빛남이라[離] 크게[元] 행운을 누린다[吉]는 내용을 연상시키면서, 동시에 「설괘전(說卦傳)」에 나오는 〈곤은[坤 : ☷] 땅[地]이다[爲]〉라는 내용을 환기시킨다. 왜냐하면 육오(六五 : --)는 음(陰 : --)인지라 곤(坤 : ☷)에 속(屬)하기 때문이다. 〈곤위지(坤爲地)〉는 곧 곤위토(坤爲土)와 같다. 토(土)는 오행(五行 : 金木土水火)의 중앙(中央)이다. 토양(土壤)의 색은 황(黃)으로써 정색(正色)을 삼고, 동시에 군왕(君王)의 색을 들어 군왕(君王)인 육오(六五 : --)를 암시한 것이 〈정황이(鼎黃耳)〉이다. 〈정황이금현(鼎黃耳金鉉)의 금현(金鉉)〉 역시 군왕(君王)을 취상(取象)한 것이다. 실제로 솥의 손잡이 구실을 가능하게 하는 것은 〈정황이(鼎黃耳)의 황이(黃耳)〉이지만, 둥근 고리 모양의 〈현(鉉)〉 즉 손잡이[鉉]를 솥귀[鼎耳]에 마치 귀고리처럼 끼어서 걸어 놓음을 빌려 육오(六五 : --)가 상구(上九 : --)와 누리는 비(比) 즉 이웃의 사귐[比]을 취상(取象)한 것이다.

〈금현(金鉉)의 금(金)〉은 육오(六五 : --)가 변효(變爻)하여 정괘(鼎卦 : ䷱)의 상체(上體)인 이(離 : ☲)가 건(乾 : ☰)으로 변괘(變卦)함을 암시한다. 왜냐하면 〈금현(金鉉)의 금(金)〉이 「설괘전(說卦傳)」에 나오는 〈건은[乾 : ☰] 금(金)이다[爲]〉라는 내용을 환기시키기 때문이다. 〈금현(金鉉)의 금(金)〉은 여기선 임금의 색을 암시하는 황주색(黃朱色)의 〈금(金)〉이니 군왕(君王)인 육오(六五 : --)를 암시하고, 〈금현(金鉉)의 현(鉉)〉은 상구(上九 : —)의 효위(爻位)가 정괘(鼎卦 : ䷱)에서 솥의[鼎] 손잡이[鉉] 자리임을 암시하므로 상구(上九 : ―)를 나타낸다. 〈금현(金鉉)〉은 육오(六五 : --)와 상구(上九 : ―)가 비(比) 즉 이웃의 사귐[比]을 누림을 암시하여, 유강(柔剛) 즉 부드러운[柔] 육오(六五 : --)가 굳건한[剛] 상구(上九 : ―)와 상화(相和)하여 천하의 현재(賢才)들을 길러냄을 주도함을 암시한다. 이에 육오(六五 : --)와 구이(九二 : ―)가 누리는 정응(正應)으로써 강유(剛柔)를 상화(相和)하고, 동시에 육오(六五 : --)와 상구(上九 : ―)가 누리는 비(比) 즉 이웃의 사귐[比]으로써 백성이 평안함을 누리게 하는 군왕(君王)으로서 육오(六五 : --)를 암시한 계사(繫辭)가 〈정황이금현(鼎黃耳金鉉)〉이다.

利貞(이정)

진실로 미더우면[貞] 이롭다[利].

〈이정(利貞)〉은 군왕(君王)으로서 육오(六五 : --)가 공평무사(公平無私)하기를 암시한 계사(繫辭)이다. 〈이정(利貞)〉은 〈기연륙오정관어정(旣然六五貞關於鼎) 천하민유리(天下民有利)〉의 줄임으로 여기고 〈육오가[六五] 새것을 결정함에[鼎] 관하여[關於] 진실로 미덥기[貞] 때문에[旣然] 온 세상[天下] 백성에게[民] 이로움이[利] 있다[有]〉라고 새겨볼 것이다.

육오(六五 : --)가 〈황이(黃耳)〉와 〈금현(金鉉)〉만으로써 천하 백성에게 이롭지[利] 않음을 암시한 것이 여기 〈이정(利貞)〉이다. 〈정(貞)〉의 〈황이(黃耳)〉이어야 하고 〈정(貞)〉의 〈금현(金鉉)〉이어야 군왕(君王)인 육오(六五 : --)의 치세(治世)가 백성에게 〈이(利)〉 즉 이롭다[利]는 것이다. 〈이정(利貞)의 정(貞)〉은 성신(誠信) 즉 진실로[誠] 미더워[信] 곧음[直]이다. 〈정(貞)〉 즉 성신(誠信)은 공정(公正)함이다. 모든 것을 아울러 하나같이[公] 바르게 하여[正] 사사로움이[私] 없고[無] 치우침이[偏] 없다[無]면 절로 공정(公正)함이 성신(誠信) 즉 〈정(貞)〉이다. 만사(萬事)를 행함에 〈정(貞)〉은 성신(誠信) 즉 진실로[誠] 미더워[信] 오로지 공정(公正)하다면 이로울[利] 뿐이고 〈정(貞)〉으로써 이롭다면 언제 어디서든 막힘없이 통할[亨] 수 있다. 이에 〈정(貞)〉이 득중(得中) 즉 정도를 따름을[中] 취하여[得] 군왕(君王)으로서 육오(六五 : --)가 치세(治世)해야 함을 암시한 계사(繫辭)가 〈이정(利貞)〉이다.

【字典】

정(鼎) 〈솥(세 발에 두 귀가 달린 기물) 정(鼎)-삼족양이지기(三足兩耳之器), 정할 정(鼎)-정(定), 곧을 정(鼎)-정(貞), 왕위를 물려줌을 뜻하는 보기 정(鼎)-왕위전승지보기(王位傳承之寶器), 삼공 정(鼎)-삼공(三公), 귀하게 나타날 정(鼎)-귀현(貴顯), 바야흐로 정(鼎)-방(方), 마땅할 정(鼎)-당(當), 늘어질 모양 정(鼎)-대서모(大舒貌), 세 갈래 정(鼎)-정립(鼎立)-삼지(三肢), 걸상 정(鼎)-올(杌)〉 등의 뜻을 내지만 여기선 〈정신(定新)〉 즉 새것을[新] 결정한다[定]는 뜻을 지니는 〈솥 정(鼎)〉으로 새김이 마땅하다.

황(黃) 〈중앙색 황(黃)-중앙색(中央色), 가운데 황(黃)-중앙(中央), 땅의 색 황(黃)-지지색(地之色)-토색(土色), 중화의 색 황(黃)-중화지색(中和之色), 임금 옷의 색 황(黃)-군왕복지색(君王服之色), 밖으로 빛날 황(黃)-광(光), 두터울 황(黃)-후(厚)〉 등의 뜻을 내지만 여기선 〈중앙색(中央色)〉으로 여기고 새김이 마땅하다.

이(耳) 〈(사람의 귀처럼 양쪽에 붙어 있는 것을 말하는) 귀 이(耳)-부어물지양방지물(附於物之兩旁之物), (청각기관으로서) 귀 이(耳)-청각기관(聽覺器官), 들을(들릴) 이(耳)-문(聞), 고분고분할 이(耳)-유종(柔從), (비 맞은 뒤 생긴 곡식의) 싹 이(耳)-곡지경우생아(穀物經雨生芽), 감괘 이(耳)-감(坎 : ☵), (조사로 말 그칠) ~뿐이다 이(耳)-어결사(語決辭)〉 등의 뜻을 내지만 여기선 〈솥의 어깨 부분 양방에 붙어 있는 귀 부어물지양방지물(附於物之兩旁之物)〉로 여기고 새김이 마땅하다.

金 〈금-김〉 두 가지로 발음되고, 〈황주색 금(金)-주황색(朱黃色), 구리 금(金)-동(銅), 황금 금(金)-황금(黃金), 금속 금(金)-금속지총칭(金屬之總稱), 쇠 금(金)-철(鐵), 솥 금(金)-종정(鐘鼎), 한 근 금(金)-근(斤), 돈 금(金)-화(貨), 견고할 금(金)-강(剛), 좋아할 금(金)-보(寶), 진중할 금(金)-진중(珍重), 오행의 하나 금(金)-오행지일{五行之一 : 제사위(第四位)-서(西)-추(秋)-상(商)-경신(庚辛)}, 팔음의 하나 금(金)-악기(樂器), 형틀 금(金)-형구(刑具), 무기 금(金)-무기(武器)-도검(刀劍), 인장 금(金)-인장(印章), 금나라 금(金), 성씨 김(金)〉 등의 뜻을 내지만 여기선 〈황금 금(金)〉으로 여기고 새김이 마땅하다.

현(鉉) 〈솥의 손잡이 현(鉉)-거정구(擧鼎具)-관정이거지(貫鼎而擧之), 솥을 들 현(鉉)-거정(擧鼎)〉 등의 뜻을 내지만 여기선 〈솥의 손잡이 거정구(擧鼎具)〉로 여기고 새김이 마땅하다.

이(利) 〈만물로 하여금 삶을 이루어가게 하는 덕(德)의 이로울 이(利)-사만물수생지덕(使萬物遂生之德), 날카로울 이(利)-예(銳)-섬(銛), 질병 이(利)-질(疾), 통할 이(利)-통(通)-순(順), 좋을 이(利)-길(吉)-의(宜), 편리할 이(利)-편(便), 마름해 만들어 이룰 이(利)-재성(裁成), 탐할 이(利)-탐(貪), 구할(취할) 이(利)-구(求)-취(取), 좋아할 이(利)-열애(悅愛), 이로울 이(利)-익(益), 기교 이(利)-교(巧), 보람 이(利)-공용(功用), 지세가 험하고 중요한 이(利)-험요(險要), 이길 이(利)-승(勝), 어질 이(利)-인(仁)〉 등의 뜻을 내지만 여기선 〈사만물수생지덕(使萬物遂生之德) 즉 만물로 하여금 삶을 이루어가게 하는 덕(德)의 이로움〉으로 새김이 마땅하다. 〈利〉가 맨 앞에 오면 〈이〉로 발음되고, 중간이나 뒤에 오면 〈리〉로 발음된다.

정(貞) 〈믿을 정(貞)-신(信), 바를 정(貞)-정(正), 거북점을 물을 정(貞)-복문(卜問), 역(易)의 내괘(內卦) 정(貞), 마땅할 정(貞)-당(當), 정할 정(貞)-정(定), 순수할 정(貞)-전(專)-일(一)〉 등의 뜻을 내지만 여기선 〈바를 정(正), 믿을 신(信)〉 등을 합친 뜻과 같아 〈정신(正信)〉으로 여기고 새김이 마땅하다.

註 64괘(卦)에 있는 양효(陽爻 : ━)는 모두 건속(乾屬) 즉 건의[乾 : ☰] 무리[屬]에 들고, 음효(陰爻 : ╍)는 모두 곤속(坤屬) 즉 곤의[坤 : ☷] 무리[屬]에 든다. 정괘(鼎卦 : ䷱)의 초륙(初六 : ╍)과 육오(六五 : ╍) 역시 곤속(坤屬)이다.

註 곤위지(坤爲地) : 곤괘는[坤 : ☷] 땅[地]이다[爲]. 「설괘전(說卦傳)」 11단락(段落)

註 건위금(乾爲金) : 건괘는[乾 : ☰] 황금[金]이다[爲]. 「설괘전(說卦傳)」 11단락(段落)

상구(上九 : ━)

上九 : 鼎玉鉉이다 **大吉**하여 **无不利**니라
(정 옥 현 / 대 길 / 무 불 리)

상구(上九) : 솥의[鼎] 손잡이가[鉉] 옥이다[玉]. 크게[大] 행운을 누려[吉] 이롭지 않음이[不利] 없다[无].

【상구(上九)의 효상(爻象) 풀이】

정괘(鼎卦 : ䷱)의 상구(上九 : ━)는 이양거음(以陽居陰) 즉 양(陽 : ━)으로써

[以] 음(陰 : --)의 자리에 있는지라[居] 정당한 자리에 있지 못하다. 상구(上九 : ㅡ)와 구삼(九三 : ㅡ)은 양양(兩陽) 즉 둘 다[兩] 양(陽 : ㅡ)의 사이인지라 불응(不應) 즉 서로 호응하지 못하고[不應] 오히려 상충(相衝) 즉 서로[相] 부딪치는[衝] 사이이다. 상구(上九 : ㅡ)와 육오(六五 : --)는 양음(陽陰)의 사이인지라 비(比) 즉 이웃의 사귐[比]을 누린다. 상구(上九 : ㅡ)는 정괘(鼎卦 : ䷱)의 극위(極位)에 있는지라 정괘(鼎卦 : ䷱)의 주제인 〈정(鼎)〉 즉 새것을 결정하는[鼎] 시국을 다 거쳐 온 까닭으로 더는 〈정(鼎)〉에 참여할 기회가 없어져버린 모습이다.

정괘(鼎卦 : ䷱)의 상구(上九 : ㅡ)가 상륙(上六 : --)으로 변효(變爻)하면 상구(上九 : ㅡ)는 정괘(鼎卦 : ䷱)를 32번째 항괘(恒卦 : ䷟)로 지괘(之卦)하게 한다. 따라서 정괘(鼎卦 : ䷱)의 상구(上九 : ㅡ)는 항괘(恒卦 : ䷟)의 상륙(上六 : --)을 찾아가 살펴보게 한다.

【상구(上九)의 계사(繫辭) 풀이】

鼎玉鉉(정옥현)

솥의[鼎] 손잡이가[鉉] 옥이다[玉].

〈정옥현(鼎玉鉉)〉은 상구(上九 : ㅡ)의 효위(爻位)를 들어 암시한 계사(繫辭)이다. 〈정옥현(鼎玉鉉)〉은 상구지정유옥현(上九之鼎有玉鉉)〉의 줄임으로 여기고 〈상구의[上九之] 솥에는[鼎] 옥의[玉] 손잡이가[鉉] 있다[有]〉라고 새겨볼 것이다. 〈옥현(玉鉉)의 현(鉉)〉은 〈거정구(擧鼎具)〉 즉 솥뚜껑의 손잡이[擧鼎具]를 뜻한다.

〈정옥현(鼎玉鉉)의 옥현(玉鉉)〉이란 〈용이송처고위자(用以頌處高位者)〉 즉 기리는[頌] 곳을[處] 생각하면서[以] 높은[高] 자리에서[位] 쓰이는[用] 것[者]을 암시한다. 〈옥현(玉鉉)의 옥(玉)〉은 견강이유유자(堅强而有柔者) 즉 단단하고[堅] 굳세도[剛而] 부드러움이[柔] 있는[有] 것[者]이다. 이런 〈옥(玉)〉을 빌려 상구(上九 : ㅡ)가 극위(極位)를 송처(頌處)로 받들고 있음을 암시한다. 송처(頌處)란 천도(天道)를 받들어 기리는 자리를 말한다. 대성괘(大成卦)에서 극위(極位) 즉 맨 위의[極] 자리[位]는 무위(無位) 즉 직위가[位] 없어[無] 무공(無功) 즉 할 일이[功] 없는[無] 자리이지만, 정괘(鼎卦 : ䷱)의 극위(極位)는 정공(鼎功) 즉 솥의[鼎] 일[功]이 완성되어 나타나는 자리인지라 다른 대성괘(大成卦)의 극위(極位)와는 달리 무위

(無位)의 자리이되 유용(有用) 즉 쓸모가[用] 있는[有] 자리이다. 유용(有用)의 자리인지라 정괘(鼎卦 : ䷱)의 극위(極位)를 상구(上九 : ━)가 송처(頌處) 즉 기리는[頌] 자리[處]로 받들고 있음을 암시하는 것이 〈정옥현(鼎玉鉉)의 옥현(玉鉉)〉이다.

〈옥현(玉鉉)의 옥(玉)〉이 정괘(鼎卦 : ䷱)의 극위(極位)가 송처(頌處)임을 암시함은 상구(上九 : ━)가 강유(剛柔) 어느 쪽에도 치우침 없이 수중(守中) 즉 정도를 따름을[中] 지킴[守]을 헤아려 깨닫게 한다. 따라서 〈옥현(玉鉉)의 옥(玉)〉은 상구(上九 : ━)가 강강(剛强)한 양(陽 : ━)이지만 유음(柔陰)의 자리에 있음을 암시한다. 이러한 상구(上九 : ━)가 실(實)한 강양(剛陽)이면서 허(虛)한 유음(柔陰)의 자리에 있음을 〈옥현(玉鉉)의 옥(玉)〉으로써 취상(取象)하여, 상구(上九 : ━)가 강강(剛强)에 치우치지 않고 능유(能柔) 즉 부드러울[柔] 수 있음[能]을 암시한다. 양음상화(陽陰相和)의 순리(順理)를 따라 군왕(君王)인 육오(六五 : ╍)를 돕되 무위(無爲) 즉 자신은 몸소 행동함이[爲] 없어도[無] 정지도(鼎之道) 즉 솥이[鼎之] 쓰이는 이치[道]가 완성되는 자리에 있음을 암시한다. 육오(六五 : ╍)의 〈금현(金鉉)〉은 실제로 솥을 이리저리 옮기는 손잡이[鉉] 구실을 할 수 있지만, 상구(上九 : ━)의 〈옥현(玉鉉)〉은 실용할 수 있는 손잡이[鉉]가 아니다. 이에 〈정옥현(鼎玉鉉)〉은 강유상화(剛柔相和) 즉 굳셈과[剛] 부드러움이[柔] 서로[相] 어울려야[和] 대형(大亨) 즉 막힘없이 크게[大] 통하여[亨] 온갖 일들이[事] 이루어짐[成]을 헤아려 깨닫게 암시한 계사(繫辭)이다.

大吉(대길) 无不利(무불리)

크게[大] 행운을 누려[吉] 이롭지 않음이[不利] 없다[无].

〈대길(大吉) 무불리(无不利)〉는 상구(上九 : ━)가 천복(天福)을 누림을 암시한 계사(繫辭)이다. 〈대길(大吉) 무불리(无不利)〉는 〈상구유대길(上九有大吉) 이상구지대길무불리(而上九之大吉无不利)〉의 줄임으로 여기고 〈상구에게는[上九] 대길이[大吉] 있다[有] 그리고[而] 상구의[上九之] 대길에는[大吉] 이롭지 않음이[不利] 없다[无]〉라고 새겨볼 것이다.

〈대길(大吉) 무불리(无不利)〉는 상구(上九 : ━)가 천도(天道) 즉 자연의[天] 도리[道]를 따름을 암시한다. 천도(天道)를 어기면 〈대길(大吉)〉을 누릴 수가 없다.

여기 〈대길(大吉)의 대(大)〉가 『장자(莊子)』에 나오는 〈같지 않음[不同] 그것을[之] 같게 함[同] 이를[之] 크나큼[大]이라 한다[謂]〉라는 내용을 연상시킨다. 음양(陰陽)-유강(柔剛)이 둘이지만 상화(相和)하면 하나가 돼 성사(成事)하므로 대자(大者) 즉 큰[大] 것[者]이다. 유강(柔剛)이 서로[相] 어울려[和] 하나가 되므로 대자(大者)가 된다. 대자(大者)란 천지도(天之道) 즉 자연의[天之] 도리[道]를 뜻한다.

〈무불리(无不利)〉는 〈대길(大吉)의 대(大)〉를 이어서 풀이한다. 여기 〈무불리(无不利)〉는 『노자(老子)』에 나오는 〈자연의[天之] 도는[道] (온갖 것을) 이롭게 하되[利而] 해치지 않는다[不害]〉라는 내용을 환기시킨다. 〈무불리(无不利)〉란 〈무해(无害)〉 즉 해로움이[害] 없음[无]과 같다. 따라서 상구(上九 : ㅡ)가 강유(剛柔)-동정(動靜)을 하나같이 어울리게 하여 〈대길(大吉)〉 즉 천복(天福)을 누림은 상구(上九 : ㅡ)가 천지도(天之道)를 따라 수중(守中) 즉 정도를 따름을[中] 지켜[守] 편강(偏剛) 즉 굳셈에[剛] 치우침이[偏] 없는지라 이롭지 않음이[不利] 없음[无]임을 암시한 계사(繫辭)가 〈대길(大吉) 무불리(无不利)〉이다.

【字典】

정(鼎) 〈솥(세 발에 두 귀가 달린 기물) 정(鼎)-삼족양이지기(三足兩耳之器), 정할 정(鼎)-정(定), 곧을 정(鼎)-정(貞), 왕위를 물려줌을 뜻하는 보기 정(鼎)-왕위전승지보기(王位傳承之寶器), 삼공 정(鼎)-삼공(三公), 귀하게 나타날 정(鼎)-귀현(貴顯), 바야흐로 정(鼎)-방(方), 마땅할 정(鼎)-당(當), 늘어질 모양 정(鼎)-대서모(大舒貌), 세 갈래 정(鼎)-정립(鼎立)-삼지(三肢), 걸상 정(鼎)-올(杌)〉 등의 뜻을 내지만 여기선 〈정신(定新)〉 즉 새것을[新] 결정한다[定]는 뜻을 지니는 〈솥 정(鼎)〉으로 새김이 마땅하다.

옥(玉) 〈옥돌 옥(玉)-견강윤택가공장식용지미석(堅剛潤澤可供粧飾用之美石), 홀 옥(玉)-규(圭)-상원하방서옥(上圓下方瑞玉), 노리개 옥(玉)-패(佩), 어떤 것의 아름다움을 비유한 옥(玉)-유기미(喩其美), 보배 삼아 아낄 옥(玉)-보애지의(寶愛之意)〉 등의 뜻을 내지만 〈(장식용으로 쓰인) 옥돌 옥(玉)〉으로 여기고 새김이 마땅하다.

현(鉉) 〈솥의 손잡이 현(鉉)-거정구(擧鼎具)-관정이거지(貫鼎而擧之), 솥을 들 현(鉉)-거정(擧鼎)〉 등의 뜻을 내지만 여기선 〈솥의 손잡이 거정구(擧鼎具)〉로 여기고 새김이 마땅하다. 〈옥현(玉鉉)〉은 용이송처고위자(用以頌處高位者) 즉 기리는[頌] 곳을[處] 생각하면서[以] 높은[高] 자리를[位] 사용하는[用] 것[者]을 뜻한다.

대(大) 〈큰 대(大)-소지대(小之對), 넓을 대(大)-광(廣), 두루 대(大)-편(徧), 통할 대(大)-통(通), 길 대(大)-장(長), (땅을) 걸게 할 대(大)-비(肥), 두터울 대(大)-후(厚), 많을 대(大)-다(多), 모두 대(大)-개(皆), 선할 대(大)-선(善), 무거울 대(大)-중(重), 거대할 대(大)-거(巨), 아름다울 대(大)-미(美)-장(壯), 부유할 대(大)-부(富), 늙을 대(大)-노(老), 지나칠 대(大)-과(過), 끝 대(大)-극(極), 대충 대(大)-조(組)-불세밀(不細密), 과대할 대(大)-과(誇)-긍벌(矜伐), 처음 대(大)-초(初), 하늘 대(大)-천(天), 건(乾)-양기(陽氣)-강효(剛爻) 대(大)〉 등의 뜻을 내지만 여기선 〈큰 대(大)〉로 여기고 새김이 마땅하다.

길(吉) 〈좋을 길(吉)-선(善)-영(令) {영월길일(令月吉日)은 선월선일(善月善日)임}, 복 길(吉)-실(實)-선실(善實)-복(福), 예의를 따라 상서로울 길(吉)-예의순상(禮義順祥), 삼갈 길(吉)-근(謹), 초하루 길(吉)-삭일(朔日) {삭망(朔望) 즉 초하루[朔]와 그믐날[望]}, 길례 길(吉)-길례(吉禮) {오례지일(五禮之一) 길흉빈군가(吉凶賓軍嘉)}, 갈 길(吉)-행(行)-길(趌)〉 등의 뜻을 내지만 여기선 〈좋을 선(善)-영(令)〉 즉 행복(幸福), 행운(幸運) 등과 같다 여기고 새김이 마땅하다.

무(无) 〈없을 무(无)-무(無), 허무지도 무(无)-허무지도(虛无之道), 으뜸 무(无)-원(元)〉 등의 뜻을 내지만 여기선 〈없을 무(無)〉와 같다 여기고 새김이 마땅하다. 〈무(无)〉는 〈무(無)〉의 고자(古字)이다.

不 〈불-부〉 두 가지로 발음되고, 〈않을(못할) 불(不)-부(不), 없을 불(不)-부(不)-무(無), 아닐 불(不)-부(不)-비(非), 하지 말 불(不)-부(不)-막(莫)-금지(禁止), 정하지 않을 불(不)-부(不)-부(否)-미정(未定), 새가 날아올라 내려오지 않는 불(不)-부(不)-조비상불하래(鳥飛上不下來)〉 등의 뜻을 내지만 여기선 〈않을 불(不)〉로 여기고 새김이 마땅하다.

이(利) 〈만물로 하여금 삶을 이루어가게 하는 덕(德)의 이로울 이(利)-사만물수생지덕(使萬物遂生之德), 날카로울 이(利)-예(銳)-섬(銛), 질병 이(利)-질(疾), 통할 이(利)-통(通)-순(順), 좋을 이(利)-길(吉)-의(宜), 편리할 이(利)-편(便), 마름해 만들어 이룰 이(利)-재성(裁成), 탐할 이(利)-탐(貪), 구할(취할) 이(利)-구(求)-취(取), 좋아할 이(利)-열애(悅愛), 이로울 이(利)-익(益), 기교 이(利)-교(巧), 보람 이(利)-공용(功用), 지세가 험하고 중요한 이(利)-험요(險要), 이길 이(利)-승(勝), 어질 이(利)-인(仁)〉 등의 뜻을 내지만 여기선 〈사만물수생지덕(使萬物遂生之德) 즉 만물로 하여금 삶을 이루어

가게 하는 덕(德)의 이로움〉으로 새김이 마땅하다. 〈利〉가 맨 앞에 오면 〈이〉로 발음되고, 중간이나 뒤에 오면 〈리〉로 발음된다.

註 부동동지지위대(不同同之之謂大) : 같지 않음[不同] 그것을[之] 같게 함[同] 이를[之] 크나큼[大]이라 한다[謂]. 『장자(莊子)』『천지(天地)』 1절(節)

註 천지도리이불해(天之道利而不害) 성인지도위이부쟁(聖人之道爲而不爭) : 자연의[天之] 도는[道] (온갖 것을) 이롭게 하되[利而] 해치지 않고[不害], 성인의[聖人之] 도는[道] 베풀되[爲而] (그 무엇과도) 다투지 않는다[不爭]. 『노자(老子)』 81장(章)

註 〈강유절(剛柔節)의 절(節)〉이란 한계(限界)를 깨닫고 지나침을 절제(節制)하여 수중(守中)함이니, 천명(天命) 즉 자연의[天] 시킴[命]을 따름[順]을 뜻한다. 따라서 〈절(節)〉은 곧 천명(天命)이다.

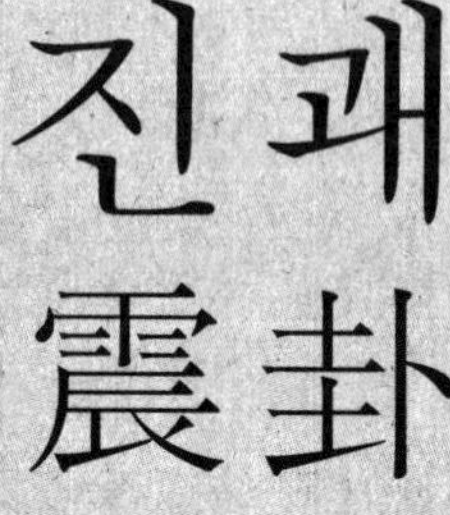

51

1 괘의 괘상과 계사

진괘(震卦 : ䷲)

진하진상(震下震上) : 아래도[下] 진(震 : ☳), 위도[上] 진(震 : ☳).

진위뢰(震爲雷) : 진동은[震] 우레[雷]이다[爲].

震은 亨한다 震來虩虩이다가 笑言啞啞이니 震驚百里라도 不喪匕鬯하리라
(진 형 진래혁혁 소언액액 진경백리 불상비창)

진동은[震] 통한다[亨]. 진동소리가[震] 다가오니[來] 두려워하다가[虩虩] 웃으면서[笑] 말함이[言] 왁자지껄하니[啞啞] 진동소리가[震] 백 리까지[百里] 놀라게 해도[驚] 칼과[匕] 술을[鬯] 잃지 않는다[不喪].

【진괘(震卦 : ䷲)의 괘상(卦象) 풀이】

앞 정괘(鼎卦 : ䷱)의 〈정(鼎)〉이란 혁물(革物) 즉 어떤 것을[物] 바꿈[革]을 완성함[鼎]을 말한다. 이에 「서괘전(序卦傳)」에 〈기물을[器] 주관하는[主] 쪽은[者] 맏아들[長子]만한 것이[若] 없다[莫] 그래서[故] 진괘(震卦 : ䷲)로써[以] 그것을[之] 받는다[受]〉라는 말이 나온다. 이는 정괘(鼎卦 : ䷱) 뒤에 진괘(震卦 : ䷲)가 오는 까닭을 밝힌다. 진괘(震卦 : ䷲)의 괘상(卦象)은 아래도[下] 진(震 : ☳), 위도[上] 진(震 : ☳) 즉 진괘(震卦 : ䷲)의 하체(下體)는 진(震 : ☳)이고, 상체(上體) 역시 진(震 : ☳)이다. 진괘(震卦 : ䷲)의 본래(本來)는 곤(坤 : ☷)이다. 곤(坤 : ☷)의 상효(上爻)가 〈왕(往)〉 즉 나아가면[往] 초효(初爻)는 중위(中位)로 올라가 중효(中爻) 즉 이효(二爻 : --)가 되고, 이효(二爻 : --)는 상위(上位)로 올라가 삼효(三爻 : --)가 되고 빈 초위(初位)로 양기(陽氣 : —)가 들어와 곤(坤 : ☷)이 진(震 : ☳)으로 변괘(變卦)하는 것이 역지도(易之道) 즉 생생(生生)의[易之] 이치[道]이다. 곤(坤 : ☷)은 땅[地]이고 멈춤[止]

이다. 정지(靜止)의 곤(坤 : ☷)은 〈왕(往)〉 즉 가고[往], 〈진(震)〉 즉 움직임[震]이 시작하는 진괘(震卦 : ䷲)가 〈내(來)〉 즉 옴[來] 역시 역지도(易之道)이다.

「설괘전(說卦傳)」에 〈진은[震 : ☳] 우레[雷]이고[爲] …… 맏아들[長子]이며[爲] …… 그것을[其] 농사로 친다[於稼]면[也] 삶으로 돌아오는 즉 새싹[反生]이다[爲]〉라는 내용이 나온다. 장자(長子)란 계승자이니 주기(主器) 즉 기물을[器] 주관하는 지라[主] 진괘(震卦 : ䷲)의 초구(初九 : ⚊) 즉 대자(大者)를 취하여 계승의 뜻을 삼은 것이고, 진괘(震卦 : ䷲)는 하나의 양기(陽氣 : ⚊)가 두 음기(陰氣 : ⚋) 아래에서 생겨 상동(上動) 즉 위로[上] 움직임[動]인지라 그 모습은 〈뇌(雷)〉 즉 우레[雷]이다. 진괘(震卦 : ䷲)의 〈동(動)〉은 그냥 움직임만을 뜻함이 아니라, 반생(反生) 즉 온갖 초목의 새싹[反生]이 누리는 움직임이다. 땅을 뚫고 올라오는 새싹이야말로 분발진경(奮發震驚) 즉 분발하는[奮發] 진괘의[震] 경이[驚]임을 들어 진괘(震卦 : ䷲)라 칭명(稱名)한다.

【진괘(震卦 : ䷲)의 계사(繫辭) 풀이】

震(진) 亨(형)

진동은[震] 통한다[亨].

〈진(震)〉은 진괘(震卦 : ䷲)의 모습을 한 자(字)로써 암시한 계사(繫辭)이고, 〈형(亨)〉은 양기(陽氣 : ⚊)가 아래에서 생겨 위로 올라감을 밝힌 계사(繫辭)이다. 〈진(震)〉은 동(動) 즉 움직임[動]이다. 그러나 그 〈진(震)〉은 보이지도 들리지도 않는 진동(震動)이다. 그 〈진(震)〉 즉 진동[震]이 보이고 들리며 드러남을 〈뇌(雷)〉 즉 우레, 벼락이라 한다. 진괘(震卦 : ䷲)의 이러한 〈진(震)〉 즉 진동[震]의 드러남[雷]은 절기(節氣)로서 헤아리면 경칩(驚蟄)이다. 음력으로 3월 6일경이 경칩이다. 겨우내 땅속에서 움츠리고 있던 온갖 곤충들이 땅을 헤집고 나오고, 땅속에 묻혀 있던 온갖 씨앗들이 싹을 틔워 땅을 뚫고 땅 위로 올라오고, 나무들은 겨우내 껍질 속에 간직했던 싹을 틔우고, 하늘에선 우레가 치고 비가 내린다. 이러한 경칩의 절기가 진괘(震卦 : ䷲)의 〈진(震)〉을 연상시킨다. 이처럼 진괘(震卦 : ䷲)의 〈진(震)〉은 하늘땅 사이를 채우는 진동함[震]이고, 이러한 진동함[震]은 새로운 상황의 전개이다. 새로운 상황의 전개란 생동(生動)함이 분발하는 봄같이 알아채기까지는 시간이 걸리고, 진동함[震]의 당장은 구경(懼驚) 즉 두려움[懼]과 놀라움[驚]으로 다가오게 마련이다. 그러니 진괘(震卦 : ䷲)의 〈진(震)〉 즉 진동함[震]이란 처음은 두렵고 놀랍되 새로운 상황으로 전개되어 막힘없이 형통함[亨]을 암시한 계사(繫辭)가 〈진(震) 형(亨)〉이다.

震來虩虩(진래혁혁) 笑言啞啞(소언액액)

진동소리가[震] 다가오니[來] 두려워하다가[虩虩] 웃으면서[笑] 말함이[言] 왁자지껄하다[啞啞].

〈진래혁혁(震來虩虩) 소언액액(笑言啞啞)〉은 진괘(震卦 : ䷲)의 주효(主爻)인 초구(初九 : ━)의 내입(來入)을 들어 진괘(震卦 : ䷲)를 암시한 계사(繫辭)이다. 〈진래혁혁(震來虩虩) 소언액액(笑言啞啞)〉은 〈즉각진래(卽刻震來) 이음혁혁양지래(二陰虩虩陽之來) 즉후이음소언향양(卽後二陰笑言向陽) 이이음액액(而二陰啞啞)〉의 줄임으로 여기고 〈양기가[震] 오자[來]마자[卽刻] 두[二] 음이[陰] 양의[陽之] 옴을[來] 두려워다가[虩虩] 곧바로[卽後] 두[二] 음이[陰] 양을[陽] 향해[向] 웃으면서[笑] 말하고서[言而] 두[二] 음이[陰] 왁자지껄한다[啞啞]〉라고 새겨볼 것이다. 〈진래혁혁(震來虩虩)의 진(震)〉은 진(震 : ☳)이고 진(震 : ☳)은 양괘(陽卦)인지라, 여기 〈진래(震來)〉는 〈양래(陽來)〉 즉 양(陽 : ━)이 옴[來]을 암시한다. 소성괘(小成卦)에서 양(陽 : ━)이 홀수면 그 소성괘(小成卦)는 양괘(陽卦)이고 음(陰 : ╍)이 홀수이면 음괘(陰卦)이다. 〈啞啞〉의 발음은 〈액액〉이고 웃음소리[啞啞]를 뜻한다.

〈진래혁혁(震來虩虩)〉은 정지(靜止) 즉 고요히[靜] 멈춘[止] 음(陰 : ╍)의 지경에 진동(震動)하는 양(陽 : ━)이 내입(來入) 즉 와서[來] 들어옴[入]을 암시한다. 진(震 : ☳)은 곤(坤 : ☷)에서 상위(上位)의 음(陰 : ╍)이 가고[往] 초위(初位)로 양(陽 : ━)이 옴[來]이다. 따라서 〈진래(震來)〉란 이음(二陰 : ╍) 아래로 일양(一陽 : ━)이 내입(來入)했음을 암시한다. 이음(二陰 : ╍)은 정(靜) 즉 고요[靜]이고 일양(一陽 : ━)은 동(動) 즉 움직임[動]이다. 따라서 고요한 이음(二陰 : ╍)에 양(陽 : ━) 하나가 들어옴이 〈진래(震來)〉 즉 진동함이[震] 닥침[來]이다. 이런 〈진래(震來)〉는 고요함에 갑자기 요동침인지라, 이음(二陰 : ╍)에게는 마치 맹호출림(猛虎出林) 같음이 〈혁혁(虩虩)〉이다. 사나운 호랑이가[猛虎] 수풀에서[林] 튀어나오듯[出] 하니 이음(二陰 : --)이 일양(一陽 : ㅡ)에 놀라 두려워함[虩虩]을 암시한 계사(繫辭)가 〈진래혁혁(震來虩虩)〉이다.

〈소언액액(笑言啞啞)〉은 진괘(震卦 : ䷲)의 초구(初九 : ㅡ)와 구사(九四 : ㅡ)를 네 음(陰 : --)들이 〈혁혁(虩虩)〉 즉 두려워할[虩虩] 것으로 여기지 않음을 암시한다. 진괘(震卦 : ䷲)의 초구(初九 : ㅡ)가 강강(剛强)한 양기(陽氣 : ㅡ)일지라도 상쟁(相爭)하지 않으면 결국 정동(靜動)의 짝으로 드러나는 것임을 진괘(震卦 : ䷲)의 음기(陰氣 : --)들이 간파했음을 암시한 것이 〈소언액액(笑言啞啞)〉이다. 음(陰 : --)들이 한 양(陽 : ㅡ)의 옴[來]을 웃으면서[笑] 말한[言] 다음[然後] 음(陰 : --)들이 양(陽 : ㅡ)의 옴[來]을 깔깔댄다[啞啞]고 함은 『노자(老子)』에 나오는 〈그[其] 수컷을[雄] 알고[知] 그[其] 암컷을[雌] 지키면[守] {그 지수(知守)는} 세상을[天下] 담는 시내가[谿] 된다[爲]〉라는 내용을 환기시키고, 나아가 〈부드럽고[柔] 연약함이[弱] 굳세고[剛] 강함을[强] 부려 쓴다[勝]〉라는 내용을 떠올려준다. 암컷[雌]인 음(陰 : --)이 수컷[雄]인 양(陽 : ㅡ)과 상쟁(相爭) 즉 서로[相] 다투어[爭] 부드럽고[柔] 약한[弱] 음(陰 : --)이 굳세고[剛] 강한[强] 양(陽 : ㅡ)을 부려 쓰는[勝] 천도(天道) 즉 자연의[天] 도리[道]가 곧 변화(變化)임을 〈소언액액(笑言啞啞)〉이 헤아려 깨닫게 한다.

변화란 시운(時運) 따라 순차로 헌것이 새것으로 옮겨감이니, 진괘(震卦 : ䷲)의 절기(節氣)가 경칩(驚蟄)임을 환기한다면 〈진래혁혁(震來虩虩)〉이 결국 〈소언아아(笑言啞啞)〉로 드러남을 알아챌 수 있다. 엄동(嚴冬)이 가고 봄이 다가와 땅속에서 겨울잠 자던 온갖 벌레와 씨앗들을 일깨워 새 삶을 분발하게 하는 경칩(驚蟄)이 다가옴과 같음이 〈진래(震來)〉인지라, 적막(寂寞) 속에 잠들었던 생물에게 〈진래(震來)〉 즉 벼락 치는 진동이[震] 닥침[來]이란 처음엔 두려움[虩虩]일 수밖에 없지만, 시간이 지나가면 〈혁혁(虩虩)〉이 〈액액(啞啞)〉으로 변화함이 천도(天道)임을 눈에 선하게 암시한 계사(繫辭)가 〈소언액액(笑言啞啞)〉이다.

震驚百里(진경백리) 不喪匕鬯(불상비창)

진동소리가[震] 백 리까지[百里] 놀라게 해도[驚] 칼과[匕] 술을[鬯] 잃지 않는다[不喪].

〈진경백리(震驚百里) 불상비창(不喪匕鬯)〉은 앞의 〈진래(震來)〉가 온 사방으로 퍼져 나가 백물(百物)이 소생(所生) 즉 삶을 받음[所生]을 천지(天地)에 감사함을 암시한 계사(繫辭)이다. 〈진경(震驚)〉은 앞의 〈진래(震來)〉를 〈진뢰(震雷)〉로써 풀이한다. 진동(震動)이 보이고 들려 드러나[雷] 천하 백물에게 으름장 놓음[驚]이 백 리에 퍼진다는 것이다. 물론 〈진경(震驚)의 경(驚)〉은 봄을 당겨주는 경칩(驚蟄)의 경(驚)을 떠올리게 한다. 경칩(驚蟄)이란 겨울잠 자는 온갖 벌레들을[蟄] 으름장 놓아[驚] 즉 놀라게 해서 깨워 새 삶을 누리게 하는 경이(驚異)이다. 이러한 〈진경(震驚)〉에 맏아들이 제사(祭祀) 올림을 잊지 않음이 〈불상비창(不喪匕鬯)〉이다. 〈불상비창(不喪匕鬯)〉은 〈장자불상비(長子不喪匕) 이장자불상창(而長子不喪鬯)〉의 줄임으로 여기고 〈맏아들은[長子] 비를[匕] 놓치지 않으면서[不喪而] 맏아들은[長子] 창을[鬯] 놓치지 않는다[不喪]〉라고 새겨볼 것이다.

〈불상비창(不喪匕鬯)의 비(匕)〉란 제수(祭需)가 든 솥 채로 얹는 제구(祭具)인 조(俎) 즉 도마[俎]를 뜻하고, 〈창(鬯)〉은 거서주(秬黍酒) 즉 찰기장[秬黍]으로 빚은 술[酒]인 울창주(鬱鬯酒)로서, 이 〈창(鬯)〉으로 관지(灌地) 즉 땅을[地] 적셔[灌] 강신(降神) 즉 제사에 신이 강림하기를 바라며 천지(天地)를 공경하는 마음으로 제(祭)를 올려 두려움[懼]을 삼가 새겼음을 암시한다. 〈비창(匕鬯)〉을 놓치지 않음[不喪]이란 인간이 온갖 정성을 다하여 천지(天地)에 기구(祈求)하면 진뢰(震雷)의 두려움[懼]이 평안함으로 돌아옴을 암시한 계사(繫辭)가 〈진경백리(震驚百里) 불상비창(不喪匕鬯)〉이다.

【字典】

진(震) 〈움직일 진(震)-동(動), 우레(벼락 칠) 진(震)-뇌(雷), 구제할(떨쳐날) 진(震)-구(救)-진(振), 땅이 움직이는(지진) 진(震)-지진(地震)-지동(地動), 두려워할 진(震)-구(懼)-경(驚), 위력 진(震)-위(威), 노할 진(震)-노(怒)〉 등의 뜻을 내지만 〈움직일 동(動)〉 즉 진동(震動)으로 여기고 새김이 마땅하다.

亨 〈향-형-팽〉 세 가지로 발음되고, 〈통할 형(亨)-통(通), 남을 형(亨)-여(餘), 드릴 향(亨)-헌(獻), 삶을 팽(亨)-자(煮)-팽(烹)〉 등의 뜻을 내지만 여기선 〈통할 통(通)〉과 같다 여기고 새김이 마땅하다.

내(來) 〈돌아올 내(來)-복(復)-환(還)-귀(歸), 올 내(來)-지(至), 앞으로 내(來)-장

래(將來)-미래(未來), 초치할 내(來)-초치(招致), ~부터 내(來)-자(自)-유(由), 남음이 있을 내(來)-유여(有餘), 어세를 더해주려는 조사(助詞) 내(來), 구중(句中)-구말(句末)의 조사(助詞) 내(來)〉 등의 뜻을 내지만 여기선 〈올 지(至)〉와 같다 여기고 새김이 마땅하다. 〈來〉가 앞에 있으면 〈내〉로 발음하고, 중간이나 뒤에 있으면 〈래〉로 발음한다.

혁(虩) 〈눈 휘둥그레 할 혁(虩)-공구모(恐懼貌), 거미 혁(虩)-승호(蠅虎), 호랑이가 놀라게 할 혁(虩)-호경(虎驚)〉 등의 뜻을 내지만 여기선 〈두려워하는 모습 공구모(恐懼貌)〉로 새김이 마땅하다.

소(笑) 〈웃을 소(笑)-흔(欣)-희(喜), 미소 짓는 소(笑)-미소(微笑), 비웃을(냉소할) 소(笑)-치(嗤)-신(哂)〉 등의 뜻을 내지만 여기선 〈웃을 흔(欣)〉과 같다 여기고 새김이 마땅하다.

언(言) 〈말소리 언(言)-언사(言辭), 말의 첫머리를 꺼낼 언(言)-발단(發端)-직언(直言), 말 언(言)-어(語), 논할 언(言)-설(說), 밝힐(공표할) 언(言)-선(宣), 물어볼 언(言)-문(問), 따를 언(言)-종(從), 교명 언(言)-교명(教命), 호령 언(言)-호령(號令), 동맹이 필요할 말씀 언(言)-회동맹요지사(會同盟要之辭), 모의할 언(言)-모의(謀議), 응대하는 말 언(言)-사령(辭令), 웃전에 뜻을 전할 언(言)-상표(上表), 일구 언(言)-일구(一句), 한 글자 언(言)-일자(一字), 나 언(言)-아(我), 어울려 받드는 모습 언(言)-화경지모(和敬之貌), 송사할 언(言)-송(訟), 발어사 언(言)-운(云)〉 등의 뜻을 내지만 여기선 〈말소리 언사(言辭)〉로 여기고 새김이 마땅하다.

啞 〈아-액〉 두 가지로 발음되고, 〈깔깔 웃을 액(啞)-소(笑)-소성(笑聲), 벙어리 아(啞)-아(瘂), 까마귀 소리 아(啞)-오성(烏聲)〉 등의 뜻을 내지만 여기선 〈깔깔대는 웃음소리 소성(笑聲)〉으로 여기고 새김이 마땅하다.

경(驚) 〈으를(두렵게 할) 경(驚)-사구(使懼)-공동(恐動), 두려울 경(驚)-황(惶)-구(懼), 놀랄 경(驚)-해(駭), 말이 놀랄 경(驚)-마해(馬駭), 움직일 경(驚)-동(動), 어지러울 모습 경(驚)-난모(亂貌), 두려운 소리 경(驚)-훤초(喧吵), 일어날 경(驚)-기(起), 빠를(쾌속) 경(驚)-쾌(快)-속(速), 경기(어린애 병명) 경(驚)-소아병명(小兒病名)〉 등의 뜻을 내지만 여기선 〈으를(두렵게 할) 사구(使懼)〉로 여기고 새김이 마땅하다.

백(百) 〈일백 백(百)-십지십배(十之十倍), 백 배 백(百)-백배(百倍), 무릇 백(百)-범(凡), 맏(우두머리) 백(百)-백(伯)〉 등의 뜻을 내지만 여기선 〈일백 백(百)〉으로 여기고 새김이 마땅하다.

리(里) 〈거리 리(里)-노정(路程), 마을(주거) 리(里)-거(居)-읍(邑)-여(閭), 동네 리(里)-방(坊), 이웃 리(里)-인(鄰), 거처 리(里)-거처(居處), 근심할 리(里)-우(憂)-리(悝)〉 등의 뜻을 내지만 여기선 〈거리 노정(路程)〉으로 여기고 새김이 마땅하다.

不 〈불-부〉 등으로 발음되고, 〈못할 불(不)-부(不), 않을 불(不)-부(不), 아닐 불(不)-부(不)-비(非), 없을 불(不)-부(不)-무(無), 하지 말 불(不)-부(不)-막(莫)-금지(禁止), 정하지 않을 불(不)-부(不)-부(否)-미정(未定), 새가 날아올라 내려오지 않는 불(不)-부(不)-조비상불하래(鳥飛上不下來)〉 등의 뜻을 내지만 여기선 〈않을 불(不)〉로 여기고 새김이 마땅하다.

상(喪) 〈놓칠(잃을) 상(喪)-실(失), 죽을 상(喪)-사(死)-망(亡), 상복을 입을 상(喪)-지복(持服), 망칠(버릴) 상(喪)-기망(棄亡)〉 등의 뜻을 내지만 여기선 〈놓칠 실(失)〉로 여기고 새김이 마땅하다.

비(匕) 〈제수를 담은 솥을 놓는 제기 비(匕)-재정실지기(載鼎實之器), 수저 비(匕)-시(匙), 비수 비(匕)-검명(劍名)〉 등의 뜻을 내지만 〈제수를 담은 솥을 놓는 제기 재정실지기(載鼎實之器)〉로 새김이 마땅하다.

창(鬯) 〈제주로 쓰이는 향주 창(鬯)-제사소용지향주(祭祀所用之香酒), 울창주(찰기장으로 빚은 술) 창(鬯)-거서소양지주(秬黍所釀之酒), 울금초 창(鬯)-울금초(鬱金草), 활을 쌓아두는 기물 창(鬯)-성궁지기(盛弓之器), 화창할 창(鬯)-창(暢)〉 등의 뜻을 내지만 여기선 〈제주로 쓰이는 향주 제사소용지향주(祭祀所用之香酒)〉로 새김이 마땅하다.

註 진위뢰(震爲雷) …… 위장자(爲長子) …… 기어가야(其於稼也) 위반생(爲反生) : 진은[震 : ☳] 우레[雷]이고[爲] …… 맏아들[長子]이며[爲] …… 그것을[其] 농사로 친다[於稼]면[也] 삶으로 돌아오는 즉 새싹[反生]이다[爲]. 「설괘전(說卦傳)」 11단락(段落)

註 지기웅(知其雄) 수기자(守其雌) 위천하계(爲天下谿) : 그[其] 수컷을[雄] 알고[知] 그[其] 암컷을[雌] 지키면[守] {그 지수(知守)는} 세상을[天下] 담는 시내가[谿] 된다[爲].

『노자(老子)』 28장(章)

註 유약승강강(柔弱勝剛强) 어불가탈어연(魚不可脫於淵) : 부드럽고[柔] 연약함이[弱] 굳세고[剛] 강함을[强] 부려 쓴다[勝]. 물고기는[魚] 못에서[於淵] 벗어날[脫] 수 없다[不可].

『노자(老子)』 36장(章)

2 효의 효상과 계사

初九：震來虩虩이다가 後에 笑言啞啞이니 吉하니라
진래혁혁 후 소언액액 길

六二：震來厲하여 億喪貝하고 躋于九陵한다 勿逐하라
진래려 억상패 제우구릉 물축

七日得하리라
칠일득

六三：震蘇蘇하나 震行하면 无眚하리라
진소소 진행 무생

九四：震遂泥로다
진수니

六五：震往來厲하나 億하면 无喪有事이다
진왕래려 억 무상유사

上六：震索索하여 視矍矍이니 征凶하다 震不于其躬이
진삭삭 시확확 정흉 진불우기궁

고 于其鄰이면 无咎하나 婚媾有言이리라
우기린 무구 혼구유언

초구(初九)：진동이[震] 다가오니[來] 두려워하다가[虩虩] 뒤에는[後] 웃으면서[笑] 말함이[言] 왁자지껄하니[啞啞] 좋다[吉].

육이(六二)：진동이[震] 다가오니[來] 위태해[厲] 재산을[貝] 잃을세라[喪] 지레짐작하며[億] 높은 언덕[九陵]으로[于] 올라간다[躋]. 좇지[逐] 말라[勿]. 이레면[七日] 얻으리라[得].

육삼(六三)：진동하니[震] 두려워 불안하나[蘇蘇] 진동해도[震] 나아가면[行] 잘못은[眚] 없다[无].

구사(九四)：진동하다[震] 진창에[泥] 빠졌다[遂].

육오(六五)：진동이[震] 가고[往] 오니[來] 위태하나[厲] 깊이 헤아리면[億] 잃을 것이[喪] 없고[无] 할 일은[事] 있다[有].

상륙(上六)：진동해오니[震] 무서워 떨면서[索索] 보다가[視] 휘둥그레지고[矍矍] 행동하면[征] 불운하다[凶]. 진동함이[震] 저[其] 자신에게[躬] 미치지 않고[不于] 제[其] 이웃에[鄰] 미쳐도[于] 허물은[咎] 없으나[无] 사돈들에게[婚媾] 쑥군댐이[言] 있다[有].

초구(初九 : ⚊)

初九 : 震來虩虩이다가 後에 笑言啞啞이니 吉하니라
진래혁혁 후 소언액액 길

초구(初九) : 진동이[震] 다가오니[來] 두려워하다가[虩虩] 뒤에는[後] 웃으면서[笑] 말함이[言] 왁자지껄하니[啞啞] 좋다[吉].

【초구(初九)의 효상(爻象) 풀이】

진괘(震卦 : ䷲)의 초구(初九 : ⚊)는 이양거양(以陽居陽) 즉 양(陽 : ⚊)으로써[以] 양(陽 : ⚊)의 자리에 있는지라[居] 정당한 자리에 있다. 초구(初九 : ⚊)와 구사(九四 : ⚊)는 양양(兩陽) 즉 둘 다[兩] 양(陽 : ⚊)인지라 불응(不應) 즉 서로 호응하지 못한다[不應]. 초구(初九 : ⚊)와 육이(六二 : ⚋)는 양음(陽陰)의 사이인지라 비(比) 즉 이웃의 사귐[比]을 서로 누릴 수 있는 처지이지만 육이(六二 : ⚋)가 〈진래(震來)〉의 두려움[虩虩]에서 벗어날 때까지 사귐이 어려울 터인지라, 상진(上進)의 시작을 성급히 할 수 없지만 뒤에는 서로 사귀게 되어 진괘(震卦 : ䷲)의 주제인 〈진(震)〉 즉 진동[震]의 시국을 주도(主導)해 갈 모습이다.

진괘(震卦 : ䷲)의 초구(初九 : ⚊)가 초륙(初六 : ⚋)으로 변효(變爻)하면 초구(初九 : ⚊)는 진괘(震卦 : ䷲)를 16번째 예괘(豫卦 : ䷏)로 지괘(之卦)하게 한다. 따라서 진괘(震卦 : ䷲)의 초구(初九 : ⚊)는 예괘(豫卦 : ䷏)의 초륙(初六 : ⚋)을 찾아가 살펴보게 한다.

【초구(初九)의 계사(繫辭) 풀이】

震來虩虩(진래혁혁)

진동이[震] 다가오니[來] 두려워한다[虩虩].

〈진래혁혁(震來虩虩)〉은 초구(初九 : ━)가 진괘(震卦 : ☳)의 주효(主爻)임을 암시한 계사(繫辭)이다. 〈진래혁혁(震來虩虩)〉은 〈초구지진입래어음중(初九之震入來於陰中) 즉시이음혁혁기진(卽時二陰虩虩其震)〉의 줄임으로 여기고 〈초구의[初九之] 진동이[震] 음(陰) 속으로[於中] 들어오니[入來] 곧장[卽是] 두[二] 음이[陰] 그[其] 진동을[震] 두려워한다[虩虩]〉라고 새겨볼 것이다. 〈혁혁(虩虩)〉은 〈두려워할 공(恐)〉과 같다.

진괘(震卦 : ☳)의 정지(靜止)한 음(陰 : --)들이 진동(震動)하는 양(陽 : ━)이 〈내(來)〉 즉 들어옴[來]으로 말미암아 양(陽 : ━)의 움직임[震]에 고요한[靜] 음(陰 : --)들이 처음에는 〈혁혁(虩虩)〉 즉 두려워하고[虩] 두려워함[虩]을 암시한 계사(繫辭)가 〈진래혁혁(震來虩虩)〉이다.

後(후) 笑言啞啞(소언액액) 吉(길)

뒤에는[後] 웃으면서[笑] 말함이[言] 왁자지껄하니[啞啞] 좋다[吉].

〈후(後) 소언액액(笑言啞啞) 길(吉)〉은 〈진래(震來)〉가 곧 음양동정(陰陽動靜)의 상화(相和)로 이어짐을 암시한 계사(繫辭)이다. 〈후(後) 소언액액(笑言啞啞) 길(吉)〉은 〈양지진입래어음중지후(陽之震入來於陰中之後) 양여음소언(陽與陰笑言) 이양여음액액(而陽與陰啞啞) 내양여음유길(乃陽與陰有吉)〉의 줄임으로 여기고 〈양의[陽之] 진동이[震] 음(陰) 속으로[於中] 들어온[入來之] 뒤로[後] 음들과[與陰] 양이[陽] 웃으며[笑] 말하면서[言而] 음들과[與陰] 양이[陽] 깔깔거린다[啞啞] 이에[乃] 음들과[與陰] 양에게[陽] 행복함이[吉] 있다[有]〉라고 새겨볼 것이다. 〈액액(啞啞)〉은 〈깔깔대는 웃음소리 소성(笑聲)〉을 뜻한다.

〈후(後) 소언액액(笑言啞啞) 길(吉)〉은 음양상화(陰陽相和)를 암시한다. 움직임이[震] 고요히 멈춰 있는 이음(二陰)에게로[於] 온[來] 뒤로[後] 드디어 음양(陰陽)이 서로[相] 어울려[和] 〈소(笑)〉 즉 서로 웃고[笑] 〈언(言)〉 즉 서로 말하며[言] 〈액액(啞啞)〉 즉 서로 깔깔거리는[啞啞] 분위기가 이루어졌다고 함은 음양동정(陰陽動靜) 즉 음의[陰] 고요와[靜] 양의[陽] 움직임[動]이 상화(相和) 즉 서로[相] 어울려[和] 하나가 되었음을 암시한다. 처음엔 〈혁혁(虩虩)〉 즉 두려워하다가[虩虩] 뒤엔 〈액액(啞啞)〉 즉 좋아서 깔깔대기로[啞啞] 변화하는 것은 모든 창생(蒼生)이 삶의 화창(和暢)한 생기를 누려 음양상화(陰陽相和)로써 천복(天福)을 누려 행복해[吉] 함임을 암시한 계사(繫辭)가 〈후(後) 소언액액(笑言啞啞) 길(吉)〉이다.

【字典】

진(震) 〈움직일 진(震)-동(動), 우레(벼락 칠) 진(震)-뇌(雷), 구제할(떨쳐날) 진(震)-구(救)-진(振), 땅이 움직이는(지진) 진(震)-지진(地震)-지동(地動), 두려워할 진(震)-구(懼)-경(驚), 위력 진(震)-위(威), 노할 진(震)-노(怒)〉 등의 뜻을 내지만 〈움직일 동(動)〉 즉 진동(震動)으로 여기고 새김이 마땅하다.

내(來) 〈돌아올 내(來)-복(復)-환(還)-귀(歸), 올 내(來)-지(至), 앞으로 내(來)-장래(將來)-미래(未來), 초치할 내(來)-초치(招致), ~부터 내(來)-자(自)-유(由), 남음이 있을 내(來)-유여(有餘), 어세를 더해주려는 조사(助詞) 내(來), 구중(句中)-구말(句末)의 조사(助詞) 내(來)〉 등의 뜻을 내지만 여기선 〈올 지(至)〉와 같다 여기고 새김이 마땅하다. 〈來〉가 앞에 있으면 〈내〉로 발음하고, 중간이나 뒤에 있으면 〈래〉로 발음한다.

혁(虩) 〈두려워할(눈 휘둥그레 할) 혁(虩)-공(恐)-구(懼), 거미 혁(虩)-승호(蠅虎), 호랑이가 놀라게 할 혁(虩)-호경(虎驚)〉 등의 뜻을 내지만 여기선 〈두려워할 공(恐)〉으로 여기고 새김이 마땅하다.

후(後) 〈뒤 후(後)-선지대(先之對), 늦을 후(後)-지(遲), 뒤처질 후(後)-낙후(落後), 뒤늦게 올 후(後)-지래(遲來), 사양할 후(後)-손(遜), 다가올(장래) 후(後)-장래(將來), 두 세대 후(後)-후세(後世), 일이 끝난 뒤 후(後)-사후필(事後畢), 자손 후(後)-자손(子孫), 뒤를 잇는 것 후(後)-후속자(後續者), 뒤에 말한 것 후(後)-하소언(下所言)〉 등의 뜻을 내지만 여기선 〈뒤 후(後)〉로 새김이 마땅하다.

소(笑) 〈웃을 소(笑)-흔(欣)-희(喜), 미소 짓는 소(笑)-미소(微笑), 비웃을(냉소할) 소(笑)-치(嗤)-신(哂)〉 등의 뜻을 내지만 여기선 〈웃을 흔(欣)〉과 같다 여기고 새김이 마땅하다.

언(言) 〈말소리 언(言)-언사(言辭), 말의 첫머리를 꺼낼 언(言)-발단(發端)-직언(直言), 말 언(言)-어(語), 논할 언(言)-설(說), 밝힐(공표할) 언(言)-선(宣), 물어볼 언(言)-문(問), 따를 언(言)-종(從), 교명 언(言)-교명(敎命), 호령 언(言)-호령(號令), 동맹이 필요할 말씀 언(言)-회동맹요지사(會同盟要之辭), 모의할 언(言)-모의(謀議), 응대하는 말 언(言)-사령(辭令), 웃전에 뜻을 전할 언(言)-상표(上表), 일구 언(言)-일구(一句),

한 글자 언(言)-일자(一字), 나 언(言)-아(我), 어울려 받드는 모습 언(言)-화경지모(和敬之貌), 송사할 언(言)-송(訟), 발어사 언(言)-운(云)〉 등의 뜻을 내지만 여기선 〈말소리 언사(言辭)〉로 여기고 새김이 마땅하다.

啞 〈아-액〉 두 가지로 발음되고, 〈깔깔 웃을 액(啞)-소(笑)-소성(笑聲), 벙어리 아(啞)-아(瘂), 까마귀 소리 아(啞)-오성(烏聲)〉 등의 뜻을 내지만 여기선 〈깔깔대는 웃음소리 소성(笑聲)〉으로 여기고 새김이 마땅하다.

길(吉) 〈좋을(행복할) 길(吉)-선(善)-영(令) {영월길일(令月吉日)은 선월선일(善月善日)임.}, 복 길(吉)-실(實)-선실(善實)-복(福), 예의를 따라 상서로울 길(吉)-예의순상(禮義順祥), 삼갈 길(吉)-근(謹), 초하루 길(吉)-삭일(朔日) {삭망(朔望) 즉 초하루[朔]와 그믐날[望]}, 길례 길(吉)-길례(吉禮) {오례지일(五禮之一) 길흉빈군가(吉凶賓軍嘉)}, 갈 길(吉)-행(行)-길(趌)〉 등의 뜻을 내지만 여기선 〈좋을 선(善)-영(令)〉 즉 행복(幸福), 행운(幸運) 등과 같다 여기고 새김이 마땅하다.

육이(六二 : --)

六二 : 震來厲하여 億喪貝하고 躋于九陵한다 勿逐하라 七日得하리라
(진래려 억상패 제우구릉 물축 칠일득)

육이(六二) : 진동이[震] 다가오니[來] 위태해[厲] 재산을[貝] 잃을세라[喪] 지레짐작하며[億] 높은 언덕[九陵]으로[于] 올라간다[躋]. 좇지[逐] 말라[勿]. 이레면[七日] 얻으리라[得].

【육이(六二)의 효상(爻象) 풀이】

진괘(震卦 : ䷲)의 육이(六二 : --)는 이음거음(以陰居陰) 즉 음(陰 : --)으로써[以] 음(陰 : --)의 자리에 있는지라[居] 정당한 자리에 있다. 육이(六二 : --)와 초구(初九 : —)는 음양(陰陽)의 사이인지라 비(比) 즉 이웃의 사귐[比]을 서로 누릴 수 있는 처지이지만, 〈진래(震來)〉의 초구(初九 : —)를 정(靜) 즉 고요한 육이(六

二 : --)가 두려움의 대상으로 마주할 처지이다. 육이(六二 : --)와 육삼(六三 : --)은 양음(兩陰) 즉 둘 다[兩] 음(陰 : --)의 사이인지라 비(比)를 누리지 못한다. 육이(六二 : --)와 육오(六五 : --) 역시 양음(兩陰)인지라 중정(中正) 즉 가운데이면서[中而] 바른[正] 자리에 있음[位]을 누리지 못하고, 정응(正應) 즉 바르게[正] 서로 호응함[應]마저도 누리지 못한다. 다만 육이(六二 : --)는 두렵지만 초구(初九 : ㅡ)와 이웃의 사귐[比]을 바라면서 진괘(震卦 : ䷲) 하체(下體)의 중효(中爻)로서 득중(得中) 즉 정도를 따름을[中] 취하여[得], 유순(柔順) 즉 부드럽고[柔] 순함[順]을 잃지 않고 자수(自守) 즉 자신을[自] 지켜낼[守] 수 있는 모습이다.

> 진괘(震卦 : ䷲)의 육이(六二 : --)가 구이(九二 : ㅡ)로 변효(變爻)하면 육이(六二 : --)는 진괘(震卦 : ䷲)를 54번째 귀매괘(歸妹卦 : ䷵)로 지괘(之卦)하게 한다. 따라서 진괘(震卦 : ䷲)의 육이(六二 : --)는 귀매괘(歸妹卦 : ䷵)의 구이(九二 : ㅡ)를 찾아가 살펴보게 한다.

【육이(六二)의 계사(繫辭) 풀이】

震來厲(진래려)

진동이[震] 다가오니[來] 위태하다[厲].

〈진래려(震來厲) 억상패(億喪貝) 제우구릉(躋于九陵)〉은 〈진래지시(震來之時) 기진여려급륙이(其震如厲給六二) 인차륙이억상기패(因此六二億喪其貝) 육이제우구릉(六二躋于九陵)〉의 줄임으로 여기고 〈진동이[震] 다가올[來之] 때[時] 그[其] 진동이[震] 육이(六二)에게[給] 위태해 보여[如厲] 육이가[六二] 제[其] 재산을[貝] 잃을세라[喪] 지레짐작하기[億] 때문에[因此] 육이가[六二] 큰 언덕[九陵]으로[于] 올라간다[躋]〉라고 새겨볼 것이다. 〈억상패(億喪貝)의 억(億)〉은 〈지레짐작할 요탁(料度)〉의 뜻으로 여김이 마땅하고, 〈패(貝)〉는 돈의 뜻으로 재산을 뜻하며, 〈제우구릉(躋于九陵)의 제(躋)〉는 〈오를 등(登)〉과 같고, 〈구릉(九陵)〉은 높은 언덕을 뜻한다.

〈진래려(震來厲)〉는 육이(六二 : --)의 효위(爻位)를 들어 암시한 계사(繫辭)이다. 〈진래려(震來厲)〉는 움직임[震] 즉 양(陽 : ㅡ)이 오자[來] 육이(六二 : --)가 위태함[厲]을 느낌을 암시한다. 〈진래려(震來厲)의 진(震)〉은 육이(六二 : --) 바로 아래에 있는 초구(初九 : ─)를 말한다. 〈진래려(震來厲)의 여(厲)〉는 육이(六二 : --)가 〈진래혁혁(震來虩虩)의 혁혁(虩虩)〉을 겪고 있어서 이 〈진래(震來)〉가 〈소언액액(笑言啞啞)〉으로 이어질 것임을 미처 깨닫기 전인지라 초구(初九 : ─)를 이웃으로 받아들여 사귀지[比] 못함을 암시한다. 육이(六二 : --)의 정(靜)이 진동(震動)을 만나면 고요[靜]가 깨져버림을 〈여(厲)〉가 암시하는 셈이다. 진괘(震卦 : ䷲)에서 초구(初九 : ─)는 진원(震源) 즉 진동의[震] 시원[源]이다. 그 시원(始源)의 바로 위에 있는 육이(六二 : --)인지라 육이(六二 : --)가 〈여(厲)〉 즉 위태하다[厲] 여김을 암시한 계사(繫辭)가 〈진래려(震來厲)〉이다.

億喪貝(억상패)

재산을[貝] 잃을세라[喪] 지레짐작한다[億].

〈억상패(億喪貝)〉는 육이(六二 : --)가 겪는 〈여(厲)〉의 여파(餘波)를 암시한다. 〈억상패(億喪貝)〉는 육이(六二 : --)가 〈상패(喪貝)〉 즉 가진 재산을[貝] 잃을세라[喪] 〈억(億)〉 즉 지레짐작한다[億]는 것이다. 이는 시쳇말로 육이(六二 : --)가 기득권의 상실을 몹시 우려함을 암시한다. 〈상패(喪貝)의 패(貝)〉는 고대에 보화(寶貨) 즉 온갖 보물(寶物)과 재화(財貨)를 묶어서 뜻하니, 〈상패(喪貝)〉는 재력을[貝] 잃어버림[喪]을 말하고 동시에 기득권의 입지를 잃어버림을 암시한다. 허정(虛靜)하고 유약(柔弱)한 육이(六二 : --)가 강강(剛强)하고 동적(動的)인 초구(初九 : ─)를 자신의 위치를 상실하게 할 위세로 여기고, 마주함을 꺼림을 암시한 계사(繫辭)가 〈억상패(億喪貝)〉이다.

躋于九陵(제우구릉)

높은 언덕[九陵]으로[于] 올라간다[躋].

〈제우구릉(躋于九陵)〉은 육이(六二 : --)가 초구(初九 : ─) 바로 위에 있게 돼 진괘(震卦 : ䷲)의 하체(下體) 진(震 : ☳)의 중효(中爻)임을 암시한다. 이는 육이(六二 : --)가 중효(中爻)로서 득중(得中) 즉 정도를 따름을[中] 취하여[得] 매사(每事)를 마주함을 암시한다. 여기 〈제우구릉(躋于九陵)의 제(躋)〉가 『노자(老子)』에 나오는 〈부드럽고[柔] 연약함이[弱] 굳세고[剛] 강함을[强] 부려 쓴다[勝]〉라는 내용을 떠올려준다. 비록 유약(柔弱)한 육이(六二 : ⚋)이지만 중효(中爻)인지라 득중(得中)하여 강강(剛强)한 초구(初九 : ⚊)를 마주하려 함을 암시하는 것이 〈제우구릉(躋于九陵)의 제(躋)〉이다.

〈제우구릉(躋于九陵)의 구릉(九陵)〉은 진괘(震卦 : ䷲)의 내호괘(內互卦)인 간(艮 : ☶)을 빌려 육이(六二 : ⚋)를 취상(取象)한 것이다. 왜냐하면 〈제우구릉(躋于九陵)의 구릉(九陵)〉이 「설괘전(說卦傳)」에 나오는 〈간은[艮 : ☶] 산(山)이다[爲]〉라는 내용을 환기시키기 때문이다. 〈구릉(九陵)의 구(九)〉는 여기선 〈언덕 구(丘)〉와 같다. 〈구릉(九陵)〉은 적정(寂靜) 즉 적막한[寂] 고요[靜]가 유지되는 곳이고, 이는 곧 육이(六二 : ⚋)가 강강(剛强)한 초구(初九 : ⚊)와 상쟁(相爭)하지 않고 안존(安存)할 수 있는 자리이다. 언덕[九陵]으로[于] 올라감[躋]을 들어서 정적(靜的)인 유음(柔陰)인 육이(六二 : ⚋)가 중효(中爻)로서 동적(動的)인 강강(剛强)한 초구(初九 : ⚊)의 〈진래(震來)〉를 관망하며 상쟁을 피하면, 결국 부드러움[柔] 즉 음(陰 : ⚋)이 굳셈[剛] 즉 양(陽 : ⚊)을 이겨냄[勝]을 암시한 계사(繫辭)가 〈제우구릉(躋于九陵)〉이다.

勿逐(물축)

좇지[逐] 말라[勿].

〈물축(勿逐) 칠일득(七日得)〉은 육이(六二 : ⚋)가 행한 〈제우구릉(躋于九陵)〉의 까닭을 암시한 계사(繫辭)이다. 〈물축(勿逐) 칠일득(七日得)〉은 〈육이혜(六二兮) 물축초구(勿逐初九) 칠일지후륙이장득초구지비(七日之後六二將得初九之比)〉의 줄임으로 여기고 〈육이(六二)여[兮] 초구를[初九] 좇지[逐] 말라[勿] 이레[七日之] 뒤엔[後] 육이가[六二] 초구의[初九之] 사귐을[比] 취할 것이다[將得]〉라고 새겨볼 것이다.

〈물축(勿逐)〉은 육이(六二 : ⚋)가 구릉(九陵)에 머물러 있어야 함을 암시한다. 〈물축(勿逐)〉은 추종(追從) 즉 좇아[追] 따라가지[從] 말라[勿] 함이다. 여기 〈물축(勿逐)〉은 『노자(老子)』에 나오는 〈그[其] 수컷을[雄] 알고[知] 그[其] 암컷을[雌] 지킨다[守]〉라는 내용을 상기시킨다. 음양(陰陽)을 일컬어 자웅(雌雄) 즉 암컷과[雌] 수컷[雄]이라 칭하기도 한다. 암컷 즉 육이(六二 : ⚋)가 수컷 즉 초구(初九 : ⚊)

를 좇지 말라 함이 〈물축(勿逐)〉이다. 이는 곧 육이(六二 : --)가 초구(初九 : ―)와 상쟁(相爭)하여 자실(自失) 즉 자신을[自] 잃지[失] 않음을 암시한다. 따라서 〈물축(勿逐)〉은 육이(六二 : --)가 가만히 있으면 〈진래(震來)〉 즉 초구(初九 : ―)가 좇아온다는 것이다. 〈제우구릉(躋于九陵)〉 즉 육이(六二 : --)가 초구(初九 : ―) 위에서 정지(靜止) 즉 고요히[靜] 멈춰 있되[止] 〈억상패(億喪貝)〉 즉 재산을[貝] 잃을세라[喪] 지레짐작하지[億] 말라 함을 〈물축(勿逐)〉이 암시하기도 한다. 중효(中爻)인 육이(六二 : --)가 허정(虛靜)으로써 자수(自守) 즉 자신을[自] 지켜[守] 득중(得中) 즉 정도를 따름을[中] 취하여[得] 매사(每事)를 마주할 것을 암시한 계사(繫辭)가 〈물축(勿逐)〉이다.

七日得(칠일득)

이레면[七日] 얻으리라[得].

〈칠일득(七日得)〉은 대성괘(大成卦) 육효(六爻)의 운명(運命)인 역지도(易之道)를 빌려 육이(六二 : --)가 〈물축(勿逐)〉을 고수한 까닭을 암시한다. 육이(六二 : --)가 〈진래(震來)〉 즉 진동함이[震] 옴[來]으로 말미암아 겪는 〈혁혁(虩虩)〉 즉 두려움[虩虩]에 〈물축(勿逐)〉으로써 선처(善處)할 수 있는 것은 〈진래(震來)〉 역시 시운(時運)을 따르는 사태로 여기고 마주함임을 〈칠일득(七日得)〉이 암시한다. 〈칠일득(七日得)의 칠일(七日)〉은 「계사전상(繫辭傳上)」에 나오는 〈효라는[爻] 것은[者] 변화하는[變] 것[者]을[乎] 말하는 것[言]이다[也]〉라는 내용을 상기시킨다. 〈효라는[爻] 것은[者] 변화하는[變] 것[者]〉인지라 대성괘(大成卦)의 육효(六爻)는 한자리에 머물지 않고 순차(循次) 즉 뒤따라[次] 좇아[循] 왕래(往來)하여 자리를 물려주는 시운(時運)을 좇는다. 6일이면 일순(一循) 즉 한 차례[一] 좇아[循] 왕래함이 다해져, 7일째면 대성괘(大成卦)의 상효(上爻)가 떠나 초효(初爻)가 새로 들어오고, 있던 초효(初爻)는 상진(上進)하여 다시 효(爻)의 순차(循次)가 시작됨을 암시하는 것이 〈칠일득(七日得)의 칠일(七日)〉이다. 이처럼 때가 지나고 일이 마치면 시변(時變)의 왕래함이 역지도(易之道)이다. 거듭해 말하자면 육이(六二 : --)의 자리인 이위(二位)로부터 순차(順次)대로 옮겨 삼위(三位)→사위(四位)→오위(五位)→상위(上位)를 거침을 〈칠일(七日)〉로써 시변(時變)을 암시한다. 이에 허정(虛靜)한 유음(柔陰)의 중효(中爻)로서 육이(六二 : ⚋)가 진괘(震卦 : ䷲)의 하체(下體) 진(震 : ☳)의 중효(中爻)로서 정도를[道] 따름을[中] 취하는[得] 자신을 지키고자 구릉(九陵)에 올라가[躋] 있다가 〈칠일(七日)〉의 시운(時運)을 따라 〈득여초구지비(得與初九之比)〉 즉 초구(初九 : ⚊)와의[與之] 이웃 사귐을[比] 누릴 것임[得]을 암시한 계사(繫辭)가 〈칠일득(七日得)〉이다.

【字典】

진(震) 〈움직일 진(震)-동(動), 우레(벼락 칠) 진(震)-뇌(雷), 구제할(떨쳐날) 진(震)-구(救)-진(振), 땅이 움직이는(지진) 진(震)-지진(地震)-지동(地動), 두려워할 진(震)-구(懼)-경(驚), 위력 진(震)-위(威), 노할 진(震)-노(怒)〉 등의 뜻을 내지만 〈움직일 동(動)〉 즉 진동(震動)으로 여기고 새김이 마땅하다.

내(來) 〈돌아올 내(來)-복(復)-환(還)-귀(歸), 올 내(來)-지(至), 앞으로 내(來)-장래(將來)-미래(未來), 초치할 내(來)-초치(招致), ~부터 내(來)-자(自)-유(由), 남음이 있을 내(來)-유여(有餘), 어세를 더해주려는 조사(助詞) 내(來), 구중(句中)-구말(句末)의 조사(助詞) 내(來)〉 등의 뜻을 내지만 여기선 〈올 지(至)〉와 같다 여기고 새김이 마땅하다. 〈來〉가 앞에 있으면 〈내〉로 발음하고, 중간이나 뒤에 있으면 〈래〉로 발음한다.

여(厲) 〈위태할 여(厲)-위(危), 가물 여(厲)-한(旱), 갈 여(厲)-마(磨), 문지를(비빌) 여(厲)-마찰(摩擦), 엄할(사나울) 여(厲)-엄(嚴)-맹(猛), 높고 훌륭할 여(厲)-고상(高尙), 맑고 바를 여(厲)-청정(淸正), 막을 여(厲)-항(抗), 일어날 여(厲)-기(起), 지을 여(厲)-작(作), 사나울 여(厲)-학(虐), 병들 여(厲)-병(病), 낭떠러지 여(厲)-애(涯), 물이 깊어도 건널 수 있는 곳 여(厲)-심수가섭지처(深水可涉之處), 권하여 힘쓰게 할 여(厲)-권면(勸勉), 이을 여(厲)-합(合)-연(連), 옷을 입고 물을 건널 여(厲)-이의섭수(以衣涉水), 가까울 여(厲)-근(近)-부(附)〉 등의 뜻을 내지만 여기선 〈위태로울 위(危)〉와 같다 여기고 새김이 마땅하다. 〈厲〉가 앞에 있을 때는 〈여(厲)〉로 발음되고, 뒤에 있으면 〈려(厲)〉로 발음된다.

억(億) 〈헤아릴 억(億)-의(意)-요탁(料度)-심탁(審度), 아낄 억(億)-석(惜), 탄식할 억(億)-희(噫), 편안할 억(億)-안(安), 수의 단위(만의 만 배) 억(億)-만만(萬萬), 도박 억(億)-도박(賭博), 가득 찰 억(億)-만영(滿盈)〉 등의 뜻을 내지만 여기선 〈아낄 석(惜), 탄식할 희(噫)〉 등의 뜻을 묶어 〈헤아릴 요탁(料度)〉으로 여기고 새김이 마땅하다.

상(喪) 〈잃을 상(喪)-실(失), 죽을 상(喪)-사(死)-망(亡), 상복을 입을 상(喪)-지복(持服), 망칠(버릴) 상(喪)-기망(棄亡)〉 등의 뜻을 내지만 여기선 〈잃을 실(失)〉과 같다 여기고 새김이 마땅하다.

패(貝) 〈보화(재물) 패(貝)-보화(寶貨)-화(貨)-재(財)-화폐(貨幣), 조개(자개) 패(貝)-해개충(海介蟲), 비단 패(貝)-금(錦), 꾸밀 패(貝)-식(飾)〉 등의 뜻을 내지만 여기선 〈보화(寶貨)〉로 여기고 새김이 마땅하다.

제(躋) 〈오를 제(躋)-등(登)-승(升), 잃을(떨어질) 제(躋)-추(墜)〉 등의 뜻을 내지만 여기선 〈오를 등(登)〉과 같다 여기고 새김이 마땅하다.

우(于) 〈~으로(~에서, ~부터) 우(于)-어(於), 갈 우(于)-왕(往), 써 우(于)-이(以), 할 우(于)-위(爲), 여기 우(于)-시(是), 도울 우(于)-조(助), 클 우(于)-대(大), 구할 우(于)-구(求), 자족하는 모습 우(于)-자족모(自足貌)〉 등의 뜻을 내지만 여기선 〈~으로 어(於)〉와 같다 여기고 새김이 마땅하다.

구(九) 〈언덕 구(九)-구(丘), 양수(양효) 구(九)-양수(陽數)-양효(陽爻)-양수지변(陽數之變), 아홉 구(九)-수(數), 끝 구(九)-구(究)-수지종(數之終), 남방 구(九)-남방(南方), 오랠 구(九)-구(久)-노(老), 모일 구(九)-취(聚)〉 등의 뜻을 내지만 여기선 〈언덕 구(丘)〉와 같다 여기고 새김이 마땅하다.

능(陵) 〈큰 언덕 능(陵)-대부(大阜), 업신여길 능(陵)-능(凌)-범모(犯侮), 무덤(사직단) 능(陵)-총(冢), 언덕 능(陵)-구(丘), 오를 능(陵)-승(升), 범할 능(陵)-침(侵), 가파를 능(陵)-지(遲), 짓밟을 능(陵)-역(轢), 탈 능(陵)-승(乘), 높을 능(陵)-준(峻)〉 등의 뜻을 내지만 여기선 〈큰 언덕 대부(大阜)〉와 같다 여기고 새김이 마땅하다.

물(勿) 〈없을 물(勿)-무(無)-무(毋), 하지 말 물(勿)-막(莫), 아닌 것 물(勿)-비(非), 아니할 물(勿)-불(不)〉 등의 뜻을 내지만 여기선 〈없을 무(無)〉와 같다 여기고 새김이 마땅하다.

逐 〈축-적〉 두 가지로 발음되고, 〈물리칠 축(逐)-척(斥), 좇을 축(逐)-박(迫)-추(追), 따라갈 축(逐)-종(從), (말을) 몰아갈 축(逐)-구(驅), 풀어놓을 축(逐)-방(放), 구할 축(逐)-구(求), 달릴 축(逐)-주(走), 질병 축(逐)-병(病)-질(疾), 달리는 모양 적(逐)-치(馳)-분(奔)〉 등의 뜻을 내지만 〈물리칠 척(斥)〉으로 여기고 새김이 마땅하다.

칠(七) 〈일곱 칠(七)-수명(數名), 양수 칠(七)-양수(陽數), 천지인사시의 시작 칠

(七)-천지인사시지시(天地人四時之始), 서방 칠(七)-서방(西方), 진괘의 수 칠(七)-진괘지수(震卦之數)〉 등의 뜻을 내지만 여기선 〈일곱 칠(七)〉로 여기고 새김이 마땅하다.

일(日) 〈나날 일(日)-별일(別日), 시기 일(日)-시기(時期), 기한 일(日)-기한(期限), 시일 일(日)-시일(時日), 해(태양) 일(日)-태양(太陽)-태양계중심(太陽系中心), 참 일(日)-실(實)-실정(實精), 볕 일(日)-양(陽)-양광(陽光), 불 일(日)-화(火), 임금의 모습 일(日)-군상(君象), 덕 일(日)-덕(德) {일자덕야(日者德也) 월자형야(月者刑也)}, 낮 일(日)-주(晝), 세월 일(日)-광음(光陰)〉 등의 뜻을 내지만 여기선 〈나날 일(日)〉로 여기고 새김이 마땅하다.

득(得) 〈취할(얻어낼) 득(得)-획(獲)-취(取), 탐할 득(得)-탐(貪), 깨달을 득(得)-효(曉)-오(悟), 만족할 득(得)-족(足), 마땅할 득(得)-당(當), 일의 마땅함을 터득할 득(得)-합(合)-득사지의(得事之宜), 이룰 득(得)-성(成), 알 득(得)-지(知), 가할 득(得)-가(可)-능(能), 편안할 득(得)-편(便), 가질 득(得)-치(値)-지(持), 득도할 득(得)-득도(得道)〉 등의 뜻을 내지만 〈취할 획(獲)-취(取)〉와 같다 여기고 새김이 마땅하다.

註 유약승강강(柔弱勝剛强) : 부드럽고[柔] 연약함이[弱] 굳세고[剛] 강함을[强] 부려 쓴다[勝].
『노자(老子)』 38장(章)

註 간위산(艮爲山) : 간은[艮 : ☶] 산(山)이다[爲]. 「설괘전(說卦傳)」 11단락(段落)

註 지기웅(知其雄) 수기자(守其雌) 위천하계(爲天下谿) : 그[其] 수컷을[雄] 알고[知] 그[其] 암컷을[雌] 지키면[守] {그 지수(知守)는} 세상을[天下] 담는 시내가[谿] 된다[爲].
『노자(老子)』 28장(章)

註 단자언호상자야(彖者言乎象者也) 효자언호변자야(爻者言乎變者也) 길흉자언호기실득야(吉凶者言乎其失得也) 회린자언호기소자야(悔吝者言乎其小疵也) 무구자선보과야(无咎者善補過也) : 단이라는[彖] 것은[者] 짓을[乎象] 말하는[言] 것[者]이고[也], 효라는[爻] 것은[者] 변화함을[乎變] 말하는[言] 것[者]이며[也], 좋다[吉] 나쁘다는[凶] 것은[者] 그것을[其] 잃음과[失] 얻음을[乎得] 말함[言]이고[也], 뉘우치고[悔] 부끄러워한다는[吝] 것은[者] 그것이[其] 허물을[疵] 작게 함을[乎小] 말함[言]이며[也], 허물이[咎] 없다는[无] 것은[者] 잘못을[過] 선하게[善] 고침[補]이다[也]. 「계사전상(繫辭傳上)」 3단락(段落)

육삼(六三 : --)

六三 : 震蘇蘇하나 震行하면 无眚하리라
진소소 진행 무생

육삼(六三) : 진동하니[震] 두려워 불안하나[蘇蘇] 진동해도[震] 나아가면 [行] 잘못은[眚] 없다[无].

【육삼(六三)의 효상(爻象) 풀이】

진괘(震卦 : ䷲)의 육삼(六三 : --)은 이음거양(以陰居陽) 즉 음(陰 : --)으로써 [以] 양(陽 : —)의 자리에 있는지라[居] 정당한 자리에 있지 못하다. 육삼(六三 : --)과 구사(九四 : —)는 음양(陰陽)의 사이인지라 비(比) 즉 이웃의 사귐[比]을 서로 누릴 수 있는 처지이다. 육삼(六三 : --)과 상륙(上六 : --)은 양음(兩陰) 즉 둘 다[兩] 음(陰 : --)의 사이인지라 불응(不應) 즉 서로 호응하지 못하는[不應] 상황이다. 이에 육삼(六三 : --)은 정당하지 못한 자리에서 진괘(震卦 : ䷲)의 상하(上下) 두 진(震 : ☳)의 사이에 끼어 있는 지경이라 진동의[震] 두려움[懼]에 더욱더 불안해하는 모습이다.

진괘(震卦 : ䷲)의 육삼(六三 : --)이 구삼(九三 : —)으로 변효(變爻)하면 육삼(六三 : --)은 진괘(震卦 : ䷲)를 55번째 풍괘(豐卦 : ䷶)로 지괘(之卦)하게 한다. 따라서 진괘(震卦 : ䷲)의 육삼(六三 : --)은 풍괘(豐卦 : ䷶)의 구삼(九三 : —)을 찾아가 살펴보게 한다.

【육삼(六三)의 계사(繫辭) 풀이】

震蘇蘇(진소소)

진동하니[震] 두려워 불안하다[蘇蘇].

〈진소소(震蘇蘇)〉는 육삼(六三 : --)의 효위(爻位)를 들어 암시한 계사(繫辭)이다. 〈진소소(震蘇蘇)〉는 〈기연구사지진즉재상(旣然九四之震卽在上) 육삼소소(六三蘇蘇)〉의 줄임으로 여기고 〈구사의[九四之] 진동함이[震] 바로[卽] 위에[上] 있기

[在] 때문에[既然] 육삼이[六三 : --] 두려워 불안해하는 모습이다[蘇蘇]〉라고 새겨볼 것이다. 〈소소(蘇蘇)〉는 〈외구불안지모(畏懼不安之貌)〉 즉 두렵고[畏] 두려워[懼] 불안해하는[不安之] 모습[貌]을 말한다.

〈진소소(震蘇蘇)〉는 육삼(六三 : --) 바로 위에 구사(九四 : —)가 있음을 암시한다. 〈진소소(震蘇蘇)의 진(震)〉은 육삼(六三 : --)이 이웃한 구사(九四 : —)를 암시하고, 〈진소소(震蘇蘇)의 소소(蘇蘇)〉는 육삼(六三 : --)의 바로 위에서 구사(九四 : —)가 진동하니[震] 유정(柔靜) 즉 부드럽고[柔] 고요한[靜] 육삼(六三 : --)이 구사(九四 : —)가 두려워서[畏懼] 불안해하는[不安之] 모습[貌]이다. 따라서 중효(中爻)의 자리를 떠나 정당한 자리에 있지도 못하면서 유약(柔弱)한 육삼(六三 : --)이 구사(九四 : —)와 이웃으로 사귀지[比] 못하고 두려워하고 불안해함을 암시한 계사(繫辭)가 〈진소소(震蘇蘇)〉이다.

震行(진행) 无眚(무생)

진동해도[震] 나아가면[行] 잘못은[眚] 없다[无].

〈진행(震行)〉은 육삼(六三 : --)이 〈진(震)〉 즉 진동함[震]에 부자실(不自失) 즉 자신을[自] 잃지 않음을[不失] 암시한 계사(繫辭)이다. 〈진행(震行)〉은 〈수연진소소륙삼(雖然震蘇蘇六三) 육삼상행종구사(六三上行從九四)〉의 줄임으로 여기고 〈비록[雖然] 진동이[震] 육삼을[六三] 두려워 불안하게 하여도[蘇蘇] 육삼은[六三] 구사를[九四] 따라[從] 상행한다[上行]〉라고 새겨볼 것이다. 〈진행(震行)〉은 육삼(六三 : --)이 진괘(震卦 : ䷲)의 하체(下體) 진(震 : ☳)의 상효(上爻)임을 암시한다. 육삼(六三 : --)은 하체(下體) 진(震 : ☳)의 중위(中位)를 벗어난 상효(上爻)인지라 상체(上體) 진(震 : ☳)으로 상행(上行)해야 하는 것이 육삼(六三 : --)의 효운(爻運)이다. 이에 육삼(六三 : --)은 바로 위에서 구사(九四 : —)가 진동한다[震] 해도 구사(九四 : —)를 뒤따라 상행해야 함이 육삼(六三 : --)의 효운임을 암시한 계사(繫辭)가 〈진행(震行)〉이다.

〈무생(无眚)〉은 육삼(六三 : --)이 감행하는 〈행(行)〉의 결과를 암시한 계사(繫辭)이다. 〈무생(无眚)〉은 〈육삼지상행무생(六三之上行无眚)〉의 줄임으로 여기고 〈육삼의[六三之] 상행에[上行] 잘못은[眚] 없다[无]〉라고 새겨볼 것이다. 〈무생(无

眚)의 생(眚)〉은 여기선 〈잘못할 과(過)〉와 같다. 〈무생(无眚)〉은 육삼(六三 : --)이 진괘(震卦 : ䷲)의 하체(下體)인 진(震 : ☳)의 상효(上爻)인지라 하체(下體)를 떠나 상체(上體)인 진(震 : ☳)으로 진입해야 함이 효운임을 암시한다. 육삼(六三 : --)이 상행(上行)하면 사위(四位)에 이르는지라 부정위(不正位)에서 정위(正位)가 되어 육삼(六三 : --)의 행진이 선처(善處) 즉 변화의[易之] 이치[道]를 잇는[善] 자리[處]에 안착하므로, 육삼(六三 : --)에게 〈생(眚)〉 즉 과실이[眚] 없음[无]을 암시한 계사(繫辭)가 〈무생(无眚)〉이다.

【字典】

진(震) 〈움직일 진(震)-동(動), 우레(벼락 칠) 진(震)-뇌(雷), 구제할(떨쳐날) 진(震)-구(救)-진(振), 땅이 움직이는(지진) 진(震)-지진(地震)-지동(地動), 두려워할 진(震)-구(懼)-경(驚), 위력 진(震)-위(威), 노할 진(震)-노(怒)〉 등의 뜻을 내지만 〈움직일 동(動)〉 즉 진동(震動)으로 여기고 새김이 마땅하다.

소(蘇) 〈까무러질 소(蘇)-사핍용기(使乏勇氣)-기색모(氣索貌), 깨어날(소생할) 소(蘇)-사이경생(死而更生), 차조기 소(蘇)-초명(草名), 부소나무 소(蘇)-목명(木名), 나무할 소(蘇)-초목(樵木)〉 등의 뜻을 내지만 〈까무러질 기색모(氣索貌)〉로 새김이 마땅하다. 여기 〈소소(蘇蘇)〉는 〈외구불안지모(畏懼不安之貌)〉 즉 두려워[畏懼] 불안해하는[不安之] 모습[貌]을 뜻한다.

行 〈행-항〉 두 가지로 발음되고, 〈나아갈 행(行)-전진(前進), 떠나갈(갈) 행(行)-왕(往), 다닐 행(行)-보(步), 길 귀신 행(行)-노신(路神), 오행 행(行)-오행(五行), 길 행(行)-도로(道路), 쓸 행(行)-용(用), 순행할 행(行)-순행(巡行), 행실 행(行)-신지소행(身之所行), 운반할 행(行)-운(運), 항오 항(行)-열(列), 시장 항(行)-시장(市長), 항렬 항(行)-등배(等輩), 굳셀 항(行)-강강(剛强)〉 등의 뜻을 내지만 여기선 〈나아갈 전진(前進)〉과 같다 여기고 새김이 마땅하다.

무(无) 〈없을 무(无)-무(無), 허무지도 무(无)-허무지도(虛无之道), 으뜸 무(无)-원(元)〉 등의 뜻을 내지만 여기선 〈없을 무(無)〉와 같다 여기고 새김이 마땅하다. 〈무(无)〉는 〈무(無)〉의 고자(古字)이다.

생(眚) 〈과실(모르고 짓는 죄) 생(眚)-과(過), 재화[妖]와 복록[祥] 생(眚)-요상(妖祥), 백태가 낄 생(眚)-생예(生翳), 질병 생(眚)-병(病), 파리할 생(眚)-수(瘦), 치워버릴 생(眚)-생(省), 용서할 생(眚)-사(赦)〉 등의 뜻을 내지만 여기선 〈과실(모르고 짓는 죄) 과(過)〉와 같다 여기고 새김이 마땅하다.

구사(九四 : ⚊)

九四 : 震遂泥로다
진 수 니

구사(九四) : 진동하다[震] 진창에[泥] 빠졌다[遂].

【구사(九四)의 효상(爻象) 풀이】

진괘(震卦 : ䷲)의 구사(九四 : ⚊)는 이양거음(以陽居陰) 즉 양(陽 : ⚊)으로써[以] 음(陰 : ⚋)의 자리에 있는지라[居] 정당한 자리에 있지 못하다. 구사(九四 : ⚊)의 아래위로 두 음기(陰氣 : ⚋)와는 양음(陽陰)의 사이인지라 비(比) 즉 이웃의 사귐[比]을 서로 누릴 수 있는 처지이지만, 양(陽 : ⚊)의 진동[震]을 두려워하는 유정(柔靜)한 음(陰 : ⚋)들인지라 사귐[比]을 당장은 누리기 어렵다. 구사(九四 : ⚊)와 초구(初九 : ⚊)는 양양(兩陽) 즉 둘 다[兩] 양(陽 : ⚊)이어서 정응(正應) 즉 정도를 따라[正] 호응할[應] 수 없다. 이에 구사(九四 : ⚊)는 상하(上下)의 중음(重陰) 사이에 빠져버린 딱한 모습이다.

진괘(震卦 : ䷲)의 구사(九四 : ⚊)가 육사(六四 : ⚋)로 변효(變爻)히면 구시(九四 : ⚊)는 진괘(震卦 : ䷲)를 24번째 복괘(復卦 : ䷗)로 지괘(之卦)하게 한다. 따라서 진괘(震卦 : ䷲)의 구사(九四 : ⚊)는 복괘(復卦 : ䷗)의 육사(六四 : ⚋)를 찾아가 살펴보게 한다.

【구사(九四)의 계사(繫辭) 풀이】

震遂泥(진수니)

진동하다[震] 진창에[泥] 빠졌다[遂].

〈진수니(震遂泥)〉는 구사(九四 : ⚊)의 효위(爻位)를 들어 암시한 계사(繫辭)이다. 〈진수니(震遂泥)〉는 〈구사진(九四震) 연후구사수니(然後九四遂泥)〉의 줄임으로 여기고 〈구사가[九四] 진동한다[震] 그러다가[然後] 구사가[九四] 진창에[泥] 빠졌다[遂]〉라고 새겨볼 것이다. 〈진수니(震遂泥)의 수(遂)〉는 여기선 〈빠질 추(墜)〉와 같다.

〈진수니(震遂泥)〉는 구사(九四 : ━)가 아래로 두 음(陰 : --)과 위로 두 음(陰 : --) 사이에 있음을 암시한다. 〈진수니(震遂泥)의 진(震)〉은 구사(九四 : ━)를 암시하고, 〈진수니(震遂泥)의 니(泥)〉는 수렁[泥] 즉 물과 흙이 서로 합함인지라 구사(九四 : ━)의 상하(上下)에 있는 네 음(陰 : --)들을 취상(取象)한 것이다. 〈진수니(震遂泥)의 수(遂)〉는 여기선 〈추어(墜於)〉 즉 〈~에[於] 추락했다[墜]〉라는 뜻을 낸다. 이에 구사(九四 : ━)가 아래로 육이(六二 : --)-육삼(六三 : --)과 위로 육오(六五 : --)-상륙(上六 : --) 사이에 빠져 있음[遂]을 암시한 계사(繫辭)가 〈진수니(震遂泥)〉이다.

【 字 典 】

진(震) 〈움직일 진(震)-동(動), 우레(벼락 칠) 진(震)-뇌(雷), 구제할(떨쳐날) 진(震)-구(救)-진(振), 땅이 움직이는(지진) 진(震)-지진(地震)-지동(地動), 두려워할 진(震)-구(懼)-경(驚), 위력 진(震)-위(威), 노할 진(震)-노(怒)〉 등의 뜻을 내지만 〈움직일 동(動)〉 즉 진동(震動)으로 여기고 새김이 마땅하다.

수(遂) 〈빠질(추락할) 수(遂)-추(墜)-대(隊)-락(落)-운(隕), 이룰 수(遂)-성(成), 나아갈 수(遂)-진(進), 마침내 수(遂)-경(竟), 사무칠 수(遂)-달(達), 거듭할 수(遂)-신(申), 자랄 수(遂)-생장(生長)-생육(生育), 갈 수(遂)-행(行)-왕(往), 다할 수(遂)-진(盡), 궁구할 수(遂)-구(究), 두루(널리) 수(遂)-편(徧), 전담할 일 수(遂)-전사(專事), 명예로운 자리를 달성한 것(사람) 수(遂)-명위성달자(名位成達者), 따를 수(遂)-순(順), 갖출 수(遂)-구(具), 실개천 수(遂)-소구(小溝), 인할 수(遂)-인(因), 옛것을(근본을) 좇아 따를 수(遂)-인순(因循)-순구순지(循舊順之), 사실에 바탕을 둘 수(遂)-인사(因事)-본어사실(本於事實), 깊고 멀 수(遂)-심원(深遠), 편안할 수(遂)-안(安)-완(緩), 미루어 헤아릴 수(遂)-결(決)-췌(揣)〉 등의 뜻을 내지만 여기선 〈빠질 추(墜)〉와 같다 여기고 새김이 마땅하다.

니(泥) 〈수렁 니(泥)-수토상합(水土相合), 진창 니(泥)-녕(濘), 더럽고 썩은 니(泥)-오부(汚腐), 더러울 니(泥)-오(汚), 재능과 힘이 적은 니(泥)-소재력(少才力), 가까울 니(泥)-근(近), 진흙 니(泥)-도(塗), 막힐 니(泥)-불통(不通), 야들할 니(泥)-유택모(柔澤貌), 이슬 맺힐 니(泥)-노농모(露濃貌), 젖고 젖을 니(泥)-윤유(潤濡)〉 등의 뜻을 내지만 〈수렁 수토상합(水土相合)〉으로 여기고 새김이 마땅하다.

육오(六五 : --)

六五 : 震往來厲하나 億하면 无喪有事이다
진왕래려 억 무상유사

육오(六五) : 진동이[震] 가고[往] 오니[來] 위태하나[厲] 깊이 헤아리면[億] 잃을 것이[喪] 없고[无] 할 일은[事] 있다[有].

【육오(六五)의 효상(爻象) 풀이】

진괘(震卦 : ䷲)의 육오(六五 : --)는 이음거양(以陰居陽) 즉 음(陰 : --)으로써[以] 양(陽 : ─)의 자리에 있는지라[居] 정당한 자리에 있지 못하다. 육오(六五 : --)와 구사(九四 : ─)는 음양(陰陽)의 사이인지라 비(比) 즉 이웃의 사귐[比]을 서로 누릴 수 있는 처지이지만, 육오(六五 : --)가 구사(九四 : ─)를 두려운 이웃으로 여기는 처지이다. 육오(六五 : --)와 상륙(上六 : --)은 양음(兩陰) 즉 둘 다[兩] 음(陰 : --)이어서 비(比)를 누리지 못한다. 육오(六五 : --)와 육이(六二 : --) 역시 양음(兩陰)이어서 중이부정(中而不正) 즉 중효이되[中而] 정위에 있지 못해[不正] 부정응(不正應) 즉 서로 바르게[正] 호응하지 못한다[不應]. 그러나 육오(六五 : --)는 진괘(震卦 : ䷲)의 존위(尊位)에 있고 진괘(震卦 : ䷲)의 상체(上體) 진(震 : ☳)의 중효(中爻)인지라, 득중(得中) 즉 정도를 따름을[中] 취하여[得] 수중(守中) 즉 정도를 따름을[中] 지키면서[守] 진괘(震卦 : ䷲)의 주제인 〈진(震)〉 즉 진동[震]의 시국을 꿋꿋하게 선처(善處)해가는 모습이다.

진괘(震卦 : ䷲)의 육오(六五 : --)가 구오(九五 : ─)로 변효(變爻)하면 육오(六五 : --)는 진괘(震卦 : ䷲)를 17번째 수괘(隨卦 : ䷐)로 지괘(之卦)하게 한다. 따라서 진괘(震卦 : ䷲)의 육오(六五 : --)는 수괘(隨卦 : ䷐)의 구오(九五 : ─)를 찾아가 살펴보게 한다.

【육오(六五)의 계사(繫辭) 풀이】

震往來厲(진왕래려)

진동이[震] 가고[往] 오니[來] 위태하다[厲].

〈진왕래려(震往來厲)〉는 육오(六五 : --)의 효위(爻位)를 들어 암시한 계사(繫辭)이다. 〈진왕래려(震往來厲)〉를 〈종하체초구지진왕(從下體初九之震往) 지상체구사지진(至上體九四之震來) 인차륙오유려(因此六五有厲)〉의 줄임으로 여기고 〈하체(下體)로부터[從] 초구의[初九之] 진동이[震] 떠나[往] 상체(上體)로[至] 구사의[九四之] 진동이[震] 왔다[來] 이 때문에[因此] 육오에게[六五] 위태함이[厲] 있다[有]〉라고 새겨볼 것이다.

〈진왕래려(震往來厲)〉는 육오(六五 : --)가 군왕(君王)이지만 진동하는[震] 양(陽 : —)을 위태하다[厲] 여김을 암시한다. 따라서 〈진왕래(震往來)의 왕(往)〉은 초구(初九 : —)를 암시하고, 〈진왕래(震往來)의 내(來)〉는 구사(九四 : —)를 암시한다. 육이(六二 : --)는 〈진래(震來)〉 즉 초구(初九 : —)의 진동이[震] 온 것[來]만으로 위태하다[厲] 여겼지만, 육오(六五 : --)는 초구(初九 : —)의 진동이[震] 가고[往] 구사(九四 : —)의 진동이[震] 옴[來]을 아울러 위태하다[厲] 여긴다는 것이 〈진왕래려(震往來厲)〉이다. 구사(九四 : —)는 초구(初九 : —)와는 달리 진괘(震卦 : ䷲)의 하체(下體)를 거쳐서 상체(上體)의 초효(初爻) 자리로 온 것[來]인지라 진동함[震]을 이리저리 거쳐 왔기 때문에, 육오(六五 : --)가 더욱 구사(九四 : —)의 진동[震]을 위태하다[厲] 여김을 암시한 계사(繫辭)가 〈진왕래려(震往來厲)〉이다.

億(억) 无喪有事(무상유사)

깊이 헤아리면[億] 잃을 것이[喪] 없고[无] 할 일은[事] 있다[有].

〈억(億) 무상유사(无喪有事)〉는 육오(六五 : --)가 〈진왕래(震往來)〉로 말미암은 〈여(厲)〉 즉 위태함[厲]을 깊이 헤아려봄[億]을 암시한 계사(繫辭)이다. 〈억(億) 무상유사(无喪有事)〉는 〈약륙오억진지왕래(若六五億震之往來) 육오무상(六五无喪) 영가륙오유사(寧可六五有事)〉의 줄임으로 여기고 〈만약[若] 육오가[六五] 진동의[震之] 가고 옴을[往來] 깊이 헤아린다면[億] 육오에게는[六五] 잃을 것이[喪] 없고[无] 오히려[寧可] 육오에게[六五] 할 일이[事] 있다[有]〉라고 새겨볼 것이다. 〈억(億)〉은 〈깊이 헤아릴 탁(度)〉과 같다.

〈억(億)〉은 육오(六五 : --)가 초구(初九 : —)와 구사(九四 : —)의 진동[震]의 이불리(利不利) 즉 이로우냐[利] 불리하냐[不利]를 깊이 헤아려 따져봄을 암시한다. 물론 〈억(億)〉 역시 석희(惜噫) 즉 아까워[惜] 탄식함[噫]으로 통할 수도 있다. 여기 〈억(億)〉의 모호함을 풀어볼 수 있는 실마리를 진괘(震卦 : ䷲)의 괘사(卦辭)에 나오는 〈진경백리(震驚百里)〉에서 찾을 수 있다. 육오(六五 : --)는 존위(尊位)에 있는 군왕(君王)인지라 〈억상패(億喪貝)〉 즉 재화를[貝] 잃을세라[喪] 아까워 탄식할[億] 리 없고, 백 리(百里)에 걸쳐 진동함의[震] 놀라움[驚]이 백성의 평안을 위태롭게 할세라 군왕(君王)으로서 잃을 수도 있는 백성의 안녕을 살펴 헤아려본다[億]. 이를 암시한 계사(繫辭)가 〈억(億)〉이다.

〈무상유사(无喪有事)〉는 육오(六五 : --)가 존위(尊位)에 있는 군왕(君王)임을 암시한다. 군왕(君王)의 존위(尊位)란 〈진경백리(震驚百里)〉 즉 진동함이[震] 사방을[百里] 놀라게 하는[驚] 위기일수록 여세(厲世) 즉 온 세상을[世] 격려하여[厲] 용기를 갖게 해야 하는 자리이다. 〈진경백리(震驚百里)의 진경(震驚)〉을 피해갈 수 없는 자리가 존위(尊位)이다. 군왕(君王)으로서 육오(六五 : --)는 진동함이[震] 가고[往] 오고[來] 해서 세상이 위태할[厲]수록 왕(王) 노릇을 해야 함을 〈무상유사(无喪有事)〉가 암시한다. 군왕(君王)인 육오(六五 : --)에게 있다는[有] 일[事]이란 무슨 일일까? 그 실마리는 진괘(震卦 : ䷲)의 괘사(卦辭)에 나오는 〈불상비창(不喪匕鬯)〉에서 찾을 수 있다. 따라서 〈무상유사(无喪有事)의 유사(有事)〉는 〈유비창지사(有匕鬯之事)〉의 줄임으로 여기고 새김이 마땅하다. 진동함[震]이 왕래(往來)하여 백성을 놀라게 하는 위기를 진정코자 하늘땅에 제사 지내는[匕鬯之] 일[事]을 군왕(君王)으로서 육오(六五 : --)가 정성을 다해 실행해야 함을 암시한 계사(繫辭)가 〈무상유사(无喪有事)〉이다.

【字典】

진(震) 〈움직일 진(震)-동(動), 우레(벼락 칠) 진(震)-뇌(雷), 구제할(떨쳐날) 진(震)-구(救)-진(振), 땅이 움직이는(지진) 진(震)-지진(地震)-지동(地動), 두려워할 진

(震)-구(懼)-경(驚), 위력 진(震)-위(威), 노할 진(震)-노(怒)〉 등의 뜻을 내지만 〈움직일 동(動)〉 즉 진동(震動)으로 여기고 새김이 마땅하다.

왕(往) 〈갈 왕(往)-행(行)-지(之)-거(去), 이를 왕(往)-지(至), 향할 왕(往)-향(向), 옛 왕(往)-석(昔), 이따금 왕(往)-시시(時時), 뒤 왕(往)-후(後)〉 등의 뜻을 내지만 〈갈 거(去)〉와 같다 여기고 새김이 마땅하다.

내(來) 〈돌아올 내(來)-복(復)-환(還)-귀(歸), 올 내(來)-지(至), 앞으로 내(來)-장래(將來)-미래(未來), 초치할 내(來)-초치(招致), ~부터 내(來)-자(自)-유(由), 남음이 있을 내(來)-유여(有餘), 어세를 더해주려는 조사(助詞) 내(來), 구중(句中)-구말(句末)의 조사(助詞) 내(來)〉 등의 뜻을 내지만 여기선 〈올 지(至)〉와 같다 여기고 새김이 마땅하다. 〈來〉가 앞에 있으면 〈내〉로 발음하고, 중간이나 뒤에 있으면 〈래〉로 발음한다.

여(厲) 〈위태할 여(厲)-위(危), 가물 여(厲)-한(旱), 갈 여(厲)-마(磨), 문지를(비빌) 여(厲)-마찰(摩擦), 엄할(사나울) 여(厲)-엄(嚴)-맹(猛), 높고 훌륭할 여(厲)-고상(高尙), 맑고 바를 여(厲)-청정(淸正), 막을 여(厲)-항(抗), 일어날 여(厲)-기(起), 지을 여(厲)-작(作), 사나울 여(厲)-학(虐), 병들 여(厲)-병(病), 낭떠러지 여(厲)-애(涯), 물이 깊어도 건널 수 있는 곳 여(厲)-심수가섭지처(深水可涉之處), 권하여 힘쓰게 할 여(厲)-권면(勸勉), 이을 여(厲)-합(合)-연(連), 옷을 입고 물을 건널 여(厲)-이의섭수(以衣涉水), 가까울 여(厲)-근(近)-부(附)〉 등의 뜻을 내지만 여기선 〈위태로울 위(危)〉와 같다 여기고 새김이 마땅하다. 〈厲〉가 앞에 있을 때는 〈여(厲)〉로 발음되고, 뒤에 있으면 〈려(厲)〉로 발음된다.

억(億) 〈아낄 억(億)-석(惜), 탄식할 억(億)-희(噫), 헤아릴 억(億)-의(意)-요탁(料度)-심탁(審度), 편안할 억(億)-안(安), 수의 단위(만의 만 배) 억(億)-만만(萬萬), 도박 억(億)-도박(賭博), 가득 찰 억(億)-만영(滿盈)〉 등의 뜻을 내지만 여기선 〈아까워 탄식할 석희(惜噫)〉로 새김이 마땅하다.

무(无) 〈없을 무(无)-무(無), 허무지도 무(无)-허무지도(虛无之道), 으뜸 무(无)-원(元)〉 등의 뜻을 내지만 여기선 〈없을 무(無)〉와 같다 여기고 새김이 마땅하다. 〈무(无)〉는 〈무(無)〉의 고자(古字)이다.

상(喪) 〈놓칠(잃을) 상(喪)-실(失), 죽을 상(喪)-사(死)-망(亡), 상복을 입을 상(喪)-지복(持服), 망칠(버릴) 상(喪)-기망(棄亡)〉 등의 뜻을 내지만 여기선 〈놓칠 실(失)〉

로 여기고 새김이 마땅하다.

유(有) 〈없을 무(無)의 반대말로 있을 유(有), 얻을(가질) 유(有)-취(取), 혹 유(有)-혹(或), 많을 유(有)-다(多)-족(足), 부유할 유(有)-부(富), 간직할 유(有)-장(藏), 보호할 유(有)-보(保), 서로 친할 유(有)-상친(相親), 전일할 유(有)-전(專), 할 유(有)-위(爲), 어조사 유(有)〉 등의 뜻을 내지만 〈있을 유(有)〉로 여기고 새김이 마땅하다.

사(事) 〈일할 사(事)-동작(動作), 섬길 사(事)-봉(奉), 벼슬(일삼을) 사(事)-직(職), 큰일 사(事)-이변(異變), 다스릴 사(事)-치(治), 경영할 사(事)-영(營), 반역할 사(事)-반역(叛逆)〉 등의 뜻을 내지만 여기선 〈일할 동작(動作)〉과 같다 여기고 새김이 마땅하다.

상륙(上六 : --)

上六 : 震索索(진삭삭)하여 視矍矍(시확확)이니 征凶(정흉)하다 震不于其躬(진불우기궁)이고 于其鄰(우기린)이면 无咎(무구)하나 婚媾有言(혼구유언)이리라

상륙(上六) : 진동해오니[震] 무서워 떨면서[索索] 보다가[視] 휘둥그레지고[矍矍] 행동하면[征] 불운하다[凶]. 진동함이[震] 저[其] 자신에게[躬] 미치지 않고[不于] 제[其] 이웃에[鄰] 미쳐도[于] 허물은[咎] 없으나[无] 사돈들에게[婚媾] 쑥군댐이[言] 있다[有].

【상륙(上六)의 효상(爻象) 풀이】

진괘(震卦 : ䷲)의 상륙(上六 : --)은 이음거음(以陰居陰) 즉 음(陰 : --)으로써[以] 음(陰 : --)의 자리에 있는지라[居] 정당한 자리에 있다. 육오(六五 : --)와는 양음(兩陰) 즉 둘 다[兩] 음(陰 : --)인지라 비(比) 즉 이웃의 사귐[比]을 누리지 못하고 상충(相衝) 서로[相] 부딪치는[衝] 사이이고, 육삼(六三 : --)과도 양음(兩陰)이어서 불응(不應) 즉 서로 호응하지도 못하는[不應] 상황인지라 외진 자리에서 동떨어져 있는 모습이다.

진괘(震卦 : ䷲)의 상륙(上六 : --)이 상구(上九 : ―)로 변효(變爻)하면 상륙(上六 : --)은 진괘(震卦 : ䷲)를 21번째 서합괘(噬嗑卦 : ䷔)로 지괘(之卦)하게 한다. 따라서 진괘(震卦 : ䷲)의 상륙(上六 : --)은 서합괘(噬嗑卦 : ䷔)의 상구(上九 : ―)를 찾아가 살펴보게 한다.

【상륙(上六)의 계사(繫辭) 풀이】

震索索(진삭삭) 視矍矍(시확확) 征凶(정흉)

진동해오니[震] 무서워 떨면서[索索] 보다가[視] 휘둥그레지고[矍矍] 행동하면[征] 불운하다[凶].

〈진삭삭(震索索) 시확확(視矍矍) 정흉(征凶)〉은 상륙(上六 : --)이 진동함[震] 즉 새로운 상황을 처음부터 끝까지 마주해왔음을 밝힌 계사(繫辭)이다. 〈진삭삭(震索索) 시확확(視矍矍)〉은 〈초구지진삭상륙(初九之震索上六) 우구사지진삭상륙(又九四之震索上六) 인차상륙시기진(因此上六視其震) 상륙확확(上六矍矍) 내약상륙정(乃若上六征) 상륙장유흉(上六將有凶)〉의 줄임으로 여기고 〈초구의[初九之] 진동함이[震] 상륙을[上六] 무서워 떨게 하고[索] 또[又] 구사의[九四之] 진동함이[震] 상륙을[上六] 무서워 떨게 한다[索] 그래서[因此] 상륙이[上六] 그[其] 진동함을[震] 보다가[視] 상륙이[上六] 긴장하고[矍] 긴장한다[矍] 이에[乃] 만약[若] 상륙이[上六] 나아간다면[征] 상륙에게[上六] 불운이[凶] 있을 것이다[將有]〉라고 새겨 볼 것이다. 〈색색(索索)의 색(索)〉은 〈두려워할 구(懼)〉와 같고, 〈확확(矍矍)의 확(矍)〉은 〈놀라 두리번거릴 목부정(目不正)〉과 같다.

〈진삭삭(震索索) 〈시확확(視矍矍)〉은 초구(初九 : ―)와 구사(九四 : ―) 등의 진동함[震]을 상륙(上六 : --)이 두려워하고[索] 제정신이 없는[矍] 모습을 암시한다. 〈진삭삭(震索索)의 삭삭(索索)〉은 구모(懼貌) 즉 두려운[懼] 모습[貌]이다. 이어서 〈시확확(視矍矍)〉은 초구(初九 : ―)와 구사(九四 : ―) 등의 진동함[震]이 상륙(上六 : --)을 두렵게 하여 눈길이 휘둥그레져 제정신이 없음[矍]을 암시한다. 상륙(上六 : --)의 눈길은[視] 진동함에[於震] 놀라 두리번거렸고[矍] 또[又] 두리번거렸다[矍]는 것이 〈시확확(視矍矍)〉이다. 〈시확확(視矍矍)의 확확(矍矍)〉은 좌우고(左右顧) 즉 놀라 두리번거림[左右顧]과 같다. 따라서 진동함에[震] 두려운[索索]

나머지 제정신을 못 차려 두리번거리는[矍矍] 상륙(上六 : --)의 모습을 암시한 계사(繫辭)가 〈진삭삭(震索索) 시확확(視矍矍)〉이다.

〈정흉(征凶)〉은 상륙(上六 : --)이 보인 〈시확확(視矍矍)〉의 처신을 암시한 계사(繫辭)이다. 〈정흉(征凶)〉은 〈약상륙정우이양지진(若上六征于二陽之震) 상륙장유흉(上六將有凶)〉의 줄임으로 여기고 〈만약[若] 상륙이[上六] 두[二] 양의[陽之] 진동함[震]에[于] 나아간다면[征] 상륙에게[上六] 불운함이[凶] 있을 것이다[將有]〉라고 새겨볼 것이다. 〈정흉(征凶)의 정(征)〉은 〈행동할 행(行)〉과 같다.

〈정흉(征凶)〉은 상륙(上六 : --)이 진괘(震卦 : ䷲)의 주제인 〈진(震)〉 즉 양(陽 : —)이 진동하는[震] 시국을 다 겪어온 자신의 처지를 어기는 경우를 암시한다. 〈정흉(征凶)의 정(征)〉은 상륙(上六 : --)이 진동함[震] 즉 새로운 상황을 맞아 취하려는 행동을 말한다. 상륙(上六 : --)이 진동함에[震] 놀라 두리번거리며[矍矍] 새로운 상황[震]에 거리를 두지 않고 저 나름 행동을 취하려 함을 암시한 것이 〈정흉(征凶)의 정(征)〉이다. 매사(每事)에 사리(事理)를 냉정하게 판단하지 못하고 행동하면[征] 그런 〈정(征)〉이란 상륙(上六 : --)을 불행하게[凶] 한다는 것이 〈정흉(征凶)의 흉(凶)〉이다. 이에 상륙(上六 : --)이 경거망동(輕擧妄動)하지 않아야 함을 암시한 계사(繫辭)가 〈정흉(征凶)〉이다.

震不于其躬(진불우기궁) 于其鄰(우기린) 无咎(무구)

진동함이[震] 저[其] 자신에게[躬] 미치지 않고[不于] 제[其] 이웃에[鄰] 미쳐도[于] 허물은[咎] 없다[无].

〈진불우기궁(震不于其躬) 우기린(于其鄰) 무구(无咎)〉는 상륙(上六 : --)이 〈진(震)〉 앞에 불감정(不敢征) 즉 행동을[征] 감행하지 않아야[不敢] 함을 암시한 계사(繫辭)이다. 〈진불우기궁(震不于其躬) 우기린(于其鄰) 무구(无咎)〉는 〈구사여초구지진불우상륙지궁(九四與初九之震不于上六之窮) 구사여초구지진우상륙지린(九四與初九之震于上六之鄰) 상륙무구(上六无咎)〉의 줄임으로 여기고 〈초구와[與初九] 구사의[九四之] 진동함이[震] 상륙의[上六之] 자신에게는[躬] 닥치지 않고[不于] 초구와[與初九] 구사의[九四之] 진동함이[震] 상륙의[上六之] 이웃들에게[鄰] 닥쳐도[于] 상륙에게는[上六] 허물이[咎] 없다[无]〉라고 새겨볼 것이다. 〈불우(不

于)의 우(于)〉는 여기선 〈이를 지(至)〉와 같다.

〈진불우기궁(震不于其躬) 우기린(于其鄰)〉은 상륙(上六 : --) 자신은 진괘(震卦 : ䷲)에서 초구(初九 : ━)와는 멀리 떨어져 있고 구사(九四 : ━)와도 육오(六五 : --)가 가로막아주어 직접 부딪치지 않음을 암시한다. 〈진불우기궁(震不于其躬)의 기궁(其躬)〉은 〈상륙지궁(上六之躬)〉의 줄임이고, 〈궁(躬)〉은 곧 몸소[躬]이니 상륙(上六 : --) 자신을 암시한다. 〈우기린(于其鄰)의 기린(其鄰)〉은 〈상륙지린(上六之鄰)〉 즉 상륙의[上六之] 이웃들[鄰]을 나타내니, 상륙(上六 : --)의 이웃들[鄰]이 〈진(震)〉 즉 양(陽 : ━)이 진동하는[震] 시국을 외면하지 않음을 암시한 것이 〈우기린(于其鄰)〉이다. 여기 〈우기린(于其鄰)〉은 〈진우기린(震于其鄰)〉의 줄임인지라 진동함이[震] 상륙(上六 : --)의 이웃들에[鄰] 미쳤다[于] 함은 새로운 상황[震]을 찬성하는 쪽일 수도 있고 반대하는 쪽일 수도 있음이 〈우기린(于其鄰)의 우(于)〉인지라, 〈우(于)〉는 여러 뜻을 내지만 여기선 〈닥칠 지(至)〉로 여기고 새김이 마땅하다. 따라서 양(陽 : ━)들의 진동함이[震] 상륙(上六 : --) 자신에게는[其躬] 미치지 않고[不于] 인척(姻戚)에게 미친[于] 것이니 상륙(上六 : --)이 불감정(不敢征)해도 허물이[咎] 없다[无]고 암시한 계사(繫辭)가 〈진불우기궁(震不于其躬) 우기린(于其鄰) 무구(无咎)〉이다.

婚媾有言(혼구유언)

사돈들에게[婚媾] 쑥군댐이[言] 있다[有].

〈혼구유언(婚媾有言)〉은 상륙(上六: --)이 변효(變爻)하여 21번째 서합괘(噬嗑卦 : ䷔)로 지괘(之卦)하게 되었음을 암시한다. 진괘(震卦 : ䷲)의 상하체(上下體)가 둘 다 양괘(陽卦)이어서 상하체(上下體)가 상화(相和) 즉 서로[相] 화합하지[和] 못하지만, 서합괘(噬嗑卦 : ䷔)의 하체(下體) 진(震 : ☳)은 양괘(陽卦)이고 상체(上體) 이(離 : ☲)는 음괘(陰卦)인지라, 상하체(上下體)가 상화(相和)하여 남녀가 화합하는 모습이 서합괘(噬嗑卦 : ䷔)이다. 이에 〈혼구유언(婚媾有言)의 혼구(婚媾)〉가 「설괘전(說卦傳)」에 나오는 〈진은[震 : ☳] 첫 번[一] 구하여서[索而] 남아를[男] 얻었기[得] 때문에[故] 진(震 : ☳)을[之] 장남이라[長男] 한다[爲] …… 이는[離 : ☲] 두 번[再] 구하여서[索而] 여아를[女] 얻었기[得] 때문에[故] 이(離 : ☲)를[之]

중녀라[中女] 한다[爲]〉라는 내용을 상기시킨다. 이에 상륙(上六 : --)이 변효(變爻)하여 진괘(震卦 : ䷲)의 상하체(上下體)를 〈혼구(婚媾)〉 즉 사돈[婚媾] 사이가 되게 하였음을 암시하는 것이 〈혼구유언(婚媾有言)의 혼구(婚媾)〉이다. 〈혼구(婚媾)〉는 남녀의 혼사가 두 집안을 인친(姻親) 즉 사돈 사이로 맺어준다. 여기 〈혼구(婚媾)〉는 앞 〈우기린(于其鄰)의 기린(其鄰)〉이 장자(長子)와 중녀(中女)가 결혼하여 인친(姻親) 즉 사돈 사이가 되었음을 암시한다.

『주역(周易)』에서 〈혼구(婚媾)〉는 정치적 의미를 갖는다. 물론 여기 〈혼구(婚媾)〉 역시 〈진(震)〉을 찬성하는 쪽인지 반대하는 쪽인지 분명치는 않지만, 상륙(上六 : --)이 〈진(震)〉 즉 양(陽 : ㅡ)의 진동함[震]에 대하여 〈색색(索索)〉 즉 두려워하다가[索索] 〈확확(矍矍)〉 즉 두 눈이 휘둥그레 놀라워했을[矍矍] 뿐 관여하지 않는 태도를 취했으니, 상륙(上六 : --)이 사돈들[婚媾]의 〈유언(有言)〉 즉 구설수[有言]에 오르내리게 됨을 암시한 계사(繫辭)가 〈혼구유언(婚媾有言)〉이다.

【字典】

진(震) 〈움직일 진(震)-동(動), 우레(벼락 칠) 진(震)-뇌(雷), 구제할(떨쳐날) 진(震)-구(救)-진(振), 땅이 움직이는(지진) 진(震)-지진(地震)-지동(地動), 두려워할 진(震)-구(懼)-경(驚), 위력 진(震)-위(威), 노할 진(震)-노(怒)〉 등의 뜻을 내지만 〈움직일 동(動)〉 즉 진동(震動)으로 여기고 새김이 마땅하다.

索 〈삭-색〉 두 가지로 발음되고, 〈두려워할 삭(索)-구모(懼貌), (풀줄기로 꼬인) 새끼(노) 삭(索)-승(繩), 새끼 꼴 삭(索)-교(絞), 다할 삭(索)-진(盡), 흩어질 삭(索)-산(散), 텅 빌 삭(索)-공(空), 법제 삭(索)-법(法)-법제(法制), 찾을 삭(索)-구(求)-수(搜), 셈할 삭(索)-수(數), 찾을 색(索)-구(求), 더듬을 색(索)-수(搜), 법 색(索)-법(法)〉 등의 뜻을 내지만 여기선 〈두려워할 구(懼)〉와 같다 여기고 새김이 마땅하다.

시(視) 〈볼 시(視)-첨(瞻), 밝을 시(視)-요(瞭), 서로 살필 시(視)-상찰(相察), 돌아볼 시(視)-고(顧), 대접 시(視)-간대(看待), 본받을 시(視)-효(效), 견줄 시(視)-비(比), 가르칠 시(視)-교(教)〉 등의 뜻을 내지만 여기선 〈볼 첨(瞻)〉과 같다 여기고 새김이 마땅하다.

확(矍) 〈놀라 두리번거릴 확(矍)-좌우고(左右顧)-목부정(目不正), 날쌜 확(矍)-일주모(逸走貌), 눈 휘둥거릴 확(矍)-실용(失容)〉 등의 뜻을 내지만 〈놀라 두리번거릴 목부정(目不正)〉으로 여기고 새김이 마땅하다.

정(征) 〈행할(갈) 정(征)-행(行), 칠 정(征)-벌(伐)-토(討), 순행할 정(征)-순행(巡行), 멀 정(征)-원(遠), 취할 정(征)-벌(伐)-취(取), 세금 매길 정(征)-부세(賦稅)-징세(徵稅)〉 등의 뜻을 내지만 여기선 〈행할 행(行)〉과 같다 여기고 새김이 마땅하다.

흉(凶) 〈걱정할 흉(凶)-우(憂)-구(懼), 불행할(흉할) 흉(凶)-길지반(吉之反), 흉한 사람 흉(凶)-흉인(凶人), 나쁠 흉(凶)-오(惡), 재앙 흉(凶)-화(禍), 요사할 흉(凶)-요사(夭死), 악한 사람 흉(凶)-악인(惡人), 흉년 흉(凶)-연곡불숙(年穀不熟), 사나울 흉(凶)-포학(暴虐), 음기 흉(凶)-음기(陰氣), 북쪽 흉(凶)-북(北), 없을 흉(凶)-공(空), 송사 흉(凶)-송(訟), 거역할 흉(凶)-역(逆), 어그러질 흉(凶)-패(悖), 허물 흉(凶)-구(咎)〉 등의 뜻을 내지만 여기선 〈걱정할 우(憂)〉와 같다 여기고 새김이 마땅하다.

不 〈불-부〉 등으로 발음되고, 〈못할 불(不)-부(不), 않을 불(不)-부(不), 아닐 불(不)-부(不)-비(非), 없을 불(不)-부(不)-무(無), 하지 말 불(不)-부(不)-막(莫)-금지(禁止), 정하지 않을 불(不)-부(不)-부(否)-미정(未定), 새가 날아올라 내려오지 않는 불(不)-부(不)-조비상불하래(鳥飛上不下來)〉 등의 뜻을 내지만 여기선 〈않을 불(不)〉로 여기고 새김이 마땅하다.

우(于) 〈할 우(于)-위(爲), ~으로(~에서, ~부터) 우(于)-어(於), 갈 우(于)-왕(往), 써 우(于)-이(以), 여기 우(于)-시(是), 도울 우(于)-조(助), 클 우(于)-대(大), 구할 우(于)-구(求), 자족하는 모습 우(于)-자족모(自足貌)〉 등의 뜻을 내지만 여기선 〈(영향을) 미칠 위(爲)〉와 같다 여기고 새김이 마땅하다.

기(其) 〈그것 기(其)-피(彼)-지(之), 그럴 기(其)-연(然), 어찌 기(其)-기(豈), 누를 기(其)-억(抑), 오히려 기(其)-상(尙)-서기(庶幾), 이에 기(其)-내(乃), 만약 기(其)-약(若), 장차 기(其)-장(將), 어조사 기(其)-어조사(語助辭)〉 등의 뜻을 내지만 여기선 〈그것 피(彼)〉와 같다 여기고 새김이 마땅하다.

궁(躬) 〈자신(몸소) 궁(躬)-친(親)-궁친(躬親), 몸 궁(躬)-궁(躳)-신(身), 몸소 행할 궁(躬)-신친행지(身親行之), 몸소 갖출 궁(躬)-궁친유지(躬親有之)〉 등의 뜻을 내지만 여기선 〈자신 친(親)〉으로 여기고 새김이 마땅하다.

인(鄰) 〈가까울(이웃) 인(鄰)-인(隣)-근(近), 친할 인(鄰)-인(隣)-친(親), 고을 인(鄰)-인(隣)-읍(邑), 오가(五家)를 한 단위로 하는 인(鄰)-인(隣), 좌우에서 도울 인(鄰)-

인(隣)-좌우보필(左右輔弼)〉 등의 뜻을 내지만 여기선 〈가까울 근(近)〉으로 여기고 새김이 마땅하다. 〈인(鄰)〉은 앞에 오면 〈인〉으로 발음되고, 중간이나 뒤에 오면 〈린〉으로 발음된다.

무(无) 〈없을 무(无)-무(無), 허무지도 무(无)-허무지도(虛无之道), 으뜸 무(无)-원(元)〉 등의 뜻을 내지만 여기선 〈없을 무(無)〉와 같다 여기고 새김이 마땅하다.

구(咎) 〈재앙 구(咎)-재(災), 병될 구(咎)-병(病), 허물 구(咎)-건(愆)-과(過), 나쁠 구(咎)-오(惡)〉 등의 뜻을 내지만 여기선 〈허물 건(愆)-과(過)〉와 같다 여기고 새김이 마땅하다. 〈무구(无咎)〉는 〈면어구(免於咎)〉 즉 허물을[於咎] 면하다[免]와 같다.

혼(婚) 〈시집갈 혼(婚)-부가(婦家), 며느리의 친정아버지(며느리의 친정) 혼(婚)-부지부(婦之父)-부지당(婦之黨), 혼례를 행할 혼(婚)-행혼례(行婚禮)〉 등의 뜻을 내지만 여기선 〈시집갈 부가(婦家)〉로 새김이 마땅하다. 혼구(婚媾)는 혼인(婚姻) 즉 남녀가 예(禮)를 갖추어 부부가 됨을 뜻한다.

구(媾) 〈합할 구(媾)-합(合), 교접할 구(媾)-정교(情交), 화친할 구(媾)-화친(和親), 사랑할 구(媾)-애(愛), 거듭해 결혼할 구(媾)-중혼(重婚), 인척 구(媾)-인척(姻戚), 총애할 구(媾)-총애(寵愛), 어울려 좋아할 구(媾)-화호(和好), 만날 구(媾)-구(姤), 조우할 구(媾)-조우(遭遇)〉 등의 뜻을 내지만 여기선 〈합할 합(合)〉과 같다 여기고 새김이 마땅하다.

유(有) 〈없을 무(無)의 반대말로 있을 유(有), 얻을(가질) 유(有)-취(取), 혹 유(有)-혹(或), 많을 유(有)-다(多)-족(足), 부유할 유(有)-부(富), 간직할 유(有)-장(藏), 보호할 유(有)-보(保), 서로 친할 유(有)-상친(相親), 전일할 유(有)-전(專), 할 유(有)-위(爲), 어조사 유(有)〉 등의 뜻을 내지만 〈있을 유(有)〉로 여기고 새김이 마땅하다.

언(言) 〈말할 언(言)-어(語)-언지(言之), 말소리 언(言)-언사(言辭), 말의 첫머리를 꺼낼 언(言)-발단(發端)-직언(直言), 논할 언(言)-설(說), 밝힐(공표할) 언(言)-선(宣), 물어볼 언(言)-문(問), 따를 언(言)-종(從), 교명 언(言)-교명(教命), 호령 언(言)-호령(號令), 동맹이 필요할 말씀 언(言)-회동맹요지사(會同盟要之辭), 모의할 언(言)-모의(謀議), 응대하는 말 언(言)-사령(辭令), 웃전에 뜻을 전할 언(言)-상표(上表), 일구 언(言)-일구(一句), 한 글자 언(言)-일자(一字), 나 언(言)-아(我), 어울려 받드는 모습 언(言)-화경지모(和敬之貌), 송사할 언(言)-송(訟), 발어사 언(言)-운(云)〉 등의 뜻을 내지만 여기선 〈말 어(語)〉로 여기고 새김이 마땅하다.

註 진일색이득남(震一索而得男) 고(故) 위지장남(謂之長男) …… 이재색이득녀(離再索而得女) 고(故) 위지중녀(謂之中女) : 진은[震 : ☳] 첫 번[一] 구하여서[索而] 남아를[男] 얻었기[得] 때문에[故] 진(震 : ☳)을[之] 장남이라[長男] 한다[爲]. …… 이는[離 : ☲] 두 번[再] 구하여서[索而] 여아를[女] 얻었기[得] 때문에[故] 이(離 : ☲)를[之] 중녀라[中女] 한다[爲].

「설괘전(說卦傳)」 10단락(段落)

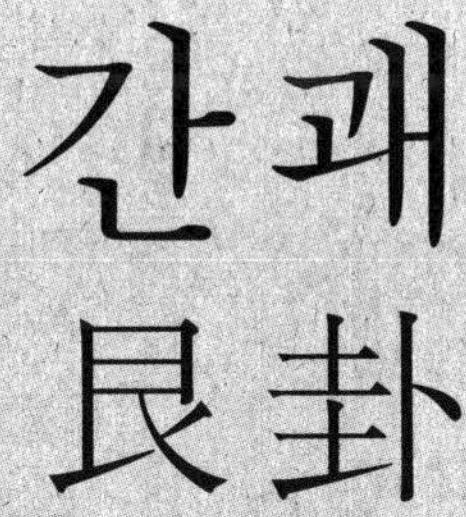
간괘
艮卦

52

1 괘의 괘상과 계사

간괘(艮卦 : ䷳)

간하간상(艮下艮上) : 아래도[下] 간(艮 : ☶), 위도[上] 간(艮 : ☶).

간위산(艮爲山) : 간은[艮] 산(山)이다[爲].

艮其背에 不獲其身이라 行其庭하여도 不見其人한다 无咎니라
간기배 불획기신 행기정 불견기인 무구

제[其] 등에서[背] 머물면[艮] 제[其] 몸을[身] 못 느끼고[不獲] 제[其] 뜰을[庭] 걸어가도[行] 제[其] 사람들을[人] 못 본다[不見]. 허물이[咎] 없다[无].

【간괘(艮卦 : ䷳)의 괘상(卦象) 풀이】

앞 진괘(震卦 : ䷲)의 〈진(震)〉이란 진동함[震]을 말한다. 이에 「서괘전(序卦傳)」에 〈진이라는[震] 것은[者] 움직임[動]이니[也] 어떤 것도[物] 끝끝내[終] 움직일[動] 수 없다[不可以] 그래서[故] 간괘(艮卦 : ䷳)로써[以] 그것을[之] 받는다[受]〉라는 말이 나온다. 이는 진괘(震卦 : ䷲) 뒤에 간괘(艮卦 : ䷳)가 오는 까닭을 밝힌다. 움직임[動]이 다하면 멈춤[止]이 오고 멈춤이 다하면 움직임이 옴이 천도(天道) 즉 자연의[天] 이치[道]이다. 간괘(艮卦 : ䷳)의 괘상(卦象)은 아래도[下] 간(艮 : ☶), 위도[上] 간(艮 : ☶) 즉 간괘(艮卦 : ䷳)의 하체(下體)는 간(艮 : ☶)이고, 상체(上體) 역시 간(艮 : ☶)이다. 간괘(艮卦 : ䷳)는 진괘(震卦 : ䷲)가 도괘(倒卦) 즉 뒤집힌[倒] 괘(卦)이다. 「설괘전(說卦傳)」에 〈간은[艮 : ☶] 산(山)이다[爲]〉라는 내용이 나온다. 우레가 치고 천둥이 울리고 벼락이 쳐 〈진(震)〉 즉 진동[震]해도 산(山)은 가만히 멈춤[艮]을 지킨다.

진괘(震卦 : ䷲)와 같이 간괘(艮卦 : ䷳)의 본래(本來)도 곤(坤 : ☷)이다. 진(震 : ☳)의 상효(上爻 : ⚋)가 〈왕(往)〉 즉 나가면[往] 진(震 : ☳)의 초효(初爻 : ⚊)

는 중위(中位)로 올라가 중효(中爻) 즉 이효(二爻 : ⚊)가 되고, 진(震 : ☳)의 이효(二爻 : ⚋)는 상위(上位)로 올라가 삼효(三爻 : ⚋)가 되고, 빈 초위(初位)로 음기(陰氣 : ⚋)가 들어와 진(震 : ☳)이 감(坎 : ☵)으로 변괘(變卦)함이 역지도(易之道) 즉 생생(生生)의[易之] 이치[道]이다. 이어서 감(坎 : ☵)의 상효(上爻 : ⚋)가 나가면[往] 감(坎 : ☵)의 초효(初爻 : ⚋)는 중위(中位)로 올라가 중효(中爻) 즉 이효(二爻 : ⚋)가 되고, 감(坎 : ☵)의 이효(二爻 : ⚊)는 상위(上位)로 올라가 삼효(三爻 : ⚊)가 되고, 빈 초위(初位)로 음기(陰氣 : ⚋)가 들어와 감(坎 : ☵)이 간(艮 : ☶)으로 변괘(變卦)함 역시 역지도(易之道)이다. 정지(靜止) 즉 고요히[靜] 멈춰 있는[止] 곤(坤 : ☷)에서 변괘(變卦)한 진(震 : ☳) 즉 우레[雷]도 번개 치는 움직임과 감(坎 : ☵) 즉 물[水]도 흘러가는 움직임이 간(艮 : ☶)에서 끝나고 멈춤[艮] 역시 역지도(易之道)이다. 이처럼 움직임이 가면 멈춤이 오는 것이 천도(天道)이다. 이러한 〈간(艮)〉 즉 멈춤[艮]을 살펴 헤아리게 간괘(艮卦 : ䷳)라 칭명(稱名)한다.

【간괘(艮卦 : ䷳)의 계사(繫辭) 풀이】

艮其背(간기배)

제[其] 등에서[背] 머문다[艮].

〈간기배(艮其背)〉는 간괘(艮卦 : ䷳)의 괘상(卦象)-괘의(卦義)를 암시한 계사(繫辭)이다. 물론 〈간기배(艮其背)〉는 〈산지간여간어신지배(山之艮如艮於身之背)〉의 줄임으로 여기고 〈산의[山之] 멈춤은[艮] 몸의[身之] 등 쪽에[於背] 멈춤과[艮] 같다[如]〉라고 새겨볼 것이다. 〈간기배(艮其背)의 기배(其背)〉는 〈간(艮)〉이 어떤 멈춤[艮]인가를 암시한다. 〈간기배(艮其背)의 간(艮)〉은 여기선 지(止) 즉 멈춤[止]이다. 그러나 여기 〈간(艮)〉은 그냥 멈춤을 말함이 아니라, 몸의 멈춤뿐 아니라 용심(用心) 즉 마음[心] 쓰기[用]마저 멈춤을 암시한다. 따라서 〈간기배(艮其背)〉는 간괘(艮卦 : ䷳)의 〈간(艮)〉이 간심신(艮心身) 즉 마음과[心] 몸이[身] 함께 멈춤[艮]임을 헤아려 깨닫게 한다. 〈간기배(艮其背)〉는 몸의[其] 등에[背] 멈춘다[艮] 함인지라, 간괘(艮卦 : ䷳)의 〈간(艮)〉은 불간기면(不艮其面) 즉 몸의[其] 앞에[面] 멈추지 않고[不艮] 몸의[其] 등에[背] 멈춤[艮]이 무엇을 암시하는지 깊이 헤아려 보라 함이다. 〈간기배(艮其背)의 기배(其背)〉를 〈신지배(身之背)〉 즉 몸의[身之] 등[背]을 줄임으로 여기고 새김이 마땅하다. 몸의[其] 등에[背] 멈춘다[艮] 함은 이목구비(耳目口鼻)를 등지고[背] 멈춘다[艮] 함이니, 이는 곧 이물거지(離物去知) 즉 바깥 것들을[物] 떠나고[離] 온갖 지각을[知] 저버린[去] 멈춤[艮]을 암시한다. 여기 〈간기배(艮其背)〉는 『노자(老子)』에 나오는 〈그[其] 이목구비를[兌] 막고[塞] 그[其] 이목구비를[門] 닫으면[閉] 죽을 때까지[終身] 수고롭지 않다[不勤]〉라는 내용을 환기시키고, 동시에 『장자(莊子)』에 나오는 〈몸뚱이를[枝體] 버리고[墮] 귀 밝기[聰] 눈 밝기를[明] 물리치며[黜] 바깥 것들을[形] 떠나고[離] 지식을[知] 버리고[去] 대도와[大通] 하나가 되는 것[同] 이를[此] 좌망이라[坐忘] 한다[謂]〉라는 내용을 환기시키며, 나아가 『맹자(孟子)』에 나오는 〈요절하든[殀] 장수하든[壽] 둘이 아니니[不貳] 자신을[身] 닦음[修]으로써[以] 삶을[之] 기다림이[俟] 천명을[命] 지키는[立] 방법[所以]이다[也]〉라는 내용을 환기시킨다. 〈간기배(艮其背)〉 이는 곧 접물(接物) 즉 온갖 외물과[物] 만나지[接] 않아 욕심(欲心) 즉 이것저것 바라는[欲] 마음[心]이 없어져 좌망(坐忘) 즉 앉아 있되[坐] 바깥 것들을 모조리 잊어버려[忘] 입명(立命) 즉 하늘의 부림을[命] 지켜[立], 산의 멈춤[艮]같이 정지(靜止) 즉 고요한[靜] 멈춤[止]을 누리게 됨을 암시한 계사(繫辭)이다.

不獲其身(불획기신)

제[其] 몸을[身] 못 느낀다[不獲].

〈불획기신(不獲其身)〉은 〈간기배(艮其背)〉를 거듭 풀이하는 괘사(卦辭)이다. 〈불획기신(不獲其身)의 기신(其身)〉이란 안이비설신(眼耳鼻舌身)의 오관(五官)을 묶어 밝힘이니 눈을[眼] 취하지 않고[不獲], 귀를[耳] 취하지 않고[不獲], 코를[鼻] 취하지 않고[不獲], 혀를[舌] 취하지 않고[不獲], 몸을[身] 취하지 않음[不獲]이란 『노자(老子)』에 나오는 〈색기태(塞其兌) 폐기문(閉其門)〉을 환기시키면서, 〈간기배(艮其背)〉 즉 그[其] 등에[背] 멈춘다[艮] 함이란 눈으로 보고 귀로 듣고 코로 맡고 혀로 맛보고 몸으로 접촉함을 취하지 않으니, 온갖 외물(外物)로부터의 간섭을 완전히 떠나 천지지평(天地之平) 즉 하늘땅의[天地之] 기준[平]을 따라 멈춘 마음가짐이 〈간기배(艮其背)의 간(艮)〉임을 거듭 암시한 계사(繫辭)가 〈불획기신(不獲其身)〉이다.

行其庭(행기정) 不見其人(불견기인) 无咎(무구)

제[其] 뜰을[庭] 걸어가도[行] 제[其] 사람들을[人] 못 본다[不見]. 허물이[咎] 없다[无].

〈행기정(行其庭) 불견기인(不見其人)〉은 앞의 〈불획기신(不獲其身)〉을 사례를 들어 암시한 계사(繫辭)이다. 〈불획기신(不獲其身)〉 즉 제 몸의 오관(五官)을 취하지 않으니[不獲] 〈기정(其庭)〉 즉 제[其] 안마당을[庭] 거닐면서도[行] 〈기인(其人)〉 즉 제[其] 가솔들을[人] 보지 못하는[不見] 지경으로, 〈간기배(艮其背)의 간(艮)〉이라는 멈춤[艮]이 허정(虛靜) 즉 무심하고[虛] 고요해[靜] 무위(無爲)함을 사례를 들어 암시한 계사(繫辭)가 〈행기정(行其庭) 불견기인(不見其人)〉이다.

〈무구(无咎)〉는 〈간기배(艮其背)의 간(艮)〉에는 〈구(咎)〉 즉 허물[咎]이란 없음[无]을 암시한 계사(繫辭)이다. 본래 〈구(咎)〉란 오욕칠정(五欲七情) 탓으로 생긴다. 오욕(五欲) 즉 눈으로 보고 싶고[色欲] 귀로 듣고 싶고[聲欲] 코로 맡고 싶고[香欲] 혀로 맛보고 싶고[味欲] 몸으로 감촉하고 싶기[觸欲] 때문에 유구(有咎) 즉 이런저런 온갖 허물이[咎] 생기고[有], 칠정(七情) 즉 기쁨과[喜] 노여움[怒], 슬픔과[哀] 즐거움[樂], 사랑과[愛] 미움[惡], 그리고 두려움[懼] 탓으로 이런저런 온갖 허물이[咎] 생긴다[有]. 〈간기배(艮其背)의 간(艮)〉 즉 심신의 멈춤[艮]에는 오욕(惡欲)도 없고 칠정(七情)도 없어 허정(虛靜)하여 무욕(無欲)한 무위(無爲)의 멈춤[艮]인지라 허물[咎]이란 없음[无]을 암시한 계사(繫辭)가 〈무구(无咎)〉이다.

【字典】

간(艮) 〈멈출(그칠) 간(艮)-지(止), 어려울 간(艮)-난(難)-간(艱), 한정할 간(艮)-한(限), 견고할 간(艮)-견(堅), 괘 이름 간(艮)-괘명(卦名), (방위로) 동북 간(艮)-동북(東北), 끌어당길 간(艮)-인(引)〉 등의 뜻을 내지만 여기선 〈멈출 지(止)〉로 여기고 새김이 마땅하다.

기(其) 〈그것 기(其)-피(彼)-지(之), 그럴 기(其)-연(然), 어찌 기(其)-기(豈), 누를 기(其)-억(抑), 오히려 기(其)-상(尙)-서기(庶幾), 이에 기(其)-내(乃), 만약 기(其)-약

(若), 장차 기(其)-장(將), 어조사 기(其)-어조사〉 등의 뜻을 내지만 여기선 〈그 피(彼)〉와 같다 여기고 새김이 마땅하다.

背 〈배-패〉 두 가지로 발음되고, 〈등 배(背)-척(脊), 뒤 배(背)-후(後), 양기 배(背)-양(陽), 음기 배(背)-음(陰), 해무리 배(背)-일방기(日旁氣), 집의 북쪽 켠 배(背)-당북(堂北), 간괘 배(背)-간(艮), 갑절 패(背)-배(倍), 어길 패(背)-위(違), 수레 옆문 패(背)-태(戾), 버릴 패(背)-기(弃)-기(棄)-거(去), 물리칠 패(背)-각(卻), 묵송할 패(背)-묵송(默誦), 비난받을 패(背)-부하(負荷)〉 등의 뜻을 내지만 여기선 〈등 척(脊)〉으로 여기고 새김이 마땅하다.

不 〈불-부〉 등으로 발음되고, 〈못할 불(不)-부(不), 않을 불(不)-부(不), 아닐 불(不)-부(不)-비(非), 없을 불(不)-부(不)-무(無), 하지 말 불(不)-부(不)-막(莫)-금지(禁止), 정하지 않을 불(不)-부(不)-부(否)-미정(未定), 새가 날아올라 내려오지 않는 불(不)-부(不)-조비상불하래(鳥飛上不下來)〉 등의 뜻을 내지만 여기선 〈않을 불(不)〉로 여기고 새김이 마땅하다.

獲 〈획-확〉 두 가지로 발음되고, 〈겨루어 취할 획(獲)-쟁취(爭取), 얻어낼 획(獲)-득(得)-취득(取得), 얻어낸 것 획(獲)-소득물(所得物), 시의를 얻을 획(獲)-득시지의(得時之宜), 전쟁이 얻어낸 포로 획(獲)-전쟁소득지부(戰爭所得之俘), 노비(종) 획(獲)-노비(奴婢), 실심한 모습 확(獲)-실지모(失志貌), 더럽힐 확(獲)-오욕(汚辱)〉 등의 뜻을 내지만 여기선 〈겨루어 취할 쟁취(爭取)〉로 여기고 새김이 마땅하다.

신(身) 〈몸 신(身)-궁(躬), 나(자신) 신(身)-아(我)-자(自), 기중(줄기) 신(身)-경간(莖幹), 중심 신(身)-중심(中心), 부피 신(身)-체적(體積), 몸소 신(身)-친(親), 몸가짐 신(身)-자신지품절(自身之品節), 자기만의 재능 신(身)-일기지재력(一己之才力), 자기만의 이익 신(身)-일기지리익(一己之利益), 신분 신(身)-신분(身分), 중대할 신(身)-중(重)〉 등의 뜻을 내지만 여기선 〈몸 궁(躬)〉으로 새김이 마땅하다.

行 〈행-항〉 두 가지로 발음되고, 〈나아갈 행(行)-전진(前進), 떠나갈(갈) 행(行)-왕(往), 시행할 행(行)-시행(施行), 다닐 행(行)-보(步), 길 귀신 행(行)-노신(路神), 오행 행(行)-오행(五行), 길 행(行)-도로(道路), 쓸 행(行)-용(用), 순행할 행(行)-순행(巡行), 행실 행(行)-신지소행(身之所行), 운반할 행(行)-운(運), 항오 항(行)-열(列), 시장 항(行)-시장(市長), 항렬 항(行)-등배(等輩), 굳셀 항(行)-강강(剛强)〉 등의 뜻을 내지만

여기선 〈나아갈 전진(前進)〉과 같다 여기고 새김이 마땅하다.

정(庭) 〈뜰(마당) 정(庭)-궁계전(宮階前), 궁중 정(庭)-궁중(宮中), 집안 정(庭)-가내(家內), 송사를 처리하는 자리 정(庭)-법정(法庭), 조공 정(庭)-조공(朝貢), 바를 정(庭)-정(正), 곧을 정(庭)-직(直)〉 등의 뜻을 내지만 여기선 〈뜰(마당) 궁계전(宮階前)〉으로 여기고 새김이 마땅하다.

見 〈견-현〉 두 가지로 발음되고, 〈볼 견(見)-식(識)-시(視), 미칠(당할) 견(見)-피(被)-당(當), 생각할 견(見)-사(思), 돌아볼 견(見)-고(顧), 만나볼 견(見)-회(會), 드러날 현(見)-노(露), 나타날 현(見)-현(顯), 있을 현(見)-재(在), 보일 현(見)-조(朝)〉 등의 뜻을 내지만 여기선 〈볼 시(視)〉와 같다 여기고 새김이 마땅하다.

인(人) 〈사람 인(人)-만물지최령자(萬物之最靈者), 백성 인(人)-민(民), 남 인(人)-타인(他人), 아무개 인(人)-모인(某人), 도인 인(人)-도인(道人), 사람들 인(人)-인인(人人), 범인(소인) 인(人)-소인(小人)-범인(凡人), 인성 인(人)-인성(人性), 인위 인(人)-인위(人爲), 신하 인(人)-신하(臣下), 중서(민중) 인(人)-중서(衆庶)-민중(民衆), 건괘-진괘 인(人)-건위인(乾爲人)-진위인(震爲人), 어짊 인(人)-인(仁), 선인 인(人)-선인(先人), 서로 어여삐 여길 인(人)-상련(相憐)〉 등의 뜻을 내지만 〈사람 인(人)〉으로 여기고 새김이 마땅하다.

무(无) 〈없을 무(无)-무(無), 허무지도 무(无)-허무지도(虛无之道), 으뜸 무(无)-원(元)〉 등의 뜻을 내지만 여기선 〈없을 무(無)〉와 같다 여기고 새김이 마땅하다.

구(咎) 〈재앙 구(咎)-재(災), 병될 구(咎)-병(病), 허물 구(咎)-건(愆)-과(過), 나쁠 구(咎)-오(惡)〉 등의 뜻을 내지만 여기선 〈허물 건(愆)-과(過)〉와 같다 여기고 새김이 마땅하다. 〈무구(无咎)〉는 〈면어구(免於咎)〉 즉 허물을[於咎] 면하다[免]와 같다.

註 간위산(艮爲山) : 간은[艮 : ☶] 산(山)이다[爲]. 「설괘전(說卦傳)」 11단락(段落)

註 색기태(塞其兌) 폐기문(閉其門) 종신불근(終身不勤) : 그[其] 이목구비를[兌] 막고[塞] 그[其] 이목구비를[門] 닫으면[閉] 죽을 때까지[終身] 수고롭지 않다[不勤]. 『노자(老子)』 58장(章)

註 타지체(墮枝體) 출총명(黜聰明) 이형거지(離形去知) 동어대통(同於大通) 차위좌망(此謂坐忘) : 몸뚱이를[枝體] 버리고[墮] 귀 밝기[聰] 눈 밝기를[明] 물리치며[黜] 바깥 것들을[形] 떠나고[離] 지식을[知] 버리고[去] 대도[大通]와[於] 하나가 되는 것[同] 이를[此] 좌망이라[坐忘] 한다[謂]. 『장자(莊子)』 「대종사(大宗師)」 9절(節)

註 맹자왈(孟子曰) 진기심자(盡其心者) 지기성야(知其性也) 지기성(知其性) 즉지천의(則知天矣) 존기심(存其心) 양기성(養其性) 소이사천야(所以事天也) 요수(殀壽) 불이(不貳) 수신이사지(修身以俟之) 소이립명야(所以立命也) : 맹자가[孟子] 말했다[曰]. 제[其] 마음을[心] 다한다[盡]면[者] 제[其] 본성을[性] 아는 것[知]이다[也]. 제[其] 본성을[性] 알면[知] 곧장[則] 하늘을[天] 아는 것[知]이다[矣]. 제[其] 마음을[心] 살펴[存] 제[其] 본성을[性] 기름이[養] 하늘을[天] 섬기는[事] 방법[所以]이다[也]. 요절하든[殀] 장수하든[壽] 둘이 아니니[不貳] 자신을[身] 닦음[修]으로써[以] 삶을[之] 기다림이[俟] 천명을[命] 지키는[立] 방법[所以]이다[也].

『맹자(孟子)』「진심장구상(盡心章句上)」 1장(章)

2 효의 효상과 계사

初六 : 艮其趾라 无咎니 利永貞하니라
간 기 지 무 구 이 영 정

六二 : 艮其腓라 不拯其隨니 其心不快로다
간 기 비 부 증 기 수 기 심 불 쾌

九三 : 艮其限이라 列其夤이니 厲薰心이로다
간 기 한 열 기 인 여 훈 심

六四 : 艮其身이라 无咎니라
간 기 신 무 구

六五 : 艮其輔라 言有序니 悔亡리라
간 기 보 언 유 서 회 무

上九 : 敦艮이라 吉하니라
돈 간 길

초륙(初六) : 제[其] 발에서[趾] 멈추니[艮] 허물이[咎] 없으니[无] 한결같이[永] 진실로 미더워야[貞] 이롭다[利].

육이(六二) : 제[其] 종아리에서[腓] 멈추니[艮] 구해주지 못하고[不拯] 그런대로[其] 따라[隨] 그[其] 마음이[心] 유쾌하지 못하다[不快].

구삼(九三) : 제[其] 허리에서[限] 멈추니[艮] 제[其] 등살을[夤] 긴장시켜[列] 위태로워[厲] 마음을[心] 괴롭힌다[薰].

육사(六四) : 제[其] 몸통에서[身] 멈추니[艮] 허물이[咎] 없다[无].

육오(六五) : 제[其] 턱에서[輔] 멈추니[艮] 말들에[言] 질서가[序] 있어[有] 뉘우침이[悔] 없다[无].

상구(上九) : 도탑게[敦] 멈추니[艮] 행운을 누린다[吉].

초륙(初六 : --)

初六 : 艮其趾라 无咎니 利永貞하니라
간기지 무구 이영정

초륙(初六) : 제[其] 발에서[趾] 멈추니[艮] 허물이[咎] 없으니[无] 한결같이[永] 진실로 미더워야[貞] 이롭다[利].

【초륙(初六)의 효상(爻象) 풀이】

간괘(艮卦 : ䷳)의 초륙(初六 : --)은 이음거양(以陰居陽) 즉 음(陰 : --)으로써[以] 양(陽 : ―)의 자리에 있는지라[居] 정당한 자리에 있지 못하다. 초륙(初六 : --)과 육이(六二 : --)는 양음(兩陰) 즉 둘 다[兩] 음(陰 : --)의 사이인지라 비(比) 즉 이웃의 사귐[比]을 누리지 못한다. 초륙(初六 : --)과 육사(六四 : --) 역시 둘 다[兩] 음(陰 : --)의 사이인지라 불응(不應) 즉 서로 호응하지 못하는[不應] 처지이다. 이에 초륙(初六 : --)은 유약(柔弱)하고 얌전하되 확고하지 못하고 꿋꿋할 수 없는 모습이다.

간괘(艮卦 : ䷳)의 초륙(初六 : --)이 초구(初九 : ―)로 변효(變爻)하면 초륙(初六 : --)은 간괘(艮卦 : ䷳)를 22번째 비괘(賁卦 : ䷕)로 지괘(之卦)하게 한다. 따라서 간괘(艮卦 : ䷳)의 초륙(初六 : --)은 비괘(賁卦 : ䷕)의 초구(初九 : ―)를 찾아가 살펴보게 한다.

【초륙(初六)의 계사(繫辭) 풀이】

艮其趾(간기지) 无咎(무구)

제[其] 발에서[趾] 멈추니[艮] 허물이[咎] 없다[无].

〈간기지(艮其趾)〉는 초륙(初六 : --)의 효위(爻位)를 들어 암시한 계사(繫辭)이다. 〈간기지(艮其趾)〉는 〈초륙간어기지(初六艮於其趾)〉의 줄임으로 여기고 〈초륙은[初六] 제[其] 발[趾]에서[於] 멈춘다[艮]〉라고 새겨볼 것이다. 〈간기지(艮其趾)의 간(艮)〉은 정지(靜止) 즉 고요히[靜] 멈춤[止]을 뜻하고, 〈간기지(艮其趾)의 기(其)〉

는 초륙지(初六之) 즉 〈초륙(初六)의[之]〉를 줄인 관형사이며, 〈간기지(艮其趾)의 지(趾)〉는 복사뼈 아래의 발을 뜻한다.

〈간기지(艮其趾)〉는 초륙(初六 : --)이 간괘(艮卦 : ䷳)에서 맨 밑자리에 있음을 암시한다. 몸의 맨 밑에 있는 부위가 발[趾]이다. 따라서 〈간기지(艮其趾)의 기지(其趾)〉는 곧 간괘(艮卦 : ䷳) 초륙(初六 : --)의 효위(爻位)를 밝힌 것이고, 동시에 제[其] 발에서[趾] 멈춤[艮]이란 전신(全身)이 정지(靜止)의 상태임을 암시한 계사(繫辭)이다.

〈무구(无咎)〉는 앞 〈간기지(艮其趾)〉를 풀이한 계사(繫辭)이다. 〈기간어지무구(其艮於趾无咎)〉의 줄임으로 여기고 〈제[其] 발[趾]에서[於] 멈춤에는[艮] 허물이[咎] 없다[无]〉라고 새겨볼 것이다.

〈무구(无咎)〉는 〈간기지(艮其趾)〉가 움직임의 시작 이전임을 암시한다. 모든 동행(動行)의 시작은 멈춤[艮]에서 비롯되고 동행 전에 고요히 멈추어[艮] 일의 진행을 미리 심사숙고할수록 정상(正常)을 잃지 않으므로 동행하기 전의 멈춤인 〈간기지(艮其趾)〉에는 과실이[咎] 없음[无]을 암시한 계사(繫辭)가 〈무구(无咎)〉이다.

利永貞(이영정)

한결같이[永] 진실로 미더워야[貞] 이롭다[利].

〈이영정(利永貞)〉은 초륙(初六 : --)의 유약(柔弱)함을 경계한 계사(繫辭)이다. 〈이영정(利永貞)〉은 〈약초륙영정관어자신지간(若初六永貞關於自身之艮) 초륙장유리(初六將有利)〉의 줄임으로 여기고 〈만약[若] 초륙이[初六] 자신의[自身之] 멈춤에[艮] 관하여[關於] 한결같이[永] 진실로 미더워하면[貞] 초륙에게[初六] 이로움이[利] 있을 것이다[將有]〉라고 새겨볼 것이다.

〈이영정(利永貞)〉은 유약(柔弱)한 초륙(初六 : --)이 결단성이 없어 한결같이 확고하지 못해 성급히 움직일 수 있는지라 동행(動行)을 서둘지 말아야 함을 암시한다. 〈이영정(利永貞)의 영정(永貞)〉은 영구정정(永久貞正)의 줄임으로 〈오래오래[永久] 진실로 미더워[貞] 바름[正]〉이다. 〈영정(永貞)의 영(永)〉은 변함없이 영구함이고, 〈영정(永貞)의 정(貞)〉은 〈간기지(艮其趾)의 간(艮)〉 즉 멈춤[艮]을 성신(誠信) 즉 진실로[誠] 믿는[信] 것이다. 따라서 매사를 진행하기에 앞서 반드시 멈추어[艮] 확고하고 변함없이[永] 공평무사(公平無私)하게 움직임이 마땅한가를 깊이 헤아리면서 동행의 마땅한 때를 기다려야, 고요히 멈춤[艮]이 이로움[利]을 암시한 계사(繫辭)가 〈이영정(利永貞)〉이다.

【字典】

간(艮) 〈멈출(그칠) 간(艮)-지(止), 어려울 간(艮)-난(難)-간(艱), 한정할 간(艮)-한(限), 견고할 간(艮)-견(堅), 괘 이름 간(艮)-괘명(卦名), (방위로) 동북 간(艮)-동북(東北), 끌어당길 간(艮)-인(引)〉 등의 뜻을 내지만 여기선 〈멈출 지(止)〉로 여기고 새김이 마땅하다.

기(其) 〈그것 기(其)-피(彼)-지(之), 그럴 기(其)-연(然), 어찌 기(其)-기(豈), 누를 기(其)-억(抑), 오히려 기(其)-상(尙)-서기(庶幾), 이에 기(其)-내(乃), 만약 기(其)-약(若), 장차 기(其)-장(將), 어조사 기(其)-어조사〉 등의 뜻을 내지만 여기선 〈그 피(彼)〉와 같다 여기고 새김이 마땅하다.

지(趾) 〈발(발가락, 발꿈치) 지(趾)-족(足), 멈출 지(趾)-지(止)〉 등의 뜻을 내지만 여기선 〈발 지(趾)〉로 여기고 새김이 마땅하다.

무(无) 〈없을 무(无)-무(無), 허무지도 무(无)-허무지도(虛无之道), 으뜸 무(无)-원(元)〉 등의 뜻을 내지만 여기선 〈없을 무(無)〉와 같다 여기고 새김이 마땅하다.

구(咎) 〈재앙 구(咎)-재(災), 병될 구(咎)-병(病), 허물 구(咎)-건(愆)-과(過), 나쁠 구(咎)-오(惡)〉 등의 뜻을 내지만 여기선 〈허물 건(愆)-과(過)〉와 같다 여기고 새김이 마땅하다. 〈무구(无咎)〉는 〈면어구(免於咎)〉 즉 허물을[於咎] 면하다[免]와 같다.

이(利) 〈만물로 하여금 삶을 이루어가게 하는 덕(德)의 이로울 이(利)-사만물수생지덕(使萬物遂生之德), 날카로울 이(利)-예(銳)-섬(銛), 질병 이(利)-질(疾), 통할 이(利)-통(通)-순(順), 좋을 이(利)-길(吉)-의(宜), 편리할 이(利)-편(便), 마름해 만들어 이룰 이(利)-재성(裁成), 탐할 이(利)-탐(貪), 구할(취할) 이(利)-구(求)-취(取), 좋아할 이(利)-열애(悅愛), 이로울 이(利)-익(益), 기교 이(利)-교(巧), 보람 이(利)-공용(功用), 지세가 험하고 중요한 이(利)-험요(險要), 이길 이(利)-승(勝), 어질 이(利)-인(仁)〉 등의 뜻을 내지만 여기선 〈이로울 익(益) 또는 좋을(마땅할) 의(宜)〉로 여기고 새김이 마땅하다. 〈利〉가 맨 앞에 오면 〈이〉로 발음되고, 중간이나 뒤에 오면 〈리〉로 발음된다.

영(永) 〈오랠 영(永)-구(久), 길 영(永)-장(長), 멀 영(永)-원(遠), 끌 영(永)-인(引),

깊은 영(永)-심(深), 읊을 영(永)-영(詠)-영(咏), 헤엄칠 영(永)-영(泳)〉 등의 뜻을 내지만 여기선 〈오랠 구(久)〉와 같다 여기고 새김이 마땅하다.

정(貞) 〈믿을 정(貞)-신(信), 바를 정(貞)-정(正), 거북점을 물을 정(貞)-복문(卜問), 역(易)의 내괘(內卦) 정(貞), 마땅할 정(貞)-당(當), 정할 정(貞)-정(定), 순수할 정(貞)-전(專)-일(一)〉 등의 뜻을 내지만 여기선 〈바를 정(正), 믿을 신(信)〉 등을 합친 뜻과 같아 〈정신(正信)〉과 같다 여기고 새김이 마땅하다.

육이(六二 : --)

六二 : 艮其腓라 不拯其隨니 其心不快로다
간 기 비 부 증 기 수 기 심 불 쾌

육이(六二) : 제[其] 종아리에서[腓] 멈추니[艮] 구해주지 못하고[不拯] 그런대로[其] 따라[隨] 그[其] 마음이[心] 유쾌하지 못하다[不快].

【육이(六二)의 효상(爻象) 풀이】

간괘(艮卦 : ䷳)의 육이(六二 : --)는 이음거음(以陰居陰) 즉 음(陰 : --)으로써[以] 음(陰 : --)의 자리에 있는지라[居] 정당한 자리에 있다. 구삼(九三 : ─)과는 음양(陰陽)의 사이인지라 비(比) 즉 이웃의 사귐[比]을 누릴 수 있는 처지이지만, 구삼(九三 : ─)의 견강(堅强)함이 지나쳐 이웃의 사귐이 마땅치 못한 편이다. 육이(六二 : --)와 육오(六五 : --)는 중부정(中不正) 즉 중효이나[中] 정위에 있지 못한데다[不正] 양음(兩陰) 즉 둘 다[兩] 음(陰 : --)의 사이인지라 부정응(不正應) 즉 서로 바르게[正] 호응하지 못한다[不應]. 그러나 간괘(艮卦 : ䷳)의 하체(下體) 간(艮 : ☶)의 중효(中爻)로서 득중(得中) 즉 정도를 따름을[中] 취하면서[得] 주변의 어려움을 스스로 극복해가는 모습이다.

간괘(艮卦 : ䷳)의 육이(六二 : --)가 구이(九二 : ─)로 변효(變爻)하면 육이(六二 : --)는 간괘(艮卦 : ䷳)를 18번째 고괘(蠱卦 : ䷑)로 지괘(之卦)하게 한다. 따라서 간괘(艮卦 : ䷳)의 육이(六二 : --)는 고괘(蠱卦 : ䷑)의 구이(九二 : ─)를 찾아가 살펴보게 한다.

【육이(六二)의 계사(繫辭) 풀이】

艮其腓(간기비)

제[其] 종아리에서[腓] 멈춘다[艮].

〈간기비(艮其腓)〉는 육이(六二 : --)의 효위(爻位)를 들어 암시한 계사(繫辭)이다. 〈간기비(艮其腓)〉는 〈육이간어기비(六二艮於其腓)〉의 줄임으로 여기고 〈육이는[六二] 제[其] 종아리[腓]에서[於] 멈춘다[艮]〉라고 새겨볼 것이다. 〈간기비(艮其腓)의 간(艮)〉은 정지(靜止) 즉 고요히[靜] 멈춤[止]을 뜻하고, 〈간기비(艮其腓)의 기(其)〉는 육이지(六二之) 즉 〈육이(六二)의[之]〉를 줄인 관형사이며, 〈간기비(艮其腓)의 비(腓)〉는 종아리를 뜻한다.

〈간기비(艮其腓)〉는 육이(六二 : --)가 초륙(初六 : --)의 바로 위에 있음을 암시한다. 발[趾] 바로 위에 종아리[腓]가 있음을 들어 〈간기비(艮其腓)의 비(腓)〉는 육이(六二 : --)를 취상(取象)한 것이다. 따라서 〈간기비(艮其腓)의 기비(其腓)〉는 곧 간괘(艮卦 : ䷳)의 육이(六二 : --)가 초륙(初六 : --)의 바로 위에 있고 구삼(九三 : ━)의 바로 아래에 있는 중효(中爻)임을 암시한다. 발[趾] 위에 있지만 허리[限] 아래에 있는 장딴지[腓]로써 비유된 육이(六二 : --)는 스스로 결정하지 못하고 〈지(趾)〉와 〈한(限)〉에 따라야 함을 암시한 것이 〈간기비(艮其腓)〉이다. 육이(六二 : --)가 간괘(艮卦 : ䷳) 하체(下體)의 중효(中爻)로서 중정(中正) 즉 무유사벽(無有邪僻)의 마음을 따라 〈간기배(艮其背)의 간(艮)〉 즉 허정(虛靜)한 멈춤[艮]을 누리고자 해도, 견강(堅强)한 이웃인 구삼(九三 : ━) 탓으로 육이(六二 : --) 스스로 허정(虛靜)한 멈춤[艮]을 누리지 못함을 암시한 계사(繫辭)가 〈간기비(艮其腓)〉이다.

不拯其隨(부증기수)

구해주지 못하고[不拯] 그런대로[其] 따른다[隨].

〈부증기수(不拯其隨)〉는 육이(六二 : --)가 구삼(九三 : ━)의 아래에 있는 탓으로 〈간(艮)〉 즉 고요한 멈춤[艮]을 누리지 못함을 암시한 계사(繫辭)이다. 〈부증기수(不拯其隨)〉는 〈육이부증구삼(六二不拯九三) 연이륙이기수구삼(然而六二其隨

九三)〉의 줄임으로 여기고 〈육이가[六二] 구삼을[九三] 구제하지 못한다[不拯] 그러나[然而] 육이가[六二] 구삼을[九三] 그대로[其] 따른다[隨]〉라고 새겨볼 것이다. 〈기수(其隨)의 기(其)〉는 〈수(隨)〉를 꾸며주는 부사로 〈그런대로 연(然)〉과 같다.

〈부증기수(不拯其隨)〉는 중효(中爻)인 육이(六二 : --)가 득중(得中) 즉 정도를 따름을[中] 취하여[得] 구삼(九三 : —)의 편강(偏剛) 즉 굳셈에[剛] 치우침[偏]을 어쩌지 못함을 암시한다. 구삼(九三 : —)의 편강을 육이(六二 : --)가 구해주지 못한다[不拯] 함이 〈부증(不拯)〉이다. 마치 장딴지[腓]는 허리[限] 아래에 있는데 허리가 장딴지를 무시해버림을 〈부증(不拯)〉이 암시한다. 따라서 육이(六二 : --)가 내키지 않아도 구삼(九三 : —)의 아래에 있는 탓으로 구삼(九三 : —)을 따르게 되고 만다는 것이 〈기수(其隨)〉이다. 육이(六二 : --)가 구삼(九三 : —)의 편강을 구제하지 못한 채 구삼(九三 : —)을 따른다[隨] 함이 〈기수(其隨)〉이다. 앞의 〈부증(不拯)〉으로 미루어 육이(六二 : --)가 간괘(艮卦 : ䷳)의 괘상(卦象)인 〈간기배(艮其背)의 간(艮)〉 즉 허정(虛靜)하게 멈춤[艮]을 본받다가 때가 되면 득중(得中) 곧 무유사벽(無有邪僻) 즉 간사함과[邪] 치우침이[僻] 결코 없는[無有] 정도를 따름을[中] 취하여[得] 간괘(艮卦 : ䷳)의 상체(上體)와 상통하고 싶지만, 구삼(九三 : —)의 가로막는 멈춤[艮] 탓으로 방해받음을 암시한 계사(繫辭)가 〈부증기수(不拯其隨)〉이다.

其心不快(기심불쾌)

그[其] 마음이[心] 유쾌하지 못하다[不快].

〈기심불쾌(其心不快)〉는 〈부증기수(不拯其隨)의 기수(其隨)〉로 말미암아 겪는 육이(六二 : --)의 심기(心氣)를 암시한 계사(繫辭)이다. 〈기심불쾌(其心不快)〉는 〈부증기수지심불쾌륙이(不拯其隨之心不快六二)〉의 줄임으로 여기고 〈구해주지 못하고[不拯] 그런대로[其] 따르는[隨之] 마음이[心] 육이를[六二] 불쾌하게 한다[不快]〉라고 새겨볼 것이다.

〈기심불쾌(其心不快)〉에서 〈기심(其心)의 기(其)〉는 〈부증기수지(不拯其隨之)〉를 대신하는 관형사 노릇을 한다. 육이(六二 : --)가 구삼(九三 : —)의 편강(偏剛)을 구제하지 못하고[不拯] 따라야 하는[隨之] 마음[心]이 〈기심(其心)〉이다. 이러한

〈기심(其心)〉을 〈불쾌(不快)〉라고 암시한 것은 육이(六二 : ⚋)가 내호괘(內互卦)인 감(坎 : ☵)의 초효(初爻)임을 상기시킨다. 왜냐하면 여기 〈불쾌(不快)〉가 「설괘전(說卦傳)」에 나오는 〈감은[坎 : ☵] 걱정거리를[憂] 더하는 것[加]이다[爲]〉라는 내용을 환기시키기 때문이다. 중효(中爻)로서 육이(六二 : ⚋)가 득중(得中) 즉 정도를 따름을[中] 취하여[得] 〈간기비(艮其腓)의 간(艮)〉 즉 허정(虛靜)한 멈춤[艮]을 누리고자 해도 누리지 못해 심기(心氣)가 유쾌하지 못함[不快]을 암시한 계사(繫辭)가 〈기심불쾌(其心不快)〉이다.

【字典】

간(艮) 〈멈출(그칠) 간(艮)-지(止), 어려울 간(艮)-난(難)-간(艱), 한정할 간(艮)-한(限), 견고할 간(艮)-견(堅), 괘 이름 간(艮)-괘명(卦名), (방위로) 동북 간(艮)-동북(東北), 끌어당길 간(艮)-인(引)〉 등의 뜻을 내지만 여기선 〈멈출 지(止)〉로 여기고 새김이 마땅하다.

기(其) 〈그 기(其)-피(彼)-지(之), 그럴 기(其)-연(然), 어찌 기(其)-기(豈), 누를 기(其)-억(抑), 오히려 기(其)-상(尙)-서기(庶幾), 이에 기(其)-내(乃), 만약 기(其)-약(若), 장차 기(其)-장(將), 어조사 기(其)-어조사〉 등의 뜻을 내지만 여기선 〈그 피(彼)〉와 같다 여기고 새김이 마땅하다. 〈기비(其腓)의 기(其)〉와 〈기심(其心)의 기(其)〉는 〈그 기(其)〉로서 관형사 노릇을 하고, 〈기수(其隨)의 기(其)〉는 〈그럴 연(然)의 기(其)〉로서 부사 노릇을 한다.

비(腓) 〈장딴지(정강이) 비(腓)-천(腨)-경(脛)-비장(腓腸), 발을 자르는 형벌 비(腓)-단족형(斷足刑), 피할 비(腓)-피(避), 병 비(腓)-병(病)〉 등의 뜻을 내지만 여기선 〈장딴지 비장(腓腸)〉으로 여기고 새김이 마땅하다.

不 〈불-부〉 등으로 발음되고, 〈못할 불(不)-부(不), 않을 불(不)-부(不), 아닐 불(不)-부(不)-비(非), 없을 불(不)-부(不)-무(無), 하지 말 불(不)-부(不)-막(莫)-금지(禁止), 정하지 않을 불(不)-부(不)-부(否)-미정(未定), 새가 날아올라 내려오지 않는 불(不)-부(不)-조비상불하래(鳥飛上不下來)〉 등의 뜻을 내지만 여기선 〈못할 불(不)〉로 여기고 새김이 마땅하다.

증(拯) 〈구해줄 증(拯)-거(擧)-구(救)-조(助), 받을 증(拯)-승(承)-수(受), (어려움에서) 구제받을 증(拯)-원(援)-제(濟), 건져낼 증(拯)-승(抍)〉 등의 뜻을 내지만 여기선

〈구해줄 구(救)-조(助)〉와 같다 여기고 새김이 마땅하다.

수(隨) 〈따를 수(隨)-종(從)-순(順), 좇을 수(隨)-축(逐), 맡을 수(隨)-임(任), 갈 수(隨)-행(行), 발 수(隨)-지(趾)〉 등의 뜻을 내지만 여기선 〈따를 종(從)〉과 같다 여기고 새김이 마땅하다.

심(心) 〈심기 심(心)-심기(心氣), 의지 심(心)-의지(意志)-욕지소생(欲之所生), 뜻(의미) 심(心)-의미(意味)-의의(意義), 오장의 하나 심(心)-오장지일(五臟之一), 신명과 신체의 주 심(心)-신명여신체지주(神明與身體之主), 지혜의 집 심(心)-지지사(智之舍), 감정 심(心)-감정(感情), 도의 본원 심(心)-도지본원(道之本原), 가슴 심(心)-흉(胸), 중앙 심(心)-중앙(中央), 나무의 가시 심(心)- 목지첨자(木之尖刺), 28수의 하나 심(心)-이십팔수지일(二十八宿之一)〉 등의 뜻을 내지만 여기선 〈심기(心氣)〉로 여기고 새김이 마땅하다.

쾌(快) 〈기쁠 쾌(快)-희(喜), 즐거울 쾌(快)-낙(樂), 상쾌할 쾌(快)-상쾌(爽快)-칭심(稱心), 좋아할 쾌(快)-호(好), 가할 쾌(快)-가(可), 급히 달릴 쾌(快)-급질(急疾), 칼끝이 날카로운 쾌(快)-봉리(鋒利), 능할 쾌(快)-능(能)-회(會)〉 등의 뜻을 내지만 〈기쁠 희(喜)〉와 같다 여기고 새김이 마땅하다.

註 감위가우(坎爲加憂) : 감은[坎 : ☵] 걱정거리를[憂] 더하는 것[加]이다[爲].

「서괘전(序卦傳)」 11단락(段落)

구삼(九三 : ⚊)

九三 : 艮其限이라 列其夤이니 厲薰心이로다
간 기 한 열 기 인 여 훈 심

구삼(九三) : 제[其] 허리에서[限] 멈추니[艮] 제[其] 등살을[夤] 긴장시켜[列] 위태로워[厲] 마음을[心] 괴롭힌다[薰].

【구삼(九三)의 효상(爻象) 풀이】

간괘(艮卦 : ䷳)의 구삼(九三 : ⚊)은 이양거양(以陽居陽) 즉 양(陽 : ⚊)으로써

[以] 양(陽 : ━)의 자리에 있는지라[居] 정당한 자리에 있다. 간괘(艮卦 : ䷳)의 하체(下體) 간(艮 : ☶)의 상효(上爻)로서 중위(中位)를 벗어나 상하체(上下體)의 어름에 있는지라 위로 두 음기(陰氣 : --)와 아래로 두 음기(陰氣 : --)로 쌓인 상황에서 강강(剛强)함을 앞세워 상하(上下)의 음(陰 : --)들과 어울리지 못하고 어려움을 겪는 모습이다.

간괘(艮卦 : ䷳)의 구삼(九三 : ━)이 육삼(六三 : --)으로 변효(變爻)하면 구삼(九三 : ━)은 간괘(艮卦 : ䷳)를 23번째 박괘(剝卦 : ䷖)로 지괘(之卦)하게 한다. 따라서 간괘(艮卦 : ䷳)의 구삼(九三 : ━)은 박괘(剝卦 : ䷖)의 육삼(六三 : --)을 찾아가 살펴보게 한다.

【구삼(九三)의 계사(繫辭) 풀이】

艮其限(간기한)

제[其] 허리에서[限] 멈춘다[艮].

〈간기한(艮其限)〉은 구삼(九三 : ━)의 효위(爻位)를 들어 암시한 계사(繫辭)이다. 〈간기한(艮其限)〉은 〈구삼간어기한(九三艮於其限)〉의 줄임으로 여기고 〈구삼은[九三] 제[其] 허리[限]에서[於] 멈춘다[艮]〉라고 새겨볼 것이다. 〈간기한(艮其限)의 간(艮)〉은 정지(靜止) 즉 고요히[靜] 멈춤[止]을 뜻하고, 〈간기한(艮其限)의 기(其)〉는 구삼지(九三之) 즉 〈구삼(九三)의[之]〉를 줄인 관형사이며, 〈간기한(艮其限)의 한(限)〉은 〈허리 요(腰)〉와 같다.

〈간기한(艮其限)〉은 구삼(九三 : ━)의 효위(爻位)를 인체의 허리를 빌려 암시한다. 〈간기한(艮其限)의 기한(其限)〉 즉 제[其] 허리[限]는 〈비(腓)〉 즉 장딴지[腓] 위쪽에 있음을 들어 구삼(九三 : ━)이 육이(六二 : --)의 위에 있음을 밝힌다. 따라서 〈간기한(艮其限)의 한(限)〉은 신체의 상하(上下)를 잇는 요(腰) 즉 허리[腰]를 들어 구삼(九三 : ━)이 간괘(艮卦 : ䷳) 상하체(上下體)의 사이에[際] 머물러[艮] 있음을 암시한 것인지라, 여기 〈한(限)〉은 신체의 상하 사이에 있는 요(腰) 즉 허리[腰]를 뜻한다. 따라서 구삼(九三 : ━)이 신체의 허리에 멈추어 있음을 들어 구삼(九三 : ━)이 간괘(艮卦 : ䷳)의 상하체(上下體) 어름[際]에 머묾[艮]을 암시한 계사(繫辭)가 〈간기한(艮其限)〉이다.

列其夤(열기인)

제[其] 등살을[夤] 긴장시킨다[列].

〈열기인(列其夤)〉은 구삼(九三 : ━)의 편강(偏剛) 즉 굳셈에[剛] 치우침[偏]을 암시한 계사(繫辭)이다. 〈열기인(列其夤)〉은 〈구삼렬기한지인(九三列其限之夤)〉의 줄임으로 여기고 〈구삼이[九三] 제[其] 허리의[限之] 등줄기를[夤] 긴장시킨다[列]〉라고 새겨볼 것이다. 〈열기인(列其夤)의 인(夤)〉은 〈등줄기 여(膂)〉와 같다.

〈열기인(列其夤)〉은 허리[限]에 멈춘[艮] 구삼(九三 : ━)이 허리의 유연한 굴신(屈伸)을 스스로 빼앗기고 굳세고[剛] 강함[强]에 치우쳐, 자신이 멈춰 있는 허리에 스스로 화근(禍根)을 미침을 암시한다. 〈열기인(列其夤)의 열(列)〉은 여기선 〈나눌 별(別)〉과 같고, 〈열기인(列其夤)의 기인(其夤)〉은 〈한지인(限之夤)〉 즉 허리의[限之] 등줄기[夤]이다. 여기 〈기인(其夤)의 인(夤)〉은 척육(脊肉) 즉 등살[脊肉]을 말한다. 구삼(九三 : ━)이 〈간기한(艮其限)〉 즉 몸의[其] 허리에[限] 멈추어[艮] 등살을[夤] 나눔[列]은 간괘(艮卦 : ☶) 하체(下體)의 상위(上位)에 구삼(九三 : ━)이 머물러[艮] 있는 탓으로 간괘(艮卦 : ䷳)의 위아래가 서로 종속하지 못하게 되는 처지를 암시한다.

厲薰心(여훈심)

위태로워[厲] 마음을[心] 괴롭힌다[薰].

〈여훈심(厲薰心)〉은 구삼(九三 : ━)이 강강(剛强)에 치우쳐 지도(止道) 즉 멈춤의[止] 이치[道]를 어김을 암시한 계사(繫辭)이다. 〈여훈심(厲薰心)〉은 〈열기인지려훈구삼지심(列其夤之厲薰九三之心)〉의 줄임으로 여기고 〈제[其] 등살을[夤] 긴장시키는[列之] 위태함이[厲] 구삼의[九三之] 마음을[心] 괴롭힌다[薰]〉라고 새겨볼 것이다. 〈여훈심(厲薰心)의 여(厲)〉는 〈위태할 위(危)〉와 같고, 〈여훈심(厲薰心)의 훈(薰)〉은 여기선 〈태울 작(灼)〉과 같아 〈제[其] 마음을[心] 애태운다[灼]〉라는 뜻을 낸다.

〈여훈심(厲薰心)〉은 구삼(九三 : ━)이 강강(剛强)에 치우쳐 괴로움을 자초함을 암시한다. 〈여훈심(厲薰心)의 훈심(薰心)〉은 작기심(灼其心) 즉 제[其] 마음을[心]

태움[灼]을 뜻해 고기심(苦其心) 즉 제[其] 마음을[心] 괴롭힘[苦]을 뜻하니, 자해(自害) 즉 스스로[自] 해침[害]을 암시한 것이 〈훈심(薰心)〉이다. 이는 간괘(艮卦 : ䷳)의 하체(下體) 간(艮 : ☶)의 중위(中位)를 벗어나 극위(極位)에 이른 탓으로 강강(剛强)에 치우친 구삼(九三 : ⚊)이 지도(止道) 즉 멈춤의[止] 이치[道]를 외면한 탓으로 겪는 〈여(厲)〉 즉 심중의 불안[厲]을 스스로 자책하여, 상하(上下)의 사음(四陰 : ⚋)들이 보여주는 유연함을 본받고자 고심하게 되었음을 암시한다. 이는 구삼(九三 : ⚊)이 외면했던 지도(止道)로 돌아옴을 뜻하기도 한다. 지도(止道)는 그 마땅함을 따라야 한다. 멈춤이 마땅하면 멈추고 멈춤이 마땅치 않으면 그 멈춤을 풀고 동행(動行)함이 곧 멈춤의[止] 이치[道]이다. 구삼(九三 : ⚊)의 완고한 멈춤[艮]이 간괘(艮卦 : ䷳)의 상하체(上下體) 사이[際]를 가로막고 지도(止道)를 어긴 탓으로 구삼(九三 : ⚊)이 어깃장을 부리는 꼴인지라, 구삼(九三 : ⚊)의 상하(上下) 네 음(陰 : ⚋)들로부터 곁눈질당하고 외면당해 겪게 된 〈여(厲)〉 즉 위태함[厲]이 결과적으로 구삼(九三 : ⚊)을 괴롭게 함[薰]을 암시한 계사(繫辭)가 〈여훈심(厲薰心)〉이다.

【字典】

간(艮) 〈멈출(그칠) 간(艮)-지(止), 어려울 간(艮)-난(難)-간(艱), 한정할 간(艮)-한(限), 견고할 간(艮)-견(堅), 괘 이름 간(艮)-괘명(卦名), (방위로) 동북 간(艮)-동북(東北), 끌어당길 간(艮)-인(引)〉 등의 뜻을 내지만 여기선 〈멈출 지(止)〉로 여기고 새김이 마땅하다.

기(其) 〈그것 기(其)-피(彼)-지(之), 그럴 기(其)-연(然), 어찌 기(其)-기(豈), 누를 기(其)-억(抑), 오히려 기(其)-상(尙)-서기(庶幾), 이에 기(其)-내(乃), 만약 기(其)-약(若), 장차 기(其)-장(將), 어조사 기(其)-어조사(語助辭)〉 등의 뜻을 내지만 여기선 〈그 피(彼)〉와 같다 여기고 새김이 마땅하다.

한(限) 〈허리 한(限)-요(腰), 막힐 한(限)-조(阻), 지경 한(限)-계(界), 한정 한(限)-도(度), 더없는 한계 한(限)-극(極), 문지방 한(限)-궐(闕), 넓을 한(限)-광(廣), 가지런할 한(限)-제(齊), 멈출 한(限)-지(止), 검정할 한(限)-검(檢)〉 등의 뜻을 내지만 여기선 〈허리 요(腰)〉와 같다 여기고 새김이 마땅하다.

열(列) 〈나눌 열(列)-별(別), 벌 열(列)-분해(分解), 베풀 열(列)-진(陳)-차(次)-포

(布), 반열 열(列)-위서(位序), 차례 열(列)-서(序), 정리할 열(列)-정(整), 다스릴 열(列)-치(治), 자리 열(列)-위(位), 항렬 열(列)-행차(行次), 항오 열(列)-군오(軍伍)〉 등의 뜻을 내지만 여기선 〈나눌 별(別)〉과 같다 여기고 새김이 마땅하다.

인(夤) 〈등살 인(夤)-척육(脊肉)-인협(夤夾), 등골뼈 인(夤)-갑(胛)-여(膂)-요락(腰絡), 조심할 인(夤)-경척(敬惕), 오직 인(夤)-유(維), 공손할 인(夤)-공(恭), 인연할 인(夤)-인연(因緣)-인연(夤緣), 한계 인(夤)-한(限)〉 등의 뜻을 내지만 여기선 〈등살 척육(脊肉)-인협(夤夾)〉으로 새김이 마땅하다.

여(厲) 〈위태할 여(厲)-위(危), 가물 여(厲)-한(旱), 갈 여(厲)-마(磨), 문지를(비빌) 여(厲)-마찰(摩擦), 엄할(사나울) 여(厲)-엄(嚴)-맹(猛), 높고 훌륭할 여(厲)-고상(高尙), 맑고 바를 여(厲)-청정(淸正), 막을 여(厲)-항(抗), 일어날 여(厲)-기(起), 지을 여(厲)-작(作), 사나울 여(厲)-학(虐), 병들 여(厲)-병(病), 낭떠러지 여(厲)-애(涯), 물이 깊어도 건널 수 있는 곳 여(厲)-심수가섭지처(深水可涉之處), 권하여 힘쓰게 할 여(厲)-권면(勸勉), 이을 여(厲)-합(合)-연(連), 옷을 입고 물을 건널 여(厲)-이의섭수(以衣涉水), 가까울 여(厲)-근(近)-부(附)〉 등의 뜻을 내지만 여기선 〈위태로울 위(危)〉와 같다 여기고 새김이 마땅하다. 〈厲〉가 앞에 있을 때는 〈여(厲)〉로 발음되고, 뒤에 있으면 〈려(厲)〉로 발음된다.

훈(薰) 〈애태울 훈(薰)-훈작(薰灼), 감화할(유도할) 훈(薰)-감화(感化)-유도(誘導), 향초 훈(薰)-향초(香草), 향기 훈(薰)-향기(香氣), 향내 훈(薰)-향(香), 불 연기가 솟을 훈(薰)-화연상출(火煙上出), 찔(구울) 훈(薰)-증(蒸)-자(炙), 온화한 모습 훈(薰)-온화모(溫和貌), 찜통 훈(薰)-훈롱(薰籠), 매운 채소 훈(薰)-신채(辛菜)〉 등의 뜻을 내지만 여기선 〈애태울 훈작(薰灼)〉으로 여기고 새김이 마땅하다.

심(心) 〈심정(감정) 심(心)-심정(心情)-감정(感情), 의지 심(心)-의지(意志)-욕지소생(欲之所生), 뜻(의미) 심(心)-의미(意味)-의의(意義), 오장의 하나 심(心)-오장지일(五臟之一), 신명과 신체의 주 심(心)-신명여신체지주(神明與身體之主), 지혜의 집 심(心)-지지사(智之舍), 도의 본원 심(心)-도지본원(道之本原), 가슴 심(心)-흉(胸), 중앙 심(心)-중앙(中央), 나무의 가시 심(心)- 목지첨자(木之尖刺), 28수의 하나 심(心)-이십팔수지일(二十八宿之一)〉 등의 뜻을 내지만 여기선 〈심정(心情)〉과 같다 여기고 새김이 마땅하다.

육사(六四 : --)

六四 : 艮其身이라 无咎니라
간기신 무구

육사(六四) : 제[其] 몸통에서[身] 멈추니[艮] 허물이[咎] 없다[无].

【육사(六四)의 효상(爻象) 풀이】

간괘(艮卦 : ䷳)의 육사(六四 : --)는 이음거음(以陰居陰) 즉 음(陰 : --)으로써[以] 음(陰 : --)의 자리에 있는지라[居] 정당한 자리에 있다. 육사(六四 : --)와 구삼(九三 : ─)은 음양(陰陽)의 사이인지라 비(比) 즉 이웃의 사귐[比]을 누릴 처지이지만, 구삼(九三 : ─)이 견강(堅强) 즉 강함만을 고집해도 구삼(九三 : ─)의 위에 있기 때문에 피할 수 있는 처지이다. 육사(六四 : --)와 육오(六五 : --)는 양음(兩陰) 즉 둘 다[兩] 음(陰 : --)인지라 비(比) 즉 이웃의 사귐[比]을 누리지 못하는 모습이다. 육사(六四 : --)와 초륙(初六 : --) 역시 양음(兩陰)의 사이인지라 부정응(不正應) 즉 서로 바르게[正] 호응하지 못한다[不應]. 그러나 간괘(艮卦 : ䷳)의 중앙에 있는 육사(六四 : --)는 본래가 유연(柔軟)한지라 무모한 짓을 범하지 않으면서 허정(虛靜)한 멈춤[艮]을 누릴 줄 아는 모습이다.

> 간괘(艮卦 : ䷳)의 육사(六四 : --)가 구사(九四 : ─)로 변효(變爻)하면 육사(六四 : --)는 간괘(艮卦 : ䷳)를 56번째 여괘(旅卦 : ䷷)로 지괘(之卦)하게 한다. 따라서 간괘(艮卦 : ䷳)의 육사(六四 : --)는 여괘(旅卦 : ䷷)의 구사(九四 : ─)를 찾아가 살펴보게 한다.

【육사(六四)의 계사(繫辭) 풀이】

艮其身(간기신) 无咎(무구)

제[其] 몸통에서[身] 멈추니[艮] 허물이[咎] 없다[无].

〈간기신(艮其身)〉은 육사(六四 : --)의 효위(爻位)를 들어 암시한 계사(繫辭)이다. 〈간기신(艮其身)〉은 〈육사간어기신(六四艮於其身)〉의 줄임으로 여기고 〈육사는[六四] 제[其] 몸통[身]에서[於] 멈춘다[艮]〉라고 새겨볼 것이다. 〈간기신(艮其身)의 간(艮)〉은 정지(靜止) 즉 고요히[靜] 멈춤[止]을 뜻하고, 〈간기신(艮其身)의 기(其)〉는 육사지(六四之) 즉 〈육사(六四)의[之]〉를 줄인 관형사이며, 〈간기신(艮其身)의 신(身)〉은 〈신구(身軀)〉 즉 몸통[身軀]의 줄임이다.

〈간기신(艮其身)〉은 육사(六四 : --)가 간괘(艮卦 : ䷳)의 중앙에 있음을 암시한다. 몸의[其] 몸통[身]은 〈한(限)〉 즉 허리[限] 위에 있음을 들어 육사(六四 : --)가 구삼(九三 : —) 바로 위에 있음을 암시한다. 따라서 구삼(九三 : —)의 견강(堅强)함이 빚어내는 치우침으로부터 벗어나 본래가 유연한 육사(六四 : --)는 간괘(艮卦 : ䷳)의 주제인 〈간(艮)〉의 시국을 맞아 고요한 멈춤[艮]을 누리는지라 그 심중(心中)도 수분(守分) 즉 제 본분을[分] 지켜[守] 허정(虛靜)하다. 따라서 육사(六四 : --)의 마음가짐이 간괘(艮卦 : ䷳)의 괘상(卦象)인 〈간기배(艮其背)의 간(艮)〉 즉 허정(虛靜)한 멈춤[艮]을 누릴 수 있는 지도(止道) 즉 멈춤의[止] 이치[道]를 어기지 않음을 암시한 계사(繫辭)가 〈간기신(艮其身)〉이다.

〈무구(无咎)〉는 육사(六四 : --)의 〈간(艮)〉이 지도(止道)를 따름을 암시한 계사(繫辭)이다. 〈무구(无咎)〉는 〈육사지간무구(六四之艮无咎)〉의 줄임으로 여기고 〈육사의[六四之] 머묾에는[艮] 허물이[咎] 없다[无]〉라고 새겨볼 것이다.

〈무구(无咎)〉는 심신(心身)을 아울러 허정(虛靜)한 멈춤[艮]을 누릴 줄 아는 육사(六四 : --)에게는 선보과(善補過)의 지도(止道)가 있음을 암시한다. 〈무구(无咎)〉란 잘못들을[過] 선하게[善] 고쳐감[補]으로 드러나게 마련이다. 선(善)이란 법자연(法自然) 즉 오로지 순리만을 따름을[自然] 본받아[法] 계승함인지라 선보(善補)에는 과실이나 결함이란 없다. 관유(寬柔) 즉 너그럽고[寬] 부드러워[柔] 유서(宥恕) 즉 용서하며[宥] 깨달아[恕] 본분(本分)을 지켜 선보(善補)하려는 육사(六四 : --)에게 과실[咎]이란 있을 수 없음[无]을 암시한 계사(繫辭)가 〈무구(无咎)〉이다.

【字典】

간(艮) 〈멈출(그칠) 간(艮)-지(止), 어려울 간(艮)-난(難)-간(艱), 한정할 간(艮)-한(限), 견고할 간(艮)-견(堅), 괘 이름 간(艮)-괘명(卦名), (방위로) 동북 간(艮)-동북(東北), 끌어당길 간(艮)-인(引)〉 등의 뜻을 내지만 여기선 〈멈출 지(止)〉로 여기고 새김이 마땅하다.

기(其) 〈그것 기(其)-피(彼)-지(之), 그럴 기(其)-연(然), 어찌 기(其)-기(豈), 누를 기(其)-억(抑), 오히려 기(其)-상(尙)-서기(庶幾), 이에 기(其)-내(乃), 만약 기(其)-약(若), 장차 기(其)-장(將), 어조사 기(其)-어조사(語助辭)〉 등의 뜻을 내지만 여기선 〈그 피(彼)〉와 같다 여기고 새김이 마땅하다.

신(身) 〈몸 신(身)-궁(躬), 나(자신) 신(身)-아(我)-자(自), 기중(줄기) 신(身)-경간(莖幹), 중심 신(身)-중심(中心), 부피 신(身)-체적(體積), 몸소 신(身)-친(親), 몸가짐 신(身)-자신지품절(自身之品節), 자기만의 재능 신(身)-일기지재력(一己之才力), 자기만의 이익 신(身)-일기지리익(一己之利益), 신분 신(身)-신분(身分), 중대할 신(身)-중(重)〉 등의 뜻을 내지만 여기선 〈몸 궁(躬)〉으로 새김이 마땅하다.

무(无) 〈없을 무(无)-무(無), 허무지도 무(无)-허무지도(虛无之道), 으뜸 무(无)-원(元)〉 등의 뜻을 내지만 여기선 〈없을 무(無)〉와 같다 여기고 새김이 마땅하다.

구(咎) 〈재앙 구(咎)-재(災), 병될 구(咎)-병(病), 허물 구(咎)-건(愆)-과(過), 나쁠 구(咎)-오(惡)〉 등의 뜻을 내지만 여기선 〈허물 건(愆)-과(過)〉와 같다 여기고 새김이 마땅하다. 〈무구(无咎)〉는 〈면어구(免於咎)〉 즉 허물을[於咎] 면하다[免]와 같다.

육오(六五 : --)

六五 : 艮其輔라 言有序니 悔亡리라
간 기 보 언 유 서 회 무

육오(六五) : 제[其] 턱에서[輔] 멈추니[艮] 말들에[言] 질서가[序] 있어[有] 뉘우침이[悔] 없다[无].

【육오(六五)의 효상(爻象) 풀이】

간괘(艮卦 : ䷳)의 육오(六五 : --)는 이음거양(以陰居陽) 즉 음(陰 : --)으로써[以] 양(陽 : ―)의 자리에 있는지라[居] 정당한 자리에 있지 못하다. 육오(六五 : --)와 육사(六四 : --)는 양음(兩陰) 즉 둘 다[兩] 음(陰 : --)인지라 비(比) 즉 이웃의 사귐[比]을 누리지 못한다. 육오(六五 : --)와 상구(上九 : ―)는 음양(陰陽)

의 사이인지라 비(比) 즉 이웃의 사귐[比]을 누리는 모습이다. 간괘(艮卦 : ䷳)의 존위(尊位)에 있는 육오(六五 : --)는 본래가 유관(柔寬) 즉 부드럽고[柔] 관대한지라[寬] 간괘(艮卦 : ䷳)의 상체(上體) 간(艮 : ☶)의 중효(中爻)로서 득중(得中) 즉 정도를 따름을[中] 취하여[得] 무유사벽(無有邪僻) 즉 간사함과[邪] 치우침[僻] 없이[無有] 간괘(艮卦 : ䷳)의 주제인 〈간(艮)〉 즉 고요한 멈춤[艮]의 시국을 마주해 흔들림 없이 처리해가는 모습이다.

간괘(艮卦 : ䷳)의 육오(六五 : --)가 구오(九五 : —)로 변효(變爻)하면 육오(六五 : --)는 간괘(艮卦 : ䷳)를 53번째 점괘(漸卦 : ䷴)로 지괘(之卦)하게 한다. 따라서 간괘(艮卦 : ䷳)의 육오(六五 : --)는 점괘(漸卦 : ䷴)의 구오(九五 : —)를 찾아가 살펴보게 한다.

【육오(六五)의 계사(繫辭) 풀이】

艮其輔(간기보)

제[其] 턱에서[輔] 멈춘다[艮].

〈간기보(艮其輔)〉는 육오(六五 : --)의 효위(爻位)를 들어 암시한 계사(繫辭)이다. 〈간기보(艮其輔)〉는 〈육오간어기보(六五艮於其輔)〉의 줄임으로 여기고 〈육오는[六五] 제[其] 턱[輔]에서[於] 멈춘다[艮]〉라고 새겨볼 것이다. 〈간기보(艮其輔)의 간(艮)〉은 정지(靜止) 즉 고요히[靜] 멈춤[止]을 뜻하고, 〈간기보(艮其輔)의 기(其)〉는 육오지(六五之) 즉 〈육오(六五)의[之]〉를 줄인 관형사이며, 〈간기보(艮其輔)의 보(輔)〉는 〈아래위턱 악(顎)〉과 같다.

〈간기보(艮其輔)〉는 육오(六五 : --)가 육사(六四 : --)의 위에 있음을 암시한다. 몸통[身] 위에 있는 것이 얼굴[面]이고 얼굴에 있는 것이 〈아래위턱 보(輔)〉이다. 〈간기보(艮其輔)〉에서 〈기보(其輔)의 보(輔)〉는 협골(頰骨) 즉 뺨의[頰] 뼈[骨]인 광대뼈를 말한다. 따라서 〈간기보(艮其輔)의 기보(其輔)〉는 육사(六四 : --)가 머무는[艮] 몸통[身]의 바로 위에 육오(六五 : --)가 자리함을 암시한다. 동시에 31번째 함괘(咸卦 : ䷞) 상륙(上六 : --)의 계사(繫辭)인 〈함기보협설(咸其輔頰舌)〉을 상기시킨다. 〈함기보협설(咸其輔頰舌)〉에서 〈보협설(輔頰舌)의 보협(輔頰)〉은 양쪽의 뺨 즉 볼때기 살을 뜻하고, 〈보협설(輔頰舌)의 설(舌)〉은 혀를 뜻하지만, 〈보협설

(輔頰舌)〉은 속어(俗語)인 구설(口舌)을 뜻해 혀를 놀려 떠벌려[口舌] 흉잡히는 말투를 말한다. 이에 〈간기보(艮其輔)의 기보(其輔)〉가 〈보협설(輔頰舌)〉을 떠올려주어 함부로 말하지 않아야 함을 깨닫게 하면서, 관유(寬柔)한 육오(六五 : --)가 과묵한 선군(善君)임을 아울러 암시한 계사(繫辭)가 〈간기보(艮其輔)〉이다.

言有序(언유서)

말들에[言] 질서가[序] 있다[有].

〈언유서(言有序)〉는 앞 〈간기보(艮其輔)〉가 함의(含意) 즉 품고 있는[含] 뜻[意]을 깊이 헤아려보게 하는 계사(繫辭)이다. 왜 『노자(老子)』에 〈말이[言] 많으면[多] 헤아림이[數] 궁해진다[窮]〉라는 내용이 나오고, 『논어(論語)』에 〈군자는[君子] 말함[言]에[於] 어눌하고자 한다[欲訥]〉라는 내용이 나오며, 『장자(莊子)』에 〈말함에[言] 말함이[言] 없다면[无] 종신토록[終身] 말하는 것[言]〉이라는 내용이 나오고, 『중용(中庸)』에 〈말이[言] 앞서[前] 정리되면[定] 곧[則] 엎어지지 않는다[不跲]〉라는 내용이 나오겠는가? 이는 모두 여기 〈언유서(言有序)〉 때문이라고 여겨도 된다. 말하기에는[言] 순서가[序] 있음[有]을 언도(言道) 즉 말하는[言] 정도[道]로 삼는다면 그 누구이든 세 치 혀가 탈내는 허물에서 벗어난다. 말이[言] 많을수록[多] 헤아림이[數] 막혀서[窮] 명심(明心) 즉 밝은[明] 마음[心]을 누리지 못하고, 군자(君子)는 말에는[於言] 어눌하기를 바라고[欲訥], 언무언(言无言) 즉 말함에[言] 시비(是非)거는 말이[言] 없다면[无] 평생 말한들 말하지 않는 편이 되고, 말하기[言] 앞서[前] 정리해 두면[定] 말 탓으로 엎어지지 않음[不跲]이라는 등은 모두 여기 〈언유서(言有序)〉가 발언(發言)의 정도(正道)를 어기고 망발하지 않음을 암시한다.

〈언유서(言有序)의 언(言)〉은 바로 〈간기보(艮其輔)의 보(輔)〉를 들어 취상(取象)된 것이다. 얼굴의[其] 두 볼에[輔] 멈춘다[艮] 함은 곧 불언(不言) 즉 말하지 않음[不言]을 뜻한다. 얼굴의 볼[輔]을 움직이지 않으면 입안의 혀가 움직이지 않고 혀가 움직이지 않으면 발언(發言)하지 못한다. 따라서 〈간기보(艮其輔)〉는 곧 불언(不言)으로 통한다. 이에 불언(不言)이 선(先)이고 발언(發言)은 후(後)임을 암시하여, 무언(無言)의 〈간(艮)〉 즉 고요한 멈춤[艮]이 먼저이고 발언(發言)이 그 뒤를 따름이 〈언(言)〉의 정도(正道)임을 암시한 계사(繫辭)가 〈언유서(言有序)〉이다.

悔亡(회무)

뉘우침이[悔] 없다[无].

〈회무(悔亡)〉는 〈언유서(言有序)〉를 어기지 말아야 하는 까닭을 암시한 계사(繫辭)이다. 〈회무(悔亡)〉는 〈회무어유서지언(悔亡於有序之言)〉의 줄임으로 여기고 〈순서가[序] 있는[有之] 말[言]에는[於] 후회할 것이[悔] 없다[亡]〉라고 새겨볼 것이다. 〈회무(悔亡)의 회(悔)〉는 〈뉘우칠 오(懊)〉와 같고, 〈회무(悔亡)의 무(亡)〉는 〈없을 무(無)〉와 같다.

〈회무(悔亡)〉는 〈언유서(言有序)의 언(言)〉이 항상 순리(順理)에 어긋나지 않음을 암시한다. 왜 세 치 혀가 탈을 낸다고 하는가? 왜 밤말은 쥐가 듣고 낮말은 새가 듣는다고 하는가? 왜 발 없는 말이 천 리 간다고 하는가? 왜 말로써 말 많으니 말 말까 하노라 시조의 종장이 읊어졌겠는가? 이는 〈언유서(言有序)의 서(序)〉 즉 순서(順序)를 어기는 탓으로 생겨난 설화(舌禍)를 경계함이다. 말하기 전에 말을 멈추고 깊이 역수(逆數) 즉 미리 거슬러[逆] 헤아리지[數] 않고 발언(發言)이 앞서 화근을 빚어내 유회(有悔) 즉 뉘우침이[悔] 생기는 것[有]이다. 그러나 〈언유서(言有序)의 서(序)〉 즉 묵언(默言)이 먼저이고 발언(發言)이 뒤임을 어기지 않고 〈언유서(言有序)〉의 정도(正道)를 따른다면 뉘우침이[悔] 없음[亡]을 암시한 계사(繫辭)가 〈회무(悔亡)〉이다.

【字典】

간(艮) 〈멈출(그칠) 간(艮)-지(止), 어려울 간(艮)-난(難)-간(艱), 한정할 간(艮)-한(限), 견고할 간(艮)-견(堅), 괘 이름 간(艮)-괘명(卦名), (방위로) 동북 간(艮)-동북(東北), 끌어당길 간(艮)-인(引)〉 등의 뜻을 내지만 여기선 〈멈출 지(止)〉로 여기고 새김이 마땅하다.

기(其) 〈그것 기(其)-피(彼)-지(之), 그럴 기(其)-연(然), 어찌 기(其)-기(豈), 누를 기(其)-억(抑), 오히려 기(其)-상(尙)-서기(庶幾), 이에 기(其)-내(乃), 만약 기(其)-약(若), 장차 기(其)-장(將), 어조사 기(其)-어조사〉 등의 뜻을 내지만 여기선 〈그 피(彼)〉와 같다 여기고 새김이 마땅하다.

보(輔) 〈광대뼈 보(輔)-협골(頰骨)-인협거(人頰車), 턱 보(輔)-함(頷), 도울 보

(輔)-필(弼)-조(助)-좌(佐), 떠받칠 보(輔)-부(扶), 벗 보(輔)-우(友), 부사 보(輔)-부사(副使), 수레덧방나무 보(輔)-협거지목(夾車之木)〉 등의 뜻을 내지만 여기선 〈광대뼈 협골(頰骨)〉과 같다 여기고 새김이 마땅하다.

언(言) 〈말할 언(言)-어(語)-언지(言之), 말소리 언(言)-언사(言辭), 말의 첫머리를 꺼낼 언(言)-발단(發端)-직언(直言), 논할 언(言)-설(說), 밝힐(공표할) 언(言)-선(宣), 물어볼 언(言)-문(問), 따를 언(言)-종(從), 교명 언(言)-교명(教命), 호령 언(言)-호령(號令), 동맹이 필요할 말씀 언(言)-회동맹요지사(會同盟要之辭), 모의할 언(言)-모의(謀議), 응대하는 말 언(言)-사령(辭令), 웃전에 뜻을 전할 언(言)-상표(上表), 일구 언(言)-일구(一句), 한 글자 언(言)-일자(一字), 나 언(言)-아(我), 어울려 받드는 모습 언(言)-화경지모(和敬之貌), 송사할 언(言)-송(訟), 발어사 언(言)-운(云)〉 등의 뜻을 내지만 여기선 〈말할 언(言)〉으로 여기고 새김이 마땅하다.

유(有) 〈없을 무(無)의 반대말로 있을 유(有), 얻을(가질) 유(有)-취(取), 혹 유(有)-혹(或), 많을 유(有)-다(多)-족(足), 부유할 유(有)-부(富), 간직할 유(有)-장(藏), 보호할 유(有)-보(保), 서로 친할 유(有)-상친(相親), 전일할 유(有)-전(專), 할 유(有)-위(爲), 어조사 유(有)〉 등의 뜻을 내지만 〈있을 유(有)〉로 여기고 새김이 마땅하다.

서(序) 〈순서 서(序)-서(敍)-순서(順序)-차서(次序), 차례 서(序)-차제(次第), 자리의 차례 서(序)-위차(位次), 장유의 차례 서(序)-장유지차제(長幼之次第), 그 선후의 차례 서(序)-차제기선후(次第其先後), 차례를 정할 서(序)-정차제(定次第), 차례에 따른 서(序)-의차(依次), 서열 서(序)-열(列), 일의 선후를 정할 서(序)-선후기사(先後其事), 중히 여길 서(序)-중(重), 실마리 서(序)-서(緖), 계통 서(序)-계통(系統), 서문을 작성할 서(序)-작성서문(作成序文), (집의) 동서쪽 담장 서(序)-당지동서장(堂之東西牆), 동서의 행랑 서(序)-동서상(東西廂), 학교 서(序)-학교(學校)〉 등의 뜻을 내지만 여기선 〈순서(順序)〉로 새김이 마땅하다.

회(悔) 〈뉘우칠 회(悔)-오(懊), 거만할 회(悔)-만(慢), 한스러울 회(悔)-한(恨), 실패할 회(悔)-실(失), 후회할 회(悔)-후회(後悔), (잘못 등을) 고칠 회(悔)-개(改), 책망할 회(悔)-구(咎), 대성괘의 상체(上體) 회(悔)〉 등의 뜻을 내지만 여기선 〈뉘우칠 오(懊)〉와 같다 여기고 새김이 마땅하다.

亡 〈무-망〉 두 가지로 발음되고, 〈없을 무(亡)-무(無), 가난할 무(亡)-빈(貧),

달아날(피할) 망(亡)-도(逃)-분(奔)-피(避)-거(去), 없어질 망(亡)-멸(滅), 죽음 망(亡)-사(死), 잃을 망(亡)-상(喪)-실(失), 업신여길 망(亡)-경멸(輕蔑), 그칠 망(亡)-지(止)-이(已), 잊을 망(亡)-망(忘)〉 등의 뜻을 내지만 여기선 〈없을 무(亡)-무(無)〉로 여기고 새김이 마땅하다.

註 다언수궁(多言數窮) 불여수중(不如守中) : 말이[言] 많아질수록[多] (백성을 다스리는) 이치가[數] 궁색해지니[窮], 상도를 따라[中] (무위의 다스림을) 지킴만[守] 못하다[不如].

『노자(老子)』 5장(章)

註 군자욕눌어언(君子欲訥於言) 이민어행(而敏於行) : 군자는[君子] 말함에는[於言] 무디고자 하지만[欲訥] 그러나[而] 행동함에는[於行] 재빠르다[敏]. 『논어(論語)』「이인(里仁)」 24장(章)

註 언무언(言无言) 종신언(終身言) 미상언(未嘗言) 종신불언(終身不言) 미상불언(未嘗不言) : 말함에[言] (시비의) 말이[言] 없다면[无] 평생[終身] 말해도[言] 말함이[言] 없는 것이고[未嘗], (심중에 시비가 있다면) 평생[終身] 말하지 않아도[不言] 말하지 않음이[不言] 없는 것이다[未嘗]. 『장자(莊子)』「우언(寓言)」 1절(節)

註 범사예즉립(凡事豫則立) 불예즉폐(不豫則廢) 언전정즉불겁(言前定則不跲) 사전정즉불곤(事前定則不困) : 무릇[凡] 일이[事] 준비되어 있다면[豫] 곧[則] 이루어지고[立], 준비돼 있지 않다면[不豫] 곧[則] 폐해진다[廢]. 말은[言] 앞서[前] 정리되면[定] 곧[則] 엎어지지 않고[不跲], 일도[事] 앞서[前] 정리되면[定] 곧[則] 막히지 않는다[不困].

『중용(中庸)』「주자장구(朱子章句)」 20장(章)

상구(上九 : ⚊)

上九 : 敦艮이라 吉하니라
돈 간 길

상구(上九) : 도탑게[敦] 멈추니[艮] 행운을 누린다[吉].

【상구(上九)의 효상(爻象) 풀이】

간괘(艮卦 : ䷳)의 상구(上九 : ⚊)는 이양거음(以陽居陰) 즉 양(陽 : ⚊)으로써[以] 음(陰 : ⚋)의 자리에 있는지라[居] 정당한 자리에 있지 못하다. 상구(上九 : ⚊)와 육오(六五 : ⚋)는 양음(陽陰)의 사이인지라 비(比) 즉 이웃의 사귐[比]을 누리지만 연연하지 않는다. 상구(上九 : ━)와 구삼(九三 : ━)은 양양(兩陽) 즉 둘 다[兩] 양(陽 : ━)의 사이인지라 불응(不應) 즉 서로 호응하지 않는다. 이에 상구(上九 : ━)는 극위(極位)에서 외로이 멈춤[艮]을 자족(自足)하는 모습이다.

간괘(艮卦 : ䷳)의 상구(上九 : ━)가 상륙(上六 : --)으로 변효(變爻)하면 상구(上九 : ━)는 간괘(艮卦 : ䷳)를 15번째 겸괘(謙卦 : ䷎)로 지괘(之卦)하게 한다. 따라서 간괘(艮卦 : ䷳)의 상구(上九 : ━)는 겸괘(謙卦 : ䷎)의 상륙(上六 : --)을 찾아가 살펴보게 한다.

【상구(上九)의 계사(繫辭) 풀이】

敦艮(돈간) 吉(길)

도탑게[敦] 멈추니[艮] 행운을 누린다[吉].

〈돈간(敦艮) 길(吉)〉은 상구(上九 : ━)의 효위(爻位)를 들어 암시한 계사(繫辭)이다. 〈돈간(敦艮)〉은 〈상구돈간(上九敦艮) 인차상구유길(因此上九有吉)〉의 줄임으로 여기고 〈상구는[上九] 도탑게[敦] 멈춘다[艮] 그래서[因此] 상구에게는[上九] 행운이[吉] 있다[有]〉라고 새겨볼 것이다. 〈돈간(敦艮)의 돈(敦)〉은 〈도타울 후(厚)〉와 같고, 〈돈간(敦艮)의 간(艮)〉은 정지(靜止) 즉 고요히[靜] 멈춤[止]과 같다.

〈돈간(敦艮)〉은 아래의 다른 효(爻)들과는 달리 상구(上九 : ━)가 몸을 떠나 허심(虛心)의 멈춤[艮]을 누림을 암시한다. 〈돈간(敦艮)의 돈(敦)〉은 몸의 어느 부위와도 무관하다. 〈돈간(敦艮)의 돈(敦)〉은 유심(唯心) 즉 오로지[唯] 마음[心]이 누리는 경지일 뿐인지라 〈돈(敦)〉이란 정직하고 진실함이 도타움[厚]을 말한다. 여기 〈돈간(敦艮)의 돈(敦)〉은 19번째 임괘(臨卦 : ䷒) 상륙(上六 : --)의 계사(繫辭) 〈돈림(敦臨)의 돈(敦)〉과 24번째 복괘(復卦 : ䷗) 육오(六五 : --)의 계사(繫辭) 〈돈복(敦復)의 돈(敦)〉을 연상시킨다. 〈돈림(敦臨)의 돈(敦)〉 그리고 〈돈복(敦復)의 돈(敦)〉은 여기 〈돈간(敦艮)의 돈(敦)〉과 다 같은 뜻을 낸다. 따라서 앞에서 풀이했던 내용을 여기 거듭해 둔다.

〈돈(敦)〉은 바로 허심(虛心) 즉 시비(是非)-상쟁(相爭)-욕구(欲求) 따위를 다 비운[虛] 마음[心]으로 통하는지라 정진(正眞)하는 것이다. 따라서 〈돈간(敦艮)의 돈(敦)〉은 『노자(老子)』에 나오는 〈비움의[虛] 지극함으로[極] 돌아와[致] 고요의[靜]

도타움을[篤] 지킨다[守]〉라는 내용을 환기시킨다. 〈돈(敦)〉이란 정진(正眞)이다. 정직하고[正] 진실하다[眞] 함은 먼저 스스로 치심(治心) 즉 마음을[心] 다스렸음[治]이다. 그런 치심(治心)을 비움[虛]이라 한다. 말하자면 마음에서 온갖 시비-상쟁-욕구 따위를 모두 다 비워냈음을 치심(治心) 즉 허(虛)라 한다. 마음의 비움[虛]이 지극함으로[極] 돌아와야[致] 돈심(敦心) 즉 도타운[敦] 마음[心]을 누린다. 마음 속에 꿍꿍이셈이 있다면 거기에는 돈심(敦心)이란 없다. 정직하고 진실한 허심(虛心)이라야 고요의[靜] 도타움을[敦] 지킨다[守]. 여기 〈돈간(敦艮)의 돈(敦)〉은 간괘(艮卦 : ䷳)의 주제인 〈간(艮)〉 즉 멈춤[艮]의 시국에서 온갖 멈춤을 겪어온 상구(上九 : ⚊)가 도타워[敦] 고요한 멈춤[艮]을 누림을 암시한다. 이러한 〈돈간(敦艮)〉은 『장자(莊子)』에 나오는 〈유유자(兪兪者)〉 즉 〈편안하고 즐겁다는[兪兪] 것[者]〉이라는 내용 바로 그것이다. 그 편안하고 즐거움[兪兪]을 하염없이 누림을 한 자(字)로써 〈돈(敦)〉이라 한다. 여기 〈돈간(敦艮)의 돈(敦)〉은 바로 수정독(守靜篤) 즉 고요의[靜] 도타움을[篤] 지킴[守]을 누리는 유유(兪兪) 즉 편안하고 즐거움[兪兪]이다. 물론 『대학(大學)』에 나오는 〈멈춤을[止] 안[知] 뒤에야[而后] 마음의 안정을[定] 얻고[有] 안정한[定] 뒤에야[而后] 고요할[靜] 수 있다[能]〉라는 내용 역시 이러한 〈돈간(敦艮)의 돈(敦)〉을 누리는 길을 밝혀준다. 이에 치심(治心)하여 허(虛)한 마음을 누림이 〈돈간(敦艮)의 간(艮)〉이다. 이처럼 극위(極位)에 이른 상구(上九 : ⚊)가 온갖 시비-상쟁-욕구 따위를 다 비워버리고[虛] 도타운 고요함의 멈춤[艮]을 누림을 암시한 계사(繫辭)가 〈돈간(敦艮)〉이다.

〈길(吉)〉은 〈돈간(敦艮)〉이 천복(天福)을 누리는 길임을 암시한다. 마음이 허정(虛靜) 즉 텅 비워[虛] 고요해[靜] 염담(恬淡) 즉 편안하고 조용해[恬] 담박함[淡]이라, 그 무엇에도 걸림 없어 오히려 적막(寂寞) 즉 고요함이[寂] 쓸쓸할[寞] 지경인 돈심(敦心)에 머묾[艮]을 누리는 심중(心中) 바로 그것이 〈길(吉)〉이다. 이에 행복[吉] 그 자체를 상구(上九 : ⚊)가 간괘(艮卦 : ䷳)의 극위(極位)에서 누림을 암시한 계사(繫辭)가 〈길(吉)〉이다.

【字典】

敦 〈돈-퇴-대-단-조〉 다섯 가지로 발음되고, 〈{정진(正眞)이} 도타울 돈(敦)-후(厚), 성낼 돈(敦)-노(怒), 꾸짖을 돈(敦)-저(詆), 핍박할 돈(敦)-박(迫), 힘쓸 돈

(敦)-면(勉), 누구 돈(敦)-수하(誰何), 클 돈(敦)-대(大), 뒤섞여 통하지 않는 모양 돈(敦)-혼돈불개통지모(渾敦不開通之貌), 막연한 모양 돈(敦)-혼돈지모(混沌之貌), 세울 돈(敦)-수(竪), 쪼을 퇴(敦)-탁(琢), 모을 퇴(敦)-취(聚), 다스릴 퇴(敦)-치(治), 끊을 퇴(敦)-단(斷), 성낼 퇴(敦)-노(怒), 옥쟁반 대(敦)-옥대반류(玉敦槃類), 서숙과 기장을 담는 그릇 대(敦)-성서직기(盛黍稷器), 모을 단(敦)-취(聚), 외조롱 달릴 단(敦)-고계만모(瓜繫蔓貌), 아로새길 조(敦)-조(彫), 그림 그린 활 조(敦)-화궁(畫弓)〉 등의 뜻을 내지만 여기선 〈도타울 후(厚)〉와 같다 여기고 새김이 마땅하다.

간(艮) 〈멈출(그칠) 간(艮)-지(止), 어려울 간(艮)-난(難)-간(艱), 한정할 간(艮)-한(限), 견고할 간(艮)-견(堅), 괘 이름 간(艮)-괘명(卦名), (방위로) 동북 간(艮)-동북(東北), 끌어당길 간(艮)-인(引)〉 등의 뜻을 내지만 여기선 〈멈출 지(止)〉로 여기고 새김이 마땅하다.

길(吉) 〈좋을(행복할) 길(吉)-선(善)-영(令) {영월길일(令月吉日)은 선월선일(善月善日)임.}, 복 길(吉)-실(實)-선실(善實)-복(福), 예의를 따라 상서로울 길(吉)-예의순상(禮義順祥), 삼갈 길(吉)-근(謹), 초하루 길(吉)-삭일(朔日) {삭망(朔望) 즉 초하루[朔]와 그믐날[望]}, 길례 길(吉)-길례(吉禮) {오례지일(五禮之一) 길흉빈군가(吉凶賓軍嘉)}, 갈 길(吉)-행(行)-길(趌)〉 등의 뜻을 내지만 여기선 〈좋을 선(善)-영(令)〉 즉 행복(幸福), 행운(幸運) 등과 같다 여기고 새김이 마땅하다.

註 치허극(致虛極) 수정독(守靜篤) : 비움의[虛] 지극함으로[極] 돌아와[致], 고요의[靜] 도타움을[篤] 지킨다[守]. 『노자(老子)』 16장(章)

註 무위즉유유(無爲則兪兪) 유유자우환불능처(兪兪者憂患不能處) : (조작하여) 하는 짓이[爲] 없다면[無] 곧[則] 편안하고 즐겁다[兪兪]. 편안하고 즐겁다는[兪兪] 것은[者] 우환이란[憂患] 붙을[處] 수가 없다[不能]. 『장자(莊子)』「천도(天道)」 1절(節)

註 지지이후유정(知止而后有定) 정이후능정(定而后能靜) 정이후능안(靜而后能安) 안이후능려(安而后能慮) 여이후능득(慮而后能得) : 머물을[止] 안[知] 뒤에야[而后] 안정함이[定] 있고[有], 안정한[定] 뒤에야[而后] 고요할[靜] 수 있으며[能], 고요한[靜] 뒤에야[而后] 편안할[安] 수 있고[能], 편안한[安] 뒤에야[而后] 하염없이 생각할[慮] 수 있으며[能], 하염없이 생각한[慮] 뒤에야[而后] (마음의 즐거움을) 얻을[得] 수 있다[能]. 『대학(大學)』 첫 문단(文段)

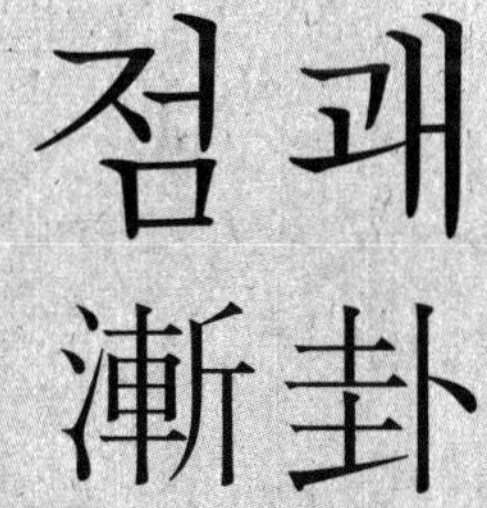

점괘 漸卦

53

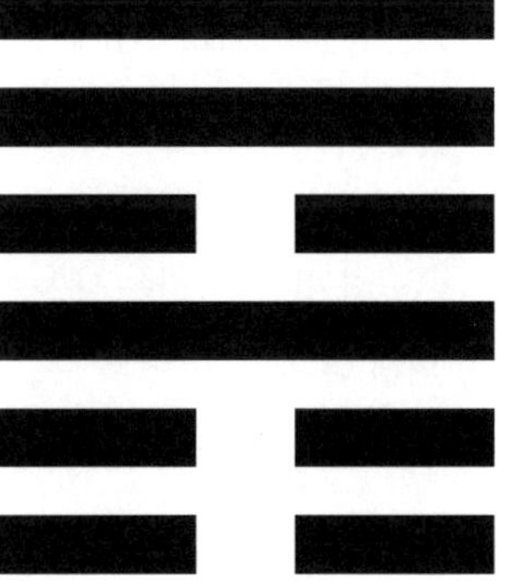

1 괘의 괘상과 계사

점괘(漸卦 : ䷴)

간하손상(艮下巽上) : 아래는[下] 간(艮 : ☶), 위는[上] 손(巽 : ☴).

풍산점(風山漸) : 바람과[風] 산은[山] 점이다[漸].

漸은 女歸라야 吉하다 利貞하니라
점 여귀 길 이정

점진은[漸] 여자가[女] 시집가야[歸] 좋다[吉]. 진실로 미더우면[貞] 이롭다[利].

【점괘(漸卦 : ䷴)의 괘상(卦象) 풀이】

앞 간괘(艮卦 : ䷳)의 〈간(艮)〉이란 멈춤[艮]을 말한다. 이에 「서괘전(序卦傳)」에 〈간이란[艮] 것은[者] 멈춤[止]이니[也] 어떤 것도[物] 끝끝내[終] 멈출[止] 수 없다[不可以] 그래서[故] 점괘(漸卦 : ䷴)로써[以] 그것을[之] 받는다[受]〉라는 말이 나온다. 이는 간괘(艮卦 : ䷳) 뒤에 점괘(漸卦 : ䷴)가 오는 까닭을 밝힌다. 멈춤[止]이 다하면 점진[漸]이 오고 점진이 다하면 멈춤이 옴이 천도(天道) 즉 자연의[天] 이치[道]이다. 점괘(漸卦 : ䷴)의 괘상(卦象)은 하체(下體)는 간(艮 : ☶)이고 상체(上體)는 손(巽 : ☴)이다. 「설괘전(說卦傳)」에 〈간은[艮 : ☶] 산(山)이다[爲]〉라는 내용이 나오고, 〈손은[巽 : ☴] 나무[木]이다[爲]〉라는 내용이 나온다. 간(艮 : ☶) 위에 손(巽 : ☴)이 있으니 산(山) 위에 나무[木]가 있는 모습이 점괘(漸卦 : ䷴)이다. 산(山) 위에 있는 나무[木]들은 산지(山地) 덕(德)으로 하루도 쉬지 않고 점점 자란다. 초목의 성장이야말로 점진적(漸進的)이지 급진적이지 않다. 속성재배(速成栽培)란 인간의 짓이지 자연에는 오로지 점진적(漸進的) 성장만이 있을 뿐이다. 이처럼 〈점(漸)〉 즉 차츰차츰 진행함[漸]을 들어 점괘(漸卦 : ䷴)라 칭명(稱名)한다.

【점괘(漸卦 : ䷴)의 계사(繫辭) 풀이】

漸(점) 女歸(여귀) 吉(길)

점진은[漸] 여자가[女] 시집가야[歸] 좋다[吉].

〈점(漸) 여귀(女歸) 길(吉)〉은 점괘(漸卦 : ䷴)의 상하체(上下體) 중효(中爻)로써 괘상(卦象)-괘의(卦義)를 암시한 계사(繫辭)이다. 〈점(漸) 여귀(女歸) 길(吉)〉은 〈점여녀지귀(漸如女之歸) 여지귀유길(女之歸有吉)〉의 줄임으로 여기고 〈점진은[漸] 여자가[女之] 시집감과[歸] 같고[如] 여자가[女之] 시집감에는[歸] 행복이[吉] 있다[有]〉라고 새겨볼 것이다. 〈점(漸)〉은 점진(漸進)의 뜻이고, 〈여귀(女歸)의 귀(歸)〉는 〈시집갈 가(嫁)〉와 같다.

〈점(漸) 여귀(女歸)〉는 〈점(漸)〉 즉 점진[漸]을 〈여귀(女歸)〉 즉 여자가[女] 시집감[歸]을 들어 암시한다. 〈여귀(女歸)〉는 점괘(漸卦 : ䷴)의 상하체(上下體)를 들어 취상(取象)된 것이다. 「설괘전(說卦傳)」에 〈손은[巽 : ☴] 첫 번[一] 구해서[索而] 딸을[女] 얻었다[得] 그래서[故] 손괘를[之] 장녀라[長女] 한다[謂] …… 간은[艮 : ☶] 세 번[三] 구해서[索而] 사내를[男] 얻었다[得] 그래서[故] 간괘를[之] 작은 아들이라[少男] 한다[謂]〉라는 내용이 나온다. 점괘(漸卦 : ䷴)의 간(艮 : ☶)은 소남(少男) 즉 작은[少] 아들[男]이고, 손(巽 : ☴)은 장녀(長女) 즉 큰[長]딸[女]이니, 손(巽 : ☴)의 괘속(卦屬)은 장녀(長女) 즉 여(女)이고, 간(艮 : ☶)의 괘속(卦屬)은 소남(少男) 즉 남(男)임을 안 수 있다. 점괘(漸卦 : ䷴)의 하체(下體)인 간(艮 : ☶)은 양괘(陽卦)이니 남(男)이고, 상체(上體)인 손(巽 : ☴)은 음괘(陰卦)이니 여(女)인지라, 남녀상화(南女相和)를 암시한 것이 〈여귀(女歸)이다.

남녀(男女)가 서로[相] 어울려[和] 사랑하는 마음이 생겨나 여자가 남자에게로 시집가게[歸] 된다. 〈여귀(女歸)의 귀(歸)〉는 〈점(漸)〉 즉 점진적인 진행[漸]임을 암시한다. 〈여귀(女歸)〉란 〈여귀어부숙(女歸於夫宿)〉의 줄임으로 여기고 〈여자가[女] 남편의[夫] 집[宿]으로[於] 시집간다[歸]〉라고 함은 여자[女]뿐 아니라 남자[男]에게도 행복한[吉] 일이다. 따라서 남녀가 상화(相和)하여 결혼해서 아이들을 낳고 행복한 가정을 일구어내는 일이야말로 불능속지사(不能速之事) 즉 빨리빨리 할[速] 수 없는[不能之] 일[事]이다. 이런 〈여귀(女歸)〉야말로 점진적이면서도[漸]

길사(吉事) 즉 행복한[吉] 일임[事]을 들어 점괘(漸卦 : ䷴)의 〈점(漸)〉을 암시한 계사(繫辭)가 〈점(漸) 여귀(女歸) 길(吉)〉이다.

利貞(이정)

진실로 미더우면[貞] 이롭다[利].

〈이정(利貞)〉은 〈여귀(女歸)〉가 〈길(吉)〉한 까닭을 거듭 암시한 계사(繫辭)이다. 〈이정(利貞)〉은 〈유당사정관어녀귀(唯倘使貞關於女歸) 여귀유리(女歸有利)〉의 줄임으로 여기고 〈여자의[女] 시집감에[歸] 관하여[關於] 진실로 미더운[貞] 경우에만[唯倘使] 여자의 시집감에[女歸] 이로움이[利] 있다[有]〉라고 새겨볼 것이다.

〈이정(利貞)〉은 〈여귀(女歸)〉 즉 여자가[女] 시집감[歸]은 중대사(重大事)임을 암시한다. 대사(大事)는 〈정(貞)〉 즉 진실로 미더운[貞] 심지(心志)를 떠날 수 없다. 여자의[女] 출가가[歸] 진실로 미더워야[貞] 이롭다[利]는 것이 여기 〈이정(利貞)〉이다. 〈정(貞)〉은 성신(誠信)이다. 진실로[誠] 미더움[信]은 공정(公正)함으로 드러난다. 모든 것을 아울러 하나같이[公] 바르게 하여[正] 사사로움이[私] 없고[無] 치우침이[偏] 없다[無]면 그 마음가짐이 진실로[誠] 미더움[信] 곧 〈정(貞)〉이다. 만사를 행함에 〈정(貞)〉은 오로지 공정(公正)하므로 〈여귀(女歸)〉를 단행(斷行)하는 마음가짐이 진실로 미더우면[貞] 그런 〈여귀(女歸)〉라야 이로울[利] 뿐임을 암시한 계사(繫辭)가 〈이정(利貞)〉이다.

【字典】

漸 〈점-참〉 두 가지로 발음되고, 〈서서히 나아갈 점(漸)-진(進), 차차 점(漸)-차(次), 점점 점(漸)-초(稍), 번질 점(漸)-침입(浸入), 묻을 점(漸)-염(染), 물 흘러들어갈 점(漸)-유(流), 젖을 점(漸)-습(濕), 흡족할 점(漸)-흡(洽), 높을 참(漸)-고(高)〉 등의 뜻을 내지만 여기선 〈서서히 나아갈 점진(漸進)〉으로 여기고 새김이 마땅하다.

여(女) 〈여자(계집) 여(女)-여자(女子)-미혼부인(未婚婦人), 처자(처녀) 여(女)-처자(處子), 백성의 약한 자 여(女)-백성지약자(百姓之弱者), 딸 여(女)-자녀지녀(子女之女), 너 여(女)-여(汝), 음의 것 여(女)-음물(陰物), 부드럽고 순한 여(女)-유완(柔婉)〉 등의 뜻을 내지만 여기선 〈여자(女子)〉로 새김이 마땅하다. 〈女〉가 맨 앞에 오면 〈여〉로 발음되고, 중간이나 뒤에 오면 〈녀〉로 발음된다.

歸 〈귀-궤〉 두 가지로 발음되고, 〈시집갈 귀(歸)-가(嫁)-여가(女嫁), 갈 귀(歸)-왕(往), 돌아올 귀(歸)-환(還), 돌려보낼 곳 귀(歸)-반원처(反原處), 자리로 돌아올 귀(歸)-복위(復位), 목표에 이를 귀(歸)-지어목표(至於目標), 나아가 좇을 귀(歸)-취(就), 던질 귀(歸)-투(投), 붙좇을 귀(歸)-부(附), 허락할 귀(歸)-허(許), 간직할 귀(歸)-장(藏), 합할 귀(歸)-합(合), 죽을 귀(歸)-사(死), 사물의 끝 귀(歸)-종(終), 품을 귀(歸)-회(懷), 맡길 귀(歸)-위임(委任), 자수할 귀(歸)-자수(自首), 괘 이름 귀(歸)-괘명(卦名), 먹일 궤(歸)-궤(饋), 건량할 궤(歸)-향(餉), 끼칠(남길) 궤(歸)-유(遺)〉 등의 뜻을 내지만 〈시집갈 귀(歸)〉로 여기고 새김이 마땅하다.

길(吉) 〈좋을(행복할) 길(吉)-선(善)-영(令) {영월길일(令月吉日)은 선월선일(善月善日)임.}, 복 길(吉)-실(實)-선실(善實)-복(福), 예의를 따라 상서로울 길(吉)-예의순상(禮義順祥), 삼갈 길(吉)-근(謹), 초하루 길(吉)-삭일(朔日) {삭망(朔望) 즉 초하루[朔]와 그믐날[望]}, 길례 길(吉)-길례(吉禮) {오례지일(五禮之一) 길흉빈군가(吉凶賓軍嘉)}, 갈 길(吉)-행(行)-길(趌)〉 등의 뜻을 내지만 여기선 〈좋을 선(善)-영(令)〉 즉 행복(幸福), 행운(幸運) 등과 같다 여기고 새김이 마땅하다.

이(利) 〈이로울 이(利)-익(益), 좋을 이(利)-길(吉)-의(宜), 만물로 하여금 삶을 이루어가게 하는 덕(德)의 이로울 이(利)-사만물수생지덕(使萬物遂生之德), 날카로울 이(利)-예(銳)-섬(銛), 질병 이(利)-질(疾), 통할 이(利)-통(通)-순(順), 편리할 이(利)-편(便), 마름해 만들어 이룰 이(利)-재성(裁成), 탐할 이(利)-탐(貪), 구할(취할) 이(利)-구(求)-취(取), 좋아할 이(利)-열애(悅愛), 기교 이(利)-교(巧), 보람 이(利)-공용(功用), 지세가 험하고 중요한 이(利)-험요(險要), 이길 이(利)-승(勝), 어질 이(利)-인(仁)〉 등의 뜻을 내지만 여기선 〈이로울 익(益) 또는 좋을 의(宜)〉로 여기고 새김이 마땅하다. 〈利〉가 맨 앞에 오면 〈이〉로 발음되고, 중간이나 뒤에 오면 〈리〉로 발음된다.

정(貞) 〈바를 정(貞)-정(正), 믿을 정(貞)-신(信), 거북점을 물을 정(貞)-복문(卜問), 역(易)의 내괘(內卦) 정(貞), 마땅할 정(貞)-당(當), 정할 정(貞)-정(定), 순수할 정(貞)-전(專)-일(一)〉 등의 뜻을 내지만 여기선 〈바를 정(正), 믿을 신(信)〉 등을 합친 뜻과 같아 〈정신(正信)〉으로 여기고 새김이 마땅하다.

註 손위목(巽爲木) …… 간위산(艮爲山) : 손은[巽 : ☴] 나무[木]이다[爲]. …… 간은[艮 : ☶]

산(山)이다[爲]. 「설괘전(說卦傳)」 11단락(段落)

註 손일색이득녀(巽一索而得女) 고(故) 위지장녀(謂之長女) …… 간삼색이득남(艮三索而得男) 고(故) 위지소남(謂之少男) : 손은[巽 : ☴] 첫 번[一] 구해서[索而] 딸을[女] 얻었다[得]. 그래서[故] 손괘를[之] 장녀라[長女] 한다[謂]. …… 간은[艮 : ☶] 세 번[三] 구해서[索而] 사내를[男] 얻었다[得]. 그래서[故] 간괘를[之] 작은 아들이라[少男] 한다[謂]. 「설괘전(說卦傳)」 10단락(段落)

2 효의 효상과 계사

初六：鴻漸于干이다 小子厲하여 有言이나 无咎리라
홍점우간 소자려 유언 무구

六二：鴻漸于磐이다 飮食衎衎하니 吉하리라
홍점우반 음식간간 길

九三：鴻漸于陸이다 夫征不復하고 婦孕不育하여 凶하다 利禦寇하리라
홍점우륙 부정불복 부잉불육 흉 이어구

六四：鴻漸于木이다 或得其桷이나 无咎리라
홍점우목 혹득기각 무구

九五：鴻漸于陵이다 婦三歲不孕이나 終莫之勝이라 吉하리라
홍점우릉 부삼세불잉 종막지승 길

上九：鴻漸于陸이다 其羽可用爲儀니 吉하리라
홍점우륙 기우가용위의 길

초륙(初六)：기러기가[鴻] 물가로[于干] 차츰 날아간다[漸]. 작은[小] 아들이[子] 위태하여[厲] 뒷말들이[言] 있지만[有] 허물은[咎] 없다[无].

육이(六二)：기러기가[鴻] 너럭바위로[于磐] 차츰 날아간다[漸]. 마시고[飮] 먹음이[食] 화락하니[衎衎] 행복하다[吉].

구삼(九三)：기러기가[鴻] 뭍으로[于陸] 차츰 날아간다[漸]. 남편은[夫] 정벌하러 가서[征] 돌아오지 못하고[不復] 아내는[婦] 애를 배도[孕] 낳지 못하리니[不育] 불운하리라[凶]. 도둑을[寇] 막음이[禦] 이롭다[利].

육사(六四)：기러기가[鴻] 나무로[于木] 차츰 날아간다[漸]. 그[其] 나뭇가지를[桷] 얻을지 모르나[或得] 허물이[咎] 없다[无].

구오(九五)：기러기가[鴻] 언덕으로[于陵] 차츰 날아간다[漸]. 여자가[婦] 삼 년이나[三歲] 임신하지 못하나[不孕] 끝내[終] 그녀를[之] 이겨내지[勝] 못하여[莫] 행운을 누린다[吉].

상구(上九) : 기러기가[鴻] 하늘길로[于陸] 차츰 날아간다[漸]. 그[其] 깃털을[羽] 써서[用] 법도로[儀] 삼을[爲] 수 있으니[可] 행운을 누린다[吉].

초륙(初六 : --)

初六 : 鴻漸于干이다 小子厲하여 有言이나 无咎리라
홍점우간 소자려 유언 무구

초륙(初六) : 기러기가[鴻] 물가로[于干] 차츰 날아간다[漸]. 작은[小] 아들이[子] 위태하여[厲] 뒷말들이[言] 있지만[有] 허물은[咎] 없다[无].

【초륙(初六)의 효상(爻象) 풀이】

점괘(漸卦 : ䷴)의 초륙(初六 : --)은 이음거양(以陰居陽) 즉 음(陰 : --)으로써[以] 양(陽 : —)의 자리에 있는지라[居] 정당한 자리에 있지 못하다. 초륙(初六 : --)과 육이(六二 : --)는 양음(兩陰) 즉 둘 다[兩] 음(陰 : --)의 사이인지라 비(比) 즉 이웃의 사귐[比]을 누리지 못한다. 초륙(初六 : --)과 육사(六四 : --)도 양음(兩陰)인지라 불응(不應) 즉 서로 호응하지 못하는[不應] 처지이다. 점괘(漸卦 : ䷴)의 초륙(初六 : --)은 유약(柔弱)하여 얌전하되 확고하지는 못하지만 그렇다고 자책할 것 없는 모습이다.

점괘(漸卦 : ䷴)의 초륙(初六 : --)이 초구(初九 : —)로 변효(變爻)하면 초륙(初六 : --)은 점괘(漸卦 : ䷴)를 37번째 가인괘(家人卦 : ䷤)로 지괘(之卦)하게 한다. 따라서 점괘(漸卦 : ䷴)의 초륙(初六 : --)은 가인괘(家人卦 : ䷤)의 초구(初九 : —)를 찾아가 살펴보게 한다.

【초륙(初六)의 계사(繫辭) 풀이】

鴻漸于干(홍점우간)

기러기가[鴻] 도랑 물가로[于干] 차츰 날아간다[漸].

〈홍점우간(鴻漸于干)〉은 초륙(初六 : --)의 효위(爻位)를 들어 암시한 계사(繫辭)이다. 〈홍점우간(鴻漸于干)〉은 〈초륙지홍점우간(初六之鴻漸于干)〉의 줄임으로 여기고 〈초륙의[初六之] 기러기가[鴻] 도랑 물가로[于干] 점점 날아간다[漸]〉라고 새겨볼 것이다. 〈우간(于干)의 간(干)〉은 여기선 〈산도랑 물가 간(澗)〉과 같다.

〈홍점우간(鴻漸于干)〉은 초륙(初六 : --)이 점괘(漸卦 : ䷴)에서 맨 밑자리에 있음을 암시한다. 〈홍점우간(鴻漸于干)의 홍점(鴻漸)〉은 철새인 큰 기러기[鴻]의 비행을 들어 점괘(漸卦 : ䷴)의 주제인 〈점(漸)〉 즉 점진함[漸]을 암시한다. 〈우간(于干)의 간(干)〉은 여기선 산에서 흘러내려 맨 밑의 도랑 물가[干]를 말한다. 북쪽에 겨울이 다가오면 따뜻한 남쪽으로 날아오고 북쪽에 여름이 다가오면 다시 북쪽으로 날아가는 큰 기러기[鴻]는 나란히 줄을 지어 비행하는 철새이다. 먼 창공에서 점점 날아오기도 하고 날아가기도 하는 큰 기러기[鴻]로써 점괘(漸卦 : ䷴)의 〈점(漸)〉 즉 점진함[漸]을 취상(取象)한 것이 〈홍점(鴻漸)〉이다. 이에 초륙(初六 : --)은 점괘(漸卦 : ䷴)의 하체(下體)인 간(艮 : ☶)의 초효(初爻)인지라, 산(山)의 맨 밑자리에 있는 산골 물가[干]로 〈점(漸)〉 즉 차츰 날아감[漸]을 들어 초륙(初六 : --)을 취상(取象)한다. 〈우간(于干)〉 즉 산의 도랑 물가[干]로[于] 차츰 날아가는[漸] 큰 기러기들[鴻]의 모습을 빌려 초륙(初六 : --)을 암시한 계사(繫辭)가 〈홍점우간(鴻漸于干)〉이다.

小子厲(소자려) 有言(유언) 无咎(무구)

<u>작은[小] 아들이[子] 위태하여[厲] 뒷말들이[言] 있지만[有] 허물은[咎] 없다[无].</u>

〈소자려(小子厲)〉는 점괘(漸卦 : ䷴)의 하체인 간(艮 : ☶)의 괘속(卦屬)을 빌려 초륙(初六 : --)의 처지를 암시한 계사(繫辭)이다. 〈소자려(小子厲)〉는 〈소자유려(小子有厲)〉 즉 〈소자에게[小子] 위태로움이[厲] 있다[有]〉라고 새겨볼 것이다. 〈소자려(小子厲)의 여(厲)〉는 〈위태할 위(危)〉와 같다.

〈소자려(小子厲)의 소자(小子)〉는 간(艮 : ☶)의 초효(初爻)로서 초륙(初六 : --)의 처지를 밝힌다. 「설괘전(說卦傳)」에 나오는 〈간은[艮 : ☶] 세 번[三] 구해서[索而] 사내를[男] 얻었다[得] 그래서[故] 간괘를[之] 작은 아들이라[少男] 한다[謂]〉라는 내용을 상기시킨다. 간(艮 : ☶)의 괘속(卦屬)이 소남(少男) 즉 작은 아들[少子]임을 알 수 있고, 간(艮 : ☶)의 초효(初爻)는 소남(少男) 중에서도 가장 아래인지라 〈소자(小子)〉라 한 것임을 알 수도 있다. 어린아이는 주변의 도움을 받아야 하지만 초륙(初六 : --)은 이웃[比]인 육이(六二 : --)와 양음(兩陰) 즉 둘 다[兩] 음(陰 : --)의 사이인지라 도움 받을 처지가 못 되고, 육사(六四 : --)와도 양음(兩陰)의 사이인지라 불응(不應) 즉 서로 호응하지 못해[不應] 도움 받을 처지가 못 된다. 이런 처지에서 맨 밑자리에서 어린 사내가[小子] 주변의 도움 없이 점진[漸]을 산골 물가에서[于干] 시작해야 하는 처지를 암시한 것이 〈소자려(小子厲)의 여(厲)〉 즉 위태하다[厲]고 한 것이다. 따라서 초륙(初六 : --)의 처지가 어린 기러기[鴻]같이 보여 위태하다[厲]고 암시한 계사(繫辭)가 〈소자려(小子厲)〉이다.

〈유언(有言) 무구(无咎)〉는 〈소자려(小子厲)의 여(厲)〉를 거듭해 풀이한 계사(繫辭)이다. 〈유언(有言) 무구(无咎)〉는 〈소자유언(小子有言) 연이소자무구(然而小子无咎)〉의 줄임으로 여기고 〈소자에게[小子] 뒷말들이[言] 있다[有] 그러나[然而] 소자에게[小子] 허물은[咎] 없다[无]〉라고 새겨볼 것이다.

〈유언(有言)〉은 〈소자(小子)의 여(厲)〉 즉 소년의[小子] 위태함[厲]을 두고 이러니저러니 쑤군대는 말들이[言] 있다[有]는 것이고, 세상의 쑤군댐이 있다 한들 남들의 도움을 받지 못해도 소년이 산골 물가[干]에서일지언정 홀로 점진하려고[漸]함에는 허물할 것이[咎] 없음[无]을 암시한 계사(繫辭)가 〈유언(有言) 무구(无咎)〉이다.

【字典】

홍(鴻) 〈큰 기러기 홍(鴻)-수양조(隨陽鳥), 번갈아 할 홍(鴻)-대(代), 클 홍(鴻)-대(大), 무성할 홍(鴻)-성(盛), 큰물 홍(鴻)-대수(大水)-홍수(洪水), 강할 홍(鴻)-강(强), 품팔이 홍(鴻)-용(傭)〉 등의 뜻을 내지만 여기선 〈큰 기러기 홍(鴻)〉으로 여기고 새김이 마땅하다.

漸 〈점-참〉 두 가지로 발음되고, 〈서서히 가까워질(나아갈) 점(漸)-근(近)-진(進), 차차 점(漸)-차(次), 점점 점(漸)-초(稍), 번질 점(漸)-침입(浸入), 묻을 점(漸)-염(染), 물 흘러들어갈 점(漸)-유(流), 젖을 점(漸)-습(濕), 흡족할 점(漸)-흡(洽), 높을 참(漸)-고(高)〉 등의 뜻을 내지만 여기선 〈서서히 가까워질 점근(漸近)〉으로 여기고 새김

이 마땅하다.

우(于) 〈~에서(~으로, ~부터) 우(于)-어(於), 갈 우(于)-왕(往), 써 우(于)-이(以), 할 우(于)-위(爲), 여기 우(于)-시(是), 도울 우(于)-조(助), 클 우(于)-대(大), 구할 우(于)-구(求), 자족하는 모습 우(于)-자족모(自足貌)〉 등의 뜻을 내지만 여기선 〈~에서 어(於)〉와 같다 여기고 새김이 마땅하다.

干 〈간-강〉 두 가지로 발음되고, 〈산골 물가 간(干)-간(澗)-소수자산류하(小水自山流下), 범할 간(干)-범(犯), 혼란할 간(干)-혼(混), 예로써 만나지 않을 간(干)-불이례견(不以禮見), 감히 나갈 간(干)-모진(冒進), 빌 간(干)-공(空), 구할 간(干)-구(求), 방패 간(干)-순(盾), 장대 간(干)-간(竿), 언덕 간(干)-애(厓)-안(岸), 마를 간(干)-조(燥)-건(乾), 천간 간(干)-천간(天干), 얻을 간(干)-득(得), 미칠 간(干)-광(狂), 얼마 간(干)-기허(幾許), 눈물 줄줄 흘릴 간(干)-누류모(淚流貌), 난간 간(干)-난(闌), 모시 간(干)-저(紵), 생강 강(干)-생강(生薑)〉 등의 뜻을 내지만 여기선 〈산골 물가 간(澗)〉과 같다 여기고 새김이 마땅하다.

소(小) 〈작을 소(小)-세(細)-미(微)-대지반(大之反), 자잘할 소(小)-세(細), 짧을 소(小)-단(短), 좁을 소(小)-협(狹), 어릴 소(小)-유(幼), 천할 소(小)-천(賤), 첩 소(小)-첩(妾), 음(陰)을 칭하는 소(小)〉 등의 뜻을 내지만 여기선 〈작을 소(小)〉로 여기고 새김이 마땅하다.

자(子) 〈사내를 일컫는 호칭 자(子)-남자지통칭(男子之通稱), 존칭(덕 있는 사람의 칭호) 자(子)-유덕자지칭(有德者之稱), 존경받는 사람 자(子)-존자(尊者), 벼슬 자(子)-작(爵), 12지의 첫째 자(子), 음력 11월 자(子), 밤 11시에서 다음날 1시까지 자(子), 북쪽 방향 자(子)-북방(北方), 오행에서 물 자(子)-어오행속수(於五行屬水), 짐승에서 쥐 자(子)-어수위서(於獸爲鼠), 번성할 자(子)-자(滋), 뒤를 이어줄 자(子)-사(嗣)-식(息), 자녀 자(子)-자녀(子女), 자손 자(子)-자손(子孫), 만물 자(子)-만물(萬物), 씨앗(열매) 자(子)-종자(種子)-과실(果實), 누구(사람) 자(子)-인(人)-수자(誰子), 백성 자(子)-백성(百姓)〉 등의 뜻을 내지만 여기선 〈사내 자(子)〉로 여기고 새김이 마땅하다.

여(厲) 〈위태할 여(厲)-위(危), 가물 여(厲)-한(旱), 갈 여(厲)-마(磨), 문지를(비빌) 여(厲)-마찰(摩擦), 엄할(사나울) 여(厲)-엄(嚴)-맹(猛), 높고 훌륭할 여(厲)-고상(高尙), 맑고 바를 여(厲)-청정(淸正), 막을 여(厲)-항(抗), 일어날 여(厲)-기(起), 지을

여(厲)-작(作), 사나울 여(厲)-학(虐), 병들 여(厲)-병(病), 낭떠러지 여(厲)-애(涯), 물이 깊어도 건널 수 있는 곳 여(厲)-심수가섭지처(深水可涉之處), 권하여 힘쓰게 할 여(厲)-권면(勸勉), 이을 여(厲)-합(合)-연(連), 옷을 입고 물을 건널 여(厲)-이의섭수(以衣涉水), 가까울 여(厲)-근(近)-부(附)〉 등의 뜻을 내지만 여기선 〈위태로울 위(危)〉와 같다 여기고 새김이 마땅하다. 〈厲〉가 앞에 있을 때는 〈여(厲)〉로 발음되고, 뒤에 있으면 〈려(厲)〉로 발음된다.

유(有) 〈없을 무(無)의 반대말로 있을 유(有), 얻을(가질) 유(有)-취(取), 혹 유(有)-혹(或), 많을 유(有)-다(多)-족(足), 부유할 유(有)-부(富), 간직할 유(有)-장(藏), 보호할 유(有)-보(保), 서로 친할 유(有)-상친(相親), 전일할 유(有)-전(專), 할 유(有)-위(爲), 어조사 유(有)〉 등의 뜻을 내지만 〈있을 유(有)〉로 여기고 새김이 마땅하다.

언(言) 〈말할 언(言)-어(語)-언지(言之), 말소리 언(言)-언사(言辭), 말의 첫머리를 꺼낼 언(言)-발단(發端)-직언(直言), 논할 언(言)-설(說), 밝힐(공표할) 언(言)-선(宣), 물어볼 언(言)-문(問), 따를 언(言)-종(從), 교명 언(言)-교명(敎命), 호령 언(言)-호령(號令), 동맹이 필요할 말씀 언(言)-회동맹요지사(會同盟要之辭), 모의할 언(言)-모의(謀議), 응대하는 말 언(言)-사령(辭令), 웃전에 뜻을 전할 언(言)-상표(上表), 일구 언(言)-일구(一句), 한 글자 언(言)-일자(一字), 나 언(言)-아(我), 어울려 받드는 모습 언(言)-화경지모(和敬之貌), 송사할 언(言)-송(訟), 발어사 언(言)-운(云)〉 등의 뜻을 내지만 여기선 〈말할 언(言)〉으로 여기고 새김이 마땅하다.

무(无) 〈없을 무(无)-무(無), 허무지도 무(无)-허무지도(虛无之道), 으뜸 무(无)-원(元)〉 등의 뜻을 내지만 여기선 〈없을 무(無)〉와 같다 여기고 새김이 마땅하다.

구(咎) 〈재앙 구(咎)-재(災), 병될 구(咎)-병(病), 허물 구(咎)-건(愆)-과(過), 나쁠 구(咎)-오(惡)〉 등의 뜻을 내지만 여기선 〈허물 건(愆)-과(過)〉와 같다 여기고 새김이 마땅하다. 〈무구(无咎)〉는 〈면어구(免於咎)〉 즉 허물을[於咎] 면하다[免]와 같다.

註 간삼색이득남(艮三索而得男) 고(故) 위지소남(謂之少男) : 간은[艮 : ☶] 세 번[三] 구해서[索而] 사내를[男] 얻었다[得]. 그래서[故] 간괘를[之] 작은 아들이라[少男] 한다[謂].

「설괘전(說卦傳)」 10단락(段落)

육이(六二 : --)

六二 : 鴻漸于磐이다 飮食衎衎하니 吉하리라
홍점우반 음식간간 길

육이(六二) : 기러기가[鴻] 너럭바위로[于磐] 차츰 날아간다[漸]. 마시고[飮] 먹음이[食] 화락하니[衎衎] 행복하다[吉].

【육이(六二)의 효상(爻象) 풀이】

점괘(漸卦 : ䷴)의 육이(六二 : --)는 이음거음(以陰居陰) 즉 음(陰 : --)으로써[以] 음(陰 : --)의 자리에 있는지라[居] 정당한 자리에 있다. 육이(六二 : --)와 구삼(九三 : ─)은 음양(陰陽)의 사이인지라 비(比) 즉 이웃의 사귐[比]을 누릴 수 있는 처지이지만, 구오(九五 : ─)와 음양(陰陽)의 사이인지라 중정(中正) 즉 중효이고[中而] 정위에 있으면서[正] 정응(正應) 즉 바르게[正] 서로 호응한다[應]. 이에 육이(六二 : --)는 점괘(漸卦 : ䷴)의 하체(下體) 간(艮 : ☶)의 중효(中爻)로서 득중(得中) 즉 정도를 따름을[中] 취하면서[得] 관유(寬柔)한 모습이다.

점괘(漸卦 : ䷴)의 육이(六二 : --)가 구이(九二 : ─)로 변효(變爻)하면 육이(六二 : --)는 점괘(漸卦 : ䷴)를 57번째 손괘(巽卦 : ䷸)로 지괘(之卦)하게 한다. 따라서 점괘(漸卦 : ䷴)의 육이(六二 : --)는 손괘(巽卦 : ䷸)의 구이(九二 : ─)를 찾아가 살펴보게 한다.

【육이(六二)의 계사(繫辭) 풀이】

鴻漸于磐(홍점우반)

기러기가[鴻] 너럭바위로[于磐] 차츰 날아간다[漸].

〈홍점우반(鴻漸于磐)〉은 육이(六二 : --)의 효위(爻位)를 들어 암시한 계사(繫辭)이다. 〈홍점우반(鴻漸于磐)〉은 〈육이지홍점우반(六二之鴻漸于磐)〉의 줄임으로 여기고 〈육이의[六二之] 기러기가[鴻] 너럭바위로[于磐] 차츰 날아간다[漸]〉라고 새겨볼 것이다.

〈홍점우반(鴻漸于磐)〉은 육이(六二 : --)가 점괘(漸卦 : ䷴)의 초륙(初六 : --) 위에 있음을 암시한다. 육이(六二 : --)는 점괘(漸卦 : ䷴)의 하체(下體) 간(艮 : ☶)의 중효(中爻)인지라 그 효위(爻位)를 〈우반(于磐)의 반(磐)〉 즉 너럭바위[磐]로 써 취상(取象)한 것이다. 음(陰 : --)의 정위(正位)에 있는 육이(六二 : --)의 자리를 큰 기러기[鴻]에게 가장 좋은 쉴 자리인 〈반(磐)〉 즉 너럭바위[磐]로 든 것이다. 이에 육이(六二 : --)가 정위(正位) 즉 정당한 자리에 있어 점괘(漸卦 : ䷴)의 존위(尊位)에 있는 구오(九五 : —)와 중정(中正)-정응(正應)을 아울러 나누면서 득중(得中) 즉 정도를 따름[中]을 취함[得]인지라, 〈반(磐)〉 즉 새에게 접근하기 가장 좋은 절벽[磐]으로 가까워지는[漸] 큰 기러기[鴻]를 빌려 육이(六二 : --)를 암시한다. 〈우반(于磐)의 반(磐)〉은 〈우간(于干)의 간(干)〉 즉 물가[干]의 위에 있다. 이에 육이(六二 : --)가 점괘(漸卦 : ䷴)의 하체(下體)인 간(艮 : ☶)의 중효(中爻)인지라 산(山)의 맨 밑자리에 있는 산골 물가[干] 위에 있는 너럭바위[磐]로 〈점(漸)〉 즉 차츰 날아감[漸]을 들어 암시한 계사(繫辭)가 〈홍점우반(鴻漸于磐)〉이다.

飮食衎衎(음식간간)

마시고[飮] 먹음이[食] 화락하다[衎衎].

〈음식간간(飮食衎衎)〉은 육이(六二 : --)가 점괘(漸卦 : ䷴)의 존위(尊位)에 있는 구오(九五 : —)와 서로 정당한 자리에 있어서 중정(中正) 즉 중효[中]로서 바른 자리[正]에서 정응(正應) 즉 바르게[正] 서로 호응하여[應] 음양상화(陰陽相和)하는 모습을 암시한 계사(繫辭)이다. 〈육이여민음식(六二與民飮食) 음식지모간간(飮食之貌衎衎)〉의 줄임으로 여기고 〈백성과[與民] 육이가[六二] 마시고[飮] 먹는다[食] 마시고[飮] 먹는[食之] 모습이[貌] 즐겁고[衎] 즐겁다[衎]〉라고 새겨볼 것이다.

〈음식간간(飮食衎衎)〉은 육이(六二 : --)가 현령(縣令)의 자리에 있음을 암시한다. 〈음식간간(飮食衎衎)의 음식(飮食)〉은 육이(六二 : --)가 점괘(漸卦 : ䷴)의 하체(下體) 간(艮 : ☶)이 중효(中爻)로서 백성을 직접 다스림을 암시한다. 〈음식간간(飮食衎衎)의 음식(飮食)〉이 「설괘전(說卦傳)」에 나오는 〈간은[艮 : ☶] 과일과[果] 열매[蓏]이다[爲]〉라는 내용을 상기시킨다. 〈음식간간(飮食衎衎)의 간간(衎衎)〉은 화락모(和樂貌) 즉 어울려[和] 즐거워하는[樂] 모습[貌]을 들어 육이(六二 : --)와 구오(九五 : ⚊)가 서로 정중(正中)-정응(正應)을 아울러 누림을 암시하기도 한다. 육이(六二 : ⚋)가 점괘(漸卦 : ䷴)의 하체(下體)인 간(艮 : ☶)의 중효(中爻)임을 들어 〈간간(衎衎)〉의 모습을 〈음식(飮食)〉으로써 비유함을 알아챌 수 있고, 동시에 〈간간(衎衎)〉으로써 육이(六二 : ⚋)가 관유(寬柔)하되 강직한 현령(縣令)으로서 백성을 위해 선정(善政)함을 암시한다. 왜냐하면 〈간간(衎衎)〉은 간신(侃信) 즉 강직하고[侃] 미쁘면서[信] 어울려[和] 즐거워하는[樂] 모습을 뜻하기 때문이다. 따라서 군왕(君王)인 구오(九五 : ⚊)가 육이(六二 : ⚋)에게 기꺼이 내린 녹봉(祿俸)을 마시고[飮] 먹으면서[食] 〈간간(衎衎)〉 즉 어울려 즐거워하는 모습[衎衎]을 암시한 계사(繫辭)가 〈음식간간(飮食衎衎)〉이다.

吉(길)

행복하다[吉].

〈길(吉)〉은 〈음식간간(飮食衎衎)의 간간(衎衎)〉을 거듭 풀이한 계사(繫辭)이다. 〈길(吉)〉은 〈육이유길(六二有吉)〉의 줄임으로 여기고 〈육이에게[六二] 행운이[吉] 있다[有]〉라고 새겨볼 것이다. 육이(六二 : ⚋)가 맡은 현령(縣令)의 일을 다하지 않으면서 포음포식(飽飮飽食) 즉 물리도록 배불리[飽] 마시고[飮] 먹기만[食] 한다면 육이(六二 : ⚋)의 〈음식(飮食)〉은 결코 길(吉)할 수 없다. 여기 〈길(吉)〉이 『논어(論語)』에 나오는 〈온종일[終日] 물리도록[飽] 먹으면서[食] 마음[心] 쓰는[用] 바가[所] 없다면[無] 참으로 딱하다는 것[難]이로다[矣哉]〉라는 내용을 상기시킨다. 딱함[難]이란 흉(凶)한 것이다. 그러나 육이(六二 : ⚋)가 누리는 〈음식간간(飮食衎衎)의 간간(衎衎)〉은 간신(侃信) 즉 강직하고[侃] 미쁘며[信] 동시에 자득(自得) 즉 스스로[自] 깨달아 얻는[得] 화락(和樂) 즉 어울려[和] 즐거워함[樂]인지라, 〈음식간간(飮食衎衎)의 음식(飮食)〉 즉 마시고[飮] 먹음[食]은 행복한[吉] 마심[飮]이고 먹음[食]이다.

대성괘(大成卦)에서 육이(六二 : ⚋)를 사람으로 치면 관유(寬柔)하고 정직한 사람이고 직위로 치면 현령(縣令)을 뜻하는지라, 거듭 밝히지만 육이(六二 : ⚋)는 관유(寬柔)한 현령(縣令)이다. 따라서 점괘(漸卦 : ䷴)의 육이(六二 : ⚋)가 너그럽고[寬] 부드러운[柔] 현령(縣令)으로서 군왕(君王)인 구오(九五 : ⚊)와의 중정

(中正)-정응(正應)을 누리면서 득중(得中) 즉 정도를 따름을[中] 취함[得]인지라 육이(六二 : --)가 마시고[飮] 먹는[食] 일마저도 선하여 행복함[吉]을 암시한 계사(繫辭)가 〈길(吉)〉이다.

【字典】

홍(鴻) 〈큰 기러기 홍(鴻)-수양조(隨陽鳥), 번갈아 할 홍(鴻)-대(代), 클 홍(鴻)-대(大), 무성할 홍(鴻)-성(盛), 큰물 홍(鴻)-대수(大水)-홍수(洪水), 강할 홍(鴻)-강(强), 품팔이 홍(鴻)-용(傭)〉 등의 뜻을 내지만 여기선 〈큰 기러기 홍(鴻)〉으로 여기고 새김이 마땅하다.

漸 〈점-참〉 두 가지로 발음되고, 〈서서히 가까워질(나아갈) 점(漸)-근(近)-진(進), 차차 점(漸)-차(次), 점점 점(漸)-초(稍), 번질 점(漸)-침입(浸入), 묻을 점(漸)-염(染), 물 흘러들어갈 점(漸)-유(流), 젖을 점(漸)-습(濕), 흡족할 점(漸)-흡(洽), 높을 참(漸)-고(高)〉 등의 뜻을 내지만 여기선 〈서서히 가까워질 점근(漸近)〉으로 여기고 새김이 마땅하다.

우(于) 〈~에서(~으로, ~부터) 우(于)-어(於), 갈 우(于)-왕(往), 써 우(于)-이(以), 할 우(于)-위(爲), 여기 우(于)-시(是), 도울 우(于)-조(助), 클 우(于)-대(大), 구할 우(于)-구(求), 자족하는 모습 우(于)-자족모(自足貌)〉 등의 뜻을 내지만 여기선 〈~에서 어(於)〉와 같다 여기고 새김이 마땅하다.

반(磐) 〈산속에 큰 바위가 둘러 있는(벼랑) 반(磐)-산중석반우(山中石磐紆), 너럭바위 반(磐)-대석(大石), 연이을 반(磐)-반아(磐牙), 크고 넓은 모양 반(磐)-광대모(廣大貌)〉 등의 뜻을 내지만 여기선 〈너럭바위 반(磐)〉으로 여기고 새김이 마땅하다.

음(飮) 〈마실 음(飮)-인수(咽水), 마실 것 음(飮)-음자(飮者), 주연 음(飮)-주연(酒筵), 양치질할 음(飮)-수(漱), 빠질(몰두할) 음(飮)-몰(沒), 천식 음(飮)-천식(喘息)〉 등의 뜻을 내지만 여기선 〈마실 인(咽)〉으로 여기고 새김이 마땅하다.

食 〈사-식-이〉 세 가지로 발음되고, 〈먹을 식(食)-여(茹), 밥 식(食), 씹을 식(食)-담(啗), 모든 음식물 식(食)-식용(食用)-음식물(飮食物), 헛말할 식(食)-식언(食言), 먹을거리(양식) 사(食)-양(糧), 먹일(먹힐) 사(食)-사(飤)-반(飯), 길러줄 사(食)-양(養), (부모를 매장한 뒤에 올리는 제사) 우제 사(食)-우제(虞祭), 사람 이름 이(食)〉 등의 뜻을 내지만 〈먹을 식(食)〉으로 여기고 새김이 마땅하다.

간(衎) 〈즐길 간(衎)-낙(樂), 기뻐하는 모습 간(衎)-행희모(行喜貌), 안정된 모습 간(衎)-안정모(安定貌), 스스로 흡족해하는 모습 간(衎)-간이(衎爾)-자득모(自得貌), 강직할 간(衎)-간(侃), 미쁠(믿을) 간(衎)-신(信)〉 등의 뜻을 내지만 여기선 〈즐길 낙(樂)〉으로 여기고 새김이 마땅하다.

길(吉) 〈좋을(행복할) 길(吉)-선(善)-영(令) {영월길일(令月吉日)은 선월선일(善月善日)임.}, 복 길(吉)-실(實)-선실(善實)-복(福), 예의를 따라 상서로울 길(吉)-예의순상(禮義順祥), 삼갈 길(吉)-근(謹), 초하루 길(吉)-삭일(朔日) {삭망(朔望) 즉 초하루[朔]와 그믐날[望]}, 길례 길(吉)-길례(吉禮) {오례지일(五禮之一) 길흉빈군가(吉凶賓軍嘉)}, 갈 길(吉)-행(行)-길(趌)〉 등의 뜻을 내지만 여기선 〈좋을 선(善)-영(令)〉 즉 행복(幸福), 행운(幸運) 등과 같다 여기고 새김이 마땅하다.

註 간위과라(艮爲果蓏) : 간은[艮 : ☶] 과일이고[果] 열매[蓏]이다[爲].

「설괘전(說卦傳)」 11단락(段落)

註 자왈(子曰) 포식종일(飽食終日) 무소용심(無所用心) 난의재(難矣哉) : 공자가[子] 말했다[曰]. 온종일[終日] 배불리[飽] 먹기만 하고[食] 마음[心] 쓰는[用] 바가[所] 없다면[無] 참 딱한 일[難]이로다[矣哉].

『논어(論語)』「양화(陽貨)」 23장(章)

구삼(九三 : ⚊)

九三 : 鴻漸于陸(홍점우륙)이다 夫征不復(부정불복)하고 婦孕不育(부잉불육)하여 凶(흉)하다 利禦寇(이어구)하리라

구삼(九三) : 기러기가[鴻] 뭍으로[于陸] 차츰 날아간다[漸]. 남편은[夫] 정벌하러 가서[征] 돌아오지 못하고[不復] 아내는[婦] 애를 배도[孕] 낳지 못하리니[不育] 불운하리라[凶]. 도둑을[寇] 막음이[禦] 이롭다[利].

【구삼(九三)의 효상(爻象) 풀이】

점괘(漸卦 : ䷴)의 구삼(九三 : ⚊)은 이양거양(以陽居陽) 즉 양(陽 : ⚊)으로써

[以] 양(陽 : ㅡ)의 자리에 있는지라[居] 정당한 자리에 있다. 구삼(九三 : ㅡ)과 육사(六四 : --)는 양음(陽陰)의 사이인지라 비(比) 즉 이웃의 사귐[比]을 누릴 수 있지만, 구오(九五 : ㅡ)와 상구(上九 : ㅡ) 두 양기(陽氣 : ㅡ) 밑에 엎드려 있는 처지인 육사(六四 : --)로부터 적극적인 도움을 받기 어려운 모습이다. 구삼(九三 : ㅡ)과 상구(上九 : ㅡ)는 양양(兩陽) 즉 둘 다[兩] 양(陽 : ㅡ)의 사이인지라 불응(不應) 즉 서로 응하지 못해[不應] 도움을 주고받지 못하는 처지이다. 이에 구삼(九三 : ㅡ)은 점괘(漸卦 : ䷴)의 하체(下體) 간(艮 : ☶)의 상효(上爻)로서 중위(中位)를 벗어나 상하체(上下體)의 어름에 있어 상체(上體)로 상진(上進)하려는 뜻이 강한지라 견강함에 치우쳐 상진하려는 뜻을 펼치는 모습이다.

점괘(漸卦 : ䷴)의 구삼(九三 : ㅡ)이 육삼(六三 : --)으로 변효(變爻)하면 구삼(九三 : ㅡ)은 점괘(漸卦 : ䷴)를 20번째 관괘(觀卦 : ䷓)로 지괘(之卦)하게 한다. 따라서 점괘(漸卦 : ䷴)의 구삼(九三 : ㅡ)은 관괘(觀卦 : ䷓)의 육삼(六三 : --)을 찾아가 살펴보게 한다.

【구삼(九三)의 계사(繫辭) 풀이】

鴻漸于陸(홍점우륙)

기러기가[鴻] 뭍으로[于陸] 차츰 날아간다[漸].

〈홍점우륙(鴻漸于陸)〉은 구삼(九三 : ㅡ)의 효위(爻位)를 들어 암시한 계사(繫辭)이다. 〈홍점우륙(鴻漸于陸)〉은 〈구삼지홍점우륙(九三之鴻漸于陸)〉의 줄임으로 여기고 〈구삼의[九三之] 기러기가[鴻] 뭍으로[于陸] 차츰 날아간다[漸]〉라고 새겨 볼 것이다.

〈홍점우륙(鴻漸于陸)〉은 구삼(九三 : ㅡ)이 점괘(漸卦 : ䷴)의 하체(下體) 간(艮 : ☶)의 상효(上爻)임을 들어 구삼(九三 : ㅡ)이 불운(不運)함을 암시한다. 구삼(九三 : ㅡ)이 양(陽 : ㅡ)의 정위(正位)에 있을지라도 견강(堅强)함에 치우쳐서 겪는 불운을 큰 기러기[鴻]에게 가장 좋지 않은 자리인 〈우륙(于陸)〉 즉 산상의 뭍[陸]으로[于] 점점 가까워짐[漸]을 들어 암시한다. 〈우륙(于陸)의 육(陸)〉은 여기선 산상고평(山上高平) 즉 산 위의[山上] 높은 뭍[高平]을 뜻하고, 구삼(九三 : ㅡ)이 점괘(漸卦 : ䷴)의 하체(下體) 간(艮 : ☶)의 상효(上爻)임을 암시하기도 한다. 큰 기러기는

[鴻] 하늘 높이 날거나 물가나 물 위에 있어야 가장 좋다. 큰 기러기가[鴻] 산 위의 뭍에[于陸] 점점 가까워진다[漸] 함은 큰 기러기[鴻]에게 위험해 불행해질 수 있듯이 구삼(九三 : ⚊)이 그런 처지에 놓여 있음을 암시한 계사(繫辭)가 〈홍점우륙(鴻漸于陸)〉이다.

夫征不復(부정불복)

남편은[夫] 정벌하러 가서[征] 돌아오지 못한다[不復].

〈부정불복(夫征不復)〉은 강강(剛强)에 치우쳐 점괘(漸卦 : ䷴)의 하체(下體)를 벗어나 상체(上體)로 상진(上進)하는 구삼(九三 : ⚊)을 암시한 계사(繫辭)이다. 〈부정불복(夫征不復)〉에서 〈부정(夫征)의 부(夫)〉는 구삼(九三 : ⚊)을 취상(取象)한 것이고, 〈부정(夫征)의 정(征)〉은 구삼(九三 : ⚊)이 점괘(漸卦 : ䷴)의 상체(上體)로 진입함을 암시한다. 남편이[夫] 상체(上體)로 나아간다[征] 함은 구삼(九三 : ⚊)이 강강(剛强) 즉 굳세고[剛] 강함[强]에 치우쳐 과신함을 암시한다. 상체(上體)로 나아가자면[征] 상체(上體)로부터 도움을 받아야 한다. 그러나 구삼(九三 : ⚊)이 상체(上體)로부터 도움을 받을 처지가 못 된다. 왜냐하면 구삼(九三 : ⚊)과 육사(六四 : ⚋)가 상비(相比) 즉 서로[相] 이웃하여[比] 사귈 것 같지만 실은 육사(六四 : ⚋)는 구오(九五 : ⚊)와 상비(相比)하고자 하므로 구삼(九三 : ⚊)에게 관심이 없는 모습이고, 구삼(九三 : ⚊)과 상구(上九 : ⚊)는 양양(兩陽) 즉 둘 다[兩] 양(陽 : ⚊)인지라 서로 불응(不應)하는 모습이다.

위로부터 도움을 받지 못할 상황임에도 불구하고 〈부정(夫征)〉 즉 구삼(九三 : ⚊)이[夫] 나아감[征]을 감행하고 말았음을 암시함이 〈부정불복(夫征不復)의 불복(不復)〉이다. 〈불복(不復)〉은 효운(爻運) 즉 효의[爻] 움직임[運]이란 오로지 상진(上進)함이지 떠난 자리로 복귀(復歸)하지 못함을 암시한다. 편강(偏剛) 즉 굳셈에만[剛] 치우쳐[偏] 거중(居中) 즉 정도를 따름에[中] 머물러[居] 사시(俟時) 즉 때를[時] 기다리지[俟] 않고 나아감[征]을 감행하면 이러지도 저러지도 못하는 불운을 겪게 되니, 어떤 경우일지라도 수정(守正) 즉 정도를[正] 지켜서[守] 수분(守分) 즉 본분을[分] 지켜야[守] 불운을 겪지 않음을 암시한 계사(繫辭)가 〈부정불복(夫征不復)〉이다.

婦孕不育(부잉불육) 凶(흉)

아내는[婦] 애를 배도[孕] 낳지 못하리라[不育]. 불운하리라[凶].

〈부잉불육(婦孕不育)〉 역시 강강(剛强)에 치우쳐 강유상화(剛柔相和)의 정도(正道)를 어긴 구삼(九三 : ━)의 불운(不運)을 거듭해 밝힌 계사(繫辭)이다. 그 누구이든 강강(剛强)에 치우치면 〈부잉불육(婦孕不育)〉과 같은 불운을 겪게 된다. 〈부잉불육(婦孕不育)의 부잉(婦孕)〉은 점괘(漸卦 : ䷴)의 외호괘(外互卦)인 이(離 : ☲)로써 구삼(九三 : ━)을 취유(取喩)한 것이다. 왜냐하면 여기 〈부잉(婦孕)〉이 「설괘전(說卦傳)」에 나오는 〈이는[離 : ☲] 가운데[中] 딸[女]이고[爲] …… 그것을[其] 사람으로 친다면[於人也] 임신한 배[大復]이다[爲]〉라는 내용을 상기시키기 때문이다. 〈부잉(婦孕)의 부(婦)〉는 〈이위중녀(離爲中女)의 중녀(中女)〉를 떠올려주고, 〈부잉(婦孕)의 잉(孕)〉은 〈이위대복(離爲大腹)의 대복(大腹)〉을 떠올려준다.

아내가[婦] 임신하여[孕] 순산(順産)해서 생아(生兒) 즉 아이를[兒] 낳음[生]보다 더한 행복은 없다. 여기 〈불육(不育)의 육(育)〉은 〈낳을 생(生)〉과 같다. 그러나 〈부잉(婦孕)〉임에도 〈불육(不育)〉이라 함은 순산(順産)이 아니라 유산(流産) 즉 아이를 잃었음[流産]을 뜻하고, 동시에 〈불육(不育)〉은 유순지도(柔順之道) 즉 부드럽고[柔] 순종하는[順之] 도리[道]를 구삼(九三 : ━)이 저버리고 편강(偏剛) 즉 굳셈에[剛] 치우침[偏]을 암시하기도 한다. 따라서 구삼(九三 : ━)처럼 강강(剛强)에 치우쳐 고집함이란 〈부잉(婦孕)〉일지라도 〈불육(不育)〉 즉 아이를 낳지 못하는[不育] 불운으로 이어지는 꼴임을 살펴 헤아리게 한 계사(繫辭)가 〈부잉불육(婦孕不育)〉이다.

〈흉(凶)〉은 강강(剛强)에 치우침뿐만 아니라 그 무엇에든 치우쳐 수분(守分) 즉 자신의 본분을[分] 지키지[守] 못하면 구삼(九三 : ━)뿐만이 아니라 그 누구든 무엇이든 불행[凶]을 겪고 마는 것임을 한 마디로 단언한 계사(繫辭)이다.

利禦寇(이어구)

도둑을[寇] 막음이[禦] 이롭다[利].

〈이어구(利禦寇)〉는 강강(剛强)에 치우침을 들어 경책(警責)하는 계사(繫辭)이다. 〈이어구(利禦寇)〉는 〈어구유리우구삼(禦寇有利于九三)〉의 줄임으로 여기고 〈도둑을[寇] 막음이[禦] 구삼에게[于九三] 유리하다[有利]〉라고 새겨볼 것이다. 〈어구(禦寇)의 어(禦)〉는 〈막을 방(防)〉과 같고, 〈어구(禦寇)의 구(寇)〉는 〈도둑 도(盜)〉와 같다.

〈이어구(利禦寇)〉는 점괘(漸卦 : ䷴)의 내호괘(內互卦)인 감(坎 : ☵)으로써 구삼(九三 : ⚊)을 취상(取象)한 것이다. 왜냐하면 여기 〈이어구(利禦寇)의 구(寇)〉가 「설괘전(說卦傳)」에 나오는 〈그것을[其] {즉 감(坎 : ☵)을} 사람으로 친다면[於人也] 도둑[盜]이다[爲]〉라는 내용을 떠올려주기 때문이다. 여기 〈이어구(利禦寇)〉는 4번째 몽괘(蒙卦 : ䷃) 상구(上九 : ⚊)의 계사(繫辭)인 〈이어구(利禦寇)〉를 상기시킨다. 〈이어구(利禦寇)〉는 이미 다음과 같이 풀이했다. 〈이어구(利禦寇)〉에서 〈어구(禦寇)의 어(禦)〉는 『장자(莊子)』에 나오는 〈털[毛]로써[以] 바람과[風] 추위를[寒] 막을 수 있다[可禦]〉라는 내용을 상기시켜 여기 〈어구(禦寇)의 어(禦)〉는 〈막을 어(禦)-방(防)〉과 같기도 하고, 『논어(論語)』에 나오는 〈어인이구급(禦人以口給)〉을 상기시켜 여기 〈어구(禦寇)의 어(禦)〉는 〈대적할 어(禦)-당(當)〉과 같기도 하여, 두 뜻을 아울러 갖는 뜻으로 〈대적하여 막을 어(禦)〉로 새김이 마땅하다. 그리고 〈어구(禦寇)의 구(寇)〉는 『서경(書經)』에 나오는 〈망불구적(罔不寇賊)의 구적(寇賊)〉을 연상시켜 도둑질과[寇] 해침[賊]을 아우르는 뜻으로 새김이 마땅하다. 따라서 〈이어구(利禦寇)의 어구(禦寇)〉를 방어구적(防禦寇賊)의 줄임으로 여기고 도둑질과[寇] 해침을[賊] 대적하여 막아냄[防禦]이라고 새김이 마땅하다.

점괘(漸卦 : ䷴) 구삼(九三 : ⚊)의 계사(繫辭)인 〈이어구(利禦寇)〉의 〈어구(禦寇)〉와 몽괘(蒙卦 : ䷃) 상구(上九 : ⚊)의 계사(繫辭)인 〈이어구(利禦寇)〉의 〈어구(禦寇)〉가 다 같이 도둑질과[寇] 해침을[賊] 대적하여 막아낸다[防禦]는 뜻을 공유하는 셈이다. 다만 몽괘(蒙卦 : ䷃)에서의 〈구(寇)〉는 격몽(擊蒙) 즉 우둔함을[蒙] 격파함을[擊] 도둑질하고 해치는 도둑[寇]이지만, 점괘(漸卦 : ䷴)에서의 〈구(寇)〉는 강유상화(剛柔相和)의 정도(正道)를 도둑질하고 해치는 도둑[寇]이다. 물론 점괘(漸卦 : ䷴)의 구삼(九三 : ⚊)이 편강(偏剛)하여 어긴 정도(正道) 역시 강유상화(剛柔相和)의 올바른[正] 도리[道]를 말한다. 따라서 점괘(漸卦 : ䷴) 구삼(九三 : ⚊)에게서 굳셈과[剛] 부드러움이[柔] 서로[相] 어울리는[和] 정도(正道)를 도둑질하고 해치는 도적을[寇] 대적하여 막아냄[禦]이란, 구삼(九三 : ━)이 자성(自省) 즉 스스로[自] 성찰하여[省] 강강(剛强)에 치우친 사심(私心)의 야욕을 버린다면 이로움[利]임을 암시한 계사(繫辭)가 〈이어구(利禦寇)〉이다.

【字典】

홍(鴻) 〈큰 기러기 홍(鴻)-수양조(隨陽鳥), 번갈아 할 홍(鴻)-대(代), 클 홍(鴻)-대(大), 무성할 홍(鴻)-성(盛), 큰물 홍(鴻)-대수(大水)-홍수(洪水), 강할 홍(鴻)-강(强), 품팔이 홍(鴻)-용(傭)〉 등의 뜻을 내지만 여기선 〈큰 기러기 홍(鴻)〉으로 여기고 새김이 마땅하다.

漸 〈점-참〉 두 가지로 발음되고, 〈서서히 가까워질(나아갈) 점(漸)-근(近)-진(進), 차차 점(漸)-차(次), 점점 점(漸)-초(稍), 번질 점(漸)-침입(浸入), 묻을 점(漸)-염(染), 물 흘러들어갈 점(漸)-유(流), 젖을 점(漸)-습(濕), 흡족할 점(漸)-흡(洽), 높을 참(漸)-고(高)〉 등의 뜻을 내지만 여기선 〈서서히 가까워질 점근(漸近)〉으로 여기고 새김이 마땅하다.

우(于) 〈~에서(~으로, ~부터) 우(于)-어(於), 갈 우(于)-왕(往), 써 우(于)-이(以), 할 우(于)-위(爲), 여기 우(于)-시(是), 도울 우(于)-조(助), 클 우(于)-대(大), 구할 우(于)-구(求), 자족하는 모습 우(于)-자족모(自足貌)〉 등의 뜻을 내지만 여기선 〈~에서 어(於)〉와 같다 여기고 새김이 마땅하다.

육(陸) 〈산 위의 뭍 육(陸)-산상고평(山上高平), 높은 평지 육(陸)-고평지(高平地), 큰 언덕 육(陸)-대부(大阜), 길 육(陸)-노(路), 가운데 육(陸)-중(中), 두터울 육(陸)-후(厚), 화목할 육(陸)-화목(和睦), 뛸(도약할) 육(陸)-도(跳), 여섯 육(陸)-육(六)〉 등의 뜻을 내지만 여기선 〈산 위의 뭍 산상고평(山上高平)〉으로 여기고 새김이 마땅하다.

부(夫) 〈남자 부(夫)-장부(丈夫)-남자지통칭(男子之通稱), 지아비 부(夫)-배필(配匹), 대부 부(夫)-전상(傳相)-조정보좌지대신(朝廷輔佐之大臣), 병사 부(夫)-병(兵), 도울 부(夫)-부(扶), 백 이랑의 밭 부(夫)-백무지전(百畝之田), 무릇 부(夫)-범(凡)-중(衆), 이에 부(夫)-내(乃), {구중(句中) 또는 구말(句末)에서 어조사} ~인가(~인저) 부(夫)-호(乎), 이것(저것) 부(夫)-차(此)-피(彼), 무릇 부(夫)-지사(指事), ~면 부(夫)-약(若), (뜻없는) 발어사 부(夫)-발어사(發語詞)〉 등의 뜻을 내지만 여기선 〈남자 장부(丈夫)〉로 여기고 새김이 마땅하다.

정(征) 〈행할(갈) 정(征)-행(行), 칠 정(征)-벌(伐)-토(討), 순행할 정(征)-순행(巡行), 멀 정(征)-원(遠), 취할 정(征)-벌(伐)-취(取), 세금 매길 정(征)-부세(賦稅)-징세(徵稅)〉 등의 뜻을 내지만 여기선 〈행할 행(行)〉과 같다 여기고 새김이 마땅하다.

不 〈불-부〉 등으로 발음되고, 〈못할 불(不)-부(不), 않을 불(不)-부(不), 아닐 불(不)-부(不)-비(非), 없을 불(不)-부(不)-무(無), 하지 말 불(不)-부(不)-막(莫)-금지(禁止), 정하지 않을 불(不)-부(不)-부(否)-미정(未定), 새가 날아올라 내려오지 않는 불(不)-부(不)-조비상불하래(鳥飛上不下來)〉 등의 뜻을 내지만 여기선 〈못할 불(不)〉로 여기고 새김이 마땅하다.

復 〈복-부〉 두 가지로 발음되고, 〈갔다 올 복(復)-왕래(往來), 돌아올 복(復)-반(返)-환(還)-반(反), 돌 복(復)-주(周)-선(旋), 갚을 복(復)-보(報), 증명할 복(復)-험(驗), 실천할 복(復)-천(踐), 맡길(의지할) 복(復)-인(因), 아뢸 복(復)-백(白), 다시(또) 부(復)〉 등의 뜻을 내지만 여기선 〈돌아올 반(返)〉과 같다 여기고 새김이 마땅하다.

부(婦) 〈아내 부(婦)-배(配)-처(妻), 며느리 부(婦)-자지처(子之妻), 시집간 여자(아낙) 부(婦)-여자이가(女子已嫁), 손괘(☴) 부(婦)-손(巽), 이괘(☲) 부(婦)-이(離)〉 등의 뜻을 내지만 여기선 〈아내 처(妻)〉로 여기고 새김이 마땅하다.

잉(孕) 〈아기 밸 잉(孕)-회자(懷子), 씨앗을 밴 잉(孕)-함실(含實)〉 등의 뜻을 내지만 여기선 〈아기 밸 회자(懷子)〉로 여기고 새김이 마땅하다.

육(育) 〈낳을 육(育)-생(生), 기를 육(育)-양(養), 자랄 육(育)-장(長), 팔 육(育)-매(賣)〉 등의 뜻을 내지만 여기선 〈낳을 생(生)〉과 같다 여기고 새김이 마땅하다.

흉(凶) 〈불행할(흉할) 흉(凶)-길지반(吉之反), 걱정할 흉(凶)-우(憂)-구(懼), 흉한 사람 흉(凶)-흉인(凶人), 나쁠 흉(凶)-오(惡), 재앙 흉(凶)-화(禍), 요사할 흉(凶)-요사(夭死), 악한 사람 흉(凶)-악인(惡人), 흉년 흉(凶)-연곡불숙(年穀不熟), 사나울 흉(凶)-포학(暴虐), 음기 흉(凶)-음기(陰氣), 북쪽 흉(凶)-북(北), 없을 흉(凶)-공(空), 송사 흉(凶)-송(訟), 거역할 흉(凶)-역(逆), 어그러질 흉(凶)-패(悖), 허물 흉(凶)-구(咎)〉 등의 뜻을 내지만 여기선 〈불행할(흉할) 길지반(吉之反)〉으로 여기고 새김이 마땅하다.

이(利) 〈이로울 이(利)-익(益), 좋을 이(利)-길(吉)-의(宜), 만물로 하여금 삶을 이루어가게 하는 덕(德)의 이로울 이(利)-사만물수생지덕(使萬物遂生之德), 날카로울 이(利)-예(銳)-섬(銛), 질병 이(利)-질(疾), 통할 이(利)-통(通)-순(順), 편리할 이(利)-편

(便), 마름해 만들어 이룰 이(利)-재성(裁成), 탐할 이(利)-탐(貪), 구할(취할) 이(利)-구(求)-취(取), 좋아할 이(利)-열애(悅愛), 기교 이(利)-교(巧), 보람 이(利)-공용(功用), 지세가 험하고 중요한 이(利)-험요(險要), 이길 이(利)-승(勝), 어질 이(利)-인(仁)〉 등의 뜻을 내지만 여기선 〈이로울 익(益) 또는 좋을 의(宜)〉로 여기고 새김이 마땅하다. 〈利〉가 맨 앞에 오면 〈이〉로 발음되고, 중간이나 뒤에 오면 〈리〉로 발음된다.

어(禦) 〈대적할(방비할) 어(禦)-당(當)-적(敵)-항(抗)-역(逆)-비(備), 재앙이 없기를 빌 어(禦)-사(祀)-기무재(祈無災), 멈출 어(禦)-지(止)-금(禁)-피(避), 방어하는 병사 어(禦)-방어지병(防禦之兵), 지경(끝) 어(禦)-강(疆), 대쪽화살 어(禦)-죽전(竹箭), 대신 어(禦)-대신(大臣)〉 등의 뜻을 내지만 여기선 〈대적할 당(當)〉과 같다 여기고 새김이 마땅하다.

구(寇) 〈겁탈할(위협해 빼앗을) 구(寇)-겁탈(劫奪), 도둑 구(寇)-적(賊)-도(盜), 떼도둑 구(寇)-군적(群賊), 사나울 구(寇)-포(暴), 노략질할 구(寇)-초(鈔), 원수 구(寇)-구(仇), 해칠 구(寇)-해(害), 밖으로 혼란할 구(寇)-외란(外亂)〉 등의 뜻을 내지만 여기선 〈겁탈(劫奪)〉로 여기고 새김이 마땅하다.

註 이위중녀(離爲中女) …… 기어인야(其於人也) 위대복(爲大腹) : 이는[離 : ☲] 가운데[中] 딸[女]이고[爲], …… 그것을[其] 사람으로 친다면[於人也] 임신한 배[大復]이다[爲].

「설괘전(說卦傳)」 11단락(段落)

註 기어인야(其於人也) 위도(爲盜) : 그것을[其] {즉 감(坎 : ☵)을} 사람으로 친다면[於人也] 도둑[盜]이다[爲].

「설괘전(說卦傳)」 11단락(段落)

註 마제가이천상설(馬蹄可以踐霜雪) 모가이어풍한(毛可以禦風寒) : 말은[馬] 말굽[蹄]으로써[以] 서리와[霜] 눈을[雪] 밟을 수 있고[可踐], 털[毛]로써[以] 바람과[風] 추위를[寒] 막을 수 있다[可禦].

『장자(莊子)』 「마제(馬蹄)」 1절(節)

註 치우유시작란(蚩尤維始作亂) 연급우평민(延及于平民) 망불구적(罔不寇賊) 치의간귀(鴟義姦宄) 탈양교학(奪攘矯虔) : 치우가[蚩尤] 처음으로[維始] 혼란을[亂] 일으키니[作] (난리의 여파가) 뻗치어[延] 평민에까지[于平民] 미치어[及] 도둑질과[寇] 남을 해치지[賊] 않음이[不] 없었고[罔], 옳음을[義] 가벼이 여기고[鴟] 안으로 반란을 일으키고[姦] 밖으로는 도둑질하며[宄] 빼앗고[奪] 훔치고[攘] 윗사람의 명령을 사칭하여 남의 것을 빼앗았다[矯虔].

『서경(書經)』 「여형(呂刑)」 2단락(段落)

육사(六四 : --)

六四 : 鴻漸于木이다 或得其桷이나 无咎리라
홍점우목 혹득기각 무구

육사(六四) : 기러기가[鴻] 나무로[于木] 차츰 날아간다[漸]. 그[其] 나뭇가지를[桷] 얻을지 모르나[或得] 허물이[咎] 없다[无].

【육사(六四)의 효상(爻象) 풀이】

점괘(漸卦 : ䷴)의 육사(六四 : --)는 이음거음(以陰居陰) 즉 음(陰 : --)으로써[以] 음(陰 : --)의 자리에 있는지라[居] 정당한 자리에 있다. 육사(六四 : --)는 위로 구오(九五 : ―)와 아래로 구삼(九三 : ―)과는 음양(陰陽)의 사이인지라 비(比) 즉 이웃의 사귐[比]을 누릴 수 있는 처지이다. 그러나 육사(六四 : --)는 구오(九五 : ―)의 밑에 엎드린 몸가짐을 취하면서 유순(柔順)하고 공경(恭敬)으로 구오(九五 : ―)를 보필하는 모습이다. 이에 육사(六四 : --)는 구삼(九三 : ―)에게 도움을 주지는 못하지만 정위(正位) 즉 정당한[正] 자리[位]에 있기 때문에 수분(守分) 즉 본분을[分] 지키는[守] 모습이다.

점괘(漸卦 : ䷴)의 육사(六四 : --)가 구사(九四 : ―)로 변효(變爻)하면 육사(六四 : --)는 전괘(漸卦 : ䷴)를 33번째 둔괘(遯卦 : ䷠)로 지괘(之卦)하게 한다. 따라서 점괘(漸卦 : ䷴)의 육사(六四 : --)는 둔괘(遯卦 : ䷠)의 구사(九四 : ―)를 찾아가 살펴보게 한다.

【육사(六四)의 계사(繫辭) 풀이】

鴻漸于木(홍점우목)

기러기가[鴻] 나무로[于木] 차츰 날아간다[漸].

〈홍점우목(鴻漸于木)〉은 육사(六四 : --)의 효위(爻位)를 들어 암시한 계사(繫辭)이다. 〈홍점우목(鴻漸于木)〉은 〈육사지홍점우목(六四之鴻漸于木)〉의 줄임으로 여기고 〈육사의[六四之] 기러기가[鴻] 나무로[于木] 차츰 날아간다[漸]〉라고 새겨볼 것이다.

〈홍점우목(鴻漸于木)〉은 육사(六四 : ⚋)가 점괘(漸卦 : ䷴) 상체(上體)의 초효(初爻)임을 암시한다. 〈홍점우목(鴻漸于木)〉에서 〈우목(于木)의 목(木)〉이 「설괘전(說卦傳)」에 나오는 〈손은[巽 : ☴] 나무[木]이다[爲]〉라는 내용을 상기시키기 때문이다. 〈홍점우목(鴻漸于木)〉에서 〈우목(于木)의 목(木)〉이 육사(六四 : ⚋)가 점괘(漸卦 : ䷴)의 상체(上體) 손(巽 : ☴)의 초효(初爻)이면서 정위(正位)에 있기에 위태한 지경에서 벗어남을 취상(取象)한 것이다. 큰 기러기[鴻]에게 산상의 뭍[陸]은 온갖 산짐승 탓으로 위험한 곳이지만 나무[木]는 큰 기러기[鴻]에게 불안한 환경을 벗어나 있는 자리임을 들어, 위로는 이양(二陽) 아래로는 구삼(九三 : ⚊)이라는 삼양(三陽) 속에 있어서 험(險)할 수 있는 환경이지만 유순(柔順)하고 공손(恭遜)한지라 안전한 자리에 있음을 암시한 계사(繫辭)가 〈홍점우목(鴻漸于木)〉이다.

或得其桷(혹득기각) 无咎(무구)

그[其] 나뭇가지를[桷] 얻을지 모른다[或得]. 허물이[咎] 없다[无].

〈혹득기각(或得其桷)〉은 육사(六四 : ⚋)가 안전함을 누리지 못할 수도 있음을 암시한 계사(繫辭)이다. 왜냐하면 육사(六四 : ⚋)가 〈기각(其桷)〉을 〈득(得)〉 즉 얻는[得] 경우도 있고 〈부득(不得)〉 즉 얻지 못할[不得] 경우도 있음을 암시하고자 〈득기각(得其桷)〉이라 않고 〈혹득기각(或得其桷)〉이라고 계사(繫辭)하기 때문이다. 따라서 〈홍점우목(鴻漸于木)〉에서 〈우목(于木)의 목(木)〉이 큰 기러기[鴻]에게 처소(處所) 즉 머물[處] 곳[所]이 될 수도 있고 동시에 처소가 될 수도 없음을 〈혹득기각(或得其桷)의 혹(或)〉이 암시한다. 나무로[于木] 가까이 접근하는[漸] 큰 기러기[鴻]가 〈우목(于木)의 목(木)〉이 대목(大木)이어서 각(桷) 즉 서까래[桷]감이 되는 큰 가지를 찾아내[得] 서식(棲息)할 수도 있고, 소목(小木)이어서 서(栖) 즉 잔가지[栖]만 있어서 서식할 수 없을 수도 있음을 〈혹득기각(或得其桷)의 혹(或)〉이 암시하기 때문이다. 따라서 〈혹득기각(或得其桷)의 혹(或)〉은 육사(六四 : ⚋)의 효상(爻象)을 점괘(漸卦 : ䷴)의 내호괘(內互卦)인 감(坎 : ☵)을 빌려 헤아리게 한다. 왜냐하면 〈혹득기각(或得其桷)의 혹(或)〉이 「설괘전(說卦傳)」에 나오는 〈감은[坎 : ☵] 함정[陷]이다[也]〉라는 내용을 환기시키기 때문이다. 〈함(陷)〉 즉 함정[陷]이란 위험을 나타낸다. 나무로[于木] 가까이 접근하는[漸] 큰 기러기[鴻]가 소목(小木)이어서 목서(木栖) 즉 나무의[木] 잔가지[栖]뿐이라면 병지(駢趾) 즉 두 발로 디디고 앉을 수 없을 것이고, 대목(大木)이어서 서까래[桷]가 될 큰 가지가 있으면 병지(駢趾)할 수가 있음을 암시한 계사(繫辭)가 〈혹득기각(或得其桷)〉이다.

〈무구(无咎)〉는 육사(六四 : ╌)의 위아래가 비록 군양(群陽 : ─)이어서 불안한 지경일지라도 점괘(漸卦 : ䷴)의 상체(上體)인 손(巽 : ☴)의 초효(初爻)로서 육사(六四 : ╌)는 정당한 자리에서 유순(柔順)하고 겸손(謙遜)하며, 병지(駢趾) 즉 두 발로 디디고[駢趾] 서식(棲息)할 수 있는 튼튼한 서까래[桷]를 획득하든 못하든 육사(六四 : ╌)의 탓이 아니기 때문에, 어떤 경우이든 육사(六四 : ╌)가 선보과(善補過) 즉 과실을[過] 순리에 맞게[善] 고쳐갈[補] 수 있음을 암시하여 육사(六四 : ╌)에게 허물이[咎] 없음[无]을 밝힌 계사(繫辭)가 〈무구(无咎)〉이다.

【字典】

홍(鴻) 〈큰 기러기 홍(鴻)-수양조(隨陽鳥), 번갈아 할 홍(鴻)-대(代), 클 홍(鴻)-대(大), 무성할 홍(鴻)-성(盛), 큰물 홍(鴻)-대수(大水)-홍수(洪水), 강할 홍(鴻)-강(强), 품팔이 홍(鴻)-용(傭)〉 등의 뜻을 내지만 여기선 〈큰 기러기 홍(鴻)〉으로 여기고 새김이 마땅하다.

漸 〈점-참〉 두 가지로 발음되고, 〈서서히 가까워질(나아갈) 점(漸)-근(近)-진(進), 차차 점(漸)-차(次), 점점 점(漸)-초(稍), 번질 점(漸)-침입(浸入), 물을 점(漸)-염(染), 물 흘러들어갈 점(漸)-유(流), 젖을 점(漸)-습(濕), 흡족할 점(漸)-흡(洽), 높을 참(漸)-고(高)〉 등의 뜻을 내지만 여기선 〈서서히 가까워질 점근(漸近)〉으로 여기고 새김이 마땅하다.

우(于) 〈~에서(~으로, ~부터) 우(于)-어(於), 갈 우(于)-왕(往), 써 우(于)-이(以), 할 우(于)-위(爲), 여기 우(于)-시(是), 도울 우(于)-조(助), 클 우(于)-대(大), 구할 우(于)-구(求), 자족하는 모습 우(于)-자족모(自足貌)〉 등의 뜻을 내지만 여기선 〈~에서 어(於)〉와 같다 여기고 새김이 마땅하다.

목(木) 〈나무 목(木)-수(樹), 목재 목(木)-목재(木材), 오행의 하나 목(木)-오행지일(五行之一 : 一曰水-二曰火-三曰木-四曰金-五曰土), 동방 목(木)-동방(東方), 어짊 목

(木)-인(仁), 봄 목(木)-춘(春), 갑을인묘 목(木)-갑을인묘(甲乙寅卯), 팔음의 하나 목(木)-팔음지일(八音之一 : 金石土革絲木匏竹), 나무그릇 목(木)-목기(木器), 풀 목(木)-초(草), 질박할 목(木)-질박(質樸), 집오리 깃털로 꾸민 관 목(木)-목우식지관(鶩羽飾之冠)〉 등의 뜻을 내지만 여기선 〈나무 수(樹)〉와 같다 여기고 새김이 마땅하다.

혹(或) 〈아마도 혹(或), 어떤 이 혹(或)-수(誰), 때때로 혹(或)-간(間), 의심할 혹(或)-의(疑), 괴이할 혹(或)-괴(怪), 있을 혹(或)-유(有)〉 등의 뜻을 내지만 여기선 〈아마도 혹(或)〉으로 여기고 새김이 마땅하다.

득(得) 〈취할(얻어낼, 찾아낼) 득(得)-획(獲)-취(取), 탐할 득(得)-탐(貪), 깨달을 득(得)-효(曉)-오(悟), 만족할 득(得)-족(足), 마땅할 득(得)-당(當), 일의 마땅함을 터득할 득(得)-합(合)-득사지의(得事之宜), 이룰 득(得)-성(成), 알 득(得)-지(知), 가할 득(得)-가(可)-능(能), 편안할 득(得)-편(便), 가질 득(得)-치(値)-지(持), 득도할 득(得)-득도(得道)〉 등의 뜻을 내지만 〈취할 획(獲)-취(取)〉와 같다 여기고 새김이 마땅하다.

기(其) 〈그것 기(其)-피(彼)-지(之), 그럴 기(其)-연(然), 어찌 기(其)-기(豈), 누를 기(其)-억(抑), 오히려 기(其)-상(尙)-서기(庶幾), 이에 기(其)-내(乃), 만약 기(其)-약(若), 장차 기(其)-장(將), 어조사 기(其)-어조사(語助辭)〉 등의 뜻을 내지만 여기선 〈그 피(彼)〉와 같다 여기고 새김이 마땅하다.

각(桷) 〈서까래 각(桷)-연(椽)-초(榱), 나무망치 각(桷)-퇴(槌), 가지 각(桷)-지(枝)-목지평(木之平), 풀 이름 각(桷)-초명(草名)〉 등의 뜻을 내지만 여기선 〈서까래 연(椽)〉과 같다 여기고 새김이 마땅하다.

무(无) 〈없을 무(无)-무(無), 허무지도 무(无)-허무지도(虛无之道), 으뜸 무(无)-원(元)〉 등의 뜻을 내지만 여기선 〈없을 무(無)〉와 같다 여기고 새김이 마땅하다.

구(咎) 〈재앙 구(咎)-재(災), 병될 구(咎)-병(病), 허물 구(咎)-건(愆)-과(過), 나쁠 구(咎)-오(惡)〉 등의 뜻을 내지만 여기선 〈허물 건(愆)-과(過)〉와 같다 여기고 새김이 마땅하다. 〈무구(无咎)〉는 〈면어구(免於咎)〉 즉 허물을[於咎] 면하다[免]와 같다.

註 손위목(巽爲木) : 손은[巽 : ☴] 나무[木]이다[爲]. 「설괘전(說卦傳)」 11단락(段落)

註 감함야(坎陷也) : 감은[坎 : ☵] 함정[陷]이다[也]. 「설괘전(說卦傳)」 7단락(段落)

구오(九五 : ⚊)

九五 : 鴻漸于陵이다 婦三歲不孕이나 終莫之勝이라 吉하리라
(홍점우릉 부삼세불잉 종막지승 길)

구오(九五) : 기러기가[鴻] 언덕으로[于陵] 차츰 날아간다[漸]. 여자가[婦] 삼 년이나[三歲] 임신하지 못하나[不孕] 끝내[終] 그녀를[之] 이겨내지[勝] 못하여[莫] 행운을 누린다[吉].

【구오(九五)의 효상(爻象) 풀이】

점괘(漸卦 : ䷴)의 구오(九五 : ⚊)는 이양거양(以陽居陽) 즉 양(陽 : ⚊)으로써[以] 양(陽 : ⚊)의 자리에 있는지라[居] 정당한 자리에 있다. 육사(六四 : ⚋)와는 양음(陽陰)의 사이인지라 비(比) 즉 이웃의 사귐[比]을 누릴 수 있으며, 상구(上九 : ⚊)와는 양양(兩陽) 즉 둘 다[兩] 양(陽 : ⚊)인지라 이웃의 사귐을 누리지 못한다. 육이(六二 : ⚋)와는 서로 정위(正位)에 있어서 중정(中正) 즉 정도를[正] 따라[中] 무유사벽(無有邪僻) 즉 간사함과[邪] 치우침이[僻] 결코 없는[無有] 마음 가는 바[心志]를 나누면서 정응(正應) 즉 바르게[正] 호응하여[應], 득중(得中) 즉 정도를 따름을[中] 취해서[得] 강건한 군왕(君王)의 모습이다.

점괘(漸卦 : ䷴)의 구오(九五 : ⚊)가 육오(六五 : ⚋)로 변효(變爻)하면 구오(九五 : ⚊)는 점괘(漸卦 : ䷴)를 52번째 간괘(艮卦 : ䷳)로 지괘(之卦)하게 한다. 따라서 점괘(漸卦 : ䷴)의 구오(九五 : ⚊)는 간괘(艮卦 : ䷳)의 육오(六五 : ⚋)를 찾아가 살펴보게 한다.

【구오(九五)의 계사(繫辭) 풀이】

鴻漸于陵(홍점우릉)

기러기가[鴻] 언덕으로[于陵] 차츰 날아간다[漸].

〈홍점우릉(鴻漸于陵)〉은 구오(九五 : ⚊)의 효위(爻位)를 들어 암시한 계사(繫

辭)이다. 〈홍점우릉(鴻漸于陵)〉은 〈구오지홍점우릉(九五之鴻漸于陵)〉의 줄임으로 여기고 〈구오의[九五之] 기러기가[鴻] 언덕으로[于陵] 차츰 날아간다[漸]〉라고 새겨볼 것이다.

〈홍점우릉(鴻漸于陵)〉은 구오(九五 : ━)가 육사(六四 : --)의 바로 위에 있음을 암시한다. 나무[木]의 위쪽에 언덕[陵]이 있다는 것이다. 〈홍점우릉(鴻漸于陵)의 우릉(于陵)〉은 구오(九五 : ━)가 산속의 나무[木]가 아니라 사방을 조망할 수 있는 언덕으로[于陵] 가까워지는[漸] 큰 기러기[鴻]를 비유로 들어, 점괘(漸卦 : ䷴)에서 구오(九五 : ━)가 정위(正位)에 있는 군왕(君王)임을 암시한다. 〈홍점우릉(鴻漸于陵)〉에서 〈우릉(于陵)의 능(陵)〉은 대부(大阜) 즉 큰[大] 언덕[阜]과 같다. 구오(九五 : ━)가 점괘(漸卦 : ䷴)의 존위(尊位)에 있음을 비유한다. 큰 언덕[陵]에서 아래를 내려다볼 수 있듯이 구오(九五 : ━)가 점괘(漸卦 : ䷴) 상체(上體)의 중효(中爻)이면서 군왕(君王)의 정위(正位)에 있음을 암시한 계사(繫辭)가 〈홍점우릉(鴻漸于陵)〉이다.

婦三歲不孕(부삼세불잉)

여자가[婦] 삼 년이나[三歲] 임신하지 못한다[不孕].

〈부삼세불잉(婦三歲不孕)〉은 구오(九五 : ━)와 육이(六二 : --)가 걸림 없이 순조롭게 중정(中正)과 정응(正應) 즉 바르게[正] 호응함[應]을 서로 나누면서 득중(得中) 즉 정도를 따름을[中] 취하기[得]가 만만치 않음을 암시한 계사(繫辭)이다. 〈부삼세불잉(婦三歲不孕)의 삼세(三歲)〉는 육이(六二 : --)가 구오(九五 : ━)-육사(六四 : --)-구삼(九三 : ━)의 아래에 있음을 암시하며, 〈부삼세불잉(婦三歲不孕)의 부(婦)〉는 「설괘전(說卦傳)」에 나오는 〈간은[艮 : ☶] 막내아들[少男]이고, 손은[巽 : ☴] 큰딸[長女]이다〉라는 내용을 상기시킨다. 점괘(漸卦 : ䷴)의 하체(下體) 간(艮 : ☶)은 양괘(陽卦)로서 남(男)이고, 상체(上體) 손(巽 : ☴)은 음괘(陰卦)로서 여(女)인지라, 점괘(漸卦 : ䷴)의 괘상(卦象)이 남녀상합(男女相合)인 결혼(結婚)의 모습이다. 〈부(婦)〉 즉 아내[婦]를 빌려 구오(九五 : ━)와 육이(六二 : --)가 나눌 수 있는 중정(中正)-정응(正應)을 암시하고, 〈삼세불잉(三歲不孕)〉은 구삼(九三 : ━)과 육사(六四 : --)가 끼어 있는 탓으로 구오(九五 : ━)와 육이(六二 : --)가 중정(中正)-정응(正應)을 순조롭게 누리기까지는 시간이 걸림을 암시한다.

終莫之勝(종막지승) 吉(길)

끝내[終] 그녀를[之] 이겨내지[勝] 못하여[莫] 행운을 누린다[吉].

〈종막지승(終莫之勝)〉은 구오(九五 : ━)와 육이(六二 : --)가 중정(中正)-정응(正應)의 누림을 막을 수 없음을 밝히는 계사(繫辭)이다. 〈종막지승(終莫之勝)〉은 〈육사여구삼종막승륙이(六四與九三終莫勝六二)〉의 줄임으로 여기고 구삼과[與九三] 육사는[六四] 육이를[六二] 끝내는[終] 이기지[勝] 못한다[莫]〉라고 새겨볼 것이다.

〈종막지승(終莫之勝)〉은 구오(九五 : ━)를 따르는 육이(六二 : --)를 막을 수 없음을 암시한다. 물론 〈종막지승(終莫之勝)의 지(之)〉를 오여이지정응(五與二之正應) 즉 육이와[與二] 구오가[五之] 바르게[正] 호응함[應]을 줄인 지시어 〈그것 지(之)〉로 여기고 새겨도 된다. 〈종막지승(終莫之勝)의 승(勝)〉은 〈막을 알(遏)-이길 극(克)〉 등의 뜻을 같이한다. 따라서 구삼(九三 : ━)과 육사(六四 : --)가 끼어 있는 탓으로 구오(九五 : ━)와 육이(六二 : --)가 중정(中正)-정응(正應)을 서로 누림이 늦어질 수는 있을지라도, 그 누림을 끝까지[終] 막을 것은[勝] 없다[莫]고 암시한 계사(繫辭)가 〈종막지승(終莫之勝)〉이다.

〈길(吉)〉은 강강(剛强)한 구오(九五 : ━)가 점괘(漸卦 : ䷴)의 존위(尊位)에 있는 중효(中爻)로서 편강(偏剛) 즉 굳셈에[剛] 치우치지[偏] 않고 득중(得中) 즉 정도를 따름을[中] 취함[得]을 암시한 계사(繫辭)이다. 〈길(吉)〉은 〈구오여륙이장유길(九五與六二將有吉)〉의 줄임으로 여기고 〈육이와[與六二] 구오에게[九五] 행복이[吉] 있을 것이다[將有]〉라고 새겨볼 것이다.

〈길(吉)〉은 구오(九五 : ━)가 군왕(君王)으로서 육이(六二 : --)와 중정(中正)-정응(正應)을 누리면서도 편강(偏剛) 즉 굳셈에만[剛] 치우친다면[偏] 천도(天道) 즉 자연의[天] 규율[道]을 어김인지라 흉(凶)하게 마련이다. 그러나 구오(九五 : ━)가 끝끝내[終] 육이(六二 : --)와 중정(中正)-정응(正應)을 누려 음양상응(陰陽相應)의 정도(正道)를 따라 군왕(君王) 노릇을 함을 암시한 계사(繫辭)가 〈길(吉)〉이다.

【字典】

홍(鴻) 〈큰 기러기 홍(鴻)-수양조(隨陽鳥), 번갈아 할 홍(鴻)-대(代), 클 홍(鴻)-대(大), 무성할 홍(鴻)-성(盛), 큰물 홍(鴻)-대수(大水)-홍수(洪水), 강할 홍(鴻)-강(强), 품팔이 홍(鴻)-용(傭)〉 등의 뜻을 내지만 여기선 〈큰 기러기 홍(鴻)〉으로 여기고 새김이 마땅하다.

漸 〈점-참〉 두 가지로 발음되고, 〈서서히 가까워질(나아갈) 점(漸)-근(近)-진(進), 차차 점(漸)-차(次), 점점 점(漸)-초(稍), 번질 점(漸)-침입(浸入), 묻을 점(漸)-염(染), 물 흘러들어갈 점(漸)-유(流), 젖을 점(漸)-습(濕), 흡족할 점(漸)-흡(洽), 높을 참(漸)-고(高)〉 등의 뜻을 내지만 여기선 〈서서히 가까워질 점근(漸近)〉으로 여기고 새김이 마땅하다.

우(于) 〈~에서(~으로, ~부터) 우(于)-어(於), 갈 우(于)-왕(往), 써 우(于)-이(以), 할 우(于)-위(爲), 여기 우(于)-시(是), 도울 우(于)-조(助), 클 우(于)-대(大), 구할 우(于)-구(求), 자족하는 모습 우(于)-자족모(自足貌)〉 등의 뜻을 내지만 여기선 〈~에서 어(於)〉와 같다 여기고 새김이 마땅하다.

능(陵) 〈큰 언덕 능(陵)-대부(大阜), 업신여길 능(陵)-능(凌)-범모(犯侮), 무덤(사직단) 능(陵)-총(冢), 언덕 능(陵)-구(丘), 오를 능(陵)-승(升), 범할 능(陵)-침(侵), 가파를 능(陵)-지(遲), 짓밟을 능(陵)-역(轢), 탈 능(陵)-승(乘), 높을 능(陵)-준(峻)〉 등의 뜻을 내지만 여기선 〈큰 언덕 대부(大阜)〉와 같다 여기고 새김이 마땅하다.

부(婦) 〈아내 부(婦)-배(配)-처(妻), 며느리 부(婦)-자지처(子之妻), 시집간 여자(아낙) 부(婦)-여자이가(女子已嫁), 손괘(☴) 부(婦)-손(巽), 이괘(☲) 부(婦)-이(離)〉 등의 뜻을 내지만 여기선 〈아내 처(妻)〉로 여기고 새김이 마땅하다.

삼(三) 〈다수를 나타낼 삼(三)-다수지칭(多數之稱), 세 번(석 삼, 셋 삼) 삼(三)-이지가일(二之加一), 삼재의 수 삼(三)-천지인지수(天地人之數), 임금-아버지-스승 삼(三)-군부사(君父師), 동방 삼(三)-동방(東方), 끝 삼(三)-종(終)〉 등의 뜻을 내지만 여기선 〈다수(多數)〉로 여기고 새김이 마땅하다. 삼(三)은 삼(參)과 같다.

세(歲) 〈해 세(歲)-년(年), 일생 세(歲)-일생(一生), 목성 세(歲)-목성(木星), 새해 세(歲)-신년(新年), 상망한 해 세(歲)-졸령(卒齡)〉 등의 뜻을 내지만 여기선 〈해 년(年)〉으로 여기고 새김이 마땅하다.

不 〈불-부〉 등으로 발음되고, 〈못할 불(不)-부(不), 않을 불(不)-부(不), 아닐 불(不)-부(不)-비(非), 없을 불(不)-부(不)-무(無), 하지 말 불(不)-부(不)-막(莫)-금지(禁止), 정하지 않을 불(不)-부(不)-부(否)-미정(未定), 새가 날아올라 내려오지 않는 불(不)-부(不)-조비상불하래(鳥飛上不下來)〉 등의 뜻을 내지만 여기선 〈못할 불(不)〉로 여기고 새김이 마땅하다.

잉(孕) 〈아기 밸 잉(孕)-회자(懷子), 씨앗을 밴 잉(孕)-함실(含實)〉 등의 뜻을 내지만 여기선 〈아기 밸 회자(懷子)〉로 여기고 새김이 마땅하다.

종(終) 〈끝내(끝날) 종(終)-이(已), 다할 종(終)-진(盡)-극(極)-궁(窮)-경(竟), 충분할 종(終)-충(充), 이룰 종(終)-성(成), 사망 종(終)-사(死), 끝 종(終)-시지대(始之對)〉 등의 뜻을 내지만 여기선 〈끝내 이(已)〉와 같다 여기고 새김이 마땅하다.

莫 〈막-모-맥〉 세 가지로 발음되고, 〈없을 막(莫)-무(無), 하지 말 막(莫)-물(勿), 허무 막(莫)-허무(虛無), 고요할 막(莫)-정(靜)-막(漠), 클 막(莫)-대(大), 강할 막(莫)-강(强), 깎아낼 막(莫)-거(去)-삭(削)-낙(鉻), 두려워할 막(莫)-파(怕)-구(懼), 불가 막(莫)-불가(不可), 도모할 막(莫)-모(謀), 나물(푸성귀) 모(莫), 날이 저물 모(莫)-일차명(日且冥), 밤 모(莫)-야(夜), 늦을 모(莫)-만(晩), 덕이 발라 어울림에 응할 맥(莫)-덕정응화(德正應和)〉 등의 뜻을 내지만 여기선 〈없을 무(無)〉로 여기고 새김이 마땅하다.

지(之) 〈그것(이것) 지(之)-피(彼)-시(是), 갈 지(之)-왕(往), 이를 지(之)-지(至), 주격-소유격-목적격 등의 토씨 지(之), 뜻 없는 허사(虛詞) 지(之)〉 등의 뜻을 내지만 여기선 〈그것 지(之)〉로 여기고 새김이 마땅하다.

승(勝) 〈막을(끊을) 승(勝)-알(遏), 멸할(없앨) 승(勝)-멸(滅)-망(亡), 무릅쓸 승(勝)-극(克), 이길 승(勝)-부지대(負之對), 맡을 승(勝)-임(任), 뛰어날 승(勝)-감(堪), 들 승(勝)-거(擧), 다할 승(勝)-진(盡), 오를 승(勝)-승(乘), 능할 승(勝)-능(能), 지극할 승(勝)-극(極), 더할 승(勝)-익(益), 무성할 승(勝)-성(盛), 많을 승(勝)-다(多), 지나칠 승(勝)-과(過), 둘 승(勝)-이(二), 뛰어날 승(勝)-우(優)-출중(出衆)-우월(優越), 행할 승(勝)-행(行), 곧을 승(勝)-직(直)-정(正)〉 등의 뜻을 내지만 여기선 〈막을 알(遏)〉과 같다 여기고 새김이 마땅하다.

길(吉) 〈좋을(행복할) 길(吉)-선(善)-영(令) {영월길일(令月吉日)은 선월선일(善月善日)임.}, 복 길(吉)-실(實)-선실(善實)-복(福), 예의를 따라 상서로울 길(吉)-예의순상

(禮義順祥), 삼갈 길(吉)-근(謹), 초하루 길(吉)-삭일(朔日) {삭망(朔望) 즉 초하루[朔]와 그믐날[望]}, 길례 길(吉)-길례(吉禮) {오례지일(五禮之一) 길흉빈군가(吉凶賓軍嘉)}, 갈 길(吉)-행(行)-길(趌)〉 등의 뜻을 내지만 여기선 〈좋을 선(善)-영(令)〉 즉 행복(幸福), 행운(幸運) 등과 같다 여기고 새김이 마땅하다.

註 손일색이득녀(巽一索而得女) 고(故) 위지장녀(謂之長女) : 손은[巽 : ☴] 첫 번째[一] 구해서[索而] 여자를[女] 얻는다[得]. 그래서[故] 그것을[之] 장녀라[長女] 한다[謂].

「설괘전(說卦傳)」 10단락(段落)

註 간삼색이득남(艮三索而得男) 고(故) 위지소남(謂之少男) : 간은[艮 : ☶] 세 번째[三] 구해서[索而] 아들을[男] 얻는다[得]. 그래서[故] 그것을[之] 소남이라[少男] 한다[謂].

「설괘전(說卦傳)」 10단락(段落)

상구(上九 : ⚊)

上九 : 鴻漸于陸이다 **其羽可用爲儀**니 **吉**하리라
홍 점 우 륙 　 기 우 가 용 위 의 　 길

상구(上九) : 기러기가[鴻] 하늘길로[于陸] 차츰 날아간다[漸]. 그[其] 깃털을[羽] 써서[用] 법도로[儀] 삼을[爲] 수 있으니[可] 행운을 누린다[吉].

【상구(上九)의 효상(爻象) 풀이】

점괘(漸卦 : ䷴)의 상구(上九 : ⚊)는 이양거음(以陽居陰) 즉 양(陽 : ⚊)으로써[以] 음(陰 : ⚋)의 자리에 있는지라[居] 정당한 자리에 있지 못하다. 상구(上九 : ⚊)와 구오(九五 : ⚊)는 양양(兩陽) 즉 둘 다[兩] 양(陽 : ⚊)인지라 비(比) 즉 이웃의 사귐[比]을 누릴 수 없다. 상구(上九 : ⚊)와 구삼(九三 : ⚊)도 양양(兩陽)인지라 불응(不應) 즉 서로 호응하지 못한다[不應]. 이에 상구(上九 : ⚊)는 무친(無親) 즉 가까이할 데가[親] 없는[無] 지경이지만 점괘(漸卦 : ䷴)의 극위(極位)에 오른지라 아래쪽 어느 효(爻)에도 걸림 없이 천공(天空) 높이 훨훨 날아가는 큰 기러기[鴻] 같은 모습이다.

점괘(漸卦 : ䷴)의 상구(上九 : ⚊)가 상륙(上六 : ⚋)으로 변효(變爻)하면 상구(上九 : ⚊)는 점괘(漸卦 : ䷴)를 39번째 건괘(蹇卦 : ䷦)로 지괘(之卦)하게 한다. 따라서 점괘(漸卦 : ䷴)의 상구(上九 : ⚊)는 건괘(蹇卦 : ䷦)의 상륙(上六 : ⚋)을 찾아가 살펴보게 한다.

【상구(上九)의 계사(繫辭) 풀이】

鴻漸于陸(홍점우륙)

기러기가[鴻] 하늘길로[于陸] 차츰 날아간다[漸].

〈홍점우륙(鴻漸于陸)〉은 상구(上九 : ⚊)의 효위(爻位)를 들어 암시한 계사(繫辭)이다. 〈홍점우륙(鴻漸于陸〉은 〈상구지홍점우륙(九五之鴻漸于陸)〉의 줄임으로 여기고 〈상구의[上九之] 기러기가[鴻] 하늘길로[于陸] 차츰 날아간다[漸]〉라고 새겨볼 것이다.

〈홍점우륙(鴻漸于陸)〉은 상구(上九 : ⚊)가 점괘(漸卦 : ䷴)의 극위(極位)에 있음을 암시한다. 〈홍점우륙(鴻漸于陸)〉에서 〈우륙(于陸)의 육(陸)〉은 〈언덕 아(阿) 또는 구방(九方)으로 통하는 큰길 규(逵)〉의 오자(誤字)라고 여러 전인(前人)들이 주소(註疏)하고 있다. 〈홍점우륙(鴻漸于陸)〉은 이미 구삼(九三 : ⚊)의 효상(爻象)이었으니 이는 이미 상구(上九 : ⚊)가 거쳐 온 바인지라 상구(上九 : ⚊)가 거기로 되돌아갈 수는 없다. 따라서 〈홍점우륙(鴻漸于陸)〉을 〈홍점우규(鴻漸于逵)〉로 여기고 주소(註疏)를 따라 헤아려 새김이 마땅할 것이다. 여기서 〈규(逵)〉란 운로(雲路) 즉 구름이 오가는 길이니 구방(九方)의 하늘길이다. 상구(上九 : ⚊)는 점괘(漸卦 : ䷴)의 극위(極位)에 있는지라 이 극위(極位)란 낮은 데서 높은 데로 상진(上進)했다는 뜻만은 아니다. 오히려 거쳐 온 산야(山野)를 훨훨 떠나 구방으로 통하는 규구(逵衢) 즉 하늘길[逵]의 네 거리[衢] 즉 구름과 바람이 오가는 천공(天空)을 훨훨 점점 가까이 날아가는[漸] 큰 기러기[鴻]가 26번째 대축괘(大畜卦 : ䷙) 상구(上九 : ⚊)의 계사(繫辭)인 〈하천지구(何天之衢)〉 즉 〈어찌[何] 하늘의[天之] 네거리뿐이리오[衢]〉를 연상시킨다. 산야를 떠나고 인간세마저 떠나 천공(天空)의 구방(九方)으로 통하는 큰길로[逵] 차츰 날아가는[漸] 큰 기러기[鴻]를 들어 상구(上九 : ⚊)의 취상(取象)을 암시한 계사(繫辭)가 〈홍점우륙(鴻漸于陸)〉이다.

其羽可用爲儀(기우가용위의) 吉(길)

그[其] 깃털을[羽] 써서[用] 법도로[儀] 삼을[爲] 수 있다[可]. 행운을 누린다[吉].

〈기우가용위의(其羽可用爲儀)〉는 상구(上九 : ㅡ)가 극위(極位)에 있지만 현자(賢者)로서 우뚝함을 암시한 계사(繫辭)이다. 〈기우가용위의(其羽可用爲儀)〉는 〈상구가용홍지우위의도(上九可用鴻之羽爲儀度)〉의 줄임으로 여기고 〈상구가[上九] 기러기의[鴻之] 깃털을[羽] 써서[用] 법도로[儀度] 삼을[爲] 수 있다[可]〉라고 새겨볼 것이다. 〈기우가용위의(其羽可用爲儀)의 기우(其羽)〉는 〈홍지우(鴻之羽)〉의 줄임으로 큰 기러기의[鴻之] 깃털[羽]을 말한다.

〈기우가용위의(其羽可用爲儀)〉는 극위(極位)에 있는 상구(上九 : ㅡ)가 은자(隱者)로서 만족함을 암시한다. 〈기우가용위의(其羽可用爲儀)〉에서 〈위의(爲儀)〉는 상구(上九 : ㅡ)가 큰 기러기의[其] 깃털[羽]로써[以] 의를[儀] 삼음[爲]을 뜻한다. 〈위의(爲儀)의 의(儀)〉는 〈은자지의(隱者之儀)〉의 줄임이니 여기 〈위의(爲儀)〉를 은자의[隱者之] 법도[儀]로 새김이 마땅하다. 〈위의(爲儀)〉에서 〈의(儀)〉는 법도(法度) 즉 정도를 본받는[法] 몸가짐[度]을 뜻한다.

〈기우가용(其羽可用)〉과 〈위의(爲儀)〉가 고래(古來)로 큰 기러기의[鴻] 깃털[羽]을 지극한 은자(隱者) 즉 세상의 온갖 욕심을 다 버린 사람[隱者]으로 비유해 왔음을 상기시켜 헤아리게 하고, 나아가 『시경(詩經)』의 「빈풍(豳風)」에 〈홍(鴻)〉으로써 주공(周公)을 비유하는 [구역(九罭)]을 떠올려 헤아려보게 한다. 예부터 홍비(鴻飛) 즉 큰 기러기가[鴻] 날아가면서[飛] 떨어뜨린 깃털[羽]을 은자(隱者)의 덕행으로 여겼다. 이에 상구(上九 : ㅡ)가 〈기우가용(其羽可用)〉 즉 그[其] 깃털을[羽] 활용할 수 있다[可用]는 계사(繫辭)가 상구(上九 : ㅡ)가 지극한 은자(隱者)임을 암시하는 것임을 알아챌 수 있고, 동시에 상구(上九 : ㅡ)가 〈기우(其羽)〉를 지극한 은자(隱者)의 〈의(儀)〉 즉 법도(法道)로 삼음을 암시한 것이 〈위의(爲儀)〉임을 알아챌 수 있다. 상구(上九 : ㅡ)가 큰 기러기의[鴻] 깃털[羽]을 예사 것으로 여기지 않고 지극한 은자(隱者)의 위의(威儀) 즉 엄숙한[威] 차림새[儀]로 받아들여 은자(隱者)가 본받는[法] 몸가짐[度]으로 삼는다 함은, 상구(上九 : ㅡ)가 극위(極位)에서 은 자(隱者)로서 자리함을 〈기우가용위의(其羽可用爲儀)〉가 암시한다. 이에 상구(上九 : ㅡ)가 극위(極位)에 있을지라도 인간세(人間世)의 유대(紐帶)를 완전히 벗어나 천공(天空)의 구방(九方)을 훨훨 날아 노니는 큰 기러기[鴻] 같은지라 길(吉)할 수밖에 없음을 암시한 계사(繫辭)가 〈기우가용위의(其羽可用爲儀) 길(吉)〉이다.

【字典】

홍(鴻) 〈큰 기러기 홍(鴻)-수양조(隨陽鳥), 번갈아 할 홍(鴻)-대(代), 클 홍(鴻)-대(大), 무성할 홍(鴻)-성(盛), 큰물 홍(鴻)-대수(大水)-홍수(洪水), 강할 홍(鴻)-강(强), 품팔이 홍(鴻)-용(傭)〉 등의 뜻을 내지만 여기선 〈기러기 홍(鴻)〉으로 여기고 새김이 마땅하다.

漸 〈점-참〉 두 가지로 발음되고, 〈서서히 가까워질(나아갈) 점(漸)-근(近)-진(進), 차차 점(漸)-차(次), 점점 점(漸)-초(稍), 번질 점(漸)-침입(浸入), 묻을 점(漸)-염(染), 물 흘러들어갈 점(漸)-유(流), 젖을 점(漸)-습(濕), 흡족할 점(漸)-흡(洽), 높을 참(漸)-고(高)〉 등의 뜻을 내지만 여기선 〈서서히 가까워질 점근(漸近)〉으로 여기고 새김이 마땅하다.

우(于) 〈~에서(~으로, ~부터) 우(于)-어(於), 갈 우(于)-왕(往), 써 우(于)-이(以), 할 우(于)-위(爲), 여기 우(于)-시(是), 도울 우(于)-조(助), 클 우(于)-대(大), 구할 우(于)-구(求), 자족하는 모습 우(于)-자족모(自足貌)〉 등의 뜻을 내지만 여기선 〈~에서 어(於)〉와 같다 여기고 새김이 마땅하다.

육(陸) 〈산 위의 뭍 육(陸)-산상고평(山上高平), 높은 평지 육(陸)-고평지(高平地), 큰 언덕 육(陸)-대부(大阜), 길 육(陸)-노(路), 가운데 육(陸)-중(中), 두터울 육(陸)-후(厚), 화목할 육(陸)-화목(和睦), 뛸(도약할) 육(陸)-도(跳), 여섯 육(陸)-육(六)〉 등의 뜻을 내지만 〈산 위의 뭍 산상고평(山上高平)〉으로 여기고 새김이 마땅하지만, 여기선 〈큰길 규(逵)〉의 오자(誤字)로 여기고 〈육(陸)〉을 〈규(逵)〉로 고쳐 새김이 마땅하다.

기(其) 〈그것 기(其)-피(彼)-지(之), 그럴 기(其)-연(然), 어찌 기(其)-기(豈), 누를 기(其)-억(抑), 오히려 기(其)-상(尙)-서기(庶幾), 이에 기(其)-내(乃), 만약 기(其)-약(若), 장차 기(其)-장(將), 어조사 기(其)-어조사(語助辭)〉 등의 뜻을 내지만 여기선 〈그것 기(其)〉로 여기고 새김이 마땅하다.

우(羽) 〈새의 깃털 우(羽)-조모(鳥毛), 나는 곤충의 날아갈 우(羽)-비충혈(飛蟲

翅), 춤꾼이 손에 든 꿩 꼬리깃털 우(羽)-악무자소집이치미위지(樂舞者所執以雉尾爲之), 낚시찌 우(羽)-조부(釣浮), 화살의 깃(화살) 우(羽)-시익(矢翼), 오음의 하나 우(羽)-오음지일(五音之一), 작은 기러기 우(羽)-안(雁), 펼 우(羽)-서(舒), 모을 우(羽)-취(聚)〉 등의 뜻을 내지만 여기선 〈깃털 우(羽)〉로 여기고 새김이 마땅하다.

可 〈가-극〉 두 가지로 발음되고, 〈할 수 있을 가(可)-능(能), 마땅할 가(可)-의(宜)-당(當), 옳을 가(可)-부지대(否之對), 허락할 가(可)-허(許)-긍(肯), 착할 가(可)-선(善), 합의할 가(可)-합의(合意), 괜찮을 가(可)-미족지사(未足之辭), 족할 가(可)-족(足), 바 가(可)-소(所), 멈출 가(可)-지(止), 뜻을 이룰 가(可)-수의(遂意), 쓸 가(可)-용(用), 만큼 가(可)-정(程), 겨우 가(可)-근(僅), 오랑캐 극(可)〉 등의 뜻을 내지만 여기선 〈할 수 있을 능(能)〉과 같다 여기고 새김이 마땅하다.

용(用) 〈쓸 용(用)-시(施)-행(行), 쓰일(부릴) 용(用)-사(使), 맡길 용(用)-임(任), 위할 용(用)-위(爲), 갖출 용(用)-비(備)〉 등의 뜻을 내지만 여기선 〈쓸 시(施)〉와 같다 여기고 새김이 마땅하다.

위(爲) 〈생각할 위(爲)-사(思), 될(이룰) 위(爲)-성(成), 할 위(爲)-조(造), 행할 위(爲)-행(行)-작(作), 하여금 위(爲)-사(使), 만들 위(爲)-산(産), 배울 위(爲)-학(學), 다스릴 위(爲)-치(治), 도울 위(爲)-조(助), 호위할 위(爲)-호(護), 칭할 위(爲)-칭(稱), 꾀할 위(爲)-모(謀)〉 등의 뜻을 내지만 이 외에도 전후문맥(前後文脈)에 따라 다양하게 뜻을 구사하는 〈위(爲)〉 자(字)이다. 여기선 〈생각할 사(思)〉와 같다 여기고 새김이 마땅하다. 〈위(爲)〉를 영어에서 대리동사 노릇을 하는 〈do〉와 같다 여겨도 된다. 그리고 〈위(爲)〉는 뜻 없는 어조사 노릇도 하고, 〈소이(所以)〉와 같은 구실도 하여 〈까닭 위(爲)〉 노릇도 하며, 〈위(爲)〉는 구문(句文)에서 마치 영어의 수동태 〈be동사〉 같은 노릇도 한다. 예를 들자면 〈A解B〉를 〈B爲解於A〉 꼴로 하여 영어의 수동태 같은 노릇도 한다. 〈A가 B를 해명하다[解]〉 〈B가 A에 의해서[於] 해명되다[爲解]〉 이처럼 〈위(爲)〉 바로 뒤에 동사 노릇을 하는 자(字)가 오면 그 자(字)를 수동태가 되게 하는 구실을 〈위(爲)〉가 하는 셈이니 이런 경우의 〈위(爲)〉는 〈견(見)-피(被)〉 등과 같은 셈이다. 〈위(爲)〉는 또 〈~에서 위(爲)-어(於), 이에 위(爲)-내(乃)〉 등과 같이 다양한 어조사 노릇도 하고, 〈이 위(爲)-시(是)〉와 같이 지시어 노릇도 한다.

의(儀) 〈법도(법칙) 의(儀)-도(度)-법(法)-칙(則), 모양 의(儀)-용(容), 예의 의(儀)-

예의(禮儀), 예 의(儀)-예(禮), 예물 의(儀)-예물(禮物), 풍속 의(儀)-풍속(風俗), 도모할 의(儀)-도모(圖謀), 말할 의(儀)-언(言), 향할 의(儀)-향(向), 나 의(儀)-아(我), 측도에 쓰는 기구 의(儀)-의기(儀器), 올 의(儀)-내(來), 좋을 의(儀)-의(宜)-선(善)-정(正), 짝 의(儀)-필(匹), 현명할 의(儀)-현(賢), 볼 의(儀)-견(見)〉 등의 뜻을 내지만 여기선 〈법도(法度)〉로 여기고 새김이 마땅하다.

길(吉) 〈좋을(행복할) 길(吉)-선(善)-영(令) {영월길일(令月吉日)은 선월선일(善月善日)임.}, 복 길(吉)-실(實)-선실(善實)-복(福), 예의를 따라 상서로울 길(吉)-예의순상(禮義順祥), 삼갈 길(吉)-근(謹), 초하루 길(吉)-삭일(朔日) {삭망(朔望) 즉 초하루[朔]와 그믐날[望]}, 길례 길(吉)-길례(吉禮) {오례지일(五禮之一) 길흉빈군가(吉凶賓軍嘉)}, 갈 길(吉)-행(行)-길(趌)〉 등의 뜻을 내지만 여기선 〈좋을 선(善)-영(令)〉 즉 행복(幸福), 행운(幸運) 등과 같다 여기고 새김이 마땅하다.

註 홍비준저(鴻飛遵渚) / 공귀무소(公歸無所) 어녀신처(於女信處) / 홍비준륙(鴻飛遵陸) / 공귀불복(公歸不復) 어녀신숙(於女信宿) : 기러기[鴻] 날아와[飛] 모래톱에[渚] 노니네[遵]. / 공께서[公] 돌아가면[歸] 머물 곳[所] 없으랴[無]. 너희들에게[於女] 이틀 밤[信] 머묾일세[處]. / 기러기[鴻] 날아와[飛] 뭍에[陸] 노니네[遵]. / 공께서[公] 돌아가면[歸] 다시 오시지[復] 않으리[不]. 너희들에게[於女] 이틀 밤[信] 유숙함일세[宿]. 여기 〈홍(鴻)〉은 〈공(公)〉 즉 주(周)나라의 현자(賢者) 주공(周公)을 말한다. 『시경(詩經)』「국풍(國風)」 제(第)15 [빈풍(豳風)] 6구역(九罭) 3~6장(章)

귀매괘
歸妹卦

54

1 괘의 괘상과 계사

귀매괘(歸妹卦 : ䷵)

태하진상(兌下震上) : 아래는[下] 태(兌 : ☱), 위는[上] 진(震 : ☳).

뇌택귀매(雷澤歸妹) : 우레와[雷] 못은[澤] 귀매이다[歸妹].

歸妹는 征凶하니 无攸利하니라
귀 매 정 흉 무 유 리

시집가는[歸] 소녀가[妹] 나아가면[征] 불행하니[凶] 이로울[利] 바가[攸] 없다[无].

【귀매괘(歸妹卦 : ䷵)의 괘상(卦象) 풀이】

앞 점괘(漸卦 : ䷴)의 〈점(漸)〉이란 진(進) 즉 나아감[進]을 말한다. 이에 「서괘전(序卦傳)」에 〈점이라는[漸] 것은[者] 나아감[進]이니[也] 나아가면[進] 반드시[必] 돌아오는[歸] 바가[所] 있다[有] 그래서[故] 귀매괘(歸妹卦 : ䷵)로써[以] 그것을[之] 받는다[受]〉라는 말이 나온다. 이는 점괘(漸卦 : ䷴) 뒤에 귀매괘(歸妹卦 : ䷵)가 오는 까닭을 밝힌다. 나아감[漸]이 다하면 돌아옴[歸]이 오고 돌아옴이 다하면 나아감이 옴이 천도(天道) 즉 자연의[天] 이치[道]이다. 귀매괘(歸妹卦 : ䷵)는 점괘(漸卦 : ䷴)의 도괘(倒卦) 즉 거꾸로 된[倒] 괘(卦)로 드러난다. 「설괘전(說卦傳)」에 〈진은[震 : ☳] 맏아들[長子]이다[爲] …… 태는[兌 : ☱] 막내딸[少女]이다[爲]〉라는 내용이 나온다. 우레가[雷] 위에서[上] 진동하니[震] 못이[澤] 아래에서[下] 기뻐하며[悅] 따름인지라, 소녀(少女)가 장남(長男)을 따르는 모습이다. 진(震 : ☳)의 괘속(卦屬)이 큰아들[長子]이고 태(兌 : ☱)의 괘속(卦屬)이 막내딸[少女]임을 들어, 태(兌 : ☱)의 소녀(少女)가 진(震 : ☳)의 장남(長男)에게로 귀매(歸妹) 즉 소녀가[妹] 시집가는[歸] 모습을 빌려 귀매괘(歸妹卦 : ䷵)라 칭명(稱名)한다.

【귀매괘(歸妹卦 : ䷵)의 계사(繫辭) 풀이】

歸妹(귀매) 征凶(정흉)

시집가는[歸] 소녀가[妹] 나아가면[征] 불행하다[凶].

〈귀매(歸妹)〉는 귀매괘(歸妹卦 : ䷵) 상하체(上下體)의 괘속(卦屬)으로써 괘상(卦象)을 밝힌 괘사(卦辭)이다. 〈귀매(歸妹)〉는 누이동생을[妹] 시집보낸다[歸]는 것이다. 여기서 왜 〈가매(嫁妹)〉라 않고 〈귀매(歸妹)〉라 하는지 주목해야 한다. 고대(古代)에 주대(周代)까지만 해도 혼사를 맺을 때는 장녀만 시집보내는 것이 아니라 질제(姪娣) 즉 한 피붙이 여자형제[姪娣]를 공가(共嫁) 즉 함께[共] 시집보내서[嫁] 일부(一夫) 즉 한[一] 남편[夫]과 더불어 살았다. 한 남편을 두고 자매(姉妹) 중에서 〈자(姉)〉는 정처(正妻)로서 정실(正室)로 살았고, 〈매(妹)〉는 방처(旁妻)로서 측실(側室)로 살아야 했다. 방처(旁妻)-측실(側室)이란 첩실(妾室)로 통한다. 그래서 〈귀매(歸妹)〉를 쇠락지녀(衰落之女) 즉 시들어[衰] 떨어져가는[落之] 여인[女]이라 부르기도 한다. 〈귀매(歸妹)의 귀(歸)〉는 귀매괘(歸妹卦 : ䷵)의 육삼(六三 : ⚋)과 구사(九四 : ⚊)의 비(比) 즉 이웃의 사귐[比]을 듦이고, 〈귀매(歸妹)의 매(妹)〉는 귀매괘(歸妹卦 : ䷵)의 하체(下體)인 태(兌 : ☱)의 괘속(卦屬)이 소녀(少女)임을 들어 〈귀매(歸妹)〉라고 밝힌 것이지만, 장녀가 시집갈 때 〈매(妹)〉 즉 장녀의 동생인 소녀(少女)는 정실(正室)인 장녀를 복종해야 하는 측실(側室)로서 따라가야 했던 주대(周代)의 혼인 풍속을 살펴 헤아리게 하는 괘사(卦辭)이다.

〈정흉(征凶)〉은 〈귀매(歸妹)〉가 행복하지 못함을 밝힌 괘사(卦辭)이다. 〈정흉(征凶)의 정(征)〉은 〈귀매(歸妹)〉의 혼사가 행(行)해짐을 뜻하고, 〈정흉(征凶)의 흉(凶)〉은 행한 혼사가 행복한 것은 아님을 암시한다. 물론 〈귀매(歸妹)〉가 장녀를 시집보낼 때 첩실(妾室)로 〈매(妹)〉를 딸려 보냈던 고대 중국의 혼인풍속을 들어 불행하다[凶] 한 것이라고 풀이할 것은 아니다. 고대 당시는 한 남편에게로 자매공가(姉妹共嫁) 즉 자매가[姉妹] 함께[共] 시집가는[嫁] 혼사를 당연한 풍속으로 여겼으니, 그런 혼사를 두고 〈흉(凶)〉이라고 괘사(卦辭)가 밝힐 리는 없다. 따라서 〈정흉(征凶)의 흉(凶)〉은 귀매괘(歸妹卦 : ䷵) 육삼(六三 : ⚋)의 자리가 양(陽 : ⚊)의 자리인지라 부정위(不正位) 즉 정당하지 못한[不正] 자리[位]에 있고, 구사

(九四 : ⚊)의 자리는 음(陰 : ⚋)의 자리인지라 구사(九四 : ⚊) 역시 부정위(不正位)에 있어서 육삼(六三 : ⚋)과 구사(九四 : ⚊)가 서로 짝이 되기에는 정당하지 못함을 들어 불행하다[凶]고 암시한 괘사(卦辭)이다.

无攸利(무유리)

이로울[利] 바가[攸] 없다[无].

〈무유리(无攸利)〉는 앞 〈정흉(征凶)의 흉(凶)〉을 거듭해 밝힌 괘사(卦辭)이다. 어느 경우이든 이로울[利] 바가[攸] 없다[无] 함은 해로운[害] 것만[攸] 있다[有]는 말이다. 이런 경우란 정상(正常)을 누릴 수 없으니 당연히 흉(凶)하다. 귀매괘(歸妹卦 : ䷵)의 육삼(六三 : ⚋)과 구사(九四 : ⚊)의 처지란 궁(窮)하기 짝이 없다. 아래로는 두 양효(陽爻 : ⚊)와 위로는 두 음효(陰爻 : ⚋) 사이에 육삼(六三 : ⚋)과 구사(九四 : ⚊)는 서로 부정위(不正位) 즉 정당하지 못한[不正] 자리[位]에 끼어 있으면서, 특히 육삼(六三 : ⚋)은 강강(剛强)한 두 양기(陽氣 : ⚊)를 올라타고 있는지라 이로울[利] 바가[攸] 없음[无]을 밝힌 괘사(卦辭)가 〈무유리(无攸利)〉이다.

【字典】

歸 〈귀-궤〉 두 가지로 발음되고, 〈시집갈 귀(歸)-가(嫁)-여가(女嫁), 갈 귀(歸)-왕(往), 돌아올 귀(歸)-환(還), 돌려보낼 곳 귀(歸)-반원처(反原處), 자리로 돌아올 귀(歸)-복위(復位), 목표에 이를 귀(歸)-지어목표(至於目標), 나아가 좇을 귀(歸)-취(就), 던질 귀(歸)-투(投), 붙좇을 귀(歸)-부(附), 허락할 귀(歸)-허(許), 간직할 귀(歸)-장(藏), 합할 귀(歸)-합(合), 죽을 귀(歸)-사(死), 사물의 끝 귀(歸)-종(終), 품을 귀(歸)-회(懷), 맡길 귀(歸)-위임(委任), 자수할 귀(歸)-자수(自首), 괘 이름 귀(歸)-괘명(卦名), 먹일 궤(歸)-궤(饋), 건량할 궤(歸)-향(餉), 끼칠(남길) 궤(歸)-유(遺)〉 등의 뜻을 내지만 여기선 〈시집갈 귀(歸)〉로 새김이 마땅하다.

매(妹) 〈누이동생 매(妹)-여제(女弟), 소녀 매(妹)-소녀(少女), 태괘 매(妹)-태괘(兌卦), 몽매할 매(妹)-매(昧)〉 등의 뜻을 내지만 여기선 〈누이동생 여제(女弟)〉로 여기고 새김이 마땅하다.

정(征) 〈행할(갈) 정(征)-행(行), 칠 정(征)-벌(伐)-토(討), 순행할 정(征)-순행(巡行), 멀 정(征)-원(遠), 취할 정(征)-벌(伐)-취(取), 세금 매길 정(征)-부세(賦稅)-징세(徵

稅)〉 등의 뜻을 내지만 여기선 〈행할 행(行)〉과 같다 여기고 새김이 마땅하다.

흉(凶) 〈불행할(흉할) 흉(凶)-길지반(吉之反), 걱정할 흉(凶)-우(憂)-구(懼), 흉한 사람 흉(凶)-흉인(凶人), 나쁠 흉(凶)-오(惡), 재앙 흉(凶)-화(禍), 요사할 흉(凶)-요사(夭死), 악한 사람 흉(凶)-악인(惡人), 흉년 흉(凶)-연곡불숙(年穀不熟), 사나울 흉(凶)-포학(暴虐), 음기 흉(凶)-음기(陰氣), 북쪽 흉(凶)-북(北), 없을 흉(凶)-공(空), 송사 흉(凶)-송(訟), 거역할 흉(凶)-역(逆), 어그러질 흉(凶)-패(悖), 허물 흉(凶)-구(咎)〉 등의 뜻을 내지만 여기선 〈불행할(흉할) 길지반(吉之反)〉으로 여기고 새김이 마땅하다.

무(无) 〈없을 무(无)-무(無), 허무지도 무(无)-허무지도(虛无之道), 으뜸 무(无)-원(元)〉 등의 뜻을 내지만 여기선 〈없을 무(無)〉와 같다 여기고 새김이 마땅하다.

유(攸) 〈바(것) 유(攸)-소(所), 곳 유(攸)-소(所), 흘러가는 물 유(攸)-행수(行水), 아득할 유(攸)-장원(長遠)-유(悠), 닦을 유(攸)-수(修), 터득한 모습 유(攸)-자득모(自得貌), 빠를 유(攸)-숙(儵), 대롱거릴 유(攸)-현위모(懸危貌), 수심에 찬 모습 유(攸)-수모(愁貌)〉 등의 뜻을 내지만 여기선 〈바 소(所)〉와 같다 여기고 새김이 마땅하다.

이(利) 〈이로울 이(利)-익(益), 좋을 이(利)-길(吉)-의(宜), 만물로 하여금 삶을 이루어가게 하는 덕(德)의 이로울 이(利)-사만물수생지덕(使萬物遂生之德), 날카로울 이(利)-예(銳)-섬(銛), 질병 이(利)-질(疾), 통할 이(利)-통(通)-순(順), 편리할 이(利)-편(便), 마름해 만들어 이룰 이(利)-재성(裁成), 탐할 이(利)-탐(貪), 구할(취할) 이(利)-구(求)-취(取), 좋아할 이(利)-열애(悅愛), 기교 이(利)-교(巧), 보람 이(利)-공용(功用), 지세가 험하고 중요한 이(利)-험요(險要), 이길 이(利)-승(勝), 어질 이(利)-인(仁)〉 등의 뜻을 내지만 여기선 〈이로울 익(益) 또는 좋을 의(宜)〉로 여기고 새김이 마땅하다. 〈利〉가 맨 앞에 오면 〈이〉로 발음되고, 중간이나 뒤에 오면 〈리〉로 발음된다.

註 진위장자(震爲長子) : 진은[震 : ☳] 큰아들[長子]이다[爲]. 「설괘전(說卦傳)」 11단락(段落)

註 태위소녀(兌爲少女) : 태는[兌 : ☱] 막내딸[少女]이다[爲]. 「설괘전(說卦傳)」 11단락(段落)

2 효의 효상과 계사

初九 : 歸妹以娣라 跛能履니 征吉하리라
귀매이제 파능리 정길

九二 : 眇能視니 利幽人之貞하니라
묘능시 이유인지정

六三 : 歸妹以須요 反歸以娣니라
귀매이수 반귀이제

九四 : 歸妹愆期라 遲歸有時니라
귀매건기 지귀유시

六五 : 帝乙歸妹라 其君之袂不如其娣之袂良이다 月幾望이니 吉하리라
제을귀매 기군지몌불여기제지몌량 월기망 길

上六 : 女承筐无實하고 士刲羊无血이니 无攸利니라
여승광무실 사규양무혈 무유리

초구(初九) : 첩[娣]으로서[以] 막내딸을[妹] 시집보낸다[歸]. 절뚝발이라도[跛] 걸을[履] 수 있으니[能] 나아가면[征] 좋으리라[吉].

구이(九二) : 애꾸눈도[眇] 볼[視] 수 있으니[能] 속세를 떠나 사는[幽] 사람의[人之] 진실한 미더움이[貞] 이롭다[利].

육삼(六三) : 막내딸을[妹] 시집보내기[歸]로써[以] 기다리다가[須] 그런데[反] 첩실[娣]로서[以] 시집간다[歸].

구사(九四) : 막내딸을[妹] 시집보내는데[歸] 시기를[期] 지나쳤다[愆]. 시집가기를[歸] 늦춤에는[遲] 때가[時] 있음이다[有].

육오(六五) : 임금인[帝] 을이[乙] 막내여동생을[妹] 시집보냈다[歸]. 그[其] 여동생의[君之] 옷이[袂] 제을의[其] 후궁의[娣之] 옷보다[袂] 좋지[良] 않아 보였다[不如]. 달이[月] 보름달에[望] 가까우니[幾] 좋을 것이다[吉].

상륙(上六) : 여자가[女] 광주리를[筐] 이어받았지만[承] 과일이[實] 없고[无] 남자가[士] 양을[羊] 잡았지만[刲] 피가[血] 없으니[无] 이로울[利] 바가[攸] 없다[无].

초구(初九 : ─)

初九 : 歸妹以娣라 跛能履니 征吉하리라
귀매이제 파능리 정길

초구(初九) : 첩[娣]으로서[以] 막내딸을[妹] 시집보낸다[歸]. 절뚝발이라도 [跛] 걸을[履] 수 있으니[能] 나아가면[征] 좋으리라[吉].

【초구(初九)의 효상(爻象) 풀이】

귀매괘(歸妹卦 : ䷵)의 초구(初九 : ─)는 이양거양(以陽居陽) 즉 양(陽 : ─)으로써[以] 양(陽 : ─)의 자리에 있는지라[居] 정당한 자리에 있다. 초구(初九 : ─)와 구이(九二 : ─)는 양양(兩陽) 즉 둘 다[兩] 양(陽 : ─)인지라 비(比) 즉 이웃의 사귐[比]을 누리지 못하는 사이이다. 초구(初九 : ─)와 구사(九四 : ─)도 양양(兩陽)인지라 불응(不應) 즉 서로 호응하지 못하는 처지이다. 이에 초구(初九 : ─)는 사고무친(四顧無親) 즉 사방을[四] 돌아봐도[顧] 가까운 이가[親] 없지만[無], 강강(剛强) 즉 굳세고[剛] 강한[强] 초구(初九 : ─)는 실의(失意)하지 않는 모습이다.

귀매괘(歸妹卦 : ䷵)의 초구(初九 : ─)가 초륙(初六 : --)으로 변효(變爻)하면 초구(初九 : ─)는 귀매괘(歸妹卦 : ䷵)를 40번째 해괘(解卦 : ䷧)로 지괘(之卦)하게 한다. 따라서 귀매괘(歸妹卦 : ䷵)의 초구(初九 : ─)는 해괘(解卦 : ䷧)의 초륙(初六 : --)을 찾아가 살펴보게 한다.

【초구(初九)의 계사(繫辭) 풀이】

歸妹以娣(귀매이제)

첩[娣]으로서[以] 막내딸을[妹] 시집보낸다[歸].

〈귀매이제(歸妹以娣)〉는 초구(初九 : ─)의 효위(爻位)를 들어 암시한 계사(繫辭)이다. 〈귀매이제(歸妹以娣)〉는 〈초구여귀매이제지처지(初九如歸妹以娣之處地)〉의 줄임으로 여기고 〈초구는[初九] 첩[娣]으로써[以] 막내딸을[妹] 시집보내는[歸之] 처지와[處地] 같다[如]〉라고 새겨볼 것이다. 〈귀매이제(歸妹以娣)〉에서 〈이

제(以娣)의 제(娣)〉는 정실(正室)의 아내가 아닌 〈첩(妾)〉을 뜻한다.

〈귀매이제(歸妹以娣)〉는 귀매괘(歸妹卦 : ䷵)의 하체(下體) 태(兌 : ☱)의 초효(初爻)인 초구(初九 : ⚊)를 암시한다. 태(兌 : ☱)의 속성이 소녀(少女)에 속하므로, 태(兌 : ☱)의 삼효(三爻)는 모두 「설괘전(說卦傳)」에 나오는 〈태는[兌 : ☱] 막내딸[少女]이다[爲]〉라는 내용의 처지(處地)를 따른다. 〈귀매이제(歸妹以娣)〉는 한 어머니의 소생(所生)인 자매(姉妹) 즉 여자끼리의 언니[姉]와 아우[妹]가 한 남편에게로 공가(共嫁) 즉 함께[共] 시집갔던[嫁] 주시대(周時代)의 혼례를 암시한다. 자매(姉妹) 중에서 언니[姉]는 정실(正室)로서 시집가지만, 아우[妹]는 측실(側室) 즉 방처(旁妻)로서 언니를 따라 시집가는 것을 여기 〈귀매이제(歸妹以娣)〉가 암시한다.

跛能履(파능리) 征吉(정길)

절뚝발이라도[跛] 걸을[履] 수 있으니[能] 나아가면[征] 좋으리라[吉].

〈파능리(跛能履)〉는 〈귀매이제(歸妹以娣)의 이제(以娣)〉를 〈파(跛)〉로 비유하여 암시한 계사(繫辭)이다. 〈파능리(跛能履)〉는 10번째 이괘(履卦 : ䷉) 육삼(六三 : ⚋)의 계사(繫辭)에도 나온다. 〈이제(以娣)의 제(娣)〉란 〈파(跛)〉와 같다. 〈파(跛)〉는 건(蹇) 즉 절뚝발이[蹇]를 말한다. 〈제(娣)〉 즉 첩(妾)이란 정상적으로 걷지 못하는 절뚝발이[跛] 같다는 것이다. 〈제(娣)〉는 한 남편의 처(妻)이되 자신의 뜻대로 처(妻) 노릇을 할 수 없다. 매사를 정처(正妻)의 뜻을 따라 행해야 하고 감히 자신의 뜻에 따라 행동할 수도 없고 주장할 수도 없이 처(妻) 노릇을 하는 〈제(娣)〉 즉 첩실(妾室)로서 시집가는 〈매(妹)〉 즉 누이동생[妹]이란, 뒤뚱거리며 걸을[履] 수 있는[能] 절뚝발이[跛]와 같다고 암시한 계사(繫辭)가 〈파능리(跛能履)〉이다.

〈정길(征吉)〉은 귀매괘(歸妹卦 : ䷵)의 초구(初九 : ⚊)가 〈제(娣)〉의 처지일지언정 강강(剛强)함을 밝힌 계사(繫辭)이다. 〈정길(征吉)의 정(征)〉은 초구(初九 : ⚊)가 강강(剛强)하기 때문에 절뚝발이[跛] 같은 〈제(娣)〉 즉 첩실(妾室)의 처지(處地)일지라도 뒤뚱거리다 넘어지는 절뚝발이[跛]가 아니라 스스로 땅을 밟고 안전하게 발걸음을 디뎌 앞으로 쉼 없이 나아가는[征] 절뚝발이[跛] 같은지라, 초구(初九 : ⚊)가 그 자신의 부도(婦道)를 벗어나지 않아 한 남편 아래서 상화(相和) 즉 서로[相] 어울려[和] 길운(吉運)을 누림을 암시한 계사(繫辭)가 〈정길(征吉)〉이다.

【字典】

歸 〈귀-궤〉 두 가지로 발음되고, 〈시집갈 귀(歸)-가(嫁)-여가(女嫁), 갈 귀(歸)-왕(往), 돌아올 귀(歸)-환(還), 돌려보낼 곳 귀(歸)-반원처(反原處), 자리로 돌아올 귀(歸)-복위(復位), 목표에 이를 귀(歸)-지어목표(至於目標), 나아가 좇을 귀(歸)-취(就), 던질 귀(歸)-투(投), 붙좇을 귀(歸)-부(附), 허락할 귀(歸)-허(許), 간직할 귀(歸)-장(藏), 합할 귀(歸)-합(合), 죽을 귀(歸)-사(死), 사물의 끝 귀(歸)-종(終), 품을 귀(歸)-회(懷), 맡길 귀(歸)-위임(委任), 자수할 귀(歸)-자수(自首), 괘 이름 귀(歸)-괘명(卦名), 먹일 궤(歸)-궤(饋), 건량할 궤(歸)-향(餉), 끼칠(남길) 궤(歸)-유(遺)〉 등의 뜻을 내지만 여기선 〈시집갈 귀(歸)〉로 새김이 마땅하다.

매(妹) 〈누이동생 매(妹)-여제(女弟), 소녀 매(妹)-소녀(少女), 태괘 매(妹)-태괘(兌卦), 몽매할 매(妹)-매(昧)〉 등의 뜻을 내지만 여기선 〈누이동생 여제(女弟)〉로 여기고 새김이 마땅하다.

이(以) 〈써 이(以)-용(用), 본받을 이(以)-법(法), 할 이(以)-위(爲), 생각할 이(以)-사(思), 거느릴 이(以)-솔(率), 그만둘 이(以)-이(已), 때문에 이(以)-인(因) {까닭 이(以)로 명사(名詞) 노릇도 하는데 주로 유이(有以) 무이(無以) 꼴일 때가 대부분임.}, 더불어 이(以)-여(與), 하여금 이(以)-사(使), 이미 이(以)-이(已)〉 등의 뜻을 내고 이 외에도 전후문맥(前後文脈)에 따라 다양한 뜻을 자유롭게 내며 〈그래서 이(以)-소이(所以)-인이(因以)〉처럼 계사(繫詞) 노릇마저도 한다. 여기선 〈써 용(用)〉으로 여기고 새김이 마땅하다.

제(娣) 〈첩 제(娣)-첩(妾), 친자매가 한 남편에게 시집갈 제(娣)-동모자매가일부(同母姉妹嫁一夫), 정실이 측실을 부르는 호칭 제(娣)-형처호제처왈제(兄妻呼弟妻曰娣)〉 등의 뜻을 내지만 〈첩(妾)〉으로 새김이 마땅하다.

跛 〈파-피〉 두 가지로 발음되고, 〈절뚝발이 파(跛)-건(蹇)-행부정(行不正), 기울어지게 설 피(跛)-측립(仄立), 치우칠 피(跛)-편(偏)〉 등의 뜻을 내지만 여기선 〈절뚝발이 건(蹇)〉으로 여기고 새김이 마땅하다.

能 〈능-내-태〉 세 가지로 발음되고, 〈가할 능(能)-가(可), 능할 능(能)-승(勝)-임(任), 착할 능(能)-선(善), 갖출 능(能)-해(該), 미칠(끼칠) 능(能)-급(及), 재능 능(能)-재(才), 따라 익힐 능(能)-순습(順習), (발이 사슴 같은) 곰 능(能)-웅속족사록(熊屬足似鹿), 세발자라 내(能)-삼족별(三足鼈), 별(星) 이름 태(能)-태(台)〉 등의 뜻을 내지만

〈가할 가(可)〉와 같다 여기고 새김이 마땅하다.

이(履) 〈갈(행할) 이(履)-행(行), 밟을 이(履)-천(踐), 걸을 이(履)-보(步), 갖출 이(履)-구(具), 자리에 오를 이(履)-등(登), 가죽신 이(履)-피화(皮靴), 예 이(履)-예(禮), 복 이(履)-복(福), 녹봉 이(履)-녹(祿)〉 등의 뜻을 내지만 〈갈 행(行)〉과 같다 여기고 새김이 마땅하다.

정(征) 〈행할(갈) 정(征)-행(行), 칠 정(征)-벌(伐)-토(討), 순행할 정(征)-순행(巡行), 멀 정(征)-원(遠), 취할 정(征)-벌(伐)-취(取), 세금 매길 정(征)-부세(賦稅)-징세(徵稅)〉 등의 뜻을 내지만 여기선 〈행할 행(行)〉과 같다 여기고 새김이 마땅하다.

길(吉) 〈좋을(행복할) 길(吉)-선(善)-영(令) {영월길일(令月吉日)은 선월선일(善月善日)임.}, 복 길(吉)-실(實)-선실(善實)-복(福), 예의를 따라 상서로울 길(吉)-예의순상(禮義順祥), 삼갈 길(吉)-근(謹), 초하루 길(吉)-삭일(朔日) {삭망(朔望) 즉 초하루[朔]와 그믐날[望]}, 길례 길(吉)-길례(吉禮) {오례지일(五禮之一) 길흉빈군가(吉凶賓軍嘉)}, 갈 길(吉)-행(行)-길(趌)〉 등의 뜻을 내지만 여기선 〈좋을 선(善)-영(令)〉 즉 행복(幸福), 행운(幸運) 등과 같다 여기고 새김이 마땅하다.

註 태위소녀(兌爲少女) : 태는[兌 : ☱] 막내딸[少女]이다[爲]. 「설괘전(說卦傳)」 11단락(段落)

구이(九二 : ⚊)

> **九二 : 眇能視니 利幽人之貞하니라**
> 묘능시 이유인지정
>
> 구이(九二) : 애꾸눈도[眇] 볼[視] 수 있으니[能] 속세를 떠나 사는[幽] 사람의[人之] 진실한 미더움이[貞] 이롭다[利].

【구이(九二)의 효상(爻象) 풀이】

귀매괘(歸妹卦 : ䷵)의 구이(九二 : ⚊)는 이양거음(以陽居陰) 즉 양(陽 : ⚊)으로써[以] 음(陰 : ⚋)의 자리에 있는지라[居] 정당한 자리에 있지 못하다. 구이(九二 : ⚊)와 육삼(六三 : ⚋)은 양음(陽陰)의 사이인지라 비(比) 즉 이웃의 사귐

[比]을 누린다. 구이(九二 : ⚊)와 육오(六五 : ⚋)는 서로 부정위(不正位) 즉 정당한[正] 자리에 있지 못해도[不位] 양음(陽陰)의 사이인지라 정응(正應) 즉 서로 바르게[正] 호응하면서[應] 득중(得中) 즉 정도를 따름을[中] 취하여[得] 상화(相和) 즉 서로[相] 어울리게[和] 하는 모습이다.

> 귀매괘(歸妹卦 : ䷵)의 구이(九二 : ⚊)가 육이(六二 : ⚋)로 변효(變爻)하면 구이(九二 : ⚊)는 귀매괘(歸妹卦 : ䷵)를 51번째 진괘(震卦 : ䷲)로 지괘(之卦)하게 한다. 따라서 귀매괘(歸妹卦 : ䷵)의 구이(九二 : ⚊)는 진괘(震卦 : ䷲)의 육이(六二 : ⚋)를 찾아가 살펴보게 한다.

【구이(九二)의 계사(繫辭) 풀이】

眇能視(묘능시)

애꾸눈도[眇] 볼[視] 수 있다[能].

〈묘능시(眇能視)〉는 구이(九二 : ⚊)의 효위(爻位)를 들어 암시한 계사(繫辭)이다. 〈구이여능시지묘(九二如能視之眇)〉의 줄임으로 여기고 〈구이는[九二] 볼[視] 수 있는[能之] 애꾸눈과[眇] 같다[如]〉라고 새겨볼 것이다.

〈묘능시(眇能視)〉는 구이(九二 : ⚊)가 비록 귀매괘(歸妹卦 : ䷵)의 중효(中爻)이지만 하체(下體)에 있음을 암시한다. 〈묘능시(眇能視)〉는 10번째 이괘(履卦 : ䷉) 육삼(六三 : ⚋)의 계사(繫辭)에도 나온다. 〈묘능시(眇能視)〉는 구이(九二 : ⚊) 역시 비하(卑下)의 처지(處地)임을 암시한다. 초구(初九 : ⚊)의 하위(下位)를 〈파능리(跛能履)〉라고 비유했듯이 구이(九二 : ⚊)를 〈묘능시(眇能視)의 묘(眇)〉를 들어 비유한다. 절뚝발이도[跛] 걸을[履] 수는 있듯이[能] 애꾸눈도[眇] 볼[視] 수는 있다[能]. 구이(九二 : ⚊) 역시 초구(初九 : ⚊)와 같은 처지(處地)에 있음을 암시한 계사(繫辭)가 〈묘능시(眇能視)〉이다.

利幽人之貞(이유인지정)

속세를 떠나 사는[幽] 사람의[人之] 진실한 미더움이[貞] 이롭다[利].

〈이유인지정(利幽人之貞)〉은 구이(九二 : ⚊)가 비하(卑下)의 자리에 있지만 귀매괘(歸妹卦 : ䷵)의 하체(下體) 태(兌 : ☱)의 중효(中爻)임을 암시한 계사(繫辭)이다. 〈이유인지정(利幽人之貞)〉은 〈인위구이유유인지정(因爲九二有幽人之貞) 구이유리(九二有利)〉의 줄임으로 여기고 〈구이에게는[九二] 유인의[幽人之] 진실한 미더움이[貞] 있기[有] 때문에[因爲] 구이에게는[九二] 이로움이[利] 있다[有]〉라고 새겨볼 것이다.

〈이유인지정(利幽人之貞)〉은 구이(九二 : ⚊)가 귀매괘(歸妹卦 : ䷵)의 하체(下體) 태(兌 : ☱)의 중효(中爻)이지만 부정위(不正位)에 있음을 암시한다. 〈유인지정(幽人之貞)의 유인(幽人)〉은 구이(九二 : ⚊)가 태(兌 : ☱)의 중효(中爻)이되 정당한 자리에[正] 있지 못함[不位]을 암시하고, 〈유인지정(幽人之貞)의 정(貞)〉은 태(兌 : ☱)의 중효(中爻)로서 구이(九二 : ⚊)가 득중(得中) 즉 정도를 따름을[中] 취함[得]을 암시한다. 〈유인(幽人)의 유(幽)〉는 〈숨을 은(隱), 어두울 회(晦)〉 등의 뜻을 갖는다. 〈유인(幽人)〉이란 은거지인(隱居之人) 즉 세상에 숨어[隱] 사는[居之] 사람[人]인지라 광채를 감추고 어둠을 취하는 자(者)를 말한다. 〈유인(幽人)의 유(幽)〉란 〈숨을 은(隱)〉과 같아 〈유인(幽人)〉은 곧 은인(隱人)과 같다. 이러한 〈유인(幽人)〉을 들어 귀매괘(歸妹卦 : ䷵)의 하체(下體) 태(兌 : ☱)의 중효(中爻)인 구이(九二 : ⚊)를 취상(取象)한 것이다. 여기 〈유인(幽人)의 유(幽)〉가 「설괘전(說卦傳)」에 나오는 〈태는[兌 : ☱] 못[澤]이다[爲]〉라는 내용을 상기시킨다. 태(兌 : ☱)의 중효(中爻)는 택중(澤中) 곧 수중(水中)과 같다. 수중(水中)이란 〈유(幽)〉 즉 빛을 감추고 어둠을 취하는[幽] 자리인지라, 태(兌 : ☱)의 중효(中爻)인 구이(九二 : ⚊)를 〈유인(幽人)〉으로 취상(取象)한 것이다.

〈유인지정(幽人之貞)의 정(貞)〉은 구이(九二 : ⚊)가 귀매괘(歸妹卦 : ䷵)의 하체(下體) 태(兌 : ☱)의 중효(中爻)로서 육오(六五 : ⚋)와 정응(正應) 즉 정도를 따라[正] 호응하면서[應] 무유사벽(無有邪僻) 즉 간사함과[邪] 치우침이[僻] 결코 없는[無有] 마음 가는 바[貞]를 취함[得]을 암시한다. 〈정(貞)〉이란 성신(誠信) 즉 진실한[誠] 미더움[信]이다. 이런 〈정(貞)〉이란 공정(公正)함이다. 모든 것을 아울러 하나같이[公] 바르게 하여[正] 사사로움이[私] 없고[無] 치우침이[偏] 없다[無]면 절로 공정(公正)함이 성신(誠信) 즉 〈정(貞)〉이다. 만사(萬事)를 행함에 〈정(貞)〉은 성신(誠信) 즉 진실로[誠] 미더워[信] 오로지 공정(公正)하므로 이로울[利] 뿐이고, 〈정(貞)〉으로써 이롭다면 언제 어디서든 막힘없이 통할[亨] 수 있음은 〈정(貞)〉이 득중(得中)하기 때문이다. 따라서 〈유인지정(幽人之貞)〉은 양(陽 : ㅡ)이면서 음(陰 : --)의 자리에 있는 구이(九二 : ㅡ)가 득중(得中)으로써 음양(陰陽) 즉 강유(剛柔)를 상화(相和)하고, 광회(光晦) 즉 광채와[光] 어둠[晦]을 서로[相] 어울리게[和] 함을 암시한다. 왜냐하면 구이(九二 : ㅡ)가 중효(中爻)로서 양(陽 : ㅡ)이면서 음(陰 : --)의 자리에 있기 때문이다. 따라서 구이(九二 : ㅡ)가 자신의 강강(剛强)함에 치우치지 않고 자신이 음(陰 : --)의 자리에 있음을 인지하여 『노자(老子)』에 나오는 〈부드럽고[柔] 연약함이[弱] 굳세고[剛] 강함을[强] 부려 쓴다[勝]〉라는 이치를 따름을 깨닫게 암시하는 계사(繫辭)가 〈이유인지정(利幽人之貞)〉이다.

【字典】

묘(眇) 〈애꾸눈 묘(眇)-편맹(偏盲), 한눈 짜긋할 눈 묘(眇)-소목(小目), 작을 묘(眇)-미(微), 볼 묘(眇)-시(視), 다할 묘(眇)-진(盡), 아득할 묘(眇)-원(遠)〉 등의 뜻을 내지만 여기선 〈애꾸눈 편맹(偏盲)〉으로 여기고 새김이 마땅하다.

能 〈능-내-태〉 세 가지로 발음되고, 〈가할 능(能)-가(可), 능할 능(能)-승(勝)-임(任), 착할 능(能)-선(善), 갖출 능(能)-해(該), 미칠(끼칠) 능(能)-급(及), 재능 능(能)-재(才), 따라 익힐 능(能)-순습(順習), (발이 사슴 같은) 곰 능(能)-웅속족사록(熊屬足似鹿), 세발자라 내(能)-삼족별(三足鼈), 별(星) 이름 태(能)-태(台)〉 등의 뜻을 내지만 〈가할 가(可)〉와 같다 여기고 새김이 마땅하다.

시(視) 〈볼 시(視)-첨(瞻), 밝을 시(視)-요(瞭), 서로 살필 시(視)-상찰(相察), 돌아볼 시(視)-고(顧), 대접 시(視)-간대(看待), 본받을 시(視)-효(效), 견줄 시(視)-비(比), 가르칠 시(視)-교(教)〉 등의 뜻을 내지만 여기선 〈볼 첨(瞻)〉과 같다 여기고 새김이 마땅하다.

이(利) 〈이로울 이(利)-익(益), 좋을 이(利)-길(吉)-의(宜), 만물로 하여금 삶을 이루어가게 하는 덕(德)의 이로울 이(利)-사만물수생지덕(使萬物遂生之德), 날카로울 이(利)-예(銳)-섬(銛), 질병 이(利)-질(疾), 통할 이(利)-통(通)-순(順), 편리할 이(利)-편(便), 마름해 만들어 이룰 이(利)-재성(裁成), 탐할 이(利)-탐(貪), 구할(취할) 이(利)-구(求)-취(取), 좋아할 이(利)-열애(悅愛), 기교 이(利)-교(巧), 보람 이(利)-공용(功用), 지세가 험하고 중요한 이(利)-험요(險要), 이길 이(利)-승(勝), 어질 이(利)-인(仁)〉 등의 뜻을 내지만 여기선 〈이로울 익(益) 또는 좋을 의(宜)〉로 여기고 새김이 마땅하다. 〈利〉

가 맨 앞에 오면 〈이〉로 발음되고, 중간이나 뒤에 오면 〈리〉로 발음된다.

유(幽) 〈숨을 유(幽)-은(隱), 어두울 유(幽)-회(晦)-혼(昏)-암(暗)-명(冥), 깊을 유(幽)-심(深), 잠길 유(幽)-잠(潛), 미묘할 유(幽)-미(微), 암컷 유(幽)-자(雌), 음기 유(幽)-음(陰), 속 유(幽)-내(內), 밤 유(幽)-야(夜), 달빛 유(幽)-월(月), 검은색 유(幽)-흑색(黑色), 귀신 유(幽)-귀신(鬼神)〉 등의 뜻을 내지만 여기선 〈숨을 은(隱)〉과 〈어두울 암(暗)〉 등의 뜻으로 여기고 새김이 마땅하다.

인(人) 〈사람 인(人)-만물지최령자(萬物之最靈者), 백성 인(人)-민(民), 남 인(人)-타인(他人), 아무개 인(人)-모인(某人), 도인 인(人)-도인(道人), 사람들 인(人)-인인(人人), 범인(소인) 인(人)-소인(小人)-범인(凡人), 인성 인(人)-인성(人性), 인위 인(人)-인위(人爲), 신하 인(人)-신하(臣下), 중서(민중) 인(人)-중서(衆庶)-민중(民衆), 건괘-진괘 인(人)-건위인(乾爲人)-진위인(震爲人), 어짊 인(人)-인(仁), 선인 인(人)-선인(先人), 서로 어여삐 여길 인(人)-상련(相憐)〉 등의 뜻을 내지만 〈사람 인(人)〉으로 여기고 새김이 마땅하다.

지(之) 〈주격-소유격-목적격 등의 토씨 지(之), 그것(이것) 지(之)-피(彼)-시(是), 갈 지(之)-왕(往), 이를 지(之)-지(至), 뜻 없는 허사(虛詞) 지(之)〉 등의 뜻을 내지만 여기선 〈~의 지(之)〉로 여기고 새김이 마땅하다.

정(貞) 〈믿을 정(貞)-신(信), 바를 정(貞)-정(正), 거북점을 물을 정(貞)-복문(卜問), 역(易)의 내괘(內卦) 정(貞), 마땅할 정(貞)-당(當), 정할 정(貞)-정(定), 순수할 정(貞)-전(專)-일(一)〉 등의 뜻을 내지만 여기선 〈바를 정(正), 믿을 신(信)〉 등을 합친 뜻과 같아 〈정신(正信)〉으로 여기고 새김이 마땅하다.

註 태위택(兌爲澤) : 태는[兌 : ☱] 못[澤]이다[爲]. 「설괘전(說卦傳)」 11단락(段落)

註 유약승강강(柔弱勝剛强) : 부드럽고[柔] 연약함이[弱] 굳세고[剛] 강함을[强] 부려 쓴다[勝]. 『노자(老子)』 36장(章)

육삼(六三 : --)

六三 : 歸妹以須요 反歸以娣니라
귀 매 이 수 반 귀 이 제

육삼(六三) : 막내딸을[妹] 시집보내기[歸]로써[以] 기다리다가[須] 그런데 [反] 첩실[娣]로서[以] 시집간다[歸].

【육삼(六三)의 효상(爻象) 풀이】

귀매괘(歸妹卦 : ䷵)의 육삼(六三 : --)은 이음거양(以陰居陽) 즉 음(陰 : --)으로써[以] 양(陽 : ―)의 자리에 있는지라[居] 정당한 자리에 있지 못하다. 육삼(六三 : --)과 구사(九四 : ―)는 음양(陰陽)의 사이인지라 비(比) 즉 이웃의 사귐[比]을 누릴 사이이지만 서로 부당(不當)한 자리에 있는지라 여의(餘意)치 못하다. 육삼(六三 : --)과 상륙(上六 : --)은 양음(兩陰) 즉 둘 다[兩] 음(陰 : --)의 사이인지라 불응(不應) 즉 서로 호응하지 못한다[不應]. 이에 육삼(六三 : --)은 스스로 행동하기가 어려운 모습이다.

귀매괘(歸妹卦 : ䷵)의 육삼(六三 : --)이 구삼(九三 : ―)으로 변효(變爻)하면 육삼(六三 : --)은 귀매괘(歸妹卦 : ䷵)를 34번째 대장괘(大壯卦 : ䷡)로 지괘(之卦)하게 한다. 따라서 귀매괘(歸妹卦 : ䷵)의 육삼(六三 : --)은 대장괘(大壯卦 : ䷡)의 구삼(九三 : ―)을 찾아가 살펴보게 한다.

【육삼(六三)의 계사(繫辭) 풀이】

歸妹以須(귀매이수)

막내딸을[妹] 시집보내기[歸]로써[以] 기다린다[須].

〈귀매이수(歸妹以須)〉는 귀매괘(歸妹卦 : ䷵) 육삼(六三 : --)의 효위(爻位)를 들어 암시한 계사(繫辭)이다. 〈귀매이수(歸妹以須)〉는 〈육삼여귀매이수지처지(六三如歸妹以須之處地)〉의 줄임으로 여기고 〈육삼은[六三] 막내딸을[妹] 시집보내기[歸]로써[以] 기다리고 있는[須之] 처지와[處地] 같다[如]〉라고 새겨볼 것이다.

〈귀매이수(歸妹以須)〉는 육삼(六三 : --)이 귀매괘(歸妹卦 : ䷵)의 하체(下體) 태(兌 : ☱)의 중위(中位)를 벗어나 음(陰 : --)이면서 양(陽 : ㅡ)의 자리에 있는지라, 육삼(六三 : --)의 효위(爻位)가 부정(不正) 즉 정당하지 못하고 음(陰 : --)의 유약(柔弱)함보다 양(陽 : ㅡ)의 강강(剛强)함에 기울어져 비숙녀(非淑女) 즉 얌전한[淑] 여자가[女] 아닌[非] 모습을 암시한다. 〈이수(以須)의 이(以)〉는 어조사로서 뜻이 없고, 〈이수(以須)의 수(須)〉는 여기선 〈기다릴 대(待)〉와 같다. 주대(周代)의 혼례에선 자매(姉妹) 즉 언니와[姉] 아우[妹]가 한 남편[一夫]에게로 공가(共嫁) 즉 함께[共] 시집가는[嫁] 것이 상례(常例)인데, 시집갈[歸] 누이동생이[妹] 기다리고 있다[以須]는 것은 〈귀매이수(歸妹以須)의 매(妹)〉가 육삼(六三 : --)의 효위(爻位)를 따라 모유이상강(侮柔而尙剛) 즉 유약함을[柔] 업신여기면서[侮而] 굳세기를[剛] 높이고 바라는[尙] 여자이어서, 언니와 함께 시집을 못가고 친정에서 시집가기를[歸] 기다리고 있는[須] 말괄량이 누이동생[妹] 같은 육삼(六三 : --)의 모습을 암시한 계사(繫辭)이다.

反歸以娣(반귀이제)

그런데[反] 첩실[娣]로서[以] 시집간다[歸].

〈반귀이제(反歸以娣)〉는 육삼(六三 : --)의 효위(爻位)가 암시하는 부중부정(不中不正) 즉 중위도 아니고[不中] 정당한 자리도 아니어서[不正] 부덕(不德)함으로 이어짐을 암시힌 계사(繫辭)이다. 〈반귀이제(反歸以娣)〉는 〈육삼여반귀이제지처지(六三如反歸以娣之處地)〉의 줄임으로 여기고 〈육삼이[六三] 그런데[反] 첩실[娣]로서[以] 시집가는[歸之] 처지와[處地] 같다[如]〉라고 새겨볼 것이다.

〈반귀이제(反歸以娣)〉는 육삼(六三 : --)의 효위(爻位)가 부정(不正) 즉 정당하지 못함을 거듭 암시한다. 시집간[歸] 막내딸[妹]인지라 〈이제(以娣)〉 즉 첩실[娣]로써[以] 시집간다[歸]는 것이다. 〈반귀이제(反歸以娣)〉에서 〈반귀(反歸)의 반(反)〉은 〈그런데 연사(然辭)〉와 같고, 〈이제(以稊)의 제(稊)〉는 첩(妾)과 같다. 육삼(六三 : --)은 귀매괘(歸妹卦 : ䷵)의 하체(下體) 태(兌 : ☱)의 상효(上爻)인지라 〈매(妹)〉

에 속(屬)하기에 결코 정실(正室)로서 시집갈 수 없는 막내딸[妹]의 처지임을 암시한 계사(繫辭)가 〈반귀이제(反歸以娣)〉이다.

【字典】

歸 〈귀-궤〉 두 가지로 발음되고, 〈시집갈 귀(歸)-가(嫁)-여가(女嫁), 갈 귀(歸)-왕(往), 돌아올 귀(歸)-환(還), 돌려보낼 곳 귀(歸)-반원처(反原處), 자리로 돌아올 귀(歸)-복위(復位), 목표에 이를 귀(歸)-지어목표(至於目標), 나아가 좇을 귀(歸)-취(就), 던질 귀(歸)-투(投), 붙좇을 귀(歸)-부(附), 허락할 귀(歸)-허(許), 간직할 귀(歸)-장(藏), 합할 귀(歸)-합(合), 죽을 귀(歸)-사(死), 사물의 끝 귀(歸)-종(終), 품을 귀(歸)-회(懷), 맡길 귀(歸)-위임(委任), 자수할 귀(歸)-자수(自首), 괘 이름 귀(歸)-괘명(卦名), 먹일 궤(歸)-궤(饋), 건량할 궤(歸)-향(餉), 끼칠(남길) 궤(歸)-유(遺)〉 등의 뜻을 내지만 여기선 〈시집갈 귀(歸)〉로 새김이 마땅하다.

매(妹) 〈누이동생 매(妹)-여제(女弟), 소녀 매(妹)-소녀(少女), 태괘 매(妹)-태괘(兌卦), 몽매할 매(妹)-매(昧)〉 등의 뜻을 내지만 여기선 〈누이동생 여제(女弟)〉으로 여기고 새김이 마땅하다.

이(以) 〈어조사 이(以), 써 이(以)-용(用), 본받을 이(以)-법(法), 할 이(以)-위(爲), 생각할 이(以)-사(思), 거느릴 이(以)-솔(率), 그만둘 이(以)-이(已), 때문에 이(以)-인(因) {까닭 이(以)로 명사(名詞) 노릇도 하는데 주로 유이(有以) 무이(無以) 꼴일 때가 대부분임.}, 더불어 이(以)-여(與), 하여금 이(以)-사(使), 이미 이(以)-이(已)〉 등의 뜻을 내고 이 외에도 전후문맥(前後文脈)에 따라 다양한 뜻을 자유롭게 내며 〈그래서 이(以)-소이(所以)-인이(因以)〉처럼 계사(繫詞) 노릇마저도 한다. 여기선 〈귀매이수(歸妹以須)〉의 이(以)〉는 어조사로서 뜻 없는 〈이(以)〉 노릇을 하고, 〈반귀이제(反歸以娣)〉의 이(以)〉는 〈써 용(用)〉으로 여기고 새김이 마땅하다.

수(須) 〈기다릴 수(須)-대(待), 아래턱 수염 수(須)-이하모(頤下毛), 얼굴에 난 털 수(須)-수(鬚)-면모(面毛), 멈출 수(須)-지(止)-식(息), 생선 아가미로 벌떡거릴 수(須), 구할 수(須)-구(求), 재료(거리) 수(須)-자(資)-용(用), 잠깐 수(須)-유(臾)-소시(少時), 응할 수(須)-응(應)-의(宜), 이것 수(須)-시(是), 스스로 수(須)-자(自), 바를 수(須)-정(正), 모름지기 수(須)-필(必), 풀 이름 수(須)〉 등의 뜻을 내지만 여기선 〈기다릴 대(待)〉로 여기고 새김이 마땅하다.

반(反) 〈그런데 반(反)-연사(然辭), 돌아올 반(反)-환(還)-귀(歸), 돌아볼 반(反)-내성(內省), 상반 반(反)-상반(相反), 덮을(엎을) 반(反)-복(覆), 갚을 반(反)-보(保)-응(應), 갔다가 다시 돌아올 반(反)-거이복래(去而復來), 다시 반(反)-경(更), 반성할 반(反)-반성(反省)-회(悔), 생각할 반(反)-사(思), 듬직할 반(反)-신중(愼重), 이치에 뒤칠 반(反)-번(翻), 변할 반(反)-변(變), 제법 반(反)-과(果)〉 등의 뜻을 내지만 여기선 〈그런데 반(反)〉으로 여기고 새김이 마땅하다.

제(娣) 〈첩 제(娣)-첩(妾), 친자매가 한 남편에게 시집갈 제(娣)-동모자매가일부(同母姉妹嫁一夫), 정실이 측실을 부르는 호칭 제(娣)-형처호제처왈제(兄妻呼弟妻曰娣)〉 등의 뜻을 내지만 〈첩(妾)〉으로 새김이 마땅하다.

구사(九四 : ⚊)

九四：歸妹愆期라 遲歸有時니라
귀 매 건 기 지 귀 유 시

구사(九四) : 막내딸을[妹] 시집보내는데[歸] 시기를[期] 지나쳤다[愆]. 시집가기를[歸] 늦춤에는[遲] 때가[時] 있음이다[有].

【구사(九四)의 효상(爻象) 풀이】

귀매괘(歸妹卦 : ䷵)의 구사(九四 : ⚊)는 이양거음(以陽居陰) 즉 양(陽 : ⚊)으로써[以] 음(陰 : ⚋)의 자리에 있는지라[居] 정당한 자리에 있지 못하다. 구사(九四 : ⚊)와 육오(六五 : ⚋)는 양음(陽陰)의 사이인지라 비(比) 즉 이웃의 사귐[比]을 누린다. 구사(九四 : ⚊)와 초구(初九 : ⚊)는 양양(兩陽) 즉 둘 다[兩] 양(陽 : ⚊)인지라 불응(不應) 즉 서로 호응하지 못한다[不應]. 이에 구사(九四 : ⚊)는 자신의 강강(剛强)함을 극도로 자제하면서 서둘지 않고 기다리는 모습이다.

귀매괘(歸妹卦 : ䷵)의 구사(九四 : ⚊)가 육사(六四 : ⚋)로 변효(變爻)하면 구사(九四 : ⚊)는 귀매괘(歸妹卦 : ䷵)를 19번째 임괘(臨卦 : ䷒)로 지괘(之卦)하게 한다. 따라서 귀매괘(歸妹卦 : ䷵)의 구사(九四 : ⚊)는 임괘(臨卦 : ䷒)의 육사(六四 : ⚋)를 찾아가 살펴보게 한다.

【구사(九四)의 계사(繫辭) 풀이】

歸妹愆期(귀매건기)

막내딸을[妹] 시집보내는데[歸] 시기를[期] 지나쳤다[愆].

〈귀매건기(歸妹愆期)〉는 귀매괘(歸妹卦 : ䷵) 구사(九四 : ⚊)의 효위(爻位)를 들어 암시한 계사(繫辭)이다. 〈귀매건기(歸妹愆期)〉는 〈구사여귀매건기지처지(九四如歸妹愆期之處地)〉의 줄임으로 여기고 〈구사는[九四] 막내딸을[妹] 시집보내는데[歸] 시기를[期] 늦추는[愆之] 처지와[處地] 같다[如]〉라고 새겨볼 것이다. 〈귀매건기(歸妹愆期)〉에서 〈건기(愆期)의 건(愆)〉은 〈(시기가) 지난 과기(過期)〉와 같다.

〈귀매건기(歸妹愆期)〉는 〈귀매건귀지기(歸妹愆歸之期)〉의 줄임으로 여기고 새김해보면 계사(繫辭)가 암시하는 바를 알아챌 수 있다. 시집갈[歸] 누이동생이[妹] 시집갈[歸之] 때를[期] 지나쳤다[愆]는 것이 〈귀매건기(歸妹愆期)〉이다. 따라서 〈귀매건기(歸妹愆期)〉에서 〈귀매(歸妹)의 매(妹)〉는 시집갈 때가 지나버린 막내딸[妹]을 말한다. 구사(九四 : ⚊)의 효상(爻象)이 〈건기지매(愆期之妹)〉 즉 시기를[期] 지나버린[愆之] 막내딸[妹] 같다는 것이다. 구사(九四 : ⚊)는 귀매괘(歸妹卦 : ䷵)의 상체(上體)인 진(震 : ☳)의 초효(初爻)로 양(陽 : ⚊)이면서 음(陰 : ⚋)의 자리에 있는지라 구사(九四 : ⚊)의 효위(爻位)가 부정(不正) 즉 정당하지 못해[不正] 구사(九四 : ⚊)가 편강(偏剛) 즉 양(陽 : ⚊)의 굳셈에[剛] 치우칠[偏] 수도 있을 터이나, 구사(九四 : ⚊)는 자신의 처소(處所)를 따라 양(陽 : ⚊)의 강강(剛强)함보다 음(陰 : ⚋)의 유약(柔弱)함을 따라 정숙(貞淑)함을 길러, 가배(佳配) 즉 좋은[佳] 배필[配]을 만나고자 시집갈 시기를[期] 지나쳐버린[愆] 막내딸[妹] 같다고 구사(九四 : ⚊)를 암시한 계사(繫辭)가 〈귀매건기(歸妹愆期)〉이다.

遲歸有時(지귀유시)

시집가기를[歸] 늦춤에는[遲] 때가[時] 있음이다[有].

〈지귀유시(遲歸有時)〉는 구사(九四 : ⚊)의 효상(爻象)이 처유(處柔)하여 부덕(婦德)을 닦고 있는 막내딸[妹] 같음을 암시한 계사(繫辭)이다. 〈지귀유시(遲歸有時)〉를 〈지귀매지기(遲歸妹之期) 인위귀매유시(因爲歸妹有時)〉의 줄임으로 여기고 〈막내딸을[妹] 시집보내는[歸之] 때를[期] 늦추었다[遲] 왜냐하면[因爲] 막내딸을[妹] 시집보내는[歸] 때가[時] 있기 때문이다[有]〉라고 새겨볼 것이다. 〈지귀유시(遲歸有時)〉에서 〈지귀(遲歸)의 지(遲)〉는 〈늦출 만(晩)〉과 같다.

〈지귀유시(遲歸有時)〉는 막내딸을[妹] 시집보낼[歸之] 시기를[期] 늦추고 있지만[遲而] 막내딸을[妹] 시집보낼[歸之] 때가[時] 있을 것임[有]을 암시한다. 섣불리 시집을 보내지 않고 시집가도 좋은 때가 이를 때까지 늦춘다[遲]고 함은 구사(九四 : ⚊)가 양(陽 : ⚊)으로서 편강(偏剛) 즉 굳셈에[剛] 치우치지[偏] 않고 처소(處所)가 음(陰 : ⚋)의 자리인지라 상유(尙柔) 즉 유연함을[柔] 따라 받들어[尙], 『노자(老子)』에 나오는 〈부드럽고[柔] 연약함이[弱] 굳세고[剛] 강함을[强] 부려 쓴다[勝]〉라는 내용을 깨닫게 암시한 계사(繫辭)가 〈지귀유시(遲歸有時)〉이다.

【字典】

歸 〈귀-궤〉 두 가지로 발음되고, 〈시집갈 귀(歸)-가(嫁)-여가(女嫁), 갈 귀(歸)-왕(往), 돌아올 귀(歸)-환(還), 돌려보낼 곳 귀(歸)-반원처(反原處), 자리로 돌아올 귀(歸)-복위(復位), 목표에 이를 귀(歸)-지어목표(至於目標), 나아가 좇을 귀(歸)-취(就), 던질 귀(歸)-투(投), 붙좇을 귀(歸)-부(附), 허락할 귀(歸)-허(許), 간직할 귀(歸)-장(藏), 합할 귀(歸)-합(合), 죽을 귀(歸)-사(死), 사물의 끝 귀(歸)-종(終), 품을 귀(歸)-회(懷), 맡길 귀(歸)-위임(委任), 자수할 귀(歸)-자수(自首), 괘 이름 귀(歸)-괘명(卦名), 먹일 궤(歸)-궤(饋), 건량할 궤(歸)-향(餉), 끼칠(남길) 궤(歸)-유(遺)〉 등의 뜻을 내지만 여기선 〈시집갈 귀(歸)〉로 여기고 새김이 마땅하다.

매(妹) 〈누이동생 매(妹)-여제(女弟), 소녀 매(妹)-소녀(少女), 태괘 매(妹)-태괘(兌卦), 몽매할 매(妹)-매(昧)〉 등의 뜻을 내지만 여기선 〈누이동생 여제(女弟)〉로 여기고 새김이 마땅하다.

건(愆) 〈(시기가) 지난 건(愆)-과기(過期), 허물 건(愆)-과(過), 잃을 건(愆)-실(失), 어기어질 건(愆)-차상(差爽), 죄 건(愆)-죄(罪), 몹쓸 병 건(愆)-악질(惡疾)〉 등의 뜻을 내지만 여기선 〈시기가 지난 과기(過期)〉로 여기고 새김이 마땅하다.

기(期) 〈때(시기) 기(期)-시(時), 기약할 기(期)-기약(期約), 모일 기(期)-회(會), 반드시 기(期)-필(必), 당할 기(期)-당(當), 백살 기(期)-백년(百年), 기다릴 기(期)-대(待), 기한 기(期)-기한(期限), 한도 기(期)-한도(限度), 일주야 기(期)-일주야(一晝夜)〉 등의

뜻을 내지만 여기선 〈때 시(時)〉로 새김이 마땅하다.

지(遲) 〈늦출 지(遲)-만(晩), 더딜 지(遲)-완(緩), 천천히 할 지(遲)-서(徐)-서행(徐行), 게으를 지(遲)-만(慢), 무딜(둔할) 지(遲)-둔(鈍), 오랠 지(遲)-구(久), 기다릴 지(遲)-대(待), 생각할 지(遲)-사(思), 희망할 지(遲)-희망(希望), 곧을 지(遲)-직(直), 때 놓칠 지(遲)-시기실(時機失), 미칠 지(遲)-급(及), 이에 지(遲)-내(乃)〉 등의 뜻을 내지만 여기선 〈늦출 만(晩)〉과 같다 여기고 새김이 마땅하다.

유(有) 〈없을 무(無)의 반대말로 있을 유(有), 얻을(가질) 유(有)-취(取), 혹 유(有)-혹(或), 많을 유(有)-다(多)-족(足), 부유할 유(有)-부(富), 간직할 유(有)-장(藏), 보호할 유(有)-보(保), 서로 친할 유(有)-상친(相親), 전일할 유(有)-전(專), 할 유(有)-위(爲), 어조사 유(有)〉 등의 뜻을 내지만 〈있을 유(有)〉로 여기고 새김이 마땅하다.

시(時) 〈기회(알맞은 시기) 시(時)-기회(機會)-적절지시기(適節之時機), 기약할 시(時)-기약(期約), 세월(오래될) 시(時)-광음(光陰), 날 시(時)-신(辰), 세대 시(時)-세대(世代), 시세 시(時)-시세(時勢), 천시 시(時)-천시(天時), 시한 시(時)-시한(時限), 일정기한 시(時)-일정지기(一定之期), 당시 시(時)-당시(當時), 시의에 합당한 시(時)-합시의(合時宜), 선할(좋을) 시(時)-선(善), 이 시(時)-시(是), 기다릴 시(時)-대(待), 모종낼 때(옮겨 심을 때) 시(時)-시(蒔)〉 등의 뜻을 내지만 여기선 〈알맞은 시기 시(時)〉로 새김이 마땅하다.

註 유약승강강(柔弱勝剛强) : 부드럽고[柔] 연약함이[弱] 굳세고[剛] 강함을[强] 부려 쓴다[勝].

『노자(老子)』 36장(章)

육오(六五 : --)

> 六五 : 帝乙歸妹라 其君之袂不如其娣之袂良이다 月幾望이니 吉하리라
> (제을귀매 기군지메불여기제지메량 월기망 길)
>
> 육오(六五) : 임금인[帝] 을이[乙] 막내여동생을[妹] 시집보냈다[歸]. 그[其] 여동생의[君之] 옷이[袂] 제을의[其] 후궁의[娣之] 옷보다[袂] 좋지[良] 않아 보였다[不如]. 달이[月] 보름달에[望] 가까우니[幾] 좋을 것이다[吉].

【육오(六五)의 효상(爻象) 풀이】

귀매괘(歸妹卦 : ䷵)의 육오(六五 : --)는 이음거양(以陰居陽) 즉 음(陰 : --)으로써[以] 양(陽 : ㅡ)의 자리에 있는지라[居] 정당한 자리에 있지 못하다. 육오(六五 : --)와 구사(九四 : ㅡ)는 음양(陰陽)의 사이인지라 비(比) 즉 이웃의 사귐[比]을 누릴 수 있지만, 육오(六五 : --)가 구이(九二 : ㅡ)에 쏠려 있다. 육오(六五 : --)와 상륙(上六 : --)은 양음(兩陰) 즉 둘 다[兩] 음(陰 : --)의 사이인지라 비(比)를 누리지 못한다. 육오(六五 : --)와 구이(九二 : ㅡ)는 서로 부정위(不正位) 즉 정당한[正] 자리에 있지 않지만[不位] 음양(陰陽)의 사이인지라 정응(正應) 즉 바르게[正] 호응하면서[應], 육오(六五 : --)가 득중(得中) 즉 정도를 따름을[中] 취하여[得] 자신을 과시(誇示)하지 않는 모습이다.

> 귀매괘(歸妹卦 : ䷵)의 육오(六五 : --)가 구오(九五 : ㅡ)로 변효(變爻)하면 육오(六五 : --)는 귀매괘(歸妹卦 : ䷵)를 58번째 태괘(兌卦 : ䷹)로 지괘(之卦)하게 한다. 따라서 귀매괘(歸妹卦 : ䷵)의 육오(六五 : --)는 태괘(兌卦 : ䷹)의 구오(九五 : ㅡ)를 찾아가 살펴보게 한다.

【육오(六五)의 계사(繫辭) 풀이】

帝乙歸妹(제을귀매)

임금인[帝] 을이[乙] 막내여동생을[妹] 시집보냈다[歸].

〈제을귀매(帝乙歸妹)〉는 귀매괘(歸妹卦 : ䷵) 육오(六五 : --)의 효위(爻位)를 들어 암시한 계사(繫辭)이다. 〈제을귀매(帝乙歸妹)〉는 〈육오여제을귀매지처지(六五如帝乙歸妹之處地)〉의 줄임으로 여기고 〈육오는[六五] 임금인[帝] 을이[乙] 막내여동생을[妹] 시집보내는[歸之] 처지와[處地] 같다[如]〉라고 새겨볼 것이다. 〈제을귀매(帝乙歸妹)의 제을(帝乙)〉은 상(商)나라 시조(始祖) 탕왕(湯王)을 말한다.

〈제을귀매(帝乙歸妹)〉는 존위(尊位)에 있는 육오(六五 : --)가 〈매(妹)〉 즉 막내여동생을[妹] 시집보냄[歸]을 들어 육오(六五 : --)와 구이(九二 : ㅡ)가 누리는 정응(正應) 즉 바르게[正] 호응함[應]을 암시한다. 〈제을귀매(帝乙歸妹)〉는 11번째 태괘(泰卦 : ䷊) 육오(六五 : --)에도 그대로 나오는 계사(繫辭)이다. 〈제을귀매(帝乙歸妹)의 제을(帝乙)〉은 상(商)나라 이십구세왕(二十九世王)을 들어 육오(六五 : --)

를 취상(取象)한 것이다. 〈제을(帝乙)〉은 상(商)나라 제28대 왕인 태정(太丁)의 아들이며, 상나라의 마지막 왕인 주왕(紂王)의 아버지이다. 물론 〈제을(帝乙)의 제(帝)〉가 귀매괘(歸妹卦 : ䷵)의 존위(尊位)에 육오(六五 : ⚋)가 있음을 나타낸다. 대성괘(大成卦)에서 오위(五位)는 존위(尊位) 즉 군왕(君王)의 자리이다. 〈제을귀매(帝乙歸妹)〉에서 〈귀매(歸妹)의 매(妹)〉는 군왕(君王)의 누이동생이니 공주(公主)를 뜻한다. 제을(帝乙)이 자신의 신하인 구이(九二 : ⚊)에게 누이동생을[妹] 시집보냄[歸]을 들어 육오(六五 : ⚋)와 구이(九二 : ⚊)가 서로 누리는 정응(正應)을 밝힘과 동시에 임금이 현명한 신하를 임용(任用)함을 암시한 계사(繫辭)가 〈제을귀매(帝乙歸妹)〉이다.

其君之袂不如其娣之袂良(기군지메불여기제지메량)

그[其] 여동생의[君之] 옷이[袂] 제을의[其] 후궁의[娣之] 옷보다[袂] 좋지[良] 않아 보였다[不如].

〈기군지메불여기제지메량(其君之袂不如其娣之袂良)〉은 육오(六五 : ⚋)가 〈제을(帝乙)〉의 〈매(妹)〉를 통하여 귀매괘(歸妹卦 : ䷵)의 상체(上體)인 진(震 : ☳)의 중효(中爻)로서 득중(得中)으로써 중화(中和) 즉 지나침을 떠나 어울림을[和] 좇고[中] 겸손하여 후신(後身) 즉 자신을[身] 앞세우지 않고 뒤로 물리는[後] 성품을 암시한 계사(繫辭)이다. 〈기군지메불여기제지메량(其君之袂不如其娣之袂良)〉은 〈제을지군지메불여제을지제지메량(帝乙之君之袂不如帝乙之娣之袂良)〉의 줄임으로 여기고 〈제을의[帝乙之] 여동생의[君之] 옷이[袂] 제을의[帝乙之] 후궁의[娣之] 옷보다[袂] 좋지[良] 않아 보였다[不如]〉라고 새겨볼 것이다. 〈기제지메량(其娣之袂良)〉에서 〈기제(其娣)의 제(娣)〉는 〈제을(帝乙)의 제(娣)〉이니 후궁(後宮)을 뜻한다.

〈기군지메불여기제지메량(其君之袂不如其娣之袂良)〉은 육오(六五 : ⚋)가 관유(寬柔) 즉 관대하고[寬] 부드러우며[柔] 겸소(謙素)함을 암시한다. 육오(六五 : ⚋)의 이러한 성품은 『노자(老子)』에 나오는 〈갈옷을[褐] 입고[被] (속에) 옥을[玉] 품는다[懷]〉라는 내용을 연상시킨다. 〈기군지메(其君之袂)의 기군(其君)〉은 〈제을지매(帝乙之妹)〉 즉 임금의[帝乙之] 누이동생[妹]을 말한다. 왕희(王姬) 즉 임금과 같은 성씨의 여인인지라 제을의[帝乙之] 누이동생[妹]을 〈군(君)〉이라 칭한 것이다. 〈기군지몌(其君之袂)의 몌(袂)〉 즉 옷소매[袂]는 육오(六五 : --)의 변효(變爻)를 암시한다. 육오(六五 : --)가 변효(變爻)하면 귀매괘(歸妹卦 : ䷵)의 상체(上體)인 진(震 : ☳)은 태(兌 : ☱)로 바뀜에 따라 〈기군(其君)〉을 〈몌(袂)〉로써 취상(取象)한 것이다. 왜냐하면 〈기군지몌(其君之袂)의 몌(袂)〉가 「설괘전(說卦傳)」에 나오는 〈태는[兌 : ☱] 입[口]이다[爲]〉라는 내용을 상기시키기 때문이다. 여기 〈몌(袂)〉는 수구(袖口) 즉 소매의[袖] 입[口]이고 옷차림을 〈몌(袂)〉로써 밝힌 것이니 시집갈 때 입은 옷차림을 뜻한다. 물론 〈몌(袂)〉는 겉모습을 말하므로 〈기군(其君)〉 즉 제을(帝乙)의 누이동생[妹]은 겉모습[袂]을 중시하지 않고 심중(心中)을 소중히함을 암시한 것이 〈불여기제지몌량(不如其娣之袂良)〉이다. 〈불여기제지몌량(不如其娣之袂良)〉에서 〈기제(其娣)〉는 〈기군(其君)〉을 따라가는 첩실(妾室)을 말한다. 〈기제(其娣)〉의 옷소매[袂]만큼도[如] 정교하지 않다[不良] 함은 〈기군(其君)〉의 차림새[袂]가 첩실(妾室)로 가는 〈여인[其娣]〉의 차림새보다 못할 만큼 수수함을 밝혀, 여기 〈기군(其君)〉이 『노자(老子)』에 나오는 〈자기를[自] 드러내지 않기[不見] 때문에[故] 밝고[明] 자기를[自] 옳다 하지 않기[不是] 때문에[故] 뚜렷하다[彰]〉라는 내용을 환기시켜, 군왕(君王)인 육오(六五 : --)가 겸소(謙素)함을 암시한 계사(繫辭)가 〈기군지몌불여기제지몌량(其君之袂不如其娣之袂良)〉이다.

月幾望(월기망) 吉(길)

<u>달이[月] 보름달에[望] 가까우니[幾] 좋을 것이다[吉].</u>

〈월기망(月幾望)〉은 앞 〈기군(其君)〉의 성품을 빌려 육오(六五 : --)를 거듭해 암시한 계사(繫辭)이다. 〈월기망(月幾望)〉은 〈기군여기망지월(其君如幾望之月)의 줄임으로 여기고 〈그[其] 공주는[君] 거의[幾] 보름달의[望之] 달과[月] 같다[如]〉라고 새겨볼 것이다. 〈월기망(月幾望)의 기(幾)〉는 〈거의 서기(庶幾)〉와 같다.

〈월기망(月幾望)〉이라는 계사(繫辭)는 9번째 소축괘(小畜卦 : ䷈) 상구(上九 : ─)와 61번째 중부괘(中孚卦 : ䷼) 육사(六四 : --)의 계사(繫辭)로도 나온다. 〈월기망(月幾望)의 월(月)〉은 귀매괘(歸妹卦 : ䷵)의 외호괘(外互卦)인 감(坎 : ☵)을 빌려 앞의 〈기군(其君)〉을 취상(取象)한 것이다. 왜냐하면 〈월기망(月幾望)〉이 「설괘전(說卦傳)」에 나오는 〈감은[坎 : ☵] 달[月]이다[爲]〉라는 내용을 상기시키기 때문이다. 〈기군(其君)〉 즉 〈제을(帝乙)의 매(妹)〉를 거의[幾] 보름달[望] 같은 달[月]이라고 취상(取象)한 것이 〈월기망(月幾望)〉이다. 〈월기망(月幾望)〉은 거의 보름달이라는 것이지 보름달이 되었다는 것은 아니다. 월망(月望) 즉 보름달[月望]이면 음영(陰盈) 즉 음이[陰] 다 참[盈]이니, 음영(陰盈)이면 양(陽 : ━)과 적(敵) 즉 맞수[敵]가 되어버린다. 육오(六五 : --)가 구이(九二 : ━)와 그런 맞수가 되려 하지 않음을 암시한 것이 〈기망(幾望)의 기(幾)〉이다. 〈기군(其君)〉의 성품이 〈부자현고명(不自見故明) 부자시고창(不自是故彰)〉을 다시금 연상시키고, 그 연상을 만족시키는 비유가 〈월기망(月幾望)의 월(月)〉이다. 달[月]이란 겉의 빛남[光]보다 안의 밝음[明]을 떠올려주고 자기 주장을 하지 않아 더욱 빛남[彰]을 떠올려주는 으뜸가는 표상(表象)이다. 바로 그런 달 중에서 명창(明彰) 즉 밝아서[明] 빛남[彰]을 곧장 깨닫게 해주는 것이 〈기망(幾望)〉 즉 거의 다 된[幾] 보름달[望]이고, 달[月]은 곧 음(陰 : --)을 뜻하기도 해 육오(六五 : --)의 모습과는 안성맞춤이다. 이러한 비유로 제을(帝乙)의 여동생[妹]인 〈기군(其君)〉을 〈기망(幾望)〉으로 취상(取象)하여 육오(六五 : --)의 성품을 암시한 계사(繫辭)가 〈월기망(月幾望)〉이다.

〈길(吉)〉은 육오(六五 : --)가 〈길(吉)〉을 누리는 까닭을 암시한 계사(繫辭)이다. 〈길(吉)〉은 〈육오유길(六五有吉)〉의 줄임으로 여기고 〈육오에게는[六五] 행복이[吉] 있다[有]〉고 새겨볼 것이다. 〈길(吉)〉은 육오(六五 : --)가 행복을 누릴[吉] 수밖에 없음을 암시한다. 육오(六五 : --)가 겸소(謙素) 즉 겸허하고[謙] 소박함[素]을 누이동생[妹]의 〈몌(袂)〉 즉 옷[袂]을 들어 비유하고, 부자현(不自見) 즉 자신을[自] 드러내지 않고[不見] 부자시(不自是) 즉 자기를[自] 주장하지 않는[不是] 육오(六五 : --)의 성품을 들어, 군왕(君王)인 육오(六五 : --)가 득중(得中) 즉 정도를 따름을[中] 취하여[得] 할 바를 다해 행복을 누릴 수밖에 없음을 암시한 계사(繫辭)가 〈길(吉)〉이다.

【字典】

제(帝) 〈천자(군주) 제(帝)-천자(天子)-군주(君主), 하늘 제(帝)-천(天)-천제(天帝), 오제(신명) 제(帝)-오제(五帝)-신명(神名), 오덕 제(帝)-오덕(五德), 천자의 사후를 칭할 제(帝)-천자장지후지칭(天子葬之後之稱), 진 제(帝)-진(震 : ☳), 크나큰 제(帝)-대(大), 살필 제(帝)-시(諟)-체(諦), 정할 제(帝)-전(奠)〉 등의 뜻을 내지만 여기선 〈천자(天子)〉

로 여기고 새김이 마땅하다. 〈제을(帝乙)의 제(帝)〉가 진(震 : ☳)을 뜻하기도 한다.

을(乙) 〈{일진(日辰)으로} 목일 을(乙)-목일(木日), 천간의 둘째 을(乙)-천간지제이위(天干之第二位), 동방 을(乙)-동방(東方), (오행에서) 목 을(乙)-목(木), 봄에 초목이 굽혀서 나올 을(乙)-춘초목원곡이출(春草木寃曲而出), 둘째 을(乙)-제이(第二), 굽을 을(乙)-곡(曲)-굴(屈), 뽑아서 나올 을(乙)-자추알이출(自抽軋而出), (이름 대신) 모모 을(乙)-모(某), 생선 내장 을(乙)-어장(漁臟), 문서의 끊어지는 곳에 붓으로 점을 칠 을(乙), 문장에 빠진 글자가 있을 때 그 옆에 점을 칠 을(乙)〉 등의 뜻을 내지만 여기선 〈{일진(日辰)으로} 목일(木日)〉로 여기고 새김이 마땅하다.

歸 〈귀-궤〉 두 가지로 발음되고, 〈시집갈 귀(歸)-가(嫁)-여가(女嫁), 갈 귀(歸)-왕(往), 돌아올 귀(歸)-환(還), 돌려보낼 곳 귀(歸)-반원처(反原處), 자리로 돌아올 귀(歸)-복위(復位), 목표에 이를 귀(歸)-지어목표(至於目標), 나아가 좇을 귀(歸)-취(就), 던질 귀(歸)-투(投), 붙좇을 귀(歸)-부(附), 허락할 귀(歸)-허(許), 간직할 귀(歸)-장(藏), 합할 귀(歸)-합(合), 죽을 귀(歸)-사(死), 사물의 끝 귀(歸)-종(終), 품을 귀(歸)-회(懷), 맡길 귀(歸)-위임(委任), 자수할 귀(歸)-자수(自首), 괘 이름 귀(歸)-괘명(卦名), 먹일 궤(歸)-궤(饋), 건량할 궤(歸)-향(餉), 끼칠(남길) 궤(歸)-유(遺)〉 등의 뜻을 내지만 여기선 〈시집갈 귀(歸)〉로 여기고 새김이 마땅하다.

매(妹) 〈누이동생 매(妹)-여제(女弟), 소녀 매(妹)-소녀(少女), 태괘 매(妹)-태괘(兌卦), 몽매할 매(妹)-매(昧)〉 등의 뜻을 내지만 여기선 〈누이동생 여제(女弟)〉로 여기고 새김이 마땅하다.

기(其) 〈그것(그) 기(其)-피(彼)-지(之), 그럴 기(其)-연(然), 어찌 기(其)-기(豈), 누를 기(其)-억(抑), 오히려 기(其)-상(尙)-서기(庶幾), 이에 기(其)-내(乃), 만약 기(其)-약(若), 장차 기(其)-장(將), 어조사 기(其)-어조사(語助辭)〉 등의 뜻을 내지만 여기선 〈그것 기(其)〉로 여기고 새김이 마땅하다.

군(君) 〈지극히 높은 사람(천자-임금-제후) 군(君)-지존자(至尊者), 임금을 이을(세자) 군(君)-세자(世子), 여왕 군(君)-여군(女君), 어버이 군(君)-부모(父母), 돌아가신 임금-돌아가신 아버지-돌아가신 조상 군(君)-선군(先君)-선부(先父)-선조(先祖), 상대를 부르는 칭호 군(君)-칭호(稱號), 귀신을 받들어 부르는 칭호 군(君)-귀신지경칭(鬼神之敬稱), 맡아 다스릴 군(君)-주재(主宰), 하늘-건 군(君)-천(天)-건(乾), 양 군(君)-양

(陽), 낮 군(君)-일(日), 중앙제단 군(君)-궁제단(宮祭壇), 흙 군(君)-토(土)〉 등의 뜻을 내지만 여기선 〈지극히 높은 사람 지존자(至尊者)〉로 여기고 새김이 마땅하다.

지(之) 〈주격-소유격-목적격 등의 토씨 지(之), 뜻 없는 허사(虛詞) 지(之), 그것(이것) 지(之)-피(彼)-시(是), 갈 지(之)-왕(往), 이를 지(之)-지(至)〉 등의 뜻을 내지만 여기선 〈~의 지(之)〉로 여기고 새김이 마땅하다.

메(袂) 〈옷소매 메(袂)-수(袖)〉의 뜻으로 여기고 새김이 마땅하다.

不 〈불-부〉 등으로 발음되고, 〈못할 불(不)-부(不), 않을 불(不)-부(不), 아닐 불(不)-부(不)-비(非), 없을 불(不)-부(不)-무(無), 하지 말 불(不)-부(不)-막(莫)-금지(禁止), 정하지 않을 불(不)-부(不)-부(否)-미정(未定), 새가 날아올라 내려오지 않는 불(不)-부(不)-조비상불하래(鳥飛上不下來)〉 등의 뜻을 내지만 여기선 〈않을 불(不)〉로 여기고 새김이 마땅하다.

여(如) 〈같을 여(如)-사(似)-동(同), 그럴 여(如)-연(然), 따를 여(如)-종수(從隨), 갈 여(如)-왕(往)-행(行), 맞먹을 여(如)-비(比), 무리 여(如)-등(等), 미칠 여(如)-급(及), 이에 여(如)-내(乃), 어떠할 여(如)-여하(如何), 첩 여(如)-여부인(如婦人), 이월 여(如)-이월(二月), 어조사 여(如)〉 등의 뜻을 내지만 여기선 〈같을 동(同)〉과 같다 여기고 새김이 마땅하다.

제(娣) 〈첩 제(娣)-첩(妾), 친자매가 한 남편에게 시집갈 제(娣)-동모자매가일부(同母姉妹嫁一夫), 정실이 측실을 부르는 호칭 제(娣)-형처호제처왈제(兄妻呼弟妻曰娣)〉 등의 뜻을 내지만 〈첩(妾)〉으로 새김이 마땅하다.

양(良) 〈정교할 양(良)-정교(精巧), 뛰어날 양(良)-현(賢)-준(駿), 좋을(착할) 양(良)-선(善), 자못(조금) 양(良)-파(頗), 길 양(良)-장(長), 아름다울 양(良)-미(美), 길할 양(良)-길(吉), 안정되고 부드러워 가혹하지 않을 양(良)-안유불가(安柔不苛), 유능할 양(良)-능(能), 깊을 양(良)-심(深), 두터울 양(良)-심(甚), 머리 양(良)-수(首)〉 등의 뜻을 내지만 여기선 〈정교할 양(良)-정교(精巧)〉와 같다 여기고 새김이 마땅하다.

월(月) 〈달 월(月)-지구지위성(地球之衛星), 음 월(月)-음(陰), 물의 정수 월(月)-수지정(水之精), 진의 쪽 월(月)-진지방위(辰之方位), 형벌 월(月)-형(刑), 세월(초하루부터 그믐까지) 월(月)-세월(歲月)-종삭지회(從朔至晦), 광음 월(月)-광음(光陰=歲月), 달빛 월(月)-월광(月光), 천자 옷의 하나 월(月)-천자복식지일(天子服飾之一), 달거리 월

(月)-부인지월경(婦人之月經), 매달 월(月)-매월(每月)〉 등의 뜻을 내지만 여기선 〈달 월(月)〉로 여기고 새김이 마땅하다.

기(幾) 〈거의 기(幾)-서기(庶幾), (말 도와주는) 그 기(幾)-기(其), 가까울 기(幾)-근(近), 얼마 기(幾)-기하다소(幾何多少), 얼마 못 될 기(幾)-무기물무다(無幾物無多), 기미 기(幾)-기미(機微), 자못 기(幾)-태(殆), 위태할 기(幾)-위(危), 조용히 나타나지 않을 기(幾)-미(微)-화순지의(和順之意), 이치의 낌새 기(幾)-이지시미(理之始微), 처음 기(幾)-초(初), 다할 기(幾)-진(盡), 끝임 기(幾)-종(終), 바랄 기(幾)-망(望)-기(覬), 살필 기(幾)-찰(察), 기약할 기(幾)-기(期), 구하는 바가 적다고 말할 기(幾)-언소구소(言所求少), 헤아릴 기(幾)-수(數), 어찌 기(幾)-기(豈)〉 등의 뜻을 내지만 여기선 〈거의 기(幾)〉로 여기고 새김이 마땅하다.

망(望) 〈보름달 망(望)-현망월체(弦望月體), 바랄 망(望)-희(希)-기(冀), 상상하며 바라볼 망(望)-상망(想望), 우두커니 기다릴 망(望)-저이대지(佇而待之), 멀리 보일 망(望)-원견(遠見), 치어다볼 망(望)-앙첨(仰瞻), 볼 망(望)-시(視), 엿볼 망(望)-사(伺), 서로 볼 망(望)-상간(相看), 바라고 바랄 망(望)-희구지원망(希求之願望), 살펴볼 망(望)-관간(觀看), 우러러볼 망(望)-존경(尊敬), 사람이 앙망하는 것 망(望)-인소앙망자(人所仰望者), 목표 망(望)-목표(目標), 명성 망(望)-명성(名聲), 문족 망(望)-문족(門族), 제사 망(望)-제(祭), 풀 이름 망(望)-초명(草名), 책망(원망) 망(望)-책망(責望)-원망(怨望), 견줄 망(望)-비(比), 이를 망(望)-지(至)〉 등의 뜻을 내지만 여기선 〈보름달 현망월체(弦望月體)〉로 여기고 새김이 마땅하다.

길(吉) 〈좋을(행복할) 길(吉)-선(善)-영(令) {영월길일(令月吉日)은 선월선일(善月善日)임.}, 복 길(吉)-실(實)-선실(善實)-복(福), 예의를 따라 상서로울 길(吉)-예의순상(禮義順祥), 삼갈 길(吉)-근(謹), 초하루 길(吉)-삭일(朔日) {삭망(朔望) 즉 초하루[朔]와 그믐날[望]}, 길례 길(吉)-길례(吉禮) {오례지일(五禮之一) 길흉빈군가(吉凶賓軍嘉)}, 갈 길(吉)-행(行)-길(趌)〉 등의 뜻을 내지만 여기선 〈좋을 선(善)-영(令)〉 즉 행복(幸福), 행운(幸運) 등과 같다 여기고 새김이 마땅하다.

註 제을(帝乙) : 중국 상(商)나라 29대 왕(王)이다. 성씨(姓氏)는 자(子)이고, 이름은 을(乙)로 제을(帝乙) 또는 을제(乙帝)로 불린다. 천간(天干)으로 을일(乙日)에 태어났기 때문에 붙여진 이름이다. 상(商)나라 28대 왕인 태정(太丁)의 아들이며, 상나라의 마지막 왕인 주왕(紂王)의 아버

지이다. 비간(比干), 기자(箕子)와 함께 상(商)나라 말기 세 명의 어진 사람 가운데 한 명으로 꼽히는 미자(微子)가 제을(帝乙)의 서장자(庶長子)이다.

註 〈제을귀매(帝乙歸妹)〉는 주문왕(周文王)의 고사(故事)를 상기시킨다. 천자국(天子國) 상(商)나라 천자(天子)인 제을(帝乙)이 상(商)나라 제후국(諸侯國)인 주(周)의 문왕(文王)에게 제을(帝乙)의 누이동생[妹]을 시집보냈다는 고사(故事)가 전해진다.

註 태위구(兌爲口) : 태는[兌 : ☱] 입[口]이다[爲]. 「설괘전(說卦傳)」 11단락(段落)

註 피갈회옥(被褐懷玉) : 갈옷을[褐] 입고[被] (속에) 옥을[玉] 품는다[懷]. 『노자(老子)』 70장(章)

註 감위월(坎爲月) : 감은[坎 : ☵] 달[月]이다[爲]. 「설괘전(說卦傳)」 11단락(段落)

註 부자현고명(不自見故明) 부자시고창(不自是故彰) 부자벌고유공(不自伐故有功) 부자긍고장(不自矜故長) 부유부쟁(夫唯不爭) : 자기를[自] 드러내지 않는다[不見]. 그러므로[故] 밝다[明]. 자기를[自] 옳다 하지 않는다[不是]. 그러므로[故] 뚜렷하다[彰]. 자기를[自] 자랑하지 않는다[不伐]. 그러므로[故] 보람이[功] 있다[有]. 자기를[自] 높이지 않는다[不矜]. 그러므로[故] 장구하다[長]. 무릇[夫] 오로지[唯] 다투지 않는다[不爭]. 『노자(老子)』 22장(章)

상륙(上六 : --)

上六 : 女承筐无實하고 士刲羊无血이니 无攸利니라
여승광무실 사규양무혈 무유리

상륙(上六) : 여자가[女] 광주리를[筐] 이어받았지만[承] 과일이[實] 없고[无] 남자가[士] 양을[羊] 잡았지만[刲] 피가[血] 없으니[无] 이로울[利] 바가[攸] 없다[无].

【상륙(上六)의 효상(爻象) 풀이】

귀매괘(歸妹卦 : ䷵)의 상륙(上六 : --)은 이음거음(以陰居陰) 즉 음(陰 : --)으로써[以] 음(陰 : --)의 자리에 있는지라[居] 정당한 자리에 있다. 상륙(上六 : --)과 육오(六五 : --)는 양음(兩陰) 즉 둘 다[兩] 음(陰 : --)의 사이인지라 비(比) 즉 이웃의 사귐[比]을 누리지 못한다. 상륙(上六 : --)은 육삼(六三 : --)과도 양음(兩陰)인지라 불응(不應) 즉 서로 호응하지 못한다[不應]. 이에 극위(極位)에 있는 상륙(上六 : --)은 아래와 절연(絶緣)되어 완전히 고립된 모습이다.

귀매괘(歸妹卦 : ䷵)의 상륙(上六 : --)이 상구(上九 : ㅡ)로 변효(變爻)하면 상륙(上六 : --)은 귀매괘(歸妹卦 : ䷵)를 38번째 규괘(睽卦 : ䷥)로 지괘(之卦)하게 한다. 따라서 귀매괘(歸妹卦 : ䷵)의 상륙(上六 : --)은 규괘(睽卦 : ䷥)의 상구(上九 : ㅡ)를 찾아가 살펴보게 한다.

【상륙(上六)의 계사(繫辭) 풀이】

女承筐无實(여승광무실)

여자가[女] 광주리를[筐] 이어받았지만[承] 과일이[實] 없다[无].

〈여승광무실(女承筐无實)〉은 상륙(上六 : --)과 육삼(六三 : --)의 불상응(不相應)을 육삼(六三 : --)의 쪽을 들어 암시한 계사(繫辭)이다. 〈여승광무실(女承筐无實)〉은 〈여승죽광향대례(女承竹筐向大禮) 연이기죽광무과실(然而其竹筐无果實)〉의 줄임으로 여기고 〈여자가[女] 결혼식을[大禮] 위하여[向] 대광주리를[竹筐] 받았다[承] 그러나[然而] 그[其] 대광주리에는[竹筐] 과일이[果實] 없다[无]〉라고 새겨볼 것이다. 〈무실(无實)의 실(實)〉은 여기선 〈과일 과(果)〉와 같다.

〈여승광무실(女承筐无實)〉은 상륙(上六 : --)과 육삼(六三 : --)의 불응(不應)을 암시한다. 〈여승광무실(女承筐无實)의 여(女)〉는 육삼(六三 : --)을 취상(取象)한 것이다. 귀매괘(歸妹卦 : ䷵)의 하체(下體)인 태(兌 : ☱)의 제효(諸爻) 즉 모든[諸] 효(爻)는 〈소녀(少女)〉 즉 막내딸[少女]에 속한다. 〈여승광무실(女承筐无實)의 무실(无實)〉 즉 과일이[實] 없다[无] 함은 시집 못갈 여인을 암시하고, 불상지조(不祥之兆) 즉 흉한[不祥之] 조짐[兆]을 암시한다. 〈광무실(筐无實)의 광(筐)〉은 귀매괘(歸妹卦 : ䷵)의 상체(上體)인 진(震 : ☳)으로써 취상(取象)한 것이다. 왜냐하면 여기 〈광(筐)〉은 「설괘전(說卦傳)」에 나오는 〈진은[震 : ☳] 창랑이란[蒼筤] 대나무[竹]이다[爲]〉라는 내용을 상기시키기 때문이다. 〈광무실(筐无實)의 무실(无實)〉은 상륙(上六 : --)이 변효(變爻)함을 암시한다. 상륙(上六 : --)이 변효(變爻)하면 귀매괘(歸妹卦 : ䷵)의 상체(上體)인 진(震 : ☳)은 이(離 : ☲)로 변괘(變卦)하여, 〈무실(无實)〉은 이(離 : ☲)의 중허(中虛)를 들어 취상(取象)된 것이다. 이(離 : ☲)의 중효(中爻)인 〈음(陰 : --)〉을 〈허(虛)〉 즉 빔[虛]이라 한다.

〈여승광(女承筐)〉이란 여자가[女] 시집감[歸]을 암시한다. 왜냐하면 옛날[古時]

혼사(婚事)에서 시집가는 신부는 시가(媤家) 묘당(廟堂)에 모신 조선(祖先)께 올릴 제물로서 〈광유실(筐有實)〉 즉 과일을[實] 가득 담은[有] 대광주리[筐]를 두 손으로 받쳐 들고 시집갔기 때문이다. 육삼(六三 : ⚋)을 암시하는 그녀[女]가 〈승광무실(承筐无實)〉 즉 과일이[實] 없는[无] 대광주리를[筐] 받쳐 들었다[承] 함은 상륙(上六 : ⚋)과 육삼(六三 : ⚋)이 불상응(不相應) 즉 서로[相] 호응하지 못하여[不應] 〈여(女)〉가 결혼하지 못함을 암시한 계사(繫辭)이다.

士刲羊无血(사규양무혈)
남자가[士] 양을[羊] 잡았지만[刲] 피가[血] 없다[无].

〈사규양무혈(士刲羊无血)〉은 상륙(上六 : ⚋)과 육삼(六三 : ⚋)의 불상응(不相應)을 상륙(上六 : ⚋)의 쪽을 들어 암시한 계사(繫辭)이다. 〈사규양무혈(士刲羊无血)〉은 〈사규양향대례(士刲羊向大禮) 연이기양무혈(然而其羊无血)〉의 줄임으로 여기고 〈사내가[士] 결혼식을[大禮] 위하여[向] 양을[羊] 잡았다[刲] 그러나[然而] 그[其] 양에게는[羊] 피가[血] 없다[无]〉라고 새겨볼 것이다. 〈사규(士刲)의 사(士)〉는 여기선 〈미혼남(未婚男)〉과 같고, 〈사규(士刲)의 규(刲)〉는 〈잡을 도(屠)〉와 같다.

〈사규양무혈(士刲羊无血)〉 역시 상륙(上六 : ⚋)과 육삼(六三 : ⚋)의 불응(不應)을 암시한다. 〈사규양무혈(士刲羊无血)의 사(士)〉는 상륙(上六 : ⚋)을 취상(取象)한 것이다. 귀매괘(歸妹卦 : ䷵)의 상체(上體)인 진(震 : ☳)의 제효(諸爻) 즉 모든[諸] 효(爻)는 〈장남(長男)〉 즉 맏아들[長男]에 속한다. 〈사규양무혈(士刲羊无血)의 무혈(无血)〉 즉 피가[血] 없다[无] 함은 장가 못갈 사내를 암시하고, 불상지조(不祥之兆) 즉 흉한[不祥之] 조짐[兆]을 암시한다. 〈사규양무혈(士刲羊无血)〉에서 〈양무혈(羊无血)의 양(羊)〉은 귀매괘(歸妹卦 : ䷵)의 하체(下體)인 태(兌 : ☱)를 들어 취상(取象)된 것이다. 왜냐하면 여기 〈양(羊)〉이 「설괘전(說卦傳)」에 나오는 〈태는[兌 : ☱] 양(羊)이다[爲]〉라는 내용을 환기시키기 때문이다. 〈무혈(无血)의 혈(血)〉은 귀매괘(歸妹卦 : ䷵)의 외호괘(外互卦)인 감(坎 : ☵)을 들어 취상(取象)된 것이다. 왜냐하면 〈무혈(无血)의 혈(血)〉이 「설괘전(說卦傳)」에 나오는 〈감은[坎 : ☵] 피의[血] 괘(卦)이다[爲]〉라는 내용을 떠올려주기 때문이다. 〈사규양

(士刲羊)의 사(士)〉는 여기선 〈미취처지남(未娶妻之男)〉 즉 아내를[妻] 아직 취하지 못한[未聚之] 사내[男]를 뜻해 처녀가 남편감으로 원치 않는 사내를 뜻하는 〈사(士)〉이다. 따라서 〈사규양(士刲羊)의 사(士)〉라는 장가들지 못한 남자를 〈양무혈(羊无血)〉로써 암시한다. 왜냐하면 옛날[古時] 혼사(婚事)에서 장가드는 신랑은 〈규양유혈(刲羊有血)〉 즉 살아있는[有血] 양을[羊] 잡아[刲] 피를 조상께 바치고 고기는 결혼 잔치에 썼기 때문이다. 상륙(上六 : --)을 암시하는 〈사(士)〉가 〈규양무혈(刲羊无血)〉 즉 피가[血] 없는[无] 양을[羊] 베어 갈랐다[刲]는 것은 그 사내[士]가 신랑감이 될 수 없음을 암시하고 동시에 불상지조(不祥之兆) 즉 흉한[不祥之] 징조[兆]를 암시한다. 유약(柔弱)한 상륙(上六 : --)이 정위(正位)에 있다 해도 그 자리가 완전히 고립된 극위(極位)인지라 장가 못들 사내[士]를 들어 암시한 계사(繫辭)가 〈사규양무혈(士刲羊无血)〉이다.

无攸利(무유리)

이로울[利] 바가[攸] 없다[无].

〈무유리(无攸利)〉는 상륙(上六 : --)에게 이로울 바가 없음을 암시한 계사(繫辭)이다. 〈무유리(无攸利)〉는 〈상륙무유리(上六无攸利)〉의 줄임으로 여기고 〈상륙에게는[上六] 이로울[利] 바가[攸] 없다[无]〉라고 새겨볼 것이다. 〈유리(攸利)의 유(攸)〉는 〈바 소(所)〉와 같다.

〈무유리(无攸利)〉는 〈광무실(筐无實)〉 즉 빈[无實] 대광주리를[筐] 받쳐 든[承] 여인[女]이 상륙(上六 : --)에게 무슨 이로움[利]이 있을 것이며, 〈양무혈(羊无血)〉 즉 죽은[无血] 양을[羊] 잡는[刲] 사내[士] 같은 상륙(上六 : --) 자신에게 무슨 이로움[利]이 있겠느냐고 반문하게 함을 암시한 계사(繫辭)이다.

【字典】

여(女) 〈여자(계집) 여(女)-여자(女子)-미혼부인(未婚婦人), 처자(처녀) 여(女)-처자(處子), 백성의 약한 자 여(女)-백성지약자(百姓之弱者), 딸 여(女)-자녀지녀(子女之女), 너 여(女)-여(汝), 음의 것 여(女)-음물(陰物), 부드럽고 순한 여(女)-유완(柔婉)〉 등의 뜻을 내지만 여기선 〈여자(女子)〉로 새김이 마땅하다.

승(承) 〈받들 승(承)-봉(奉), 전할 승(承)-전(傳), 받을 승(承)-수(受), 맞이할 승

(承)-영(迎), 이을 승(承)-계(繼)〉 등의 뜻을 내지만 여기선 〈받들 봉(奉)〉과 같다 여기고 새김이 마땅하다.

광(筐) 〈네모난 대광주리 광(筐)-성물지방형죽기(盛物之方形竹器), 모난(네모난 상) 광(筐)-방(方)-방상(方牀), 가득할 광(筐)-만(滿)〉 등의 뜻을 내지만 여기선 〈네모난 대광주리 광(筐)〉으로 여기고 새김이 마땅하다.

무(无) 〈없을 무(无)-무(無), 허무지도 무(无)-허무지도(虛无之道), 으뜸 무(无)-원(元)〉 등의 뜻을 내지만 여기선 〈없을 무(無)〉와 같다 여기고 새김이 마땅하다.

실(實) 〈이룰 실(實)-성(成), 실박할 실(實)-실박(實樸), 부유할 실(實)-부(富), 가득할 실(實)-만(滿)-충(充), 쌓을 실(實)-성(盛), 푸나무의 열매 실(實)-과실(果實), 보람 실(實)-공(功), 아름다울 실(實)-미(美), 밝을 실(實)-명(明), 어조사(실로) 실(實)〉 등의 뜻을 내지만 여기선 〈과실(果實)〉로 여기고 새김이 마땅하다.

사(士) 〈아내를 아직 취하지 못한 사내 사(士)-미취처지남(未娶妻之男), 일 사(士)-사(事), 신하(일을 맡은 사람) 사(士)-임사자(任事者 : 天子諸侯之臣), 경대부 통칭 사(士)-경대부통칭(卿大夫通稱), (천자의 신하로서) 제후 사(士)-제후(諸侯), (공경대부의 신하로서) 가신 사(士)-가신(家臣), 전사 사(士)-전사(戰士), 옥관 사(士)-옥관(獄官), 읍재 사(士)-읍재(邑宰=州里之長), 천자의 원자 사(士)-천자지원자(天子之元子), 선비 사(士)-유덕행학식지인(有德行學識之人), 천자를 대하는 제후의 대부 사(士)-제후지대부대천자지자칭(諸侯之大夫對天子之自稱), 도예를 전문으로 닦는 자 사(士)-수전문도예자지칭(修專門道藝者之稱), 사내의 미칭 사(士)-남자지미칭(男子之美稱), 결혼 못한 사내 사(士)-미혼남자지칭(未婚男子之稱=處女莫不願得以爲士=未娶妻之稱), 여자의 미칭 사(士)-여사(女士), 제자 사(士)-제자(弟子), 살필 사(士)-찰(察), 벼슬할 사(士)-사(仕)〉 등의 뜻을 내지만 여기선 〈아내를 아직 취하지 못한 사내 미취처지남(未娶妻之男)〉으로 여기고 새김이 마땅하다.

규(刲) 〈잡을 규(刲)-도(屠), 가를 규(刲)-할(割), 찌를 규(刲)-자(刺), 도려낼 규(刲)-고(刳), 죽일 규(刲)-살지(殺之), 취할 규(刲)-취(取)〉 등의 뜻을 내지만 여기선 〈잡을 도(屠)〉와 같다 여기고 새김이 마땅하다.

양(羊) 〈가축 양(면양-산양) 양(羊)-면양(綿羊)-산양(山羊), 길상 양(羊)-길상(吉祥)〉 등의 뜻을 내지만 여기선 〈면양(綿羊)〉으로 여기고 새김이 마땅하다.

혈(血) 〈피 혈(血), 근심할 혈(血)-우(憂)-휼(恤), 물들일 혈(血)-염(染), 상처 날 혈(血)-상(傷), 눈물 혈(血)-누(淚), 음(陰)을 비유해주는 혈(血), 감괘 혈(血)-감괘(坎卦)〉 등의 뜻을 내지만 여기선 〈피 혈(血)〉로 여기고 새김이 마땅하다.

유(攸) 〈바(것) 유(攸)-소(所), 곳 유(攸)-소(所), 흘러가는 물 유(攸)-행수(行水), 아득할 유(攸)-장원(長遠)-유(悠), 닦을 유(攸)-수(修), 터득한 모습 유(攸)-자득모(自得貌), 빠를 유(攸)-숙(倏), 대롱거릴 유(攸)-현위모(懸危貌), 수심에 찬 모습 유(攸)-수모(愁貌)〉 등의 뜻을 내지만 여기선 〈바 소(所)〉와 같다 여기고 새김이 마땅하다.

이(利) 〈이로울 이(利)-익(益), 좋을 이(利)-길(吉)-의(宜), 만물로 하여금 삶을 이루어가게 하는 덕(德)의 이로울 이(利)-사만물수생지덕(使萬物遂生之德), 날카로울 이(利)-예(銳)-섬(銛), 질병 이(利)-질(疾), 통할 이(利)-통(通)-순(順), 편리할 이(利)-편(便), 마름해 만들어 이룰 이(利)-재성(裁成), 탐할 이(利)-탐(貪), 구할(취할) 이(利)-구(求)-취(取), 좋아할 이(利)-열애(悅愛), 기교 이(利)-교(巧), 보람 이(利)-공용(功用), 지세가 험하고 중요한 이(利)-험요(險要), 이길 이(利)-승(勝), 어질 이(利)-인(仁)〉 등의 뜻을 내지만 여기선 〈이로울 익(益) 또는 좋을 의(宜)〉로 여기고 새김이 마땅하다. 〈利〉가 맨 앞에 오면 〈이〉로 발음되고, 중간이나 뒤에 오면 〈리〉로 발음된다.

註 진위창랑죽(震爲蒼筤竹) : 진은[震 : ☳] 창랑이라는[蒼筤] 대나무[竹]이다[爲]. 「설괘전(說卦傳)」 11단락(段落)

註 태위양(兌爲羊) : 태는[兌 : ☱] 양(羊)이다[爲]. 「설괘전(說卦傳)」 11단락(段落)

註 감위혈괘(坎爲血卦) : 감은[坎 : ☵] 피의[血] 괘(卦)이다[爲]. 「설괘전(說卦傳)」 11단락(段落)

풍괘
豐卦

55

䷶

1 괘의 괘상과 계사

풍괘(豐卦 : ䷶)

이하진상(離下震上) : 아래는[下] 이(離 : ☲), 위는[上] 진(震 : ☳).

뇌화풍(雷火豐) : 우레와[雷] 불은[火] 풍이다[豐].

豐은 亨하니 王假之하나니 勿憂요 宜日中이니라
풍 형 왕격지 물우 의일중

풍대함은[豐] 통하니[亨] 임금이라야[王] 이에[之] 이를 것이니[假] 걱정할 것이[憂] 없다[勿]. 마땅히[宜] 해가[日] 중천에 있다[中].

【풍괘(豐卦 : ䷶)의 괘상(卦象) 풀이】

앞 귀매괘(歸妹卦 : ䷵)의 〈귀(歸)〉는 시집감[歸]이다. 이에 「서괘전(序卦傳)」에 〈그[其] 돌아갈[歸] 데를[所] 얻는[得] 이는[者] 반드시[必] 크게 된다[大] 그래서[故] 풍괘(豐卦 : ䷶)로써[以] 그것을[之] 받는다[受]〉라는 말이 나온다. 이는 귀매괘(歸妹卦 : ䷵) 뒤에 풍괘(豐卦 : ䷶)가 오는 까닭을 밝힌다. 시집갈[歸] 데를[其所] 얻는[得] 이[者]가 자녀를 낳아 키우는 가정을 이루는 성대함이란 천도(天道) 즉 자연의[天] 규율[道]이다. 풍괘(豐卦 : ䷶) 의 괘체(卦體)는 이하진상(離下震上)이다. 「설괘전(說卦傳)」에 〈진은[震 : ☳] 우레[雷]이다[爲] …… 이는[離 : ☲] 전기[電]이다[爲]〉라는 내용이 나온다. 우레[雷]의 성질은 소리이고, 전기[電]의 성질은 밝음이다. 이(離 : ☲)가 전기[電]로써 빛을 내고 진(震 : ☳)이 우레[雷]로써 소리를 내니, 천지에 빛과 소리가 풍대함[豐]을 나타낸다. 이에 〈풍(豐)〉이란 성대하고 충만함이다. 이런 〈풍(豐)〉이란 중천(中天)에 떠 있는 태양이 온 세상을 빛으로 가득 채움과 같다. 그러나 중천에 뜬 해는 얼마 못가 저물어가니 〈풍(豐)〉 즉 풍대할[豐] 때란 오래가지 못함이 또한 천도(天道) 즉 자연의[天] 규율[道]임을 유념하게 한다. 따라서 성대하여 풍요할[豐]수록 궁핍할 때를 생각해 풍대함[豐]을 귀하게 하라 함이 풍괘(豐卦 : ䷶)의 상하체(上下體)가 상자(相資) 즉 서로[相] 돕고 취하는[資] 모습임을 암시한다. 다른 대성괘(大成卦)의 육효(六爻)는 음양상득(陰陽相得) 즉 음양이[陰陽] 서로[相] 취하지만[得], 풍괘(豐卦 : ䷶)의 육효(六爻)는 양여양(陽與陽) 즉 양(陽 : ━)과[與] 양(陽 : ━)이 상자(相資)하고 음여음(陰與陰) 즉 음(陰 : ╍)과[與] 음(陰 : ╍)이 서로[相] 취하여[資], 이(離 : ☲)의 명(明)과 진(震 : ☳)의 동(動)이 함께 〈풍(豐)〉 즉 풍대함[豐]을 이루니, 상하체(上下體)의 괘속(卦屬)으로써 풍괘(豐卦 : ䷶)라 칭명(稱名)한다.

【풍괘(豐卦 : ䷶)의 계사(繫辭) 풀이】

豐(풍) 亨(형) 王假之(왕격지)

풍대함은[豐] 통하니[亨] 임금이라야[王] 이에[之] 이를 것이다[假].

〈풍(豐) 형(亨)〉은 풍괘(豐卦 : ䷶) 상하체(上下體)의 괘속(卦屬)으로써 괘상(卦象)을 밝힌 괘사(卦辭)이다. 〈풍(豐)〉은 천공(天空)에 명여동(明與動) 즉 하체(下體) 이(離 : ☲)의 밝음과[明與] 상체(上體) 진(震 : ☳)의 움직임[動]이 풍대함[豐]이다. 여기 〈풍(豐)〉은 〈크나큰 대(大)〉이다. 풍대함[豐]이란 사사로운 것이 아니라 온 세상 만물에 두루 미치는 밝음[明]과 움직임[動]이므로, 그 명이동(明以動) 즉 밝음[明]으로써[以] 움직임[動]은 크나크다[大]. 풍괘(豐卦 : ䷶)의 풍대함[豐]이란 무사무욕(無私無欲)한지라 언제 어디서나 온 세상 만물에 막힘없이 형통(亨通)함을 암시한 계사(繫辭)가 〈풍(豐) 형(亨)〉이다.

〈왕격지(王假之)〉는 풍괘(豐卦 : ䷶)의 괘상(卦象)을 〈왕(王)〉을 들어 암시한 괘사(卦辭)이다. 〈왕격지(王假之)〉는 〈왕격풍괘지풍(王假豐卦之豐)〉의 줄임으로 여기고 〈왕은[王] 풍괘의[豐卦之] 풍대함에[豐] 이른다[假]〉라고 새겨볼 것이다. 여기 〈격(假)〉은 〈이를 지(至)〉와 같고, 〈지(之)〉는 〈풍괘지풍(豐卦之豐)〉을 지시한다.

〈왕격지(王假之)의 왕(王)〉은 궁궐에 있는 왕(王)만을 말하는 것이 아니다. 〈왕격지(王假之)의 왕(王)〉은 『노자(老子)』에 나오는 〈공평함[公]이야말로[乃] 두루 미침이며[全] 두루 미침[全]이야말로[乃] 자연이다[天]〉라는 내용을 본받아 스스로 다하는 〈왕(王)〉이다. 이러한 〈왕(王)〉은 지인(至人)이요 신인(神人)이며 성인(聖人)이다. 이에 〈왕격지(王假之)의 왕(王)〉이 『장자(莊子)』에 나오는 〈지인에게는[至人] 제 욕심이[己] 없다[無]〉라는 내용을 상기시키고, 동시에 『예기(禮記)』에 나오는 〈세 가지에는[三] 사사로움이[私] 없다[無]〉라는 내용을 상기시킨다. 〈삼무사(三無私)의 삼(三)〉은 〈천(天)〉과 〈지(地)〉 그리고 〈일월(日月)〉을 말한다. 천지일월(天地日月)의 〈풍(豐)〉에 이르는[假] 왕자(王者)가 여기 〈왕격지(王假之)의 왕(王)〉이다. 따라서 37번째 가인괘(家人卦 : ䷤) 구오(九五 : ⚊)의 계사(繫辭)인 〈왕격유가(王假有家)〉의 〈왕(王)〉과는 달리 관유(寬柔)하고 온화하며 자비(自卑)하면서 현명하고, 현저(顯著)한 인재(人才)들이 스스로 찾아와 신하들이 되어 보필하는 왕자(王者)를 말한다.

〈왕격유가(王假有家)의 〈왕(王)〉은 궁궐에서 신하들을 거느리고 치국(治國)하는 군왕(君王)을 뜻하지만, 여기 〈왕격지(王假之)의 왕(王)〉은 성인(聖人)을 그대로 본받아 천하의 백성을 어루만져주는 왕자(王者)를 암시한다. 〈왕격지(王假之)〉는 지인(至人)-신인(神人)-성인(聖人)을 본받아 따르는 〈왕(王)〉이라야 풍괘(豐卦 : ䷶)의 풍대함[豐]에 이른다[假之] 함이다. 여기 〈격지(假之)의 지(之)〉 즉 그것[之]이란 〈풍괘지풍(豐卦之豐)〉의 지시어로 여기고 새겨도 되지만, 풍괘(豐卦 : ䷶) 육오(六五 : ⚋)의 계사(繫辭)인 〈내장(來章)의 장(章)〉 즉 광명[章]을 지시하는 지시어로 여기고 새겨도 된다. 무기(无己) 즉 무사(無私)하여 온 천하 백성을 위해주되 결코 다투지 않는 왕자(王者)라야 〈풍(豐)〉의 세상을 성대(盛大)하게 할 수 있음을 암시한 계사(繫辭)가 〈왕격지(王假之)〉이다.

勿憂(물우) 宜日中(의일중)

걱정할 것이[憂] 없다[勿]. 마땅히[宜] 해가[日] 중천에 있다[中].

〈물우(勿憂)〉는 앞의 〈왕(王)〉에게는 우려(憂慮)함이 없음을 암시한 계사(繫辭)이다. 〈물우(勿憂)〉는 〈왕물성극장쇠지우(王勿盛極將衰之憂)〉의 줄임으로 여기고 〈왕에게는[王] 풍성함이[盛] 다하면[極] 장차[將] 쇠망한다는[衰之] 걱정이란[憂] 없다[勿]〉라고 새겨볼 것이다. 〈물우(勿憂)의 물(勿)〉은 〈없을 무(無)〉와 같고, 〈물우(勿憂)의 우(憂)〉는 〈걱정할 여(慮)〉와 같다.

〈물우(勿憂)〉는 성인(聖人)으로서 〈왕(王)〉은 성쇠(盛衰)의 왕래(往來)가 천도(天道)임을 깨닫고는 있지만, 『노자(老子)』에 나오는 〈지상용(知常容)〉 즉 한결같이[常] 포용함을[容] 깨달아[知], 성왕(聖王)은 풍대함[豐]이 극위[極]에 이르게 하여 쇠망(衰亡)으로 접어들지 않게 함을 깨닫고, 풍대함[豐]이 다하지 않게 미리미리 지혜(智慧)를 모음을 암시한 계사(繫辭)이다.

〈의일중(宜日中)〉은 〈물우(勿憂)의 우(憂)〉를 깨달음을 암시한 괘사(卦辭)이다. 〈의일중(宜日中)〉은 〈성왕의지풍지여일중(聖王宜知豐之如日中)〉의 줄임으로 여기고 〈성왕은[聖王] 풍대함이[豐之] 중천의[中] 해와[日] 같음을[如] 마땅히[宜] 안다[知]〉라고 새겨볼 것이다. 〈의일중(宜日中)의 일중(日中)〉은 정오의[中] 해[日]를 뜻한다.

〈의일중(宜日中)〉은 풍괘(豐卦 : ䷶)의 〈풍(豐)〉 역시 성쇠(盛衰)의 천도(天道) 즉 자연의[天] 이치[道]를 벗어날 수 없음을 암시한다. 성왕(聖王) 즉 성인(聖人)을 반드시 본받는 임금은 풍괘(豐卦 : ䷶)의 〈풍(豐)〉도 〈일중(日中)〉 같음을 예지(睿知) 즉 깊고 밝게[睿] 깨닫는다[知]. 〈일중(日中)〉이 〈일모(日暮)〉로 기울어져 갈 수 있음을 역수(逆數) 즉 미리미리[逆] 헤아려[數] 풍괘(豐卦 : ䷶)의 〈풍(豐)〉이 이어지는 성세(盛世)를 백성들로 하여금 누리도록 성왕(聖王)이 정성을 다함을 암시한 계사(繫辭)가 〈의일중(宜日中)〉이다.

【 字 典 】

풍(豐) 〈성대할(다대할) 풍(豐)-성대(盛大)-다대(多大), 왕콩(커다란 콩) 풍(豐)-두지풍만(豆之豐滿), 클(많을) 풍(豐)-대(大)-다(多), 두터울 풍(豐)-후(厚), 살찔 풍(豐)-비만(肥滿), 더부룩할 풍(豐)-성(盛), 넉넉할 풍(豐)-요(饒), 무성할 풍(豐)-무(茂), 부유할 풍(豐)-부유(富裕), 풍괘 풍(豐)-풍괘(豐卦)〉 등의 뜻을 내지만 여기선 〈다대(多大) 또는 성대(盛大)〉와 같다 여기고 새김이 마땅하다. 풍(豐)은 풍(豊)이고, 특히 풍(豊)은 예(禮)의 고자(古字)로 통한다.

亨 〈향-형-팽〉 세 가지로 발음되고, 〈통할 형(亨)-통(通), 남을 형(亨)-여(餘), 드릴 향(亨)-헌(獻), 삶을 팽(亨)-자(煮)-팽(烹)〉 등의 뜻을 내지만 여기선 〈통할 통(通)〉과 같다 여기고 새김이 마땅하다.

왕(王) 〈임금 왕(王)-군(君), 제후 왕(王)-제후(諸侯), 무리의 우두머리 왕(王)-동류중지수령(同類中之首領), 큰 왕(王)-대(大), 천자를 받들 왕(王)-사천자(事天子), 바로잡을 왕(王)-광정(匡正), 성대할 왕(王)-성(盛), 이길 왕(王)-승(勝), 흥할 왕(王)-흥(興)〉 등의 뜻을 내지만 〈임금 왕(王)〉으로 여기고 새김이 마땅하다.

假 〈격-가-하〉 세 가지로 발음되고, 〈이를 격(假)-지(至), 거짓 가(假)-비진(非眞), 이제 그렇지 않을 가(假)-금불연(今不然), 겸할 가(假)-섭(攝)-겸(兼), 잠깐 가(假)-차(且)-비영구(非永久), 빌릴 가(假)-차(借), 빌려줄 가(假)-대(貸), 줄 가(假)-급여(給與), 인할(때문일) 가(假)-인(因), 너그러울 가(假)-관용(寬容), 청할 가(假)-청(請), 같을 가(假)-여(如), 확고할 가(假)-고(固), 클 가(假)-대(大), 장대할 가(假)-하(嘏), 아름다울 가(假)-미(美), 용서할 가(假)-서(恕), 여가 가(假)-여가(餘暇), 가령 가(假)-가령(假令), 아득할(멀) 하(假)-하(遐), 죽을(끝날) 하(假)-사(死)-이(已), 앓을 하(假)-병(病), 되(단위) 하(假)-승(升)〉 등의 뜻을 내지만 여기선 발음은 〈격〉이고, 뜻은 〈이를 지(至)〉와 같다 여기고 새김이 마땅하다.

지(之) 〈그것(이것) 지(之)-피(彼)-시(是), 뜻 없는 허사(虛詞) 지(之), 주격-소유격-목적격 등의 토씨 지(之), 갈 지(之)-왕(往), 이를 지(之)-지(至)〉 등의 뜻을 내지만 여기선 〈그것 지(之)〉로 여기고 새김이 마땅하다.

물(勿) 〈없을 물(勿)-무(無)-무(毋), 하지 말 물(勿)-막(莫), 아닌 것 물(勿)-비(非), 아니할 물(勿)-불(不)〉 등의 뜻을 내지만 여기선 〈없을 무(無)〉와 같다 여기고 새김이 마땅하다.

우(憂) 〈걱정할(근심할) 우(憂)-수(愁)-환(患), 두려워할 우(憂)-구(懼), 괴로울 우(憂)-고(苦)-병(病), 동정할 우(憂)-휼(恤), 욕되게 할 우(憂)-욕(辱), 막힐 우(憂)-액(阨)〉 등의 뜻을 내지만 여기선 〈걱정할 환(患)〉과 같다 여기고 새김이 마땅하다.

의(宜) 〈마땅할 의(宜)-당(當), 옳을 의(宜)-소안적(所安適)-의(義)-의(誼), 잘해줄 의(宜)-선(善), 아름다울 의(宜)-미(美), 좋아할 의(宜)-호(好), 어울려 따를 의(宜)-화순(和順), 가까이할 의(宜)-태(殆), 어조사 의(宜)〉 등의 뜻을 내지만 〈마땅할 당(當)〉과 같아 의당(宜當)의 줄임으로 여기고 새김이 마땅하다.

일(日) 〈해(태양) 일(日)-태양(太陽)-태양계중심(太陽系中心), 나날 일(日)-별일(別日), 시기 일(日)-시기(時期), 기한 일(日)-기한(期限), 시일 일(日)-시일(時日), 참 일(日)-실(實)-실정(實精), 볕 일(日)-양(陽)-양광(陽光), 불 일(日)-화(火), 임금의 모습 일

(日)-군상(君象), 덕 일(日)-덕(德) {일자덕야(日者德也) 월자형야(月者刑也)}, 낮 일(日)-주(晝), 세월 일(日)-광음(光陰)〉 등의 뜻을 내지만 여기선 〈태양 일(日)〉로 여기고 새김이 마땅하다.

중(中) 〈가운데(안, 속) 중(中)-내(內)-중앙(中央), 심지 중(中)-심지(心志), 따를 중(中)-순(順), 사방의 중앙 중(中)-사방지중(四方之中), 정신 중(中)-심중(心中), 정도 중(中)-정도(正道), 바를 중(中)-정(正), 고를 중(中)-평(平)-균(均), 어울릴 중(中)-화(和), 이룰 중(中)-성(成), 간직할 중(中)-장(藏), 적당할 중(中)-당(當)-적(適), 합할 중(中)-합(合), 화살이 맞힐 중(中)-시지적(矢至的), 응할 중(中)-응(應), 다칠 중(中)-상(傷), 부딪칠 중(中)-격(擊), 중요할 중(中)-요(要), 가득 찰 중(中)-만(滿)〉 등의 뜻을 내지만 여기선 〈가운데 중앙(中央)〉으로 여기고 새김이 마땅하다.

註 진위뢰(震爲雷) …… 이위전(離爲電) : 진은[震 : ☳] 우레[雷]이다[爲]. …… 이는[離 : ☲] 전기[電]이다[爲]. 「설괘전(說卦傳)」 11단락(段落)

註 지상용(知常容) 용내공(容乃公) 공내전(公乃全) 전내천(全乃天) 천내도(天乃道) 도내구(道乃久) 몰신불태(沒身不殆) : 한결같음을[常] 깨달음은[知] (모든 것을) 포용하고[容], 포용함[容]이야말로[乃] 공평함이며[公], 공평함[公]이야말로[乃] 두루 미침이고[全], 두루 미침[全]이야말로[乃] 자연이며[天], 자연[天]이야말로[乃] 상도이고[道], 상도[道]야말로[乃] 오램이다[久]. 종신토록[沒] 제 몸은[身] 위태롭지 않다[不殆]. 『노자(老子)』 16장(章)

註 지인무기(至人無己) 신인무공(神人無功) 성인무명(聖人無名) : 지인에게는[至人] 제 욕심이[己] 없고[無], 신인에게는[神人] 업적이[功] 없으며[無], 성인에게는[聖人] 명예가[名] 없다[無]. 지인(至人)-신인(神人)은 성인(聖人)의 이칭(異稱)이다. 『장자(莊子)』「소요유(逍遙遊)」 1절(節) 끝

註 공자왈(孔子曰) 천무사복(天無私覆) 지무사재(地無私載) 일월무사조(日月無私照) 봉사삼자이로천하(奉斯三者以勞天下) 차지위삼무사(此之謂三無私) : 공자가[孔子] 말했다[曰]. 하늘은[天] 사사로움[私] 없이[無] (만물을) 덮어주고[覆], 땅은[地] 사사로움[私] 없이[無] (만물을) 실어주며[載], 해와 달은[日月] 사사로움[私] 없이[無] (만물을) 비춰준다[照]. 이[斯] 삼자를[三者] 받듦[奉]으로써[以] 세상을[天下] 위로하는 것[勞] 이것[此]을[之] 사사로움이[私] 없는[無] 셋이라[三] 한다[謂]. 『예기(禮記)』「공자한거(孔子閒居)」 7단락(段落)

2 효의 효상과 계사

初九 : 遇其配主한다 雖旬无咎하니 往有尙이리라
우기배주 수순무구 왕유상

六二 : 豐其蔀라 日中見斗니 往得疑疾이다 有孚發若하면 吉하리라
풍기부 일중견두 왕득의질 유부발약 길

九三 : 豐其沛라 日中見沫이다 折其右肱이니 无咎니라
풍기패 일중견매 절기우굉 무구

九四 : 豐其蔀라 日中見斗이다 遇其夷主하니 吉하리라
풍기부 일중견두 우기이주 길

六五 : 來章이니 有慶譽하여 吉하리라
내장 유경예 길

上六 : 豐其屋하나 蔀其家하여 闚其户라도 闃其无人이라 三歲不覿이니 凶하니라
풍기옥 부기가 규기호 격기무인 삼세부적 흉

초구(初九) : 그[其] 짝인[配] 주인을[主] 만난다[遇]. 비록[雖] 같다 해도[旬] 허물은[咎] 없으니[无] 나아가면[往] 받듦이[尙] 있다[有].

육이(六二) : 그[其] 가리개가[蔀] 풍대하다[豐]. 해가[日] 중천인데[中] 북극성을[斗] 보니[見] 나아가면[往] 의심증을[疑疾] 얻는다[得]. 발현한다면[發若] 믿어줌이[孚] 있어[有] 행운을 누린다[吉].

구삼(九三) : 그[其] 장막이[沛] 풍대하다[豐]. 한낮에[日中] 잔별들이[沫] 보인다[見]. 그[其] 오른쪽[右] 팔뚝을[肱] 꺾이니[折] 허물이[咎] 없다[无].

구사(九四) : 그[其] 가리개가[蔀] 풍대하다[豐]. 해가[日] 중천인데[中] 북극성이[斗] 보인다[見]. 그와[其] 서로 같은[夷] 주인을[主] 만나니[遇] 행운을 누린다[吉].

육오(六五) : 밝음이[章] 오니[來] 경사와[慶] 기림이[譽] 있어[有] 좋으리라[吉].

상륙(上六) : 그[其] 집이[屋] 풍대하나[豐] 그[其] 집 안을[家] 막아버려[蔀] 그[其] 지게문을[户] 엿봐도[闚] 휑할[闃] 뿐[其] 사람이[人] 없다[无]. 삼년이 지나도[三歲] 보이지 않으니[不覿] 흉하다[凶].

초구(初九 : ━)

初九 : 遇其配主한다 雖旬无咎하니 往有尚이리라
우기배주 수순무구 왕유상

초구(初九) : 그[其] 짝인[配] 주인을[主] 만난다[遇]. 비록[雖] 같다 해도[旬] 허물은[咎] 없으니[无] 나아가면[往] 받듦이[尚] 있다[有].

【초구(初九)의 효상(爻象) 풀이】

풍괘(豐卦 : ䷶)의 초구(初九 : ━)는 이양거양(以陽居陽) 즉 양(陽 : ━)으로써[以] 양(陽 : ━)의 자리에 있는지라[居] 정당한 자리에 있다. 초구(初九 : ━)와 육이(六二 : ╍)는 양음(陽陰)의 사이인지라 비(比) 즉 이웃의 사귐[比]을 누리지만 풍괘(豐卦 : ䷶)의 상하체(上下體)가 상자(相資) 즉 서로[相] 돕고 취하여[資] 풍괘(豐卦 : ䷶)의 주제인 〈풍(豐)〉 즉 풍대함[豐]의 시국을 이룰 수 있기 때문에, 양여양(陽與陽) 즉 양(陽 : ━)과[與] 양(陽 : ━)이 상자(相資)하고 음여음(陰與陰) 즉 음(陰 : ╍)과[與] 음(陰 : ╍)이 상자(相資)하므로 다른 대성괘(大成卦)의 효연(爻緣)과는 다름을 두고 효연을 살피게 된다. 따라서 음양(陰陽) 사이의 비(比)와 정응(正應)보다 오히려 양여양(陽與陽)-음여음(陰與陰)의 상자(相資)가 앞선다. 따라서 초구(初九 : ━)와 구사(九四 : ━)가 타괘(他卦)에서라면 양양(兩陽) 즉 둘 다[兩] 양(陽 : ━)인지라 불응(不應) 즉 서로 호응하지 못하는[不應] 처지이지만, 풍괘(豐卦 : ䷶)에서만은 풍괘(豐卦 : ䷶)의 하체(下體) 이(離 : ☲)의 명(明)과 상체(上體) 진(震 : ☳)의 동(動)이 풍대함[豐]을 이룸인지라 오히려 초구(初九 : ━)와 구사(九四 : ━)는 서로 짝[配]이 되어 상자(相資) 즉 서로[相] 돕고 취하는[資] 모습이다.

풍괘(豐卦 : ䷶)의 초구(初九 : ⚊)가 초륙(初六 : ⚋)으로 변효(變爻)하면 초구(初九 : ⚊)는 풍괘(豐卦 : ䷶)를 62번째 소과괘(小過卦 : ䷽)로 지괘(之卦)하게 한다. 따라서 풍괘(豐卦 : ䷶)의 초구(初九 : ⚊)는 소과괘(小過卦 : ䷽)의 초륙(初六 : ⚋)을 찾아가 살펴보게 한다.

【초구(初九)의 계사(繫辭) 풀이】

遇其配主(우기배주)

그[其] 짝인[配] 주인을[主] 만난다[遇].

〈우기배주(遇其配主)〉는 초구(初九 : ⚊)와 구사(九四 : ⚊)가 상자(相資) 즉 서로[相] 돕고 취함[資]을 암시한 계사(繫辭)이다. 〈우기배주(遇其配主)〉는 〈초구우구사충임기배주(初九遇九四充任其配主)〉의 줄임으로 여기고 〈초구가[初九] 자기의[其] 배주(配主)로서[充任] 구사를[九四] 만난다[遇]〉라고 새겨볼 것이다. 〈배주(配主)〉는 〈짝 우(偶)〉와 같다.

〈우기배주(遇其配主)〉는 초구(初九 : ⚊)와 구사(九四 : ⚊)가 양양(兩陽) 즉 둘 다[兩] 양(陽 : ⚊)인지라 다른 대성괘(大成卦)에서라면 불응(不應)의 사이이지만, 풍괘(豐卦 : ䷶)에서만은 초구(初九 : ⚊)와 구사(九四 : ⚊)는 상하체(上下體)의 시위(始位)로 전여뢰(電與雷)의 명이동(明以動)으로써 상자(相資) 즉 서로[相] 돕고 취하여[資] 풍괘(豐卦 : ䷶)의 주제인 〈풍(豐)〉의 시국을 이룩한다. 〈우기배주(遇其配主)의 배주(配主)〉는 구사(九四 : ⚊)를 암시한다. 풍괘(豐卦 : ䷶)의 주제인 〈풍(豐)〉은 명여동(明與動) 즉 이(離 : ☲)의 밝음과[明與] 진(震 : ☳)의 움직임[動]이 아울러서 이루는 풍대함[豐]이다. 초구(初九 : ⚊)는 풍괘(豐卦 : ䷶)의 하체(下體) 이(離 : ☲)의 초효(初爻)인지라 명이조(明以照) 즉 밝음[明]으로써[以] 비춤[照]의 〈풍(豐)〉 즉 풍대함[豐]을 이루도록 시작해야 하고, 구사(九四 : ⚊)는 풍괘(豐卦 : ䷶)의 상체(上體) 진(震 : ☳)의 초효(初爻)인지라 동이행(動以行) 즉 움직임[動]으로써[以] 행함[行]의 〈풍(豐)〉 즉 풍대함[豐]을 이루도록 시작해야 하기 때문에, 초구(初九 : ⚊)와 구사(九四 : ⚊)가 양양(兩陽)일지라도 풍대함[豐]의 이룸을 시작하기 위하여 초구(初九 : ⚊)가 구사(九四 : ⚊)를 짝이 될[配] 주체로[主] 만남[遇]을 암시한 계사(繫辭)가 〈우기배주(遇其配主)〉이다.

雖旬无咎(수순무구)

비록[雖] 같다 해도[旬] 허물은[咎] 없다[无].

〈수순무구(雖旬无咎)〉는 풍괘(豐卦 : ䷶)의 초구(初九 : ⚊)와 구사(九四 : ⚊)가 양양(兩陽) 즉 둘 다[兩] 양(陽 : ⚊)일지라도 〈배주(配主)〉가 됨을 거듭해 암시한 계사(繫辭)이다. 〈수순무구(雖旬无咎)〉는 〈수초구여구사순(雖初九與九四旬) 기순무구(其旬无咎)〉의 줄임으로 여기고 〈비록[雖] 구사와[與九四] 초구가[初九] 같을지라도[旬] 그[其] 같음에는[旬] 허물이[咎] 없다[无]〉라고 새겨볼 것이다. 〈수순(雖旬)의 순(旬)〉은 〈같을 균(均)〉과 같다.

〈수순무구(雖旬无咎)〉는 초구(初九 : ⚊)와 구사(九四 : ⚊)가 양양(兩陽) 즉 둘 다[兩] 양(陽 : ⚊)의 사이이지만 상자(相資) 즉 서로[相] 돕고 취함[資]을 암시한다. 다른 대성괘(大成卦)의 육효(六爻)는 음(陰 : ⚋)과 양(陽 : ⚊)이어야 상화(相和)하고 상응(相應)하며 상자(相資) 즉 서로[相] 돕고 취하지만[資], 풍괘(豐卦 : ䷶)의 육효(六爻)는 양(陽 : ⚊)과 양(陽 : ⚊)이 상자(相資)하고 음(陰 : ⚋)과 음(陰 : ⚋)이 서로[相] 돕고 취하여[資] 명이동(明以動) 즉 밝음[明]으로써[以] 움직임[動]이 풍괘(豐卦 : ䷶)의 주제인 〈풍(豐)〉 즉 풍대함[豐]의 시국을 이루게 된다. 따라서 강정(剛正) 즉 굳세면서[剛] 정당한 자리에 있는[正] 초구(初九 : ⚊)가 구사(九四 : ⚊)를 서로 도울 〈배주(配主)〉 즉 짝의[配] 주체[主]로 삼아 상자(相資)해도 허물이[咎] 없음[无]을 암시한 계사(繫辭)가 〈수순무구(雖旬无咎)〉이다.

往有尙(왕유상)

나아가면[往] 받듦이[尙] 있다[有].

〈왕유상(往有尙)〉은 초구(初九 : ⚊)가 구사(九四 : ⚊)를 〈배주(配主)〉로 삼음을 강조하는 계사(繫辭)이다. 〈왕유상(往有尙)〉은 〈약초구왕우구사(若初九往于九四) 타장유상상(他將有相尙)〉의 줄임으로 여기고 〈만약[若] 초구가[初九] 구사(九四)에게로[于] 나아가면[往] 그들에게[他] 서로[相] 받듦이[尙] 있을 것이다[將有]〉라고 새겨볼 것이다. 〈왕유상(往有尙)의 상(尙)〉은 〈받들 봉(奉)〉과 같다.

〈왕유상(往有尙)〉은 초구(初九 : ⚊)와 구사(九四 : ⚊)가 양양(兩陽)이지만 상충(相衝) 즉 서로[相] 부딪치지[衝] 않고 상자(相資) 즉 서로[相] 돕고 취함[資]을 암시한다. 〈왕유상(往有尙)의 왕(往)〉은 초구(初九 : ㅡ)가 구사(九四 : ㅡ)를 〈배주(配主)〉로 삼음을 암시하고, 〈유상(有尙)의 상(尙)〉은 구사(九四 : ㅡ)가 초구(初九 : ㅡ)를 짝인[配] 주인[主]으로 삼아 서로 받들어[尙] 풍괘(豐卦 : ䷶)의 주제인 〈풍(豐)〉 즉 풍대함[豐]의 시국을 이루어지게 함을 암시한다.

【字典】

우(遇) 〈만날 우(遇)-봉(逢), 길에서 우연히 만날 우(遇)-불기이어도로상봉(不期而於道路相逢)-불기이회(不期而會), 구할 우(遇)-구(求), 알아챌 우(遇)-지득(志得), 짝 우(遇)-우(偶)-우(隅), 시기 우(遇)-시기(時機)〉 등의 뜻을 내지만 여기선 〈만날 봉(逢)〉과 같다 여기고 새김이 마땅하다.

기(其) 〈그것(그) 기(其)-피(彼)-지(之), 그럴 기(其)-연(然), 어찌 기(其)-기(豈), 누를 기(其)-억(抑), 오히려 기(其)-상(尙)-서기(庶幾), 이에 기(其)-내(乃), 만약 기(其)-약(若), 장차 기(其)-장(將), 어조사 기(其)-어조사(語助辭)〉 등의 뜻을 내지만 여기선 〈그 기(其)〉로 여기고 새김이 마땅하다.

배(配) 〈짝 배(配)-필(匹), 도울 배(配)-유(侑), 술 빛깔 배(配)-주채(酒彩), 합할 배(配)-합(合)〉 등의 뜻을 내지만 여기선 〈짝 필(匹)〉과 같다 여기고 새김이 마땅하다.

주(主) 〈주체(주인) 주(主)-주체(主體)-주인(主人), 친할 주(主)-친(親), 우두머리 주(主)-수(首)-복지대칭(僕之對稱), 많을(무리) 주(主)-다(多)-중(衆), (등불의) 심지 주(主)-등중화주(鐙中火主)-주(炷), 군주 주(主)-군주(君主), 어른 주(主)-위장자(爲長者), 공경대부 주(主)-공경대부(公卿大夫), 가장 주(主)-가장(家長)-호장(戶長), 물건을 가진 사람 주(主)-물지소유자(物之所有者), 손님의 반대말 주(主)-빈지대칭(賓之對稱), 사물의 근본 주(主)-사물지근본(事物之根本), 천자의 딸 주(主)-천자지녀(天子之女), 대부의 처 주(主)-대부지처(大夫之妻), 신령의 자리 주(主)-주(宔)-신주(神主)-신령지위(神靈之位), 본성 주(主)-성(性)-본빈(本份), 바를 주(主)-정(正), 지킬 주(主)-수(守), 앉을(머물) 주(主)-좌(坐)-거(居), 헤아려 분별할 주(主)-계탁(計度), 위(웃전) 주(主)-상(上)〉 등의 뜻을 내지만 여기선 〈주체(主體)〉로 여기고 새김이 마땅하다.

수(雖) 〈비록 수(雖)-가령(假令), 벌레 이름 수(雖)-충(蟲), 옮을 수(雖)-추(推), 오로지 수(雖)-유(唯)-독(獨), 만약 수(雖)-약(若), 하물며 수(雖)-황(況)〉 등의 뜻을 내지

만 여기선 〈비록 가령(假令)〉으로 여기고 새김이 마땅하다.

순(旬) 〈균일할(같을) 순(旬)-균(均), 열흘 순(旬)-십일(十日), 열 순(旬)-십(十), 십년 순(旬)-십년(十年), 가득할 순(旬)-편(徧)-만(滿), 때 순(旬)-시(時), 다스릴 순(旬)-치(治), 드러내 보일 순(旬)-순(徇)〉 등의 뜻을 내지만 여기선 〈같을 균(均)〉과 같다 여기고 새김이 마땅하다.

무(无) 〈없을 무(无)-무(無), 허무지도 무(无)-허무지도(虛无之道), 으뜸 무(无)-원(元)〉 등의 뜻을 내지만 여기선 〈없을 무(無)〉와 같다 여기고 새김이 마땅하다.

구(咎) 〈재앙 구(咎)-재(災), 병될 구(咎)-병(病), 허물 구(咎)-건(愆)-과(過), 나쁠 구(咎)-오(惡)〉 등의 뜻을 내지만 여기선 〈허물 건(愆)-과(過)〉와 같다 여기고 새김이 마땅하다. 〈무구(无咎)〉는 〈면어구(免於咎)〉 즉 허물을[於咎] 면하다[免]와 같다.

왕(往) 〈갈 왕(往)-행(行)-지(之)-거(去), 이를 왕(往)-지(至), 향할 왕(往)-향(向), 옛 왕(往)-석(昔), 이따금 왕(往)-시시(時時), 뒤 왕(往)-후(後)〉 등의 뜻을 내지만 〈갈 행(行)〉과 같다 여기고 새김이 마땅하다.

유(有) 〈없을 무(無)의 반대말로 있을 유(有), 얻을(가질) 유(有)-취(取), 혹 유(有)-혹(或), 많을 유(有)-다(多)-족(足), 부유할 유(有)-부(富), 간직할 유(有)-장(藏), 보호할 유(有)-보(保), 서로 친할 유(有)-상친(相親), 전일할 유(有)-전(專), 할 유(有)-위(爲), 어조사 유(有)〉 등의 뜻을 내지만 〈있을 유(有)〉로 여기고 새김이 마땅하다. 물론 〈유상(有尙)의 유(有)〉를 어조사로 여기고 〈무릇[有] 가상하다[尙]〉라고 새겨도 무방하다.

상(尙) 〈받들 상(尙)-숭(崇)-봉(奉), 갸륵할 상(尙)-가(嘉), 높일 상(尙)-존(尊), 강할(할 수 있을) 상(尙)-강(强), 도울 상(尙)-조(助), 일찍 상(尙)-증(曾), 오히려 상(尙)-유(猶), 또 상(尙)-차(且), 반드시 상(尙)-필(必), 바랄 상(尙)-서기(庶幾)-심소희망(心所希望), 일찍 상(尙)-증(曾), 거의 상(尙)-서기(庶幾), 위 상(尙)-상(上), 더할 상(尙)-가(加), 꾸밀 상(尙)-식(飾), 오랠 상(尙)-구(久)〉 등의 뜻을 내지만 여기선 〈받들 봉(奉)〉과 같다 여기고 새김이 마땅하다.

육이(六二 : --)

六二 : 豐其蔀라 日中見斗니 往得疑疾이다 有孚發若하면 吉하리라
풍기부 일중견두 왕득의질 유부발약 길

육이(六二) : 그[其] 가리개가[蔀] 풍대하다[豐]. 해가[日] 중천인데[中] 북극성을[斗] 보니[見] 나아가면[往] 의심증을[疑疾] 얻는다[得]. 발현한다면[發若] 믿어줌이[孚] 있어[有] 행운을 누린다[吉].

【육이(六二)의 효상(爻象) 풀이】

풍괘(豐卦 : ䷶)의 육이(六二 : --)는 이음거음(以陰居陰) 즉 음(陰 : --)으로써[以] 음(陰 : --)의 자리에 있는지라[居] 정당한 자리에 있다. 육이(六二 : --)와 구삼(九三 : —)은 다른 대성괘(大成卦)에서라면 음양(陰陽)인지라 비(比) 즉 이웃의 사귐[比]을 누릴 사이이다. 그러나 풍괘(豐卦 : ䷶)의 상하체(上下體)가 상자(相資) 즉 서로[相] 돕고 취하여[資] 풍괘(豐卦 : ䷶)의 주제인 〈풍(豐)〉 즉 풍대함[豐]의 시국을 이룰 수 있기 때문에, 양여양(陽與陽) 즉 양(陽 : —)과[與] 양(陽 : —)이 상자(相資)하고 음여음(陰與陰) 즉 음(陰 : --)과[與] 음(陰 : --)이 상자하므로 다른 대성괘(大成卦)의 효연(爻緣)과는 다름을 두고 효연을 살피게 된다. 이에 음양(陰陽) 사이의 비(比)와 정응(正應)보다 오히려 양여양(陽與陽)-음여음(陰與陰)의 상자(相資)가 앞선다. 따라서 육이(六二 : --)와 구삼(九三 : —)은 비(比) 즉 이웃의 사귐[比]을 누리지 못한다. 육이(六二 : --)와 육오(六五 : --)는 음여음(陰與陰) 즉 음(陰 : --)과[與] 음(陰 : --)이 상자(相資) 즉 서로[相] 돕고 취하는[資] 사이를 누린다. 이에 육이(六二 : --)는 풍괘(豐卦 : ䷶)의 하체 이(離 : ☲)의 중효(中爻)로서 중정(中正) 즉 중효이면서[中] 정위에 있어[正] 밝음[明]의 주(主)가 되는 모습이다.

풍괘(豐卦 : ䷶)의 육이(六二 : --)가 구이(九二 : —)로 변효(變爻)하면 육이(六二 : --)는 풍괘(豐卦 : ䷶)를 34번째 대장괘(大壯卦 : ䷡)로 지괘(之卦)하게 한다. 따라서 풍괘(豐卦 : ䷶)의 육이(六二 : --)는 대장괘(大壯卦 : ䷡)의 구이(九二 : —)를 찾아가 살펴보게 한다.

【육이(六二)의 계사(繫辭) 풀이】

豐其蔀(풍기부)

그[其] 가리개가[蔀] 풍대하다[豐].

〈풍기부(豐其蔀)〉는 육이(六二 : --)와 육오(六五 : --)의 상자(相資)가 순조롭지 못함을 암시한 계사(繫辭)이다. 〈풍기부(豐其蔀)〉는 〈육이여륙오지간풍명여동지부(六二與六五之間豐明與動之蔀)〉의 줄임으로 여기고 〈육오와[與六五] 육이의[六二之] 사이에[間] 움직임과[與動] 밝음의[明之] 가리개가[蔀] 풍대하다[豐]〉라고 새겨볼 것이다. 〈풍기부(豐其蔀)의 기(其)〉는 〈명여동지(明與動之)〉를 나타내는 관형사 노릇을 하고, 〈풍기부(豐其蔀)의 부(蔀)〉는 여기선 〈가리개 고잡(固匝)〉과 같은 뜻이다.

육이(六二 : --)는 풍괘(豐卦 : ䷶)의 하체(下體) 이(離 : ☲)의 중효(中爻)이고 정위(正位)에 있기 때문에 명자(明者)이다. 풍괘(豐卦 : ䷶)의 주제인 〈풍(豐)〉은 하체(下體)인 이(離 : ☲)의 명(明)과 상체(上體)인 진(震 : ☳)의 동(動)이 상자(相資) 즉 서로[相] 돕고 취하여야[資] 이루어진다. 이러한 〈풍(豐)〉이 이룩되자면 육이(六二 : --)와 육오(六五 : --)가 상응(相應)하여 명이동(明以動) 즉 밝음[明]으로써[以] 움직임[動]이 어울려야 한다. 그러나 육오(六五 : --)는 풍괘(豐卦 : ䷶)의 상체(上體) 진(震 : ☳)의 중효(中爻)이되 정위(正位)에 있지 못해 자동자(自動者) 즉 스스로[自] 움직이는[動] 자(者)가 되기 어렵다. 이에 육이(六二 : --)와 육오(六五 : --)가 상자(相資)하여 〈풍(豐)〉을 이루기가 어려움을 나타낸 것이 〈풍기부(豐其蔀)〉이다. 〈풍기부(豐其蔀)의 부(蔀)〉는 이(離 : ☲)의 명(明)과 진(震 : ☳)의 동(動)이 서로 돕고 취하여 이룩하는 〈풍(豐)〉을 육이(六二 : --)의 독명(獨明) 즉 홀로[獨] 밝음[明]으로써만은 불가(不可)함을 암시한다. 여기 〈부(蔀)〉는 애광명지물(曖光明之物) 즉 밝음을[光明] 막아버리는[曖之] 물건[物]인 〈고잡(固匝)〉 즉 가리개[固匝]를 뜻한다. 이 〈부(蔀)〉로써 육이(六二 : --)와 육오(六五 : --) 사이의 상자(相資)가 어려움을 취상(取象)한 것이다. 이런 육오(六五 : --)로 말미암아 육이(六二 : --)가 이룩한 명공(明功) 즉 밝음의[明] 공적[功]이 이루어지기 어려움을 암시한 계사(繫辭)가 〈풍기부(豊其蔀)〉이다.

日中見斗(일중견두)

해가[日] 중천인데[中] 북극성을[斗] 본다[見].

〈일중견두(日中見斗)〉는 육이(六二 : --)가 육오(六五 : --)와의 호응을 함께하지 못함을 거듭 암시한 계사(繫辭)이다. 〈일중견두(日中見斗)〉는 〈수연일중륙이견두(雖然日中六二見斗)〉의 줄임으로 여기고 〈정오[日中]일지라도[雖然] 육이는[六二] 북두칠성을[斗] 본다[見]〉라고 새겨볼 것이다.

〈일중견두(日中見斗)〉는 육이(六二 : --)가 밝음의[明] 공적[功]을 이루지 못함을 암시한다. 〈일중견두(日中見斗)의 일(日)〉은 육이(六二 : --)를 취상(取象)한 것이다. 왜냐하면 〈일중(日中)의 일(日)〉이 「설괘전(說卦傳)」에 나오는 〈이는[離 : ☲] 해[日]이다[爲]〉라는 내용을 상기시키기 때문이다. 육이(六二 : --)가 풍괘(豊卦 : ䷶)의 하체(下體) 이(離 : ☲)의 중효(中爻)인지라 〈일중(日中)〉은 육이(六二 : --)를 암시한다. 〈일중견두(日中見斗)의 두(斗)〉는 북두칠성(北斗七星)을 나타낸다. 북두칠성[斗]이란 어두워야 나타나는 것이니 음(陰 : --)에 속해 여기 〈두(斗)〉는 육오(六五 : --)를 취상(取象)한 것이다. 따라서 〈일중(日中)〉 즉 한낮[日中]의 육이(六二 : --)가 〈견두(見斗)〉 즉 북두칠성을[斗] 본다[見] 함은 유약(柔弱)한 군주(君主)인 육오(六五 : --)를 만나 밝음이 가려져 어두워감을 암시한 계사(繫辭)이다.

往得疑疾(왕득의질)

나아가면[往] 의심증을[疑疾] 얻는다[得].

〈왕득의질(往得疑疾)〉은 뜻하는 바대로 안 될수록 조급해하지 말라는 계사(繫辭)이다. 〈왕득의질(往得疑疾)〉은 〈약륙이급왕향륙오(若六二急往向六五) 육이장득의질자륙오(六二將得疑疾自六五)〉의 줄임으로 여기고 〈만약[若] 육이가[六二] 육오를[六五] 향해서[向] 성급히[急] 나아가면[往] 육이는[六二] 육오(六五)로부터

[自] 의심증을[疑疾] 얻을 것이다[將得]〉라고 새겨볼 것이다.

〈왕득의질(往得疑疾)〉은 육이(六二 : --)와 육오(六五 : --) 사이의 상자(相資)가 쉽사리 이루어지기 어려움을 암시한다. 〈왕득의질(往得疑疾)의 왕(往)〉은 육이(六二 : --)가 육오(六五 : --)와의 상자(相資) 즉 서로[相] 돕고 취하는[資] 사이를 이루려 함을 암시한다. 육이(六二 : --)가 육오(六五 : --)와의 상자(相資)를 바라고 성급하게 한다면[往] 육이(六二 : --)는 육오(六五 : --)로부터[自] 의심받는[疑] 괴로움을[疾] 얻는다[得]는 것이 〈왕득의질(往得疑疾)〉이다. 〈의질(疑疾)의 질(疾)〉은 여기선 〈괴로울 고(苦)〉와 같다. 왕의 자리에 있는 육오(六五 : --)가 하구(下求) 즉 신하에게[下] 구하지도[求] 않는데, 육이(六二 : --)가 상구(上求) 즉 임금[上]에게 상자(相資) 즉 서로[相] 돕고 취하자[資] 함을 앞서서 성급하게 요구[求]하지 말아야 함을 암시하는 것이 〈왕득의질(往得疑疾)〉이다. 이렇게 행하면[往] 군왕(君王)인 육오(六五 : --)로부터 의심받는[疑] 괴로움을[疾] 육이(六二 : --)가 얻게 될[得] 터이니 여의치 않다 하여 선불리 조바심 내지 말아야 함을 암시한 계사(繫辭)가 〈왕득의질(往得疑疾)〉이다.

有孚發若(유부발약) 吉(길)

<u>발현한다면[發若] 믿어줌이[孚] 있어[有] 행운을 누린다[吉].</u>

〈유부발약(有孚發若) 길(吉)〉은 육이(六二 : --)가 육오(六五 : --)와 상응(相應)할 수 있는 방편(方便)을 암시한 계사(繫辭)이다. 〈유부발약(有孚發若) 길(吉)〉은 〈육이발명약(六二發明若) 육이장유륙오지부(六二將有六五之孚) 육이장유길(六二將有吉)〉의 줄임으로 여기고 〈육이가[六二] 밝음을[明] 발현하면[發若] 육이에게[六二] 육오의[六五之] 믿어줌이[孚] 있을지니[將有] 육이에게[六二] 행운이[吉] 있을 것이다[將有]〉라고 새겨볼 것이다. 〈유부발약(有孚發若)의 약(若)〉은 〈~면(若)〉의 어조사 노릇을 한다.

〈유부발약(有孚發若)의 발약(發若)〉은 육이(六二 : --)가 풍괘(豐卦 : ䷶)의 하체(下體) 이(離 : ☲)의 중효(中爻)인지라 명주(明主) 즉 밝음의[明] 주체[主]임을 암시한다. 밝음을[明] 발현한다[發] 함은 육이(六二 : --)가 풍괘(豐卦 : ䷶)의 하체(下體) 이(離 : ☲)의 중효(中爻)로서 명주(明主)의 임무를 다함을 암시한다. 〈유부발약(有孚發若)의 유부(有孚)〉는 육이(六二 : --)가 명주(明主)로서 맡은 일을 다 함으로써 군왕(君王)인 육오(六五 : --)의 신임을 획득함을 암시한다. 양(陽 : ―)을 실(實)이라 하고 음(陰 : --)은 가운데가 비어있기에 중허(中虛)라 한다. 따라서 육이(六二 : --)와 육오(六五 : --)는 다 같이 허심(虛心)한지라 육이(六二 : --)는 풍괘(豐卦 : ䷶)의 하체(下體) 이(離 : ☲)의 밝음[明]을 정(貞) 즉 진실로 미더워하기에[貞] 육오(六五 : --)가 육이(六二 : --)의 정(貞)을 믿어줌[孚]을 암시한 것이 〈유부(有孚)의 부(孚)〉이다. 〈유부(有孚)의 부(孚)〉는 육이(六二 : --)가 수명(守命) 즉 자연의 가르침을[命] 지킴[守]으로써 육오(六五 : --)로부터 성신(誠信) 즉 진실한[誠] 미더움[信]을 받음을 뜻한다. 육이(六二 : --)의 밝음[明]을 향한 〈정(貞)〉으로 말미암아 육오(六五 : --)로부터 육이(六二 : --)가 받는 미더움[信]이다. 자기가 정(貞)하면 남들이 자기를 진실로 믿어줌이 〈부(孚)〉이다. 이에 어떤 야심(野心)이 있음이 아니라 이(離 : ☲)의 밝음[明]과 진(震 : ☳)의 움직임[動]이 상자(相資) 즉 서로[相] 돕고 취하여[資] 풍대한[豐] 시국을 이룩하고자 하는 육이(六二 : --)의 정(貞)으로 말미암아 육오(六五 : --)가 육이(六二 : --)를 〈부(孚)〉 즉 진실로 믿어줌[孚]으로써, 밝음을 막던 가리개[蔀]이던 육오(六五 : --)가 감화(感化)되어 육이(六二 : --)의 명공(明功)이 헛되지 않아 함께 〈길(吉)〉 즉 행복을 누림[吉]을 암시한 계사(繫辭)가 〈유부발약(有孚發若) 길(吉)〉이다.

【字典】

풍(豐) 〈클(많음) 풍(豐)-대(大)-다(多), 성대할(다대할) 풍(豐)-성대(盛大)-다대(多大), 왕콩(커다란 콩) 풍(豐)-두지풍만(豆之豐滿), 두터울 풍(豐)-후(厚), 살찔 풍(豐)-비만(肥滿), 더부룩할 풍(豐)-성(盛), 넉넉할 풍(豐)-요(饒), 무성할 풍(豐)-무(茂), 부유할 풍(豐)-부유(富裕), 풍괘 풍(豐)-풍괘(豐卦)〉 등의 뜻을 내지만 여기선 〈클 대(大)〉와 같다 여기고 새김이 마땅하다. 풍(豐)은 풍(豊)이고, 특히 풍(豊)은 예(禮)의 고자(古字)로 통한다.

기(其) 〈그것(그) 기(其)-피(彼)-지(之), 그럴 기(其)-연(然), 어찌 기(其)-기(豈), 누를 기(其)-억(抑), 오히려 기(其)-상(尙)-서기(庶幾), 이에 기(其)-내(乃), 만약 기(其)-약(若), 장차 기(其)-장(將), 어조사 기(其)-어조사(語助辭)〉 등의 뜻을 내지만 여기선 〈그 기(其)〉로 여기고 새김이 마땅하다.

부(蔀) 〈빛 가리개 부(蔀)-복(覆)-애광명지물(曖光明之物), 가릴 부(蔀)-폐(蔽), 작게 할 부(蔀)-소(小), 서부(풀 이름) 부(蔀)-초명(草名)〉 등의 뜻을 내지만 〈빛 가리개 복(覆)-애광명지물(曖光明之物)〉로 여기고 새김이 마땅하다.

일(日) 〈해(태양) 일(日)-태양(太陽)-태양계중심(太陽系中心), 나날 일(日)-별일(別日), 시기 일(日)-시기(時期), 기한 일(日)-기한(期限), 시일 일(日)-시일(時日), 참 일(日)-실(實)-실정(實精), 볕 일(日)-양(陽)-양광(陽光), 불 일(日)-화(火), 임금의 모습 일(日)-군상(君象), 덕 일(日)-덕(德) {일자덕야(日者德也) 월자형야(月者刑也}, 낮 일(日)-주(晝), 세월 일(日)-광음(光陰)〉 등의 뜻을 내지만 여기선 〈태양(太陽)〉으로 여기고 새김이 마땅하다.

중(中) 〈가운데(안, 속) 중(中)-내(內)-중앙(中央), 심지 중(中)-심지(心志), 따를 중(中)-순(順), 사방의 중앙 중(中)-사방지중(四方之中), 정신 중(中)-심중(心中), 정도 중(中)-정도(正道), 바를 중(中)-정(正), 고를 중(中)-평(平)-균(均), 어울릴 중(中)-화(和), 이룰 중(中)-성(成), 간직할 중(中)-장(藏), 적당할 중(中)-당(當)-적(適), 합할 중(中)-합(合), 화살이 맞힐 중(中)-시지적(矢至的), 응할 중(中)-응(應), 다칠 중(中)-상(傷), 부딪칠 중(中)-격(擊), 중요할 중(中)-요(要), 가득 찰 중(中)-만(滿)〉 등의 뜻을 내지만 여기선 〈가운데 중앙(中央)〉과 같다 여기고 새김이 마땅하다.

見 〈견-현〉 두 가지로 발음되고, 〈볼 견(見)-식(識)-시(視), 미칠(당할) 견(見)-피(被)-당(當), 생각할 견(見)-사(思), 돌아볼 견(見)-고(顧), 만나볼 견(見)-회(會), 드러날 현(見)-노(露), 나타날 현(見)-현(顯), 있을 현(見)-재(在), 보일 현(見)-조(朝)〉 등의 뜻을 내지만 여기선 〈볼 시(視)〉와 같다 여기고 새김이 마땅하다.

두(斗) 〈별 이름 두(斗)-성수명(星宿名), 말(용량의 단위) 두(斗)-십승(十升), 두 근반 두(斗)-이근반(二斤半), 양을 재는 기물 두(斗)-양기(量器), 함지박 두(斗)-목표(木瓢), 돌출할 두(斗)-돌출(突出)〉 등의 뜻을 내지만 여기선 〈별 두(斗)〉로 여기고 새김이 마땅하다.

왕(往) 〈갈(나아갈) 왕(往)-행(行)-지(之)-거(去), 이를 왕(往)-지(至), 향할 왕(往)-향(向), 옛 왕(往)-석(昔), 이따금 왕(往)-시시(時時), 뒤 왕(往)-후(後)〉 등의 뜻을 내지만 〈갈 행(行)〉과 같다 여기고 새김이 마땅하다.

득(得) 〈얻을(취할) 득(得)-획(獲)-취(取), 탐할 득(得)-탐(貪), 깨달을 득(得)-효

(曉)-오(悟), 만족할 득(得)-족(足), 마땅할 득(得)-당(當), 일의 마땅함을 터득할 득(得)-합(合)-득사지의(得事之宜), 이룰 득(得)-성(成), 알 득(得)-지(知), 가할 득(得)-가(可)-능(能), 편안할 득(得)-편(便), 가질 득(得)-치(値)-지(持), 득도할 득(得)-득도(得道)〉 등의 뜻을 내지만 〈얻을 획(獲)〉과 같다 여기고 새김이 마땅하다.

疑 〈의-응-을-억〉 네 가지로 발음되고, 〈의심할 의(疑)-혹(惑), 머뭇거릴 의(疑)-부정(不定), 두려워할 의(疑)-공(恐), 정할 응(疑)-정(定), 바로 설 을(疑)-억(疑)-정립(正立)〉 등의 뜻을 내지만 여기선 〈의심할 혹(惑)〉과 같다 여기고 새김이 마땅하다.

질(疾) 〈괴로울 질(疾)-고(苦), 병들 질(疾)-병(病)-환(患), 아파할 질(疾)-통(痛), 원망할 질(疾)-원(怨), 미워할 질(疾)-질(嫉), 성낼 질(疾)-노(怒), 아닐 질(疾)-비(非), 싫어할 질(疾)-오(惡), 빠를 질(疾)-신(迅)-속(速), 애쓸(힘쓸) 질(疾)-면력(勉力), 다툴 질(疾)-쟁(爭), 씩씩할(멋질) 질(疾)-장(壯)-미(美), 직행할 질(疾)-추(趨)〉 등의 뜻을 내지만 여기선 〈괴로울 고(苦)〉와 같다 여기고 새김이 마땅하다.

유(有) 〈없을 무(無)의 반대말로 있을 유(有), 얻을(가질) 유(有)-취(取), 혹 유(有)-혹(或), 많을 유(有)-다(多)-족(足), 부유할 유(有)-부(富), 간직할 유(有)-장(藏), 보호할 유(有)-보(保), 서로 친할 유(有)-상친(相親), 전일할 유(有)-전(專), 할 유(有)-위(爲), 어조사 유(有)〉 등의 뜻을 내지만 〈있을 유(有)〉로 여기고 새김이 마땅하다.

부(孚) 〈믿을 부(孚)-신(信), 알에서 새끼가 껍질을 쪼아 나올 부(孚)-난화(卵化), 씨앗이 틀 부(孚)-부(稃), 기를 부(孚)-육(育), 덮어줄 부(孚)-복(覆), 붙을(의지할) 부(孚)-부(附)-부(付), 깡충거릴 부(孚)-무조(務躁)-부조(浮躁), 옥채색 부(孚)-옥채색(玉采色)〉 등의 뜻을 내지만 여기선 〈믿을 신(信)〉과 같다 여기고 새김이 마땅하다.

발(發) 〈드러낼 발(發)-현(顯)-현(現), 일어날 발(發)-기(起)-흥(興), 쏠 발(發)-사(射), 출발할 발(發)-행(行)-출(出), 보낼 발(發)-견(遣), 싹틀 발(發)-발아(發芽), 아침 발(發)-단(旦)-조(朝), 꽃필 발(發)-화개(花開), 봄여름 발(發)-춘하(春夏) {춘하왈발(春夏曰發) 추동왈검(秋冬曰斂)}〉 등의 뜻을 내지만 〈드러낼 현(現)〉과 같다 여기고 새김이 마땅하다.

若 〈약-야〉 두 가지로 발음되고, 〈어조사로 ~면 약(若), 너 약(若)-여(汝), 만약 약(若)-가사(假使), 같을 약(若)-여(如), 따를 약(若)-순(順), 착할 약(若)-선(善), 그 약

(若)-기(其), 미칠 약(若)-급(及)-지(至), 이 약(若)-차(此), 어말조사(語末助辭)로 ~듯 약(若), 반야(般若) 야(若)〉 등의 뜻을 내지만 여기선 뜻 없는 어조사(語助辭)로 새김이 마땅하다.

길(吉) 〈좋을(행복할) 길(吉)-선(善)-영(令) {영월길일(令月吉日)은 선월선일(善月善日)임.}, 복 길(吉)-실(實)-선실(善實)-복(福), 예의를 따라 상서로울 길(吉)-예의순상(禮義順祥), 삼갈 길(吉)-근(謹), 초하루 길(吉)-삭일(朔日) {삭망(朔望) 즉 초하루[朔]와 그믐날[望]}, 길례 길(吉)-길례(吉禮) {오례지일(五禮之一) 길흉빈군가(吉凶賓軍嘉)}, 갈 길(吉)-행(行)-길(趌)〉 등의 뜻을 내지만 여기선 〈좋을 선(善)-영(令)〉 즉 행복(幸福), 행운(幸運) 등과 같다 여기고 새김이 마땅하다.

註 진동야(震動也) : 진은[震 : ☳] 움직임[動]이다[也]. 「설괘전(說卦傳)」 7단락(段落)

註 이위일(離爲日) : 이는[離 : ☲] 해[日]이다[爲]. 「설괘전(說卦傳)」 11단락(段落)

구삼(九三 : ⚊)

九三 : 豐其沛라 日中見沬이다 折其右肱이니 无咎니라
풍기패 일중견매 절기우굉 무구

구삼(九三) : 그[其] 장막이[沛] 풍대하다[豐]. 한낮에[日中] 잔별들이[沬] 보인다[見]. 그[其] 오른쪽[右] 팔뚝을[肱] 꺾이니[折] 허물이[咎] 없다[无].

【구삼(九三)의 효상(爻象) 풀이】

풍괘(豐卦 : ䷶)의 구삼(九三 : ⚊)은 이양거양(以陽居陽) 즉 양(陽 : ⚊)으로써[以] 양(陽 : ⚊)의 자리에 있는지라[居] 정당한 자리에 있다. 구삼(九三 : ⚊)과 구사(九四 : ⚊)는 양양(兩陽) 즉 둘 다[兩] 양(陽 : ⚊)의 사이인지라 다른 대성괘(大成卦)에서라면 비(比) 즉 이웃의 사귐[比]을 누리지 못하지만 풍괘(豐卦 : ䷶)에서만은 양여양(陽與陽)-음여음(陰與陰)의 상자(相資) 즉 서로[相] 돕고 취하여[資] 풍괘(豐卦 : ䷶)의 주제인 〈풍(豐)〉의 시국을 이끌어갈 수 있기에 구삼(九三 : ⚊)과 구사(九四 : ⚊)는 상충(相衝) 즉 서로[相] 부딪치지[衝] 않는다. 구삼(九三 : ⚊)과 상륙(上六 : --)은 음양(陰陽)의 사이인지라 정응(正應) 즉 서로 정도를 따라[正] 호응할[應] 처지이지만, 풍괘(豐卦 : ䷶)에서 극위(極位) 즉 상체(上體) 진(震 : ☳)의 상효(上爻)인 상륙(上六 : --)은 동지(動止) 즉 움직임이[動] 멈춘[止] 자리에 있음인지라 상륙(上六 : --)이 구삼(九三 : ㅡ)과 상응(相應)하여 상자(相資) 즉 서로[相] 돕고 취할[資] 수 없는 처지이다. 이에 〈풍(豐)〉의 시국은 명여동(明與動) 즉 움직임과[與動] 밝음[明]으로써 이루어짐인데, 구삼(九三 : ㅡ)의 밝음[明]이 상륙(上六 : --)으로부터 움직임[動]을 얻지 못해 명이동(明以動) 즉 밝음[明]으로써[以] 움직임[動]의 〈풍(豐)〉을 이룩할 수 없는 딱한 모습이다.

> 풍괘(豐卦 : ䷶)의 구삼(九三 : ㅡ)이 육삼(六三 : --)으로 변효(變爻)하면 구삼(九三 : ㅡ)은 풍괘(豐卦 : ䷶)를 51번째 진괘(震卦 : ䷲)로 지괘(之卦)하게 한다. 따라서 풍괘(豐卦 : ䷶)의 구삼(九三 : ㅡ)은 진괘(震卦 : ䷲)의 육삼(六三 : --)을 찾아가 살펴보게 한다.

【구삼(九三)의 계사(繫辭) 풀이】

豐其沛(풍기패)

그[其] 장막이[沛] 풍대하다[豐].

〈풍기패(豐其沛)〉는 구삼(九三 : ㅡ)과 상륙(上六 : --)의 상응(相應)이 불가능함을 암시한 계사(繫辭)이다. 〈풍기패(豐其沛)〉는 〈구삼여상륙지간풍명여동지패(九三與上六之間豐明與動之沛)〉의 줄임으로 여기고 〈상륙과[與上六] 구삼의[九三之] 사이에[間] 움직임과[與動] 밝음의[明之] 장막이[沛] 풍대하다[豐]〉라고 새겨볼 것이다. 〈풍기패(豐其沛)의 패(沛)〉는 장막을 뜻하는 번만(幡幔)과 같다.

〈풍기패(豐其沛)〉는 구삼(九三 : ㅡ)에게 상륙(上六 : --)이 명(明) 즉 밝음[明]을 막아버리는 장막[沛]과 같음을 암시한다. 풍괘(豐卦 : ䷶)의 주제인 〈풍(豐)〉의 시국은 하체(下體)인 이(離 : ☲)의 명(明)과 상체(上體)인 진(震 : ☳)의 동(動)이 상자(相資) 즉 서로[相] 돕고 취하여야[資] 이루어진다. 풍괘(豐卦 : ䷶)의 이러한 〈풍(豐)〉이 이룩되자면 구삼(九三 : ㅡ)과 상륙(上六 : --)이 상응(相應)하여 명이동(明以動) 즉 밝음[明]으로써[以] 움직임[動]의 〈풍(豐)〉을 이룩해야 한다. 구삼(九三 : ㅡ)은 이(離 : ☲)의 상효(上爻)로서 양강(陽剛)이면서 정위(正位)에 있는지라 능명자(能明者) 즉 밝음을 이룰[明] 수 있는[能] 자(者)이지만, 상륙(上六 : --)은 풍괘(豐卦 : ䷶)에서 정위(正位)에 있지만 극위(極位)에 있는지라 동지(動止) 즉 움직임이[動] 멈춘[止] 처지인지라 불능동자(不能動者) 즉 움직일[動] 수 없는[不能] 자(者)이다. 이에 구삼(九三 : ㅡ)과 상륙(上六 : --)이 상자(相資)하여 〈풍(豐)〉의 시국을 명이동(明以動) 즉 밝음[明]으로써[以] 움직임[動]의 풍대함[豐]을 이룰 수 없음을 암시한 것이 〈풍기패(豐其沛)〉이다.

구삼에게[於九三] 장막이[沛] 풍대하다[豐]는 것이 〈풍기패(豐其沛)〉이다. 〈풍기패(豐其沛)의 패(沛)〉는 성광(盛光) 즉 한낮의 밝은 빛[盛光]을 차단하는 번만(幡幔) 즉 장막과 같다. 〈패(沛)〉 즉 번만(幡幔)이란 〈풍기부(豐其蔀)의 부(蔀)〉 즉 가리개[蔀]보다 밝음[明]을 더욱더 차단하므로, 구삼(九三 : ㅡ)이 육이(六二 : --)나 구사(九四 : ㅡ)보다 더욱더 어두워짐을 뜻한다. 이에 〈풍기패(豐其沛)〉는 이(離 : ☲)의 명(明)과 진(震 : ☳)의 동(動)이 서로 돕고 취하여 이룩하는 〈풍(豐)〉을 구삼(九三 : ㅡ)의 독명(獨明) 즉 홀로[獨] 밝음[明]으로는 불가(不可)함을 암시한 계사(繫辭)이다.

日中見沫(일중견매)

한낮에[日中] 잔별들이[沫] 보인다[見].

〈일중견매(日中見沫)〉는 구삼(九三 : ㅡ)이 밝음의[明] 공적[功]을 이루지 못함을 암시한다. 〈일중견매(日中見沫)의 일(日)〉은 구삼(九三 : ㅡ)을 취상(取象)한 것이다. 왜냐하면 〈일중(日中)의 일(日)〉이 「설괘전(說卦傳)」에 나오는 〈이는[離 : ☲] 해[日]이다[爲]〉라는 내용을 상기시키기 때문이다. 구삼(九三 : ㅡ)이 풍괘(豐卦 : ䷶)의 하체(下體) 이(離 : ☲)의 상효(上爻)인지라 〈일중(日中)〉은 구삼(九三 : ㅡ)을 암시한다. 〈일중견매(日中見沫)의 매(沫)〉는 소성(小星) 즉 잔별[小星]을 나타낸다. 북두칠성[斗]도 어두워야 나타나는 것이니 잔별은 더욱더 어두워져야 나타남을 들어, 육이(六二 : --)의 밝음[明]보다 구삼(九三 : ㅡ)의 밝음[明]이 더욱더 가려짐을 암시한 것이 〈견매(見沫)의 매(沫)〉이다. 〈매(沫)〉 즉 소성(小星)은 음(陰 : --)에 속해 여기 〈매(沫)〉는 상륙(上六 : --)을 취상(取象)한 것이다. 따라서 〈일중(日中)〉 즉 한낮의[日中] 구삼(九三 : ㅡ)이 〈견매(見沫)〉 즉 어둠이 사라져야 나타나는 잔별들을[沫] 본다[見]고 함은 구삼(九三 : ⚊)의 밝음이 상륙(上六 : ⚋)의 동지(動止) 탓으로 가려져 어두워감을 암시한 계사(繫辭)이다.

折其右肱(절기우굉)

그[其] 오른쪽[右] 팔뚝을[肱] 꺾인다[折].

〈절기우굉(折其右肱)〉은 구삼(九三 : ⚊)이 뜻하는 바를 이루지 못함을 암시한 계사(繫辭)이다. 〈절기우굉(折其右肱)〉은 〈상륙지동지절구삼지우굉(上六之動止折九三之右肱)〉의 줄임으로 여기고 〈상륙의[上六之] 움직임의[動] 멈춤이[止] 구삼의[九三之] 오른팔을[右肱] 꺾었다[折]〉라고 새겨볼 것이다. 〈절기우굉(折其右肱)의 절(折)〉은 〈꺾을 요(拗)〉와 같고, 〈절기우굉(折其右肱)의 굉(肱)〉은 팔뚝을 뜻한다.

〈절기우굉(折其右肱)〉은 풍괘(豐卦 : ䷶)의 주제인 〈풍(豐)〉을 구삼(九三 : ⚊)이 상륙(上六 : ⚋)의 동지(動止) 탓으로 이루지 못함을 암시한다. 〈풍(豐)〉을 이룩하자면 구삼(九三 : ⚊)은 상륙(上六 : ⚋)과 상자(相資) 즉 서로[相] 돕고 취하여야[資] 가능하다. 구삼(九三 : ⚊)이 명이동(明以動)의 풍(豐)을 이룩하자면 상륙(上六 : ⚋)과 상응(相應)하여 도움을 얻어야 하기 때문이다. 그러나 풍괘(豐卦 : ䷶)의 상체(上體)인 진(震 : ☳)의 상효(上爻)로서 상륙(上六 : ⚋)은 진(震 : ☳)의 동(動)을 종지(終止)한 처지에 있어 도움을 얻을 수 없음을 〈절기우굉(折其右肱)〉이라 한 것이다. 〈절기우굉(折其右肱)의 절(折)〉은 풍괘(豐卦 : ䷶)의 외호괘(外互卦)인 태(兌 : ☱)를 들어 구삼(九三 : ⚊)을 암시한다. 왜냐하면 여기 〈절(折)〉이 「설괘전(說卦傳)」에 나오는 〈태는[兌 : ☱] 상처를 입어[毁] 잘린 것[折]이다[爲]〉라는 내용을 상기시키기 때문이다. 그리고 〈절기우굉(折其右肱)의 굉(肱)〉은 구삼(九三 : ⚊)이 변효(變爻)하면 풍괘(豐卦 : ䷶)가 51번째 진괘(震卦 : ䷲)로 지괘(之卦)하여 풍괘(豐卦 : ䷶)의 내호괘(內互卦)인 손(巽 : ☴)이 간(艮 : ☶)이 됨을 환기시킨다. 왜냐하면 여기 〈굉(肱)〉이 「설괘전(說卦傳)」에 나오는 〈간은[艮 : ☶] 손[手]이다[爲]〉라는 내용을 떠올려주기 때문이다. 상륙(上六 : ⚋)의 동지(動止)가 구삼(九三 : ⚊)의 오른쪽[右] 팔뚝을[肱] 잘랐다[折] 함은 이(離 : ☲)의 명(明)과 진(震 : ☳)의 동(動)이 어울러야 이루어지는 〈풍(豐)〉이 좌절(挫折)됨을 암시한다. 풍괘(豐卦 : ䷶)의 〈풍(豐)〉을 구삼(九三 : ⚊)이 이루자면 구삼(九三 : ⚊)과 상륙

(上六 : --)이 반드시 상자(相資) 즉 서로[相] 돕고 취해야[資] 한다. 그러나 상륙(上六 : --)이 구삼(九三 : ━)과 상자(相資)하지 않아 마치 상륙(上六 : --)이 구삼(九三 : ━)의 오른쪽[右] 팔뚝을[肱] 잘라버리는[折] 꼴이 되어 구삼(九三 : ━)이 명이동(明以動) 즉 밝음[明]으로써[以] 움직이는[動] 〈풍(豐)〉의 공적[功]을 이룰 수 없음을 암시한 계사(繫辭)가 〈절기우굉(折其右肱)〉이다.

无咎(무구)

허물이[咎] 없다[无].

〈무구(无咎)〉는 〈절기우굉(折其右肱)〉이 구삼(九三 : ━)의 탓이 아님을 암시한 계사(繫辭)이다. 〈무구(无咎)〉는 〈구삼지우굉소절무구어구삼(九三之右肱所折无咎於九三)〉의 줄임으로 여기고 〈구삼의[九三之] 우굉이[右肱] 잘림에는[所折] 구삼(九三)에게[於] 허물은[咎] 없다[无]〉라고 새겨볼 것이다.

〈무구(无咎)〉는 그[其] 오른쪽 팔뚝이[右肱] 잘림에는[折] 구삼에게[於九三] 허물이나 잘못이[咎] 없음[无]을 암시한다. 구삼(九三 : ━)은 풍괘(豐卦 : ䷶)의 주제인 〈풍(豐)〉의 시국에서 명이동(明以動) 즉 밝음[明]으로써[以] 움직임[動]의 풍대함[豐]을 이루고자 하지만 상륙(上六 : --)의 동지(動止) 탓으로 그 〈풍(豐)〉을 이루지 못함인지라, 허물이 있다면 상륙(上六 : --)에게 있지 구삼(九三 : ━)에게는 허물이[咎] 없음[无]을 암시한 계사(繫辭)가 〈무구(无咎)〉이다.

【字典】

풍(豐) 〈클(많을) 풍(豐)-대(大)-다(多), 성대할(다대할) 풍(豐)-성대(盛大)-다대(多大), 왕콩(커다란 콩) 풍(豐)-두지풍만(豆之豐滿), 두터울 풍(豐)-후(厚), 살찔 풍(豐)-비만(肥滿), 더부룩할 풍(豐)-성(盛), 넉넉할 풍(豐)-요(饒), 무성할 풍(豐)-무(茂), 부유할 풍(豐)-부유(富裕), 풍괘 풍(豐)-풍괘(豐卦)〉 등의 뜻을 내지만 여기선 〈클 대(大)〉와 같다 여기고 새김이 마땅하다. 풍(豐)은 풍(豊)이고, 특히 풍(豊)은 예(禮)의 고자(古字)로 통한다.

기(其) 〈그것(그) 기(其)-피(彼)-지(之), 그럴 기(其)-연(然), 어찌 기(其)-기(豈), 누를 기(其)-억(抑), 오히려 기(其)-상(尙)-서기(庶幾), 이에 기(其)-내(乃), 만약 기(其)-약(若), 장차 기(其)-장(將), 어조사 기(其)-어조사(語助辭)〉 등의 뜻을 내지만 여기선 〈그

기(其)〉로 여기고 새김이 마땅하다.

패(沛) 〈장막(덮을) 패(沛)-폐(蔽)-번만(幡幔), 못 패(沛)-택(澤), 크나큰 못 패(沛)-대택(大澤), 물이 솟아나는 곳 패(沛)-수소생(水所生), 물속에서 사는 풀 패(沛)-초생수중(草生水中), 무성할 패(沛)-성(盛), 크나큰 패(沛)-대(大), 성대할 패(沛)-성대(盛大), 비가 퍼붓는 패(沛)-방패(滂沛)-우성모(雨盛貌), 많은 모양 패(沛)-다모(多貌), 남아도는 모양 패(沛)-유여모(有餘貌), 흐르는 패(沛)-유(流), 가는 모양 패(沛)-행모(行貌), 질주하는 모양 패(沛)-질모(疾貌), 엎드릴 패(沛)-부(仆)〉 등의 뜻을 내지만 여기선 한낮의 밝은 빛을 차단하는 장막을 뜻하는 〈번만(幡幔)〉으로 여기고 새김이 마땅하다.

일(日) 〈해(태양) 일(日)-태양(太陽)-태양계중심(太陽系中心), 나날 일(日)-별일(別日), 시기 일(日)-시기(時期), 기한 일(日)-기한(期限), 시일 일(日)-시일(時日), 참 일(日)-실(實)-실정(實精), 볕 일(日)-양(陽)-양광(陽光), 불 일(日)-화(火), 임금의 모습 일(日)-군상(君象), 덕 일(日)-덕(德) {일자덕야(日者德也) 월자형야(月者刑也}, 낮 일(日)-주(晝), 세월 일(日)-광음(光陰)〉 등의 뜻을 내지만 여기선 〈태양(太陽)〉으로 여기고 새김이 마땅하다.

중(中) 〈가운데(안, 속) 중(中)-내(內)-중앙(中央), 심지 중(中)-심지(心志), 따를 중(中)-순(順), 사방의 중앙 중(中)-사방지중(四方之中), 정신 중(中)-심중(心中), 정도 중(中)-정도(正道), 바를 중(中)-정(正), 고를 중(中)-평(平)-균(均), 어울릴 중(中)-화(和), 이룰 중(中)-성(成), 간직할 중(中)-장(藏), 적당할 중(中)-당(當)-적(適), 합할 중(中)-합(合), 화살이 맞힐 중(中)-시지적(矢至的), 응할 중(中)-응(應), 다칠 중(中)-상(傷), 부딪칠 중(中)-격(擊), 중요할 중(中)-요(要), 가득 찰 중(中)-만(滿)〉 등의 뜻을 내지만 여기선 〈가운데 중앙(中央)〉으로 여기고 새김이 마땅하다.

見 〈견-현〉 두 가지로 발음되고, 〈볼 견(見)-식(識)-시(視), 미칠(당할) 견(見)-피(被)-당(當), 생각할 견(見)-사(思), 돌아볼 견(見)-고(顧), 만나볼 견(見)-회(會), 드러날 현(見)-노(露), 나타날 현(見)-현(顯), 있을 현(見)-재(在), 보일 현(見)-조(朝)〉 등의 뜻을 내지만 여기선 〈볼 시(視)〉와 같다 여기고 새김이 마땅하다.

매(沫) 〈매-회〉 두 가지로 발음되고, 〈잔별(낮별) 매(沫)-소성(小星), 희미할 매(沫)-매명(昧明), 고을 이름 매(沫)-지명(地名), 낯 씻을 회(沫)〉 등의 뜻을 내지만 여기선 〈잔별 매(沬)〉로 여기고 새김이 마땅하다.

折 〈절-제-설〉 세 가지로 발음되고, 〈꺾을 절(折)-요(拗), 자를(절단할) 절(折)-단지(斷之), 알맞을 절(折)-중(中), 휠 절(折)-곡(曲), 굽힐 절(折)-굴(屈), 윽박지를 절(折)-좌(挫), 훼손할 절(折)-훼(毁), 천천히 할 제(折)-안서모(安徐貌), 단절할 설(折)-절단(切斷)〉 등의 뜻을 내지만 여기선 〈꺾을 요(拗)〉와 같다 여기고 새김이 마땅하다.

우(右) 〈도울 우(右)-조(助), 왼쪽의 반대 우(右)-좌지대(左之對), 오른손 우(右)-우수(右手), 오른쪽 우(右)-우측(右側), 서쪽 우(右)-서(西), 문을 나고들 우(右)-출문이서위우(出門以西爲右)-입측이동위우(入側以東爲右), 위 우(右)-상(上), 정도 우(右)-정도(正道), 변두리 우(右)-변(邊), 태괘 우(右)-태(兌 : ☱), 오른쪽을 향할 우(右)-향우(向右), 머리 우(右)-수(首), 받들 우(右)-숭(崇)-존(尊), 요긴할 우(右)-요편(要便), 강할 우(右)-강(强), 가까울 우(右)-친(親)-근(近), 곁 우(右)-측(側)〉 등의 뜻을 내지만 〈우측(右側)〉 즉 오른쪽으로 여기고 새김이 마땅하다.

굉(肱) 〈팔뚝(팔꿈치와 손목 사이) 굉(肱)-상지주하지완(上至肘下至腕)〉의 뜻으로 새김이 마땅하다.

무(无) 〈없을 무(无)-무(無), 허무지도 무(无)-허무지도(虛无之道), 으뜸 무(无)-원(元)〉 등의 뜻을 내지만 여기선 〈없을 무(無)〉와 같다 여기고 새김이 마땅하다.

구(咎) 〈재앙 구(咎)-재(災), 병될 구(咎)-병(病), 허물 구(咎)-건(愆)-과(過), 나쁠 구(咎)-오(惡)〉 등의 뜻을 내지만 여기선 〈허물 건(愆)-과(過)〉와 같다 여기고 새김이 마땅하다. 〈무구(无咎)〉는 〈면어구(免於咎)〉 즉 허물을[於咎] 면하다[免]와 같다.

註 태위훼절(兌爲毁折) : 태는[兌 : ☱] 상처를 입어[毁] 잘린 것[折]이다[爲].
「설괘전(說卦傳)」 11단락(段落)

註 간위수(艮爲手) : 간은[艮 : ☶] 손[手]이다[爲]. 「설괘전(說卦傳)」 9단락(段落)

구사(九四 : ⚊)

九四 : 豐其蔀라 日中見斗하다 遇其夷主하니 吉하리라
풍 기 부 일 중 견 두 우 기 이 주 길

구사(九四) : 그[其] 가리개가[蔀] 풍대하다[豐]. 해가[日] 중천인데[中] 북극성이[斗] 보인다[見]. 그와[其] 서로 같은[夷] 주인을[主] 만나니[遇] 행운을 누린다[吉].

【구사(九四)의 효상(爻象) 풀이】

풍괘(豐卦 : ䷶)의 구사(九四 : ⚊)는 이양거음(以陽居陰) 즉 양(陽 : ⚊)으로써[以] 음(陰 : ⚋)의 자리에 있는지라[居] 정당한 자리에 있지 못하다. 구사(九四 : ⚊)와 구삼(九三 : ⚊)은 다른 대성괘(大成卦)에서라면 양양(兩陽) 즉 둘 다[兩] 양(陽 : ⚊)의 사이인지라 비(比) 즉 이웃의 사귐[比]을 누리지 못하고 상충(相衝) 즉 서로[相] 부딪치는[衝] 사이가 되지만, 풍괘(豐卦 : ䷶)의 주제인 〈풍(豐)〉의 시국에서는 양여양(陽與陽)-음여음(陰與陰)의 상자(相資) 즉 서로[衝] 돕고 취함[資]으로써 밝음[明]으로써[以] 움직이는[動] 풍대함[豐]을 이룰 수 있기 때문에 상자(相資)할 처지일 수 있다. 다만 구사(九四 : ⚊)가 초구(初九 : ⚊)와의 상자(相資)에 기울어져 구삼(九三 : ⚊)을 멀리한다. 구사(九四 : ⚊)와 초구(初九 : ⚊)도 양양(兩陽)인지라 서로 호응하지 못하는[不應] 처지이지만 풍괘(豐卦 : ䷶)의 하체(下體) 이(離 : ☲)의 명(明)과 상체(上體) 진(震 : ☳)의 동(動)이 어울려 풍대함[豐]의 시국인지라, 오히려 구사(九四 : ⚊)와 초구(初九 : ⚊)는 동배(同輩)가 되어 상자(相資) 즉 서로[相] 돕고 취하는[資] 모습이다.

풍괘(豐卦 : ䷶)의 구사(九四 : ⚊)가 육사(六四 : ⚋)로 변효(變爻)하면 구사(九四 : ⚊)는 풍괘(豐卦 : ䷶)를 36번째 명이괘(明夷卦 : ䷣)로 지괘(之卦)하게 한다. 따라서 풍괘(豐卦 : ䷶)의 구사(九四 : ⚊)는 명이괘(明夷卦 : ䷣)의 육사(六四 : ⚋)를 찾아가 살펴보게 한다.

【구사(九四)의 계사(繫辭) 풀이】

豐其蔀(풍기부)

그[其] 가리개가[蔀] 풍대하다[豐].

〈풍기부(豐其蔀)〉는 구사(九四 : ⚊)와 초구(初九 : ⚊)의 상자(相資)가 순조롭지 못함을 암시한 계사(繫辭)이다. 〈풍기부(豐其蔀)〉는 〈구사여초구지간풍명여동지부(九四與初九之間豐明與動之蔀)〉의 줄임으로 여기고 〈초구와[與初九] 구사의[九四之] 사이에[間] 움직임과[與動] 밝음의[明之] 가리개가[蔀] 풍대하다[豐]〉라고 새겨볼 것이다. 〈풍기부(豐其蔀)의 기(其)〉는 〈명여동지(明與動之)〉를 나타내는 관형사 노릇을 하고, 〈풍기부(豐其蔀)의 부(蔀)〉는 여기선 〈가리개 고잡(固匝)〉과 같은 뜻이다.

〈풍기부(豐其蔀)〉는 구사(九四 : ⚊)가 풍괘(豐卦 : ䷶) 제효(諸爻)의 중앙(中央)에 있으면서 풍괘(豐卦 : ䷶)의 상체(上體) 진(震 : ☳)의 초효(初爻)이기 때문에 구사(九四 : ⚊)는 동자(動者)의 시작이다. 풍괘(豐卦 : ䷶)의 주제인 〈풍(豐)〉은 하체(下體)인 이(離 : ☲)의 명(明)과 상체(上體)인 진(震 : ☳)의 동(動)이 상자(相資) 즉 서로[相] 돕고 취하여야[資] 이루어진다. 이러한 〈풍(豐)〉이 이룩되자면 구사(九四 : ⚊)와 초구(初九 : ⚊)가 상응(相應)하여 명이동(明以動) 즉 밝음[明]으로써[以] 움직임[動]이 어울려 〈풍(豐)〉을 이룩해야 한다. 그러나 구사(九四 : ⚊)는 풍괘(豐卦 : ䷶)의 상체(上體) 진(震 : ☳)의 초효(初爻)이되 정위(正位)에 있지 못해 자동자(自動者) 즉 스스로[自] 움직이는[動] 자(者)가 되기 어렵다. 이에 구사(九四 : ⚊)와 초구(初九 : ⚊)가 상자(相資)하여 〈풍(豐)〉을 이루기가 어려움을 나타낸 것이 〈풍기부(其豐蔀)〉이다.

〈풍기부(豐其蔀)의 부(蔀)〉는 이(離 : ☲)의 명(明)과 진(震 : ☳)의 동(動)이 서로 돕고 취하여 이룩하는 〈풍(豐)〉을 구사(九四 : ⚊)의 독동(獨動) 즉 홀로[獨] 움직임[動]만으로는 불가(不可)함을 암시한다. 여기 〈부(蔀)〉는 애광명지물(曖光明之物) 즉 밝음을[光明] 막아버리는[曖之] 물건[物]인 〈고잡(固匝)〉 즉 가리개[固匝]를 뜻한다. 이 〈부(蔀)〉로써 구사(九四 : ⚊)와 초구(初九 : ⚊) 사이의 상자(相資)가 어려움을 취상(取象)한 것이다. 이런 구사(九四 : ⚊)로 말미암아 초구(初九 : ⚊)와 상자(相資)하여 명이동(明以動) 즉 밝음[明]으로써[以] 움직이는[動] 〈풍(豐)〉의 공적[功]이 이루어지기 어려움을 암시한 계사(繫辭)가 〈풍기부(豐其蔀)〉이다.

日中見斗(일중견두)

해가[日] 중천인데[中] 북극성이[斗] 보인다[見].

〈일중견두(日中見斗)〉는 구사(九四 : ⚊)와 초구(初九 : ⚊)가 호응을 함께하지 못함을 거듭 암시한 계사(繫辭)이다. 〈일중견두(日中見斗)〉는 〈수연일중구사견두(雖然日中九四見斗)〉의 줄임으로 여기고 〈정오[日中]일지라도[雖然] 구사는[九四] 북두칠성을[斗] 본다[見]〉라고 새겨볼 것이다.

〈일중견두(日中見斗)〉는 구사(九四 : ⚊)가 움직임의[動] 공적[功]을 이루지 못함을 암시한다. 〈일중견두(日中見斗)의 일(日)〉은 초구(初九 : ⚊)를 취상(取象)한다. 왜냐하면 〈일중(日中)의 일(日)〉이 「설괘전(說卦傳)」에 나오는 〈이는[離 : ☲] 해[日]이다[爲]〉라는 내용을 상기시키기 때문이다. 〈일중(日中)의 중(中)〉은 구사(九四 : ⚊)가 풍괘(豐卦 : ䷶)의 제효(諸爻) 중에서 중앙(中央)의 효(爻)인지라 구사(九四 : ⚊)를 취상(取象)한 것이니, 여기 〈일중(日中)〉은 초구(初九 : ⚊)와 구사(九四 : ⚊)를 아울러 암시한다. 〈일중견두(日中見斗)〉에서 〈견두(見斗)의 두(斗)〉는 북두칠성(北斗七星)을 나타낸다. 북두칠성[斗]이란 어두워야 나타나는 것이니 명이동(明以動)이 불가(不可)함을 취상(取象)한 것이다. 따라서 〈일중(日中)〉 즉 한낮[日中]의 구사(九四 : ⚊)가 〈견두(見斗)〉 즉 북두칠성을[斗] 본다[見] 함은 강강(剛强)한 구사(九四 : ⚊)가 정위(正位)에 있지 못해 명이동(明以動)을 이루지 못하여 밝음이 가려져 어두워감을 암시한 계사(繫辭)이다.

遇其夷主(우기이주) 吉(길)

그와[其] 서로 같은[夷] 주인을[主] 만나니[遇] 행운을 누린다[吉].

〈우기이주(遇其夷主)〉는 초구(初九 : ⚊)와 구사(九四 : ⚊)가 상자(相資) 즉 서로[相] 돕고 취함[資]을 암시한 계사(繫辭)이다. 〈우기이주(遇其夷主)〉는 풍괘(豐卦 : ䷶) 초구(初九 : ⚊)의 계사(繫辭)인 〈우기배주(遇其配主)〉와 같은 맥락에서 살펴볼 것이다. 〈우기이주(遇其夷主)〉는 〈구사우초구충임기이주(九四遇初九充任其夷主)〉

의 줄임으로 여기고 〈구사가[九四] 자기의[其] 이주(夷主)로서[充任] 초구를[初九] 만난다[遇]〉라고 새겨볼 것이다. 〈이주(夷主)의 이(夷)〉는 〈동배 제(儕)〉와 같다.

〈우기이주(遇其夷主)〉는 구사(九四 : ⚊)와 초구(初九 : ⚊)가 양양(兩陽) 즉 둘다[兩] 양(陽 : ⚊)인지라 다른 대성괘(大成卦)에서라면 불응(不應)의 사이이지만, 풍괘(豐卦 : ䷶)에서만은 초구(初九 : ⚊)와 구사(九四 : ⚊)는 상하체(上下體)의 시위(始位)로 전여뢰(電與雷)의 명이동(明以動)으로써 상자(相資) 즉 서로[相] 돕고 취하여[資] 풍괘(豐卦 : ䷶)의 주제인 〈풍(豐)〉의 시국을 이룩함을 암시한다. 〈우기이주(遇其夷主)의 이주(夷主)〉는 초구(初九 : ⚊)를 암시한다. 〈풍(豐)〉은 명여동(明與動) 즉 이(離 : ☲)의 밝음과[明與] 진(震 : ☳)의 움직임[動]이 아울러서 이루는 풍대함[豐]이다. 초구(初九 : ⚊)는 풍괘(豐卦 : ䷶)의 하체(下體) 이(離 : ☲)의 초효(初爻)인지라 명이조(明以照) 즉 밝음[明]으로써[以] 비춤[照]의 〈풍(豐)〉을 이루도록 시작해야 하고, 구사(九四 : ⚊)는 풍괘(豐卦 : ䷶)의 상체(上體) 진(震 : ☳)의 초효(初爻)인지라 동이행(動以行) 즉 움직임[動]으로써[以] 행함[行]의 〈풍(豐)〉을 이루도록 시작해야 하기 때문이다. 이에 구사(九四 : ⚊)와 초구(初九 : ⚊)가 양양(兩陽)일지라도 〈풍(豐)〉 즉 명이동(明以動)의 풍대함[豐]을 이루기 위하여, 구사(九四 : ⚊)가 초구(初九 : ⚊)를 동배의[夷] 주체로[主] 만나[遇] 풍대함[豐]을 누림[吉]을 암시한 계사(繫辭)가 〈우기이주(遇其夷主) 길(吉)〉이다.

【字典】

풍(豐) 〈클(많을) 풍(豐)-대(大)-다(多), 성대할(다대할) 풍(豐)-성대(盛大)-다대(多大), 왕콩(커다란 콩) 풍(豐)-두지풍만(豆之豐滿), 두터울 풍(豐)-후(厚), 살찔 풍(豐)-비만(肥滿), 더부룩할 풍(豐)-성(盛), 넉넉할 풍(豐)-요(饒), 무성할 풍(豐)-무(茂), 부유할 풍(豐)-부유(富裕), 풍괘 풍(豐)-풍괘(豐卦)〉 등의 뜻을 내지만 여기선 〈클 대(大)〉와 같다 여기고 새김이 마땅하다. 풍(豐)은 풍(豊)이고, 특히 풍(豊)은 예(禮)의 고자(古字)로 통한다.

기(其) 〈그것(그) 기(其)-피(彼)-지(之), 그럴 기(其)-연(然), 어찌 기(其)-기(豈), 누를 기(其)-억(抑), 오히려 기(其)-상(尙)-서기(庶幾), 이에 기(其)-내(乃), 만약 기(其)-약(若), 장차 기(其)-장(將), 어조사 기(其)-어조사〉 등의 뜻을 내지만 여기선 〈그 기(其)〉로 여기고 새김이 마땅하다.

부(蔀) 〈빛 가리개 부(蔀)-복(覆)-애광명지물(曖光明之物), 가릴 부(蔀)-폐(蔽), 작게 할 부(蔀)-소(小), 서부(풀 이름) 부(蔀)-초명(草名)〉 등의 뜻을 내지만 〈빛 가리개 복(覆)-애광명지물(曖光明之物)〉로 여기고 새김이 마땅하다.

일(日) 〈해(태양) 일(日)-태양(太陽)-태양계중심(太陽系中心), 나날 일(日)-별일(別日), 시기 일(日)-시기(時期), 기한 일(日)-기한(期限), 시일 일(日)-시일(時日), 참 일(日)-실(實)-실정(實精), 볕 일(日)-양(陽)-양광(陽光), 불 일(日)-화(火), 임금의 모습 일(日)-군상(君象), 덕 일(日)-덕(德) {일자덕야(日者德也) 월자형야(月者刑也)}, 낮 일(日)-주(晝), 세월 일(日)-광음(光陰)〉 등의 뜻을 내지만 여기선 〈태양(太陽)〉으로 여기고 새김이 마땅하다.

중(中) 〈가운데(안, 속) 중(中)-내(內)-중앙(中央), 심지 중(中)-심지(心志), 따를 중(中)-순(順), 사방의 중앙 중(中)-사방지중(四方之中), 정신 중(中)-심중(心中), 정도 중(中)-정도(正道), 바를 중(中)-정(正), 고를 중(中)-평(平)-균(均), 어울릴 중(中)-화(和), 이룰 중(中)-성(成), 간직할 중(中)-장(藏), 적당할 중(中)-당(當)-적(適), 합할 중(中)-합(合), 화살이 맞힐 중(中)-시지적(矢至的), 응할 중(中)-응(應), 다칠 중(中)-상(傷), 부딪칠 중(中)-격(擊), 중요할 중(中)-요(要), 가득 찰 중(中)-만(滿)〉 등의 뜻을 내지만 여기선 〈가운데 중앙(中央)〉으로 여기고 새김이 마땅하다.

見 〈견-현〉 두 가지로 발음되고, 〈볼(만나볼) 견(見)-식(識)-시(視), 미칠(당할) 견(見)-피(被)-당(當), 생각할 견(見)-사(思), 돌아볼 견(見)-고(顧), 만나볼 견(見)-회(會), 드러날 현(見)-노(露), 나타날 현(見)-현(顯), 있을 현(見)-재(在), 보일 현(見)-조(朝)〉 등의 뜻을 내지만 여기선 〈볼 시(視)〉와 같다 여기고 새김이 마땅하다.

두(斗) 〈별 이름 두(斗)-성수명(星宿名), 말(용량의 단위) 두(斗)-십승(十升), 두 근 반 두(斗)-이근반(二斤半), 양을 재는 기물 두(斗)-양기(量器), 함지박 두(斗)-목표(木瓢), 돌출할 두(斗)-돌출(突出)〉 등의 뜻을 내지만 여기선 〈별 두(斗)〉로 여기고 새김이 마땅하다.

우(遇) 〈만날 우(遇)-봉(逢), 길에서 우연히 만날 우(遇)-불기이어도로상봉(不期而於道路相逢)-불기이회(不期而會), 구할 우(遇)-구(求), 알아챌 우(遇)-지득(志得), 짝 우(遇)-우(偶)-우(隅), 시기 우(遇)-시기(時機)〉 등의 뜻을 내지만 여기선 〈만날 봉(逢)〉과 같다 여기고 새김이 마땅하다.

이(夷) 〈무리 이(夷)-제(儕=同輩), 밝을 이(夷)-명(明), 상처 입을(받을) 이(夷)-상(傷)-이(痍), 깎일(잘릴) 이(夷)-예(刈)-치(薙)-할(割), 동쪽 사람들 이(夷)-동방지인(東方之人), 사방의 이민족 총칭 이(夷)-사방이족지총칭(四方異族之總稱), 멀리 떨어진 곳 이(夷)-원방(遠方)-이기(夷畿), 해외 이(夷)-해외(海外), 편하고 쉬울 이(夷)-평이(平易)-심중평화(心中平和), 넓고 평평할 이(夷)-평탄(平坦), 평평할 이(夷)-평(平), 쉬울 이(夷)-이(易)-불난(不難), 평범할 이(夷)-평범(平凡), (칼 따위로) 벨 이(夷)-할(割)-예(刈), 제거할 이(夷)-제(除), 없앨 이(夷)-멸(滅), 죽일 이(夷)-살(殺), 상처 날 이(夷)-상(傷)-이(痍), 업신여길 이(夷)-이(敡), 받들 이(夷)-경(敬), 빛깔이 없을 이(夷)-무색(無色)-무채색(無彩色), 기꺼울 이(夷)-이(恞)-열(悅), 펼쳐놓을 이(夷)-진(陳)-이(侇), 거만할(책상다리할) 이(夷)-거(倨), 변하지 않을 이(夷)-상(常), 나이 어릴 이(夷)-제(弟), 흘끗 볼(한눈팔) 이(夷)-제(睇), 어조사(語助詞) 이(夷)〉 등의 뜻을 내지만 여기선 〈무리 제(儕), 밝을 명(明)〉 등과 같다 여기고 새김이 마땅하다.

주(主) 〈주체(주인) 주(主)-주체(主體)-주인(主人), 친할 주(主)-친(親), 우두머리 주(主)-수(首)-복지대칭(僕之對稱), 많을(무리) 주(主)-다(多)-중(衆), (등불의) 심지 주(主)-등중화주(鐙中火主)-주(炷), 군주 주(主)-군주(君主), 어른 주(主)-위장자(爲長者), 공경대부 주(主)-공경대부(公卿大夫), 가장 주(主)-가장(家長)-호장(戶長), 물건을 가진 사람 주(主)-물지소유자(物之所有者), 손님의 반대말 주(主)-빈지대칭(賓之對稱), 사물의 근본 주(主)-사물지근본(事物之根本), 천자의 딸 주(主)-천자지녀(天子之女), 대부의 처 주(主)-대부지처(大夫之妻), 신령의 자리 주(主)-주(宔)-신주(神主)-신령지위(神靈之位), 본성 주(主)-성(性)-본빈(本份), 바를 주(主)-정(正), 지킬 주(主)-수(守), 앉을(머물) 주(主)-좌(坐)-거(居), 헤아려 분별할 주(主)-계탁(計度), 위(웃전) 주(主)-상(上)〉 등의 뜻을 내지만 여기선 〈주체(主體)〉로 여기고 새김이 마땅하다.

길(吉) 〈좋을(행복할) 길(吉)-선(善)-영(令) {영월길일(令月吉日)은 선월선일(善月善日)임.}, 복 길(吉)-실(實)-선실(善實)-복(福), 예의를 따라 상서로울 길(吉)-예의순상(禮義順祥), 삼갈 길(吉)-근(謹), 초하루 길(吉)-삭일(朔日) {삭망(朔望) 즉 초하루[朔]와 그믐날[望]}, 길례 길(吉)-길례(吉禮) {오례지일(五禮之一) 길흉빈군가(吉凶賓軍嘉)}, 갈 길(吉)-행(行)-길(趌)〉 등의 뜻을 내지만 여기선 〈좋을 선(善)-영(令)〉 즉 행복(幸福), 행운(幸運) 등과 같다 여기고 새김이 마땅하다.

육오(六五 : --)

六五 : 來章이니 有慶譽하여 吉하리라
내장 유경예 길

육오(六五) : 밝음이[章] 오니[來] 경사와[慶] 기림이[譽] 있어[有] 좋으리라[吉].

【육오(六五)의 효상(爻象) 풀이】

풍괘(豐卦 : ䷶)의 육오(六五 : --)는 이음거양(以陰居陽) 즉 음(陰 : --)으로써 [以] 양(陽 : ㅡ)의 자리에 있는지라[居] 정당한 자리에 있지 못하다. 육오(六五 : --)와 상륙(上六 : --)은 양음(兩陰) 즉 둘 다[兩] 음(陰 : --)의 사이인지라 비(比) 즉 이웃의 사귐[比]을 누리지 못하며, 상륙(上六 : --)이 극위(極位)에 있는지라 서로 상자(相資)할 겨를이 없다. 육오(六五 : --)와 육이(六二 : --)는 다른 대성괘(大成卦)에서라면 양음(兩陰)인지라 불응(不應) 즉 서로 호응하지 못하는[不應] 처지이지만, 풍괘(豐卦 : ䷶)의 주제인 〈풍(豐)〉의 시국에서만은 풍괘(豐卦 : ䷶)의 하체(下體) 이(離 : ☲)의 명(明)과 상체(上體) 진(震 : ☳)의 동(動)이 아울러 풍대함[豐]이 이루어지는지라 오히려 육오(六五 : --)와 육이(六二 : --)는 풍괘(豐卦 : ䷶) 상하체(上下體)의 중효(中爻)로서 서로 상자(相資)할 뿐만 아니라, 육오(六五 : --)는 초구(初九 : ㅡ)와 구삼(九三 : ㅡ)과도 상자(相資)하는 모습이다.

풍괘(豐卦 : ䷶)의 육오(六五 : --)가 구오(九五 : ㅡ)로 변효(變爻)하면 육오(六五 : --)는 풍괘(豐卦 : ䷶)를 49번째 혁괘(革卦 : ䷰)로 지괘(之卦)하게 한다. 따라서 풍괘(豐卦 : ䷶)의 육오(六五 : --)는 혁괘(革卦 : ䷰)의 구오(九五 : ㅡ)를 찾아가 살펴보게 한다.

【육오(六五)의 계사(繫辭) 풀이】

來章(내장)

밝음이[章] 온다[來].

〈내장(來章)〉은 풍괘(豐卦 : ䷶)의 군위(君位)에 있는 육오(六五 : --)가 명이동

(明以動)의 풍대함[豐]을 이룩한 현명(賢明)한 신하들을 맞이함을 암시한 계사(繫辭)이다. 〈내장(來章)〉은 〈장래향륙오(章來向六五)〉의 줄임으로 여기고 〈현명한 신하들이[章] 육오(六五)에게로[向] 도래한다[來]〉라고 새겨볼 것이다. 〈내장(來章)의 장(章)〉은 〈밝을 명(明)〉과 같고 현명한 인재(人才)를 뜻한다.

〈내장(來章)〉은 풍괘(豐卦 : ䷶)의 하체(下體)인 이(離 : ☲)의 삼효(三爻)가 군왕(君王)인 육오(六五 : --)를 명이동(明以動) 즉 밝음[明]으로써[以] 움직일[動] 수 있도록 상자(相資) 즉 서로[相] 돕고 취함[資]을 암시한다. 육오(六五 : --)의 자리가 양(陽 : —)의 자리인지라 육오(六五 : --)가 정당하지 못한 자리에 있지만 중효(中爻)로서 음유(陰柔)한지라 관대하고 온화하며 자비(自卑) 즉 자신을[自] 낮추어[卑] 득중(得中) 즉 정도를 따름을[中] 취하여[得] 처신하는 군왕(君王)이기에, 이(離 : ☲)의 삼효(三爻)가 육오(六五 : --)를 보필함을 암시한 것이 〈내장(來章)〉이다. 이러한 육오(六五 : --)와 같은 군왕(君王)에게는 현명하고 빼어난 인재들이 모여들게 마련이다. 이에 아래의 제효(諸爻) 즉 신하들이 이룩한 공적들이[章] 군왕(君王)인 육오(六五 : --)에게로 도래함[來]을 암시한 계사(繫辭)가 〈내장(來章)〉이다.

有慶譽(유경예) 吉(길)

경사와[慶] 기림이[譽] 있어[有] 좋으리라[吉].

〈유경예(有慶譽) 길(吉)〉은 육오(六五 : --)가 〈내장(來章)의 장(章)〉을 누림을 암시한 계사(繫辭)이다. 〈유경예(有慶譽)〉는 〈육오유경사여영예(六五有慶事與榮譽) 내륙오유길(乃六五有吉)〉의 줄임으로 여기고 〈육오에게[六五] 영예와[與榮譽] 경사가[慶事] 있다[有] 이에[乃] 육오에게[六五] 행운이[吉] 있다[有]〉라고 새겨볼 것이다.

〈유경예(有慶譽)〉는 신하들의 명공(明功) 즉 밝은[明] 공적[功]으로 말미암아 군왕(君王)인 육오(六五 : --)가 경사스럽고[慶] 영예스러움[譽]을 암시한다. 동시에 군왕(君王)인 육오(六五 : --)가 신하의 뛰어남[章]을 경하하고[慶] 기림[譽]을 암시하는 것도 〈유경예(有慶譽)〉이다. 심지(心地)가 관대하고 온화하며 자비(自卑)로써 득중(得中) 즉 정도를 따름을[中] 취하는[得] 군왕(君王)은 신하들의 공적이 〈장

(章)〉 즉 현저함[章]을 독식(獨食)하지 않고 온 세상 백성이 알도록 그 〈장(章)〉을 〈경예(慶譽)〉 즉 경하하고[慶] 기려서[譽], 백성과 신하 그리고 군왕(君王) 자신과 함께 〈길(吉)〉 즉 행복을 누리게 함[吉]을 암시한 계사(繫辭)가 〈유경예(有慶譽) 길(吉)〉이다.

【字典】

내(來) 〈돌아올 내(來)-복(復)-환(還)-귀(歸), 올 내(來)-지(至), 앞으로 내(來)-장래(將來)-미래(未來), 초치할 내(來)-초치(招致), ~부터 내(來)-자(自)-유(由), 남음이 있을 내(來)-유여(有餘), 어세를 더해주려는 조사(助詞) 내(來), 구중(句中)-구말(句末)의 조사(助詞) 내(來)〉 등의 뜻을 내지만 여기선 〈도래(到來)〉와 같다 여기고 새김이 마땅하다. 〈來〉가 앞에 있으면 〈내〉로 발음하고, 중간이나 뒤에 있으면 〈래〉로 발음한다.

장(章) 〈밝을 장(章)-명(明)-창(彰), 드러날 장(章)-현(顯)-저(著), 크나큼(크나큰) 장(章)-대(大), 악곡의 일절 장(章)-악곡지일절(樂曲之一節), 시문의 일절 장(章)-시문지일절(詩文之一節=首尾義意具全之一段落), 문장 장(章)-문장(文章), 음정 장(章)-음정(音程), 조리 장(章)-조(條), 법식 장(章)-법식(法式), 몸가짐의 태도 장(章)-의표(儀表), 드러내 밝힐 장(章)-표(表), 쌓을 장(章)-성(盛), 구별할 장(章)-구별(區別), 문채 장(章)-문채(紋彩), 인장 장(章)-인장(印章), 두려워할 모습 장(章)-구모(懼貌)-주장(周章)-주장(周慞), 평평한 산마루 장(章)-산형상평자(山形上平者)〉 등의 뜻을 내지만 여기선 〈밝을 명(明)〉과 같다 여기고 새김이 마땅하다.

유(有) 〈없을 무(無)의 반대말로 있을 유(有), 얻을(가질) 유(有)-취(取), 혹 유(有)-혹(或), 많을 유(有)-다(多)-족(足), 부유할 유(有)-부(富), 간직할 유(有)-장(藏), 보호할 유(有)-보(保), 서로 친할 유(有)-상친(相親), 전일할 유(有)-전(專), 할 유(有)-위(爲), 어조사 유(有)〉 등의 뜻을 내지만 〈있을 유(有)〉로 여기고 새김이 마땅하다.

慶 〈경-강〉 두 가지로 발음되고, 〈경하할(하례할) 경(慶)-하(賀), 경사 경(慶)-복(福), 좋을 경(慶)-선(善), 이에 강(慶)-내(乃)〉 등의 뜻을 내지만 여기선 〈경하할 하(賀)〉와 같다 여기고 새김이 마땅하다. 유경(有慶)은 유복(有福)과 같은 말로 길(吉)함을 뜻하기도 한다.

예(譽) 〈칭찬할(기릴) 예(譽)-칭양(稱揚), 이름날 예(譽)-성문(聲聞)-영문(令聞), 착할 예(譽)-선(善), 즐길 예(譽)-낙(樂)〉 등의 뜻을 내지만 여기선 〈기릴 칭양(稱揚)〉으로 여기고 새김이 마땅하다.

길(吉) 〈좋을(행복할) 길(吉)-선(善)-영(令) {영월길일(令月吉日)은 선월선일(善月善日)임.}, 복 길(吉)-실(實)-선실(善實)-복(福), 예의를 따라 상서로울 길(吉)-예의순상(禮義順祥), 삼갈 길(吉)-근(謹), 초하루 길(吉)-삭일(朔日) {삭망(朔望) 즉 초하루[朔]와 그믐날[望]}, 길례 길(吉)-길례(吉禮) {오례지일(五禮之一) 길흉빈군가(吉凶賓軍嘉)}, 갈 길(吉)-행(行)-길(趌)〉 등의 뜻을 내지만 여기선 〈좋을 선(善)-영(令)〉 즉 행복(幸福), 행운(幸運) 등과 같다 여기고 새김이 마땅하다.

상륙(上六 : --)

上六 : 豐其屋하나 蔀其家하여 闚其户라도 闃其无人이라 三歲不覿이니 凶하니라
(풍기옥 / 부기가 / 규기호 / 격기무인 / 삼세부적 / 흉)

상륙(上六) : 그[其] 집이[屋] 풍대하나[豐] 그[其] 집 안을[家] 막아버려[蔀] 그[其] 지게문을[户] 엿봐도[闚] 휑할[闃] 뿐[其] 사람이[人] 없다[无]. 삼년이 지나도[三歲] 보이지 않으니[不覿] 흉하다[凶].

【상륙(上六)의 효상(爻象) 풀이】

풍괘(豐卦 : ䷶)의 상륙(上六 : --)은 이음거음(以陰居陰) 즉 음(陰 : --)으로써[以] 음(陰 : --)의 자리에 있는지라[居] 정당한 자리에 있다. 상륙(上六 : --)과 육오(六五 : --)는 양음(兩陰) 즉 둘 다[兩] 음(陰 : --)의 사이인지라 비(比) 즉 이웃의 사귐[比]을 누리지 못한다. 상륙(上六 : --)과 구삼(九三 : ━)은 다른 대성괘(大成卦)에서라면 음양(陰陽)의 사이인지라 정응(正應) 즉 서로 바르게[正] 호응할[應] 처지이지만, 풍괘(豐卦 : ䷶)에서 극위(極位) 즉 상체(上體) 진(震 : ☳)의 상효(上爻)는 동지(動止) 즉 움직임이[動] 멈춘[止] 자리인지라 상륙(上六 : --)이 구삼(九三 : ━)과 정응(正應)하여 명이동(明以動)으로써 상자(相資) 즉 서로[相] 돕고 취하지[資] 못하는 처지이다. 이에 상륙(上六 : --)은 아래의 제효(諸爻)들과 절연

(絶緣)하고 자장(自藏) 즉 스스로[自] 숨어버림[藏]인지라 흉(凶)한 모습이다.

풍괘(豐卦 : ䷶)의 상륙(上六 : --)이 상구(上九 : ㅡ)로 변효(變爻)하면 상륙(上六 : --)은 풍괘(豐卦 : ䷶)를 30번째 이괘(離卦 : ䷝)로 지괘(之卦)하게 한다. 따라서 풍괘(豐卦 : ䷶)의 상륙(上六 : --)은 이괘(離卦 : ䷝)의 상구(上九 : ㅡ)를 찾아가 살펴보게 한다.

【상륙(上六)의 계사(繫辭) 풀이】

豐其屋(풍기옥)

그[其] 집은[屋] 풍대하다[豐].

〈풍기옥(豐其屋)〉은 상륙(上六 : --)의 효위(爻位)를 들어 암시한 계사(繫辭)이다. 〈풍기옥(豐其屋)〉은 〈상륙지옥풍(上六之屋豐)〉의 줄임으로 여기고 〈상륙의[上六之] 집은[屋] 풍대하다[豐]〉라고 새겨볼 것이다.

〈풍기옥(豐其屋)〉은 상륙(上六 : --)의 집이[屋] 풍대하여[豐] 하늘로 치솟고 있음을 암시한다. 〈풍기옥(豐其屋)〉에서 〈기옥(其屋)의 옥(屋)〉은 바깥 모습의 집[屋]을 뜻한다. 〈풍기옥(豐其屋)〉 즉 그[其] 집의 바깥 모습이[屋] 풍대하다[豐] 함은 상륙(上六 : --)이 풍괘(豐卦 : ䷶)의 극위(極位)에 있고, 동시에 풍괘(豐卦 : ䷶)의 상체(上體)인 진(震 : ☳)의 상효(上爻)임을 암시한다. 진(震 : ☳)의 상효(上爻)인 상륙(上六 : --)은 풍괘(豐卦 : ䷶)의 극위(極位)에 있는지라 진(震 : ☳)의 동(動)이 더 나아갈 여지가 없다. 이에 상륙(上六 : --)은 동지(動止) 즉 움직임이[動] 멈춘[止] 처지이다. 따라서 상륙(上六 : --)이 풍괘(豐卦 : ䷶)의 하체(下體)인 이(離 : ☲)의 명(明) 즉 밝음[明]으로써[以] 진(震 : ☳)의 동(動) 즉 움직여[動] 풍괘(豐卦 : ䷶)의 주제인 〈풍(豐)〉 즉 풍대함[豐]의 시국을 벗어난 처지를 맞고 있는 지경이다. 이런 상륙(上六 : --)에게 정당(正當)함이란 음(陰 : --)으로서 음(陰 : --)의 자리에 멈춘 채로 있어야 하는 형편이다.

〈풍기옥(豐其屋)〉은 음양(陰陽)의 질(質) 즉 바탕[質]의 일면(一面)인 〈은(隱)〉 즉 숨김[隱]을 암시한다. 상륙(上六 : --)은 진(震 : ☳)의 상효(上爻)인지라 동지(動止) 즉 움직임이[動] 멈춘[止] 처지라 구삼(九三 : ㅡ)과 정응(正應) 즉 정도를 따라[正] 호응할[應] 사이이지만 움직일 수 없으니, 구삼(九三 : ㅡ)과 함께 명이동(明

以動)의 풍대함[豐]을 이룩할 수가 없다. 따라서 상륙(上六 : --)은 하체(下體) 이(離 : ☲)의 밝음[明]이 멀어지고 상체(上體) 진(震 : ☳)의 움직임[動]마저 멈춘 상태인지라, 상륙(上六 : --)에게 풍대함[豐]은 음질(陰質)밖에 없는지라 상륙(上六 : --)에게는 음회(陰晦) 즉 음(陰 : --)의 어둠[晦]이 풍대할[豐] 뿐이니, 차명(遮明) 즉 밝음을[明] 막아[遮] 상륙(上六 : --) 자신이 자장(自藏) 즉 스스로[自] 감춤[藏]을 암시하는 계사(繫辭)가 〈풍기옥(豐其屋)〉이다.

蔀其家(부기가)

그[其] 집 안을[家] 막아버린다[蔀].

〈부기가(蔀其家)〉는 상륙(上六 : --)이 진(震 : ☳)의 움직임이[動] 멈춘[止] 지경이라 이(離 : ☲)의 밝음[明]과 아우르지 못함을 암시한 계사(繫辭)이다. 〈부기가(蔀其家)〉는 〈상륙지가내역부이괘지명(上六之家內亦蔀離卦之明)〉의 줄임으로 여기고 〈상륙의[上六之] 집 안[家內]마저도[亦] 이괘의[離卦之] 밝음을[明] 막는다[蔀]〉라고 새겨볼 것이다. 〈부기가(蔀其家)의 부(蔀)〉는 〈막아 가릴 차(遮)〉와 같다.

〈부기가(蔀其家)〉는 집의 바깥[屋]만이 밝음[明]을 장음지물(藏蔭之物) 즉 가려주는[藏蔭之] 것[物]이 아니라, 〈기가(其家)〉 즉 그[其] 집 안[家]마저 밝음[明]을 〈부(蔀)〉 즉 가려줌[蔀]을 암시한다. 가옥(家屋)에서 가(家)는 집 안이고 옥(屋)은 집 밖이다. 상륙(上六 : --)은 진(震 : ☳)의 상효(上爻)이어서 동(動)이 멈춘[止] 까닭으로 이(離 : ☲)의 밝음[明]과 두절(杜絶)되어, 음(陰 : --)의 정위(正位)에서 음회(陰晦) 즉 음(陰 : --)의 어둠[晦]으로써 상륙(上六 : --) 자신을 밖으로부터도 차명(遮明) 즉 밝음을[明] 가려[遮] 자장(自藏) 즉 스스로[自] 감춤[藏]을 거듭해 암시한 계사(繫辭)가 〈부기가(蔀其家)〉이다.

闚其戶(규기호) 闃其无人(격기무인)

그[其] 지게문을[戶] 엿봐도[闚] 휑할[闃] 뿐[其] 사람이[人] 없다[无].

〈규기호(闚其戶) 격기무인(闃其无人)〉은 상륙(上六 : --)이 풍괘(豐卦 : ䷶)의 풍지시(豐之時)와 두절(杜絶)함을 거듭해 암시한 계사(繫辭)이다. 〈수인규기문호

(雖人闚其門戶) 이기문호지격내격(而其門戶之隔內闃) 기가무인적(其家无人跡)〉의 줄임으로 여기고 〈사람이[人] 그[其] 문을[門戶] 엿봐도[闚雖] 그리고[而] 그[其] 문의[門戶之] 틈 안은[隔內] 휑해서[闃] 그[其] 집 안에는[家] 인기척이[人跡] 없다[无]〉라고 새겨볼 것이다. 〈규(闚)〉는 〈엿볼 규(窺)〉와 같고, 〈격(闃)〉은 〈휑할(텅 빌) 공(空)〉과 같다.

〈규기호(闚其戶)〉는 풍괘(豐卦 : ䷶)의 주제인 〈풍(豐)〉이 명이동(明以動) 즉 밝음[明]으로써[以] 움직임[動]으로 이루어지는 시국을 상륙(上六 : --)이 뒤로하고 자장(自藏) 즉 스스로[自] 감춤[藏]을 암시한다. 〈규기호(闚其戶)의 규(闚)〉는 〈엿볼 소시(小視)〉 곧 경두문중시(傾頭門中視) 즉 문(門) 가운데로[中] 머리를[頭] 기울여[傾] 봄[視]이다. 〈규기호(闚其戶)의 호(戶)〉는 방을 들고나는 지게문[戶] 즉 외짝문을 말한다. 이 〈규기호(闚其戶)〉로써 상륙(上六 : --)이 극위(極位) 때문에 풍괘(豐卦 : ䷶)의 풍지시(豐之時)를 외면함을 알아챌 수 있다. 따라서 〈규기호(闚其戶)의 규(闚)〉는 경계하고자 상륙(上六 : --)이 엿봄[闚]이 아니라 타인들이 찾아와 상륙(上六 : --)의 집 안을 엿봄[闚]을 암시한 계사(繫辭)이다.

〈격기무인(闃其无人)〉 역시 〈풍(豐)〉이 명이동(明以動)으로써 이루어지는 시국을 상륙(上六 : --)이 뒤로하고 자장(自藏)함을 암시한다. 〈격기무인(闃其无人)의 격(闃)〉은 〈휑할 공(空)〉과 같고, 〈격기무인(闃其无人)의 기(其)〉는 어조사로서 〈~뿐 기(其)〉로 여기고 새기면 된다. 상륙(上六 : --)의 집 지게문 틈으로 기울여 엿보아도 집 안은 〈격기(闃其)〉 즉 휑할[闃] 뿐[其] 인기척이라곤[人] 없으니[无] 상륙(上六 : --)이 풍괘(豐卦 : ䷶)의 풍지시(豐之時)에서 완전히 고립되었음을 암시한 것이 〈격기무인(闃其无人)〉이다.

三歲不覿(삼세부적) 凶(흉)

삼년이 지나도[三歲] 보이지 않으니[不覿] 흉하다[凶].

〈삼세부적(三歲不覿)〉은 상륙(上六 : --)의 자장(自藏)이 극심(極甚)함을 암시한 계사(繫辭)이다. 〈삼세인적불피적(三歲人跡不被覿)〉의 줄임으로 여기고 〈영영[三歲] 인기척이[人跡] 보이지 않는다[不被覿]〉라고 새겨볼 것이다. 〈적(覿)〉은 〈볼 견(見)〉과 같다.

〈삼세부적(三歲不覿)의 부적(不覿)〉은 불견(不見) 즉 보이지 않음[不見]을 뜻한다. 상륙(上六 : --)의 가내(家內)에도 인기척이 없다는 것이다. 〈삼세부적(三歲不覿)〉은 47번째 곤괘(困卦 : ䷮) 초륙(初六 : --)의 계사(繫辭)로도 나온다. 곤괘(困卦 : ䷮) 초륙(初六 : --)의 계사(繫辭)에서 〈삼세부적(三歲不覿)의 삼세(三歲)〉는 삼생(三生)을 말함인지라 장구(長久)함을 뜻함인데 여기의 〈삼세(三歲)〉 역시 그 뜻과 같다. 육오(六五 : --)-구사(九四 : ─)는 풍괘(豐卦 : ䷶)의 상체(上體) 진(震 : ☳)의 동속(同屬)이지만 상륙(上六 : --)의 자장(自藏)으로 상륙(上六 : --)을 만날 수 없음을 암시하기도 하는 것이 〈부적(不覿)〉이다. 특히 풍괘(豐卦 : ䷶)의 하체(下體) 이(離 : ☲)의 상효(上爻)인 구삼(九三 : ─)은 다른 대성괘(大成卦)에서라면 상륙(上六 : --)과 정응(正應) 즉 바르게[正] 호응하여[應] 상자(相資) 즉 서로[相] 돕고 취할[資] 터이지만, 풍괘(豐卦 : ䷶)의 상효(上爻)인 상륙(上六 : --)은 진(震 : ☳)의 동(動)이 멈춘[止] 지경이라 정응(正應)을 누리지 못해 구삼(九三 : ─) 역시 상륙(上六 : --)을 결별해, 상륙(上六 : --)이 〈부적(不覿)〉 즉 보이지[覿] 않음[不]을 암시한 계사(繫辭)가 〈삼세부적(三歲不覿)〉이다.

〈흉(凶)〉은 상륙(上六 : --)이 자신의 안팎을 음회(陰晦) 즉 음(陰 : --)의 어둠[晦]으로써 밝음을[明] 막아버리고[蔀] 아래의 삼효(三爻)들과 결별하여, 자장(自藏) 즉 스스로[自] 감춘[藏] 채로 풍괘(豐卦 : ䷶)의 풍지시(豐之時)를 외면하니 불운할[凶] 수밖에 없음을 암시한 계사(繫辭)이다.

【字典】

풍(豐) 〈클(많을) 풍(豐)-대(大)-다(多), 성대할(다대할) 풍(豐)-성대(盛大)-다대(多大), 왕콩(커다란 콩) 풍(豐)-두지풍만(豆之豐滿), 두터울 풍(豐)-후(厚), 살찔 풍(豐)-비만(肥滿), 더부룩할 풍(豐)-성(盛), 넉넉할 풍(豐)-요(饒), 무성할 풍(豐)-무(茂), 부유할 풍(豐)-부유(富裕), 풍괘 풍(豐)-풍괘(豐卦)〉 등의 뜻을 내지만 여기선 〈클 대(大)〉와 같다 여기고 새김이 마땅하다. 풍(豐)은 풍(豊)이고, 특히 풍(豊)은 예(禮)의 고자(古字)로 통한다.

기(其) 〈그것(그) 기(其)-피(彼)-지(之), 그럴 기(其)-연(然), 어찌 기(其)-기(豈), 누를 기(其)-억(抑), 오히려 기(其)-상(尙)-서기(庶幾), 이에 기(其)-내(乃), 만약 기(其)-약(若), 장차 기(其)-장(將), 어조사 기(其)-어조사〉 등의 뜻을 내지만 여기선 〈그 기(其)〉

로 여기고 새김이 마땅하다. 다만 〈격기무인(闃其无人)〉에서의 〈기(其)〉는 어조사 〈~뿐 기(其)〉 여기고 새김이 마땅하다.

옥(屋) 〈(밝음을) 가린 것 옥(屋)-장음지물(藏蔭之物), 집 옥(屋)-사(舍), 속 옥(屋)-오(奧), (방에서) 살 옥(屋)-거(凥), 멈출 옥(屋)-지(止), 집채 옥(屋)-동우(棟宇), 방 가리개 옥(屋)-부(覆), 관을 덮는 작은 장막 옥(屋)-악(楃)-부관소장(覆棺小帳), 수레 덮개 옥(屋)-거개(車蓋), 갖출 옥(屋)-구(具)〉 등의 뜻을 내지만 여기선 〈집 옥(屋)〉이되 〈밝음을 가려주는 것 장음지물(藏蔭之物)〉을 암시한다고 여기고 새김이 마땅하다.

부(蔀) 〈빛 가리개 부(蔀)-복(覆)-애광명지물(曖光明之物), 가릴 부(蔀)-폐(蔽), 작게 할 부(蔀)-소(小), 서부(풀 이름) 부(蔀)-초명(草名)〉 등의 뜻을 내지만 〈빛 가리개 복(覆)-애광명지물(曖光明之物)〉로 여기고 새김이 마땅하다.

가(家) 〈살(거주할) 가(家)-거(凥)-가인소거(家人所居), 식읍(채지) 가(家)-식읍(食邑)-채지(采地), 가정(가족) 가(家)-가정(家庭)-가족(家族), 방안 가(家)-실(室), 지아비 가(家)-부(夫)-아내는 남편을 가장이라 부른다[妻謂夫曰家], 집사람 가(家)-처(妻)-남편은 아내를 집사람이라 부른다[夫謂妻曰家], 머물러 살 가(家)-주거(住居), 도성 가(家)-도성(都城), 조정 가(家)-조정(朝廷), 천자 가(家)-천자(天子)-천하위가(天下爲家), 태자 가(家)-황족(皇族), 경대부 가(家)-경대부(卿大夫), 학자 가(家)-유전문지학문자(有專門之學問者), 어미조사(語尾助詞) 가(家)〉 등의 뜻을 내지만 여기선 〈살 거(凥)〉로 여기고 새김이 마땅하다.

규(闚) 〈엿볼 규(闚)-규(窺)-소시(小視), 훔쳐볼(몰래 볼) 규(闚)-절시(竊視), 갸웃이 볼 규(闚)-한(閑)-경두문중시(傾頭門中視), 검열하며 볼 규(闚)-열간(閱看)〉 등의 뜻을 내지만 여기선 〈엿볼 소시(小視)〉로 새김이 마땅하다. 〈규기호(闚其戶)의 규(闚)〉를 〈경두문중시(傾頭門中視)〉 즉 문 가운데다[門中] 머리를[頭] 기울여[傾] 본다[視]라고 새겨도 무방하다.

호(戶) 〈지게문(외짝문) 호(戶)-호(護)-반문(半門), 방의 출입구 호(戶)-실출입지구(室出入之口), 어떤 것의 출입구 호(戶)-물지출입구(物之出入口), 구멍 호(戶)-혈(穴), 새집 출입구 호(戶)-조소지출입구(鳥巢之出入口), 뜰 호(戶)-실정(室庭), 백성의 처소 호(戶)-민거(民居), 인민 호(戶)-인민(人民), 특정 직업에 종사하는 이 호(戶)-종사특정직업자(從事特定職業者), 멈출 호(戶)-지(止), 주인 호(戶)-주(主), 음주량 호(戶)-음주지량(飮酒之量), 환할 호(戶)-호(䕶), 문채 호(戶)-문채(文采)〉 등의 뜻을 내지만 〈지게문 반문(半門)〉으로 여기고 새김이 마땅하다.

격(闃) 〈휑할(텅 빌) 격(闃)-공(空), 고요할 격(闃)-정(靜)-적정(寂靜)〉 등의 뜻을 내지만 여기선 〈휑할 공(空)〉과 같다 여기고 새김이 마땅하다.

무(无) 〈없을 무(无)-무(無), 허무지도 무(无)-허무지도(虛无之道), 으뜸 무(无)-원(元)〉 등의 뜻을 내지만 여기선 〈없을 무(無)〉와 같다 여기고 새김이 마땅하다.

인(人) 〈사람들 인(人)-인인(人人), 만물 중에 최고 성령(性靈)의 자 인(人)-만물지최령자(萬物之最靈者), 백성 인(人)-인민(人民), 남(타인) 인(人)-타인(他人), 누구 인(人)-모인(某人), 도인 인(人)-도인(道人), 현인 인(人)-현인(賢人), 범인(소인) 인(人)-범인(凡人)-소인(小人), 사람의 짓 인(人)-인위(人爲), 신하(하인) 인(人)-신하(臣下)-하인(下人), 춘추의 필법 인(人)-춘추지필법(春秋之筆法), 무리 인(人)-중서(衆庶), 건괘 인(人)-건괘(乾卦), 진괘 인(人)-진괘(震卦), 과일의 씨 인(人)-과실지심(果實之心), 어질 인(人)-인(仁), 선인 인(人)-선인(先人)〉 등의 뜻을 내지만 여기선 〈사람들 인인(人人)〉으로 여기고 새김이 마땅하다.

삼(三) 〈셋(세 번, 석 삼) 삼(三)-이지가일(二之加一), 다수를 나타낼 삼(三)-다수지칭(多數之稱), 삼재의 수 삼(三)-천지인지수(天地人之數), 임금-아버지-스승 삼(三)-군부사(君父師), 동방 삼(三)-동방(東方), 끝 삼(三)-종(終)〉 등의 뜻을 내지만 여기선 〈셋 삼(三)〉으로 여기고 새김이 마땅하다. 삼(三)은 삼(參)과 같다.

세(歲) 〈해 세(歲)-년(年), 일생 세(歲)-일생(一生), 목성 세(歲)-목성(木星), 새해 세(歲)-신년(新年), 상망한 해 세(歲)-졸령(卒齡)〉 등의 뜻을 내지만 여기선 〈해 년(年)〉으로 여기고 새김이 마땅하다.

不 〈불-부〉 등으로 발음되고, 〈않을 불(不)-부(不), 못할 불(不)-부(不), 아닐 불(不)-부(不)-비(非), 없을 불(不)-부(不)-무(無), 하지 말 불(不)-부(不)-막(莫)-금지(禁止), 정하지 않을 불(不)-부(不)-부(否)-미정(未定), 새가 날아올라 내려오지 않는 불(不)-부(不)-조비상불하래(鳥飛上不下來)〉 등의 뜻을 내지만 여기선 〈않을 불(不)〉로 여기고 새김이 마땅하다.

적(覿) 〈볼 적(覿)-견(見), 예물을 갖고 서로 만날 적(覿)-이지상견(以贄相見)〉 등의 뜻을 내지만 여기선 〈볼 견(見)〉과 같다 여기고 새김이 마땅하다.

흉(凶) 〈불행할(흉할) 흉(凶)-길지반(吉之反), 걱정할 흉(凶)-우(憂)-구(懼), 흉한 사람 흉(凶)-흉인(凶人), 나쁠 흉(凶)-오(惡), 재앙 흉(凶)-화(禍), 요사할 흉(凶)-요사(夭死), 악한 사람 흉(凶)-악인(惡人), 흉년 흉(凶)-연곡불숙(年穀不熟), 사나울 흉(凶)-포학(暴虐), 음기 흉(凶)-음기(陰氣), 북쪽 흉(凶)-북(北), 없을 흉(凶)-공(空), 송사 흉(凶)-송(訟), 거역할 흉(凶)-역(逆), 어그러질 흉(凶)-패(悖), 허물 흉(凶)-구(咎)〉 등의 뜻을 내지만 여기선 〈불행할(흉할) 길지반(吉之反)〉으로 여기고 새김이 마땅하다.

여괘 旅卦

56

1 괘의 괘상과 계사

여괘(旅卦 : ䷷)

간하이상(艮下離上) : 아래는[下] 간(艮 : ☶), 위는[上] 이(離 : ☲).
화산려(火山旅) : 불과[火] 산은[山] 여이다[旅].

旅는 小亨하니 旅貞하면 吉하리라
여 소형 여정 길

여행은[旅] 조금[小] 통하니[亨] 여행이[旅] 진실로 미더우면[貞] 좋으리라[吉].

【여괘(旅卦 : ䷷)의 괘상(卦象) 풀이】

앞 풍괘(豐卦 : ䷶)의 〈풍(豐)〉은 풍대함[豐]이다. 이에 「서괘전(序卦傳)」에 〈풍이라는[豐] 것은[者] 커짐이[大] 다한[窮] 것이니[者] 반드시[必] 그[其] 자리를[居] 잃는다[失] 그래서[故] 여괘(旅卦 : ䷷)로써[以] 그것을[之] 받는다[受]〉라는 말이 나온다. 이는 풍괘(豐卦 : ䷶) 뒤에 여괘(旅卦 : ䷷)가 오는 까닭을 밝힌다. 한번 풍대하다[豐] 한번 궁핍함이 천도(天道) 즉 자연의[天] 이치[道]이다. 따라서 풍대하다고[豐] 정체(停滯) 즉 한자리에 머물러 멈칫거리면[停滯] 풍대(豐大)함이 다하여 궁핍함을 면치 못한다. 풍대(豐大)함이 다한 자리를 떠나야 한다. 따라서 풍괘(豐卦 : ䷶) 다음에 여괘(旅卦 : ䷷)가 온 것이다. 여괘(旅卦 : ䷷)는 풍괘(豐卦 : ䷶)의 도괘(倒卦) 즉 풍괘(豐卦 : ䷶)의 상하체(上下體)가 뒤집힌[倒] 괘(卦)이다. 풍괘(豐卦 : ䷶)의 하체(下體) 이(離 : ☲)는 뒤집혀 여괘(旅卦 : ䷷)의 상체(上體) 이(離 : ☲)가 되고, 풍괘(豐卦 : ䷶)의 상체(上體) 진(震 : ☳)은 뒤집혀 여괘(旅卦 : ䷷)의 하체(下體) 간(艮 : ☶)이 되어, 풍괘(豐卦 : ䷶)의 도괘(倒卦)가 간하이상(艮下離上)의 여괘(旅卦 : ䷷)이다. 「설괘전(說卦傳)」에 〈이는[離 : ☲] 불[火]이다[爲] …… 간은[艮 : ☶] 산(山)이다[爲]〉라는 내용이 나온다. 산지화려(山止火

麗) 즉 산(山)의 성질은 멈춤[止]이고 불[火]의 성질은 외물(外物)들을 옮겨붙어[麗] 〈여(旅)〉 즉 여행(旅行)하는 모습이다.

왜 인생을 여로(旅路)라고 하는가? 삶 역시 여일(如一)하지 않고 끊임없이 변화해가는 여로(旅路)이기 때문이다. 삶을 마주함이란 지난 것[變]에 매달리지 않고 새것[化]을 맞이하여 새로운 삶을 열어감인지라 인생을 여로(旅路)라 한다. 인생의 여로(旅路)를 저마다 잘 이끌어가야 궁핍함에 사로잡히지 않고 새로운 풍대함[豐]을 누릴 수 있을 터임을 여괘(旅卦 : ䷷)의 〈여(旅)〉가 일깨워 깨우치게 한다. 따라서 여괘(旅卦 : ䷷)의 육효(六爻)는 저마다 새로운 풍대함[豐]을 찾아 나서는 여인(旅人) 즉 길손[旅人]들이다. 멈춰 있는 산(山)에서 산화(山火) 즉 산불[山火]은 불붙을 것들이 다 타버리면 새것을 찾아 불길은 옮겨간다[旅]. 한곳에 멈춰 타기만 하면 불은 꺼지고 만다. 이처럼 불은 쉼 없이 옮겨붙어야 불길이 살아난다. 멈춰 있는 산(山) 위에서 불이 바람 따라 새 불길을 찾아 나서는 〈여(旅)〉 즉 옮겨감[旅]을 들어 여괘(旅卦 : ䷷)라 칭명(稱名)한다.

【여괘(旅卦 : ䷷)의 계사(繫辭) 풀이】

旅(여) 小亨(소형)

여행은[旅] 조금[小] 통한다[亨].

〈여(旅) 소형(小亨)〉은 여괘(旅卦 : ䷷)의 상체(上體) 이(離 : ☲)의 괘속(卦屬)을 들어 괘상(卦象)을 암시한 계사(繫辭)이다. 〈여(旅)〉는 여괘(旅卦 : ䷷)의 하체(下體) 간(艮 : ☶) 즉 산(山)은 아래에서 〈지(止)〉 즉 멈춤[止]이고, 상체(上體) 이(離 : ☲) 즉 화(火)는 위에서 〈염(炎)〉 즉 불타올라[炎], 머문 곳을 뒤로하고 떠다니는 산불의 모습을 빌려 암시한다. 따라서 〈여(旅)〉는 〈기(羇)〉 즉 본래 살던 곳을 떠나 타방(他方)에 머무는 길손[羇]을 말한다.

〈소형(小亨)〉은 여괘(旅卦 : ䷷)의 상체(上體) 이(離 : ☲)의 중효(中爻)인 육오(六五 : --)를 들어 〈여(旅)〉 즉 길손[旅]의 처지를 암시한다. 〈소형(小亨)의 소(小)〉는 육오(六五 : --)를 암시한다. 음(陰 : --)은 소(小) 즉 작음[小]이고 양(陽 : —)은 대(大) 즉 큼[大]이다. 여괘(旅卦 : ䷷)의 상체(上體) 이(離 : ☲)의 〈소(小)〉는

육오(六五 : --)뿐이다. 음질(陰質) 즉 음(陰 : --)의 본질[質]은 유순(柔順) 즉 부드럽고[柔] 따름[順]이다. 육오(六五 : --)가 중효(中爻)로서 득중(得中) 즉 정도를 따름을[中] 취하면서[得] 구사(九四 : —)와 상구(上九 : —)를 따름을 들어, 길손[旅]이 육오(六五 : --)의 유순(柔順) 즉 부드러움과[柔] 따름[順]을 본받으면 아무리 낯선 곳일지라도 매사(每事)가 막힘없이 형통함[亨]을 암시한 괘사(卦辭)가 〈여(旅) 소형(小亨)〉이다.

旅貞(여정) 吉(길)

여행이[旅] 진실로 미더우면[貞] 좋으리라[吉].

〈여정(旅貞) 길(吉)〉은 여괘(旅卦 : ䷷) 상하체(上下體)의 괘속(卦屬)을 빌려 길손[旅]의 심지(心地) 즉 마음바탕[心地]을 밝히는 계사(繫辭)이다. 〈여정(旅貞) 길(吉)〉은 〈하시하처여인지심지정(何時何處旅人之心地貞) 기여인길(其旅人吉)〉의 줄임으로 여기고 〈언제 어디서나[何時何處] 길손의[旅人之] 마음바탕이[心地] 진실로 미더우면[貞] 그[其] 길손은[旅人] 행운을 누린다[吉]〉라고 새겨볼 것이다. 물론 〈여정(旅貞)의 정(貞)〉은 여괘(旅卦 : ䷷) 상하체(上下體)의 괘속(卦屬)을 근거한 길손[旅]의 심지(心地)를 밝힌다. 하체(下體)인 간(艮 : ☶)은 〈지(止)〉 즉 머묾[止]이고 상체(上體)인 이(離 : ☲)는 〈여어명(麗於明)〉 즉 밝음에[於明] 붙음[麗]인지라, 밝음에[於明] 붙어[麗] 머묾[止]에 비롯한 마음바탕[心地]이 〈정(貞)〉이다.

본거(本居) 즉 본래[本] 살던 곳[居]을 떠나 타방(他方) 즉 낯선[他] 곳[方]에 기숙(寄宿)하는 길손[旅]은 심지(心地)가 지어명(止於明) 즉 밝음에[於明] 붙어[麗] 머물러야[止] 함을 〈여정(旅貞)의 정(貞)〉이 헤아리게 한다. 물론 〈정(貞)〉이란 천지사덕(天地四德) 즉 건곤사덕(乾坤四德)인 원형리정(元亨利貞)의 대덕(大德)을 마감하는 공평(公平)하여 무사(無私)한 심지(心地) 즉 마음바탕[心地]이다. 이러한 대덕(大德)의 정(貞)이 여괘(旅卦 : ䷷) 상하체(上下體)의 괘속(卦屬)인 지어명(止於明)으로 말미암기에 〈여정(旅貞)의 정(貞)〉은 밝음에 머물러 성신(誠信) 즉 진실로[誠] 미더운[信] 심지(心地)이다. 이에 〈여정(旅貞)의 정(貞)〉이 『노자(老子)』에 나오는 〈멈춤을[止] 안다[知]〉라는 내용과 〈자신을[自] 드러내지 않기[不見] 때문에[故] 밝다[明]〉라는 내용을 환기시킨다. 멈춤을[止] 알고[知] 자신을[自] 드러내지 않기[不

見] 때문에[故] 밝음[明]이란 〈정(貞)〉의 심지(心地)로 통한다. 왜냐하면 〈여정(旅貞)의 정(貞)〉이 여괘(旅卦 : ䷷)의 상체(上體) 이(離 : ☲)의 괘속(卦屬)인 여어명(麗於明) 즉 밝음에[於明] 붙어[麗], 여괘(旅卦 : ䷷)의 하체(下體) 간(艮 : ☶)의 괘속(卦屬)인 지(止) 즉 멈춤[止]으로 말미암아 비롯되는 〈정(貞)〉 즉 진실한 미더움[貞]이기 때문이다. 이러한 〈정(貞)〉이 길손[旅]의 심지(心地)라면 그 길손이 언제 어디서든 환대받을 터인지라 〈길(吉)〉 즉 행운을 누린다[吉]고 암시한 계사(繫辭)가 〈여정(旅貞) 길(吉)〉이다.

【字典】

여(旅) 〈길손 여(旅)-객(客)-기(羈), 임시 거처(여인숙) 여(旅)-여(廬), 무리 여(旅)-중(衆), 나그네 여(旅)-기객(寄客), 사졸(士卒) 500인 또는 2,000인 여(旅), 함께할 여(旅)-구(俱), 베풀 여(旅)-진(陣)-열(列), 차례 매길 여(旅)-서(序), 길 여(旅)-장(長), 갈 여(旅)-행(行), 야생 여(旅)-야생(野生)〉 등의 뜻을 내지만 여기선 〈길손 기(羈)〉와 같다 여기고 새김이 마땅하다. 〈여(旅)〉는 기려(羈旅) 즉 길손[羈旅]으로, 실기본거이기타방(失其本居而寄他方) 즉 제[其] 본래[本] 살던 곳을[居] 잃고서[失而] 타방에[他方] 붙어 사는[寄] 길손을 말한다.

소(小) 〈음(陰)을 칭하는 소(小), 작을 소(小)-세(細)-미(微)-대지반(大之反), 자잘할 소(小)-세(細), 짧을 소(小)-단(短), 좁을 소(小)-협(狹), 어릴 소(小)-유(幼), 천할 소(小)-천(賤), 첩 소(小)-첩(妾)〉 등의 뜻을 내지만 여기선 〈음(陰 : --)을 칭하는 소(小)〉로 여기고 새김이 마땅하다.

亨 〈향-형-팽〉 세 가지로 발음되고, 〈통할 형(亨)-통(通), 남을 형(亨)-여(餘), 드릴 향(亨)-헌(獻), 삶을 팽(亨)-자(煮)-팽(烹)〉 등의 뜻을 내지만 여기선 〈통할 통(通)〉과 같다 여기고 새김이 마땅하다.

정(貞) 〈믿을 정(貞)-신(信), 바를 정(貞)-정(正), 거북점을 물을 정(貞)-복문(卜問), 역(易)의 내괘(內卦) 정(貞), 마땅할 정(貞)-당(當), 정할 정(貞)-정(定), 순수할 정(貞)-전(專)-일(一)〉 등의 뜻을 내지만 여기선 〈바를 정(正), 믿을 신(信)〉 등을 합친 뜻과 같아 〈정신(正信)〉과 같다 여기고 새김이 마땅하다.

길(吉) 〈좋을(행복할) 길(吉)-선(善)-영(令) {영월길일(令月吉日)은 선월선일(善月善日)임.}, 복 길(吉)-실(實)-선실(善實)-복(福), 예의를 따라 상서로울 길(吉)-예의순상

(禮義順祥), 삼갈 길(吉)-근(謹), 초하루 길(吉)-삭일(朔日) {삭망(朔望) 즉 초하루[朔]와 그믐날[望]}, 길례 길(吉)-길례(吉禮) {오례지일(五禮之一) 길흉빈군가(吉凶賓軍嘉)}, 갈 길(吉)-행(行)-길(趌)〉 등의 뜻을 내지만 여기선 〈좋을 선(善)-영(令)〉 즉 행복(幸福), 행운(幸運) 등과 같다 여기고 새김이 마땅하다.

註 풍자대야(豐者大也) 궁대자필실기거(窮大者必失其居) 고(故) 수지이려(受之以旅) : 풍이라는[豐] 것은[者] 많아지는 것[大]이다[也]. 많아지는 것이[大] 다한다는[窮] 것은[者] 반드시[必] 제[其] 살 자리를[居] 잃는다[失]. 그러므로[故] 여괘[旅]로써[以] 풍괘(豐卦)를[之] 받는다[受].

「서괘전(序卦傳)」 6단락(段落)

註 이위화(離爲火) …… 간위산(艮爲山) : 이는[離 : ☲] 불[火]이다[爲]. …… 간은[艮 : ☶] 산(山)이다[爲]. 「설괘전(說卦傳)」 11단락(段落)

註 지지가이불태(知止可以不殆) : 멈출 줄[止] 앎[知]으로써[以] 위태롭지 않을[不殆] 수 있다[可]. 『노자(老子)』 32장(章)

註 부자현고명(不自見故明) 부자시고창(不自是故彰) 부자벌고유공(不自伐故有功) 부자긍고장(不自矜故長) 부유부쟁(夫唯不爭) : 자기를[自] 드러내지 않아서[不見故] 밝고[明], 자기를[自] 옳다 하지 않아서[不是故] 뚜렷하며[彰], 자기를[自] 자랑하지 않아서[不伐故] 보람이[功] 있고[有], 자기를[自] 높이지 않아서[不矜故] 장구하다[長]. 무릇[夫] 오로지[唯] 다투지 않는다[不爭].

『노자(老子)』 22장(章)

2 효의 효상과 계사

初六 : 旅瑣瑣이면 斯其所取災니라
여 쇄 쇄 사 기 소 취 재

六二 : 旅卽次한다 懷其資하고 得童僕貞이로다
여 즉 차 회 기 자 득 동 복 정

九三 : 旅焚其次이다 喪其童僕이니 貞厲하니라
여 분 기 차 상 기 동 복 정 려

九四 : 旅于處한다 得其資斧하나 我心不快로다
여 우 처 득 기 자 부 아 심 불 쾌

六五 : 射雉하여 一矢亡이니 終以譽命이리라
사 치 일 시 망 종 이 예 명

上九 : 鳥焚其巢한다 旅人先笑後號咷라 喪牛于易이니 凶하니라
조 분 기 소 여 인 선 소 후 호 도 상 우 우 역 흉

초륙(初六) : 여행하면서[旅] 잔일에 매이면[瑣瑣] 이는[斯] 재앙을[災] 취하는[取] 짓이다[其所].

육이(六二) : 여행하다가[旅] 여관에[次] 든다[卽]. 그[其] 경비를[資] 간직하고[懷] 아이[童] 종의[僕] 진실한 미더움을[貞] 취한다[得].

구삼(九三) : 여행하다[旅] 그[其] 여관에[次] 불이 났다[焚]. 그[其] 몸종을[童僕] 잃었으니[喪] 진실로 미더워도[貞] 위태하다[厲].

구사(九四) : 여행하다[旅] 있을 데를[處] 구한다[于]. 그[其] 경비와[資] 도끼를[斧] 취하지만[得] 내[我] 마음은[心] 유쾌하지 못하다[不快].

육오(六五) : 꿩을[雉] 쏘아[射] 한 발에[一矢] 죽으니[亡] 마침내[終] 명예와[譽] 천명을[命] 받는다[以].

상구(上九) : 새가[鳥] 제[其] 둥지를[巢] 불태운다[焚]. 여행하는[旅] 사람이[人] 먼저[先] 웃다가[笑] 뒤엔[後] 울부짖는다[號咷]. 들판[易]에서[于] 소를[牛] 잃으니[喪] 불운하다[凶].

초륙(初六 : --)

初六 : 旅瑣瑣이면 斯其所取災니라
여쇄쇄 사기소취재

초륙(初六) : 여행하면서[旅] 잔일에 매이면[瑣瑣] 이는[斯] 재앙을[災] 취하는[取] 짓이다[其所].

【초륙(初六)의 효상(爻象) 풀이】

여괘(旅卦 : ䷷)의 초륙(初六 : --)은 이음거양(以陰居陽) 즉 음(陰 : --)으로써[以] 양(陽 : ─)의 자리에 있는지라[居] 정당한 자리에 있지 못하다. 초륙(初六 : --)과 육이(六二 : --)는 양음(兩陰) 즉 둘 다[兩] 음(陰 : --)의 사이인지라 비(比) 즉 이웃의 사귐[比]을 누리지 못하고 오히려 서로 부딪치기 쉽다. 초륙(初六 : --)과 구사(九四 : ─)는 음양(陰陽)의 사이인지라 서로 정위(正位)에 있지 못해도 정응(正應) 즉 바르게[正] 호응하는[應] 모습이다. 하지만 초륙(初六 : --)은 여괘(旅卦 : ䷷)의 맨 아랫자리에 있는지라 사소한 일들로 마음을 쓰는 탓으로 급급한 모습이다.

여괘(旅卦 : ䷷)의 초륙(初六 : --)이 초구(初九 : ─)로 변효(變爻)하면 초륙(初六 : --)은 여괘(旅卦 : ䷷)를 30번째 이괘(離卦 : ䷝)로 지괘(之卦)하게 한다. 따라서 여괘(旅卦 : ䷷)의 초륙(初六 : --)은 이괘(離卦 : ䷝)의 초구(初九 : ─)를 찾아가 살펴보게 한다.

【초륙(初六)의 계사(繫辭) 풀이】

旅瑣瑣(여쇄쇄)

여행하면서[旅] 잔일에 매인다[瑣瑣].

〈여쇄쇄(旅瑣瑣)〉는 여괘(旅卦 : ䷷) 초륙(初六 : --)의 효위(爻位)를 들어 암시한 계사(繫辭)이다. 〈여쇄쇄(旅瑣瑣)〉는 〈여지시여인주어쇄쇄자(旅之時旅人住於瑣瑣者)〉의 줄임으로 여기고 〈여행할[旅之] 때[時] 여행하는[旅] 이가[人] 자잘한

[瑣瑣] 것[者]에[於] 얽매인다[住]〉라고 새겨볼 것이다.

〈여쇄쇄(旅瑣瑣)〉는 여괘(旅卦 : ䷷) 초륙(初六 : ⚋)의 효위(爻位)를 들어 초륙(初六 : ⚋)을 암시한다. 초륙(初六 : ⚋)은 여괘(旅卦 : ䷷)에서 맨 밑자리에 있는 데다 부정위(不正位) 즉 정당하지 못한 자리에 있음을 〈쇄쇄(瑣瑣)〉로써 암시한다. 〈쇄쇄(瑣瑣)〉란 소비천지모(小卑賤之貌) 즉 자질구레해[小] 낮고[卑] 보잘것없는[賤之] 모습[貌]을 말한다. 이런 〈쇄쇄(瑣瑣)〉는 마음속의 것들을 새기지 못하고 이러구러 다 드러내 천한 잔소리꾼 모습이다. 따라서 여기 〈쇄쇄(瑣瑣)〉가 『노자(老子)』에 나오는 〈자현자불명(自見者不明)〉을 환기시켜, 초륙(初六 : ⚋)이 여괘(旅卦 : ䷷)의 상체(上體) 이(離 : ☲)에서 가장 멀리 떨어져 있어 이(離 : ☲)의 여어명(麗於明) 즉 밝음에[於明] 붙기[麗]가 어려워 불명(不明) 즉 밝지 못함[不明]을 암시한다. 현명한 사람은 함부로 자신을[自] 드러내지 않는다[不見]. 자신을 드러내는 사람은 자질구레해져 자신을 천하게 한다. 이(離 : ☲)의 밝음에서 멀어 초륙(初六 : ⚋)이 삼가 묵직하지 못하고 낮고 보잘것없는 길손으로 나그넷길을 떠남을 〈쇄쇄(瑣瑣)〉가 암시한다. 음유(陰柔)이면서 양강(陽剛)의 자리에 있어 정당하지 못한 처지인 데다 낮은 자리라 자질구레한 일들을 놓지 못하는 유약(柔弱)한 초륙(初六 : ⚋)이 처음으로 낯선 곳으로 떠나니, 여행한 경험도 없고 딱히 정해진 곳도 없어 자질구레한 일들에서 헤어나지 못해 천한 모습의 나그네 같다고 초륙(初六 : ⚋)을 암시한 계사(繫辭)가 〈여쇄쇄(旅瑣瑣)〉이다.

斯其所取災(사기소취재)

이는[斯] 재앙을[災] 취하는[取] 짓이다[其所].

〈사기소취재(斯其所取災)〉는 〈쇄쇄(瑣瑣)〉를 꾸짖는 계사(繫辭)이다. 〈사기소취재(斯其所取災)의 사(斯)〉는 〈이것 사(斯)〉로 〈여쇄쇄(旅瑣瑣)〉를 나타내는 지시대명사 노릇을 한다. 〈사기소취재(斯其所取災)의 기소(其所)〉는 〈~하는 것 기소(其所)〉이다. 영어로 말한다면 〈what do A〉 즉 〈A를 하는(do) 것(what)〉의 〈것(what)〉이 〈기소(其所)〉이다. 따라서 나그넷길[旅]에서 자질구레해 낮고 보잘것없는 것들[瑣瑣]에 신경을 쓰는 이것은[斯] 어려움을[災] 겪는[取] 것[其所]임을 암시한 것이 〈사기소취재(斯其所取災)〉이다. 초륙(初六 : ⚋)이 자질구레해 낮고 보잘것없이[瑣瑣] 여로(旅路)를 시작함을 경책(警策) 즉 꾸짖음[警策]이 〈사기소취재(斯其所取災)〉이기도 하다. 인생이라는 여로(旅路)를 항해에 비유하는 까닭은 항상 순탄하기만 하지 않음을 밝힌다. 바닷길의 풍랑이란 거칠 때도 있고 잔잔할 때도 있듯이 인생의 여로 역시 그러하다.

〈사기소취재(斯其所取災)의 취재(取災)〉는 〈어려울 난(難)〉과 같아 재난(災難)을 겪음[取]이다. 따라서 〈취재(取災)〉는 〈사재(捨災)〉 즉 어려움을[災] 버리는[捨] 쪽도 있음을 헤아리게 한다. 인생의 길흉(吉凶)은 취사(取捨)를 따라 오기도 하고 가기도 한다. 그래서 『장자(莊子)』에 〈행복은[福] 깃털보다[乎羽] 가볍고[輕] 불행은[禍] 땅보다[乎地] 무겁다[重]〉라는 말이 나오는 것이 아닌가. 무엇을 취함[取]은 무엇을 버림[捨]을 암시하므로, 취사(取捨)는 함께함을 살펴 헤아리게 하는 것이 〈사기소취재(斯其所取災)〉이다. 〈쇄쇄(瑣瑣)〉라는 이것을[斯] 취하는[取] 짓[所]은 나그넷길이 〈재(災)〉 즉 어려워질[災] 터이고, 〈쇄쇄(瑣瑣)〉라는 이것을[斯] 버리는[捨] 짓[所]은 나그넷길이 〈이(易)〉 즉 쉬워짐[易]을 돌이켜 헤아려보게 하는 것 또한 〈사기소취재(斯其所取災)〉이다. 유약(柔弱)한 초륙(初六 : - -)이 강강(剛强)한 구사(九四 : —)와 정응(正應) 즉 정도를 따라[正] 호응할[應] 사이인지라, 초륙(初六 : - -)이 음소(陰小)로 비롯되는 〈쇄쇄(瑣瑣)〉만을 고집하지 않고 구사(九四 : —)와 호응하여 여괘(旅卦 : ䷷)의 상체(上體)인 이(離 : ☲)의 여어명(麗於明) 즉 밝음에[於明] 붙어[麗] 멈추게[止] 된다면, 초륙(初六 : - -)도 자질구레해 낮고 보잘것없는 모습[瑣瑣]을 벗어나 대범(大凡)한 길손으로 거듭날 수도 있음을 헤아려 깨우치게 하는 계사(繫辭)가 〈사기소취재(斯其所取災)〉이다.

【字典】

여(旅) 〈길손 여(旅)-객(客)-기(羇), 임시 거처(여인숙) 여(旅)-여(廬), 무리 여(旅)-중(衆), 나그네 여(旅)-기객(寄客), 사졸(士卒) 500인 또는 2,000인 여(旅), 함께할 여(旅)-구(俱), 베풀 여(旅)-진(陣)-열(列), 차례 매길 여(旅)-서(序), 길 여(旅)-장(長), 갈 여(旅)-행(行), 야생 여(旅)-야생(野生)〉 등의 뜻을 내지만 여기선 〈길손 기(羇)〉와 같다 여기고 새김이 마땅하다. 〈여(旅)〉는 기려(羇旅) 즉 길손[羇旅]으로, 실기본거이기타방(失其本居而寄他方) 즉 제[其] 본래[本] 살던 곳을[居] 잃고서[失而] 타방에[他方] 붙어 사는[寄] 길손을 말한다.

쇄(瑣) 〈자질구레해 천한 모습 쇄(瑣)-소비천지모(小卑賤之貌), 지쳐 쇠약한 모습 쇄(瑣)-피폐모(疲弊貌), 옥 부스러기 쇄(瑣)-옥설(玉屑), 좀스러울 쇄(瑣)-소호모(少好貌), 작은(가는) 쇄(瑣)-소(小)-세(細), 문에 아로새길 쇄(瑣)-문루(門鏤)〉 등의 뜻을 내지만 〈자질구레해 낮고 천한 모습 소비천지모(小卑賤之貌)〉로 여기고 새김이 마땅하다.

사(斯) 〈(지시대명사로) 이 사(斯)-차(此), 이에 사(斯)-내(乃), 가를(쪼갤) 사(斯)-석(析)-열(裂), 나눌 사(斯)-분(分), 떨어질 사(斯)-이(離), 천할 사(斯)-천(賤), 곧 사(斯)-즉(則)-즉(卽), 그 사(斯)-기(其), {구중(句中) 또는 구말(句末)에 쓰이는} 어조사 사(斯)-어조사(語助詞), 그럴 사(斯)-연(然), 다할 사(斯)-시(澌)-진(盡), 패할 사(斯)-패(敗)〉 등의 뜻을 내지만 여기선 〈이 차(此)〉와 같다 여기고 새김이 마땅하다.

기(其) 〈그것(그) 기(其)-피(彼)-지(之), 그럴 기(其)-연(然), 어찌 기(其)-기(豈), 누를 기(其)-억(抑), 오히려 기(其)-상(尙)-서기(庶幾), 이에 기(其)-내(乃), 만약 기(其)-약(若), 장차 기(其)-장(將), 어조사 기(其)-어조사(語助辭)〉 등의 뜻을 내지만 여기선 〈그 기(其)〉로 여기고 새김이 마땅하다.

소(所) 〈바(것) 소(所)-부정지사(不定之詞), 곳 소(所)-처(處)-거처(居處), 경역 소(所)-경역(境域), 지위 소(所)-지위(地位), 경우 소(所)-경우(境遇), 도리 소(所)-도리(道理), 당연 소(所)-당연(當然), 그것 소(所)-기소(其所)-지사지사(指事之詞), 다할 소(所)-진(盡), 쯤 소(所)-허(許), 가질 소(所)-소유(所有), 연고(까닭) 소(所)-소이(所以), 얼마 소(所)-기하(幾何)〉 등의 뜻을 내지만 〈바 소(所)〉로 여기고 새김이 마땅하다.

취(取) 〈받을 취(取)-수(受), 장가들 취(取)-취(娶), 구할(잡을) 취(取)-포(捕)-획(獲), 사로잡을(포로) 취(取)-부(俘), 거둘 취(取)-수(收), 가려 쓸 취(取)-택용(擇用), 찾을 취(取)-색(索), 힘써 다다를 취(取)-진취(進趣), 밑천 취(取)-자(資), 가질 취(取)-지(持), 할 취(取)-위(爲), 다스릴 취(取)-치(治)〉 등의 뜻을 내지만 여기선 〈받을 수(受)〉와 같다 여기고 새김이 마땅하다.

재(災) 〈어렵게 할 재(災)-난(難), 위태할 재(災)-위(危), 천앙(천벌) 재(災)-천앙(天殃), 횡액 재(災)-화해(禍害), 덜(손해 볼) 재(災)-손(損), 패할 재(災)-패(敗)〉 등의 뜻을 내지만, 여기선 〈어렵게 할 난(難)〉과 같다 여기고 새김이 마땅하다.

註 자현자불명(自見者不明) 자시자불창(自是者不彰) 자벌자무공(自伐者無功) 자긍자부장(自

矜者不長) : 자기를[自] 드러내는[見] 사람은[者] 밝지 못하고[不明], 스스로[自] 옳다고 주장하는[是] 사람은[者] 뚜렷하지 못하며[不彰], 스스로[自] 자랑하는[伐] 사람에게는[者] 일한 보람이[功] 없어지고[無], 스스로[自] 뽐내는[矜] 사람은[者] 대접받지 못한다[不長]. 『노자(老子)』 24장(章)

註 복경호우(福輕乎羽) 막지지재(莫之知載) 화중호지(禍重乎地) 막지지피(莫之知避) : 행복은[福] 깃털보다[乎羽] 가벼운데[輕] 그것을[之] 짊어질 줄[載] 모르고[莫知], 불행은[禍] 지구보다[乎地] 무거운데[重] 그것을[之] 내려놓을 줄을[避] 모른다[莫知].

『장자(莊子)』「인간세(人間世)」 끝 절(節)

육이(六二 : --)

六二 : 旅卽次한다 懷其資하고 得童僕貞이로다
여즉차 회기자 득동복정

육이(六二) : 여행하다가[旅] 여관에[次] 든다[卽]. 그[其] 경비를[資] 간직하고[懷] 아이[童] 종의[僕] 진실한 미더움을[貞] 취한다[得].

【육이(六二)의 효상(爻象) 풀이】

여괘(旅卦 : ䷷)의 육이(六二 : --)는 이음거음(以陰居陰) 즉 음(陰 : --)으로써[以] 음(陰 : --)의 자리에 있는지라[居] 정당한 자리에 있다. 육이(六二 : --)와 구삼(九三 : ㅡ)은 음양(陰陽)의 사이인지라 비(比) 즉 이웃의 사귐[比]을 누린다. 육이(六二 : --)와 육오(六五 : --)는 양음(兩陰) 즉 둘 다[兩] 음(陰 : --)의 사이이면서 서로 중효(中爻)이되 육오(六五 : --)는 정위에 있지 못해 서로 정응(正應) 즉 바르게[正] 호응하지도[應] 못한다. 그러나 여괘(旅卦 : ䷷)의 하체(下體) 간(艮 : ☶)의 중효(中爻)로서 육이(六二 : --)는 득중(得中) 즉 정도를 따름을[中] 취하여[得] 심지(心志) 즉 마음[心] 가는 바[志]가 진실로 미덥기[貞] 때문에 나그넷길[旅]을 수행함에 지선(至善) 즉 더없이[至] 좋은[善] 모습이다.

여괘(旅卦 : ䷷)의 육이(六二 : --)가 구이(九二 : ㅡ)로 변효(變爻)하면 육이(六二 : --)는 여괘(旅卦 : ䷷)를 50번째 정괘(鼎卦 : ䷱)로 지괘(之卦)하게 한다. 따라서 여괘(旅卦 : ䷷)의 육이(六二 : --)는 정괘(鼎卦 : ䷱)의 구이(九二 : ㅡ)를 찾아가 살펴보게 한다.

【육이(六二)의 계사(繫辭) 풀이】

旅卽次(여즉차)

여행하다가[旅] 여관에[次] 든다[卽].

〈여즉차(旅卽次)〉는 육이(六二 : --)의 효위(爻位)를 들어 암시한 계사(繫辭)이다. 〈여즉차(旅卽次)〉는 〈여지후륙이즉차(旅之後六二卽次)〉의 줄임으로 여기고 〈여행한[旅之] 뒤에[後] 육이가[六二] 여관에[次] 든다[卽]〉라고 새겨볼 것이다. 〈여즉차(旅卽次)의 즉차(卽次)〉는 입여사(入旅舍)와 같다. 〈즉차(卽次)의 즉(卽)〉은 여기선 〈이를 취(就)〉와 같고, 〈즉차(卽次)의 차(次)〉는 여사(旅舍) 또는 여관(旅館)과 같다.

〈여즉차(旅卽次)〉는 여괘(旅卦 : ䷷)의 하체(下體) 간(艮 : ☶)의 중효(中爻)임을 들어 육이(六二 : --)를 취상(取象)한 것이다. 왜냐하면 〈즉차(卽次)의 즉(卽)〉이 「설괘전(說卦傳)」에 나오는 〈간은[艮 : ☶] 멈춤[止]이다[也]〉라는 내용을 상기시키고, 〈즉차(卽次)의 차(次)〉가 「설괘전(說卦傳)」에 나오는 〈간은[艮 : ☶] 문지기[閽寺]이다[爲]〉라는 내용을 상기시키기 때문이다. 〈차(次)〉 즉 여관[次]에는 문시(門寺) 즉 문지기[門寺]가 있게 마련이고, 〈즉차(卽次)〉란 곧 멈춤[止]을 뜻한다. 이에 〈여즉차(旅卽次)〉는 길손으로서 육이(六二 : --)가 나그넷길을 어려움 없이 맞이함을 암시한다. 물론 〈여즉차(旅卽次)의 여(旅)〉는 유람(遊覽)하는 나그넷길[旅]이 아니라 새로운 풍대함[豐]을 찾아 나서는 여인(旅人) 즉 길손이다. 낯선 곳을 향해 가는 길손은 잘 곳이 없으면 노숙(露宿) 즉 이슬 맞는[露] 자리[宿]에서 잘 수도 있다. 그러나 육이(六二 : --)는 혼시(閽寺) 즉 문지기[閽寺]가 있는 여사(旅舍)에서 투숙할 수 있게 형편이 넉넉한 길손임을 암시한 계사(繫辭)가 〈여즉차(旅卽次)〉이다.

懷其資(회기자)

그[其] 경비를[資] 간직한다[懷].

〈회기자(懷其資)〉는 육이(六二 : --)가 여괘(旅卦 : ䷷)의 내호괘(內互卦)인 손(巽 : ☴)의 초효(初爻)임을 들어 암시한 계사(繫辭)이다. 〈회기자(懷其資)〉는 〈육이회려지자(六二懷旅之資)〉의 줄임으로 여기고 〈육이는[六二] 여행의[旅之] 경비를[資] 간직하고 있다[懷]〉라고 새겨볼 것이다.

〈회기자(懷其資)〉는 육이(六二 : --)가 변효(變爻)함을 암시할 수도 있다. 육이(六二 : --)가 변효(變爻)하면 여괘(旅卦 : ䷷)는 50번째 정괘(鼎卦 : ䷱)로 지괘(之卦)한다. 그러면 여괘(旅卦 : ䷷)의 육이(六二 : --)가 정괘(鼎卦 : ䷱)의 하체(下體) 손(巽 : ☴)의 중효(中爻)가 된다. 왜냐하면 여기 〈회기자(懷其資)의 자(資)〉가 「설괘전(說卦傳)」에 나오는 〈손위근리(巽爲近利) 시삼배(市三倍)〉 즉 〈손은[巽 : ☴] 이익을[利] 가까이함[近]이고[爲] 저자에서[市] 세 배로[三] 불린다[倍]〉라는 내용을 떠올려주기 때문이다. 육이(六二 : --)는 형편이 딱한 길손이 아니라는 것이다. 중위(中位)에 있는 길손이라면 매사를 정도를 따라[中] 취하므로[得] 노자(路資) 없이 무모하게 나그넷길을 나설 리가 없다. 중위(中位)에 있는 육이(六二 : --) 같은 길손[旅]은 득중(得中)하므로 〈기자(其資)〉 즉 자신의[其] 여비[資]를 과시(誇示)하지 않고 항상 겸허히 함을 〈회기자(懷其資)의 회(懷)〉가 암시한다. 〈회(懷)〉란 드러내지 않고 〈장(藏)〉 즉 감춤[藏]이다. 따라서 육이(六二 : --)와 같은 길손[旅]은 낯선 곳의 인정(人情)과 물정(物情)을 높이고 어울리면서 나그넷길을 이어감을 암시하는 계사(繫辭)가 〈회기자(懷其資)〉이다.

得童僕貞(득동복정)

아이[童] 종의[僕] 진실한 미더움을[貞] 취한다[得].

〈득동복정(得童僕貞)〉은 육이(六二 : --)의 효위(爻位)를 들어 암시한 계사(繫辭)이다. 〈득동복정(得童僕貞)〉은 〈육이득동복지정(六二得童僕之貞)〉의 줄임으로 여기고 〈육이가[六二] 아이[童] 종의[僕之] 진실로 미더움을[貞] 지녔다[得]〉라고 새겨볼 것이다.

〈득동복정(得童僕貞)〉은 육이(六二 : --)가 여괘(旅卦 : ䷷)의 하체(下體) 간(艮 : ☶)의 중효(中爻)임을 들어 암시한다. 왜냐하면 〈득동복정(得童僕貞)의 동복(童僕)〉이 「설괘전(說卦傳)」에 나오는 〈간(艮 : ☶) 그것을[之] 소남이라[少男] 한다[謂]〉라는 내용을 떠올려주기 때문이다. 간(艮 : ☶)의 제효(諸爻)는 〈소남(少男)〉 즉 막내둥이[少男]의 속성을 갖는다. 〈득동복정(得童僕貞)의 정(貞)〉은 육이(六二

: --)가 여괘(旅卦 : ䷷)의 하체(下體) 간(艮 : ☶)의 중효(中爻)로서 득중(得中)함을 암시한다. 정도를 따름을[中] 취한다[得] 함은 언제 어디서나 그 심지(心志)가 〈정(貞)〉으로 드러나기 마련이다. 득중(得中)이란 무유사벽(無有邪僻) 즉 간사함과[邪] 치우침이[僻] 결코 없는[無有] 심지(心志) 즉 마음 가는 바를[中] 취하면서[得] 관유(寬柔) 즉 관대하고[寬] 부드러운[柔] 심지이다. 육이(六二 : --)와 같은 나그네[旅]는 〈동복(童僕)의 정(貞)〉 즉 아이[童] 몸종의[僕] 진실한 미더운[貞] 마음씨를 간직하고 여행하게 마련임을 암시한 계사(繫辭)가 〈득동복정(得童僕貞)〉이다.

【字典】

여(旅) 〈길손 여(旅)-객(客)-기(羈), 임시 거처(여인숙) 여(旅)-여(廬), 무리 여(旅)-중(衆), 나그네 여(旅)-기객(寄客), 사졸(士卒) 500인 또는 2,000인 여(旅), 함께할 여(旅)-구(俱), 베풀 여(旅)-진(陣)-열(列), 차례 매길 여(旅)-서(序), 길 여(旅)-장(長), 갈 여(旅)-행(行), 야생 여(旅)-야생(野生)〉 등의 뜻을 내지만 여기선 〈길손 기(羈)〉와 같다 여기고 새김이 마땅하다. 〈여(旅)〉는 기려(羈旅) 즉 길손[羈旅]으로, 실기본거이기타방(失其本居而寄他方) 즉 제[其] 본래[本] 살던 곳을[居] 잃고서[失而] 타방에[他方] 붙어 사는[寄] 길손을 말한다.

즉(卽) 〈이를 즉(卽)-취(就), 가까이할 즉(卽)-근(近), 이제(지금) 즉(卽)-금(今)-직금(直今), 가득할 즉(卽)-만(滿), 음식을 아낄 즉(卽)-절식(節食)〉 등의 뜻을 내지만 여기선 〈이를 취(就)〉와 같다 여기고 새김이 마땅하다.

차(次) 〈머물 차(次)-사지(舍止), 집 차(次)-사(舍), 뒤 차(次)-부전(不前), 버금(다음) 차(次)-아(亞)-부(副), 가까울 차(次)-근(近), 분별위치순서(分別位置順序) 차(次), 차례 차(次)-제(第), 둘째 차(次)-이(貳), 가지런히 벌릴 차(次)-열(列)-비(比), 자리 차(次)-위(位)-처(處), 이를 차(次)-지(至), 줄 차(次)-수(授), 군사 머물 차(次)-사지(師止), 장막 차(次)-악(幄), 가슴(속) 차(次)-중(中), 갑자기 차(次)-급거(急遽), 머리 꾸밀 차(次)-편발(編髮), 곳 차(次)-소(所)〉 등의 뜻을 내지만 여기선 〈한곳에 머물 사지(舍止)〉로 여기고 새김이 마땅하다. 여기 〈즉차(卽次)의 차(次)〉는 범사지지처(凡舍止之處) 즉 모든[凡] 머무는[舍止之] 곳[處]을 뜻한다.

회(懷) 〈품을 회(懷)-장(藏)-포(抱), 생각할 회(懷)-염사(念思), 헤아려 정할 회(懷)-주획(籌劃), 서러울 회(懷)-상(傷)-민념(愍念), 느낄 회(懷)-정(情), 가슴속 생각 회

(懷)-흉억(胸臆), 쌀 회(懷)-포(包)-장(藏), 올 회(懷)-내(來), 돌아올 회(懷)-귀(歸)-귀래(歸來), 초래할 회(懷)-초래(招來), 편안할 회(懷)-안(安), 부드러울 회(懷)-유(柔), 의지할 회(懷)-의(依), 어울릴 회(懷)-화(和), 멈출 회(懷)-지(止)〉 등의 뜻을 내지만 여기선 〈품을 장(藏)〉과 같다 여기고 새김이 마땅하다.

기(其) 〈그것(그) 기(其)-피(彼)-지(之), 그럴 기(其)-연(然), 어찌 기(其)-기(豈), 누를 기(其)-억(抑), 오히려 기(其)-상(尙)-서기(庶幾), 이에 기(其)-내(乃), 만약 기(其)-약(若), 장차 기(其)-장(將), 어조사 기(其)-어조사(語助辭)〉 등의 뜻을 내지만 여기선 〈그 기(其)〉로 여기고 새김이 마땅하다. 여기 〈기(其)〉는 여지(旅之) 즉 여행[旅]의[之]를 대신하는 관형사이다.

자(資) 〈재물 자(資)-재물(財物), 쓸 자(資)-용(用), 돈 자(資)-화(貨)-재화(財貨), 공급할 자(資)-급(給), 도울 자(資)-조(助), 잡을(쥘) 자(資)-취(取)-조(操), 밑천 자(資)-적조(籍助), 성정 자(資)-성정(性情)-천부지재질(天賦之材質), 때 자(資)-시(時), 예리할 자(資)-이(利), 없앨 자(資)-멸(滅), 도모할 자(資)-모(謀)-문(問), 방종할 자(資)-방종(放縱)〉 등의 뜻을 내지만 〈재물(財物)〉로 여기고 새김이 마땅하다.

득(得) 〈얻을(취할) 득(得)-획(獲)-취(取), 탐할 득(得)-탐(貪), 깨달을 득(得)-효(曉)-오(悟), 만족할 득(得)-족(足), 마땅할 득(得)-당(當), 일의 마땅함을 터득할 득(得)-합(合)-득사지의(得事之宜), 이룰 득(得)-성(成), 알 득(得)-지(知), 가할 득(得)-가(可)-능(能), 편안할 득(得)-편(便), 가질 득(得)-치(値)-지(持), 득도할 득(得)-득도(得道)〉 등의 뜻을 내지만 〈얻을 획(獲)〉과 같다 여기고 새김이 마땅하다.

동(童) 〈15세 이하의 사내 동(童), 홀로 동(童)-독(獨), 무지한 동(童)-무지(無知), 뿔이 아직 나지 않은 우양(牛羊) 동(童), 산에 초목이 없는 동(童)-산무초목(山無草木), 적을 동(童)-과유(寡有), 노예(종) 동(童)-노(奴)〉 등의 뜻을 내지만 여기선 〈15세 이하의 사내 동(童)〉으로 여기고 새김이 마땅하다.

복(僕) 〈시중꾼(몸종) 복(僕)-사역지인(使役之人), 마부 복(僕)-어거자(禦車者), 무리 복(僕)-도(徒), 스스로 낮추는 말 복(僕)-자겸지칭(自謙之稱), 주인 복(僕)-주(主), 붙을(기댈) 복(僕)-부(附), 숨을 복(僕)-은(隱), 답답한 모양 복(僕)-번외(煩猥)〉 등의 뜻을 내지만 〈시중꾼(몸종) 사역지인(使役之人)〉으로 여기고 새김이 마땅하다.

정(貞) 〈믿을 정(貞)-신(信), 바를 정(貞)-정(正), 거북점을 물을 정(貞)-복문(卜

問), 역(易)의 내괘(內卦) 정(貞), 마땅할 정(貞)-당(當), 정할 정(貞)-정(定), 순수할 정(貞)-전(專)-일(一)〉 등의 뜻을 내지만 여기선 〈바를 정(正), 믿을 신(信)〉 등을 합친 뜻과 같아 〈정신(正信)〉으로 여기고 새김이 마땅하다.

註 간위혼시(艮爲閽寺) : 간은[艮 : ☶] 문지기[閽寺]이다[爲]. 「설괘전(說卦傳)」 11단락(段落)

註 손위근리(巽爲近利) 시삼배(市三倍) : 손은[巽 : ☴] 이익을[利] 가까이함[近]이고[爲] 저자에서[市] 세 배로 불린다[三倍]. 「설괘전(說卦傳)」 11단락(段落)

註 간삼색이득남(艮三索而得男) 고(故) 위지소남(謂之少男) : 간은[艮 : ☶] 세 번[三] 구해서[索而] 사내를[男] 얻었다[得]. 그러므로[故] 간괘를[之] 작은[少] 사내라[男] 한다[謂].
「설괘전(說卦傳)」 10단락(段落)

구삼(九三 : ⚊)

九三 : 旅焚其次이다 喪其童僕이니 貞厲하니라
여분기차 상기동복 정려

구삼(九三) : 여행하다[旅] 그[其] 여관에[次] 불이 났다[焚]. 그[其] 몸종을[童僕] 잃었으니[喪] 진실로 미더워도[貞] 위태하다[厲].

【구삼(九三)의 효상(爻象) 풀이】

여괘(旅卦 : ䷷)의 구삼(九三 : ⚊)은 이양거양(以陽居陽) 즉 양(陽 : ⚊)으로써[以] 양(陽 : ⚊)의 자리에 있는지라[居] 정당한 자리에 있다. 구삼(九三 : ⚊)과 구사(九四 : ⚊)는 양양(兩陽) 즉 둘 다[兩] 양(陽 : ⚊)의 사이인지라 비(比) 즉 이웃의 사귐[比]을 누리지 못하고 오히려 서로 부딪칠 사이이다. 구삼(九三 : ⚊)과 상구(上九 : ⚊) 역시 양양(兩陽)의 사이인지라 불응(不應) 즉 서로 호응하지 못한다. 이에 구삼(九三 : ⚊)은 외로운 처지인 데다 여괘(旅卦 : ䷷)의 하체(下體)인 간(艮 : ☶)의 상효(上爻)이니 자고(自高) 즉 자신을[自] 높이지[高] 말아야 함에도 자고(自高)하며 편강강(偏剛强) 즉 굳세고[剛] 강함에[强] 치우쳐[偏], 자하(自下) 즉 자신을[自] 낮추고[下] 자겸(自謙) 즉 자신을[自] 겸손하게[謙] 하는 여행자[旅]의 도리를 잃어 위태로운 모습이다.

여괘(旅卦 : ䷷)의 구삼(九三 : ⚊)이 육삼(六三 : ⚋)으로 변효(變爻)하면 구삼(九三 : ⚊)은 여괘(旅卦 : ䷷)를 35번째 진괘(晉卦 : ䷢)로 지괘(之卦)하게 한다. 따라서 여괘(旅卦 : ䷷)의 구삼(九三 : ⚊)은 진괘(晉卦 : ䷢)의 육삼(六三 : ⚋)을 찾아가 살펴보게 한다.

【구삼(九三)의 계사(繫辭) 풀이】

旅焚其次(여분기차)

여행하다[旅] 그[其] 여관에[次] 불이 났다[焚].

〈여분기차(旅焚其次)〉는 구삼(九三 : ⚊)의 효위(爻位)를 들어 암시한 계사(繫辭)이다. 〈여분기차(旅焚其次)〉는 〈당여지시구삼지류지차분(當旅之時九三之留之次焚)〉의 줄임으로 여기고 〈여행[旅之] 중에[當時] 구삼이[九三之] 묵은[留之] 여관이[次] 불탔다[焚]〉라고 새겨볼 것이다.

〈여분기차(旅焚其次)〉는 여괘(旅卦 : ䷷)의 상체(上體) 이(離 : ☲)가 구삼(九三 : ⚊)을 받아주지 않음을 암시한다. 구삼(九三 : ⚊)은 여괘(旅卦 : ䷷)의 하체(下體) 간(艮 : ☶)의 상위(上位)이면서 구사(九四 : ⚊)-상구(上九 : ⚊)와 상충(相衝) 즉 서로[相] 부딪치는[衝] 상황임을 〈여분기차(旅焚其次)의 분기차(焚其次)〉가 암시한다. 구삼(九三 : ⚊)의 상위(上位)는 하체(下體)의 중위(中位)를 벗어남이다. 구삼(九三 : ⚊)이 중위(中位)를 벗어남이란 구삼(九三 : ⚊)이 득중(得中) 즉 정도를 따름을[中] 취하기[得]를 저버리고 편강강(偏剛强) 즉 굳세고[剛] 강함에[强] 치우침[偏]을 마다하지 않음을 암시한다. 여괘(旅卦 : ䷷)의 하체(下體) 간(艮 : ☶)의 상위(上位)는 곧 상체(上體) 이(離 : ☲) 즉 불[火] 바로 아래에 있다. 하자(下者) 즉 아래의[下] 것[者]이 상자(上者) 즉 위의[上] 것[者]을 따르지 않으면, 상자(上者)는 하자(下者)를 함께하지 않고 서로 부딪쳐 상자(上者)가 하자(下者)를 내쳐버림을 암시한 것이 〈여분기차(旅焚其次)〉이다.

〈여분기차(旅焚其次)의 분(焚)〉은 구삼(九三 : ⚊)의 바로 위에 있는 여괘(旅卦 : ䷷)의 상체(上體) 이(離 : ☲)를 취상(取象)한 것이다. 왜냐하면 〈여분기차(旅焚其次)의 분(焚)〉이 「설괘전(說卦傳)」에 나오는 〈이는[離 : ☲] 불[火]이다[爲]〉라는 내용을 상기시키기 때문이다. 구삼의[九三之] 숙소를[次] 태웠다[焚] 함은 구삼(九三

: ⚊) 자신의 처지가 이(離 : ☲) 즉 불[火] 바로 아래에 있음을 무시하고 자신의 강강(剛强)함을 앞세워 자고자시(自高自是) 즉 자신을[自] 높이고[高] 자신을[自] 주장하다가[是], 이(離 : ☲)의 불길[火]이 여행자[旅]인 구삼(九三 : ⚊)을 돌보지 않고 〈기차(其次)〉 즉 구삼(九三 : ⚊)의[其] 숙소를[次] 태운[焚] 것이 〈여분기차(旅焚其次)〉이다. 〈여분기차(旅焚其次)의 분(焚)〉은 이(離 : ☲) 즉 불의[火] 권속(眷屬)인 구사(九四 : ⚊)와 상충(相衝)하고 상구(上九 : ⚊)와 서로[相] 부딪친[衝] 불상사(不祥事)를 암시해, 『노자(老子)』에 나오는 〈견강자사지도(堅强者死之徒)〉 즉 〈딱딱하고[堅] 강한[强] 것들은[者] 죽음의[死之] 무리에 든다[徒]〉라는 내용을 살펴 헤아리게 한다. 구삼(九三 : ⚊)이 편강강자(偏剛强者)의 모습인지라 이(離 : ☲)의 불길[火] 아래에서 자하자겸(自下自謙) 즉 자신을[自] 낮추고[下] 자신을[自] 겸허히 하여[謙] 불길[火]을 받들어 멀리하지 않고, 구사(九四 : ⚊)와 상구(上九 : ⚊)에게 부딪친 탓으로 제[其] 숙소를[次] 태워버린[焚] 지경을 당하고만 무모한 여행자[旅]와 같은 모습임을 암시한 계사(繫辭)가 〈여분기차(旅焚其次)〉이다.

喪其童僕(상기동복)

그[其] 몸종을[童僕] 잃었다[喪].

〈상기동복(喪其童僕)〉 역시 구삼(九三 : ⚊)의 효위(爻位)를 들어 암시한 계사(繫辭)이다. 〈상기동복(喪其童僕)〉은 〈구삼상기지동복(九三喪己之童僕)〉의 줄임으로 여기고 〈구삼은[九三] 자기의[己之] 아이 몸종을[童僕] 잃었다[喪]〉라고 새겨볼 것이다. 〈상기동복(喪其童僕)의 상(喪)〉은 〈잃어버린 실(失)〉과 같다.

〈상기동복(喪其童僕)〉은 구삼(九三 : ⚊)이 편강(偏剛) 즉 굳셈에[剛] 치우쳐[偏] 강유상화(剛柔相和) 즉 굳셈과[剛] 부드러움이[柔] 서로[相] 어울림[和]을 잃어버려, 여괘(旅卦 : ䷷)의 하체(下體) 육이(六二 : ⚋)와 초륙(初六 : ⚋)을 상실함을 암시한다. 매사에 굳세고[剛] 강함[强]에 치우치면 자겸(自謙) 즉 자신을[自] 낮추기[謙]를 뿌리치고 자긍(自矜) 즉 자신을[自] 뽐내기[矜]를 마다하지 않아 세상의 대접을 받기 어렵다. 편강강(偏剛强)한 구삼(九三 : ⚊)이 여괘(旅卦 : ䷷) 하체(下體)의 동속(同屬)을 무시한 탓으로, 육이(六二 : ⚋)가 누리는 〈동복정(童僕貞)〉 즉 아이[童] 몸종의[僕] 진실한 미더움[貞]을 결코 누릴 수가 없다. 강강(剛强)에 치우쳐 관유(寬宥)하지 않아 포용(抱容) 즉 안아[抱] 들이지[容] 못하는 구삼(九三 : ⚊)이 제[其] 동복을[童僕] 잃었다[喪] 함은 편강(偏剛) 즉 굳셈에[剛] 치우쳐[偏] 자고(自高) 즉 스스로[自] 높이려[高] 듦을 암시한다. 편강(偏剛)하여 현명하지 못한 탓으로 구삼(九三 : ⚊)이 행려(行旅)를 어렵게 하는 여행자[旅] 같음을 암시한 계사(繫辭)가 〈상기동복(喪其童僕)〉이다.

貞厲(정려)

진실로 미더워도[貞] 위태하다[厲].

〈정려(貞厲)〉 역시 구삼(九三 : ⚊)이 강강(剛强)에 치우침을 암시한 계사(繫辭)이다. 〈정려(貞厲)〉는 〈수구삼유정(雖九三有貞) 구삼유려(九三有厲)〉의 줄임으로 여기고 〈비록[雖] 구삼에게[九三] 진실한 미더움이[貞] 있다 할지라도[有] 구삼에게는[九三] 위태함이[厲] 있다[有]〉라고 새겨볼 것이다. 〈정려(貞厲)의 여(厲)〉는 〈위태할 위(危)〉와 같다.

〈정려(貞厲)〉는 경문(經文)의 계사(繫辭)로 빈번하게 등장한다. 6번째 송괘(訟卦 : ䷅) 육삼(六三 : ⚋)의 계사로 나오고, 10번째 이괘(履卦 : ䷉) 구오(九五 : ⚊)의 계사로도 나오며, 34번째 대장괘(大壯卦 : ䷡) 구삼(九三 : ⚊)의 계사로도 나오고, 35번째 진괘(晉卦 : ䷢) 구사(九四 : ⚊)의 계사로도 나오며, 49번째 혁괘(革卦 : ䷰) 구삼(九三 : ⚊)의 계사로도 나온다. 따라서 여기 〈정려(貞厲)의 정(貞)〉은 육이(六二 : ⚋)의 계사(繫辭)로 나온 〈득동복정(得童僕貞)의 정(貞)〉이 아니다. 육이(六二 : ⚋)의 〈정(貞)〉은 여괘(旅卦 : ䷷)의 하체(下體) 간(艮 : ☶)의 중효(中爻)인지라 육이(六二 : ⚋)의 득중(得中) 즉 정도를 따름을[中] 취함으로[得] 말미암은 심지(心志)이다. 그러나 구삼(九三 : ⚊)은 여괘(旅卦 : ䷷)의 하체(下體) 간(艮 : ☶)의 중위(中位)를 벗어나 상위(上位)에 처하면서 편강(偏剛)하기에 득중(得中)의 심지(心志)를 저버린 셈이다. 득중(得中)을 벗어난 심지(心志)에는 정(貞) 즉 진실한 미더움[貞]이란 없게 마련이다. 따라서 〈정려(貞厲)의 정(貞)〉은 구삼(九三 : ⚊)에게 없는 심지(心志)이지만 설령 있다손 치더라도 구삼(九三 : ⚊)이 〈여(厲)〉 즉 위태함[厲]을 모면하기 어려움을 암시한 계사(繫辭)가 〈정려(貞厲)〉이다.

【字典】

여(旅) 〈길손 여(旅)-객(客)-기(羇), 임시 거처(여인숙) 여(旅)-여(廬), 무리 여(旅)-중(衆), 나그네 여(旅)-기객(寄客), 사졸(士卒) 500인 또는 2,000인 여(旅), 함께할 여(旅)-구(俱), 베풀 여(旅)-진(陣)-열(列), 차례 매길 여(旅)-서(序), 길 여(旅)-장(長), 갈 여(旅)-행(行), 야생 여(旅)-야생(野生)〉 등의 뜻을 내지만 여기선 〈길손 기(羇)〉와 같다 여기고 새김이 마땅하다. 〈여(旅)〉는 기려(羇旅) 즉 길손[羇旅]으로, 실기본거이기타방(失其本居而寄他方) 즉 제[其] 본래[本] 살던 곳을[居] 잃고서[失而] 타방에[他方] 붙어 사는[寄] 길손을 말한다.

분(焚) 〈태울 분(焚)-소(燒), 불로 지질 형벌 분(焚)-포락형지류(炮烙刑之類), 메마를 분(焚)-건(乾), 쓰러질(넘어질) 분(焚)-강(僵)-분(僨)〉 등의 뜻을 내지만 여기선 〈태울 소(燒)〉로 여기고 새김이 마땅하다.

기(其) 〈그것(그) 기(其)-피(彼)-지(之), 그럴 기(其)-연(然), 어찌 기(其)-기(豈), 누를 기(其)-억(抑), 오히려 기(其)-상(尙)-서기(庶幾), 이에 기(其)-내(乃), 만약 기(其)-약(若), 장차 기(其)-장(將), 어조사 기(其)-어조사〉 등의 뜻을 내지만 여기선 〈제 기(其)〉로 여기고 새김이 마땅하다.

차(次) 〈머물 차(次)-사지(舍止), 집 차(次)-사(舍), 뒤 차(次)-부전(不前), 버금(다음) 차(次)-아(亞)-부(副), 가까울 차(次)-근(近), 분별위치순서(分別位置順序) 차(次), 차례 차(次)-제(第), 둘째 차(次)-이(貳), 가지런히 벌릴 차(次)-열(列)-비(比), 자리 차(次)-위(位)-처(處), 이를 차(次)-지(至), 줄 차(次)-수(授), 군사 머물 차(次)-사지(師止), 장막 차(次)-악(幄), 가슴(속) 차(次)-중(中), 갑자기 차(次)-급거(急遽), 머리 꾸밀 차(次)-편발(編髮), 곳 차(次)-소(所)〉 등의 뜻을 내지만 여기선 〈한곳에 머물 사지(舍止)〉로 여기고 새김이 마땅하다.

상(喪) 〈놓칠(잃을) 상(喪)-실(失), 죽을 상(喪)-사(死)-망(亡), 상복을 입을 상(喪)-지복(持服), 망칠(버릴) 상(喪)-기망(棄亡)〉 등의 뜻을 내지만 여기선 〈놓칠 실(失)〉로 여기고 새김이 마땅하다.

동(童) 〈15세 이하의 사내 동(童), 홀로 동(童)-독(獨), 무지한 동(童)-무지(無知), 뿔이 아직 나지 않은 우양(牛羊) 동(童), 산에 초목이 없는 동(童)-산무초목(山無草木), 적을 동(童)-과유(寡有), 노예(종) 동(童)-노(奴)〉 등의 뜻을 내지만 여기선 〈15세 이하의 사내 동(童)〉으로 여기고 새김이 마땅하다.

복(僕) 〈시중꾼(몸종) 복(僕)-사역지인(使役之人), 마부 복(僕)-어거자(御車者), 무리 복(僕)-도(徒), 스스로 낮추는 말 복(僕)-자겸지칭(自謙之稱), 주인 복(僕)-주(主), 붙을(기댈) 복(僕)-부(附), 숨을 복(僕)-은(隱), 답답한 모양 복(僕)-번외(煩猥)〉 등의 뜻을 내지만 〈시중꾼(몸종) 사역지인(使役之人)〉으로 여기고 새김이 마땅하다.

정(貞) 〈믿을 정(貞)-신(信), 바를 정(貞)-정(正), 거북점을 물을 정(貞)-복문(卜問), 역(易)의 내괘(內卦) 정(貞), 정할 정(貞)-정(定), 마땅할 정(貞)-당(當), 순수할 정(貞)-전(專)-일(一)〉 등의 뜻을 내지만 여기선 〈바를 정(正), 믿을 신(信)〉 등을 합친 뜻과 같아 〈정신(正信)〉으로 여기고 새김이 마땅하다.

여(厲) 〈위태할 여(厲)-위(危), 가물 여(厲)-한(旱), 갈 여(厲)-마(磨), 문지를(비빌) 여(厲)-마찰(摩擦), 엄할(사나울) 여(厲)-엄(嚴)-맹(猛), 높고 훌륭할 여(厲)-고상(高尙), 맑고 바를 여(厲)-청정(淸正), 막을 여(厲)-항(抗), 일어날 여(厲)-기(起), 지을 여(厲)-작(作), 사나울 여(厲)-학(虐), 병들 여(厲)-병(病), 낭떠러지 여(厲)-애(涯), 물이 깊어도 건널 수 있는 곳 여(厲)-심수가섭지처(深水可涉之處), 권하여 힘쓰게 할 여(厲)-권면(勸勉), 이을 여(厲)-합(合)-연(連), 옷을 입고 물을 건널 여(厲)-이의섭수(以衣涉水), 가까울 여(厲)-근(近)-부(附)〉 등의 뜻을 내지만 여기선 〈위태로울 위(危)〉와 같다 여기고 새김이 마땅하다. 〈厲〉가 앞에 있을 때는 〈여(厲)〉로 발음되고, 뒤에 있으면 〈려(厲)〉로 발음된다.

註 이위화(離爲火) : 이는[離 : ☲] 불[火]이다[爲]. 「설괘전(說卦傳)」 11단락(段落)

註 견강자사지도(堅强者死之徒) 유약자생지도(柔弱者生之徒) : 딱딱하고[堅] 굳은[强] 것들은[者] 죽음의[死之] 무리에 들고[徒], 부드럽고[柔] 연약한[弱] 것들은[者] 삶의[生之] 무리에 든다[徒]. 『노자(老子)』 76장(章)

구사(九四 : ⚊)

九四 : 旅于處한다 得其資斧하나 我心不快로다
여우처 득기자부 아심불쾌

구사(九四) : 여행하다[旅] 있을 데를[處] 구한다[于]. 그[其] 경비와[資] 도끼를[斧] 취하지만[得] 내[我] 마음은[心] 유쾌하지 못하다[不快].

【구사(九四)의 효상(爻象) 풀이】

여괘(旅卦 : ䷷)의 구사(九四 : ⚊)는 이양거음(以陽居陰) 즉 양(陽 : ⚊)으로써[以] 음(陰 : ⚋)의 자리에 있는지라[居] 정당한 자리에 있지 못하다. 구사(九四 : ⚊)와 육오(六五 : ⚋)는 양음(陽陰)의 사이인지라 비(比) 즉 이웃의 사귐[比]을 누린다. 구사(九四 : ⚊)와 초륙(初六 : ⚋) 역시 양음(陽陰)의 사이인지라 상응(相應) 즉 서로[相] 호응하는[應] 처지이다. 여괘(旅卦 : ䷷)의 상체(上體)인 이(離 : ☲)의 하효(下爻)로서 구사(九四 : ⚊)는 음위(陰位)에 있기에 구삼(九三 : ⚊)같이 편강강(偏剛强) 즉 굳셈과[剛] 강함에[强] 치우침[偏]을 고집하지는 않아 여행하면서[旅] 위험을 무릅쓰지는 않는 모습이다.

여괘(旅卦 : ䷷)의 구사(九四 : ⚊)가 육사(六四 : ⚋)로 변효(變爻)하면 구사(九四 : ⚊)는 여괘(旅卦 : ䷷)를 52번째 간괘(艮卦 : ䷳)로 지괘(之卦)하게 한다. 따라서 여괘(旅卦 : ䷷)의 구사(九四 : ⚊)는 간괘(艮卦 : ䷳)의 육사(六四 : ⚋)를 찾아가 살펴보게 한다.

【구사(九四)의 계사(繫辭) 풀이】

旅于處(여우처)

여행하다[旅] 있을 데를[處] 구한다[于].

〈여우처(旅于處)〉는 구사(九四 : ⚊)가 정당한 자리에 있지 않음을 암시한 계사(繫辭)이다. 〈여우처(旅于處)〉는 〈당여지시구사우기지처(當旅之時九四于己之處)〉의 줄임으로 여기고 〈여행[旅之] 중에[當時] 구사는[九四] 자기의[己之] 거처를[處] 구한다[于]〉라고 새겨볼 것이다. 〈여우처(旅于處)의 우(于)〉는 〈구할 구(求)〉와 같다.

구사(九四 : ⚊)는 음(陰 : ⚋)의 자리에 있는지라(居) 부정위(不正位) 즉 정당한[正] 자리에 있지 못하다[不位]. 여기 〈여우처(旅于處)〉는 육이(六二 : ⚋)가 정당한 자리에 있어서 〈여즉차(旅即次)〉 즉 여행하면서[旅] 편안한 여관에[次] 든다[卽]는 계사(繫辭)를 음미하게 한다. 풍대한[豐] 정착지를 찾아 나선 여인(旅人)으로서 구사(九四 : ⚊)가 행려(行旅) 중에 머물다 갈 여관[次]을 구한 것이 아니라, 비바람 정도를 피해갈 처소를[處] 구했다[于]는 것이 여기 〈여우처(旅于處)〉이다. 정착해 살 자리는 아니지만 위로는 육오(六五 : ⚋)와 이웃의 사귐[比]을 누리고 아래로는 초륙(初六 : ⚋)과 서로[相] 호응할[應] 수 있음을 암시하는 〈처(處)〉 즉 한동안 머물 처소[處]를 구사(九四 : ⚊)가 구했음[于]을 암시한 계사(繫辭)가 〈여우처(旅于處)〉이다.

得其資斧(득기자부)

그[其] 경비와[資] 도끼를[斧] 취한다[得].

〈득기자부(得其資斧)〉는 구사(九四 : ⚊)를 여괘(旅卦 : ䷷)의 내외호괘(內外互卦)로써 밝힌 계사(繫辭)이다. 〈득기자부(得其資斧)〉는 〈구사득기자(九四得其資) 이구사득기부(而九四得其斧)〉의 줄임으로 여기고 〈구사가[九四] 자기의[其] 경비를[資] 취했다[得] 그리고[而] 구사가[九四] 자기의[其] 도끼를[斧] 취했다[得]〉라고 새겨볼 것이다.

〈득기자부(得其資斧)〉는 구사(九四 : ⚊)가 여괘(旅卦 : ䷷)의 내호괘(內互卦)인 손(巽 : ☴)의 상효(上爻)이면서 동시에 외호괘(外互卦)인 태(兌 : ☱)의 중효(中爻)임을 들어 구사(九四 : ⚊)를 〈자(資)〉와 〈부(斧)〉로써 취상(取象)한 것이다. 왜냐하면 〈득기자부(得其資斧)의 자(資)〉가 「설괘전(說卦傳)」에 나오는 〈손은[巽 : ☴] 이익을[利] 가까이함[近]이고[爲] 저자에서[市] 세 배로 불린다[三倍]〉라는 내용을 상기시키기 때문이고, 〈득기자부(得其資斧)의 부(斧)〉가 「설괘전(說卦傳)」에 나오는 〈손은[巽 : ☴] 나무[木]이다[爲]〉라는 내용과 〈태는[兌 : ☱] 헐어내고[毁] 잘라 쪼갬[折]이다[爲]〉라는 내용을 함께 상기시키기 때문이다. 부(斧) 즉 도끼[斧]는 나무[木]를 쪼개는[折] 도구이다. 여기 〈자부(資斧)〉란 〈여우처(旅于處)의 처(處)〉 즉 처소(處所)를 마련할 수 있는 자금과[資] 도구[斧]를 갖추었음을 암시한다. 따라서 구사(九四 : ━)가 육오(六五 : ╍)와 이웃의 사귐[比]을 누리고 동시에 초륙(初六 : ╍)과 상응(相應)함을 누려, 구삼(九三 : ━)처럼 편강(偏剛) 즉 굳셈에만[剛] 치우쳐[偏] 행려(行旅)의 위기를 스스로 맞지 않고 처소(處所)를 마련하게 될 것임을 암시한 계사(繫辭)가 〈득기자부(得其資斧)〉이다.

我心不快(아심불쾌)

내[我] 마음은[心] 유쾌하지 못하다[不快].

〈아심불쾌(我心不快)〉는 여인(旅人)으로서 구사(九四 : ━)의 심기(心機)를 밝힌 계사(繫辭)이다. 〈아심불쾌(我心不快)〉는 〈수연자부구사지심불쾌(雖然資斧九四之心不快)〉의 줄임으로 여기고 〈자부에도[資斧] 불구하고[雖然] 구사의[九四之] 마음은[心] 유쾌하지 못하다[不快]〉라고 새겨볼 것이다. 〈아심불쾌(我心不快)의 아심(我心)〉은 〈구사지심(九四之心)〉 즉 구사의[九四之] 심정[心]으로 여기고 새길 것이다.

〈아심불쾌(我心不快)〉는 육이(六二 : ╍)의 계사(繫辭) 〈여즉차(旅卽次)〉를 연상시킨다. 〈여즉차(旅卽次)의 차(次)〉는 여관(旅館)인지라 편안한 잠자리가 이미 마련되어 있지만, 구사(九四 : ━)의 〈여우처(旅于處)의 처(處)〉는 마땅히 있을 수 있는 자리[處]가 마련되지 않음을 암시한다. 행려(行旅) 도중에 머물 처소를 구해야 할 처지이니 처소를 마련할 자금[資]과 도구[斧]가 있다 한들 행려(行旅)의 심기(心氣)가 편안할 리 없는 구사(九四 : ━)를 암시한 계사(繫辭)가 〈아심불쾌(我心不快)〉이다.

【字典】

여(旅) 〈길손 여(旅)-객(客)-기(羇), 임시 거처(여인숙) 여(旅)-여(廬), 무리 여(旅)-중(衆), 나그네 여(旅)-기객(寄客), 사졸(士卒) 500인 또는 2,000인 여(旅), 함께할 여(旅)-구(俱), 베풀 여(旅)-진(陣)-열(列), 차례 매길 여(旅)-서(序), 길 여(旅)-장(長), 갈 여(旅)-행(行), 야생 여(旅)-야생(野生)〉 등의 뜻을 내지만 여기선 〈길손 기(羇)〉와 같다 여기고 새김이 마땅하다. 〈여(旅)〉는 기려(羇旅) 즉 길손[羇旅]으로, 실기본거이기타방

(失其本居而寄他方) 즉 제[其] 본래[本] 살던 곳을[居] 잃고서[失而] 타방에[他方] 붙어 사는[寄] 길손을 말한다.

우(于) 〈구할 우(于)-구(求), ~에서(~으로, ~부터) 우(于)-어(於), 갈 우(于)-왕(往), 써 우(于)-이(以), 할 우(于)-위(爲), 여기 우(于)-시(是), 도울 우(于)-조(助), 클 우(于)-대(大), 자족하는 모습 우(于)-자족모(自足貌)〉 등의 뜻을 내지만 여기선 〈구할 구(求)〉와 같다 여기고 새김이 마땅하다.

처(處) 〈멈출(그칠) 처(處)-지(止)-유(留), 나가지 않을 처(處)-불출(不出)-출지반(出之反), 머물러 살(의지할) 처(處)-거(居)-의(依), 머물 집 처(處)-사(舍), 처녀 처(處)-재실미가(在室未嫁), 둘 처(處)-치(置), 대우할 처(處)-대우(待遇), 쌓아둘 처(處)-저(貯), 결단할(정할) 처(處)-정(定)-결단(決斷), 곳 처(處)-처소(處所)〉 등의 뜻을 내지만 여기선 〈멈출 지(止)〉로 여기고 새김이 마땅하다.

득(得) 〈얻을(취할) 득(得)-획(獲)-취(取), 탐할 득(得)-탐(貪), 깨달을 득(得)-효(曉)-오(悟), 만족할 득(得)-족(足), 마땅할 득(得)-당(當), 일의 마땅함을 터득할 득(得)-합(合)-득사지의(得事之宜), 이룰 득(得)-성(成), 알 득(得)-지(知), 가할 득(得)-가(可)-능(能), 편안할 득(得)-편(便), 가질 득(得)-치(値)-지(持), 득도할 득(得)-득도(得道)〉 등의 뜻을 내지만 〈얻을 획(獲)〉과 같다 여기고 새김이 마땅하다.

기(其) 〈그것(그) 기(其)-피(彼)-지(之), 그럴 기(其)-연(然), 어찌 기(其)-기(豈), 누를 기(其)-억(抑), 오히려 기(其)-상(尙)-서기(庶幾), 이에 기(其)-내(乃), 만약 기(其)-약(若), 장차 기(其)-장(將), 어조사 기(其)-어조사(語助辭)〉 등의 뜻을 내지만 여기선 〈제 기(其)〉로 여기고 새김이 마땅하다.

자(資) 〈재물 자(資)-재물(財物), 쓸 자(資)-용(用), 돈 자(資)-화(貨)-재화(財貨), 공급할 자(資)-급(給), 도울 자(資)-조(助), 잡을(쥘) 자(資)-취(取)-조(操), 밑천 자(資)-적조(藉助), 성정 자(資)-성정(性情)-천부지재질(天賦之材質), 때 자(資)-시(時), 예리할 자(資)-이(利), 없앨 자(資)-멸(滅), 도모할 자(資)-모(謀)-문(問), 방종할 자(資)-방종(放縱)〉 등의 뜻을 내지만 〈재물(財物)〉로 여기고 새김이 마땅하다. 〈자부(資斧)〉가 이부(利斧) 즉 예리한[利] 도끼[斧]를 뜻하지만, 여기선 여비(旅費)를 뜻해 〈재물 자(資)〉로 새김이 마땅하다. 통칭(通稱)하건대 여비(旅費)를 〈자부(資斧)〉라 한다.

부(斧) 〈도끼 부(斧)-부(鈇)-벌목지구(伐木之具), 병기 부(斧)-병기(兵器), (장작

을) 쪼갤 부(斧)-이부작물(以斧斫物)〉 등의 뜻을 내지만 여기선 〈도끼 부(鈇)〉로 여기고 새김이 마땅하다.

아(我) 〈나(자기) 아(我)-기(己)-자위기신(自謂己身), 우리 아(我)-아배(我輩), 내 나라(자국) 아(我)-자칭기국(自稱其國), 내 것 아(我)-자기소유(自己所有), (자기 의견을) 고집할 아(我)-집(執)-고집기견(固執己見), 갑자기 아(我)-아(俄)〉 등의 뜻을 내지만 여기선 〈자기 기(己)〉로 여기고 새김이 마땅하다.

심(心) 〈심정(감정) 심(心)-심정(心情)-감정(感情), 의지 심(心)-의지(意志)-욕지소생(欲之所生), 뜻(의미) 심(心)-의미(意味)-의의(意義), 오장의 하나 심(心)-오장지일(五臟之一), 신명과 신체의 주 심(心)-신명여신체지주(神明與身體之主), 지혜의 집 심(心)-지지사(智之舍), 도의 본원 심(心)-도지본원(道之本原), 가슴 심(心)-흉(胸), 중앙 심(心)-중앙(中央), 나무의 가시 심(心)-목지첨자(木之尖刺), 28수의 하나 심(心)-이십팔수지일(二十八宿之一)〉 등의 뜻을 내지만 여기선 〈심정(心情)〉과 같다 여기고 새김이 마땅하다.

不 〈불-부〉 등으로 발음되고, 〈않을 불(不)-부(不), 못할 불(不)-부(不), 아닐 불(不)-부(不)-비(非), 없을 불(不)-부(不)-무(無), 하지 말 불(不)-부(不)-막(莫)-금지(禁止), 정하지 않을 불(不)-부(不)-부(否)-미정(未定), 새가 날아올라 내려오지 않는 불(不)-부(不)-조비상불하래(鳥飛上不下來)〉 등의 뜻을 내지만 여기선 〈않을 불(不)〉로 여기고 새김이 마땅하다.

쾌(快) 〈기쁠 쾌(快)-희(喜), 즐거울 쾌(快)-낙(樂), 상쾌할 쾌(快)-상쾌(爽快)-칭심(稱心), 좋아할 쾌(快)-호(好), 가할 쾌(快)-가(可), 급히 달릴 쾌(快)-급질(急疾), 칼끝이 날카로운 쾌(快)-봉리(鋒利), 능할 쾌(快)-능(能)-회(會)〉 등의 뜻을 내지만 〈기쁠 희(喜)〉와 같다 여기고 새김이 마땅하다.

註 손위근리(巽爲近利) 시삼배(市三倍) : 손은[巽 : ☴] 이익을[利] 가까이함[近]이고[爲] 저자에서[市] 세 배로 불린다[三倍]. 「설괘전(說卦傳)」 11단락(段落)

註 손위목(巽爲木) : 손은[巽 : ☴] 나무[木]이다[爲]. 「설괘전(說卦傳)」 11단락(段落)

註 태위훼절(兌爲毁折) : 태는[兌 : ☱] 헐어내고[毁] 잘라 쪼갬[折]이다[爲]. 「설괘전(說卦傳)」 11단락(段落)

육오(六五 : --)

六五 : 射雉하여 一矢亡이니 終以譽命이리라
사치 일시망 종이예명

육오(六五) : 꿩을[雉] 쏘아[射] 한 발에[一矢] 죽으니[亡] 마침내[終] 명예와[譽] 천명을[命] 받는다[以].

【육오(六五)의 효상(爻象) 풀이】

여괘(旅卦 : ䷷)의 육오(六五 : --)는 이음거양(以陰居陽) 즉 음(陰 : --)으로써[以] 양(陽 : —)의 자리에 있는지라[居] 정당한 자리에 있지 못하다. 육오(六五 : --)와 상구(上九 : —)는 음양(陰陽)의 사이인지라 비(比) 즉 이웃의 사귐[比]을 누릴 수는 있다. 육오(六五 : --)와 육이(六二 : --)는 양음(兩陰) 즉 둘 다[兩] 음(陰 : --)의 사이이면서 중부정(中不正) 즉 중효이지만[中] 정당한 자리에 있지 못해[不正] 정응(正應) 즉 바르게[正] 호응하지[應] 못한다. 그러나 군왕(君王)의 자리에 있는 육오(六五 : --)는 여괘(旅卦 : ䷷)의 상체(上體) 이(離 : ☲)의 중효(中爻)로서 득중(得中) 즉 정도를 따름을[中] 취하여[得] 무유사벽(無有邪僻) 즉 간사함과[邪] 치우침이[僻] 결코 없는[無有] 마음 가는 바[心志]로써 매사(每事)를 마주하면서 관유(寬柔)함을 잃지 않는 모습이다.

> 여괘(旅卦 : ䷷)의 육오(六五 : --)가 구오(九五 : —)로 변효(變爻)하면 육오(六五 : --)는 여괘(旅卦 : ䷷)를 33번째 둔괘(遯卦 : ䷠)로 지괘(之卦)하게 한다. 따라서 여괘(旅卦 : ䷷)의 육오(六五 : --)는 둔괘(遯卦 : ䷠)의 구오(九五 : —)를 찾아가 살펴보게 한다.

【육오(六五)의 계사(繫辭) 풀이】

射雉(사치)

꿩을[雉] 쏘다[射].

〈사치(射雉)〉는 육오(六五 : --)가 여괘(旅卦 : ䷷)의 상체(上體) 이(離 : ☲)의

중효(中爻)임을 암시한 계사(繫辭)이다. 〈사치(射雉)〉는 〈육오사치(六五射雉)〉의 줄임으로 여기고 〈육오가[六五] 꿩을[雉] 쏘았다[射]〉라고 새겨볼 것이다. 〈사치(射雉)의 치(雉)〉는 〈꿩 야계(野鷄)〉를 뜻한다.

〈사치(射雉)〉는 육오(六五 : ⚋)가 여괘(旅卦 : ䷷)의 상체(上體) 이(離 : ☲)의 중효(中爻)로서 존위(尊位)에 있음을 암시한다. 〈사치(射雉)〉는 육오(六五 : ⚋)가 여괘(旅卦 : ䷷)의 주제인 〈여(旅)〉 즉 여행(旅行)의 시국을 마감하고 문명(文明)을 이끎을 암시한다. 여기 〈사치(射雉)〉란 수꿩[雉]의 화려한 깃털을 얻고자 함이다. 꿩의 찬란한 깃털은 문명을 상징한다. 나아가 〈사치(射雉)의 치(雉)〉는 육오(六五 : ⚋)가 여괘(旅卦 : ䷷)의 상체(上體) 이(離 : ☲)의 중효(中爻)임을 들어 육오(六五 : ⚋)의 존위(尊位)를 취상(取象)한 것이다. 왜냐하면 〈사치(射雉)의 치(雉)〉가 「설괘전(說卦傳)」에 나오는 〈이는[離 : ☲] 꿩[雉]이다[爲]〉라는 내용을 상기시키기 때문이다. 〈사치(射雉)의 치(雉)〉는 그 깃털의 색채가 찬란하여 문명의 상징으로 통한다. 문명을 펼침은 군왕(君王)의 몫이다. 이는 육오(六五 : ⚋)가 온갖 여로(旅路)를 거쳐 이제는 군왕(君王)임을 암시한다. 따라서 〈사치(射雉)〉 즉 꿩을[雉] 쏜다[射] 함은 문명을 펼치려 함을 암시한다.

문명(文明)이란 문장이광명(文章而光明)의 줄임이다. 하늘의 명[天命]을 아로새기고[文章] 하늘의 명[天命]을 안팎으로 빛냄[光明]을 일러 문명(文明)이라 한다. 따라서 〈사치(射雉)의 치(雉)〉가 상징하는 문명이란 온 세상에 경명(敬命) 즉 천명을[命] 받듦[敬]을 밝힌다. 이에 문명을 일러 경명덕(敬明德) 즉 천덕을[德] 받들어[敬] 밝힘[明]이라 한다. 이런 〈사치(射雉)의 치(雉)〉가 문명을 상징하므로 대신(大臣)으로 임명되면 문명을 펼치는 왕에게 충성을 다하겠다는 징표로써 치우(雉羽) 즉 꿩의[雉] 깃털[羽]을 받았다. 이에 〈사치(射雉)〉는 군왕(君王)인 육오(六五 : ⚋)가 문명을 온 세상에 펼치는 명군(明君)이 될 것임을 암시한 계사(繫辭)이다.

一矢亡(일시망)

한 발에[一矢] 죽는다[亡].

〈일시망(一矢亡)〉은 〈사치(射雉)의 사(射)〉를 구체적으로 암시한 계사(繫辭)이다. 〈일시망(一矢亡)〉은 〈일시치(一矢雉) 이치망(而雉亡)〉의 줄임으로 여기고 〈한

번에[一] 꿩을[雉] 화살로 맞춰서[矢而] 꿩이[雉] 죽었다[亡]〉라고 새겨볼 것이다. 여기 〈일시망(一矢亡)〉은 군왕(君王)으로서 육오(六五 : ⚋)가 매사를 득중(得中) 즉 정도를 따름을[中] 취하여[得] 치세(治世)함을 암시한다. 세상을[世] 다스림[治]에 오류가 없음을 암시한 것이 〈일시망(一矢亡)의 일시(一矢)〉이다. 득중(得中)의 심지(心志)에는 잘못을 범함이 없다. 왜냐하면 득중(得中)의 심지(心志)란 무유사벽(無有邪僻) 즉 간사함과[邪] 치우침이[僻] 결코 없는[無有] 마음으로써 임사(臨事) 즉 매사를[事] 마주함[臨]을 뜻한다. 득중무패(得中無敗) 즉 득중함에는[得中] 실패함이[敗] 없다[無] 함은 순천(順天) 즉 천명을[天] 따를[順] 뿐이기 때문이다. 따라서 중효(中爻)로서 득중(得中)하는 육오(六五 : ⚋)가 행하는 〈사치(射雉)의 사(射)〉는 백발백중(百發百中)이지 실일시(失一矢) 즉 화살 하나를[一矢] 쏘아 명중시키지 못할[失] 경우란 없는지라, 한 번[一] 화살을 날려[矢] 꿩[雉]을 명중시켜 잡았다[亡] 함은 육오(六五 : ⚋)가 행한 〈사치(射雉)의 사(射)〉는 득중(得中)의 발사[射]인지라 적중할 뿐이라는 것이다.

이는 문명(文明)의 펼침을 행함에 정도(正道)에 어긋남이 없어 그 펼침이 늘 형통함을 함의(含意)한다. 이런 〈일시망(一矢亡)〉은 여괘(旅卦 : ䷷)의 상체(上體) 이(離 : ☲)의 중효(中爻)인 육오(六五 : ⚋)가 유약(柔弱)한 음(陰 : ⚋)이지만 강강(剛强)한 양(陽 : ⚊)의 자리에 있는지라 음양상화(陰陽相和)로써 언제나 적중함을 암시하는 까닭에, 여기 〈일시망(一矢亡)〉이 『노자(老子)』에 나오는 〈부드럽고[柔] 연약함이[弱] 굳세고[剛] 강함을[强] 부려 쓴다[勝]〉라는 내용을 상기시키기도 한다. 이는 육오(六五 : ⚋)가 음(陰 : ⚋)의 유약(柔弱)함이나 양(陽 : ⚊)의 강강(剛强)함 어느 쪽에도 불편(不偏) 즉 치우지지 않고[不偏] 강유(剛柔)를 서로 어울리게 하여 천도(天道) 즉 자연의[天] 이치[道]를 따라 문명을 펼치기 때문에, 군왕(君王)으로서 육오(六五 : ⚋)가 문명을 펼쳐감에 적중하지 않음이 없음을 암시한 계사(繫辭)가 〈일시망(一矢亡)〉이다.

終以譽命(종이예명)

마침내[終] 명예와[譽] 천명을[命] 받는다[以].

〈종이예명(終以譽命)〉은 〈일시망(一矢亡)〉의 보람을 암시하는 계사(繫辭)이다.

〈종이예명(終以譽命)〉은 〈육오종이예(六五終以譽) 이륙오종이명(而六五終以命)〉의 줄임으로 여기고 〈육오는[六五] 마침내[終] 명예를[譽] 얻고[以] 그리고[而] 육오는[六五] 마침내[終] 천명을[命] 받는다[以]〉라고 새겨볼 것이다. 〈종이예명(終以譽命)의 이(以)〉는 〈받을 수(受)〉와 같다.

〈종이예명(終以譽命)〉은 육오(六五 : --)가 여괘(旅卦 : ䷷)의 주제인 〈여(旅)〉 즉 여행[旅]의 시국을 마무리하는 군왕(君王)임을 암시한다. 〈종이예명(終以譽命)의 이예(以譽)〉는 군왕(君王)의 영예를[譽] 얻음[以]을 암시하고, 〈이명(以命)〉은 군왕(君王)의 천명을[命] 받음[以]을 암시한다. 여인(旅人)으로서 여로(旅路)를 끝내고 육오(六五 : --)가 〈사치(射雉)의 치(雉)〉 즉 문명(文明)이라는 천덕(天德)의 밝음[明]을 아로새겨[文] 그 천덕(天德)을 안팎으로 빛냄[明]인지라 마침내[終] 왕위에 오름을 암시한다. 따라서 〈종이예명(終以譽命)의 예명(譽命)〉은 육오(六五 : --)가 〈위군(爲君)〉 즉 임금이[君] 되었음[爲]을 암시하여 여로(旅路)가 끝났음을 암시한다. 따라서 육오(六五 : --)가 이제껏 행려자[旅]였기에 〈위군(爲君)〉 즉 임금이[君] 되었다[爲] 하지 않고 〈예명(譽命)〉이라 암시해서, 『서경(書經)』에 나오는 〈이에[乃] 명을 내려[命] 임금의 자리를[位] 받았다[以]〉라는 내용을 떠올려주기도 한다. 순(舜)의 대효(大孝)가 세상에 알려져 요(堯)임금의 귀에까지 들려져 순(舜)임금이 되었다는 고사를 깊이 살펴 헤아려 인간의 여로(旅路)가 영광으로 이어질 수 있음을 새삼 깨닫게 하는 계사(繫辭)가 〈종이예명(終以譽命)〉이다.

【字典】

射 〈사-석-야-역〉 네 가지로 발음되고, 〈쏠(화살을 쏘아 맞힐) 사(射)-발시(發矢)-이궁발시사중어원(以弓發矢使中於遠), 활 쏘는 자리 사(射)-사궁(射宮)-사실(射室), 찾아낼(궁구할) 사(射)-역(繹), 맞혀 취할 석(射)-사(躲)-이궁노시사물(以弓弩矢射物)-지물이취(指物而取), 목표를 잡을 석(射)-석살(射殺), 옥을 갈 석(射)-염출(琰出), 코끼리 석(射)-상(象), 싫을 역(射)-염(厭), 찾아낼(궁구할) 역(射)-역(繹), 십이율의 하나 역(射)-무역(無射)-십이율지일(十二律之一), 벼슬 이름 야(射)-복야(僕射)〉 등의 뜻을 내지만 〈화살을 쏠 발시(發矢)〉로 새김이 마땅하다.

치(雉) 〈꿩 치(雉)-야계(野鷄), 성벽의 척도 이름 치(雉)-성장척도명(城牆尺度名), 담장 치(雉)-장원(牆垣), 소 코를 꿴 줄 치(雉)-우비승(牛鼻繩), 무리 치(雉)-이(侇), 이치

치(雉)-이(理), 펼칠 치(雉)-진(陳)〉 등의 뜻을 내지만 여기선 〈꿩 야계(野鷄)〉로 여기고 새김이 마땅하다.

일(一) 〈한 번(첫째) 일(一)-일차(一次), 하나 일(一), 만물의 본래 일(一)-만물지본(萬物之本), 만물이 비롯된 바 일(一)-만물소종시(萬物所從始), 기본 숫자의 제일 일(一)-기수지제일(基數之第一), 수의 시초(시작) 일(一)-수지시(數之始), 여럿 중에 하나 일(一)-다수중지일(多數中之一), 일단 일(一)-일단(一旦), 홀로 일(一)-독(獨), 늘(마다) 일(一)-매(每), 한번 일(一)-기일(其一), 처음(첫) 일(一)-초(初), 먼저 일(一)-선(先), 오로지 일(一)-전(專), 순수할 일(一)-순(純), 늘(항상) 일(一)-상(常), 적을 일(一)-소(少), 텅 빌 일(一)-공(空), 서로 같을 일(一)-상동(相同), 다 같을 일(一)-동일(同一)-제일(齊一), 맞을(화합할) 일(一)-협(協), 고를 일(一)-균(均), 통일 일(一)-통일(統一), 모을 일(一)-취(聚), 둘이 아닐 일(一)-불이(不二), 모두 일(一)-개(皆), 온전할 일(一)-전(全)-만(滿)-정(整), 끝 일(一)-종(終), 이미 그칠 일(一)-기이(旣已), 심할 일(一)-심(甚)-이(已), 앞서(어제) 일(一)-작(昨), 도 일(一)-도(道 : 道無雙故曰一)-충허지덕(充虛之德), 효도 일(一)-효(孝), 진실할 일(一)-성(誠), 북방 일(一)-북방(北方), 것(어떤 것) 일(一)-물(物), 몸 일(一)-신(身)-일신(一身), 바탕 일(一)-질(質), 하나의 이치 일(一)-이(理)-일리(一理), 혹 일(一)-혹(或), 만약(진실로) 일(一)-약(若)-구(苟), 이에 일(一)-내(乃), 헤어질(따로) 일(一)-령(另), 양효를 뜻하는 일(一)-일괘지양효작(一卦之陽爻作)〉 등의 뜻을 내지만 여기선 〈한 번(첫째) 일차(一次)〉로 여기고 새김이 마땅하다.

시(矢) 〈화살 시(矢)-전(箭), 소리 내는 살 시(矢)-효시(嚆矢)-향전(響箭), 곧을 시(矢)-직(直), 베풀 시(矢)-시(施)-진(陳), 맹세할 시(矢)-서(誓), 똥 시(矢)-분(糞)〉 등의 뜻을 내지만 여기선 〈화살 전(箭)〉과 같다 여기고 새김이 마땅하다.

亡 〈무-망〉 두 가지로 발음되고, 〈죽을 망(亡)-사(死), 달아날(피할) 망(亡)-도(逃)-분(奔)-피(避)-거(去), 없어질 망(亡)-멸(滅), 잃을 망(亡)-상(喪)-실(失), 업신여길 망(亡)-경멸(輕蔑), 그칠 망(亡)-지(止)-이(已), 잊을 망(亡)-망(忘), 없을 무(亡)-무(無), 가난할 무(亡)-빈(貧)〉 등의 뜻을 내지만 여기선 〈죽을 사(死)〉로 여기고 새김이 마땅하다.

종(終) 〈끝내(끝날) 종(終)-이(已), 다할 종(終)-진(盡)-극(極)-궁(窮)-경(竟), 충분할 종(終)-충(充), 이룰 종(終)-성(成), 사망 종(終)-사(死), 끝 종(終)-시지대(始之對)〉 등

의 뜻을 내지만 여기선 〈끝내 이(已)〉와 같다 여기고 새김이 마땅하다.

이(以) 〈획득할 이(以)-득(得)-획득(獲得), 써 이(以)-용(用), 본받을 이(以)-법(法), 할 이(以)-위(爲), 생각할 이(以)-사(思), 거느릴 이(以)-솔(率), 그만둘 이(以)-이(已), 때문에 이(以)-인(因) {까닭 이(以)로 명사(名詞) 노릇도 하는데 주로 유이(有以) 무이(無以) 꼴일 때가 대부분임.}, 더불어 이(以)-여(與), 하여금 이(以)-사(使), 이미 이(以)-이(已)〉 등의 뜻을 내고 이 외에도 전후문맥(前後文脈)에 따라 다양한 뜻을 자유롭게 내며 〈그래서 이(以)-소이(所以)-인이(因以)〉처럼 계사(繫詞) 노릇마저도 한다. 여기선 〈획득할 득(得)〉으로 여기고 새김이 마땅하다.

예(譽) 〈이름날 예(譽)-성문(聲聞)-영문(令聞), 칭찬할(기릴) 예(譽)-칭양(稱揚), 착할 예(譽)-선(善), 즐길 예(譽)-낙(樂)〉 등의 뜻을 내지만 여기선 〈이름날 영문(令聞)〉으로 여기고 새김이 마땅하다.

명(命) 〈제후 즉위 명(命)-서명(瑞命)-제후즉위(諸侯卽位), 부를 명(命)-호(呼), 시킬 명(命)-사(使)-영(令), 정령(政令) 명(命)-정령(政令), 가르칠 명(命)-교(敎), 고할 명(命)-고(告), 이름 명(命)-명(名), 목숨 명(命)-수(壽), 바른 이치 명(命)-정리(正理), 본성 명(命)-성(性), 생이 길고 짧을 명(命)-생지장단(生之長短), 천명 명(命)-천명(天命), 서명 명(命)-서명(瑞命), 빈궁(貧窮)과 영달(榮達)의 운수(運數) 명(命)-궁달지수(窮達之數)〉 등의 뜻을 내지만 여기선 〈제후 즉위 서명(瑞命)〉으로 여기고 새김이 마땅하다.

註 이위치(離爲雉) : 이는[離 : ☲] 꿩[雉]이다[爲]. 「설괘전(說卦傳)」 8단락(段落)

註 유약승강강(柔弱勝剛强) : 부드럽고[柔] 연약함이[弱] 굳세고[剛] 강함을[强] 부려 쓴다[勝]. 『노자(老子)』 36장(章)

註 준철문명(濬哲文明) 온공윤색(溫恭允塞) 현덕승문(玄德升聞) 내명이위(乃命以位) : 깊고[濬] 어질고[哲] 우아하고[文] 총명하였으며[明] 온화하고[溫] 공손하며[恭] 진실하고[允] 착실하여[塞] 숨은[玄] 덕이[德] 위까지[升] 들려[聞] 이에[乃] 임금의 자리를[位] 내려주어[命] 받았다[以]. 『서경(書經)』 「순전(舜典)」 첫머리

상구(上九 : ⚊)

上九 : 鳥焚其巢한다 旅人先笑後號咷라 喪牛于易이니 凶하니라
조분기소 여인선소후호도 상우우역 흉

상구(上九) : 새가[鳥] 제[其] 둥지를[巢] 불태운다[焚]. 여행하는[旅] 사람이[人] 먼저[先] 웃다가[笑] 뒤엔[後] 울부짖는다[號咷]. 들판[易]에서[于] 소를[牛] 잃으니[喪] 불운하다[凶].

【상구(上九)의 효상(爻象) 풀이】

여괘(旅卦 : ䷷)의 상구(上九 : ⚊)는 이양거음(以陰居陽) 즉 양(陽 : ⚊)으로써[以] 음(陰 : ⚋)의 자리에 있는지라[居] 정당한 자리에 있지 못하다. 상구(上九 : ⚊)와 육오(六五 : ⚋)는 양음(陽陰)의 사이인지라 비(比) 즉 이웃의 사귐[比]을 누릴 수는 있겠지만, 이미 극위(極位)에 있는지라 아래에다 이웃의 사귐을 청할 처지가 못 된다. 상구(上九 : ⚊)와 구삼(九三 : ⚊)은 양양(兩陽) 즉 둘 다[兩] 양(陽 : ⚊)의 사이인지라 불응(不應) 즉 서로 호응하지 못한다. 강강(剛强)함에 치우쳐 자고(自高) 즉 스스로[自] 높이려는[高] 상구(上九 : ⚊)인지라 아래의 유순중화(柔順中和)한 육오(六五 : ⚋)와는 완전히 상반(相反)된 편이어서 더는 갈 곳이 없어 외딴 모습이다.

여괘(旅卦 : ䷷)의 상구(上九 : ⚊)가 상륙(上六 : ⚋)으로 변효(變爻)하면 상구(上九 : ⚊)는 여괘(旅卦 : ䷷)를 62번째 소과괘(小過卦 : ䷽)로 지괘(之卦)하게 한다. 따라서 여괘(旅卦 : ䷷)의 상구(上九 : ⚊)는 소과괘(小過卦 : ䷽)의 상륙(上六 : ⚋)을 찾아가 살펴보게 한다.

【상구(上九)의 계사(繫辭) 풀이】

鳥焚其巢(조분기소)

새가[鳥] 제[其] 둥지를[巢] 불태운다[焚].

〈조분기소(鳥焚其巢)〉는 여괘(旅卦 : ䷷)의 극위(極位)에 있는 상구(上九 : ⚊)가 편강(偏剛) 즉 굳셈에만[剛] 치우침[偏]을 암시한 계사(繫辭)이다. 〈조분기소(鳥焚其巢)〉는 〈상구여분기소지조(上九如焚其巢之鳥)〉의 줄임으로 여기고 〈상구는[上九] 제[其] 둥지를[巢] 불태우는[焚之] 새와[鳥] 같다[如]〉라고 새겨볼 것이다. 〈조분기소(鳥焚其巢)의 분(焚)〉은 〈불태울 소(燒)〉와 같다.

〈조분기소(鳥焚其巢)〉는 상구(上九 : ⚊)가 여괘(旅卦 : ䷷)의 상체(上體) 이(離 : ☲)의 상효(上爻)임을 암시한다. 〈조분기소(鳥焚其巢)의 조(鳥)〉 즉 새[鳥]는 땅바닥에 살지 않고 나무의 높은 가지에 둥지[巢]를 틀고 산다. 이런 〈조(鳥)〉를 빌려 여괘(旅卦 : ䷷)의 극위(極位)에 있는 상구(上九 : ⚊)를 취상(取象)한 것이다. 〈조분기소(鳥焚其巢)의 분(焚)〉은 상구(上九 : ⚊)가 이(離 : ☲)의 상효(上爻)임을 암시한다. 왜냐하면 여기 〈분(焚)〉이 「설괘전(說卦傳)」에 나오는 〈이는[離 : ☲] 불[火]이다[爲]〉라는 내용을 상기시키기 때문이다. 〈조분기소(鳥焚其巢)의 분(焚)〉 즉 불사름[焚]은 화염(火焰)의 끝인지라 여괘(旅卦 : ䷷)의 상체(上體) 이(離 : ☲)의 상효(上爻)인 상구(上九 : ⚊)를 암시한다. 〈조분기소(鳥焚其巢)의 기소(其巢)〉는 상구(上九 : ⚊)가 여괘(旅卦 : ䷷)의 내호괘(內互卦) 손(巽 : ☴)의 위에 있음을 암시한다. 왜냐하면 여기 〈기소(其巢)〉가 「설괘전(說卦傳)」에 나오는 〈손은[巽 : ☴] 나무[木]이고[爲] 바람[風]이며[爲] …… 높음[高]이다[爲]〉라는 내용을 상기시키기 때문이다. 이에 상구(上九 : ⚊)가 〈기소(其巢)〉 즉 새의[其] 둥지[巢]에 있다 함은 상구(上九 : ⚊)가 여괘(旅卦 : ䷷)의 극위(極位)에 있음을 암시한다. 상구(上九 : ⚊)가 높은 자리에 있으면서 편강부중(偏剛不中) 즉 굳셈에[剛] 치우쳐[偏] 정도를 따르지 않고[不中] 잘난 척 건방을 떨다 인질(人嫉) 즉 남들로부터[人] 미움을 사서[嫉] 상처를 스스로 불러들임을 암시하는 계사(繫辭)가 〈조분기소(鳥焚其巢)〉이다.

旅人先笑後號咷(여인선소후호도)

여행하는[旅] 사람이[人] 먼저[先] 웃다가[笑] 뒤엔[後] 울부짖는다[號咷].

〈여인선소후호도(旅人先笑後號咷)〉는 거듭해 상구(上九 : ⚊)가 굳셈에만[剛]

치우침[偏]을 암시한 계사(繫辭)이다. 〈여인선소후호도(旅人先笑後號咷)〉는 〈상구여선소후호도지려인(上九如先笑後號咷之旅人)〉의 줄임으로 여기고 〈상구는[上九] 먼저[先] 웃다가[笑] 뒤엔[後] 울부짖는[號咷之] 여행자[旅人] 같다[如]〉라고 새겨볼 것이다. 〈호도(號咷)의 호(號)〉는 〈울 곡(哭)〉과 같고, 〈호도(號咷)의 도(咷)〉는 〈울 명(鳴)〉과 같다.

〈여인선소후호도(旅人先笑後號咷)〉는 상구(上九 : ⚊) 자신이 음(陰 : ⚋)의 자리에 있음을 무시하고 강강(剛强)에 치우쳐 있음을 암시한다. 〈여인선소후호도(旅人先笑後號咷)의 선소(先笑)〉는 상구(上九 : ⚊)가 여괘(旅卦 : ䷷)의 외호괘(外互卦) 태(兌 : ☱)의 바로 위에 있음을 들어 상구(上九 : ⚊)를 취상(取象)한 것이다. 왜냐하면 〈선소(先笑)의 소(笑)〉가 「설괘전(說卦傳)」에 나오는 〈태는[兌 : ☱] 기쁨[說]이다[爲]〉라는 내용을 상기시키기 때문이다. 그리고 〈후호도(後號咷)의 호도(號咷)〉는 상구(上九 : ⚊)가 변효(變爻)하여 진(震 : ☳)의 상효(上爻)가 됨을 들어 상구(上九 : ⚊)를 취상(取象)한 것이다. 왜냐하면 〈후호도(後號咷)의 호도(號咷)〉가 「설괘전(說卦傳)」에 나오는 〈진은[震 : ☳] 잘[善] 운다[鳴]〉라는 내용을 상기시키기 때문이다. 나아가 〈선소후호도(先笑後號咷)〉는 13번째 동인괘(同人卦 : ䷌) 구오(九五 : ⚊)의 계사(繫辭)인 〈동인선호도(同人先號咷) 이후소(而後笑)〉를 상기시키기도 한다. 여괘(旅卦 : ䷷)의 상구(上九 : ⚊)는 동인괘(同人卦 : ䷌)의 구오(九五 : ⚊)와는 상반되는 모습이다. 왜 동인괘(同人卦 : ䷌)의 구오(九五 : ⚊)는 먼저 울부짖다가[先號咷] 뒤에는 웃게[後笑] 되고, 왜 여괘(旅卦 : ䷷)의 상구(上九 : ⚊)는 선소(先笑)하다 후호도(後號咷)하게 되는가? 동인괘(同人卦 : ䷌)의 구오(九五 : ⚊)는 정위(正位)에서 득중(得中) 즉 정도를 따름을[中] 취하여[得] 무유사벽(無有邪僻) 즉 간사함과[邪] 치우침이[僻] 결코 없는[無有] 마음가짐으로 세상을 마주하므로 편강(偏剛) 즉 굳셈에[剛] 치우치지[偏] 않기 때문이고, 여괘(旅卦 : ䷷)의 상구(上九 : ⚊)는 부정위(不正位) 즉 정당한[正] 자리에 있지 못하면서[不位] 편강(偏剛)으로써 세상을 마주해 유순(柔順)함을 잃었기에 인질(人嫉) 즉 사람들로부터[人] 미움을 사고[嫉] 말아 스스로 상처받기 때문이다.

여괘(旅卦 : ䷷)의 주제인 〈여(旅)〉 즉 행려(行旅)의 시국에서는 무엇보다 유순(柔順)함이 길손[旅人]에게 필유선(必有善) 즉 반드시[必] 갖추어야 하는[有] 선이고[善], 필유덕(必有德) 즉 반드시[必] 갖추어야 하는[有] 덕이다[德]. 편강(偏剛)하면 음(陰 : --)의 본성인 유순(柔順)함을 저버려 선덕(善德)을 업신여기고 만다. 여괘(旅卦 : ䷷)의 극위(極位)에 있는 이런 상구(上九 : ─)를 먼저 웃다가[先笑] 뒤에는 울부짖는[後號咷] 〈여인(旅人)〉 즉 길손[旅人]으로 취상(取象)한 것이다. 언제 어디서나 편강(偏剛)한 길손은 여로(旅路)에서 환영받지 못한다. 〈여인(旅人)〉이 강강(剛强)에 자처(自處)하면 제멋에 겨워 〈선소(先笑)〉 즉 앞서는[先] 웃지만[笑] 그런 〈여인(旅人)〉은 세상 어디서나 따돌림을 당하고 고생길을 스스로 불러들여 울부짖고[號咷] 만다. 이처럼 굳셈에만[剛] 치우치는[偏] 인간은 그 누구이든 자존(自尊) 즉 자신을[自] 높이려고[尊] 덤빈다. 상구(上九 : ─)와 같은 인간은 누구이든 『노자(老子)』에 나오는 〈자기를[自] 드러내는[見] 사람은[者] 현명하지 못하고[不明] 스스로[自] 옳다고 주장하는[是] 사람은[者] 뚜렷하지 못하다[不彰]〉라는 내용을 돌이켜보게 한다. 상구(上九 : ─)가 자신이 있는 자리가 음위(陰位)임을 무시하고 편강(偏剛) 즉 굳셈에[剛] 치우쳐[偏] 자고(自高) 즉 스스로[自] 높이려다[高], 먼저[先] 웃지만[笑] 나중에는[後] 울부짖고[號咷] 마는 경우를 면하지 못함을 암시한 계사(繫辭)가 〈여인선소후호도(旅人先笑後號咷)〉이다.

喪牛于易(상우우역) 凶(흉)

들판[易]에서[于] 소를[牛] 잃으니[喪] 불운하다[凶].

〈상우우역(喪牛于易) 흉(凶)〉은 상구(上九 : ─)와 같은 〈여인(旅人)〉이 〈호도(號咷)〉하는 까닭을 암시한 계사(繫辭)이다. 〈상우우역(喪牛于易) 흉(凶)〉은 〈상구상우우역(上九喪牛于易) 인차상구유흉(因此上九有凶)〉의 줄임으로 여기고 〈상구가[上九] 벌판에서[于易] 소를[牛] 잃었다[喪] 그래서[因此] 상구에게는[上九] 불운함이[凶] 있다[有]〉라고 새겨볼 것이다.

〈상우우역(喪牛于易)〉은 상구(上九 : ─)가 자신이 음(陰 : --)의 자리에 있음을 무시함을 암시한다. 여괘(旅卦 : ䷷)의 상구(上九 : ─)는 굳셈에만[剛] 치우친[偏] 나머지 30번째 이괘(離卦 : ䷝)의 괘사(卦辭)에 나오는 〈휵빈우(畜牝牛) 길(吉)〉 즉 암소를[牝牛] 기르면[畜] 좋다[吉]는 이치(理致)를 깨우치지 못해 들판에서[于易] 소를[牛] 잃어버린다[喪]는 것이다. 물론 〈우역(于易)의 역(易)〉을 〈바꿀 역(易)〉으로 여기고 교역(交易)의 뜻으로 새기는 경우도 있고, 〈쉬울 이(易)〉로 여기고 〈소홀히 홀(忽)〉의 뜻으로 새기는 쪽도 있다. 그러나 여기선 〈우역(于易)의 역(易)〉을 〈들판 강장(疆場)〉의 뜻으로 여기고 새긴 것이다. 〈상우우역(喪牛于易)의 우역(于易)〉이 상구(上九 : ⚊)가 변효(變爻)하여 여괘(旅卦 : ䷷)의 상체(上體) 이(離 : ☲)가 진(震 : ☳)으로 변효(變爻)함을 암시한다. 왜냐하면 〈우역(于易)의 역(易)〉이 「설괘전(說卦傳)」에 나오는 〈진은[震 : ☳] 큰[大] 진흙길[塗]이다[爲]〉라는 내용을 환기시키기 때문이다. 들판인 강장(疆場)은 대도(大塗)로 통한다. 이에 〈상우우역(喪牛于易)의 우역(于易)〉은 인생여로(人生旅路) 즉 사람들이[人] 살아가는[生] 여로(旅路)를 들판[易]으로 은유한 것으로 여기고 새김이 마땅할 것이다.

〈상우우역(喪牛于易)의 우(牛)〉는 「설괘전(說卦傳)」에 나오는 〈곤은[坤 : ☷] 소[牛]이다[爲]〉라는 내용을 환기시킨다. 여기 〈우(牛)〉는 곤(坤 : ☷)의 음성(陰性)을 나타내는 유순(柔順)함의 표상(表象)이다. 따라서 〈상우우역(喪牛于易)의 상우(喪牛)〉란 상구(上九 : ⚊)가 〈상유순(喪柔順)〉 즉 부드러움의[柔] 따름을[順] 잃고[喪] 편강(偏剛) 즉 굳셈에[剛] 치우쳐[偏] 있음을 암시한다. 이에 〈상우(喪牛)〉는 여괘(旅卦 : ䷷)의 주제(主題)인 〈여(旅)〉 즉 여로[旅]의 시국에 어긋남을 일깨운다. 〈우역(于易)〉 즉 들판에서[于易] 소를[牛] 잃었다[喪] 함은 인생의 여로(旅路)에서 유순(柔順)을 잃었음[喪]이다. 그 탓으로 상구(上九 : ⚊)가 편강(偏剛)하여 음양상화(陰陽相和)의 이치를 저버린 탓으로 불운할[凶] 수밖에 없음을 암시한 계사(繫辭)가 〈상우우역(喪牛于易) 흉(凶)〉이다.

【字典】

조(鳥) 〈긴 꼬리 새 조(鳥)-장미금지총명(長尾禽之總名), 봉황 조(鳥)-봉황(鳳凰)〉 등의 뜻을 내지만 여기선 〈긴 꼬리 새 장미금(長尾禽)〉으로 여기고 새김이 마땅하다.

분(焚) 〈불사를(태울) 분(焚)-소(燒), 불로 지질 형벌 분(焚)-포락형지류(炮烙刑之類), 메마를 분(焚)-건(乾), 쓰러질(넘어질) 분(焚)-강(僵)-분(僨)〉 등의 뜻을 내지만 여기선 〈불사를 소(燒)〉로 여기고 새김이 마땅하다.

기(其) 〈그것(그) 기(其)-피(彼)-지(之), 그럴 기(其)-연(然), 어찌 기(其)-기(豈), 누를 기(其)-억(抑), 오히려 기(其)-상(尙)-서기(庶幾), 이에 기(其)-내(乃), 만약 기(其)-약(若), 장차 기(其)-장(將), 어조사 기(其)-어조사(語助辭)〉 등의 뜻을 내지만 여기선 〈제

기(其)〉로 여기고 새김이 마땅하다.

소(巢) 〈새 둥지 소(巢)-조재목상소거(鳥在木上所居), 오랑캐의 집 소(巢)-이적지소서(夷狄之所居), 짐승 가축 벌레 물고기의 집 소(巢)-수축충어지소거(獸畜蟲魚之所居), 도적의 소굴 소(巢)-도적지소거(盜賊之所居), 망보는 곳 소(巢)-영소(營巢), 머무는 곳 소(巢)-주처(住處), 조릿대 소(巢)-족(簇), 높을 소(巢)-고(高), 큰 피리 소(巢)-대생(大笙), 채소 이름 소(巢)-채명(菜名)〉 등의 뜻을 내지만 여기선 〈새 둥지 소(巢)〉로 여기고 새김이 마땅하다.

여(旅) 〈길손 여(旅)-객(客)-기(羇), 임시 거처(여인숙) 여(旅)-여(廬), 무리 여(旅)-중(衆), 나그네 여(旅)-기객(寄客), 사졸(士卒) 500인 또는 2,000인 여(旅), 함께할 여(旅)-구(俱), 베풀 여(旅)-진(陣)-열(列), 차례 매길 여(旅)-서(序), 길 여(旅)-장(長), 갈 여(旅)-행(行), 야생 여(旅)-야생(野生)〉 등의 뜻을 내지만 여기선 〈길손 기(羇)〉와 같다 여기고 새김이 마땅하다. 〈여(旅)〉는 기려(羇旅) 즉 길손[羇旅]으로, 실기본거이기타방(失其本居而寄他方) 즉 제[其] 본래[本] 살던 곳을[居] 잃고서[失而] 타방에[他方] 붙어 사는[寄] 길손을 말한다.

인(人) 〈사람 인(人), 사람들 인(人)-인인(人人), 만물 중에 최고 성령(性靈)의 자 인(人)-만물지최령자(萬物之最靈者), 백성 인(人)-인민(人民), 남(타인) 인(人)-타인(他人), 누구 인(人)-모인(某人), 도인 인(人)-도인(道人), 현인 인(人)-현인(賢人), 범인(소인) 인(人)-범인(凡人)-소인(小人), 사람의 짓 인(人)-인위(人爲), 신하(하인) 인(人)-신하(臣下)-하인(下人), 춘추의 필법 인(人)-춘추지필법(春秋之筆法), 무리 인(人)-중서(衆庶), 건괘 인(人)-건괘(乾卦), 진괘 인(人)-진괘(震卦), 과일의 씨 인(人)-과실지심(果實之心), 어질 인(人)-인(仁), 선인 인(人)-선인(先人)〉 등의 뜻을 내지만 여기선 〈사람 인(人)〉으로 여기고 새김이 마땅하다.

선(先) 〈먼저 선(先)-시(始), 앞으로 나아갈 선(先)-전진(前進), 처음 선(先)-시(始), 앞에 있을 선(先)-전(前), 자리가 아래에 있는 선(先)-위재하(位在下), 우두머리 선(先)-수(首)-전수(前首), 이미 죽은 선(先)-이사(已死), 조상(선조) 선(先)-조선(祖先)-조고(祖考), 미리 알려주는 뜻 선(先)-의기언(宜其言)-예선고지지의(預先告知之意), 소개할 선(先)-소개(紹介), 이를 선(先)-조(早), 비로소 선(先)-시(始), 높일(받들) 선(先)-상(尙), 높을 선(先)-고(高), 선생 선(先)-선생(先生)-유덕자(有德者), 씻을(깨끗할) 선(先)-

세(洗)〉 등의 뜻을 내지만 여기선 〈먼저 시(始)〉로 여기고 새김이 마땅하다.

소(笑) 〈웃을 소(笑)-흔(欣)-희(喜), 미소 짓는 소(笑)-미소(微笑), 비웃을(냉소할) 소(笑)-치(嗤)-신(哂)〉 등의 뜻을 내지만 여기선 〈웃을 흔(欣)〉과 같다 여기고 새김이 마땅하다.

후(後) 〈뒤 후(後)-선지대(先之對), 늦을 후(後)-지(遲), 뒤처질 후(後)-낙후(落後), 뒤늦게 올 후(後)-지래(遲來), 사양할 후(後)-손(遜), 다가올(장래) 후(後)-장래(將來), 두 세대 후(後)-후세(後世), 일이 끝난 뒤 후(後)-사후필(事後畢), 자손 후(後)-자손(子孫), 뒤를 잇는 것 후(後)-후속자(後續者), 뒤에 말한 것 후(後)-하소언(下所言)〉 등의 뜻을 내지만 여기선 〈뒤 후(後)〉로 새김이 마땅하다.

호(號) 〈울 호(號)-곡(哭), 알릴 호(號)-고(告), 부를 호(號)-호(呼), 명칭 호(號)-명칭(名稱), 시호 호(號)-시호(諡號), 명성을 알릴 호(號)-성예(聲譽), 첩보 호(號)-첩보(牒報), 표지 호(號)-표지(標識), 울면서 말할 호(號)-곡이언(哭而言), 닭 울음 호(號)-계명(鷄鳴), 호랑이 울음 호(號)-호소(虎嘯), {의사(疑詞)로서} 어찌 호(號)-하(何)-호(胡)-해(奚)-하(遐)-후(侯)-갈(曷)-합(盍)〉 등의 뜻을 내지만 여기선 〈울 곡(哭)〉과 같다 여기고 새김이 마땅하다.

도(咷) 〈울 도(咷)-읍(泣)-명(鳴), 울부짖을 도(咷)-곡호(哭號), 어린애가 울기를 그치지 않을 도(咷)-소아읍부지(小兒泣不止)〉 등의 뜻을 내지만 여기선 〈울부짖을 곡호(哭號)〉와 같다 여기고 새김이 마땅하다.

상(喪) 〈놓칠(잃을) 상(喪)-실(失), 죽을 상(喪)-사(死)-망(亡), 상복을 입을 상(喪)-지복(持服), 망칠(버릴) 상(喪)-기망(棄亡)〉 등의 뜻을 내지만 여기선 〈놓칠 실(失)〉로 여기고 새김이 마땅하다.

우(牛) 〈소 우(牛)-동물명(動物名), 무릅쓸 우(牛)-모(冒)〉 등의 뜻을 내지만 여기선 〈소 우(牛)〉로 여기고 새김이 마땅하다. 『설문해자(說文解字)』에 우사야리야(牛事也理也) 사야자(事也者) 위능사기사야(謂能事其事也) 우임경(牛任耕) 이야자(理也者) 〈소는[牛] 일함[事]이고[也] 도리[理]이다[也]. (소의) 일이라는[事也] 것은[者] 제[其] 일을[事] 해낼 수 있음을[能事] 일컬음[謂]이다[也]. 소는[牛] 밭갈이를[耕] 맡아 한다[任]. (이것이 소의) 도리라는[理也] 것이다[者].〉라고 풀이되어 있다.

우(于) 〈구할 우(于)-구(求), ~에서(~으로, ~부터) 우(于)-어(於), 갈 우(于)-왕(往),

써 우(于)-이(以), 할 우(于)-위(爲), 여기 우(于)-시(是), 도울 우(于)-조(助), 클 우(于)-대(大), 자족하는 모습 우(于)-자족모(自足貌)〉 등의 뜻을 내지만 여기선 〈구할 구(求)〉와 같다 여기고 새김이 마땅하다.

易 〈역-이〉 두 가지로 발음되고, 〈벌판 역(易)-장(場)-야장(野場), 변할 역(易)-변(變), 고칠 역(易)-개(改), 바꿀 역(易)-교환(交換), 상품을 사고파는 역(易)-무역(貿易), 어길 역(易)-반(反)-위(違), 다를 역(易)-이(異), 생생 역(易)-생생(生生), 암자 역(易)-암(庵), 어울릴 이(易)-화(和)-화이(和易), 쉬울 이(易)-평(平)-평이(平易), 평안할 이(易)-평안(平安), 기뻐할 이(易)-열(說)-열(悅), 가벼울 이(易)-경(輕)-경이(輕易), 소홀히할 이(易)-홀(忽), 살필 이(易)-성(省), 다스릴 이(易)-치(治)〉 등의 뜻을 내지만 여기선 〈벌판 야장(野場)〉으로 여기고 새김이 마땅하다.

흉(凶) 〈불행할(흉할) 흉(凶)-길지반(吉之反), 걱정할 흉(凶)-우(憂)-구(懼), 흉한 사람 흉(凶)-흉인(凶人), 나쁠 흉(凶)-오(惡), 재앙 흉(凶)-화(禍), 요사할 흉(凶)-요사(夭死), 악한 사람 흉(凶)-악인(惡人), 흉년 흉(凶)-연곡불숙(年穀不熟), 사나울 흉(凶)-포학(暴虐), 음기 흉(凶)-음기(陰氣), 북쪽 흉(凶)-북(北), 없을 흉(凶)-공(空), 송사 흉(凶)-송(訟), 거역할 흉(凶)-역(逆), 어그러질 흉(凶)-패(悖), 허물 흉(凶)-구(咎)〉 등의 뜻을 내지만 여기선 〈불행할(흉할) 길지반(吉之反)〉으로 여기고 새김이 마땅하다.

註 손위목(巽爲木) 위풍(爲風) …… 위고(爲高) …… 이위화(離爲火) : 손은[巽 : ☴] 나무[木]이고[爲] 바람[風]이며[爲] …… 높음[高]이다[爲]. …… 이는[離 : ☲] 불[火]이다[爲].

「설괘전(說卦傳)」 11단락(段落)

註 자현자불명(自見者不明) 자시자불창(自是者不彰) 자벌자무공(自伐者無功) 자긍자부장(自矜者不長) : 자기를[自] 드러내는[見] 사람은[者] 밝지 못하고[不明], 스스로[自] 옳다고 주장하는[是] 사람은[者] 뚜렷하지 못하며[不彰], 스스로[自] 자랑하는[伐] 사람에게는[者] 일한 보람이[功] 없어지고[無], 스스로[自] 뽐내는[矜] 사람은[者] 대접받지 못한다[不長]. 『노자(老子)』 24장(章)

註 진위대도(震爲大塗) : 진은[震 : ☳] 큰[大] 진흙길[塗]이다[爲].

「설괘전(說卦傳)」 11단락(段落)

註 곤위우(坤爲牛) : 곤은[坤 : ☷] 소[牛]이다[爲]. 「설괘전(說卦傳)」 8단락(段落)

손괘 巽卦

57

1 괘의 괘상과 계사

손괘(巽卦 : ䷸)

손하손상(巽下巽上) : 아래도[下] 손(巽 : ☴), 위도[上] 손(巽 : ☴).
손위풍(巽爲風) : 손은[巽] 바람[風]이다[爲].

巽은 小亨하니 利有攸往하고 利見大人이다
손 소형 이유유왕 이견대인

겸허히 나아감은[巽] 조금[小] 통하니[亨] 갈[往] 데가[攸] 있으면[有] 이롭고[利] 대인을[大人] 만나면[見] 이롭다[利].

【손괘(巽卦 : ䷸)의 괘상(卦象) 풀이】

앞 여괘(旅卦 : ䷷)의 〈여(旅)〉는 용납(容納)해줄 데가 없는지라 새로운 삶터를 찾아나서는 길손[旅人]이다. 이에 「서괘전(序卦傳)」에 〈길손에게는[旅而] 받아줄[容] 데가[所] 없다[无] 그래서[故] 손괘(巽卦 : ䷸)로써[以] 그것을[之] 받는다[受]〉라는 내용이 나온다. 이는 여괘(旅卦 : ䷷) 뒤에 손괘(巽卦 : ䷸)가 오는 까닭을 밝힌다. 〈여(旅)〉 즉 길손[旅]은 낯선 곳을 마주하는지라 행동거지(行動擧止)가 겸손해야 한다. 손괘(巽卦 : ䷸)의 주제인 〈손(巽)〉은 〈겸손한 손(遜)〉과 상통한다. 「설괘전(說卦傳)」에 〈손은[巽 : ☴] 바람[風]이다[也]〉라는 내용이 나온다. 따라서 〈손괘(巽卦 : ䷸)의 손(巽)〉은 바람[風]이되 거센 바람이 아니라 얌전한 바람이다. 바람[風]은 나아가 들어간다. 이에 〈손괘(巽卦 : ䷸)의 손(巽)〉은 얌전한 나아가 들어감[巽]이다. 여괘(旅卦 : ䷷)의 〈여(旅)〉가 〈출(出)〉 즉 나옴[出]이니 〈손괘(巽卦 : ䷸)의 손(巽)〉은 〈입(入)〉 즉 들어감[入]인지라, 여괘(旅卦 : ䷷) 다음에 손괘(巽卦 : ䷸)가 온 까닭을 알 수 있다. 나옴[出]이 다하면 들어감[入]이 옴이 천도(天道) 즉 자연의[天] 이치[道]이다. 손괘(巽卦 : ䷸)는 64괘(卦) 중에서 상하체(上下體)가 같은 소성괘(小成卦)로 이루어진 여덟 개의 대성괘(大成卦) 중 하나이다. 손괘(巽卦 : ䷸)의 상하체(上下體)는 모두 손(巽 : ☴)이다. 손괘(巽卦 : ䷸)의 주제인 〈손(巽)〉은 상하(上下)의 바람[風]이 서로 따르면서 겸허히 나아감[巽]임을 들어 손괘(巽卦 : ䷸)라 칭명(稱名)한다.

【손괘(巽卦 : ䷸)의 계사(繫辭) 풀이】

巽(손) 小亨(소형)

겸허히 나아감은[巽] 조금[小] 통한다[亨].

〈손(巽) 소형(小亨)〉은 손괘(巽卦 : ䷸)의 상하체(上下體) 손(巽 : ☴)을 들어 괘상(卦象)을 암시한 계사(繫辭)이다. 〈손(巽) 소형(小亨)〉은 〈손괘지손소형(巽卦之巽小亨)〉의 줄임으로 여기고 〈손괘의[巽卦之] 손은[巽] 조금[小] 통한다[亨]〉라고 새겨볼 것이다. 〈손(巽)〉은 〈손(遜)〉 즉 겸손함[遜]과 상통한다.

〈손(巽) 소형(小亨)〉은 손괘(巽卦 : ䷸)의 상하체(上下體)가 손(巽 : ☴)임을 암시한다. 손(巽 : ☴)의 초륙(初六 : ⚋)과 육사(六四 : ⚋)가 모두 위로 강강(剛强)한 이양(二陽 : ⚊) 밑에서 공손히 나아가 들어감을 들어 〈손(巽)〉이라 한다. 여기 〈손(巽)〉은 상형자로서 양사(兩巳) 즉 두 마리[兩] 뱀이[巳] 함께[共] 나아가고 있는 상형(象形)을 들어, 손괘(巽卦 : ䷸) 상하체(上下體)가 얌전히 나아가 들고[巽] 있는 모습임을 암시한다. 이러한 손괘(巽卦 : ䷸)의 괘상(卦象)을 〈소형(小亨)〉이라 한 것은 손괘(巽卦 : ䷸)의 하체(下體) 손(巽 : ☴)의 초륙(初六 : ⚋)이 구이(九二 : ⚊)-구삼(九三 : ⚊)을 순복(順服)하며 얌전히 나아가 들어가고[巽], 손괘(巽卦 : ䷸)의 상체(上體) 손(巽 : ☴)의 육사(六四 : ⚋)가 구오(九五 : ⚊)-상구(上九 : ⚊)를 따라[順] 감복하면서[服] 얌전히 나아가 들고 있는[巽] 모습임을 암시한다. 음(陰 : ⚋)을 소(小)라 하고 양(陽 : ⚊)을 대(大)라 한다. 따라서 〈손(巽) 소형(小亨)〉에서 〈소형(小亨)의 소(小)〉는 손괘(巽卦 : ䷸)의 초륙(初六 : ⚋)과 육사(六四 : ⚋)를 들어 암시한다. 유순(柔順)한 초륙(初六 : ⚋)과 육사(六四 : ⚋)를 본받아 누구나 〈유(柔)〉 즉 부드러움[柔]으로써 〈손(巽)〉 즉 얌전히 나아가 들어간다면[巽] 인생이란 여로(旅路)에서도 언제 어디서나 받아들여 막힘없이 형통함[亨]을 암시한 계사(繫辭)가 〈손(巽) 소형(小亨)〉이다.

利有攸往(이유유왕)

갈[往] 데가[攸] 있으면[有] 이롭다[利].

〈이유유왕(利有攸往)〉은 초륙(初六 : --)이 구이(九二 : ━)와 비(比) 즉 이웃의 사귐[比]을 누리고, 육사(六四 : --)가 구오(九五 : ━)와 이웃의 사귐[比]을 누림을 들어 암시한 계사(繫辭)이다. 〈이유유왕(利有攸往)〉은 〈인위초륙유유왕어구이(因爲初六有攸往於九二) 초륙유리(初六有利) 이인차륙사유유왕어구오(而因此六四有攸往於九五) 육사유리(六四有利)〉의 줄임으로 여기고 〈초륙은[初六] 구이(九二)에게로[於] 나아갈[往] 데가[攸] 있기[有] 때문에[因爲] 초륙에게[初六] 이로움이[利] 있다[有] 그리고[而] 육사는[六四] 구오(九五)에게로[於] 나아갈[往] 데가[攸] 있기[有] 때문에[因此] 육사에게[六四] 이로움이[利] 있다[有]〉라고 새겨볼 것이다.

초륙(初六 : --)에게 〈유왕(攸往)〉 즉 나아갈[往] 데[攸]란 구이(九二 : ━)이고, 육사(六四 : --)에게 나아갈[往] 데[攸]란 구오(九五 : ━)이다. 구이(九二 : ━)는 손괘(巽卦 : ䷸)의 하체(下體) 손(巽 : ☴)의 중효(中爻)인지라 무유사벽(無有邪僻) 즉 간사함과[邪] 치우침이[僻] 결코 없는[無有] 득중(得中) 즉 정도를 따름을[中] 취하는[得] 강양(剛陽)인지라 편강(偏剛) 즉 굳셈에[剛] 치우침[偏] 없이, 얌전히 나아가 들려는[巽] 초륙(初六 : --)을 받아들이고, 구오(九五 : ━) 역시 손괘(巽卦 : ䷸)의 상체(上體) 손(巽 : ☴)의 중효(中爻)인지라 굳셈에[剛] 치우침[偏] 없이 정도를 따름을[中] 취하는[得] 강양(剛陽)인지라, 얌전히 나아가 들려는[巽] 육사(六四 : --)를 받아들여, 초륙(初六 : --)과 육사(六四 : --)가 바라는 바를 이룩할 수 있음을 암시한 계사(繫辭)가 〈이유유왕(利有攸往)〉이다.

利見大人(이견대인)

대인을[大人] 만나면[見] 이롭다[利].

〈이견대인(利見大人)〉은 초륙(初六 : --)이 구이(九二 : ━)와 누리는 비(比)와 육사(六四 : --)가 구오(九五 : ━)와 누리는 이웃의 사귐[比]을 들어 암시한 계사(繫辭)이다. 〈이견대인(利見大人)〉은 〈인위초륙여륙사견대인(因爲初六與六四見大

人) 초륙여륙사유리(初六與六四有利)〉의 줄임으로 여기고 〈육사와[與六四] 초륙이[初六] 대인을[大人] 만나기[見] 때문에[因爲] 육사와[與六四] 초륙에게[初六] 이로움이[利] 있다[有]〉라고 새겨볼 것이다.

〈이견대인(利見大人)의 대인(大人)〉은 중효(中爻)로서 득중(得中)하는 구이(九二 : ━)와 구오(九五 : ━)를 암시한다. 득중(得中)이란 무유사벽(無有邪僻) 즉 간사함과[邪] 치우침이[僻] 결코 없는[無有] 심지(心志)이니 천지지덕(天地之德) 즉 하늘땅의[天地之] 덕(德)을 무사(無私)하게 베풂이다. 이러한 득중(得中)을 몸소 행하는 이를 일러 〈대인(大人)〉이라 한다. 따라서 〈이견대인(利見大人)의 대인(大人)〉은 초륙(初六 : ╍)이 만날[見] 구이(九二 : ━)를 취상(取象)한 것이고, 육사(六四 : ╍)가 만날 구오(九五 : ━)를 취상한 것이다. 정도를 따름을[中] 취하는[得] 구이(九二 : ━)와 구오(九五 : ━)를 본받는 사람은 대인(大人)을 본받는 군자(君子)가 된다.

『주역(周易)』의 경문(經文)에는 〈이견대인(利見大人)〉이란 말씀이 무려 7번이나 나온다. 〈이견대인(利見大人)의 대인(大人)〉은 『논어(論語)』에 나오는 〈군자유삼외(君子有三畏)〉를 상기시킨다. 『논어(論語)』에서 왜 공자가 군자(君子)와 소인(小人)을 여러 번에 걸쳐 대비하면서 군자를 높이고 소인을 내치는가? 군자에게는[君子] 세 가지[三] 두려움이[畏] 있다[有]는 말을 떠올린다면 공자가 소인(小人)을 내치는 까닭을 깨달을 수 있고, 〈이견대인(利見大人)〉의 까닭을 헤아려 깨우칠 수 있다. 군자(君子)는 천명(天命)을 두려워하고[畏] 대인(大人)을 두려워하며 성인(聖人)의 말씀[言]을 두려워하지만, 소인(小人)은 천명을 몰라서[不知] 대인을 〈압(狎)〉 즉 얕보고[狎] 성인의 말씀을 〈모(侮)〉 즉 업신여기기[侮] 때문에 군자를 앞세우고 소인을 내친다.

대인(大人)의 대(大)는 유덕(有德)을 뜻하고, 소인(小人)의 소(小)는 무덕(無德)을 뜻한다. 대인(大人)은 덕이[德] 있어서[有] 덕을 베풀고, 소인은 덕이[德] 없어서[無] 덕을 베풀지 못한다. 유덕(有德)을 이롭다[利] 하고 무덕(無德)을 해롭다[害] 한다. 인생의 여로(旅路)에서 대인(大人)을 만나면 누구나 덕(德)을 입어 이롭지만[利] 소인(小人)을 만나면 부덕(不德)을 입어 해롭게[害] 된다. 이이불해(利而不害) 즉 이롭되[利而] 해롭지 않은[不害] 천지도(天之道) 즉 자연의[天之] 도리[道]를 따라 행함을 일러 덕(德)이라 한다. 따라서 손괘(巽卦 : ☴)의 초륙(初六 : --)은 득중(得中)하는 구이(九二 : ―)를 만나서 이롭고[利], 육사(六四 : --)는 득중(得中)하는 구오(九五 : ―)를 만나서 이롭듯이[利], 인생의 여로(旅路)에서도 누구나 대인(大人)을 만나야[見] 이로움[利]을 암시한 계사(繫辭)가 〈이견대인(利見大人)〉이다.

【字典】

손(巽) 〈공손할(몸을 낮출) 손(巽)-손(遜)-공(恭)-양(讓), 들어갈 손(巽)-입(入), 따를 손(巽)-순(順), 갖출 손(巽)-구(具), 엎드릴 손(巽)-복(伏), 흩어질 손(巽)-산(散), 실천할(지킬) 손(巽)-천(踐), 팔괘의 하나 손(巽)-팔괘지일(八卦之一), 64괘의 하나 손(巽)-육십사괘지일(六十四卦之一)〉 등의 뜻을 내지만 여기선 〈공손할 손(遜)과 들어갈 입(入)〉의 두 뜻을 합한 것으로 여기고 〈공손한 들어감[巽]〉으로 새김이 마땅하다.

소(小) 〈음(陰)을 칭하는 소(小), 작을 소(小)-세(細)-미(微)-대지반(大之反), 자잘할 소(小)-세(細), 짧을 소(小)-단(短), 좁을 소(小)-협(狹), 어릴 소(小)-유(幼), 천할 소(小)-천(賤), 첩 소(小)-첩(妾)〉 등의 뜻을 내지만 여기선 〈음(陰 : --)을 칭하는 소(小)〉로 여기고 새김이 마땅하다.

亨 〈향-형-팽〉 세 가지로 발음되고, 〈통할 형(亨)-통(通), 남을 형(亨)-여(餘), 드릴 향(亨)-헌(獻), 삶을 팽(亨)-자(煮)-팽(烹)〉 등의 뜻을 내지만 여기선 〈통할 통(通)〉과 같다 여기고 새김이 마땅하다.

이(利) 〈이로울 이(利)-익(益), 좋을 이(利)-길(吉)-의(宜), 만물로 하여금 삶을 이루어가게 하는 덕(德)의 이로울 이(利)-사만물수생지덕(使萬物遂生之德), 날카로울 이(利)-예(銳)-섬(銛), 질병 이(利)-질(疾), 통할 이(利)-통(通)-순(順), 편리할 이(利)-편(便), 마름해 만들어 이룰 이(利)-재성(裁成), 탐할 이(利)-탐(貪), 구할(취할) 이(利)-구(求)-취(取), 좋아할 이(利)-열애(悅愛), 기교 이(利)-교(巧), 보람 이(利)-공용(功用), 지세가 험하고 중요한 이(利)-험요(險要), 이길 이(利)-승(勝), 어질 이(利)-인(仁)〉 등의 뜻을 내지만 여기선 〈이로울 익(益)〉으로 여기고 새김이 마땅하다. 〈利〉가 맨 앞에 오면 〈이〉로 발음되고, 중간이나 뒤에 오면 〈리〉로 발음된다.

유(有) 〈없을 무(無)의 반대말로 있을 유(有), 얻을(가질) 유(有)-취(取), 혹 유(有)-혹(或), 많을 유(有)-다(多)-족(足), 부유할 유(有)-부(富), 간직할 유(有)-장(藏), 보호할 유(有)-보(保), 서로 친할 유(有)-상친(相親), 전일할 유(有)-전(專), 할 유(有)-위(爲), 어

조사 유(有)〉 등의 뜻을 내지만 〈있을 유(有)〉로 여기고 새김이 마땅하다.

유(攸) 〈곳(것, 바) 유(攸)-소(所), 흘러가는 물 유(攸)-행수(行水), 아득할 유(攸)-장원(長遠)-유(悠), 닦을 유(攸)-수(修), 터득한 모습 유(攸)-자득모(自得貌), 빠를 유(攸)-숙(儵), 대롱거릴 유(攸)-현위모(懸危貌), 수심에 찬 모습 유(攸)-수모(愁貌)〉 등의 뜻을 내지만 여기선 〈곳 소(所)〉와 같다 여기고 새김이 마땅하다.

왕(往) 〈나아갈(갈) 왕(往)-행(行)-지(之)-거(去), 이를 왕(往)-지(至), 향할 왕(往)-향(向), 옛 왕(往)-석(昔), 이따금 왕(往)-시시(時時), 뒤 왕(往)-후(後)〉 등의 뜻을 내지만 〈나아갈 행(行)〉과 같다 여기고 새김이 마땅하다.

見 〈견-현〉 두 가지로 발음되고, 〈만나볼(볼) 견(見)-식(識)-시(視), 미칠(당할) 견(見)-피(被)-당(當), 생각할 견(見)-사(思), 돌아볼 견(見)-고(顧), 만나볼 견(見)-회(會), 드러날 현(見)-노(露), 나타날 현(見)-현(顯), 있을 현(見)-재(在), 보일 현(見)-조(朝)〉 등의 뜻을 내지만 여기선 〈볼 시(視)〉와 같다 여기고 새김이 마땅하다.

대(大) 〈큰 대(大)-소지대(小之對), 지나칠 대(大)-과(過), 자만할 대(大)-과(誇)-긍벌(矜伐), 넓을 대(大)-광(廣), 두루 대(大)-편(徧), 통할 대(大)-통(通), 길 대(大)-장(長), (땅을) 걸게 할 대(大)-비(肥), 두터울 대(大)-후(厚), 많을 대(大)-다(多), 모두 대(大)-개(皆), 선할 대(大)-선(善), 무거울 대(大)-중(重), 거대할 대(大)-거(巨), 아름다울 대(大)-미(美)-장(壯), 부유할 대(大)-부(富), 늙을 대(大)-노(老), 끝 대(大)-극(極), 대충 대(大)-조(粗)-불세밀(不細密), 처음 대(大)-초(初), 하늘 대(大)-천(天), 건(乾)-양기(陽氣)-양효(陽爻) 대(大)〉 등의 뜻을 내지만 여기선 〈큰 대(大)〉로 여기고 새김이 마땅하다.

인(人) 〈사람 인(人), 사람들 인(人)-인인(人人), 만물 중에 최고 성령(性靈)의 자 인(人)-만물지최령자(萬物之最靈者), 백성 인(人)-인민(人民), 남(타인) 인(人)-타인(他人), 누구 인(人)-모인(某人), 도인 인(人)-도인(道人), 현인 인(人)-현인(賢人), 범인(소인) 인(人)-범인(凡人)-소인(小人), 사람의 짓 인(人)-인위(人爲), 신하(하인) 인(人)-신하(臣下)-하인(下人), 춘추의 필법 인(人)-춘추지필법(春秋之筆法), 무리 인(人)-중서(衆庶), 건괘 인(人)-건괘(乾卦), 진괘 인(人)-진괘(震卦), 과일의 씨 인(人)-과실지심(果實之心), 어질 인(人)-인(仁), 선인 인(人)-선인(先人)〉 등의 뜻을 내지만 여기선 〈사람 인(人)〉으로 여기고 새김이 마땅하다.

註 여이무소용(旅而无所容) 고(故) 수지이손(受之以巽) 손자입야(巽者入也) : 길손에게는[旅而] 들여줄[容] 데가[所] 없다[无]. 그래서[故] 여괘를[之] 손괘[巽]로써[以] 받는다[受]. 손괘라는[巽] 것은[者] 들어오는 것[入]이다[也]. 「서괘전(序卦傳)」 6단락(段落)

註 손입야(巽入也) : 손은[巽 : ☴] 들어감[入]이다[也]. 「설괘전(說卦傳)」 7단락(段落)

註 손위목(巽爲木) 위풍(爲風) : 손은[巽 : ☴] 나무[木]이고[爲] 바람[風]이다[爲]. 「설괘전(說卦傳)」 11단락(段落)

註 군자유삼외(君子有三畏) 외천명(畏天命) 외대인(畏大人) 외성인지언(畏聖人之言) 소인부지천명이불외야(小人不知天命而不畏也) 압대인(狎大人) 모성인지언(侮聖人之言) : 군자에게는[君子] 세 가지[三] 두려움이[畏] 있다[有]. 천명을[天命] 두려워하고[畏], 대인을[大人] 두려워하며[畏], 성인의[聖人之] 말씀을[言] 두려워한다[畏]. 소인은[小人] 천명을[天命] 몰라서[不知而] 두려워하지 않는[不畏] 것이다[也]. 대인을[大人] 얕보고[狎], 성인의[聖人之] 말씀을[言] 업신여긴다[侮]. 『논어(論語)』 「계씨(季氏)」 8장(章)

2 효의 효상과 계사

初六 : 進退니 利武人之貞이다
진퇴 이무인지정

九二 : 巽在牀下이다 用史巫紛若하여 吉해도 无咎리라
손재상하 용사무분약 길 무구

九三 : 頻巽이니 吝하다
빈손 인

六四 : 悔亡이다 田獲三品이다
회무 전획삼품

九五 : 貞吉하고 悔亡하며 无不利함이 无初有終이다 先庚三日하고 後庚三日이면 吉하리라
정길 회무 무불리 무초유종 선경삼일 후경삼일 길

上九 : 巽在牀下이다 喪其資斧하니 貞凶하다
손재상하 상기자부 정흉

초륙(初六) : 나아가느냐[進] 물러나느냐[退]? 무인의[武人之] 진실한 미더음이어야[貞] 이롭다[利].

구이(九二) : 얌전히 나아감이[巽] 침상[牀] 아래에[下] 있다[在]. 사관과[史] 무당을[巫] 씀이[用] 많다면[紛若] 행운을 누려도[吉] 허물은[咎] 없다[无].

구삼(九三) : 반복해[頻] 얌전히 나아가니[巽] 부끄러우리라[吝].

육사(六四) : 후회함이[悔] 없으리라[亡]. 사냥에서[田] 풍성한 사냥감을[三品] 획득했다[獲].

구오(九五) : 진실로 미더워[貞] 행복하고[吉] 뉘우칠 것이[悔] 없으며[亡] 이롭지 않음이[不利] 없음이[无] 처음엔[初] 없었지만[无] 끝내는[終] 있다[有]. 경일에[庚] 앞으로[先] 사흘이고[三日] 경일에[庚] 뒤로[後] 사흘이면[三日] 좋으리라[吉].

상구(上九) : 얌전히 나아감이[巽] 침상[牀] 아래에[下] 있다[在]. 그[其] 경비와[資] 도끼를[斧] 잃었으니[喪] 진실로 미더워도[貞] 불운하다[凶].

초륙(初六 : --)

初六 : 進退니 利武人之貞이다
진퇴 이무인지정

초륙(初六) : 나아가느냐[進] 물러나느냐[退]? 무인의[武人之] 진실한 미더움이어야[貞] 이롭다[利].

【초륙(初六)의 효상(爻象) 풀이】

손괘(巽卦 : ䷸)의 초륙(初六 : --)은 이음거양(以陰居陽) 즉 음(陰 : --)으로써[以] 양(陽 : ―)의 자리에 있는지라[居] 정당한 자리에 있지 못하다. 초륙(初六 : --)과 구이(九二 : ―)는 음양(陰陽)의 사이인지라 비(比) 즉 이웃의 사귐[比]을 누린다. 초륙(初六 : --)과 육사(六四 : --)는 양음(兩陰) 즉 둘 다[兩] 음(陰 : --)의 사이인지라 불상응(不相應) 즉 서로[相] 호응하지 못하는[不應] 처지이다. 유순(柔順)한 초륙(初六 : --)은 손괘(巽卦 : ䷸)의 맨 아랫자리에서 위에 있는 두 강양(剛陽)에 순복(順服)하는 모습이다.

손괘(巽卦 : ䷸)의 초륙(初六 : --)이 초구(初九 : ―)로 변효(變爻)하면 초륙(初六 : --)은 손괘(巽卦 : ䷸)를 9번째 소축괘(小畜卦 : ䷈)로 지괘(之卦)하게 한다. 따라서 손괘(巽卦 : ䷸)의 초륙(初六 : --)은 소축괘(小畜卦 : ䷈)의 초구(初九 : ―)를 찾아가 살펴보게 한다.

【초륙(初六)의 계사(繫辭) 풀이】

進退(진퇴)

나아가느냐[進] 물러나느냐[退]?

〈진퇴(進退)〉는 손괘(巽卦 : ䷸) 초륙(初六 : --)의 효위(爻位)를 들어 암시한 계사(繫辭)이다. 〈진퇴(進退)〉는 〈초륙진호(初六進乎) 우초륙퇴호(又初六退乎)〉의 줄임으로 여기고 〈초륙이[初六] 나아가느냐[進乎]? 또는[又] 초륙이[初六] 물러나느냐[退乎]?〉라고 새겨볼 것이다.

〈진퇴(進退)〉는 손괘(巽卦 : ䷸)의 주제인 〈손(巽)〉 즉 얌전히 나아가 들어가는[巽] 시국에서 유순(柔順)한 초륙(初六 : --)이 〈손(巽)〉을 마주함에 망설일 수 있음을 암시한다. 여기 〈진퇴(進退)〉는 「설괘전(說卦傳)」에 나오는 〈손은[巽 : ☴] 나아감과[進] 물러감[退]이고[爲] 과감하지 못함[不果]이다[爲]〉라는 내용을 상기시킨다. 초륙(初六 : --)은 손괘(巽卦 : ䷸)에서 맨 밑자리이면서 그 위(位)가 양(陽 : —)의 자리[位]인지라 초륙(初六 : --)은 부정위(不正位) 즉 정당하지 못한[不正] 자리[位]에 있으면서 바로 위에는 강강(剛强)한 구이(九二 : —)가 있고, 육사(六四 : --)와의 사이는 양음(兩陰) 즉 둘 다[兩] 음(陰 : --)인지라 불상응(不相應) 즉 서로[相] 호응하지 못함[不應]을 〈진퇴(進退)〉로써 밝힌다. 〈진퇴(進退)의 진(進)〉은 초륙(初六 : --)과 구이(九二 : —)의 비(比) 즉 이웃의 사귐[比]을 들어 초륙(初六 : --)의 나아감[巽]을 구이(九二 : —)가 도와줌을 암시한다. 〈진퇴(進退)의 퇴(退)〉는 초륙(初六 : --)과 육사(六四 : --)의 부정응(不正應) 즉 바르게[正] 호응하지 못함[不應]을 들어 초륙(初六 : --)의 나아감[巽]을 육사(六四 : --)가 허락하지 않을 수 있음을 암시한다. 그러나 유순(柔順)한 초륙(初六 : --)은 강강(剛强)한 구이(九二 : —)와 비(比) 즉 이웃의 사귐[比]을 빌려 구이(九二 : —)의 뜻을 순복(順服)하며 공손하게 나아가려[巽] 한다. 〈진퇴(進退)〉란 나아갈[進] 것이냐 아니면 물러날[退] 것이냐를 결단해야 함을 요구한다. 구이(九二 : —)가 손괘(巽卦 : ䷸) 하체(下體)의 중효(中爻)로서 득중(得中) 즉 정도를 따름을[中] 취하여[得] 행사하는지라 유순(柔順)한 초륙(初六 : --) 자신이 〈진퇴(進退)〉를 독단으로 과감히 정하지 않고 구이(九二 : —)를 순복(順服)하면서 공손히 나아가려 함을 암시한 계사(繫辭)가 〈진퇴(進退)〉이다.

利武人之貞(이무인지정)

무인의[武人之] 진실한 미더움이어야[貞] 이롭다[利].

〈이무인지정(利武人之貞)〉은 초륙(初六 : --)이 변효(變爻)함을 들어 암시한 계사(繫辭)이다. 〈이무인지정(利武人之貞)〉은 〈약초륙회무인지정(若初六懷武人之貞) 초륙장유리(初六將有利)〉의 줄임으로 여기고 〈초륙이[初六] 무인의[武人之] 진실한 미더움을[貞] 품는다면[懷若] 초륙에게[初六] 이로움이[利] 있을 것이다[將

有]〉라고 새겨볼 것이다.

〈이무인지정(利武人之貞)〉은 유순(柔順)한 초륙(初六 : ⚋)일지라도 손괘(巽卦 : ䷸)의 주제인 〈손(巽)〉 즉 얌전히 나아가 들어감[巽]의 시국에서는 〈진퇴(進退)〉의 결정만큼은 단호해야 함을 암시한다. 〈이무인지정(利武人之貞)의 무인(武人)〉은 유약(柔弱)한 음성(陰性)의 모습이 아니라 강강(剛强)한 양성(陽性)의 모습인 까닭에, 여기 〈무인(武人)〉은 초륙(初六 : ⚋)이 변효(變爻)하여 손괘(巽卦 : ䷸)의 하체(下體) 손(巽 : ☴)을 건(乾 : ☰)으로 변괘(變卦)하면서 손괘(巽卦 : ䷸)를 9번째 소축괘(小畜卦 : ䷈)로 지괘(之卦)하게 한다. 이에 〈무인(武人)〉은 「설괘전(說卦傳)」에 나오는 〈건은[乾 : ☰] 강건함[健]이다[也]〉라는 내용을 상기시킨다. 강건(剛健)함은 곧 무인(武人)의 상태(常態) 즉 변함없는[常] 태도[態]이다. 강건(剛健)한 무인(武人)의 〈정(貞)〉 즉 진실한 미더움[貞]이란 마땅한 기회를 만나면 놓치지 않고 결단을 내려, 나아감[進]이 마땅하다면 서슴없이 나아가고[進] 물러남[退]이 마땅하다면 서슴없이 물러나는[退] 용단(勇斷)을 갖추고 있음을 말한다. 초륙(初六 : ⚋)이 변효(變爻)하여 이러한 무인의[武人之] 〈정(貞)〉 즉 진실한 미더움[貞]을 발휘할 수 있을 때 초륙(初六 : ⚋)에게 이로움[利]을 암시한 계사(繫辭)가 〈이무인지정(利武人之貞)〉이다.

【字典】

진(進) 〈나아갈 진(進)-행(行), 오를 진(進)-등(登)-승(升), 앞으로 나아갈 진(進)-전(前), 움직일 진(進)-동(動), 착할 진(進)-선(善), 악을 버리고 선을 취할 진(進)-거악취선(去惡就善), 뛰어날(이겨낼) 진(進)-승(勝), 천거할 진(進)-천(薦), 끌어 나아갈 진(進)-인이진(引而進), 바칠 진(進)-봉여지(奉與之), 뵐 진(進)-어견(御見), 본받을 진(進)-효(效), 더할 진(進)-가(加), 가까이할 진(進)-근(近)〉 등의 뜻을 내지만 〈나아갈 행(行)〉으로 여기고 새김이 마땅하다.

퇴(退) 〈물러날(물리칠) 퇴(退)-각(卻)-각(却)-둔(遁), 피할 퇴(退)-피(避), 갈 퇴(退)-거(去), 돌아갈 퇴(退)-귀(歸), 그칠(쉴) 퇴(退)-파(罷), 옮길 퇴(退)-천(遷), 자리로 돌아갈 퇴(退)-반위(反位), (뒷걸음으로) 겸손히 물러갈 퇴(退)-겸퇴(謙退), 두려워 거둘 퇴(退)-외축(畏縮), 쇠약할 퇴(退)-쇠(衰), 줄어들 퇴(退)-감(減), 행진이 더딜 퇴(退)-행지(行遲), 느슨할 퇴(退)-완(緩), 뉘우칠 퇴(退)-개회(改悔), 줄이고 덜 퇴(退)-감손(減損),

물러가게 할 퇴(退)-사지퇴(使之退), 멈출 퇴(退)-지(止), 부드럽게 어울릴 퇴(退)-유화(柔和)〉 등의 뜻을 내지만 여기선 〈물러날 각(卻)〉과 같다 여기고 새김이 마땅하다.

이(利) 〈이로울 이(利)-익(益), 좋을 이(利)-길(吉)-의(宜), 만물로 하여금 삶을 이루어가게 하는 덕(德)의 이로울 이(利)-사만물수생지덕(使萬物遂生之德), 날카로울 이(利)-예(銳)-섬(銛), 질병 이(利)-질(疾), 통할 이(利)-통(通)-순(順), 편리할 이(利)-편(便), 마름해 만들어 이룰 이(利)-재성(裁成), 탐할 이(利)-탐(貪), 구할(취할) 이(利)-구(求)-취(取), 좋아할 이(利)-열애(悅愛), 기교 이(利)-교(巧), 보람 이(利)-공용(功用), 지세가 험하고 중요한 이(利)-험요(險要), 이길 이(利)-승(勝), 어질 이(利)-인(仁)〉 등의 뜻을 내지만 여기선 〈이로울 익(益)〉으로 여기고 새김이 마땅하다. 〈利〉가 맨 앞에 오면 〈이〉로 발음되고, 중간이나 뒤에 오면 〈리〉로 발음된다.

무(武) 〈강건할(날랠) 무(武)-건(健)-용(勇), 싸움을(전쟁을) 멈출 무(武)-지과(止戈), 용병에 뛰어날 무(武)-선어용병(善於用兵), 위엄 있는(환란을 평정할) 무(武)-위(威)-정화란(定禍亂), 군사 무(武)-군사(軍士), 병기 무(武)-병기(兵器), 자취 무(武)-적(跡), 옥 같은 돌 무(武)-석여옥(石如玉), 이을(계승할) 무(武)-계(繼), 반걸음 무(武)-반보(半步), 춤출(춤) 무(武)-무(舞), 무왕의 악 무(武)-무왕악(武王樂), 금속악기 무(武)-금속지악기(金屬之樂器), 무관의 관모 무(武)-무관지관(武官之冠)〉 등의 뜻을 내지만 여기선 〈강건할 건(健)〉과 같다 여기고 새김이 마땅하다. 여기 〈무인(武人)〉은 강포지인(剛暴之人) 즉 굳셈이 지나쳐[剛] 사나운[暴之] 인간[人]이 뜻을 펼수록 사포(肆暴) 즉 사나움을[暴] 마음대로 부리는[肆] 장수(將帥)를 암시한다.

인(人) 〈사람 인(人), 사람들 인(人)-인인(人人), 만물 중에 최고 성령(性靈)의 자 인(人)-만물지최령자(萬物之最靈者), 백성 인(人)-인민(人民), 남(타인) 인(人)-타인(他人), 누구 인(人)-모인(某人), 도인 인(人)-도인(道人), 현인 인(人)-현인(賢人), 범인(소인) 인(人)-범인(凡人)-소인(小人), 사람의 짓 인(人)-인위(人爲), 신하(하인) 인(人)-신하(臣下)-하인(下人), 춘추의 필법 인(人)-춘추지필법(春秋之筆法), 무리 인(人)-중서(衆庶), 건괘 인(人)-건괘(乾卦), 진괘 인(人)-진괘(震卦), 과일의 씨 인(人)-과실지심(果實之心), 어질 인(人)-인(仁), 선인 인(人)-선인(先人)〉 등의 뜻을 내지만 여기선 〈사람 인(人)〉으로 여기고 새김이 마땅하다.

지(之) 〈주격-소유격-목적격 등의 토씨 지(之), 그것(이것) 지(之)-피(彼)-시(是),

갈 지(之)-왕(往), 이를 지(之)-지(至), 뜻 없는 허사(虛詞) 지(之)〉 등의 뜻을 내지만 여기선 〈~의 지(之)〉로 여기고 새김이 마땅하다.

정(貞) 〈믿을 정(貞)-신(信), 바를 정(貞)-정(正), 정할 정(貞)-정(定), 거북점을 물을 정(貞)-복문(卜問), 역(易)의 내괘(內卦) 정(貞), 마땅할 정(貞)-당(當), 순수할 정(貞)-전(專)-일(一)〉 등의 뜻을 내지만 여기선 〈바를 정(正), 믿을 신(信)〉 등을 합친 뜻과 같아 〈성신(誠信)〉 즉 진실한[誠] 미더움[信]으로 여기고 새김이 마땅하다.

註 손위진퇴(巽爲進退) 위불과(爲不果) : 손은[巽 : ☴] 나아감과[進] 물러감[退]이고[爲] 과감하지 못함[不果]이다[爲]. 「설괘전(說卦傳)」 11단락(段落)

註 건건야(乾健也) : 건은[乾 : ☰] 강건함[健]이다[也]. 「설괘전(說卦傳)」 7단락(段落)

구이(九二 : ⚊)

九二 : 巽在牀下이다 用史巫紛若하여 吉해도 无咎리라
손재상하 용사무분약 길 무구

구이(九二) : 얌전히 나아감이[巽] 침상[牀] 아래에[下] 있다[在]. 사관과[史] 무당을[巫] 씀이[用] 많다면[紛若] 행운을 누려도[吉] 허물은[咎] 없다[无].

【구이(九二)의 효상(爻象) 풀이】

손괘(巽卦 : ䷸)의 구이(九二 : ⚊)는 이양거음(以陽居陰) 즉 양(陽 : ⚊)으로써[以] 음(陰 : ⚋)의 자리에 있는지라[居] 정당한 자리에 있지 못하다. 구이(九二 : ⚊)와 초륙(初六 : ⚋)은 양음(陽陰)의 사이인지라 비(比) 즉 이웃의 사귐[比]을 누린다. 구이(九二 : ⚊)와 구삼(九三 : ⚊)은 양양(兩陽) 즉 둘 다[兩] 양(陽 : ⚊)의 사이인지라 상충(相衝) 즉 서로[相] 충돌하는[衝] 사이이다. 구이(九二 : ⚊)와 구오(九五 : ⚊)도 양양(兩陽)인지라 정응(正應) 즉 바르게[正] 호응함[應]을 누리지 못한다. 그러나 구이(九二 : ⚊)는 손괘(巽卦 : ䷸)의 하체(下體) 손(巽 : ☴)의 중효(中爻)로서 득중(得中) 즉 정도를 따름을[中] 취하여[得] 손시(巽時)를 맞아 매우 겸손하게 나아가는[巽] 모습이다.

손괘(巽卦 : ䷸)의 구이(九二 : ⚊)가 육이(六二 : ⚋)로 변효(變爻)하면 구이(九二 : ⚊)는 손괘(巽卦 : ䷸)를 53번째 점괘(漸卦 : ䷴)로 지괘(之卦)하게 한다. 따라서 손괘(巽卦 : ䷸)의 구이(九二 : ⚊)는 점괘(漸卦 : ䷴)의 육이(六二 : ⚋)를 찾아가 살펴보게 한다.

【구이(九二)의 계사(繫辭) 풀이】

巽在牀下(손재상하)

얌전히 나아감이[巽] 침상[牀] 아래에[下] 있다[在].

〈손재상하(巽在牀下)〉는 손괘(巽卦 : ䷸) 구이(九二 : ⚊)의 효위(爻位)를 들어 암시한 계사(繫辭)이다. 〈손재상하(巽在牀下)〉는 〈구이지손재상하(九二之巽在牀下)〉의 줄임으로 여기고 〈구이가[九二之] 얌전히 나아감은[巽] 침상[牀] 밑에[下] 있다[在]〉라고 새겨볼 것이다.

〈손재상하(巽在牀下)〉는 손괘(巽卦 : ䷸) 상구(上九 : ⚊)의 계사(繫辭)에도 나온다. 〈손재상하(巽在牀下)의 상(牀)〉은 「설괘전(說卦傳)」에 나오는 〈손은[巽 : ☴] 나무[木]이다[爲]〉라는 내용을 상기시키고, 동시에 구이(九二 : ⚊)의 효위(爻位)를 들어 취상(取象)된 것이다. 손괘(巽卦 : ䷸)의 상하체(上下體)인 손(巽 : ☴)을 〈상(牀)〉으로 비유한다. 손(巽 : ☴)의 괘속(卦屬)이 〈목(木)〉 즉 나무[木]이고 〈상(牀)〉은 나무로 만들어진 것이라, 손(巽 : ☴)을 〈상(牀)〉으로 취상(取象)한 것이다. 〈상(牀)〉이란 사람이 앉거나 눕는 가구(家具)를 말한다. 따라서 〈재상상(在牀上)〉 즉 상(牀) 위에[上] 있다[在]고 함이 정상적인 상(牀)의 활용이지만, 〈재상하(在牀下)〉 즉 상(牀) 아래에[下] 있다[在]고 함은 실제로 상(牀)의 활용을 뜻함이 아니라, 유극(喩極) 즉 몹시 지나침을[極] 일깨우는[喩] 관용어법이다. 따라서 〈상하(牀下)〉는 손괘(巽卦 : ䷸)의 하체(下體) 손(巽 : ☴)의 중효(中爻)인 구이(九二 : ⚊)가 양(陽 : ⚊)이면서 음(陰 : ⚋)의 자리에 있어서 양(陽 : ⚊)의 강강(剛强)함을 앞세우지 않고 오히려 음(陰 : ⚋)의 유순(柔順)함을 수용하여 지나치리만큼 얌전히 나아가 들어감[巽]을 암시한다. 중효(中爻)로서 구이(九二 : ⚊)가 득중(得中) 즉 정도를 따름을[中] 취하여[得] 사심(邪心) 없이 손괘(巽卦 : ䷸)의 주제인 〈손(巽)〉 즉 얌전히 나아가 들어감[巽]의 시국을 지나치게 몸을 낮추어 마주함을 암시한 계사(繫

辭)가 〈손재상하(巽在牀下)〉이다.

用史巫紛若(용사무분약)

사관과[史] 무당을[巫] 씀이[用] 많다[紛若].

〈용사무분약(用史巫紛若)〉은 손괘(巽卦 : ䷸)의 구이(九二 : ⚊)가 얌전히 나아감[巽]이 지나쳐[極] 보이지만 그 심지(心志)는 몹시 경건함을 암시한 계사(繫辭)이다. 〈용사무분약(用史巫紛若)〉은 〈구이지용사여무분약(九二之用史與巫紛若)〉의 줄임으로 여기고 〈구이가[九二之] 축사와[史與] 무녀를[巫] 활용함이[用] 남김 없는[紛] 듯하다[若]〉라고 새겨볼 것이다.

〈용사무분약(用史巫紛若)의 사무(史巫)〉는 손괘(巽卦 : ䷸)의 내호괘(內互卦) 태(兌 : ☱)를 들어 구이(九二 : ⚊)를 취상(取象)한 것이다. 왜냐하면 〈사무(史巫)〉가 「설괘전(說卦傳)」에 나오는 〈태는[兌 : ☱] 무인[巫]이다[爲]〉라는 내용을 상기시키기 때문이다. 여기 〈사(史)〉와 〈무(巫)〉는 접사귀신지인(接事鬼神之人) 즉 귀신을[鬼神] 만나고[接] 섬기는[事之] 사람[人]을 뜻한다. 〈사무(史巫)의 사(史)〉는 축사(祝史) 즉 귀신에게 축문을 지어 읽어 올리는[祝] 관리[史]를 말하고, 〈사무(史巫)의 무(巫)〉는 노래하고 춤추어 귀신을 불러오는[降] 무당[巫]을 말한다. 여기 〈무(巫)〉는 무녀(巫女)-남격(男覡)을 함께 뜻한다고 여기면 된다. 이런 〈사무(史巫)〉를 구이(九二 : ⚊)가 이용하는 경우가 〈분약(紛若)〉 즉 많은[紛] 모습[若]이라 하여 앞에서의 〈재상하(在牀下)〉를 거듭해 암시한다. 여기 〈분약(紛若)〉은 성다모(盛多貌) 즉 많은[盛多] 모양[貌]이라는 뜻이다. 이처럼 구이(九二 : ⚊)가 공손하게 행동함[巽]에 강강(剛强)함을 앞세워 과감하게 추진하지 않고 축사(祝史)와 무인(巫人)을 통해 귀신(鬼神)께 고한 다음 지나치리만큼 얌전히 나아간다[巽]는 것은 구이(九二 : ⚊)가 중효(中爻)인지라 거사귀정(去邪歸正) 즉 삿됨을[邪] 버리고[去] 올바름으로[正] 돌아와[歸] 손괘(巽卦 : ䷸)의 주제인 〈손(巽)〉의 시국을 득중(得中)으로써 맞이하는 것임을 암시한 계사(繫辭)가 〈용사무분약(用史巫紛若)〉이다.

吉(길) 无咎(무구)

행운을 누려도[吉] 허물은[咎] 없다[无].

〈길(吉) 무구(无咎)〉는 손괘(巽卦 : ䷸)의 구이(九二 : ⚊)가 중효(中爻)로서 득중(得中) 즉 정도를 따름을[中] 취하는[得] 보람을 암시한 계사(繫辭)이다. 〈수구이유길(雖九二有吉) 구이무구(九二无咎)〉의 줄임으로 여기고 〈구이에게[九二] 행운을 누림이[吉] 있을[有]지라도[雖] 구이에게[九二] 허물은[咎] 없다[无]〉라고 새겨 볼 것이다.

〈길(吉) 무구(无咎)〉는 손괘(巽卦 : ䷸)의 주제인 〈손(巽)〉 즉 얌전히 나아가는 시국을 겸손하게 임하여 〈길(吉)〉 즉 천복(天福)을 누림을 암시한다. 손시(巽時) 즉 얌전히 나아가는[巽] 때[時]를 맞아 구이(九二 : ⚊)가 득중(得中)하는 중효(中爻)임을 거듭해 암시한 것이 〈길(吉) 무구(无咎)〉이다. 득중(得中)한다고 함은 무편무사(無偏無邪) 즉 치우침이[偏] 없고[無] 삿됨도[邪] 없어[無] 공명(公明)하고 정대(正大)함이다. 이러한 득중(得中)을 몸소 시행하는 구이(九二 : ⚊)가 겸손하게 행동하니 행운을 누릴 수밖에 없음을 암시한 계사(繫辭)가 〈길(吉)〉이고, 행운을 누리는 구이(九二 : ⚊)에게 허물이[咎] 없음[无]을 암시한 계사(繫辭)가 〈무구(无咎)〉이다.

【字典】

손(巽) 〈공손할(몸을 낮출) 손(巽)-손(遜)-공(恭)-양(讓), 들어갈 손(巽)-입(入), 따를 손(巽)-순(順), 갖출 손(巽)-구(具), 엎드릴 손(巽)-복(伏), 흩어질 손(巽)-산(散), 실천할(지킬) 손(巽)-천(踐), 팔괘의 하나 손(巽)-팔괘지일(八卦之一), 64괘의 하나 손(巽)-육십사괘지일(六十四卦之一)〉 등의 뜻을 내지만 여기선 〈공손할 손(遜)과 들어갈 입(入)〉의 두 뜻을 합한 것으로 여기고 〈공손한 들어감[巽]〉으로 새김이 마땅하다.

재(在) 〈있을 재(在)-존(存), 살 재(在)-거(居)=거(凥), 있는 곳 재(在)-소재(所在), 살필 재(在)-찰(察), 마칠 재(在)-종(終), 저절로 있을 재(在)-자재(自在), 땅속에서 싹이 터오를 재(在), ~에서 재(在)-어(於), ~뿐이다 재(在)-이(耳), ~이다 재(在)-의(矣) 등의 어조사 노릇〉 등의 뜻을 내지만 여기선 〈있을 존(存)〉과 같다 여기고 새김이 마땅하다.

상(牀) 〈사람이 앉거나 눕는 가구(몸을 편안하게 하는 의자) 상(牀)-인소좌와지구(人所坐臥之具)-안신지궤좌(安身之几坐), 평상 상(牀)-와탑(臥榻), 살평상 상(牀)-책(簀), 우물 난간 상(牀)-정간(井幹), 마루 상(牀)-인소좌와(人所坐臥), 걸상 상(牀)-과상(跨床)〉 등의 뜻을 내지만 여기선 〈사람이 앉거나 눕는 가구 인소좌와지구(人所坐臥之

具)〉와 같은 뜻을 내서, 〈상하(牀下)〉란 유극(喩極) 즉 몹시 지나침을[極] 일깨우는[喩] 관용어로 여기고 새김이 마땅하다.

하(下) 〈아래 하(下)-저(底), 따르게 할 하(下)-항(降)-항복(降服), 아래로 내려갈 하(下)-행하(行下), 땅 하(下)-지(地), 못 하(下)-택(澤), 곤 하(下)-곤(坤), 천할 하(下)-천(賤), 신하 하(下)-신(臣), 백성(억조창생) 하(下)-범서(凡庶), 어릴 하(下)-유(幼), 내릴 하(下)-강(降), 떨어질 하(下)-낙(落), 삭제할 하(下)-제(除)-삭(削), 물러날 하(下)-퇴양(退讓), 흉노(匈奴)의 여자를 부를 하(下)-거차(居次), 구부릴 하(下)-부(俯)〉 등의 뜻을 내지만 여기선 〈아래 저(底)〉로 여기고 새김이 마땅하다.

용(用) 〈쓸 용(用)-시(施)-행(行), 쓰일(부릴) 용(用)-사(使), 맡길 용(用)-임(任), 위할 용(用)-위(爲), 갖출 용(用)-비(備)〉 등의 뜻을 내지만 여기선 〈쓸 시(施)〉와 같다 여기고 새김이 마땅하다.

사(史) 〈점치는 사람 사(史)-서인(筮人), 인군의 언행을 기록하는 관리 사(史)-기사자(記事者)-기인군지언행지관(記人君之言行之官), 장서하는 관리 사(史)-장서지관(掌書之官), 역사를 실어둔 책 사(史)-국가기사지서(國家記事之書), 천문을 관장하는 관리 사(史)-장천문지관(掌天文之官), 옥관 사(史)-옥관(獄官), 문장가-서화가 사(史)-문장가(文章家)-서화가(書畫家), 꾸밈이 많고 질박함이 적은 사(史)-문다질소(文多質少)〉 등의 뜻을 내지만 여기선 〈점치는 사람 서인(筮人)〉으로 여기고 새김이 마땅하다.

무(巫) 〈신 내림한 여인(남자) 무(巫)-신재녀(神在女)-신재남(神在男), 의사 무(巫)-의사(醫師), 망령될(거짓) 무(巫)-망(妄)〉 등의 뜻을 내지만 〈무인(巫人)〉 즉 신을 노래와 춤으로 달래는 사람으로 여기고 새김이 마땅하다.

분(紛) 〈많을 분(紛)-중(衆), 어지러울 분(紛)-문(紊)-란(亂), 분잡할 분(紛)-잡(雜), 얽힐 분(紛)-결근(結根), 느슨할(늘어질) 분(紛)-완(緩), 빛날 분(紛)-빈(份)-성모(盛貌), 흐릴 분(紛)-혼(惛)-모(眊), 기뻐할 분(紛)-희(喜)〉 등의 뜻을 내지만 여기선 〈많을 중(衆)〉으로 여기고 새김이 마땅하다. 〈분약(紛若)〉은 성다지모(盛多之貌) 즉 많은[盛多之] 모양[貌]을 말한다.

若 〈약-야〉 두 가지로 발음되고, 〈같을 약(若)-여(如), 어조사로 ~면 약(若), 너 약(若)-여(汝), 만약 약(若)-가사(假使), 따를 약(若)-순(順), 착할 약(若)-선(善), 그 약(若)-기(其), 미칠 약(若)-급(及)-지(至), 이 약(若)-차(此), 어말조사(語末助辭)로 ~듯 약

(若), 반야(般若) 야(若)〉 등의 뜻을 내지만 여기선 어조사(語助辭)로 〈같을 여(如)〉로 여기고 새김이 마땅하다.

길(吉) 〈좋을(행복할) 길(吉)-선(善)-영(令) {영월길일(令月吉日)은 선월선일(善月善日)임.}, 복 길(吉)-실(實)-선실(善實)-복(福), 예의를 따라 상서로울 길(吉)-예의순상(禮義順祥), 삼갈 길(吉)-근(謹), 초하루 길(吉)-삭일(朔日) {삭망(朔望) 즉 초하루[朔]와 그믐날[望]}, 길례 길(吉)-길례(吉禮) {오례지일(五禮之一) 길흉빈군가(吉凶賓軍嘉)}, 갈 길(吉)-행(行)-길(趌)〉 등의 뜻을 내지만 여기선 〈좋을 선(善)-영(令)〉 즉 행복(幸福), 행운(幸運) 등과 같다 여기고 새김이 마땅하다.

무(无) 〈없을 무(无)-무(無), 허무지도 무(无)-허무지도(虛无之道), 으뜸 무(无)-원(元)〉 등의 뜻을 내지만 여기선 〈없을 무(無)〉와 같다 여기고 새김이 마땅하다.

구(咎) 〈재앙 구(咎)-재(災), 병될 구(咎)-병(病), 허물 구(咎)-건(愆)-과(過), 나쁠 구(咎)-오(惡)〉 등의 뜻을 내지만 여기선 〈허물 건(愆)-과(過)〉와 같다 여기고 새김이 마땅하다. 〈무구(无咎)〉는 〈면어구(免於咎)〉 즉 허물을[於咎] 면하다[免]와 같다.

註 손위목(巽爲木) : 손은[巽 : ☴] 나무[木]이다[爲]. 「설괘전(說卦傳)」 11단락(段落)

註 태위무(兌爲巫) : 태는[兌 : ☱] 무인[巫]이다[爲]. 「설괘전(說卦傳)」 11단락(段落)

구삼(九三 : ⚊)

九三 : 頻巽이니 吝하다
(빈 손 인)

구삼(九三) : 반복해[頻] 얌전히 나아가니[巽] 부끄러우리라[吝].

【구삼(九三)의 효상(爻象) 풀이】

손괘(巽卦 : ䷸)의 구삼(九三 : ⚊)은 이양거양(以陽居陽) 즉 양(陽 : ⚊)으로써[以] 양(陽 : ⚊)의 자리에 있는지라[居] 정당한 자리에 있다. 구삼(九三 : ⚊)과 육사(六四 : ⚋)는 양음(陽陰)의 사이인지라 비(比) 즉 이웃의 사귐[比]을 누린다. 구삼(九三 : ⚊)과 상구(上九 : ⚊)는 양양(兩陽)의 사이인지라 불상응(不相應) 즉 서로[相] 호응하지 못하는[不應] 처지이다. 이에 구삼(九三 : ━)은 손괘(巽卦 : ䷸)의 하체(下體) 손(巽 : ☴)의 중위(中位)를 벗어나 손(巽 : ☴)의 상효(上爻)로서 편강(偏剛) 즉 굳셈에[剛] 치우쳐[偏] 딱한 모습이다.

> 손괘(巽卦 : ䷸)의 구삼(九三 : ━)이 육삼(六三 : --)으로 변효(變爻)하면 구삼(九三 : ━)은 손괘(巽卦 : ䷸)를 59번째 환괘(渙卦 : ䷺)로 지괘(之卦)하게 한다. 따라서 손괘(巽卦 : ䷸)의 구삼(九三 : ━)은 환괘(渙卦 : ䷺)의 육삼(六三 : --)을 찾아가 살펴보게 한다.

【구삼(九三)의 계사(繫辭) 풀이】

頻巽(빈손) 吝(인)

반복해[頻] 얌전히 나아가니[巽] 부끄러우리라[吝].

〈빈손(頻巽)〉은 손괘(巽卦 : ䷸) 구삼(九三 : ━)의 효위(爻位)를 들어 암시한 계사(繫辭)이다. 〈빈손(頻巽)〉은 〈구삼빈손(九三頻巽)〉의 줄임으로 여기고 〈구삼이[九三] 반복해[頻] 얌전히 나아간다[巽]〉라고 새겨볼 것이다. 〈빈(頻)〉은 〈자주 삭(數)〉과 같다.

〈빈손(頻巽)〉은 손괘(巽卦 : ䷸)의 주제인 〈손(巽)〉 즉 얌전히 나아가 들어가는[巽] 시국이 구삼(九三 : ━)에게 걸맞지 않음을 암시한다. 왜냐하면 손괘(巽卦 : ䷸)의 하체(下體) 손(巽 : ☴)의 중위(中位)를 벗어나 손(巽 : ☴)의 상위(上位)에 있는 강강(剛强)한 구삼(九三 : ━)이 정당한 자리에 있음인지라 온화(溫和)하거나 겸손(謙遜)하지 않고 굳세고 강함을 앞세우기 때문이다. 대성괘(大成卦)에서 삼위(三位)는 하체(下體)의 상효(上爻)이면서 양(陽 : ━)의 자리인지라 구삼(九三 : ━)은 편강(偏剛) 즉 굳셈에[剛] 치우치는[偏] 탓으로 온화하거나 겸손하지 못하다. 이런 구삼(九三 : ━)이 육사(六四 : --)와 양음(陽陰)의 사이인지라 비(比) 즉 이웃의 사귐[比]을 나눌 수 있음을 앞세워 상친(相親)하여 자신의 속셈을 이루고자 〈빈손(頻巽)〉 즉 자주자주[頻] 얌전히 나아가 들어가려 한다[巽] 함은 진실한 속마음이 아니라 위선(僞善)임을 암시한 계사(繫辭)가 〈빈손(頻巽)〉이다.

〈인(吝)〉은 앞의 〈빈손(頻巽)〉을 꾸짖는 계사(繫辭)이다. 여기 〈인(吝)〉은 〈구삼지빈손린(九三之頻巽吝)〉의 줄임으로 여기고 〈구삼의[九三之] 반복해[頻] 얌전히 나아가려 함은[巽] 부끄럽다[吝]〉라고 새겨볼 것이다. 여기 〈인(吝)〉은 〈부끄러울 치(恥)〉와 같다.

〈인(吝)〉은 구삼(九三 : ━)이 편강(偏剛)의 성미를 감추고 〈손(巽)〉 즉 얌전히 나아가려[巽] 함은 수치스러움[吝]을 암시한다. 구삼(九三 : ━)의 〈빈손(頻巽)〉은 자기(自欺) 즉 스스로를[自] 속이는[欺] 짓인지라, 여기 〈인(吝)〉은 『대학(大學)』에 나오는 〈스스로를[自] 속임이[欺] 없다[毋]〉라는 내용을 환기시켜 구삼(九三 : ━)의 속내가 진실하지 못함을 일깨운다. 〈인(吝)〉 즉 수치스러움[吝]이란 불성기의(不誠其意) 즉 제[其] 속내가[意] 진실하지 못해서[不誠] 빚어지는 위선(僞善)임을 암시한 계사(繫辭)가 〈인(吝)〉이다.

【字典】

빈(頻) 〈자주 빈(頻)-삭(數)-급(急), 대지를 빈(頻)-축(蹙), 물가 빈(頻)-수애(水厓), 연이을 빈(頻)-연(連)-비(比), 혼란할 빈(頻)-난(亂), 가까울 빈(頻)-근(近)〉 등의 뜻을 내지만 여기선 〈자주 삭(數)〉과 같다 여기고 새김이 마땅하다.

손(巽) 〈공손할(몸을 낮출) 손(巽)-손(遜)-공(恭)-양(讓), 들어갈 손(巽)-입(入), 따를 손(巽)-순(順), 갖출 손(巽)-구(具), 엎드릴 손(巽)-복(伏), 흩어질 손(巽)-산(散), 실천할(지킬) 손(巽)-천(踐), 팔괘의 하나 손(巽)-팔괘지일(八卦之一), 64괘의 하나 손(巽)-육십사괘지일(六十四卦之一)〉 등의 뜻을 내지만 여기선 〈공손할 손(遜)과 들어갈 입(入)〉의 두 뜻을 합한 것으로 여기고 〈공손한 들어감[巽]〉으로 새김이 마땅하다.

인(吝) 〈부끄러울 인(吝)-수치(羞恥), 굴욕스러울 인(吝)-굴욕(屈辱), 한할 인(吝)-한(恨), 아낄 인(吝)-석(惜), 인색할 인(吝)-색(嗇), 욕심낼 인(吝)-탐(貪)〉 등의 뜻을 내지만 여기선 〈부끄러울 수치(羞恥)〉와 같다 여기고 새김이 마땅하다. 〈吝〉이 맨 앞에 오면 〈인〉으로 발음되고, 중간이나 뒤에 오면 〈린〉으로 발음된다.

註 소위성기의자(所謂誠其意者) 무자기야(毋自欺也) 여오악취(如惡惡臭) 여호호색(如好好色) 차지위자겸(此之謂自謙) : 이른바[所爲] 제[其] 속내를[意] 진실히 한다는[誠] 것은[者] 자신을[自] 속임이[欺] 없다는 것[毋]이다[也]. 나쁜[惡] 냄새를[臭] 싫어하듯[如惡], 좋은[好] 빛깔을[色] 좋아하듯[如好] 이를[此之] 스스로[自] 겸손히 처신함[謙]이라 한다[謂].

『대학(大學)』「각론(各論)」 첫 단락(段落)

육사(六四 : --)

六四 : 悔亡이다 田獲三品이다
회무 전획삼품

육사(六四) : 후회함이[悔] 없으리라[亡]. 사냥에서[田] 풍성한 사냥감을[三品] 획득했다[獲].

【육사(六四)의 효상(爻象) 풀이】

손괘(巽卦 : ䷸)의 육사(六四 : --)는 이음거음(以陰居陰) 즉 음(陰 : --)으로써[以] 음(陰 : --)의 자리에 있는지라[居] 정당한 자리에 있다. 육사(六四 : --)와 구오(九五 : —)는 음양(陰陽)의 사이인지라 이웃의 사귐[比]을 누린다. 육사(六四 : --)와 초륙(初六 : --)은 양음(兩陰) 즉 둘 다[兩] 음(陰 : --)의 사이인지라 불상응(不相應) 즉 서로[相] 호응하지 못하는[不應] 처지이다. 그러나 육사(六四 : --)는 손괘(巽卦 : ䷸)의 상체(上體) 손(巽 : ☴)의 초효(初爻)로서 유순(柔順)함으로 구오(九五 : —)와 상친(相親) 즉 서로[相] 가까이함[親]을 두텁게 하는 모습이다.

> 손괘(巽卦 : ䷸)의 육사(六四 : --)가 구사(九四 : —)로 변효(變爻)하면 육사(六四 : --)는 손괘(巽卦 : ䷸)를 44번째 구괘(姤卦 : ䷫)로 지괘(之卦)하게 한다. 따라서 손괘(巽卦 : ䷸)의 육사(六四 : --)는 구괘(姤卦 : ䷫)의 구사(九四 : —)를 찾아가 살펴보게 한다.

【육사(六四)의 계사(繫辭) 풀이】

悔亡(회무)

후회함이[悔] 없으리라[亡].

〈회무(悔亡)〉는 손괘(巽卦 : ䷸)의 육사(六四 : --)가 구오(九五 : —)와 비(比) 즉 이웃의 사귐[比]을 성심(誠心)으로 다함을 암시한 계사(繫辭)이다. 〈회무(悔亡)〉는 〈회무우륙사(悔亡于六四)〉의 줄임으로 여기고 〈육사(六四)에게는[于] 뉘우칠 것이[悔] 없다[亡]〉라고 새겨볼 것이다. 〈회무(悔亡)의 무(亡)〉는 여기선 〈없을 무

(無)〉와 같다.

〈회무(悔亡)〉는 손괘(巽卦 : ䷸)의 상체(上體) 손(巽 : ☴)의 초효(初爻)로서 육사(六四 : --)가 손시(巽時) 즉 공손히 나아가 들어가야 할[巽] 때[時]를 마주해, 온화(溫和)하고 겸손(謙遜)함을 다하여 구오(九五 : —)를 순복(順服)하지 않고서는 홀로 어떠한 시도이든 감행할 수 없음을 암시한다. 홀로 얌전히 나아가 들어감[巽]으로써 어떤 일을 시도한다고 해도 육사(六四 : --)는 유약(柔弱)한지라 실패를 면하기 어렵다. 만일 육사(六四 : --)가 구오(九五 : —)를 어기고 손괘(巽卦 : ䷸)의 주제인 〈손(巽)〉 즉 얌전히 나아감[巽]의 시국을 마주한다면, 육사(六四 : --)가 실패의 뉘우침을 겪게 마련임을 육사(六四 : --) 자신이 알고 있음을 〈회무(悔亡)〉가 암시한다. 따라서 육사(六四 : --)는 득중(得中) 즉 정도를 따름을[中] 취하여[得] 매사를 마주하는 구오(九五 : —)를 성군(聖君)으로 받들면서 진실로 얌전히 나아가려 함[巽]을 암시한 계사(繫辭)가 〈회무(悔亡)〉이다.

田獲三品(전획삼품)

사냥에서[田] 풍성한 사냥감을[三品] 획득했다[獲].

〈전획삼품(田獲三品)〉은 육사(六四 : --)에게 〈회무(悔亡)〉 즉 뉘우칠 것이[悔] 없는[亡] 까닭을 암시한 계사(繫辭)이다. 〈전획삼품(田獲三品)〉은 〈육사전(六四田) 이륙사획삼품(而六四獲三品)〉의 줄임으로 여기고 〈육사가[六四] 사냥을 나갔다[田] 그리고[而] 육사가[六四] 세 가지[三] 종류를[品] 획득했다[獲]〉라고 새겨볼 것이다. 〈전(田)〉은 〈사냥할 전(佃)〉과 같다.

〈전획삼품(田獲三品)〉은 손괘(巽卦 : ䷸)의 외호괘(外互卦)인 이(離 : ☲)를 빌려 육사(六四 : --)를 암시한다. 왜냐하면 〈전획삼품(田獲三品)의 전(田)〉이 「계사전하(繫辭傳下)」에 나오는 〈노끈[繩] 맺기를[結] 창작해서[作而] 새 잡는 그물과[網] 물고기 잡는 그물을[罟] 만들었고[爲] 망(網)으로써[以] 사냥을 하였고[佃] 고(罟)로써[以] 물고기를 잡았다[漁] 대개는[蓋] 이괘에서[離 : ☲] 앞의 일들을[諸] 취했다[取]〉라는 내용을 상기시키기 때문이다. 〈전획삼품(田獲三品)의 삼품(三品)〉은 고대(古代)에 심장을 맞춰 잡은 사냥감은 상품(上品)으로서 제물로 썼고, 다리를 맞춰 잡은 사냥감은 중품(中品)으로서 연회를 위해 썼고, 배통을 맞춰 잡은 사냥감은 하품(下品)으로서 가솔(家率)의 식용으로 삼았던 사냥감[獲]의 품위(品位)를 암시한다. 이러한 〈삼품(三品)〉으로써 육사(六四 : --)가 손시(巽時) 즉 얌전히 나아가 들어가는[巽] 때[時]를 맞아 군왕(君王)인 구오(九五 : ━)에게 남김없이 충성을 다하면서 공적을[功] 쌓고 있음[有]을 암시한 계사(繫辭)가 〈전획삼품(田獲三品)〉이다.

【字典】

회(悔) 〈뉘우칠 회(悔)-오(懊), 거만할 회(悔)-만(慢), 한스러울 회(悔)-한(恨), 실패할 회(悔)-실(失), 후회할 회(悔)-후회(後悔), (잘못 등을) 고칠 회(悔)-개(改), 책망할 회(悔)-구(咎), 대성괘의 상체(上體) 회(悔)〉 등의 뜻을 내지만 여기선 〈뉘우칠 오(懊)〉와 같다 여기고 새김이 마땅하다. 대성괘(大成卦)의 하체(下體)를 〈정(貞)〉이라 일컫고, 상체(上體)를 〈회(悔)〉라고 일컫는다.

亡 〈무-망〉 두 가지로 발음되고, 〈없을 무(亡)-무(無), 가난할 무(亡)-빈(貧), 달아날(피할) 망(亡)-도(逃)-분(奔)-피(避)-거(去), 없어질 망(亡)-멸(滅), 죽음 망(亡)-사(死), 잃을 망(亡)-상(喪)-실(失), 업신여길 망(亡)-경멸(輕蔑), 그칠 망(亡)-지(止)-이(已), 잊을 망(亡)-망(忘)〉 등의 뜻을 내지만 여기선 〈없을 무(亡)-무(無)〉로 여기고 새김이 마땅하다.

전(田) 〈사냥 전(田)-전(佃)-전(畋)-수렵(狩獵), 논밭(밭) 전(田)-전답(田畓), 씨앗으로 쓸 곡식(씨곡) 전(田)-종곡(種穀), 오십 이랑의 밭 전(田)-오십무(五十畝), 밭농사 짓는 일 전(田)-전산생업(田産生業), 밭갈이 전(田)-경작(耕作), 봄철 사냥 전(田)-춘수(春狩), 진열할 전(田)-진열(陳列), 큰 북 전(田)-대고(大鼓), 동방 전(田)-동방(東方)〉 등의 뜻을 내지만 여기선 〈사냥 전(畋)-수렵(狩獵)〉으로 여기고 새김이 마땅하다.

獲 〈획-확〉 두 가지로 발음되고, 〈얻어낼 획(獲)-득(得)-취득(取得), 겨루어 취할 획(獲)-쟁취(爭取), 시의를 얻을 획(獲)-득시지의(得時之宜), 전쟁이 얻어낸 포로 획(獲)-전쟁소득지부(戰爭所得之俘), 노비(종) 획(獲)-노비(奴婢), 실심한 모습 확(獲)-실지모(失志貌), 더럽힐 확(獲)-오욕(汚辱)〉 등의 뜻을 내지만 여기선 〈얻어낼 득(得)〉으로 여기고 새김이 마땅하다.

삼(三) 〈셋(석 삼) 삼(三)-이지가일(二之加一), 다수를 나타낼 삼(三)-다수지칭(多數之稱), 삼재의 수 삼(三)-천지인지수(天地人之數), 임금-아버지-스승 삼(三)-군부사

(君父師), 동방 삼(三)-동방(東方), 끝 삼(三)-종(終)〉 등의 뜻을 내지만 여기선 〈셋 삼(三)〉으로 여기고 새김이 마땅하다.

품(品) 〈뭇(종류) 품(品)-유(類)-종류(種類), 많을 품(品)-중(衆)-서(庶), 품수 품(品)-격(格), 등차 품(品)-등차(等差), 평가할 품(品)-평(評), 두루 품(品)-편(徧), 고르게 할 품(品)-제(齊), 한 가지 품(品)-동(同), 법 품(品)-법(法)-식(式), 벼슬 차례 품(品)-관품(官品), 별미 품(品)-별미(別味)-품다(品茶)〉 등의 뜻을 내지만 여기선 〈뭇 즉 종류(種類)〉로 여기고 새김이 마땅하다.

註 작결승이위망고(作結繩而爲網罟) 이전(以佃) 이어(以漁) 개취제리(蓋取諸離) : 노끈[繩] 맺기를[結] 창작해서[作而] 새 잡는 그물과[網] 물고기 잡는 그물을[罟] 만들었고[爲], {망(網)}으로써[以] 사냥을 하였고[佃] {고(罟)}로써[以] 물고기를 잡았다[漁]. 대개는[蓋] 이괘에서[離] 앞의 일들을[諸] 취했다[取]. 「계사전하(繫辭傳下)」 2단락(段落)

구오(九五 : ㅡ)

九五 : 貞吉(정길)하고 悔亡(회무)하며 无不利(무불리)함이 无初有終(무초유종)이다 先庚三日(선경삼일)하고 後庚三日(후경삼일)이면 吉(길)하리라

구오(九五) : 진실로 미더워[貞] 행복하고[吉] 뉘우칠 것이[悔] 없으며[亡] 이롭지 않음이[不利] 없음이[无] 처음엔[初] 없었지만[无] 끝내는[終] 있다[有]. 경일에[庚] 앞으로[先] 사흘이고[三日] 경일에[庚] 뒤로[後] 사흘이면[三日] 좋으리라[吉].

【구오(九五)의 효상(爻象) 풀이】

손괘(巽卦 : ䷸)의 구오(九五 : ㅡ)는 이양거양(以陽居陽) 즉 양(陽 : ㅡ)으로써[以] 양(陽 : ㅡ)의 자리에 있는지라[居] 정당한 자리에 있다. 구오(九五 : ㅡ)와 육사(六四 : --)는 양음(陽陰)의 사이인지라 비(比) 즉 이웃의 사귐[比]을 누리지만, 구오(九五 : ㅡ)와 상구(上九 : ㅡ)는 양양(兩陽) 즉 둘 다[兩] 양(陽 : ㅡ)의 사이인

지라 이웃의 사귐[比]을 누리지 못한다. 그리고 구오(九五 : ⚊)와 구이(九二 : ⚊) 역시 양양(兩陽)인지라 중정(中正) 즉 중효로서[中] 정위에 있음[正]을 서로 누리지 못하고 정응(正應) 즉 바르게[正] 호응하지도[應] 못한다. 그러나 구오(九五 : ⚊)는 손괘(巽卦 : ䷸)의 상체(上體) 손(巽 : ☴)의 중효(中爻)로서 손(巽) 즉 얌전히 나아가는[巽] 시국을 맞이하여 항상 득중(得中) 즉 정도를 따름을[中] 취하기[得] 때문에 강강(剛强)하면서도 굳셈과[剛] 강함[强]에 치우치지 않고 얌전히 나아가는[巽] 군왕(君王)의 모습이다.

> 손괘(巽卦 : ䷸)의 구오(九五 : ⚊)가 육오(六五 : ⚋)로 변효(變爻)하면 구오(九五 : ⚊)는 손괘(巽卦 : ䷸)를 18번째 고괘(蠱卦 : ䷑)로 지괘(之卦)하게 한다. 따라서 손괘(巽卦 : ䷸)의 구오(九五 : ⚊)는 고괘(蠱卦 : ䷑)의 육오(六五 : ⚋)를 찾아가 살펴보게 한다.

【구오(九五)의 계사(繫辭) 풀이】

貞吉(정길)

진실로 미더워[貞] 행복하다[吉].

〈정길(貞吉)〉은 손괘(巽卦 : ䷸)의 구오(九五 : ⚊)가 상체(上體)인 손(巽 : ☴)의 중효(中爻)로서 득중(得中)함을 암시한 계사(繫辭)이다. 〈정길(貞吉)〉은 〈구오유정(九五有貞) 인차구오유길(因此九五有吉)〉의 줄임으로 여기고 〈구오에게는[九五] 진실한 미더움이[貞] 있다[有] 그러므로[因此] 구오에게는[九五] 행복을 누림이[吉] 있다[有]〉라고 새겨볼 것이다.

〈정길(貞吉)〉은 군왕(君王)인 구오(九五 : ⚊)가 손괘(巽卦 : ䷸)의 주제인 〈손(巽)〉의 시국을 득중(得中)으로써 마주함을 암시한다. 〈정길(貞吉)의 정(貞)〉은 성신(誠信) 즉 진실한[誠] 미더움[信]이다. 공정(公正)하여 무사무편(無邪無偏) 즉 간사함도[邪] 없고[無] 치우침도[偏] 없는[無] 심지(心志)가 곧 〈정(貞)〉이다. 이러한 〈정(貞)〉은 남의 심지를 말함이 아니라 바로 구오(九五 : ⚊) 자신의 심지를 말함이다. 구오(九五 : ⚊)가 손괘(巽卦 : ䷸)의 다른 효(爻)에게 〈정(貞)〉을 요구할 수 없다. 오로지 군왕(君王)인 구오(九五 : ⚊) 자신이 모든 것을 아울러 하나같이[公] 바르게 하여[正], 간사함도[邪] 치우침도[偏] 없이[無] 손시(巽時)를 마주하는 구오

(九五 : ━)의 심지가 〈정(貞)〉이다. 이러한 〈정(貞)〉은 언제 어디서나 구오(九五 : ━)에게 이로울 뿐만 아니라 〈부(孚)〉 즉 모든 신하 백성이 구오(九五 : ━)를 믿어주어[孚] 모두에게 이롭기 때문에, 항상 구오(九五 : ━)로 하여금 만사를 막힘 없이 통하게 함[亨]이다. 따라서 여기 〈정길(貞吉)의 정(貞)〉은 구오(九五 : ━)가 손괘(巽卦 : ䷸)의 상체(上體) 손(巽 : ☴)의 중효(中爻)로서 득중(得中)하며 정위(正位)에 있음을 암시한다. 정도를 따름을[中] 취하는[得] 구오(九五 : ━)인지라 항상 공평무사(公平無邪) 즉 모든 것을 아울러 하나같이[公] 바르게 하여[平] 삿됨이[邪] 없이[無] 손시(巽時)를 마주하기 때문에 구오(九五 : ━)가 행운을 누림[吉]을 암시한 계사(繫辭)가 〈정길(貞吉)〉이다.

悔亡(회무)

뉘우칠 것이[悔] 없다[亡].

〈회무(悔亡)〉는 손괘(巽卦 : ䷸)의 구오(九五 : ━)가 중효(中爻)로서 득중(得中)함을 거듭해 암시한 계사(繫辭)이다. 〈회무(悔亡)〉는 〈회무어구오지길(悔亡於九五之吉)〉의 줄임으로 여기고 〈구오의[九五之] 행운에는[於吉] 뉘우칠 것이[悔] 없다[亡]〉라고 새겨볼 것이다. 〈회무(悔亡)의 무(亡)〉는 〈없을 무(無)〉와 같다.

〈회무(悔亡)〉는 구오(九五 : ━)가 중효(中爻)로서 정위(正位)에 있으면서 항상 득중(得中) 즉 정도를 따름을[中] 취하며[得] 손시(巽時)를 마주함을 암시한다. 이에 구오(九五 : ━)가 비록 하체(下體)의 중효(中爻)인 구이(九二 : ━)와 정응(正應)을 함께 나누지는 못하지만 무사(無邪) 즉 삿됨 없이 스스로 군왕(君王)으로서 매사에 얌전히 나아가[巽] 신명행사(申命行事) 즉 하늘의 명령을[命] 거듭하여[申] 매사를[事] 행하므로[行], 구오(九五 : ━)에게 뉘우칠[悔] 일이란 없음[亡]을 밝힌 계사(繫辭)가 〈회무(悔亡)〉이다.

无不利(무불리) 无初有終(무초유종)

이롭지 않음이[不利] 없음이[无] 처음엔[初] 없었지만[无] 끝내는[終] 있다[有].

〈무불리(无不利) 무초유종(无初有終)〉은 손괘(巽卦 : ䷸)의 구오(九五 : ━)가

구삼(九三 : ━)의 〈빈손(頻巽)〉 즉 위선적인[頻] 얌전히 나아감[巽]과 육사(六四 : ╍)의 〈삼품(三品)〉 즉 순복(順服)의 충성을 아울러 받는 모습을 암시한 계사(繫辭)이다. 〈무불리(无不利) 무초유종(无初有終)〉은 〈구오무초리(九五无初利) 연이구오유종리(然而九五有終利)〉의 줄임으로 여기고 〈구오에게[九五] 처음에는[初] 이로움이[利] 없었다[无] 그러나[然而] 구오에게[九五] 끝내는[終] 이로움이[利] 있다[有]〉라고 새겨볼 것이다. 〈무불리(无不利)〉란 〈이롭지 않음이[不利] 없다[无]〉 함이니 〈유리(有利)〉를 강조하는 어법이다.

〈무불리(无不利) 무초유종(无初有終)〉은 구오(九五 : ━)에게 손시(巽時)를 마주함에 처음에는 이롭지 못했지만 끝내는 이롭게 되었음을 암시한다. 구삼(九三 : ━)과 육사(六四 : ╍)는 구오(九五 : ━)의 대신(大臣)에 속한다. 구오(九五 : ━)에게 구삼(九三 : ━)의 〈빈손(頻巽)〉은 아부(阿附)에 속하고, 육사(六四 : ╍)의 〈삼품(三品)〉은 충성(忠誠)에 속한다. 손괘(巽卦 : ䷸)의 상체(上體) 손(巽 : ☴)의 중효(中爻)로서 하늘의 명령을[命] 거듭하여[申] 매사를[事] 행하는[行] 군왕(君王)인 구오(九五 : ━)가 구삼(九三 : ━)의 〈빈손(頻巽)〉을 득중(得中)으로써 내치지 않고 뉘우치게 이끌었을 터이고, 육사(六四 : ╍)의 〈삼품(三品)〉 즉 충성(忠誠) 역시 정도를 따름을[中] 취함[得]으로써 받아들였을 터인지라, 어느 경우이든 이롭지 않음이[不利] 없음[无]을 살펴 깨닫게 하는 계사(繫辭)가 〈무불리(无不利) 무초유종(无初有終)〉이다.

先庚三日(선경삼일) 後庚三日(후경삼일) 吉(길)

경일에[庚] 앞으로[先] 사흘이고[三日] 경일에[庚] 뒤로[後] 사흘이면[三日] 좋으리라[吉].

〈선경삼일(先庚三日) 후경삼일(後庚三日) 길(吉)〉은 앞 〈무초유종(无初有終)〉을 거듭 암시한 계사(繫辭)이다. 〈선경삼일(先庚三日) 후경삼일(後庚三日) 길(吉)〉은 〈선경삼일구오무리(先庚三日九五无利) 연이후경삼일구오유리(然而後庚三日九五有利) 내구오유길(乃九五有吉)〉의 줄임으로 여기고 〈선경삼일에는[先庚三日] 구오에게[九五] 이로움이[利] 없었다[无] 그러나[然而] 후경삼일에는[後庚三日] 구오에게[九五] 이로움이[利] 있다[有] 이에[乃] 구오에게[九五] 길함이[吉] 있다[有]〉라고 새겨볼 것이다.

〈선경삼일(先庚三日) 후경삼일(後庚三日) 길(吉)〉은 군왕(君王)으로서 구오(九五 : ⚊)가 손시(巽時)에 매사를 득중(得中)으로써 마주함을 암시한다. 〈선경삼일(先庚三日)〉은 경(庚)으로부터 삼일(三日) 앞[先]이니 〈정(丁)〉이고, 〈후경삼일(後庚三日)〉은 경(庚)으로부터 삼일(三日) 뒤[後]이니 〈계(癸)〉이다. 십간(十干) 즉 〈갑을병정무기경신임계(甲乙丙丁戊己庚辛壬癸)〉에서 〈갑(甲)〉은 사지단(事之端) 즉 일의[事之] 실마리[端]이고, 〈무기(戊己)〉는 사지중(事之中) 즉 일의[事之] 중간[中]이고, 중간을 지나게 되면 변하게[變] 되는지라 〈경(庚)〉은 변지시(變之始) 즉 변의[變之] 시작[始]을 뜻한다. 변(變)의 시작은 화(化) 즉 새로 올 것[化]의 단서(端緖)를 이미 암시하니 〈선경(先庚)의 경(庚)〉은 〈신명령(申命令)〉 즉 명령을[命令] 거듭함[申]을 뜻하고, 〈후경(後庚)의 경(庚)〉은 여기선 〈고칠 갱(更)〉과 같다. 따라서 〈선경삼일(先庚三日)〉은 구삼(九三 : ⚊)으로 하여금 〈빈손(頻巽)〉을 규탁(揆度) 즉 헤아리고[揆] 헤아려[度] 보라고 구오(九五 : ⚊)가 명령(命令)을 거듭함[申]이고, 〈후경삼일(後庚三日)〉은 〈빈손(頻巽)〉의 변(變)이 시작되어 고쳐졌음[庚]을 또한 정성스럽고 간곡하게 극수(極數) 즉 남김없이[極] 살펴 헤아리게[數] 구오(九五 : ⚊)가 이끌었으므로 〈길(吉)〉 즉 행운을 누리게[吉] 되었음을 암시한 계사(繫辭)가 〈선경삼일(先庚三日) 후경삼일(後庚三日) 길(吉)〉이다.

【字典】

정(貞) 〈믿을 정(貞)-신(信), 바를 정(貞)-정(正), 정할 정(貞)-정(定), 거북점을 물을 정(貞)-복문(卜問), 역(易)의 내괘(內卦) 정(貞), 마땅할 정(貞)-당(當), 순수할 정(貞)-전(專)-일(一)〉 등의 뜻을 내지만 여기선 〈바를 정(正), 믿을 신(信)〉 등을 합친 뜻과 같아 〈성신(誠信)〉 즉 진실한[誠] 미더움[信]으로 여기고 새김이 마땅하다.

길(吉) 〈좋을(행복할) 길(吉)-선(善)-영(令) {영월길일(令月吉日)은 선월선일(善月善日)임.}, 복 길(吉)-실(實)-선실(善實)-복(福), 예의를 따라 상서로울 길(吉)-예의순상(禮義順祥), 삼갈 길(吉)-근(謹), 초하루 길(吉)-삭일(朔日) {삭망(朔望) 즉 초하루[朔]와 그믐날[望]}, 길례 길(吉)-길례(吉禮) {오례지일(五禮之一) 길흉빈군가(吉凶賓軍嘉)}, 갈 길(吉)-행(行)-길(趌)〉 등의 뜻을 내지만 여기선 〈좋을 선(善)-영(令)〉 즉 행복(幸福), 행운(幸運) 등과 같다 여기고 새김이 마땅하다.

회(悔) 〈뉘우칠 회(悔)-오(懊), 거만할 회(悔)-만(慢), 한스러울 회(悔)-한(恨), 실패할 회(悔)-실(失), 후회할 회(悔)-후회(後悔), (잘못 등을) 고칠 회(悔)-개(改), 책망할 회(悔)-구(咎), 대성괘의 상체(上體) 회(悔)〉 등의 뜻을 내지만 여기선 〈뉘우칠 오(懊)〉와 같다 여기고 새김이 마땅하다. 대성괘(大成卦)의 하체(下體)를 〈정(貞)〉이라 일컫고, 상체(上體)를 〈회(悔)〉라고 일컫는다.

亡 〈무-망〉 두 가지로 발음되고, 〈없을 무(亡)-무(無), 가난할 무(亡)-빈(貧), 달아날(피할) 망(亡)-도(逃)-분(奔)-피(避)-거(去), 없어질 망(亡)-멸(滅), 죽음 망(亡)-사(死), 잃을 망(亡)-상(喪)-실(失), 업신여길 망(亡)-경멸(輕蔑), 그칠 망(亡)-지(止)-이(已), 잊을 망(亡)-망(忘)〉 등의 뜻을 내지만 여기선 〈없을 무(亡)-무(無)〉로 여기고 새김이 마땅하다.

무(无) 〈없을 무(无)-무(無), 허무지도 무(无)-허무지도(虛无之道), 으뜸 무(无)-원(元)〉 등의 뜻을 내지만 여기선 〈없을 무(無)〉와 같다 여기고 새김이 마땅하다.

不 〈불-부〉 등으로 발음되고, 〈않을 불(不)-부(不), 못할 불(不)-부(不), 아닐 불(不)-부(不)-비(非), 없을 불(不)-부(不)-무(無), 하지 말 불(不)-부(不)-막(莫)-금지(禁止), 정하지 않을 불(不)-부(不)-부(否)-미정(未定), 새가 날아올라 내려오지 않는 불(不)-부(不)-조비상불하래(鳥飛上不下來)〉 등의 뜻을 내지만 여기선 〈않을 불(不)〉로 여기고 새김이 마땅하다.

이(利) 〈만물로 하여금 삶을 이루어가게 하는 덕(德)의 이로울 이(利)-사만물수생지덕(使萬物遂生之德), 날카로울 이(利)-예(銳)-섬(銛), 질병 이(利)-질(疾), 통할 이(利)-통(通)-순(順), 좋을 이(利)-길(吉)-의(宜), 편리할 이(利)-편(便), 마름해 만들어 이룰 이(利)-재성(裁成), 탐할 이(利)-탐(貪), 구할(취할) 이(利)-구(求)-취(取), 좋아할 이(利)-열애(悅愛), 이로울 이(利)-익(益), 기교 이(利)-교(巧), 보람 이(利)-공용(功用), 지세가 험하고 중요한 이(利)-험요(險要), 이길 이(利)-승(勝), 어질 이(利)-인(仁)〉 등의 뜻을 내지만 여기선 〈사만물수생지덕(使萬物遂生之德) 즉 만물로 하여금 삶을 이루어가게 하는 덕(德)의 이로움〉으로 새김이 마땅하다. 〈利〉가 맨 앞에 오면 〈이〉로 발음되고, 중간이나 뒤에 오면 〈리〉로 발음된다.

초(初) 〈(부사로) 처음에 초(初)-시(始), (명사로) 처음 초(初)-시(始)-시초(始初), (형용사로) 시작할 초(初)-시(始), 이전 초(初)-이전(以前), 근본 초(初)-본(本)-근본(根

本), 옛(옛일) 초(初)-고(故)-고사(故事), 펼 초(初)-서(舒), 스스로 옴(따라 옴) 초(初)-자래(自來)-종래(從來), 처음부터 끝까지 초(初)-전(全)-자시급종(自始及終), 괘의 초효 초(初)-괘지제일효(卦之第一爻), 코(트이게 뚫은 자국) 초(初)-비(鼻)〉 등의 뜻을 내지만 여기선 〈처음에 시(始)〉와 같다 여기고 새김이 마땅하다.

유(有) 〈없을 무(無)의 반대말로 있을 유(有), 얻을(가질) 유(有)-취(取), 어조사 유(有), 간직할 유(有)-장(藏), 혹 유(有)-혹(或), 많을 유(有)-다(多)-족(足), 부유할 유(有)-부(富), 보호할 유(有)-보(保), 서로 친할 유(有)-상친(相親), 전일할 유(有)-전(專), 할 유(有)-위(爲)〉 등의 뜻을 내지만 〈있을 유(有)〉로 여기고 새김이 마땅하다.

종(終) 〈끝 종(終)-시지대(始之對), 끝내(끝날) 종(終)-이(已), 다할 종(終)-진(盡)-극(極)-궁(窮)-경(竟), 충분할 종(終)-충(充), 이룰 종(終)-성(成), 사망 종(終)-사(死)〉 등의 뜻을 내지만 여기선 〈끝 시지대(始之對)〉로 여기고 새김이 마땅하다.

선(先) 〈먼저 선(先)-시(始), 앞으로 나아갈 선(先)-전진(前進), 처음 선(先)-시(始), 앞에 있을 선(先)-전(前), 자리가 아래에 있는 선(先)-위재하(位在下), 우두머리 선(先)-수(首)-전수(前首), 이미 죽은 선(先)-이사(已死), 조상(선조) 선(先)-조선(祖先)-조고(祖考), 미리 알려주는 뜻 선(先)-의기언(宜其言)-예선고지지의(預先告知之意), 소개할 선(先)-소개(紹介), 이를 선(先)-조(早), 비로소 선(先)-시(始), 높일(받들) 선(先)-상(尙), 높을 선(先)-고(高), 선생 선(先)-선생(先生)-유덕자(有德者), 씻을(깨끗할) 선(先)-세(洗)〉 등의 뜻을 내지만 여기선 〈먼저 시(始)〉로 여기고 새김이 마땅하다.

경(庚) 〈일의 변화(고칠) 경(庚)-갱(更)-사지변(事之變), 명령을 거듭할 경(庚)-신명령(申命令), 일곱 번째 천간 경(庚)-십간지제칠위(十干之第七位), 연세 경(庚)-연세(年歲), 길 경(庚)-도로(道路)-통로(通路), 지날 경(庚)-과(過), 갚을 경(庚)-채(債), 서방 경(庚)-서방(西方)〉 등의 뜻을 내지만 여기선 〈고칠 갱(更), 명령을 거듭할 신명령(申命令)〉 등의 뜻을 아울러 냄을 헤아려 새김이 마땅하다.

삼(三) 〈셋(석 삼) 삼(三)-이지가일(二之加一), 다수를 나타낼 삼(三)-다수지칭(多數之稱), 삼재의 수 삼(三)-천지인지수(天地人之數), 임금-아버지-스승 삼(三)-군부사(君父師), 동방 삼(三)-동방(東方), 끝 삼(三)-종(終)〉 등의 뜻을 내지만 여기선 〈셋 삼(三)〉으로 여기고 새김이 마땅하다. 삼(三)은 삼(參)과 같다.

일(日) 〈나날 일(日)-별일(別日), 해(태양) 일(日)-태양(太陽)-태양계중심(太陽系

中心), 시기 일(日)-시기(時期), 기한 일(日)-기한(期限), 시일 일(日)-시일(時日), 참 일(日)-실(實)-실정(實精), 볕 일(日)-양(陽)-양광(陽光), 불 일(日)-화(火), 임금의 모습 일(日)-군상(君象), 덕 일(日)-덕(德) {일자덕야(日者德也) 월자형야(月者刑也)}, 낮 일(日)-주(晝), 세월 일(日)-광음(光陰)〉 등의 뜻을 내지만 여기선 〈날 일(日)〉로 여기고 새김이 마땅하다.

후(後) 〈뒤 후(後)-선지대(先之對), 늦을 후(後)-지(遲), 뒤처질 후(後)-낙후(落後), 뒤늦게 올 후(後)-지래(遲來), 사양할 후(後)-손(遜), 다가올(장래) 후(後)-장래(將來), 두 세대 후(後)-후세(後世), 일이 끝난 뒤 후(後)-사후필(事後畢), 자손 후(後)-자손(子孫), 뒤를 잇는 것 후(後)-후속자(後續者), 뒤에 말한 것 후(後)-하소언(下所言)〉 등의 뜻을 내지만 여기선 〈뒤 후(後)〉로 새김이 마땅하다.

상구(上九 : ―)

上九 : 巽在牀下이다 喪其資斧하니 貞凶하다
손재상하 상기자부 정흉

상구(上九) : 얌전히 나아감이[巽] 침상[牀] 아래에[下] 있다[在]. 그[其] 경비와[資] 도끼를[斧] 잃었으니[喪] 진실로 미더워도[貞] 불운하다[凶].

【상구(上九)의 효상(爻象) 풀이】

손괘(巽卦 : ☴)의 상구(上九 : ―)는 이양거음(以陽居陰) 즉 양(陽 : ―)으로써[以] 음(陰 : --)의 자리에 있는지라[居] 정당한 자리에 있지 못하다. 상구(上九 : ―)와 구오(九五 : ―)는 양양(兩陽) 즉 둘 다[兩] 양(陽 : ―)의 사이인지라 비(比) 즉 이웃의 사귐[比]을 누리지 못한다. 상구(上九 : ―)와 구삼(九三 : ―) 역시 양양(兩陽)의 사이인지라 불상응(不相應) 즉 서로[相] 호응하지 못한다[不應]. 상구(上九 : ―)는 손괘(巽卦 : ☴)의 극위(極位)에 있는지라 손시(巽時) 즉 얌전히 나아가는[巽] 시국을 다 겪어본 터이라, 지나치게 겸손하고 온화하여 자신감이 없어 마치 여비(旅費)를 다 잃어버린 길손 같고 고립되어 외로운 처지의 모습이다.

손괘(巽卦 : ䷸)의 상구(上九 : ㅡ)가 상륙(上六 : --)으로 변효(變爻)하면 상구(上九 : ㅡ)는 손괘(巽卦 : ䷸)를 48번째 정괘(井卦 : ䷯)로 지괘(之卦)하게 한다. 따라서 손괘(巽卦 : ䷸)의 구오(九五 : ㅡ)는 정괘(井卦 : ䷯)의 상륙(上六 : --)을 찾아가 살펴보게 한다.

【상구(上九)의 계사(繫辭) 풀이】

巽在牀下(손재상하)

얌전히 나아감이[巽] 침상[牀] 아래에[下] 있다[在].

〈손재상하(巽在牀下)〉는 손괘(巽卦 : ䷸) 상구(上九 : ㅡ)의 효위(爻位)를 들어 암시한 계사(繫辭)이다. 〈손재상하(巽在牀下)〉는 〈상구지손재상하(上九之巽在牀下)〉의 줄임으로 여기고 〈상구가[上九之] 얌전히 나아감은[巽] 침상[牀] 밑에[下] 있다[在]〉라고 새겨볼 것이다.

〈손재상하(巽在牀下)〉는 손괘(巽卦 : ䷸) 구이(九二 : ㅡ)의 계사(繫辭)에도 나온다. 〈손재상하(巽在牀下)의 상(牀)〉은 「설괘전(說卦傳)」에 나오는 〈손은[巽 : ☴] 나무[木]이다[爲]〉라는 내용을 상기시키고, 동시에 상구(上九 : ㅡ)의 효위(爻位)를 들어 취상(取象)된 것이다. 손괘(巽卦 : ䷸)의 상하체(上下體)인 손(巽 : ☴)을 〈상(牀)〉으로 비유한다. 손(巽 : ☴)의 괘속(卦屬)이 〈목(木)〉 즉 나무[木]이고 〈상(牀)〉은 나무로 만들어진 것이라, 손(巽 : ☴)을 〈상(牀)〉으로 취상(取象)한 것이다. 〈상(牀)〉이란 사람이 앉거나 눕는 가구(家具)를 말한다. 따라서 〈재상상(在牀上)〉 즉 상(牀) 위에[上] 있다[在] 함이 정상적인 상(牀)의 활용이지만, 〈재상하(在牀下)〉 즉 상(牀) 아래에[下] 있다[在] 함은 실제로 상(牀)의 활용을 뜻함이 아니라, 유극(喩極) 즉 몹시 지나침을[極] 일깨우는[喩] 관용어법이다. 따라서 〈상하(牀下)〉는 손괘(巽卦 : ䷸)의 상체(上體) 손(巽 : ☴)의 상효(上爻)인 상구(上九 : ㅡ)가 양(陽 : ㅡ)이면서 음(陰 : --)의 자리에 있어서 양(陽 : ㅡ)의 강강(剛强)함을 앞세우지 않고 오히려 음(陰 : --)의 유순(柔順)함을 수용하여 지나치리만큼 얌전히 나아감[巽]을 암시한다. 극위(極位)에 있는 상구(上九 : ㅡ)가 음위(陰位)에 있음을 깨닫고 손괘(巽卦 : ䷸)의 주제인 〈손(巽)〉 즉 얌전히 나아감[巽]의 시국을 떠나야 하므로 몸을 낮추어 마주함을 암시한 계사(繫辭)가 〈손재상하(巽在牀下)〉이다.

喪其資斧(상기자부)

그[其] 경비와[資] 도끼를[斧] 잃었다[喪].

〈상기자부(喪其資斧)〉는 상구(上九 : ⚊)를 손괘(巽卦 : ䷸)의 상체(上體) 손(巽 : ☴)의 상효(上爻)로써 밝힌 계사(繫辭)이다. 〈상기자부(喪其資斧)〉는 〈상구상기자(上九喪其資) 이상구상기부(而上九喪其斧)〉의 줄임으로 여기고 〈상구가[上九] 자기의[其] 경비를[資] 잃었다[喪] 그리고[而] 상구가[上九] 자기의[其] 도끼를[斧] 잃었다[喪]〉라고 새겨볼 것이다.

〈상기자부(喪其資斧)〉는 상구(上九 : ⚊)가 손괘(巽卦 : ䷸)의 상체(上體) 손(巽 : ☴)의 상효(上爻)임을 들어 상구(上九 : ⚊)를 〈자(資)〉와 〈부(斧)〉로써 취상(取象)한 것이다. 왜냐하면 〈상기자부(喪其資斧)의 자(資)〉가 「설괘전(說卦傳)」에 나오는 〈손은[巽 : ☴] 이익을[利] 가까이함[近]이고[爲] 저자에서[市] 세 배로 불린다[三倍]〉라는 내용을 상기시키고, 〈상기자부(喪其資斧)의 부(斧)〉가 「설괘전(說卦傳)」에 나오는 〈손은[巽 : ☴] 나무[木]이다[爲]〉라는 내용을 상기시키기 때문이다. 부(斧) 즉 도끼[斧]란 나무[木]를 쪼개는 도구이다. 여기 〈상기자부(喪其資斧)〉는 손괘(巽卦 : ䷸)의 주제인 〈손(巽)〉 즉 얌전히 나아가는[巽] 시국을 상구(上九 : ⚊)가 떠나야 할 처지임을 암시한다. 왜냐하면 상구(上九 : ⚊)가 〈손(巽)〉의 시국을 마주할 수단인 〈자부(資斧)〉를 잃었다[喪] 함은 상구(上九 : ⚊)에게는 비(比) 즉 이웃의 사귐을 누릴 동료도 없고 정응(正應) 즉 바르게 호응할 동료도 없이, 〈손(巽)〉 즉 얌전히 나아가 들어가는[巽] 시국을 떠나야 할 처지에 있음을 암시하기 때문이다.

貞凶(정흉)

진실로 미더워도[貞] 불운하다[凶].

〈정흉(貞凶)〉은 상구(上九 : ⚊)가 손괘(巽卦 : ䷸)의 주제인 〈손(巽)〉 즉 얌전히 나아가는[巽] 시국을 어쩔 수 없이 등져야 함을 암시한 계사(繫辭)이다. 〈정흉(貞凶)〉은 〈수상구유정관어손시(雖上九有貞關於巽時) 상구유흉(上九有凶)〉의 줄임으로 여기고 〈상구가[上九] 손시에[巽時] 관하여[關於] 진실로 미더움이[貞] 있다[有]

해도[雖] 상구에게는[上九] 불운함이[凶] 있다[有]〉라고 새겨볼 것이다.

〈정흉(貞凶)〉은 상구(上九 : ―)가 〈상기자부(喪其資斧)〉를 안타까워함을 암시한다. 상구(上九 : ―)가 경비와[資] 수단을[斧] 잃었다[喪] 해도 손괘(巽卦 : ䷸)의 얌전히 나아가 들어갈[巽] 시국을 원망하지 않음을 〈정흉(貞凶)의 정(貞)〉이 암시한다. 〈정(貞)〉이란 성신(誠信) 즉 진실한[誠] 미더움[信]이다. 공정(公正)하여 무사무편(無邪無偏) 즉 간사함도[邪] 없고[無] 치우침도[偏] 없는[無] 심지(心志)가 곧 〈정(貞)〉이다. 이러한 〈정(貞)〉은 남의 심지를 말함이 아니라 바로 상구(上九 : ―) 자신의 심지를 말함이다. 〈정(貞)〉이란 남에게 요구할 수 없다. 오로지 저마다 자신이 모든 것을 아울러 하나같이[公] 바르게 하여[正] 간사함도[邪] 치우침도[偏] 없는[無] 상구(上九 : ―) 자신의 진실로[誠] 미더운[信] 심지가 〈정(貞)〉이다. 이러한 〈정(貞)〉은 언제 어디서나 상구(上九 : ―) 자신에게 이로울[利] 뿐만 아니라 세상이 〈부(孚)〉 즉 상구(上九 : ―)를 믿어주게[孚] 된다. 그러나 상구(上九 : ―)에게는 비(比) 즉 사귈 이웃도 없고, 정응(正應) 즉 바르게 호응할 상대도 없다. 이에 상구(上九 : ―)가 〈손(巽)〉 즉 얌전히 나아가 들어감[巽]의 시국을 마주하는 심지가 진실로 미덥다[貞] 할지라도 불운함[凶]을 암시한 계사(繫辭)가 〈정흉(貞凶)〉이다.

【字典】

손(巽) 〈공손할(몸을 낮출) 손(巽)-손(遜)-공(恭)-양(讓), 들어갈 손(巽)-입(入), 따를 손(巽)-순(順), 갖출 손(巽)-구(具), 엎드릴 손(巽)-복(伏), 흩어질 손(巽)-산(散), 실천할(지킬) 손(巽)-천(踐), 팔괘의 하나 손(巽)-팔괘지일(八卦之一), 64괘의 하나 손(巽)-육십사괘지일(六十四卦之一)〉 등의 뜻을 내지만 여기선 〈공손할 손(遜)과 들어갈 입(入)〉의 두 뜻을 합한 것으로 여기고 〈공손한 들어감[巽]〉으로 새김이 마땅하다.

재(在) 〈있을 재(在)-존(存), 살 재(在)-거(居)=거(凥), 있는 곳 재(在)-소재(所在), 살필 재(在)-찰(察), 마칠 재(在)-종(終), 저절로 있을 재(在)-자재(自在), 땅속에서 싹이 터오를 재(在), ~에서 재(在)-어(於), ~뿐이다 재(在)-이(耳), ~이다 재(在)-의(矣) 등의 어조사 노릇〉 등의 뜻을 내지만 여기선 〈있을 존(存)〉과 같다 여기고 새김이 마땅하다.

상(牀) 〈사람이 앉거나 눕는 가구(몸을 편안하게 하는 의자) 상(牀)-인소좌와지구(人所坐臥之具)-안신지궤좌(安身之几坐), 평상 상(牀)-와탑(臥榻), 살평상 상(牀)-책

(簀), 우물 난간 상(牀)-정간(井幹), 마루 상(牀)-인소좌와(人所坐臥), 걸상 상(牀)-과상(跨床)〉 등의 뜻을 내지만 여기선 〈사람이 앉거나 눕는 가구 인소좌와지구(人所坐臥之具)〉와 같은 뜻을 내서, 〈상하(牀下)〉란 유극(喩極) 즉 몹시 지나침을[極] 일깨우는[喩] 관용어로 여기고 새김이 마땅하다.

하(下) 〈아래 하(下)-저(底), 따르게 할 하(下)-항(降)-항복(降服), 아래로 내려갈 하(下)-행하(行下), 땅 하(下)-지(地), 못 하(下)-택(澤), 곤 하(下)-곤(坤), 천할 하(下)-천(賤), 신하 하(下)-신(臣), 백성(억조창생) 하(下)-범서(凡庶), 어릴 하(下)-유(幼), 내릴 하(下)-강(降), 떨어질 하(下)-낙(落), 삭제할 하(下)-제(除)-삭(削), 물러날 하(下)-퇴양(退讓), 흉노(匈奴)의 여자를 부를 하(下)-거차(居次), 구부릴 하(下)-부(俯)〉 등의 뜻을 내지만 여기선 〈아래 저(底)〉로 여기고 새김이 마땅하다.

상(喪) 〈잃을(놓칠) 상(喪)-실(失), 죽을 상(喪)-사(死)-망(亡), 상복을 입을 상(喪)-지복(持服), 망칠(버릴) 상(喪)-기망(棄亡)〉 등의 뜻을 내지만 여기선 〈잃을 실(失)〉로 여기고 새김이 마땅하다.

기(其) 〈그것(그) 기(其)-피(彼)-지(之), 그럴 기(其)-연(然), 어찌 기(其)-기(豈), 누를 기(其)-억(抑), 오히려 기(其)-상(尙)-서기(庶幾), 이에 기(其)-내(乃), 만약 기(其)-약(若), 장차 기(其)-장(將), 어조사 기(其)-어조사〉 등의 뜻을 내지만 여기선 〈제 기(其)〉로 여기고 새김이 마땅하다.

자(資) 〈재물 자(資)-재물(財物), 쓸 자(資)-용(用), 돈 자(資)-화(貨)-재화(財貨), 공급할 자(資)-급(給), 도울 자(資)-조(助), 잡을(쥘) 자(資)-취(取)-조(操), 밑천 자(資)-적조(籍助), 성정 자(資)-성정(性情)-천부지재질(天賦之材質), 때 자(資)-시(時), 예리할 자(資)-이(利), 없앨 자(資)-멸(滅), 도모할 자(資)-모(謀)-문(問), 방종할 자(資)-방종(放縱)〉 등의 뜻을 내지만 〈재물(財物)〉로 여기고 새김이 마땅하다. 〈자부(資斧)〉가 이부(利斧) 즉 예리한[利] 도끼[斧]를 뜻하지만, 여기선 여비(旅費)를 뜻해 〈재물 자(資)〉로 새김이 마땅하다. 통칭하건대 여비(旅費)를 〈자부(資斧)〉라 한다.

부(斧) 〈도끼 부(斧)-부(鈇)-벌목지구(伐木之具), 병기 부(斧)-병기(兵器), (장작을) 쪼갤 부(斧)-이부작물(以斧斫物)〉 등의 뜻을 내지만 여기선 〈도끼 부(鈇)〉로 여기고 새김이 마땅하다.

정(貞) 〈믿을 정(貞)-신(信), 바를 정(貞)-정(正), 정할 정(貞)-정(定), 거북점을 물

을 정(貞)-복문(卜問), 역(易)의 내괘(內卦) 정(貞), 마땅할 정(貞)-당(當), 순수할 정(貞)-전(專)-일(一)〉 등의 뜻을 내지만 여기선 〈바를 정(正), 믿을 신(信)〉 등을 합친 뜻과 같아 〈성신(誠信)〉 즉 진실한[誠] 미더움[信]으로 여기고 새김이 마땅하다.

흉(凶) 〈불행할(흉할) 흉(凶)-길지반(吉之反), 걱정할 흉(凶)-우(憂)-구(懼), 흉한 사람 흉(凶)-흉인(凶人), 나쁠 흉(凶)-오(惡), 재앙 흉(凶)-화(禍), 요사할 흉(凶)-요사(夭死), 악한 사람 흉(凶)-악인(惡人), 흉년 흉(凶)-연곡불숙(年穀不熟), 사나울 흉(凶)-포학(暴虐), 음기 흉(凶)-음기(陰氣), 북쪽 흉(凶)-북(北), 없을 흉(凶)-공(空), 송사 흉(凶)-송(訟), 거역할 흉(凶)-역(逆), 어그러질 흉(凶)-패(悖), 허물 흉(凶)-구(咎)〉 등의 뜻을 내지만 여기선 〈불행할 길지반(吉之反)〉으로 여기고 새김이 마땅하다.

註 손위목(巽爲木) : 손은[巽 : ☴] 나무[木]이다[爲]. 「설괘전(說卦傳)」 11단락(段落)

태괘
兌卦

58

䷹

1 | 괘의 괘상과 계사

태괘(兌卦 : ䷹)

태하태상(兌下兌上) : 아래도[下] 태(兌 : ☱), 위도[上] 태(兌 : ☱).

태위택(兌爲澤) : 태는[兌] 못[澤]이다[爲].

兌亨하니 利貞하다
태 형 　 이 정

기쁨은[兌] 통하니[亨] 진실로 미더우면[貞] 이롭다[利].

【태괘(兌卦 : ䷹)의 괘상(卦象) 풀이】

앞 손괘(巽卦 : ䷸)의 〈손(巽)〉은 얌전히 나아가 들어감[巽]이다. 건방진 행동은 사람을 불쾌하게 하지만 매사(每事)를 얌전히 나아감[巽]은 사람들을 환희(歡喜) 즉 기쁘게 한다[歡喜]. 「서괘전(序卦傳)」에 〈손이라는[巽] 것은[者] 들어감[入]이다[也] 들어간[入] 뒤에[而後] 들어감을[之] 기뻐하기[說] 때문에[故] 태괘(兌卦 : ䷹)로써[以] 그것을[之] 받는다[受]〉라는 내용이 나온다. 이는 손괘(巽卦 : ䷸) 뒤에 태괘(兌卦 : ䷹)가 오는 까닭을 밝힌다. 〈손(巽)〉 즉 얌전히 나아가 들어감[巽]인지라 어디서든 기꺼이[兌] 맞아준다. 「설괘전(說卦傳)」에 〈태는[兌 : ☱] 기뻐함[說]이다[也]〉라는 내용이 나온다. 따라서 〈태괘(兌卦 : ䷹)의 태(兌)〉는 〈기뻐할 희(喜)-열(悅)-열(說)〉 등과 뜻을 나눈다. 태괘(兌卦 : ䷹)는 64괘(卦) 중에서 상하체(上下體)가 같은 소성괘(小成卦)로 이루어진 여덟 개의 대성괘(大成卦) 중 하나이다. 태괘(兌卦 : ䷹)의 상하체(上下體)는 모두 태(兌 : ☱)이다. 태(兌 : ☱)는 손(巽 : ☴)이 뒤집힌 모습인지라 태괘(兌卦 : ䷹)는 손괘(巽卦 : ䷸)의 도괘(倒卦) 즉 뒤집은[倒] 괘(卦)이다. 태괘(兌卦 : ䷹)의 상하체(上下體)는 모두 태(兌 : ☱)인지라 거듭되는 기쁨[兌]이 태괘(兌卦 : ䷹)이다. 이러한 태괘(兌卦 : ䷹)의 괘상(卦象)은 강강(剛

強)한 이양(二陽) 위에 유순(柔順)한 일음(一陰)이 있는 모습이다. 효(爻)의 상위(上位) 즉 윗자리[上位]를 외(外)라 하고 하위(下位) 즉 아랫자리[下位]를 내(內)라 한다. 양강(陽剛)이 안[內]에 있고 음유(陰柔)가 밖[外]에 있어서 속의 강강(剛强)함과 겉의 유순(柔順)함이 서로 어울림이 곧 기뻐하는[兌] 모습인지라 태괘(兌卦 : ䷹)라 칭명(稱名)한다.

【태괘(兌卦 : ䷹)의 계사(繫辭) 풀이】

兌亨(태형) 利貞(이정)

기쁨은[兌] 통하니[亨] 진실로 미더우면[貞] 이롭다[利].

〈태형(兌亨) 이정(利貞)〉은 태괘(兌卦 : ䷹)의 상하체(上下體) 태(兌 : ☱)의 육삼(六三 : ⚋)과 상륙(上六 : ⚋)의 유음(柔陰)이 모두 강강(剛强)한 이양(二陽 : ⚊) 위에 있어 외유내강(外柔內剛)한 희열(喜悅)의 괘상(卦象)을 들어 암시한 계사(繫辭)이다. 여기 〈태(兌)〉는 상형자(象形字)이다. 〈태(兌)〉 자(字)의 위는 수지무지(手之舞之) 즉 두 손을 흔들어[手之] 춤을 추고[舞之], 〈태(兌)〉 자(字)의 중간은 구지가지(口之歌之) 즉 입을 놀려[口之] 노래하며[歌之], 〈태(兌)〉 자(字)의 아래는 족지도지(足之蹈之) 즉 두 발을 굴려[足之] 온몸을 흔들어[蹈之], 열지(說之) 즉 기뻐함[說之]을 상형한다. 이러한 태괘(兌卦 : ䷹)의 괘상(卦象)을 〈태형(兌亨)〉이라 한 것은 네 마음 내 마음이 〈태(兌)〉 즉 기쁨[兌]을 두루 누린다면 그 기쁨이야말로 치형(致亨) 즉 통함을[亨] 남김없이 이루어내는[致] 길이다. 기쁨[兌]이 두루 하는 길을 벗어나지 않으려면 항상 진실한 미더움[貞]을 간직해야, 살아가는 일마다 이로움[利]을 살펴 깨닫게 암시한 계사(繫辭)가 〈태형(兌亨) 이정(利貞)〉이다.

【字典】

兌 〈태-예〉 두 가지로 발음되고, 〈기쁠 태(兌)-열(悅)-열(說), 팔괘 중의 하나 태(兌)-팔괘지일(八卦之一), 육십사괘 중의 하나 태(兌)-육십사괘지일(六十四卦之一), (이목구비의) 구멍 태(兌)-혈통이목구비지류(穴通耳目口鼻之類), 통할 태(兌)-통(通), 말할 태(兌)-언(言), 바꿀 태(兌)-역(易)-환(換), 지름길 태(兌)-계(磎), 모일 태(兌)-취(聚), 날카로울 예(兌)-예(銳)〉 등의 뜻을 내지만 여기선 〈기쁠 열(悅)-열(說)〉과 같다 여기고

새김이 마땅하다.

亨 〈향-형-팽〉 세 가지로 발음되고, 〈통할 형(亨)-통(通), 남을 형(亨)-여(餘), 드릴 향(亨)-헌(獻), 삶을 팽(亨)-자(煮)-팽(烹)〉 등의 뜻을 내지만 여기선 〈통할 통(通)〉과 같다 여기고 새김이 마땅하다.

이(利) 〈만물로 하여금 삶을 이루어가게 하는 덕(德)의 이로울 이(利)-사만물수생지덕(使萬物遂生之德), 날카로울 이(利)-예(銳)-섬(銛), 질병 이(利)-질(疾), 통할 이(利)-통(通)-순(順), 좋을 이(利)-길(吉)-의(宜), 편리할 이(利)-편(便), 마름해 만들어 이룰 이(利)-재성(裁成), 탐할 이(利)-탐(貪), 구할(취할) 이(利)-구(求)-취(取), 좋아할 이(利)-열애(悅愛), 이로울 이(利)-익(益), 기교 이(利)-교(巧), 보람 이(利)-공용(功用), 지세가 험하고 중요한 이(利)-험요(險要), 이길 이(利)-승(勝), 어질 이(利)-인(仁)〉 등의 뜻을 내지만 여기선 〈사만물수생지덕(使萬物遂生之德) 즉 만물로 하여금 삶을 이루어가게 하는 덕(德)의 이로움〉으로 새김이 마땅하다. 〈利〉가 맨 앞에 오면 〈이〉로 발음되고, 중간이나 뒤에 오면 〈리〉로 발음된다.

정(貞) 〈바를 정(貞)-정(正), 믿을 정(貞)-신(信), 오로지(순수할) 정(貞)-전(專)-일(一), 거북점을 물을 정(貞)-복문(卜問), 역(易)의 내괘(內卦) 정(貞), 마땅할 정(貞)-당(當), 정할 정(貞)-정(定)〉 등의 뜻을 내지만 여기선 〈바를 정(正), 믿을 신(信)〉 등을 합친 뜻과 같아 〈정신(正信)〉 즉 바르고[正] 미더움[信]으로 새김이 마땅하다.

註 손자입야(巽者入也) 입이후열지(入而後說之) 고(故) 수지이태(受之以兌) : 손이라는[巽] 것은[者] 들어감[入]이다[也]. 들어간[入] 뒤에[而後] 들이감을[之] 기뻐하기[說] 때문에[故] 태괘[兌]로써[以] 손괘(巽卦)를[之] 받는다[受]. 「서괘전(序卦傳)」 6단락(段落)

註 태열야(兌說也) : 태는[兌 : ☱] 기뻐함[說]이다[也]. 「설괘전(說卦傳)」 7단락(段落)

2 효의 효상과 계사

初九 : 和兌니 吉하리라
화태 길

九二 : 孚兌니 吉하여 悔亡하리라
부태 길 회무

六三 : 來兌면 凶하리라
내태 흉

九四 : 商兌未寧이다 介疾有喜리라
상태미령 개질유희

九五 : 孚于剝하여 有厲리라
부우박 유려

上六 : 引兌리라
인태

초구(初九) : 어울려[和] 기뻐하니[兌] 행복하다[吉].

구이(九二) : 믿어주니[孚] 기쁘고[兌] 행복하여[吉] 뉘우칠 것이[悔] 없다[亡].

육삼(六三) : 와서[來] 기뻐하면[兌] 나쁘다[凶].

구사(九四) : 기쁨을[兌] 생각해보니[商] 편하지 못하다[未寧]. 병폐를[疾] 제쳐[介] 기쁨이[喜] 있다[有].

구오(九五) : 쇠락한 것[剝]을[于] 믿어줌에는[孚] 위태함이[厲] 있다[有].

상륙(上六) : 끌어들여[引] 기뻐한다[兌].

초구(初九 : ⚊)

初九 : 和兌니 吉하리라
화 태 길

초구(初九) : 어울려[和] 기뻐하니[兌] 행복하다[吉].

【초구(初九)의 효상(爻象) 풀이】

태괘(兌卦 : ䷹)의 초구(初九 : ⚊)는 이양거양(以陽居陽) 즉 양(陽 : ⚊)으로써[以] 양(陽 : ⚊)의 자리에 있는지라[居] 정당한 자리에 있다. 초구(初九 : ⚊)와 구이(九二 : ⚊)는 양양(兩陽) 즉 둘 다[兩] 양(陽 : ⚊)의 사이인지라 비(比) 즉 이웃의 사귐[比]을 누리지 못하고 오히려 상충(相衝) 즉 서로[相] 부딪치기[衝] 쉬운 사이이다. 초구(初九 : ⚊)와 구사(九四 : ⚊)도 양양(兩陽)의 사이인지라 불상응(不相應) 즉 서로[相] 호응하지 못하는[不應] 모습이지만, 태괘(兌卦 : ䷹)의 주제인 〈태(兌)〉 즉 기쁨[兌]의 시국인지라 서로 기쁨을 나누고 누리는 때를 맞아 맨 밑에 있는 초구(初九 : ⚊)이지만 굳세고 강하게 더욱 안으로 화합을 다지면서 아첨하지 않는 모습이다.

태괘(兌卦 : ䷹)의 초구(初九 : ⚊)가 초륙(初六 : ⚋)으로 변효(變爻)하면 초구(初九 : ⚊)는 태괘(兌卦 : ䷹)를 47번째 곤괘(困卦 : ䷮)로 지괘(之卦)하게 한다. 따라서 태괘(兌卦 : ䷹)의 초구(初九 : ⚊)는 곤괘(困卦 : ䷮)의 초륙(初六 : ⚋)을 찾아가 살펴보게 한다.

【초구(初九)의 계사(繫辭) 풀이】

和兌(화태)

어울려[和] 기뻐한다[兌].

〈화태(和兌)〉는 태괘(兌卦 : ䷹) 초구(初九 : ⚊)의 효위(爻位)를 들어 암시한 계사(繫辭)이다. 〈화태(和兌)〉는 〈초구화이태(初九和而兌)〉의 줄임으로 여기고 〈초구는[初九] 어울리면서[和而] 기뻐한다[兌]〉라고 새겨볼 것이다. 〈태(兌)〉는 〈기뻐할 열(悅)〉과 같다.

〈화태(和兌)〉는 초구(初九 : ⚊)가 비록 태괘(兌卦 : ䷹)의 맨 밑자리에 있지만 태괘(兌卦 : ䷹)의 주제인 〈태(兌)〉 즉 기뻐함[兌]의 시국을 맞아 마음속에 굳세고 강하게 기뻐함[兌]을 간직함을 암시한다. 〈화태(和兌)의 화(和)〉는 강유적(剛柔適) 즉 굳셈과[剛] 부드러움이[柔] 만남[適]을 말한다. 따라서 여기 〈화태(和兌)의 화(和)〉는 『중용(中庸)』에 나오는 〈기쁨[喜]-노여움[怒]-슬픔[哀]-즐거움이[樂之] 드러나지 않음[未發] 그것을[之] (천명을) 따름이라[中] 하고[謂] (희로애락 등이) 드러나되[發而] 절제를[節] 따름[中] 그것을[之] 어울림이라[和] 한다[謂]〉라는 내용을 상기시킨다. 〈절(節)〉 즉 절제[節]란 하늘의 시킴 즉 천명(天命)을 따름이다. 하늘의 시킴[天命]이란 타고난 것 즉 성(性)을 말한다. 바깥 사물에 따라 희로애락(喜怒哀樂)에 놀아나 치우치지 않아야 〈화(和)〉 즉 어울림[和]을 누린다. 따라서 편강(偏剛) 즉 굳셈에[剛] 치우치거나[偏] 편유(偏柔) 즉 부드러움에[柔] 치우치면[偏] 어울림[和]을 누리지 못한다. 강유(剛柔)가 중절(中節) 즉 절제를[節] 따름[中]이 〈화태(和兌)의 화(和)〉이다. 이러한 〈화(和)〉로써 태괘(兌卦 : ䷹)의 초구(初九 : ⚊)가 〈태(兌)〉 즉 기쁨[兌]을 누린다고 함은 몹시 자제력이 강함을 암시한다. 왜냐하면 태괘(兌卦 : ䷹)에서 오직 초구(初九 : ⚊)만이 유약(柔弱)한 음(陰 : ⚋)과 비(比) 즉 이웃의 사귐[比]을 누리지 못하는 유일한 양(陽 : ⚊)인지라 강강(剛强)에 치우쳐 거칠 수 있다. 그러나 초구(初九 : ⚊)가 남달리 자립하여 기쁨을 누리되 잘난 척 행동하지 않고, 중절(中節) 즉 절도를[節] 따라[中] 기쁨[兌]을 누림을 암시하는 계사(繫辭)가 〈화태(和兌)〉이다.

吉(길)

행복하다[吉].

〈길(吉)〉은 앞 〈화태(和兌)〉로써 초구(初九 : ⚊)가 누리는 보람을 암시한 계사(繫辭)이다. 〈길(吉)〉은 〈유어초구지화태초구유길(由於初九之和兌初九有吉)〉의 줄임으로 여기고 〈초구의[初九之] 화태로[和兌] 말미암아[由於] 초구에게[初九] 행복함이[吉] 있다[有]〉라고 새겨볼 것이다.

〈길(吉)〉은 초구(初九 : ⚊)의 〈화태(和兌)〉가 초구(初九 : ⚊)로 하여금 행복을 누리게 함[吉]을 암시한다. 〈길(吉)〉이란 마음이 더없이 편안하여 누리는 행운(幸運)이요 행복(幸福)이요 복(福)이다. 〈태(兌)〉 즉 기쁨[兌]이라 해서 다 길(吉)한 것은 아니다. 기쁨[兌]이 〈길(吉)〉로 이어지자면 마음이 먼저 중절(中節) 즉 절제함을[節] 따름[中]이 앞서야 〈길(吉)〉로 이어짐을 암시한 계사(繫辭)가 〈길(吉)〉이다.

【字典】

화(和) 〈절제를 따를 화(和)-중절(中節), 굳세지도 않고 부드럽지도 않을 화(和)-불강불유(不剛不柔), 서로 호응할 화(和)-상응(相應), 화합할 화(和)-해(諧), 합할 화(和)-합(合), 화평할 화(和)-화평(和平)-평화(平和), 동화할 화(和)-동화(同和), 따를 화(和)-순(順)-화순(和順), 마음에 다툼이 없는 화(和)-심부쟁(心不爭), 모일 화(和)-회(會), 도울 화(和)-협(協)-조(調), 화해할 화(和)-화해(和解)-강화(講和), 허락할 화(和)-허(許), 교역할 화(和)-교역(交易), 기운 화(和)-기(氣)-화기(和氣), 즐거울 화(和)-낙(樂), 아우를 화(和)-병(幷), 연이을 화(和)-연(連), 따뜻할 화(和)-온(溫)-온화(溫和), 작은 피리 화(和)-소생(小笙), 응할 화(和)-응(應)〉 등의 뜻을 내지만 여기선 〈절제를 따를 중절(中節)〉로 여기고 새김이 마땅하다.

兌 〈태-예〉 두 가지로 발음되고, 〈기쁠 태(兌)-열(悅)-열(說), 팔괘 중의 하나 태(兌)-팔괘지일(八卦之一), 육십사괘 중의 하나 태(兌)-육십사괘지일(六十四卦之一), (이목구비의) 구멍 태(兌)-혈통이목구비지류(穴通耳目口鼻之類), 통할 태(兌)-통(通), 말할 태(兌)-언(言), 바꿀 태(兌)-역(易)-환(換), 지름길 태(兌)-계(磎), 모일 태(兌)-취(聚), 날카로울 예(兌)-예(銳)〉 등의 뜻을 내지만 여기선 〈기쁠 열(悅)-열(說)〉과 같다 여기고 새김이 마땅하다.

길(吉) 〈좋을(행복할) 길(吉)-선(善)-영(令) {영월길일(令月吉日)은 선월선일(善月善日)임.}, 복 길(吉)-실(實)-선실(善實)-복(福), 예의를 따라 상서로울 길(吉)-예의순상(禮義順祥), 삼갈 길(吉)-근(謹), 초하루 길(吉)-삭일(朔日) {삭망(朔望) 즉 초하루[朔]와 그믐날[望]}, 길례 길(吉)-길례(吉禮) {오례지일(五禮之一) 길흉빈군가(吉凶賓軍嘉)}, 갈 길(吉)-행(行)-길(趌)〉 등의 뜻을 내지만 여기선 〈좋을 선(善)-영(令)〉 즉 행복(幸福), 행운(幸運) 등과 같다 여기고 새김이 마땅하다.

註 희로애락지미발위지중(喜怒哀樂之未發謂之中) 발이개중절위지화(發而皆中節謂之和) 중

야자천하지대본야(中也者天下之大本也) 화야자천하지달도야(和也者天下之達道也) : 기쁨[喜]-노여움[怒]-슬픔[哀]-즐거움이[樂之] 드러나지 않음[未發] 그것을[之] (천명을) 따름이라[中] 하고[謂], (희로애락 등이) 드러나되[發而] 모두[皆] 절제를[節] 따름[中] 그것을[之] 어울림이라[和] 한다[謂]. (천명을) 따름이라는[中也] 것은[者] 온 세상의[天下之] 대본(大本)이고[也], (중절로써) 어울림이라는[和也] 것은[者] 온 세상의[天下之] 달도(達道)이다[也].

『중용(中庸)』「주자장구(朱子章句)」 1장(章) 3단락(段落)

구이(九二 : ━)

九二 : 孚兌니 吉하여 悔亡하리라
부태 길 회무

구이(九二) : 믿어주니[孚] 기쁘고[兌] 행복하여[吉] 뉘우칠 것이[悔] 없다[亡].

【구이(九二)의 효상(爻象) 풀이】

태괘(兌卦 : ䷹)의 구이(九二 : ━)는 이양거음(以陽居陰) 즉 양(陽 : ━)으로써[以] 음(陰 : ╍)의 자리에 있는지라[居] 정당한 자리에 있지 못하다. 구이(九二 : ━)와 육삼(六三 : ╍)은 양음(陽陰)의 사이인지라 비(比) 즉 이웃의 사귐[比]을 누린다. 구이(九二 : ━)와 구오(九五 : ━)는 양양(兩陽) 즉 둘 다[兩] 양(陽 : ━)의 사이인지라 중정(中正) 즉 중효로서[中] 정위에 있음[正]을 서로 나누어 누리지 못하고 동시에 부정응(不正應) 즉 바르게[正] 호응하지도 못한다[不應]. 그러나 구이(九二 : ━)는 태괘(兌卦 : ䷹)의 하체(下體) 태(兌 : ☱)의 중효(中爻)로서 득중(得中) 즉 정도를 따름을[中] 취하여[得] 태괘(兌卦 : ䷹)의 주제인 〈태(兌)〉 즉 기쁨[兌]의 시국을 항상 기뻐함[兌]으로써 누리는 모습이다.

태괘(兌卦 : ䷹)의 구이(九二 : ━)가 육이(六二 : ╍)로 변효(變爻)하면 구이(九二 : ━)는 태괘(兌卦 : ䷹)를 17번째 수괘(隨卦 : ䷐)로 지괘(之卦)하게 한다. 따라서 태괘(兌卦 : ䷹)의 구이(九二 : ━)는 수괘(隨卦 : ䷐)의 육이(六二 : ╍)를 찾아가 살펴보게 한다.

【구이(九二)의 계사(繫辭) 풀이】

孚兌(부태)

믿어주니[孚] 기쁘다[兌].

〈부태(孚兌)〉는 태괘(兌卦 : ䷹) 구이(九二 : ⚊)의 효위(爻位)를 들어 암시한 계사(繫辭)이다. 〈부태(孚兌)〉는 〈육삼부향구이(六三孚向九二) 인차구이태(因此九二兌)〉의 줄임으로 여기고 〈육삼이[六三] 구이를[向九二] 믿어준다[孚] 그래서[因此] 구이가[九二] 기뻐한다[兌]〉라고 새겨볼 것이다.

〈부태(孚兌)〉는 태괘(兌卦 : ䷹)의 하체(下體) 태(兌 : ☱)의 중효(中爻)로서 태괘(兌卦 : ䷹)의 주제인 〈태(兌)〉 즉 기뻐함[兌]의 시국에 관한 구이(九二 : ⚊)의 심지(心志)가 정(貞) 즉 진실한 미더움[貞]으로 굳세고 강함을 암시한다. 〈부태(孚兌)의 부(孚)〉는 수명(守命) 즉 자연의 시킴을[命] 지킴[守]으로써 남들로부터 성신(誠信) 즉 진실한[誠] 미더움[信]을 받음을 말한다. 여기 〈부(孚)〉는 〈정(貞)〉으로 말미암아 돌아오는 미더움[信]이다. 천명(天命)을 지키면 절로 돌아오는 것이 〈부(孚)〉 즉 진실한 미더움[誠信]이다. 정필부귀(貞必孚歸) 즉 내가 진실로 미더우면[貞] 반드시[必] 남들로부터 진실한 믿음이[孚] 돌아온다[歸]는 것이 곧 〈부(孚)〉이다. 따라서 구이(九二 : ⚊)가 득중(得中)으로써 〈태(兌)〉 즉 기뻐함[兌]의 시국을 마주하고 누림을 암시한 계사(繫辭)가 〈부태(孚兌)〉이다.

吉(길)

행복하다[吉].

〈길(吉)〉은 〈부태(孚兌)〉로써 구이(九二 : ⚊)가 누리는 보람을 암시한 계사(繫辭)이다. 〈길(吉)〉은 〈유어기부태구이유길(由於其孚兌九二有吉)〉의 줄임으로 여기고 〈그[其] 부태로[孚兌] 말미암아[由於] 구이에게[九二] 행복의 누림이[吉] 있다[有]〉라고 새겨볼 것이다.

〈길(吉)〉은 구이(九二 : ⚊)의 심중(心中)이 더없이 편안하여 누리는 행운(幸運)이요 행복(幸福)이요 복(福)이다. 구이(九二 : ⚊)가 누리는 〈부태(孚兌)의 태(兌)〉 즉 기쁨[兌]은 세상이 구이(九二 : ⚊) 자신을 진실로 믿어줌[孚]인지라 구이(九二

: ━)에게 더욱 〈길(吉)〉인 것이다. 〈태(兌)〉 즉 기쁨[兌]이라 해서 다 길(吉)한 것은 아니다. 기쁨[兌]이 〈길(吉)〉로 이어지자면 마음이 먼저 중절(中節) 즉 천명을[節] 따라[中] 세상을 마주해서 세상이 진실로 믿어주는[孚] 기쁨[兌]이어야 길(吉)함을 암시한 계사(繫辭)가 〈길(吉)〉이다.

悔亡(회무)

뉘우칠 것이[悔] 없다[亡].

〈회무(悔亡)〉는 〈부태(孚兌)〉로써 누리는 〈길(吉)〉을 풀이하여 암시한 계사(繫辭)이다. 〈회무(悔亡)〉는 〈회무어구이지길(悔亡於九二之吉)〉의 줄임으로 여기고 〈구이의[九二之] 행복에는[於吉] 뉘우칠 것이[悔] 없다[亡]〉라고 새겨볼 것이다. 〈회무(悔亡)의 무(亡)〉는 〈없을 무(無)〉와 같다.

〈회무(悔亡)〉는 구이(九二 : ━)가 〈길(吉)〉 즉 행복[吉]을 누려도 부끄러울 것이 없음을 암시한다. 기쁨[兌]의 누림을 세상이 외면하거나 역겨워한다면 그런 〈태(兌)〉는 부끄러운 것이다. 말하자면 졸장부(拙丈夫)가 과시하는 기쁨 따위는 〈부태(孚兌)〉 즉 세상이 진실로 미더워하는[孚] 기쁨[兌]일 수가 없다. 세상을 득중(得中) 즉 정도를 따름을[中] 취하여[得] 진실로 미더운[貞] 마음으로 누리는 〈태(兌)〉 즉 기쁨[兌]은 세상이 진실로 믿어주는[孚] 기쁨[兌]인지라, 그 〈태(兌)〉로써 행복을 누리는[吉] 구이(九二 : ━)에게 뉘우칠 것이[悔] 없음[亡]을 암시한 계사(繫辭)가 〈회무(悔亡)〉이다.

【字典】

부(孚) 〈믿을 부(孚)-신(信), 알에서 새끼가 껍질을 쪼아 나올 부(孚)-난화(卵化), 씨앗이 틀 부(孚)-부(稃), 기를 부(孚)-육(育), 덮어줄 부(孚)-복(覆), 붙을(의지할) 부(孚)-부(附)-부(付), 깡충거릴 부(孚)-무조(務躁)-부조(浮躁), 옥채색 부(孚)-옥채색(玉采色)〉 등의 뜻을 내지만 여기선 〈믿을 신(信)〉과 같아 〈성신(誠信) 즉 진실한[誠] 미더움[信]〉으로 여기고 새김이 마땅하다.

兌 〈태-예〉 두 가지로 발음되고, 〈기쁠 태(兌)-열(悅)-열(說), 팔괘 중의 하나 태(兌)-팔괘지일(八卦之一), 육십사괘 중의 하나 태(兌)-육십사괘지일(六十四卦之一), (이목구비의) 구멍 태(兌)-혈통이목구비지류(穴通耳目口鼻之類), 통할 태(兌)-통(通), 말

할 태(兌)-언(言), 바꿀 태(兌)-역(易)-환(換), 지름길 태(兌)-계(磎), 모일 태(兌)-취(聚), 날카로울 예(兌)-예(銳)〉 등의 뜻을 내지만 여기선 〈기쁠 열(悅)-열(說)〉과 같다 여기고 새김이 마땅하다.

길(吉) 〈좋을(행복할) 길(吉)-선(善)-영(令) {영월길일(令月吉日)은 선월선일(善月善日)임.}, 복 길(吉)-실(實)-선실(善實)-복(福), 예의를 따라 상서로울 길(吉)-예의순상(禮義順祥), 삼갈 길(吉)-근(謹), 초하루 길(吉)-삭일(朔日) {삭망(朔望) 즉 초하루[朔]와 그믐날[望]}, 길례 길(吉)-길례(吉禮) [오례지일(五禮之一) 길흉빈군가(吉凶賓軍嘉)], 갈 길(吉)-행(行)-길(趌)〉 등의 뜻을 내지만 여기선 〈좋을 선(善)-영(令)〉 즉 행복(幸福), 행운(幸運) 등과 같다 여기고 새김이 마땅하다.

회(悔) 〈뉘우칠 회(悔)-오(懊), 거만할 회(悔)-만(慢), 한스러울 회(悔)-한(恨), 실패할 회(悔)-실(失), 후회할 회(悔)-후회(後悔), (잘못 등을) 고칠 회(悔)-개(改), 책망할 회(悔)-구(咎), 대성괘의 상체(上體) 회(悔)〉 등의 뜻을 내지만 여기선 〈뉘우칠 오(懊)〉와 같다 여기고 새김이 마땅하다. 대성괘(大成卦)의 하체(下體)를 〈정(貞)〉이라 일컫고, 상체(上體)를 〈회(悔)〉라고 일컫는다.

亡 〈무-망〉 두 가지로 발음되고, 〈없을 무(亡)-무(無), 가난할 무(亡)-빈(貧), 달아날(피할) 망(亡)-도(逃)-분(奔)-피(避)-거(去), 없어질 망(亡)-멸(滅), 죽음 망(亡)-사(死), 잃을 망(亡)-상(喪)-실(失), 업신여길 망(亡)-경멸(輕蔑), 그칠 망(亡)-지(止)-이(已), 잊을 망(亡)-망(忘)〉 등의 뜻을 내지만 여기선 〈없을 무(亡)-무(無)〉로 여기고 새김이 마땅하다.

註 중절(中節)의 절(節) : 절야자한여제야(節也者限與制也) 즉 절(節)이라는[也] 것은[者] 한계와[限與] 제재[制]이다[也]. 절(節)의 도리란 지나침을 절제하여 수중(守中) 즉 정도를 따름을[中] 지킴[守]이니 천명(天命)이다. 절(節)의 한계(限界)와 제재(制裁)란 인간의 법을 따름이 아니라 자연의 도리를 따름이기 때문에 절(節)을 곧 천명(天命)이라 한다. 수중(守中)은 수천명(守天命) 즉 자연의[天] 명령을[命] 지킴[守]이다.

육삼(六三 : --)

六三 : 來兌면 凶하리라
내 태 흉

육삼(六三) : 와서[來] 기뻐하면[兌] 나쁘다[凶].

【육삼(六三)의 효상(爻象) 풀이】

태괘(兌卦 : ䷹)의 육삼(六三 : --)은 이음거양(以陰居陽) 즉 음(陰 : --)으로써[以] 양(陽 : —)의 자리에 있는지라[居] 정당한 자리에 있지 못하다. 육삼(六三 : --)과 구사(九四 : —)는 음양(陰陽)의 사이인지라 비(比) 즉 이웃의 사귐[比]을 누릴 수 있음에도, 육삼(六三 : --)은 음(陰 : --)인지라 위가 아니라 아래의 구이(九二 : —)와 사귀고자 한다. 그러나 강강(剛强)한 구이(九二 : —)와 초구(初九 : —)가 빌붙으려는 육삼(六三 : --)을 외면해 육삼(六三 : --)은 딱한 처지이다. 이에 육삼(六三 : --)은 부중부정(不中不正) 즉 중효도 아니고[不中] 정위도 아닌지라[不正] 소인(小人)으로서의 모습이다.

태괘(兌卦 : ䷹)의 육삼(六三 : --)이 구삼(九三 : —)으로 변효(變爻)하면 육삼(六三 : --)은 태괘(兌卦 : ䷹)를 43번째 쾌괘(夬卦 : ䷪)로 지괘(之卦)하게 한다. 따라서 태괘(兌卦 : ䷹)의 육삼(六三 : --)은 쾌괘(夬卦 : ䷪)의 구삼(九三 : —)을 찾아가 살펴보게 한다.

【육삼(六三)의 계사(繫辭) 풀이】

來兌(내태)

와서[來] 기뻐한다[兌].

〈내태(來兌)〉는 태괘(兌卦 : ䷹) 육삼(六三 : --)의 효위(爻位)를 들어 암시한 계사(繫辭)이다. 〈내태(來兌)〉는 〈자외지내륙삼래(自外至內六三來) 육삼여구이욕태(六三與九二欲兌)〉의 줄임으로 여기고 〈밖에서[自外] 안으로[至內] 육삼이[六三] 와서[來] 육삼이[六三] 구이와[與九二] 기뻐하고자 한다[欲兌]〉라고 새겨볼 것이다. 〈내태(來兌)의 내(來)〉는 자외지내(自外至內) 즉 밖[外]으로부터[自] 안[內]으로[至] 들어올 〈내(來)〉이다.

〈내태(來兌)〉는 육삼(六三 : --)이 구사(九四 : ―)와의 비(比) 즉 이웃의 사귐[比]을 기뻐함[兌]이 아니라 구이(九二 : ―)와의 비(比)를 기뻐함[兌]을 암시한다. 육삼(六三 : --)은 음(陰 : --)이기에 향상(向上) 즉 위로[上] 향하지[向] 못하고 취하(就下) 즉 아래를[下] 따름[就]을 〈내태(來兌)의 내(來)〉가 암시한다. 여기 〈내태(來兌)의 내(來)〉는 밖에서 안으로 듦을 내(來)라 하고, 안에서 밖으로 나옴을 왕(往)이라 함을 환기시킨다. 효위(爻位)가 위면 외(外) 즉 밖이고 아래면 내(內) 즉 안이다. 태괘(兌卦 : ䷹)의 하체(下體) 태(兌 : ☱)에서 육삼(六三 : --)은 구이(九二 : ―)-초구(初九 : ―)의 밖[外]이고, 구이(九二 : ―)-초구(初九 : ―)는 육삼(六三 : --)의 안[內]이다. 따라서 〈내태(來兌)의 내(來)〉는 육삼(六三 : --)이 밖에서 안에 있는 구이(九二 : ―)-초구(初九 : ―)에게로 내려옴을 뜻하고, 〈내태(來兌)의 태(兌)〉는 〈자태(自兌)〉 즉 스스로[自] 기쁨[兌]을 누리지 못하고 구이(九二 : ―)의 〈부태(孚兌)〉와 초구(初九 : ―)의 〈화태(和兌)〉를 탐하려 함을 암시한다. 자구(自求) 즉 스스로[自] 구하지[求] 않고 구어인(求於人) 즉 남에게서[於人] 구하려[求] 함은 소인(小人)의 짓인지라 육삼(六三 : --)의 〈내태(來兌)〉는 소인(小人)의 짓이다.

육삼(六三 : --)의 〈내태(來兌)〉는 『중용(中庸)』에 나오는 〈위험을[險] 감행함[行]으로써[以] 요행을[幸] 바란다[徼]〉라는 내용을 환기시켜, 소인(小人)의 모습을 떠올리게 한다. 소인(小人)은 정기(正己) 즉 자신을[己] 올바르게 다스릴[正] 줄 몰라, 〈화태(和兌)-부태(孚兌)〉란 스스로 구하여 누리는 기쁨[兌]이지 훔내로 누릴 수 있는 〈태(兌)〉가 아님을 모른다. 이에 육삼(六三 : --)이 남의 〈부태(孚兌)-화태(和兌)〉를 빌붙어 기뻐하고자 요행을 바라는 짓을 꾀함을 암시하는 계사(繫辭)가 〈내태(來兌)〉이다.

凶(흉)

나쁘다[凶].

〈흉(凶)〉은 육삼(六三 : --)의 〈내태(來兌)〉가 소인(小人)의 짓임을 암시하는 계사(繫辭)이다. 〈흉(凶)〉은 〈인차륙삼지래태륙삼유흉(因此六三之來兌六三有凶)〉의 줄임으로 여기고 〈육삼의[六三之] 내태(來兌) 때문에[因此] 육삼에게[六三] 불행함이[凶] 있다[有]〉라고 새겨볼 것이다.

〈흉(凶)〉은 육삼(六三 : --)이 불운[凶]을 겪을 수밖에 없음을 암시한다. 〈흉(凶)〉이란 불수중(不守中) 즉 정도를 따름을[中] 지키지 않아[不守] 겪는 불운(不運)이요 불행(不幸)이요 화(禍)이다. 〈내태(來兌)〉는 육삼(六三 : --)이 밖에서 안으로 들어가 초구(初九 : ―)와 구이(九二 : ―)가 누리는 기쁨[兌]을 취하려 함인지라 남들의 기쁨을 흉내 내려 함이니 소인(小人)의 짓일 뿐이다. 소인(小人)은 부지천명(不知天命) 즉 자연의[天] 시킴을[命] 몰라서[不知], 참다운 기쁨[兌]이란 중절(中節) 즉 천명을[節] 따름[中]으로써 누릴 수 있는 복(福)임을 모른다. 〈화태(和兌)〉는 정(貞) 즉 진실로 미더운[貞] 마음이 누리는 기쁨[兌]이고, 세상 사람들이 진실로 믿어주는[孚] 기쁨[兌]이 〈부태(孚兌)〉임을 모르고, 그 화태(和兌)와 부태(孚兌)를 흉내 내려는 육삼(六三 : --)의 〈내태(來兌)〉는 불행할 수밖에 없음을 암시한 계사(繫辭)가 〈흉(凶)〉이다.

【字典】

내(來) 〈올 내(來)-지(至)-도래(到來), 돌아올 내(來)-복(復)-환(還)-귀(歸), 앞으로 내(來)-장래(將來)-미래(未來), 초치할 내(來)-초치(招致), ~부터 내(來)-자(自)-유(由), 남음이 있을 내(來)-유여(有餘), 어세를 더해주려는 조사(助詞) 내(來), 구중(句中)-구말(句末)의 조사(助詞) 내(來)〉 등의 뜻을 내지만 여기선 〈도래(到來)〉와 같다 여기고 새김이 마땅하다. 〈유내지외(由內至外)〉 즉 안[內]으로부터[由] 밖에[外] 이름[至]은 나감[往]이라 하고, 〈유외지내(由外至內)〉 즉 밖[外]으로부터[由] 안에[內] 이름[至]은 옴[來]이라 한다. 〈來〉가 앞에 있으면 〈내〉로 발음하고, 중간이나 뒤에 있으면 〈래〉로 발음한다.

兌 〈태-예〉 두 가지로 발음되고, 〈기쁠 태(兌)-열(悅)-열(說), 팔괘 중의 하나 태(兌)-팔괘지일(八卦之一), 육십사괘 중의 하나 태(兌)-육십사괘지일(六十四卦之一), (이목구비의) 구멍 태(兌)-혈통이목구비지류(穴通耳目口鼻之類), 통할 태(兌)-통(通), 말할 태(兌)-언(言), 바꿀 태(兌)-역(易)-환(換), 지름길 태(兌)-계(磎), 모일 태(兌)-취(聚), 날카로울 예(兌)-예(銳)〉 등의 뜻을 내지만 여기선 〈기쁠 열(悅)-열(說)〉과 같다 여기고 새김이 마땅하다.

흉(凶) 〈불행할(흉할) 흉(凶)-길지반(吉之反), 걱정할 흉(凶)-우(憂)-구(懼), 흉한 사람 흉(凶)-흉인(凶人), 나쁠 흉(凶)-오(惡), 재앙 흉(凶)-화(禍), 요사할 흉(凶)-요사(夭死), 악한 사람 흉(凶)-악인(惡人), 흉년 흉(凶)-연곡불숙(年穀不熟), 사나울 흉(凶)-포학(暴虐), 음기 흉(凶)-음기(陰氣), 북쪽 흉(凶)-북(北), 없을 흉(凶)-공(空), 송사 흉(凶)-송(訟), 거역할 흉(凶)-역(逆), 어그러질 흉(凶)-패(悖), 허물 흉(凶)-구(咎)〉 등의 뜻을 내지만 여기선 〈불행할 길지반(吉之反)〉으로 여기고 새김이 마땅하다.

註 정기이불구어인(正己而不求於人) 즉무원(則無怨) 상불원천(上不怨天) 하불우인(下不尤人) 고(故) 군자거이이사명(君子居易以俟命) 소인행험이요행(小人行險以徼幸) : 자기를[己] 바르게 하고[正而] 남에게[於人] 구하지 않으면[不求] 곧[則] 원망할 것이[怨] 없다[無]. 위로는[上] 하늘을[天] 원망하지 않고[不怨] 아래로는[下] 남을[人] 탓하지 않는다[不尤]. 그러므로[故] 군자는[君子] 까다롭지 않고 쉽게[易] 처신함[居]으로써[以] 하늘의 시킴을[命] 기다리고[俟], 소인은[小人] 위험을[險] 감행함[行]으로써[以] 요행을[幸] 바란다[徼].

『중용(中庸)』「주자장구(朱子章句)」 14장(章)

구사(九四 : ⚊)

九四 : 商兌未寧이다 介疾有喜리라
상태미령 개질유희

구사(九四) : 기쁨을[兌] 생각해보니[商] 편하지 못하다[未寧]. 병폐를[疾] 제쳐[介] 기쁨이[喜] 있다[有].

【구사(九四)의 효상(爻象) 풀이】

태괘(兌卦 : ䷹)의 구사(九四 : ⚊)는 이양거음(以陽居陰) 즉 양(陽 : ⚊)으로써[以] 음(陰 : ⚋)의 자리에 있는지라[居] 정당한 자리에 있지 못하다. 구오(九五 : ⚊)와는 양양(兩陽) 즉 둘 다[兩] 양(陽 : ⚊)의 사이인지라 비(比) 즉 이웃의 사귐[比]을 누릴 수는 없지만 신하로서 구오(九五 : ⚊)를 받들어야 하는 처지이며, 초구(初九 : ⚊)와도 양양(兩陽)의 사이여서 불상응(不相應) 즉 서로[相] 호응하지 못한다[不應]. 육삼(六三 : ⚋)과는 양음(陽陰)의 사이인지라 비(比) 즉 이웃의 사귐

[比]을 나눌 수 있지만 소인(小人)과의 사귐을 뿌리치는지라, 구사(九四 : ⚊)는 상하(上下)를 살펴 슬기롭게 처신하려는 모습이다.

태괘(兌卦 : ䷹)의 구사(九四 : ⚊)가 육사(六四 : ⚋)로 변효(變爻)하면 구사(九四 : ⚊)는 태괘(兌卦 : ䷹)를 60번째 절괘(節卦 : ䷻)로 지괘(之卦)하게 한다. 따라서 태괘(兌卦 : ䷹)의 구사(九四 : ⚊)는 절괘(節卦 : ䷻)의 육사(六四 : ⚋)를 찾아가 살펴보게 한다.

【구사(九四)의 계사(繫辭) 풀이】

商兌未寧(상태미령)

기쁨을[兌] 생각해보니[商] 편하지 못하다[未寧].

〈상태미령(商兌未寧)〉은 태괘(兌卦 : ䷹) 구사(九四 : ⚊)의 효위(爻位)를 들어 암시한 계사(繫辭)이다. 〈상태미령(商兌未寧)〉은 〈구사상태(九四商兌) 연이구사미령(然而九四未寧)〉의 줄임으로 여기고 〈구사가[九四] 태를[兌] 헤아려보지만[商然而] 구사는[九四] 편하지 못하다[未寧]〉라고 새겨볼 것이다. 〈상태미령(商兌未寧)〉을 이웃과의 관계로 연관지어 보면 〈구사상기태관어구오(九四商己兌關於九五) 구사상기태관어륙삼(九四商己兌關於六三) 연이구사지심미령(然而九四之心未寧)〉의 줄임으로 여기고 〈구사가[九四] 구오와[九五] 관계해서[關於] 자기의[己] 기쁨을[兌] 헤아려보고[商] 구사가[九四] 육삼과[六三] 관계해서[關於] 자기의[己] 기쁨을[兌] 헤아려본다[商] 그러나[然而] 구사의[九四之] 마음은[心] 편치가 못하다[未寧]〉라고 새겨볼 수도 있을 것이다. 〈상태(商兌)의 상(商)〉은 종외지내(從外知內) 즉 바깥[外]으로부터[從] 안을[內] 알아챈다[知]는 뜻으로 〈헤아려볼 상량(商量)〉과 같다.

〈상태미령(商兌未寧)의 상태(商兌)〉는 구사(九四 : ⚊)가 자신의 〈태(兌)〉 즉 기쁨[兌]이란 아래위로 이웃하는 육삼(六三 : ⚋)과 구오(九五 : ⚊)의 〈태(兌)〉와 연관된다고 여김을 암시한다. 구사(九四 : ⚊)는 위로는 강강(剛强) 즉 굳세고[剛] 강하면서[强] 중정(中正) 즉 중효이면서[中] 정위에 있는[正] 구오(九五 : ⚊)를 신하로서 받들어야 하고, 아래로는 유순(柔順)한 육삼(六三 : ⚋)과 이웃으로 사귈[比] 처지이지만 소인(小人) 노릇을 하는 육삼(六三 : ⚋)을 뿌리쳐야 해 불편하다. 이에 구사(九四 : ━)는 구오(九五 : ━)와 육삼(六三 : --)과 관계하여 태괘(兌卦 : ䷹)의 주제인 〈태(兌)〉 즉 기쁨[兌]의 시국을 자기 나름 헤아려봄[商]을 〈상태미령(商兌未寧)의 상태(商兌)〉가 암시한다. 〈상태미령(商兌未寧)의 미령(未寧)〉은 강강(剛强)한 구사(九四 : ━)가 유약(柔弱)한 육삼(六三 : --)에게 애착은 가지만 육삼(六三 : --)이 남의 기쁨[兌]을 탐하는 소인(小人)임을 헤아림[商]을 암시한다. 구사(九四 : ━)가 구오(九五 : ━)와 관계해서 자기의 기쁨[兌]을 헤아림[商]이 〈미령(未寧)〉일 수 있다. 〈미령(未寧)〉이란 불안심(不安心) 즉 마음이[心] 편치 않음[不安]이다. 정위(正位)에서 군왕(君王)으로서 득중(得中) 즉 정도를 따름을[中] 취하는[得] 강강(剛强)한 구오(九五 : ━)와 관계해서 구사(九四 : ━) 자신의 기쁨[兌]을 헤아려봄[商]에 〈미령(未寧)〉으로 이어질 수 있기 때문이다. 따라서 구사(九四 : ━)가 육삼(六三 : --)과 구오(九五 : ━)의 〈태(兌)〉와 관련해서 자기[己]의 기쁨[兌]을 헤아려보니[商] 아래의 육삼(六三 : --)과 위의 구오(九五 : ━)가 구사(九四 : ━) 자신을 편하지 못하게[未寧] 함을 암시한 계사(繫辭)가 〈상태미령(商兌未寧)〉이다.

介疾有喜(개질유희)

병폐를[疾] 제쳐[介] 기쁨이[喜] 있다[有].

〈개질유희(介疾有喜)〉는 구사(九四 : ━)가 육삼(六三 : --)과 절교(絶交)했음을 암시한 계사(繫辭)이다. 〈개질유희(介疾有喜)〉는 〈구사개륙삼태지질(九四介六三兌之疾) 내구사유희(乃九四有喜)〉의 줄임으로 여기고 〈구사가[九四] 육삼이[六三] 기뻐함의[兌之] 병폐를[疾] 제쳤다[介] 이에[乃] 구사에게[九四] 기쁨이[喜] 있다[有]〉라고 새겨볼 것이다. 〈개질(介疾)의 개(介)〉는 〈격(隔)〉 즉 제쳐놓음[隔]과 같고, 〈개질(介疾)의 질(疾)〉은 〈병폐(病弊)〉와 같다.

〈개질유희(介疾有喜)〉는 구사(九四 : ━)가 육삼(六三 : --)이 범하는 〈내태(來兌)〉의 짓이란 태괘(兌卦 : ䷹)의 주제인 〈태(兌)〉 즉 기쁨[兌]의 시국을 더럽히는 짓임을 알아챔을 암시한다. 따라서 〈개질(介疾)〉은 육삼(六三 : --)의 〈내태(來兌)〉를 배척함을 암시한다. 구사(九四 : ━)는 육삼(六三 : --)과 이웃하여 사귈 수 있는 사이이다. 육삼(六三 : --)의 〈내태(來兌)〉 즉 하향(下向)하여 구이(九二 : ━)의

〈부태(孚兌)〉와 초구(初九 : ―)의 〈화태(和兌)〉를 탐하는 육삼(六三 : --)의 짓은 소인(小人)의 짓이므로, 구사(九四 : ―)가 육삼(六三 : --)의 〈내태(來兌)〉를 내침을 암시한 것이 〈개질유희(介疾有喜)의 개질(介疾)〉이다. 소인(小人)의 짓이란 〈질(疾)〉 즉 질병과 다름없다는 것이 〈개질(介疾)의 질(疾)〉이다. 소인배인 육삼(六三 : --)과 교류함은 〈미령(未寧)〉의 질병을 자초함과 같다. 이에 구사(九四 : ―) 자신이 육삼(六三 : --)의 소인배의 짓인 〈내태(來兌)〉를 내친[介] 까닭으로[所以] 기쁨을 누림을[有喜] 암시한 계사(繫辭)가 〈개질유희(介疾有喜)〉이다.

【字典】

상(商) 〈헤아릴 상(商)-탁(度)-상량(商量)-종외지내(從外知內), (물건을 파는) 장수 상(商)-행화(行貨)-상매(商買), (물건을) 팔 상(商)-매(賣), 밝을 상(商)-장(章)-명(明), 항상 상(商)-상(常), 내릴 상(商)-항(降), 강할 상(商)-강(强), 베풀 상(商)-장(張), 오음(五音) 즉 금음(金音) 상(商)〉 등의 뜻을 내지만 여기선 〈헤아릴 상량(商量)-종외지내(從外知內)〉와 같다 여기고 새김이 마땅하다.

兌 〈태-예〉 두 가지로 발음되고, 〈기쁠 태(兌)-열(悅)-열(說), 팔괘 중의 하나 태(兌)-팔괘지일(八卦之一), 육십사괘 중의 하나 태(兌)-육십사괘지일(六十四卦之一), (이목구비의) 구멍 태(兌)-혈통이목구비지류(穴通耳目口鼻之類), 통할 태(兌)-통(通), 말할 태(兌)-언(言), 바꿀 태(兌)-역(易)-환(換), 지름길 태(兌)-계(蹊), 모일 태(兌)-취(聚), 날카로울 예(兌)-예(銳)〉 등의 뜻을 내지만 여기선 〈기쁠 열(悅)-열(說)〉과 같다 여기고 새김이 마땅하다.

미(未) 〈못할(않을) 미(未)-불(不)-불(弗), 없을 미(未)-무(無), 아닌 것 미(未)-비(非), 아직 미(未)-이지반(已之反)〉 등의 뜻을 내지만 여기선 〈못할 불(不)〉로 여기고 새김이 마땅하다.

녕(寧) 〈편안할 녕(寧)-안(安), 안정할 녕(寧)-안정(安定), 고요할 녕(寧)-정(靜), 휴식할 녕(寧)-식(息), 안일할 녕(寧)-안일(安逸), 문안드릴 녕(寧)-문안(問安), 상 입을(거상할) 녕(寧)-복상(服喪)-여녕(予寧), 장차 녕(寧)-장(將), 차라리 녕(寧)--원사(願詞)-원망지사(願望之詞), 어찌(어찌할) 녕(寧)-하(何)-기(豈), 이에 녕(寧)-내(乃), 어조사 녕(寧)-어조사〉 등의 뜻을 내지만 여기선 〈편안할 안(安)〉과 같다 여기고 새김이 마땅하다.

개(介) 〈클 개(介)-대(大), 굳을 개(介)-견확(堅確), 확고할 개(介)-확고(確固), 잠깐 동안 확고할 개(介)-개연견고(介然堅固), 끼일 개(介)-제(際), 도울 개(介)-조(助), 사이 개(介)-간(間)-격(隔), 이을 개(介)-소(紹), 인할 개(介)-인(因), 맬 개(介)-계(繫), 다음 개(介)-차(次), 스스로 만족할 개(介)-자득(自得), 좋을 개(介)-선(善), 성질이 확고하고 깨끗할 개(介)-경경(耿耿), 임금의 아들 개(介)-왕자(王子), 사신 개(介)-사신(使臣), 홀로 개(介)-고립(孤立), 살펴 알 개(介)-견식(見識)〉 등의 뜻을 내지만 여기선 〈제칠 격(隔)〉과 같다 여기고 새김이 마땅하다.

질(疾) 〈질병(병들) 질(疾)-병(病)-환(患)-질병(疾病), 괴로울 질(疾)-고(苦), 아파할 질(疾)-통(痛), 원망할 질(疾)-원(怨), 미워할 질(疾)-질(嫉), 성낼 질(疾)-노(怒), 아닐 질(疾)-비(非), 싫어할 질(疾)-오(惡), 빠를 질(疾)-신(迅)-속(速), 애쓸(힘쓸) 질(疾)-면력(勉力), 다툴 질(疾)-쟁(爭), 씩씩할(멋질) 질(疾)-장(壯)-미(美), 직행할 질(疾)-추(趨), 다툴 질(疾)-쟁(爭)〉 등의 뜻을 내지만 여기선 〈질병(疾病)〉으로 여기고 새김이 마땅하다.

유(有) 〈없을 무(無)의 반대말로 있을 유(有), 얻을(가질) 유(有)-취(取), 어조사 유(有), 간직할 유(有)-장(藏), 혹 유(有)-혹(或), 많을 유(有)-다(多)-족(足), 부유할 유(有)-부(富), 보호할 유(有)-보(保), 서로 친할 유(有)-상친(相親), 전일할 유(有)-전(專), 할 유(有)-위(爲)〉 등의 뜻을 내지만 여기선 〈있을 유(有)〉로 여기고 새김이 마땅하다.

희(喜) 〈기뻐할(즐거워할) 희(喜)-낙(樂)-열(悅), 좋아할 희(喜)-호(好)-애(愛), 행복할 희(喜)-복(福), 아름다울 희(喜)-미(美), 양기 희(喜)-양기(陽氣), 아주 성할 희(喜)-치성(熾盛)〉 등의 뜻을 내지만 여기선 〈기뻐할 열(悅)〉과 같다 여기고 새김이 마땅하다.

구오(九五 : ⚊)

九五 : 孚于剝하여 有厲리라
부 우 박 　 유 려

구오(九五) : 쇠락한 것[剝]을[于] 믿어줌에는[孚] 위태함이[厲] 있다[有].

【구오(九五)의 효상(爻象) 풀이】

태괘(兌卦 : ䷹)의 구오(九五 : ⚊)는 이양거양(以陽居陽) 즉 양(陽 : ⚊)으로써

[以] 양(陽 : ⚊)의 자리에 있는지라[居] 정당한 자리에 있다. 구오(九五 : ⚊)와 상륙(上六 : ⚋)은 양음(陽陰)의 사이인지라 비(比) 즉 이웃의 사귐[比]을 누린다. 구오(九五 : ⚊)와 구이(九二 : ⚊)는 양양(兩陽) 즉 둘 다[兩] 양(陽 : ⚊)의 사이인지라 부정응(不正應) 즉 서로 바르게[正] 호응하지 못한다[不應]. 그러나 군왕(君王)으로서 구오(九五 : ⚊)는 정당한 자리에서 득중(得中) 즉 정도를 따름을[中] 취하여[得] 태괘(兌卦 : ䷹)의 주제인 〈태(兌)〉 즉 기쁨[兌]의 시국을 마주해야 하므로 상륙(上六 : ⚋)과의 사귐[比]을 경계하며 군왕(君王)의 길을 가야 하는 모습이다.

> 태괘(兌卦 : ䷹)의 구오(九五 : ⚊)가 육오(六五 : ⚋)로 변효(變爻)하면 구오(九五 : ⚊)는 태괘(兌卦 : ䷹)를 54번째 귀매괘(歸妹卦 : ䷵)로 지괘(之卦)하게 한다. 따라서 태괘(兌卦 : ䷹)의 구오(九五 : ⚊)는 귀매괘(歸妹卦 : ䷵)의 육오(六五 : ⚋)를 찾아가 살펴보게 한다.

【구오(九五)의 계사(繫辭) 풀이】

孚于剝(부우박) 有厲(유려)

쇠락한 것[剝]을[于] 믿어줌에는[孚] 위태함이[厲] 있다[有].

〈부우박(孚于剝) 유려(有厲)〉는 태괘(兌卦 : ䷹)의 구오(九五 : ⚊)가 상륙(上六 : ⚋)과의 비(比) 즉 이웃의 사귐[比]을 경계하는 계사(繫辭)이다. 〈부우박(孚于剝) 유려(有厲)〉는 〈구오지부우박유려(九五之孚于剝有厲)〉의 줄임으로 여기고 〈구오가[九五之] 쇠락한 것[剝]을[于] 믿어줌에는[孚] 위태함이[厲] 있다[有]〉라고 새겨볼 것이다. 〈부우박(孚于剝)의 박(剝)〉은 여기선 쇠락(衰落) 즉 쇠약하여[衰] 떨어짐[落]을 뜻한다.

〈부우박(孚于剝)〉은 중정(中正) 즉 중효로서[中] 정위에 있으며[正] 강강(剛强)한 구오(九五 : ⚊)가 존위(尊位)에 있는 군자(君子)로서 태괘(兌卦 : ䷹)의 주제인 〈태(兌)〉 즉 기뻐함[兌]의 시국을 선(善)으로써 이끌고자 하더라도, 기뻐함[兌]의 시국을 사리(私利)로써 쇠락하게[剝] 하려는 소인(小人)의 무리가 있을 수 있음을 암시한다. 〈태(兌)〉 즉 기뻐함[兌]의 시국을 모든 사람들의 화합으로 이끌려는 군자(君子)도 있고, 〈태(兌)〉의 시국을 자신만의 것으로 이용하려는 소인(小人)의 무리가 있는 것이 세상이다. 〈태(兌)〉의 시국에서 태괘(兌卦 : ䷹)의 양효(陽爻 : ⚊)

들은 군자(君子)의 〈태(兌)〉를 누리려는 쪽이고, 음효(陰爻 : --)들은 소인(小人)의 〈태(兌)〉를 탐하는 쪽이다. 양(陽 : —)은 크고[大] 음(陰 : --)은 작다[小]. 세상에 군자(君子)는 극히 드물고 소인(小人)이 넘쳐나지만, 태괘(兌卦 : ䷹)의 괘상(卦象)은 군자(君子)가 많고 소인(小人)이 적어 군자(君子)가 누리는 기쁨이 넘쳐나 살맛나는 세상일수록, 존위(尊位)에 있는 군자(君子)로서 군왕(君王)은 소인(小人)을 경계해야 함을 〈부우박(孚于剝)〉이 암시한다. 따라서 〈부우박(孚于剝)의 박(剝)〉은 기쁨[兌]의 세상에서 상화(相和) 즉 서로[相] 화합하여[和] 누리는 군자(君子)의 〈태(兌)〉를 쇠락(衰落)하게 하는 소인(小人)의 〈태(兌)〉가 있음을 암시한다. 여기 〈부우박(孚于剝)의 박(剝)〉은 상륙(上六 : --)을 암시한다.

구오(九五 : —)와 상륙(上六 : --)이 비(比) 즉 이웃으로 사귐[比]은 군자(君子)와 소인(小人)의 사귐[比]인지라 『논어(論語)』에 나오는 〈군자는[君子] 의리를[於義] 밝히고[喩] 소인은[小人] 이익을[於利] 밝힌다[喩]〉라는 내용을 상기시킨다. 의(義)란 자기가 남에게 선(善)한가를 물어 행하게 하고, 이(利)란 남이 자기에게 익(益)인가를 물어 행하게 한다. 군자(君子)의 〈태(兌)〉는 의(義)로써 누리는 기쁨[兌]이고 소인(小人)의 〈태(兌)〉는 이(利)로써 차지함인지라, 구오(九五 : —)가 상륙(上六 : --)과 이웃의 사귐[比]을 누리려 한다면 상륙(上六 : --)이 영설(佞舌) 즉 아첨하는[佞] 혀[舌]로써 구오(九五 : —)와 가까이하려 할 터임을 암시한 것이 〈부우박(孚于剝)〉이다. 이에 정당한 자리에서 강강(剛强)한 구오(九五 : —)가 득중(得中) 즉 정도를 따름을[中] 취하여[得] 〈유어의(喩於義)〉 즉 의리에[於義] 밝아[喩] 소인(小人)의 아첨을 물리칠 것이지만, 만에 하나라도 소인(小人)의 영설(佞舌)로써 〈박(剝)〉 즉 양(陽 : —)의 기뻐함[兌]을 쇠락하게[剝] 함을 구오(九五 : —)가 믿어준다면[孚] 구오(九五 : —)에게 위험이[厲] 있을[有] 수밖에 없음을 암시한 계사(繫辭)가 〈부우박(孚于剝) 유려(有厲)〉이다.

【字典】

부(孚) 〈믿을 부(孚)-신(信), 알에서 새끼가 껍질을 쪼아 나올 부(孚)-난화(卵化), 씨앗이 틀 부(孚)-부(稃), 기를 부(孚)-육(育), 덮어줄 부(孚)-복(覆), 붙을(의지할) 부(孚)-부(附)-부(付), 깡충거릴 부(孚)-무조(務躁)-부조(浮躁), 옥채색 부(孚)-옥채색(玉采色)〉 등의 뜻을 내지만 여기선 〈믿을 신(信)〉과 같아 〈성신(誠信) 즉 진실한[誠] 미더움

[信]〉으로 여기고 새김이 마땅하다.

우(于) 〈향해서(~으로, ~부터, ~에서) 우(于)-어(於), 구할 우(于)-구(求), 갈 우(于)-왕(往), 써 우(于)-이(以), 할 우(于)-위(爲), 여기 우(于)-시(是), 도울 우(于)-조(助), 클 우(于)-대(大), 자족하는 모습 우(于)-자족모(自足貌)〉 등의 뜻을 내지만 여기선 〈향해서 어(於)〉와 같다 여기고 새김이 마땅하다.

박(剝) 〈보잘것없게 할(영락하게 할) 박(剝)-낙(落)-영락(零落), 찢을 박(剝)-열(裂), 깎아낼 박(剝)-괄(刮), 떨어질 박(剝)-이(離), 상해를 입힐 박(剝)-상해(傷害), 벗어질 박(剝)-탈(脫), 쌓일 박(剝)-축(畜), 어지러울 박(剝)-난(亂), 불리할 박(剝)-불리(不利), 두드릴 박(剝)-격(擊)〉 등의 뜻을 내지만 여기선 〈보잘것없게 할 영락(零落)〉과 같다 여기고 새김이 마땅하다

유(有) 〈없을 무(無)의 반대말로 있을 유(有), 얻을(가질) 유(有)-취(取), 어조사 유(有), 간직할 유(有)-장(藏), 혹 유(有)-혹(或), 많을 유(有)-다(多)-족(足), 부유할 유(有)-부(富), 보호할 유(有)-보(保), 서로 친할 유(有)-상친(相親), 전일할 유(有)-전(專), 할 유(有)-위(爲)〉 등의 뜻을 내지만 여기선 〈있을 유(有)〉로 여기고 새김이 마땅하다.

여(厲) 〈위태할 여(厲)-위(危), 가물 여(厲)-한(旱), 갈 여(厲)-마(磨), 문지를(비빌) 여(厲)-마찰(摩擦), 엄할(사나울) 여(厲)-엄(嚴)-맹(猛), 높고 훌륭할 여(厲)-고상(高尙), 맑고 바를 여(厲)-청정(淸正), 막을 여(厲)-항(抗), 일어날 여(厲)-기(起), 지을 여(厲)-작(作), 사나울 여(厲)-학(虐), 병들 여(厲)-병(病), 낭떠러지 여(厲)-애(涯), 물이 깊어도 건널 수 있는 곳 여(厲)-심수가섭지처(深水可涉之處), 권하여 힘쓰게 할 여(厲)-권면(勸勉), 이을 여(厲)-합(合)-연(連), 옷을 입고 물을 건널 여(厲)-이의섭수(以衣涉水), 가까울 여(厲)-근(近)-부(附)〉 등의 뜻을 내지만 여기선 〈위태로울 위(危)〉와 같다 여기고 새김이 마땅하다. 〈厲〉가 앞에 있을 때는 〈여(厲)〉로 발음되고, 뒤에 있으면 〈려(厲)〉로 발음된다.

註 자왈(子曰) 군자유어의(君子喩於義) 소인유어리(小人喩於利) : 공자가[子] 말했다[曰]. 군자는[君子] 의리를[於義] 밝히고[喩], 소인은[小人] 이익을[於利] 밝힌다[喩].

『논어(論語)』「이인(里仁)」 16장(章)

상륙(上六 : --)

上六 : 引兌리라
인 태

상륙(上六) : 끌어들여[引] 기뻐한다[兌].

【상륙(上六)의 효상(爻象) 풀이】

태괘(兌卦 : ䷹)의 상륙(上六 : --)은 이음거음(以陰居陰) 즉 음(陰 : --)으로써[以] 음(陰 : --)의 자리에 있는지라[居] 정당한 자리에 있다. 상륙(上六 : --)과 구오(九五 : —)는 음양(陰陽)의 사이인지라 비(比) 즉 이웃의 사귐[比]을 누릴 수 있다. 상륙(上六 : --)과 육삼(六三 : --)은 양음(兩陰) 즉 둘 다[兩] 음(陰 : --)의 사이인지라 부정응(不正應) 즉 서로 바르게[正] 호응하지 못한다[不應]. 상륙(上六 : --)은 태괘(兌卦 : ䷹)에서 음효(陰爻)로서 극위(極位)에 있는지라 몹시 음험(陰險)한 소인(小人)의 모습이다.

태괘(兌卦 : ䷹)의 상륙(上六 : --)이 상구(上九 : —)로 변효(變爻)하면 상륙(上六 : --)은 태괘(兌卦 : ䷹)를 10번째 이괘(履卦 : ䷉)로 지괘(之卦)하게 한다. 따라서 태괘(兌卦 : ䷹)의 상륙(上六 : --)은 이괘(履卦 : ䷉)의 상구(上九 : —)를 찾아가 살펴보게 한다.

【상륙(上六)의 계사(繫辭) 풀이】

引兌(인태)

끌어들여[引] 기뻐한다[兌].

〈인태(引兌)〉는 태괘(兌卦 : ䷹)의 상륙(上六 : --)과 구오(九五 : —)의 비(比) 즉 이웃의 사귐[比]을 들어 암시한 계사(繫辭)이다. 〈인태(引兌)〉는 〈상륙인구오(上六引九五) 인차상륙희망계태(因此上六希望繼兌)〉의 줄임으로 여기고 〈상륙이[上六] 구오를[九五] 끌어들인다[引] 그래서[因此] 상륙이[上六] 기뻐함을[兌] 계속하고자 한다[希望繼]〉라고 새겨볼 것이다. 〈인태(引兌)의 인(引)〉은 〈끌어들일 견

(牽)〉과 같다.

〈인태(引兌)〉는 태괘(兌卦 : ䷹)의 주제인 〈태(兌)〉 즉 기뻐함[兌]의 시국을 상륙(上六 : --)이 연연함을 암시한다. 대성괘(大成卦)에서 극위(極位)란 그 괘(卦)를 떠나야 하는 자리이다. 태괘(兌卦 : ䷹)의 극위(極位)에 있는 상륙(上六 : --)이 기뻐함[兌]의 시국을 떠나야 할 처지임을 망각한 짓을 범함을 여기 〈인태(引兌)〉가 암시한다. 상륙(上六 : --)이 구오(九五 : ―)와 이웃의 사귐[比]을 빌미로 자신이 태괘(兌卦 : ䷹)의 극위(極位)에 있음을 망각하고 기뻐함[兌]의 시국을 누리기를 탐한다. 이는 소인(小人)의 짓이지 군자(君子)의 짓은 아니다. 군자(君子)는 기쁨[兌]의 시국이라 할지라도 사명(俟命) 즉 천명을[命] 기다리며[俟] 처선(處善) 즉 선함에[善] 머물[處] 뿐, 태시(兌時)라 하여 기쁨의[兌] 시국[時]을 탐닉(耽溺)하거나 유인(誘引)하지 않는다. 그러나 소인(小人)은 태시(兌時)일수록 그 탐함이 지나쳐 연연하며 떠나지를 못한다. 음효(陰爻)로서 극위(極位)에 있는 상륙(上六 : --)이 태괘(兌卦 : ䷹)를 떠나야 할 자신의 처지를 잊고 더없이 소인(小人) 노릇을 해, 군자(君子)인 구오(九五 : ―)를 유인하여[引] 태시(兌時)를 연연함을 암시한 계사(繫辭)가 〈인태(引兌)〉이다.

【字典】

인(引) 〈끌어들일 인(引)-견(牽)-상견(相牽), 활 당길 인(引)-개궁(開弓), 당길 인(引)-만(挽), 인도할 인(引)-도(導)-도(道), 늘일 인(引)-장(張), 나아갈(이를) 인(引)-진(進)-치(致)-취(取), 초청할 인(引)-초(招), 뽑아 뺄 인(引)-발(拔), 골라 쓸 인(引)-선용(選用), 추천할 인(引)-추천(推薦), 원용할 인(引)-원용(援用), 길 인(引)-장(長), 장구할 인(引)-장구(長久), 노래 소리가 길게 이어짐 인(引)-가성장이구(歌聲長而久), 오랜 내력 인(引)-구력(久歷), 받들어 받음 인(引)-승수(承受), 거두어들일 인(引)-수렴(收斂), 물러날 인(引)-각(却)-각(卻), 펼칠 인(引)-신(申), 끊임없을 인(引)-연속부절(連續不絕), 크고 넓을 인(引)-굉(宏), 진을 칠 인(引)-진(陣), 연출할 인(引)-연(演), 바르게 할 인(引)-정(正), 다툴 인(引)-쟁(爭), 자살할 인(引)-자살(自殺), 열 길 인(引)-십장(十丈), 서로 끌 인(引)-교인(交引), 지폐 인(引)-지폐(紙幣), 허가증 인(引)-허가증(許可證), 악부시체의 하나 인(引)-악부시체지일(樂府詩體之一), 수레를 묶는 줄 인(引)-거색(車索)〉 등의 뜻을 내지만 여기선 〈끌어들일 견(牽)〉으로 여기고 새김이 마땅하다.

兌 〈태-예〉 두 가지로 발음되고, 〈기쁠 태(兌)-열(悅)-열(說), 팔괘 중의 하나 태(兌)-팔괘지일(八卦之一), 육십사괘 중의 하나 태(兌)-육십사괘지일(六十四卦之一), (이목구비의) 구멍 태(兌)-혈통이목구비지류(穴通耳目口鼻之類), 통할 태(兌)-통(通), 말할 태(兌)-언(言), 바꿀 태(兌)-역(易)-환(換), 지름길 태(兌)-계(磎), 모일 태(兌)-취(聚), 날카로울 예(兌)-예(銳)〉 등의 뜻을 내지만 여기선 〈기쁠 열(悅)-열(說)〉과 같다 여기고 새김이 마땅하다.

환괘 渙卦

59

䷺

1 | 괘의 괘상과 계사

환괘(渙卦 : ䷺)

감하손상(坎下巽上) : 아래는[下] 감(坎 : ☵), 위는[上] 손(巽 : ☴).

풍수환(風水渙) : 바람과[風] 물은[水] 환이다[渙].

渙亨이다 王假有廟한다 利涉大川하고 利貞하다
환형 왕격유묘 이섭대천 이정

흩어짐은[渙] 통한다[亨]. 임금이[王] 종묘[廟]에[有] 도착한다[假]. 큰[大] 물을[川] 건너도[涉] 이롭고[利] 진실로 미더우면[貞] 이롭다[利].

【환괘(渙卦 : ䷺)의 괘상(卦象) 풀이】

앞 태괘(兌卦 : ䷹)의 〈태(兌)〉는 기뻐함[兌]이다. 기뻐함[兌]이 선(善)할수록 언제 어디서나 환영받는다. 「서괘전(序卦傳)」에 〈태라는[兌] 것은[者] 기뻐함[說]이다[也] 기뻐한[說] 뒤에는[而後] 그 기쁨이 퍼지기[散之] 때문에[故] 환괘(渙卦 : ䷺)로써[以] 그것을[之] 받는다[受]〉라는 내용이 나온다. 이는 태괘(兌卦 : ䷹) 뒤에 환괘(渙卦 : ䷺)가 오는 까닭을 밝힌다. 언제 어디서든 기뻐함[兌]일수록 널리 퍼진다. 기쁨을 마주한 관중은 한 사람만 환호(歡呼)하지 않는다. 기쁨의 환호(歡呼)는 물결처럼 퍼져 나가 결국은 흩어져 나간다. 즐거워 모였다가 흩어져 나감[渙]은 고난(苦難)으로 이어진다. 항상 기쁨[兌]이 다하면 흩어지고[渙] 괴로움[苦]도 다하면 흩어짐[渙]이 천도(天道)이다. 고진감래(苦盡甘來) 쓴맛이[苦] 다하면[盡] 단맛이[甘] 옴[來]이 자연의[天] 도리[道]이다. 따라서 환괘(渙卦 : ䷺)의 〈환(渙)〉은 〈흩어져 나갈 산(散)〉과 같고, 그 끝은 취(聚) 즉 모임[聚]으로 이어짐을 암시한다. 흩어져 나가[渙] 고난(苦難)으로 드러나지만, 그 〈환(渙)〉을 다스리려 함이 곧 환괘(渙卦 : ䷺)인지라 〈형(亨)〉 즉 통한다. 환괘(渙卦 : ䷺)의 상체(上體)는 손(巽 : ☴)이고 하체(下體)는 감(坎 : ☵)이다. 「설괘전(說卦傳)」에 〈손은[巽 : ☴] 바람[風]이고[爲] …… 감은[坎 : ☵] 물[水]이다[爲]〉라는 내용이 나온다. 물 위에 바람이 불어 바람결을 물이 받아 물결이 유동(流動)해 사방으로 흩어지는[渙] 모습인지라 환괘(渙卦 : ䷺)라 칭명(稱名)한다.

【환괘(渙卦 : ䷺)의 계사(繫辭) 풀이】

渙亨(환형)

흩어짐은[渙] 통한다[亨].

〈환형(渙亨)〉은 환괘(渙卦 : ䷺)의 하체(下體) 감(坎 : ☵) 위에 상체(上體) 손(巽 : ☴)인지라 물[水 : ☵] 위에 바람[風 : ☴]이 불어 물결이 일어 퍼져 나가는[渙] 모습을 들어 암시한 계사(繫辭)이다. 〈환형(渙亨)〉은 〈환괘지환형우취(渙卦之渙亨于聚)〉의 줄임으로 여기고 〈환괘의[渙卦之] 흩어짐은[渙] 모임[聚]으로[于] 통한다[亨]〉라고 새겨볼 것이다. 여기 〈환형(渙亨)의 환(渙)〉은 상형자이다. 〈환(渙)의 수(氵)〉는 물이 흐름을 나타내고, 〈환(渙)의 환(奐)〉에서 위는 칼을 뜻하고, 중간은 얼음 두 조각을 뜻하며, 밑은 두 팔을 뜻해, 두 손으로 칼을 쥐고 얼음 조각을 깨트려 녹은 물이 퍼져 나감을 상형하는 자(字)이다. 따라서 〈환형(渙亨)의 환(渙)〉은 〈흩어질 산(散)〉과 같고, 〈환형(渙亨)의 형(亨)〉은 〈통할 통(通)〉과 같다.

〈환(渙)〉 즉 흩어짐[渙]이 〈형(亨)〉 즉 통한다[亨] 함은 〈취(聚)〉 즉 모임[聚]으로 이어짐을 암시한다. 왜냐하면 〈만물산즉취(萬物散則聚) 만물취즉산(萬物聚則散)〉 즉 만물은[萬物] 흩어지면[散] 곧[則] 모이고[聚] 만물[萬物]은 모이면[聚] 곧[則] 흩어짐[散]이 천도(天道) 즉 자연의[天] 이치[道]이기 때문이다. 따라서 수명(守命) 즉 천도(天道)의 명령을[命] 지키면[守] 〈형(亨)〉 즉 통하고, 그 명령을 어기면 〈색(塞)〉 즉 막힌다. 따라서 흩어짐[渙]이 모임[聚]으로 순연(順延) 즉 따라서[順] 이어짐[延]을 암시한 계사(繫辭)가 〈환형(渙亨)〉이다.

王假有廟(왕격유묘)

임금이[王] 종묘[廟]에[有] 도착한다[假].

〈왕격유묘(王假有廟)〉는 환괘(渙卦 : ䷺)의 구오(九五 : ⚊)를 빌려 앞 〈환형(渙亨)〉을 〈취(聚)〉로 이끌고자 함을 암시한 계사(繫辭)이다. 〈왕격유묘(王假有廟)〉는 〈왕지어종묘(王至於宗廟)〉와 같다 여기고 〈임금이[王] 종묘(宗廟)에[於] 이르렀다[至]〉라고 새겨볼 것이다. 〈왕격유묘(王假有廟)의 격(假)〉은 〈이를 지(至)〉와 같고, 〈왕격유묘(王假有廟)의 유(有)〉는 어조사로 〈~에 어(於)〉와 같다.

〈왕격유묘(王假有廟)〉는 45번째 췌괘(萃卦 : ䷬)의 괘사(卦辭)에도 그대로 나온다. 췌괘(萃卦 : ䷬)의 〈췌(萃)〉는 〈취(聚)〉 즉 모여듦[聚]과 같다. 〈왕격유묘(王假有廟)〉는 앞 〈환형(渙亨)〉을 하늘과 조상에게 알리고 〈췌형(萃亨)〉으로 순연(順延)하게 하고자 함을 암시한다. 백성이 흩어지면 나라가 없어진다. 따라서 〈왕(王)〉은 흩어짐[渙]이 모임[聚]으로 통하도록[亨] 해야 함을 암시한 것이 〈왕격유묘(王假有廟)〉이다. 〈왕격유묘(王假有廟)의 왕(王)〉은 환괘(渙卦 : ䷺)의 구오(九五 : ⚊)를 말한다. 대성괘(大成卦)의 오위(五位)는 군왕(君王)의 자리이다. 환괘(渙卦 : ䷺)의 구오(九五 : ⚊) 역시 백성을 다스리는 군왕(君王)이다. 백성의 흩어져 나감[渙]을 모임[萃]으로 이끌어 화합(和合)하여 백성이 안녕(安寧)을 누려야 나라가 태평성대(太平聖代)를 누린다. 45번째 췌괘(萃卦 : ䷬)의 〈왕(王)〉은 췌괘(萃卦 : ䷬)의 주제가 〈췌(萃)〉 즉 모여듦[萃]을 감사하고자 〈격유묘(假有廟)〉 즉 묘사[廟]에[有] 이르렀지만[假], 환괘(渙卦 : ䷺)의 〈왕(王)〉은 환괘(渙卦 : ䷺)의 주제인 〈환(渙)〉 즉 흩어지는[渙] 시국을 수습하여 모이는[聚] 시국으로 변화되기를 바라고 하늘과 조상에 제헌(祭獻)하고자 왕(王)이 손수 〈격유묘(假有廟)〉 즉 묘사[廟]에[有] 당도하였음[假]을 암시한다.

利涉大川(이섭대천)

큰[大] 물을[川] 건너도[涉] 이롭다[利].

〈이섭대천(利涉大川)〉은 군왕(君王)으로서 구오(九五 : ⚊)가 백성을 모여들게 함을 암시한 계사(繫辭)이다. 〈이섭대천(利涉大川)〉은 〈섭대천유리(涉大川有利)〉의 줄임으로 여기고 〈큰[大] 물을[川] 건너도[涉] 이로움이[利] 있다[有]〉라고 새겨볼 것이다. 〈섭대천(涉大川)의 섭(涉)〉은 〈건너갈 도(渡)〉와 같다.

〈이섭대천(利涉大川)〉은 경문(經文)에 아홉 번이나 나온다. 상고(上古) 때는 큰

[大] 내[川]를 건너가는 일은 매우 험하고 어려운 일이었기에 〈이섭대천(利涉大川)의 대천(大川)〉은 난사(難事) 즉 어려운[難] 일[事]을 비유한다. 이에 〈이섭대천(利涉大川)의 대천(大川)〉은 환괘(渙卦 : ䷺)의 주제인 〈환(渙)〉 즉 흩어짐[渙]을 취상(取象)한 것이다. 〈이섭대천(利涉大川)의 섭대천(涉大川)〉은 난제(難題)를 피하지 않고 마주하여 해결함을 암시하고, 동시에 환괘(渙卦 : ䷺)의 상하체(上下體)를 들어 취상(取象)한 것이다. 왜냐하면 〈섭대천(涉大川)의 섭(涉)〉이 「설괘전(說卦傳)」에 나오는 〈손은[巽 : ☴] 나무[木]이고[爲] 바람[風]이다[爲]〉라는 내용을 상기시키고, 〈섭대천(涉大川)의 대천(大川)〉이 〈감은[坎 : ☵] 물[水]이다[爲]〉라는 내용을 상기시키기 때문이다. 〈섭(涉)〉은 배(舟)를 연상시키고, 주(舟)란 나무[木]로 만들어지고 바람[風]이 불어야 물[水]을 건너간다[涉]. 이에 흩어지는[渙] 백성을 모여들게[聚] 하여 백성의 마음을 결합시켜 이롭게[利] 함을 암시한 계사(繫辭)가 〈이섭대천(利涉大川)〉이다.

利貞(이정)

진실로 미더우면[貞] 이롭다[利].

〈이정(利貞)〉은 〈섭대천(涉大川)〉이 이로울[利] 수 있는 까닭을 풀이하는 괘사(卦辭)이다. 여기 〈이정(利貞)〉은 〈왕지정어섭대천유리(王之貞於涉大川有利)〉의 줄임으로 여기고 〈대천을[大川] 건넘에[於涉] 임금이[王之] 진실로 미더워야[貞] 이로움이[利] 있다[有]〉라고 새겨볼 것이다. 〈정(貞)〉은 성신(誠信)이다. 진실로[誠] 미더움[信]은 공정(公正)함으로 드러난다. 모든 것을 아울러 하나같이[公] 바르게 하여[正] 사사로움이[私] 없고[無] 치우침이[偏] 없다[無]면 그 마음가짐이 〈정(貞)〉 곧 진실로 미더움[貞]이다. 만사(萬事)를 행함에 〈정(貞)〉은 오로지 공정(公正)하므로 〈섭대천(涉大川)〉 즉 흩어진[渙] 백성을 모음[聚]에 이로움[利]이 있음을 암시한 계사(繫辭)가 〈이정(利貞)〉이다.

【字典】

환(渙) 〈흩어질 환(渙)-산(散)-해산(解散), 떨어져 나갈 환(渙)-이(離), 환괘 환(渙)-환괘(渙卦), 따로따로 흩어져 나갈 환(渙)-분산지류(分散之流), 현명할 환(渙)-현(賢), 물이 출렁출렁하는 모양 환(渙)-수성모(水盛貌), 찬란할 환(渙)-환(煥)-창현(彰

顯)-문장(文章), 물 이름 환(渙)-수명(水名)〉 등의 뜻을 내지만 여기선 〈흩어질 산(散)〉과 같다 여기고 새김이 마땅하다.

亨 〈향-형-팽〉 세 가지로 발음되고, 〈통할 형(亨)-통(通), 남을 형(亨)-여(餘), 드릴 향(亨)-헌(獻), 삶을 팽(亨)-자(煮)-팽(烹)〉 등의 뜻을 내지만 여기선 〈통할 통(通)〉과 같다 여기고 새김이 마땅하다.

왕(王) 〈임금 왕(王)-군(君), 제후 왕(王)-제후(諸侯), 성대할 왕(王)-성(盛), 무리의 우두머리 왕(王)-동류중지수령(同類中之首領), 큰 왕(王)-대(大), 천자를 받들 왕(王)-사천자(事天子), 바로잡을 왕(王)-광정(匡正), 성대할 왕(王)-성(盛), 이길 왕(王)-승(勝), 흥할 왕(王)-흥(興)〉 등의 뜻을 내지만 〈임금 왕(王) 또는 제후 왕(王)〉으로 여기고 새김이 마땅하다.

假 〈격-가-하〉 세 가지로 발음되고, 〈이를 격(假)-지(至), 거짓 가(假)-비진(非眞), 이제 그렇지 않을 가(假)-금불연(今不然), 겸할 가(假)-섭(攝)-겸(兼), 잠깐 가(假)-차(且)-비영구(非永久), 빌릴 가(假)-차(借), 빌려줄 가(假)-대(貸), 줄 가(假)-급여(給與), 인할(때문일) 가(假)-인(因), 너그러울 가(假)-관용(寬容), 청할 가(假)-청(請), 같을 가(假)-여(如), 확고할 가(假)-고(固), 클 가(假)-대(大), 장대할 가(假)-하(嘏), 아름다울 가(假)-미(美), 용서할 가(假)-서(恕), 여가 가(假)-여가(餘暇), 가령 가(假)-가령(假令), 아득할(멀) 하(假)-하(遐), 죽을(끝날) 하(假)-사(死)-이(已), 앓을 하(假)-병(病), 되(단위) 하(假)-승(升)〉 등의 뜻을 내지만 여기선 발음은 〈격〉이고, 뜻은 〈이를 지(至)〉와 같다 여기고 새김이 마땅하다.

유(有) 〈어조사 유(有), 없을 무(無)의 반대말로 있을 유(有), 얻을(가질) 유(有)-취(取), 간직할 유(有)-장(藏), 혹 유(有)-혹(或), 많을 유(有)-다(多)-족(足), 부유할 유(有)-부(富), 보호할 유(有)-보(保), 서로 친할 유(有)-상친(相親), 전일할 유(有)-전(專), 할 유(有)-위(爲)〉 등의 뜻을 내지만 여기선 〈어조사 유(有)〉로 〈~에 어(於)〉 정도로 여기고 새김이 마땅하다.

묘(廟) 〈사당 묘(廟)-사당(祠堂), 모양 묘(廟)-모(貌), 주군 묘(廟)-주(主), 귀신이 있는 곳 묘(廟)-빈궁(殯宮), 귀신을 접하는 곳 묘(廟)-전전(前殿 : 接神之處), 왕궁의 정전 묘(廟)-왕궁지정전(王宮之正殿)〉 등의 뜻을 내지만 여기선 〈사당(祠堂)〉으로 여기고 새김이 마땅하다.

이(利) 〈만물로 하여금 삶을 이루어가게 하는 덕(德)의 이로울 이(利)-사만물수생지덕(使萬物遂生之德), 날카로울 이(利)-예(銳)-섬(銛), 질병 이(利)-질(疾), 통할 이(利)-통(通)-순(順), 좋을 이(利)-길(吉)-의(宜), 편리할 이(利)-편(便), 마름해 만들어 이룰 이(利)-재성(裁成), 탐할 이(利)-탐(貪), 구할(취할) 이(利)-구(求)-취(取), 좋아할 이(利)-열애(悅愛), 이로울 이(利)-익(益), 기교 이(利)-교(巧), 보람 이(利)-공용(功用), 지세가 험하고 중요한 이(利)-험요(險要), 이길 이(利)-승(勝), 어질 이(利)-인(仁)〉 등의 뜻을 내지만 여기선 〈사만물수생지덕(使萬物遂生之德) 즉 만물로 하여금 삶을 이루어가게 하는 덕(德)의 이로움〉으로 새김이 마땅하다. 〈利〉가 맨 앞에 오면 〈이〉로 발음되고, 중간이나 뒤에 오면 〈리〉로 발음된다.

섭(涉) 〈물 건널 섭(涉)-도(渡), 물이 흘러가는 섭(涉)-수류(水流), 헤엄쳐 갈 섭(涉)-유행(游行), 서로 교류할 섭(葉)-상교(相交), 경력 섭(涉)-경력(經歷), 깊이 들어갈 섭(涉)-심입(深入)〉 등의 뜻을 내지만 여기선 〈물 건널 도(渡)〉와 같다 여기고 새김이 마땅하다.

대(大) 〈큰 대(大)-소지대(小之對), 넓을 대(大)-광(廣), 두루 대(大)-편(徧), 통할 대(大)-통(通), 길 대(大)-장(長), (땅을) 걸게 할 대(大)-비(肥), 두터울 대(大)-후(厚), 많을 대(大)-다(多), 모두 대(大)-개(皆), 선할 대(大)-선(善), 무거울 대(大)-중(重), 거대할 대(大)-거(巨), 아름다울 대(大)-미(美)-장(壯), 부유할 대(大)-부(富), 늙을 대(大)-노(老), 지나칠 대(大)-과(過), 끝 대(大)-극(極), 대충 대(大)-조(組)-불세밀(不細密), 과대할 대(大)-과(誇)-긍벌(矜伐), 처음 대(大)-초(初), 하늘 대(大)-천(天), 건(乾)-양기(陽氣)-강효(剛爻) 대(大)〉 등의 뜻을 내지만 여기선 〈큰 대(大)〉로 여기고 새김이 마땅하다.

천(川) 〈시내 천(川)-천(巛)-관천통류수(貫穿通流水), 수류의 총칭 천(川)-수류지총칭(水流之總稱), 흐르는 물의 시작 천(川)-수류지시(水流之始), 산천의 신 천(川)-산천지신(山川之神), 구덩이 천(川)-갱(坑)〉 등의 뜻을 내지만 여기선 〈시내 관천통류수(貫穿通流水)〉로 여기고 새김이 마땅하다. 〈대천(大川)〉이란 강물을 뜻한다.

정(貞) 〈믿을 정(貞)-신(信), 정할 정(貞)-정(定), 바를 정(貞)-정(正), 거북점을 물을 정(貞)-복문(卜問), 역(易)의 내괘(內卦) 정(貞), 마땅할 정(貞)-당(當), 순수할 정(貞)-전(專)-일(一)〉 등의 뜻을 내지만 여기선 〈믿을 신(信)〉과 같다 여기고 새김이 마땅하다.

註 태자열야(兌者說也) 열이후산지(說而後散之) 고(故) 수지이환(受之以渙) : 태라는[兌] 것은[者] 기뻐함[說]이다[也]. 기뻐한[說] 뒤에는[而後] 그 기쁨이 퍼지기[散之] 때문에[故] 환괘[渙]로 써[以] 태괘(兌卦)를[之] 받는다[受]. 「서괘전(序卦傳)」 6단락(段落)

註 손위목(巽爲木) …… 위풍(爲風) : 손은[巽 : ☴] 나무[木]이고[爲] …… 바람[風]이다[爲]. 「설괘전(說卦傳)」 11단락(段落)

註 감위수(坎爲水) : 감은[坎 : ☵] 물[水]이다[爲]. 「설괘전(說卦傳)」 11단락(段落)

2 효의 효상과 계사

初六 : 用拯馬壯하여 吉하다
용증마장 길

九二 : 渙에 奔其机니 悔亡하리라
환 분기궤 회무

六三 : 渙其躬이니 无悔리라
환기궁 무회

六四 : 渙其群이라 元吉이다 渙有丘는 匪夷所思이다
환기군 원길 환유구 비이소사

九五 : 渙에 汗其大號하고 渙에 王居无咎리라
환 한기대호 환 왕거무구

上九 : 渙에 其血去하여 逖出이니 无咎리라
환 기혈거 적출 무구

초륙(初六) : 이용해[用] 도움 받고[拯] 말이[馬] 강력하여[壯] 행운이다[吉].

구이(九二) : 흩어짐에[渙] 그[其] 알맞은 때에[机] 달려감이니[奔] 후회할 것이[悔] 없다[亡].

육삼(六三) : 제[其] 자신을[躬] 내치니[渙] 후회할 것이[悔] 없다[无].

육사(六四) : 제[其] 무리를[群] 내치니[渙] 크게[元] 좋다[吉]. 내침에[渙] 우뚝함이[丘] 있음은[有] 범인들이[夷] 생각할[思] 바가[所] 아니다[匪].

구오(九五) : 흩어짐에[渙] 그[其] 대정령을[大號] 내렸고[汗], 흩어짐에[渙] 임금이[王] 있음이니[居] 허물할 것이[咎] 없다[无].

상구(上九) : 흩어짐에[渙] 그[其] 걱정거리가[血] 제거되고[去] 멀리[逖] 나왔으니[出] 허물이[咎] 없다[无].

초륙(初六 : --)

初六 : 用拯馬壯하여 吉하다
용증마장 길

초륙(初六) : 이용해[用] 도움 받고[拯] 말이[馬] 강력하여[壯] 행운이다[吉].

【초륙(初六)의 효상(爻象) 풀이】

환괘(渙卦 : ䷺)의 초륙(初六 : --)은 이음거양(以陰居陽) 즉 음(陰 : --)으로써[以] 양(陽 : —)의 자리에 있는지라[居] 정당한 자리에 있지 못하다. 초륙(初六 : --)과 구이(九二 : —)는 음양(陰陽)의 사이인지라 비(比) 즉 이웃의 사귐[比]을 누린다. 초륙(初六 : --)과 육사(六四 : --)는 양음(兩陰) 즉 둘 다[兩] 음(陰 : --)의 사이인지라 불상응(不相應) 즉 서로[相] 호응하지 못하는[不應] 처지이다. 환괘(渙卦 : ䷺)의 주제인 〈환(渙)〉 즉 흩어짐[渙]의 시국이 시작되는 자리에 있는 초륙(初六 : --)이지만 유순(柔順) 즉 부드럽고[柔] 순종하는[順] 초륙(初六 : --)인지라 구이(九二 : —)의 도움을 받는 모습이다.

환괘(渙卦 : ䷺)의 초륙(初六 : --)이 초구(初九 : —)로 변효(變爻)하면 초륙(初六 : --)은 환괘(渙卦 : ䷺)를 61번째 중부괘(中孚卦 : ䷼)로 지괘(之卦)하게 한다. 따라서 환괘(渙卦 : ䷺)의 초륙(初六 : --)은 중부괘(中孚卦 : ䷼)의 초구(初九 : —)를 찾아가 살펴보게 한다.

【초륙(初六)의 계사(繫辭) 풀이】

用拯馬壯(용증마장) 吉(길)

이용해[用] 도움 받고[拯] 말이[馬] 강력하여[壯] 행운이다[吉].

〈용증마장(用拯馬壯) 길(吉)〉은 환괘(渙卦 : ䷺) 초륙(初六 : --)의 효위(爻位)를 들어 암시한 계사(繫辭)이다. 초륙(初六 : --)은 유약(柔弱)한데다 맨 밑자리라 무력(無力)하다. 〈용증마장(用拯馬壯) 길(吉)〉은 〈용마초륙피증(用馬初六被拯) 기마장(其馬壯) 인차초륙유길(因此初六有吉)〉의 줄임으로 여기고 〈말에[馬] 의해서[用]

초륙이[初六] 도움 받는다[被拯] 그[其] 말이[馬] 강력하다[壯] 그래서[因此] 초륙에게[初六] 행운이[吉] 있다[有]〉라고 새겨볼 것이다. 〈용증(用拯)의 증(拯)〉은 〈구해줄 구(救)〉와 같다.

〈용증마장(用拯馬壯) 길(吉)〉은 초륙(初六 : --)이 환괘(渙卦 : ䷺)의 주제인 〈환(渙)〉 즉 흩어짐[渙]의 시국을 마주하기 시작하자면 강강(剛强)한 구이(九二 : ─)를 따라야 함을 암시한다. 〈용증마장(用拯馬壯)의 증(拯)〉은 초륙(初六 : --)과 구이(九二 : ─)가 음양(陰陽)의 사이인지라 이웃의 사귐[比]을 암시한다. 〈용증마장(用拯馬壯)의 마(馬)〉는 구이(九二 : ─)가 환괘(渙卦 : ䷺)의 하체(下體) 감(坎 : ☵)의 중효(中爻)임을 들어 구이(九二 : ─)를 취상(取象)한 것이다. 왜냐하면 〈용증마장(用拯馬壯)의 마(馬)〉가 「설괘전(說卦傳)」에 나오는 〈감(坎 : ☵) 그것이[其] 말에서[於馬]라면[也] 멋진[美] 등뼈[脊]이고[爲] 망설임 없는[亟] 마음[心]이며[爲] 아래로 숙인[下] 머리[首]이다[爲]〉라는 내용을 환기시키기 때문이다. 그리고 〈용증마장(用拯馬壯)의 장(壯)〉은 구이(九二 : ─)가 건(乾 : ☰)의 권속(眷屬)임을 암시한다. 대성괘(大成卦)에 있는 모든 양효(陽爻)는 건(乾 : ☰)의 권속(眷屬)이고, 음효(陰爻)는 곤(坤 : ☷)의 권속이다. 양(陽 : ─)은 건장(健壯)하고 음(陰 : --)은 유약(柔弱)하다. 유약(柔弱)한 초륙(初六 : --)이 〈환(渙)〉 즉 흩어짐[渙]의 시국을 마주해 시작하기 전에 먼저 구이(九二 : ─)의 도움[拯]을 받아야 함을 암시한 것이 〈용증(用拯)〉이다. 이에 초륙(初六 : --)에게는 〈환(渙)〉 즉 흩어짐[渙]이 제기되지 않은 것이다. 이러한 초륙(初六 : --)이 구이(九二 : ─)와 이웃으로 사귀어 순종(順從)해 도움[拯]을 받아 흩어짐[渙]의 시국을 마주하여, 제환(濟渙) 즉 흩어짐을[渙] 다스려갈[濟] 수 있음은 초륙(初六 : --)에게 행운임[吉]을 암시한 계사(繫辭)가 〈용증마장(用拯馬壯) 길(吉)〉이다.

【字典】

용(用) 〈갖출 용(用)-비(備), 쓸 용(用)-시(施)-행(行), 쓰일(부릴) 용(用)-사(使), 맡길 용(用)-임(任), 위할 용(用)-위(爲)〉 등의 뜻을 내지만 여기선 〈갖출 비(備)〉와 같다 여기고 새김이 마땅하다.

증(拯) 〈구해줄 증(拯)-거(擧)-구(救)-조(助), 받을 증(拯)-승(承)-수(受), (어려움에서) 구제받을 증(拯)-원(援)-제(濟), 건져낼 증(拯)-승(抍)〉 등의 뜻을 내지만 여기선

〈구해줄 구(救)〉와 같다 여기고 새김이 마땅하다.

마(馬) 〈말 마(馬)-동물명(動物名), 야생마 마(馬)-야마(野馬), 역(易)에서 건(乾)-곤(坤)-진(震)-감(坎)의 모습을 나타내는 마(馬)-역당건곤진감지상(易當乾坤震坎之象), 달(달의 정기) 마(馬)-월(月)-월정(月精), 큰 마(馬)-대(大), 꾸짖을 마(馬)-매(罵)〉 등의 뜻을 내지만 여기선 〈말 마(馬)〉로 여기고 새김이 마땅하다.

장(壯) 〈용감할 장(壯)-용(勇), 장대할 장(壯)-장대(壯大), 클 장(壯)-대(大), 용체가 성대할 장(壯)-용체성대(容體盛大), 건장할 장(壯)-건(健), 빠를 장(壯)-질(疾), 팔월 장(壯)-팔월(八月), 남방 장(壯)-남방(南方), 상처 낼 장(壯)-상(傷), 젊을 장(壯)-소(少)〉 등의 뜻을 내지만 여기선 〈용감할 용(勇)〉과 같다 여기고 새김이 마땅하다.

길(吉) 〈좋을(행복할) 길(吉)-선(善)-영(令) {영월길일(令月吉日)은 선월선일(善月善日)임.}, 복 길(吉)-실(實)-선실(善實)-복(福), 예의를 따라 상서로울 길(吉)-예의순상(禮義順祥), 삼갈 길(吉)-근(謹), 초하루 길(吉)-삭일(朔日) {삭망(朔望) 즉 초하루[朔]와 그믐날[望]}, 길례 길(吉)-길례(吉禮) {오례지일(五禮之一) 길흉빈군가(吉凶賓軍嘉)}, 갈 길(吉)-행(行)-길(趌)〉 등의 뜻을 내지만 여기선 〈좋을 선(善)-영(令)〉 즉 행복(幸福), 행운(幸運) 등과 같다 여기고 새김이 마땅하다.

註 감(坎) …… 기어마야(其於馬也) 위미척(爲美脊) 위극심(爲亟心) 위하수(爲下首) : 감은[坎 : ☵] …… 그것이[其] 말에서[於馬]라면[也] 멋진[美] 등뼈[脊]이고[爲] 망설임 없는[亟] 마음[心]이며[爲] 아래로 숙인[下] 머리[首]이다[爲].

「설괘전(說卦傳)」 11단락(段落)

구이(九二 : ⚊)

九二 : 渙에 奔其机니 悔亡하리라
환 분기궤 회무

구이(九二) : 흩어짐에[渙] 그[其] 알맞은 때에[机] 달려감이니[奔] 후회할 것이[悔] 없다[亡].

【구이(九二)의 효상(爻象) 풀이】

환괘(渙卦 : ䷺)의 구이(九二 : ⚊)는 이양거음(以陽居陰) 즉 양(陽 : ⚊)으로써[以] 음(陰 : ⚋)의 자리에 있는지라[居] 정당한 자리에 있지 못하다. 구이(九二 : ⚊)와 초륙(初六 : ⚋)은 양음(陽陰)의 사이인지라 비(比) 즉 이웃의 사귐[比]을 누린다. 구이(九二 : ⚊)와 육삼(六三 : ⚋)도 양음(陽陰)의 사이인지라 이웃의 사귐[比]을 나눌 처지이지만, 육삼(六三 : ⚋)이 상구(上九 : ⚊)와의 상응(相應)에 관심을 두는지라 소원(疎遠)한 편이다. 구이(九二 : ⚊)와 구오(九五 : ⚊)는 양양(兩陽) 즉 둘 다[兩] 양(陽 : ⚊)인지라 부정응(不正應) 즉 바르게[正] 호응하지 못한다[不應]. 그러나 구이(九二 : ⚊)가 두 음(陰 : ⚋) 사이에 빠져 있는[陷] 모습이지만 환괘(渙卦 : ䷺)의 하체(下體) 감(坎 : ☵)의 중효(中爻)로서 주견(主見)을 갖고 환괘(渙卦 : ䷺)의 주제인 〈환(渙)〉 즉 흩어짐[渙]의 시국을 굳세고[剛] 강하게[强] 다스려가는 모습이다.

환괘(渙卦 : ䷺)의 구이(九二 : ⚊)가 육이(六二 : ⚋)로 변효(變爻)하면 구이(九二 : ⚊)는 환괘(渙卦 : ䷺)를 20번째 관괘(觀卦 : ䷓)로 지괘(之卦)하게 한다. 따라서 환괘(渙卦 : ䷺)의 구이(九二 : ⚊)는 관괘(觀卦 : ䷓)의 육이(六二 : ⚋)를 찾아가 살펴보게 한다.

【구이(九二)의 계사(繫辭) 풀이】

渙(환) 奔其机(분기궤)

흩어짐에[渙] 그[其] 알맞은 때에[机] 달려감이다[奔].

〈환(渙) 분기궤(奔其机)〉는 환괘(渙卦 : ䷺) 구이(九二 : ⚊)의 효위(爻位)를 들어 암시한 계사(繫辭)이다. 〈환(渙) 분기궤(奔其机)〉는 〈안환지시(按渙之時) 구이분비여초륙지적궤(九二奔比與初六之適机)〉의 줄임으로 여기고 〈흩어짐의[渙之] 때[時]에[按] 구이가[九二] 초륙과[與初六] 사귐의[比之] 적기에[適机] 달려간다[奔]〉라고 새겨볼 것이다. 〈기궤(其机)의 궤(机)〉는 〈기회 기(機)〉의 간자(簡字)이다.

〈환(渙) 분기궤(奔其机)〉는 구이(九二 : ⚊)가 초륙(初六 : ⚋)과의 이웃의 사귐[比]을 서슴없이 감행함을 암시한다. 환괘(渙卦 : ䷺)의 주제인 〈환(渙)〉 즉 흩어짐[渙]의 시국에 백성이 흩어지면[渙] 나라가 망한다. 이에 현령(縣令)의 자리에 있는 구이(九二 : ⚊)가 제환(濟渙) 즉 흩어짐을[渙] 다스리는[濟] 〈궤(机)〉 즉 적기(適機)를 놓치지 않음을 암시한 것이 〈분기궤(奔其机)〉이다. 환괘(渙卦 : ䷺)에서 초륙(初六 : ⚋)의 계사(繫辭)를 제외한 모든 계사에 〈환(渙)〉이 나오는 까닭은 흩어짐[渙]이 환괘(渙卦 : ䷺)의 시국이기 때문이다.

〈분기궤(奔其机)의 분(奔)〉은 초륙(初六 : ⚋)의 계사(繫辭)에서 구이(九二 : ⚊)가 이미 〈마(馬)〉라고 취상(取象)되었으니, 구이(九二 : ⚊)가 초륙(初六 : ⚋)과 이웃의 사귐[比]으로 〈분(奔)〉 즉 달려간다[奔] 한 것이다. 따라서 〈분기궤(奔其机)의 궤(机)〉는 구이(九二 : ⚊)가 초륙(初六 : ⚋) 즉 백성의 흩어짐[渙]을 이웃의 사귐으로써 적기(適機)를 놓치지 않고 다스려 나감을 말한다. 구이(九二 : ⚊)가 득중(得中) 즉 정도를 따름을[中] 취하여[得] 초륙(初六 : ⚋) 즉 백성을 이웃 삼아 서로 합력(合力)하여 제환(濟渙) 즉 흩어져 나감을[渙] 다스려[濟] 환취(還聚) 즉 모여듦으로[聚] 돌려놓으려[還] 함을 암시하는 계사(繫辭)가 〈환(渙) 분기궤(奔其机)〉이다.

悔亡(회무)

후회할 것이[悔] 없다[亡].

〈회무(悔亡)〉는 구이(九二 : ⚊)의 제환(濟渙)이 득중(得中)의 것임을 암시한 계사(繫辭)이다. 〈회무(悔亡)〉는 〈회무어구이지분기궤(悔亡於九二之奔其机)〉의 줄임으로 여기고 〈구이가[九二之] 그[其] 적기에[机] 달려감[奔]에는[於] 후회할 것이[悔] 없다[亡]〉라고 새겨볼 것이다. 〈회무(悔亡)의 무(亡)〉는 〈없을 무(無)〉와 같다.

〈회무(悔亡)〉는 강강(剛强)한 구이(九二 : ⚊)가 환괘(渙卦 : ䷺)의 하체(下體) 감(坎 : ☵)의 중효(中爻)로서 득중(得中) 즉 정도를 따름을[中] 취하여[得] 제환(濟渙)함을 암시한다. 강강(剛强)한 구이(九二 : ⚊)가 현령(縣令)으로서 무력(無力)한 초륙(初六 : ⚋) 즉 백성을 얕보면서 환시(渙時)를 마주한다면 더욱더 위기에 빠져들어[陷] 다회(多悔) 즉 후회스러움이[悔] 많아질[多] 것이다. 구이(九二 : ⚊)가 환괘(渙卦 : ䷺)의 하체(下體) 감(坎 : ☵)의 중효(中爻)인지라 득중(得中)으로써 〈환시(渙時)〉 즉 흩어짐의[渙] 시국[時]을 마주한다고 해도 위기에 빠질[陷] 운명을 간직한다. 왜냐하면 환괘(渙卦 : ䷺)의 하체(下體) 감(坎 : ☵)의 중효(中爻) 자리가 「설괘전(說卦傳)」에 나오는 〈감은[坎 : ☵] (위험 따위에) 빠지는 것[陷]이다[也]〉라는 내용을 환기시키기 때문이다. 그러나 초륙(初六 : ⚋)은 감(坎 : ☵)의 함(陷) 즉 빠짐[陷]에서 벗어나 있으니 빠져 있는 구이(九二 : ⚊)가 초륙(初六 : ⚋)과 이웃의 사귐[比]으로써 흩어짐[渙]의 시국을 대처할수록 후회스러움이[悔] 없음[亡]을 암시한 계사(繫辭)가 〈회무(悔亡)〉이다.

【字典】

환(渙) 〈흩어질 환(渙)-산(散)-해산(解散), 떨어져 나갈 환(渙)-이(離), 환괘 환(渙)-환괘(渙卦), 따로따로 흩어져 나갈 환(渙)-분산지류(分散之流), 현명할 환(渙)-현(賢), 물이 출렁출렁하는 모양 환(渙)-수성모(水盛貌), 찬란할 환(渙)-환(煥)-창현(彰顯)-문장(文章), 물 이름 환(渙)-수명(水名)〉 등의 뜻을 내지만 여기선 〈흩어질 산(散)〉과 같다 여기고 새김이 마땅하다.

분(奔) 〈쫒아갈(쫓을) 분(奔)-추(趨), 빨리 갈(달아날) 분(奔)-주(走)-질행(疾行), 변할(급변할) 분(奔)-변(變)-급변(急變), 뒤쫒아갈 분(奔)-축(逐), 떨어질 분(奔)-낙(落), 유성(별똥) 분(奔)-유성(流星), 패할 분(奔)-복패(覆敗), 야합할 분(奔)-야합(野合)〉 등의 뜻을 내지만 여기선 〈쫒아갈 추(趨)〉와 같다 여기고 새김이 마땅하다.

기(其) 〈그것(그) 기(其)-피(彼)-지(之), 그럴 기(其)-연(然), 어찌 기(其)-기(豈), 누를 기(其)-억(抑), 오히려 기(其)-상(尙)-서기(庶幾), 이에 기(其)-내(乃), 만약 기(其)-약(若), 장차 기(其)-장(將), 어조사 기(其)-어조사(語助辭)〉 등의 뜻을 내지만 여기선 〈그 기(其)〉로 여기고 새김이 마땅하다.

궤(机) 〈기미(기틀) 궤(机)-기(機), 책상 궤(机)-승물자(承物者)-안속(案屬), 궤나무 궤(机)-목명(木名), 모탕(장작 팰 때 궤는 나무토막) 궤(机)-침(椹)〉 등의 뜻을 내지만 여기선 〈기미 기(機)〉와 같다 여기고 새김이 마땅하다. 〈궤(机)〉는 〈기미 기(機)〉의 간자(簡字)가 되기도 한다.

회(悔) 〈후회할 회(悔)-후회(後悔), 뉘우칠 회(悔)-오(懊), 거만할 회(悔)-만(慢), 한스러울 회(悔)-한(恨), 실패할 회(悔)-실(失), (잘못 등을) 고칠 회(悔)-개(改), 책망할 회(悔)-구(咎), 대성괘의 상체(上體) 회(悔)〉 등의 뜻을 내지만 여기선 〈후회(後悔)〉로 여기고 새김이 마땅하다. 대성괘(大成卦)의 하체(下體)를 〈정(貞)〉이라 일컫고, 상체(上體)를 〈회(悔)〉라고 일컫는다.

亡 〈무-망〉 두 가지로 발음되고, 〈없을 무(亡)-무(無), 가난할 무(亡)-빈(貧),

달아날(피할) 망(亡)-도(逃)-분(奔)-피(避)-거(去), 없어질 망(亡)-멸(滅), 죽음 망(亡)-사(死), 잃을 망(亡)-상(喪)-실(失), 업신여길 망(亡)-경멸(輕蔑), 그칠 망(亡)-지(止)-이(已), 잊을 망(亡)-망(忘)〉 등의 뜻을 내지만 여기선 〈없을 무(亡)-무(無)〉로 여기고 새김이 마땅하다.

註 감함야(坎陷也) : 감은[坎 : ☵] 빠지는 것[陷]이다[也]. 「설괘전(說卦傳)」 7단락(段落)

육삼(六三 : --)

六三 : 渙其躬이니 无悔리라
환 기 궁 무 회

육삼(六三) : 제[其] 자신을[躬] 내치니[渙] 후회할 것이[悔] 없다[无].

【육삼(六三)의 효상(爻象) 풀이】

환괘(渙卦 : ䷺)의 육삼(六三 : --)은 이음거양(以陰居陽) 즉 음(陰 : --)으로써[以] 양(陽 : —)의 자리에 있는지라[居] 정당한 자리에 있지 못하다. 육삼(六三 : --)과 육사(六四 : --)는 양음(兩陰) 즉 둘 다[兩] 음(陰 : --)의 사이인지라 비(比) 즉 이웃의 사귐[比]을 누리지 못하고 오히려 상충(相衝) 즉 서로[相] 부딪칠[衝] 처지이다. 육삼(六三 : --)과 상구(上九 : —)는 음양(陰陽)의 사이인지라 정응(正應) 즉 바르게[正] 호응한다[應]. 환괘(渙卦 : ䷺)의 하체(下體) 감(坎 : ☵)의 중위(中位)를 벗어나 상체(上體)로 진입(進入)하려는 뜻이 강해 구이(九二 : —)와 이웃의 사귐[比]을 누릴 수 있음에도 외면하고, 상구(上九 : —)와 정응(正應) 즉 서로 정도를 따라[正] 호응해[應] 소아(小我)를 내치고 대아(大我)를 본받고자 하는 모습이다.

환괘(渙卦 : ䷺)의 육삼(六三 : --)이 구삼(九三 : —)으로 변효(變爻)하면 육삼(六三 : --)은 환괘(渙卦 : ䷺)를 57번째 손괘(巽卦 : ䷸)로 지괘(之卦)하게 한다. 따라서 환괘(渙卦 : ䷺)의 육삼(六三 : --)은 손괘(巽卦 : ䷸)의 구삼(九三 : —)을 찾아가 살펴보게 한다.

【육삼(六三)의 계사(繫辭) 풀이】

渙其躬(환기궁)

제[其] 자신을[躬] 내치다[渙].

〈환기궁(渙其躬)〉은 환괘(渙卦 : ䷺)의 육삼(六三 : --)이 소아(小我)를 버림을 암시한 계사(繫辭)이다. 〈환기궁(渙其躬)〉은 〈육삼환기지궁(六三渙己之躬)〉의 줄임으로 여기고 〈육삼이[六三] 자신의[己之] 이기심을[躬] 흩어버린다[渙]〉라고 새겨볼 것이다. 〈환기궁(渙其躬)의 환(渙)〉은 이산(離散) 즉 내친다[離散]는 뜻이고, 〈기궁(其躬)의 기(其)〉는 〈육삼지(六三之)〉 즉 〈기지(己之)〉를 대신하는 관형사이고, 〈기궁(其躬)의 궁(躬)〉은 〈자신(自身)〉을 뜻한다.

〈환기궁(渙其躬)〉은 육삼(六三 : --)이 소아(小我)를 버리고 대아(大我)를 따름을 암시한다. 대성괘(大成卦)에서 삼위(三位)에 있는 음효(陰爻)는 중위(中位)를 벗어나 이기(利已)에 쏠리고 근시적(近視的)인 소인(小人)의 기질을 간직한다. 그러나 육삼(六三 : --)이 소인(小人)이지만 상구(上九 : —)와의 정응(正應)으로써 대인(大人)의 뜻을 본받고자 함을 암시함이 〈환기궁(渙其躬)〉이다. 음(陰 : --)은 소(小)이고 양(陽 : —)은 대(大)인지라, 음양(陰陽)을 사람으로 치면 음(陰 : --)인 육삼(六三 : --)은 소인(小人)이다. 이에 육삼(六三 : --)이 자기[其] 자신을[躬] 내친다[渙] 함은 자리(自利)를 탐하는 소아(小我)를 내쳐버리고[渙] 서로 정응(正應)을 나누는 상구(上九 : —) 즉 대인(大人)을 본받아 환괘(渙卦 : ䷺)의 주제인 〈환(渙)〉 즉 흩어짐[渙]의 시국에 놀아나지 않으려 함임을 암시한 계사(繫辭)가 〈환기궁(渙其躬)〉이다.

无悔(무회)

후회할 것이[悔] 없다[无].

〈무회(无悔)〉는 〈환기궁(渙其躬)〉의 보람을 암시한 계사(繫辭)이다. 〈무회(无悔)〉는 〈환기궁지륙삼무회(渙其躬之六三无悔)〉의 줄임으로 여기고 〈제[其] 자신을[躬] 내친[渙之] 육삼에게[六三] 후회함이[悔] 없다[无]〉라고 새겨볼 것이다.

〈무회(无悔)〉는 육삼(六三 : --)이 상구(上九 : —)와의 정응(正應)으로써 흩어짐[渙]의 시국을 정(貞)으로 마주함을 암시한다. 소인(小人)이 대인(大人)을 본받아 따르자면 그 심지(心志)가 정(貞) 즉 진실한 미더움[貞]이 앞서야 한다. 정(貞)의 심지란 매사를 공평(公平)하고 무사(無私)하게 마주하고 처리하는 마음가짐이다. 공평무사(公平無私)하자면 마음가짐이 정(貞) 즉 진실로 미더워야 하고, 정(貞)하면 후회할 것이[悔] 없어진다[无]. 따라서 육삼(六三 : --)이 진실로 미덥게[貞] 소아(小我)의 자신[躬]을 내치고[渙] 정응(正應)으로써 상구(上九 : —)를 본받아 대아(大我)로서 흩어짐[渙]의 시국을 마주하고 제환(濟渙) 즉 흩어짐을[渙] 다스려가는[濟] 마음가짐을 갖추었기에, 육삼(六三 : --)에게 후회할 것이[悔] 없다[无]고 암시한 계사(繫辭)가 〈무회(无悔)〉이다.

【字典】

환(渙) 〈흩어질 환(渙)-산(散)-해산(解散), 떨어져 나갈 환(渙)-이(離), 환괘 환(渙)-환괘(渙卦), 따로따로 흩어져 나갈 환(渙)-분산지류(分散之流), 현명할 환(渙)-현(賢), 물이 출렁출렁하는 모양 환(渙)-수성모(水盛貌), 찬란할 환(渙)-환(煥)-창현(彰顯)-문장(文章), 물 이름 환(渙)-수명(水名)〉 등의 뜻을 내지만 여기선 〈흩어질 산(散)〉과 같다 여기고 새김이 마땅하다.

기(其) 〈그것(그) 기(其)-피(彼)-지(之), 그럴 기(其)-연(然), 어찌 기(其)-기(豈), 누를 기(其)-억(抑), 오히려 기(其)-상(尙)-서기(庶幾), 이에 기(其)-내(乃), 만약 기(其)-약(若), 장차 기(其)-장(將), 어조사 기(其)-어조사(語助辭)〉 등의 뜻을 내지만 여기선 〈제 기(其)〉로 여기고 새김이 마땅하다.

궁(躬) 〈자신(몸소) 궁(躬)-친(親)-궁친(躬親), 몸 궁(躬)-궁(躳)-신(身), 몸소 행할 궁(躬)-신친행지(身親行之), 몸소 갖출 궁(躬)-궁친유지(躬親有之)〉 등의 뜻을 내지만 여기선 〈자신 친(親)〉과 같다 여기고 새김이 마땅하다.

무(无) 〈없을 무(无)-무(無), 허무지도 무(无)-허무지도(虛无之道), 으뜸 무(无)-원(元)〉 등의 뜻을 내지만 여기선 〈없을 무(無)〉와 같다 여기고 새김이 마땅하다.

회(悔) 〈후회할 회(悔)-후회(後悔), 뉘우칠 회(悔)-오(懊), 거만할 회(悔)-만(慢), 한스러울 회(悔)-한(恨), 실패할 회(悔)-실(失), (잘못 등을) 고칠 회(悔)-개(改), 책망할 회(悔)-구(咎), 대성괘의 상체(上體) 회(悔)〉 등의 뜻을 내지만 여기선 〈후회(後悔)〉로 여기고 새김이 마땅하다. 대성괘(大成卦)의 하체(下體)를 〈정(貞)〉이라 일컫고, 상체(上體)를 〈회(悔)〉라고 일컫는다.

육사(六四 : --)

六四 : 渙其群이라 元吉이다 渙有丘는 匪夷所思이다
환 기 군 원 길 환 유 구 비 이 소 사

육사(六四) : 제[其] 무리를[群] 내치니[渙] 크게[元] 좋다[吉]. 내침에[渙] 우뚝함이[丘] 있음은[有] 범인들이[夷] 생각할[思] 바가[所] 아니다[匪].

【육사(六四)의 효상(爻象) 풀이】

환괘(渙卦 : ䷺)의 육사(六四 : --)는 이음거음(以陰居陰) 즉 음(陰 : --)으로써[以] 음(陰 : --)의 자리에 있는지라[居] 정당한 자리에 있다. 육사(六四 : --)와 육삼(六三 : --)은 양음(兩陰) 즉 둘 다[兩] 음(陰 : --)의 사이인지라 비(比) 즉 이웃의 사귐[比]을 누리지 못한다. 육사(六四 : --)와 초륙(初六 : --) 역시 양음(兩陰) 즉 둘 다[兩] 음(陰 : --)인지라 불응(不應) 즉 호응하지 못한다[不應]. 그러나 육사(六四 : --)와 구오(九五 : ㅡ)는 서로 정위(正位)에 있는 음양(陰陽)의 사이인지라 이웃의 사귐[比]을 돈독히 하여, 육사(六四 : --)가 군왕(君王)인 구오(九五 : ㅡ)를 충정(忠貞)으로 받드는 모습이다.

환괘(渙卦 : ䷺)의 육사(六四 : --)가 구사(九四 : ㅡ)로 변효(變爻)하면 육사(六四 : --)는 환괘(渙卦 : ䷺)를 6번째 송괘(訟卦 : ䷅)로 지괘(之卦)하게 한다. 따라서 환괘(渙卦 : ䷺)의 육사(六四 : --)는 송괘(訟卦 : ䷅)의 구사(九四 : ㅡ)를 찾아가 살펴보게 한다.

【육사(六四)의 계사(繫辭) 풀이】

渙其群(환기군)

제[其] 무리를[群] 내친다[渙].

〈환기군(渙其群)〉은 환괘(渙卦 : ䷺)의 육사(六四 : --)가 소아(小我)를 내쳐버림을 암시하는 계사(繫辭)이다. 〈환기군(渙其群)〉은 〈육사환기지군(六四渙己之群)〉의 줄임으로 여기고 〈육사가[六四] 자신의[己之] 무리를[群] 흩어버린다[渙]〉

라고 새겨볼 것이다. 〈환기군(渙其群)의 환(渙)〉은 이산(離散) 즉 내친다[離散]는 뜻이고, 〈기군(其群)의 기(其)〉는 〈기지(己之)〉를 뜻하는 관형사이고, 〈기군(其群)의 군(群)〉은 〈패거리 동(同)〉과 같다.

〈환기군(渙其群)〉은 육사(六四 : --)가 오직 구오(九五 : ㅡ)와 이웃의 사귐[比]을 바랄 수밖에 없는 처지임을 암시한다. 대성괘(大成卦)에서 사위(四位)의 음(陰 : --)은 이기(利己)를 버리고 승상(承上) 즉 임금을[上] 받들어[承] 순종함을 보이는 자리이다. 이에 육사(六四 : --)가 흩어짐[渙]의 시국을 맞아 구오(九五 : ㅡ)를 받들어 환취(還聚) 즉 모여듦으로[聚] 환원코자[還] 제 동류(同類)인 육삼(六三 : --)과 초륙(初六 : --)을 내침[渙]을 암시한 것이 〈환기군(渙其群)〉이다. 〈환기군(渙其群)의 군(群)〉은 육삼(六三 : --)과 초륙(初六 : --)을 암시한다. 환괘(渙卦 : ䷺)에서 육사(六四 : --)-육삼(六三 : --)-초륙(初六 : --) 등은 음(陰 : --)의 한 무리[群]이다. 여기 〈환기군(渙其群)〉은 『논어(論語)』에 나오는 〈군자는[君子] 어울리되[和而] 패거리 짓지 않고[不同] 소인은[小人] 패거리 짓되[同而] 어울리지 않는다[不和]〉라는 내용을 상기시킨다. 따라서 육사(六四 : --)가 소인(小人)의 무리에 속하지만, 득중(得中) 즉 정도를 따름을[中] 취하여[得] 무유사벽(無有邪僻) 즉 간사함과[邪] 치우침이[僻] 결코 없는[無有] 마음 가는 바[心志]를 따라 제환(濟渙)하는 군왕(君王)인 구오(九五 : ㅡ)를 받들어, 흩어짐[渙]을 다스리는[濟] 대의(大義)를 좇기 위하여 〈기군(其群)〉 즉 자신의[其] 무리[群]를 내침[渙]을 암시한 계사(繫辭)가 〈환기군(渙其群)〉이다.

元吉(원길)

크게[元] 좋다[吉].

〈원길(元吉)〉은 〈환기군(渙其群)〉의 보람을 밝힌 계사(繫辭)이다. 〈원길(元吉)〉은 〈환기군지륙사원길(渙其群之六四元吉)〉의 줄임으로 여기고 〈자기[其] 무리를[群] 내친[渙之] 육사가[六四] 크나큰[元] 천복을 누린다[吉]〉라고 새겨볼 것이다. 〈원길(元吉)〉은 대길(大吉)이고 천복(天福)이다.

〈환기군(渙其群)〉이 육사(六四 : --)의 정(貞) 즉 진실한 미더움[貞]으로 말미암은 것임을 암시한다. 진실한 미더움[貞]의 심지(心志)를 떠나서는 〈원길(元吉)〉

을 누릴 수 없다. 〈원길(元吉)〉은 먼저 〈정(貞)〉을 전제로 한다. 〈정(貞)〉이란 매사를 공평(公平)하고 무사(無私)하게 마주하고 처리하는 심지이다. 〈원길(元吉)〉 즉 크나큰[元] 행운을 누린다[吉]고 함은 수중(守中)하고 수분(守分)하게 하는 정(貞)의 보람이다. 〈원길(元吉)〉을 누리자면 무엇보다 먼저 마음가짐이 정(貞) 즉 진실로 미더워야[貞] 하고 진실로 정(貞)하면 〈원길(元吉)〉을 누린다. 따라서 육사(六四 : --)가 진실로 미덥게[貞] 소아(小我)의 무리[群]를 내치고[渙] 구오(九五 : ―)를 받들어 제환(濟渙)의 대업(大業)을 도우니 육사(六四 : --) 자신이 천복(天福)을 누리게 됨을 밝힌 계사(繫辭)가 〈원길(元吉)〉이다.

渙有丘(환유구) 匪夷所思(비이소사)

내침에[渙] 우뚝함이[丘] 있음은[有] 범인들이[夷] 생각할[思] 바가[所] 아니다[匪].

〈환유구(渙有丘)〉는 육사(六四 : --)가 소아(小我)를 버리고 대의(大義)를 취함을 거듭 암시한 계사(繫辭)이다. 〈환유구(渙有丘)〉는 〈환기군지륙사유구(渙其群之六四有丘)〉의 줄임으로 여기고 〈제[其] 무리를[群] 내친[渙之] 육사에게[六四] 우뚝함이[丘] 있다[有]〉라고 새겨볼 것이다.

〈환유구(渙有丘)〉는 소인(小人)이던 육사(六四 : --)가 군자(君子)가 되었음을 암시한다. 〈환유구(渙有丘)의 구(丘)〉는 환괘(渙卦 : ䷺)의 외호괘(外互卦)인 간(艮 : ☶)을 빌려 육사(六四 : --)를 취상(取象)한 것이다. 왜냐하면 〈환유구(渙有丘)의 구(丘)〉가 「설괘전(說卦傳)」에 나오는 〈간은[艮 : ☶] 산(山)이다[爲]〉라는 내용을 환기시키기 때문이다. 따라서 육사(六四 : --)가 제[其] 무리를[群] 내치고[渙] 구오(九五 : ―)를 받들어, 흩어짐[渙]의 시국을 다스려 취시(聚時) 즉 백성이 모여드는[聚] 시국[時]으로 변화시키는 대업(大業)에 헌신함은 〈구(丘)〉 즉 산언덕[丘]처럼 우뚝함을 암시한 계사(繫辭)가 〈환유구(渙有丘)〉이다.

〈비이소사(匪夷所思)〉는 육사(六四 : --)의 〈환기군(渙其群)〉을 거듭 암시한 계사(繫辭)이다. 〈비이소사(匪夷所思)〉는 〈육사지환기군비이소사(六四之渙其群匪夷所思)〉의 줄임으로 여기고 〈육사가[六四之] 제[其] 무리를[群] 내침은[渙] 범인들이[夷] 생각할[思] 바가[所] 아닌 것이다[匪]〉라고 새겨볼 것이다. 〈비이소사(匪夷所

思)의 비(匪)〉는 〈아닌 것 비(非)〉와 같고, 〈비이소사(匪夷所思)의 이(夷)〉는 여기선 〈범인(凡人)〉으로 새기면 된다.

육사(六四 : --)가 같은 동류(同類)인 초륙(初六 : --)과 육삼(六三 : --)을 내쳐 자신의 소아(小我)를 버리고, 〈환(渙)〉의 시국을 다스려 〈취(聚)〉로 환치(還置)시키고자 하는 구오(九五 : —)를 받들어 동참(同參)한다는 것은 범인들이[夷] 생각할[思] 바가[所] 아니라는 것[匪]이다. 육사(六四 : --)의 소사(所思) 즉 생각하는[思] 바[所]란 대인(大人)의 도량(度量) 즉 모든 일의 본말을 살펴 너그럽고 사려 깊게 처리하는 마음가짐[度量]의 정(貞)으로 말미암은 것임을 암시한 계사(繫辭)가 〈비이소사(匪夷所思)〉이다.

【字典】

환(渙) 〈흩어질 환(渙)-산(散)-해산(解散), 떨어져 나갈 환(渙)-이(離), 환괘 환(渙)-환괘(渙卦), 따로따로 흩어져 나갈 환(渙)-분산지류(分散之流), 현명할 환(渙)-현(賢), 물이 출렁출렁하는 모양 환(渙)-수성모(水盛貌), 찬란할 환(渙)-환(煥)-창현(彰顯)-문장(文章), 물 이름 환(渙)-수명(水名)〉 등의 뜻을 내지만 여기선 〈흩어질 산(散)〉과 같다 여기고 새김이 마땅하다.

기(其) 〈그것(그) 기(其)-피(彼)-지(之), 그럴 기(其)-연(然), 어찌 기(其)-기(豈), 누를 기(其)-억(抑), 오히려 기(其)-상(尙)-서기(庶幾), 이에 기(其)-내(乃), 만약 기(其)-약(若), 장차 기(其)-장(將), 어조사 기(其)-어조사(語助辭)〉 등의 뜻을 내지만 여기선 〈제 기(其)〉로 여기고 새김이 마땅하다.

군(群) 〈한패 군(群)-친지당(親之黨), 한 무리 군(群)-배(輩)-붕배(朋輩), 한 부류 군(群)-유(類), 새 짐승이 함께 모일 군(群)-금수상취(禽獸相聚), 물건 세 개 이상을 들 군(群)-물삼칭(物三偁), 무리와 어울릴 군(群)-화(和), 모일 군(群)-회합(會合), 조화할 군(群)-화조(和調), 모두 군(群)-제(諸)〉 등의 뜻을 내지만 여기선 〈한패 친지당(親之黨)〉으로 새김이 마땅하다. 〈군(群)〉은 〈군(羣)〉의 속자(俗字)이다.

원(元) 〈선함의 으뜸 원(元)-선지장(善之長), 비롯할 원(元)-시(始)-단(端), 머리 원(元)-수(首)-두(頭), 근본 원(元)-본(本)-원(原), 어른 원(元)-장(長)-원장(元長), 하나 원(元)-일(一), 우두머리 원(元)-수장(首長), 임금 원(元)-원군(元君)-군(君), 큰 원(元)-대(大), 아름다울 원(元)-미(美), 위 원(元)-상(上), 하늘 원(元)-천(天), 하늘땅의 큰 덕

원(元)-천지지대덕(天地之大德)-원기(元氣)-기(氣), 기운의 시작 원(元)-기지시(氣之始)-원자(元者), 백성 원(元)-원원(元元)-백성(百姓)〉 등의 뜻을 내지만 여기선 〈선함의 으뜸 선지장(善之長)〉으로 여기고 새김이 마땅하다.

길(吉) 〈좋을(행복할) 길(吉)-선(善)-영(令) {영월길일(令月吉日)은 선월선일(善月善日)임.}, 복 길(吉)-실(實)-선실(善實)-복(福), 예의를 따라 상서로울 길(吉)-예의순상(禮義順祥), 삼갈 길(吉)-근(謹), 초하루 길(吉)-삭일(朔日) {삭망(朔望) 즉 초하루[朔]와 그믐날[望]}, 길례 길(吉)-길례(吉禮) {오례지일(五禮之一) 길흉빈군가(吉凶賓軍嘉)}, 갈 길(吉)-행(行)-길(趌)〉 등의 뜻을 내지만 여기선 〈좋을 선(善)-영(令)〉 즉 행복(幸福), 행운(幸運) 등과 같다 여기고 새김이 마땅하다.

유(有) 〈없을 무(無)의 반대말로 있을 유(有), 얻을(가질) 유(有)-취(取), 혹 유(有)-혹(或), 많을 유(有)-다(多)-족(足), 부유할 유(有)-부(富), 간직할 유(有)-장(藏), 보호할 유(有)-보(保), 서로 친할 유(有)-상친(相親), 전일할 유(有)-전(專), 할 유(有)-위(爲), 어조사 유(有)〉 등의 뜻을 내지만 〈있을 유(有)〉로 여기고 새김이 마땅하다.

구(丘) 〈높을 구(丘)-고(高), 클 구(丘)-거(巨)-대(大), 절로 이루어진 언덕 구(丘)-부(阜)-자연형성지고토(自然形成之高土), 모을 구(丘)-취(聚), 네 고을 구(丘)-사읍(四邑), 옛터 구(丘)-허(墟), 공자의 이름 구(丘)〉 등의 뜻을 내지만 여기선 〈높을 고(高)〉와 같다 여기고 새김이 마땅하다.

匪 〈비-분〉으로 발음되고, 〈아닌 것 비(匪)-비(非), 악할 비(匪)-악(惡), 대나무로 만든 상자 비(匪), 발어사(發語詞) 비(匪)-피(彼), 멈춤 없이 가는 모양 비(匪)-행부지모(行不止貌), 나눌 분(匪)-분(分)〉 등의 뜻을 내지만 여기선 〈아닌 것 비(非)〉와 같다 여기고 새김이 마땅하다.

이(夷) 〈평범할 이(夷)-평범(平凡), 무리 이(夷)-제(儕=同輩), 밝을 이(夷)-명(明), 상처 입을(받을) 이(夷)-상(傷)-이(痍), 깎일(잘릴) 이(夷)-예(刈)-치(薙)-할(割), 동쪽 사람들 이(夷)-동방지인(東方之人), 사방의 이민족 총칭 이(夷)-사방이족지총칭(四方異族之總稱), 멀리 떨어진 곳 이(夷)-원방(遠方)-이기(夷畿), 해외 이(夷)-해외(海外), 편하고 쉬울 이(夷)-평이(平易)-심중평화(心中平和), 넓고 평평할 이(夷)-평탄(平坦), 평평할 이(夷)-평(平), 쉬울 이(夷)-이(易)-불난(不難), (칼 따위로) 벨 이(夷)-할(割)-예(刈), 제거할 이(夷)-제(除), 없앨 이(夷)-멸(滅), 죽일 이(夷)-살(殺), 상처 날 이(夷)-상(傷)-이(痍),

업신여길 이(夷)-이(駛), 받들 이(夷)-경(敬), 빛깔이 없을 이(夷)-무색(無色)-무채색(無彩色), 기꺼울 이(夷)-이(恞)-열(悅), 펼쳐놓을 이(夷)-진(陳)-이(倲), 거만할(책상다리할) 이(夷)-거(倨), 변하지 않을 이(夷)-상(常), 나이 어릴 이(夷)-제(弟), 흘끗 볼(한눈팔) 이(夷)-제(睇), 어조사 이(夷)〉 등의 뜻을 내지만 여기선 〈평범(平凡)〉으로 여기고 새김이 마땅하다.

소(所) 〈바(것) 소(所)-부정지사(不定之詞), 곳 소(所)-처(處)-거처(居處), 경역 소(所)-경역(境域), 지위 소(所)-지위(地位), 경우 소(所)-경우(境遇), 도리 소(所)-도리(道理), 당연 소(所)-당연(當然), 그것 소(所)-기소(其所)-지사지사(指事之詞), 다할 소(所)-진(盡), 쯤 소(所)-허(許), 가질 소(所)-소유(所有), 연고(까닭) 소(所)-소이(所以), 얼마 소(所)-기하(幾何)〉 등의 뜻을 내지만 〈것 소(所)〉로 여기고 새김이 마땅하다.

사(思) 〈생각할 사(思)-여(慮), 사모할 사(思)-모(慕)-염(念)-원(願), 슬퍼할 사(思)-비(悲), 발어사 사(思)〉 등의 뜻을 내지만 〈생각할 여(慮)〉와 같다 여기고 새김이 마땅하다.

註 군자화이부동(君子和而不同) 소인동이불화(小人同而不和) : 군자는[君子] 어울리되[和而] 패거리 짓지 않고[不同], 소인은[小人] 패거리 짓되[同而] 어울리지 않는다[不和].

『논어(論語)』「자로(子路)」 23장(章)

註 간위산(艮爲山) : 간은[艮 : ☶] 산(山)이다[爲]. 「설괘전(說卦傳)」 11단락(段落)

구오(九五 : ⚊)

九五 : 渙에 汗其大號하고 渙에 王居无咎리라
　　　환　한기대호　　환　왕거무구

구오(九五) : 흩어짐에[渙] 그[其] 대정령을[大號] 내렸고[汗], 흩어짐에[渙] 임금이[王] 있음이니[居] 허물할 것이[咎] 없다[无].

【구오(九五)의 효상(爻象) 풀이】

환괘(渙卦 : ䷺)의 구오(九五 : ⚊)는 이양거양(以陽居陽) 즉 양(陽 : ⚊)으로써[以] 양(陽 : ⚊)의 자리에 있는지라[居] 정당한 자리에 있다. 구오(九五 : ⚊)와 육사(六四 : --)는 양음(陽陰)의 사이인지라 비(比) 즉 이웃의 사귐[比]을 누린다. 구오(九五 : ㅡ)와 상구(上九 : ㅡ)는 양양(兩陽) 즉 둘 다[兩] 양(陽 : ㅡ)의 사이인지라 비(比)를 누리지 못한다. 구오(九五 : ㅡ)와 구이(九二 : ㅡ) 역시 양양(兩陽)의 사이인지라 중정(中正) 즉 중효로서[中] 정위에 있음[正]을 누리지 못하고 동시에 정응(正應) 즉 바르게[正] 호응함[應]마저도 누리지 못한다. 그러나 구오(九五 : ㅡ)는 정위(正位)에서 득중(得中) 즉 정도를 따름을[中] 취하여[得] 제환(濟渙) 즉 흩어짐을[渙] 다스려[濟] 취시(聚時) 즉 모임의[聚] 시국[時]으로 옮겨감을 다하는 모습이다.

> 환괘(渙卦 : ䷺)의 구오(九五 : ㅡ)가 육오(六五 : --)로 변효(變爻)하면 구오(九五 : ㅡ)는 환괘(渙卦 : ䷺)를 4번째 몽괘(蒙卦 : ䷃)로 지괘(之卦)하게 한다. 따라서 환괘(渙卦 : ䷺)의 구오(九五 : ㅡ)는 몽괘(蒙卦 : ䷃)의 육오(六五 : --)를 찾아가 살펴보게 한다.

【구오(九五)의 계사(繫辭) 풀이】

渙(환) 汗其大號(한기대호)

흩어짐에[渙] 그[其] 대정령을[大號] 내렸다[汗].

〈환(渙) 한기대호(汗其大號)〉는 구오(九五 : ㅡ)의 효위(爻位)를 들어 암시한 계사(繫辭)이다. 〈환(渙) 한기대호(汗其大號)〉는 〈구오한환지대호(九五汗渙之大號)〉의 줄임으로 여기고 〈구오가[九五] 흩어짐의[渙之] 대정령을[大號] 내렸다[汗]〉라고 새겨볼 것이다. 〈한기대호(汗其大號)의 한(汗)〉은 〈내릴 발출(發出)〉의 뜻과 같다.

〈환(渙) 한기대호(汗其大號)〉는 군왕(君王)인 구오(九五 : ㅡ)의 제환(濟渙) 즉 흩어짐의[渙] 다스림[濟]이 강강(剛强) 즉 굳세고[剛] 강하되[强] 득중(得中) 즉 정도를 따름을[中] 취하여[得] 제환(濟渙)함을 암시한다. 환괘(渙卦 : ䷺)의 구오(九五 : ㅡ)는 정위(正位)에 있는지라 득중(得中)의 정사(政事)를 다하는 군왕(君王)이다. 이에 군왕(君王)으로서 구오(九五 : ㅡ)가 흩어지는[渙] 시국을 맞아 위태한 백성을 취시(聚時) 즉 모여드는[聚] 시국[時]을 누리도록 정사(政事)를 베풂을 암시한 것이 〈한기대호(汗其大號)〉이다. 여기 〈한기대호(汗其大號)의 한(汗)〉은 임금이 정령(政令)을 내림[汗]을 뜻한다. 임금이 〈대호(大號)〉 즉 정령[大號]을 내림[汗]이 몸살이 나면 취한(取汗) 즉 땀내기를[汗] 취하여[取] 무거운 몸을 가뿐하게 함과 같다는 것이 〈한기대호(汗其大號)의 한(汗)〉이다. 이는 환시(渙時) 즉 흩어짐의[渙] 시국[時]을 마주하여 제환(濟渙) 즉 흩어짐의[渙] 다스림[濟]을 이루고자 군왕(君王)인 구오(九五 : ⚊)와 신하인 육사(六四 : ⚋)가 합심하여 온 힘을 다해 〈대호(大號)〉한다는 것이다.

〈대호(大號)의 대(大)〉는 환괘(渙卦 : ䷺)의 괘사(卦辭)에 나온 〈왕격유묘(王假有廟)〉를 상기시킨다. 임금[王] 즉 구오(九五 : ⚊)가 종묘에[有廟] 이르렀다[假] 함은 천명(天命)을 따라 제환(濟渙)할 것임을 천제(天帝)에 고함[告]을 〈대호(大號)〉라 한 것이다. 〈대호(大號)의 대(大)〉는 순천(順天) 즉 천명을[天] 따름[順]을 암시한다. 〈큰 대(大)〉란 〈하늘 천(天)〉을 뜻하기도 하여, 여기 〈대(大)〉란 천명을 따라[順天] 공평무사(公平無邪)하게 제환(濟渙)함을 암시한다. 따라서 천명(天命)을 따라 환시(渙時)를 다스려 취시(聚時)를 백성이 누리도록 군왕(君王)으로서 구오(九五 : ⚊)가 〈대호(大號)〉 즉 크나큰[大] 정령을[號] 내림[汗]을 암시한 계사(繫辭)가 〈환(渙) 한기대호(汗其大號)〉이다.

渙(환) 王居无咎(왕거무구)

흩어짐에[渙] 임금이[王] 있음이니[居] 허물할 것이[咎] 없다[无].

〈환(渙) 왕거무구(王居无咎)〉는 구오(九五 : ⚊)의 제환(濟渙)이 당당함을 암시한 계사(繫辭)이다. 〈환(渙) 왕거무구(王居无咎)〉는 〈구오충임왕거어환시(九五充任王居於渙時) 인차구오무구(因此九五无咎)〉의 줄임으로 여기고 〈구오는[九五] 임금[王]으로서[充任] 흩어짐의[渙] 시국에[於時] 있다[居] 그래서[因此] 구오에게[九五] 허물이[咎] 없다[无]〉라고 새겨볼 것이다.

〈환(渙) 왕거무구(王居无咎)〉는 구오(九五 : ⚊)가 환괘(渙卦 : ䷺)의 주제인 〈환(渙)〉 즉 흩어짐[渙]의 시국을 맞아 제환(濟渙) 즉 흩어짐을[渙] 다스려[濟] 취시(聚時) 즉 모여드는[聚] 시국[時]을 백성이 누리도록 함을 암시한다. 구오(九五)가 왕의[王] 자리에 있다[居]는 것이 〈왕거(王居)〉이다. 따라서 구오(九五 : ⚊)가 군왕(君王)으로서 인심이 흩어져 나가는[渙] 시국에 정령(政令)을 공평무사(公平無私)하게 내려 위태로운 세상을 안전한 세상으로 이끌어 모여드는[聚] 시국으로 이끌어감이니 허물이[咎] 없음[无]을 암시한 계사(繫辭)가 〈환(渙) 왕거무구(王居无咎)〉이다.

【字典】

환(渙) 〈흩어질 환(渙)-산(散)-해산(解散), 떨어져 나갈 환(渙)-이(離), 환괘 환(渙)-환괘(渙卦), 따로따로 흩어져 나갈 환(渙)-분산지류(分散之流), 현명할 환(渙)-현(賢), 물이 출렁출렁하는 모양 환(渙)-수성모(水盛貌), 찬란할 환(渙)-환(煥)-창현(彰顯)-문장(文章), 물 이름 환(渙)-수명(水名)〉 등의 뜻을 내지만 여기선 〈흩어질 산(散)〉과 같다 여기고 새김이 마땅하다.

한(汗) 〈호령을 내릴 한(汗)-발출호령(發出號令), 험하고 막힘을 비유한 한(汗)-유험액(喩險阨), 땀 한(汗)-신액(身液), 나오면 거기로 돌아가지 못함을 비유한 한(汗)-이유출이불반(以喩出而不反), 땀날 한(汗)-출한(出汗), 탁할 한(汗)-탁(濁), 땀에 젖어 번쩍번쩍할 한(汗)-윤택(潤澤), 물이 범람하는 모습 한(汗)-한한수범모(汗汗水汎貌)〉 등의 뜻을 내지만 여기선 〈호령을 내릴 발출호령(發出號令)〉으로 여기고 새김이 마땅하다.

기(其) 〈이에 기(其)-내(乃), 그것(그) 기(其)-피(彼)-지(之), 그럴 기(其)-연(然), 어찌 기(其)-기(豈), 누를 기(其)-억(抑), 오히려 기(其)-상(尙)-서기(庶幾), 만약 기(其)-약(若), 장차 기(其)-장(將), 어조사 기(其)-어조사(語助辭)〉 등의 뜻을 내지만 여기선 〈이에 내(乃)〉로 여기고 새김이 마땅하다.

대(大) 〈큰 대(大)-소지대(小之對), 하늘 대(大)-천(天), 넓을 대(大)-광(廣), 두루 대(大)-편(徧), 통할 대(大)-통(通), 길 대(大)-장(長), (땅을) 걸게 할 대(大)-비(肥), 두터울 대(大)-후(厚), 많을 대(大)-다(多), 모두 대(大)-개(皆), 선할 대(大)-선(善), 무거울 대(大)-중(重), 거대할 대(大)-거(巨), 아름다울 대(大)-미(美)-장(壯), 부유할 대(大)-부(富), 늙을 대(大)-노(老), 지나칠 대(大)-과(過), 끝 대(大)-극(極), 대충 대(大)-조(粗)-불세밀(不細密), 과대할 대(大)-과(誇)-긍벌(矜伐), 처음 대(大)-초(初), 건(乾)-양기(陽氣)-강효(剛爻) 대(大)〉 등의 뜻을 내지만 여기선 〈큰 대(大)〉로 여기고 새김이 마땅하다.

호(號) 〈알릴 호(號)-고(告), 울 호(號)-곡(哭), 부를 호(號)-호(呼), 명칭 호(號)-명칭(名稱), 시호 호(號)-시호(諡號), 명성을 알릴 호(號)-성예(聲譽), 첩보 호(號)-첩보(牒報), 표지 호(號)-표지(標識), 울면서 말할 호(號)-곡이언(哭而言), 닭 울음 호(號)-계명(鷄鳴), 호랑이 울음 호(號)-호소(虎嘯), {의사(疑詞)로서} 어찌 호(號)-하(何)-호(胡)-해(奚)-하(遐)-후(侯)-갈(曷)-합(盍)〉 등의 뜻을 내지만 여기선 〈알리 고(告)〉와 같다 여기고 새김이 마땅하다.

왕(王) 〈임금 왕(王)-군(君), 제후 왕(王)-제후(諸侯), 성대할 왕(王)-성(盛), 무리의 우두머리 왕(王)-동류중지수령(同類中之首領), 큰 왕(王)-대(大), 천자를 받들 왕(王)-사천자(事天子), 바로잡을 왕(王)-광정(匡正), 성대할 왕(王)-성(盛), 이길 왕(王)-승(勝), 흥할 왕(王)-흥(興)〉 등의 뜻을 내지만 〈임금 왕(王)〉으로 여기고 새김이 마땅하다.

居 〈거-기〉 두 가지로 발음되고, 〈머물 거(居)-처(處)-주(住), 멈출 거(居)-지(止), 모을 거(居)-준(蹲), 쌓아둘 거(居)-축(蓄), 앉을 거(居)-좌(坐), 마땅할 거(居)-당(當), 움직이지 않을 거(居)-안(安)-부동(不動), 정도를 고요히 생각할 거(居)-정이사도(靜而思道), 안주하여 오래 양육할 거(居)-안주장양(安住長養), 법 거(居)-법(法), 다스릴 거(居)-치(治), 이유 거(居)-고(故), 의문어조사 ~인가 기(居), 뜻 없는 어조사 기(居)〉 등의 뜻을 내지만 여기선 〈머물 처(處)〉와 같다 여기고 새김이 마땅하다.

무(无) 〈없을 무(无)-무(無), 허무지도 무(无)-허무지도(虛无之道), 으뜸 무(无)-원(元)〉 등의 뜻을 내지만 여기선 〈없을 무(無)〉와 같다 여기고 새김이 마땅하다.

구(咎) 〈재앙 구(咎)-재(災), 병될 구(咎)-병(病), 허물 구(咎)-건(愆)-과(過), 나쁠 구(咎)-오(惡)〉 등의 뜻을 내지만 여기선 〈허물 건(愆)-과(過)〉와 같다 여기고 새김이 마땅하다. 〈무구(无咎)〉는 〈면어구(免於咎)〉 즉 허물을[於咎] 면하다[免]와 같다.

상구(上九 : ⚊)

上九 : 渙에 其血去하여 逖出이니 无咎리라
환 기혈거 적출 무구

상구(上九) : 흩어짐에[渙] 그[其] 걱정거리가[血] 제거되고[去] 멀리[逖] 나왔으니[出] 허물이[咎] 없다[无].

【상구(上九)의 효상(爻象) 풀이】

환괘(渙卦 : ䷺)의 상구(上九 : ⚊)는 이양거음(以陽居陰) 즉 양(陽 : ⚊)으로써[以] 음(陰 : ⚋)의 자리에 있는지라[居] 정당한 자리에 있지 못하다. 상구(上九 : ⚊)와 구오(九五 : ⚊)는 양양(兩陽) 즉 둘 다[兩] 양(陽 : ⚊)인지라 비(比) 즉 이웃의 사귐[比]을 누리지 못한다. 상구(上九 : ⚊)와 육삼(六三 : ⚋)은 양음(陽陰)의 사이인지라 정응(正應) 즉 서로 바르게[正] 호응하지만[應], 상구(上九 : ⚊)가 흩어져 나감[渙]을 벗어난 맨 윗자리에 이른지라 환괘(渙卦 : ䷺)의 하체(下體)와 거리를 두고 있어서 흩어져 나감[渙]의 환난(患難)을 멀리하는 모습이다.

> 환괘(渙卦 : ䷺)의 상구(上九 : ⚊)가 상륙(上六 : ⚋)으로 변효(變爻)하면 상구(上九 : ⚊)는 환괘(渙卦 : ䷺)를 29번째 습감괘(習坎卦) : ䷜)로 지괘(之卦)하게 한다. 따라서 환괘(渙卦 : ䷺)의 상구(上九 : ⚊)는 습감괘(習坎卦) : ䷜)의 상륙(上六 : ⚋)을 찾아가 살펴보게 한다.

【상구(上九)의 계사(繫辭) 풀이】

渙(환) 其血去(기혈거)

흩어짐에[渙] 그[其] 걱정거리가[血] 제거된다[去].

〈환(渙) 기혈거(其血去)〉는 상구(上九 : ⚊)가 환괘(渙卦 : ䷺)의 주제인 〈환(渙)〉 즉 흩어짐[渙]의 시국을 벗어난 자리에 있음을 암시한 계사(繫辭)이다. 〈환(渙) 기혈거(其血去)〉는 〈상구거환지혈(上九去渙之血)〉의 줄임으로 여기고 〈상구는[上九] 흩어짐의[渙之] 근심을[血] 떠났다[去]〉라고 새겨볼 것이다. 〈환(渙)〉은 여기선 〈내칠 산(散)〉과 같고, 〈기혈거(其血去)의 기(其)〉는 〈환지(渙之)〉를 대신하는 관형사이며, 〈기혈거(其血去)의 혈(血)〉은 여기선 〈걱정거리 우(憂)〉와 같다.

〈환(渙) 기혈거(其血去)〉는 상구(上九 : ⚊)가 환괘(渙卦 : ䷺)의 극위(極位)에 있음을 암시한다. 대성괘(大成卦)에서 극위(極位) 즉 맨 위의[極] 자리[位]에 있는 양(陽 : ⚊)은 은인자중(隱忍自重) 즉 세상과 떨어져서[隱] 참아가며[忍] 스스로[自] 삼가는[重] 모습을 보임이 보통이다. 그러나 환괘(渙卦 : ䷺)의 상구(上九 : ⚊)는 적극적으로 흩어짐[渙]의 시국을 떠나고자 함을 암시한 것이 〈환(渙) 기혈거(其血去)〉이다. 〈환기혈(渙其血)의 혈(血)〉은 환괘(渙卦 : ䷺)의 하체(下體) 감(坎 : ☵)을 빌려 〈환(渙)〉 즉 흩어짐[渙]을 취상(取象)한 것이다. 왜냐하면 「설괘전(說卦傳)」에 나오는 〈감은[坎 : ☵] 걱정거리의[血] 괘(卦)〉라는 내용을 〈환기혈(渙其血)의 혈(血)〉이 연상시키기 때문이다. 이에 상구(上九 : ⚊)가 감(坎 : ☵)의 〈함(陷)〉 즉 빠짐[陷]과 같이 〈환(渙)〉의 시국을 여김을 암시한다.

감(坎 : ☵)은 두 음(陰 : --) 사이로 한 양(陽 : ㅡ)이 빠진[陷] 모습이다. 이는 큰 것이[大] 작은 것[小] 속으로 빠진[陷] 모습이다. 인생에서도 소인(小人)들 속으로 빠지면[陷] 가우(加憂) 즉 걱정거리가[憂] 불어나고[加], 심병(心病) 즉 마음이[心] 병들고[病], 아옹다옹 탓으로 귀가 아파 온갖 걱정거리[血]를 겪게 됨을 감(坎 : ☵)의 〈함(陷)〉이 암시하는지라, 감(坎 : ☵)을 일러 위험하다 한다. 백성들이 소리(小利)를 탐해 흩어져 나가다[渙] 식은땀을 흘리듯[汗] 두렵게 하는 시국은 감(坎 : ☵)의 〈함(陷)〉이 암시하는 걱정거리[血]와 다를 것이 없다. 이에 상구(上九 : ㅡ)가 환괘(渙卦 : ䷺)의 하체(下體)인 〈감(坎 : ☵)〉의 함(陷)과 같이 걱정거리들로 빠지게[陷] 하는 환시(渙時) 즉 흩어짐의[渙] 시국[時]을 떠나고자 함을 암시한 계사(繫辭)가 〈환(渙) 기혈거(其血去)〉이다.

逖出(적출)

멀리[逖] 나왔다[出].

〈적출(逖出)〉은 〈환(渙) 기혈거(其血去)〉를 거듭해 암시한 계사(繫辭)이다. 〈적출(逖出)〉은 〈상구적출자감(上九逖出自坎)〉의 줄임으로 여기고 〈상구가[上九] 감(坎 : ☵)으로부터[自] 멀리[逖] 떠나왔다[出]〉라고 새겨볼 것이다. 〈적출(逖出)의 적(逖)〉은 〈멀리 원(遠)〉으로 〈출(出)〉을 꾸미는 부사 노릇을 하고, 〈적출(逖出)의 출(出)〉은 〈나올 외(外)〉와 같다 여기고 새김이 마땅하다.

〈적출(逖出)〉은 흩어짐[渙]의 시국인 소아(小我)의 세상을 불러와 식은땀이 나도록[汗] 험한 상황을 암시하는 환괘(渙卦 : ䷺)의 하체(下體) 감(坎 : ☵)으로부터 물러나고[去] 멀리[逖] 나와 있다[出]는 것이다. 이에 상구(上九 : ㅡ)가 상화(相和) 즉 서로[相] 어울려[和] 모여드는[聚] 대아(大我)의 세상을 추구함을 암시한 계사(繫辭)가 〈적출(逖出)〉이다.

无咎(무구)

허물이[咎] 없다[无].

〈무구(无咎)〉란 흩어져 나감[渙]의 험한 시국을 탈출하여 소아(小我)의 상쟁(相爭)을 벗어나는 상구(上九 : ㅡ)의 당연함을 암시한 계사(繫辭)이다. 〈무구(无咎)〉

는 〈상구무구(上九无咎)〉의 줄임으로 여기고 〈상구에게는[上九] 허물이[咎] 없다[无]〉라고 새겨볼 것이다. 〈무구(无咎)〉는 선보과(善補過) 즉 잘못을[過] 선하게[善] 고침[補]을 뜻한다.

〈무구(无咎)의 구(咎)〉 즉 허물[咎]이란 항상 소아(小我)로 말미암아 빚어진다. 따라서 〈무구(无咎)의 구(咎)〉는 『논어(論語)』에 나오는 〈군자는[君子] 의리를[於義] 밝히고[喩] 소인은[小人] 이익을[於利] 밝힌다[喩]〉라는 내용을 환기시킨다. 소인(小人)의 사리(私利)가 온갖 허물[咎]을 짓는다. 군자무구(君子无咎) 즉 군자에게는[君子] 허물이[咎] 없다[无] 함은 군자(君子)는 의리(義理)를 벗어나지 않기 때문이다. 의리(義理)란 자신을 다스려 자신을 선하게[善] 함이다. 〈善+我〉이니 선(善)이 나[我]로부터 비롯한다는 자(字)가 바로 의(義)이다. 선자무구(善者無咎) 즉 선한[善] 것에는[者] 허물이[咎] 없으니[無], 강강(剛强)한 상구(上九 : ━)가 선자(善者)로서 환괘(渙卦 : ䷺)의 주제인 흩어져 나감[渙]의 소아(小我)를 버리고 대아(大我)를 취함은 허물이[咎] 없음[无]을 밝힌 계사(繫辭)가 〈무구(无咎)〉이다.

【 字 典 】

환(渙) 〈흩어질 환(渙)-산(散)-해산(解散), 떨어져 나갈 환(渙)-이(離), 환괘 환(渙)-환괘(渙卦), 따로따로 흩어져 나갈 환(渙)-분산지류(分散之流), 현명할 환(渙)-현(賢), 물이 출렁출렁하는 모양 환(渙)-수성모(水盛貌), 찬란할 환(渙)-환(煥)-창현(彰顯)-문장(文章), 물 이름 환(渙)-수명(水名)〉 등의 뜻을 내지만 여기선 〈흩어질 산(散)〉과 같다 여기고 새김이 마땅하다.

기(其) 〈그것(그) 기(其)-피(彼)-지(之), 이에 기(其)-내(乃), 그럴 기(其)-연(然), 어찌 기(其)-기(豈), 누를 기(其)-억(抑), 오히려 기(其)-상(尙)-서기(庶幾), 만약 기(其)-약(若), 장차 기(其)-장(將), 어조사 기(其)-어조사(語助辭)〉 등의 뜻을 내지만 여기선 〈그 기(其)〉로 여기고 새김이 마땅하다.

혈(血) 〈근심할 혈(血)-우(憂)-휼(恤), 피 혈(血), 물들일 혈(血)-염(染), 상처 날 혈(血)-상(傷), 눈물 혈(血)-누(淚), 음(陰)을 비유해주는 혈(血), 감괘 혈(血)-감괘(坎卦)〉 등의 뜻을 내지만 여기선 〈근심할 우(憂)〉와 같다 여기고 새김이 마땅하다.

거(去) 〈물러날 거(去)-퇴이(退離)-천(遷), 갈 거(去)-이(離)-이(移)-행(行), 사람들이 서로 어길 거(去)-인상위(人相違), 떨어질 거(去)-낙(落), 예전 거(去)-과거(過去), 오

래될 거(去)-시격(時隔)-유후(猶後), 떨어질 거(去)-거(距), 도망할 거(去)-망(亡), 내쫓을 거(去)-방축(放逐), 덜 거(去)-제(除)-철(徹), 버릴 거(去)-기(棄)-사(捨), 죽일 거(去)-살(殺), 숨길 거(去)-장(藏), 어조사 거(去)-유래(猶來)-유아(猶啊)-유착(猶着)-유료(猶了)〉 등의 뜻을 내지만 여기선 〈물러날 퇴이(退離)〉로 여기고 새김이 마땅하다.

적(逖) 〈멀리 적(逖)-원(遠), 걱정할 적(逖)-우(憂), 멀리할 적(逖)-원지(遠之)〉 등의 뜻을 내지만 〈걱정할 우(憂)〉로 새기자는 쪽도 있고, 〈적출(逖出)〉을 묶어 〈원출(遠出)〉로 새기자는 쪽도 있으나, 여기선 〈멀리 원(遠)〉과 같다 여기고 새김이 마땅하다.

出 〈출-추〉 두 가지로 발음되고, 〈안에서 밖으로 날 출(出)-진(進), 드러날 출(出)-현(見), 특출할 출(出)-특(特), 치솟을 출(出)-상용(上湧), 위로 향할 출(出)-향상(向上), 낳을 출(出)-생(生), 멀 출(出)-원(遠)-거(去)-행(行), 관직에 부임할 출(出)-관부임(官赴任), 나타날 출(出)-현(現), 변천할 출(出)-추(推), 게울 출(出)-토(吐), 밖에 나갈 출(出)-외(外), 도망갈 출(出)-도(逃), 표할 출(出)-표(表), 갈릴 출(出)-이(離), 안에서 밖으로 내보낼 추(出)-자내이외(自內而外)〉 등의 뜻을 내지만 여기선 〈안에서 밖으로 나갈 진(進)〉으로 여기고 새김이 마땅하다.

무(无) 〈없을 무(无)-무(無), 허무지도 무(无)-허무지도(虛无之道), 으뜸 무(无)-원(元)〉 등의 뜻을 내지만 여기선 〈없을 무(無)〉와 같다 여기고 새김이 마땅하다.

구(咎) 〈재앙 구(咎)-재(災), 병될 구(咎)-병(病), 허물 구(咎)-건(愆)-과(過), 나쁠 구(咎)-오(惡)〉 등의 뜻을 내지만 여기선 〈허물 건(愆)-과(過)〉와 같다 여기고 새김이 마땅하다. 〈무구(无咎)〉는 〈면어구(免於咎)〉 즉 허물을[於咎] 면하다[免]와 같다.

註 감(坎) …… 기어인야(其於人也) 위가우(爲加憂) 위심병(爲心病) 위이통(爲耳痛) 위혈괘(爲血卦) : 감은[坎 : ☵] …… 그것이[其] 사람에서[於人]라면[也] 걱정을[憂] 더함[加]이고[爲], 마음의[心] 아픔[病]이며[爲], 귀의[耳] 아픔[痛]이고[爲], 피의[血] 괘(卦)이다[爲].

「설괘전(說卦傳)」 11단락(段落)

註 감함야(坎陷也) : 감(坎 : ☵)은 빠짐[陷]이다[也]. 「설괘전(說卦傳)」 7단락(段落)

註 자왈(子曰) 군자유어의(君子喩於義) 소인유어리(小人喩於利) : 공자가[子] 말했다[曰]. 군자는[君子] 의리를[於義] 밝히고[喩], 소인은[小人] 이익을[於利] 밝힌다[喩].

『논어(論語)』「이인(里仁)」 16장(章)

절괘 節卦

60

1 괘의 괘상과 계사

절괘(節卦 : ䷻)

태하감상(兌下坎上) : 아래는[下] 태(兌 : ☱), 위는[上] 감(坎 : ☵).

수택절(水澤節) : 물과[水] 못은[澤] 절이다[節].

節亨하나 苦節不可貞이다
절형 고절불가정

절제는[節] 통하나[亨] 괴로운[苦] 절제는[節] 확정할[貞] 수 없다[不可].

【절괘(節卦 : ䷻)의 괘상(卦象) 풀이】

앞 환괘(渙卦 : ䷺)의 〈환(渙)〉은 흩어져 나감[渙]이다. 흩어져 나감[渙]이란 상화(相和) 즉 서로[相] 어울리지[和] 못해 상쟁(相爭) 즉 서로[相] 다투어[爭] 서로를 어렵고 힘들게 한다. 「서괘전(序卦傳)」에 〈환이라는[渙] 것은[者] 흩어져 나감[離]이다[也] 사물은[物] 끝끝내[終] 흩어져 나갈[離] 수 없다[不可以] 그래서[故] 절괘(節卦 : ䷻)로써[以] 그것을[之] 받는다[受]〉라는 말이 나온다. 이는 환괘(渙卦 : ䷺) 뒤에 절괘(節卦 : ䷻)가 오는 까닭을 밝힌다. 흩어져 나가면[渙] 그것을 막아줄 마디[節]가 있어야 한다. 환(渙)하면 절(節)함이 천도(天道) 즉 자연의[天] 도리[道]이다. 따라서 절괘(節卦 : ䷻)의 〈절(節)〉은 한지(限止) 즉 한계를 넘지 않고 멈춤[限止]의 절제[節]이다. 따라서 절괘(節卦 : ䷻)의 〈절(節)〉이란 지나침을 막아 수중(守中) 즉 정도를 따름을[中] 지키게[守] 함인지라 〈절(節)〉이란 곧 천명(天命) 즉 자연의[天] 명령[命]이다. 〈절(節)〉은 상형자이다. 〈절(節)〉의 위쪽 두 댓잎은 성부(聲部)이면서 마디[節]가 있고, 왼쪽은 땅속에 뿌리를 내린 작은 씨앗이 싹을 틔우는 모습이고, 오른쪽은 낫[卩]을 뜻해 씨앗이 열매를 맺으면 제때에 곧장 따서 거둠을 상형한 자(字)이다. 물론 〈절(卩)〉은 단신(端信) 즉 믿음을[信] 바로잡는[端] 신표(信標)를 뜻하기도 하여, 씨앗이 터서 열매를 맺음은 천시(天時)의 믿음[卩]임을 암시한다. 하늘에는 절기(節氣), 인간에는 절도(節度)-충절(忠節)-정절(貞節), 신체(身體)에는 골절(骨節), 초목(草木)에는 지절(枝節) 등도 역시 절괘(節卦 : ䷻)의 주제인 〈절(節)〉 즉 절제[節]의 시국을 환기시킨다. 절괘(節卦 : ䷻)의 하체(下體)는 태(兌 : ☱)이고 상체(上體)는 감(坎 : ☵)이다. 따라서 절괘(節卦 : ䷻)는 앞 환괘(渙卦 : ䷺)의 도괘(倒卦) 즉 환괘(渙卦 : ䷺)를 뒤집은[倒] 괘(卦)이다. 절괘(節卦 : ䷻)의 〈절(節)〉 즉 절제[節]는 환괘(渙卦 : ䷺)의 주제인 〈환(渙)〉 즉 흩어져 나감[渙]의 지나침을 다스리는 정도(正道)가 된다. 「설괘전(說卦傳)」에 〈감은[坎 : ☵] 물[水]이고[爲] …… 태는[兌 : ☱] 못[澤]이다[爲]〉라는 말이 나온다. 못[澤]은 물[水]이 흘러 들고남을 알맞게 하여 지나침이 없는 절제[節]의 모습을 간직해야 하는지라 절괘(節卦 : ䷻)라 칭명(稱名)한다.

【절괘(節卦 : ䷻)의 계사(繫辭) 풀이】

節亨(절형)

절제는[節] 통한다[亨].

〈절형(節亨)〉은 절괘(節卦 : ䷻)의 〈절(節)〉이 득의(得宜) 즉 마땅함을[宜] 취한[得] 절제[節]임을 암시한 계사(繫辭)이다. 〈절형(節亨)〉은 〈절괘지절유형(節卦之節有亨)〉의 줄임으로 여기고 〈절괘의[節卦之] 절제에는[節] 통함이[亨] 있다[有]〉라고 새겨볼 것이다. 〈절형(節亨)의 형(亨)〉은 〈통할 통(通)〉과 같다.

〈절형(節亨)의 절(節)〉은 『예기(禮記)』「중니연거(仲尼燕居)」에 나오는 〈악(樂)이라는[也] 것은[者] 한계를 넘지 않고 멈춤[節]〉이라는 내용을 상기시키고, 『예기(禮記)』「악기(樂記)」에 나오는 〈악이라는[樂] 것은[者] 하늘땅의[天地之] 화합이고[和] (하늘땅이) 화합하므로[和故] 온갖 것이[百物] 모두[皆] 새롭게 된다[化]〉라는 내용도 떠올리게 한다. 여기 〈절형(節亨)의 절(節)〉이 천지지화(天地之和) 즉 하늘땅의[天地之] 어울림[和]을 따르는 〈절(節)〉 즉 절제[節]임을 암시한다. 태(兌 : ☱)의 못[澤]과 감(坎 : ☵)의 물[水]이 상화(相和) 즉 서로[相] 어울려[和] 천명(天命)을 따라 태(兌 : ☱)의 못[澤]이 감(坎 : ☵)의 물[水]을 받아들임에 한계를 넘지 않고 멈추어 택수(澤水)가 넘쳐나지 않음을 들어, 절괘(節卦 : ䷻)의 〈절(節)〉이 막힘없이 통한다[亨]고 암시한 계사(繫辭)가 〈절형(節亨)〉이다.

苦節不可貞(고절불가정)

괴로운[苦] 절제는[節] 확정할[貞] 수 없다[不可].

〈고절불가정(苦節不可貞)〉은 절괘(節卦 : ䷻)의 〈절(節)〉은 〈고절(苦節)〉로 확정할 수 없음을 암시한 계사(繫辭)이다. 〈고절불가정(苦節不可貞)〉은 〈고절불가정택(苦節不可貞澤)〉의 줄임으로 여기고 〈괴로운[苦] 절제는[節] 못을[澤] 확정할[貞] 수가 없다[不可]〉라고 새겨볼 것이다. 여기 〈불가정(不可貞)의 정(貞)〉은 〈확정할 정(定)〉과 같다. 못[澤]이란 그 크기가 정(定)해져 있다. 못은 저마다 제 크기에 따라 물을 알맞게 들이고 알맞게 흘려보내 넘치지 않는다. 이러함이 곧 못[澤]의 〈절(節)〉 즉 제 한계를 넘지 않는 절제[節]이다. 못[澤]의 이러한 〈절(節)〉은 천도(天道)의 〈절(節)〉 즉 중정지절(中正之節)이다. 자연의[天] 도리[道]에는 정도를[正] 따라[中] 한계를 넘지 않는 절제[節]가 있어 못[澤]이 제 크기에 따라 물을 알맞게 간직한다.

〈고절불가정(苦節不可貞)의 고절(苦節)〉은 홍수가 져 흘러들어오는 물을 담아낼 수 없음을 암시한다. 들어오는 물을 담아줌이 택지정(澤之貞) 즉 못의[澤之] 확정[貞]이다. 수분(守分) 즉 분수를[分] 지킴[守]은 진실로 미더운[貞] 확정[貞]이다. 그러나 못[澤]은 홍수(洪水)가 져서 들어오는 물이 넘치고 많아지면 많아진 만큼 흘려보내고, 평상시는 항상 넘치지도 모자라지도 않게 담을 수 있는 만큼만 담아주는 것이 택지정(澤之貞) 즉 못의[澤之] 진실로 미더운 확정[貞]이다. 따라서 〈고절불가정(苦節不可貞)의 고절(苦節)〉은 태(兌 : ☱) 즉 못[澤]의 〈절(節)〉로서 상정(常定)될 수 없는 절제[節]임을 암시한다. 여기 〈고절(苦節)의 고(苦)〉는 절제할[節] 수 없음에도 절제[節]로써 참아내야 함을 암시한다. 절괘(節卦 : ䷻)의 괘상(卦象)을 들어 〈고절불가정(苦節不可貞)의 고절(苦節)〉이라 함은 인간의 〈절(節)〉을 돌이켜보게도 한다. 왜냐하면 인간에게는 〈고절(苦節)〉을 겪어야 하는 상황이 빈번한 편이기 때문이다. 그러나 천도(天道)에는 〈고절(苦節)〉이란 자주 빈번히 나타나는 것은 아니다. 홍수(洪水)는 자주 일어나지 않는다. 홍수가 지면 못[澤]은 어쩔 수 없이 〈고절(苦節)〉을 겪어야 한다. 그러나 그 〈고절(苦節)〉은 한동안의 것일 뿐이니 담아두려 않고 서슴없이 흘러 들어오는 물을 내보냄이 〈고절불가정(苦節不可貞)〉이다. 여기 〈불가정(不可貞)의 정(貞)〉은 〈정할 정(定)〉과 같아 고정적일[貞] 수 없다[不可]는 것이 〈불가정(不可貞)〉이다. 이에 〈고절(苦節)〉은 고정될[貞] 수 없는[不可] 것인지라 절괘(節卦 : ䷻)의 주제인 〈절(節)〉의 시국일지라도 〈고절(苦節)〉이 〈정(貞)〉 즉 확정[貞]의 것일 수는 없음[不可]을 암시한 계사(繫辭)가 〈고절불가정(苦節不可貞)〉이다.

【字典】

절(節) 〈절제할 절(節)-제(制)-검(檢), 법도 절(節)-법도(法道)-법도(法度), 마디 절(節)-식물지간지연접처(植物枝幹之連接處), 푸나무의 마디 절(節)-초목지절(草木之節), 대마디 절(節)-죽절(竹節), 접골 절(節)-접골(接骨), 절개 절(節)-조(操), 예절 절(節)-예절(禮節), 정성(情性)을 기울여 알맞게 할 절(節)-품절(品節)-화적기정성(和適其情性), 한계를 넘지 않을 절(節)-한금(限禁), 징험 절(節)-징험(徵驗), 일의 한 실마리 절(節)-사지일단(事之一端), 신표 절(節)-부절(符節)-신표(信標), 귀천의 등차를 분별할 절(節)-변귀천지등차(辨貴賤之等差), 멈출 절(節)-지(止), 알맞을 절(節)-적(適)-적도(適度), 아낄 절(節)-검(儉), 바를 절(節)-정(正), 때 절(節)-시기(時期), 절기 절(節)-절기(節氣), 부절 절(節)-부절(符節), 평이할 절(節)-평이(平易), 곡조 절(節)-곡조(曲調), 괘 이름 절(節)-절괘(節卦), 높고 험준한 모양 절(節)-고준모(高峻貌)〉 등의 뜻을 내지만 여기선 〈절제할 제(制)-검(檢)〉으로 여기고 새김이 마땅하다.

亨 〈향-형-팽〉 세 가지로 발음되고, 〈통할 형(亨)-통(通), 남을 형(亨)-여(餘), 드릴 향(亨)-헌(獻), 삶을 팽(亨)-자(煮)-팽(烹)〉 등의 뜻을 내지만 여기선 〈통할 통(通)〉과 같다 여기고 새김이 마땅하다.

고(苦) 〈괴로울(부족할) 고(苦)-곤(困), 쓴 나물(씀바귀) 고(苦)-령(苓)-채명(菜名), 오미의 하나 고(苦)-오미지일(五味之一), 부지런할 고(苦)-노(勞)-근로(勤勞), 병들 고(苦)-병(病), 상처 입을 고(苦)-상(傷), 근심할 고(苦)-환(患), 싫어할 고(苦)-오(惡), 곤욕스러울 고(苦)-곤욕지(困辱之), 숨 쉴 고(苦)-식(息), 급할 고(苦)-급(急), 간절할 고(苦)-간절(懇切), 열어볼 고(苦)-개(開), 치우칠 고(苦)-편(偏)-극(極), 과도할 고(苦)-과도(過度)〉 등의 뜻을 내지만 여기선 〈괴로울 곤(困)〉과 같다 여기고 새김이 마땅하다.

不 〈불-부〉 등으로 발음되고, 〈없을 불(不)-부(不)-무(無), 못할 불(不)-부(不), 않을 불(不)-부(不), 아닐 불(不)-부(不)-비(非), 하지 말 불(不)-부(不)-막(莫)-금지(禁止), 정하지 않을 불(不)-부(不)-부(否)-미정(未定), 새가 날아올라 내려오지 않는 불(不)-부(不)-조비상불하래(鳥飛上不下來)〉 등의 뜻을 내지만 여기선 〈없을 불(不)〉로 여기고 새김이 마땅하다.

可 〈가-극〉 두 가지로 발음되고, 〈~할 수 있을(~될 수 있을) 가(可)-능(能), 마땅할 가(可)-의(宜)-당(當), 옳을 가(可)-부지대(否之對), 허락할 가(可)-허(許)-긍(肯), 착할 가(可)-선(善), 합의할 가(可)-합의(合意), 괜찮을 가(可)-미족지사(未足之辭), 족할 가(可)-족(足), 바 가(可)-소(所), 멈출 가(可)-지(止), 뜻을 이룰 가(可)-수의(遂意), 쓸 가(可)-용(用), 만큼 가(可)-정(程), 겨우 가(可)-근(僅), 오랑캐 극(可)〉 등의 뜻을 내지만 여기선 〈~할 수 있을 능(能)〉과 같다 여기고 새김이 마땅하다.

정(貞) 〈정할 정(貞)-정(定), 믿을 정(貞)-신(信), 바를 정(貞)-정(正), 거북점을 물을 정(貞)-복문(卜問), 역(易)의 내괘(內卦) 정(貞), 마땅할 정(貞)-당(當), 순수할 정(貞)-전(專)-일(一)〉 등의 뜻을 내지만 여기선 〈정할 정(定)〉 즉 〈뜻이 불변한다〉로 여기고 새김이 마땅하다.

註 환자리야(渙者離也) 물불가이종리(物不可以終離) 고(故) 수지이절(受之以節) : 환이라는[渙] 것은[者] 떨어져 나가는 것[離]이다[也]. 사물은[物] 끝끝내[終] 떨어져 나갈[離] 수 없다[不可以]. 그러므로[故] 절괘[節]로써[以] 환괘를[之] 받는다[受]. 「서괘전(序卦傳)」 6단락(段落)

註 자왈(子曰) 예야자리야(禮也者理也) 악야자절야(樂也者節也) 군자무리부동(君子無理不動) 무절부작(無節不作) : 공자가[子] 말했다[曰]. 예(禮)라는[也] 것은[者] 도리[理]이고[也], 악(樂)이라는[也] 것은[者] 절제[節]이다[也]. 군자는[君子] 도리가[理] 없다면[無] 거동하지 않고[不動], 절제가[節] 없다면[無] 일하지 않는다[不作]. 『예기(禮記)』「중니연거(仲尼燕居)」 9단락(段落)

註 악자천지지화(樂者天地之和) 예자천지지서(禮者天地之序) 화고백물개화(和故百物皆化) 서고군물개별(序故群物皆別) 악유천작(樂由天作) 예이지제(禮以地制) : 악이라는[樂] 것은[者] 하늘땅의[天地之] 화합이고[和], 예라는[禮] 것은[者] 하늘땅의[天地之] 서열이다[序]. (하늘땅이) 화합하므로[和故] 온갖 것이[百物] 모두[皆] 새롭게 되고[化], 서열이 있으므로[序故] 온갖 것이[群物] 모두[皆] 분별된다[別]. 악은[樂] 하늘을[天] 통해서[由] 제작되고[作], 예는[禮] 땅을[地] 본받아[以] 제작된다[制]. 『예기(禮記)』「악기(樂記)」 15단락(段落)

2 효의 효상과 계사

初九：不出户庭이라 无咎리라
불출호정 무구

九二：不出門庭이라 凶하다
불출문정 흉

六三：不節若이라 則嗟若하나 无咎리라
부절약 즉차약 무구

六四：安節하니 亨하다
안절 형

九五：甘節하니 吉하고 往有尚하리라
감절 길 왕유상

上六：苦節하니 貞凶하나 悔亡하리라
고절 정흉 회무

초구(初九) : 문안의[户] 뜰을[庭] 나가지 않는다[不出]. 허물이[咎] 없다[无].

구이(九二) : 문밖의[門] 뜰을[庭] 나가지 않는다[不出]. 불운하다[凶].

육삼(六三) : 절제하지[節若] 않다가[不] 곧장[則] 한탄한다[嗟若]. 허물이 [咎] 없다[无].

육사(六四) : 편하게[安] 절제하니[節] 통한다[亨].

구오(九五) : 기꺼이[甘] 절제하니[節] 행운을 누리고[吉], 나아감에[往] 받듦이[尚] 있다[有].

상륙(上六) : 괴롭게[苦] 절제하니[節] 진실로 미더워도[貞] 불운하나[凶] 뉘우친다면[悔] 없으리라[亡].

초구(初九 : ━)

初九 : 不出户庭이라 无咎리라
불출호정 무구

초구(初九) : 문안의[户] 뜰을[庭] 나가지 않는다[不出]. 허물이[咎] 없다[无].

【초구(初九)의 효상(爻象) 풀이】

절괘(節卦 : ䷻)의 초구(初九 : ━)는 이양거양(以陽居陽) 즉 양(陽 : ━)으로써[以] 양(陽 : ━)의 자리에 있는지라[居] 정당한 자리에 있다. 초구(初九 : ━)와 구이(九二 : ━)는 양양(兩陽) 즉 둘 다[兩] 양(陽 : ━)의 사이인지라 비(比) 즉 이웃의 사귐[比]을 누리지 못한다. 초구(初九 : ━)와 육사(六四 : ╍)는 서로 정위(正位)에 있으면서 양음(陽陰)의 사이인지라 정응(正應) 즉 서로 바르게[正] 호응하는[應] 모습이다. 그러나 초구(初九 : ━)는 절괘(節卦 : ䷻)의 주제인 〈절(節)〉 즉 절제[節]의 시국을 엄수하면서 따라야 할 처지인 데다 구이(九二 : ━)를 항상 유념하면서 행동거지(行動擧止)를 취해야 하므로 조심하는 모습이다.

> 절괘(節卦 : ䷻)의 초구(初九 : ━)가 초륙(初六 : ╍)으로 변효(變爻)하면 초구(初九 : ━)는 절괘(節卦 : ䷻)를 29번째 습감괘(習坎卦 : ䷜)로 지괘(之卦)하게 한다. 따라서 절괘(節卦 : ䷻)의 초구(初九 : ━)는 습감괘(習坎卦 : ䷜)의 초륙(初六 : ╍)을 찾아가 살펴보게 한다.

【초구(初九)의 계사(繫辭) 풀이】

不出戶庭(불출호정) 无咎(무구)

문안의[戶] 뜰을[庭] 나가지 않는다[不出]. 허물이[咎] 없다[无].

〈불출호정(不出戶庭)〉은 절괘(節卦 : ䷻) 초구(初九 : ━)의 효위(爻位)를 들어 암시한 계사(繫辭)이다. 〈불출호정(不出戶庭)〉은 〈초구불출호정(初九不出戶庭)〉의 줄임으로 여기고 〈초구는[初九] 호정을[戶庭] 나가지 않는다[不出]〉라고 새겨볼 것이다. 〈호정(戶庭)〉은 대문 안의 뜰이다.

〈불출호정(不出戶庭)〉은 초구(初九 : ━)가 정위(正位)에 있지만 절괘(節卦 : ䷻)의 하체(下體) 태(兌 : ☱)의 맨 밑자리에 있는 초참(初參)이라 못[澤]의 물이 마땅하게 새어나가야 할지를 경험해 보지 못했으니, 멈추어 있어야지 함부로 들락거리지 못할 처지임을 암시한다. 〈불출호정(不出戶庭)의 호정(戶庭)〉은 방문[戶] 쪽에서 보면 바깥뜰을 말하고, 대문[門] 쪽에서 보면 안뜰을 말한다. 〈호(戶)〉는 집의 내(內)를 뜻하고 〈문(門)〉은 집의 외(外)를 뜻한다. 대성괘(大成卦)에서 위의 효(爻)를 외(外)라 하고 아래의 효(爻)는 내(內)라 한다. 따라서 〈불출호정(不出戶庭)의 호정(戶庭)〉은 초구(初九 : ━)가 구이(九二 : ━)의 아래에 있음을 취상(取象)한 것이다. 〈불출호정(不出戶庭)〉은 초구(初九 : ━)가 방문을 닫고 방안에 머묾을 암시한다. 왜냐하면 안뜰로 나오지 않는다[不出] 함은 방문을 열지 않았기 때문이다. 초구(初九 : ━)가 절괘(節卦 : ䷻)의 초효(初爻)로서 정위(正位)에 있지만 절괘(節卦 : ䷻)의 하체(下體) 태(兌 : ☱)의 맨 밑인지라 못[澤] 속의 물이 얼마나 차 있으며 못[澤] 속의 물이 얼마만큼 새어나가야 할지 가늠하기 어려운 초참(初參)으로서, 함부로 절괘(節卦 : ䷻)의 주제인 〈절(節)〉 즉 한계를 넘지 않고 멈춤[節]을 감행해볼 수 없기 때문이다. 동시에 초구(初九 : ━)가 육사(六四 : ╍)와 정응(正應) 즉 정도를 따라[正] 호응해[應] 도움을 얻는다 해도, 〈절(節)〉의 시국에 가볍게 행동하다간 같은 강양(剛陽)인 구이(九二 : ━)와 서로 부딪칠 수도 있는지라, 시종일관(始終一貫) 초구(初九 : ━) 자신이 스스로 〈절(節)〉의 시국을 삼가고 마주해야 함을 암시한 계사(繫辭)가 〈불출호정(不出戶庭)〉이다.

〈무구(无咎)〉는 〈불출호정(不出戶庭)〉이 초구(初九 : ━)에게 지당(至當)함을 암시한 계사(繫辭)이다. 〈무구(无咎)〉는 〈초구무구(初九无咎)〉의 줄임으로 여기고 〈초구에게[初九] 허물이[咎] 없다[无]〉라고 새겨볼 것이다. 〈절(節)〉의 시국을 맞아 매사에 〈절(節)〉 즉 절제함[節]을 〈불출호정(不出戶庭)〉으로써 엄히 지켜가는 초구(初九 : ━)에게 허물이란[咎] 있을 수 없음[无]을 암시한 계사(繫辭)가 〈무구(无咎)〉이다.

【字典】

不 〈불-부〉 등으로 발음되고, 〈않을 불(不)-부(不), 못할 불(不)-부(不), 아닐 불(不)-부(不)-비(非), 없을 불(不)-부(不)-무(無), 하지 말 불(不)-부(不)-막(莫)-금지

(禁止), 정하지 않을 불(不)-부(不)-부(否)-미정(未定), 새가 날아올라 내려오지 않는 불(不)-부(不)-조비상불하래(鳥飛上不下來)〉 등의 뜻을 내지만 여기선 〈않을 불(不)〉로 여기고 새김이 마땅하다.

出 〈출-추〉 두 가지로 발음되고, 〈안에서 밖으로 날 출(出)-진(進), 드러날 출(出)-현(見), 특출할 출(出)-특(特), 치솟을 출(出)-상용(上湧), 위로 향할 출(出)-향상(向上), 낳을 출(出)-생(生), 멀 출(出)-원(遠)-거(去)-행(行), 관직에 부임할 출(出)-관부임(官赴任), 나타날 출(出)-현(現), 변천할 출(出)-추(推), 게울 출(出)-토(吐), 밖에 나갈 출(出)-외(外), 도망갈 출(出)-도(逃), 표할 출(出)-표(表), 갈릴 출(出)-이(離), 안에서 밖으로 내보낼 추(出)-자내이외(自內而外)〉 등의 뜻을 내지만 여기선 〈안에서 밖으로 나갈 진(進)〉으로 여기고 새김이 마땅하다.

호(戶) 〈방의 출입구 호(戶)-실출입지구(室出入之口), 지게문(외짝 문) 호(戶)-호(護)-반문(半門), 어떤 것의 출입구 호(戶)-물지출입구(物之出入口), 구멍 호(戶)-혈(穴), 새집 출입구 호(戶)-조소지출입구(鳥巢之出入口), 뜰 호(戶)-실정(室庭), 백성의 처소 호(戶)-민거(民居), 인민 호(戶)-인민(人民), 특정 직업에 종사하는 이 호(戶)-종사특정직업자(從事特定職業者), 멈출 호(戶)-지(止), 주인 호(戶)-주(主), 음주량 호(戶)-음주지량(飮酒之量), 환할 호(戶)-호(昈), 문채 호(戶)-문채(文采)〉 등의 뜻을 내지만 〈방의 출입구 실출입지구(室出入之口)〉로 여기고 새김이 마땅하다.

정(庭) 〈뜰(마당) 정(庭)-궁계전(宮階前), 궁 안 정(庭)-궁중(宮中), 집 안 정(庭)-가내(家內), 송사를 처리하는 자리 정(庭)-법정(法庭), 조공 정(庭)-조공(朝貢), 바를 정(庭)-정(正), 곧을 정(庭)-직(直)〉 등의 뜻을 내지만 여기선 〈뜰(마당) 정(庭)〉으로 여기고 새김이 마땅하다.

무(无) 〈없을 무(无)-무(無), 허무지도 무(无)-허무지도(虛无之道), 으뜸 무(无)-원(元)〉 등의 뜻을 내지만 여기선 〈없을 무(無)〉와 같다 여기고 새김이 마땅하다.

구(咎) 〈재앙 구(咎)-재(災), 병될 구(咎)-병(病), 허물 구(咎)-건(愆)-과(過), 나쁠 구(咎)-오(惡)〉 등의 뜻을 내지만 여기선 〈허물 건(愆)-과(過)〉와 같다 여기고 새김이 마땅하다. 〈무구(无咎)〉는 〈면어구(免於咎)〉 즉 허물을[於咎] 면하다[免]와 같다.

구이(九二 : ⚊)

九二 : 不出門庭이라 凶하다
불 출 문 정 흉

구이(九二) : 문밖의[門] 뜰을[庭] 나가지 않는다[不出]. 불운하다[凶].

【구이(九二)의 효상(爻象) 풀이】

절괘(節卦 : ䷻)의 구이(九二 : ⚊)는 이양거음(以陽居陰) 즉 양(陽 : ⚊)으로써[以] 음(陰 : ⚋)의 자리에 있는지라[居] 정당한 자리에 있지 못하다. 구이(九二 : ⚊)와 육삼(六三 : ⚋)은 양음(陽陰)의 사이인지라 비(比) 즉 이웃의 사귐[比]을 누릴 수 있다. 구이(九二 : ⚊)와 구오(九五 : ⚊)는 양양(兩陽) 즉 둘 다[兩] 양(陽 : ⚋)의 사이인지라 부중정(不中正) 즉 중효이되[中] 정당한 자리에 있지 못해[不正] 불상응(不相應) 즉 서로[相] 호응하지 못한다[不應]. 이에 구이(九二 : ⚊)는 음(陰 : ⚋)의 자리에 있으면서 절괘(節卦 : ䷻)의 하체(下體) 태(兌 : ☱)의 중위(中位)인지라 못이 담고 있는 물의 중층(中層)인 셈이어서, 못물이 얼마나 들고 얼마나 나는지 몰라 절괘(節卦 : ䷻)의 주제인 〈절(節)〉의 시국을 스스로 의당(宜當)하게 마주하지 못하는 처지에 있는 모습이다.

> 절괘(節卦 : ䷻)의 구이(九二 : ⚊)가 육이(六二 : ⚋)로 변효(變爻)하면 구이(九二 : ⚊)는 절괘(節卦 : ䷻)를 3번째 준괘(屯卦 : ䷂)로 지괘(之卦)하게 한다. 따라서 절괘(節卦 : ䷻)의 구이(九二 : ⚊)는 준괘(屯卦 : ䷂)의 육이(六二 : ⚋)를 찾아가 살펴보게 한다.

【구이(九二)의 계사(繫辭) 풀이】

不出門庭(불출문정) 凶(흉)

문밖의[門] 뜰을[庭] 나가지 않는다[不出]. 불운하다[凶].

〈불출문정(不出門庭)〉은 절괘(節卦 : ䷻) 구이(九二 : ⚊)의 효위(爻位)를 들어 밝힌 계사(繫辭)이다. 〈불출문정(不出門庭)〉은 〈구이불출문정(九二不出門庭)〉의 줄임으로 여기고 〈구이는[九二] 문정을[門庭] 나가지 않는다[不出]〉라고 새겨볼 것이다. 〈문정(門庭)〉은 대문 바깥의 뜰이다.

〈불출문정(不出門庭)〉은 구이(九二 : ⚊)가 대문[門] 안에서만 맴돌고 대문 밖을 나가지 않음을 암시하고, 구이(九二 : ⚊)가 초구(初九 : ⚊)의 위에 있음을 암시하기도 한다. 대성괘(大成卦)에서 위의 효(爻)를 외(外)라 하고 아래의 효(爻)를 내(內)라 한다. 〈문정(門庭)〉은 외정(外庭) 즉 바깥뜰[外庭]을 말하고, 〈호정(戶庭)〉은 내정(內庭) 즉 안뜰[內庭]을 말한다. 양강(陽剛)한 구이(九二 : ⚊)가 절괘(節卦 : ䷻)의 하체(下體) 태(兌 : ☱)의 중위(中位)에 있지만 절괘(節卦 : ䷻)의 주제인 〈절(節)〉 즉 절제[節]의 시국을 맞아 득중(得中) 즉 정도를 따름을[中] 취한다[得] 해도, 구오(九五 : ⚊)와 불상응(不相應) 즉 서로[相] 호응하지 못하는[不應] 처지인 데다, 절괘(節卦 : ䷻)의 하체(下體)인 태(兌 : ☱) 즉 못[澤]의 절제[節]를 스스로 마주해볼 수 없음을 암시하는 것이 〈불출문정(不出門庭)〉이다. 「설괘전(說卦傳)」에 〈태는[兌 : ☱] 못[澤]이다[爲]〉라는 내용이 나온다. 왜 구이(九二 : ⚊)가 못[澤]의 절제[節]를 스스로 마주해볼 수 없는가? 구이(九二 : ⚊)가 못[澤]의 중층(中層)에 있기 때문이다. 이에 구이(九二 : ⚊)는 못 안으로 흘러들어오는 물과 못 밖으로 흘러나가는 물이 한계를 넘지 않고 그 절제[節]를 잘 지켜서 못이 넘치지도 않고 모자라지도 않아 알맞게 수위를 유지하는 적기를 알아채기가 어려운 자리에 있다. 못의 수위가 〈절(節)〉을 유지하지 못한다는 정보를 육삼(六三 : ⚋)에게 의지해볼 수는 있지만, 구이(九二 : ⚊) 스스로 〈절(節)〉의 시국을 마주해 그 적기를 즉시 따를 수 없는 처지임을 암시한 계사(繫辭)가 〈불출문정(不出門庭)〉이다.

〈흉(凶)〉은 구이(九二 : ⚊)의 처지를 거듭 암시한 계사(繫辭)이다. 〈흉(凶)〉은 〈구이유흉(九二有凶)〉의 줄임으로 여기고 〈구이에게[九二] 흉함이[凶] 있다[有]〉라고 새겨볼 것이다.

〈흉(凶)〉은 양강(陽剛)한 구이(九二 : ⚊)가 절괘(節卦 : ䷻)의 하체(下體) 태(兌 : ☱)의 중효(中爻)이면서도 못[澤]의 중층(中層)에 있기 때문에 구이(九二 : ⚊) 자신이 못[澤]의 〈절(節)〉을 스스로 마주하지 못하고, 이웃으로 사귀는 유음(柔陰)인 육삼(六三 : ⚋)의 도움을 받아야 겨우 알아챌 수 있는 처지이어서, 구이(九二 : ⚊)가 불운함[凶]을 암시한 계사(繫辭)가 〈흉(凶)〉이다.

【字典】

不 〈불-부〉 등으로 발음되고, 〈않을 불(不)-부(不), 못할 불(不)-부(不), 아닐 불(不)-부(不)-비(非), 없을 불(不)-부(不)-무(無), 하지 말 불(不)-부(不)-막(莫)-금지(禁止), 정하지 않을 불(不)-부(不)-부(否)-미정(未定), 새가 날아올라 내려오지 않는 불(不)-부(不)-조비상불하래(鳥飛上不下來)〉 등의 뜻을 내지만 여기선 〈않을 불(不)〉로 여기고 새김이 마땅하다.

出 〈출-추〉 두 가지로 발음되고, 〈안에서 밖으로 날 출(出)-진(進), 드러날 출(出)-현(見), 특출할 출(出)-특(特), 치솟을 출(出)-상용(上湧), 위로 향할 출(出)-향상(向上), 낳을 출(出)-생(生), 멀 출(出)-원(遠)-거(去)-행(行), 관직에 부임할 출(出)-관부임(官赴任), 나타날 출(出)-현(現), 변천할 출(出)-추(推), 게울 출(出)-토(吐), 밖에 나갈 출(出)-외(外), 도망갈 출(出)-도(逃), 표할 출(出)-표(表), 갈릴 출(出)-이(離), 안에서 밖으로 내보낼 추(出)-자내이외(自內而外)〉 등의 뜻을 내지만 여기선 〈안에서 밖으로 나갈 진(進)〉으로 여기고 새김이 마땅하다.

문(門) 〈집을 들고나는 문 문(門)-방옥원장소설이통출입자(房屋垣墻所設以通出入者), 집 문(門)-가(家), 무리 문(門)-족(族), 한패 문(門)-문파(門派), 한 선생의 제자 문(門)-사문(師門), 관건(일을 해결하는 방책) 문(門)-관건(關鍵), 천자가 머무는 곳의 요직 문(門)-금요(禁要), 이목 문(門)-이목(耳目), 끼리 문(門)-유(類), 문지기 문(門)-수문(守門)〉 등의 뜻을 내지만 〈집을 들고나는 문(門)〉으로 여기고 새김이 마땅하다. 〈문정(門庭)〉은 문간이 있는 곳을 말한다.

정(庭) 〈뜰(마당) 정(庭)-궁계전(宮階前), 궁 안 정(庭)-궁중(宮中), 집 안 정(庭)-가내(家內), 송사를 처리하는 자리 정(庭)-법정(法庭), 조공 정(庭)-조공(朝貢), 바를 정(庭)-정(正), 곧을 정(庭)-직(直)〉 등의 뜻을 내지만 여기선 〈뜰(마당) 정(庭)〉으로 여기고 새김이 마땅하다.

흉(凶) 〈불행할(흉할) 흉(凶)-길지반(吉之反), 걱정할 흉(凶)-우(憂)-구(懼), 흉한 사람 흉(凶)-흉인(凶人), 나쁠 흉(凶)-오(惡), 재앙 흉(凶)-화(禍), 요사할 흉(凶)-요사(夭死), 악한 사람 흉(凶)-악인(惡人), 흉년 흉(凶)-연곡불숙(年穀不熟), 사나울 흉(凶)-포학(暴虐), 음기 흉(凶)-음기(陰氣), 북쪽 흉(凶)-북(北), 없을 흉(凶)-공(空), 송사 흉(凶)-송(訟), 거역할 흉(凶)-역(逆), 어그러질 흉(凶)-패(悖), 허물 흉(凶)-구(咎)〉 등의 뜻을 내

지만 여기선 〈불행할 길지반(吉之反)〉으로 여기고 새김이 마땅하다.

註 태위택(兌爲澤) : 태는[兌 : ☱] 못[澤]이다[謂]. 「설괘전(說卦傳)」 11단락(段落)

육삼(六三 : --)

六三 : 不節若이라 則嗟若하나 无咎리라
부절약 즉차약 무구

육삼(六三) : 절제하지[節若] 않다가[不] 곧장[則] 한탄한다[嗟若]. 허물이[咎] 없다[无].

【육삼(六三)의 효상(爻象) 풀이】

절괘(節卦 : ䷻)의 육삼(六三 : --)은 이음거양(以陰居陽) 즉 음(陰 : --)으로써[以] 양(陽 : —)의 자리에 있는지라[居] 정당한 자리에 있지 못하다. 육삼(六三 : --)과 육사(六四 : --)는 양음(兩陰) 즉 둘 다[兩] 음(陰 : --)의 사이인지라 비(比) 즉 이웃의 사귐[比]을 누리지 못한다. 육삼(六三 : --)과 상륙(上六 : --)도 양음(兩陰)의 사이인지라 불상응(不相應) 즉 서로[相] 호응하지 못한다[不應]. 이에 육삼(六三 : --)은 효연(爻緣)이 없어 어디서도 도움을 받지 못하는 처지인 데다 유약(柔弱)한 육삼(六三 : --)이 절괘(節卦 : ䷻)의 하체(下體)인 태(兌 : ☱)의 중위(中位)를 벗어나 양(陽 : —)의 자리에 있으면서 못[澤]의 표면에 있지만, 스스로는 절괘(節卦 : ䷻)의 주제인 〈절(節)〉의 시국을 마주하기가 너무나 힘겨운 모습이다.

절괘(節卦 : ䷻)의 육삼(六三 : --)이 구삼(九三 : —)으로 변효(變爻)하면 육삼(六三 : --)은 절괘(節卦 : ䷻)를 5번째 수괘(需卦 : ䷄)로 지괘(之卦)하게 한다. 따라서 절괘(節卦 : ䷻)의 육삼(六三 : --)은 수괘(需卦 : ䷄)의 구삼(九三 : —)을 찾아가 살펴보게 한다.

【육삼(六三)의 계사(繫辭) 풀이】

不節若(부절약) 則嗟若(즉차약) 无咎(무구)

절제하지[節若] 않다가[不] 곧장[則] 한탄한다[嗟若]. 허물이[咎] 없다[无].

〈부절약(不節若) 즉차약(則嗟若)〉은 육삼(六三 : ⚋)의 효위(爻位)를 들어 암시한 계사(繫辭)이다. 〈부절약(不節若) 즉차약(則嗟若)〉은 〈육삼부절약(六三不節若) 즉륙삼차부절약(則六三嗟不節若)〉의 줄임으로 여기고 〈육삼은[六三] 절제하지 않다가[不節若] 곧장[則] 육삼이[六三] 절제하지 않음을[不節若] 한탄한다[嗟]〉라고 새겨볼 것이다. 〈차약(嗟若)의 차(嗟)〉는 〈한탄할 탄(嘆)〉과 같고, 여기 〈약(若)〉은 어조사로 뜻이 없다.

육삼(六三 : ⚋)이 절괘(節卦 : ䷻)의 하체(下體) 태(兌 : ☱)의 중위(中位) 즉 못[澤]의 중층(中層)을 벗어나 못의 수면에 있지만 강강(剛强)한 구이(九二 : ⚊)의 바로 위에 있어 위압(威壓)을 느끼고, 위로는 절괘(節卦 : ䷻)의 상체(上體)인 감(坎 : ☵)의 〈함(陷)〉 즉 험함[陷]을 마주해도, 감(坎 : ☵)에는 도와줄 이웃도 없고 호응해줄 동료도 없다. 이런 처지에 있는 유순(柔順)한 육삼(六三 : ⚋)이 정당한 자리에 있지 못한지라 못을 들고나는 물의 흐름을 조절할 수 없음을 암시한 계사(繫辭)가 〈부절약(不節若)〉이다.

〈즉차약(則嗟若)〉은 육삼(六三 : ⚋)이 자신의 무능을 숨기지 않고 애타함을 암시한다. 〈즉차약(則嗟若)〉은 육삼(六三 : ⚋)이 태(兌 : ☱)의 상효(上爻)인지라 〈차(嗟)〉로써 취상(取象)한 것이다. 왜냐하면 〈즉차약(則嗟若)의 차(嗟)〉가 「설괘전(說卦傳)」에 나오는 〈태는[兌 : ☱] 입의[口] 혀[舌]이다[爲]〉라는 내용을 상기시키기 때문이다. 육삼(六三 : ⚋)이 못[澤]의 수면에 있으면서도 유약(柔弱)한지라, 못의 수위가 최고조인지 아닌지를 알아내 못의 절제[節]를 감행할 수 없는 처지임을 스스로 탄식하며[嗟] 걱정함을 암시한 계사(繫辭)가 〈즉차약(則嗟若)〉이다.

〈무구(无咎)〉는 육삼(六三 : ⚋)이 〈차(嗟)〉 즉 탄식함[嗟]은 면책(免責)하려 함이 아님을 암시한 계사(繫辭)이다. 〈무구(无咎)〉는 〈육삼무구(六三无咎)〉의 줄임으로 여기고 〈육삼에게는[六三] 허물이[咎] 없다[无]〉라고 새겨볼 것이다.

〈무구(无咎)〉는 유순(柔順)한 육삼(六三 : --)이 절제[節]의 시국을 맞아 절제[節]를 스스로 실행할 수 없음을 탄식하는 심려는 〈절(節)〉을 어겨 못이 범람할세라 스스로 애쓰려는 마음가짐 때문이다. 이렇기에 탄식하는[嗟] 육삼(六三 : --)에게 허물이[咎] 있을 수 없음[无]을 암시한 계사(繫辭)가 〈무구(无咎)〉이다.

【字典】

不 〈불-부〉 등으로 발음되고, 〈못할 불(不)-부(不), 않을 불(不)-부(不), 아닐 불(不)-부(不)-비(非), 없을 불(不)-부(不)-무(無), 하지 말 불(不)-부(不)-막(莫)-금지(禁止), 정하지 않을 불(不)-부(不)-부(否)-미정(未定), 새가 날아올라 내려오지 않는 불(不)-부(不)-조비상불하래(鳥飛上不下來)〉 등의 뜻을 내지만 여기선 〈못할 부(不)〉로 여기고 새김이 마땅하다. 〈不〉 자(字)가 자음 〈ㄷ, ㅈ〉의 앞에 있으면 〈부〉로 발음되고, 그 외의 자음 앞에 있으면 〈불〉로 발음된다.

절(節) 〈절제할 절(節)-제(制)-검(檢), 법도 절(節)-법도(法道)-법도(法度), 마디 절(節)-식물지간지연접처(植物枝幹之連接處), 푸나무의 마디 절(節)-초목지절(草木之節), 대마디 절(節)-죽절(竹節), 접골 절(節)-접골(接骨), 절개 절(節)-조(操), 예절 절(節)-예절(禮節), 정성(情性)을 기울여 알맞게 할 절(節)-품절(品節)-화적기정성(和適其情性), 한계를 넘지 않을 절(節)-한금(限禁), 징험 절(節)-징험(徵驗), 일의 한 실마리 절(節)-사지일단(事之一端), 신표 절(節)-부절(符節)-신표(信標), 귀천의 등차를 분별할 절(節)-변귀천지등차(辨貴賤之等差), 멈출 절(節)-지(止), 알맞을 절(節)-적(適)-적도(適度), 아낄 절(節)-검(儉), 바를 절(節)-정(正), 때 절(節)-시기(時期), 절기 절(節)-절기(節氣), 부절 절(節)-부절(符節), 평이할 절(節)-평이(平易), 곡조 절(節)-곡조(曲調), 괘 이름 절(節)-절괘(節卦), 높고 험준한 모양 절(節)-고준모(高峻貌)〉 등의 뜻을 내지만 여기선 〈절제할 제(制)-검(檢)〉으로 여기고 새김이 마땅하다.

若 〈약-야〉 두 가지로 발음되고, 〈같을 약(若)-여(如), 어조사로 ~면 약(若), 너 약(若)-여(汝), 만약 약(若)-가사(假使), 따를 약(若)-순(順), 착할 약(若)-선(善), 그 약(若)-기(其), 미칠 약(若)-급(及)-지(至), 이 약(若)-차(此), 어말조사(語末助辭)로 ~듯 약(若), 반야(般若) 야(若)〉 등의 뜻을 내지만 여기선 어조사로 〈같을 여(如)〉로 여기고 새김이 마땅하다.

則 〈칙-즉〉 두 가지로 발음되고, 〈곧 즉(則)-즉(卽), 원칙(법) 칙(則)-법(法),

항상 칙(則)-상(常), 본받을 칙(則)-효(效), 묶을 칙(則)-약(約), 이에 즉(則)-내(乃), 어조사 즉(則)-이(而), 이 즉(則)-시(是), 무릇 즉(則)-부(夫)〉 등의 뜻을 내지만 여기선 〈곧 즉(卽)〉과 같다 여기고 새김이 마땅하다.

차(嗟) 〈탄식할 차(嗟)-탄(歎)-자(咨), 슬플 차(嗟)-자(咨), 한숨소리 차(嗟)-탄식성(歎息聲), 가엾을 차(嗟)-석(惜), 잠깐 동안 차(嗟)-순간(瞬間)〉 등의 뜻을 내지만 여기선 〈탄식할 탄(歎)〉과 같다 여기고 새김이 마땅하다.

무(无) 〈없을 무(无)-무(無), 허무지도 무(无)-허무지도(虛无之道), 으뜸 무(无)-원(元)〉 등의 뜻을 내지만 여기선 〈없을 무(無)〉와 같다 여기고 새김이 마땅하다.

구(咎) 〈재앙 구(咎)-재(災), 병될 구(咎)-병(病), 허물 구(咎)-건(愆)-과(過), 나쁠 구(咎)-오(惡)〉 등의 뜻을 내지만 여기선 〈허물 건(愆)-과(過)〉와 같다 여기고 새김이 마땅하다. 〈무구(无咎)〉는 〈면어구(免於咎)〉 즉 허물을[於咎] 면하다[免]와 같다.

註 태위구설(兌爲口舌) : 태는[兌 : ☱] 입의[口] 혀[舌]이다[爲].

「설괘전(說卦傳)」 11단락(段落)

육사(六四 : --)

六四 : 安節하니 亨하다
안 절 형

육사(六四) : 편하게[安] 절제하니[節] 통한다[亨].

【육사(六四)의 효상(爻象) 풀이】

절괘(節卦 : ䷻)의 육사(六四 : --)는 이음거음(以陰居陰) 즉 음(陰 : --)으로써[以] 음(陰 : --)의 자리에 있는지라[居] 정당한 자리에 있다. 육사(六四 : --)와 구오(九五 : ―)는 음양(陰陽)의 사이인지라 비(比) 즉 이웃의 사귐[比]을 누린다. 육사(六四 : --)와 초구(初九 : ―)도 음양(陰陽)인지라 정응(正應) 즉 정도를 따라[正] 호응함[應]을 누릴 수 있지만, 육사(六四 : --)는 구오(九五 : ―)와의 비(比)로써 군왕(君王)을 받들려 하므로 군왕(君王)인 구오(九五 : ―)의 뜻을 따라 절괘

(節卦 : ䷻)의 주제인 〈절(節)〉의 시국을 마주함에 막힐 것이 없는 모습이다.

> 절괘(節卦 : ䷻)의 육사(六四 : --)가 구사(九四 : ―)로 변효(變爻)하면 육사(六四 : --)는 절괘(節卦 : ䷻)를 58번째 태괘(兌卦 : ䷹)로 지괘(之卦)하게 한다. 따라서 절괘(節卦 : ䷻)의 육사(六四 : --)는 태괘(兌卦 : ䷹)의 구사(九四 : ―)를 찾아가 살펴보게 한다.

【육사(六四)의 계사(繫辭) 풀이】

安節(안절) 亨(형)

편하게[安] 절제하니[節] 통한다[亨].

〈안절(安節)〉은 절괘(節卦 : ䷻) 육사(六四 : --)의 효위(爻位)를 들어 암시한 계사(繫辭)이다. 〈안절(安節)〉은 〈육사안절(六四安節)〉의 줄임으로 여기고 〈육사는[六四] 편하게[安] 절제한다[節]〉라고 새겨볼 것이다.

〈안절(安節)〉은 유순(柔順)한 육사(六四 : --)가 경대부(卿大夫)로서 정위(正位)에 있으면서 군왕(君王)인 구오(九五 : ―)와 이웃의 사귐[比]으로써 받들어 모심은 곧 구오(九五 : ―)의 득중(得中) 즉 정도를 따름을[中] 취하는[得] 마음 가는 바[心志]를 순종하여 절제[節]의 시국을 마주함임을 암시한다. 득중(得中)이란 어김없이 천도(天道) 즉 자연의[天] 도리[道]를 그대로 받들어 본받음인지라 절제함[節]을 천명(天命)으로 삼게 마련이다. 또한 〈절(節)〉은 시중(時中) 즉 그때그때[時] 정도를 따름[中]이기 때문에 절제함[節]은 곧 천명(天命)을 따름이다. 천명(天命)이란 모두에게 이이불해(利而不害) 즉 이롭되[利而] 해롭지[害] 않음[不]을 뜻하는 상선(上善)으로 드러난다. 이에 육사(六四 : --)가 신하로서 구오(九五 : ―)를 받들어 따름이란 곧 구오(九五 : ―)의 득중(得中)을 따름인지라, 육사(六四 : --)가 절괘(節卦 : ䷻)의 주제인 〈절(節)〉을 자수(自守) 즉 스스로[自] 지킴[守]을 암시한 계사(繫辭)가 〈안절(安節)〉이다.

〈형(亨)〉은 육사(六四 : --)가 구오(九五 : ―)를 받들어 따름으로 말미암은 보람을 암시한 계사(繫辭)이다. 여기 〈형(亨)〉은 〈안절지륙사유형어만사(安節之六四有亨於萬事)〉의 줄임으로 여기고 〈편하게[安] 절제하는[節之] 육사에게는[六四] 모든[萬] 일[事]에서[於] 통함이[亨] 있다[有]〉라고 새겨볼 것이다.

〈형(亨)〉은 육사(六四 : --)의 〈안절(安節)〉로 말미암아 매사가 막히지 않고 형통함[亨]을 암시한다. 순천(順天) 즉 자연을[天] 따름[順]이 곧 통함[亨]으로 드러나고, 배천(背天) 즉 자연을[天] 어김[背]은 색(塞) 즉 막힘[塞]으로 드러난다. 여기 〈형(亨)〉은 득중(得中)을 본받아 따름인 순천(順天)이니 막힘[塞]이란 없다. 육사(六四 : --)가 구오(九五 : ―)의 득중(得中)을 본받고 따라 절괘(節卦 : ䷻)의 주제인 〈절(節)〉을 편하게[安] 행함으로 매사가 형통함[亨]을 암시한 계사(繫辭)가 〈형(亨)〉이다.

【字典】

안(安) 〈편안할 안(安)-녕(寧)-위지대(危之對), 어찌 안(安)-하(何), 고요할 안(安)-정(靜), 정해질 안(安)-정(定), 멈출 안(安)-지(止), 편안해 즐거울 안(安)-일락(佚樂), 익힐 안(安)-습(習), 고를 안(安)-평(平), 어울려 기쁠 안(安)-안(晏), 속으로 만족하고 안락하게 여기는 바 안(安)-소안(所安)-의기귀향지(意氣歸向之), 바람 없이 행할 안(安)-무소구위(無所求爲), {구중(句中)에서} ~에서 안(安)-어(於)〉 등의 뜻을 내지만 여기선 〈편안할 녕(寧)〉과 같다 여기고 새김이 마땅하다.

절(節) 〈절제할 절(節)-제(制)-검(檢), 법도 절(節)-법도(法道)-법도(法度), 마디 절(節)-식물지간지연접처(植物枝幹之連接處), 푸나무의 마디 절(節)-초목지절(草木之節), 대마디 절(節)-죽절(竹節), 접골 절(節)-접골(接骨), 절개 절(節)-조(操), 예절 절(節)-예절(禮節), 정성(情性)을 기울여 알맞게 할 절(節)-품절(品節)-화적기정성(和適其情性), 한계를 넘지 않을 절(節)-한금(限禁), 징험 절(節)-징험(徵驗), 일의 한 실마리 절(節)-사지일단(事之一端), 신표 절(節)-부절(符節)-신표(信標), 귀천의 등차를 분별할 절(節)-변귀천지등차(辨貴賤之等差), 멈출 절(節)-지(止), 알맞을 절(節)-적(適)-적도(適度), 아낄 절(節)-검(儉), 바를 절(節)-정(正), 때 절(節)-시기(時期), 절기 절(節)-절기(節氣), 부절 절(節)-부절(符節), 평이할 절(節)-평이(平易), 곡조 절(節)-곡조(曲調), 괘 이름 절(節)-절괘(節卦), 높고 험준한 모양 절(節)-고준모(高峻貌)〉 등의 뜻을 내지만 여기선 〈절제할 제(制)-검(檢)〉으로 여기고 새김이 마땅하다.

亨 〈향-형-팽〉 세 가지로 발음되고, 〈통할 형(亨)-통(通), 남을 형(亨)-여(餘), 드릴 향(亨)-헌(獻), 삶을 팽(亨)-자(煮)-팽(烹)〉 등의 뜻을 내지만 여기선 〈통할 통(通)〉과 같다 여기고 새김이 마땅하다.

구오(九五 : ⚊)

九五 : 甘節하니 吉하고 往有尙하리라
감절 길 왕유상

구오(九五) : 기꺼이[甘] 절제하니[節] 행운을 누리고[吉], 나아감에[往] 받듦이[尙] 있다[有].

【구오(九五)의 효상(爻象) 풀이】

절괘(節卦 : ䷻)의 구오(九五 : ⚊)는 이양거양(以陽居陽) 즉 양(陽 : ⚊)으로써[以] 양(陽 : ⚊)의 자리에 있는지라[居] 정당한 자리에 있다. 구오(九五 : ⚊)와 육사(六四 : ⚋)-상륙(上六 : ⚋)은 서로 다 양음(陽陰)의 사이인지라 비(比) 즉 이웃의 사귐[比]을 누린다. 구오(九五 : ⚊)와 구이(九二 : ⚊)는 양양(兩陽) 즉 둘 다[兩] 양(陽 : ⚊)의 사이인지라 불상응(不相應) 즉 서로[相] 호응하지 못한다[不應]. 그러나 강강(剛强)한 구오(九五 : ⚊)는 정위(正位)에 있는 군왕(君王)으로서 절괘(節卦 : ䷻)의 주제인 〈절(節)〉의 시국을 이끌어감에 막힐 것이 없는 모습이다.

절괘(節卦 : ䷻)의 구오(九五 : ⚊)가 육오(六五 : ⚋)로 변효(變爻)하면 구오(九五 : ⚊)는 절괘(節卦 : ䷻)를 19번째 임괘(臨卦 : ䷒)로 지괘(之卦)하게 한다. 따라서 절괘(節卦 : ䷻)의 구오(九五 : ⚊)는 임괘(臨卦 : ䷒)의 육오(六五 : ⚋)를 찾아가 살펴보게 한다.

【구오(九五)의 계사(繫辭) 풀이】

甘節(감절) 吉(길)

기꺼이[甘] 절제하니[節] 행운을 누린다[吉].

〈감절(甘節) 길(吉)〉은 절괘(節卦 : ䷻) 구오(九五 : ⚊)의 효위(爻位)를 들어 암시한 계사(繫辭)이다. 〈감절(甘節) 길(吉)〉은 〈구오감절(九五甘節) 인차구오유길(因此九五有吉)〉의 줄임으로 여기고 〈구오는[九五] 기꺼이[甘] 절제한다[節] 그래서[因此] 구오에게는[九五] 행운을 누림이[吉] 있다[有]〉라고 새겨볼 것이다. 〈감절

(甘節)의 감(甘)〉은 〈즐거울 낙(樂)〉과 같다.

〈감절(甘節)〉은 강강(剛强)한 구오(九五 : ⚊)가 군왕(君王)으로서 절괘(節卦 : ䷻)의 주제인 〈절(節)〉 즉 절제[節]의 시국을 마주하며 스스로 기꺼이[甘] 절제함[節]을 암시한다. 기꺼이[甘] 절제하여[節] 검박(儉樸)하면 당연히 천복(天福)인 〈길(吉)〉 즉 행운을 누리는[吉] 것이다. 〈감절(甘節)의 감(甘)〉은 구오(九五 : ⚊)가 절괘(節卦 : ䷻)의 상체(上體)인 감(坎 : ☵)의 중효(中爻)임을 들어 구오(九五 : ⚊)를 취상(取象)한 것이다. 왜냐하면 〈감절(甘節)의 감(甘)〉이 〈유수감미(流水甘味)〉 즉 〈흐르는[流] 물은[水] 단[甘] 맛이다[味]〉라는 성어(成語)를 연상시키기 때문이다. 절괘(節卦 : ䷻)의 상체(上體)인 감(坎 : ☵)의 상하(上下) 두 음효(陰爻)는 모두 곤(坤 : ☷)의 동속(同屬)이니 땅[地]으로서 강의 양안(兩岸)에 속하고, 감(坎 : ☵)의 중효(中爻)인 구오(九五 : ⚊)는 건(乾 : ☰)의 동속(同屬)이니 두 강안(江岸) 사이로 유수(流水) 즉 흐르는[流] 물[水]에 속하는 모습이다. 지수(止水) 즉 멈춘[止] 물[水]은 음(陰 : ⚋)이지만 유수(流水)는 움직이는[動] 물[水]인지라 양(陽 : ⚊)이다. 강강(剛强)한 구오(九五 : ⚊)가 정위(正位)에서 군왕(君王)으로서 득중(得中) 즉 정도를 따름을[中] 취하여[得] 절제[節]의 시국을 맞아, 구오(九五 : ⚊) 스스로 기꺼이[甘] 절제[節]를 실행하여 검박(儉樸)한 성군(聖君)인지라 행복을 누리는[吉] 군왕(君王)임을 암시한 계사(繫辭)가 〈감절(甘節) 길(吉)〉이다.

往有尙(왕유상)

나아감에[往] 받듦이[尙] 있다[有].

〈왕유상(往有尙)〉은 구오(九五 : ⚊)의 〈감절(甘節)〉이 온 세상으로 퍼져 나감을 암시한 계사(繫辭)이다. 〈왕유상(往有尙)〉은 〈구오지감절유왕(九五之甘節兪往) 구오유유민지상(九五兪有民之尙)〉의 줄임으로 여기고 〈구오가[九五之] 기꺼이[甘] 절제함이[節] 나아갈[往]수록[兪] 구오에게는[九五] 더욱더[兪] 백성의[民之] 받듦이[尙] 있다[有]〉라고 새겨볼 것이다. 〈왕유상(往有尙)의 상(尙)〉은 〈받들 숭(崇)〉과 같다.

〈왕유상(往有尙)〉은 구오(九五 : ⚊)의 〈감절(甘節)〉이 구오(九五 : ⚊) 자신만의 절제(節制)와 검박(儉樸)이 아니라 온 세상의 백성이 군왕의 〈감절(甘節)〉을 본받아 절제하고 검박한 백성이 됨을 암시한다. 〈왕유상(往有尙)의 왕(往)〉은 강강(剛強)한 구오(九五 : ⚊)가 백성에게 절제[節]를 강요함이 아니라, 군왕(君王)으로서 자신이 먼저 기꺼이[甘] 절제[節]를 실행함을 암시한다. 이에 백성이 군왕(君王)인 구오(九五 : ⚊)를 받들게 됨[尙]을 암시한 계사(繫辭)가 〈왕유상(往有尙)〉이다.

【字典】

감(甘) 〈기뻐할 감(甘)-열(悅), 즐거울 감(甘)-낙(樂), 상쾌한 마음 감(甘)-쾌의(快意), 느릴 감(甘)-완(緩), 즐길 감(甘)-기(嗜), 만족할 감(甘)-만족(滿足), 맛의 바탕 감(甘)-미지본(味之本), 익을 감(甘)-숙(熟), 바르지 않을 감(甘)-부정(不正), 달 감(甘)-첨(甛)-고지대(苦之對)〉 등의 뜻을 내지만 여기선 〈기꺼이 열(悅)〉과 같다 여기고 새김이 마땅하다.

절(節) 〈절제할 절(節)-제(制)-검(檢), 법도 절(節)-법도(法道)-법도(法度), 마디 절(節)-식물지간지연접처(植物枝幹之連接處), 푸나무의 마디 절(節)-초목지절(草木之節), 대마디 절(節)-죽절(竹節), 접골 절(節)-접골(接骨), 절개 절(節)-조(操), 예절 절(節)-예절(禮節), 정성(情性)을 기울여 알맞게 할 절(節)-품절(品節)-화적기정성(和適其情性), 한계를 넘지 않을 절(節)-한금(限禁), 징험 절(節)-징험(徵驗), 일의 한 실마리 절(節)-사지일단(事之一端), 신표 절(節)-부절(符節)-신표(信標), 귀천의 등차를 분별할 절(節)-변귀천지등차(辨貴賤之等差), 멈출 절(節)-지(止), 알맞을 절(節)-적(適)-적도(適度), 아낄 절(節)-검(儉), 바를 절(節)-정(正), 때 절(節)-시기(時期), 절기 절(節)-절기(節氣), 부절 절(節)-부절(符節), 평이할 절(節)-평이(平易), 곡조 절(節)-곡조(曲調), 괘 이름 절(節)-절괘(節卦), 높고 험준한 모양 절(節)-고준모(高峻貌)〉 등의 뜻을 내지만 여기선 〈절제할 제(制)-검(檢)〉으로 여기고 새김이 마땅하다.

길(吉) 〈좋을(행복할) 길(吉)-선(善)-영(令) {영월길일(令月吉日)은 선월선일(善月善日)임.}, 복 길(吉)-실(實)-선실(善實)-복(福), 예의를 따라 상서로울 길(吉)-예의순상(禮義順祥), 삼갈 길(吉)-근(謹), 초하루 길(吉)-삭일(朔日) {삭망(朔望) 즉 초하루[朔]와 그믐날[望]}, 길례 길(吉)-길례(吉禮) {오례지일(五禮之一) 길흉빈군가(吉凶賓軍嘉)}, 갈 길(吉)-행(行)-길(趌)〉 등의 뜻을 내지만 여기선 〈좋을 선(善)-영(令)〉 즉 행복(幸福), 행운(幸運) 등과 같다 여기고 새김이 마땅하다.

왕(往) 〈나아갈(갈) 왕(往)-행(行)-지(之)-거(去), 이를 왕(往)-지(至), 향할 왕(往)-

향(向), 옛 왕(往)-석(昔), 이따금 왕(往)-시시(時時), 뒤 왕(往)-후(後)〉 등의 뜻을 내지만 〈나아갈 행(行)〉과 같다 여기고 새김이 마땅하다.

유(有) 〈얻을(가질) 유(有)-취(取), 어조사 유(有), 없을 무(無)의 반대말로 있을 유(有), 간직할 유(有)-장(藏), 혹 유(有)-혹(或), 많을 유(有)-다(多)-족(足), 부유할 유(有)-부(富), 보호할 유(有)-보(保), 서로 친할 유(有)-상친(相親), 전일할 유(有)-전(專), 할 유(有)-위(爲)〉 등의 뜻을 내지만 여기선 〈얻을 취(取)〉와 같다 여기고 새김이 마땅하다. 물론 〈유상(有尙)의 유(有)〉를 어조사로 여기고 〈유상(有尙)〉을 〈숭상 받는다[有尙]〉라고 새겨도 무방하다.

상(尙) 〈받들 상(尙)-숭(崇)-봉(奉), 갸륵할 상(尙)-가(嘉), 높일 상(尙)-존(尊), 강할(할 수 있을) 상(尙)-강(强), 도울 상(尙)-조(助), 일찍 상(尙)-증(曾), 오히려 상(尙)-유(猶), 또 상(尙)-차(且), 반드시 상(尙)-필(必), 바랄 상(尙)-서기(庶幾)-심소희망(心所希望), 일찍 상(尙)-증(曾), 거의 상(尙)-서기(庶幾), 위 상(尙)-상(上), 더할 상(尙)-가(加), 꾸밀 상(尙)-식(飾), 오랠 상(尙)-구(久)〉 등의 뜻을 내지만 여기선 〈받들 숭(崇)〉과 같다 여기고 새김이 마땅하다.

상륙(上六 : --)

上六 : 苦節하니 貞凶하나 悔亡하리라
고절 정흉 회무

상륙(上六) : 괴롭게[苦] 절제하니[節] 진실로 미더워도[貞] 불운하나[凶] 뉘우친다면[悔] 없으리라[亡].

【상륙(上六)의 효상(爻象) 풀이】

절괘(節卦 : ䷻)의 상륙(上六 : --)은 이음거음(以陰居陰) 즉 음(陰 : --)으로써[以] 음(陰 : --)의 자리에 있는지라[居] 정당한 자리에 있다. 구오(九五 : ㅡ)와는 서로 음양(陰陽)의 사이인지라 비(比) 즉 이웃의 사귐[比]을 나눌 처지이지만 아래쪽을 떠나왔으니 절교(絶交)의 상태이고, 육삼(六三 : --)과는 양음(兩陰)의 사이인지라 불상응(不相應) 즉 서로[相] 호응하지 못하는[不應] 상태여서, 절괘(節卦 :

䷻)의 주제 〈절(節)〉의 극한(極限)에 있는지라 괴로워하는 모습이다.

> 절괘(節卦 : ䷻)의 상륙(上六 : --)이 상구(上九 : ㅡ)로 변효(變爻)하면 상륙(上六 : --)은 절괘(節卦 : ䷻)를 61번째 중부괘(中孚卦 : ䷼)로 지괘(之卦)하게 한다. 따라서 절괘(節卦 : ䷻)의 상륙(上六 : --)은 중부괘(中孚卦 : ䷼)의 상구(上九 : ㅡ)를 찾아가 살펴보게 한다.

【상륙(上六)의 계사(繫辭) 풀이】

苦節(고절) 貞凶(정흉)

괴롭게[苦] 절제하니[節] 진실로 미더워도[貞] 불운하다[凶].

〈고절(苦節) 정흉(貞凶)〉은 절괘(節卦 : ䷻) 상륙(上六 : --)의 효위(爻位)를 들어 암시한 계사(繫辭)이다. 〈고절(苦節) 정흉(貞凶)〉은 〈상륙고절(上六苦節) 수상륙정관어고절(雖上六貞關於苦節) 상륙유흉(上六有凶)〉의 줄임으로 여기고 〈상륙이[上六] 괴롭게[苦] 절제한다[節] 비록[雖] 상륙이[上六] 고절에[苦節] 관하여[關於] 진실로 미덥다 해도[貞] 상륙에게는[上六] 불행함이[凶] 있다[有]〉라고 새겨볼 것이다.

〈고절(苦節) 정흉(貞凶)〉은 상륙(上六 : --)이 극위(極位)에 있고 절괘(節卦 : ䷻)의 상체(上體) 감(坎 : ☵)의 상효(上爻)임을 암시한다. 〈고절(苦節)〉은 앞의 〈감절(甘節)〉을 뿌리친 꼴임을 암시한다. 상륙(上六 : --)의 처지가 〈고(苦)〉인지라 상륙(上六 : --)의 〈절(節)〉 또한 극한지절(極限之節) 즉 한계를[限] 넘은 과도한[極之] 절제[節]이고, 동시에 절괘(節卦 : ䷻)의 상체(上體) 감(坎 : ☵)의 상효(上爻)인지라 위험[陷]의 극(極)에 있어 상륙(上六 : --)은 괴로움[苦]을 면할 수가 없다. 따라서 상륙(上六 : --)이 〈고절(苦節)〉을 진실로 미덥다[貞]고 여기는 한 상륙(上六 : --)은 불운함[凶]을 암시한 계사(繫辭)가 〈고절(苦節) 정흉(貞凶)〉이다.

悔亡(회무)

뉘우친다면[悔] 없으리라[亡].

〈회무(悔亡)〉는 상륙(上六 : --)이 앞의 〈고절(苦節)〉을 뉘우치는 경우를 암시한 계사(繫辭)이다. 여기 〈회무(悔亡)〉를 〈약상륙회고절(若上六悔苦節) 정고절지

흉무급상륙(貞苦節之凶亡給上六)〉의 줄임으로 여기고 〈만약[若] 상륙이[上六] 괴로운[苦] 절제를[節] 뉘우친다면[悔] 고절을[苦節] 진실로 미더워한[貞之] 불운은[凶] 상륙(上六)에게[給] 없다[亡]〉라고 새겨볼 것이다. 〈회무(悔亡)의 무(亡)〉는 〈없을 무(無)〉와 같다.

〈회무(悔亡)〉는 상륙(上六 : --)이 절괘(節卦 : ䷻)의 극위(極位)에 이름인지라 절제[節]의 시국을 떠날 운명이기에 〈고절(苦節)〉 즉 괴롭게[苦] 절제할[節] 필요가 없음을 암시한다. 그리고 〈회무(悔亡)의 회(悔)〉는 상륙(上六 : --)이 거고절(去苦節) 즉 고절을[苦節] 저버림[去]을 암시한다. 이내 줄곧 겪어온 절제[節]의 시국을 벗어나 온갖 절제[節]를 버리고[去] 순중(順中) 즉 정도를 따름을[中] 좇아서[順] 떠나야 할 운명을 따르면 그만이다. 따라서 상륙(上六 : --)이 스스로 〈고절(苦節)〉이 자신의 잘못임을 뉘우친다면[悔] 〈정흉(貞凶)의 흉(凶)〉이 없어짐[亡]을 암시한 계사(繫辭)가 〈회무(悔亡)〉이다.

【字典】

고(苦) 〈쓰디쓸 고(苦)-고미(苦味), 괴로울(부족할) 고(苦)-곤(困), 쓴 나물(씀바귀) 고(苦)-령(笭)-채명(菜名), 오미의 하나 고(苦)-오미지일(五味之一), 부지런할 고(苦)-노(勞)-근로(勤勞), 병들 고(苦)-병(病), 상처 입을 고(苦)-상(傷), 근심할 고(苦)-환(患), 싫어할 고(苦)-오(惡), 곤욕스러울 고(苦)-곤욕지(困辱之), 숨 쉴 고(苦)-식(息), 급할 고(苦)-급(急), 간절할 고(苦)-간절(懇切), 열어볼 고(苦)-개(開), 치우칠 고(苦)-편(偏)-극(極), 과도할 고(苦)-과도(過度)〉 등의 뜻을 내지만 여기선 〈쓰디쓸 고미(苦味)〉와 같다 여기고 새김이 마땅하다.

절(節) 〈절제할 절(節)-제(制)-검(檢), 법도 절(節)-법도(法道)-법도(法度), 마디 절(節)-식물지간지연접처(植物枝幹之連接處), 푸나무의 마디 절(節)-초목지절(草木之節), 대마디 절(節)-죽절(竹節), 접골 절(節)-접골(接骨), 절개 절(節)-조(操), 예절 절(節)-예절(禮節), 정성(情性)을 기울여 알맞게 할 절(節)-품절(品節)-화적기정성(和適其情性), 한계를 넘지 않을 절(節)-한금(限禁), 징험 절(節)-징험(徵驗), 일의 한 실마리 절(節)-사지일단(事之一端), 신표 절(節)-부절(符節)-신표(信標), 귀천의 등차를 분별할 절(節)-변귀천지등차(辨貴賤之等差), 멈출 절(節)-지(止), 알맞을 절(節)-적(適)-적도(適度), 아낄 절(節)-검(儉), 바를 절(節)-정(正), 때 절(節)-시기(時期), 절기 절(節)-절기(節

氣), 부절 절(節)-부절(符節), 평이할 절(節)-평이(平易), 곡조 절(節)-곡조(曲調), 괘 이름 절(節)-절괘(節卦), 높고 험준한 모양 절(節)-고준모(高峻貌)〉 등의 뜻을 내지만 여기선 〈절제할 제(制)-검(檢)〉으로 여기고 새김이 마땅하다.

정(貞) 〈마땅할 정(貞)-당(當), 믿을 정(貞)-신(信), 정할 정(貞)-정(定), 바를 정(貞)-정(正), 거북점을 물을 정(貞)-복문(卜問), 역(易)의 내괘(內卦) 정(貞), 순수할 정(貞)-전(專)-일(一)〉 등의 뜻을 내지만 여기선 〈마땅할 당(當)〉과 같다 여기고 새김이 마땅하다.

흉(凶) 〈불행할(흉할) 흉(凶)-길지반(吉之反), 걱정할 흉(凶)-우(憂)-구(懼), 흉한 사람 흉(凶)-흉인(凶人), 나쁠 흉(凶)-오(惡), 재앙 흉(凶)-화(禍), 요사할 흉(凶)-요사(夭死), 악한 사람 흉(凶)-악인(惡人), 흉년 흉(凶)-연곡불숙(年穀不熟), 사나울 흉(凶)-포학(暴虐), 음기 흉(凶)-음기(陰氣), 북쪽 흉(凶)-북(北), 없을 흉(凶)-공(空), 송사 흉(凶)-송(訟), 거역할 흉(凶)-역(逆), 어그러질 흉(凶)-패(悖), 허물 흉(凶)-구(咎)〉 등의 뜻을 내지만 여기선 〈불행할 길지반(吉之反)〉으로 여기고 새김이 마땅하다.

회(悔) 〈뉘우칠 회(悔)-오(懊), 후회할 회(悔)-후회(後悔), 거만할 회(悔)-만(慢), 한스러울 회(悔)-한(恨), 실패할 회(悔)-실(失), (잘못 등을) 고칠 회(悔)-개(改), 책망할 회(悔)-구(咎), 대성괘의 상체(上體) 회(悔)〉 등의 뜻을 내지만 여기선 〈뉘우칠 오(懊)〉로 여기고 새김이 마땅하다. 대성괘(大成卦)의 하체(下體)를 〈정(貞)〉이라 일컫고, 상체(上體)를 〈회(悔)〉라고 일컫는다.

亡 〈무-망〉 두 가지로 발음되고, 〈없을 무(亡)-무(無), 가난할 무(亡)-빈(貧), 달아날(피할) 망(亡)-도(逃)-분(奔)-피(避)-거(去), 없어질 망(亡)-멸(滅), 죽음 망(亡)-사(死), 잃을 망(亡)-상(喪)-실(失), 업신여길 망(亡)-경멸(輕蔑), 그칠 망(亡)-지(止)-이(已), 잊을 망(亡)-망(忘)〉 등의 뜻을 내지만 여기선 〈없을 무(亡)-무(無)〉로 여기고 새김이 마땅하다.

중부괘
中孚卦

61

䷼

1 괘의 괘상과 계사

중부괘(中孚卦 : ䷼)

태하손상(兌下巽上) : 아래는[下] 태(兌 : ☱), 위는[上] 손(巽 : ☴).

풍택중부(風澤中孚) : 바람과[風] 못은[澤] 중부이다[中孚].

中孚는 豚魚吉하니 利涉大川하고 利貞하니라
중부 돈어길 이섭대천 이정

마음속의[中] 믿어줌은[孚] 돼지와[豚] 물고기면[魚] 좋으니[吉], 큰[大] 내를[川] 건너도[涉] 이롭고[利] 진실로 미더우면[貞] 이롭다[利].

【중부괘(中孚卦 : ䷼)의 괘상(卦象) 풀이】

앞 절괘(節卦 : ䷻)의 〈절(節)〉은 절제[節]이다. 절제[節]란 순명(順命) 즉 자연의 시킴을[命] 따라서[順] 수분(守分) 즉 본분을[分] 지킴[守]이다. 이에 절제[節]는 절약(節約)하고 절검(節儉)하며 검박(儉樸)함을 불러와 〈상부(相孚)〉 즉 서로[相] 믿어줌[孚]을 불러온다. 「서괘전(序卦傳)」에 〈절제하면[節而] 그것을[之] 믿게 된다[信] 그러므로[故] 중부괘(中孚卦 : ䷼)로써[以] 그것을[之] 받는다[受]〉라는 내용이 나온다. 이는 절괘(節卦 : ䷻) 뒤에 중부괘(中孚卦 : ䷼)가 오는 까닭을 밝힌다. 절제(節制)하면 서로의 믿음으로 이어짐이 천도(天道) 즉 자연의[天] 도리[道]이다. 절제의[節] 도리[道]를 정도를 따라[中] 서로 믿어줌[孚]이 〈중부(中孚)〉이다. 따라서 중부괘(中孚卦 : ䷼)의 주제인 〈중부(中孚)〉란 중부괘(中孚卦 : ䷼)의 괘상(卦象)을 들어 암시한다. 중부괘(中孚卦 : ䷼)의 하체(下體)는 태(兌 : ☱) 즉 택(澤)이고 상체(上體)는 손(巽 : ☴) 즉 풍(風)이니, 못[澤] 위에서 바람[風]이 불어 상하(上下)가 서로 감동함이다. 중부괘(中孚卦 : ䷼)의 내외(內外)가 강실(剛實)하고 중앙(中央)이 유허(柔虛)함이 〈중부(中孚)〉 곧 신발어중(信發於中) 즉 심중에서[於中] 믿음이[信] 발현한[發] 모습이다. 동시에 유재중이강득내외(柔在中而剛得內外) 즉 부드러운 음(陰 : --)이[柔] 안에[中] 있고[在而] 굳센 양(陽 : —)이[剛] 안팎을[內外] 취함[得]이 중부괘(中孚卦 : ䷼)의 주제인 〈중부(中孚)〉의 모습이다. 내(內)의 두 양(陽 : —)과 외(外)의 두 양(陽 : —)으로써 중부괘(中孚卦 : ䷼)의 내외(內外)는 겹으로 강실(剛實)하고, 중부괘(中孚卦 : ䷼)의 중앙(中央)은 두 음(陰 : --)으로써 겹으로 유허(柔虛)한 모습이다. 양(陽 : —)은 끊어짐이 없어 〈실(實)〉이라 하고, 음(陰 : --)은 가운데에 끊어짐이 있어 〈허(虛)〉라 한다. 그리고 대성괘(大成卦)에서 하체(下體)를 내(內)라 하고 상체(上體)를 외(外)라 한다. 따라서 중부괘(中孚卦 : ䷼)는 상하(上下) 양효(陽爻)의 강실(剛實)함은 충심(衷心)이 신실(信實)한 모습이고, 중앙(中央) 음효(陰爻)의 유허(柔虛)함은 중허(中虛) 즉 허심(虛心) 역시 성실(誠實)한 모습이다. 이에 충심(衷心)과 허심(虛心)이야말로 바로 〈중부(中孚)〉의 모습인지라 중부괘(中孚卦 : ䷼)라 칭명(稱名)한다.

【중부괘(中孚卦 : ䷼)의 계사(繫辭) 풀이】

中孚(중부) 豚魚吉(돈어길)

마음속의[中] 믿어줌은[孚] 돼지와[豚] 물고기면[魚] 좋다[吉].

〈중부(中孚) 돈어길(豚魚吉)〉은 중부괘(中孚卦 : ䷼)의 주제인 〈중부(中孚)〉를 풀이한 계사(繫辭)이다. 〈중부(中孚) 돈어길(豚魚吉)〉은 〈중부급어돈여어(中孚及於豚與魚) 돈여어역유길(豚與魚亦有吉)〉의 줄임으로 여기고 〈중부는[中孚] 새끼돼지와[豚與] 물고기에도[於魚] 미치니[及] 돼지와[豚與] 물고기[魚]마저도[亦] 행운이[吉] 있다[有]〉라고 새겨볼 것이다.

〈중부(中孚)〉는 어미와 새끼 사이를 들어 어미는 새끼를 마음속으로[中] 믿어주고[孚] 새끼는 어미를 마음속으로[中] 믿어주어[孚], 모든 목숨의 모자(母子)에 두루 통하는 천명(天命) 즉 자연의[天] 명령[命]임을 암시한다. 〈중부(中孚)의 중(中)〉이란 화살이 과녁을 적중(的中)하여 좌우상하(左右上下) 어느 쪽으로도 치우침이 없음을 상형한 자(字)이다. 이에 〈중(中)〉이란 무편(無偏) 즉 치우침이[偏] 없는[無] 적중(的中)의 마음가짐 즉 심중(心中)을 뜻한다. 〈중부(中孚)의 부(孚)〉는 어미닭이

달걀을 품고 있음을 상형한 자(字)이다. 어미닭이 병아리를 얻고자 알을 품음이야말로 신표(信表) 바로 그것이다. 이에 〈중부(中孚)〉란 〈신상발어심중(信相發於心中)〉 즉 믿음이[信] 마음[心]속에서[於中] 서로[相] 발현함[發]을 뜻한다. 〈중부(中孚)의 중(中)〉은 적중(的中) 즉 한가운데를 맞춤[的中]이니 동서남북상하(東西南北上下) 즉 육극(六極)의 어디에도 치우침이 없는지라 이해(利害)를 따라 무편(無偏) 즉 치우침이[偏] 없다[無]. 따라서 〈중부(中孚)의 중(中)〉은 천하지심(天下之心) 즉 만물에 두루 통하는 마음이고 동시에 백성심(百姓心) 즉 민심(民心)이다. 〈중부(中孚)의 부(孚)〉란 어미닭이 알을 품고 있음인지라, 어미가 새끼를 향함에는 어떠한 이해타산(利害打算) 없이 믿어주고 새끼 역시 어미를 믿어줌이 여기 〈부(孚)〉이다. 따라서 〈부(孚)〉란 수도(守道) 즉 자연의 도리를[道] 지켜서[守] 비롯하는 천하지심(天下之心) 즉 천심(天心)인 믿어줌이다.

〈부(孚)〉란 수천지도(守天之道) 즉 자연의[天之] 도리를[道] 지키는[守] 성신(誠信) 즉 진실한[誠] 미더움[信]을 말하니, 나의 〈정(貞)〉으로 말미암아 세상으로부터 나에게로 돌아오는 성신(誠信)이다. 내가 정(貞)하지 못하면 세상은 나를 믿어주지[孚] 않는다. 자연의[天之] 도리[道]를 순종하는 진실한 미더움[貞]을 지키면[守] 절로 누릴 수 있는 것이 〈부(孚)〉 즉 진실한 믿어줌[孚]이다. 천지도(天之道)는 『노자(老子)』에 나오는 〈이롭되[利而] 해로움이[害] 없다[不]〉라는 바로 그것이다. 따라서 중부괘(中孚卦 : ䷼)의 주제인 〈중부(中孚)〉를 〈이이불해(利而不害)〉라고 새겨도 되고, 정필귀부(貞必歸孚) 즉 진실한 미더움은[貞] 반드시[必] 진실한 믿어줌으로[孚] 돌아온다[歸]고 새겨도 된다. 내가 진실로 미덥다면[貞] 반드시[必] 남들로부터 진실한 믿음이[孚] 나에게로 돌아온다[歸]는 것이 〈중부(中孚)〉이다. 이러한 〈중부(中孚)〉야말로 천심(天心) 즉 자연의[天] 마음[心] 바로 그것이다.

〈돈어길(豚魚吉)〉은 〈중부(中孚)〉란 인심(人心)만이 아니라 미물(微物)에게도 미침을 암시한다. 여기 〈돈어(豚魚)〉는 〈돈여어(豚與魚)〉로서 미물(微物) 즉 하찮은 것들[微物]을 뜻한다. 인심(人心)은 사람의 마음[心]이지만 천심(天心)인 〈중부(中孚)〉란 만물의 마음가짐임을 암시한 것이 〈돈어(豚魚)〉이다. 급어미물(及於微物) 즉 하찮은 것에도[於微物] 미치는[及] 〈중부(中孚)〉란 쟁경지사(爭競之事) 즉 다투고[爭] 겨루는[競之] 일[事]을 빚어내지 않고 무사무욕(無私無欲) 즉 사사로움도[私] 없고[無] 욕심도[欲] 없는[無] 천심(天心)을 따르는 순박한 믿음인지라, 온 세상으로 펼쳐지니 모두가 함께 행운을 누림[吉]을 밝힌 계사(繫辭)가 〈중부(中孚) 돈어길(豚魚吉)〉이다.

利涉大川(이섭대천) 利貞(이정)

큰[大] 내를[川] 건너도[涉] 이롭고[利] 진실로 미더우면[貞] 이롭다[利].

〈이섭대천(利涉大川)〉은 중부괘(中孚卦 : ䷼) 〈중부(中孚)〉의 보람을 암시한 계사(繫辭)이다. 〈이섭대천(利涉大川)〉은 〈약즉령임하인이중부섭대천(若卽令任何人以中孚涉大川) 임하인개유리(任何人皆有利)〉의 줄임으로 여기고 〈만약[若] 누구일[任何人]지라도[卽令] 중부(中孚)로써[以] 대천을[大川] 건넌다면[涉] 누구에게나[任何人] 모두[皆] 이로움이[利] 있다[有]〉라고 새겨볼 것이다. 〈중부(中孚)〉 즉 마음속으로[中] 진실로 믿어줌[孚]은 곧 천덕(天德)으로 이어진다는 것이 〈이섭대천(利涉大川)의 이(利)〉이다. 〈섭대천(涉大川)〉은 중부괘(中孚卦 : ䷼)의 상하체(上下體)로써 취상(取象)된 것이다. 중부괘(中孚卦 : ䷼)의 하체(下體)는 태(兌 : ☱)이고, 상체(上體)는 손(巽 : ☴)이다. 왜냐하면 〈섭대천(涉大川)〉이 「설괘전(說卦傳)」에 나오는 〈손은[巽 : ☴] 나무[木]이고[爲] 바람[風]이다[爲]〉라는 내용과 〈태는[兌 : ☱] 못[澤]이다[爲]〉라는 내용을 함께 상기시키기 때문이다. 이로써 〈섭대천(涉大川)〉은 나무[木]로 배나 뗏목을 만들어 바람[風]을 타고 물[水]을 건너가는 모습을 들어 취상(取象)한 것이다. 〈섭대천(涉大川)〉 즉 큰 내를[大川] 건너가는[涉] 일은 고대(古代)에는 몹시 어려운 일이었다. 그러나 〈중부(中孚)〉로써 난사(難事)를 삼가 마주하면 천우신조(天佑神助)일 터이니 안전하게 일을 마칠 수 있어, 〈대천(大川)〉 즉 어려운 일을 마주해 헤쳐 나가도 항상 성공하여 이롭다[利]는 것을 암시한 계사(繫辭)가 〈이섭대천(利涉大川)〉이다.

〈이정(利貞)〉은 〈중부(中孚)〉의 〈이(利)〉를 누릴 수 있는 전제(前提)를 암시한 계사(繫辭)이다. 〈이정(利貞)〉은 〈약유유정어섭대천(若唯有貞於涉大川) 장유리(將有利)〉의 줄임으로 여기고 〈만약[若] 대천을[大川] 건넘에[於涉] 진실한 미더움이[貞] 오로지[唯] 있다면[有] 이로움이[利] 있을 것이다[將有]〉라고 새겨볼 것이다.

〈이정(利貞)〉은 〈섭대천(涉大川)〉 같은 난사(難事)를 감행함에 먼저 갖추어야 할 마음가짐을 암시한다. 〈이정(利貞)의 정(貞)〉은 나 자신의 마음이 성신(誠信) 즉 진실로[誠] 미더움[信]을 말한다. 내가 남에게 〈정(貞)〉을 요구할 수 있는 것이 아니다. 〈정(貞)〉을 일러 공정무편(公正無偏)하다고 함은 내가 곧 모든 것을 아울러 하나같이[公] 바르게 하여[正] 치우침이[偏] 없음[無]이지, 남에게 이러한 〈정(貞)〉을 요구할 수 없다. 만사(萬事)를 행함에 〈정(貞)〉은 진실로[誠] 미더워[信] 오로지 공정(公正)한 마음을 간직하므로 나를 이롭게[利] 할 뿐만 아니라 모두를 이롭게[利] 한다는 것이 〈이정(利貞)〉이다. 이러한 〈정(貞)〉은 〈부(孚)〉 즉 남이 나를 믿어줌[孚]을 불러오므로 항상 막힘없이 통한다[亨]. 〈정(貞)〉이란 무유사벽(無有邪僻) 즉 간사함과[邪] 치우침이[僻] 결코 없는[無有] 마음 가는 바[心志]를 따름인지라 공명정대(公明正大)할 뿐이다. 따라서 〈중부(中孚)〉의 이로움[利]을 누리자면 무엇보다 먼저 내 자신의 마음가짐이 〈정(貞)〉 즉 진실로 미더워야[貞] 하는 것임을 암시한 계사(繫辭)가 〈이정(利貞)〉이다.

【字典】

중(中) 〈가운데(안, 속) 중(中)-내(內)-중앙(中央), 따를 중(中)-순(順), 사방의 중앙 중(中)-사방지중(四方之中), 정신 중(中)-심중(心中), 정도 중(中)-정도(正道), 바를 중(中)-정(正), 고를 중(中)-평(平)-균(均), 어울릴 중(中)-화(和), 이룰 중(中)-성(成), 간직할 중(中)-장(藏), 적당할 중(中)-당(當)-적(適), 합할 중(中)-합(合), 화살이 맞힐 중(中)-시지적(矢至的), 응할 중(中)-응(應), 다칠 중(中)-상(傷), 부딪칠 중(中)-격(擊), 중요할 중(中)-요(要), 가득 찰 중(中)-만(滿)〉 등의 뜻을 내지만 여기선 〈속 내(內)〉와 같다 여기고 새김이 마땅하다.

부(孚) 〈믿을 부(孚)-신(信), 알에서 새끼가 껍질을 쪼아 나올 부(孚)-난화(卵化), 씨앗이 틀 부(孚)-부(稃), 기를 부(孚)-육(育), 덮어줄 부(孚)-복(覆), 붙을(의지할) 부(孚)-부(附)-부(付), 깡충거릴 부(孚)-무조(務躁)-부조(浮躁), 옥채색 부(孚)-옥채색(玉采色)〉 등의 뜻을 내지만 여기선 〈성신(誠信) 즉 진실한[誠] 미더움[信]〉으로 여기고 새김이 마땅하다.

돈(豚) 〈새끼돼지 돈(豚)-소시(小豕), 복(물돼지) 돈(豚)-하돈(河豚), 우리 속 돼지 돈(豚)-권돈(圈豚), 흙 돈대(흙 언덕) 돈(豚)-토돈(土墩)〉 등의 뜻을 내지만 여기선 〈새끼돼지 소시(小豕)〉로 여기고 새김이 마땅하다.

어(魚) 〈물고기 어(魚)-수생동물지일(水生動物之一)-수충(水蟲), 고리눈말 어(魚)-환안마(環眼馬), 나 어(魚)-오(吾)〉 등의 뜻을 내지만 여기선 〈물고기 수충(水蟲)〉으로 새김이 마땅하다.

길(吉) 〈좋을(행복할) 길(吉)-선(善)-영(令) {영월길일(令月吉日)은 선월선일(善月善日)임.}, 복 길(吉)-실(實)-선실(善實)-복(福), 예의를 따라 상서로울 길(吉)-예의순상(禮義順祥), 삼갈 길(吉)-근(謹), 초하루 길(吉)-삭일(朔日) {삭망(朔望) 즉 초하루[朔]와 그믐날[望]}, 길례 길(吉)-길례(吉禮) {오례지일(五禮之一) 길흉빈군가(吉凶賓軍嘉)}, 갈 길(吉)-행(行)-길(趌)〉 등의 뜻을 내지만 여기선 〈좋을 선(善)-영(令)〉 즉 행복(幸福), 행운(幸運) 등과 같다 여기고 새김이 마땅하다.

이(利) 〈만물로 하여금 삶을 이루어가게 하는 덕(德)의 이로울 이(利)-사만물수생지덕(使萬物遂生之德), 날카로울 이(利)-예(銳)-섬(銛), 질병 이(利)-질(疾), 통할 이(利)-통(通)-순(順), 좋을 이(利)-길(吉)-의(宜), 편리할 이(利)-편(便), 마름해 만들어 이룰 이(利)-재성(裁成), 탐할 이(利)-탐(貪), 구할(취할) 이(利)-구(求)-취(取), 좋아할 이(利)-열애(悅愛), 이로울 이(利)-익(益), 기교 이(利)-교(巧), 보람 이(利)-공용(功用), 지세가 험하고 중요한 이(利)-험요(險要), 이길 이(利)-승(勝), 어질 이(利)-인(仁)〉 등의 뜻을 내지만 여기선 〈사만물수생지덕(使萬物遂生之德) 즉 만물로 하여금 삶을 이루어가게 하는 덕(德)의 이로움〉으로 새김이 마땅하다. 〈利〉가 맨 앞에 오면 〈이〉로 발음되고, 중간이나 뒤에 오면 〈리〉로 발음된다.

섭(涉) 〈물 건널 섭(涉)-도(渡), 물이 흘러가는 섭(涉)-수류(水流), 헤엄쳐 갈 섭(涉)-유행(游行), 서로 교류할 섭(葉)-상교(相交), 경력 섭(涉)-경력(經歷), 깊이 들어갈 섭(涉)-심입(深入)〉 등의 뜻을 내지만 여기선 〈물 건널 도(渡)〉와 같다 여기고 새김이 마땅하다.

대(大) 〈큰 대(大)-소지대(小之對), 넓을 대(大)-광(廣), 두루 대(大)-편(徧), 통할 대(大)-통(通), 길 대(大)-장(長), (땅을) 걸게 할 대(大)-비(肥), 두터울 대(大)-후(厚), 많을 대(大)-다(多), 모두 대(大)-개(皆), 선할 대(大)-선(善), 무거울 대(大)-중(重), 거대할 대(大)-거(巨), 아름다울 대(大)-미(美)-장(壯), 부유할 대(大)-부(富), 늙을 대(大)-노(老), 지나칠 대(大)-과(過), 끝 대(大)-극(極), 대충 대(大)-조(粗)-불세밀(不細密), 과대할 대

(大)-과(誇)-긍벌(矜伐), 처음 대(大)-초(初), 하늘 대(大)-천(天), 건(乾)-양기(陽氣)-강효(剛爻) 대(大)〉 등의 뜻을 내지만 여기선 〈큰 대(大)〉로 여기고 새김이 마땅하다.

천(川) 〈시내 천(川)-천(巛)-관천통류수(貫穿通流水), 수류의 총칭 천(川)-수류지총칭(水流之總稱), 흐르는 물의 시작 천(川)-수류지시(水流之始), 산천의 신 천(川)-산천지신(山川之神), 구덩이 천(川)-갱(坑)〉 등의 뜻을 내지만 여기선 〈시내 관천통류수(貫穿通流水)〉로 여기고 새김이 마땅하다. 〈대천(大川)〉은 강물을 뜻한다.

정(貞) 〈바를 정(貞)-정(正), 믿을 정(貞)-신(信), 거북점을 물을 정(貞)-복문(卜問), 역(易)의 내괘(內卦) 정(貞), 마땅할 정(貞)-당(當), 정할 정(貞)-정(定), 순수할 정(貞)-전(專)-일(一)〉 등의 뜻을 내지만 여기선 〈바를 정(正), 믿을 신(信)〉 등을 합친 뜻과 같아 〈정신(正信)〉 즉 바르고[正] 미더움[信]으로 새김이 마땅하다.

註 절이신지(節而信之) 고(故) 수지이중부(受之以中孚) : 절제하면[節而] 그것을[之] 믿게 된다[信]. 그러므로[故] 중부괘[中孚]로써[以] 절괘를[之] 받는다[受]. 「설괘전(說卦傳)」 6단락(段落)

註 손위목(巽爲木) 위풍(爲風) : 손은[巽 : ☴] 나무[木]이고[爲] 바람[風]이다[爲]. 「설괘전(說卦傳)」 11단락(段落)

註 태위택(兌爲澤) : 태는[兌 : ☱] 못[澤]이다[爲]. 「설괘전(說卦傳)」 11단락(段落)

註 천지도리이불해(天之道利而不害) 성인지도위이부쟁(聖人之道爲而不爭) : 자연의[天之] 규율은[道] (온갖 것을) 이롭게 하되[利而] 해치지 않고[不害], 성인의[聖人之] 도리는[道] 베풀되[爲而] (그 무엇과도) 다투지 않는다[不爭]. 천지도(天之道)의 〈도(道)〉를 〈도리 도(道)〉라 새겨도 되고 〈규율 도(道)〉라 새겨도 된다. 『노자(老子)』 81장(章)

2 효의 효상과 계사

初九 : 虞吉하니 有他不燕하리라
우길 유타불연

九二 : 鳴鶴在陰하니 其子和之한다 我有好爵하니 吾與爾靡之하리라
명학재음 기자화지 아유호작 오여이미지

六三 : 得敵하여 或鼓或罷하며 或泣或歌한다
득적 혹고혹파 혹읍혹가

六四 : 月幾望이다 馬匹亡하여도 无咎리라
월기망 마필무 무구

九五 : 有孚攣如하여 无咎리라
유부련여 무구

上九 : 翰音登于天이니 貞凶하다
한음등우천 정흉

초구(初九) : 깊이 헤아리면[虞] 행운을 누리니[吉] 다른 것이[他] 있다면[有] 편안하지 못하다[不燕].

구이(九二) : 우는[鳴] 학이[鶴] 응달에[陰] 있으니[在] 그[其] 새끼가[子] 그 울음에[之] 화답한다[和]. 나에게[我] 좋은[好] 술이[爵] 있으니[有] 너하고[與爾] 내가[吾] 그 술을[之] 함께 하려 한다[靡].

육삼(六三) : 맞상대를[敵] 대면하여[得] 북을 치다[或鼓] 그만두다 하며[或罷] 울부짖다[或泣] 노래한다[或歌].

육사(六四) : 달이[月] 보름달에[望] 가깝다[幾]. 말의[馬] 짝이[匹] 없어도[亡] 허물이[咎] 없다[无].

구오(九五) : 연결된[攣如] 진실로 믿어줌이[孚] 있어[有] 허물이[咎] 없다[无].

상구(上九) : 닭의[翰] 소리가[音] 하늘로[于天] 올라가니[登] 진실로 미더워도[貞] 불운하다[凶].

초구(初九 : ⚊)

初九 : 虞吉하니 有他不燕하리라
우길 유타불연

초구(初九) : 깊이 헤아리면[虞] 행운을 누리니[吉] 다른 것이[他] 있다면[有] 편안하지 못하다[不燕].

【초구(初九)의 효상(爻象) 풀이】

중부괘(中孚卦 : ䷼)의 초구(初九 : ⚊)는 이양거양(以陽居陽) 즉 양(陽 : ⚊)으로써[以] 양(陽 : ⚊)의 자리에 있는지라[居] 정당한 자리에 있다. 초구(初九 : ⚊)와 구이(九二 : ⚊)는 양양(兩陽) 즉 둘 다[兩] 양(陽 : ⚊)의 사이인지라 비(比) 즉 이웃의 사귐[比]을 누리지 못하고 상충(相衝) 즉 서로[相] 부딪칠[衝] 수도 있는 처지이지만, 중부(中孚)의 시국에서는 같은[同] 무리[族]로서 마음속의[中] 믿어줌[孚]을 나눌 수 있다. 초구(初九 : ⚊)와 육사(六四 : ⚋)는 음양(陰陽)의 사이인지라 정응(正應) 즉 서로[相] 호응함[應]을 누릴 처지이지만, 육사(六四 : ⚋)가 구오(九五 : ⚊)를 따름에 전력하고자 초구(初九 : ⚊)를 멀리한다. 이에 초구(初九 : ⚊)는 중부괘(中孚卦 : ䷼)의 주제인 〈중부(中孚)〉의 초심자(初心者)인지라 〈부(孚)〉 즉 진실로 믿어줌[孚]을 잘 살펴 행해야 할 모습이다.

> 중부괘(中孚卦 : ䷼)의 초구(初九 : ⚊)가 초륙(初六 : ⚋)으로 변효(變爻)하면 초구(初九 : ⚊)는 중부괘(中孚卦 : ䷼)를 59번째 환괘(渙卦 : ䷺)로 지괘(之卦)하게 한다. 따라서 중부괘(中孚卦 : ䷼)의 초구(初九 : ⚊)는 환괘(渙卦 : ䷺)의 초륙(初六 : ⚋)을 찾아가 살펴보게 한다.

【초구(初九)의 계사(繫辭) 풀이】

虞吉(우길)

깊이 헤아리면[虞] 행운을 누린다[吉].

〈우길(虞吉)〉은 초구(初九 : ⚊)가 중부괘(中孚卦 : ䷼)의 주제인 〈중부(中孚)〉를 절로 누릴 수 있음을 암시한 계사(繫辭)이다. 〈우길(虞吉)〉은 〈초구필수우중부(初九必須虞中孚) 연후초구유길(然後初九有吉)〉의 줄임으로 여기고 〈초구는[初九] 마음속의[中] 믿어줌을[孚] 반드시[必須] 헤아려야 한다[虞] 그래야[然後] 초구에게[初九] 행운이[吉] 있다[有]〉라고 새겨볼 것이다. 〈우길(虞吉)의 우(虞)〉는 〈헤아릴 탁(度)〉과 같다.

〈우길(虞吉)〉은 초구(初九 : ⚊)가 정위(正位)에 있지만 중부괘(中孚卦 : ䷼)의 하체(下體) 태(兌 : ☱)의 맨 밑자리에 있는 초참(初參)인지라 중부괘(中孚卦 : ䷼)의 주제인 〈중부(中孚)〉를 심사숙고(深思熟考)하면서 마음속[中] 믿어줌[孚]의 시국을 마주해야 함을 암시한다. 대성괘(大成卦)에서 초효(初爻)는 연륜으로 따지면 영아(嬰兒)-유아(幼兒)-미성년(未成年)에 해당한다. 지금의 미성년의 마음은 성년(成年)의 것과 다름없는 편이지만 고대에는 미성년(未成年)은 정(貞) 즉 진실로 미더운[貞] 마음만을 지녔다고 보았다. 그래서 『노자(老子)』에 〈영아로[於嬰兒] 되돌아오라[復歸]〉라는 내용이 나온다. 이에 초구(初九 : ⚊)가 깊이 헤아리면서[虞] 〈중부(中孚)〉를 조심조심 누려야 행운을 누릴[吉] 수 있음을 암시한 계사(繫辭)가 〈우길(虞吉)〉이다.

有他不燕(유타불연)

다른 것이[他] 있다면[有] 편안하지 못하다[不燕].

〈유타불연(有他不燕)〉은 초구(初九 : ⚊)가 육사(六四 : ⚋)와 함께 누릴 수 있는 정응(正應) 즉 바르게[正] 호응함[應]을 경계하고, 〈중부(中孚)〉로 말미암아 누리는 〈길(吉)〉을 소중히해야 함을 암시한 계사(繫辭)이다. 〈유타불연(有他不燕)〉은 〈약초구유비우지타(若初九有非虞之他) 초구불연(初九不燕)〉의 줄임으로 여기고 〈만약에[若] 초구가[初九] 깊이 헤아림이[虞] 아닌[非之] 다른 것을[他] 간직한다면[有] 초구는[初九] 편안치 못할 것이다[不燕]〉라고 새겨볼 것이다. 〈유타불연(有他不燕)〉의 〈타(他)〉는 〈혹중부자(惑中孚者)〉 즉 〈마음속 믿어줌을[中孚] 의심하는[惑] 것[者]〉을 뜻하고, 〈연(燕)〉은 〈편안할 안(安)〉과 같다.

〈유타불연(有他不燕)〉은 초구(初九 : ⚊)가 〈중부(中孚)〉를 깊이 헤아리는 마음가짐을 저버리고 육사(六四 : --)와 정응(正應)을 누림을 경계해야 함을 암시한다. 〈유타불연(有他不燕)의 타(他)〉는 〈중부(中孚)〉를 가벼이하면서 육사(六四 : --)와의 정응(正應)을 누리려 함을 암시한다. 경대부(卿大夫)의 자리에 있는 육사(六四 : --)에게 강강(剛强)하되 어려 순수한 초구(初九 : ㅡ)의 〈중부(中孚)〉가 상처받을 수도 있음을 암시한 것이 〈유타(有他)〉이다. 〈불연(不燕)〉은 초구(初九 : ㅡ)의 〈중부(中孚)〉가 이런저런 소욕(所欲) 즉 바라는[欲] 바[所]의 탓으로 불안을 겪게 됨을 암시한다. 이에 초구(初九 : ㅡ)가 자신의 〈중부(中孚)〉로써 편안함을[燕] 누리자면 먼저 자신의 〈중부(中孚)〉 즉 마음속[中] 믿어줌[孚]을 깊이 헤아리면서[虞] 시국을 마주해야지, 다른[他] 온갖 욕망 같은 것들에 이끌린다면 편안치 못할[不燕] 것임을 암시한 계사(繫辭)가 〈유타불연(有他不燕)〉이다.

【字典】

우(虞) 〈헤아릴 우(虞)-탁(度)-여탁(慮度)-요탁(料度), 오로지할 우(虞)-전(專), 산지기 벼슬 우(虞)-우관(虞官)-장산택지관(掌山澤之官), 근심할 우(虞)-우(憂), 갖출 우(虞)-비(備), 바랄 우(虞)-망(望), 가릴 우(虞)-택(擇), 속일(업신여길) 우(虞)-기(欺), 어길 우(虞)-역(逆), 놀랄 우(虞)-경(驚), 거역할 우(虞)-역(逆), 있을 우(虞)-유(有), 편안할 우(虞)-안(安), 즐거울 우(虞)-낙(樂), 그릇할 우(虞)-오(誤), 우제 지낼 우(虞)-장후제례(葬後祭禮), 순임금 나라 우(虞)-제순국호(帝舜國號)〉 등의 뜻을 내지만 여기선 〈헤아릴 탁(度)〉과 같다 여기고 새김이 마땅하다.

길(吉) 〈좋을(행복할) 길(吉)-선(善)-영(令) {영월길일(令月吉日)은 선월선일(善月善日)임.}, 복 길(吉)-실(實)-선실(善實)-복(福), 예의를 따라 상서로울 길(吉)-예의순상(禮義順祥), 삼갈 길(吉)-근(謹), 초하루 길(吉)-삭일(朔日) {삭망(朔望) 즉 초하루[朔]와 그믐날[望]}, 길례 길(吉)-길례(吉禮) {오례지일(五禮之一) 길흉빈군가(吉凶賓軍嘉)}, 갈 길(吉)-행(行)-길(趌)〉 등의 뜻을 내지만 여기선 〈좋을 선(善)-영(令)〉 즉 행복(幸福), 행운(幸運) 등과 같다 여기고 새김이 마땅하다.

유(有) 〈간직할 유(有)-장(藏), 어조사 유(有), 있을 유(有)-무지대(無之對), 얻을(가질) 유(有)-취(取), 혹 유(有)-혹(或), 많을 유(有)-다(多)-족(足), 부유할 유(有)-부(富), 보호할 유(有)-보(保), 서로 친할 유(有)-상친(相親), 전일할 유(有)-전(專), 할 유(有)-위(爲)〉 등의 뜻을 내지만 여기선 〈간직할 장(藏)〉과 같다 여기고 새김이 마땅하다.

타(他) 〈다를 타(他)-이(異), 남 타(他)-피(彼), 누구 타(他)-수(誰), 간사할 타(他)-사(邪), 다른 마음 타(他)-이심(異心)〉 등의 뜻을 내지만 〈다를 이(異)〉와 같다 여기고 새김이 마땅하다.

不 〈불-부〉 등으로 발음되고, 〈않을 불(不)-부(不), 못할 불(不)-부(不), 아닐 불(不)-부(不)-비(非), 없을 불(不)-부(不)-무(無), 하지 말 불(不)-부(不)-막(莫)-금지(禁止), 정하지 않을 불(不)-부(不)-부(否)-미정(未定), 새가 날아올라 내려오지 않는 불(不)-부(不)-조비상불하래(鳥飛上不下來)〉 등의 뜻을 내지만 여기선 〈않을 불(不)〉로 여기고 새김이 마땅하다.

연(燕) 〈편안할(즐거울) 연(燕)-안(安)-낙(樂), 제비 연(燕)-현조(玄鳥), 쉴 연(燕)-식(息), 잔치 연(燕)-연(宴), 나라 이름 연(燕)-국명(國名)〉 등의 뜻을 내지만 여기선 〈편안할 안(安)〉과 같다 여기고 새김이 마땅하다.

註 위천하계(爲天下谿) 상덕불리(常德不離) 복귀어영아(復歸於嬰兒) : 온 세상의[天下] 시내가[谿] 되면[爲] 상덕이[常德] {그 계(谿)를} 떠나지 않고[不離], 갓난애로[於嬰兒] 되[復]돌아온다[歸].

『노자(老子)』 28장(章)

구이(九二 : ⚊)

九二 : 鳴鶴在陰하니 其子和之한다 我有好爵하니 吾與爾靡之하리라
명학재음 기자화지 아유호작 오여이미지

구이(九二) : 우는[鳴] 학이[鶴] 응달에[陰] 있으니[在] 그[其] 새끼가[子] 그 울음에[之] 화답한다[和]. 나에게[我] 좋은[好] 술이[爵] 있으니[有] 너하고[與爾] 내가[吾] 그 술을[之] 함께 하려 한다[靡].

【구이(九二)의 효상(爻象) 풀이】

중부괘(中孚卦 : ䷼)의 구이(九二 : ⚊)는 이양거음(以陽居陰) 즉 양(陽 : ⚊)으로써[以] 음(陰 : ⚋)의 자리에 있는지라[居] 정당한 자리에 있지 못하다. 구이

(九二 : ─)와 초구(初九 : ─)는 다른 대성괘(大成卦)에서라면 양양(兩陽) 즉 둘 다[兩] 양(陽 : ─)의 사이인지라 상충(相衝) 즉 서로[相] 부딪칠[衝] 사이이지만, 중부괘(中孚卦 : ䷼)의 주제인 〈중부(中孚)〉의 시국에서는 서로 동족(同族) 즉 같은[同] 무리[族]로서 〈중부(中孚)〉 즉 마음속의[中] 믿어줌[孚]을 나눌 수 있는 처지이다. 구이(九二 : ─)와 육삼(六三 : --)은 양음(陽陰)의 사이인지라 다른 대성괘(大成卦)에서라면 비(比) 즉 이웃의 사귐[比]을 누릴 처지이지만 〈중부(中孚)〉의 시국에서는 이족(異族) 즉 다른[異] 무리[族]인지라 서로 조심할 처지이다. 구이(九二 : ─)와 구오(九五 : ─) 역시 양양(兩陽) 즉 둘 다[兩] 양(陽 : ─)인지라 다른 대성괘(大成卦)에서라면 불상응(不相應) 즉 서로[相] 호응하지 못할[不應] 처지이지만 〈중부(中孚)〉의 시국에서는 마음속의[中] 믿어줌[孚]으로써 상조(相助)하는 사이이다. 이러한 구이(九二 : ─)는 중부괘(中孚卦 : ䷼)의 하체(下體) 태(兌 : ☱)의 중효(中爻)로서 득중(得中) 즉 정도를 따름을[中] 취하여[得] 〈중부(中孚)〉의 시국을 맞아 〈중부(中孚)〉를 지성(至誠)으로 발휘하는 모습이다.

> 중부괘(中孚卦 : ䷼)의 구이(九二 : ─)가 육이(六二 : --)로 변효(變爻)하면 구이(九二 : ─)는 중부괘(中孚卦 : ䷼)를 42번째 익괘(益卦 : ䷩)로 지괘(之卦)하게 한다. 따라서 중부괘(中孚卦 : ䷼)의 구이(九二 : ─)는 익괘(益卦 : ䷩)의 육이(六二 : --)를 찾아가 살펴보게 한다.

【구이(九二)의 계사(繫辭) 풀이】

鳴鶴在陰(명학재음) 其子和之(기자화지)

우는[鳴] 학이[鶴] 응달에[陰] 있으니[在] 그[其] 새끼가[子] 그 울음에[之] 화답한다[和].

〈명학재음(鳴鶴在陰) 기자화지(其子和之)〉는 구이(九二 : ─)가 중부괘(中孚卦 : ䷼)의 주제인 〈중부(中孚)〉의 시국를 맞아 마음속의[中] 믿어줌[孚]을 취상(取象)한 계사(繫辭)이다. 〈명학재음(鳴鶴在陰) 기자화지(其子和之)〉는 〈즉각명학재음(卽刻鳴鶴在陰) 학지자즉화학지명(鶴之子卽和鶴之鳴)〉의 줄임으로 여기고 〈우는[鳴] 학이[鶴] 응달에[陰] 있자[在]마자[卽刻] 학의[鶴之] 새끼가[子] 학의[鶴之] 울음에[鳴] 곧장[卽] 화답한다[和]〉라고 새겨볼 것이다. 〈기자화지(其子和之)의 지

(之)〉는 〈학지명(鶴之鳴)〉을 나타내는 지시어 노릇을 한다.

〈명학재음(鳴鶴在陰) 기자화지(其子和之)〉는 어미인 학(鶴)의 울음에[鳴] 그 학(鶴)의 새끼가[子] 화답함[和]을 비유로 들어 이심전심(以心傳心)의 〈중부(中孚)〉를 암시한다. 〈명학재음(鳴鶴在陰)의 명학(鳴鶴)〉은 구이(九二 : ⚊)가 중부괘(中孚卦 : ䷼)의 하체(下體) 태(兌 : ☱)의 중효(中爻)임을 들어 구이(九二 : ⚊)를 취상(取象)한 것이다. 왜냐하면 〈명학(鳴鶴)의 명(鳴)〉이 「설괘전(說卦傳)」에 나오는 〈태는[兌 : ☱] 입이고[口] 혀[舌]이다[爲]〉라는 내용을 환기시키고, 〈명학(鳴鶴)의 학(鶴)〉이 〈태는[兌 : ☱] 한가을[正秋]이다[也]〉라는 내용을 상기시키기 때문이다. 〈정추(正秋)〉는 팔월(八月)에 해당하고 팔월이면 두루미[鶴]가 따뜻한 남쪽으로 가자고 소리[鳴]를 나눈다고 예부터 전해지니, 태(兌 : ☱)의 중효(中爻)인 구이(九二 : ⚊)를 〈명학(鳴鶴)〉으로써 취상(取象)한 것이다. 〈명학재음(鳴鶴在陰)의 재음(在陰)〉은 구이(九二 : ⚊)가 강실(剛實)한 양(陽 : ⚊)이지만 음(陰 : ⚋)의 자리에 있고 또한 육삼(六三 : ⚋)-육사(六四 : ⚋)의 아래에 있음을 암시하고, 동시에 음(陰 : ⚋)이란 암(暗) 즉 어둠[暗]으로 통하니 보이지 않는 데서 두루미가[鶴] 소리하고[鳴] 있음을 암시한다. 「계사전상(繫辭傳上)」에서 공자(孔子)가 〈명학(鳴鶴)의 학(鶴)〉을 군자(君子)의 비유로 풀이하고, 〈명학(鳴鶴)의 명(鳴)〉을 군자의 출언(出言) 즉 발언(發言)이라고 풀이하기도 했다.

〈기자화지(其子和之)의 기자(其子)〉는 초구(初九 : ⚊)를 암시한다. 대성괘(大成卦)에서 초효(初爻)는 유아(幼兒)에 속하는지라 구이(九二 : ⚊) 바로 아래에 있는 초구(初九 : ⚊)를 〈기자(其子)〉로 취상(取象)한 것이다. 〈기자(其子)의 자(子)〉는 〈어린 것 또는 새끼 자(子)〉이고 동시에 백성을 암시한다. 대성괘(大成卦)에서 아래의 효(爻)는 자녀(子女)를 나타내고 위는 부모(父母)를 나타낸다. 그리고 직위로 본다면 초효(初爻)는 백성을 나타내고 이효(二爻)는 현령(縣令)을 나타낸다. 물론 다른 대성괘(大成卦)에서라면 구이(九二 : ⚊)와 초구(初九 : ⚊)는 양양(兩陽) 즉 둘 다[兩] 양(陽 : ⚊)인지라 상충(相衝) 즉 서로[相] 부딪치는[衝] 사이가 될 수 있지만, 중부괘(中孚卦 : ䷼)의 주제인 〈중부(中孚)〉의 시국이니 효(爻)마다 정(貞) 즉 진실로 미더운[貞]지라 서로 부딪치지 않고 상화(相和)하여 〈중부(中孚)〉를 누림을 암시하면서, 동시에 〈중부(中孚)〉란 온 세상을 감동시켜 감화(感化)함을 암시한 계사(繫辭)가 〈명학재음(鳴鶴在陰) 기자화지(其子和之)〉이다.

我有好爵(아유호작) 吾與爾靡之(오여이미지)

나에게[我] 좋은[好] 술이[爵] 있으니[有] 너하고[與爾] 내가[吾] 그 술을[之] 함께 하려 한다[靡].

〈아유호작(我有好爵) 오여이미지(吾與爾靡之)〉는 앞의 계사(繫辭)를 거듭 풀이한 계사(繫辭)이다. 〈아유호작(我有好爵) 인차오여이욕미기작(因此吾與爾欲靡其爵)〉의 줄임으로 여기고 〈나에게[我] 좋은[好] 술이[爵] 있다[有] 그러니[因此] 내가[吾] 너와[爾] 함께[與] 그[其] 술을[爵] 나누고[靡] 싶다[欲]〉라고 새겨볼 것이다. 〈호작(好爵)의 작(爵)〉은 여기선 〈술 주(酒)〉와 같고, 〈미지(靡之)의 미(靡)〉는 〈함께할 공(共)〉과 같으며, 〈미지(靡之)의 지(之)〉는 〈기작(其爵)〉을 대신하는 지시어 노릇을 한다.

〈아유호작(我有好爵) 오여이미지(吾與爾靡之)〉는 현령(縣令)인 구이(九二 : ⚊)와 백성인 초구(初九 : ⚊)가 중부괘(中孚卦 : ䷼)의 주제인 〈중부(中孚)〉의 시국을 맞아 마음속의[中] 믿어줌[孚]을 서로 나눔을 암시한다. 〈아유호작(我有好爵)〉은 〈명학(鳴鶴)〉을 암시한다. 왜 학(鶴)이 우는가[鳴]? 〈학(鶴)〉 즉 나에게[我] 호작이[好爵] 있음[有]을 알리고자 운다[鳴]는 것이다. 여기 〈호작(好爵)의 작(爵)〉을 〈술잔 작(爵)〉으로 새기자는 쪽이 있고, 〈벼슬 작(爵)〉으로 새기자는 쪽이 있다. 따라서 〈호작(好爵)〉을 〈호주(好酒)〉 즉 좋아할[好] 술[酒]이라 새기기도 하고, 〈호위(好位)〉 즉 미호지관위(美好之官位)로 보고 좋아할[美好之] 관직 자리[官位]라 새기기도 한다. 이중 어떻게 새기든 여기 〈호작(好爵)〉은 〈중부(中孚)〉를 취상(取象)한 것임을 전제로 하여 새겨야 한다. 〈호작(好爵)의 작(爵)〉을 관위(官位) 즉 벼슬[官位]로 새긴다면 〈아유호작(我有好爵)의 아(我)〉가 내릴 수 있는 벼슬이란 아전(衙前) 즉 구실아치[衙前] 정도이다. 따라서 〈호작(好爵)〉은 좋아하는[好] 구실아치[爵]란 뜻이 된다. 왜냐하면 중부괘(中孚卦 : ䷼)의 구이(九二 : ⚊)는 현령(縣令)에 해당하는 벼슬이기 때문이다. 본래 구실아치란 가장 낮은 관아의 직원 무리일 뿐이다. 아전(衙前)이란 천(賤)한 관직(官職)이니 〈작(爵)〉이라 할 수 없다. 벼슬이라면 〈작(爵)〉은 높은 벼슬아치에 속한다. 그러니 아전(衙前)이란 〈호위(好位)〉 즉 선망하는[好] 벼슬자리[位]로 볼 수 없을 뿐이니 〈중부(中孚)〉가 아전(衙前)으로 비유될 수는 없다. 왜냐하면 마음에 발현하는 순일(純一)한 믿음[信]인 〈중부(中孚)〉란 천심(天心)이라 지고하기 때문이다. 따라서 〈호작(好爵)〉을 관직(官職)으로 본다면 〈오여이미지(吾與爾靡之)〉는 〈나와[吾與] 네가[爾] 관직을[之] 함께 하자[靡]〉고 새기게 돼 걸맞지가 않다. 이에 〈호작(好爵)의 작(爵)〉을 관위(官位)로 풀이함은 단견(短見)에 속한다.

여기 〈호작(好爵)의 작(爵)〉은 구이(九二 : ⚊)가 변효(變爻)하여 태(兌 : ☱)가 진(震 : ☳)으로 변괘(變卦)함을 암시한다. 왜냐하면 진(震 : ☳)은 술잔 모습이기에 〈아유호작(我有好爵)의 작(爵)〉 즉 술잔[爵]으로 취상(取象)된 것으로 보고 〈호작(好爵)〉을 좋아할[好] 술[爵]이라고 새김이 마땅하다. 이에 〈오여이미지(吾與爾靡之)〉는 너와[與爾] 내가[吾] 술을[之] 함께 나누자[靡] 함이다. 〈오여이(吾與爾)의 오(吾)〉는 〈명학(鳴鶴)〉을 암시하고, 〈오여이(吾與爾)의 이(爾)〉는 〈기자(其子)〉 즉 초구(初九 : ⚊)를 암시하며, 동시에 〈명학(鳴鶴)-오(吾)〉는 중부괘(中孚卦 : ䷼)의 구이(九二 : ⚊)를, 〈기자(其子)-이(爾)〉는 중부괘(中孚卦 : ䷼)의 초구(初九 : ⚊)를 암시한다. 대성괘(大成卦)에서 초효(初爻)는 백성에 속하고 이효(二爻)는 현령(縣令)에 속한다. 따라서 〈오여이미지(吾與爾靡之)〉 즉 〈현령이[吾] 백성과[與爾] 좋은 술을[之] 함께 나눈다[靡]〉라고 함은 〈중부(中孚)〉의 시국을 맞아 현령과 백성이 〈중부(中孚)〉를 함께 누림을 암시한다. 옛날은 백성을 유아지심(幼兒之心)을 간직한다고 믿었기에 어린 백성[幼民]이라 불렀고, 이에 민심(民心)은 천심(天心)이라 한 것이다. 이런 〈이(爾)〉 즉 백성과 〈호작(好爵)〉을 함께 나누는 〈오(吾)〉도 천심(天心)을 따라 벼슬하는 현령이다. 이러한 〈오(吾)-이(爾)〉가 좋은 술을[好爵] 함께 한다[靡]는 것은 곧 중부괘(中孚卦 : ䷼)의 주제인 〈중부(中孚)〉를 함께 나누어 누림임을 암시한 계사(繫辭)가 〈아유호작(我有好爵) 오여이미지(吾與爾靡之)〉이다.

【字典】

명(鳴) 〈새소리 명(鳴)-조성(鳥聲), 밝혀 멀리 들리게 할 명(鳴)-성명원문(聲名遠聞)-저칭(著稱), 쳐서 소리 나게 할 명(鳴)-격지사발성(擊之使發聲)〉 등의 뜻을 내지만 여기선 〈소리 나게 할 명(鳴)〉으로 여기고 새김이 마땅하다.

학(鶴) 〈두루미 학(鶴)-선금사혹(仙禽似鵠), 깨우칠 학(鶴)-유백(喩白), 호미머리

학(鶴)-서두(鋤頭)〉 등의 뜻을 내지만 여기선 〈두루미 학(鶴)〉으로 여기고 새김이 마땅하다.

재(在) 〈있을 재(在)-존(存), 살 재(在)-거(居)=거(凥), 있는 곳 재(在)-소재(所在), 살필 재(在)-찰(察), 마칠 재(在)-종(終), 저절로 있을 재(在)-자재(自在), 땅속에서 싹이 터오를 재(在), ~에서 재(在)-어(於), ~뿐이다 재(在)-이(耳), ~이다 재(在)-의(矣) 등의 어조사〉 등의 뜻을 내지만 여기선 〈있을 존(存)〉과 같다 여기고 새김이 마땅하다.

음(陰) 〈응달 음(陰)-암(闇)-산지북(山之北)-수남산북(水南山北), 음기 음(陰)-양지대(陽之對), 땅 기운 음(陰)-지기(地氣), 가을겨울 음(陰)-추동(秋冬), 밤 음(陰)-야(夜), 달 음(陰)-월(月), 비 음(陰)-우(雨), 신하 음(陰)-신하(臣下), 아내 음(陰)-처(妻), 부인 음(陰)-부인(婦人), 콩팥(신장) 음(陰)-신(腎), 오장 음(陰)-오장(五臟), 형벌 음(陰)-형(刑), 육려 음(陰)-육려{六呂 : 육율지대(六律之對)}, 소인 음(陰)-소인(小人), 작을 음(陰)-소(小), 숨을 음(陰)-은(隱), 안(속) 음(陰)-내(內), 고요 음(陰)-정(靜), 부드러울 음(陰)-유(柔), 차가울 음(陰)-한(寒), 물 음(陰)-수(水), 짝수 음(陰)-우수(偶數), 어둡고 텅 빈 속 음(陰)-현효(玄枵), 그윽하고 깊을 음(陰)-유심(幽深), 캄캄할 음(陰)-회(晦), 해그늘 음(陰)-일영(日影), 뒷면(등쪽) 음(陰)-배면(背面), 남의 자지 음(陰)-남자지세(男子之勢), 그늘 음(陰)-음(蔭), 여자들만 있는 곳 음(陰)-여자지사처(女子之私處), 사사로울 음(陰)-사(私), 남녀의 정 음(陰)-남녀지정(男女之情=陰禮), 덮을(덮일) 음(陰)-복(覆), 두루미 음(陰)-학(鶴), 침묵할 음(陰)-묵(默)〉 등의 뜻을 내지만 여기선 〈응달 암(闇)〉으로 여기고 새김이 마땅하다.

기(其) 〈그것(그) 기(其)-피(彼)-지(之), 이에 기(其)-내(乃), 그럴 기(其)-연(然), 어찌 기(其)-기(豈), 누를 기(其)-억(抑), 오히려 기(其)-상(尙)-서기(庶幾), 만약 기(其)-약(若), 장차 기(其)-장(將), 어조사 기(其)-어조사〉 등의 뜻을 내지만 여기선 〈그 기(其)〉로 여기고 새김이 마땅하다.

자(子) 〈새끼(씨앗) 자(子)-종자(種子), 뒤를 이어줄 자(子)-사(嗣)-식(息), 백성 자(子)-백성(百姓), 존칭(덕 있는 사람의 칭호) 자(子)-유덕자지칭(有德者之稱), 존경받는 사람 자(子)-존자(尊者), 벼슬 자(子)-작(爵), 12지의 첫째 자(子), 음력 11월 자(子), 밤 11시에서 다음날 1시까지 자(子), 북쪽 방향 자(子)-북방(北方), 오행에서 물 자(子)-어오행속수(於五行屬水), 짐승에서 쥐 자(子)-어수위서(於獸爲鼠), 번성할 자(子)-자(滋),

자녀 자(子)-자녀(子女), 자손 자(子)-자손(子孫), 남자를 일컫는 호칭 자(子)-남자지통칭(男子之通稱), 만물 자(子)-만물(萬物), 누구(사람) 자(子)-인(人)-수자(誰子)〉 등의 뜻을 내지만 여기선 〈새끼 종자(種子)〉로 여기고 새김이 마땅하다.

화(和) 〈서로 호응할 화(和)-상응(相應), 절제를 따를 화(和)-중절(中節), 굳세지도 않고 부드럽지도 않을 화(和)-불강불유(不剛不柔), 화합할 화(和)-해(諧), 합할 화(和)-합(合), 화평할 화(和)-화평(和平)-평화(平和), 동화할 화(和)-동화(同和), 따를 화(和)-순(順)-화순(和順), 마음에 다툼이 없는 화(和)-심부쟁(心不爭), 모일 화(和)-회(會), 도울 화(和)-협(協)-조(調), 화해할 화(和)-화해(和解)-강화(講和), 허락할 화(和)-허(許), 교역할 화(和)-교역(交易), 기운 화(和)-기(氣)-화기(和氣), 즐거울 화(和)-낙(樂), 아우를 화(和)-병(幷), 연이을 화(和)-연(連), 따뜻할 화(和)-온(溫)-온화(溫和), 작은 피리 화(和)-소생(小笙), 응할 화(和)-응(應)〉 등의 뜻을 내지만 여기선 〈상응(相應)〉으로 여기고 새김이 마땅하다.

지(之) 〈그것(이것) 지(之)-피(彼)-시(是), 주격-소유격-목적격 등의 토씨 지(之), 갈 지(之)-왕(往), 이를 지(之)-지(至), 뜻 없는 허사(虛詞) 지(之)〉 등의 뜻을 내지만 여기선 〈그것 지(之)〉로 여기고 새김이 마땅하다.

아(我) 〈나(자기) 아(我)-기(己)-자위기신(自謂己身), 우리 아(我)-아배(我輩)-아문(我們), 내 나라(자국) 아(我)-자칭기국(自稱其國), 내 것 아(我)-자기소유(自己所有), (자기 의견을) 고집할 아(我)-집(執)-고집기견(固執己見), 갑자기 아(我)-아(俄)〉 등의 뜻을 내지만 여기선 〈자기 기(己)〉로 여기고 새김이 마땅하다.

유(有) 〈있을 유(有)-무지대(無之對), 간직할 유(有)-장(藏), 어조사 유(有), 얻을(가질) 유(有)-취(取), 혹 유(有)-혹(或), 많을 유(有)-다(多)-족(足), 부유할 유(有)-부(富), 보호할 유(有)-보(保), 서로 친할 유(有)-상친(相親), 전일할 유(有)-전(專), 할 유(有)-위(爲)〉 등의 뜻을 내지만 여기선 〈있을 유(有)〉로 여기고 새김이 마땅하다.

호(好) 〈좋을 호(好)-선(善), 좋아할 호(好)-상선(相善), 사랑할 호(好)-애(愛), 아름다울 호(好)-미(美), 정교할 호(好)-정교(精巧), 어울려 좋아할 호(好)-화호(和好), 사귈 호(好)-교의(交誼), 심할 호(好)-심(甚), 구슬 구멍 호(好)-벽공(璧孔)〉 등의 뜻을 내지만 여기선 〈좋을 선(善)〉과 같다 여기고 새김이 마땅하다.

작(爵) 〈술잔 작(爵)-음주기지총칭(飮酒器之總稱), 예기 작(爵)-예기(禮器), 한 되

작(爵)-일승(一升), 벼슬 작(爵)-위(位), 벼슬을 내릴 작(爵)-수여작위(授予爵位), 참새 작(爵)-작(雀)〉 등의 뜻을 내지만 〈술잔 작(爵)〉으로 여기고 새김이 마땅하다.

오(吾) 〈(자칭) 나 오(吾)-아(我), 자기 오(吾)-자기(自已), 서로 친함을 나타낼 오(吾)-상친지사(相親之辭), 글 읽는 소리 오(吾)-오이(吾伊), 다스릴 오(吾)-어(御), 다섯 오(吾)-오(五), 어린이들 오(吾)-소남소녀(小男小女)〉 등의 뜻을 내지만 여기선 〈나 아(我)〉와 같다 여기고 새김이 마땅하다.

여(與) 〈함께(더불어) 여(與)-이(以), 너울너울할 여(與), 따를 여(與)-종(從)-수(隨), 도울 여(與)-조(助), 허락할 여(與)-허(許), 기뻐할 여(與)-열(說), 미칠 여(與)-급(及), 같을 여(與)-동(同)-여(如), 기다릴 여(與)-대(待), 공통점 여(與)-공통점(共通點), 좇을 여(與)-축(逐), 무리 여(與)-유(類), 쓸 여(與)-용(用), 들 여(與)-거(擧), 줄 여(與)-시(施), 좋아할 여(與)-선(善), 셈할 여(與)-수(數), 어울릴 여(與)-화(和), 한적할 여(與)-한적(閒適), 참여할 여(與)-참(參)〉 등의 뜻을 내지만 여기선 〈더불어 이(以)〉로 여기고 새김이 마땅하다.

이(爾) 〈너 이(爾)-여(汝)-이(尒), 그 이(爾)-기(其), 가까울 이(爾)-근(近), 오직(뿐) 이(爾)-유(唯), 그럴 이(爾)-연(然), 어조사 이(爾), ~뿐이다 이(爾)-이이(而已)〉 등의 뜻을 내지만 여기선 〈너 여(汝)〉와 같다 여기고 새김이 마땅하다.

미(靡) 〈함께할 미(靡)-공(共), 흩뜨릴 미(靡)-산(散), 넘어질(드리워질) 미(靡)-언(偃), 기울어질 미(靡)-경(傾), 따를 미(靡)-순(順), 따라갈 미(靡)-수(隨), 누 끼칠(망칠) 미(靡)-누(累), 없을 미(靡)-무(無), 세세할(촘촘할) 미(靡)-세(細)-치(緻), 느슨할 미(靡)-완(緩), 좋아할 미(靡)-애(愛), 사치할 미(靡)-치(侈)-사(奢), 다할 미(靡)-진(盡), 떨어져 나갈 미(靡)-이(離), 나눌 미(靡)-분(分), 잘게 부술 미(靡)-쇄(碎), 없앨 미(靡)-멸(滅), 잃을 미(靡)-손(損)〉 등의 뜻을 내지만 〈함께할 공(共)〉과 같다 여기고 새김이 마땅하다. 〈미(靡)〉를 〈흩뜨릴 산(散)〉 즉 온 세상에 널리 퍼지게 한다로 새기자는 의견도 있다.

註 태위구설(兌爲口舌) : 태는[兌 : ☱] 입이고[口] 혀[舌]이다[爲].

「설괘전(說卦傳)」 11단락(段落)

註 태정추야(兌正秋也) 만물지소열야(萬物之所說也) 고왈(故曰) 열언호태(說言乎兌) : 태는[兌 : ☱] 한가을[正秋]이다[也]. 만물이[萬物之] 기뻐하는[說] 것[所]이다[也]. 그래서[故] 말한다[曰]. 태에서[乎兌] 기뻐한다고[說] 한다[言]. 「설괘전(說卦傳)」 5단락(段落)

註 〈명학재음(鳴鶴在陰) 기자화지(其子和之) 아유호작(我有好爵) 오여이미지(吾與爾靡之)〉의 계사(繫辭)를 공자(孔子)가 다음과 같이 풀이한 것이 있다.

군자거기실(君子居其室) 출기언(出其言) 선즉천리지외응지(善則千里之外應之) 황기이자호(況其邇者乎) 거기실(居其室) 출기언(出其言) 불선즉천리지외위지(不善則千里之外違之) 황기이자호(況其邇者乎) 언출호신(言出乎身) 가호민(加乎民) 행발호이(行發乎邇) 현호원(見乎遠) 언행군자지추기(言行君子之樞機) 추기지발영욕지주야(樞機之發榮辱之主也) 언행군자지소이동천지야(言行君子之所以動天地也) 불가신호(不可愼乎) : 군자가[君子] 자기[其] 방에[室] 있으면서[居] 자기의[其] 말을[言] 냈을 때[出] (그 말이) 선하다면[善] 곧바로[則] 천리(千里)의[之] 밖에서도[外] (세상 사람들이) 그의 말을[之] 따른다[應]. 하물며[況] 군자와[其] 가까운[邇] 사람들[者]이야[乎]! {군자(君子)가} 자기[其] 방에[室] 있으면서[居] 자기의[其] 말을[言] 냈을 때[出] (그 말이) 불선하다면[不善] 곧바로[則] 천리(千里)의[之] 밖에서도[外] (세상 사람들이) 그의 말을[之] 거스른다[違]. 하물며[況] 군자와[其] 가까운[邇] 사람들[者]이야[乎]! 말은[言] 저에게서[乎身] 나오면[出] 사람들에게서[乎民] 보태지고[加] 가까운 데서[乎邇] 퍼져나가[行發] 먼 데까지[乎遠] 드러난다[見]. 말과[言] 행실은[行] 군자(君子)의[之] 지도리이고[樞] 노아(弩牙)이며[機] 추기(樞機)의[之] 발동은[發] 영욕(榮辱)의[之] 주축[主]이다[也]. 언행은[言行] 군자(君子)가[之] 자신의 언행을 써[以] 하늘땅을[天地] 감동시키는[動] 바[所]이다[也]. {군자(君子)가 자신의 언행(言行)을} 삼갈[愼] 수[可] 없을 것[不]인가[乎]?

「계사전상(繫辭傳上)」 9단락(段落)

육삼(六三 : --)

六三 : 得敵하여 或鼓或罷하며 或泣或歌한다
득적 혹고혹파 혹읍혹가

육삼(六三) : 맞상대를[敵] 대면하여[得] 북을 치다[或鼓] 그만두다 하며[或罷] 울부짖다[或泣] 노래한다[或歌].

【육삼(六三)의 효상(爻象) 풀이】

중부괘(中孚卦 : ䷼)의 육삼(六三 : --)은 이음거양(以陰居陽) 즉 음(陰 : --)으로써[以] 양(陽 : —)의 자리에 있는지라[居] 정당한 자리에 있지 못하다. 육삼(六三 : --)과 육사(六四 : --)는 양음(兩陰)의 사이인지라 서로 부딪치는 사이이지만, 중부괘(中孚卦 : ䷼)의 주제인 〈중부(中孚)〉의 시국을 맞아 진실로 믿어줌[孚]의 주(主)가 되면서도 서로 있는 자리가 다른지라 상화(相和)하기는 어렵다. 육삼

(六三 : --)과 상구(上九 : ㅡ)는 음양(陰陽)의 사이인지라 정응(正應)의 처지이지만 육삼(六三 : --)은 중부괘(中孚卦 : ䷼)의 하체(下體)인 태(兌 : ☱)의 상효(上爻)로서 희열(喜悅)의 극위(極位)에 있고, 상구(上九 : ㅡ)는 중부괘(中孚卦 : ䷼)의 상효(上爻)로서 〈중부(中孚)〉의 극위에 있어서, 서로 극단(極端)이라 정응(正應)하기 어려워 육삼(六三 : --)은 홀로 치우쳐버리는 모습이다.

> 중부괘(中孚卦 : ䷼)의 육삼(六三 : --)이 구삼(九三 : ㅡ)으로 변효(變爻)하면 육삼(六三 : --)은 중부괘(中孚卦 : ䷼)를 9번째 소축괘(小畜卦 : ䷈)로 지괘(之卦)하게 한다. 따라서 중부괘(中孚卦 : ䷼)의 육삼(六三 : --)은 소축괘(小畜卦 : ䷈)의 구삼(九三 : ㅡ)을 찾아가 살펴보게 한다.

【육삼(六三)의 계사(繫辭) 풀이】

得敵(득적)

맞상대를[敵] 대면한다[得].

〈득적(得敵)〉은 육삼(六三 : --)과 상구(上九 : ㅡ)의 정응(正應)이 좌절됨을 암시한 계사(繫辭)이다. 〈득적(得敵)〉은 〈이정응륙삼득상구지적(以正應六三得上九之敵)〉의 줄임으로 여기고 〈정응(正應)으로써[以] 육삼은[六三] 상구의[上九之] 적수를[敵] 대면한다[得]〉라고 새겨볼 것이다. 〈득적(得敵)의 적(敵)〉은 〈맞상대 대(對)〉와 같다.

〈득적(得敵)〉은 육삼(六三 : --)과 상구(上九 : ㅡ)가 정응(正應) 즉 바르게[正] 호응할[應] 처지이지만 육삼(六三 : --)은 중부괘(中孚卦 : ䷼)의 하체(下體) 태(兌 : ☱)의 상위(上位)에 있어 〈희열(喜說)〉의 극치(極致)에 있고, 상구(上九 : ㅡ)는 중부괘(中孚卦 : ䷼)의 극위(極位)에 있어 〈중부(中孚)〉의 극치에 있는지라, 두 극치가 상화(相和)하지 못하고 상적(相敵) 즉 서로[相] 맞섬[敵]을 암시한다. 중부괘(中孚卦 : ䷼)의 효위(爻位)로 보면 육삼(六三 : --)은 육사(六四 : --)와 함께 중부괘(中孚卦 : ䷼)의 중허(中虛)인지라 성부(成孚) 즉 진실로 믿어줌[孚]을 이루는 주축이되, 육사(六四 : --)는 정당한 자리에 있고 육삼(六三 : --)은 부정위(不正位)에 있어서 서로가 다르다. 육삼(六三 : --)은 중부괘(中孚卦 : ䷼)의 하체(下

體) 태(兌 : ☱)의 중위(中位)를 벗어나 상위(上位)에 있는지라 한사코 극열(極說) 즉 기쁨에[說] 격렬하다[極]. 이에 육삼(六三 : --)은 자신의 중허(中虛)를 저버리고 광열(狂說)하려는 탓으로 중부괘(中孚卦 : ䷼)의 극위(極位)에 있어서 〈중부(中孚)〉만을 광신(狂信)하는 상구(上九 : ━)와 극대극(極對極)으로 마주쳐, 다른 대성괘(大成卦)에서라면 함께 누릴 수 있는 정응(正應) 즉 바르게[正] 호응하기[應]를 서로 저버리고, 〈중부(中孚)〉를 올바로 누리지 못하고 자신만의 주장에 지나쳐[極] 오히려 서로 맞상대[敵]가 되어버림을 암시한 계사(繫辭)가 〈득적(得敵)〉이다.

或鼓或罷(혹고혹파) 或泣或歌(혹읍혹가)

북을 치다[或鼓] 그만두다 하며[或罷] 울부짖다[或泣] 노래한다[或歌].

〈혹고혹파(或鼓或罷) 혹읍혹가(或泣或歌)〉는 육삼(六三 : --)이 지나침[極]에 얽매어 있음을 암시한 계사(繫辭)이다, 〈혹고혹파(或鼓或罷) 혹읍혹가(或泣或歌)〉는 〈육삼혹고돌연혹파(六三或鼓突然或罷) 연후륙삼혹읍돌연혹가(然後六三或泣突然或歌)〉의 줄임으로 여기고 〈육삼이[六三] 북을 치다[或鼓] 갑자기[突然] 그만두다 한다[或罷] 그런 뒤에[然後] 육삼이[六三] 울부짖다[或泣] 갑자기[突然] 노래한다[或歌]〉라고 새겨볼 것이다. 여기 〈혹(或)〉은 어조사로 아무런 뜻이 없으니 무시하고 새기면 된다.

〈혹고혹파(或鼓或罷) 혹읍혹가(或泣或歌)〉는 육삼(六三 : --)이 중부괘(中孚卦 : ䷼)의 하체(下體) 태(兌 : ☱)의 상효(上爻)로서 자신이 극렬하게 희열(喜說)에 사로잡혀 있음을 암시한다. 왜냐하면 「설괘전(說卦傳)」에 나오는 〈태는[兌 : ☱] 기뻐하는 것[說]이다[也]〉라는 내용과 〈태는[兌 : ☱] 무당[巫]이다[爲]〉라는 내용, 그리고 〈태는[兌 : ☱] 입의[口] 혀[舌]이다[爲]〉라는 내용을 〈고(鼓)와 파(罷)〉 그리고 〈읍(泣)과 가(歌)〉가 상기시키기 때문이다. 육삼(六三 : --)을 〈고(鼓)-파(罷)〉와 〈읍(泣)-가(歌)〉의 극대극(極對極)으로써 취상(取象)한 것이고, 동시에 신들린 무당(巫堂)으로써 취상한 것이다. 희열에 극렬히 사로잡히면 『노자(老子)』에 나오는 〈망작흉(妄作凶)〉 즉 〈재앙을[凶] 멍청하게[妄] 짓고[作]〉 만다.

육삼(六三 : --)이 희열에 겨워 〈혹고(或鼓)〉 즉 북을 둥둥 쳐도[鼓] 호응(互應)해주어야 할 상구(上九 : ━)가 외면하니 〈혹파(或罷)〉 즉 북치기를 그만두고[罷],

흐느끼다가[或泣] 그만 노래한다[或歌]는 것은 『노자(老子)』에 나오는 〈상도를[常] 알지 못해[不知] 망령돼[妄] 흉해진다[作凶]〉라는 말을 상기시킨다. 〈부지상(不知常)의 상(常)〉이란 복명(復命) 즉 본성으로[命] 돌아옴[復]을 말한다. 중부괘(中孚卦 : ䷼)에서 복명(復命)이란 다름 아닌 중부괘(中孚卦 : ䷼)의 주제인 〈중부(中孚)〉로 돌아옴[復]이다. 육삼(六三 : --)이 이런 〈중부(中孚)〉를 외면하기 때문에 망령된[妄] 짓[動]을 범함이 바로 〈혹고혹파(或鼓或罷) 혹읍혹가(或泣或歌)〉로 드러난다. 〈중부(中孚)〉란 마음속에서 발현하는[中] 믿어줌[孚]이기에 이심전심(以心傳心) 즉 마음으로[以心] 마음을[心] 전함[傳]인지라 북치고[鼓] 노래한다[歌]고 해서 상응(相應)되는 것이 아니다. 육삼(六三 : --)이 내향(內向)으로써 태(兌 : ☱)의 열(說) 즉 기쁨[說]을 누리려 하지 않고 외향(外向)으로써 극렬히 나타낼수록, 〈중부(中孚)〉의 극위(極位)에 있는 상구(上九 : —)와 점점 멀어져 육삼(六三 : --) 스스로 좌절할 수밖에 없음을 암시한 계사(繫辭)가 〈혹고혹파(或鼓或罷) 혹읍혹가(或泣或歌)〉이다.

【字典】

득(得) 〈취할(얻을) 득(得)-획(獲)-취(取), 탐할 득(得)-탐(貪), 깨달을 득(得)-효(曉)-오(悟), 만족할 득(得)-족(足), 마땅할 득(得)-당(當), 일의 마땅함을 터득할 득(得)-합(合)-득사지의(得事之宜), 이룰 득(得)-성(成), 알 득(得)-지(知), 가할 득(得)-가(可)-능(能), 편안할 득(得)-편(便), 가질 득(得)-치(値)-지(持), 득도할 득(得)-득도(得道)〉 등의 뜻을 내지만 〈취할 취(取)〉와 같다 여기고 새김이 마땅하다.

적(敵) 〈상대 적(敵)-대(對), 맞설 적(敵)-대당(對當), 원수 적(敵)-구(仇), 무리 적(敵)-필(匹)-배(輩), 서로 겨룰 처지 적(敵)-상비류(相比類), 정면 적(敵)-정(正), 주동 적(敵)-주(主)〉 등의 뜻을 내지만 여기선 〈상대(相對)〉로 여기고 새김이 마땅하다.

혹(或) 〈때때로 혹(或)-간(間), 아마도 혹(或), 어떤 이 혹(或)-수(誰), 의심할 혹(或)-의(疑), 괴이할 혹(或)-괴(怪), 있을 혹(或)-유(有)〉 등의 뜻을 내지만 여기선 〈때때로 혹(或)〉으로 여기고 새김이 마땅하다.

고(鼓) 〈북 고(鼓)-악기혁음(樂器革音), 가죽 고(鼓)-피(皮), 맥박 고(鼓)-맥박고동(脈搏鼓動), 열두 섬 고(鼓)-십이석(十二石), 저울 무게 단위 고(鼓)-사백팔십근(四百八十斤)〉 등의 뜻을 내지만 여기선 〈북칠 고(鼓)〉로 여기고 새김이 마땅하다.

罷 〈파-피-패〉 세 가지로 발음되고, 〈내칠 파(罷)-폐출(廢黜), 파할 파(罷)-휴(休), 고달플 피(罷)-곤극(困極), 잔병 피(罷)-음(癊), 그칠 패(罷)-지(止), 귀양 보낼 패(罷)-유수(遺囚), 아비 패(罷)-민인호부왈패(閩人呼父曰罷)〉 등의 뜻을 내지만 여기선 〈내칠 파(罷)〉로 여기고 새김이 마땅하다.

읍(泣) 〈흐느낄(소리 없이 울) 읍(泣)-무성이출체(無聲而出涕), 눈물 읍(泣)-누(淚), 근심할 읍(泣)-우(憂)〉 등의 뜻을 내지만 여기선 〈흐느낄 읍(泣)〉으로 여기고 새김이 마땅하다.

가(歌) 〈노래 부를 가(歌)-창(唱)-성음(聲音), 읊조릴 가(歌)-영(詠), 장단 맞출 가(歌)-곡합락(曲合樂), 시를 짓기 가(歌)-작시(作詩), 새 지저귈 가(歌)-조전(鳥囀)〉 등의 뜻을 내지만 〈노래 부를 창(唱)〉과 같다 여기고 새김이 마땅하다.

註 태열야(兌說也) : 태는[兌 : ☱] 기뻐하는 것[說]이다[也]. 「설괘전(說卦傳)」 7단락(段落)

註 태위무(兌爲巫) 위구설(爲口舌) : 태는[兌 : ☱] 무당[巫]이고[爲], 입의[口] 혀[舌]이다[爲]. 「설괘전(說卦傳)」 11단락(段落)

註 귀근왈정(歸根曰靜) 정왈복명(靜曰復命) 복명왈상(復命曰常) 지상왈명(知常曰明) 부지상(不知常) 망작흉(妄作凶) : 뿌리로[根] 돌아옴을[歸] 고요라[靜] 하고[曰], 고요를[靜] 본성으로[命] 돌아옴이라[復] 하고[曰], 본성으로[命] 돌아옴을[復] {만물이 따르는 천도(天道)의} 한결같음이라[常] 하며[曰], {상도(常道)의} 한결같음을[常] 앎을[知] 밝음이라[明] 한다[曰]. {만물이 누리는 상도(常道)의 조화(造化)가} 한결같음을[常] 모르면[不知] 재앙을[凶] 멍청하게[妄] 짓는다[作]. 『노자(老子)』 16장(章)

육사(六四 : ⚋)

六四 : 月幾望이다 馬匹亡하여도 无咎리라
월 기 망 마 필 무 무 구

육사(六四) : 달이[月] 보름달에[望] 가깝다[幾]. 말의[馬] 짝이[匹] 없어도[亡] 허물이[咎] 없다[无].

【육사(六四)의 효상(爻象) 풀이】

중부괘(中孚卦 : ䷼)의 육사(六四 : ⚋)는 이음거음(以陰居陰) 즉 음(陰 : ⚋)으

로써[以] 음(陰 : --)의 자리에 있는지라[居] 정당한 자리에 있다. 육사(六四 : --)와 구오(九五 : ㅡ)는 음양(陰陽)의 사이인지라 서로 비(比) 즉 이웃의 사귐을[比] 누린다. 육사(六四 : --)와 초구(初九 : ㅡ)는 둘 다 정위(正位)에 있는 음양(陰陽)의 사이인지라 정응(正應) 즉 바르게[正] 서로 호응할[應] 처지이지만, 육사(六四 : --)가 비(比)로써 구오(九五 : ㅡ)를 받들어 따름에 전력하고자 초구(初九 : ㅡ)를 멀리하는 모습이다.

> 중부괘(中孚卦 : ䷼)의 육사(六四 : --)가 구사(九四 : ㅡ)로 변효(變爻)하면 육사(六四 : --)는 중부괘(中孚卦 : ䷼)를 10번째 이괘(履卦 : ䷉)로 지괘(之卦)하게 한다. 따라서 중부괘(中孚卦 : ䷼)의 육사(六四 : --)는 이괘(履卦 : ䷉)의 구사(九四 : ㅡ)를 찾아가 살펴보게 한다.

【육사(六四)의 계사(繫辭) 풀이】

月幾望(월기망)

달이[月] 보름달에[望] 가깝다[幾].

〈월기망(月幾望)〉은 육사(六四 : --)가 음속(陰屬) 즉 음(陰 : --)의 무리임을 들어 암시한 계사(繫辭)이다. 〈월기망(月幾望)〉은 〈육사여기망지월(六四如幾望之月)〉의 줄임으로 여기고 〈육사는[六四] 보름달에[望] 가까운[幾之] 달과[月] 같다[如]〉고 새겨볼 것이다. 〈월기망(月幾望)의 기(幾)〉는 〈가까울 근(近)〉과 같다.

〈월기망(月幾望)〉은 육사(六四 : --)가 군왕(君王)인 구오(九五 : ㅡ)에게 지명(至明) 즉 더없이[至] 현명한[明] 신하임을 암시한다. 〈월기망(月幾望)〉이라는 계사(繫辭)는 9번째 소축괘(小畜卦 : ䷈) 상구(上九 : ㅡ)와 54번째 귀매괘(歸妹卦 : ䷵) 육오(六五 : --)의 계사(繫辭)로도 나온다. 〈월기망(月幾望)의 월(月)〉은 육사(六四 : --)가 음(陰 : --)이니 대성괘(大成卦)에서 음효(陰爻)는 모두 곤(坤 : ☷)의 속(屬)인지라 육사(六四 : --)를 취상(取象)한 것이다. 음(陰 : --)은 달[月]이고 양(陽 : ㅡ)은 해[日]이다. 〈월기망(月幾望)〉은 달이[月] 거의[幾] 보름달[望]이라는 것이지 보름달이 되었다는 것은 아니다. 망월(望月) 즉 보름[望]달[月]이면 음영(陰盈) 즉 음이[陰] 다 참[盈]이라 음쇠(陰衰)로 이어지니 현명함이 쇠(衰)해감을 암시한다. 그러나 〈기망(幾望)〉이란 현명함이 최상의 수준을 이루어감을 암시한다. 또한 〈기망(幾望)〉도 이망(已望) 즉 다 된[已] 보름달[望]만큼 명월(明月) 즉 밝은[明] 달[月]인지라 육사(六四 : --)가 지명자(知明者)임을 암시한다. 정위(正位)에 있으면서 유순(柔順)한 육사(六四 : --)가 〈기망(幾望)〉 즉 거의[幾] 보름달[望]인 달로서 취상(取象)된 것은 육사(六四 : --)가 신하로서 구오(九五 : ㅡ)를 명증(明證)한다는 것이다. 이는 곧 육사(六四 : --) 자신이 〈중부(中孚)〉를 군왕(君王)인 구오(九五 : ㅡ)로부터 받음을 암시하기도 한다. 이로써 육사(六四 : --)가 〈중부(中孚)〉의 시국을 맞아 진실한 믿음[貞]으로써 지성(至誠)으로 신하 노릇을 함을 암시한 계사(繫辭)가 〈월기망(月幾望)〉이다.

馬匹亡(마필무) 无咎(무구)

말의[馬] 짝이[匹] 없어도[亡] 허물이[咎] 없다[无].

〈마필무(馬匹亡)〉는 육사(六四 : --)가 초구(初九 : ㅡ)와의 정응(正應)을 회피함을 암시한 계사(繫辭)이다. 〈마필무(馬匹亡)〉는 〈마필무어륙사(馬匹亡於六四)〉의 줄임으로 여기고 〈육사(六四)에게[於] 말의[馬] 짝이[匹] 없다[亡]〉라고 새겨볼 것이다. 〈마필(馬匹)의 필(匹)〉은 〈짝 배(配)〉와 같고, 〈무(亡)〉는 〈없을 무(無)〉와 같다.

〈마필무(馬匹亡)〉는 육사(六四 : --)가 변효(變爻)하여 초구(初九 : ㅡ)와의 정응(正應)을 저버림을 암시한다. 〈마필무(馬匹亡)〉에서 〈마필(馬匹)의 마(馬)〉는 육사(六四 : --)가 변효(變爻)하여 중부괘(中孚卦 : ䷼)의 상체(上體) 손(巽 : ☴)이 건(乾 : ☰)으로 변괘(變卦)되었음을 암시한다. 왜냐하면 〈마필무(馬匹亡)의 마(馬)〉가 「설괘전(說卦傳)」에 나오는 〈건은[乾 : ☰] 말[馬]이다[爲]〉라는 내용을 떠올려주기 때문이다. 옛날에는 네 마리의 말이 가거(駕車) 즉 수레를[車] 끌었다[駕]. 양쪽 바깥의 두 말은 큰 놈으로 참(驂) 즉 곁마[驂]라 하고, 안쪽의 두 말은 작은 놈으로 복(服) 즉 안마[服]라 하여, 큰 놈은 큰 놈끼리 한 짝이[匹] 되고 작은 놈은 작은 놈끼리 한 짝이 된다. 따라서 〈마필무(馬匹亡)의 마필(馬匹)〉은 육사(六四 : --)와 초구(初九 : ㅡ)가 정응(正應) 즉 정도를 따라[正] 호응하는[應] 사이임을 암시한다. 따라서 육사(六四 : --)가 아래의 초구(初九 : ㅡ)와 정응(正應)을 회피하고 위의 구오(九五 : ㅡ)를 따라 받듦을 암시한 계사(繫辭)가 〈마필무(馬匹

亡)〉이다.

〈무구(无咎)〉는 앞 〈마필무(馬匹亡)〉의 까닭을 암시한 계사(繫辭)이다. 〈중부(中孚)〉의 도리란 일심(一心)에 있다. 육사(六四 : --)가 위의 구오(九五 : ─)를 따라 받들면서 동시에 아래 초구(初九 : ─)와의 정응(正應)을 꾀한다면, 육사(六四 : --)가 〈중부(中孚)〉의 도리를 어기고 초구(初九 : ─)와 짝[匹]을 이루려 함이다. 이는 육사(六四 : --) 자신이 사당(私黨)을 도모함이니, 이는 구오(九五 : ─)와 대적(對敵)함이 되고 마는지라 유구(有咎) 즉 재앙이[咎] 있게 되는[有] 것이다. 그러나 〈월기망(月幾望)〉의 육사(六四 : --)인지라 구오(九五 : ─)와 대적(對敵)하면 안 되는 도리를 알기에 육사(六四 : --)가 〈마필무(馬匹亡)〉를 단행하여 구오(九五 : ─)와 맞수[敵]가 되는 어리석음을 결코 범하지 않으니, 육사(六四 : --)에게 허물이[咎] 없음[无]을 암시한 계사(繫辭)가 〈무구(无咎)〉이다.

【字典】

월(月) 〈달 월(月)-지구지위성(地球之衛星), 음 월(月)-음(陰), 물의 정수 월(月)-수지정(水之精), 진의 쪽 월(月)-진지방위(辰之方位), 형벌 월(月)-형(刑), 세월(초하루부터 그믐까지) 월(月)-세월(歲月)-종삭지회(從朔至晦), 광음 월(月)-광음(光陰=歲月), 달빛 월(月)-월광(月光), 천자 옷의 하나 월(月)-천자복식지일(天子服飾之一), 달거리 월(月)-부인지월경(婦人之月經), 매달 월(月)-매월(每月)〉 등의 뜻을 내지만 여기선 〈달 월(月)〉로 여기고 새김이 마땅하다.

기(幾) 〈거의 기(幾)-서기(庶幾), (말 도와주는) 그 기(幾)-기(其), 가까울 기(幾)-근(近), 얼마 기(幾)-기하다소(幾何多少), 얼마 못될 기(幾)-무기물무다(無幾物無多), 기미 기(幾)-기미(機微), 자못 기(幾)-태(殆), 위태할 기(幾)-위(危), 조용히 나타나지 않을 기(幾)-미(微)-화순지의(和順之意), 이치의 낌새 기(幾)-이지시미(理之始微), 처음 기(幾)-초(初), 다할 기(幾)-진(盡), 끝 기(幾)-종(終), 바랄 기(幾)-망(望)-기(覬), 살필 기(幾)-찰(察), 기약할 기(幾)-기(期), 구하는 바가 적다고 말할 기(幾)-언소구소(言所求少), 헤아릴 기(幾)-수(數), 어찌 기(幾)-기(豈)〉 등의 뜻을 내지만 여기선 〈거의 기(幾)〉로 여기고 새김이 마땅하다.

망(望) 〈보름달 망(望)-현망월체(弦望月體), 바랄 망(望)-희(希)-기(冀), 상상하며 바라볼 망(望)-상망(想望), 우두커니 기다릴 망(望)-저이대지(佇而待之), 멀리 보일 망

(望)-원견(遠見), 치어다볼 망(望)-앙첨(仰瞻), 볼 망(望)-시(視), 엿볼 망(望)-사(伺), 서로 볼 망(望)-상간(相看), 바라고 바랄 망(望)-희구지원망(希求之願望), 살펴볼 망(望)-관간(觀看), 우러러볼 망(望)-존경(尊敬), 사람이 앙망하는 것 망(望)-인소앙망자(人所仰望者), 목표 망(望)-목표(目標), 명성 망(望)-명성(名聲), 문족 망(望)-문족(門族), 제사 망(望)-제(祭), 풀 이름 망(望)-초명(草名), 책망(원망) 망(望)-책망(責望)-원망(怨望), 견줄 망(望)-비(比), 이를 망(望)-지(至)〉 등의 뜻을 내지만 여기선 〈보름달 현망월체(弦望月體)〉로 여기고 새김이 마땅하다.

마(馬) 〈말 마(馬)-동물명(動物名), 야생마 마(馬)-야마(野馬), 역(易)에서 건(乾)-곤(坤)-진(震)-감(坎)의 모습을 나타내는 마(馬)-역당건곤진감지상(易當乾坤震坎之象), 달(달의 정기) 마(馬)-월(月)-월정(月精), 큰 마(馬)-대(大), 꾸짖을 마(馬)-매(罵)〉 등의 뜻을 내지만 여기선 〈말 마(馬)〉로 여기고 새김이 마땅하다.

匹 〈필-목〉 두 가지로 발음되고, 〈짝 필(匹)-우(偶)-이(二)-배(配)-합(合), 한무리 필(匹)-배(輩), 한끝 필(匹)-속백(束帛), 두 사람 필(匹)-이인(二人), 맞수 필(匹)-적(敵), 한 쪽 필(匹)-척(隻), 집오리 목(匹)-압(鴨)〉 등의 뜻을 내지만 여기선 〈짝 필(匹)〉로 여기고 새김이 마땅하다.

亡 〈무-망〉 두 가지로 발음되고, 〈없을 무(亡)-무(無), 가난할 무(亡)-빈(貧), 피할(달아날) 망(亡)-도(逃)-분(奔)-피(避)-거(去), 없어질 망(亡)-멸(滅), 죽을 망(亡)-사(死), 잃을 망(亡)-상(喪)-실(失), 업신여길 망(亡)-경멸(輕蔑), 그칠 망(亡)-지(止)-이(已), 잊을 망(亡)-망(忘)〉 등의 뜻을 내지만 여기선 〈없을 무(無)〉와 같다 여기고 새김이 마땅하다.

무(无) 〈없을 무(无)-무(無), 허무지도 무(无)-허무지도(虛无之道), 으뜸 무(无)-원(元)〉 등의 뜻을 내지만 여기선 〈없을 무(無)〉와 같다 여기고 새김이 마땅하다.

구(咎) 〈재앙 구(咎)-재(災), 병될 구(咎)-병(病), 허물 구(咎)-건(愆)-과(過), 나쁠 구(咎)-오(惡)〉 등의 뜻을 내지만 여기선 〈허물 건(愆)-과(過)〉와 같다 여기고 새김이 마땅하다. 〈무구(无咎)〉는 〈면어구(免於咎)〉 즉 허물을[於咎] 면하다[免]와 같다.

註 건위마(乾爲馬) : 건은[乾 : ☰] 말[馬]이다[爲]. 「설괘전(說卦傳)」 8단락(段落)

구오(九五 : ⚊)

九五 : 有孚攣如하여 无咎리라
유부련여 무구

구오(九五) : 연결된[攣如] 진실로 믿어줌이[孚] 있어[有] 허물이[咎] 없다[无].

【구오(九五)의 효상(爻象) 풀이】

중부괘(中孚卦 : ䷼)의 구오(九五 : ⚊)는 이양거양(以陽居陽) 즉 양(陽 : ⚊)으로써[以] 양(陽 : ⚊)의 자리에 있는지라[居] 정당한 자리에 있다. 구오(九五 : ⚊)와 상구(上九 : ⚊)는 양양(兩陽)의 사이인지라 비(比) 즉 이웃의 사귐[比]을 누리지 못하지만, 〈중부(中孚)〉의 시국이기에 상충(相衝) 즉 서로[相] 부딪치는[衝] 상황을 멀리하는 모습이다. 구오(九五 : ⚊)와 구이(九二 : ⚊) 역시 둘 다[兩] 양(陽 : ⚊)의 사이인지라 불상응(不相應) 즉 서로[相] 호응하지 못하는[不應] 처지이지만, 정당한 자리에 있는 구오(九五 : ⚊)인지라 정당한 자리에 있지 못한 구이(九二 : ⚊)를 신하로서 받아들인다. 이에 정당한 자리에 있는 강강(剛强)한 구오(九五 : ⚊)는 군왕(君王)으로서 득중(得中) 즉 정도를 따름을[中] 취하여[得] 중부괘(中孚卦 : ䷼)의 주제인 〈중부(中孚)〉의 시국을 맞아 마음속의[中] 믿어줌[孚]을 온 세상이 서로 누리게 하는 모습이다.

중부괘(中孚卦 : ䷼)의 구오(九五 : ⚊)가 육오(六五 : ⚋)로 변효(變爻)하면 구오(九五 : ⚊)는 중부괘(中孚卦 : ䷼)를 41번째 손괘(損卦 : ䷨)로 지괘(之卦)하게 한다. 따라서 중부괘(中孚卦 : ䷼)의 구오(九五 : ⚊)는 손괘(損卦 : ䷨)의 육오(六五 : ⚋)를 찾아가 살펴보게 한다.

【구오(九五)의 계사(繫辭) 풀이】

有孚攣如(유부련여)

연결된[攣如] 진실로 믿어줌이[孚] 있다[有].

〈유부련여(有孚攣如)〉는 구오(九五 : ⚊)가 성군(聖君)임을 암시한 계사(繫辭)

이다. 〈유부련여(有孚攣如)〉는 〈구오유부련여(九五有孚攣如)〉의 줄임으로 여기고 〈구오에게는[九五] 연결된[攣如] 진실한 믿어줌이[孚] 있다[有]〉라고 새겨볼 것이다. 〈연여(攣如)의 연(攣)〉은 〈묶을 계(系)〉와 같고, 〈연여(攣如)의 여(如)〉는 어조사로 아무런 뜻이 없다.

〈유부련여(有孚攣如)〉는 군왕(君王)으로서 구오(九五 : ㅡ)가 백성과 모든 신하들을 아우르면서 〈중부(中孚)〉의 시국을 맞아 서로 마음속의[中] 믿어줌[孚]으로써 이끌고 있음을 암시한다. 대성괘(大成卦)에서 오위(五位)는 군위(君位) 즉 임금의[君] 자리[位]이다. 정위(正位)에 있는 강실(剛實)한 구오(九五 : ㅡ)가 득중(得中) 즉 정도를 따름을[中] 취하여[得] 〈중부(中孚)〉로써 백성의 마음을 결합하여[攣] 치국(治國)함을 암시함이 〈유부련여(有孚攣如)〉이다. 〈유부련여(有孚攣如)의 여(如)〉는 〈중부(中孚)〉를 내놓고 과시하지 않음을 느끼게 하는 어조사 노릇을 하며, 〈유부련여(有孚攣如)의 연여(攣如)〉는 군왕(君王)으로서 구오(九五 : ㅡ)가 정령(政令) 따위로 백성을 묶지[攣] 않고 진실한 미더움[貞]으로써 여민(與民) 즉 백성과[民] 함께함[與]을 일깨운다. 이는 구오(九五 : ㅡ)가 성인(聖人)을 본받아 따르는 성군(聖君)임을 암시한다. 왜냐하면 〈유부련여(有孚攣如)〉가 『노자(老子)』에 나오는 〈{성인(聖人)은} 백성의[百姓之] 마음[心]으로써[以] (당신의) 마음을[心] 삼는다[爲]〉라는 내용을 떠올려주기 때문이다. 구오(九五 : ㅡ)가 군왕(君王)으로서 〈중부(中孚)〉로써 백성의 마음을 묶어서[攣] 평천하(平天下)의 치국(治國)을 다함을 암시한 계사(繫辭)가 곧 〈유부련여(有孚攣如)〉이다.

无咎(무구)

허물이[咎] 없다[无].

〈무구(无咎)〉는 〈유부련여(有孚攣如)〉의 보람을 암시한 계사(繫辭)이다. 〈무구(无咎)〉는 〈유부련여지구오무구(有孚攣如之九五无咎)〉의 줄임으로 여기고 〈연결된[攣如] 진실로 믿어줌이[孚] 있는[有之] 구오에게는[九五] 허물이[咎] 없다[无]〉라고 새겨볼 것이다.

〈무구(无咎)〉는 구오(九五 : ㅡ)가 성군(聖君)임을 거듭해 암시한다. 성군(聖君)에게 무슨 허물[咎]이 있겠는가. 〈유부련여(有孚攣如)의 부(孚)〉는 수명(守命) 즉 자연의 시킴을[命] 지킴[守]으로써 백성으로부터 성신(誠信) 즉 진실한[誠] 미더움[信]을 받음을 말하니, 구오(九五 : ⚊)의 〈정(貞)〉으로 말미암아 돌아오는 진실한 믿어줌[孚]이다. 자연[天]이 하라는 대로 함을[命] 지키면[守] 절로 돌아오는 것이 〈부(孚)〉 즉 진실한 믿어줌[孚]이다. 내가 정(貞)하지 못하면 세상으로부터 받는 〈부(孚)〉를 누리지 못한다. 내가 진실로 미덥다면[貞] 반드시[必] 남들로부터 나에게로 진실한 믿어줌이[孚] 돌아온다[歸]는 것이 곧 〈중부(中孚)〉이다. 이러한 〈중부(中孚)〉야말로 천심(天心) 즉 자연의 마음[天心] 바로 그것인지라 〈유부(有孚)〉 즉 진실한 미더움이[孚] 있는[有] 구오(九五 : ⚊)에게 허물이[咎] 있을 수 없음[无]을 암시한 계사(繫辭)가 〈무구(无咎)〉이다.

【字典】

유(有) 〈있을 유(有)-무지대(無之對), 간직할 유(有)-장(藏), 얻을(가질) 유(有)-취(取), 혹 유(有)-혹(或), 많을 유(有)-다(多)-족(足), 부유할 유(有)-부(富), 보호할 유(有)-보(保), 서로 친할 유(有)-상친(相親), 전일할 유(有)-전(專), 할 유(有)-위(爲), 어조사 유(有)〉 등의 뜻을 내지만 여기선 〈있을 유(有)〉로 여기고 새김이 마땅하다.

부(孚) 〈믿을 부(孚)-신(信), 알에서 새끼가 껍질을 쪼아 나올 부(孚)-난화(卵化), 씨앗이 틀 부(孚)-부(稃), 기를 부(孚)-육(育), 덮어줄 부(孚)-복(覆), 붙을(의지할) 부(孚)-부(附)-부(付), 깡충거릴 부(孚)-무조(務躁)-부조(浮躁), 옥채색 부(孚)-옥채색(玉采色)〉 등의 뜻을 내지만 여기선 〈믿을 신(信)〉과 같아 〈성신(誠信) 즉 진실한[誠] 미더움[信]〉으로 여기고 새김이 마땅하다.

연(攣) 〈묶을 연(攣)-계(繫)-계(係), 구속할 연(攣)-구련(拘攣), 힘줄 당길 연(攣)-추근(抽筋), 손발이 구부러질 병 연(攣)-수족곡병(手足曲病), 사모할 연(攣)-모(慕)〉 등의 뜻을 내지만 여기선 〈묶을 계(係)〉와 같다 여기고 새김이 마땅하다. 〈攣〉이 앞에 있으면 〈연〉으로 발음하고, 중간이나 뒤에 있으면 〈련〉으로 발음한다.

여(如) 〈어조사 여(如), 같을 여(如)-사(似)-동(同), 그럴 여(如)-연(然), 따를 여(如)-종수(從隨), 갈 여(如)-왕(往)-행(行), 맞먹을 여(如)-비(比), 무리 여(如)-등(等), 미칠 여(如)-급(及), 이에 여(如)-내(乃), 어떠할 여(如)-여하(如何), 첩 여(如)-여부인(如婦人), 이월 여(如)-이월(二月)〉 등의 뜻을 내지만 여기선 〈어조사 여(如)〉로 별 뜻이 없다 여기고 새김이 마땅하다.

무(无) 〈없을 무(无)-무(無), 허무지도 무(无)-허무지도(虛无之道), 으뜸 무(无)-원(元)〉 등의 뜻을 내지만 여기선 〈없을 무(無)〉와 같다 여기고 새김이 마땅하다.

구(咎) 〈재앙 구(咎)-재(災), 병될 구(咎)-병(病), 허물 구(咎)-건(愆)-과(過), 나쁠 구(咎)-오(惡)〉 등의 뜻을 내지만 여기선 〈허물 건(愆)-과(過)〉와 같다 여기고 새김이 마땅하다. 〈무구(无咎)〉는 〈면어구(免於咎)〉 즉 허물을[於咎] 면하다[免]와 같다.

註 성인무상심(聖人無常心) 이백성지심위심(以百姓之心爲心) : 성인에게는[聖人] 고집하는 마음이[常心] 없고[無], 백성의[百姓之] 마음[心]으로써[以] (당신의) 마음을[心] 삼는다[爲].

『노자(老子)』 49장(章)

상구(上九 : ⚊)

上九 : 翰音登于天이니 貞凶하다
한음등우천 정흉

상구(上九) : 닭의[翰] 소리가[音] 하늘로[于天] 올라가니[登] 진실로 미더워도[貞] 불운하다[凶].

【상구(上九)의 효상(爻象) 풀이】

중부괘(中孚卦 : ䷼)의 상구(上九 : ⚊)는 이양거음(以陽居陰) 즉 양(陽 : ⚊)으로써[以] 음(陰 : ⚋)의 자리에 있는지라[居] 정당한 자리에 있지 못하다. 상구(上九 : ⚊)와 구오(九五 : ⚊)는 양양(兩陽) 즉 둘 다[兩] 양(陽 : ⚊)의 사이인지라 서로 비(比) 즉 이웃의 사귐[比]을 누리지 못하고 상충(相衝) 즉 서로[相] 부딪치는[衝] 사이일 수 있지만, 〈중부(中孚)〉의 시국에서는 서로 믿어주어[孚] 상조(相助)할 수도 있다. 상구(上九 : ⚊)와 육삼(六三 : ⚋)은 다른 대성괘(大成卦)에서라면 양음(陽陰)의 사이인지라 정응(正應) 즉 바르게[正] 서로 호응함[應]을 누릴 수 있는 처지이지만, 육삼(六三 : ⚋)은 중부괘(中孚卦 : ䷼)의 하체(下體) 태(兌 : ☱)의 극위(極位)에 있는지라 희열(喜說)을 맹신(盲信)하고 상구(上九 : ⚊)는 중부괘(中孚卦 : ䷼)의 극위에 있는지라 〈중부(中孚)〉만을 맹신하므로, 두 맹신이 마주쳐 서로 상적(相敵)으로 드러나 극위의 상구(上九 : ⚊)는 외진 모습이다.

중부괘(中孚卦 : ䷼)의 상구(上九 : ⚊)가 상륙(上六 : ⚋)으로 변효(變爻)하면 상구(上九 : ⚊)는 중부괘(中孚卦 : ䷼)를 60번째 절괘(節卦 : ䷻)로 지괘(之卦)하게 한다. 따라서 중부괘(中孚卦 : ䷼)의 상구(上九 : ⚊)는 절괘(節卦 : ䷻)의 상륙(上六 : ⚋)을 찾아가 살펴보게 한다.

【상구(上九)의 계사(繫辭) 풀이】

翰音登于天(한음등우천)

닭의[翰] 소리가[音] 하늘로[于天] 올라간다[登].

〈한음등우천(翰音登于天)〉은 상구(上九 : ⚊)의 효위(爻位)를 빌려 밝힌 계사(繫辭)이다. 〈한음등우천(翰音登于天)〉은 〈상구여등우천지한음(上九如登于天之翰音)〉의 줄임으로 여기고 〈상구는[上九] 하늘로[于天] 올라가는[登之] 수탉의[翰] 소리와[音] 같다[如]〉라고 새겨볼 것이다. 〈한음(翰音)의 한(翰)〉은 〈수탉 웅계(雄鷄)〉와 같다.

〈한음등우천(翰音登于天)〉은 상구(上九 : ⚊)가 중부괘(中孚卦 : ䷼)의 상체(上體) 손(巽 : ☴)의 상효(上爻)임을 들어 취상(取象)한 것이다. 왜냐하면 〈한음(翰音)〉이 「설괘전(說卦傳)」에 나오는 〈손은[巽 : ☴] 닭[雞]이다[爲]〉라는 내용을 상기시키기 때문이다. 동시에 〈한음등우천(翰音登于天)〉은 상구(上九 : ⚊)가 중부괘(中孚卦 : ䷼)의 극위(極位)에 있음을 암시한다. 땅에서 닭이 울 수 있지 하늘에 머물러서 울지는 못한다. 따라서 제 자리가 아닌 데서 하늘로 날아오르는 수탉의[翰] 소리가[音] 하늘로[于天] 오른다[登] 함은 상구(上九 : ⚊)가 따르지 못할 것을 고집함이다. 이는 상구(上九 : ⚊)가 중부괘(中孚卦 : ䷼)의 주제인 〈중부(中孚)〉를 계속해서 고집함이다. 왜냐하면 상구(上九 : ⚊)가 있는 극위(極位)란 더는 올라갈 데가 없음에도 〈등우천(登于天)〉을 시도하기 때문이다. 중부괘(中孚卦 : ䷼)의 극위(極位) 즉 끝자리[極位]란 〈중부(中孚)〉의 시국이 다했음을 뜻한다. 따라서 〈한음등우천(翰音登于天)〉은 상구(上九 : ⚊)가 정도(正道)를 벗어난 것임을 암시한다. 이러한 〈한음등우천(翰音登于天)〉은 『논어(論語)』에 나오는 〈믿음만을[信] 좋아하되[好] 배움을[學] 좋아하지 않으면[不好] 그[其] 폐단은[蔽也] {맹신(盲信)하여

남을} 해치게 된다[賊]〉라는 내용을 상기시킨다.

호학(好學)이란 호지도(好知道) 즉 도리를[道] 알기를[知] 좋아함[好]이다. 그래서 학불고(學不固) 즉 배우면[學] 고집하지 않는다[不固]고 한다. 그 무엇이든 맹신하면 도리를 어겨 해치는 짓[賊]을 범하고 만다. 이에 〈중부(中孚)〉의 시국을 떠나야 하는 종말에 이르렀음에도 그 〈중부(中孚)〉의 시국으로 상진하고자 상구(上九 : ⚊)가 고집함을 암시한 계사(繫辭)가 〈한음등우천(翰音登于天)〉이다.

貞凶(정흉)

진실로 미더워도[貞] 불운하다[凶].

〈정흉(貞凶)〉은 상구(上九 : ⚊)가 중부괘(中孚卦 : ䷼) 시국의 도리(道理)를 외면하고 제 고집만을 앞세움을 암시한 계사(繫辭)이다. 〈정흉(貞凶)〉은 〈수상구정관어중부지시국(雖上九貞關於中孚之時局) 상구유흉(上九有凶)〉의 줄임으로 여기고 〈비록[雖] 상구가[上九] 중부의[中孚之] 시국에[時局] 관하여[關於] 진실로 미덥다 해도[貞] 상구에게는[上九] 불운함이[凶] 있다[有]〉라고 새겨볼 것이다.

〈정흉(貞凶)〉은 상구(上九 : ⚊)의 몽매(蒙昧)함을 암시한다. 상구(上九 : ⚊)는 중부괘(中孚卦 : ䷼)의 극위(極位)에 있으면서도 〈중부(中孚)〉라는 시국이 다한 줄 모르고 그 시국을 고집하여 변할 줄 모르니, 제 몽매(蒙昧)함 탓으로 불운[凶]을 겪을 수밖에 없음을 암시한 계사(繫辭)가 〈정흉(貞凶)〉이다.

【字典】

한(翰) 〈하늘닭 한(翰)-천계(天鷄), 날 한(翰)-비(飛), 흰색 한(翰)-백색(白色), 높을 한(翰)-고(高), 백마 한(翰)-백마(白馬), 깃털이 긴 한(翰)-익모지장(羽毛之長), 훨훨 날아갈 한(翰)-비지질(飛之疾), 길 한(翰)-장(長), 줄기 한(翰)-간(幹), 붓 한(翰)-필(筆), 편지글 한(翰)-서사(書詞)〉 등의 뜻을 내지만 여기선 〈하늘닭 천계(天鷄)〉로 여기고 새김이 마땅하다.

음(音) 〈소리 음(音)-성(聲), 소리가락 음(音)-강조(腔調), 음악 음(音)-음악(音樂), 독음(발성) 음(音)-독음(讀音)-발성(發聲), 언어문사 음(音)-언어문사(言語文辭), 소식(편지) 음(音)-소식(消息), 그늘(응달) 음(音)-음(蔭)〉 등의 뜻을 내지만 여기선 〈소리 성(聲)〉과 같다 여기고 새김이 마땅하다.

등(登) 〈오를 등(登)-승(升)-상(上), 예기 등(登)-예기(禮器), 오르게 할 등(登)-사등승(使登升), 책이나 전적에 기재할(등록할) 등(登)-서어책자(書於冊籍)-등재(登載)-등록(登錄), 나아갈 등(登)-진(進), 높을 등(登)-고(高), 들어갈 등(登)-입(入), 더할 등(登)-가(加), (남의 물건을) 받을 등(登)-취(取)-수인지물(受人之物), 익을 등(登)-숙(熟)-성숙(成熟), 이룰 등(登)-성(成), 정할 등(登)-정(定), 무리 등(登)-중(衆)-등등(登登), 별 이름 등(登)-성명(星名), 발(밟을) 등(登)-족(足)-이(履)〉 등의 뜻을 내지만 여기선 〈오를 승(升)〉과 같다 여기고 새김이 마땅하다.

우(于) 〈~에 우(于)-어(於), 갈 우(于)-왕(往), 써 우(于)-이(以), 할 우(于)-위(爲), 여기 우(于)-시(是), 도울 우(于)-조(助), 클 우(于)-대(大), 구할 우(于)-구(求), 자족하는 모습 우(于)-자족모(自足貌)〉 등의 뜻을 내지만 여기선 〈~에 어(於)〉와 같다 여기고 새김이 마땅하다.

천(天) 〈하늘(온갖 별이 떠 있는 허공) 천(天)-제성라열지공간(諸星羅列之空間), 더없이 높을 천(天)-전(巓)-지고무상(至高無上), 평평할 천(天)-탄(坦), 천체 천(天)-천체(天體), 태양 천(天)-태양(太陽), 조화의 신(천신) 천(天)-조화지신(造化之神)-천신(天神), 자연 천(天)-자연(自然), 임금 천(天)-군(君)-왕(王)-제(帝), 아버지 천(天)-부(父)-자지천(子之天), 치어다 보이는 모든 것 천(天)-범소앙뢰자개왈천(凡所仰賴者皆曰天), 시절 천(天)-시절(時節)-계후(季候), 낮 천(天)-일(日), 양기 천(天)-양(陽), 건괘 천(天)-건(乾), 크나큰 천(天)-대(大), 경우 천(天)-경우(境遇), 명운(자연의 분수) 천(天)-명운(命運) 자연지분(自然之分), 본성 천(天)-성(性), 얼굴에 먹물 먹일 형 천(天)-경액지형(黥額之刑)〉 등의 뜻을 내지만 여기선 〈하늘 천(天)〉으로 새김이 마땅하다.

정(貞) 〈바를 정(貞)-정(正), 믿을 정(貞)-신(信), 거북점을 물을 정(貞)-복문(卜問), 역(易)의 내괘(內卦) 정(貞), 마땅할 정(貞)-당(當), 정할 정(貞)-정(定), 순수할 정(貞)-전(專)-일(一)〉 등의 뜻을 내지만 여기선 〈바를 정(正), 믿을 신(信)〉 등을 합친 뜻과 같아 〈정신(正信)〉 즉 바르고[正] 미더움[信]으로 새김이 마땅하다.

흉(凶) 〈불행할(흉할) 흉(凶)-길지반(吉之反), 걱정할 흉(凶)-우(憂)-구(懼), 흉한 사람 흉(凶)-흉인(凶人), 나쁠 흉(凶)-오(惡), 재앙 흉(凶)-화(禍), 요사할 흉(凶)-요사(夭死), 악한 사람 흉(凶)-악인(惡人), 흉년 흉(凶)-연곡불숙(年穀不熟), 사나울 흉(凶)-포학(暴虐), 음기 흉(凶)-음기(陰氣), 북쪽 흉(凶)-북(北), 없을 흉(凶)-공(空), 송사 흉(凶)-송

(訟), 거역할 흉(凶)-역(逆), 어그러질 흉(凶)-패(悖), 허물 흉(凶)-구(咎)〉 등의 뜻을 내지만 여기선 〈불행할 길지반(吉之反)〉으로 여기고 새김이 마땅하다.

註 자왈(子曰) 유야(由也) 여문륙언륙폐의호(女聞六言六蔽矣乎) 대왈(對曰) 미야(未也) 거(居) 오어녀(吾語女) 호인불호학(好仁不好學) 기폐야우(其蔽也愚) 호지불호학(好知不好學) 기폐야탕(其蔽也蕩) 호신불호학(好信不好學) 기폐야적(其蔽也賊) 호직불호학(好直不好學) 기폐야교(其蔽也絞) 호용불호학(好勇不好學) 기폐야란(其蔽也亂) 호강불호학(好剛不好學) 기폐야광(其蔽也狂) : 공자가[子] 말했다[曰]. 유야(由也)! 너는[女] 여섯 가지[六] 말 속에 숨은[言] 여섯 가지[六] 폐단을[蔽] 들었느냐[聞矣乎]? 이에 여쭈었다[對曰]. 듣지 못했습니다[未也]. 앉아라[居]! 내[吾] 너에게[女] 말해주마[語]. 어짊만을[仁] 좋아하되[好] 배움을[學] 좋아하지 않으면[不好] 그[其] 폐단은[蔽也] 어리석음[愚]이고, 지식만을[知] 좋아하되[好] 배움을[學] 좋아하지 않으면[不好] 그[其] 폐단은[蔽也] 허황됨이고[蕩], 믿음만을[信] 좋아하되[好] 배움을[學] 좋아하지 않으면[不好] 그[其] 폐단은[蔽也] {맹신(盲信)하여 남을} 해치게 됨이고[賊], 정직만을[直] 좋아하되[好] 배움을[學] 좋아하지 않으면[不好] 그[其] 폐단은[蔽也] 각박함이고[絞], 용기만을[勇] 좋아하되[好] 배움을[學] 좋아하지 않으면[不好] 그[其] 폐단은[蔽也] 어지럽힘이고[亂], 굳셈만을[剛] 좋아하되[好] 배움을[學] 좋아하지 않으면[不好] 그[其] 폐단은[蔽也] 발광함이다[狂].

『논어(論語)』「양화(陽貨)」 8장(章)

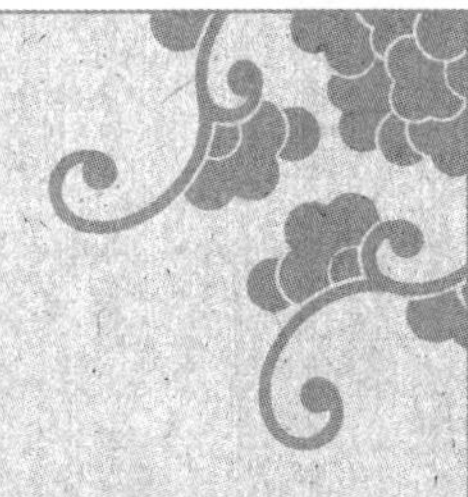

소과괘
小過卦

62

1 괘의 괘상과 계사

소과괘(小過卦 : ䷽)

간하진상(艮下震上) : 아래는[下] 간(艮 : ☶), 위는[上] 진(震 : ☳).

뇌산소과(雷山小過) : 우레와[雷] 산은[山] 소과이다[小過].

小過는 亨하나 利貞하니 可小事이고 不可大事이다 飛鳥遺之音에 不宜上이요 宜下이니 大吉하리라
소과 형 이정 가소사 불가대사 비조 유지음 불의상 의하 대길

작은[小] 지나침은[過] 통하나[亨] 진실로 미더워야[貞] 이로우니[利] 작은[小] 일은[事] 가하나[可] 큰[大] 일은[事] 불가하다[不可]. 날아가는[飛] 새가[鳥] 소리를[音] 남기니[遺之] 올라감은[上] 마땅치 않으나[不宜] 내려가면[下] 마땅하여[宜] 크게[大] 행운을 누리리라[吉].

【소과괘(小過卦 : ䷽)의 괘상(卦象) 풀이】

앞 중부괘(中孚卦 : ䷼)의 〈중부(中孚)〉는 마음속의[中] 믿어줌[孚]이다. 〈중부(中孚)〉란 정(貞) 즉 진실한 미더움[貞]으로 말미암아 남들로부터 나에게로 돌아오는 마음속의[中] 믿어줌[孚]이다. 「서괘전(序卦傳)」에 〈그[其] 믿음이[信] 있는[存] 이는[者] 반드시[必] 그 믿음을[之] 행한다[行] 그래서[故] 소과괘(小過卦 : ䷽)로써[以] 그것을[之] 받는다[受]〉라는 내용이 나온다. 이는 중부괘(中孚卦 : ䷼) 뒤에 소과괘(小過卦 : ䷽)가 오는 까닭을 밝힌다. 소과괘(小過卦 : ䷽)는 중부괘(中孚卦 : ䷼)의 양효(陽爻)는 음효(陰爻)로 음효(陰爻)는 양효(陽爻)로 뒤바뀌어, 중부괘(中孚卦 : ䷼)와 대괘(對卦)를 이룬다. 따라서 소과괘(小過卦 : ䷽)에는 음효(陰爻)가 넷이고 양효(陽爻)는 둘이니, 음효(陰爻)가 과다(過多) 즉 지나치게[過] 많다[多]는 것이 소과괘(小過卦 : ䷽)의 〈소과(小過)〉이다. 여기 〈소과(小過)〉를 〈음지과(陰之

過)〉 즉 음기의[陰之] 과다함[過]으로 여기고 새겨도 된다.

28번째 대과괘(大過卦 : ䷛)는 음효(陰爻)는 둘이고 양효(陽爻)가 넷인지라 괘명(卦名)을 〈대과(大過)〉 곧 〈양지과(陽之過)〉 즉 양기의[陽之] 과다함[過]이라고 한 것과 같다. 대과괘(大過卦 : ䷛)의 〈대과(大過)〉란 양(陽 : ⚊) 즉 큰 것이[大] 대과괘(大過卦 : ䷛)의 가운데에 과다함[過]을 뜻하고, 소과괘(小過卦 : ䷽)의 〈소과(小過)〉란 음(陰 : ⚋) 즉 작은 것이[小] 소과괘(小過卦 : ䷽)의 상하(上下)로 과다함[過]을 뜻한다. 소과괘(小過卦 : ䷽)든 대과괘(大過卦 : ䷛)든 둘 다 지나침[過]과 모자람[不及]이 상대하고 있다. 양(陽 : ⚊)을 대(大)-대자(大者)라 하고, 음(陰 : ⚋)을 소(小)-소자(小者)라 한다. 따라서 소과괘(小過卦 : ䷽)에 소자(小者) 즉 음효(陰爻)가 과다(過多)하다 함은 소과괘(小過卦 : ䷽)의 모습이 음성(陰盛) 즉 음(陰 : ⚋)이 성(盛)하고, 양쇠(陽衰) 즉 양(陽 : ⚊)이 쇠(衰)하는 모습이다.

소과괘(小過卦 : ䷽) 상하체(上下體)의 중효(中爻) 자리에 모두 음(陰 : ⚋)이 있는지라, 양(陽 : ⚊)이 실위(失位)한 모습 또한 소자(小者)가 과다해[過] 소과괘(小過卦 : ䷽)의 주제인 〈소과(小過)〉의 시국을 암시한다. 이러한 소과괘(小過卦 : ䷽)의 괘체(卦體)는 간하진상(艮下震上)이라 간(艮 : ☶) 위에 진(震 : ☳)이 있는 모습이다. 「설괘전(說卦傳)」에 〈진은[震 : ☳] 우레[雷]이다[爲] …… 간은[艮 : ☶] 산(山)이다[爲]〉라는 내용이 나온다. 산(山) 위에서 우레[雷] 즉 번개-천둥이 치는 모습이 소과괘(小過卦 : ䷽)의 모습이다. 하늘에 번개가 번쩍한 뒤에 으르렁 쿵쿵 소리치는 천둥[雷]이 산마루에 쳐서[雷] 상시(常時)의 산정(山靜) 즉 산의[山] 고요함[靜]을 떨쳐내는 정도라, 작은[小] 지나침[過]을 뜻함이 소과괘(小過卦 : ䷽)의 〈소과(小過)〉이다. 〈소과(小過)〉가 상리(常理)에 조금 어긋난다고 해도 마음속에 〈부(孚)〉 즉 진실로 미더움[孚]이 발현해서 비롯한 작은[小] 넘침[過]이 오히려 막히지 않고 형통하게[亨] 해 소과괘(小過卦 : ䷽)라 칭명(稱名)한다.

【소과괘(小過卦 : ䷽)의 계사(繫辭) 풀이】

小過(소과) 亨(형) 利貞(이정)

작은[小] 지나침은[過] 통하나[亨] 진실로 미더워야[貞] 이롭다[利].

〈소과(小過) 형(亨) 이정(利貞)〉은 소과괘(小過卦 : ䷽)의 〈소과(小過)〉를 암시한 계사(繫辭)이다. 여기 〈소과(小過)〉는 작은[小] 지나침[過] 즉 음(陰 : --)의[小] 과다함[過]을 뜻한다. 물론 〈소과(小過)〉일지라도 상리(常理)에 어긋남이다. 상리(常理)란 무과무불급(無過無不及) 즉 지나침도[過] 없고[無] 미치지 못함도[不及] 없어서[無], 시의(時宜) 즉 때에[時] 항상[常] 마땅하여[宜] 이치[理]에 어긋나지 않음이다. 소과괘(小過卦 : ䷽)의 주제인 〈소과(小過)〉가 『중용(中庸)』에 나오는 〈시중(時中)〉을 저버리는 것은 아님을 암시한 것이 〈형(亨)〉이다. 때를[時] 따라 알맞게 함[中]이란 상리(常理)에 어긋나지 않으면 통하는[亨] 법이다. 심중(心中)에 발현하는 진실한 믿어주는[孚] 마음이 짓는 작은[小] 넘침[過]은 오히려 조금 과해도[小過] 소소한 인간사(人間事)를 막지 않고 형통하게 한다[亨]. 이런 연유로 〈이정(利貞)〉이라 계사(繫辭)한 것이다. 여기 〈이정(利貞)〉은 〈중부(中孚)〉 즉 마음속에 발현하는[中] 진실한 믿어줌[孚]이 〈이(利)〉 즉 이로움[利]을 누릴 수 있음을 암시한다.

〈이정(利貞)의 정(貞)〉은 나 자신의 마음이 성신(誠信) 즉 진실로[誠] 미더움[信]을 말한다. 내가 남에게 〈정(貞)〉을 요구할 수 있는 것이 아니다. 〈정(貞)〉을 일러 공정무편(公正無偏)하다고 함은 내가 곧 모든 것을 아울러 하나같이[公] 바르게 하여[正] 치우침이[偏] 없음[無]이지 남에게 이러한 〈정(貞)〉을 요구할 수 없다는 것이다. 만사를 행함에 〈정(貞)〉은 진실로[誠] 미더워[信] 오로지 공정(公正)한 마음을 간직하므로, 만사형통(萬事亨通)을 가져와 나를 이롭게 한다[利]는 것이다. 이러한 〈정(貞)〉은 언제 어디서나 나에게 이로울[利] 뿐만 아니라 〈부(孚)〉 즉 남이 나를 믿어줌[孚]을 불러오므로 항상 막힘없이 통함[亨]이 〈정(貞)〉으로 말미암음이고, 그 〈정(貞)〉이 득중(得中) 즉 정도를 따름을[中] 취하여[得] 무유사벽(無有邪僻) 즉 간사함과[邪] 치우침이[僻] 결코 없는[無有] 마음 가는 바[心志]를 따름을 잃지 않으니 이롭다[利]는 것이다. 따라서 〈중부(中孚)〉의 이로움[利]을 누리자면 무엇보다 먼저 내 자신의 마음가짐이 〈정(貞)〉 즉 진실로 미더워야[貞] 작은[小] 실수나 허물[過]을 지을지라도 이로움[利]을 누릴 수 있음을 암시한 계사(繫辭)가 〈소과(小過) 형(亨) 이정(利貞)〉이다.

可小事(가소사) 不可大事(불가대사)

작은[小] 일은[事] 가하나[可] 큰[大] 일은[事] 불가하다[不可].

〈가소사(可小事) 불가대사(不可大事)〉는 소과괘(小過卦 : ䷽)의 주제인 〈소과(小過)〉가 작은[小] 넘침[過]만을 뜻함이 아님을 암시한 계사(繫辭)이다. 〈가소사(可小事) 불가대사(不可大事)〉는 〈소과가소사(小過可小事) 연이소과불가대사(然而小過不可大事)〉의 줄임으로 여기고 〈음의[小] 넘침은[過] 음의[小] 일을[事] 할 수 있다[可] 그러나[然而] 음의[小] 넘침은[過] 양의[大] 일을[事] 할 수 없다[不可]〉라고 새겨볼 것이다.

〈가소사(可小事)의 소(小)〉는 음(陰 : --)을 암시하고, 〈불가대사(不可大事)의 대(大)〉는 양(陽 : ━)을 암시한다. 따라서 〈소사(小事)〉는 음지사(陰之事) 즉 음의[陰之] 일[事]을 뜻하고, 〈대사(大事)〉는 양지사(陽之事) 즉 양의[陽之] 일[事]을 뜻한다. 이에 〈가소사(可小事) 불가대사(不可大事)〉는『노자(老子)』에 나오는 〈그[其] 수컷을[雄] 알고[知] 그[其] 암컷을[雌] 지킨다[守]〉라는 내용을 환기시킨다. 음(陰 : --)은 자(雌) 즉 암컷[雌]이고 양(陽 : ━)은 웅(雄) 즉 수컷[雄]인지라, 〈소사(小事)〉는 음(陰 : --) 즉 암컷이 할 수 있는 일이고, 〈대사(大事)〉는 양(陽 : ━) 즉 수컷이 할 수 있는 일임을 알아챌 수 있다. 말하자면 인간사에도 어머니가 할 수 있는 일이 있고 아버지가 할 수 있는 일이 있다. 이처럼 소과괘(小過卦 : ䷽)의 〈소과(小過)〉 즉 과유(過柔)로써 할 수 있는 일이 있고, 과유(過柔)로써는 할 수 없는 일이 있음을 살펴 깨닫게 암시한 계사(繫辭)가 〈가소사(可小事) 불가대사(不可大事)〉이다.

飛鳥遺之音(비조유지음) 不宜上(불의상) 宜下(의하)

날아가는[飛] 새가[鳥] 소리를[音] 남기니[遺之] 올라감은[上] 마땅치 않으나[不宜] 내려가면[下] 마땅하다[宜].

〈비조유지음(飛鳥遺之音) 불의상(不宜上) 의하(宜下)〉는 소과괘(小過卦 : ䷽)의 모습을 〈비조(飛鳥)〉로써 취상(取象)한 계사(繫辭)이다. 〈비조유지음(飛鳥遺之音) 불의상(不宜上) 의하(宜下)〉는 〈소과괘여유음지비조(小過卦如遺音之飛鳥) 비조불의상비(飛鳥不宜上飛) 비조의하비(飛鳥宜下飛)〉의 줄임으로 여기고 〈소과괘는[小

過卦] 소리를[音] 남기며[遺之] 나는[飛] 새와[鳥] 같다[如] 비조가[飛鳥] 위로[上] 날아감은[飛] 마땅치 않고[不宜] 비조가[飛鳥] 아래로[下] 날아감은[飛] 마땅하다[宜]〉라고 새겨볼 것이다.

〈비조유지음(飛鳥遺之音) 불의상(不宜上) 의하(宜下)〉는 앞 중부괘(中孚卦 : ䷼)의 주제인 〈중부(中孚)〉와 소과괘(小過卦 : ䷽)의 모습이 〈비조(飛鳥)〉를 닮았음을 암시한다. 소과괘(小過卦 : ䷽)가 〈비조(飛鳥)〉 즉 날아가는[飛] 새[鳥]를 닮았다. 소과괘(小過卦 : ䷽)의 초륙(初六 : --)과 육이(六二 : --) 그리고 육오(六五 : --)와 상륙(上六 : --)이 새의 양 날개이고, 소과괘(小過卦 : ䷽)의 중앙(中央)인 구삼(九三 : —)과 구사(九四 : —)는 새의 몸통이라 소과괘(小過卦 : ䷽)의 모습이 날아가는 새와 같다는 것이 〈비조유지음(飛鳥遺之音)의 비조(飛鳥)〉이다. 〈비조유지음(飛鳥遺之音)의 유지음(遺之音)〉은 앞 중부괘(中孚卦 : ䷼)의 〈중부(中孚)〉야말로 〈가소사(可小事)의 소사(小事)〉 즉 암컷의 일임을 암시하여, 소과괘(小過卦 : ䷽)가 앞 중부괘(中孚卦 : ䷼)와 연관되었음을 암시한다. 중부괘(中孚卦 : ䷼)의 〈중부(中孚)의 부(孚)〉야말로 음(陰 : --) 즉 암컷만이 할 수 있는 일이다. 어미 새가 포란(抱卵)하고 있음을 상형한 자(字)가 〈부(孚)〉이다. 이런 〈부(孚)〉란 자지사(雌之事) 즉 암컷의[雌之] 일[事]로서 〈소사(小事)〉 즉 음(陰 : --)의 일[事]이다.

〈비조유지음(飛鳥遺之音)〉 즉 〈날아가는[飛] 새가[鳥] 새끼들에게[之] 소리를[音] 남긴다[遺]〉 함은 어미 새가 둥지에 있는 새끼들에게 가고 있음을 알림이다. 이 〈비조유지음(飛鳥遺之音)〉은 〈명학재음(鳴鶴在陰) 기자화지(其子和之)〉 즉 〈소리 내는[鳴] 학이[鶴] 응달에[陰] 있고[在] 그[其] 새끼들이[子] 어미의 소리에[之] 화답한다[和]〉라는 중부괘(中孚卦 : ䷼) 구이(九二 : —)의 계사(繫辭)를 상기시킨다. 여기 〈비조유지음(飛鳥遺之音)〉은 역시 〈명학재음(鳴鶴在陰)〉과 같이 〈중부(中孚)의 부(孚)〉를 취상(取象)한 것이고, 동시에 소과괘(小過卦 : ䷽)의 〈소과(小過)〉를 취상한 것이다. 〈의하(宜下)〉라 함은 음(陰 : --)은 내려감[下]이므로, 〈소과(小過)〉 즉 음(陰 : --)이 과한[過] 시국에는 내려감이[下] 의당하고[宜], 〈불의상(不宜上)〉 즉 올라감은[上] 〈불의(不宜)〉 즉 의당치 않다[不宜]는 것이다. 여기 〈의(宜)〉란 순명(順命) 즉 자연이 하라 함을[命] 따름[順]을 말한다. 따라서 둥지에 있는 새끼들을 찾아가는 〈비조(飛鳥)〉는 땅으로 내려감이[下] 마땅하지[宜] 하늘로 올라감은[上] 마땅치 않은[不宜] 까닭을 살펴 헤아리게 암시한 계사(繫辭)가 〈비조유지음(飛鳥遺之音) 불의상(不宜上) 의하(宜下)〉이다.

大吉(대길)

크게[大] 행운을 누리리라[吉].

〈대길(大吉)〉은 〈의하(宜下)〉의 까닭을 암시한 계사(繫辭)이다. 〈의하지비조유대길(宜下之飛鳥有大吉)〉의 줄임으로 여기고 〈내려감이[下] 마땅한[宜之] 비조에게는[飛鳥] 크나큰[大] 행운이[吉] 있다[有]〉라고 새겨볼 것이다.

〈대길(大吉)〉은 총생(叢生) 즉 모든[叢] 목숨[生]은 무엇이든 순명(順命) 즉 자연의 시킴을[命] 좇아 따름[順]은 천복(天福) 즉 자연이 주는[天] 행복[吉]을 누림을 암시한다. 왜 〈비조(飛鳥)의 의하(宜下)〉가 〈대길(大吉)〉로 이어진다는 것인가? 여기 〈의하(宜下)의 하(下)〉란 어미 새가[鳥] 날아서[飛] 새끼들이[子] 있는 둥지로 내려감을[下] 암시하기 때문이다. 먹이를 주어 길러내고자 어미 새가 새끼들을 찾아감이란 가장 의당한[宜] 〈소사(小事)〉이다. 의당함을[宜] 따름[順]은 곧 순리(順理)이고 동시에 순천(順天) 즉 자연의 도리를[天] 따름[順]이니 둥지의 새끼들에게 날아가는 어미 새가 내려감[下]이란 새끼를 부양(扶養)함인지라 그보다 더 지극히 큰[大] 행복을 누림[吉]이란 없음을 암시한 계사(繫辭)가 〈대길(大吉)〉이다.

【字典】

소(小) 〈음(陰)을 칭하는 소(小), 작을 소(小)-세(細)-미(微)-대지반(大之反), 자잘할 소(小)-세(細), 짧을 소(小)-단(短), 좁을 소(小)-협(狹), 어릴 소(小)-유(幼), 천할 소(小)-천(賤), 첩 소(小)-첩(妾)〉 등의 뜻을 내지만 여기선 〈작을 소(小), 음(陰)을 칭하는 소(小)〉 등으로 여기고 새김이 마땅하다.

과(過) 〈지나칠 과(過)-월(越)-초(超), 죄 과(過)-죄(罪), 말이 문을 나오는 모양 과(過)-틈(闖), 이길 과(過)-승(勝), 남을 과(過)-여(餘), 많을 과(過)-다(多), 심할 과(過)-심(甚), 끊을 과(過)-절(絶), 매우 심할 과(過)-태심(太甚)-과도(過度), 잘못할 과(過)-오(誤)-실도(失度), 실수할 과(過)-무심지실(無心之失) {유심지실(有心之失)은 악(惡)}, 과실(잘못) 과(過)-실오(失誤), 꾸짖을 과(過)-책(責), 건널 과(過)-도(渡), 지날 과(過)-경

(經), 넘을 과(過)-유(踰), 이를 과(過)-지어(至於), 찾아갈 과(過)-방(訪)-견(見), 갈 과(過)-거(去), 고루 미칠 과(過)-편(遍)〉 등의 뜻을 내지만 여기선 〈지나칠 월(越)〉과 같다 여기고 새김이 마땅하다.

亨 〈향-형-팽〉 세 가지로 발음되고, 〈통할 형(亨)-통(通), 남을 형(亨)-여(餘), 드릴 향(亨)-헌(獻), 삶을 팽(亨)-자(煮)-팽(烹)〉 등의 뜻을 내지만 여기선 〈통할 통(通)〉과 같다 여기고 새김이 마땅하다.

이(利) 〈만물로 하여금 삶을 이루어가게 하는 덕(德)의 이로울 이(利)-사만물수생지덕(使萬物遂生之德), 날카로울 이(利)-예(銳)-섬(銛), 질병 이(利)-질(疾), 통할 이(利)-통(通)-순(順), 좋을 이(利)-길(吉)-의(宜), 편리할 이(利)-편(便), 마름해 만들어 이룰 이(利)-재성(裁成), 탐할 이(利)-탐(貪), 구할(취할) 이(利)-구(求)-취(取), 좋아할 이(利)-열애(悅愛), 이로울 이(利)-익(益), 기교 이(利)-교(巧), 보람 이(利)-공용(功用), 지세가 험하고 중요한 이(利)-험요(險要), 이길 이(利)-승(勝), 어질 이(利)-인(仁)〉 등의 뜻을 내지만 여기선 〈사만물수생지덕(使萬物遂生之德) 즉 만물로 하여금 삶을 이루어가게 하는 덕(德)의 이로움〉으로 새김이 마땅하다. 〈利〉가 맨 앞에 오면 〈이〉로 발음되고, 중간이나 뒤에 오면 〈리〉로 발음된다.

정(貞) 〈바를 정(貞)-정(正), 믿을 정(貞)-신(信), 거북점을 물을 정(貞)-복문(卜問), 역(易)의 내괘(內卦) 정(貞), 마땅할 정(貞)-당(當), 정할 정(貞)-정(定), 순수할 정(貞)-전(專)-일(一)〉 등의 뜻을 내지만 여기선 〈바를 정(正), 믿을 신(信)〉 등을 합친 뜻과 같아 〈정신(正信)〉 즉 바르고[正] 미더움[信]으로 새김이 마땅하다.

可 〈가-극〉 두 가지로 발음되고, 〈~할 수 있을 가(可)-능(能), 마땅할 가(可)-의(宜)-당(當), 옳을 가(可)-부지대(否之對), 허락할 가(可)-허(許)-긍(肯), 착할 가(可)-선(善), 합의할 가(可)-합의(合意), 괜찮을 가(可)-미족지사(未足之辭), 족할 가(可)-족(足), 바 가(可)-소(所), 멈출 가(可)-지(止), 뜻을 이룰 가(可)-수의(遂意), 쓸 가(可)-용(用), 만큼 가(可)-정(程), 겨우 가(可)-근(僅), 오랑캐 극(可)〉 등의 뜻을 내지만 여기선 〈~할 수 있을 능(能)〉과 같다 여기고 새김이 마땅하다.

사(事) 〈일할 사(事)-동작(動作), 섬길 사(事)-봉(奉), 벼슬(일삼을) 사(事)-직(職), 큰일 사(事)-이변(異變), 다스릴 사(事)-치(治), 경영할 사(事)-영(營), 반역할 사(事)-반역(叛逆)〉 등의 뜻을 내지만 여기선 〈일할 동작(動作)〉과 같다 여기고 새김이 마땅하다.

不 〈불-부〉 등으로 발음되고, 〈않을 불(不)-부(不), 못할 불(不)-부(不), 아닐 불(不)-부(不)-비(非), 없을 불(不)-부(不)-무(無), 하지 말 불(不)-부(不)-막(莫)-금지(禁止), 정하지 않을 불(不)-부(不)-부(否)-미정(未定), 새가 날아올라 내려오지 않는 불(不)-부(不)-조비상불하래(鳥飛上不下來)〉 등의 뜻을 내지만 여기선 〈않을 불(不)〉로 여기고 새김이 마땅하다.

대(大) 〈양(陽)을 칭하는 대(大), 큰 대(大)-소지대(小之對), 넓을 대(大)-광(廣), 두루 대(大)-편(徧), 통할 대(大)-통(通), 길 대(大)-장(長), (땅을) 걸게 할 대(大)-비(肥), 두터울 대(大)-후(厚), 많을 대(大)-다(多), 모두 대(大)-개(皆), 선할 대(大)-선(善), 무거울 대(大)-중(重), 거대할 대(大)-거(巨), 아름다울 대(大)-미(美)-장(壯), 부유할 대(大)-부(富), 늙을 대(大)-노(老), 지나칠 대(大)-과(過), 끝 대(大)-극(極), 대충 대(大)-조(粗)-불세밀(不細密), 과대할 대(大)-과(誇)-긍벌(矜伐), 처음 대(大)-초(初), 하늘 대(大)-천(天), 건(乾)-양기(陽氣)-강효(剛爻) 대(大)〉 등의 뜻을 내지만 여기선 〈큰 대(大), 양(陽)을 칭하는 대(大)〉 등으로 여기고 새김이 마땅하다.

비(飛) 〈날아갈 비(飛)-비행(飛行), 날아오를 비(飛)-상(翔)-저(翥), 떨어질(회오리바람) 비(飛)-낙(落)-표(飄), 뛰어나올 비(飛)-도출(跳出), 오를 비(飛)-양(揚), 던져 날아갈 비(飛)-척(擲), 휘달릴 비(飛)-급분(急奔), 번득일 비(飛)-번(翻), 넘어 달아날 비(飛)-월(越), 맑게 피어오르는 소리 비(飛)-청양지성(淸揚之聲), 느닷없이 다다를 비(飛)-무근지지(無根之至), 높을(윗사람) 비(飛)-고(高)-재상자(在上者), 급할 비(飛)-속(速)-급(急), 날개 달린 짐승 비(飛)-금조(禽鳥), 여섯 마리 말이 달릴 비(飛)-육마지질(六馬之疾), 오락가락할 비(飛)-비(斐), 아닌 것 비(飛)-비(非)〉 등의 뜻을 내지만 여기선 〈날아갈 비행(飛行)〉으로 여기고 새김이 마땅하다.

조(鳥) 〈새 조(鳥)-장미금지총명(長尾禽之總名), 봉황 조(鳥)-봉황(鳳凰)〉 등의 뜻을 내지만 여기선 〈새 조(鳥)〉로 여기고 새김이 마땅하다.

유(遺) 〈남길 유(遺)-여(餘), 버릴 유(遺)-기(棄), 잃을 유(遺)-망(亡)-실(失), 방치할 유(遺)-사(舍), 잊을 유(遺)-망(忘), 떨어질 유(遺)-이(離), 벗어날 유(遺)-탈(脫)〉 등의 뜻을 내지만 〈남길 여(餘)〉와 같다 여기고 새김이 마땅하다.

지(之) 〈그것(이것) 지(之)-피(彼)-시(是), 주격-소유격-목적격 등의 토씨 지(之),

갈 지(之)-왕(往), 이를 지(之)-지(至), 뜻 없는 허사(虛詞) 지(之)〉 등의 뜻을 내지만 여기선 〈그것 지(之)〉로 여기고 새김이 마땅하다.

음(音) 〈소리 음(音)-성(聲), 소리가락 음(音)-강조(腔調), 음악 음(音)-음악(音樂), 독음(발성) 음(音)-독음(讀音)-발성(發聲), 언어문사 음(音)-언어문사(言語文辭), 소식(편지) 음(音)-소식(消息), 그늘(응달) 음(音)-음(蔭)〉 등의 뜻을 내지만 여기선 〈소리 성(聲)〉과 같다 여기고 새김이 마땅하다.

의(宜) 〈마땅할 의(宜)-당(當), 옳을 의(宜)-소안적(所安適)-의(義)-의(誼), 잘해줄 의(宜)-선(善), 아름다울 의(宜)-미(美), 좋아할 의(宜)-호(好), 어울려 따를 의(宜)-화순(和順), 가까이할 의(宜)-태(殆), 어조사 의(宜)〉 등의 뜻을 내지만 〈마땅할 당(當)〉과 같아 의당(宜當)의 줄임말로 여기고 새김이 마땅하다.

상(上) 〈위 상(上)-하지반(下之反), 마루 상(上)-정상(頂上), 하늘 상(上)-천(天), 높을 상(上)-고(高), 나아갈 상(上)-진(進), 어떤 것의 위 상(上)-면(面)-물지상(物之上), 존위 상(上)-존위(尊位), 임금 상(上)-군(君)-극존칭(極尊稱), 어른 상(上)-장(長), 어진 사람 상(上)-현(賢), 높일(받들) 상(上)-귀(貴)-상(尙), 가장(뛰어날) 상(上)-최(最), 도 상(上)-도(道), 앞 상(上)-전(前), 옛 상(上)-고(古), 오래고 멀 상(上)-구원(久遠), 무거울 상(上)-중(重), 풍부할 상(上)-풍(豊), 쌓아올릴 상(上)-성(盛), 바를 상(上)-정(正), 위층 상(上)-지상층일방(指上層一方 : 下對稱), 변측 상(上)-변측(邊側), 처음 상(上)-초(初), 오를 상(上)-등(登)-승(升), 실을 상(上)-재(載)-탑(搭), 더할 상(上)-가(加), 어조사 상(上)〉 등의 뜻을 내지만 여기선 〈위 상(上)〉으로 새김이 마땅하다.

하(下) 〈아래 하(下)-저(底), 따르게 할 하(下)-항(降)-항복(降服), 아래로 내려갈 하(下)-행하(行下), 땅 하(下)-지(地), 못 하(下)-택(澤), 곤 하(下)-곤(坤), 천할 하(下)-천(賤), 신하 하(下)-신(臣), 백성(억조창생) 하(下)-범서(凡庶), 어릴 하(下)-유(幼), 내릴 하(下)-강(降), 떨어질 하(下)-낙(落), 삭제할 하(下)-제(除)-삭(削), 물러날 하(下)-퇴양(退讓), 흉노(匈奴)의 여자를 부를 하(下)-거차(居次), 구부릴 하(下)-부(俯)〉 등의 뜻을 내지만 여기선 〈아래 저(底)〉로 여기고 새김이 마땅하다.

길(吉) 〈좋을(행복할) 길(吉)-선(善)-영(令) {영월길일(令月吉日)은 선월선일(善月善日)임.}, 복 길(吉)-실(實)-선실(善實)-복(福), 예의를 따라 상서로울 길(吉)-예의순상(禮義順祥), 삼갈 길(吉)-근(謹), 초하루 길(吉)-삭일(朔日) {삭망(朔望) 즉 초하루[朔]와

그믐날[望]}, 길례 길(吉)-길례(吉禮) {오례지일(五禮之一) 길흉빈군가(吉凶賓軍嘉)}, 갈 길(吉)-행(行)-길(趌)〉 등의 뜻을 내지만 여기선 〈좋을 선(善)-영(令)〉 즉 행복(幸福), 행운(幸運) 등과 같다 여기고 새김이 마땅하다.

註 유기신자(有其信者) 필행지(必行之) 고(故) 수지이소과(受之以小過) : 중부(中孚)라는[其] 믿음을[信] 간직한다[有]면[者] 반드시[必] 그 믿음을[之] 행한다[行]. 그러므로[故] 소과괘[小過]로 써[以] 중부괘를[之] 받는다[受]. 「서괘전(序卦傳)」 6단락(段落)

註 진위뢰(震爲雷) …… 간위산(艮爲山) : 진은[震 : ☳] 우레[雷]이다[爲]. …… 간은[艮 : ☶] 산(山)이다[爲]. 「설괘전(說卦傳)」 11단락(段落)

註 군자지중용야(君子之中庸也) 군자이시중야(君子而時中也) 소인지중용야(小人之中庸也) 소인이무기탄야(小人而無忌憚也) : 군자의[君子之] 중용(中庸)이란[也] 군자로서[君子而] 때를[時] 따라 알맞게 하는 것[中]이고[也], 소인의[小人之] 중용(中庸)이란[也] 소인으로서[小人而] 거리낌이[忌憚] 없다는 것[無]이다[也]. 『중용(中庸)』「주자장구(朱子章句)」 2장(章)

註 지기웅(知其雄) 수기자(守其雌) 위천하계(爲天下谿) : 그[其] 수컷을[雄] 알고[知] 그[其] 암컷을[雌] 지키면[守] {그 지수(知守)는} 세상을[天下] 담는 시내가[谿] 된다[爲]. 『노자(老子)』 28장(章)

2 효의 효상과 계사

初六：飛鳥라 以凶이니라
비조 이흉

六二：過其祖하고 遇其妣한다 不及其君이고 遇其臣이니 无咎이다
과기조 우기비 불급기군 우기신 무구

九三：弗過防之면 從或戕之이니 凶하리라
불과방지 종혹장지 흉

九四：无咎하다 弗過遇之어니와 往厲必戒하여 勿用永貞하리
무구 불과우지 왕려필계 물용영정

六五：密雲不雨는 自我西郊이다 公弋取彼在穴한다
밀운불우 자아서교 공익취피재혈

上六：弗遇過之하여 飛鳥離之라 凶하니 是謂災眚이다
불우과지 비조리지 흉 시위재생

초육(初六)：날아오르는[飛] 새이다[鳥]. 그 탓으로[以] 불운하다[凶].

육이(六二)：제[其] 할아버지를[祖] 지나치고[過] 제[其] 할머니를[妣] 만난다[遇]. 제[其] 임금에게[君] 다가감이[及] 아니고[不] 제[其] 신하를[臣] 만나줌이니[遇] 허물이[咎] 없다[无].

구삼(九三)：지나침[過] 그것을[之] 방지하지[防] 않는다면[弗] 좇다가[從] 그것으로[之] 해를 입을지도[戕] 모르니[或] 불운하다[凶].

구사(九四)：허물이[咎] 없다[无]. 넘치지[過] 않음을[弗] 대우해야지[遇之] 나아가면[往] 위태하니[厲] 반드시[必] 경계하면서[戒] 행동하지[用] 말아야[勿] 변함없이[永] 진실로 미덥다[貞].

육오(六五)：구름이[雲] 짙지만[密] 비가 내리지 않음이[不雨] 우리[我] 서쪽[西] 교외[郊]로부터이다[自]. 공께서[公] 주살을 쏴[弋] 굴에[穴] 있는[在] 저것을[彼] 취한다[取].

상륙(上六)：만나지[遇] 않고[弗] 지나쳐[過之] 나는[飛] 새가[鳥] 떠나[離之] 불운하니[凶] 이를[是] 재앙[災眚]이라 한다[謂].

초륙(初六 : --)

初六 : 飛鳥라 以凶이니라
비조 이흉

초륙(初六) : 날아오르는[飛] 새이다[鳥]. 그 탓으로[以] 불운하다[凶].

【초륙(初六)의 효상(爻象) 풀이】

소과괘(小過卦 : ䷽)의 초륙(初六 : --)은 이음거양(以陰居陽) 즉 음(陰 : --)으로써[以] 양(陽 : —)의 자리에 있는지라[居] 정당한 자리에 있지 못하다. 초륙(初六 : --)과 육이(六二 : --)는 양음(兩陰) 즉 둘 다[兩] 음(陰 : --)의 사이인지라 비(比) 즉 이웃의 사귐[比]을 누리지 못한다. 초륙(初六 : --)과 구사(九四 : —)는 음양(陰陽)의 사이인지라 정응(正應) 즉 바르게[正] 서로 호응할[應] 수 있지만, 구사(九四 : —)는 초륙(初六 : --)과의 비(比)를 외면하는 처지이다. 그러나 초륙(初六 : --)은 구사(九四 : —)와의 정응(正應)을 자신의 뜻대로 한사코 이용하고자 하는 모습이다.

> 소과괘(小過卦 : ䷽)의 초륙(初六 : --)이 초구(初九 : —)로 변효(變爻)하면 초륙(初六 : --)은 소과괘(小過卦 : ䷽)를 55번째 풍괘(豐卦 : ䷶)로 지괘(之卦)하게 한다. 따라서 소과괘(小過卦 : ䷽)의 초륙(初六 : --)은 풍괘(豐卦 : ䷶)의 초구(初九 : —)를 찾아가 살펴보게 한다.

【초륙(初六)의 계사(繫辭) 풀이】

飛鳥(비조)

날아오르는[飛] 새이다[鳥].

〈비조(飛鳥)〉는 초륙(初六 : --)의 효위(爻位)를 들어 암시한 계사(繫辭)이다. 〈비조(飛鳥)〉는 〈초륙여비조(初六如飛鳥)〉의 줄임으로 여기고 〈초륙은[初六] 날아오르는[飛] 새[鳥] 같다[如]〉라고 새겨볼 것이다.

〈비조(飛鳥)〉는 초륙(初六 : --)이 소과괘(小過卦 : ䷽)의 주제인 〈소과(小過)〉

즉 작은[小] 지나침[過]의 시국을 마주하고서도 그 〈소과(小過)〉를 저버림을 암시한다. 초륙(初六 : ⚋)이 유음(柔陰)이면서 강양(剛陽)의 자리에 있는지라 부정위(不正位) 즉 마땅한[正] 자리가[位] 아님[不]을 알아서, 〈소과(小過)〉 즉 작은[小] 지나침[過]이라도 범하지 않도록 삼가야 할 처지임을 알아채지 못하는 소인(小人)과 같음을 암시한 것이 〈비조(飛鳥)〉이다. 여기 〈비조(飛鳥)〉는 초륙(初六 : ⚋)이 변효(變爻)하여 소과괘(小過卦 : ䷽)의 하체(下體) 간(艮 : ☶)이 이(離 : ☲)로 변괘(變卦)되었음을 암시한다. 왜냐하면 〈비조(飛鳥)의 조(鳥)〉가 「설괘전(說卦傳)」에 나오는 〈이는[離 : ☲] 꿩[雉]이다[爲]〉라는 내용을 상기시키기 때문이다. 물론 소과괘(小過卦 : ䷽)의 초륙(初六 : ⚋)을 취상(取象)한 여기 〈비조(飛鳥)의 조(鳥)〉는 소과괘(小過卦 : ䷽)의 괘사(卦辭)인 〈비조유지음(飛鳥遺之音)〉의 그 〈비조(飛鳥)〉가 아니다. 〈비조유지음(飛鳥遺之音)의 비조(飛鳥)〉는 〈음(音)〉 즉 소리를[音] 남기면서[遺之] 새끼들에게로 날아 내려가는[飛] 새[鳥]이지만, 초륙(初六 : ⚋)을 취상(取象)한 〈비조(飛鳥)〉는 구사(九四 : ⚊)와의 정응(正應)을 앞세워 무음(無音) 즉 소리[音] 없이[無] 날아오르는[飛] 새[鳥]이기 때문이다. 이는 초륙(初六 : ⚋)이 구사(九四 : ⚊)와의 정응(正應) 즉 정도를 따라[正] 호응함[應]을 앞세워 날아오르려 하기 때문에 여기 〈비조(飛鳥)의 비(飛)〉는 앞 괘사(卦辭)에서 살핀 〈불의상(不宜上)의 상(上)〉 즉 비상(飛上)을 암시한다.

소과괘(小過卦 : ䷽)의 주제 〈소과(小過)〉에서 〈소(小)〉는 음(陰 : ⚋)이기도 한지라 음(陰 : ⚋)은 소과괘(小過卦 : ䷽)에서는 음하(陰下) 즉 내려감[下]이 〈의(宜)〉 즉 마땅함[宜]이고, 올라감[上]은 〈불의(不宜)〉 즉 마땅치 않음[不宜]이다. 순명(順命) 즉 천명을[命] 따름[順]이 곧 〈의(宜)〉이다. 따라서 여기 〈불의상(不宜上)〉을 암시하는 〈비조(飛鳥)〉가 『중용(中庸)』에 나오는 〈군자(君子)는 사명하고[俟命] 소인(小人)은 요행한다[徼幸]〉라는 내용을 상기시키고, 『논어(論語)』에 나오는 〈소인은[小人] 자연의[天] 명령을[命] 모른다[不知]〉라는 내용을 상기시킨다. 이러한 초륙(初六 : ⚋)인지라 한사코 소인(小人)의 짓을 범하고자 함을 살펴 깨닫게 암시한 계사(繫辭)가 〈비조(飛鳥)〉이다.

以凶(이흉)

그 탓으로[以] 불운하다[凶].

〈이흉(以凶)〉은 〈비조(飛鳥)의 비(飛)〉를 거듭 암시한 계사(繫辭)이다. 〈이흉(以凶)〉은 〈비조이초륙흉(飛鳥以初六凶)〉의 줄임으로 여기고 〈날아오르는[飛] 새이기[鳥] 때문에[以] 초륙은[初六] 불행하다[凶]〉라고 새겨볼 것이다.

순명(順命)의 〈의(宜)〉이면 길(吉)함이 천도(天道)이고, 역명(逆命) 즉 천명을[命] 어기면[逆] 〈불의(不宜)〉이니 〈흉(凶)〉함 또한 자연의[天] 도리[道]이다. 초륙(初六 : --)이 한사코 꾀하는 〈비조(飛鳥)의 비(飛)〉는 구사(九四 : ━)와의 정응(正應)을 앞세워 소과괘(小過卦 : ䷽)의 맨 밑자리를 벗어나 성급히 비상(飛上)하려고 함이다. 〈소과(小過)의 소(小)〉 즉 음(陰 : --)일수록 비상(飛上)의 시운이 자신에게 올 때까지 수분(守分) 즉 본분을[分] 지키며[守] 사명(俟命) 즉 자연의 시킴을[命] 기다려야지[俟] 그렇지 않고 구사(九四 : --)의 정응(正應)을 앞세워 비상(飛上)하고자 성급히 서둘면 초륙(初六 : --)이 불행할[凶] 수밖에 없음을 암시한 계사(繫辭)가 〈이흉(以凶)〉이다.

【字典】

비(飛) 〈날아갈 비(飛)-비행(飛行), 날아오를 비(飛)-상(翔)-저(翥), 떨어질(회오리바람) 비(飛)-낙(落)-표(飄), 뛰어나올 비(飛)-도출(跳出), 오를 비(飛)-양(揚), 던져 날아갈 비(飛)-척(擲), 휘달릴 비(飛)-급분(急奔), 번득일 비(飛)-번(翻), 넘어 달아날 비(飛)-월(越), 맑게 피어오르는 소리 비(飛)-청양지성(淸揚之聲), 느닷없이 다다를 비(飛)-무근지지(無根之至), 높을(윗사람) 비(飛)-고(高)-재상자(在上者), 급할 비(飛)-속(速)-급(急), 날개 달린 짐승 비(飛)-금조(禽鳥), 여섯 마리 말이 달릴 비(飛)-육마지질(六馬之疾), 오락가락할 비(飛)-비(斐), 아닌 것 비(飛)-비(非)〉 등의 뜻을 내지만 여기선 〈날아갈 비행(飛行)〉으로 여기고 새김이 마땅하다.

조(鳥) 〈새 조(鳥)-장미금지총명(長尾禽之總名), 봉황 조(鳥)-봉황(鳳凰)〉 등의 뜻을 내지만 여기선 〈새 조(鳥)〉로 여기고 새김이 마땅하다.

이(以) 〈써 이(以)-용(用), 본받을 이(以)-법(法), 할 이(以)-위(爲), 생각할 이(以)-사(思), 거느릴 이(以)-솔(率), 그만둘 이(以)-이(已), 때문에 이(以)-인(因) {까닭 이(以)로 명사(名詞) 노릇도 하는데 주로 유이(有以) 무이(無以) 꼴일 때가 대부분임.}, 더불어 이

(以)-여(與), 하여금 이(以)-사(使), 이미 이(以)-이(已)〉 등의 뜻을 내고 이 외에도 전후문맥(前後文脈)에 따라 다양한 뜻을 자유롭게 내며 〈그래서 이(以)-소이(所以)-인이(因以)〉처럼 계사(繫詞) 노릇마저도 한다. 여기선 〈때문에 이(以)〉로 여기고 새김이 마땅하다.

흉(凶) 〈불행할(흉할) 흉(凶)-길지반(吉之反), 걱정할 흉(凶)-우(憂)-구(懼), 흉한 사람 흉(凶)-흉인(凶人), 나쁠 흉(凶)-오(惡), 재앙 흉(凶)-화(禍), 요사할 흉(凶)-요사(夭死), 악한 사람 흉(凶)-악인(惡人), 흉년 흉(凶)-연곡불숙(年穀不熟), 사나울 흉(凶)-포학(暴虐), 음기 흉(凶)-음기(陰氣), 북쪽 흉(凶)-북(北), 없을 흉(凶)-공(空), 송사 흉(凶)-송(訟), 거역할 흉(凶)-역(逆), 어그러질 흉(凶)-패(悖), 허물 흉(凶)-구(咎)〉 등의 뜻을 내지만 여기선 〈불행할 길지반(吉之反)〉으로 여기고 새김이 마땅하다.

註 이위치(離爲雉) : 이는[離 : ☲] 꿩[雉]이다[爲]. 「설괘전(說卦傳)」 8단락(段落)

註 군자이이사명(君子易以俟命) 소인행험이요행(小人行險以徼幸) : 군자는[君子] 평이함[易]으로써[以] 하늘의 명령을[命] 기다리고[俟], 소인은[小人] 모험을[險] 감행함[行]으로써[以] 요행을[幸] 바란다[徼]. 『중용(中庸)』「중용장구(中庸章句)」 14장(章)

註 자왈(子曰) 군자유삼외(君子有三畏) 외천명(畏天命) 외대인(畏大人) 외성인지언(畏聖人之言) 소인부지천명이불외야(小人不知天命而不畏也) 압대인(狎大人) 모성인지언(侮聖人之言) : 공자가[子] 말했다[曰]. 군자에게는[君子] 세 가지[三] 두려움이[畏] 있다[有]. 천명을[天命] 두려워하고[畏] 대인을[大人] 두려워하며[畏] 성인의[聖人之] 말씀을[言] 두려워한다[畏]. 소인은[小人] 천명을[天命] 몰라서[不知而] (천명을) 두려워하지 않는 것[不畏]이다[也]. 대인을[大人] 얕보고[狎] 성인의[聖人之] 말씀을[言] 업신여긴다[侮]. 『논어(論語)』「계씨(季氏)」 8장(章)

육이(六二 : --)

六二 : 過其祖(과기조)하고 遇其妣(우기비)한다 不及其君(불급기군)이고 遇其臣(우기신)이니 无咎(무구)이다

육이(六二) : 제[其] 할아버지를[祖] 지나치고[過] 제[其] 할머니를[妣] 만난다[遇]. 제[其] 임금에게[君] 다가감이[及] 아니고[不] 제[其] 신하를[臣] 만나줌이니[遇] 허물이[咎] 없다[无].

【육이(六二)의 효상(爻象) 풀이】

소과괘(小過卦 : ䷽)의 육이(六二 : --)는 이음거음(以陰居陰) 즉 음(陰 : --)으로써[以] 음(陰 : --)의 자리에 있는지라[居] 정당한 자리에 있다. 육이(六二 : --)와 구삼(九三 : ㅡ)은 음양(陰陽)의 사이인지라 비(比) 즉 이웃의 사귐[比]을 누린다. 육이(六二 : --)와 육오(六五 : --)는 양음(兩陰) 즉 둘 다[兩] 음(陰 : --)의 사이인지라 다른 대성괘(大成卦)에서라면 중정(中正) 즉 정도를[正] 따라[中] 무유사벽(無有邪僻) 즉 간사함과[邪] 치우침이[僻] 결코 없는[無有] 마음 가는 바[心志]를 따름을 누리지 못하지만, 〈소과(小過)〉에서는 서로 같은 음(陰 : --)인지라 상화(相和)하며, 소과괘(小過卦 : ䷽)의 하체(下體) 간(艮 : ☶)의 중효(中爻)로서 육이(六二 : --)가 득중(得中) 즉 정도를 따름을[中] 취하여[得] 소과괘(小過卦 : ䷽)의 주제 〈소과(小過)〉를 지키는 모습이다.

소과괘(小過卦 : ䷽)의 육이(六二 : --)가 구이(九二 : ㅡ)로 변효(變爻)하면 육이(六二 : --)는 소과괘(小過卦 : ䷽)를 32번째 항괘(恒卦 : ䷟)로 지괘(之卦)하게 한다. 따라서 소과괘(小過卦 : ䷽)의 육이(六二 : --)는 항괘(恒卦 : ䷟)의 구이(九二 : ㅡ)를 찾아가 살펴보게 한다.

【육이(六二)의 계사(繫辭) 풀이】

過其祖(과기조) 遇其妣(우기비)

제[其] 할아버지를[祖] 지나치고[過] 제[其] 할머니를[妣] 만난다[遇].

〈과기조(過其祖) 우기비(遇其妣)〉는 〈소과(小過)〉 즉 작은[小] 지나침[過]의 시국을 맞아 육이(六二 : --)가 육오(六五 : --)와 동속상화(同屬相和) 즉 같은[同] 끼리가[屬] 서로[相] 어울림[和]을 암시한 계사(繫辭)이다. 〈과기조(過其祖) 우기비(遇其妣)〉는 〈육이과기조(六二過其祖) 연이륙이우기비(然而六二遇其妣)〉의 줄임으로 여기고 〈육이가[六二] 제[其] 할아버지를[祖] 지나친다[過] 그러나[然而] 육이가[六二] 제[其] 할머니를[妣] 만난다[遇]〉라고 새겨볼 것이다.

〈과기조(過其祖) 우기비(遇其妣)〉는 소과괘(小過卦 : ䷽)의 효위(爻位)를 가족관계(家族關係)로 삼음을 암시한다. 대성괘(大成卦)가 효위(爻位)로써 가족관계를 나타낼 때는 바로 위의 효(爻)가 양(陽 : ㅡ)이면 부(父)가 되고, 음(陰 : --)이면모(母)가 되며, 더 위의 효(爻)는 모두 조부(祖父)-조모(祖母)로 친다. 부모(父母)는 하나뿐이지만 조부모(祖父母)는 둘도 셋도 될 수 있고, 대성괘(大成卦)의 가족관계는 삼대(三代)로 한다. 왜냐하면 『주역(周易)』의 64괘(卦)란 모두 생자(生者)를 위한 역수(逆數) 즉 미리미리 거슬러[逆] 헤아려라[數] 함이지 사자(死者)에 대해서 역수(逆數)하라 함이 아니다. 100년 전만 해도 삼대(三代)가 한 지붕 밑에서 살았다. 따라서 육이(六二 : --)에게 구삼(九三 : ━)은 아버지[父]가 되고 구사(九四 : ━)는 할아버지[祖父]가 되며 육오(六五 : --)는 할머니[祖母]가 된다. 이에 〈과기조(過其祖)의 기조(其祖)〉는 〈육이지조(六二之祖)〉의 줄임으로서 구사(九四 : ━)를 나타내고 〈기조(其祖)의 조(祖)〉는 할아버지를 뜻한다. 〈우기비(遇其妣)의 기비(其妣)〉는 〈육이지비(六二之妣)〉의 줄임으로서 육오(六五 : ━)를 나타내고 〈기비(其妣)의 비(妣)〉는 할머니를 뜻한다.

〈과기조(過其祖)의 과(過)〉는 육이(六二 : --)와 구사(九四 : ━)는 효위(爻位)의 인연(因緣) 즉 비(比)와 응(應)의 관계가 없음을 암시한다. 효위의 인연이 없으므로 육이(六二 : --)가 구사(九四 : ━)를 지나친다[過]. 〈우기비(遇其妣)의 우(遇)〉는 육이(六二 : --)와 육오(六五 : --)는 효위의 인연이 있음을 암시한다. 대성괘(大成卦)에서 이위(二位)와 오위(五位)가 음(陰 : --)이고 양(陽 : ━)이면 서로 정응(正應)을 누리는 인연이지만 양양(兩陽)이거나 양음(兩陰)이면 바르게[正] 호응함[應]을 누리지 못한다. 육이(六二 : --)가 육오(六五 : --)의 신하인 인연을 떠날 수 있지만, 가족의 혈연을 떠날 수 없음을 〈우기비(遇其妣)의 우(遇)〉가 암시한다. 정응(正應)의 인연이 없다 한들 육이(六二 : --)가 신하로서가 아니라 손녀로서 임금의 자리에 있는 육오(六五 : --)를 만날[遇] 수 있음을 살펴 깨닫게 하는 계사(繫辭)가 〈과기조(過其祖) 우기비(遇其妣)〉이다.

不及其君(불급기군) 遇其臣(우기신)

제[其] 임금에게[君] 다가감이[及] 아니고[不] 제[其] 신하를[臣] 만나줌이다[遇].

〈불급기군(不及其君) 우기신(遇其臣)〉은 육이(六二 : --)가 〈소과(小過)〉의 시국을 맞아 〈소과(小過)〉의 〈의하(宜下)〉를 따름을 암시한 계사(繫辭)이다. 〈불급기군

(不及其君) 우기신(遇其臣)〉은 〈육이불급기군지륙오(六二不及其君之六五) 연이륙오우기신지륙이(然而六五遇其臣之六二)〉의 줄임으로 여기고 〈육이가[六二] 제[其] 군왕인[君之] 육오를[六五] 찾아감이[及] 아니라[不然而] 육오가[六五] 제[其] 신하인[臣之] 육이를[六二] 만난다[遇]〉라고 새겨볼 것이다. 〈불급(不及)의 급(及)〉은 〈이를 지(至)〉와 같고, 〈기군(其君)의 기(其)〉는 〈육이지(六二之)〉를 대신하는 관형사이고, 〈기신(其臣)의 기(其)〉는 〈구오지(九五之)〉를 대신하는 관형사이다.

〈불급기군(不及其君) 우기신(遇其臣)〉은 소과괘(小過卦 : ䷽)의 괘사(卦辭)에 나오는 〈불의상(不宜上) 의하(宜下)〉를 따라 지킴을 암시한다. 현령(縣令)으로서 육이(六二 : --)는 육오(六五 : --)의 신하이다. 따라서 〈불급기군(不及其君)의 기군(其君)〉은 육오(六五 : --)를 나타내고, 〈우기신(遇其臣)의 기신(其臣)〉은 〈육오지신(六五之臣)〉 즉 육오의[六五之] 신하[臣] 육이(六二 : --)를 나타낸다. 군왕(君王)이 부르지도 않는데 육이(六二 : --)가 〈기군(其君)〉을 〈급(及)〉 즉 이른다면[及] 스스로 올라가는[上] 것이다. 그러면 육이(六二 : --)가 〈소과(小過)〉의 〈의하(宜下)〉를 저버리고 〈불의상(不宜上)〉을 범하게 된다. 그러나 임금이 불러서 육이(六二 : --)가 육오(六五 : --)에게 미치면[及] 육이(六二 : --)가 하명(下命)을 받아 〈우기비(遇其妣)〉 즉 조모(祖母)인 육오(六五 : --)를 만남[遇]이 아니라 신하로서 하명을 받아 불려간 것임을 암시한 계사(繫辭)가 〈불급기군(不及其君) 우기신(遇其臣)〉이다.

无咎(무구)

허물이[咎] 없다[无].

〈무구(无咎)〉는 육이(六二 : --)가 〈소과(小過)〉의 〈의하(宜下)〉 즉 내려감이[下] 마땅함[宜]을 어김이 없음을 암시한다. 〈육이여륙오무구(六二與六五无咎)〉의 줄임으로 여기고 〈육오와[與六五] 육이에게[六二] 허물이[咎] 없다[无]〉라고 새겨볼 것이다.

〈무구(无咎)〉는 육오(六五 : --)가 육이(六二 : --)를 손녀(孫女)가 아니라 신하(臣下)로서 불러올린 것임을 암시한다. 그러니 육이(六二 : --) 스스로 육오(六五 : --)에게 올라간[上] 것이 아니기 때문에 소과괘(小過卦 : ䷽)의 괘사(卦辭)에서 밝힌 〈불의상(不宜上) 의하(宜下)〉를 어기지 않고 서로 자수(自守) 즉 스스로[自] 지킴[守]인지라 육이(六二 : --)와 육오(六五 : --)에게 허물이나 잘못이[咎] 없음[无]을 암시한 계사(繫辭)가 〈무구(无咎)〉이다.

【 字 典 】

과(過) 〈지나칠 과(過)-월(越)-초(超), 죄 과(過)-죄(罪), 말이 문을 나오는 모양 과(過)-틈(闖), 이길 과(過)-승(勝), 남을 과(過)-여(餘), 많을 과(過)-다(多), 심할 과(過)-심(甚), 끊을 과(過)-절(絶), 매우 심할 과(過)-태심(太甚)-과도(過度), 잘못할 과(過)-오(誤)-실도(失度), 실수할 과(過)-무심지실(無心之失) {유심지실(有心之失)은 악(惡)}, 과실(잘못) 과(過)-실오(失誤), 꾸짖을 과(過)-책(責), 건널 과(過)-도(渡), 지날 과(過)-경(經), 넘을 과(過)-유(踰), 이를 과(過)-지어(至於), 찾아갈 과(過)-방(訪)-견(見), 갈 과(過)-거(去), 고루 미칠 과(過)-편(遍)〉 등의 뜻을 내지만 여기선 〈지나칠 월(越)〉과 같다 여기고 새김이 마땅하다.

기(其) 〈그(그것) 기(其)-피(彼)-지(之), 이에 기(其)-내(乃), 그럴 기(其)-연(然), 어찌 기(其)-기(豈), 누를 기(其)-억(抑), 오히려 기(其)-상(尙)-서기(庶幾), 만약 기(其)-약(若), 장차 기(其)-장(將), 어조사 기(其)-어조사(語助辭)〉 등의 뜻을 내지만 여기선 〈그 기(其)〉로 여기고 새김이 마땅하다.

조(祖) 〈할아버지 조(祖)-조부(祖父)-부지부(父之父), 시묘(종묘) 조(祖)-시묘(始廟)-종묘(宗廟), 선조(조상) 조(祖)-선조(先祖)-조상(祖上), 공적이 있는 사람 조(祖)-유공자(有功者), 근본 조(祖)-본(本), 개조 조(祖)-개조(開祖), 본받을 조(祖)-법(法)〉 등의 뜻을 내지만 여기선 〈조부(祖父)〉로 새김이 마땅하다.

우(遇) 〈만날 우(遇)-봉(逢), 길에서 우연히 만날 우(遇)-불기이어도로상봉(不期而於道路相逢)-불기이회(不期而會), 구할 우(遇)-구(求), 뜻을 알아챌 우(遇)-지득(志得), 은혜로써 가까이할 우(遇)-이은상접(以恩相接), 시기 우(遇)-시기(時機), 이를(미칠) 우(遇)-피(被), 짝 우(遇)-우(偶)〉 등의 뜻을 내지만 여기선 〈만날 봉(逢)〉과 같다 여기고 새김이 마땅하다.

비(妣) 〈할머니(어머니) 비(妣)-모(母)-조모(祖母), 돌아가신 어머니 비(妣)-모사(母死)〉 등의 뜻을 내지만 여기선 〈조모(祖母)〉로 새김이 마땅하다.

不 〈불-부〉 등으로 발음되고, 〈못할 불(不)-부(不), 않을 불(不)-부(不), 아

닐 불(不)-부(不)-비(非), 없을 불(不)-부(不)-무(無), 하지 말 불(不)-부(不)-막(莫)-금지(禁止), 정하지 않을 불(不)-부(不)-부(否)-미정(未定), 새가 날아올라 내려오지 않는 불(不)-부(不)-조비상불하래(鳥飛上不下來)〉 등의 뜻을 내지만 여기선 〈못할 불(不)〉로 여기고 새김이 마땅하다.

급(及) 〈이를 급(及)-지(至), 미칠 급(及)-체(逮), 뒤좇을 급(及)-추(追), 및(~와) 급(及)-겸사(兼詞), 같을 급(及)-여(如), 이을 급(及)-연(連)-계(繫), 함께할 급(及)-여(與)-공(共), 더불어 급(及)-여(與), 마땅할 급(及)-의(宜), 찰 급(及)-만(滿)〉 등의 뜻을 내지만 여기선 〈이를 지(至)〉와 같다 여기고 새김이 마땅하다.

군(君) 〈지극히 높은 사람(천자-임금-제후) 군(君)-지존자(至尊者), 임금을 이을(세자) 군(君)-세자(世子), 여왕 군(君)-여군(女君), 어버이 군(君)-부모(父母), 돌아가신 임금-돌아가신 아버지-돌아가신 조상 군(君)-선군(先君)-선부(先父)-선조(先祖), 상대를 부르는 칭호 군(君)-칭호(稱號), 귀신을 받들어 부르는 칭호 군(君)-귀신지경칭(鬼神之敬稱), 맡아 다스릴 군(君)-주재(主宰), 하늘-건 군(君)-천(天)-건(乾), 양 군(君)-양(陽), 낮 군(君)-일(日), 중앙제단 군(君)-궁제단(宮祭壇), 흙 군(君)-토(土)〉 등의 뜻을 내지만 여기선 〈임금 군(君)〉으로 여기고 새김이 마땅하다.

신(臣) 〈신하 신(臣)-사군자(事君者), 백성 신(臣)-서인(庶人), 신하 노릇을 다할 신(臣)-진신지직분(盡臣之職分), 남자를 낮추어 부를 신(臣)-수부(囚俘)-남자지천칭(男子之賤稱), 신하의 자칭 신(臣)-신하지자칭(臣下之自稱), 저 신(臣)-자기지겸칭(自己之謙稱), 음 신(臣)-음(陰), 달 신(臣)-월(月), 오음의 상 신(臣)-오음지상(五音之商)〉 등의 뜻을 내지만 여기선 〈신하 신(臣)〉으로 여기고 새김이 마땅하다.

무(无) 〈없을 무(无)-무(無), 허무지도 무(无)-허무지도(虛无之道), 으뜸 무(无)-원(元)〉 등의 뜻을 내지만 여기선 〈없을 무(無)〉와 같다 여기고 새김이 마땅하다.

구(咎) 〈허물 구(咎)-건(愆)-과(過), 재앙 구(咎)-재(災), 병될 구(咎)-병(病), 나쁠 구(咎)-오(惡)〉 등의 뜻을 내지만 여기선 〈허물 건(愆)-과(過)〉와 같다 여기고 새김이 마땅하다.

구삼(九三 : ━)

九三 : 弗過防之면 從或戕之이니 凶하리라
불과방지 종혹장지 흉

구삼(九三) : 지나침[過] 그것을[之] 방지하지[防] 않는다면[弗] 좇다가[從] 그것으로[之] 해를 입을지도[戕] 모르니[或] 불운하다[凶].

【구삼(九三)의 효상(爻象) 풀이】

소과괘(小過卦 : ䷽)의 구삼(九三 : ━)은 이양거양(以陽居陽) 즉 양(陽 : ━)으로써[以] 양(陽 : ━)의 자리에 있는지라[居] 정당한 자리에 있다. 구삼(九三 : ━)과 구사(九四 : ━)는 양양(兩陽)의 사이인지라 비(比) 즉 이웃의 사귐[比]을 누리지 못하고 오히려 상충(相衝) 즉 서로[相] 부딪치는[衝] 사이가 될 수도 있다. 구삼(九三 : ━)과 상륙(上六 : ╍)은 양음(陽陰)의 사이인지라 정응(正應) 즉 바르게[正] 호응하는[應] 사이이지만 나약한 상륙(上六 : ╍)에게 도움을 받기 어렵다. 구삼(九三 : ━)이 정위(正位)에 있지만 소과괘(小過卦 : ䷽)의 하체(下體) 간(艮 : ☶)의 중위(中位)를 벗어난 상효(上爻)인지라 시강(恃剛) 즉 굳셈만[剛] 믿고[恃] 나서면 〈소과(小過)〉 즉 음(陰 : ╍)이[小] 과다한[過] 시국에서 미움 받을 수 있으니 정위(正位)에 있음을 과시하지 말아야 하는 모습이다.

소과괘(小過卦 : ䷽)의 구삼(九三 : ━)이 육삼(六三 : ╍)으로 변효(變爻)하면 구삼(九三 : ━)은 소과괘(小過卦 : ䷽)를 16번째 예괘(豫卦 : ䷏)로 지괘(之卦)하게 한다. 따라서 소과괘(小過卦 : ䷽)의 구삼(九三 : ━)은 예괘(豫卦 : ䷏)의 육삼(六三 : ╍)을 찾아가 살펴보게 한다.

【구삼(九三)의 계사(繫辭) 풀이】

弗過防之(불과방지)

지나침[過] 그것을[之] 방지하지[防] 않는다[弗].

〈불과방지(弗過防之) 종혹장지(從或戕之) 흉(凶)〉은 〈소과(小過)〉의 시국에서 구삼(九三 : ⚊)이 시강(恃剛) 즉 굳셈만을[剛] 믿고[恃] 자만(自慢)하지 말라는 계사(繫辭)이다. 〈불과방지(弗過防之) 종혹장지(從或戕之) 흉(凶)〉은 〈구삼불방대과(九三弗防大過) 약구삼종기과(若九三從其過) 구삼혹가피장용기과(九三或可被戕用其過) 잉구삼장유흉(仍九三將有凶)〉의 줄임으로 여기고 〈구삼이[九三] 큰[大] 지나침을[過] 막지 않고[弗防] 만약[若] 구삼이[九三] 그[其] 지나침을[過] 좇는다면[從] 구삼은[九三] 그[其] 지나침에[過] 의해서[用] 혹시라도[或] 상해를 입을 수도 있다[可被戕] 이에[仍] 구삼에게[九三] 불운이[凶] 있을 것이다[將有]〉라고 새겨볼 것이다. 〈불과방지(弗過防之)의 지(之)〉는 전치(前置)된 〈과(過)〉를 나타내는 지시어이고, 〈종혹장지(從或戕之)의 장(戕)〉은 〈상할 상(傷)〉과 같고, 〈종혹장지(從或戕之)의 지(之)〉는 구삼(九三 : ⚊)을 나타내는 지시어로 여기고 새김이 마땅하다.

〈불과방지(弗過防之)〉는 구삼(九三 : ⚊)이 소과괘(小過卦 : ䷽)의 하체(下體) 간(艮 : ☶)의 중위(中位)를 벗어나 상효(上爻)로서 정위(正位)에 있음을 앞세워 편강(偏剛) 즉 굳셈에[剛] 치우쳐[偏] 자만할 수 있음을 암시한다. 〈불과방지(弗過防之)의 과(過)〉는 대과(大過) 즉 큰[大] 지나침[過]을 뜻한다. 여기서 대과(大過)란 양(陽 : ⚊)의 지나침[過]을 암시하고 이는 곧 편강(偏剛) 즉 굳셈에[剛] 지나침[偏]을 뜻한다. 구삼(九三 : ⚊)이 중위(中位)를 벗어나 정위(正位)에 있다 하여 시기강(恃己剛) 즉 자기의[己] 굳셈을[剛] 믿고[恃] 『노자(老子)』에 나오는 〈자기를[自] 드러내는[見] 자(者)〉임을 자처한다면, 구삼(九三 : ⚊)은 불명(不明) 즉 현명하지 못해[不明] 자만할 수 있음을 경계하여 암시한 것이 〈불과방지(弗過防之)〉이다. 이는 불명(不明)하지 말라 함이다. 불명(不明)이란 정기(正己) 즉 자신을[己] 바르게 하지[正] 못함을 말한다. 『노자(老子)』에 나오는 〈후기신(後其身) - 외기신(外其身)〉 즉 〈제[其] 자신을[身] 뒤로 물리고[後] - 제[其] 자신을[身] 제침[外]〉으로써 비로소 정기(正己)의 정(正)이 이루어진다. 소과괘(小過卦 : ䷽)의 하체(下體) 간(艮 : ☶)의 상효(上爻)인 구삼(九三 : ⚊)은 중위(中位)를 벗어난 터이라, 무유사벽(無有邪僻) 즉 간사함과[邪] 치우침이[僻] 없는[無有] 심지(心志)를 저버리고 양강(陽剛)에 치우칠 수 있어 정기(正己)의 정(正)을 저버릴 수 있기 때문에 〈방과(放過)〉 즉 지나침을[過] 막아야[防] 함을 암시한 것이 〈불과방지(弗過防之)〉이다.

從或戕之(종혹장지) 凶(흉)

좇다가[從] 그것으로[之] 해를 입을지도[戕] 모르니[或] 불운하다[凶].

〈종혹장지(從或戕之)〉는 만약 구삼(九三 : ─)이 굳셈에[剛] 치우쳐[過] 자현자(自見者)가 된다면 구삼(九三 : ─)은 〈소과(小過)〉의 시국에서 음(陰 : --)의 위해(危害)를 면치 못함을 암시한다. 구삼(九三 : ─)이 소과괘(小過卦 : ䷽)의 주제인 〈소과(小過)〉의 시국을 무시하고 〈대과(大過)〉 즉 굳셈에만[剛] 치우친다면[過] 성세(盛世)를 맞이한 음(陰 : --)의 무리가 쇠해가는[衰] 양(陽 : ─)에 속한 구삼(九三 : ─)을 〈장(戕)〉 즉 상하게 할[戕] 수도 있음을 암시한 것이 〈종혹장지(從或戕之)〉이다.

〈종혹장지(從或戕之)의 종(從)〉으로써 구삼(九三 : ─)을 상하게 할[戕] 자는 육이(六二 : --)뿐이다. 구삼(九三 : ─)을 〈종(從)〉 즉 뒤좇을[從] 자는 육이(六二 : --)인 까닭이다. 〈종혹장지(從或戕之)의 종(從)〉은 여기선 〈뒤좇을 축(逐)〉과 같고, 〈종혹장지(從或戕之)의 장(戕)〉은 구삼(九三 : ─)이 소과괘(小過卦 : ䷽)의 외호괘(外互卦)인 태(兌 : ☱)의 초효(初爻)임을 들어 구삼(九三 : ─)을 취상(取象)한 것이다. 왜냐하면 〈종혹장지(從或戕之)의 장(戕)〉이 「설괘전(說卦傳)」에 나오는 〈태는[兌 : ☱] 상처 나[毁] 꺾인 것[折]이다[爲]〉라는 내용을 상기시키기 때문이다. 〈종혹장지(從或戕之)의 혹(或)〉은 구삼(九三 : ─)이 〈불방과(弗防過)〉 즉 지나침을[過] 막지 않고[弗防] 편강(偏剛) 즉 굳셈에[剛] 치우쳐버리는[偏] 경우를 암시한다. 따라서 여기 〈혹(或)〉은 만약에 구삼(九三 : ─)이 자신의 시강(恃剛) 즉 굳셈만을[剛] 믿고[恃] 자현자(自見者)이기를 고집한다면 〈소과(小過)의 소(小)〉 즉 음(陰 : --)의 미움을 사 상해[戕]를 입게 될 수도 있어서, 구삼(九三 : ─)이 불운[凶]을 면치 못할 수도 있음을 암시한 계사(繫辭)가 〈불과방지(弗過防之) 종혹장지(從或戕之) 흉(凶)〉이다.

【字典】

불(弗) 〈말 불(弗)-불(不), 않을 불(弗)-불(不), 못할 불(弗)-불(不), 어길 불(弗)-위(違), 버릴 불(弗)-거(去)〉 등의 뜻을 내지만 여기선 〈않을 불(不)〉과 같다 여기고 새김이 마땅하다.

과(過) 〈지나칠 과(過)-월(越)-초(超), 죄 과(過)-죄(罪), 말이 문을 나오는 모양 과(過)-틈(闖), 이길 과(過)-승(勝), 남을 과(過)-여(餘), 많을 과(過)-다(多), 심할 과(過)-심(甚), 끊을 과(過)-절(絶), 매우 심할 과(過)-태심(太甚)-과도(過度), 잘못할 과(過)-오(誤)-실도(失度), 실수할 과(過)-무심지실(無心之失) {유심지실(有心之失)은 악(惡)}, 과실(잘못) 과(過)-실오(失誤), 꾸짖을 과(過)-책(責), 건널 과(過)-도(渡), 지날 과(過)-경(經), 넘을 과(過)-유(踰), 이를 과(過)-지어(至於), 찾아갈 과(過)-방(訪)-견(見), 갈 과(過)-거(去), 고루 미칠 과(過)-편(遍)〉 등의 뜻을 내지만 여기선 〈지나칠 월(越)〉과 같다 여기고 새김이 마땅하다.

방(防) 〈금할 방(防)-금(禁)-금지(禁止), 막을 방(防)-수어(守禦), 언덕 방(防)-제(隄), 방비할 방(防)-비(備)-방비(防備), 가로막을 방(防)-장(障), 지킬 방(防)-위(衛), 덮을 방(防)-폐(蔽), 요새 방(防)-요새(要塞), 방어할 방(防)-방어(防禦), 감당할 방(防)-당(當), 겨룰 방(防)-비(比), 읍 방(防)-읍(邑)〉 등의 뜻을 내지만 여기선 〈금할 금(禁)〉과 같다 여기고 새김이 마땅하다.

지(之) 〈그것(이것) 지(之)-피(彼)-시(是), 주격-소유격-목적격 등의 토씨 지(之), 갈 지(之)-왕(往), 이를 지(之)-지(至), 뜻 없는 허사(虛詞) 지(之)〉 등의 뜻을 내지만 여기선 〈그것 지(之)〉로 여기고 새김이 마땅하다.

종(從) 〈뒤좇을 종(從)-축(逐), 따를 종(從)-수(隨), 받아들일 종(從)-청(聽), 맡을 종(從)-임(任), 나아갈 종(從)-취(就), ~부터 종(從)-자(自)〉 등의 뜻을 내지만 여기선 〈뒤좇을 축(逐)〉과 같다 여기고 새김이 마땅하다.

혹(或) 〈아마도 혹(或), 때때로 혹(或)-간(間), 어떤 이 혹(或)-수(誰), 의심할 혹(或)-의(疑), 괴이할 혹(或)-괴(怪), 있을 혹(或)-유(有)〉 등의 뜻을 내지만 여기선 〈아마도 혹(或)〉으로 여기고 새김이 마땅하다.

장(戕) 〈상할 장(戕)-상(傷), 죽일 장(戕)-살(殺), 무찌를 장(戕)-잔(殘), 찌를 장(戕)-창(槍), 춘추필법 장(戕)-춘추필법(春秋筆法)〉 등의 뜻을 내지만 여기선 〈상할 상(傷)〉과 같다 여기고 새김이 마땅하다.

흉(凶) 〈불행할(흉할) 흉(凶)-길지반(吉之反), 걱정할 흉(凶)-우(憂)-구(懼), 흉한 사람 흉(凶)-흉인(凶人), 나쁠 흉(凶)-오(惡), 재앙 흉(凶)-화(禍), 요사할 흉(凶)-요사(夭死), 악한 사람 흉(凶)-악인(惡人), 흉년 흉(凶)-연곡불숙(年穀不熟), 사나울 흉(凶)-포학

(暴虐), 음기 흉(凶)-음기(陰氣), 북쪽 흉(凶)-북(北), 없을 흉(凶)-공(空), 송사 흉(凶)-송(訟), 거역할 흉(凶)-역(逆), 어그러질 흉(凶)-패(悖), 허물 흉(凶)-구(咎)〉 등의 뜻을 내지만 여기선 〈불행할 길지반(吉之反)〉으로 여기고 새김이 마땅하다.

註 기자불립(跂者不立) 과자불행(跨者不行) 자현자불명(自見者不明) 자시자불창(自是者不彰) 자벌자무공(自伐者無功) 자긍자부장(自矜者不長) 기어도야(其於道也) 왈여식췌형(曰餘食贅形) : 발돋움하는[跂] 사람은[者] 오래 서 있지 못하고[不立], 성큼성큼 걷는[跨] 사람은[者] (멀리) 가지 못한다[不行]. 자기를[自] 드러내는[見] 사람은[者] 밝지 못하고[不明], 스스로[自] 옳다고 주장하는[是] 사람은[者] 뚜렷하지 못하며[不彰], 스스로[自] 자랑하는[伐] 사람은[者] 일한 보람이[功] 없어지고[無], 스스로[自] 뽐내는[矜] 사람은[者] 대접받지 못한다[不長]. 도덕[道]에서[於] 앞의 짓들[其]을[也] 말해본다면[曰] (앞의 짓들이란) 먹다 남은[餘] 밥풀떼기이고[食] 혹 덩어리이다[贅形].
『노자(老子)』 24장(章)

註 태위훼절(兌爲毁折) : 태는[兌 : ☱] 상처 나[毁] 꺾인 것[折]이다[爲].
「설괘전(說卦傳)」 11단락(段落)

註 성인후기신이신선(聖人後其身而身先) 외기신이신존(外其身而身存) : 성인은[聖人] 그[其] 자신을[身] 뒤로 물러서나[後而] 자신이[身] 앞서지고[先], 그[其] 자신을[身] 제쳐서[外而] 자신이[身] 잊히지 않는다[存].
『노자(老子)』 7장(章)

구사(九四 : ⚊)

九四 : 无咎(무구)하다 弗過遇之(불과우지)어니와 往厲必戒(왕려필계)하여 勿用永貞(물용영정)하리

구사(九四) : 허물이[咎] 없다[无]. 넘치지[過] 않음을[弗] 대우해야지[遇之] 나아가면[往] 위태하니[厲] 반드시[必] 경계하면서[戒] 행동하지[用] 말아야[勿] 변함없이[永] 진실로 미덥다[貞].

【구사(九四)의 효상(爻象) 풀이】

소과괘(小過卦 : ䷽)의 구사(九四 : ⚊)는 이양거음(以陽居陰) 즉 양(陽 : ⚊)으로써[以] 음(陰 : ⚋)의 자리에 있는지라[居] 정당한 자리에 있지 못하다. 구사

(九四 : ⚊)와 육오(六五 : ⚋)는 양음(陽陰)의 사이인지라 비(比) 즉 이웃의 사귐[比]을 누릴 수 있다. 구사(九四 : ⚊)와 초륙(初六 : ⚋) 역시 양음(陽陰)의 사이인지라 정응(正應) 즉 바르게[正] 호응하는[應] 사이이다. 강양(剛陽)이지만 구사(九四 : ⚊) 자신이 음위(陰位)에 있음을 헤아려서 소과괘(小過卦 : ䷽)의 주제인 〈소과(小過)〉의 시국을 받아들이면서, 초륙(初六 : ⚋)과의 정응(正應)을 소중히하고 육오(六五 : ⚋)와의 비(比)를 받들어 자계(自戒) 즉 스스로[自] 조심하면서[戒] 〈소과(小過)〉의 시국을 마주하는 모습이다.

> 소과괘(小過卦 : ䷽)의 구사(九四 : ⚊)가 육사(六四 : ⚋)로 변효(變爻)하면 구사(九四 : ⚊)는 소과괘(小過卦 : ䷽)를 15번째 겸괘(謙卦 : ䷎)로 지괘(之卦)하게 한다. 따라서 소과괘(小過卦 : ䷽)의 구사(九四 : ⚊)는 겸괘(謙卦 : ䷎)의 육사(六四 : ⚋)를 찾아가 살펴보게 한다.

【구사(九四)의 계사(繫辭) 풀이】

无咎(무구)

허물이[咎] 없다[无].

〈무구(无咎)〉는 〈소과(小過)〉의 시국을 구사(九四 : ⚊)가 아래의 구삼(九三 : ⚊)과는 달리 잘 인지하고 있음을 암시한 계사(繫辭)이다. 〈무구(无咎)〉는 〈구사무구(九四无咎)〉의 줄임으로 여기고 〈구사에게는[九四] 허물이[咎] 없다[无]〉라고 새겨볼 것이다.

〈무구(无咎)〉는 구사(九四 : ⚊) 자신은 양강(陽剛)이지만 있는 자리가 음유(陰柔)의 자리인지라 구사(九四 : ⚊)에게 이미 유구(有咎) 즉 허물이[咎] 있는[有] 셈이지만, 구사(九四 : ⚊) 자신이 〈소과(小過)〉 즉 음(陰 : ⚋)이 성세(盛勢)하는 시국을 따라 양(陽 : ⚊)의 굳셈[剛]을 물리고 음유(陰柔) 즉 음(陰 : ⚋)의 부드러움[柔]으로 〈소과(小過)〉의 시국을 마주해야 함을 알고 있음을 암시한다. 구사(九四 : ⚊) 자신이 편강(偏剛) 즉 굳셈에[剛] 치우치지[偏] 않아야 함을 깨닫고 〈소과(小過)〉의 시국을 호응(互應)하기 때문에 구사(九四 : ⚊)에게 허물이[咎] 없음[无]을 암시한 계사(繫辭)가 〈무구(无咎)〉이다.

弗過遇之(불과우지)

넘치지[過] 않음을[弗] 대우한다[遇之].

〈불과우지(弗過遇之)〉는 구사(九四 : ━)가 〈무구(无咎)〉인 까닭을 암시한 계사(繫辭)이다. 〈불과우지(弗過遇之)〉는 〈구사불우강강지과(九四弗遇剛强之過) 약구사왕어기과(若九四往於其過) 인차구사가유려(因此九四可有厲) 구사필계강강지과(九四必戒剛强之過) 구사물용기과(九四勿用其過) 인차구사영부득불유정관어소과(因此九四永不得不有貞關於小過)〉의 줄임으로 여기고 〈구사는[九四] 굳세고 강함의[剛强之] 넘침을[過] 만나지 않는다[弗遇] 만약[若] 구사가[九四] 그[其] 넘침으로[於過] 나아간다면[往] 이로 인해[因此] 구사에게[九四] 위험이[厲] 있을 수 있기에[可有] 구사는[九四] 반드시[必] 강강의[剛强之] 넘침을[過] 경계해야 하고[戒] 구사는[九四] 그[其] 넘침을[過] 행하지[用] 말아야 한다[勿] 그래서[因此] 구사에게는[九四] 변함없이[永] 소과에[小過] 관하여[關於] 진실한 미더움이[貞] 있어야 한다[不得不有]〉라고 새겨볼 것이다.

〈불과우지(弗過遇之)〉는 구사(九四 : ━)가 〈소과(小過)〉의 시국을 경시(輕視)하고 강강지과(剛强之過) 즉 굳세고[剛] 강함의[强之] 지나침[過]을 범하지 말아야 함을 암시한다. 〈소과(小過)〉의 시국임을 인지하고 중시(重視)하여 시국에 구사(九四 : ━) 자신의 뜻을 맞춤을 암시한 것이 〈불과우지(弗過遇之)〉이다. 〈불과우지(弗過遇之)〉의 〈과(過)〉는 강강지과(剛强之過) 즉 굳세고[剛] 강함의[强之] 넘침[過]을 암시한다. 〈우(遇)〉는 여기선 〈대우할 대(待)〉와 같다. 〈소과(小過)〉 즉 음(陰 : ╍)의[小] 넘침[過]을 인정하고, 구사(九四 : ━)가 초륙(初六 : ╍)과의 정응(正應)을 대하고 육오(六五 : ╍)와의 비(比)를 대함에 자신의 양강(陽剛)을 앞세우지 않는다. 말하자면 〈소과(小過)의 소(小)〉 즉 음(陰 : ╍)이 성(盛)하는 시국임을 인지한지라 구사(九四 : ━)가 소과괘(小過卦 : ䷽)에서 맨 아래에 있는 초륙(初六 : ╍)마저도 양강(陽剛)에 따라주기[順]를 바라지 않고 대우하여[遇], 소과괘(小過卦 : ䷽)의 주제인 〈소과(小過)〉의 시국을 구사(九四 : ━) 자신이 순수(順守) 즉 따라[順] 지킴[守]을 암시한 계사(繫辭)가 〈불과우지(弗過遇之)〉이다.

往厲必戒(왕려필계) 勿用永貞(물용영정)

나아가면[往] 위태하니[厲] 반드시[必] 경계하면서[戒], 행동하지[用] 말아야[勿] 변함없이[永] 진실로 미덥다[貞].

〈왕려필계(往厲必戒)〉는 구사(九四 : ─)가 〈소과(小過)〉의 시국임을 인지하고 자신의 강강(剛强)함을 앞세우지 않음을 암시한다. 〈왕려필계(往厲必戒)〉는 구사(九四 : ─)가 강강지과(剛强之過)로 나아간다면[往] 곧장[則] 구사에게[九四] 위태함이[厲] 있다[有]는 것이다. 그러므로 구사(九四 : ─)는 그[其] 나아감을[往] 반드시[必] 경계하면서[戒] 강강(剛强)한 양(陽 : ─)이 쇠(衰)하고 유약(柔弱)한 음(陰 : --)이 성(盛)하는 시국임을 외면하지 않아야 한다. 이런 〈소과(小過)〉의 시국에서 만약 구사(九四 : ─) 자신의 양강(陽剛)을 앞세워 〈소과(小過)의 소(小)〉 즉 음(陰 : --)이 따라주기를 바라고 나아가려[往] 한다면 구사(九四 : ─)가 위태함[厲]을 면하기 어렵다. 〈소과(小過)〉의 시국에서 성(盛)한 음(陰 : --)이 쇠(衰)한 양(陽 : ─)을 따라주지 않음을 잊지 말고, 자신의 강강(剛强)함을 앞세워 나아가려는[往] 심사(心事)를 구사(九四 : ─) 자신이 반드시[必] 경계하여[戒] 금(禁)해야 함을 암시한 계사(繫辭)가 〈왕려필계(往厲必戒)〉이다.

〈물용영정(勿用永貞)〉은 앞 〈왕려(往厲)의 왕(往)〉을 뿌리치면서 〈소과(小過)〉의 시국을 순수(順守) 즉 따라[順] 지켜야[守] 함을 암시한다. 〈소과(小過)〉의 시국에서 구사(九四 : ─)가 위태함[厲]을 벗어나자면 성(盛)한 〈소(小)〉에 속하는 육오(六五 : --)와 초륙(初六 : --) 등의 신임을 얻어야 함을 암시한 것이 〈물용영정(勿用永貞)의 물용(勿用)〉이다. 〈소과(小過)〉의 시국에선 성(盛)한 음(陰 : --)으로부터 의심을 사면 구삼(九三 : ─)처럼 〈장(戕)〉 즉 상해[戕]를 당할 위험에 빠질 수도 있다. 따라서 구사(九四 : ─)가 〈정(貞)〉을 항상[永] 떠날 수 없다. 〈정(貞)〉은 성신(誠信) 즉 진실로[誠] 미더움[信]이다. 이런 〈정(貞)〉은 공정무편(公正無偏) 즉 모든 것을 아울러 하나같이[公] 바르게 하여[正] 치우침이[偏] 없음[無]이다. 구사(九四 : ─) 자신의 마음이 〈소과(小過)〉의 시국을 향(向)해서 성신(誠信)해야 〈소과(小過)〉의 시국을 다스려가는 육오(六五 : --)로부터 신임(信任)을 얻어 소과괘(小過卦 : ䷽)의 주제인 〈소과(小過)〉의 시국을 구사(九四 : ─)가 마주할 수 있음을 암시한 계사(繫辭)가 〈물용영정(勿用永貞)〉이다.

【字典】

무(无) 〈없을 무(无)-무(無), 허무지도 무(无)-허무지도(虛无之道), 으뜸 무(无)-원(元)〉 등의 뜻을 내지만 여기선 〈없을 무(無)〉와 같다 여기고 새김이 마땅하다.

구(咎) 〈허물 구(咎)-건(愆)-과(過), 재앙 구(咎)-재(災), 병될 구(咎)-병(病), 나쁠 구(咎)-오(惡)〉 등의 뜻을 내지만 여기선 〈허물 건(愆)-과(過)〉와 같다 여기고 새김이 마땅하다.

불(弗) 〈말 불(弗)-불(不), 않을 불(弗)-불(不), 못할 불(弗)-불(不), 어길 불(弗)-위(違), 버릴 불(弗)-거(去)〉 등의 뜻을 내지만 여기선 〈않을 불(不)〉과 같다 여기고 새김이 마땅하다.

과(過) 〈지나칠 과(過)-월(越)-초(超), 죄 과(過)-죄(罪), 말이 문을 나오는 모양 과(過)-틈(闖), 이길 과(過)-승(勝), 남을 과(過)-여(餘), 많을 과(過)-다(多), 심할 과(過)-심(甚), 끊을 과(過)-절(絶), 매우 심할 과(過)-태심(太甚)-과도(過度), 잘못할 과(過)-오(誤)-실도(失度), 실수할 과(過)-무심지실(無心之失) {유심지실(有心之失)은 악(惡)}, 과실(잘못) 과(過)-실오(失誤), 꾸짖을 과(過)-책(責), 건널 과(過)-도(渡), 지날 과(過)-경(經), 넘을 과(過)-유(踰), 이를 과(過)-지어(至於), 찾아갈 과(過)-방(訪)-견(見), 갈 과(過)-거(去), 고루 미칠 과(過)-편(遍)〉 등의 뜻을 내지만 여기선 〈지나칠 월(越)〉과 같다 여기고 새김이 마땅하다.

우(遇) 〈대우할 우(遇)-대(待)-대우(待遇), 짝 우(遇)-우(偶), 만날 우(遇)-봉(逢), 길에서 우연히 만날 우(遇)-불기이어도로상봉(不期而於道路相逢)-불기이회(不期而會), 구할 우(遇)-구(求), 뜻을 알아챌 우(遇)-지득(志得), 은혜로써 가까이할 우(遇)-이은상접(以恩相接), 시기 우(遇)-시기(時機), 이를(미칠) 우(遇)-피(被)〉 등의 뜻을 내지만 여기선 〈대우할 대(待)〉와 같다 여기고 새김이 마땅하다.

지(之) 〈그것(이것) 지(之)-피(彼)-시(是), 주격-소유격-목적격 등의 토씨 지(之), 갈 지(之)-왕(往), 이를 지(之)-지(至), 뜻 없는 허사(虛詞) 지(之)〉 등의 뜻을 내지만 여기선 〈그것 지(之)〉로 여기고 새김이 마땅하다.

왕(往) 〈나아갈(갈) 왕(往)-행(行)-지(之)-거(去), 이를 왕(往)-지(至), 향할 왕(往)-향(向), 옛 왕(往)-석(昔), 이따금 왕(往)-시시(時時), 뒤 왕(往)-후(後)〉 등의 뜻을 내지

만 〈나아갈 행(行)〉과 같다 여기고 새김이 마땅하다.

여(厲) 〈위태할 여(厲)-위(危), 가물 여(厲)-한(旱), 갈 여(厲)-마(磨), 문지를(비빌) 여(厲)-마찰(摩擦), 엄할(사나울) 여(厲)-엄(嚴)-맹(猛), 높고 훌륭할 여(厲)-고상(高尙), 맑고 바를 여(厲)-청정(淸正), 막을 여(厲)-항(抗), 일어날 여(厲)-기(起), 지을 여(厲)-작(作), 사나울 여(厲)-학(虐), 병들 여(厲)-병(病), 낭떠러지 여(厲)-애(涯), 물이 깊어도 건널 수 있는 곳 여(厲)-심수가섭지처(深水可涉之處), 권하여 힘쓰게 할 여(厲)-권면(勸勉), 이을 여(厲)-합(合)-연(連), 옷을 입고 물을 건널 여(厲)-이의섭수(以衣涉水), 가까울 여(厲)-근(近)-부(附)〉 등의 뜻을 내지만 여기선 〈위태로울 위(危)〉와 같다 여기고 새김이 마땅하다. 〈厲〉가 앞에 있을 때는 〈여(厲)〉로 발음되고, 뒤에 있으면 〈려(厲)〉로 발음된다.

필(必) 〈반드시 필(必)-정사(定辭), 꼭 해야 할 필(必)-불이(不已), 오로지 필(必)-전(專), 믿을 필(必)-신(信), 진실로 필(必)-구(苟), 만약 필(必)-약(若), 이에 필(必)-내(乃), 기약 필(必)-기약(期約), 살필 필(必)-심(審)〉 등의 뜻을 내지만 여기선 〈반드시 필(必)〉로 여기고 새김이 마땅하다.

계(戒) 〈경계할 계(戒)-경(警), 방비할 계(戒)-비(備), 지킬 계(戒)-수(守), 환란을 막을 계(戒)-방환(防患), 삼갈 계(戒)-신(愼), 갖출 계(戒)-구(具), 고할 계(戒)-고(告), 조심할 계(戒)-경척(警惕)〉 등의 뜻을 내지만 여기선 〈경계할 경(警)〉으로 여기고 새김이 마땅하다.

물(勿) 〈없을 물(勿)-무(無)-무(毋), 하지 말 물(勿)-막(莫), 아닌 것 물(勿)-비(非), 아니할 물(勿)-불(不)〉 등의 뜻을 내지만 여기선 〈하지 말 막(莫)〉과 같다 여기고 새김이 마땅하다.

용(用) 〈쓸 용(用)-시(施)-행(行), 갖출 용(用)-비(備), 쓰일(부릴) 용(用)-사(使), 맡길 용(用)-임(任), 위할 용(用)-위(爲)〉 등의 뜻을 내지만 여기선 〈쓸 행(行)〉과 같다 여기고 새김이 마땅하다.

영(永) 〈오랠 영(永)-구(久), 길 영(永)-장(長), 멀 영(永)-원(遠), 끌 영(永)-인(引), 깊은 영(永)-심(深), 읊을 영(永)-영(詠)-영(咏), 헤엄칠 영(永)-영(泳)〉 등의 뜻을 내지만 여기선 〈오랠 구(久)〉와 같다 여기고 새김이 마땅하다.

정(貞) 〈바를 정(貞)-정(正), 믿을 정(貞)-신(信), 거북점을 물을 정(貞)-복문(卜

問), 역(易)의 내괘(內卦) 정(貞), 마땅할 정(貞)-당(當), 정할 정(貞)-정(定), 순수할 정(貞)-전(專)-일(一)〉 등의 뜻을 내지만 여기선 〈바를 정(正), 믿을 신(信)〉 등을 합친 뜻과 같아 〈정신(正信)〉 즉 바르고[正] 미더움[信]으로 새김이 마땅하다.

육오(六五 : --)

六五 : 密雲不雨는 自我西郊이다 公弋取彼在穴한다
밀운불우 자아서교 공익취피재혈

육오(六五) : 구름이[雲] 짙지만[密] 비가 내리지 않음이[不雨] 우리[我] 서쪽[西] 교외[郊]로부터이다[自]. 공께서[公] 주살을 쏴[弋] 굴에[穴] 있는[在] 저것을[彼] 취한다[取].

【육오(六五)의 효상(爻象) 풀이】

소과괘(小過卦 : ䷽)의 육오(六五 : --)는 이음거양(以陰居陽) 즉 음(陰 : --)으로써[以] 양(陽 : ―)의 자리에 있는지라[居] 정당한 자리에 있지 못하다. 육오(六五 : --)와 구사(九四 : ―)는 다른 대성괘(大成卦)에서라면 음양(陰陽)의 사이인지라 비(比) 즉 이웃의 사귐[比]을 누릴 수 있으나 〈소과(小過)〉의 시국인지라 변변치 못하다. 상륙(上六 : --)과는 양음(兩陰) 즉 둘 다[兩] 음(陰 : --)의 사이인지라 비(比) 즉 이웃의 사귐[比]을 누릴 수 없을지라도 〈소과(小過)〉의 시국인지라 서로 부딪치지는 않는다. 육오(六五 : --)와 육이(六二 : --) 역시 양음(兩陰)의 사이인지라 다른 대성괘(大成卦)에서라면 정응(正應)을 서로 나누어 누리지는 못하지만, 〈소과(小過)〉의 시국인지라 동속(同屬) 즉 같은[同] 무리[屬]로서 상취(相取) 즉 서로[相] 취하여[取] 소사(小事)는 서로 돕지만 대사(大事)는 돕지 못하는 처지이다. 그러나 육오(六五 : --)는 소과괘(小過卦 : ䷽)의 상체(上體) 진(震 : ☳)의 중효(中爻)이면서 소과괘(小過卦 : ䷽)의 군위(君位)에 있는지라 스스로 득중(得中) 즉 정도를 따름을[中] 취하여[得] 〈소과(小過)〉의 시국을 마주하는 모습이다.

소과괘(小過卦 : ䷽)의 육오(六五 : --)가 구오(九五 : ㅡ)로 변효(變爻)하면 육오(六五 : --)는 소과괘(小過卦 : ䷽)를 31번째 함괘(咸卦 : ䷞)로 지괘(之卦)하게 한다. 따라서 소과괘(小過卦 : ䷽)의 육오(六五 : --)는 함괘(咸卦 : ䷞)의 구오(九五 : ㅡ)를 찾아가 살펴보게 한다.

【육오(六五)의 계사(繫辭) 풀이】

密雲不雨(밀운불우)

구름이[雲] 짙지만[密] 비가 내리지 않는다[不雨].

〈밀운불우(密雲不雨) 자아서교(自我西郊)〉는 육오(六五 : --)의 효위(爻位)를 들어 육오(六五 : --)의 처지를 암시한 계사(繫辭)이다. 〈밀운불우(密雲不雨) 자아서교(自我西郊)〉는 〈자아서교(自我西郊) 즉사밀운야불우(卽使密雲也不雨)〉의 줄임으로 여기고 〈나의[我] 서쪽[西] 교외[郊]로부터[自] 짙은[密] 구름[雲]일지라도[卽使也] 비가 내리지 않는다[不雨]〉라고 새겨볼 것이다.

〈밀운불우(密雲不雨)〉는 육오(六五 : --)와 육이(六二 : --)가 〈소과(小過)〉의 시국을 맞아 상취(相取) 즉 서로[相] 취함[取]을 암시한다. 유약(柔弱)한 육오(六五 : --)가 군왕(君王)의 자리에 있지만 정당(正當)한 자리가 아닌지라 대사(大事)인 국사(國事)를 처리해가기가 어려움을 〈밀운불우(密雲不雨)〉가 암시한다. 〈밀운불우(密雲不雨)〉는 9번째 소축괘(小畜卦 : ䷈)의 계사(繫辭)에도 나온다. 소축괘(小畜卦 : ䷈) 계사(繫辭)의 〈밀운불우(密雲不雨)의 밀(密)〉은 〈대과(大過)〉 즉 양(陽 : ㅡ)이 과다해[過] 양성(陽盛)함을 암시하고, 소과괘(小過卦 : ䷽) 육오(六五 : --)의 계사(繫辭) 〈밀운불우(密雲不雨)의 밀(密)〉은 〈소과(小過)〉 즉 음(陰 : --)이 과다해[過] 음성(陰盛)함을 암시하는지라, 〈밀운(密雲)〉이라는 말은 같지만 서로 다른 짙은[密] 구름[雲]이다. 구름이란 음양(陰陽)의 두 기운이 상화(相和)해야 비를 내리지[雨] 음양(陰陽) 어느 하나만 성(盛)한 짙은[密] 구름[雲]이라면 〈불우(不雨)〉 즉 비를 내리지 못함[不雨]이다. 소축괘(小畜卦 : ䷈)의 〈밀운(密雲)〉이든 소과괘(小過卦 : ䷽)의 〈밀운(密雲)〉이든 다를 것이 없다. 〈우(雨)〉 즉 비를 내림[雨]은 음양상화(陰陽相和)라는 대사(大事)이다. 음(陰 : --)이든 양(陽 : ㅡ)이든 간에 홀로는 대사(大事)를 이룰 수 없음이 천명(天命)이다. 이에 소과괘(小過卦 : ䷽)의 주제인 〈소과(小過)〉의 시국에서 육오(六五 : --)와 육이(六二 : --)가 상취(相取)하여 상조(相助) 즉 서로[相] 돕는다[助] 할지라도 비를 내려 만물이 풍성케 하는 대사(大事)를 이룰 수 없음을 암시한 계사(繫辭)가 〈밀운불우(密雲不雨)〉이다.

自我西郊(자아서교)

나의[我] 서쪽[西] 교외[郊]로부터이다[自].

〈자아서교(自我西郊)〉는 〈소과(小過)〉의 시국을 맞아 육오(六五 : --)와 육이(六二 : --)가 상취(相取)함을 암시하고, 앞의 〈밀운불우(密雲不雨)〉의 까닭을 밝힌다. 〈자아서교(自我西郊)의 아(我)〉는 육오(六五 : --)를 암시한다. 왜냐하면 〈자아서교(自我西郊)의 서교(西郊)〉가 서방(西方)인 태(兌 : ☱)를 연상시키기 때문이다. 소과괘(小過卦 : ䷽)의 하체(下體)인 간(艮 : ☶)은 동남방(東南方)이고, 소과괘(小過卦 : ䷽)의 상체(上體)인 진(震 : ☳)은 동방(東邦)이라, 소과괘(小過卦 : ䷽)의 상하체(上下體)가 다 양방(陽方)이지만 소과괘(小過卦 : ䷽)의 외호괘(外互卦)인 태(兌 : ☱)가 음방(陰方)이면서 서방(西方)인 까닭에, 〈자아서교(自我西郊)의 서교(西郊)〉는 소과괘(小過卦 : ䷽)의 외호괘(外互卦)인 태(兌 : ☱)를 들어 육오(六五 : --)를 취상(取象)한 것이다. 〈서교(西郊)〉란 음방(陰方)이라 〈자아서교(自我西郊)〉를 〈나의[我] 중음(衆陰)[西郊]으로부터[自]〉라고 새김해도 된다. 따라서 군왕(君王)인 육오(六五 : --)일지라도 〈소과(小過)〉 즉 음(陰 : --)만으로써는 비를 내림[雨]과 같은 대사(大事)를 이룰 수 없음을 암시한 계사(繫辭)가 〈밀운불우(密雲不雨) 자아서교(自我西郊)〉이다.

公弋(공익) 取彼在穴(취피재혈)

공께서[公] 주살을 쏴[弋] 굴에[穴] 있는[在] 저것을[彼] 취한다[取].

〈공익(公弋) 취피재혈(取彼在穴)〉은 군왕(君王)으로서 육오(六五 : --)가 동속(同屬)인 육이(六二 : --)를 취(取)함을 암시한 계사(繫辭)이다. 〈공익(公弋) 인차공취피재혈(因此公取彼在穴)〉의 줄임으로 여기고 〈공께서[公] 주살을 쏘았다[弋] 그래서[因此] 공께서[公] 굴에[穴] 있는[在] 저것을[彼] 취한다[取]〉라고 새겨볼 것이다.

〈공익(公弋)〉은 육오(六五 : --)가 정당한 자리에 있지 않지만 본래가 음유(陰

柔) 즉 유순한[柔] 음(陰 : --)인지라, 중효(中爻)로서 득중(得中) 즉 정도를 따름을 [中] 취하여[得] 소과괘(小過卦 : ䷽)의 주제인 〈소과(小過)〉의 시국을 평안하게 이끌고자 함을 암시한다. 〈공익(公弋)의 공(公)〉은 육오(六五 : --)가 군왕(君王)인지라 〈공(公)〉이라 칭한 것이고, 여기서는 〈나 아(我)〉와 같다. 〈공익(公弋)의 익(弋)〉은 비조(飛鳥) 같은 소과괘(小過卦 : ䷽)의 괘상(卦象)을 빌려 취유(取喩)한 것이다. 〈공익(公弋)의 익(弋)〉은 〈사취(射取)〉 즉 쏴서[射] 잡음[取]을 뜻한다. 〈익(弋)〉이란 오늬에 줄을 매 쏴 날리는 새사냥하는 화살이다.

〈취피재혈(取彼在穴)의 취피(取彼)〉는 육오(六五 : --)와 육이(六二 : --)가 양음(兩陰)이라 서로 중정(中正)-정응(正應)을 절로 누릴 수 없기 때문에, 육이(六二 : --)에게 하명(下命)하여 〈소과(小過)〉의 시국을 득중(得中) 즉 정도를 따름을[中] 취하여[得] 간사함[邪]이나 치우침[僻] 없이 공명(公明)하고 무사(無私)하게 함께 이끌어가려 함을 암시한다. 〈취피재혈(取彼在穴)의 피(彼)〉는 육오(六五 : --)에게서 떨어져 있는 육이(六二 : --)를 말한다. 만약 육오(六五 : --)가 이웃의 사귐[比]을 누릴 수 있는 구사(九四 : ━)를 취(取)한다면 〈취차(取此)〉라 했을 터이다. 〈취피재혈(取彼在穴)의 혈(穴)〉은 소과괘(小過卦 : ䷽)의 하체(下體) 간(艮 : ☶)을 들어 취상(取象)된 것이다. 「설괘전(說卦傳)」에 〈간은[艮 : ☶] 산(山)이다[爲]〉라는 내용을 여기 〈재혈(在穴)〉이 상기시키기 때문이다. 소과괘(小過卦 : ䷽)의 하체(下體) 간(艮 : ☶)의 중효(中爻)인 육이(六二 : --)는 음(陰 : --)인지라 중허(中虛)이다. 음(陰 : --)을 허(虛)라 하고 양(陽 : ━)을 실(實)이라 한다. 이에 〈재혈(在穴)〉이란 산(山)에 굴이[穴] 있다[在]는 것이다. 〈취피재혈(取彼在穴)〉은 육오(六五 : --)가 육이(六二 : --)를 취(取)함이니 소과괘(小過卦 : ䷽)의 괘사(卦辭)가 밝힌 〈불의상(不宜上) 의하(宜下)〉 즉 오름은[上] 마땅치 않고[不宜] 내림은[下] 마땅함[宜]을 따라, 육오(六五 : --)가 〈익(弋)〉 즉 마땅한 활쏘기[弋]로써 굴에[穴] 있는[在] 〈피(彼)〉 즉 육이(六二 : --)를 취(取)하여 소과괘(小過卦 : ䷽)의 상하체(上下體)가 화합(和合)하려 함을 암시함이 〈취피재혈(取彼在穴)〉이다. 상체(上體) 진(震 : ☳)의 주효(主爻)인 육오(六五 : --)와 하체(下體) 간(艮 : ☶)의 주효(主爻)인 육이(六二 : --)가 화합(和合)하여 소과괘(小過卦 : ䷽)가 반절(半截)되어 감(坎 : ☵)이 된다. 이에 감(坎 : ☵)은 물[水]이니 〈밀운불우(密雲不雨)〉가 〈밀운우(密雲雨)〉

로 변화해 세상에 단비를 뿌려 온 세상이 해갈됨을 암시한 계사(繫辭)가 〈공익(公弋) 취피재혈(取彼在穴)〉이다.

【字典】

밀(密) 〈빽빽할 밀(密)-조(稠), 고요할 밀(密)-정(靜)-묵(默), 깊을 밀(密)-심(深), 가만할 밀(密)-비(祕), 숨을 밀(密)-은(隱), 닫을 밀(密)-폐(閉), 편안할 밀(密)-안(安), 자잘할 밀(密)-세(細), 가까울 밀(密)-근(近), 차근차근할 밀(密)-치(緻), 촘촘할 밀(密)-면(綿)〉 등의 뜻을 내지만 여기선 〈빽빽할 조(稠)〉와 같다 여기고 새김이 마땅하다.

운(雲) 〈구름 운(雲)-수증기응축부유공중자(水蒸氣凝縮浮游空中者), 습기 운(雲)-습기(濕氣), 높음을 비유해주는 운(雲)-유고(喩高), 번성함을 비유해주는 운(雲)-유성(喩盛), 많음을 비유해주는 운(雲)-유다(喩多), 높이 초월함을 비유해주는 운(雲)-유고초(喩高超), 머나멂을 비유해주는 운(雲)-유원(喩遠), 모여드는 모양 운(雲)-총취모(叢聚貌)〉 등의 뜻을 내지만 여기선 〈구름 운(雲)〉으로 여기고 새김이 마땅하다.

不 〈불-부〉 등으로 발음되고, 〈않을 불(不)-부(不), 못할 불(不)-부(不), 아닐 불(不)-부(不)-비(非), 없을 불(不)-부(不)-무(無), 하지 말 불(不)-부(不)-막(莫)-금지(禁止), 정하지 않을 불(不)-부(不)-부(否)-미정(未定), 새가 날아올라 내려오지 않는 불(不)-부(不)-조비상불하래(鳥飛上不下來)〉 등의 뜻을 내지만 여기선 〈않을 불(不)〉로 여기고 새김이 마땅하다.

우(雨) 〈비 내릴 우(雨)-수종운하(水從雲下), 물기 우(雨)-수기(水氣), 음 우(雨)-음(陰), 감 우(雨)-감(坎), 태 우(雨)-태(兌), 많을 우(雨)-다(多), 흩어질 우(雨)-산실(散失), 비올 우(雨)-강우(降雨), 위에서 아래로 떨어질 우(雨)-자상이하락(自上而下落), 윤택할 우(雨)-윤택(潤澤)〉 등의 뜻을 내지만 여기선 〈비 내릴 수종운하(水從雲下)〉로 여기고 새김이 마땅하다.

자(自) 〈~부터 자(自)-유(由)-종(從), 스스로 자(自)-궁친(躬親), 비롯할 자(自)-시(始), 자연 자(自)-자연(自然), 만약 자(自)-약(若), 사용할 자(自)-용(用)〉 등의 뜻을 내지만 여기선 〈~부터 유(由)〉와 같다 여기고 새김이 마땅하다.

아(我) 〈우리 아(我)-아배(我輩)-아문(我們), 나(자기) 아(我)-기(己)-자위기신(自謂己身), 내 나라(자국) 아(我)-자칭기국(自稱其國), 내 것 아(我)-자기소유(自己所有), (자기 의견을) 고집할 아(我)-집(執)-고집기견(固執己見), 갑자기 아(我)-아(俄)〉 등의 뜻을 내지만 여기선 〈우리 아문(我們)〉으로 여기고 새김이 마땅하다.

서(西) 〈서녘 서(西)-일입방(日入方)-일소입(日所入)-조재소상(鳥在巢上), 가을 서(西)-추(秋), 간지(干支) 서(西)-유(酉), 팔괘(八卦)의 태 서(西)-태(兌), 서쪽으로 갈 서(西)-서행(西行), 옮길 서(西)-천(遷)〉 등의 뜻을 내지만 여기선 〈서녘 서(西)〉로 여기고 새김이 마땅하다.

교(郊) 〈들판 교(郊)-전야(田野), 밖의 끝 교(郊)-외지극(外之極), 성읍 밖 교(郊)-읍외(邑外), 외곽 교(郊)-외곽(外郭)〉 등의 뜻을 내지만 여기선 〈들판 전야(田野)〉로 여기고 새김이 마땅하다.

공(公) 〈임금, 천자, 제후 등의 칭호로서 님 공(公)-군천자제후지칭(君天子諸侯之稱), 공변될 공(公)-평분(平分), 무사할 공(公)-무사(無私), 평평할 공(公)-평(平), 바를 공(公)-정(正), 완연할 공(公)-현연(顯然), 자세할 공(公)-상(詳), 상대를 존대하는 칭호 공(公)-대인지존칭(對人之尊稱), 할아버지 공(公)-조부(祖父), 아버지 공(公)-부(父), 부역 공(公)-부역(賦役), 성공 공(公)-성공(成功), 신을 받드는 칭호 공(公)-신지존칭(神之尊稱)〉 등의 뜻을 내지만 여기선 〈임금 공(公)〉으로 여기고 새김이 마땅하다.

익(弋) 〈주살할(주살) 익(弋)-격사(繳射), 새그물 익(弋)-조망(鳥網), 취할 익(弋)-취(取), 사냥할 익(弋)-엽(獵), 대신할 익(弋)-대(代), 홰 익(弋)-궐(橛), 새 이름 익(弋)-조명(鳥名)〉 등의 뜻을 내지만 여기선 〈주살할 격사(繳射)〉로 여기고 새김이 마땅하다.

취(取) 〈구할(잡을) 취(取)-포(捕)-획(獲), 받을 취(取)-수(受), 장가들 취(取)-취(娶), 사로잡을(포로) 취(取)-부(俘), 거둘 취(取)-수(收), 가려 쓸 취(取)-택용(擇用), 찾을 취(取)-색(索), 힘써 다다를 취(取)-진취(進趣), 밑천 취(取)-자(資), 가질 취(取)-지(持), 할 취(取)-위(爲), 다스릴 취(取)-치(治)〉 등의 뜻을 내지만 여기선 〈잡을 획(獲)〉과 같다 여기고 새김이 마땅하다.

피(彼) 〈저 피(彼)-차지대(此之對), 그 피(彼)-삼인칭대명사(三人稱代名詞), 거기(저기) 피(彼)-지시장소대명사(指示場所代名詞), 그것(저것) 피(彼)-지시사물대명사(指示事物代名詞)〉 등의 뜻을 내지만 여기선 〈저 피(彼)〉로 여기고 새김이 마땅하다.

재(在) 〈있을 재(在)-존(存), 살 재(在)-거(居)=거(凥), 있는 곳 재(在)-소재(所在), 살필 재(在)-찰(察), 마칠 재(在)-종(終), 저절로 있을 재(在)-자재(自在), 땅속에서 싹이 터오를 재(在), ~에서 재(在)-어(於), ~뿐이다 재(在)-이(耳), ~이다 재(在)-의(矣) 등의

어조사〉 등의 뜻을 내지만 여기선 〈있을 존(存)〉과 같다 여기고 새김이 마땅하다.

혈(穴) 〈토굴(땅굴) 혈(穴)-토실(土室), 묘혈 혈(穴)-묘혈(墓穴), 구멍 혈(穴)-공(孔), 동굴 혈(穴)-동혈(洞穴), 물길 혈(穴)-수도(水道), (몸의) 혈 혈(穴)-인체요해처(人體要害處), 곁 혈(穴)-측(側), 후미질 혈(穴)-벽(僻), 부정어 혈(穴)-불(弗)〉 등의 뜻을 내지만 여기선 〈토굴 토실(土室)〉로 여기고 새김이 마땅하다.

註 간위산(艮爲山) : 간은[艮 : ☶] 산(山)이다[爲]. 「설괘전(說卦傳)」 11단락(段落)

註 감위수(坎爲水) : 감은[坎 : ☵] 물[水]이다[爲]. 「설괘전(說卦傳)」 11단락(段落)

상륙(上六 : --)

上六 : 弗遇過之하여 **飛鳥離之**라 **凶**하니 **是謂災眚**이다
불우과지 비조리지 흉 시위재생

상륙(上六) : 만나지[遇] 않고[不] 지나쳐[過之] 나는[飛] 새가[鳥] 떠나[離之] 불운하니[凶] 이를[是] 재앙[災眚]이라 한다[謂].

【상륙(上六)의 효상(爻象) 풀이】

소과괘(小過卦 : ䷽)의 상륙(上六 : --)은 이음거음(以陰居陰) 즉 음(陰 : --)으로써[以] 음(陰 : --)의 자리에 있는지라[居] 정당한 자리에 있다. 상륙(上六 : --)과 육오(六五 : --)는 양음(兩陰) 즉 둘 다[兩] 음(陰 : --)의 사이인지라 비(比) 즉 이웃의 사귐[比]을 누릴 수 없다. 상륙(上六 : --)과 구삼(九三 : ㅡ)은 음양(陰陽)의 사이인지라 정응(正應) 즉 바르게[正] 호응할[應] 수 있는 처지이다. 그러나 상륙(上六 : --)은 소과괘(小過卦 : ䷽)를 떠나야 할 처지인지라 아래의 효연(爻緣)을 외면하고 자고(自孤) 즉 스스로[自] 고립하는[孤] 모습이다.

소과괘(小過卦 : ䷽)의 상륙(上六 : --)이 상구(上九 : ㅡ)로 변효(變爻)하면 상륙(上六 : --)은 소과괘(小過卦 : ䷽)를 56번째 여괘(旅卦 : ䷷)로 지괘(之卦)하게 한다. 따라서 소과괘(小過卦 : ䷽)의 상륙(上六 : --)은 여괘(旅卦 : ䷷)의 상구(上九 : ㅡ)를 찾아가 살펴보게 한다.

【상륙(上六)의 계사(繫辭) 풀이】

弗遇過之(불우과지)

만나지[遇] 않고[不] 지나친다[過之].

〈불우과지(弗遇過之)〉는 상륙(上六 : --)의 효위(爻位)를 들어 상륙(上六 : --)의 처지를 암시한 계사(繫辭)이다. 〈불우과지(弗遇過之)〉는 〈상륙불우구삼(上六弗遇九三) 이상륙과구삼(而上六過九三)〉의 줄임으로 여기고 〈상륙이[上六] 구삼을[九三] 만나지 않는다[弗遇] 그리고[而] 상륙이[上六] 구삼을[九三] 지나쳐버린다[過]〉라고 새겨볼 것이다. 〈불우(弗遇)의 우(遇)〉는 〈대우할 대(待)〉와 같다.

〈불우과지(弗遇過之)〉는 상륙(上六 : --)이 구삼(九三 : ━)과의 정응(正應) 즉 바르게[正] 호응할[應] 효연(爻緣)을 저버림을 암시한다. 상륙(上六 : --)이 소과괘(小過卦 : ䷽)의 상체(上體) 진(震 : ☳)의 중위(中位)를 벗어나 소과괘(小過卦 : ䷽)의 극위(極位)에 올라와, 설령 상륙(上六 : --)이 마땅한 자리에 있다 할지라도 음유(陰柔)인 자신을 잊고 동(動)하는 진(震 : ☳)의 상위(上位)를 앞세워, 구삼(九三 : ━)과의 정응(正應)을 저버리고 〈소과(小過)〉 즉 작은[小] 지나침[過] 곧 음(陰 : --)의 넘침[過]에 매달려 있음을 암시한 것이 〈불우과지(弗遇過之)〉이다. 상륙(上六 : --)이 〈소과(小過)〉의 시국에 극위(極位)에 있는지라 〈소과(小過)〉 즉 작은[小] 지나침[過]을 벗어나야 하는 까닭을 알아채지 못한 탓으로, 구삼(九三 : ━)과 정응(正應)을 서로 누려서 음양상화(陰陽相和)의 상리(常理)를 성취(成取)해야 함을 깨우치지 못한 것이다. 이에 구삼(九三 : ━)과의 정응(正應)을 저버림이 극(極)에 달하여 상륙(上六 : --)이 소과괘(小過卦 : ䷽)의 주제인 〈소과(小過)〉를 여전히 맹신함을 암시한 계사(繫辭)가 〈불우과지(弗遇過之)〉이다.

飛鳥離之(비조리지) 凶(흉) 是謂災眚(시위재생)

나는[飛] 새가[鳥] 떠나[離之] 불운하니[凶] 이를[是] 재앙[災眚]이라 한다[謂].

〈비조리지(飛鳥離之) 흉(凶)〉은 상륙(上六 : --)이 불운할[凶] 수밖에 없음을 암시한 계사(繫辭)이다. 〈비조리지(飛鳥離之)〉는 〈여비조상륙리구삼(如飛鳥上六離

九三)〉의 줄임으로 여기고 〈날아가는[飛] 새처럼[如鳥] 상륙이[上六] 구삼을[九三] 피한다[離]〉라고 새겨볼 것이다. 〈비조리지(飛鳥離之)의 이(離)〉는 〈피할 피(避)〉와 같다.

〈비조리지(飛鳥離之)〉는 소과괘(小過卦 : ䷽)의 모습이 비조(飛鳥)와 같은지라 소과괘(小過卦 : ䷽)의 극위(極位)에 있는 상륙(上六 : --)을 〈비조(飛鳥)〉로 취상(取象)한 것이다. 동시에 상륙(上六 : --)이 변효(變爻)하면 소과괘(小過卦 : ䷽)의 상체(上體) 진(震 : ☳)이 이(離 : ☲)로 변괘(變卦)하므로 상륙(上六 : --)을 〈비조(飛鳥)〉로 취상(取象)한 것이라고 볼 수도 있다. 왜냐하면 여기 〈비조(飛鳥)〉가 「설괘전(說卦傳)」에 나오는 〈이는[離 : ☲] 꿩[雉]이다[爲]〉라는 내용을 환기시키기 때문이다. 상륙(上六 : --)은 소과괘(小過卦 : ䷽)의 극위(極位)에 있는지라 소과괘(小過卦 : ䷽)를 떠나야 하는 운명이니, 〈비조리지(飛鳥離之)의 지(之)〉를 구삼(九三 : ─)만이 아니라 소과괘(小過卦 : ䷽)의 지시어로 보고 소과괘(小過卦 : ䷽)를 떠난다고 새겨도 마땅하다. 둥지를 떠나 홀로 날아가는 새는 결국 천공(天空)의 거친 바람에 날개도 몸통도 지쳐 날지 못하고 추락(墜落)을 면하지 못할 지경을 상륙(上六 : --) 스스로 불러들이고 있으니, 상륙(上六 : --)은 불행할[凶] 수밖에 없음을 암시한 계사(繫辭)가 〈비조리지(飛鳥離之) 흉(凶)〉이다.

〈시위재생(是謂災眚)〉은 상륙(上六 : --)이 겪는 〈흉(凶)〉을 암시한 계사(繫辭)이다. 〈상륙지흉(上六之凶)〉은 〈재(災)〉이면서 동시에 〈생(眚)〉이라는 것이 〈시위재생(是謂災眚)〉이다. 여기 〈재(災)〉는 밖으로부터 오는 재앙(災殃)이고, 〈생(眚)〉은 몰라서 스스로 짓는 잘못[過]이다. 상륙(上六 : --)은 〈소과(小過)〉의 극위(極位)에 있어서 외화(外禍)를 겪고, 〈소과(小過)〉 즉 음기(陰氣)의[小] 과다함[過]이 상리(常理)에 어긋남을 몰라 내화(內禍)를 스스로 겪음이, 상륙(上六 : --)의 〈흉(凶)〉 즉 불행[凶]임을 암시한 계사(繫辭)가 〈시위재생(是謂災眚)〉이다.

【字典】

불(弗) 〈말 불(弗)-불(不), 않을 불(弗)-불(不), 못할 불(弗)-불(不), 어길 불(弗)-위(違), 버릴 불(弗)-거(去)〉 등의 뜻을 내지만 여기선 〈않을 불(不)〉과 같다 여기고 새김이 마땅하다.

우(遇) 〈대우할 우(遇)-대(待)-대우(待遇), 짝 우(遇)-우(偶), 만날 우(遇)-봉(逢),

길에서 우연히 만날 우(遇)-불기이어도로상봉(不期而於道路相逢)-불기이회(不期而會), 구할 우(遇)-구(求), 뜻을 알아챌 우(遇)-지득(志得), 은혜로써 가까이할 우(遇)-이은상접(以恩相接), 시기 우(遇)-시기(時機), 이를(미칠) 우(遇)-피(被)〉 등의 뜻을 내지만 여기선 〈대우할 대(待)〉와 같다 여기고 새김이 마땅하다.

과(過) 〈지나칠 과(過)-월(越)-초(超), 죄 과(過)-죄(罪), 말이 문을 나오는 모양 과(過)-틈(闖), 이길 과(過)-승(勝), 남을 과(過)-여(餘), 많을 과(過)-다(多), 심할 과(過)-심(甚), 끊을 과(過)-절(絶), 매우 심할 과(過)-태심(太甚)-과도(過度), 잘못할 과(過)-오(誤)-실도(失度), 실수할 과(過)-무심지실(無心之失) {유심지실(有心之失)은 악(惡)}, 과실(잘못) 과(過)-실오(失誤), 꾸짖을 과(過)-책(責), 건널 과(過)-도(渡), 지날 과(過)-경(經), 넘을 과(過)-유(踰), 이를 과(過)-지어(至於), 찾아갈 과(過)-방(訪)-견(見), 갈 과(過)-거(去), 고루 미칠 과(過)-편(遍)〉 등의 뜻을 내지만 여기선 〈지나칠 월(越)〉과 같다 여기고 새김이 마땅하다.

지(之) 〈그것(이것) 지(之)-피(彼)-시(是), 주격-소유격-목적격 등의 토씨 지(之), 갈 지(之)-왕(往), 이를 지(之)-지(至), 뜻 없는 허사(虛詞) 지(之)〉 등의 뜻을 내지만 여기선 〈그것 지(之)〉로 여기고 새김이 마땅하다.

비(飛) 〈날아갈 비(飛)-비행(飛行), 날아오를 비(飛)-상(翔)-저(翥), 떨어질(회오리바람) 비(飛)-낙(落)-표(飄), 뛰어나올 비(飛)-도출(跳出), 오를 비(飛)-양(揚), 던져 날아갈 비(飛)-척(擲), 휘달릴 비(飛)-급분(急奔), 번득일 비(飛)-번(翻), 넘어 달아날 비(飛)-월(越), 맑게 피어오르는 소리 비(飛)-청양지성(淸揚之聲), 느닷없이 다다를 비(飛)-무근지지(無根之至), 높을(윗사람) 비(飛)-고(高)-재상자(在上者), 급할 비(飛)-속(速)-급(急), 날개 달린 짐승 비(飛)-금조(禽鳥), 여섯 마리 말이 달릴 비(飛)-육마지질(六馬之疾), 오락가락할 비(飛)-비(斐), 아닌 것 비(飛)-비(非)〉 등의 뜻을 내지만 여기선 〈날아갈 비행(飛行)〉으로 여기고 새김이 마땅하다.

조(鳥) 〈새 조(鳥)-장미금지총명(長尾禽之總名), 봉황 조(鳥)-봉황(鳳凰)〉 등의 뜻을 내지만 여기선 〈새 조(鳥)〉로 여기고 새김이 마땅하다.

이(離) 〈피할 이(離)-피(避), 끊을 이(離)-절(絶), 기댈 이(離)-여(麗)-부(附)-착(著), 쪼갤 이(離)-할(割), 나눌 이(離)-별(別), 멀 이(離)-원(遠), 갈 이(離)-거(去), 잃을 이(離)-실(失), 흩어질 이(離)-산(散), 나열할 이(離)-나열(羅列), 지날 이(離)-역(歷), 밝을 이

(離)-명(明)〉 등의 뜻을 내지만 여기선 〈피할 피(避)〉와 같다 여기고 새김이 마땅하다. 〈離〉는 맨 앞에 있으면 〈이〉로 발음되고, 중간이나 뒤에 있으면 〈리〉로 발음된다.

흉(凶) 〈불행할(흉할) 흉(凶)-길지반(吉之反), 걱정할 흉(凶)-우(憂)-구(懼), 흉한 사람 흉(凶)-흉인(凶人), 나쁠 흉(凶)-오(惡), 재앙 흉(凶)-화(禍), 요사할 흉(凶)-요사(夭死), 악한 사람 흉(凶)-악인(惡人), 흉년 흉(凶)-연곡불숙(年穀不熟), 사나울 흉(凶)-포학(暴虐), 음기 흉(凶)-음기(陰氣), 북쪽 흉(凶)-북(北), 없을 흉(凶)-공(空), 송사 흉(凶)-송(訟), 거역할 흉(凶)-역(逆), 어그러질 흉(凶)-패(悖), 허물 흉(凶)-구(咎)〉 등의 뜻을 내지만 여기선 〈불행할 길지반(吉之反)〉으로 여기고 새김이 마땅하다.

시(是) 〈이 시(是)-차(此)-지시대명사(指示代名詞), 곧을 시(是)-직(直), 선할 시(是)-선(善), 바를 시(是)-정(正), 도리 시(是)-이(理), 법칙 시(是)-칙(則), 실질 시(是)-실(實), 긍정 시(是)-긍정지사(肯定之辭), 이에 시(是)-내(乃), 때 시(是)-시(時)〉 등의 뜻을 내지만 여기선 〈흉(凶)〉을 나타내는 지시대명사 노릇을 한다.

위(謂) 〈말할 위(謂)-언(言), 칭할 위(謂)-칭(稱), 알릴 위(謂)-보(報), 고할 위(謂)-고(告), 설명할 위(謂)-설(說), 평론할 위(謂)-평론(評論), 같을 위(謂)-여(如), 어찌 위(謂)-나(奈), 움직일 위(謂)-동(動), 시킬 위(謂)-사(使)〉 등의 뜻을 내지만 여기선 〈말할 위(謂)〉로 여기고 새김이 마땅하다.

재(災) 〈천앙(천벌) 재(災)-천앙(天殃), 어렵게 할 재(災)-난(難), 위태할 재(災)-위(危), 횡액 재(災)-화해(禍害), 덜(손해 볼) 재(災)-손(損), 패할 재(災)-패(敗)〉 등의 뜻을 내지만 여기선 〈천앙(天殃)〉과 같다 여기고 새김이 마땅하다.

생(眚) 〈잘못할(모르고 짓는 죄) 생(眚)-과(過), 재화[妖]와 복록[祥] 생(眚)-요상(妖祥), 백태가 낄 생(眚)-생예(生翳), 질병 생(眚)-병(病), 파리할 생(眚)-수(瘦), 치워버릴 생(眚)-생(省), 용서할 생(眚)-사(赦)〉 등의 뜻을 내지만 여기선 〈모르고 짓는 죄 과(過)〉와 같다 여기고 새김이 마땅하다.

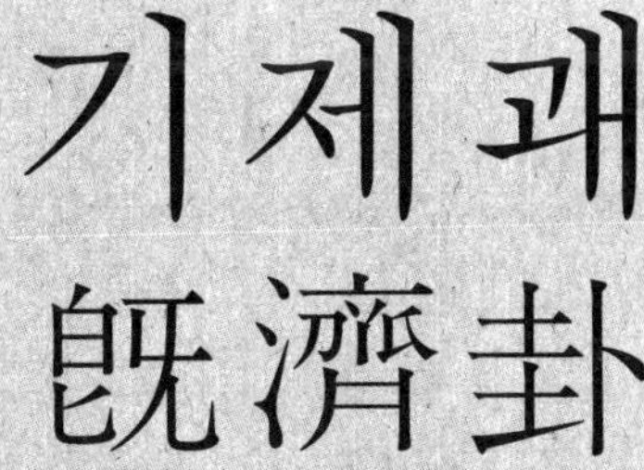
기제괘
旣濟卦

63

1 | 괘의 괘상과 계사

기제괘(旣濟卦 : ䷾)

이하감상(離下坎上) : 아래는[下] 이(離 : ☲), 위는[上] 감(坎 : ☵).

수화기제(水火旣濟) : 물과[水] 불은[火] 기제이다[旣濟].

旣濟는 **亨小**한다 **利貞**하니 **初吉終亂**하니라
기 제 형 소 이 정 초 길 종 란

비로소[旣] 이루어짐은[濟] 작음에도[小] 통한다[亨]. 진실로 미더워야[貞] 이로우니[利] 처음은[初] 좋고[吉] 끝은[終] 어지럽다[亂].

【기제괘(旣濟卦 : ䷾)의 괘상(卦象) 풀이】

앞 소과괘(小過卦 : ䷽)의 〈소과(小過)〉는 작음의[小] 넘침[過]이다. 〈소과(小過)〉란 음기(陰氣)가 과다하여[過] 성(盛)하지만 양기(陽氣)는 쇠(衰)함을 뜻한다. 이에 「서괘전(序卦傳)」에 〈넘치는[過] 것이[物] 있는[有] 것은[者] 반드시[必] 다스려 이루어진다[濟] 그래서[故] 기제괘(旣濟卦 : ䷾)로써[以] 그것을[之] 받는다[受]〉라는 내용이 나온다. 이는 소과괘(小過卦 : ䷽) 뒤에 기제괘(旣濟卦 : ䷾)가 오는 까닭을 밝힌다. 기제괘(旣濟卦 : ䷾)의 괘체(卦體)는 이하감상(離下坎上)이다. 기제괘(旣濟卦 : ䷾)의 여섯 효(爻)는 저마다 모두 정위(正位)에 있고, 저마다 비(比) 즉 이웃의 사귐[比]을 누리고, 저마다 모두 정응(正應) 즉 바르게[正] 서로 호응함[應]을 누리며, 특히 육이(六二 : --)와 구오(九五 : ㅡ)는 중정(中正) 즉 중위에 있고[中] 바른 자리에 있어서[正] 무유사벽(無有邪僻) 즉 간사함도[邪] 치우침도[僻] 없는[無有] 심지(心志)를 나누어 누린다. 기제괘(旣濟卦 : ䷾)에는 정응(正應)을 누리지 못하는 효(爻)는 없다. 동시에 기제괘(旣濟卦 : ䷾)의 하체(下體) 이(離 : ☲)는 음(陰 : --)이고 상체(上體) 감(坎 : ☵)은 양(陽 : ㅡ)인지라, 기제괘(旣濟卦 :

䷾)의 괘체(卦體) 역시 양상음하(陽上陰下)-양강음유(陽剛陰柔)-양동음정(陽動陰靜) 등이 상화(相和) 즉 서로[相] 어울리지[和] 않음이 없다. 음양(陰陽) 중 그 어느 쪽의 과다함[過]도 없어 이미[旣] 성취되어 안정되지[濟] 않음이란 없음이 기제괘(旣濟卦 : ䷾)의 〈기제(旣濟)〉이다.

〈기제(旣濟)의 제(濟)〉는 왼쪽은 큰물을 뜻하고 오른쪽은 세 사람이 배를 타고 힘을 모아 노 젓기로 배를 이끌어 큰물을 건너감을 뜻한다. 세 사람이란 많은 사람을 뜻한다. 고대에 도강(渡江)이란 어렵고 위험한 일이다. 여러 사람이 화합하여 강을 건넘이란 여러 사람이 어려움을 극복하고 바라는 바를 성취함을 뜻한다. 따라서 〈기제(旣濟)의 제(濟)〉란 도강(渡江) 즉 강물을[江] 건넘[渡]을 뜻하고, 〈기제(旣濟)의 기(旣)〉란 강을 건넘[濟]이 잘 마무리되었음을 뜻하는지라, 〈기제(旣濟)〉를 위험을 지나 안정을 성취했다고 풀이한다. 이에 〈소과(小過)〉 즉 음이[小] 과다한[過] 시국을 건너서[濟] 음양상화(陰陽相和)를 이루어 안정한 시국을 이루었음[濟]을 들어 기제괘(旣濟卦 : ䷾)라 칭명(稱名)한다.

【기제괘(旣濟卦 : ䷾)의 계사(繫辭) 풀이】

旣濟(기제) 亨小(형소)

비로소[旣] 이루어짐은[濟] 작음에도[小] 통한다[亨].

〈기제(旣濟) 형소(亨小)〉는 기제괘(旣濟卦 : ䷾)의 모습을 풀이한 계사(繫辭)이다. 〈기제(旣濟) 형소(亨小)〉는 〈대여소지상화기제(大與小之相和旣濟) 불용설대자즉사소자유형(不用說大者卽使小者有亨)〉의 줄임으로 여기고 〈작음과[與小] 큼의[大之] 서로[相] 어울림이[和] 비로소[旣] 이루어졌다[濟] 큰[大] 것은[者] 말할 것도 없고[不用說] 작은[小] 것[者]에도[卽使] 통함이[亨] 있다[有]〉라고 새겨볼 것이다. 〈기제(旣濟)의 제(濟)〉는 〈이룰 성(成)〉과 같다.

〈기제(旣濟)〉는 기제괘(旣濟卦 : ䷾)의 주제인 〈기제(旣濟)〉 즉 대소(大小)의 상화(相和)가 비로소[旣] 이루어진[濟] 시국을 암시한다. 기제괘(旣濟卦 : ䷾)에는 음양(陰陽) 그 어느 쪽의 지나침[過]이란 없다. 이는 음양상화(陰陽相和)가 이루어져 음양(陰陽)이 안정을 비로소[旣] 이루었음[濟]을 뜻한다. 따라서 상리(常理) 곧 무과무불급(無過無不及) 즉 지나침도[過] 없고[無] 미치지 못함도[不及] 없는[無] 이치[理]를 이룸이 〈기제(旣濟)〉이다. 〈기제(旣濟)〉의 시국에는 어느 것 하나 과다(過多)함이 없다. 〈기제(旣濟)〉란 〈사무부제(事無不濟)〉 즉 일마다[事] 이루어지지 않음이[不濟] 없음[無]이다. 이에 〈기제(旣濟)〉의 시국에서는 불안정이란 없고 모든 것이 안정을 비로소[旣] 이루었음[濟]을 암시한 계사(繫辭)가 〈기제(旣濟)〉이다.

〈형소(亨小)〉는 〈기제(旣濟)〉의 시국에서는 궁색(窮塞)이란 없음을 암시한다. 〈기제(旣濟)〉의 시국에서는 대(大) 즉 대사(大事)는 물론이고 소(小) 즉 소사(小事)에도 과하지도[過] 않고 모자라지도[不及] 않게 안정이 이루어져[濟] 있다. 큰 일은[大事] 물론이고 작은 일도[小事] 통한다[亨]는 것이 〈형소(亨小)〉이다. 천하만사(天下萬事)가 하나도 막힘없이 형통한다. 이러한 〈형소(亨小)의 소(小)〉가 『노자(老子)』에 나오는 〈소국(小國)〉을 연상시키고, 『장자(莊子)』에 나오는 〈건덕(建德)〉과 『열자(列子)』에 나오는 〈종북(終北)〉 등을 떠올려주어, 〈형소(亨小)〉가 바로 〈기제(旣濟)〉의 이상향(理想鄕)으로 떠올라 〈기제(旣濟)〉의 천하(天下)에는 안정과 열락이 샅샅이 이루어져[濟] 만사가 막힘없이 형통하는 세상임을 살펴 깨닫게 암시한 괘사(卦辭)가 〈형소(亨小)〉이다.

利貞(이정)

진실로 미더워야[貞] 이롭다[利].

〈이정(利貞)〉은 〈기제(旣濟)〉를 〈정(貞)〉으로써 누릴 수 있는 세상임을 밝힌 계사(繫辭)이다. 〈이정(利貞)〉은 〈약유정관어기제(若有貞關於旣濟) 천하유리(天下有利)〉의 줄임으로 여기고 〈기제에[旣濟] 관하여[關於] 진실한 미더움이[貞] 있다[有]면[若] 온 세상에[天下] 이로움이[利] 있다[有]〉라고 새겨볼 것이다.

〈이정(利貞)〉은 기제괘(旣濟卦 : ䷾)의 주제인 〈기제(旣濟)〉의 시국일수록 〈기제(旣濟)〉에 관하여 〈정(貞)〉 즉 진실로 미더워야[貞] 비로소[旣] 이루어진 것[濟]이 이롭다[利]는 것이다. 이미[旣] 안정을 이루었다[濟] 해도 그 〈제(濟)〉를 누리는 심지(心志)가 〈부정(不貞)〉하다면 이루어진 안정[濟]을 누리지 못한다는 것이 〈이정(利貞)〉이다. 정(貞)하다면 이롭다[利]는 것이 〈이정(利貞)〉이다. 이러한 〈정(貞)〉의 〈기제(旣濟)〉란 『노자(老子)』의 끝말에 잘 풀이되어 있다. 〈천지도(天之道) 이이불해(利而不害)〉 즉 이로울 뿐[利而] 해롭지 않다[不害]는 자연의[天之] 도리[道]를 성취한 것이 곧 〈기제(旣濟)의 제(濟)〉이다. 이러한 〈제(濟)〉의 이로움[利]을 누리자면 〈정(貞)〉의 심지를 갖추어야 한다. 〈정(貞)〉이란 성신(誠信) 즉 진실한[誠] 미더움[信]이다. 그 미더움[貞]은 공정(公正)하여 무사무편(無邪無偏)함이다. 간사함도[邪] 없고[無] 치우침도[偏] 없는[無] 심지(心志)가 곧 〈정(貞)〉이다. 이러한 〈정(貞)〉은 남의 심지를 말함이 아니라 바로 내 자신의 심지를 말함이다. 내가 남에게 〈정(貞)〉을 요구할 수 없다. 오로지 내 자신의 심지가 모든 것을 아울러 하나같이[公] 바르게 하여[正] 간사함도[邪] 치우침도[偏] 없어서[無] 무사욕(無私欲) 즉 사사로운[私] 욕심이[欲] 없음[無]이 진실로[誠] 미더움[信] 즉 〈정(貞)〉이다. 사욕(私欲)이란 과욕(過欲) 즉 지나친[過] 욕망[欲]이다. 사욕을 떠난 〈정(貞)〉은 언제 어디서나 나에게 이로울[利] 뿐만 아니라 나로 하여금 온 세상이 이롭게[利] 된다는 것이 〈이정(利貞)〉이다.

따라서 앞 〈형소(亨小)의 형(亨)〉은 이러한 〈정(貞)〉으로 비롯되는 통함[亨]이다. 이처럼 우리 모두에게 이롭기 때문에 항상 막힘없이 통하게 함[亨]이 〈정(貞)〉이다. 언제 어디서나 과(過)함이란 색(塞) 즉 막힘[塞]으로 이어진다. 통함[亨]이란 〈정(貞)〉으로 말미암고 막힘[塞]이란 〈사사(私邪)〉 즉 사사로운[私] 간사함[邪]에서 비롯하므로, 〈기제(旣濟)〉의 시국일지라도 〈정(貞)〉을 떠나서는 이로울[利] 수 없음을 살펴 깨닫게 암시한 계사(繫辭)가 〈이정(利貞)〉이다.

初吉終亂(초길종란)

처음은[初] 좋고[吉] 끝은[終] 어지럽다[亂].

〈초길종란(初吉終亂)〉은 기제괘(旣濟卦 : ䷾)의 괘체(卦體)를 들어 〈기제(旣濟)〉의 시국 역시 변역(變易)함을 암시한 계사(繫辭)이다. 〈초길종란(初吉終亂)〉은 〈기제지초유길(旣濟之初有吉) 연이기제지종유란(然而旣濟之終有亂)〉의 줄임으로 여기고 〈기제의[旣濟之] 처음은[初] 행운이[吉] 있다[有] 그러나[然而] 기제의[旣濟之] 나중은[終] 혼란함이[亂] 있다[有]〉라고 새겨볼 것이다.

〈초길종란(初吉終亂)〉은 〈기제(旣濟)〉 즉 비로소[旣] 안정을 이루었다[濟] 해서 〈기제(旣濟)의 제(濟)〉가 영속(永續)하지 못함을 기제괘(旣濟卦 : ䷾)의 괘체(卦體)

를 들어 암시한다. 〈초길종란(初吉終亂)〉에서 〈초길(初吉)의 초(初)〉는 기제괘(旣濟卦 : ䷾)의 하체(下體) 이(離 : ☲)를 암시하고, 〈초길(初吉)의 길(吉)〉은 기제괘(旣濟卦 : ䷾)의 주제인 〈기제(旣濟)〉의 시국이 밝음[明]을 암시한다. 왜냐하면 〈초길(初吉)의 길(吉)〉이 「설괘전(說卦傳)」에 나오는 〈이(離 : ☲)라는[也] 것은[者] 밝음[明]이다[也]〉라는 내용을 상기시키기 때문이다. 비로소[旣] 안정을 이루어낸[濟] 시국이 밝다[明] 함은 곧 행복을 누리는[吉] 시국임을 암시한다.

〈초길종란(初吉終亂)〉에서 〈종란(終亂)의 난(亂)〉은 기제괘(旣濟卦 : ䷾)의 상체(上體) 감(坎 : ☵)을 암시하고, 〈종란(終亂)의 난(亂)〉은 〈기제(旣濟)〉의 시국이 험(險) 즉 위태로움[險]을 암시한다. 왜냐하면 〈종란(終亂)의 난(亂)〉이 「설괘전(說卦傳)」에 나오는 〈감(坎 : ☵)이라는[也] 것은[者] 함정[陷]이다[也]〉라는 내용을 상기시키기 때문이다. 〈함(陷)〉이란 험(險) 즉 위험[險]이고 어둠[暗]이다. 비로소[旣] 안정을 이루어낸[濟] 시국이 함정[陷]이라 함은 곧 위태하고[險] 어두운[暗] 혼란스러운[亂] 시국임을 암시한다. 이에 우(禹)나라의 우왕(禹王)과 상(商)나라의 탕왕(湯王)은 〈기제(旣濟)의 초길(初吉)〉을 연상시키고, 우(禹)나라의 끝 왕 폭군(暴君) 걸(桀)과 은(殷)나라의 끝 왕 폭군 주(紂)는 〈기제(旣濟)의 종란(終亂)〉을 연상시킨다. 따라서 〈초길종란(初吉終亂)〉은 〈길(吉)〉도 다하면 〈난(亂)〉 즉 〈흉(凶)〉으로 바뀜을 암시한다. 〈기제(旣濟)〉의 시국이 영구한 것이 아니라 처음은[初] 행복한[吉] 시대를 이루다가[濟], 〈기제(旣濟)〉의 시국 역시 다하면 난국(亂局)의 시국으로 반전(反轉)하는 천도(天道) 즉 자연의[天] 이치[道]를 잊지 말아야 함을 암시한 계사(繫辭)가 〈초길종란(初吉終亂)〉이다.

【字典】

기(旣) 〈비로소(이미) 기(旣)-이(已), 다할 기(旣)-진(盡), 일이 끝날 기(旣)-사필(事畢), 작게 먹을 기(旣)-소식(小食), 마칠 기(旣)-종(終), 잃을 기(旣)-실(失), 어조사 기(旣)-야(也)〉 등의 뜻을 내지만 여기선 〈비로소 이(已)〉와 같다 여기고 새김이 마땅하다.

제(濟) 〈이룰 제(濟)-성(成), 정할 제(濟)-정(定), 구제할 제(濟)-구(救)-주구(賙救), 같게 할 제(濟)-제(齊), 들 제(濟)-입(入), 건널 제(濟)-도(渡), 나루터 제(濟)-도장(渡場), 더해줄 제(濟)-익(益), 이용할 제(濟)-이용(利用), 통할 제(濟)-통(通), 그칠 제(濟)-

지(止), 사람을 알아볼 제(濟)-지인(知人), 멸할 제(濟)-멸(滅), 걱정할 제(濟)-우(憂), 비그칠 제(濟)-우지(雨止), 밀칠 제(濟)-제(擠), 물 이름 제(濟)-수명(水名)〉 등의 뜻을 내지만 여기선 〈이룰 성(成)〉과 같다 여기고 새김이 마땅하다.

亨 〈향-형-팽〉 세 가지로 발음되고, 〈통할 형(亨)-통(通), 남을 형(亨)-여(餘), 드릴 향(亨)-헌(獻), 삶을 팽(亨)-자(煮)-팽(烹)〉 등의 뜻을 내지만 여기선 〈통할 통(通)〉과 같다 여기고 새김이 마땅하다.

소(小) 〈음(陰)을 칭하는 소(小), 작을 소(小)-세(細)-미(微)-대지반(大之反), 자잘할 소(小)-세(細), 짧을 소(小)-단(短), 좁을 소(小)-협(狹), 어릴 소(小)-유(幼), 천할 소(小)-천(賤), 첩 소(小)-첩(妾)〉 등의 뜻을 내지만 여기선 〈작을 소(小), 음(陰)을 칭하는 소(小)〉 등으로 여기고 새김이 마땅하다.

이(利) 〈만물로 하여금 삶을 이루어가게 하는 덕(德)의 이로울 이(利)-사만물수생지덕(使萬物遂生之德), 날카로울 이(利)-예(銳)-섬(銛), 질병 이(利)-질(疾), 통할 이(利)-통(通)-순(順), 좋을 이(利)-길(吉)-의(宜), 편리할 이(利)-편(便), 마름해 만들어 이룰 이(利)-재성(裁成), 탐할 이(利)-탐(貪), 구할(취할) 이(利)-구(求)-취(取), 좋아할 이(利)-열애(悅愛), 이로울 이(利)-익(益), 기교 이(利)-교(巧), 보람 이(利)-공용(功用), 지세가 험하고 중요한 이(利)-험요(險要), 이길 이(利)-승(勝), 어질 이(利)-인(仁)〉 등의 뜻을 내지만 여기선 〈사만물수생지덕(使萬物遂生之德) 즉 만물로 하여금 삶을 이루어가게 하는 덕(德)의 이로움〉으로 새김이 마땅하다. 〈利〉가 맨 앞에 오면 〈이〉로 발음되고, 중간이나 뒤에 오면 〈리〉로 발음된다.

정(貞) 〈바를 정(貞)-정(正), 믿을 정(貞)-신(信), 거북점을 물을 정(貞)-복문(卜問), 역(易)의 내괘(內卦) 정(貞), 마땅할 정(貞)-당(當), 정할 정(貞)-정(定), 순수할 정(貞)-전(專)-일(一)〉 등의 뜻을 내지만 여기선 〈바를 정(正), 믿을 신(信)〉 등을 합친 뜻과 같아 〈정신(正信)〉 즉 바르고[正] 미더움[信]으로 새김이 마땅하다.

초(初) 〈(부사로) 처음에 초(初)-시(始), (명사로) 처음 초(初)-시(始)-시초(始初), (형용사로) 시작할 초(初)-시(始), 이전 초(初)-이전(以前), 근본 초(初)-본(本)-근본(根本), 옛(옛일) 초(初)-고(故)-고사(故事), 펼 초(初)-서(舒), 스스로 옴(따라 옴) 초(初)-자래(自來)-종래(從來), 처음부터 끝까지 초(初)-전(全)-자시급종(自始及終), 괘의 초효 초(初)-괘지제일효(卦之第一爻), 코(트이게 뚫은 자국) 초(初)-비(鼻)〉 등의 뜻을 내지만 여기선 〈처음에 시(始)〉와 같다 여기고 새김이 마땅하다.

길(吉) 〈좋을(행복할) 길(吉)-선(善)-영(令) {영월길일(令月吉日)은 선월선일(善月善日)임.}, 복 길(吉)-실(實)-선실(善實)-복(福), 예의를 따라 상서로울 길(吉)-예의순상(禮義順祥), 삼갈 길(吉)-근(謹), 초하루 길(吉)-삭일(朔日) {삭망(朔望) 즉 초하루[朔]와 그믐날[望]}, 길례 길(吉)-길례(吉禮) {오례지일(五禮之一) 길흉빈군가(吉凶賓軍嘉)}, 갈 길(吉)-행(行)-길(趌)〉 등의 뜻을 내지만 여기선 〈좋을 선(善)-영(令)〉 즉 행복(幸福), 행운(幸運) 등과 같다 여기고 새김이 마땅하다.

종(終) 〈끝 종(終)-시지대(始之對), 끝내(끝날) 종(終)-이(已), 다할 종(終)-진(盡)-극(極)-궁(窮)-경(竟), 충분할 종(終)-충(充), 이룰 종(終)-성(成), 사망 종(終)-사(死)〉 등의 뜻을 내지만 여기선 〈끝 시지대(始之對)〉와 같다 여기고 새김이 마땅하다.

난(亂) 〈어리둥절할 난(亂)-혹(惑), 다스릴 난(亂)-치(治)-이(理), 얽힐 난(亂)-문(紊), 혼잡할 난(亂)-혼(渾)-혼잡(混雜), 반역할 난(亂)-반역(反逆)-반란(叛亂)-배도(背道), 가로건널 난(亂)-횡절기류이직도(橫絶其流而直渡), 음행 난(亂)-음행(淫行), 불공평할 난(亂)-불공평(不公平), 무질서할 난(亂)-무질서(無秩序), 무도할 난(亂)-무도(無道)-패도(悖道), 풍류가락 난(亂)-악장(樂章)〉 등의 뜻을 내지만 여기선 〈어리둥절할 혹(惑)〉과 같다 여기고 새김이 마땅하다. 〈亂〉이 맨 앞이면 〈난〉으로 발음되고, 중간이나 뒤에 있으면 〈란〉으로 발음된다.

註 소국과민(小國寡民) …… 감기사(甘其食) 미기복(美其服) 안기거(安其居) 낙기속(樂其俗) 인국상망(隣國相望) 계견지음상문(鷄犬之音相聞) 민지로사(民至老死) 불상왕래(不相往來) : 나라는[國] 작았고[小] 백성은[民] 적었다[寡]. …… 그[其] 먹을거리를[食] 달게 먹었고[甘], 그[其] 옷가지를[服] 좋아했으며[美], 그[其] 거처를[居] 즐거워했고[安], 그[其] 습속을[俗] 좋아했다[樂]. {옛날 성인(聖人) 나라의 백성은} 이웃[隣] 나라가[國] 서로[相] 바라보이고[望], 닭과[雞] 개들이[犬之] 짖는 소리가[音] 서로[相] 들려도[聞], 백성은[民] 늙어[老] 죽음에[死] 이르기까지[至] 서로[相] 가고오지 않았다[不往來]. 『노자(老子)』 80장(章)

註 남월유읍언(南越有邑焉) 명위건덕지국(名爲建德之國) 기민우이박(其民愚而朴) 소사이과욕(少私而寡欲) 지작이부지장(知作而不知藏) 여이불구기보(與而不求其報) 부지의지소적(不知義之所適) 부지예지소장(不知禮之所將) 창광망행(猖狂妄行) 내도호대방(乃蹈乎大方) 기생가락(其生可樂) 기사가장(其死可葬) : 남월에[南越] 한 고을이[邑] 있는데[有焉] 이름이[名] 건덕의[建德之] 나라[國]이다[爲]. 그 나라[其] 백성은[民] 어수룩하고[愚而] 소박하며[朴] 사심이[私] 적어서

[少而] 욕심이[欲] 적고[寡], 농사짓기를[作] 알아도[知而] 저장할 줄을[藏] 모르고[不知], 베풀어주되[與而] 그[其] 보답을[報] 구하지 않고[不求], 의로움이[義之] 알맞은[適] 바를[所] 모르고[不知], 예가[禮之] 행해지는[將] 바도[所] 모르며[不知], 마음이 바라는 바대로[猖狂妄] 행하고[行], 이에[乃] 대도를[大方] 따르면서[蹈乎] 저마다의[其] 삶은[生] 즐거워서[樂] 좋고[可] 저마다[其] 죽음은[死] 묻혀서[葬] 좋다[可]. 『장자(莊子)』「산목편(山木篇)」 2절(節)

註 빈북해지북(濱北海之北) 부지거제주기천만리(不知距齊州幾千萬里) 기국명왈종북(其國名曰終北) 부지제반소제한(不知際畔所齊限) 무풍우상로(無風雨霜露) 불생조수충어초목지류(不生鳥獸蟲魚草木之類) 사방실평(四方悉平) 주이교척(周以喬陟) 당국지중유산(當國之中有山) 산명호령(山名壺領) 상약담추(狀若甔甀) 정유구(頂有口) 상약원환(狀若員環) 명왈자혈(名曰滋穴) 유수용출(有水湧出) 명왈신분(名曰神瀵) 취과난산(臭過蘭椒) 미과참례(味過醪醴) 일원분위사날(一源分爲四埒) 주어산하(注於山下) 경영일국(經營一國) 망불솔편(亡不悉徧) 토기화(土氣和) 망찰려(亡札厲) 인성완이종물(人性婉而從物) 불경부쟁(不競不爭) 유심이약골(柔心而弱骨) 불교불기(不驕不忌) 장유제거(長幼儕居) 불군불신(不君不臣) 남녀잡유(男女雜游) 불매불빙(不媒不聘) 연수이거(緣水而居) 불경불가(不耕不稼) 토기온적(土氣溫適) 부직불의(不織不衣) 백년생이사(百年生而死) 불요불병(不夭不病) 기민자부망수(其民孳阜亡數) 유희락(有喜樂) 무쇠로애고(亡衰老哀苦) 기속호성(其俗好聲) 상휴이질요(相攜而迭謠) 종일불철음(終日不輟音) 기권즉음신분(飢倦則飮神瀵) 역지화평(力志和平) 과즉취(過則醉) 경순내성(經旬乃醒) 목욕신분(沐浴神瀵) 부색지택(膚色脂澤) 향기경순내갈(香氣經旬乃竭) : 북해의[北海之] 북쪽에[北] 임해서[濱] 제주에서[齊州] 거리가[距] 몇 천만 리인지[幾千萬里] 알지 못한다[不知]. 그[其] 나라 이름은[國名] 종북이라[終北] 한다[曰]. 경계가[際畔] 그치는[齊限] 곳을[所] 모른다[不知]. 바람도[風] 비도[雨] 서리도[霜] 이슬도[露] 없다[無]. 새나[鳥] 짐승[獸] 벌레나[蟲] 물고기[魚] 풀이나[草] 나무라는[木之] 것들도[類] 살지 않는다[不生]. 사방이[四方] 고루고루[悉] 평평하고[平] 언덕[喬陟]으로써[以] 둘러싸였다[周]. 나라 한가운데[國中] 이르러[當] 산이[山] 있는데[有] 산 이름은[山名] 호령이고[壺領] 그 모양은[狀] 시루[甔甀] 같고[若], 정상에[頂] 입구멍이[口] 있는데[有] 모양은[狀] 원둘레[員環] 같고[若] 그 이름은[名] 자혈이라[滋穴] 하고[曰], 물이[水] 있어[有] 용솟음치고[湧出] 그 이름을[名] 신분이라[神瀵] 한다[曰]. 냄새는[臭] 난초나[蘭] 산초보다[椒] 낫고[過] 맛은[味] 식초나[醪] 단술보다[醴] 낫다[過]. 한 수원이[一源] 네 갈래가[四埒] 분리되어[分爲] 산(山) 아래로[於下] 흘러내리고[注], 한 나라를[一國] 경영하는데[經營] 실로[悉] 두루하지 않음이[不徧] 없고[亡], 땅기운이[土氣] 화평하고[和] 나쁜 병도[札厲] 없으며[亡], 인성은[人性] 온순해서[婉而] 사물을[物] 좇아[從] 앞다투지도 않고[不競] 겨루지도 않으며[不爭], 마음은[心] 부드러우면서[柔而] 뼛대는[骨] 가냘프고[弱] 교만하지 않고[不驕] 미워하지도 않으며[不忌], 어른과[長] 어린이가[幼] 함께[儕] 살고[居], 임금도[君] 없고[不] 신하도[臣] 없으며[不], 남녀가[男女] 뒤섞여[雜] 놀고[游], 중매노릇도 않고[不媒] 초빙하지도 않는다[不聘]. 물을[水] 따라서[緣而] 살아가며[居] 밭갈이도 않고[不耕] 거두어들이지도 않으며[不稼], 땅기운이[土氣] 따뜻하고[溫] 알맞아[適] 길삼도 않고[不織] 옷도 입지

않으며[不衣], 백년을[百年] 살다가[生而] 죽어가지만[死] 요절도 없고[不夭] 앓지도 않는다[不病]. 그[其] 백성은[民] 낳아 기름이[孳] 성대하여[阜] 셀 수[數] 없고[亡], 기쁨과[喜] 즐거움은[樂] 있지만[有] 쇠하여[衰] 늙거나[老] 슬픔과[哀] 괴로움은[苦] 없으며[亡], 그[其] 풍속은[俗] 성음을[聲] 좋아하여[好] 서로[相] 끌어서[攜而] 노래를[謠] 주고받고[迭], 하루 내내[終日] 음악을[音] 멈추지 않고[不輟], 배고프거나[飢] 싫증나면[惓則] 신분을[神瀵] 마시면[飮] 기력과[力] 마음이[志] 화평해지고[和平], 많이 마시면[過] 곧장[則] 취해서[醉] 열흘을[旬] 지나서야[經] 이에[乃] 깨어나[醒] 신분으로[神瀵] 목욕하면[沐浴] 살갗은[膚色] 기름기로[脂] 윤택하고[澤], 향기가[香氣] 십일을[旬] 지나서야[經] 겨우[乃] 없어진다[竭]. 『열자(列子)』「탕문편(湯問篇)」 제(第) 5~8단락(段落)

註 천지도(天之道) 이이불해(利而不害) 성인지도(聖人之道) 위이부쟁(爲而不爭) : 자연의[天之] 도리는[道] (온갖 것을) 이롭게 하되[利而] 해치지 않고[不害], 성인의[聖人之] 도리는[道] 베풀되[爲而] (그 무엇과도) 다투지 않는다[不爭]. 『노자(老子)』 81장(章)

註 이야자명야(離也者明也) : 이(離 : ☲)라는[也] 것은[者] 밝음[明]이다[也]. 「설괘전(說卦傳)」 5단락(段落)

註 감함야(坎陷也) : 감은[坎 : ☵] 함정[陷]이다[也]. 「설괘전(說卦傳)」 7단락(段落)

2 효의 효상과 계사

初九 : 曳其輪하고 濡其尾면 无咎리라
예기륜 유기미 무구

六二 : 婦喪其茀이다 勿逐하라 七日得하리라
부상기불 물축 칠일득

九三 : 高宗伐鬼方하여 三年克之라 小人勿用이니라
고종벌귀방 삼년극지 소인물용

六四 : 繻有衣袽하고 終日戒니라
수유의녀 종일계

九五 : 東鄰殺牛는 不如西鄰之禴祭이다 實受其福이니라
동린살우 불여서린지약제 실수기복

上六 : 濡其首니 厲하리라
유기수 여

초구(初九) : 그[其] 수레를[輪] 끌다가[曳] 제[其] 꼬리를[尾] 적시면[濡] 허물은[咎] 없다[无].

육이(六二) : 부인이[婦] 그[其] 가리개를[茀] 잃었다[喪]. 좇지[逐] 말라[勿]. 칠일이면[七日] 갖는다[得].

구삼(九三) : 고종이[高宗] 북쪽을[鬼方] 정벌한 지[伐] 삼 년에야[三年] 그 정벌을[之] 성취했다[克]. 소인을[小人] 쓰지[用] 말라[勿].

육사(六四) : 해진[袽] 헝겊인[衣] 비단을[繻] 간직하고서[有] 끝나는[終] 해를[日] 경계한다[戒].

구오(九五) : 동쪽[東] 이웃이[鄰] 소를[牛] 잡음은[殺] 서쪽[西] 이웃의[鄰之] 소박한[禴] 제사만[祭] 못하다[不如]. 참으로[實] 그[其] 복을[福] 받는다[受].

상륙(上六) : 제[其] 머리를[首] 적시니[濡] 위태하다[厲].

초구(初九 : ⚊)

初九 : 曳其輪하고 濡其尾면 无咎리라
예기륜 유기미 무구

초구(初九) : 그[其] 수레를[輪] 끌다가[曳] 제[其] 꼬리를[尾] 적시면[濡] 허물은[咎] 없다[无].

【초구(初九)의 효상(爻象) 풀이】

기제괘(旣濟卦 : ䷾)의 초구(初九 : ⚊)는 이양거양(以陽居陽) 즉 양(陽 : ⚊)으로써[以] 양(陽 : ⚊)의 자리에 있는지라[居] 정당한 자리에 있다. 초구(初九 : ⚊)와 육이(六二 : ⚋)는 양음(陽陰)의 사이인지라 비(比) 즉 이웃의 사귐[比]을 누린다. 초구(初九 : ⚊)와 육사(六四 : ⚋) 역시 양음(陽陰)인지라 정응(正應) 즉 바르게[正] 호응함[應]을 서로 누린다. 이에 초구(初九 : ⚊)는 기제괘(旣濟卦 : ䷾)의 주제인 〈기제(旣濟)〉의 시국을 그대로 따라 누리는 모습이다.

> 기제괘(旣濟卦 : ䷾)의 초구(初九 : ⚊)가 초륙(初六 : ⚋)으로 변효(變爻)하면 초구(初九 : ⚊)는 기제괘(旣濟卦 : ䷾)를 39번째 건괘(蹇卦 : ䷦)로 지괘(之卦)하게 한다. 따라서 기제괘(旣濟卦 : ䷾)의 초구(初九 : ⚊)는 건괘(蹇卦 : ䷦)의 초륙(初六 : ⚋)을 찾아가 살펴보게 한다.

【초구(初九)의 계사(繫辭) 풀이】

曳其輪(예기륜)

그[其] 수레를[輪] 끈다[曳].

〈예기륜(曳其輪)〉은 기제괘(旣濟卦 : ䷾)의 초구(初九 : ⚊)가 육사(六四 : ⚋)와 정응(正應) 즉 바르게[正] 호응함[應]을 암시한 계사(繫辭)이다. 〈예기륜(曳其輪)〉은 〈초구예륙사지륜(初九曳六四之輪)〉의 줄임으로 여기고 〈초구가[初九] 육사의[六四之] 수레를[輪] 끌어준다[曳]〉라고 새겨볼 것이다. 〈예기륜(曳其輪)의 예(曳)〉는 〈끌 견(牽)〉과 같고, 〈기륜(其輪)의 기(其)〉는 〈육사지(六四之)〉를 대신하는 관형사이고, 〈기륜(其輪)의 윤(輪)〉은 여기선 〈수레 거(車)〉와 같다.

기제괘(旣濟卦 : ䷾)의 초구(初九 : ⚊)가 육사(六四 : ⚋)와 정도를 따라[正] 서로 호응하려면[應] 먼저 초구(初九 : ⚊)가 육사(六四 : ⚋)를 받들어야 한다. 왜냐하면 초구(初九 : ⚊)는 맨 밑자리에 있고 육사(六四 : ⚋)는 경대부(卿大夫)의 자리에 있기 때문이다. 이에 〈예기륜(曳其輪)〉은 육사(六四 : ⚋)가 기제괘(旣濟卦 : ䷾)의 상체(上體) 감(坎 : ☵)의 초효(初爻)임을 들어 육사(六四 : ⚋)를 취상한 것이다. 왜냐하면 〈예기륜(曳其輪)〉이 「설괘전(說卦傳)」에 나오는 〈감은[坎 : ☵] 활이고[弓] 수레[輪]이며[爲] …… 끎[曳]이다[爲]〉라는 내용을 상기시키기 때문이다. 따라서 육사(六四 : ⚋)의 수레[輪]를 초구(初九 : ⚊)가 끌어주는[曳] 모습을 들어, 초구(初九 : ⚊)가 육사(六四 : ⚋)를 정응(正應)으로써 따라 받들어 기제괘(旣濟卦 : ䷾)의 주제인 〈기제(旣濟)〉의 시국을 굳세게[剛] 마주하기 시작함을 암시한 계사(繫辭)가 〈예기륜(曳其輪)〉이다.

濡其尾(유기미) 无咎(무구)

제[其] 꼬리를[尾] 적시면[濡] 허물은[咎] 없다[无].

〈유기미(濡其尾) 무구(无咎)〉는 기제괘(旣濟卦 : ䷾)의 효위(爻位)를 들어 초구(初九 : ⚊)가 〈기제(旣濟)〉의 시작을 따르려 함을 암시한 계사(繫辭)이다. 〈유기미(濡其尾) 무구(无咎)〉는 〈요예기륜초구유기미(了曳其輪初九濡其尾) 연이초구무구(然而初九无咎)〉의 줄임으로 여기고 〈그[其] 수레를[輪] 끌어주는[曳] 동안[了] 초구가[初九] 제[其] 꼬리를[尾] 적셨다[濡] 그러나[然而] 초구에게[初九] 허물은[咎] 없다[无]〉라고 새겨볼 것이다. 〈유기미(濡其尾)의 유(濡)〉는 〈적실 지(漬)〉와 같다.

〈유기미(濡其尾)의 유(濡)〉는 육사(六四 : ⚋)가 기제괘(旣濟卦 : ䷾)의 상체(上體) 감(坎 : ☵)의 초효(初爻)임을 암시한다. 왜냐하면 〈유기미(濡其尾)의 유(濡)〉가 「설괘전(說卦傳)」에 나오는 〈감은[坎 : ☵] 물[水]이다[爲]〉라는 내용을 상기시키기 때문이다. 〈유기미(濡其尾)의 기미(其尾)〉는 초구(初九 : ⚊)가 기제괘(旣濟卦 : ䷾)에서 맨 밑자리에 있는지라 〈미(尾)〉 즉 꼬리[尾]에 해당되어 〈기미(其尾)〉로써 취상(取象)한 것이다. 〈유기미(濡其尾)〉 역시 초구(初九 : ⚊)가 기제괘(旣濟卦 : ䷾)의 상체(上體) 감(坎 : ☵)의 초효(初爻)인 육사(六四 : ⚋)와 정응(正應)

을 애써서 누리고자 함을 암시한다. 왜냐하면 〈유기미(濡其尾)〉가 기제괘(旣濟卦 : ䷾)의 상체(上體)인 감(坎 : ☵)의 물[水]을 연상시킬 뿐만 아니라, 「설괘전(說卦傳)」에 나오는 〈감은[坎 : ☵] 마음병[心病]이다[爲]〉라는 내용을 상기시키기 때문이다. 짐승이 물에 꼬리를[尾] 적신다[濡] 함은 실족(失足)하여 물속으로 빠질세라 조심해야 함을 암시하는지라, 초구(初九 : ⚊)가 육사(六四 : ⚋)와 정응(正應)을 굳세게[剛] 나누되 〈기제(旣濟)〉의 시국을 마음 쓰면서[心病] 따르고자 함이니 초구(初九 : ⚊)에게 허물이[咎] 없음[无]을 암시한 계사(繫辭)가 〈유기미(濡其尾) 무구(无咎)〉이다.

【字典】

예(曳) 〈끌 예(曳)-견(牽), 당길 예(曳)-인(引)-유예(臾曳), 옷 입기 예(曳)-착의지사(着衣之事), 갈 예(曳)-행(行), 조아릴(넘어질) 예(曳)-돈(頓), 넘을 예(曳)-유(踰)-예(跇)〉 등의 뜻을 내지만 여기선 〈끌 견(牽)〉과 같다 여기고 새김이 마땅하다.

기(其) 〈그(그것) 기(其)-피(彼)-지(之), 그(관형사) 기(其)-관형사(冠形詞), 그럴 기(其)-연(然), 어찌 기(其)-기(豈), 누를 기(其)-억(抑), 오히려 기(其)-상(尙)-서기(庶幾), 이에 기(其)-내(乃), 만약 기(其)-약(若), 장차 기(其)-장(將), 어조사 기(其)-어조사〉 등의 뜻을 내지만 여기선 관형사로서 〈그 기(其)〉로 여기고 새김이 마땅하다.

윤(輪) 〈수레 윤(輪)-거(車), 수레바퀴 윤(輪)-거륜(車輪), 수레의 수를 계산하는 낱말 윤(輪)-계거수지어(計車數之語), 운행할 윤(輪)-전(轉 : 運行如水行), 흘러갈 윤(輪)-윤류(輪流), 주위 윤(輪)-외곽(外郭)-주위(周圍), (높고 큰) 곳집 윤(輪)-균(囷)-고대(高大), 굴곡진 모양 윤(輪)-굴곡모(屈曲貌), 수레바퀴 만드는 사람 윤(輪)-작거륜자(作車輪者), 가릴 윤(輪)-윤(掄)〉 등의 뜻을 내지만 여기선 〈수레 거(車)〉와 같다 여기고 새김이 마땅하다. 〈輪〉은 앞에 있으면 〈윤〉으로 발음되고, 중간이나 뒤에 있으면 〈륜〉으로 발음된다.

유(濡) 〈적실 유(濡)-지(漬)-윤(潤)-질(浞)-습(濕), 넉넉할 유(濡)-윤택(潤澤), 은택 유(濡)-은택(恩澤), 은덕 유(濡)-은덕(恩德), 유화 유(濡)-유화(柔和), 빠질 유(濡)-익(溺), 참아낼 유(濡)-함인(含忍), 막힐 유(濡)-체(滯)〉 등의 뜻을 내지만 여기선 〈적실 지(漬)-질(浞)〉과 같다 여기고 새김이 마땅하다.

미(尾) 〈꼬리 미(尾)-미(微)-척진처(脊盡處), 뒤 미(尾)-후(後), 말단(뒤끝) 미(尾)-

말(末), 끝 미(尾)-종(終), 끝날 미(尾)-진(盡), 흘레할 미(尾)-교접(交接)〉 등의 뜻을 내지만 여기선 〈꼬리(척추가 끝나는) 척진처(脊盡處)〉로 여기고 새김이 마땅하다.

무(无) 〈없을 무(无)-무(無), 허무지도 무(无)-허무지도(虛无之道), 으뜸 무(无)-원(元)〉 등의 뜻을 내지만 여기선 〈없을 무(無)〉와 같다 여기고 새김이 마땅하다.

구(咎) 〈허물 구(咎)-건(愆)-과(過), 재앙 구(咎)-재(災), 병될 구(咎)-병(病), 나쁠 구(咎)-오(惡)〉 등의 뜻을 내지만 여기선 〈허물 건(愆)-과(過)〉와 같다 여기고 새김이 마땅하다.

註 감위수(坎爲水) …… 위궁륜(爲弓輪) …… 위심병(爲心病) …… 위예(爲曳) : 감은[坎 : ☵] 물[水]이고[爲] …… 활이고[弓] 수레[輪]이며[爲] …… 마음병[心病]이고[爲] …… 끎[曳]이다[爲].

「설괘전(說卦傳)」 11단락(段落)

육이(六二 : --)

六二 : 婦喪其茀이다 勿逐하라 七日得하리라
부상기불 물축 칠일득

육이(六二) : 부인이[婦] 그[其] 가리개를[茀] 잃었다[喪]. 좇지[逐] 말라[勿]. 칠일이면[七日] 갖는다[得].

【육이(六二)의 효상(爻象) 풀이】

기제괘(既濟卦 : ䷾)의 육이(六二 : --)는 이음거음(以陰居陰) 즉 음(陰 : --)으로써[以] 음(陰 : --)의 자리에 있는지라[居] 정당한 자리에 있다. 육이(六二 : --)와 구삼(九三 : —)은 음양(陰陽)의 사이인지라 비(比) 즉 이웃의 사귐[比]을 누린다. 육이(六二 : --)와 구오(九五 : —)도 음양(陰陽)의 사이인지라 중정(中正)과 정응(正應)을 동시에 누릴 수 있는 사이이다. 그러나 육이(六二 : --)는 기제괘(既濟卦 : ䷾)의 주제인 〈기제(既濟)〉의 시국인지라 구오(九五 : —)가 불러줄 때가 올 것임을 알고 자중(自重)하며 기다리는 모습이다.

기제괘(旣濟卦 : ䷾)의 육이(六二 : --)가 구이(九二 : ㅡ)로 변효(變爻)하면 육이(六二 : --)는 기제괘(旣濟卦 : ䷾)를 5번째 수괘(需卦 : ䷄)로 지괘(之卦)하게 한다. 따라서 기제괘(旣濟卦 : ䷾)의 육이(六二 : --)는 수괘(需卦 : ䷄)의 구이(九二 : ㅡ)를 찾아가 살펴보게 한다.

【육이(六二)의 계사(繫辭) 풀이】

婦喪其茀(부상기불)

부인이[婦] 그[其] 가리개를[茀] 잃었다[喪].

〈부상기불(婦喪其茀)〉은 육이(六二 : --)가 구오(九五 : ㅡ)와의 중정(中正)-정응(正應)을 서로 누릴 시기를 기다림을 암시한 계사(繫辭)이다. 〈부상기불(婦喪其茀)〉은 유순(柔順)한 육이(六二 : --)가 기제괘(旣濟卦 : ䷾)의 하체(下體) 이(離 : ☲)의 중효(中爻)로서 기제괘(旣濟卦 : ䷾)의 상체(上體) 감(坎 : ☵)의 중효(中爻)인 구오(九五 : ㅡ)와 중정(中正)-정응(正應)을 누리고자, 서둘지 않고 육이(六二 : --) 자신의 정위(正位)에서 은중(隱重) 즉 머물러[隱] 자중함[重]을 암시한다. 〈부상기불(婦喪其茀)의 부(婦)〉는 육이(六二 : --)가 기제괘(旣濟卦 : ䷾)의 하체(下體) 이(離 : ☲)의 중효(中爻)로서 주효(主爻)이고 음(陰 : --)이니 〈부(婦)〉로써 취상(取象)한 것이다. 왜냐하면 〈부상기불(婦喪其茀)의 부(婦)〉가 「설괘전(說卦傳)」에 나오는 〈이는[離 : ☲] 두 번째[再] 구해서[索而] 여식을[女] 얻어서[得故] 이를[之] 중녀라[中女] 한다[爲]〉라는 내용을 상기시키기 때문이다.

〈부상기불(婦喪其茀)의 불(茀)〉은 부인(婦人)이 수레를 타고 집을 나서 출행(出行)할 때면 여자가 타는 〈거후호지막(車後戶之幕)〉 즉 수레[車] 뒷문의[後戶之] 장막[幕]을 말한다. 남자가 수레를 타는 앞문을 〈흔(輾)〉이라 한다. 〈흔(輾)〉이든 〈불(茀)〉이든 모두 자폐(自蔽) 즉 자신을 드러내지 않는 장막을 말한다. 〈부(婦)〉 즉 육이(六二 : --)가 〈상기불(喪其第)〉 즉 자신이 탈 수레[其] 뒷문의 장막을[茀] 잃었다[喪]고 함은 육이(六二 : --)가 정위(正位) 즉 정당한[正] 자리[位]를 뜨지 않고 머물러 출행(出行)하지 않음을 암시한다. 따라서 여기 〈상기불(喪其第)〉은 〈기제(旣濟)〉 즉 비로소[旣] 이룬[濟] 시국인지라 군왕(君王)인 구오(九五 : ㅡ)가 서둘러 신하를 불러대지 않음을 육이(六二 : --)가 현명하여 알고 있음을 암시한다. 왜냐하면 육이(六二 : --)는 기제괘(旣濟卦 : ䷾)의 하체(下體) 이(離 : ☲)의 중효(中爻)이기 때문에 현명함을 「설괘전(說卦傳)」에 나오는 〈이(離 : ☲)라는[也] 것은[者] 밝음[明]이다[也]〉라는 내용이 상기시키기 때문이다. 이는 곧 세상이 비로소[旣] 안정을 이룩한[濟] 때를 누리고 있어 군왕인 구오(九五 : ㅡ)가 신하인 육이(六二 : --)에게 서둘러 하명(下命)할 바가 없으니, 구오(九五 : ㅡ)와 중정(中正)-정응(正應)을 서로 누림을 육이(六二 : --)가 서둘지 않고 기다림을 암시한 계사(繫辭)가 〈부상기불(婦喪其茀)〉이다.

勿逐(물축)

좇지[逐] 말라[勿].

〈물축(勿逐)〉은 육이(六二 : --)가 〈기제(旣濟)〉의 시국을 명찰(明察)하고 출행(出行)하지 않음을 암시한 계사(繫辭)이다. 〈물축(勿逐)〉은 〈물축기불(勿逐其茀)〉의 줄임으로 여기고 〈그[其] 장막을[茀] 좇지[逐] 말라[勿]〉라고 새겨볼 것이다. 옛날에는 부녀(婦女)가 반드시 자폐(自蔽) 즉 자신을[自] 드러내지 않고[蔽] 외출했다. 〈상기불(喪其茀)〉은 수레의 뒤쪽 휘장을[茀] 잃었으니[喪] 수레를 몰아 출행(出行)하지 못함을 암시한다. 부녀(婦女)가 출행할 때 반드시 갖추어야 할 〈불(茀)〉을 육이(六二 : --)가 잃었다[喪]고 함은 육이(六二 : --)가 기제괘(旣濟卦 : ䷾)의 하체(下體) 이(離 : ☲)의 중효(中爻)임을 생각하게 한다. 중정(中正) 즉 중효이면서[中] 정위에 있는[正] 육이(六二 : --)가 득중(得中) 즉 정도를 따름을[中] 취하여[得] 〈기제(旣濟)〉의 시국을 마주할 터인지라, 구오(九五 : ㅡ)와의 정응(正應)을 서둘 것이 없다는 것이 여기 〈물축(勿逐)〉이다.

기제괘(旣濟卦 : ䷾)의 하체(下體) 이(離 : ☲)의 중효(中爻)로서 유순(柔順)한 육이(六二 : --)의 심지(心志)에는 무유사벽(無有邪僻) 즉 간사함과[邪] 치우침이[僻] 결코 없어[無有] 자명(自明) 즉 스스로[自] 현명하다[明]. 따라서 「설괘전(說卦傳)」에 〈이(離 : ☲)라는[也] 것은[者] 밝음[明]이다[也]〉라는 내용을 여기 〈물축(勿逐)〉이 상기시킨다. 육이(六二 : --)가 명민(明敏)하다는 것이다. 군왕(君王)인 구오(九五 : ㅡ)와 중정(中正)-정응(正應)을 누리지 못함은 〈기제(旣濟)〉의 시국인 까닭임을 현명하고[明] 민첩하게[敏] 깨달아, 식시(識時) 즉 시국을[時] 알고[識] 지변

(知變) 즉 시국은 변화함을[變] 알아서[知] 육이(六二 : --)가 은인자중(隱忍自重) 즉 드러내지 않고[隱] 참으면서[忍] 자신을[自] 삼가 소중히함[重]을 암시한 계사(繫辭)가 〈물축(勿逐)〉이다.

七日得(칠일득)

칠일이면[七日] 갖는다[得].

〈칠일득(七日得)〉은 시변(時變) 즉 시국의[時] 바뀜[變]을 암시한 계사(繫辭)이다. 〈칠일득(七日得)〉은 〈칠일후륙이득기상불(七日後六二得其喪茀)〉의 줄임으로 여기고 〈칠일(七日) 뒤에는[後] 육이가[六二] 그[其] 잃어버린[喪] 장막을[茀] 취한다[得]〉라고 새겨볼 것이다. 나아가 〈칠일후륙이여구오득정응(七日後六二與九五得正應)〉의 줄임으로 여기고 〈칠일(七日) 뒤에는[後] 육이와[六二與] 구오가[九五] 정응을[正應] 취한다[得]〉라고 곁붙여 새겨볼 것이 〈칠일득(七日得)〉이다.

〈칠일득(七日得)〉은 〈기제(旣濟)〉라는 시국 역시 불변(不變)함이 아님을 암시한다. 시(時)의 불변(不變)이란 없다는 것이 역지도(易之道) 즉 바뀜의[易之] 도리[道]임을 암시한 것이 〈칠일득(七日得)의 칠일(七日)〉이다. 〈칠일득(七日得)의 칠일(七日)〉은 시변(時變)을 암시한다. 〈칠일득(七日得)〉이라는 계사(繫辭)는 51번째 진괘(震卦 : ䷲) 육이(六二 : --)의 계사(繫辭)에도 나온다. 여기 〈칠일(七日)〉은 「계사전상(繫辭傳上)」에 나오는 〈효라는[爻] 것은[者] 변하는[變] 것[者]을[乎] 말함[言]이다[也]〉라는 내용을 환기시킨다. 대성괘(大成卦)의 육효(六爻)는 한 자리에 머물러 있지 않고 순차(循次) 즉 뒤따라[次] 좇아[循] 왕래(往來)하는지라 그 가고[往] 옴[來]의 때[時]를 하루로 치면, 6일이면 일순(一循) 즉 한 차례[一] 좇아 돌아[循] 왕래함이 다해져 7일째면 본래 있었던 자리로 되돌아오게 된다. 다시 순차(循次)가 시작됨이 여기 〈칠일득(七日得)의 칠일(七日)〉이다. 이처럼 때가 지나고 일이 마치면 또다시 시변(時變)의 왕래함이 역지도(易之道)이다. 거듭해 말하자면 육이(六二 : --)의 자리인 이위(二位)로부터 순차(順次)대로 옮겨 삼위(三位)→사위(四位)→오위(五位)→상위(上位)→초위(初位)를 거쳐 다시 이위(二位)에 되돌아오면 육이(六二 : --)의 자리가 〈칠일(七日)〉로써 제자리로 돌아옴을 취상(取象)한 것이 〈칠일득(七日得)〉이다.

대성괘(大成卦)에는 칠위(七位)란 없으니 기제괘(旣濟卦 : ䷾)의 육위(六位)를 순차(順次)로 거쳐 다시 이위(二位)의 자리로 돌아옴이란 기제괘(旣濟卦 : ䷾)의 시국인 〈기제(旣濟)〉가 〈종(終)〉 즉 끝났음을 암시한다. 그래서 여기 〈칠일(七日)〉은 시변(時變)을 말한다. 〈기제(旣濟)〉의 시국 역시 변(變)함을 〈칠일득(七日得)의 칠일(七日)〉이 암시한다. 기제괘(旣濟卦 : ䷾)의 〈기제(旣濟)〉가 항구적(恒久的)일 수 없다. 한번 안정을 누리는 시국이면 한번은 혼란을 겪는 시국으로 시변(時變)함이 역리(易理) 즉 변하는[易] 이치[理]이고 천도(天道) 즉 자연의[天] 도리[道]이다. 그래서 기제괘(旣濟卦 : ䷾)의 계사(繫辭)가 〈초길종란(初吉終亂)〉이라 암시한 것을 되새겨보게 하는 계사(繫辭)가 〈칠일득(七日得)〉이고, 동시에 역지도(易之道)에 따라 육이(六二 : --)와 구오(九五 : —)는 언제든 반드시 정응(正應) 즉 바르게[正] 호응함[應]을 누릴 효연(爻緣)을 서로 간직함을 암시한 계사(繫辭)가 〈칠일득(七日得)〉이다.

【字典】

부(婦) 〈아내 부(婦)-배(配)-처(妻), 며느리 부(婦)-자지처(子之妻), 시집간 여자(아낙) 부(婦)-여자이가(女子已嫁), 이괘(☲) 부(婦)-이(離), 손괘(☴) 부(婦)-손(巽)〉 등의 뜻을 나타내지만 여기선 〈부인 부(婦)〉로 여기고 새김이 마땅하다.

상(喪) 〈잃을(놓칠) 상(喪)-실(失), 죽음(죽을) 상(喪)-사(死)-망(亡), 상복을 입을 상(喪)-지복(持服), 망칠(버릴) 상(喪)-기망(棄亡)〉 등의 뜻을 내지만 여기선 〈잃을 실(失)〉로 여기고 새김이 마땅하다.

기(其) 〈그녀의 기(其), 그(그것) 기(其)-피(彼)-지(之), 그(관형사) 기(其)-관형사(冠形詞), 그럴 기(其)-연(然), 어찌 기(其)-기(豈), 누를 기(其)-억(抑), 오히려 기(其)-상(尙)-서기(庶幾), 이에 기(其)-내(乃), 만약 기(其)-약(若), 장차 기(其)-장(將), 어조사 기(其)-어조사(語助辭)〉 등의 뜻을 내지만 여기선 소유격으로서 〈그녀의 기(其)〉로 여기고 새김이 마땅하다.

불(茀) 〈수레 가리개 불(茀)-거폐(車蔽), 쓰개(조바위) 불(茀)-불(髴)-수식(首飾), 풀이 우거져 막힌 길 불(茀)-초장색로(草檣塞路), 초목이 우거진 모습 불(茀)-초목중다모(草木衆多貌), 다스릴 불(茀)-치(治), 관에 감는 새끼줄 불(茀)-불(紼)-인관색(引棺索), 작을 불(茀)-소(小)〉 등의 뜻을 내지만 〈수레 가리개 불(茀)〉로 여기고 새김이 마땅하다.

물(勿) 〈아니할 물(勿)-불(不), 없을 물(勿)-무(無)-무(毋), 하지 말 물(勿)-막(莫), 아닌 것 물(勿)-비(非)〉 등의 뜻을 내지만 여기선 〈아니할 불(不)〉과 같다 여기고 새김이 마땅하다.

逐 〈축-적〉 두 가지로 발음되고, 〈좇을 축(逐)-박(迫), (말을) 몰아갈 축(逐)-구(驅), 물리칠 축(逐)-척(斥), 풀어놓을 축(逐)-방(放), 따라갈 축(逐)-종(從), 구할 축(逐)-구(求), 달릴 축(逐)-주(走), 질병 축(逐)-병(病)-질(疾), 달리는 모양 적(逐)-치(馳)-분(奔)〉 등의 뜻을 내지만 〈좇을 박(迫)〉과 같다 여기고 새김이 마땅하다.

칠(七) 〈일곱 칠(七)-수명(數名), 양수 칠(七)-양수(陽數), 천지인사시의 시작 칠(七)-천지인사시지시(天地人四時之始), 서방 칠(七)-서방(西方), 진괘의 수 칠(七)-진괘지수(震卦之數)〉 등의 뜻을 내지만 여기선 〈일곱 칠(七)〉로 여기고 새김이 마땅하다.

일(日) 〈나날 일(日)-별일(別日), 시기 일(日)-시기(時期), 기한 일(日)-기한(期限), 시일 일(日)-시일(時日), 해(태양) 일(日)-태양(太陽)-태양계중심(太陽系中心), 참 일(日)-실(實)-실정(實精), 볕 일(日)-양(陽)-양광(陽光), 불 일(日)-화(火), 임금의 모습 일(日)-군상(君象), 덕 일(日)-덕(德) {일자덕야(日者德也) 월자형야(月者刑也)}, 낮 일(日)-주(晝), 세월 일(日)-광음(光陰)〉 등의 뜻을 내지만 여기선 〈나날 일(日)〉로 여기고 새김이 마땅하다.

득(得) 〈취할(얻어낼) 득(得)-획(獲)-취(取), 탐할 득(得)-탐(貪), 깨달을 득(得)-효(曉)-오(悟), 만족할 득(得)-족(足), 마땅할 득(得)-당(當), 일의 마땅함을 터득할 득(得)-합(合)-득사지의(得事之宜), 이룰 득(得)-성(成), 알 득(得)-지(知), 가할 득(得)-가(可)-능(能), 편안할 득(得)-편(便), 가질 득(得)-치(値)-지(持), 득도할 득(得)-득도(得道)〉 등의 뜻을 내지만 〈취할 획(獲)-취(取)〉와 같다 여기고 새김이 마땅하다.

註 이야자명야(離也者明也) 만물개상견(萬物皆相見) 남방지괘야(南方之卦也) : 이(離 : ☲)라는[也] 것은[者] 밝음[明]이다[也]. 만물이[萬物] 모두[皆] 서로[相] 본다[見]. 남방의[南方之] 괘(卦)이다[也].
「설괘전(說卦傳)」 5단락(段落)

註 단자언호상자야(彖者言乎象者也) 효자언호변자야(爻者言乎變者也) 길흉자언호기실득야(吉凶者言乎其失得也) 회린자언호기소자야(悔吝者言乎其小疵也) 무구자선보과야(无咎者善補過也) : 단이라는[彖] 것은[者] 짓을[乎象] 말하는[言] 것[者]이고[也], 효라는[爻] 것은[者] 변화함을[乎變] 말하는[言] 것[者]이며[也], 좋다[吉] 나쁘다는[凶] 것은[者] 그것을[其] 잃음과[失] 얻음을

[乎得] 말하는 것[言]이고[也], 뉘우치고[悔] 부끄러워한다는[吝] 것은[者] 그것이[其] 허물을[疵] 작게 함을[乎小] 말하는 것[言]이며[也], 허물이[咎] 없다는[无] 것은[者] 잘못을[過] 선하게[善] 고침[補]이다[也].

「계사전상(繫辭傳上)」 3단락(段落)

구삼(九三 : ⚊)

九三 : 高宗伐鬼方하여 三年克之라 小人勿用이니라
고종벌귀방 삼년극지 소인물용

구삼(九三) : 고종이[高宗] 북쪽을[鬼方] 정벌한 지[伐] 삼 년에야[三年] 그 정벌을[之] 성취했다[克]. 소인을[小人] 쓰지[用] 말라[勿].

【구삼(九三)의 효상(爻象) 풀이】

기제괘(既濟卦 : ䷾)의 구삼(九三 : ⚊)은 이양거양(以陽居陽) 즉 양(陽 : ⚊)으로써[以] 양(陽 : ⚊)의 자리에 있는지라[居] 정당한 자리에 있다. 구삼(九三 : ⚊)과 육사(六四 : ⚋)는 양음(陽陰)의 사이인지라 비(比) 즉 이웃의 사귐[比]을 누린다. 구삼(九三 : ⚊)과 상륙(上六 : ⚋)도 양음(陽陰)인지라 정응(正應)을 누릴 수 있다. 대성괘(大成卦)에서 삼위(三位)는 양위(陽位)로서 그 속성(屬性)이 특히 강강(剛强) 즉 굳세고[剛] 강력하다[强]. 이에 구체적이고 역사적인 고사(故事)를 빌려 구산(九三 : ⚊)이 강강(剛强)한을 엿보게 하는 모습이다.

> 기제괘(既濟卦 : ䷾)의 구삼(九三 : ⚊)이 육삼(六三 : ⚋)으로 변효(變爻)하면 구삼(九三 : ⚊)은 기제괘(既濟卦 : ䷾)를 3번째 준괘(屯卦 : ䷂)로 지괘(之卦)하게 한다. 따라서 기제괘(既濟卦 : ䷾)의 구삼(九三 : ⚊)은 준괘(屯卦 : ䷂)의 육삼(六三 : ⚋)을 찾아가 살펴보게 한다.

【구삼(九三)의 계사(繫辭) 풀이】

高宗伐鬼方(고종벌귀방) 三年克之(삼년극지)

고종이[高宗] 북쪽을[鬼方] 정벌한 지[伐] 삼 년에야[三年] 그 정벌을[之] 성취했다[克].

〈고종벌귀방(高宗伐鬼方) 삼년극지(三年克之)〉는 기제괘(既濟卦 : ䷾) 구삼(九三 : ⚊)을 은(殷)나라 중흥조(中興祖) 고종(高宗)의 북방(北方) 정벌(征伐)의 고사(故事)를 들어 암시한 계사(繫辭)이다. 〈고종벌귀방(高宗伐鬼方) 삼년극지(三年克之)〉는 〈구삼여벌귀방지고종(九三如伐鬼方之高宗) 삼년지후고종극기벌(三年之後高宗克其伐)〉의 줄임으로 여기고 〈구삼은[九三] 북쪽지역을[鬼方] 정벌한[伐之] 고종(高宗) 같다[如] 삼 년[三年之] 후에야[後] 고종은[高宗] 그[其] 정벌을[伐] 성공했다[克]〉라고 새겨볼 것이다. 〈삼년극지(三年克之)의 극(克)〉은 〈승리할 승(勝)〉과 같고, 〈삼년극지(三年克之)의 지(之)〉는 〈고종벌귀방(高宗伐鬼方)의 벌귀방(伐鬼方)〉을 나타내는 지시어로 〈그것 지(之)〉이다.

〈고종벌귀방(高宗伐鬼方)〉은 강건(剛健)한 구삼(九三 : ⚊)이 기제괘(既濟卦 : ䷾)의 주제인 〈기제(既濟)〉의 시국에서 굳셈[剛]으로써 양(陽 : ⚊)의 자리에 있는지라 그 굳셈[剛]이 지극함을 은(殷)나라 고종(高宗)이 〈귀방(鬼方)〉 즉 북방(北方)을 정벌했던 고사(故事)를 들어 암시한다. 〈고종벌귀방(高宗伐鬼方)〉에서 〈벌귀방(伐鬼方)〉은 구삼(九三 : ⚊)이 기제괘(既濟卦 : ䷾)의 하체(下體) 이(離 : ☲)의 상효(上爻)인지라 상체(上體) 감(坎 : ☵)으로 진입(進入)해야 하는 처지에 있음을 암시한다. 여기 〈벌귀방(伐鬼方)의 벌(伐)〉은 구삼(九三 : ⚊)의 진상(進上)을 암시하고, 〈벌귀방(伐鬼方)의 귀방(鬼方)〉은 기제괘(既濟卦 : ䷾)의 상체(上體) 감(坎 : ☵)을 암시한다. 〈귀방(鬼方)〉은 북방(北方)이고 동시에 암(暗) 즉 어둠[暗]이니, 기제괘(既濟卦 : ䷾)의 상체(上體) 감(坎 : ☵)을 취상(取象)한 것이다. 감(坎 : ☵)은 북방(北方)과 함(陷) 즉 어둠[陷]을 암시한다. 기제괘(既濟卦 : ䷾)의 하체(下體) 이(離 : ☲)는 남방(南方)이고 명(明) 즉 밝음[明]을 나타낸다. 감(坎 : ☵)의 어둠[陷]은 위태함[險]으로 통하니 부제(不濟) 즉 안정을 이루지 못한[不濟] 지역을 암시하고, 이(離 : ☲)의 밝음[明]은 〈기제(既濟)〉의 시국을 암시한다. 따라서 〈고종벌귀방(高宗伐鬼方)〉은 구삼(九三 : ⚊)을 취상(取象)한 것이고, 〈고종벌귀방(高宗伐鬼方)의 귀방(鬼方)〉을 빌려 이(離 : ☲)의 구삼(九三 : ⚊)이 감(坎 : ☵)으로 상진(上進)함을 암시한 것이며, 〈고종벌귀방(高宗伐鬼方)의 벌(伐)〉은 북방(北方)인 감(坎 : ☵)의 어둠[陷] 즉 안정을 성취하지 못한[不濟] 지역을 남방(南方)인 밝은[明] 이(離 : ☲)의 구삼(九三 : ⚊)이 정벌하여[伐] 밝음[明]의 〈기제(既濟)〉로 시변

(時變)하였음을 암시한다.

〈귀방(鬼方)〉을 정벌하여[伐] 〈부제(不濟)〉를 〈기제(旣濟)〉로 시변(時變)함에 〈삼년극지(三年克之)〉 즉 〈삼년(三年)〉이 걸렸다고 함은 기제괘(旣濟卦 : ䷾)의 상체(上體) 감(坎 : ☵)의 삼효(三爻)를 들어 암시한다. 구삼(九三 : ⚊)이 기제괘(旣濟卦 : ䷾)의 상체(上體)로 상진(上進)하여 감(坎 : ☵)의 어둠[暗] 즉 부제(不濟)의 시국을 명(明) 즉 〈기제(旣濟)〉의 시국으로 시변(時變)함을 은(殷)나라 고종(高宗)의 고사(故事)를 들어 거듭 암시한 계사(繫辭)가 〈삼년극지(三年克之)〉이다.

小人勿用(소인물용)

소인을[小人] 쓰지[用] 말라[勿].

〈소인물용(小人勿用)〉은 기제괘(旣濟卦 : ䷾)의 구삼(九三 : ⚊)이 육사(六四 : ⚋)와의 비(比)와 상륙(上六 : ⚋)과의 정응(正應)을 선별(選別)하여 누림을 암시한 계사(繫辭)이다. 〈소인물용(小人勿用)〉은 〈고종물용소인(高宗勿用小人)〉의 줄임으로 여기고 〈고종은[高宗] 소인을[小人] 등용하지[用] 않았다[勿]〉라고 새겨볼 것이다.

〈소인물용(小人勿用)〉은 〈기제(旣濟)〉 즉 비로소[旣] 안정을 이룬[濟] 시국일수록 소인(小人)을 등용(登用)해서는 안 됨을 암시한다. 〈소인물용(小人勿用)〉은 7번째 사괘(師卦 : ䷆) 상륙(上六 : ⚋)의 계사(繫辭)에도 나온다. 〈소인물용(小人勿用)〉은 구삼(九三 : ⚊)이 육사(六四 : ⚋)와 효위(爻位)의 인연에 따라 무작정 이웃의 사귐[比]을 나눔이 아니라, 육사(六四 : ⚋)가 군자(君子)라면 비(比)를 나누지만 소인(小人)이라면 비(比)를 나누지 않음을 암시한 것이 〈소인물용(小人勿用)〉이다. 〈소인물용(小人勿用)의 물(勿)〉은 여기선 〈않을 불(不)〉과 같다. 왜 소인을[小人] 등용하지[用] 않는다[勿]고 하는가? 『논어(論語)』의 〈자왈(子曰)〉이 밝힌 군자(君子)와 소인(小人)의 대비(對比)들을 살펴본다면 단박에 간파할 수 있다. 〈소인물용(小人勿用)의 소인(小人)〉이란 〈천명을[天命] 몰라서[不知而] 두려워하지 않는 것[不畏]이고[也] 대인을[大人] 얕보며[狎] 성인의[聖人之] 말씀을[言] 업신여기는[侮]〉 인간이다. {군자(君子)와 소인(小人)의 대비(對比) 중에서 일곱 가지를 뽑아 주(註)에 붙였다.} 천명(天命)이란 심지(心志) 즉 마음 가는 바[心志]에 무유사벽

(無有邪僻) 즉 간사함[邪]이나 치우침이[僻] 없어[無有] 무사(無私)로써 행동함이 수명(守命) 즉 하늘[天]의 시킴을[命] 따라 지킴[守]이다. 이런 천명(天命)을 알지 못해 천명을 두려워하지 않는[不畏] 소인(小人)은 탐욕이 넘쳐나 잔민(殘民) 즉 백성을[民] 해치니[殘] 소인을[小人] 등용하지[用] 않는다[勿]고 암시한 계사(繫辭)가 〈소인물용(小人勿用)〉이다.

【字典】

고(高) 〈높을(높은 자리에 있는 것) 고(高)-재상자(在上者), 높은(높일) 고(高)-숭(崇)-존(尊), 고상한 것 고(高)-상(尙)-불비속자(不卑俗者), 물가가 오를 고(高)-물가앙(物價昂), 최상을 말할(최상위의 것) 고(高)-언최상(言最上)-최상위자(最上位者), 큰 고(高)-대(大), 증대할 고(高)-증대(增大), 멀 고(高)-원(遠), 나이 많을 고(高)-연치로(年齒老), 존경할 고(高)-경(敬)-존귀지(尊貴之), 길러줄 고(高)-양(養), 우쭐할 고(高)-자대(自大), 세속을 초월한 은사 고(高)-초속지은사(超俗之隱士), 기름진(살찔) 고(高)-고(膏)〉 등의 뜻을 내지만 여기선 〈높을 고(高)〉로 새김이 마땅하다.

종(宗) 〈우러러 받들 종(宗)-봉(奉), 일가(겨레) 종(宗)-동성(同姓)-동당(同黨), 조상의 사당을 높일 종(宗)-존조묘(尊祖廟), 종묘 종(宗)-종묘(宗廟), 밑(뿌리) 종(宗)-본(本), 조회 볼 종(宗)-조회(朝會), 교파 종(宗)-교파(敎派), 학파 종(宗)-학파(學派)〉 등의 뜻을 내지만 여기선 〈우러러 받들 봉(奉)〉으로 여기고 새김이 마땅하다.

벌(伐) 〈칠 벌(伐)-정(征)-격(擊), 벨(자를) 벌(伐)-작(斫)-참(斬), 깨뜨릴 벌(伐)-패(敗)-훼(毁), 죽일 벌(伐)-살(殺), 자랑할 벌(伐)-공(功), 어그러질 벌(伐)-패(悖)-난(亂)〉 등의 뜻을 내지만 여기선 〈칠 정(征)〉과 같다 여기고 새김이 마땅하다.

귀(鬼) 〈사람을 해치는 괴이한 것 귀(鬼)-적해인지괴이(賊害人之怪異), (사람이 죽으면 돌아갈) 혼백(귀신) 귀(鬼)-인사소귀혼백(人死所歸魂魄), 인신 귀(鬼)-인신(人神 : 天神地祇之對), 밝고 슬기로운 정기 귀(鬼)-현지지정기(賢智之精氣), 불행을 일으킬 수도 있을 것 귀(鬼)-가상가흥재화자(假想可興災禍者), 상상 속 괴이한 생물 귀(鬼)-상상중지괴이생물(想像中之怪異生物), 약을(교활할) 귀(鬼)-힐(黠), 멀 귀(鬼)-원(遠)〉 등의 뜻을 내지만 여기선 〈멀 원(遠)〉으로 새김이 마땅하다.

방(方) 〈방위(방향) 방(方)-향(向)-향(嚮)-방위(方位), 나라 방(方)-방국(邦國), 곧을 방(方)-정(正), 아우를 방(方)-병(倂), 모 방(方)-구(矩), 이제 방(方)-금(今), 떳떳할

방(方)-상(常), 견줄 방(方)-비(比), 있을 방(方)-유(有), 또한(바야흐로) 방(方)-차(且), 방편 방(方)-술책(術策), 방책 방(方)-방책(方策)-간책(簡策), 의서 방(方)-의서(醫書), 배 아울러 맬 방(方)-방주(方舟)〉 등의 뜻을 내지만 여기선 〈방위(方位)〉로 여기고 새김이 마땅하다.

삼(三) 〈셋(석 삼) 삼(三)-이지가일(二之加一), 다수를 나타낼 삼(三)-다수지칭(多數之稱), 삼재의 수 삼(三)-천지인지수(天地人之數), 임금-아버지-스승 삼(三)-군부사(君父師), 동방 삼(三)-동방(東方), 끝 삼(三)-종(終)〉 등의 뜻을 내지만 여기선 〈셋 삼(三)〉으로 여기고 새김이 마땅하다. 삼(三)은 삼(參)과 같다.

연(年) 〈해 연(年)-세(歲), 오곡이 익을 연(年)-오곡숙(五穀熟), 곡물 연(年)-곡물(穀物), 나이 연(年)-치(齒)-수령(壽齡), 때 연(年)-시(時), 새해 연(年)-신년(新年), 아첨할 연(年)-영(佞)〉 등의 뜻을 내지만 여기선 〈해 세(歲)〉와 같다 여기고 새김이 마땅하다. 〈年〉은 앞에 있으면 〈연〉으로 발음되고, 중간이나 뒤에 있으면 〈년〉으로 발음된다.

극(克) 〈이길 극(克)-승(勝), 견딜 극(克)-견(肩)-감(堪), 할 수 있을 극(克)-능(能)-유능력(有能力), 이룰 극(克)-성(成), 다스릴 극(克)-치(治), 꾸짖을 극(克)-책(責)〉 등의 뜻을 내지만 여기선 〈이길 승(勝)〉과 같다 여기고 새김이 마땅하다.

지(之) 〈그것(이것) 지(之)-피(彼)-시(是), 주격-소유격-목적격 등의 토씨 지(之), 갈 지(之)-왕(往), 이를 지(之)-지(至), 뜻 없는 허사(虛詞) 지(之)〉 등의 뜻을 내지만 여기선 〈그것 지(之)〉로 여기고 새김이 마땅하다.

소(小) 〈작을 소(小)-세(細)-미(微)-대지반(大之反), 음(陰)을 칭하는 소(小), 자잘할 소(小)-세(細), 짧을 소(小)-단(短), 좁을 소(小)-협(狹), 어릴 소(小)-유(幼), 천할 소(小)-천(賤), 첩 소(小)-첩(妾)〉 등의 뜻을 내지만 여기선 〈작을 소(小)〉로 여기고 새김이 마땅하다.

인(人) 〈사람 인(人), 사람들 인(人)-인인(人人), 만물 중에 최고 성령(性靈)의 자 인(人)-만물지최령자(萬物之最靈者), 백성 인(人)-인민(人民), 남(타인) 인(人)-타인(他人), 누구 인(人)-모인(某人), 도인 인(人)-도인(道人), 현인 인(人)-현인(賢人), 범인(소인) 인(人)-범인(凡人)-소인(小人), 사람의 짓 인(人)-인위(人爲), 신하 인(人)-신하(臣下)-하인(下人), 춘추의 필법 인(人)-춘추지필법(春秋之筆法), 무리 인(人)-중서(衆庶), 건괘 인(人)-건괘(乾卦), 진괘 인(人)-진괘(震卦), 과일의 씨 인(人)-과실지심(果實之心),

어질 인(人)-인(仁), 선인 인(人)-선인(先人)〉 등의 뜻을 내지만 여기선 〈사람 인(人)〉으로 여기고 새김이 마땅하다.

물(勿) 〈아니할 물(勿)-불(不), 없을 물(勿)-무(無)-무(毋), 하지 말 물(勿)-막(莫), 아닌 것 물(勿)-비(非)〉 등의 뜻을 내지만 여기선 〈아니할 불(不)〉과 같다 여기고 새김이 마땅하다.

용(用) 〈쓸 용(用)-시(施)-행(行), 갖출 용(用)-비(備), 쓰일(부릴) 용(用)-사(使), 맡길 용(用)-임(任), 위할 용(用)-위(爲)〉 등의 뜻을 내지만 여기선 〈쓸 행(行)〉과 같다 여기고 새김이 마땅하다.

註 기재고종시(其在高宗時) 구로우외(舊勞于外) 원기소인(爰暨小人) 작기즉위(作其卽位) 내혹량음(乃或亮陰) 삼년불언(三年不言) 기유불언(其惟不言) 언내옹(言乃雍) 불감황령(不敢荒寧) 가정은방(嘉靖殷邦) 지우소대(至于小大) 무시혹원(無時或怨) 사고종지향국(肆高宗之享國) 오십유구년(五十有九年) : 저[其在] 고종(高宗) 때에는[時] 오랫동안[舊] 밖에서[于外] 일하고[勞] 이에[爰] 백성과[小人] 함께하였고[暨] 그의[其] 즉위에[卽位] 이르러서[作] 이내[乃或] (상을 당해) 초막에 머물러[亮陰] 삼 년 동안[三年] 말을 하지 않았다[不言]. 그동안[其] 말하지 않았지만[惟不言] {탈상(脫喪) 뒤에는} 말마다[言乃] 온화하였고[雍] 감히[敢] 거칠거나[荒] 불안케 하지 않아서[不寧], 은나라를[殷邦] 훌륭하게[嘉] 다스렸다[靖]. 소인과[小] 대인에[于大] 이르기까지[至] 전혀[或] 원망함이[怨] 때가[時] 없었다[無]. 그래서[肆] 고종이[高宗之] 나라를[國] 누림이[享] 오십구년(五十九年)이었다[有]. 『서경(書經)』「주서(周書)」 17장(章) 무일(無逸)

註 은(殷)나라 고종(高宗) : 무정(武丁)이 은(殷)나라의 왕으로 훗날 묘호(廟號)를 고종(高宗 : B.C. 1324~1266)이라 했다. 그의 성은 자(子)이고, 이름은 소(昭)로 전해져 오며, 은나라 20대왕 반경의 조카이고, 21대왕을 지낸 소을(小乙)의 아들이다. 어렸을 때 무정은 평민, 천민들과 함께 천한 일도 마다하지 않았기에 농사의 어려움에 대해서 비교적 잘 알게 되었는데, 왕위에 오른 뒤에는 죄수였던 부열이란 인물을 발탁하여 정사를 맡기고, 어릴 적 자신에게 글을 가르친 스승이었던 감반을 대신으로 기용하는 등 천하의 정치를 맡아 천하의 백성을 다스림으로써 통치 기반을 다지고 국력을 키워 은왕조를 크게 다스렸다. 『사기』「은본기」에는 〈무정이 정치를 행하고 덕을 베푸니 천하가 모두 기뻐하고 은의 도가 부흥했다〉라고 기록되어 있다. 무정은 정치, 경제, 군사, 문화 방면에서 두루 상 왕조를 극성기로 끌어올렸기 때문에 〈중흥의 왕〉으로 불리며, 역사서에서 무정중흥(武丁中興) 혹은 무정성세(武丁盛世)라고 불렀다.

註 군자주이불비(君子周而不比) 소인비이부주(小人比而不周) : 군자는[君子] 두루 통하면서[周而] 사리로 서로 얽히지 않지만[不比], 소인은[小人] 사리로 서로 얽히지만[比而] 두루 통하지 못한다[不周]. 『논어(論語)』「위정(爲政)」 14장(章)

註 군자회덕(君子懷德) 소인회토(小人懷土) : 군자는[君子] 덕을[德] 생각하지만[懷], 소인은[小人] (재물로) 땅을[土] 생각한다[懷]. 『논어(論語)』「이인(里仁)」 11장(章)

註 군자유어의(君子喩於義) 소인유어리(小人喩於利) : 군자는[君子] 대의를[於義] 밝히고[喩], 소인은[小人] 사리를[於利] 밝힌다[喩]. 『논어(論語)』「이인(里仁)」 16장(章)

註 군자화이부동(君子和而不同) 소인동이불화(小人同而不和) : 군자는[君子] 어울리되[和而] 패거리 짓지 않지만[不同], 소인은[小人] 패거리 짓되[同而] 어울리지 않는다[不和].

『논어(論語)』「자로(子路)」 23장(章)

註 군자구저기(君子求諸己) 소인구저인(小人求諸人) : 군자는[君子] 자신에게서[己] 잘못을[諸] 찾지만[求], 소인은[小人] 남에게서[人] 잘못을[諸] 찾는다[求].

『논어(論語)』「위령공(衛靈公)」 20장(章)

註 군자유삼외(君子有三畏) 외천명(畏天命) 외대인(畏大人) 외성인지언(畏聖人之言) 소인부지천명이불외야(小人不知天命而不畏也) 압대인(狎大人) 모성인지언(侮聖人之言) : 군자에게는[君子] 세 가지[三] 두려움이[畏] 있다[有]. 천명을[天命] 두려워하고[畏], 대인을[大人] 두려워하며[畏], 성인의[聖人之] 말씀을[言] 두려워한다[畏]. 소인은[小人] 천명을[天命] 몰라서[不知而] 두려워하지 않는 것[不畏]이다[也]. 대인을[大人] 얕보며[狎], 성인의[聖人之] 말씀을[言] 업신여긴다[侮].

『논어(論語)』「계씨(季氏)」 8장(章)

註 군자유용이무의(君子有勇而無義) 위란(爲亂) 소인유용이무의(小人有勇而無義) 위도(爲盜) : 군자에게[君子] 용맹이[勇] 있으면서도[有而] 의리가[義] 없으면[無] 난을 일으키게 되고[爲亂], 소인에게[小人] 용맹이[勇] 있으면서도[有而] 의리가[義] 없으면[無] 도둑이 된다[爲盜].

『논어(論語)』「양화(陽貨)」 24장(章)

육사(六四 : --)

六四 : 繻有衣袽하고 終日戒니라
수 유 의 녀 종 일 계

육사(六四) : 해진[袽] 헝겊인[衣] 비단을[繻] 간직하고서[有] 끝나는[終] 해를[日] 경계한다[戒].

【육사(六四)의 효상(爻象) 풀이】

기제괘(旣濟卦 : ䷾)의 육사(六四 : --)는 이음거음(以陰居陰) 즉 음(陰 : --)으로써[以] 음(陰 : --)의 자리에 있는지라[居] 정당한 자리에 있다. 육사(六四 : --)

와 구오(九五 : ⚊)는 음양(陰陽)의 사이인지라 비(比) 즉 이웃의 사귐[比]을 누린다. 육사(六四 : ⚋)와 초구(初九 : ⚊) 역시 음양(陰陽)의 사이인지라 정응(正應) 즉 바르게[正] 서로 호응함[應]을 누린다. 대성괘(大成卦)에서 사위(四位)는 음위(陰位)로서 그 속성이 특히 조심스러워하고 유심(留心) 즉 주의가 깊다[留心]. 기제괘(旣濟卦 : ䷾)의 주제인 〈기제(旣濟)〉의 〈제(濟)〉 즉 안정을 이루어감[濟]에 혹시라도 사고가 날세라 매우 조심스럽게 유의(留意)하는 모습이다.

> 기제괘(旣濟卦 : ䷾)의 육사(六四 : ⚋)가 구사(九四 : ⚊)로 변효(變爻)하면 육사(六四 : ⚋)는 기제괘(旣濟卦 : ䷾)를 49번째 혁괘(革卦 : ䷰)로 지괘(之卦)하게 한다. 따라서 기제괘(旣濟卦 : ䷾)의 육사(六四 : ⚋)는 혁괘(革卦 : ䷰)의 구사(九四 : ⚊)를 찾아가 살펴보게 한다.

【육사(六四)의 계사(繫辭) 풀이】

繻有衣袽(수유의녀)

해진[袽] 헝겊인[衣] 비단을[繻] 간직한다[有].

〈수유의녀(繻有衣袽)〉는 기제괘(旣濟卦 : ䷾) 육사(六四 : ⚋)의 효위(爻位)를 들어 암시한 계사(繫辭)이다. 〈수유의녀(繻有衣袽)〉는 〈육사여수유의녀지자(六四如繻有衣袽之者)〉의 줄임으로 여기고 〈육사는[六四] 해진[袽] 헝겊인[衣] 비단을[繻] 간직한[有之] 자와[者] 같다[如]〉라고 새겨볼 것이다. 〈수유의녀(繻有衣袽)의 수(繻)〉는 미백(美帛) 즉 아름다운[美] 비단[帛]을 뜻하고, 〈의녀(衣袽)〉는 폐서(弊絮) 즉 해진[弊] 풀솜[絮] 즉 헝겊을 뜻한다.

〈수유의녀(繻有衣袽)〉는 육사(六四 : ⚋)가 기제괘(旣濟卦 : ䷾)의 하체(下體) 이(離 : ☲)의 상효(上爻)에서 기제괘(旣濟卦 : ䷾)의 상체(上體) 감(坎 : ☵)의 초효(初爻)로 상진(上進)하였음을 암시한다. 육사(六四 : ⚋)가 기제괘(旣濟卦 : ䷾)의 상체(上體) 감(坎 : ☵)의 초효(初爻)임을 들어 〈수유의녀(繻有衣袽)〉라고 취상(取象)한 것이다. 나아가 〈수유의녀(繻有衣袽)〉는 육사(六四 : ⚋)와 구오(九五 : ⚊)가 이웃의 사귐[比]을 나눌 수 있는 효연(爻緣)임을 암시하기도 한다. 육사(六四 : ⚋)는 군왕(君王)인 구오(九五 : ⚊)를 섬기는 경대부(卿大夫)로서 최고 신하의 자리에 있다. 이에 육사(六四 : ⚋)가 군왕(君王)의 측근에서 보좌하는 마음가짐을 〈수유의녀(繻有衣袽)〉로써 상징적으로 암시한다.

기제괘(旣濟卦 : ䷾)의 주제인 〈기제(旣濟)〉의 시국을 하나의 선박(船舶)이라고 하면, 군왕(君王)인 구오(九五 : ⚊)가 평안한 항해를 이끌어가는 선장이고, 경대부(卿大夫)인 육사(六四 : ⚋)는 구오(九五 : ⚊)가 이끌어가는 배가 안전할 수 있도록 남김없이 다함을 암시한 것이 〈수유의녀(繻有衣袽)〉이다. 〈기제(旣濟)〉를 자의(字意)대로 풀이하자면 〈비로소[旣] 강을 건넜음[濟]〉이다. 〈제(濟)〉라는 글자의 뜻은 도강(渡江) 즉 강을[江] 건넘[渡]이다. 〈수유의녀(繻有衣袽)의 수(繻)와 의녀(衣袽)〉는 도강(渡江)하는 배가 위험에 빠지지 않고 안전함을 암시한다. 〈수유의녀(繻有衣袽)의 수(繻)〉란 미백(美帛) 즉 아름다운[美] 비단[帛]을 뜻한다. 아름다운 비단도 결국은 폐서(弊絮) 즉 해진[弊] 풀솜[絮] 곧 헝겊이 됨을 뜻함이 〈의녀(衣袽)〉이다. 이에 〈수유의녀(繻有衣袽)〉는 구오(九五 : ⚊)가 이끌어가는 배에 물이 샐세라 육사(六四 : ⚋)가 물샐 틈새를 발견하면 즉시 그 틈새를 틀어막기 위하여 낡은 풀솜이 된 헝겊[衣袽]인 비단[繻]을 간직하고 있는 처지와 같음을 암시하여, 만에 하나라도 빚어질 수 있는 환난(患難)을 육사(六四 : ⚋)가 미리 예방하고자 하는 심지(心志)를 암시한 계사(繫辭)가 〈수유의녀(繻有衣袽)〉이다.

終日戒(종일계)

끝나는[終] 해를[日] 경계한다[戒].

〈종일계(終日戒)〉는 육사(六四 : ⚋)가 기제괘(旣濟卦 : ䷾)의 하체(下體) 이(離 : ☲)를 떠나 기제괘(旣濟卦 : ䷾)의 상체(上體) 감(坎 : ☵)의 초효(初爻)가 되었음을 암시한 계사(繫辭)이다. 〈종일계(終日戒)〉는 〈육사계종지일(六四戒終之日)〉의 줄임으로 여기고 〈육사가[六四] 끝나는[終之] 해를[日] 경계한다[戒]〉라고 새겨볼 것이다. 〈종일(終日)의 일(日)〉은 낮 일(日)로서 명(明) 즉 밝음[明]을 뜻한다.

〈종일계(終日戒)〉는 육사(六四 : ⚋)가 기제괘(旣濟卦 : ䷾)의 하체(下體) 이(離 : ☲)의 일(日) 즉 밝음[明]을 떠나 기제괘(旣濟卦 : ䷾)의 상체(上體) 감(坎 : ☵)의 월(月) 즉 어둠[暗]으로 방승(方昇) 즉 방금[方] 올라타[昇] 감(坎 : ☵)의 초효(初爻)가 되었음을 암시한다. 〈종일계(終日戒)의 종일(終日)〉은 육사(六四 : ⚋)가 기제괘(旣濟卦 : ䷾)의 하체(下體) 이(離 : ☲)를 떠났음을 암시한다. 〈종일계(終日戒)

의 계(戒)〉는 육사(六四 : --)가 기제괘(既濟卦 : ䷾)의 상체(上體) 감(坎 : ☵)의 초효(初爻)로서 정위(正位)에 있음을 밝히고, 동시에 군왕(君王)인 구오(九五 : —)의 측신(側臣)으로서 임금을 보좌하는 마음가짐이기도 하여, 구오(九五 : —)가 현군(賢君)이 아님을 암시하기도 한다. 물론 대성괘(大成卦)에서 사효(四爻)가 음(陰 : --)일 때 그 음효(陰爻)는 조심스럽고 사려 깊은 성질을 갖는데, 여기 〈계(戒)〉는 육사(六四 : --)의 그런 성질을 암시한다. 따라서 〈종일계(終日戒)〉는 육사(六四 : --)의 사려 깊은 심지(心志)를 밝힌다. 강을 건너는[濟] 중에 배에[舟] 물이 들세라[漏] 즉 안정된 세상을 이룬[濟] 이(離 : ☲)의 밝은[日] 시국을 떠나 감(坎 : ☵)의 어두운[月] 시국을 방금 탄 처지를 경계하느라[戒] 육사(六四 : --)가 두려워[懼] 주시(注視)함을 암시한 계사(繫辭)가 〈종일계(終日戒)〉이다.

【字典】

수(繻) 〈(물이 새는 틈을 막을) 헝겊 수(繻)-포백단말지직(布帛端末之織), 비단 색깔 수(繻)-증채색(繒采色), 색깔 수(繻)-색(色), 짜임새가 톡톡하고 밴 깁(비단) 수(繻)-세밀라(細密羅), 촘촘한 그물 수(繻)-세밀망(細密網), 비단보람 수(繻)-부백(符帛)〉 등의 뜻을 내지만 여기선 〈(물이 새는 틈을 막을) 헝겊 수(繻)〉로 여기고 새김이 마땅하다.

유(有) 〈간직할 유(有)-장(藏), 어조사 유(有), 있을 유(有)-무지대(無之對), 얻을(가질) 유(有)-취(取), 혹 유(有)-혹(或), 많을 유(有)-다(多)-족(足), 부유할 유(有)-부(富), 보호할 유(有)-보(保), 서로 친할 유(有)-상친(相親), 전일할 유(有)-전(專), 할 유(有)-위(爲)〉 등의 뜻을 내지만 여기선 〈간직할 장(藏)〉과 같다 여기고 새김이 마땅하다.

의(衣) 〈옷 의(衣)-자신상하(庇身上下), 예복 의(衣)-예복(禮服), 물건의 겉을 덮는 보 의(衣)-피어기물지외자(被於器物之外者), 푸른 이끼 의(衣)-청태(靑苔), 학의 날개를 비유한 의(衣)-유학우(喩鶴羽), 과실껍질 의(衣)-과실지피(果實之皮), 치마 의(衣)-상(裳), 옷을 입을 의(衣)-복의(服衣), 의지할 의(衣)-의(依)〉 등의 뜻을 내지만 〈옷 의(衣)〉로 여기고 새김이 마땅하다.

여(袽) 〈(누수를 막을) 헌옷 여(袽)-폐의용이색주루(敝衣用以塞舟漏), 해진 옷(헌옷) 여(袽)-폐의(敝衣)-파의(破衣)-패의(敗衣)〉 등의 뜻을 내지만 〈(누수를 막을) 헌옷 여(袽)〉로 여기고 새김이 마땅하다. 〈袽〉는 앞에 오면 〈여〉로 발음하고, 중간이나 뒤에 오면 〈녀〉로 발음된다.

종(終) 〈끝내(끝날) 종(終)-이(已), 끝 종(終)-시지대(始之對), 다할 종(終)-진(盡)-극(極)-궁(窮)-경(竟), 충분할 종(終)-충(充), 이룰 종(終)-성(成), 사망 종(終)-사(死)〉 등의 뜻을 내지만 여기선 〈끝내 이(已)〉와 같다 여기고 새김이 마땅하다.

일(日) 〈나날 일(日)-별일(別日), 시기 일(日)-시기(時期), 기한 일(日)-기한(期限), 시일 일(日)-시일(時日), 해(태양) 일(日)-태양(太陽)-태양계중심(太陽系中心), 참 일(日)-실(實)-실정(實精), 볕 일(日)-양(陽)-양광(陽光), 불 일(日)-화(火), 임금의 모습 일(日)-군상(君象), 덕 일(日)-덕(德) {일자덕야(日者德也) 월자형야(月者刑也)}, 낮 일(日)-주(晝), 세월 일(日)-광음(光陰)〉 등의 뜻을 내지만 여기선 〈나날 일(日)〉로 여기고 새김이 마땅하다.

계(戒) 〈경계할 계(戒)-경(警), 방비할 계(戒)-비(備), 지킬 계(戒)-수(守), 환란을 막을 계(戒)-방환(防患), 삼갈 계(戒)-신(愼), 갖출 계(戒)-구(具), 고할 계(戒)-고(告), 조심할 계(戒)-경척(警惕)〉 등의 뜻을 내지만 여기선 〈경계할 경(警)〉으로 여기고 새김이 마땅하다.

구오(九五 : ⚊)

九五 : 東鄰殺牛는 不如西鄰之禴祭이다 實受其福이니라
동린살우 불여서린지약제 실수기복

구오(九五) : 동쪽[東] 이웃이[鄰] 소를[牛] 잡음은[殺] 서쪽[西] 이웃의[鄰之] 소박한[禴] 제사만[祭] 못하다[不如]. 참으로[實] 그[其] 복을[福] 받는다[受].

【구오(九五)의 효상(爻象) 풀이】

기제괘(旣濟卦 : ䷾)의 구오(九五 : ⚊)는 이양거양(以陽居陽) 즉 양(陽 : ⚊)으로써[以] 양(陽 : ⚊)의 자리에 있는지라[居] 정당한 자리에 있다. 구오(九五 : ⚊)와 상륙(上六 : ⚋)은 양음(陽陰)의 사이인지라 비(比) 즉 이웃의 사귐[比]을 누린다. 구오(九五 : ⚊)와 육이(六二 : ⚋)는 서로 중정(中正) 즉 중효로서[中] 바른 자리에 있음[正]인지라 정응(正應) 즉 서로 바르게[正] 호응할[應] 처지이지만, 구오(九五 : ⚊)가 〈기제(旣濟)〉의 시국을 맞아 육이(六二 : ⚋)와의 정응(正應)을 멀리하려는 경우가 있을 수 있다. 대성괘(大成卦)에서 오위(五位)는 양위(陽位)로서 그 속성이 강강(剛强)하여 목표를 달성해 정점(頂點)에 다다른 군왕(君王)의 자리인지라, 강강(剛强)하면서도 겸허(謙虛)하면 성군(聖君)의 자리이지만 그렇지 못하면 폭군(暴君)의 자리가 된다. 이에 기제괘(旣濟卦 : ䷾)의 주제인 〈기제(旣濟)〉의 〈제(濟)〉를 저마다 이루어 구오(九五 : ━)와 육이(六二 : ╌)가 서로 정응(正應)을 멀리하는 모습이다.

> 기제괘(旣濟卦 : ䷾)의 구오(九五 : ━)가 육오(六五 : ╌)로 변효(變爻)하면 구오(九五 : ━)는 기제괘(旣濟卦 : ䷾)를 36번째 명이괘(明夷卦 : ䷣)로 지괘(之卦)하게 한다. 따라서 기제괘(旣濟卦 : ䷾)의 구오(九五 : ━)는 명이괘(明夷卦 : ䷣)의 육오(六五 : ╌)를 찾아가 살펴보게 한다.

【구오(九五)의 계사(繫辭) 풀이】

東鄰殺牛(동린살우) 不如西鄰之禴祭(불여서린지약재)

동쪽[東] 이웃이[鄰] 소를[牛] 잡음은[殺] 서쪽[西] 이웃의[鄰之] 소박한[禴] 제사만[祭] 못하다[不如].

〈동린살우(東鄰殺牛) 불여서린지약재(不如西鄰之禴祭)〉는 구오(九五 : ━)의 효위(爻位)를 들어 암시한 계사(繫辭)이다. 〈동린살우(東鄰殺牛) 불여서린지약재(不如西鄰之禴祭)〉는 〈동린지살우불여서린지약재(東鄰之殺牛不如西鄰之禴祭)〉를 나누어 놓은 계사(繫辭)로 여기고 〈동쪽[東] 이웃의[鄰之] 소를[牛] 잡음은[殺] 서쪽[西] 이웃의[鄰之] 봄[禴] 제사와[祭] 같지 않다[不如]〉라고 새겨볼 것이다. 〈약제(禴祭)〉는 봄-여름 불시(不時)에 올리는 제사(祭祀)를 말한다.

〈동린살우(東鄰殺牛) 불여서린지약제(不如西鄰之禴祭)〉는 구오(九五 : ━)와 육이(六二 : ╌)가 서로 누릴 수 있는 정응(正應)의 효연(爻緣)을 서로 멀리함을 암시한다. 〈동린살우(東鄰殺牛) 불여서린지약제(不如西鄰之禴祭)〉에서 〈동린(東鄰)의 동(東)〉은 양(陽 : ━)이니 여기 〈동린(東鄰)〉은 구오(九五 : ━)를 암시한다. 〈동린살우(東鄰殺牛)의 살(殺)〉은 기제괘(旣濟卦 : ䷾)의 상체(上體) 감(坎 : ☵)의 중효(中爻)인 구오(九五 : ━)를 취상(取象)한 것이다. 왜냐하면 〈살우(殺牛)

의 살(殺)〉이 「설괘전(說卦傳)」에 나오는 〈감은[坎 : ☵] 피의[血] 괘(卦)이다[爲]〉라는 내용을 환기시키기 때문이다. 동시에 〈살우(殺牛)의 우(牛)〉는 기제괘(既濟卦 : ䷾)의 상체(上體) 감(坎 : ☵)의 중효(中爻)인 구오(九五 : ⚊)가 변효(變爻)하면 곤(坤 : ☷)으로 변괘(變卦)함을 들어 구오(九五 : ⚊)를 취상(取象)한 것이다. 왜냐하면 여기 〈살우(殺牛)의 우(牛)〉가 「설괘전(說卦傳)」에 나오는 〈곤은[坤 : ☷] 소[牛]이다[爲]〉라는 내용을 상기시키기 때문이다. 이에 〈동린살우(東鄰殺牛)〉는 구오(九五 : ⚊)가 〈살우(殺牛)〉 즉 소를[牛] 잡아[殺] 성대한 추제(秋祭) 즉 가을[秋] 제사를 올림[祭]을 암시하기도 한다. 대성괘(大成卦)에서 오위(五位)는 가을[秋]을 암시한다. 추렴(秋斂) 즉 가을[秋]은 한해 농사를 거두어들이는[斂] 철인지라 제물(祭物)을 풍성하게 마련할 수 있는 철이다. 〈동린살우(東鄰殺牛)〉 즉 소를 잡아 성대(盛大)한 제사(祭祀)를 지낸다고 함은 〈기제(既濟)〉의 성취가 구오(九五 : ⚊)에 이르러 극(極)에 이르렀음을 암시한다. 이에 구오(九五 : ⚊)가 〈기제(既濟)〉의 극(極)이라는 난세(亂世)의 징조(徵兆)를 내다보지 못하고, 추제(秋祭) 즉 가을[秋] 제사[祭]를 성대하게 거침없이 올림을 말한다. 〈기제(既濟)〉의 시국이 극위(極位)에 거의 다다랐음인지라 기제괘(既濟卦 : ䷾)의 괘사(卦辭)에서 이미 밝힌 대로 〈초길종란(初吉終亂)의 종란(終亂)〉 즉 끝에는[終] 난세[亂]를 겪게 됨을 예방해야 할 처지에 있음을 군왕(君王)인 구오(九五 : ⚊)가 망각함을 암시한 계사(繫辭)가 〈동린살우(東鄰殺牛)〉이다.

〈불여서린지약제(不如西鄰之禴祭)〉는 〈서린(西鄰)의 약제(禴祭)〉가 〈동린(東鄰)〉의 성대한 추제(秋祭)와 같지 않음[不如]을 밝힌다. 〈불여서린지약제(不如西鄰之禴祭)〉에서 〈서린(西鄰)의 서(西)〉는 음(陰 : ⚋)이니 육이(六二 : ⚋)를 말한다. 〈서린지약제(西鄰之禴祭)〉에서 〈약제(禴祭)〉는 춘하(春夏) 동안에 불시(不時)에 올리는 춘하제(春夏祭) 즉 봄-여름[春夏] 제사[祭]의 제명(祭名)이다. 대성괘(大成卦)에서 이위(二位)는 봄[春]을 암시한다. 춘하(春夏)란 춘작하장(春作夏長) 즉 봄에는[春] 씨앗들이 싹터서[作] 여름에는[夏] 자라는[長] 철인지라 제물(祭物)을 풍성하게 마련할 수 없는 철이다. 이에 봄에 올리는 〈약제(禴祭)〉란 검소한 제물로써 제신(祭神) 즉 천지에[神] 제사 지냄[祭]을 말한다. 이는 육이(六二 : ⚋)가 기제괘(既濟卦 : ䷾)의 하체(下體) 이(離 : ☲)의 중효(中爻)로서 득중(得中) 즉 정도를 따름을[中] 취하여[得] 겸허(謙虛)하고 청정(淸靜)하며 검약(儉約)하게 제신(祭神)함을 암시한다. 육이(六二 : --)가 〈약제(禴祭)〉 즉 봄 제사[禴祭]를 검소하게 올린다 함은 〈기제(旣濟)〉의 성취가 육이(六二 : --)에 비로소 시작되었으니 육이(六二 : --)가 〈약제(禴祭)〉를 검소하게 올리되 그 심지(心志)만큼은 정성을 다하여 〈기제(旣濟)〉의 시국에 순복(順服)하여, 괘사(卦辭)에서 밝힌 〈초길(初吉)〉을 누리게 됨을 암시한 계사(繫辭)가 〈불여서린지약제(不如西鄰之禴祭)〉이다.

實受其福(실수기복)

참으로[實] 그[其] 복을[福] 받는다[受].

〈실수기복(實受其福)〉은 구오(九五 : ━)가 〈기복(其福)〉 즉 〈기제(旣濟)〉의 복(福)을 받지 못하지만[不受], 육이(六二 : --)가 그[其] 복을[福] 받음[受]을 암시한 계사(繫辭)이다. 〈실수기복(實受其福)〉은 〈동린불수기제지복(東鄰不受旣濟之福) 연이륙이실수기제지복(然而六二實受旣濟之福)〉의 줄임으로 여기고 〈동린은[東鄰] 기제의[旣濟之] 복을[福] 받지 못한다[不受] 그러나[然而] 육이는[六二] 기제의[旣濟之] 복을[福] 실제로[實] 받는다[受]〉라고 새겨볼 것이다.

〈실수기복(實受其福)〉은 〈기제(旣濟)〉의 시국이 극(極)에 달했음을 구오(九五 : ━)가 깨닫지 못하고 득중(得中)의 순복(順服)을 가벼이 여기면서 다가올 난세를 예방하려 하지 않고 방만하여 괘사(卦辭)가 밝힌 〈초길종란(初吉終亂)〉의 〈종란(終亂)〉을 재촉함에 반하여, 육이(六二 : --)는 〈기제(旣濟)〉의 시국을 맞아 득중(得中) 즉 정도를 따름을[中] 취하여[得] 진실로 미더운[貞] 마음으로 겸허(謙虛)하게 받들어 괘사(卦辭)가 밝힌 〈초길종란(初吉終亂)의 초길(初吉)〉을 누림을 암시한 계사(繫辭)가 〈실수기복(實受其福)〉이다.

【字典】

동(東) 〈동녘(왼쪽) 동(東)-일출방(日出方)-일소출(日所出), 해 동(東)-동군(東君), 동쪽을 향해 나아갈 동(東)-향동방행진(向東方行進), 주인 동(東)-주인(主人)-고시주위재동(古時主位在東) 빈위재서(賓位在西), 동녘 땅 동(東)-동방지지(東方之地), 아이 동(東)-동(童)〉 등의 뜻을 내지만 여기선 〈동녘 일출방(日出方)〉으로 여기고 새김이 마땅하다.

인(鄰) 〈가까울(이웃) 인(鄰)-인(隣)-근(近), 친할 인(鄰)-인(隣)-친(親), 고을 인(鄰)-인(隣)-읍(邑), 오가(五家)를 한 단위로 하는 인(鄰)-인(隣), 좌우에서 도울 인(鄰)-인(隣)-좌우보필(左右輔弼)〉 등의 뜻을 내지만 여기선 〈이웃 인(鄰)〉으로 여기고 새김이 마땅하다. 〈鄰〉 자(字)가 앞에 오면 〈인〉으로 발음되고, 중간이나 뒤에 오면 〈린〉으로 발음된다.

殺 〈살-쇄-시〉 세 가지로 발음되고, 〈잡을(죽일) 살(殺)-육(戮), 사형 살(殺)-사형(死刑), 죽을 살(殺)-사(死), 벨 살(殺)-참벌(斬伐), 해칠 살(殺)-적(賊), 없앨 살(殺)-망(亡), 패망할 살(殺)-패(敗), 메마를 살(殺)-고(枯), 이길 살(殺)-극(克), (산 짐승을) 잡을 살(殺)-획(獲), 희생 살(殺)-희생(犧牲), 다스릴 살(殺)-치(治), 살기 살(殺)-살기(殺氣), {구중(句中)이나 구말(句末)에 두어 구의(句意)를 강조하려는} 어조사 살(殺)-어조사(語助辭), 어수선할 살(殺)-산견(散見), 쓸어 없앨 살(殺)-소멸(掃滅), 늘어질 살(殺)-수모(垂貌), 내릴 쇄(殺)-강(降), 덜 쇄(殺)-감(減)-감쇄(減殺), 점점 움직일 쇄(殺)-점(漸), 해로울 쇄(殺)-해(害), 곡식이 익지 않은 쇄(殺)-곡불숙(穀不熟), 세소할 쇄(殺)-세소(細小), 빠를 쇄(殺)-질(疾)-급속(急速), 널 아래쪽 모 막이 쇄(殺)-도시지구상왈질하왈쇄(韜尸之具上曰質下曰殺), 죽일 시(殺)-시(弑)〉 등의 뜻을 내지만 여기선 〈잡을 육(戮)〉으로 여기고 새김이 마땅하다.

우(牛) 〈소 우(牛)-동물명(動物名), 무릅쓸 우(牛)-모(冒)〉 등의 뜻을 내지만 여기선 〈소 우(牛)〉로 여기고 새김이 마땅하다. 『설문해자(說文解字)』에 우사야리야(牛事也理也) 사야자(事也者) 위능사기사야(謂能事其事也) 우임경(牛任耕) 이야자(理也者) 〈소는[牛] 일함[事]이고[也] 도리[理]이다[也]. (소의) 일이라는[事也] 것은[者] 제[其] 일을[事] 해낼 수 있음을[能事] 일컬음[謂]이다[也]. 소는[牛] 밭갈이를[耕] 맡아 한다[任]. (이것이 소의) 도리라는[理也] 것이다[者].〉라고 풀이되어 있다.

不 〈불-부〉 등으로 발음되고, 〈못할 불(不)-부(不), 않을 불(不)-부(不), 아닐 불(不)-부(不)-비(非), 없을 불(不)-부(不)-무(無), 하지 말 불(不)-부(不)-막(莫)-금지(禁止), 정하지 않을 불(不)-부(不)-부(否)-미정(未定), 새가 날아올라 내려오지 않는 불(不)-부(不)-조비상불하래(鳥飛上不下來)〉 등의 뜻을 내지만 여기선 〈못할 불(不)〉로 여기고 새김이 마땅하다.

여(如) 〈처럼 여(如)-사(似), 그럴 여(如)-연(然), 어조사 여(如), 같을 여(如)-사

(似)-동(同), 따를 여(如)-종수(從隨), 갈 여(如)-왕(往)-행(行), 맞먹을 여(如)-비(比), 무리 여(如)-등(等), 미칠 여(如)-급(及), 이에 여(如)-내(乃), 어떠할 여(如)-여하(如何), 첩 여(如)-여부인(如婦人), 이월 여(如)-이월(二月)〉 등의 뜻을 내지만 여기선 〈처럼 사(似)〉와 같다 여기고 새김이 마땅하다.

서(西) 〈서녘 서(西)-일입방(日入方)-일소입(日所入)-조재소상(鳥在巢上), 가을 서(西)-추(秋), 간지(干支) 서(西)-유(酉), 팔괘(八卦)의 태(兌) 서(西)-태(兌), 서쪽으로 갈 서(西)-서행(西行), 옮길 서(西)-천(遷)〉 등의 뜻을 내지만 여기선 〈서녘 서(西)〉로 여기고 새김이 마땅하다.

지(之) 〈주격-소유격-목적격 등의 토씨 지(之), 그것(이것) 지(之)-피(彼)-시(是), 갈 지(之)-왕(往), 이를 지(之)-지(至), 뜻 없는 허사(虛詞) 지(之)〉 등의 뜻을 내지만 여기선 〈~의 지(之)〉로 여기고 새김이 마땅하다.

약(禴) 〈봄 제사 약(禴)-춘제(春祭), 여름 제사 약(禴)-하제(夏祭), 수시로 올리는 제사 약(禴)-불시제(不時祭), 엷을 약(禴)-박(薄)〉 등의 뜻을 내지만 여기선 〈춘제(春祭)〉로 여기고 새김이 마땅하다.

祭 〈제-채〉 두 가지로 발음되고, 〈하늘에 올릴 제사 제(祭)-천제(天祭), 제사 제(祭)-사(祀)-제사(祭祀), 선조를 모시는 제사 제(祭)-향(享)-제선조(祭先祖), 때맞춰 받들 제(祭)-천기시경(薦其時敬), 사이(인신이 서로 만날) 제(祭)-제(際)-인신상접(人神相接), 아뢸 제(祭)-찰(察)-언인사지어신(言人事至於神), 성씨 채(祭)-성씨(姓氏), 읍 이름 채(祭)-읍명(邑名)〉 등의 뜻을 내지만 여기선 〈천제(天祭)〉로 여기고 새김이 마땅하다.

실(實) 〈어조사(실로) 실(實), 이룰 실(實)-성(成), 실박할 실(實)-실박(實樸), 부유할 실(實)-부(富), 가득할 실(實)-만(滿)-충(充), 쌓을 실(實)-성(盛), 푸나무의 열매 실(實)-과실(果實), 보람 실(實)-공(功), 아름다울 실(實)-미(美), 밝을 실(實)-명(明)〉 등의 뜻을 내지만 여기선 어조사로서 〈실로 실(實)〉로 여기고 새김이 마땅하다.

수(受) 〈얻을(취할) 수(受)-득(得)-취(取), 받아들일 수(受)-용(容), 이을 수(受)-계(繼)-승(承), 받을 수(受)-상부(相付), 주는 것을 접수할 수(受)-접수소사(接受所賜), 쓸 수(受)-용(用), 응할 수(受)-응(應), 이룰 수(受)-성(成), 담을(진설할) 수(受)-성(盛), 입을 수(受)-피(被)〉 등의 뜻을 내지만 여기선 〈얻을 득(得)〉과 같다 여기고 새김이 마땅하다.

기(其) 〈그(관형사) 기(其)-관형사(冠形詞), 그(그것) 기(其)-피(彼)-지(之), 그럴 기(其)-연(然), 어찌 기(其)-기(豈), 누를 기(其)-억(抑), 오히려 기(其)-상(尙)-서기(庶幾), 이에 기(其)-내(乃), 만약 기(其)-약(若), 장차 기(其)-장(將), 어조사 기(其)-어조사(語助辭)〉 등의 뜻을 내지만 여기선 〈그 기(其)〉로 여기고 새김이 마땅하다.

복(福) 〈{천지신명(天地神明)이 줄} 복 복(福)-우(祐), 좋은 일 복(福)-조(祚)-길사(吉事)-화지대(禍之對), 부유할 복(福)-부(富), (따르지 않음이 없는) 갖출 복(福)-비(備)-무소불순자(無所不順者), 제사를 지낸 고기 복(福)-조육(胙肉), 같을 복(福)-동(同), 속에 넣을 복(福)-장(藏)〉 등의 뜻을 내지만 여기선 〈{천지신명(天地神明)이 줄} 복 우(祐)〉와 같다 여기고 새김이 마땅하다.

註 〈동린살우(東鄰殺牛)의 동린(東鄰)〉을 은(殷) 즉 상(商)나라를 망하게 한 폭군(暴君) 주왕(紂王)을 들어 새기기도 하고, 〈서린지약제(西鄰之禴祭)의 서린(西鄰)〉을 주(周)나라의 성왕(聖王)인 문왕(文王)을 들어 새기기도 하지만, 반드시 그렇게 새겨야 하는 것은 아니다.

註 감위혈괘(坎爲血卦) : 감은[坎 : ☵] 피의[血] 괘(卦)이다[爲]. 「설괘전(說卦傳)」 11단락(段落)

註 곤위우(坤爲牛) : 곤은[坤 : ☷] 소[牛]이다[爲]. 「설괘전(說卦傳)」 8단락(段落)

상륙(上六 : --)

上六 : 濡其首니 厲하리라
(유 기 수 여)

상륙(上六) : 제[其] 머리를[首] 적시니[濡] 위태하다[厲].

【상륙(上六)의 효상(爻象) 풀이】

기제괘(旣濟卦 : ䷾)의 상륙(上六 : --)은 이음거음(以陰居陰) 즉 음(陰 : --)으로써[以] 음(陰 : --)의 자리에 있는지라[居] 정당한 자리에 있다. 상륙(上六 : --)과 구오(九五 : ㅡ)는 음양(陰陽)의 사이인지라 비(比) 즉 이웃의 사귐[比]을 누릴 수 있지만 상륙(上六 : --)이 피하는 편이다. 상륙(上六 : --)과 구삼(九三 : ㅡ)은 음양(陰陽)의 사이인지라 정응(正應) 즉 바르게[正] 서로 호응할[應] 수 있는 처지이지만, 기제괘(旣濟卦 : ䷾)의 주제인 〈기제(旣濟)〉의 극(極)에 이르러 기제괘(旣濟卦 : ䷾)의 괘사(卦辭)가 암시한 〈종란(終亂)〉을 마주한 처지인지라 위태로운 모습이다.

기제괘(旣濟卦 : ䷾)의 상륙(上六 : --)이 상구(上九 : ㅡ)로 변효(變爻)하면 상륙(上六 : --)은 기제괘(旣濟卦 : ䷾)를 37번째 가인괘(家人卦 : ䷤)로 지괘(之卦)하게 한다. 따라서 기제괘(旣濟卦 : ䷾)의 상륙(上六 : --)은 가인괘(家人卦 : ䷤)의 상구(上九 : ㅡ)를 찾아가 살펴보게 한다.

【상륙(上六)의 계사(繫辭) 풀이】

濡其首(유기수) 厲(여)

제[其] 머리를[首] 적시니[濡] 위태하다[厲].

〈유기수(濡其首) 여(厲)〉는 기제괘(旣濟卦 : ䷾) 상륙(上六 : --)의 효위(爻位)를 들어 암시한 계사(繫辭)이다. 〈유기수(濡其首) 여(厲)〉는 〈상륙유기수(上六濡其首) 내상륙유려(乃上六有厲)〉의 줄임으로 여기고 〈상륙이[上六] 제[其] 머리를[首] 적신다[濡] 이에[乃] 상륙에게[上六] 위태함이[厲] 있다[有]〉라고 새겨볼 것이다. 〈유기수(濡其首)의 유(濡)〉는 〈적실 지(漬)〉와 같고, 〈여(厲)〉는 〈위태할 위(危)〉와 같다.

〈유기수(濡其首)〉는 상륙(上六 : --)이 기제괘(旣濟卦 : ䷾)의 극위(極位)에 있음을 암시한다. 기제괘(旣濟卦 : ䷾)의 주제인 〈기제(旣濟)〉의 〈제(濟)〉가 본래 뜻이 〈물을 건널 제(濟)〉이고, 기제괘(旣濟卦 : ䷾)의 상체(上體) 감(坎 : ☵)의 상효(上爻)인 상륙(上六 : --)을 〈유기수(濡其首)〉라고 취상(取象)한 것이다. 〈유기수(濡其首)의 수(首)〉는 상륙(上六 : --)이 기제괘(旣濟卦 : ䷾)의 극위(極位)에 있음을 들어 상륙(上六 : --)을 취상(取象)한 것이다. 대성괘(大成卦)에서 초효(初爻)는 꼬리[尾]로 취상되고 상효(上爻)는 머리[首]로 취상된다. 기제괘(旣濟卦 : ䷾)의 초구(初九 : ㅡ)는 〈유기미(濡其尾)〉 즉 제[其] 꼬리를[尾] 적심[濡]이라고 암시하여 〈기제(旣濟)〉의 시국을 누려갈[濡] 시작을 암시했지만, 기제괘(旣濟卦 : ䷾)의 극위(極位)에 이른 상륙(上六 : --)은 〈유기수(濡其首)〉 즉 제[其] 머리를[首] 적심[濡]이라고 암시하여 〈기제(既濟)〉 즉 이미[既] 안정을 성취한[濟] 시국을 벗어나 부제(不濟) 즉 안정을 이루지 못하는[不濟] 시국으로 빠져듦을 암시한다.

〈여(厲)〉는 〈유기수(濡其首)〉를 거듭해 암시한다. 여기 〈여(厲)〉는 상륙(上六 : ⚋)이 기제괘(既濟卦 : ䷾)의 괘사(卦辭)가 암시한 〈초길종란(初吉終亂)의 종란(終亂)〉을 마주할 것임을 상기시키고, 동시에 상륙(上六 : ⚋)이 기제괘(既濟卦 : ䷾)의 상체(上體) 감(坎 : ☵)의 상효(上爻)임을 들어 상륙(上六 : ⚋)을 취상(取象)한 것이다. 왜냐하면 〈여(厲)〉가 「설괘전(說卦傳)」에 나오는 〈감(坎 : ☵)은[其] 사람으로[人] 친다면[於也] 더해지는[加] 근심[憂]이고[爲] 마음의[心] 병(病)이다[爲]〉라는 내용을 떠올려주기 때문이다. 〈기제(既濟)〉의 시국이 궁극(窮極) 즉 다해가는 지라[窮極], 부제(不濟)의 난국(亂局)을 헤쳐가야 하는 셈이니, 〈여(厲)〉 즉 위태한 [厲] 시국을 내다보고 상륙(上六 : ⚋)은 스스로 근신(謹愼)해야 함을 암시한 계사(繫辭)가 〈여(厲)〉이다.

【字典】

유(濡) 〈적실 유(濡)-지(漬)-윤(潤)-질(浧)-습(濕), 넉넉할 유(濡)-윤택(潤澤), 은택 유(濡)-은택(恩澤), 은덕 유(濡)-은덕(恩德), 유화 유(濡)-유화(柔和), 빠질 유(濡)-익(溺), 참아낼 유(濡)-함인(含忍), 막힐 유(濡)-체(滯)〉 등의 뜻을 내지만 여기선 〈적실 지(漬)-질(浧)〉과 같다 여기고 새김이 마땅하다.

기(其) 〈그(관형사) 기(其)-관형사, 그(그것) 기(其)-피(彼)-지(之), 그럴 기(其)-연(然), 어찌 기(其)-기(豈), 누를 기(其)-억(抑), 오히려 기(其)-상(尙)-서기(庶幾), 이에 기(其)-내(乃), 만약 기(其)-약(若), 장차 기(其)-장(將), 어조사 기(其)-어조사〉 등의 뜻을 내지만 〈그 기(其)〉로 여기고 새김이 마땅하다.

수(首) 〈머리 수(首)-두(頭), 우두머리 수(首)-수령(首領), 비롯할(처음) 수(首)-시(始), 목덜미의 앞부분 수(首)-경(頸), 첫 생일 수(首)-인지초생(人之初生), 임금 수(首)-군(君), 향할 수(首)-향(嚮), 괴수 수(首)-괴수(魁帥), 둥그런 칼 수(首)-도환(刀環), 근본 수(首)-본(本), 요령 수(首)-요령(要領), 표시할 수(首)-표표(標表), 머리를 두드릴 수(首)-고(叩), 곧을 수(首)-직(直), 양기 수(首)-양(陽), 시 한 편 수(首)-편(篇), 굴복할 수(首)-복(服)〉 등의 뜻을 내지만 여기선 〈머리 두(頭)〉로 새김이 마땅하다.

여(厲) 〈위태할 여(厲)-위(危), 가물 여(厲)-한(旱), 갈 여(厲)-마(磨), 문지를(비

빌) 여(厲)-마찰(摩擦), 엄할(사나울) 여(厲)-엄(嚴)-맹(猛), 높고 훌륭할 여(厲)-고상(高尙), 맑고 바를 여(厲)-청정(淸正), 막을 여(厲)-항(抗), 일어날 여(厲)-기(起), 지을 여(厲)-작(作), 사나울 여(厲)-학(虐), 병들 여(厲)-병(病), 낭떠러지 여(厲)-애(涯), 물이 깊어도 건널 수 있는 곳 여(厲)-심수가섭지처(深水可涉之處), 권하여 힘쓰게 할 여(厲)-권면(勸勉), 이을 여(厲)-합(合)-연(連), 옷을 입고 물을 건널 여(厲)-이의섭수(以衣涉水), 가까울 여(厲)-근(近)-부(附)〉 등의 뜻을 내지만 여기선 〈위태로울 위(危)〉와 같다 여기고 새김이 마땅하다. 〈厲〉가 앞에 있을 때는 〈여(厲)〉로 발음되고, 뒤에 있으면 〈려(厲)〉로 발음된다.

註 기어인야(其於人也) 위가우(爲加憂) 위심병(爲心病) : 감(坎 : ☵)은[其] 사람으로[人] 친다면[於也] 더해지는[加] 근심[憂]이고[爲] 마음의[心] 병(病)이다[爲].

「설괘전(說卦傳)」 11단락(段落)

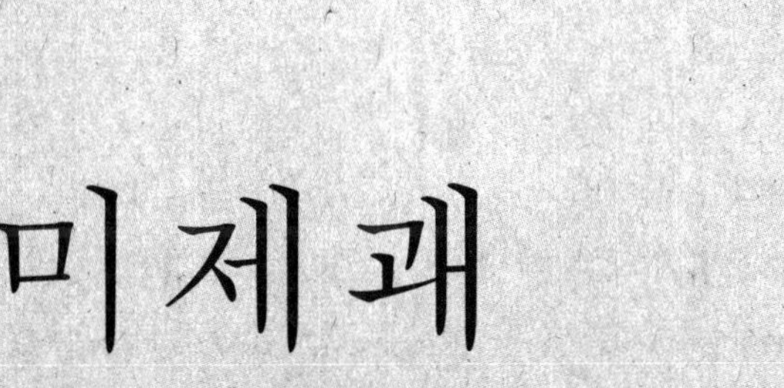

미제괘
未濟卦

64

1 괘의 괘상과 계사

미제괘(未濟卦 : ䷿)

감하이상(坎下離上) : 아래는[下] 감(坎 : ☵), 위는[上] 이(離 : ☲).

화수미제(火水未濟) : 불과[火] 물은[水] 미제이다[未濟].

未濟는 **亨**하니 **小狐汔濟**하여 **濡其尾**면 **无攸利**리라
미제 형 소호흘제 유기미 무유리

아직 이루지[濟] 못함은[未] 통하니[亨] 작은[小] 여우가[狐] 거의[汔] 건너다[濟] 제[其] 꼬리를[尾] 적신다면[濡] 이로울[利] 바가[攸] 없다[无].

【미제괘(未濟卦 : ䷿)의 괘상(卦象) 풀이】

앞 기제괘(旣濟卦 : ䷾)의 〈기제(旣濟)〉는 비로소[旣] 이루어짐[濟]이다. 〈기제(旣濟)〉란 비로소[旣] 안정을 이루어[濟] 태평(太平)을 누리는 시국을 뜻한다. 이에 「서괘전(序卦傳)」에 〈사물은[物] 궁할[窮] 수 없다[不可] 그래서[故] 미제괘(未濟卦 : ䷿)로써[以] 그것을[之] 받는다[受]〉라는 내용이 나온다. 이는 기제괘(旣濟卦 : ䷾) 뒤에 미제괘(未濟卦 : ䷿)가 오는 까닭을 밝힌다. 미제괘(未濟卦 : ䷿)의 괘체(卦體)는 감하이상(坎下離上)이다. 미제괘(未濟卦 : ䷿)의 여섯 효(爻)는 저마다 모두 부정위(不正位)에 있지만 저마다 비(比) 즉 이웃의 사귐[比]을 누리고, 저마다 모두 정응(正應) 즉 바르게[正] 서로 호응함[應]을 누린다. 이에 미제괘(未濟卦 : ䷿)의 제효(諸爻)가 저마다 모두 정당하지 못한[不正] 자리에 있다 해도 정응(正應) 즉 정도를 따라[正] 서로 호응[應]함으로써 음양상화(陰陽相和)를 누려, 안정의 성취[濟]를 이루고자 하지만 서로가 다 부정위(不正位)인지라 원활하지 못한 편이다.

만물은 순환의 고리를 벗어날 수 없다. 그래서 『장자(莊子)』에 〈시작과[始] 끝은[卒] 고리와[環] 같다[若]〉라는 내용이 나온다. 영원한 〈기제(旣濟)〉의 시국도 없

고 영원한 〈미제(未濟)〉의 시국도 없다. 〈기제(旣濟)〉의 시국이라 해서 자만(自慢)해서는 안 되고, 〈미제(未濟)〉의 시국이라 해서 좌절(挫折)할 것도 없다. 간사함이 없고[無邪] 치우침 없이[無僻] 자신(自慎) 즉 저마다 스스로[自] 근신하며[慎] 예찰(豫察) 즉 미리미리[豫] 살피면서[察] 역수(逆數) 즉 앞일을 미리미리[逆] 헤아리는[數] 마음가짐으로 항상 시국을 마주하면, 〈기제(旣濟)〉의 시국을 더 오래 누릴 것이며 〈미제(未濟)〉의 시국을 더 빨리 극복할 수 있음을 깨우치라 함이 미제괘(未濟卦 : ䷿)의 가르침이다. 특히 미제괘(未濟卦 : ䷿)의 구이(九二 : ⚊)와 육오(六五 : ⚋)는 서로 다 부정위(不正位)에 있지만 각각 중효(中爻)로서 저마다 득중(得中) 즉 정도를 따름을[中] 취하여[得] 미제괘(未濟卦 : ䷿)의 주제인 〈미제(未濟)〉의 시국을 극복해 간다. 물론 〈미제(未濟)의 제(濟)〉 역시 〈기제(旣濟)의 제(濟)〉와 같이 큰물을 건너감[濟]을 뜻한다. 〈제(濟)〉란 본래 도강(渡江)을 뜻한다. 따라서 〈기제(旣濟)〉란 비로소[旣] 강물을 건넘을 이루었음[濟]을 뜻하지만, 〈미제(未濟)〉란 강을 건넘이[濟] 시작되어 건너는 중이라 아직 다 건너가지[濟] 못함[未]을 암시한다. 그래서 위험을 지나는 중이라 안정을 아직 성취하지 못함을 뜻함이 〈미제(未濟)〉이다. 이에 미제괘(未濟卦 : ䷿)의 육효(六爻) 모두가 아직 안정을 성취하지 못한[未濟] 시국에 있지만 안정의 성취[濟]를 추구함이 〈기제(旣濟)〉의 전조(前兆)인지라 미제괘(未濟卦 : ䷿)라 칭명(稱名)한다.

【미제괘(未濟卦 : ䷿)의 계사(繫辭) 풀이】

未濟(미제) 亨(형)

아직 이루지[濟] 못함은[未] 통한다[亨].

〈미제(未濟) 형(亨)〉은 미제괘(未濟卦 : ䷿)의 모습을 풀이한 괘사(卦辭)이다. 〈미제(未濟)〉는 미제괘(未濟卦 : ䷿)의 주제인 〈미제(未濟)〉의 시국을 밝힌다. 〈미제(未濟) 형(亨)〉은 〈음여양지상화미제(陰與陽之相和未濟) 연이유어미제지반어기제미제유형(然而由於未濟之反於旣濟未濟有亨)〉의 줄임으로 여기고 〈양과[與陽] 음의[陰之] 상화가[相和] 아직 이루어지지[濟] 못한다[未] 그러나[然而] 미제는[未濟之] 기제로[於旣濟] 돌아오기[反] 때문에[由於] 미제에는[未濟] 통함이[亨] 있다

[有]〉라고 새겨볼 것이다.

〈미제(未濟)〉는 미제괘(未濟卦 : ䷿)에는 음양(陰陽) 그 어느 쪽의 과다함[過]이 없지만 음양상화(陰陽相和)가 부정위(不正位)로써 이루어져 아직 안정을 성취하지 못함[未濟]을 암시한다. 미기(未旣)란 상수(相隨) 즉 서로[相] 따르는[隨] 것이 천도(天道) 즉 자연의[天] 이치[道]이다. 〈미제(未濟)의 미(未)〉란 시(始)이되 아직 완수(完遂)하지 못함이고, 〈기제(旣濟)의 기(旣)〉란 말(末)이라 끝남[末]이다. 왜 종말미래(終末未來) 즉 말미(末未)라 하는가? 끝나면[末] 다시 시작하는[未] 것이 천도(天道)인 역지도(易之道)이기 때문이다. 따라서 〈미제(未濟)〉는 다시 〈기제(旣濟)〉를 향한 순환의 시작이다. 그 무엇이든 변화의 순환을 벗어나지 못한다. 한번 〈기제(旣濟)〉면 한번 〈미제(未濟)〉인 것이 천도(天道) 즉 자연의[天] 도리[道]인 변역의[易之] 도리[道]로서 순환이다. 날의 밝음이 가면 밤의 어둠이 오고 밤이 가면 날이 온다. 역지도(易之道)의 〈일음일양(一陰一陽)〉이란 순환이다. 미제괘(未濟卦 : ䷿)의 상체(上體)인 불[☲]은 오름[上]이 제 성질이고 하체(下體)인 물[☵]은 내림[下]이 제 성질이라, 미제괘(未濟卦 : ䷿)의 상하체(上下體)가 상교(相交)할 수는 없지만 미제괘(未濟卦 : ䷿)의 음양(陰陽)들이 서로 비(比)하고 정응(正應)하여, 미제괘(未濟卦 : ䷿)의 모습은 감(坎 : ☵)의 어둠[暗]은 이(離 : ☲)의 밝음[明]으로 이어져 〈초란종길(初亂終吉)〉의 모습이다. 기제괘(旣濟卦 : ䷾)의 괘상(卦象)은 이(離 : ☲)의 밝음[明]이 감(坎 : ☵)의 어둠[暗]으로 이어져 〈초길종란(初吉終亂)〉이다. 따라서 미제괘(未濟卦 : ䷿)에서 음효(陰爻)와 양효(陽爻)들이 모두 부정위(不正位)에 있지만 서로가 모두 비(比)하고 특히 강강(剛强)한 양(陽)의 자리인 미제괘(未濟卦 : ䷿)의 오위(五位)에 유순(柔順)한 육오(六五 : ⚋)가 왕(王)으로 있고, 미제괘(未濟卦 : ䷿)의 여섯 효(爻) 모두 서로 정응(正應)하여 불안정한 시국을 안정된 시국으로 옮겨가고자 함인지라, 〈미제(未濟)〉란 곧 〈형(亨)〉 즉 형통하는[亨] 모습임을 암시한 계사(繫辭)가 〈미제(未濟) 형(亨)〉이다.

小狐汔濟(소호흘제) 濡其尾(유기미) 无攸利(무유리)

작은[小] 여우가[狐] 거의[汔] 건너다[濟] 제[其] 꼬리를[尾] 적신다면[濡] 이로울[利] 바가[攸] 없다[无].

〈소호흘제(小狐汔濟) 유기미(濡其尾) 무유리(无攸利)〉는 〈미제(未濟)〉의 시국에서는 두려움으로써 명찰(明察)해야 함을 에둘러 암시한 계사(繫辭)이다. 〈소호흘제(小狐汔濟) 유기미(濡其尾) 무유리(无攸利)〉는 〈흘대호지제강이상어강안지시(迄大狐之濟江而上於江岸之時) 대호불유기미(大狐不濡其尾) 연이유어총망소호흘제이유기미(然而由於匆忙小狐汔濟而濡其尾) 소호지총망무유리(小狐之匆忙无攸利)〉의 줄임으로 여기고 〈대호가[大狐之] 강을[江] 건너서[濟而] 강안에[於江岸] 오를[上之] 때[時]까지[迄] 대호는[大狐] 제[其] 꼬리를[尾] 적시지 않는다[不濡] 그러나[然而] 서두르는[匆忙] 탓으로[由於] 소호는[小狐] 거의[汔] 건너다[濟而] 제[其] 꼬리를[尾] 적신다[濡] 소호의[小狐之] 서두름에는[匆忙] 이로울[利] 바가[攸] 없다[无]〉라고 새겨볼 것이다.

〈소호흘제(小狐汔濟) 유기미(濡其尾) 무유리(无攸利)〉는 미제괘(未濟卦 : ䷿)의 주제인 〈미제(未濟)〉의 시국에서 안정을 이루고자[濟] 경솔하게 서둘러대지 말아야 함을 암시한다. 구제(求濟) 즉 물을 건너 안정의 성취를[濟] 구함[求]에는 더없이 신중하고 경솔하지 않아야 함을 암시한 것이 〈소호흘제(小狐汔濟)의 흘제(汔濟)〉이다. 작은[小] 여우[狐]가 〈흘제(汔濟)〉 즉 거의[汔] 건넘[濟]을 〈기제(旣濟)〉 즉 다[旣] 건넘[濟]이라 성급히 여기고 그만 제 꼬리를 물에 적셔[濡] 물을 건넘을 깔끔하게 이루지[濟] 못하고 흠을 남기게 됨을 암시한 것이 〈소호흘제(小狐汔濟)〉이다. 이 괘사(卦辭)는 미제괘(未濟卦 : ䷿)의 주제인 〈미제(未濟)〉의 시국에서 안정의 취함을[濟] 구하려 함[求]은 오로지 신중해야 〈미제(未濟) 형(亨)〉으로 이어지지, 〈소호(小狐)〉처럼 경솔하면 안정을 이루지 못하기[不濟] 때문에 〈미제(未濟)〉의 시국에서 총망(匆忙)함은 〈무유리(无攸利)〉 즉 이로울[利] 바가[攸] 없음[无]을 깨우치게 암시한 계사(繫辭)가 〈소호흘제(小狐汔濟) 유기미(濡其尾) 무유리(无攸利)〉이다.

【字典】

미(未) 〈아직 (못할, 안할) 미(未)-이지반(已之反), 않을 미(未)-불(不)-불(弗), 없을 미(未)-무(無), 아닌 것 미(未)-비(非)〉 등의 뜻을 내지만 여기선 〈아직 못할 미(未)〉로 여기고 새김이 마땅하다.

제(濟) 〈이룰 제(濟)-성(成), 정할 제(濟)-정(定), 구제할 제(濟)-구(救)-주구(賙

救), 갈게 할 제(濟)-제(齊), 들 제(濟)-입(入), 건널 제(濟)-도(渡), 나루터 제(濟)-도장(渡場), 더해줄 제(濟)-익(益), 이용할 제(濟)-이용(利用), 통할 제(濟)-통(通), 그칠 제(濟)-지(止), 사람을 알아볼 제(濟)-지인(知人), 멸할 제(濟)-멸(滅), 걱정할 제(濟)-우(憂), 비그칠 제(濟)-우지(雨止), 밀칠 제(濟)-제(擠), 물 이름 제(濟)-수명(水名)〉 등의 뜻을 내지만 여기선 〈이룰 성(成)〉과 같다 여기고 새김이 마땅하다.

亨 〈향-형-팽〉 세 가지로 발음되고, 〈통할 형(亨)-통(通), 남을 형(亨)-여(餘), 드릴 향(亨)-헌(獻), 삶을 팽(亨)-자(煮)-팽(烹)〉 등의 뜻을 내지만 여기선 〈통할 통(通)〉과 같다 여기고 새김이 마땅하다.

소(小) 〈음(陰)을 칭하는 소(小), 작을 소(小)-세(細)-미(微)-대지반(大之反), 자잘할 소(小)-세(細), 짧을 소(小)-단(短), 좁을 소(小)-협(狹), 어릴 소(小)-유(幼), 천할 소(小)-천(賤), 첩 소(小)-첩(妾)〉 등의 뜻을 내지만 여기선 〈작을 소(小)〉로 여기고 새김이 마땅하다.

호(狐) 〈여우 호(狐)-요수(妖獸), 의심할 호(狐)-의사(疑詞)〉 등의 뜻을 내지만 여기선 〈여우 호(狐)〉로 여기고 새김이 마땅하다.

흘(汔) 〈거의 흘(汔)-기(幾), 가까울 흘(汔)-근(近), 물 마를 흘(汔)-학(涸), 다할 흘(汔)-진(盡), 그 흘(汔)-기(其), 물 이름 흘(汔)-수명(水名)〉 등의 뜻을 내지만 여기선 〈거의 기(幾)〉와 같다 여기고 새김이 마땅하다.

유(濡) 〈적실 유(濡)-지(漬)-윤(潤)-질(浧)-습(濕), 넉넉할 유(濡)-윤택(潤澤), 은택 유(濡)-은택(恩澤), 은덕 유(濡)-은덕(恩德), 유화 유(濡)-유화(柔和), 빠질 유(濡)-익(溺), 참아낼 유(濡)-함인(含忍), 막힐 유(濡)-체(滯)〉 등의 뜻을 내지만 여기선 〈적실 지(漬)-질(浧)〉과 같다 여기고 새김이 마땅하다.

기(其) 〈그(그것) 기(其)-피(彼)-지(之), 그(관형사) 기(其)-관형사, 그럴 기(其)-연(然), 어찌 기(其)-기(豈), 누를 기(其)-억(抑), 오히려 기(其)-상(尙)-서기(庶幾), 이에 기(其)-내(乃), 만약 기(其)-약(若), 장차 기(其)-장(將), 어조사 기(其)-어조사〉 등의 뜻을 내지만 여기선 관형사로서 〈그 기(其)〉로 여기고 새김이 마땅하다.

미(尾) 〈꼬리 미(尾)-미(微)-척진처(脊盡處), 뒤 미(尾)-후(後), 말단(뒤끝) 미(尾)-말(末), 끝 미(尾)-종(終), 끝날 미(尾)-진(盡), 흘레할 미(尾)-교접(交接)〉 등의 뜻을 내지만 여기선 〈꼬리 척진처(脊盡處)〉와 같다 여기고 새김이 마땅하다.

무(无) 〈없을 무(无)-무(無), 허무지도 무(无)-허무지도(虛无之道), 으뜸 무(无)-원(元)〉 등의 뜻을 내지만 여기선 〈없을 무(無)〉와 같다 여기고 새김이 마땅하다.

유(攸) 〈바 유(攸)-소(所), 곳 유(攸)-소(所), 흘러가는 물 유(攸)-행수(行水), 아득할 유(攸)-장원(長遠)-유(悠), 닦을 유(攸)-수(修), 터득한 모습 유(攸)-자득모(自得貌), 빠를 유(攸)-숙(儵), 대롱거릴 유(攸)-현위모(懸危貌), 수심에 찬 모습 유(攸)-수모(愁貌)〉 등의 뜻을 내지만 여기선 〈바 소(所)〉와 같다 여기고 새김이 마땅하다.

이(利) 〈이로울 이(利)-익(益), 좋을 이(利)-길(吉)-의(宜), 만물로 하여금 삶을 이루어가게 하는 덕(德)의 이로울 이(利)-사만물수생지덕(使萬物遂生之德), 날카로울 이(利)-예(銳)-섬(銛), 질병 이(利)-질(疾), 통할 이(利)-통(通)-순(順), 편리할 이(利)-편(便), 마름해 만들어 이룰 이(利)-재성(裁成), 탐할 이(利)-탐(貪), 구할(취할) 이(利)-구(求)-취(取), 좋아할 이(利)-열애(悅愛), 기교 이(利)-교(巧), 보람 이(利)-공용(功用), 지세가 험하고 중요한 이(利)-험요(險要), 이길 이(利)-승(勝), 어질 이(利)-인(仁)〉 등의 뜻을 내지만 여기선 〈이로울 익(益) 또는 좋을 의(宜)〉로 여기고 새김이 마땅하다. 〈利〉가 맨 앞에 오면 〈이〉로 발음되고, 중간이나 뒤에 오면 〈리〉로 발음된다.

註 시졸약환(始卒若環) 막득기륜(莫得其倫) 시위천균(是謂天均) 천균자천예야(天均者天倪也) : 처음과[始] 끝이[卒] 고리[環] 같아[若] 그[其] 순서를[倫] 알 수가[得] 없다[莫]. 이를[是] 자연의[天] 조화라[均] 한다[謂]. 자연의[天] 조화라는[均] 것은[者] 시비를 떠난 자연의 길[天倪]이다[也].

『장자(莊子)』「우언(寓言)」 1절(節)

2 효의 효상과 계사

初六 : 濡其尾라 吝하다
유기미 인

九二 : 曳其輪이라 貞吉하니라
예기륜 정길

六三 : 未濟에 征凶하나 利涉大川하니라
미제 정흉 이섭대천

九四 : 貞吉하여 悔亡이다 震用伐鬼方이면 三年에 有賞于大國이리라
정길 회무 진용벌귀방 삼년 유상우대국

六五 : 貞吉하여 无悔이다 君子之光에 有孚하니 吉하니라
정길 무회 군자지광 유부 길

上九 : 有孚于飮酒니 无咎하다 濡其首면 有孚失是하리라
유부우음주 무구 유기수 유부실시

초륙(初六) : 제[其] 꼬리를[尾] 적신다[濡]. 부끄럽다[吝].

구이(九二) : 그[其] 수레를[輪] 끈다[曳]. 진실로 미더워[貞] 행운을 누린다[吉].

육삼(六三) : 아직 이루지[濟] 못함에[未] 나아감은[征] 좋지 않으나[凶] 큰[大] 내를[川] 건너면[涉] 이롭다[利].

구사(九四) : 진실로 미더워[貞] 행운을 누리니[吉] 후회할 것이[悔] 없다[亡]. 벼락[震]같이[用] 북쪽[鬼] 방면을[方] 정벌하면[伐] 삼 년에[三年] 대국(大國)으로부터[于] 상이[賞] 있으리라[有].

육오(六五) : 진실로 미더워[貞] 복을 누리니[吉] 후회할 것이[悔] 없다[无]. 군자의[君子之] 밝음에[光] 진실한 믿어줌이[孚] 있어[有] 복을 누린다[吉].

상구(上九) : 술을[酒] 마시면서[于飮] 진실한 믿어줌이[孚] 있으니[有] 허물이[咎] 없다[无]. 제[其] 머리를[首] 적신다면[濡] 진실한 믿어줌이[孚] 있다 해도[有] 올바름을[是] 잃으리라[失].

초륙(初六 : --)

初六 : 濡其尾라 吝하다
유 기 미 인

초륙(初六) : 제[其] 꼬리를[尾] 적신다[濡]. 부끄럽다[吝].

【초륙(初六)의 효상(爻象) 풀이】

미제괘(未濟卦 : ䷿)의 초륙(初六 : --)은 이음거양(以陰居陽) 즉 음(陰 : --)으로써[以] 양(陽 : ─)의 자리에 있는지라[居] 정당한 자리에 있지 못하다. 초륙(初六 : --)과 구이(九二 : ─)는 음양(陰陽)의 사이인지라 비(比) 즉 이웃의 사귐[比]을 누린다. 초륙(初六 : --)과 구사(九四 : ─)도 음양(陰陽)의 사이인지라 정응(正應) 즉 바르게[正] 서로 호응함[應]을 누린다. 초륙(初六 : --)은 구사(九四 : ─)와의 정응(正應)을 과신(過信)하여 미제괘(未濟卦 : ䷿)의 주제인 〈미제(未濟)〉의 시국을 극복하고자 서둘러대는 모습이다.

미제괘(未濟卦 : ䷿)의 초륙(初六 : --)이 초구(初九 : ─)로 변효(變爻)하면 초륙(初六 : --)은 미제괘(未濟卦 : ䷿)를 38번째 규괘(睽卦 : ䷥)로 지괘(之卦)하게 한다. 따라서 미제괘(未濟卦 : ䷿)의 초륙(初六 : --)은 규괘(睽卦 : ䷥)의 초구(初九 : ─)를 찾아가 살펴보게 한다.

【초륙(初六)의 계사(繫辭) 풀이】

濡其尾(유기미) 吝(인)

제[其] 꼬리를[尾] 적신다[濡]. 부끄럽다[吝].

〈유기미(濡其尾) 인(吝)〉은 초륙(初六 : --)의 효위(爻位)를 들어 암시한 계사(繫辭)이다. 〈유기미(濡其尾) 인(吝)〉은 〈초륙유기미(初六濡其尾) 내초륙유린(乃初六有吝)〉의 줄임으로 여기고 〈초륙이[初六] 제[其] 꼬리를[尾] 적신다[濡] 이에[乃] 초륙에게[初六] 부끄러움이[吝] 있다[有]〉라고 새겨볼 것이다. 〈유기미(濡其尾)의 유(濡)〉는 〈적실 지(漬)〉와 같고, 〈인(吝)〉은 〈부끄러울 치(恥)〉와 같다.

〈유기미(濡其尾)〉는 초륙(初六 : --)이 미제괘(未濟卦 : ䷿)의 주제인 〈미제(未濟)〉의 시국이 시작되는 자리에 있음을 무시하고 〈미제(未濟)〉의 시국을 서둘러 벗어나려 함을 암시한다. 초륙(初六 : --)이 부정위(不正位) 즉 정당하지 못한[不正] 자리[位]에 있지만 그 자리는 미제괘(未濟卦 : ䷿)에서 맨 밑인지라 〈미(尾)〉 즉 꼬리[尾]에 해당돼 초륙(初六 : --)을 〈기미(其尾)〉로써 취상(取象)한 것이다. 〈유기미(濡其尾)〉는 기제괘(旣濟卦 : ䷾) 초구(初九 : ―)의 계사(繫辭)에도 나왔다. 그러나 기제괘(旣濟卦 : ䷾)의 초구(初九 : ―)는 정당한 자리에서 정당한 자리에 있는 육사(六四 : --)의 호응(互應)을 얻어 물을 건널[濟] 도움을 받을 수 있어서 〈기제(旣濟)〉를 서둘러 누리려 해도 〈무구(无咎)〉 즉 허물이[咎] 없지만[无], 미제괘(未濟卦 : ䷿)의 초륙(初六 : --)은 정당하지 못한 자리에서 정당한 자리에 있지 못한 구사(九四 : --)와의 정응(正應)을 앞세우려 하는지라 초륙(初六 : --)이 바라는 바대로 도움을 제대로 받을 수가 없다. 이러한 점을 경시(輕視)하고 동시에 자신이 약체(弱體)임을 무시하고 초륙(初六 : --)이 강을 성급히 건너려다[濟] 강안(江岸)에 오르기도 전에 강(江)을 다 건넜다고[濟] 성급히 굴어, 결국 제[其] 꼬리를[尾] 적시고만[濡] 꼴임을 〈유기미(濡其尾)〉가 암시한다.

짐승이 강물을 건널 때는 반드시 꼬리를 물 위로 꼿꼿이 올려야 건널 수 있다. 〈유기미(濡其尾)〉 즉 제[其] 꼬리를[尾] 적셨다[濡]고 함은 불능제(不能濟) 즉 물을 건너지[濟] 못할 수도[不能] 있음을 암시한다. 구사(九四 : ―)와 정응(正應)을 나누지만 물을 건넘[濟]에 도움을 실제로 받을 처지가 아님을 초륙(初六 : --)이 깊이 생각하지 않고 동시에 자신의 능력을 제대로 헤아리지 못하고 서둘러 감행했다가 낭패를 당한 꼴이다. 미제괘(未濟卦 : ䷿)의 초륙(初六 : --)이 〈미제(未濟)〉의 시국을 극복하고자 서둘다가 스스로 물에 빠져버린 어리석음을 범했으니 〈인(吝)〉 즉 부끄러운 짓[吝]이라고 암시한 계사(繫辭)가 〈유기미(濡其尾) 인(吝)〉이다.

【字典】

유(濡) 〈적실 유(濡)-지(漬)-윤(潤)-질(洷)-습(濕), 넉넉할 유(濡)-윤택(潤澤), 은택 유(濡)-은택(恩澤), 은덕 유(濡)-은덕(恩德), 유화 유(濡)-유화(柔和), 빠질 유(濡)-익(溺), 참아낼 유(濡)-함인(含忍), 막힐 유(濡)-체(滯)〉 등의 뜻을 내지만 여기선 〈적실 지

(潰)-질(浧)〉과 같다 여기고 새김이 마땅하다.

기(其) 〈그(그것) 기(其)-피(彼)-지(之), 그(관형사) 기(其)-관형사, 그럴 기(其)-연(然), 어찌 기(其)-기(豈), 누를 기(其)-억(抑), 오히려 기(其)-상(尙)-서기(庶幾), 이에 기(其)-내(乃), 만약 기(其)-약(若), 장차 기(其)-장(將), 어조사 기(其)-어조사〉 등의 뜻을 내지만 여기선 관형사로서 〈그 기(其)〉로 여기고 새김이 마땅하다.

미(尾) 〈꼬리 미(尾)-미(微)-척진처(脊盡處), 뒤 미(尾)-후(後), 말단(뒤끝) 미(尾)-말(末), 끝 미(尾)-종(終), 끝날 미(尾)-진(盡), 흘레할 미(尾)-교접(交接)〉 등의 뜻을 내지만 여기선 〈꼬리 척진처(脊盡處)〉와 같다 여기고 새김이 마땅하다.

인(吝) 〈부끄러울 인(吝)-수치(羞恥), 굴욕스러울 인(吝)-굴욕(屈辱), 한할 인(吝)-한(恨), 아낄 인(吝)-석(惜), 인색할 인(吝)-색(嗇), 욕심낼 인(吝)-탐(貪)〉 등의 뜻을 내지만 여기선 〈부끄러울 수치(羞恥)〉와 같다 여기고 새김이 마땅하다. 〈吝〉이 맨 앞에 오면 〈인〉으로 발음되고, 중간이나 뒤에 오면 〈린〉으로 발음된다.

구이(九二 : ⚊)

九二 : 曳其輪이라 貞吉하니라
예 기 륜 정 길

구이(九二) : 그[其] 수레를[輪] 끈다[曳]. 진실로 미더워[貞] 행운을 누린다[吉].

【구이(九二)의 효상(爻象) 풀이】

미제괘(未濟卦 : ䷿)의 구이(九二 : ⚊)는 이양거음(以陽居陰) 즉 양(陽 : ⚊)으로써[以] 음(陰 : ⚋)의 자리에 있는지라[居] 정당한 자리에 있지 못하다. 구이(九二 : ⚊)와 육삼(六三 : ⚋)은 양음(陽陰)의 사이인지라 비(比) 즉 이웃의 사귐[比]을 누린다. 구이(九二 : ⚊)와 육오(六五 : ⚋)도 양음(陽陰)의 사이인지라 정응(正應) 즉 바르게[正] 서로 호응함[應]을 누린다. 이에 구이(九二 : ⚊)는 미제괘(未濟卦 : ䷿)의 하체(下體) 감(坎 : ☵)의 중효(中爻)로서 득중(得中) 즉 정도를 따름을[中] 취하여[得] 〈미제(未濟)〉의 시국을 극복하고자 구제(求濟) 즉 안정의 이룸을[濟] 추구하는[求] 모습이다.

미제괘(未濟卦 : ䷿)의 구이(九二 : ⚊)가 육이(六二 : ⚋)로 변효(變爻)하면 구이(九二 : ⚊)는 미제괘(未濟卦 : ䷿)를 35번째 진괘(晉卦 : ䷢)로 지괘(之卦)하게 한다. 따라서 미제괘(未濟卦 : ䷿)의 구이(九二 : ⚊)는 진괘(晉卦 : ䷢)의 육이(六二 : ⚊)를 찾아가 살펴보게 한다.

【구이(九二)의 계사(繫辭) 풀이】

曳其輪(예기륜)

그[其] 수레를[輪] 끈다[曳].

〈예기륜(曳其輪)〉은 미제괘(未濟卦 : ䷿)의 구이(九二 : ⚊)가 미제괘(未濟卦 : ䷿)의 하체(下體) 감(坎 : ☵)의 중효(中爻)임을 암시한 계사(繫辭)이다. 〈예기륜(曳其輪)〉은 〈구이예륙오지륜(九二曳六五之輪)〉의 줄임으로 여기고 〈구이가[九二] 육오의[六五之] 수레를[輪] 끌어준다[曳]〉라고 새겨볼 것이다. 〈예기륜(曳其輪)의 예(曳)〉는 〈끌 견(牽)〉과 같고, 〈기륜(其輪)의 기(其)〉는 〈육오지(六五之)〉를 대신하는 관형사이고, 〈기륜(其輪)의 윤(輪)〉은 여기선 〈수레 거(車)〉와 같다.

〈예기륜(曳其輪)〉은 구이(九二 : ⚊)가 육오(六五 : ⚋)와 누리는 정응(正應)을 암시한다. 구이(九二 : ⚊)가 육오(六五 : ⚋)와 정도를 따라[正] 서로 호응하려면[應] 먼저 구이(九二 : ⚊)가 육오(六五 : ⚋)를 받들어야 한다. 왜냐하면 구이(九二 : ⚊)는 현령(縣令)의 자리에 있고, 육오(六五 : ⚋)는 군왕(君王)의 자리에 있기 때문이다. 이에 〈예기륜(曳其輪)의 기륜(其輪)〉은 육오(六五 : ⚋)가 미제괘(未濟卦 : ䷿)의 상체(上體) 이(離 : ☲)의 중효(中爻)임을 들어 육오(六五 : ⚋)를 취상한 것이다. 〈예기륜(曳其輪)〉은 「설괘전(說卦傳)」에 나오는 〈감은[坎 : ☵] 활이고[弓] 수레[輪]이며[爲] …… 끎[曳]이다[爲]〉라는 내용을 상기시킨다. 따라서 육오(六五 : ⚋)의 수레[輪]를 구이(九二 : ⚊)가 끌어주는[曳] 모습을 들어, 구이(九二 : ⚊)가 〈미제(未濟)〉의 시국을 강유(剛柔) 즉 굳세되[剛] 부드럽게[柔] 마주하여 이끌어가고자 군왕(君王)인 육오(六五 : ⚋)를 정응(正應)으로써 따라 받들어 지성(至誠)으로 보필함을 암시한 계사(繫辭)가 〈예기륜(曳其輪)〉이다.

貞吉(정길)

진실로 미더워[貞] 행운을 누린다[吉].

〈정길(貞吉)〉은 미제괘(未濟卦 : ䷿)의 하체(下體) 감(坎 : ☵)의 중효(中爻)로서 〈미제(未濟)〉의 시국을 마주하여 강강(剛强)한 구이(九二 : ⚊)가 거유득중(居柔得中) 즉 부드럽게[柔] 처신하여[居] 정도를 따름을[中] 취하여[得] 군왕(君王)인 육오(六五 : ⚋)를 보필함을 암시한 계사(繫辭)이다. 〈정길(貞吉)〉은 〈구이정어륙오지륜지예(九二貞於六五之輪之曳) 인차구이유길(因此九二有吉)〉의 줄임으로 여기고 〈구이는[九二] 육오의[六五之] 수레를[輪之] 끌어감에[於曳] 진실로 미덥다[貞] 그래서[因此] 구이에게는[九二] 행운이[吉] 있다[有]〉라고 새겨볼 것이다.

구이(九二 : ⚊)는 정위(正位)에 있지 않다 할지라도 〈거음(居陰)〉 즉 음(陰 : ⚋)의 자리에 있음[居]을 인지하고 득중(得中) 즉 정도를 따름을[中] 취하여[得], 〈기륜(其輪)〉 즉 육오(六五 : ⚋)의[其] 수레를[輪] 끌어가는[曳] 심지(心志)가 진실로 미덥다[貞]는 것이 〈정길(貞吉)의 정(貞)〉이다. 〈정(貞)〉이란 성신(誠信) 즉 진실한[誠] 미더움[信]이다. 그 미더움[貞]은 공정(公正)하여 무사무편(無邪無偏)함이다. 간사함도[邪] 없고[無] 치우침도[偏] 없는[無] 심지(心志)가 곧 〈정(貞)〉이다. 따라서 구이(九二 : ⚊)가 하체(下體)의 중효(中爻)로서 정도를 따름을[中] 취해[得] 〈미제(未濟)〉의 간난(艱難)한 시국을 극복하여 구제(求濟)하려는 심지(心志)가 〈정(貞)〉 즉 진실로 미더워[貞] 〈길(吉)〉 즉 천복을 누린다[吉]고 암시한 계사(繫辭)가 〈정길(貞吉)〉이다.

【字典】

예(曳) 〈끌 예(曳)-견(牽), 당길 예(曳)-인(引)-유예(臾曳), 옷 입기 예(曳)-착의지사(着衣之事), 갈 예(曳)-행(行), 조아릴(넘어질) 예(曳)-돈(頓), 넘을 예(曳)-유(踰)-예(跇)〉 등의 뜻을 내지만 여기선 〈끌 견(牽)〉과 같다 여기고 새김이 마땅하다.

기(其) 〈그(그것) 기(其)-피(彼)-지(之), 그(관형사) 기(其)-관형사(冠形詞), 그럴 기(其)-연(然), 어찌 기(其)-기(豈), 누를 기(其)-억(抑), 오히려 기(其)-상(尙)-서기(庶幾), 이에 기(其)-내(乃), 만약 기(其)-약(若), 장차 기(其)-장(將), 어조사 기(其)-어조사(語助辭)〉 등의 뜻을 내지만 여기선 관형사(冠形詞)로서 〈그 기(其)〉로 여기고 새김이 마땅하다.

윤(輪) 〈수레 윤(輪)-거(車), 수레바퀴 윤(輪)-거륜(車輪), 수레의 수를 계산하는 낱말 윤(輪)-계거수지어(計車數之語), 운행할 윤(輪)-전(轉 : 運行如水行), 흘러갈 윤(輪)-윤류(輪流), 주위 윤(輪)-외곽(外郭)-주위(周圍), (높고 큰) 곳집 윤(輪)-균(囷)-고대(高大), 굴곡진 모양 윤(輪)-굴곡모(屈曲貌), 수레바퀴 만드는 사람 윤(輪)-작거륜자(作車輪者), 가릴 윤(輪)-윤(掄)〉 등의 뜻을 내지만 여기선 〈수레 거(車)〉와 같다 여기고 새김이 마땅하다. 〈輪〉은 앞에 있으면 〈윤〉으로 발음되고, 중간이나 뒤에 있으면 〈륜〉으로 발음된다.

정(貞) 〈바를 정(貞)-정(正), 믿을 정(貞)-신(信), 거북점을 물을 정(貞)-복문(卜問), 역(易)의 내괘(內卦) 정(貞), 마땅할 정(貞)-당(當), 정할 정(貞)-정(定), 순수할 정(貞)-전(專)-일(一)〉 등의 뜻을 내지만 여기선 〈바를 정(正), 믿을 신(信)〉 등을 합친 뜻과 같아 〈정신(正信)〉 즉 바르고[正] 미더움[信]으로 새김이 마땅하다.

길(吉) 〈좋을(행복할) 길(吉)-선(善)-영(令) {영월길일(令月吉日)은 선월선일(善月善日)임.}, 복 길(吉)-실(實)-선실(善實)-복(福), 예의를 따라 상서로울 길(吉)-예의순상(禮義順祥), 삼갈 길(吉)-근(謹), 초하루 길(吉)-삭일(朔日) {삭망(朔望) 즉 초하루[朔]와 그믐날[望]} 길례 길(吉)-길례(吉禮) {오례지일(五禮之一) 길흉빈군가(吉凶賓軍嘉)}, 갈 길(吉)-행(行)-길(趌)〉 등의 뜻을 내지만 여기선 〈좋을 선(善)-영(令)〉 즉 행복(幸福), 행운(幸運) 등과 같다 여기고 새김이 마땅하다.

註 감위궁륜(坎爲弓輪) …… 위예(爲曳) : 감은[坎 : ☵] 활[弓]이고 수레[輪]이고[爲] …… 끎[曳]이다[爲].
「설괘전(說卦傳)」 11단락(段落)

육삼(六三 : ⚋)

六三 : 未濟에 征凶하나 利涉大川하니라
미제 정흉 이섭대천

육삼(六三) : 아직 이루지[濟] 못함에[未] 나아감은[征] 좋지 않으나[凶] 큰[大] 내를[川] 건너면[涉] 이롭다[利].

【육삼(六三)의 효상(爻象) 풀이】

미제괘(未濟卦 : ䷿)의 육삼(六三 : --)은 이음거양(以陰居陽) 즉 음(陰 : --)으로써[以] 양(陽 : ―)의 자리에 있는지라[居] 정당한 자리에 있지 못하다. 육삼(六三 : --)과 구사(九四 : ―)는 음양(陰陽)의 사이인지라 비(比) 즉 이웃의 사귐[比]을 누린다. 육삼(六三 : --)과 상구(上九 : ―) 역시 음양(陰陽)의 사이인지라 정응(正應) 즉 바르게[正] 호응함[應]을 서로 누릴 수 있는 처지이다. 그러나 육삼(六三 : --)은 미제괘(未濟卦 : ䷿)의 하체(下體) 감(坎 : ☵)의 험(險) 즉 위태함[險]을 벗어날 수 있는 전환점에 있기에 몹시 조심스럽게 미제괘(未濟卦 : ䷿)의 상체(上體)인 이(離 : ☲)로 건너가야[濟] 하는 모습이다.

미제괘(未濟卦 : ䷿)의 육삼(六三 : --)이 구삼(九三 : ―)으로 변효(變爻)하면 육삼(六三 : --)은 미제괘(未濟卦 : ䷿)를 50번째 정괘(鼎卦 : ䷱)로 지괘(之卦)하게 한다. 따라서 미제괘(未濟卦 : ䷿)의 육삼(六三 : --)은 정괘(鼎卦 : ䷱)의 구삼(九三 : ―)을 찾아가 살펴보게 한다.

【육삼(六三)의 계사(繫辭) 풀이】

未濟(미제) 征凶(정흉)

아직 이루지[濟] 못함에[未] 나아감은[征] 좋지 않다[凶].

〈미제(未濟) 정흉(征凶)〉은 육삼(六三 : --)의 효위(爻位)를 들어 암시한 계사(繫辭)이다. 〈미제(未濟) 정흉(征凶)〉은 〈육삼미제(六三未濟) 인차약륙삼정(因此若六三征) 육삼장유흉(六三將有凶)〉의 줄임으로 여기고 〈육삼은[六三] 아직 건너지[濟] 못하고 있다[未] 그러므로[因此] 만약[若] 육삼이[六三] 나아간다면[征] 육삼에게[六三] 불운함이[凶] 있을 것이다[將有]〉라고 새겨볼 것이다.

〈미제(未濟) 정흉(征凶)〉은 육삼(六三 : --)이 미제괘(未濟卦 : ䷿)의 하체(下體) 감(坎 : ☵)의 중위(中位)를 벗어나 감(坎 : ☵)의 상효(上爻)로서 음(陰 : --)이면서 양(陽 : ―)의 자리에 있어 정당하지 않은 자리에 있음을 암시한다. 대성괘(大成卦)에서 세 번째 효(爻)는 하체(下體)와 상체(上體)의 사이에 있는지라 전환점에 있는 모습이다. 이런 상황에서는 행동을 몹시 조심해야 한다. 미제괘(未濟卦 : ䷿)

의 육삼(六三 : ⚋)은 감(坎 : ☵)의 험(險)에서 벗어날 전환점에 있기 때문이다. 육삼(六三 : ⚋)이 〈미제(未濟)〉의 시국을 벗어나 구제(求濟) 즉 안정의 성취를[濟] 추구해야[求] 할 처지에 있음을 〈정흉(征凶)의 정(征)〉이 암시한다. 이는 육삼(六三 : ⚋)이 감(坎 : ☵)의 상효(上爻)로서 감(坎 : ☵)의 험(險)에서 벗어날 자리에 있음을 들어, 〈미제(未濟)〉의 시국을 벗어나고자 함을 〈정(征)〉이라 한 것이다. 그러나 아직은 육삼(六三 : ⚋)이 감(坎 : ☵)의 상효(上爻)인지라 감(坎 : ☵)의 험(險)에서 벗어난 것은 아니다. 육삼(六三 : ⚋)은 유약(柔弱)하다. 이런 육삼(六三 : ⚋)이 삼가 조심하지 않고 〈미제(未濟)〉의 시국을 벗어나고자 〈정(征)〉 즉 구제(求濟)의 행동[征]을 성급히 감행한다면 육삼(六三 : ⚋)은 불운을 겪게 됨[凶]을 암시한 계사(繫辭)가 〈미제(未濟) 정흉(征凶)〉이다.

利涉大川(이섭대천)

큰[大] 내를[川] 건너면[涉] 이롭다[利].

〈이섭대천(利涉大川)〉은 〈정흉(征凶)〉이 〈정길(征吉)〉이 될 수도 있음을 암시한 계사(繫辭)이다. 〈이섭대천(利涉大川)〉은 〈수연정지흉(雖然征之凶) 약륙삼섭대천(若六三涉大川) 육삼장유리(六三將有利)〉의 줄임으로 여기고 〈나아감이[征之] 좋지 않음에도[凶] 불구하고[雖然] 만약[若] 육삼이[六三] 대천을[大川] 건넌다면[涉] 육삼에게[六三] 이로움이[利] 있을 것이다[將有]〉라고 새겨볼 것이다. 〈섭대천(涉大川)의 섭(涉)〉은 〈건널 제(濟)〉와 같다.

〈이섭대천(利涉大川)〉은 육삼(六三 : ⚋)이 미제괘(未濟卦 : ䷿)의 하체(下體)에서 상체(上體)로 〈섭(涉)〉 즉 건너감[涉]을 감행함을 암시한다. 〈섭대천(涉大川)〉은 육삼(六三 : ⚋)이 감(坎 : ☵)의 험(險) 즉 위험한[險] 강변에서 이(離 : ☲)의 밝은[明] 강변으로 건너감[涉]을 암시한다. 물론 〈섭대천(涉大川)〉은 〈정흉(征凶)의 정(征)〉을 취유(取喩)한 것이다. 정(征)하면 불행하다[凶]고 했는데 〈섭대천(涉大川)〉은 왜 이롭다[利]고 계사(繫辭)한 것일까? 이에 육삼(六三 : ⚋)의 〈섭대천(涉大川)〉이 『노자(老子)』에 나오는 〈코끼리가[豫兮] 겨울[冬] 내를[川] 건너는 것[涉] 같다[若]〉라는 내용을 환기시킨다. 얼어붙은 냇물이 꺼질세라 매우 조심하는 코끼리[豫]같이 조심스럽게 육삼(六三 : ⚋)이 상체(上體) 이(離 : ☲)의 초효(初爻)인 구사(九四 : ━)를 이웃 삼고[比] 상효(上爻)인 상구(上九 : ━)와의 정응(正應)을 활용해서 적기를 틈타 감(坎 : ☵)의 쪽에서 이(離 : ☲)의 쪽으로 건너가면[涉], 육삼(六三 : --)이 〈미제(未濟)〉의 시국을 벗어나 구제할 수 있을 터인지라 육삼(六三 : --)에게 이롭다[利]고 암시한 계사(繫辭)가 〈이섭대천(利涉大川)〉이다.

【字典】

미(未) 〈아직 (못할, 안할) 미(未)-이지반(已之反), 않을 미(未)-불(不)-불(弗), 없을 미(未)-무(無), 아닌 것 미(未)-비(非)〉 등의 뜻을 내지만 여기선 〈아직 못할 미(未)〉로 여기고 새김이 마땅하다.

제(濟) 〈이룰 제(濟)-성(成), 정할 제(濟)-정(定), 구제할 제(濟)-구(救)-주구(賙救), 같게 할 제(濟)-제(齊), 들 제(濟)-입(入), 건널 제(濟)-도(渡), 나루터 제(濟)-도장(渡場), 더해줄 제(濟)-익(益), 이용할 제(濟)-이용(利用), 통할 제(濟)-통(通), 그칠 제(濟)-지(止), 사람을 알아볼 제(濟)-지인(知人), 멸할 제(濟)-멸(滅), 걱정할 제(濟)-우(憂), 비 그칠 제(濟)-우지(雨止), 밀칠 제(濟)-제(擠), 물 이름 제(濟)-수명(水名)〉 등의 뜻을 내지만 여기선 〈이룰 성(成)〉과 같다 여기고 새김이 마땅하다.

정(征) 〈행할(갈) 정(征)-행(行), 칠 정(征)-벌(伐)-토(討), 순행할 정(征)-순행(巡行), 멀 정(征)-원(遠), 취할 정(征)-벌(伐)-취(取), 세금 매길 정(征)-부세(賦稅)-징세(徵稅)〉 등의 뜻을 내지만 여기선 〈행할 행(行)〉과 같다 여기고 새김이 마땅하다.

흉(凶) 〈불행할(흉할) 흉(凶)-길지반(吉之反), 걱정할 흉(凶)-우(憂)-구(懼), 흉한 사람 흉(凶)-흉인(凶人), 나쁠 흉(凶)-오(惡), 재앙 흉(凶)-화(禍), 요사할 흉(凶)-요사(夭死), 악한 사람 흉(凶)-악인(惡人), 흉년 흉(凶)-연곡불숙(年穀不熟), 사나울 흉(凶)-포학(暴虐), 음기 흉(凶)-음기(陰氣), 북쪽 흉(凶)-북(北), 없을 흉(凶)-공(空), 송사 흉(凶)-송(訟), 거역할 흉(凶)-역(逆), 어그러질 흉(凶)-패(悖), 허물 흉(凶)-구(咎)〉 등의 뜻을 내지만 여기선 〈불행할 길지반(吉之反)〉으로 여기고 새김이 마땅하다.

이(利) 〈이로울 이(利)-익(益), 좋을 이(利)-길(吉)-의(宜), 만물로 하여금 삶을 이루어가게 하는 덕(德)의 이로울 이(利)-사만물수생지덕(使萬物遂生之德), 날카로울 이(利)-예(銳)-섬(銛), 질병 이(利)-질(疾), 통할 이(利)-통(通)-순(順), 편리할 이(利)-편(便), 마름해 만들어 이룰 이(利)-재성(裁成), 탐할 이(利)-탐(貪), 구할(취할) 이(利)-구(求)-취(取), 좋아할 이(利)-열애(悅愛), 기교 이(利)-교(巧), 보람 이(利)-공용(功用), 지세가 험하고 중요한 이(利)-험요(險要), 이길 이(利)-승(勝), 어질 이(利)-인(仁)〉 등의 뜻을 내지만 여기선 〈이로울 익(益) 또는 좋을 의(宜)〉로 여기고 새김이 마땅하다. 〈利〉가 맨 앞에 오면 〈이〉로 발음되고, 중간이나 뒤에 오면 〈리〉로 발음된다.

섭(涉) 〈물 건널 섭(涉)-도(渡), 물이 흘러가는 섭(涉)-수류(水流), 헤엄쳐 갈 섭(涉)-유행(游行), 서로 교류할 섭(葉)-상교(相交), 경력 섭(涉)-경력(經歷), 깊이 들어갈 섭(涉)-심입(深入)〉 등의 뜻을 내지만 여기선 〈물 건널 도(渡)〉와 같다 여기고 새김이 마땅하다.

대(大) 〈큰 대(大)-소지대(小之對), 넓을 대(大)-광(廣), 두루 대(大)-편(徧), 통할 대(大)-통(通), 길 대(大)-장(長), (땅을) 걸게 할 대(大)-비(肥), 두터울 대(大)-후(厚), 많을 대(大)-다(多), 모두 대(大)-개(皆), 선할 대(大)-선(善), 무거울 대(大)-중(重), 거대할 대(大)-거(巨), 아름다울 대(大)-미(美)-장(壯), 부유할 대(大)-부(富), 늙을 대(大)-노(老), 지나칠 대(大)-과(過), 끝 대(大)-극(極), 대충 대(大)-조(組)-불세밀(不細密), 과대할 대(大)-과(誇)-긍벌(矜伐), 처음 대(大)-초(初), 하늘 대(大)-천(天), 건(乾)-양기(陽氣)-강효(剛爻) 대(大)〉 등의 뜻을 내지만 여기선 〈큰 대(大)〉로 여기고 새김이 마땅하다.

천(川) 〈시내 천(川)-천(巛)-관천통류수(貫穿通流水), 수류의 총칭 천(川)-수류지총칭(水流之總稱), 흐르는 물의 시작 천(川)-수류지시(水流之始), 산천의 신 천(川)-산천지신(山川之神), 구덩이 천(川)-갱(坑)〉 등의 뜻을 내지만 여기선 〈시내 관천통류수(貫穿通流水)〉로 여기고 새김이 마땅하다. 〈대천(大川)〉이란 강물을 뜻한다.

註 예혜약동섭천(豫兮若冬涉川) 유혜약외사린(猶兮若畏四隣) : 예연(豫然)해서[豫兮], {예(豫)가} 겨울에[冬] 내를[川] 건너는[涉] 듯하고[若], 유연(猶然)해서[猶兮], {유(猶)가} 사방을[四隣] 두려워하는[畏] 듯하다[若].

『노자(老子)』 15장(章)

구사(九四 : ⚊)

九四 : 貞吉하여 悔亡이다 震用伐鬼方이면 三年에 有賞于大國이리라
정길 회무 진용벌귀방 삼년 유상우대국

구사(九四) : 진실로 미더워[貞] 행운을 누리니[吉] 후회할 것이[悔] 없다[亡]. 벼락[震]같이[用] 북쪽[鬼] 방면을[方] 정벌하면[伐] 삼 년에[三年] 대국(大國)으로부터[于] 상이[賞] 있으리라[有].

【구사(九四)의 효상(爻象) 풀이】

미제괘(未濟卦 : ䷿)의 구사(九四 : ⚊)는 이양거음(以陽居陰) 즉 양(陽 : ⚊)으로써[以] 음(陰 : ⚋)의 자리에 있는지라[居] 정당한 자리에 있지 못하다. 구사(九四 : ⚊)와 육오(六五 : ⚋)는 양음(陽陰)의 사이인지라 비(比) 즉 이웃의 사귐[比]을 누린다. 구사(九四 : ⚊)와 초륙(初六 : ⚋) 역시 양음(陽陰)의 사이인지라 정응(正應) 즉 바르게[正] 서로 호응함[應]을 누릴 수 있는 처지이다. 그리고 구사(九四 : ⚊)의 자리는 「설괘전(說卦傳)」에 나오는 〈이(離 : ☲)라는[也] 것은[者] 밝음[明]이고[也] …… 감은[坎 : ☵] 함정[陷]이다[也]〉라는 내용을 상기시킨다. 감(坎 : ☵)의 〈함(陷)〉이란 어둠[暗]이고 위험[險]으로 통한다. 이에 미제괘(未濟卦 : ䷿)의 하체(下體) 감(坎 : ☵)의 험함(險陷) 즉 위험한[險] 함정[陷]을 벗어나 상체(上體) 이(離 : ☲)의 광명(光明)의 앞길에 들어선지라, 구사(九四 : ⚊)가 그 안팎으로 밝음[光明]을 유제(有濟) 즉 안정의 이룩함이[濟] 있음[有]으로 삼아 자신의 사명을 다할 수 있는 모습이다.

미제괘(未濟卦 : ䷿)의 구사(九四 : ⚊)가 육사(六四 : ⚋)로 변효(變爻)하면 구사(九四 : ⚊)는 미제괘(未濟卦 : ䷿)를 4번째 몽괘(蒙卦 : ䷃)로 지괘(之卦)하게 한다. 따라서 미제괘(未濟卦 : ䷿)의 구사(九四 : ⚊)는 몽괘(蒙卦 : ䷃)의 육사(六四 : ⚋)를 찾아가 살펴보게 한다.

【구사(九四)의 계사(繫辭) 풀이】

貞吉(정길) 悔亡(회무)

진실로 미더워[貞] 행운을 누리니[吉] 후회할 것이[悔] 없다[亡].

〈정길(貞吉)〉은 미제괘(未濟卦 : ䷿) 구사(九四 : ⚊)의 효위(爻位)를 들어 암시한 계사(繫辭)이다. 〈정길(貞吉)〉은 〈인위구사유정관어기위(因爲九四有貞關於其位) 구사유길(九四有吉)〉의 줄임으로 여기고 〈구사는[九四] 제[其] 자리에[位] 관하여[關於] 진실한 미더움이[貞] 있기[有] 때문에[因爲] 구사에게는[九四] 행운이[吉] 있다[有]〉라고 새겨볼 것이다.

〈정길(貞吉)〉은 구사(九四 : ⚊)가 미제괘(未濟卦 : ䷿)의 상체(上體) 이(離 : ☲)의 초효(初爻)로서 감(坎 : ☵)의 어둠[暗]을 벗어나 즉 〈미제(未濟)〉의 와중(渦中)을 벗어나 구제(求濟)의 길로 들어섰음을 진실로 미더워하며[貞] 행복해함[吉]을 암시한다. 미제괘(未濟卦 : ䷿)에서 사위(四位)는 경대부(卿大夫)의 자리로서 음(陰 : ⚋)의 자리인지라 구사(九四 : ⚊)에게는 정당(正當)한 자리는 아니다. 그러나 강강(剛强)한 구사(九四 : ⚊)는 거유(居柔) 즉 음(陰 : ⚋)의 자리에 있음[居柔]을 인지하고 편강(偏剛) 즉 굳셈에[剛] 치우침[偏]을 벗어나 경대부(卿大夫)로서 허심(虛心)하고 유순(柔順)한 육오(六五 : ⚋) 즉 군왕(君王)을 보좌하여, 〈미제(未濟)〉의 시국을 구제(求濟) 즉 안정의 성취를[濟] 추구할[求] 수 있는 능력을 갖추고 있음을 암시한 것이 〈정길(貞吉)의 정(貞)〉이다. 구사(九四 : ⚊)가 자신의 강강(剛强)에 치우침 없이 진실한 미더움[貞]으로써 구제함에 흔들림 없이 확고히 하면서 육오(六五 : ⚋)를 보필하여 〈길(吉)〉 즉 행운을 누림[吉]을 암시한 계사(繫辭)가 〈정길(貞吉)〉이다.

〈회무(悔亡)〉는 구사(九四 : ⚊)의 〈정(貞)〉을 거듭 강조한 계사(繫辭)이다. 〈회무(悔亡)〉는 〈인위구사유정(因爲九四有貞) 회무어구사(悔亡於九四)〉의 줄임으로 여기고 〈구사가[九四] 진실한 미더움이[貞] 있기[有] 때문에[因爲] 구사에게[於九四] 후회할 것이[悔] 없다[亡]〉라고 새겨볼 것이다. 〈회무(悔亡)의 무(亡)〉는 여기선 〈없을 무(無)〉와 같다. 구사(九四 : ⚊)가 미제괘(未濟卦 : ䷿)의 주제인 〈미제(未濟)〉 즉 안정을 이루지 못한[未濟] 시국을 마주해 가제(可濟) 즉 안정을 이룰 수 있는[可濟] 시국을 이룩하고자 하는 〈정(貞)〉 즉 진실한 미더움[貞]이 있기 때문에, 구사(九四 : ⚊)에게는 허물이[悔] 없음[亡]을 밝힌 계사(繫辭)가 〈회무(悔亡)〉이다.

震用伐鬼方(진용벌귀방)

벼락[震]같이[用] 북쪽[鬼] 방면을[方] 정벌한다[伐].

〈진용벌귀방(震用伐鬼方)〉은 구사(九四 : ⚊)가 자신의 사명(使命)을 실행함을 암시한 계사(繫辭)이다. 〈진용벌귀방(震用伐鬼方)〉은 〈용진구사벌귀방(用震九四伐鬼方)〉의 줄임으로 여기고 〈벼락[震]같이[用] 구사가[九四] 북방을[鬼方] 정벌한다[伐]〉라고 새겨볼 것이다. 〈진용벌귀방(震用伐鬼方)〉에서 〈진용(震用)의 용(用)〉은 〈같을 사(似)〉와 같고, 〈귀방(鬼方)〉은 북방(北方)을 뜻한다.

〈진용벌귀방(震用伐鬼方)의 진용(震用)〉은 구사(九四 : ⚊)가 변효(變爻)하여 미제괘(未濟卦 : ䷿)의 내호괘(內互卦)가 진(震 : ☳)이 되어 구사(九四 : ⚊)가 진(震 : ☳)의 상효(上爻)가 됨을 암시한다. 여기 〈진용(震用)〉은 구사(九四 : ⚊)가 음위(陰位)에 있음을 현명하게 인지하고 음양상화(陰陽相和)의 도리[道]를 따라 변효(變爻)함을 암시한다. 구사(九四 : ⚊)가 육사(六四 : ⚋)로 변효(變爻)하면 미제괘(未濟卦 : ䷿)의 내호괘(內互卦) 이(離 : ☲)는 진(震 : ☳)이 된다. 「설괘전(說卦傳)」에 〈진은[震 : ☳] 움직임[動]이다[也]〉라는 내용이 나온다. 이는 구사(九四 : ⚊)의 강건(剛健)함을 암시해, 구사(九四 : ⚊)가 용력(用力)할 수 있고 따라서 용병(用兵)할 수 있음을 암시한 것이 〈진용(震用)〉 즉 동력을[震] 이용함[用]이다. 이에 구사(九四 : ⚊)가 〈벌귀방(伐鬼方)〉 즉 귀방(鬼方)을 정벌할[伐] 수 있다. 여기 〈벌귀방(伐鬼方)〉은 앞 기제괘(旣濟卦 : ䷾) 구삼(九三 : ⚊)의 계사(繫辭) 〈고종벌귀방(高宗伐鬼方)〉을 상기시킨다. 기제괘(旣濟卦 : ䷾)에서 강건(剛健)한 구삼(九三 : ⚊)이 기제괘(旣濟卦 : ䷾)의 주제인 〈기제(旣濟)〉의 시국에 굳셈[剛]으로써 양(陽 : ⚊)의 자리에 있는지라, 구삼(九三 : ⚊)의 굳셈[剛]이 지극함을 은(殷)나라 고종(高宗)이 〈귀방(鬼方)〉 즉 북방(北方)을 정벌(征伐)했던 고사(故事)를 들어 취상(取象)한 것이 〈고종벌귀방(高宗伐鬼方)〉이었다. 기제괘(旣濟卦 : ䷾)의 구삼(九三 : ⚊)이 맡았던 사명(使命)을 여기 미제괘(未濟卦 : ䷿)에서는 구사(九四 : ⚊)가 맡은 셈이다. 기제괘(旣濟卦 : ䷾)의 구삼(九三 : ⚊)은 〈벌귀방(伐鬼方)〉을 하체(下體) 이(離 : ☲)의 상효(上爻)로서 기제괘(旣濟卦 : ䷾)의 상체 감(坎 : ☵)으로 상진(上進)해야 하는 처지에 있었지만, 미제괘(未濟卦 : ䷿)의 구사(九四 : ⚊)는 상체(上體) 이(離 : ☲)의 초효(初爻)로서 하체 감(坎 : ☵)으로 하진(下進)해야 하는 처지에 있기에, 미제괘(未濟卦 : ䷿)의 구사(九四 : ⚊)가 변효(變爻)하여 진(震 : ☳)의 상효(上爻)로서 〈벌귀방(伐鬼方)〉 즉 귀방(鬼方)을 정벌(征伐)하는 길에 나섬을 암시한 것이 〈진용(震用)〉이다. 양(陽 : ⚊)은 상진(上進)하고 음(陰 : ⚋)은 하진(下進)한다.

〈벌귀방(伐鬼方)의 귀방(鬼方)〉은 미제괘(未濟卦 : ䷿)의 하체(下體) 감(坎 : ☵)을 취상(取象)한 것이다. 〈귀방(鬼方)〉은 북방(北方)이고 동시에 암(暗) 즉 어둠[暗]이니 감(坎 : ☵)을 암시한다. 왜냐하면 감(坎 : ☵)은 북방(北方)과 함정[陷]을 암시하기 때문이다. 여기 감(坎 : ☵)의 〈함(陷)〉은 어둠[暗]과 위태함[險]으로 통하니 〈미제(未濟)〉 즉 안정을 성취하지 못한[未濟] 시국을 암시한다. 북방(北方)인 감(坎 : ☵)의 어둠[陷] 즉 안정을 성취하지 못한[未濟] 시국을 남방(南方)인 밝은[明] 이(離 : ☲)의 초효(初爻)인 구사(九四 : ⚊)가 변효(變爻)하여 감(坎 : ☵)의 어둠[暗]을 정벌하고[伐] 밝음[明]의 〈구제(求濟)〉를 단행함을 암시한 계사(繫辭)가 〈진용벌귀방(震用伐鬼方)〉이다.

三年(삼년) 有賞于大國(유상우대국)

삼 년에[三年] 대국(大國)으로부터[于] 상이[賞] 있으리라[有].

〈삼년(三年)〉은 구사(九四 : ⚊)의 정벌[伐] 기간을 암시한다. 〈삼년(三年)〉은 〈삼년지후구사극벌귀방(三年之後九四克伐鬼方)〉의 줄임으로 여기고 〈삼 년의[三年之] 뒤에[後] 구사가[九四] 북방을[鬼方] 정벌함을[伐] 성공했다[克]〉라고 새겨볼 것이다. 〈벌귀방(伐鬼方)의 벌(伐)〉은 〈정벌할 정(征)〉과 같고, 〈귀방(鬼方)〉은 〈북방(北方)〉을 뜻한다. 여기 〈삼년(三年)〉은 기제괘(旣濟卦 : ䷾) 구삼(九三)의 계사(繫辭) 〈삼년극지(三年克之)〉를 연상시킨다. 물론 〈삼년(三年)〉이란 미제괘(未濟卦 : ䷿)의 하체(下體) 감(坎 : ☵)의 삼효(三爻)를 들어 취상(取象)된 것이다. 미제괘(未濟卦 : ䷿)의 구사(九四 : ⚊) 역시 〈벌귀방(伐鬼方)〉 즉 북쪽의[鬼] 변방[方]을 삼 년 동안 원정(遠征)했음을 암시한 계사(繫辭)가 〈삼년(三年)〉이다.

〈유상우대국(有賞于大國)〉은 구사(九四 : ⚊)가 귀방(鬼方)의 정벌[伐]을 성공했음을 암시한다. 〈유상우대국(有賞于大國)〉은 〈구사유상우대국(九四有賞于大國)〉의 줄임으로 여기고 〈구사에게[九四] 대국(大國)으로부터[于] 보상이[賞] 있다[有]〉라고 새겨볼 것이다. 〈유상(有賞)의 상(賞)〉은 〈보상할 상(償)〉과 같고, 〈대국(大國)〉은 천자국(天子國)을 말한다.

〈유상우대국(有賞于大國)〉은 구사(九四 : ⚊)가 경대부(卿大夫)의 자리에서 제후(諸侯)의 자리로 옮겼음을 암시한다. 이에 구사(九四 : ⚊)가 대국(大國) 즉 천자국(天子國)의 천자(天子) 즉 육오(六五 : ⚋)로부터 제후(諸侯)로 임명받아 〈벌귀방(伐鬼方)〉을 단행(斷行)했음을 암시한 것이 〈유상우대국(有賞于大國)〉이다. 〈대국(大國)〉은 천자국(天子國)을 말하니, 미제괘(未濟卦 : ䷿)의 육오(六五 : ⚋)는 〈대국(大國)〉의 왕(王)이니 천자(天子)이다. 따라서 〈유상우대국(有賞于大國)〉을 〈구사유상우천자(九四有賞于天子)〉로 여기고 〈구사에게[九四] 천자로부터[于天子] 내린 상이[賞] 있다[有]〉라고 새겨도 될 것이다. 구사(九四 : ⚊)가 변효(變爻)하여 미제괘(未濟卦 : ䷿)의 내호괘(內互卦) 진(震 : ☳)의 상효(上爻)로서 〈벌귀방(伐鬼方)〉을 성공하여 천자(天子)인 육오(六五 : ⚋)로부터 미제괘(未濟卦 : ䷿)의 외호괘(外互卦) 곤(坤 : ☷)의 중효(中爻)로서 〈상(賞)〉을 받았다 함은, 봉토(封土)를 받아 제후(諸侯)가 되었음을 암시한다. 따라서 여기 〈상(賞)〉은 「설괘전(說卦傳)」에 〈곤은[坤 : ☷] 땅[地]이고[爲] …… 무리[衆]이다[爲]〉라는 내용을 환기시킨다. 이에 구사(九四 : ⚊)가 〈벌귀방(伐鬼方)〉을 삼 년만에 성공하여 〈대국(大國)〉의 천자(天子)로부터 땅[地]과 백성[衆]을 〈상(賞)〉으로 받아 제후(諸侯)가 되었음을 암시한 효사(爻辭)가 〈유상우대국(有賞于大國)〉이다.

【 字 典 】

정(貞) 〈바를 정(貞)-정(正), 믿을 정(貞)-신(信), 거북점을 물을 정(貞)-복문(卜問), 역(易)의 내괘(內卦) 정(貞), 마땅할 정(貞)-당(當), 정할 정(貞)-정(定), 순수할 정(貞)-전(專)-일(一)〉 등의 뜻을 내지만 여기선 〈바를 정(正), 믿을 신(信)〉 등을 합친 뜻과 같아 〈정신(正信)〉 즉 바르고[正] 미더움[信]으로 새김이 마땅하다.

길(吉) 〈좋을(행복할) 길(吉)-선(善)-영(令) {영월길일(令月吉日)은 선월선일(善月

善日)임.}, 복 길(吉)-실(實)-선실(善實)-복(福), 예의를 따라 상서로울 길(吉)-예의순상(禮義順祥), 삼갈 길(吉)-근(謹), 초하루 길(吉)-삭일(朔日) {삭망(朔望) 즉 초하루[朔]와 그믐날[望]}, 길례 길(吉)-길례(吉禮) {오례지일(五禮之一) 길흉빈군가(吉凶賓軍嘉)}, 갈 길(吉)-행(行)-길(趌)〉 등의 뜻을 내지만 여기선 〈좋을 선(善)-영(令)〉 즉 행복(幸福), 행운(幸運) 등과 같다 여기고 새김이 마땅하다.

회(悔) 〈뉘우칠 회(悔)-오(懊), 후회할 회(悔)-후회(後悔), 거만할 회(悔)-만(慢), 한스러울 회(悔)-한(恨), 실패할 회(悔)-실(失), (잘못 등을) 고칠 회(悔)-개(改), 책망할 회(悔)-구(咎), 대성괘의 상체(上體) 회(悔)〉 등의 뜻을 내지만 여기선 〈뉘우칠 오(懊)〉로 여기고 새김이 마땅하다. 대성괘(大成卦)의 하체(下體)를 〈정(貞)〉이라 일컫고, 상체(上體)를 〈회(悔)〉라고 일컫는다.

亡 〈무-망〉 두 가지로 발음되고, 〈없을 무(亡)-무(無), 가난할 무(亡)-빈(貧), 달아날(피할) 망(亡)-도(逃)-분(奔)-피(避)-거(去), 없어질 망(亡)-멸(滅), 죽음 망(亡)-사(死), 잃을 망(亡)-상(喪)-실(失), 업신여길 망(亡)-경멸(輕蔑), 그칠 망(亡)-지(止)-이(已), 잊을 망(亡)-망(忘)〉 등의 뜻을 내지만 여기선 〈없을 무(無)〉로 여기고 새김이 마땅하다.

진(震) 〈움직일 진(震)-동(動), 우레(벼락 칠) 진(震)-뇌(雷), 구제할(떨쳐날) 진(震)-구(救)-진(振), 땅이 움직이는(지진) 진(震)-지진(地震)-지동(地動), 두려워할 진(震)-구(懼)-경(驚), 위력 진(震)-위(威), 노할 진(震)-노(怒)〉 등의 뜻을 내지만 〈움직일 동(動)〉 즉 동력(動力)으로 여기고 새김이 마땅하다.

용(用) 〈써 용(用)-이(以), 쓸 용(用)-시(施)-행(行), 갖출 용(用)-비(備), 쓰일(부릴) 용(用)-사(使), 맡길 용(用)-임(任), 위할 용(用)-위(爲)〉 등의 뜻을 내지만 여기선 〈쓸 행(行)〉과 같다 여기고 새김이 마땅하다.

벌(伐) 〈칠 벌(伐)-정(征)-격(擊), 벨(자를) 벌(伐)-작(斫)-참(斬), 깨뜨릴 벌(伐)-패(敗)-훼(毁), 죽일 벌(伐)-살(殺), 자랑할 벌(伐)-공(功), 어그러질 벌(伐)-패(悖)-난(亂)〉 등의 뜻을 내지만 여기선 〈칠 정(征)〉과 같다 여기고 새김이 마땅하다.

귀(鬼) 〈사람을 해치는 괴이한 것 귀(鬼)-적해인지괴이(賊害人之怪異), (사람이 죽으면 돌아갈) 혼백(귀신) 귀(鬼)-인사소귀혼백(人死所歸魂魄), 인신 귀(鬼)-인신(人神 : 天神地祇之對), 밝고 슬기로운 정기 귀(鬼)-현지지정기(賢智之精氣), 불행을 일으킬 수도 있을 것 귀(鬼)-가상가흥재화자(假想可興災禍者), 상상 속 괴이한 생물 귀(鬼)-상상중지괴이생물(想像中之怪異生物), 약을(교활할) 귀(鬼)-힐(黠), 멀 귀(鬼)-원(遠)〉 등의 뜻을 내지만 여기선 〈멀 원(遠)〉과 같다 여기고 새김이 마땅하다.

방(方) 〈방위(방향) 방(方)-향(向)-향(嚮)-방위(方位), 나라 방(方)-방국(邦國), 곧을 방(方)-정(正), 아우를 방(方)-병(倂), 모 방(方)-구(矩), 이제 방(方)-금(今), 떳떳할 방(方)-상(常), 견줄 방(方)-비(比), 있을 방(方)-유(有), 또한(바야흐로) 방(方)-차(且), 방편 방(方)-술책(術策), 방책 방(方)-방책(方策)-간책(簡策), 의서 방(方)-의서(醫書), 배 아울러 맬 방(方)-방주(方舟)〉 등의 뜻을 내지만 여기선 〈방위(方位)〉로 여기고 새김이 마땅하다.

삼(三) 〈셋(석 삼) 삼(三)-이지가일(二之加一), 다수를 나타낼 삼(三)-다수지칭(多數之稱), 삼재의 수 삼(三)-천지인지수(天地人之數), 임금-아버지-스승 삼(三)-군부사(君父師), 동방 삼(三)-동방(東方), 끝 삼(三)-종(終)〉 등의 뜻을 내지만 여기선 〈셋 삼(三)〉으로 여기고 새김이 마땅하다. 삼(三)은 삼(參)과 같다.

연(年) 〈해 연(年)-세(歲), 오곡이 익을 연(年)-오곡숙(五穀熟), 곡물 연(年)-곡물(穀物), 나이 연(年)-치(齒)-수령(壽齡), 때 연(年)-시(時), 새해 연(年)-신년(新年), 아첨할 연(年)-영(佞)〉 등의 뜻을 내지만 여기선 〈해 세(歲)〉와 같다 여기고 새김이 마땅하다. 〈年〉은 앞에 있으면 〈연〉으로 발음되고, 중간이나 뒤에 있으면 〈년〉으로 발음된다.

유(有) 〈있을 유(有)-무지대(無之對), 간직할 유(有)-장(藏), 어조사 유(有), 얻을(가질) 유(有)-취(取), 혹 유(有)-혹(或), 많을 유(有)-다(多)-족(足), 부유할 유(有)-부(富), 보호할 유(有)-보(保), 서로 친할 유(有)-상친(相親), 전일할 유(有)-전(專), 할 유(有)-위(爲)〉 등의 뜻을 내지만 여기선 〈있을 유(有)〉로 여기고 새김이 마땅하다.

상(賞) 〈상 줄 상(賞)-사유공(賜有功), 선양할 상(賞)-선양(宣揚), 구경할 상(賞)-완(玩), 남겨줄 상(賞)-유(遺), 아름다울 상(賞)-가(嘉), 받들 상(賞)-상(尙)-존상(尊尙), 권장할 상(賞)-권(勸)〉 등의 뜻을 내지만 〈상 줄 사유공(賜有功)〉 즉 〈공적이[功] 있어서[有] 상(賞)을 내린다[賜]〉로 새김이 마땅하다.

우(于) 〈~부터 우(于)-어(於), 갈 우(于)-왕(往), 써 우(于)-이(以), 할 우(于)-위(爲), 여기 우(于)-시(是), 도울 우(于)-조(助), 클 우(于)-대(大), 구할 우(于)-구(求), 자족하는 모습 우(于)-자족모(自足貌)〉 등의 뜻을 내지만 여기선 〈~부터 어(於)〉와 같다 여

기고 새김이 마땅하다.

대(大) 〈큰 대(大)-소지대(小之對), 넓을 대(大)-광(廣), 두루 대(大)-편(徧), 통할 대(大)-통(通), 길 대(大)-장(長), (땅을) 걸게 할 대(大)-비(肥), 두터울 대(大)-후(厚), 많을 대(大)-다(多), 모두 대(大)-개(皆), 선할 대(大)-선(善), 무거울 대(大)-중(重), 거대할 대(大)-거(巨), 아름다울 대(大)-미(美)-장(壯), 부유할 대(大)-부(富), 늙을 대(大)-노(老), 지나칠 대(大)-과(過), 끝 대(大)-극(極), 대충 대(大)-조(組)-불세밀(不細密), 과대할 대(大)-과(誇)-긍벌(矜伐), 처음 대(大)-초(初), 하늘 대(大)-천(天), 건(乾)-양기(陽氣)-강효(剛爻) 대(大)〉 등의 뜻을 내지만 여기선 〈큰 대(大)〉로 여기고 새김이 마땅하다.

국(國) 〈나라 국(國)-방(邦), 천자가 도읍한 곳 국(國)-천자소도(天子所都), 제후의 나라 국(國)-제후국(諸侯國), 성안 국(國)-성중(城中)-교내(郊內), 고향 국(國)-고향(故鄕), 지방 국(國)-지방(地方), 도모할 국(國)-모(謀)〉 등의 뜻을 내지만 여기선 〈나라 국(國)〉으로 여기고 새김이 마땅하다.

註 이야자명야(離也者明也) : 이(離 : ☲)라는[也] 것은[者] 밝음[明]이다[也].
「설괘전(說卦傳)」 5단락(段落)

註 감함야(坎陷也) : 감은[坎 : ☵] 함정[陷]이다[也]. 「설괘전(說卦傳)」 7단락(段落)

註 진동야(震動也) : 진은[震 : ☳] 움직임[動]이다[也]. 「설괘전(說卦傳)」 7단락(段落)

註 곤위지(坤爲地) …… 위중(爲衆) : 곤은[坤 : ☷] 땅[地]이고[爲] …… 무리[衆]이다[爲].
「설괘전(說卦傳)」 11단락(段落)

육오(六五 : --)

六五 : 貞吉하여 无悔이다 君子之光에 有孚하니 吉하니라
정길 무회 군자지광 유부 길

육오(六五) : 진실로 미더워[貞] 복을 누리니[吉] 후회할 것이[悔] 없다[无]. 군자의[君子之] 밝음에[光] 진실한 믿어줌이[孚] 있어[有] 복을 누린다[吉].

【육오(六五)의 효상(爻象) 풀이】

미제괘(未濟卦 : ䷿)의 육오(六五 : --)는 이음거양(以陰居陽) 즉 음(陰 : --)으

로써[以] 양(陽 : ⚊)의 자리에 있는지라[居] 정당한 자리에 있지 못하다. 육오(六五 : ⚋)와 구사(九四 : ⚊)-상구(上九 : ⚊)는 음양(陰陽)의 사이인지라 비(比) 즉 이웃의 사귐[比]을 누린다. 육오(六五 : ⚋)와 구이(九二 : ⚊)도 음양(陰陽)의 사이이지만 서로 부정위(不正位)에 있는지라 중정(中正)을 누리지는 못하지만 정응(正應) 즉 정도를 따라[正] 서로 호응함[應]을 누릴 수 있다. 그리고 육오(六五 : ⚋)는 음(陰 : ⚋)이면서 양(陽 : ⚊)의 자리에 있는지라 구오(九五 : ⚊)로 변효(變爻)하면 미제괘(未濟卦 : ䷿)의 상체(上體) 이(離 : ☲)는 건(乾 : ☰)이 되는지라, 육오(六五 : ⚋)의 효상(爻象)은 해[日]가 중천(中天)에 뜬 모습이니 온 세상을 두루 비추는 천자(天子)의 모습이다.

> 미제괘(未濟卦 : ䷿)의 육오(六五 : ⚋)가 구오(九五 : ⚊)로 변효(變爻)하면 육오(六五 : ⚋)는 미제괘(未濟卦 : ䷿)를 6번째 송괘(訟卦 : ䷅)로 지괘(之卦)하게 한다. 따라서 미제괘(未濟卦 : ䷿)의 육오(六五 : ⚋)는 송괘(訟卦 : ䷅)의 구오(九五 : ⚊)를 찾아가 살펴보게 한다.

【육오(六五)의 계사(繫辭) 풀이】

貞吉(정길) 无悔(무회)

진실로 미더워[貞] 복을 누리니[吉] 후회할 것이[悔] 없다[无].

〈정길(貞吉) 무회(无悔)〉는 미제괘(未濟卦 : ䷿) 육오(六五 : ⚋)의 효위(爻位)를 들어 암시한 계사(繫辭)이다. 〈정길(貞吉)〉은 〈인위륙오유정관어기위(因爲六五有貞關於其位) 육오유길(六五有吉)〉의 줄임으로 여기고 〈육오에게는[六五] 제[其] 자리에[位] 관하여[關於] 진실한 미더움이[貞] 있기[有] 때문에[因爲] 육오에게는[六五] 복을 누림이[吉] 있다[有]〉라고 새겨볼 것이다.

〈정길(貞吉)〉은 육오(六五 : ⚋)가 미제괘(未濟卦 : ䷿)의 오위(五位) 즉 천자(天子)의 자리[位]에 있지만 양(陽 : ⚊)의 자리인지라 육오(六五 : ⚋)에게 정당(正當)한 자리가 아니나, 육오(六五 : ⚋)가 미제괘(未濟卦 : ䷿)의 상체(上體) 이(離 : ☲)의 중효(中爻)로서 득중(得中) 즉 정도를 따름을[中] 취하며[得], 상체(上體) 이(離 : ☲)의 초효(初爻)인 강력한 구사(九四 : ⚊)의 보좌를 받고, 나아가 하체(下體) 감(坎 : ☵)의 중효(中爻)인 구이(九二 : ⚊)와 정응(正應)하여, 강력한 지원자

둘을 신하로 두고 있음을 육오(六五 : --) 자신이 진실로 미더워함[貞]을 암시한다. 따라서 육오(六五 : --)가 〈정(貞)〉 즉 진실한 미더움[貞]으로써 무사무편(無邪無偏) 즉 간사함이[邪] 없고[無] 치우침도[偏] 없이[無] 허심(虛心)하고 유순(柔順)하게 천자(天子) 노릇을 하기 때문에 육오(六五 : --)는 〈길(吉)〉 즉 천복을 누림[吉]을 암시한 계사(繫辭)가 〈정길(貞吉)〉이다.

〈무회(无悔)〉는 육오(六五 : --)의 〈정(貞)〉을 거듭 암시한 계사(繫辭)이다. 〈무회(无悔)〉는 〈인위륙오유정(因爲六五有貞) 육오무회(六五无悔)〉의 줄임으로 여기고 〈육오는[六五] 진실한 미더움이[貞] 있기[有] 때문에[因爲] 육오에게[六五] 후회할 것이[悔] 없다[无]〉라고 새겨볼 것이다. 〈무회(无悔)〉는 〈정(貞)〉으로써 미제괘(未濟卦 : ䷿)의 주제인 〈미제(未濟)〉 즉 안정을 이루지 못한[未濟] 시국을 극복하여 가제(可濟) 즉 안정을 성취할 수 있는[可濟] 시국을 이룩하고자 천자(天子) 노릇을 하는 육오(六五 : --)에게 후회할 것이[悔] 없음[无]을 암시한 계사(繫辭)이다.

君子之光(군자지광)

군자의[君子之] 밝음이다[光].

〈군자지광(君子之光)〉은 미제괘(未濟卦 : ䷿) 육오(六五 : --)의 효위(爻位)를 들어 암시한 계사(繫辭)이다. 〈군자지광(君子之光)〉은 〈육오유군자지광(六五有君子之光)〉의 줄임으로 여기고 〈육오에게는[六五] 군자의[君子之] 빛남이[光] 있다[有]〉라고 새겨볼 것이다. 〈군자지광(君子之光)의 광(光)〉은 외광내명(外光內明) 즉 밖으로[外] 빛나고[光] 안으로[內] 밝음[明]을 암시한다.

〈군자지광(君子之光)〉은 관유(寬柔)한 육오(六五 : --)가 양(陽 : —)의 자리에 있음을 현명하게 인지하고 미제괘(未濟卦 : ䷿)의 상체(上體) 이(離 : ☲)의 중효(中爻)로서 득중(得中) 즉 정도를 따름을[中] 취하여[得] 천자(天子) 노릇을 함을 암시하고, 더불어 온 세상이 이를 믿어줌을 암시한다. 왜냐하면 〈군자지광(君子之光)〉이 「설괘전(說卦傳)」에 나오는 〈이(離 : ☲) 그것을[其] 사람으로[人] 치면[於也] 건괘(乾卦)이다[爲]〉라는 내용을 상기시키기 때문이다. 동시에 육오(六五 : --)가 변효(變爻)하여 미제괘(未濟卦 : ䷿)의 상체(上體) 이(離 : ☲)가 건(乾 : ☰)으로 변괘(變卦)하여 육오(六五 : --)가 건(乾 : ☰)의 중효(中爻)가 되기도 하므로

〈군자지광(君子之光)〉은 육오(六五 : ⚋)를 취상(取象)한 것이다. 〈군자지광(君子之光)〉이 「설괘전(說卦傳)」에 나오는 〈건은[乾 : ☰] 강건함[健]이다[也]〉라는 내용과 〈건은[乾 : ☰] 하늘[天]이고[爲] …… 이(離 : ☲)라는[也] 것은[者] 밝음[明]이고[也] …… 이는[離 : ☲] 날[日]이다[爲]〉라는 내용을 동시에 상기시킨다. 이에 육오(六五 : ⚋)가 이(離 : ☲)와 건(乾 : ☰)의 중효(中爻)로서 군자(君子)가 되고, 동시에 유약(柔弱)한 육오(六五 : ⚋)일지라도 미제괘(未濟卦 : ䷿)의 상체(上體) 이(離 : ☲)의 중효(中爻)로서 득중(得中) 즉 정도를 따름을[中] 취하여[得] 한낮같이 빛나 온 세상 온갖 것을 두루 비추어 광명정대(光明正大)하게 천자(天子) 노릇을 함을 암시한 계사(繫辭)가 〈군자지광(君子之光)〉이다.

有孚(유부) 吉(길)

진실한 믿어줌이[孚] 있어[有] 복을 누린다[吉].

〈유부(有孚) 길(吉)〉은 육오(六五 : ⚋)의 〈정(貞)〉 즉 진실한 미더움[貞]의 〈군자지광(君子之光)〉으로써 온 세상이 육오(六五 : ⚋)를 천자(天子)로서 진실로 믿어줌[孚]을 암시한다. 〈유부(有孚) 길(吉)〉은 〈유어군자지광륙오유부자천하지민(由於君子之光六五有孚自天下之民) 인차륙오유길(因此六五有吉)〉의 줄임으로 여기고 〈군자의[君子之] 빛남[光] 덕으로[由於] 육오에게는[六五] 온 세상의[天下之] 백성[民]으로부터[自] 진실한 믿어줌이[孚] 있다[有] 그래서[因此] 육오에게는[六五] 천복을 누림이[吉] 있다[有]〉라고 새겨볼 것이다.

〈유부(有孚)〉는 천자(天子)로서 육오(六五 : ⚋)의 〈정(貞)〉이 온 세상 백성을 감화시켜 순복(順服)하게 함을 암시한다. 〈유부(有孚)의 부(孚)〉는 수명(守命) 즉 자연의 시킴을[命] 지킴[守]으로써 남들로부터 성신(誠信) 즉 진실한[誠] 미더움[信]을 받음을 말하니, 육오(六五 : ⚋)가 누리는 〈부(孚)〉는 육오(六五 : ⚋) 자신의 〈정(貞)〉으로 말미암아 돌아오는 성신(誠信)이다. 진실한[誠] 미더움[信]이란 무위(無僞) 즉 심지(心志)에 속임이[僞] 없음[無]이다. 속임이 없다 함은 천명(天命) 즉 자연이[天] 하라는 대로 함[命]을 지키면 절로 받게 되는 〈부(孚)〉 즉 진실한 미더움[孚]이다. 그래서 정필수부(貞必受孚) 즉 내가 진실로 미덥다면[貞] 반드시[必] 남들로부터 진실한 믿음을[孚] 받는다[受]. 육오(六五 : ⚋)가 진실로 미더우면

[貞] 세상이 육오(六五 : --)를 진실로 믿어줌[孚]이 여기 〈유부(有孚)의 부(孚)〉이다. 거듭 말하지만 〈부(孚)〉란 수천지도(守天之道) 즉 자연의[天之] 도리를[道] 지켜[守] 순종함으로써 천하로부터 받는 진실한 미더움[孚]이다. 이는 곧 육오(六五 : --)의 〈정(貞)〉이 강력한 구사(九四 : ━)-구이(九二 : ━)와 상화(相和)하여 자연의 도리[天之道]인 역지도(易之道)를 지켜 미제괘(未濟卦 : ䷿)의 주제인 〈미제(未濟)〉의 시국을 가제(可濟) 즉 안정을 이룰 수 있는[可濟] 시국으로 변화시켜, 온 세상으로부터 오는 진실한 미더움[孚]이 있게[有] 되어, 육오(六五 : --)가 천복을 누리게 됨[吉]을 암시한 계사(繫辭)가 〈유부(有孚) 길(吉)〉이다.

【字典】

정(貞) 〈바를 정(貞)-정(正), 믿을 정(貞)-신(信), 거북점을 물을 정(貞)-복문(卜問), 역(易)의 내괘(內卦) 정(貞), 마땅할 정(貞)-당(當), 정할 정(貞)-정(定), 순수할 정(貞)-전(專)-일(一)〉 등의 뜻을 내지만 여기선 〈바를 정(正), 믿을 신(信)〉 등을 합친 뜻과 같아 〈정신(正信)〉 즉 바르고[正] 미더움[信]으로 새김이 마땅하다.

길(吉) 〈좋을(행복할) 길(吉)-선(善)-영(令) {영월길일(令月吉日)은 선월선일(善月善日)임.}, 복 길(吉)-실(實)-선실(善實)-복(福), 예의를 따라 상서로울 길(吉)-예의순상(禮義順祥), 삼갈 길(吉)-근(謹), 초하루 길(吉)-삭일(朔日) {삭망(朔望) 즉 초하루[朔]와 그믐날[望]}, 길례 길(吉)-길례(吉禮) {오례지일(五禮之一) 길흉빈군가(吉凶賓軍嘉)}, 갈 길(吉)-행(行)-길(趌)〉 등의 뜻을 내지만 여기선 〈좋을 선(善)-영(令)〉 즉 행복(幸福), 행운(幸運) 등과 같다 여기고 새김이 마땅하다.

회(悔) 〈뉘우칠 회(悔)-오(懊), 후회할 회(悔)-후회(後悔), 거만할 회(悔)-만(慢), 한스러울 회(悔)-한(恨), 실패할 회(悔)-실(失), (잘못 등을) 고칠 회(悔)-개(改), 책망할 회(悔)-구(咎), 대성괘의 상체(上體) 회(悔)〉 등의 뜻을 내지만 여기선 〈뉘우칠 오(懊)〉로 여기고 새김이 마땅하다. 대성괘(大成卦)의 하체(下體)를 〈정(貞)〉이라 일컫고, 상체(上體)를 〈회(悔)〉라고 일컫는다.

무(无) 〈없을 무(无)-무(無), 허무지도 무(无)-허무지도(虛无之道), 으뜸 무(无)-원(元)〉 등의 뜻을 내지만 여기선 〈없을 무(無)〉와 같다 여기고 새김이 마땅하다.

군(君) 〈지극히 높은 사람(천자-임금-제후) 군(君)-지존자(至尊者), 임금을 이을(세자) 군(君)-세자(世子), 여왕 군(君)-여군(女君), 어버이 군(君)-부모(父母), 돌아가신 임금-돌아가신 아버지-돌아가신 조상 군(君)-선군(先君)-선부(先父)-선조(先祖), 상대를 부르는 칭호 군(君)-칭호(稱號), 귀신을 받들어 부르는 칭호 군(君)-귀신지경칭(鬼神之敬稱), 맡아 다스릴 군(君)-주재(主宰), 하늘-건 군(君)-천(天)-건(乾), 양 군(君)-양(陽), 낮 군(君)-일(日), 중앙제단 군(君)-궁제단(宮祭壇), 흙 군(君)-토(土)〉 등의 뜻을 내지만 〈군자(君子)〉는 〈재덕겸구지인(才德兼具之人)〉 즉 재주와[才] 덕을[德] 아울러[兼] 갖춘[具之] 사람[人]을 칭하는 술어(術語)로 여기고 새김이 마땅하다.

자(子) 〈존칭(덕 있는 사람의 칭호) 자(子)-유덕자지칭(有德者之稱), 존경받는 사람 자(子)-존자(尊者), 벼슬 자(子)-작(爵), 12지의 첫째 자(子), 음력 11월 자(子), 밤 11시에서 다음날 1시까지 자(子), 북쪽 방향 자(子)-북방(北方), 오행에서 물 자(子)-어오행속수(於五行屬水), 짐승에서 쥐 자(子)-어수위서(於獸爲鼠), 번성할 자(子)-자(滋), 뒤를 이어줄 자(子)-사(嗣)-식(息), 자녀 자(子)-자녀(子女), 자손 자(子)-자손(子孫), 남자를 일컫는 호칭 자(子)-남자지통칭(男子之通稱), 만물 자(子)-만물(萬物), 씨앗(열매) 자(子)-종자(種子)-과실(果實), 누구(사람) 자(子)-인(人)-수자(誰子), 백성 자(子)-백성(百姓)〉 등의 뜻을 내지만 여기선 〈덕 있는 사람 유덕자(有德者)〉의 호칭으로 여기고 새김이 마땅하다.

지(之) 〈주격-소유격-목적격 등의 토씨 지(之), 그것(이것) 지(之)-피(彼)-시(是), 갈 지(之)-왕(往), 이를 지(之)-지(至), 뜻 없는 허사(虛詞) 지(之)〉 등의 뜻을 내지만 여기선 〈~의 지(之)〉로 여기고 새김이 마땅하다.

광(光) 〈빛날 광(光)-색택(色澤), 영광 광(光)-영(榮), 문물의 아름다움 광(光)-문물지미(文物之美), 밝을 광(光)-명(明), 비칠 광(光)-조(照), 명예로울 광(光)-예(譽), 위덕 광(光)-위덕(威德), 은총 광(光)-은총(恩寵), 화려하게 꾸밀 광(光)-화식(華飾), 해와 달과 별 광(光)-일월성(日月星), 기운 광(光)-기(氣), 넓을 광(光)-광(廣), 멀리 광(光)-원(遠), 크나큰 광(光)-대(大), 가득할 광(光)-충(充)〉 등의 뜻을 내지만 여기선 〈빛날 광(光)〉으로 여기고 새김이 마땅하다.

유(有) 〈있을 유(有)-무지대(無之對), 간직할 유(有)-장(藏), 어조사 유(有), 얻을(가질) 유(有)-취(取), 혹 유(有)-혹(或), 많을 유(有)-다(多)-족(足), 부유할 유(有)-부(富), 보호할 유(有)-보(保), 서로 친할 유(有)-상친(相親), 전일할 유(有)-전(專), 할 유(有)-위(爲)〉 등의 뜻을 내지만 여기선 〈있을 유(有)〉로 여기고 새김이 마땅하다.

부(孚) 〈믿을 부(孚)-신(信), 알에서 새끼가 껍질을 쪼아 나올 부(孚)-난화(卵化), 씨앗이 틀 부(孚)-부(稃), 기를 부(孚)-육(育), 덮어줄 부(孚)-복(覆), 붙을(의지할) 부(孚)-부(附)-부(付), 깡충거릴 부(孚)-무조(務躁)-부조(浮躁), 옥채색 부(孚)-옥채색(玉采色)〉 등의 뜻을 내지만 여기선 〈믿을 신(信)〉과 같아 〈성신(誠信) 즉 진실한[誠] 미더움[信]〉으로 여기고 새김이 마땅하다.

註 기어인야위건괘(其於人也爲乾卦) : 이(離 : ☲) 그것을[其] 사람으로[人] 치면[於也] 건괘(乾卦)이다[爲]. 「설괘전(說卦傳)」 11단락(段落)

註 이야자명야(離也者明也) : 이(離 : ☲)라는[也] 것은[者] 밝음[明]이다[也]. 「설괘전(說卦傳)」 5단락(段落)

註 건위천(乾爲天) : 건은[乾 : ☰] 하늘[天]이다[爲]. 「설괘전(說卦傳)」 11단락(段落)

註 이위일(離爲日) : 이는[離 : ☲] 날[日]이다[爲]. 「설괘전(說卦傳)」 11단락(段落)

상구(上九 : ⚊)

上九 : 有孚于飮酒니 **无咎**하다 **濡其首**면 **有孚失是**하리라
유부우음주 무구 유기수 유부실시

상구(上九) : 술을[酒] 마시면서[于飮] 진실한 믿어줌이[孚] 있으니[有] 허물이[咎] 없다[无]. 제[其] 머리를[首] 적신다면[濡] 진실한 믿어줌이[孚] 있다 해도[有] 올바름을[是] 잃으리라[失].

【상구(上九)의 효상(爻象) 풀이】

미제괘(未濟卦 : ䷿)의 상구(上九 : ⚊)는 이양거음(以陽居陰) 즉 양(陽 : ⚊)으로써[以] 음(陰 : ⚋)의 자리에 있는지라[居] 정당한 자리에 있지 못하다. 상구(上九 : ⚊)와 육오(六五 : ⚋)는 양음(陽陰)의 사이인지라 비(比) 즉 이웃의 사귐[比]을 누린다. 상구(上九 : ⚊)와 육삼(六三 : ⚋) 역시 양음(陽陰)의 사이인지라 정응(正應) 즉 바르게[正] 서로 호응함[應]을 누릴 수 있다. 그러나 상구(上九 : ⚊)는 미제괘(未濟卦 : ䷿)의 극위(極位)에 있어서 〈미제(未濟)〉의 시국을 벗어난 처지인지라 아래와의 교류(交流)를 무시하고 〈가제(可濟)〉 즉 안정을 이룰[濟] 수 있

는[可] 시국이 다가옴을 앞두고 자락(自樂) 즉 스스로[自] 즐겨하기[樂]를 자제해야 할 모습이다.

미제괘(未濟卦 : ䷿)의 상구(上九 : ㅡ)가 상륙(上六 : --)으로 변효(變爻)하면 상구(上九 : ㅡ)는 미제괘(未濟卦 : ䷿)를 40번째 해괘(解卦 : ䷧)로 지괘(之卦)하게 한다. 따라서 미제괘(未濟卦 : ䷿)의 상구(上九 : ㅡ)는 해괘(解卦 : ䷧)의 상륙(上六 : --)을 찾아가 살펴보게 한다.

【상구(上九)의 계사(繫辭) 풀이】

有孚于飮酒(유부우음주) 无咎(무구)

술을[酒] 마시면서[于飮] 진실한 믿어줌이[孚] 있으니[有] 허물이[咎] 없다[无].

〈유부우음주(有孚于飮酒) 무구(无咎)〉는 미제괘(未濟卦 : ䷿) 상구(上九 : ㅡ)의 효위(爻位)로써 〈미제(未濟)〉를 벗어난 상구(上九 : ㅡ)의 심정을 암시한 계사(繫辭)이다. 〈유부우음주(有孚于飮酒) 무구(无咎)〉는 〈상구유기부우음주(上九有已孚于飮酒) 내상구무구(乃上九无咎)〉의 줄임으로 여기고 〈상구에게는[上九] 술을[酒] 마시면서[于飮] 자기를[已] 믿어줌이[孚] 있다[有] 이에[乃] 상구에게[上九] 허물은[咎] 없다[无]〉라고 새겨볼 것이다.

〈유부우음주(有孚于飮酒)〉는 상구(上九 : ㅡ)가 음주(飮酒)하면서도 〈미제(未濟)〉가 다하면[極] 〈가제(可濟)〉 즉 안정을 이룰 수 있는[可濟] 시국이 다가옴을 깨달아, 〈미제(未濟)〉를 벗어날 기쁨에 〈우음중(于飮酒)〉 즉 술을[酒] 마시는[飮] 동안에도[于] 세상이 자신을 진실로 믿어줌을[孚] 간직하고 있음[有]을 암시한다. 상구(上九 : ㅡ)가 미제괘(未濟卦 : ䷿)의 극위(極位)에 있지만 음(陰 : --)의 자리에 있는지라 정당(正當)한 자리가 아니다. 그러나 상구(上九 : ㅡ)는 강강(剛强)한 양(陽 : ㅡ)으로서 극위(極位)에 있으니 극강(極剛) 즉 더없이[極] 굳세고[剛], 미제괘(未濟卦 : ䷿)의 상체(上體) 이(離 : ☲)의 상효(上爻)인지라 극명(極明) 즉 더없이[極] 밝다[明]. 〈유부우음주(有孚于飮酒)의 음주(飮酒)〉는 상구(上九 : ㅡ)가 변효(變爻)하여 미제괘(未濟卦 : ䷿)의 상체(上體) 이(離 : ☲)가 진(震 : ☳)으로 변괘(變卦)함을 암시한다. 왜냐하면 진(震 : ☳)의 괘상(卦象)이 들고 있는 술잔 같기 때문에 〈음주(飮酒)〉 즉 술을[酒] 마시는[飮] 모습으로써 상구(上九 : ━)가 자락(自樂) 즉 스스로[自] 즐김[樂]을 취상(取象)한 것이다. 상구(上九 : ━)가 〈미제(未濟)〉를 벗어남에 기뻐서 음주(飮酒)할지언정 절제를 잃지 않아 세상이 자신을 진실로 믿어줌이[孚] 있으니[有] 상구(上九 : ━)에게 〈무구(无咎)〉 즉 허물할 것이[咎] 없음[无]을 암시한 계사(繫辭)가 〈유부우음주(有孚于飮酒) 무구(无咎)〉이다.

濡其首(유기수)

제[其] 머리를[首] 적신다[濡].

〈유기수(濡其首)〉는 상구(上九 : ━)의 효위(爻位)를 들어 암시한 계사(繫辭)이다. 〈유기수(濡其首)〉는 〈상구유기지수(上九濡己之首)〉의 줄임으로 여기고 〈상구가[上九] 자기의[己之] 머리를[首] 적신다[濡]〉라고 새겨볼 것이다. 〈유기수(濡其首)의 유(濡)〉는 〈물에 적실 지(漬)〉와 같다.

〈유기수(濡其首)〉는 상구(上九 : ━)가 미제괘(未濟卦 : ䷿)의 극위(極位)에 있는지라 〈미제(未濟)〉의 시국에 있음에도 불구하고 〈미제(未濟)〉가 끝나고 가제(可濟)의 시국에 이른 듯이 착각하고 자락(自樂)하다가는 낭패를 당하고 말 것임을 암시한다. 〈미제(未濟)의 제(濟)〉가 본래 뜻이 〈물을 건널 제(濟)〉인지라 상구(上九 : ━)를 〈유기수(濡其首)〉로써 취상(取象)한 것이며, 〈유기수(濡其首)의 수(首)〉는 상구(上九 : ━)가 미제괘(未濟卦 : ䷿)의 극위(極位)에 있음을 들어 취상(取象)된 것이다. 대성괘(大成卦)에서 초효(初爻)는 꼬리[尾]로 취유(取喩)되고, 상효(上爻)는 머리[首]로 취유된다. 따라서 〈유기수(濡其首)〉는 상구(上九 : ━)가 미제괘(未濟卦 : ䷿)의 극위(極位)에 있는 상효(上爻)임을 암시한다. 미제괘(未濟卦 : ䷿)의 초륙(初六 : ╌)은 맨 밑자리인지라 〈유기미(濡其尾)〉 즉 그[其] 꼬리를[尾] 적심[濡]이라고 취유하여 〈미제(未濟)〉의 시국을 헤쳐 나가 가제(可濟) 즉 안정을 성취할 수 있는[可濟] 시국을 누리려 시작함을 암시했지만, 미제괘(未濟卦 : ䷿)의 상구(上九 : ━)는 극위(極位)에 있는 상효(上爻)인지라 〈유기수(濡其首)〉 즉 그[其] 머리를[首] 적심[濡]이라고 취유한 것이다. 〈유기수(濡其首)〉는 〈미제(未濟)〉의 시국을 벗어나 가제(可濟)의 시국이 가까워짐에 미혹(迷惑) 즉 어리둥절해져[迷惑] 상구(上九 : ━)가 절제를 잃음을 암시한 계사(繫辭)이다.

有孚失是(유부실시)

진실한 믿어줌이[孚] 있다 해도[有] 올바름을[是] 잃으리라[失].

〈유부실시(有孚失是)〉는 〈유기수(濡其首)〉로써 상구(上九 : ⚊)가 절제를 잃는 경우를 경책(警策)하는 계사(繫辭)이다. 〈유부실시(有孚失是)〉는 〈수상구유부자타자(雖上九有孚自他者) 약상구유기수(若上九濡其首) 상구실시(上九失是)〉의 줄임으로 여기고 〈비록[雖] 상구에게[上九] 남들[他者]로부터[自] 진실한 믿어줌이[孚] 있다 해도[有] 만약[若] 상구가[上九] 제[其] 머리를[首] 적신다면[濡] 상구는[上九] 마땅함을[是] 잃는다[失]〉라고 새겨볼 것이다. 〈실시(失是)의 시(是)〉는 〈올바를 정(正)〉과 같다.

〈유부실시(有孚失是)〉는 〈우음주(于飮酒)〉 즉 술을[酒] 마시면서[于飮] 자락(自樂)하다가 강을 건너지[濟] 못했는데[未] 비로소[旣] 다 건넌 줄[濟] 착각하고 물에 빠져 제[其] 머리를[首] 적신다면[濡] 상구(上九 : ⚊) 자신이 올바름을[是] 잃게[失] 됨을 암시한다. 안정을 이루지 못한[未濟] 시국이 물러가고 가제(可濟) 즉 안정을 이룰[濟] 수 있는[可] 시국이 가까워 온다 하여 자제력을 잃는다면, 세상이 자신을 믿어준다[孚] 해도 상구(上九 : ⚊)가 어려운 지경을 당하게 되기 때문에 〈유부(有孚)〉로써 〈무구(无咎)〉 즉 허물이[咎] 없던[无] 상구(上九 : ⚊)가 유구(有咎) 즉 허물이[咎] 있는[有] 지경을 겪을 수 있음인지라, 방의불반정(放意不反正) 즉 방자한[放] 뜻이[意] 올바름으로[正] 돌아오지 않는다면[不反] 그 누구이든 의명(義命) 즉 자연의 시킴을[命] 올바로 따르지[義] 못해 위태롭게 되어버림을 깨닫게 암시한 계사(繫辭)가 〈유부실시(有孚失是)〉이다.

【字典】

유(有) 〈있을 유(有)-무지대(無之對), 간직할 유(有)-장(藏), 어조사 유(有), 얻을(가질) 유(有)-취(取), 혹 유(有)-혹(或), 많을 유(有)-다(多)-족(足), 부유할 유(有)-부(富), 보호할 유(有)-보(保), 서로 친할 유(有)-상친(相親), 전일할 유(有)-전(專), 할 유(有)-위(爲)〉 등의 뜻을 내지만 여기선 〈있을 유(有)〉로 여기고 새김이 마땅하다.

부(孚) 〈믿을 부(孚)-신(信), 알에서 새끼가 껍질을 쪼아 나올 부(孚)-난화(卵化), 씨앗이 틀 부(孚)-부(稃), 기를 부(孚)-육(育), 덮어줄 부(孚)-복(覆), 붙을(의지할) 부

(孚)-부(附)-부(付), 깡충거릴 부(孚)-무조(務躁)-부조(浮躁), 옥채색 부(孚)-옥채색(玉采色)〉 등의 뜻을 내지만 여기선 〈믿을 신(信)〉과 같아 〈성신(誠信) 즉 진실한[誠] 미더움[信]〉으로 여기고 새김이 마땅하다.

우(于) 〈~에서(~으로, ~부터, ~동안) 우(于)-어(於), 갈 우(于)-왕(往), 써 우(于)-이(以), 할 우(于)-위(爲), 여기 우(于)-시(是), 도울 우(于)-조(助), 클 우(于)-대(大), 구할 우(于)-구(求), 자족하는 모습 우(于)-자족모(自足貌)〉 등의 뜻을 내지만 여기선 〈~동안 우(于)〉로 여기고 새김이 마땅하다.

음(飮) 〈마실 음(飮)-인수(咽水), 마실 것 음(飮)-음자(飮者), 주연 음(飮)-주연(酒筵), 양치질할 음(飮)-수(漱), 빠질(몰두할) 음(飮)-몰(沒), 천식 음(飮)-천식(喘息)〉 등의 뜻을 내지만 여기선 〈마실 인(咽)〉과 같다 여기고 새김이 마땅하다.

주(酒) 〈술 주(酒)-곡국소양(穀麴所釀), 냉수 주(酒)-현주(玄酒)-명수(明水), 술 마실 주(酒)-음주(飮酒)〉 등의 뜻을 내지만 여기선 〈곡물과 누룩으로 빚어낸 술 곡국소양(穀麴所釀)〉으로 여기고 새김이 마땅하다.

무(无) 〈없을 무(无)-무(無), 허무지도 무(无)-허무지도(虛无之道), 으뜸 무(无)-원(元)〉 등의 뜻을 내지만 여기선 〈없을 무(無)〉와 같다 여기고 새김이 마땅하다.

구(咎) 〈허물 구(咎)-건(愆)-과(過), 재앙 구(咎)-재(災), 병될 구(咎)-병(病), 나쁠 구(咎)-오(惡)〉 등의 뜻을 내지만 여기선 〈허물 건(愆)-과(過)〉와 같다 여기고 새김이 마땅하다.

유(濡) 〈적실 유(濡)-지(漬)-윤(潤)-질(浧)-습(濕), 넉넉할 유(濡)-윤택(潤澤), 은택 유(濡)-은택(恩澤), 은덕 유(濡)-은덕(恩德), 유화 유(濡)-유화(柔和), 빠질 유(濡)-익(溺), 참아낼 유(濡)-함인(含忍), 막힐 유(濡)-체(滯)〉 등의 뜻을 내지만 여기선 〈적실 지(漬)-질(浧)〉과 같다 여기고 새김이 마땅하다.

기(其) 〈그(관형사) 기(其)-관형사, 그(그것) 기(其)-피(彼)-지(之), 그럴 기(其)-연(然), 어찌 기(其)-기(豈), 누를 기(其)-억(抑), 오히려 기(其)-상(尙)-서기(庶幾), 이에 기(其)-내(乃), 만약 기(其)-약(若), 장차 기(其)-장(將), 어조사 기(其)-어조사〉 등의 뜻을 내지만 여기선 〈그 기(其)〉로 여기고 새김이 마땅하다.

수(首) 〈머리 수(首)-두(頭), 우두머리 수(首)-수령(首領), 비롯할(처음) 수(首)-시(始), 목덜미의 앞부분 수(首)-경(頸), 첫 생일 수(首)-인지초생(人之初生), 임금 수(首)-

군(君), 향할 수(首)-향(嚮), 괴수 수(首)-괴수(魁帥), 둥그런 칼 수(首)-도환(刀環), 근본 수(首)-본(本), 요령 수(首)-요령(要領), 표시할 수(首)-표표(標表), 머리를 두드릴 수(首)-고(叩), 곧을 수(首)-직(直), 양기 수(首)-양(陽), 시 한 편 수(首)-편(篇), 굴복할 수(首)-복(服)〉 등의 뜻을 내지만 여기선 〈머리 두(頭)〉로 새김이 마땅하다.

실(失) 〈잃을 실(失)-상(喪), 버릴 실(失)-유(遺), 늘어질 실(失)-종(縱), 헤맬 실(失)-미(迷), 혼란할 실(失)-난(亂)-착(錯), 알지 못할 실(失)-부지(不知), 갈 실(失)-거(去)〉 등의 뜻을 내지만 여기선 〈잃을 상(喪)〉과 같다 여기고 새김이 마땅하다.

시(是) 〈바를 시(是)-정(正), 이 시(是)-차(此), 곧을 시(是)-직(直), 선할 시(是)-선(善), 도리 시(是)-이(理), 법칙 시(是)-칙(則), 실질 시(是)-실(實), 긍정 시(是)-긍정지사(肯定之辭), 이에 시(是)-내(乃), 때 시(是)-시(時)〉 등의 뜻을 내지만 여기선 〈바를 정(正)〉과 같다 여기고 새김이 마땅하다.

주역

펴낸곳 | 동학사
펴낸이 | 유재영
글쓴이 | 윤재근

기획·편집 | 이화진
교정·교열 | 박기화
디자인 | 임수미

1판 1쇄 | 2023년 11월 10일
1판 2쇄 | 2023년 12월 15일

출판등록 | 1987년 11월 27일 제10-149

주소 | 04083 서울 마포구 토정로 53 (합정동)
전화 | 324-6130, 324-6131 · 팩스 | 324-6135
E-메일 | dhsbook@hanmail.net
홈페이지 | www.donghaksa.co.kr
www.green-home.co.kr

ISBN 978-89-7190-870-9 03140
ISBN 978-89-7190-872-3 04140 (전3권)